Rainbow
변시 기출·모의해설

민법 선택형
[기출편]
(진도별)

Rainbow

2025년판 머리말

변호사시험 선택형은 합격에 결정적 영향을 준다. 선택형 준비가 잘 된 사람은 대체로 사례형과 기록형도 잘 보는 경향이 있다. 선택형에서는 다양한 판례의 법리와 이를 사례문제로 바꾼 문제들이 주류를 이루고 있고, 선택형에서 다룬 판례의 법리가 사례형이나 기록형에서 다시 출제되기 때문이다.

변호사시험 민법을 준비하는 과정에서 수험생들은 진도에 맞추어 선택형 문제를 함께 풀어보기를 권한다. 교과서 등 기본서에서 만나는 판례와 선택형 문제에서 만나는 판례가 같은 판례임에도 문제에서 만나는 판례를 정확하게 포착하지 못하는 오류를 피하기 위해서는 미리 문제를 접하는 수밖에 없다.

이 책은 기본서를 보면서 함께 볼 수 있도록 변호사시험 기출문제와 변호사시험 모의고사 문제를 진도에 맞추어 정리한 책이다. 모쪼록 변호사시험을 준비하는 수험생들에게 이 책이 많은 보탬이 되기를 바라면서, 독자들이 건강하게 수험생활을 마무리 지을 수 있기를 기원한다.

마지막으로 첨언할 것은 2025년판부터 본서의 저자가 박승수 변호사님으로 변경되었음을 알려드린다. 당분간 이태섭 선생님과 박승수 변호사님의 공편저 형태로 출간될 예정이다. 그 동안 본서의 저술에 심혈을 기울여주신 이태섭 선생님께 깊은 감사를 드린다.

2025. 3. 6.

편저자 이태섭/박승수

2024년판 머리말

2024년에 출제된 변호사시험 문제도 예년과 마찬가지로 기존에 출제되었던 쟁점에서 대부분 출제되었다. 다만, 올해 기출문제에서는 선택형 지문에 약간의 변화가 보인다. 예년에서는 판례의 표현을 그대로 지문으로 만들었는데, 올해 기출지문에는 법리의 내용을 판례표현과 다르게 묻는 지문이 보인다. 이해 중심의 학습이 보다 필요한 듯하다.

이번 개정판에서는 문제의 순서를 바꾸었다. 각 진도별 쟁점을 중심으로 문제를 배치하였는데, 최신 기출문제가 먼저 나오도록 편집하였다. 수험의 효율성을 고려한다면 최신 기출쟁점을 숙지하는 것이 필요하기 때문이다.

이 책이 수험을 준비하는 여러분들에게 보탬이 되기를 바란다.

2024년 2월 5일

이 태 섭

머리말

변호사시험 선택형은 합격에 결정적 영향을 준다. 선택형 준비가 잘 된 사람은 대체로 사례형과 기록형도 잘 보는 경향이 있다. 선택형에서는 다양한 판례의 법리와 이를 사례문제로 바꾼 문제들이 주류를 이루고 있고, 선택형에서 다룬 판례의 법리가 사례형이나 기록형에서 다시 출제되기 때문이다.

2018년 변호사시험에서 출제된 민법 문제는 크게 예상을 벗어나지 않았지만, 지문이 조금 더 길어졌다. 판례 법리를 정확하게 이해하고 있는 수험생들에게는 그리 어렵지 않게 느껴졌을 것이지만, 급하게 판례를 정리하고 준비한 수험생들에게는 매우 힘든 시험이었을 것이다.

변호사시험 민법을 준비하는 과정에서 수험생들은 진도에 맞추어 선택형 문제를 함께 풀어보기를 권한다. 교과서 등 기본서에서 만나는 판례와 선택형 문제에서 만나는 판례가 같은 판례임에도 문제에서 만나는 판례를 정확하게 포착하지 못하는 오류를 피하기 위해서는 미리 문제를 접하는 수밖에 없다.

이 책은 기본서를 보면서 함께 볼 수 있도록 변호사시험 기출문제와 변호사시험 모의고사 문제를 진도에 맞추어 정리한 책이다.

이 책의 특징은 다음과 같다.

1. 변호사시험 기출문제는 문제 전부를 실었다. 그러나 변호사시험 모의고사는 최근 3년간 문제는 거의 모든 문제를 수록하였고, 그 이전 문제는 기존 기출문제와 중첩되는 문제는 생략하였다. 이는 분량을 줄여 수험에 보다 적합하게 하기 위한 목적이다.
2. 해설은 문제의 각 지문을 하나의 문제로 파악하여 각 지문마다 상세한 해설을 달았으며, 관련된 법리를 설명하려고 하였다.
3. 이 책의 서술구조는 다른 기출문제집과는 약간 다르다. 단순히 지문의 정오를 설명하는 데에 그치지 않고, 각 지문에서 출제자가 묻고자 하는 것이 무엇인지를 제시하였다. 각 지문은 하나의 법적 쟁점을 묻기 위한 문제이므로 그 쟁점을 정확하게 포착할 수 있도록 하기 위함이다. 또한 관련 판례는 지문 해설 아래 별도로 덧붙였다.

각자의 기본서와 함께 이 책을 함께 본다면 그 효율이 배가될 것이라 생각한다. 또한 사례 선택형 문제를 각 지문마다의 쟁점을 파악하는 본서의 해설방식으로 접근한다면 자연스럽게 사례서술형 문제에도 대비할 수 있게 될 것이라 생각한다.

저자는 그간 「변호사시험 사법시험 기출문제 완전분석」을 출간하였는데, 이번 레인보우 시리즈에 참여하게 되면서 이 책을 출간하게 되었다. 「변호사시험 사법시험 기출문제 완전분석」는 「사법시험, 법원행시, 법무사시험 기출문제 완전분석」으로 출간할 예정이다. 이 책과 앞으로 출간될 「사법시험, 법원행시, 법무사시험 기출문제 완전분석」을 함께 본다면 변호사시험 선택형은 완벽하게 대비될 수 있을 것이다.

이 책이 출간되기까지는 많은 사람들이 도움이 있었다. 학연출판사 대표이신 이인규박사님과 편집을 담당하신 전희주 디자이너에게 깊은 감사를 드린다.

모쪼록 이 책이 많은 수험생들에게 도움이 되는 책이 되길 바란다.

2018. 2. 19.

이 태 섭

목 차

제1편 민법총칙

제2편 물권

제3편 채권

제4편 친 족

제5편 상 속

2026 대비

Rainbow 변시기출 · 모의해설

민법 선택형(기출편 · 진도별)

제1편 민법총칙

제1장 통 칙

Ⅰ. 법원

Ⅱ. 신의칙

1. **의사의 설명의무에 관한 설명 중 옳지 않은 것을 모두 고른 것은? (다툼이 있는 경우 판례에 의함)** [24 변호사]

ㄱ. 의사가 수술 등에 대한 환자의 승낙을 얻기 위한 설명의무는 그 의료행위에 따르는 후유증이나 부작용 등의 위험 발생 가능성이 희소하다는 사정만으로 면제될 수 없으며, 그 후유증이나 부작용이 당해 치료행위에 전형적으로 발생하는 위험이거나 회복할 수 없는 중대한 것인 경우에는 그 발생 가능성의 희소성에도 불구하고 설명의 대상이 된다.
ㄴ. 의사의 설명의무 위반에 대한 증명책임은 특별한 사정이 없는 한 환자 측에 있다.
ㄷ. 의사의 설명의무는 의료행위가 행해질 때까지 적절한 시간적 여유를 두고 이행되어야 한다.
ㄹ. 환자가 미성년자로 의사결정능력이 있다 하더라도 자신의 신체에 위험을 가하는 의료행위에 관한 자기결정권까지 가진다고 보기는 어려우므로 원칙적으로 의사는 미성년자인 환자에 대해서는 의료행위에 관하여 설명할 의무를 부담하지 아니한다.

① ㄱ, ㄴ ② ㄱ, ㄷ ③ ㄴ, ㄷ
④ ㄴ, ㄹ ⑤ ㄷ, ㄹ

해설

ㄱ. (○) [**대법원** 2007. 5. 31. **선고** 2005**다**5867 **판결**] 일반적으로 의사는 환자에게 수술 등 침습을 가하는 과정 및 그 후에 나쁜 결과 발생의 개연성이 있는 의료행위를 하는 경우 또는 사망 등의 중대한 결과 발생이 예측되는 의료행위를 하는 경우에 있어서 응급환자의 경우나 그 밖에 특단의 사정이 없는 한 진료계약상의 의무 내지 침습 등에 대한 승낙을 얻기 위한 전제로서 당해 환자나 그 법정대리인에게 질병의 증상, 치료방법의 내용 및 필요성, 발생이 예상되는 위험 등에 관하여 당시의 의료수준에 비추어 상당하다고 생각되는 사항을 설명하여 당해 환자가 그 필요성이나 위험성을 충분히 비교해 보고 그 의료행위를 받을 것인가의 여부를 선택할 수 있도록 할 의무가 있고, 의사의 설명의무는 그 의료행위에 따르는 후유증이나 부작용 등의 위험 발생 가능성이 희소하다는 사정만으로 면제될 수 없으며, 그 후유증이나 부작용이 당해 치료행위에 전형적으로 발생하는 위험이거나 회복할 수 없는 중대한 것인 경우에는 그 발생가능성의 희소성에도 불구하고 설명의 대상이 된다.

ㄴ. (×) [**대법원** 2007. 5. 31. **선고** 2005**다**5867 **판결**] 설명의무는 침습적인 의료행위로 나아가는 과정에서 의사에게 필수적으로 요구되는 절차상의 조치로서, 그 의무의 중대성에 비추어 의사로서는 적어도 환자에게 설명한 내용을 문서화하여 이를 보존할 직무수행상의 필요가 있다고 보일 뿐 아니라, 응급의료에 관한 법률 제9조, 같은 법 시행규칙 제3조 및 [서식] 1에 의하면, 통상적인 의료행위에

비해 오히려 긴급을 요하는 응급의료의 경우에도 의료행위의 필요성, 의료행위의 내용, 의료행위의 위험성 등을 설명하고 이를 문서화한 서면에 동의를 받을 법적 의무가 의료종사자에게 부과되어 있는 점, 의사가 그러한 문서에 의해 설명의무의 이행을 입증하기는 매우 용이한 반면 환자 측에서 설명의무가 이행되지 않았음을 입증하기는 성질상 극히 어려운 점 등에 비추어, 특별한 사정이 없는 한 의사 측에 설명의무를 이행한 데 대한 증명책임이 있다고 해석하는 것이 손해의 공평·타당한 부담을 그 지도원리로 하는 손해배상제도의 이상 및 법체계의 통일적 해석의 요구에 부합한다.

ㄷ. (○) 의사의 설명의무는 의료행위에 관한 환자의 자기결정의 전제로서 필요한 것이므로 환자가 의료행위를 결정할 수 있는 정도로 시간적 여유를 두고 설명의무가 이행되어야 한다.

[**대법원** 2022. 1. 27. **선고** 2021**다**265010 **판결**] 의사는 응급환자의 경우나 그 밖에 특별한 사정이 없는 한 환자에게 수술 등 인체에 위험을 가하는 의료행위를 할 경우 그에 대한 승낙을 얻기 위한 전제로서 환자에게 질병의 증상, 치료방법의 내용 및 필요성, 발생이 예상되는 생명, 신체에 대한 위험과 부작용 등에 관하여 당시의 의료수준에 비추어 환자가 의사결정을 함에 있어 중요하다고 생각되는 사항을 구체적으로 설명하여 환자로 하여금 수술 등의 의료행위에 응할 것인지 스스로 결정할 기회를 가지도록 할 의무가 있다.

이와 같은 의사의 설명의무는 의료행위가 행해질 때까지 적절한 시간적 여유를 두고 이행되어야 한다. 환자가 의료행위에 응할 것인지를 합리적으로 결정할 수 있기 위해서는 그 의료행위의 필요성과 위험성 등을 환자 스스로 숙고하고 필요하다면 가족 등 주변 사람과 상의하고 결정할 시간적 여유가 환자에게 주어져야 하기 때문이다. 의사가 환자에게 의사를 결정함에 충분한 시간을 주지 않고 의료행위에 관한 설명을 한 다음 곧바로 의료행위로 나아간다면 이는 환자가 의료행위에 응할 것인지 선택할 기회를 침해한 것으로서 의사의 설명의무가 이행되었다고 볼 수 없다. 이때 적절한 시간적 여유를 두고 설명의무를 이행하였는지는 의료행위의 내용과 방법, 그 의료행위의 위험성과 긴급성의 정도, 의료행위 전 환자의 상태 등 여러 가지 사정을 종합하여 개별적·구체적으로 판단하여야 한다.

ㄹ. (×) [**대법원** 2023. 3. 9. **선고** 2020**다**218925 **판결**] 의료법 및 관계 법령들의 취지에 비추어 보면, 환자가 미성년자라도 의사결정능력이 있는 이상 자신의 신체에 위험을 가하는 의료행위에 관한 자기결정권을 가질 수 있으므로 원칙적으로 의사는 미성년자인 환자에 대해서 의료행위에 관하여 설명할 의무를 부담한다.

그러나 미성년자인 환자는 친권자나 법정대리인의 보호 아래 병원에 방문하여 의사의 설명을 듣고 의료행위를 선택·승낙하는 상황이 많을 것인데, 이 경우 의사의 설명은 친권자나 법정대리인에게 이루어지고 미성년자인 환자는 설명 상황에 같이 있으면서 그 내용을 듣거나 친권자나 법정대리인으로부터 의료행위에 관한 구체적인 설명을 전해 들음으로써 의료행위를 수용하는 것이 일반적이다. 아직 정신적이나 신체적으로 성숙하지 않은 미성년자에게는 언제나 의사가 직접 의료행위를 설명하고 선택하도록 하는 것보다는 이처럼 미성년자와 유대관계가 있는 친권자나 법정대리인을 통하여 설명이 전달되어 수용하게 하는 것이 미성년자의 복리를 위해서 더 바람직할 수 있다. 따라서 의사가 미성년자인 환자의 친권자나 법정대리인에게 의료행위에 관하여 설명하였다면, 그러한 설명이 친권자나 법정대리인을 통하여 미성년자인 환자에게 전달됨으로써 의사는 미성년자인 환자에 대한 설명의무를 이행하였다고 볼 수 있다.

다만 친권자나 법정대리인에게 설명하더라도 미성년자에게 전달되지 않아 의료행위 결정과 시행에 미성년자의 의사가 배제될 것이 명백한 경우나 미성년자인 환자가 의료행위에 대하여 적극적으로 거부 의사를 보이는 경우처럼 의사가 미성년자인 환자에게 직접 의료행위에 관하여 설명하고 승낙을 받을 필요가 있는 특별한 사정이 있으면 의사는 친권자나 법정대리인에 대한 설명만으로 설명의무를 다하였다고 볼 수는 없고, 미성년자인 환자에게 직접 의료행위를 설명하여야 한다.

이와 같이 의사가 미성년자인 환자에게 직접 설명의무를 부담하는 경우 의사는 미성년자인 환자의 나이, 미성년자인 환자가 자신의 질병에 대하여 갖고 있는 이해 정도에 맞추어 설명을 하여야 한다.

정답 ④

2. **A 회사는 토지 소유자인 乙의 동의 없이 그 토지의 상공에 고압송전선이 통과하도록 시설을 설치하여 사용하고 있으며, 甲은 이러한 사실을 알면서 乙로부터 그 토지를 매수하여 소유권이전등기를 경료하고 이를 농지로 이용하고 있다. 甲이 토지를 취득한 때부터 13년이 경과한 시점에 A 회사를 상대로 송전선의 철거를 구하고자 한다. 이와 관련한 법률관계에 대한 설명으로 옳지 않은 것은? (다툼이 있는 경우에는 판례에 의함)** [14 변호사]

① 甲이 송전선의 철거를 구하는 것은 소유권에 기한 물권적 청구권을 행사하는 것이므로 소멸시효에 걸리지 않는다.

② 甲이 송전선이 토지 위를 통과하고 있다는 점을 알고서 토지를 취득하였다고 하여 그 토지에 대한 소유권의 행사가 제한된 상태를 용인하였다고 할 수 없으므로 甲이 송전선 철거를 구하는 것은 신의성실의 원칙에 반하지 않는다.

③ 甲의 권리행사에 실효의 법리를 적용하기 위해서는 종전 토지소유자인 乙이 자신의 권리를 행사하지 아니하였다는 사정을 고려하여 판단하여야 한다.

④ 甲의 권리행사가 권리남용에 해당하기 위해서는 그러한 권리행사가 주관적으로는 그 목적이 오로지 상대방에게 고통을 주고 손해를 입히려는 데 있을 뿐만 아니라 객관적으로는 사회질서에 위반된 것으로 인정되어야 한다.

⑤ 甲이 송전선의 철거를 구하는 소송을 제기한 경우, 법원은 A 회사의 주장이 없더라도 甲의 청구가 권리남용에 해당하는지 여부를 직권으로 판단할 수 있다.

해설

※ 송전선 철거청구소송에 관한 사례문제이다. 토지소유자의 동의 없이 송전선 시설을 설치하여 사용한 경우, 토지양수인과 송전선 설치회사 사이의 법적 분쟁을 다루고 있다.

① (O) 물권적 청구권이 소멸시효의 대상인지 여부를 묻는 지문이다. 소유권에 기초한 물권적 청구권은 소멸시효의 대상이 아니라는 것이 대법원의 입장이다. 물권적 청구권은 물권의 방해상태가 계속되는 때에는 부단히 발생하므로 시효로 소멸할 수 없는 권리이다.

[**대법원** 1982. 7. 27. **선고** 80**다**2968 **판결**] 매매계약이 합의해제된 경우에도 매수인에게 이전되었던 소유권은 당연히 매도인에게 복귀하는 것이므로 합의해제에 따른 매도인의 원상회복청구권은 소유권에 기한 물권적 청구권이라고 할 것이고 이는 소멸시효의 대상이 되지 아니한다.

② (O) 토지에 대한 방해가 있음을 알고 토지를 취득한 자가 소유권 행사의 제한상태를 용인하였다고 해석하여야 하는지를 묻는 지문이다. 특별한 사정이 없는 한 이를 용인하였다고 해석할 수 없다는 것이 대법원의 입장이다. 토지에 대한 방해원인을 지배하는 자가 그 토지에 관한 소유권을 취득하거나 지상권 등의 제한물권을 취득하지 아니한 이상, 새로이 소유권을 취득한 소유자에게 대항할 수 없는 것이 원칙이다. 또한 종전 소유자가 배타적인 사용·수익 권능을 포기했는지 여부는 엄격하게 해석하여야 할 뿐만 아니라 설사 종전 소유자가 배타적이 사용·수익 권능을 포기했다고 하더라도 그와 같은 포기는 채권적 의미를 가질 뿐이므로 소유권을 양수한 현재 소유자는 종전 소유자의 그와 같은 의무를 승계하지 않음이 원칙이다. 따라서 소유권의 행사가 제한된 상태를 용인하였다고 볼만한 특별한 사정을 가지고 있지 아니한 토지양수인의 방해배제청구는 신의칙에 반하지 않는다.

[**대법원** 2006. 11. 23. **선고** 2004**다**44285 **판결**] 피고가 이 사건 송전탑 및 송전선 설치 이전에 그 부지의 일부 소유자였던 정진철로부터 토지사용승낙을 받았다고 하더라도, 그 부지 등에 관한 소유권을 취득하거나 지상권 등의 제한물권을 취득하지 아니한 이상, 새로이 소유권을 취득한 원고 등에게 대항할 수 없고, 이 사건 송전탑이 설치되어 이 사건 송전선이 그 지상 공간을 지나가고 있는 것에

대하여 토지소유자들로부터 장기간 이의제기가 없었고 원고 등이 이 사건 각 토지의 지상이나 인근에 이 사건 송전탑과 송전선이 설치되어 있는 사정을 잘 알면서 이 사건 각 토지를 취득하였다고 하더라도, 그것만으로는 원고 등이 피고의 이 사건 각 토지의 사용을 묵인하였다거나 이 사건 각 토지에 대한 소유권의 행사가 제한된 상태를 용인하였다고 볼 수 없다.

[**대법원** 1995. 8. 25. **선고** 94**다**27069 **판결**] 이 사건 송전선이 이 사건 각 토지 위를 통과하고 있다는 점을 알고서 원고들이 이 사건 각 토지를 취득하였다고 하여 원고들이 각 그 소유 토지에 대한 소유권의 행사가 피고 주장과 같이 제한된 상태를 용인하였다고 할 수도 없으므로, 원고들의 이 사건 권리행사가 신의성실의 원칙에 반한다고 볼 수 없다.

③ **(×)** 현재 토지소유자의 소유권 행사가 실효의 원칙에 반하는지 여부를 판단함에 있어 종전 토지소유자가 권리를 행사하지 아니하였다는 사정을 고려하여야 하는지를 묻는 지문이다. 실효의 원칙도 신의칙의 파생원칙이고, 모순행위 금지 원칙의 특수한 적용례이므로 신의칙에 적용을 받아 권리행사가 제한되어야 하는 현재 토지소유자가 상대방에게 권리를 행사하지 아니할 신뢰를 부여하였어야 한다. 종전 토지소유자가 소유권을 장기간 행사하지 아니하였다는 사정은 현재 토지소유자의 소유권 행사가 실효의 원칙에 반하는지 여부를 판단함에 있어 고려하여서는 안 된다.

[**대법원** 1995. 8. 25. **선고** 94**다**27069 **판결**] 실효의 원칙이라 함은 권리자가 장기간에 걸쳐 그 권리를 행사하지 아니함에 따라 그 의무자인 상대방이 더 이상 권리자가 그 권리를 행사하지 아니할 것으로 신뢰할 만한 정당한 기대를 가지게 되는 경우에 새삼스럽게 권리자가 그 권리를 행사하는 것은 법질서 전체를 지배하는 신의성실의 원칙에 위반되어 허용되지 않는다는 것을 의미하는 것으로, 이 사건 각 토지의 소유권을 취득하기 이전의 종전 토지 소유자들이 자신들의 권리를 행사하지 아니하였다는 사정은 그 토지의 소유권을 적법하게 취득한 원고들에게 권리의 실효 원칙을 적용함에 있어서 고려하여야 할 것은 아니라 할 것이다.

④ **(O)** 소유권의 행사가 권리남용으로 되기 위한 요건을 묻는 지문이다. 객관적으로는 사회질서에 위반된 권리행사이어야 하고, 주관적으로는 권리행사자에게 가해의 의사가 있어야 한다.

[**대법원** 1998. 6. 26. **선고** 97**다**42823 **판결**] 권리행사가 권리의 남용에 해당한다고 할 수 있으려면, 주관적으로 그 권리행사의 목적이 오직 상대방에게 고통을 주고 손해를 입히려는 데 있을 뿐 행사하는 사람에게 아무런 이익이 없는 경우이어야 하고, 객관적으로는 그 권리행사가 사회질서에 위반된다고 볼 수 있어야 하는 것이며, 이와 같은 경우에 해당하지 않는 한 비록 그 권리의 행사에 의하여 권리행사자가 얻는 이익보다 상대방이 잃을 손해가 현저히 크다 하여도 그러한 사정만으로는 이를 권리남용이라 할 수 없고, 다만 이러한 주관적 요건은 권리자의 정당한 이익을 결여한 권리행사로 보여지는 객관적인 사정에 의하여 추인할 수 있다.

⑤ **(O)** 신의칙에 반하는지 여부의 판단이 직권사항인지를 묻는 지문이다. 신의칙은 강행규정으로 당사자의 주장이 없더라도 법원은 직권으로 판단할 수 있다.

[**대법원** 1995. 12. 22. **선고** 94**다**42129 **판결**] 신의성실의 원칙에 반하는 것 또는 권리남용은 강행규정에 위배되는 것이므로 당사자의 주장이 없더라도 법원은 직권으로 판단할 수 있다. 정답 ③

제2장 자연인

Ⅰ. 능력

1. **甲과 乙은 부부로서 그들의 공동친권에 따르는 미성년 자녀 丙과 丁을 두고 있다. 이에 관한 설명 중 옳은 것은? (각 지문은 독립적이며, 다툼이 있는 경우 판례에 의함)** [24 변호사]

① 甲이 乙의 의사에 반함에도 불구하고 乙과의 공동명의로 丙을 대리하는 법률행위를 하였다면, 그 법률행위는 상대방의 선의 여부를 불문하고 효력이 없다.

② 丙이 甲과 乙의 동의 없이 신용카드회사 戊와 신용카드 이용계약을 체결하고 발급받은 카드를 이용하여 己로부터 구입한 물품의 대금을 戊가 지급한 이후에, 甲과 乙이 戊와의 신용카드 이용계약을 취소하였으나 己와의 매매계약은 취소하지 않고 구입한 물품을 丙이 모두 소비하였다면, 丙은 戊에게 부당이득반환의무를 부담하지 않는다.

③ 丙이 법률행위 당시 상대방에 대하여 자신을 단지 성년자라고 말하였을 뿐이고 적극적으로 속임수를 사용하지 않았다면, 丙은 위 법률행위를 취소할 수 있다.

④ 甲의 사망 후, 乙이 자신이 대표이사로 있는 주식회사의 채무담보를 위하여 乙과 丙의 공유재산에 대하여 특별대리인을 선임하지 않고 丙의 법정대리인의 자격으로 근저당권을 설정한 행위는 이해상반행위이므로 무효이다.

⑤ 甲의 사망 후, 乙이 丙과 丁의 법정대리인으로서 상속재산 전부를 丁의 단독소유로 하기로 협의분할 하더라도 이는 적법하다.

해설

① **(×)** 제920조의 2. 부모가 공동으로 친권을 행사하는 경우 부모의 일방이 공동명의로 자를 대리하거나 자의 법률행위에 동의한 때에는 다른 일방의 의사에 반하는 때에도 그 효력이 있다. 그러나 상대방이 악의인 때에는 그러하지 아니한다.

② **(×)** 제한능력자와 체결한 신용카드이용계약이 취소된 경우, 제한능력자의 부당이득반환의 내용을 묻는 지문이다. 제한능력자는 신용구매계약에 따른 대금채무를 면하는 이익을 얻었으므로 이를 반환하여야 한다. 비록 신용구매계약에 따라 취득한 물건을 소비하였더라도 금전채무를 면하는 이익을 그대로 유지되므로 반환의무를 면할 수 없다. —

[**대법원** 2005. 4. 15. **선고** 2003**다**60297 **등 판결**] 미성년자가 신용카드발행인과 사이에 신용카드 이용계약을 체결하여 신용카드거래를 하다가 신용카드 이용계약을 취소하는 경우 미성년자는 그 행위로 인하여 받은 이익이 현존하는 한도에서 상환할 책임이 있는 바, 신용카드 이용계약이 취소됨에도 불구하고 신용카드회원과 해당 가맹점 사이에 체결된 개별적인 매매계약은 특별한 사정이 없는 한 신용카드 이용계약취소와 무관하게 유효하게 존속한다 할 것이고, 신용카드발행인이 가맹점들에 대하여 그 신용카드사용대금을 지급한 것은 신용카드 이용계약과는 별개로 신용카드발행인과 가맹점 사이에 체결된 가맹점 계약에 따른 것으로서 유효하므로, 신용카드발행인의 가맹점에 대한 신용카드

이용대금의 지급으로써 신용카드회원은 자신의 가맹점에 대한 매매대금 지급채무를 법률상 원인 없이 면제받는 이익을 얻었으며, 이러한 이익은 금전상의 이득으로서 특별한 사정이 없는 한 현존하는 것으로 추정된다.

③ (O) 속임수에 의하여 제한능력자의 취소권이 배제되기 위해서는 적극적인 사기수단이 사용되어야 한다. 단순히 자신이 성년자라고 거짓말을 하는 것은 적극적인 사기수단을 사용한 것이라고 볼 수 없으므로 미성년자의 취소권이 배제되지 않는다.

[**대법원** 1971. 12. 14. **선고** 71**다**2045 **판결**] 민법 제17조에 이른바 "무능력자가 사술로써 능력자로 믿게 한 때"에 있어서의 사술을 쓴 것이라 함은 적극적으로 사기수단을 쓴 것을 말하는 것이고 단순히 자기가 능력자라 사언함은 사술을 쓴 것이라고 할 수 없다.

④ (×) 이해상반행위로서 법정대리권이 제한되기 위해서는 친권자와 미성년자 사이, 친권에 따르는 수인의 미성년자 사이의 이해상반행위이어야 한다. 이해상반행위인지는 행위의 객관적 성질에 따라 판단하고 행위자의 주관적 의사나 행위로 인한 결과 등은 고려하지 않는다. 친권자 乙이 대표이사로 있는 주식회사의 채무담보를 위하여 친권자 乙이 미성년자 丙과 공유하는 부동산에 근저당권을 설정하는 행위는 행위의 객관적 성질에 비추어 주식회사와 미성년자 사이에 이해가 상반되는 행위일 뿐 친권자와 이해가 상반되는 행위가 아니므로 친권자의 법정대리권이 제한되지 않는다.

[**대법원** 1996. 11. 22. **선고** 96**다**10270 **판결**] 친권자인 母가 자신이 대표이사로 있는 주식회사의 채무 담보를 위하여 자신과 미성년인 子의 공유재산에 대하여 子의 법정대리인 겸 본인의 자격으로 근저당권을 설정한 행위는, 친권자가 채무자 회사의 대표이사로서 그 주식의 66%를 소유하는 대주주이고 미성년인 子에게는 불이익만을 주는 것이라는 점을 감안하더라도, 그 행위의 객관적 성질상 채무자 회사의 채무를 담보하기 위한 것에 불과하므로 친권자와 그 子사이에 이해의 대립이 생길 우려가 있는 이해상반행위라고 볼 수 없다.

⑤ (×) 친권자와 미성년자가 모두 공동상속인 경우, 상속재산분할협의도 이해상반행위에 해당하므로 미성년자 각자 마다 특별대리인이 선임되어야 한다.

[**대법원** 2001. 6. 29. **선고** 2001**다**28299 **판결**] 상속재산에 대하여 그 소유의 범위를 정하는 내용의 공동상속재산 분할협의는 그 행위의 객관적 성질상 상속인 상호간의 이해의 대립이 생길 우려가 있는 민법 제921조 소정의 이해상반되는 행위에 해당하므로 공동상속인인 친권자와 미성년인 수인의 子사이에 상속재산 분할협의를 하게 되는 경우에는 미성년자 각자마다 특별대리인을 선임하여 그 각 특별대리인이 각 미성년자인 子를 대리하여 상속재산분할의 협의를 하여야 하고, 만약 친권자가 수인의 미성년자의 법정대리인으로서 상속재산 분할협의를 한 것이라면 이는 민법 제921조에 위반된 것으로서 이러한 대리행위에 의하여 성립된 상속재산 분할협의는 적법한 추인이 없는 한 무효라고 할 것이다.

정답 ③

2. 「민법」상의 능력에 관한 설명 중 옳지 않은 것은? (다툼이 있는 경우 판례에 의함) [22 변호사]

① 의사능력 없이 한 법률행위는 무효인데, 의사능력의 유무는 구체적인 법률행위와 관련하여 개별적으로 판단되어야 한다.

② 제한능력자인지 여부가 연령에 의하여 획일적으로 또는 법원의 심판에 의하여 정해지기 때문에, 행위능력제도의 근본적인 입법취지는 제한능력자의 보호보다 거래의 안전을 확보함에 있다고 보아야 한다.

③ 피성년후견인의 법률행위는 취소할 수 있지만, 일용품의 구입 등 일상생활에 필요하고 그 대가가 과도하지 아니한 법률행위는 성년후견인이 취소할 수 없다.

④ 임의후견인의 대리권 소멸은 등기하지 아니하면 선의의 제3자에게 대항할 수 없다.

⑤ 법인도 성년후견인이 될 수 있고, 미성년후견인은 한 명이어야 하지만 성년후견인은 여러 명일 수 있다.

해설

① (O) 의사능력의 유무는 개별적으로 판단한다. 이 점은 행위능력을 획일적 기준에 따라 판단한다는 점과 비교된다.
[**대법원** 2009. 1. 15. **선고** 2008**다**58367 **판결**] 의사능력이란 자신의 행위의 의미나 결과를 정상적인 인식력과 예기력을 바탕으로 합리적으로 판단할 수 있는 정신적 능력 내지는 지능을 말하는 것으로서, 의사능력의 유무는 구체적인 법률행위와 관련하여 개별적으로 판단되어야 하므로, 특히 어떤 법률행위가 그 일상적인 의미만을 이해하여서는 알기 어려운 특별한 법률적인 의미나 효과가 부여되어 있는 경우 의사능력이 인정되기 위해서는 그 행위의 일상적인 의미뿐만 아니라 법률적인 의미나 효과에 대하여도 이해할 수 있을 것을 요한다.
② (×) 제한능력을 원인으로 한 취소의 효력을 선의의 제3자에게 대항할 수 있도록 한 취지에 비추어 제한능력제도는 제한능력자의 보호를 우선하는 제도이다.
③ (O) 제10조 제4항.
④ (O) 제959조의19.
⑤ (O) 제930조.

정답 ②

3. **미성년자에 관한 설명 중 옳지 않은 것은? (각 지문은 독립적이며, 다툼이 있는 경우 판례에 의함)** [18 변호사]

① 미성년자 甲이 법정대리인 乙의 동의 없이 신용카드회사 丙과 신용카드 이용계약을 체결하고 그 카드를 이용하여 丁으로부터 구입한 물품의 대금을 丙이 지급한 이후에 甲이 丙과의 신용카드 이용계약을 취소하더라도 이는 신의칙에 위배되지 않으며, 이 경우 甲이 丁과의 매매계약을 취소하지 않고 위 물품을 모두 소비하였다면 더 이상 현존이익이 존재하지 않으므로 甲은 丙에게 부당이득반환의무를 부담하지 않는다.
② 미성년자 甲 소유의 부동산에 관해 증여를 원인으로 하여 甲의 친권자 乙 명의의 소유권이전등기가 경료된 경우에는, 이를 위해 필요한 특별대리인 선임이 있었던 것으로 추정된다.
③ 공동상속인인 친권자가 다른 공동상속인인 수인의 미성년자의 법정대리인인 경우, 그 친권자의 대리행위에 의하여 성립된 상속재산분할협의는 공동상속인인 수인의 미성년자 전원에 의한 적법한 추인이 없는 한 무효이다.
④ 미성년자 甲 소유의 부동산에 대해 법정대리인 乙이 자신의 유흥비를 마련하기 위해 시세보다 훨씬 저렴한 가격으로 甲을 대리하여 丙과 매매계약을 체결한 경우, 丙이 그러한 사정을 알았거나 알 수 있었다면 그 매매계약의 효력은 甲에게 미치지 않는다.
⑤ 미성년자 甲이 불법행위의 피해자인 경우에는 다른 특별한 사정이 없는 한 甲의 법정대리인 乙이 甲의 손해 및 그에 대한 가해자를 알아야 甲의 손해배상청구권의 소멸시효가 진행한다.

해설

① (×) 신용카드를 발급받아 이를 사용한 후에 신용카드 이용계약을 제한능력을 원인으로 취소하는 것이 신의칙에 반하는지 및 취소로 인하여 제한능력자가 반환하여야 할 대상이 무엇인지를 묻는 지

문이다. 제한능력을 원인으로 하는 취소는 비록 상대방의 신뢰에 반하는 측면이 있더라도 신의칙에 위반하지 않는다. 제한능력제도는 강행적 제도이고 상대방의 신뢰는 강행규정의 범주 내에서만 보호가치가 있기 때문이다. 신용카드 이용계약이 취소된 경우 제한능력자는 신용카드 이용계약에 따라 받은 이익을 반환하여야 한다. 제한능력자는 개별적 물품구매계약 등을 체결하고 신용카드로 그 대금을 결제함으로써 대금채무를 면하는 이익을 받는다. 바로 대금채무를 면하는 이익이 신용카드 이용계약에 따라 미성년자가 받은 이익이며, 물품구매계약에 따라 취득한 물품이 이익인 것은 아니다. 물품구매계약에 따라 취득한 물품이 현존하지 않더라도 대금채무를 면하는 이익은 현존하는 금전상 이익이므로 이에 관한 제한능력자의 반환책임은 존속한다.

[**대법원** 2005. 4. 15. **선고** 2003**다**60297·60303·60310·60327 **판결**] 미성년자가 신용카드발행인과 사이에 신용카드 이용계약을 체결하여 신용카드거래를 하다가 신용카드 이용계약을 취소하는 경우 미성년자는 그 행위로 인하여 받은 이익이 현존하는 한도에서 상환할 책임이 있는바, 신용카드 이용계약이 취소됨에도 불구하고 신용카드회원과 해당 가맹점 사이에 체결된 개별적인 매매계약은 특별한 사정이 없는 한 신용카드 이용계약취소와 무관하게 유효하게 존속한다 할 것이고, 신용카드발행인이 가맹점들에 대하여 그 신용카드사용대금을 지급한 것은 신용카드 이용계약과는 별개로 신용카드발행인과 가맹점 사이에 체결된 가맹점 계약에 따른 것으로서 유효하므로, 신용카드발행인의 가맹점에 대한 신용카드이용대금의 지급으로써 신용카드회원은 자신의 가맹점에 대한 매매대금 지급채무를 법률상 원인 없이 면제받는 이익을 얻었으며, 이러한 이익은 금전상의 이득으로서 특별한 사정이 없는 한 현존하는 것으로 추정된다.

② **(O)** 등기의 추정력에 의하여 등기의 전제절차가 추정되는지를 묻는 지문이다. 이를 긍정하는 것이 판례이다. 미성년자에게서 친권자에게로 증여를 원인으로 한 이전등기가 마쳐진 때에는 그 전제절차인 특별대리인 선임절차가 마쳐진 것으로 추정된다.

[**대법원** 2002. 2. 5. **선고** 2001**다**72029 **판결**] 전 등기명의인이 미성년자이고 당해 부동산을 친권자에게 증여하는 행위가 이해상반행위라 하더라도 일단 친권자에게 이전등기가 경료된 이상, 특별한 사정이 없는 한, 그 이전등기에 관하여 필요한 절차를 적법하게 거친 것으로 추정된다.

③ **(O)** 친권자와 미성년자가 모두 공동상속인인 경우 상속재산분할협의는 이해상반행위로서 특별대리인에 의하여 미성년자가 대리되지 않는 한 무권대리로서 미성년자가 성년자가 된 후에 적법하게 추인하지 않는 한 무효이다.

[**대법원** 2011. 3. 10. **선고** 2007**다**17482 **판결**] [1] 상속재산에 대하여 소유의 범위를 정하는 내용의 공동상속재산 분할협의는 그 행위의 객관적 성질상 상속인 상호간 이해의 대립이 생길 우려가 없다고 볼만한 특별한 사정이 없는 한 민법 제921조의 이해상반되는 행위에 해당한다. 그리고 피상속인의 사망으로 인하여 1차 상속이 개시되고 그 1차 상속인 중 1인이 다시 사망하여 2차 상속이 개시된 후 1차 상속의 상속인들과 2차 상속의 상속인들이 1차 상속의 상속재산에 관하여 분할협의를 하는 경우에 2차 상속인 중에 수인의 미성년자가 있다면 이들 미성년자 각자마다 특별대리인을 선임하여 각 특별대리인이 각 미성년자를 대리하여 상속재산 분할협의를 하여야 하고, 만약 2차 상속의 공동상속인인 친권자가 수인의 미성년자 법정대리인으로서 상속재산 분할협의를 한다면 이는 민법 제921조에 위배되는 것이며, 이러한 대리행위에 의하여 성립된 상속재산 분할협의는 피대리자 전원에 의한 추인이 없는 한 전체가 무효이다. [2] 피상속인의 사망으로 인하여 1차 상속이 개시된 후 그 1차 상속인 중 1인이 사망하여 2차 상속이 개시되었는데, 2차 상속의 공동상속인 중 1인이 친권자로서 다른 공동상속인인 수인의 미성년자를 대리하여 1차 상속재산에 관하여 1차 상속의 공동상속인들과 상속재산 분할협의를 체결한 사안에서, 강행법규인 민법 제921조에 위배되는 위 상속재산 분할협의에 참가한 1차 상속의 공동상속인 중 1인이 그 상속재산 분할협의가 무효라고 주장하는 것이 모순행위금지의 원칙이나 신의칙에 반하는 것이라고 할 수 없고, 민법 제921조에 의하여 무효가 되는 것은 위 상속재산 분할협의 전체이며, 2차 상속의 공동상속인 사이의 상속재산 분할협의에 한정되는 것이 아니라고 한 사례.

④ (O) 법정대리권의 남용요건을 묻는 지문이다. 법정대리권 남용으로 그 효력이 부정되기 위해서는 객관적으로 남용행위가 존재하여야 하고, 상대방은 그와 같은 사정을 알았거나 알 수 있었어야 한다. 법정대리인 乙이 유흥비 마련을 위하여 시세보다 훨씬 저렴한 가격으로 미성년자의 부동산을 매도하는 행위는 남용행위에 해당할 수 있고, 법정대리인 乙의 이와 같은 배임적 의도를 丙이 알았거나 알 수 있었다면 제107조 제1항 단서에 따라 무효가 된다.

[**대법원** 2011. 12. 22. **선고** 2011**다**64669 **판결**] 진의 아닌 의사표시가 대리인에 의하여 이루어지고 대리인의 진의가 본인의 이익이나 의사에 반하여 자기 또는 제3자의 이익을 위한 배임적인 것임을 상대방이 알았거나 알 수 있었을 경우에는 민법 제107조 제1항 단서의 유추해석상 대리인의 행위에 대하여 본인은 아무런 책임을 지지 않는다고 보아야 하고, 상대방이 대리인의 표시의사가 진의 아님을 알았거나 알 수 있었는지는 표의자인 대리인과 상대방 사이에 있었던 의사표시 형성 과정과 내용 및 그로 인하여 나타나는 효과 등을 객관적인 사정에 따라 합리적으로 판단하여야 한다. 그리고 미성년자의 법정대리인인 친권자의 법률행위에서도 마찬가지라 할 것이므로, 법정대리인인 친권자의 대리행위가 객관적으로 볼 때 미성년자 본인에게는 경제적인 손실만을 초래하는 반면, 친권자나 제3자에게는 경제적인 이익을 가져오는 행위이고 그 행위의 상대방이 이러한 사실을 알았거나 알 수 있었을 때에는 민법 제107조 제1항 단서의 규정을 유추 적용하여 행위의 효과가 자(子)에게는 미치지 않는다고 해석함이 타당하다(필자 주 : 법정대리인 甲이 미성년자 乙, 丙을 대리하여 乙, 丙 소유의 토지를 丁에게 매각한 사안에서, 이는 본인인 乙, 丙의 이익을 무시하고 오로지 법정대리인 甲과 제3자의 이익을 위하여서만 행하여진 대리권 남용 행위로서 계약상대방 丁으로서는 매매계약 당시 甲이 임의로 乙, 丙의 이익이나 의사에 반하여 토지를 매각하려 한다는 배임적인 사정을 알고 있었거나 알 수 있었다고 보아 본인인 乙, 丙에게 매매계약의 효력이 미치지 않는다고 본 원심판단을 수긍한 사례).

⑤ (O) 피해자가 미성년자인 경우 불법행위로 인한 손해배상청구권의 단기소멸시효 기산점인 손해 및 가해자를 안 날을 판단함에 있어 누구의 인식을 기준으로 하여야 하는지를 묻는 지문이다. 손해배상청구권 행사를 기대할 수 있는 법정대리인의 인식을 기준으로 하여야 한다.

[**대법원** 2010. 2. 11. **선고** 2009**다**79897 **판결**] 민법 제766조 제1항은 "불법행위로 인한 손해배상의 청구권은 피해자나 그 법정대리인이 그 손해 및 가해자를 안 날로부터 3년간 이를 행사하지 아니하면 시효로 인하여 소멸한다."고 규정하고 있는바, 여기서 불법행위의 피해자가 미성년자로 행위능력이 제한된 자인 경우에는 다른 특별한 사정이 없는 한 그 법정대리인이 손해 및 가해자를 알아야 위 조항의 소멸시효가 진행한다고 할 것이다.

정답 ①

4. 미성년자에 관한 설명 중 옳은 것을 모두 고른 것은? (다툼이 있는 경우 판례에 의함) [16 변호사]

ㄱ. 미성년자가 법률행위를 할 때 단순히 자신이 성년자라고 말하였을 뿐 그 이상의 적극적인 속임수를 사용하지 않은 경우 법정대리인은 위 법률행위를 취소할 수 없다.

ㄴ. 미성년자가 법정대리인으로부터 허락을 얻은 특정한 영업에 관해서는 법정대리인의 대리권이 소멸하고, 법정대리인은 그가 한 허락을 취소할 수 없다.

ㄷ. 미성년자의 친권자인 모(母)가 자기 오빠의 제3자에 대한 채무의 담보로 미성년자 소유의 부동산에 근저당권을 설정하는 행위는 특별대리인 선임을 필요로 하는 이해상반행위에 해당하지 않는다.

ㄹ. 공동상속인 친권자와 미성년인 수인의 자(子) 사이에 상속재산 분할협의를 하게 되는 경우에는 미성년자 각자마다 특별대리인을 선임하여 그 각 특별대리인이 각 미성년자인 자(子)를 대리하여 상속재산분할의 협의를 해야 한다.

① ㄱ, ㄹ ② ㄴ, ㄷ ③ ㄷ, ㄹ
④ ㄱ, ㄴ, ㄹ ⑤ ㄴ, ㄷ, ㄹ

해설

ㄱ. (×) 속임수에 의한 취소권 배제의 효과가 생기기 위한 속임수의 의미를 묻는 지문이다. 판례는 적극적인 사기수단을 사용하여야 한다고 본다. 적극적인 속임수를 쓰지 아니한 때에는 제한능력자의 취소권이 배제되지 않는다.

[**대법원** 1971. 12. 14. **선고** 71**다**2045 **판결**] 민법 제17조에 이른바 "무능력자가 사술로써 능력자로 믿게 한 때"에 있어서의 사술을 쓴 것이라 함은 적극적으로 사기수단을 쓴 것을 말하는 것이고 단순히 자기가 능력자라 사언함은 사술을 쓴 것이라고 할 수 없다.

ㄴ. (×) 법정대리인의 영업허락의 효과를 묻는 지문이다. 허락된 영업에 관해서는 미성년자는 성년자와 동일한 행위능력을 가지므로 그 범위에서 법정대리권이 소멸하지만(제8조 제1항), 법정대리인은 영업허락을 취소 또는 제한할 수 있다(제8조 제2항)

ㄷ. (O) 친권자의 법정대리권 제한사유로서 이해상반행위의 판단기준을 묻는 지문이다. 행위의 객관적 성질에 비추어 친권자와 미성년자 혹은 친권에 따르는 수인의 미성년자 사이에 이해가 상반되는 행위를 말한다. 지문의 경우에는 미성년자의 오빠와 미성년자 사이에 이해가 상반되는 행위에 해당할 뿐 친권자와 미성년자 사이의 이해상반행위라고 볼 수 없다.

[**대법원** 1991. 11. 26. **선고** 91**다**32466 **판결**] 미성년자의 친권자인 모가 자기 오빠의 제3자에 대한 채무의 담보로 미성년자 소유의 부동산에 근저당권을 설정하는 행위가, 채무자를 위한 것으로서 미성년자에게는 불이익만을 주는 것이라고 하더라도, 민법 제921조 제1항에 규정된 "법정대리인인 친권자와 그 자사이에 이해상반되는 행위"라고 볼 수는 없다.

ㄹ. (O) 친권자와 수인의 미성년자 사이에 이해가 상반되는 행위를 함에 있어 미성년자 각자 마다 특별대리인을 선임하여야 하는지를 묻는 지문이다.

[**대법원** 2001. 6. 29. **선고** 2001**다**28299 **판결**] 상속재산에 대하여 그 소유의 범위를 정하는 내용의 공동상속재산 분할협의는 그 행위의 객관적 성질상 상속인 상호간의 이해의 대립이 생길 우려가 있는 민법 제921조 소정의 이해상반되는 행위에 해당하므로 공동상속인인 친권자와 미성년인 수인의 子사이에 상속재산 분할협의를 하게 되는 경우에는 미성년자 각자마다 특별대리인을 선임하여 그 각 특별대리인이 각 미성년자인 子를 대리하여 상속재산분할의 협의를 하여야 하고, 만약 친권자가 수인의 미성년자의 법정대리인으로서 상속재산 분할협의를 한 것이라면 이는 민법 제921조에 위반된 것으로서 이러한 대리행위에 의하여 성립된 상속재산 분할협의는 적법한 추인이 없는 한 무효라고 할 것이다.

정답 ③

5. **미성년자에 관련된 설명 중 옳지 않은 것을 모두 고른 것은?** [14 변호사]

ㄱ. 법정대리인이 재산의 범위를 정하여 미성년자에게 처분을 허락하였다면, 법정대리인은 그 재산의 처분에 관하여 스스로 유효한 대리행위를 할 수 없다.
ㄴ. 법정대리인이 미성년자에게 영업의 종류를 특정하여 영업을 허락하였다면, 법정대리인은 허락한 영업과 관련된 행위를 스스로 대리할 수 없다.
ㄷ. 피후견인의 신상과 재산에 관한 모든 사정을 고려하여, 성년후견인과 마찬가지로 미성년후견인도 여러 명 둘 수 있다.

ㄹ. 후견인과 피후견인인 미성년자 사이에 이해상반되는 행위를 하는 경우, 후견감독인이 선임된 때에도 후견인은 특별대리인의 선임을 청구하여야 한다.
ㅁ. 제한능력자가 속임수로써 법정대리인의 동의가 있는 것으로 믿게 하여 법률행위를 한 경우, 그 행위를 취소할 수 없다.

① ㄱ, ㄴ, ㄷ　② ㄱ, ㄷ, ㅁ　③ ㄱ, ㄹ, ㅁ
④ ㄱ, ㄷ, ㄹ, ㅁ　⑤ ㄴ, ㄷ, ㄹ, ㅁ

해설

※ 미성년자 등 제한능력자의 행위능력 및 제한능력자의 법정대리인의 권한 등을 묻는 문제이다.

ㄱ. **(×)** 법정대리인이 미성년자에게 처분허락을 하였더라도 그 범위에서 법정대리인의 동의가 필요하지 않을 뿐 법정대리인의 대리권이 제한되지 않는다. 제6조.

ㄴ. **(○)** 법정대리인이 영업허락을 한 경우, 허락된 영업에 관해서는 미성년자가 성년자와 동일한 행위능력을 가진다(제8조 제1항). 따라서 그 범위에서는 법정대리인의 대리권이 소멸한다.

ㄷ. **(×)** 미성년후견인은 성년후견인과 달리 1명으로 한다. 제930조 제1항.

ㄹ. **(×)** 후견인과 피후견인 사이의 이해상반행위에 대해서는 후견감독인이 있는 때에는 후견감독인이 피후견인을 대리하므로 별도로 특별대리인 선임을 청구할 수 없다. 제940조의 6 제3항.

ㅁ. **(×)** 제한능력자가 속임수로써 자기를 능력자로 믿게 한 경우에 제한능력자의 취소권이 배제된다(제17조 제1항). 반면 미성년자가 피한정후견인이 속임수로써 법정대리인의 동의 있는 것으로 믿게 한 경우에 제한능력자의 취소권이 배제된다(제17조 제2항). 따라서 제한능력자가 속임수로써 동의 있는 것으로 믿게 한 때에는 그 제한능력자가 피성년후견인인 때에는 취소권이 배제되지 않으므로 본 지문은 옳지 않은 지문이다.

정답 ④

6. **미성년자에 관한 설명 중 옳은 것을 모두 고른 것은? (다툼이 있는 경우 판례에 의함)** [25 변호사]

ㄱ. 「민법」 제921조에 따라 미성년자의 법정대리인으로 특별대리인을 선임하는 경우에 법원은 특별대리인이 처리할 법률행위를 특정하여 이를 심판 주문에 표시하는 것이 원칙이다.
ㄴ. 법정대리인이 미성년자에게 특정한 영업을 허락한 경우에 법정대리인은 그 허락을 취소할 수 없다.
ㄷ. 미성년자가 법률행위 당시 상대방에 대하여 자신을 단지 성년자라고만 말하였을 뿐 적극적으로 속임수를 사용하지는 않았다면 미성년자는 그 법률행위를 취소할 수 있다.
ㄹ. 미성년자의 법정대리인으로 미성년후견인을 두는 경우에 미성년자의 이익을 위하여 여러 명의 미성년후견인을 둘 수 있다.
ㅁ. 미성년자가 성폭력을 당한 경우에 이로 인한 손해배상청구권의 소멸시효는 그가 성년이 될 때까지 진행하지 않는다.

① ㄱ, ㄴ, ㅁ　② ㄱ, ㄷ, ㄹ　③ ㄱ, ㄷ, ㅁ
④ ㄴ, ㄷ, ㄹ　⑤ ㄴ, ㄹ, ㅁ

해설

ㄱ. (O) 판례는 민법 제921조의 특별대리인 제도는 친권자와 그 친권에 복종하는 자 사이 또는 친권에 복종하는 자들 사이에 서로 이해가 충돌하는 경우에는 친권자에게 친권의 공정한 행사를 기대하기 어려우므로 친권자의 대리권 및 동의권을 제한하여 법원이 선임한 특별대리인으로 하여금 이들 권리를 행사하게 함으로써 친권의 남용을 방지하고 미성년인 자의 이익을 보호하려는 데 그 취지가 있으므로, 특별대리인은 이해가 상반되는 특정의 법률행위에 관하여 개별적으로 선임되어야 한다. 따라서 특별대리인선임신청서에는 선임되는 특별대리인이 처리할 법률행위를 특정하여 적시하여야 하고 법원도 그 선임 심판시에 특별대리인이 처리할 법률행위를 특정하여 이를 심판의 주문에 표시하는 것이 원칙이며, 특별대리인에게 미성년자가 하여야 할 법률행위를 무엇이든지 처리할 수 있도록 포괄적으로 권한을 수여하는 심판을 할 수는 없다고 본다(96다1139).

ㄴ. (×) 민법제8조 2항에 의하면 법정대리인은 그가 한 영업의 허락을 「취소」 또는 「제한」할 수 있다.

ㄷ. (O) 「속임수」의 의미에 관해 판례는 『 i) 속임수를 쓴 때란 미성년자가 상대방으로 하여금 그 능력자임을 믿게 하기 위하여 ii) '적극적으로 사기수단'을 쓴 것을 말하고, iii) 단순히 자기가 능력자라고 칭한 것만으로는(소극적 기망수단) 속임수를 쓴 것이라 할 수 없다』 고 본다(71다2045). 따라서 **단지 성년자라고만 말하였을 뿐 적극적으로 속임수를 사용하지는 않았다면** 취소권이 배제되지 않는 경우이므로 **미성년자는 그 법률행위를 취소할 수 있다.**

ㄹ. (×) 미성년자에 대하여 친권자가 없거나, 친권자가 법률행위의 대리권 및 재산관리권을 행사할 수 없는 때에는 미성년후견인을 두어야 한다(제928조). 미성년후견인은 1인으로 해야 한다(제930조). 따라서 **미성년후견인을 두는 경우에 미성년자의 이익을 위하여 여러 명의 미성년후견인을 둘 수 없다.**

ㅁ. (O) 민법 제766조 제3항에 의하면 미성년자가 성폭력, 성추행, 성희롱, 그 밖의 성적 침해를 당한 경우에 이로 인한 손해배상청구권의 소멸시효는 그가 성년이 될 때까지는 진행되지 아니한다.

정답 ③

Ⅱ. 주소, 부재와 실종

제3장 법 인

I. 사단법인 · 재단법인

1. 사단법인 甲의 이사 乙은 甲을 대표하여 매수인 丙과 매매계약을 체결하였다. 이에 관한 설명 중 옳지 않은 것은? (각 지문은 독립적이며, 다툼이 있는 경우 판례에 의함) [23 변호사]

① 매매계약이 乙의 적법한 대표권 범위 내에서 체결된 것이라면 매매계약의 불이행에 따른 채무불이행책임은 甲이 직접 부담한다.

② 매매계약이 乙의 적법한 대표권 범위 내에서 체결되었다고 하더라도 매매계약이 乙 자신만을 위한 것이고, 丙이 이러한 사실을 알았거나 알 수 있었던 경우가 아니라면 甲과 丙 사이의 매매계약은 유효하다.

③ 甲이 丙에 대하여 매매계약에 따른 채무불이행책임을 지는 경우, 甲의 고의·과실은 乙의 고의·과실 여부를 기준으로 결정한다.

④ 甲이 丙에 대하여 매매계약에 따른 채무불이행책임을 지는 경우, 乙에게 불법행위책임 등이 별도로 성립하지 않더라도 乙은 대표기관 개인으로서 丙에 대해 손해배상책임을 부담하여야 한다.

⑤ 丙이 매수하는 것에 관하여 乙의 이익과 甲의 이익이 상반되는 경우, 乙은 위 매매계약 체결에 대해 甲을 대표할 권한이 없다.

해설

① **(O)** 유권대표에 따른 법적 효과는 모두 법인에게 귀속되므로 乙이 적법하게 대표행위를 한 때에는 채무불이행책임은 법인인 甲이 직접 부담한다.

② **(O)** 대표권 남용의 효력을 묻는 지문이다. 대표권이 남용되었더라도 형식적으로 대표권 범위 내의 행위이므로 법인에게 그 효력이 미친다. 그러나 대표행위 상대방이 대표자의 배임적 의도를 알았거나 알 수 있었을 때에는 무효가 된다.
[**대법원** 1997. 8. 29. **선고** 97**다**18059 **판결**] 주식회사의 대표이사가 그 대표권의 범위 내에서 한 행위는 설사 대표이사가 회사의 영리목적과 관계없이 자기 또는 제3자의 이익을 도모할 목적으로 그 권한을 남용한 것이라 할지라도 일단 회사의 행위로서 유효하고, 다만 그 행위의 상대방이 대표이사의 진의를 알았거나 알 수 있었을 때에는 회사에 대하여 무효가 되는 것이다.

③ **(O)** 대표에는 대리에 관한 규정이 준용된다(제59조 제2항). 법인에게 귀책성이 있는지는 대표자에게 고의나 과실이 있는지에 따라 판단한다(제116조 제1항).

④ **(×)** 법인이 채무불이행책임을 지는 경우에는 법인만이 그 책임을 부담하고, 대표기관 개인이 법인의 채무불이행에 따른 책임을 부담하지 않는다. 그러나 법인의 불법행위가 성립하는 때에는 대표기관 개인의 책임이 면책되는 것은 아니므로 대표기관 개인이 불법행위책임을 부담한다.

⑤ **(O)** 제64조. 이익상반사항에 관해서는 이사의 대표권은 제한되고, 법원이 선임한 특별대리인이 법인을 대표한다.

정답 ④

2. **「민법」상 '제3자'에 관한 설명 중 옳지 않은 것을 모두 고른 것은? (다툼이 있는 경우 판례에 의함)**
[20 변호사]

ㄱ. 정관에 의한 법인 이사에 대한 대표권 제한 규정은 등기하지 아니하면 정관 규정에 대한 선의, 악의에 관계없이 제3자에게 대항할 수 없다.
ㄴ. 제한능력으로 인한 의사표시의 취소는 선의의 제3자에게 대항할 수 없다.
ㄷ. 당사자의 궁박, 경솔, 무경험으로 인하여 현저하게 공정을 잃은 법률행위의 무효는 선의의 제3자에게 대항할 수 없다.
ㄹ. 무권대리행위의 추인에 따른 계약의 소급효는 배타적 권리를 취득한 제3자에게도 미친다.
ㅁ. 상대방 있는 의사표시에 관하여 제3자 甲이 강박을 행한 경우 그 의사표시의 취소는 그 의사표시를 기초로 새로운 이해관계를 맺은 선의의 제3자 乙에게 대항할 수 없다.

① ㄱ, ㄴ, ㅁ ② ㄱ, ㄷ, ㄹ ③ ㄴ, ㄷ, ㄹ
④ ㄴ, ㄹ, ㅁ ⑤ ㄷ, ㄹ, ㅁ

해설

ㄱ. **(O)** 대표권 제한등기가 없는 경우에 대항하지 못하는 제3자가 선의의 제3자로 제한되는지를 묻는 지문이다. 제60조는 이사의 대표권에 대한 제한은 등기하지 아니하면 제3자에게 대항하지 못한다고 규정하고 있다. 제3자의 범위가 선의의 제3자로 제한되는지에 관해서는 견해의 대립이 있으나, 판례는 법인은 정관규정을 알고 있는 제3자에 대해서도 대항할 수 없다고 한다. 제60조가 선의의 제3자로 제한하고 있지 않은 점, 단체적 법률관계를 획일적으로 처리해야 할 요청, 대표권 제한등기를 강제할 필요성, 대표권 제한등기가 마쳐진 경우 선의의 제3자에게 대항할 수 있다는 것과의 균형 등을 근거로 한다.
[**대법원** 1992. 2. 14. **선고** 91**다**24564 **판결**] 법인의 정관에 법인 대표권의 제한에 관한 규정이 있으나 그와 같은 취지가 등기되어 있지 않다면 법인은 그와 같은 정관의 규정에 대하여 선의냐 악의냐에 관계없이 제3자에 대하여 대항할 수 없다.

ㄴ. **(×)** 제한능력을 원인으로 하는 취소는 절대적 효력을 가진다. 선의의 제3자에게 대항할 수 있다. 취소로 선의의 제3자에게 대항할 수 있다는 취지의 규정이 없으므로 선의의 제3자에게도 대항할 수 있다고 해석하여야 한다.

ㄷ. **(×)** 불공정한 법률행위로 인한 무효는 절대적 무효이므로 선의의 제3자에게도 대항할 수 있다.

ㄹ. **(×)** 추인의 소급효로 대항하지 못하는 제3자를 묻는 지문이다. 무권대리행위에 관한 본인의 추인은 계약시에 소급하여 그 효력이 생기지만 제3자의 권리를 해하지 못한다(제133조). 추인에 의하여 침해당하지 않는 제3자의 권리란 대항력 있는 권리여야 한다. 만약 제3자의 권리가 상대적 효력이 있는 채권과 같은 권리에 불과한 때에는 대리행위의 효력이 소급하여 발생하더라도 제3자의 권리가 추인의 소급효로 침해를 받지 않기 때문이다.

ㅁ. **(O)** 강박에 의한 의사표시의 취소로는 선의의 제3자에게 대항할 수 없다(제110조 제3항). 제3자란 강박에 의한 의사표시를 기초로 새로운 법률상 이해관계를 맺은 자를 말한다.
[**대법원** 1997. 12. 26. **선고** 96**다**44860 **판결**] 부동산의 양도계약이 사기에 의한 의사표시에 해당하는 경우에 있어서는 공시 방법인 소유권이전등기를 마친 기망행위자와 사이에 새로운 법률원인을 맺어 이해관계를 갖게 된 자만이 민법 제110조 제3항 소정의 제3자에 해당한다고 할 수 없다.

정답 ③

3. **「민법」상 법인에 관한 설명 중 옳은 것(○)과 옳지 않은 것(×)을 올바르게 조합한 것은? (다툼이 있는 경우 판례에 의함)** [19 변호사]

ㄱ. 법인의 정관에 대표권의 제한에 관한 규정이 있으나 그와 같은 취지가 등기되어 있지 않다면, 법인은 그와 거래한 상대방이 그와 같은 정관의 규정에 대하여 선의냐 악의냐에 관계없이 그 상대방에 대하여 위 대표권 제한 사실로써 대항할 수 없다.

ㄴ. 법인은 언제든지 이사를 해임할 수 있지만, 법인의 정관에 이사의 해임사유에 관한 규정이 있는 경우에는 법인은 이사의 중대한 의무위반 또는 정상적인 사무집행 불능 등의 특별한 사정이 없는 한 정관에서 정하지 아니한 사유로는 이사를 해임할 수 없다.

ㄷ. 이사가 없거나 결원이 생겨서 이로 인하여 법인에 손해가 생길 염려있는 경우뿐만 아니라 법인과 이사의 이익이 상반하는 사항이 생긴 경우에, 법원은 이해관계인이나 검사의 청구에 의하여 특별대리인을 선임하여야 한다.

ㄹ. 법원의 가처분명령에 의해 선임된 이사직무대행자는 그 명령에 다른 정함이 있는 경우 외에는 법원의 허가없이 법인의 통상사무에 속하지 아니한 행위를 하지 못하고, 만약 위 직무대행자가 그에 위반한 행위를 한 경우 법인은 선의의 제3자에 대하여 책임을 진다.

① ㄱ(○), ㄴ(×), ㄷ(○), ㄹ(×)
② ㄱ(○), ㄴ(×), ㄷ(×), ㄹ(○)
③ ㄱ(○), ㄴ(○), ㄷ(×), ㄹ(○)
④ ㄱ(×), ㄴ(○), ㄷ(×), ㄹ(○)
⑤ ㄱ(×), ㄴ(×), ㄷ(○), ㄹ(×)

해 설

ㄱ. **(O)** [**대법원** 1992. 2. 14. **선고** 91**다**24564 **판결**] 법인의 정관에 법인 대표권의 제한에 관한 규정이 있으나 그와 같은 취지가 등기되어 있지 않다면 법인은 그와 같은 정관의 규정에 대하여 선의냐 악의냐에 관계없이 제3자에 대하여 대항할 수 없다.

ㄴ. **(O)** 이사의 해임사유에 관한 정관규정은 이사의 신분보장을 위한 규정으로 단순한 주의적 규정으로 볼 수 없으므로 정관상 해임사유에 해당하지 아니하는 사유를 원인으로 이사를 해임하는 것은 원칙적으로 허용되지 않는다.

[**대법원** 2013. 11. 28. **선고** 2011**다**41741 **판결**] 법인과 이사의 법률관계는 신뢰를 기초로 한 위임 유사의 관계로 볼 수 있는데, 민법 제689조 제1항에서는 위임계약은 각 당사자가 언제든지 해지할 수 있다고 규정하고 있으므로, 법인은 원칙적으로 이사의 임기 만료 전에도 이사를 해임할 수 있지만, 이러한 민법의 규정은 임의규정에 불과하므로 법인이 자치법규인 정관으로 이사의 해임사유 및 절차 등에 관하여 별도의 규정을 두는 것도 가능하다. 그리고 이와 같이 법인이 정관에 이사의 해임사유 및 절차 등을 따로 정한 경우 그 규정은 법인과 이사와의 관계를 명확히 함은 물론 이사의 신분을 보장하는 의미도 아울러 가지고 있어 이를 단순히 주의적 규정으로 볼 수는 없다. 따라서 법인의 정관에 이사의 해임사유에 관한 규정이 있는 경우 법인으로서는 이사의 중대한 의무위반 또는 정상적인 사무집행 불능 등의 특별한 사정이 없는 이상, 정관에서 정하지 아니한 사유로 이사를 해임할 수 없다.

ㄷ. **(×)** 제63조, 제64조. 이사의 결원으로 법인에게 손해가 생길 염려가 있는 경우에는 임시이사가 선임되고, 법인과 이사의 이익상반사항에 관해서 특별대리인이 선임된다.

ㄹ. **(O)** 제60조의2.

정답 ③

4. **甲은 A 재단법인의 설립을 위하여 자신의 전 재산을 출연하기로 하였다. 그런데 A 재단법인이 설립되었음에도 불구하고 출연재산이 현실적으로 이전되지 않고 있는 상황에서 甲이 사망하였다. 출연재산의 귀속시기에 관한 아래의 학설과 관련한 설명 중 옳은 것(○)과 옳지 않은 것(X)을 바르게 고른 것은?**

[14 변호사]

> **제1설:** 민법 제48조는 민법 제187조의 '기타 법률의 규정'에 해당하므로 현실적인 권리이전절차를 거치지 않더라도 민법 제48조에서 규정하는 시기에 출연재산이 법인에 귀속된다.
>
> **제2설:** 법인의 성립 시에는 단지 법인에게 그 출연재산의 이전청구권만이 생기고, 현실적으로 권리이전절차를 거쳐야 출연재산이 법인에 귀속된다.
>
> **제3설:** 출연자와 법인 사이에는 권리이전절차를 요하지 않고, 민법 제48조에서 규정하는 시기에 출연재산이 법인에 귀속되나, 법인과 제3자 사이에는 권리이전절차를 거치지 않고는 그 권리취득을 제3자에게 대항하지 못한다.

> ㄱ. 출연재산이 지명채권인 경우에는 어느 학설에 의하더라도 민법 제48조에서 규정한 시기에 권리가 귀속된다.
>
> ㄴ. 제1설에 따르면, 민법 제187조에 규정된 '기타 법률의 규정' 이란 당사자의 의사에 기하지 않은 경우를 총칭하는 것이다.
>
> ㄷ. 제3설에 따르면 출연재산이 부동산이라고 하더라도 다른 이해관계인이 없다면 그 부동산의 소유권은 법인의 성립시에 법인에 귀속된다.
>
> ㄹ. 제1설에 따르면, 甲의 상속인 乙이 출연재산인 X 부동산에 대한 상속등기를 한 후 丙에게 다시 매도하였으나, 丙이 X 부동산이 출연재산이라는 사실을 알지 못하였다면 乙을 상대로 계약해제 이외에 손해배상을 청구할 수 있다.
>
> ㅁ. 제2설에 따르면, 甲의 상속인 乙이 출연재산인 X 부동산에 대해 상속등기를 한 후 원인 없이 丙 앞으로 소유권이전등기를 마쳐준 경우, A 법인은 丙에 대하여 진정명의 회복을 원인으로 한 소유권이전등기청구를 할 수 있다.

① ㄱ(O), ㄴ(X), ㄷ(O), ㄹ(O), ㅁ(X)
② ㄱ(X), ㄴ(O), ㄷ(X), ㄹ(O), ㅁ(X)
③ ㄱ(X), ㄴ(X), ㄷ(O), ㄹ(O), ㅁ(O)
④ ㄱ(O), ㄴ(O), ㄷ(O), ㄹ(X), ㅁ(O)
⑤ ㄱ(O), ㄴ(X), ㄷ(X), ㄹ(X), ㅁ(X)

해 설

※ 재단법인 설립과정에서 출연재산의 귀속시기에 관한 견해의 대립과 각 견해에 따른 구체적인 법적 효과를 묻는 문제이다. 제1설은 출연재산 귀속시기에 관한 제48조를 우선하는 견해, 제2설은 형식주의를 우선하는 견해, 제3설은 대내관계와 대외관계를 분리하여 파악하는 견해이다.

ㄱ. (O) 출연재산이 지명채권인 때에는 채권의 이전에 형식주의 원칙이 관철되지 않으므로 형식주의 원칙과 제48조의 충돌상황이 발생하지 않는다. 따라서 제48조가 정한 시기에 재산법인의 채권으로 귀속된다.

ㄴ. (X) 제187조에 규정된 '기타 법률의 규정'을 당사자의 의사에 기하지 않은 경우로 이해하면 출연행위에 의한 재산의 이전은 당사자의 의사에 기한 경우이므로 등기가 필요하다는 결론에 이르게 된다. 제1설은 등기 없이도 재산법인의 재산으로 귀속된다는 견해이므로 옳지 않은 설명이다. 이는 형식주의를 우선하는 제2설에서의 주장이다.

ㄷ. (○) 대내적 관계와 대외적 관계를 분리하여 사고하는 제3설에 따르면, 당해 부동산에 이해관계 있는 제3자가 없는 한, 대내적 관계만을 살피면 되므로 제48조가 적용되고, 그 결과 부동산에 관한 등기가 없더라도 재단법인이 성립하면 그 부동산은 재단법인의 부동산으로 귀속된다.

ㄹ. (○) 제1설에 따르면 출연부동산에 대하여 상속등기를 마친 상속인 乙은 그 부동산을 취득할 수 없다. 재단법인 성립 당시에 이미 재단법인의 재산으로 귀속되었기 때문이다. 따라서 乙과 丙 사이의 매매는 타인권리매매에 해당하고, 매도인 乙이 이를 취득하여 이전할 수 없는 상태이므로 선의의 매수인 丙은 매도인 담보책임 규정에 따라 계약을 해제하고 손해배상을 청구할 수 있다.

ㅁ. (×) 제2설에 따르면 등기를 갖추지 않는 한 재단법인은 출연부동산의 소유권을 취득할 수 없으므로 출연자의 상속인으로부터 출연부동산을 매수한 丙에 대하여 진정한 등기명의 회복을 위한 소유권이전등기청구권을 행사할 수 없다. 진정한 등기명의 회복을 위한 소유권이전등기청구는 진정한 소유자가 하여야 하는 것이기 때문이다. 정답 ①

5. **甲 법인의 대표자가 乙에게 대표자의 모든 권한을 포괄적으로 위임하여 乙이 실질적으로 법인의 대표자로서 그 법인의 사무를 집행하고 있었다. 그러던 중 乙이 외관상 직무에 관한 행위로 丙에게 손해를 가하였다. 이에 대한 설명 중 옳지 않은 것을 모두 고른 것은? (다툼이 있는 경우에는 판례에 의함)**

[14 변호사]

ㄱ. 甲 법인의 대표자가 행한 乙에 대한 업무의 포괄적 위임과 포괄적 수임인 乙의 대행행위는 원칙적으로 甲 법인에 효력이 미친다.
ㄴ. 만약 乙이 대표자로 등기되어 있지 않았다면, 丙은 甲 법인을 상대로 민법 제35조에서 정한 법인의 불법행위책임에 따른 손해배상을 청구할 수 없다.
ㄷ. 乙의 행위가 자신의 이익을 도모하기 위한 것이라면 직무관련성이 부정되므로, 丙은 甲 법인을 상대로 민법 제35조에서 정한 법인의 불법행위책임에 따른 손해배상을 청구할 수 없다.
ㄹ. 乙의 행위가 실제로 직무에 관한 행위에 해당하지 아니함을 丙이 알았거나 과실로 알지 못한 경우에는 甲 법인을 상대로 민법 제35조에서 정한 법인의 불법행위책임에 따른 손해배상을 청구할 수 없다.

① ㄱ, ㄹ ② ㄷ, ㄹ ③ ㄱ, ㄴ, ㄷ
④ ㄴ, ㄷ, ㄹ ⑤ ㄱ, ㄴ, ㄷ, ㄹ

해설

※ 법인의 대표자가 포괄적 위임을 하여, 포괄적 수임인이 법인을 대표한 행위를 하였을 때에 나타나는 법률문제를 묻는 사례문제이다.

ㄱ. (×) 대표자의 포괄적 수권행위 및 포괄적 수임인의 대행행위의 효력을 묻는 지문이다. 민법 제62조는 '이사는 정관 또는 총회의 결의로 금지하지 아니한 사항에 한하여 타인으로 하여금 특정한 행위를 대리하게 할 수 있다.'고 규정하여 포괄적으로 타인에게 권한을 수여하는 행위를 금지하고 있다. 따라서 대표자의 포괄적 수권행위는 효력이 없고, 그 결과 포괄적 수임인의 대행행위는 무권대표로서 법인에게는 효력이 미치지 않는다.

[**대법원** 1996. 9. 6. **선고** 94**다**18522 **판결**] 비법인사단에 대하여는 사단법인에 관한 민법 규정 가운데서 법인격을 전제로 하는 것을 제외하고는 이를 유추적용하여야 할 것인 바, 민법 제62조의 규정에 비추어 보면 비법인사단의 대표자는 정관 또는 총회의 결의로 금지하지 아니한 사항에 한하여

타인으로 하여금 특정한 행위를 대리하게 할 수 있을 뿐 비법인사단의 제반 업무처리를 포괄적으로 위임할 수는 없다 할 것이므로, 비법인사단 대표자가 행한 타인에 대한 업무의 포괄적 위임과 그에 따른 포괄적 수임인의 대행행위는 민법 제62조의 규정에 위반된 것이어서 비법인사단에 대하여는 그 효력이 미치지 아니한다.

ㄴ. (×) 사실상 대표자의 직무에 관한 행위로 인하여 법인이 불법행위책임을 부담하는지를 묻는 지문이다. 법인의 불법행위책임이 인정되기 위해서는 이사 기타 대표자의 직무에 관한 행위가 있어야 한다(제35조). 사실상 대표자가 제35조에서 정하고 있는 이사 기타 대표자에 포함되는지가 쟁점이다. 대법원은 명칭이나 직위 여하, 등기되었는지 여부를 불문하고 법인을 실질적으로 운영하면서 법인을 사실상 대표하여 법인의 사무를 집행하는 사람을 포함한다고 한다. 따라서 피해자 丙은 甲 법인을 상대로 제35조에 따른 손해배상을 청구할 수 있다.

[**대법원** 2011. 4. 28. **선고** 2008**다**15438 **판결**] 민법 제35조 제1항은 "법인은 이사 기타 대표자가 그 직무에 관하여 타인에게 가한 손해를 배상할 책임이 있다."라고 정한다. 여기서 '법인의 대표자'에는 그 명칭이나 직위 여하, 또는 대표자로 등기되었는지 여부를 불문하고 당해 법인을 실질적으로 운영하면서 법인을 사실상 대표하여 법인의 사무를 집행하는 사람을 포함한다고 해석함이 상당하다. 구체적인 사안에서 이러한 사람에 해당하는지는 법인과의 관계에서 그 지위와 역할, 법인의 사무 집행 절차와 방법, 대내적·대외적 명칭을 비롯하여 법인 내부자와 거래 상대방에게 법인의 대표행위로 인식되는지 여부, 공부상 대표자와의 관계 및 공부상 대표자가 법인의 사무를 집행하는지 여부 등 제반 사정을 종합적으로 고려하여 판단하여야 한다. 그리고 이러한 법리는 주택조합과 같은 비법인사단에도 마찬가지로 적용된다(필자 주 : 甲 주택조합의 대표자가 乙에게 대표자의 모든 권한을 포괄적으로 위임하여 乙이 그 조합의 사무를 집행하던 중 불법행위로 타인에게 손해를 발생시킨 데 대하여 불법행위 피해자가 甲 주택조합을 상대로 민법 제35조에서 정한 법인의 불법행위책임에 따른 손해배상청구를 한 사안에서, 乙은 甲 주택조합을 실질적으로 운영하면서 법인을 사실상 대표하여 법인의 사무를 집행하는 사람으로서 민법 제35조에서 정한 '대표자'에 해당한다고 보아야 함에도, 乙이 甲 주택조합의 적법한 대표자 또는 대표기관이라고 볼 수 없다는 이유로 위 손해배상청구를 배척한 원심판결에는 법리오해의 위법이 있다고 한 사례).

ㄷ. (×) 대표자의 개인적 이익을 도모하기 위한 행위가 제35조의 직무에 관한 행위에 해당할 수 있는지를 묻는 지문이다. 제35조가 규정하고 있는 직무에 관한 행위는 행위의 외형에 따라 판단하고, 대표자의 주관적 사정을 고려하지 않는다. 따라서 대표자가 자신의 이익을 도모하기 위한 목적에서 행위를 하였다거나 그 행위가 강행규정을 위반하였다는 사실만으로 '직무에 관한 행위'가 아니라고 할 수 없다.

[**대법원** 1969. 8. 26. **선고** 68**다**2320 **판결**] 행위의 외형상 법인의 대표자의 직무행위라고 인정할 수 있는 것이라면 설사 그것이 대표자 개인의 사리를 도모하기 위한 것이었거나 혹은 법령의 규정에 위배된 것이었다 하더라도 위의 직무에 관한 행위에 해당한다(필자 註 : 이 판결의 사실관계 및 그 경과를 정리하면 다음과 같다. 피고 후포어업협동조합의 조합장 A는 원고 수협중앙회 경북지부장 B와 통모하여 수협중앙회로부터 자금을 차입하여 이 자금을 이용할 자격이 없는 C에게 교부하였다. 이에 수협중앙회가 후포어업협동조합을 상대로 주위적으로는 계약상의 차입금반환청구를 하였고, 예비적으로는 불법행위를 이유로 한 손해배상청구를 하였다. 이에 대하여 원심은 주위적 청구와 예비적 청구를 모두 기각하였으나 대법원은 주위적 청구를 기각한 것은 정당하다고 하였으나 예비적 청구를 기각한 것은 부당하다며 원심을 파기한 것이다).

ㄹ. (×) 외형이론의 한계를 묻는 지문이다. 직무에 관한 행위인지 여부를 행위의 외형에 따라 판단하는 것은 피해자의 신뢰를 보호하기 위함이다. 따라서 피해자가 직무에 관한 행위가 아님을 알고 있었거나 중대한 과실로 알지 못한 때에는 법인의 불법행위책임이 인정되지 않는다. 피해자인 丙이 직무에 관한 행위에 해당하지 아니함을 과실로 알지 못한 때에는 그 과실이 중대한 과실이 아니라면 甲 법인의 손해배상책임이 배제되지 않는다.

[**대법원** 2004. 3. 26. **선고** 2003**다**34045 **판결**] 법인의 대표자의 행위가 직무에 관한 행위에 해당하지 아니함을 피해자 자신이 알았거나 또는 중대한 과실로 인하여 알지 못한 경우에는 법인에게 손해배

상책임을 물을 수 없다고 할 것이고, 여기서 중대한 과실이라 함은 거래의 상대방이 조금만 주의를 기울였더라면 대표자의 행위가 그 직무권한 내에서 적법하게 행하여진 것이 아니라는 사정을 알 수 있었음에도 만연히 이를 직무권한 내의 행위라고 믿음으로써 일반인에게 요구되는 주의의무에 현저히 위반하는 것으로 거의 고의에 가까운 정도의 주의를 결여하고, 공평의 관점에서 상대방을 구태여 보호할 필요가 없다고 봄이 상당하다고 인정되는 상태를 말한다. 정답 ⑤

6. 법인에 관한 설명 중 옳지 않은 것은? (다툼이 있는 경우에는 판례에 의함) [13 변호사]

① 재단법인의 기본재산의 변경은 정관의 변경을 초래하기 때문에 주무관청의 허가를 받아야 하는데, 기존의 기본재산을 처분하는 행위는 물론 새로이 기본재산으로 편입하는 행위도 주무관청의 허가가 있어야 유효하다.

② 총유재산의 보존행위로서 소를 제기하는 경우, 법인 아닌 사단의 구성원 중 1인에 불과한 甲은 설령 그가 사단의 대표자이거나 사원총회의 결의를 거쳤더라도 그 소송의 당사자가 될 수 없다.

③ 설립자가 그 소유의 부동산을 출연하여 재단법인을 설립하는 경우, 설립등기가 경료되었더라도 그 부동산에 관하여 재단법인 명의의 등기가 경료되기 전이라면, 설립자의 채권자가 그 부동산에 관하여 신청한 강제집행에 대하여 재단법인은 제3자이의의 소를 제기할 수 없다.

④ 법인 아닌 사단에서 이사의 대표권에 대한 제한이 정관에 기재되어 있는 경우, 그 대표권의 제한은 악의의 제3자에 대해서는 대항할 수 있지만, 선의의 제3자에 대해서는 그에게 과실이 있더라도 대항할 수 없다.

⑤ 사단법인의 정관에 그 정관을 변경할 수 없다는 규정이 있더라도 총사원의 동의로 정관을 변경할 수 있다.

해설

① (O) 재단법인 기본재산 편입행위에 주무관청의 허가가 필요한지 여부를 묻는 지문이다. 기본재산의 변경은 정관의 변경을 초래하기 때문에 감소행위는 물론이고, 편입하는 행위에도 주무관청의 허가가 필요하다.

[**대법원** 1982. 9. 28. **선고** 82**다카**499 **판결**] 재단법인의 기본재산에 관한 사항은 정관의 기재사항으로서 기본재산의 변경은 정관의 변경을 초래하기 때문에 주무부장관의 허가를 받아야 하고 따라서 기존의 기본재산을 처분하는 행위는 물론 새로이 기본재산으로 편입하는 행위도 주무부장관의 허가가 있어야만 유효하다 할 것이므로 재단법인 명의로 소유권이전등기가 경료된 부동산이 재단법인의 기본재산에 편입되었다고 인정하기 위해서는 그 편입에 관한 주무부장관의 허가가 있었음이 먼저 입증되어야 한다.

② (O) 총유재산에 관한 소송의 당사자가 누구인가를 묻는 지문이다. 비법인사단의 경우에도 사단법인과 마찬가지로 구성원의 법률관계와 비법인사단의 법률관계가 분리된다. 비법인사단의 총유재산에 관한 소송은 비법인사단이 당사자가 되거나 구성원 전원이 당사자가 되어야 하고, 개별 구성원은 당사자가 될 수 없다.

[**대법원** 2005. 9. 15. **선고** 2004**다**44971 **전원합의체 판결**] 민법 제276조 제1항은 "총유물의 관리 및 처분은 사원총회의 결의에 의한다", 같은 조 제2항은 "각 사원은 정관 기타의 규약에 좇아 총유물을 사용·수익할 수 있다"라고 규정하고 있을 뿐 공유나 합유의 경우처럼 보존행위는 그 구성원 각자가 할 수 있다는 민법 제265조 단서 또는 제272조 단서와 같은 규정을 두고 있지 아니한 바, 이

는 법인 아닌 사단의 소유형태인 총유가 공유나 합유에 비하여 단체성이 강하고 구성원 개인들의 총유재산에 대한 지분권이 인정되지 아니하는 데에서 나온 당연한 귀결이라고 할 것이므로 총유재산에 관한 소송은 법인 아닌 사단이 그 명의로 사원총회의 결의를 거쳐 하거나 또는 그 구성원 전원이 당사자가 되어 필수적 공동소송의 형태로 할 수 있을 뿐 그 사단의 구성원은 설령 그가 사단의 대표자라거나 사원총회의 결의를 거쳤다 하더라도 그 소송의 당사자가 될 수 없고, 이러한 법리는 총유재산의 보존행위로서 소를 제기하는 경우에도 마찬가지라 할 것이다(필자 註 : 이 판결은 종래 대표자 이름으로 한 소송행위라도 사원총회결의 등의 요건을 갖춘 경우에는 허용된다는 취지의 판결들(대법원 1994. 4. 26. 선고 93다51591 판결 등)을 폐기하고, 비법인사단의 명의로 소송행위를 하거나, 구성원 전원이 당사자가 되어 필수적 공동소송의 형태로 소송행위를 할 수 있을 뿐이라고 판단하고 있다).

③ (O) 재단법인의 출연재산인 부동산이 재단법인에게 귀속되기 위해서 등기가 필요한지 여부를 묻는 지문이다. 등기 없이 재단법인에게 귀속된다면 재단법인은 제3자 이의의 소를 제기할 수 있지만, 등기가 있어야 재단법인에게 귀속된다면 재단법인은 제3자 이의의 소를 제기할 수 없다. 대법원은 제3자에 대한 관계에서는 등기가 필요하다는 입장이다.

[**대법원** 1979. 12. 11. **선고** 78**다**481·482 **전원합의체 판결**] 재단법인을 설립함에 있어서 출연재산은 그 법인이 설립된 때로부터 법인에 귀속된다는 민법 제48조의 규정은 출연자와 법인과의 관계를 상대적으로 결정하는 기준에 불과하여 출연재산이 부동산인 경우에도 출연자와 법인 사이에는 법인의 성립 외에 등기를 필요로 하는 것은 아니지만, 제3자에 대한 관계에 있어서, 출연행위는 법률행위이므로 출연재산의 법인에의 귀속에는 부동산의 권리에 관한 것일 경우 등기를 필요로 한다.

④ (×) 비법인사단의 대표자의 대표권이 내부적으로 제한되어 있는 경우, 제한을 위반한 대표행위의 효력을 부인하기 위해서는 제3자가 선의, 무과실이어야 하는지 여부를 묻는 지문이다. 법인과 달리 비법인의 경우에는 대표권 제한을 등기할 방법이 없다. 원칙적으로 대표권 제한을 위반한 대표행위도 유효이지만, 대표행위의 상대방이 대표권 제한 사실을 알았거나 알 수 있었을 때에는 대표행위의 효력이 부정된다.

[**대법원** 2003. 7. 22. **선고** 2002**다**64780 **판결**] 비법인사단의 대표자가 정관에서 사원총회의 결의를 거쳐야 하도록 규정한 대외적 거래행위에 관하여 이를 거치지 아니한 경우라도, 이와 같은 사원총회 결의사항은 비법인사단의 내부적 의사결정에 불과하다 할 것이므로, 그 거래 상대방이 그와 같은 대표권 제한 사실을 알았거나 알 수 있었을 경우가 아니라면 그 거래행위는 유효하다.

⑤ (O) 사단법인이 정관변경을 금지하는 정관규정에 반하여 정관을 변경할 수 있는지 여부를 묻는 지문이다. 사단법인은 자율적 법인으로 원칙적으로 정관변경이 가능하다. 비록 정관변경을 금지하는 정관규정이 있더라도 총 사원의 동의로 정관을 변경할 수 있다.

정답 ④

7. **「민법」상 법인의 기관에 관한 설명 중 옳은 것은? (다툼이 있는 경우 판례에 의함)** [25 변호사]

① 이사가 사임의 의사표시를 하였더라도 법인의 승낙이 없으면 사임의 효력은 발생하지 않는다.
② 법인과 이사의 이익이 상반되는 사항에 관하여 이해관계인 또는 검사의 청구가 있는 경우, 법원은 임시이사를 선임하여야 한다.
③ 감사는 필요적 상설기관이므로 감사의 성명과 주소는 정관의 필요적 기재 사항이다.
④ 직무대행자는 주무관청의 허가를 얻어 법인의 통상사무에 속하지 아니한 행위를 할 수 있다.
⑤ 법인이 정관에서 이사의 해임 사유와 절차를 정하였고 그 해임 사유가 실제로 발생하였다면, 법인과 이사 사이의 신뢰관계가 더 이상 유지되기 어려울 정도에 이르지 않았더라도 법인은 정관에서 정한 절차에 따라 이사를 해임할 수 있다.

해설

① **(×)** 판례는 재단법인의 이사는 법인에 대한 일방적인 사임의 의사표시에 의하여 법률관계를 종료시킬 수 있고, 그 의사표시가 수령권한 있는 기관에 도달됨으로써 효력을 발생하는 것이며, 법인의 승낙이 있어야만 효력이 있는 것은 아니라고 본다(92다749).

② **(×)** 민법 제64조에 의하면 법인과 이사의 이익이 상반하는 사항에 관하여는 이사는 대표권이 없다. 이 경우에는 전조의 규정에 의하여 특별대리인을 선임하여야 한다.

③ **(×)** 민법 제66조에 의하면 사단법인 또는 재단법인은 정관 또는 총회의 결의에 의해 1인 또는 수인의 감사를 둘 수 있다. 따라서 감사는 임의기관이면 정관의 필요적 기재사항도 아니다.

④ **(×)** 민법 제52조의2의 직무대행자는 가처분명령에 다른 정함이 있는 경우 외에는 법인의 통상 사무에 속하지 아니한 행위를 하지 못한다. 다만 법원의 허가를 얻은 경우에는 그러하지 아니하다(제60조의2 제1항). 따라서 직무대행자는 가처분명령에서 이를 허용하거나 주무관청의 허가를 얻어 법인의 통상사무에 속하지 아니한 행위를 할 수 있다.

⑤ **(○)** 판례는 법인이 정관에서 이사의 해임사유와 절차를 정하였고 그 해임사유가 실제로 발생하였다면, 법인은 이를 이유로 정관에서 정한 절차에 따라 이사를 해임할 수 있다. 이때 정관에서 정한 해임사유가 발생하였다는 요건 외에 이로 인하여 법인과 이사 사이의 신뢰관계가 더 이상 유지되기 어려울 정도에 이르러야 한다는 요건이 추가로 충족되어야 법인이 비로소 이사를 해임할 수 있는 것은 아니라고 본다(2023다263537). 따라서 법인과 이사 사이의 신뢰관계가 더 이상 유지되기 어려울 정도에 이르지 않았더라도 법인은 정관에서 정한 절차에 따라 이사를 해임할 수 있다. **정답** ⑤

Ⅱ. 비법인사단과 재단

8. **비법인사단 A의 대표자 甲의 대표행위에 관한 설명 중 옳은 것은? (다툼이 있는 경우 판례에 의함)** [22 변호사]

① 甲이 자기의 업무를 乙에게 포괄적으로 위임하고 그에 따라 乙이 포괄적 수임인으로서 행한 대행행위는 A에 대하여 그 효력이 있다.

② A가 총유재산에 관한 권리를 행사하지 아니하고 있어 A의 채권자 乙이 채권자대위권에 기하여 A의 총유재산에 관한 권리를 대위행사하는 경우, 사원총회의 결의 등 A의 내부적인 의사결정 절차를 거칠 필요가 없다.

③ 甲이 A 소유 부동산에 관하여 乙과 매매계약을 체결하는 행위가 외관상·객관적으로 직무에 관한 행위로 인정될 수 있더라도 甲 자신의 개인적 이익을 도모하기 위한 것이거나 혹은 법령에 위반된 것이라면, A의 불법행위책임 요건인 직무에 관한 행위에 해당하지 않는다.

④ A 소유 부동산에 관한 乙과의 매매계약으로 A가 乙에게 소유권이전의무를 부담하는 경우, 甲이 그러한 채무의 존재를 인식하고 있다는 뜻을 표시하는 소멸시효 중단사유로서의 승인은 총유물의 관리행위나 처분행위에 해당한다.

⑤ 甲이 乙의 丙에 대한 채무를 담보하기 위하여 丙과 보증계약을 체결하면서 사원총회의 결의를 거치지 아니하였다면, 그 보증계약은 A에게 효력이 없다.

해설

① (×) 법인 대표자의 포괄적 복임행위를 금지하는 민법 제62조는 비법인사단에도 유추된다. 甲이 乙에게 포괄적으로 위임하는 행위는 효력이 없고, 나아가 乙이 포괄적 수임인으로서 행한 대행행위는 비법인사단 A에 대하여 그 효력이 없다.

[**대법원** 2011. 4. 28. **선고** 2008**다**15438 **판결**] 비법인사단에 대하여는 사단법인에 관한 민법 규정 가운데 법인격을 전제로 하는 것을 제외하고는 이를 유추적용하여야 하는데, 민법 제62조에 비추어 보면 비법인사단의 대표자는 정관 또는 총회의 결의로 금지하지 아니한 사항에 한하여 타인으로 하여금 특정한 행위를 대리하게 할 수 있을 뿐 비법인사단의 제반 업무처리를 포괄적으로 위임할 수는 없으므로 비법인사단 대표자가 행한 타인에 대한 업무의 포괄적 위임과 그에 따른 포괄적 수임인의 대행행위는 민법 제62조를 위반한 것이어서 비법인사단에 대하여 그 효력이 미치지 않는다.

② (○) 비법인사단의 채권자가 총유재산에 관한 권리를 대위행사 하는 경우, 비법인사단의 내부적 의사결정이 있어야 하는지를 묻는 지문이다. 채권자대위권은 채무자의 의사와 상관없이 행사할 수 있으므로 별도로 채무자인 비법인사단의 내부적 의사결정이 필요한 것은 아니다.

[**대법원** 2014. 9. 25. **선고** 2014**다**211336 **판결**] 비법인사단이 총유재산에 관한 소를 제기할 때에는 정관에 다른 정함이 있는 등의 특별한 사정이 없는 한 사원총회의 결의를 거쳐야 하지만, 이는 비법인사단의 대표자가 비법인사단 명의로 총유재산에 관한 소를 제기하는 경우에 비법인사단의 의사결정과 특별수권을 위하여 필요한 내부적인 절차이다. 채권자대위권은 채무자가 스스로 자기의 권리를 행사하지 아니하는 때에 채권자가 채무자에 대한 채권을 보전하기 위하여 채무자의 의사와는 상관없이 채무자의 권리를 대위하여 행사할 수 있는 권리로서 그 권리행사에 채무자의 동의를 필요로 하는 것은 아니므로, 비법인사단이 총유재산에 관한 권리를 행사하지 아니하고 있어 비법인사단의 채권자가 채권자대위권에 기하여 비법인사단의 총유재산에 관한 권리를 대위행사하는 경우에는 사원총회의 결의 등 비법인사단의 내부적인 의사결정절차를 거칠 필요가 없다.

③ (×) 직무관련성 판단방법을 묻는 지문이다. 대표자의 주관적 의도와 무관하게 외형에 따라 판단한다. 대표자 甲의 행위는 직무에 관한 행위에 해당한다.

[**대법원** 2003. 7. 25. **선고** 2002**다**27088 **판결**] 주택조합과 같은 비법인사단의 대표자가 직무에 관하여 타인에게 가한 손해를 가한 경우 그 사단은 민법 제35조 제1항의 유추적용에 의하여 그 손해를 배상할 책임이 있으며, 비법인사단의 대표자의 행위가 대표자 개인의 사리를 도모하기 위한 것이었거나 혹은 법령의 규정에 위배된 것이었다 하더라도 외관상, 객관적으로 직무에 관한 행위라고 인정할 수 있는 것이라면 민법 제35조 제1항의 직무에 관한 행위에 해당한다. 따라서 비법인사단의 경우 대표자의 행위가 직무에 관한 행위에 해당하지 아니함을 피해자 자신이 알았거나 또는 중대한 과실로 인하여 알지 못한 경우에는 비법인사단에게 손해배상책임을 물을 수 없다.

④ (×) 비법인사단의 부동산을 처분하는 행위는 총유물의 관리 및 처분에 속하지만, 유효하게 성립한 매매계약상 채무를 인식하고 있다는 뜻을 표시하는 채무의 승인은 총유물의 관리 및 처분에 해당하지 않는다.

[**대법원** 2009. 11. 26. **선고** 2009**다**64383 **판결**] 비법인사단의 사원총회가 그 총유물에 관한 매매계약의 체결을 승인하는 결의를 하였다면, 통상 그러한 결의에는 그 매매계약의 체결에 따라 발생하는 채무의 부담과 이행을 승인하는 결의까지 포함되었다고 봄이 상당하므로, 비법인사단의 대표자가 그 채무에 대하여 소멸시효 중단의 효력이 있는 승인을 하거나 그 채무를 이행할 경우에는 특별한 사정이 없는 한 별도로 그에 대한 사원총회의 결의를 거칠 필요는 없다고 보아야 한다. 또한, 민법 제275조, 제276조 제1항에서 말하는 총유물의 관리 및 처분이란 총유물 그 자체에 관한 이용·개량행위나 법률적·사실적 처분행위를 의미하므로, 비법인사단이 총유물에 관한 매매계약을 체결하는

행위는 총유물 그 자체의 처분이 따르는 채무부담행위로서 총유물의 처분행위에 해당하나, 그 매매계약에 의하여 부담하고 있는 채무의 존재를 인식하고 있다는 뜻을 표시하는 데 불과한 소멸시효 중단사유로서의 승인은 총유물 그 자체의 관리·처분이 따르는 행위가 아니어서 총유물의 관리·처분행위라고 볼 수 없다. 따라서 피고의 대표자가 이 사건 매매계약에 따른 소유권이전등기의무에 대하여 소멸시효 중단의 효력이 있는 승인을 하는 경우에 있어 주민총회의 결의를 거치지 않았다고 하더라도 그것만으로 그 승인이 무효라고 할 수는 없다.

⑤ **(×)** 비법인사단의 대표자가 비법인사단을 대표하여 보증계약을 체결하는 행위는 단순한 금전채무 부담행위로서 총유물의 관리 및 처분행위에 해당하지 않는다. 사원총회의 결의가 없더라도 대표권이 제한되었다는 등의 특별한 사정이 없다면 비법인사단 A에게 효력이 있다.

[**대법원** 2007. 4. 19. **선고** 2004**다**60072·60089 **전원합의체 판결**] 민법 제275조·제276조 제1항에서 말하는 총유물의 관리 및 처분이라 함은 총유물 그 자체에 관한 이용·개량행위나 법률적·사실적 처분행위를 의미하는 것이므로, 비법인사단이 타인 간의 금전채무를 보증하는 행위는 총유물 그 자체의 관리·처분이 따르지 아니하는 단순한 채무부담행위에 불과하여 이를 총유물의 관리·처분행위라고 볼 수는 없다. 따라서 비법인사단인 재건축조합의 조합장이 채무보증계약을 체결하면서 조합규약에서 정한 조합 임원회의 결의를 거치지 아니하였다거나 조합원총회 결의를 거치지 않았다고 하더라도 그것만으로 바로 그 보증계약이 무효라고 할 수는 없다. 다만, 이와 같은 경우에 조합 임원회의의 결의 등을 거치도록 한 조합규약은 조합장의 대표권을 제한하는 규정에 해당하는 것이므로, 거래 상대방이 그와 같은 대표권 제한 및 그 위반 사실을 알았거나 과실로 인하여 이를 알지 못한 때에는 그 거래행위가 무효로 된다고 봄이 상당하며, 이 경우 그 거래 상대방이 대표권 제한 및 그 위반 사실을 알았거나 알지 못한 데에 과실이 있다는 사정은 그 거래의 무효를 주장하는 측이 이를 주장·입증하여야 한다. 정답 ②

9. 종중에 관한 설명 중 옳지 않은 것은? (다툼이 있는 경우 판례에 의함) [21 변호사]

① 고유 의미의 종중이란 공동선조의 분묘 수호와 제사, 종원 상호 간 친목 등을 목적으로 하는 자연발생적인 관습상 종족집단체로서 특별한 조직행위를 필요로 하는 것이 아니다.

② 종중 소유의 재산은 그 관리 및 처분에 관하여 먼저 종중 규약에 정하는 바가 있으면 이에 따라야 하고, 그 점에 관한 규약이 없으면 종중총회의 결의에 의하여야 하므로 종중 대표자에 의한 종중 재산의 처분이라고 하더라도 그러한 절차를 거치지 아니한 채 한 행위는 무효이다.

③ 종중 토지 매각대금의 분배는 정관 기타 규약에 달리 정함이 없는 한 종중총회의 결의에 의하여만 할 수 있고, 이러한 분배결의가 없으면 종원이 종중에 대하여 직접 분배청구를 할 수 없다.

④ 공동 선조의 자손인 성년 여자를 종중원으로 인정한 대법원 전원합의체 판결 이후에는 종중총회 개최를 위하여 남자 종중원들에게만 소집통지를 하고, 여자 종중원들에게 소집통지를 하지 않는 경우 그 종중총회에서의 결의는 효력이 없다.

⑤ 종중의 임원은 종중 재산의 관리·처분에 관한 사무를 처리함에 있어 종중 규약 또는 종중총회의 결의에 따라야 할 의무는 있으나 선량한 관리자로서의 주의를 다하여야 할 의무는 없다.

해설

① **(O)** [**대법원** 1992. 9. 22. **선고** 92**다**15048 **판결**] 종중이란 자연발생적인 관습상의 종족집단체로서 종중이 성립하기 위하여 종중구성 결의 등 특별한 조직행위를 필요로 하거나 이를 규율화하기 위한 성문의 규약이 있어야 하는 것은 아니다.

② (O) 종중재산 처분방법을 묻는 지문이다. 종중재산은 종중원의 총유에 속하는 것이므로 총유물의 관리 및 처분방법에 따라야 한다. 총유재산은 정관 기타 규약이 있으면 이를 따르고, 정관 기타 규약이 없으면 사원총회 결의가 있어야 한다. 이를 위반하는 총유재산의 관리 및 처분행위는 무효이며, 표현대리의 법리도 유추되지 않는다.

[**대법원** 2000. 10. 27. **선고** 2000**다**22881 **판결**] 종중 소유의 재산은 종중원의 총유에 속하는 것이므로 그 관리 및 처분에 관하여 먼저 종중 규약에 정하는 바가 있으면 이에 따라야 하고, 그 점에 관한 종중 규약이 없으면 종중총회의 결의에 의하여야 하므로 비록 종중 대표자에 의한 종중 재산의 처분이라고 하더라도 그러한 절차를 거치지 아니한 채 한 행위는 무효이다.

③ (O) [**대법원** 1994. 4. 26. **선고** 93**다**32446 **판결**] 비법인사단인 종중의 토지에 대한 수용보상금은 종원의 총유에 속하고, 위 수용보상금의 분배는 총유물의 처분에 해당하므로 정관 기타 규약에 달리 정함이 없는 한 종중총회의 분배결의가 없으면 종원이 종중에 대하여 직접 분배청구를 할 수 없으나, 종중 토지에 대한 수용보상금을 종원에게 분배하기로 결의하였다면, 그 분배대상자라고 주장하는 종원은 종중에 대하여 직접 분배금의 청구를 할 수 있다.

④ (O) [**대법원** 2005. 7. 21. **선고** 2002**다**1178 **전원합의체 판결**] [1] 종원의 자격을 성년 남자만으로 제한하고 여성에게는 종원의 자격을 부여하지 않는 관습에 대한 사회 구성원들의 법적 확신이 상당 부분 흔들리거나 약화되어 있고, 개인의 존엄과 양성평등을 기초로 한 우리 전체 법질서에 부합하지 아니하여 정당성과 합리성이 있다고 할 수 없으므로 종중 구성원의 자격을 성년 남자만으로 제한하는 종래 관습법은 이제 더 이상 법적 효력을 가질 수 없게 되었다. [2] 종중의 목적과 본질에 비추어 공동선조와 성과 본을 같이 하는 후손은 성별의 구별 없이 성년이 되면 당연히 그 구성원이 된다고 보는 것이 조리에 합당하다. [3] 종중 구성원의 자격에 관한 대법원의 견해 변경은 종중제도의 근간을 바꾸는 것인데, 이러한 변경된 견해를 소급하여 적용한다면 종래 대법원판례를 신뢰하여 형성된 수많은 법률관계의 효력을 일시에 좌우하게 되고, 이는 법적 안정성과 신의성실의 원칙에 기초한 당사자의 신뢰보호를 내용으로 하는 법치주의 원리에도 반하게 되는 것이므로 변경된 대법원의 견해는 이 판결 선고 이후의 종중 구성원의 자격과 이와 관련하여 새로이 성립되는 법률관계에 대하여만 적용된다. 다만 당사자의 권리구제를 목적으로 하는 사법작용의 본질에 비추어 이 사건 청구에 한하여 위와 같은 변경된 견해가 소급하여 적용되어야 한다.

⑤ (×) 종중에는 성질에 반하지 않는 범위에서 사단법인에 관한 규정이 유추된다. 종중의 임원은 사단법인의 이사와 마찬가지로 종중과의 사이에 위임에 유사한 법률관계를 맺는다. 사단법인의 이사는 법인에 대하여 선량한 관리자의 주의로 사무를 처리하여야 하므로(제61조) 종중의 임원도 선량한 관리자의 주의로 직무를 수행하여야 한다.

[**대법원** 2017. 10. 26. **선고** 2017**다**231249 **판결**] 종중과 위임에 유사한 계약관계에 있는 종중의 임원은 종중재산의 관리·처분에 관한 사무를 처리함에 있어 종중규약 또는 종중총회의 결의에 따라야 함은 물론 선량한 관리자로서의 주의를 다하여야 할 의무가 있다. 정답 ⑤

10. **甲 종중(이하 '甲'이라 함)은 비법인사단이고 그 대표자는 丙 이다. 甲의 대표자 丙은 乙과 종중회관 신축에 관한 도급계약을 체결하였다. 이에 관한 설명 중 옳지 않은 것은? (다툼이 있는 경우 판례에 의함)** [20 변호사]

① 甲은 자기 명의로 신축건물의 소유권보존등기를 마칠 수 있다.

② 丙이 甲의 대표자로서 乙의 제3자에 대한 채무를 보증하는 행위는 甲의 재산 그 자체의 관리·처분이 따르지 아니하는 단순한 채무부담행위에 불과하므로 종중총회의 결의가 필요한 총유물의 관리·처분행위라고 할 수 없다.

③ 甲으로부터 도급계약상의 보수(報酬)를 받지 못한 乙은 甲에 대한 집행권원을 얻어 甲의 재산에 대해 강제집행을 할 수 있다.

④ 丙이 甲의 직무를 행하면서 타인에게 손해를 가하였더라도 甲은 권리의무의 주체가 아니므로 불법행위로 인한 손해배상책임을 부담하지 않는다.

⑤ 甲의 정관에서 대표자가 건물신축에 관한 도급계약을 체결할 때에는 임원회의 결의를 거치도록 하였으나, 丙이 임원회의 결의를 거치지 않았다 하더라도 乙이 그 사실을 알았거나 알 수 있었을 경우가 아니라면 위 계약은 유효하다.

해 설

① **(O)** 비법인사단인 종중에게 등기능력이 있는지를 묻는 지문이다. 부동산등기법은 비법인사단의 등기능력을 인정하고 있다(부동산등기법 제26조) 즉, 종중(宗中), 문중(門中), 그 밖에 대표자나 관리인이 있는 법인 아닌 사단(社團)이나 재단(財團)에 속하는 부동산의 등기에 관하여는 그 사단이나 재단을 등기권리자 또는 등기의무자로 한다고 규정하고 있다. 甲 종중은 비법인사단이므로 신축건물의 소유권보존등기를 할 수 있다.

② **(O)** 보증채무를 부담하는 행위가 총유물의 관리 및 처분행위에 해당하는지를 묻는 지문이다. 단순한 금전채무 부담행위일 뿐이다. 총유물 그 자체에 관한 행위가 아니므로 총유물의 관리 및 처분행위라고 할 수 없다. 비법인사단이 보증계약을 체결함에는 총유물의 관리 및 처분방법을 준수할 필요는 없으므로 사원총회 결의가 있어야 하는 것은 아니다.

[**대법원** 2007. 4. 19. **선고** 2004**다**60072·60089 **전원합의체 판결**] 민법 제275조·제276조 제1항에서 말하는 총유물의 관리 및 처분이라 함은 총유물 그 자체에 관한 이용·개량행위나 법률적·사실적 처분행위를 의미하는 것이므로, 비법인사단이 타인 간의 금전채무를 보증하는 행위는 총유물 그 자체의 관리·처분이 따르지 아니하는 단순한 채무부담행위에 불과하여 이를 총유물의 관리·처분행위라고 볼 수는 없다. 따라서 비법인사단인 재건축조합의 조합장이 채무보증계약을 체결하면서 조합규약에서 정한 조합 임원회의 결의를 거치지 아니하였다거나 조합원총회 결의를 거치지 않았다고 하더라도 그것만으로 바로 그 보증계약이 무효라고 할 수는 없다. 다만, 이와 같은 경우에 조합 임원회의의 결의 등을 거치도록 한 조합규약은 조합장의 대표권을 제한하는 규정에 해당하는 것이므로, 거래 상대방이 그와 같은 대표권 제한 및 그 위반 사실을 알았거나 과실로 인하여 이를 알지 못한 때에는 그 거래행위가 무효로 된다고 봄이 상당하며, 이 경우 그 거래 상대방이 대표권 제한 및 그 위반 사실을 알았거나 알지 못한 데에 과실이 있다는 사정은 그 거래의 무효를 주장하는 측이 이를 주장·입증하여야 한다.

③ **(O)** 비법인사단의 채권자가 비법인사단의 재산에 강제집행을 할 수 있는지를 묻는 지문이다. 비법인사단에게는 소송상 당사자능력이 있으므로 비법인사단의 채권자는 비법인사단에 대한 집행권원을 획득할 수 있고, 비법인사단의 재산인 구성원의 총유재산에 강제집행을 할 수 있다.

④ (×) 비법인사단에 대해서도 법인의 불법행위규정이 유추되는지를 묻는 지문이다. 판례는 유추를 긍정한다. 비법인사단의 대표자가 직무에 관하여 불법행위를 한 때에는 비법인사단은 손해배상책임을 부담한다.

[**대법원** 2003. 7. 25. **선고** 2002**다**27088 **판결**] 주택조합과 같은 비법인사단의 대표자가 직무에 관하여 타인에게 가한 손해를 가한 경우 그 사단은 민법 제35조 제1항의 유추적용에 의하여 그 손해를 배상할 책임이 있으며, 비법인사단의 대표자의 행위가 대표자 개인의 사리를 도모하기 위한 것이었거나 혹은 법령의 규정에 위배된 것이었다 하더라도 외관상, 객관적으로 직무에 관한 행위라고 인정할 수 있는 것이라면 민법 제35조 제1항의 직무에 관한 행위에 해당한다. 따라서 비법인사단의 경우 대표자의 행위가 직무에 관한 행위에 해당하지 아니함을 피해자 자신이 알았거나 또는 중대한 과실로 인하여 알지 못한 경우에는 비법인사단에게 손해배상책임을 물을 수 없다.

⑤ (O) 정관을 위반하여 체결된 건물신축공사계약의 효력을 묻는 지문이다. 건물신축공사계약을 체결하는 행위는 총유물의 관리 및 처분행위라고 할 수 없고, 단순한 채무부담행위라고 보아야 한다. 건물신축공사계약이 총유물 그 자체에 관한 이용, 개량행위라거나 사실적, 법률적 처분행위라고 할 수 없기 때문이다. 비법인사단의 대표자가 정관에서 정한 대표권 제한을 위반하여 대표행위를 하더라도 상대방이 그 사정을 알았거나 알 수 있었을 경우가 아니라면 그 법률행위는 유효하다.

[**대법원** 2003. 7. 22. **선고** 2002**다**64780 **판결**] 비법인사단의 경우에는 대표자의 대표권 제한에 관하여 등기할 방법이 없어 민법 제60조의 규정(이사의 대표권에 대한 제한은 등기하지 아니하면 제3자에게 대항하지 못한다)을 준용할 수 없다. 비법인사단의 대표자가 정관에서 사원총회의 결의를 거쳐야 하도록 규정한 대외적 거래행위에 관하여 이를 거치지 아니한 경우라도, 이와 같은 사원총회 결의사항은 비법인사단의 내부적 의사결정에 불과하다 할 것이므로, 그 거래 상대방이 그와 같은 대표권 제한 사실을 알았거나 알 수 있었을 경우가 아니라면 그 거래행위는 유효하다. 거래의 상대방이 대표권 제한 사실을 알았거나 알 수 있었음은 이를 주장하는 비법인사단측이 주장·입증하여야 한다. 정답 ④

11. **법인 및 법인 아닌 사단에 관한 설명 중 옳은 것을 모두 고른 것은? (각 지문은 독립적이며, 다툼이 있는 경우 판례에 의함)** [18 변호사]

ㄱ. 재단법인의 대표자가 법인이 채무를 부담하게 되는 계약을 체결하기 위해서는 이사회의 결의를 거치도록 하는 정관의 규정이 등기되어 있지 않은 경우에도 그 법인은 이러한 제한을 알면서 법인의 대표자와 위 제한에 해당하는 계약을 체결한 상대방에 대해서는 계약의 무효를 주장할 수 있다.

ㄴ. 법인 아닌 사단의 대표자가 당해 법인 아닌 사단이 채무를 부담하게 되는 보증계약을 체결하는 경우에도 이로 인해 총유물에 대한 관리·처분이 따르지 않는 이상 사원총회의 결의를 거치지 않았다는 이유로 그 계약이 무효가 되지는 않는다.

ㄷ. 법인 아닌 사단의 대표자가 대표권을 행사함에 있어서는 사원총회의 결의를 거쳐야 한다는 정관의 규정이 있는 경우, 이에 대해 과실로 알지 못하고 대표자와 계약을 체결한 상대방에 대해서는 그 법인 아닌 사단은 당해 계약의 체결에 있어 사원총회의 결의가 없었음을 이유로 계약이 무효임을 주장할 수 있다.

ㄹ. 甲 법인이 丙의 피용자인 丁에 의한 불법행위의 피해자인 경우, 甲 법인의 업무에 관하여 일체의 재판상 또는 재판 외의 행위를 할 수 있는 법률상 대리인 乙이 甲 법인에 대한 관계에서 이른바 배임적 대리행위를 하는 과정에서 丁의 가해행위가 丙의 사무집행행위에 해당하지 않음을 알았다 하더라도 피해자인 甲 법인이 이를 알았다고 볼 수는 없으므로, 이 경우 丙은 甲 법인에 대해 사용자책임을 부담한다.

① ㄱ ② ㄴ ③ ㄱ, ㄹ
④ ㄴ, ㄷ ⑤ ㄴ, ㄷ, ㄹ

해설

ㄱ. (×) 법인의 대표자가 대표권 제한을 위반한 대표행위를 한 경우, 등기가 없더라도 악의의 상대방에게 대표권 제한을 대항할 수 있는지를 묻는 지문이다. 법인의 경우, 정관에 의한 대표권 제한이 등기되어 있지 않다면 선의·악의를 불문하고 제3자에게 대항할 수 없다.

[**대법원** 1992. 2. 14. **선고** 91**다**24564 **판결**] 법인의 정관에 법인 대표권의 제한에 관한 규정이 있으나 그와 같은 취지가 등기되어 있지 않다면 법인은 그와 같은 정관의 규정에 대하여 선의냐 악의냐에 관계없이 제3자에 대하여 대항할 수 없다.

ㄴ. (○) 비법인사단의 대표자가 체결한 보증계약은 총유재산 처분행위가 아니므로 사원총회결의가 있어야 하는 것은 아니다.

[**대법원** 2007. 4. 19. **선고** 2004**다**60072·60089 **전원합의체 판결**] 민법 제275조·제276조 제1항에서 말하는 총유물의 관리 및 처분이라 함은 총유물 그 자체에 관한 이용·개량행위나 법률적·사실적 처분행위를 의미하는 것이므로, 비법인사단이 타인 간의 금전채무를 보증하는 행위는 총유물 그 자체의 관리·처분이 따르지 아니하는 단순한 채무부담행위에 불과하여 이를 총유물의 관리·처분행위라고 볼 수는 없다. 따라서 비법인사단인 재건축조합의 조합장이 채무보증계약을 체결하면서 조합규약에서 정한 조합 임원회의 결의를 거치지 아니하였다거나 조합원총회 결의를 거치지 않았다고 하더라도 그것만으로 바로 그 보증계약이 무효라고 할 수는 없다. 다만, 이와 같은 경우에 조합 임원회의의 결의 등을 거치도록 한 조합규약은 조합장의 대표권을 제한하는 규정에 해당하는 것이므로, 거래 상대방이 그와 같은 대표권 제한 및 그 위반 사실을 알았거나 과실로 인하여 이를 알지 못한 때에는 그 거래행위가 무효로 된다고 봄이 상당하며, 이 경우 그 거래 상대방이 대표권 제한 및 그 위반 사실을 알았거나 알지 못한 데에 과실이 있다는 사정은 그 거래의 무효를 주장하는 측이 이를 주장·입증하여야 한다.

ㄷ. (○) 비법인사단의 대표자가 대표권의 제한을 위반하여 대표행위를 한 경우, 대표행위의 효력을 묻는 지문이다. 상대방이 대표권 제한사실을 알았거나 알 수 있었다는 사정이 없는 한 유효하다. 상대방이 대표행위에 사원총회 결의가 있어야 함을 과실로 알지 못한 때에도 비법인사단은 그 대표행위의 무효를 주장할 수 있다.

[**대법원** 2003. 7. 22. **선고** 2002**다**64780 **판결**] 비법인사단의 대표자가 정관에서 사원총회의 결의를 거쳐야 하도록 규정한 대외적 거래행위에 관하여 이를 거치지 아니한 경우라도, 이와 같은 사원총회 결의사항은 비법인사단의 내부적 의사결정에 불과하다 할 것이므로, 그 거래 상대방이 그와 같은 대표권 제한 사실을 알았거나 알 수 있었을 경우가 아니라면 그 거래행위는 유효하다. 거래의 상대방이 대표권 제한 사실을 알았거나 알 수 있었음은 이를 주장하는 비법인사단측이 주장·입증하여야 한다.

ㄹ. (×) 피해자가 피용자의 가해행위가 사무집행관련성이 없음을 알았거나 중대한 과실로 알지 못한 경우에는 사용자책임이 인정되지 않는다. 피해자가 법인인 경우, 누구의 인식이 기준이 되어 외형이론의 한계를 판단하여야 하는지를 묻는 지문이다. 대표자뿐만 아니라 법인의 책임으로 귀속되어야 할 법인의 인적 조직의 인식은 법인의 인식으로 귀속되어야 한다. 법인의 업무를 처리하는 법률상 대리인의 인식은 법인의 인식으로 귀속된다. 한편 대리인이 배임적 대리행위 과정에서 그와 같은 인식을 한 경우에도 법인의 인식으로 귀속될 수 있는지는 결국 인식의 귀속에 대리권 남용의 법리가 적용되는지와 관련된다. 인식의 귀속이 문제되는 경우에는 반드시 법률행위에 국한되지 않기 때문에 법률행위의 효력에 관한 대리권남용이론이 적용되지 않는다. 배임적 대리행위 과정에서 대리인이

한 인식도 법인의 인식으로 귀속되어야 한다.

甲법인이 피해자인 경우, 甲법인의 대리인 乙이 丙의 피용자 丁의 불법행위가 사무집행관련성이 없음을 안 경우에는 대리인 乙의 인식은 법인의 인식으로 귀속되고, 설사 乙의 인식이 배임적 대리행위 과정에서 획득된 인식이더라도 여기에 대리권 남용이론이 적용되지 아니하므로 미찬가지로 甲법인의 인식으로 귀속된다. 그 결과 丙은 피해자인 甲법인에 대하여 사용자책임을 부담하지 않는다.

[**대법원** 2005. 12. 23. **선고** 2003**다**30159 **판결**] 피용자의 불법행위가 외관상 사무집행의 범위 내에 속하는 것으로 보이는 경우에도 피용자의 행위가 사용자나 사용자에 갈음하여 그 사무를 감독하는 자의 사무집행 행위에 해당하지 않음을 피해자 자신이 알았거나 또는 중대한 과실로 알지 못한 경우에는 사용자 또는 사용자에 갈음하여 그 사무를 감독하는 자에 대하여 사용자책임을 물을 수 없다 할 것인데(대법원 2003. 2. 11. 선고 2002다62029 판결, 대법원 2002. 12. 10. 선고 2001다58443 판결, 대법원 2000. 3. 28. 선고 98다48934 판결 등 참조), 법인이 피해자인 경우 법인의 업무에 관하여 일체의 재판상 또는 재판 외의 행위를 할 권한이 있는 법률상 대리인이 가해자인 피용자의 행위가 사용자의 사무집행행위에 해당하지 않음을 안 때에는 피해자인 법인이 이를 알았다고 보아야 하고, 이러한 법리는 그 법률상 대리인이 본인인 법인에 대한 관계에서 이른바 배임적 대리행위를 하는 경우에도 마찬가지라고 할 것이다(필자 註 : 은행인 피고의 지점장이 원고의 직원이 원고로부터 위임을 받은 바 없이 피고로부터 금원을 차용하거나 원고의 예금을 인출하는 것이 원고의 사무집행이 아니라는 사실을 알고도 이에 응한 경우, 피고는 그로 인한 손해에 대하여 원고에게 사용자 책임을 물을 수 없다고 한 사례).

정답 ④

12. 법인 아닌 사단에 관한 설명 중 옳지 않은 것은? (다툼이 있는 경우 판례에 의함) [17 변호사]

① 법인 아닌 사단의 사원이 존재하지 않게 된 경우에도 그 법인 아닌 사단은 청산사무가 완료될 때까지 청산의 목적범위 내에서 권리의무의 주체가 된다.

② 법인 아닌 사단의 대표자가 정관에 규정된 대표권 제한에 위반하여 법률행위를 한 경우, 그 상대방이 대표권 제한 및 그 위반 사실을 알았거나 과실로 인해 알지 못한 때에는 그 법률행위는 무효이다.

③ 법인 아닌 사단의 정관에 특별한 규정이 없는 경우 법인 아닌 사단의 대표자가 타인 간의 금전채무를 보증하기 위해 사원총회 결의를 거칠 필요는 없다.

④ 법인 아닌 사단의 총회 소집권자가 총회 소집을 철회하는 경우 반드시 총회 소집과 동일한 방식으로 통지해야 할 필요는 없고, 총회 구성원들에게 소집 철회의 결정이 있었음이 알려질 수 있는 적절한 조치를 취하는 것으로 충분하다.

⑤ 법인 아닌 사단의 채권자가 채권자대위권에 기하여 법인 아닌 사단의 총유재산에 대한 권리를 대위행사하는 경우, 사원총회의 결의 등 법인 아닌 사단의 내부적 의사결정 절차를 거쳐야 한다.

해설

① (O) 비법인사단에 법인청산에 관한 법리가 유추되는지를 묻는 지문이다. 비법인사단은 법인격을 전제로 하는 규정을 제외하면 사단법인에 관한 규정이 유추되며, 법인청산에 관한 규정 역시 유추된다. 따라서 청산사무가 종료되어야 비법인사단의 권리능력이 소멸한다.

[**대법원** 2003. 11. 14. **선고** 2001**다**32687 **판결**] 비법인사단에 대하여는 사단법인에 관한 민법규정 중 법인격을 전제로 하는 것을 제외한 규정들을 유추적용하여야 할 것이므로 비법인사단인 교회의 교인이 존재하지 않게 된 경우 그 교회는 해산하여 청산절차에 들어가서 청산의 목적범위 내에서 권리·의무의 주체가 되며, 이 경우 해산 당시 그 비법인사단의 총회에서 향후 업무를 수행할 자를

선정하였다면 민법 제82조 제1항을 유추하여 그 선임된 자가 청산인으로서 청산 중 비법인사단을 대표하여 청산업무를 수행하게 된다.

② (O) 비법인사단의 대표자가 대표권을 제한한 정관을 위반하여 대표행위를 한 경우의 효력을 묻는 지문이다. 원칙적으로 유효하지만, 상대방이 알았거나 알 수 있었을 때에는 무효라는 것이 판례이다.

[**대법원** 2003. 7. 22. **선고** 2002**다**64780 **판결**] 비법인사단의 대표자가 정관에서 사원총회의 결의를 거쳐야 하도록 규정한 대외적 거래행위에 관하여 이를 거치지 아니한 경우라도, 이와 같은 사원총회 결의사항은 비법인사단의 내부적 의사결정에 불과하다 할 것이므로, 그 거래 상대방이 그와 같은 대표권 제한 사실을 알았거나 알 수 있었을 경우가 아니라면 그 거래행위는 유효하다. 거래의 상대방이 대표권 제한 사실을 알았거나 알 수 있었음은 이를 주장하는 비법인사단측이 주장·입증하여야 한다.

③ (O) 비법인사단이 보증채무를 부담하는 행위가 총유재산의 처분행위인지를 묻는 지문이다. 단순한 채무부담행위에 불과할 뿐 총유재산의 처분행위에 해당하지 않으므로 총유재산 처분절차를 준수할 필요가 없다.

[**대법원** 2007. 4. 19. **선고** 2004**다**60072·60089 **전원합의체 판결**] 민법 제275조·제276조 제1항에서 말하는 총유물의 관리 및 처분이라 함은 총유물 그 자체에 관한 이용·개량행위나 법률적·사실적 처분행위를 의미하는 것이므로, 비법인사단이 타인 간의 금전채무를 보증하는 행위는 총유물 그 자체의 관리·처분이 따르지 아니하는 단순한 채무부담행위에 불과하여 이를 총유물의 관리·처분행위라고 볼 수는 없다. 따라서 비법인사단인 재건축조합의 조합장이 채무보증계약을 체결하면서 조합규약에서 정한 조합 임원회의 결의를 거치지 아니하였다거나 조합원총회 결의를 거치지 않았다고 하더라도 그것만으로 바로 그 보증계약이 무효라고 할 수는 없다. 다만, 이와 같은 경우에 조합 임원회의의 결의 등을 거치도록 한 조합규약은 조합장의 대표권을 제한하는 규정에 해당하는 것이므로, 거래 상대방이 그와 같은 대표권 제한 및 그 위반 사실을 알았거나 과실로 인하여 이를 알지 못한 때에는 그 거래행위가 무효로 된다고 봄이 상당하며, 이 경우 그 거래 상대방이 대표권 제한 및 그 위반 사실을 알았거나 알지 못한 데에 과실이 있다는 사정은 그 거래의 무효를 주장하는 측이 이를 주장·입증하여야 한다.

④ (O) [**대법원** 2007. 4. 12. **선고** 2006**다**77593 **판결**] 법인이나 법인 아닌 사단의 총회에 있어서 총회의 소집권자가 총회의 소집을 철회·취소하는 경우에는 반드시 총회의 소집과 동일한 방식으로 그 철회·취소를 총회 구성원들에게 통지하여야 할 필요는 없고, 총회 구성원들에게 소집의 철회·취소 결정이 있었음이 알려질 수 있는 적절한 조치가 취하여지는 것으로써 충분히 그 소집 철회·취소의 효력이 발생한다.

⑤ (X) 채권자대위권은 채무자의 의사에 반하여도 행사할 수 있으므로 별도로 채무자인 비법인사단의 내부적 의사결정절차를 거칠 필요가 없다.

[**대법원** 2014. 9. 25. **선고** 2014**다**211336 **판결**] 비법인사단이 총유재산에 관한 소를 제기할 때에는 정관에 다른 정함이 있는 등의 특별한 사정이 없는 한 사원총회의 결의를 거쳐야 하지만, 이는 비법인사단의 대표자가 비법인사단 명의로 총유재산에 관한 소를 제기하는 경우에 비법인사단의 의사결정과 특별수권을 위하여 필요한 내부적인 절차이다. 채권자대위권은 채무자가 스스로 자기의 권리를 행사하지 아니하는 때에 채권자가 채무자에 대한 채권을 보전하기 위하여 채무자의 의사와는 상관없이 채무자의 권리를 대위하여 행사할 수 있는 권리로서 그 권리행사에 채무자의 동의를 필요로 하는 것은 아니므로, 비법인사단이 총유재산에 관한 권리를 행사하지 아니하고 있어 비법인사단의 채권자가 채권자대위권에 기하여 비법인사단의 총유재산에 관한 권리를 대위행사하는 경우에는 사원총회의 결의 등 비법인사단의 내부적인 의사결정절차를 거칠 필요가 없다. 정답 ⑤

13. 법인 아닌 사단의 법률관계에 관한 설명 중 옳은 것을 모두 고른 것은? (다툼이 있는 경우 판례에 의함)

[16 변호사]

ㄱ. 법인 아닌 사단은 대표자가 있는 경우에는 그 사단의 이름으로 민사소송의 당사자가 될 수 있다.
ㄴ. 대표자가 있는 법인 아닌 사단에 속하는 부동산의 등기에 관하여는 그 사단을 등기권리자 또는 등기의무자로 한다.
ㄷ. 법인 아닌 사단의 구성원들의 집단적 탈퇴로써 사단이 2개로 분열되고 분열되기 전 사단의 재산이 분열된 각 사단들의 구성원들에게 각각 총유적으로 귀속되는 결과를 초래하는 형태의 법인 아닌 사단의 분열은 허용되지 않는다.
ㄹ. 법인 아닌 사단의 대표자가 그 사단이 타인 간의 금전채무를 보증한다는 내용의 계약을 체결하면서 사원총회의 결의를 거치지 않았다면 특별한 사정이 없는 한 위 계약은 무효가 된다.

① ㄴ, ㄷ　② ㄷ, ㄹ　③ ㄱ, ㄴ, ㄷ
④ ㄱ, ㄴ, ㄹ　⑤ ㄱ, ㄴ, ㄷ, ㄹ

해설

ㄱ. (O) 비법인사단에게 당사사능력이 인정되는지를 묻는 지문이다. 대표자가 있는 때에는 민사소송의 당사자가 될 수 있다.

[**대법원** 2013. 1. 10. **선고** 2011**다**64607 **판결**] 고유의 의미의 종중이란 공동선조의 후손들에 의하여 그 선조의 분묘수호 및 봉제사와 후손 상호간의 친목을 목적으로 형성되는 자연발생적인 종족단체로서 특별한 조직행위가 없더라도 그 선조의 사망과 동시에 그 후손에 의하여 성립한다. 다만 비법인사단이 민사소송에서 당사자능력을 가지려면 일정한 정도로 조직을 갖추고 지속적인 활동을 하는 단체성이 있어야 하고 또한 그 대표자가 있어야 하므로(민사소송법 제52조), 자연발생적으로 성립하는 고유한 의미의 종중이라도 그와 같은 비법인사단의 요건을 갖추어야 당사자능력이 인정된다 할 것이고 이는 소송요건에 관한 것으로서 사실심의 변론종결 시를 기준으로 판단하여야 한다. 그리고 자연발생적으로 성립한 종중이 특정 시점에 부동산 등에 대한 권리를 취득하여 타인에게 명의신탁을 할 수 있을 정도로 유기적 조직을 갖추고 있었는지 여부 등은 그 권리귀속의 주체에 관한 문제, 즉 본안에 관한 문제로서 종중의 당사자능력과는 별개이다.

ㄴ. (O) 비법인사단에게 등기능력이 인정되는지를 묻는 지문이다. 부동산등기법에서는 비법인사단에게 등기능력을 인정하고 있다.

ㄷ. (O) 비법인사단의 분열이 인정되는지를 묻는 지문이다. 비법인사단체의 분열은 인정되지 않는다는 것이 판례의 태도이다.

[**대법원** 2006. 4. 20. **선고** 2004**다**37775 **전원합의체 판결**] 우리 민법이 사단법인에 있어서 구성원의 탈퇴나 해산은 인정하지만 사단법인의 구성원들이 2개의 법인으로 나뉘어 각각 독립한 법인으로 존속하면서 종전 사단법인에게 귀속되었던 재산을 소유하는 방식의 사단법인의 분열은 인정하지 아니한다. 그 법리는 법인 아닌 사단에 대하여도 동일하게 적용되며, 법인 아닌 사단의 구성원들의 집단적 탈퇴로써 사단이 2개로 분열되고 분열되기 전 사단의 재산이 분열된 각 사단들의 구성원들에게 각각 총유적으로 귀속되는 결과를 초래하는 형태의 법인 아닌 사단의 분열은 허용되지 않는다. 교회가 법인 아닌 사단으로서 존재하는 이상, 그 법률관계를 둘러싼 분쟁을 소송적인 방법으로 해결함에 있어서는 법인 아닌 사단에 관한 민법의 일반 이론에 따라 교회의 실체를 파악하고 교회의 재산 귀속에 대하여 판단하여야 하고, 이에 따라 법인 아닌 사단의 재산관계와 그 재산에 대한 구성원의

권리 및 구성원 탈퇴, 특히 집단적인 탈퇴의 효과 등에 관한 법리는 교회에 대하여도 동일하게 적용되어야 한다. 따라서 교인들은 교회 재산을 총유의 형태로 소유하면서 사용·수익할 것인데, 일부 교인들이 교회를 탈퇴하여 그 교회 교인으로서의 지위를 상실하게 되면 탈퇴가 개별적인 것이든 집단적인 것이든 이와 더불어 종전 교회의 총유 재산의 관리·처분에 관한 의결에 참가할 수 있는 지위나 그 재산에 대한 사용·수익권을 상실하고, 종전 교회는 잔존 교인들을 구성원으로 하여 실체의 동일성을 유지하면서 존속하며 종전 교회의 재산은 그 교회에 소속된 잔존 교인들의 총유로 귀속됨이 원칙이다. 그리고 교단에 소속되어 있던 지교회의 교인들의 일부가 소속 교단을 탈퇴하기로 결의한 다음 종전 교회를 나가 별도의 교회를 설립하여 별도의 대표자를 선정하고 나아가 다른 교단에 가입한 경우, 그 교회는 종전 교회에서 집단적으로 이탈한 교인들에 의하여 새로이 법인 아닌 사단의 요건을 갖추어 설립된 신설 교회라 할 것이어서, 그 교회 소속 교인들은 더 이상 종전 교회의 재산에 대한 권리를 보유할 수 없게 된다.

ㄹ. (×) 비법인사단이 보증채무를 부담하는 행위가 총유재산의 관리 및 처분행위에 해당하는지를 묻는 지문이다. 단순한 금전채무 부담행위에 불과하므로 총유재산의 관리 및 처분행위에 해당하지 않는다. [**대법원** 2007. 4. 19. **선고** 2004**다**60072·60089 **전원합의체 판결**] 민법 제275조·제276조 제1항에서 말하는 총유물의 관리 및 처분이라 함은 총유물 그 자체에 관한 이용·개량행위나 법률적·사실적 처분행위를 의미하는 것이므로, 비법인사단이 타인 간의 금전채무를 보증하는 행위는 총유물 그 자체의 관리·처분이 따르지 아니하는 단순한 채무부담행위에 불과하여 이를 총유물의 관리·처분행위라고 볼 수는 없다. 따라서 비법인사단인 재건축조합의 조합장이 채무보증계약을 체결하면서 조합규약에서 정한 조합 임원회의 결의를 거치지 아니하였다거나 조합원총회 결의를 거치지 않았다고 하더라도 그것만으로 바로 그 보증계약이 무효라고 할 수는 없다. 다만, 이와 같은 경우에 조합 임원회의의 결의 등을 거치도록 한 조합규약은 조합장의 대표권을 제한하는 규정에 해당하는 것이므로, 거래 상대방이 그와 같은 대표권 제한 및 그 위반 사실을 알았거나 과실로 인하여 이를 알지 못한 때에는 그 거래행위가 무효로 된다고 봄이 상당하며, 이 경우 그 거래 상대방이 대표권 제한 및 그 위반 사실을 알았거나 알지 못한 데에 과실이 있다는 사정은 그 거래의 무효를 주장하는 측이 이를 주장·입증하여야 한다. 정답 ③

14. 다음 중 권리능력 없는 사단에 관한 판례의 입장과 다른 것은? (다툼이 있는 경우에는 판례에 의함) [12 변호사]

① 부도난 회사의 채권자들이 채권단을 조직하여 대표자를 선임하고 채권회수에 관한 권한을 위임하였더라도, 정관을 제정하거나 사단으로서 실체를 가지기 위한 조직행위가 없었다면 그 채권단을 권리능력 없는 사단으로 볼 수 없다.

② 권리능력 없는 사단은 특별한 규정이 있는 경우를 제외하고는 일반적으로 법인격이 인정되지 아니하므로, 법원은 임시이사의 선임에 관한 민법 제63조를 준용하여 임시이사를 선임할 수 없다.

③ 권리능력 없는 사단이 당사자인 소송에서 대표자에게 적법한 대표권이 있는지 여부는 소송요건에 관한 것으로서 법원의 직권조사사항이므로, 법원에게 판단의 기초자료인 사실과 증거를 직권으로 탐지할 의무까지는 없다 하더라도, 이미 제출된 자료에 의하여 대표권의 적법성에 의심이 갈 만한 사정이 엿보인다면 법원은 그에 관하여 심리·조사할 의무가 있다.

④ 권리능력 없는 사단인 교회의 소속 교인의 일부가 종전의 교회에서 탈퇴하여 별도의 교회를 설립하고 새로운 교단에 들어가는 경우, 사단법인 정관변경에 준하여 의결권을 가진 교인 3분의 2 이상의 찬성에 의한 결의의 요건을 갖추었다면, 종전 교회의 재산은 탈퇴한 교인들의 총유로 귀속된다.

⑤ 권리능력 없는 사단의 대표자가 직무에 관하여 타인에게 손해를 가한 경우, 그 사단은 그로 인하여 타인이 입은 손해를 배상할 책임이 있다.

해설

① **(O)** 조직과 규약이 없는 도산회사의 채권단은 비법인사단으로서의 실체를 갖추지 못했으므로 비법인사단으로 볼 수 없다.

[**대법원** 1999. 4. 23. **선고** 99**다**4504 **판결**] <전략> 위와 같은 사실관계 및 기록에 의하면, 원래의 채권단은 소외 회사의 채권자 133인이 채권을 회수할 목적으로 구성한 단체로서, 대표자 10인을 선임하여 채권 회수를 위한 일체의 권한을 위임하였을 뿐, 정관 또는 규약을 제정하거나 사단으로서의 실체를 갖추기 위한 일체의 조직행위가 없었고, 사단으로서의 실체를 인정할 만한 조직, 그 재정적 기초, 총회의 운영, 재산의 관리 기타 단체로서의 활동에 관한 입증도 없으므로, 이를 비법인사단으로 볼 수 없고, 한편 원고 채권단은 원래의 채권단이 피고 등 4인을 상대로 위 매매잔대금의 지급을 구하는 소송을 제기하는 데 따르는 당사자능력 문제의 어려움을 해결할 의도에서 그 구성원을 원래의 채권단과 같이하여 사단을 성립시킬 목적으로 급조된 것임을 알 수 있다. 그런데, 원래의 채권단의 대표자들 중 1인인 김병수는 소외 회사에 대한 채권자 133인을 원고 채권단의 구성원으로 내세우면서도 채권자 133인 전원에게 개별적인 통지를 하지 아니한 채 일간신문에 소외 회사 채권단 소집공고를 1회 게재하는 방식만으로 총회를 소집하였을 뿐만 아니라, 김병수 등 3인은 자신들만 참석하고 66인이 의결권을 위임한 가운데 개최된 총회에서 위와 같은 정관을 채택하고 회장 등 임원을 선임하였는바, 이러한 원고 채권단의 조직행위는, 구성원의 개인성과는 별개로 권리·의무의 주체가 될 수 있는 독자적 존재로서의 사단을 성립시켜 그 구성원으로 되는 것을 목적으로 하는 채권자 133인의 의사 합치에 기한 것이라고 볼 수 없으므로, 이로써 이들 전원을 구성원으로 내세우는 원고 채권단이 원래의 채권단과는 달리 비법인사단으로서의 실체를 갖추게 되는 것이라고 할 수 없고, 따라서 원래의 채권단과 원고 채권단의 동일성 여부를 따져 볼 필요도 없이 원고 채권단의 당사자능력은 이를 인정할 수 없다고 할 것이다. 원심이 이와 같은 판단을 전제로 하여 원고의 당사자능력을 부정하고 이 사건 소를 각하한 조치는 그 판단의 설시 부분에 있어 적절하지 못하거나 미흡한 점이 있으나 결국 옳다고 여겨지고, 거기에 상고이유로 주장하는 바와 같은 민법상 조합과 비법인사단의 구별에 관한 법리오해, 기판력에 관한 법리오해, 비법인사단의 성립절차에 관한 법리오해나 심리미진 등의 위법이 있다고 할 수 없으며, 상고이유의 주장이 지적하는 대법원 판결들은 이 사건과는 사안을 달리한 것이어서 여기에서 원용하기에 적절한 것이 아니다. 그리고, 나머지 상고이유의 주장은 원고 채권단이 비법인사단임을 전제로 하여 원심의 가정적 판단을 비난하는 것에 불과하다.

② **(×)** 비법인사단에는 사단법인의 법인격에 관한 규정을 제외하면 사단법인 규정이 유추된다. 임시이사 선임에 관한 민법 제63조는 사단법인의 법인격을 전제로 하는 조항이 아니므로 비법인사단에 유추된다.

[**대법원** 2009. 11. 19. **선고** 2008**마**699 **판결**] 이사의 결원으로 인하여 법인에 발생할 손해를 방지하기 위하여 임시이사를 선임할 수 있도록 한 민법 제63조는 법인의 조직과 활동에 관한 것으로서 법인격을 전제로 하는 조항은 아니므로, 법인 아닌 사단에도 유추 적용될 수 있다. 이와 달리 위 규정이 법인 아닌 사단에는 준용할 수 없다고 판시한 대법원 1961. 11. 16. 자 4293민재항431 결정은 이 결정의 견해에 배치되는 범위 내에서 이를 변경한다.

③ **(O)** [**대법원** 1991. 10. 11. **선고** 91**다**21039 **판결**] 종중이 당사자인 사건에 있어서 그 종중의 대표자에게 적법한 대표권이 있는지 여부는 소송요건에 관한 것으로서 법원의 직권조사사항이므로, 법원으로서는 그 판단의 기초자료인 사실과 증거를 직권으로 탐지할 의무까지는 없다 하더라도, 이미 제출된 자료들에 의하여 그 대표권의 적법성에 의심이 갈만한 사정이 엿보인다면 상대방이 이를 구체적으로 지적하여 다투지 않더라도 이에 관하여 심리, 조사할 의무가 있다.

④ **(O)** [**대법원** 2006. 4. 20. **선고** 2004**다**37775 **전원합의체 판결**] 우리 민법이 사단법인에 있어서 구성원의 탈퇴나 해산은 인정하지만 사단법인의 구성원들이 2개의 법인으로 나뉘어 각각 독립한 법인으로 존속하면서 종전 사단법인에게 귀속되었던 재산을 소유하는 방식의 사단법인의 분열은 인정하지 아니한다...(中略)...특정 교단에 가입한 지교회가 교단이 정한 헌법을 지교회 자신의 자치규범으로 받아들였다고 인정되는 경우에는 소속 교단의 변경은 실질적으로 지교회 자신의 규약에 해당하는 자치규범을 변경하는 결과를 초래하고, 만약 지교회 자신의 규약을 갖춘 경우에는 교단변경으로 인하여 지교회의 명칭이나 목적 등 지교회의 규약에 포함된 사항의 변경까지 수반하기 때문에, 소속 교단에서의 탈퇴 내지 소속 교단의 변경은 사단법인 정관변경에 준하여 의결권을 가진 교인 2/3 이상의 찬성에 의한 결의를 필요로 하고, 그 결의요건을 갖추어 소속 교단을 탈퇴하거나 다른 교단으로 변경한 경우에 종전 교회의 실체는 이와 같이 교단을 탈퇴한 교회로서 존속하고 종전 교회 재산은 위 탈퇴한 교회 소속 교인들의 총유로 귀속된다.

⑤ **(O)** 법인의 불법행위책임에 관한 제35조 제1항은 비법인사단에도 유추된다.

[**대법원** 2003. 7. 25. **선고** 2002**다**27088 **판결**] 주택조합과 같은 비법인사단의 대표자가 직무에 관하여 타인에게 가한 손해를 가한 경우 그 사단은 민법 제35조 제1항의 유추적용에 의하여 그 손해를 배상할 책임이 있으며, 비법인사단의 대표자의 행위가 대표자 개인의 사리를 도모하기 위한 것이었거나 혹은 법령의 규정에 위배된 것이었다 하더라도 외관상, 객관적으로 직무에 관한 행위라고 인정할 수 있는 것이라면 민법 제35조 제1항의 직무에 관한 행위에 해당한다. 따라서 비법인사단의 경우 대표자의 행위가 직무에 관한 행위에 해당하지 아니함을 피해자 자신이 알았거나 또는 중대한 과실로 인하여 알지 못한 경우에는 비법인사단에게 손해배상책임을 물을 수 없다. 정답 ②

제4장 권리의 객체

1. **권리의 객체에 관한 설명 중 옳지 않은 것을 모두 고른 것은? (다툼이 있는 경우 판례에 의함)**

[15 변호사]

ㄱ. 독립한 물건이라 하더라도 동산이 아닌 경우에는 종물이 될 수 없다.
ㄴ. 종물은 주물의 상용에 공하는 것이면 족하고, 원칙적으로 주물과 종물이 모두 동일한 소유자에게 속하여야 하는 것은 아니다.
ㄷ. 부동산 매수인이 매매계약을 체결하고 매도인으로부터 소유권이전등기를 경료받았다고 하여도, 아직 매매대금을 완납하지 않고 부동산을 인도받지 않은 이상 그 부동산으로부터 발생하는 과실은 매도인에게 귀속된다.
ㄹ. 분묘에 안치되어 있는 피상속인의 유체·유골은 매장·관리·제사·공양의 대상이 될 수 있는 유체물로서 그 제사주재자에게 승계된다.

① ㄱ, ㄴ　② ㄱ, ㄷ　③ ㄴ, ㄹ
④ ㄱ, ㄴ, ㄷ　⑤ ㄱ, ㄴ, ㄹ

해 설

ㄱ. **(×)** 종물이 동산에 한정되는지를 묻는 지문이다. 부동산이라고 하더라도 동산이 될 수 있다는 것이 대법원의 입장이다.

[**대법원** 1993. 2. 12. **선고** 92**도**3234 **판결**] 횟집으로 사용할 점포 건물에 거의 붙여서 횟감용 생선을 보관하기 위하여 즉 위 점포 건물의 상용에 공하기 위하여 신축한 수족관 건물은 위 점포 건물의 종물이라고 해석할 것이다.

ㄴ. **(×)** 종물이 되기 위해서는 소유자 동일성이 있어야 한다. 주물과 종물이 동일인의 소유에 속하지 아니한 때에는 종물이론이 적용되지 않는다.

[**대법원** 2008. 5. 8. **선고** 2007**다**36933·36940 **판결**] 종물은 물건의 소유자가 그 물건의 상용에 공하기 위하여 자기 소유인 다른 물건을 이에 부속하게 한 것을 말하므로 주물과 다른 사람의 소유에 속하는 물건은 종물이 될 수 없다.

ㄷ. **(○)** 인도되지 아니한 매매목적물로부터의 과실은 매도인에게 속한다. 제587조.

[**대법원** 2004. 4. 23. **선고** 2004**다**8210 **판결**] 민법 제587조에 의하면, 매매계약이 있은 후에도 인도하지 아니한 목적물로부터 생긴 과실은 매도인에게 속하고, 매수인은 목적물의 인도를 받은 날로부터 대금의 이자를 지급하여야 한다고 규정하고 있는 바, 이는 매매당사자 사이의 형평을 꾀하기 위하여 매매목적물이 인도되지 아니하더라도 매수인이 대금을 완제한 때에는 그 시점 이후의 과실은 매수인에게 귀속되지만, 매매목적물이 인도되지 아니하고 또한 매수인이 대금을 완제하지 아니한 때에는 매도인의 이행지체가 있더라도 과실은 매도인에게 귀속되는 것이므로 매수인은 인도의무의 지체로 인한 손해배상금의 지급을 구할 수 없다.

ㄹ. (O) 유체나 유골의 승계자를 묻는 지문이다. 제사용재산에 준하여 제사주재자에게 승계된다는 것이 대법원의 입장이다.

[**대법원** 2008. 11. 20. **선고** 2007**다**27670 **전원합의체 판결**] 사람의 유체·유골은 매장·관리·제사·공양의 대상이 될 수 있는 유체물로서, 분묘에 안치되어 있는 선조의 유체·유골은 민법 제1008조의3 소정의 제사용 재산인 분묘와 함께 그 제사주재자에게 승계되고, 피상속인 자신의 유체·유골 역시 위 제사용 재산에 준하여 그 제사주재자에게 승계된다. 정답 ①

제5장 법률행위

제1절 총칙

Ⅰ. 법률행위의 목적

1. **甲은 乙에게 甲 소유의 X 토지를 매도하고 중도금까지 지급받은 상태에서 소유권이전등기를 경료하여 주지 않고 있었는데, 이러한 사실을 알고 있던 丙은 甲에게 위 토지를 자신에게 매도하라고 유인하는 등 甲의 배임행위를 적극적으로 교사하였고, 甲도 이에 응하여 丙과 매매계약을 체결하고 丙 명의로 소유권이전등기를 경료하여 주었다. 이 경우 乙에게 인정되는 권리를 모두 고른 것은? (다툼이 있는 경우 판례에 의함)** [15 변호사]

ㄱ. 丙에 대한 부당이득반환청구권
ㄴ. 丙에 대한 소유권이전등기청구권
ㄷ. 丙에 대한 손해배상청구권
ㄹ. 甲을 대위하여 행사하는 丙에 대한 소유권이전등기말소 청구권
ㅁ. 甲과 丙 사이의 매매계약에 대한 채권자취소권

① ㄱ, ㄷ ② ㄷ, ㄹ ③ ㄹ, ㅁ
④ ㄴ, ㄹ, ㅁ ⑤ ㄷ, ㄹ, ㅁ

해설

ㄱ. **[부정]** 甲이 임의로 乙과의 부동산매매계약을 해제할 수 없는 상태에서 丙의 적극적인 배임교사에 따라 甲과 丙 사이의 2중매매계약이 체결된 경우 甲과 丙 사이의 2중매매계약은 무효이고, 丙 명의의 소유권이전등기는 무효이다. 따라서 乙은 여전히 甲에 대하여 소유권이전등기청구권을 보유하고 있으므로 비록 丙 명의의 소유권이전등기가 마쳐졌더라도 그로 인하여 乙에게 손실이 있다고 볼 수 없을 뿐만 아니라 丙의 이득을 인정할 수 없다. 따라서 乙이 丙에 대하여 부당이득반환청구권을 행사할 수는 없다.

ㄴ. **[부정]** 乙의 매매계약에 따른 소유권이전등기청구권은 甲에 대하여 행사할 수 있는 권리이다. 乙과 丙 사이에는 소유권이전을 내용으로 하는 채권관계가 존재하지 않는다. 따라서 乙은 丙에 대하여 소유권이전등기청구권을 행사할 수 없다.

ㄷ. **[인정]** 丙이 甲의 배임행위를 교사하여 2중매매계약을 체결하고 丙 명의로 소유권이전등기를 마친 행위는 위법행위로서 乙의 채권을 침해하는 불법행위를 구성한다. 한편 乙이 비록 甲에 대하여 소유권이전등기청구권을 보유하고 있더라도 현재 등기명의가 丙 명의로 마쳐짐에 따라 권리행사에

장애가 생겨 그의 채권을 실현하는 데에 어려움을 겪을 수밖에 없고 이는 乙의 손해를 구성할 수 있다. 따라서 乙은 丙에 대하여 불법행위를 원인으로 하는 손해배상청구권을 행사할 수 있다.

ㄹ. **[인정]** 제1매수인은 매도인을 대위하여 반사회적 2중매수인에 대하여 등기말소를 청구할 수 있다는 것이 대법원의 입장이다. 비록 매도인과 제2매수인의 2중매매가 반사회적 법률행위로서 그에 기한 급부가 불법원인급여에 해당한다고 하더라도 급부의 원상회복이 제1매수인을 위한 것이라면 불법원인급여의 반환청구를 제한하는 제746조는 적용되지 않는다. 따라서 乙은 甲에 대한 매매를 원인으로 하는 소유권이전등기청구권을 보전하기 위하여 甲의 소유권에 기초한 등기말소청구권을 대위행사 할 수 있다.

[**대법원** 1983. 4. 26. **선고** 83**다카**57 **판결**] 매도인의 매수인에 대한 배임행위에 가담하여 증여를 받아 이를 원인으로 소유권이전등기를 경료한 수증자에 대하여 매수인은 매도인을 대위하여 위 등기의 말소를 청구할 수는 있으나 직접 청구할 수는 없다는 것은 형식주의 아래서의 등기청구권의 성질에 비추어 당연하다.

ㅁ. **[부정]** 제1매수인의 소유권이전등기청구권은 제2매매계약에 대한 사해행위취소권의 피보전채권이 될 수 없다고 보는 것이 대법원의 입장이다. 따라서 제1매수인 乙은 매도인 甲과 제2매수인 丙 사이에 체결된 2중매매계약을 사해행위임을 이유로 취소청구할 수 없다.

[**대법원** 1999. 4. 27. **선고** 98**다**56690 **판결**] [1] 채권자취소권을 특정물에 대한 소유권이전등기청구권을 보전하기 위하여 행사하는 것은 허용되지 않으므로, 부동산의 제1양수인은 자신의 소유권이전등기청구권 보전을 위하여 양도인과 제3자 사이에서 이루어진 이중양도행위에 대하여 채권자취소권을 행사할 수 없다. [2] 부동산을 양도받아 소유권이전등기청구권을 가지고 있는 자가 양도인이 제3자에게 이를 이중으로 양도하여 소유권이전등기를 경료하여 줌으로써 취득하는 부동산 가액 상당의 손해배상채권은 이중양도행위에 대한 사해행위취소권을 행사할 수 있는 피보전채권에 해당한다고 할 수 없다.

정답 ②

2. **甲이 X 부동산을 乙에게 매도하기로 약정하고, 계약금 및 중도금을 수령한 뒤 이를 다시 丙에게 매도하고 丙에게 먼저 소유권이전등기를 마쳐주었다. 다음 설명 중 옳지 않은 것은? (다툼이 있는 경우에는 판례에 의함)** [12 변호사]

① 乙이 甲을 상대로 소유권이전등기를 구하는 소를 제기한 경우, 甲은 이행불능의 항변으로 대항할 수 있고, 이에 대하여 乙은 계약해제 없이도 전보배상을 구하는 취지로 청구를 변경할 수 있다.

② 乙이 甲에 대하여 채무불이행으로 인한 손해배상청구권과 아울러 불법행위로 인한 손해배상청구권을 취득한 경우, 乙은 그 중 어느 쪽의 손해배상청구권이라도 선택적으로 행사할 수 있다.

③ 丙이 甲의 이중매매에 적극 가담한 것으로 인정되는 경우, 乙은 甲을 대위함이 없이 직접 丙을 상대로 소유권이전등기의 말소를 청구할 수 있다.

④ 乙이 甲에 대한 소유권이전등기청구권의 보전을 위하여 甲과 丙 사이의 매매계약에 대하여 채권자취소권을 행사하는 것은 허용되지 않는다.

⑤ 만약 丁이 丙 명의의 소유권이전등기를 신뢰하여 丙으로부터 X를 매수하여 소유권이전등기를 마쳤더라도, 甲과 丙 사이의 매매계약이 사회질서에 반하여 무효인 것으로 인정되면, 丁은 선의의 제3자임을 증명하더라도 보호받을 수 없다.

해설

① (O) 책임 있는 사유로 이행불능을 야기한 채무자가 이행불능의 항변을 할 수 있는지 및 이행불능의 효과로서 전보배상을 청구하기 위해서는 반드시 계약을 해제하여야 하는지를 묻는 지문이다. 채권자의 본래 급부청구는 실현가능성을 전제로 한다. 급부실현이 불가능한 때에는 채무자의 책임 있는 사유로 인한 것인지 여부를 불문하고 본래 급부청구는 허용되지 않는다. 스스로 이행불능을 야기한 채무자라고 하더라도 그로 인한 손해배상책임을 지는 것은 별론으로 하고 본래 급부청구에 대하여 이행불능의 항변을 할 수 있다.
본래 급부청구권이 채무자의 책임 있는 사유로 인한 이행불능으로 소멸한 때에는 본래 급부청구권과 동일성이 있는 전보배상청구권이 발생한다. 채권자의 전보배상청구권이 반드시 채권자의 계약해제권과 함께 행사되어야 하는 것은 아니다. 계약해제권 및 전보배상청구권은 모두 채권자의 구제수단이기 때문에 채권자가 그 행사여부를 스스로 결정할 수 있다.

② (O) 하나의 생활사실이 채무불이행과 불법행위를 구성하는 경우, 각 손해배상청구권의 관계를 묻는 지문이다. 각 손해배상청구권은 서로 경합하여 병존한다. 각 손해배상청구권의 요건이 서로 다르기 때문이다. 다만, 어느 한 권리를 실현한 때에는 다른 권리의 목적도 달성되는 것이므로 실현된 범위에서 다른 권리도 소멸한다. 즉, 중첩적으로 각 손해배상청구권을 행사할 수는 없다.

③ (×) 반사회적 부동산 2중 양도에서 제1매수인의 소유권 취득방법을 묻는 지문이다. 제1매수인이 소유권을 취득하기 위해서는 형식주의 원칙상 제1매수인 명의의 소유권이전등기가 있어야 한다. 반사회적 2중 양도를 기초로 무효인 제2매수인의 등기를 말소하기 위하여 제1매수인이 직접 제2매수인에 대하여 등기말소를 청구하는 것은 허용되지 않는다. 제1매수인은 매도인과의 계약관계에 기초하여 채권적 청구권으로서 소유권이전등기청구권을 가지고 있을 뿐이기 때문이다. 따라서 제1매수인은 매도인을 대위하여 제2매수인 명의의 등기말소를 청구할 수 있다.
[**대법원** 1983. 4. 26. **선고** 83**다카**57 **판결**] 매도인의 매수인에 대한 배임행위에 가담하여 증여를 받아 이를 원인으로 소유권이전등기를 경료한 수증자에 대하여 매수인은 매도인을 대위하여 위 등기의 말소를 청구할 수는 있으나 직접 청구할 수는 없다는 것은 형식주의 아래서의 등기청구권의 성질에 비추어 당연하다...(中略)...매도인이 매수인에게 목적부동산을 매도한 사실을 알고서 수증자가 매도인으로부터 증여를 원인으로 하여 소유권이전등기를 함으로써 매도인의 매수인에 대한 배임행위에 가담한 결과에 이르렀다면, 이는 실체관계에 부합하는 유효한 등기가 될리가 없고 반사회질서의 행위로서 무효이다.

④ (O) 제1매수인의 소유권이전등기청구권 보전을 위하여 제2매매계약을 채권자취소의 대상으로 삼을 수 있는지를 묻는 지문이다. 채권자취소권은 책임재산 보전을 목적으로 하는 권리이다. 채무자의 일반재산으로부터의 만족을 예정하는 채권만이 채권자취소권에 의하여 보전될 수 있다. 매매로 인한 소유권이전등기청구권은 특정한 채권으로 채무자의 책임재산에 의한 만족을 예정한 채권은 아니다. 따라서 채권자취소권의 기초가 될 수 없다.
[**대법원** 1999. 4. 27. **선고** 98**다**56690 **판결**] 채권자취소권을 특정물에 대한 소유권이전등기청구권을 보전하기 위하여 행사하는 것은 허용되지 않으므로, 부동산의 제1양수인은 자신의 소유권이전등기청구권 보전을 위하여 양도인과 제3자 사이에서 이루어진 이중양도행위에 대하여 채권자취소권을 행사할 수 없다.

⑤ (O) 반사회적 2중매수인으로부터의 선의전득자가 보호될 수 있는지를 묻는 지문이다. 반사회적 법률행위로 인한 무효는 절대적 무효이므로 그 무효를 선의의 제3자에게 대항할 수 있다. 또한 현행법상 등기의 공신력은 인정되지 아니하므로 반사회적 2중매수인을 정당한 권리자라고 신뢰하였더라도 보호되지 않는다.
[**대법원** 1996. 10. 25. **선고** 96**다**29151 **판결**] 부동산의 이중매매가 반사회적 법률행위(제103조)에 해당하는 경우에는 이중매매계약은 절대적으로 무효이므로, 당해 부동산을 제2매수인으로부터 다시

취득한 제3자는 설사 제2매수인이 당해 부동산의 소유권을 유효하게 취득한 것으로 믿었더라도 이중 매매계약이 유효하다고 주장할 수 없다. 정답 ③

3. **민법 제104조의 불공정한 법률행위에 관한 설명 중 옳지 않은 것은? (다툼이 있는 경우에는 판례에 의함)** [12 변호사]

① 대가관계 없는 일방적 급부행위에 대해서는 민법 제104조가 적용되지 않는다.
② 경매에 의한 재산권의 이전에 대해서는 민법 제104조가 적용된다.
③ 매매계약 등 쌍무계약이 불공정한 법률행위에 해당하여 무효인 경우, 그로 인하여 불이익을 입는 당사자로 하여금 그 불공정성을 이유로 제소하지 못하도록 하는 합의도 특별한 사정이 없는 한 무효이다.
④ 대리인에 의한 법률행위에 있어 경솔과 무경험은 대리인을 기준으로 판단하고, 궁박상태에 있었는지의 여부는 본인을 기준으로 판단한다.
⑤ 민법 제104조에 따라 무효인 법률행위는 원칙적으로 추인에 의해서도 유효로 될 수 없다.

해 설

① **(O)** 급부와 반대급부를 전제로 하는 불공정한 법률행위에 관한 제104조는 무상행위에 적용되지 않는다.
[**대법원** 2000. 2. 11. **선고** 99**다**56833 **판결**] 진정이나 그 취하는 국민으로서 가지는 청원권의 행사 및 그 철회에 해당하여 성질상 대가적인 재산적 이익으로 평가될 수 있는 것이 아니므로 행정기관에 제출한 진정을 취하하는 대가로 거액의 급부를 제공받기로 한 약정은 재산상의 대가관계 없이 일방적인 급부를 하는 무상행위로서 민법 제104조 소정의 공정성 여부를 논의할 수 있는 법률행위에 해당하지 아니한다. 그러나 위와 같은 약정은 반사회질서적인 조건 또는 금전적 대가가 결부됨으로써 반사회질서적인 성질을 띠게 되는 경우에 해당하여 민법 제103조에 따라 무효가 된다.

② **(×)** 경매절차 매수인에게 폭리의사를 인정할 수 없으므로 경매에는 제104조가 적용되지 않는다.
[**대법원** 1980. 3. 21. **자** 80**마**77 **결정**] 경매에 있어서는 불공정한 법률행위 또는 채무자에게 불리한 약정에 관한 것으로서 효력이 없다는 민법 제104조, 제608조는 적용될 여지가 없다.

③ **(O)** 매매에 부수하여 부제소합의를 한 경우, 매매계약이 불공정한 법률행위로서 무효라면 종된 계약인 부제소합의도 무효라고 보아야 한다.
[**대법원** 2010. 7. 15. **선고** 2009**다**50308 **판결**] 매매계약과 같은 쌍무계약이 급부와 반대급부와의 불균형으로 말미암아 민법 제104조에서 정하는 '불공정한 법률행위'에 해당하여 무효라고 한다면, 그 계약으로 인하여 불이익을 입는 당사자로 하여금 위와 같은 불공정성을 소송 등 사법적 구제 수단을 통하여 주장하지 못하도록 하는 부제소합의 역시 다른 특별한 사정이 없는 한 무효이다.

④ **(O)** [**대법원** 1988. 9. 13. **선고** 86**다카**563 **판결**] 매도인의 대리인이 매매한 경우에 있어서 그 매매가 민법 제104조의 불공정한 법률행위인가를 판단함에는 매도인의 경솔·무경험은 그 대리인을 기준으로 하여 판단하여야 하고 궁박 상태에 있었는지의 여부는 매도인 본인의 입장에서 판단되어야 한다.

⑤ **(O)** [**대법원** 1994. 6. 24. **선고** 94**다**10900 **판결**] 불공정한 법률행위로서 무효인 경우에는 추인에 의하여 그 무효인 법률행위가 유효로 될 수 없다고 할 것이므로, 같은 취지에서 법정추인에 관한 원고의 주장을 배척한 원심의 조치는 정당하고, 거기에 소론과 같은 추인에 관한 법리오해의 위법이 있다 할 수 없다. 정답 ②

Ⅱ. 법률행위의 해석

4. **법률행위의 해석에 관한 설명 중 옳지 않은 것은? (다툼이 있는 경우 판례에 의함)** [17 변호사]

① 법률행위의 해석은 당사자가 그 표시행위에 부여한 객관적인 의미를 명백하게 확정하는 것으로서, 당사자의 내심의 의사가 어떤지에 관계없이 그 문언의 내용에 의하여 당사자가 그 표시행위에 부여한 객관적 의미를 합리적으로 해석하여야 하는 것이다.

② 계약당사자 사이에 계약내용이 처분문서로 작성된 경우 문언의 객관적인 의미가 명확하다면 특별한 사정이 없는 한 문언대로 의사표시의 존재와 내용을 인정하여야 한다.

③ 계약당사자 쌍방이 계약의 전제나 기초가 되는 사항에 관하여 같은 내용으로 착오를 하고 이로 인하여 그에 관한 구체적 약정을 하지 않은 경우, 당사자가 그러한 착오가 없을 때에 약정하였을 것으로 보이는 실제 의사 내지 주관적 의사의 내용으로 당사자의 의사를 보충하여 계약을 해석해야 한다.

④ 계약을 체결하는 행위자가 타인의 이름으로 법률행위를 한 경우에 행위자 또는 명의인 가운데 누구를 계약의 당사자로 볼 것인가에 관하여, 행위자와 상대방의 의사가 일치하지 않으면 그 계약 체결 전후의 구체적인 제반 사정을 토대로 상대방이 합리적인 사람이라면 누구를 계약당사자로 이해할 것인가에 의하여 당사자를 결정하여야 한다.

⑤ 부동산의 매매계약에 있어 쌍방당사자가 모두 토지 X를 계약의 목적물로 삼았으나 그 목적물의 지번에 관하여 착오를 일으켜 계약서상 그 목적물을 X와는 별개인 토지 Y로 표시하였다 하여도 X를 매매의 목적물로 한다는 쌍방당사자의 의사합치가 있은 이상 위 매매계약은 X에 관하여 성립한 것으로 보아야 한다.

해설

① (O) 법률행위 해석의 목표 혹은 대상을 묻는 지문이다. 견해의 대립은 있으나, 통설과 판례는 표시행위의 객관적 의미를 확정하는 것으로 이해하고 있다.

[**대법원** 1996. 10. 25. **선고** 96**다**16049 **판결**] 법률행위의 해석은 당사자가 그 표시행위에 부여한 객관적인 의미를 명백하게 확정하는 것으로서, 서면에 사용된 문구에 구애받는 것은 아니지만 어디까지나 당사자의 내심적 의사의 여하에 관계없이 그 서면의 기재 내용에 의하여 당사자가 그 표시행위에 부여한 객관적 의미를 합리적으로 해석하여야 하는 것이고, 당사자가 표시한 문언에 의하여 그 객관적인 의미가 명확하게 드러나지 않는 경우에는 그 문언의 내용과 그 법률행위가 이루어진 동기 및 경위, 당사자가 그 법률행위에 의하여 달성하려는 목적과 진정한 의사, 거래의 관행 등을 종합적으로 고려하여 사회정의와 형평의 이념에 맞도록 논리와 경험의 법칙, 그리고 사회일반의 상식과 거래의 통념에 따라 합리적으로 해석하여야 한다.

② (O) 처분문서의 해석방법을 묻는 지문이다. 다른 특별한 사정이 없으면 문언대로 해석하여야 한다.

[**대법원** 2015. 10. 15. **선고** 2012**다**64253 **판결**] 계약당사자 사이에 어떠한 계약내용을 처분문서인 서면으로 작성한 경우에 문언의 객관적인 의미가 명확하다면 특별한 사정이 없는 한 문언대로의 의사표시의 존재와 내용을 인정하여야 하며, 문언의 객관적 의미와 달리 해석함으로써 당사자 사이의 법률관계에 중대한 영향을 초래하게 되는 경우에는 문언의 내용을 더욱 엄격하게 해석하여야 한다. 그리고 채권자의 권리행사가 신의칙에 비추어 용납할 수 없는 것인 때에는 이를 부정하는 것이 예

외적으로 허용될 수 있을 것이나, 일단 유효하게 성립한 계약상의 책임을 공평의 이념 및 신의칙과 같은 일반원칙에 의하여 제한하는 것은 자칫하면 사적 자치의 원칙이나 법적 안정성에 대한 중대한 위협이 될 수 있으므로 신중을 기하여 극히 예외적으로 인정하여야 한다(필자 주 : 甲 주식회사가 乙 주식회사의 주주들인 丙 주식회사 등과 주식양수도계약을 체결하면서, 丙 회사 등이 '乙 회사가 행정법규를 위반한 사실이 없고, 행정기관으로부터 조사를 받고 있거나 협의를 진행하는 것은 없다'는 내용의 진술과 보증을 하고, 진술 및 보증 조항 위반사항이 발견될 경우 손해를 배상하기로 하였는데, 甲 회사가 당시 이미 乙 회사 등과 담합행위를 하였고, 양수도 실행일 이후 乙 회사에 담합행위를 이유로 과징금이 부과된 사안에서, 주식양수도계약서에 甲 회사가 계약 체결 당시 진술 및 보증 조항의 위반사실을 알고 있는 경우에는 손해배상책임 등이 배제된다는 내용이 없는 점 등에 비추어, 주식양수도계약서에 나타난 당사자의 의사는, 양수도 실행일 이후에 진술 및 보증 조항의 위반사항이 발견되고 그로 인하여 손해가 발생하면, 甲 회사가 위반사항을 계약 체결 당시 알았는지와 관계없이 丙 회사 등이 손해를 배상하기로 합의한 것이고, 공정거래위원회가 담합행위에 대한 조사를 개시한 것은 주식양수도계약의 양수도 실행일 이후여서, 甲 회사가 주식양수도계약을 체결할 당시 공정거래위원회가 乙 회사에 담합행위를 이유로 거액의 과징금 등을 부과할 가능성을 예상하고 있었을 것으로 보기는 어려우므로, 주식양수도계약에 따른 甲 회사의 손해배상청구가 공평의 이념 및 신의칙에 반하여 허용될 수 없다고 본 원심판단에 법리를 오해하여 판결에 영향을 미친 위법이 있다고 한 사례).

③ (×) 쌍방 공통의 착오가 개입된 법률행위에서 보충적 해석을 통하여 법률행위 내용을 해석하는 방법을 묻는 지문이다. 당사자의 실제 의사를 기준으로 할 것이 아니라 착오에 빠지지 아니하였더라도 가졌을 의사, 즉 가정적 의사에 의하여 해석하여야 한다.

[**대법원** 2014. 4. 24. **선고** 2013**다**218620 **판결**] 계약당사자 쌍방이 계약의 전제나 기초가 되는 사항에 관하여 같은 내용으로 착오를 하고 이로 인하여 그에 관한 구체적 약정을 하지 아니하였다면, 당사자가 그러한 착오가 없을 때에 약정하였을 것으로 보이는 내용으로 당사자의 의사를 보충하여 계약을 해석할 수도 있으나, 여기서 보충되는 당사자의 의사란 당사자의 실제 의사 내지 주관적 의사가 아니라 계약의 목적, 거래관행, 적용법규, 신의칙 등에 비추어 객관적으로 추인되는 정당한 이익조정 의사를 말한다고 할 것이다.

④ (O) 타인 명의계약에서 당사자 확정방법을 묻는 지문이다.

[**대법원** 2013. 10. 11. **선고** 2013**다**52622 **판결**] 상대방과의 사이에 계약 체결의 행위를 하는 사람이 다른 사람 행세를 하여 그 타인의 이름을 사용하여 계약서 기타 계약에 관련된 서면 등이 작성되었다고 하더라도, 행위자와 상대방이 모두 행위자 자신이 계약의 당사자라고 이해한 경우, 또는 그렇지 아니하다고 하더라도 상대방의 입장에서 합리적으로 평가할 때 행위자 자신이 계약의 당사자가 된다고 보는 경우에는, 행위자가 계약의 당사자가 되고 그 계약의 효과는 행위자에게 귀속된다.

⑤ (O) 오표시무해의 원칙을 묻는 지문이다. 합의된 내용과 다른 표시가 있는 때에는 계약은 합의대로 성립하고 효력을 가진다.

[**대법원** 1993. 10. 26. **선고** 93**다**2629 **판결**] 부동산의 매매계약에 있어 쌍방당사자가 모두 특정의 甲 토지를 계약의 목적물로 삼았으나 그 목적물의 지번 등에 관하여 착오를 일으켜 계약을 체결함에 있어서는 계약서상 그 목적물을 甲 토지와는 별개인 乙 토지로 표시하였다 하여도 甲 토지에 관하여 이를 매매의 목적물로 한다는 쌍방당사자의 의사합치가 있은 이상 위 매매계약은 甲 토지에 관하여 성립한 것으로 보아야 할 것이고 乙 토지에 관하여 매매계약이 체결된 것으로 보아서는 안 될 것이며, 만일 乙 토지에 관하여 위 매매계약을 원인으로 하여 매수인 명의로 소유권이전등기가 경료되었다면 이는 원인이 없이 경료된 것으로서 무효이다.

정답 ③

제2절 의사표시

Ⅰ. 비정상적 의사표시

1. 진의 아닌 의사표시 · 허위표시

1. **「민법」상'선의'보호에 관한 설명 중 옳은 것을 모두 고른 것은? (다툼이 있는 경우 판례에 의함)**

[23 변호사]

ㄱ. 비법인사단의 대표자가 대표권 제한에 관한 정관 규정에 위반하여 체결한 계약은 그 상대방이 대표권 제한 사실을 알았거나 알 수 있었던 때가 아닌 한 유효하다.
ㄴ. 대리인이 상대방과 공모하여 대리권을 남용한 경우, 본인은 그에 따라 형성된 법률관계를 기초로 새로운 이해관계를 맺은 선의의 제3자에 대하여 무효를 주장할 수 없으며, 제3자의 악의는 무효를 주장하는 자가 주장·증명하여야 한다.
ㄷ. 임대차보증금반환채권의 양도계약이 통정허위표시로서 무효인 경우, 이를 알지 못한 채 임대차보증금반환채권에 대한 압류 및 추심명령을 받은 양수인의 채권자에 대해 양도인은 채권양도가 무효임을 주장할 수 없다.
ㄹ. 채권의 준점유자에 대한 변제가 유효하기 위한 요건인 변제자의 '선의'는 변제자가 준점유자에게 변제수령의 권한이 없음을 알지 못하는 것을 의미할 뿐 적극적으로 진정한 권리자라고 믿었음을 요하지 않는다.

① ㄱ, ㄴ ② ㄴ, ㄹ ③ ㄱ, ㄴ, ㄷ
④ ㄴ, ㄷ, ㄹ ⑤ ㄱ, ㄴ, ㄷ, ㄹ

해설

ㄱ. (O) [**대법원** 2003. 7. 22. **선고** 2002**다**64780 **판결**] 비법인사단의 대표자가 정관에서 사원총회의 결의를 거쳐야 하도록 규정한 대외적 거래행위에 관하여 이를 거치지 아니한 경우라도, 이와 같은 사원총회 결의사항은 비법인사단의 내부적 의사결정에 불과하다 할 것이므로, 그 거래 상대방이 그와 같은 대표권 제한 사실을 알았거나 알 수 있었을 경우가 아니라면 그 거래행위는 유효하다. 거래의 상대방이 대표권 제한 사실을 알았거나 알 수 있었음은 이를 주장하는 비법인사단측이 주장·입증하여야 한다.

ㄴ. (O) 대리권 남용으로 무효인 경우에도 제107조 제2항이 유추되므로 무효인 남용행위를 토대로 새로운 이해관계를 맺은 선의의 제3자에 대하여는 무효를 대항하지 못하고, 제3자가 악의인 사실을 남용행위가 무효임을 주장하는 자가 증명책임을 부담한다.
[**대법원** 2018. 4. 26. **선고** 2016**다**3201 **판결**] 법정대리인인 친권자의 대리행위가 객관적으로 볼 때 미성년자 본인에게는 경제적인 손실만을 초래하는 반면, 친권자나 제3자에게는 경제적인 이익을 가져오는 행위이고 행위의 상대방이 이러한 사실을 알았거나 알 수 있었을 때에는 민법 제107조 제1항 단서의 규정을 유추적용하여 행위의 효과가 자(子)에게는 미치지 않는다고 해석함이 타당하나, 그에 따라 외형상 형성된 법률관계를 기초로 하여 새로운 법률상 이해관계를 맺은 선의의 제3자에 대하여는 같은 조 제2항의 규정을 유추적용하여 누구도 그와 같은 사정을 들어 대항할 수 없으며, 제3자가 악의라는 사실에 관한 주장·증명책임은 무효를 주장하는 자에게 있다.

ㄷ. (O) 임대차보증금반환채권의 가장양수인의 채권자가 임대차보증금반환채권을 압류한 경우 압류채권자는 허위표시로부터 보호되는 제3자에 해당하므로 선의의 채권자에 대해서는 무효를 대항하지 못한다.

[**대법원** 2014. 4. 10. **선고** 2013**다**59753 **판결**] 임대차보증금반환채권이 양도된 후 양수인의 채권자가 임대차보증금반환채권에 대하여 채권압류 및 추심명령을 받았는데 임대차보증금반환채권 양도계약이 허위표시로서 무효인 경우 채권자는 그로 인해 외형상 형성된 법률관계를 기초로 실질적으로 새로운 법률상 이해관계를 맺은 제3자에 해당한다.

ㄹ. (×) 선의점유자에서 선의란 소극적인 부지(不知)를 의미하는 것이 아니라 과실을 수취할 수 있는 본권을 갖고 있다고 적극적으로 오신하는 경우를 말한다.

[**대법원** 2000. 3. 10. **선고** 99**다**63350 **판결**] 민법 제201조 제1항은 "선의의 점유자는 점유물의 과실을 취득한다"라고 규정하고 있는 바, 여기서 선의의 점유자라 함은 과실수취권을 포함하는 권원이 있다고 오신한 점유자를 말하고, 다만 그와 같은 오신을 함에는 오신할 만한 정당한 근거가 있어야 한다. 민법 제197조에 의하여 점유자는 선의로 점유한 것으로 추정되고, 권원 없는 점유였음이 밝혀졌다고 하여 곧 그 동안의 점유에 대한 선의의 추정이 깨어졌다고 볼 것은 아니다. 정답 ③

2. **통정허위표시에 관한 설명 중 옳은 것을 모두 고른 것은? (다툼이 있는 경우 판례에 의함)**

[21 변호사]

ㄱ. 통정한 허위의 의사표시는 무효이나, 허위표시의 당사자와 포괄승계인 이외의 자로서 허위표시에 의하여 외형상 형성된 법률관계를 토대로 실질적으로 새로운 법률상 이해관계를 맺은 선의의 제3자에 대하여는 허위표시의 당사자뿐만 아니라 그 누구도 허위표시의 무효로 대항하지 못한다.

ㄴ. 임대차보증금반환채권이 양도된 후 양수인의 채권자가 임대차보증금반환채권에 대하여 채권압류 및 추심명령을 받았는데, 임대차보증금반환채권 양도계약이 통정허위표시로서 무효인 경우 양수인의 채권자는 채권의 추심권능만을 부여받은 자여서 통정허위표시에 관한 「민법」 제108조 제2항의 제3자에 해당하지 않는다.

ㄷ. 파산채무자가 통정한 허위의 의사표시를 통하여 가장채권을 보유하고 있다가 파산이 선고된 경우 그 가장채권도 일단 파산재단에 속하게 되고, 파산관재인은 파산채무자의 포괄승계인이어서 「민법」 제108조 제2항의 통정허위표시의 제3자에 해당하지 않는다.

ㄹ. 「민법」 제108조 제2항의 통정한 허위의 의사표시의 무효로 대항할 수 없는 제3자는 선의이면 족하고 무과실은 요건이 아니다.

① ㄱ, ㄴ ② ㄱ, ㄷ ③ ㄱ, ㄹ
④ ㄴ, ㄷ ⑤ ㄷ, ㄹ

해설

ㄱ. (O) 허위표시로부터 보호되는 제108조 제2항의 제3자의 의미를 묻는 지문이다. 제3자란 허위표시 당사자와 포괄승계인 이외의 자 중에서 허위표시에 의하여 외형상 형성된 법률관계를 토대로 실질적으로 새로운 법률상 이해관계를 맺은 자를 말한다. 선의의 제3자에 대해서는 허위표시 당사자뿐만 아니라 그 누구도 무효를 주장할 수 없다. 가령, 가장의 가등기가 설정된 부동산을 양수한 자는 가장행위의 당사자가 아니지만, 가장행위의 당사자들이 다시 본등기설정의 합의를 하고, 가등기에

기한 본등기를 한 다음, 선의의 제3자에게 소유권을 이전한 때에는 부동산을 양수한 자도 가장행위의 무효를 대항할 수 없다.

[**대법원** 1996. 4. 26. **선고** 94**다**12074 **판결**] 통정허위표시를 원인으로 한 부동산에 관한 가등기 및 그 가등기에 기한 본등기로 인하여 甲의 소유권이전등기가 말소된 후 다시 그 본등기에 터잡아 乙이 부동산을 양수하여 소유권이전등기를 마친 경우, 乙이 통정허위표시자로부터 실질적으로 부동산을 양수하고 또 이를 양수함에 있어 통정허위표시자 명의의 각 가등기 및 이에 기한 본등기의 원인이 된 각 의사표시가 허위표시임을 알지 못하였다면, 甲은 선의의 제3자인 乙에 대하여는 그 각 가등기 및 본등기의 원인이 된 각 허위표시가 무효임을 주장할 수 없고, 따라서 乙에 대한 관계에서는 그 각 허위표시가 유효한 것이 되므로 그 각 허위표시를 원인으로 한 각 가등기 및 본등기와 이를 바탕으로 그 후에 이루어진 乙 명의의 소유권이전등기도 유효하다.

ㄴ. (×) 채권이 가장으로 양도된 후, 가장양수인의 채권자가 양도채권을 압류한 경우, 압류채권자가 허위표시로부터 보호되는 제3자에 해당하는지를 묻는 지문이다. 가장양도에 기초하여 새로운 법률상 이해관계를 맺은 자이므로 보호되는 제3자에 해당한다.

[**대법원** 2014. 4. 10. **선고** 2013**다**59753 **판결**] 임대차보증금반환채권이 양도된 후 양수인의 채권자가 임대차보증금반환채권에 대하여 채권압류 및 추심명령을 받았는데 임대차보증금반환채권 양도계약이 허위표시로서 무효인 경우 채권자는 그로 인해 외형상 형성된 법률관계를 기초로 실질적으로 새로운 법률상 이해관계를 맺은 제3자에 해당한다.

ㄷ. (×) 파산관재인이 제108조 제2항의 제3자에 해당하는지를 묻는 지문이다. 파산관재인은 파산자의 포괄승계인의 지위를 가지지만, 파산채권자들의 이익을 위하여 활동하는 자이므로 파산자와는 별개의 이해관계를 가진 자이므로 제3자에 해당한다.

[**대법원** 2003. 6. 24. **선고** 2002**다**48214 **판결**] 파산자가 파산선고시에 가진 모든 재산은 파산재단을 구성하고, 그 파산재단을 관리 및 처분할 권리는 파산관재인에게 속하므로, 파산관재인은 파산자의 포괄승계인과 같은 지위를 가지게 되지만, 파산이 선고되면 파산채권자는 파산절차에 의하지 아니하고는 파산채권을 행사할 수 없고, 파산관재인이 파산채권자 전체의 공동의 이익을 위하여 선량한 관리자의 주의로써 그 직무를 행하므로, 파산관재인은 파산선고에 따라 파산자와 독립하여 그 재산에 관하여 이해관계를 가지게 된 제3자로서의 지위도 가지게 되며, 따라서 파산자가 상대방과 통정한 허위의 의사표시를 통하여 가장채권을 보유하고 있다가 파산이 선고된 경우 그 가장채권도 일단 파산재단에 속하게 되고, 파산선고에 따라 파산자와는 독립한 지위에서 파산채권자 전체의 공동의 이익을 위하여 직무를 행하게 된 파산관재인은 그 허위표시에 따라 외형상 형성된 법률관계를 토대로 실질적으로 새로운 법률상 이해관계를 가지게 된 민법 제108조 제2항의 제3자에 해당한다.

ㄹ. (○) [**대법원** 2006. 3. 10. **선고** 2002**다**1321 **판결**] 민법 제108조 제2항에 규정된 통정허위표시에 있어서의 제3자는 그 선의 여부가 문제이지 이에 관한 과실 유무를 따질 것이 아니다. 정답 ③

3. 통정허위표시에 관한 설명 중 옳지 않은 것은? (각 지문은 독립적이며, 다툼이 있는 경우 판례에 의함)

[18 변호사]

① 甲이 실제 차주인 丙에 대한 여신제한 등의 규정을 회피하기 위하여 甲 자신 명의로 금융기관 乙과의 소비대차계약서에 서명날인했다 하더라도, 乙과 소비대차에 따른 법률효과를 丙에게 귀속시키기로 약정하거나 乙이 이를 양해하는 등 특별한 사정이 없는 이상, 甲과 乙 사이의 소비대차계약은 통정허위표시가 아니며 甲이 이 소비대차계약에 따른 채무를 부담한다.

② 甲과 乙은 甲 소유의 부동산에 관하여 통정허위표시로 근저당권설정계약을 체결하고 이에 따른 乙 명의의 근저당권설정등기를 마쳤으나, 위 근저당권의 피담보채권을 성립시키는 법률행위는

없었다. 그 뒤 乙의 채권자 丙이 이 근저당권부 채권을 가압류한 경우, 丙은 위 근저당권설정계약이 통정허위표시임을 몰랐다 하더라도 이 근저당권말소에 대하여 등기상 이해관계인으로서 승낙할 의무가 있다.

③ 甲 은행이 乙과의 통정허위표시에 의한 가장의 대출채권을 보유하던 중 파산한 경우, 법원에 의해 선임된 파산관재인 丙은 통정허위표시에서의 제3자에 해당하며, 丙의 선의·악의는 丙을 기준으로 하는 것이 아니라 총 파산채권자를 기준으로 하여야 하므로, 파산채권자 모두가 악의가 아닌 이상 乙은 丙을 상대로 자신에게 대출채무가 존재하지 않는다고 주장할 수 없다.

④ 甲이 부동산의 매수자금을 乙로부터 차용하고 그 담보조로 乙에게 가등기를 해 주기로 약정하였으나 그 부동산에 대한 자신의 다른 채권자들의 강제집행을 우려하여 丙에게 이 부동산을 가장양도한 다음 丙이 乙에게 가등기를 경료해 준 경우, 乙은 통정허위표시에서의 제3자에 해당하지 않는다.

⑤ 甲이 통정허위표시로 乙에게 甲 소유의 부동산에 관한 전세권설정등기를 해 준 이후 丙이 이 전세권을 목적으로 한 근저당권설정등기를 마친 다음 丁이 丙의 전세권근저당권부 채권을 가압류한 경우, 설사 丁이 선의라 하더라도 丙이 악의인 이상 甲은 丁에게 위 전세권이 무효임을 주장할 수 있다.

해설

① **(O)** 차명대출의 효력을 묻는 지문이다. 원칙적으로 진의와 표시가 일치하는 의사표시이므로 대출명의자는 대출계약에 따른 채무를 부담한다. 다만, 대출명의자가 채무자로서 책임을 지지 않는다는 금융기관과 합의나 금융기관의 양해로 대출계약이 체결된 때에는 대출명의자는 대출계약에 따른 채무를 부담하지 않는다.

[**대법원** 2008. 6. 12. **선고** 2008**다**7772·7789 **판결**] 제3자가 금전소비대차약정서 등 대출관련서류에 주채무자 또는 연대보증인으로서 직접 서명·날인하였다면 제3자는 자신이 그 소비대차계약의 채무자임을 금융기관에 대하여 표시한 셈이고, 제3자가 금융기관이 정한 여신제한 등의 규정을 회피하여 타인으로 하여금 제3자 명의로 대출을 받아 이를 사용하도록 할 의사가 있었다거나 그 원리금을 타인의 부담으로 상환하기로 하였더라도, 특별한 사정이 없는 한 이는 소비대차계약에 따른 경제적 효과를 타인에게 귀속시키려는 의사에 불과할 뿐, 그 법률상의 효과까지도 타인에게 귀속시키려는 의사로 볼 수는 없으므로 제3자의 진의와 표시에 불일치가 있다고 보기는 어렵다 할 것인 바, 구체적 사안에 있어서 위와 같은 특별한 사정의 존재를 인정하기 위해서는, 실제 차주와 명의대여자의 이해관계의 일치 여부, 대출금의 실제 지급 여부 및 직접 수령자, 대출서류 작성과정에 있어서 명의대여자의 관여 정도, 대출의 실행이 명의대여자의 신용에 근거하여 이루어진 것인지 혹은 실제 차주의 담보제공이 있었는지 여부, 명의대여자에 대한 신용조사의 실시 여부 및 조사의 정도, 대출원리금의 연체에 따라 명의대여자에게 채무이행의 독촉이 있었는지 여부 및 그 독촉 시점 기타 명의대여의 경위와 명의대여자의 직업, 신분 등의 모든 사정을 종합하여, 금융기관이 명의대여자와 사이에 당해 대출에 따르는 법률상의 효과까지 실제 차주에게 귀속시키고 명의대여자에게는 그 채무부담을 지우지 않기로 약정 내지 양해하였음이 적극적으로 입증되어야 할 것이다.

② **(O)** 근저당권의 성립요건으로 피담보채권을 발생시키는 원인인 법률행위가 필요한지를 묻는 지문이다. 근저당권설정계약이 가장행위로서 그 무효를 선의의 제3자에게 대항하지 못한다고 하더라도 근저당권의 피담보채권 원인인 법률행위가 존재하지 않는다면 그 근저당권설정등기는 무효이고, 이는 가장행위로 인한 무효는 아니므로 선의의 제3자에 대해서도 대항할 수 있다. 그 결과 근저당권의 가압류채권자 丙은 근저당권설정등기 말소에 승낙할 의무를 부담한다.

[**대법원** 2009. 12. 24. **선고** 2009**다**72070 **판결**] 근저당권은 그 담보할 채무의 최고액만을 정하고, 채무의 확정을 장래에 보류하여 설정하는 저당권으로서(민법 제357조 제1항), 계속적인 거래관계로부터 발생하는 다수의 불특정채권을 장래의 결산기에서 일정한 한도까지 담보하기 위한 목적으로 설정되는 담보권이므로, 근저당권설정행위와는 별도로 근저당권의 피담보채권을 성립시키는 법률행위가 있어야 하고, 근저당권의 성립 당시 근저당권의 피담보채권을 성립시키는 법률행위가 있었는지 여부에 대한 입증책임은 그 존재를 주장하는 측에 있다(필자 註 : (ㄱ) 본 사안의 사실관계는 다음과 같다. 근저당권이 있는 채권이 압류되어 근저당권설정등기에 부기등기의 방법으로 압류사실이 기입되었다. 소유자인 원고는 근저당권자로부터 금전을 차용한 바가 없음을 이유로 근저당권설정등기의 말소를 청구하면서 압류권자인 피고들을 상대로 근저당권의 말소등기에 대한 승낙의 의사표시를 청구하였다. (ㄴ) 본 사안에서 원고와 피고 사이에 다툼이 되는 부분은 원고가 소외인으로부터 금원을 차용하였는지 여부인데, 이 점에 관해서 입증이 부족하였다. 법원으로서는 어느 일방에게 불이익하게 재판할 수밖에 없는데, 그 불이익을 누구에게 돌려야 하는지 즉, 금원차용사실에 관한 증명책임이 누구에게 있는지가 본 사안의 쟁점이다. (ㄷ) 원심법원은 근저당권설정등기가 마쳐진 이상 금원차용사실이 추정된다고 보아 그 증명책임은 근저당권이 무효라고 주장하는 원고에게 있다고 판단한 후, 원고의 청구를 기각하였다. 이에 대하여 대법원은 원심판결을 파기하였는데, 근저당권이 성립하기 위해서는 근저당권설정행위와 별도로 근저당권의 피담보채권을 성립시키는 법률행위가 있어야 하고, 그에 관한 증명책임은 그 존재를 주장하는 측에 있다는 점을 이유로 하였다. 결국 원심법원과 대법원은 근저당권설정등기의 추정력이 피담보채권을 성립시키는 법률행위에 미치는지 여부에 관해서 그 입장을 달리하고 있다. (ㄹ) 대법원은 종래 "담보물권의 등기로부터 그 담보물권의 존재뿐만 아니라 피담보채권의 존재도 추정된다."고 판단한 바가 있다(대법원 1969. 2. 18. 선고 68다2329 판결). 본 대법원 판결은 기존 대법원의 입장과는 다르다고 볼 여지도 있다. 본 대법원 판결에 따르면 근저당권설정등기가 있다고 하더라도 피담보채권을 성립시키는 법률행위에 추정력이 미치지 아니하기 때문이다).

③ (O) 가장채권자가 파산한 경우 파산관재인은 제108조 제2항의 제3자에 해당한다는 것이 판례이다.
[**대법원** 2006. 11. 10. **선고** 2004**다**10299 **판결**] 파산관재인이 민법 제108조 제2항의 경우 등에 있어 제3자에 해당하는 것은 파산관재인은 파산채권자 전체의 공동의 이익을 위하여 선량한 관리자의 주의로써 그 직무를 행하여야 하는 지위에 있기 때문이므로, 그 선의·악의도 파산관재인 개인의 선의·악의를 기준으로 할 수는 없고 총파산채권자를 기준으로 하여 파산채권자 모두가 악의로 되지 않는 한 파산관재인은 선의의 제3자라고 할 수밖에 없다.

④ (O) 가장양도인과 가등기설정의 합의를 하고, 가장양수인으로부터 가등기를 설정받은 제3자가 제108조 제2항의 제3자에 해당하는지를 묻는 지문이다. 제3자가 가장행위를 토대로 실질적으로 새로운 이해관계를 맺은 자여야 한다. 가장양도인과 가등기설정의 합의를 하였다면 가장행위를 토대로 새로운 이해관계를 맺은 것으로 볼 수는 없다. 실질관계에 기초하여 이해관계를 맺은 것으로 보아야 하기 때문이다.
[**대법원** 1982. 5. 25. **선고** 80**다**1403 **판결**] 소외인 A가 부동산의 매수자금을 피고로부터 차용하고 담보조로 가등기를 경료하기로 약정한 후 채권자들의 강제집행을 우려하여 소외인 B에게 가장양도한 후 피고 앞으로 가등기를 경료케 한 경우에 있어서 피고는 형식상은 가장양수인으로부터 가등기를 경료받은 것으로 되어 있으나 실질적인 새로운 법률원인에 의한 것이 아니므로 통정허위표시에서의 제3자로 볼 수 없다.

⑤ (×) 제108조 제2항의 제3자가 가장행위를 기초로 직접 새로운 이해관계를 맺은 자에 한정되는지를 묻는 지문이다. 가장행위를 기초로 이해관계를 맺은 자와 다시 새로운 법률상 이해관계를 맺은 자도 포함된다는 것이 판례이다. 가장전세권을 기초로 전세권저당권을 취득한 丙이 악의자로서 제108조 제2항에 의하여 보호되지 못하더라도 전세권저당권을 가압류한 丁은 다시 새로운 법률관계에 들어간 자이므로 제108조 제2항에 의하여 보호된다.
[**대법원** 2013. 2. 15. **선고** 2012**다**49292 **판결**] [1] 실제로는 전세권설정계약을 체결하지 아니하였으면서도 임대차계약에 기한 임차보증금반환채권을 담보할 목적 또는 금융기관으로부터 자금을 융통할 목적으로 임차인과 임대인 사이의 합의에 따라 임차인 명의로 전세권설정등기를 경료한 경우에, 위

전세권설정계약이 통정허위표시에 해당하여 무효라 하더라도 위 전세권설정계약에 의하여 형성된 법률관계에 기초하여 새로이 법률상 이해관계를 가지게 된 제3자에 대하여는 그 제3자가 그와 같은 사정을 알고 있었던 경우에만 그 무효를 주장할 수 있다. 그리고 여기에서 선의의 제3자가 보호될 수 있는 법률상 이해관계는 위 전세권설정계약의 당사자를 상대로 하여 직접 법률상 이해관계를 가지는 경우 외에도 그 법률상 이해관계를 바탕으로 하여 다시 위 전세권설정계약에 의하여 형성된 법률관계와 새로이 법률상 이해관계를 가지게 되는 경우도 포함된다. [2] 甲이 乙의 임차보증금반환채권을 담보하기 위하여 통정허위표시로 乙에게 전세권설정등기를 마친 후 丙이 이러한 사정을 알면서도 乙에 대한 채권을 담보하기 위하여 위 전세권에 대하여 전세권근저당권설정등기를 마쳤는데, 그 후 丁이 丙의 전세권근저당권부 채권을 가압류하였다가 이를 본압류로 이전하는 압류명령을 받은 사안에서, 丙의 전세권근저당권부 채권은 통정허위표시에 의하여 외형상 형성된 전세권을 목적물로 하는 전세권근저당권의 피담보채권이고, 丁은 이러한 丙의 전세권근저당권부 채권을 가압류하고 압류명령을 얻음으로써 그 채권에 관한 담보권인 전세권근저당권의 목적물에 해당하는 전세권에 대하여 새로이 법률상 이해관계를 가지게 되었으므로, 丁이 통정허위표시에 관하여 선의라면 비록 丙이 악의라 하더라도 허위표시자는 그에 대하여 전세권이 통정허위표시에 의한 것이라는 이유로 대항할 수 없다.

정답 ⑤

4. 통정허위표시에 관한 민법 제108조 제2항의 '제3자'에 해당하지 않는 자를 모두 고른 것은? (다툼이 있는 경우에는 판례에 의함) [14 변호사]

ㄱ. 甲과 乙 사이의 허위의 의사표시에 기한 채무를 보증하고 그에 따라 보증채무자로서 그 채무를 이행한 경우, 보증인 丙
ㄴ. 근로자 甲이 乙 회사에 대한 퇴직금채권을 丙에게 가장양도 하였으나, 乙 회사가 아직 퇴직금을 가장양수인 丙에게 지급하지 않고 있던 중, 위 퇴직금채권이 법원의 전부명령에 의하여 丁에게 이전된 경우, 퇴직금채무자 乙 회사
ㄷ. 甲 금융기관과 乙 사이의 통정한 허위표시에 따라 甲이 乙에 대하여 취득한 외형상의 채권을 한국자산관리공사 丙이 인수한 경우, 채권양수인 丙
ㄹ. 甲이 상대방 乙과 통정한 허위의 의사표시를 통하여 가장채권을 보유하고 있다가 파산선고를 받은 경우, 파산관재인 丙
ㅁ. 甲이 자신의 소유인 X 토지에 관하여 채권자 乙에게 담보가등기를 경료하기로 약정한 상태에서 그 토지를 丙에게 가장양도하고 소유권이전등기를 마친 다음 丙에게 지시하여 乙에게 가등기를 경료케 하여준 경우, 채권자 乙

① ㄱ, ㄴ ② ㄱ, ㅁ ③ ㄴ, ㄷ
④ ㄴ, ㅁ ⑤ ㄷ, ㄹ

해설

※ 통정허위표시의 무효는 선의의 제3자에게 대항하지 못한다(제108조 제2항). 제3자에 해당하는지 여부가 문제되는 사안을 묻는 문제이다. 제3자란 허위표시의 당사자와 포괄승계인 이외의 자로서 허위표시를 기초로 새로운 법률상 이해관계를 맺은 자를 말한다.

ㄱ. **[해당]** 허위의 주채무를 보증하고, 나아가 보증채무를 이행한 보증인은 주채무자에 대한 관계에서 구상권 취득이라는 법률상 이해관계를 맺고 있으므로 제3자에 해당한다.

[**대법원** 2000. 7. 6. **선고** 99**다**51258 **판결**] 보증인이 주채무자의 기망행위에 의하여 주채무가 있는 것으로 믿고 주채무자와 보증계약을 체결한 다음 그에 따라 보증채무자로서 그 채무까지 이행한 경우, 그 보증인은 주채무자에 대한 구상권 취득에 관하여 법률상의 이해관계를 가지게 되었고 그 구상권 취득에는 보증의 부종성으로 인하여 주채무가 유효하게 존재할 것을 필요로 한다는 이유로 결국 그 보증인은 주채무자의 채권자에 대한 채무 부담행위라는 허위표시에 기초하여 구상권 취득에 관한 법률상 이해관계를 가지게 되었다고 보아 민법 제108조 제2항 소정의 "제3자"에 해당한다.

ㄴ. **[해당하지 않음]** 채권이 가장으로 양도된 경우, 채무자는 가장양도를 기초로 새로운 이해관계를 맺은 자가 아니므로 제3자에 해당하지 않는다.

[**대법원** 1983. 1. 18. **선고** 82**다**594 **판결**] 퇴직금 채무자인 피고는 원채권자인 소외 甲이 소외 乙에게 퇴직금채권을 양도했다고 하더라도 그 퇴직금을 양수인에게 지급하지 않고 있는 동안에 위 양도계약이 허위표시란 것이 밝혀진 이상 위 허위표시의 선의의 제3자임을 내세워 진정한 퇴직금전부채권자인 원고에게 그 지급을 거절할 수 없다.

ㄷ. **[해당]** 가장채권의 양수인은 가장행위를 기초로 새로운 이해관계를 맺은 자이므로 제3자에 해당한다.

[**대법원** 2004. 1. 15. **선고** 2002**다**31537 **판결**] 한국자산관리공사가 금융기관의 출자에 의하여 설립되었다고 하더라도 부실자산을 양도한 금융기관과는 독립하여 고유의 업무를 수행하는 별개의 법인이고, 금융기관으로부터 인수한 채권 등 그 자산에 대하여도 별도의 이해관계를 가진다고 할 것이므로, 한국자산관리공사가 부실채권 등 자산을 양도한 금융기관과 실질적으로 동일한 지위에 있다고 할 수는 없고, 또 한국자산관리공사가 부실채권 등 금융기관의 부실자산을 인수함에 있어 금융기관과 협의하여 인수가격 등 인수조건을 정하고 이를 유상으로 인수함과 아울러 담보물권까지 이전받는 점에 비추어 보면, 한국자산관리공사는 금융기관과 대출명의인 사이의 통정한 허위표시에 따라 외형상 형성된 법률관계를 토대로 실질적으로 새로운 법률상 이해관계를 가지게 된 민법 제108조 제2항의 제3자에 해당된다고 할 것이고, 비록 한국자산관리공사가 금융기관이 보유하는 부실자산의 정리촉진과 부실징후기업의 경영정상화 등을 효율적으로 지원하기 위한 공익적 목적에서 금융기관의 부실채권 등을 인수하였다고 하더라도 거래의 안전을 위하여 보호하여야 할 가치나 필요가 없는 제3자라고 할 수는 없다.

ㄹ. **[해당]** 가장채권자가 파산한 경우, 파산관재인은 제3자에 해당한다는 것이 대법원의 일관된 입장이다. 파산관재인은 파산자의 포괄승계인이기는 하나, 파산채권자의 이익을 위하여 활동하는 자이므로 파산자와는 독립된 이해관계를 가지고 있기 때문이다. 다만, 파산관재인이 가장채권을 '기초'로 하여 이해관계를 맺은 것인지는 의문이다. 파산채권자나 파산관재인이 가장채권을 '기초'로 하여 채권을 취득하거나 파산관재인으로 선임되는 것은 아니기 때문이다. 그럼에도 불구하고 대법원은 파산관재인을 일관되게 제3자에 해당하는 것으로 보고 있다. 아마도 그 이유는 파산자와 밀접한 관계에 있는 가장채무자를 보호하기 보다는 불특정 다수인인 파산채권자를 보호하는 것이 보다 형평에 부합되기 때문이다.

[**대법원** 2003. 6. 24. **선고** 2002**다**48214 **판결**] 파산자가 파산선고시에 가진 모든 재산은 파산재단을 구성하고, 그 파산재단을 관리 및 처분할 권리는 파산관재인에게 속하므로, 파산관재인은 파산자의 포괄승계인과 같은 지위를 가지게 되지만, 파산이 선고되면 파산채권자는 파산절차에 의하지 아니하고는 파산채권을 행사할 수 없고, 파산관재인이 파산채권자 전체의 공동의 이익을 위하여 선량한 관리자의 주의로써 그 직무를 행하므로, 파산관재인은 파산선고에 따라 파산자와 독립하여 그 재산에 관하여 이해관계를 가지게 된 제3자로서의 지위도 가지게 되며, 따라서 파산자가 상대방과 통정한 허위의 의사표시를 통하여 가장채권을 보유하고 있다가 파산이 선고된 경우 그 가장채권도 일단 파산재단에 속하게 되고, 파산선고에 따라 파산자와는 독립한 지위에서 파산채권자 전체의 공동의 이익을 위하여 직무를 행하게 된 파산관재인은 그 허위표시에 따라 외형상 형성된 법률관계를 토대로 실질적으로 새로운 법률상 이해관계를 가지게 된 민법 제108조 제2항의 제3자에 해당한다.

ㅁ. **[해당하지 않음]** 가장양도인과 담보가등기 설정의 합의를 하고, 가장양수인으로부터 가등기를 경료한 담보가등기권리자는 가장양도를 기초로 이해관계를 맺은 자에 해당하지 않는다. 비록 형식적으로는 가장양수인으로부터 가등기를 경료받았으나, 가장양도인과 가등기설정의 합의를 하였기 때문에 실질적으로는 가장양도인으로부터 담보가등기권리를 취득한 자이기 때문이다.

[**대법원** 1982. 5. 25. **선고** 80**다**1403 **판결**] 소외인 A가 부동산의 매수자금을 피고로부터 차용하고 담보조로 가등기를 경료하기로 약정한 후 채권자들의 강제집행을 우려하여 소외인 B에게 가장양도한 후 피고 앞으로 가등기를 경료케 한 경우에 있어서 피고는 형식상은 가장양수인으로부터 가등기를 경료받은 것으로 되어 있으나 실질적인 새로운 법률원인에 의한 것이 아니므로 통정허위표시에서의 제3자로 볼 수 없다.

정답 ④

5. 법률행위에 관한 설명 중 옳지 않은 것은? (다툼이 있는 경우에는 판례에 의함) [13 변호사]

① 동기의 착오가 상대방의 부정한 방법에 의하여 유발되었거나 상대방으로부터 제공된 경우에는 동기가 표시되지 않았더라도 표의자는 착오를 이유로 의사표시를 취소할 수 있다.

② 채무자의 법률행위가 가장행위라도 채권자취소권의 대상이 될 수 있고, 채권자취소권의 대상으로 된 채무자의 법률행위라도 통정허위표시의 요건을 갖춘 경우에는 무효이다.

③ 통정한 허위표시에 의하여 외형상 형성된 법률관계로 생긴 채권을 가압류한 경우, 그 가압류권자는 민법 제108조 제2항의 '제3자'에 해당한다.

④ 제3자의 기망행위에 기하여 표의자가 매매계약을 체결한 경우, 그 기망행위가 불법행위를 구성하는 이상 표의자가 불법행위로 인한 손해의 배상을 구하기 위하여 먼저 매매계약을 취소하여야 하는 것은 아니다.

⑤ 파산자 甲이 乙과의 가장소비대차에 기하여 가장채권을 보유하고 있다가 파산이 선고된 경우, 파산관재인은 민법 제108조 제2항의 제3자에 해당하는데, 파산채권자 중 일부라도 악의라면 파산관재인은 '선의의 제3자'라 할 수 없다.

해설

① **(O)** 동기의 착오를 이유로 의사표시를 취소하기 위한 요건을 묻는 지문이다. 원칙적으로는 동기가 법률행위의 내용으로 표시되고, 법률행위의 해석상 내용으로 되었을 때에 제109조에 따른 취소가 가능하지만, 동기의 착오가 상대방의 부정한 방법에 의하여 유발되었거나 상대방으로부터 제공된 때에는 표시 여부를 불문하고 제109조에 따른 취소가 가능하다.

[**대법원** 1978. 7. 11. **선고** 78**다**719 **판결**] 귀속해제된 토지인데도 귀속재산인줄로 잘못 알고 국가에 증여를 한 경우 이러한 착오는 일종의 동기의 착오라 할 것이나 그 동기를 제공한 것이 관계공무원이었고 그러한 동기의 제공이 없었더라면 위 토지를 국가에게 증여하지는 않았을 것이라면 그 동기는 증여행위의 중요부분을 이룬다고 할 것이므로 뒤늦게 그 착오를 알아차리고 증여계약을 취소했다면 그 취소는 적법하다.

② **(O)** 가장행위와 사해행위가 경합될 수 있는지 여부를 묻는 지문이다. 경합을 긍정하는 것이 대법원의 입장이다.

[**대법원** 1998. 2. 27. **선고** 97**다**50985 **판결**] 채무자의 법률행위가 통정허위표시인 경우에도 채권자취소권의 대상으로 된다고 할 것이고, 한편 채권자취소권의 대상으로 된 채무자의 법률행위라도 통정허위표시의 요건을 갖춘 경우에는 무효라고 할 것이다.

③ (O) 가장채권을 가압류한 채권자가 허위표시로부터 보호되는 제108조 제2항의 제3자에 해당하는지 여부를 묻는 지문이다. 가압류채권자는 비록 일반채권자이기는 하지만, 가압류를 통하여 집행절차에 따른 새로운 이해관계를 가졌다고 보아 제3자에 해당한다고 보는 것이 대법원의 입장이다.

[**대법원** 2004. 5. 28. **선고** 2003**다**70041 **판결**] 통정한 허위표시에 의하여 외형상 형성된 법률관계로 생긴 채권을 가압류한 경우, 그 가압류권자는 허위표시에 기초하여 새로운 법률상 이해관계를 가지게 되므로 민법 제108조 제2항의 제3자에 해당한다고 봄이 상당하고, 또한 민법 제108조 제2항의 제3자는 선의이면 족하고 무과실은 요건이 아니다.

④ (O) 기망행위로 매매계약을 체결한 경우, 불법행위로 인한 손해배상청구권과 사기에 따른 의사표시 취소권의 관계를 묻는 지문이다. 양 권리는 권리의 목적을 달리하는 것으로 병존한다. 따라서 어느 권리를 먼저 행사하여야 하는 것은 아니다.

[**대법원** 1998. 3. 10. **선고** 97**다**55829 **판결**] 제3자의 사기행위로 인하여 피해자가 주택건설사와 사이에 주택에 관한 분양계약을 체결하였다고 하더라도 제3자의 사기행위 자체가 불법행위를 구성하는 이상, 제3자로서는 그 불법행위로 인하여 피해자가 입은 손해를 배상할 책임을 부담하는 것이므로, 피해자가 제3자를 상대로 손해배상청구를 하기 위하여 반드시 그 분양계약을 취소할 필요는 없다.

⑤ (×) 가장채권자가 파산한 경우, 파산관재인이 제108조 제2항에 따라 보호되기 위해서는 선의여야 하는데, 선의 여부를 판단하는 방법을 묻는 지문이다. 대법원은 총 파산채권자가 모두 악의로 되지 않는 한, 파산관재인은 선의의 제3자라고 본다.

[**대법원** 2006. 11. 10. **선고** 2004**다**10299 **판결**] 파산관재인이 민법 제108조 제2항의 경우 등에 있어 제3자에 해당하는 것은 파산관재인은 파산채권자 전체의 공동의 이익을 위하여 선량한 관리자의 주의로써 그 직무를 행하여야 하는 지위에 있기 때문이므로, 그 선의·악의도 파산관재인 개인의 선의·악의를 기준으로 할 수는 없고 총파산채권자를 기준으로 하여 파산채권자 모두가 악의로 되지 않는 한 파산관재인은 선의의 제3자라고 할 수밖에 없다.

정답 ⑤

6. **채무초과 상태인 甲은 유일한 재산인 X 토지에 관하여 채권자 乙이 강제집행 할 것을 우려하여 丙과 허위로 매매계약을 체결하고, 丙 명의로 소유권이전등기를 마쳤다. 그 후 丙은 이러한 사정을 모르는 丁에게 X를 매도하고 그에 관한 소유권이전등기를 마쳤다. 한편 丙의 채권자인 戊는 丙이 丁에게 X에 관한 소유권이전등기를 마치기 전에 X에 관하여 근저당권설정등기를 마쳤다. 다음 설명 중 옳지 않은 것은? (다툼이 있는 경우에는 판례에 의함)** [12 변호사]

① 甲과 丙 사이의 매매계약은 甲이 계약체결 당시 채무초과 상태가 아니었더라도 무효이다.

② 甲과 丙 사이의 매매계약이 강제집행을 면탈할 목적으로 체결된 것이라도 선량한 풍속 기타 사회질서에 위반한 법률행위로 볼 수 없으므로, 甲은 丙에게 부당이득의 반환을 청구할 수 있다.

③ 甲과 丙 사이의 매매계약이 무효인 경우, 甲은 丁이 선의라면 그 무효로 丁에게 대항할 수 없고, 丁의 선의는 추정되므로 甲은 丁의 악의를 증명하여야 한다.

④ 甲과 丙 사이의 매매계약이 무효인 경우, 甲은 戊가 선의인지 여부와 관계없이 그 무효로 戊에게 대항할 수 있다.

⑤ 甲과 丙 사이의 매매계약이 무효인 경우에도 채권자 乙은 위 매매계약이 사해행위임을 이유로 채권자취소권을 행사할 수 있다.

해 설

① **(O)** 甲과 丙 사이의 매매가 사해행위에 해당하지 않더라도 허위의 매매계약이므로 제108조 제1항에 따라 무효이다.

[**대법원** 1998. 2. 27. **선고** 97**다**50985 **판결**] 채무자의 법률행위가 통정허위표시인 경우에도 채권자취소권의 대상이 되고, 한편 채권자취소권의 대상으로 된 채무자의 법률행위라도 통정허위표시의 요건을 갖춘 경우에는 무효라고 할 것이다.

② **(O)** 강제집행을 피할 목적의 법률행위에 따른 급부가 불법원인급여에 해당하는지를 묻는 지문이다. 공법상 규제를 회피하거나 세금을 회피하거나 집행을 피하기 위한 법률행위가 언제나 반사회적 법률행위에 해당하는 것은 아니다. 甲과 丙 사이의 매매가 집행을 면탈할 목적이 있었더라도 그와 같은 사정만으로는 반사회적 법률행위에 해당하지 않고, 허위표시 자체가 불법은 아니므로 甲이 위 가장매매에 기초하여 한 급부가 불법원인급여에 해당하는 것은 아니다. 따라서 甲의 丙에 대한 부당이득반환청구가 제한되지 않는다.

[**대법원** 2004. 5. 28. **선고** 2003**다**70041 **판결**] 강제집행을 면할 목적으로 부동산에 허위의 근저당권설정등기를 경료하는 행위는 민법 제103조의 선량한 풍속 기타 사회질서에 위반한 사항을 내용으로 하는 법률행위로 볼 수 없다.

③ **(O)** 가장매수인으로부터의 선의전득자가 제108조 제2항에 의하여 보호되는지를 묻는 지문이다. 허위표시의 무효는 선의의 제3자에 대항하지 못한다(제108조 제2항). 제3자란 허위표시를 기초로 새로운 법률상 이해관계를 맺은 자를 말한다. 제3자는 다른 특별한 사정이 없는 한 선의로 추정된다. 가장매수인으로부터 목적을 다시 매수한 자는 가장행위에 기초하여 새로운 법률상 이해관계를 맺은 자에 해당한다.

[**대법원** 2006. 3. 10. **선고** 2002**다**1321 **판결**] 민법 제108조 제1항에서 상대방과 통정한 허위의 의사표시를 무효로 규정하고, 제2항에서 그 의사표시의 무효는 선의의 제3자에게 대항하지 못한다고 규정하고 있는데, 여기에서 제3자는 특별한 사정이 없는 한 선의로 추정할 것이므로, 제3자가 악의라는 사실에 관한 주장·입증책임은 그 허위표시의 무효를 주장하는 자에게 있다.

④ **(×)** 戊는 가장매수인 丙으로부터 저당권설정을 받은 자로써 제108조 제2항의 제3자에 해당한다. 제108조 제2항은 선의의 제3자만 보호하므로 戊가 악의자라면 甲은 戊에 대하여 그 무효를 주장할 수 있다.

⑤ **(O)** 가장행위로서 무효인 법률행위도 채권자취소의 대상이 되는지를 묻는 지문이다. 외관에 따르면 채무자의 책임재산이 감소된 것이므로 가장행위로서 무효인 재산처분행위도 채권자취소의 대상이 될 수 있다.

[**대법원** 1998. 2. 27. **선고** 97**다**50985 **판결**] 채무자의 법률행위가 통정허위표시인 경우에도 채권자취소권의 대상이 되고, 한편 채권자취소권의 대상으로 된 채무자의 법률행위라도 통정허위표시의 요건을 갖춘 경우에는 무효라고 할 것이다.

정답 ④

7. **다음 설명 중 옳은 것을 모두 고른 것은? (다툼이 있는 경우에는 판례에 의함)** [12 변호사]

ㄱ. 甲이 乙과의 사이에 X 토지를 매매하는 계약을 체결한 후 乙에 대한 매매잔대금채권을 丙에게 양도한 경우, 위 매매계약이 해제되면 丙은 선의라도 乙에 대하여 위 양수금을 청구할 수 없다.

ㄴ. 甲이 乙에게 매매를 원인으로 주택의 소유권이전등기를 마쳐주었으나, 매매계약이 적법하게 해제되고 乙 명의의 소유권이전등기가 말소된 경우에도 위 매매계약이 해제되기 전에 乙로부터 위 주택을 임차하여 인도와 주민등록을 마친 丙의 권리를 해하지 못한다.

ㄷ. 丙이 甲과 乙 사이의 매매계약에 기한 甲의 소유권이전등기청구권을 가압류하였다면, 그 후 乙이 甲의 대금지급의무 불이행을 이유로 매매계약을 해제하더라도 丙의 가압류권자로서의 지위는 보호된다.
ㄹ. 파산자가 통정허위표시를 통하여 가장채권을 보유하고 있다가 파산이 선고된 경우, 파산관재인은 그 허위표시에 따라 외형상 형성된 법률관계를 토대로 실질적으로 새로운 법률상 이해관계를 가지게 된 제3자에 해당하는데, 이때 선의 여부는 파산관재인을 기준으로 판단한다.
ㅁ. X 토지에 관하여 甲과 乙 사이의 통정허위표시에 기하여 乙 명의의 가등기가 마쳐지고 甲으로부터 丙에게로의 소유권이전등기가 마쳐진 후 위 가등기에 기한 본등기가 마쳐짐에 따라 丙 명의의 등기가 말소된 경우, 乙로부터 X에 관한 소유권이전등기를 마친 丁이 위 허위표시에 관하여 알지 못했더라도 丙은 丁을 상대로 소유권이전등기의 말소를 청구할 수 있다.

① ㄱ, ㄴ ② ㄴ, ㄹ ③ ㄷ, ㅁ
④ ㄱ, ㄴ, ㅁ ⑤ ㄱ, ㄷ, ㄹ

해설

ㄱ. **(O)** 계약상 채권을 양수한 자가 해제로부터 보호되는 제3자에 해당하는지를 묻는 지문이다. 해제의 소급효로부터 보호되는 제3자란 해제된 계약을 기초로 새로운 법률상 이해관계를 맺었으며, 등기나 인도 등으로 완전한 권리를 취득한 자를 말한다. 계약상 채권양수인은 계약의 존속을 전제로 이해관계를 맺은 자이므로 계약이 해제된 때에는 채권이 소급하여 소급한다는 것을 예정한 자이므로 보호되는 제3자에 해당하지 않는다.

[**대법원** 2003. 1. 24. **선고** 2000**다**22850 **판결**] 민법 제548조 제1항 단서에서 규정하고 있는 제3자란 일반적으로 계약이 해제되는 경우 그 해제된 계약으로부터 생긴 법률효과를 기초로 하여 해제 전에 새로운 이해관계를 가졌을 뿐 아니라 등기·인도 등으로 완전한 권리를 취득한 자를 말하고, 계약상의 채권을 양수한 자는 여기서 말하는 제3자에 해당하지 않는다고 할 것인바, 계약이 해제된 경우 계약해제 이전에 해제로 인하여 소멸되는 채권을 양수한 자는 계약해제의 효과에 반하여 자신의 권리를 주장할 수 없음은 물론이고, 나아가 특단의 사정이 없는 한 채무자로부터 이행받은 급부를 원상회복하여야 할 의무가 있다.

ㄴ. **(O)** 소유권을 취득한 매수인으로부터 대항력 있는 주택임차권을 취득한 자가 해제로부터 보호되는 제3자에 해당하는지를 묻는 지문이다. 대항력을 취득한 주택임차권자도 완전한 권리를 취득한 자이므로 해제로부터 보호되는 제3자에 해당한다.

[**대법원** 1996. 8. 20. **선고** 96**다**17653 **판결**] 민법 제548조 제1항 단서의 규정에 따라 계약해제로 인하여 권리를 침해받지 않는 제3자라 함은 계약목적물에 관하여 권리를 취득한 자 중 계약당사자에게 권리취득에 관한 대항요건을 구비한 자를 말한다 할 것인 바, 임대목적물이 주택임대차보호법 소정의 주택인 경우 같은 법 제3조 제1항이 임대주택의 인도와 주민등록이라는 대항요건을 갖춘 자에게 등기된 임차권과 같은 대항력을 부여하고 있는 점에 비추어 보면, 소유권을 취득하였다가 계약해제로 인하여 소유권을 상실하게 된 임대인으로부터 그 계약이 해제되기 전에 주택을 임차받아 주택의 인도와 주민등록을 마침으로써 같은 법 소정의 대항요건을 갖춘 임차인은 등기된 임차권자와 마찬가지로 민법 제548조 제1항 단서 소정의 제3자에 해당된다고 봄이 상당하고, 그렇다면 그 계약해제 당시 이미 주택임대차보호법 소정의 대항요건을 갖춘 임차인은 임대인의 임대권원의 바탕이 되는 계약의 해제에도 불구하고 자신의 임차권을 새로운 소유자에게 대항할 수 있다.

ㄷ. (×) 계약상 채권을 가압류한 가압류채권자가 해제로부터 보호되는 제3자에 해당하는지를 묻는 지문이다. 계약상 채권에 대한 이해관계인은 계약의 존속을 전제로 이해관계를 맺은 자이므로 계약이 해제되면 당연히 그 지위가 상실됨을 전제하고 있다고 보아야 한다. 따라서 해제의 소급효로부터 보호되는 제3자에 해당하지 않는다.

[**대법원** 2000. 4. 11. **선고** 99**다**51685 **판결**] 소유권이전등기청구권의 가압류나 압류가 행하여지면 제3채무자로서는 채무자에게 등기이전행위를 하여서는 아니되고, 그와 같은 행위로 채권자에게 대항할 수 없다 할 것이나, 가압류나 압류에 의하여 그 채권의 발생원인인 법률관계에 대한 채무자와 제3채무자의 처분까지도 구속되는 것은 아니므로 기본적 계약관계인 매매계약 자체를 해제할 수 있다.

[**대법원** 2000. 4. 11. **선고** 99**다**51685 **판결**] 제3채무자가 소유권이전등기청구권에 대한 압류명령에 위반하여 채무자에게 소유권이전등기를 경료한 후 채무자의 대금지급의무의 불이행을 이유로 매매계약을 해제한 경우, 해제의 소급효로 인하여 채무자의 제3채무자에 대한 소유권이전등기청구권이 소급적으로 소멸함에 따라 이에 터잡은 압류명령의 효력도 실효되는 이상 압류채권자는 처음부터 아무런 권리를 갖지 아니한 것과 마찬가지 상태가 되므로 제3채무자가 압류명령에 위반되는 행위를 한 후에 매매계약이 해제되었다 하여도 불법행위는 성립하지 아니한다.

ㄹ. (×) 파산관재인이 허위표시로부터 보호되는 제3자에 해당하는지 및 파산관재인의 선의 여부를 판단하는 기준을 묻는 지문이다. 파산관재인이 파산자의 포괄승계인의 지위를 가지지만, 파산채권자를 위하여 활동하는 자이므로 파산자와 별개의 독립한 이해관계를 가진 제3자라고 보아야 한다. 한편, 파산관재인의 선의 여부는 파산관재인 개인의 인식을 기준으로 판단할 것이 아니다. 총파산채권자가 모두 악의인 때에만 파산관재인을 악의자로 보아야 한다.

[**대법원** 2006. 11. 10. **선고** 2004**다**10299 **판결**] 파산관재인이 민법 제108조 제2항의 경우 등에 있어 제3자에 해당된다고 한 것은 파산관재인은 파산채권자 전체의 공동의 이익을 위하여 선량한 관리자의 주의로써 그 직무를 행하여야 하는 지위에 있기 때문에 인정되는 것이므로, 그 선의·악의도 파산관재인 개인의 선의·악의를 기준으로 할 수는 없고 총파산채권자를 기준으로 하여 파산채권자 모두가 악의로 되지 않는 한 파산관재인은 선의의 제3자라고 할 수밖에 없다.

ㅁ. (×) 가장양수인으로부터의 권리취득자와 가장양도인으로부터의 권리취득자가 충돌하는 경우, 누가 우선하는지를 묻는 지문이다. 가장행위로 인한 무효는 선의의 제3자에게 대항할 수 없는데, 대항하지 못하는 자는 가장행위의 당사자뿐만 아니라 독자적인 이해관계를 가진 제3자도 대항할 수 없다. 결국, 가장양수인으로부터의 권리취득자가 우선한다.

[**대법원** 1996. 4. 26. **선고** 94**다**12074 **판결**] [1] 상대방과 통정한 허위의 의사표시는 무효이고 누구든지 그 무효를 주장할 수 있는 것이 원칙이나, 허위표시의 당사자 및 포괄승계인 이외의 자로서 허위표시에 의하여 외형상 형성된 법률관계를 토대로 실질적으로 새로운 법률상 이해관계를 맺은 선의의 제3자에 대하여는 허위표시의 당사자뿐만 아니라 그 누구도 허위표시의 무효를 대항하지 못하고, 따라서 선의의 제3자에 대한 관계에 있어서는 허위표시도 그 표시된 대로 효력이 있다.

[2] Y가 통정허위표시자로부터 실질적으로 부동산을 양수하고 또 이를 양수함에 있어 통정허위표시자 명의의 가등기 및 본등기의 원인이 허위표시임을 알지 못하였다면, X는 선의의 제3자인 Y에 대하여는 허위표시가 무효임을 주장할 수 없고, 따라서 Y에 대한 관계에서는 그 허위표시가 유효한 것이 되므로 그 허위표시를 원인으로 한 가등기 및 본등기와 이를 바탕으로 그 후에 이루어진 Y명의의 소유권이전등기도 유효하다.

정답 ①

2. 착오에 의한 의사표시

8. **흠 있는 의사표시에 관한 설명 중 옳은 것은? (각 지문은 독립적이며, 다툼이 있는 경우 판례에 의함)** [24 변호사]

① 비진의 의사표시에 있어서 진의란 표의자가 진정으로 마음속에서 바라는 사항을 뜻하는 것이므로, 표의자가 강박에 의하여 증여의 의사표시를 할 당시 재산을 강제로 뺏긴다는 것이 표의자의 본심으로 잠재되어 있었다면 위 증여의 의사표시는 증여라는 내심의 효과의사가 결여된 것으로서 비진의 의사표시에 해당한다.

② 재단법인의 설립을 위하여 서면에 의한 출연행위를 한 경우, 법인이 성립되고 출연된 재산이 기본재산인 경우에도 착오에 기한 의사표시라는 이유로 위 출연행위를 취소할 수 있다.

③ 부동산 매매계약에 있어 당사자인 甲과 乙이 모두 A 토지를 계약의 목적물로 삼았으나 그 목적물의 지번 등에 관하여 착오를 일으켜 계약서상 그 목적물을 B 토지로 표시하였다면, 규범적 해석에 따라 일단 B 토지에 관하여 매매계약이 성립된 것으로 보아야 하고, 다만 매도인 甲은 착오를 이유로 위 매매계약을 취소할 수 있다.

④ 甲이 乙에 대한 임대차보증금반환채권을 丙에게 양도한 후 丙의 채권자 丁이 위 임대차보증금반환채권에 대하여 채권압류 및 추심명령을 받았는데 그 임대차보증금반환채권 양도계약이 통정허위표시에 해당하여 무효인 경우, 丁은 위 임대차보증금반환채권에 관한 추심권을 취득한 자에 불과하므로 통정허위표시에 대한 丁의 선의 여부를 불문하고 乙은 丁에게 위 양도계약이 통정허위표시에 해당하여 무효라고 주장할 수 있다.

⑤ 반환소송을 당하게 된다면 아무런 보상도 받지 못한 채 부동산을 반환하여야 할 것으로 착각하고 이를 매도하는 매매계약을 체결한 경우 이는 동기의 착오에 불과하므로, 그 동기를 의사표시의 내용으로 삼기로 하는 합의가 있어야만 매도인은 착오를 이유로 위 매매계약을 취소할 수 있다.

해설

① **(×)** [**대법원** 2001. 1. 19. **선고** 2000**다**51919·51926 **판결**] 진의 아닌 의사표시에 있어서의 "진의"란 특정한 내용의 의사표시를 하고자 하는 표의자의 생각을 말하는 것이지 표의자가 진정으로 마음 속에서 바라는 사항을 뜻하는 것은 아니므로 표의자가 의사표시의 내용을 진정으로 마음 속에서 바라지는 아니하였다고 하더라도 당시의 상황에서는 그것이 최선이라고 판단하여 그 의사표시를 하였을 경우에는 이를 내심의 효과의사가 결여된 진의 아닌 의사표시라고 할 수 없다.

② **(○)** 재산법인 설립을 위한 출연행위에는 증여에 관한 규정이 준용된다(제47조). 서면에 의한 증여는 해제가 제한되지만(제555조), 착오취소가 제한되는 것은 아니다. 서면에 의한 재산출연행위도 착오를 이유로 취소할 수 있다.

[**대법원** 1999. 7. 9. **선고** 98**다**9045 **판결**] 민법 제47조 제1항에 의하여 생전처분으로 재단법인을 설립하는 때에 준용되는 민법 제555조는 "증여의 의사가 서면으로 표시되지 아니한 경우에는 각 당사자는 이를 해제할 수 있다."고 함으로써 서면에 의한 증여(출연)의 해제를 제한하고 있으나, 그 해제는 민법 총칙상의 취소와는 요건과 효과가 다르므로 서면에 의한 출연이더라도 민법 총칙규정에 따라 출연자가 착오에 기한 의사표시라는 이유로 출연의 의사표시를 취소할 수 있고, 상대방 없는 단독행위인 재단법인에 대한 출연행위라고 하여 달리 볼 것은 아니다.

③ **(×)** 오표시무해의 원칙을 묻는 지문이다. 당사자가 합의한 A 토지가 계약의 목적물로 해석된다.
[**대법원** 1993. 10. 26. **선고** 93**다**2629 **판결**] 부동산의 매매계약에 있어 쌍방당사자가 모두 특정의 甲 토지를 계약의 목적물로 삼았으나 그 목적물의 지번 등에 관하여 착오를 일으켜 계약을 체결함에 있어서는 계약서상 그 목적물을 甲 토지와는 별개인 乙 토지로 표시하였다 하여도 甲 토지에 관하여 이를 매매의 목적물로 한다는 쌍방당사자의 의사합치가 있은 이상 위 매매계약은 甲 토지에 관하여 성립한 것으로 보아야 할 것이고 乙 토지에 관하여 매매계약이 체결된 것으로 보아서는 안 될 것이며, 만일 乙 토지에 관하여 위 매매계약을 원인으로 하여 매수인 명의로 소유권이전등기가 경료되었다면 이는 원인이 없이 경료된 것으로서 무효이다.

④ **(×)** 채권의 가장양수인의 채권자가 양도채권에 대하여 압류 및 추심명령을 받은 경우, 압류, 추심채권자는 가장행위에 따른 법률효과를 기초로 새로운 이해관계를 맺은 자이므로 제108조 제2항의 제3자에 해당한다.
[**대법원** 2014. 4. 10. **선고** 2013**다**59753 **판결**] 임대차보증금반환채권이 양도된 후 양수인의 채권자가 임대차보증금반환채권에 대하여 채권압류 및 추심명령을 받았는데 임대차보증금반환채권 양도계약이 허위표시로서 무효인 경우 채권자는 그로 인해 외형상 형성된 법률관계를 기초로 실질적으로 새로운 법률상 이해관계를 맺은 제3자에 해당한다.

⑤ **(×)** 동기의 착오를 이유로 착오취소권을 행사하기 위해서는 동기가 의사표시의 내용으로 표시되고, 해석상 법률행위 내용으로 되었다고 인정되면 족하고, 더 나아가 동기를 법률행위 내용으로 하기로 하는 합의가 있어야 하는 것은 아니다.
[**대법원** 1998. 2. 10. **선고** 97**다**44737 **판결**] 동기의 착오가 법률행위의 내용의 중요부분의 착오에 해당함을 이유로 표의자가 법률행위를 취소하려면 그 동기를 당해 의사표시의 내용으로 삼을 것을 상대방에게 표시하고 의사표시의 해석상 법률행위의 내용으로 되어 있다고 인정되면 충분하고 당사자들 사이에 별도로 그 동기를 의사표시의 내용으로 삼기로 하는 합의까지 이루어질 필요는 없지만, 그 법률행위의 내용의 착오는 보통 일반인이 표의자의 입장에 섰더라면 그와 같은 의사표시를 하지 아니하였으리라고 여겨질 정도로 그 착오가 중요한 부분에 관한 것이어야 한다. 정답 ②

9. 甲이 착오에 빠진 乙과 甲 소유 X 토지에 관하여 매매계약을 체결하였다. 이에 관한 설명 중 옳은 것(○)과 옳지 않은 것(×)을 올바르게 조합한 것은? (다툼이 있는 경우 판례에 의함) [22 변호사]

ㄱ. 甲이 乙의 채무불이행을 이유로 매매계약을 해제하였다면 그 후 乙은 착오를 이유로 매매계약을 취소할 수 없다.
ㄴ. X 토지에 하자가 있는 경우, 乙은 甲의 하자담보책임의 성립 여부와 관계없이 착오를 이유로 매매계약을 취소할 수 있다.
ㄷ. X 토지의 현황과 경계에 관한 乙의 착오가 중요부분의 착오로 인정되기 위해서는, 乙이 계약체결 전에 이를 알았다면 계약의 목적을 달성할 수 없음이 명백하여 계약을 체결하지 않았을 것으로 평가될 수 있어야 한다.
ㄹ. 甲과 乙은 甲 소유 Y 토지를 매매목적물로 하는 의사를 가졌으나 甲과 乙 모두 지번에 착오를 일으켜 계약서에 매매목적물을 X 토지로 표시한 경우, X 토지에 관한 매매계약이 성립한 것으로 본다.

① ㄱ(○), ㄴ(○), ㄷ(○), ㄹ(○)
② ㄱ(○), ㄴ(○), ㄷ(×), ㄹ(○)
③ ㄱ(×), ㄴ(×), ㄷ(×), ㄹ(○)
④ ㄱ(×), ㄴ(○), ㄷ(○), ㄹ(×)
⑤ ㄱ(×), ㄴ(○), ㄷ(×), ㄹ(×)

해설

ㄱ. (×) 해제된 계약도 해제의 상대방이 취소할 수 있다. 해제와 병존하는 손해배상책임을 면하는 실익이 있기 때문이다.

[**대법원** 1996. 12. 6. **선고** 95**다**24982·24999 **판결**] 매도인이 매수인의 중도금지급채무 불이행을 이유로 매매계약을 적법하게 해제한 후라도 매수인으로서는 상대방이 한 계약해제의 효과로서 발생하는 손해배상책임을 지거나 매매계약에 따른 계약금의 반환을 받을 수 없는 불이익을 면하기 위하여 착오를 이유로 한 취소권을 행사하여 매매계약 전체를 무효로 돌리게 할 수 있다.

ㄴ. (○) 담보책임과 착오취소는 경합한다.

[**대법원** 2018. 9. 13. **선고** 2015**다**78703 **판결**] 민법 제109조 제1항에 의하면 법률행위 내용의 중요부분에 착오가 있는 경우 착오에 중대한 과실이 없는 표의자는 법률행위를 취소할 수 있고, 민법 제580조 제1항, 제575조 제1항에 의하면 매매의 목적물에 하자가 있는 경우 하자가 있는 사실을 과실 없이 알지 못한 매수인은 매도인에 대하여 하자담보책임을 물어 계약을 해제하거나 손해배상을 청구할 수 있다. 착오로 인한 취소 제도와 매도인의 하자담보책임 제도는 취지가 서로 다르고, 요건과 효과도 구별된다. 따라서 매매계약 내용의 중요 부분에 착오가 있는 경우 매수인은 매도인의 하자담보책임이 성립하는지와 상관없이 착오를 이유로 매매계약을 취소할 수 있다.

ㄷ. (○) 중요부분에 관한 판단방법을 묻는 지문이다. 착오에 빠진 사실을 알았다면 표의자의 입장에서, 사회 일반인의 입장에서 그와 같은 법률행위를 체결하지 않았으리라고 인정되는 경우에 중요부분에 해당한다.

[**대법원** 1999. 4. 23. **선고** 98**다**45546 **판결**] 법률행위의 중요부분의 착오라 함은 표의자가 그러한 착오가 없었더라면 그 의사표시를 하지 않으리라고 생각될 정도로 중요한 것이어야 하고 보통 일반인도 표의자의 처지에 섰더라면 그러한 의사표시를 하지 않았으리라고 생각될 정도로 중요한 것이어야 한다.

ㄹ. (×) 오표시무해의 원칙을 묻는 지문이다. 오표시무해의 원칙이란 표의자와 상대방이 일치된 의사를 가진 경우, 표시행위가 잘못되었더라도 일치된 내심의 의사에 따라 법률행위가 성립하고 효력을 가진다는 원칙을 말한다. 부동산 매매계약에서 당사자 쌍방이 지번 등의 착오로 계약서에 다른 토지를 목적물로 표시한 경우 합의된 목적물에 관한 매매의 성립을 인정하고 표시된 목적물에 관한 매매의 성립을 인정하지 않는다.

[**대법원** 1993. 10. 26. **선고** 93**다**2629 **판결**] 부동산의 매매계약에 있어 쌍방당사자가 모두 특정의 甲 토지를 계약의 목적물로 삼았으나 그 목적물의 지번 등에 관하여 착오를 일으켜 계약을 체결함에 있어서는 계약서상 그 목적물을 甲 토지와는 별개인 乙 토지로 표시하였다 하여도 甲 토지에 관하여 이를 매매의 목적물로 한다는 쌍방당사자의 의사합치가 있은 이상 위 매매계약은 甲 토지에 관하여 성립한 것으로 보아야 할 것이고 乙 토지에 관하여 매매계약이 체결된 것으로 보아서는 안 될 것이며, 만일 乙 토지에 관하여 위 매매계약을 원인으로 하여 매수인 명의로 소유권이전등기가 경료되었다면 이는 원인이 없이 경료된 것으로서 무효이다.

정답 ④

10. **자신이 소유한 조선시대 유명화가의 고서화(古書畵)를 진품으로 알고 있던 甲은 乙에게 위 고서화를 1억 원에 매도하는 내용의 매매계약을 체결하면서, 당해 고서화가 위작인 경우 乙이 매매계약을 해제하고 매매대금을 반환받기로 하는 특약도 함께 체결하였다. 乙도 고서화를 진품으로 알고 甲에게 1억 원을 지급하고 고서화를 인도받았다. 이후 감정결과 고서화는 진품이 아닌 시가 50만 원 상당의 위작으로 판명되었다. 이에 관한 설명 중 옳은 것을 모두 고른 것은? (다툼이 있는 경우 판례에 의함)**

[21 변호사]

ㄱ. 착오로 인한 취소의 요건이 갖추어져 乙이 이를 이유로 매매계약을 취소한 후 부당이득반환청구를 하는 경우, 甲은 고서화의 반환을 동시이행할 것을 항변할 수 있다.
ㄴ. 착오로 인한 취소의 요건이 갖추어진 경우, 甲의 乙에 대한 하자담보책임이 성립하는지 여부와 관계없이 乙은 착오를 이유로 한 매매계약 취소를 할 수 있다.
ㄷ. 乙의 착오는 동기의 착오에 해당하여 착오를 이유로 한 매매계약 취소를 할 수 없다.
ㄹ. 乙은 자신의 중대한 과실로 착오에 빠진 경우 착오를 이유로 한 매매계약 취소를 할 수 없다.

① ㄱ, ㄹ ② ㄴ, ㄷ ③ ㄱ, ㄴ, ㄹ
④ ㄱ, ㄷ, ㄹ ⑤ ㄱ, ㄴ, ㄷ, ㄹ

해설

ㄱ. (O) 매매계약이 취소된 경우, 각 당사자의 원상회복의무 상호간에 동시이행관계가 인정되는지를 묻는 지문이다. 취소라는 동일한 법률요건에 따라 각 당사자가 서로에 대하여 원상회복의무를 부담하므로 원상회복의무 상호간에는 동시이행관계가 인정된다. 乙의 취소로 乙은 고서화의 반환의무를, 甲은 매매대금의 반환의무를 부담하며 양 의무는 동시이행관계에 있으므로 乙의 청구에 대하여 甲은 동시이행의 항변을 할 수 있다.

[**대법원** 2001. 7. 10. **선고** 2001**다**3764 **판결**] 매매계약이 취소된 경우에 당사자 쌍방의 원상회복의무는 동시이행의 관계에 있다.

ㄴ. (O) 착오취소와 하자담보책임의 관계를 묻는 지문이다. 양 제도는 제도의 목적을 달리하는 별개의 제도이므로 담보책임요건 구비여부와는 별도로 착오취소가 가능하다.

[**대법원** 2018. 9. 13. **선고** 2015**다**78703 **판결**] 민법 제109조 제1항에 의하면 법률행위 내용의 중요 부분에 착오가 있는 경우 착오에 중대한 과실이 없는 표의자는 법률행위를 취소할 수 있고, 민법 제580조 제1항, 제575조 제1항에 의하면 매매의 목적물에 하자가 있는 경우 하자가 있는 사실을 과실 없이 알지 못한 매수인은 매도인에 대하여 하자담보책임을 물어 계약을 해제하거나 손해배상을 청구할 수 있다. 착오로 인한 취소 제도와 매도인의 하자담보책임 제도는 취지가 서로 다르고, 요건과 효과도 구별된다. 따라서 매매계약 내용의 중요 부분에 착오가 있는 경우 매수인은 매도인의 하자담보책임이 성립하는지와 상관없이 착오를 이유로 매매계약을 취소할 수 있다.

ㄷ. (×) 乙의 착오의 성질 및 착오취소가능성을 묻는 지문이다. 乙의 착오는 의사형성과정에서의 착오이므로 동기의 착오이다. 그러나 고서화가 진품이 아닐 경우에는 매매대금을 돌려받는다는 약정을 하였으므로 고서화가 진품임을 법률행위 내용으로 표시하였고, 해석상 그 내용이 되었다고 보아야 한다. 乙의 착오는 내용의 중요부분의 착오이므로 乙은 매매계약을 취소할 수 있다.

ㄹ. (O) 제109조. 의사표시는 법률행위의 내용의 중요부분에 착오가 있는 때에는 취소할 수 있다. 그러나 그 착오가 표의자의 중대한 과실로 인한 때에는 취소하지 못한다.

정답 ③

11. 착오에 관한 설명 중 옳지 않은 것은? (다툼이 있는 경우 판례에 의함) [20 변호사]

① 매매계약 내용의 중요부분에 착오가 있는 경우, 매수인은 매도인의 하자담보책임이 성립하는지와 상관없이 착오를 이유로 매매계약을 취소할 수 있다.
② 매도인이 매수인의 중도금 지급채무 불이행을 이유로 매매계약을 적법하게 해제한 후라도 매수인으로서는 착오를 이유로 취소권을 행사하여 매매계약 전체를 무효로 만들 수 있다.
③ 의사표시의 착오가 표의자의 중대한 과실로 발생하였으나 상대방이 표의자의 착오를 알고 이용한 경우, 표의자는 의사표시를 취소할 수 있다.
④ 보험회사가 설명의무를 위반하여 고객이 보험계약의 중요사항에 관하여 제대로 이해하지 못한 채 착오에 빠져 보험계약을 체결한 경우, 그 착오가 동기의 착오에 불과하더라도 착오가 없었다면 보험계약을 체결하지 않았거나 적어도 동일한 내용으로 보험계약을 체결하지 않았을 것임이 명백하다면 이를 이유로 보험계약을 취소할 수 있다.
⑤ 경과실에 의한 착오를 이유로 의사표시를 취소한 자는 상대방이 그 의사표시의 유효를 믿었음으로 인하여 발생한 손해에 대해 불법행위 책임을 진다.

해설

① **(O)** 착오와 담보책임의 관계를 묻는 지문이다. 착오와 담보책임은 취지, 요건, 효과 등을 달리 하는 별개 제도이므로 담보책임의 성립 여부와 무관하게 착오취소가 가능하다.

[**대법원** 2018. 9. 13. **선고** 2015**다**78703 **판결**] 민법 제109조 제1항에 의하면 법률행위 내용의 중요 부분에 착오가 있는 경우 착오에 중대한 과실이 없는 표의자는 법률행위를 취소할 수 있고, 민법 제580조 제1항, 제575조 제1항에 의하면 매매의 목적물에 하자가 있는 경우 하자가 있는 사실을 과실 없이 알지 못한 매수인은 매도인에 대하여 하자담보책임을 물어 계약을 해제하거나 손해배상을 청구할 수 있다. 착오로 인한 취소 제도와 매도인의 하자담보책임 제도는 취지가 서로 다르고, 요건과 효과도 구별된다. 따라서 매매계약 내용의 중요 부분에 착오가 있는 경우 매수인은 매도인의 하자담보책임이 성립하는지와 상관없이 착오를 이유로 매매계약을 취소할 수 있다.

② **(O)** 착오와 해제의 관계를 묻는 지문이다. 해제된 계약도 해제의 상대방이 착오를 이유로 취소할 수 있다. 해제로 인한 채무불이행책임을 면하도록 하는 데에 실익이 있기 때문이다.

[**대법원** 1996. 12. 6. **선고** 95**다**24982·24999 **판결**] 매도인이 매수인의 중도금 지급채무 불이행을 이유로 매매계약을 적법하게 해제한 후라도 매수인으로서는 상대방이 한 계약해제의 효과로서 발생하는 손해배상책임을 지거나 매매계약에 따른 계약금의 반환을 받을 수 없는 불이익을 면하기 위하여 착오를 이유로 한 취소권을 행사하여 매매계약 전체를 무효로 돌리게 할 수 있다.

③ **(O)** 상대방이 표의자의 착오를 알고 이용한 경우에는 표의자가 중대한 과실로 착오에 빠진 경우라고 하더라도 착오취소가 가능하다.

[**대법원** 2014. 11. 27. **선고** 2013**다**49794 **판결**] 민법 제109조 제1항 단서는 의사표시의 착오가 표의자의 중대한 과실로 인한 때에는 그 의사표시를 취소하지 못한다고 규정하고 있는데, 위 단서 규정은 표의자의 상대방의 이익을 보호하기 위한 것이므로, 상대방이 표의자의 착오를 알고 이를 이용한 경우에는 착오가 표의자의 중대한 과실로 인한 것이라고 하더라도 표의자는 의사표시를 취소할 수 있다.

④ **(O)** 동기의 착오라고 하더라도 상대방이 설명의무를 위반하는 등으로 착오를 유발한 경우에는 제109조의 착오취소가 가능하다.

[**대법원** 2018. 4. 12. **선고** 2017**다**229536 **판결**] 보험회사 또는 보험모집종사자가 설명의무를 위반하여 고객이 보험계약의 중요사항에 관하여 제대로 이해하지 못한 채 착오에 빠져 보험계약을 체결한 경우, 그러한 착오가 동기의 착오에 불과하다고 하더라도 그러한 착오를 일으키지 않았더라면 보험계약을 체결하지 않았거나 아니면 적어도 동일한 내용으로 보험계약을 체결하지 않았을 것이 명백하다면, 위와 같은 착오는 보험계약의 내용의 중요부분에 관한 것에 해당하므로 이를 이유로 보험계약을 취소할 수 있다.

⑤ **(×)** 착오취소자의 손해배상책임이 인정되는지를 묻는 지문이다. 착오취소권의 행사는 적법행위이므로 위법행위를 전제로 하는 불법행위책임은 인정되지 않는다.

[**대법원** 1997. 8. 22. **선고** 97**다**13023 **판결**] 불법행위로 인한 손해배상책임이 성립하기 위하여는 가해자의 고의 또는 과실 이외에 행위의 위법성이 요구되므로, 전문건설공제조합이 계약보증서를 발급하면서 조합원이 수급할 공사의 실제 도급금액을 확인하지 아니한 과실이 있다고 하더라도 민법 제109조에서 중과실이 없는 착오자의 착오를 이유로 한 의사표시의 취소를 허용하고 있는 이상, 전문건설공제조합이 과실로 인하여 착오에 빠져 계약보증서를 발급한 것이나 그 착오를 이유로 보증계약을 취소한 것이 위법하다고 할 수는 없다.

정답 ⑤

12. **甲은 乙의 기망에 의해 신원보증 서류에 서명날인한다는 착각에 빠져 乙의 丙에 대한 채무를 보증하는 서면에 서명날인하였다. 이에 관한 설명 중 옳은 것(○)과 옳지 않은 것(×)을 올바르게 조합한 것은? (각 지문은 독립적이며, 다툼이 있는 경우 판례에 의함)** [18 변호사]

ㄱ. 丙이 乙의 기망사실을 알았거나 알 수 있었다면 甲은 사기에 의한 의사표시를 이유로 丙과의 보증계약을 취소할 수 있다.

ㄴ. 乙과 丙이 공모하여 甲을 기망하였다면 甲은 상대방에 의해 유발된 동기의 착오를 이유로 丙과의 보증계약을 취소할 수 있다.

ㄷ. 甲이 착각에 빠진 점에 관하여 설사 중과실이 있다 하더라도 丙이 이를 알고 이용한 경우에는 甲은 착오를 이유로 丙과의 보증계약을 취소할 수 있다.

ㄹ. 甲이 착각에 빠진 점에 관하여 경과실이 있는 경우, 甲의 착오를 이유로 한 취소가 허용되어 이로 인해 丙이 손해를 입었다면, 丙은 甲을 상대로 불법행위에 의한 손해배상을 청구할 수 있다.

① ㄱ(○), ㄴ(×), ㄷ(×), ㄹ(○)
② ㄱ(○), ㄴ(○), ㄷ(×), ㄹ(×)
③ ㄱ(×), ㄴ(○), ㄷ(×), ㄹ(○)
④ ㄱ(×), ㄴ(○), ㄷ(○), ㄹ(×)
⑤ ㄱ(×), ㄴ(×), ㄷ(○), ㄹ(×)

해설

ㄱ. **(×)** 제3자의 기망행위로 표시상 착오에 빠져 의사표시를 한 경우, 사기취소의 법리가 적용되는지를 묻는 지문이다. 판례는 사기취소의 법리가 적용되지 않고 착오취소의 법리만 적용된다고 한다.

[**대법원** 2005. 5. 27. **선고** 2004**다**43824 **판결**] [1] 사기에 의한 의사표시란 타인의 기망행위로 말미암아 착오에 빠지게 된 결과 어떠한 의사표시를 하게 되는 경우이므로 거기에는 의사와 표시의 불일치가 있을 수 없고, 단지 의사의 형성과정 즉 의사표시의 동기에 착오가 있는 것에 불과하며, 이 점에서 고유한 의미의 착오에 의한 의사표시와 구분된다. [2] 신원보증서류에 서명날인한다는 착각에 빠진 상태로 연대보증의 서면에 서명날인한 경우 위와 같은 착오가 제3자의 기망행위에

의하여 일어난 것이라 하더라도 그에 관하여는 사기에 의한 의사표시에 관한 법리, 특히 상대방이 그러한 제3자의 기망행위 사실을 알았거나 알 수 있었을 경우가 아닌 한 의사표시자가 취소권을 행사할 수 없다는 민법 제110조 제2항의 규정을 적용할 것이 아니라, 착오에 의한 의사표시에 관한 법리만을 적용하여 취소권 행사의 가부를 가려야 한다.

ㄴ. (×) 신원보증서류에 서명날인 한다는 착각에 빠져 보증계약서에 서명날인 하도록 기망한 경우에는 표시상 착오에 불과할 뿐 동기의 착오라고 할 수 없다. 동기의 착오란 의사의 형성과정에 착오가 있는 경우이나 표시상 착오는 의사의 형성과정에 착오가 있는 경우라고 할 수 없다. 이러한 경우 유발된 동기의 착오를 이유로 보증계약을 취소할 수 있는 것은 아니다.

ㄷ. (○) 표의자가 중대한 과실에 빠져 의사표시를 하였더라도 상대방이 표의자의 중대한 과실을 이용한 경우에는 상대방의 보호가치가 없으므로 통상적인 착오와 달리 표의자가는 착오를 이유로 의사표시를 취소할 수 있다.

[**대법원** 2014. 11. 27. **선고** 2013**다**49794 **판결**] 민법 제109조 제1항 단서는 의사표시의 착오가 표의자의 중대한 과실로 인한 때에는 그 의사표시를 취소하지 못한다고 규정하고 있는데, 위 단서 규정은 표의자의 상대방의 이익을 보호하기 위한 것이므로, 상대방이 표의자의 착오를 알고 이를 이용한 경우에는 착오가 표의자의 중대한 과실로 인한 것이라고 하더라도 표의자는 의사표시를 취소할 수 있다.

ㄹ. (×) 착오취소자의 손해배상책임이 인정되는지를 묻는 지문이다. 착오취소권의 행사는 적법한 행위이므로 이로 인하여 상대방에게 손해가 생기더라도 손해배상책임이 인정되는 것은 아니다.

[**대법원** 1997. 8. 22. **선고** 97**다**13023 **판결**] 불법행위로 인한 손해배상책임이 성립하기 위하여는 가해자의 고의 또는 과실 이외에 행위의 위법성이 요구되므로, 전문건설공제조합이 계약보증서를 발급하면서 조합원이 수급할 공사의 실제 도급금액을 확인하지 아니한 과실이 있다고 하더라도 민법 제109조에서 중과실이 없는 착오자의 착오를 이유로 한 의사표시의 취소를 허용하고 있는 이상, 전문건설공제조합이 과실로 인하여 착오에 빠져 계약보증서를 발급한 것이나 그 착오를 이유로 보증계약을 취소한 것이 위법하다고 할 수는 없다.

정답 ⑤

13. 의사표시의 취소에 관한 설명 중 옳은 것을 모두 고른 것은? (다툼이 있는 경우 판례에 의함)

[16 변호사]

ㄱ. 甲이 제3자의 기망행위에 의하여 신원보증서류에 서명날인한다는 착각에 빠진 상태로 연대보증의 서면에 서명날인하였다면, 甲은 연대보증계약의 상대방이 위 기망행위를 알았거나 알 수 있었을 경우에만 연대보증계약을 취소할 수 있다.

ㄴ. 원고가 피고를 상대로 매매계약의 이행을 청구하는 소송에서 피고가 착오를 이유로 매매계약의 취소를 주장하는 경우, 피고는 착오가 자신의 중대한 과실에 의한 것이 아니라는 점에 대한 증명책임을 진다.

ㄷ. 상대방이 표의자의 착오를 알고 이를 이용한 경우에는 착오가 표의자의 중대한 과실로 인한 것이라고 하더라도 표의자는 의사표시를 취소할 수 있다.

ㄹ. 경과실로 인해 착오에 빠진 표의자가 착오를 이유로 자신의 의사표시를 취소하였더라도 이로 인해 상대방에 대하여 불법행위로 인한 손해배상책임을 지지 않는다.

① ㄱ, ㄴ　　② ㄱ, ㄹ　　③ ㄷ, ㄹ
④ ㄱ, ㄴ, ㄷ　　⑤ ㄴ, ㄷ, ㄹ

해설

ㄱ. (×) 제3자의 기망행위로 표시상의 착오에 빠진 경우, 표의자가 취소하기 위해서는 사기의 법리가 적용되는지를 묻는 지문이다. 착오에 의한 취소가 가능하고 사기취소의 법리는 적용되지 않는다는 것이 판례의 태도이다. 따라서 甲은 연대보증계약의 상대방이 제3자의 사기사실을 알았는지 등의 여부와 무관하게 착오를 이유로 연대보증의사표시를 취소할 수 있다.

[**대법원** 2005. 5. 27. **선고** 2004**다**43824 **판결**] 사기에 의한 의사표시란 타인의 기망행위로 말미암아 착오에 빠지게 된 결과 어떠한 의사표시를 하게 되는 경우이므로 거기에는 의사와 표시의 불일치가 있을 수 없고, 단지 의사의 형성과정 즉 의사표시의 동기에 착오가 있는 것에 불과하며, 이 점에서 고유한 의미의 착오에 의한 의사표시와 구분되는데, 신원보증서류에 서명날인한다는 착각에 빠진 상태로 연대보증의 서면에 서명날인한 경우, 결국 위와 같은 행위는 강학상 기명날인의 착오(또는 서명의 착오), 즉 어떤 사람이 자신의 의사와 다른 법률효과를 발생시키는 내용의 서면에, 그것을 읽지 않거나 올바르게 이해하지 못한 채 기명날인을 하는 이른바 표시상의 착오에 해당하므로, 비록 위와 같은 착오가 제3자의 기망행위에 의하여 일어난 것이라 하더라도 그에 관하여는 사기에 의한 의사표시에 관한 법리, 특히 상대방이 그러한 제3자의 기망행위 사실을 알았거나 알 수 있었을 경우가 아닌 한 의사표시자가 취소권을 행사할 수 없다는 민법 제110조 제2항의 규정을 적용할 것이 아니라, 착오에 의한 의사표시에 관한 법리만을 적용하여 취소권 행사의 가부를 가려야 한다.

ㄴ. (×) 착오취소의 요건으로서 표의자의 중대한 과실을 누가 증명하여야 하는지를 묻는 지문이다. 취소의 상대방이 표의자에게 중대한 과실이 있음을 증명하여야 한다.

[**대법원** 2005. 5. 12. **선고** 2005**다**6228 **판결**] 민법 제109조 제1항 단서에서 규정하는 착오한 표의자의 중대한 과실 유무에 관한 주장과 입증책임은 착오자가 아니라 의사표시를 취소하게 하지 않으려는 상대방에게 있는 것인 바, 기록에 비추어 살펴보면 피고의 위 착오가 피고의 중대한 과실로 인한 것이라는 원고의 주장은 상고심에 이르러 비로소 주장하는 새로운 사실이고, 원심에서는 주장한 바 없었음이 명백하므로 이는 원심판결에 대한 적법한 상고이유가 될 수 없을 뿐만 아니라, 원심판결에 위와 같은 피고의 중대한 과실 유무에 대한 석명권 불행사로 인한 심리미진의 위법이 있다고 할 수도 없다.

ㄷ. (○) 상대방이 표의자의 착오를 이용한 경우, 표의자의 중대한 과실이 표의자의 취소권을 배제할 수 있는지를 묻는 지문이다. 상대방의 보호가치가 없으므로 취소권이 배제되지 않는다.

[**대법원** 2014. 11. 27. **선고** 2013**다**49794 **판결**] 민법 제109조 제1항 단서는 의사표시의 착오가 표의자의 중대한 과실로 인한 때에는 그 의사표시를 취소하지 못한다고 규정하고 있는데, 위 단서 규정은 표의자의 상대방의 이익을 보호하기 위한 것이므로, 상대방이 표의자의 착오를 알고 이를 이용한 경우에는 착오가 표의자의 중대한 과실로 인한 것이라고 하더라도 표의자는 의사표시를 취소할 수 있다.

ㄹ. (○) 착오취소자의 손해배상책임이 인정되는지를 묻는 지문이다. 착오취소권의 행사는 적법한 권리행사이므로 비록 착오에 과실이 있더라도 착오자의 손해배상책임은 인정되지 않는다.

[**대법원** 1997. 8. 22. **선고** 97**다**13023 **판결**] 불법행위로 인한 손해배상책임이 성립하기 위하여는 가해자의 고의 또는 과실 이외에 행위의 위법성이 요구되므로, 전문건설공제조합이 계약보증서를 발급하면서 조합원이 수급할 공사의 실제 도급금액을 확인하지 아니한 과실이 있다고 하더라도 민법 제109조에서 중과실이 없는 착오자의 착오를 이유로 한 의사표시의 취소를 허용하고 있는 이상, 전문건설공제조합이 과실로 인하여 착오에 빠져 계약보증서를 발급한 것이나 그 착오를 이유로 보증계약을 취소한 것이 위법하다고 할 수는 없다.

정답 ③

3. 사기 · 강박에 의한 의사표시

14. 甲 소유의 X 토지를 무단 점유하고 있던 乙은 등기서류를 위조하여 X 토지에 관하여 자기 앞으로 소유권이전등기를 마쳤다. 乙은 2010. 10. 27. 자신이 X 토지의 소유자라고 거짓말하여 이에 속은 丙과 매매계약을 체결하고, 2010. 12. 27. 丙으로부터 매매대금 1억 원을 지급받은 다음 丙에게 X 토지에 관한 소유권이전등기를 마쳐주고 X 토지를 인도하였다. 뒤늦게 이와 같은 사실을 알게 된 甲은 2011. 9. 1. 丙을 상대로 X 토지에 관한 소유권이전등기의 말소를 구하는 소를 제기하여 2012. 3. 4. 승소판결을 받았고, 그 판결은 丙의 항소포기로 확정되었다. 다음 설명 중 옳지 않은 것은? (다툼이 있는 경우에는 판례에 의함) [13 변호사]

① 丙은 사기에 의한 의사표시임을 이유로 乙과 체결한 매매계약을 취소하고, 乙을 상대로 위 매매대금 상당액을 부당이득으로 반환청구할 수 있다.

② 丙은 乙을 상대로 불법행위를 원인으로 한 손해배상청구를 할 수 있는데, 위 판결확정시에 X 토지의 가격이 1억 2,000만 원으로 상승하였더라도 그 가격상승분에 대해서는 손해배상청구를 할 수 없다.

③ 丙은 乙을 상대로 매도인의 담보책임을 물을 수 있고, 이때의 손해배상은 이행이익을 그 내용으로 한다.

④ 위 소에서 甲이 X 토지에 관한 인도청구를 병합한 경우, 丙이 X 토지의 객관적 가치를 높이기 위하여 비용을 지출하였고 그 이익이 현존한다면, 丙은 반소로써 甲을 상대로 유익비의 상환을 청구할 수 있다.

⑤ 甲이 2012. 4. 2. 丙을 상대로 2010. 12. 27.부터 X 토지의 인도 완료일까지 그 사용으로 얻은 부당이득의 반환을 구하는 소를 제기한 경우, 丙은 2012. 4. 2.부터 악의의 점유자로 본다.

해 설

※ 위조의 소유권등기를 기초로 부동산을 매각한 경우, 나타날 수 있는 법적 쟁점들을 묻는 사례문제이다.

① (O) 기망에 의하여 타인의 권리를 매수한 경우, 매수인이 사기에 의한 취소권을 행사할 수 있는지 여부를 묻는 지문이다. 매수인이 비록 담보책임을 물을 수 있다고 하더라도 그와 별도로 사기에 의한 의사표시 취소권을 행사할 수 있다. 따라서 매수인 丙은 매도인 乙과 체결한 매매계약을 취소하고, 부당이득으로 이미 지급한 매매대금의 반환을 청구할 수 있다.

[**대법원** 1973. 10. 23. **선고** 73**다**268 **판결**] 민법 제569조가 타인의 권리의 매매를 유효로 규정한 것은 선의의 매수인의 신뢰이익을 보호하기 위한 것이므로, 매수인이 매도인의 기망에 의하여 타인의 물건을 매도인의 것으로 잘못 알고 매수한다는 의사표시를 한 것이고 만일 타인의 물건인줄 알았더라면 매수하지 아니하였을 사정이 있는 경우에는 매수인은 민법 제110조에 의하여 매수의 의사표시를 취소할 수 있다고 할 것이다(필자 註 : 매도인이 그 목적물의 소유권을 취득하여 매수인에게 이전하여 줄 수 있는 물건에 관하여 매매계약 당시 자기의 소유라고 주장하였다 하더라도 그 자체만으로는 매도인의 위 행위를 위법성이 있는 것이라고 할 수 없다는 원심판결에 대하여, 매수인인 원고가 피고의 기망행위가 없었더라면 원고가 과연 매수했을 것인가에 대한 심리판단이 없어 심리미진이라고 판단한 사례).

② (O) 기망에 의하여 타인의 부동산을 매수한 매수인이 불법행위로 인한 손해배상을 청구하는 경우, 그 손해의 내용이 무엇인지를 묻는 지문이다. 매수인은 토지의 소유권을 취득한 바가 없기 때문에 토지소유권 상실이라는 손해를 입었다고 할 수 없다. 매도인의 불법행위가 없었다면 매매대금을 지

급하지 않았을 것이기 때문에 이미 지급한 매매대금 상당액이 손해의 내용이 된다. 따라서 X 토지 가격 상승분은 불법행위로 인한 손해배상의 내용에 포함될 수 없다.

[**대법원** 1992. 6. 23. **선고** 91**다**33070 **전원합의체 판결**] 타인 소유의 토지에 관하여 매도증서, 위임장 등 등기관계서류를 위조하여 원인무효의 소유권이전등기를 경료하고 다시 이를 다른 사람에게 매도하여 순차로 소유권이전등기가 경료된 후에 토지의 진정한 소유자가 최종매수인을 상대로 말소등기청구소송을 제기하여 그 소유자 승소의 판결이 확정된 경우 위 불법행위로 인하여 최종매수인이 입은 손해는 무효의 소유권이전등기를 유효한 등기로 믿고 위 토지를 매수하기 위하여 출연한 금액, 즉 매매대금으로서 이는 기존이익의 상실인 적극적 손해에 해당하고, 최종매수인은 처음부터 위 토지의 소유권을 취득하지 못한 것이어서 위 말소등기를 명하는 판결의 확정으로 비로소 위 토지의 소유권을 상실한 것이 아니므로 위 토지의 소유권 상실이 그 손해가 될 수는 없다.

③ **(O)** 타인권리매매로 인한 매도인 담보책임이 인정되는지 여부 및 그 내용을 묻는 지문이다. 乙은 甲이 소유하는 토지를 함부로 丙에게 매각한 것이므로 타인권리매매에 해당하고, 甲이 丙의 등기를 말소하기 위한 소송을 제기하여 甲의 승소판결이 확정되었으므로 乙은 특별한 사정이 없는 한 권리를 취득하여 이전할 수 없게 되었음이 확정되었다. 따라서 제570조에 따라 매도인 乙은 매수인 丙에 대하여 담보책임을 부담한다. 丙은 매매 당시 X 토지가 乙의 소유라고 믿고 있었으므로 '선의'라고 보아야 하고, 선의의 매수인은 계약해제 이외에 손해배상을 청구할 수 있는데, 그 손해배상의 내용은 급부가 실현되었을 때에 취득할 수 있는 이익의 상실, 즉 이행이익이 된다.

[**대법원** 1967. 5. 18. **선고** 66**다**2618 **전원합의체 판결**] 타인의 권리를 매매한 자가 권리이전을 할 수 없게 된 때에는 매도인은 선의의 매수인에 대하여 불능 당시의 시가를 표준으로 그 계약이 완전히 이행된 것과 동일한 경제적 이익을 배상할 의무가 있다.

④ **(O)** 丙의 유익비상환청구권 행사가 허용되는지 여부를 묻는 지문이다. 甲과 丙 사이에는 아무런 계약관계가 존재하지 않고, 오로지 물권적 반환관계만이 존재한다. 즉 회복자와 점유자 사이의 관계에 있을 뿐이다. 점유자 丙은 제203조에 따라 회복자 甲에 대하여 유익비상환을 청구할 수 있는데, 유익비상환청구권이 인정되기 위해서는 유익비의 지출과 그에 따른 이익이 현존하고 있어야 한다. 유익비상환청구권의 요건을 갖추었으므로 丙은 유익비상환청구를 할 수 있고, 이를 반소로 제기할 수도 있다.

⑤ **(×)** 제197조 제2항에 따라 점유자가 악의자로 의제되기 위해서는 어떠한 소송이 제기되어야 하는지를 묻는 지문이다. 즉, 부당이득반환청구소송이 제기되었을 때에만 패소판결에 의하여 악의 점유자로 의제되는지 아니면 등기말소청구소송도 이에 포함될 수 있는지를 묻는 것이다. 제197조 제2항에서 규정하고 있는 '본권에 관한 소'란 부당이득반환청구소송에 한정되는 것이 아니다. 본권을 근거로 하는 소송이면 모두 본권에 관한 소에 해당할 수 있으므로 소유권이전등기말소청구소송도 이에 포함된다. 甲은 이미 丙을 상대로 소유권이전등기의 말소를 구하는 소송을 2011. 9. 1. 제기하여 승소하고 판결이 확정되었으므로 부당이득반환청구소송을 제기한 2012. 4. 2.부터가 아니라 2011. 9. 1.부터 악의의 점유자로 의제된다.

[**대법원** 1987. 1. 20. **선고** 86**다카**1372 **판결**] 민법 제749조 제2항 소정의 "그 소"라 함은 부당이득을 이유로 그 반환을 구하는 소를 가리키지만 한편 민법 제197조 제2항의 규정에 의하여 토지소유권 이전등기의 말소청구소송의 패소자는 승소자가 위 소송을 제기한 때로부터 위 토지에 대한 악의의 점유자로 간주된다.

정답 ⑤

II. 의사표시의 효력발생

제3절 법률행위의 대리

Ⅰ. 유권대리

1. 乙은 甲으로부터 甲 소유의 X 토지를 매도하는 대리권한을 받아 丙과 X 토지에 대해 매매계약을 체결하였다. 이에 관한 설명 중 옳지 않은 것은? (각 지문은 독립적이며, 다툼이 있는 경우 판례에 의함)

[24 변호사]

① 丙이 甲에게 채무의 이행을 청구하였으나 甲은 乙에게 대리권을 수여한 바가 없으므로 자신은 채무를 이행할 의무가 없다고 주장하는 경우, 乙에게 X 토지의 매도를 위한 대리권이 있다는 점은 丙이 증명하여야 한다.

② 乙이 매수인 丙으로부터 잔금을 수령하였다면, 특별한 사정이 없는 한 乙이 잔금을 甲에게 전달하지 않았더라도 丙의 잔금지급채무는 소멸한다.

③ 丙이 제3자 丁으로부터 기망을 당하여 乙과 매매계약을 체결한 경우, 乙이 丁의 기망사실을 안 때에 한하여 丙은 사기에 의한 의사표시를 이유로 매매계약을 취소할 수 있다.

④ 甲이 위 매매계약이 시가보다 현저히 낮은 가액에 체결되어 불공정 법률행위로서 무효라고 주장하는 경우, 이에 대하여 궁박 요건은 甲을 기준으로 판단하고, 경솔·무경험 요건은 乙을 기준으로 판단한다.

⑤ 甲이 乙에게 대리권을 수여한 후 甲에 대하여 성년후견이 개시되더라도 乙의 대리권은 소멸하지 않는다.

해설

① **(O)** 대리권 존부에 관한 증명책임을 묻는 지문이다. 유권대리의 효과를 주장하는 자가 대리권의 존재사실을 증명하여야 한다. 대리행위 상대방인 丙은 유권대리임을 주장하면서 본인인 甲에게 채무이행을 청구하고 있다. 丙이 대리권 존재사실을 증명하여야 한다.

② **(O)** 계약체결을 위한 대리권을 수여받은 자는 그 계약에 따른 급부를 수령할 권한도 가지고 있다고 해석하여야 한다.

[**대법원** 1994. 2. 8. **선고** 93**다**39379 **판결**] 수권행위의 통상의 내용으로서의 임의대리권은 그 권한에 부수하여 필요한 한도에서 상대방의 의사표시를 수령하는 이른바 수령대리권을 포함하는 것으로 보아야 한다. 또한 토지매각의 대리권은 중도금이나 잔대금을 수령할 권한을 포함한다.

③ **(×)** 대리행위 상대방이 제3자의 사기를 이유로 대리행위를 취소하기 위해서 제3자 사기사실을 알았거나 알 수 있어야 할 자가 대리인으로 한정되는지를 묻는 지문이다. 대리인이 제3자 사기사실을 알았거나 알 수 있었을 때에는 대리행위 상대방에게 사기 취소권이 발생한다. 한편, 대리인을 제3자 사기사실을 알 수 없었던 때에도 본인이 제3자 사기사실을 알았거나 알 수 있었을 때에도 대리행위 상대방에게 사기취소권이 발생한다. 본인이 알았거나 알 수 있었을 사정에 관해서는 대리인은 부지를 주장할 수 없기 때문이다(제116조 제2항).

④ **(O)** [**대법원** 1988. 9. 13. **선고** 86**다카**563 **판결**] 매도인의 대리인이 매매한 경우에 있어서 그 매매가 민법 제104조의 불공정한 법률행위인가를 판단함에는 매도인의 경솔·무경험은 그 대리인을 기준으로 하여 판단하여야 하고 궁박 상태에 있었는지의 여부는 매도인 본인의 입장에서 판단되어야 한다.

⑤ **(O)** 제127조. 대리인에게 성년후견이 개시된 때에는 대리권 소멸사유가 되지만, 본인에게 성년후견이 개시되었다고 하여 대리권이 소멸하는 것은 아니다.

정답 ③

2. **甲은 X 토지를 丙에게 팔기 위해 乙에 대해 매매계약의 체결에 관한 대리권을 수여하였다. 이에 관한 설명 중 옳지 않은 것은? (각 지문은 독립적이며, 다툼이 있는 경우 판례에 의함)** [23 변호사]

① 丙이 乙과 매매계약을 체결한 후에 매매대금의 지급을 지체하더라도 乙은 이행지체를 이유로 매매계약을 해제할 수 없다.

② 乙이 매매계약을 체결하면서 甲을 위한 것임을 표시하지 않았지만 乙이 甲의 대리인으로서 계약을 체결하고 있다는 점을 丙이 알았다면 甲과 丙 사이에 매매계약이 유효하게 성립한다.

③ 丙이 乙에게 매매대금을 지급하였다면 비록 乙이 매매대금을 甲에게 전달하지 않았다고 하더라도 丙의 변제는 유효하다.

④ 복대리인 선임에 관한 甲의 승낙이 없는 경우에도 부득이한 사유가 있을 때에는 乙은 복대리인을 선임하여 그로 하여금 丙과 매매계약을 체결하도록 할 수 있다.

⑤ 甲이 乙에게 매매계약의 체결과 이행에 관하여 포괄적으로 대리권을 수여했다고 하더라도 乙은 매매대금의 지급기일을 연기해 줄 수 없다.

해설

① (O) 계약체결을 위한 대리권에는 계약을 해제할 권한은 포함되지 않는다.
[**대법원** 2008. 6. 12. **선고** 2008**다**11276 **판결**] 어떠한 계약의 체결에 관한 대리권을 수여받은 대리인이 수권된 법률행위를 하게 되면 그것으로 대리권의 원인된 법률관계는 원칙적으로 목적을 달성하여 종료하는 것이고, 법률행위에 의하여 수여된 대리권은 그 원인된 법률관계의 종료에 의하여 소멸하는 것이므로, 그 계약을 대리하여 체결하였던 대리인이 체결된 계약의 해제 등 일체의 처분권과 상대방의 의사를 수령할 권한까지 가지고 있다고 볼 수는 없다.

② (O) 제115조. 상대방이 대리인으로서 의사표시를 한 것임을 알았거나 알 수 있었을 경우에는 상대방의 보호가치 있는 신뢰가 없으므로 그 의사표시는 대리행위로서 그 효력이 생긴다.
[**대법원** 1982. 5. 25. **선고** 81**다**1349 **판결**] 매매위임장을 제시하고 매매계약을 체결하는 자는 특단의 사정이 없는 한 소유자를 대리하여 매매행위를 하는 것이라고 보아야 하고 매매계약서에 대리관계의 표시 없이 그 자신의 이름을 기재하였다고 해서 그것만으로 그 자신이 매도인으로서 타인물을 매매한 것이라고 볼 수는 없다.

③ (O) 계약체결을 위한 대리권에는 계약상 급부를 수령할 권한이 포함되어 있다.
[**대법원** 1994. 2. 8. **선고** 93**다**39379 **판결**] 수권행위의 통상의 내용으로서의 임의대리권은 그 권한에 부수하여 필요한 한도에서 상대방의 의사표시를 수령하는 이른바 수령대리권을 포함하는 것으로 보아야 한다. 또한 토지매각의 대리권은 중도금이나 잔대금을 수령할 권한을 포함한다.

④ (O) 제120조. 대리권이 법률행위에 의하여 부여된 경우에는 대리인은 본인의 승낙이 있거나 부득이한 사유있는 때가 아니면 복대리인을 선임하지 못한다.

⑤ (×) [**대법원** 1992. 4. 14. **선고** 91**다**43107 **판결**] 매매계약의 체결과 이행에 관하여 포괄적으로 대리권을 수여받은 대리인은 특별한 다른 사정이 없는 한 상대방에 대하여 약정된 매매대금지급기일을 연기하여 줄 권한도 가진다고 보아야 할 것이다.

정답 ⑤

3. 대리에 관한 설명 중 옳지 않은 것은? (다툼이 있는 경우 판례에 의함) [17 변호사]

① 대리인이 본인을 대리하여 부동산을 매수함에 있어서 이중매매라는 사정을 잘 알고 매도인의 배임행위에 적극 가담했더라도 본인이 그러한 사정을 몰랐고 알 수도 없었다면 대리인이 한 부동산 매매계약을 반사회적 법률행위라고 볼 수 없다.

② 복대리인 선임권이 없는 대리인에 의하여 선임된 복대리인의 권한도 「민법」 제126조의 표현대리의 기본대리권이 될 수 있다.

③ 대리인이 대리권 소멸 후 복대리인을 선임하여 복대리인으로 하여금 상대방과 사이에 대리행위를 하도록 한 경우, 상대방이 대리권 소멸 사실을 알지 못하여 복대리인에게 적법한 대리권이 있는 것으로 믿었고, 그와 같이 믿은 데 과실이 없었다면 「민법」 제129조의 표현대리가 성립할 수 있다.

④ 어떠한 계약의 체결에 관한 대리권을 수여받은 대리인이 체결된 계약을 해제할 권한까지 가지고 있다고 볼 수는 없다.

⑤ 대주와 차주가 사채알선업자에게 쌍방을 대리하여 금전 소비대차계약을 체결하도록 승낙한 경우, 특별한 사정이 없는 한 차주의 변제를 수령할 권한도 사채알선업자에게 인정된다.

해설

① **(×)** 대리행위 하자판단의 표준이 되는 자를 묻는 지문이다. 대리인을 표준하여 판단하여야 하므로 대리인이 적극 가담하였다면 본인이 그러한 사정을 몰랐더라도 2중매매는 반사회적 매매에 해당한다.

[**대법원** 1998. 2. 27. **선고** 97**다**45532 **판결**] 대리인이 본인을 대리하여 매매계약을 체결함에 있어서 매매대상 토지에 관한 저간의 사정을 잘 알고 그 배임행위에 가담하였다면, 대리행위의 하자 유무는 대리인을 표준으로 판단하여야 하므로, 설사 본인이 미리 그러한 사정을 몰랐거나 반사회성을 야기한 것이 아니라고 할지라도 그로 인하여 매매계약이 가지는 사회질서에 반한다는 장애사유가 부정되는 것은 아니다.

② **(○)** 표현대리권도 제126조의 기본대리권에 해당한다는 것이 판례의 태도이다. 그 결과 표현대리 규정의 중복적용이 인정된다.

[**대법원** 2008. 1. 31. **선고** 2007**다**74713 **판결**] 민법 제126조에서 말하는 권한을 넘은 표현대리는 현재에 대리권을 가진 자가 그 권한을 넘은 경우에 성립하는 것이지, 현재에 아무런 대리권도 가지지 아니한 자가 본인을 위하여 한 어떤 대리행위가 과거에 이미 가졌던 대리권을 넘은 경우에까지 성립하는 것은 아니라고 할 것이고, 한편 과거에 가졌던 대리권이 소멸되어 민법 제129조에 의하여 표현대리로 인정되는 경우에 그 표현대리의 권한을 넘는 대리행위가 있을 때에는 민법 제126조에 의한 표현대리가 성립할 수 있다.

③ **(○)** 대리권 소멸 후에 선임된 복대리인의 대리행위도 대리권 소멸 후의 표현대리에 해당한다.

[**대법원** 1998. 5. 29. **선고** 97**다**55317 **판결**] 표현대리의 법리는 거래의 안전을 위하여 어떠한 외관적 사실을 야기한 데 원인을 준 자는 그 외관적 사실을 믿음에 정당한 사유가 있다고 인정되는 자에 대하여는 책임이 있다는 일반적인 권리외관 이론에 그 기초를 두고 있는 것인 점에 비추어 볼 때, 대리인이 대리권 소멸 후 직접 상대방과 사이에 대리행위를 하는 경우는 물론 대리인이 대리권 소멸 후 복대리인을 선임하여 복대리인으로 하여금 상대방과 사이에 대리행위를 하도록 한 경우에도, 상대방이 대리권 소멸 사실을 알지 못하여 복대리인에게 적법한 대리권이 있는 것으로 믿었고 그와 같이 믿은 데 과실이 없다면 민법 제129조에 의한 표현대리가 성립할 수 있다.

④ (O) 계약체결에 관한 대리권에는 계약을 취소하거나 해제할 권한은 포함되지 않는다.
[**대법원** 1997. 3. 25. **선고** 96**다**51271 **판결**] 법률행위에 의하여 수여된 대리권은 원인된 법률관계의 종료에 의하여 소멸하는 것이므로 특별한 사정이 없는 한, 매수명의자를 대리하여 매매계약을 체결하였다 하여 곧바로 대리인이 매수인을 대리하여 매매계약의 해제 등 일체의 처분권과 상대방의 의사를 수령할 권한까지 가지고 있다고 볼 수는 없다.

⑤ (O) 본인의 승낙이 있는 때에는 쌍방대리가 가능하고, 계약체결의 대리권에는 변제를 수령할 권한이 포함되므로 본인 쌍방이 금전소비대차계약을 체결하도록 승낙한 경우 대리인에게는 차주의 변제를 수령할 권한도 인정된다.
[**대법원** 1979. 10. 30. **선고** 79**다**425 **판결**] 사채알선업자는 어느 일방만의 대리인이 아니고, 채권자 쪽을 대할 때에는 채무자 측의 대리인 역할을 하게 되는 것이고, 반대로 돌아서서 채무자 쪽을 대할 때에는 채권자 측의 대리인으로서 역할을 하게 된다. 정답 ①

4. 대리에 관한 설명 중 옳지 않은 것은? (각 지문은 독립적이고, 다툼이 있는 경우 판례에 의함)

[15 변호사]

① 甲이 乙의 대리인 丙과 매매계약을 체결한 후 丙의 기망행위를 이유로 매매계약을 취소하고자 할 경우, 甲은 乙이 丙의 기망행위를 알았거나 알 수 있었는지의 여부를 불문하고 매매계약을 취소할 수 있다.

② 甲이 乙의 무권대리인 丙과 매매계약을 체결한 경우, 乙은 丙의 무권대리행위를 추인할 수 있고, 乙의 추인이 있을 경우 위 매매계약은 계약체결 당시로 소급하여 효력이 발생한다.

③ 甲의 대리인 乙은 甲의 지시에 따라 丙과 통모하여 甲 소유의 부동산에 관하여 丙과 가장매매계약을 체결하고 丙 명의로 소유권이전등기를 경료하여 주었는데, 그 후 丙이 위 부동산을 丁에게 매도하고 丁 명의로 소유권이전등기를 경료하여준 경우, 丁이 위 가장매매에 대하여 선의라면 유효하게 위 부동산의 소유권을 취득한다.

④ 甲에 의해 대리인으로 선임된 乙이 甲의 승낙 없이 丙을 복대리인으로 선임하더라도, 丙이 甲의 대리인으로 법률행위를 하면 원칙적으로 그 효과는 甲에게 귀속된다.

⑤ 부동산 소유자 甲으로부터 매매계약 체결에 관한 대리권을 수여받은 대리인 乙은 특별한 사정이 없는 한 계약상대방인 丙으로부터 중도금이나 잔금을 수령할 수 있다.

해설

① (O) 대리인의 기망행위를 제3자 사기로 보아야 하는지를 묻는 지문이다. 대리인은 당해 의사표시에 관하여 상대방과 동일하게 평가할 수 있는 자이므로 제3자 사기로 보지 않는 것이 대법원의 입장이다. 따라서 본인이 대리인의 기망사실을 알았는지 여부를 불문하고 피기망자는 당해 의사표시를 취소할 수 있다.
[**대법원** 1999. 2. 23. **선고** 98**다**60828·60835 **판결**] 상대방 있는 의사표시에 관하여 제3자가 사기나 강박을 한 경우에는 상대방이 그 사실을 알았거나 알 수 있었을 경우에 한하여 그 의사표시를 취소할 수 있으나, 상대방의 대리인 등 상대방과 동일시할 수 있는 자의 사기나 강박은 제3자의 사기·강박에 해당하지 아니한다(필자 註 : 은행의 출장소장이 어음할인을 부탁받자 그 어음이 부도날 경우를 대비하여 담보조로 받아두는 것이라고 속이고 금전소비대차 및 연대보증 약정을 체결한 후 그 대출금을 자신이 인출하여 사용한 사안에서, 위 출장소장의 행위는 은행 또는 은행과 동일시할 수 있는 자의 사기일 뿐 제3자의 사기로 볼 수 없으므로, 은행이 그 사기 사실을 알았거나 알 수 있었을 경우에 한하여 위 약정을 취소할 수 있는 것은 아니라고 본 사례).

② (O) 제133조.

③ (O) 제108조 제2항. 가장행위로 인한 무효는 선의의 제3자에게 대항하지 못한다. 한편 본인의 지시에 따라 대리인이 상대방과 통모하여 가장매매계약을 체결한 경우, 이는 가장행위이나 이로 인한 무효로 선의의 제3자에게 대항하지 못한다.

④ (X) 임의대리인이 본인의 승낙 없이 복대리인을 선임한 경우 복대리행위의 효력을 묻는 지문이다. 임의대리인에게는 원칙적으로 복대리인 선임권이 없다. 다만 본인의 승낙이 있거나 부득이한 사유가 있는 경우에 복대리인을 선임할 수 있다(제120조). 임의대리인 乙이 본인의 허락 없이 丙을 복대리인으로 선임한 경우, 부득이한 사유가 있다고 볼 특별한 사정이 없는 한 丙의 대리행위는 무권대리로서 본인 甲에게 그 효과가 귀속되지 않는다.

⑤ (O) 계약체결에 관한 대리권에는 중도금이나 잔금을 수령한 권한이 포함되어 있다고 해석하는 것이 대법원의 입장이다.

[**대법원** 1994. 2. 8. **선고** 93**다**39379 **판결**] 수권행위의 통상의 내용으로서의 임의대리권은 그 권한에 부수하여 필요한 한도에서 상대방의 의사표시를 수령하는 이른바 수령대리권을 포함하는 것으로 보아야 한다. 또한 토지매각의 대리권은 중도금이나 잔대금을 수령할 권한을 포함한다. 정답 ④

5. **甲회사의 상품판매 대리인 乙이 자신의 채권자 丙으로부터 채무독촉에 시달리자, 2010. 8. 5. 평소 거래하던 판매업자 丁에게 甲 회사의 상품을 시가의 반값에 판매하는 매매계약을 甲의 이름으로 체결하고, 2010. 8. 10. 판매대금 4억 원 중 2억 원을 선불로 받은 후 丙에 대한 자신의 채무를 변제하는 데에 사용하였다. 이러한 사실을 알게 된 甲 회사의 대표이사 戊는 乙을 추궁하여 2010. 10. 20. 乙로부터 2억 원을 받아 1억 원은 甲 회사의 계좌에 입금하고 나머지 1억 원은 개인용도로 소비하였다. 다음 설명 중 옳은 것을 모두 고른 것은? (다툼이 있는 경우에는 판례에 의함)** [14 변호사]

ㄱ. 乙이 자신의 이익을 위하여 시가의 반값에 매각하는 배임적 사정을 丁이 알면서 위 매매계약을 체결하였다면, 丁은 甲에 대하여 위 매매목적물의 인도를 청구할 수 없다.
ㄴ. 丙이 乙의 채무변제가 횡령한 금전에 의한 것임을 알면서 변제받은 경우, 甲은 丙을 상대로 직접 부당이득에 의한 금전반환을 청구할 수 없다.
ㄷ. 2013. 11. 20. 戊의 횡령사실이 밝혀져 戊가 해임됨과 동시에 새로운 대표이사가 선임되고, 같은 해 12. 23. 甲 회사가 戊를 상대로 불법행위에 기한 손해배상청구소송을 제기한 경우, 위 불법행위가 있었음을 안 날로부터 3년이 경과하여 소멸시효가 완성되었다는 戊의 항변은 허용되지 않는다.

① ㄱ ② ㄴ ③ ㄱ, ㄴ
④ ㄱ, ㄷ ⑤ ㄱ, ㄴ, ㄷ

해설

※ 대리권남용과 대표권남용이 쟁점인 사례문제이다. 대리인 乙이 시가의 반값으로 甲 회사의 상품을 판매하는 매매계약을 체결하는 행위는 배임적 대리행위로서 대리권남용에 해당하고, 甲 회사의 대표이사 戊가 乙로부터 2억 원을 지급받아 그 중 1억 원을 개인용도로 사용하는 행위는 대표권남용에 해당한다.

ㄱ. (O) 대리권남용행위의 효력을 묻는 지문이다. 대리행위의 상대방이 대리인의 배임적 의도를 알았거나 알 수 있었을 때에는 제107조 제1항 단서가 유추되어 대리행위의 효력이 부정된다. 따라서 대

리행위의 상대방인 丁이 대리인 乙의 배임적 사정을 알았다면 乙과 丁 사이에 체결된 매매계약은 제107조 제1항 단서에 따라 효력이 없으므로 丁은 본인인 甲에 대하여 매매목적물의 인도를 청구할 수 없다.

[**대법원** 1996. 4. 26. **선고** 94**다**29850 **판결**] 진의 아닌 의사표시가 대리인에 의하여 이루어지고 그 대리인의 진의가 본인의 이익이나 의사에 반하여 자기 또는 제3자의 이익을 위한 배임적인 것임을 그 상대방이 알았거나 알 수 있었을 경우에는, 민법 제107조 제1항 단서의 유추해석상 그 대리인의 행위는 본인의 대리행위로 성립할 수 없으므로 본인은 대리인의 행위에 대하여 아무런 책임이 없으며, 그 상대방이 대리인의 표시의사가 진의 아님을 알았거나 알 수 있었는가의 여부는 표의자인 대리인과 상대방 사이에 있었던 의사표시의 형성 과정과 그 내용 및 그로 인하여 나타나는 효과 등을 객관적인 사정에 따라 합리적으로 판단하여야 한다.

ㄴ. (×) 횡령한 금전으로 채무를 변제한 경우, 피해자와 채권자 사이에 부당이득반환관계가 인정되는지를 묻는 지문이다. 대법원은 채권자가 횡령한 금원에 의한 변제라는 사실을 알았거나 중대한 과실로 알지 못한 때에는 피해자에 대하여 부당이득반환의무를 부담한다고 본다.

[**대법원** 2003. 6. 13. **선고** 2003**다**8862 **판결**] 부당이득제도는 이득자의 재산상 이득이 법률상 원인을 결여하는 경우에 공평·정의의 이념에 근거하여 이득자에게 그 반환의무를 부담시키는 것인 바, 채무자가 피해자로부터 횡령한 금전을 그대로 채권자에 대한 채무변제에 사용하는 경우 피해자의 손실과 채권자의 이득 사이에 인과관계가 있음이 명백하고, 한편 채무자가 횡령한 금전으로 자신의 채권자에 대한 채무를 변제하는 경우 채권자가 그 변제를 수령함에 있어 악의 또는 중대한 과실이 있는 경우에는 채권자의 금전 취득은 피해자에 대한 관계에 있어서 법률상 원인을 결여한 것으로 봄이 상당하나, 채권자가 그 변제를 수령함에 있어 단순히 과실이 있는 경우에는 그 변제는 유효하고 채권자의 금전 취득이 피해자에 대한 관계에 있어서 법률상 원인을 결여한 것이라고 할 수 없다.

ㄷ. (○) 대표이사의 횡령으로 인한 법인의 손해배상청구권의 단기 소멸시효 기산점을 묻는 지문이다. 불법행위로 인한 단기 소멸시효는 피해자나 그 법정대리인이 손해 및 가해자를 안 날로부터 진행한다. 법인이 피해자인 경우, 법인의 대표자가 불법행위의 요건사실을 알게 되면 법인이 인식한 것으로 보아 단기 소멸시효가 진행한다. 그러나 법인의 대표자가 불법행위의 가해자인 때에는 대표자의 인식만으로는 법인이 손해배상청구권을 행사할 수 있을 정도로 인식하였다고 할 수 없다. 대표자 이외에 법인의 이익을 정당하게 보전할 다른 임직원이 인식한 때로부터 단기 소멸시효가 진행한다. 甲 회사의 대표이사 戊의 횡령행위 시점으로부터 3년이 경과하여 손해배상청구소송이 제기되었지만, 횡령행위의 가해자인 대표이사 戊의 인식을 甲 회사의 인식으로 볼 수 없기 때문에 戊가 인식한 때로부터 甲 회사의 손해배상청구권의 단기 소멸시효가 진행한다고 볼 수 없다. 따라서 戊의 소멸시효 항변은 허용되지 않는다.

[**대법원** 1998. 11. 10. **선고** 98**다**34126 **판결**] 법인의 경우 불법행위로 인한 손해배상청구권의 단기 소멸시효의 기산점인 '손해 및 가해자를 안 날'이라 함은 통상 대표자가 이를 안 날을 뜻하지만, 법인의 대표자가 가해자에 가담하여 법인에 대하여 공동불법행위가 성립하는 경우에는, 법인과 그 대표자는 이익이 상반하게 되므로 현실로 그로 인한 손해배상청구권을 행사하리라고 기대하기 어려울 뿐만 아니라 일반적으로 그 대표권도 부인된다고 할 것이므로, 단지 그 대표자가 손해 및 가해자를 아는 것만으로는 부족하고, 적어도 법인의 이익을 정당하게 보전할 권한을 가진 다른 임원 또는 사원이나 직원 등이 손해배상청구권을 행사할 수 있을 정도로 이를 안 때에 비로소 위 단기시효가 진행한다고 해석함이 상당하다.

정답 ④

6. 대리에 관한 설명 중 옳지 않은 것은? (다툼이 있는 경우에는 판례에 의함) [13 변호사]

① 매매계약의 체결과 이행에 관하여 포괄적으로 대리권을 수여받은 대리인이라도 특별한 사정이 없는 한 상대방에 대하여 약정된 매매대금 지급기일을 연기해 줄 권한은 갖지 않는다.
② 부동산입찰절차에서 동일한 물건에 관하여 1인이 이해관계를 달리하는 2인 이상의 대리인이 된 경우, 그 대리인이 한 입찰행위는 원칙적으로 무효이다.
③ 甲 소유의 X 토지에 관하여 매매계약을 체결할 대리권을 수여받은 乙이 매수인 丙으로부터 잔금을 수령하였다면, 특별한 사정이 없는 한 乙이 잔금을 甲에게 전달하지 않았더라도 丙의 잔금지급 채무는 소멸한다.
④ 상대방의 대리인이 표의자를 기망한 경우에는 상대방이 그 사실을 알았거나 알 수 있었는지 여부에 관계없이 표의자는 자신의 의사표시를 취소할 수 있다.
⑤ 민법 제126조의 표현대리가 성립하기 위하여는 기본대리권이 존재하여야 하는데, 법정대리권도 기본대리권에 해당할 수 있다.

해설

① **(×)** 매매계약 체결과 이행에 관한 포괄적 대리권을 수여받은 대리인의 대리권 범위를 묻는 지문이다. 매매대금 지급기일 연기권한도 포함되어 있다고 해석하는 것이 대법원의 입장이다.
[**대법원** 1992. 4. 14. **선고** 91**다**43107 **판결**] 매매계약의 체결과 이행에 관하여 포괄적으로 대리권을 수여받은 대리인은 특별한 다른 사정이 없는 한 상대방에 대하여 약정된 매매대금지급기일을 연기하여 줄 권한도 가진다고 보아야 할 것이다.

② **(○)** 부동산입찰행위를 쌍방대리에 의한 경우, 그 효력을 묻는 지문이다. 쌍방대리는 원칙적으로 금지되기 때문에 입찰행위는 무효가 된다.
[**대법원** 2004. 2. 13. **자** 2003**마**44 **결정**] 민법 제124조는 "대리인은 본인의 허락이 없으면 본인을 위하여 자기와 법률행위를 하거나 동일한 법률행위에 관하여 당사자 쌍방을 대리하지 못한다"고 규정하고 있으므로 부동산 입찰절차에서 동일물건에 관하여 이해관계가 다른 2인 이상의 대리인이 된 경우에는 그 대리인이 한 입찰은 무효이다.

③ **(○)** 매매계약을 체결할 대리권 범위에 잔금을 수령할 권한이 포함되는지 여부를 묻는 지문이다. 포함된다고 해석하는 것이 대법원의 입장이다. 따라서 정당한 변제수령권자에 대한 변제이므로 잔금지급 채무는 변제로 소멸한다.
[**대법원** 1994. 2. 8. **선고** 93**다**39379 **판결**] 수권행위의 통상의 내용으로서의 임의대리권은 그 권한에 부수하여 필요한 한도에서 상대방의 의사표시를 수령하는 이른바 수령대리권을 포함하는 것으로 보아야 한다. 또한 토지매각의 대리권은 중도금이나 잔대금을 수령할 권한을 포함한다.

④ **(○)** 상대방의 대리인이 기망한 경우, 이를 제3자 사기로 보아야 하는지 상대방 사기로 보아야 하는지를 묻는 지문이다. 제3자 사기로 보면, 상대방이 알았거나 알 수 있었을 때에만 표의자가 의사표시를 취소할 수 있지만, 상대방 사기로 보게 되면 상대방의 악의, 과실 여부를 묻지 않고 표의자는 의사표시를 취소할 수 있다. 제3자란 의사표시의 상대방과 당해 의사표시에 관하여 동일하게 평가할 수 없는 자만을 말하는데, 상대방의 대리인은 당해 의사표시에 관하여 상대방과 동일하게 평가할 수 있으므로 제3자라고 할 수 없다.
[**대법원** 1999. 2. 23. **선고** 98**다**60828·60835 **판결**] 상대방 있는 의사표시에 관하여 제3자가 사기나 강박을 한 경우에는 상대방이 그 사실을 알았거나 알 수 있었을 경우에 한하여 그 의사표시를 취소할 수 있으나, 상대방의 대리인 등 상대방과 동일시할 수 있는 자의 사기나 강박은 제3자의 사기·강박에 해당하지 아니한다(필자 註 : 은행의 출장소장이 어음할인을 부탁받자 그 어음이 부도날 경우를 대

비하여 담보조로 받아두는 것이라고 속이고 금전소비대차 및 연대보증 약정을 체결한 후 그 대출금을 자신이 인출하여 사용한 사안에서, 위 출장소장의 행위는 은행 또는 은행과 동일시할 수 있는 자의 사기일 뿐 제3자의 사기로 볼 수 없으므로, 은행이 그 사기 사실을 알았거나 알 수 있었을 경우에 한하여 위 약정을 취소할 수 있는 것은 아니라고 본 사례).

⑤ **(O)** 법정대리권이 제126조의 기본대리권에 포함되는지 여부를 묻는 지문이다. 제126조는 '대리인'이 권한 외의 행위를 한 경우에 적용되는 것을 규정하고 있고, 대리인이 임의대리인이어야 한다고 제한하고 있지 않기 때문에 법정대리인도 포함된다고 해석하여야 한다.

[**대법원** 1997. 6. 27. **선고** 97**다**3828 **판결**] 민법 제126조 소정의 권한을 넘는 표현대리 규정은 거래의 안전을 도모하여 거래상대방의 이익을 보호하려는 데에 그 취지가 있으므로 법정대리라고 하여 임의대리와는 달리 그 적용이 없다고 할 수 없다. 한정치산자의 후견인이 친족회의 동의를 얻지 않고 피후견인의 부동산을 처분하는 행위를 한 경우에도 상대방이 친족회의 동의가 있다고 믿은 데에 정당한 사유가 있는 때에는 본인인 한정치산자에게 그 효력이 미친다. 정답 ①

7. **甲은 자기 소유의 X 토지를 적절한 가격에 매도할 것을 乙에게 위임하면서 그에 관한 대리권도 함께 수여하였다. 이에 관한 설명 중 옳은 것을 모두 고른 것은?** (각 지문은 독립적이며, 다툼이 있는 경우 판례에 의함) [25 변호사]

ㄱ. 乙이 甲의 대리인으로서 X 토지에 관하여 丙과 매매계약을 체결한 후 중도금까지 받았다는 사정을 알고 있는 丁이 乙에게 적극적으로 매도를 요청하여 乙이 甲의 대리인으로서 丁에게 다시 X 토지를 매도하고 소유권이전등기까지 마쳐 주었다면, 甲이 이러한 사실을 몰랐다고 하더라도 甲과 丁 사이의 매매계약은 무효이다.
ㄴ. 乙이 甲의 대리인으로서 X 토지에 관하여 丙과 매매계약을 체결하면서 丙에게 위법한 강박을 행하였다면, 丙은 甲이 이러한 사실을 알았거나 알 수 있었을 경우에 한하여 甲과의 매매계약을 취소할 수 있다.
ㄷ. 乙이 甲의 대리인으로서 X 토지에 관하여 丙과 매매계약을 체결하였는데 丙이 약정한 날짜에 잔금을 지급하지 않은 경우, 乙이 丙에게 상당한 기간을 정하여 이행의 최고를 하였으나 그 기간 내에도 丙이 잔금을 지급하지 않았다면 乙은 위 매매계약을 해제할 수 있다.
ㄹ. 乙이 甲의 대리인으로서 甲의 허락 없이 자기를 X 토지의 매수인으로 하는 계약을 체결하였다면, 그 계약은 특별한 사정이 없는 한 무효이다.

① ㄱ, ㄷ ② ㄱ, ㄹ ③ ㄴ, ㄷ
④ ㄱ, ㄴ, ㄹ ⑤ ㄴ, ㄷ, ㄹ

해 설

ㄱ. **(O)** 판례는 대리인이 토지에 관한 저간의 사정을 잘 알고 그 배임행위에 가담하였다면 본인이 그러한 사정을 몰랐거나 반사회성을 야기한 것이 아니라고 하더라도 그 매매계약은 무효가 된다고 본다(97다45532). 대리인 을이 부동산을 이중으로 매수한 경우, 그 매매계약의 반사회성 여부는 대리인 을을 표준으로 한다. 따라서 **甲이 이러한 사실을 몰랐다고 하더라도 甲과 丁 사이의 매매계약은 무효이다.**

ㄴ. **(X)** 을이 병에게 강박하여 대리행위를 한 경우는 제116조는 대리인 쪽에 있어서의 하자의 유무에 관한 것으로 대리인이 상대방에 대해 사기·강박을 한 경우는 상대방 쪽에 하자가 있는 것이므로

제116조는 적용이 없다. 이 경우 대리인의 사기·기망은 본인의 사기·기망과 동일시할 수 있기 때문에 상대방 병은 제110조 제1항에 따라서 본인 갑이 대리인의 기망행위를 알았거나 알 수 있었는지 여부를 묻지 않고 의사표시를 취소할 수 있다.

ㄷ. (×) 판례는 대리권을 수여받은 대리인이 수권된 법률행위를 하게 되면 그것으로 대리권의 원인된 법률관계는 원칙적으로 목적을 달성하여 종료하는 것이고, 법률행위에 의하여 수여된 대리권은 그 원인된 법률관계의 종료에 의하여 소멸하는 것이므로, 그 계약을 대리하여 체결하였던 대리인이 체결된 계약의 해제 등 일체의 처분권과 상대방의 의사를 수령할 권한까지 가지고 있다고 볼 수는 없다고 본다(2008다11276). 따라서 대리인 乙은 **위 매매계약을 해제할 수 없다.**

ㄹ. (○) **乙이 甲의 대리인으로서 甲의 허락 없이 자기를 X 토지의 매수인으로 하는 계약**을 체결하는 것은 민법 제124조의 자기계약으로 금지되며, 이에 위반한 행위는 무권대리행위로 무효이다. 정답 ②

Ⅱ. 무권대리

8. 甲으로부터 대리권을 수여받지 않은 乙이 甲을 대리하여 甲 소유 X 토지를 丙에게 매도하였다. 이에 관한 설명 중 옳은 것을 모두 고른 것은? (乙의 표현대리는 성립하지 않음을 전제로 하고, 다툼이 있는 경우 판례에 의함) [22 변호사]

ㄱ. 乙이 甲으로 행세하는 丁의 기망에 속아 甲으로부터 대리권을 수여받은 것으로 과실 없이 오인한 상태에서 위 매매계약을 체결하였다면, 乙은 丙에 대하여 무권대리인으로서의 책임을 지지 않는다.
ㄴ. 위 매매계약에서 甲의 채무불이행에 대비한 손해배상액이 예정된 경우, 甲의 추인 거절로 丙이 乙에게 매매계약의 이행을 구하였으나 乙이 이행하지 아니하여 乙이 丙에게 손해배상책임을 지더라도 매매계약 자체가 무효이므로 乙은 예정된 손해액을 지급할 의무가 없다.
ㄷ. 무권대리행위에 대한 甲의 추인은 명시적 또는 묵시적인 방법으로 할 수 있고, 乙과 丙뿐만 아니라 위 매매계약으로 인한 권리 또는 법률관계의 승계인을 상대로도 할 수 있다.
ㄹ. 丙이 위 매매계약을 철회하려면 乙이 무권대리인임을 계약 당시 알지 못하여야 하는데, 이에 대한 증명책임은 丙에게 있다.

① ㄷ ② ㄱ, ㄷ ③ ㄴ, ㄷ
④ ㄷ, ㄹ ⑤ ㄱ, ㄴ, ㄹ

해설

ㄱ. (×) 무권대리인책임은 무과실책임이다. 무권대리인이 과실 없이 무권대리행위를 하였더라도 무권대리인의 책임은 인정된다.

[**대법원** 2014. 2. 27. **선고** 2013**다**213038 **판결**] 민법 제135조 제1항은 "타인의 대리인으로 계약을 한 자가 그 대리권을 증명하지 못하고 또 본인의 추인을 얻지 못한 때에는 상대방의 선택에 좇아 계약의 이행 또는 손해배상의 책임이 있다."고 규정하고 있다. 위 규정에 따른 무권대리인의 상대방에 대한 책임은 무과실책임으로서 대리권의 흠결에 관하여 대리인에게 과실 등의 귀책사유가 있어야만 인정되는 것이 아니고, 무권대리행위가 제3자의 기망이나 문서위조 등 위법행위로 야기되었다고 하더라도 책임은 부정되지 아니한다.

ㄴ. (×) 무권대리인책임으로 이행책임이 선택된 경우, 손해배상액 예정계약에 따른 책임도 인정되는지를 묻는 지문이다. 무권대리인책임으로서 이행책임은 대리권이 있다면 본인이 부담하였을 계약책임을 무권대리인이 부담하는 것으로 손해배상액 예정계약에 따른 책임도 포함된다.

[**대법원** 2018. 6. 28. **선고** 2018**다**210775 **판결**] 다른 자의 대리인으로서 계약을 맺은 자가 그 대리권을 증명하지 못하고 또 본인의 추인을 받지 못한 경우에는 그는 상대방의 선택에 따라 계약을 이행할 책임 또는 손해를 배상할 책임이 있다(민법 제135조 제1항). 이때 상대방이 계약의 이행을 선택한 경우 무권대리인은 계약이 본인에게 효력이 발생하였더라면 본인이 상대방에게 부담하였을 것과 같은 내용의 채무를 이행할 책임이 있다. 무권대리인은 마치 자신이 계약의 당사자가 된 것처럼 계약에서 정한 채무를 이행할 책임을 지는 것이다. 무권대리인이 계약에서 정한 채무를 이행하지 않으면 상대방에게 채무불이행에 따른 손해를 배상할 책임을 진다. 위 계약에서 채무불이행에 대비하여 손해배상액의 예정에 관한 조항을 둔 때에는 특별한 사정이 없는 한 무권대리인은 조항에서 정한 바에 따라 산정한 손해액을 지급하여야 한다. 이 경우에도 손해배상액의 예정에 관한 민법 제398조가 적용됨은 물론이다.

ㄷ. (○) [**대법원** 1981. 4. 14. **선고** 80**다**2314 **판결**] 무권대리행위의 추인에 특별한 방식이 요구되는 것이 아니므로 명시적인 방법만 아니라 묵시적인 방법으로도 할 수 있고, 그 추인은 무권대리인, 무권대리행위의 직접의 상대방 및 그 무권대리행위로 인한 권리 또는 법률관계의 승계인에 대하여도 할 수 있다.

ㄹ. (×) 무권대리 상대방의 철회권 행사요건으로서 상대방 선의의 증명책임을 묻는 지문이다. 상대방의 선의는 추정된다. 철회를 다투는 본인이 상대방의 악의를 증명하여야 한다.

[**대법원** 2017. 6. 29. **선고** 2017**다**213838 **판결**] 민법 제134조는 "대리권 없는 자가 한 계약은 본인의 추인이 있을 때까지 상대방은 본인이나 그 대리인에 대하여 이를 철회할 수 있다. 그러나 계약 당시에 상대방이 대리권 없음을 안 때에는 그러하지 아니하다."고 규정하고 있다. 민법 제134조에서 정한 상대방의 철회권은, 무권대리행위가 본인의 추인에 따라 효력이 좌우되어 상대방이 불안정한 지위에 놓이게 됨을 고려하여 대리권이 없었음을 알지 못한 상대방을 보호하기 위하여 상대방에게 부여된 권리로서, 상대방이 유효한 철회를 하면 무권대리행위는 확정적으로 무효가 되어 그 후에는 본인이 무권대리행위를 추인할 수 없다. 한편 상대방이 대리인에게 대리권이 없음을 알았다는 점에 대한 주장·입증책임은 철회의 효과를 다투는 본인에게 있다.

정답 ①

9. **甲의 대리인이라 칭하는 乙이 甲을 대리하여 丙과 사이에 甲 소유의 X토지를 매도하는 내용의 매매계약을 체결하였다. 이에 관한 설명 중 옳지 않은 것은? (다툼이 있는 경우 판례에 의함)** [20 변호사]

① 甲이 乙의 대리권 없음을 이유로 丙에게 위 매매계약을 원인으로 마쳐진 소유권이전등기의 말소를 구하는 소를 제기하는 경우, 甲은 乙의 대리권 부존재를 증명하여야 한다.

② 乙이 甲으로부터 매매계약을 체결할 대리권을 수여받은 경우, 乙은 특별한 사정이 없는 한 그 매매계약에서 약정한 바에 따라 중도금이나 잔금을 수령할 권한도 있다.

③ 乙이 甲으로부터 매매계약을 체결할 대리권을 수여받은 후 자기의 이익을 위하여 배임적 대리행위를 한 경우, 丙이 이러한 사실을 과실없이 알지 못한 때에는 乙의 대리행위는 甲에게 효력이 미친다.

④ 乙이 위 매매계약에 관한 대리권을 증명하지 못하고 甲의 추인도 얻지 못하여 甲에게 대리의 효력이 발생하지 않는 경우, 그 무권대리행위가 제3자 丁의 기망이나 문서위조 등 위법행위로 야기되었다면 丙은 乙을 상대로 계약의 이행이나 손해배상을 청구할 수 없다.

⑤ 위 매매계약에서 甲의 채무불이행에 대비한 손해배상액이 예정된 경우, 乙이 무권대리인으로서 丙에 대하여 계약 이행의 채무를 부담하게 되었으나 이를 이행하지 아니하여 손해배상책임을 진다면, 특별한 사정이 없는 한 그 책임은 위 손해배상액의 예정에 따라 정해진다.

해설

① (O) 대리권 존부에 관한 증명책임을 묻는 지문이다. 유권대리를 주장하는 자가 대리권의 존재사실을 증명하여야 한다. 그러나 대리행위의 상대방이 대리행위에 따라 등기를 마친 때에는 등기의 추정력으로 인하여 대리권 존재사실이 추정된다. 이 경우에는 무권대리를 주장하는 자가 대리권이 존재하지 않았음을 증명하여야 한다. 甲이 무권대리를 주장하고 있으므로 甲이 대리인 乙에게 대리권이 없음을 증명하여야 한다.

[**대법원** 1992. 4. 24. **선고** 91**다**26379·26386 **판결**] 전 등기명의인의 직접적인 처분행위에 의한 것이 아니라 제3자가 그 처분행위에 개입된 경우 현등기명의인이 그 제3자가 전 등기명의인의 대리인이라고 주장하더라도 현 소유명의인의 등기가 적법히 이루어진 것으로 추정된다 할 것이므로 위 등기가 원인무효임을 이유로 그 말소를 청구하는 전 소유명의인으로서는 그 반대사실 즉, 그 제3자에게 전 소유명의인을 대리할 권한이 없었다든지, 또는 제3자가 전 소유명의인의 등기서류를 위조하였다는 등의 무효사실에 대한 입증책임을 진다.

② (O) [**대법원** 1994. 2. 8. **선고** 93**다**39379 **판결**] 수권행위의 통상의 내용으로서의 임의대리권은 그 권한에 부수하여 필요한 한도에서 상대방의 의사표시를 수령하는 이른바 수령대리권을 포함하는 것으로 보아야 한다. 또한 토지매각의 대리권은 중도금이나 잔대금을 수령할 권한을 포함한다.

③ (O) 대리권 남용행위의 효력을 묻는 지문이다. 판례는 제107조 제1항 단서를 유추하여 상대방이 대리인의 배임적 의도를 알았거나 알 수 있었을 경우에만 대리행위의 효력을 부정한다. 대리행위 상대방 丙이 乙의 배임의도를 과실 없이 알지 못한 때에는 乙의 대리행위는 甲에게 효력이 있다.

[**대법원** 1996. 4. 26. **선고** 94**다**29850 **판결**] 진의 아닌 의사표시가 대리인에 의하여 이루어지고 그 대리인의 진의가 본인의 이익이나 의사에 반하여 자기 또는 제3자의 이익을 위한 배임적인 것임을 그 상대방이 알았거나 알 수 있었을 경우에는, 민법 제107조 제1항 단서의 유추해석상 그 대리인의 행위는 본인의 대리행위로 성립할 수 없으므로 본인은 대리인의 행위에 대하여 아무런 책임이 없으며, 그 상대방이 대리인의 표시의사가 진의 아님을 알았거나 알 수 있었는가의 여부는 표의자인 대리인과 상대방 사이에 있었던 의사표시의 형성 과정과 그 내용 및 그로 인하여 나타나는 효과 등을 객관적인 사정에 따라 합리적으로 판단하여야 한다.

④ (×) 무권대리인의 책임은 무과실책임이므로 제3자의 기망 등으로 무권대리행위가 행하여진 때에도 무권대리인의 책임이 배제되지 않는다.

[**대법원** 2014. 2. 27. **선고** 2013**다**213038 **판결**] 민법 제135조 제1항은 "타인의 대리인으로 계약을 한 자가 그 대리권을 증명하지 못하고 또 본인의 추인을 얻지 못한 때에는 상대방의 선택에 좇아 계약의 이행 또는 손해배상의 책임이 있다."고 규정하고 있다. 위 규정에 따른 무권대리인의 상대방에 대한 책임은 무과실책임으로서 대리권의 흠결에 관하여 대리인에게 과실 등의 귀책사유가 있어야만 인정되는 것이 아니고, 무권대리행위가 제3자의 기망이나 문서위조 등 위법행위로 야기되었다고 하더라도 책임은 부정되지 아니한다.

⑤ (O) 무권대리인이 채무를 이행하지 않은 경우에는 채무불이행에 따른 손해배상책임을 지고 손해배상액의 예정이 있는 때에는 무권대리인은 예정배상액을 지급하여야 하나 이 경우에도 손해배상예정액에 관한 법원의 직권감액은 허용된다.

[**대법원** 2018. 6. 28. **선고** 2018**다**210775 **판결**] 다른 자의 대리인으로서 계약을 맺은 자가 그 대리

권을 증명하지 못하고 또 본인의 추인을 받지 못한 경우에는 그는 상대방의 선택에 따라 계약을 이행할 책임 또는 손해를 배상할 책임이 있다(민법 제135조 제1항). 이때 상대방이 계약의 이행을 선택한 경우 무권대리인은 계약이 본인에게 효력이 발생하였더라면 본인이 상대방에게 부담하였을 것과 같은 내용의 채무를 이행할 책임이 있다. 무권대리인은 마치 자신이 계약의 당사자가 된 것처럼 계약에서 정한 채무를 이행할 책임을 지는 것이다. 무권대리인이 계약에서 정한 채무를 이행하지 않으면 상대방에게 채무불이행에 따른 손해를 배상할 책임을 진다. 위 계약에서 채무불이행에 대비하여 손해배상액의 예정에 관한 조항을 둔 때에는 특별한 사정이 없는 한 무권대리인은 조항에서 정한 바에 따라 산정한 손해액을 지급하여야 한다. 이 경우에도 손해배상액의 예정에 관한 민법 제398조가 적용됨은 물론이다.

정답 ④

10. 표현대리에 관한 설명 중 옳지 않은 것은? (다툼이 있는 경우 판례에 의함) [18 변호사]

① 표현대리가 성립하는 경우, 본인은 상대방에 대하여 표현대리행위에 따른 전적인 책임을 져야 하고, 상대방에게 과실이 있다고 하더라도 과실상계의 법리는 유추적용되지 아니한다.

② 대리권 수여의 표시에 의한 표현대리는 본인이 무권대리인으로 하여금 대리권의 존재를 추단하게 하는 명칭의 사용을 명시적으로 허락한 경우뿐 아니라 이를 알고 묵인한 경우에도 성립할 수 있다.

③ 대리인이 본인으로부터 복대리인 선임권한을 부여받지 않았음에도 불구하고 복대리인을 선임하였다면 그 복대리인의 대리행위와 관련해서는 표현대리가 성립하지 않는다.

④ 「상법」에 의한 등기사항으로 대표이사의 퇴임등기가 이루어진 경우에는 대리권 소멸 후의 표현대리가 성립하지 않는다.

⑤ 어음행위자가 대리문구를 어음상에 기재하지 않고 직접 본인 명의로 기명날인을 한 경우에도 제3자가 어음행위를 실제로 한 자에게 그와 같은 어음행위를 할 수 있는 권한이 있다고 믿을 만한 사유가 있고 본인에게 책임을 질 만한 사유가 있는 때에는, 대리방식에 의한 어음행위의 경우와 마찬가지로 「민법」상의 표현대리 규정을 유추적용하여 본인에게 그 책임을 물을 수 있다.

해설

① **(O)** 표현대리가 성립한 경우 본인은 이행책임을 부담하므로 손해배상액의 산정을 위한 과실상계가 유추되지 않는다.

[**대법원** 1996. 7. 12. **선고** 95**다**49554 **판결**] 표현대리행위가 성립하는 경우에 그 본인은 표현대리행위에 의하여 전적인 책임을 져야 하고, 상대방에게 과실이 있다고 하더라도 과실상계의 법리를 유추적용하여 본인의 책임을 경감할 수 없다.

② **(O)** 표상의 사용승인도 대리권 수여표시에 해당한다.

[**대법원** 1998. 6. 12. **선고** 97**다**53762 **판결**] 민법 제125조가 규정하는 대리권 수여의 표시에 의한 표현대리는 본인과 대리행위를 한 자 사이의 기본적인 법률관계의 성질이나 그 효력의 유무와는 직접적인 관계가 없이 어떤 자가 본인을 대리하여 제3자와 법률행위를 함에 있어 본인이 그 자에게 대리권을 수여하였다는 표시를 제3자에게 한 경우에는 성립될 수가 있고, 또 본인에 의한 대리권 수여의 표시는 반드시 대리권 또는 대리인이라는 말을 사용하여야 하는 것이 아니라 사회통념상 대리권을 추단할 수 있는 직함이나 명칭 등의 사용을 승낙 또는 묵인한 경우에도 대리권 수여의 표시가 있은 것으로 볼 수 있다.

③ (×) 복대리도 대리행위의 일종이므로 표현대리가 성립할 수 있다. 복대리인 선임권한이 없는 대리인이 복대리인을 선임하고 그 복대리인이 대리행위를 한 경우에도 표현대리가 성립할 수 있다.

[**대법원** 1998. 3. 27. **선고** 97**다**48982 **판결**] 대리인이 사자 내지 임의로 선임한 복대리인을 통하여 권한 외의 법률행위를 한 경우, 상대방이 그 행위자를 대리권을 가진 대리인으로 믿었고 또한 그렇게 믿는 데에 정당한 이유가 있는 때에는, 복대리인 선임권이 없는 대리인에 의하여 선임된 복대리인의 권한도 기본대리권이 될 수 있을 뿐만 아니라, 그 행위자가 사자라고 하더라도 대리행위의 주체가 되는 대리인이 별도로 있고 그들에게 본인으로부터 기본대리권이 수여된 이상, 민법 제126조를 적용함에 있어서 기본대리권의 흠결 문제는 생기지 않는다.

④ (O) 상업등기의 공시력을 보장하기 위해서 대표자의 퇴임등기가 된 경우에는 그 대표자의 대리행위에 관해서는 대리권 소멸 후의 표현대리가 성립할 수 없다.

[**대법원** 2009. 12. 24. **선고** 2009**다**60244 **판결**] 상법에 의하여 등기할 사항은 이를 등기하지 아니하면 선의의 제3자에게 대항하지 못하나, 이를 등기한 경우에는 제3자가 등기된 사실을 알지 못한 데에 정당한 사유가 없는 한 선의의 제3자에게도 대항할 수 있는 점(상법 제37조) 등에 비추어, 대표이사의 퇴임등기가 된 경우에 대하여 민법 제129조의 적용 내지 유추적용이 있다고 한다면 상업등기에 공시력을 인정한 의의가 상실될 것이어서, 이 경우에는 민법 제129조의 적용 또는 유추적용을 부정할 것이다.

⑤ (O) 어음행위 위조의 경우에도 표현대리가 성립할 수 있는지를 묻는 지문이다. 대행방식의 대리행위에 관해서도 대리가 성립할 수 있으므로 표현대리가 성립할 수 있다.

[**대법원** 2000. 3. 23. **선고** 99**다**50385 **판결**] 다른 사람이 본인을 위하여 한다는 대리문구를 어음상에 기재하지 않고 직접 본인 명의로 기명날인을 하여 어음행위를 하는 이른바 기관방식 또는 서명대리 방식의 어음행위가 권한 없는 자에 의하여 행하여졌다면 이는 어음행위의 무권대리가 아니라 어음의 위조에 해당하는 것이기는 하나, 그 경우에도 제3자가 어음행위를 실제로 한 자에게 그와 같은 어음행위를 할 수 있는 권한이 있다고 믿을 만한 사유가 있고, 본인에게 책임을 질 만한 사유가 있는 때에는 대리방식에 의한 어음행위의 경우와 마찬가지로 민법상의 표현대리 규정을 유추적용하여 본인에게 그 책임을 물을 수 있다(필자 註 : 채무자가 물상보증인으로부터 근저당권설정에 관한 대리권만을 위임받은 후 그의 승낙 없이 채무 전액에 대한 연대보증의 취지로 채권자에게 물상보증인 명의의 약속어음을 발행해 준 경우, 채권자가 채무자에게 위와 같은 어음행위를 할 수 있는 권한이 있다고 믿을 만한 정당한 사유가 없다고 한 사례).

정답 ③

11. 甲은 乙로부터 乙 소유인 X 토지를 매도할 수 있는 대리권을 수여받은 후 丙에게 X 토지를 대금 1억 원에 매도하기로 하는 계약(이하 '이 사건 계약'이라고 한다)을 체결하면서 대금지급기일과 소유권이전등기의 이행기일을 2015. 3. 5.로 정하였다. 이에 관한 법률관계 중 옳은 것(○)과 옳지 않은 것(×)을 올바르게 조합한 것은? (각 지문은 독립적이고, 다툼이 있는 경우 판례에 의함) [16 변호사]

ㄱ. 甲이 乙을 대리할 의사를 가졌으나 乙을 위한 것임을 표시하지는 않고 이 사건 계약을 체결하였다면, 丙이 "甲이 乙의 대리인으로서 본인 乙을 위해 이 사건 계약을 체결하는 것이다." 라는 사실을 알 수 있었을 경우에도 乙은 매도인으로서의 의무를 부담하지 않는다.

ㄴ. 甲이 본인 乙을 위한 것임을 표시하여 이 사건 계약을 체결하였고, 2015. 3. 7. 丙으로부터 대금 1억 원을 수령하였다. 그후 丙은 乙을 상대로 X 토지에 관한 소유권이전등기를 청구하였다. 만일 甲이 아직 위 1억 원을 乙에게 전달하지 않았다면 특별한 사정이 없는 한 乙은 대금이 지급되지 않았음을 이유로 이행을 거절할 수 있다.

ㄷ. 甲이 乙로부터 대리권을 수여받았음을 이용하여 매매대금을 乙에게 전달하지 않고 자신의 유흥비로 소비할 의도를 가지고 본인 乙을 위한 것임을 표시하여 이 사건 계약을 체결하였고, 2015. 3. 7. 丙으로부터 대금 1억 원을 수령하여 유흥비로 사용하였다면, 丙이 이 사건 계약 체결 당시 위와 같은 甲의 의도를 알 수 있었다 하더라도 乙은 丙에 대하여 X 토지에 관한 소유권이전등기 의무를 부담한다.

① ㄱ(○), ㄴ(○), ㄷ(○) ② ㄱ(○), ㄴ(×), ㄷ(○) ③ ㄱ(○), ㄴ(×), ㄷ(×)
④ ㄱ(×), ㄴ(○), ㄷ(×) ⑤ ㄱ(×), ㄴ(×), ㄷ(×)

해설

ㄱ. **(×)** 현명하지 아니한 경우의 효과를 묻는 지문이다. 현명하지 아니한 행위는 대리인 자신의 행위로 보지만, 상대방이 대리인으로서 행위한 것임을 알았거나 알 수 있었을 때에는 유효한 대리행위로 된다. 사안의 경우, 대리행위 상대방인 丙이 대리인 甲의 행위가 대리인으로서의 행위임을 알 수 있었기 때문에 유효한 대리행위가 된다. 따라서 본인 乙은 매도인으로서 의무를 부담한다.

[**대법원** 1982. 5. 25. **선고** 81**다**1349 **판결**] 매매위임장을 제시하고 매매계약을 체결하는 자는 특단의 사정이 없는 한 소유자를 대리하여 매매행위를 하는 것이라고 보아야 하고 매매계약서에 대리관계의 표시 없이 그 자신의 이름을 기재하였다고 해서 그것만으로 그 자신이 매도인으로서 타인물을 매매한 것이라고 볼 수는 없다.

ㄴ. **(×)** 매매계약 체결에 관한 대리권에 대금수령권이 포함되는지를 묻는 지문이다. 판례는 대금수령권이 포함된다고 본다. 丙이 甲에게 매매대금 1억 원을 지급한 것은 본인 乙에 대한 지급으로서 효력을 가지므로 乙은 대금지급이 없음을 이유로 소유권이전등기를 거절할 수 없다.

[**대법원** 1994. 2. 8. **선고** 93**다**39379 **판결**] 수권행위의 통상의 내용으로서의 임의대리권은 그 권한에 부수하여 필요한 한도에서 상대방의 의사표시를 수령하는 이른바 수령대리권을 포함하는 것으로 보아야 한다. 또한 토지매각의 대리권은 중도금이나 잔대금을 수령할 권한을 포함한다.

ㄷ. **(×)** 대리인이 배임의사로 대리행위를 한 경우의 효과(대리권 남용의 효과)를 묻는 지문이다. 대리권 남용행위도 원칙적으로 본인에게 효력이 있으나, 대리행위의 상대방이 대리인의 배임적 의도를 알았거나 알 수 있었을 때에는 제107조 제1항 단서의 유추에 의하여 대리행위는 무효로 된다. 丙이 甲의 의도를 알 수 있었을 때에는 대리행위는 무효가 되므로 본인 乙은 丙에 대하여 소유권이전등기의무를 부담하지 않는다.

[**대법원** 1996. 4. 26. **선고** 94**다**29850 **판결**] 진의 아닌 의사표시가 대리인에 의하여 이루어지고 그 대리인의 진의가 본인의 이익이나 의사에 반하여 자기 또는 제3자의 이익을 위한 배임적인 것임을 그 상대방이 알았거나 알 수 있었을 경우에는, 민법 제107조 제1항 단서의 유추해석상 그 대리인의 행위는 본인의 대리행위로 성립할 수 없으므로 본인은 대리인의 행위에 대하여 아무런 책임이 없으며, 그 상대방이 대리인의 표시의사가 진의 아님을 알았거나 알 수 있었는가의 여부는 표의자인 대리인과 상대방 사이에 있었던 의사표시의 형성 과정과 그 내용 및 그로 인하여 나타나는 효과 등을 객관적인 사정에 따라 합리적으로 판단하여야 한다.

정답 ⑤

12. **甲이 乙의 대리인으로서 丙과 매매계약을 체결하였는데, 甲에게는 매매에 관한 대리권이 없었다. 이 경우의 법률관계에 관한 설명 중 옳지 않은 것은? (다툼이 있는 경우에는 판례에 의함)** [12 변호사]

① 甲의 대리행위가 권한을 넘은 표현대리에 해당하는지 여부를 판단함에 있어서 정당한 이유의 존부는 甲의 대리행위시를 기준으로 판단하여야 한다.

② 甲이 乙의 배우자인 경우에는 일상가사대리권을 기본대리권으로 하는 권한을 넘은 표현대리가 성립할 수 있다.

③ 丙이 乙을 상대로 제기한 위 매매계약의 이행청구 소송에서 丙이 甲의 행위가 유권대리에 해당한다고 주장한 경우, 그 주장 속에는 甲의 행위가 표현대리에 해당한다는 주장이 포함되어 있는 것으로 볼 수 없다.

④ 만약 甲이 乙의 복대리인인 경우, 甲의 대리행위는 권한을 넘은 표현대리에 해당할 수 없다.

⑤ 甲의 대리행위가 대리권 소멸 후의 표현대리로 인정되는 경우에도 권한을 넘은 표현대리가 성립할 수 있다.

해설

① **(O)** 권한을 넘은 표현대리의 요건인 상대방의 정당한 이유는 대리행위 당시를 기준으로 판단하고, 대리행위 이후에 발생한 사정은 고려의 대상이 되지 않는다는 것이 판례이다.
[**대법원** 1987. 7. 7. **선고** 86**다카**2475 **판결**] 표현대리의 효과를 주장하려면 상대방이 자칭 대리인에게 대리권이 있다고 믿고 그와 같이 믿는데 정당한 이유가 있을 것을 요건으로 하는 것인 바, 여기의 정당한 이유의 존부는 자칭 대리인의 대리행위가 행하여 질 때에 존재하는 제반사정을 객관적으로 관찰하여 판단하여야 하는 것이지 당해 법률행위가 이루어지고 난 훨씬 뒤의 사정을 고려하여 그 존부를 결정해야 하는 것은 아니다.

② **(O)** 부부간의 일상가사대리권도 권한을 넘은 표현대리의 기본대리권이 될 수 있다는 것이 판례이다.
[**대법원** 1970. 3. 10. **선고** 69**다**2218 **판결**] 일반 사회통념상 남편이 아내에게 자기 소유의 부동산을 타인에게 근저당권의 설정 또는 소유권 이전등기에 관한 등기절차를 이행케 하거나 그 각 등기의 원인되는 법률행위를 함에 필요한 대리권을 수여하는 것은 이례에 속하는 것이므로 아내가 특별한 수권 없이 남편소유 부동산에 관하여 위와 같은 행위를 하였을 경우에 그것이 민법 제126조 소정의 표현대리가 되려면 그 아내에게 가사대리권이 있었다는 것뿐 아니라 상대방이 남편이 그 아내에게 그 행위에 관한 대리의 권한을 주었다고 믿었음을 정당화할 만한 객관적인 사정이 있어야 하는 것이다.

③ **(O)** 유권대리 주장 속에 표현대리 주장이 포함되는지를 묻는 지문이다. 표현대리는 무권대리의 일종으로 유권대리와는 그 법적 성질을 달리한다. 유권대리 주장 속에는 표현대리 주장이 포함되지 않는다는 것이 판례이다.
[**대법원** 1983. 12. 13. **선고** 83**다카**1489 **전원합의체 판결**] 유권대리에 있어서는 본인이 대리인에게 수여한 대리권의 효력에 의하여 법률효과가 발생하는 반면 표현대리에 있어서는 대리권이 없음에도 불구하고 법률이 특히 거래상대방 보호와 거래안전유지를 위하여 본래 무효인 무권대리행위의 효과를 본인에게 미치게 한 것으로서 표현대리가 성립된다고 하여 무권대리의 성질이 유권대리로 전환되는 것은 아니므로, 양자의 구성요건 해당사실 즉 주요사실은 다르다고 볼 수 밖에 없으니 유권대리에 관한 주장 속에 무권대리에 속하는 표현대리의 주장이 포함되어 있다고 볼 수 없다.

④ **(×)** 복대리도 대리의 일종이므로 표현대리의 규정이 적용된다.

[**대법원** 1998. 3. 27. **선고** 97**다**48982 **판결**] 복대리인 선임권이 없는 대리인에 의하여 선임된 복대리인의 권한도 기본대리권이 될 수 있을 뿐만 아니라, 그 행위자가 사자라고 하더라도 대리행위의 주체가 되는 대리인이 별도로 있고 그들에게 본인으로부터 기본대리권이 수여된 이상, 민법 제126조를 적용함에 있어서 기본대리권의 흠결 문제는 생기지 않는다.

⑤ **(O)** 대리권 소멸 후의 표현대리에 관한 규정과 권한을 넘은 표현대리에 관한 규정이 중복하여 적용되는지를 묻는 지문이다. 현재 대리권을 가지지 아니한 자가 대리행위를 한 때에는 대리인의 월권행위에 해당하지 아니하므로 권한을 넘은 표현대리가 원칙적으로 성립하지 않는다. 그러나 현재 대리권을 가지지 아니한 자의 대리행위라도 대리권 소멸 후의 표현대리의 요건이 충족된 때에는 대리인의 월권행위로 보아 권한을 넘은 표현대리가 성립할 수 있다는 것이 판례이다.

[**대법원** 2008. 1. 31. **선고** 2007**다**74713 **판결**]` 민법 제126조에서 말하는 권한을 넘은 표현대리는 현재에 대리권을 가진 자가 그 권한을 넘은 경우에 성립하는 것이지, 현재에 아무런 대리권도 가지지 아니한 자가 본인을 위하여 한 어떤 대리행위가 과거에 이미 가졌던 대리권을 넘은 경우에까지 성립하는 것은 아니라고 할 것이고, 한편 과거에 가졌던 대리권이 소멸되어 민법 제129조에 의하여 표현대리로 인정되는 경우에 그 표현대리의 권한을 넘는 대리행위가 있을 때에는 민법 제126조에 의한 표현대리가 성립할 수 있다.

정답 ④

13. **甲은 A에게 자신의 X 토지를 담보로 제공하고 2억 원을 대출받아 줄 것을 위임하면서 그에 관한 대리권도 함께 수여하였다. A는 甲으로부터 신분증과 인감도장 등을 받아 서류를 위조한 뒤 甲의 대리인이라 칭하며 X 토지를 乙에게 3억 원에 매도하는 매매계약을 乙과 체결하였다. 이에 관한 설명 중 옳은 것(○)과 옳지 않은 것(×)을 올바르게 조합한 것은? (각 지문은 독립적이며, 다툼이 있는 경우 판례에 의함)** [25 변호사]

ㄱ. 매매계약 체결 당시 A에게 대리권이 없음을 알지 못한 乙이 甲의 추인이 있기 전에 甲에 대하여 계약을 철회하는 의사를 표시한 경우, 매매계약은 확정적으로 무효가 되어 甲은 A의 무권대리행위를 추인할 수 없다.
ㄴ. 甲이 乙에게 매매대금을 4억 원으로 변경하여 추인의 의사표시를 한 경우, 乙과의 매매계약은 특별한 사정이 없는 한 매매대금을 4억 원으로 하는 계약으로서 효력이 있다.
ㄷ. 乙이 A에게 대리권이 있다고 믿을 만한 정당한 사유가 인정되는 경우, 甲은 乙에 대하여 매매계약을 이행할 책임이 있다. 여기에서 정당한 사유가 있는지는 대리행위 당시뿐만 아니라 이후의 사정도 종합적으로 고려하여 판단하여야 한다.
ㄹ. A가 「민법」 제135조 제1항에 따른 무권대리인의 책임을 지는 경우, A는 乙의 선택에 따라 乙에 대하여 매매계약을 이행할 책임 또는 손해를 배상할 책임이 있다.

① ㄱ(○), ㄴ(×), ㄷ(○), ㄹ(×)
② ㄱ(×), ㄴ(○), ㄷ(×), ㄹ(×)
③ ㄱ(×), ㄴ(×), ㄷ(○), ㄹ(×)
④ ㄱ(○), ㄴ(×), ㄷ(×), ㄹ(○)
⑤ ㄱ(○), ㄴ(○), ㄷ(○), ㄹ(○)

해설

ㄱ. **(O)** 판례는 민법 제134조는 “대리권 없는 자가 한 계약은 본인의 추인이 있을 때까지 상대방은 본인이나 그 대리인에 대하여 이를 철회할 수 있다. 그러나 계약 당시에 상대방이 대리권 없음을 안

때에는 그러하지 아니하다."고 규정하고 있다. 민법 제134조에서 정한 상대방의 철회권은, 무권대리행위가 본인의 추인에 따라 효력이 좌우되어 상대방이 불안정한 지위에 놓이게 됨을 고려하여 대리권이 없었음을 알지 못한 상대방을 보호하기 위하여 상대방에게 부여된 권리로서, 상대방이 유효한 철회를 하면 무권대리행위는 확정적으로 무효가 되어 그 후에는 본인이 무권대리행위를 추인할 수 없다고 본다(2017다213838).

ㄴ. (×) 판례는 추인은 의사표시의 전부에 대해 하여야 하고, 그 일부에 대해 추인을 하거나 그 내용을 변경하여 추인을 한 때에는 상대방의 동의가 없는 한 무효이다(81다카549). 따라서 甲이 乙에게 **매매대금을 4억 원으로 변경하여 추인의 의사표시를 한 경우, 매매대금을 4억 원으로 하는 계약으로서 효력이 없다.**

ㄷ. (×) 판례는 정당한 이유의 판정시기는 대리행위 당시이고 그 후의 사정이 고려되어서는 안된다고 본다(97다3828).

ㄹ. (○) 민법 제135조 제1항에 의하면 다른 자의 대리인으로서 계약을 맺은 자가 그 대리권을 증명하지 못하고 또 본인의 추인을 받지 못한 경우에는 그는 상대방 을의 선택에 따라 계약을 이행할 책임 또는 손해를 배상할 책임이 있다.

정답 ④

제4절 법률행위의 무효와 취소

1. 법률행위의 무효에 관한 설명 중 옳지 않은 것은? (다툼이 있는 경우 판례에 의함) [23 변호사]

① 불공정한 법률행위에 해당하여 무효인 법률행위는 추인에 의하여 유효로 될 수 없다.

② 법인 아닌 사단의 총회에서 회의 소집 통지에 목적 사항으로 기재하지 않은 사항에 관하여 결의한 경우, 구성원 전원이 회의에 참석하여 해당 사항에 관하여 의결하였더라도 그 결의는 효력이 없다.

③ 증여계약과 같이 아무런 대가관계 없이 당사자 일방이 상대방에게 일방적인 급부를 하는 법률행위는 불공정한 법률행위의 해당 여부를 논의할 수 있는 성질의 것이 아니다.

④ 양도소득세의 일부를 회피할 목적으로 매매계약서에 실제로 거래한 가액을 매매대금으로 기재하지 아니하고 그보다 낮은 금액을 매매대금으로 기재하였더라도 그 매매계약을 사회질서에 반하는 법률행위로서 무효라고 할 수는 없다.

⑤ 「부동산 거래신고 등에 관한 법률」상 토지거래허가구역 내의 토지에 대하여 토지거래허가 없이 매매계약이 체결되어 유동적 무효 상태에 있던 중, 토지거래허가구역이 지정해제 되었다면 그 매매계약은 확정적으로 유효로 된다.

해설

① (○) [**대법원** 1994. 6. 24. **선고** 94**다**10900 **판결**] 불공정한 법률행위로서 무효인 경우에는 추인에 의하여 그 무효인 법률행위가 유효로 될 수 없다고 할 것이므로, 같은 취지에서 법정추인에 관한 원고의 주장을 배척한 원심의 조치는 정당하고, 거기에 소론과 같은 추인에 관한 법리오해의 위법이 있다 할 수 없다.

② (×) 사원총회는 통지한 사항에 관하여서만 결의할 수 있다(민법 제72조). 그러나 사원 전원이 회의에 참석하여 그 사항에 관하여 의결한 경우에는 그 결의는 효력이 있다.

[**대법원** 2013. 2. 14. **선고** 2010**다**102403 **판결**] 입주자대표회의를 소집함에 있어 회의의 목적 사항을 기재하도록 하는 취지는 구성원이 결의를 할 사항이 사전에 무엇인가를 알아 회의 참석 여부나 결의 사항에 대한 찬반의사를 미리 준비하게 하는 데 있으므로, 회의의 목적 사항은 구성원이 안건이 무엇인가를 알기에 족한 정도로 구체적으로 기재하여야 한다. 그리고 회의 소집 통지를 함에 있어 회의 목적 사항을 열거한 다음 '기타 사항'이라고 기재한 경우, 회의 소집 통지에는 회의의 목적 사항을 기재하도록 한 민법 제71조 등 법 규정의 입법 취지에 비추어 볼 때, '기타 사항'이란 회의의 기본적인 목적 사항과 관계가 되는 사항과 일상적인 운영을 위하여 필요한 사항에 국한된다고 보아야 한다. 만일 회의 소집 통지에 목적 사항으로 기재하지 않은 사항에 관하여 결의한 때에는 구성원 전원이 회의에 참석하여 그 사항에 관하여 의결한 경우가 아닌 한 그 결의는 무효라고 할 것이다.

③ (O) 증여는 무상행위로서 불공성을 논의할 수 없는 행위이므로 제104조가 적용되지 않는다.
[**대법원** 2000. 2. 11. **선고** 99**다**56833 **판결**] 진정이나 그 취하는 국민으로서 가지는 청원권의 행사 및 그 철회에 해당하여 성질상 대가적인 재산적 이익으로 평가될 수 있는 것이 아니므로 행정기관에 제출한 진정을 취하하는 대가로 거액의 급부를 제공받기로 한 약정은 재산상의 대가관계 없이 일방적인 급부를 하는 무상행위로서 민법 제104조 소정의 공정성 여부를 논의할 수 있는 법률행위에 해당하지 아니한다. 그러나 위와 같은 약정은 반사회질서적인 조건 또는 금전적 대가가 결부됨으로써 반사회질서적인 성질을 띠게 되는 경우에 해당하여 민법 제103조에 따라 무효가 된다.

④ (O) [**대법원** 2007. 6. 14. **선고** 2007**다**3285 **판결**] 소득세법령의 규정에 의하여 당해 자산의 양도 당시의 기준시가가 아닌 양도자와 양수자간에 실제로 거래한 가액을 양도가액으로 하는 경우, 양도소득세의 일부를 회피할 목적으로 매매계약서에 실제로 거래한 가액을 매매대금으로 기재하지 아니하고 그보다 낮은 금액을 매매대금으로 기재하였다 하여, 그것만으로 그 매매계약이 사회질서에 반하는 법률행위로서 무효로 된다고 할 수는 없다.

⑤ (O) [**대법원** 1999. 6. 17. **선고** 98**다**40459 **전원합의체 판결**] 토지거래허가구역으로 지정된 토지에 관하여 건설교통부장관이 허가구역 지정을 해제하거나, 또는 허가구역 지정기간이 만료되었음에도 허가구역 재지정을 하지 아니한(이하 "허가구역 지정해제 등"이라고 한다) 취지는 당해 구역 안에서의 개별적인 토지거래에 관하여 더 이상 허가를 받지 않도록 하더라도 투기적 토지거래의 성행과 이로 인한 지가의 급격한 상승의 방지라는 토지거래허가제도가 달성하려고 하는 공공의 이익에 아무런 지장이 없게 되었고 허가의 필요성도 소멸되었으므로, 허가구역 안의 토지에 대한 거래계약에 대하여 허가를 받은 것과 마찬가지로 취급함으로써 사적자치에 대한 공법적인 규제를 해제하여 거래 당사자들이 당해 토지거래계약으로 달성하고자 한 사적자치를 실현할 수 있도록 함에 있다고 할 것이므로, 허가구역 지정기간 중에 허가구역 안의 토지에 대하여 토지거래허가를 받지 아니하고 토지거래계약을 체결한 후 허가구역 지정해제 등이 된 때에는 그 토지거래계약이 허가구역 지정이 해제되기 전에 확정적으로 무효로 된 경우를 제외하고는, 더 이상 관할 행정청으로부터 토지거래허가를 받을 필요가 없이 확정적으로 유효로 되어 거래 당사자는 그 계약에 기하여 바로 토지의 소유권 등 권리의 이전 또는 설정에 관한 이행청구를 할 수 있고, 상대방도 반대급부의 청구를 할 수 있다고 보아야 할 것이지, 여전히 그 계약이 유동적 무효 상태에 있다고 볼 것은 아니다. 정답 ②

2. 법률행위의 무효와 취소에 관한 설명 중 옳은 것은? (다툼이 있는 경우 판례에 의함) [22 변호사]

① 근로자의 기망으로 체결된 근로계약이 사용자에 의해 적법하게 취소된 경우, 이미 제공된 근로자의 노무를 기초로 형성된 취소 이전의 법률관계는 소급적으로 그 효력을 잃는다.

② 매매계약이 약정된 매매대금의 과다로 말미암아 불공정한 법률행위로서 무효인 경우, 당사자 쌍방이 무효를 알았더라면 대금을 다른 액으로 정하여 매매계약에 합의하였을 것이라고 인정되는 때에는, 그 다른 대금액을 내용으로 하는 매매계약이 유효하게 성립할 수 있다.

③ 법률행위의 취소를 당연한 전제로 한 소송상의 이행청구를 하였더라도 그 속에 취소의 의사표시가 포함되어 있다고 볼 수는 없다.

④ 취소할 수 있는 법률행위가 이미 취소되었더라도, 취소할 수 있는 법률행위의 추인에 의하여 취소된 원래의 의사표시를 다시 확정적으로 유효하게 할 수 있다.

⑤ 乙이 甲으로부터 매수한 X 부동산이 丙을 거쳐 丁에게 양도되어 丁이 이를 점유하고 있는데, 甲과 乙 사이의 매매계약이 통정허위표시로서 무효인 경우, 丙이 악의라면 丁이 선의라도 甲은 丁을 상대로 X 부동산의 인도를 청구할 수 있다.

해설

① (×) 근로계약 취소의 소급효는 제한된다. 취소의 의사표시 이후 장래에 대해서만 근로계약의 효력이 소멸된다.

[**대법원** 2017. 12. 22. **선고** 2013**다**25194·25200 **판결**] 근로계약은 근로자가 사용자에게 근로를 제공하고 사용자는 이에 대하여 임금을 지급하는 것을 목적으로 체결된 계약으로서(근로기준법 제2조 제1항 제4호) 기본적으로 그 법적 성질이 사법상 계약이므로 계약 체결에 관한 당사자들의 의사표시에 무효 또는 취소의 사유가 있으면 상대방은 이를 이유로 근로계약의 무효 또는 취소를 주장하여 그에 따른 법률효과의 발생을 부정하거나 소멸시킬 수 있다. 다만 그와 같이 근로계약의 무효 또는 취소를 주장할 수 있다 하더라도 근로계약에 따라 그동안 행하여진 근로자의 노무 제공의 효과를 소급하여 부정하는 것은 타당하지 않으므로 이미 제공된 근로자의 노무를 기초로 형성된 취소 이전의 법률관계까지 효력을 잃는다고 보아서는 아니 되고, 취소의 의사표시 이후 장래에 관하여만 근로계약의 효력이 소멸된다고 보아야 한다.

② (O) [**대법원** 2010. 7. 15. **선고** 2009**다**50308 **판결**] 매매계약이 약정된 매매대금의 과다로 말미암아 민법 제104조에서 정하는 '불공정한 법률행위'에 해당하여 무효인 경우에도 무효행위의 전환에 관한 민법 제138조가 적용될 수 있다. 따라서 당사자 쌍방이 위와 같은 무효를 알았더라면 대금을 다른 액으로 정하여 매매계약에 합의하였을 것이라고 예외적으로 인정되는 경우에는, 그 대금액을 내용으로 하는 매매계약이 유효하게 성립한다. 이때 당사자의 의사는 매매계약이 무효임을 계약 당시에 알았다면 의욕하였을 가정적 효과의사로서, 당사자 본인이 계약 체결시와 같은 구체적 사정 아래 있다고 상정하는 경우에 거래관행을 고려하여 신의성실의 원칙에 비추어 결단하였을 바를 의미한다. 이와 같이 여기서는 어디까지나 당해 사건의 제반 사정 아래서 각각의 당사자가 결단하였을 바가 탐구되어야 하는 것이므로, 계약 당시의 시가와 같은 객관적 지표는 그러한 가정적 의사의 인정에 있어서 하나의 참고자료로 삼을 수는 있을지언정 그것이 일응의 기준이 된다고도 쉽사리 말할 수 없다. 이와 같이 가정적 의사에 기한 계약의 성립 여부 및 그 내용을 발굴·구성하여 제시하게 되는 법원으로서는 그 '가정적 의사'를 함부로 추단하여 당사자가 의욕하지 아니하는 법률효과를 그에게 또는 그들에게 계약의 이름으로 불합리하게 강요하는 것이 되지 아니하도록 신중을 기하여

야 한다(필자 註 : 재건축사업부지에 포함된 토지에 대하여 재건축사업조합과 토지의 소유자가 체결한 매매계약이 매매대금의 과다로 말미암아 불공정한 법률행위에 해당하지만, 그 매매대금을 적정한 금액으로 감액하여 매매계약의 유효성을 인정한 사례).

③ **(×)** [**대법원** 1993. 9. 14. **선고** 93**다**13162 **판결**] 법률행위의 취소는 상대방에 대한 의사표시로 하여야 하나 그 취소의 의사표시는 특별히 재판상 행하여짐이 요구되는 경우 이외에는 특정한 방식이 요구되는 것이 아니고, 취소의 의사가 상대방에 의하여 인식될 수 있다면 어떠한 방법에 의하더라도 무방하다고 할 것이고, 법률행위의 취소를 당연한 전제로 한 소송상의 이행청구나 이를 전제로 한 이행거절 가운데는 취소의 의사표시가 포함되어 있다고 볼 수 있다.

④ **(×)** 취소권의 포기에 해당하는 취소할 수 있는 법률행위의 추인은 허용되지 않고, 무효행위 추인의 요건과 효과로 추인할 수는 있다.

[**대법원** 1997. 12. 12. **선고** 95**다**38240 **판결**] 취소한 법률행위는 처음부터 무효인 것으로 간주되므로 취소할 수 있는 법률행위가 일단 취소된 이상 그 후에는 취소할 수 있는 법률행위의 추인에 의하여 이미 취소되어 무효인 것으로 간주된 당초의 의사표시를 다시 확정적으로 유효하게 할 수는 없고, 다만 무효인 법률행위의 추인의 요건과 효력으로서 추인할 수는 있으나, 무효행위의 추인은 그 무효 원인이 소멸한 후에 하여야 그 효력이 있고, 따라서 강박에 의한 의사표시임을 이유로 일단 유효하게 취소되어 당초의 의사표시가 무효로 된 후에 추인한 경우 그 추인이 효력을 가지기 위하여는 그 무효 원인이 소멸한 후일 것을 요한다고 할 것인데, 그 무효 원인이란 바로 위 의사표시의 취소사유라 할 것이므로 결국 무효 원인이 소멸한 후란 것은 당초의 의사표시의 성립 과정에 존재하였던 취소의 원인이 종료된 후, 즉 강박 상태에서 벗어난 후라고 보아야 한다.

⑤ **(×)** 허위표시로부터 보호되는 선의의 제3자는 가장행위 당사자와 직접 이해관계를 맺은 자로 한정되지 않는다. 악의자로부터 다시 새로운 이해관계를 맺은 선의자도 포함된다.

[**대법원** 2013. 2. 15. **선고** 2012**다**49292 **판결**] [1] 실제로는 전세권설정계약을 체결하지 아니하였으면서도 임대차계약에 기한 임차보증금반환채권을 담보할 목적 또는 금융기관으로부터 자금을 융통할 목적으로 임차인과 임대인 사이의 합의에 따라 임차인 명의로 전세권설정등기를 경료한 경우에, 위 전세권설정계약이 통정허위표시에 해당하여 무효라 하더라도 위 전세권설정계약에 의하여 형성된 법률관계에 기초하여 새로이 법률상 이해관계를 가지게 된 제3자에 대하여는 그 제3자가 그와 같은 사정을 알고 있었던 경우에만 그 무효를 주장할 수 있다. 그리고 여기에서 선의의 제3자가 보호될 수 있는 법률상 이해관계는 위 전세권설정계약의 당사자를 상대로 하여 직접 법률상 이해관계를 가지는 경우 외에도 그 법률상 이해관계를 바탕으로 하여 다시 위 전세권설정계약에 의하여 형성된 법률관계와 새로이 법률상 이해관계를 가지게 되는 경우도 포함된다. [2] 甲이 乙의 임차보증금반환채권을 담보하기 위하여 통정허위표시로 乙에게 전세권설정등기를 마친 후 丙이 이러한 사정을 알면서도 乙에 대한 채권을 담보하기 위하여 위 전세권에 대하여 전세권근저당권설정등기를 마쳤는데, 그 후 丁이 丙의 전세권근저당권부 채권을 가압류하였다가 이를 본압류로 이전하는 압류명령을 받은 사안에서, 丙의 전세권근저당권부 채권은 통정허위표시에 의하여 외형상 형성된 전세권을 목적물로 하는 전세권근저당권의 피담보채권이고, 丁은 이러한 丙의 전세권근저당권부 채권을 가압류하고 압류명령을 얻음으로써 그 채권에 관한 담보권인 전세권근저당권의 목적물에 해당하는 전세권에 대하여 새로이 법률상 이해관계를 가지게 되었으므로, 丁이 통정허위표시에 관하여 선의라면 비록 丙이 악의라 하더라도 허위표시자는 그에 대하여 전세권이 통정허위표시에 의한 것이라는 이유로 대항할 수 없다.

정답 ②

3. 법률행위의 무효에 관한 설명 중 옳은 것을 모두 고른 것은? (다툼이 있는 경우 판례에 의함)

[21 변호사]

ㄱ. 「농지법」에 따른 제한을 회피하고자 「부동산 실권리자명의 등기에 관한 법률」을 위반하여 무효인 명의신탁약정에 따라 명의신탁자가 명의수탁자에게 등기를 넘겨주는 행위는, 사회질서에 반하는 행위여서 「민법」 제746조 본문의 불법원인급여에 해당되어, 명의신탁자가 명의수탁자를 상대로 진정명의 회복을 원인으로 한 소유권이전등기를 구할 수 없다.

ㄴ. 매매계약이 약정된 매매대금의 과다로 말미암아 「민법」 제104조에서 정하는 '불공정한 법률행위'에 해당하여 무효인 경우에도 무효행위의 전환에 관한 같은 법 제138조가 적용될 수 있어, 당사자 쌍방이 위와 같은 무효를 알았더라면 대금을 다른 액으로 정하여 매매계약에 합의하였을 것이라고 예외적으로 인정되는 경우에는, 그 대금액을 내용으로 하는 매매계약이 유효하게 성립한다.

ㄷ. 무권리자가 타인의 권리를 처분한 경우에는 특별한 사정이 없는 한 권리가 이전되지 않지만 권리자가 무권리자의 처분을 추인하는 것은 허용되며, 그 경우 「민법」 제130조의 무권대리에 관한 규정 및 같은 법 제133조의 추인의 효력에 관한 규정을 유추 적용할 수 있다.

ㄹ. 다른 자의 대리인으로서 계약을 맺은 자가 그 대리권을 증명하지 못하고 또 본인의 추인을 받지 못한 경우에는 계약이 무효이기 때문에 계약의 상대방은 그 대리인에게 계약을 이행할 책임을 물을 수 없다.

① ㄱ, ㄴ ② ㄱ, ㄷ ③ ㄱ, ㄹ
④ ㄴ, ㄷ ⑤ ㄴ, ㄷ, ㄹ

해설

ㄱ. (×) 명의신탁에 따른 급부가 불법원인급여에 해당하는지를 묻는 지문이다. 부동산실명법을 위반하여 이루어진 명의신탁등기는 강행규정을 위반한 급부에 불과하고, 반사회적 법률행위로 인한 급부로서 불법원인급여에 해당하는 것은 아니다. 행정명령에 불과한 농지법 회피를 위한 목적으로 부동산실명법을 위반하더라도 마찬가지이다.

[**대법원** 2019. 6. 20. **선고** 2013**다**218156 **전원합의체 판결**] 부동산 실권리자명의 등기에 관한 법률(이하 '부동산실명법'이라 한다) 규정의 문언, 내용, 체계와 입법 목적 등을 종합하면, 부동산실명법을 위반하여 무효인 명의신탁약정에 따라 명의수탁자 명의로 등기를 하였다는 이유만으로 그것이 당연히 불법원인급여에 해당한다고 단정할 수는 없다. 이는 농지법에 따른 제한을 회피하고자 명의신탁을 한 경우에도 마찬가지이다. 구체적인 이유는 다음과 같다.

① 부동산실명법은 부동산 소유권을 실권리자에게 귀속시키는 것을 전제로 명의신탁약정과 그에 따른 물권변동을 규율하고 있다.

첫째, 부동산실명법은 명의신탁약정(제4조 제1항)과 명의신탁약정에 따른 등기로 이루어진 부동산에 관한 물권변동(제4조 제2항 본문)을 무효라고 명시하고 있다. 명의신탁약정에 따라 명의수탁자 앞으로 등기를 하더라도 부동산에 관한 물권변동의 효력이 발생하지 않는다. 이것은 명의신탁약정에 따라 명의신탁자로부터 명의수탁자에게 소유권이전등기가 이루어지는 등기명의신탁의 경우 부동산 소유권은 그 등기와 상관없이 명의신탁자에게 그대로 남아있다는 것을 뜻한다. 그 결과 명의신탁자는 부동산 소유자로서 소유물방해배제청구권에 기초하여 명의수탁자를 상대로 그 등기의 말소를 청구할 수 있다.

부동산실명법 제4조 제3항에서는 명의신탁약정과 그에 따른 물권변동의 무효는 "제3자에게 대항하지 못한다."라고 정하고 있다. 이 규정은 제3자를 보호하기 위한 것으로 명의신탁자가 소유자로서 명의수탁자 명의의 등기를 무효라고 주장하면서 그 말소등기절차의 이행을 청구할 수 있다는 것을 전제로 한다. 이와 달리 명의신탁의 경우 부동산 소유권이 명의수탁자에게 귀속된다면, 제3자는 당연히 그 소유권을 기초로 한 권리를 취득할 수 있기 때문에 제4조 제3항의 제3자 보호 규정을 둘 필요가 없을 것이다.

이러한 내용을 담고 있는 부동산실명법 제4조는 부동산실명법의 기본골격을 이루는 규정이다. 이를 벗어나는 해석은 불합리한 결과를 피하기 위하여 반드시 필요한 경우에 한하여 예외적으로만 허용할 수 있다.

둘째, 부동산실명법은 실권리자명의 등기의무를 위반한 명의신탁자에 대하여 위반행위 자체에 대한 제재로서 과징금을 부과하는 것에 그치지 않고(제5조 제1항 제1호) 부동산에 관한 물권을 지체 없이 명의신탁자의 명의로 등기할 의무를 지우며, 이를 위반할 경우 과징금 외에 이행강제금을 추가로 부과하도록 하고 있다(제6조). 이러한 이행강제금 제도는 명의신탁자에게 심리적 압박을 주어 등기명의와 실체적 권리관계의 불일치 상태를 해소할 것을 간접적으로 강제함으로써 위법상태를 제거하고 부동산실명법의 실효성을 확보하려는 데 그 취지가 있다. 이행강제금 제도 역시 명의신탁자로 하여금 신탁부동산에 관한 등기를 회복하도록 명하는 것으로서 신탁부동산의 소유권이 실권리자에게 귀속되는 것을 전제로 하고 있다.

② 부동산실명법을 제정한 입법자의 의사는 신탁부동산의 소유권을 실권리자에게 귀속시키는 것을 전제로 하고 있다.

부동산실명법 제정 당시 명의신탁을 효과적으로 억제하기 위하여 취할 수 있는 다양한 방안이 논의되었다. 입법자는 신탁부동산의 소유권을 명의수탁자에게 귀속시키는 법률안이 아니라 명의신탁자에게 귀속시키는 법률안을 기초로 부동산실명법을 제정하였다. 국회에는 명의신탁자와 명의수탁자 사이에서는 명의신탁자에게 신탁부동산의 소유권이 귀속된다고 보았던 판례를 바꾸는 내용의 법률안도 제출되어 있었으나, 이것은 채택되지 않았다. 그 이유는 신탁부동산의 소유권을 명의수탁자에게 귀속시킬 경우 발생할 혼란과 당사자들의 반발, 우리 사회의 일반적 법의식을 바탕으로 형성된 오랜 관행과 거래 실무를 존중할 필요가 있다고 보았기 때문이다.

③ 명의신탁에 대하여 불법원인급여 규정을 적용한다면 재화 귀속에 관한 정의 관념에 반하는 불합리한 결과를 가져올 뿐만 아니라 판례의 태도나 부동산실명법 규정에도 합치되지 않는다.

뇌물제공 목적의 금전 교부 또는 성매매 관련 선불금 지급과 같이 불법원인급여에 해당하는 전형적인 사례에서는 급여자의 급부가 선량한 풍속 그 밖의 사회질서에 반하여 그 반환청구를 거부해야 한다는 데에 우리 사회 구성원 모두가 인식을 같이 하고 있다. 이러한 경우에는 법원이 그 반환청구를 받아들이지 않는 것이 관련 법규범의 목적에도 부합한다. 그러나 명의신탁자를 형사처벌하거나 명의신탁자에게 과징금을 부과하는 등 법률 규정에 따라 제재하는 것을 넘어, 부동산실명법에서 명의신탁을 금지하고 있다는 이유만으로 명의신탁자로부터 부동산에 관한 권리까지 박탈하는 것은 일반 국민의 법감정에 맞지 않는다.

민법 제746조 단서는 '불법원인이 수익자에게만 있는 때'에는 불법의 원인으로 급여한 재산이라 하더라도 급여자가 반환을 청구할 수 있다고 정하고 있다. 선량한 풍속 그 밖의 사회질서를 위반하는 법률행위에 관해 불법원인급여 규정이 적용되는 경우에도 수익자에게만 불법원인이 있다면, 수익자와 동일하게 급여자를 보호하지 않는 것은 법적 정의감에 반하기 때문이다. 나아가 수익자의 불법성이 급여자의 불법성보다 현저히 커서 급여자의 반환청구를 허용하지 않는 것이 오히려 공평과 신의칙에 반하는 경우에는 민법 제746조 본문의 적용을 배제함으로써 급여자의 반환청구를 허용하고 있다. 이는 불법원인급여 제도 자체에 내재하고 있는 모순을 극복하는 방향으로 민법 제746조를 해석·적용한 것이다.

부동산실명법을 위반하여 무효인 명의신탁등기가 불법원인급여인지를 판단하기 위해서는 부동산실명법의 규정과 그 규범 목적을 고려하여 판단해야 한다. 입법자는 신탁부동산의 소유권이 명의신탁자에게 귀속됨을 전제로 규정함으로써, 민법 제103조와 제746조의 관계를 부동산실명법 자체에서 명확하게 해결하고 있는 것이다. 이러한 입법 체계에 비추어 볼 때 부동산실명법에서 금지한 명의신탁에 관하여 반사회적인지 아닌지를 구분하여 불법원인급여의 적용을 달리하려는 시도는 바람직하지 않다.

④ 모든 국민의 재산권은 보장되고, 그 내용과 한계는 법률로 정한다(헌법 제23조 제1항). 명의신탁을 금지하겠다는 목적만으로 부동산실명법에서 예정한 것 이상으로 명의신탁자의 신탁부동산에 대한 재산권의 본질적 부분을 침해할 수는 없다.

만일 부동산실명법에서 명의신탁약정만을 무효로 하고 그에 따른 물권변동을 유효라고 정하였다면, 신탁부동산에 관한 권리가 언제나 명의수탁자에게 확정적으로 귀속되는 결과가 되어 명의신탁자는 그 부동산에 관한 권리를 상실하게 된다. 이러한 경우 명의신탁자는 자신의 재산을 직접적으로 박탈당하는 결과를 감수하여야 하므로 재산권의 본질적 부분을 침해할 소지가 크다.

⑤ 농지법에 따른 제한을 회피하고자 명의신탁을 한 사안이라고 해서 불법원인급여 규정의 적용 여부를 달리 판단할 이유는 없다.

단순한 행정명령에 불과한 농지법상의 처분명령을 이행하지 않았다고 해서 그 행위가 강행법규에 위반된다고 단정할 수도 없거니와, 그 이유만으로 처분명령 회피의 목적으로 이루어진 급여를 불법원인급여라고 할 수도 없다.

부동산실명법과 농지법의 규율 내용, 제재수단의 정도와 방법 등을 고려하면, 부동산실명법 위반이 농지법 위반보다 위법성이 더 크다고 볼 수밖에 없다. 부동산실명법을 위반한 명의신탁약정에 따라 마친 명의신탁등기를 불법원인급여라고 인정할 수 없음은 위에서 본 바와 같다. 농지법상의 처분명령을 회피하는 방법으로 명의신탁약정을 한 경우처럼 명의신탁약정과 그보다 위법성이 약한 단순한 행정명령 불이행의 행위가 결합되어 있다고 하더라도, 그 이유만으로 불법원인급여 규정의 적용 여부를 달리 판단할 수는 없다.

ㄴ. **(O)** 불공정한 매매가 무효행위 전환의 대상이 되는지를 묻는 지문이다. 다른 매매대금을 가진 매매로서의 효력을 인정할 수 있다.

[**대법원** 2010. 7. 15. **선고** 2009**다**50308 **판결**] 매매계약이 약정된 매매대금의 과다로 말미암아 민법 제104조에서 정하는 '불공정한 법률행위'에 해당하여 무효인 경우에도 무효행위의 전환에 관한 민법 제138조가 적용될 수 있다. 따라서 당사자 쌍방이 위와 같은 무효를 알았더라면 대금을 다른 액으로 정하여 매매계약에 합의하였을 것이라고 예외적으로 인정되는 경우에는, 그 대금액을 내용으로 하는 매매계약이 유효하게 성립한다. 이때 당사자의 의사는 매매계약이 무효임을 계약 당시에 알았다면 의욕하였을 가정적 효과의사로서, 당사자 본인이 계약 체결시와 같은 구체적 사정 아래 있다고 상정하는 경우에 거래관행을 고려하여 신의성실의 원칙에 비추어 결단하였을 바를 의미한다. 이와 같이 여기서는 어디까지나 당해 사건의 제반 사정 아래서 각각의 당사자가 결단하였을 바가 탐구되어야 하는 것이므로, 계약 당시의 시가와 같은 객관적 지표는 그러한 가정적 의사의 인정에 있어서 하나의 참고자료로 삼을 수는 있을지언정 그것이 일응의 기준이 된다고도 쉽사리 말할 수 없다. 이와 같이 가정적 의사에 기한 계약의 성립 여부 및 그 내용을 발굴·구성하여 제시하게 되는 법원으로서는 그 '가정적 의사'를 함부로 추단하여 당사자가 의욕하지 아니하는 법률효과를 그에게 또는 그들에게 계약의 이름으로 불합리하게 강요하는 것이 되지 아니하도록 신중을 기하여야 한다(필자 註 : 재건축사업부지에 포함된 토지에 대하여 재건축사업조합과 토지의 소유자가 체결한 매매계약이 매매대금의 과다로 말미암아 불공정한 법률행위에 해당하지만, 그 매매대금을 적정한 금액으로 감액하여 매매계약의 유효성을 인정한 사례).

ㄷ. **(O)** [**대법원** 2017. 6. 8. **선고** 2017**다**3499 **판결**] 권리자가 무권리자의 처분을 추인하면 무권대리에 대해 본인이 추인을 한 경우와 당사자들 사이의 이익상황이 유사하므로, 무권대리의 추인에 관한 민법 제130조, 제133조 등을 무권리자의 추인에 유추 적용할 수 있다. 따라서 무권리자의 처분이

계약으로 이루어진 경우에 권리자가 이를 추인하면 원칙적으로 계약의 효과가 계약을 체결했을 때에 소급하여 권리자에게 귀속된다고 보아야 한다.

ㄹ. (×) 제135조. 다른 자의 대리인으로서 계약을 맺은 자가 그 대리권을 증명하지 못하고 또 본인의 추인을 받지 못한 경우에는 그는 상대방의 선택에 따라 계약을 이행할 책임 또는 손해를 배상할 책임이 있다. 정답 ④

4. **법률행위의 무효와 취소에 관한 설명 중 옳은 것을 모두 고른 것은? (다툼이 있는 경우 판례에 의함)** [20 변호사]

ㄱ. 임차권양도계약과 권리금계약이 결합하여 전체가 경제적·사실적으로 일체로서 행하여져 그 계약 전부가 불가분의 관계에 있는 경우, 하나의 계약에 대한 기망 취소의 의사표시는 전체 계약에 대한 취소의 효력이 있다.

ㄴ. 무권리자의 처분 행위가 계약으로 이루어진 경우, 그에 대한 권리자의 추인에는 원칙적으로 소급효가 인정되지 않는다.

ㄷ. 무효행위의 추인은 법률행위가 무효임을 알고 그 행위의 효과를 자기에게 귀속시키도록 하는 단독행위로서 묵시적인 방법으로는 할 수 없다.

ㄹ. 토지거래허가구역 내의 토지매매가 아직 관할청의 허가를 받지 못하여 유동적 무효 상태에 있는 경우라면, 매도인은 계약금의 배액을 상환하고 매매계약을 해제할 수 없다.

ㅁ. 취소할 수 있는 법률행위가 취소되면 무효인 것으로 간주되므로 그 후 취소할 수 있는 법률행위의 추인에 의하여는 당초의 의사표시를 다시 확정적으로 유효하게 할 수 없다.

① ㄱ, ㄹ ② ㄱ, ㅁ ③ ㄴ, ㄷ
④ ㄴ, ㄹ ⑤ ㄷ, ㅁ

해설

ㄱ. (O) 일체로 체결된 수개의 법률행위 중 일부 법률행위가 사기로 취소된 경우, 다른 법률행위의 효력을 묻는 지문이다. 일부무효의 법리(제137조)가 적용되므로 나머지 법률행위를 유지하려는 당사자의 가정적 의사가 인정되지 않는다면 취소의 효력은 전체 법률행위에 미친다. 계약 전부가 불가분의 관계게 있는 때에는 전체 법률행위에 취소의 효력이 미친다.

[**대법원** 2013. 5. 9. **선고** 2012**다**115120 **판결**] 여러 개의 계약이 체결된 경우에 그 계약 전부가 하나의 계약인 것과 같은 불가분의 관계에 있는 것인지는 계약체결의 경위와 목적 및 당사자의 의사 등을 종합적으로 고려하여 판단하여야 하고, 각 계약이 전체적으로 경제적, 사실적으로 일체로서 행하여진 것으로 그 하나가 다른 하나의 조건이 되어 어느 하나의 존재 없이는 당사자가 다른 하나를 의욕하지 않았을 것으로 보이는 경우 등에는, 하나의 계약에 대한 기망 취소의 의사표시는 법률행위의 일부무효이론과 궤를 같이하는 법률행위 일부취소의 법리에 따라 전체 계약에 대한 취소의 효력이 있다(필자 주 : 임차권의 양수인 甲이 양도인 乙의 기망행위를 이유로 乙과 체결한 임차권양도계약 및 권리금계약을 각 취소 또는 해제한다고 주장한 사안에서, 임차권양도계약과 권리금계약의 체결 경위와 계약 내용 등에 비추어 볼 때, 위 권리금계약은 임차권양도계약과 결합하여 전체가 경제적·사실적으로 일체로 행하여진 것으로서, 어느 하나의 존재 없이는 당사자가 다른 하나를 의욕하지 않았을 것으로 보이므로 권리금계약 부분만을 따로 떼어 취소할 수 없는데도, 임차권양도계약과 분리하여 권리금계약만이 취소되었다고 본 원심판결에 임차권양도계약에 관한 판단누락 또는 계약의 취소 범위에 관한 법리오해 등 위법이 있다고 한 사례).

ㄴ. (×) 무권리자 처분행위에 대한 권리자의 추인에 소급효가 인정되는지를 묻는 지문이다. 원칙적으로 소급효가 인정된다. 무권대리 추인에 관한 규정이 유추되기 때문이다.

[**대법원** 2017. 6. 8. **선고** 2017**다**3499 **판결**] 권리자가 무권리자의 처분을 추인하면 무권대리에 대해 본인이 추인을 한 경우와 당사자들 사이의 이익상황이 유사하므로, 무권대리의 추인에 관한 민법 제130조, 제133조 등을 무권리자의 추인에 유추 적용할 수 있다. 따라서 무권리자의 처분이 계약으로 이루어진 경우에 권리자가 이를 추인하면 원칙적으로 계약의 효과가 계약을 체결했을 때에 소급하여 권리자에게 귀속된다고 보아야 한다.

ㄷ. (×) 무효행위 추인의 요건을 묻는 지문이다. 추인의 방법은 제한되지 아니하므로 묵시적 추인도 가능하다.

[**대법원** 2014. 3. 27. **선고** 2012**다**106607 **판결**] 무효인 법률행위를 추인에 의하여 새로운 법률행위로 보기 위하여서는 당사자가 이전의 법률행위가 무효임을 알고 그 행위에 대하여 추인하여야 한다. 한편 추인은 묵시적으로도 가능하나, 묵시적 추인을 인정하기 위해서는 본인이 그 행위로 처하게 된 법적 지위를 충분히 이해하고 그럼에도 진의에 기하여 그 행위의 결과가 자기에게 귀속된다는 것을 승인한 것으로 볼만한 사정이 있어야 할 것이므로 이를 판단함에 있어서는 관계되는 여러 사정을 종합적으로 검토하여 신중하게 하여야 한다. 위와 같은 법리를 고려하면, 당사자가 이전의 법률행위가 존재함을 알고 그 유효함을 전제로 하여 이에 터 잡은 후속행위를 하였다고 해서 그것만으로 이전의 법률행위를 묵시적으로 추인하였다고 단정할 수는 없고, 묵시적 추인을 인정하기 위해서는 이전의 법률행위가 무효임을 알거나 적어도 무효임을 의심하면서도 그 행위의 효과를 자기에게 귀속시키도록 하는 의사로 후속행위를 하였음이 인정되어야 할 것이다.

ㄹ. (×) 유동적 무효인 토지거래계약을 해약금에 의하여 해제할 수 있는지를 묻는 지문이다. 토지매매계약이 유동적 무효라고 하더라도 토지매매계약과 함께 체결된 계약금계약은 유효하다.

[**대법원** 1997. 6. 27. **선고** 97**다**9369 **판결**] 특별한 사정이 없는 한 국토이용관리법상의 토지거래허가를 받지 않아 유동적 무효 상태인 매매계약에 있어서도 당사자 사이의 매매계약은 매도인이 계약금의 배액을 상환하고 계약을 해제함으로써 적법하게 해제된다.

ㅁ. (○) 취소된 법률행위는 취소할 수 없는 법률행위 추인의 대상이 될 수 없다. 취소할 수 있는 법률행위의 추인은 취소권의 포기에 해당하기 때문이다. 다만, 무효행위 추인의 대상이 될 수는 있다.

[**대법원** 1997. 12. 12. **선고** 95**다**38240 **판결**] 취소한 법률행위는 처음부터 무효인 것으로 간주되므로 취소할 수 있는 법률행위가 일단 취소된 이상 그 후에는 취소할 수 있는 법률행위의 추인에 의하여 이미 취소되어 무효인 것으로 간주된 당초의 의사표시를 다시 확정적으로 유효하게 할 수는 없고, 다만 무효인 법률행위의 추인의 요건과 효력으로서 추인할 수는 있으나, 무효행위의 추인은 그 무효 원인이 소멸한 후에 하여야 그 효력이 있고, 따라서 강박에 의한 의사표시임을 이유로 일단 유효하게 취소되어 당초의 의사표시가 무효로 된 후에 추인한 경우 그 추인이 효력을 가지기 위하여는 그 무효 원인이 소멸한 후일 것을 요한다고 할 것인데, 그 무효 원인이란 바로 위 의사표시의 취소사유라 할 것이므로 결국 무효 원인이 소멸한 후란 것은 당초의 의사표시의 성립 과정에 존재하였던 취소의 원인이 종료된 후, 즉 강박 상태에서 벗어난 후라고 보아야 한다. 정답 ②

5. **무효행위의 추인에 관한 설명 중 옳은 것을 모두 고른 것은? (다툼이 있는 경우 판례에 의함)**

[19 변호사]

ㄱ. 무권대리행위의 추인은 무권대리인 또는 상대방의 동의나 승낙을 요하지 않는 단독행위로서 무권대리행위 전부에 대하여 행해져야 하지만, 상대방의 동의를 얻은 경우에는 무권대리행위 일부에 대하여 추인을 하거나 그 내용을 변경하여 추인하는 것도 유효하다.

ㄴ. 무권리자의 처분행위에 대하여 권리자가 추인하는 경우에는 그 처분행위의 효력이 권리자에게 미치므로, 권리자는 무권리자에 대하여 무권리자가 그 처분행위로 인하여 얻은 이득의 반환을 구할 수 없다.

ㄷ. 매매계약이 「민법」 제104조 소정의 '불공정한 법률행위'로 무효가 되더라도 그 당사자가 그 계약에 관한 부제소합의를 한 경우에는 무효행위의 추인에 해당하여 특별한 사정이 없는 한 위 매매계약 체결 시부터 그 매매계약은 유효하게 된다.

ㄹ. 부동산 소유자가 취득시효가 완성된 사실을 알고서 그 부동산을 제3자에게 처분하여 소유권이전등기를 마쳐주었는데, 그 부동산을 취득한 제3자가 부동산 소유자의 이와 같은 불법행위에 적극 가담하여 위 처분행위 및 제3자 명의의 등기가 무효인 경우, 시효완성 당시의 소유자가 그 무효행위를 추인하여도 그 제3자 명의의 등기는 무효이다.

① ㄱ, ㄴ ② ㄱ, ㄷ ③ ㄱ, ㄹ
④ ㄴ, ㄷ ⑤ ㄱ, ㄴ, ㄷ

해설

ㄱ. **(O)** 무권대리에 관한 본인의 추인의 법적 성질, 일부추인이나 내용을 변경한 추인이 허용되는 경우를 묻는 지문이다.

[**대법원** 1982. 1. 26. **선고** 81**다카**549 **판결**] 추인은 의사표시의 전부에 대하여 행하여져야 하고, 그 일부에 대하여 추인을 하거나 그 내용을 변경하여 추인을 하였을 경우에는 상대방의 동의를 얻지 못하는 한 무효이다.

ㄴ. **(×)** 무권리자가 처분행위로 인하여 취득한 이득은 비록 권리자가 추인한 경우에도 권리자에 대한 관계에서 부당이득에 해당한다.

ㄷ. **(×)** 불공정한 법률행위로서 무효인 계약은 무효행위 추인의 대상이 되지 않을 뿐만 아니라 이에 수반하여 체결된 부제소합의도 무효이다.

[**대법원** 2010. 7. 15. **선고** 2009**다**50308 **판결**] 매매계약과 같은 쌍무계약이 급부와 반대급부와의 불균형으로 말미암아 민법 제104조에서 정하는 '불공정한 법률행위'에 해당하여 무효라고 한다면, 그 계약으로 인하여 불이익을 입는 당사자로 하여금 위와 같은 불공정성을 소송 등 사법적 구제수단을 통하여 주장하지 못하도록 하는 부제소합의 역시 다른 특별한 사정이 없는 한 무효이다.

ㄹ. **(O)** 취득시효의무자의 배임행위에 제3자가 적극 가담하여 처분행위가 이루어진 때에는 그 처분행위는 반사회적 행위에 해당하여 무효이고, 반사회적 법률행위로서 무효인 경우에는 무효원인이 종료될 수 없으므로 무효행위 추인의 대상이 되지 않는다.

[**대법원** 1995. 6. 30. **선고** 94**다**52416 **판결**] 부동산 소유자가 자신의 부동산에 대하여 취득시효가 완성된 사실을 알고 이를 제3자에게 처분하여 소유권이전등기를 넘겨줌으로써 취득시효 완성을 원인으로 한 소유권이전등기의무를 이행불능에 빠뜨려 시효취득을 주장하는 자에게 손해를 입혔다면 불법행위를 구성하며, 이 경우 부동산을 취득한 제3자가 부동산 소유자의 이와 같은 불법행위에 적극 가담하였다면 이는 사회질서에 반하는 행위로서 무효이다.

정답 ③

6. **법률행위의 무효 · 취소에 관한 설명 중 옳지 않은 것은? (다툼이 있는 경우 판례에 의함)** [17 변호사]

① 미성년자가 법정대리인의 동의 없이 한 법률행위를 법정대리인이 적법하게 추인한 이후에는 그 미성년자는 자신의 법률행위를 취소할 수 없다.

② 강박에 의한 의사표시임을 이유로 의사표시를 적법하게 취소한 표의자는 강박상태에서 벗어난 후 이미 취소된 의사표시를 무효행위 추인의 요건을 갖추어 추인할 수 있다.

③ 불공정한 법률행위는 절대적 무효이므로 무효행위의 전환이 인정되지 않는다.

④ 「국토의 계획 및 이용에 관한 법률」의 토지거래허가구역 내의 토지에 대하여 관할 관청의 허가 없이 체결된 매매계약이 확정적으로 무효인 경우가 아니라면 그 매매계약의 일방 당사자는 상대방 당사자에게 공동으로 관할 관청의 허가를 신청하기 위해 필요한 협력의무의 이행을 요구할 수 있다.

⑤ 甲이 乙을 강박하여 乙 소유 건물을 매수한 후 이를 다시 이런 사정을 잘 아는 丙에게 매도한 경우, 乙이 강박을 이유로 매매계약을 취소하려면 丙이 아니라 甲에게 취소의 의사표시를 해야 한다.

해설

① (O) 법정대리인의 추인으로 법률행위는 확정적으로 유효하게 되어 미성년자의 취소권도 소멸한다.

② (O) 취소된 법률행위의 추인을 묻는 지문이다. 취소사유가 종료된 후에는 무효행위 추인의 요건과 효과로서 추인할 수 있다.

[**대법원** 1997. 12. 12. **선고** 95**다**38240 **판결**] 취소한 법률행위는 처음부터 무효인 것으로 간주되므로 취소할 수 있는 법률행위가 일단 취소된 이상 그 후에는 취소할 수 있는 법률행위의 추인에 의하여 이미 취소되어 무효인 것으로 간주된 당초의 의사표시를 다시 확정적으로 유효하게 할 수는 없고, 다만 무효인 법률행위의 추인의 요건과 효력으로서 추인할 수는 있으나, 무효행위의 추인은 그 무효 원인이 소멸한 후에 하여야 그 효력이 있고, 따라서 강박에 의한 의사표시임을 이유로 일단 유효하게 취소되어 당초의 의사표시가 무효로 된 후에 추인한 경우 그 추인이 효력을 가지기 위하여는 그 무효 원인이 소멸한 후일 것을 요한다고 할 것인데, 그 무효 원인이란 바로 위 의사표시의 취소사유라 할 것이므로 결국 무효 원인이 소멸한 후란 것은 당초의 의사표시의 성립 과정에 존재하였던 취소의 원인이 종료된 후, 즉 강박 상태에서 벗어난 후라고 보아야 한다.

③ (×) 불공정한 법률행위에도 무효행위 전환은 가능하다는 것이 판례이다.

[**대법원** 2010. 7. 15. **선고** 2009**다**50308 **판결**] 매매계약이 약정된 매매대금의 과다로 말미암아 민법 제104조에서 정하는 '불공정한 법률행위'에 해당하여 무효인 경우에도 무효행위의 전환에 관한 민법 제138조가 적용될 수 있다. 따라서 당사자 쌍방이 위와 같은 무효를 알았더라면 대금을 다른 액으로 정하여 매매계약에 합의하였을 것이라고 예외적으로 인정되는 경우에는, 그 대금액을 내용으로 하는 매매계약이 유효하게 성립한다. 이때 당사자의 의사는 매매계약이 무효임을 계약 당시에 알았다면 의욕하였을 가정적 효과의사로서, 당사자 본인이 계약 체결시와 같은 구체적 사정 아래 있다고 상정하는 경우에 거래관행을 고려하여 신의성실의 원칙에 비추어 결단하였을 바를 의미한다. 이와 같이 여기서는 어디까지나 당해 사건의 제반 사정 아래서 각각의 당사자가 결단하였을 바가 탐구되어야 하는 것이므로, 계약 당시의 시가와 같은 객관적 지표는 그러한 가정적 의사의 인정에 있어서 하나의 참고자료로 삼을 수는 있을지언정 그것이 일응의 기준이 된다고도 쉽사리 말할 수 없다. 이와 같이 가정적 의사에 기한 계약의 성립 여부 및 그 내용을 발굴·구성하여 제시하게 되는 법원으로서는 그 '가정적 의사'를 함부로 추단하여 당사자가 의욕하지 아니하는 법률효과를 그에게 또는 그들에게

계약의 이름으로 불합리하게 강요하는 것이 되지 아니하도록 신중을 기하여야 한다(필자 註 : 재건축 사업부지에 포함된 토지에 대하여 재건축사업조합과 토지의 소유자가 체결한 매매계약이 매매대금의 과다로 말미암아 불공정한 법률행위에 해당하지만, 그 매매대금을 적정한 금액으로 감액하여 매매계약의 유효성을 인정한 사례).

④ **(O)** 유동적 무효인 토지거래계약 당사자의 협력의무 이행청구가 인정되는지를 묻는 지문이다. 이를 인정하는 것이 판례이다.

[**대법원** 1991. 12. 24. **선고** 90**다**12243 **전원합의체 판결**] 규제지역 내의 토지에 대하여 거래계약이 체결된 경우에 계약을 체결한 당사자 사이에 있어서는 그 계약이 효력 있는 것으로 완성될 수 있도록 서로 협력할 의무가 있음이 당연하므로, 계약의 쌍방 당사자는 공동으로 관할 관청의 허가를 신청할 의무가 있고, 이러한 의무에 위배하여 허가신청절차에 협력하지 않는 당사자에 대하여 상대방은 협력의무의 이행을 소송으로써 구할 이익이 있다.

⑤ **(O)** 취소의 상대방을 묻는 지문이다. 취소의 대상인 법률행위의 상대방에 대한 의사표시로 하여야 한다(제142조). 乙은 법률행위의 상대방인 甲에게 취소의 의사표시를 하여야 한다. 정답 ③

7. **甲과 乙은 2010. 1. 7.「국토의 계획 및 이용에 관한 법률」상 토지거래허가구역 내에 있는 甲의 X 토지를 乙에게 매도하는 매매계약을 체결하면서 "甲과 乙은 2010. 2. 7.까지 토지거래허가를 받는다. 乙은 甲에게 계약 당일 계약금을, 2010. 3. 7. 중도금을, 2010. 5. 7. 잔금을 지급한다. 甲은 乙로부터 잔금을 지급받음과 동시에 乙 앞으로 X 토지에 관한 소유권이전등기를 마친다."라는 내용의 약정을 하였다. 이 약정에 따라 乙은 계약 당일 甲에게 계약금을 지급하였다. 다음 설명 중 옳지 않은 것은? (각 지문은 독립적이며, 다툼이 있는 경우 판례에 의함)** [16 변호사]

① 甲과 乙이 토지거래허가를 신청하여 관할관청으로부터 토지거래허가를 받은 후에도 甲은 乙이 중도금지급채무의 이행에 착수하기 전에 乙로부터 지급받은 계약금의 배액을 乙에게 지급하고 매매계약을 해제할 수 있다.

② 甲과 乙이 2010. 2. 7.까지 토지거래허가를 받지 못하였다고 하더라도, 약정된 기간 내에 토지거래허가를 받지 못할 경우 계약해제 등의 절차 없이 곧바로 당해 매매계약을 무효로 하기로 약정하였다는 등의 특별한 사정이 없는 한, 매매계약이 확정적으로 무효가 되는 것은 아니다.

③ 매매계약이 乙의 사기에 의해 체결된 경우라도, 甲은 토지거래허가를 신청하기 전 단계에서는 乙의 사기를 이유로 매매계약의 취소를 주장하여 매매계약을 확정적으로 무효화시킬 수 없다.

④ 甲은 토지거래허가를 받기 전에는 乙이 중도금을 2010. 3. 7.이 도과할 때까지 지급하지 않았다 하더라도 이를 이유로 매매계약을 해제할 수 없다.

⑤ 甲과 乙은 상대방에 대하여 공동으로 관할관청의 허가를 신청할 의무를 부담한다. 만일 甲이 이러한 의무에 위배하여 허가신청절차에 협력하지 않으면 乙은 甲에 대하여 협력의무의 이행을 소송으로써 구할 이익이 있다.

해설

① **(O)** 토지거래허가를 받은 후에도 해약금에 기한 해제가 가능한지를 묻는 지문이다. 토지거래허가를 신청하여 토지거래허가를 받았더라도 거래계약에 따른 이행의 착수가 있었다고 볼 수 없으므로 해약금 해제가 가능하다.

[**대법원** 2009. 4. 23. **선고** 2008**다**62427 **판결**] 국토의 계획 및 이용에 관한 법률에 정한 토지거래계약에 관한 허가구역으로 지정된 구역 안에 위치한 토지에 관하여 매매계약이 체결된 경우 당사자는

그 매매계약이 효력이 있는 것으로 완성될 수 있도록 서로 협력할 의무가 있지만, 이러한 의무는 그 매매계약의 효력으로서 발생하는 매도인의 재산권이전의무나 매수인의 대금지급의무와는 달리 신의칙상의 의무에 해당하는 것이어서 당사자 쌍방이 위 협력의무에 기초해 토지거래허가신청을 하고 이에 따라 관할관청으로부터 그 허가를 받았다 하더라도, 아직 그 단계에서는 당사자 쌍방 모두 매매계약의 효력으로서 발생하는 의무를 이행하였거나 이행에 착수하였다고 할 수 없을 뿐만 아니라, 그 단계에서 매매계약에 대한 이행의 착수가 있다고 보아 민법 제565조의 규정에 의한 해제권 행사를 부정하게 되면 당사자 쌍방 모두에게 해제권의 행사기한을 부당하게 단축시키는 결과를 가져올 수도 있다. 그러므로 국토의 계획 및 이용에 관한 법률에 정한 토지거래계약에 관한 허가구역으로 지정된 구역 안의 토지에 관하여 매매계약이 체결된 후 계약금만 수수한 상태에서 당사자가 토지거래허가신청을 하고 이에 따라 관할관청으로부터 그 허가를 받았다 하더라도, 그러한 사정만으로는 아직 이행의 착수가 있다고 볼 수 없어 매도인으로서는 민법 제565조에 의하여 계약금의 배액을 상환하여 매매계약을 해제할 수 있다.

② **(O)** 토지거래허가를 받기로 약정한 기간이 도과한 사실에 의하여 토지거래계약이 확정적으로 무효가 되는지를 묻는 지문이다. 약정기간은 토지거래허가신청에 관한 이행기를 약정한 것으로 해석하여야 한다. 약정기간을 도과한 사실만으로 확정적 무효가 되는 것은 아니다.

[**대법원** 2009. 4. 23. **선고** 2008**다**50615 **판결**] 유동적 무효 상태에 있는, 토지거래허가구역 내 토지에 관한 매매계약에서 계약의 쌍방 당사자는 공동허가신청절차에 협력할 의무가 있고, 이러한 의무에 위배하여 허가신청절차에 협력하지 않는 당사자에 대하여 상대방은 협력의무의 이행을 소구할 수도 있다. 그러므로 매매계약 체결 당시 일정한 기간 안에 토지거래허가를 받기로 약정하였다고 하더라도, 그 약정된 기간 내에 토지거래허가를 받지 못할 경우 계약해제 등의 절차 없이 곧바로 매매계약을 무효로 하기로 약정한 취지라는 등의 특별한 사정이 없는 한, 이를 쌍무계약에서 이행기를 정한 것과 달리 볼 것이 아니므로 위 약정기간이 경과하였다는 사정만으로 곧바로 매매계약이 확정적으로 무효가 된다고 할 수 없다.

③ **(×)** 거래계약의 무효나 취소 등을 주장할 수 있는 일방이 거래계약을 일방적으로 확정무효로 만들 수 있는지를 묻는 지문이다. 무효나 취소를 주장할 수 있는 일방은 이를 주장하여 유동적 무효를 확정적 무효로 만들 수 있다.

[**대법원** 1996. 11. 8. **선고** 96**다**35309 **판결**] 국토이용관리법상 거래허가를 받지 아니하고 계약당사자의 표시와 불일치한 의사(비진의표시, 허위표시 또는 착오) 또는 사기·강박과 같은 하자 있는 의사에 의하여 토지거래 등이 이루어진 경우에 있어서, 이들 사유에 기하여 그 거래의 무효 또는 취소를 주장할 수 있는 당사자는 그러한 거래허가를 신청하기 전 단계에서 이러한 사유를 주장하여 거래허가신청협력에 거절의사를 일방적으로 명백히 함으로써 그 계약을 확정적으로 무효화시키고 자신의 거래허가절차에 협력할 의무를 면함은 물론 기왕에 지급된 계약금 등의 반환도 구할 수 있다.

④ **(O)** 유동적 무효상태에서 일방의 채무불이행을 이유로 한 해제가 가능한지를 묻는 지문이다. 유동적 무효상태에서는 계약에 따른 채권과 채무가 발생하지 아니하므로 채무불이행을 이유로 하는 해제는 허용되지 않는다.

[**대법원** 1997. 7. 25. **선고** 97**다**4357 **판결**] 거래계약의 당사자로서는 허가받기 전의 상태에서 상대방의 거래계약상 채무불이행을 이유로 거래계약을 해제하거나 그로 인한 손해배상을 청구할 수 없다.

⑤ **(O)** 협력의무의 소구가능성을 묻는 지문이다.

[**대법원** 1991. 12. 24. **선고** 90**다**12243 **전원합의체 판결**] 규제지역 내의 토지에 대하여 거래계약이 체결된 경우에 계약을 체결한 당사자 사이에 있어서는 그 계약이 효력 있는 것으로 완성될 수 있도록 서로 협력할 의무가 있음이 당연하므로, 계약의 쌍방 당사자는 공동으로 관할 관청의 허가를 신청할 의무가 있고, 이러한 의무에 위배하여 허가신청절차에 협력하지 않는 당사자에 대하여 상대방은 협력의무의 이행을 소송으로써 구할 이익이 있다.

정답 ③

8. **법률행위의 취소에 관한 설명 중 옳지 않은 것은? (다툼이 있는 경우 판례에 의함)** [15 변호사]

① 제한능력자의 상대방이 제한능력자가 능력자가 된 후에 그에게 1개월 이상의 기간을 정하여 그 취소할 수 있는 행위를 추인할 것인지 여부의 확답을 촉구한 경우, 능력자로 된 사람이 그 기간 내에 확답을 발송하지 아니하면 그 행위를 추인한 것으로 본다.

② 제한능력자가 맺은 계약은 추인이 있을 때까지 상대방이 그 의사표시를 철회할 수 있지만, 상대방이 계약 당시에 제한능력자임을 알았을 경우에는 그러하지 아니하다.

③ 제한능력자의 법률행위가 취소된 경우, 제한능력자는 그 행위로 인하여 받은 이익이 현존하는 한도에서는 상환할 책임이 있다.

④ 피성년후견인이 행한 법률행위가 일상생활에 필요하고 그 대가가 과도하지 아니한 경우, 성년후견인은 이를 취소할 수 없다.

⑤ 매매계약의 당사자가 사기 또는 강박 등을 이유로 매매계약을 취소한 경우, 상대방에 대하여 채무불이행으로 인한 손해배상책임을 부담할 수 있다.

해설

① (O) 제15조 제1항.

② (O) 제16조 제1항.

③ (O) 제141조 단서.

④ (O) 제10조 제4항.

⑤ (X) 매매가 취소되면 매매의 효력은 소급하여 무효가 되므로 매매계약에 따른 채권, 채무는 소급하여 소멸하고 채무의 존재를 전제로 하는 채무불이행의 효과도 소멸한다. 따라서 상대방은 채무불이행으로 인한 손해배상책임을 부담하지 않는다. **정답** ⑤

9. **무효행위와 무권대리의 추인에 관한 설명 중 옳지 않은 것을 모두 고른 것은? (다툼이 있는 경우에는 판례에 의함)** [14 변호사]

ㄱ. 무권대리행위의 추인의 의사표시를 무권대리인에게 한 경우, 상대방은 추인이 있었음을 알지 못하였다고 하더라도 철회할 수 없다.

ㄴ. 타인의 생명보험에서 보험계약 체결 시 피보험자가 서면으로 동의의 의사표시를 하지 아니하였다면 그 보험계약은 무효이지만 피보험자가 그 보험계약을 추인한 경우에는 그 때부터 유효하게 된다.

ㄷ. 종중을 대표할 권한 없는 자가 종중을 대표하여 한 소송행위는 효력이 없으나 나중에 종중이 총회결의에 따라 위 소송행위를 추인하면 그 행위시로 소급하여 유효하게 되며, 이 경우 무권대리행위에 대한 추인의 경우에 있어 배타적 권리를 취득한 제3자에 대하여 그 추인의 소급효를 제한하고 있는 민법 제133조 단서의 규정은 적용될 여지가 없다.

ㄹ. 무권대리행위의 추인은 무권대리인 또는 무권대리행위의 직접 상대방에게는 할 수 있지만, 그 무권대리행위로 인한 권리 또는 법률관계의 승계인에 대하여는 할 수 없다.

ㅁ. 취득시효 완성 당시 부동산 소유자 甲이 그 완성 사실을 알면서 그 부동산을 제3자 乙에게 처분하였고 乙 역시 이러한 사정을 알면서 위 처분행위에 적극 가담한 경우 乙 명의로 경료된 등기는 甲이 그 처분행위를 추인하여도 무효이다.

① ㄱ, ㄴ, ㄹ ② ㄱ, ㄷ, ㅁ ③ ㄱ, ㄹ, ㅁ
④ ㄴ, ㄷ, ㄹ ⑤ ㄴ, ㄷ, ㅁ

해설

ㄱ. (×) 무권대리인에 대한 추인의 의사표시의 효력을 묻는 지문이다. 대리행위의 상대방이 그 사실을 알고 있는 때에만 상대방에게 대항할 수 있다(제132조). 따라서 대리행위의 상대방이 무권대리인에 대한 추인사실을 알지 못한 때에는 철회할 수 있다.

ㄴ. (×) 타인의 사망을 보험사고로 하는 보험계약에는 보험계약 체결시에 그 타인의 서면에 의한 동의를 얻어야 한다(상법 제731조 제1항). 이 규정은 그 동의의 시기와 방식을 명확히 함으로써 분쟁의 소지를 없애려는 데 그 취지가 있고, 이는 강행규정으로 이에 위반한 보험계약은 무효이다(대법원 2006. 9. 22. 선고 2004다56677 판결). 따라서 보험계약의 당사자도 아닌 피보험자가 이미 무효로 확정된 보험계약을 추인하더라도 그 보험계약이 유효로 될 수는 없다.

[**대법원** 2010. 2. 11. **선고** 2009**다**74007 **판결**] 타인의 생명보험에서 피보험자가 서면으로 동의의 의사표시를 하여야 하는 시점은 '보험계약 체결시까지'이고, 이는 강행규정으로서 이를 위반한 보험계약은 무효이므로, 타인의 생명보험계약 성립 당시 피보험자의 서면동의가 없다면 그 보험계약은 확정적으로 무효가 되고, 피보험자가 이미 무효가 된 보험계약을 추인하였다고 하더라도 그 보험계약이 유효로 될 수 없다

ㄷ. (○) 무권대리인의 소송행위에 대한 추인에 무권대리 추인의 효력에 관한 민법 제133조 단서가 적용되는지 여부를 묻는 지문이다. 무권대리로서 무효인 소송행위를 추인하면 그 행위 당시에 소급하여 유효하게 되는데, 무권대리 추인의 소급효로 제3자의 권리를 해하지 못한다는 제133조 단서는 적용되지 않는다는 것이 대법원의 입장이다.

[**대법원** 1991. 11. 8. **선고** 91**다**25383 **판결**] 종중을 대표할 권한 없는 자가 종중을 대표하여 한 소송행위는 그 효력이 없으나 나중에 종중이 총회결의에 따라 위 소송행위를 추인하면 그 행위시로 소급하여 유효하게 되며 이 경우 민법 제133조 단서의 규정은 무권대리행위에 대한 추인의 경우에 있어 배타적 권리를 취득한 제3자에 대하여 그 추인의 소급효를 제한하고 있는 것으로서 위와 같은 하자있는 소송행위에 대한 추인의 경우에는 적용될 여지가 없는 것이다.

ㄹ. (×) 무권대리 추인의 상대방을 묻는 지문이다. 무권대리인 또는 무권대리의 상대방에 대하여 추인을 할 수 있는데, 상대방은 무권대리의 직접 상대방에 한정되지 않고, 무권대리로 인한 권리 또는 법률관계 승계인을 포함한다.

[**대법원** 1981. 4. 14. **선고** 80**다**2314 **판결**] 무권대리행위의 추인에 특별한 방식이 요구되는 것이 아니므로 명시적인 방법만 아니라 묵시적인 방법으로도 할 수 있고, 그 추인은 무권대리인, 무권대리행위의 직접의 상대방 및 그 무권대리행위로 인한 권리 또는 법률관계의 승계인에 대하여도 할 수 있다.

ㅁ. (○) 반사회질서의 법률행위가 추인에 의하여 유효로 될 수 있는지를 묻는 지문이다. 법률행위가 강행규정을 위반하거나 사회적 타당성이 없어 무효로 된 때에는 그 무효사유가 사후적으로 제거될 수 없으므로 추인에 의하여 그 효력이 인정되지 않는다.

[**대법원** 2002. 3. 15. **선고** 2001**다**77352 **판결**] 취득시효완성 후 경료된 무효인 제3자 명의의 등기에 대하여 시효완성 당시의 소유자가 무효행위를 추인하여도 그 제3자 명의의 등기는 그 소유자의 불법행위에 제3자가 적극 가담하여 경료된 것으로서 사회질서에 반하여 무효라고 한 사례. 정답 ①

10. **법률행위의 무효에 관한 설명 중 옳지 않은 것은? (다툼이 있는 경우에는 판례에 의함)** [13 변호사]

① 이미 법률행위가 취소된 경우라도 무효행위의 추인의 요건에 따라 추인할 수 있다.

② 무효인 입양행위라도 그 내용에 맞는 신분관계가 실질적으로 형성되어 당사자 쌍방이 이의 없이 그 신분관계를 계속하여 왔다면 추인의 소급효가 인정될 수 있다.

③ 무효인 가등기를 유효한 등기로 전용하기로 약정하였더라도 그 가등기가 소급하여 유효한 등기로 되지는 않는다.

④ 매매계약이 불공정한 법률행위에 해당하여 무효라고 하더라도, 특별한 사정이 없는 한 그 계약에 관한 부제소합의까지 무효로 되는 것은 아니다.

⑤ 상속재산 전부를 상속인 중 1인에게 상속시킬 방편으로 나머지 상속인들 전원이 상속포기신고를 하였으나, 그 상속포기가 민법 제1019조 제1항의 기간을 도과한 후에 신고된 것이어서 상속포기로서의 효력이 없는 경우에도 상속재산협의분할로서의 효력은 인정될 수 있다.

해설

① (O) 취소된 법률행위를 추인할 수 있는지 여부를 묻는 지문이다. 취소할 수 있는 법률행위에 대한 추인의 요건에 따라 추인할 수는 없지만, 무효행위 추인의 요건에 따라 추인할 수는 있다.
[**대법원** 1997. 12. 12. **선고** 95**다**38240 **판결**] 취소한 법률행위는 처음부터 무효인 것으로 간주되므로 취소할 수 있는 법률행위가 일단 취소된 이상 그 후에는 취소할 수 있는 법률행위의 추인에 의하여 이미 취소되어 무효인 것으로 간주된 당초의 의사표시를 다시 확정적으로 유효하게 할 수는 없고, 다만 무효인 법률행위의 추인의 요건과 효력으로서 추인할 수는 있으나, 무효행위의 추인은 그 무효 원인이 소멸한 후에 하여야 그 효력이 있고, 따라서 강박에 의한 의사표시임을 이유로 일단 유효하게 취소되어 당초의 의사표시가 무효로 된 후에 추인한 경우 그 추인이 효력을 가지기 위하여는 그 무효 원인이 소멸한 후일 것을 요한다고 할 것인데, 그 무효 원인이란 바로 위 의사표시의 취소사유라 할 것이므로 결국 무효 원인이 소멸한 후란 것은 당초의 의사표시의 성립 과정에 존재하였던 취소의 원인이 종료된 후, 즉 강박 상태에서 벗어난 후라고 보아야 한다.

② (O) 무효인 신분행위의 추인의 요건과 효과를 묻는 지문이다. 신분관계가 실질적으로 형성되어 있고, 무효사유가 제거되었다면 추인의 효과를 인정할 수 있다. 무효인 신분행위의 추인은 무효인 재산행위의 추인과 달리 소급효가 인정된다.
[**대법원** 2000. 6. 9. **선고** 99**므**1633·1640 **판결**] 친생자 출생신고 당시 입양의 실질적 요건을 갖추지 못하여 입양신고로서의 효력이 생기지 아니하였더라도 그 후에 입양의 실질적 요건을 갖추게 된 경우에는 무효인 친생자 출생신고는 소급적으로 입양신고로서의 효력을 갖게 된다고 할 것이나 민법 제139조 본문이 무효인 법률행위는 추인하여도 그 효력이 생기지 않는다고 규정하고 있음에도 불구하고 입양 등의 신분행위에 관하여 이 규정을 적용하지 아니하고 추인에 의하여 소급적 효력을 인정하는 것은 무효인 신분행위 후 그 내용에 맞는 신분관계가 실질적으로 형성되어 쌍방 당사자가 이의 없이 그 신분관계를 계속하여 왔다면, 그 신고가 부적법하다는 이유로 이미 형성되어 있는 신분관계의 효력을 부인하는 것은 당사자의 의사에 반하고 그 이익을 해칠 뿐만 아니라, 그 실질적 신분관계의 외형과 호적의 기재를 믿은 제3자의 이익도 침해할 우려가 있기 때문에 추인에 의하여 소급적으로 신분행위의 효력을 인정함으로써 신분관계의 형성이라는 신분관계의 본질적 요소를 보호하는 것이 타당하다는 데에 그 근거가 있다고 할 것이므로, 당사자 간에 무효인 신고행위에 상응하는 신분관계가 실질적으로 형성되어 있지 아니한 경우에는 무효인 신분행위에 대한 추인의 의사표시만으로 그 무효행위의 효력을 인정할 수 없다.

③ (O) 가등기 유용에 소급효가 인정되는지를 묻는 지문이다. 무효행위 추인에는 원칙적으로 소급효가 인정되지 않는다. 따라서 무효인 가등기를 유용하기로 합의하였다 하더라도 가등기가 소급하여 유효로 되지는 않는다.

[**대법원** 1992. 5. 12. **선고** 91**다**26546 **판결**] 무효인 법률행위는 당사자가 무효임을 알고 추인할 경우 새로운 법률행위를 한 것으로 간주할 뿐이고 소급효가 없는 것이므로 무효인 가등기를 유효한 등기로 전용키로 한 약정은 그때부터 유효하고 이로써 위 가등기가 소급하여 유효한 등기로 전환될 수 없다.

④ (×) 매매가 불공정한 법률행위로 무효인 경우, 그에 수반하여 체결된 부제소 합의의 효력을 묻는 지문이다. 주된 계약이 무효이므로 다른 특별한 사정이 없는 한 그에 수반된 부제소 합의도 무효가 된다.

[**대법원** 2010. 7. 15. **선고** 2009**다**50308 **판결**] 매매계약과 같은 쌍무계약이 급부와 반대급부와의 불균형으로 말미암아 민법 제104조에서 정하는 '불공정한 법률행위'에 해당하여 무효라고 한다면, 그 계약으로 인하여 불이익을 입는 당사자로 하여금 위와 같은 불공정성을 소송 등 사법적 구제수단을 통하여 주장하지 못하도록 하는 부제소합의 역시 다른 특별한 사정이 없는 한 무효이다.

⑤ (O) 무효인 상속포기행위가 상속재산분할협의로 전환될 수 있는지를 묻는 지문이다. 지문과 같은 사정이 있는 경우, 전환을 인정한다.

[**대법원** 1989. 9. 12. **선고** 88**누**9305 **판결**] 상속재산 전부를 상속인 중 1인(乙)에게 상속시킬 방편으로 그 나머지 상속인들이 상속포기신고를 하였으나 그 상속포기가 민법 제1019조 제1항 소정의 기간을 초과한 후에 신고된 것이어서 상속포기로서의 효력이 없더라도 乙과 나머지 상속인들 사이에는 乙이 고유의 상속분을 초과하여 상속재산 전부를 취득하고 나머지 상속인들은 그 상속재산을 전혀 취득하지 않기로 하는 의사의 합치가 있었다고 할 것이므로 그들 사이에 위와 같은 내용의 상속재산의 협의분할이 이루어진 것이라고 보아야 하고 공동상속인 상호간에 상속재산에 관하여 협의분할이 이루어짐으로써 공동상속인 중 1인이 고유의 상속분을 초과하여 상속재산을 취득하는 것은 상속개시 당시에 피상속인으로부터 상속에 의하여 직접 취득한 것으로 보아야 한다. 정답 ④

제5절 법률행위의 조건과 기한

1. **법률행위의 부관에 관한 설명 중 옳지 않은 것은? (다툼이 있는 경우 판례에 의함)** [24 변호사]

① 법률행위의 효력 발생 또는 소멸을 장래 불확실한 사실의 발생 여부에 의존케 하려는 의사가 있더라도, 외부에 표시되지 않으면 법률행위의 부관으로서의 조건이 될 수 없다.

② 어떠한 법률행위가 정지조건부 법률행위에 해당한다는 사실에 대한 증명책임은 그 법률행위로 인한 법률효과가 발생하지 않았다고 주장하는 자에게 있다.

③ '조건의 성취를 방해한 때'란 사회통념상 일방 당사자의 방해행위가 없었더라면 조건이 성취되었을 것으로 보이는 상황에서 방해행위로 인하여 조건이 성취되지 못한 경우로서, 이는 방해행위가 없었더라도 조건의 성취가능성이 현저히 낮은 경우까지 포함한다.

④ 해제조건부 증여로 인한 부동산소유권이전등기를 마친 후 해제조건이 성취되면 그 소유권은 증여자에게 복귀되고, 이 경우 조건성취 전에 수증자가 한 처분행위는 조건성취의 효과를 제한하는 한도 내에서는 무효라고 할 것이나, 그 조건이 등기되지 않았다면 그 처분행위로 인하여 권리를 취득한 제3자에게 위 무효를 주장할 수 없다.

⑤ 당사자가 불확정한 사실이 발생한 때를 이행기한으로 정한 경우에는 그 사실이 발생한 때는 물론 그 사실의 발생이 불가능하게 된 때에도 이행기한이 도래한 것으로 보아야 한다.

해설

① **(O)** [**대법원** 2015. 10. 29. **선고** 2015**다**219504 **판결**] 조건은 법률행위의 효력의 발생 또는 소멸을 장래의 불확실한 사실의 성부에 의존하게 하는 법률행위의 부관으로서 해당 법률행위를 구성하는 의사표시의 일체적인 내용을 이루는 것이므로, 의사표시의 일반원칙에 따라 조건을 붙이고자 하는 의사 즉 조건의사와 그 표시가 필요하며, 조건의사가 있더라도 그것이 외부에 표시되지 않으면 법률행위의 동기에 불과할 뿐이고 그것만으로는 법률행위의 부관으로서의 조건이 되지는 아니한다.

② **(O)** 조건부 법률행위인지 여부에 관하여 다툼이 있는 경우, 조건부 법률행위임을 주장하는 자가 그 증명책임을 부담한다.

[**대법원** 1993. 9. 28. **선고** 93**다**20832 **판결**] 어떠한 법률행위가 조건의 성취시 법률행위의 효력이 발생하는 소위 정지조건부 법률행위에 해당한다는 사실은 그 법률행위로 인한 법률효과의 발생을 저지하는 사유로서 그 법률효과의 발생을 다투려는 자에게 주장·입증책임이 있다.

③ **(X)** 조건성취주장권이 발생하는 조건성취 방해가 되기 위해서는 방해행위와 조건의 불성취 사이에 인과관계가 있어야 한다. 비록 방해행위가 있었더라도 조건의 성취가능성이 현저히 낮은 경우에는 인과관계가 인정될 수 없어 조건성취주장권이 발생하는 조건성취 방해에 해당하지 않는다.

[**대법원** 2022. 12. 29. **선고** 2022**다**266645 **판결**] 민법 제150조 제1항은 조건의 성취로 인하여 불이익을 받을 당사자가 신의성실에 반하여 조건의 성취를 방해한 때에는 상대방은 그 조건이 성취한 것으로 주장할 수 있다고 정함으로써, 조건이 성취되었더라면 원래 존재했어야 하는 상태를 일방 당사자의 부당한 개입으로부터 보호하기 위한 규정을 두고 있다. 이 조항은 권리의 행사와 의무의 이행은 신의에 좇아 성실히 하여야 한다는 법질서의 기본원리가 발현된 것으로서, 누구도 신의성실에 반하는 행태를 통해 이익을 얻어서는 안 된다는 사상을 포함하고 있다.

다만 일방 당사자의 신의성실에 반하는 방해행위 등이 있었다는 사정만으로 곧바로 민법 제150조 제1항에 의해 그 상대방이 발생할 것으로 희망했던 결과까지 의제된다고 볼 수는 없으므로, 여기서 말하는 '조건의 성취를 방해한 때'란 사회통념상 일방 당사자의 방해행위가 없었더라면 조건이 성취되었을 것으로 볼 수 있음에도 방해행위로 인하여 조건이 성취되지 못한 정도에 이르러야 하고, 방해행위가 없었더라도 조건의 성취가능성이 현저히 낮은 경우까지 포함되는 것은 아니다. 만일 위와 같은 경우까지 조건의 성취를 의제한다면 단지 일방 당사자의 부당한 개입이 있었다는 사정만으로 곧바로 조건 성취로 인한 법적 효과를 인정하는 것이 되고 이는 상대방으로 하여금 공평·타당한 결과를 초과하여 부당한 이득을 얻게 하는 결과를 초래할 수 있기 때문이다.

한편 일방 당사자가 신의성실에 반하여 조건의 성취를 방해하였는지는 당사자들이 조건부 법률행위 등을 하게 된 경위나 의사, 조건부 법률행위의 목적과 내용, 방해행위의 태양, 해당 조건의 성취가능성 및 방해행위가 조건의 성취에 미친 영향, 조건의 성취에 영향을 미치는 다른 요인의 존재 여부 등 여러 사정을 고려하여 개별적·구체적으로 판단하여야 한다.

④ **(O)** [**대법원** 1992. 5. 22. **선고** 92**다**5584 **판결**] 해제조건부증여로 인한 부동산소유권이전등기를 마쳤다 하더라도 그 해제조건이 성취되면 그 소유권은 증여자에게 복귀한다고 할 것이고, 이 경우 당사자간에 별단의 의사표시가 없는 한 그 조건성취의 효과는 소급하지 아니하나, 조건성취 전에 수증자가 한 처분행위는 조건성취의 효과를 제한하는 한도 내에서는 무효라고 할 것이고, 다만 그 조건이 등기되어 있지 않는 한 그 처분행위로 인하여 권리를 취득한 제3자에게 위 무효를 대항할 수 없다.

⑤ **(O)** [**대법원** 1989. 6. 27. **선고** 88**다카**10579 **판결**] 당사자가 불확정한 사실이 발생한 때를 이행기한으로 정한 경우에 있어서 그 사실이 발생한 때는 물론 그 사실의 발생이 불가능하게 된 때에도 이행기한은 도래한 것으로 보아야 한다.

정답 ③

2. 법률행위의 부관에 관한 설명 중 옳지 않은 것은? (다툼이 있는 경우 판례에 의함) [23 변호사]

① 조건이 법률행위 당시에 이미 성취할 수 없는 것인 경우 그 조건이 해제조건이면 그 법률행위는 조건 없는 법률행위가 된다.

② 약혼예물의 수수는 혼인의 불성립을 해제조건으로 하는 증여와 유사한 성질을 가진다.

③ 부관이 붙은 법률행위에 있어서 부관에 표시된 사실이 발생하지 아니하면 채무를 이행하지 않아도 된다고 보는 것이 상당한 경우에는 해당 부관을 조건이 아니라 불확정기한으로 보아야 한다.

④ 기한이익 상실의 특약은 일반적으로 채권자를 위하여 두는 것인 점에 비추어 원칙적으로 형성권적 기한이익 상실의 특약으로 추정하는 것이 타당하다.

⑤ 매매계약 당시 매수인이 매도인에게 중도금을 그 약정일자에 지급하지 아니할 때에는 매매계약이 해제되는 것으로 합의한 경우, 매수인이 중도금을 그 약정일자에 지급하지 아니하였다면 매매계약은 그 일자에 자동적으로 해제된 것으로 보아야 한다.

해 설

① **(O)** 제151조 제3항. 조건이 법률행위의 당시에 이미 성취할 수 없는 것인 경우에는 그 조건이 해제조건이면 조건 없는 법률행위로 하고 정지조건이면 그 법률행위는 무효로 한다.

② **(O)** [**대법원** 1996. 5. 14. **선고** 96**다**5506 **판결**] 약혼예물의 수수는 약혼의 성립을 증명하고 혼인이 성립한 경우 당사자 내지 양가의 정리를 두텁게 할 목적으로 수수되는 것으로 혼인의 불성립을 해제조건으로 하는 증여와 유사한 성질을 가지므로, 예물의 수령자측이 혼인 당초부터 성실히 혼인을 계속할 의사가 없고 그로 인하여 혼인의 파국을 초래하였다고 인정되는 등 특별한 사정이 있는 경우에는 신의칙 내지 형평의 원칙에 비추어 혼인 불성립의 경우에 준하여 예물반환의무를 인정함이 상당하나, 그러한 특별한 사정이 없는 한 일단 부부관계가 성립하고 그 혼인이 상당 기간 지속된 이상 후일 혼인이 해소되어도 그 반환을 구할 수는 없으므로, 비록 혼인 파탄의 원인이 며느리에게 있더라도 혼인이 상당 기간 계속된 이상 약혼예물의 소유권은 며느리에게 있다.

③ **(×)** 채무부담의사가 불확정적인 경우에는 조건으로, 확정적인 경우에는 불확정기한으로 보아야 한다. 부관에 표시된 사실이 발생하지 아니하면 채무를 이행하지 않아도 된다고 해석되는 경우에는 채무부담의사가 불확정적이므로 조건으로 보아야 한다.

[**대법원** 2003. 8. 19. **선고** 2003**다**24215 **판결**] 부관이 붙은 법률행위에 있어서 부관에 표시된 사실이 발생하지 아니하면 채무를 이행하지 아니하여도 된다고 보는 것이 상당한 경우에는 조건으로 보아야 하고, 표시된 사실이 발생한 때에는 물론이고 반대로 발생하지 아니하는 것이 확정된 때에도 그 채무를 이행하여야 한다고 보는 것이 상당한 경우에는 표시된 사실의 발생 여부가 확정되는 것을 불확정기한으로 정한 것으로 보아야 한다(필자 註 : 정리회사 관리인이 원고에 대하여 2000. 12. 4.까지 희망퇴직신청을 하는 경우에는 회사정리계획 인가결정일로부터 1개월 이내에 평균임금 3개월분의 퇴직위로금을 지급하겠다는 의사표시는 회사정리계획인가를 조건으로 정한 것이 아니라 불확정한 사실의 도래를 변제기로 정한 것이고, 따라서 회사정리절차가 폐지되어 정리계획인가를 받을 수 없는 것으로 확정되었으므로 그 때에 기한이 도래하였다고 판단하는 것은 옳다고 한 사례).

④ **(O)** [**대법원** 2002. 9. 4. **선고** 2002**다**28340 **판결**] 기한이익 상실의 특약은 그 내용에 의하여 일정한 사유가 발생하면 채권자의 청구 등을 요함이 없이 당연히 기한의 이익이 상실되어 이행기가 도래하는 것으로 하는 정지조건부 기한이익 상실의 특약과 일정한 사유가 발생한 후 채권자의 통지나 청구 등 채권자의 의사행위를 기다려 비로소 이행기가 도래하는 것으로 하는 형성권적 기한이익 상실의 특약의 두 가지로 대별할 수 있고, 기한이익 상실의 특약이 위의 양자 중 어느 것에 해당하느냐는

당사자의 의사해석의 문제이지만 일반적으로 기한이익 상실의 특약이 채권자를 위하여 둔 것인 점에 비추어 명백히 정지조건부 기한이익 상실의 특약이라고 볼 만한 특별한 사정이 없는 이상 형성권적 기한이익 상실의 특약으로 추정하는 것이 타당하다.

⑤ **(O)** [**대법원** 1991. 8. 13. **선고** 91**다**13717 **판결**] 매매계약에 있어서 매수인이 중도금을 약정한 일자에 지급하지 아니하면 그 계약을 무효로 한다고 하는 특약이 있는 경우 매수인이 약정한대로 중도금을 지급하지 아니하면(해제의 의사표시를 요하지 않고) 그 불이행 자체로써 계약은 그 일자에 자동적으로 해제된 것이라고 보아야 한다. 정답 ③

3. **「민법」상 조건과 기한에 관한 설명 중 옳지 않은 것은? (다툼이 있는 경우 판례에 의함)** [21 변호사]

① 당사자가 불확정한 사실이 발생한 때를 이행기한으로 정한 경우에는 그 사실이 발생한 때는 물론 그 사실의 발생이 불가능하게 된 때에도 이행기한이 도래한 것으로 보아야 한다.

② 도급계약의 당사자들이 보수의 지급시기에 관하여 "수급인이 공급한 목적물을 도급인이 검사하여 합격하면, 도급인은 수급인에게 보수를 지급한다."라고 정한 경우 '검사 합격'은 도급인의 일방적 의사에 의존하는 순수수의조건이다.

③ 조건은 법률행위에서 효과의사와 일체적인 내용을 이루는 의사표시 그 자체이고, 조건을 붙이고자 하는 의사는 법률행위의 내용으로 외부에 표시되어야 한다.

④ 유치권은 채권자의 이익을 보호하기 위한 법정담보물권으로서 당사자는 미리 유치권의 발생을 막는 특약을 할 수 있고, 그 특약에 조건을 붙일 수 있다.

⑤ 조건은 법률행위 효력의 발생 또는 소멸을 장래의 불확실한 사실의 성부에 의존하게 하는 법률행위의 부관이며, 장래의 사실이더라도 그것이 장래 반드시 실현되는 사실이면 실현되는 시기가 비록 확정되지 않더라도 이는 기한이다.

해 설

① **(O)** [**대법원** 1989. 6. 27. **선고** 88**다카**10579 **판결**] 당사자가 불확정한 사실이 발생한 때를 이행기한으로 정한 경우에 있어서 그 사실이 발생한 때는 물론 그 사실의 발생이 불가능하게 된 때에도 이행기한은 도래한 것으로 보아야 한다.

② **(×)** 검사하여 합격하면 보수를 지급한다는 도급계약상 약정을 어떻게 해석하여야 하는지를 묻는 지문이다. 검사 합격을 도급인의 일방적 의사에 의하여 좌우되는 순수수의조건으로 해석할 수는 없다. 도급인의 보수지급과 동시이행관계에 있는 수급인의 인도의무의 내용에 검사 합격이 포함된다는 의미로 해석하여야 한다.

[**대법원** 2006. 10. 13. **선고** 2004**다**21862 **판결**] 제작물공급계약의 당사자들이 보수의 지급시기에 관하여 "수급인이 공급한 목적물을 도급인이 검사하여 합격하면, 도급인은 수급인에게 그 보수를 지급한다"는 내용으로 한 약정은 도급인의 수급인에 대한 보수지급의무와 동시이행관계에 있는 수급인의 목적물 인도의무를 확인한 것에 불과하므로, 법률행위의 효력 발생을 장래의 불확실한 사실의 성부에 의존하게 하는 법률행위의 부관인 조건에 해당하지 아니할 뿐만 아니라, 조건에 해당한다 하더라도 검사에의 합격 여부는 도급인의 일방적인 의사에만 의존하지 않고 그 목적물이 계약내용대로 제작된 것인지 여부에 따라 객관적으로 결정되므로 순수수의조건에 해당하지 않는다.

③ **(O)** 조건의사의 법적 성질을 묻는 지문이다. 조건의사와 법률행위 효과의사는 의사표시의 내용을 이루는 요소이므로 조건의사도 효과의사와 마찬가지로 외부에 표시되어야 하고, 표시되지 아니한 조건의사는 법률행위의 동기에 불과하다.

[**대법원** 2015. 10. 29. **선고** 2015**다**219504 **판결**] 조건은 법률행위의 효력의 발생 또는 소멸을 장래의 불확실한 사실의 성부에 의존하게 하는 법률행위의 부관으로서 해당 법률행위를 구성하는 의사표시의 일체적인 내용을 이루는 것이므로, 의사표시의 일반원칙에 따라 조건을 붙이고자 하는 의사 즉 조건의사와 그 표시가 필요하며, 조건의사가 있더라도 그것이 외부에 표시되지 않으면 법률행위의 동기에 불과할 뿐이고 그것만으로는 법률행위의 부관으로서의 조건이 되지는 아니한다.

④ **(O)** 유치권배제특약이 허용되는지 및 그 특약에 조건을 부가할 수 있는지를 묻는 지문이다. 유치권은 목적물에 관하여 생긴 채권을 특별하게 보호하기 위한 법정담보물권이며, 채권의 가치는 채권관계 당사자가 정할 수 있으므로 채권관계 당사자가 유치권을 배제하기로 하는 특약은 얼마든지 가능하고, 그 특약에는 사적자치 원칙에 비추어 조건을 부가할 수 있다.

[**대법원** 2018. 1. 24. **선고** 2016**다**234043 **판결**] 조건은 법률행위의 효력 발생 또는 소멸을 장래의 불확실한 사실의 발생 여부에 의존케 하는 법률행위의 부관으로서, 법률행위에서 효과의사와 일체적인 내용을 이루는 의사표시 그 자체라고 볼 수 있다. 유치권 배제 특약에도 조건을 붙일 수 있는데, 조건을 붙이고자 하는 의사가 있는지는 의사표시에 관한 법리에 따라 판단하여야 한다.

⑤ **(O)** 조건과 법률행위 부관으로서 기한의 구별을 묻는 지문이다. 법률행위 부관으로서 조건과 기한은 모두 법률행위 효력의 발생이나 소멸에 영향을 주는 사실을 말한다. 조건은 장래 발생이 불확실한 사실을 말하고, 기한은 장래 발생이 확실한 사실을 말한다.

[**대법원** 2018. 6. 28. **선고** 2018**다**201702 **판결**] 조건은 법률행위 효력의 발생 또는 소멸을 장래의 불확실한 사실의 성부에 의존하게 하는 법률행위의 부관이다. 반면 장래의 사실이더라도 그것이 장래 반드시 실현되는 사실이면 실현되는 시기가 비록 확정되지 않더라도 이는 기한으로 보아야 한다.

정답 ②

4. **기한이익의 상실에 관한 설명 중 옳은 것(○)과 옳지 않은 것(×)을 올바르게 조합한 것은? (다툼이 있는 경우 판례에 의함)** [19 변호사]

ㄱ. 기한이익의 상실에 관한 「민법」 제388조는 임의규정이므로 당사자 사이에 위 규정과 다른 내용의 약정이 있는 경우에는 그 약정에 따라 기한이익의 상실 여부를 판단하여야 한다.
ㄴ. 일반적으로 기한이익 상실의 특약이 채무자를 위하여 둔 것인 점에 비추어 명백히 형성권적 기한이익 상실의 특약이라고 볼 만한 특별한 사정이 없는 이상 정지조건부 기한이익 상실의 특약으로 추정하는 것이 타당하다.
ㄷ. 형성권적 기한이익 상실의 특약이 있는 할부채무에 있어서는 1회의 불이행이 있더라도 각 할부금에 대해 그 각 변제기의 도래 시마다 그때부터 순차로 소멸시효가 진행하고, 채권자가 특히 잔존 채무 전액의 변제를 구하는 취지의 의사를 표시한 경우에 한하여 전액에 대하여 그때부터 소멸시효가 진행한다.
ㄹ. 정지조건부 기한이익 상실의 특약을 하였을 경우에는, 그 특약이 정한 기한이익 상실의 사유가 발생한 이후 특별한 사정이 없는 한 채무자가 채권자로부터 이행청구를 받은 때로부터 이행지체 상태에 놓이게 된다.

① ㄱ(○), ㄴ(○), ㄷ(×), ㄹ(×)
② ㄱ(○), ㄴ(×), ㄷ(○), ㄹ(×)
③ ㄱ(○), ㄴ(×), ㄷ(×), ㄹ(○)
④ ㄱ(×), ㄴ(○), ㄷ(○), ㄹ(×)
⑤ ㄱ(×), ㄴ(×), ㄷ(○), ㄹ(○)

해설

ㄱ. (O) 기한이익 상실에 관한 제388조는 채권자의 이익을 보호하기 위한 규정에 불과하다. 임의규정이므로 제388조와 다른 기한이익 상실에 관한 약정이 있다면 그 약정이 우선한다.

ㄴ. (×) 형성권적 기한이익 상실특약으로 추정한다.
[**대법원** 2002. 9. 4. **선고** 2002**다**28340 **판결**] 기한이익 상실의 특약은 그 내용에 의하여 일정한 사유가 발생하면 채권자의 청구 등을 요함이 없이 당연히 기한의 이익이 상실되어 이행기가 도래하는 것으로 하는 정지조건부 기한이익 상실의 특약과 일정한 사유가 발생한 후 채권자의 통지나 청구 등 채권자의 의사행위를 기다려 비로소 이행기가 도래하는 것으로 하는 형성권적 기한이익 상실의 특약의 두 가지로 대별할 수 있고, 기한이익 상실의 특약이 위의 양자 중 어느 것에 해당하느냐는 당사자의 의사해석의 문제이지만 일반적으로 기한이익 상실의 특약이 채권자를 위하여 둔 것인 점에 비추어 명백히 정지조건부 기한이익 상실의 특약이라고 볼 만한 특별한 사정이 없는 이상 형성권적 기한이익 상실의 특약으로 추정하는 것이 타당하다.

ㄷ. (O) [**대법원** 2002. 9. 4. **선고** 2002**다**28340 **판결**] 형성권적 기한이익 상실의 특약이 있는 경우에는 그 특약은 채권자의 이익을 위한 것으로서 기한이익의 상실 사유가 발생하였다고 하더라도 채권자가 나머지 전액을 일시에 청구할 것인가 또는 종래대로 할부변제를 청구할 것인가를 자유로이 선택할 수 있으므로, 이와 같은 기한이익 상실의 특약이 있는 할부채무에 있어서는 1회의 불이행이 있더라도 각 할부금에 대해 그 각 변제기의 도래시마다 그 때부터 순차로 소멸시효가 진행하고 채권자가 특히 잔존 채무 전액의 변제를 구하는 취지의 의사를 표시한 경우에 한하여 전액에 대하여 그때부터 소멸시효가 진행한다.

ㄹ. (×) 특약사유가 발생하면 다른 특별한 사정이 없는 그때부터 채무자의 이행지체가 발생한다.
[**대법원** 1989. 9. 29. **선고** 88**다카**14663 **판결**] 계약당사자 사이에 일정한 사유가 발생하면 채무자는 기한의 이익을 잃고 채권자의 별도의 의사표시가 없더라도 바로 이행기가 도래한 것과 같은 효과를 발생케 하는 이른바 정지조건부 기한이익상실의 특약을 한 경우에는 그 특약에 정한 기한이익의 상실사유가 발생함과 동시에 기한의 이익을 상실케 하는 채권자의 의사표시가 없더라도 이행기도래의 효과가 발생하고, 채무자는 특별한 사정이 없는 한 그때부터 이행 지체의 상태에 놓이게 된다. 정답 ②

5. 조건 또는 기한에 관한 설명 중 옳지 않은 것은? (다툼이 있는 경우 판례에 의함) [15 변호사]

① 법률행위 효력의 발생 또는 소멸을 장래의 불확실한 사실의 성부에 의존케 하는 조건을 법률행위에 붙이고자 하는 의사가 있다 하더라도 이를 외부에 표시하지 않으면 법률행위의 동기에 불과한 것이다.

② 조건의 성취로 불이익을 받을 당사자가 신의성실에 반하여 조건의 성취를 방해할 경우 상대방은 조건이 성취된 것으로 주장할 수 있고, 이 경우 조건이 성취된 것으로 의제되는 시점은 방해행위가 없었더라면 조건이 성취되었을 것으로 추산되는 시점이다.

③ 이행기가 도래하지 않았거나 조건이 성취되지 않은 청구권에 관하여 채무자가 미리 채무의 존재를 다투기 때문에 이행기가 도래하거나 조건이 성취되었을 때에 임의이행을 기대할 수 없는 경우, 채권자는 장래이행의 소를 제기할 수 있다.

④ 법률행위에 조건이 붙어 있는지 여부에 대한 증명책임은 그 조건의 존재를 주장하는 자에게 있다.

⑤ 기한은 채무자의 이익을 위한 것으로 의제되므로 당사자 사이에 기한 이익의 상실에 관한 특약을 하여도 효력이 없다.

해 설

① (O) 조건의사가 표시되어야 하는지를 묻는 지문이다. 장래의 불확실한 사실이 법률행위의 효력에 영향을 미치는 조건이 되기 위해서는 법률행위 일방이 조건의사를 가지고 있다는 것만으로는 부족하고 조건의사가 표시되어야 한다.

[**대법원** 2000. 10. 27. **선고** 2000**다**30349 **판결**] 조건은 법률행위의 효력의 발생 또는 소멸을 장래의 불확실한 사실의 성부에 의존케 하는 법률행위의 부관으로서 법률행위에 있어서의 효과의사와 일체적인 내용을 이루는 의사표시 그 자체이고, 따라서 조건의사가 법률행위의 내용으로 외부에 표시되어야 한다(필자 註 : 토지 매도인이 토지대금의 지급을 담보하기 위하여 토지 매수인이 그 토지상에 신축한 연립주택에 관하여 소유권보존등기를 마친 후 그 일부 세대에 대하여 토지 매수인 명의로 소유권이전등기를 마쳐주면 이를 담보로 대출을 받아 토지대금을 지급하겠다는 토지 매수인의 제의에 따라 소유권이전등기를 마쳐준 경우, 그 소유권 이전의 합의는 토지 매수인이 그 일부 세대를 담보로 대출을 받아 토지대금을 지급하는 것을 정지조건으로 한 법률행위가 아니라 토지 매도인이 소유권이전등기를 마쳐주는 선이행 채무를 부담하고 이에 대하여 토지 매수인이 토지대금을 지급하는 반대채무를 부담하는 것을 내용으로 하는 무조건의 쌍무계약이라고 본 사례).

② (O) 반신의행위에 의하여 조건성취가 의제되는 시점을 묻는 지문이다. 방해행위가 없었다면 조건이 성취되었을 것으로 추산되는 시기에 조건이 성취된 것으로 의제한다.

[**대법원** 1998. 12. 22. **선고** 98**다**42356 **판결**] 조건의 성취로 인하여 불이익을 받을 당사자가 신의성실에 반하여 조건의 성취를 방해한 경우, 조건이 성취된 것으로 의제되는 시점은 이러한 신의성실에 반하는 행위가 없었더라면 조건이 성취되었으리라고 추산되는 시점이다(필자 註 : 상대방이 하도급받은 부분에 대한 공사를 완공하여 준공필증을 제출하는 것을 정지조건으로 하여 공사대금채무를 부담하거나 위 채무를 보증한 사람은 위 조건의 성취로 인하여 불이익을 받을 당사자의 지위에 있다고 할 것이므로, 이들이 위 공사에 필요한 시설을 해주지 않았을 뿐만 아니라 공사장에의 출입을 통제함으로써 위 상대방으로 하여금 나머지 공사를 수행할 수 없게 하였다면, 그것이 고의에 의한 경우만이 아니라 과실에 의한 경우에도 신의성실에 반하여 조건의 성취를 방해한 때에 해당한다고 할 것이므로, 그 상대방은 민법 제150조 제1항의 규정에 의하여 위 공사대금채무자 및 보증인에 대하여 그 조건이 성취된 것으로 주장할 수 있다고 한 사례).

③ (O) 장래이행의 소를 청구하기 위한 요건으로서 미리 청구할 필요가 있는 때의 의미를 묻는 지문이다. 임의이행을 기대할 수 없는 경우를 말한다.

[**대법원** 2004. 9. 3. **선고** 2002**다**37405 **판결**] 장래이행을 청구하는 소는 미리 청구할 필요가 있는 경우에 한하여 제기할 수 있는바, 여기서 미리 청구할 필요가 있는 경우라 함은 이행기가 도래하지 않았거나 조건 미성취의 청구권에 있어서는 채무자가 미리부터 채무의 존재를 다투기 때문에 이행기가 도래되거나 조건이 성취되었을 때에 임의의 이행을 기대할 수 없는 경우를 말한다.

④ (O) 조건부 법률행위인지 여부의 증명책임을 묻는 지문이다. 조건이 부가된 사실을 주장하는 자가 증명책임을 부담한다. 그러나 조건성취여부에 관한 증명책임은 그 성취로 인하여 법률행위의 효력이 확정되었음을 주장하는 자에게 있다.

[**대법원** 1993. 9. 28. **선고** 93**다**20832 **판결**] 어떠한 법률행위가 조건의 성취시 법률행위의 효력이 발생하는 소위 정지조건부 법률행위에 해당한다는 사실은 그 법률행위로 인한 법률효과의 발생을 저지하는 사유로서 그 법률효과의 발생을 다투려는 자에게 주장·입증책임이 있다.

⑤ (×) 기한은 채무자의 이익을 위한 것으로 추정된다(제153조 제1항). 기한이익 상실의 특약도 유효하게 할 수 있다.

정답 ⑤

제6장 기간과 소멸시효

1. 소멸시효에 관한 설명 중 옳은 것은? (다툼이 있는 경우 판례에 의함) [24 변호사]

① 채무불이행으로 인한 손해배상채권은 본래의 채권이 시효로 소멸하더라도 함께 소멸하지 않는다.
② 3년의 단기소멸시효가 적용되는 도급을 받은 자의 공사에 관한 채권은 공사대금채권만을 의미하고 그 공사에 부수되는 채권으로서 수급인의 저당권설정청구권은 도급을 받은 자의 공사에 관한 채권에 해당되지 않는다.
③ 후순위담보권자는 선순위담보권의 피담보채권의 소멸로 직접 이익을 받는 자이므로 선순위담보권의 피담보채권에 관한 소멸시효의 완성을 원용할 수 있다.
④ 물상보증인이 그 피담보채무의 부존재 또는 소멸을 이유로 제기한 저당권설정등기 말소등기절차이행청구소송에서, 채권자 겸 저당권자가 청구기각의 판결을 구하고 피담보채권의 존재를 주장하여 승소하더라도 채권자의 위 응소행위는 피담보채권에 대한 시효중단 사유인 '재판상 청구'에 해당하지 않는다.
⑤ 채권자가 채무자의 제3채무자에 대한 채권을 압류 또는 가압류한 경우, 채무자의 제3채무자에 대한 채권에 확정적 시효중단의 효력이 생긴다.

해설

① (×) 채무불이행으로 인한 손해배상채권은 본래 채권의 변형이나 확장으로 인정되는 권리이다. 본래 채권이 시효로 소멸하면 채무불이행으로 인한 손해배상채권은 종된 권리이므로 그 자체의 소멸시효가 완성되지 않았더라도 시효로 소멸한다(제183조).
[**대법원** 2018. 2. 28. **선고** 2016**다**45779 **판결**] 채무불이행으로 인한 손해배상채권은 본래의 채권이 확장된 것이거나 본래의 채권의 내용이 변경된 것이므로 본래의 채권과 동일성을 가진다. 따라서 본래의 채권이 시효로 소멸한 때에는 손해배상채권도 함께 소멸한다.

② (×) 부동산공사수급인의 저당권설정청구권(제666조)도 공사에 관한 채권이므로 3년의 단기소멸시효가 적용된다.
[**대법원** 2016. 10. 27. **선고** 2014**다**211978 **판결**] 도급받은 공사의 공사대금채권은 민법 제163조 제3호에 따라 3년의 단기소멸시효가 적용되고, 그 공사에 부수되는 채권도 마찬가지라고 할 것인데, 저당권설정청구권은 공사대금채권을 담보하기 위하여 저당권설정등기절차의 이행을 구하는 채권적 청구권으로서 공사에 부수되는 채권에 해당하므로 그 소멸시효기간 역시 3년이라고 보아야 한다.

③ (×) 후순위담보권자는 선순위담보권자의 피담보채권이 시효로 소멸함에 따라 순위가 승진하여 담보물로부터 그의 피담보채권의 우선적 만족을 얻는 이익을 받지만, 이는 피담보채권의 시효소멸에 따라 직접 받는 이익은 아니다. 가령, 담보물의 매각대금이 선순위담보권의 존부와 관계없이 후순위담보권을 충분히 담보할 수 있는 경우라면 선순위담보권의 피담보채권 시효소멸이 후순위담보권자에게 아무런 법적 이익을 가져다주지 않는다.
[**대법원** 2021. 2. 25. **선고** 2016**다**232597 **판결**] 소멸시효가 완성된 경우 이를 주장할 수 있는 사람은

시효로 채무가 소멸되는 결과 직접적인 이익을 받는 사람에 한정된다. 후순위 담보권자는 선순위 담보권의 피담보채권이 소멸하면 담보권의 순위가 상승하고 이에 따라 피담보채권에 대한 배당액이 증가할 수 있지만, 이러한 배당액 증가에 대한 기대는 담보권의 순위 상승에 따른 반사적 이익에 지나지 않는다. 후순위 담보권자는 선순위 담보권의 피담보채권 소멸로 직접 이익을 받는 자에 해당하지 않아 선순위 담보권의 피담보채권에 관한 소멸시효가 완성되었다고 주장할 수 없다고 보아야 한다.

④ (O) 물상보증인은 채무자가 아니므로 채권자가 물상보증인에 대하여 채권의 존재를 주장하더라도 정당한 의무자에 대한 권리행사가 아니다. 소멸시효 중단사유인 재판상 청구에 해당하지 않는다.
[**대법원** 2004. 1. 16. **선고** 2003**다**30890 **판결**] 타인의 채무를 담보하기 위하여 자기의 물건에 담보권을 설정한 물상보증인은 채권자에 대하여 물적 유한책임을 지고 있어 그 피담보채권의 소멸에 의하여 직접 이익을 받는 관계에 있으므로 소멸시효의 완성을 주장할 수 있는 것이지만, 채권자에 대하여는 아무런 채무도 부담하고 있지 아니하므로, 물상보증인이 그 피담보채무의 부존재 또는 소멸을 이유로 제기한 저당권설정등기 말소등기절차이행청구소송에서 채권자 겸 저당권자가 청구기각의 판결을 구하고 피담보채권의 존재를 주장하였다고 하더라도 이로써 직접 채무자에 대하여 재판상 청구를 한 것으로 볼 수는 없는 것이므로 피담보채권의 소멸시효에 관하여 규정한 민법 제168조 제1호 소정의 "청구"에 해당하지 아니한다.

⑤ (×) 채권을 압류, 가압류한 경우, 채권자의 채무자에 대한 채권의 소멸시효는 압류 등에 의하여 중단되지만, 압류 등의 대상이 되는 피압류채권(채무자의 제3채무자에 대한 채권)에는 압류 등에 의한 시효중단의 효력이 생기지 않는다. 압류 등은 채권자의 집행채권 행사이기 때문이다.
[**대법원** 2003. 5. 13. **선고** 2003**다**16238 **판결**] 채권자가 채무자의 제3채무자에 대한 채권을 압류 또는 가압류한 경우에 채무자에 대한 채권자의 채권에 관하여 시효중단의 효력이 생긴다고 할 것이나, 압류 또는 가압류된 채무자의 제3채무자에 대한 채권에 대하여는 민법 제168조 제2호 소정의 소멸시효 중단사유에 준하는 확정적인 시효중단의 효력이 생긴다고 할 수 없다(필자 註 : 다만 채권자가 확정판결에 기한 채권의 실현을 위하여 채무자의 제3채무자에 대한 채권에 관하여 압류 및 추심명령을 받아 그 결정이 제3채무자에게 송달이 되었다면 거기에 소멸시효 중단사유인 최고로서의 효력을 인정하여야 한다). 정답 ④

2. **대부업을 하는 甲은 乙에게 아래 표와 같이 세 차례에 걸쳐 총 3억 원을 대여하였다.**

대여일	원금	이자	원금 변제기
2018. 1. 1.	1억 원	월 1% (매월 말일 지급)	2018. 12. 31.
2019. 1. 1.	1억 원	월 1% (매월 말일 지급)	2019. 12. 31.
2020. 7. 1.	1억 원	월 1% (매월 말일 지급)	2021. 6. 30.

乙이 위 채무의 변제를 전혀 하지 않아 甲은 2024. 1. 12. 위 각 대여금의 원금 및 이에 대한 2023. 12. 31.까지의 이자 또는 지연손해금의 지급을 구하는 소를 제기하려고 한다. 乙이 소멸시효 항변을 할 것으로 예상되는 경우, 甲이 소송에서 최대로 인용받을 수 있는 청구 금액은 얼마인가? (발생 이자나 지연손해금에 대한 지연손해금은 청구하지 않고, 기간의 말일은 토요일 또는 공휴일이 아니라고 가정함. 다툼이 있는 경우 판례에 의함) [24 변호사]

① 4억 7,400만 원 ② 3억 200만 원 ③ 2억 8,400만 원
④ 2억 7,200만 원 ⑤ 1억 4,200만 원

해설

i) **쟁점**

인용이 가능한 금액을 구하기 위해서는 각 원금, 이자, 지연손해금을 나누어 소멸시효 기간 및 기산점을 살펴야 한다.

ii) **甲의 乙에 대한 원본채권의 소멸시효 완성 여부**

원본채권은 상사채권으로 소멸시효기간은 5년이며, 변제기로부터 소멸시효가 진행한다. 2024. 1. 12. 당시 변제기로부터 5년이 경과한 2018. 1. 1. 자 대여금채권의 소멸시효는 완성되었다. 원본채권으로 인용이 가능한 금액은 2억 원이다.

iii) **甲의 乙에 대한 이자채권의 소멸시효 완성 여부**

1년 이내의 기간으로 정한 이자채권의 소멸시효기간은 3년이고, 각 이자의 지급일로부터 순차적으로 소멸시효가 진행한다. 2018. 1. 1. 자 대여금채권의 약정이자채권은 원본채권 소멸시효 완성의 효과가 미치므로 모두 소멸시효가 완성되었고, 2019. 1. 1. 자 대여금채권의 약정이자채권은 각 이자의 지급일로부터 소멸시효가 진행하는데, 2024. 1. 12. 당시 모두 3년의 소멸시효가 완성되었다. 2020. 7. 1. 자 대여금채권의 약정이자채권은 소제기일인 2024. 1. 12.로부터 소급하여 3년 이전인 2021. 1. 12. 이전에 지급기일이 도래한 약정이자채권의 소멸시효는 완성되었고, 그 이후에 지급기일이 도래한 약정이자채권의 소멸시효는 2024. 1. 12. 소제기로 중단되므로 2021년 1월부터 변제기까지의 약정이자 6백만 원은 청구가 인용될 수 있다.

iv) **甲의 乙에 대한 지연손해금채권의 소멸시효 완성 여부**

지연손해금은 채무불이행으로 인한 손해배상채권이므로 원본채권과 동일한 시효기간을 가지고, 이행지체 시점으로부터 순차적으로 그 소멸시효가 진행한다. 2018. 1. 1. 자 대여금채권의 지연손해금채권은 원본채권의 소멸시효 완성의 효과가 미치므로 소멸시효가 완성되었다. 2019. 1. 1. 자 대여금채권의 지연손해금 소제기 당시 모두 소멸시효가 완성되지 아니하였으므로 2020. 1. 1.부터 2023. 12. 31.까지의 지연손해금 4천8백만 원 전액 인용되고, 2020. 7. 1. 자 대여금채권의 지연손해금 역시 모두 소멸시효가 완성되지 아니하였으므로 2021. 7. 1.부터 2023. 12. 31.까지의 지연손해금 3천만 원 전액 인용된다.

v) **결론**

인용이 가능한 금액은 원본 2억 원, 약정이자 6백만 원, 지연손해금 7천 8백만 원으로 총 2억 8천 4백만 원이다.

정답 ③

3. 소멸시효의 기산점에 관한 설명 중 옳지 않은 것은? (다툼이 있는 경우 판례에 의함) [23 변호사]

① 甲의 乙에 대한 대여금반환 청구소송에서 乙이 주장하는 소멸시효의 기산일과 본래의 소멸시효 기산일이 다른 경우, 법원은 본래의 소멸시효 기산일을 기준으로 소멸시효를 계산하여야 한다.

② 무권대리인 甲이 대리권을 증명하지 못하고 본인의 추인도 얻지 못한 경우, 그 상대방 乙이 甲에 대해 가지는 계약이행청구권이나 손해배상청구권의 소멸시효는 乙이 위 두 청구권 중 하나를 선택할 수 있을 때부터 진행한다.

③ 부작위를 목적으로 하는 채권의 소멸시효는 위반행위를 한 때로부터 진행한다.

④ 甲이 乙에 대해 상해를 입힌 시점부터 5년이 지난 후에 가해행위 당시 예상할 수 없었던 후유증이 乙에게 발생한 경우, 그 후유증에 대한 손해배상청구권의 소멸시효는 후유증이 판명된 때부터 진행된다.

⑤ 甲이 乙에 대해 부당이득반환채권을 가지는 경우, 甲에게 부당이득반환채권이 발생한 때부터 그 채권의 소멸시효가 진행된다.

해 설

① (×) 소멸시효 기산일은 변론주의 대상이므로 당사자가 주장하는 기산일에 구속되어 법원이 판단하여야 한다.
[**대법원** 1995. 8. 25. **선고** 94**다**35886 **판결**] 소멸시효의 기산일은 채무의 소멸이라고 하는 법률효과 발생의 요건에 해당하는 소멸시효기간 계산의 시발점으로서 소멸시효 항변의 법률요건을 구성하는 구체적인 사실에 해당하므로 이는 변론주의의 적용 대상이고, 따라서 본래의 소멸시효 기산일과 당사자가 주장하는 기산일이 서로 다른 경우에는 변론주의의 원칙상 법원은 당사자가 주장하는 기산일을 기준으로 소멸시효를 계산하여야 하는데, 이는 당사자가 본래의 기산일보다 뒤의 날짜를 기산일로 하여 주장하는 경우는 물론이고 특별한 사정이 없는 한 그 반대의 경우에 있어서도 마찬가지이다.

② (○) [**대법원** 1965. 8. 24. **선고** 64**다**1156 **판결**] 타인의 대리인으로 계약을 한 자가 그 대리권을 증명하지 못하고 또 본인의 추인을 얻지 못한 때에는 상대방의 선택에 좇아 계약의 이행 또는 손해배상의 책임이 있는 것인 바, 이 상대방이 가지는 계약이행 또는 손해배상청구권의 소멸시효는 그 선택권을 행사할 수 있는 때로부터 진행한다 할 것이고 또 선택권을 행사할 수 있는 때라고 함은 대리권의 증명 또는 본인의 추인을 얻지 못한 때라고 할 것이다.

③ (○) 제166조 제2항.

④ (○) [**대법원** 2010. 4. 29. **선고** 2009**다**99105 **판결**] 불법행위로 인한 손해배상청구권은 피해자나 그 법정대리인이 그 손해 및 가해자를 안 날부터 3년간 행사하지 아니하면 시효로 인하여 소멸하는 것인바, 여기에서 '손해를 안 날'이라 함은 피해자나 그 법정대리인이 손해를 현실적이고도 구체적으로 인식하는 것을 뜻하고 손해발생의 추정이나 의문만으로는 충분하지 않으며, 통상의 경우 상해의 피해자는 상해를 입었을 때 그 손해를 알았다고 볼 수가 있지만, 그 후 후유증 등으로 인하여 불법행위 당시에는 전혀 예견할 수 없었던 새로운 손해가 발생하였다거나 예상 외로 손해가 확대된 경우에는 그러한 사유가 판명된 때에 새로이 발생 또는 확대된 손해를 알았다고 보아야 하고, 이와 같이 새로이 발생 또는 확대된 손해 부분에 대하여는 그러한 사유가 판명된 때로부터 시효소멸기간이 진행된다.

⑤ (○) [**대법원** 2017. 7. 18. **선고** 2017**다**9039·9046 **판결**] 부당이득반환청구권은 법률상 원인 없이 타인의 재산 또는 노무로 인하여 이익을 얻고 이로 인하여 타인에게 손해를 가한 경우에 성립하며, 그 성립과 동시에 권리를 행사할 수 있으므로 청구권이 성립한 때부터 소멸시효가 진행한다. 정답 ①

4. 소멸시효 중단에 관한 설명 중 옳은 것을 모두 고른 것은? (다툼이 있는 경우 판례에 의함)

[22 변호사]

ㄱ. 채권자가 주채무자의 재산에 대한 압류신청을 하여 압류결정을 받은 경우, 보증인에게 압류결정이 통지되지 않았다면 보증채권에 대한 시효중단의 효력은 생기지 않는다.
ㄴ. 이행인수인이 채권자에 대하여 채무자의 채무를 승인하더라도 다른 특별한 사정이 없는 한 채무자에 대하여 시효중단의 효력은 생기지 않는다.
ㄷ. 소멸시효 중단사유로서의 승인은 소멸시효의 진행이 개시되기 전 또는 그 이후에 가능할 뿐만 아니라, 장래의 채권을 미리 승인하여도 시효중단의 효력이 생긴다.
ㄹ. 「주택임대차보호법」에 기한 임차권등기명령에 따른 임차권등기에는 임대차보증금반환채권에 대한 소멸시효 중단사유인 압류 또는 가압류, 가처분에 준하는 시효중단의 효력이 없다.

① ㄴ ② ㄱ, ㄷ ③ ㄴ, ㄹ
④ ㄱ, ㄷ, ㄹ ⑤ ㄴ, ㄷ, ㄹ

해설

ㄱ. **(×)** 주채무의 소멸시효 중단은 당연히 보증채무에도 효력이 있으므로(민법 제440조) 압류로 인한 시효중단의 경우에도 별도로 보증인에게 통지하여야 하는 것은 아니다.

[**대법원** 2005. 10. 27. **선고** 2005**다**35554·35561 **판결**] 민법 제169조는 '시효의 중단은 당사자 및 그 승계인 간에만 효력이 있다'고 규정하고 있고, 한편 민법 제440조는 '주채무자에 대한 시효의 중단은 보증인에 대하여 그 효력이 있다'라고 규정하고 있는 바, 민법 제440조는 민법 제169조의 예외 규정으로서 이는 채권자 보호 내지 채권담보의 확보를 위하여 주채무자에 대한 시효중단의 사유가 발생하였을 때는 그 보증인에 대한 별도의 중단조치가 이루어지지 아니하여도 동시에 시효중단의 효력이 생기도록 한 것이고, 그 시효중단사유가 압류·가압류 및 가처분이라고 하더라도 이를 보증인에게 통지하여야 비로소 시효중단의 효력이 발생하는 것은 아니다.

ㄴ. **(○)** 이행인수인의 승인에 의하여 소멸시효 중단의 효력이 생기는지는 묻는 지문이다. 승인에 의하여 소멸시효가 중단되기 위해서는, 시효의 대상인 권리관계에 관하여 관리권한을 가진 자가 승인을 하여야 한다. 처분권한이 있을 필요는 없다. 이행인수인은 채무자의 채무에 관한 어떠한 권한도 가진 자가 아니므로 이행인수인이 채무를 인정하였더라도 시효중단의 효력이 생기지 않는다.

[**대법원** 2016. 10. 27. **선고** 2015**다**239744 **판결**] 소멸시효 중단사유인 채무의 승인은 시효이익을 받을 당사자나 대리인만 할 수 있으므로 이행인수인이 채권자에 대하여 채무자의 채무를 승인하더라도 다른 특별한 사정이 없는 한 시효중단 사유가 되는 채무승인의 효력은 발생하지 않는다.

ㄷ. **(×)** 장래의 채권에 대한 시효중단 사유로서 승인은 허용되지 않는다.

[**대법원** 2001. 11. 9. **선고** 2001**다**52568 **판결**] 소멸시효의 중단사유로서의 승인은 시효이익을 받을 당사자인 채무자가 그 권리의 존재를 인식하고 있다는 뜻을 표시함으로써 성립하는 것이므로 이는 소멸시효의 진행이 개시된 이후에만 가능하고 그 이전에 승인을 하더라도 시효가 중단되지는 않는다고 할 것이고, 또한 현존하지 아니하는 장래의 채권을 미리 승인하는 것은 채무자가 그 권리의 존재를 인식하고서 한 것이라고 볼 수 없어 허용되지 않는다고 할 것이다.

ㄹ. **(○)** 임차권등기명령에 따른 임차권등기는 보증금반환채권을 담보하는 기능을 할 뿐 이를 넘어서 강제집행을 보전하기 위한 처분의 성질을 가지는 것은 아니므로 압류 등에 의한 시효중단의 효력이 생기지는 않는다.

[**대법원** 2019. 5. 16. **선고** 2017**다**226629 **판결**] 주택임대차보호법 제3조의3에서 정한 임차권등기명령에 따른 임차권등기는 특정 목적물에 대한 구체적 집행행위나 보전처분의 실행을 내용으로 하는 압류 또는 가압류, 가처분과 달리 어디까지나 주택임차인이 주택임대차보호법에 따른 대항력이나 우선변제권을 취득하거나 이미 취득한 대항력이나 우선변제권을 유지하도록 해 주는 담보적 기능을 주목적으로 한다. 비록 주택임대차보호법이 임차권등기명령의 신청에 대한 재판절차와 임차권등기명령의 집행 등에 관하여 민사집행법상 가압류에 관한 절차규정을 일부 준용하고 있지만, 이는 일방 당사자의 신청에 따라 법원이 심리·결정한 다음 등기를 촉탁하는 일련의 절차가 서로 비슷한 데서 비롯된 것일 뿐 이를 이유로 임차권등기명령에 따른 임차권등기가 본래의 담보적 기능을 넘어서 채무자의 일반재산에 대한 강제집행을 보전하기 위한 처분의 성질을 가진다고 볼 수는 없다. 그렇다면 임차권등기명령에 따른 임차권등기에는 민법 제168조 제2호에서 정하는 소멸시효 중단사유인 압류 또는 가압류, 가처분에 준하는 효력이 있다고 볼 수 없다.

정답 ③

5. 부당이득반환청구권의 소멸시효에 관한 설명 중 옳은 것을 모두 고른 것은? (다툼이 있는 경우 판례에 의함) [22 변호사]

ㄱ. 가맹업자인 甲주식회사가 가맹계약상 근거 없이 'Administration Fee'라는 항목으로 매장 매출액의 일정 비율에 해당하는 금액을 가맹상인 乙에게 청구하여 지급받은 것은 부당이득에 해당하므로, 이에 관하여 乙이 청구하는 부당이득반환청구권에는 5년의 상사소멸시효기간이 적용된다.

ㄴ.주식회사인 매수인이 의료법인인 매도인과의 부동산매매계약의 이행으로서 그 매매대금을 매도인에게 지급하였으나, 매도인 법인을 대표하여 위 매매계약을 체결한 대표자의 선임에 관한 이사회 결의가 부존재함이 확정됨에 따라 위 매매계약이 무효가 되고, 이에 따라 발생하는 매수인의 부당이득반환청구권에는 5년의 상사소멸시효기간이 적용된다.

ㄷ. 甲은행으로부터 대출받으면서 근저당권설정비용을 부담한 채무자 乙이 그 비용 부담의 근거가 된 약관 조항의 무효로 인하여 행사할 수 있는 근저당권설정비용에 대한 부당이득반환청구권에는 5년의 상사소멸시효기간이 적용된다.

ㄹ. 주식회사에 있어서 배당가능이익이 없는데도 이익배당이 이루어진 경우, 회사가 주주로부터 위법배당금을 회수하기 위하여 행사하는 부당이득반환청구권에는 10년의 민사소멸시효기간이 적용된다.

ㅁ. 공공건설임대주택의 임대사업자인 甲공사와 분양계약을 체결한 乙이 일률적인 산정방식에 따라 정한 분양전환가격이 강행법규 위반으로 무효가 됨을 이유로 납부한 분양대금과 정당한 분양전환가격의 차액 상당을 청구하는 부당이득반환청구권에는 10년의 민사소멸시효기간이 적용된다.

① ㄱ, ㄴ, ㄹ ② ㄱ, ㄷ, ㄹ ③ ㄱ, ㄷ, ㅁ
④ ㄴ, ㄷ, ㄹ ⑤ ㄷ, ㄹ, ㅁ

해 설

ㄱ. (O) 상행위로부터 생긴 채권은 아니지만 이에 준하는 채권이므로 상법 제64조가 유추되어 5년의 상사시효가 적용된다.

[**대법원** 2018. 6. 15. **선고** 2017**다**248803·248810 **판결**] 가맹점사업자인 甲 등이 가맹본부인 乙 유한회사를 상대로 乙 회사가 가맹계약상 근거를 찾을 수 없는 'SCM Adm'(Administration Fee)이라는 항목으로 甲 등에게 매장 매출액의 일정 비율에 해당하는 금액을 청구하여 지급받은 것은 부당이득에 해당한다며 그 금액 상당의 반환을 구한 사안에서, 甲 등이 청구하는 부당이득반환채권은 甲 등과 乙 회사 모두에게 상행위가 되는 가맹계약에 기초하여 발생한 것일 뿐만 아니라, 乙 회사가 정형화된 방식으로 가맹계약을 체결하고 가맹사업을 운영해 온 탓에 수백 명에 달하는 가맹점사업자들에게 甲 등에게 부담하는 것과 같은 내용의 부당이득반환채무를 부담하는 점 등 채권 발생의 경위나 원인 등에 비추어 볼 때 그로 인한 거래관계를 신속하게 해결할 필요가 있으므로, 위 부당이득반환채권은 상법 제64조에 따라 5년간 행사하지 않으면 소멸시효가 완성된다고 한 사례.

ㄴ. (X) 상행위에 준하는 채권이라고 볼 수 없으므로 민사시효가 적용된다.

[**대법원** 2003. 4. 8. **선고** 2002**다**64957 **판결**] 주식회사인 부동산 매수인이 의료법인인 매도인과의 부동산매매계약의 이행으로서 그 매매대금을 매도인에게 지급하였으나, 매도인 법인을 대표하여 위

매매계약을 체결한 대표자의 선임에 관한 이사회결의가 부존재하는 것으로 확정됨에 따라 위 매매계약이 무효로 되었음을 이유로 민법의 규정에 따라 매도인에게 이미 지급하였던 매매대금 상당액의 반환을 구하는 부당이득반환청구의 경우, 거기에 상거래 관계와 같은 정도로 신속하게 해결할 필요성이 있다고 볼 만한 합리적인 근거도 없으므로 위 부당이득반환청구권에는 상법 제64조가 적용되지 아니하고, 그 소멸시효기간은 민법 제162조 제1항에 따라 10년이다.

ㄷ. (O) 일방적 상행위로 인한 채권도 상사시효의 적용을 받고, 그 상행위가 무효로 됨에 따라 발생한 부당이득반환채권도 상사시효의 적용을 받는다.

[**대법원** 2014. 7. 24. **선고** 2013**다**214871 **판결**] 당사자 쌍방에 대하여 모두 상행위가 되는 행위로 인한 채권뿐만 아니라 당사자 일방에 대하여만 상행위에 해당하는 행위로 인한 채권도 상법 제64조 소정의 5년의 소멸시효기간이 적용되는 상사채권에 해당한다. 그리고 상행위로부터 생긴 채권뿐 아니라 이에 준하는 채권에도 상법 제64조가 적용되거나 유추적용된다(필자 주 : 甲 은행으로부터 대출받으면서 근저당권설정비용 등을 부담한 채무자 乙 등이 그 비용 등 부담의 근거가 된 약관 조항이 구 약관의 규제에 관한 법률 제6조에 따라 무효라고 주장하면서 비용 등 상당액의 부당이득 반환을 구한 사안에서, 위 부당이득 반환채권은 상법 제64조가 적용되어 소멸시효가 5년이라고 한 사례).

ㄹ. (O) [**대법원** 2021. 6. 24. **선고** 2020**다**208621 **판결**] 회사가 배당 가능한 이익이 없음에도 이익의 배당이나 중간배당을 하였다면 그 배당은 무효이고, 회사는 배당을 받은 주주에게 부당이득반환청구권을 행사할 수 있는데, 회사가 획득한 이익을 내부적으로 주주에게 분배하는 행위는 회사가 영업으로 또는 영업을 위하여 하는 상행위가 아니므로 배당금지급청구권은 5년의 소멸시효 대상인 상사채권이 아니며, 위법배당에 따른 부당이득반환청구권도 마찬가지로 민사채권으로 10년의 소멸시효에 걸린다고 한 사례

ㅁ. (×) [**대법원** 2015. 9. 15. **선고** 2015**다**210811 **판결**] 상행위로부터 생긴 채권뿐 아니라 이에 준하는 채권에도 상법 제64조가 적용되거나 유추적용될 수 있는 바, 원고들이 구하는 이 사건 부당이득반환채권은 피고가 상행위로 체결한 이 사건 아파트 분양계약에 기하여 원고들이 분양대금을 납부함에 따라 발생한 것으로서 근본적으로 상행위에 해당하는 분양계약에 기초하여 발생한 것으로 볼 수 있고, 피고가 일률적인 산정방식에 따라 정한 분양전환가격으로 다수의 임차인들과 분양계약을 체결하였다가 강행법규인 관련 법령에서 정한 산정기준에 의한 정당한 분양전환가격을 초과하는 범위 내에서 각 계약이 무효가 됨으로써 분양대금과 정당한 분양전환가격의 차액에 대한 반환의무를 부담하게 된 사정을 비롯한 부당이득반환채권의 발생 경위나 원인 등에 비추어 보면, 그로 인한 거래관계를 신속하게 해결할 필요가 있으므로, 그 소멸시효기간에는 상법 제64조가 적용되어 5년의 소멸시효가 적용되는 것으로 보아야 한다. 정답 ②

6. **등기청구권의 소멸시효에 관한 설명 중 옳지 않은 것은? (다툼이 있는 경우 판례에 의함)** [21 변호사]

① 유류분권리자가 유류분반환청구권을 행사함으로써 발생하는 목적물의 이전등기청구권에 대하여는 「민법」 제1117조에서 정한 유류분반환청구권에 대한 소멸시효가 적용되지 않는다.

② 3자 간 등기명의신탁에 의한 등기가 「부동산 실권리자명의 등기에 관한 법률」에서 정한 유예기간의 경과로 무효로 된 경우, 목적 부동산을 인도받아 점유하고 있는 명의신탁자의 매도인에 대한 소유권이전등기청구권의 소멸시효는 진행되지 않는다.

③ 「부동산 실권리자명의 등기에 관한 법률」의 시행에 따라 그 권리를 상실하게 된 같은 법 시행 이전의 명의신탁자가 당해 부동산의 회복을 위해 명의수탁자에 대하여 가지는 소유권이전등기청구권은 법률의 규정에 의한 부당이득반환청구권으로서 소멸시효기간이 10년이다.

④ 점유취득시효완성으로 인한 소유권이전등기청구권은 시효완성자의 점유가 계속되는 한 시효로 소멸하지 않는다.

⑤ 취득시효가 완성된 점유자가 그 부동산에 대한 점유를 상실한 경우에도, 점유를 잃게 된 원인이 현 점유자에게 매도하였기 때문이고 그가 현 점유자에게 소유권이전등기의무를 지고 있다면, 취득시효완성을 원인으로 하는 소유권이전등기청구권의 소멸시효는 진행하지 않는다.

해설

① (O) 유류분반환청구권의 소멸시효는 유류분반환청구권 자체에 적용되는 것이고, 유류분반환청구권을 행사함으로써 발생하는 원상회복청구권에는 적용되지 않는다. 유류분반환청구권이란 유류분을 침해하는 증여나 유증을 무효화시키는 권리이며, 유류분반환청구권을 행사함에 따라 원상회복청구권이 발생한다.

[**대법원** 2015. 11. 12. **선고** 2011**다**55092 **판결**] 유류분권리자가 유류분반환청구권을 행사한 경우 그의 유류분을 침해하는 범위 내에서 유증 또는 증여는 소급적으로 효력을 상실하고, 상대방은 그와 같이 실효된 범위 내에서 유증 또는 증여의 목적물을 반환할 의무를 부담한다. 유류분반환청구권을 행사함으로써 발생하는 목적물의 이전등기청구권 등은 유류분반환청구권과는 다른 권리이므로, 그 이전등기청구권 등에 대하여는 민법 제1117조 소정의 유류분반환청구권에 대한 소멸시효가 적용될 여지가 없고, 그 권리의 성질과 내용 등에 따라 별도로 소멸시효의 적용 여부와 기간 등을 판단하여야 한다.

② (O) 3자간 등기명의신탁에서 명의신탁자가 매도인에 대하여 가지는 소유권이전등기청구권은 매수인의 소유권이전등기청구권이고, 매수인이 목적물을 인도받아 사용, 수익하고 있는 때에는 매수인이 적극적으로 권리를 행사하고 있는 것이므로 소멸시효가 진행하지 않는다.

[**대법원** 2013. 12. 12. **선고** 2013**다**26647 **판결**] 부동산의 매수인이 목적물을 인도받아 계속 점유하는 경우에는 매도인에 대한 소유권이전등기청구권은 소멸시효가 진행되지 않고, 이러한 법리는 3자간 등기명의신탁에 의한 등기가 유효기간의 경과로 무효로 된 경우에도 마찬가지로 적용된다. 따라서 그 경우 목적 부동산을 인도받아 점유하고 있는 명의신탁자의 매도인에 대한 소유권이전등기청구권 역시 소멸시효가 진행되지 않는다.

③ (O) 부동산실명법 시행 전 계약명의신탁자가 부동산실명법의 시행으로 내부적 소유권을 상실함에 따라 계약명의수탁자에 대하여 가지는 부당이득반환청구권으로서 소유권이전등기청구권의 소멸시효기간은 10년이다.

[**대법원** 2009. 7. 9. **선고** 2009**다**23313 **판결**] 부동산 실권리자명의 등기에 관한 법률 시행 전에 명의수탁자가 명의신탁 약정에 따라 부동산에 관한 소유명의를 취득한 경우 위 법률의 시행 후 같은 법 제11조의 유예기간이 경과하기 전까지 명의신탁자는 언제라도 명의신탁 약정을 해지하고 당해 부동산에 관한 소유권을 취득할 수 있었던 것으로, 실명화 등의 조치 없이 위 유예기간이 경과함으로써 같은 법 제12조 제1항, 제4조에 의해 명의신탁 약정은 무효로 되는 한편, 명의수탁자가 당해 부동산에 관한 완전한 소유권을 취득하게 된다 할 것인데, 같은 법 제3조 및 제4조가 명의신탁자에게 소유권이 귀속되는 것을 막는 취지의 규정은 아니므로 명의수탁자는 명의신탁자에게 자신이 취득한 당해 부동산을 부당이득으로 반환할 의무가 있다 할 것인바, 이와 같은 경위로 명의신탁자가 당해 부동산의 회복을 위해 명의수탁자에 대해 가지는 소유권이전등기청구권은 그 성질상 법률의 규정에 의한 부당이득반환청구권으로서 민법 제162조 제1항에 따라 10년의 기간이 경과함으로써 시효로 소멸한다.

④ (O) ⑤ (×) 점유가 계속되는 동안에는 시효권리자로서 권리행사가 계속되고 있다고 보아야 하므로 소멸시효가 진행하지 않는다. 그러나 점유를 상실하면 상실한 때로부터 소멸시효가 진행한다. 점유상실의 원인이 제3자에게 매도하였더라도 매수인의 등기청구권과 달리 소멸시효가 진행한다.

[**대법원** 1996. 3. 8. **선고** 95**다**34866 **판결**] 취득시효가 완성된 점유자가 점유를 상실한 경우 이를 시효이익의 포기로 볼 수 있는 경우가 아닌 한 그 점유자가 점유를 상실한 때로부터 10년간 등기청구권을 행사하지 아니하면 소멸시효가 완성한다.

정답 ⑤

7. **선물용 시계 제조업자인 甲은 시계 도매업자인 乙에게 고급 여성 손목시계 200개를 1억 원에 매도하는 내용의 매매계약을 체결하였다. 甲은 위 매매계약 체결 당일 매매대금의 지급을 확보하기 위하여 乙로부터 액면금 1억 원의 약속어음을 발행받아 수령하였고, 乙은 추가로 丙에게 부탁하여 丙은 같은 날 위 매매대금채무를 연대보증하였다. 甲은 위 매매목적물을 모두 乙에게 인도하였으나 乙과 丙은 변제기가 지나도록 대금을 지급하지 않고 있다. 이에 관한 설명 중 옳은 것을 모두 고른 것은? (다툼이 있는 경우 판례에 의함)** [21 변호사]

ㄱ. 甲의 乙에 대한 매매대금채권의 소멸시효기간은 3년이다.
ㄴ. 甲이 乙에 대한 매매대금채권을 피보전채권으로 乙 소유의 건물에 대한 가압류를 신청하여 법원의 가압류결정을 받아 위 건물에 가압류등기가 되었다면 가압류에 의한 시효중단의 효력은 가압류신청을 한 때로 소급한다.
ㄷ. 甲이 乙을 상대로 매매대금청구의 소를 제기하면 위 약속어음채권의 소멸시효는 중단된다.
ㄹ. 甲이 乙에 대한 매매대금채권을 피보전채권으로 乙 소유의 토지에 대한 가압류를 신청하여 법원의 가압류결정을 받아 위 토지에 가압류등기가 되었다 하더라도 丙에게 그 사실을 통지하지 않은 경우에는 丙에게 시효중단의 효력이 발생하지 않는다.

① ㄱ, ㄴ ② ㄱ, ㄷ ③ ㄱ, ㄹ
④ ㄴ, ㄹ ⑤ ㄱ, ㄴ, ㄹ

해설

ㄱ. (O) 생산자 및 상인이 판매한 생산물 및 상품의 대가에 해당하는 채권의 소멸시효기간은 3년이다(제163조 제6호). 상행위로 인한 채권의 소멸시효기간은 5년이지만, 다른 법령에 5년보다 단기의 소멸시효를 정한 때에는 다른 법령에 의하기 때문이다(상법 제64조).

ㄴ. (O) 가압류로 인한 시효중단의 시점을 묻는 지문이다. 가압류신청에 따라 가압류의 효력이 발생하면 가압류를 신청한 때에 소급하여 시효중단의 효과가 생긴다.

[**대법원** 2017. 4. 7. **선고** 2016**다**35451 **판결**] 민법 제168조 제2호에서 가압류를 시효중단사유로 정하고 있지만, 가압류로 인한 시효중단의 효력이 언제 발생하는지에 관해서는 명시적으로 규정되어 있지 않다. 민사소송법 제265조에 의하면, 시효중단사유 중 하나인 '재판상의 청구'(민법 제168조 제1호, 제170조)는 소를 제기한 때 시효중단의 효력이 발생한다. 이는 소장 송달 등으로 채무자가 소 제기 사실을 알기 전에 시효중단의 효력을 인정한 것이다. 가압류에 관해서도 위 민사소송법 규정을 유추적용하여 '재판상의 청구'와 유사하게 가압류를 신청한 때 시효중단의 효력이 생긴다고 보아야 한다. '가압류'는 법원의 가압류명령을 얻기 위한 재판절차와 가압류명령의 집행절차를 포함하는데, 가압류도 재판상의 청구와 마찬가지로 법원에 신청을 함으로써 이루어지고(민사집행법 제279조), 가압류명령에 따른 집행이나 가압류명령의 송달을 통해서 채무자에게 고지가 이루어지기 때문이다. 가압류를 시효중단사유로 규정한 이유는 가압류에 의하여 채권자가 권리를 행사하였다고 할 수 있기 때문이다. 가압류채권자의 권리행사는 가압류를 신청한 때에 시작되므로, 이 점에서도 가압류에 의한 시효중단의 효력은 가압류신청을 한 때에 소급한다.

ㄷ. (X) 원인채권을 재판상 행사한 때에는 어음채권의 행사가 있었다고 볼 수 없으므로 어음채권의 소멸시효가 중단되지는 않는다. 그러나 어음채권을 재판상 행사한 때에는 원인채권의 행사가 있었던 것으로 보아야 하므로 원인채권의 소멸시효도 중단된다.

[**대법원** 1999. 6. 11. **선고** 99**다**16378 **판결**] [1] 원인채권의 지급을 확보하기 위한 방법으로 어음이 수수된 경우에 원인채권과 어음채권은 별개로서 채권자는 그 선택에 따라 권리를 행사할 수 있고, 원인채권에 기하여 청구를 한 것만으로는 어음채권 그 자체를 행사한 것으로 볼 수 없어 어음채권의 소멸시효를 중단시키지 못한다. [2] 원인채권의 지급을 확보하기 위한 방법으로 어음이 수수된 경우, 이러한 어음은 경제적으로 동일한 급부를 위하여 원인채권의 지급수단으로 수수된 것으로서 그 어음채권의 행사는 원인채권을 실현하기 위한 것일 뿐만 아니라, 원인채권의 소멸시효는 어음금 청구소송에 있어서 채무자의 인적항변 사유에 해당하는 관계로 채권자가 어음채권의 소멸시효를 중단하여 두어도 채무자의 인적항변에 따라 그 권리를 실현할 수 없게 되는 불합리한 결과가 발생하게 되므로, 채권자가 원인채권에 기하여 청구를 한 것이 아니라 어음채권에 기하여 청구를 하는 반대의 경우에는 원인채권의 소멸시효를 중단시키는 효력이 있다고 봄이 상당하고, 이러한 법리는 채권자가 어음채권을 피보전권리로 하여 채무자의 재산을 가압류함으로써 그 권리를 행사한 경우에도 마찬가지로 적용된다.

ㄹ. (×) 제440조. 주채무자에 대한 시효의 중단은 보증인에 대하여 그 효력이 있다. 주채권에 관한 시효중단으로 보증채권의 시효는 당연히 중단된다. 주채권을 피보전채권으로 하여 주채무자의 부동산을 가압류한 때에는 보증인에게 통지하였는지를 불문하고 제440조에 따라 보증채무의 소멸시효도 당연히 중단된다.

[**대법원** 2005. 10. 27. **선고** 2005**다**35554·35561 **판결**] 민법 제169조는 '시효의 중단은 당사자 및 그 승계인 간에만 효력이 있다'고 규정하고 있고, 한편 민법 제440조는 '주채무자에 대한 시효의 중단은 보증인에 대하여 그 효력이 있다'라고 규정하고 있는 바, 민법 제440조는 민법 제169조의 예외 규정으로서 이는 채권자 보호 내지 채권담보의 확보를 위하여 주채무자에 대한 시효중단의 사유가 발생하였을 때는 그 보증인에 대한 별도의 중단조치가 이루어지지 아니하여도 동시에 시효중단의 효력이 생기도록 한 것이고, 그 시효중단사유가 압류·가압류 및 가처분이라고 하더라도 이를 보증인에게 통지하여야 비로소 시효중단의 효력이 발생하는 것은 아니다. 정답 ①

8. 시효의 중단에 관한 설명 중 옳은 것을 모두 고른 것은? (다툼이 있는 경우 판례에 의함) [21 변호사]

ㄱ. 소장에서 청구의 대상으로 삼은 금전채권 중 일부만을 청구하면서 소송의 진행경과에 따라 나머지 부분에 대하여 장차 청구금액을 확장할 뜻을 표시하였으나 당해 소송이 종료될 때까지 실제로 청구금액을 확장하지 않은 경우, 나머지 부분에 대하여는 재판상 청구로 인한 시효중단의 효력이 발생하지는 않지만 특별한 사정이 없는 한 소송이 계속 중인 동안에는 최고에 의한 권리행사가 지속되는 것으로 볼 수 있다.

ㄴ. 점유로 인한 부동산소유권의 시효취득에 있어 취득시효기간의 완성 전에 부동산에 압류 또는 가압류 조치가 이루어졌다고 하더라도 이는 취득시효의 중단사유가 될 수 없다.

ㄷ. 확정판결에 의한 채권의 소멸시효기간인 10년의 경과가 임박한 경우에 그 시효중단을 위한 소는 소의 이익이 있다.

ㄹ. 어느 연대채무자가 채무를 승인함으로써 그에 대한 시효가 중단되면 그로 인하여 다른 연대채무자에게도 시효중단의 효력이 발생한다.

① ㄱ, ㄴ ② ㄴ, ㄷ ③ ㄷ, ㄹ
④ ㄱ, ㄴ, ㄷ ⑤ ㄴ, ㄷ, ㄹ

해설

ㄱ. (O) [**대법원** 2020. 2. 6. **선고** 2019**다**223723 **판결**] 소장에서 청구의 대상으로 삼은 채권 중 일부만을 청구하면서 소송의 진행경과에 따라 장차 청구금액을 확장할 뜻을 표시하였으나 당해 소송이 종료될 때까지 실제로 청구금액을 확장하지 않은 경우에는 소송의 경과에 비추어 볼 때 채권 전부에 관하여 판결을 구한 것으로 볼 수 없으므로, 나머지 부분에 대하여는 재판상 청구로 인한 시효중단의 효력이 발생하지 아니한다.

그러나 이와 같은 경우에도 소를 제기하면서 장차 청구금액을 확장할 뜻을 표시한 채권자로서는 장래에 나머지 부분을 청구할 의사를 가지고 있는 것이 일반적이라고 할 것이므로, 다른 특별한 사정이 없는 한 당해 소송이 계속 중인 동안에는 나머지 부분에 대하여 권리를 행사하겠다는 의사가 표명되어 최고에 의해 권리를 행사하고 있는 상태가 지속되고 있는 것으로 보아야 하고, 채권자는 당해 소송이 종료된 때부터 6월 내에 민법 제174조에서 정한 조치를 취함으로써 나머지 부분에 대한 소멸시효를 중단시킬 수 있다.

ㄴ. (O) 압류나 가압류는 금전채권을 집행하거나 보전하는 수단이므로 소멸시효 중단사유가 될 수는 있으나, 취득시효 중단사유가 될 수는 없다. 압류나 가압류로 인하여 소유권의 행사가 있었다고 할 수 없기 때문이다.

[**대법원** 2019. 4. 3. **선고** 2018**다**296878 **판결**] 민법 제247조 제2항은 '소멸시효의 중단에 관한 규정은 점유로 인한 부동산소유권의 시효취득기간에 준용한다.'고 규정하고, 민법 제168조 제2호는 소멸시효 중단사유로 '압류 또는 가압류, 가처분'을 규정하고 있다. 점유로 인한 부동산소유권의 시효취득에 있어 취득시효의 중단사유는 종래의 점유상태의 계속을 파괴하는 것으로 인정될 수 있는 사유이어야 하는데, 민법 제168조 제2호에서 정하는 '압류 또는 가압류'는 금전채권의 강제집행을 위한 수단이거나 그 보전수단에 불과하여 취득시효기간의 완성 전에 부동산에 압류 또는 가압류 조치가 이루어졌다고 하더라도 이로써 종래의 점유상태의 계속이 파괴되었다고는 할 수 없으므로 이는 취득시효의 중단사유가 될 수 없다.

ㄷ. (O) 소멸시효 중단을 위한 재소는 소의 이익이 있다.

[**대법원** 2018. 7. 19. **선고** 2018**다**22008 **전원합의체 판결**] 확정된 승소판결에는 기판력이 있으므로, 승소 확정판결을 받은 당사자가 그 상대방을 상대로 다시 승소 확정판결의 전소(前訴)와 동일한 청구의 소를 제기하는 경우 그 후소(後訴)는 권리보호의 이익이 없어 부적법하다. 하지만 예외적으로 확정판결에 의한 채권의 소멸시효기간인 10년의 경과가 임박한 경우에는 그 시효중단을 위한 소는 소의 이익이 있다.

나아가 이러한 경우에 후소의 판결이 전소의 승소 확정판결의 내용에 저촉되어서는 아니 되므로, 후소 법원으로서는 그 확정된 권리를 주장할 수 있는 모든 요건이 구비되어 있는지 여부에 관하여 다시 심리할 수 없다.

대법원은 종래 확정판결에 의한 채권의 소멸시효기간인 10년의 경과가 임박한 경우에는 그 시효중단을 위한 재소(再訴)는 소의 이익이 있다는 법리를 유지하여 왔다. 이러한 법리는 현재에도 여전히 타당하다. 다른 시효중단사유인 압류·가압류나 승인 등의 경우 이를 1회로 제한하고 있지 않음에도 유독 재판상 청구의 경우만 1회로 제한되어야 한다고 보아야 할 합리적인 근거가 없다. 또한 확정판결에 의한 채무라 하더라도 채무자가 파산이나 회생제도를 통해 이로부터 전부 또는 일부 벗어날 수 있는 이상, 채권자에게는 시효중단을 위한 재소를 허용하는 것이 균형에 맞다.

ㄹ. (X) 연대채무에서 승인은 상대적 효력사유에 불과하다. 어느 연대채무자가 승인을 함으로써 시효중단의 효력이 생긴 때에도 다른 연대채무자의 채무의 소멸시효가 중단되는 것은 아니다.

[**대법원** 2018. 10. 25. **선고** 2018**다**234177 **판결**] 민법 제416조는 어느 연대채무자에 대한 이행청구는 다른 연대채무자에게도 효력이 있다고 규정하고 있을 뿐이고 채무승인은 이행청구에는 해당하지 않기 때문에, 어느 연대채무자가 채무를 승인함으로써 그에 대한 시효가 중단되었더라도 그로 인하여 다른 연대채무자에게도 시효중단의 효력이 발생하는 것은 아니다. 정답 ④

9. 소멸시효에 관한 설명 중 옳지 않은 것은? (다툼이 있는 경우 판례에 의함) [20 변호사]

① 정지조건부 권리의 경우 조건이 성취되지 않은 동안에는 소멸시효가 진행하지 않는다.
② 동시이행의 항변권이 붙어 있는 채권이라 하더라도 약정한 이행기부터 소멸시효가 진행한다.
③ 명의수탁자의 등기가 3자간 등기명의신탁(중간생략등기형)에 해당하여 무효인 경우, 명의신탁자의 매도인에 대한 소유권이전등기청구권은 명의신탁자가 목적 부동산을 인도받아 점유하고 있는 한 소멸시효가 진행하지 않는다.
④ 채권양도의 대항요건을 갖추지 못한 상태에서 채권의 양수인이 채무자를 상대로 양수금의 지급을 재판상 청구하는 경우, 그 양수금채권의 소멸시효는 중단되지 않는다.
⑤ 채권자가 확정판결에 기한 채권의 실현을 위하여 채무자의 제3채무자에 대한 채권에 관하여 압류 및 추심명령을 받아 그 결정이 제3채무자에게 송달되었다면, 채무자의 제3채무자에 대한 채권에 관하여는 소멸시효 중단사유인 최고로서의 효력이 있다.

해설

① **(O)** 소멸시효는 권리를 행사할 수 있는 때로부터 진행한다(제166조 제1항). 정지조건이 성취되기 전에는 권리를 행사할 수 없으므로 정지조건이 성취된 때로부터 소멸시효가 진행한다.
[**대법원** 2009. 12. 24. **선고** 2007**다**64556 **판결**] 소멸시효는 권리를 행사할 수 있는 때로부터 진행하고, 여기서 권리를 행사할 수 있는 때라 함은 권리행사에 법률상의 장애가 없는 때를 말하므로, 정지조건부 권리에 있어서 조건 미성취의 동안은 권리를 행사할 수 없어 소멸시효가 진행되지 아니한다.

② **(O)** 동시이행의 항변권이 부착되어 있더라도 권리자는 반대채무의 이행제공을 하여 그 항변권을 소멸시킬 수 있으므로 권리행사의 장애가 있다고 볼 수 없다. 원래의 이행기가 도래하여 그 권리를 행사할 수 있는 때로부터 소멸시효가 진행한다.
[**대법원** 1991. 3. 22. **선고** 90**다**9797 **판결**] 부동산에 대한 매매대금채권이 소유권이전등기청구권과 동시이행의 관계에 있다고 할지라도 매도인은 매매대금의 지급기일 이후 언제라도 그 대금의 지급을 청구할 수 있는 것이며, 다만 매수인은 매도인으로부터 그 이전등기에 관한 이행의 제공을 받기까지 그 지급을 거절할 수 있는데 지나지 아니하므로 매매대금 청구권은 그 지급기일 이후 시효의 진행에 걸린다.

③ **(O)** 3자간 등기명의신탁에서 매도인과 명의신탁자 사이의 매매계약은 유효하고, 매수인인 명의신탁자가 부동산을 인도받아 점유하고 있는 동안에는 매수인의 소유권이전등기청구권은 소멸시효의 대상이 아니다.
[**대법원** 2013. 12. 12. **선고** 2013**다**26647 **판결**] 부동산의 매수인이 목적물을 인도받아 계속 점유하는 경우에는 매도인에 대한 소유권이전등기청구권은 소멸시효가 진행되지 않고, 이러한 법리는 3자간 등기명의신탁에 의한 등기가 유효기간의 경과로 무효로 된 경우에도 마찬가지로 적용된다. 따라서 그 경우 목적 부동산을 인도받아 점유하고 있는 명의신탁자의 매도인에 대한 소유권이전등기청구권 역시 소멸시효가 진행되지 않는다.

④ (×) 대항요건을 구비하지 못한 채권양수인의 재판상 청구도 정당한 권리자의 권리행사이므로 소멸시효 중단사유인 재판상 청구에 해당한다. 다만, 채무자가 대항요건 흠결을 주장하여 양수인의 청구가 기각되는 때에는 처음부터 시효중단의 효력이 생기지 않을 뿐이다.

[**대법원** 2005. 11. 10. **선고** 2005**다**41818 **판결**] 채권양도는 구 채권자인 양도인과 신 채권자인 양수인 사이에 채권을 그 동일성을 유지하면서 전자로부터 후자에게로 이전시킬 것을 목적으로 하는 계약을 말한다 할 것이고, 채권양도에 의하여 채권은 그 동일성을 잃지 않고 양도인으로부터 양수인에게 이전되며, 이러한 법리는 채권양도의 대항요건을 갖추지 못하였다고 하더라도 마찬가지인 점, 민법 제149조의 "조건의 성취가 미정한 권리·의무는 일반규정에 의하여 처분·상속·보존 또는 담보로 할 수 있다"는 규정은 대항요건을 갖추지 못하여 채무자에게 대항하지 못한다고 하더라도 채권양도에 의하여 채권을 이전받은 양수인의 경우에도 그대로 준용될 수 있는 점, 채무자를 상대로 재판상의 청구를 한 채권의 양수인을 '권리 위에 잠자는 자'라고 할 수 없는 점 등에 비추어 보면, 비록 대항요건을 갖추지 못하여 채무자에게 대항하지 못한다고 하더라도 채권의 양수인이 채무자를 상대로 재판상의 청구를 하였다면 이는 소멸시효 중단사유인 재판상의 청구에 해당한다고 보아야 한다.

⑤ (○) 추심결정이 제3채무자에게 송달된 때에는 피압류채권의 소멸시효는 최고로 인하여 중단된다. 추심결정에는 피압류채권을 행사하겠다는 의사가 포함되어 있기 때문이다.

[**대법원** 2003. 5. 13. **선고** 2003**다**16238 **판결**] 소멸시효 중단사유의 하나로서 민법 제174조가 규정하고 있는 최고는 채무자에 대하여 채무이행을 구한다는 채권자의 의사통지(준법률행위)로서, 이에는 특별한 형식이 요구되지 아니할 뿐 아니라 행위 당시 당사자가 시효중단의 효력을 발생시킨다는 점을 알거나 의욕하지 않았다 하더라도 이로써 권리 행사의 주장을 하는 취지임이 명백하다면 최고에 해당하는 것으로 보아야 할 것이므로, 채권자가 확정판결에 기한 채권의 실현을 위하여 채무자의 제3채무자에 대한 채권에 관하여 압류 및 추심명령을 받아 그 결정이 제3채무자에게 송달이 되었다면 거기에 소멸시효 중단사유인 최고로서의 효력을 인정하여야 한다. 정답 ④

10. 소멸시효에 관한 설명 중 옳지 않은 것은? (다툼이 있는 경우 판례에 의함) [19 변호사]

① 채무자가 소멸시효 완성 후 시효를 원용하지 아니할 것 같은 태도를 보여 권리자로 하여금 이를 신뢰하게 하였고 그 후 채권자가 권리행사를 기대할 수 있는 상당한 기간 내에 권리를 행사한 경우, 채무자가 소멸시효의 완성을 주장하는 것은 허용되지 않는다.

② 체납처분에 의한 채권압류로 인하여 압류채권자의 채무자에 대한 채권의 시효가 중단되었으나 그 후 피압류채권이 기본계약관계의 해지·실효 또는 소멸시효의 완성 등으로 소멸하여 압류 자체가 실효된 경우, 시효중단 사유는 종료되고 그때부터 시효가 새로이 진행한다.

③ 동일 당사자 간에 계속적인 거래로 인하여 같은 종류를 목적으로 하는 수개의 채권관계가 성립되어 있는 경우에 채무자가 특정채무를 지정하지 아니하고 그 일부의 변제를 한 때에도 다른 특별한 사정이 없다면 잔존 채무에 대하여도 승인을 한 것으로 보아 시효중단이나 포기의 효력을 인정할 수 있다.

④ 원금채무에 관하여는 소멸시효가 완성되지 아니하였으나 이자채무에 관하여는 소멸시효가 완성된 상태에서 채무자가 채무를 일부 변제한 때에는 액수에 관하여 다툼이 없는 한 원금채무에 관하여 묵시적으로 승인하는 한편 이자채무에 관하여 시효완성의 사실을 알고 그 이익을 포기한 것으로 추정된다.

⑤ 법률의 규정에 따른 적법한 가압류가 있었으나 제소기간의 도과로 인하여 가압류가 취소된 경우에는 소멸시효 중단의 효력이 없다.

해설

① (O) 소멸시효 원용권의 행사가 신의칙에 반하기 위해서는 권리자의 권리행사가 권리행사를 기대할 수 있는 때로부터 상당한 기간 내에 권리를 행사하여야 한다.

[**대법원** 2015. 9. 10. **선고** 2013**다**73957 **판결**] 소멸시효를 이유로 한 항변권의 행사도 민법의 대원칙인 신의성실의 원칙과 권리남용금지의 원칙의 지배를 받는 것이어서, 시효완성 전에 객관적으로 권리를 행사할 수 없는 사실상의 장애사유가 있어 권리행사를 기대할 수 없는 특별한 사정이 있는 경우에는 채무자가 소멸시효의 완성을 주장하는 것은 신의성실의 원칙에 반하는 권리남용으로서 허용될 수 없다.

한편 위와 같이 채권자에게 권리의 행사를 기대할 수 없는 객관적인 장애사유가 있었던 경우에도 그러한 장애가 해소된 때는 그때부터 상당한 기간 내에 권리를 행사하여야만 채무자의 소멸시효의 항변을 저지할 수 있다. 이때 권리를 '상당한 기간' 내에 행사한 것으로 볼 수 있는지는 채권자와 채무자 사이의 관계, 손해배상청구권의 발생원인, 채권자의 권리행사가 지연된 사유 및 손해배상청구의 소를 제기하기까지의 경과 등 여러 사정을 종합적으로 고려하여 판단하여야 할 것이다. 다만 소멸시효 제도는 법적 안정성의 달성 및 증명곤란의 구제 등을 이념으로 하는 것이므로 그 적용요건에 해당함에도 신의성실의 원칙을 들어 시효완성의 효력을 부정하는 것은 매우 예외적인 제한에 그쳐야 한다. 따라서 권리행사의 '상당한 기간'은 특별한 사정이 없는 한 민법상 시효정지의 경우에 준하여 단기간으로 제한되어야 하고, 특히 불법행위로 인한 손해배상청구 사건에서는 매우 특수한 개별 사정이 있어 그 기간을 연장하여 인정하는 것이 부득이한 경우에도 민법 제766조 제1항이 규정한 단기소멸시효기간인 3년을 넘어서는 아니 된다고 할 것이다.

② (O) 압류로 인한 시효중단은 압류의 효력이 유지되는 동안 계속되고, 압류가 실효되면 그때부터 다시 시효가 새로이 진행한다.

[**대법원** 2017. 4. 28. **선고** 2016**다**239840 **판결**]체납처분에 의한 채권압류로 인하여 채권자의 채무자에 대한 채권의 시효가 중단된 경우에 압류에 의한 체납처분 절차가 채권추심 등으로 종료된 때뿐만 아니라, 피압류채권이 기본계약관계의 해지·실효 또는 소멸시효 완성 등으로 인하여 소멸함으로써 압류의 대상이 존재하지 않게 되어 압류 자체가 실효된 경우에도 체납처분 절차는 더 이상 진행될 수 없으므로 시효중단사유가 종료한 것으로 보아야 하고, 그때부터 시효가 새로이 진행한다.

③ (O) 일부변제가 잔존채무에 대한 승인에 해당하는지를 묻는 지문이다.

[**대법원** 2014. 1. 23. **선고** 2013**다**64793 **판결**] 계속적인 거래로 같은 종류를 목적으로 하는 수개의 채권관계가 성립되어 있는 경우에 채무자가 특정채무를 지정하지 아니하고 그 일부의 변제를 한 때에도 다른 특별한 사정이 없다면 잔존 채무에 대하여도 승인을 한 것으로 보아 시효중단이나 포기의 효력을 인정할 수 있을 것이나, 그 채무가 별개로 성립되어 독립성을 갖고 있는 경우에는 일률적으로 그렇게만 해석할 수는 없을 것이고, 특히 채무자가 근저당권설정등기를 말소하기 위하여 피담보채무를 변제하는 경우에는 특별한 사정이 없는 한 피담보채무가 아닌 별개의 채무에 대하여서까지 채무를 승인하거나 소멸시효의 이익을 포기한 것이라고 볼 수는 없다.

④ (O) [**대법원** 2013. 5. 23. **선고** 2013**다**12464 **판결**] 원금채무에 관하여는 소멸시효가 완성되지 아니하였으나 이자채무에 관하여는 소멸시효가 완성된 상태에서 채무자가 채무를 일부 변제한 때에는 액수에 관하여 다툼이 없는 한 원금채무에 관하여 묵시적으로 승인하는 한편 이자채무에 관하여 시효완성의 사실을 알고 그 이익을 포기한 것으로 추정되며, 채무자의 변제가 채무 전체를 소멸시키지 못하고 당사자가 변제에 충당할 채무를 지정하지 아니한 때에는 민법 제479조, 제477조에 따른 법정변제충당의 순서에 따라 충당되어야 한다.

⑤ (×) 제소기간 도과로 인하여 가압류가 취소된 때에는 법률규정에 따르지 아니한 부적법한 가압류로서 취소된 때에 해당하지 아니하므로 가압류의 시효중단효력은 인정된다. 가압류가 취소된 때로부터 새롭게 소멸시효가 진행한다.

[**대법원** 2011. 1. 13. **선고** 2010**다**88019 **판결**] 민법 제175조는 가압류가 '권리자의 청구에 의하여 또는 법률의 규정에 따르지 아니함으로 인하여 취소된 때에는 소멸시효 중단의 효력이 없다.'고 규정하고 있고, 이는 그러한 사유가 가압류 채권자에게 권리행사의 의사가 없음을 객관적으로 표명하는 행위이거나 또는 처음부터 적법한 권리행사가 있었다고 볼 수 없는 사유에 해당한다고 보기 때문이므로, 법률의 규정에 따른 적법한 가압류가 있었으나 제소기간의 도과로 인하여 가압류가 취소된 경우에는 위 법조가 정한 소멸시효 중단의 효력이 없는 경우에 해당한다고 볼 수 없다(필자 주 : 가압류결정 후 제소기간 도과를 이유로 가압류가 취소된 사안에서, 채권의 소멸시효가 가압류로 인하여 중단되었다가 제소기간의 도과로 가압류가 취소된 때로부터 다시 진행된다고 한 원심의 판단을 수긍한 사례).

정답 ⑤

11. 소멸시효에 관한 설명 중 옳은 것을 모두 고른 것은? (다툼이 있는 경우 판례에 의함) [18 변호사]

ㄱ. 채무자가 채권자에게 담보가등기를 경료하고 부동산을 인도하여 준 다음 피담보채권의 이자 또는 지연손해금의 지급에 갈음하여 채권자로 하여금 그 부동산을 사용수익할 수 있도록 한 경우, 이로 인해 피담보채권의 소멸시효가 중단되지는 않는다.
ㄴ. 채권자의 신청에 의한 경매개시결정에 따라 연대채무자 1인 소유의 부동산이 압류된 경우, 이로써 이 연대채무자에 대한 채권의 소멸시효는 중단되지만 다른 연대채무자에 대한 채권의 소멸시효는 중단되지 않는다.
ㄷ. 채무자가 담보가등기가 설정된 자신 소유의 부동산을 양도하여 당해 부동산에 관한 양수인 명의의 소유권이전등기가 경료된 경우, 그 양수인은 채무자를 대위하지 않더라도 그 담보가등기의 피담보채권이 시효로 소멸했다는 주장을 할 수 있다.
ㄹ. 채권자대위소송에서 피고인 제3채무자는 원고인 채권자가 채무자에 대해 가지는 채권이 시효로 소멸했음을 주장할 수 없으며, 채권자취소소송에서도 피고인 수익자나 전득자는 원고인 채권자가 채무자에 대해 가지는 채권이 시효로 소멸했다는 주장을 할 수 없다.
ㅁ. 채무자가 자신 소유의 부동산에 저당권을 설정한 상태에서 당해 부동산을 양도하여 그 부동산에 관한 양수인 명의의 소유권이전등기가 경료된 다음, 채무자가 시효기간 도과 후 자신의 채무를 승인했다 하더라도 이로 인한 시효이익 포기의 효력은 양수인에게 미치지 않는다.

① ㄱ, ㄴ, ㄷ ② ㄱ, ㄷ, ㅁ ③ ㄴ, ㄷ, ㄹ
④ ㄴ, ㄷ, ㅁ ⑤ ㄴ, ㄹ, ㅁ

해설

ㄱ. (×) 이자 지급에 갈음하여 채권자로 하여금 담보부동산을 사용·수익 하도록 한 경우에는 이자를 지급한 경우와 마찬가지로 피담보채권은 승인에 의하여 그 소멸시효 진행이 중단된다.

[**대법원** 2009. 11. 12. **선고** 2009**다**51028 **판결**] 담보가등기를 경료한 부동산을 인도받아 점유하더라도 담보가등기의 피담보채권의 소멸시효가 중단되는 것은 아니지만, 채무의 일부를 변제하는 경우에는 채무 전부에 관하여 시효중단의 효력이 발생하는 것이므로, 채무자가 채권자에게 담보가등기를 경료하고 부동산을 인도하여 준 다음 피담보채권에 대한 이자 또는 지연손해금의 지급에 갈음하여 채권자로 하여금 부동산을 사용·수익할 수 있도록 한 경우라면 채권자가 부동산을 사용·수익하는 동안에는 채무자가 계속하여 이자 또는 지연손해금을 채권자에게 변제하고 있는 것으로 볼 수 있으므로 피담보채권의 소멸시효가 중단된다고 보아야 한다.

ㄴ. (O) 연대채무자 1인의 부동산이 채권자에 의하여 압류된 경우, 다른 연대채무자의 채무의 소멸시효가 중단되는지를 묻는 지문이다. 이 지문은 논란이 있을 수 있다. 연대채무에서 압류에 의한 시효중단은 상대적 효력사유에 불과하여 다른 연대채무자의 채무의 소멸시효를 중단시키지 않는다. 그러나 채권자에 의한 압류신청은 동시에 채무이행을 촉구하는 최고의 의미가 있고, 이행청구에는 소멸시효 중단의 효력이 있으며, 이는 다른 연대채무자에게도 절대적 효력을 가진다. 다른 연대채무자에 대한 채권의 소멸시효가 압류에 의하여 중단되지는 않지만, 최고에 의하여 중단될 수 있다. 이 지문을 옳지 않은 지문으로 처리하면 옳은 지문이 ㄷ.과 ㅁ.밖에 없는데, 이는 답항에 없다. 결국 이 지문을 옳은 지문으로 처리하여야 한다.

[**대법원** 2001. 8. 21. **선고** 2001**다**22840 **판결**] [1] 채권자의 신청에 의한 경매개시결정에 따라 연대채무자 1인의 소유 부동산이 압류된 경우, 이로써 위 채무자에 대한 채권의 소멸시효는 중단되지만, 압류에 의한 시효중단의 효력은 다른 연대채무자에게 미치지 아니하므로, 경매개시결정에 의한 시효중단의 효력을 다른 연대채무자에 대하여 주장할 수 없다. [2] 채권자가 연대채무자 1인의 소유 부동산에 대하여 경매신청을 한 경우, 이는 최고로서의 효력을 가지고 있고, 연대채무자에 대한 이행청구는 다른 연대채무자에게도 효력이 있으므로, 채권자가 6월내에 다른 연대채무자를 상대로 재판상 청구를 하였다면 그 다른 연대채무자에 대한 채권의 소멸시효가 중단되지만, 이로 인하여 중단된 시효는 위 경매절차가 종료된 때가 아니라 재판이 확정된 때로부터 새로 진행된다.

ㄷ. (O) 담보가등기가 설정된 부동산의 제3취득자는 피담보채권에 관한 독자적 소멸시효 원용권자에 해당한다. 피담보채권의 시효소멸에 따라 직접 이익을 받는 자이기 때문이다.

[**대법원** 1995. 7. 11. **선고** 95**다**12446 **판결**] 소멸시효를 원용할 수 있는 사람은 권리의 소멸에 의하여 직접 이익을 받는 사람에 한정되는 바, 채권담보의 목적으로 매매예약의 형식을 빌어 소유권이전청구권 보전을 위한 가등기가 경료된 부동산을 양수하여 소유권이전등기를 마친 제3자는 당해 가등기담보권의 피담보채권의 소멸에 의하여 직접 이익을 받는 자이므로, 그 가등기담보권에 의하여 담보된 채권의 채무자가 아니더라도 그 피담보채권에 관한 소멸시효를 원용할 수 있고, 이와 같은 직접수익자의 소멸시효 원용권은 채무자의 소멸시효 원용권에 기초한 것이 아닌 독자적인 것으로서 채무자를 대위하여서만 시효이익을 원용할 수 있는 것은 아니며, 가사 채무자가 이미 그 가등기에 기한 본등기를 경료하여 시효이익을 포기한 것으로 볼 수 있다고 하더라도 그 시효이익의 포기는 상대적 효과가 있음에 지나지 아니하므로 채무자 이외의 이해관계자에 해당하는 담보 부동산의 양수인으로서는 여전히 독자적으로 소멸시효를 원용할 수 있다.

ㄹ. (×) 채권자대위소송의 피고와 채권자취소소송의 피고가 피보전채권의 소멸시효 원용권자에 해당하는지를 묻는 지문이다. 채권자대위소송의 피고는 소멸시효 원용권자에 해당하지 않지만, 채권자취소소송의 피고는 소멸시효 원용권자에 해당한다. 채권자대위소송에서는 피보전채권이 시효로 소멸하더라도 피고인 제3채무자는 채무자에 대하여 여전히 채무를 부담하고 이를 면할 수 없지만 채권자취소소송에서 피고인 수익자나 전득자는 채무자와의 법률행위나 전득행위의 효력이 부인되지 않는 결과 사해행위 목적물에 관한 자신의 권리를 상실하지 않는 직접적 이익을 가진다.

[**대법원** 1998. 12. 8. **선고** 97**다**31472 **판결**] 채권자가 채권자대위권을 행사하여 제3자에 대하여 하는 청구에 있어서, 제3채무자는 채무자가 채권자에 대하여 가지는 항변으로 대항할 수 없고, 채권의 소멸시효가 완성된 경우 이를 원용할 수 있는 자는 원칙적으로는 시효이익을 직접 받는 자뿐이고, 채권자대위소송의 제3채무자는 이를 행사할 수 없다.

[**대법원** 2007. 11. 29. **선고** 2007**다**54849 **판결**] 소멸시효를 원용할 수 있는 사람은 권리의 소멸에 의하여 직접 이익을 받는 자에 한정되는데, 사해행위취소소송의 상대방이 된 사해행위의 수익자는 사해행위가 취소되면 사해행위에 의하여 얻은 이익을 상실하게 되나, 사해행위취소권을 행사하는 채권자의 채권이 소멸되면 그와 같은 이익의 상실을 면할 수 있는 지위에 있으므로, 그 채권의 소멸에

의하여 직접 이익을 받는 자에 해당하는 것으로 보아야 한다. 따라서 원심이 사해행위의 수익자인 피고를 망인에 대한 일반 채권자와 동일하게 보아 피고가 독자적으로 망인의 보증채무가 소멸시효 완성으로 소멸되었다는 주장을 할 수 없다는 취지로 판단한 것은 잘못이라고 할 것이다(필자 註 : 다만, 대법원은 채권자가 채무자를 상대로 피보전채권에 관한 이행청구의 소를 제기하여 승소판결을 받고 그 판결이 확정되었다면 수익자는 더 이상 소멸시효의 주장 등으로 피보전채권의 존재를 다툴 수 없다고 하였다).

ㅁ. (O) 채무자가 한 소멸시효 이익포기의 효력이 저당물의 제3취득자에게 영향을 주는지를 묻는 지문이다. 시효이익의 포기는 소멸시효원용권의 포기이므로 어느 원용권자의 원용권포기는 다른 원용권자의 원용권에 영향을 주지 않는다. 채무자뿐만 아니라 저당물의 제3취득자도 독자적인 소멸시효원용권자에 해당하므로 채무자의 원용권 포기는 제3취득자에게 영향을 주지 않는다. 다만, 채무자가 원용권을 포기하고, 이를 기초로 제3자가 저당물의 소유권을 취득하여 제3취득자가 된 때에는 제3취득자는 채무자의 소멸시효 이익포기의 효력을 부인할 수는 없다.

[**대법원** 2010. 3. 11. **선고** 2009**다**100098 **판결**] 채권에 대한 소멸시효가 완성되었다면 그 뒤에는 더 이상 소멸시효의 중단 문제가 생길 여지가 없다. 또한 채무자가 소멸시효 완성 후 채무를 승인하였다면 시효 완성의 사실을 알고 그 이익을 포기한 것이라고 추정할 수 있을 것이나, 그 시효 이익의 포기는 상대적 효과가 있음에 지나지 아니하므로 저당부동산의 제3취득자에게는 효력이 없다 할 것이다.

정답 ④

12. 소멸시효에 관한 설명 중 옳은 것은? (다툼이 있는 경우 판례에 의함) [17 변호사]

① 부동산에 대한 매매대금 채권이 소유권이전등기청구권과 동시이행의 관계에 있는 경우, 매수인이 매매목적물인 부동산을 인도받아 점유하고 있어서 소유권이전등기청구권의 소멸시효가 진행되지 않는 이상 매매대금 채권 역시 그 지급기일이 경과했더라도 소멸시효가 진행되지 않는다.

② 금전채무가 시효소멸한 후 채무자가 미지급이자를 담보하기 위해 자신이 소유한 부동산에 근저당권을 설정해줌으로써 시효이익을 포기한 경우, 그 후 채무자로부터 그 부동산을 매수한 양수인은 채무자가 한 시효이익 포기의 효력을 부정할 수 있다.

③ 소멸시효 완성 후 시효이익을 받는 당사자인 채무자가 채권자에게 자신의 채무가 있음을 알고 있다는 뜻을 표시하여 채무승인을 한 경우, 시효의 완성으로 인한 법적인 이익을 받지 않겠다는 효과의사가 없더라도 소멸시효 이익의 포기로 인정될 수 있다.

④ 채무자가 채권자에게 담보가등기를 경료하고 부동산을 인도하여 준 다음 피담보채권에 대한 이자 또는 지연손해금의 지급에 갈음하여 채권자로 하여금 부동산을 사용·수익하게 한 경우, 채권자가 부동산을 사용·수익하는 동안에도 피담보채권의 소멸시효가 진행된다.

⑤ 소멸시효가 완성된 경우 채무자에 대한 일반 채권자는 채권자의 지위에서 독자적으로 시효소멸의 주장을 할 수 없지만 자기의 채권을 보전하기 위하여 필요한 한도 내에서 채무자를 대위하여 시효소멸의 주장을 할 수 있다.

해 설

① (X) 동시이행항변권이 존재한다는 사정이 소멸시효의 진행을 방해하는 법률적 장애에 해당하는지를 묻는 지문이다. 채권자로서는 반대급부의 변제제공을 함으로써 장애를 제거할 수 있으므로 권리행사를 방해하는 법률적 장애로 볼 수 없다. 원래의 이행기한이 도래한 때로부터 소멸시효가 진행한다.

[**대법원** 1991. 3. 22. **선고** 90**다**9797 **판결**] 부동산에 대한 매매대금채권이 소유권이전등기청구권과 동시이행의 관계에 있다고 할지라도 매도인은 매매대금의 지급기일 이후 언제라도 그 대금의 지급

을 청구할 수 있는 것이며, 다만 매수인은 매도인으로부터 그 이전등기에 관한 이행의 제공을 받기까지 그 지급을 거절할 수 있는데 지나지 아니하므로 매매대금 청구권은 그 지급기일 이후 시효의 진행에 걸린다.

② (×) 채무자가 시효이익을 포기한 후에 독자적인 소멸시효를 원용할 이해관계를 맺은 자는 채무자의 시효이익 포기의 효력을 부정할 수 없다는 것이 판례의 태도이다.

[**대법원** 2015. 6. 11. **선고** 2015**다**200227 **판결**] 소멸시효 이익의 포기는 상대적 효과가 있을 뿐이어서 다른 사람에게는 영향을 미치지 아니함이 원칙이나, 소멸시효 이익의 포기 당시에는 권리의 소멸에 의하여 직접 이익을 받을 수 있는 이해관계를 맺은 적이 없다가 나중에 시효이익을 이미 포기한 자와의 법률관계를 통하여 비로소 시효이익을 원용할 이해관계를 형성한 자는 이미 이루어진 시효이익 포기의 효력을 부정할 수 없다. 왜냐하면, 시효이익의 포기에 대하여 상대적인 효과만을 부여하는 이유는 포기 당시에 시효이익을 원용할 다수의 이해관계인이 존재하는 경우 그들의 의사와는 무관하게 채무자 등 어느 일방의 포기 의사만으로 시효이익을 원용할 권리를 박탈당하게 되는 부당한 결과의 발생을 막으려는 데 있는 것이지, 시효이익을 이미 포기한 자와의 법률관계를 통하여 비로소 시효이익을 원용할 이해관계를 형성한 자에게 이미 이루어진 시효이익 포기의 효력을 부정할 수 있게 하여 시효완성을 둘러싼 법률관계를 사후에 불안정하게 만들자는 데 있는 것은 아니기 때문이다.

③ (×) 시효이익 포기의 요건으로서 승인을 묻는 지문이다. 시효중단사유로서 승인은 채무의 존재를 인정하면 족하고, 효과의사를 필요로 하는 것은 아니지만, 시효이익의 포기에는 효과의사가 있어야 한다.

[**대법원** 2013. 2. 28. **선고** 2011**다**21556 **판결**] 소멸시효 중단사유로서의 채무승인은 시효이익을 받는 당사자인 채무자가 소멸시효의 완성으로 채권을 상실하게 될 자에 대하여 상대방의 권리 또는 자신의 채무가 있음을 알고 있다는 뜻을 표시함으로써 성립하는 이른바 관념의 통지로 여기에 어떠한 효과의사가 필요하지 않다. 이에 반하여 시효완성 후 시효이익의 포기가 인정되려면 시효이익을 받는 채무자가 시효의 완성으로 인한 법적인 이익을 받지 않겠다는 효과의사가 필요하기 때문에 시효완성 후 소멸시효 중단사유에 해당하는 채무의 승인이 있었다 하더라도 그것만으로는 곧바로 소멸시효 이익의 포기라는 의사표시가 있었다고 단정할 수 없다.

④ (×) 피담보채무에 관한 이자나 지연손해금의 지급에 갈음하여 사용·수익하게 하는 행위는 이자나 지연손해금의 지급행위와 동일하고 이는 채무의 승인에 해당하므로 소멸시효가 중단된다.

[**대법원** 2009. 11. 12. **선고** 2009**다**51028 **판결**] 담보가등기를 경료한 부동산을 인도받아 점유하더라도 담보가등기의 피담보채권의 소멸시효가 중단되는 것은 아니지만, 채무의 일부를 변제하는 경우에는 채무 전부에 관하여 시효중단의 효력이 발생하는 것이므로, 채무자가 채권자에게 담보가등기를 경료하고 부동산을 인도하여 준 다음 피담보채권에 대한 이자 또는 지연손해금의 지급에 갈음하여 채권자로 하여금 부동산을 사용·수익할 수 있도록 한 경우라면 채권자가 부동산을 사용·수익하는 동안에는 채무자가 계속하여 이자 또는 지연손해금을 채권자에게 변제하고 있는 것으로 볼 수 있으므로 피담보채권의 소멸시효가 중단된다고 보아야 한다.

⑤ (○) 채무자의 일반채권자는 독자적인 시효원용권자에 해당하지 않으며, 독자적 시효원용권자가 아닌 자는 시효원용권자를 대위하여 소멸시효를 주장할 수 있을 뿐이다.

[**대법원** 1997. 12. 26. **선고** 97**다**22676 **판결**] 소멸시효가 완성된 경우 이를 주장할 수 있는 사람은 시효로 인하여 채무가 소멸되는 결과 직접적인 이익을 받는 사람에 한정되므로, 채무자에 대한 일반채권자는 자기의 채권을 보전하기 위하여 필요한 한도 내에서 채무자를 대위하여 소멸시효 주장을 할 수 있을 뿐 채권자의 지위에서 독자적으로 소멸시효의 주장을 할 수 없다. 정답 ⑤

13. 소멸시효에 관한 설명 중 옳은 것은? (각 지문은 독립적이며, 다툼이 있는 경우 판례에 의함) [16 변호사]

① 甲 소유의 X 토지에 丙의 乙에 대한 대여금채무를 피담보채무로 하는 근저당권설정등기가 마쳐진 후 甲은 근저당권자인 乙을 상대로 위 대여금채무가 변제로 인하여 소멸하였음을 이유로 하는 근저당권설정등기 말소청구의 소를 제기하였다. 이 소송에서 乙이 적극적으로 응소하여 위 대여금채무가 변제되지 않았다고 다툰 결과 甲의 청구를 기각하는 판결이 선고되었다면 乙의 응소는 위 대여금채무의 소멸시효 중단을 위한 재판상 청구에 해당한다.

② 甲과 乙은 2005. 7. 1. "甲은 그 소유의 X 토지를 乙에게 매도하되, 2005. 7. 8. 甲이 乙 앞으로 X 토지의 소유권이전등기를 마침과 동시에 乙은 甲에게 매매대금을 지급한다."라는 내용의 계약을 체결하였다. 2015. 12. 28. 현재 甲과 乙이 서로 위 계약의 이행을 위한 아무런 조치를 취하지 않은 상태라면 甲의 乙에 대한 매매대금지급 청구권의 소멸시효는 완성되지 않았다.

③ 甲은 그 소유의 X 토지를 乙에게 매도 및 인도하였고, 乙은 X 토지를 사용·수익하다가 2005. 7. 8. 丙에게 X 토지를 매도 및 인도하였으며, 그 이후 丙이 계속하여 X 토지를 사용·수익하였다면, 2015. 12. 28. 현재 乙의 甲에 대한 X 토지의 소유권이전등기 청구권의 소멸시효는 완성되었다.

④ 甲은 丙의 乙에 대한 대여금채무를 연대보증하였다. 乙은 丙에 대한 대여금채권을 보전하기 위하여 丙 소유의 X 토지에 대한 가압류신청을 하였고 이에 따른 가압류결정과 가압류기입등기가 이루어졌으나, 乙은 이러한 사정을 연대보증인인 甲에게 알리지 않았다. 이 경우 가압류에 의한 시효중단의 효력은 甲에게 미친다.

⑤ 甲은 乙로부터 금원을 차용하면서 차용금채무를 담보하기 위하여 甲 소유의 X 토지에 관하여 乙 앞으로 담보가등기를 설정하였고, 그후 丙이 甲으로부터 X 토지의 소유권을 취득하였다. 이 경우 丙은 甲의 乙에 대한 위 차용금채무의 소멸시효를 원용할 수 없다.

해설

① **(×)** 물상보증인의 근저당권말소청구소송에서 근저당권자의 응소가 피담보채권 소멸시효 중단사유가 되는지를 묻는 지문이다. 물상보증인은 채무자가 아니므로 재판상 청구로 인한 시효중단의 효력이 생기지 않는다.

[**대법원** 2004. 1. 16. **선고** 2003**다**30890 **판결**] 타인의 채무를 담보하기 위하여 자기의 물건에 담보권을 설정한 물상보증인은 채권자에 대하여 물적 유한책임을 지고 있어 그 피담보채권의 소멸에 의하여 직접 이익을 받는 관계에 있으므로 소멸시효의 완성을 주장할 수 있는 것이지만, 채권자에 대하여는 아무런 채무도 부담하고 있지 아니하므로, 물상보증인이 그 피담보채무의 부존재 또는 소멸을 이유로 제기한 저당권설정등기 말소등기절차이행청구소송에서 채권자 겸 저당권자가 청구기각의 판결을 구하고 피담보채권의 존재를 주장하였다고 하더라도 이로써 직접 채무자에 대하여 재판상 청구를 한 것으로 볼 수는 없는 것이므로 피담보채권의 소멸시효에 관하여 규정한 민법 제168조 제1호 소정의 "청구"에 해당하지 아니한다.

② **(×)** 채무자가 동시이행의 항변권을 가지고 있다는 사유가 소멸시효 진행을 방해하는 법률적 장애사유인지를 묻는 지문이다. 채권자는 반대채무를 제공함으로써 동시이행의 항변권을 제거할 수 있으므로 법률적 장애가 아니다. 사안의 경우 甲과 乙의 채권은 다른 특별한 사정이 없는 한 모두 2005. 7. 8.부터 소멸시효가 진행하므로 2015. 12. 8. 현재 소멸시효가 완성되었다고 보아야 한다.

[**대법원** 1991. 3. 22. **선고** 90**다**9797 **판결**] 부동산에 대한 매매대금채권이 소유권이전등기청구권과 동시이행의 관계에 있다고 할지라도 매도인은 매매대금의 지급기일 이후 언제라도 그 대금의 지급

을 청구할 수 있는 것이며, 다만 매수인은 매도인으로부터 그 이전등기에 관한 이행의 제공을 받기까지 그 지급을 거절할 수 있는데 지나지 아니하므로 매매대금 청구권은 그 지급기일 이후 시효의 진행에 걸린다.

③ (×) 인도받아 사용·수익하던 매수인이 다시 제3자에게 매도하여 점유를 승계시켜 준 경우, 매수인의 등기청구권이 소멸시효의 대상인지를 묻는 지문이다. 적극적으로 권리를 행사하고 있는 것으로 보아야 하므로 소멸시효의 대상이 아니다.

[**대법원** 1999. 3. 18. **선고** 98**다**32175 **전원합의체 판결**] [**다수의견**] 부동산의 매수인이 그 부동산을 인도받은 이상 이를 사용·수익하다가 그 부동산에 대한 보다 적극적인 권리 행사의 일환으로 다른 사람에게 그 부동산을 처분하고 그 점유를 승계하여 준 경우에도 그 이전등기청구권의 행사 여부에 관하여 그가 그 부동산을 스스로 계속 사용·수익만 하고 있는 경우와 특별히 다를 바 없으므로 위 두 어느 경우에나 이전등기청구권의 소멸시효는 진행되지 않는다고 보아야 한다.

[**반대의견**] 부동산의 매수인이 매매목적물을 인도받아 이를 사용·수익하고 있는 동안에는 그 소유권이전등기청구권의 소멸시효가 진행하지 않는다고 보아야 할 것이나, 매수인이 목적물의 점유를 상실하여 더 이상 사용·수익하고 있는 상태가 아니라면, 매도인에 대한 관계에서 권리의 주장 내지 행사가 계속되고 있다고 볼 만한 사정이 없고, 비록 매수인이 그 부동산을 다른 사람에게 처분하고 인도하여 준 경우라고 하더라도 그 처분은 타인의 권리를 전매한 것에 불과할 뿐이고 그 소유권을 처분 내지 행사하였다고 볼 수는 없으며, 그 인도 또한 매수인이 새로운 매매계약에 따른 자신의 의무를 이행한 것에 지나지 아니할 뿐만 아니라 오히려 그 점유를 이전함으로써 목적물에 대한 사용·수익의 상태에서 벗어나게 된 것이어서 위 처분 내지 인도를 가리켜 매도인에 대한 관계에서 권리 행사라고 볼 수도 없는 것이므로, 점유의 상실원인이 무엇이든지 간에 점유상실 시점으로부터 그 이전등기청구권의 소멸시효가 진행한다고 봄이 상당하다.

[**보충의견**] 부동산의 매수인의 매도인에 대한 소유권이전등기청구와 인도청구는 일반적으로 그 자체가 채권이라고 이해되고 있으나 그 법률적 성질은 소유권을 이전받을 매수인의 채권에 기한 채권적 권리 행사인 것으로서 매수인이 이전등기청구를 하거나 또는 인도청구를 하는 것은 모두 매수채권을 행사하였다는 점에서 동일하고, 또한 매수인이 부동산을 인도받음으로써 인도에 관한 채권 행사는 일단 완료된 것이고 그 이후 이를 점유·사용하는 것은 매수채권 행사 자체가 계속되는 것이 아니고 그 권리 행사 결과의 상태가 유지되는 것뿐이므로 목적물을 매수인 본인이 점유·사용하든지 또는 제3자에 양도하여 점유·사용하게 하든지 매수인의 인도청구권 행사의 결과에 따른 상태는 마찬가지로 유지되고 있어 권리 행사의 상태가 관건이 되는 시효 적용에서 이를 구별할 필요가 없다.

④ (○) 주채무자에 대한 가압류로 인한 시효중단의 효력이 별도의 통지 없이도 보증인에게 미치는지를 묻는 지문이다. 시효의 중단은 당사자 및 그 승계인간에만 효력이 있고(제169조), 압류, 가압류 및 가처분은 시효의 이익을 받을 자에 대하여 하지 아니한 때에는 이를 그에게 통지한 후가 아니면 시효중단의 효력이 없다(제176조). 그러나 보증채무의 경우에는 채권자보호를 위하여 주채무의 시효중단의 효력이 당연히 보증인에게 미치도록 하는 특별한 규정이 있다. 즉, 주채무자에 대한 시효의 중단은 보증인에 대하여 그 효력이 있다(제440조). 따라서 제440조에 따라 별도의 보증인에 대한 통지 없이도 주채무 시효중단의 효력은 보증인에게 미친다.

[**대법원** 2005. 10. 27. **선고** 2005**다**35554·35561 **판결**] 민법 제169조는 '시효의 중단은 당사자 및 그 승계인 간에만 효력이 있다'고 규정하고 있고, 한편 민법 제440조는 '주채무자에 대한 시효의 중단은 보증인에 대하여 그 효력이 있다'라고 규정하고 있는 바, 민법 제440조는 민법 제169조의 예외 규정으로서 이는 채권자 보호 내지 채권담보의 확보를 위하여 주채무자에 대한 시효중단의 사유가 발생하였을 때는 그 보증인에 대한 별도의 중단조치가 이루어지지 아니하여도 동시에 시효중단의 효력이 생기도록 한 것이고, 그 시효중단사유가 압류·가압류 및 가처분이라고 하더라도 이를 보증인에게 통지하여야 비로소 시효중단의 효력이 발생하는 것은 아니다.

⑤ (×) 가등기담보권이 설정된 부동산의 제3취득자가 소멸시효원용권자에 해당하는지를 묻는 지문이다. 피담보채무의 시효소멸로 인하여 부동산의 부담이 소멸하게 되므로 제3취득자는 직접수익자에 해당하고, 소멸시효원용권자에 해당한다.

[**대법원** 1995. 7. 11. **선고** 95**다**12446 **판결**] 소멸시효를 원용할 수 있는 사람은 권리의 소멸에 의하여 직접 이익을 받는 사람에 한정되는 바, 채권담보의 목적으로 매매예약의 형식을 빌어 소유권이전청구권 보전을 위한 가등기가 경료된 부동산을 양수하여 소유권이전등기를 마친 제3자는 당해 가등기담보권의 피담보채권의 소멸에 의하여 직접 이익을 받는 자이므로, 그 가등기담보권에 의하여 담보된 채권의 채무자가 아니더라도 그 피담보채권에 관한 소멸시효를 원용할 수 있고, 이와 같은 직접수익자의 소멸시효 원용권은 채무자의 소멸시효 원용권에 기초한 것이 아닌 독자적인 것으로서 채무자를 대위하여서만 시효이익을 원용할 수 있는 것은 아니며, 가사 채무자가 이미 그 가등기에 기한 본등기를 경료하여 시효이익을 포기한 것으로 볼 수 있다고 하더라도 그 시효이익의 포기는 상대적 효과가 있음에 지나지 아니하므로 채무자 이외의 이해관계자에 해당하는 담보 부동산의 양수인으로서는 여전히 독자적으로 소멸시효를 원용할 수 있다. 정답 ④

14. 소멸시효에 관한 설명 중 옳지 않은 것은? (다툼이 있는 경우 판례에 의함) [15 변호사]

① 부동산 매수인이 매도인으로부터 부동산을 인도받아 사용·수익하다가 이를 타인에게 처분하고 그 점유를 승계하여 준 경우에도 위 부동산 매수인의 매도인에 대한 소유권이전등기청구권에 관한 소멸시효는 진행되지 않는다.

② 채권양도의 대항요건이 구비되지 않은 상태에서 양수인이 채무자를 상대로 재판상 청구를 한 경우, 소멸시효는 중단된다.

③ 수급인인 건설회사의 도급인에 대한 공사대금채권은 상거래에 관한 것으로 5년의 단기소멸시효에 걸린다.

④ 사해행위취소소송에서 수익자는 취소채권자의 피보전채권에 대하여 시효소멸을 주장할 수 있다.

⑤ 확정기한부 채권은 반대채권과 동시이행관계에 있는 경우에도 그 기한이 도래한 때부터 소멸시효가 진행된다.

해설

① (○) 미등기매수인의 소유권이전등기청구권의 소멸시효 대상적격을 묻는 지문이다. 인도받아 사용·수익하는 매수인의 등기청구권은 소멸시효의 대상이 아니며, 인도받아 사용·수익하다가 이를 처분하고 점유를 승계하여 준 매수인의 등기청구권도 소멸시효의 대상이 아니라는 것이 대법원의 입장이다. 매수인으로서 권리를 행사하고 있기 때문이다.

[**대법원** 1999. 3. 18. **선고** 98**다**32175 **전원합의체 판결**] 부동산의 매수인이 그 부동산을 인도받은 이상 이를 사용·수익하다가 그 부동산에 대한 보다 적극적인 권리 행사의 일환으로 다른 사람에게 그 부동산을 처분하고 그 점유를 승계하여 준 경우에도 그 이전등기청구권의 행사 여부에 관하여 그가 그 부동산을 스스로 계속 사용·수익만 하고 있는 경우와 특별히 다를 바 없으므로 위 두 어느 경우에나 이전등기청구권의 소멸시효는 진행되지 않는다고 보아야 한다.

② (○) 대항요건을 구비하지 아니한 채권양수인의 재판상 청구로 소멸시효가 중단되는지를 묻는 지문이다. 대항요건을 구비하지 못하였더라도 채권양도에 의하여 양수인은 정당하게 채권을 취득하고, 나아가 적극적으로 권리를 행사하였으므로 소멸시효 중단사유에 해당한다.

[**대법원** 2005. 11. 10. **선고** 2005**다**41818 **판결**] 채권양도는 구 채권자인 양도인과 신 채권자인 양수인 사이에 채권을 그 동일성을 유지하면서 전자로부터 후자에게로 이전시킬 것을 목적으로 하는

계약을 말한다 할 것이고, 채권양도에 의하여 채권은 그 동일성을 잃지 않고 양도인으로부터 양수인에게 이전되며, 이러한 법리는 채권양도의 대항요건을 갖추지 못하였다고 하더라도 마찬가지인 점, 민법 제149조의 "조건의 성취가 미정한 권리·의무는 일반규정에 의하여 처분·상속·보존 또는 담보로 할 수 있다"는 규정은 대항요건을 갖추지 못하여 채무자에게 대항하지 못한다고 하더라도 채권양도에 의하여 채권을 이전받은 양수인의 경우에도 그대로 준용될 수 있는 점, 채무자를 상대로 재판상의 청구를 한 채권의 양수인을 '권리 위에 잠자는 자'라고 할 수 없는 점 등에 비추어 보면, 비록 대항요건을 갖추지 못하여 채무자에게 대항하지 못한다고 하더라도 채권의 양수인이 채무자를 상대로 재판상의 청구를 하였다면 이는 소멸시효 중단사유인 재판상의 청구에 해당한다고 보아야 한다.

③ (×) 공사대금채권의 소멸시효기간을 묻는 지문이다. 상행위로 인한 채권은 본법에 다른 규정이 없는 때에는 5년간 행사하지 아니하면 소멸시효가 완성한다. 그러나 다른 법령에 이보다 단기의 시효의 규정이 있는 때에는 그 규정에 의한다(상법 제64조). 한편 공사대금채권은 민법 제163조 제3호 소정의 도급받은 자의 공사에 관한 채권으로 3년의 단기 소멸시효의 대상이다. 따라서 수급인이 비록 상인이더라도 공사대금채권의 소멸시효기간은 3년이다.

④ (○) 채권자취소소송의 상대방인 수익자가 피보전채권에 관한 소멸시효원용권자에 해당하는지를 묻는 지문이다. 피보전채권이 시효로 소멸하면 수익자는 사해행위 취소로 인하여 이익을 상실하게 될 지위를 면할 수 있으므로 직접 수익자에 해당한다. 독자적인 소멸시효원용권자에 해당한다는 것이 대법원의 입장이다.

[**대법원** 2007. 11. 29. **선고** 2007**다**54849 **판결**] 소멸시효를 원용할 수 있는 사람은 권리의 소멸에 의하여 직접 이익을 받는 자에 한정되는데, 사해행위취소소송의 상대방이 된 사해행위의 수익자는 사해행위가 취소되면 사해행위에 의하여 얻은 이익을 상실하게 되나, 사해행위취소권을 행사하는 채권자의 채권이 소멸되면 그와 같은 이익의 상실을 면할 수 있는 지위에 있으므로, 그 채권의 소멸에 의하여 직접 이익을 받는 자에 해당하는 것으로 보아야 한다. 따라서 원심이 사해행위의 수익자인 피고를 망인에 대한 일반 채권자와 동일하게 보아 피고가 독자적으로 망인의 보증채무가 소멸시효 완성으로 소멸되었다는 주장을 할 수 없다는 취지로 판단한 것은 잘못이라고 할 것이다(필자 註 : 다만, 대법원은 채권자가 채무자를 상대로 피보전채권에 관한 이행청구의 소를 제기하여 승소판결을 받고 그 판결이 확정되었다면 수익자는 더 이상 소멸시효의 주장 등으로 피보전채권의 존재를 다툴 수 없다고 하였다).

⑤ (○) 동시이행의 항변권이 존재한다는 사실이 시효진행에 영향을 주는지를 묻는 지문이다. 채권자가 반대채무의 변제제공을 하면 동시이행의 항변권을 봉쇄할 수 있으므로 권리행사에 대한 법률적 장애라고 할 수 없다.

[**대법원** 1991. 3. 22. **선고** 90**다**9797 **판결**] 부동산에 대한 매매대금채권이 소유권이전등기청구권과 동시이행의 관계에 있다고 할지라도 매도인은 매매대금의 지급기일 이후 언제라도 그 대금의 지급을 청구할 수 있는 것이며, 다만 매수인은 매도인으로부터 그 이전등기에 관한 이행의 제공을 받기까지 그 지급을 거절할 수 있는데 지나지 아니하므로 매매대금 청구권은 그 지급기일 이후 시효의 진행에 걸린다.

정답 ③

15. **소멸시효에 관한 설명 중 옳지 않은 것은? (다툼이 있는 경우에는 판례에 의함)** [13 변호사]

① 채무불이행으로 인한 손해배상청구권의 소멸시효기간은 채무불이행시부터 진행하는데, 그 시효기간은 본래의 채권에 적용될 기간에 의한다.

② 실제의 소멸시효 기산일과 당사자가 주장하는 기산일이 다른 경우, 법원은 당사자가 주장하는 기산일을 기준으로 삼아야 한다.

③ 시효중단의 효력있는 승인에는 상대방의 권리에 관한 처분의 능력이나 권한있음을 요하지 아니한다.

④ 유치권이 성립한 부동산의 매수인은 피담보채무의 소멸시효가 완성되면 독자적으로 소멸시효를 원용할 수 있으므로, 유치권의 피담보채권의 소멸시효기간이 확정판결에 의하여 연장되었더라도 종전의 단기소멸시효기간을 원용할 수 있다.

⑤ 다른 채권자가 신청한 부동산경매절차에서 채무자 소유 부동산이 매각되고 그 대금이 이미 소멸시효가 완성된 채무를 피담보채무로 하는 근저당권을 가진 채권자에게 배당되어 채무 변제에 충당될 때까지 채무자가 아무런 이의를 제기하지 아니하였다면, 경매절차 진행을 채무자가 알지 못하였다는 등 다른 특별한 사정이 없는 한 채무자는 채권에 대한 소멸시효 이익을 포기한 것으로 볼 수 있다.

해설

① **(O)** 채무불이행으로 인한 손해배상청구권의 소멸시효 기간과 기산점을 묻는 지문이다. 채무불이행으로 인한 손해배상청구권은 본래 채권과 동일성을 유지하므로 본래 채권에 적용될 시효기간을 적용하고, 그 기산점은 채무불이행으로 인한 손해배상청구권을 행사할 수 있는 때인 채무불이행 시점이다.

[**대법원** 1990. 11. 9. **선고** 90**다카**22513 **판결**] 매매로 인한 부동산소유권이전채무가 이행불능됨으로써 매수인이 매도인에 대하여 갖게 되는 손해배상채권은 그 부동산소유권의 이전채무가 이행불능된 때에 발생하는 것이고 그 계약체결일에 생기는 것은 아니므로 위 손해배상채권의 소멸시효는 계약체결일 아닌 소유권이전채무가 이행불능된 때부터 진행한다.

[**대법원** 2005. 1. 14. **선고** 2002**다**57119 **판결**] 우수현상광고의 광고자로서 당선자에게 일정한 계약을 체결할 의무가 있는 자가 그 의무를 위반함으로써 계약의 종국적인 체결에 이르지 않게 되어 상대방이 그러한 계약체결의무의 채무불이행을 원인으로 하는 손해배상을 청구한 경우 그 손해배상청구권은 계약이 체결되었을 경우에 취득하게 될 계약상의 이행청구권과 실질적이고 경제적으로 밀접한 관계가 형성되어 있기 때문에, 그 손해배상청구권의 소멸시효기간은 계약이 체결되었을 때 취득하게 될 이행청구권에 적용되는 소멸시효기간에 따른다(필자 註 : 우수현상광고의 당선자가 광고주에 대하여 우수작으로 판정된 계획설계에 기초하여 기본 및 실시설계계약의 체결을 청구할 수 있는 권리를 가지고 있는 경우, 이러한 청구권에 기하여 계약이 체결되었을 경우에 취득하게 될 계약상의 이행청구권은 "설계에 종사하는 자의 공사에 관한 채권"으로서 이에 관하여는 민법 제163조 제3호 소정의 3년의 단기소멸시효가 적용되므로, 위의 기본 및 실시설계계약의 체결의무의 불이행으로 인한 손해배상청구권의 소멸시효 역시 3년의 단기소멸시효가 적용된다고 한 사례).

② **(O)** 소멸시효 기산점이 변론주의가 적용되는 요건사실인지 여부를 묻는 지문이다. 이를 긍정하는 것이 대법원의 입장이다. 따라서 당사자가 주장하는 기산점을 기초로 소멸시효 완성 여부를 판단하여야 한다.

[**대법원** 1995. 8. 25. **선고** 94**다**35886 **판결**] 소멸시효의 기산일은 채무의 소멸이라고 하는 법률효과 발생의 요건에 해당하는 소멸시효기간 계산의 시발점으로서 소멸시효 항변의 법률요건을 구성하는 구체적인 사실에 해당하므로 이는 변론주의의 적용 대상이고, 따라서 본래의 소멸시효 기산일과 당사자가 주장하는 기산일이 서로 다른 경우에는 변론주의의 원칙상 법원은 당사자가 주장하는 기산일을 기준으로 소멸시효를 계산하여야 하는데, 이는 당사자가 본래의 기산일보다 뒤의 날짜를 기산일로 하여 주장하는 경우는 물론이고 특별한 사정이 없는 한 그 반대의 경우에 있어서도 마찬가지이다.

③ **(O)** 시효중단의 효력이 있는 승인을 하기 위해서는 시효의 대상이 되는 권리관계에 관하여 처분권한이나 처분능력이 필요한지 여부를 묻는 지문이다. 민법 제177조는 처분의 능력이나 권한 있음을 요하지 아니한다고 규정하고 있다.

④ **(×)** 유치물의 제3취득자에게 판결확정으로 인한 시효기간 연장의 효과가 미치는지 여부를 묻는 지문이다. 유치물의 제3취득자는 유치권의 부담 있는 물건을 취득한 자에 불과하고 별도로 채무를 부담

하는 자는 아니다. 따라서 채무자가 부담하는 채무의 시효기간이 연장되었다면 유치물의 제3취득자도 연장된 시효기간에 따라 소멸시효가 완성되었다고 주장할 수 있을 뿐이다.

[**대법원** 2009. 9. 24. **선고** 2009**다**39530 **판결**] 유치권이 성립된 부동산의 매수인은 피담보채권의 소멸시효가 완성되면 시효로 인하여 채무가 소멸되는 결과 직접적인 이익을 받는 자에 해당하므로 소멸시효의 완성을 원용할 수 있는 지위에 있다고 할 것이나, 매수인은 유치권자에게 채무자의 채무와는 별개의 독립된 채무를 부담하는 것이 아니라 단지 채무자의 채무를 변제할 책임을 부담하는 점 등에 비추어 보면, 유치권의 피담보채권의 소멸시효기간이 확정판결 등에 의하여 10년으로 연장된 경우 매수인은 그 채권의 소멸시효기간이 연장된 효과를 부정하고 종전의 단기소멸시효기간을 원용할 수는 없다.

⑤ **(O)** 묵시적인 소멸시효 이익의 포기를 인정할 수 있는지 여부를 묻는 지문이다. 채무자가 이의를 제기할 수 있음에도 이의를 제기하지 않아 경매절차가 진행되도록 방치한 경우에는 소멸시효 이익을 묵시적으로 포기한 것으로 해석하는 것이 대법원의 입장이다.

[**대법원** 2012. 5. 10. **선고** 2011**다**109500 **판결**] 다른 채권자가 신청한 부동산경매절차에서 채무자 소유 부동산이 매각되고 그 대금이 이미 소멸시효가 완성된 채무를 피담보채무로 하는 근저당권을 가진 채권자에게 배당되어 채무 변제에 충당될 때까지 채무자가 아무런 이의를 제기하지 아니하였다면, 경매절차 진행을 채무자가 알지 못하였다는 등 다른 특별한 사정이 없는 한 채무자는 채권에 대한 소멸시효 이익을 포기한 것으로 볼 수 있고, 한편 소멸시효 이익의 포기는 가분채무 일부에 대하여도 가능하다.

정답 ④

16. **가구상 甲이 乙에게 고가의 가구를 외상으로 판매한 후 乙을 상대로 외상대금의 지급을 청구하는 소를 제기하였다. 다음 설명 중 옳지 않은 것은? (다툼이 있는 경우에는 판례에 의함)** [12 변호사]

① 외상대금채권의 소멸시효가 완성되었더라도, 법원은 乙의 원용이 없는 한 직권으로 외상대금채권의 소멸시효가 완성되었다고 인정할 수 없다.

② 위 소송에서 乙이 외상대금채권의 변제기를 2006. 4. 2.이라고 주장한 경우, 증거조사결과 변제기가 2005. 4. 2.인 사실이 인정되더라도, 법원은 2005. 4. 2.을 소멸시효의 기산일로 삼아 소멸시효 완성 여부를 판단할 수 없다.

③ 위 소송에서 乙이 외상대금채권의 변제기를 2006. 4. 2.이라고 주장한 경우, 증거조사결과 변제기가 2007. 4. 2.인 사실이 인정된다면, 법원은 2007. 4. 2.을 소멸시효의 기산일로 삼아 소멸시효 완성 여부를 판단할 수 있다.

④ 외상대금채권의 변제기가 2005. 4. 2.인데, 甲이 2008. 3. 27. 乙에게 외상대금을 지급하라라고 최고하였으나, 2008. 4. 14. 乙로부터 그 이행의무의 존부에 관하여 조사할 것이 있으니 기다려달라는 답변을 받고 다시 2008. 4. 20. 乙로부터 그 이행을 거절한다는 통지를 받은 후 2008. 10. 15. 위 소를 제기하였다면, 위 최고시에 외상대금채권의 소멸시효는 중단된다.

⑤ 위 소송에서 甲과 乙이 외상대금채권의 소멸시효기간을 상법이 정한 5년이라고 주장하였더라도, 법원은 그 소멸시효기간을 민법이 정한 3년으로 판단할 수 있다.

해설

① **(O)** 소멸시효 완성 여부가 변론주의 대상인 항변사항인지를 묻는 지문이다. 제척기간과 달리 항변사항으로 보는 것이 판례이다.

[**대법원** 1979. 2. 13. **선고** 78**다**2157 **판결**] 민법상 당사자의 원용이 없어도 시효완성의 사실로서 채무는 당연히 소멸되고, 다만 변론주의의 원칙상 소멸시효의 이익을 받을 자가 실제 소송에서 권리를 주장하는 자에 대항하여 시효소멸의 이익을 받겠다는 뜻을 항변하지 않는 이상 그 의사에 반하여 재판할 수 없을 뿐이다.

② **(O)** ③ **(×)** 소멸시효 기산점에 관한 주장이 변론주의의 적용대상인지를 묻는 지문이다. 판례는 변론주의 대상이라고 본다. 따라서 당사자가 주장한 기산점을 기준으로 소멸시효 완성여부를 판단하여야 하고, 법원이 기산점을 직권으로 정할 수는 없다.

[**대법원** 1995. 8. 25. **선고** 94**다**35886 **판결**] 소멸시효의 기산일은 채무의 소멸이라고 하는 법률효과 발생의 요건에 해당하는 소멸시효기간 계산의 시발점으로서 소멸시효 항변의 법률요건을 구성하는 구체적인 사실에 해당하므로 이는 변론주의의 적용대상이고, 따라서 본래의 소멸시효 기산일과 당사자가 주장하는 기산일이 서로 다른 경우에는 변론주의의 원칙상 법원은 당사자가 주장하는 기산일을 기준으로 소멸시효를 계산하여야 하는데, 이는 당사자가 본래의 기산일보다 뒤의 날짜를 기산일로 하여 주장하는 경우는 물론이고, 특별한 사정이 없는 한 그 반대의 경우에 있어서도 마찬가지이다.

④ **(O)** 최고로 인한 시효중단의 효력이 유지되기 위해서는 최고 후 6월내에 최고보다는 강력한 시효중단조치를 취하여야 한다. 6월의 기산점은 원칙적으로 최고가 도달한 날이 되지만, 채무자가 이행의무의 존부를 확인하기 위하여 기한의 유예를 구한 때에는 채권자가 회답을 받은 날로부터 6월의 기간이 진행한다. 甲의 乙에 대한 최고는 2008. 3. 27.에 행해졌으나 乙이 조사를 해본다고 하면서 유예를 요청했으므로 乙이 확답을 한 2008. 4. 20.부터 6개월의 기간이 진행한다. 이때로부터 6개월 내인 2008. 10. 15.에 재판상 청구를 하였으므로 결국 甲이 최초로 최고를 한 2007. 3. 27.경에 소멸시효가 중단된다.

[**대법원** 1995. 5. 12. **선고** 94**다**24336 **판결**] 소멸시효제도 특히 시효중단제도는 그 제도의 취지에 비추어 볼 때 이에 관한 기산점이나 만료점은 원권리자를 위하여 너그럽게 해석하는 것이 상당하므로 민법 제174조 소정의 시효중단사유로서의 최고도 채무이행을 최고받은 채무자가 그 이행의무의 존부 등에 대하여 조사를 해 볼 필요가 있다는 이유로 채권자에 대하여 그 이행의 유예를 구한 경우에는 채권자가 그 회답을 받을 때까지는 최고의 효력이 계속된다고 보아야 하고 따라서 같은 조 소정의 6월의 기간은 채권자가 채무자로부터 회답을 받은 때로부터 기산되는 것이라고 해석하여야 한다.

⑤ **(O)** 소멸시효의 기간도 기산일처럼 변론주의가 적용되는지를 묻는 지문이다. 판례는 기산점과 달리 변론주의를 적용하지 않고 법원이 직권으로 판단한다고 한다.

[**대법원** 2008. 3. 27. **선고** 2006**다**70929·70936 **판결**] 어떤 권리의 소멸시효기간이 얼마나 되는지에 관한 주장은 단순한 법률상의 주장에 불과하므로 변론주의의 적용대상이 되지 않고 법원이 직권으로 판단할 수 있다 할 것이다(필자 註: 원고가 민법에 의한 10년의 소멸시효완성을 주장하였는데 예산회계법에 의한 5년의 소멸시효를 적용한 것이 변론주의를 위반한 것이라고 볼 수 없다고 판단한 사례).

정답 ③

17. **甲의 乙에 대한 5,000만 원의 대여금 채권은 소멸시효가 완성되었다. 이에 관한 설명 중 옳지 않은 것은? (각 지문은 독립적이며, 다툼이 있는 경우 판례에 의함)** [25 변호사]

① 乙이 소멸시효 완성 사실을 모르고 위 채무의 변제로 甲에게 5,000만 원을 지급한 경우, 乙은 甲에게 그 반환을 청구할 수 없다.

② 丙이 甲의 乙에 대한 위 채권을 담보하기 위해 소멸시효 완성 전에 자기 소유의 X 토지에 저당권을 설정해 준 경우, 丙은 위 채권의 소멸시효 완성을 주장할 수 있다.

③ 乙의 일반채권자 丙은 자기의 채권을 보전하기 위해 필요한 한도 내에서 乙을 대위하여 甲의 乙에 대한 위 채권의 소멸시효 완성을 주장할 수 있다.

④ 甲의 乙에 대한 위 채권이 소멸시효 완성 전에 이미 乙의 甲에 대한 채권과 상계할 수 있었던 경우, 甲은 위 채권을 乙의 채권과 상계할 수 있다.

⑤ 甲이 소멸시효 완성 후 乙을 상대로 채무이행의 소를 제기하였는데 乙이 사실심 변론 종결 시까지 소멸시효 완성 사실을 주장하지 않은 경우, 법원은 직권으로 소멸시효 완성을 고려하여야 한다.

해설

① **(O)** 소멸시효로 소멸한 채권을 모르고 변제한 경우는 민법 제744조의 도의관념에 적합한 비채변제에 해당하여 반환청구하지 못한다.

② **(O)** 판례는 타인의 채무를 담보하기 위하여 자기의 물건에 담보권을 설정한 물상보증인은 채권자에 대하여 물적 유한책임을 지고 있어 그 피담보채권의 소멸에 의하여 직접 이익을 받는 관계에 있으므로 소멸시효의 완성을 주장할 수 있다고 본다(2003다30890). 따라서 물상보증인 丙은 위 채권의 소멸시효 완성을 주장할 수 있다.

③ **(O)** 판례는 채무자에 대한 일반채권자는 채권자의 지위에서 독자적으로 소멸시효의 완성을 주장할 수 없고, 자기의 채권을 보전하기 위하여 필요한 한도 내에서 채무자를 대위하여 소멸시효 주장을 할 수 있을 뿐이라고 본다(97다22676).

④ **(O)** 민법 제495조에 의하면 소멸시효가 완성된 자동채권이 그 완성 전에 상계할 수 있었던 것이면 그 채권자는 상계할 수 있다. 따라서 甲은 위 채권을 乙의 채권과 상계할 수 있다.

⑤ **(×)** 판례는 당사자의 원용이 없어도 시효완성의 사실로써 채무는 당연히 소멸되는 것이고, 다만 변론주의의 원칙상 소멸시효의 이익을 받을 자가 그것을 포기하지 않고 실제 소송에서 시효소멸의 이익을 받겠다고 주장하지 않은 이상 그 의사에 반하여 재판할 수 없다고 본다(78다2157). 따라서 乙이 사실심 변론 종결 시까지 소멸시효 완성 사실을 주장하지 않은 경우, 법원은 직권으로 소멸시효 완성을 고려할 수 없다.

정답 ⑤

18. **甲은 2023. 4. 1. 자기 소유의 X 토지에 관하여 乙과 매매계약을 체결하였다. 이 계약에서 甲과 乙은 2023. 8. 31. 매매대금 전액의 지급과 상환으로 X 토지의 인도 및 소유권이전등기절차를 이행하기로 약정하였다. 이에 관한 설명 중 옳지 않은 것을 모두 고른 것은? (각 지문은 독립적이며, 다툼이 있는 경우 판례에 의함)** [25 변호사]

ㄱ. 乙이 2023. 8. 31. 甲에게 매매대금을 지급하였는데 甲과 乙 사이의 매매계약이 무효인 경우, 乙의 甲에 대한 매매대금 상당의 부당이득반환청구권의 소멸시효는 특별한 사정이 없는 한 乙이 매매대금을 지급한 때부터 진행한다.

ㄴ. 乙이 2023. 8. 31.이 지나도록 매매대금을 지급하지 않았더라도 甲에 대해 동시이행의 항변권이 인정되는 한, 甲의 乙에 대한 매매대금 채권의 소멸시효는 진행하지 않는다.
ㄷ. 甲이 2023. 8. 31. 乙에게 X 토지를 인도하고 소유권이전등기를 마쳐 주었지만 乙은 매매대금을 지급하지 않았다. 이후 甲이 X 토지의 매매대금 채권을 보전하기 위하여 乙의 丙에 대한 채권에 대해 가압류를 신청하여 그 결정이 2023. 10. 1. 丙에게 송달되었지만 乙에게는 그 가압류 사실이 통지되지 않았다면 甲의 乙에 대한 매매대금 채권의 소멸시효는 중단되지 않는다.
ㄹ. 甲이 2023. 8. 31. 乙에게 X 토지를 인도하고 소유권이전등기를 마쳐 주었지만 乙은 매매대금을 지급하지 않았다. 이후 甲의 채권자 A가 甲을 대위하여 乙을 상대로 매매대금의 지급을 구하는 소를 제기하였더라도 甲의 乙에 대한 매매대금 채권의 소멸시효는 중단되지 않는다.

① ㄱ　② ㄴ, ㄷ　③ ㄷ, ㄹ
④ ㄴ, ㄷ, ㄹ　⑤ ㄱ, ㄴ, ㄷ, ㄹ

해설

ㄱ. (O) 판례는 법률행위가 무효인 경우 이미 급부한 것의 부당이득반환청구권은 '부당이득의 날'인 급부시부터 소멸시효가 진행한다(2004다50143). 따라서 매매대금을 지급한 때부터 부당이득반환청구권의 소멸시효는 진행하게 된다.

ㄴ. (×) 판례는『부동산에 대한 매매대금 채권이 소유권이전등기청구권과 동시이행의 관계에 있다고 할지라도 매도인은 매매대금의 지급기일 이후 언제라도 그 대금의 지급을 청구할 수 있는 것이며, 다만 매수인은 매도인으로부터 그 이전등기에 관한 이행의 제공을 받기까지 그 지급을 거절할 수 있는데 지나지 아니하므로 매매대금 청구권은 그 지급기일 이후에 시효의 진행에 걸린다』고 본다(90다9797). 따라서 甲**에 대해 동시이행의 항변권이 인정되더라도**, 甲**의** 乙**에 대한 매매대금 채권의 소멸시효는 진행한다**.

ㄷ. (×) 판례는 i) 채권자가 채무자의 제3채무자에 대한 채권을 압류 또는 가압류한 경우에 '채무자에 대한 채권자의 채권'에 관하여 시효중단의 효력이 생긴다고 할 것이나, ii) 압류 또는 가압류된 '채무자의 제3채무자에 대한 채권'에 대하여는 민법 제168조 제2호의 소멸시효 중단사유에 준하는 확정적인 시효중단의 효력이 생긴다고 할 수 없다고 본다(2003다16238). 따라서 甲**이** 乙**의** 丙**에 대한 채권에 대해 가압류를 신청하여 그 결정이** 丙**에게 송달되었다면** 甲**의** 乙**에 대한 매매대금 채권의 소멸시효는 중단된다**.

ㄹ. (×) 판례는 채권자대위권 행사의 효과는 채무자에게 귀속되는 것이므로 채권자대위소송의 제기로 인한 소멸시효 중단의 효과 역시 채무자에게 생긴다. 즉, 채권자대위권을 통해 '채무자의 권리'를 행사하는 것이므로 '채무자의 제3채무자에 대한 피대위권리'에 대해 시효중단의 효과가 발생한다고 본다(2010다80930). 따라서 甲의 乙에 대한 매매대금 채권이 소멸시효가 중단된다. 정답 ④

2026 대비

Rainbow 변시기출 · 모의해설

민법 선택형(기출편 · 진도별)

제2편 물 권

제1장 총 칙

Ⅰ. 물권 일반론

1. 물권에 관한 설명 중 옳은 것은? (다툼이 있는 경우 판례에 의함) [15 변호사]

① 물권법정주의를 규정한 「민법」 제185조의 '법률'은 헌법상 의미의 법률뿐만 아니라, 명령, 규칙 등도 포함한다.
② 대체물과 부대체물은 당사자의 의사에 의하여 결정되고, 특정물과 불특정물은 물건의 객관적 성질에 의하여 구별된다.
③ 타인 소유의 토지 위에 불법으로 건물을 신축하여 소유하고 있는 자로부터 건물을 매수하여 점유·사용하고 있으나 소유권이전등기를 경료받지 못한 자는 법률상 소유자가 아니므로, 토지 소유자는 그를 상대로 건물의 철거를 구할 수 없다.
④ 저당권자는 경매가 개시되기 전이라도, 저당목적물의 소유자 또는 제3자가 저당목적물을 물리적으로 멸실·훼손하는 경우 저당권에 기한 방해배제청구권을 행사할 수 있다.
⑤ 채권담보의 목적으로 이루어지는 부동산 양도담보의 경우에 있어서 피담보채무가 변제된 이후에 양도담보권설정자가 행사하는 등기청구권은 소멸시효의 대상이 된다.

해설

① **(×)** 제185조가 규정하는 법률은 형식적 의미의 법률을 말한다. 반면 제1조가 규정하는 법률은 제정 민법 일반을 의미한다. 따라서 명령, 규칙 등은 제1조의 법률에는 포함되지만 제185조의 법률에는 포함되지 않는다. 제185조는 성문법주의를 규정하고 있는 제1조와 달리 물권법정주의를 선언하고 있는 것이기 때문이다. 물권의 배타성으로 인하여 물권의 창설은 다른 모든 사람에 대한 의무부과의 측면이 있고, 자유의 제한은 법률로써 하여야 하는데 이 법률은 형식적 의미의 법률에 한정되기 때문이다.

② **(×)** 대체물과 부대체물의 구별은 물건의 객관적 성질에 의하고, 특정물과 불특정물의 구별은 당사자의 의사에 의한다.

③ **(×)** 미등기건물매수인이 건물철거청구의 상대방이 될 수 있는지를 묻는 지문이다. 철거처분권을 인정하여 철거청구의 상대방이 될 수 있다는 것이 대법원의 입장이다.

[**대법원** 2003. 1. 24. **선고** 2002**다**61521 **판결**] 건물철거는 그 소유권의 종국적 처분에 해당되는 사실행위이므로 원칙으로는 그 소유자(민법상 원칙적으로는 등기명의자)에게만 그 철거처분권이 있다 할 것이고, 예외적으로 건물을 전 소유자로부터 매수하여 점유하고 있는 등 그 권리의 범위 내에서 그 점유 중인 건물에 대하여 법률상 또는 사실상 처분을 할 수 있는 지위에 있는 자에게도 그 철거처분권이 있다(필자 註 : 미등기건물에 대한 양도담보계약상의 채권자의 지위를 승계하여 건물을 관리하고 있는 자는 건물의 소유자가 아님은 물론 건물에 대하여 법률상 또는 사실상 처분권을 가지고 있는 자라고 할 수도 없다 할 것이어서 건물에 대한 철거처분권을 가지고 있는 자라고 할 수 없다고 한 사례).

④ (O) 저당권에 기한 방해배제청구가 허용되는지를 묻는 지문이다. 저당권도 물권이므로 물권적 청구권이 인정된다. 다만 반환청구권은 인정되지 아니하고 방해배제청구권 및 방해예방청구권이 인정될 뿐이다. 제370조, 제214조.

⑤ (×) 피담보채무 변제 후 양도담보설정자의 등기청구권의 법적 성질을 묻는 지문이다. 양도담보의 법적 성질에 관하여 대법원은 신탁적 소유권이전설의 입장을 취한다. 양도담보설정에도 불구하고 대내적 관계에서는 양도담보설정자의 소유권이 인정되고, 그 결과 양도담보설정자의 등기청구권은 소유권에 기초한 물권적 청구권으로서의 성질을 갖는다. 따라서 소멸시효의 대상이 되지 않는다. [**대법원** 1979. 2. 13. **선고** 78**다**2412 **판결**] 채권담보의 목적으로 이루어지는 부동산 양도담보의 경우에 있어서 피담보채무가 변제된 이후에 양도담보권설정자가 행사하는 등기청구권은 양도담보권설정자의 실질적 소유권에 기한 물권적 청구권이므로 따로 시효소멸되지 아니한다. 정답 ④

2. **甲은 丙 소유의 Y 토지에 X 건물을 신축하여 원시취득한 후 乙에게 X 건물을 미등기 무허가 상태로 매도하고 인도하였으며, X 건물에 대한 乙 명의의 소유권이전등기는 아직 마쳐지지 않았다. 이에 관한 설명 중 옳은 것을 모두 고른 것은? (각 지문은 독립적이며, 다툼이 있는 경우 판례에 의함)** [25 변호사]

ㄱ. 乙이 甲에게 매매대금을 완납한 후 X 건물을 丁에게 매도하고 인도해 준 경우, 甲이 丁에게 물권적 반환청구권을 행사하면 丁은 자신의 고유한 점유·사용권을 甲에게 주장할 수 있다.
ㄴ. 乙이 甲에게 매매대금을 완납한 경우, 乙에게는 X 건물에 대하여 소유권에 준하는 관습상의 물권 또는 사실상의 소유권이라는 법률상의 지위가 인정된다.
ㄷ. 乙이 甲에게 매매대금을 완납하였고 乙이 丙에 대해 이미 변제기가 도래한 대여금 채권을 가지고 있는데, 甲에게 Y 토지에 대한 사용권이 없어서 丙이 甲에게 Y 토지의 차임 상당 부당이득반환청구를 한 경우, 甲은 乙의 부담부분에 한하여 乙의 위 채권을 자동채권으로 하여 상계할 수 있다.

① ㄱ ② ㄴ ③ ㄱ, ㄷ
④ ㄴ, ㄷ ⑤ ㄱ, ㄴ, ㄷ

해 설

ㄱ. (O) 판례는 토지의 매수인이 아직 소유권이전등기를 경료받지 아니하였다 하여도 매매계약의 이행으로 그 토지를 인도받은 때에는 매매계약의 효력으로서 이를 점유 사용할 권리가 생기게 된 것으로 보아야 하고, 또 매수인이 그 토지 위에 건축한 건물을 취득한 자는 그 토지에 대한 매수인의 위와 같은 점유사용권까지 아울러 취득한 것으로 봄이 상당하므로, 매도인은 매매계약의 이행으로서 인도한 토지 위에 매수인이 건축한 건물을 취득한 자에 대하여 토지소유권에 기한 물권적 청구권을 행사할 수 없다고 본다(87다카1682).

ㄴ. (×) 판례는 미등기 무허가건물의 양수인이라도 소유권이전등기를 마치지 않는 한 건물의 소유권을 취득할 수 없고, 소유권에 준하는 관습상의 물권이 있다고도 할 수 없으므로, 미등기 무허가건물의 양수인은 소유권에 기한 방해제거청구를 할 수 없다고 본다(2016다214483).

ㄷ. (×) 판례는 미등기건물을 양수하여 건물에 관한 사실상의 처분권을 보유하게 됨으로써 그 양수인이 건물 부지 역시 아울러 점유하고 있다고 볼 수 있는 경우에는 미등기건물에 관한 사실상의 처분권자도 건물 부지의 점유·사용에 따른 부당이득반환의무를 부담한다. 이러한 경우 미등기건물의 원시취득자와 사실상의 처분권자가 토지 소유자에 대하여 부담하는 부당이득반환의무는 동일한 경제적

목적을 가진 채무로서 부진정연대채무 관계에 있다고 본다(2018다243133). 그리고 부진정연대채무에 있어서는 한 부진정연대채무자가 채권자에 대하여 상계할 채권을 가지고 있음에도 상계를 하지 않고 있다 하더라도 다른 부진정연대채무자가 그 채권을 가지고 상계를 할 수는 없는 것으로 본다(93다21521). 따라서 甲은 乙의 채권을 자동채권으로 상계주장하지 못한다. 정답 ①

Ⅱ. 부동산물권 변동

1. 부동산물권변동의 요건

3. 甲 소유의 X 토지를 乙이 매수하였으나 아직 소유권이전등기를 마치지는 않았다. 이에 관한 설명 중 옳은 것을 모두 고른 것은? (각 지문은 독립적이며, 다툼이 있는 경우 판례에 의함) [23 변호사]

ㄱ. 乙이 甲과의 매매계약의 이행으로써 X 토지를 인도받았고, 이후 丙에게 다시 이를 매도하고 인도해주었더라도, 丙이 X 토지의 점유사용권을 취득한 것으로 볼 수 없다.

ㄴ. 乙의 채권자인 丁이 乙의 소유권이전등기청구권을 가압류하였는데 乙이 甲을 상대로 X 토지에 관하여 소유권이전등기 청구의 소를 제기하였다면, 법원은 가압류의 해제를 조건으로 하지 아니하는 한 乙의 청구를 인용하여서는 안 된다.

ㄷ. 乙이 X 토지를 인도받아 사용수익하고 있는 경우에는 乙의 甲에 대한 소유권이전등기청구권은 소멸시효에 걸리지 않는다.

ㄹ. 乙이 X 토지를 인도받아 사용수익하다가 戊에게 이를 다시 매도하고 인도하였다면, 乙이 X 토지에 대한 점유를 상실한 때로부터 甲에 대한 소유권이전등기청구권의 소멸시효가 진행된다.

① ㄱ, ㄴ ② ㄱ, ㄷ ③ ㄴ, ㄷ
④ ㄱ, ㄴ, ㄹ ⑤ ㄴ, ㄷ, ㄹ

해설

ㄱ. **(×)** 미등기매수인으로부터 목적물을 다시 매수한 자도 미등기매수인의 점유할 권리에 기초하여 점유할 권리를 취득한 자로 보아야 한다.

[**대법원** 2001. 12. 11. **선고** 2001**다**45355 **판결**] 토지의 매수인이 아직 소유권이전등기를 경료받지 아니하였다 하여도 매매계약의 이행으로 그 토지를 인도받은 때에는 매매계약의 효력으로서 이를 점유·사용할 권리가 생기게 된 것으로 보아야 하고, 또 매수인으로부터 위 토지를 다시 매수한 자는 위와 같은 토지의 점유사용권을 취득한 것으로 봄이 상당하므로 매도인은 매수인으로부터 다시 위 토지를 매수한 자에 대하여 토지소유권에 기한 물권적 청구권을 행사하거나 그 점유·사용을 법률상 원인이 없는 이익이라고 하여 부당이득반환청구를 할 수는 없다고 할 것인 바, 이러한 법리는 대물변제 약정에 의하여 매매와 같이 부동산의 소유권을 이전받게 되는 자가 이미 당해 부동산을 점유·사용하고 있거나, 그로부터 다시 이를 임차하여 점유·사용하고 있는 경우에도 마찬가지로 적용된다.

ㄴ. **(○)** 등기청구권이 가압류된 경우, 가압류채무자의 이행청구는 적법하다. 다만, 등기청구소송의 이행판결은 별도의 집행절차가 없으므로 가압류 해제를 조건으로 이행을 명하는 판결을 하여야 한다.

[**대법원** 1992. 11. 10. **선고** 92**다**4680 **전원합의체 판결**] 일반적으로 채권에 대한 가압류가 있더라도 이는 채무자가 제3채무자로부터 현실로 급부를 추심하는 것만을 금지하는 것이므로 채무자는

제3채무자를 상대로 그 이행을 구하는 소송을 제기할 수 있고, 법원은 가압류가 되어 있음을 이유로 이를 배척할 수 없는 것이 원칙이나, 소유권이전등기를 명하는 판결은 의사의 진술을 명하는 판결로서 이것이 확정되면 채무자는 일방적으로 이전등기를 신청할 수 있고 제3채무자는 이를 저지할 방법이 없으므로 이와 같은 경우에는 가압류의 해제를 조건으로 하지 아니하는 한 법원은 이를 인용하여서는 안 되고, 제3채무자가 임의로 이전등기의무를 이행하고자 한다면 민사소송법 제577조에 의하여 정하여진 보관인에게 권리이전을 하여야 할 것이고, 이 경우 보관인은 채무자의 법정대리인의 지위에서 이를 수령하여 채무자 명의로 소유권이전등기를 마치면 된다.

ㄷ. (O) 미등기매수인이 목적물을 인도받아 사용, 수익하는 경우에는 소유권이전등기청구권의 실질적 행사가 있으므로 소멸시효가 진행하지 않는다.

[**대법원** 2010. 1. 28. **선고** 2009**다**73011 **판결**] 시효제도는 일정 기간 계속된 사회질서를 유지하고 시간의 경과로 인하여 곤란해지는 증거보전으로부터 구제를 꾀하며 자기 권리를 행사하지 않고 소위 권리 위에 잠자는 자는 법적 보호에서 제외하기 위하여 규정된 제도라고 할 것인바, 부동산에 관하여 인도, 등기 등의 어느 한 쪽에 대하여서라도 권리를 행사하는 자는 전체적으로 보아 그 부동산에 관하여 권리 위에 잠자는 자라고 할 수 없다 할 것이므로, 매수인이 목적 부동산을 인도받아 계속 점유하는 경우에는 그 소유권이전등기청구권의 소멸시효가 진행하지 않는다(필자 註 : 주택단지 조성을 위해 토지를 매수한 자가 그 토지를 인도받아 도로로 포장한 후 주택단지의 주민들 또는 일반인의 통행에 계속적으로 제공하여 이를 계속 점유하여 왔으므로, 그 토지에 관한 소유권이전등기청구권의 소멸시효가 진행하지 않는다고 한 사례).

ㄹ. (×) 인도받아 사용, 수익하던 매수인이 보다 적극적인 권리행사로 목적물을 타인에게 처분하고 점유를 승계하여 준 경우에도 매수인의 권리행사는 계속되고 있으므로 매수인의 소유권이전등기청구권의 소멸시효는 진행하지 않는다.

[**대법원** 1999. 3. 18. **선고** 98**다**32175 **전원합의체 판결**] 부동산의 매수인이 그 부동산을 인도받은 이상 이를 사용·수익하다가 그 부동산에 대한 보다 적극적인 권리 행사의 일환으로 다른 사람에게 그 부동산을 처분하고 그 점유를 승계하여 준 경우에도 그 이전등기청구권의 행사 여부에 관하여 그가 그 부동산을 스스로 계속 사용·수익만 하고 있는 경우와 특별히 다를 바 없으므로 위 두 어느 경우에나 이전등기청구권의 소멸시효는 진행되지 않는다고 보아야 한다. 정답 ③

4. **X토지에 관하여 甲 명의의 1996. 05. 01.자 소유권보존등기와 乙 명의의 1999. 05. 01.자 소유권보존등기가 각각 마쳐져 있다. 단, 甲 명의 소유권보존등기의 원인무효 사유는 없다. 이에 관한 설명 중 옳은 것(○)과 옳지 않은 것(×)을 올바르게 조합한 것은? (다툼이 있는 경우 판례에 의함)**

[20 변호사]

ㄱ. 乙이 甲으로부터 X토지를 매수하고 위 소유권보존등기를 마친 것이라면 乙 명의의 위 등기가 유효하므로 乙은 甲 명의 등기의 말소를 청구할 수 있다.
ㄴ. X토지에 관하여 乙의 점유취득시효가 완성된 경우에는 乙 명의의 위 소유권보존등기가 실체관계에 부합하게 되므로 乙은 甲 명의 등기의 말소를 청구할 수 있다.
ㄷ. 乙이 丙에게 위 토지를 매도하고 소유권이전등기를 마쳐준 후 丙의 등기부취득시효가 완성되었더라도 甲은 丙 명의 등기의 말소를 청구할 수 있다.

① ㄱ(×), ㄴ(×), ㄷ(○) ② ㄱ(×), ㄴ(○), ㄷ(×) ③ ㄱ(×), ㄴ(○), ㄷ(○)
④ ㄱ(○), ㄴ(×), ㄷ(×) ⑤ ㄱ(○), ㄴ(○), ㄷ(×)

해 설

※ 동일한 토지에 관하여 중복하여 소유권보존등기가 마쳐진 경우의 법률관계를 묻는 사례문제이다.

ㄱ. (×) ㄴ. (×) 중복하여 소유권보존등기가 마쳐진 경우, 후차 보존등기가 실체관계에 부합하더라도 선차 보존등기가 원인무효라는 증명이 없는 한 후자 보존등기는 무효이다.

[**대법원** 1990. 11. 27. **선고** 87**다카**2961 **전원합의체 판결**] 매수인이 소유권이전등기 대신에 소유권보존등기를 경료함으로써 동일 부동산에 관하여 등기명의인을 달리하여 중복된 소유권보존등기가 이루어졌으나 선등기가 원인무효가 되지 아니하는 경우의 후등기는, 비록 그 부동산의 매수인에 의하여 이루어진 경우에도 1부동산1용지주의를 채택하고 있는 부동산등기법 아래에서는 무효라고 해석함이 상당하다.

ㄷ. (O) 중복등기로서 무효인 등기에 기초한 등기부 취득시효가 가능한지를 묻는 지문이다. 등기부 취득시효의 요건인 등기는 무효의 등기라도 무방하다. 그러나 실체관계에 부합되면 유효한 등기로 될 수 있는 등기여야 한다. 중복등기로서 무효인 등기는 실체관계에 부합되더라도 무효이므로 등기부 취득시효의 요건인 등기에 해당하지 않는다.

[**대법원** 1996. 10. 17. **선고** 96**다**12511 **전원합의체 판결**] 어느 부동산에 관하여 등기명의인을 달리하여 소유권보존등기가 2중으로 경료된 경우 먼저 이루어진 소유권보존등기가 원인무효가 아니어서 뒤에 된 소유권보존등기가 무효로 되는 때에는, 뒤에 된 소유권보존등기나 이에 터잡은 소유권이전등기를 근거로 하여서는 등기부취득시효의 완성을 주장할 수 없다. 정답 ①

5. **甲은 자기 소유 X건물을 乙에게 매도하고 乙은 이를 다시 丙에게 매도하기로 하는 매매계약을 각각 체결하였다. 이에 관한 설명 중 옳지 않은 것은? (다툼이 있는 경우 판례에 의함)** [20 변호사]

① 甲, 乙, 丙이 전원의 의사합치에 따라 甲으로부터 丙에게 직접 소유권이전등기를 넘겨주기로 하는 중간생략등기의 합의를 한 경우, 丙은 甲을 상대로 X건물의 소유권이전등기를 청구할 수 있다.

② 甲, 乙, 丙이 전원의 의사합치에 따라 甲으로부터 丙에게 직접 소유권이전등기를 넘겨주기로 하는 중간생략등기의 합의를 한 경우, 甲은 乙을 상대로 매매대금의 지급을 청구할 수 없다.

③ 甲과 乙, 乙과 丙 사이의 각 매매계약이 적법하게 성립하여 甲으로부터 丙이 X건물에 관하여 소유권이전등기를 마쳤다면, 이들 전원의 중간생략등기에 대한 합의가 없었다는 이유만으로 그 등기를 무효라고 할 수는 없다.

④ 甲이 매수인 乙에게 X건물을 매도함에 있어서, 소유권이전등기 소요 서류 등에 매수인란을 백지로 하여 교부한 경우에는 소유권이전등기에 있어 묵시적 그리고 순차적으로 중간생략등기에 합의한 것으로 볼 수 있다.

⑤ 만일 甲이 X건물을 신축하여 乙에게 매도하면서 매수인 乙과의 합의에 따라 乙 명의로 소유권보존등기가 마쳐졌다면, 그 등기는 실체적 권리관계에 부합하는 적법한 등기로서 효력이 있다.

해 설

① (O) 중간생략등기청구권을 행사하기 위해서는 관계 당사자 전원의 의사합치가 필요하다.

[**대법원** 1995. 5. 24. **선고** 93**다**47738 **판결**] 부동산의 양도계약이 순차 이루어져 최종 양수인이 중간생략등기의 합의를 이유로 최초 양도인에게 직접 그 소유권이전등기청구권을 행사하기 위하여는 관계 당사자 전원의 의사합치, 즉 중간생략등기에 대한 최초 양도인과 중간자의 동의가 있는 외에 최초의 양도인과 최종의 양수인 사이에도 그 중간등기생략의 합의가 있었음이 요구된다.

② (×) 중간생략등기 합의의 효력을 묻는 지문이다. 중간생략등기에 관한 합의가 있더라도 각 당사자 사이의 실체적 권리관계에는 영향이 없으므로 최초양도인은 중간자에 대하여 매매대금의 지급을 청구할 수 있다.

[**대법원** 2005. 4. 29. **선고** 2003**다**66431 **판결**] 중간생략등기의 합의란 부동산이 전전 매도된 경우 각 매매계약이 유효하게 성립함을 전제로 그 이행의 편의상 최초의 매도인으로부터 최종의 매수인 앞으로 소유권이전등기를 경료하기로 한다는 당사자 사이의 합의에 불과할 뿐이므로, 이러한 합의가 있다고 하여 최초의 매도인이 자신이 당사자가 된 매매계약상의 매수인인 중간자에 대하여 갖고 있는 매매대금청구권의 행사가 제한되는 것은 아니다(필자 註 : 최초 매도인과 중간 매수인, 중간 매수인과 최종 매수인 사이에 순차로 매매계약이 체결되고 이들 간에 중간생략등기의 합의가 있은 후에 최초 매도인과 중간 매수인 간에 매매대금을 인상하는 약정이 체결된 경우, 최초 매도인은 인상된 매매대금이 지급되지 않았음을 이유로 최종 매수인 명의로의 소유권이전등기의무의 이행을 거절할 수 있다고 한 사례).

③ (O) 중간생략등기의 효력을 묻는 지문이다. 각 당사자 사이에 적법한 등기원인이 있다면 중간생략등기에 관한 합의가 없더라도 중간생략등기는 실체관계에 부합되는 유효한 등기가 된다.

[**대법원** 2005. 9. 29. **선고** 2003**다**40651 **판결**] 최종 양수인이 중간생략등기의 합의를 이유로 최초 양도인에게 직접 중간생략등기를 청구하기 위하여는 관계 당사자 전원의 의사합치가 필요하지만, 당사자 사이에 적법한 원인행위가 성립되어 일단 중간생략등기가 이루어진 이상 중간생략등기에 관한 합의가 없었다는 이유만으로는 중간생략등기가 무효라고 할 수는 없는 것이다.

④ (O) 매수인을 백지로 하는 등기 서류를 교부한 때에는 최초 양도인이 중간생략등기를 거부하고 있다는 등의 특별한 사정이 없는 한 중간생략등기에 관한 합의가 있는 것으로 해석한다.

[**대법원** 1982. 7. 13. **선고** 81**다**254 **판결**] 소유권이전등기 소요서류 등에 매수인란을 백지로 하여 교부한 경우에는 소유권이전등기에 있어 묵시적 그리고 순차적으로 중간등기 생략의 합의가 있었다고 봄이 상당하다.

⑤ (O) 매수인 명의로 소유권보존등기가 마쳐진 때에도 중간생략등기의 법리에 따라 그 보존등기는 실체적 권리관계에 부합하는 등기로서 유효하다.

[**대법원** 1995. 12. 26. **선고** 94**다**44675 **판결**] 미등기건물을 등기할 때에는 소유권을 원시취득한 자 앞으로 소유권보존등기를 한 다음 이를 양수한 자 앞으로 이전등기를 함이 원칙이라 할 것이나, 원시취득자와 승계취득자 사이의 합치된 의사에 따라 그 주차장에 관하여 승계취득자 앞으로 직접 소유권보존등기를 경료하게 되었다면, 그 소유권보존등기는 실체적 권리관계에 부합되어 적법한 등기로서의 효력을 가진다.

정답 ②

6. 미등기 건물에 관한 설명 중 옳은 것을 모두 고른 것은? (다툼이 있는 경우 판례에 의함)

[20 변호사]

ㄱ. 타인의 토지 위에 있는 미등기 건물을 법률상, 사실상 처분할 수 있는 지위에 있는 사람은 그 대지에 대한 적법한 점유권원이 없다면 대지소유자에 대하여 그 미등기 건물을 철거할 의무가 있다.

ㄴ. 미등기 무허가건물을 매수하였으나 아직 인도받지 않고, 소유권이전등기를 마치지 않은 매수인은 그 건물의 불법점유자에 대하여 직접 자신의 소유권에 기한 건물반환을 청구할 수 있다.

ㄷ. 주택으로 사용되는 건물에 관하여 소유권보존등기가 이루어지지 않은 경우에도, 특별한 사정이 없는 한 「주택임대차보호법」이 적용된다.

ㄹ. 건물 소유를 목적으로 하는 토지임대차에서 종전 임차인으로부터 미등기 무허가건물을 매수하여 점유하고 있는 토지임차인은, 특별한 사정이 없는 한 비록 소유자로서의 등기 명의가 없어 건물 소유권을 취득하지 못하였다 하더라도 임대인에 대하여 지상물매수청구권을 행사할 수 있는 지위에 있다.

① ㄱ ② ㄴ, ㄷ ③ ㄴ, ㄹ
④ ㄷ, ㄹ ⑤ ㄱ, ㄷ, ㄹ

해 설

ㄱ. (O) 미등기건물에 관한 처분권한을 가진 자가 대지소유자에 대한 철거의무자가 되는지를 묻는 지문이다. 미등기건물 매수인과 같이 건물에 관한 처분권한을 가진 자는 철거의무자에 해당한다.
[**대법원** 2003. 1. 24. **선고** 2002**다**61521 **판결**] 건물철거는 그 소유권의 종국적 처분에 해당되는 사실행위이므로 원칙으로는 그 소유자(민법상 원칙적으로는 등기명의자)에게만 그 철거처분권이 있다 할 것이고, 예외적으로 건물을 전 소유자로부터 매수하여 점유하고 있는 등 그 권리의 범위 내에서 그 점유 중인 건물에 대하여 법률상 또는 사실상 처분을 할 수 있는 지위에 있는 자에게도 그 철거처분권이 있다(필자 註 : 미등기건물에 대한 양도담보계약상의 채권자의 지위를 승계하여 건물을 관리하고 있는 자는 건물의 소유자가 아님은 물론 건물에 대하여 법률상 또는 사실상 처분권을 가지고 있는 자라고 할 수도 없다 할 것이어서 건물에 대한 철거처분권을 가지고 있는 자라고 할 수 없다고 한 사례).

ㄴ. (×) 미등기건물매수인이 소유권에 기초한 물권적 청구권을 행사할 수 있는지를 묻는 지문이다. 등기를 마치지 않는 한 소유권을 취득하지 못하므로 소유권에 기초한 물권적 청구권을 행사할 수는 없다.
[**대법원** 2007. 6. 15. **선고** 2007**다**11347 **판결**] 미등기·무허가건물의 양수인이라 할지라도 그 소유권이전등기를 경료받지 않는 한 그 건물에 대한 소유권을 취득할 수 없고, 그러한 상태의 건물 양수인에게 소유권에 준하는 관습상의 물권이 있다고 볼 수도 없으므로, 건물을 신축하여 그 소유권을 원시취득한 자로부터 그 건물을 매수하였으나 아직 소유권이전등기를 갖추지 못한 자는 그 건물의 불법점거자에 대하여 직접 자신의 소유권 등에 기하여 명도를 청구할 수는 없다(필자 註 : 미등기건물을 그 원시취득자로부터 매수하였으나 아직 소유권이전등기를 갖추지 못한 원고가 위 매도인을 대위하여 건물명도청구를 한 것이 아닌데도, 위 건물을 점유하는 피고들은 원고에게 건물을 명도할 의무가 있다고 판단한 원심판결을 파기한 사례).

ㄷ. (O) 미등기주택도 주택임대차보호법의 적용대상이 된다.
[**대법원** 2007. 6. 21. **선고** 2004**다**26133 **전원합의체 판결**] 주택임대차보호법은 주택의 임대차에 관하여 민법에 대한 특례를 규정함으로써 국민의 주거생활의 안정을 보장함을 목적으로 하고 있고, 주택의 전부 또는 일부의 임대차에 관하여 적용된다고 규정하고 있을 뿐 임차주택이 관할관청의 허가를 받은 건물인지, 등기를 마친 건물인지 아닌지를 구별하고 있지 아니하므로, 어느 건물이 국민의 주거생활의 용도로 사용되는 주택에 해당하는 이상 비록 그 건물에 관하여 아직 등기를 마치지 아니하였거나 등기가 이루어질 수 없는 사정이 있다고 하더라도 다른 특별한 규정이 없는 한 같은 법의 적용대상이 된다.

ㄹ. (O) 미등기건물매수인으로서 토지임차인에게 지상물매수청구권이 인정되는지를 묻는 지문이다. 토지임차인의 지상물매수청구의 대상인 지상시설은 원칙적으로 임차인의 소유여야 한다. 그러나 임차인이 처분권한을 가진 지상시설이라면 매수청구의 대상이 될 수 있다.
[**대법원** 2013. 11. 28. **선고** 2013**다**48364 **판결**] 민법 제643조가 정하는 건물 소유를 목적으로 하는 토지 임대차에서 임차인이 가지는 지상물매수청구권은 건물의 소유를 목적으로 하는 토지 임대차계약이 종료되었음에도 그 지상 건물이 현존하는 경우에 임대차계약을 성실하게 지켜온 임차인이 임대인에게

상당한 가액으로 그 지상 건물의 매수를 청구할 수 있는 권리로서 국민경제적 관점에서 지상 건물의 잔존 가치를 보존하고, 토지 소유자의 배타적 소유권 행사로 인하여 희생당하기 쉬운 임차인을 보호하기 위한 제도이므로, 특별한 사정이 없는 한 행정관청의 허가를 받은 적법한 건물이 아니더라도 임차인의 지상물매수청구권의 대상이 될 수 있다. 그리고 건물을 매수하여 점유하고 있는 사람은 소유자로서의 등기명의가 없다 하더라도 그 권리의 범위 내에서는 그 점유 중인 건물에 대하여 법률상 또는 사실상의 처분권을 가지고 있다. 위와 같은 지상물매수청구청구권 제도의 목적, 미등기 매수인의 법적 지위 등에 비추어 볼 때, 종전 임차인으로부터 미등기 무허가건물을 매수하여 점유하고 있는 임차인은 특별한 사정이 없는 한 비록 소유자로서의 등기명의가 없어 소유권을 취득하지 못하였다 하더라도 임대인에 대하여 지상물매수청구권을 행사할 수 있는 지위에 있다. 정답 ⑤

7. **甲과 乙은 甲 소유 A부동산에 관하여 매매계약을 체결하였고, 그 후 乙은 소유권이전등기를 마치지 않은 상태에서 丙과 A부동산에 관한 매매계약을 체결하였다. 이에 관한 설명 중 옳지 않은 것은? (다툼이 있는 경우 판례에 의함)** [19 변호사]

① 甲, 乙, 丙 사이에 중간생략등기의 합의가 있었다 하더라도 乙의 甲에 대한 소유권이전등기청구권이 소멸되지는 않는다.

② 甲, 乙, 丙 사이에 중간생략등기의 합의가 없었다면 丙은 직접 甲을 상대로 소유권이전등기를 청구할 수는 없고 乙의 甲에 대한 소유권이전등기청구권을 대위행사하여야 한다.

③ 甲, 乙, 丙 사이에 중간생략등기의 합의가 없었다 하더라도 甲과 乙, 乙과 丙 사이의 매매계약이 모두 유효하고 매매대금도 모두 지급된 경우에는, 甲으로부터 직접 丙 앞으로 이루어진 소유권이전등기는 유효하다.

④ 甲, 乙, 丙 사이에 중간생략등기의 합의가 있은 후에 甲과 乙 사이에 매매대금을 인상하는 약정이 체결된 경우, 甲은 인상된 매매대금이 지급되지 않았음을 이유로 丙으로의 소유권이전등기절차의 이행을 거절할 수 없다.

⑤ 甲, 乙, 丙 사이에 중간생략등기의 합의가 없는 경우 乙이 甲에 대한 A부동산의 소유권이전등기청구권을 丙에게 양도하고 이를 甲에게 통지하였다 하더라도, 甲이 이에 대해 동의 또는 승낙하지 않은 이상 丙은 甲에게 직접 소유권이전등기를 청구할 수는 없다.

해설

① **(O)** 중간생략등기 합의는 단축된 급부약정에 불과하므로 각 당사자 사이의 실체적 권리관계에는 아무런 영향을 주지 않는다.

[**대법원** 1991. 12. 13. **선고** 91**다**18316 **판결**] 중간생략등기의 합의가 있었다 하더라도 이러한 합의는 중간등기를 생략하여도 당사자 사이에 이의가 없겠고 또 그 등기의 효력에 영향을 미치지 않겠다는 의미가 있을 뿐이지 그러한 합의가 있었다 하여 중간매수인의 소유권이전등기청구권이 소멸된다거나 첫 매도인의 그 매수인에 대한 소유권이전등기의무가 소멸되는 것은 아니라 할 것이다.

② **(O)** 최종매수인의 중간생략등기청구권이 인정되기 위해서는 3자간 합의가 있어야 한다. 중간생략등기에 관한 합의가 없다면 최종매수인은 중간자를 대위하여 소유권이전등기를 청구하여야 한다.

③ **(O)** 각 당사자 사이에 적법한 물권변동의 원인행위가 있는 때에는 중간생략등기에 관한 합의가 없더라도 최종매수인의 등기는 실체관계에 부합하는 유효한 등기가 된다.

[**대법원** 2005. 9. 29. **선고** 2003**다**40651 **판결**] 최종 양수인이 중간생략등기의 합의를 이유로 최초 양도인에게 직접 중간생략등기를 청구하기 위하여는 관계 당사자 전원의 의사합치가 필요하지만

(대법원 1995. 8. 22. 선고 95다15575 판결 참조), 당사자 사이에 적법한 원인행위가 성립되어 일단 중간생략등기가 이루어진 이상 중간생략등기에 관한 합의가 없었다는 이유만으로는 중간생략등기가 무효라고 할 수는 없는 것이다.

④ (×) 중간생략등기에 관한 합의가 있더라도 최초매도인과 중간자는 매매대금 인상약정을 유효하게 체결할 수 있고, 최초매도인은 인상된 매매대금 지급이 없음을 이유로 중간생략등기절차이행을 거절할 수 있다.

[**대법원** 2005. 4. 29. **선고** 2003**다**66431 **판결**] 중간생략등기의 합의란 부동산이 전전 매도된 경우 각 매매계약이 유효하게 성립함을 전제로 그 이행의 편의상 최초의 매도인으로부터 최종의 매수인 앞으로 소유권이전등기를 경료하기로 한다는 당사자 사이의 합의에 불과할 뿐이므로, 이러한 합의가 있다고 하여 최초의 매도인이 자신이 당사자가 된 매매계약상의 매수인인 중간자에 대하여 갖고 있는 매매대금청구권의 행사가 제한되는 것은 아니다(필자 註 : 최초 매도인과 중간 매수인, 중간 매수인과 최종 매수인 사이에 순차로 매매계약이 체결되고 이들 간에 중간생략등기의 합의가 있은 후에 최초 매도인과 중간 매수인 간에 매매대금을 인상하는 약정이 체결된 경우, 최초 매도인은 인상된 매매대금이 지급되지 않았음을 이유로 최종 매수인 명의로의 소유권이전등기의무의 이행을 거절할 수 있다고 한 사례).

⑤ (O) 소유권이전등기청구권 양도를 원인으로 중간생략등기를 청구하는 때에도 3자간의 합의가 필요하다. 최초양도인이 양도에 동의하지 않고 있는 때에는 채권양도를 원인으로 하여도 최종매수인의 소유권이전등기청구는 허용되지 않는다.

[**대법원** 1995. 8. 22. **선고** 95**다**15575 **판결**] 부동산이 전전 양도된 경우에 중간생략등기의 합의가 없는 한 그 최종 양수인은 최초 양도인에 대하여 직접 자기 명의로의 소유권이전등기를 청구할 수 없고, 부동산의 양도계약이 순차 이루어져 최종 양수인이 중간생략등기의 합의를 이유로 최초 양도인에게 직접 그 소유권이전등기 청구권을 행사하기 위하여는 관계 당사자 전원의 의사합치, 즉 중간생략등기에 대한 최초 양도인과 중간자의 동의가 있는 외에 최초 양도인과 최종 양수인 사이에도 그 중간등기 생략의 합의가 있었음이 요구되므로, 비록 최종 양수인이 중간자로부터 소유권이전등기 청구권을 양도받았다고 하더라도 최초 양도인이 그 양도에 대하여 동의하지 않고 있다면 최종 양수인은 최초 양도인에 대하여 채권양도를 원인으로 하여 소유권이전등기 절차 이행을 청구할 수 없다.

정답 ④

8. **A 명의로 1943. 6. 1. 소유권보존등기가 적법 · 유효하게 마쳐진 X 부동산에 대하여 甲이 등기관계서류를 위조하여 1979. 3. 5. 甲 명의로 소유권이전등기를 마쳤다. 그 후 X 부동산에 대하여 乙이 1980. 2. 7. 乙 명의로 소유권보존등기를 마쳤고, 이에 터 잡아 丙이 1981. 5. 4. 丙 명의로 소유권이전등기를 마쳤다. 甲은 소유권에 기하여 乙, 丙을 상대로 위 각 소유권이전등기말소청구의 소를 제기하였다. 이에 관한 설명 중 옳은 것을 모두 고른 것은? (다툼이 있는 경우 판례에 의함)** [18 변호사]

ㄱ. 甲 명의의 등기는 원인무효의 등기이므로 설령 乙, 丙 명의의 등기가 말소되어야 할 무효의 등기라고 하더라도 특별한 사정이 없는 한 甲은 乙, 丙에게 말소를 청구할 권원이 없다.
ㄴ. 乙 명의의 소유권보존등기는 나중에 이루어진 중복등기로서 1부동산 1등기용지주의를 채택하고 있는 「부동산등기법」상 허용될 수 없는 무효의 등기이고, 이에 터 잡아 마쳐진 丙 명의의 소유권이전등기도 무효의 등기이다.
ㄷ. 등기부취득시효의 완성을 위한 등기는 원인무효의 등기라도 무방하므로, 丙이 취득시효의 완성을 위한 다른 요건을 모두 갖추었다면 丙 명의의 소유권이전등기는 특별한 사정이 없는 한 실체관계에 부합하여 유효하다.

ㄹ. 甲의 채권자가 甲을 대위하여 乙, 丙을 상대로 제기한 소(전소) 계속 중 甲이 乙, 丙을 상대로 동일한 청구를 하는 소(후소)를 제기한 경우, 전소가 소송요건을 명백히 흠결하여 부적법하다면 후소의 변론종결 전에 전소가 취하 또는 각하되지 않더라도 후소는 적법한 것이 된다.

① ㄱ, ㄴ ② ㄱ, ㄷ ③ ㄴ, ㄹ
④ ㄱ, ㄴ, ㄷ ⑤ ㄴ, ㄷ, ㄹ

해설

ㄱ. **(O)** 甲의 乙, 丙에 대한 말소등기청구는 소유권에 기초한 방해배제청구(제214조)이다. 乙, 丙의 등기가 원인무효라고 하더라도 甲이 현재 소유자가 아닌 때에는 소유권에 기초한 방해배제청구를 할 수 없다.

[**대법원** 2008. 12. 24. **선고** 2007**다**79718 **판결**] 토지조사부에 소유자로 등재되어 있는 자는 재결에 의하여 사정 내용이 변경되었다는 등의 반증이 없는 이상 토지의 소유자로 사정받아 그 사정이 확정된 것으로 추정되어 그 토지를 원시적으로 취득하게 되고, 소유권보존등기의 추정력은 그 보존등기 명의인 이외의 자가 당해 토지를 사정받은 것으로 밝혀지면 깨어지는 것이나, 한편 부동산의 소유권에 기한 물권적 방해배제청구권 행사의 일환으로서 그 부동산에 관하여 마쳐진 타인 명의의 소유권보존등기의 말소를 구하려면 먼저 자신에게 그 말소를 청구할 수 있는 권원이 있음을 적극적으로 주장·입증하여야 하며, 만일 그러한 권원이 있음이 인정되지 않는다면 설사 타인 명의의 소유권보존등기가 말소되어야 할 무효의 등기라고 하더라도 그 청구를 인용할 수 없다. 따라서 사정 이후에 사정명의인이 그 토지를 다른 사람에게 처분한 사실이 인정된다면 사정명의인 또는 그 상속인들에게는 소유권보존등기 명의자를 상대로 하여 그 등기의 말소를 청구할 권원이 없게 되므로 그 청구를 인용할 수 없다.

ㄴ. **(O)** 중복된 소유권보존등기가 마쳐진 경우 각 보존등기 및 이를 기초로 하는 이전등기의 효력을 묻는 지문이다. 보존등기명의인이 상이한 때에는 먼저 마쳐진 보존등기가 원인무효라는 증명이 없는 한 나중에 마쳐진 보존등기는 비록 실체관계에 부합하더라도 무효의 등기이다.

[**대법원** 1990. 11. 27. **선고** 87**다카**2961 **전원합의체 판결**] 매수인이 소유권이전등기 대신에 소유권보존등기를 경료함으로써 동일 부동산에 관하여 등기명의인을 달리하여 중복된 소유권보존등기가 이루어졌으나 선등기가 원인무효가 되지 아니하는 경우의 후등기는, 비록 그 부동산의 매수인에 의하여 이루어진 경우에도 1부동산1용지주의를 채택하고 있는 부동산등기법 아래에서는 무효라고 해석함이 상당하다.

ㄷ. **(×)** 중복된 소유권보존등기로서 무효인 경우에는 실체관계에 부합하더라도 무효인 등기이므로 이를 기초로 한 등기부취득시효는 인정되지 않는다.

[**대법원** 1996. 10. 17. **선고** 96**다**12511 **전원합의체 판결**] 어느 부동산에 관하여 등기명의인을 달리하여 소유권보존등기가 2중으로 경료된 경우 먼저 이루어진 소유권보존등기가 원인무효가 아니어서 뒤에 된 소유권보존등기가 무효로 되는 때에는, 뒤에 된 소유권보존등기나 이에 터잡은 소유권이전등기를 근거로 하여서는 등기부취득시효의 완성을 주장할 수 없다.

ㄹ. **(×)** [**대법원** 1998. 2. 27. **선고** 97**다**45532 **판결**] 중복제소금지는 소송계속으로 인하여 당연히 발생하는 소송요건의 하나로서, 이미 동일한 사건에 관하여 전소가 제기되었다면 설령 그 전소가 소송요건을 흠결하여 부적법하다고 할지라도 후소의 변론종결시까지 취하·각하 등에 의하여 소송계속이 소멸되지 아니하는 한 후소는 중복제소금지에 위배하여 각하를 면치 못하게 되는바, 이와 같은 법리는 어느 채권자가 채무자를 대위하여 제3채무자를 상대로 제기한 채권자대위소송이 법원에 계속중 다른 채권자가 같은 채무자를 대위하여 제3채무자를 피고로 하여 동일한 소송물에 관하여 소송을 제기한 경우에도 적용된다.

정답 ①

9. **원래 甲 소유이던 X 토지에 관하여 1972. 4. 2. 甲 명의로 소유권보존등기가 마쳐진 후 2012. 2. 5. 乙 명의로 상속을 원인으로 한 소유권이전등기가 마쳐졌다. 한편 X 토지에 관하여 1983. 3. 5. 丙 명의로 중복하여 소유권보존등기가 마쳐졌고, 丁은 丙으로부터 X 토지를 매수하여 2013. 10. 5. 丁 명의로 소유권이전등기를 마쳤다. 소유권이전등기청구권의 시효소멸의 문제는 발생하지 않는다고 가정한다. 옳은 것을 모두 고른 것은? (각 지문은 독립적이며, 다툼이 있는 경우 판례에 의함)** [16 변호사]

ㄱ. 丙이 甲으로부터 X 토지를 매수하고 대금을 모두 지급한 사실이 증명되면, 丙은 乙에게 소유권이전등기를 청구할 수 있다.
ㄴ. 丙이 甲으로부터 X 토지를 매수하고 대금을 모두 지급한 사실이 증명되면, 丁은 乙을 상대로 진정명의회복을 원인으로 한 소유권이전등기를 청구할 수 있다.
ㄷ. 乙이 丁을 상대로 소유권이전등기의 말소를 청구하는 경우 丁이 20년간 소유의 의사로 평온·공연하게 점유를 계속한 사실이 밝혀지더라도 乙의 청구는 인용된다.

① ㄱ ② ㄴ ③ ㄷ
④ ㄱ, ㄴ ⑤ ㄱ, ㄷ

해설

ㄱ. (O) 중복보존등기 명의자가 선차보존등기 명의자와 매매계약을 체결하고 대금을 완납한 경우의 법률관계를 묻는 지문이다. 중복보존등기 명의자가 소유권을 취득할 수 있는 실질적 요건을 갖추었더라도 중복보존등기는 실체관계에 부합되는 유효한 등기로 되지 않는다. 따라서 매도인인 선차보존등기 명의인 및 그 상속인은 매수인인 중복보존등기 명의인에 대하여 매매계약에 따른 소유권이전등기 의무를 여전히 부담한다. 따라서 丙은 乙에 대하여 소유권이전등기를 청구할 수 있다.

ㄴ. (×) 중복보존등기 명의자가 소유권을 취득할 수 있는 실질적 요건을 구비한 경우, 중복보존등기의 효력을 묻는 지문이다. 중복보존등기가 유효한 등기가 되면 丁은 현재 소유자로서 소유권에 기초한 물권적 청구권을 행사할 수 있다. 중복보존등기는 선차보존등기가 원인무효라는 입증이 없는 한 실체관계에 부합하더라도 그 효력이 인정되지 않는다는 것이 판례의 태도이다.

[**대법원** 1990. 11. 27. **선고** 87**다카**2961 **전원합의체 판결**] 매수인이 소유권이전등기 대신에 소유권보존등기를 경료함으로써 동일 부동산에 관하여 등기명의인을 달리하여 중복된 소유권보존등기가 이루어졌으나 선등기가 원인무효가 되지 아니하는 경우의 후등기는, 비록 그 부동산의 매수인에 의하여 이루어진 경우에도 1부동산1용지주의를 채택하고 있는 부동산등기법 아래에서는 무효라고 해석함이 상당하다.

ㄷ. (O) 중복등기 명의인으로부터의 매수인이 점유취득시효를 주장하는 경우, 선차보존등기 명의인 및 그 상속인의 말소등기청구가 허용되지 않는지 여부를 묻는 지문이다. 중복등기는 실체관계에 부합하더라도 무효의 등기이므로 비록 중복등기 명의인으로부터의 매수인이 점유취득시효의 요건을 갖추었더라도 말소청구는 허용된다.

[**대법원** 2008. 2. 14. **선고** 2007**다**63690 **판결**] 동일 부동산에 관하여 등기명의인을 달리하여 중복된 소유권보존등기가 경료된 경우에는 먼저 이루어진 소유권보존등기가 원인무효로 되지 않는 한 뒤에 된 소유권보존등기는 그것이 실체관계에 부합한다고 하더라도 1부동산 1등기용지주의의 법리에 비추어 무효라 할 것이고, 이러한 법리는 뒤에 된 소유권보존등기의 명의인이 당해 부동산의 소유권을 원시취득한 경우에도 그대로 적용된다고 할 것이며, 한편 동일 부동산에 대하여 이미 소유권이전등기가 경료되어 있음에도 그 후 중복하여 소유권보존등기를 경료한 자가 그 부동산을 20년간 소유의 의사

로 평온·공연하게 점유하여 점유취득시효가 완성되었더라도, 선등기인 소유권이전등기의 토대가 된 소유권보존등기가 원인무효라고 볼 아무런 주장·입증이 없는 이상, 뒤에 경료된 소유권보존등기는 실체적 권리관계에 부합하는지의 여부에 관계없이 무효이므로, 뒤에 된 소유권보존등기의 말소를 구하는 것이 신의칙위반이나 권리남용에 해당한다고 할 수 없다. 정답 ⑤

10. **甲과 乙은 甲 소유의 X 부동산에 관하여 매매대금을 1억 원으로 하여 매매계약을 체결하였고, 그 후 乙과 丙은 X에 관하여 매매대금을 1억 2,000만 원으로 하여 매매계약을 체결하였다. 다음 설명 중 옳은 것은? (다툼이 있는 경우에는 판례에 의함)** [12 변호사]

① 丙이 乙로부터 甲에 대한 소유권이전등기청구권을 양수하고 이 사실을 乙이 甲에게 통지하였다면, 丙은 甲에게 X에 관하여 직접 자기 앞으로 소유권이전등기를 해줄 것을 청구할 수 있다.

② 丙이 乙과 甲 사이의 매매계약에 기한 소유권이전등기청구권을 보전하기 위해 乙을 대위하여 X에 대한 처분금지가처분결정을 받았고 乙이 그러한 사실을 알고 있었더라도, 甲과 乙은 위 매매계약의 합의해제로 丙에게 대항할 수 있다.

③ 甲, 乙, 丙 사이에 중간생략등기에 관한 합의가 있었다면, 丙은 甲에게 X에 관하여 직접 자기 앞으로 소유권이전등기를 해줄 것을 청구할 수 있고, 그 후 甲은 乙과 매매대금을 인상하기로 합의하였더라도 그 인상분을 지급받지 아니하였음을 이유로 丙에게 소유권이전등기의무의 이행을 거절할 수 없다.

④ 이미 X에 관하여 甲에서 丙 앞으로 소유권이전등기까지 마쳐지고, 甲과 乙, 乙과 丙 사이에 각각 매매대금이 모두 지급되었다면, 위 소유권이전등기가 丙이 甲 명의의 등기신청서류를 위조하여 직접 丙 앞으로 마친 것이고, 甲, 乙, 丙 사이에 중간생략등기의 합의가 없었더라도, 甲은 丙에게 위 소유권이전등기의 말소를 청구할 수 없다.

⑤ 甲, 乙, 丙 사이의 중간생략등기의 합의에 따라 甲이 X에 관하여 직접 丙 앞으로 소유권이전등기를 마쳐주었는데, 그 후 甲과 乙 사이의 매매계약이 사기를 이유로 취소되었다면, 甲은 丙이 선의인지 여부와 관계없이 丙에 대하여 위 소유권이전등기의 말소를 청구할 수 있다.

해설

① (×) 부동산이 순차 매도된 경우, 최종매수인이 최초매도인에게 중간생략등기를 청구하기 위한 요건을 묻는 지문이다. 판례는 3자간의 합의가 있어야 중간생략등기청구권의 행사가 허용된다고 보고 있다. 비록 중간자와 최종매수인이 등기청구권을 양도하고, 중간자가 채권양도 통지 등을 하였더라도 최초매도인의 동의나 승낙이 없다면 중간생략등기청구는 허용되지 않는다. 이러한 판례의 태도는 결국 매매를 원인으로 하는 등기청구권은 양도가 제한되는 권리로 이해하는 태도이다.

[**대법원** 2001. 10. 9. **선고** 2000**다**51216 **판결**] 부동산의 매매로 인한 소유권이전등기청구권은 물권의 이전을 목적으로 하는 매매의 효과로서 매도인이 부담하는 재산권이전의무의 한 내용을 이루는 것이고, 매도인이 물권행위의 성립요건을 갖추도록 의무를 부담하는 경우에 발생하는 채권적 청구권으로 그 이행과정에 신뢰관계가 따르므로, 소유권이전등기청구권을 매수인으로부터 양도받은 양수인은 매도인이 그 양도에 대하여 동의하지 않고 있다면 매도인에 대하여 채권양도를 원인으로 하여 소유권이전등기절차의 이행을 청구할 수 없고, 따라서 매매로 인한 소유권이전등기청구권은 특별한 사정이 없는 이상 그 권리의 성질상 양도가 제한되고 그 양도에 채무자의 승낙이나 동의를 요한다고 할 것이므로 통상의 채권양도와 달리 양도인의 채무자에 대한 통지만으로는 채무자에 대한 대항력이 생기지 않으며 반드시 채무자의 동의나 승낙을 받아야 대항력이 생긴다.

② (×) 등기청구권이 대위행사 되고, 그 사실이 채무자에게 통지된 경우, 채무자와 제3채무자가 피대위권리의 발생 원인인 계약을 합의해제 하여 대위채권자에게 대항할 수 있는지를 묻는 지문이다. 채권자대위권 행사사실이 통지된 후에는 채무자의 처분이 제한된다(제405조). 채무자가 제3채무자와 합의해제를 하여 피대위권리를 소멸하게 하는 행위는 통지가 금지하는 채무자의 처분에 해당한다. 丙이 乙을 대위하여 乙의 甲에 대한 등기청구권을 행사하였고, 그 사실이 乙에게 통지되었으므로 乙은 甲에 대한 등기청구권을 처분할 수 없고, 처분하더라도 그 사실로써 대위채권자인 丙에게 대항할 수 없다. 乙과 甲의 합의해제는 등기청구권의 처분행위에 해당하므로 甲과 乙은 합의해제로 인하여 등기청구권이 소멸하였음을 대위채권자 丙에게 대항할 수 없다.

[**대법원** 1996. 4. 12. **선고** 95**다**54167 **판결**] 채권자대위권의 행사에 있어서 채무자가 채권자대위권을 행사한 점을 알게 된 이후에는 채무자가 그 권리를 처분하여도 이로써 채권자에게 대항할 수 없으므로, 채권자가 채무자를 대위하여 제3채무자의 부동산에 대한 처분금지가 처분을 신청하여 처분금지 가처분 결정을 받은 경우, 이는 그 부동산에 관한 소유권이전등기청구권을 보전하기 위한 것이므로 피보전권리인 소유권이전등기청구권을 행사한 것과 같이 볼 수 있어, 채무자가 그러한 채권자대위권의 행사 사실을 알게 된 이후에 그 부동산에 대한 매매계약을 합의해제함으로써 채권자대위권의 객체인 그 부동산의 소유권이전등기청구권을 소멸시켰다 하더라도 이로써 채권자에게 대항할 수 없다.

③ (×) 중간생략등기의 합의의 의미를 묻는 지문이다. 중간생략등기의 합의란 중간을 생략하여 등기하는 데에 이의하지 않겠다는 의미에 불과하다. 중간생략등기의 합의가 있다고 하여 별개의 등기청구권이 발생하는 것은 아니다. 중간생략등기 합의 후에도 각 당사자들은 각 계약의 내용을 변경할 수 있다. 또한 반대급부가 이행되지 아니한 때에는 최초매도인은 중간생략등기를 청구하는 최종매수인에 대하여 동시이행의 항변권을 행사할 수 있다.

[**대법원** 2005. 4. 29. **선고** 2003**다**66431 **판결**] 중간생략등기의 합의란 부동산이 전전 매도된 경우 각 매매계약이 유효하게 성립함을 전제로 그 이행의 편의상 최초의 매도인으로부터 최종의 매수인 앞으로 소유권이전등기를 경료하기로 한다는 당사자 사이의 합의에 불과할 뿐이므로, 이러한 합의가 있다고 하여 최초의 매도인이 자신이 당사자가 된 매매계약상의 매수인인 중간자에 대하여 갖고 있는 매매대금청구권의 행사가 제한되는 것은 아니라고 할 것인바, 이러한 법리에 비추어 보면, 최초의 매도인으로서는 매수인인 중간자의 명의로 소유권이전등기를 경료해줄 의무의 이행과 동시에 그 중간자에 대하여 위와 같이 인상된 매매대금의 지급을 구하는 내용의 동시이행의 항변권을 보유하고 있다고 보아야 할 것이다.

④ (○) 이미 중간생략등기가 마쳐진 때에는 그 등기가 실체관계에 부합되는 한 유효하다. 비록 중간생략등기에 관한 합의가 없었거나 등기서류 등이 위조되었더라도 실체관계에 부합한다면 중간생략등기는 유효하다.

[**대법원** 1980. 2. 12. **선고** 79**다**2104 **판결**] 당사자 사이에 적법한 원인행위가 성립되어 중간생략등기가 이루어진 이상, 중간생략등기에 관한 합의가 없었다는 사유만으로는 그 소유권이전등기를 무효라고 할 수 없다.

[**대법원** 1985. 4. 9. **선고** 84**다카**130 **판결**] 공부상 공시된 등기가 실체적 권리관계에 부합한다 함은 그 등기절차에 문서의 위조 등 어떤 하자가 있다 하더라도 진실한 권리관계와 합치되는 것을 말하는 것으로 약정매매대금 전액이 지급되었다거나 또는 매매대금 완불 이전이라고 하더라도 그 소유권이전등기를 하기로 하는 약정이 있었다고 할 수 없다면 소요서류 위조 등의 방법으로 한 매수인 명의의 소유권이전등기는 매도인의 의사에 반하는 것임이 분명하여 실체적 권리관계에 부합한다고 할 이유나 근거가 없다.

⑤ (×) 민법 110조 제3항. 최초 매도인과 매수인 사이의 계약에 기초하여 최종매수인 丙이 중간생략등기를 받은 것이므로 최초매도인과 매수인 사이의 계약이 사기에 의한 것으로 취소가 되어도 丙은 선의의 제3자로 보호 될 수가 있다.

정답 ④

2. 부동산등기

11. 등기의 추정력에 관한 설명 중 옳지 않은 것은? (다툼이 있는 경우 판례에 의함) [23 변호사]

① 사망자 명의로 신청하여 이루어진 소유권이전등기는 일단 원인무효의 등기라고 볼 것이어서 등기의 추정력을 인정할 여지가 없으므로, 등기의 유효를 주장하는 자가 현재의 실체관계와 부합함을 증명할 책임이 있다.

② 등기명의자가 전 소유자로부터 부동산을 취득함에 있어 등기부상 기재된 등기원인에 의하지 아니하고 다른 원인으로 적법하게 취득하였다고 하면서 등기원인행위의 태양이나 과정을 다소 다르게 주장한다고 하여 그 등기의 추정력이 깨어진다고 할 수는 없다.

③ 부동산에 관하여 소유권이전등기가 경료되어 있는 경우에는 그 등기명의자는 제3자에게 대하여서뿐만 아니라 그 전 소유자에 대하여서도 적법한 등기원인에 의하여 소유권을 취득한 것으로 추정된다.

④ 등기명의자 또는 제3자가 그에 앞선 등기명의인의 등기 관련 서류를 위조하여 소유권이전등기를 경료하였다는 점이 증명되었으면 특별한 사정이 없는 한 무효원인의 사실이 증명되었다고 보아야 한다.

⑤ 의용 민법과 의용 부동산등기법 적용 당시 행하여진 가등기 뿐만 아니라 현행 「민법」과 현행 「부동산등기법」에 따라 이루어진 가등기에 관해서도 구체적인 등기원인이 존재하는 것으로 추정된다.

해설

① (O) [**대법원** 1997. 11. 28. **선고** 95**다**51991 **판결**] 사망자 명의의 등기신청에 의하여 경료된 등기는 원인무효의 등기로서 등기의 추정력을 인정할 여지가 없다고 하겠으나, 등기원인이 이미 존재하고 있으나 아직 등기신청을 하지 않고 있는 동안에 등기권리자 또는 등기의무자에 관하여 상속이 개시된 경우 피상속인이 살아 있다면 그가 신청하였을 등기를 상속인이 부동산등기법 제47조의 규정에 따라 신청하는 때에는 그 등기를 무효라고 할 수 없으므로, 사망한 등기의무자로부터 경료된 등기라고 하더라도 등기의무자의 사망 전에 그 등기원인이 이미 존재하는 등의 사정이 있는 경우에는, 그 등기는 위와 같은 절차에 따라 적법하게 경료된 것으로 추정되어 그 등기의 추정력을 부정할 수 없다.

② (O) [**대법원** 2005. 9. 29. **선고** 2003**다**40651 **판결**] 부동산 등기는 현재의 진실한 권리상태를 공시하면 그에 이른 과정이나 태양을 그대로 반영하지 아니하였어도 유효한 것으로서, 등기명의자가 전 소유자로부터 부동산을 취득함에 있어 등기부상 기재된 등기원인에 의하지 아니하고 다른 원인으로 적법하게 취득하였다고 하면서 등기원인행위의 태양이나 과정을 다소 다르게 주장한다고 하여 이러한 주장만 가지고 그 등기의 추정력이 깨어진다고 할 수는 없다. 그러므로 김귀덕으로부터 피고에게로 경료된 이 사건 소유권이전등기의 등기원인이 명의신탁해지로 되어 있으므로 그 등기의 추정력도 피고와 김귀덕 사이에서 명의신탁관계가 이루어졌다가 해지되었다는 점에만 미친다고 전제하고, 이 사건 임야에 대한 명의신탁관계는 피고와 김귀덕 사이에서 이루어진 것이 아니라 피고의 망 부(父) 김지태와 김귀덕의 망 부(夫) 추삼득 사이에서 이루어졌다가 그들의 사망으로 각 상속인들에게 승계된 사실이 인정되는 바, 그 점만으로 바로 피고 명의로 경료된 이 사건 소유권이전등기의 권리 추정력은 깨어졌다고 판단한 원심은 등기 추정력에 관한 법리를 오해한 것이다.

③ (O) ④ (O) [**대법원** 2014. 3. 13. **선고** 2009**다**105215 **판결**] 소유권이전등기가 경료되어 있는 경우 등기명의자는 제3자에 대하여서뿐만 아니라 전소유자에 대하여서도 적법한 등기원인에 의하여 소유권을 취득한 것으로 추정되므로, 원고가 이를 부인하고 등기원인의 무효를 주장하여 소유권이전등기의 말소를 구하려면 무효원인이 되는 사실을 주장하고 증명할 책임이 있다. 그런데 등기명의자 또는 제3자가 그에 앞선 등기명의인의 등기 관련 서류를 위조하여 소유권이전등기를 경료하였다는 점이 증명되었으면 특별한 사정이 없는 한 무효원인의 사실이 증명되었다고 보아야 하고, 등기가 실체적 권리관계에 부합한다는 사실의 증명책임은 이를 주장하는 등기명의인에게 있다.

⑤ (×) [**대법원** 1979. 5. 22. **선고** 79**다**239 **판결**] 소유권이전청구권 보전을 위한 가등기가 있다 하여, 소유권이전등기를 청구할 어떤 법률관계가 있다고 추정되지 아니한다. 정답 ⑤

12. 가등기에 관한 설명 중 옳지 않은 것은? (다툼이 있는 경우 판례에 의함) [19 변호사]

① 가등기는 그 성질상 본등기의 순위보전의 효력이 있어 후일 본등기가 경료된 때에는 본등기의 순위가 가등기한 때로 소급하지만 본등기에 의한 물권변동의 효력이 가등기한 때로 소급하여 발생하는 것은 아니다.

② 대상 토지에 관하여 무효인 중복등기가 존재하는 경우, 가등기권자는 가등기에 따른 본등기가 마쳐지지 않은 이상 현재의 소유자를 대위하지 않고 직접 그 중복등기 명의자를 피고로 삼아 그 등기의 말소를 청구할 수는 없다.

③ 가등기에 기하여 본등기가 경료된 경우 가등기의 원인인 법률행위와 본등기의 원인인 법률행위가 명백히 다른 것이 아니면 사해행위 요건의 구비 여부는 본등기의 원인된 법률 행위 당시를 기준으로 판단하여야 한다.

④ 효력이 상실된 가등기를 유용하기로 합의하고 실제로 그 가등기이전의 부기등기를 경료하였다면, 그 가등기이전의 부기등기를 경료받은 제3자로서는 언제든지 부동산의 소유자에 대하여 위 가등기 유용의 합의를 주장하여 가등기의 말소청구에 대항할 수 있고, 다만 그 가등기이전의 부기등기 이전에 등기부상 이해관계를 가지게 된 자에 대하여는 위 가등기 유용의 합의 사실을 들어 그 가등기의 유효를 주장할 수 없다.

⑤ 가등기명의인은 단독으로 가등기의 말소를 신청할 수 있다.

해 설

① (O) [**대법원** 1982. 6. 22. **선고** 81**다**1298·1299 **판결**] 가등기는 그 성질상 본등기의 순위보전의 효력만이 있고 후일 본등기가 경료된 때에는 본등기의 순위가 가등기한 때로 소급함으로써 가등기 후 본등기 전에 이루어진 중간처분이 본등기보다 후순위로 되어 실효될 뿐이고 본등기에 의한 물권변동의 효력이 가등기한 때로 소급하여 발생하는 것은 아니다.

② (O) 가등기권리자는 부동산을 목적물로 하는 채권자에 불과하다.
[**대법원** 2001. 3. 23. **선고** 2000**다**51285 **판결**] 가등기는 부동산등기법 제6조 제2항의 규정에 의하여 그 본등기시에 본등기의 순위를 가등기의 순위에 의하도록 하는 순위보전적 효력만이 있을 뿐이고, 가등기만으로는 아무런 실체법상 효력을 갖지 아니하고 그 본등기를 명하는 판결이 확정된 경우라도 본등기를 경료하기까지는 마찬가지이므로, 중복된 소유권보존등기가 무효이더라도 가등기권리자는 그 말소를 청구할 권리가 없다.

③ (×) 가등기의 원인행위 당시를 기준으로 판단하여야 한다.

[**대법원** 2014. 3. 27. **선고** 2013**다**1518 **판결**] 가등기에 기하여 본등기가 경료된 경우 가등기의 원인인 법률행위와 본등기의 원인인 법률행위가 명백히 다른 것이 아닌 한 사해행위 요건의 구비 여부는 가등기의 원인된 법률행위 당시를 기준으로 판단하여야 한다(필자 주 : 甲이 乙에 대한 채무 담보를 위하여 자신의 부동산에 매매예약을 원인으로 가등기를 마쳐주었는데, 채무초과 상태에 있던 甲이 乙과 위 부동산에 관한 매매계약을 체결하고 매매계약을 원인으로 가등기에 기한 본등기를 마쳐준 사안에서, 매매계약 당시를 기준으로 사해행위 요건의 구비 여부를 판단한 원심판결에 법리오해의 위법이 있다고 한 사례).

④ **(O)** 무효인 가등기의 유용도 인정된다. 다만, 유용합의 및 가등기가 실체관계에 부합되기 전에 등기상 이해관계를 가진 제3자에 대해서는 가등기의 유효를 주장할 수 없다.

[**대법원** 1986. 12. 9. **선고** 86**다카**716 **판결**] 당사자가 실체적 권리의 소멸로 인하여 무효로 된 가등기를 이용하여 거래를 하기로 하였다면 그 구등기에 부합하는 가등기설정계약의 합의가 있어 구등기를 유용하기로 하고 거래를 계속하기로 한 취지라고 해석함이 타당하며 위 등기유용합의 이전에 등기상 이해관계 있는 제3자가 나타나지 않는 한 위 가등기는 원래의 담보채무소멸 후에도 유효하게 존속한다.

⑤ **(O)** 부동산등기법 제93조 제1항.

정답 ③

13. **甲은 그 소유인 X 토지에 관하여 乙과 사이에 매매예약을 체결하고 가등기를 경료하여 주었다. 甲과 乙은 매매예약을 합의해제하였으나 가등기는 그대로 남아 있었다. 甲은 다시 丙과 매매예약을 체결하고 甲, 乙, 丙 사이에 위 가등기를 유용하기로 합의하였다. 그 뒤 甲의 채권자 丁이 X 토지를 가압류하여 그 가압류기입등기가 마쳐졌고, 이어서 위 유용합의에 따라 丙 앞으로 가등기이전의 부기등기가 마쳐졌다. 이에 관한 설명 중 옳은 것을 모두 고른 것은? (각 지문은 독립적이며, 다툼이 있는 경우 판례에 의함)** [18 변호사]

ㄱ. 丙은 가압류채권자 丁에게 대항할 수 없다.
ㄴ. 丁은 직접 丙의 가등기의 말소를 청구할 수 있다.
ㄷ. 丁은 甲을 대위하여 丙의 가등기의 말소를 청구할 수 있다.

① ㄱ ② ㄴ ③ ㄷ
④ ㄱ, ㄴ ⑤ ㄱ, ㄷ

해설

ㄱ. **(O)** 가등기유용의 효력을 묻는 지문이다. 가등기유용도 인정되지만, 유용합의 및 가등기가 실체관계에 부합되는 사정이 생기기 전에 등기상 이해관계를 맺은 제3자에 대해서는 효력이 없다. 甲, 乙, 丙이 무효인 가등기 유용에 관한 합의를 하였더라도 丙명의로 가등기이전의 부기등기가 마쳐지기 전에 丁의 가압류가 마쳐진 때에는 실체관계에 부합되는 사정이 생기기 전에 등기상 이해관계 있는 丁이 출현한 것이므로 丙은 가등기의 효력을 丁에게 대항할 수 없다.

[**대법원** 1994. 1. 28. **선고** 93**다**31702 **판결**] 甲과 乙 사이에 乙의 甲에 대한 채무담보조로 乙 소유의 부동산에 이미 경료되어 있던 丙 명의의 원인무효인 근저당권설정등기에 터잡아 이전등기를 경료하는 방법을 취하기로 합의하여 甲 앞으로 근저당권이전의 부기등기를 한 경우 甲과 乙 사이의 위와 같은 합의는 원인무효인 丙 명의의 근저당권설정등기에 터잡아 역시 원인무효의 등기가 될 수 밖에 없는 甲 명의로 경료될 근저당권이전등기를 유용하기로 하는 합의에 불과한 것으로서, 이러한 등기유용에 관한 합의는 그 유용하기로 한 甲 명의의 근저당권이전등기가 경료되기 이전에 이미 위

부동산에 대하여 처분금지가처분을 하여 둠으로써 등기상의 이해관계를 가지게 된 丁에 대한 관계에 있어서는 그 효력이 없다.

ㄴ. (×) 가압류채권자 丁이 원인무효의 가등기의 말소를 청구할 수 있는지를 묻는 지문이다. 가압류채권자는 채권자에 불과할 뿐이므로 가압류채무자를 대위하여 가등기의 말소를 청구하는 것은 별론으로 하고, 직접 가등기의 말소를 청구할 권원은 없다.

ㄷ. (×) 무효등기 유용의 합의를 한 소유자의 채권자가 소유자를 대위하여 가등기 말소를 청구하는 것이 허용되는지를 묻는 지문이다. 가등기명의자는 유용합의를 들어 말소청구에 대항할 수 있고, 이때 대위채권자가 무효등기 유용으로 대항하지 못하는 제3자에 해당하더라도 대위채권자는 채무자가 대항할 수 있는 사유로 재항변을 할 수 있을 뿐이므로 말소청구는 허용되지 않는다.

[**대법원** 2009. 5. 28. **선고** 2009**다**4787 **판결**] 채권자는 채무자 자신이 주장할 수 있는 사유의 범위 내에서 주장할 수 있을 뿐 자기와 제3채무자 사이의 독자적인 사정에 기한 사유를 주장할 수는 없다 (필자 註 : 채권자가 무효인 소유권이전등기청구권의 보전을 위한 가등기의 유용합의에 따라 부동산소유자인 채무자로부터 그 가등기 이전의 부기등기를 마친 제3채무자를 상대로 채무자를 대위하여 가등기의 말소를 구한 사안에서, 채권자가 그 부기등기 전에 부동산을 가압류한 사실을 주장하는 것은 채무자가 아닌 채권자 자신이 제3채무자에 대하여 가지는 사유에 관한 것이어서 허용되지 않는다고 한 사례). 정답 ①

14. **X 토지에 관하여 甲 명의의 소유권보존등기와 乙 명의의 소유권이전등기가 순차로 경료되어 있다는 사실은 아래 각 소송에서 다툼이 없다. 아래 각 소가 모두 적법하다는 전제에서, 이에 관한 설명 중 옳은 것을 모두 고른 것은? (각 지문은 독립적이며, 다툼이 있는 경우 판례에 의함)** [18 변호사]

ㄱ. 甲은 乙을 상대로 소유권이전등기말소 청구의 소를 제기하였다. 이 소송에서 甲은 乙에게 토지를 매도한 적이 없다고 주장하고, 乙은 甲으로부터 X 토지를 매수하였다고 주장하였다. 甲과 乙 양측의 위 주장 사실이 증명되지 않은 경우 원고 甲이 승소한다.

ㄴ. 甲은 乙을 상대로 소유권이전등기말소 청구의 소를 제기하였다. 이 소송에서 乙이 X 토지를 甲의 대리인임을 자칭하는 A를 통하여 매수했다는 사실에 대해서는 당사자 사이에 다툼이 없었고, A에게 대리권이 있었는지 여부에 관해서만 다투어졌는데, 이 대리권 존부에 관하여 증명되지 않은 경우 원고 甲이 승소한다.

ㄷ. X 토지의 사정 명의인은 B이고 丙은 B의 유일한 상속인이라는 사실은 아래 소송에서 당사자 사이에 다툼이 없다. 丙이 甲을 상대로 소유권보존등기말소 청구의 소를 제기하였다. 이 소송에서 丙은 甲이 관련서류를 위조하여 등기하였다고 주장하고 甲은 B 생전에 B로부터 X 토지를 매수하고 대금을 모두 지급하였다고 주장하였다. 甲과 丙 양측의 위 주장 사실이 증명되지 않은 경우 원고 丙이 승소한다.

① ㄱ ② ㄴ ③ ㄷ
④ ㄱ, ㄴ ⑤ ㄴ, ㄷ

해설

ㄱ. (×) 소유권이전등기의 추정력이 등기원인에 미치는지를 묻는 지문이다. 소유권이전등기의 추정력은 등기기록상 등기원인에도 미친다. 한편, 등기기록상 등기원인의 부존재가 증명되었더라도 등기명의자가 다른 권리취득원인 사실을 구체적으로 주장하는 때에는 소유권이전등기의 추정력이 유지되므로 등기명의자가 주장한 등기원인 사실이 존재하지 않음을 등기의 효력을 다투는 자가 증명하

여야 한다. 乙은 소유권이전등기명의자로서 매매를 원인으로 소유권이전등기를 마쳤다고 주장하고 있으므로 매매사실의 존재에도 추정력이 미친다. 매매가 존재하였는지가 증명되지 아니한 때에는 그에 관한 증명책임은 甲에게 있으므로 甲이 패소한다.

[**대법원** 1969. 10. 14. **선고** 69**다**1185 **판결**] 소유권이전등기가 경료된 이상 등기상에 표상된 취득원인사실에 기하여 소유권을 취득한 것으로 추정받는 것이니 그 소유권취득의 추정을 번복하지 못하는 경우에는 그 소유권취득원인에 관하여 심리·판단할 필요가 없다.

[**대법원** 2005. 9. 29. **선고** 2003**다**40651 **판결**] 부동산 등기는 현재의 진실한 권리상태를 공시하면 그에 이른 과정이나 태양을 그대로 반영하지 아니하였어도 유효한 것으로서, 등기명의자가 전 소유자로부터 부동산을 취득함에 있어 등기부상 기재된 등기원인에 의하지 아니하고 다른 원인으로 적법하게 취득하였다고 하면서 등기원인행위의 태양이나 과정을 다소 다르게 주장한다고 하여 이러한 주장만 가지고 그 등기의 추정력이 깨어진다고 할 수는 없다.

ㄴ. **(×)** 소유권이전등기 과정에 대리인이 개입된 경우, 대리권의 존재사실이 추정되는지를 묻는 지문이다. 대리권 존재사실에도 추정력이 미치므로 A의 대리권 존부가 증명되지 아니한 때에는 대리권이 존재하는 것으로 판단하여야 하므로 원고 甲이 패소한다.

[**대법원** 1992. 4. 24. **선고** 91**다**26379·26386 **판결**] 전 등기명의인의 직접적인 처분행위에 의한 것이 아니라 제3자가 그 처분행위에 개입된 경우 현등기명의인이 그 제3자가 전 등기명의인의 대리인이라고 주장하더라도 현 소유명의인의 등기가 적법히 이루어진 것으로 추정된다 할 것이므로 위 등기가 원인무효임을 이유로 그 말소를 청구하는 전 소유명의인으로서는 그 반대사실 즉, 그 제3자에게 전 소유명의인을 대리할 권한이 없었다든지, 또는 제3자가 전 소유명의인의 등기서류를 위조하였다는 등의 무효사실에 대한 입증책임을 진다.

ㄷ. **(○)** 소유권보존등기가 실체관계에 부합되는 등기로 추정되는지를 묻는 지문이다. 소유권보존등기는 등기명의자가 원시취득에 의한 소유권취득자라는 점에 추정력이 미칠 뿐이며, 실체관계에 부합되는 등기로 추정되는 것은 아니다. 토지의 원시취득자는 사정명의인이며, 보존등기명의자가 사정명의인이 아닌 때에는 다른 특별한 사정이 없는 한 보존등기의 추정력은 번복되므로 실체관계에 부합되는 사정은 보존등기명의자 스스로 증명하여야 한다. 보존등기명의자 甲이 사정명의인 B로부터 매수한 사실을 증명하지 못한다면 사정명의인 B의 상속인 丙의 말소청구는 인용된다.

[**대법원** 2005. 5. 26. **선고** 2002**다**43417 **판결**] 토지에 관한 소유권보존등기의 추정력은 그 토지를 사정받은 사람이 따로 있음이 밝혀진 경우에는 깨어지고 등기명의인이 구체적으로 그 승계취득 사실을 주장·입증하지 못하는 한 그 등기는 원인무효이다. 정답 ③

15. 甲이 부동산 X의 소유권에 기하여 乙 명의의 소유권이전등기가 원인무효임을 이유로 乙을 상대로 소유권이전등기 말소청구소송을 제기하였다. 이에 대해 乙이 다음과 같은 이유를 들어 자기 명의의 등기가 유효하다고 주장한다. 乙의 주장 중 타당한 항변으로 볼 수 없는 것은? (다툼이 있는 경우 판례에 의함) [17 변호사]

① 乙이 부동산 X를 소유의 의사로 평온, 공연하게 20년 이상 점유하여 왔다고 주장하는 경우

② 甲이 丙에게 부동산 X를 매도할 수 있는 권한을 위임하였다가 이를 철회하였는데, 丙이 甲의 대리인임을 자처하면서 부동산 X를 乙에게 매도하였고, 乙이 선의·무과실로 이를 매수하였으므로 「민법」 제129조의 표현대리가 성립하였다고 주장하는 경우

③ 甲이 원인무효가 아닌 자기 명의의 선행 소유권보존등기가 있음에도 乙 명의의 등기가 후행 소유권보존등기에 기초하여 이루어졌다고 주장함에 대하여, 乙이 자기 명의로 소유권이전등기를 경료한 후 부동산 X를 소유의 의사로 평온, 공연하게 선의이며 과실없이 10년 이상 점유하여 왔다고 주장하는 경우

④ 甲이 乙 명의 등기의 원인인 매매계약이 무효임에도 乙이 등기서류를 위조하여 등기를 마친 것이라고 주장함에 대하여, 乙이 甲으로부터 증여를 받았다고 주장하는 경우
⑤ 부동산 X는 그 실질적 소유자인 丙 종중이 적법하게 甲에게 명의신탁한 것인데, 乙이 丙 종중으로부터 매수하여 대금을 완납한 후 소유권이전등기를 경료하였다고 주장하는 경우

해설

※ 실체관계에 부합하는 등기의 법리를 묻는 문제이다.
① (O) 乙이 취득시효 완성자인 때에는 乙의 소유권이전등기는 실체관계에 부합되는 등기로서 유효하므로 甲의 말소등기청구는 허용되지 않는다.
② (O) 대리권 소멸 후의 표현대리가 성립한 때에는 乙은 유효하게 소유권을 취득하므로 乙의 등기는 유효하다.
③ (×) 중복등기로서 무효인 등기에 기초한 등기부취득시효가 허용되는지를 묻는 지문이다. 등기부취득시효의 기초가 되는 등기는 적어도 실체관계에 부합되는 등기로 활용될 수 있어야 하나, 중복등기로서 무효인 때에는 실체관계에 부합하더라도 그 등기는 무효이므로 등기부취득시효의 기초가 될 수 없어 乙의 등기는 원인무효의 등기이다.
[**대법원** 1996. 10. 17. **선고** 96**다**12511 **전원합의체 판결**] 어느 부동산에 관하여 등기명의인을 달리하여 소유권보존등기가 이중으로 경료된 경우 먼저 이루어진 소유권보존등기가 원인무효가 아니어서 뒤에 된 소유권보존등기가 무효로 되는 때에는, 뒤에 된 소유권보존등기나 이에 터잡은 소유권이전등기를 근거로 하여서는 등기부취득시효의 완성을 주장할 수 없다.
④ (O) 등기부상 등기원인과 다른 권리취득 원인이 인정되는 때에는 실체관계에 부합되는 등기가 될 수 있으므로 乙이 증여에 따른 유효한 등기라고 항변하는 것은 타당한 항변으로 볼 수 있다.
⑤ (O) 명의신탁자와 유효한 매매에 기초하여 소유권이전등기를 마친 사실이 인정되면 乙의 등기는 실체관계에 부합하는 유효한 등기가 될 수 있다. 정답 ③

16. **토지 X의 등기부에는 시간 순서대로 甲 명의의 소유권이전등기(갑구), 甲과의 매매예약에 기한 乙 명의의 가등기(갑구), 丙 명의의 소유권이전등기(갑구), 丁 명의의 근저당권설정등기(을구)가 기재되어 있다. 이에 관한 설명 중 옳은 것을 모두 고른 것은? (다툼이 있는 경우 판례에 의함)** [17 변호사]

ㄱ. 乙이 소로써 가등기에 기한 본등기를 청구하려면 그 청구의 상대방은 현재의 소유자 丙이다.
ㄴ. 乙 명의 가등기에 기하여 본등기가 경료되는 경우 갑구의 丙 명의 소유권이전등기뿐만 아니라 을구의 丁 명의 근저당권설정등기도 직권으로 말소된다.
ㄷ. 乙 명의 가등기에 기하여 본등기가 경료되어 丙 명의 소유권이전등기가 직권으로 말소된 후 乙 명의 가등기 및 본등기가 통정허위표시에 의한 것임이 밝혀진 경우, 丙은 乙을 상대로 乙 명의의 가등기 및 본등기의 말소를 청구하는 것 이외에 甲을 상대로 말소된 丙 명의 등기의 회복등기를 청구해야 한다.

① ㄱ ② ㄴ ③ ㄷ
④ ㄱ, ㄴ ⑤ ㄴ, ㄷ

해설

ㄱ. (×) 가등기에 기한 본등기청구의 상대방을 묻는 지문이다. 가등기 후에 소유권이 이전된 때에도 가등기에 기한 본등기청구의 상대방은 가등기의무자인 종전의 소유자이다.

[**대법원** 1962. 12. 24. **자** 4294**민재항**675 **전원합의체 결정**] 가등기 후에 제3자에게 소유권이전의 본등기가 된 경우에 가등기권리자는 본등기를 경료하지 아니하고는 가등기 이후의 본등기의 말소를 청구할 수 없다. 이 경우에 가등기권리자는 가등기의무자인 전 소유자를 상대로 본등기청구권을 행사할 것이고, 제3자를 상대로 할 것이 아니다. 가등기권리자가 소유권이전의 본등기를 한 경우에는 등기공무원은 부동산등기법 제175조 제1항·제55조 제2호에 의하여 가등기 이후에 한 제3자의 본등기를 직권말소할 수 있다.

ㄴ. (○) 가등기에 기한 본등기가 마쳐진 경우, 가등기권리를 침해하는 중간처분등기는 모두 직권으로 말소된다. 가등기 후에 마쳐진 丙명의의 소유권이전등기 및 丁명의의 근저당권설정등기는 모두 가등기권리를 침해하는 등기로서 직권말소의 대상이 된다.

ㄷ. (×) 가등기에 의한 본등기에 따른 직권말소가 불법말소인 경우의 효과를 묻는 지문이다. 직권에 의하여 말소회복이 이루어진다는 것이 판례이다. 별도로 말소회복등기를 청구할 이익이 없다.

[**대법원** 1982. 1. 26. **선고** 81**다**2329·2330 **판결**] 말소등기의 회복에 있어서 말소된 원등기가 공동신청으로 된 것인 때에는 그 회복등기도 공동신청에 의함이 원칙이나, 다만 등기공무원이 말소할 수 없는 등기를 직권으로 말소한 경우(가등기에 기한 소유권이전의 본등기가 됨으로써 등기공무원이 직권으로 가등기 후에 경료된 제3자의 소유권이전등기를 말소하였으나 그 후 위 가등기에 기한 본등기가 원인무효의 등기라 하여 말소된 때)에는 부동산등기법 제175조를 준용하여 직권으로 말소회복등기를 하여야 하므로 회복등기절차 이행청구는 등기의무자 아닌 자에 대한 청구로서 부적법하다. 정답 ②

17. **甲은 X 토지를 사정(査定)받은 자의 유일한 상속인이지만 X 토지의 소유자로 등기된 적은 없었다. X 토지에 관하여 乙 명의로 허위의 소유권보존등기가 마쳐져 있고, 그 이후 이 등기에 터잡아 丙 및 丁 앞으로 순차 소유권이전등기가 마쳐져 있다. 이에 관한 법률관계 중 옳은 것(○)과 옳지 않은 것(×)을 올바르게 조합한 것은? (각 지문은 독립적이며, 다툼이 있는 경우 판례에 의함)** [16 변호사]

ㄱ. 甲이 丁을 상대로 丁 명의 등기의 말소를 청구함에 있어서는 乙과 丙을 대위할 필요가 없다.
ㄴ. 甲은 자기 명의로 등기를 마친 적이 없으므로 丁을 상대로 진정명의회복을 원인으로 한 소유권이전등기청구를 할 수 없다.
ㄷ. 丁이 등기부 취득시효 항변을 주장하여 법원에서 받아들여진 경우, 甲이 乙 명의의 소유권보존등기의 말소를 청구하는 소송에서 乙이 이를 원용하더라도, 그 때문에 甲의 乙에 대한 청구가 기각되는 것은 아니다.

① ㄱ(○), ㄴ(×), ㄷ(×) ② ㄱ(○), ㄴ(○), ㄷ(×) ③ ㄱ(×), ㄴ(×), ㄷ(○)
④ ㄱ(○), ㄴ(×), ㄷ(○) ⑤ ㄱ(×), ㄴ(○), ㄷ(○)

해설

ㄱ. (○) 甲의 지위를 묻는 지문이다. 甲이 현재 소유자라면 소유권에 기초한 방해배제청구로서 직접 丁을 상대로 등기말소나 진정한 등기명의 회복을 위한 이전등기청구가 가능하다. 토지는 사정명의인이 원시취득자이며, 상속에 의한 소유권이전에는 등기가 필요하지 아니하므로(제187조) 甲은 다른

특별한 사정이 없는 한 현재의 소유자로서 丁을 상대로 소유권에 기초한 방해배제청구로서 말소등기를 청구할 수 있다.

[**대법원** 2008. 12. 24. **선고** 2007**다**79718 **판결**] 토지조사부에 소유자로 등재되어 있는 자는 재결에 의하여 사정 내용이 변경되었다는 등의 반증이 없는 이상 토지의 소유자로 사정받아 그 사정이 확정된 것으로 추정되어 그 토지를 원시적으로 취득하게 되고, 소유권보존등기의 추정력은 그 보존등기 명의인 이외의 자가 당해 토지를 사정받은 것으로 밝혀지면 깨어지는 것이나, 한편 부동산의 소유권에 기한 물권적 방해배제청구권 행사의 일환으로서 그 부동산에 관하여 마쳐진 타인 명의의 소유권보존등기의 말소를 구하려면 먼저 자신에게 그 말소를 청구할 수 있는 권원이 있음을 적극적으로 주장·입증하여야 하며, 만일 그러한 권원이 있음이 인정되지 않는다면 설사 타인 명의의 소유권보존등기가 말소되어야 할 무효의 등기라고 하더라도 그 청구를 인용할 수 없다. 따라서 사정 이후에 사정명의인이 그 토지를 다른 사람에게 처분한 사실이 인정된다면 사정명의인 또는 그 상속인들에게는 소유권보존등기 명의자를 상대로 하여 그 등기의 말소를 청구할 권원이 없게 되므로 그 청구를 인용할 수 없다.

ㄴ. (×) 토지의 원시취득자의 상속인이 진정한 등기명의 회복을 위한 이전등기청구권자에 해당하는지를 묻는 지문이다. 상속인은 법률에 의하여 소유권을 취득한 자이므로 진정한 등기명의 회복을 위한 이전등기청구권자에 해당한다.

[**대법원** 1990. 11. 27. **선고** 89**다카**12398 **전원합의체 판결**] 이미 자기 앞으로 소유권을 표상하는 등기가 되어 있었거나 법률에 의하여 소유권을 취득한 자가 진정한 등기명의를 회복하기 위한 방법으로는 현재의 등기명의인을 상대로 그 등기의 말소를 구하는 외에 "진정한 등기명의의 회복"을 원인으로 한 소유권이전등기절차의 이행을 직접 구하는 것도 허용되어야 한다.

ㄷ. (×) 최종의 소유권등기명의자에게 등기부취득시효가 인정되는 경우, 전 소유명의인에 대한 소유권보존등기의 말소청구가 허용되는지를 묻는 지문이다. 최종의 소유권등기명의인에게 등기부취득시효가 인정되는 때에는 원시취득자는 현재 소유자가 아니므로 보존등기의 말소를 청구할 수 없다.

[**대법원** 2012. 5. 17. **선고** 2010**다**28604 **전원합의체 판결**] 소유자가 자신의 소유권에 기하여 실체관계에 부합하지 아니하는 등기의 명의인을 상대로 그 등기말소나 진정명의회복 등을 청구하는 경우에, 그 권리는 물권적 청구권으로서의 방해배제청구권(민법 제214조)의 성질을 가진다. 그러므로 소유자가 그 후에 소유권을 상실함으로써 이제 등기말소 등을 청구할 수 없게 되었다면, 이를 위와 같은 청구권의 실현이 객관적으로 불능이 되었다고 파악하여 등기말소 등 의무자에 대하여 그 권리의 이행불능을 이유로 민법 제390조상의 손해배상청구권을 가진다고 말할 수 없다. 위 법 규정에서 정하는 채무불이행을 이유로 하는 손해배상청구권은 계약 또는 법률에 기하여 이미 성립하여 있는 채권관계에서 본래의 채권이 동일성을 유지하면서 그 내용이 확장되거나 변경된 것으로서 발생한다. 그러나 위와 같은 등기말소청구권 등의 물권적 청구권은 그 권리자인 소유자가 소유권을 상실하면 이제 그 발생의 기반이 아예 없게 되어 더 이상 그 존재 자체가 인정되지 아니하는 것이다. 이러한 법리는 선행소송에서 소유권보존등기의 말소등기청구가 확정되었다고 하더라도 그 청구권의 법적 성질이 채권적 청구권으로 바뀌지 아니하므로 마찬가지이다(필자 주 : 국가 명의로 소유권보존등기가 경료된 토지의 일부 지분에 관하여 甲 등 명의의 소유권이전등기가 경료되었는데, 乙이 등기말소를 구하는 소를 제기하여 국가는 乙에게 원인무효인 등기의 말소등기절차를 이행할 의무가 있고 甲 등 명의의 소유권이전등기는 등기부취득시효 완성을 이유로 유효하다는 취지의 판결이 확정되자, 乙이 국가를 상대로 손해배상을 구한 사안에서, 소유권보존등기 말소등기절차 이행의무의 이행불능으로 인한 손해배상책임을 인정한 원심판결에는 법리오해 등 위법이 있다고 한 사례)

정답 ①

18. X 부동산에 대하여 甲에서 乙로, 乙에서 丙으로 순차적으로 소유권이전등기가 경료되었을 경우, 다음 설명 중 옳은 것은? (각 지문은 독립적이고, 다툼이 있는 경우 판례에 의함) [15 변호사]

① 乙 명의의 소유권이전등기 원인이 매매인 경우, 乙은 甲에게 자신의 등기가 유효하다고 주장하기 위해 甲과의 매매계약이 체결되었음을 증명하여야 한다.

② 丙이 乙로부터 부동산을 취득함에 있어 등기부상 기재된 등기원인인 증여에 의하지 않고 다른 원인인 매매에 의하여 적법하게 취득하였다고 주장하는 경우, 그 등기의 추정력은 깨진다.

③ 乙이 서류를 위조하여 자신의 명의로 소유권이전등기를 경료하였고, 다시 丙 명의로 소유권이전등기를 경료한 이후 丙이 등기부취득시효에 의해서 소유권을 취득한 경우, 甲은 乙에게 소유권이전등기말소의무의 이행불능을 이유로 한 손해배상을 청구할 수 있다.

④ 甲이 丙에 대하여 소유권이전등기말소 청구소송을 제기하였으나 패소한 경우에도, 甲의 乙에 대한 소유권이전등기말소 청구의 소는 소의 이익이 있다.

⑤ 만약 甲과 乙, 乙과 丙 사이에 순차로 이루어진 각 적법한 매매계약에 근거하여 甲으로부터 丙에게로 직접 등기가 경료되었다면, 중간생략등기에 관한 합의가 없는 한 그 중간생략등기는 무효이다.

해 설

① (×) 등기원인에 등기추정력이 미치는지를 묻는 지문이다. 부정하는 견해가 있으나 대법원은 등기원인에도 등기추정력이 미치는 것으로 보고 있다. 따라서 등기명의자 乙이 등기원인인 매매를 증명하여야 하는 것이 아니라 등기의 효력을 다투고자 하는 자가 매매의 부존재를 증명하여야 한다.
[**대법원** 1969. 10. 14. **선고** 69**다**1185 **판결**] 소유권이전등기가 경료된 이상 등기상에 표상된 취득원인사실에 기하여 소유권을 취득한 것으로 추정받는 것이니 그 소유권취득의 추정을 번복하지 못하는 경우에는 그 소유권취득원인에 관하여 심리·판단할 필요가 없다.

② (×) 등기명의자가 등기부에 기재된 등기원인에 의하지 아니하고 다른 원인에 의하여 취득하였음을 주장하는 경우 소유권이전등기의 추정력이 번복되는지를 묻는 지문이다. 소유권이전등기는 실체관계에 부합하는 등기로 추정된다. 소유권이전등기명의자가 다른 권리취득사유를 구체적으로 주장하였다면 그 등기의 추정력은 유지된다는 것이 대법원의 입장이다.
[**대법원** 2005. 9. 29. **선고** 2003**다**40651 **판결**] 부동산 등기는 현재의 진실한 권리상태를 공시하면 그에 이른 과정이나 태양을 그대로 반영하지 아니하였어도 유효한 것으로서, 등기명의자가 전 소유자로부터 부동산을 취득함에 있어 등기부상 기재된 등기원인에 의하지 아니하고 다른 원인으로 적법하게 취득하였다고 하면서 등기원인행위의 태양이나 과정을 다소 다르게 주장한다고 하여 이러한 주장만 가지고 그 등기의 추정력이 깨어진다고 할 수는 없다(대법원 1993. 5. 11. 선고 92다40659 판결, 대법원 1994. 9. 13. 선고 94다10160 판결, 대법원 2000. 3. 10. 선고 99다65462 판결 등 참조). 그러므로 김귀덕으로부터 피고에게로 경료된 이 사건 소유권이전등기의 등기원인이 명의신탁해지로 되어 있으므로 그 등기의 추정력도 피고와 김귀덕 사이에서 명의신탁관계가 이루어졌다가 해지되었다는 점에만 미친다고 전제하고, 이 사건 임야에 대한 명의신탁관계는 피고와 김귀덕 사이에서 이루어진 것이 아니라 피고의 망 부(父) 김지태와 김귀덕의 망 부(夫) 추삼득 사이에서 이루어졌다가 그들의 사망으로 각 상속인들에게 승계된 사실이 인정되는 바, 그 점만으로 바로 피고 명의로 경료된 이 사건 소유권이전등기의 권리추정력은 깨어졌다고 판단한 원심은 등기 추정력에 관한 법리를 오해한 것이다.

③ (×) 물권적 청구권으로서 소유권이전등기말소청구권의 이행불능으로 인한 손해배상청구가 허용되는지를 묻는 지문이다. 물권적 청구권의 이행불능이 성립하면 물권자는 물권을 상실한 것이므로 손해

배상청구권 역시 행사할 수 없다는 것이 대법원의 입장이다. 즉 이행불능으로 인한 전보배상청구의 법리는 물권적 청구권에는 적용되지 않는다.

[**대법원** 2012. 5. 17. **선고** 2010**다**28604 **전원합의체 판결**] 소유자가 자신의 소유권에 기하여 실체관계에 부합하지 아니하는 등기의 명의인을 상대로 그 등기말소나 진정명의회복 등을 청구하는 경우에, 그 권리는 물권적 청구권으로서의 방해배제청구권(민법 제214조)의 성질을 가진다. 그러므로 소유자가 그 후에 소유권을 상실함으로써 이제 등기말소 등을 청구할 수 없게 되었다면, 이를 위와 같은 청구권의 실현이 객관적으로 불능이 되었다고 파악하여 등기말소 등 의무자에 대하여 그 권리의 이행불능을 이유로 민법 제390조상의 손해배상청구권을 가진다고 말할 수 없다. 위 법 규정에서 정하는 채무불이행을 이유로 하는 손해배상청구권은 계약 또는 법률에 기하여 이미 성립하여 있는 채권관계에서 본래의 채권이 동일성을 유지하면서 그 내용이 확장되거나 변경된 것으로서 발생한다. 그러나 위와 같은 등기말소청구권 등의 물권적 청구권은 그 권리자인 소유자가 소유권을 상실하면 이제 그 발생의 기반이 아예 없게 되어 더 이상 그 존재 자체가 인정되지 아니하는 것이다. 이러한 법리는 선행소송에서 소유권보존등기의 말소등기청구가 확정되었다고 하더라도 그 청구권의 법적 성질이 채권적 청구권으로 바뀌지 아니하므로 마찬가지이다(필자 주 : 국가 명의로 소유권보존등기가 경료된 토지의 일부 지분에 관하여 甲 등 명의의 소유권이전등기가 경료되었는데, 乙이 등기말소를 구하는 소를 제기하여 국가는 乙에게 원인무효인 등기의 말소등기절차를 이행할 의무가 있고 甲 등 명의의 소유권이전등기는 등기부취득시효 완성을 이유로 유효하다는 취지의 판결이 확정되자, 乙이 국가를 상대로 손해배상을 구한 사안에서, 소유권보존등기 말소등기절차 이행의무의 이행불능으로 인한 손해배상책임을 인정한 원심판결에는 법리오해 등 위법이 있다고 한 사례)

④ **(O)** 최종등기명의자에 대한 말소청구소송에서 패소한 경우 중간등기명의자에 대한 말소청구는 소의 이익이 없는지를 묻는 지문이다. 비록 후순위등기의 말소등기 실행이 불가능하게 되더라도 전순위 등기의 말소를 구할 소의 이익이 없다고 할 수는 없다는 것이 대법원의 입장이다. 판결절차는 집행절차와 달리 관념적 분쟁해결절차이며, 실체법적 말소등기의무의 존부를 확정하는 절차이기 때문이다.

[**대법원** 2008. 6. 12. **선고** 2007**다**36445 **판결**] 순차로 경료된 등기들의 말소를 청구하는 소송은 권리관계의 합일적인 확정을 필요로 하는 필요적 공동소송이 아니라 통상공동소송이며, 이와 같은 통상공동소송에서는 공동당사자들 상호간의 공격방어방법의 차이에 따라 모순되는 결론이 발생할 수 있고, 이는 변론주의를 원칙으로 하는 소송제도 아래서는 부득이한 일로서 판결의 이유모순이나 이유불비가 된다고 할 수 없으며, 이 경우 후순위 등기에 대한 말소청구가 패소 확정됨으로써 그 전순위 등기의 말소등기 실행이 결과적으로 불가능하게 되더라도, 그 전순위 등기의 말소를 구할 소의 이익이 없다고는 할 수 없으므로, 이 점을 다투는 상고이유의 주장은 받아들일 수 없다.

⑤ **(×)** 중간생략등기에 관한 합의가 없이 이루어진 중간생략등기의 효력을 묻는 지문이다. 최초양도인과 중간자, 중간자와 최종양수인 사이에 적법한 등기원인이 존재한다면 실체관계에 부합하는 등기로서 그 등기는 유효이다.

[**대법원** 2005. 9. 29. **선고** 2003**다**40651 **판결**] 최종 양수인이 중간생략등기의 합의를 이유로 최초 양도인에게 직접 중간생략등기를 청구하기 위하여는 관계 당사자 전원의 의사합치가 필요하지만(대법원 1995. 8. 22. 선고 95다15575 판결 참조), <u>당사자 사이에 적법한 원인행위가 성립되어 일단 중간생략등기가 이루어진 이상 중간생략등기에 관한 합의가 없었다는 이유만으로는 중간생략등기가 무효라고 할 수는 없는 것</u>이다(대법원 1980. 2. 12. 선고 79다2104 판결 참조).

정답 ④

19. 甲 소유의 X 부동산에 관하여 乙의 가등기가 마쳐져 있었는데, 丙은 이를 매수하여 인도받고 그 소유권 이전등기를 마친 다음 X를 개량하기 위하여 유익비를 지출하였다. 다음 설명 중 옳은 것은? (다툼이 있는 경우에는 판례에 의함) [12 변호사]

① 乙은 가등기에 기하여 본등기를 하기 전이라도 丙을 상대로 하여 소유권이전등기의 말소를 청구할 수 있다.
② 乙의 본등기로 소유권을 상실한 丙은 그 소유자로 등기되었을 당시에 지출한 유익비에 기하여 유치권을 행사할 수 있다.
③ 丙 명의의 소유권이전등기가 마쳐진 이상 乙이 가등기에 기하여 본등기를 청구하려면 丙을 상대로 하여야 한다.
④ 乙의 가등기가 담보가등기인 경우, X에 대한 예약 당시의 시가가 그 피담보채권액에 미치지 못한다고 하더라도, 乙은 본등기를 하면서 甲에게 「가등기담보 등에 관한 법률」에 따른 청산금평가액의 통지 및 청산금지급 등의 절차를 이행하여야 적법한 소유권을 취득한다.
⑤ 乙의 가등기가 담보가등기인 경우, 「가등기담보 등에 관한 법률」의 규정에 따른 청산절차 진행 전에 신청된 강제경매절차에서 丁이 그 소유권을 취득하였다고 하더라도, 乙이 그 후에 위 법률에 따른 청산절차를 마치면 乙은 적법한 소유권을 취득할 수 있다.

해설

① **(×)** 가등기권리자의 법적 지위를 묻는 지문이다. 가등기권리자는 가등기의무자에 대하여 채권적 등기청구권을 가지는 자에 불과하다. 가등기의 목적인 부동산이 양도된 때에는 양수인이 적법하게 소유권을 취득하고, 가등기의무자에 대한 채권적 등기청구권자에 불과한 가등기권리자는 등기의 순위가 빠르더라도 양수인에 대하여 등기말소청구를 할 수 없다.

[**대법원** 2001. 3. 23. **선고** 2000**다**51285 **판결**] 가등기는 부동산등기법 제6조 제2항의 규정에 의하여 그 본등기시에 본등기의 순위를 가등기의 순위에 의하도록 하는 순위보전적 효력만이 있을 뿐이고, 가등기만으로는 아무런 실체법상 효력을 갖지 아니하고 그 본등기를 명하는 판결이 확정된 경우라도 본등기를 경료하기까지는 마찬가지이므로, 중복된 소유권보존등기가 무효이더라도 가등기권리자는 그 말소를 청구할 권리가 없다.

② **(○)** 중간처분등기 명의자 丙이 유익비를 지출한 것은 스스로 소유자로서 비용을 지출한 것이기는 하지만, 가등기에 기한 본등기에 의하여 丙의 소유권이 상실되는 결과, 타인 소유물에 유익비를 지출한 것으로 된다. 이 경우 丙은 점유자와 회복자 사이의 비용상환청구권을 규정하고 있는 제203조에 따라 유익비상환청구권을 취득하고, 이를 담보하기 위하여 유치권을 행사할 수 있다.

[**대법원** 1976. 10. 26. **선고** 76**다**2079 **판결**] 가등기가 되어있는 부동산 소유권을 이전받은 甲이 그 부동산에 대하여 필요비나 유익비를 지출한 것은 가등기에 의한 본등기가 경유됨으로써 가등기 이후의 저촉되는 등기라 하여 직권으로 말소를 당한 소유권이전등기의 명의자 甲과 본등기 명의자인 乙 내지 그 특별승계인인 丙과의 법률관계는 결과적으로 타인의 물건에 대하여 甲이 그 점유기간 내에 비용을 투입한 것이 된다고 보는 것이 상당하다(필자 註 : 이 판결에서의 쟁점은 가등기가 설정된 부동산을 양수한 자가 비용을 지출한 후에 가등기에 기한 본등기가 경료됨으로써 소유권을 상실하게 된 경우 가등기에 기한 본등기 경료 전에 지출한 비용에 대하여 상환청구권이 인정되는가와 이를 피담보채권으로 하는 유치권의 항변이 적법한가이다. 이에 대하여 원심은 그 기간 동안에 필요비나 유익비를 지출하였다고 할지라도 이것은 타인의 소유가 아닌 자기의 소유물에 대하여 지출한 것에 지나지 않는 것이므로 유치권이 발생할 여지가 없다고 판시하였다. 그러나 대법원은 원심을 파기한 것이다).

③ (×) 가등기에 기한 본등기청구의 상대방을 묻는 지문이다. 가등기 목적인 부동산의 소유자가 변동되었더라도 가등기에 기한 본등기청구는 가등기의무자인 전소유자를 상대로 하여야 하며, 그 경우 중간처분등기로서 가등기권리자의 권리를 침해하는 등기는 직권으로 말소된다는 것이 판례이다.
[**대법원** 1962. 12. 24. **자** 4294**민재항**675 **전원합의체 결정**] 소유권이전청구권의 가등기가 경료된 후 제3자에게 소유권이전등기가 이뤄졌다 하더라도, 가등기권리자는 현재 등기명의인이 아닌 원래의 가등기의무자에게 본등기 청구를 하여야 하고, 이에 따라 본등기가 되면 제3자의 등기는 부동산등기법 제55조 제2호의 "사건이 등기할 것이 아닌 때"에 해당하게 돼, 등기관이 동법 제175조 1항에 따라 직권으로 말소하여야 한다.

④ (×) 가등기담보 등에 관한 법률의 적용범위를 묻는 지문이다. 가등기담보 등에 관한 법률 제1조는 '이 법은 차용물의 반환에 관하여 차주가 차용물을 갈음하여 다른 재산권을 이전할 것을 예약할 때 그 재산의 예약 당시 가액이 차용액과 이에 붙인 이자를 합산한 액수를 초과하는 경우에 이에 따른 담보계약과 그 담보의 목적으로 마친 가등기 또는 소유권이전등기의 효력을 정함을 목적으로 한다.'고 규정하고 있다. 이 규정에 따라 가등기담보 등에 관한 법률이 적용되기 위해서는 ㉠피담보채무가 차용물반환채무여야 하고, ㉡대물반환의 예약이 있어야 하며, ㉢예약 당시 재산권의 가액이 차용원리금을 초과하여야 하고, ㉣가등기 혹은 소유권이전등기가 있어야 한다. X에 대한 예약 당시의 가액이 피담보채권액에 미치지 못하는 때에는 가등기담보 등에 관한 법률은 적용되지 않는다. 따라서 동법이 규정하는 청산절차에 따르지 아니하고 당사자 사이의 약정에 따라 청산할 수 있다.
[**대법원** 1993. 10. 26. **선고** 93**다**27611 **판결**] 가등기담보등에관한법률은 재산권 이전의 예약에 의한 가등기담보에 있어서 그 재산의 예약 당시의 가액이 차용액 및 이에 붙인 이자의 합산액을 초과하는 경우에 한하여 그 적용이 있다 할 것이므로 가등기담보부동산에 대한 예약 당시의 시가가 그 피담보채무액에 미치지 못하는 경우에 있어서는 같은 법 제3조, 제4조가 정하는 청산금평가액의 통지 및 청산금지급 등의 절차를 이행할 여지가 없다.

⑤ (×) 가등기담보등에관한법률 제14조 (강제경매등의 경우의 담보가등기) 담보가등기를 마친 부동산에 대하여 강제경매등의 개시 결정이 있는 경우에 그 경매의 신청이 청산금을 지급하기 전에 행하여진 경우(청산금이 없는 경우에는 청산기간이 지나기 전)에는 담보가등기권리자는 그 가등기에 따른 본등기를 청구할 수 없다.

정답 ②

20. **등기의 추정적 효력에 관한 다음 설명 중 옳지 않은 것을 모두 고른 것은? (다툼이 있는 경우에는 판례에 의함)** [12 변호사]

ㄱ. 甲으로부터 乙에게로 소유권이전등기가 마쳐진 경우, 乙은 제3자 뿐만 아니라 甲에 대하여도 적법한 등기원인에 의하여 소유권을 취득한 것으로 추정된다.
ㄴ. 신축된 건물의 소유권은 특별한 사정이 없는 한 이를 건축한 사람이 원시취득하는 것이므로, 건물 소유권보존등기의 명의자가 이를 신축한 것이 아니라면 그 등기의 권리추정력은 깨어지고, 등기명의자가 스스로 적법하게 그 소유권을 취득한 사실을 증명하여야 한다.
ㄷ. 전 등기명의인이 미성년자이고 당해 부동산을 친권자에게 증여하는 행위가 이해상반행위라면, 일단 친권자에게 이전등기가 마쳐졌더라도 그 이전등기에 관하여 필요한 절차를 적법하게 거친 것으로 추정되지 않는다.
ㄹ. 구 「임야소유권이전등기 등에 관한 특별조치법」(실효)에 의하여 소유권이전등기를 마친 자가 보증서나 확인서의 실체적 기재내용이 허위임을 자인한 경우에는 그 소유권이전등기의 추정력은 깨어진다.

ㅁ. 환매기간을 제한하는 환매특약이 등기부에 기재되어 있더라도 환매특약이 진정하게 성립된 것으로 추정되지 않는다.

① ㄱ, ㄴ, ㄹ ② ㄱ, ㄷ, ㄹ ③ ㄴ, ㅁ
④ ㄷ, ㄹ ⑤ ㄷ, ㅁ

해설

ㄱ. (O) 소유권이전등기의 추정력이 전소유명의자에게도 미치는지를 묻는 지문이다. 소유권이전등기는 소유권의 변동사실을 공시하는 등기이고, 등기과정에서도 공동신청에 의하므로 전소유명의자에 대한 관계에서도 등기의 추정력이 미쳐진다. 그러나 소유권보존등기의 경우에는 소유권의 변동사실을 공시하는 등기가 아니며, 등기과정에서도 공동신청에 의하지 아니하므로 전소유자에 대한 관계에서는 등기의 추정력이 미치지 않는다.

[**대법원** 2014. 3. 13. **선고** 2009**다**105215 **판결**] 소유권이전등기가 경료되어 있는 경우 등기명의자는 제3자에 대하여서뿐만 아니라 전소유자에 대하여서도 적법한 등기원인에 의하여 소유권을 취득한 것으로 추정되므로, 원고가 이를 부인하고 등기원인의 무효를 주장하여 소유권이전등기의 말소를 구하려면 무효원인이 되는 사실을 주장하고 증명할 책임이 있다. 그런데 등기명의자 또는 제3자가 그에 앞선 등기명의인의 등기 관련 서류를 위조하여 소유권이전등기를 경료하였다는 점이 증명되었으면 특별한 사정이 없는 한 무효원인의 사실이 증명되었다고 보아야 하고, 등기가 실체적 권리관계에 부합한다는 사실의 증명책임은 이를 주장하는 등기명의인에게 있다.

ㄴ. (O) 소유권보존등기의 경우, 보존등기명의자가 원시적으로 당해 부동산을 취득한 자라는 점이 추정된다. 따라서 신축자가 아닌 자가 건물소유권보존등기명의인이 사실이 밝혀진 때에는 소유권보존등기의 추정력은 번복되고, 소유권보존등기명의인 스스로 당해 등기가 실체관계에 부합되는 등기인 사실을 증명하여야 한다.

[**대법원** 1996. 7. 30. **선고** 95**다**30734 **판결**] 건물을 신축한 자가 아닌 자의 명의로 경료된 소유권보존등기의 추정력 … 신축된 건물의 소유권은 이를 건축한 사람이 원시취득하는 것이므로, 건물 소유권보존등기의 명의자가 이를 신축한 것이 아니라면 그 등기의 권리 추정력은 깨어지고, 등기명의자가 스스로 적법하게 그 소유권을 취득한 사실을 입증하여야 한다.

ㄷ. (×) 등기에 필요한 전제절차 등의 존재가 추정되는지를 묻는 지문이다. 판례는 전제절차가 적법하게 존재한다고 추정한다. 친권자와 미성년자 사이의 이해상반행위에 관해서는 친권자의 법정대리권이 제한되고 가정법원이 선임한 특별대리인이 미성년자를 대리하여야 하는데, 미성년자에게서 친권자에게 이전한 소유권이전등기의 원인이 이해상반행위라면 특별대리인의 선임절차 등이 적법하게 존재하는 것으로 추정된다.

[**대법원** 2002. 2. 5. **선고** 2001**다**72029 **판결**] 전 등기명의인이 미성년자이고 당해 부동산을 친권자에게 증여하는 행위가 이해상반행위라 하더라도 일단 친권자에게 이전등기가 경료된 이상, 특별한 사정이 없는 한, 그 이전등기에 관하여 필요한 절차를 적법하게 거친 것으로 추정된다.

ㄹ. (O) 특별조치법에 의한 등기의 추정력이 번복되기 위한 요건을 묻는 지문이다. 등기부의 소실, 등기의무자의 소재불명, 등의 사유로 실체와 부합하는 등기가 마쳐지지 못한 부동산에 관하여 부동산등기법상의 등기절차에 관한 특례를 만들어서 등기가 실체관계에 부합될 수 있도록 하기 위한 목적으로 여러 차례 특별조치법이 한시법으로 시행되었다. 각종 특별조치법의 구체적 내용에 따라 등기절차가 상이하지만, 특별조치법은 대체로 보증서나 확인서 등에 의하여 실체관계를 확인하고 이를 기초로 대장의 기재를 변경한 뒤에 실체와 맞는 소유권보존등기나 소유권이전등기를 단독신청에 의한 방법으로 하도록 하는 법이다. 보증서와 확인서 등에 기재된 취득원인이 사실과 다르더라도 그러한 사정만으로는 특별조치법상의 추정력이 번복되지 않는다. 특별조치법상 등기는 그 법의 취지에 비추어

실체관계에 부합되는 등기로 추정되어야 하기 때문이다. 그러나 ㉠보증서나 확인서가 허위로 작성되었거나 ㉡특별조치법상 등기를 할 수 없음이 명백함에도 등기가 마쳐졌음이 확인되는 경우에는 특별조치법상 등기의 추정력이 번복된다.

[**대법원** 1987. 10. 13. **선고** 86**다카**2928 **전원합의체 판결**] 임야소유권이전등기에관한특별조치법(법률 제2111호)에 의한 소유권보존등기가 경료된 임야에 관하여서는 그 임야를 사정받은 사람이 따로 있는 것으로 밝혀진 경우라도 그 등기는 동법 소정의 적법한 절차에 따라 마쳐진 것으로서 실체적 권리관계에 부합하는 등기로 추정된다 할 것이므로 위 특별조치법에 의하여 경료된 소유권보존등기의 말소를 소구하려는 자는 그 소유권보존등기 명의자가 임야대장의 명의변경을 함에 있어 첨부한 원인증서인 위 특별조치법 제5조 소정의 보증서와 확인서가 허위 내지 위조되었다던가 그 밖에 다른 어떤 사유로 인하여 그 소유권보존등기가 위 특별조치법에 따라 적법하게 이루어진 것이 아니라는 주장과 입증을 하여야 한다.

ㅁ. **(×)** 등기부에 기재된 사항에는 추정력이 미친다.

[**대법원** 1991. 10. 11. **선고** 91**다**13700 **판결**] 환매기간을 제한하는 환매특약이 등기부에 기재되어 있는 때에는 반증이 없는 한 등기부 기재와 같은 환매특약이 진정하게 성립된 것으로 추정함이 상당하다.

정답 ⑤

21. **경정등기에 관한 설명 중 옳은 것(○)과 옳지 않은 것(×)을 올바르게 조합한 것은? (다툼이 있는 경우 판례에 의함)** [25 변호사]

ㄱ. 등기명의인의 동일성이 인정되지 않는 위법한 경정등기가 마쳐졌으나 그것이 경정 후 명의인의 권리관계를 표상하는 결과에 이르러 그 경정등기가 실체관계에 부합하게 되었다면 그 경정등기는 유효하지만, 경정 전에 실제로 존재했던 경정 전 등기명의인의 권리가 소급적으로 소멸되지는 않는다.

ㄴ. 등기명의인 경정의 부기등기가 등기명의인의 동일성을 해치는 방법으로 행하여져서 실제 소유관계를 표상하고 있지 않은 경우, 이러한 경정등기의 말소등기절차의 이행을 청구하려는 자는 자신이 부동산의 원래의 등기명의인에 해당하는 자로서 진실한 소유자라는 사실을 증명하여야 한다.

ㄷ. 등기관이 기존 등기에 존재하는 착오를 발견한 경우 지체 없이 그 등기를 경정하여야 하는데, 이때 경정될 등기와 등기부상 양립할 수 없는 등기가 있는 경우에는 그 등기명의인의 승낙을 받아야 한다.

ㄹ. 공유부동산에 관하여 단독 소유로 소유권보존등기가 마쳐진 경우, 진정한 권리자가 소유권보존등기의 일부 말소를 소로써 구하면 법원은 그 지분에 대해서만 말소를 명할 수 없으므로 경정등기를 명하여야 한다.

① ㄱ(○), ㄴ(○), ㄷ(○), ㄹ(×)
② ㄱ(○), ㄴ(○), ㄷ(×), ㄹ(×)
③ ㄱ(○), ㄴ(×), ㄷ(×), ㄹ(○)
④ ㄱ(×), ㄴ(○), ㄷ(×), ㄹ(○)
⑤ ㄱ(×), ㄴ(×), ㄷ(○), ㄹ(×)

해설

ㄱ. **(○)** 판례는 등기명의인의 경정등기는 명의인의 동일성이 인정되는 범위를 벗어나면 허용되지 아니한다. 그렇지만 등기명의인의 동일성 유무가 명백하지 아니하여 경정등기 신청이 받아들여진 결과

명의인의 동일성이 인정되지 않는 위법한 경정등기가 마쳐졌다 하더라도, 그것이 일단 마쳐져서 경정 후의 명의인의 권리관계를 표상하는 결과에 이르렀고 그 등기가 실체관계에도 부합하는 것이라면 등기는 유효하다. 이러한 경우에 경정등기의 효력은 소급하지 않고 경정 후 명의인의 권리취득을 공시할 뿐이므로, 경정 전의 등기 역시 원인무효의 등기가 아닌 이상 경정 전 당시의 등기명의인의 권리관계를 표상하는 등기로서 유효하고, 경정 전에 실제로 존재하였던 경정 전 등기명의인의 권리관계가 소급적으로 소멸하거나 존재하지 않았던 것으로 되지도 아니한다고 본다(2012다952).

ㄴ. **(O)** 판례는 등기명의인의 표시변경 또는 경정의 부기등기가 등기명의인의 동일성을 해치는 방법으로 행하여져서 부동산등기사항증명서상의 표시가 실지 소유관계를 표상하고 있는 것이 아니라면 진실한 소유자는 그 소유권의 내용인 침해배제청구권의 정당한 행사로써 그 표시상의 소유명의자를 상대로 그 소유권에 장애가 되는 부기등기인 표시변경 또는 경정등기의 말소등기절차의 이행을 청구할 수 있으므로, 이와 같이 부동산의 등기명의인의 표시변경 또는 경정등기의 말소등기절차의 이행을 청구하려는 자는 자신이 부동산의 원래의 등기명의인에 해당하는 자로서 진실한 소유자라는 사실을 증명하여야 한다고 본다(2020다299214).

ㄷ. **(×)** 판례는 부동산등기법 제32조 제2항은 등기관이 등기의 착오나 빠진 부분이 등기관의 잘못으로 인한 것임을 발견한 경우에는 지체 없이 그 등기를 직권으로 경정하여야 하고, 다만 등기상 이해관계 있는 제3자가 있는 경우에는 제3자의 승낙이 있어야 한다고 규정하고 있다. 여기서 '등기상 이해관계 있는 제3자'는 기존 등기에 존재하는 착오 또는 빠진 부분을 바로잡는 경정등기를 허용함으로써 손해를 입게 될 위험성이 있는 등기상의 권리자를 의미하는데, 경정될 등기와 등기부상 양립할 수 없는 등기가 된 경우에 등기내용은 단지 경정의 대상이 될 뿐이고, 등기명의자를 승낙청구의 상대방인 등기상 이해관계 있는 제3자로 보아 별도로 승낙까지 받아야 할 필요는 없다고 본다(2016마5579).

ㄹ. **(×)** 판례는 실체관계상 공유인 부동산에 관하여 단독소유로 소유권보존등기가 마쳐졌거나 단독소유인 부동산에 관하여 공유로 소유권보존등기가 마쳐진 경우에 소유권보존등기 중 진정한 권리자의 소유부분에 해당하는 일부 지분에 관한 등기명의인의 소유권보존등기는 무효이므로 이를 말소하고 그 부분에 관한 진정한 권리자의 소유권보존등기를 하여야 한다. 이 경우 진정한 권리자는 소유권보존등기의 일부말소를 소로써 구하고 법원은 그 지분에 한하여만 말소를 명할 수 있으나, 등기기술상 소유권보존등기의 일부말소는 허용되지 않으므로, 그 판결의 집행은 단독소유를 공유로 또는 공유를 단독소유로 하는 경정등기의 방식으로 이루어진다. 이와 같이 일부말소 의미의 경정등기는 등기절차 내에서만 허용될 뿐 소송절차에서는 일부말소를 구하는 외에 경정등기를 소로써 구하는 것은 허용될 수 없다고 본다(2016다6309).

정답 ②

22. **X 부동산의 소유자인 甲은 2010. 2. 1. 乙에게 X 부동산에 관하여 2010. 1. 20.자 매매예약을 원인으로 하는 소유권이전청구권 가등기를 마쳐 주었는데, 甲과 乙은 예약완결권의 행사기간에 대해서는 별도로 약정하지 않았다. 甲의 채권자 丙은 2011. 2. 1. X 부동산에 대하여 적법한 가압류등기를 마쳤다. 이에 관한 설명 중 옳지 않은 것은? (각 지문은 독립적이며, 다툼이 있는 경우 판례에 의함)** [25 변호사]

① 甲이 2024. 1. 10. 乙에게 X 부동산을 매도하고 甲, 乙 간 가등기 유용의 합의에 따라 2024. 2. 1. X 부동산에 대한 乙 명의 본등기를 마쳐 준 경우, 乙은 X 부동산의 소유권을 취득한다.

② 甲이 2024. 1. 10. 乙에게 X 부동산을 매도하고 甲, 乙 간 가등기 유용의 합의에 따라 2024. 2. 1. X 부동산에 대한 乙 명의 본등기를 마쳐 주어 丙 명의 가압류등기가 말소된 경우, 乙은 丙의 가압류등기의 회복등기 절차에 대해 승낙의 의사표시를 할 의무를 진다.

③ 甲이 2024. 2. 1. 丁과 X 부동산에 관한 매매예약을 체결하고 甲, 丁 간 가등기 유용의 합의에 따라 丁 명의로 가등기 이전의 부기등기를 마쳐 준 경우, 丁은 甲의 가등기 말소 청구에 대항할 수 있다.

④ 甲이 2024. 2. 1. 丁과 X 부동산에 관한 매매예약을 체결하고 甲, 丁 간 가등기 유용의 합의에 따라 丁 명의로 가등기 이전의 부기등기를 마쳐 준 경우, 丁은 丙에 대해 가등기의 유효를 주장할 수 없다.

⑤ 甲이 2024. 2. 1. 丁과 X 부동산에 관한 매매예약을 체결하고 甲, 丁 간 가등기 유용의 합의에 따라 丁 명의로 가등기 이전의 부기등기를 마쳐 준 경우, 丙이 甲을 대위하여 가등기의 말소를 청구하면 丁은 甲, 丁 간 가등기 유용의 합의로써 丙에게 대항할 수 없다.

해 설

① **(O)** 판례는 이해관계가 있는 제3자가 있더라도 그 제3자에 대한 관계에서만 유용의 합의를 이유로 대항할 수 없을 뿐, 무효인 등기를 유용하기로 합의한 당사자 사이에서는 언제든지 유용의 합의를 주장할 수 있다고 본다(97다56242). 지문에서 乙의 예약완결권의 행사기간에 대해서는 별도로 약정하지 않았으므로 10년의 제척기간이 경과되면 소멸한다. 따라서 2010. 1. 20.자 매매예약을 원인으로 하는 소유권이전청구권 가등기는 2020.1.20. 경과시 무효로 된다. 이에 甲이 2024. 1. 10. 乙에게 매도하고 甲, 乙 간 무효인 가등기 유용의 합의에 따라 乙 명의 본등기를 마쳐 준 경우, 乙은 X 부동산의 소유권을 취득한다.

② **(O)** 판례는 가등기의 등기원인이 실효된 이후에 전소유자 갑과의 무효등기의 유용에 관한 합의에 따라 가등기 명의인이던 을 명의로 마쳐진 소유권이전의 본등기는 그 등기유용의 합의가 이루어지기 전에 이미 소유권이전등기를 한 등기상의 이해관계인인 병에 대한 관계에서는 실질관계를 결한 무효의 등기로 평가되므로, 위 갑 명의 소유권이전등기나 이 등기를 기초로 하여 마쳐진 을명의의 소유권이전등기가 원인무효의 등기로 말소될 때에는, 직권말소된 병 명의 소유권이전등기에 관하여 등기공무원이 직권으로 그 말소등기의 회복등기를 하여야 하는 것으로서 그 말소회복등기가 되기 전이라도 병은 등기명의인으로서의 권리를 그대로 보유하고 있기 때문에 소유자로 추정된다고 본다(87다카425). 따라서 乙은 丙의 가압류등기의 회복등기 절차에 대해 승낙의 의사표시를 할 의무를 진다.

③ **(O)** 판례는 부동산의 매매예약에 기하여 소유권이전등기청구권의 보전을 위한 가등기가 마쳐진 경우에 그 매매예약완결권이 소멸하였다면 그 가등기 또한 효력을 상실하여 말소되어야 할 것이나, 그 부동산의 소유자 갑이 제3자 정과 사이에 새로운 매매예약을 체결하고 그에 기한 소유권이전등기청구권의 보전을 위하여 이미 효력이 상실된 가등기를 유용하기로 합의하고 실제로 그 가등기 이전의 부기등기를 마쳤다면, 그 가등기 이전의 부기등기를 마친 제3자 정로서는 언제든지 부동산의 소유자 갑에 대하여 위 가등기 유용의 합의를 주장하여 가등기의 말소청구에 대항할 수 있다고 본다(2009다4787).

④ **(O)** 위 판례는 다만 그 가등기 이전의 부기등기 전에 등기부상 이해관계를 가지게 된 병에 대하여는 위 가등기 유용의 합의 사실을 들어 그 가등기의 유효를 주장할 수는 없다고 본다(2009다4787).

⑤ **(×)** 판례는 채권자가 무효인 소유권이전등기청구권의 보전을 위한 가등기의 유용 합의에 따라 부동산 소유자인 채무자로부터 그 가등기 이전의 부기등기를 마친 제3채무자를 상대로 채무자를 대위하여 가등기의 말소를 구한 사안에서, 채권자가 그 부기등기 전에 부동산을 가압류한 사실을 주장하는 것은 채무자가 아닌 채권자 자신이 제3채무자에 대하여 가지는 독자적 사유에 관한 것이어서 허용되지 않는다고 본다(2009다4787). 따라서 丙이 甲을 대위하여 가등기의 말소를 청구하면 丁은 甲, 丁 간 가등기 유용의 합의로써 丙에게 대항할 수 없고, 오히려 병이 정에게 유용합의 이전에 이해관계있는 제3자라고 주장할 수 없다.

정답 ⑤

제2장 점유권

1. **甲 소유의 X 물건을 乙이 권원 없이 점유하고 있다. 이에 관한 설명 중 옳은 것은? (각 지문은 독립적이며, 다툼이 있는 경우 판례에 의함)** [23 변호사]

① 乙이 선의의 점유자라도 본권에 관한 소에서 패소하면 그 소가 제기된 때, 즉 소장 부본이 乙에게 송달된 때로부터 乙을 악의의 점유자로 본다.

② X 물건이 선의의 점유자인 乙의 책임 있는 사유로 인하여 멸실되었다면 乙은 甲에게 그 손해의 전부를 배상하여야 한다.

③ 乙이 선의의 점유자라면 乙은 X 물건의 과실을 취득하고, 이와 같이 과실을 취득하였더라도 甲에게 X 물건을 반환할 때 통상의 필요비를 청구할 수 있다.

④ 乙이 X 물건을 개량하기 위해 지출한 유익비에 대해 그 가액의 증가가 현존하는 경우, 乙은 甲으로부터 X 물건의 반환을 청구받기 전에도 甲의 선택에 따라 그 지출금액이나 증가액의 상환을 청구할 수 있다.

⑤ 乙이 악의의 점유자라면 X 물건으로부터 수취한 과실을 甲에게 반환하여야 하지만, 이를 소비하였다면 그 과실의 대가를 보상할 필요는 없다.

해설

① **(O)** [**대법원** 2016. 12. 29. **선고** 2016**다**242273 **판결**] 선의의 점유자는 점유물의 과실을 취득하고(민법 제201조 제1항), 악의의 점유자는 수취한 과실을 반환하여야 한다(민법 제201조 제2항). 점유자는 선의로 점유한 것으로 추정되고(민법 제197조 제1항), 권원 없는 점유였음이 밝혀졌다고 하여 바로 그동안의 점유에 대한 선의의 추정이 깨어졌다고 볼 것은 아니지만, 선의의 점유자라도 본권에 관한 소에서 패소한 때에는 그 소가 제기된 때부터 악의의 점유자로 보며(민법 제197조 제2항), '소가 제기된 때'란 소송이 계속된 때, 즉 소장 부본이 피고에게 송달된 때를 말한다. 한편 토지를 사용함으로써 얻는 이득은 그 토지로 인한 과실과 마찬가지이므로, 선의의 점유자는 비록 법률상 원인 없이 타인의 토지를 점유·사용하고 이로 말미암아 그에게 손해를 입혔다고 하더라도 그 점유·사용으로 인한 이득을 반환할 의무는 없다.

② **(×)** 제202조. 선의의 자주점유자는 현존이익의 한도에서 손해배상책임을 부담한다. 乙은 자주점유자로 추정되므로(제197조 제1항) 乙은 甲에게 현존이익의 한도에서 손해를 배상하여야 한다.

③ **(×)** 제203조 제1항 단서. 점유자가 점유물을 반환할 때에는 회복자에 대하여 점유물을 보존하기 위하여 지출한 금액 기타 필요비의 상환을 청구할 수 있다. 그러나 점유자가 과실을 취득한 경우에는 통상의 필요비는 청구하지 못한다.

④ **(×)** 점유자의 유익비상환청구권은 물건을 반환하거나 반환청구를 받은 때에 발생한다.
[**대법원** 2011. 12. 13. **선고** 2009**다**5162 **판결**] 점유자가 점유물을 보존하거나 개량하기 위하여 지출한 필요비나 유익비에 관하여 민법 제203조 제1항, 제2항은 '점유자가 점유물을 반환할 때'에 상환을 청구할 수 있도록 규정하고 있으므로, 그 상환청구권은 점유자가 회복자에게서 점유물 반환을

청구받은 때에 비로소 이를 행사할 수 있는 상태가 되고 이행기가 도래한다(필자 註 : 甲 교회 목사 乙이 교인총회에서 소속 교단을 탈퇴하기로 결의하고 독립교회인 丙 교회를 설립한 후 종전 교회건물을 丙 교회가 점유·사용하고 있었는데, 甲 교회가 乙을 비롯한 丙 교회 목사와 장로들을 상대로 교회건물 등에 대한 출입금지 등을 구한 사안에서, 丙 교회가 교회건물 등의 증축 등에 지출한 필요비와 유익비 상환청구권을 담보하는 유치권이 성립하려면, 교회건물 등의 점유 주체인 丙 교회가 점유 반환을 청구받음으로써 상환청구권의 변제기가 도래한 것으로 인정되어야 하는데, 甲 교회가 교회건물 등에 대한 출입금지 등을 구하는 상대방인 乙 등은 丙 교회 목사, 장로 등으로서 丙 교회가 고유 목적인 예배 등 일상적인 활동을 하는 데 중심적인 역할을 하는 구성원들이고 특히 乙은 丙 교회 대표자 지위에 있다는 점을 감안하면, 乙 등에게 교회 출입금지 및 甲 교회의 사용 방해 금지 등을 청구하는 것은 형식은 피고들 개인에 대한 청구이지만 실질은 丙 교회에 교회건물 등의 반환을 청구하는 것과 다르지 않으므로, 甲 교회가 소를 제기하여 乙 등에게 교회건물 등에 대한 출입금지 등을 청구함으로써 丙 교회가 점유자로서 가지는 필요비와 유익비 상환청구권도 이행기가 도래하였다고 한 사례).

⑤ (×) 제201조 제2항. 악의의 점유자는 수취한 과실을 반환하여야 하며 소비하였거나 과실로 인하여 훼손 또는 수취하지 못한 경우에는 그 과실의 대가를 보상하여야 한다. **정답** ①

2. 점유에 관한 설명 중 옳은 것(○)과 옳지 않은 것(×)을 올바르게 조합한 것은? (다툼이 있는 경우 판례에 의함) [22 변호사]

ㄱ. 직접점유자가 점유의 침탈을 당한 경우, 간접점유자는 그 물건을 직접점유자에게 반환할 것을 청구할 수 있고, 직접점유자가 그 물건의 반환을 받을 수 없는 때에는 자기에게 반환할 것을 청구할 수 있다.
ㄴ. 타인의 소유물을 권원 없이 점유한 악의수익자는 받은 이익에 이자를 붙여 반환해야 하고, 위 이자의 이행지체로 인한 지연손해금도 지급해야 한다.
ㄷ. 甲이 그 소유인 X 토지에 관하여 乙 앞으로 지상권을 설정해 준 후 丙이 X 토지를 불법으로 점유한 경우, 특별한 사정이 없는 한 甲은 丙을 상대로 X 토지의 인도를 청구할 수 있지만 X 토지 임료 상당의 손해배상을 청구할 수는 없다.
ㄹ. 甲의 점유가 타주점유인 경우, 특별한 사정이 없는 한 甲으로부터 상속에 의하여 점유를 승계한 乙의 점유는 타주점유이다.

① ㄱ(×), ㄴ(○), ㄷ(○), ㄹ(○)
② ㄱ(×), ㄴ(×), ㄷ(×), ㄹ(○)
③ ㄱ(○), ㄴ(×), ㄷ(○), ㄹ(×)
④ ㄱ(○), ㄴ(○), ㄷ(×), ㄹ(○)
⑤ ㄱ(○), ㄴ(○), ㄷ(○), ㄹ(○)

해설

ㄱ. (○) 제207조 제2항.

ㄴ. (○) 악의점유자는 부당이득반환범위에 관해서는 제748조 제2항이 적용된다. 받은 이익에 이자를 붙여 반환하고, 기타 손해가 있으면 손해도 배상하여야 한다.

[**대법원** 2003. 11. 14. **선고** 2001**다**61869 **판결**] 타인 소유물을 권원 없이 점유함으로써 얻은 사용이익을 반환하는 경우 민법은 선의점유자를 보호하기 위하여 제201조 제1항을 두어 선의점유자에게 과실수취권을 인정함에 대하여, 이러한 보호의 필요성이 없는 악의점유자에 관하여는 민법 제201조 제2항을 두어 과실수취권이 인정되지 않는다는 취지를 규정하는 것으로 해석되는 바, 따라서 악의 수익자가 반환하여야 할 범위는 민법 제748조 제2항에 따라 정하여지는 결과 그는 받은 이익에 이자

를 붙여 반환하여야 하며, 위 이자의 이행지체로 인한 지연손해금도 지급하여야 한다.

ㄷ. (O) 지상권을 설정해준 토지소유자도 여전히 소유자이므로 불법점유자를 상대로 물권적 청구를 할 수는 있으나, 불법점유로 인하여 토지소유자가 임료 상당의 손해를 입은 것은 아니므로 임료 상당의 손해배상을 청구할 수는 없다.

[**대법원** 1974. 11. 12. **선고** 74**다**1150 **판결**] 무릇 토지소유권은 그 토지에 대한 지상권설정이 있어도 이로 인하여 그 권리의 전부 또는 일부가 소멸하는 것도 아니고 단지 지상권의 범위에서 그 권리행사가 제한되는 것에 불과하며, 일단 지상권이 소멸되면 토지소유권은 다시 자동적으로 완전한 제한 없는 권리로 회복되는 법리라 할 것이므로 소유자가 그 소유토지에 대하여 지상권을 설정하여도 그 소유자는 그 토지를 불법으로 점유하는 자에게 대하여 방해배제를 구할 수 있는 물권적 청구권이 있다고 해석함이 상당하다.

[**대법원** 1974. 11. 12. **선고** 74**다**1150 **판결**] 대지에 대하여는 건물소유를 목적으로 지상권이 설정되어 그것이 존속하는 한 원고는 그 대지소유자라 하여도 그 소유권행사에 제한을 받아 그 대지를 사용 수익할 수 없는 법리라 할 것이어서 특별한 사정이 없는 한 원고는 임료 상당의 손해금을 청구할 수 없다.

ㄹ. (O) 제199조 제2항. 상속에 의하여 점유를 승계한 자는 피상속인의 점유의 성질도 승계한다. 피상속인의 점유가 타주점유인 때에는 상속인의 점유도 타주점유이다. 정답 ⑤

3. 甲 소유의 X 동산을 乙이 점유하고 있다. 이에 관한 설명 중 옳은 것(○)과 옳지 않은 것(×)을 올바르게 조합한 것은? (다툼이 있는 경우 판례에 의함) [22 변호사]

ㄱ. 乙이 X를 훔쳐서 점유하는 경우, 乙은 자신으로부터 X를 빼앗아 간 丙에 대하여 점유를 침탈당한 날부터 1년 내에 점유회수청구권을 행사할 수 있다.

ㄴ. 丙이 X를 빼앗아 갔더라도 乙이 적법하게 X의 점유를 회수하면 乙의 점유는 계속된 것으로 본다.

ㄷ. 乙이 선의의 점유자라도 甲이 제기한 소유권에 기한 인도청구의 소에서 패소하면 "그 소가 제기된 때"부터 악의의 점유자로 의제되는데, 여기서 "그 소가 제기된 때"는 甲의 소장이 법원에 접수된 때를 말한다.

ㄹ. 乙이 X를 丙에게 보관시킨 경우, 乙이 X를 丁에게 매각하여 丙에 대한 반환청구권을 丁에게 양도하고 채권양도의 대항요건을 갖추었다면, 丁은 X의 선의취득에 필요한 점유요건을 충족한다.

① ㄱ(×), ㄴ(×), ㄷ(○), ㄹ(○)
② ㄱ(×), ㄴ(○), ㄷ(×), ㄹ(×)
③ ㄱ(○), ㄴ(○), ㄷ(×), ㄹ(○)
④ ㄱ(○), ㄴ(○), ㄷ(×), ㄹ(×)
⑤ ㄱ(○), ㄴ(○), ㄷ(○), ㄹ(○)

해설

ㄱ. (O) 절취에 의하여 점유권을 취득한 자에게도 점유회수청구권이 인정된다. 비록 乙이 절취에 의하여 점유권을 취득한 때에도 乙의 점유를 침탈한 丙에 대하여 점유회수청구권을 행사할 수 있다. 점유권에 기인한 소에 관해서는 본권에 관한 이유로 재판할 수 없기 때문이다.

ㄴ. (O) 제192조 제2항.

ㄷ. (X) 악의점유로 의제되는 시기는 소장부본이 송달된 때이다.

[**대법원** 2016. 12. 29. **선고** 2016**다**242273 **판결**] 선의의 점유자는 점유물의 과실을 취득하고(민법 제201조 제1항), 악의의 점유자는 수취한 과실을 반환하여야 한다(민법 제201조 제2항). 점유자는 선의로 점유한 것으로 추정되고(민법 제197조 제1항), 권원 없는 점유였음이 밝혀졌다고 하여 바로 그동안의 점유에 대한 선의의 추정이 깨어졌다고 볼 것은 아니지만, 선의의 점유자라도 본권에 관한 소에서 패소한 때에는 그 소가 제기된 때부터 악의의 점유자로 보며(민법 제197조 제2항), '소가 제기된 때'란 소송이 계속된 때, 즉 소장 부본이 피고에게 송달된 때를 말한다. 한편 토지를 사용함으로써 얻는 이득은 그 토지로 인한 과실과 마찬가지이므로, 선의의 점유자는 비록 법률상 원인 없이 타인의 토지를 점유·사용하고 이로 말미암아 그에게 손해를 입혔다고 하더라도 그 점유·사용으로 인한 이득을 반환할 의무는 없다.

ㄹ. (O) 목적물반환청구권 양도에 의한 선의취득도 인정된다.

[**대법원** 1999. 1. 26. **선고** 97**다**48906 **판결**] 양도인이 소유자로부터 보관을 위탁받은 동산을 제3자에게 보관시킨 경우에 양도인이 그 제3자에 대한 반환청구권을 양수인에게 양도하고 지명채권 양도의 대항요건을 갖추었을 때에는 동산의 선의취득에 필요한 점유의 취득요건을 충족한다. 정답 ③

4. 점유권에 관한 설명 중 옳지 않은 것을 모두 고른 것은? (다툼이 있는 경우에는 판례에 의함)

[14 변호사]

ㄱ. 악의의 점유자는 수취한 과실을 반환하여야 하며 소비하였거나 과실로 인하여 훼손 또는 수취하지 못한 경우에는 그 과실의 대가를 보상하여야 한다.

ㄴ. 점유물이 소유의 의사가 있는 선의의 점유자의 책임 있는 사유로 인하여 멸실 또는 훼손된 때에는 그 점유자는 이익이 현존하는 한도에서 배상하여야 한다.

ㄷ. 점유자가 점유물을 반환할 때에는 회복자에 대하여 점유물에 관하여 지출한 필요비의 상환을 청구할 수 있으나 점유자가 과실을 수취한 경우에는 일체의 필요비 상환을 청구하지 못한다.

ㄹ. 점유자가 점유를 침탈당한 경우, 침탈자의 특별승계인에 대하여 그 물건의 반환을 청구할 수 있을 뿐 손해배상을 청구할 수는 없다.

ㅁ. 점유자가 점유의 침탈을 당한 때에는 간접점유자는 점유자가 그 물건을 반환받기를 원하지 아니하는 경우라도 점유자에게 반환할 것을 청구하여야 한다.

① ㄱ, ㄷ, ㄹ ② ㄴ, ㄹ, ㅁ ③ ㄷ, ㄹ, ㅁ
④ ㄱ, ㄴ, ㄷ ⑤ ㄱ, ㄴ, ㅁ

해설

ㄱ. (O) 제201조 제2항.

ㄴ. (O) 제202조.

ㄷ. (×) 제203조 제1항. 과실을 수취한 점유자는 통상의 필요비의 상환을 청구할 수 없다. 따라서 통상적인 범위를 벗어난 필요비의 상환은 청구할 수 있다.

ㄹ. (×) 제204조 제2항. 점유회수청구권은 침탈자의 특별승계인에 대하여는 행사하지 못한다. 따라서 물건의 반환 및 손해배상청구 모두 할 수 없는 것이 원칙이다. 다만, 침탈자의 특별승계인이 악의인 때에는 그러하지 아니하다.

ㅁ. (×) 제207조 제2항. 점유자가 반환받기를 원하지 아니하는 때에는 간접점유자 자신에게 반환할 것을 청구할 수 있다. 정답 ③

제3장 소유권

Ⅰ. 소유권의 권능

1. **주위토지통행권에 관한 설명 중 옳은 것은? (다툼이 있는 경우 판례에 의함)** [23 변호사]

① 주위토지통행권의 범위는 현재 토지의 용법에 따른 이용과 장차의 이용 상황을 모두 고려하여 정해져야 한다.

② 공로(公路)에 통할 수 있는 자기의 공유토지를 두고 공로에의 통로라 하여 타인의 토지를 통행하는 것은 허용될 수 없고, 이는 위 공유토지가 구분소유적 공유관계에 있고 공로에 접하는 공유부분을 다른 공유자가 배타적으로 사용·수익하고 있더라도 마찬가지이다.

③ 분할로 인하여 공로에 통하지 못하는 토지가 있는 때에는 그 토지소유자는 공로에 출입하기 위하여 다른 분할자의 토지를 통행할 수 있으나, 다른 분할자의 손해를 보상하여야 한다.

④ 주위토지통행권은 통행을 위한 지역권과 마찬가지로 통행로가 항상 특정한 장소로 고정된다.

⑤ 포위된 토지가 사정변경에 의하여 공로에 접하게 되어 주위토지통행권을 인정할 필요성이 없어지더라도 이미 성립된 주위토지통행권이 소멸하는 것은 아니다.

해설

① **(×)** 장래의 이용 상황은 고려되지 않는다.
[**대법원** 1996. 11. 29. **선고** 96**다**33433 **판결**] 주위토지통행권의 범위는 통행권을 가진 자에게 필요할 뿐 아니라 이로 인한 주위토지소유자의 손해가 가장 적은 장소와 방법의 범위 내에서 인정되어야 하며, 그 범위는 결국 사회통념에 비추어 쌍방 토지의 지형적·위치적 형상 및 이용관계, 부근의 지리 상황, 상린지 이용자의 이해득실 기타 제반 사정을 참작한 뒤 구체적 사례에 응하여 판단하여야 하는 것인 바, 통상적으로는 사람이 주택에 출입하여 다소의 물건을 공로로 운반하는 등의 일상생활을 영위하는 데 필요한 범위의 노폭까지 인정되고, 또 현재의 토지의 용법에 따른 이용의 범위에서 인정되는 것이지 더 나아가 장차의 이용상황까지 미리 대비하여 통행로를 정할 것은 아니다.

② **(○)** [**대법원** 2021. 9. 30. **선고** 2021**다**245443·245450 **판결**] 공로에 통할 수 있는 자기의 공유토지를 두고 공로에의 통로라 하여 남의 토지를 통행한다는 것은 민법 제219조, 제220조에 비추어 허용될 수 없다. 설령 위 공유토지가 구분소유적 공유관계에 있고 공로에 접하는 공유 부분을 다른 공유자가 배타적으로 사용, 수익하고 있다고 하더라도 마찬가지이다.

③ **(×)** 제220조. 분할로 인하여 공로에 통하지 못하는 토지가 있는 때에는 그 토지소유자는 공로에 출입하기 위하여 다른 분할자의 토지를 통행할 수 있다. 이 경우에는 보상의 의무가 없다.

④ **(×)** [**대법원** 2004. 5. 13. **선고** 2004**다**10268 **판결**] 주위토지통행권은 통행을 위한 지역권과는 달리 통행로가 항상 특정한 장소로 고정되어 있는 것은 아니고, 주위토지의 현황이나 사용방법이 달라졌을 때에는 주위토지 통행권자는 주위토지소유자를 위하여 보다 손해가 적은 다른 장소로 옮겨 통행할

수밖에 없는 경우도 있으므로, 일단 확정판결이나 화해조서 등에 의하여 특정의 구체적 구역이 위 요건에 맞는 통행로로 인정되었더라도 그 이후 그 전제가 되는 포위된 토지나 주위토지 등의 현황이나 구체적 이용상황에 변동이 생긴 경우에는 민법 제219조의 입법취지나 신의성실의 원칙 등에 비추어 구체적 상황에 맞게 통행로를 변경할 수 있는 것이고, 그 과정에서 포위된 토지와 주위토지의 각 소유자 간에 원만한 합의가 이루어지지 아니하는 경우 일방이 상대방에 대하여 기존의 확정판결이나 화해조서 등이 인정한 통행장소와 다른 곳을 통행로로 삼아 주위토지통행권의 확인이나 통행방해의 배제·예방 또는 통행금지 등을 소로써 구하더라도 그 청구가 위 확정판결이나 화해조서 등의 기판력에 저촉된다고 볼 수 없다.

⑤ **(×)** [**대법원** 2014. 12. 24. **선고** 2013**다**11669 **판결**] 주위토지통행권은 법정의 요건을 충족하면 당연히 성립하고 요건이 없어지게 되면 당연히 소멸한다. 따라서 포위된 토지가 사정변경에 의하여 공로에 접하게 되거나 포위된 토지의 소유자가 주위의 토지를 취득함으로써 주위토지통행권을 인정할 필요성이 없어지게 된 경우에는 통행권은 소멸한다.

정답 ②

2. **X 토지에 관한 설명 중 옳은 것(○)과 옳지 않은 것(×)을 올바르게 조합한 것은? (다툼이 있는 경우 판례에 의함)** [22 변호사]

ㄱ. 甲이 그 소유인 X 토지에 관하여 乙 앞으로 근저당권을 설정해 준 후 丙에게 X 토지의 소유권을 양도한 경우, 근저당권의 피담보채무가 소멸하더라도 甲은 乙을 상대로 근저당권의 말소를 청구할 수 없다.

ㄴ. 甲이 그 소유인 X 토지를 乙에게 매도하고 소유권이전등기를 마쳐 준 후 甲과 乙의 매매계약이 합의해제된 경우, 甲은 乙을 상대로 위 등기의 말소를 청구할 수 있는 물권적 청구권을 가지고, 이 청구권은 소멸시효의 대상이 되지 않는다.

ㄷ. X 토지와 그 지상의 Y 건물의 소유자인 甲이 X 토지에 관하여 乙 앞으로 저당권을 설정해 준 다음, 丙에게 Y 건물의 소유권을 양도하였고, 그 후 위 저당권의 실행으로 인한 경매절차에서 丁이 X 토지의 소유권을 취득하였다. 이 경우, 丁은 丙을 상대로 Y 건물의 철거를 청구할 수 없다.

ㄹ. 乙이 甲으로부터 X 토지를 매수하고 대금을 지급한 후 X 토지를 인도받았으나 소유권이전등기는 마치지 않은 상태에서 X 토지 위에 Y 건물을 건축하여 Y 건물의 소유권을 丙에게 이전한 경우, 丙이 X 토지에 대한 점유사용권을 취득한 것은 아니어서 甲은 丙에 대하여 Y 건물의 철거청구를 할 수 있다.

① ㄱ(×), ㄴ(×), ㄷ(×), ㄹ(○)
② ㄱ(×), ㄴ(○), ㄷ(○), ㄹ(×)
③ ㄱ(×), ㄴ(○), ㄷ(○), ㄹ(○)
④ ㄱ(○), ㄴ(×), ㄷ(×), ㄹ(○)
⑤ ㄱ(○), ㄴ(○), ㄷ(○), ㄹ(×)

해설

ㄱ. **(×)** 근저당권을 설정해준 전소유자도 근저당권설정계약의 당사자로서 피담보채무가 소멸한 경우, 계약상 권리로서 말소등기청구권을 가진다.

[**대법원** 1994. 1. 25. **선고** 93**다**16338 **전원합의체 판결**] 근저당권이 설정된 후에 그 부동산의 소유권이 제3자에게 이전된 경우에는 현재의 소유자가 자신의 소유권에 기하여 피담보채무의 소멸을 원인으로

그 근저당권설정등기의 말소를 청구할 수 있음은 물론이지만, 근저당권설정자인 종전의 소유자도 근저당권설정계약의 당사자로서 근저당권 소멸에 따른 원상회복으로 근저당권자에게 근저당권설정등기의 말소를 구할 수 있는 계약상 권리가 있으므로 이러한 계약상 권리에 터잡아 근저당권자에게 피담보채무의 소멸을 이유로 하여 그 근저당권설정등기의 말소를 청구할 수 있다고 봄이 상당하고, 목적물의 소유권을 상실하였다는 이유만으로 그러한 권리를 행사할 수 없다고 볼 것은 아니다.

ㄴ. (O) 합의해제로 인한 매도인의 말소등기청구권은 물권적 청구권으로 소멸시효의 대상이 아니다.
[**대법원** 1982. 7. 27. **선고** 80**다**2968 **판결**] 매매계약이 합의해제된 경우에도 매수인에게 이전되었던 소유권은 당연히 매도인에게 복귀하는 것이므로 합의해제에 따른 매도인의 원상회복청구권은 소유권에 기한 물권적 청구권이라고 할 것이고 이는 소멸시효의 대상이 되지 아니한다.

ㄷ. (O) 저당권 실행으로 인한 법정지상권의 성립 여부를 묻는 지문이다. 저당권설정 당시에 토지와 건물이 모두 甲의 소유에 속하였으므로 비록 저당권실행 당시 Y건물의 소유자가 丁이더라도 丁은 제366조의 법정지상권을 취득한다.
[**대법원** 1999. 11. 23. **선고** 99**다**52602 **판결**] 토지에 저당권을 설정할 당시 토지의 지상에 건물이 존재하고 있었고 그 양자가 동일 소유자에게 속하였다가 그 후 저당권의 실행으로 토지가 낙찰되기 전에 건물이 제3자에게 양도된 경우, 민법 제366조 소정의 법정지상권을 인정하는 법의 취지가 저당물의 경매로 인하여 토지와 그 지상 건물이 각 다른 사람의 소유에 속하게 된 경우에 건물이 철거되는 것과 같은 사회경제적 손실을 방지하려는 공익상 이유에 근거하는 점, 저당권자로서는 저당권설정 당시에 법정지상권의 부담을 예상하였을 것이고 또 저당권설정자는 저당권설정 당시의 담보가치가 저당권이 실행될 때에도 최소한 그대로 유지되어 있으면 될 것이므로 위와 같은 경우 법정지상권을 인정하더라도 저당권자 또는 저당권설정자에게는 불측의 손해가 생기지 않는 반면, 법정지상권을 인정하지 않는다면 건물을 양수한 제3자는 건물을 철거하여야 하는 손해를 입게 되는 점 등에 비추어 위와 같은 경우 건물을 양수한 제3자는 민법 제366조 소정의 법정지상권을 취득한다.

ㄹ. (×) 토지를 매도하고 대금을 모두 지급받은 매도인이 지상건물 소유자를 상대로 건물의 철거를 청구할 수 있는지를 묻는 지문이다. 토지의 미등기매수인으로부터 그가 신축한 건물을 양수한 자는 미등기매수인의 토지에 관한 점유, 사용권까지 취득한 것으로 보아야 하므로 토지매도인은 건물매수인에 대하여 소유권에 기초한 물권적 청구권을 행사할 수 없다.
[**대법원** 1988. 4. 25. **선고** 87**다카**1682 **판결**] 토지의 매수인이 아직 소유권이전등기를 경료받지 아니하였다 하여도 매매계약의 이행으로 그 토지를 인도받은 때에는 매매계약의 효력으로서 이를 점유·사용할 권리가 생기게 된 것으로 보아야 하고 또 매수인이 그 토지 위에 건축한 건물을 취득한 자는 그 토지에 대한 매수인의 위와 같은 점유사용권까지 아울러 취득한 것으로 봄이 상당하므로 매도인은 매매계약의 이행으로서 인도한 토지 위에 매수인이 건축한 건물을 취득한 자에 대하여 토지소유권에 기한 물권적 청구권을 행사할 수 없다.

정답 ②

3. **다음 설명 중 A가 X에 대하여 D에게 행사한 소유권에 기한 물권적 청구권이 인정되지 않는 경우를 모두 고른 것은? (다툼이 있는 경우 판례에 의함)** [17 변호사]

ㄱ. B가 A의 주민등록증, 토지 X의 등기관련 서류를 위조한 후 A 소유의 토지 X에 관하여 자신의 명의로 소유권이전등기를 경료하여, 이런 사정을 알 수 없었던 D에게 토지 X를 매각하여 소유권이전등기가 경료된 경우

ㄴ. B가 A를 기망하여 A 소유의 토지 X에 관한 매매계약을 체결하여 소유권이전등기를 경료한 후 이를 C에게 매각하고, C 역시 이런 사정을 알 수 없었던 D에게 매각하여 소유권이전등기가 경료된 후 A가 B와의 매매계약을 취소한 경우

ㄷ. B가 A로부터 소유권유보부 매매에 따라 A 소유의 건축자재 X를 인도받은 후 A에게 대금을 완불하지 못하던 중, 이러한 사정을 알지 못하는 도급인 D 소유의 건물 증축공사에 그 자재 X를 사용하여 X가 건물의 일부로 부합된 경우

ㄹ. A 소유의 토지 X에 관하여 B가 A와의 명의신탁 약정에 따라 2013. 5.경 B의 명의로 소유권이전등기를 경료한 후 이런 사정을 알고 있는 D에게 토지 X를 매도하여 D의 명의로 소유권이전등기가 경료된 경우

ㅁ. B가 소유자 A로부터 주택 X를 임차한 후 D에게 주택 X를 무단전대하고 D가 주택 X를 인도받아 그 주소로 전입신고를 마쳤으나, A가 무단전대를 이유로 B와의 임대차계약을 적법하게 해지한 경우

① ㄱ, ㄴ, ㄹ　② ㄱ, ㄴ, ㅁ　③ ㄴ, ㄷ, ㄹ
④ ㄴ, ㄷ, ㅁ　⑤ ㄷ, ㄹ, ㅁ

해설

ㄱ. **[인정]** B의 위조에 의한 소유권이전등기는 원인무효이며, 부동산에는 선의취득이 인정되지 아니하므로 D가 B를 정당한 소유자라고 신뢰하였더라도 D의 소유권이전등기는 원인무효의 등기이므로 A는 D를 상대로 소유권에 기초한 방해배제청구로서 등기말소 혹은 진정한 등기명의회복을 위한 이전등기를 청구할 수 있다.

ㄴ. **[부정]** 사기를 이유로 하는 취소는 선의의 제3자에게 대항할 수 없다(제110조 제3항). 선의의 제3자에는 전득자도 포함되므로 D가 선의자인 때에는 A의 B와의 매매계약 취소의 효력을 D에게 대항할 수 없는 결과 D는 X토지의 소유권을 취득한다. 따라서 A는 D를 상대로 소유권에 기초한 물권적 청구권을 행사할 수 없다.

ㄷ. **[부정]** 부합에 의하여 D는 건축자재 X의 소유권을 취득하므로 A는 D를 상대로 소유권에 기초한 물권적 청구권을 행사할 수는 없다. 건물을 신축하는 때에도 부합의 법리는 적용된다. 다만, A가 D를 상대로 제261조에 따른 보상청구권을 행사할 수 있는지는 문제이지만, D가 선의·무과실인 때에는 선의취득규정의 유추에 따라 법률상 원인을 인정할 수 있으므로 보상의무도 부담하지 않는다.

[**대법원** 2009. 9. 24. **선고** 2009**다**15602 **판결**] 어떠한 동산이 민법 제256조에 의하여 부동산에 부합된 것으로 인정되기 위해서는 그 동산을 훼손하거나 과다한 비용을 지출하지 않고서는 분리할 수 없을 정도로 부착·합체되었는지 여부 및 그 물리적 구조, 용도와 기능면에서 기존 부동산과는 독립한 경제적 효용을 가지고 거래상 별개의 소유권의 객체가 될 수 있는지 여부 등을 종합하여 판단하여야 하고, 이러한 부동산에의 부합에 관한 법리는 건물의 증축의 경우는 물론 건물의 신축의 경우에도 그대로 적용될 수 있다.

[**대법원** 2009. 9. 24. **선고** 2009**다**15602 **판결**] 민법 제261조에서 첨부로 법률규정에 의한 소유권 취득(민법 제256조 내지 제260조)이 인정된 경우에 "손해를 받은 자는 부당이득에 관한 규정에 의하여 보상을 청구할 수 있다."라고 규정하고 있는바, 이러한 보상청구가 인정되기 위해서는 민법 제261조 자체의 요건만이 아니라, 부당이득 법리에 따른 판단에 의하여 부당이득의 요건이 모두 충족되었음이 인정되어야 한다. 매도인에게 소유권이 유보된 자재가 제3자와 매수인 사이에 이루어진 도급계약의 이행으로 제3자 소유 건물의 건축에 사용되어 부합된 경우 보상청구를 거부할 법률상 원인이 있다고 할 수 없지만, 제3자가 도급계약에 의하여 제공된 자재의 소유권이 유보된 사실에 관하여 과실 없이 알지 못한 경우라면 선의취득의 경우와 마찬가지로 제3자가 그 자재의 귀속으로 인한 이익을 보유할 수 있는 법률상 원인이 있다고 봄이 상당하므로, 매도인으로서는 그에 관한 보상청구를 할 수 없다.

ㄹ. **[부정]** 명의신탁약정 및 명의신탁약정에 따른 물권변동은 무효이지만, 그 무효를 제3자에게 대항할 수 없다(부동산실명법 제4조 제3항). 명의수탁자 B로부터 부동산을 취득한 악의의 매수인 D도 부동산실명법 제4조 제3항에 따라 보호되는 제3자에 해당하므로 D는 X의 소유권을 취득한다. 따라서 A는 D에 대하여 소유권에 기초한 물권적 청구권을 행사할 수 없다.

ㅁ. **[인정]** 전대차에는 임대인의 동의가 필요하고(제629조), 임대인의 동의 없는 전대차에 관하여 임대인은 임대차계약을 해지할 수 있다. 임대차가 적법하게 해지된 경우에는 전차인은 대항력의 요건을 구비하였더라도 점유할 권리를 주장할 수 없다. A는 D에 대하여 소유권에 기초한 인도청구권을 행사할 수 있다.

정답 ③

4. **주위토지통행권에 관한 설명 중 옳은 것을 모두 고른 것은? (다툼이 있는 경우 판례에 의함)**

[25 변호사]

ㄱ. 포위된 토지의 소유자에게 공로에 통할 수 있는 자기의 공유토지가 있더라도 이 공유토지가 구분소유적 공유관계에 있고 공로에 접하는 공유 부분을 다른 공유자가 배타적으로 사용·수익하고 있으면, 포위된 토지의 소유자는 이 공유토지 이외의 인접 토지로서 제3자가 소유한 토지에 대한 통행권을 행사할 수 있다.

ㄴ. 甲이 소유한 토지의 일부가 乙에게 양도되었는데 乙이 양수한 부분이 공로에 통하지 못하는 포위된 토지인 경우, 乙이 甲의 통행 방해로 인해 부득이 인접한 Y 토지의 소유자 丙에게 사용료를 지급하고 Y 토지를 공로로 통하는 통로로 사용하였다면, 乙의 甲에 대한 무상의 주위토지통행권은 소멸한다.

ㄷ. 무상의 주위토지통행권이 발생하는 토지의 일부 양도라 함은 1필의 토지의 일부가 양도된 경우뿐만 아니라 일단(一團)으로 되어 있던 동일인이 소유한 여러 필지의 토지 중 일부가 양도된 경우도 포함된다.

ㄹ. 무상의 주위토지통행권에 관한 「민법」 제220조는 토지의 직접 분할자 또는 일부 양도의 당사자들 사이에서만 적용되고, 포위된 토지 또는 피통행지의 특정승계인에게는 적용되지 않는다.

① ㄱ, ㄴ　　② ㄱ, ㄷ　　③ ㄷ, ㄹ
④ ㄱ, ㄴ, ㄷ　　⑤ ㄱ, ㄷ, ㄹ

해설

ㄱ. **(×)** 판례는 공로에 통할 수 있는 자기의 공유토지를 두고 공로에의 통로라 하여 남의 토지를 통행한다는 것은 민법 제219조, 제220조에 비추어 허용될 수 없다. 설령 위 공유토지가 구분소유적 공유관계에 있고 공로에 접하는 공유 부분을 다른 공유자가 배타적으로 사용, 수익하고 있다고 하더라도 마찬가지라고 본다(2021다245443). 따라서 **포위된 토지의 소유자는 이 공유토지 이외의 인접 토지로서 제3자가 소유한 토지에 대한 통행권을 행사할 수 없다.**

ㄴ. **(×)** 판례는 양도인이 포위된 토지의 소유자에 대하여 무상의 주위토지통행을 허용하지 아니함으로써 포위된 토지의 소유자가 할 수 없이 주위의 다른 토지의 소유자와 일정 기간 동안 사용료를 지급하기로 하고 그 다른 토지의 일부를 공로로 통하는 통로로 사용하였다고 하더라도 포위된 토지의 소유자가 민법 제220조 소정의 무상의 주위토지통행권을 취득할 수 없게 된다고 할 수 없다고 본다(94다45869, 45876). 따라서 **乙의 甲에 대한 무상의 주위토지통행권은 소멸하지 않는다.**

ㄷ. (O) 판례는 무상의 주위토지통행권이 발생하는 토지의 '일부 양도'라 함은 1필의 토지의 일부가 양도된 경우뿐만 아니라, 일단으로 되어 있던 동일인 소유의 수필지의 토지 중의 일부가 양도된 경우도 포함된다고 본다(94다45869,45876).

ㄹ. (O) 판례는 민법 제220조의 규정은 직접 분할자, 일부 양도의 당사자 사이에만 적용되고, 포위된 토지 또는 피통행지의 특정승계인의 경우에는 주위토지통행권에 관한 민법 제219조의 일반원칙으로 돌아가 통행권의 유무를 가려야 한다. 이러한 법리는 분할자 또는 일부 양도의 당사자가 무상주위통행권에 기하여 이미 통로를 개설해 놓은 다음 특정승계가 이루어진 경우라 하더라도 마찬가지라고 본다(2002다9202). 따라서 **포위된 토지 또는 피통행지의 특정승계인에게는 적용되지 않는다.** 정답 ③

Ⅱ. 소유권의 취득

1. 취득시효에 의한 소유권 취득

5. **점유취득시효에 관한 설명 중 옳은 것을 모두 고른 것은? (각 지문은 독립적이며, 다툼이 있는 경우 판례에 의함)** [24 변호사]

ㄱ. X 토지가 乙과 丙의 구분소유적 공유관계에 있는 경우, 乙의 특정 구분소유 부분에 대하여 취득시효를 완성한 점유자 甲은 乙뿐만 아니라 乙의 특정 구분소유 부분과 무관한 丙에 대하여도 그 토지 부분에 관한 각각의 공유지분에 대하여 취득시효 완성을 원인으로 한 소유권이전등기절차의 이행을 청구할 수 있다.

ㄴ. 부동산에 관하여 적법·유효한 등기를 하고 소유권을 취득한 사람이 자기 소유의 부동산을 점유하는 경우, 특별한 사정이 없는 한 그러한 점유는 취득시효의 기초가 되는 점유라고 할 수 없다.

ㄷ. X 토지에 대하여 양도담보를 설정해 준 甲이 X 토지를 20년간 소유의 의사로 평온·공연하게 점유한 경우, 취득시효로 인한 소유권의 취득은 원시취득이므로 甲은 점유취득시효를 원인으로 하여 담보목적으로 경료된 소유권이전등기의 말소를 구할 수 있다.

ㄹ. X 토지의 시효취득자 甲이 취득시효 완성으로 인한 소유권이전등기청구권을 丙에게 양도한 경우, 甲이 등기명의인 乙에게 그 양도사실을 통지하면 乙에 대한 대항력이 생긴다.

① ㄱ, ㄷ ② ㄴ, ㄹ ③ ㄱ, ㄴ, ㄷ
④ ㄱ, ㄴ, ㄹ ⑤ ㄴ, ㄷ, ㄹ

해설

ㄱ. (O) 구분소유적 공유관계에 있는 특정부분 토지가 취득시효의 대상이 된 경우, 취득시효의무자가 누구인지를 묻는 지문이다. 구분소유적 공유는 대외적 관계에서는 공유에 불과하므로 점유자에 대한 관계에서 공유지분권자들 모두가 시효의무자의 지위를 가진다.

[**대법원** 1997. 6. 13. **선고** 97**다**1730 **판결**] 여러 명이 각기 공유지분 비율에 따라 특정 부분을 독점적으로 소유하고 있는 토지 중 공유자 1인이 독점적으로 소유하고 있는 부분에 대하여 취득시효가 완성된 경우, 공유자 사이에 그와 같은 구분소유적 공유관계가 형성되어 있다 하더라도 이로써 제3자인 시효취득자에게 대항할 수는 없는 법리이므로, 그 토지 부분과 무관한 다른 공유자들도 그 토지 부분에 관한

각각의 공유지분에 대하여 취득시효완성을 원인으로 한 소유권이전등기절차를 이행할 의무가 있다.

ㄴ. **(O)** [**대법원** 2016. 10. 27. **선고** 2016**다**224596 **판결**] 부동산에 대한 취득시효 제도의 존재이유는 해당 부동산을 점유하는 상태가 오랫동안 계속된 경우 권리자로서의 외형을 지닌 그 사실상태를 존중하여 이를 진실한 권리관계로 높여 보호함으로써 법질서의 안정을 기하고, 장기간 지속된 사실상태는 진실한 권리관계와 일치될 개연성이 높다는 점을 고려하여 권리관계에 관한 분쟁이 생긴 경우 점유자의 증명곤란을 구제하려는 데에 있다. 그런데 부동산에 관하여 적법·유효한 등기를 마치고 그 소유권을 취득한 사람이 자기 소유의 부동산을 점유하는 경우에는 특별한 사정이 없는 한 사실상태를 권리관계로 높여 보호할 필요가 없고, 부동산의 소유명의자는 그 부동산에 대한 소유권을 적법하게 보유하는 것으로 추정되어 소유권에 대한 증명의 곤란을 구제할 필요 역시 없으므로, 그러한 점유는 취득시효의 기초가 되는 점유라고 할 수 없다. 다만 그 상태에서 다른 사람 명의로 소유권이전등기가 되는 등으로 소유권의 변동이 있는 때에 비로소 취득시효의 요건인 점유가 개시된다고 볼 수 있을 뿐이다(필자 주 : 원고가 부동산에 관한 적법·유효한 등기를 마치고 그 소유권을 취득하였음에도, 그 때로부터 20년간 위 부동산을 점유하였으므로 점유취득시효가 완성되어 이를 원시취득하였다고 주장하면서, 원고의 소유권 취득 이전부터 존재하던 가압류에 기하여 이루어진 강제집행의 불허를 구하는 사건에서, 원고의 위와 같은 점유는 취득시효의 기초로서의 점유에 해당하지 않는다고 한 사안).

ㄷ. **(×)** 양도담보설정자가 취득시효완성자가 된 경우에도 스스로 설정한 양도담보권의 소멸을 청구할 수는 없다. 양도담보설정자의 점유는 양도담보권을 용인하는 점유이기 때문이다. 따라서 양도담보권 소멸의 결과를 초래하는 취득시효 완성을 원인으로 하는 소유권이전등기청구나 소유권이전등기의 말소청구는 허용되지 않는다.

[**대법원** 2015. 2. 26. **선고** 2014**다**21649 **판결**] 부동산점유취득시효는 원시취득에 해당하므로 특별한 사정이 없는 한 원소유자의 소유권에 가하여진 각종 제한에 의하여 영향을 받지 아니하는 완전한 내용의 소유권을 취득하는 것이지만, 진정한 권리자가 아니었던 채무자 또는 물상보증인이 채무담보의 목적으로 채권자에게 부동산에 관하여 저당권설정등기를 경료해 준 후 그 부동산을 시효취득하는 경우에는, 채무자 또는 물상보증인은 피담보채권의 변제의무 내지 책임이 있는 사람으로서 이미 저당권의 존재를 용인하고 점유하여 온 것이므로, 저당목적물의 시효취득으로 저당권자의 권리는 소멸하지 않는다. 이러한 법리는 부동산 양도담보의 경우에도 마찬가지이므로, 양도담보권설정자가 양도담보부동산을 20년간 소유의 의사로 평온, 공연하게 점유하였다고 하더라도, 양도담보권자를 상대로 피담보채권의 시효소멸을 주장하면서 담보 목적으로 경료된 소유권이전등기의 말소를 구하는 것은 별론으로 하고, 점유취득시효를 원인으로 하여 담보 목적으로 경료된 소유권이전등기의 말소를 구할 수 없고, 이와 같은 효과가 있는 양도담보권설정자 명의로의 소유권이전등기를 구할 수도 없다.

ㄹ. **(O)** 취득시효 완성자의 등기청구권 양도는 매수인의 등기청구권 양도와 달리 채무자의 동의나 승낙이 있어야 채무자에게 대항할 수 있는 것은 아니다. 매수인과 달리 취득시효완성자는 채무자에 대하여 반대급부의무를 부담하지 않기 때문이다. 일반적인 채권양도와 마찬가지로 채무자에 대한 통지만으로 채권양도의 대항력을 취득할 수 있다.

[**대법원** 2018. 7. 12. **선고** 2015**다**36167 **판결**] 부동산매매계약에서 매도인과 매수인은 서로 동시이행 관계에 있는 일정한 의무를 부담하므로 이행과정에 신뢰관계가 따른다. 특히 매도인으로서는 매매대금 지급을 위한 매수인의 자력, 신용 등 매수인이 누구인지에 따라 계약유지 여부를 달리 생각할 여지가 있다. 이러한 이유로 매매로 인한 소유권이전등기청구권의 양도는 특별한 사정이 없는 이상 양도가 제한되고 양도에 채무자의 승낙이나 동의를 요한다고 할 것이므로 통상의 채권양도와 달리 양도인의 채무자에 대한 통지만으로는 채무자에 대한 대항력이 생기지 않으며 반드시 채무자의 동의나 승낙을 받아야 대항력이 생긴다. 그러나 취득시효완성으로 인한 소유권이전등기청구권은 채권자와 채무자 사이에 아무런 계약관계나 신뢰관계가 없고, 그에 따라 채권자가 채무자에게 반대급부로 부담하여야 하는 의무도 없다. 따라서 취득시효완성으로 인한 소유권이전등기청구권의 양도의 경우에는 매매로 인한 소유권이전등기청구권에 관한 양도제한의 법리가 적용되지 않는다. **정답** ④

6. 부동산 점유취득시효에 관한 설명 중 옳지 않은 것은? (다툼이 있는 경우 판례에 의함) [23 변호사]

① 취득시효의 대상이 미등기 부동산인 경우, 취득시효 기간이 완성되면 점유자는 등기 없이도 그 부동산의 소유권을 취득한다.

② 취득시효 완성으로 인한 소유권이전등기청구권의 양도에 대해서는 매매로 인한 소유권이전등기청구권에 관한 양도제한의 법리가 적용되지 않는다.

③ 점유자가 취득시효 완성 후에 점유를 상실한 경우 특별한 사정이 없는 한 점유를 상실한 때로부터 10년간 소유권이전등기청구권을 행사하지 않으면 그 소멸시효가 완성된다.

④ 취득시효 기간 완성 전에 부동산에 압류 또는 가압류가 이루어졌다고 하더라도 이로 인해 취득시효의 진행이 중단되지 않는다.

⑤ 양도담보권설정자가 부동산을 양도담보로 채권자에게 제공한 뒤 이를 20년간 소유의 의사로 평온·공연하게 점유하였다고 하더라도, 양도담보권자에게 점유취득시효의 완성을 이유로 담보목적으로 경료된 소유권이전등기의 말소를 구할 수 없다.

해설

① **(×)** [**대법원** 2013. 9. 13. **선고** 2012**다**5834 **판결**] 취득시효기간이 완성되었다고 하더라도 그것만으로 바로 소유권취득의 효력이 생기는 것이 아니라, 이를 원인으로 하여 소유권취득을 위한 등기청구권이 발생하는 것에 불과하고, 미등기 부동산의 경우라 하여 취득시효기간의 완성만으로 등기 없이도 점유자가 소유권을 취득한다고 볼 수 없다.

② **(○)** [**대법원** 2018. 7. 12. **선고** 2015**다**36167 **판결**] 부동산매매계약에서 매도인과 매수인은 서로 동시이행관계에 있는 일정한 의무를 부담하므로 이행과정에 신뢰관계가 따른다. 특히 매도인으로서는 매매대금 지급을 위한 매수인의 자력, 신용 등 매수인이 누구인지에 따라 계약유지 여부를 달리 생각할 여지가 있다. 이러한 이유로 매매로 인한 소유권이전등기청구권의 양도는 특별한 사정이 없는 이상 양도가 제한되고 양도에 채무자의 승낙이나 동의를 요한다고 할 것이므로 통상의 채권양도와 달리 양도인의 채무자에 대한 통지만으로는 채무자에 대한 대항력이 생기지 않으며 반드시 채무자의 동의나 승낙을 받아야 대항력이 생긴다. 그러나 취득시효완성으로 인한 소유권이전등기청구권은 채권자와 채무자 사이에 아무런 계약관계나 신뢰관계가 없고, 그에 따라 채권자가 채무자에게 반대급부로 부담하여야 하는 의무도 없다. 따라서 취득시효완성으로 인한 소유권이전등기청구권의 양도의 경우에는 매매로 인한 소유권이전등기청구권에 관한 양도제한의 법리가 적용되지 않는다.

③ **(○)** [**대법원** 1996. 3. 8. **선고** 95**다**34866 **판결**] 토지에 대한 취득시효완성으로 인한 소유권이전등기청구권은 그 토지에 대한 점유가 계속되는 한 시효로 소멸하지 아니하고, 그 후 점유를 상실하였다고 하더라도 이를 시효이익의 포기로 볼 수 있는 경우가 아닌 한 이미 취득한 소유권이전등기청구권은 바로 소멸되는 것은 아니나, 취득시효가 완성된 점유자가 점유를 상실한 경우 취득시효완성으로 인한 소유권이전등기청구권의 소멸시효는 이와 별개의 문제로서, 그 점유자가 점유를 상실한 때로부터 10년간 등기청구권을 행사하지 아니하면 소멸시효가 완성한다.

④ **(○)** [**대법원** 2019. 4. 3. **선고** 2018**다**296878 **판결**] 민법 제247조 제2항은 '소멸시효의 중단에 관한 규정은 점유로 인한 부동산소유권의 시효취득기간에 준용한다.'고 규정하고, 민법 제168조 제2호는 소멸시효 중단사유로 '압류 또는 가압류, 가처분'을 규정하고 있다. 점유로 인한 부동산소유권의 시효취득에 있어 취득시효의 중단사유는 종래의 점유상태의 계속을 파괴하는 것으로 인정될 수 있는 사유이어야 하는데, 민법 제168조 제2호에서 정하는 '압류 또는 가압류'는 금전채권의 강제집행을

위한 수단이거나 그 보전수단에 불과하여 취득시효기간의 완성 전에 부동산에 압류 또는 가압류 조치가 이루어졌다고 하더라도 이로써 종래의 점유상태의 계속이 파괴되었다고는 할 수 없으므로 이는 취득시효의 중단사유가 될 수 없다.

⑤ (O) [**대법원** 2015. 2. 26. **선고** 2014**다**21649 **판결**] 부동산점유취득시효는 원시취득에 해당하므로 특별한 사정이 없는 한 원소유자의 소유권에 가하여진 각종 제한에 의하여 영향을 받지 아니하는 완전한 내용의 소유권을 취득하는 것이지만, 진정한 권리자가 아니었던 채무자 또는 물상보증인이 채무담보의 목적으로 채권자에게 부동산에 관하여 저당권설정등기를 경료해 준 후 그 부동산을 시효취득하는 경우에는, 채무자 또는 물상보증인은 피담보채권의 변제의무 내지 책임이 있는 사람으로서 이미 저당권의 존재를 용인하고 점유하여 온 것이므로, 저당목적물의 시효취득으로 저당권자의 권리는 소멸하지 않는다. 이러한 법리는 부동산 양도담보의 경우에도 마찬가지이므로, 양도담보권 설정자가 양도담보부동산을 20년간 소유의 의사로 평온, 공연하게 점유하였다고 하더라도, 양도담보권자를 상대로 피담보채권의 시효소멸을 주장하면서 담보 목적으로 경료된 소유권이전등기의 말소를 구하는 것은 별론으로 하고, 점유취득시효를 원인으로 하여 담보 목적으로 경료된 소유권이전등기의 말소를 구할 수 없고, 이와 같은 효과가 있는 양도담보권설정자 명의로의 소유권이전등기를 구할 수도 없다.

정답 ①

7. 부동산 점유취득시효에 관한 설명 중 옳지 않은 것은? (다툼이 있는 경우 판례에 의함) [22 변호사]

① 시효취득의 대상이 된 부동산이 취득시효 완성 전에 가압류되면 취득시효가 중단된다.

② X 토지에 관하여 취득시효가 완성되어 점유자 앞으로 소유권이전등기가 마쳐지면, 그 토지에 관하여 취득시효 완성 전에 체결되어 소유권이전등기청구권가등기에 의하여 보전된 매매예약상의 매수인의 지위는 소멸된다.

③ X 토지에 관하여 甲 명의의 무효인 소유권이전등기가 마쳐진 후 점유자 乙의 취득시효가 완성된 경우, 원칙적으로 乙은 甲을 상대로 시효취득을 원인으로 한 소유권이전등기청구를 할 수 없다.

④ X 토지의 소유자 甲이 점유자 乙의 취득시효가 완성된 사실을 알면서 그 토지를 丙에게 처분하여 소유권이전등기를 마쳐줌으로써 乙에 대한 소유권이전등기의무가 이행불능이 된 경우, 甲의 乙에 대한 불법행위가 성립한다.

⑤ 시효취득의 대상이 된 부동산에 관하여 취득시효가 완성된 후 점유자가 소유권이전등기를 마치기 전에 제3자가 원인무효의 소유권이전등기를 마친 경우, 점유자는 취득시효 완성 당시의 소유자를 대위하여 위 원인무효 등기의 말소를 구함과 아울러 위 소유자를 상대로 취득시효 완성을 원인으로 한 소유권이전등기를 구할 수 있다.

해설

① (×) 가압류는 금전채권 보전수단에 불과하여 소유권 행사라고 할 수 없고, 취득시효 중단사유가 될 수 없다.

[**대법원** 2019. 4. 3. **선고** 2018**다**296878 **판결**] 민법 제247조 제2항은 '소멸시효의 중단에 관한 규정은 점유로 인한 부동산소유권의 시효취득기간에 준용한다.'고 규정하고, 민법 제168조 제2호는 소멸시효 중단사유로 '압류 또는 가압류, 가처분'을 규정하고 있다. 점유로 인한 부동산소유권의 시효취득에 있어 취득시효의 중단사유는 종래의 점유상태의 계속을 파괴하는 것으로 인정될 수 있는 사유이어야 하는데, 민법 제168조 제2호에서 정하는 '압류 또는 가압류'는 금전채권의 강제집행을

위한 수단이거나 그 보전수단에 불과하여 취득시효기간의 완성 전에 부동산에 압류 또는 가압류 조치가 이루어졌다고 하더라도 이로써 종래의 점유상태의 계속이 파괴되었다고는 할 수 없으므로 이는 취득시효의 중단사유가 될 수 없다.

② (O) 취득시효로 인한 소유권취득은 원시취득이다. 취득시효 기간 중에 원소유자가 설정한 제한물권이나 부담은 취득시효로 인한 소유권취득의 반사적 효과로서 모두 소멸한다. 그러나 취득시효 기간 경과 후에 원소유작 설정한 제한물권이나 부담은 취득시효로 권리를 취득하는 자가 인수한다는 점을 주의하여야 한다. 취득시효 완성 전에 가등기에 의하여 보전된 매수인의 법적 지위는 취득시효로 인한 소유권취득의 효과로서 소멸한다.

[**대법원** 2004. 9. 24. **선고** 2004**다**31463 **판결**] 부동산점유취득시효는 20년의 시효기간이 완성한 것만으로 점유자가 곧바로 소유권을 취득하는 것은 아니고 민법 제245조에 따라 점유자 명의로 등기를 함으로써 소유권을 취득하게 되며, 이는 원시취득에 해당하므로 특별한 사정이 없는 한 원소유자의 소유권에 가하여진 각종 제한에 의하여 영향을 받지 아니하는 완전한 내용의 소유권을 취득하게 되고, 이와 같은 소유권취득의 반사적 효과로서 그 부동산에 관하여 취득시효의 기간이 진행 중에 체결되어 소유권이전등기청구권가등기에 의하여 보전된 매매예약상의 매수인의 지위는 소멸된다고 할 것이지만, 시효기간이 완성되었다고 하더라도 점유자 앞으로 등기를 마치지 아니한 이상 전 소유권에 붙어 있는 위와 같은 부담은 소멸되지 아니한다(필자 註 : 점유취득시효완성자인 원고가 피고의 가등기가 원인무효임을 이유로 한 가등기의 말소청구를 배척한 사례).

③ (O) 취득시효 완성에 따른 소유권이전등기의무자는 취득시효 완성 당시의 진정한 소유자이다. 취득시효 완성 당시 원인무효의 등기명의자는 취득시효 완성에 따른 소유권이전등기의무자가 아니므로 취득시효 완성자인 乙은 원인무효 등기명의자인 甲을 상대로 취득시효 완성을 원인으로 한 소유권이전등기를 청구할 수 없다. 乙은 진정한 소유자를 대위하여 甲을 상대로 등기의 말소를 청구할 수 있다.

[**대법원** 1993. 9. 14. **선고** 93**다**10989 **판결**] 시효취득자는 무효인 등기명의자에 대하여 취득시효 완성 당시의 진정한 소유자에 대하여 가지는 소유권이전등기청구권으로서 위 소유자를 대위하여 원인무효인 소유권이전등기의 말소를 구할 수 있음은 별론으로 하고 시효취득을 원인으로 한 소유권이전등기를 청구할 수는 없다.

④ (O) 취득시효의무자가 취득시효 완성 사실을 알고 이를 처분하는 행위는 취득시효 완성자의 채권을 침해하는 불법행위를 구성한다.

[**대법원** 1995. 6. 30. **선고** 94**다**52416 **판결**] 부동산 소유자가 자신의 부동산에 대하여 취득시효가 완성된 사실을 알고 이를 제3자에게 처분하여 소유권이전등기를 넘겨줌으로써 취득시효 완성을 원인으로 한 소유권이전등기의무를 이행불능에 빠뜨려 시효취득을 주장하는 자에게 손해를 입혔다면 불법행위를 구성하며, 이 경우 부동산을 취득한 제3자가 부동산 소유자의 이와 같은 불법행위에 적극 가담하였다면 이는 사회질서에 반하는 행위로서 무효이다.

⑤ (O) [**대법원** 2002. 3. 15. **선고** 2001**다**77352·77369 **판결**] 취득시효가 완성된 후 점유자가 그 등기를 하기 전에 제3자가 소유권이전등기를 경료한 경우에는 점유자는 그 제3자에 대하여는 시효취득을 주장할 수 없는 것이 원칙이기는 하지만 이는 어디까지나 그 제3자 명의의 등기가 적법·유효함을 전제로 하는 것으로서 위 제3자 명의의 등기가 원인무효인 경우에는 점유자는 취득시효완성 당시의 소유자를 대위하여 위 제3자 앞으로 경료된 원인무효인 등기의 말소를 구함과 아울러 위 소유자에게 취득시효완성을 원인으로 한 소유권이전등기를 구할 수 있고, 또 위 제3자가 취득시효완성 당시의 소유자의 상속인인 경우에는 그 상속분에 한하여는 위 제3자에 대하여 직접 취득시효완성을 원인으로 한 소유권이전등기를 구할 수 있다.

정답 ①

8. **乙은 甲으로부터 X토지를 매수하여 인도받아 점유하기 시작하였고, 丙은 乙로부터 이를 매수하여 인도받아 2020. 9. 1. 현재까지 점유하고 있으며, 乙과 丙 모두 평온·공연하게 점유를 하였다. 한편, X토지에 관하여 A 명의의 소유권보존등기 후 B 명의로 매매를 원인으로 한 소유권이전등기가 마쳐졌다. 이에 관한 설명 중 옳은 것(○)과 옳지 않은 것(×)을 올바르게 조합한 것은? (단, 아래의 각 청구 시점은 2020. 9. 1.로 하고, 다툼이 있는 경우 판례에 의함)** [21 변호사]

ㄱ. 丙이 1986. 9. 16. 인도받았는데, B 명의 등기가 1998. 5. 18. 이루어진 후 C 명의로 단독상속을 원인으로 하는 이전등기가 2018. 5. 18. 이루어진 경우, 丙은 C에 대하여 취득시효완성을 이유로 이전등기를 청구할 수 있다.
ㄴ. 丙이 1986. 9. 16. 인도받았는데, B 명의 등기가 2008. 5. 18. 이루어진 경우, B 명의 등기가 원인무효 등기라면 丙은 A를 대위하여 B 앞으로 경료된 등기의 말소를 청구할 수 있다.
ㄷ. 丙이 1976. 9. 16. 인도받았는데, B 명의 등기가 1998. 5. 18. 이루어진 후 D 명의로 매매를 원인으로 하는 이전등기가 2016. 5. 18. 이루어진 경우, 丙은 D에 대하여 취득시효완성을 이유로 이전등기를 청구할 수 없다.
ㄹ. 乙이 1980. 9. 16., 丙이 2002. 9. 16. 각각 인도받았는데, B 명의 등기가 1998. 5. 18. 이루어진 경우, 丙은 자기의 점유와 乙의 점유를 아울러 주장할 수 있으므로, 乙을 대위할 필요 없이 B에 대하여 직접 취득시효완성을 원인으로 이전등기를 청구할 수 있다.

① ㄱ(○), ㄴ(○), ㄷ(○), ㄹ(×)
② ㄱ(○), ㄴ(○), ㄷ(×), ㄹ(○)
③ ㄱ(○), ㄴ(○), ㄷ(×), ㄹ(×)
④ ㄱ(×), ㄴ(○), ㄷ(×), ㄹ(×)
⑤ ㄱ(×), ㄴ(×), ㄷ(○), ㄹ(○)

해 설

ㄱ. **(O)** 취득시효 기간 진행 중 소유자의 변동으로 취득시효기간 진행이 중단되는지 및 취득시효 완성 후 상속에 의하여 소유명의가 변동된 경우 취득시효 주장이 가능한지를 묻는 지문이다. 丙의 점유는 2006. 9. 16. 취득시효가 완성한다. 취득시효 기간 진행 중에 소유자가 변동되더라도 그로 인하여 점유자는 점유상태 계속이 파괴되었다고 볼 수 없으므로 취득시효가 중단되지는 않는다. B는 취득시효 완성 당시 소유명의자로서 시효의무자이고, C는 상속인으로서 시효의무자 B의 지위를 포괄적으로 승계한 자이므로 丙은 취득시효 완성의 효과를 C에게 주장할 수 있다.
[**대법원** 1997. 4. 25. **선고** 97**다**6186 **판결**] 취득시효기간의 만료 전에 등기부상의 소유명의가 변경되었다 하더라도 이로써 종래의 점유상태의 계속이 파괴되었다고 할 수 없으므로 이는 취득시효의 중단사유가 될 수 없다.
[**대법원** 2007. 6. 14. **선고** 2006**다**84423 **판결**] 점유로 인한 소유권취득시효완성 당시 미등기로 남아 있던 토지에 관하여 소유권을 가지고 있던 자가 취득시효완성 후에 그 명의로 소유권보존등기를 마쳤다 하더라도 이는 소유권의 변경에 관한 등기가 아니므로 그러한 자를 그 취득시효완성 후의 새로운 이해관계인으로 볼 수 없고, 또 그 미등기 토지에 대하여 소유자의 상속인 명의로 소유권보존등기를 마친 것도 시효취득에 영향을 미치는 소유자의 변경에 해당하지 않으므로, 이러한 경우에는 그 등기명의인에게 취득시효완성을 주장할 수 있다.

ㄴ. **(O)** 취득시효 완성 후 원인무효의 등기가 마쳐진 경우, 점유자가 취득시효를 주장할 수 있는지 및 그 방법을 묻는 지문이다. 취득시효 완성 후 원인무효의 등기가 마쳐진 때에는 실질적인 소유자 변동이 없었으므로 점유자는 취득시효 주장은 가능하다. 점유자는 시효의무자인 진정한 소유자를

대위하여 원인무효 등기의 말소를 청구한 후 시효의무자를 상대로 취득시효 완성을 원인으로 한 소유권이전등기청구를 할 수 있다.

[**대법원** 2002. 3. 15. **선고** 2001**다**77352·77369 **판결**] 취득시효가 완성된 후 점유자가 그 등기를 하기 전에 제3자가 소유권이전등기를 경료한 경우에는 점유자는 그 제3자에 대하여는 시효취득을 주장할 수 없는 것이 원칙이기는 하지만 이는 어디까지나 그 제3자 명의의 등기가 적법·유효함을 전제로 하는 것으로서 위 제3자 명의의 등기가 원인무효인 경우에는 점유자는 취득시효완성 당시의 소유자를 대위하여 위 제3자 앞으로 경료된 원인무효인 등기의 말소를 구함과 아울러 위 소유자에게 취득시효완성을 원인으로 한 소유권이전등기를 구할 수 있고, 또 위 제3자가 취득시효완성 당시의 소유자의 상속인인 경우에는 그 상속분에 한하여는 위 제3자에 대하여 직접 취득시효완성을 원인으로 한 소유권이전등기를 구할 수 있다.

ㄷ. (×) 취득시효 완성 후 소유명의가 변동된 경우, 2차 취득시효가 진행될 수 있는지 및 2차 취득시효 진행 중에 소유자 변동이 있는 때에 점유자는 2차 취득시효 완성을 주장할 수 있는지를 묻는 지문이다. 丙은 점유개시일인 1976. 9. 16.부터 20년이 되는 1996. 9. 16. 1차 취득시효가 완성한다. 그 후 1998. 5. 18. B명의로 소유자가 변동되었으나 丙의 점유가 계속되므로 2차 취득시효가 진행한다. 2차 취득시효는 1998. 5. 18.부터 20년이 되는 2018. 5. 18. 완성되는데, 완성 전인 2016. 5. 18. 소유자가 D로 변동되더라도 취득시효가 중단되는 것은 아니므로 丙은 2차 취득시효 완성 당시 소유자인 D를 상대로 취득시효를 주장할 수 있다.

[**대법원** 2009. 7. 16. **선고** 2007**다**15172·15189 **전원합의체 판결**] [1] 부동산에 대한 점유취득시효가 완성된 후 취득시효 완성을 원인으로 한 소유권이전등기를 하지 않고 있는 사이에 그 부동산에 관하여 제3자 명의의 소유권이전등기가 경료된 경우라 하더라도 당초의 점유자가 계속 점유하고 있고 소유자가 변동된 시점을 기산점으로 삼아도 다시 취득시효의 점유기간이 경과한 경우에는 점유자로서는 제3자 앞으로의 소유권 변동시를 새로운 점유취득시효의 기산점으로 삼아 2차의 취득시효의 완성을 주장할 수 있다. [2] 취득시효기간이 경과하기 전에 등기부상의 소유명의자가 변경된다고 하더라도 그 사유만으로는 점유자의 종래의 사실상태의 계속을 파괴한 것이라고 볼 수 없어 취득시효를 중단할 사유가 되지 못하므로, 새로운 소유명의자는 취득시효 완성 당시 권리의무 변동의 당사자로서 취득시효 완성으로 인한 불이익을 받게 된다 할 것이어서 시효완성자는 그 소유명의자에게 시효취득을 주장할 수 있는바, 이러한 법리는 새로이 2차의 취득시효가 개시되어 그 취득시효기간이 경과하기 전에 등기부상의 소유명의자가 다시 변경된 경우에도 마찬가지로 적용된다고 봄이 상당하다(필자 註 : 이 판결에 의하여 (ㄱ), (ㄷ)판결 중에서 본 판결의 취지에 배치되는 범위에서 판례변경이 있었다. 즉 취득시효 완성 후 소유자가 바뀌어 제2차 취득시효가 진행되는 경우에는 제2차 취득시효 진행 중에 소유자의 변동이 있더라도 시효기간 진행이 중단되지 아니하므로 역시 취득시효 주장이 가능하다는 전제 아래 제5원칙이 적용되기 위해서는 소유자변동 후 점유기간 중에 소유자의 변동이 없어야 한다는 종래 대법원의 입장을 변경한 것이다).

ㄹ. (×) 취득시효 완성 후 점유가 승계된 경우, 현재 점유자가 취득시효를 주장하는 방법을 묻는 지문이다. 점유기간 중 소유자의 변동이 있는 때에는 전점유자의 점유기간 중 임의의 시점을 기산점으로 주장할 수 없고, 전점유자가 진정하게 점유를 개시한 시점을 취득시효 기산점으로 주장하여야 한다. 전점유자의 취득시효가 완성된 후 점유를 승계한 자는 전점유자의 취득시효 완성의 효과를 대위하여 주장할 수 있을 뿐이고, 전점유자의 취득시효 완성의 효과를 주장하면서 직접 자신 명의로 소유권이전을 청구할 수는 없다. 乙이 점유를 개시한 1980. 9. 16.부터 20년이 되는 시점인 2000. 9. 16. 이후인 2002. 9. 16. 丙이 점유를 승계하였으므로 丙은 乙을 대위하여 취득시효 완성을 원인으로 한 이전등기를 청구하여야 하고, 직접 자신에게로의 소유권이전등기를 청구할 수는 없다.

[**대법원** 1995. 3. 28. **선고** 93**다**47745 **전원합의체 판결**] 전 점유자의 점유를 승계한 자는 그 점유 자체와 하자만을 승계하는 것이지 그 점유로 인한 법률효과까지 승계하는 것은 아니므로 부동산을 취득시효기간 만료 당시의 점유자로부터 양수하여 점유를 승계한 현 점유자는 자신의 전 점유자에 대한

소유권이전등기청구권을 보전하기 위하여 전 점유자의 소유자에 대한 소유권이전등기청구권을 대위행사할 수 있을 뿐, 전 점유자의 취득시효완성의 효과를 주장하여 직접 자기에게 소유권이전등기를 청구할 권원은 없다.

정답 ③

9. 甲은 乙 소유의 X토지를 20년간 소유의 의사로 평온·공연하게 점유하여 2018. 01. 1. 점유취득시효가 완성되었다. 이에 관한 설명 중 옳은 것을 모두 고른 것은? (다툼이 있는 경우 판례에 의함)

[20 변호사]

ㄱ. 甲이 점유취득시효 완성 전까지 점유로 인하여 얻은 이익에 대하여 乙은 부당이득반환을 청구할 수 없다.

ㄴ. 2018. 04. 4. 乙은 甲의 X토지에 관한 취득시효 완성 사실을 알지 못하고서 K은행으로부터 3억 원을 차용하고 당일 K은행에게 근저당권설정등기를 마쳐준 후 甲이 취득시효 완성을 이유로 X토지에 관하여 소유권이전등기를 마쳤다면, 甲은 X토지에 설정된 근저당권의 피담보채무를 변제하고 乙에게 변제금액의 구상을 청구할 수 있다.

ㄷ. 2010. 04. 01. 甲이 X토지의 진정한 소유자가 아님에도 丙으로부터 금원을 차용하면서 X토지에 관하여 丙 명의로 저당권설정등기를 마쳐준 경우, 2018. 04. 05. 甲이 취득시효완성을 이유로 X토지에 관하여 소유권이전등기를 마쳤다면, 이는 원시취득이므로 丙 명의의 위 저당권은 소멸하게 된다.

ㄹ. 2015. 01. 02. X토지에 관하여 매매예약을 원인으로 한 丁 명의의 소유권이전청구권 보전을 위한 가등기가 마쳐졌고, 2018. 06. 05. 위 가등기에 기한 丁 명의의 본등기가 마쳐졌다면, 甲은 丁에 대하여 X토지에 관한 취득시효 완성을 주장할 수 없다.

① ㄱ, ㄹ ② ㄴ, ㄷ ③ ㄷ, ㄹ
④ ㄱ, ㄴ, ㄹ ⑤ ㄴ, ㄷ, ㄹ

해설

ㄱ. (O) 취득시효 완성의 효과를 묻는 지문이다. 취득시효 당사자 사이에서는 등기가 없더라도 취득시효 완성의 효과를 주장할 수 있다. 취득시효 완성의 효과는 점유를 개시한 때로 소급하므로(제247조 제1항) 점유자 甲의 취득시효 기간 중 사용에 따른 이익의 보유는 법률상 원인이 있는 이익이 된다. 乙은 甲에 대하여 부당이득반환을 청구할 수 없다.

[**대법원** 1993. 5. 25. **선고** 92**다**51280 **판결**] 부동산에 대한 취득시효가 완성되면 점유자는 소유명의자에 대하여 취득시효완성을 원인으로 한 소유권이전등기절차의 이행을 청구할 수 있고 소유명의자는 이에 응할 의무가 있으므로 점유자가 그 명의로 소유권이전등기를 경료하지 아니하여 아직 소유권을 취득하지 못하였다고 하더라도 소유명의자는 점유자에 대하여 점유로 인한 부당이득반환청구를 할 수 없다.

ㄴ. (X) 취득시효 완성 후 설정된 근저당권설정등기를 말소하기 위하여 점유자가 근저당권의 피담보채무를 변제한 경우, 채무자인 시효의무자에게 구상할 수 있는지를 묻는 지문이다. 취득시효 완성자가 용인하여야 할 근저당권을 말소하기 위하여 피담보채무를 변제한 것이므로 구상권을 행사하거나 부당이득반환을 청구할 수 없다.

[**대법원** 2006. 5. 12. **선고** 2005**다**75910 **판결**] 원소유자가 취득시효의 완성 이후 그 등기가 있기 전에 그 토지를 제3자에게 처분하거나 제한물권의 설정, 토지의 현상 변경 등 소유자로서의 권리를 행사

하였다 하여 시효취득자에 대한 관계에서 불법행위가 성립하는 것이 아님은 물론 위 처분행위를 통하여 그 토지의 소유권이나 제한물권 등을 취득한 제3자에 대하여 취득시효의 완성 및 그 권리취득의 소급효를 들어 대항할 수도 없다 할 것이니, 이 경우 시효취득자로서는 원소유자의 적법한 권리행사로 인한 현상의 변경이나 제한물권의 설정 등이 이루어진 그 토지의 사실상 혹은 법률상 현상 그대로의 상태에서 등기에 의하여 그 소유권을 취득하게 된다. 따라서 시효취득자가 원소유자에 의하여 그 토지에 설정된 근저당권의 피담보채무를 변제하는 것은 시효취득자가 용인하여야 할 그 토지상의 부담을 제거하여 완전한 소유권을 확보하기 위한 것으로서 그 자신의 이익을 위한 행위라 할 것이니, 위 변제액 상당에 대하여 원소유자에게 대위변제를 이유로 구상권을 행사하거나 부당이득을 이유로 그 반환청구권을 행사할 수는 없다.

ㄷ. (×) 취득시효 완성의 효과를 묻는 지문이다. 취득시효로 인한 소유권취득은 원시취득이므로 취득시효 기간 중 설정된 제한물권은 소멸하는 것이 원칙이다. 그러나 점유자가 제한물권의 부담을 용인하고 점유를 한 때에는 그 부담을 인수한다. 점유자 甲이 스스로 丙에게 저당권을 설정하여 준 때에는 甲의 점유는 丙의 저당권을 용인하고 점유를 한 것이므로 취득시효를 원인으로 甲이 소유권을 취득하더라도 丙의 저당권은 소멸하지 않는다.

[**대법원** 2015. 2. 26. **선고** 2014**다**21649 **판결**] 부동산점유취득시효는 원시취득에 해당하므로 특별한 사정이 없는 한 원소유자의 소유권에 가하여진 각종 제한에 의하여 영향을 받지 아니하는 완전한 내용의 소유권을 취득하는 것이지만, 진정한 권리자가 아니었던 채무자 또는 물상보증인이 채무담보의 목적으로 채권자에게 부동산에 관하여 저당권설정등기를 경료해 준 후 그 부동산을 시효취득하는 경우에는, 채무자 또는 물상보증인은 피담보채권의 변제의무 내지 책임이 있는 사람으로서 이미 저당권의 존재를 용인하고 점유하여 온 것이므로, 저당목적물의 시효취득으로 저당권자의 권리는 소멸하지 않는다. 이러한 법리는 부동산 양도담보의 경우에도 마찬가지이므로, 양도담보권설정자가 양도담보부동산을 20년간 소유의 의사로 평온, 공연하게 점유하였다고 하더라도, 양도담보권자를 상대로 피담보채권의 시효소멸을 주장하면서 담보 목적으로 경료된 소유권이전등기의 말소를 구하는 것은 별론으로 하고, 점유취득시효를 원인으로 하여 담보 목적으로 경료된 소유권이전등기의 말소를 구할 수 없고, 이와 같은 효과가 있는 양도담보권설정자 명의로의 소유권이전등기를 구할 수도 없다.

ㄹ. (○) 취득시효 기간 중에 설정된 가등기에 기초하여 취득시효가 완성된 후 본등기가 마쳐진 경우, 본등기명의자가 취득시효 완성 후에 새로운 이해관계를 맺은 제3자에 해당하는지를 묻는 지문이다. 가등기에 기한 본등기에 의하여 비로소 권리변동의 효과가 생기므로 제3자에 해당한다. 사안의 경우, 丁은 취득시효 완성 후에 소유권을 취득한 제3자이므로 취득시효 완성자 甲은 丁에게 취득시효 완성의 효과를 주장할 수 없다.

[**대법원** 1992. 9. 25. **선고** 92**다**21258 **판결**] 취득시효완성에 의한 등기를 하기 전에 먼저 소유권이전등기를 경료하여 부동산 소유권을 취득한 제3자에 대하여는 그 제3자 명의의 등기가 무효가 아닌 한 시효취득을 주장할 수 없다고 함이 당원의 판례이고, 한편 가등기는 그 성질상 본등기의 순위보전의 효력만이 있어 후일 본등기가 경료된 때에는 본등기의 순위가 가등기한 때로 소급하는 것뿐이지 본등기에 의한 물권변동의 효력이 가등기한 때로 소급하여 발생하는 것은 아니므로, 원고들을 위하여 이 사건 토지에 관한 취득시효가 완성된 후 원고들이 그 등기를 하기 전에 피고 김남식이 취득시효완성 전에 이미 설정되어 있던 가등기에 기하여 소유권이전의 본등기를 경료하였다면 그 가등기나 본등기를 무효로 볼 수 있는 경우가 아닌 한 원고들은 시효완성 후 부동산소유권을 취득한 제3자인 피고 김남식에 대하여 시효취득을 주장할 수 없다 할 것이고, 따라서 결국 토지소유자인 피고 일신임산의 원고들에 대한 시효취득을 원인으로 한 소유권이전등기의무도 특별한 사정이 없는 한 이행불능으로 된 것으로 볼 수밖에 없는 것이다.

정답 ①

10. **乙은 1970. 1. A토지에 대한 소유명의자 甲으로부터 이를 매수하여 이전등기를 마치지 않은 상태로 파, 시금치 등을 재배하였고, 이후 그 지상에 B건물도 신축하여 보존등기를 마치지 않은 채 이를 점유·사용하여 왔다. 乙은 1990. 5. 丙에게 A토지와 B건물을 매도하였고, 丙도 이들 부동산 모두에 관해 등기를 마치지 않은 채 인도받아 점유·사용하여 오고 있다. 2000. 8. 甲의 상속인 丁이 A토지를 상속받아 2016. 2. A토지 위에 자신의 채권자 戊를 위해 저당권설정등기를 경료하였다. 이에 관한 설명 중 옳은 것을 모두 고른 것은? (다툼이 있는 경우 판례에 의함)** [19 변호사]

ㄱ. B건물에 대해서는 乙에게만 처분권이 있으므로 丁이 丙을 상대로 건물 철거청구의 소를 제기하는 것은 허용되지 않는다.
ㄴ. A토지의 매매는 등기를 수반하지 않았으므로, 부동산 물권 변동에 관하여 형식주의를 취하는 현행 민법 아래에서 丙의 A토지에 대한 점유는 타주점유로 보아야 한다.
ㄷ. 丙이 A토지에 관해 점유취득시효의 완성을 이유로 丁을 상대로 소유권이전등기청구의 소를 제기하여 승소하더라도 특별한 사정이 없는 한 戊를 상대로 저당권말소등기를 청구하는 것은 허용되지 않는다.
ㄹ. 丙은 A토지에 대한 소유권이전등기를 마쳐야 비로소 이를 시효취득할 수 있으므로, 丁은 丙이 이전등기를 마치기 전까지 丙에 대하여 점유로 인한 부당이득반환을 청구할 수 있다.
ㅁ. 丙은 A토지에 대하여 소유권이전등기를 받지 않았더라도, A토지에 대한 점유·사용권이 있다.

① ㄱ, ㄷ ② ㄴ, ㄷ ③ ㄴ, ㄹ
④ ㄷ, ㅁ ⑤ ㄹ, ㅁ

해설

ㄱ. (×) 미등기건물 매수인에게 건물에 관한 철거처분권이 인정되는지를 묻는 지문이다. 미등기건물은 신축자가 원시취득자로서 법적인 소유자이지만, 미등기건물의 매수인에게도 철거처분권이 인정된다는 것이 판례이다. 丁의 丙에 대한 철거청구는 허용된다.

[**대법원** 2003. 1. 24. **선고** 2002**다**61521 **판결**] 건물철거는 그 소유권의 종국적 처분에 해당되는 사실행위이므로 원칙으로는 그 소유자(민법상 원칙적으로는 등기명의자)에게만 그 철거처분권이 있다 할 것이고, 예외적으로 건물을 전 소유자로부터 매수하여 점유하고 있는 등 그 권리의 범위 내에서 그 점유 중인 건물에 대하여 법률상 또는 사실상 처분을 할 수 있는 지위에 있는 자에게도 그 철거처분권이 있다(필자 註 : 미등기건물에 대한 양도담보계약상의 채권자의 지위를 승계하여 건물을 관리하고 있는 자는 건물의 소유자가 아님은 물론 건물에 대하여 법률상 또는 사실상 처분권을 가지고 있는 자라고 할 수도 없다 할 것이어서 건물에 대한 철거처분권을 가지고 있는 자라고 할 수 없다고 한 사례).

ㄴ. (×) 등기를 수반하지 않은 매매를 기초로 점유를 개시한 때에도 매수인의 점유는 자주점유에 해당한다. 자주점유의 요건이 소유의 의사는 사실상 소유할 의사로 족하기 때문이다.

[**대법원** 2000. 3. 16. **선고** 97**다**37661 **전원합의체 판결**] 민법 제197조 제1항이 규정하고 있는 점유자에게 추정되는 소유의 의사는 사실상 소유할 의사가 있는 것으로 충분한 것이지 반드시 등기를 수반하여야 하는 것은 아니므로 등기를 수반하지 아니한 점유임이 밝혀졌다고 하여 이 사실만 가지고 바로 점유권원의 성질상 소유의 의사가 결여된 타주점유라고 할 수 없다.

ㄷ. (○) 취득시효 완성 후 점유자 명의로 소유권이전등기가 마쳐지기 전에 저당권을 취득한 자는 취득시효로부터 보호되는 제3자에 해당하므로 소유권을 취득한 점유자는 저당권의 부담을 인수한다.

[**대법원** 2006. 5. 12. **선고** 2005**다**75910 **판결**] 원소유자가 취득시효의 완성 이후 그 등기가 있기 전에 그 토지를 제3자에게 처분하거나 제한물권의 설정, 토지의 현상 변경 등 소유자로서의 권리를 행사하였다 하여 시효취득자에 대한 관계에서 불법행위가 성립하는 것이 아님은 물론 위 처분행위를 통하여 그 토지의 소유권이나 제한물권 등을 취득한 제3자에 대하여 취득시효의 완성 및 그 권리취득의 소급효를 들어 대항할 수도 없다 할 것이니, 이 경우 시효취득자로서는 원소유자의 적법한 권리행사로 인한 현상의 변경이나 제한물권의 설정 등이 이루어진 그 토지의 사실상 혹은 법률상 현상 그대로의 상태에서 등기에 의하여 그 소유권을 취득하게 된다. 따라서 시효취득자가 원소유자에 의하여 그 토지에 설정된 근저당권의 피담보채무를 변제하는 것은 시효취득자가 용인하여야 할 그 토지상의 부담을 제거하여 완전한 소유권을 확보하기 위한 것으로서 그 자신의 이익을 위한 행위라 할 것이니, 위 변제액 상당에 대하여 원소유자에게 대위변제를 이유로 구상권을 행사하거나 부당이득을 이유로 그 반환청구권을 행사할 수는 없다.

ㄹ. **(×)** 점유취득시효 완성자나 그로부터 승계인은 소유자에 대하여 부당이득반환의무를 부담하지 않는다.

[**대법원** 1993. 5. 25. **선고** 92**다**51280 **판결**] 부동산에 대한 취득시효가 완성되면 점유자는 소유명의자에 대하여 취득시효완성을 원인으로 한 소유권이전등기절차의 이행을 청구할 수 있고 소유명의자는 이에 응할 의무가 있으므로 점유자가 그 명의로 소유권이전등기를 경료하지 아니하여 아직 소유권을 취득하지 못하였다고 하더라도 소유명의자는 점유자에 대하여 점유로 인한 부당이득반환청구를 할 수 없다.

ㅁ. **(○)** 丙은 취득시효 완성자인 乙로부터 점유를 승계한 자로서 점유할 권리가 인정된다.

[**대법원** 1988. 5. 10. **선고** 87**다카**1979 **판결**] 乙이 甲 소유의 대지 일부를 소유의 의사로 평온, 공연하게 20년간 점유하였다면 乙은 甲에게 소유권이전등기절차의 이행을 청구할 수 있고 甲은 이에 응할 의무가 있으므로 乙이 위 대지에 관하여 소유권이전등기를 경료하지 못한 상태에 있다고 해서 甲이 乙에 대하여 그 대지에 대한 불법점유임을 이유로 그 지상건물의 철거와 대지의 인도를 청구할 수는 없다.

정답 ④

11. **X 토지에 관하여 甲, 乙 명의로 순차 소유권이전등기가 되어 있었다. 乙 명의 등기는 서류를 위조하여 경료한 무효의 등기였다. 甲이 등기를 회복하지 않고 있는 사이에 乙이 丙에게 X 토지를 매도하고 소유권이전등기를 마쳤다. 甲이 乙과 丙을 공동피고로 하여 각 피고들 명의 소유권이전등기말소 청구의 소를 제기하였다. 乙과 丙은, 丙이 등기부취득시효 완성을 원인으로 소유권을 취득했다고 주장하고 있다. 이에 관한 설명 중 옳지 않은 것을 모두 고른 것은? (각 지문은 독립적이며, 다툼이 있는 경우 판례에 의함)** [18 변호사]

ㄱ. 등기부취득시효의 요건인 선의·무과실은 점유개시 시에 존재하면 충분하다.
ㄴ. 丙에게 등기부취득시효가 완성되었다는 사실이 증명된 경우에도 법원은 乙에 대한 원고 甲의 청구를 인용해야 한다.
ㄷ. 丙에게 등기부취득시효가 완성되었다는 사실이 증명된 경우 甲은 乙에 대하여 등기말소 청구권의 이행불능을 이유로 「민법」 제390조 상의 손해배상을 청구할 수 있다.

① ㄴ　② ㄱ, ㄴ　③ ㄱ, ㄷ
④ ㄴ, ㄷ　⑤ ㄱ, ㄴ, ㄷ

해설

ㄱ. (O) 등기부취득시효 요건인 선의·무과실은 취득시효 기간 내내 존재하여야 하는 것은 아니며 점유 개시 당시에 선의·무과실이면 족하다.

[**대법원** 1993. 11. 23. **선고** 93**다**21132 **판결**] 민법 제245조 제2항에서 정한 부동산의 등기부시효 취득을 인정함에 있어서 점유에 과실이 없다고 함은 그 점유의 개시시에 과실이 없으면 된다는 취지이다.

ㄴ. (×) 최종등기명의인의 등기부취득시효가 인정되는 때에는 최종등기명의인이 소유권을 취득하므로 종전 소유자는 소유권을 기초로 하는 말소등기청구를 할 수 없다. 丙의 등기부취득시효가 완성된 때에는 甲은 현재 소유자가 아니므로 甲은 소유권에 기초한 방해배제청구로서 乙에 대한 말소등기 청구권을 행사할 수 없다. 甲의 청구는 기각된다.

ㄷ. (×) 소유권에 기초한 물권적 청구권에 제390조가 유추되는지를 묻는 지문이다. 소유권자가 소유권을 상실함에 따라 소유권에 기초한 물권적 청구권이 이행불능으로 되는 때에는 전보배상청구권의 발생의 기반이 아예 존재하지 아니하므로 전보배상청구권은 인정되지 않는다.

[**대법원** 2012. 5. 17. **선고** 2010**다**28604 **전원합의체 판결**] 소유자가 자신의 소유권에 기하여 실체관계에 부합하지 아니하는 등기의 명의인을 상대로 그 등기말소나 진정명의회복 등을 청구하는 경우에, 그 권리는 물권적 청구권으로서의 방해배제청구권(민법 제214조)의 성질을 가진다. 그러므로 소유자가 그 후에 소유권을 상실함으로써 이제 등기말소 등을 청구할 수 없게 되었다면, 이를 위와 같은 청구권의 실현이 객관적으로 불능이 되었다고 파악하여 등기말소 등 의무자에 대하여 그 권리의 이행불능을 이유로 민법 제390조상의 손해배상청구권을 가진다고 말할 수 없다. 위 법 규정에서 정하는 채무불이행을 이유로 하는 손해배상청구권은 계약 또는 법률에 기하여 이미 성립하여 있는 채권관계에서 본래의 채권이 동일성을 유지하면서 그 내용이 확장되거나 변경된 것으로서 발생한다. 그러나 위와 같은 등기말소청구권 등의 물권적 청구권은 그 권리자인 소유자가 소유권을 상실하면 이제 그 발생의 기반이 아예 없게 되어 더 이상 그 존재 자체가 인정되지 아니하는 것이다. 이러한 법리는 선행소송에서 소유권보존등기의 말소등기청구가 확정되었다고 하더라도 그 청구권의 법적 성질이 채권적 청구권으로 바뀌지 아니하므로 마찬가지이다(필자 주 : 국가 명의로 소유권보존등기가 경료된 토지의 일부 지분에 관하여 甲 등 명의의 소유권이전등기가 경료되었는데, 乙이 등기말소를 구하는 소를 제기하여 국가는 乙에게 원인무효인 등기의 말소등기절차를 이행할 의무가 있고 甲 등 명의의 소유권이전등기는 등기부취득시효 완성을 이유로 유효하다는 취지의 판결이 확정되자, 乙이 국가를 상대로 손해배상을 구한 사안에서, 소유권보존등기 말소등기절차 이행의무의 이행불능으로 인한 손해배상책임을 인정한 원심판결에는 법리오해 등 위법이 있다고 한 사례)

정답 ④

12. 점유취득시효 등에 관한 설명 중 옳지 않은 것은? (다툼이 있는 경우 판례에 의함) [16 변호사]

① 건물공유자 중 일부만이 당해 건물을 점유하고 있더라도 이로써 건물공유자들 전원이 건물부지에 대한 공동점유를 하는 것이 되고, 그 건물부지에 대한 점유취득시효가 완성되면, 그 취득시효 완성을 원인으로 한 소유권이전등기청구권은 당해 건물의 공유지분비율과 같은 비율로 건물공유자들에게 귀속된다.

② 법원은 취득시효의 기산점에 관한 당사자의 주장에 구속되지 아니하고 소송자료에 의하여 점유의 시기(始期)를 인정할 수 있다.

③ 부동산에 대한 점유취득시효가 완성된 후 취득시효 완성을 원인으로 한 소유권이전등기를 하지 않고 있는 사이에 그 부동산에 관하여 제3자 명의의 소유권이전등기가 경료된 경우라 하더라도, 당초의 점유자가 계속 점유하고 있고 소유자가 변동된 시점을 기산점으로 삼아도 다시 취득시효의

점유기간이 경과한 경우에는, 점유자로서는 제3자 앞으로의 소유권 변동 시를 새로운 점유취득시효의 기산점으로 삼아 2차의 취득시효의 완성을 주장할 수 있다.

④ 토지공유자 중 1인이 그 토지의 전부를 점유하고 있다면, 그 점유는 특별한 사정이 없는 한 자신의 지분 범위를 초과하는 다른 공유자의 지분에 대하여도 자주점유라고 보아야 한다.

⑤ 점유자가 점유 개시 당시 소유권 취득의 원인이 될 수 있는 법률행위 기타 법률요건이 없이 그와 같은 법률요건이 없다는 사실을 잘 알면서 타인 소유의 부동산을 무단점유한 것임이 증명된 경우, 특별한 사정이 없는 한 자주점유의 추정은 깨어진다.

해설

① (O) 공유건물의 부지에 관한 취득시효 완성자가 누구인지를 묻는 지문이다. 현실적으로 건물을 점유하는 자가 누구인지와 무관하게 건물공유자가 모두 취득시효완성자가 된다.
[**대법원** 2003. 11. 13. **선고** 2002**다**57935 **판결**] 건물 공유자 중 일부만이 당해 건물을 점유하고 있는 경우라도 그 건물의 부지는 건물소유를 위하여 공유명의자 전원이 공동으로 이를 점유하고 있는 것으로 볼 것이며, 건물 공유자들이 건물부지의 공동점유로 인하여 건물부지에 대한 소유권을 시효취득하는 경우라면 그 취득시효완성을 원인으로 한 소유권이전등기청구권은 당해 건물의 공유지분 비율과 같은 비율로 건물 공유자들에게 귀속된다.

② (O) 취득시효 기산점은 소멸시효 기산점과 달리 간접사실로서 법원이 직권으로 판단할 수 있다.
[**대법원** 1994. 1. 15. **선고** 93**다**60120 **판결**] 취득시효의 기산점은 법률효과의 판단에 관하여 직접 필요한 주요사실이 아니고 간접사실에 불과하여 법원으로서는 이에 관한 당사자의 주장에 구속되지 아니하고 소송자료에 의하여 진정한 점유의 시기를 인정하여야 한다(필자 註 : 취득시효 완성으로 인한 소유권이전등기청구소송에 있어서 점유권원, 점유개시 시점과 그로 인한 취득시효 완성일을 달리 주장하더라도 그러한 주장의 차이를 가지고 별개의 소송물을 구성한다고 할 수 없다고 한 사례).

③ (O) 2차 취득시효를 묻는 지문이다. 판례는 인정한다.
[**대법원** 2009. 7. 16. **선고** 2007**다**15172·15189 **전원합의체 판결**] 부동산에 대한 점유취득시효가 완성된 후 취득시효 완성을 원인으로 한 소유권이전등기를 하지 않고 있는 사이에 그 부동산에 관하여 제3자 명의의 소유권이전등기가 경료된 경우라 하더라도 당초의 점유자가 계속 점유하고 있고 소유자가 변동된 시점을 기산점으로 삼아도 다시 취득시효의 점유기간이 경과한 경우에는 점유자로서는 제3자 앞으로의 소유권 변동시를 새로운 점유취득시효의 기산점으로 삼아 2차의 취득시효의 완성을 주장할 수 있다.

④ (×) 공유자 1인이 공유물을 점유하고 있는 경우 그의 공유지분을 초과하는 범위에서는 타주점유에 해당한다.
[**대법원** 1968. 4. 30. **선고** 67**다**2862 **판결**] 공유자의 1인이 공유토지의 전부를 점유하더라도 다른 공유자의 지분비율의 범위 내에서는 타주점유다.

⑤ (O) 악의의 무단점유가 증명된 때에는 자주점유 추정이 번복된다.
[**대법원** 1997. 8. 21. **선고** 95**다**28625 **전원합의체 판결**] 점유자가 점유 개시 당시에 소유권 취득의 원인이 될 수 있는 법률행위 기타 법률요건이 없이 그와 같은 법률요건이 없다는 사실을 잘 알면서 타인 소유의 부동산을 무단점유한 것임이 입증된 경우, 특별한 사정이 없는 한 점유자는 타인의 소유권을 배척하고 점유할 의사를 갖고 있지 않다고 보아야 할 것이므로 이로써 소유의 의사가 있는 점유라는 추정은 깨어졌다고 할 것이다.

정답 ④

13. **甲은 乙 명의의 소유권보존등기가 마쳐진 X 토지를 乙로부터 매수하여 소유권이전등기를 마치지 아니한 채 20년 넘게 점유하고 있다. 다음 중 옳은 것을 모두 고른 것은? (각 지문은 독립적이고, 다툼이 있는 경우에는 판례에 의함)** [14 변호사]

ㄱ. 甲의 점유기간이 20년이 되기 전에 X 토지에 관하여 매매예약을 원인으로 한 丙 명의의 소유권이전등기청구권가등기가 마쳐졌고, 그 점유기간이 20년이 지난 후에 위 가등기에 기한 丙 명의의 본등기가 마쳐진 경우, 특별한 사정이 없는 한 甲은 丙에 대하여 X 토지에 관한 취득시효완성을 주장할 수 없다.

ㄴ. 甲이 그 점유기간이 20년이 되기 전에 乙을 상대로 X 토지에 관하여 매매를 원인으로 소유권이전등기를 구하는 소를 제기하였다가 패소판결을 받고 그 판결이 확정되었다고 하더라도, 현재 甲이 乙을 상대로 X 토지에 관하여 취득시효 완성을 원인으로 한 소유권이전등기를 구하는 소를 제기하면 승소할 수 있다.

ㄷ. X 토지에 관하여 丙 명의로 유효한 소유권이전등기가 마쳐지게 되면 乙의 甲에 대한 취득시효 완성을 원인으로 한 소유권이전등기의무는 이행불능이 되므로, 甲이 乙을 상대로 그 의무이행을 구하는 소가 계속되고 있는 중에 丙 명의의 소유권이전등기가 적법하게 말소되더라도 甲은 승소할 수 없다.

ㄹ. X 토지에 관하여 丙 명의로 유효한 소유권이전등기가 마쳐진 경우, 乙의 甲에 대한 취득시효 완성을 원인으로 한 소유권이전등기의무가 이행불능이 되더라도, 甲이 乙을 상대로 그 이행불능을 이유로 채무불이행에 의한 손해배상책임을 묻는 소를 제기하면 승소할 수 없다.

① ㄱ, ㄴ ② ㄱ, ㄹ ③ ㄴ, ㄹ
④ ㄱ, ㄴ, ㄷ ⑤ ㄱ, ㄴ, ㄹ

해설

※ 乙의 X 토지를 甲이 20년 이상 점유한 경우, 취득시효 등의 법률관계를 묻는 사례문제이다.

ㄱ. (O) 취득시효 완성 전에 가등기가 설정되고, 취득시효 완성 후에 가등기에 기한 본등기가 마쳐진 경우, 시효권리자가 본등기 명의자에 대하여 취득시효를 주장할 수 있는지를 묻는 지문이다. 가등기에 기한 본등기가 마쳐진 때에 비로소 물권변동의 효력이 생기므로 가등기에 기한 본등기 명의자 丙은 취득시효 완성 후에 소유권을 취득한 제3자로서 시효권리자 甲은 丙에 대하여 취득시효를 주장할 수 없다.

[**대법원** 1992. 9. 25. **선고** 92**다**21258 **판결**] 취득시효완성에 의한 등기를 하기 전에 먼저 소유권이전등기를 경료하여 부동산 소유권을 취득한 제3자에 대하여는 그 제3자 명의의 등기가 무효가 아닌 한 시효취득을 주장할 수 없다고 함이 당원의 판례이고, 한편 가등기는 그 성질상 본등기의 순위보전의 효력만이 있어 후일 본 등기가 경료된 때에는 본등기의 순위가 가등기한 때로 소급하는 것뿐이지 본등기에 의한 물권변동의 효력이 가등기한 때로 소급하여 발생하는 것은 아니므로, 원고들을 위하여 이 사건 토지에 관한 취득시효가 완성된 후 원고들이 그 등기를 하기 전에 피고 김남식이 취득시효완성 전에 이미 설정되어 있던 가등기에 기하여 소유권이전의 본등기를 경료하였다면 그 가등기나 본등기를 무효로 볼 수 있는 경우가 아닌 한 원고들은 시효완성 후 부동산소유권을 취득한 제3자인 피고 김남식에 대하여 시효취득을 주장할 수 없다 할 것이고, 따라서 결국 토지소유자

인 피고 일신임산의 원고들에 대한 시효취득을 원인으로 한 소유권이전등기의무도 특별한 사정이 없는 한 이행불능으로 된 것으로 볼 수밖에 없는 것이다.

ㄴ. **(O)** 점유자가 자주점유의 권원을 주장하는 소송을 제기하였다고 패소하고, 그 판결이 확정된 경우, 자주점유의 추정이 번복되는지를 묻는 지문이다. 점유자는 자주점유자로 추정되고, 권원의 성질상 타주점유이거나 점유기간 중 발생한 외형적 사실에 의하여 타주점유인 점이 증명되기 전까지는 자주점유의 추정이 유지된다. 점유자가 자주점유의 권원인 매매를 주장하는 소송을 제기하여 패소하였다고 하더라도 그것만으로 타주점유의 권원이 증명되었거나 점유기간 중 발생한 외형적 사실에 의하여 타주점유인 점이 증명된 것은 아니므로 여전히 자주점유자로 추정된다. 따라서 취득시효 기간 경과 후에 점유자 甲이 소유명의자 乙을 상대로 취득시효 완성을 원인으로 한 소유권이전등기를 구하는 소를 제기하면 승소할 수 있다.

[**대법원** 1994. 11. 22. **선고** 94**다**16458 **판결**] 취득시효에 있어서 자주점유의 요건인 소유의 의사는 객관적으로 점유취득의 원인이 된 점유권원의 성질에 의하여 그 존부를 결정하여야 하는 것이나, 점유권원의 성질이 분명하지 아니한 때에는 민법 제197조 제1항의 규정에 의하여 점유자는 소유의 의사로 점유한 것으로 추정되므로, 점유자 스스로 그 점유권원의 성질에 의하여 자주점유임을 입증할 책임이 없고 점유자의 점유가 소유의 의사 없는 타주점유임을 주장하는 상대방에게 타주점유에 대한 입증책임이 있다 할 것이고, 따라서 점유자가 스스로 매매 또는 증여와 같은 자주점유의 권원을 주장하였으나 이것이 인정되지 않는 경우에도 원래 위와 같은 자주점유의 권원에 관한 입증책임이 점유자에게 있지 아니한 이상 그 점유권원이 인정되지 않는다는 사유만으로 자주점유의 추정이 번복된다거나 또는 점유권원의 성질상 타주점유라고 볼 수 없다.

ㄷ. **(X)** 시효의무자에게 소유권이 회복된 경우, 시효권리자의 등기청구권 행사가 허용되는지를 묻는 지문이다. 제3자에게 적법하게 소유권이 이전된 경우, 다른 특별한 사정이 없는 한 시효권리자의 등기청구권은 이행불능이 되지만, 시효의무자에게 소유권이 회복된 때에는 시효권리자는 등기청구권을 행사할 수 있다.

[**대법원** 1991. 6. 25. **선고** 90**다**14225 **판결**] 취득시효완성 후 그 등기 전에 제3자에게 소유권이전등기가 경료되었다가 그 후 취득시효완성 당시의 소유자에게로 소유권이 회복된 경우 그 소유자에게 시효취득의 효과를 주장할 수 있다.

ㄹ. **(O)** 시효의무자가 제3자에게 소유권을 이전한 경우, 시효권리자가 시효의무자에 대하여 채무불이행을 원인으로 한 손해배상을 청구할 수 있는지를 묻는 지문이다. 대법원은 시효의무자의 채무불이행으로 인한 손해배상책임을 부정한다. 시효의무자와 시효권리자 사이에 계약상의 채권채무관계가 발생하는 것은 아니라는 이유에서이다.

[**대법원** 1995. 7. 11. **선고** 94**다**4509 **판결**] 부동산 점유자에게 시효취득으로 인한 소유권이전등기청구권이 있다고 하더라도 이로 인하여 부동산 소유자와 시효취득자 사이에 계약상의 채권·채무관계가 성립하는 것은 아니므로, 그 부동산을 처분한 소유자에게 채무불이행책임을 물을 수 없다 (필자 註 : 위 판결은 취득시효완성 후 소유자의 처분으로 소유자는 채무불이행책임을 부담하지 않는다고 한다. 그리고 그 근거로서 소유자와 시효취득자 사이에 계약상의 채권·채무관계가 성립하는 것은 아니라는 점을 든다. 이에 대하여는 법정의 채권·채무관계에서도 채무불이행은 인정된다는 점, 취득시효완성자의 등기청구권을 채권적이라고 본다면 채무불이행도 인정되어야 한다는 점, 취득시효완성자에게 대상청구권을 인정하는 것이 판례의 태도인데, 이는 채무불이행을 전제로 하고 있다는 점 등을 근거로 비판하는 견해가 있다).

정답 ⑤

14. **甲은 1985. 5.경 A 토지(300㎡)와 그 지상 주택을 소유자로부터 매수하여 자신의 명의로 등기하였다. 그런데 그 주택은 A 토지에 인접한 乙 소유의 B 토지(200㎡) 중 X 부분(15㎡)을 침범하여 건축되어 있었는바, 甲은 그 침범사실을 모르고 그 주택에서 거주하다가 1995. 3. 5. 사망하였다. 甲의 유일한 상속인인 丙이 위 주택과 A 토지를 상속하고 X 부분 토지에 대한 점유도 승계하였다. X 부분 토지의 시효취득에 관한 설명 중 옳은 것은? (각 지문은 독립적이고, 다툼이 있는 경우에는 판례에 의함)**

[13 변호사]

① 丙이 2006. 10.경 乙을 상대로 X 부분 토지에 관하여 취득시효완성을 주장하면서 소유권이전등기청구를 하지 아니한 채로 소유권확인청구소송을 제기한 경우, 丙은 승소할 수 있다.

② 상속 당시 丙이 소유의 의사로 선의이며 과실없이 점유를 개시했다면 2005. 3. 5.이 경과함으로써 등기부취득시효가 완성된다.

③ 丙이 2004. 3.경 乙을 상대로 취득시효완성을 원인으로 한 소유권이전등기청구소송을 제기하였다가 乙이 응소하여 적극적으로 丙의 주장을 다투자, 2004. 10.경 소를 취하한 후 다시 2007. 3.경 동일한 취지의 소송을 제기한 경우, 丙은 승소할 수 없다.

④ 2007. 2.경 B 토지에 관하여 乙의 아들 丁의 명의로 소유권이전등기가 경료되었다. 丁의 등기가 통정허위표시로 인한 등기인 경우, 丙은 丁을 상대로 점유취득시효완성을 원인으로 한 소유권이전등기청구소송을 제기한다면 승소할 수 있다.

⑤ 乙은 2007. 2.경 戊에게 B 토지를 매도하고 소유권이전등기를 경료하여 주었다. 乙이 2007. 10.경 사망한 후 乙의 유일한 상속인 丁이 戊로부터 B 토지를 다시 매수하고 소유권이전등기를 경료한 경우, 丙이 丁을 상대로 점유취득시효완성을 원인으로 한 소유권이전등기청구소송을 제기한다면 특별한 사정이 없는 한 丙은 승소할 수 없다.

해 설

※ 매매를 원인으로 매매 목적 토지 이외의 토지까지 점유한 매수인이 취득시효를 주장할 수 있는지 여부에 관한 사례문제이다.

① **(×)** 점유취득시효 완성자가 등기 없이 소유권을 취득할 수 있는지를 묻는 지문이다. 제245조 제1항은 등기함으로써 소유권을 취득한다고 규정하고 있으므로 등기 없이 소유권을 취득할 수 없다. 따라서 점유자 丙이 소유권확인을 청구하는 경우, 승소할 수는 없다.

② **(×)** X 부분에 관한 등기부취득시효가 인정되는지 여부를 묻는 지문이다. 등기부취득시효는 점유자 명의로 등기가 되어 있어야 하는데, X 부분은 여전히 乙 명의로 등기되어 있다. 따라서 丙이 등기부취득시효를 주장할 수는 없다.

③ **(×)** 응소에 의하여 취득시효가 중단될 수 있는지를 묻는 지문이다. 취득시효가 완성되기 전인 2004. 3.경 X 부분의 소유자 乙이 적극적으로 권리를 주장하였다면 이를 권리행사로 보아 취득시효의 진행이 중단될 수 있다. 그러나 응소가 재판상 청구로 취급되어 취득시효를 중단시키기 위해서는 응소로 한 권리주장을 법원이 받아들여야 하는데, 본 지문에서는 丙이 소를 취하하여 乙의 주장을 법원이 판단할 수 있는 기회를 박탈한 것이다. 결국 乙의 응소에 재판상 청구와 마찬가지의 시효중단 효과를 인정할 수는 없고, 제170조 제2항에 따라 6개월 내에 乙이 일정한 시효중단조치를 취하게 되면 최초의 응소 시에 취득시효가 중단된 것으로 취급될 수 있을 뿐인데, 본 지문에서는 乙이 그와 같은 조치를 취하지 아니하였다. 따라서 2007. 3.경 丙이 취득시효를 주장하는 때에는 乙이 2004. 3.경 응소에 의한 시효중단을 주장할 수 없고, 그 결과 丙은 승소할 수 있다.

[**대법원** 2003. 6. 13. **선고** 2003**다**17927·17934 **판결**] 취득시효를 주장하는 자가 원고가 되어 소를 제기한 데 대하여 권리자가 피고로서 응소하고 그 소송에서 적극적으로 권리를 주장하여 그것이 받아들여진 경우에는 민법 제247조 제2항에 의하여 취득시효기간에 준용되는 민법 제168조 제1호·제170조 제1항에서 시효중단사유의 하나로 규정하고 있는 재판상 청구에 포함된다.

[**대법원** 2010. 8. 26. **선고** 2008**다**42416·42423 **판결**] 민법 제168조 제1호, 제170조 제1항에서 시효중단사유의 하나로 규정하고 있는 재판상의 청구라 함은, 통상적으로는 권리자가 원고로서 시효를 주장하는 자를 피고로 하여 소송물인 권리를 소의 형식으로 주장하는 경우를 가리키지만, 이와 반대로 시효를 주장하는 자가 원고가 되어 소를 제기한 데 대하여 피고로서 응소하여 그 소송에서 적극적으로 권리를 주장하고 그것이 받아들여진 경우도 이에 포함되고, 위와 같은 응소행위로 인한 시효중단의 효력은 피고가 현실적으로 권리를 행사하여 응소한 때에 발생한다. 한편, 권리자인 피고가 응소하여 권리를 주장하였으나 그 소가 각하되거나 취하되는 등의 사유로 본안에서 그 권리주장에 관한 판단 없이 소송이 종료된 경우에도 민법 제170조 제2항을 유추적용하여 그때부터 6월 이내에 재판상의 청구 등 다른 시효중단조치를 취하면 응소시에 소급하여 시효중단의 효력이 있는 것으로 봄이 상당하다.

④ (×) 시효의무자가 누구인지를 묻는 지문이다. 취득시효 완성 당시의 진정한 소유자가 시효의무자로 되어 소유권이전등기의무를 부담한다. 丁은 등기명의자이기는 하나, 원인무효의 등기명의자이므로 시효의무자에 해당하지 않는다. 따라서 丙은 乙을 대위하여 丁의 등기의 말소를 청구하고, 나아가 乙에 대하여 취득시효 완성을 원인으로 하는 이전등기를 청구하여야 한다. 丙이 丁을 상대로 직접 취득시효 완성을 원인으로 하는 소유권이전등기청구소송을 제기한다면 승소할 수 없다.

⑤ (○) 취득시효 완성 후 소유권이 제3자에게 이전되었다가 다시 완성 당시 소유자의 상속인에게 등기가 이전된 경우, 시효권리자가 상속인에 대하여 취득시효 완성을 원인으로 하는 소유권이전등기청구를 할 수 있는지 여부를 묻는 지문이다. 비록 제3자로부터 취득시효 완성 당시 소유자의 상속인이 목적물을 매수하였다고 하더라도 제3자가 취득한 권리를 승계취득하는 것이므로 실질적으로 상속재산 분할이라고 볼만한 특별한 사정이 없는 한, 시효의무자의 소유권이 회복된 것이라고 볼 수 없으므로 시효권리자의 등기청구권은 여전히 불능 상태에 있게 된다. 따라서 시효권리자인 丙이 시효의 목적물을 다시 취득한 상속인 丁에 대하여 취득시효완성으로 인한 소유권이전등기청구소송을 제기한다면 특별한 사정이 없는 한 승소할 수 없다.

[**대법원** 1999. 2. 12. **선고** 98**다**40688 **판결**] 점유취득시효완성 후 그 등기 전에 제3자에게 소유권이전등기가 경료되었다가 그 후 취득시효완성 당시의 소유자의 상속인에게 소유권이전등기가 마쳐진 경우, 그 상속인의 등기가 실질적으로 상속재산의 협의분할과 동일시할 수 있는 등의 특별한 사정이 없는 한 그 상속인은 점유자에 대한 관계에서 종전 소유자와 같은 지위에 있는 자로 볼 수 없고, 취득시효완성 후의 새로운 이해관계인으로 보아야 하므로 그에 대하여는 취득시효완성으로 대항할 수 없다.

정답 ⑤

15. **甲은 乙 소유의 X 토지를 25년 동안 점유해오고 있다. 甲이 乙을 상대로 취득시효 완성을 원인으로 한 소유권이전등기청구권을 행사하였다. 다음 중 옳은 것을 모두 고른 것은? (다툼이 있는 경우에는 판례에 의함)** [12 변호사]

ㄱ. 甲이 취득시효 완성 후 乙을 상대로 소유권이전등기청구를 하자 乙이 X의 소유권을 丙에게 양도한 경우, 자기 소유권을 행사한 乙은 甲에 대하여 불법행위책임을 지지 않는다.
ㄴ. 만약 甲의 X에 대한 취득시효가 완성된 후 甲이 점유를 상실하였다면, 특별한 사정이 없는 한 甲의 소유권이전등기청구권은 점유를 상실한 날로부터 10년간 행사하지 않으면 소멸시효가 완성한다.
ㄷ. 취득시효 완성 후 乙이 丙에게 X를 양도하였더라도 이전등기 시점을 기준으로 하여 새로운 취득시효의 완성을 주장할 수 있지만 그 기간 중에는 소유자의 변동이 없어야 한다.
ㄹ. 만약 丙이 甲으로부터 X를 양수하여 점유를 승계한 경우, 丙은 甲의 취득시효 완성의 효과를 주장하여 직접 자기에게 소유권이전등기를 해줄 것을 청구할 수 있다.
ㅁ. 만약 甲의 점유개시 후 10년이 지났을 때 X의 소유자에 변동이 있었다면, 점유개시시점에 관하여 법원은 당사자의 주장에 구속되지 않고 소송자료에 의하여 진정한 점유의 시기(始期)를 인정하여야 한다.

① ㄱ, ㄹ ② ㄴ, ㅁ ③ ㄷ, ㅁ
④ ㄱ, ㄴ, ㅁ ⑤ ㄴ, ㄷ, ㄹ

해설

ㄱ. **(×)** 취득시효 완성 후 시효의무자의 처분이 불법행위를 구성하는지를 묻는 지문이다. 취득시효 완성 사실을 알고 처분한 때에는 불법행위를 구성하고, 시효권리자가 취득시효를 주장하였거나 등기청구를 하기 전에는 시효의무자가 알았다고 할 수 없다는 것이 판례이다. 甲의 乙에 대한 소유권이전등기청구 후에 乙이 이를 처분하는 행위는 甲에 대한 불법행위를 구성한다.

[**대법원** 1999. 9. 3. **선고** 99**다**20926 **판결**] 부동산에 관한 점유취득시효가 완성된 후에 그 취득시효를 주장하거나 이로 인한 소유권이전등기청구를 하기 이전에는 그 등기명의인인 부동산 소유자로서는 특별한 사정이 없는 한 그 시효취득 사실을 알 수 없는 것이므로 이를 제3자에게 처분하였다 하더라도 그로 인한 손해배상책임을 부담하지 않는 것이나, 등기명의인인 부동산 소유자가 그 부동산의 인근에 거주하는 등으로 그 부동산의 점유·사용관계를 잘 알고 있고, 시효취득을 주장하는 권리자가 등기명의인을 상대로 취득시효완성을 원인으로 한 소유권이전등기 청구소송을 제기하여 등기명의인이 그 소장 부본을 송달받은 경우에는 등기명의인이 그 부동산의 취득시효완성 사실을 알았거나 알 수 있었다고 봄이 상당하므로, 그 이후 등기명의인이 그 부동산을 제3자에게 매도하거나 근저당권을 설정하는 등 처분하여 취득시효완성을 원인으로 한 소유권이전등기의무가 이행불능에 빠졌다면 그러한 등기명의인의 처분행위는 시효취득자에 대한 소유권이전등기의무를 면탈하기 위하여 한 것으로서 위법하고, 부동산을 처분한 등기명의인은 이로 인하여 시효취득자가 입은 손해를 배상할 책임이 있다.

ㄴ. **(O)** 시효권리자가 취득시효 완성 후 목적물에 대한 점유를 상실한 경우의 효과를 묻는 지문이다. 취득시효 완성에 따라 취득한 채권적 등기청구권이 점유상실로 소멸하는 것은 아니다. 그러나 그때부터 등기청구권의 소멸시효가 진행한다.

[**대법원** 1996. 3. 8. **선고** 95**다**34866·34873 **전원합의체 판결**] 토지에 대한 취득시효 완성으로 인한 소유권이전등기청구권은 그 토지에 대한 점유가 계속되는 한 시효로 소멸하지 아니하고, 그 후 점

유를 상실하였다고 하더라도 이를 시효이익의 포기로 볼 수 있는 경우가 아닌 한 이미 취득한 소유권이전등기청구권은 바로 소멸되는 것은 아니나, 취득시효가 완성된 점유자가 점유를 상실한 경우 취득시효 완성으로 인한 소유권이전등기청구권의 소멸시효는 이와 별개의 문제로서, 그 점유자가 점유를 상실한 때로부터 10년간 등기청구권을 행사하지 아니하면 소멸시효가 완성한다.

ㄷ. (×) 2차 취득시효로 인한 효과를 주장하기 위해서는 2차 취득시효기간 중에 소유자의 변동이 없어야 하는지를 묻는 지문이다. 1차 취득시효와 2차 취득시효를 구별하여야 할 아무런 이유가 없으므로 2차 취득시효의 경우에도 시효기간 중에 소유자가 변동하더라도 점유자는 새로운 소유자에 대하여 2차 취득시효 완성의 효과를 주장할 수 있다.

[**대법원** 2009. 7. 16. **선고** 2007**다**15172(**본소**)·15189(**반소**) **전원합의체 판결**] [1] 부동산에 대한 점유취득시효가 완성된 후 취득시효완성을 원인으로 한 소유권이전등기를 하지 않고 있는 사이에 그 부동산에 관하여 제3자 명의의 소유권이전등기가 경료된 경우라 하더라도 당초의 점유자가 계속 점유하고 있고 소유자가 변동된 시점을 기산점으로 삼아도 다시 취득시효의 점유기간이 경과한 경우에는 점유자로서는 제3자 앞으로의 소유권 변동시를 새로운 점유취득시효의 기산점으로 삼아 2차의 취득시효의 완성을 주장할 수 있다.

[2] 취득시효기간이 경과하기 전에 등기부상의 소유명의자가 변경된다고 하더라도 그 사유만으로는 점유자의 종래의 사실상태의 계속을 파괴한 것이라고 볼 수 없어 취득시효를 중단할 사유가 되지 못하므로, 새로운 소유명의자는 취득시효완성 당시 권리의무 변동의 당사자로서 취득시효완성으로 인한 불이익을 받게 된다 할 것이어서 시효완성자는 그 소유명의자에게 시효취득을 주장할 수 있는바, 이러한 법리는 위와 같이 새로이 2차의 취득시효가 개시되어 그 취득시효기간이 경과하기 전에 등기부상의 소유명의자가 다시 변경된 경우에도 마찬가지로 적용된다고 봄이 상당하다. (필자 주 : 부동산의 취득시효가 완성된 후 토지소유자가 변동된 시점을 새로운 취득시효의 기산점으로 삼아 2차의 취득시효의 완성을 주장하려면 그 새로운 취득시효기간 중에는 등기명의자가 동일하고 소유자의 변동이 없어야만 한다는 취지로 판시한 대법원 1994. 3. 22. 선고 93다46360 전원합의체 판결, 대법원 1994. 4. 12. 선고 92다41054 판결 등을 변경한 판결이다)

ㄹ. (×) 시효권리자로부터 점유를 승계한 자의 취득시효 주장방법을 묻는 지문이다. 전점유자의 취득시효 완성을 주장하는 때에는 전점유자의 등기청구권을 대위하여 행사할 수 있을 뿐이고, 직접 자기에게로의 소유권이전등기를 청구할 수는 없다. 그러나 점유기간 중 소유자의 변동이 없는 때에는 취득시효 기산점을 점유기간 중 임의의 시점으로 주장할 수 있고, 점유승계인 스스로 시효권리자임을 주장할 수 있는데, 이때에는 직접 청구가 가능하다.

[**대법원** 1996. 3. 8. **선고** 95**다**34866·34873 **전원합의체 판결**] [1] 점유자가 취득시효기간의 만료로 일단 소유권이전등기청구권을 취득한 이상, 그 후 점유를 상실하였다고 하더라도 이를 시효이익의 포기로 볼 수 있는 경우가 아닌 한, 이미 취득한 소유권이전등기청구권은 소멸되지 아니한다.

[2] 전 점유자의 점유를 승계한 자는 그 점유 자체와 하자만을 승계하는 것이지 그 점유로 인한 법률효과까지 승계하는 것은 아니므로, 부동산을 취득시효 기간 만료 당시의 점유자로부터 양수하여 점유를 승계한 현 점유자는 자신의 전 점유자에 대한 소유권이전등기청구권을 보전하기 위하여 전 점유자의 소유자에 대한 소유권이전등기청구권을 대위행사할 수 있을 뿐, 전 점유자의 취득시효 완성의 효과를 주장하여 직접 자기에게 소유권이전등기를 청구할 권원은 없다.

ㅁ. (○) 취득시효 기산점에 관한 주장이 변론주의 적용대상인지를 묻는 지문이다. 이는 간접사실에 불과하며 법원은 진정하게 점유를 개시한 시점을 기산점으로 하여 취득시효 완성 여부를 판단하여야 한다.

[**대법원** 1998. 5. 12. **선고** 97**다**8496·8502 **판결** ; **대법원** 1998. 5. 12. **선고** 97**다**34037 **판결**] 취득시효의 기산점은 법률효과의 판단에 관하여 직접 필요한 주요사실이 아니고 간접사실에 불과하므로 법원으로서는 이에 관한 당사자의 주장에 구속되지 아니하고 소송자료에 의하여 점유의 시기를 인정할 수 있다.

정답 ②

16. 분묘에 관한 설명 중 옳은 것을 모두 고른 것은? (「장사 등에 관한 법률」은 고려하지 말 것. 다툼이 있는 경우 판례에 의함) [25 변호사]

ㄱ. 분묘의 수호·관리권자가 사망하여 그 직계비속들이 공동상속인이 되었고 이들 사이에 분묘의 수호·관리권 승계에 관한 협의가 없다면, 특별한 사정이 없는 한 그 직계비속들 중 최근친의 연장자가 이를 승계한다고 보는 것이 관습법의 내용에 부합한다.
ㄴ. 토지 소유자의 승낙에 의해 분묘기지권이 성립하는 경우, 분묘기지권의 성립 당시 토지 소유자와 분묘의 수호·관리권자가 지료 지급의무의 존부나 범위 등에 관하여 약정을 하였더라도 그 약정의 효력은 그 분묘기지를 포함하는 토지에 관한 임의경매절차에서 이를 매수한 자에게는 미치지 않는다.
ㄷ. 분묘기지권은 분묘를 수호하고 봉제사하는 목적을 달성하는 데 필요한 범위 내에서 타인 소유의 토지를 사용할 수 있고 제3자는 물론 토지 소유자의 방해도 배제할 수 있는 관습상의 물권이다.
ㄹ. 분묘의 수호·관리권자가 타인의 토지에 그 토지 소유자의 승낙 없이 분묘를 무단으로 설치한 경우에도 분묘기지권을 시효로 취득할 수 있다.

① ㄱ, ㄷ ② ㄱ, ㄹ ③ ㄴ, ㄷ
④ ㄴ, ㄹ ⑤ ㄷ, ㄹ

해설

ㄱ. (×) 판례는 공동상속인들 사이에 협의가 이루어지지 않는 경우에는 제사주재자의 지위를 인정할 수 없는 특별한 사정이 있지 않는 한 피상속인의 직계비속 중 남녀, 적서를 불문하고 최근친의 연장자가 제사주재자로 우선한다고 보는 것이 가장 조리에 부합한다고 본다{(전) 2023.5.11. 2018다248626}. 따라서 **직계비속들 중에서 최근친의 연장자가 이를 승계하는 것은 아니다.**

ㄴ. (×) 판례는 분묘의 기지인 토지가 분묘의 수호、관리권자 아닌 다른 사람의 소유인 경우에 그 토지 소유자가 분묘 수호、관리권자에 대하여 분묘의 설치를 승낙한 때에는 그 분묘의 기지에 관하여 분묘기지권을 설정한 것으로 보아야 한다. 이와 같이 승낙에 의하여 성립하는 분묘기지권의 경우 성립 당시 토지 소유자와 분묘의 수호、관리자가 지료 지급의무의 존부나 범위 등에 관하여 약정을 하였다면 그 약정의 효력은 분묘 기지의 승계인에 대하여도 미친다고 본다(2017다271834). 따라서 **약정의 효력은 그 분묘기지를 포함하는 토지에 관한 임의경매절차에서 이를 매수한 자에게 미친다.**

ㄷ. (O) 판례는 분묘기지권은 분묘를 수호하고 봉사하는 데 필요한 범위까지 미친다. 분묘기지권이 미치는 토지에 대해서는 토지소유자가 공작물 등을 설치할 수 없으며, 이를 침범한 때에는 분묘기지권자는 그 철거를 청구할 수 있다고 본다(4291민상770).

ㄹ. (O) 판례는 타인 소유의 토지에 소유자의 승낙 없이 분묘를 설치한 때에는 20년간 평온·공연하게 그 분묘의 기지를 점유함으로써 분묘기지권을 시효취득 한다고 본다(68다1927).

정답 ⑤

2. 선의취득에 의한 소유권취득

17. 乙은 甲의 부탁으로 甲 소유인 고장 난 기계를 보관하고 있었다. 다음 중 옳은 것을 모두 고른 것은? (다툼이 있는 경우에는 판례에 의함) [13 변호사]

ㄱ. 乙은 그 기계가 자신의 것이라고 말하며 기계부품상 丙에게 구입할 의향이 있는지를 타진하였다. 丙은 乙의 무지를 이용하여 사실은 간단한 수리만으로 사용할 수 있음에도 불구하고 그 기계는 고장나서 쓸 수 없다고 속여 헐값으로 매입하고 인도받았다. 그 후 甲과 乙이 함께 丙을 찾아와 기망을 이유로 위 매매계약을 취소하고 인도를 요구하였다. 위 매매 당시 丙은 그 기계가 乙의 소유가 아님을 알지 못했고 알 수도 없었다. 이 경우 丙은 기계의 인도를 거절할 수 있다.

ㄴ. 乙은 그 기계를 자신의 소유인 것처럼 丁에게 임대하고 점유를 이전하여 주었다가 丁의 간곡한 요청으로 丁에게 그 기계를 매도하였다. 그 기계는 매매 당시 丁이 점유하고 있었으므로 별도로 인도할 필요가 없었고, 丁은 그 기계가 乙의 소유가 아님을 알지 못했고 알 수도 없었다. 이 경우 丁은 기계의 소유권을 취득한다.

ㄷ. 乙의 채권자 戊는 그 기계가 乙의 소유가 아님을 알지 못했고 알 수도 없었기 때문에 그 기계에 대하여 경매신청을 하여 스스로 경락받고 집행비용을 제외한 매각대금 전액을 乙의 채권자로서 배당받았다. 이러한 사정을 알게 된 甲이 戊를 상대로 부당이득반환을 청구하면, 戊는 甲에게 배당금을 부당이득으로 반환할 의무가 있다.

ㄹ. 위 ㄷ에서 甲으로부터 부당이득의 반환을 청구받은 戊는 그 기계의 소유권 취득을 거부하고 甲에게 기계를 반환받아 갈 것을 요구할 수 있다.

① ㄴ, ㄷ ② ㄴ, ㄹ ③ ㄱ, ㄹ
④ ㄱ, ㄷ ⑤ ㄱ, ㄴ

해설

ㄱ. (×) 하자 있는 매매계약에 기초하여 인도받은 매수인이 선의취득에 의하여 소유권취득을 주장할 수 있는지를 묻는 지문이다. 선의취득이 인정되기 위해서는 거래행위에 양도인의 무권리 이외에 다른 하자가 없어야 한다. 매수인 丙이 매도인 乙을 기망하여 매매계약을 체결하였으므로 매매계약이 사기를 이유로 취소되는 한 매수인 丙은 선의취득을 주장할 수 없다. 따라서 丙은 기계의 인도를 거절할 수 없다.

ㄴ. (O) 간이인도에 의한 선의취득이 인정되는지를 묻는 지문이다. 선의취득이 성립하기 위해서는 양수인이 점유를 취득하여야 하는데, 점유취득은 현실인도에 한정되지 않는다. 간이인도나 목적물반환청구권의 양도에 의한 인도에 의해서도 선의취득은 가능하다. 그러나 점유개정에 의한 인도의 경우에는 선의취득이 인정되지 않는다. 丁은 임차인으로서 이미 점유를 하고 있었는데, 매매계약을 체결과 동시에 간이인도의 방법으로 인도받았으므로 선의취득이 가능하다.

[**대법원** 1981. 8. 20. **선고** 80**다**2530 **판결**] 동산의 선의취득에 필요한 점유의 취득은 이미 현실적인 점유를 하고 있는 양수인에게는 간이인도에 의한 점유취득으로 그 요건은 충족된다.

ㄷ. (O) 채무자 소유에 속하지 아니한 동산이 경매의 목적물로 되어 그 경매대가를 배당받은 채권자가 동산의 진정한 소유자에게 부당이득반환의무를 부담하는지 여부를 묻는 지문이다. 경매대가는 동산

의 진정한 소유자에게 귀속되어야 하므로 점유자의 채권자가 이를 배당받았다면 이는 부당이득에 해당한다.

[**대법원** 1998. 3. 27. **선고** 97**다**32680 **판결**] 채무자 이외의 자의 소유에 속하는 동산을 경매한 경우에도 경매절차에서 그 동산을 경락받아 경락대금을 납부하고 이를 인도받은 경락인은 특별한 사정이 없는 한 소유권을 선의취득한다고 할 것이지만, 그 동산의 매득금은 채무자의 것이 아니어서 채권자가 이를 배당받았다고 하더라도 채권은 소멸하지 않고 계속 존속한다고 할 것이므로, 배당을 받은 채권자는 이로 인하여 법률상 원인 없는 이득을 얻고 소유자는 경매에 의하여 소유권을 상실하는 손해를 입게 되었다고 할 것이니, 그 동산의 소유자는 배당을 받은 채권자에 대하여 부당이득으로서 배당받은 금원의 반환을 청구할 수 있다고 할 것인 바, 이와 같은 이치는 제3자 소유의 기계·기구가 그의 동의 없이 공장저당법 제4조·제5조의 규정에 의한 저당권의 목적이 되어 같은 법 제7조의 목록에 기재되는 바람에 공장에 속하는 토지 또는 건물과 함께 일괄경매되어 경락되고 채권자가 그 기계·기구의 경락대금을 배당받은 경우에도 경락인이 그 기계·기구의 소유권을 선의취득하였다면 마찬가지라고 보아야 한다.

ㄹ. **(×)** 선의취득의 효과를 임의로 배제할 수 있는지 여부를 묻는 지문이다. 동산을 경매절차에서 선의취득한 경락인은 임의로 선의취득의 효과를 거절할 수 없다. 따라서 경락인 戊는 진정한 소유자 甲에게 선의취득의 효과를 부정하고, 반환받아갈 것을 청구할 수는 없다.

[**대법원** 1998. 6. 12. **선고** 98**다**6800 **판결**] 민법 제249조의 동산 선의취득제도는 동산을 점유하는 자의 권리외관을 중시하여 이를 신뢰한 자의 소유권 취득을 인정하고 진정한 소유자의 추급을 방지함으로써 거래의 안전을 확보하기 위하여 법이 마련한 제도이므로, 위 법조 소정의 요건이 구비되어 동산을 선의취득한 자는 권리를 취득하는 반면 종전 소유자는 소유권을 상실하게 되는 법률효과가 법률의 규정에 의하여 발생되므로, 선의취득자가 임의로 이와 같은 선의취득 효과를 거부하고 종전 소유자에게 동산을 반환받아 갈 것을 요구할 수 없다. 정답 ①

3. 첨부 등에 의한 소유권취득

18. **부합(附合)에 관한 설명 중 옳은 것을 모두 고른 것은? (다툼이 있는 경우 판례에 의함)** [15 변호사]

ㄱ. 건물의 증축 부분이 기존 건물에 부합하여 기존 건물과 분리해서는 별개의 독립물로서의 효용을 갖지 못하는 경우, 기존 건물에 대한 경매절차에서 경매 목적물로 평가되지 않았더라도 매수인은 부합된 증축 부분의 소유권을 취득한다.
ㄴ. 매도인에게 소유권이 유보된 자재가 매수인(수급인)과 제3자(도급인) 사이에 이루어진 도급계약의 이행으로 제3자(도급인) 소유 건물의 건축에 사용되어 부합된 경우, 제3자(도급인)는 소유권유보 사실에 대하여 선의·무과실이라도 매도인의 보상청구에 대해 이를 거부할 수 없다.
ㄷ. 동산과 동산이 부합하여 훼손하지 아니하면 분리할 수 없거나 그 분리에 과다한 비용을 요할 경우에는 그 합성물의 소유권은 주된 동산의 소유자에게 속하지만, 부합한 동산의 주종을 구별할 수 없는 때에는 동산의 소유자는 현재 가액의 비율로 합성물을 공유한다.
ㄹ. 타인이 그 권원에 의하여 부동산에 부속시킨 물건이라 할지라도 그 부속된 물건이 분리되면 경제적 가치가 없게 되는 경우에는 원래의 부동산 소유자의 소유에 귀속된다.

① ㄱ, ㄴ ② ㄱ, ㄹ ③ ㄷ, ㄹ
④ ㄱ, ㄴ, ㄹ ⑤ ㄱ, ㄷ, ㄹ

해설

ㄱ. (O) 독립물로 되지 아니한 증축부분에 저당권의 효력이 미치는지를 묻는 지문이다. 독립물로서의 효용이 없는 때에는 증축부분은 기존건물에 부합되고, 경매절차에서 목적물로 평가되지 아니하였더라도 부합물에는 저당권의 효력이 미치므로 경매절차 매수인은 증축부분의 소유권을 취득한다.

[**대법원** 2002. 10. 25. **선고** 2000**다**63110 **판결**] 건물의 증축 부분이 기존건물에 부합하여 기존건물과 분리하여서는 별개의 독립물로서의 효용을 갖지 못하는 이상 기존건물에 대한 근저당권은 민법 제358조에 의하여 부합된 증축 부분에도 효력이 미치는 것이므로 기존건물에 대한 경매절차에서 경매목적물로 평가되지 아니하였다고 할지라도 경락인은 부합된 증축 부분의 소유권을 취득한다.

ㄴ. (×) 첨부로 인한 보상청구권을 행사하기 위해서는 부당이득의 요건을 갖추어야 하는지를 묻는 지문이다. 제261조의 보상청구권은 부당이득반환청구권으로서 부당이득의 요건을 갖추어야 한다. 제3자가 소유권 유보 사실에 관하여 선의, 무과실인 때에는 선의취득의 법리에 따라 부합물을 보유할 법률상 원인이 있으므로 부당이득의 요건을 갖추지 못한 때에 해당한다. 따라서 보상청구권을 행사할 수 없다.

[**대법원** 2009. 9. 24. **선고** 2009**다**15602 **판결**] 민법 제261조에서 첨부로 법률규정에 의한 소유권 취득(민법 제256조 내지 제260조)이 인정된 경우에 "손해를 받은 자는 부당이득에 관한 규정에 의하여 보상을 청구할 수 있다"라고 규정하고 있는바, 이러한 보상청구가 인정되기 위해서는 민법 제261조 자체의 요건만이 아니라, 부당이득 법리에 따른 판단에 의하여 부당이득의 요건이 모두 충족되었음이 인정되어야 한다. 매도인에게 소유권이 유보된 자재가 제3자와 매수인 사이에 이루어진 도급계약의 이행으로 제3자 소유 건물의 건축에 사용되어 부합된 경우 보상청구를 거부할 법률상 원인이 있다고 할 수 없지만, 제3자가 도급계약에 의하여 제공된 자재의 소유권이 유보된 사실에 관하여 과실 없이 알지 못한 경우라면 선의취득의 경우와 마찬가지로 제3자가 그 자재의 귀속으로 인한 이익을 보유할 수 있는 법률상 원인이 있다고 봄이 상당하므로, 매도인으로서는 그에 관한 보상청구를 할 수 없다.

ㄷ. (×) 부합한 동산의 주종을 구별할 수 없는 때에는 부합 당시의 가액비율로 합성물을 공유한다. 제257조.

ㄹ. (O) 권원에 의한 부속물로서 독립성을 유지하기 위한 요건을 묻는 지문이다. 독립물로서의 효용이 있어야 부속물이라고 할 수 있다. 분리되면 경제적 가치가 없게 되는 때에는 부속물이라고 할 수 없어 제256조 단서에 따라 독립성이 유지될 수 없다.

[**대법원** 2007. 7. 27. **선고** 2006**다**39270 **판결**] 어떠한 동산이 부동산에 부합된 것으로 인정되기 위해서는 그 동산을 훼손하거나 과다한 비용을 지출하지 않고서는 분리할 수 없을 정도로 부착·합체되었는지 여부 및 그 물리적 구조, 용도와 기능면에서 기존 부동산과는 독립한 경제적 효용을 가지고 거래상 별개의 소유권의 객체가 될 수 있는지 여부 등을 종합하여 판단하여야 할 것이고, 부합물에 관한 소유권 귀속의 예외를 규정한 민법 제256조 단서의 규정은 타인이 그 권원에 의하여 부속시킨 물건이라 할지라도 그 부속된 물건이 분리하여 경제적 가치가 있는 경우에 한하여 부속시킨 타인의 권리에 영향이 없다는 취지이지 분리하여도 경제적 가치가 없는 경우에는 원래의 부동산 소유자의 소유에 귀속되는 것이고, 경제적 가치의 판단은 부속시킨 물건에 대한 일반 사회통념상의 경제적 효용의 독립성 유무를 그 기준으로 하여야 한다. 정답 ②

19. **매도인 甲과 매수인 乙 사이에 甲 소유의 X 동산에 대해 소유권유보 약정이 있는 매매계약이 체결되었고, 이에 따라 甲이 乙에게 X 동산을 인도하였다. 이에 관한 설명 중 옳은 것을 모두 고른 것은? (각 지문은 독립적이며, 다툼이 있는 경우 판례에 의함)** [25 변호사]

ㄱ. 乙이 甲에게 매매대금 전액을 지급하면 X 동산의 소유권은 별도의 의사표시 없이 곧바로 乙에게 이전된다.
ㄴ. 매매대금의 절반이 지급된 상태에서 X 동산이 수급인 乙에 의해 도급인 丙이 소유한 Y 건물에 부합된 경우, 丙이 甲과 乙 사이의 소유권유보 약정 사실을 과실 없이 알지 못하였다면 甲은 丙에게 보상청구를 할 수 없다.
ㄷ. 매매대금의 절반이 지급된 상태에서 乙이 이러한 사실을 알고 있는 丁에게 X 동산을 처분한 후, 甲이 乙의 무단 처분 사실을 알고 그 처분행위를 추인하면 丁은 甲이 추인한 때부터 X 동산의 소유권을 취득한다.

① ㄱ ② ㄱ, ㄴ ③ ㄱ, ㄷ
④ ㄴ, ㄷ ⑤ ㄱ, ㄴ, ㄷ

해설

ㄱ. **(O)** 판례는 『① 동산의 매매계약을 체결하면서, 매도인이 대금을 모두 지급받기 전에 목적물을 매수인에게 인도하지만 대금이 모두 지급될 때까지는 목적물의 소유권은 매도인에게 유보되며 대금이 모두 지급된 때에 그 소유권이 매수인에게 이전된다는 내용의 소위 소유권유보의 특약을 한 경우, ② 목적물의 소유권을 이전한다는 당사자 사이의 물권적 합의는 매매계약을 체결하고 목적물을 인도한 때 이미 성립하지만 '대금이 모두 지급되는 것을 정지조건'으로 하므로, ③ 목적물이 매수인에게 인도되었다고 하더라도 매도인은 대금이 모두 지급될 때까지 매수인뿐만 아니라 제3자에 대하여도 유보된 목적물의 소유권을 주장할 수 있고, ④ 다만 대금이 모두 지급되었을 때에는 그 정지조건이 완성되어 별도의 의사표시 없이 목적물의 소유권이 매수인에게 이전된다』고 하여, '정지조건부 소유권 이전설'의 입장이다(96다14807).

ㄴ. **(O)** 판례는 『① (선의취득 유추적용 긍정) 매도인에 의하여 '소유권이 유보된 자재'를 매수인이 제3자와 사이의 도급계약에 의하여 제3자 소유의 건물 건축에 사용하여 '부합'됨에 따라 매도인이 소유권을 상실하는 경우에, 비록 그 자재가 직접 매수인으로부터 제3자에게 교부된 것은 아니지만 도급계약에 따른 이행에 의하여 제3자에게 제공된 것으로서 '거래에 의한 동산 양도와 유사한 실질'을 가지므로, 그 '부합에 의한 보상청구'에 대하여도 위에서 본 '선의취득에서의 이익보유에 관한 법리가 유추적용된다'고 봄이 상당하다. ② (보상청구 부정) 따라서 '제3자'가 도급계약에 의하여 제공된 자재의 소유권이 유보된 사실에 관하여 '과실 없이 알지 못한 경우'라면 '선의취득'의 경우와 마찬가지로 제3자가 그 자재의 귀속으로 인한 이익을 보유할 수 있는 '법률상 원인이 있다'고 봄이 상당하므로 매도인으로서는 그에 관한 '보상청구를 할 수 없다'고 할 것이다』라는 입장이다(2009다15602).

ㄷ. **(×)** 판례는 매수인은 매매대금완납을 정지조건으로 하는 소유권을 가지고 있는바, 매수인은 제3자에게 처분한 행위는 무권리자 처분행위로서 무효이다. 그러나 무권리자의 처분이 계약으로 이루어진 경우에 권리자가 이를 추인하면 원칙적으로 계약의 효과가 계약을 체결했을 때에 소급하여 권리자에게 귀속된다고 본다(2017다3499).

정답 ②

Ⅲ. 공동소유

20. **甲과 乙은 각 1/2의 지분으로 X 건물을 공유하고 있다. X 건물은 丙 소유의 Y 토지 위에 건축되어 있다. 이에 관한 설명 중 옳지 않은 것은? (각 지문은 독립적이며, 다툼이 있는 경우 판례에 의함)**

[24 변호사]

① 甲은 특별한 사정이 없는 한 자신의 지분 범위 내에서만 X 건물의 불법점유자에 대해서 손해배상이나 부당이득의 반환을 청구할 수 있다.

② 甲이 X 건물을 배타적으로 사용하더라도 乙은 甲에게 X 건물의 인도를 청구할 수 없다.

③ X 건물이 Y 토지 위에 무단으로 건축된 경우, 丙은 X 건물을 단독으로 점유하고 있는 甲을 상대로 甲의 지분 범위 내에서 X 건물의 철거를 청구할 수 있지만, X 건물에서 퇴거할 것을 청구할 수는 없다.

④ 甲과 乙이 X 건물을 일주일씩 교대로 사용하기로 하는 약정을 하였다면, 특별한 사정이 없는 한 그 약정은 乙의 지분을 양도받은 특정승계인 丁에게 승계된다.

⑤ 甲이 X 건물의 보수를 위하여 戊와 보수공사계약을 체결한 경우에 甲이 공사대금을 지급하지 않는다면 戊는 乙에게 지분 범위 내에서 공사대금을 부당이득으로 반환청구할 수 있다.

해설

① **(O)** 건물공유자가 그 건물을 불법으로 점유하는 자에 대하여 가지는 손해배상청구권이나 부당이득반환청구권은 지분 비율에 따라 행사할 수 있는 분할채권이다.

[**대법원** 1970. 4. 14. **선고** 70**다**171 **판결**] 공유물에 끼친 불법행위를 이유로 하는 손해배상청구권은 특별한 사유가 없는 한 각 공유자가 지분에 대응하는 비율의 한도 내에서만 이를 행사할 수 있다.

② **(O)** 소수지분권자가 공유물을 독점적으로 사용하는 소수지분권자에 대하여 인도를 청구할 수 있는지를 묻는 지문이다. 보존행위의 범위를 벗어난 것으로 허용되지 않는다.

[**대법원** 2020. 5. 21. **선고** 2018**다**287522 **전원합의체 판결**] 공유물의 소수지분권자가 다른 공유자와 협의 없이 공유물의 전부 또는 일부를 독점적으로 점유·사용하고 있는 경우 다른 소수지분권자는 공유물의 보존행위로서 그 인도를 청구할 수는 없고, 다만 자신의 지분권에 기초하여 공유물에 대한 방해 상태를 제거하거나 공동 점유를 방해하는 행위의 금지 등을 청구할 수 있다고 보아야 한다.

③ **(O)** 무단건물의 공유자는 토지소유자에 대하여 그의 지분권 범위에서 건물 전부를 철거할 의무를 부담한다. 그러나 자신의 건물을 점유하는 자에 대하여 토지소유자는 퇴거를 청구할 수 없다.

[**대법원** 2022. 6. 30. **선고** 2021**다**276256 **판결**] 건물 소유자가 건물의 소유를 통하여 타인 소유의 토지를 점유하고 있다고 하더라도 토지 소유자로서는 건물의 철거와 대지 부분의 인도를 청구할 수 있을 뿐, 자기 소유의 건물을 점유하고 있는 사람에 대하여 건물에서 퇴거할 것을 청구할 수 없다. 이러한 법리는 건물이 공유관계에 있는 경우에 건물의 공유자에 대해서도 마찬가지로 적용된다. 그 이유는 다음과 같다.

(1) 모든 공유자는 공유물 전부를 지분의 비율로 사용·수익할 수 있다(민법 제263조). 공유자가 공유물에 대하여 가지는 공유지분권은 소유권의 분량적 일부이지만 하나의 독립된 소유권과 같은 성질을 가지므로, 공유자는 소유권의 권능에 속하는 사용·수익권을 갖는다. 설령 공유자 중 1인이 공유물을 독점적으로 점유하여 사용·수익하고 있더라도, 공유자 아닌 제3자가 공유물을 무단으로 점유하는 것과는 다르다. 따라서 공유자가 건물을 점유하는 것은 그 소유 지분과 관계없이 자기 소유의 건물

에 대한 점유로 보아야 하고, 소유 지분을 넘는 부분을 관념적으로 분리하여 그 부분을 타인의 점유라고 볼 수 없다.

(2) 토지 소유자는 토지 소유권에 기한 방해배제청구권의 행사로써 그 지상 건물의 철거와 해당 토지의 인도를 구할 수 있을 뿐이고 건물의 점유 자체를 회복하거나 건물에 관한 공유자의 사용관계를 정할 권한이 없다. 토지 소유자로 하여금 그 지상 건물 공유자를 상대로 퇴거 청구를 할 수 있도록 허용한다면 토지 소유자가 건물의 점유 자체를 회복하도록 하거나 해당 건물에 관한 공유자의 사용관계를 임의로 정하게 하는 결과를 가져오게 된다.

(3) 소유 지분의 범위에서 철거를 명하는 확정판결을 받은 공유자가 계속하여 건물을 점유하는 것은 토지 소유자가 건물 전체의 철거를 명하는 확정판결을 받지 못하여 철거집행이 불가능한 상황에 따른 반사적 효과에 지나지 않는다. 토지 소유자로서는 건물 전체에 대하여 철거에 관한 집행권원을 확보하여 곧바로 집행에 들어가거나 철거집행 전까지 토지 점유에 관한 부당이득반환 등을 청구하는 방법으로 권리구제를 받을 수 있다.

④ **(O)** 공유물의 사용, 수익, 관리에 관한 특약은 공유자의 특별승계인에게도 승계되는 것이 원칙이다.
[**대법원** 2012. 5. 24. **선고** 2010**다**108210 **판결**] 공유물의 관리에 관한 사항은 공유자의 지분의 과반수로써 결정하고, 공유물의 사용·수익·관리에 관한 공유자 간의 특약은 특정승계인에게도 승계되나, 공유물에 관한 특약이 지분권자로서 사용·수익권을 사실상 포기하는 등으로 공유지분권의 본질적 부분을 침해하는 경우에는 특정승계인이 그러한 사실을 알고도 공유지분권을 취득하였다는 등 특별한 사정이 없는 한 특정승계인에게 당연히 승계된다고 볼 수 없다.

⑤ **(×)** 戊는 계약상대방인 甲이 공사대금을 지급하지 않는다고 하여 계약에 따라 이익을 받은 제3자인 乙에게 부당이득반환을 청구할 수 없다. 이와 같은 청구는 계약상의 채권을 실현하기 위한 부당이득반환청구로서 계약법 원리에 반하기 때문이다. 이른바 전용물소권은 인정되지 않는다.
[**대법원** 2002. 8. 23. **선고** 99**다**66564·66571 **판결**] 계약상의 급부가 계약의 상대방뿐만 아니라 제3자의 이익으로 된 경우에 급부를 한 계약당사자가 계약 상대방에 대하여 계약상의 반대급부를 청구할 수 있는 이외에 그 제3자에 대하여 직접 부당이득반환청구를 할 수 있다고 보면, 자기 책임 하에 체결된 계약에 따른 위험부담을 제3자에게 전가시키는 것이 되어 계약법의 기본원리에 반하는 결과를 초래할 뿐만 아니라, 채권자인 계약당사자가 채무자인 계약 상대방의 일반채권자에 비하여 우대받는 결과가 되어 일반채권자의 이익을 해치게 되고, 수익자인 제3자가 계약 상대방에 대하여 가지는 항변권 등을 침해하게 되어 부당하므로, 위와 같은 경우 계약상의 급부를 한 계약당사자는 이익의 귀속 주체인 제3자에 대하여 직접 부당이득반환을 청구할 수는 없다고 보아야 한다. 정답 ⑤

21. **공유에 관한 설명 중 옳은 것을 모두 고른 것은? (다툼이 있는 경우 판례에 의함)** [22 변호사]

ㄱ. 구분소유적 공유관계에 있는 토지의 특정부분을 구분소유하는 자는 그 부분에 대하여 신탁적으로 지분등기를 가지고 있는 자를 상대로 그 부분에 대한 명의신탁해지를 원인으로 한 지분이전등기절차의 이행을 구할 수 있으나, 그 토지 전체에 대한 공유물분할청구의 소를 제기할 수는 없다.

ㄴ. 공유자 간의 공유물에 대한 사용·수익·관리에 관한 특약은 공유자의 특정승계인에 대하여도 당연히 승계되나, 공유지분권의 본질적 부분을 침해한다고 볼 수 있는 경우에는 특별한 사정이 없는 한 그러하지 아니하다.

ㄷ. 구분소유적 공유관계에 있는 토지에 대하여 공유자 이외의 제3자에 의한 방해가 있는 경우, 공유자 중 1인은 자기의 구분소유 부분뿐 아니라 전체토지에 대하여 위 방해의 배제를 구할 수 있다.

ㄹ. 토지의 과반수 지분의 공유자로부터 허락을 받아 토지 중 특정부분을 점유 및 사용하는 제3자는 소수지분권자에 대하여 부당이득반환의무를 부담한다.

① ㄱ, ㄷ　② ㄴ, ㄹ　③ ㄱ, ㄴ, ㄷ
④ ㄴ, ㄷ, ㄹ　⑤ ㄱ, ㄴ, ㄷ, ㄹ

해설

ㄱ. **(O)** 구분소유적 공유자 상호간에는 공유관계가 아니라 상호명의신탁관계이므로 구분소유적 공유관계를 해소하기 위해서는 공유물분할이 아니라 명의신탁 해지를 하여야 한다.
[**대법원** 1989. 9. 12. **선고** 88**다카**10517 **판결**] 공유지분권을 주장하지 아니하고 목적물의 특정부분을 소유한다고 주장하는 자는 그 부분에 대하여 신탁적으로 지분등기를 가지고 있는 자들을 상대로 하여 그 특정부분에 대한 명의신탁해지를 원인으로 한 지분이전등기절차의 이행만을 구하면 될 것이고 공유물분할청구를 할 수 없다 할 것이다.

ㄴ. **(O)** [**대법원** 2012. 5. 24. **선고** 2010**다**108210 **판결**] 공유물의 관리에 관한 사항은 공유자의 지분의 과반수로써 결정하고, 공유물의 사용·수익·관리에 관한 공유자 간의 특약은 특정승계인에게도 승계되나, 공유물에 관한 특약이 지분권자로서 사용·수익권을 사실상 포기하는 등으로 공유지분권의 본질적 부분을 침해하는 경우에는 특정승계인이 그러한 사실을 알고도 공유지분권을 취득하였다는 등 특별한 사정이 없는 한 특정승계인에게 당연히 승계된다고 볼 수 없다.

ㄷ. **(O)** 구분소유적 공유관계는 제3자에 대한 대외적 관계에서는 공유로 취급된다. 각 구분공유자는 전체 필지 토지에 관한 공유자로서 제3자에 대하여 공유물 전부에 관한 인도 등을 청구할 수 있다.
[**대법원** 1994. 2. 8. **선고** 93**다**42986 **판결**] 구분소유적 공유관계에 있는 자는 제3자의 방해행위가 있는 경우 자기의 구분소유 부분뿐 아니라 전체토지에 대하여 공유물의 보존행위로서 그 배제를 구할 수 있다.

ㄹ. **(×)** 과반수지분권자로부터 사용을 허락받은 제3자의 사용권한은 공유물의 관리행위로 인하여 취득된 것이고, 이는 모든 공유자에게 주장할 수 있다. 제3자의 사용이익은 법률상 원인이 있는 것이므로 소수지분권자에 대한 관계에서 부당이득이 되지 않는다. 소수지분권자는 과반수지분권자를 상대로 부당이득반환을 청구할 수 있을 뿐이다.
[**대법원** 2002. 5. 14. **선고** 2002**다**9738 **판결**] 과반수 지분의 공유자는 공유자와 사이에 미리 공유물의 관리방법에 관하여 협의가 없었다 하더라도 공유물의 관리에 관한 사항을 단독으로 결정할 수 있으므로 과반수 지분의 공유자는 그 공유물의 관리방법으로서 그 공유토지의 특정된 한 부분을 배타적으로 사용·수익할 수 있으나, 그로 말미암아 지분은 있으되 그 특정 부분의 사용·수익을 전혀 하지 못하여 손해를 입고 있는 소수지분권자에 대하여 그 지분에 상응하는 임료 상당의 부당이득을 하고 있다 할 것이므로 이를 반환할 의무가 있다 할 것이나, 그 과반수 지분의 공유자로부터 다시 그 특정 부분의 사용·수익을 허락받은 제3자의 점유는 다수지분권자의 공유물관리권에 터잡은 적법한 점유이므로 그 제3자는 소수지분권자에 대하여도 그 점유로 인하여 법률상 원인 없이 이득을 얻고 있다고는 볼 수 없다.

정답 ③

22. 공유에 관한 설명 중 옳지 않은 것은? (다툼이 있는 경우 판례에 의함) [21 변호사]

① 甲과 乙이 각 1/2의 지분으로 공유하고 있는 X토지 중 일부를 甲이 배타적으로 점유하고 있는 경우, 乙은 甲에게 공유물의 보존행위로서 방해배제를 청구할 수 있다.

② X토지의 2/3 지분을 보유한 공유자 甲이 1/3 지분권자인 乙과 협의하지 않고 X토지를 丙에게 임대한 경우, 乙은 丙에게 임료의 1/3을 부당이득으로 반환할 것을 청구할 수 없다.

③ 甲은 乙과 함께 각 1/2의 지분으로 X토지를 공유하면서, 乙이 토지 전체를 단독으로 사용하기로 하되 乙로부터 일정 금액을 지급받기로 약정하였다면, 이러한 약정은 甲으로부터 그 지분권을 양도받은 특정승계인에게 당연히 승계된다.

④ 甲, 乙, 丙이 각 1/3 지분씩 공동상속한 X부동산에 관하여 甲이 부정한 방법으로 그 단독명의의 소유권이전등기를 마친 경우, 乙은 甲에 대하여 공유물의 보존행위로서 2/3 지분에 관한 소유권이전등기 말소등기절차의 이행을 구할 수 있다.

⑤ 乙과 함께 각 1/2 지분으로 X토지를 공유하는 甲이 乙에게 자신의 공유지분을 포기한다는 의사표시를 하였으나, 그에 따른 지분이전등기가 마쳐지기 전에 甲이 사망하여 상속인 丙이 단독상속하는 한편, 乙의 1/2 지분에 대한 강제경매절차가 진행되어 丁이 지분을 취득하였다면, 丁은 甲의 상속인 丙에게 甲의 종전 1/2 지분에 관한 지분이전등기절차의 이행을 구할 수 있다.

해설

① (O) 공유물을 배타적으로 점유하는 소수지분권자에 대하여 다른 소수지분권자는 방해배제를 청구할 수는 있지만, 보존행위를 이유로 인도를 청구할 수는 없다. 인도청구는 상대방의 지분에 따른 사용권까지 박탈하는 결과 이해충돌이 발생하므로 보존행위의 범위를 초과하기 때문이다. 그러나 공유물로서의 사용을 가능하게 하기 위한 방해배제청구는 허용된다.
이 지문은 약간의 문제가 있다. 대법원은 소수지분권자가 다른 소수지분권자에 대하여 공유물에 대한 방해 상태를 제거하거나 공동 점유를 방해하는 행위의 금지 등을 청구할 수 있고, 그 근거를 각 공유자의 지분권에 기초하여 허용하고 있다. 특히, 원심이 방해배제청구를 공유물의 보존행위에 기초하여 인용한 것이 적절하지 않다고 판단하고 있다.
[**대법원** 2020. 5. 21. **선고** 2018**다**287522 **전원합의체 판결**] (가) 공유물의 소수지분권자인 피고가 다른 공유자와 협의하지 않고 공유물의 전부 또는 일부를 독점적으로 점유하는 경우 다른 소수지분권자인 원고가 피고를 상대로 공유물의 인도를 청구할 수는 없다고 보아야 한다. 상세한 이유는 다음과 같다. ① 공유자 중 1인인 피고가 공유물을 독점적으로 점유하고 있어 다른 공유자인 원고가 피고를 상대로 공유물의 인도를 청구하는 경우, 그러한 행위는 공유물을 점유하는 피고의 이해와 충돌한다. 애초에 보존행위를 공유자 중 1인이 단독으로 할 수 있도록 한 것은 보존행위가 다른 공유자에게도 이익이 되기 때문이라는 점을 고려하면, 이러한 행위는 민법 제265조 단서에서 정한 보존행위라고 보기 어렵다. ② 피고가 다른 공유자를 배제하고 단독 소유자인 것처럼 공유물을 독점하는 것은 위법하지만, 피고는 적어도 자신의 지분 범위에서는 공유물 전부를 점유하여 사용·수익할 권한이 있으므로 피고의 점유는 지분비율을 초과하는 한도에서만 위법하다고 보아야 한다. 따라서 피고가 공유물을 독점적으로 점유하는 위법한 상태를 시정한다는 명목으로 원고의 인도청구를 허용한다면, 피고의 점유를 전면적으로 배제함으로써 피고가 적법하게 보유하는 '지분비율에 따른 사용·수익권'까지 근거 없이 박탈하는 부당한 결과를 가져온다. ③ 원고의 피고에 대한 물건 인도청구가 인정되려면 먼저 원고에게 인도를 청구할 수 있는 권원이 인정되어야 한다. 원고에게 그러한 권원이 없다면 피고의 점유가 위법하더라도 원고의 청구를 받아들일 수 없다. 그런데 원고 역시 피고

와 마찬가지로 소수지분권자에 지나지 않으므로 원고가 공유자인 피고를 전면적으로 배제하고 자신만이 단독으로 공유물을 점유하도록 인도해 달라고 청구할 권원은 없다. ④ 공유물에 대한 인도 판결과 그에 따른 집행의 결과는 원고가 공유물을 단독으로 점유하며 사용·수익할 수 있는 상태가 되어 '일부 소수지분권자가 다른 공유자를 배제하고 공유물을 독점적으로 점유'하는 인도 전의 위법한 상태와 다르지 않다. ⑤ 원고는 공유물을 독점적으로 점유하면서 원고의 공유지분권을 침해하고 있는 피고를 상대로 지분권에 기한 방해배제청구권을 행사함으로써 피고가 자의적으로 공유물을 독점하고 있는 위법 상태를 충분히 시정할 수 있다. 따라서 피고의 독점적 점유를 시정하기 위해 종래와 같이 피고로부터 공유물에 대한 점유를 빼앗아 원고에게 인도하는 방법, 즉 피고의 점유를 원고의 점유로 대체하는 방법을 사용하지 않더라도, 원고는 피고의 위법한 독점적 점유와 방해 상태를 제거하고 공유물이 본래의 취지에 맞게 공유자 전원의 공동 사용·수익에 제공되도록 할 수 있다.

(나) 공유자들은 공유물의 소유자로서 공유물 전부를 사용·수익할 수 있는 권리가 있고(민법 제263조), 이는 공유자들 사이에 공유물 관리에 관한 결정이 없는 경우에도 마찬가지이다. 공유물을 일부라도 독점적으로 사용할 수 없는 등 사용·수익의 방법에 일정한 제한이 있다고 하여, 공유자들의 사용·수익권이 추상적·관념적인 것에 불과하다거나 공유물 관리에 관한 결정이 없는 상태에서는 구체적으로 실현할 수 없는 권리라고 할 수 없다. 공유자들 사이에 공유물 관리에 관한 결정이 없는 경우 공유자가 다른 공유자를 배제하고 공유물을 독점적으로 점유·사용하는 것은 위법하여 허용되지 않지만, 다른 공유자의 사용·수익권을 침해하지 않는 방법으로, 즉 비독점적인 형태로 공유물 전부를 다른 공유자와 함께 점유·사용하는 것은 자신의 지분권에 기초한 것으로 적법하다. 일부 공유자가 공유물의 전부나 일부를 독점적으로 점유한다면 이는 다른 공유자의 지분권에 기초한 사용·수익권을 침해하는 것이다. 공유자는 자신의 지분권 행사를 방해하는 행위에 대해서 민법 제214조에 따른 방해배제청구권을 행사할 수 있고, 공유물에 대한 지분권은 공유자 개개인에게 귀속되는 것이므로 공유자 각자가 행사할 수 있다. 원고는 공유물의 종류(토지, 건물, 동산 등), 용도, 상태(피고의 독점적 점유를 전후로 한 공유물의 현황)나 당사자의 관계 등을 고려해서 원고의 공동 점유를 방해하거나 방해할 염려 있는 피고의 행위와 방해물을 구체적으로 특정하여 방해의 금지, 제거, 예방(작위·부작위의무의 이행)을 청구하는 형태로 청구취지를 구성할 수 있다. 법원은 이것이 피고의 방해 상태를 제거하기 위하여 필요하고 원고가 달성하려는 상태가 공유자들의 공동 점유 상태에 부합한다면 이를 인용할 수 있다.

(다) 이와 같이 공유물의 소수지분권자가 다른 공유자와 협의 없이 공유물의 전부 또는 일부를 독점적으로 점유·사용하고 있는 경우 다른 소수지분권자는 공유물의 보존행위로서 그 인도를 청구할 수는 없고, 다만 자신의 지분권에 기초하여 공유물에 대한 방해 상태를 제거하거나 공동 점유를 방해하는 행위의 금지 등을 청구할 수 있다고 보아야 한다.

② **(O)** 과반수지분권자로부터 공유토지를 임차한 임차인에게 소수지분권자가 부당이득반환을 청구할 수 있는지를 묻는 지문이다. 과반수지분권자는 공유물 관리권을 가지고, 공유물의 전부나 일부를 독점적으로 사용수익할 것을 정하는 것도 공유물관리방법으로 적법하므로 과반수지분권자로부터 공유토지를 임차한 임차인은 그 사용수익권을 다른 소수지분권자에게도 주장할 수 있다. 소수지분권자는 임대차에 따른 이익을 독점적으로 누리는 과반수지분권자를 상대로 지분에 상응한 부당이득반환을 청구할 수 있을 뿐이다.

[**대법원** 2002. 5. 14. **선고** 2002**다**9738 **판결**] 과반수 지분의 공유자는 공유자와 사이에 미리 공유물의 관리방법에 관하여 협의가 없었다 하더라도 공유물의 관리에 관한 사항을 단독으로 결정할 수 있으므로 과반수 지분의 공유자는 그 공유물의 관리방법으로서 그 공유토지의 특정된 한 부분을 배타적으로 사용·수익할 수 있으나, 그로 말미암아 지분은 있으되 그 특정 부분의 사용·수익을 전혀 하지 못하여 손해를 입고 있는 소수지분권자에 대하여 그 지분에 상응하는 임료 상당의 부당이득을 하고 있다 할 것이므로 이를 반환할 의무가 있다 할 것이나, 그 과반수 지분의 공유자로부터 다시 그 특정 부분의 사용·수익을 허락받은 제3자의 점유는 다수지분권자의 공유물관리권에 터잡은 적법한

점유이므로 그 제3자는 소수지분권자에 대하여도 그 점유로 인하여 법률상 원인 없이 이득을 얻고 있다고는 볼 수 없다.

③ (O) 공유물 사용, 수익 관리에 관한 공유자간 약정이 공유자의 특정승계인에게 승계되는지를 묻는 지문이다. 공유지분권의 본질적 내용을 침해하는 약정이 아니라면 공유자의 특정승계인에게 승계된다. 甲과 乙의 약정내용은 乙이 공유토지를 독점적으로 사용하되, 그 대가를 乙이 甲에게 지급하기로 한 것이므로 甲의 지분권의 본질적 내용을 침해하는 약정이라고 할 수 없다. 이와 같은 약정은 甲의 특정승계인에게 승계된다.

[**대법원** 2012. 5. 24. **선고** 2010**다**108210 **판결**] 공유물의 관리에 관한 사항은 공유자의 지분의 과반수로써 결정하고, 공유물의 사용·수익·관리에 관한 공유자 간의 특약은 특정승계인에게도 승계되나, 공유물에 관한 특약이 지분권자로서 사용·수익권을 사실상 포기하는 등으로 공유지분권의 본질적 부분을 침해하는 경우에는 특정승계인이 그러한 사실을 알고도 공유지분권을 취득하였다는 등 특별한 사정이 없는 한 특정승계인에게 당연히 승계된다고 볼 수 없다.

④ (O) 공유자 중 1인이 부정한 방법으로 단독명의의 소유권등기를 한 경우, 등기명의자인 공유자의 지분권 범위에서는 그 등기는 실체관계에 부합하는 등기로서 유효하지만, 등기명의자인 공유자의 지분권을 초과한 범위에서는 원인무효의 등기가 된다. 이 경우 다른 공유자들은 보존행위를 원인으로 등기명의자의 지분권을 초과한 등기의 말소를 청구할 수 있다.

[**대법원** 1965. 4. 22. **선고** 65**다**268 **전원합의체 판결**] 공유 부동산에 대한 소유 명의가 공유자 중의 한사람 앞으로 되어 있다 하더라도 그 공유자의 지분에 관한 한 실체관계에 부합하는 것이므로 이 부분의 말소 등기절차까지를 청구할 수는 없다.

⑤ (×) 공유지분포기의 효과를 묻는 지문이다. 공유자가 공유지분을 포기하는 행위는 상대방 있는 단독행위이므로 다른 공유자에게 지분이전등기를 마쳐야 물권변동의 효력이 생긴다. 공유지분을 포기한 공유자가 포기한 지분을 다른 공유자에게 이전하기 전에는 다른 공유자는 포기한 공유자에 대하여 지분권이전등기청구권을 가질 뿐이다. 공유지분 포기 후 지분이전등기 전에 다른 공유자의 지분이 경매로 매각된 때에는 경매절차 매수인은 경매의 목적인 지분권만을 취득할 뿐이고, 경매상 채무자의 지분이전등기청구권까지 당연히 취득하는 것은 아니다. 甲이 지분을 포기한 때에는 다른 공유자 乙은 甲에 대한 지분이전등기청구권을 취득하는데, 乙이 甲의 지분을 이전받기 전에 乙의 지분이 강제경매로 매각되어 丁이 그 지분권을 취득한 때에는 丁은 乙의 지분권만을 취득할 뿐이며, 乙의 甲에 대한 지분이전등기청구권까지 취득하는 것은 아니다. 따라서 丁은 甲의 상속인 丙에게 지분이전등기를 청구할 수 없다.

[**대법원** 2016. 10. 27. **선고** 2015**다**52978 **판결**] 민법 제267조는 '공유자가 그 지분을 포기하거나 상속인 없이 사망한 때에는 그 지분은 다른 공유자에게 각 지분의 비율로 귀속한다.'고 규정하고 있다. 여기서 공유지분의 포기는 법률행위로서 상대방 있는 단독행위에 해당하므로, 부동산 공유자의 공유지분 포기의 의사표시가 다른 공유자에게 도달하더라도 이로써 곧바로 공유지분 포기에 따른 물권변동의 효력이 발생하는 것은 아니고, 다른 공유자는 자신에게 귀속될 공유지분에 관하여 소유권이전등기청구권을 취득하며, 이후 민법 제186조에 의하여 등기를 하여야 공유지분 포기에 따른 물권변동의 효력이 발생한다. 그리고 부동산 공유자의 공유지분 포기에 따른 등기는 해당 지분에 관하여 다른 공유자 앞으로 소유권이전등기를 하는 형태가 되어야 한다(필자 주 : 토지공유자인 丙이 그의 공유지분을 포기한다는 의사표시를 甲 등 다른 공유자에게 하였으나, 甲 등 다른 공유자 앞으로 丙이 포기한 지분이 이전등기 되지 아니하고 있는 상태에서 甲의 공유지분을 강제경매절차에서 취득한 乙이 丙이 포기한 지분을 이전받아 이를 처분한 사안에서, 乙은 丙이 포기한 지분에 관해서는 소유권을 물론 그에 관한 이전등기청구권 등 어떠한 권원도 취득하였다고 할 수 없다는 점을 이유로 甲의 乙에 대한 부당이득반환청구를 인용한 원심판결을 수긍한 사례).

정답 ⑤

23. 공동소유에 관한 설명 중 옳은 것은? (다툼이 있는 경우 판례에 의함) [20 변호사]

① 공유물분할 소송절차에서 공유토지의 특정한 일부씩을 각각의 공유관계에 귀속시키는 것으로 현물분할하는 내용의 조정이 성립하였다면, 그 조정조서는 공유물분할판결과 동일한 효력을 가지는 것으로서 「민법」 제187조 소정의 '판결'에 해당하여 조정이 성립한 때 물권변동의 효력이 발생한다.

② 합유자 중 1인이 무단으로 합유 재산에 관하여 자신의 단독 소유로 소유권보존등기를 한 경우에는 그 소유권보존등기가 실질관계에 부합하지 않는 원인무효의 등기이므로, 다른 합유자는 등기명의인인 합유자를 상대로 소유권보존등기의 말소를 청구할 수 있다.

③ 甲, 乙이 각각 2/3, 1/3의 지분으로 X토지를 공유하던 중 丙이 X토지를 점유하면서 자기 명의로 원인무효의 소유권이전등기를 마친 경우, 甲이 공유물의 보존행위로 자기 지분에 관하여만 소유권이전등기 말소청구의 소를 제기하면 그로 인한 丙에 대한 취득시효 중단의 효력은 乙에게도 미친다.

④ 만약 1필지의 토지 중 특정 부분에 대한 구분소유적 공유관계를 표상하는 공유지분을 목적으로 하는 근저당권이 설정된 후, 구분소유하고 있는 특정 부분별로 독립한 필지로 분할되고 나아가 구분소유자 상호 간에 지분이전등기를 하여 구분소유적 공유관계가 해소되었다면, 그 근저당권은 근저당권설정자의 단독소유로 분할된 토지에 집중된다.

⑤ 만약 1필지의 토지 중 일부를 특정하여 매수하고 다만 그 소유권이전등기는 그 필지 전체에 관하여 공유지분 이전등기를 한 경우라면, 위 토지에 대한 제3자의 방해행위에 대하여 위와 같이 매수한 공유자는 자신이 구분소유하는 특정부분만 그 배제를 구할 수 있고, 전체 토지에 관하여는 그 배제를 구할 수 없다.

해설

① **(×)** 현물분할을 내용으로 하는 조정이 성립한 경우, 물권변동의 효력이 발생하는지를 묻는 지문이다. 조정은 본질적으로 당사자의 합의를 전제로 하는 것이므로 조정에 의한 물권변동은 법률행위로 인한 물권변동이므로 등기를 하여야 물권변동의 효력이 생긴다. 제186조가 적용되는 물권변동이지 제187조가 적용되는 물권변동은 아니다.

[**대법원** 2013. 11. 21. **선고** 2011**두**1917 **전원합의체 판결**] 공유물분할의 소송절차 또는 조정절차에서 공유자 사이에 공유토지에 관한 현물분할의 협의가 성립하여 그 합의사항을 조서에 기재함으로써 조정이 성립하였다고 하더라도, 그와 같은 사정만으로 재판에 의한 공유물분할의 경우와 마찬가지로 그 즉시 공유관계가 소멸하고 각 공유자에게 그 협의에 따른 새로운 법률관계가 창설되는 것은 아니고, 공유자들이 협의한 바에 따라 토지의 분필절차를 마친 후 각 단독소유로 하기로 한 부분에 관하여 다른 공유자의 공유지분을 이전받아 등기를 마침으로써 비로소 그 부분에 대한 대세적 권리로서의 소유권을 취득하게 된다고 보아야 한다.

② **(O)** 합유부동산에 관한 합유자 1인의 명의의 보존등기가 유효한지를 묻는 지문이다. 합유부동산은 합유라는 취지가 등기될 뿐이지 지분등기를 따로 할 수 없다. 합유부동산을 합유자 중 1인 명의로 단독의 소유권보존등기를 하였다면 합유지분 범위에서도 실체관계에 부합되는 등기라고 할 수 없으므로 그 등기는 무효이다. 따라서 다른 합유자는 합유물의 보존행위로서 소유권보존등기의 말소를 청구할 수 있다.

[**대법원** 2017. 8. 18. **선고** 2016**다**6309 **판결**] 합유재산을 합유자 1인의 단독소유로 소유권보존등기를 한 경우에는 소유권보존등기가 실질관계에 부합하지 않는 원인무효의 등기이므로, 다른 합유자는 등기

명의인인 합유자를 상대로 소유권보존등기 말소청구의 소를 제기하는 등의 방법으로 원인무효의 등기를 말소시킨 다음 새로이 합유의 소유권보존등기를 신청할 수 있다.

③ **(×)** 공유자 1인의 취득시효 중단행위의 효력을 묻는 지문이다. 소멸시효 중단과 마찬가지로 상대적 효력이 있을 뿐이다. 공유자 1인이 재판상 청구를 하여 취득시효를 중단시켰다면 이는 재판상 청구를 한 공유자에 대한 관계에서 효력이 있을 뿐이며, 다른 공유자에게 효력이 미치지 않는다(제169조, 제247조).

[**대법원** 1997. 4. 25. **선고** 96**다**46484 **판결**] 시효중단의 효력은 당사자 및 그 승계인 간에만 미치는 바, 여기서 당사자라 함은 중단행위에 관여한 당사자를 가리키고 시효의 대상인 권리 또는 청구권의 당사자는 아니며, 승계인이라 함은 "시효중단에 관여한 당사자로부터 중단의 효과를 받는 권리를 그 중단효과 발생 이후에 승계한 자"를 뜻하고, 포괄승계인은 물론 특정승계인도 이에 포함된다.

④ **(×)** 구분소유적 공유지분에 관한 근저당권자에 대한 관계에서 구분소유적 공유관계가 해소되고 특정 부분이 단독소유로 변경되더라도 근저당권은 분할된 토지들 전부 위에 그대로 존속한다고 보아야 한다. 구분공유자 상호간에는 단독소유관계라고 하더라도 지분저당권자에 대한 관계에서는 여전히 공유관계이기 때문이다.

[**대법원** 2014. 6. 26. **선고** 2012**다**25944 **판결**] 1필지의 토지의 위치와 면적을 특정하여 2인 이상이 구분소유하기로 하는 약정을 하고 구분소유자의 공유로 등기하는 이른바 구분소유적 공유관계에 있어서, 1필지의 토지 중 특정 부분에 대한 구분소유적 공유관계를 표상하는 공유지분을 목적으로 하는 근저당권이 설정된 후 구분소유하고 있는 특정 부분별로 독립한 필지로 분할되고 나아가 구분소유자 상호 간에 지분이전등기를 하는 등으로 구분소유적 공유관계가 해소되더라도 그 근저당권은 종전의 구분소유적 공유지분의 비율대로 분할된 토지들 전부의 위에 그대로 존속하는 것이고, 근저당권설정자의 단독소유로 분할된 토지에 당연히 집중되는 것은 아니다.

⑤ **(×)** 구분소유적 공유의 대외적 관계를 묻는 지문이다. 대외적으로는 공유관계로 파악한다. [**대법원** 1994. 2. 8. **선고** 93**다**42986 **판결**] 제3자가 방해행위를 하고 있다면 구분공유자는 전체 토지에 관하여 그 배제를 구할 수 있다.

구분소유적 공유관계에 있는 자는 제3자의 방해행위가 있는 경우 자기의 구분소유 부분뿐 아니라 전체토지에 대하여 공유물의 보존행위로서 그 배제를 구할 수 있다. **정답** ②

24. 공동소유에 관한 설명 중 옳지 않은 것은? (다툼이 있는 경우 판례에 의함) [19 변호사]

① 토지공유자 중의 일부가 공유 토지의 특정 부분을 배타적으로 점유·사용하고 있는 경우, 비록 그 특정 부분의 면적이 자신들의 지분 비율에 상당하는 면적 범위 내라고 할지라도, 그 토지를 사용·수익 하지 않는 다른 공유자들에 대하여는 그 지분에 상응하는 부당이득을 반환할 의무가 있으며, 이 의무는 분할채무의 성질을 가진다.

② 제3자가 공유토지 전부에 대해 원인무효의 소유권이전등기를 경료한 경우 공유자 중 1인은 그 등기 전부의 말소를 청구할 수 있다.

③ 동업 목적의 조합체가 부동산을 조합재산으로 취득하면서 조합원들 명의로 공유등기를 하였다면, 그 공유등기는 조합체가 조합원들에게 각 지분에 관하여 명의신탁한 것으로 보아야 한다.

④ 비법인사단이 타인 간의 금전채무를 보증하는 행위는 총유물의 관리·처분행위에 해당하지 않으므로, 사원총회의 결의를 거치지 않았더라도 그것만으로 그 보증계약이 무효가 되는 것은 아니다.

⑤ 종중 소유 재산의 보존행위로서 소를 제기하는 경우, 종중결의를 거쳐 종중 명의로 하거나 그 구성원 전원이 당사자가 되어 필수적 공동소송의 형태를 취하여야 한다.

해설

① (×) 일부공유자들이 지분에 상응하는 면적을 배타적으로 사용하는 경우에도 다른 공유자들에 대해서는 부당이득반환의무를 부담하고, 다른 공유자들에 대하여 부담하는 부당이득반환의무는 불가분채무의 성질을 가진다.

[**대법원** 1991. 10. 8. **선고** 91**다**3901 **판결**] 공동의 점유·사용으로 말미암아 부담하게 되는 부당이득의 반환채무는 불가분적 이득의 상환으로서 특별한 사정이 없는 한 채무자들이 각자 채무 전부를 이행할 의무가 있는 불가분채무이다.

② (○) 원인무효의 등기를 말소하라는 청구는 공유물의 보존행위에 해당하므로 각 공유자가 단독으로 청구할 수 있다.

[**대법원** 1993. 5. 11. **선고** 92**다**52870 **판결**] 부동산의 공유자의 1인은 당해 부동산에 관하여 제3자 명의로 원인무효의 소유권이전등기가 경료되어 있는 경우 공유물에 관한 보존행위로서 제3자에 대하여 그 등기 전부의 말소를 구할 수 있다.

③ (○) [**대법원** 2006. 4. 13. **선고** 2003**다**25256 **판결**] 매수인들이 상호 출자하여 공동사업을 경영할 것을 목적으로 하는 조합이 조합재산으로서 부동산의 소유권을 취득하였다면 민법 제271조 제1항의 규정에 의하여 당연히 그 조합체의 합유물이 되고, 다만 그 조합체가 합유등기를 하지 아니하고 그 대신 조합원 1인의 명의로 소유권이전등기를 하였다면 이는 조합체가 그 조합원에게 명의신탁한 것으로 보아야 한다.

④ (○) [**대법원** 2007. 4. 19. **선고** 2004**다**60072·60089 **전원합의체 판결**] 민법 제275조·제276조 제1항에서 말하는 총유물의 관리 및 처분이라 함은 총유물 그 자체에 관한 이용·개량행위나 법률적·사실적 처분행위를 의미하는 것이므로, 비법인사단이 타인 간의 금전채무를 보증하는 행위는 총유물 그 자체의 관리·처분이 따르지 아니하는 단순한 채무부담행위에 불과하여 이를 총유물의 관리·처분행위라고 볼 수는 없다. 따라서 비법인사단인 재건축조합의 조합장이 채무보증계약을 체결하면서 조합규약에서 정한 조합 임원회의 결의를 거치지 아니하였다거나 조합원총회 결의를 거치지 않았다고 하더라도 그것만으로 바로 그 보증계약이 무효라고 할 수는 없다. 다만, 이와 같은 경우에 조합 임원회의의 결의 등을 거치도록 한 조합규약은 조합장의 대표권을 제한하는 규정에 해당하는 것이므로, 거래 상대방이 그와 같은 대표권 제한 및 그 위반 사실을 알았거나 과실로 인하여 이를 알지 못한 때에는 그 거래행위가 무효로 된다고 봄이 상당하며, 이 경우 그 거래 상대방이 대표권 제한 및 그 위반 사실을 알았거나 알지 못한 데에 과실이 있다는 사정은 그 거래의 무효를 주장하는 측이 이를 주장·입증하여야 한다.

⑤ (○) [**대법원** 2005. 9. 15. **선고** 2004**다**44971 **전원합의체 판결**] 민법 제276조 제1항은 "총유물의 관리 및 처분은 사원총회의 결의에 의한다", 같은 조 제2항은 "각 사원은 정관 기타의 규약에 좇아 총유물을 사용·수익할 수 있다"라고 규정하고 있을 뿐 공유나 합유의 경우처럼 보존행위는 그 구성원 각자가 할 수 있다는 민법 제265조 단서 또는 제272조 단서와 같은 규정을 두고 있지 아니한 바, 이는 법인 아닌 사단의 소유형태인 총유가 공유나 합유에 비하여 단체성이 강하고 구성원 개인들의 총유재산에 대한 지분권이 인정되지 아니하는 데에서 나온 당연한 귀결이라고 할 것이므로 총유재산에 관한 소송은 법인 아닌 사단이 그 명의로 사원총회의 결의를 거쳐 하거나 또는 그 구성원 전원이 당사자가 되어 필수적 공동소송의 형태로 할 수 있을 뿐 그 사단의 구성원은 설령 그가 사단의 대표자라거나 사원총회의 결의를 거쳤다 하더라도 그 소송의 당사자가 될 수 없고, 이러한 법리는 총유재산의 보존행위로서 소를 제기하는 경우에도 마찬가지라 할 것이다. 정답 ①

25. **甲과 乙은 매도인으로부터 X 토지 중 절반씩을 위치를 특정하여 매수하면서 각자 구분소유하기로 하고, 등기부상 각 1/2 공유지분으로 등기하였다. 甲은 X 토지 중 자신의 매수 부분 지상에 Y 주택을 건축하고 이를 丙에게 임대하여 丙이 전입신고를 하지 아니한 채 입주를 마쳤다. 甲은 Y 주택에 저당권을 설정했는데 그 저당권이 실행되어 A가 Y 주택 소유권을 취득하였다. 이에 관한 설명 중 옳은 것을 모두 고른 것은? (각 지문은 독립적이며, 다툼이 있는 경우 판례에 의함)** [18 변호사]

ㄱ. 인근 토지 소유자 丁이 X 토지 중 乙 매수 부분을 침범하여 건축행위를 하는 경우 甲이 방해배제를 청구할 수 있다.
ㄴ. 乙이 Y 주택을 철거하기 위한 사전작업으로 丙을 상대로 Y 주택에서의 퇴거를 청구할 수 있다.
ㄷ. 甲이 등기부상 공유관계를 해소하고자 하는데 乙이 협조하지 않는 경우 공유물분할 청구의 소를 제기할 수 있다.

① ㄱ ② ㄴ ③ ㄷ
④ ㄱ, ㄴ ⑤ ㄱ, ㄷ

해설

※ 구분소유적 공유관계를 둘러싼 법적 분쟁을 묻는 사례문제이다.

ㄱ. (O) 구분공유자가 제3자에 대한 관계에서 가지는 지위를 묻는 지문이다. 구분공유자는 제3자에 대한 관계에서 공유자로서의 지위를 가진다. 제3자가 불법으로 점유하는 때에는 구분공유자는 공유자로서 제3자에 대하여 토지 전부에 관한 방해배제를 청구할 수 있다. 甲은 자신의 특정부분뿐만 아니라 乙의 특정부분을 침해하는 丁에 대해서는 공유자로서 방해배제를 청구할 수 있다.
[**대법원** 1994. 2. 8. **선고** 93**다**42986 **판결**] 구분소유적 공유관계에 있는 자는 제3자의 방해행위가 있는 경우 자기의 구분소유 부분뿐 아니라 전체토지에 대하여 공유물의 보존행위로서 그 배제를 구할 수 있다.

ㄴ. (×) 구분공유자 상호간의 관계를 묻는 지문이다. 구분공유자는 각 특정부분을 단독으로 소유한다. 구분공유자 乙은 구분공유자 甲이 그의 특정부분에 건축한 Y주택의 철거를 청구할 수 없고 그 결과 Y주택을 임차한 丙을 상대로 퇴거를 청구할 수 없다.
[**대법원** 1968. 7. 30. **선고** 65**다**1221 **판결**] 1필의 토지를 수인이 각각 일부분씩 구분 특정하여 매수하고 편의상 전원공유명의로 이전등기를 하였을 경우에는 특별한 사정이 없으면 매수인들 사이의 내부관계에 있어서는 각 매수인은 각자 자기 매수부분을 독점사용할 수 있다.

ㄷ. (×) 구분공유자가 구분공유를 해소하기 위해서는 상호명의신탁을 해지하고 소유권이전등기를 청구하여야 하고, 공유물분할청구를 할 수는 없다.
[**대법원** 1989. 9. 12. **선고** 88**다카**10517 **판결**] 공유지분권을 주장하지 아니하고 목적물의 특정부분을 소유한다고 주장하는 자는 그 부분에 대하여 신탁적으로 지분등기를 가지고 있는 자들을 상대로 하여 그 특정부분에 대한 명의신탁해지를 원인으로 한 지분이전등기절차의 이행만을 구하면 될 것이고 공유물분할청구를 할 수 없다 할 것이다.

정답 ①

26. 공유물분할청구의 소에 관한 설명 중 옳지 않은 것은? (다툼이 있는 경우 판례에 의함) [18 변호사]

① 구분소유적 공유관계에 있는 토지의 특정부분을 구분소유하는 자는 그 부분에 대하여 신탁적으로 지분등기를 가지고 있는 자를 상대로 그 부분에 대한 명의신탁해지를 원인으로 한 지분이전등기절차의 이행을 구할 수 있으나, 그 토지 전체에 대한 공유물분할청구의 소를 제기하는 것은 허용되지 않는다.

② 공유부동산을 처분하여 그 대금을 분배하기로 한 재판상 화해조항의 실현을 위하여 그 부동산을 경매에 부쳐 경매대금에서 경매비용 등을 공제한 나머지 대금의 분배를 구하는 소는 허용되지 않는다.

③ 공동상속인은 상속재산의 분할에 관하여 공동상속인 사이에 협의가 성립되지 아니하거나 협의할 수 없는 경우, 「가사소송법」이 정하는 바에 따라 가정법원에 상속재산분할심판을 청구할 수 있을 뿐, 상속재산에 속하는 개별 재산에 관하여 「민법」 제268조에 따라 공유물분할청구의 소를 제기하는 것은 허용되지 않는다.

④ 공유물분할판결이 확정된 후 10년이 경과하면 그 판결로 확정된 공유물분할청구권은 시효완성으로 소멸한다.

⑤ 공유물분할청구의 소가 적법하게 제기되어 계속 중 사실심 변론종결 전에 공유자 중 1인인 甲의 공유지분이 공유자 아닌 乙에게 양도되었다면, 乙은 사실심 변론종결 시까지 「민사소송법」상 승계참가나 소송인수 등의 방식으로 소송의 당사자가 되어야 하며, 만일 그렇게 되지 않은 경우에 위 소는 부적법한 것이 된다.

해설

① (O) 구분소유적 공유자에게 공유물분할청구권이 인정되는지를 묻는 지문이다. 구분공유자는 상호간 공유자의 지위를 가지지 않는다. 공유물분할청구가 허용되지 않는다.

[**대법원** 1989. 9. 12. **선고** 88**다카**10517 **판결**] 공유지분권을 주장하지 아니하고 목적물의 특정부분을 소유한다고 주장하는 자는 그 부분에 대하여 신탁적으로 지분등기를 가지고 있는 자들을 상대로 하여 그 특정부분에 대한 <u>명의신탁해지를 원인으로 한 지분이전등기절차의 이행만을 구하면 될 것이고 공유물분할청구를 할 수 없다</u> 할 것이다.

② (O) 임의처분에 의한 대금분할을 내용으로 하는 재판상 화해가 성립한 경우, 경매에 의한 대금분배를 구하는 소가 허용되는지를 묻는 지문이다. 이는 결국 법적 근거 없는 형성의 소가 허용되는지를 묻는 지문이다. 협의분할이 성립하였으므로 재판상 분할청구는 허용되지 않고, 경매에 의한 대금분배를 구하는 소는 일종의 형성의 소이나 이에 관한 법적 근거가 없으므로 이는 허용되지 않는다.

[**대법원** 1993. 9. 14. **선고** 92**다**35462 **판결**] 화해조항의 실현을 위하여 부동산을 경매에 붙여 그 경매대금에서 경매비용 등을 공제한 나머지 대금을 원고들 및 피고들에게 배당할 것을 구하는 소는 그 청구의 성질상 형성의 소라 할 것인데 재판상 화해의 실현을 위하여 부동산을 경매에 붙여 대금의 분배를 구하는 소를 제기할 수 있다는 아무런 법률상의 근거가 없으므로 위와 같은 소는 허용될 수 없다.

③ (O) 공동상속인은 상속재산의 분할에 관하여 공동상속인 사이에 협의가 성립되지 아니하거나 협의할 수 없는 경우에 가사소송법이 정하는 바에 따라 가정법원에 상속재산분할심판을 청구할 수 있을 뿐이고, 상속재산에 속하는 개별 재산에 관하여 민법 제268조의 규정에 따라 공유물분할청구의 소를 제기하는 것은 허용되지 않는다(대법원 2015. 8. 13. 선고 2015다18367 판결).

④ **(×)** 공유물분할청구권은 소멸시효의 대상이 되지 아니하는 권리이다. 공유물분할판결이 확정되었더라도 소멸시효의 대상이 되지 아니하는 권리가 소멸시효의 대상으로 바뀌는 것은 아니다.
[**대법원** 1981. 3. 24. **선고** 80**다**1888·1889 **판결**] 민법 제165조의 규정은 단기의 소멸시효에 걸리는 것이라도 확정판결을 받은 권리의 소멸시효는 10년으로 한다는 뜻일 뿐 10년보다 장기의 소멸시효를 10년으로 단축한다는 의미도 아니고 본래 소멸시효의 대상이 아닌 권리가 확정판결을 받음으로써 10년의 소멸시효에 걸린다는 뜻도 아니다.

⑤ **(○)** 공유물분할에 관한 소송계속 중 변론종결일 전에 공유자 중 1인인 甲의 공유지분의 일부가 乙 및 丙 주식회사 등에게 이전된 사안에서, 변론종결 시까지 민사소송법 제81조에서 정한 승계참가나 민사소송법 제82조에서 정한 소송인수 등의 방식으로 일부 지분권을 이전받은 자가 소송의 당사자가 되었어야 함에도 그렇지 못하였으므로 위 소송 전부가 부적법하게 된다는 것에, 대법 2014. 1. 29. 2013다78556.

정답 ④

27. **권리의 귀속형태 및 그 법률관계에 대한 내용이다. 각 괄호 안에 들어갈 용어를 올바르게 나열한 것은? (다툼이 있는 경우 판례에 의함)** [17 변호사]

> ○ 수인이 전매차익을 얻으려는 공동의 목적 달성을 위해 부동산을 공동으로 매수한 경우, 공동사업을 경영할 목적이 있었다고 인정되지 않으면 위 부동산에 대한 매수인들 사이의 소유관계는 (A)이다.
> ○ 1동의 건물 중 각 일부분의 위치 및 면적이 특정되지 않거나 구조상·이용상 독립성이 인정되지 아니하지만 공유자들 사이에 이를 구분소유하기로 하는 취지의 약정을 하고 공유등기를 한 경우, (B)가 성립한다.
> ○ 구분소유적 공유관계에 있어서, 1필지의 토지 중 특정 부분에 대한 구분소유적 공유관계를 표상하는 공유지분을 목적으로 하는 근저당권이 설정된 후 구분소유자 상호 간에 지분이전등기를 하여 구분소유적 공유관계가 해소된 경우, 그 근저당권은 (C).
> ○ 수인의 채권자가 각기 채권을 담보하기 위하여 채무자와 채무자 소유의 부동산에 관하여 수인의 채권자를 공동매수인으로 하는 1개의 매매예약을 체결하고 그에 따라 수인의 채권자 공동명의로 그 부동산에 가등기를 마친 경우, 수인의 채권자가 공동으로 매매예약완결권을 가지는 관계인지 아니면 채권자 각자의 지분별로 별개의 독립적인 매매예약완결권을 가지는 관계인지는 (D)에 따라야 한다.

	A	B	C	D
①	공유관계	공유관계	종전의 구분소유적 공유지분의 비율대로 분할된 토지들 전부의 위에 그대로 존속한다	매매예약의 내용
②	합유관계	공유관계	종전의 구분소유적 공유지분의 비율대로 분할된 토지들 전부의 위에 그대로 존속한다	매매예약의 내용
③	공유관계	구분소유적 공유관계	종전의 구분소유적 공유지분의 비율대로 분할된 토지들 전부의 위에 그대로 존속한다	공유관계의 법리

④	공유관계	구분소유적 공유관계	근저당권설정자의 단독소유로 분할된 토지에 집중된다	공유관계의 법리
⑤	합유관계	공유관계	근저당권설정자의 단독소유로 분할된 토지에 집중된다	매매예약의 내용

해설

A **[공유]** 전매차익을 목적으로 부동산을 공동으로 매수한 경우 매수인들의 부동산 소유관계를 묻는 지문이다. 공동사업을 경영할 목적이 있는 때에는 조합체에서 매수한 것이므로 합유라고 보아야 하지만, 단순히 공동의 목적달성을 위하여 협력하는 정도라면 공유라고 보아야 한다.

[**대법원** 2007. 6. 14. **선고** 2005**다**5140 **판결**] 민법상 조합계약은 2인 이상이 상호 출자하여 공동으로 사업을 경영할 것을 약정하는 계약으로서, 특정한 사업을 공동 경영하는 약정에 한하여 이를 조합계약이라 할 수 있고, 공동의 목적 달성이라는 정도만으로는 조합의 성립요건을 갖추었다고 할 수 없다(필자 註 : 부동산의 공동매수인들이 전매차익을 얻으려는 '공동의 목적 달성'을 위해 상호 협력한 것에 불과하고 이를 넘어 '공동사업을 경영할 목적'이 있었다고 인정되지 않는 경우, 이들 사이의 법률관계는 공유관계에 불과할 뿐 민법상 조합이 아니라고 한 사례).

B **[공유]** 구분소유적 공유의 요건을 묻는 지문이다. 구분소유에 관한 합의가 있어야 할 뿐만 아니라 각 특정부분이 독립한 물건으로 될 수 있어야 한다. 각 부분의 위치가 특정되어 있지 않거나 각 부분이 구조상·이용상 독립성이 없다면 독립물이 될 수 없으므로 비록 구분소유에 관한 합의가 있더라도 구분소유적 공유관계가 성립할 수는 없다.

[**대법원** 2014. 2. 27. **선고** 2011**다**42430 **판결**] 1동의 건물 중 위치 및 면적이 특정되고 구조상·이용상 독립성이 있는 일부분씩을 2인 이상이 구분소유하기로 하는 약정을 하고 등기만은 편의상 각 구분소유의 면적에 해당하는 비율로 공유지분등기를 하여 놓은 경우, 구분소유자들 사이에 공유지분등기의 상호명의신탁관계 내지 건물에 대한 구분소유적 공유관계가 성립하지만, 1동 건물 중 각 일부분의 위치 및 면적이 특정되지 않거나 구조상·이용상 독립성이 인정되지 아니한 경우에는 공유자들 사이에 이를 구분소유하기로 하는 취지의 약정이 있다 하더라도 일반적인 공유관계가 성립할 뿐, 공유지분등기의 상호명의신탁관계 내지 건물에 대한 구분소유적 공유관계가 성립한다고 할 수 없다.

C **[종전의 구분소유적 공유지분의 비율대로 분할된 토지들 전부의 위에 그대로 존속한다.]** 구분소유적 공유지분에 관한 근저당권이 설정된 후 구분소유관계가 해소된 경우에 근저당권에 미치는 효과를 묻는 지문이다. 근저당권설정자의 단독소유 부분으로 근저당권이 집중될 것인지 종전과 마찬가지로 각 토지부분의 지분저당권으로 존속할 것인지를 묻고 있다. 판례는 근저당권설정자의 특정부분으로 근저당권이 집중되지 않는다고 한다.

[**대법원** 2014. 6. 26. **선고** 2012**다**25944 **판결**] 1필지의 토지의 위치와 면적을 특정하여 2인 이상이 구분소유하기로 하는 약정을 하고 구분소유자의 공유로 등기하는 이른바 구분소유적 공유관계에 있어서, 1필지의 토지 중 특정 부분에 대한 구분소유적 공유관계를 표상하는 공유지분을 목적으로 하는 근저당권이 설정된 후 구분소유하고 있는 특정 부분별로 독립한 필지로 분할되고 나아가 구분소유자 상호 간에 지분이전등기를 하는 등으로 구분소유적 공유관계가 해소되더라도 그 근저당권은 종전의 구분소유적 공유지분의 비율대로 분할된 토지들 전부의 위에 그대로 존속하는 것이고, 근저당권설정자의 단독소유로 분할된 토지에 당연히 집중되는 것은 아니다.

D **[매매예약의 내용]** 수인의 채권자가 1개의 매매예약을 체결한 경우 예약완결권의 귀속형태를 묻는 지문이다. 예약의 내용에 따라 예약완결권의 준공유가 되기도 하고, 각 채권자가 독립적인 예약완결권을 가지기도 한다.

[**대법원** 2012. 2. 16. **선고** 2010**다**82530 **전원합의체 판결**] 수인의 채권자가 각기 채권을 담보하기 위하여 채무자와 채무자 소유의 부동산에 관하여 수인의 채권자를 공동매수인으로 하는 1개의 매매예약을 체결하고 그에 따라 수인의 채권자 공동명의로 그 부동산에 가등기를 마친 경우, 수인의 채권자가 공동으로 매매예약완결권을 가지는 관계인지 아니면 채권자 각자의 지분별로 별개의 독립적인 매매예약완결권을 가지는 관계인지는 매매예약의 내용에 따라야 하고, 매매예약에서 그러한 내용을 명시적으로 정하지 않은 경우에는 수인의 채권자가 공동으로 매매예약을 체결하게 된 동기 및 경위, 매매예약에 의하여 달성하려는 담보의 목적, 담보 관련 권리를 공동 행사하려는 의사의 유무, 채권자별 구체적인 지분권의 표시 여부 및 지분권 비율과 피담보채권 비율의 일치 여부, 가등기담보권 설정의 관행 등을 종합적으로 고려하여 판단하여야 한다(필자 주 : 甲이 乙에게 돈을 대여하면서 담보 목적으로 乙 소유의 부동산 지분에 관하여 乙의 다른 채권자들과 공동명의로 매매예약을 체결하고 각자의 채권액 비율에 따라 지분을 특정하여 가등기를 마친 사안에서, 甲이 단독으로 자신의 지분에 관한 매매예약완결권을 행사하여 그 지분에 관한 본등기절차 이행을 구할 수 있다고 본 원심판단을 정당하다고 한 사례). 정답 ①

28. 甲, 乙, 丙이 각각 1/6, 1/6, 2/3 지분으로 X 토지를 공유하고 있다. 乙은 甲, 丙과 상의 없이 A와 B에게 X 토지 전체를 무상으로 사용하도록 허락하였다. A와 B는 위와 같은 사정을 알면서 X 토지 지상에 Y 창고를 건축하여 각 1/2 지분 비율로 공유하고 있다. C는 Y 창고를 A와 B로부터 임차하여 점유·사용하고 있다. X 토지의 차임 상당액은 월 120만 원이고 Y 창고의 차임 상당액은 월 180만 원이다. 옳은 것을 모두 고른 것은? (차임 상당액에 대한 이자나 지연손해금은 고려하지 않고, 각 지문은 독립적이며, 다툼이 있는 경우 판례에 의함) [16 변호사]

ㄱ. 甲이 단독으로 A를 상대로 Y 창고 철거를 청구하는 경우 Y 창고 중 1/2 지분에 한하여 승소할 수 있다.
ㄴ. 甲이 단독으로 A를 상대로 부당이득 반환을 청구하는 경우 최대 월 10만 원의 비율에 의한 금원을 받을 수 있다.
ㄷ. 丙이 단독으로 C를 상대로 X 토지 인도를 청구하는 경우 전부 승소할 수 있다.

① ㄱ ② ㄴ ③ ㄷ
④ ㄱ, ㄷ ⑤ ㄴ, ㄷ

해설

ㄱ. **(O)** 토지의 소수지분권자가 소수지분권자로부터의 사용차주에 대하여 방해배제청구를 할 수 있는지 및 건물공유자 중 1인에 대하여 토지소유자의 건물철거청구 및 그 범위를 묻는 지문이다. 소수지분권자 혹은 그로부터 사용을 허락받는 제3자는 토지를 배타적으로 사용·수익할 수 없다. 소수지분권자는 다른 소수지분권자 혹은 그로부터 사용을 허락받은 제3자에 대하여 방해배제로서 건물철거를 청구할 수 있다. 한편, 건물공유자 1인에 대해서 토지소유자는 그 건물공유자의 지분범위에서 건물의 철거를 청구할 수 있다.

[**대법원** 1968. 7. 31. **선고** 68**다**1102 **판결**] 건물의 공동상속인 전원을 피고로 하여서만 건물의 철거청구를 할 수 있는 것은 아니고 공동상속인 중의 한 사람만을 상대로 그 상속분의 한도에서만 건물의 철거를 청구할 수 있다.

ㄴ. **(×)** 토지의 공유자 중 1인이 토지의 무단점유자에 대하여 임료 상당액의 부당이득반환의무를 청구할 수 있는지 및 무단점유자가 수인인 경우, 부당이득반환의무의 범위를 묻는 지문이다.

토지공유자 중 1인인 甲의 그의 지분 범위에서 부당이득반환을 청구할 수 있는 바, 토지의 차임상당액인 월 120만 원의 1/6인 월 20만원의 부당이득반환을 청구할 수 있다. 다만, 무단점유자가 A와 B이므로 각 월 10만 원의 부당이득반환을 청구하여야 하는지를 문제이다. A와 B는 건물의 공유자로서 건물부지인 토지를 사용하고 있는 것이므로 그에 따라 차임상당액의 부당이득반환의무는 불가분적으로 향유하는 이익의 대가로서의 성격을 가진다. 따라서 불가분채무로서 부당이득반환의무를 부담한다. 결국, 甲은 월 20만 원의 범위에서 부당이득반환청구를 할 수 있다.

[**대법원** 2002. 10. 11. **선고** 2000**다**17803 **판결**] 토지의 공유자는 각자의 지분 비율에 따라 토지 전체를 사용·수익할 수 있지만, 그 구체적인 사용·수익 방법에 관하여 공유자들 사이에 지분 과반수의 합의가 없는 이상, 1인이 그 전부를 배타적으로 점유·사용할 수 없는 것이므로, 공유자 중의 일부가 그 전부를 배타적으로 점유·사용하고 있다면, 다른 공유자들 중 지분은 있으나 사용·수익은 전혀 하지 않고 있는 자에 대하여는 그 자의 지분에 상응하는 부당이득을 하고 있다.

[**대법원** 1991. 10. 8. **선고** 91**다**3901 **판결**] 공동의 점유·사용으로 말미암아 부담하게 되는 부당이득의 반환채무는 불가분적 이득의 상환으로서 특별한 사정이 없는 한 채무자들이 각자 채무 전부를 이행할 의무가 있는 불가분채무이다.

ㄷ. **(×)** 토지의 과반수지분권자가 지상건물의 임차인에 대하여 토지인도를 청구할 수 있는지를 묻는 지문이다. 토지인도청구의 상대방은 토지의 점유자여야 하고, 토지가 건물의 부지인 때에는 토지의 점유자는 건물의 소유자이므로 지상건물의 임차인은 토지인도청구의 상대방이 될 수 없다.

[**대법원** 2008. 7. 10. **선고** 2006**다**39157 **판결**] 사회통념상 건물은 그 부지를 떠나서는 존재할 수 없는 것이므로 건물의 부지가 된 토지는 그 건물의 소유자가 점유하는 것으로 볼 것이고, 이 경우 건물의 소유자가 현실적으로 건물이나 그 부지를 점거하고 있지 아니하고 있더라도 그 건물의 소유를 위하여 그 부지를 점유한다고 보아야 한다. 한편, 미등기건물을 양수하여 건물에 관한 사실상의 처분권을 보유하게 됨으로써 그 양수인이 건물부지 역시 아울러 점유하고 있다고 볼 수 있는 등의 다른 특별한 사정이 없는 한 건물의 소유명의자가 아닌 자로서는 실제로 그 건물을 점유하고 있다고 하더라도 그 건물의 부지를 점유하는 자로는 볼 수 없다고 할 것이다. 정답 ①

29. **甲은 乙로부터 乙 소유 나대지인 X 토지 500㎡ 중 (A) 부분 200㎡를 특정하여 매수하고 합의에 따라 X 토지 중 2/5 지분에 관하여 소유권이전등기를 마쳤다. 옳은 것을 모두 고른 것은? (각 지문은 독립적이며, 다툼이 있는 경우 판례에 의함)** [16 변호사]

ㄱ. 丙이 무단으로 (A) 부분 토지를 점유하여 사용하는 경우 乙은 甲을 대위하지 않고 직접 丙에게 그 부분 토지의 인도를 청구할 수 있다.
ㄴ. 甲으로부터 (A) 부분 토지를 매수하였으나 등기를 마치지 아니한 丁은 甲을 대위하여 乙을 상대로 공유물 분할의 청구를 할 수 있다.
ㄷ. 甲과 乙이 X 토지 전체에 관하여 근저당권을 설정한 후 甲이 (A) 부분 지상에 건물을 건축하여 소유하던 중 위 근저당권이 실행되어 戊가 X 토지의 소유권을 취득한 경우 甲은 법정지상권을 주장할 수 없다.

① ㄱ ② ㄴ ③ ㄷ
④ ㄱ, ㄴ ⑤ ㄱ, ㄷ

해설

ㄱ. (O) 구분공유자 중 1인이 단독으로 무단점유자에 대하여 특정부분의 인도를 청구할 수 있는지를 묻는 지문이다. 대외적 관계에서 구분공유자의 지위는 공유자이고 공유자는 공유물의 보존행위로서 단독으로 무단점유자에 대하여 인도를 청구할 수 있다.
[**대법원** 1994. 2. 8. **선고** 93**다**42986 **판결**] 구분소유적 공유관계에 있는 자는 제3자의 방해행위가 있는 경우 자기의 구분소유 부분뿐 아니라 전체토지에 대하여 공유물의 보존행위로서 그 배제를 구할 수 있다.

ㄴ. (×) 구분공유자의 공유물분할청구가 허용되는지를 묻는 지문이다. 대내적 관계에서 구분공유자는 특정부분의 단독소유자이므로 공유자임을 전제로 하는 공유물분할청구는 허용되지 않는다.
[**대법원** 1989. 9. 12. **선고** 88**다카**10517 **판결**] 공유지분권을 주장하지 아니하고 목적물의 특정부분을 소유한다고 주장하는 자는 그 부분에 대하여 신탁적으로 지분등기를 가지고 있는 자들을 상대로 하여 그 특정부분에 대한 명의신탁해지를 원인으로 한 지분이전등기절차의 이행만을 구하면 될 것이고 공유물분할청구를 할 수 없다 할 것이다.

ㄷ. (O) 제366조의 법정지상권이 인정되는지를 묻는 지문이다. 제366조의 법정지상권이 인정되기 위해서는 저당권설정 당시에 건물이 존재하여야 한다. 구분공유의 대상인 토지 전체에 근저당권을 설정한 후에 구분공유자 甲의 건물이 신축되었으므로 제366조의 법정지상권은 인정되지 않는다.
[**대법원** 1995. 11. 21. **자** 95**마**1262 **결정**] 건물 없는 토지에 저당권이 설정된 후 저당권설정자가 그 위에 건물을 건축하였다가 담보권의 실행을 위한 경매절차에서 경매로 인하여 그 토지와 지상 건물이 소유자를 달리하였을 경우에는, 민법 제366조의 법정지상권이 인정되지 아니할 뿐만 아니라 관습상의 법정지상권도 인정되지 아니한다.

정답 ⑤

30. 甲, 乙, 丙은 나대지인 X 토지를 공유하고 있다. 甲, 乙, 丙의 지분은 각 3/5, 1/5, 1/5 이다. 다음 설명 중 옳지 않은 것을 모두 고른 것은? (다툼이 있는 경우 판례에 의함) [15 변호사]

ㄱ. 甲이 乙, 丙과 협의 없이 X 토지를 丁에게 임대한 경우, 乙은 丁에게 X 토지의 인도를 청구할 수 없다.
ㄴ. 甲이 乙, 丙과 협의 없이 X 토지를 丁에게 임대한 경우, 丁은 乙의 지분에 상응하는 차임상당액을 乙에게 부당이득으로 반환할 의무가 있다.
ㄷ. 乙이 甲, 丙과 협의 없이 X 토지를 배타적으로 점유하여 사용·수익하고 있는 경우, 丙은 乙에 대하여 X 토지의 인도를 청구할 수 있다.
ㄹ. 丙이 공유물분할청구의 소를 제기하는 경우, 甲과 乙 모두를 공동피고로 하여야 한다.

① ㄴ ② ㄱ, ㄷ ③ ㄴ, ㄷ
④ ㄷ, ㄹ ⑤ ㄱ, ㄴ, ㄹ

해설

ㄱ. (O) 과반수 지분권자가 다른 공유자 동의 없이 공유물을 임대할 수 있는지 및 그 경우 다른 공유자의 임차인에 대한 인도청구가 허용되는지를 묻는 지문이다. 공유물을 임대하는 행위는 공유물의 관리행위에 속하고, 공유물의 관리는 지분의 과반수로서 결정한다. 과반수 지분권자는 공유물의 관리에 속하는 행위를 단독으로 결정할 수 있고, 공유물을 배타적으로 사용·수익하는 방식으로 관리내용을 결정할 수 있다. 따라서 과반수지분권자는 단독으로 공유물 전부를 임대할 수 있고, 임차인의 점유는 적법한 점유이므로 다른 소수지분권자가 임차인에 대하여 인도를 청구할 수 없다.

[**대법원** 1991. 9. 24. **선고** 88**다카**33855 **판결**] 부동산에 관하여 과반수 공유지분을 가진 자는 공유자 사이에 공유물의 관리방법에 관하여 협의가 미리 없었다 하더라도 공유물의 관리에 관한 사항을 단독으로 결정할 수 있으므로 공유토지에 관하여 과반수 지분권을 가진 자가 그 공유토지의 특정된 한 부분을 배타적으로 사용·수익할 것을 정하는 것은 공유물의 관리방법으로서 적법하다.

ㄴ. **(×)** 과반수지분권자가 공유물을 임대한 경우 임차인이 다른 소수지분권자에 대하여 부당이득반환 의무를 부담하는지를 묻는 지문이다. 임차인은 적법한 임대차계약에 따라 목적물을 사용·수익하는 것이므로 그에 따른 이익을 법률상 원인 없는 이익이라고 할 수 없다. 그러나 과반수지분권자가 임료 전액을 보유하는 것은 다른 소수지분권자에 대한 관계에서 부당이득이 된다. 즉 소수지분권자는 과반수지분권자에 대하여 부당이득반환을 청구하여야 하고 임차인에 대하여 청구할 수는 없다.

[**대법원** 2002. 5. 14. **선고** 2002**다**9738 **판결**] 과반수 지분의 공유자는 공유자와 사이에 미리 공유물의 관리방법에 관하여 협의가 없었다 하더라도 공유물의 관리에 관한 사항을 단독으로 결정할 수 있으므로 과반수 지분의 공유자는 그 공유물의 관리방법으로서 그 공유토지의 특정된 한 부분을 배타적으로 사용·수익할 수 있으나, 그로 말미암아 지분은 있으되 그 특정 부분의 사용·수익을 전혀 하지 못하여 손해를 입고 있는 소수지분권자에 대하여 그 지분에 상응하는 임료 상당의 부당이득을 하고 있다 할 것이므로 이를 반환할 의무가 있다 할 것이나, 그 과반수 지분의 공유자로부터 다시 그 특정 부분의 사용·수익을 허락받은 제3자의 점유는 다수지분권자의 공유물관리권에 터잡은 적법한 점유이므로 그 제3자는 소수지분권자에 대하여도 그 점유로 인하여 법률상 원인 없이 이득을 얻고 있다고는 볼 수 없다.

ㄷ. **(×)** 소수지분권자가 공유물을 배타적으로 사용·수익하는 경우 다른 소수지분권자의 인도청구가 허용되는지를 묻는 지문이다. 소수지분권자의 인도청구는 보존행위의 범위를 벗어나는 것으로 허용되지 않는다는 것이 최근 판례이다.

[**대법원** 2020. 5. 21. **선고** 2018**다**287522 **전원합의체 판결**] (가) 공유물의 소수지분권자인 피고가 다른 공유자와 협의하지 않고 공유물의 전부 또는 일부를 독점적으로 점유하는 경우 다른 소수지분권자인 원고가 피고를 상대로 공유물의 인도를 청구할 수는 없다고 보아야 한다. 상세한 이유는 다음과 같다. ① 공유자 중 1인인 피고가 공유물을 독점적으로 점유하고 있어 다른 공유자인 원고가 피고를 상대로 공유물의 인도를 청구하는 경우, 그러한 행위는 공유물을 점유하는 피고의 이해와 충돌한다. 애초에 보존행위를 공유자 중 1인이 단독으로 할 수 있도록 한 것은 보존행위가 다른 공유자에게도 이익이 되기 때문이라는 점을 고려하면, 이러한 행위는 민법 제265조 단서에서 정한 보존행위라고 보기 어렵다. ② 피고가 다른 공유자를 배제하고 단독 소유자인 것처럼 공유물을 독점하는 것은 위법하지만, 피고는 적어도 자신의 지분 범위에서는 공유물 전부를 점유하여 사용·수익할 권한이 있으므로 피고의 점유는 지분비율을 초과하는 한도에서만 위법하다고 보아야 한다. 따라서 피고가 공유물을 독점적으로 점유하는 위법한 상태를 시정한다는 명목으로 원고의 인도청구를 허용한다면, 피고의 점유를 전면적으로 배제함으로써 피고가 적법하게 보유하는 '지분비율에 따른 사용·수익권'까지 근거 없이 박탈하는 부당한 결과를 가져온다. ③ 원고의 피고에 대한 물건 인도청구가 인정되려면 먼저 원고에게 인도를 청구할 수 있는 권원이 인정되어야 한다. 원고에게 그러한 권원이 없다면 피고의 점유가 위법하더라도 원고의 청구를 받아들일 수 없다. 그런데 원고 역시 피고와 마찬가지로 소수지분권자에 지나지 않으므로 원고가 공유자인 피고를 전면적으로 배제하고 자신만이 단독으로 공유물을 점유하도록 인도해 달라고 청구할 권원은 없다. ④ 공유물에 대한 인도판결과 그에 따른 집행의 결과는 원고가 공유물을 단독으로 점유하며 사용·수익할 수 있는 상태가 되어 '일부 소수지분권자가 다른 공유자를 배제하고 공유물을 독점적으로 점유'하는 인도 전의 위법한 상태와 다르지 않다. ⑤ 원고는 공유물을 독점적으로 점유하면서 원고의 공유지분권을 침해하고 있는 피고를 상대로 지분권에 기한 방해배제청구권을 행사함으로써 피고가 자의적으로 공유물을 독점하고 있는 위법 상태를 충분히 시정할 수 있다. 따라서 피고의 독점적 점유를 시정하기 위해 종래와 같이 피고로부터 공유물에 대한 점유를 빼앗아 원고에게 인도하는 방법, 즉 피고의 점유를 원고의

점유로 대체하는 방법을 사용하지 않더라도, 원고는 피고의 위법한 독점적 점유와 방해 상태를 제거하고 공유물이 본래의 취지에 맞게 공유자 전원의 공동 사용·수익에 제공되도록 할 수 있다.

(나) 공유자들은 공유물의 소유자로서 공유물 전부를 사용·수익할 수 있는 권리가 있고(민법 제263조), 이는 공유자들 사이에 공유물 관리에 관한 결정이 없는 경우에도 마찬가지이다. 공유물을 일부라도 독점적으로 사용할 수 없는 등 사용·수익의 방법에 일정한 제한이 있다고 하여, 공유자들의 사용·수익권이 추상적·관념적인 것에 불과하다거나 공유물 관리에 관한 결정이 없는 상태에서는 구체적으로 실현할 수 없는 권리라고 할 수 없다. 공유자들 사이에 공유물 관리에 관한 결정이 없는 경우 공유자가 다른 공유자를 배제하고 공유물을 독점적으로 점유·사용하는 것은 위법하여 허용되지 않지만, 다른 공유자의 사용·수익권을 침해하지 않는 방법으로, 즉 비독점적인 형태로 공유물 전부를 다른 공유자와 함께 점유·사용하는 것은 자신의 지분권에 기초한 것으로 적법하다. 일부 공유자가 공유물의 전부나 일부를 독점적으로 점유한다면 이는 다른 공유자의 지분권에 기초한 사용·수익권을 침해하는 것이다. 공유자는 자신의 지분권 행사를 방해하는 행위에 대해서 민법 제214조에 따른 방해배제청구권을 행사할 수 있고, 공유물에 대한 지분권은 공유자 개개인에게 귀속되는 것이므로 공유자 각자가 행사할 수 있다. 원고는 공유물의 종류(토지, 건물, 동산 등), 용도, 상태(피고의 독점적 점유를 전후로 한 공유물의 현황)나 당사자의 관계 등을 고려해서 원고의 공동 점유를 방해하거나 방해할 염려 있는 피고의 행위와 방해물을 구체적으로 특정하여 방해의 금지, 제거, 예방(작위·부작위의무의 이행)을 청구하는 형태로 청구취지를 구성할 수 있다. 법원은 이것이 피고의 방해 상태를 제거하기 위하여 필요하고 원고가 달성하려는 상태가 공유자들의 공동 점유 상태에 부합한다면 이를 인용할 수 있다.

(다) 이와 같이 공유물의 소수지분권자가 다른 공유자와 협의 없이 공유물의 전부 또는 일부를 독점적으로 점유·사용하고 있는 경우 다른 소수지분권자는 공유물의 보존행위로서 그 인도를 청구할 수는 없고, 다만 자신의 지분권에 기초하여 공유물에 대한 방해 상태를 제거하거나 공동 점유를 방해하는 행위의 금지 등을 청구할 수 있다고 보아야 한다.

ㄹ. (O) 공유물분할청구가 필수적 공동소송인지를 묻는 지문이다. 필수적 공동소송이라는 것이 대법원의 입장이다. 따라서 다른 공유자 전부를 피고로 하여야 한다.

[**대법원** 2014. 1. 29. **선고** 2013**다**78556 **판결**] 공유물분할청구의 소는 분할을 청구하는 공유자가 원고가 되어 다른 공유자 전부를 공동피고로 하여야 하는 고유필수적 공동소송이다. 정답 ③

31. **공동소유에 관한 설명 중 옳은 것은? (각 지문은 독립적이고, 다툼이 있는 경우에는 판례에 의함)**

[14 변호사]

① 甲이 乙과 함께 각 1/2의 지분으로 공유하고 있는 X 토지 전체를 단독으로 丙에게 임대한 경우에는 乙은 丙을 상대로 X 토지 전체의 인도를 청구할 수 있다.

② 甲 종중이 종중원 乙의 타인에 대한 대여금반환채무를 보증하는 행위는 장래 乙이 채무를 이행하지 아니하면 甲 종중이 보유하고 있는 현금이나 총유물을 처분하여 마련한 자금으로 그 채무를 만족시켜야 한다는 점에서 총유물의 처분행위에 해당한다고 보아야 하므로 甲 종중의 규약에 다른 정함이 없으면 종중총회의 결의가 있어야 유효하다.

③ 甲, 乙이 전매차익을 얻으려는 공동의 목적으로 X 토지를 함께 매수하여 소유권을 취득하면 X 토지는 당연히 甲, 乙의 합유에 속하므로 甲이 탈퇴하면 X 토지는 乙의 단독소유가 된다.

④ 공유물의 보존에 관한 민법 제265조의 규정은 총유물의 보존에 관하여도 적용되므로, 甲 종중의 종중원 乙은 그 종중원들의 총유에 속하는 X 토지를 무단으로 점유하고 있는 丙을 상대로 총유물의 보존행위를 이유로 단독으로 X 토지의 인도를 구할 수 있다.

⑤ 甲이 乙, 丙과 함께 X 토지를 각 1/3 지분으로 공유하고 있는 경우 공유물에 관한 보존행위를 이유로는 乙 명의의 1/3 지분에 관하여 원인 없이 丁 앞으로 마쳐진 소유권이전등기의 말소를 구할 수 없다.

해 설

① **(×)** 소수지분권자가 공유토지 전부를 단독으로 임대한 경우, 다른 소수지분권자가 임차인에 대하여 토지의 인도를 청구할 수 있는지를 묻는 지문이다. 소수지분권자는 공유물의 사용방법을 임의로 정할 수 없다. 소수지분권자가 단독으로 공유물을 임대한 것은 지분에 기한 사용으로도 부적법하고, 공유물관리권의 행사로도 부적법하다. 임차인의 점유는 불법점유일 수밖에 없다. 그러나 소수지분권자가 공유물의 보존행위로서 공유물을 독점사용하는 소수지분권자나 그로부터의 임차인 등에게 인도를 청구하는 것은 공유자간 이해충돌을 야기하는 행위로서 보존행위로 볼 수 없으므로 허용되지 않는다.

[**대법원** 2020. 5. 21. **선고** 2018**다**287522 **전원합의체 판결**] (가) 공유물의 소수지분권자인 피고가 다른 공유자와 협의하지 않고 공유물의 전부 또는 일부를 독점적으로 점유하는 경우 다른 소수지분권자인 원고가 피고를 상대로 공유물의 인도를 청구할 수는 없다고 보아야 한다. 상세한 이유는 다음과 같다. ① 공유자 중 1인인 피고가 공유물을 독점적으로 점유하고 있어 다른 공유자인 원고가 피고를 상대로 공유물의 인도를 청구하는 경우, 그러한 행위는 공유물을 점유하는 피고의 이해와 충돌한다. 애초에 보존행위를 공유자 중 1인이 단독으로 할 수 있도록 한 것은 보존행위가 다른 공유자에게도 이익이 되기 때문이라는 점을 고려하면, 이러한 행위는 민법 제265조 단서에서 정한 보존행위라고 보기 어렵다. ② 피고가 다른 공유자를 배제하고 단독 소유자인 것처럼 공유물을 독점하는 것은 위법하지만, 피고는 적어도 자신의 지분 범위에서는 공유물 전부를 점유하여 사용·수익할 권한이 있으므로 피고의 점유는 지분비율을 초과하는 한도에서만 위법하다고 보아야 한다. 따라서 피고가 공유물을 독점적으로 점유하는 위법한 상태를 시정한다는 명목으로 원고의 인도청구를 허용한다면, 피고의 점유를 전면적으로 배제함으로써 피고가 적법하게 보유하는 '지분비율에 따른 사용·수익권'까지 근거 없이 박탈하는 부당한 결과를 가져온다. ③ 원고의 피고에 대한 물건 인도청구가 인정되려면 먼저 원고에게 인도를 청구할 수 있는 권원이 인정되어야 한다. 원고에게 그러한 권원이 없다면 피고의 점유가 위법하더라도 원고의 청구를 받아들일 수 없다. 그런데 원고 역시 피고와 마찬가지로 소수지분권자에 지나지 않으므로 원고가 공유자인 피고를 전면적으로 배제하고 자신만이 단독으로 공유물을 점유하도록 인도해 달라고 청구할 권원은 없다. ④ 공유물에 대한 인도 판결과 그에 따른 집행의 결과는 원고가 공유물을 단독으로 점유하며 사용·수익할 수 있는 상태가 되어 '일부 소수지분권자가 다른 공유자를 배제하고 공유물을 독점적으로 점유'하는 인도 전의 위법한 상태와 다르지 않다. ⑤ 원고는 공유물을 독점적으로 점유하면서 원고의 공유지분권을 침해하고 있는 피고를 상대로 지분권에 기한 방해배제청구권을 행사함으로써 피고가 자의적으로 공유물을 독점하고 있는 위법 상태를 충분히 시정할 수 있다. 따라서 피고의 독점적 점유를 시정하기 위해 종래와 같이 피고로부터 공유물에 대한 점유를 빼앗아 원고에게 인도하는 방법, 즉 피고의 점유를 원고의 점유로 대체하는 방법을 사용하지 않더라도, 원고는 피고의 위법한 독점적 점유와 방해 상태를 제거하고 공유물이 본래의 취지에 맞게 공유자 전원의 공동 사용·수익에 제공되도록 할 수 있다.

(나) 공유자들은 공유물의 소유자로서 공유물 전부를 사용·수익할 수 있는 권리가 있고(민법 제263조), 이는 공유자들 사이에 공유물 관리에 관한 결정이 없는 경우에도 마찬가지이다. 공유물을 일부라도 독점적으로 사용할 수 없는 등 사용·수익의 방법에 일정한 제한이 있다고 하여, 공유자들의 사용·수익권이 추상적·관념적인 것에 불과하다거나 공유물 관리에 관한 결정이 없는 상태에서는 구체적으로 실현할 수 없는 권리라고 할 수 없다. 공유자들 사이에 공유물 관리에 관한 결정이 없는 경우 공유자가 다른 공유자를 배제하고 공유물을 독점적으로 점유·사용하는 것은 위법하여 허용되지 않

지만, 다른 공유자의 사용·수익권을 침해하지 않는 방법으로, 즉 비독점적인 형태로 공유물 전부를 다른 공유자와 함께 점유·사용하는 것은 자신의 지분권에 기초한 것으로 적법하다. 일부 공유자가 공유물의 전부나 일부를 독점적으로 점유한다면 이는 다른 공유자의 지분권에 기초한 사용·수익권을 침해하는 것이다. 공유자는 자신의 지분권 행사를 방해하는 행위에 대해서 민법 제214조에 따른 방해배제청구권을 행사할 수 있고, 공유물에 대한 지분권은 공유자 개개인에게 귀속되는 것이므로 공유자 각자가 행사할 수 있다. 원고는 공유물의 종류(토지, 건물, 동산 등), 용도, 상태(피고의 독점적 점유를 전후로 한 공유물의 현황)나 당사자의 관계 등을 고려해서 원고의 공동 점유를 방해하거나 방해할 염려 있는 피고의 행위와 방해물을 구체적으로 특정하여 방해의 금지, 제거, 예방(작위·부작위 의무의 이행)을 청구하는 형태로 청구취지를 구성할 수 있다. 법원은 이것이 피고의 방해 상태를 제거하기 위하여 필요하고 원고가 달성하려는 상태가 공유자들의 공동 점유 상태에 부합한다면 이를 인용할 수 있다.

(다) 이와 같이 공유물의 소수지분권자가 다른 공유자와 협의 없이 공유물의 전부 또는 일부를 독점적으로 점유·사용하고 있는 경우 다른 소수지분권자는 공유물의 보존행위로서 그 인도를 청구할 수는 없고, 다만 자신의 지분권에 기초하여 공유물에 대한 방해 상태를 제거하거나 공동 점유를 방해하는 행위의 금지 등을 청구할 수 있다고 보아야 한다.

② **(×)** 비법인사단인 종중이 타인의 금전채무를 보증하는 행위가 총유재산의 관리 및 처분행위에 해당하는지를 묻는 지문이다. 대법원은 총유물의 관리 및 처분행위를 '총유물 그 자체에 관한 법률적·사실적 처분행위와 이용·개량행위'라고 보고 있다(대법원 2003. 7. 22. 선고 2002다64780 판결 등 다수). 타인간의 금전채무를 보증하는 행위는 총유물 그 자체의 관리·처분이 따르지 아니하는 단순한 채무부담행위에 불과하여 총유물의 관리·처분행위라고 볼 수 없다는 것이 대법원의 입장이다(대법원 2007. 4. 19. 선고 2004다60072·60089 전원합의체 판결). 따라서 특별한 정관의 정함이 없는 한 종중총회의 결의가 있어야 하는 것은 아니다.

[**대법원** 2007. 4. 19. **선고** 2004**다**60072·60089 **전원합의체 판결**] 민법 제275조·제276조 제1항에서 말하는 총유물의 관리 및 처분이라 함은 총유물 그 자체에 관한 이용·개량행위나 법률적·사실적 처분행위를 의미하는 것이므로, 비법인사단이 타인 간의 금전채무를 보증하는 행위는 총유물 그 자체의 관리·처분이 따르지 아니하는 단순한 채무부담행위에 불과하여 이를 총유물의 관리·처분행위라고 볼 수는 없다. 따라서 비법인사단인 재건축조합의 조합장이 채무보증계약을 체결하면서 조합규약에서 정한 조합 임원회의 결의를 거치지 아니하였다거나 조합원총회 결의를 거치지 않았다고 하더라도 그것만으로 바로 그 보증계약이 무효라고 할 수는 없다. 다만, 이와 같은 경우에 조합 임원회의의 결의 등을 거치도록 한 조합규약은 조합장의 대표권을 제한하는 규정에 해당하는 것이므로, 거래 상대방이 그와 같은 대표권 제한 및 그 위반 사실을 알았거나 과실로 인하여 이를 알지 못한 때에는 그 거래행위가 무효로 된다고 봄이 상당하며, 이 경우 그 거래 상대방이 대표권 제한 및 그 위반 사실을 알았거나 알지 못한 데에 과실이 있다는 사정은 그 거래의 무효를 주장하는 측이 이를 주장·입증하여야 한다.

③ **(×)** 전매차익을 얻으려는 공동의 목적으로 토지를 함께 매수하여 소유권을 취득한 경우, 그 소유형태를 묻는 지문이다. 토지를 공동으로 매수한 경우, 그 토지가 조합체의 재산으로 조합원의 합유에 속하기 위해서는 단순히 공동의 목적 달성을 위한 정도를 넘어 공동사업을 경영할 목적이 있어야 한다. 전매차익을 얻으려는 공동의 목적으로 토지를 함께 매수한 것이라면 공동사업을 경영할 목적이 있었다고 할 수 없으므로 이를 조합체에서 매수한 것으로 볼 수는 없다.

[**대법원** 2007. 6. 14. **선고** 2005**다**5140 **판결**] 민법상 조합계약은 2인 이상이 상호 출자하여 공동으로 사업을 경영할 것을 약정하는 계약으로서, 특정한 사업을 공동 경영하는 약정에 한하여 이를 조합계약이라 할 수 있고, 공동의 목적 달성이라는 정도만으로는 조합의 성립요건을 갖추었다고 할 수 없다(필자 註 : 부동산의 공동매수인들이 전매차익을 얻으려는 '공동의 목적 달성'을 위해 상호 협력한

것에 불과하고 이를 넘어 '공동사업을 경영할 목적'이 있었다고 인정되지 않는 경우, 이들 사이의 법률관계는 공유관계에 불과할 뿐 민법상 조합이 아니라고 한 사례).

④ **(×)** 비법인사단의 구성원이 단독으로 총유인 토지의 인도를 청구할 수 있는지를 묻는 지문이다. 공유물의 보존에 관한 민법 제265조는 총유물의 보존에 관해서는 적용되지 않는다. 총유재산에 관한 관리 및 처분권능을 구성원의 총합체인 비법인사단에게 있고, 총유물의 관리행위에 보존행위가 포함된다. 따라서 비법인사단의 구성원은 단독으로 총유물의 보존행위에 속하는 행위를 할 수 없다.

[**대법원** 2005. 9. 15. **선고** 2004**다**44971 **전원합의체 판결**] 민법 제276조 제1항은 "총유물의 관리 및 처분은 사원총회의 결의에 의한다", 같은 조 제2항은 "각 사원은 정관 기타의 규약에 좇아 총유물을 사용·수익할 수 있다"라고 규정하고 있을 뿐 공유나 합유의 경우처럼 보존행위는 그 구성원 각자가 할 수 있다는 민법 제265조 단서 또는 제272조 단서와 같은 규정을 두고 있지 아니한 바, 이는 법인 아닌 사단의 소유형태인 총유가 공유나 합유에 비하여 단체성이 강하고 구성원 개인들의 총유재산에 대한 지분권이 인정되지 아니하는 데에서 나온 당연한 귀결이라고 할 것이므로 총유재산에 관한 소송은 법인 아닌 사단이 그 명의로 사원총회의 결의를 거쳐 하거나 또는 그 구성원 전원이 당사자가 되어 필수적 공동소송의 형태로 할 수 있을 뿐 그 사단의 구성원은 설령 그가 사단의 대표자라거나 사원총회의 결의를 거쳤다 하더라도 그 소송의 당사자가 될 수 없고, 이러한 법리는 총유재산의 보존행위로서 소를 제기하는 경우에도 마찬가지라 할 것이다(필자 註 : 이 판결은 종래 대표자 이름으로 한 소송행위라도 사원총회결의 등의 요건을 갖춘 경우에는 허용된다는 취지의 판결들(대법원 1994. 4. 26. 선고 93다51591 판결 등)을 폐기하고, 비법인사단의 명의로 소송행위를 하거나, 구성원 전원이 당사자가 되어 필수적 공동소송의 형태로 소송행위를 할 수 있을 뿐이라고 판단하고 있다).

⑤ **(○)** 공유지분권자가 다른 공유자지분권자의 지분권 침해를 원인으로 보존행위에 기하여 등기말소를 청구할 수 있는지를 묻는 지문이다. 자신의 지분권이 침해되지 않은 상태에서 다른 공유지분권자의 지분권침해를 원인으로 하는 등기말소청구는 공유물의 보존행위라고 할 수 없다는 것이 대법원의 입장이다.

[**대법원** 2010. 1. 14. **선고** 2009**다**67429 **판결**] 원고가 피고에 대하여 피고 명의로 마쳐진 소유권보존등기의 말소를 구하려면 먼저 원고에게 그 말소를 청구할 수 있는 권원이 있음을 적극적으로 주장·증명하여야 하며, 만일 원고에게 이러한 권원이 있음이 인정되지 않는다면 설사 피고 명의의 소유권보존등기가 말소되어야 할 무효의 등기라고 하더라도 원고의 청구를 인용할 수 없다 할 것인바, 부동산의 공유자의 1인은 당해 부동산에 관하여 제3자 명의로 원인무효의 소유권이전등기가 경료되어 있는 경우 공유물에 관한 보존행위로서 제3자에 대하여 그 등기 전부의 말소를 구할 수 있으나, 공유자가 다른 공유자의 지분권을 대외적으로 주장하는 것을 공유물의 멸실·훼손을 방지하고 공유물의 현상을 유지하는 사실적·법률적 행위인 공유물의 보존행위에 속한다고 할 수 없으므로, 자신의 소유지분을 침해하는 지분 범위를 초과하는 부분에 대하여 공유물에 관한 보존행위로서 무효라고 주장하면서 그 부분 등기의 말소를 구할 수는 없다(필자 註 : ㈀ 본 사안의 사실관계를 요약하면 다음과 같다. 3인의 부동산 공유자 중 1인(乙)이 다른 공유자 1인(丙)이 사망한 것을 기화로 사망한 자(丙)의 지분이전등기를 넘겨받았다. 그런데 나머지 공유자(甲)가 지분이전등기는 원인무효의 등기로서 무효임을 이유로 말소를 청구하고 있다. ㈁ 지분이전등기가 원인무효라고 하더라도 그 말소를 청구하기 위해서는 청구하는 자에게 그와 같은 권원이 있어야 한다. 사안에서 자신의 지분권이 전혀 침해되지 아니한 공유자가 공유물에 관한 보존행위로 원인무효의 등기말소를 청구하는 것이 허용되는지가 쟁점이다. ㈂ 대법원은 다른 공유자의 지분권을 대외적으로 주장하는 행위가 공유물의 보존행위는 아니라는 전제에서 그와 같은 말소청구는 허용되지 아니한다고 판단하였다.).

정답 ⑤

32. **甲, 乙, 丙이 각 5/9, 2/9, 2/9의 지분으로 X 토지를 공유하고 있다. 다음 설명 중 옳은 것은? (각 지문은 독립적이고, 다툼이 있는 경우에는 판례에 의함)** [13 변호사]

① 甲이 乙, 丙의 동의 없이 X 토지 전체를 자재야적장으로 단독 사용하고 있는 경우, 乙은 X 토지의 2/9에 해당하는 부분의 인도를 청구할 수 있다.

② 제3자인 丁이 X 토지 전체를 무단으로 점유하여 사용하고 있는 경우, 甲은 단독으로 丁을 상대로 X 토지 전체에 대한 사용이익 상당의 부당이득반환청구를 할 수 있다.

③ 丙이 X 토지 전체를 무단으로 점유하여 사용하고 있는 경우, 乙은 단독으로 丙을 상대로 X 토지 전체를 乙 자신에게 인도하도록 청구할 수 없다.

④ 甲이 乙, 丙의 동의 없이 X 토지 전체를 丁에게 임대한 경우, 乙은 丁에게 사용이익의 2/9에 상당하는 부당이득의 반환을 청구할 수 있다.

⑤ 만약 甲, 乙, 丙이 실제로 X 토지의 각 특정부분을 독립적으로 소유하면서 등기부상으로는 공유지분등기를 마친 경우라면, 甲이 자신이 실제로 소유하는 부분에 대하여 단독 소유의 등기를 마치기 위하여는 공유물분할청구를 하여야 한다.

해설

※ 甲이 과반수지분권자로서 乙, 丙과 X 토지를 공유하면서 발생할 수 있는 법률문제를 묻는 사례문제이다.

① **(×)** 과반수지분권자가 단독으로 공유토지를 사용하는 경우, 소수지분권자의 인도청구가 허용되는지를 묻는 지문이다. 과반수지분권자는 단독으로 공유물의 사용·수익에 관한 사항을 결정할 수 있고, 나아가 단독으로 사용하는 것을 결정할 수도 있으므로 과반수지분권자인 甲의 단독 사용은 적법하다. 따라서 소수지분권자인 乙은 자신의 지분에 해당하는 X 토지의 일부분의 인도를 청구할 수는 없다. 이 경우 소수지분권자인 乙은 공유물의 분할을 청구하여 공유관계를 해소하거나 부당이득반환을 청구하여 과반수지분권자인 甲이 자신의 지분 범위를 초과하여 취득한 이득의 반환을 청구할 수 있을 뿐이다. 부당이득반환을 청구할 때에는 청구권자인 乙의 지분 범위에서 청구할 수 있을 뿐이다.
[**대법원** 1991. 9. 24. **선고** 88**다카**33855 **판결**] 부동산에 관하여 과반수 공유지분을 가진 자는 공유자 사이에 공유물의 관리방법에 관하여 협의가 미리 없었다 하더라도 공유물의 관리에 관한 사항을 단독으로 결정할 수 있으므로 <u>공유토지에 관하여 과반수 지분권을 가진 자가 그 공유토지의 특정된 한 부분을 배타적으로 사용·수익할 것을 정하는 것은 공유물의 관리방법으로서 적법</u>하다.

② **(×)** 공유자 1인이 무단점유자에 대하여 부당이득반환을 청구할 수 있는 범위를 묻는 지문이다. 공유자 1인은 무단점유자에 대하여 공유물 전부의 반환을 청구할 수는 있지만, 사용이익에 대한 부당이득반환청구는 지분 범위 내로 한정된다. 甲은 무단점유자 丁에 대하여 자신의 지분 범위에 상응하는 사용이익의 반환을 청구할 수 있을 뿐이다.
[**대법원** 1970. 4. 14. **선고** 70**다**171 **판결**] 공유물에 끼친 <u>불법행위를 이유로 하는 손해배상청구권은 특별한 사유가 없는 한 각 공유자가 지분에 대응하는 비율의 한도 내에서만</u> 이를 행사할 수 있다.
[**대법원** 2002. 10. 11. **선고** 2000**다**17803 **판결**] 토지의 공유자는 각자의 지분 비율에 따라 토지 전체를 사용·수익할 수 있지만, 그 구체적인 사용·수익 방법에 관하여 공유자들 사이에 지분 과반수의 합의가 없는 이상, 1인이 그 전부를 배타적으로 점유·사용할 수 없는 것이므로, 공유자 중의 일부가 그 전부를 배타적으로 점유·사용하고 있다면, 다른 공유자들 중 지분은 있으나 사용·수익은 전혀 하지 않고 있는 자에 대하여는 그 자의 <u>지분에 상응하는 부당이득</u>을 하고 있다.

③ (O) 소수지분권자가 공유물을 배타적으로 점유하고 있는 다른 소수지분권자에 대하여 공유물의 인도를 청구할 수 있는지를 묻는 지문이다. 소수지분권자에 대한 소수지분권자의 인도청구는 보존행위의 범위를 벗어나는 것이므로 허용되지 않는다.

[**대법원** 2020. 5. 21. **선고** 2018**다**287522 **전원합의체 판결**] (가) 공유물의 소수지분권자인 피고가 다른 공유자와 협의하지 않고 공유물의 전부 또는 일부를 독점적으로 점유하는 경우 다른 소수지분권자인 원고가 피고를 상대로 공유물의 인도를 청구할 수는 없다고 보아야 한다. 상세한 이유는 다음과 같다. ① 공유자 중 1인인 피고가 공유물을 독점적으로 점유하고 있어 다른 공유자인 원고가 피고를 상대로 공유물의 인도를 청구하는 경우, 그러한 행위는 공유물을 점유하는 피고의 이해와 충돌한다. 애초에 보존행위를 공유자 중 1인이 단독으로 할 수 있도록 한 것은 보존행위가 다른 공유자에게도 이익이 되기 때문이라는 점을 고려하면, 이러한 행위는 민법 제265조 단서에서 정한 보존행위라고 보기 어렵다. ② 피고가 다른 공유자를 배제하고 단독 소유자인 것처럼 공유물을 독점하는 것은 위법하지만, 피고는 적어도 자신의 지분 범위에서는 공유물 전부를 점유하여 사용·수익할 권한이 있으므로 피고의 점유는 지분비율을 초과하는 한도에서만 위법하다고 보아야 한다. 따라서 피고가 공유물을 독점적으로 점유하는 위법한 상태를 시정한다는 명목으로 원고의 인도청구를 허용한다면, 피고의 점유를 전면적으로 배제함으로써 피고가 적법하게 보유하는 '지분비율에 따른 사용·수익권'까지 근거 없이 박탈하는 부당한 결과를 가져온다. ③ 원고의 피고에 대한 물건 인도청구가 인정되려면 먼저 원고에게 인도를 청구할 수 있는 권원이 인정되어야 한다. 원고에게 그러한 권원이 없다면 피고의 점유가 위법하더라도 원고의 청구를 받아들일 수 없다. 그런데 원고 역시 피고와 마찬가지로 소수지분권자에 지나지 않으므로 원고가 공유자인 피고를 전면적으로 배제하고 자신만이 단독으로 공유물을 점유하도록 인도해 달라고 청구할 권원은 없다. ④ 공유물에 대한 인도 판결과 그에 따른 집행의 결과는 원고가 공유물을 단독으로 점유하며 사용·수익할 수 있는 상태가 되어 '일부 소수지분권자가 다른 공유자를 배제하고 공유물을 독점적으로 점유'하는 인도 전의 위법한 상태와 다르지 않다. ⑤ 원고는 공유물을 독점적으로 점유하면서 원고의 공유지분권을 침해하고 있는 피고를 상대로 지분권에 기한 방해배제청구권을 행사함으로써 피고가 자의적으로 공유물을 독점하고 있는 위법 상태를 충분히 시정할 수 있다. 따라서 피고의 독점적 점유를 시정하기 위해 종래와 같이 피고로부터 공유물에 대한 점유를 빼앗아 원고에게 인도하는 방법, 즉 피고의 점유를 원고의 점유로 대체하는 방법을 사용하지 않더라도, 원고는 피고의 위법한 독점적 점유와 방해 상태를 제거하고 공유물이 본래의 취지에 맞게 공유자 전원의 공동 사용·수익에 제공되도록 할 수 있다.

(나) 공유자들은 공유물의 소유자로서 공유물 전부를 사용·수익할 수 있는 권리가 있고(민법 제263조), 이는 공유자들 사이에 공유물 관리에 관한 결정이 없는 경우에도 마찬가지이다. 공유물을 일부라도 독점적으로 사용할 수 없는 등 사용·수익의 방법에 일정한 제한이 있다고 하여, 공유자들의 사용·수익권이 추상적·관념적인 것에 불과하다거나 공유물 관리에 관한 결정이 없는 상태에서는 구체적으로 실현할 수 없는 권리라고 할 수 없다. 공유자들 사이에 공유물 관리에 관한 결정이 없는 경우 공유자가 다른 공유자를 배제하고 공유물을 독점적으로 점유·사용하는 것은 위법하여 허용되지 않지만, 다른 공유자의 사용·수익권을 침해하지 않는 방법으로, 즉 비독점적인 형태로 공유물 전부를 다른 공유자와 함께 점유·사용하는 것은 자신의 지분권에 기초한 것으로 적법하다. 일부 공유자가 공유물의 전부나 일부를 독점적으로 점유한다면 이는 다른 공유자의 지분권에 기초한 사용·수익권을 침해하는 것이다. 공유자는 자신의 지분권 행사를 방해하는 행위에 대해서 민법 제214조에 따른 방해배제청구권을 행사할 수 있고, 공유물에 대한 지분권은 공유자 개개인에게 귀속되는 것이므로 공유자 각자가 행사할 수 있다. 원고는 공유물의 종류(토지, 건물, 동산 등), 용도, 상태(피고의 독점적 점유를 전후로 한 공유물의 현황)나 당사자의 관계 등을 고려해서 원고의 공동 점유를 방해하거나 방해할 염려 있는 피고의 행위와 방해물을 구체적으로 특정하여 방해의 금지, 제거, 예방(작위·부작위 의무의 이행)을 청구하는 형태로 청구취지를 구성할 수 있다. 법원은 이것이 피고의 방해 상태를 제거

하기 위하여 필요하고 원고가 달성하려는 상태가 공유자들의 공동 점유 상태에 부합한다면 이를 인용할 수 있다.

(다) 이와 같이 공유물의 소수지분권자가 다른 공유자와 협의 없이 공유물의 전부 또는 일부를 독점적으로 점유·사용하고 있는 경우 다른 소수지분권자는 공유물의 보존행위로서 그 인도를 청구할 수는 없고, 다만 자신의 지분권에 기초하여 공유물에 대한 방해 상태를 제거하거나 공동 점유를 방해하는 행위의 금지 등을 청구할 수 있다고 보아야 한다.

④ **(×)** 과반수지분권자가 공유물을 다른 공유자 동의 없이 임대한 경우, 임차인이 다른 소수지분권자에 대하여 부당이득반환의무를 부담하는지를 묻는 지문이다. 과반수지분권자의 임대행위는 공유물의 관리행위로서 다른 공유자의 동의 없이도 적법하다. 또한 임차인은 임대인인 과반수지분권자에 대하여 임료를 지급하여야 할 채무를 부담할 뿐, 사용이익이 부당이득이라고 할 수는 없다. 다른 소수지분권자은 과반수지분권자에 대하여 지분에 상응하여 부당이득반환을 청구할 수 있을 뿐이며, 임차인에 대하여 부당이득반환을 청구할 수는 없다.

⑤ **(×)** 구분소유적 공유관계를 해소하는 방법을 묻는 지문이다. 구분소유적 공유관계는 구분공유자들 사이에서는 단독 소유관계이므로 공유물분할의 대상이 되지 않는다. 상호명의신탁을 해지함으로써 단독 소유의 등기를 할 수 있다.

[**대법원** 1989. 9. 12. **선고** 88**다카**10517 **판결**] 공유지분권을 주장하지 아니하고 목적물의 특정부분을 소유한다고 주장하는 자는 그 부분에 대하여 신탁적으로 지분등기를 가지고 있는 자들을 상대로 하여 그 특정부분에 대한 명의신탁해지를 원인으로 한 지분이전등기절차의 이행만을 구하면 될 것이고 공유물분할청구를 할 수 없다 할 것이다.

정답 ③

33. **甲, 乙, 丙은 X 토지를 공유하고 있으며, 각각의 지분비율은 4:2:1이다. 다음 설명 중 옳지 않은 것은? (다툼이 있는 경우에는 판례에 의함)** [12 변호사]

① 甲은 乙 및 丙과의 협의 없이 X의 특정한 부분을 자신이 배타적으로 사용·수익할 것을 결정할 수 있다.

② 乙이 甲 및 丙과의 협의 없이 X 위에 Y 건물을 신축한 경우, 丙은 Y의 철거를 구할 수는 있으나, X의 인도를 청구할 수는 없다.

③ ②의 경우에 丙은 乙에 대하여 자신의 지분에 상응하는 임료 상당의 부당이득반환을 청구할 수 있다.

④ 甲이 단독으로 丁과 X에 대한 대지조성공사계약을 체결하면서 공사비용은 자신이 지급하기로 약정한 경우에도, 乙과 丙은 丁에 대한 관계에서 지분에 상응하는 공사비를 지급할 의무를 부담한다.

⑤ 만약 甲, 乙, 丙이 위치와 면적을 특정하여 X를 구분소유하기로 약정한 후 乙이 X의 특정부분을 배타적으로 점유·사용하다가 그 부분이 독립한 필지로 분할되면서 그에 관해 단독명의로 소유권이전등기를 마쳤다면, 그 등기는 실체관계에 부합하는 것으로서 유효하고 乙은 위 분할된 부분에 대한 단독소유권을 적법하게 취득한다.

해설

① **(O)** 과반수지분권자가 공유물의 특정부분을 배타적으로 사용·수익할 수 있는지를 묻는 지문이다. 과반수지분권자는 공유물 관리에 관한 사항을 단독으로 결정할 수 있고, 공유물의 전부나 특정부분

을 배타적으로 사용·수익할 것을 정하는 것도 공유물의 관리에 관한 사항의 결정에 해당하므로 과반수지분권자의 배타적 사용·수익은 허용된다. 다만, 그로 인한 이익을 과반수지분권자만 취득하는 것은 부당이득이므로 다른 공유자들에 대해서는 각 지분에 따른 부당이득반환의무를 부담한다.

[**대법원** 2002. 5. 14. **선고** 2002**다**9738 **판결**] 공유자 사이에 공유물을 사용·수익할 구체적인 방법을 정하는 것은 공유물의 관리에 관한 사항으로서 공유자의 지분의 과반수로써 결정하여야 할 것이고, 과반수 지분의 공유자는 다른 공유자와 사이에 미리 공유물의 관리방법에 관한 협의가 없었다 하더라도 공유물의 관리에 관한 사항을 단독으로 결정할 수 있으므로, 과반수 지분의 공유자가 그 공유물의 특정 부분을 배타적으로 사용·수익하기로 정하는 것은 공유물의 관리방법으로서 적법하다고 할 것이므로, 과반수 지분의 공유자로부터 사용·수익을 허락받은 점유자에 대하여 소수 지분의 공유자는 그 점유자가 사용·수익하는 건물의 철거나 퇴거 등 점유배제를 구할 수 없다.

② **(O)** 소수지분권자가 공유물을 배타적으로 사용·수익하는 경우, 다른 소수지분권자의 방해배제 및 반환청구가 허용되는지를 묻는 지문이다. 소수지분권자의 배타적 사용은 특별한 사정이 없는 한 위법하다. 다른 소수지분권자의 인도청구는 보존행위의 범위를 초과하는 것으로 허용되지 않는다는 것이 최근 변경된 대법원의 입장이다. 그러나 공유물로서의 사용을 가능하게 하기 위하여 소수지분권자가 공유토지에 설치한 건물 등 시설물의 철거를 청구하는 것은 지분권에 기한 청구로서 허용된다.

[**대법원** 2020. 5. 21. **선고** 2018**다**287522 **전원합의체 판결**] (가) 공유물의 소수지분권자인 피고가 다른 공유자와 협의하지 않고 공유물의 전부 또는 일부를 독점적으로 점유하는 경우 다른 소수지분권자인 원고가 피고를 상대로 공유물의 인도를 청구할 수는 없다고 보아야 한다. 상세한 이유는 다음과 같다. ① 공유자 중 1인인 피고가 공유물을 독점적으로 점유하고 있어 다른 공유자인 원고가 피고를 상대로 공유물의 인도를 청구하는 경우, 그러한 행위는 공유물을 점유하는 피고의 이해와 충돌한다. 애초에 보존행위를 공유자 중 1인이 단독으로 할 수 있도록 한 것은 보존행위가 다른 공유자에게도 이익이 되기 때문이라는 점을 고려하면, 이러한 행위는 민법 제265조 단서에서 정한 보존행위라고 보기 어렵다. ② 피고가 다른 공유자를 배제하고 단독 소유자인 것처럼 공유물을 독점하는 것은 위법하지만, 피고는 적어도 자신의 지분 범위에서는 공유물 전부를 점유하여 사용·수익할 권한이 있으므로 피고의 점유는 지분비율을 초과하는 한도에서만 위법하다고 보아야 한다. 따라서 피고가 공유물을 독점적으로 점유하는 위법한 상태를 시정한다는 명목으로 원고의 인도청구를 허용한다면, 피고의 점유를 전면적으로 배제함으로써 피고가 적법하게 보유하는 '지분비율에 따른 사용·수익권'까지 근거 없이 박탈하는 부당한 결과를 가져온다. ③ 원고의 피고에 대한 물건 인도청구가 인정되려면 먼저 원고에게 인도를 청구할 수 있는 권원이 인정되어야 한다. 원고에게 그러한 권원이 없다면 피고의 점유가 위법하더라도 원고의 청구를 받아들일 수 없다. 그런데 원고 역시 피고와 마찬가지로 소수지분권자에 지나지 않으므로 원고가 공유자인 피고를 전면적으로 배제하고 자신만이 단독으로 공유물을 점유하도록 인도해 달라고 청구할 권원은 없다. ④ 공유물에 대한 인도 판결과 그에 따른 집행의 결과는 원고가 공유물을 단독으로 점유하며 사용·수익할 수 있는 상태가 되어 '일부 소수지분권자가 다른 공유자를 배제하고 공유물을 독점적으로 점유'하는 인도 전의 위법한 상태와 다르지 않다. ⑤ 원고는 공유물을 독점적으로 점유하면서 원고의 공유지분권을 침해하고 있는 피고를 상대로 지분권에 기한 방해배제청구권을 행사함으로써 피고가 자의적으로 공유물을 독점하고 있는 위법 상태를 충분히 시정할 수 있다. 따라서 피고의 독점적 점유를 시정하기 위해 종래와 같이 피고로부터 공유물에 대한 점유를 빼앗아 원고에게 인도하는 방법, 즉 피고의 점유를 원고의 점유로 대체하는 방법을 사용하지 않더라도, 원고는 피고의 위법한 독점적 점유와 방해 상태를 제거하고 공유물이 본래의 취지에 맞게 공유자 전원의 공동 사용·수익에 제공되도록 할 수 있다.

(나) 공유자들은 공유물의 소유자로서 공유물 전부를 사용·수익할 수 있는 권리가 있고(민법 제263조), 이는 공유자들 사이에 공유물 관리에 관한 결정이 없는 경우에도 마찬가지이다. 공유물을 일부라도 독점적으로 사용할 수 없는 등 사용·수익의 방법에 일정한 제한이 있다고 하여, 공유자들의 사용·

수익권이 추상적·관념적인 것에 불과하다거나 공유물 관리에 관한 결정이 없는 상태에서는 구체적으로 실현할 수 없는 권리라고 할 수 없다. 공유자들 사이에 공유물 관리에 관한 결정이 없는 경우 공유자가 다른 공유자를 배제하고 공유물을 독점적으로 점유·사용하는 것은 위법하여 허용되지 않지만, 다른 공유자의 사용·수익권을 침해하지 않는 방법으로, 즉 비독점적인 형태로 공유물 전부를 다른 공유자와 함께 점유·사용하는 것은 자신의 지분권에 기초한 것으로 적법하다. 일부 공유자가 공유물의 전부나 일부를 독점적으로 점유한다면 이는 다른 공유자의 지분권에 기초한 사용·수익권을 침해하는 것이다. 공유자는 자신의 지분권 행사를 방해하는 행위에 대해서 민법 제214조에 따른 방해배제청구권을 행사할 수 있고, 공유물에 대한 지분권은 공유자 개개인에게 귀속되는 것이므로 공유자 각자가 행사할 수 있다. 원고는 공유물의 종류(토지, 건물, 동산 등), 용도, 상태(피고의 독점적 점유를 전후로 한 공유물의 현황)나 당사자의 관계 등을 고려해서 원고의 공동 점유를 방해하거나 방해할 염려 있는 피고의 행위와 방해물을 구체적으로 특정하여 방해의 금지, 제거, 예방(작위·부작위 의무의 이행)을 청구하는 형태로 청구취지를 구성할 수 있다. 법원은 이것이 피고의 방해 상태를 제거하기 위하여 필요하고 원고가 달성하려는 상태가 공유자들의 공동 점유 상태에 부합한다면 이를 인용할 수 있다.

(다) 이와 같이 공유물의 소수지분권자가 다른 공유자와 협의 없이 공유물의 전부 또는 일부를 독점적으로 점유·사용하고 있는 경우 다른 소수지분권자는 공유물의 보존행위로서 그 인도를 청구할 수는 없고, 다만 자신의 지분권에 기초하여 공유물에 대한 방해 상태를 제거하거나 공동 점유를 방해하는 행위의 금지 등을 청구할 수 있다고 보아야 한다.

③ **(O)** 공유물을 배타적으로 사용·수익하는 공유자에 대해서 다른 공유자는 그로 인한 부당이득반환을 청구할 수 있다. 다만, 다른 공유자의 부당이득반환청구는 각 공유자의 지분비율에 따라 청구하여야 한다. 보존행위가 아니기 때문이다.

[**대법원** 2001. 12. 11. **자** 2000**다**13984 **결정**] 토지의 공유자는 각자의 지분 비율에 따라 토지 전체를 사용·수익할 수 있지만, 그 구체적인 사용·수익 방법에 관하여 공유자들 사이에 지분 과반수의 합의가 없는 이상, 1인이 특정 부분을 배타적으로 점유·사용할 수 없는 것이므로, 공유자 중의 일부가 특정 부분을 배타적으로 점유·사용하고 있다면, 그들은 비록 그 특정 부분의 면적이 자신들의 지분 비율에 상당하는 면적 범위 내라고 할지라도, 다른 공유자들 중 지분은 있으나 사용·수익은 전혀 하지 않고 있는 자에 대하여는 그 자의 지분에 상응하는 부당이득을 하고 있다고 보아야 할 것인바, 이는 모든 공유자는 공유물 전부를 지분의 비율로 사용·수익할 권리가 있기 때문이다.

④ **(×)** 공유물의 부담에 관한 제266조의 적용범위를 묻는 지문이다. 공유자는 그 지분의 비율로 공유물의 관리비용 기타 의무를 부담한다고 규정한 제266조 제1항은 공유자 상호간의 관계를 규율하는 규정에 불과하고, 공유물의 관리비용 등에 관한 대외적 채무부담에는 적용되지 않는다. 공유자 중 1인이 제3자와 체결한 계약에 따라 공유물의 가치가 증가되는 등으로 관리가 이루어진 때에도 공유자 중 1인만이 제3자에 대하여 채무를 부담한다. 반면에 공유자 전부와 제3자가 체결한 계약에 따라 공유물의 가치가 증가되는 등으로 관리가 이루어진 때에는 각 공유자의 비용상환의무는 불가분채무에 속한다.

[**대법원** 1991. 4. 12. **선고** 90**다**20220 **판결**] 공유토지의 과반수지분권자는 다른 공유자와 협의없이 단독으로 관리행위를 할 수가 있으며 그로 인한 관리비용은 공유자의 지분비율에 따라 부담할 의무가 있으나, 위와 같은 관리비용의 부담의무는 공유자의 내부관계에 있어서 부담을 정하는 것일 뿐, 제3자와의 관계는 당해 법률관계에 따라 결정된다고 할 것이고, 따라서 과반수지분권자가 관리행위가 되는 정지공사를 시행함에 있어 시공회사에 대하여 공사비용은 자신이 정산하기로 약정하였다면 그 공사비를 직접 부담해야할 사람은 과반수지분권자만이라 할 것이고, 다만 그가 그 공사비를 지출하였다면 다른 공유자에게 그의 지분비율에 따른 공사비만을 상환청구 할 수 있을 뿐이다.

⑤ **(O)** 구분공유관계에 있는 특정구분공유부분이 독립한 필지로 분할된 경우, 그 부분의 구분공유자의

단독등기가 마쳐진 때에는 그 단독등기는 실체관계에 부합하는 등기로서 효력이 ㅆ고, 이로 인하여 구분공유관계를 모두 해소된다.

[**대법원** 2009. 12. 24. **선고** 2008**다**71858 **판결**] [1] 내부적으로는 토지의 특정 부분을 소유하나 등기부상으로는 공유지분을 가지는 이른바 구분소유적 공유관계에서 구분공유자 중 1인이 소유하는 부분이 후에 독립한 필지로 분할되고 그 구분공유자가 그 필지에 관하여 단독 명의로 소유권이전등기를 경료받았다면, 그 소유권이전등기는 실체관계에 부합하는 것으로서 유효하고, 그 구분공유자는 당해 토지에 대한 단독소유권을 적법하게 취득하게 되어, 결국 당해 구분공유자에 관한 한 이제 구분소유적 공유관계는 해소된다. 따라서 그 구분공유자이었던 사람이 위와 같이 분할되지 아니한 나머지 토지에 관하여 여전히 등기부상 공유지분을 가진다고 하여도, 그 공유지분등기는 명의인이 아무런 권리를 가지지 아니하는 목적물에 관한 것으로서 효력이 없게 되고, 명의인은 대외적으로도 위의 나머지 토지에 대하여 공유지분권을 가진다고 할 수 없으며, 종전의 다른 구분공유자는 자신의 소유권 또는 공유지분권에 기하여 위와 같이 효력 없는 공유지분등기의 말소 기타 정정을 청구할 수 있다. 이상은 구분소유적 공유관계에서 구분공유자 중 1인이 자신이 소유하는 부분을 제3자에게 양도하였는데 후에 그 부분이 독립한 필지로 분할되고 위 양수인이 그 필지에 관하여 단독 명의로 소유권이전등기를 경료받은 경우에도 다를 바 없다. 정답 ④

34. 부동산의 합유에 관한 설명 중 옳은 것은? (다툼이 있는 경우 판례에 의함) [25 변호사]

① 합유등기가 마쳐진 부동산에 관하여 합유자 중 1인이 명의신탁 해지를 원인으로 한 소유권이전등기절차의 이행을 구하는 소송은 고유필수적 공동소송에 해당하지 않는다.

② 조합체가 매수한 부동산에 대해 조합원 중 특정인의 단독 명의로 소유권이전등기가 마쳐졌더라도 조합체가 해산되는 경우에는 그 부동산이 조합재산임을 전제로 청산이 이루어져야 한다.

③ 법원은 이혼하는 부부 중 일방이 제3자와 합유하고 있는 재산에 대해 직접 그 재산의 분할을 명할 수는 없으나, 그 재산에 대한 합유지분의 가액을 산정하여 재산분할의 대상으로 삼을 수 있다.

④ 조합체가 매수한 부동산에 대해 합유등기 대신 각 조합원 명의로 각 지분에 관한 공유등기가 마쳐진 경우, 그 부동산의 매수인이 조합체라는 사실을 매도인이 알지 못했더라도 그 부동산은 합유재산이 된다.

⑤ 조합원 중 자신이 소유한 부동산을 출자하기로 약정하고 그 부동산을 인도한 자는 그 부동산에 대한 합유등기가 마쳐지기 전까지는 조합체는 물론 제3자에 대해서도 그 부동산에 대한 소유물반환청구권을 행사할 수 있다.

해설

① (×) 판례는 『피고의 합유로 소유권이전등기가 마쳐진 부동산에 대하여 원고의 명의신탁해지로 인한 소유권이전등기이행청구 소송은 합유재산에 관한 소송으로서 고유필수적 공동소송에 해당된다』고 본다(83다카850).

② (×) 판례는 조합원들이 공동사업을 위하여 매수한 부동산에 관하여 합유등기를 하지 않고 조합원 중 1인 명의로 소유권이전등기를 한 경우 조합체가 조합원에게 명의신탁한 것으로 보아야 한다. 조합체가 조합원에게 명의신탁한 부동산의 소유권은 물권변동이 무효인 경우 매도인에게, 유효인 경우 명의수탁자에게 귀속된다. 이 경우 조합재산은 소유권이전등기청구권 또는 부당이득반환채권이고, 신탁부동산 자체는 조합재산이 될 수 없다(2017다246180). 따라서 조합체가 해산되는 경우에는 그 부동산이 조합재산임을 전제로 할 수 없다.

③ (O) 판례는 합유재산이라는 이유만으로 이를 재산분할의 대상에서 제외할 수는 없고, 다만 부부의 일방이 제3자와 합유하고 있는 재산 또는 그 지분은 이를 임의로 처분하지 못하므로, 직접 당해 재산의 분할을 명할 수는 없으나 그 지분의 가액을 산정하여 이를 분할의 대상으로 삼거나 다른 재산의 분할에 참작하는 방법으로 재산분할의 대상에 포함하여야 한다고 본다(2009므2840). 따라서 합유지분의 가액을 산정하여 재산분할의 대상으로 삼을 수 있다.

④ (×) 판례는 조합체가 합유등기를 하지 아니하고 그 대신 조합원들 명의로 각 지분에 관하여 공유등기를 하였다면, 이는 그 조합체가 조합원들에게 각 지분에 관하여 명의신탁한 것으로 보아야 한다. 동업 목적의 조합체가 부동산을 조합재산으로 취득하였으나 합유등기가 아닌 조합원들 명의로 공유등기를 하였다면 그 공유등기는 조합체가 조합원들에게 각 지분에 관하여 명의신탁한 것에 불과하므로 부동산실권리자명의등기에관한법률 제4조 제2항 본문이 적용되어 명의수탁자인 조합원들 명의의 소유권이전등기는 무효이어서 그 부동산 지분은 조합원들의 소유가 아니기 때문에 매도인의 소유라고 본다(2000다30622).

⑤ (×) 판례는 부동산의 소유자가 동업계약(조합계약)에 의하여 부동산의 소유권을 투자하기로 하였으나 아직 그의 소유로 등기가 되어 있고 조합원의 합유로 등기되어 있지 않다면, 그와 조합 사이에 채권적인 권리의무가 발생하여 그로 하여금 조합에 대하여 그 소유권을 이전할 의무 내지 그 사용을 인용할 의무가 있다고 할 수는 있지만, 그 동업계약을 이유로 조합계약 당사자 아닌 사람에 대한 관계에서 그 부동산이 조합원의 합유에 속한다고 할 근거는 없으므로, 조합원이 아닌 제3자에 대하여는 여전히 소유자로서 그 소유권을 행사할 수 있다고 본다(2000다30622).

정답 ③

Ⅳ. 명의신탁

35. **甲은 2020. 2. 10. 乙과 乙 소유의 X 부동산에 관하여 매매계약을 체결하고 2020. 3. 10. 乙에게 매매대금 전액을 지급함과 동시에 소유권이전등기는 甲과 그의 친구 丙 사이의 명의신탁약정에 따라 乙로부터 바로 丙 앞으로 마쳤다. 이러한 사실관계를 바탕으로 한 설명 중 옳지 않은 것은? (각 지문은 독립적이며, 다툼이 있는 경우 판례에 의함)** [24 변호사]

① 甲과 丙 사이의 약정과 그로 인한 丙 명의의 소유권이전등기는 무효이지만 甲은 丙을 상대로 부당이득반환을 원인으로 하여 X 부동산의 소유권이전등기를 구할 수는 없다.

② 甲이 A와 사이에 X 부동산에 관하여 매매계약을 체결하고 이에 기하여 丙에서 A 앞으로 바로 마쳐 준 소유권이전등기는 특별한 사정이 없는 한 실체관계에 부합하는 등기로서 유효하다.

③ 丙에 대한 금전채권자 B가 자신의 금전채권을 피보전권리로 하여 X 부동산에 대하여 가압류를 신청하여 가압류등기가 마쳐진 경우 B의 가압류는 유효하다.

④ 丙이 임의로 甲과 丙 사이의 약정 사실을 알고 있는 C와 X 부동산에 관하여 매매계약을 체결하고 대금을 지급받음과 동시에 C에게 소유권이전등기를 마쳐 준 경우 丙은 甲에게 「민법」 제750조에 따른 손해배상책임을 질 수 있다.

⑤ 丙이 임의로 자신의 채권자 D를 위하여 X 부동산에 관하여 D 명의의 근저당권을 설정해 준 경우 丙은 근저당권의 피담보채무액 상당의 이익을 얻었고 그로 인하여 乙은 소유권을 침해당한 손실을 입었으므로, 丙은 乙에 대하여 부당이득반환의무를 부담한다.

해설

※ 3자간 등기명의신탁에 따른 법률관계를 묻는 사례문제이다.

① (O) 甲은 乙과의 매매계약에 따른 소유권이전등기청구권을 여전히 보유하고 있으므로 손해가 있다고 할 수 없다. 손해의 발생을 전제로 하는 부당이득반환청구권이 인정될 수는 없다.

[**대법원** 2008. 11. 27. **선고** 2008**다**55290·55306 **판결**] 이른바 3자간 등기명의신탁의 경우 부동산 실권리자명의 등기에 관한 법률에서 정한 유예기간 경과에 의하여 그 명의신탁 약정과 그에 의한 등기가 무효로 되더라도 명의신탁자는 매도인에 대하여 매매계약에 기한 소유권이전등기청구권을 보유하고 있어 그 유예기간의 경과로 그 등기명의를 보유하지 못하는 손해를 입었다고 볼 수 없다. 또한 명의신탁 부동산의 소유권이 매도인에게 복귀한 마당에 명의신탁자가 무효인 등기의 명의인인 명의수탁자를 상대로 그 이전등기를 구할 수도 없다. 결국 3자간 등기명의신탁에 있어서 명의신탁자는 명의수탁자를 상대로 부당이득반환을 원인으로 한 소유권이전등기를 구할 수 없다.

② (O) 甲은 소유권을 취득할 권리가 있는 자이다. 甲이 A와 매매계약을 체결하고, 명의수탁자 丙이 A에게 소유권이전등기를 마쳐준 경우에는 소유권을 취득할 A에게 소유권등기가 마쳐진 때에 해당하므로 A의 등기는 실체관계에 부합하는 유효한 등기가 된다. 주의할 것은 A는 명의수탁자 丙이 물권자임을 전제로 이해관계를 맺은 자가 아니므로 부동산실명법 제4조 제3항의 제3자에 해당하지는 않는다.

[**대법원** 2004. 8. 30. **선고** 2002**다**48771 **판결**] 부동산실권리자명의등기에관한법률 제4조 제3항의 입법취지 등을 고려해 볼 때, 여기에서 말하는 제3자라 함은 명의수탁자가 물권자임을 기초로 그와의 사이에 새로운 이해관계를 맺은 사람을 말한다고 할 것이고, 이와 달리 오로지 명의신탁자와 부동산에 관한 물권을 취득하기 위한 계약을 맺고 단지 등기명의만을 명의수탁자로부터 경료받은 것 같은 외관을 갖춘 자는 위 법률조항의 제3자에 해당되지 아니한다고 할 것이므로 이러한 자로서는 자신의 등기가 실체관계에 부합하여 유효라고 주장하는 것은 별론으로 하더라도 같은 법 제4조 제3항의 규정을 들어 무효인 명의신탁등기에 터잡아 경료된 자신의 등기의 유효를 주장할 수는 없다.

③ (O) 명의수탁자의 채권자로서 명의신탁부동산을 가압류한 가압류권자도 부동산실명법 제4조 제3항의 제3자에 해당한다.

[**대법원** 2021. 11. 11. **선고** 2019**다**272725 **판결**] 부동산 실권리자명의 등기에 관한 법률 제4조 제3항에 의하면 명의신탁약정 및 이에 따른 등기로 이루어진 부동산에 관한 물권변동의 무효는 제3자에게 대항하지 못한다. 여기서 '제3자'는 명의신탁약정의 당사자 및 포괄승계인 이외의 자로서 명의수탁자가 물권자임을 기초로 그와 사이에 직접 새로운 이해관계를 맺은 사람으로서 소유권이나 저당권 등 물권을 취득한 자뿐만 아니라 압류 또는 가압류채권자도 포함하고 그의 선의·악의를 묻지 않는다. 이러한 법리는 특별한 사정이 없는 한 명의신탁약정에 따라 형성된 외관을 토대로 다시 명의신탁이 이루어지는 등 연속된 명의신탁관계에서 최후의 명의수탁자가 물권자임을 기초로 그와 사이에 직접 새로운 이해관계를 맺은 사람에게도 적용된다.

④ (O) [**대법원** 2022. 6. 9. **선고** 2020**다**208997 **판결**] 명의수탁자가 3자간 등기명의신탁에 따라 매도인으로부터 소유권이전등기를 넘겨받은 부동산을 자기 마음대로 처분한 행위가 형사상 횡령죄로 처벌되지 않더라도, 이는 명의신탁자의 채권인 소유권이전등기청구권을 침해하는 행위로써 민법 제750조에 따라 불법행위에 해당하여 명의수탁자는 명의신탁자에게 손해배상책임을 질 수 있다. 그 이유는 다음과 같다.

(1) 명의신탁자가 매수한 부동산에 관하여 부동산 실권리자명의 등기에 관한 법률(이하 '부동산실명법'이라 한다)을 위반하여 명의수탁자와 맺은 명의신탁약정에 따라 매도인에게서 바로 명의수탁자 앞으로 소유권이전등기를 마친 이른바 3자간 등기명의신탁을 한 경우에 명의수탁자가 부동산을 임의로 처분한 것이 횡령죄가 되는지 문제 된다. 대법원은 2016. 5. 19. 선고 2014도6992 전원합의체 판결을 통해 종전 판례를 변경하여 위와 같은 경우 명의신탁자는 부동산 소유자가 아니고 명의신탁자와

명의수탁자 사이에 위탁신임관계를 인정할 수도 없어 명의수탁자가 명의신탁자의 재물을 보관하는 자라고 할 수 없으므로, 명의수탁자가 신탁 부동산을 임의로 처분해도 명의신탁자에 대한 관계에서 횡령죄가 성립하지 않는다고 판결하였다.

(2) 민사책임과 형사책임은 지도이념, 증명책임의 부담과 그 증명의 정도 등에서 서로 다른 원리가 적용된다. 위법행위에 대한 형사책임은 사회의 법질서를 위반한 행위에 대한 책임을 묻는 것으로서 행위자에 대한 공적인 제재인 형벌을 그 내용으로 하는 데 반하여, 민사책임은 다른 사람의 법익을 침해한 데 대하여 행위자의 개인적 책임을 묻는 것으로서 피해자에게 발생한 손해의 전보를 그 내용으로 하고 손해배상제도는 손해의 공평·타당한 부담을 그 지도원리로 한다. 따라서 형사상 범죄를 구성하지 않는 침해행위라고 하더라도 그것이 민사상 불법행위를 구성하는지는 형사책임과 별개의 관점에서 검토해야 한다.

(3) 3자간 등기명의신탁에서 명의수탁자의 임의처분 등을 원인으로 제3자 앞으로 소유권이전등기가 된 경우, 특별한 사정이 없는 한 제3자는 유효하게 소유권을 취득한다(부동산실명법 제4조 제3항). 그 결과 매도인의 명의신탁자에 대한 소유권이전등기의무는 이행불능이 되어 명의신탁자로서는 부동산 소유권을 이전받을 수 없게 된다. 명의수탁자가 명의신탁자의 채권인 소유권이전등기청구권을 침해한다는 사정을 알면서도 명의신탁받은 부동산을 자기 마음대로 처분하였다면 이는 사회통념상 사회질서나 경제질서를 위반하는 위법한 행위로서 특별한 사정이 없는 한 제3자의 채권침해에 따른 불법행위책임이 성립한다.

(4) 대법원 2014도6992 전원합의체 판결은 횡령죄의 본질이 신임관계에 기초하여 위탁된 타인의 물건을 위법하게 영득하는 데 있고 명의신탁자와 명의수탁자의 관계는 형법상 보호할 만한 가치 있는 신임관계가 아니므로 명의수탁자의 임의처분행위에 대하여 횡령죄를 인정할 수 없다고 한 것이지 명의신탁관계에서 명의신탁자의 소유권이전등기청구권을 보호할 수 없다는 취지는 아니다. 따라서 명의수탁자의 임의처분으로 명의신탁자의 채권이 침해된 이상 형법상 횡령죄의 성립 여부와 관계없이 명의수탁자는 명의신탁자에 대하여 민사상 불법행위책임을 부담한다고 봄이 타당하다.

⑤ (×) 매도인 乙은 매수인인 명의신탁자 甲에 대하여 매매대금의 보유를 주장할 수 있으므로 명의수탁자 丙이 처분하더라도 乙에게는 손해가 있다고 할 수 없다. 명의신탁자 甲에게 손해가 발생하므로 甲에 대하여 부당이득반환의무를 부담한다.

[**대법원** 2021. 9. 9. **선고** 2018**다**284233 **전원합의체 판결**] (가) 3자간 등기명의신탁에서 명의수탁자의 임의처분 또는 강제수용이나 공공용지 협의취득 등(이러한 소유명의 이전의 원인관계를 통틀어 이하에서는 '명의수탁자의 처분행위 등'이라 한다)을 원인으로 제3자 명의로 소유권이전등기가 마쳐진 경우, 특별한 사정이 없는 한 제3자는 유효하게 소유권을 취득한다[부동산 실권리자명의 등기에 관한 법률(이하 '부동산실명법'이라 한다) 제4조 제3항]. 그 결과 매도인의 명의신탁자에 대한 소유권이전등기의무는 이행불능이 되어 명의신탁자로서는 부동산의 소유권을 이전받을 수 없게 되는 한편, 명의수탁자는 부동산의 처분대금이나 보상금 등을 취득하게 된다. 판례는, 명의수탁자가 그러한 처분대금이나 보상금 등의 이익을 명의신탁자에게 부당이득으로 반환할 의무를 부담한다고 보고 있다. 이러한 판례는 타당하므로 그대로 유지되어야 한다.

(나) 명의수탁자가 부동산에 관하여 제3자에게 근저당권을 설정하여 준 경우에도 부동산의 소유권이 제3자에게 이전된 경우와 마찬가지로 보아야 한다.

명의수탁자가 제3자에게 부동산에 관하여 근저당권을 설정하여 준 경우에 제3자는 부동산실명법 제4조 제3항에 따라 유효하게 근저당권을 취득한다. 이 경우 매도인의 부동산에 관한 소유권이전등기의무가 이행불능된 것은 아니므로, 명의신탁자는 여전히 매도인을 대위하여 명의수탁자의 부동산에 관한 진정명의회복을 원인으로 한 소유권이전등기 등을 통하여 매도인으로부터 소유권을 이전받을 수 있지만, 그 소유권은 명의수탁자가 설정한 근저당권이 유효하게 남아 있는 상태의 것이다. 명의수탁자는 제3자에게 근저당권을 설정하여 줌으로써 피담보채무액 상당의 이익을 얻었고, 명의신탁자는 매도인을 매개로 하더라도 피담보채무액만큼의 교환가치가 제한된 소유권만을 취득할 수밖에 없는 손해를 입은 한편, 매도인은 명의신탁자로부터 매매대금을 수령하여 매매계약의 목적을 달성하였으면서도 근저당권이 설정된 상태의 소유권을 이전하는 것에 대하여 손해배상책임을 부담하지 않으므로 실질적인 손실을 입지 않는다.

따라서 3자간 등기명의신탁에서 명의수탁자가 부동산에 관하여 제3자에게 근저당권을 설정한 경우 명의수탁자는 근저당권의 피담보채무액 상당의 이익을 얻었고 그로 인하여 명의신탁자에게 그에 상응하는 손해를 입혔으므로, 명의수탁자는 명의신탁자에게 이를 부당이득으로 반환할 의무를 부담한다

(필자 주 : 명의수탁자는 매도인에 대하여 부당이득반환의무나 손해배상의무를 부담하고, 명의신탁자에 대하여 부당이득반환의무를 부담하지 않는다는 대법관 5인의 반대의견이 있다).

정답 ⑤

36. **甲은 2019. 6. 1. A로부터 그 소유의 X부동산을 매수하고 매매대금을 모두 지급하였으며, 乙과 명의신탁약정을 체결하고 A에게 부탁하여 그 소유권이전등기를 乙에게로 이전하게 하였다. 이에 관한 설명 중 옳은 것은? (다툼이 있는 경우 판례에 의함)** [21 변호사]

① A는 소유권에 기한 방해배제청구권을 행사하여 乙 명의의 소유권이전등기의 말소를 구할 수 없다.
② 甲은 乙을 상대로 부당이득반환을 원인으로 하는 소유권이전등기를 구할 수 있다.
③ 乙이 丙에게 X부동산을 매도하고 소유권이전등기를 마쳐준 경우 丙은 그 소유권을 취득할 수 없다.
④ 만일 甲과 A가 매매계약을 체결하면서 계약서상 매수인 명의를 乙로 하였다면, 계약에 따른 법률효과를 甲에게 직접 귀속시킬 의도로 계약을 체결한 사정이 인정되더라도 이는 계약명의신탁에 해당한다.
⑤ 2020. 7. 10. X부동산에 관하여 경매를 원인으로 丁 명의로 이전등기가 마쳐져 乙이 그 매각대금 상당의 이익을 얻은 경우, 乙은 甲에 대하여 甲이 입은 손해의 범위 내에서 그 이익을 부당이득으로 반환할 의무가 있다.

해설

※ 3자간 등기명의신탁에 따른 법률관계를 묻는 사례문제이다.

① **(×)** X부동산의 소유권 귀속관계를 묻는 지문이다. 명의신탁약정은 무효이고(부동산실명법 제4조 제1항), 명의신탁약정에 따른 등기에 의한 물권변동도 무효이므로(부동산실명법 제4조 제2항) 乙명의의 소유권이전등기는 원인무효이다. A는 여전히 소유자로서 소유권에 기초한 방해배제청구로서 乙명의의 등기말소를 청구할 수 있다. 명의신탁에 따른 급부가 강행규정인 부동산실명법을 위반하여 이루어지더라도 불법원인급여라고 볼 수 없기 때문에 말소등기청구가 제한되지 않는다.

② **(×)** 3자간 등기명의신탁에서 등기명의신탁자가 등기명의수탁자를 상대로 부당이득을 원인으로 수탁자에게 소유권이전등기를 청구할 수 있는지를 묻는 지문이다. 부당이득반환을 청구하기 위해서는 수익자에게 이득이 있어야 한다(제741조). 3자간 등기명의신탁에서 명의수탁자가 등기명의를 취득하더라도 그 등기는 무효의 등기이므로 명의수탁자에게 이득이 있다고 할 수 없을 뿐만 아니라 명의신탁자와 매도인의 매매는 여전히 유효하므로 명의신탁자에게 손실이 있다고 할 수 없어 부당이득을 원인으로 이전등기를 청구할 수는 없다.

[**대법원** 2008. 11. 27. **선고** 2008**다**55290·55306 **판결**] 이른바 3자간 등기명의신탁의 경우 부동산 실권리자명의 등기에 관한 법률에서 정한 유예기간 경과에 의하여 그 명의신탁 약정과 그에 의한 등기가 무효로 되더라도 명의신탁자는 매도인에 대하여 매매계약에 기한 소유권이전등기청구권을 보유하고 있어 그 유예기간의 경과로 그 등기명의를 보유하지 못하는 손해를 입었다고 볼 수 없다. 또한 명의신탁 부동산의 소유권이 매도인에게 복귀한 마당에 명의신탁자가 무효인 등기의 명의인인

명의수탁자를 상대로 그 이전등기를 구할 수도 없다. 결국 3자간 등기명의신탁에 있어서 명의신탁자는 명의수탁자를 상대로 부당이득반환을 원인으로 한 소유권이전등기를 구할 수 없다.

③ (×) 명의신탁약정의 무효나 물권변동의 무효로는 제3자에게 대항할 수 없다(부동산실명법 제4조 제3항). 명의수탁자 乙이 명의신탁부동산을 丙에게 매도하고 등기를 이전한 때에는 丙은 명의수탁자가 물권자임을 전제로 새로운 이해관계를 맺은 제3자에 해당하므로 丙은 완전한 소유권을 취득한다.

④ (×) 매수인 확정을 묻는 지문이다. 매수인이 명의신탁자로 확정되는 때에는 3자간 등기명의신탁이, 매수인이 명의수탁자로 확정되는 때에는 계약명의신탁이 되기 때문이다. 특별한 사정이 없는 한 계약서상 명의인이 매수인으로 되지만, 매도인이 명의신탁자에게 매매계약의 효과를 직접 귀속시킬 의도로 매매계약을 체결한 때에는 명의신탁자가 매수인으로 된다.

[**대법원** 2013. 10. 7. **자** 2013**스**133 **결정**] 명의신탁약정이 이른바 3자간 등기명의신탁인지 아니면 계약명의신탁인지의 구별은 계약당사자가 누구인가를 확정하는 문제로 귀결된다. 그런데 타인을 통하여 부동산을 매수함에 있어 매수인 명의를 그 타인 명의로 하기로 하였다면 이때의 명의신탁관계는 그들 사이의 내부적인 관계에 불과하므로, 설령 계약의 상대방인 매도인이 그 명의신탁관계를 알고 있었다고 하더라도, 계약명의자인 명의수탁자가 아니라 명의신탁자에게 계약에 따른 법률효과를 직접 귀속시킬 의도로 계약을 체결하였다는 등의 특별한 사정이 인정되지 아니하는 한, 그 명의신탁관계는 계약명의신탁에 해당한다고 보아야 함이 원칙이다.

⑤ (○) 3자간 등기명의신탁에서 명의신탁부동산 처분대금을 명의수탁자가 취득한 경우, 명의신탁자가 명의수탁자에 대하여 부당이득반환을 청구할 수 있는지를 묻는 지문이다. 명의신탁부동산 처분으로 인하여 처분상대방은 부동산실명법 제4조 제3항에 따라 완전한 소유권을 취득하고, 명의신탁자의 매도인에 대한 소유권이전등기청구권은 후발적 불능으로 소멸하며, 명의신탁자가 매도인에 대하여 재차 소유권이전등기를 청구하거나 매매대금의 반환을 청구할 수 없으므로 명의신탁자에게는 손해가 생긴다. 한편, 명의수탁자는 처분대금의 이득을 얻게 되므로 명의신탁자는 명의수탁자에게 부당이득반환을 청구할 수 있다.

[**대법원** 2011. 9. 8. **선고** 2009**다**49193·49209 **판결**] 이른바 3자간 등기명의신탁에서 부동산 실권리자명의 등기에 관한 법률에서 정한 유예기간이 경과한 후 명의수탁자가 신탁부동산을 임의로 처분하거나 강제수용이나 공공용지 협의취득 등을 원인으로 제3취득자 명의로 이전등기가 마쳐진 경우, 특별한 사정이 없는 한 제3취득자는 유효하게 소유권을 취득하게 되므로(같은 법 제4조 제3항), 그로 인하여 매도인의 명의신탁자에 대한 소유권이전등기의무는 이행불능으로 되고 그 결과 명의신탁자는 신탁부동산의 소유권을 이전받을 권리를 상실하는 손해를 입게 되는 반면, 명의수탁자는 신탁부동산의 처분대금이나 보상금을 취득하는 이익을 얻게 되므로, 명의수탁자는 명의신탁자에게 그 이익을 부당이득으로 반환할 의무가 있다.

정답 ⑤

37. 甲과 그 친구 乙은 2019. 02. 01. 丙 소유의 X건물을 乙이 매수하여 乙 명의로 등기하기로 하는 명의신탁약정을 체결하였다. 乙은 2019. 02. 10. 丙과 매매계약을 체결한 다음, 甲으로부터 제공받은 매매대금을 丙에게 지급하고, 2019. 04. 10. X건물에 관하여 자신의 명의로 소유권이전등기를 마쳤다. 이에 관한 설명 중 옳지 않은 것을 모두 고른 것은? (다툼이 있는 경우 판례에 의함) [20 변호사]

ㄱ. 丙이 甲과 乙 사이의 명의신탁약정을 안 경우, 乙이 X건물을 丁에게 매도하고 소유권이전등기를 마쳐주었다면 丁은 선의, 악의를 불문하고 유효하게 소유권을 취득할 수 있다.
ㄴ. 丙이 甲과 乙 사이의 명의신탁약정을 안 경우, 乙이 X건물을 丁에게 매도하고 소유권이전등기를 넘겨주었다면 乙의 X건물 처분행위는 丙에 대한 관계에서 불법행위를 구성하므로 丙은 乙에게 X건물의 처분 당시의 시가 상당액을 손해배상으로 청구할 수 있다.

ㄷ. 丙이 甲과 乙 사이의 명의신탁약정을 알지 못한 경우, 乙이 무자력 상태에서 甲으로부터 수령한 매수자금을 반환하기 위하여 X건물을 甲에게 양도하였다면, 이는 乙의 다른 채권자들에 대한 관계에서 사해행위가 된다.
ㄹ. 만약 甲과 乙 사이의 명의신탁약정이 1994. 05. 5. 체결되고, 그에 따른 등기가 1994. 06. 05. 마쳐진 후 법정의 유예기간이 경과하였다면, 甲은 乙에 대하여 '당해 부동산 자체'에 대한 부당이득반환을 청구할 수 있으며, 이 경우 甲이 X건물을 계속 점유·사용해 왔다면 乙에 대한 부당이득반환청구권에 기한 등기청구권의 소멸시효는 진행하지 않는다.

① ㄱ, ㄴ ② ㄱ, ㄷ ③ ㄴ, ㄷ
④ ㄴ, ㄹ ⑤ ㄷ, ㄹ

해설

※ 계약명의신탁에 따른 법률관계를 묻는 사례문제이다.

ㄱ. **(O)** 매도인이 악의인 경우, 계약명의수탁자로부터 매수하여 소유권이전등기를 마친 제3자가 부동산실명법 제4조 제3항의 제3자로서 보호되는지를 묻는 지문이다. 매도인이 악의인 경우, 매도인과 계약명의수탁자 사이의 매매계약과 물권변동은 무효이다(부동산실명법 제4조 제2항 본문). 그러나 무효로는 제3자에게 대항하지 못한다(부동산실명법 제4조 제3항). 여기서 제3자란 명의수탁자가 물권자임을 전제로 직접 법률상 이해관계를 맺은 자를 말하며, 명의신탁에 관한 선의나 악의는 불문한다. 사안의 경우, 丁은 계약명의수탁자 乙로부터 매수하여 소유권이전등기를 마친 자이므로 그의 선의나 악의를 불문하고 부동산실명법 제4조 제3항의 제3자에 해당한다.

ㄴ. **(×)** 매도인이 악의인 경우, 계약명의수탁자의 임의처분이 매도인의 소유권을 침해하는 불법행위를 구성하는지를 묻는 지문이다. 계약명의수탁자의 임의처분은 매도인의 소유권을 침해하는 위법행위를 구성한다. 그러나 매도인이 매매계약에 따른 매매대금을 모두 지급받았던 때에는 손해가 있다고 할 수 없으므로 손해배상을 청구할 수는 없다. 즉, 손해가 없으므로 불법행위를 구성할 수는 없다. 사안의 경우, 丙은 이미 乙로부터 매매대금을 모두 지급받았으므로 손해가 있다고 할 수 없다. 丙은 乙에게 손해배상을 청구할 수 없다.

[**대법원** 2013. 9. 12. **선고** 2010**다**95185 **판결**] 명의신탁자와 명의수탁자가 이른바 계약명의신탁약정을 맺고 매매계약을 체결한 소유자도 명의신탁자와 명의수탁자 사이의 명의신탁약정을 알면서 그 매매계약에 따라 명의수탁자 앞으로 당해 부동산의 소유권이전등기를 마친 경우 부동산 실권리자명의 등기에 관한 법률 제4조 제2항 본문에 의하여 명의수탁자 명의의 소유권이전등기는 무효이므로, 당해 부동산의 소유권은 매매계약을 체결한 소유자에게 그대로 남아 있게 되고, 명의수탁자가 자신의 명의로 소유권이전등기를 마친 부동산을 제3자에게 처분하면 이는 매도인의 소유권 침해행위로서 불법행위가 된다. 그러나 명의수탁자로부터 매매대금을 수령한 상태의 소유자로서는 그 부동산에 관한 소유명의를 회복하기 전까지는 신의칙 내지 민법 제536조 제1항 본문의 규정에 의하여 명의수탁자에 대하여 이와 동시이행의 관계에 있는 매매대금 반환채무의 이행을 거절할 수 있는데, 이른바 계약명의신탁에서 명의수탁자의 제3자에 대한 처분행위가 유효하게 확정되어 소유자에 대한 소유명의 회복이 불가능한 이상, 소유자로서는 그와 동시이행관계에 있는 매매대금 반환채무를 이행할 여지가 없다. 또한 명의신탁자는 소유자와 매매계약관계가 없어 소유자에 대한 소유권이전등기청구도 허용되지 아니하므로, 결국 소유자인 매도인으로서는 특별한 사정이 없는 한 명의수탁자의 처분행위로 인하여 어떠한 손해도 입은 바가 없다.

ㄷ. (O) 매도인이 선의인 경우, 계약명의수탁자가 명의신탁재산을 처분하는 행위가 계약명의수탁자의 일반채권자에 대한 관계에서 사해행위가 되는지를 묻는 지문이다. 매도인이 선의인 계약명의신탁의 경우, 물권변동은 유효하므로(부동산실명법 제4조 제2항 단서) 계약명의수탁자는 완전한 소유권을 취득한다. 명의신탁재산은 계약명의수탁자의 책임재산이 되므로 이를 처분하는 행위는 비록 계약명의신탁자에 대한 매수자금 상당액의 부당이득반환채무를 변제하기 위한 목적이었더라도 사해행위가 될 수 있다.

[**대법원** 2008. 9. 25. **선고** 2007**다**74874 **판결**] 부동산에 관하여 부동산 실권리자명의 등기에 관한 법률 제4조 제2항 본문이 적용되어 명의수탁자인 채무자 명의의 소유권이전등기가 무효인 경우에는 그 부동산은 채무자의 소유가 아니기 때문에 이를 채무자의 일반 채권자들의 공동담보에 공하여지는 책임재산이라고 볼 수 없고, 채무자가 위 부동산에 관하여 제3자와 매매계약을 체결하고 그에게 소유권이전등기를 마쳐주었다고 하더라도 그로써 채무자의 책임재산에 감소를 초래한 것이라고 할 수 없으므로 이를 들어 채무자의 일반 채권자들을 해하는 사해행위라고 할 수 없으며, 채무자에게 사해의 의사가 있다고 볼 수도 없다. 그러나 명의신탁자와 명의수탁자가 이른바 계약명의신탁 약정을 맺고 명의수탁자가 당사자가 되어 명의신탁 약정이 있다는 사실을 알지 못하는 소유자와의 사이에 부동산에 관한 매매계약을 체결한 후 그 매매계약에 따라 당해 부동산의 소유권이전등기를 명의수탁자 명의로 마친 경우에는 명의신탁자와 명의수탁자 사이의 명의신탁 약정의 무효에도 불구하고 부동산 실권리자명의 등기에 관한 법률 제4조 제2항 단서에 의하여 그 명의수탁자는 당해 부동산의 완전한 소유권을 취득하게 되고 다만 명의신탁자에 대하여 그로부터 제공받은 매수자금 상당액의 부당이득반환의무를 부담하게 되는 바, 위와 같은 경우에 명의수탁자가 취득한 부동산은 채무자인 명의수탁자의 일반 채권자들의 공동담보에 공하여지는 책임재산이 되고, 명의신탁자는 명의수탁자에 대한 관계에서 금전채권자 중 한 명에 지나지 않으므로 명의수탁자의 재산이 채무의 전부를 변제하기에 부족한 경우 명의수탁자가 위 부동산을 명의신탁자 또는 그가 지정하는 자에게 양도하는 행위는 특별한 사정이 없는 한 다른 채권자의 이익을 해하는 것으로서 다른 채권자들에 대한 관계에서 사해행위가 된다.

ㄹ. (×) 부동산실명법 시행 전 계약명의신탁의 경우, 계약명의수탁자가 계약명의신탁자에 대한 부당이득반환의 대상이 부동산 자체인지 및 부당이득반환청구권으로서 소유권이전등기청구권이 계약명의신탁자의 점유 중에도 소멸시효의 대상이 되는지를 묻는 지문이다.

[**대법원** 2009. 7. 9. **선고** 2009**다**23313 **판결**] 명의신탁계약 및 그에 기한 등기를 무효로 하고 그 위반행위에 대하여 형사처벌까지 규정한 부동산 실권리자명의 등기에 관한 법률의 시행에 따라 그 권리를 상실하게 된 위 법률 시행 이전의 명의신탁자가 그 대신에 부당이득의 법리에 따라 법률상 취득하게 된 명의신탁 부동산에 대한 부당이득반환청구권의 경우, 무효로 된 명의신탁 약정에 기하여 처음부터 명의신탁자가 그 부동산의 점유 및 사용 등 권리를 행사하고 있다 하여 위 부당이득반환청구권 자체의 실질적 행사가 있다고 볼 수 없을 뿐만 아니라, 명의신탁자가 그 부동산을 점유·사용하여 온 경우에는 명의신탁자의 명의수탁자에 대한 부당이득반환청구권에 기한 등기청구권의 소멸시효가 진행되지 않는다고 보아야 한다면, 이는 명의신탁자가 부동산 실권리자명의 등기에 관한 법률의 유예기간 및 시효기간 경과 후 여전히 실명전환을 하지 않아 위 법률을 위반한 경우임에도 그 권리를 보호하여 주는 결과로 되어 부동산 거래의 실정 및 부동산 실권리자명의 등기에 관한 법률 등 관련 법률의 취지에도 맞지 않는다.

정답 ④

38. **甲은 자신의 친구인 乙과 명의신탁약정을 맺고 乙을 통해 丙 소유의 A토지를 매수하면서 소유권이전등기를 丙으로부터 직접 乙에게로 경료하였으며, A토지에 관한 乙 · 丙 간의 매매계약 체결 시 丙은 명의신탁약정이 있다는 사실을 알지 못하였다. 이에 관한 설명 중 옳지 않은 것은?** (각 지문은 독립적이며, 다툼이 있는 경우 판례에 의함) [19 변호사]

① 甲과 乙이 매수인 명의 및 소유권이전등기 명의를 乙의 명의로 하기로 한 경우, 이와 같은 명의신탁관계는 내부적인 관계에 불과하므로 설사 丙이 이를 알고 있었더라도 甲에게 계약에 따른 법률효과를 직접 귀속시킬 의도로 계약을 체결하였다는 등의 특별한 사정이 없는 한 대외적으로는 명의자인 乙을 매매당사자로 보아야 한다.

② 甲과 乙이 「부동산 실권리자명의 등기에 관한 법률」 시행 전에 명의신탁약정을 맺었으나 A토지에 대한 乙 명의의 등기는 위 법률이 정하는 실명등기 유예기간 후에 경료한 경우, 乙은 A토지에 대한 완전한 소유권을 취득한다.

③ 위 명의신탁약정과 그에 따른 등기가 모두 「부동산 실권리자명의 등기에 관한 법률」 시행 후에 행하여진 경우, 乙이 A토지를 丁에게 매도하고 丁의 명의로 소유권이전등기를 경료하였다면 丁은 명의신탁약정에 대한 선의·악의를 불문하고 A토지의 소유권을 유효하게 취득한다.

④ 위 명의신탁약정과 그에 따른 등기가 모두 「부동산 실권리자명의 등기에 관한 법률」 시행 후에 행하여진 경우, 乙이 甲으로부터 받은 부동산 매수자금 상당액은 법률상 원인이 없는 것이므로 부당이득으로서 반환해야 하고, 그 외에 乙이 소유권이전등기를 위하여 지출하여야 할 취득세, 등록세 등의 상당액을 甲으로부터 제공받았다면 이러한 취득비용도 무효인 명의신탁약정에 의하여 甲이 입은 손해에 포함되므로 부당이득으로서 반환하여야 한다.

⑤ 위 명의신탁약정과 그에 따른 등기가 모두 「부동산 실권리자명의 등기에 관한 법률」 시행 후에 행하여진 경우, 만일 丙이 甲과 乙 사이의 명의신탁관계를 알고 있는 상태에서 A토지를 乙에게 매도하고 매매대금을 수령하였다면, 乙이 그 후 제3자에게 A토지를 처분하는 행위는 丙에 대한 관계에서 불법행위를 구성하므로 丙은 乙에게 A토지의 처분 당시의 시가 상당액을 손해배상으로 청구할 수 있다.

해설

① **(O)** 타인 명의로 부동산을 매수하는 경우 당사자 확정을 묻는 지문이다. 특별한 사정이 없는 한 명의자가 매수인이 된다.
[**대법원** 2016. 7. 22. **선고** 2016**다**207928 **판결**] 어떤 사람이 타인을 통하여 부동산을 매수하면서 매수인 명의 및 소유권이전등기 명의를 타인 명의로 하기로 한 경우에, 매수인 및 등기 명의의 신탁관계는 그들 사이의 내부적인 관계에 불과하므로, 상대방이 명의신탁자를 매매당사자로 이해하였다는 등의 특별한 사정이 없는 한 대외적으로는 계약명의자인 타인을 매매당사자로 보아야 하며, 설령 상대방이 명의신탁관계를 알고 있었더라도 상대방이 계약명의자인 타인이 아니라 명의신탁자에게 계약에 따른 법률효과를 직접 귀속시킬 의도로 계약을 체결하였다는 등의 특별한 사정이 인정되지 아니하는 한 마찬가지이다.

② **(O)** 부동산실명법 제4조 제2항 단서. 매도인이 선의인 계약명의신탁에서는 명의신탁약정은 무효이지만, 물권변동의 효력은 인정되므로 명의수탁자가 소유권을 취득한다.

③ **(O)** 乙은 정당한 소유자이므로 乙로부터 소유권을 취득한 丁은 명의신탁약정에 관하여 선의인지 여부를 불문하고 정당하게 소유권을 취득한다.

④ (O) 부동산실명법 시행 후 계약명의신탁약정을 기초로 계약명의수탁자가 소유권을 취득한 경우, 명의신탁자에 대하여 부담하는 부당이득의 내용을 묻는 지문이다. 매수자금 상당액이 부당이득이 되는데, 여기에는 명의신탁자로부터 제공받은 부동산 취득비용도 포함된다.

[**대법원** 2010. 10. 14. **선고** 2007**다**90432 **판결**] 명의수탁자가 소유권이전등기를 위하여 지출하여야 할 취득세, 등록세 등을 명의신탁자로부터 제공받았다면, 이러한 자금 역시 위 계약명의신탁약정에 따라 명의수탁자가 당해 부동산의 소유권을 취득하기 위하여 매매대금과 함께 지출된 것이므로, 당해 부동산의 매매대금 상당액 이외에 명의신탁자가 명의수탁자에게 지급한 취득세, 등록세 등의 취득비용도 특별한 사정이 없는 한 위 계약명의신탁약정의 무효로 인하여 명의신탁자가 입은 손해에 포함되어 명의수탁자는 이 역시 명의신탁자에게 부당이득으로 반환하여야 한다.

⑤ (×) 매도인이 악의인 경우 계약명의신탁에서 매매대금을 수령한 매도인이 명의신탁부동산을 처분한 명의수탁자를 상대로 손해배상을 청구할 수 있는지를 묻는 지문이다. 매도인이 악의인 경우에는 매도인과 명의수탁자 사이의 매매와 물권변동은 모두 무효이고, 명의신탁재산은 여전히 매도인의 소유에 속한다. 이를 명의수탁자가 처분한 때에는 매도인의 부동산을 처분한 것으로 불법행위를 구성할 수는 있지만, 매도인이 이미 매매대금을 수령하였다면 매도인에게 손해가 있다고 할 수 없어 손해배상을 청구할 수는 없다.

[**대법원** 2013. 9. 12. **선고** 2010**다**95185 **판결**] 명의신탁자와 명의수탁자가 이른바 계약명의신탁약정을 맺고 매매계약을 체결한 소유자도 명의신탁자와 명의수탁자 사이의 명의신탁약정을 알면서 그 매매계약에 따라 명의수탁자 앞으로 당해 부동산의 소유권이전등기를 마친 경우 부동산 실권리자명의 등기에 관한 법률 제4조 제2항 본문에 의하여 명의수탁자 명의의 소유권이전등기는 무효이므로, 당해 부동산의 소유권은 매매계약을 체결한 소유자에게 그대로 남아 있게 되고, 명의수탁자가 자신의 명의로 소유권이전등기를 마친 부동산을 제3자에게 처분하면 이는 매도인의 소유권 침해행위로서 불법행위가 된다. 그러나 명의수탁자로부터 매매대금을 수령한 상태의 소유자로서는 그 부동산에 관한 소유명의를 회복하기 전까지는 신의칙 내지 민법 제536조 제1항 본문의 규정에 의하여 명의수탁자에 대하여 이와 동시이행의 관계에 있는 매매대금 반환채무의 이행을 거절할 수 있는데, 이른바 계약명의신탁에서 명의수탁자의 제3자에 대한 처분행위가 유효하게 확정되어 소유자에 대한 소유명의 회복이 불가능한 이상, 소유자로서는 그와 동시이행관계에 있는 매매대금 반환채무를 이행할 여지가 없다. 또한 명의신탁자는 소유자와 매매계약관계가 없어 소유자에 대한 소유권이전등기청구도 허용되지 아니하므로, 결국 소유자인 매도인으로서는 특별한 사정이 없는 한 명의수탁자의 처분행위로 인하여 어떠한 손해도 입은 바가 없다.

정답 ⑤

39. 甲은 乙 소유의 부동산 X를 취득하면서 丙과 명의신탁약정을 하여 丙의 명의로 등기하도록 하였다. 다음 상황 (1), (2)에 관한 설명 중 옳지 않은 것은? (다툼이 있는 경우 판례에 의함) [17 변호사]

> [상황 (1)] 甲은 乙과 부동산 X에 대한 매매계약을 체결한 뒤 대금을 완납하고 소유권이전등기의 명의만을 丙의 명의로 해 두기로 약정하였고, 이에 2012. 5.경 丙이 乙로부터 부동산 X에 대한 이전등기를 경료받았다.
>
> [상황 (2)] 甲은 丙과 사이에 자신이 매매대금과 취득세 등의 취득비용을 부담하기로 하면서 丙이 丙의 명의로 乙과 매매계약을 체결하여 소유권이전등기를 경료받도록 약정하였고, 이에 丙이 이런 사실을 알지 못하는 乙과 2012. 5.경 매매계약을 체결한 후 대금을 완납하여 부동산 X의 이전등기를 경료받았다.

① 상황 (1)에서 丙이 부동산 X에 대한 소유권이전등기를 경료받은 후 자신의 채권자 丁에게 채무담보를 위하여 부동산 X 위에 저당권을 설정하여 그 등기가 마쳐진 경우, 丁의 저당권은 유효하다.

② 상황 (1)에서 공공용지 협의취득 절차에 의하여 丁이 부동산 X에 대해 소유권이전등기를 경료하고 보상금이 丙에게 지급된 경우, 丙은 취득한 보상금을 甲에게 부당이득으로 반환해야 한다.

③ 상황 (2)에서 甲은 丙을 상대로 부동산 X의 소유권을 주장할 수는 없고 매수자금의 부당이득반환을 청구할 수 있을 뿐이고, 그 반환범위는 특별한 사정이 없는 한 매매대금 이외에 취득세 등 취득비용도 포함한다.

④ 상황 (2)에서 甲은 자신이 부동산 X를 점유하고 있는 한 丙으로부터 부동산 X의 소유권이전등기를 경료받은 丁을 상대로 위 ③의 丙에 대한 부당이득반환청구권을 기초로 유치권을 행사할 수 있다.

⑤ 상황 (2)에서 丙이 채무초과 상태에서 甲의 지정에 따라 丁에게 부동산 X의 소유권을 이전하는 행위는 특별한 사정이 없는 한 丙의 일반 채권자에 대한 관계에서 사해행위가 된다.

해설

※ 제3자간 등기명의신탁(상황(1))과 계약명의신탁(상황(2))의 법률관계를 묻는 문제이다.

① **(O)** 3자간 등기명의신탁에 따른 물권변동은 무효이지만, 그 무효로는 제3자에게 대항할 수 없다(부동산실명법 제4조 제3항). 제3자란 명의수탁자가 물권자임을 기초로 새로운 이해관계를 맺은 자를 말한다. 丙의 채권자 丁이 명의신탁부동산에 저당권을 취득하였다면 새로운 이해관계를 맺은 자에 해당하므로 丁은 완전한 저당권을 취득한다.

[**대법원** 2005. 11. 10. **선고** 2005**다**34667·34674 **판결**] 부동산 실권리자명의 등기에 관한 법률 제4조 제3항에서 "제3자"라고 함은 명의신탁약정의 당사자 및 포괄승계인 이외의 자로서 명의수탁자가 물권자임을 기초로 그와의 사이에 직접 새로운 이해관계를 맺은 사람을 말한다고 할 것이므로, 명의수탁자로부터 명의신탁된 부동산의 소유명의를 이어받은 사람이 위 규정에 정한 제3자에 해당하지 아니한다면 그러한 자로서는 부동산실명법 제4조 제3항의 규정을 들어 무효인 명의신탁등기에 터잡아 마쳐진 자신의 등기의 유효를 주장할 수 없고, 따라서 그 명의의 등기는 실체관계에 부합하여 유효라고 하는 등의 특별한 사정이 없는 한 무효라고 할 것이다. 그리고 위와 같이 등기부상 명의수탁자로부터 소유권이전등기를 이어받은 자의 등기가 무효인 이상, 부동산 등기에 관하여 공신력이 인정되지 아니하는 우리 법제 아래서는 그 무효인 등기에 기초하여 새로운 법률원인으로 이해관계를 맺은 자가 다시 등기를 이어받았다면 그 명의의 등기 역시 특별한 사정이 없는 한 무효임을 면할 수 없다고 할 것이고, 이렇게 명의수탁자와 직접 이해관계를 맺은 것이 아니라 부동산실명법 제4조 제3항에 정한 제3자가 아닌 자와 사이에서 무효인 등기를 기초로 다시 이해관계를 맺은 데 불과한 자는 위 조항이 규정하는 제3자에 해당하지 않는다고 보아야 할 것이다(필자 註 : 이 사건 토지는 원래 피고가 매입하여 등기한 피고의 소유로서 이를 소외 1에게 명의신탁한 것인데, 소외 2가 자신이 실제 소유자라고 주장하면서 소외 1을 상대로 이전등기 소송을 제기하고는 소외 1의 인낙을 받아 그 소유권을 취득하였으므로, 소외 2는 명의수탁자 소외 1이 이 사건 토지의 소유자임을 기초로 소유권을 이어받은 것도 아니고 소외 1과 사이에 새로운 법률원인으로 이해관계를 맺은 것도 아닐 뿐 아니라, 소외 2의 소유권취득은 피고로부터 소유명의를 수탁받은 소외 1의 배임행위에 적극 가담하여 이루어진 반사회적 법률행위에 해당하여, 소외 2는 부동산실명법 제4조 제3항에 정한 제3자에 해당한다고 할 수 없어 소외 2명의의 등기는 무효이고, 나아가 소외 2로부터 이 사건 토지를 증여받은 원고도 무효인 소외 2명의의 등기를 승계하였을 뿐 명의수탁자인 소외 1과 사이에 새로운 이해관계를 맺은 것이 아니어서 역시 위 규정에 정한 제3자에 해당하지 아니하므로 원심이 이 사건 토지에 관한 원고 명의의 등기도 무효라고 판단한 것은, 앞서 본 법리에 따른 것으로 모두 정당

하다고 수긍이 가고, 거기에 상고이유에서 지적하는 바와 같이 부동산실명법 제4조 제3항에 정한 제3자에 관한 법리를 오해한 위법이 있다고 할 수 없다고 한 사례).

② (O) 제3자간 명의신탁에서 명의수탁자가 명의신탁재산의 가치변형물을 보유하고 있는 것이 명의신탁자에 대하여 부당이득이 되는지를 묻는 지문이다. 제3자간 등기명의신탁에서 명의수탁자는 소유권을 취득할 수 없으며, 명의신탁자의 매도인에 대한 소유권이전등기청구권은 인정되는 것이므로 명의수탁자가 매매대금 등 명의신탁재산의 가치변형물을 보유하고 있는 것은 명의신탁자의 소유권이전등기청구권 상실로 인한 이득이므로 명의신탁자에 대한 관계에서 부당이득이 된다.

[**대법원** 2011. 9. 8. **선고** 2009**다**49193·49209 **판결**] 이른바 3자간 등기명의신탁에서 부동산 실권리자명의 등기에 관한 법률에서 정한 유예기간이 경과한 후 명의수탁자가 신탁부동산을 임의로 처분하거나 강제수용이나 공공용지 협의취득 등을 원인으로 제3취득자 명의로 이전등기가 마쳐진 경우, 특별한 사정이 없는 한 제3취득자는 유효하게 소유권을 취득하게 되므로(같은 법 제4조 제3항), 그로 인하여 매도인의 명의신탁자에 대한 소유권이전등기의무는 이행불능으로 되고 그 결과 명의신탁자는 신탁부동산의 소유권을 이전받을 권리를 상실하는 손해를 입게 되는 반면, 명의수탁자는 신탁부동산의 처분대금이나 보상금을 취득하는 이익을 얻게 되므로, 명의수탁자는 명의신탁자에게 그 이익을 부당이득으로 반환할 의무가 있다.

③ (O) 매도인이 선의인 계약명의신탁에서 물권변동은 유효하므로(부동산실명법 제4조 제2항 단서) 명의수탁자 丙은 소유권을 취득한다. 다만, 명의신탁자 甲과 명의수탁자 丙 사이의 명의신탁약정은 무효이므로 위 약정에 따라 명의수탁자 丙이 받은 이익은 부당이득이 될 수밖에 없는데, 丙이 甲으로부터 지급받은 모든 금원이 부당이득에 해당한다. 취득비용도 반환의 대상이 부당이득에 해당한다.

[**대법원** 2010. 10. 14. **선고** 2007**다**90432 **판결**] 명의수탁자가 소유권이전등기를 위하여 지출하여야 할 취득세, 등록세 등을 명의신탁자로부터 제공받았다면, 이러한 자금 역시 위 계약명의신탁약정에 따라 명의수탁자가 당해 부동산의 소유권을 취득하기 위하여 매매대금과 함께 지출된 것이므로, 당해 부동산의 매매대금 상당액 이외에 명의신탁자가 명의수탁자에게 지급한 취득세, 등록세 등의 취득비용도 특별한 사정이 없는 한 위 계약명의신탁약정의 무효로 인하여 명의신탁자가 입은 손해에 포함되어 명의수탁자는 이 역시 명의신탁자에게 부당이득으로 반환하여야 한다.

④ (×) 계약명의신탁자가 계약명의수탁자에 대하여 가지는 매수자금 상당액의 부당이득반환청구권을 피담보채권으로 하는 유치권이 인정되는지를 묻는 지문이다. 매수자금 상당액의 부당이득반환청구권은 명의신탁약정이 무효로 됨에 따라 발생하는 것이고, 목적물에 관하여 생긴 채권에 해당하지 아니하므로 유치권의 피담보채권이 될 수는 없다.

[**대법원** 2009. 3. 26. **선고** 2008**다**34828 **판결**] 명의신탁자와 명의수탁자가 이른바 계약명의신탁약정을 맺고 명의수탁자가 당사자가 되어 명의신탁약정이 있다는 사실을 알지 못하는 소유자와 사이에 부동산에 관한 매매계약을 체결한 뒤 수탁자 명의로 소유권이전등기를 마친 경우에는, 명의신탁자와 명의수탁자 사이의 명의신탁약정은 무효이지만 그 명의수탁자는 당해 부동산의 완전한 소유권을 취득하게 되고, 반면 명의신탁자는 애초부터 당해 부동산의 소유권을 취득할 수 없고 다만 그가 명의수탁자에게 제공한 부동산 매수자금이 무효의 명의신탁약정에 의한 법률상 원인 없는 것이 되는 관계로 명의수탁자에 대하여 동액 상당의 부당이득반환청구권을 가질 수 있을 뿐이다. 명의신탁자의 이와 같은 부당이득반환청구권은 부동산 자체로부터 발생한 채권이 아닐 뿐만 아니라 소유권 등에 기한 부동산의 반환청구권과 동일한 법률관계나 사실관계로부터 발생한 채권이라고 보기도 어려우므로, 결국 민법 제320조 제1항에서 정한 유치권 성립요건으로서의 목적물과 채권 사이의 견련관계를 인정할 수 없다.

⑤ (O) 매도인이 선의인 계약명의신탁자에서 채무초과의 명의수탁자가 명의신탁재산을 명의신탁자나 명의신탁자가 지정하는 제3자에게 이전하는 행위가 사해행위로 되는지를 묻는 지문이다. 명의신탁재산은 명의수탁자의 소유에 속하므로 이는 명의수탁자의 채권자들의 책임재산이 된다. 한편, 명의수탁자가 명의신탁자에 대하여 부당이득반환의무를 부담하더라도 그 의무의 내용이 매수자금 상당

액의 부당이득반환의무라면 이를 이행하기 위하여 명의신탁부동산을 이전하는 행위는 일종의 대물변제에 해당하고, 채무초과의 채무자가 특정한 부동산을 채권자 중 어느 1인에게 대물변제로 제공하는 행위는 다른 특별한 사정이 없는 한 사해행위에 해당한다.

[**대법원** 2008. 9. 25. **선고** 2007**다**74874 **판결**] 부동산에 관하여 부동산 실권리자명의 등기에 관한 법률 제4조 제2항 본문이 적용되어 명의수탁자인 채무자 명의의 소유권이전등기가 무효인 경우에는 그 부동산은 채무자의 소유가 아니기 때문에 이를 채무자의 일반 채권자들의 공동담보에 공하여지는 책임재산이라고 볼 수 없고, 채무자가 위 부동산에 관하여 제3자와 매매계약을 체결하고 그에게 소유권이전등기를 마쳐주었다고 하더라도 그로써 채무자의 책임재산에 감소를 초래한 것이라고 할 수 없으므로 이를 들어 채무자의 일반 채권자들을 해하는 사해행위라고 할 수 없으며, 채무자에게 사해의 의사가 있다고 볼 수도 없다. 그러나 명의신탁자와 명의수탁자가 이른바 계약명의신탁 약정을 맺고 명의수탁자가 당사자가 되어 명의신탁 약정이 있다는 사실을 알지 못하는 소유자와의 사이에 부동산에 관한 매매계약을 체결한 후 그 매매계약에 따라 당해 부동산의 소유권이전등기를 명의수탁자 명의로 마친 경우에는 명의신탁자와 명의수탁자 사이의 명의신탁 약정의 무효에도 불구하고 부동산 실권리자명의 등기에 관한 법률 제4조 제2항 단서에 의하여 그 명의수탁자는 당해 부동산의 완전한 소유권을 취득하게 되고 다만 명의신탁자에 대하여 그로부터 제공받은 매수자금 상당액의 부당이득반환의무를 부담하게 되는 바, 위와 같은 경우에 명의수탁자가 취득한 부동산은 채무자인 명의수탁자의 일반 채권자들의 공동담보에 공하여지는 책임재산이 되고, 명의신탁자는 명의수탁자에 대한 관계에서 금전채권자 중 한 명에 지나지 않으므로 명의수탁자의 재산이 채무의 전부를 변제하기에 부족한 경우 명의수탁자가 위 부동산을 명의신탁자 또는 그가 지정하는 자에게 양도하는 행위는 특별한 사정이 없는 한 다른 채권자의 이익을 해하는 것으로서 다른 채권자들에 대한 관계에서 사해행위가 된다. 정답 ④

40. **甲과 乙은 2014. 2. 1. 乙이 甲을 대신하여 丙 소유의 X 부동산을 매수하는 내용의 명의신탁약정을 체결한 다음, 甲은 乙에게 매수자금을 제공하였다. 이에 따라 乙은 2014. 2. 10. 丙과 매매계약을 체결하였고, 2014. 4. 10. X 부동산에 대하여 乙 명의로 소유권이전등기를 경료하였다. 다음 설명 중 옳지 않은 것은? (각 지문은 독립적이고, 다툼이 있는 경우 판례에 의함)** [15 변호사]

① 丙이 甲과 乙 사이의 명의신탁약정을 알지 못하였다면, 乙은X 부동산에 대한 소유권을 유효하게 취득한다.

② 丙이 甲과 乙 사이의 명의신탁약정을 알았더라도, 甲이 X 부동산을 丁에게 매도하고 乙로부터 丁에게 소유권이전등기가 경료되면 丁은 유효하게 소유권을 취득한다.

③ 乙이 X 부동산을 丁에게 매도하고 丁 명의로 소유권이전등기가 경료되면, 丁은 위 명의신탁약정에 대한 선의·악의를 불문하고 유효하게 소유권을 취득한다.

④ 丙이 매매계약 체결 당시 甲과 乙 사이의 명의신탁약정을 안 경우, 甲은 乙에 대하여 부당이득으로서 부동산 자체의 반환을 구할 수 없다.

⑤ 丙이 乙 명의로 소유권이전등기가 경료되기 전에 甲과 乙 사이의 명의신탁약정이 무효인 사실을 알고 甲이 매매계약의 매수인으로 되는 것에 동의하였다면, 甲은 丙에 대하여 소유권이전등기를 청구할 수 있다.

해설

※ 계약명의신탁에 따른 법률관계를 묻는 사례문제이다.

① (O) 매도인이 선의인 경우, 계약명의신탁에 따른 물권변동의 효력을 묻는 지문이다. 부동산실명법 제4조 제2항 단서에 따르면 물권변동은 유효하다. 명의수탁자 乙은 X 부동산의 소유권을 유효하게 취득한다.

② (×) 부동산실명법 제4조 제3항에 따르면, 명의신탁약정 및 물권변동의 무효는 제3자에게 대항할 수 없다. 제3자라 함은 명의신탁약정의 당사자 및 포괄승계인 이외의 자로서 명의수탁자가 물권자임을 기초로 그와의 사이에 직접 새로운 이해관계를 맺은 사람을 말한다. 사안에서 丁은 명의신탁자 甲과 매매계약을 체결하여 이해관계를 맺었을 뿐 명의수탁자 乙이 물권자임을 전제로 이해관계를 맺은 자는 아니다. 丁은 부동산실명법 제4조 제3항에 의하여 보호되는 제3자라고 볼 수 없으므로 丁은 유효하게 소유권을 취득할 수 없다.

[**대법원** 2004. 8. 30. **선고** 2002**다**48771 **판결**] 부동산 실권리자명의 등기에 관한 법률 제4조 제3항의 입법취지 등을 고려해 볼 때, 여기에서 말하는 제3자라 함은 명의수탁자가 물권자임을 기초로 그와의 사이에 새로운 이해관계를 맺은 사람을 말한다고 할 것이고, 이와 달리 오로지 명의신탁자와 부동산에 관한 물권을 취득하기 위한 계약을 맺고 단지 등기명의만을 명의수탁자로부터 경료받은 것 같은 외관을 갖춘 자는 위 법률조항의 제3자에 해당되지 아니한다고 할 것이므로 이러한 자로서는 자신의 등기가 실체관계에 부합하여 유효라고 주장하는 것은 별론으로 하더라도 같은 법 제4조 제3항의 규정을 들어 무효인 명의신탁등기에 터잡아 경료된 자신의 등기의 유효를 주장할 수는 없다.

③ (O) 계약명의수탁자로부터 소유권을 취득한 제3자가 소유권을 취득할 수 있는지를 묻는 지문이다. 계약명의수탁자 乙이 부동산실명법 제4조 제2항 단서에 따라 소유권을 취득한 경우에는 乙로부터의 소유권 취득자 丁은 정당한 소유자로부터의 권리취득자이므로 명의신탁약정에 대한 선의, 악의를 불문하고 소유권을 취득한다. 한편 계약명의수탁자 乙이 부동산실명법 제4조 제2항 본문에 따라 소유권을 취득하지 못하는 경우에도 명의신탁에 따른 물권변동의 무효는 제3자에게 대항할 수 없고, 제3자의 선의, 악의는 불문하므로 乙로부터의 소유권 취득자 丁은 명의신탁약정에 관한 선의, 악의를 불문하고 부동산실명법 제4조 제3항에 따라 유효하게 소유권을 취득한다.

④ (O) 계약명의신탁에 따른 물권변동이 무효인 경우, 명의신탁자가 명의수탁자에 대하여 부당이득으로 부동산 자체의 반환을 청구할 수 있는지를 묻는 지문이다. 무효인 명의신탁약정에 따라 명의수탁자는 매수자금 등을 취득하였으므로 명의신탁자가 명의수탁자에 대하여 부당이득으로 반환을 청구할 수 있는 것은 매수자금 상당액에 불과할 뿐 부동산 자체의 반환을 청구할 수는 없다.

⑤ (O) 계약명의신탁에 따른 물권변동이 무효인 경우, 매도인이 명의수탁자가 매수인으로 되는 것에 동의한 경우의 효과를 묻는 지문이다. 명의수탁자의 의사와 무관하게 매도인과 명의신탁자 사이에는 종전의 매매계약과 같은 내용의 양도약정이 체결된 것으로 의제하는 것이 대법원의 입장이다. 따라서 명의신탁자 甲은 매도인 丙에 대하여 별도의 양도약정을 원인으로 소유권이전등기를 청구할 수 있다.

[**대법원** 2003. 9. 5. **선고** 2001**다**32120 **판결**] 이른바 계약명의신탁에서 매도인이 명의신탁약정의 존재를 알았던 경우에 해당하여 매매계약이 부동산실권리자명의등기에관한법률 제4조에 의하여 무효인 경우 매매계약상의 매수인의 지위가 당연히 명의신탁자에게 귀속되는 것은 아니다. 그 무효 사실이 밝혀진 후에 계약상대방인 매도인이 계약명의자인 명의수탁자 대신 명의신탁자가 그 계약의 매수인으로 되는 것에 대하여 동의 내지 승낙을 함으로써 부동산을 명의신탁자에게 양도할 의사를 표시하였다면, 명의신탁약정이 무효로 됨으로써 매수인의 지위를 상실한 명의수탁자의 의사에 관계없이 매도인과 명의신탁자 사이에는 종전의 매매계약과 같은 내용의 양도약정이 따로 체결된 것으로 봄이 상당하다. 이 경우 명의신탁자는 당초의 매수인이 아니라고 하더라도 매도인에 대하여 별도의 양도약정을 원인으로 하는 소유권이전등기청구를 할 수 있다.

정답 ②

41. 甲과 乙은 2013. 10. 17. 甲의 자금으로 丙 소유의 토지를 매수하여 乙 명의로 등기하는 명의신탁약정을 하고, 乙이 丙과의 매매계약을 체결한 후 丙에게 매매대금을 지급하고 乙 명의로 소유권이전등기를 경료하였다. 다음 설명 중 옳은 것은? (다툼이 있는 경우에는 판례에 의함) [14 변호사]

① 丙이 甲과 乙 사이의 명의신탁약정이 있다는 사실을 알지 못하였다면, 위 명의신탁약정은 유효하다.
② 甲이 乙의 남편으로서 자신에 대한 채권자의 강제집행을 면하기 위하여 명의신탁약정을 한 경우에는 그 명의신탁약정뿐만 아니라 乙 명의의 소유권이전등기도 유효하다.
③ 丙이 甲과 乙 사이의 명의신탁약정이 있다는 사실을 알지 못한 경우, 甲은 乙을 상대로 乙에게 지급한 매수자금 상당의 부당이득반환을 청구할 수 있다.
④ ③의 경우, 甲이 위 토지를 점유하고 있다면 乙에 대한 부당이득반환청구권에 근거하여 유치권을 행사할 수 있다.
⑤ 乙이 丁에게 위 토지의 소유권을 이전한 경우, 甲과 乙 사이의 명의신탁약정이 있다는 사실을 알지 못하였던 丙은 이러한 사실에 대하여 악의인 丁에 대하여 소유권이전등기의 말소를 청구할 수 있다.

해설

※ 계약명의신탁의 법률관계를 묻는 사례문제이다.

① **(×)** 명의신탁약정의 효력을 묻는 지문이다. 명의신탁약정은 부동산실명법 제4조 제1항에 따라 무효이다. 매도인이 명의신탁약정 사실을 알았는지 여부는 문제되지 않는다. 다만, 계약명의신탁약정에 따른 물권변동의 효력은 매도인이 선의인 때에는 유효이다.

② **(×)** 부부간의 명의신탁은 조세포탈, 강제집행의 면탈, 법령상 제한의 회피를 목적으로 하지 아니하는 때에는 명의신탁약정 및 물권변동의 효력이 인정된다(부동산실명법 제8조). 지문에서는 남편 甲이 채권자의 강제집행을 면하기 위하여 명의신탁을 한 경우이므로 부동산실명법 제8조가 적용되지 않는다. 따라서 명의신탁약정은 무효이고, 乙 명의의 소유권이전등기는 매도인 丙이 선의인 경우에만 유효하다.

③ **(O)** 매도인이 선의인 경우, 계약명의신탁자와 계약명의수탁자 사이의 부당이득반환의 대상이 무엇인지를 묻는 지문이다. 계약명의수탁자 乙은 무효인 명의신탁약정에 따라 매수자금을 취득한 것이므로 부당이득반환의 대상은 원칙적으로 매수자금 상당액이다. 다만, 부동산실명법 시행 전의 계약명의신탁으로서 계약명의신탁자가 적법하게 내부적 소유권을 취득하였다가 부동산실명법의 시행으로 계약명의신탁자가 소유권을 상실하고, 계약명의수탁자가 소유권을 취득한 때에는 부당이득반환의 대상은 부동산 자체이다.

[**대법원** 2005. 1. 28. **선고** 2002**다**66922 **판결**] 부동산실권리자명의등기에관한법률 제4조 제1항·제2항에 의하면, 명의신탁자와 명의수탁자가 이른바 계약명의신탁약정을 맺고 명의수탁자가 당사자가 되어 명의신탁약정이 있다는 사실을 알지 못하는 소유자와의 사이에 부동산에 관한 매매계약을 체결한 후 그 매매계약에 따라 당해 부동산의 소유권이전등기를 수탁자 명의로 마친 경우에는 명의신탁자와 명의수탁자 사이의 명의신탁약정의 무효에도 불구하고 그 명의수탁자는 당해 부동산의 완전한 소유권을 취득하게 되고, 다만 명의수탁자는 명의신탁자에 대하여 부당이득반환의무를 부담하게 될 뿐이라 할 것인데, 그 계약명의신탁약정이 부동산실권리자명의등기에관한법률 시행 후인 경우에는 명의신탁자는 애초부터 당해 부동산의 소유권을 취득할 수 없었으므로 위 명의신탁약정의 무효로 인하여 명의신탁자가 입은 손해는 당해 부동산 자체가 아니라 명의수탁자에게 제공한 매수

자금이라 할 것이고, 따라서 명의수탁자는 당해 부동산 자체가 아니라 명의신탁자로부터 제공받은 매수자금을 부당이득하였다고 할 것이다.

④ (×) 계약명의신탁자가 계약명의수탁자에 대하여 가지는 매수자금 상당액의 부당이득반환청구권을 피담보채권으로 한 유치권이 인정되는지를 묻는 지문이다. 매수자금 상당액의 부당이득반환청구권은 명의신탁의 목적물에 관하여 발생한 채권이 아니므로 유치권의 피담보채권으로 될 수 없다.
[**대법원** 2009. 3. 26. **선고** 2008**다**34828 **판결**] 명의신탁자와 명의수탁자가 이른바 계약명의신탁 약정을 맺고 명의수탁자가 당사자가 되어 명의신탁약정이 있다는 사실을 알지 못하는 소유자와 사이에 부동산에 관한 매매계약을 체결한 뒤 수탁자 명의로 소유권이전등기를 마친 경우에는, 명의신탁자와 명의수탁자 사이의 명의신탁약정은 무효이지만 그 명의수탁자는 당해 부동산의 완전한 소유권을 취득하게 되고, 반면 명의신탁자는 애초부터 당해 부동산의 소유권을 취득할 수 없고 다만 그가 명의수탁자에게 제공한 부동산 매수자금이 무효의 명의신탁약정에 의한 법률상 원인 없는 것이 되는 관계로 명의수탁자에 대하여 동액 상당의 부당이득반환청구권을 가질 수 있을 뿐이다. 명의신탁자의 이와 같은 부당이득반환청구권은 부동산 자체로부터 발생한 채권이 아닐 뿐만 아니라 소유권 등에 기한 부동산의 반환청구권과 동일한 법률관계나 사실관계로부터 발생한 채권이라고 보기도 어려우므로, 결국 민법 제320조 제1항에서 정한 유치권 성립요건으로서의 목적물과 채권 사이의 견련관계를 인정할 수 없다.

⑤ (×) 매도인이 선의인 경우, 계약명의신탁에 따른 물권변동의 효력을 묻는 지문이다. 부동산실명법 제4조 제2항 단서에 따라 물권변동은 유효이다. 따라서 계약명의수탁자 乙은 정당하게 소유권을 취득하고, 따라서 명의신탁이 있음을 알고 있는 丁이라고 하더라도 유효하게 소유권을 취득하므로 丙은 丁에 대하여 소유권이전등기의 말소를 청구할 수 없다. 정답 ③

42. **甲은 2010. 2.경 친구 乙과 '甲이 매수하고자 하는 X 토지의 소유명의만을 乙 앞으로 해 두되, 세금 등은 모두 甲이 부담한다'고 약정하였다. 그 후 甲은 丙과 丙 소유인 X 토지를 甲이 매수하는 내용의 매매계약을 체결하고, 丙에게 등기는 乙에게 이전하여 줄 것을 부탁하였고 丙이 이를 승낙하여 乙 명의의 소유권이전등기가 경료되었다. 다음 중 옳은 것을 모두 고른 것은? (다툼이 있는 경우에는 판례에 의함)** [13 변호사]

ㄱ. 乙이 돈이 필요하게 되어 丁에게 위와 같은 사정을 설명하고 X 토지에 저당권을 설정하여 줄 테니 돈을 빌려달라고 부탁하여 丁으로부터 돈을 차용하고 X 토지에 저당권을 설정한 경우, 그 저당권설정등기는 무효의 등기이다.
ㄴ. 甲은 자신의 소유권에 기하여 乙을 피고로 삼아 乙 명의 등기의 말소를 청구할 수 있다.
ㄷ. 甲과 丙 사이의 매매계약은 유효하다.

① ㄱ ② ㄷ ③ ㄱ, ㄴ
④ ㄱ, ㄷ ⑤ ㄴ, ㄷ

해설

※ 3자간 등기명의신탁에 따른 법률문제를 묻는 사례문제이다. '甲이 매수하는' 내용의 매매계약이므로 계약명의신탁이 아니라 3자간 등기명의신탁이다. 甲은 명의신탁자이자 丙과의 매매계약상 매수인이고, 乙은 명의수탁자로서 등기명의자이며, 丙은 매도인이다.

ㄱ. (×) 명의수탁자로부터 저당권설정등기를 경료한 악의의 제3자가 저당권을 취득할 수 있는지를 묻는 지문이다. 부동산실명법에 따르면 명의신탁약정과 그에 따른 물권변동은 무효이지만, 그 무효로 제3자에게 대항할 수 없다. 제3자는 선의자로 한정되지 않는다. 비록 丁이 명의신탁관계를 알고 있었다고 하더라도 부동산실명법 제4조 제3항에 따라 보호되는 제3자에 포함되므로 丁의 저당권등기를 무효라고 할 수는 없다.

ㄴ. (×) 3자간 등기명의신탁의 경우, 명의신탁자인 매수인이 소유권을 취득하는지 여부를 묻는 지문이다. 甲은 그 명의로 소유권등기를 마치지 아니하였으므로 소유권을 취득할 수는 없고, 명의수탁자에 대한 관계에서 내부적 소유권을 가질 수도 없다. 따라서 甲은 乙에 대하여 소유권에 기초한 등기말소를 청구할 수는 없다. 甲은 현재 소유자인 丙을 대위하여 乙의 등기의 말소를 청구할 수 있을 뿐이다.

ㄷ. (○) 3자간 등기명의신탁에서 소유권취득의 원인행위의 효력을 묻는 지문이다. 명의신탁자와 매도인 사이의 매매계약의 효력은 유효이다.

[**대법원** 1999. 9. 17. **선고** 99**다**21738 **판결**] 부동산실권리자명의등기에관한법률 소정의 유예기간 경과에 의하여 기존 명의신탁약정과 그에 의한 등기가 무효로 되면 명의신탁 부동산은 매도인 소유로 복귀하므로 매도인은 명의수탁자에게 무효인 명의수탁자 명의의 등기의 말소를 구할 수 있게 되고, 한편 같은 법은 매도인과 명의신탁자 사이의 매매계약의 효력을 부정하는 규정을 두고 있지 아니하여 위 유예기간 경과 후로도 매도인과 명의신탁자 사이의 매매계약은 여전히 유효하므로, 명의신탁자는 위 매매계약에 기한 매도인에 대한 소유권이전등기청구권을 보전하기 위하여 매도인을 대위하여 명의수탁자에게 무효인 명의수탁자 명의의 등기의 말소를 구할 수 있다. 정답 ②

43. **甲은 2006. 10. 5. 친구 乙과 함께 丙 소유의 X 부동산을 매수하기로 하고 매매대금의 2분의 1인 1억 5,000만 원을 乙에게 제공하였다. 이에 乙은 2006. 10. 30. 자신의 명의로 丙과 X에 관하여 매매계약을 체결하고 2007. 1. 4. 자신의 명의로 X의 소유권이전등기를 마쳤는데, 丙은 甲과 乙 사이의 명의신탁약정을 알지 못하였다. 다음 설명 중 옳은 것은? (다툼이 있는 경우에는 판례에 의함)**

[12 변호사]

① X에 관한 乙의 소유권이전등기는 전부 무효이다.
② 甲은 乙에 대하여 부당이득으로서 X의 2분의 1 지분에 대한 소유권이전등기청구권을 갖는다.
③ 丙으로부터 X를 인도받아 점유하고 있는 甲은 乙에 대한 부당이득반환청구권에 기하여 X를 유치할 수 있다.
④ 乙이 X를 丁에게 매도하고 그 대금을 乙이 지정한 戊에게 지급하도록 한 경우, 甲은 戊에 대하여 부당이득반환을 청구할 수 있다.
⑤ 乙이 채무초과 상태에서 甲이 지정하는 甲의 일반채권자에게 X를 양도하는 것은 乙의 다른 채권자에 대한 관계에서 사해행위에 해당할 수 있다.

해설

① (×) 매도인이 선의인 계약명의신탁에 해당하므로 乙은 명의신탁계약에 의한 甲의 1/2 지분에 대하여도 유효하게 소유권을 취득한다. 따라서 X 부동산은 전부 乙의 소유에 속하고, 乙의 등기는 전부 유효이다.

② (×) 계약명의신탁에서 명의신탁자 甲이 명의수탁자 乙에 대하여 청구할 수 있는 부당이득반환청구권의 내용을 묻는 지문이다. 부동산실명법 시행 후의 계약명의신탁이므로 매수자금이 부당이득이

된다. 따라서 2분의 1 지문에 대한 소유권이전등기청구권을 갖는다고 볼 수는 없다.

[**대법원** 2008. 2. 14. **선고** 2007**다**69148·69155 **판결**] 부동산 실권리자명의 등기에 관한 법률 시행 후에 이른바 계약명의신탁약정을 한 경우, 명의수탁자는 당해 부동산 자체가 아니라 명의신탁자로부터 제공받은 매수자금만을 부당이득한다고 할 것이니 명의수탁자가 명의신탁자에게 반환하여야 할 부당이득의 대상은 매수자금이다.

③ **(×)** 계약명의신탁의 명의신탁자가 명의수탁자에 대하여 가지는 매수자금 상당의 부당이득반환청구권은 목적물에 관하여 생긴 채권이라고 할 수 없으므로 유치권의 피담보채권이 될 수 없다.

[**대법원** 2009. 3. 26. **선고** 2008**다**34828 **판결**] 명의신탁자와 명의수탁자가 이른바 계약명의신탁약정을 맺고 명의수탁자가 당사자가 되어 명의신탁약정이 있다는 사실을 알지 못하는 소유자와 사이에 부동산에 관한 매매계약을 체결한 뒤 수탁자 명의로 소유권이전등기를 마친 경우에는, 명의신탁자와 명의수탁자 사이의 명의신탁약정은 무효이지만 그 명의수탁자는 당해 부동산의 완전한 소유권을 취득하게 되고(부동산 실권리자명의 등기에 관한 법률 제4조 제1항, 제2항 참조), 반면 명의신탁자는 애초부터 당해 부동산의 소유권을 취득할 수 없고 다만 그가 명의수탁자에게 제공한 부동산 매수자금이 무효의 명의신탁약정에 의한 법률상 원인 없는 것이 되는 관계로 명의수탁자에 대하여 동액 상당의 부당이득반환청구권을 가질 수 있을 뿐이다. 명의신탁자의 이와 같은 부당이득반환청구권은 부동산 자체로부터 발생한 채권이 아닐 뿐만 아니라 소유권 등에 기한 부동산의 반환청구권과 동일한 법률관계나 사실관계로부터 발생한 채권이라고 보기도 어려우므로, 결국 민법 제320조 제1항에서 정한 유치권 성립요건으로서의 목적물과 채권 사이의 견련관계를 인정할 수 없다.

④ **(×)** 계약명의수탁자가 명의신탁부동산을 처분하고 지급받은 처분대금이 명의신탁자에 대한 관계에서 부당이득이 되는지를 묻는 지문이다. 매도인이 선의인 경우 명의신탁부동산은 명의수탁자에게 귀속되므로 이를 처분함에 따라 지급받은 처분대금은 부당이득이라고 할 수 없다. 乙이 지급받아야 할 매매대금을 乙이 지정한 戊가 지급받았더라도 명의신탁자 甲에 대한 관계에서 부당이득이라고 할 수 없다.

[**대법원** 2008. 9. 11. **선고** 2007**다**24817 **판결**] 원고와 소외 1이 돈을 투자하여 이 사건 제1, 2토지를 공동매수한 다음 이를 처분하여 남는 이익금을 분배하기로 약정하고 이에 따라 원고가 170,000,000원을 투자한 사실, 위 약정에 따라 소외 1이 이 사건 제1토지를 소외 2로부터 매수하여 그 대금을 모두 지급한 후에도 소유권이전등기를 경료받지 않고 있다가 1996. 7. 1. 비로소 자신 앞으로 소유권이전등기를 경료받은 사실, 소외 1이 1997. 8. 11. 이 사건 제1토지를 경상남도에 매도하고 보상금 133,789,130원을 수령한 다음 그 중 84,210,000원을 1997. 9. 8. 피고의 계좌로 송금한 사실을 인정한 다음, 이러한 사실관계에 터잡아 소외 1이 이 사건 제1토지 중 원고 지분에 관하여 원고와 계약명의신탁 약정을 맺고 소외 2와 매매계약을 체결한 다음 이 사건 제1토지에 관하여 자신 앞으로 소유권이전등기를 경료한 이상 부동산 실권리자 명의 등기에 관한 법률 제4조 제1항에 의하여 그 명의신탁 약정이 무효가 되었다고 하고 나서, 신탁자인 원고는 수탁자인 소외 1에 대하여 부당이득반환청구권을 취득하게 되었을 뿐이어서 소외 1이 위 토지를 매도하여 수령한 대금을 피고에게 지급하였다고 하더라도 이로 인하여 원고에게 어떠한 새로운 손해가 발생하였다고 볼 수 없다는 이유로 부당이득반환을 구하는 원고의 예비적 청구를 기각하였는바, 소외 1과 원고와 사이의 이 사건 제1토지 중 원고 지분에 관한 명의신탁 약정이 무효라고 하더라도 원고 지분에 관하여 명의수탁자인 소외 1 앞으로 마쳐진 소유권이전등기에 의한 물권변동 자체는 유효한 것으로 취급되어 명의수탁자인 소외 1은 원고 지분에 관하여도 완전한 소유권을 취득하게 된다고 할 것이므로 피고가 소외 1로부터 위 토지에 대한 보상금 중 일부를 지급받았다고 하더라도 소외 1에 대하여 약정금반환청구권과 같은 채권적인 권리만을 갖는 원고에 대한 관계에서 피고가 법률상 원인 없이 타인의 재산으로 인하여 이익을 취득하고 이로 인하여 원고에게 "손해"를 가하였다고 볼 수 없다.

⑤ **(○)** 계약명의수탁자 乙은 X의 완전한 소유권을 취득한 것이므로 X를 처분하는 행위는 乙의 다른 채권자가 집행할 수 있는 책임재산을 감소시키는 것으로 사해행위가 될 수 있다.

[**대법원** 2008. 9. 25. **선고** 2007**다**74874 **판결**] 부동산에 관하여 부동산 실권리자명의 등기에 관한 법률 제4조 제2항 본문이 적용되어 명의수탁자인 채무자 명의의 소유권이전등기가 무효인 경우에는 그 부동산은 채무자의 소유가 아니기 때문에 이를 채무자의 일반 채권자들의 공동담보에 제공되는 책임재산이라고 볼 수 없고, 채무자가 위 부동산에 관하여 제3자와 매매계약을 체결하고 그에게 소유권이전등기를 마쳐주었다고 하더라도 그로써 채무자의 책임재산에 감소를 초래한 것이라고 할 수 없으므로 이를 들어 채무자의 일반 채권자들을 해하는 사해행위라고 할 수 없으며, 채무자에게 사해의 의사가 있다고 볼 수도 없다. 그러나 명의신탁자와 명의수탁자가 이른바 계약명의신탁 약정을 맺고 명의수탁자가 당사자가 되어 명의신탁 약정이 있다는 사실을 알지 못하는 소유자와 부동산에 관한 매매계약을 체결한 후 그 매매계약에 따라 당해 부동산의 소유권이전등기를 명의수탁자 명의로 마친 경우에는, 명의신탁자와 명의수탁자 사이의 명의신탁 약정의 무효에도 불구하고 부동산 실권리자명의 등기에 관한 법률 제4조 제2항 단서에 의하여 그 명의수탁자는 당해 부동산의 완전한 소유권을 취득하게 되고, 다만 명의신탁자에 대하여 그로부터 제공받은 매수자금 상당액의 부당이득반환의무를 부담하게 되는바, 위와 같은 경우에 명의수탁자가 취득한 부동산은 채무자인 명의수탁자의 일반 채권자들의 공동담보에 제공되는 책임재산이 되고, 명의신탁자는 명의수탁자에 대한 관계에서 금전채권자 중 한 명에 지나지 않으므로, 명의수탁자의 재산이 채무의 전부를 변제하기에 부족한 경우 명의수탁자가 위 부동산을 명의신탁자 또는 그가 지정하는 자에게 양도하는 행위는 특별한 사정이 없는 한 다른 채권자의 이익을 해하는 것으로서 다른 채권자들에 대한 관계에서 사해행위가 된다. 정답 ⑤

44. **「부동산 실권리자명의 등기에 관한 법률」이 적용되는 명의신탁에 관한 설명 중 옳은 것은? (다툼이 있는 경우 판례에 의함)** [25 변호사]

① 3자 간 등기명의신탁에서 명의수탁자가 명의신탁된 부동산을 임의처분하여 제3자가 그 소유권을 취득한 경우, 매도인의 소유권이전등기의무가 이행불능이 되어 발생하는 매도인과 명의신탁자 사이의 법률관계와 명의수탁자가 매도인의 소유권을 침해하여 발생하는 명의수탁자와 매도인 사이의 법률관계를 각각 구분하여 개별적으로 이해관계를 조정하면 부당이득반환 제도의 취지에 배치될 수 있다.

② 3자 간 등기명의신탁에서 명의신탁자가 매도인을 대위하지 않고 직접 명의수탁자를 상대로 부당이득반환을 원인으로 한 소유권이전등기를 청구한 경우, 이에 따라 마쳐진 명의신탁자 명의 소유권이전등기는 무효이다.

③ 계약명의신탁에서 매도인이 명의신탁약정에 대하여 알지 못했던 경우, 명의수탁자가 명의신탁자에 대한 매수자금 반환에 갈음하여 명의신탁된 부동산 자체를 양도하기로 합의하고 그에 기하여 명의신탁자가 지정하는 제3자 앞으로 소유권이전등기를 마쳐 주었다면 그 제3자 명의 소유권이전등기는 유효이다.

④ 계약명의신탁에서 매도인이 명의수탁자와 매매계약을 체결할 때는 명의신탁약정에 대하여 알지 못하였으나 명의수탁자 명의로 소유권이전등기를 마쳐 줄 때는 이를 알게 된 경우, 매도인과 명의수탁자 간 매매계약은 소급적으로 무효가 된다.

⑤ 계약명의신탁에서 매도인이 명의신탁약정에 대하여 알고 있었던 경우, 매도인과 명의수탁자가 체결한 매매계약은 원시적으로 무효이고 해당 부동산의 소유권은 매도인에게 그대로 남아 있게 되므로 특별한 사정이 없는 한 명의신탁자는 매도인에게 소유권이전등기를 청구할 수 있다.

해설

① (O) 판례는 3자간 등기명의신탁에서 명의신탁자와 매도인 사이의 매매계약에 기한 소유권이전등기의무가 이행불능이 됨으로써 발생하는 계약해제나 손해배상의 법률관계, 매도인과 명의수탁자 사이에서 명의수탁자가 매도인의 소유권을 침해함으로써 발생하는 부당이득반환 또는 불법행위로 인한 손해배상의 법률관계를 각각 구분하여 개별적으로 이해관계를 조정하게 될 경우, 구체적 사정에 따라서는 부당이득반환청구권이나 손해배상청구권 등이 인정되지 않는 경우도 있고 과실상계 등의 사유로 인하여 제한적으로 인정되는 경우도 있을 수 있어서, 손해의 보전이 충분하지 못함과 동시에 예상치 못한 이익을 얻게 되는 결과가 발생하게 된다. 이러한 결과를 용인하는 것은 공평의 이념에 기초한 부당이득반환 제도의 취지에 배치된다고 본다(2018다284233). 따라서 판례는, 명의수탁자가 그러한 처분대금이나 보상금 등의 이익을 명의신탁자에게 부당이득으로 반환할 의무를 부담한다고 보고 있다.

② (×) 판례는 명의수탁자가 명의신탁자 앞으로 바로 마쳐준 소유권이전등기도 실체관계에 부합하는 등기로서 유효하다고 본다(2004다6764).

③ (×) 판례는 경매절차에서 매수대금을 부담한 명의신탁자와 매수인 명의를 빌려준 명의수탁자 및 제3자 사이의 새로운 명의신탁약정에 의하여 명의수탁자가 다시 명의신탁자가 지정하는 제3자 앞으로 소유권이전등기를 마쳐 주었다면, 제3자 명의의 소유권이전등기는 위 법률 제4조 제2항에 의하여 무효이므로, 제3자는 소유권이전등기에도 불구하고 그 부동산의 소유권을 취득하거나 그 매수대금 상당의 이익을 얻었다고 할 수 없다고 본다(2006다73102).

④ (×) 판례는 명의신탁자와 명의수탁자가 계약명의신탁약정을 맺고 명의수탁자가 당사자가 되어 매도인과 부동산에 관한 매매계약을 체결하는 경우 그 계약과 등기의 효력은 매매계약을 체결할 당시 매도인의 인식을 기준으로 판단해야 하고, 매도인이 계약 체결 이후에 명의신탁약정 사실을 알게 되었다고 하더라도 위 계약과 등기의 효력에는 영향이 없다. 매도인이 계약 체결 이후 명의신탁약정 사실을 알게 되었다는 우연한 사정으로 인해서 위와 같이 유효하게 성립한 매매계약이 소급적으로 무효로 된다고 볼 근거가 없다고 본다(2017다257715).

⑤ (×) 판례는 계약명의신탁에서 명의신탁자는 부동산의 소유자가 명의신탁약정을 알았는지 여부와 관계없이 부동산의 소유권을 갖지 못할 뿐만 아니라 매매계약의 당사자도 아니어서 소유자를 상대로 소유권이전등기청구를 할 수 없고, 이는 명의신탁자도 잘 알고 있다고 본다(2019다249428).

정답 ①

제4장 용익물권

Ⅰ. 지상권

1. X 토지에 대한 법정지상권에 관한 설명 중 옳은 것(○)과 옳지 않은 것(×)을 올바르게 조합한 것은? (각 지문은 독립적이며, 다툼이 있는 경우 판례에 의함) [24 변호사]

ㄱ. 甲이 그 소유 X 토지에 관하여 乙 명의로 저당권을 설정한 후 乙의 동의를 얻어 X 토지에 Y 건물을 신축하였다. 저당권이 실행되어 丙이 X 토지의 소유권을 취득한 경우, 甲은 「민법」 제366조의 법정지상권을 취득한다.

ㄴ. 甲이 乙 소유 X 토지 위에 소유하고 있는 Y 건물을 甲의 채권자 丙이 가압류한 후 乙이 Y 건물의 소유권을 취득하였다. 위 가압류에 기한 본압류 및 강제경매절차가 진행되어 丁이 Y 건물의 소유권을 취득한 경우 丁은 관습상의 법정지상권을 취득한다.

ㄷ. 甲이 그 소유 X 토지에 관하여 乙의 채권을 담보하기 위하여 乙 명의로 가등기를 마쳐 준 다음 X 토지 위에 Y 건물을 신축하였다. 그 후 乙이 위 가등기에 기한 본등기를 마친 경우, 甲은 관습상의 법정지상권을 취득하지 못한다.

ㄹ. X 토지와 Y 건물을 甲과 乙이 각 2분의 1 지분씩 공유하던 중 甲이 Y 건물의 공유지분을 丙에게 증여한 경우, 丙은 관습상의 법정지상권을 취득한다.

① ㄱ(○), ㄴ(×), ㄷ(○), ㄹ(×)
② ㄱ(○), ㄴ(×), ㄷ(×), ㄹ(○)
③ ㄱ(×), ㄴ(○), ㄷ(○), ㄹ(×)
④ ㄱ(×), ㄴ(○), ㄷ(×), ㄹ(○)
⑤ ㄱ(×), ㄴ(×), ㄷ(○), ㄹ(×)

해설

ㄱ. **(×)** [**대법원** 2003. 9. 5. **선고** 2003**다**26051 **판결**] 민법 제366조의 법정지상권은 저당권 설정 당시부터 저당권의 목적되는 토지 위에 건물이 존재할 경우에 한하여 인정되며, 토지에 관하여 저당권이 설정될 당시 그 지상에 토지소유자에 의한 건물의 건축이 개시되기 이전이었다면, 건물이 없는 토지에 관하여 저당권이 설정될 당시 근저당권자가 토지소유자에 의한 건물의 건축에 동의하였다고 하더라도 그러한 사정은 주관적 사항이고 공시할 수도 없는 것이어서 토지를 낙찰받는 제3자로서는 알 수 없는 것이므로 그와 같은 사정을 들어 법정지상권의 성립을 인정한다면 토지소유권을 취득하려는 제3자의 법적 안정성을 해하는 등 법률관계가 매우 불명확하게 되므로 법정지상권이 성립되지 않는다.

ㄴ. **(×)** 가압류 당시 토지와 건물의 소유자가 다르므로 관습상 법정지상권은 인정되지 않는다. [**대법원** 2012. 10. 18. **선고** 2010**다**52140 **전원합의체 판결**] 강제경매의 목적이 된 토지 또는 그 지상 건물의 소유권이 강제경매로 인하여 그 절차상의 매수인에게 이전된 경우에 건물의 소유를 위한 관습상 법정지상권이 성립하는가 하는 문제에 있어서는 그 매수인이 소유권을 취득하는 매각대금의

완납시가 아니라 그 압류의 효력이 발생하는 때를 기준으로 하여 토지와 그 지상 건물이 동일인에 속하였는지가 판단되어야 한다. 강제경매개시결정의 기입등기가 이루어져 압류의 효력이 발생한 후에 경매목적물의 소유권을 취득한 이른바 제3취득자는 그의 권리를 경매절차상 매수인에게 대항하지 못하고, 나아가 그 명의로 경료된 소유권이전등기는 매수인이 인수하지 아니하는 부동산의 부담에 관한 기입에 해당하므로(민사집행법 제144조 제1항 제2호 참조) 매각대금이 완납되면 직권으로 그 말소가 촉탁되어야 하는 것이어서, 결국 매각대금 완납 당시 소유자가 누구인지는 이 문제맥락에서 별다른 의미를 가질 수 없다는 점 등을 고려하여 보면 더욱 그러하다. 한편 강제경매개시결정 이전에 가압류가 있는 경우에는, 그 가압류가 강제경매개시결정으로 인하여 본압류로 이행되어 가압류집행이 본집행에 포섭됨으로써 당초부터 본집행이 있었던 것과 같은 효력이 있다. 따라서 경매의 목적이 된 부동산에 대하여 가압류가 있고 그것이 본압류로 이행되어 경매절차가 진행된 경우에는, 애초 가압류가 효력을 발생하는 때를 기준으로 토지와 그 지상 건물이 동일인에 속하였는지를 판단하여야 한다.

ㄷ. (O) [**대법원** 1994. 11. 22. **선고** 94**다**5458 **판결**] 나대지상에 담보가등기가 경료되고 나서 대지소유자가 그 지상에 건물을 신축한 후 본등기가 경료되어 대지와 건물의 소유자가 달라진 경우, 관습상 법정지상권을 인정하면 애초에 대지에 채권담보를 위하여 가등기를 경료한 사람의 이익을 크게 해하게 되기 때문에 특별한 사정이 없는 한 건물을 위한 관습상 법정지상권이 성립한다고 할 수 없다.

ㄹ. (×) 토지와 건물의 소유자가 완전히 달라진 것이 아닐 뿐만 아니라 법정지상권을 인정하게 되면 다른 토지지분권자를 침해하므로 관습상 법정지상권은 인정되지 않는다.
[**대법원** 2022. 8. 31. **선고** 2018**다**218601 **판결**] 토지 및 그 지상 건물 모두가 각 공유에 속한 경우 토지 및 건물공유자 중 1인이 그중 건물 지분만을 타에 증여하여 토지와 건물의 소유자가 달라진 경우에도 해당 토지 전부에 관하여 건물의 소유를 위한 관습법상 법정지상권이 성립된 것으로 보게 된다면, 이는 토지공유자의 1인으로 하여금 다른 공유자의 의사에 기하지 아니한 채 자신의 지분을 제외한 다른 공유자의 지분에 대하여서까지 지상권설정의 처분행위를 허용하는 셈이 되어 부당하다. 따라서 이 사건 토지 및 건물공유자 중 1인인 원고가 피고 1에게 위 건물의 공유지분을 이전함으로써 토지와 건물의 소유자가 달라졌다고 하여 위 피고에게 이 사건 토지에 관한 관습법상 법정지상권의 성립을 인정할 수 없다.

정답 ⑤

2. **甲은 乙로부터 금전을 차용하면서 乙에게 甲 소유인 X 토지에 저당권을 설정해 주었고, Y는 X 토지 위에 있는 건물이다. 이에 관한 설명 중 옳은 것을 모두 고른 것은? (각 지문은 독립적이며, 다툼이 있는 경우 판례에 의함)** [23 변호사]

ㄱ. X 토지에 저당권이 설정된 당시 甲에 의하여 건축 중이던 Y 건물의 규모·종류가 외형상 예상할 수 있는 정도까지 건축이 진전되었고, 그 후 그 저당권의 실행을 위한 경매절차에서 매수인이 매각대금을 다 낼 때까지 독립된 부동산으로서 건물의 요건을 갖추었다면 Y 건물을 위한 법정지상권이 성립한다.

ㄴ. 甲이 X 토지와 미등기인 Y 건물을 함께 매수하면서 X 토지에 관해서만 소유권이전등기를 넘겨받았는데, X 토지에 대하여 乙에게 저당권을 설정하고 그 저당권의 실행으로 X 토지가 丙의 소유가 되었다면, Y 건물을 위한 법정지상권이 성립한다.

ㄷ. 乙의 저당권 실행에 따른 경매로 인하여 X 토지의 소유권이 丙에게 이전되고 그 후 甲이 자기 소유인 Y 건물을 丁에게 양도하면서 자신이 취득한 법정지상권을 양도한 경우, 丁이 지상권에 대한 등기를 하지 않았다고 하더라도 丙이 丁을 상대로 소유권에 기하여 Y 건물의 철거를 구할 수는 없다.

① ㄱ ② ㄱ, ㄴ ③ ㄱ, ㄷ
④ ㄴ, ㄷ ⑤ ㄱ, ㄴ, ㄷ

해설

ㄱ. **(O)** 건축 중인 건물을 위한 제366조 법정지상권이 인정되기 위해서는 토지저당권설정 당시에 건물을 외형상 예상할 수 있어야 하고, 저당권실행으로 매각대금을 완납할 당시에는 사회관념상 건물로서 존재하여야 한다.

[**대법원** 2004. 6. 11. **선고** 2004**다**13533 **판결**] 민법 제366조의 법정지상권은 저당권 설정 당시 동일인의 소유에 속하던 토지와 건물이 경매로 인하여 양자의 소유자가 다르게 된 때에 건물의 소유자를 위하여 발생하는 것으로서, 토지에 관하여 저당권이 설정될 당시 토지소유자에 의하여 그 지상에 건물을 건축 중이었던 경우 그것이 사회관념상 독립된 건물로 볼 수 있는 정도에 이르지 않았다 하더라도 건물의 규모·종류가 외형상 예상할 수 있는 정도까지 건축이 진전되어 있었고, 그 후 경매절차에서 매수인이 매각대금을 다 낸 때까지 최소한의 기둥과 지붕 그리고 주벽이 이루어지는 등 독립된 부동산으로서 건물의 요건을 갖추면 법정지상권이 성립하며, 그 건물이 미등기라 하더라도 법정지상권의 성립에는 아무런 지장이 없는 것이다.

ㄴ. **(×)** 저당권설정 당시에 토지와 건물이 동일인의 소유에 속한 것이 아니므로 제366조의 법정지상권이 인정되지 않는다.

[**대법원** 2002. 6. 20. **선고** 2002**다**9660 **전원합의체 판결**] 민법 제366조의 법정지상권은 저당권 설정 당시에 동일인의 소유에 속하는 토지와 건물이 저당권의 실행에 의한 경매로 인하여 각기 다른 사람의 소유에 속하게 된 경우에 건물의 소유를 위하여 인정되는 것이므로, 미등기건물을 그 대지와 함께 매수한 사람이 그 대지에 관하여만 소유권이전등기를 넘겨받고 건물에 대하여는 그 등기를 이전 받지 못하고 있다가, 대지에 대하여 저당권을 설정하고 그 저당권의 실행으로 대지가 경매되어 다른 사람의 소유로 된 경우에는, 그 저당권의 설정 당시에 이미 대지와 건물이 각각 다른 사람의 소유에 속하고 있었으므로 법정지상권이 성립될 여지가 없다.

ㄷ. **(O)** 법정지상권이 인정되는 건물이 양도된 경우, 건물양수인은 법정지상권을 취득할 지위에 있는 자이므로 토지소유자가 건물의 철거를 청구하는 것은 신의칙에 반하여 허용되지 않는다.

[**대법원** 1985. 4. 9. **선고** 84**다카**1131 **전원합의체 판결**] 법정지상권을 취득할 지위에 있는 위 피고에 대하여 원고가 대지소유권에 기하여 건물철거를 구함은 지상권의 부담을 용인하고 또한 그 설정등기절차를 이행할 의무 있는 자가 그 권리자를 상대로 한 청구라 할 것이어서 신의성실의 원칙상 허용될 수 없다. **정답** ③

3. **법정지상권에 관한 설명 중 옳지 않은 것은? (다툼이 있는 경우 판례에 의함)** [22 변호사]

① 토지 또는 그 지상 건물의 소유권이 강제경매로 인하여 매수인에게 이전되는 경우, 매각대금의 완납 시를 기준으로 토지와 지상건물이 동일인에게 속하였는지에 따라 관습상 법정지상권의 성립 여부를 가려야 한다.

② 건물의 소유를 위한 법정지상권을 취득한 사람으로부터 경매에 의하여 건물의 소유권을 이전받은 매수인은 특별한 사정이 없는 한 위 법정지상권을 취득한다.

③ 건물공유자 중 1인이 그 건물의 부지인 토지를 단독으로 소유하면서 그 토지에 관하여만 저당권을 설정하였다가 저당권의 실행에 의한 경매로 제3자가 토지의 소유권을 취득한 경우, 건물공유자들은 토지 전부에 관하여 법정지상권을 취득한다.

④ 미등기건물이 그 대지와 함께 매도되었는데 매수인에게 위 대지에 관하여만 소유권이전등기가 마쳐진 경우, 매도인에게 관습상 법정지상권이 인정되지 않는다.

⑤ 채권을 담보하기 위하여 나대지에 가등기가 경료된 다음 대지소유자가 그 지상에 건물을 신축하였는데, 그 후 위 가등기에 기한 본등기가 마쳐진 경우, 특별한 사정이 없는 한 위 건물을 위한 관습상 법정지상권이 성립하지 않는다.

해설

① **(×)** 관습상 법정지상권 성립요건인 "토지와 건물의 소유자 동일"을 판단하는 기준시점을 묻는 지문이다. 강제경매로 인하여 소유권이 분리된 경우, 원칙적으로 경매개시결정등기에 의한 압류의 효력이 생길 당시를 기준으로 소유자 동일성을 판단한다. 다만, 선행하는 가압류나 강제경매로 소멸하는 선행 저당권이 있는 경우에는 가압류 효력발생 당시 혹은 저당권설정 당시를 기준으로 소유자 동일성을 판단한다.

[**대법원** 2012. 10. 18. **선고** 2010**다**52140 **전원합의체 판결**] 강제경매의 목적이 된 토지 또는 그 지상 건물의 소유권이 강제경매로 인하여 그 절차상의 매수인에게 이전된 경우에 건물의 소유를 위한 관습상 법정지상권이 성립하는가 하는 문제에 있어서는 그 매수인이 소유권을 취득하는 매각대금의 완납시가 아니라 그 압류의 효력이 발생하는 때를 기준으로 하여 토지와 그 지상 건물이 동일인에 속하였는지가 판단되어야 한다. 강제경매개시결정의 기입등기가 이루어져 압류의 효력이 발생한 후에 경매목적물의 소유권을 취득한 이른바 제3취득자는 그의 권리를 경매절차상 매수인에게 대항하지 못하고, 나아가 그 명의로 경료된 소유권이전등기는 매수인이 인수하지 아니하는 부동산의 부담에 관한 기입에 해당하므로(민사집행법 제144조 제1항 제2호 참조) 매각대금이 완납되면 직권으로 그 말소가 촉탁되어야 하는 것이어서, 결국 매각대금 완납 당시 소유자가 누구인지는 이 문제맥락에서 별다른 의미를 가질 수 없다는 점 등을 고려하여 보면 더욱 그러하다. 한편 강제경매개시결정 이전에 가압류가 있는 경우에는, 그 가압류가 강제경매개시결정으로 인하여 본압류로 이행되어 가압류집행이 본집행에 포섭됨으로써 당초부터 본집행이 있었던 것과 같은 효력이 있다. 따라서 경매의 목적이 된 부동산에 대하여 가압류가 있고 그것이 본압류로 이행되어 경매절차가 진행된 경우에는, 애초 가압류가 효력을 발생하는 때를 기준으로 토지와 그 지상 건물이 동일인에 속하였는지를 판단하여야 한다.

② **(○)** 건물경매의 효력은 건물소유권 유지를 위한 법정지상권에도 미치므로 건물을 경매로 취득한 사람은 법정지상권까지도 당연히 취득한다. 경매에 의한 물권변동에는 제187조가 적용되므로 별도로 지상권이전의 부기등기가 없더라도 당연히 법정지상권을 취득한다.

[**대법원** 1996. 4. 26. **선고** 95**다**52864 **판결**] 저당권의 효력이 저당부동산에 부합된 물건과 종물에 미친다는 민법 제358조 본문을 유추하여 보면 건물에 대한 저당권의 효력은 그 건물에 종된 권리인 건물의 소유를 목적으로 하는 지상권에도 미치게 되므로, 건물에 대한 저당권이 실행되어 경락인이 그 건물의 소유권을 취득하였다면 경락 후 건물을 철거한다는 등의 매각조건에서 경매되었다는 등 특별한 사정이 없는 한, 경락인은 건물소유를 위한 지상권도 민법 제187조의 규정에 따라 등기 없이 당연히 취득하게 되고, 한편 이 경우에 경락인이 건물을 제3자에게 양도한 때에는, 특별한 사정이 없는 한 민법 제100조 제2항의 유추적용에 의하여 건물과 함께 종된 권리인 지상권도 양도하기로 한 것으로 봄이 상당하다.

③ **(○)** 건물이 공유이고, 건물공유자 중 1인이 토지를 단독으로 소유하면서 토지저당권을 설정한 후, 저당권실행으로 토지와 건물의 소유자가 달라진 경우에는 법정지상권을 인정하더라도 다른 건물공유자의 지분권이 침해되는 불이익이 발생하지 않으므로 법정지상권이 인정된다. 반면에 토지가 공유이고, 공유자 중 1인의 건물이 축조된 상태에서 건물소유자인 토지공유자가 건물이나 토지지분에

저당권을 설정한 후, 저당권실행으로 토지와 건물의 소유자가 달라진 때에는 법정지상권은 원칙적으로 인정되지 않는다. 다른 토지공유자의 지분권이 침해될 수 있기 때문이다. 다만, 구분소유적 공유관계인 때에는 다른 구분공유자의 지분권이 침해되지 않으므로 법정지상권이 인정될 수 있다.

[**대법원** 2011. 1. 13. **선고** 2010**다**67159 **판결**] 건물공유자의 1인이 그 건물의 부지인 토지를 단독으로 소유하면서 그 토지에 관하여만 저당권을 설정하였다가 위 저당권에 의한 경매로 인하여 토지의 소유자가 달라진 경우에도, 위 토지 소유자는 자기뿐만 아니라 다른 건물공유자들을 위하여도 위 토지의 이용을 인정하고 있었다고 할 것인 점, 저당권자로서도 저당권 설정 당시 법정지상권의 부담을 예상할 수 있었으므로 불측의 손해를 입는 것이 아닌 점, 건물의 철거로 인한 사회경제적 손실을 방지할 공익상의 필요성도 인정되는 점 등에 비추어 위 건물공유자들은 민법 제366조에 의하여 토지 전부에 관하여 건물의 존속을 위한 법정지상권을 취득한다고 보아야 한다.

④ **(O)** 건물까지도 매매의 대상이므로 매도인을 위하여 관습상 법정지상권을 인정할 이유가 없기 때문이다.

[**대법원** 2002. 6. 20. **선고** 2002**다**9660 **전원합의체 판결**] 관습상의 법정지상권은 동일인의 소유이던 토지와 그 지상건물이 매매 기타 원인으로 인하여 각각 소유자를 달리하게 되었으나 그 건물을 철거한다는 등의 특약이 없으면 건물소유자로 하여금 토지를 계속 사용하게 하려는 것이 당사자의 의사라고 보아 인정되는 것이므로 토지의 점유·사용에 관하여 당사자 사이에 약정이 있는 것으로 볼 수 있거나 토지소유자가 건물의 처분권까지 함께 취득한 경우에는 관습상의 법정지상권을 인정할 까닭이 없다 할 것이어서, 미등기건물을 그 대지와 함께 매도하였다면 비록 매수인에게 그 대지에 관하여만 소유권이전등기가 경료되고 건물에 관하여는 등기가 경료되지 아니하여 형식적으로 대지와 건물이 그 소유 명의자를 달리하게 되었다 하더라도 매도인에게 관습상의 법정지상권을 인정할 이유가 없다.

⑤ **(O)** [**대법원** 1994. 11. 22. **선고** 94**다**5458 **판결**] 나대지상에 담보가등기가 경료되고 나서 대지소유자가 그 지상에 건물을 신축한 후 본등기가 경료되어 대지와 건물의 소유자가 달라진 경우, 관습상 법정지상권을 인정하면 애초에 대지에 채권담보를 위하여 가등기를 경료한 사람의 이익을 크게 해하게 되기 때문에 특별한 사정이 없는 한 건물을 위한 관습상 법정지상권이 성립한다고 할 수 없다.

정답 ①

※ 다음 사례에 관한 아래 각 문항에 답하시오.

甲은 자기 소유의 X토지 위에 Y건물을 신축하기 위하여 건축업자 乙과 공사도급계약을 체결하였다. 이 도급계약에서 건물 소유권은 甲에게 귀속되는 것으로 하고, 공사대금은 건물 완공 시 지급하기로 하였다.

乙이 위 도급계약에 따라 Y건물의 신축공사를 시작하여 건물의 기둥, 벽체와 지붕공사를 완성한 후 甲은 공사대금 확보를 위하여 A로부터 2억 원을 차용하면서 X토지에 관하여 채권최고액을 2억 2,000만 원으로 하는 A 명의의 근저당권을 설정해주었다.

甲이 A에 대하여 차용금을 갚지 못하자 A는 X토지에 대하여 담보권 실행 경매를 신청하였고 이 경매절차에서 丙이 X토지를 매수하여 대금을 납입하고 소유권이전등기를 마쳤다.

乙은 Y건물을 완공한 후 점유하면서 甲에게 공사대금을 지급하고 Y건물을 인도받을 것을 통지하였지만 甲은 공사대금을 지급하지 못하고 있다.

4. **다음 설명 중 옳은 것(○)과 옳지 않은 것(×)을 올바르게 조합한 것은? (다툼이 있는 경우 판례에 의함)** [21 변호사]

ㄱ. 甲과 A가 X토지에 관한 근저당권설정계약을 체결하면서 법정지상권의 성립을 배제하기로 하는 특약을 한 경우 甲은 丙에 대하여 법정지상권을 주장할 수 없다.
ㄴ. 甲이 법정지상권에 대하여 등기를 갖추지 않고 있던 중 丙이 丁에게 X토지를 매도하고 소유권이전등기를 마쳐준 경우 甲은 丁에 대하여 법정지상권을 주장할 수 없다.
ㄷ. Y건물에 대한 강제경매절차에서 戊가 Y건물을 매수하고 매각대금을 납입하여 소유권을 취득하면 특별한 사정이 없는 한 법정지상권도 함께 취득한다.
ㄹ. 법정지상권에 관한 지료가 결정되지 않은 경우 甲이 2년 이상 지료를 지급하지 않았더라도 丙은 지상권소멸청구를 할 수 없다.

① ㄱ(○), ㄴ(×), ㄷ(○), ㄹ(○)
② ㄱ(○), ㄴ(○), ㄷ(×), ㄹ(×)
③ ㄱ(×), ㄴ(○), ㄷ(○), ㄹ(×)
④ ㄱ(×), ㄴ(×), ㄷ(○), ㄹ(○)
⑤ ㄱ(×), ㄴ(×), ㄷ(×), ㄹ(○)

해설

ㄱ. **(×)** 저당권실행을 원인으로 하는 법정지상권에 관한 규정(제366조)은 강행규정이다. 근저당권설정계약을 하면서 법정지상권을 배제하는 특약을 하였더라도 효력이 없다. X토지에 A를 위한 근저당권을 설정할 당시 사회관념상 건물이 존재하였고, X토지소유자 甲이 Y건물의 원시취득자이므로 甲은 Y건물 유지를 위한 제366조의 법정지상권을 취득한다.
[**대법원** 1988. 10. 25. **선고** 87**다카**1564 **판결**] 민법 제366조는 가치권과 이용권의 조절을 위한 공익상의 이유로 지상권의 설정을 강제하는 것이므로 저당권설정 당사자간의 특약으로 저당목적물인 토지에 대하여 법정지상권을 배제하는 약정을 하더라도 그 특약은 효력이 없다.

ㄴ. **(×)** 법정지상권은 법률의 규정에 따라 발생하는 물권이므로 지상권등기가 없더라도 제366조의 요건이 구비되면 당연히 법정지상권을 취득하고, 토지소유자가 변동되더라도 법정지상권자는 등기가 없더라도 법정지상권을 신소유자에게 주장할 수 있다.

ㄷ. **(○)** 법정지상권에 의하여 보호되는 건물이 경매로 매각된 경우, 경매절차 매수인은 법정지상권을 당연히 취득하는지를 묻는 지문이다. 법정지상권을 건물소유권에 종된 권리이므로 건물경매의 효력은 법정지상권에도 미치고, 경매절차 매수인은 매각대금을 완납하는 순간 건물의 소유권과 함께 법정지상권까지 등기 없이 취득한다.
[**대법원** 1996. 4. 26. **선고** 95**다**52864 **판결**] 저당권의 효력이 저당부동산에 부합된 물건과 종물에 미친다는 민법 제358조 본문을 유추하여 보면 건물에 대한 저당권의 효력은 그 건물에 종된 권리인 건물의 소유를 목적으로 하는 지상권에도 미치게 되므로, 건물에 대한 저당권이 실행되어 경락인이 그 건물의 소유권을 취득하였다면 경락 후 건물을 철거한다는 등의 매각조건에서 경매되었다는 등 특별한 사정이 없는 한, 경락인은 건물소유를 위한 지상권도 민법 제187조의 규정에 따라 등기 없이 당연히 취득하게 되고, 한편 이 경우에 경락인이 건물을 제3자에게 양도한 때에는, 특별한 사정이 없는 한 민법 제100조 제2항의 유추적용에 의하여 건물과 함께 종된 권리인 지상권도 양도하기로 한 것으로 봄이 상당하다.

ㄹ. **(○)** 법정지상권에 관한 지료의 결정이 없어 법정지상권자가 지료를 지급하지 아니한 경우, 토지소유

자가 지상권소멸청구를 할 수 있는지를 묻는 지문이다. 지료의 결정이 없어 지료를 지급하지 아니한 경우에는 지료연체라고 볼 수 없으므로 토지소유자의 지상권소멸청구권이 발생하지 않는다.

[**대법원** 2001. 3. 13. **선고** 99**다**17142 **판결**] 법정지상권의 경우 당사자 사이에 지료에 관한 협의가 있었다거나 법원에 의하여 지료가 결정되었다는 아무런 입증이 없다면 법정지상권자가 지료를 지급하지 않았다고 하더라도 지료지급을 지체한 것으로는 볼 수 없으므로 법정지상권자가 2년 이상의 지료를 지급하지 아니하였음을 이유로 하는 토지소유자의 지상권 소멸청구는 이유가 없고, 지료액 또는 그 지급시기 등 지료에 관한 약정은 이를 등기하여야만 제3자에게 대항할 수 있는 것이고, 법원에 의한 지료의 결정은 당사자의 지료결정청구에 의하여 형식적 형성소송인 지료결정판결로 이루어져야 제3자에게도 그 효력이 미친다.

정답 ④

5. **법정지상권에 관한 설명 중 옳은 것(○)과 옳지 않은 것(×)을 올바르게 조합한 것은? (다툼이 있는 경우 판례에 의함)** [20 변호사]

ㄱ. X토지와 그 지상 Y건물의 소유자인 甲이 X토지와 Y건물에 관하여 乙에게 공동저당권을 설정해준 다음 Y건물을 헐고 Z건물을 신축한 후 Z건물에 관하여 X토지와 동일한 순위의 공동저당권을 설정해준 경우, 저당권의 실행으로 丙이 X토지의 소유권을 취득하면, 甲은 Z건물을 위한 법정지상권을 취득할 수 없다.

ㄴ. X토지와 그 지상 Y건물의 소유자인 甲이 X토지와 Y건물을 乙에게 매도하고 각 소유권이전등기를 마쳐주었는데, 그 후 甲의 채권자 丙에 의하여 Y건물에 관한 매매계약만 사해행위취소소송을 통하여 취소되고 그에 따라 Y건물에 마쳐져 있던 乙 명의의 등기가 말소된 경우, 甲은 Y건물의 존립을 위한 관습법상 법정지상권을 취득한다.

ㄷ. X토지와 그 지상 Y건물의 소유자인 甲이 X토지와 미등기된 Y건물을 乙에게 매도하였으나 X토지에 관하여서만 소유권이전등기를 넘겨주고 Y건물에 관하여는 등기를 이전해주지 못하고 있는 경우라면, 甲에게 Y건물을 위한 관습법상 법정지상권은 성립하지 않는다.

① ㄱ(○), ㄴ(×), ㄷ(○) ② ㄱ(○), ㄴ(○), ㄷ(×) ③ ㄱ(×), ㄴ(×), ㄷ(×)
④ ㄱ(×), ㄴ(○), ㄷ(×) ⑤ ㄱ(×), ㄴ(×), ㄷ(○)

해설

ㄱ. **(×)** 토지와 건물에 공동저당권이 설정된 후 건물이 철거되고 새로운 건물이 신축된 경우, 토지저당권 실행으로 제366조의 법정지상권이 인정되는지를 묻는 지문이다. 신축건물에 토지저당권과 동일한 순위의 공동저당권이 설정되는 등으로 공동저당권자가 토지의 담보가치 하락분을 신축건물로부터 회수할 수 있다는 특별한 사정이 없는 한 제366조의 법정지상권이 인정되지 않는다. 사안의 경우, 乙이 신축건물인 Z건물에 X토지와 동일한 순위의 공동저당권이 설정되어 토지의 담보가치 하락분을 Z건물로부터 회수할 수 있으므로 제366조의 법정지상권이 인정된다.

[**대법원** 2003. 12. 18. **선고** 98**다**43601 **전원합의체 판결**] 동일인의 소유에 속하는 토지 및 그 지상 건물에 관하여 공동저당권이 설정된 후 그 지상 건물이 철거되고 새로 건물이 신축된 경우에는 그 신축건물의 소유자가 토지의 소유자와 동일하고 토지의 저당권자에게 신축건물에 관하여 토지의 저당권과 동일한 순위의 공동저당권을 설정해 주는 등 특별한 사정이 없는 한 저당물의 경매로 인하여 토지와 그 신축건물이 다른 소유자에 속하게 되더라도 그 신축건물을 위한 법정지상권은 성립하지

않는다고 해석하여야 하는 바, 그 이유는 동일인의 소유에 속하는 토지 및 그 지상 건물에 관하여 공동저당권이 설정된 경우에는, 처음부터 지상 건물로 인하여 토지의 이용이 제한 받는 것을 용인하고 토지에 대하여만 저당권을 설정하여 법정지상권의 가치만큼 감소된 토지의 교환가치를 담보로 취득한 경우와는 달리, 공동저당권자는 토지 및 건물 각각의 교환가치 전부를 담보로 취득한 것으로서, 저당권의 목적이 된 건물이 그대로 존속하는 이상은 건물을 위한 법정지상권이 성립해도 그로 인하여 토지의 교환가치에서 제외된 법정지상권의 가액 상당 가치는 법정지상권이 성립하는 건물의 교환가치에서 되찾을 수 있어 궁극적으로 토지에 관하여 아무런 제한이 없는 나대지로서의 교환가치 전체를 실현시킬 수 있다고 기대하지만, 건물이 철거된 후 신축된 건물에 토지와 동순위의 공동저당권이 설정되지 아니 하였는데도 그 신축건물을 위한 법정지상권이 성립한다고 해석하게 되면, 공동저당권자가 법정지상권이 성립하는 신축건물의 교환가치를 취득할 수 없게 되는 결과 법정지상권의 가액 상당 가치를 되찾을 길이 막혀 위와 같이 당초 나대지로서의 토지의 교환가치 전체를 기대하여 담보를 취득한 공동저당권자에게 불측의 손해를 입게 하기 때문이다.

ㄴ. (×) 토지와 건물이 양도된 후 사해행위 취소판결에 따라 수익자 명의의 건물등기가 말소된 경우, 관습상 법정지상권이 인정되는지를 묻는 지문이다. 사해행위 취소에 따라 수익자 명으이 건물등기가 말소되더라도 채무자가 건물의 소유권을 취득하는 것이 아니라 단지 책임재산으로 회복되는 것에 불과하여 토지와 건물의 소유자가 달라졌다고 할 수 없다. 관습상 법정지상권은 인정되지 않는다.

[**대법원** 2014. 12. 24. **선고** 2012**다**73158 **판결**] 동일인의 소유에 속하고 있던 토지와 지상 건물이 매매 등으로 인하여 소유자가 다르게 된 경우에 건물을 철거한다는 특약이 없는 한 건물소유자는 건물의 소유를 위한 관습상 법정지상권을 취득한다. 그런데 민법 제406조의 채권자취소권의 행사로 인한 사해행위의 취소와 일탈재산의 원상회복은 채권자와 수익자 또는 전득자에 대한 관계에 있어서만 효력이 발생할 뿐이고 채무자가 직접 권리를 취득하는 것이 아니므로, 토지와 지상 건물이 함께 양도되었다가 채권자취소권의 행사에 따라 그중 건물에 관하여만 양도가 취소되고 수익자와 전득자 명의의 소유권이전등기가 말소되었다고 하더라도, 이는 관습상 법정지상권의 성립요건인 '동일인의 소유에 속하고 있던 토지와 지상 건물이 매매 등으로 인하여 소유자가 다르게 된 경우'에 해당한다고 할 수 없다.

ㄷ. (○) 토지와 지상의 미등기건물이 모두 양도되고 토지에 관한 소유권이전등기만이 마쳐져 형식적으로 토지와 건물의 소유자가 달라진 경우 관습상 법정지상권이 인정되는지를 묻는 지문이다. 토지와 지상 건물까지 매매의 대상이 된 경우이므로 양도인을 위한 관습상 법정지상권을 인정할 이유가 없다.

[**대법원** 2002. 6. 20. **선고** 2002**다**9660 **전원합의체 판결**] 관습상의 법정지상권은 동일인의 소유이던 토지와 그 지상건물이 매매 기타 원인으로 인하여 각각 소유자를 달리하게 되었으나 그 건물을 철거한다는 등의 특약이 없으면 건물소유자로 하여금 토지를 계속 사용하게 하려는 것이 당사자의 의사라고 보아 인정되는 것이므로 토지의 점유·사용에 관하여 당사자 사이에 약정이 있는 것으로 볼 수 있거나 토지소유자가 건물의 처분권까지 함께 취득한 경우에는 관습상의 법정지상권을 인정할 까닭이 없다 할 것이어서, 미등기건물을 그 대지와 함께 매도하였다면 비록 매수인에게 그 대지에 관하여만 소유권이전등기가 경료되고 건물에 관하여는 등기가 경료되지 아니하여 형식적으로 대지와 건물이 그 소유 명의자를 달리하게 되었다 하더라도 매도인에게 관습상의 법정지상권을 인정할 이유가 없다.

정답 ⑤

6. **현재의 건물 소유자에게 법정지상권 또는 관습법상의 법정지상권이 인정되는 경우를 모두 고른 것은? (경매나 분필 시에 건물 철거를 매각조건으로 하거나 건물 철거 특약을 맺는 등 특별한 사정이 없었음을 전제로 하고, 다툼이 있는 경우 판례에 의함)** [19 변호사]

ㄱ. 甲 소유의 토지 위에 건물의 소유자 乙이 건물의 소유를 위한 법정지상권을 취득한 후, 丙이 그 건물을 경매를 통하여 매수한 경우
ㄴ. 甲이 토지와 그 지상건물을 소유하다가 乙에게 유효하게 건물의 소유명의를 신탁한 후 丙에게 토지에 관하여 저당권을 설정하여 주었고 그 후 丙의 저당권 실행으로 인한 경매절차에서 丁이 토지의 소유권을 취득한 경우
ㄷ. 甲이 자신 소유의 토지 위에 乙과 건물을 공유하고 있다가 토지에 관하여 저당권을 설정하였는데 이 저당권의 실행으로 토지가 丙에게 매각된 경우
ㄹ. 토지의 구분소유적 공유자 甲이 자신의 배타적 점유 부분에 건물을 신축하고 등기한 후, 그 토지에 대한 강제경매에 의하여 다른 공유자 乙이 甲의 지분을 모두 취득한 경우
ㅁ. 토지의 구분소유적 공유자 甲이 자신이 특정하여 매수하지 아니한 부분에 건물을 신축한 다음 각자의 특정 소유부분대로 토지를 분필한 경우

① ㄱ, ㄴ, ㄹ ② ㄱ, ㄷ, ㄹ ③ ㄱ, ㄷ, ㅁ
④ ㄱ, ㄴ, ㄷ, ㄹ ⑤ ㄴ, ㄷ, ㄹ, ㅁ

해설

ㄱ. **(O)** 건물을 경매에 의하여 취득한 경매절차 매수인은 다른 특별한 사정이 없는 한 법정지상권까지 당연히 취득한다. 법정지상권은 건물의 종된 권리에 해당하기 때문이다.
[**대법원** 1996. 4. 26. **선고** 95**다**52864 **판결**] 저당권의 효력이 저당부동산에 부합된 물건과 종물에 미친다는 민법 제358조 본문을 유추하여 보면 건물에 대한 저당권의 효력은 그 건물에 종된 권리인 건물의 소유를 목적으로 하는 지상권에도 미치게 되므로, 건물에 대한 저당권이 실행되어 경락인이 그 건물의 소유권을 취득하였다면 경락 후 건물을 철거한다는 등의 매각조건에서 경매되었다는 등 특별한 사정이 없는 한, 경락인은 건물소유를 위한 지상권도 민법 제187조의 규정에 따라 등기 없이 당연히 취득하게 되고, 한편 이 경우에 경락인이 건물을 제3자에게 양도한 때에는, 특별한 사정이 없는 한 민법 제100조 제2항의 유추적용에 의하여 건물과 함께 종된 권리인 지상권도 양도하기로 한 것으로 봄이 상당하다.

ㄴ. **(×)** 제366조의 법정지상권이 인정되기 위해서는 저당권설정 당시 토지와 건물이 동일한 소유자에 속하여야 한다. 丙이 토지저당권을 취득할 당시 지상 건물은 명의수탁자 乙에게 속한 것이므로 제366조 법정지상권이 인정될 수 없다.

ㄷ. **(O)** 토지소유자가 건물을 공유하고 있으면서 토지에 저당권을 설정한 경우, 토지저당권설정 당시 소유자 동일성을 인정할 수 있으므로 제366조의 법정지상권이 인정된다.
[**대법원** 2011. 1. 13. **선고** 2010**다**67159 **판결**] 건물공유자의 1인이 그 건물의 부지인 토지를 단독으로 소유하면서 그 토지에 관하여만 저당권을 설정하였다가 위 저당권에 의한 경매로 인하여 토지의 소유자가 달라진 경우에도, 위 토지 소유자는 자기뿐만 아니라 다른 건물공유자들을 위하여도 위 토지의 이용을 인정하고 있었다고 할 것인 점, 저당권자로서도 저당권 설정 당시 법정지상권의 부담을 예상할 수 있었으므로 불측의 손해를 입는 것이 아닌 점, 건물의 철거로 인한 사회경제적 손실을 방지할 공익상의 필요성도 인정되는 점 등에 비추어 위 건물공유자들은 민법 제366조에 의하여 토지 전부에 관하여 건물의 존속을 위한 법정지상권을 취득한다고 보아야 한다.

ㄹ. (○) 구분소유적 공유지분권자가 자신의 특정부분에 건물을 소유하고 있다가 특정부분이 강제경매에 의하여 다른 구분공유자에게 이전한 때에는 처분 당시 동일인 소유에 속한 것이므로 관습상 법정지상권이 인정된다.

[**대법원** 1990. 6. 26. **선고** 89**다카**24094 **판결**] 원고와 피고가 1필지의 대지를 구분소유적으로 공유하고 피고가 자기 몫의 대지 위에 건물을 신축하여 점유하던 중 위 대지의 피고지분만을 원고가 경락취득한 경우 피고는 관습상의 법정지상권을 취득하였다고 할 것이다.

ㅁ. (×) 구분공유자가 자신이 소유하지 아니하는 토지부분에 건물을 신축하였다면 다른 구분공유자와의 관계에서는 토지와 지상 건물이 동일인의 소유에 속하는 상태가 아니므로 특정부분대로 분필이 되어 독립된 토지소유권이 발생하더라도 관습상 법정지상권이 인정되지 않는다.

[**대법원** 1994. 1. 28. **선고** 93**다**49871 **판결**] 甲과 乙이 대지를 각자 특정하여 매수하여 배타적으로 점유하여 왔으나 분필이 되어 있지 아니한 탓으로 그 특정부분에 상응하는 지분소유권이전등기만을 경료하였다면 그 대지의 소유관계는 처음부터 구분소유적 공유관계에 있다 할 것이고, 또한 구분소유적 공유관계에 있어서는 통상적인 공유관계와는 달리 당사자 내부에 있어서는 각자가 특정매수한 부분은 각자의 단독 소유로 되었다 할 것이므로, 乙은 위 대지 중 그가 매수하지 아니한 부분에 관하여는 甲에게 그 소유권을 주장할 수 없어 위 대지 중 乙이 매수하지 아니한 부분지상에 있는 乙 소유의 건물부분은 당초부터 건물과 토지의 소유자가 서로 다른 경우에 해당되어 그에 관하여는 관습상의 법정지상권이 성립될 여지가 없다. 정답 ②

7. **X, Y 토지는 모두 甲 소유인데 Y 토지에 관하여 甲의 채권자 A의 가압류등기가 마쳐진 후 甲은 X, Y 토지 양 지상에 걸쳐 Z 건물을 건축하였다. 甲은 X 토지와 Z 건물을 乙에게 매각하고 각 등기를 이전하여 주었다. 그 후 甲의 채권자에 의하여 Z 건물에 관한 매매계약만이 사해행위취소소송을 통하여 취소되고 그에 따라 Z 건물에 마쳐져 있던 乙 명의의 등기가 말소되었다. 그후 Z 건물은 강제경매절차를 통하여 丙이 소유권을 취득하였다. 한편, A는 집행권원을 확보하여 Y 토지에 관하여 강제경매를 신청하였고, 그 경매절차에서 丁이 소유권을 취득하였다. 乙과 丁은 丙에 대하여 Z 건물 중 각자 자기 토지 지상부분에 대한 철거를 청구하는 소송을 제기하였다. 이에 관한 법률관계 중 옳은 것(○)과 옳지 않은 것(×)을 올바르게 조합한 것은? (각 지문은 독립적이며, 다툼이 있는 경우 판례에 의함)** [16 변호사]

ㄱ. 사해행위취소소송을 거쳐 Z 건물에 관한 乙 명의의 등기가 말소된 때, X 토지에 관하여 甲에게 관습상 법정지상권이 발생한다.
ㄴ. 丁의 丙에 대한 철거청구는 기각된다.
ㄷ. Z 건물이 강제경매될 당시 X 토지에 관하여 丙에게 관습상 법정지상권이 발생하지 않는다.

① ㄱ(○), ㄴ(×), ㄷ(×) ② ㄱ(×), ㄴ(○), ㄷ(×) ③ ㄱ(×), ㄴ(×), ㄷ(×)
④ ㄱ(○), ㄴ(○), ㄷ(×) ⑤ ㄱ(○), ㄴ(×), ㄷ(○)

해설

ㄱ. (×) 토지와 건물이 매매되고, 사해행위로서 건물매매만이 취소되어 수익자의 등기가 말소된 경우, 등기명의를 회복한 채무자에게 관습상 법정지상권이 인정되는지를 묻는 지문이다. 사해행위 취소는 상대적 효력이 있을 뿐이므로 사해행위로서 건물매매가 취소되더라도 토지와 건물의 소유권 분리를 전제로 한 관습상 법정지상권은 인정되지 않는다.

[**대법원** 2014. 12. 24. **선고** 2012**다**73158 **판결**] 동일인의 소유에 속하고 있던 토지와 지상 건물이 매매 등으로 인하여 소유자가 다르게 된 경우에 건물을 철거한다는 특약이 없는 한 건물소유자는 건물의 소유를 위한 관습상 법정지상권을 취득한다. 그런데 민법 제406조의 채권자취소권의 행사로 인한 사해행위의 취소와 일탈재산의 원상회복은 채권자와 수익자 또는 전득자에 대한 관계에 있어서만 효력이 발생할 뿐이고 채무자가 직접 권리를 취득하는 것이 아니므로, 토지와 지상 건물이 함께 양도되었다가 채권자취소권의 행사에 따라 그중 건물에 관하여만 양도가 취소되고 수익자와 전득자 명의의 소유권이전등기가 말소되었다고 하더라도, 이는 관습상 법정지상권의 성립요건인 '동일인의 소유에 속하고 있던 토지와 지상 건물이 매매 등으로 인하여 소유자가 다르게 된 경우'에 해당한다고 할 수 없다.

ㄴ. (×) 가압류된 토지에 건물이 신축되어 소유자가 달라진 경우, 관습상 법정지상권이 인정되는지를 묻는 지문이다. 관습상 법정지상권이 인정되기 위해서는 처분 당시에 토지와 건물이 동일한 소유자에 속하여야 한다. 경매에 의한 경우, 처분 당시란 압류 당시를 말하고, 선행 가압류가 있는 때에는 가압류 당시, 선행 저당권이 있는 때에는 저당권설정 당시를 말한다.

A의 가압류 당시에는 Z건물이 존재하지 아니하였으므로 강제경매로 인하여 토지소유권을 취득한 丁은 관습상 법정지상권의 부담이 없는 완전한 토지를 취득한다. 따라서 丁의 丙에 대한 철거청구는 원칙적으로 인용된다.

[**대법원** 2012. 10. 18. **선고** 2010**다**52140 **전원합의체 판결**] 강제경매의 목적이 된 토지 또는 그 지상 건물의 소유권이 강제경매로 인하여 그 절차상의 매수인에게 이전된 경우에 건물의 소유를 위한 관습상 법정지상권이 성립하는가 하는 문제에 있어서는 그 매수인이 소유권을 취득하는 매각대금의 완납시가 아니라 그 압류의 효력이 발생하는 때를 기준으로 하여 토지와 그 지상 건물이 동일인에 속하였는지가 판단되어야 한다. 강제경매개시결정의 기입등기가 이루어져 압류의 효력이 발생한 후에 경매목적물의 소유권을 취득한 이른바 제3취득자는 그의 권리를 경매절차상 매수인에게 대항하지 못하고, 나아가 그 명의로 경료된 소유권이전등기는 매수인이 인수하지 아니하는 부동산의 부담에 관한 기입에 해당하므로(민사집행법 제144조 제1항 제2호 참조) 매각대금이 완납되면 직권으로 그 말소가 촉탁되어야 하는 것이어서, 결국 매각대금 완납 당시 소유자가 누구인지는 이 문제맥락에서 별다른 의미를 가질 수 없다는 점 등을 고려하여 보면 더욱 그러하다. 한편 강제경매개시결정 이전에 가압류가 있는 경우에는, 그 가압류가 강제경매개시결정으로 인하여 본압류로 이행되어 가압류집행이 본집행에 포섭됨으로써 당초부터 본집행이 있었던 것과 같은 효력이 있다. 따라서 경매의 목적이 된 부동산에 대하여 가압류가 있고 그것이 본압류로 이행되어 경매절차가 진행된 경우에는, 애초 가압류가 효력을 발생하는 때를 기준으로 토지와 그 지상 건물이 동일인에 속하였는지를 판단하여야 한다.

ㄷ. (×) 토지와 건물이 매매되고, 사해행위로서 건물매매가 취소된 후 채무자의 책임재산으로 회복된 건물이 경매되어 소유자가 달라진 경우, 관습상 법정지상권이 인정되는지를 묻는 지문이다. 건물의 경매로 인하여 수익자가 건물소유권을 상실하므로 관습상 법정지상권이 인정된다.

Z건물이 사해행위 취소로 채무자 甲에게 회복되더라도 사해행위 취소는 취소채권자와 수익자 사이에서 효력을 가질 뿐이므로 X토지와 Z건물은 취소채권자 이외의 자에 대한 관계에서는 여전히 수익자 乙의 소유에 속하는 것이다. 그 후 Z건물이 강제경매로 丙에게 이전된 때에 乙은 건물소유권을 상실하는 결과 丙은 관습상 법정지상권을 취득한다. 정답 ③

8. **다음의 사건이 순차적으로 일어났다. (ⅰ) A는 그 소유의 X 토지 위에 3층 규모의 다세대주택을 신축하기 시작하였다. (ⅱ) A는 B로부터 1억 원을 차용하면서 위 차용금 채무를 담보하기 위하여 B 앞으로 X 토지에 관하여 1번 저당권을 설정하여 주었는데, 그 당시 위 다세대주택은 일부 내부공사만 남겨두고 골조공사를 비롯한 거의 모든 공사가 마쳐진 상태였다. (ⅲ) X 토지 위에는 1층, 2층, 3층으로 구분된 다세대주택 1동이 건축되었고, 각 층에 관하여 A 앞으로 각 소유권보존등기가 마쳐졌다. (ⅳ) 3층에 관하여는 이를 매수한 C 앞으로 소유권이전등기가 마쳐졌다. (ⅴ) X 토지에 관하여 강제경매개시결정 기입등기가 마쳐졌고, D는 위 경매절차에서 X 토지를 매수하여 매각대금을 완납하였다. (ⅵ) 1층에 관하여는 이를 매수한 E 앞으로 소유권이전등기가 마쳐졌고, 2층에 관하여는 F가 임차하여 거주하고 있다. 다음 설명 중 옳은 것을 모두 고른 것은? (「집합건물의 소유 및 관리에 관한 법률」은 적용되지 않는다고 가정하고, 다툼이 있는 경우 판례에 의함)** [14 변호사]

ㄱ. A는 2층 구분건물의 소유를 위한 관습상 법정지상권을 취득한다.
ㄴ. E는 1층 구분건물을 매수함과 함께 1층 구분건물의 소유를 위한 관습상 법정지상권도 양수하였다고 보아야 하므로 E는 그 관습상 법정지상권을 취득한다.
ㄷ. D는 F를 상대로 2층 구분건물에서 퇴거하여 달라고 청구할 수 없다.
ㄹ. 매각대금이 완납될 당시는 물론 강제경매개시결정 기입등기가 마쳐질 당시에도 X 토지의 소유자와 3층 구분건물의 소유자가 다르므로 C는 3층 구분건물의 소유를 위한 관습상 법정지상권을 취득하지 못한다.

① ㄱ, ㄴ ② ㄴ, ㄷ ③ ㄷ, ㄹ
④ ㄱ, ㄷ ⑤ ㄱ, ㄷ, ㄹ

해 설

※ 토지소유자에 의하여 사회관념상 건물로 볼 수 있는 정도로 건물이 축조된 상태에서 토지저당권이 설정되고, 그 후 강제경매를 통하여 토지의 소유자가 달라진 경우, 법정지상권이 인정되는지 여부 등을 다룬 사례문제이다.

ㄱ. **(O)** 관습상 법정지상권을 취득하기 위해서는 ㈀ 처분 당시 토지와 지상건물이 동일인 소유에 속하여야 하고, ㈁ 법정사유 이외의 원인에 의하여 소유권이 분리되어야 하며, ㈂ 건물을 철거하기로 하는 등 관습상 법정지상권을 배제하는 특약이 없어야 한다. A는 토지소유자이며, 동시에 2층 구분건물의 소유자인데, 강제경매에 의하여 토지소유권을 상실하였으므로 다른 특별한 사정이 없는 한 관습상 법정지상권을 취득한다.

ㄴ. **(×)** 토지에 관한 강제경매 이후 1층 구분건물을 매수한 E가 관습상 법정지상권을 취득하는지를 묻는 지문이다. 강제경매에 당시 1층 구분건물의 소유자인 A가 관습상 법정지상권을 취득하고, 그 후 1층 구분건물을 매수한 E는 다른 특별한 사정이 없는 한 건물과 함께 A가 취득한 관습상 법정지상권까지 매수하였다고 보아야 한다. 관습상 법정지상권은 지상건물의 종된 권리로서 종물이론이 적용되기 때문이다. 그러나 E가 관습상 법정지상권을 매수하여 취득하기 위해서는 구분건물의 이전등기 이외에 별도로 지상권이전등기까지 갖추어야 한다(제186조). 매매에 의한 관습상 법정지상권의 이전은 법률행위에 의한 물권변동이기 때문이다. 사안에서 E는 1층 구분건물의 소유권이전등기가 마쳐져 있을 뿐, 지상권이전등기가 마쳐지지 아니한 상태이므로 E는 아직 관습상 법정지상권을 취득하였다고 할 수 없다.

ㄷ. (O) 토지소유자가 관습상 법정지상권자로부터 건물을 임차한 자에 대하여 퇴거청구를 할 수 있는지를 묻는 지문이다. 토지경매절차 매수인 D는 X 토지의 소유권을 취득하지만, D는 관습상 법정지상권의 부담이 있는 소유권을 취득한다. 1층과 2층 구분건물 소유를 위한 A의 관습상 법정지상권 및 3층 구분건물 소유를 위한 C의 관습상 법정지상권의 부담이 있는 소유권을 취득한다. 따라서 토지소유자 D는 관습상 법정지상권자인 A로부터 2층 구분건물을 임차하여 거주하는 F에 대하여 퇴거를 청구할 수 없다. F는 점유할 권리를 가진 자이고, F의 점유는 적법한 점유이기 때문이다.

ㄹ. (×) 관습상 법정지상권 요건인 소유자 동일성을 판단하는 기준시점을 묻는 지문이다. 관습상 법정지상권이 인정되기 위해서는 처분 당시 토지와 건물의 소유자가 동일하여야 한다. 강제경매에 의하여 소유권이 이전될 당시 토지의 소유자는 A이지만, 3층 구분건물의 소유자는 C이다. 그러나 관습상 법정지상권 요건으로서 소유자 동일성을 판단하는 기준시점은 저당권이 설정된 부동산이 강제경매되는 때에는 저당권설정 당시를 기준으로 판단한다. 저당권이 설정될 당시 토지와 3층 구분건물의 소유자는 모두 A였으므로 관습상 법정지상권은 인정된다.

[**대법원** 2013. 4. 11. **선고** 2009**다**62059 **판결**] 토지 또는 그 지상 건물의 소유권이 강제경매로 인하여 그 절차상의 매수인에게 이전되는 경우에는 그 매수인이 소유권을 취득하는 매각대금의 완납 시가 아니라 강제경매개시결정으로 압류의 효력이 발생하는 때를 기준으로 토지와 지상 건물이 동일인에게 속하였는지에 따라 관습상 법정지상권의 성립 여부를 가려야 하고, 강제경매의 목적이 된 토지 또는 그 지상 건물에 대하여 강제경매개시결정 이전에 가압류가 되어 있다가 그 가압류가 강제경매개시결정으로 인하여 본압류로 이행되어 경매절차가 진행된 경우에는 애초 가압류의 효력이 발생한 때를 기준으로 토지와 그 지상 건물이 동일인에 속하였는지에 따라 관습상 법정지상권의 성립 여부를 판단하여야 한다. 나아가 강제경매의 목적이 된 토지 또는 그 지상 건물에 관하여 강제경매를 위한 압류나 그 압류에 선행한 가압류가 있기 이전에 저당권이 설정되어 있다가 그 후 강제경매로 인해 그 저당권이 소멸하는 경우에는, 그 저당권 설정 이후의 특정 시점을 기준으로 토지와 그 지상 건물이 동일인의 소유에 속하였는지에 따라 관습상 법정지상권의 성립 여부를 판단하게 되면, 저당권자로서는 저당권 설정 당시를 기준으로 그 토지나 지상 건물의 담보가치를 평가하였음에도 저당권 설정 이후에 토지나 그 지상 건물의 소유자가 변경되었다는 외부의 우연한 사정으로 인하여 자신이 당초에 파악하고 있던 것보다 부당하게 높아지거나 떨어진 가치를 가진 담보를 취득하게 되는 예상하지 못한 이익을 얻거나 손해를 입게 되므로, 그 저당권 설정 당시를 기준으로 토지와 그 지상 건물이 동일인에게 속하였는지에 따라 관습상 법정지상권의 성립 여부를 판단하여야 한다. 정답 ④

9. **甲은 그 소유인 X 토지에 Y 건물을 소유하고 있다가 X 토지의 여유공간에 Z 건물을 신축하여 완공하였으나 소유권보존등기를 마치지 아니하였다. 甲은 X 토지와 2채의 건물을 모두 乙에게 매도하고 인도하였으며, X 토지와 Y 건물에 관하여 소유권이전등기를 마쳐 주었다. 그 후 乙이 은행으로부터 자금을 차용하고 X 토지에 관하여 저당권을 설정하였다가 X 토지가 경매됨에 따라 X 토지의 소유자가 丙으로 변경되었다. 한편 乙은 Y, Z 건물 및 이에 부대하는 일체의 권리를 丁에게 매도하고 인도하면서 Y 건물에 관하여 소유권이전등기를 마쳐 주었다. Z 건물은 아직 미등기 상태이다. 다음 설명 중 옳은 것을 모두 고른 것은? (다툼이 있는 경우에는 판례에 의함)** [13 변호사]

ㄱ. 乙이 甲으로부터 토지의 소유권을 취득할 때 甲은 Z 건물의 소유를 위한 관습상의 법정지상권을 취득하였다.
ㄴ. 丁은 지상권등기를 하지 아니하였어도 Y 건물의 대지에 관하여 법정지상권을 취득하였다.
ㄷ. 丙은 丁을 상대로 Y 건물의 철거를 청구할 수 있다.
ㄹ 丙은 丁을 상대로 Z 건물의 철거를 청구할 수 있다.

① ㄹ ② ㄱ, ㄴ ③ ㄱ, ㄷ
④ ㄴ, ㄷ ⑤ ㄷ, ㄹ

해설

※ 토지와 그 지상의 등기된 건물과 등기되지 아니한 건물을 매수한 매수인이 그 후 토지에 저당권을 설정하고, 토지저당권 실행으로 토지의 소유자가 변동된 경우에 나타나는 법률문제를 묻는 사례문제이다.

ㄱ. (×) 토지와 그 지상의 미등기건물을 모두 매수하고, 토지에 관해서만 소유권이전등기를 마친 경우, 관습상 법정지상권이 인정되는지를 묻는 지문이다. 건물까지 매매의 대상으로 삼았기 때문에 건물유지를 위한 관습상 법정지상권을 별도로 인정할 필요가 없다.

[**대법원** 2002. 6. 20. **선고** 2002**다**9660 **전원합의체 판결**] 관습상의 법정지상권은 동일인의 소유이던 토지와 그 지상건물이 매매 기타 원인으로 인하여 각각 소유자를 달리하게 되었으나 그 건물을 철거한다는 등의 특약이 없으면 건물소유자로 하여금 토지를 계속 사용하게 하려는 것이 당사자의 의사라고 보아 인정되는 것이므로 토지의 점유·사용에 관하여 당사자 사이에 약정이 있는 것으로 볼 수 있거나 토지소유자가 건물의 처분권까지 함께 취득한 경우에는 관습상의 법정지상권을 인정할 까닭이 없다 할 것이어서, 미등기건물을 그 대지와 함께 매도하였다면 비록 매수인에게 그 대지에 관하여만 소유권이전등기가 경료되고 건물에 관하여는 등기가 경료되지 아니하여 형식적으로 대지와 건물이 그 소유 명의자를 달리하게 되었다 하더라도 매도인에게 관습상의 법정지상권을 인정할 이유가 없다.

ㄴ. (×) 법정지상권이 인정되는 건물을 매수한 자가 지상권등기 없이도 지상권을 취득할 수 있는지를 묻는 지문이다. 법정지상권은 건물소유권을 위하여 필요한 권리이기는 하나, 부종성을 가지는 권리라고 할 수는 없다. 따라서 별도로 지상권이전등기를 하지 않는 한, 건물매수인이 당연히 법정지상권을 취득한다고 할 수는 없다.

[**대법원** 1965. 7. 27. **선고** 65**다**864 **판결**] 관습에 의한 법정지상권이 붙은 건물소유권의 양도가 있는 경우에 그 법정지상권에 관한 등기 없이는 건물양수자는 대지소유자에 대하여 법정지상권을 주장할 수 없다.

ㄷ. (×) 법정지상권을 취득하여야 할 지위에 있는 건물양수인에 대하여 지상권등기가 없음을 이유로 토지소유자가 건물철거를 청구할 수 있는지를 묻는 지문이다. 이는 실질적 의무자가 실질적 권리자에 대하여 권리를 행사하는 것으로 권리남용에 해당한다는 것이 대법원의 입장이다.

[**대법원** 1985. 4. 9. **선고** 84**다카**1131 **전원합의체 판결**] 법정지상권을 취득할 지위에 있는 위 피고에 대하여 원고가 대지소유권에 기하여 건물철거를 구함은 지상권의 부담을 용인하고 또한 그 설정등기절차를 이행할 의무 있는 자가 그 권리자를 상대로 한 청구라 할 것이어서 신의성실의 원칙상 허용될 수 없다.

ㄹ. (○) 토지와 미등기건물을 매수한 자가 토지에 관한 소유권이전등기를 마친 후, 토지에 저당권을 설정하고, 저당권실행으로 토지소유권을 상실한 경우, 제366조의 법정지상권이 인정되는지 여부를 묻는 지문이다. 저당권설정 당시 토지의 소유자와 건물의 소유자가 상이하기 때문에 제366조의 법정지상권이 인정되지 않는다. 따라서 乙은 Z 건물을 위한 제366조의 법정지상권을 취득할 수 없고, 乙로부터 Z 건물을 매수한 丁 또한 제366조의 법정지상권을 이전받을 수 있는 지위에 있지 않아 토지소유자 丙의 건물철거청구는 허용된다. 한편, 철거청구의 상대방이 형식적 소유자인 甲인지 아니면 미등기매수인인 丁인지 문제될 수 있는데, 대법원은 미등기매수인에게 매수한 건물의 철거처분권을 인정하여 철거소송의 상대방이 된다고 하고 있다. 따라서 丙의 丁에 대한 Z 건물 철거청구는 가능하다.

[**대법원** 2002. 6. 20. **선고** 2002**다**9660 **전원합의체 판결**] 민법 제366조의 법정지상권은 저당권 설정 당시에 동일인의 소유에 속하는 토지와 건물이 저당권의 실행에 의한 경매로 인하여 각기 다른 사람의 소유에 속하게 된 경우에 건물의 소유를 위하여 인정되는 것이므로, 미등기건물을 그 대지와 함께 매수한 사람이 그 대지에 관하여만 소유권이전등기를 넘겨받고 건물에 대하여는 그 등기를 이전받지 못하고 있다가, 대지에 대하여 저당권을 설정하고 그 저당권의 실행으로 대지가 경매되어 다른 사람의 소유로 된 경우에는, 그 저당권의 설정 당시에 이미 대지와 건물이 각각 다른 사람의 소유에 속하고 있었으므로 법정지상권이 성립될 여지가 없다.

[**대법원** 2003. 1. 24. **선고** 2002**다**61521 **판결**] 건물철거는 그 소유권의 종국적 처분에 해당되는 사실행위이므로 원칙으로는 그 소유자(민법상 원칙적으로는 등기명의자)에게만 그 철거처분권이 있다 할 것이고, 예외적으로 건물을 전 소유자로부터 매수하여 점유하고 있는 등 그 권리의 범위 내에서 그 점유 중인 건물에 대하여 법률상 또는 사실상 처분을 할 수 있는 지위에 있는 자에게도 그 철거처분권이 있다(필자 註 : 미등기건물에 대한 양도담보계약상의 채권자의 지위를 승계하여 건물을 관리하고 있는 자는 건물의 소유자가 아님은 물론 건물에 대하여 법률상 또는 사실상 처분권을 가지고 있는 자라고 할 수도 없다 할 것이어서 건물에 대한 철거처분권을 가지고 있는 자라고 할 수 없다고 한 사례). 정답 ①

10. **甲은 乙에 대한 대출금 채권의 담보를 위하여 乙 소유 X 토지에 저당권과 아울러 지료 없는 지상권을 취득하면서 乙로 하여금 그 토지를 계속하여 점유·사용하게 하였다. 이에 관한 설명 중 옳지 않은 것은? (각 지문은 독립적이며, 다툼이 있는 경우 판례에 의함)** [25 변호사]

① 乙이 건물 신축이 가능한 나대지였던 X 토지에 옹벽을 설치하고 도로를 개설한 경우, 甲은 乙에게 X 토지에 대한 임료 상당 부당이득반환을 청구할 수 없다.

② 乙이 건물 신축이 가능한 나대지였던 X 토지에 옹벽을 설치하고 도로를 개설하여 이로 인해 X 토지의 교환가치가 하락한 경우, 甲은 乙에게 불법행위로 인한 손해배상을 청구할 수 있다.

③ 乙이 丙에게 X 토지에 대한 무상 사용을 승낙하고 이에 따라 丙이 X 토지에 단풍나무를 심은 경우, 이 단풍나무는 X 토지에 부합되지 않는다.

④ X 토지에 대한 甲 명의 저당권의 피담보채무가 소멸시효 완성으로 인해 소멸한 경우, X 토지에 대한 甲 명의 지상권도 이에 부종하여 소멸하므로 乙에게는 甲 명의 지상권의 피담보채무의 부존재에 대한 확인을 구할 이익이 인정된다.

⑤ X 토지에 甲 명의의 저당권과 지상권이 설정될 당시 X 토지에 乙 소유 Y 건물이 신축되어 있었던 경우, 甲의 위 저당권에 기한 임의경매 신청에 따라 X 토지가 경매되어 丁이 매각 대금을 완납하면 Y 건물을 위한 법정지상권이 성립한다.

해설

① **(O)** 판례는 금융기관이 대출금 채권의 담보를 위하여 토지에 저당권과 함께 지료 없는 지상권을 설정하면서 채무자 등의 사용·수익권을 배제하지 않은 경우, 위 지상권은 근저당목적물의 담보가치를 확보하는 데 목적이 있으므로, 그 위에 도로개설·옹벽축조 등의 행위를 한 무단점유자에 대하여 지상권 자체의 침해를 이유로 한 임료 상당의 손해배상은 구할 수 없다고 본다(2006다586). 甲의 담보지상권은 사용수익권이 없기 때문에 乙에게 X 토지에 대한 임료 상당 부당이득반환을 청구할 수 없다.

② **(O)** 판례는 저당부동산에 대한 소유자 또는 제3자의 점유가 저당부동산의 본래의 용법에 따른 사용·수익의 범위를 초과하여 그 교환가치를 감소시키 등 저당권의 실현이 곤란하게 될 사정이 있는

경우에는 저당권의 침해를 이유로 손해배상청구를 할 수 있다고 본다(대판 2008.1.17, 2006다586). 따라서 甲은 저당권의 침해를 이유로 乙에게 불법행위로 인한 손해배상을 청구할 수 있다.

③ (O) 판례는 금융기관이 대출금 채권의 담보를 위하여 토지에 저당권과 함께 지료 없는 지상권을 설정하면서 채무자 등의 사용·수익권을 배제하지 않은 경우, 지상권은 저당권이 실행될 때까지 제3자가 용익권을 취득하거나 목적 토지의 담보가치를 하락시키는 침해행위를 하는 것을 배제함으로써 저당부동산의 담보가치를 확보하는 데에 목적이 있으므로, 토지소유자는 저당 부동산의 담보가치를 하락시킬 우려가 있는 등의 특별한 사정이 없는 한 토지를 사용·수익할 수 있다고 보아야 한다. 따라서 그러한 토지소유자로부터 토지를 사용·수익할 수 있는 권리를 취득하였다면 이러한 권리는 민법 제256조 단서가 정한 '권원'에 해당한다고 볼 수 있다고 본다(2015다69907). 따라서 丙은 제256조 단서의 '권원'에 의해서 단풍나무를 심었고, 단풍나무는 X 토지와 독립물이므로 부속되므로 부합되지 않는다.

④ (×) 판례는 지상권은 용익물권으로서 담보물권이 아니므로 피담보채무라는 것이 존재할 수 없다. 근저당권 등 담보권 설정의 당사자들이 담보로 제공된 토지에 추후 용익권이 설정되거나 건물 또는 공작물이 축조·설치되는 등으로 토지의 담보가치가 줄어드는 것을 막기 위하여 담보권과 아울러 설정하는 지상권을 이른바 담보지상권이라고 하는데, 이는 당사자의 약정에 따라 담보권의 존속과 지상권의 존속이 서로 연계되어 있을 뿐이고, 이러한 경우에도 지상권의 피담보채무가 존재하는 것은 아니라고 본다(2015다65042). 따라서 지상권설정등기에 관한 피담보채무의 범위 확인을 구하는 청구는 원고의 권리 또는 법률상의 지위에 관한 청구라고 보기 어려우므로, 확인의 이익이 없어 부적법하다.

⑤ (O) 저당권이 설정될 당시 X 토지 위에 Y 건물이 신축되어 있었고, 토지와 건물이 을의 소유로 동일하고 甲의 위 저당권 실행으로 X 토지와 丁이 매각 대금을 완납하면 Y 건물의 소유자가 달라졌으므로 민법 제366조 법정지상권이 성립한다.

정답 ④

Ⅱ. 지역권과 전세권

11. 甲은 자기 소유 X 건물에 乙 앞으로 전세권을 설정해 주었다. 이에 관한 설명 중 옳지 않은 것을 모두 고른 것은? (각 지문은 독립적이며, 다툼이 있는 경우 판례에 의함) [24 변호사]

ㄱ. 乙이 자신의 채권자 丙을 위하여 전세권 위에 저당권을 설정해 준 후 甲이 乙에게 변제기를 정하지 않고 금전을 대여한 경우, 전세권의 존속기간 만료 후 丙이 물상대위에 의하여 乙의 전세금반환채권을 압류하였다면 甲은 대여금채권과 전세금반환채권의 상계로써 丙에게 대항할 수 있다.

ㄴ. 乙이 자신의 채권자 丙을 위하여 전세권 위에 저당권을 설정해 준 경우, 전세권의 존속기간 만료 후 乙의 일반채권자 丁이 전세금반환채권을 가압류한 다음, 丙이 물상대위에 의하여 乙의 전세금반환채권에 대하여 압류 및 전부명령을 받았다면 丙은 甲에 대하여 전세금의 지급을 구할 수 없다.

ㄷ. 乙의 전세권은 임대차계약에 따른 임대차보증금반환채권을 담보할 목적으로 설정되었다. 乙이 이러한 사정을 알고 있는 자신의 채권자 丙을 위하여 전세권 위에 저당권을 설정해 준 경우, 甲은 물상대위권을 행사하는 丙에 대하여 임대차계약에 따른 연체차임 공제 주장으로 대항할 수 있다.

ㄹ. 존속기간이 만료한 후 乙이 전세권과 함께 전세금반환채권을 양도하고 양수인 戊 앞으로 부기등기를 한 경우, 戊와 전세금반환채권의 압류·전부 채권자 사이의 우열은 부기등기시점과 압류시점의 선후에 따라 정해진다.

① ㄱ, ㄴ ② ㄱ, ㄹ ③ ㄴ, ㄹ
④ ㄱ, ㄴ, ㄷ ⑤ ㄱ, ㄴ, ㄹ

해설

ㄱ. **(×)** 전세권저당권자가 전세금반환채권에 대하여 물상대위권을 행사하는 경우, 전세권설정자가 전세권자에 대한 채권을 자동채권으로 한 상계로 전세권저당권자에게 대항하기 위해서는 자동채권이 전세권저당권설정 전에 발생하였어야 하고, 전세금채권의 변제기보다 먼저 또는 동시에 변제기가 도래하여야 한다. 甲은 전세권저당권 설정 후에 대여금채권을 취득하였으므로 전세권저당권자 丙에게 상계로 대항할 수 없다.

[**대법원** 2014. 10. 27. **선고** 2013**다**91672 **판결**] 전세권저당권자가 위와 같은 방법으로 전세금반환채권에 대하여 물상대위권을 행사한 경우, 종전 저당권의 효력은 물상대위의 목적이 된 전세금반환채권에 존속하여 저당권자가 전세금반환채권으로부터 다른 일반채권자보다 우선변제를 받을 권리가 있으므로, 설령 전세금반환채권이 압류된 때에 전세권설정자가 전세권자에 대하여 반대채권을 가지고 있고 반대채권과 전세금반환채권이 상계적상에 있다고 하더라도 그러한 사정만으로 전세권설정자가 전세권저당권자에게 상계로써 대항할 수는 없다.

그러나 전세금반환채권은 전세권이 성립하였을 때부터 이미 발생이 예정되어 있다고 볼 수 있으므로, 전세권저당권이 설정된 때에 이미 전세권설정자가 전세권자에 대하여 반대채권을 가지고 있고 반대채권의 변제기가 장래 발생할 전세금반환채권의 변제기와 동시에 또는 그보다 먼저 도래하는 경우와 같이 전세권설정자에게 합리적 기대 이익을 인정할 수 있는 경우에는 특별한 사정이 없는 한 전세권설정자는 반대채권을 자동채권으로 하여 전세금반환채권과 상계함으로써 전세권저당권자에게 대항할 수 있다.

ㄴ. **(×)** [**대법원** 2008. 12. 24. **선고** 2008**다**65396 **판결**] 저당권이 설정된 전세권의 존속기간이 만료된 경우에 저당권자는 민법 제370조, 제342조 및 민사집행법 제273조에 의하여 저당권의 목적물인 전세권에 갈음하여 존속하는 것으로 볼 수 있는 전세금반환채권에 대하여 압류 및 추심명령 또는 전부명령을 받는 등의 방법으로 권리를 행사하여 전세권설정자에 대해 전세금의 지급을 구할 수 있고, 저당목적물의 변형물인 금전 기타 물건에 대하여 일반 채권자가 물상대위권을 행사하려는 저당채권자보다 단순히 먼저 압류나 가압류의 집행을 함에 지나지 않은 경우에는 저당권자는 그 전은 물론 그 후에도 목적채권에 대하여 물상대위권을 행사하여 일반채권자보다 우선변제를 받을 수가 있으며, 위와 같이 전세권부 근저당권자가 우선권 있는 채권에 기하여 전부명령을 받은 경우에는 형식상 압류가 경합되었다 하더라도 그 전부명령은 유효하다.

ㄷ. **(○)** [**대법원** 2021. 12. 30. **선고** 2018**다**268538 **판결**] 임대차계약에 따른 임대차보증금반환채권을 담보할 목적으로 임대인과 임차인 사이의 합의에 따라 임차인 명의로 전세권설정등기를 마친 경우, 그 전세금의 지급은 이미 지급한 임대차보증금으로 대신한 것이고, 장차 전세권자가 목적물을 사용·수익하는 것을 완전히 배제하는 것도 아니므로, 그 전세권설정등기는 유효하다. 이때 임대인과 임차인이 그와 같은 전세권설정등기를 마치기 위하여 전세권설정계약을 체결하여도, 임대차보증금은 임대차계약이 종료된 후 임차인이 목적물을 인도할 때까지 발생하는 차임 및 기타 임차인의 채무를 담보하는 것이므로, 임대인과 임차인이 위와 같이 임대차보증금반환채권을 담보할 목적으로 전세권을 설정하기 위하여 전세권설정계약을 체결하였다면, 임대차보증금에서 연체차임 등을 공제하고 남은 돈을 전세금으로 하는 것이 임대인과 임차인의 합치된 의사라고 볼 수 있다. 그러나 그 전세권설정

계약은 외관상으로는 그 내용에 차임지급 약정이 존재하지 않고 이에 따라 전세금이 연체차임으로 공제되지 않는 등 임대인과 임차인의 진의와 일치하지 않는 부분이 존재한다. 따라서 그러한 전세권설정계약은 위와 같이 임대차계약과 양립할 수 없는 범위에서 통정허위표시에 해당하여 무효라고 봄이 타당하다. 다만 그러한 전세권설정계약에 의하여 형성된 법률관계에 기초하여 새로이 법률상 이해관계를 가지게 된 제3자에 대하여는 그 제3자가 그와 같은 사정을 알고 있었던 경우에만 그 무효를 주장할 수 있다.

ㄹ. (×) 전세금반환채권에 대한 확정일자부 대항요건 구비시점과 압류시점의 선후에 따라 우열을 결정해야 한다.

[**대법원** 2005. 3. 25. **선고** 2003**다**35659 **판결**] 전세권설정등기를 마친 민법상의 전세권은 그 성질상 용익물권적 성격과 담보물권적 성격을 겸비한 것으로서, 전세권의 존속기간이 만료되면 전세권의 용익물권적 권능은 전세권설정등기의 말소 없이도 당연히 소멸하고 단지 전세금반환채권을 담보하는 담보물권적 권능의 범위 내에서 전세금의 반환시까지 그 전세권설정등기의 효력은 존속한다. 존속기간의 경과로서 본래의 용익물권적 권능이 소멸하고 담보물권적 권능만 남은 전세권에 대해서도 그 피담보채권인 전세금반환채권과 함께 제3자에게 이를 양도할 수 있다 할 것이지만 이 경우에는 민법 제450조 제2항 소정의 확정일자 있는 증서에 의한 채권양도절차를 거치지 않는 한 위 전세금반환채권의 압류·전부 채권자 등 제3자에게 위 전세보증금반환채권의 양도사실로써 대항할 수 없다 (필자 주 : 전세기간 만료 이후 전세권양도계약 및 전세권이전의 부기등기가 이루어진 것만으로는 전세금반환채권의 양도에 관하여 확정일자 있는 통지나 승낙이 있었다고 볼 수 없어 이로써 제3자인 전세금반환채권의 압류·전부 채권자에게 대항할 수 없다고 한 사례).

정답 ⑤

12. **甲은 乙과 乙 소유 X 건물에 관하여 전세권설정계약을 체결하고 그 등기를 마쳤다. 이에 관한 설명 중 옳지 않은 것은? (다툼이 있는 경우 판례에 의함)** [22 변호사]

① 전세금의 지급은 전세권 성립의 요소가 되는 것이지만, 그렇다고 하여 전세금의 지급이 반드시 현실로 수수되어야만 하는 것은 아니다.

② 甲은 전세권 존속 중이라도, 장래에 그 전세권이 소멸하여 전세금반환채권이 발생하는 것을 조건으로 그 장래의 조건부 채권을 양도할 수 있다.

③ 乙이 전세권 존속 중에 X 건물을 丙에게 양도한 경우 전세금반환의무는 丙이 부담한다.

④ 甲이 자신의 채권자 丙을 위하여 위 전세권에 관하여 전세권저당권설정등기를 마친 후 전세권의 존속기간이 만료된 경우, 丙은 전세금반환채권에 대하여 압류·추심명령 또는 압류·전부명령을 받거나 제3자가 그 채권에 대하여 실시한 강제집행절차에서 배당요구를 하였다면 전세금에서 우선변제를 받을 수 있다.

⑤ 甲의 전세권이 X 건물의 일부에 설정된 경우에, 전세권의 목적인 부분이 구조상 또는 이용상 독립성이 없어 독립한 소유권의 객체로 분할할 수 없고 따라서 그 부분만의 경매신청이 불가능하다면, 甲은 X 건물 전부에 대해서 경매신청을 할 수 있다.

해설

① (○) [**대법원** 1995. 2. 10. **선고** 94**다**18508 **판결**] 전세권이 용익물권적 성격과 담보물권적 성격을 겸비하고 있다는 점 및 목적물의 인도는 전세권의 성립요건이 아닌 점 등에 비추어 볼 때, 당사자가 주로 채권담보의 목적으로 전세권을 설정하였고, 그 설정과 동시에 목적물을 인도하지 아니한 경우라 하더라도, 장차 전세권자가 목적물을 사용·수익하는 것을 완전히 배제하는 것이 아니라면, 그 전세권

의 효력을 부인할 수는 없다. 전세금의 지급은 전세권 성립의 요소가 되는 것이지만 그렇다고 하여 전세금의 지급이 반드시 현실적으로 수수되어야만 하는 것은 아니고 기존의 채권으로 전세금의 지급에 갈음할 수도 있다. 전세권이 담보물권적 성격도 가지는 이상 부종성과 수반성이 있는 것이기는 하지만, 채권담보를 위하여 담보권을 설정하는 경우 채권자와 채무자 및 제3자 사이에 합의가 있으면 채권자가 그 담보권의 명의를 제3자로 하는 것도 가능하고, 이와 같은 경우에는 채무자와 담보권 명의자인 제3자 사이에 담보계약관계가 성립하는 것으로 그 담보권명의자는 그 피담보채권을 수령하고 그 담보권을 실행하는 등의 담보계약상의 권한을 가진다.

② **(O)** [**대법원** 2002. 8. 23. **선고** 2001**다**69122 **판결**] 전세권은 전세금을 지급하고 타인의 부동산을 그 용도에 따라 사용·수익하는 권리로서 전세금의 지급이 없으면 전세권은 성립하지 아니하는 등으로 전세금은 전세권과 분리될 수 없는 요소일 뿐 아니라, 전세권에 있어서는 그 설정행위에서 금지하지 아니하는 한 전세권자는 전세권 자체를 처분하여 전세금으로 지출한 자본을 회수할 수 있도록 되어 있으므로 전세권이 존속하는 동안은 전세권을 존속시키기로 하면서 전세금반환채권만을 전세권과 분리하여 확정적으로 양도하는 것은 허용되지 않는 것이며, 다만 전세권 존속 중에는 장래에 그 전세권이 소멸하는 경우에 전세금 반환채권이 발생하는 것을 조건으로 그 장래의 조건부 채권을 양도할 수 있을 뿐이라 할 것이다.

③ **(O)** [**대법원** 2000. 6. 9. **선고** 99**다**15122 **판결**] 목적물의 신 소유자는 구 소유자와 전세권자 사이에 성립한 전세권의 내용에 따른 권리·의무의 직접적인 당사자가 되어 전세권이 소멸하는 때에 전세권자에 대하여 전세권설정자의 지위에서 전세금반환의무를 부담하게 되고, 구 소유자는 전세권설정자의 지위를 상실하여 전세금반환의무를 면하게 된다고 보아야 하고, 전세권이 전세금채권을 담보하는 담보물권적 성질을 가지고 있다고 하여도 전세권은 전세금이 존재하지 않으면 독립하여 존재할 수 없는 용익물권으로서 전세금은 전세권과 분리될 수 없는 요소이므로 전세권 관계로 생기는 위와 같은 법률관계가 신 소유자에게 이전되었다고 보는 이상, 전세금채권관계만이 따로 분리되어 전 소유자와 사이에 남아 있다고 할 수는 없을 것이고, 당연히 신 소유자에게 이전되었다고 보는 것이 옳다(필자 註 : 채권담보목적으로 전세권이 설정된 후에 전세목적물의 소유자의 변동이 있었는데, 종전의 소유자에 대하여 전세금의 지급을 구하는 원고의 청구를 배척한 사례).

④ **(O)** 전세권저당권자에게도 물상대위권이 인정된다. 전세권에 갈음하여 발생한 전세금반환채권에 대하여 압류를 함으로써 우선변제를 받을 수 있다.

[**대법원** 1995. 9. 18. **자** 95**마**684 **결정**] 전세권에 대하여 설정된 저당권은 민사소송법 제724조 소정의 부동산경매절차에 의하여 실행하는 것이나, 전세권의 존속기간이 만료되면 전세권의 용익물권적 권능이 소멸하기 때문에 더 이상 전세권 자체에 대하여 저당권을 실행할 수 없게 되고, 이러한 경우는 민법 제370조, 제342조 및 민사소송법 제733조에 의하여 저당권의 목적물인 전세권에 갈음하여 존속하는 것으로 볼 수 있는 전세금반환채권에 대하여 추심명령 또는 전부명령을 받거나(이 경우 저당권의 존재를 증명하는 등기부등본을 집행법원에 제출하면 되고 별도의 채무명의가 필요한 것이 아니다), 제3자가 전세금반환채권에 대하여 실시한 강제집행절차에서 배당요구를 하는 등의 방법으로 자신의 권리를 행사할 수 있을 뿐이다.

⑤ **(×)** 일부전세권자의 경매신청권의 대상은 일부에 한정된다. 일부에 관하여 경매신청이 불가능하다고 하여 전부에 대하여 경매신청 할 수는 없다.

[**대법원** 2001. 7. 2. **자** 2001**마**212 **결정**] 전세권의 목적이 된 부분이 구조상 또는 이용상 독립성이 없어 독립한 소유권의 객체로 분할할 수 없고 따라서 그 부분만의 경매신청이 불가능하다고 하여도 전세권의 목적물이 아닌 나머지 건물부분에 대하여는 우선변제권은 별론으로 하고 경매신청권은 없다.

정답 ⑤

13. 전세권에 관한 설명 중 옳지 않은 것은? (다툼이 있는 경우 판례에 의함) [21 변호사]

① 甲이 통정허위표시에 해당하여 무효인 건물 전세권설정계약에 기한 전세권부 채권을 가압류한 경우, 가압류등기를 마칠 당시 전세권의 존속기간이 만료되었으나 전세권설정등기가 말소되지 않은 상태였고 전세권 갱신에 관한 등기가 불필요한 전세권 명의자가 건물을 여전히 점유·사용하고 있었다면, 甲은 위 허위표시를 기초로 새로이 법률상 이해관계를 가진 제3자에 해당한다.

② 전세기간 만료 후 전세권을 전세금반환채권과 함께 양도하면서 전세권 이전의 부기등기를 마쳤으나 확정일자 있는 증서에 의한 채권양도절차를 거치지 않은 경우, 채권양수인은 전세금반환채권의 압류·전부 채권자에게 대항할 수 없다.

③ 전세권이 존속기간의 만료로 종료된 경우 최선순위 전세권자의 채권자는 전세권이 설정된 부동산에 대한 경매절차에서 채권자대위권에 기하거나 전세금반환채권에 대하여 압류 및 추심명령을 받은 다음 추심권한에 기하여 자기 이름으로 전세권에 대한 배당요구를 할 수 있다.

④ 건물에 대하여 전세권을 설정하여 준 건물 소유자가 대지의 지상권자로서 지료 지급을 지체하여 대지 소유자의 지상권소멸청구에 의하여 지상권이 소멸하고 건물철거 및 대지인도를 명하는 판결이 확정된 경우, 대지 소유자는 건물 전세권자에게 건물에서의 퇴거를 청구할 수 없다.

⑤ 토지와 그 지상 건물을 함께 소유하던 甲이 乙에게 건물에 대하여 전세권을 설정해준 후 토지가 丙에게 경락되어 법정지상권을 취득한 상태에서 다시 건물을 丁에게 양도한 경우, 丁이 丙과 토지에 관한 임대차계약을 체결하였으나 그 임대차가 丁의 차임 연체를 이유로 적법하게 해지되더라도, 丙은 乙에게 건물에서의 퇴거를 청구할 수 없다.

해설

① **(O)** 가장전세권을 가압류한 가압류권자가 허위표시로부터 보호되는 제3자에 해당하는지를 묻는 지문이다. 허위표시로부터 보호되는 제3자란 가장행위로 형성된 외관을 토대로 새로운 법률상 이해관계를 맺은 자를 말한다. 건물전세권설정계약이 가장행위이나, 전세권부 채권을 가압류한 가압류권자는 가압류의 효력이 전세권에도 미치므로(전세권의 부종성) 가장행위를 기초로 새로운 이해관계를 맺은 것으로 보아야 한다. 비록 가압류 당시 전세권의 존속기간이 만료되었지만, 법정갱신의 요건을 갖춘 것이므로 가압류권자는 허위표시로부터 보호되는 제3자에 해당한다.

[**대법원** 2010. 3. 25. **선고** 2009**다**35743 **판결**] 실제로는 전세권설정계약을 체결하지 아니하였으면서도 임대차계약에 기한 임차보증금반환채권을 담보할 목적 또는 금융기관으로부터 자금을 융통할 목적으로 임차인과 임대인 사이의 합의에 따라 임차인 명의로 전세권설정등기를 경료한 경우, 위 전세권설정계약이 통정허위표시에 해당하여 무효라 하더라도 위 전세권설정계약에 의하여 형성된 법률관계에 기초하여 새로이 법률상 이해관계를 갖게 된 제3자에 대하여는 그 제3자가 그와 같은 사정을 알고 있었던 경우에만 그 무효를 주장할 수 있다. 그리고 통정한 허위표시에 의하여 외형상 형성된 법률관계로 생긴 채권을 가압류한 경우 그 가압류권자는 허위표시에 기초하여 새로이 법률상 이해관계를 가지게 된 제3자에 해당하므로, 그가 선의인 이상 위 통정허위표시의 무효를 그에 대하여 주장할 수 없다(필자 註 : 甲이 통정허위표시에 해당하여 무효인 전세권설정계약에 의하여 형성된 법률관계로 생긴 채권(전세권부 채권)을 가압류한 사안에서, 가압류 등기를 마칠 당시 전세권설정등기가 말소되지 아니한 상태였고, 전세권갱신에 관한 등기가 불필요한 전세권명의자가 부동산 일부를 여전히 점유 · 사용하고 있었던 이상, 甲은 통정허위표시를 기초로 하여 새로이 법률상 이해관계를 가진 선의의 제3자에 해당한다고 봄이 상당하다고 한 사례).

② (O) 용익물권으로서 전세권이 소멸된 후 담보물권으로서 전세권을 양도하는 방법을 묻는 지문이다. 채권양도의 요건과 담보물권으로서 전세권 양도의 요건을 모두 구비하여야 한다. 담보물권으로서 전세권 양도의 요건을 구비하였더라도 채권양도의 대항요건을 별도로 구비하지 않았다면 전세금 채권에 관하여 이해관계를 맺은 제3자에게 대항할 수 없다.

[**대법원** 2005. 3. 25. **선고** 2003**다**35659 **판결**] 전세권설정등기를 마친 민법상의 전세권은 그 성질상 용익물권적 성격과 담보물권적 성격을 겸비한 것으로서, 전세권의 존속기간이 만료되면 전세권의 용익물권적 권능은 전세권설정등기의 말소 없이도 당연히 소멸하고 단지 전세금반환채권을 담보하는 담보물권적 권능의 범위 내에서 전세금의 반환시까지 그 전세권설정등기의 효력은 존속한다. 존속기간의 경과로서 본래의 용익물권적 권능이 소멸하고 담보물권적 권능만 남은 전세권에 대해서도 그 피담보채권인 전세금반환채권과 함께 제3자에게 이를 양도할 수 있다 할 것이지만 이 경우에는 민법 제450조 제2항 소정의 확정일자 있는 증서에 의한 채권양도절차를 거치지 않는 한 위 전세금 반환채권의 압류·전부 채권자 등 제3자에게 위 전세보증금반환채권의 양도사실로써 대항할 수 없다 (필자 주 : 전세기간 만료 이후 전세권양도계약 및 전세권이전의 부기등기가 이루어진 것만으로는 전세금반환채권의 양도에 관하여 확정일자 있는 통지나 승낙이 있었다고 볼 수 없어 이로써 제3자인 전세금반환채권의 압류·전부 채권자에게 대항할 수 없다고 한 사례).

③ (O) 최선순위 전세권자의 채권자가 전세목적부동산의 경매절차에서 배당요구를 할 수 있는지를 묻는 지문이다. 최선순위 전세권은 전세권자가 적법하게 배당요구를 한 때에만 매각으로 소멸하고, 그 외에는 경매절차 매수인이 인수한다. 전세권자가 스스로 배당요구를 하지 않으면 전세권은 소멸하지 않으며, 전세권자의 배당요구권은 채권자대위의 객체가 되지 않는다. 그러나 전세권이 존속기간 만료로 종료된 때에는 최선순위 전세권자의 채권자는 채권자대위에 의하거나 압류 및 추심권능에 기하여 배당요구를 할 수 있다.

[**대법원** 2015. 11. 17. **선고** 2014**다**10694 **판결**] 민사집행법 제91조 제3항은 "전세권은 저당권·압류채권·가압류채권에 대항할 수 없는 경우에는 매각으로 소멸된다."라고 규정하고, 같은 조 제4항은 "제3항의 경우 외의 전세권은 매수인이 인수한다. 다만 전세권자가 배당요구를 하면 매각으로 소멸된다."라고 규정하고 있는데, 이는 저당권 등에 대항할 수 없는 전세권과 달리, 최선순위의 전세권은 존속기간에 상관없이 오로지 전세권자의 배당요구에 의하여만 소멸하고, 전세권자가 배당요구를 하지 않는 한 매수인에게 인수된다는 취지이다. 따라서 최선순위의 전세권은 전세권자 스스로 배당요구를 하여야만 매각으로 소멸함이 원칙이다.

그러나 전세권이 존속기간의 만료나 합의해지 등으로 종료하면 전세권의 용익물권적 권능은 소멸하고 단지 전세금반환채권을 담보하는 담보물권적 권능의 범위 내에서 전세금의 반환 시까지 전세권설정등기의 효력이 존속하므로, 전세권이 존속기간의 만료 등으로 종료한 경우라면 최선순위 전세권자의 채권자는 전세권이 설정된 부동산에 대한 경매절차에서 채권자대위권에 기하거나 전세금반환채권에 대하여 압류 및 추심명령을 받은 다음 추심권한에 기하여 자기 이름으로 전세권에 대한 배당요구를 할 수 있다. 다만 경매의 매각절차에서 집행법원은 원래 전세권의 존속기간 만료 여부 등을 직접 조사하지는 아니하는 점, 또 건물에 대한 전세권이 법정갱신된 경우에는 등기된 존속기간의 경과 여부만 보고 실제 존속기간의 만료 여부를 판단할 수는 없는 점 및 민사집행규칙 제48조 제2항은 "배당요구서에는 배당요구의 자격을 소명하는 서면을 붙여야 한다."라고 규정하고 있는 점 등에 비추어 보면, 최선순위 전세권자의 채권자가 채권자대위권이나 추심권한에 기하여 전세권에 대한 배당요구를 할 때에는 채권자대위권 행사의 요건을 갖추었다거나 전세금반환채권에 대하여 압류 및 추심명령을 받았다는 점과 아울러 전세권이 존속기간의 만료 등으로 종료하였다는 점에 관한 소명자료를 배당요구의 종기까지 제출하여야 한다.

④ (×) 건물전세권의 목적인 대지사용권을 소멸시키는 행위로 대지소유자가 건물전세권자에게 대항할 수 있는지를 묻는 지문이다. 건물전세권설정자는 전세권자의 동의 없이 지상권 또는 임차권을 소멸하게 하는 행위를 하지 못하는데(제304조 제2항), 지상권 등을 소멸하게 하는 행위란 지상권 등의 포기, 기간단축약정 등 지상권 등을 소멸하게 하거나 제한하여 건물전세권자의 지위에 불이익을 미치는

건물전세권설정자의 임의적인 행위를 말한다. 토지소유자가 2년 이상의 지료가 연체되었음을 이유로 지상권자인 건물전세권설정자에 대하여 지상권소멸청구를 하고 그에 따라 건물전세권설정자의 지상권이 소멸되는 경우에는 제304조 제2항이 적용될 수 없다. 대지소유자는 건물철거청구권 실현을 위하여 건물전세권자에 대하여 건물에서의 퇴거를 청구할 수 있다.

[**대법원** 2010. 8. 19. **선고** 2010**다**43801 **판결**] 민법 제304조는 전세권을 설정하는 건물소유자가 건물의 존립에 필요한 지상권 또는 임차권과 같은 토지사용권을 가지고 있는 경우에 관한 것으로서, 그 경우에 건물전세권자로 하여금 토지소유자에 대하여 건물소유자, 즉 전세권설정자의 그러한 토지사용권을 원용할 수 있도록 함으로써 토지소유자 기타 토지에 대하여 권리를 가지는 사람에 대한 관계에서 건물전세권자를 보다 안전한 지위에 놓으려는 취지의 규정이다. 또한 지상권을 가지는 건물소유자가 그 건물에 전세권을 설정하였으나 그가 2년 이상의 지료를 지급하지 아니하였음을 이유로 지상권설정자, 즉 토지소유자의 청구로 지상권이 소멸하는 것은 전세권설정자가 전세권자의 동의 없이는 할 수 없는 위 민법 제304조 제2항상의 "지상권 또는 임차권을 소멸하게 하는 행위"에 해당하지 아니한다. 위 민법 제304조 제2항이 제한하려는 것은 포기, 기간단축약정 등 지상권 등을 소멸하게 하거나 제한하여 건물전세권자의 지위에 불이익을 미치는 전세권설정자의 임의적인 행위이고, 그것이 법률의 규정에 의하여 지상권소멸청구권의 발생요건으로 정하여졌을 뿐인 지상권자의 지료 부지급 그 자체를 막으려고 한다거나 또는 지상권설정자가 취득하는 위의 지상권소멸청구권이 그의 일방적 의사표시로 행사됨으로 인하여 지상권이 소멸되는 효과를 제한하려고 하는 것이라고 할 수 없다. 따라서 전세권설정자가 건물의 존립을 위한 토지사용권을 가지지 못하여 그가 토지소유자의 건물철거 등 청구에 대항할 수 없는 경우에 민법 제304조 등을 들어 전세권자 또는 대항력 있는 임차권자가 토지소유자의 권리행사에 대항할 수 없음은 물론이다. 또한 건물에 대하여 전세권 또는 대항력 있는 임차권을 설정하여 준 지상권자가 그 지료를 지급하지 아니함을 이유로 토지소유자가 한 지상권소멸청구가 그에 대한 전세권자 또는 임차인의 동의가 없이 행하여졌다고 해도 민법 제304조 제2항에 의하여 그 효과가 제한된다고 할 수 없다.

⑤ (O) 건물전세권 보호를 위하여 법정지상권이 인정되는 경우, 건물전세권설정자 지위를 승계하는 건물양수인이 법정지상권을 취득할 지위를 소멸하게 하는 행위로 건물전세권자에게 대항할 수 있는지를 묻는 지문이다. 법정지상권을 취득한 건물전세권설정자로부터 건물의 소유권을 취득한 건물양수인은 법정지상권을 취득할 지위를 가지게 되고, 다른 한편 건물전세권설정자의 지위를 승계하게 되는데, 건물양수인이 건물전세권자의 동의 없이 토지소유자와의 관계에서 법정지상권을 취득할 지위를 소멸시키더라도 건물양수인은 물론 토지소유자도 그 사유를 들어 건물전세권자에게 대항할 수 없다. 법정지상권을 취득할 지위를 가진 丁이 丙과 임대차계약을 체결하는 행위는 법정지상권을 취득할 지위를 포기하는 행위로서 건물전세권자 乙의 동의가 없는 한 乙에게 대항할 수 없다. 비록 丁의 차임연체로 임대차계약이 해지되더라도 乙에 대한 관계에서 丙은 여전히 법정지상권을 인정하여야 할 지위에 있으므로 지상건물은 철거대상 건물이라고 할 수 없다. 따라서 丙의 乙에 대한 철거청구는 허용되지 않는다.

[**대법원** 2007. 8. 24. **선고** 2006**다**14684 **판결**] 토지와 건물을 함께 소유하던 토지·건물의 소유자가 건물에 대하여 전세권을 설정하여 주었는데 그 후 토지가 타인에게 경락되어 민법 제305조 제1항에 의한 법정지상권을 취득한 상태에서 다시 건물을 타인에게 양도한 경우, 그 건물을 양수하여 소유권을 취득한 자는 특별한 사정이 없는 한 법정지상권을 취득할 지위를 가지게 되고, 다른 한편으로는 전세권 관계도 이전받게 되는바, 민법 제304조 등에 비추어 건물 양수인이 토지 소유자와의 관계에서 전세권자의 동의 없이 법정지상권을 취득할 지위를 소멸시켰다고 하더라도, 그 건물 양수인은 물론 토지 소유자도 그 사유를 들어 전세권자에게 대항할 수 없다.

정답 ④

14. **乙은 2017. 10. 10. 甲으로부터 甲 소유의 X건물을 보증금 1억 원, 차임 월 200만 원, 임차기간 2년으로 정하여 임차하고, 같은 날 단순히 자신의 보증금반환채권을 담보할 목적으로 甲의 동의를 받아 위 건물에 관하여 전세금은 1억 원, 존속기간은 위 임차기간과 동일하게 하여 전세권설정등기를 마쳤다. 그 후 乙은 위 사실을 알지 못하는 丙으로부터 1억 원을 차용하면서 자신의 전세권에 관하여 2017. 10. 20. 丙 명의의 전세권저당권을 설정하여 주었다. 이에 관한 설명 중 옳은 것(○)과 옳지 않은 것(×)을 올바르게 조합한 것은? (다툼이 있는 경우 판례에 의함)** [20 변호사]

ㄱ. 임대차기간이 만료되자 丙이 乙의 전세금반환채권을 압류·전부하여 甲에 대하여 1억 원의 지급을 청구한 경우, 甲은 자신이 2017. 12. 10. 乙에게 변제기를 2018. 12. 10.로 정하여 대여한 대여금채권을 자동채권으로 하는 상계로 丙에게 대항할 수 있다.
ㄴ. 丙은 전세권의 존속기간이 만료되면 더 이상 전세권 자체에 대하여 저당권을 실행할 수 없고, 전세금반환채권에 대하여 물상대위권을 행사하여 전세금의 지급을 구하여야 한다.
ㄷ. 甲과 乙 사이에 체결된 임대차계약은 乙 명의로 전세권설정등기가 마쳐진 후에는 전세권설정계약으로 변경되어 그 효력이 발생하기 때문에 甲은 乙에 대하여 더 이상 그 전세권설정계약이 통정허위표시로서 무효라고 주장할 수 없다.
ㄹ. 甲과 乙이 2019. 03. 27. X건물에 관하여 보증금 8,000만 원, 월 차임 100만 원, 임차기간 2년으로 정하여 임차하기로 하는 내용으로 종전의 임대차계약을 변경하였다면, 甲은 丙에 대해서도 당연히 전세권의 일부소멸을 주장할 수 있다.

① ㄱ(○), ㄴ(×), ㄷ(○), ㄹ(×)
② ㄱ(○), ㄴ(○), ㄷ(×), ㄹ(○)
③ ㄱ(×), ㄴ(○), ㄷ(×), ㄹ(×)
④ ㄱ(×), ㄴ(○), ㄷ(○), ㄹ(○)
⑤ ㄱ(×), ㄴ(×), ㄷ(○), ㄹ(×)

해설

ㄱ. **(×)** 임대차보증금을 담보하기 위하여 임차인 명의로 전세권설정등기를 하고, 임차인이 전세권저당권을 설정한 후 전세권저당권자가 물상대위권 행사로서 전세금의 지급을 청구하는 경우, 전세권설정자가 전세권자에 대한 반대채권에 의한 상계로 전세권저당권자에게 대항할 수 있는지를 묻는 지문이다. 전세권설정자의 반대채권이 전세권저당권설정 당시에 취득되었고, 반대채권의 변제기가 전세금반환채권의 변제기보다 먼저 또는 동시에 도래하는 때에만 상계로 대항할 수 있다. 甲의 대여금채권은 전세권저당권이 설정된 후인 2017. 12. 10. 취득되었으므로 甲은 상계로 丙에게 대항할 수 없다.
[**대법원** 2014. 10. 27. **선고** 2013**다**91672 **판결**] 전세권을 목적으로 한 저당권이 설정된 경우, 전세권의 존속기간이 만료되면 전세권의 용익물권적 권능이 소멸하기 때문에 더 이상 전세권 자체에 대하여 저당권을 실행할 수 없게 되고, 저당권자는 저당권의 목적물인 전세권에 갈음하여 존속하는 것으로 볼 수 있는 전세금반환채권에 대하여 압류 및 추심명령 또는 전부명령을 받거나 제3자가 전세금반환채권에 대하여 실시한 강제집행절차에서 배당요구를 하는 등의 방법으로 물상대위권을 행사하여 전세금의 지급을 구하여야 한다. 전세권저당권자가 위와 같은 방법으로 전세금반환채권에 대하여 물상대위권을 행사한 경우, 종전 저당권의 효력은 물상대위의 목적이 된 전세금반환채권에 존속하여 저당권자가 전세금반환채권으로부터 다른 일반채권자보다 우선변제를 받을 권리가 있으므로, 설령 전세금반환채권이 압류된 때에 전세권설정자가 전세권자에 대하여 반대채권을 가지고 있고 반대채권과 전세금반환채권이 상계적상에 있다고 하더라도 그러한 사정만으로 전세권설정자가 전세권저당권자에게 상계로써 대항할 수는 없다. 그러나 전세금반환채권은 전세권이 성립하였을 때부터

이미 발생이 예정되어 있다고 볼 수 있으므로, 전세권저당권이 설정된 때에 이미 전세권설정자가 전세권자에 대하여 반대채권을 가지고 있고 반대채권의 변제기가 장래 발생할 전세금반환채권의 변제기와 동시에 또는 그보다 먼저 도래하는 경우와 같이 전세권설정자에게 합리적 기대 이익을 인정할 수 있는 경우에는 특별한 사정이 없는 한 전세권설정자는 반대채권을 자동채권으로 하여 전세금반환채권과 상계함으로써 전세권저당권자에게 대항할 수 있다.

ㄴ. (O) 전세권저당권의 목적인 전세권은 용익물권으로서 전세권이다. 용익물권으로서 전세권은 존속기간이 만료되는 때에는 말소등기가 없더라도 당연히 소멸한다. 용익물권으로서 전세권이 소멸하면 전세권저당권도 소멸하고, 전세권저당권자는 전세금반환채권에 대하여 물상대위권을 행사할 수 있을 뿐이다.

[**대법원** 1995. 9. 18. **자** 95**마**684 **결정**] 전세권에 대하여 설정된 저당권은 민사소송법 제724조 소정의 부동산경매절차에 의하여 실행하는 것이나, 전세권의 존속기간이 만료되면 전세권의 용익물권적 권능이 소멸하기 때문에 더 이상 전세권 자체에 대하여 저당권을 실행할 수 없게 되고, 이러한 경우는 민법 제370조, 제342조 및 민사소송법 제733조에 의하여 저당권의 목적물인 전세권에 갈음하여 존속하는 것으로 볼 수 있는 전세금반환채권에 대하여 추심명령 또는 전부명령을 받거나(이 경우 저당권의 존재를 증명하는 등기부등본을 집행법원에 제출하면 되고 별도의 채무명의가 필요한 것이 아니다), 제3자가 전세금반환채권에 대하여 실시한 강제집행절차에서 배당요구를 하는 등의 방법으로 자신의 권리를 행사할 수 있을 뿐이다.

ㄷ. (×) 임대차보증금채권을 담보할 목적으로 전세권설정계약을 체결한 때에는 그 전세권설정계약은 통정허위표시로서 무효이다.

[**대법원** 2006. 2. 9. **선고** 2005**다**59864 **판결**] 원심판결 이유 및 기록에 의하면, 소외인은 2001. 08. 21. 피고와 사이에 이 사건 부동산을 임대차보증금 1억 원, 월 차임 195만 원, 임차기간 2년으로 정하여 임차하기로 하는 내용의 임대차계약을 체결하고, 위 임대차보증금 반환채권을 담보하기 위하여 같은 날 전세금 1억 원, 기간 2001. 08. 21.부터 2003. 08. 21.까지로 하는 전세권설정계약을 별도로 체결한 다음, 같은 날 위와 같은 내용의 전세권설정등기를 경료하였고, 한편 원고는 2001. 08. 21. 소외인과 사이에 동인에 대한 대출금채권을 담보하기 위하여 위 전세권에 대하여 저당권설정계약을 체결한 다음, 같은 날 그 저당권설정등기를 마치고, 그 후 위 전세권의 존속기간이 만료되자 2003. 12. 15. 위 대출금채권을 변제받기 위하여 소외인의 전세금반환채권에 대하여 청구금액을 75,377,790원으로 하여 채권압류 및 전부명령을 받았음을 알 수 있는 바, 사정이 이러하다면 소외인과 피고 사이에 있어서는 위 임대차계약만이 유효하고 외형만 작출된 위 전세권설정계약은 무효라고 주장할 수 있다고 하더라도, 제3자인 원고와 사이에 있어서는 원고가 그와 같은 사정을 알고 있었던 경우에만 그러한 주장을 할 수 있다고 할 것이므로(대법원 1998. 9. 4. 선고 98다20981 판결 참조), 원고가 위 전세권에 대하여 저당권을 설정하면서 그와 같은 사정을 알았다고 볼 증거가 전혀 없는 이 사건에 있어, 위 전세권설정자인 피고는 위 전세권저당권자로서 소외인의 전세금반환채권을 압류·전부받은 원고에 대하여 소외인이 연체한 차임의 공제를 주장할 수 없다고 할 것이다.

ㄹ. (×) 전세권저당권자의 동의 없이 임대차계약 내용을 변경하였더라도 전세권설정자는 전세권저당권자에 대하여 전세권의 일부소멸을 주장할 수는 없다.

[**대법원** 2006. 2. 9. **선고** 2005**다**59864 **판결**] 임대차보증금 반환채권을 담보하기 위하여 전세권설정등기를 경료한 후 그 전세권에 대하여 저당권이 설정된 경우, 임대차계약의 변경으로 전세권이 일부 소멸하더라도 저당권자의 동의가 없는 한 전세권설정자가 위 전세권의 일부 소멸을 주장할 수 없다고 한 사례.

정답 ③

15. 甲은 乙과 乙 소유의 건물에 대하여 전세금 3억 원에 전세권설정계약을 체결하고 그 등기까지 마쳤다. 이에 관한 설명 중 옳지 않은 것은? (각 지문은 독립적이며, 다툼이 있는 경우 판례에 의함) [19 변호사]

① 甲과 乙이 실제로는 전세권설정계약을 체결하지 않고 임대차계약에 기한 임대차보증금반환채권을 담보할 목적으로 전세권설정등기를 마친 경우라 하더라도, 이 사실을 모른 채 甲의 채권자인 丙이 甲의 전세권부 채권을 가압류하였다면 乙은 丙을 상대로 위 전세권설정계약의 무효를 주장할 수 없다.

② 甲은 존속기간의 경과로 인해 본래의 용익물권적 권능이 소멸하고 담보물권적 권능만 남은 전세권에 대해서는 그 피담보채권인 전세금반환채권과 함께 제3자에게 이를 양도할 수 있다.

③ 전세권이 성립한 후 건물의 소유권이 乙로부터 丙에게 이전된 경우, 전세권은 甲과 丙 사이에서 계속 동일한 내용으로 존속하게 된다고 보아야 할 것이고, 丙은 전세권의 내용에 따른 권리의무의 직접적인 당사자가 되어 전세권이 소멸하는 때에 甲에 대하여 전세권설정자의 지위에서 전세금 반환의무를 부담하게 된다.

④ 甲이 전세권 소멸 후 그 목적물을 인도하였다고 하더라도 전세권설정등기의 말소등기에 필요한 서류를 교부하거나 그 이행의 제공을 하지 아니하는 이상, 乙은 전세금의 반환을 거부할 수 있고, 이 경우 다른 특별한 사정이 없는 한 乙이 전세금에 대한 이자 상당액의 이득을 법률상 원인 없이 얻는다고 볼 수 없다.

⑤ 甲의 전세권설정등기 당시 乙이 위 건물의 대지에 대한 소유권자이었으나 그 뒤 乙이 그 대지를 丙에게 매도하여 丙 명의의 소유권이전등기가 경료된 경우, 丙은 甲에게 지상권을 설정한 것으로 본다.

해설

① **(O)** 임대차보증금반환채권을 담보할 목적으로 전세권설정계약을 체결한 경우, 전세권설정계약은 가장행위로서 무효이지만, 이를 기초로 새로운 이해관계를 맺은 가압류채권자에 대해서는 무효를 대항할 수 없다.

[**대법원** 1998. 9. 4. **선고** 98**다**20981 **판결**] 실제로는 전세권설정계약이 없음에도 불구하고 임대차계약에 기한 임차보증금반환채권을 담보할 목적으로 임차인과 임대인, 제3자 사이의 합의에 따라 제3자 명의로 전세권설정등기를 경료한 후 그 전세권에 대하여 근저당권이 설정된 경우, 가사 위 전세권설정계약만 놓고 보아 그것이 통정허위표시에 해당하여 무효라고 한다 하더라도, 이로써 위 전세권설정계약에 의하여 형성된 법률관계를 토대로 별개의 법률원인에 의하여 새로운 법률상 이해관계를 갖게 된 근저당권자에 대해서는 그와 같은 사정을 알고 있었던 경우에만 그 무효를 주장할 수 있다.

② **(O)** 담보물권으로서 전세권은 피담보채권인 전세금반환채권과 함께 양도될 수 있다.

[**대법원** 2005. 3. 25. **선고** 2003**다**35659 **판결**] 전세권설정등기를 마친 민법상의 전세권은 그 성질상 용익물권적 성격과 담보물권적 성격을 겸비한 것으로서, 전세권의 존속기간이 만료되면 전세권의 용익물권적 권능은 전세권설정등기의 말소 없이도 당연히 소멸하고 단지 전세금반환채권을 담보하는 담보물권적 권능의 범위 내에서 전세금의 반환시까지 그 전세권설정등기의 효력은 존속한다. 존속기간의 경과로서 본래의 용익물권적 권능이 소멸하고 담보물권적 권능만 남은 전세권에 대해서도 그 피담보채권인 전세금반환채권과 함께 제3자에게 이를 양도할 수 있다 할 것이지만 이 경우에는 민법 제450조 제2항 소정의 확정일자 있는 증서에 의한 채권양도절차를 거치지 않는 한 위 전세금반환채권의 압류·전부 채권자 등 제3자에게 위 전세보증금반환채권의 양도사실로써 대항할 수 없다

(필자 주 : 전세기간 만료 이후 전세권양도계약 및 전세권이전의 부기등기가 이루어진 것만으로는 전세금반환채권의 양도에 관하여 확정일자 있는 통지나 승낙이 있었다고 볼 수 없어 이로써 제3자인 전세금반환채권의 압류·전부 채권자에게 대항할 수 없다고 한 사례).

③ **(O)** 전세권존속 중 전세목적물이 양도된 경우, 양수인은 전세권설정자의 지위를 승계한다. [**대법원** 2000. 6. 9. **선고** 99**다**15122 **판결**] 목적물의 신 소유자는 구 소유자와 전세권자 사이에 성립한 전세권의 내용에 따른 권리·의무의 직접적인 당사자가 되어 전세권이 소멸하는 때에 전세권자에 대하여 전세권설정자의 지위에서 전세금반환의무를 부담하게 되고, 구 소유자는 전세권설정자의 지위를 상실하여 전세금반환의무를 면하게 된다고 보아야 하고, 전세권이 전세금채권을 담보하는 담보물권적 성질을 가지고 있다고 하여도 전세권은 전세금이 존재하지 않으면 독립하여 존재할 수 없는 용익물권으로서 전세금은 전세권과 분리될 수 없는 요소이므로 전세권 관계로 생기는 위와 같은 법률관계가 신 소유자에게 이전되었다고 보는 이상, 전세금채권관계만이 따로 분리되어 전 소유자와 사이에 남아 있다고 할 수는 없을 것이고, 당연히 신 소유자에게 이전되었다고 보는 것이 옳다 (필자 註 : 채권담보목적으로 전세권이 설정된 후에 전세목적물의 소유자의 변동이 있었는데, 종전의 소유자에 대하여 전세금의 지급을 구하는 원고의 청구를 배척한 사례).

④ **(O)** [**대법원** 2002. 2. 5. **선고** 2001**다**62091 **판결**] 전세권설정자는 전세권이 소멸한 경우 전세권자로부터 그 목적물의 인도 및 전세권설정등기의 말소등기에 필요한 서류의 교부를 받는 동시에 전세금을 반환할 의무가 있을 뿐이므로, 전세권자가 그 목적물을 인도하였다고 하더라도 전세권설정등기의 말소등기에 필요한 서류를 교부하거나 그 이행의 제공을 하지 아니하는 이상, 전세권설정자는 전세금의 반환을 거부할 수 있고, 이 경우 다른 특별한 사정이 없는 한 그가 전세금에 대한 이자 상당액의 이득을 법률상 원인 없이 얻는다고 볼 수 없다.

⑤ **(×)** 제305조. 건물전세권설정자가 법정지상권을 취득한다. 甲이 아니라 乙에게 법정지상권이 인정된다.

정답 ⑤

16. **甲은 그 소유인 X 아파트에 관하여 乙에게 전세권을 설정하여 주었다. 丙이 乙에게 금전을 대여하고 위 전세권을 목적으로 한 저당권을 설정받았다. 乙은 전세기간 만료일에 甲에게 X 아파트를 반환하였다. 이에 관한 설명 중 옳지 않은 것을 모두 고른 것은? (각 지문은 독립적이며, 다툼이 있는 경우 판례에 의함)** [18 변호사]

ㄱ. 甲은 전세금 반환채권에 대한 압류 등이 없는 한 乙에 대하여만 전세금 반환의무를 부담한다.
ㄴ. 丙은 전세금 반환채권에 대한 압류 및 전부명령을 받은 후 甲에게 전세금의 지급을 구하고 있다. 이에 대하여 甲은 전세권이 설정된 후 전세권저당권이 설정되기 전에 乙에게 금전을 대여하였는데 그 채권으로 상계를 주장한다. 그 대여금채권의 변제기가 전세기간 만료 후 위 압류 및 전부명령 송달 전에 도래하는 경우, 甲은 위 상계로 丙에게 대항할 수 있다.
ㄷ. 전세권설정이 통정허위표시에 의하여 이루어진 것이고 丙이 저당권을 설정받을 당시 이러한 사정을 과실로 알지 못하였다면, 이 전세권말소에 대하여 丙은 등기상 이해관계인으로서 승낙할 의무가 있다.

① ㄴ ② ㄷ ③ ㄱ, ㄴ
④ ㄴ, ㄷ ⑤ ㄱ, ㄴ, ㄷ

해설

ㄱ. (O) 전세권저당권의 목적인 전세권이 존속기간 만료로 소멸한 경우, 전세권저당권자는 전세금반환채권에 물상대위권을 행사할 수 있으나, 물상대위권의 행사가 없는 한 전세권설정자는 전세권자에게 전세금을 반환하여야 한다.

[**대법원** 1999. 9. 17. **선고** 98**다**31301 **판결**] 전세권에 대하여 저당권이 설정된 경우 그 저당권의 목적물은 물권인 전세권 자체이지 전세금반환채권은 그 목적물이 아니고, 전세권의 존속기간이 만료되면 전세권은 소멸하므로 더 이상 전세권 자체에 대하여 저당권을 실행할 수 없게 되고, 이러한 경우에는 민법 제370조·제342조 및 민사소송법 제733조에 의하여 저당권의 목적물인 전세권에 갈음하여 존속하는 것으로 볼 수 있는 전세금반환채권에 대하여 압류 및 추심명령 또는 전부명령을 받거나 제3자가 전세금반환채권에 대하여 실시한 강제집행절차에서 배당요구를 하는 등의 방법으로 자신의 권리를 행사하여 비로소 전세권설정자에 대해 전세금의 지급을 구할 수 있게 된다는 점, 원래 동시이행항변권은 공평의 관념과 신의칙에 입각하여 각 당사자가 부담하는 채무가 서로 대가적 의미를 가지고 관련되어 있을 때 그 이행에 있어서 견련관계를 인정하여 당사자 일방은 상대방이 채무를 이행하거나 이행의 제공을 하지 아니한 채 당사자 일방의 채무의 이행을 청구할 때에는 자기의 채무이행을 거절할 수 있도록 하는 제도인 점, 전세권을 목적물로 하는 저당권의 설정은 전세권의 목적물 소유자의 의사와는 상관없이 전세권자의 동의만 있으면 가능한 것이고, 원래 전세권에 있어 전세권설정자가 부담하는 전세금반환의무는 전세금반환채권에 대한 제3자의 압류 등이 없는 한 전세권자에 대해 전세금을 지급함으로써 그 의무이행을 다할 뿐이라는 점에 비추어 볼 때, 전세권저당권이 설정된 경우에도 전세권이 기간만료로 소멸되면 전세권설정자는 전세금반환채권에 대한 제3자의 압류 등이 없는 한 전세권자에 대하여만 전세금반환의무를 부담한다고 보아야 한다.

ㄴ. (×) 전세권설정자가 전세권자에 대한 채권을 자동채권으로 한 상계로 전세권저당권자에게 대항할 수 있는지를 묻는 지문이다. 전세권저당권자가 전세금채권에 대한 압류 및 전부명령을 받아 전세금반환채권에 물상대위권을 행사하는 경우에는 통상적인 지급금지명령이 내려진 경우와 달리 전세권저당권설정 전에 취득한 채권이고 그 변제기가 전세금반환채권의 변제기보다 먼저 또는 동시에 도래하는 경우에만 상계로 전세권저당권자에게 대항할 수 있다. 전세권설정자 甲의 전세권자 乙에 대한 대여금채권의 변제기가 전세기간 만료 후에 도래하는 경우에는 甲은 상계로 전세권저당권자 丙에게 대항할 수 없다.

[**대법원** 2014. 10. 27. **선고** 2013**다**91672 **판결**] 전세권을 목적으로 한 저당권이 설정된 경우, 전세권의 존속기간이 만료되면 전세권의 용익물권적 권능이 소멸하기 때문에 더 이상 전세권 자체에 대하여 저당권을 실행할 수 없게 되고, 저당권자는 저당권의 목적물인 전세권에 갈음하여 존속하는 것으로 볼 수 있는 전세금반환채권에 대하여 압류 및 추심명령 또는 전부명령을 받거나 제3자가 전세금반환채권에 대하여 실시한 강제집행절차에서 배당요구를 하는 등의 방법으로 물상대위권을 행사하여 전세금의 지급을 구하여야 한다.

전세권저당권자가 위와 같은 방법으로 전세금반환채권에 대하여 물상대위권을 행사한 경우, 종전 저당권의 효력은 물상대위의 목적이 된 전세금반환채권에 존속하여 저당권자가 전세금반환채권으로부터 다른 일반채권자보다 우선변제를 받을 권리가 있으므로, 설령 전세금반환채권이 압류된 때에 전세권설정자가 전세권자에 대하여 반대채권을 가지고 있고 반대채권과 전세금반환채권이 상계적상에 있다고 하더라도 그러한 사정만으로 전세권설정자가 전세권저당권자에게 상계로써 대항할 수는 없다.

그러나 전세금반환채권은 전세권이 성립하였을 때부터 이미 발생이 예정되어 있다고 볼 수 있으므로, 전세권저당권이 설정된 때에 이미 전세권설정자가 전세권자에 대하여 반대채권을 가지고 있고 반대채권의 변제기가 장래 발생할 전세금반환채권의 변제기와 동시에 또는 그보다 먼저 도래하는 경우와 같이 전세권설정자에게 합리적 기대 이익을 인정할 수 있는 경우에는 특별한 사정이 없는 한 전세권설정자는 반대채권을 자동채권으로 하여 전세금반환채권과 상계함으로써 전세권저당권자에게 대항할 수 있다.

ㄷ. **(×)** 전세권설정계약이 가장행위인 경우, 과실 있는 전세권저당권자가 허위표시로부터 보호되는 제3자에 해당하는지를 묻는 지문이다. 전세권저당권자는 가장행위인 전세권설정계약을 기초로 새로운 법률상 이해관계를 맺은 자이며, 제108조 제2항의 제3자는 선의이면 족하고 과실 여부는 문제되지 아니하므로 과실 있는 전세권저당권자도 허위표시로부터 보호되는 제3자에 해당한다. 丙은 허위표시로부터 보호되는 제3자에 해당하므로 전세권등기말소에 승낙할 의무를 부담하지 않는다.

[**대법원** 2008. 3. 13. **선고** 2006**다**58912 **판결**] 전세권설정계약만 놓고 보아 그것이 통정허위표시에 해당하여 무효라 하더라도 이로써 위 전세권설정계약에 의하여 형성된 법률관계를 토대로 별개의 법률원인에 의하여 새로운 법률상 이해관계를 갖게 된 근저당권자에 대하여는 그와 같은 사정을 알고 있었던 경우에만 그 무효를 주장할 수 있다.

[**대법원** 2006. 3. 10. **선고** 2002**다**1321 **판결**] 민법 제108조 제2항에 규정된 통정허위표시에 있어서의 제3자는 그 선의 여부가 문제이지 이에 관한 과실 유무를 따질 것이 아니다. 정답 ④

17. 甲은 2012. 2. 10. 乙 소유인 X 주택에 관하여 乙과 사이에 존속기간 3년, 전세금 3억 원으로 하는 전세권설정계약을 체결하고 전세권등기를 한 후 X 주택을 점유 · 사용하였다. 甲은 2013. 4. 10. 丙으로부터 변제기를 전세기간 만료일로 정하여 3억 원을 차용하고, 같은 날 위 전세권에 관하여 저당권을 설정하여 주었다. 전세기간이 종료한 날부터 1개월 후 丙은 위 저당권에 기한 물상대위권의 행사로써 甲의 전세금반환채권을 압류 · 전부받은 후 乙을 상대로 전부금 3억 원의 지급을 구하는 소를 제기하였다. 옳은 것을 모두 고른 것은? (각 지문은 독립적이며, 다툼이 있는 경우 판례에 의함) [16 변호사]

ㄱ. 전세기간 중인 2013. 6. 10. 甲의 과실로 X 주택의 일부를 멸실시켜 1,000만 원 상당의 손해를 발생시켰다. 전세기간이 종료된 후 乙은 전세금으로써 위 손해의 배상에 충당하고 그 충당으로 丙에게 대항할 수 있다.

ㄴ. 전세기간 중인 2012. 8. 10. 乙이 甲에게 전세기간 만료일 전일을 변제기로 하여 1억 원을 대여한 경우 특별한 사정이 없는 한 乙은 위 대여금채권에 의한 상계로 丙에게 대항할 수 있다.

ㄷ. 전세기간 종료 즉시 乙이 甲에게 전세금을 반환한 경우 乙은 이 반환으로써 丙에게 대항할 수 있다.

① ㄴ ② ㄱ, ㄴ ③ ㄱ, ㄷ
④ ㄴ, ㄷ ⑤ ㄱ, ㄴ, ㄷ

해설

ㄱ. **(O)** 전세권저당권이 설정된 후 전세권자의 과실로 전세목적물 일부가 멸실됨으로써 손해배상청구권이 발생한 경우, 전세권설정자가 그 손해배상금을 전세금으로 충당할 수 있는지를 묻는 지문이다. 전세금은 보증금의 성격을 가지므로 전세권자의 손해배상채무 등은 전세금으로 충당할 수 있고(제315조), 전세권저당권이 설정된 경우에도 전세금의 성격이 변하는 것은 아니므로 마찬가지이다.

[**대법원** 2008. 3. 13. **선고** 2006**다**29372·29389 **판결**] 전세금은 그 성격에 비추어 민법 제315조에 정한 전세권설정자의 전세권자에 대한 손해배상채권 외 다른 채권까지 담보한다고 볼 수 없으므로, 전세권설정자가 전세권자에 대하여 위 손해배상채권 외 다른 채권을 가지고 있더라도 다른 특별한 사정

이 없는 한 이를 가지고 전세금반환채권에 대하여 물상대위권을 행사한 전세권저당권자에게 상계 등으로 대항할 수 없다.

ㄴ. (O) 전세권설정자가 전세권자에 대하여 가지는 채권에 의한 상계로 전세권저당권자에게 대항할 수 있는지를 묻는 지문이다. 전세권저당권설정 당시에 이미 발생한 채권으로서 전세금반환채권과 변제기가 동일하거나 그 이전에 변제기가 도래하는 채권이라면 상계로 대항할 수 있으나, 전세권저당권설정 후에 발생한 채권으로 상계할 수 없다는 것이 판례의 태도이다.

[**대법원** 2014. 10. 27. **선고** 2013**다**91672 **판결**] 전세권을 목적으로 한 저당권이 설정된 경우, 전세권의 존속기간이 만료되면 전세권의 용익물권적 권능이 소멸하기 때문에 더 이상 전세권 자체에 대하여 저당권을 실행할 수 없게 되고, 저당권자는 저당권의 목적물인 전세권에 갈음하여 존속하는 것으로 볼 수 있는 전세금반환채권에 대하여 압류 및 추심명령 또는 전부명령을 받거나 제3자가 전세금반환채권에 대하여 실시한 강제집행절차에서 배당요구를 하는 등의 방법으로 물상대위권을 행사하여 전세금의 지급을 구하여야 한다.

전세권저당권자가 위와 같은 방법으로 전세금반환채권에 대하여 물상대위권을 행사한 경우, 종전 저당권의 효력은 물상대위의 목적이 된 전세금반환채권에 존속하여 저당권자가 전세금반환채권으로부터 다른 일반채권자보다 우선변제를 받을 권리가 있으므로, 설령 전세금반환채권이 압류된 때에 전세권설정자가 전세권자에 대하여 반대채권을 가지고 있고 반대채권과 전세금반환채권이 상계적상에 있다고 하더라도 그러한 사정만으로 전세권설정자가 전세권저당권자에게 상계로써 대항할 수는 없다.

그러나 전세금반환채권은 전세권이 성립하였을 때부터 이미 발생이 예정되어 있다고 볼 수 있으므로, 전세권저당권이 설정된 때에 이미 전세권설정자가 전세권자에 대하여 반대채권을 가지고 있고 반대채권의 변제기가 장래 발생할 전세금반환채권의 변제기와 동시에 또는 그보다 먼저 도래하는 경우와 같이 전세권설정자에게 합리적 기대 이익을 인정할 수 있는 경우에는 특별한 사정이 없는 한 전세권설정자는 반대채권을 자동채권으로 하여 전세금반환채권과 상계함으로써 전세권저당권자에게 대항할 수 있다.

ㄷ. (O) 전세권이 존속기간 만료로 소멸한 경우, 전세권저당권자가 물상대위권을 행사하기 전에 전세권설정자가 전세권자에게 전세금을 반환할 수 있는지를 묻는 지문이다.

[**대법원** 1999. 9. 17. **선고** 98**다**31301 **판결**] 전세권에 대하여 저당권이 설정된 경우 그 저당권의 목적물은 물권인 전세권 자체이지 전세금반환채권은 그 목적물이 아니고, 전세권의 존속기간이 만료되면 전세권은 소멸하므로 더 이상 전세권 자체에 대하여 저당권을 실행할 수 없게 되고, 이러한 경우에는 민법 제370조·제342조 및 민사소송법 제733조에 의하여 저당권의 목적물인 전세권에 갈음하여 존속하는 것으로 볼 수 있는 전세금반환채권에 대하여 압류 및 추심명령 또는 전부명령을 받거나 제3자가 전세금반환채권에 대하여 실시한 강제집행절차에서 배당요구를 하는 등의 방법으로 자신의 권리를 행사하여 비로소 전세권설정자에 대해 전세금의 지급을 구할 수 있게 된다는 점, 원래 동시이행항변권은 공평의 관념과 신의칙에 입각하여 각 당사자가 부담하는 채무가 서로 대가적 의미를 가지고 관련되어 있을 때 그 이행에 있어서 견련관계를 인정하여 당사자 일방은 상대방이 채무를 이행하거나 이행의 제공을 하지 아니한 채 당사자 일방의 채무의 이행을 청구할 때에는 자기의 채무이행을 거절할 수 있도록 하는 제도인 점, 전세권을 목적물로 하는 저당권의 설정은 전세권의 목적물 소유자의 의사와는 상관없이 전세권자의 동의만 있으면 가능한 것이고, 원래 전세권에 있어 전세권설정자가 부담하는 전세금반환의무는 전세금반환채권에 대한 제3자의 압류 등이 없는 한 전세권자에 대해 전세금을 지급함으로써 그 의무이행을 다할 뿐이라는 점에 비추어 볼 때, 전세권저당권이 설정된 경우에도 전세권이 기간만료로 소멸되면 전세권설정자는 전세금반환채권에 대한 제3자의 압류 등이 없는 한 전세권자에 대하여만 전세금반환의무를 부담한다고 보아야 한다.

정답 ⑤

18. 전세권에 관한 설명 중 옳지 않은 것은? (다툼이 있는 경우 판례에 의함) [15 변호사]

① 전세권의 존속기간이 경과한 후 전세금반환채권을 제3자에게 양도하여 전세권의 부기등기까지 마쳤더라도, 확정일자 있는 증서에 의한 채권양도절차를 거치지 않으면 전세금반환채권에 대한 압류채권자, 전부채권자 등 제3자에게 전세금반환채권의 양도사실로써 대항할 수 없다.

② 전세권자는 전세권설정자에게 전세권 목적물의 현상을 유지하기 위해 지출한 필요비의 상환을 청구할 수 있다.

③ 당사자가 주로 채권담보의 목적으로 전세권을 설정하였고 그 설정과 동시에 목적물을 인도하지 아니한 경우라도, 장차 전세권자가 목적물을 사용·수익하는 것을 완전히 배제하는 것이 아니라면 그 전세권도 유효하다.

④ 전세권자는 전세권설정계약에 다른 약정이 없는 한 원전세권설정자의 동의 없이 전전세(轉傳貰) 할 수 있다.

⑤ 전세권이 부동산의 일부에 설정된 경우, 전세권의 목적물이 아닌 나머지 부분에 대해서는 그 전세권에 기한 경매신청을 할 수 없다.

해설

① **(O)** 전세금반환채권양도에 채권양도 대항요건이 필요한지를 묻는 지문이다. 용익물권으로서의 전세권이 소멸한 후 전세금반환채권과 전세권을 모두 양도하기 위해서는 채권양도의 요건과 담보물권으로서의 전세권양도의 요건을 모두 구비하여야 한다. 전세권이전의 부기등기를 마쳤더라도 채권양도의 대항요건을 별도로 구비하지 아니하면 전세금반환채권에 관하여 이해관계를 맺은 제3자에 대하여 대항할 수 없다.

[**대법원** 2005. 3. 25. **선고** 2003**다**35659 **판결**] 전세권설정등기를 마친 민법상의 전세권은 그 성질상 용익물권적 성격과 담보물권적 성격을 겸비한 것으로서, 전세권의 존속기간이 만료되면 전세권의 용익물권적 권능은 전세권설정등기의 말소 없이도 당연히 소멸하고 단지 전세금반환채권을 담보하는 담보물권적 권능의 범위 내에서 전세금의 반환시까지 그 전세권설정등기의 효력은 존속한다. 존속기간의 경과로서 본래의 용익물권적 권능이 소멸하고 담보물권적 권능만 남은 전세권에 대해서도 그 피담보채권인 전세금반환채권과 함께 제3자에게 이를 양도할 수 있다 할 것이지만 이 경우에는 민법 제450조 제2항 소정의 확정일자 있는 증서에 의한 채권양도절차를 거치지 않는 한 위 전세금반환채권의 압류·전부 채권자 등 제3자에게 위 전세보증금반환채권의 양도사실로써 대항할 수 없다
(필자 주 : 전세기간 만료 이후 전세권양도계약 및 전세권이전의 부기등기가 이루어진 것만으로는 전세금반환채권의 양도에 관하여 확정일자 있는 통지나 승낙이 있었다고 볼 수 없어 이로써 제3자인 전세금반환채권의 압류·전부 채권자에게 대항할 수 없다고 한 사례).

② **(X)** 전세권자의 필요비상환청구권이 인정되는지를 묻는 지문이다. 전세권자는 목적물의 현상을 유지하고 그 통상의 관리에 속하는 수선을 하여야 한다(제309조). 전세권자에게 통상의 관리에 속하는 수선의무가 인정되는 이상 전세권자에게는 원칙적으로 필요비상환청구권이 인정되지 않는다.

③ **(O)** 채권담보를 주된 목적으로 하는 전세권을 인정할 수 있는지를 묻는 지문이다. 전세권자의 용익을 완전히 배제하는 것이 아니라면 그 전세권도 유효하다는 것이 대법원의 입장이다.

[**대법원** 1995. 2. 10. **선고** 94**다**18508 **판결**] 전세권이 용익물권적 성격과 담보물권적 성격을 겸비하고 있다는 점 및 목적물의 인도는 전세권의 성립요건이 아닌 점 등에 비추어 볼 때, 당사자가 주로 채권담보의 목적으로 전세권을 설정하였고, 그 설정과 동시에 목적물을 인도하지 아니한 경우라 하더라도, 장차 전세권자가 목적물을 사용·수익하는 것을 완전히 배제하는 것이 아니라면, 그 전세권의

효력을 부인할 수는 없다. 전세금의 지급은 전세권 성립의 요소가 되는 것이지만 그렇다고 하여 전세금의 지급이 반드시 현실적으로 수수되어야만 하는 것은 아니고 기존의 채권으로 전세금의 지급에 갈음할 수도 있다. 전세권이 담보물권적 성격도 가지는 이상 부종성과 수반성이 있는 것이기는 하지만, 채권담보를 위하여 담보권을 설정하는 경우 채권자와 채무자 및 제3자 사이에 합의가 있으면 채권자가 그 담보권의 명의를 제3자로 하는 것도 가능하고, 이와 같은 경우에는 채무자와 담보권명의자인 제3자 사이에 담보계약관계가 성립하는 것으로 그 담보권명의자는 그 피담보채권을 수령하고 그 담보권을 실행하는 등의 담보계약상의 권한을 가진다.

④ **(O)** 제306조.

⑤ **(O)** 일부전세권자의 경매청구의 대상을 묻는 지문이다. 전세권의 목적물이 아닌 나머지 부분에 대한 경매청구권은 인정되지 않는다는 것이 대법원의 입장이다.

[**대법원** 1992. 3. 10. **자** 91**마**256 **결정**] 건물의 일부에 대하여 전세권이 설정되어 있는 경우 그 전세권자는 민법 제303조 제1항·제318조의 규정에 의하여 그 건물 전부에 대하여 후순위 권리자 기타 채권자보다 전세권의 우선변제를 받을 권리가 있고, 전세권설정자가가 전세금의 반환을 지체한 때에는 전세권의 목적물의 경매를 청구할 수 있다 할 것이나, 전세권의 목적물이 아닌 나머지 건물 부분에 대하여는 우선변제권은 별론으로 하고 경매신청권은 없다.

정답 ②

19. 甲 소유의 X주택에 관한 乙의 전세권에 대하여 丙의 저당권이 설정되어 있다. 다음 중 옳지 않은 것은? (다툼이 있는 경우에는 판례에 의함) [14 변호사]

① 丙의 저당권의 목적물은 乙의 전세권이므로 그 전세권이 기간만료로 소멸하면 丙은 더 이상 그 전세권에 대하여 저당권을 실행할 수 없다.

② 乙의 전세권이 기간만료로 소멸하면 丙의 저당권도 당연히 소멸된다.

③ 乙의 전세권이 기간만료로 소멸하면 甲은 전세금반환채권에 대한 제3자의 압류 등이 없는 한 乙에 대하여만 전세금반환의무를 부담한다.

④ 乙의 전세권이 기간만료로 소멸하면 丙은 제3자가 전세금반환채권에 대하여 실시한 강제집행 절차에서 배당요구를 하는 방법으로 乙에 대한 일반채권자보다 우선변제를 받을 수 있다.

⑤ 乙의 전세권이 기간만료로 소멸하면 丙은 전세금반환채권에 대하여 압류 및 전부명령을 받는 등의 방법으로 권리를 행사하여 甲에 대하여 전세금의 지급을 구할 수 있으나 그 전세금반환채권에 대하여 압류가 경합된 상태에서 전부명령을 받았다면 이는 무효이므로 甲에 대하여 전세금의 지급을 구할 수 없다.

해설

① **(O)** ② **(O)** 전세권이 존속기간 만료로 소멸한 경우, 전세권저당권의 효력을 묻는 지문이다. 전세권저당권도 소멸할 수밖에 없고, 다만 전세권저당권자는 전세금반환채권에 대하여 물상대위를 할 수 있을 뿐이다.

[**대법원** 1999. 9. 17. **선고** 98**다**31301 **판결**] 전세권이 기간만료로 종료된 경우 전세권은 전세권설정등기의 말소등기 없이도 당연히 소멸하고, 저당권의 목적물인 전세권이 소멸하면 저당권도 당연히 소멸하는 것이므로 전세권을 목적으로 한 저당권자는 전세권의 목적물인 부동산의 소유자에게 더 이상 저당권을 주장할 수 없다.

③ **(O)** 저당권의 목적이 된 전세권이 존속기간 만료로 소멸한 경우, 전세권설정자는 누구에게 전세금을 반환하여야 하는지를 묻는 지문이다. 전세금반환채권이 물상대위의 객체가 되기는 하지만, 물상

대위권을 행사하기 위해서는 압류가 있어야 하므로 압류 등이 없는 한 전세권설정자는 전세권자에 대하여 전세금반환의무를 부담한다.

[**대법원** 1999. 9. 17. **선고** 98**다**31301 **판결**] 전세권에 대하여 저당권이 설정된 경우 그 저당권의 목적물은 물권인 전세권 자체이지 전세금반환채권은 그 목적물이 아니고, 전세권의 존속기간이 만료되면 전세권은 소멸하므로 더 이상 전세권 자체에 대하여 저당권을 실행할 수 없게 되고, 이러한 경우에는 민법 제370조·제342조 및 민사소송법 제733조에 의하여 저당권의 목적물인 전세권에 갈음하여 존속하는 것으로 볼 수 있는 전세금반환채권에 대하여 압류 및 추심명령 또는 전부명령을 받거나 제3자가 전세금반환채권에 대하여 실시한 강제집행절차에서 배당요구를 하는 등의 방법으로 자신의 권리를 행사하여 비로소 전세권설정자에 대해 전세금의 지급을 구할 수 있게 된다는 점, 원래 동시이행항변권은 공평의 관념과 신의칙에 입각하여 각 당사자가 부담하는 채무가 서로 대가적 의미를 가지고 관련되어 있을 때 그 이행에 있어서 견련관계를 인정하여 당사자 일방은 상대방이 채무를 이행하거나 이행의 제공을 하지 아니한 채 당사자 일방의 채무의 이행을 청구할 때에는 자기의 채무 이행을 거절할 수 있도록 하는 제도인 점, 전세권을 목적물로 하는 저당권의 설정은 전세권의 목적물 소유자의 의사와는 상관없이 전세권자의 동의만 있으면 가능한 것이고, 원래 전세권에 있어 전세권설정자가 부담하는 전세금반환의무는 전세금반환채권에 대한 제3자의 압류 등이 없는 한 전세권자에 대해 전세금을 지급함으로써 그 의무이행을 다할 뿐이라는 점에 비추어 볼 때, 전세권저당권이 설정된 경우에도 전세권이 기간만료로 소멸되면 전세권설정자는 전세금반환채권에 대한 제3자의 압류 등이 없는 한 전세권자에 대하여만 전세금반환의무를 부담한다고 보아야 한다.

④ (O) 전세권저당권자가 전세금반환채권에 물상대위권을 행사하여 우선변제를 실현하는 방법을 묻는 지문이다. 스스로 압류 및 전부명령이나 추심명령을 받아 우선변제를 실현할 수도 있고, 제3자가 전세금반환채권에 실시한 강제집행절차에서 배당요구를 하는 방법으로 우선변제를 실현할 수 있다.

[**대법원** 2008. 12. 24. **선고** 2008**다**65396 **판결**] 저당권이 설정된 전세권의 존속기간이 만료된 경우에 저당권자는 민법 제370조, 제342조 및 민사집행법 제273조에 의하여 저당권의 목적물인 전세권에 갈음하여 존속하는 것으로 볼 수 있는 전세금반환채권에 대하여 압류 및 추심명령 또는 전부명령을 받는 등의 방법으로 권리를 행사하여 전세권설정자에 대해 전세금의 지급을 구할 수 있고, 저당목적물의 변형물인 금전 기타 물건에 대하여 일반 채권자가 물상대위권을 행사하려는 저당채권자보다 단순히 먼저 압류나 가압류의 집행을 함에 지나지 않은 경우에는 저당권자는 그 전은 물론 그 후에도 목적채권에 대하여 물상대위권을 행사하여 일반 채권자보다 우선변제를 받을 수가 있으며, 위와 같이 전세권부 근저당권자가 우선권 있는 채권에 기하여 전부명령을 받은 경우에는 형식상 압류가 경합되었다 하더라도 그 전부명령은 유효하다.

⑤ (×) 전세권저당권자가 전세금반환채권에 대하여 압류 및 전부명령을 받은 경우, 전세금반환채권에 대하여 압류가 경합된 때에 전세권저당권자가 받은 전부명령이 무효로 되는지를 묻는 지문이다. 민사집행법 제229조 제4항은 '전부명령이 제3채무자에게 송달될 때까지 그 금전채권에 관하여 다른 채권자가 압류, 가압류 또는 배당요구를 한 경우에는 전부명령은 효력을 가지지 아니한다.'고 규정하고 있는데, 이 규정이 전세권저당권자의 압류 및 전부명령에도 적용되는지가 쟁점이다. 전세권저당권자가 물상대위권을 행사하여 전세권의 변형물이 전세금채권에 압류를 하고, 전부명령을 받는 것은 저당권의 효력을 관철하는 것이라고 보아야 한다. 압류경합의 경우, 전부명령의 효력을 부정하는 것은 전부채권자 이외에 다른 압류채권자들의 배당받을 수 있는 이익을 보호하는 데에 그 목적이 있다. 그런데 전세권저당권자는 다른 채권자보다 우선하여 그 채권의 변제를 받을 수 있는 것이므로 압류가 경합하더라도 압류채권자들의 이익을 침해한다고 할 수 없다. 결국, 우선변제권이 있는 전세권저당권자가 받은 전부명령은 비록 다른 채권자와 압류가 경합하더라도 이는 형식상의 경합에 불과하므로 전세권저당권자가 받은 전부명령은 효력이 있다고 보아야 한다. 대법원도 같은 취지에서 판단하고 있다. ④ 해설의 판례 참조.

정답 ⑤

20. 전세권에 관한 설명 중 옳은 것은? (다툼이 있는 경우에는 판례에 의함) [12 변호사]

① 전세권이 성립한 후 전세목적물의 소유권이 양도된 경우, 전세권이 소멸하면 전세권자는 전 소유자에 대해서도 전세금반환을 청구할 수 있다.

② 전세권의 존속기간이 만료되면, 전세금의 반환을 받지 못하였더라도 제3자에게 전세권을 양도할 수 없다.

③ 전세권자의 채권자가 전세권에 저당권을 취득한 경우, 전세권이 기간만료로 소멸하면 전세권설정자는 전세금반환청구권에 대한 저당권자의 압류 등이 없더라도 저당권자에게 전세금을 지급하여야 한다.

④ 전세권설정계약이 합의해지된 경우, 전세권자는 전세권과 분리하여 전세금반환채권만을 확정적으로 양도할 수 없다.

⑤ 토지와 건물의 소유자가 건물에 전세권을 설정하였으나 그 토지가 경매절차에서 제3자에게 매각되어 건물소유자가 법정지상권을 취득한 후 건물이 다시 타인에게 양도되었다면, 건물의 양수인이 토지 소유자와의 관계에서 법정지상권을 취득할 지위를 포기하더라도 그 포기의 효력은 전세권자에게 미치지 않는다.

해설

① **(×)** 전세권설정자의 지위는 전세권이 설정된 부동산소유권의 내용을 이루게 된다. 따라서 전세금반환의무도 신소유자가 부담하며, 전세권설정자는 그 의무를 면하게 된다.

[**대법원** 2000. 6. 9. **선고** 99**다**15122 **판결**] 전세권이 성립한 후 목적물의 소유권이 이전되는 경우에 있어서 전세권 관계가 전세권자와 전세권설정자인 종전 소유자와 사이에 계속 존속되는 것인지 아니면 전세권자와 목적물의 소유권을 취득한 신 소유자와 사이에 동일한 내용으로 존속되는지에 관하여 민법에 명시적인 규정은 없으나, 전세목적물의 소유권이 이전된 경우 민법이 전세권 관계로부터 생기는 상환청구, 소멸청구, 갱신청구, 전세금증감청구, 원상회복, 매수청구 등의 법률관계의 당사자로 규정하고 있는 전세권설정자 또는 소유자는 모두 목적물의 소유권을 취득한 신 소유자로 새길 수밖에 없다고 할 것이므로, 전세권은 전세권자와 목적물의 소유권을 취득한 신 소유자 사이에서 계속 동일한 내용으로 존속하게 된다고 보아야 할 것이고, 따라서 목적물의 신 소유자는 구 소유자와 전세권자 사이에 성립한 전세권의 내용에 따른 권리의무의 직접적인 당사자가 되어 전세권이 소멸하는 때에 전세권자에 대하여 전세권설정자의 지위에서 전세금반환의무를 부담하게 되고, 구 소유자는 전세권설정자의 지위를 상실하여 전세금반환의무를 면하게 된다고 보아야 하고, 전세권이 전세금 채권을 담보하는 담보물권적 성질을 가지고 있다고 하여도 전세권은 전세금이 존재하지 않으면 독립하여 존재할 수 없는 용익물권으로서 전세금은 전세권과 분리될 수 없는 요소이므로 전세권 관계로 생기는 위와 같은 법률관계가 신 소유자에게 이전되었다고 보는 이상, 전세금 채권 관계만이 따로 분리되어 전 소유자와 사이에 남아 있다고 할 수는 없을 것이고, 당연히 신 소유자에게 이전되었다고 보는 것이 옳다.

② **(×)** 전세권의 존속기간이 만료되면 전세권의 용익권능은 별도로 말소등기가 없더라도 당연히 소멸한다. 그러나 전세금채권을 담보하는 담보물권으로서의 권능은 전세금채권이 존속하는 한 소멸하지 않으므로 전세금채권과 담보물권으로서 전세권을 함께 제3자에게 양도할 수 있다.

③ **(×)** 전세권저당권이 설정된 후 전세권의 존속기간이 만료되어 전세권이 소멸한 경우, 전세권설정자가 누구에게 전세금을 반환하여야 하는지를 묻는 지문이다. 전세권저당권의 목적은 용익물권으로서의 전세권이다. 존속기간 만료로 용익물권으로서 전세권이 소멸하면 전세권저당권자는 그 가치대표물

이라고 할 수 있는 전세금반환채권에 대하여 물상대위권을 행사할 수 있으나, 물상대위권을 행사하기 위해서는 전세금반환채권이 현실적으로 지급되거나 인도되기 전에 압류되어야 한다. 전세금채권에 관한 압류가 없는 한, 전세권설정자는 전세권자에게 전세금을 반환하여야 한다.

[**대법원** 1999. 9. 17. **선고** 98**다**31301 **판결**] 전세권에 대하여 저당권이 설정된 경우 그 저당권의 목적물은 물권인 전세권 자체이지 전세금반환채권은 그 목적물이 아니고, 전세권의 존속기간이 만료되면 전세권은 소멸하므로 더 이상 전세권 자체에 대하여 저당권을 실행할 수 없게 되고, 이러한 경우에는 민법 제370조, 제342조 및 민사소송법 제733조(현 민사집행법 제273조)에 의하여 저당권의 목적물인 전세권에 갈음하여 존속하는 것으로 볼 수 있는 전세금반환채권에 대하여 압류 및 추심명령 또는 전부명령을 받거나 제3자가 전세금반환채권에 대하여 실시한 강제집행절차에서 배당요구를 하는 등의 방법으로 자신의 권리를 행사하여 비로소 전세권설정자에 대해 전세금의 지급을 구할 수 있게 된다는 점, 원래 동시이행항변권은 공평의 관념과 신의칙에 입각하여 각 당사자가 부담하는 채무가 서로 대가적 의미를 가지고 관련되어 있을 때 그 이행에 있어서 견련관계를 인정하여 당사자 일방은 상대방이 채무를 이행하거나 이행의 제공을 하지 아니한 채 당사자 일방의 채무의 이행을 청구할 때에는 자기의 채무이행을 거절할 수 있도록 하는 제도인 점, 전세권을 목적물로 하는 저당권의 설정은 전세권의 목적물 소유자의 의사와는 상관없이 전세권자의 동의만 있으면 가능한 것이고, 원래 전세권에 있어 전세권설정자가 부담하는 전세금반환의무는 전세금반환채권에 대한 제3자의 압류 등이 없는 한 전세권자에 대해 전세금을 지급함으로써 그 의무이행을 다할 뿐이라는 점에 비추어 볼 때, 전세권저당권이 설정된 경우에도 전세권이 기간만료로 소멸되면 전세권설정자는 전세금반환채권에 대한 제3자의 압류 등이 없는 한 전세권자에 대하여만 전세금반환의무를 부담한다고 보아야 한다.

④ **(×)** 전세권과 분리하여 전세금반환채권만을 양도할 수 있는지를 묻는 지문이다. 전세금반환채권은 용익물권으로서의 전세권과는 분리될 수 없다. 그러나 담보물권으로서의 전세권과 분리하여 전세금반환채권을 양도하는 것은 가능하고, 그 경우 전세금반환채권에 수반하지 못하는 전세권은 소멸한다. 전세권설정계약이 합의해지된 경우에는 전세권의 용익물권성이 소멸하고 담보물권으로서 전세권으로 존속하게 된다. 그 경우에는 전세금반환채권만을 분리하여 양도할 수 있다.

[**대법원** 1999. 2. 5. **선고** 97**다**33997 **판결**] 전세권설정계약의 당사자 사이에 그 계약이 합의해지된 경우 전세권설정등기는 전세금반환채권을 담보하는 효력은 있다고 할 것이나, 그 후 당사자간의 약정에 의하여 전세권의 처분이 따르지 않는 전세금반환채권만의 분리양도가 이루어진 경우에는 양수인은 유효하게 전세금반환채권을 양수하였다고 할 것이고, 그로 인하여 전세금반환채권을 담보하는 물권으로서의 전세권마저 소멸된 이상 그 전세권에 관하여 가압류부기등기가 경료되었다고 하더라도 아무런 효력이 없다.

⑤ **(○)** 건물전세권설정자는 건물전세권자의 동의 없이 지상권 또는 임차권을 소멸하게 하는 행위를 하지 못한다(제304조 제2항). 건물전세권설정자의 지위를 승계한 건물양수인도 제304조 제2항에 따라 그가 취득하여야 할 법정지상권을 포기하는 행위를 하지 못하며, 그와 같은 행위를 하더라도 건물전세권자에게는 그 효력이 미치지 않는다.

[**대법원** 2007. 8. 24. **선고** 2006**다**14684 **판결**] 토지와 건물을 함께 소유하던 토지·건물의 소유자가 건물에 대하여 전세권을 설정하여 주었는데 그 후 토지가 타인에게 경락되어 민법 제305조 제1항에 의한 법정지상권을 취득한 상태에서 다시 건물을 타인에게 양도한 경우, 그 건물을 양수하여 소유권을 취득한 자는 특별한 사정이 없는 한 법정지상권을 취득할 지위를 가지게 되고, 다른 한편으로는 전세권 관계도 이전받게 되는바, 민법 제304조 등에 비추어 건물 양수인이 토지 소유자와의 관계에서 전세권자의 동의 없이 법정지상권을 취득할 지위를 소멸시켰다고 하더라도, 그 건물 양수인은 물론 토지 소유자도 그 사유를 들어 전세권자에게 대항할 수 없다. 정답 ⑤

제5장 담보물권

Ⅰ. 유치권

1. **유치권에 관한 설명 중 옳은 것을 모두 고른 것은? (다툼이 있는 경우 판례에 의함)** [24 변호사]

ㄱ. 유치권자가 채권 전부의 변제를 받을 때까지 유치물 전부에 대하여 그 권리를 행사할 수 있다는 유치권의 불가분성은 그 목적물이 분할 가능하거나 수 개의 물건인 경우에도 적용된다.
ㄴ. 하나의 채권을 피담보채권으로 하여 여러 필지의 토지에 유치권을 취득한 유치권자가 그중 일부 필지의 토지에 대하여 선량한 관리자의 주의의무를 위반한 경우, 특별한 사정이 없는 한 위반행위가 있었던 필지의 토지에 대하여만 유치권 소멸청구가 가능하다.
ㄷ. 물건의 점유를 침탈당한 자가 본권인 유치권 소멸에 따른 손해배상청구권을 행사하는 경우 점유를 침탈당한 날부터 1년 내에 이를 행사하여야 한다.
ㄹ. 근저당권이 설정된 채무자 소유의 부동산의 경매절차에서 유치권이 주장되지 아니하였고, 부동산이 매각되어 매수인에게 소유권이 이전됨으로써 근저당권이 소멸하였는데, 이후 자신이 압류 전부터 유치권이 있다고 주장하는 사람이 있는 경우, 채권자인 근저당권자는 유치권 부존재 확인을 구할 법률상 이익이 있다.
ㅁ. 유치권 배제 특약이 있는 경우 다른 법정요건이 모두 충족되더라도 유치권은 발생하지 않으나, 유치물을 경매절차에서 매수한 자는 위 특약의 당사자가 아니므로 위 약정의 효력을 주장할 수 없다.

① ㄱ, ㄴ, ㄹ ② ㄱ, ㄴ, ㅁ ③ ㄱ, ㄷ, ㅁ
④ ㄴ, ㄷ, ㄹ ⑤ ㄷ, ㄹ, ㅁ

해설

ㄱ. **(O)** [**대법원** 2007. 9. 7. **선고** 2005**다**16942 **판결**] 민법 제320조 제1항에서 '그 물건에 관하여 생긴 채권'은 유치권 제도 본래의 취지인 공평의 원칙에 특별히 반하지 않는 한 채권이 목적물 자체로부터 발생한 경우는 물론이고 채권이 목적물의 반환청구권과 동일한 법률관계나 사실관계로부터 발생한 경우도 포함하고, 한편 민법 제321조는 "유치권자는 채권 전부의 변제를 받을 때까지 유치물 전부에 대하여 그 권리를 행사할 수 있다"고 규정하고 있으므로, 유치물은 그 각 부분으로써 피담보채권의 전부를 담보하며, 이와 같은 유치권의 불가분성은 그 목적물이 분할 가능하거나 수개의 물건인 경우에도 적용된다(필자 주 : 다세대주택의 창호 등의 공사를 완성한 하수급인이 공사대금채권 잔액을 변제받기 위하여 위 다세대주택 중 한 세대를 점유하여 유치권을 행사하는 경우, 그 유치권은 위 한 세대에 대하여 시행한 공사대금만이 아니라 다세대주택 전체에 대하여 시행한 공사대금채권의 잔액 전부를 피담보채권으로 하여 성립한다고 본 사례).

ㄴ. (○) [**대법원** 2022. 6. 16. **선고** 2018**다**301350 **판결**] 민법 제324조는 '유치권자에게 유치물에 대한 선량한 관리자의 주의의무를 부여하고, 유치권자가 이를 위반하여 채무자의 승낙 없이 유치물을 사용, 대여, 담보 제공한 경우에 채무자는 유치권의 소멸을 청구할 수 있다.'고 정한다. 하나의 채권을 피담보채권으로 하여 여러 필지의 토지에 대하여 유치권을 취득한 유치권자가 그중 일부 필지의 토지에 대하여 선량한 관리자의 주의의무를 위반하였다면 특별한 사정이 없는 한 위반행위가 있었던 필지의 토지에 대하여만 유치권 소멸청구가 가능하다고 해석하는 것이 타당하다.

ㄷ. (×) [**대법원** 2021. 8. 19. **선고** 2021**다**213866 **판결**] 민법 제204조에 따르면, 점유자가 점유의 침탈을 당한 때에는 그 물건의 반환 및 손해의 배상을 청구할 수 있고(제1항), 위 청구권은 점유를 침탈당한 날부터 1년 내에 행사하여야 하며(제3항), 여기서 말하는 1년의 행사기간은 제척기간으로서 소를 제기하여야 하는 기간을 말한다. 그런데 민법 제204조 제3항은 본권 침해로 발생한 손해배상청구권의 행사에는 적용되지 않으므로 점유를 침탈당한 자가 본권인 유치권 소멸에 따른 손해배상청구권을 행사하는 때에는 민법 제204조 제3항이 적용되지 아니하고, 점유를 침탈당한 날부터 1년 내에 행사할 것을 요하지 않는다.

ㄹ. (○) [**대법원** 2020. 1. 16. **선고** 2019**다**247385 **판결**] 경매절차에서 유치권이 주장되지 아니한 경우에는, 담보목적물이 매각되어 그 소유권이 이전됨으로써 근저당권이 소멸하였더라도 채권자는 유치권의 존재를 알지 못한 매수인으로부터 민법 제575조, 제578조 제1항, 제2항에 의한 담보책임을 추급당할 우려가 있고, 위와 같은 위험은 채권자의 법률상 지위를 불안정하게 하는 것이므로, 채권자인 근저당권자로서는 위 불안을 제거하기 위하여 유치권 부존재 확인을 구할 법률상 이익이 있다. 반면 채무자가 아닌 소유자는 위 각 규정에 의한 담보책임을 부담하지 아니하므로, 유치권의 부존재 확인을 구할 법률상 이익이 없다.

ㅁ. (×) [**대법원** 2018. 1. 24. **선고** 2016**다**234043 **판결**] 제한물권은 이해관계인의 이익을 부당하게 침해하지 않는 한 자유로이 포기할 수 있는 것이 원칙이다. 유치권은 채권자의 이익을 보호하기 위한 법정담보물권으로서, 당사자는 미리 유치권의 발생을 막는 특약을 할 수 있고 이러한 특약은 유효하다. 유치권 배제 특약이 있는 경우 다른 법정요건이 모두 충족되더라도 유치권은 발생하지 않는데, 특약에 따른 효력은 특약의 상대방뿐 아니라 그 밖의 사람도 주장할 수 있다. 정답 ①

2. **甲은 乙로부터 금전을 빌리면서 2022. 4. 1. 甲 소유인 X 주택에 乙 명의로 근저당권을 설정해 주었다. 이후 甲은 2022. 6. 1. 丙과 X 주택을 개량하기 위해서 공사도급계약을 체결하였고, 丙은 2022. 7. 1. 위 공사를 마쳤다. 乙은 2022. 11. 1. 위 근저당권을 실행하였고, 그 경매절차에서 丁이 X 주택을 매수하였다. 이에 관한 설명 중 옳지 않은 것은? (각 지문은 독립적이며, 甲과 丙은 상인이 아니고, 다툼이 있는 경우 판례에 의함)** [23 변호사]

① 丙이 2022. 6. 1.부터 X 주택을 점유하고 있다가 2022. 7. 1.위 공사대금채권을 피담보채권으로 하는 유치권을 취득하였다면 丙은 丁에게 유치권을 주장할 수 있다.

② 丙이 공사를 마쳤음에도 甲으로부터 공사대금을 지급받지 못한 상태에서 X 주택이 근저당권의 실행에 의해서 압류된 후에 甲이 丙에게 X 주택의 점유를 이전해 주어 丙이 유치권을 취득하였다면 丙은 丁에게 유치권을 주장할 수 없다.

③ 丁이 丙에게 X 주택의 인도를 청구하는 경우에 丙의 유치권 항변이 이유 있다면 법원은 '丙은 甲으로부터 유치권의 피담보채권액을 지급받음과 동시에 丁에게 X 주택을 인도할 것'을 명하여야 한다.

④ 丙이 丁에게 유치권 항변을 할 수 있는 경우에 丙이 스스로 X 주택에 거주하면서 이를 사용하더라도 특별한 사정이 없는 한 丁은 丙에게 유치권의 소멸을 청구할 수 없다.

⑤ 丙이 공사대금채권을 피담보채권으로 하여 丁에게 유치권을 행사할 수 있다면 丁은 丙에 대한 채권을 자동채권으로 하여 위 공사대금채권과 상계할 수 있다.

해설

① **(O)** 선행저당권이 존재하는 상태에서 유치권을 취득한 자라고 하더라도 경매개시결정 등기에 따른 압류의 효력이 생길 당시에 유치권을 취득하였다면 경매절차 매수인에게 유치권으로 대항할 수 있다.
[**대법원** 2014. 4. 10. **선고** 2010**다**84932 **판결**] 어느 부동산에 관하여 경매개시결정등기가 된 뒤에 비로소 민사유치권을 취득한 사람은 경매절차의 매수인에 대하여 그의 유치권을 주장할 수 없다. 이러한 법리는 어디까지나 경매절차의 법적 안정성을 보장하기 위한 것이므로, 경매개시결정등기가 되기 전에 이미 그 부동산에 관하여 민사유치권을 취득한 사람은 그 취득에 앞서 저당권설정등기나 가압류등기 또는 체납처분압류등기가 먼저 되어 있다 하더라도 경매절차의 매수인에게 자기의 유치권으로 대항할 수 있다.

② **(O)** 압류 후에 점유를 취득한 때에는 경매절차 매수인에게 유치권으로 대항할 수 없다.
[**대법원** 2005. 8. 19. **선고** 2005**다**22688 **판결**] 채무자 소유의 건물 등 부동산에 강제경매개시결정의 기입등기가 경료되어 압류의 효력이 발생한 이후에 채무자가 위 부동산에 관한 공사대금채권자에게 그 점유를 이전함으로써 그로 하여금 유치권을 취득하게 한 경우, 그와 같은 점유의 이전은 목적물의 교환가치를 감소시킬 우려가 있는 처분행위에 해당하여 민사집행법 제92조 제1항·제83조 제4항에 따른 압류의 처분금지효에 저촉되므로 점유자로서는 위 유치권을 내세워 그 부동산에 관한 경매절차의 매수인에게 대항할 수 없다.

③ **(O)** 소유자의 인도청구에 대하여 유치권 항변이 이유 있는 경우, 법원은 상환급부판결을 하여야 한다.
[**대법원** 1969. 11. 25. **선고** 69**다**1592 **판결**] 물건의 인도를 청구하는 소송에서 피고의 유치권 항변이 인용되는 경우에는 그 물건에 관하여 생긴 채권의 변제와 상환으로 그 물건의 인도를 명하여야 된다.

④ **(O)** 유치목적물인 주택에 거주하는 행위는 유치목적물 보존에 필요한 사용이므로 유치권자는 채무자의 승낙이 없더라도 사용할 수 있고, 이는 유치권소멸청구 대상이 되지 않는다.
[**대법원** 2009. 9. 24. **선고** 2009**다**40684 **판결**] 민법 제324조에 의하면, 유치권자는 선량한 관리자의 주의로 유치물을 점유하여야 하고, 소유자의 승낙 없이 유치물을 보존에 필요한 범위를 넘어 사용하거나 대여 또는 담보제공을 할 수 없으며, 소유자는 유치권자가 위 의무를 위반한 때에는 유치권의 소멸을 청구할 수 있다고 할 것인바, 공사대금채권에 기하여 유치권을 행사하는 자가 스스로 유치물인 주택에 거주하며 사용하는 것은 특별한 사정이 없는 한 유치물인 주택의 보존에 도움이 되는 행위로서 유치물의 보존에 필요한 사용에 해당한다고 할 것이다. 그리고 유치권자가 유치물의 보존에 필요한 사용을 한 경우에도 특별한 사정이 없는 한 차임에 상당한 이득을 소유자에게 반환할 의무가 있다.

⑤ **(×)** 제3자 변제적 상계가 허용되는지를 묻는 지문이다. 경매절차 매수인은 유치권의 피담보채무를 인수하지 않는다. 경매절차 매수인 丁이 유치권자 丙에게 별개의 채권이 있더라도 丙에 대한 채무자의 지위에 있지 않으므로 제3자가 부담하는 채무를 상계를 통하여 소멸시킬 수는 없다.
[**대법원** 2011. 4. 28. **선고** 2010**다**101394 **판결**] 상계는 당사자 쌍방이 서로 같은 종류를 목적으로 한 채무를 부담한 경우에 서로 같은 종류의 급부를 현실로 이행하는 대신 어느 일방 당사자의 의사표시로 그 대등액에 관하여 채권과 채무를 동시에 소멸시키는 것이고, 이러한 상계제도의 취지는 서로 대립하는 두 당사자 사이의 채권·채무를 간이한 방법으로 원활하고 공평하게 처리하려는 데 있으므로, 수동채권으로 될 수 있는 채권은 상대방이 상계자에 대하여 가지는 채권이어야 하고, 상대방이 제3자에 대하여 가지는 채권과는 상계할 수 없다고 보아야 한다. 그렇지 않고 만약 상대방이 제3자에 대하여 가지는 채권을 수동채권으로 하여 상계할 수 있다고 한다면, 이는 상계의 당사자가

아닌 상대방과 제3자 사이의 채권채무관계에서 상대방이 제3자에게서 채무의 본지에 따른 현실급부를 받을 이익을 침해하게 될 뿐 아니라, 상대방의 채권자들 사이에서 상계자만 독점적인 만족을 얻게 되는 불합리한 결과를 초래하게 되므로, 상계의 담보적 기능과 관련하여 법적으로 보호받을 수 있는 당사자의 합리적 기대가 이러한 경우에까지 미친다고 볼 수는 없다(필자 註 : 유치권이 인정되는 아파트를 경락·취득한 자가 아파트 일부를 점유·사용하고 있는 유치권자에 대한 임료 상당의 부당이득금 반환채권을 자동채권으로 하고 유치권자의 종전 소유자에 대한 유익비상환채권을 수동채권으로 하여 상계의 의사표시를 한 사안에서, 상대방이 제3자에 대하여 가지는 채권을 수동채권으로 하여 상계할 수 없음에도, 그러한 상계가 허용됨을 전제로 위 상계의 의사표시로 부당이득금 반환채권과 유익비상환채권이 대등액의 범위 내에서 소멸하였다고 본 원심판결에 법리오해의 위법이 있다고 한 사례). 정답 ⑤

3. 유치권에 관한 설명 중 옳지 않은 것은? (다툼이 있는 경우 판례에 의함) [22 변호사]

① 유치권의 행사는 피담보채권의 소멸시효의 진행에 영향을 미치지 않는다.

② 유치권에 기한 경매에서 유치권자는 일반채권자보다 우선하여 배당을 받는다.

③ 채무자 甲 소유의 부동산에 관하여 이미 저당권이 설정된 상태에서 乙의 유치권이 성립한 후 저당권에 기한 경매신청이 있는 경우, 乙은 경매절차의 매수인 丙에게도 대항할 수 있지만, 乙의 유치권이 상사유치권이라면 丙에게 대항할 수 없다.

④ 채무자 甲 소유의 건물에 강제경매개시결정의 기입등기가 마쳐져 압류의 효력이 발생한 후에 甲이 건물에 관한 공사대금 채권자 乙에게 건물의 점유를 이전한 경우, 乙은 유치권으로 경매절차의 매수인에게 대항할 수 없다.

⑤ 채무자 甲 소유의 건물에 관하여 증축공사를 도급받은 수급인 乙이 경매개시결정의 기입등기가 마쳐지기 전에 甲으로부터 건물의 점유를 이전받았고 위 기입등기가 마쳐져 압류의 효력이 발생한 후에 공사를 완공하여 공사대금채권을 취득한 경우, 乙은 유치권으로 경매절차의 매수인에게 대항할 수 없다.

해설

① (O) 제326조.

② (×) 유치권자에게는 우선변제권이 인정되지 않는다. 유치물이 경매된 경우에도 유치권자는 우선하여 변제를 받을 수 없다.

[**대법원** 2011. 6. 15. **자** 2010**마**1059 **결정**] 민사집행법 제91조 제2항, 제3항, 제268조는 경매의 대부분을 차지하는 강제경매와 담보권 실행을 위한 경매에서 소멸주의를 원칙으로 하고 있을 뿐만 아니라 이를 전제로 하여 배당요구의 종기결정이나 채권신고의 최고, 배당요구, 배당절차 등에 관하여 상세히 규정하고 있는 점, 민법 제322조 제1항에 "유치권자는 채권의 변제를 받기 위하여 유치물을 경매할 수 있다."고 규정하고 있는데, 유치권에 의한 경매에도 채권자와 채무자의 존재를 전제로 하고 채권의 실현·만족을 위한 경매를 상정하고 있는 점, 반면에 인수주의를 취할 경우 필요하다고 보이는 목적부동산 위의 부담의 존부 및 내용을 조사·확정하는 절차에 대하여 아무런 규정이 없고 인수되는 부담의 범위를 제한하는 규정도 두지 않아, 유치권에 의한 경매를 인수주의를 원칙으로 진행하면 매수인의 법적 지위가 매우 불안정한 상태에 놓이게 되는 점, 인수되는 부담의 범위를 어떻게 설정하느냐에 따라 인수주의를 취하는 것이 오히려 유치권자에게 불리해질 수 있는 점 등을 함께 고려하면, 유치권에 의한 경매도 강제경매나 담보권 실행을 위한 경매와 마찬가지로 목적부동산 위의 부담을 소멸시키는 것을 법정매각조건으로 하여 실시되고 우선채권자뿐만 아니라 일반채권자의 배당요구도 허용되며, 유치권자는 일반채권자와 동일한 순위로 배당을 받을 수 있다고 보아야 한다.

다만 집행법원은 부동산 위의 이해관계를 살펴 위와 같은 법정매각조건과는 달리 매각조건 변경결정을 통하여 목적부동산 위의 부담을 소멸시키지 않고 매수인으로 하여금 인수하도록 정할 수 있다.

③ **(O)** 저당권 등 담보물권이 설정된 후 목적물에 관한 점유를 취득한 채권자는 다른 사정이 없는 한 민사유치권을 저당권자 등에게 주장할 수 있다. 그러나 채무자 소유의 물건 또는 유가증권을 객체로 하는 상사유치권의 경우에는 선행저당권 실행으로 인한 경매절차 매수인에게 대항할 수 없다.

[**대법원** 2014. 12. 11. **선고** 2014**다**53462 **판결**] 목적물에 관하여 채권이 발생하였으나 채권자가 목적물에 관한 점유를 취득하기 전에 그에 관하여 저당권 등 담보물권이 설정되고 이후에 채권자가 목적물에 관한 점유를 취득한 경우 채권자는 다른 사정이 없는 한 그와 같이 취득한 민사유치권을 저당권자 등에게 주장할 수 있다.

[**대법원** 2013. 2. 28. **선고** 2010**다**57350 **판결**] 상사유치권은 민사유치권과 달리 피담보채권이 '목적물에 관하여' 생긴 것일 필요는 없지만 유치권의 대상이 되는 물건은 '채무자 소유'일 것으로 제한되어 있다(상법 제58조, 민법 제320조 제1항 참조). 이와 같이 상사유치권의 대상이 되는 목적물을 '채무자 소유의 물건'에 한정하는 취지는, 상사유치권의 경우에는 목적물과 피담보채권 사이의 견련관계가 완화됨으로써 피담보채권이 목적물에 대한 공익비용적 성질을 가지지 않아도 되므로 피담보채권이 유치권자와 채무자 사이에 발생하는 모든 상사채권으로 무한정 확장될 수 있고, 그로 인하여 이미 제3자가 목적물에 관하여 확보한 권리를 침해할 우려가 있어 상사유치권의 성립범위 또는 상사유치권으로 대항할 수 있는 범위를 제한한 것으로 볼 수 있다. 즉 상사유치권이 채무자 소유의 물건에 대해서만 성립한다는 것은, 상사유치권은 성립 당시 채무자가 목적물에 대하여 보유하고 있는 담보가치만을 대상으로 하는 제한물권이라는 의미를 담고 있다 할 것이고, 따라서 유치권 성립 당시에 이미 목적물에 대하여 제3자가 권리자인 제한물권이 설정되어 있다면, 상사유치권은 그와 같이 제한된 채무자의 소유권에 기초하여 성립할 뿐이고, 기존의 제한물권이 확보하고 있는 담보가치를 사후적으로 침탈하지는 못한다고 보아야 한다. 그러므로 채무자 소유의 부동산에 관하여 이미 선행(선행) 저당권이 설정되어 있는 상태에서 채권자의 상사유치권이 성립한 경우, 상사유치권자는 채무자 및 그 이후 채무자로부터 부동산을 양수하거나 제한물권을 설정받는 자에 대해서는 대항할 수 있지만, 선행저당권자 또는 선행저당권에 기한 임의경매절차에서 부동산을 취득한 매수인에 대한 관계에서는 상사유치권으로 대항할 수 없다.

④ **(O)** 압류의 효력이 발생한 후에 채무자가 목적물의 점유를 채권자에게 이전함으로써 채권자가 유치권을 취득한 경우 이는 압류의 처분금지효에 저촉되는 처분행위에 해당하므로 점유자는 경매절차 매수인에게 유치권으로 대항할 수 없다.

[**대법원** 2005. 8. 19. **선고** 2005**다**22688 **판결**] 채무자 소유의 건물 등 부동산에 강제경매개시결정의 기입등기가 경료되어 압류의 효력이 발생한 이후에 채무자가 위 부동산에 관한 공사대금채권자에게 그 점유를 이전함으로써 그로 하여금 유치권을 취득하게 한 경우, 그와 같은 점유의 이전은 목적물의 교환가치를 감소시킬 우려가 있는 처분행위에 해당하여 민사집행법 제92조 제1항·제83조 제4항에 따른 압류의 처분금지효에 저촉되므로 점유자로서는 위 유치권을 내세워 그 부동산에 관한 경매절차의 매수인에게 대항할 수 없다.

⑤ **(O)** 압류의 효력이 생기기 전에 채권자가 점유를 이전받았으나, 압류의 효력이 발생한 후에 피담보채권인 공사대금채권을 취득한 때에도 채권자는 유치권을 내세워 경매절차의 매수인에게 대항할 수 없다.

[**대법원** 2011. 10. 13. **선고** 2011**다**55214 **판결**] 유치권은 목적물에 관하여 생긴 채권이 변제기에 있는 경우에 비로소 성립하고, 한편 채무자 소유의 부동산에 경매개시결정의 기입등기가 마쳐져 압류의 효력이 발생한 후에 유치권을 취득한 경우에는 그로써 부동산에 관한 경매절차의 매수인에게 대항할 수 없는데, 채무자 소유의 건물에 관하여 증·개축 등 공사를 도급받은 수급인이 경매개시결정의 기입등기가 마쳐지기 전에 채무자에게서 건물의 점유를 이전받았다 하더라도 경매개시결정의 기입등기

가 마쳐져 압류의 효력이 발생한 후에 공사를 완공하여 공사대금채권을 취득함으로써 그때 비로소 유치권이 성립한 경우에는, 수급인은 유치권을 내세워 경매절차의 매수인에게 대항할 수 없다.

정답 ②

※ 다음 사례에 관한 아래 각 문항에 답하시오.

> 甲은 자기 소유의 X토지 위에 Y건물을 신축하기 위하여 건축업자 乙과 공사도급계약을 체결하였다. 이 도급계약에서 건물 소유권은 甲에게 귀속되는 것으로 하고, 공사대금은 건물 완공 시 지급하기로 하였다.
>
> 乙이 위 도급계약에 따라 Y건물의 신축공사를 시작하여 건물의 기둥, 벽체와 지붕공사를 완성한 후 甲은 공사대금 확보를 위하여 A로부터 2억 원을 차용하면서 X토지에 관하여 채권최고액을 2억 2,000만 원으로 하는 A 명의의 근저당권을 설정해주었다.
>
> 甲이 A에 대하여 차용금을 갚지 못하자 A는 X토지에 대하여 담보권 실행 경매를 신청하였고 이 경매절차에서 丙이 X토지를 매수하여 대금을 납입하고 소유권이전등기를 마쳤다.
>
> 乙은 Y건물을 완공한 후 점유하면서 甲에게 공사대금을 지급하고 Y건물을 인도받을 것을 통지하였지만 甲은 공사대금을 지급하지 못하고 있다.

4. 다음 설명 중 옳지 않은 것은? (다툼이 있는 경우 판례에 의함) [21 변호사]

① 乙의 甲에 대한 공사대금채권은 Y건물에 관하여 생긴 채권으로 이미 그 변제기가 도래하였으므로 乙은 그 채권을 변제받을 때까지 Y건물을 유치할 권리가 있다.

② 乙이 Y건물을 점유하면서 유치권을 행사하던 중 제3자 B가 乙의 점유를 침탈하여 乙이 점유를 상실하면 유치권은 소멸하며, 乙이 점유회수의 소를 제기하여 점유를 회복할 수 있다는 사정만으로 乙의 유치권이 존속하는 것은 아니다.

③ 乙이 甲의 승낙 없이 Y건물을 C에게 임대하여 임차인 C가 점유하고 있는 상태에서, Y건물에 대하여 강제경매절차가 진행되어 Y건물이 매각된 경우, C는 임차권에 기한 점유로써 위 경매절차에서 매수인에게 대항할 수 없다.

④ 乙이 甲의 승낙을 받아 Y건물을 D에게 임대한 후 위 임대차가 D의 차임 연체를 이유로 적법하게 해지되었으나 D가 Y건물을 반환하지 않은 채 계속 점유하고 있는 경우, 乙의 유치권은 소멸한다.

⑤ 乙이 유치물의 보존에 필요한 사용을 한 경우에도 특별한 사정이 없는 한 그 차임 상당액을 甲에게 부당이득으로 반환할 의무가 있다.

해설

① **(O)** 건물신축공사수급인의 공사대금채권이 유치권의 피담보채권이 되는지를 묻는 지문이다. 수급인의 공사대금채권은 목적물 자체의 가치를 증가시키는 대가로 발생하는 채권이므로 목적물에 관한 채권에 해당하고, 완공 시에 변제기가 도래하는 것으로 약정하였는데, Y건물이 완공되었으므로 乙의 유치권은 인정된다.

[**대법원** 1976. 8. 28. **선고** 76**다**582 **판결**] 수급인의 공사잔금채권이나 그 지연손해금청구권과 도급인의 건물인도청구권은 도급계약이라는 동일한 법률관계로부터 생긴 것이므로 수급인의 위 손해배

상채권 역시 본건 건물에 관하여 생긴 채권이라고 할 것이며 채무불이행에 의한 손해배상청구권은 원채권의 연장이라 보아야 할 것이므로 물건과 원채권 사이에 견련관계가 있는 경우에는 그 손해배상채권과 그 물건과의 사이에도 견련관계가 있다 할 것으로서 손해배상채권에 관하여 유치권항변을 내세울 수 있다 할 것이다.

② (O) 유치권자가 점유를 침탈당한 경우, 유치권이 소멸하는지를 묻는 지문이다. 유치권의 요건으로서 점유는 유치권이 발생하기 위한 요건에 그치는 것이 아니라 유치권의 존속요건이기도 하다. 제328조가 유치권은 점유의 상실로 소멸한다고 규정하고 있기 때문이다. 비록 유치권자가 제204조에 따라 점유를 회수할 수 있더라도 현실적으로 점유를 회수한 것이 아니라면 유치권은 소멸한다.

[**대법원** 2012. 2. 9. **선고** 2011**다**72189 **판결**] 甲 주식회사가 건물신축 공사대금 일부를 지급받지 못하자 건물을 점유하면서 유치권을 행사해 왔는데, 그 후 乙이 경매절차에서 건물 중 일부 상가를 매수하여 소유권이전등기를 마친 다음 甲 회사의 점유를 침탈하여 丙에게 임대한 사안에서, 乙의 점유침탈로 甲 회사가 점유를 상실한 이상 유치권은 소멸하고, 甲 회사가 점유회수의 소를 제기하여 승소판결을 받아 점유를 회복하면 점유를 상실하지 않았던 것으로 되어 유치권이 되살아나지만, 위와 같은 방법으로 점유를 회복하기 전에는 유치권이 되살아나는 것이 아님에도, 甲 회사가 상가에 대한 점유를 회복하였는지를 심리하지 아니한 채 점유회수의 소를 제기하여 점유를 회복할 수 있다는 사정만으로 甲 회사의 유치권이 소멸하지 않았다고 본 원심판결에 점유상실로 인한 유치권 소멸에 관한 법리오해의 위법이 있다고 한 사례.

③ (O) 유치권자는 소유자의 승낙 없이 유치물을 대여할 수 없다(제324조 제2항). 유치권자가 소유자의 승낙 없이 유치물을 제3자에게 임대한 경우, 임차인은 점유권원으로 경매절차 매수인에게 대항할 수 없다.

[**대법원** 2002. 11. 27. **자** 2002**마**3516 **결정**] 유치권의 성립요건인 유치권자의 점유는 직접점유이든 간접점유이든 관계없지만, 유치권자는 채무자의 승낙이 없는 이상 그 목적물을 타에 임대할 수 있는 처분권한이 없으므로(민법 제324조 제2항 참조), 유치권자의 그러한 임대행위는 소유자의 처분권한을 침해하는 것으로서 소유자에게 그 임대의 효력을 주장할 수 없고, 따라서 소유자의 동의 없이 유치권자로부터 유치권의 목적물을 임차한 자의 점유는 구 민사소송법(2002. 1. 26. 법률 제6626호로 전문 개정되기 전의 것) 제647조 제1항 단서에서 규정하는 "경락인에게 대항할 수 있는 권원"에 기한 것이라고 볼 수 없다(필자 註 : 구 민사소송법 제647조 제1항(민사집행법 제136조 제1항)은 "법원은 매수인이 대금을 낸 뒤 6월 이내에 신청하면 채무자, 소유자 또는 부동산 점유자에 대하여 부동산을 매수인에게 인도하도록 명할 수 있다. 다만, 점유자가 매수인에게 대항할 수 있는 권원에 의하여 점유하고 있는 것으로 인정되는 경우에는 그러하지 아니하다"고 규정하고 있다).

④ (×) 유치물 소유자의 승낙을 얻어 유치권자가 유치물을 임대한 경우, 임대차가 종료되었으나, 임차인이 목적물을 임대인인 유치권자에게 반환하지 않고 있는 경우에도 유치권자의 간접점유는 계속되고 있으므로 유치권은 여전히 존속한다.

[**대법원** 2019. 8. 14. **선고** 2019**다**205329 **판결**] 유치권의 성립요건인 유치권자의 점유는 직접점유이든 간접점유이든 관계없다. 간접점유를 인정하기 위해서는 간접점유자와 직접점유를 하는 자 사이에 일정한 법률관계, 즉 점유매개관계가 필요한데, 간접점유에서 점유매개관계를 이루는 임대차계약 등이 해지 등의 사유로 종료되더라도 직접점유자가 목적물을 반환하기 전까지는 간접점유자의 직접점유자에 대한 반환청구권이 소멸하지 않는다. 따라서 점유매개관계를 이루는 임대차계약 등이 종료된 이후에도 직접점유자가 목적물을 점유한 채 이를 반환하지 않고 있는 경우에는, 간접점유자의 반환청구권이 소멸한 것이 아니므로 간접점유의 점유매개관계가 단절된다고 할 수 없다.

⑤ (O) 유치권자의 적법한 사용에 따른 이득이 유치물 소유자에 대하여 부당이득이 되는지를 묻는 지문이다. 유치권자는 소유자의 승낙이 없더라도 보존에 필요한 범위에서 유치물을 사용할 수 있다. 그러나 유치권이 사용이익을 정당화하는 법률상 원인이라고는 할 수 없으므로 사용에 따른 이득은 부당이득이 된다.

[**대법원** 2009. 9. 24. **선고** 2009**다**40684 **판결**] 민법 제324조에 의하면, 유치권자는 선량한 관리자의 주의로 유치물을 점유하여야 하고, 소유자의 승낙 없이 유치물을 보존에 필요한 범위를 넘어 사용하거나 대여 또는 담보제공을 할 수 없으며, 소유자는 유치권자가 위 의무를 위반한 때에는 유치권의 소멸을 청구할 수 있다고 할 것인바, 공사대금채권에 기하여 유치권을 행사하는 자가 스스로 유치물인 주택에 거주하며 사용하는 것은 특별한 사정이 없는 한 유치물인 주택의 보존에 도움이 되는 행위로서 유치물의 보존에 필요한 사용에 해당한다고 할 것이다. 그리고 유치권자가 유치물의 보존에 필요한 사용을 한 경우에도 특별한 사정이 없는 한 차임에 상당한 이득을 소유자에게 반환할 의무가 있다.

정답 ④

5. 민사유치권에 관한 설명 중 옳은 것을 모두 고른 것은? (다툼이 있는 경우 판례에 의함) [20 변호사]

ㄱ. 건물신축 도급계약에서 수급인이 완성한 신축 건물에 하자가 있고 하자 및 손해에 상응하는 금액이 공사잔대금액 이상이어서 도급인이 하자보수에 갈음한 손해배상청구권에 기하여 수급인의 공사잔대금채권 전부에 대하여 동시이행의 항변을 한 경우, 수급인은 위 손해배상채무에 관한 이행의 제공을 하지 아니한 이상 공사잔대금채권에 기한 유치권을 행사할 수 없다.

ㄴ. 이른바 계약명의신탁약정을 맺고 명의수탁자가 명의신탁약정에 관하여 알지 못하는 소유자와 건물 매매계약을 체결한 뒤 수탁자 명의로 소유권이전등기를 마친 경우, 명의신탁자가 명의수탁자에 대하여 가지는 매매대금 상당의 부당이득반환청구권은 당해 건물의 반환청구권과 동일한 법률관계 또는 사실관계로부터 발생한 채권에 해당하지 않는다.

ㄷ. 건물의 옥탑, 외벽 등에 설치된 간판이 일반적으로 건물의 일부가 아니라 독립된 물건으로 남아 있으면서 과다한 비용을 들이지 않고 건물로부터 분리될 수 있는 경우에는, 특별한 사정이 없는 한 간판 설치공사 대금채권은 그 건물 자체에 관하여 생긴 채권이라고 할 수는 없다.

ㄹ. 자재업자가 공사수급인과의 계약으로 시멘트를 공급하였고 이것이 공사수급인에 의해 건물신축공사에 사용됨으로써 부합된 경우, 시멘트대금채권은 신축된 건물 자체에 관하여 생긴 채권이라고 할 수 있다.

ㅁ. 유치권의 피담보채권의 소멸시효기간이 확정판결 등에 의하여 10년으로 연장된 경우에도 유치권의 목적물을 매수하여 소유권을 취득한 자는 그 피담보채권의 소멸시효기간이 연장된 효과를 부정하고 종전의 단기소멸시효기간을 원용할 수 있다.

① ㄱ, ㄴ ② ㄹ, ㅁ ③ ㄱ, ㄴ, ㄷ
④ ㄱ, ㄴ, ㅁ ⑤ ㄴ, ㄹ, ㅁ

해설

ㄱ. (O) 공사대금채권 전액에 관하여 동시이행의 항변권이 인정되는 경우, 그 공사대금채권을 피담보채권으로 하는 유치권 행사가 허용되는지를 묻는 지문이다. 유치권을 행사하기 위해서는 피담보채권의 변제기가 도래하여야 한다(제320조). 이는 피담보채권을 행사할 수 있는 때에 유치권을 인정하겠다는 것이므로 공사대금채권 전액에 관하여 동시이행의 항변권이 인정되는 때에는 반대채무의 변제제공을 하여 공사대금채권을 행사할 수 있는 때에 유치권으로 대항할 수 있다.

[**대법원** 2014. 1. 16. **선고** 2013**다**30653 **판결**] 수급인의 공사대금채권이 도급인의 하자보수청구권 내지 하자보수에 갈음한 손해배상채권 등과 동시이행의 관계에 있는 점 및 피담보채권의 변제기 도래를 유치권의 성립요건으로 규정한 취지 등에 비추어 보면, 건물신축 도급계약에서 수급인이 공사를 완성하였더라도, 신축된 건물에 하자가 있고 그 하자 및 손해에 상응하는 금액이 공사잔대금액 이상이어서, 도급인이 수급인에 대한 하자보수청구권 내지 하자보수에 갈음한 손해배상채권 등에 기하여 수급인의 공사잔대금 채권 전부에 대하여 동시이행의 항변을 한 때에는, 공사잔대금 채권의 변제기가 도래하지 아니한 경우와 마찬가지로 수급인은 도급인에 대하여 하자보수의무나 하자보수에 갈음한 손해배상의무 등에 관한 이행의 제공을 하지 아니한 이상 공사잔대금 채권에 기한 유치권을 행사할 수 없다고 보아야 한다.

ㄴ. (O) 계약명의신탁자가 계약명의수탁자에 대하여 가지는 매매대금 상당액의 부당이득반환채권이 유치권의 피담보채권이 될 수 있는지를 묻는 지문이다. 명의신탁약정의 무효로 인하여 발생하는 채권이며, 목적물과 견련관계를 가지는 채권이라고 할 수 없으므로 유치권의 피담보채권이 될 수 없다.

[**대법원** 2009. 3. 26. **선고** 2008**다**34828 **판결**] 명의신탁자와 명의수탁자가 이른바 계약명의신탁 약정을 맺고 명의수탁자가 당사자가 되어 명의신탁약정이 있다는 사실을 알지 못하는 소유자와 사이에 부동산에 관한 매매계약을 체결한 뒤 수탁자 명의로 소유권이전등기를 마친 경우에는, 명의신탁자와 명의수탁자 사이의 명의신탁약정은 무효이지만 그 명의수탁자는 당해 부동산의 완전한 소유권을 취득하게 되고, 반면 명의신탁자는 애초부터 당해 부동산의 소유권을 취득할 수 없고 다만 그가 명의수탁자에게 제공한 부동산 매수자금이 무효의 명의신탁약정에 의한 법률상 원인 없는 것이 되는 관계로 명의수탁자에 대하여 동액 상당의 부당이득반환청구권을 가질 수 있을 뿐이다. 명의신탁자의 이와 같은 부당이득반환청구권은 부동산 자체로부터 발생한 채권이 아닐 뿐만 아니라 소유권 등에 기한 부동산의 반환청구권과 동일한 법률관계나 사실관계로부터 발생한 채권이라고 보기도 어려우므로, 결국 민법 제320조 제1항에서 정한 유치권 성립요건으로서의 목적물과 채권 사이의 견련관계를 인정할 수 없다.

ㄷ. (O) 독립한 물건인 간판의 설치공사대금채권은 건물 자체에 관하여 생긴 채권이 아니므로 건물 유치권의 피담보채권이 될 수 없다.

[**대법원** 2013. 10. 24. **선고** 2011**다**44788 **판결**] 건물의 옥탑, 외벽 등에 설치된 간판의 경우 일반적으로 건물의 일부가 아니라 독립된 물건으로 남아 있으면서 과다한 비용을 들이지 않고 건물로부터 분리할 수 있는 것이 충분히 있을 수 있고, 그러한 경우에는 특별한 사정이 없는 한 간판 설치공사 대금채권을 그 건물 자체에 관하여 생긴 채권이라고 할 수 없다.

ㄹ. (×) 시멘트공급대금채권은 매매대금채권으로 목적물에 관하여 생긴 채권이라고 할 수 없다.

[**대법원** 2012. 1. 26. **선고** 2011**다**96208 **판결**] 甲이 건물 신축공사 수급인인 乙 주식회사와 체결한 약정에 따라 공사현장에 시멘트와 모래 등의 건축자재를 공급한 사안에서, 甲의 건축자재대금채권은 매매계약에 따른 매매대금채권에 불과할 뿐 건물 자체에 관하여 생긴 채권이라고 할 수는 없음에도 건물에 관한 유치권의 피담보채권이 된다고 본 원심판결에 유치권의 성립요건인 채권과 물건 간의 견련관계에 관한 법리오해의 위법이 있다고 한 사례.

ㅁ. (×) 유치물의 제3취득자가 판결 확정으로 인한 시효기간 연장의 효과를 부정하고 종전의 단기 소멸시효를 주장할 수 있는지를 묻는 지문이다. 유치물의 제3취득자는 독자적으로 채무를 부담하는 자가 아니므로 소멸시효를 원용하는 때에도 이미 시효기간이 연장된 채권의 소멸시효를 원용할 수 있을 뿐이다. 판결 등의 확정으로 인한 시효기간 연장의 효과는 확정된 채권에 한하여 발생하는 것이므로 관련된 다른 채무를 부담하는 자의 채무의 소멸시효기간을 연장시키지는 못한다. 그러나 확정된 채권의 소멸시효를 원용하는 자가 소멸시효를 주장하는 때에는 종전의 단기 소멸시효를 주장할 수는 없다.

[**대법원** 2009. 9. 24. **선고** 2009**다**39530 **판결**] 유치권이 성립된 부동산의 매수인은 피담보채권의 소멸시효가 완성되면 시효로 인하여 채무가 소멸되는 결과 직접적인 이익을 받는 자에 해당하므로 소멸시효의 완성을 원용할 수 있는 지위에 있다고 할 것이나, 매수인은 유치권자에게 채무자의 채무와는 별개의 독립된 채무를 부담하는 것이 아니라 단지 채무자의 채무를 변제할 책임을 부담하는 점 등에 비추어 보면, 유치권의 피담보채권의 소멸시효기간이 확정판결 등에 의하여 10년으로 연장된 경우 매수인은 그 채권의 소멸시효기간이 연장된 효과를 부정하고 종전의 단기소멸시효기간을 원용할 수는 없다.

정답 ③

6. 유치권에 관한 설명으로 옳지 않은 것은? (다툼이 있는 경우 판례에 의함) [19 변호사]

① 도급인과 건물신축공사 계약을 체결한 수급인이 공사완료 예정일에 공사를 완료하였으나 도급인이 공사대금을 지급하지 않는 경우, 수급인은 공사대금청구권 및 공사대금 채무불이행에 따른 손해배상청구권을 피담보채권으로 하여 도급인에게 위 신축건물에 관한 유치권으로 대항할 수 있다.

② 다세대주택 전체의 창호 공사를 완성한 수급인이 위 공사 전부에 대하여 일률적으로 지급하기로 한 공사대금 잔액을 변제받기 위하여 위 다세대주택 중 한 세대를 점유하여 유치권을 행사하는 경우, 그 유치권은 위 한 세대에 대하여 시행한 공사대금만이 아니라 위 다세대주택 전체에 대하여 시행한 공사대금 잔액 전부에 대한 채권을 피담보채권으로 하여 성립한다.

③ 도급인 소유의 부동산에 경매개시결정의 기입등기가 경료되어 압류의 효력이 발생한 이후에 수급인이 도급인으로부터 위 부동산의 점유를 이전받고 이에 관한 공사 등을 시행함으로써 도급인에 대한 공사대금채권 및 이를 피담보채권으로 한 유치권을 취득한 경우, 부동산을 점유한 수급인은 그 부동산에 관한 경매절차의 매수인에게 유치권으로 대항할 수 없다.

④ 건축자재상인이 건물 신축공사 수급인과 체결한 약정에 따라 건축자재를 공급하였으나 건축자재대금을 받지 못한 경우, 건축자재상인은 위 신축건물에 관하여 건축자재대금채권을 피담보채권으로 하는 유치권의 성립을 주장할 수 있다.

⑤ 공사대금채권에 기하여 유치권을 행사하는 자가 유치물인 주택에 거주하며 사용하는 것이 보존행위에 해당하여 허용되는 경우에도, 특별한 사정이 없는 한 차임에 상당한 이득은 소유자에게 반환해야 한다.

해설

① (O) 수급인의 공사대금채권 및 공사대금 채무불이행에 따른 손해배상청구권을 피담보채권으로 하는 유치권이 인정되는지를 묻는 지문이다. 공사대금채권은 목적물에 관하여 생긴 채권이며, 공사대금 채무불이행에 따른 손해배상청구권은 공사대금채권과 동일성을 가지므로 유치권의 피담보채권이 될 수 있다.

[**대법원** 1976. 8. 28. **선고** 76**다**582 **판결**] 수급인의 공사잔금채권이나 그 지연손해금청구권과 도급인의 건물인도청구권은 도급계약이라는 동일한 법률관계로부터 생긴 것이므로 수급인의 위 손해배상채권 역시 본건 건물에 관하여 생긴 채권이라고 할 것이며 채무불이행에 의한 손해배상청구권은 원채권의 연장이라 보아야 할 것이므로 물건과 원채권 사이에 견련관계가 있는 경우에는 그 손해배상채권과 그 물건과의 사이에도 견련관계가 있다 할 것으로서 손해배상채권에 관하여 유치권항변을 내세울 수 있다 할 것이다.

② (O) 유치권에는 불가분성이 있다. 유치목적물의 각 부분은 피담보채권 전부를 담보한다. 이는 유치권의 목적물이 가분물이더라도 마찬가지이다.

[**대법원** 2007. 9. 7. **선고** 2005**다**16942 **판결**] 민법 제320조 제1항에서 '그 물건에 관하여 생긴 채권'은 유치권 제도 본래의 취지인 공평의 원칙에 특별히 반하지 않는 한 채권이 목적물 자체로부터 발생한 경우는 물론이고 채권이 목적물의 반환청구권과 동일한 법률관계나 사실관계로부터 발생한 경우도 포함하고, 한편 민법 제321조는 "유치권자는 채권 전부의 변제를 받을 때까지 유치물 전부에 대하여 그 권리를 행사할 수 있다"고 규정하고 있으므로, 유치물은 그 각 부분으로써 피담보채권의 전부를 담보하며, 이와 같은 유치권의 불가분성은 그 목적물이 분할 가능하거나 수개의 물건인 경우에도 적용된다(필자 주 : 다세대주택의 창호 등의 공사를 완성한 하수급인이 공사대금채권 잔액을 변제받기 위하여 위 다세대주택 중 한 세대를 점유하여 유치권을 행사하는 경우, 그 유치권은 위 한 세대에 대하여 시행한 공사대금만이 아니라 다세대주택 전체에 대하여 시행한 공사대금채권의 잔액 전부를 피담보채권으로 하여 성립한다고 본 사례).

③ (O) 경매절차 매수인에게 유치권으로 대항하기 위해서는 경매개시결정 등기에 의한 압류의 효력이 생길 당시에 유치권 행사요건을 구비하여야 한다.

[**대법원** 2005. 8. 19. **선고** 2005**다**22688 **판결**] 채무자 소유의 건물 등 부동산에 강제경매개시결정의 기입등기가 경료되어 압류의 효력이 발생한 이후에 채무자가 위 부동산에 관한 공사대금채권자에게 그 점유를 이전함으로써 그로 하여금 유치권을 취득하게 한 경우, 그와 같은 점유의 이전은 목적물의 교환가치를 감소시킬 우려가 있는 처분행위에 해당하여 민사집행법 제92조 제1항·제83조 제4항에 따른 압류의 처분금지효에 저촉되므로 점유자로서는 위 유치권을 내세워 그 부동산에 관한 경매절차의 매수인에게 대항할 수 없다.

④ (×) 건축자재대금채권은 매매대금채권으로 목적물에 관하여 생긴 채권이라고 볼 수 없다. 유치권의 피담보채권이 될 수 없다.

[**대법원** 2012. 1. 26. **선고** 2011**다**96208 **판결**] 甲이 건물 신축공사 수급인인 乙 주식회사와 체결한 약정에 따라 공사현장에 시멘트와 모래 등의 건축자재를 공급한 사안에서, 甲의 건축자재대금채권은 매매계약에 따른 매매대금채권에 불과할 뿐 건물 자체에 관하여 생긴 채권이라고 할 수는 없음에도 건물에 관한 유치권의 피담보채권이 된다고 본 원심판결에 유치권의 성립요건인 채권과 물건 간의 견련관계에 관한 법리오해의 위법이 있다고 한 사례.

⑤ (O) 유치권자가 보존에 필요한 사용을 한 경우, 그로 인한 이익은 부당이득으로 소유자에게 반환하여야 한다.

[**대법원** 2009. 9. 24. **선고** 2009**다**40684 **판결**] 민법 제324조에 의하면, 유치권자는 선량한 관리자의 주의로 유치물을 점유하여야 하고, 소유자의 승낙 없이 유치물을 보존에 필요한 범위를 넘어 사용하거나 대여 또는 담보제공을 할 수 없으며, 소유자는 유치권자가 위 의무를 위반한 때에는 유치권의 소멸을 청구할 수 있다고 할 것인바, 공사대금채권에 기하여 유치권을 행사하는 자가 스스로 유치물인 주택에 거주하며 사용하는 것은 특별한 사정이 없는 한 유치물인 주택의 보존에 도움이 되는 행위로서 유치물의 보존에 필요한 사용에 해당한다고 할 것이다. 그리고 유치권자가 유치물의 보존에 필요한 사용을 한 경우에도 특별한 사정이 없는 한 차임에 상당한 이득을 소유자에게 반환할 의무가 있다.

정답 ④

7. **유치권에 관한 설명 중 옳지 않은 것은? (다툼이 있는 경우 판례에 의함)** [19 변호사]

① 점유물에 대한 필요비와 유익비 상환청구권에 기초한 유치권 주장을 배척하는 경우 점유가 불법행위로 인하여 개시되었다는 사실에 대한 주장·증명은 유치권 주장의 배척을 구하는 상대방 당사자가 하여야 한다.

② 부동산에 가압류등기가 경료되어 있을 뿐 현실적인 매각절차가 이루어지지 않고 있는 상황에서 적법·유효한 법률행위에 따른 채무자의 점유 이전으로 인하여 제3자가 유치권을 취득하게 될 경우 이를 가압류 채권자에게 대항할 수 없는 처분행위로 볼 수 있다.

③ 유치권부존재확인소송에서 유치권의 요건사실인 유치권의 목적물과 견련관계에 있는 채권의 존재에 대해서는 피고가 주장·증명하여야 한다.

④ 근저당권자는 경매절차에서 유치권 신고를 한 사람을 상대로 그 사람이 경매절차에서 유치권을 내세워 대항할 수 있는 범위를 초과하는 유치권의 부존재확인을 구할 법률상 이익이 있다.

⑤ 채무자 소유의 부동산에 관하여 이미 선행저당권이 설정되어 있는 상태에서 채권자의 상사유치권이 성립한 경우, 상사유치권자는 선행저당권에 기한 임의경매절차에서 부동산을 취득한 매수인에 대한 관계에서는 그 상사유치권으로 대항할 수 없다.

해설

① **(O)** 점유자는 적법하게 점유한 것으로 추정되므로 점유가 불법행위로 개시되었음은 유치권을 배척하고자 하는 자가 증명하여야 한다.

[**대법원** 1966. 6. 7. **선고** 66**다**600·601 **판결**] 피고의 본건 임야에 대한 유익비상환청구권을 기초로 하는 유치권의 주장을 배척하려면, 적어도 피고의 본건 임야에 대한 점유가 불법행위로 인하여 개시되었거나, 유익비 지출당시에 이를 점유할 근원이 없음을 알았거나, 이를 알지 못함이 중대한 과실에 기인하였다고 인정할 만한 사유를, 원고측의 주장·입증에 의하여 인정하여야 할 것이다.

② **(×)** 가압류 후 점유를 이전하는 행위는 가압류채권자가 대항할 수 없는 처분행위라고 할 수 없다.
[**대법원** 2011. 11. 24. **선고** 2009**다**19246 **판결**] 부동산에 가압류등기가 경료되면 채무자가 당해 부동산에 관한 처분행위를 하더라도 이로써 가압류채권자에게 대항할 수 없게 되는데, 여기서 처분행위란 당해 부동산을 양도하거나 이에 대해 용익물권, 담보물권 등을 설정하는 행위를 말하고 특별한 사정이 없는 한 점유의 이전과 같은 사실행위는 이에 해당하지 않는다. 다만 부동산에 경매개시결정의 기입등기가 경료되어 압류의 효력이 발생한 후에 채무자가 제3자에게 당해 부동산의 점유를 이전함으로써 그로 하여금 유치권을 취득하게 하는 경우 그와 같은 점유의 이전은 처분행위에 해당한다는 것이 당원의 판례이나, 이는 어디까지나 경매개시결정의 기입등기가 경료되어 압류의 효력이 발생한 후에 채무자가 당해 부동산의 점유를 이전함으로써 제3자가 취득한 유치권으로 압류채권자에게 대항할 수 있다고 한다면 경매절차에서의 매수인이 매수가격 결정의 기초로 삼은 현황조사보고서나 매각물건명세서 등에서 드러나지 않는 유치권의 부담을 그대로 인수하게 되어 경매절차의 공정성과 신뢰를 현저히 훼손하게 될 뿐만 아니라, 유치권신고 등을 통해 매수신청인이 위와 같은 유치권의 존재를 알게 되는 경우에는 매수가격의 즉각적인 하락이 초래되어 책임재산을 신속하고 적정하게 환가하여 채권자의 만족을 얻게 하려는 민사집행제도의 운영에 심각한 지장을 줄 수 있으므로, 위와 같은 상황하에서는 채무자의 제3자에 대한 점유이전을 압류의 처분금지효에 저촉되는 처분행위로 봄이 타당하다는 취지이다. 따라서 이와 달리 부동산에 가압류등기가 경료되어 있을 뿐 현실적인 매각절차가 이루어지지 않고 있는 상황하에서는 채무자의 점유이전으로 인하여 제3자가 유치권을 취득하게 된다고 하더라도 이를 처분행위로 볼 수는 없다(필자 주 : 토지에 대한 담보권 실행 등을 위한 경매가 개시된 후 그 지상건물에 가압류등기가 경료되었는데, 甲이 채무자인 乙 주식회사에게서 건

물 점유를 이전받아 그 건물에 관한 공사대금채권을 피담보채권으로 한 유치권을 취득하였고, 그 후 건물에 대한 강제경매가 개시되어 丙이 토지와 건물을 낙찰받은 사안에서, 건물에 가압류등기가 경료된 후 乙 회사가 甲에게 건물 점유를 이전한 것은 처분행위에 해당하지 않아 가압류의 처분금지효에 저촉되지 않으므로, 甲은 丙에게 건물에 대한 유치권을 주장할 수 있다고 한 사례).

③ **(O)** 유치권을 주장하는 피고가 유치권의 요건사실을 주장하고 증명하여야 한다.

[**대법원** 2016. 3. 10. **선고** 2013**다**99409 **판결**] 소극적 확인소송에서는 원고가 먼저 청구를 특정하여 채무발생원인 사실을 부정하는 주장을 하면 채권자인 피고는 권리관계의 요건사실에 관하여 주장·증명책임을 부담하므로, 유치권 부존재 확인소송에서 유치권의 요건사실인 유치권의 목적물과 견련관계 있는 채권의 존재에 대해서는 피고가 주장·증명하여야 한다.

④ **(O)** [**대법원** 2016. 3. 10. **선고** 2013**다**99409 **판결**] 민사집행법 제268조에 의하여 담보권의 실행을 위한 경매절차에 준용되는 같은 법 제91조 제5항에 의하면 유치권자는 경락인에 대하여 피담보채권의 변제를 청구할 수는 없지만 자신의 피담보채권이 변제될 때까지 유치목적물인 부동산의 인도를 거절할 수 있어 경매절차의 입찰인들은 낙찰 후 유치권자로부터 경매목적물을 쉽게 인도받을 수 없다는 점을 고려하여 입찰하게 되고 그에 따라 경매목적 부동산이 그만큼 낮은 가격에 낙찰될 우려가 있다. 이와 같이 저가낙찰로 인해 경매를 신청한 근저당권자의 배당액이 줄어들거나 경매목적물 가액과 비교하여 거액의 유치권 신고로 매각 자체가 불가능하게 될 위험은 경매절차에서 근저당권자의 법률상 지위를 불안정하게 하는 것이므로 위 불안을 제거하는 근저당권자의 이익을 단순한 사실상·경제상의 이익이라고 볼 수는 없다. 따라서 근저당권자는 유치권 신고를 한 사람을 상대로 유치권 전부의 부존재뿐만 아니라 경매절차에서 유치권을 내세워 대항할 수 있는 범위를 초과하는 유치권의 부존재 확인을 구할 법률상 이익이 있고, 심리 결과 유치권 신고를 한 사람이 유치권의 피담보채권으로 주장하는 금액의 일부만이 경매절차에서 유치권으로 대항할 수 있는 것으로 인정되는 경우에는 법원은 특별한 사정이 없는 한 그 유치권 부분에 대하여 일부패소의 판결을 하여야 한다.

⑤ **(O)** 상사유치권은 민사유치권과 달리 채무자 소유의 물건에 대해서만 행사할 수 있으므로 선행 저당권을 침해할 수 없다.

[**대법원** 2013. 2. 28. **선고** 2010**다**57350 **판결**] 상사유치권은 민사유치권과 달리 피담보채권이 '목적물에 관하여' 생긴 것일 필요는 없지만 유치권의 대상이 되는 물건은 '채무자 소유'일 것으로 제한되어 있다(상법 제58조, 민법 제320조 제1항 참조). 이와 같이 상사유치권의 대상이 되는 목적물을 '채무자 소유의 물건'에 한정하는 취지는, 상사유치권의 경우에는 목적물과 피담보채권 사이의 견련관계가 완화됨으로써 피담보채권이 목적물에 대한 공익비용적 성질을 가지지 않아도 되므로 피담보채권이 유치권자와 채무자 사이에 발생하는 모든 상사채권으로 무한정 확장될 수 있고, 그로 인하여 이미 제3자가 목적물에 관하여 확보한 권리를 침해할 우려가 있어 상사유치권의 성립범위 또는 상사유치권으로 대항할 수 있는 범위를 제한한 것으로 볼 수 있다. 즉 상사유치권이 채무자 소유의 물건에 대해서만 성립한다는 것은, 상사유치권은 성립 당시 채무자가 목적물에 대하여 보유하고 있는 담보가치만을 대상으로 하는 제한물권이라는 의미를 담고 있다 할 것이고, 따라서 유치권 성립 당시에 이미 목적물에 대하여 제3자가 권리자인 제한물권이 설정되어 있다면, 상사유치권은 그와 같이 제한된 채무자의 소유권에 기초하여 성립할 뿐이고, 기존의 제한물권이 확보하고 있는 담보가치를 사후적으로 침탈하지는 못한다고 보아야 한다. 그러므로 채무자 소유의 부동산에 관하여 이미 선행(선행)저당권이 설정되어 있는 상태에서 채권자의 상사유치권이 성립한 경우, 상사유치권자는 채무자 및 그 이후 채무자로부터 부동산을 양수하거나 제한물권을 설정받는 자에 대해서는 대항할 수 있지만, 선행저당권자 또는 선행저당권에 기한 임의경매절차에서 부동산을 취득한 매수인에 대한 관계에서는 상사유치권으로 대항할 수 없다. 정답 ②

8. **다음 설명 중 「민법」상 유치권 행사가 인정되는 경우를 모두 고른 것은? (다툼이 있는 경우 판례에 의함)** [17 변호사]

ㄱ. 채무자 소유의 부동산에 강제경매개시결정의 기입등기가 경료되어 압류의 효력이 발생한 이후에 채무자가 그 부동산에 관한 공사대금채권자에게 점유를 이전함으로써 유치권을 취득하게 한 경우, 공사대금채권자가 그 부동산에 관한 경매절차의 매수인에게

ㄴ. 채무자 소유 건물의 보수공사를 맡은 수급인이 경매개시결정의 기입등기가 경료되기 전에 위 건물의 점유를 이전받고 경매개시결정의 기입등기가 경료된 후 공사를 완공하여 공사대금채권을 취득한 경우, 수급인이 그 부동산에 관한 경매절차의 매수인에게

ㄷ. 체납처분에 의한 압류가 되어 있는 부동산에 대하여 경매절차가 개시되기 전에 그 부동산에 관한 민사유치권을 취득한 자가 그 후에 진행된 경매절차의 매수인에게

ㄹ. 건물신축 도급계약에서 완성된 건물에 하자가 있고 하자에 상응하는 손해액이 공사잔대금액 이상이어서 도급인이 하자보수청구권에 기하여 수급인의 공사잔대금 채권 전부에 대하여 동시이행항변을 하였으나, 수급인이 도급인에게 하자보수의무의 이행제공을 하지 않은 경우, 건물을 점유하고 있는 수급인이 도급인에게

① ㄷ ② ㄱ, ㄹ ③ ㄴ, ㄷ
④ ㄴ, ㄹ ⑤ ㄷ, ㄹ

해설

ㄱ. **[부정]** 압류의 효력이 발생한 후에 점유를 취득한 경우, 경매절차 매수인에게 유치권을 행사할 수 있는지 묻는 지문이다. 압류의 처분금지 효력에 비추어 경매절차 매수인에게 유치권을 주장할 수는 없다.

[**대법원** 2005. 8. 19. **선고** 2005**다**22688 **판결**] 채무자 소유의 건물 등 부동산에 강제경매개시결정의 기입등기가 경료되어 압류의 효력이 발생한 이후에 채무자가 위 부동산에 관한 공사대금채권자에게 그 점유를 이전함으로써 그로 하여금 유치권을 취득하게 한 경우, 그와 같은 점유의 이전은 목적물의 교환가치를 감소시킬 우려가 있는 처분행위에 해당하여 민사집행법 제92조 제1항·제83조 제4항에 따른 압류의 처분금지효에 저촉되므로 점유자로서는 위 유치권을 내세워 그 부동산에 관한 경매절차의 매수인에게 대항할 수 없다.

ㄴ. **[부정]** 압류의 효력이 발생한 후에 피담보채권의 변제기가 도래한 경우, 경매절차의 매수인에게 유치권을 행사할 수 있는지 묻는 지문이다. 유치권의 행사요건은 압류 전에 취득하였어야 한다. 압류의 효력이 발생한 후에 공사대금채권을 취득하거나 공사대금채권의 변제기가 도래한 때에는 경매절차 매수인에게 유치권을 행사할 수 없다.

[**대법원** 2011. 10. 13. **선고** 2011**다**55214 **판결**] 유치권은 목적물에 관하여 생긴 채권이 변제기에 있는 경우에 비로소 성립하고, 한편 채무자 소유의 부동산에 경매개시결정의 기입등기가 마쳐져 압류의 효력이 발생한 후에 유치권을 취득한 경우에는 그로써 부동산에 관한 경매절차의 매수인에게 대항할 수 없는데, 채무자 소유의 건물에 관하여 증·개축 등 공사를 도급받은 수급인이 경매개시결정의 기입등기가 마쳐지기 전에 채무자에게서 건물의 점유를 이전받았다 하더라도 경매개시결정의 기입등기가 마쳐져 압류의 효력이 발생한 후에 공사를 완공하여 공사대금채권을 취득함으로써 그때 비로소 유치권이 성립한 경우에는, 수급인은 유치권을 내세워 경매절차의 매수인에게 대항할 수 없다.

ㄷ. **[인정]** 체납처분 압류 후 경매절차 개시 전에 유치권을 취득한 경우에 경매절차 매수인에게 유치권을 행사할 수 있다. 체납처분 압류의 경우에는 민사집행법상 압류와 달리 곧바로 경매절차로 이행

되지 아니하므로 경매절차 개시 전에 유치권을 취득하였다면 유치권으로 경매절차 매수인에게 대항할 수 있다.

[**대법원** 2014. 3. 20. **선고** 2009**다**60336 **전원합의체 판결**] 부동산에 관한 민사집행절차에서는 경매개시결정과 함께 압류를 명하므로 압류가 행하여짐과 동시에 매각절차인 경매절차가 개시되는 반면, 국세징수법에 의한 체납처분절차에서는 그와 달리 체납처분에 의한 압류(이하 '체납처분압류'라고 한다)와 동시에 매각절차인 공매절차가 개시되는 것이 아닐 뿐만 아니라, 체납처분압류가 반드시 공매절차로 이어지는 것도 아니다. 또한 체납처분절차와 민사집행절차는 서로 별개의 절차로서 공매절차와 경매절차가 별도로 진행되는 것이므로, 부동산에 관하여 체납처분압류가 되어 있다고 하여 경매절차에서 이를 그 부동산에 관하여 경매개시결정에 따른 압류가 행하여진 경우와 마찬가지로 볼 수는 없다. 따라서 체납처분압류가 되어 있는 부동산이라고 하더라도 그러한 사정만으로 경매절차가 개시되어 경매개시결정등기가 되기 전에 부동산에 관하여 민사유치권을 취득한 유치권자가 경매절차의 매수인에게 유치권을 행사할 수 없다고 볼 것은 아니다.

ㄹ. **[부정]** 공사대금채권 전부에 관하여 동시이행의 항변권이 인정되는 경우, 공사대금채권을 피담보채권으로 하는 유치권을 행사할 수 있는지 묻는 지문이다. 만약 유치권을 인정한다면 상대방의 동시이행의 항변권은 무의미한 것으로 되기 때문에 유치권을 인정하지 않는다.

[**대법원** 2014. 1. 16. **선고** 2013**다**30653 **판결**] 수급인의 공사대금채권이 도급인의 하자보수청구권 내지 하자보수에 갈음한 손해배상채권 등과 동시이행의 관계에 있는 점 및 피담보채권의 변제기 도래를 유치권의 성립요건으로 규정한 취지 등에 비추어 보면, 건물신축 도급계약에서 수급인이 공사를 완성하였더라도, 신축된 건물에 하자가 있고 그 하자 및 손해에 상응하는 금액이 공사잔대금액 이상이어서, 도급인이 수급인에 대한 하자보수청구권 내지 하자보수에 갈음한 손해배상채권 등에 기하여 수급인의 공사잔대금 채권 전부에 대하여 동시이행의 항변을 한 때에는, 공사잔대금 채권의 변제기가 도래하지 아니한 경우와 마찬가지로 수급인은 도급인에 대하여 하자보수의무나 하자보수에 갈음한 손해배상의무 등에 관한 이행의 제공을 하지 아니한 이상 공사잔대금 채권에 기한 유치권을 행사할 수 없다고 보아야 한다. 정답 ①

9. **상인이 아닌 甲은 乙에게 甲 소유의 X 건물을 보수하는 공사를 도급하면서 공사기간은 2개월로 하고, 공사대금의 변제기는 공사완료 시로 약정하였다. 甲은 도급계약 당일 乙에게 보수공사를 위하여 X 건물을 인도하였다. 乙은 보수공사를 마쳤으나 공사대금을 받지 못하여 X 건물을 계속 점유하고 있다. 옳은 것을 모두 고른 것은? (각 지문은 독립적이며, 다툼이 있는 경우 판례에 의함)** [16 변호사]

ㄱ. X 건물에 관하여 도급계약 전에 제3자의 근저당권이 설정되었다가 보수공사가 완료된 후에 그 근저당권에 기한 경매개시결정의 기입등기가 마쳐져 압류의 효력이 발생한 경우 乙은 유치권을 주장하여 그 경매에서의 매수인에게 인도를 거절할 수 있다.

ㄴ. X 건물에 관하여 도급계약 전에 제3자의 신청에 의한 강제경매개시결정의 기입등기가 마쳐져 압류의 효력이 발생한 경우 乙은 유치권을 주장하여 그 경매에서의 매수인에게 인도를 거절할 수 있다.

ㄷ. X 건물에 관하여 도급계약 전에 제3자 명의의 가압류등기가 마쳐졌다가 보수공사 완료 후에 강제경매개시결정의 기입등기가 마쳐져 압류의 효력이 발생한 경우 乙은 유치권을 주장하여 그 경매에서의 매수인에게 인도를 거절할 수 있다.

ㄹ. X 건물에 관하여 보수공사 개시 후 완료 전에 제3자의 신청에 의하여 경매개시결정의 기입등기가 마쳐져 압류의 효력이 발생한 경우 乙은 유치권을 주장하여 그 경매에서의 매수인에게 인도를 거절할 수 있다.

① ㄱ ② ㄴ ③ ㄱ, ㄷ
④ ㄱ, ㄷ, ㄹ ⑤ ㄴ, ㄷ, ㄹ

해설

ㄱ. (O) 저당권이 설정된 후 유치권을 취득한 자가 그 후 저당권실행경매절차의 매수인에게 유치권으로 대항할 수 있는지를 묻는 지문이다. 경매개시결정등기 전에 유치권의 요건을 갖춘 때에는 유치권으로 대항할 수 있다.

[**대법원** 2014. 4. 10. **선고** 2010**다**84932 **판결**] 어느 부동산에 관하여 경매개시결정등기가 된 뒤에 비로소 민사유치권을 취득한 사람은 경매절차의 매수인에 대하여 그의 유치권을 주장할 수 없다. 이러한 법리는 어디까지나 경매절차의 법적 안정성을 보장하기 위한 것이므로, 경매개시결정등기가 되기 전에 이미 그 부동산에 관하여 민사유치권을 취득한 사람은 그 취득에 앞서 저당권설정등기나 가압류등기 또는 체납처분압류등기가 먼저 되어 있다 하더라도 경매절차의 매수인에게 자기의 유치권으로 대항할 수 있다.

ㄴ. (×) 압류 후에 유치권을 취득한 자가 경매절차 매수인에게 유치권으로 대항할 수 있는지를 묻는 지문이다. 압류의 처분금지효로 인하여 유치권으로 대항할 수 없다.

[**대법원** 2005. 8. 19. **선고** 2005**다**22688 **판결**] 채무자 소유의 건물 등 부동산에 강제경매개시결정의 기입등기가 경료되어 압류의 효력이 발생한 이후에 채무자가 위 부동산에 관한 공사대금채권자에게 그 점유를 이전함으로써 그로 하여금 유치권을 취득하게 한 경우, 그와 같은 점유의 이전은 목적물의 교환가치를 감소시킬 우려가 있는 처분행위에 해당하여 민사집행법 제92조 제1항·제83조 제4항에 따른 압류의 처분금지효에 저촉되므로 점유자로서는 위 유치권을 내세워 그 부동산에 관한 경매절차의 매수인에게 대항할 수 없다.

ㄷ. (O) 가압류등기 후 압류 전에 유치권을 취득한 경우, 경매절차 매수인에게 유치권으로 대항할 수 있는지를 묻는 지문이다. 가압류채권자에게 대항하지 못하는 가압류채무자의 처분이란 가압류 목적인 부동산을 양도하거나 제한물권을 설정하는 행위를 말하고, 점유의 이전과 같은 사실행위는 포함되지 않는다. 따라서 가압류 후 압류 전에 수급인이 목적부동산을 인도받아 유치권을 취득하였다면 경매절차 매수인에게 유치권으로 대항할 수 있다.

[**대법원** 2011. 11. 24. **선고** 2009**다**19246 **판결**] 부동산에 가압류등기가 경료되면 채무자가 당해 부동산에 관한 처분행위를 하더라도 이로써 가압류채권자에게 대항할 수 없게 되는데, 여기서 처분행위란 당해 부동산을 양도하거나 이에 대해 용익물권, 담보물권 등을 설정하는 행위를 말하고 특별한 사정이 없는 한 점유의 이전과 같은 사실행위는 이에 해당하지 않는다. 다만 부동산에 경매개시결정의 기입등기가 경료되어 압류의 효력이 발생한 후에 채무자가 제3자에게 당해 부동산의 점유를 이전함으로써 그로 하여금 유치권을 취득하게 하는 경우 그와 같은 점유의 이전은 처분행위에 해당한다는 것이 당원의 판례이나, 이는 어디까지나 경매개시결정의 기입등기가 경료되어 압류의 효력이 발생한 후에 채무자가 당해 부동산의 점유를 이전함으로써 제3자가 취득한 유치권으로 압류채권자에게 대항할 수 있다고 한다면 경매절차에서의 매수인이 매수가격 결정의 기초로 삼은 현황조사보고서나 매각물건명세서 등에서 드러나지 않는 유치권의 부담을 그대로 인수하게 되어 경매절차의 공정성과 신뢰를 현저히 훼손하게 될 뿐만 아니라, 유치권신고 등을 통해 매수신청인이 위와 같은 유치권의 존재를 알게 되는 경우에는 매수가격의 즉각적인 하락이 초래되어 책임재산을 신속하고 적정하게 환가하여 채권자의 만족을 얻게 하려는 민사집행제도의 운영에 심각한 지장을 줄 수 있으므로, 위와 같은 상황하에서는 채무자의 제3자에 대한 점유이전을 압류의 처분금지효에 저촉되는 처분행위로 봄이 타당하다는 취지이다. 따라서 이와 달리 부동산에 가압류등기가 경료되어 있을 뿐 현실적인 매각절차가 이루어지지 않고 있는 상황하에서는 채무자의 점유이전으로 인하여 제3자가

유치권을 취득하게 된다고 하더라도 이를 처분행위로 볼 수는 없다(필자 주 : 토지에 대한 담보권 실행 등을 위한 경매가 개시된 후 그 지상건물에 가압류등기가 경료되었는데, 甲이 채무자인 乙 주식회사에게서 건물 점유를 이전받아 그 건물에 관한 공사대금채권을 피담보채권으로 한 유치권을 취득하였고, 그 후 건물에 대한 강제경매가 개시되어 丙이 토지와 건물을 낙찰받은 사안에서, 건물에 가압류등기가 경료된 후 乙 회사가 甲에게 건물 점유를 이전한 것은 처분행위에 해당하지 않아 가압류의 처분금지효에 저촉되지 않으므로, 甲은 丙에게 건물에 대한 유치권을 주장할 수 있다고 한 사례).

ㄹ. (×) 압류 전에 인도받았으나, 압류 후에 피담보채권의 변제기가 도래한 경우, 경매절차 매수인에게 유치권으로 대항할 수 있는지를 묻는 지문이다. 유치권은 변제기가 도래하여야 행사할 수 있고, 변제기 도래 전에 압류가 된 때에는 경매절차 매수인에게 유치권으로 대항할 수 없다.

[**대법원** 2011. 10. 13. **선고** 2011**다**55214 **판결**] 유치권은 목적물에 관하여 생긴 채권이 변제기에 있는 경우에 비로소 성립하고, 한편 채무자 소유의 부동산에 경매개시결정의 기입등기가 마쳐져 압류의 효력이 발생한 후에 유치권을 취득한 경우에는 그로써 부동산에 관한 경매절차의 매수인에게 대항할 수 없는데, 채무자 소유의 건물에 관하여 증·개축 등 공사를 도급받은 수급인이 경매개시결정의 기입등기가 마쳐지기 전에 채무자에게서 건물의 점유를 이전받았다 하더라도 경매개시결정의 기입등기가 마쳐져 압류의 효력이 발생한 후에 공사를 완공하여 공사대금채권을 취득함으로써 그때 비로소 유치권이 성립한 경우에는, 수급인은 유치권을 내세워 경매절차의 매수인에게 대항할 수 없다. 정답 ③

10. **甲은 X 건물의 소유자이다. 乙은 甲에 대하여 X 건물에 관한 공사대금채권을 근거로 X 건물을 점유하면서 유치권을 주장하고 있다. 한편, 이 건물에 대하여 저당권을 설정받았던 丙이 피담보채무가 변제되지 않자 경매를 신청하여 경매절차가 진행되었고, 이에 따라 丁은 X 건물을 매수하였다. 다음 설명 중 옳은 것은? (각 지문은 독립적이고, 다툼이 있는 경우 판례에 의함)** [15 변호사]

① 乙이 X 건물에 대하여 적법한 유치권을 취득한 경우, 乙은 위 경매절차에서 우선변제권을 주장하여 甲의 일반채권자보다 우선하여 배당받을 수 있다.

② 乙이 丁에 대하여 유치권을 행사할 수 있는 경우에는 乙은 丁에 대하여 공사대금의 지급을 청구할 수 있다.

③ 만약 乙이 경매개시결정 기입등기 이전부터 X 건물을 점유하고 있었다면, 그 이후에 공사대금채권을 취득하더라도 乙은 丁에 대하여 유치권으로 대항할 수 있다.

④ 경매개시결정 기입등기 이후에 乙이 甲으로부터 점유를 취득하였더라도 乙은 丁에게 유치권으로 대항할 수 있다.

⑤ 유치권을 취득하기 위한 乙의 점유는 직접점유이든 간접점유이든 관계가 없으나, 乙이 직접점유자인 甲으로부터 간접점유를 취득한 경우에는 乙은 유치권을 행사할 수 없다.

해설

① (×) 유치권자에게 우선변제권이 인정되는지를 묻는 지문이다. 유치권은 목적물을 점유하고 반환을 거절함으로써 채권변제를 강제하는 담보물권으로 우선변제권능을 가지지 않는다.

[**대법원** 2011. 6. 15. **자** 2010**마**1059 **결정**] 민사집행법 제91조 제2항, 제3항, 제268조는 경매의 대부분을 차지하는 강제경매와 담보권 실행을 위한 경매에서 소멸주의를 원칙으로 하고 있을 뿐만 아니라 이를 전제로 하여 배당요구의 종기결정이나 채권신고의 최고, 배당요구, 배당절차 등에 관하여 상세히 규정하고 있는 점, 민법 제322조 제1항에 "유치권자는 채권의 변제를 받기 위하여 유치물을 경매할 수 있다."고 규정하고 있는데, 유치권에 의한 경매에도 채권자와 채무자의 존재를 전제로 하고 채권의 실현·만족을 위한 경매를 상정하고 있는 점, 반면에 인수주의를 취할 경우 필요하다고

보이는 목적부동산 위의 부담의 존부 및 내용을 조사·확정하는 절차에 대하여 아무런 규정이 없고 인수되는 부담의 범위를 제한하는 규정도 두지 않아, 유치권에 의한 경매를 인수주의를 원칙으로 진행하면 매수인의 법적 지위가 매우 불안정한 상태에 놓이게 되는 점, 인수되는 부담의 범위를 어떻게 설정하느냐에 따라 인수주의를 취하는 것이 오히려 유치권자에게 불리해질 수 있는 점 등을 함께 고려하면, 유치권에 의한 경매도 강제경매나 담보권 실행을 위한 경매와 마찬가지로 목적부동산 위의 부담을 소멸시키는 것을 법정매각조건으로 하여 실시되고 우선채권자뿐만 아니라 일반채권자의 배당요구도 허용되며, 유치권자는 일반채권자와 동일한 순위로 배당을 받을 수 있다고 보아야 한다. 다만 집행법원은 부동산 위의 이해관계를 살펴 위와 같은 법정매각조건과는 달리 매각조건 변경결정을 통하여 목적부동산 위의 부담을 소멸시키지 않고 매수인으로 하여금 인수하도록 정할 수 있다.

② (×) 경매절차 매수인이 유치권의 부담을 인수하는 경우, 유치권자가 피담보채무의 지급을 청구할 수 있는지를 묻는 지문이다. 유치권의 부담을 인수할 뿐 피담보채무를 인수하는 것은 아니므로 이행을 청구할 수는 없다.

[**대법원** 1996. 8. 23. **선고** 95**다**8713 **판결**] 민사소송법 제728조에 의하여 담보권의 실행을 위한 경매절차에 준용되는 같은 법 제608조 제3항(필자 註 : 민사집행법 제91조 제5항)은 경락인은 유치권자에게 그 유치권으로 담보하는 채권을 변제할 책임이 있다고 규정하고 있는 바, 여기에서 "변제할 책임이 있다"는 의미는 부동산상의 부담을 승계한다는 취지로서 인적 채무까지 인수한다는 취지는 아니므로, 유치권자는 경락인에 대하여 그 피담보채권의 변제가 있을 때까지 유치목적물인 부동산의 인도를 거절할 수 있을 뿐이고 그 피담보채권의 변제를 청구할 수는 없다.

③ (×) 경매개시결정 등기 후에 유치권의 피담보채권을 취득한 때에도 경매절차 매수인에 대하여 유치권을 행사할 수 있는지를 묻는 지문이다. 경매개시결정 등기 전에 유치권의 유견을 구비하여야 경매절차 매수인에 대하여 유치권을 행사할 수 있다.

[**대법원** 2011. 10. 13. **선고** 2011**다**55214 **판결**] 유치권은 목적물에 관하여 생긴 채권이 변제기에 있는 경우에 비로소 성립하고, 한편 채무자 소유의 부동산에 경매개시결정의 기입등기가 마쳐져 압류의 효력이 발생한 후에 유치권을 취득한 경우에는 그로써 부동산에 관한 경매절차의 매수인에게 대항할 수 없는데, 채무자 소유의 건물에 관하여 증·개축 등 공사를 도급받은 수급인이 경매개시결정의 기입등기가 마쳐지기 전에 채무자에게서 건물의 점유를 이전받았다 하더라도 경매개시결정의 기입등기가 마쳐져 압류의 효력이 발생한 후에 공사를 완공하여 공사대금채권을 취득함으로써 그때 비로소 유치권이 성립한 경우에는, 수급인은 유치권을 내세워 경매절차의 매수인에게 대항할 수 없다.

④ (×) 경매개시결정 등기 이후에 점유를 취득한 때에도 경매절차 매수인에 대하여 유치권을 행사할 수 있는지를 묻는 지문이다. 경매개시 결정 등기 전에 유치권의 요건을 구비하여야 경매절차 매수인에 대하여 유치권을 행사할 수 있다.

[**대법원** 2005. 8. 19. **선고** 2005**다**22688 **판결**] 채무자 소유의 건물 등 부동산에 강제경매개시결정의 기입등기가 경료되어 압류의 효력이 발생한 이후에 채무자가 위 부동산에 관한 공사대금채권자에게 그 점유를 이전함으로써 그로 하여금 유치권을 취득하게 한 경우, 그와 같은 점유의 이전은 목적물의 교환가치를 감소시킬 우려가 있는 처분행위에 해당하여 민사집행법 제92조 제1항·제83조 제4항에 따른 압류의 처분금지효에 저촉되므로 점유자로서는 위 유치권을 내세워 그 부동산에 관한 경매절차의 매수인에게 대항할 수 없다.

⑤ (O) 채무자를 점유매개자로 하는 간접점유에 의하여 유치권을 행사할 수 있는지를 묻는 지문이다. 유치적 권능을 인정하기 어렵기 때문에 유치권을 행사할 수 없다.

[**대법원** 2008. 4. 11. **선고** 2007**다**27236 **판결**] 유치권의 성립요건이자 존속요건인 유치권자의 점유는 직접점유이든 간접점유이든 관계가 없으나, 다만 유치권은 목적물을 유치함으로써 채무자의 변제를 간접적으로 강제하는 것을 본체적 효력으로 하는 권리인 점 등에 비추어, 그 직접점유자가 채무자인 경우에는 유치권의 요건으로서의 점유에 해당하지 않는다고 할 것이다. 정답 ⑤

11. **민사상 유치권에 관한 설명 중 옳지 않은 것은? (각 지문은 독립적이고, 다툼이 있는 경우에는 판례에 의함)** [14 변호사]

① 甲 소유의 주택의 증축공사를 공사대금 지급시기를 정하지 않고 도급받은 乙이 경매개시결정의 기입등기가 마쳐지기 전에 甲으로부터 위 주택의 점유를 이전받았으나 그 기입등기가 마쳐진 후에 공사를 완공한 경우, 乙은 그 공사대금채권을 피담보채권으로 한 유치권을 내세워 그 주택에 관한 경매절차의 매수인에게 대항할 수 있다.

② 乙이 공사대금채권을 피담보채권으로 하여 甲 소유의 주택에 대하여 유치권을 행사하면서 스스로 그 주택에 거주하며 사용하더라도 甲은 위 유치권의 소멸을 청구할 수 없다.

③ 甲이 丙으로부터 건물 신축공사를 수급한 乙과 체결한 약정에 따라 그 공사현장에 시멘트를 공급하여 취득한 물품대금채권을 피담보채권으로 하여서는 甲은 그 신축된 건물에 관하여 유치권을 취득할 수 없다.

④ 甲 소유의 토지에 근저당권이 설정된 후에 甲이 위 토지에 관한 공사대금채권자 乙에게 위 토지의 점유를 이전함으로써 乙로 하여금 유치권을 취득하게 한 경우, 乙은 원칙적으로 위 유치권을 내세워 그 후 위 근저당권 실행을 위한 그 토지에 관한 경매절차의 매수인에게 대항할 수 있다.

⑤ 甲이 乙에게 토지를 매도하고 매매대금을 다 지급받지 않은 상태에서 소유권이전등기를 마쳐주었으나 토지를 계속 점유하고 있다고 하더라도 甲은 그 매매대금채권을 피담보채권으로 하여 乙로부터 토지를 매수한 丁에게 유치권을 주장할 수 없다.

해설

① **(×)** 수급인이 공사대금채권을 피담보채권으로 하여 유치목적물에 대한 경매절차 매수인에 대하여 유치권을 주장할 수 있는지를 묻는 지문이다. 유치권의 효력은 경매절차 매수인에게도 주장할 수 있지만, 적어도 압류의 효력이 생기기 전에 유치권의 요건을 갖추어야 한다. 비록 압류 전에 점유를 취득하였다고 하더라도 피담보채권의 이행기가 압류 이후에 도래하는 때에는 경매절차 매수인에게 유치권으로 대항할 수 없다.

[**대법원** 2013. 6. 27. **선고** 2011**다**50165 **판결**] 유치권은 그 목적물에 관하여 생긴 채권이 변제기에 있는 경우에 비로소 성립하고(민법 제320조), 한편 채무자 소유의 부동산에 경매개시결정의 기입등기가 마쳐져 압류의 효력이 발생한 후에 유치권을 취득한 경우에는 그로써 부동산에 관한 경매절차의 매수인에게 대항할 수 없다. 따라서 채무자 소유의 건물에 관하여 증·개축 등 공사를 도급받은 수급인이 경매개시결정의 기입등기가 마쳐지기 전에 채무자로부터 건물의 점유를 이전받았다 하더라도 경매개시결정의 기입등기가 마쳐져 압류의 효력이 발생한 후에 공사를 완공하여 공사대금채권을 취득함으로써 그때 비로소 유치권이 성립한 경우에는, 수급인은 유치권을 내세워 경매절차의 매수인에게 대항할 수 없다.

② **(○)** 유치권자가 유치목적물을 스스로 사용하는 것이 유치권 소멸사유에 해당하는지를 묻는 지문이다. 유치권자는 채무자의 승낙 없이 유치물의 사용, 대여 또는 담보제공을 하지 못하고, 유치권자가 이를 위반하면 채무자는 유치권의 소멸을 청구할 수 있다(제324조 제2항, 제3항). 그러나 유치물의 보존에 필요한 사용은 그러하지 아니하다(제324조 제2항 단서). 유치권자가 공사대금채권자가 공사목적물인 주택에 거주하면서 스스로 사용하는 것이 보존에 필요한 사용에 해당하는지가 본 지문의 쟁점이다. 대법원은 유치목적물이 주택인 경우, 유치권자는 그 보존을 위하여 주택을 사용할 수 있다고 본다. 다만, 사용에 따른 이득은 부당이득으로 반환되어야 한다.

[**대법원** 2009. 9. 24. **선고** 2009**다**40684 **판결**] 민법 제324조에 의하면, 유치권자는 선량한 관리자의 주의로 유치물을 점유하여야 하고, 소유자의 승낙 없이 유치물을 보존에 필요한 범위를 넘어 사용하거나 대여 또는 담보제공을 할 수 없으며, 소유자는 유치권자가 위 의무를 위반한 때에는 유치권의 소멸을 청구할 수 있다고 할 것인바, 공사대금채권에 기하여 유치권을 행사하는 자가 스스로 유치물인 주택에 거주하며 사용하는 것은 특별한 사정이 없는 한 유치물인 주택의 보존에 도움이 되는 행위로서 유치물의 보존에 필요한 사용에 해당한다고 할 것이다. 그리고 유치권자가 유치물의 보존에 필요한 사용을 한 경우에도 특별한 사정이 없는 한 차임에 상당한 이득을 소유자에게 반환할 의무가 있다.

③ (O) 물품공급대금채권을 피담보채권으로 하는 유치권이 인정되는지를 묻는 지문이다. 유치권의 피담보채권은 목적물에 관하여 발생한 채권이어야 한다. 물품공급대금채권은 매매대금채권으로 목적물에 관하여 생긴 채권으로 볼 수 없다. 따라서 유치권의 피담보채권이 될 수 없다.

[**대법원** 2012. 1. 26. **선고** 2011**다**96208 **판결**] 甲이 건물 신축공사 수급인인 乙 주식회사와 체결한 약정에 따라 공사현장에 시멘트와 모래 등의 건축자재를 공급한 사안에서, 甲의 건축자재대금채권은 매매계약에 따른 매매대금채권에 불과할 뿐 건물 자체에 관하여 생긴 채권이라고 할 수는 없음에도 건물에 관한 유치권의 피담보채권이 된다고 본 원심판결에 유치권의 성립요건인 채권과 물건 간의 견련관계에 관한 법리오해의 위법이 있다고 한 사례.

④ (O) 근저당권이 설정된 후 유치권을 취득한 경우, 경매절차 매수인에 대하여 유치권을 주장할 수 있는지를 묻는 지문이다. 근저당권이 설정되었다고 하더라도 근저당목적물의 처분이 제한되는 것은 아니다. 따라서 그 후에 유치권을 취득한 자는 경매절차 매수인에 대하여 유치권을 주장할 수 있다. 이 점은 상사유치권과 다른 점이다.

[**대법원** 1996. 8. 23. **선고** 95**다**8713 **판결**] 민사소송법 제728조에 의하여 담보권의 실행을 위한 경매절차에 준용되는 같은 법 제608조 제3항(필자 註 : 민사집행법 제91조 제5항)은 경락인은 유치권자에게 그 유치권으로 담보하는 채권을 변제할 책임이 있다고 규정하고 있는 바, 여기에서 "변제할 책임이 있다"는 의미는 부동산상의 부담을 승계한다는 취지로서 인적 채무까지 인수한다는 취지는 아니므로, 유치권자는 경락인에 대하여 그 피담보채권의 변제가 있을 때까지 유치목적물인 부동산의 인도를 거절할 수 있을 뿐이고 그 피담보채권의 변제를 청구할 수는 없다.

[**대법원** 2013. 2. 28. **선고** 2010**다**57350 **판결**] 상사유치권은 민사유치권과 달리 피담보채권이 '목적물에 관하여' 생긴 것일 필요는 없지만 유치권의 대상이 되는 물건은 '채무자 소유'일 것으로 제한되어 있다(상법 제58조, 민법 제320조 제1항 참조). 이와 같이 상사유치권의 대상이 되는 목적물을 '채무자 소유의 물건'에 한정하는 취지는, 상사유치권의 경우에는 목적물과 피담보채권 사이의 견련관계가 완화됨으로써 피담보채권이 목적물에 대한 공익비용적 성질을 가지지 않아도 되므로 피담보채권이 유치권자와 채무자 사이에 발생하는 모든 상사채권으로 무한정 확장될 수 있고, 그로 인하여 이미 제3자가 목적물에 관하여 확보한 권리를 침해할 우려가 있어 상사유치권의 성립범위 또는 상사유치권으로 대항할 수 있는 범위를 제한한 것으로 볼 수 있다. 즉 상사유치권이 채무자 소유의 물건에 대해서만 성립한다는 것은, 상사유치권은 성립 당시 채무자가 목적물에 대하여 보유하고 있는 담보가치만을 대상으로 하는 제한물권이라는 의미를 담고 있다 할 것이고, 따라서 유치권 성립 당시에 이미 목적물에 대하여 제3자가 권리자인 제한물권이 설정되어 있다면, 상사유치권은 그와 같이 제한된 채무자의 소유권에 기초하여 성립할 뿐이고, 기존의 제한물권이 확보하고 있는 담보가치를 사후적으로 침탈하지는 못한다고 보아야 한다. 그러므로 채무자 소유의 부동산에 관하여 이미 선행(先行)저당권이 설정되어 있는 상태에서 채권자의 상사유치권이 성립한 경우, 상사유치권자는 채무자 및 그 이후 채무자로부터 부동산을 양수하거나 제한물권을 설정받는 자에 대해서는 대항할 수 있지만, 선행저당권자 또는 선행저당권에 기한 임의경매절차에서 부동산을 취득한 매수인에 대한 관계에서는 상사유치권으로 대항할 수 없다.

⑤ **(O)** 매매대금채권을 피담보채권으로 하는 유치권이 인정되는지를 묻는 지문이다. 매매대금채권은 매매목적물에 관하여 생긴 채권이라고 할 수 없으므로 유치권의 피담보채권이 될 수 없다. 따라서 매도인이 아직 지급받지 못한 매매대금채권을 피담보채권으로 하여 매수인으로부터 부동산을 전득한 자에 대하여 유치권을 행사할 수는 없다.

[**대법원** 2012. 1. 12. **자** 2011**마**2380 **결정**] 부동산 매도인이 매매대금을 다 지급받지 아니한 상태에서 매수인에게 소유권이전등기를 마쳐주어 목적물의 소유권을 매수인에게 이전한 경우에는, 매도인의 목적물인도의무에 관하여 동시이행의 항변권 외에 물권적 권리인 유치권까지 인정할 것은 아니다. 왜냐하면 법률행위로 인한 부동산물권변동의 요건으로 등기를 요구함으로써 물권관계의 명확화 및 거래의 안전·원활을 꾀하는 우리 민법의 기본정신에 비추어 볼 때, 만일 이를 인정한다면 매도인은 등기에 의하여 매수인에게 소유권을 이전하였음에도 매수인 또는 그의 처분에 기하여 소유권을 취득한 제3자에 대하여 소유권에 속하는 대세적인 점유의 권능을 여전히 보유하게 되는 결과가 되어 부당하기 때문이다. 또한 매도인으로서는 자신이 원래 가지는 동시이행의 항변권을 행사하지 아니하고 자신의 소유권이전의무를 선이행함으로써 매수인에게 소유권을 넘겨 준 것이므로 그에 필연적으로 부수하는 위험은 스스로 감수하여야 한다. 따라서 매도인이 부동산을 점유하고 있고 소유권을 이전받은 매수인에게서 매매대금 일부를 지급받지 못하고 있다고 하여 매매대금채권을 피담보채권으로 매수인이나 그에게서 부동산 소유권을 취득한 제3자를 상대로 유치권을 주장할 수 없다.

정답 ①

12. **甲은 乙과 乙 소유 X 주택에 대한 공사도급계약을 체결하고 공사대금은 완공과 동시에 일괄 지급받기로 했다. 甲이 공사를 완성했는데도 乙은 공사대금을 지급하지 않은 채 X 주택의 인도를 청구하였고, 甲은 적법한 유치권을 행사하면서 X 주택에 거주하고 있다. X 주택의 부지인 Y 토지는 丁의 소유이다. 이에 관한 설명 중 옳은 것을 모두 고른 것은? (각 지문은 독립적이며, 다툼이 있는 경우 판례에 의함)**

[25 변호사]

ㄱ. 甲이 X 주택에 관하여 유익비를 지출한 경우, 甲은 X 주택의 가액 증가가 현존한 경우에 한해 乙의 선택에 따라 그 지출한 금액이나 증가액의 상환을 乙에게 청구할 수 있다.
ㄴ. 甲은 丁에 대해 X 주택에 거주한 기간 동안 Y 토지의 사용·수익으로 인해 발생한 차임 상당 부당이득반환의무를 부담하지 않는다.
ㄷ. 甲의 유치권에 의한 X 주택 경매절차에서 매각이 이루어진 경우, 乙의 채권자 B가 신청한 X 주택 경매절차에서 매각이 이루어진 경우와 마찬가지로 甲의 유치권은 소멸하지 않는다.
ㄹ. 乙의 채권자 B가 신청한 경매절차에서 丙이 X 주택을 매수한 경우, 甲의 채권자 A가 '甲이 X 주택을 丙에게 인도해 줌과 동시에 丙으로부터 지급받을 채권'에 대하여 압류 및 추심명령을 신청하는 것은 허용된다.

① ㄱ ② ㄱ, ㄴ ③ ㄷ, ㄹ
④ ㄱ, ㄴ, ㄷ ⑤ ㄱ, ㄴ, ㄹ

해설

ㄱ. **(O)** 유치권자가 유치물에 관하여 유익비를 지출한 때에는 그 가액의 증가가 현존한 경우에 한하여 소유자의 선택에 좇아 그 지출한 금액이나 증가액의 상환을 청구할 수 있다. 그러나 법원은 소유자의 청구에 의하여 상당한 상환기간을 허여할 수 있다(제325조 제2항).

ㄴ. (○) 판례는 사회통념상 건물은 그 부지를 떠나서는 존재할 수 없으므로 건물의 부지가 된 토지는 건물의 소유자가 점유하는 것이고, 이 경우 건물의 소유자가 현실적으로 건물이나 그 부지를 점거하고 있지 않다 하더라도 건물의 소유를 위하여 그 부지를 점유한다고 보아야 한다. 건물의 유치권자는 건물의 소유자가 아니므로 그 건물의 부지 부분을 점유·사용하였다고 볼 수 없다고 본다(2009다28462). 따라서 **甲은 丁에 대해 X 주택에 거주한 기간 동안 Y 토지의 사용·수익으로 인해 발생한 차임 상당 부당이득반환의무를 부담하지 않는다.**

ㄷ. (×) 판례는 유치권에 의한 경매에도 채권자와 채무자의 존재를 전제로 하고 채권의 실현·만족을 위한 경매를 상정하고 있는 점, 반면에 인수주의를 취할 경우 필요하다고 보이는 목적부동산 위의 부담의 존부 및 내용을 조사·확정하는 절차에 대하여 아무런 규정이 없고 인수되는 부담의 범위를 제한하는 규정도 두지 않아, 유치권에 의한 경매를 인수주의를 원칙으로 진행하면 매수인의 법적 지위가 매우 불안정한 상태에 놓이게 되는 점, 인수되는 부담의 범위를 어떻게 설정하느냐에 따라 인수주의를 취하는 것이 오히려 유치권자에게 불리해질 수 있는 점 등을 함께 고려하면, 유치권에 의한 경매도 강제경매나 담보권 실행을 위한 경매와 마찬가지로 목적부동산 위의 부담을 소멸시키는 것을 법정매각조건으로 하여 실시된다고 본다(2010마1059). 따라서 **甲의 유치권에 의한 X 주택 경매절차에서 매각이 이루어진 경우, 乙의 채권자 B가 신청한 X 주택 경매절차에서 매각이 이루어진 경우와 달리 甲의 유치권은 소멸한다.**

ㄹ. (×) 판례는 채무자가 유치권 행사 과정에서 제3채무자로부터 이 사건 공사대금을 변제받을 수 있다 하더라도, 이는 이 사건 공사대금에 관한 채권을 소멸시키는 것이고 또한 이 사건 유치권에 의한 목적물의 유치 및 인도거절 권능에서 비롯된 것에 불과하므로, 이러한 변제에 관한 채무자의 권한은 이 사건 유치권 내지는 그 피담보채권인 이 사건 공사대금 채권과 분리하여 독립적으로 처분하거나 환가할 수 없는 것으로서, 결국 압류할 수 없는 성질의 것이라고 본다(2014마1407). 따라서 **甲의 채권자 A의 압류 및 추심명령은 허용되지 않는다.** 정답 ②

Ⅱ. 질 권

13. **甲이 乙에 대한 임대차보증금반환채권에 관하여 丙에 대한 금전채무의 담보를 위하여 丙과 질권설정계약을 체결하고 이 사실을 확정일자 있는 증서로 乙에게 통지하였다. 이에 관한 설명 중 옳은 것(○)과 옳지 않은 것(×)을 올바르게 조합한 것은? (각 지문은 독립적이며, 다툼이 있는 경우 판례에 의함)** [24 변호사]

ㄱ. 甲이 저당권으로 담보되는 임대차보증금반환채권에 대하여 丙에게 질권을 설정한 경우, 질권의 부기등기에 채권의 지연손해금을 별도로 기재하지 않았다면, 이는 저당권부 질권의 피담보채권 범위에 포함되지 않는다.

ㄴ. 乙이 丙의 동의 없이 甲에 대한 채권을 가지고 임대차보증금반환채권과 상계합의를 하여 소멸하게 한 경우라도 丙은 여전히 乙에게 직접 채무의 변제를 청구할 수 있다.

ㄷ. 甲의 임대차보증금반환채권에 대하여 甲의 일반채권자 丁의 신청으로 압류 및 전부명령이 내려진 경우, 그 명령이 乙에게 송달된 날보다 먼저 丙이 확정일자 있는 증서로 대항요건을 갖추었다면, 乙은 丁에게 변제했음을 들어 丙에게 대항할 수 없다.

ㄹ. 甲이 丙에게 질권을 설정해 준 후 甲의 임대차보증금반환채권을 담보하기 위하여 乙 소유 부동산에 저당권을 설정한 경우, 丙이 위 저당권설정등기에 질권의 부기등기를 하지 않았다면 질권의 효력이 저당권에 미치지 아니한다.

① ㄱ(○), ㄴ(○), ㄷ(×), ㄹ(×)
② ㄱ(○), ㄴ(×), ㄷ(○), ㄹ(×)
③ ㄱ(○), ㄴ(×), ㄷ(×), ㄹ(○)
④ ㄱ(×), ㄴ(○), ㄷ(○), ㄹ(○)
⑤ ㄱ(×), ㄴ(○), ㄷ(○), ㄹ(×)

해설

ㄱ. **(×)** 질권의 피담보채권에는 다른 약정이 없는 한 원본뿐만 아니라 채무불이행으로 인한 손해배상채권도 포함된다(제334조). 甲의 저당권부 채권에 丙의 질권이 설정된 경우, 甲의 저당권부 채권이 담보하는 丙의 채권에는 지연손해금채권이 당연히 포함된다.

ㄴ. **(○)** 채권질권에 대항요건이 구비된 때에는 제3채무자는 질권자의 동의 없이 질권설정자에게 변제할 수 없고(제349조, 제451조), 질권설정자는 질권자의 동의 없이 질권의 목적이 되는 권리를 소멸하게 하는 행위를 할 수 없다(제352조). 채권질권의 대항요건이 구비된 후에 제3채무자와 질권설정자가 상계합의를 하여 입질채권을 소멸시키는 행위를 하였더라도 질권자에게 대항할 수 없다.

[**대법원** 2018. 12. 27. **선고** 2016**다**265689 **판결**] 타인에 대한 채무의 담보로 제3채무자에 대한 채권에 대하여 권리질권을 설정한 경우 질권설정자는 질권자의 동의 없이 질권의 목적된 권리를 소멸하게 하거나 질권자의 이익을 해하는 변경을 할 수 없다(민법 제352조). 이는 질권자가 질권의 목적인 채권의 교환가치에 대하여 가지는 배타적 지배권능을 보호하기 위한 것이다. 따라서 질권설정자가 제3채무자에게 질권설정의 사실을 통지하거나 제3채무자가 이를 승낙한 때에는 제3채무자가 질권자의 동의 없이 질권의 목적인 채무를 변제하더라도 이로써 질권자에게 대항할 수 없고, 질권자는 민법 제353조 제2항에 따라 여전히 제3채무자에 대하여 직접 채무의 변제를 청구할 수 있다. 제3채무자가 질권자의 동의 없이 질권설정자와 상계합의를 함으로써 질권의 목적인 채무를 소멸하게 한 경우에도 마찬가지로 질권자에게 대항할 수 없고, 질권자는 여전히 제3채무자에 대하여 직접 채무의 변제를 청구할 수 있다.

ㄷ. **(○)** 질권에 대한 확정일자부 대항요건 구비시점이 압류 및 전부명령 송달시점보다 빠른 때에는 전부채권자는 질권의 부담을 안고 있는 채권을 취득할 뿐이고, 제3채무자는 질권자의 동의 없이 전부채권자에게 변제할 수 없다.

[**대법원** 2022. 3. 31. **선고** 2018**다**21326 **판결**] 질권설정자가 민법 제349조 제1항에 따라 제3채무자에게 질권이 설정된 사실을 통지하거나 제3채무자가 이를 승낙한 때에는 제3채무자가 질권자의 동의 없이 질권의 목적인 채무를 변제하더라도 질권자에게 대항할 수 없고, 질권자는 여전히 제3채무자에게 직접 채무의 변제를 청구할 수 있다. 질권의 목적인 채권에 대하여 질권설정자의 일반채권자의 신청으로 압류·전부명령이 내려진 경우에도 그 명령이 송달된 날보다 먼저 질권자가 확정일자 있는 문서에 의해 민법 제349조 제1항에서 정한 대항요건을 갖추었다면, 전부채권자는 질권이 설정된 채권을 이전받을 뿐이고 제3채무자는 전부채권자에게 변제했음을 들어 질권자에게 대항할 수 없다.

ㄹ. **(○)** 제348조. 저당권으로 담보한 채권을 질권의 목적으로 한 때에는 그 저당권등기에 질권의 부기등기를 하여야 그 효력이 저당권에 미친다.

정답 ④

14. 채권질권에 관한 설명으로 옳지 않은 것은? (다툼이 있는 경우 판례에 의함) [19 변호사]

① 질권자는 질권의 목적이 된 채권과 그에 대한 지연손해금채권을 피담보채권의 범위에 속하는 자기 채권액에 대한 부분에 한하여 직접 추심하여 자기 채권의 변제에 충당할 수 있다.

② 질권자가 제3채무자로부터 자기 채권을 초과한 금전을 지급받아 초과수령한 부분에 관하여 그 부분을 질권설정자에게 그대로 반환하였더라도, 질권자는 제3채무자에 대하여 부당이득반환 의무를 부담한다.

③ 「주택임대차보호법」상 대항력을 갖춘 임차인이 임대차보증금반환채권에 질권을 설정하고 임대인이 그 질권 설정을 승낙한 후 임대주택이 양도된 경우에는 임대인은 임대차관계에서 탈퇴하고 임차인에 대한 임대차보증금반환채무를 면하게 된다.

④ 질권의 목적인 채권의 양도행위는 특별한 사정이 없는 한 질권자의 이익을 해하는 변경에 해당되지 않으므로 질권자의 동의를 요하지 않는다.

⑤ 제3채무자가 질권설정 사실을 승낙한 후 질권자가 제3채무자에게 질권설정계약의 합의해지 사실을 통지하였다면, 그 계약이 아직 해지되지 아니하였다고 하더라도 선의인 제3채무자는 질권설정자에게 대항할 수 있는 사유로 질권자에게 대항할 수 있다.

해설

① **(O)** 제353조 제1항, 제2항. 질권자는 질권의 목적이 된 채권을 직접 청구할 수 있고, 채권의 목적물이 금전채권인 때에는 질권자는 자기 채권의 한도에서 직접 청구할 수 있다.

[**대법원** 2005. 2. 25. **선고** 2003**다**40668 **판결**] 질권의 목적이 된 채권이 금전채권인 때에는 질권자는 자기채권의 한도에서 질권의 목적이 된 채권을 직접 청구할 수 있고, 채권질권의 효력은 질권의 목적이 된 채권의 지연손해금 등과 같은 부대채권에도 미치므로 채권질권자는 질권의 목적이 된 채권과 그에 대한 지연손해금채권을 피담보채권의 범위에 속하는 자기채권액에 대한 부분에 한하여 직접 추심하여 자기채권의 변제에 충당할 수 있다.

② **(×)** [**대법원** 2015. 5. 29. **선고** 2012**다**92258 **판결**] 질권자가 제3채무자로부터 자기채권을 초과하여 금전을 지급받은 경우 초과 지급 부분에 관하여는 제3채무자의 질권설정자에 대한 급부와 질권설정자의 질권자에 대한 급부가 있다고 볼 수 없으므로, 제3채무자는 특별한 사정이 없는 한 질권자를 상대로 초과 지급 부분에 관하여 부당이득반환을 구할 수 있지만, 부당이득반환청구의 상대방이 되는 수익자는 실질적으로 그 이익이 귀속된 주체이어야 하는데, 질권자가 초과 지급 부분을 질권설정자에게 그대로 반환한 경우에는 초과 지급 부분에 관하여 질권설정자가 실질적 이익을 받은 것이지 질권자로서는 실질적 이익이 없다고 할 것이므로, 제3채무자는 질권자를 상대로 초과 지급 부분에 관하여 부당이득반환을 구할 수 없다.

③ **(O)** [**대법원** 2018. 6. 19. **선고** 2018**다**201610 **판결**] 구 주택임대차보호법(2013. 8. 13. 법률 제12043호로 개정되기 전의 것, 이하 '구 주택임대차법'이라고 한다) 제3조 제3항은 같은 조 제1항이 정한 대항요건을 갖춘 임대차의 목적이 된 임대주택의 양수인은 임대인의 지위를 승계한 것으로 본다고 규정하고 있다. 이는 법률상의 당연승계 규정으로 보아야 하므로, 임대주택이 양도된 경우에 양수인은 주택의 소유권과 결합하여 임대인의 임대차계약상 권리·의무 일체를 그대로 승계한다. 그 결과 양수인이 임대차보증금반환채무를 면책적으로 인수하고, 양도인은 임대차관계에서 탈퇴하여 임차인에 대한 임대차보증금반환채무를 면하게 된다. 이는 임차인이 임대차보증금반환채권에 질권을 설정하고 임대인이 그 질권 설정을 승낙한 후에 임대주택이 양도된 경우에도 마찬가지라고 보아야 한다. 따라서 이 경우에도 임대인은 구 주택임대차법 제3조 제3항에 의해 임대차관계에서 탈퇴하고 임차인에 대한 임대차보증금반환채무를 면하게 된다.

④ **(O)** [**대법원** 2005. 12. 22. **선고** 2003**다**55059 **판결**] 질권의 목적인 채권의 양도행위는 민법 제352조 소정의 질권자의 이익을 해하는 변경에 해당되지 않으므로 질권자의 동의를 요하지 아니한다.

⑤ **(O)** [**대법원** 2014. 4. 10. **선고** 2013**다**76192 **판결**] 제3채무자가 질권설정 사실을 승낙한 후 질권설정계약이 합의해지된 경우 질권설정자가 해지를 이유로 제3채무자에게 원래의 채권으로 대항하려면 질권자가 제3채무자에게 해지 사실을 통지하여야 하고, 만일 질권자가 제3채무자에게 질권설정계약의 해지 사실을 통지하였다면, 설사 아직 해지가 되지 아니하였다고 하더라도 선의인 제3채무자는 질권설정자에게 대항할 수 있는 사유로 질권자에게 대항할 수 있다고 봄이 타당하다. 그리고 위와 같은 해지 통지가 있었다면 해지 사실은 추정되고, 그렇다면 해지 통지를 믿은 제3채무자의 선의 또한 추정된다고 볼 것이어서 제3채무자가 악의라는 점은 선의를 다투는 질권자가 증명할 책임이 있다. 그리고 위와 같은 해지 사실의 통지는 질권자가 질권설정계약이 해제되었다는 사실을 제3채무자에게 알리는 이른바 관념의 통지로서, 통지는 제3채무자에게 도달됨으로써 효력이 발생하고, 통지에 특별한 방식이 필요하지는 않다(필자 주 : 제3채무자인 甲 은행이 乙 주식회사와 丙 주식회사 사이의 예금채권에 대한 질권설정을 승낙하였는데, 질권자인 乙 회사가 甲 은행 지점에 모사전송의 방법으로 질권해제통지서를 전송하였고 甲 은행 직원이 질권해제통지서를 받은 직후 질권설정자인 丙 회사에 예금채권을 변제한 사안에서, 질권해제통지서에 통지의 상대방이 기재되어 있지 않았더라도 문서의 형식이나 기재 내용, 수신처 등에 비추어 통지의 상대방은 甲 은행이라고 볼 수밖에 없고, 乙 회사가 질권해제통지서를 모사전송의 방법으로 甲 은행에 전송함으로써 질권설정계약 해지의 통지는 甲 은행에 도달하여 효력이 발생하였다고 할 것이므로, 아직 乙 회사와 丙 회사 사이에 합의해지가 되지 아니한 경우에도 선의인 甲 은행으로서는 丙 회사에 대한 변제를 乙 회사에도 유효하다고 주장할 수 있다고 한 사례). 정답 ②

15. **甲은 乙에 대하여 1억 원의 대여금채권을 가지고 있다. 위 대여금채권을 담보할 목적으로 乙은 丙에 대하여 갖고 있던 1억 원의 매매대금채권에 관하여 甲에게 채권질권을 설정하여 주었고 丙은 이를 승낙하였다. 甲은 양 채권의 변제기가 도래한 후 丙을 상대로 채권질권을 실행하고자 한다. 이에 관한 설명 중 옳은 것을 모두 고른 것은? (각 지문은 독립적이며, 다툼이 있는 경우 판례에 의함)** [18 변호사]

ㄱ. 甲이 丙을 상대로 매매대금채권을 직접 청구함에 대하여 乙이 동의하지 않으면 甲은 「민사집행법」에서 정한 절차에 따라 추심해야 한다.
ㄴ. 甲이 「민사집행법」에 따라 매매대금채권에 대하여 압류 및 전부명령을 받기 위해서는 위 대여금채권에 관한 확정판결 등 집행권원은 필요하지 않다.
ㄷ. 甲의 직접 청구에 따라 丙이 甲에게 1억 원을 지급하였는데 후일 乙의 丙에 대한 위 매매대금채권이 부존재한 것으로 밝혀진 경우, 丙은 甲에 대하여 부당이득반환을 청구할 수 있다.

① ㄱ　　② ㄴ　　③ ㄷ
④ ㄱ, ㄴ　　⑤ ㄴ, ㄷ

해설

ㄱ. **(X)** 제353조. 채권질권자는 질권의 목적이 된 채권을 직접 청구할 수 있고(제353조 제1항), 채권의 목적물이 금전인 때에는 질권자는 자기 채권의 한도에서 직접 청구하여 자기의 채권 변제에 충당할 수 있다(제353조 제2항). 채권질권자 甲이 제3채무자 丙을 상대로 매매대금채권을 직접 청구할 때에 채권질권설정자 乙의 동의를 받을 필요는 없다.

ㄴ. (O) 채권질권자는 민사집행법이 정한 방법으로 채권질권을 실행할 수 있고, 이 경우에 집행권원이 필요한 것은 아니다.

ㄷ. (×) 제3채무자가 채권질권자에게 직접 급부한 후에 입질채권 부존재가 밝혀진 경우, 부당이득 반환관계 당사자를 묻는 지문이다. 제3채무자는 채권질권설정자에게 부당이득반환을 청구하여야 한다.

[**대법원** 2015. 5. 29. **선고** 2012**다**92258 **판결**] 금전채권의 질권자가 민법 제353조 제1항, 제2항에 의하여 자기채권의 범위 내에서 직접청구권을 행사하는 경우 질권자는 질권설정자의 대리인과 같은 지위에서 입질채권을 추심하여 자기채권의 변제에 충당하고 그 한도에서 질권설정자에 의한 변제가 있었던 것으로 보므로, 위 범위 내에서는 제3채무자의 질권자에 대한 금전지급으로써 제3채무자의 질권설정자에 대한 급부가 이루어질 뿐만 아니라 질권설정자의 질권자에 대한 급부도 이루어진다. 이러한 경우 입질채권의 발생원인인 계약관계에 무효 등의 흠이 있어 입질채권이 부존재한다고 하더라도 제3채무자는 특별한 사정이 없는 한 상대방 계약당사자인 질권설정자에 대하여 부당이득반환을 구할 수 있을 뿐이고 질권자를 상대로 직접 부당이득반환을 구할 수 없다. 이와 달리 제3채무자가 질권자를 상대로 직접 부당이득반환청구를 할 수 있다고 보면 자기 책임하에 체결된 계약에 따른 위험을 제3자인 질권자에게 전가하는 것이 되어 계약법의 원리에 반하는 결과를 초래할 뿐만 아니라 질권자가 질권설정자에 대하여 가지는 항변권 등을 침해하게 되어 부당하기 때문이다.

정답 ②

16. 질권에 관한 설명 중 각 괄호 안에 들어갈 용어를 올바르게 나열한 것은? (다툼이 있는 경우 판례에 의함) [17 변호사]

> ○ 저당권에 의하여 담보되는 채권 위에 권리질권을 설정하고 저당권등기에 질권설정의 부기등기를 하지 않은 경우 질권의 효력은 저당권에 (A).
> ○ 질권의 목적인 채권의 양도에 대해서는 질권자의 동의를 (B).
> ○ 질권의 목적이 된 채권이 금전채권인 때에는 질권자는 자기채권의 한도 내에서 질권의 목적이 된 채권을 직접 청구할 수 (C).
> ○ 질권자가 자기의 권리의 범위 내에서 자기의 책임으로 질물을 전질한 경우, 질권자는 전질을 하지 않았더라면 면할 수 있었을 불가항력으로 인한 손해에 대해 책임을 (D).
> ○ 임대차보증금반환채권에 대해 질권을 설정한 경우 질권자에 대한 임대차계약서의 교부는 질권의 효력발생 (E).

	A	B	C	D	E
①	미친다	요한다	있다	지지 않는다	요건이다
②	미치지 않는다	요하지 않는다	있다	진다	요건이 아니다
③	미친다	요한다	있다	진다	요건이 아니다
④	미치지 않는다	요하지 않는다	있다	진다	요건이다
⑤	미치지 않는다	요하지 않는다	없다	지지 않는다	요건이다

해설

A **[미치지 않는다.]** 저당권부 채권에 관한 질권의 효력이 저당권에 확장되기 위한 요건을 묻는 지문이다. 저당권으로 담보한 채권을 질권의 목적으로 한 때에는 그 저당권등기에 질권의 부기등기를 하여야 그 효력이 저당권에 미친다(제348조).

B **[요하지 않는다.]** 질권의 목적인 채권을 양도함에 있어 질권자의 동의가 있어야 하는지를 묻는 지문이다. 질권설정자는 질권자의 동의 없이 질권의 목적된 권리를 소멸하게 하거나 질권자의 이익을 해하는 변경을 할 수 없다(제352조). 채권을 양도하는 행위가 채권을 소멸하게 하는 행위도 아니며 질권자의 이익을 해하는 변경에도 해당하지 아니하므로 질권자의 동의가 필요한 것은 아니다.

C **[있다.]** 제353조 제2항. 채권의 목적물이 금전인 때에는 질권자는 자기채권의 한도에서 직접 청구할 수 있다.

D **[진다.]** 제336조. 질권자는 그 권리의 범위내에서 자기의 책임으로 질물을 전질할 수 있다. 이 경우에는 전질을 하지 아니하였으면 면할 수 있는 불가항력으로 인한 손해에 대하여도 책임을 부담한다.

E **[요건이 아니다.]** 권리질권설정 시에 교부하여 할 채권증서에 임대차계약서가 포함되는지를 묻는 지문이다. 채권증서란 변제 등으로 채권이 소멸하는 경우에 채무자가 채권자에게 그 반환을 청구할 수 있는 것이어야 하는데, 계약서는 여기에 해당하지 않는다. 보증금채권에 관한 질권설정 시에 임대차계약서를 교부하여야 하는 것은 아니다.

[**대법원** 2013. 8. 22. **선고** 2013**다**32574 **판결**] 민법 제347조는 채권을 질권의 목적으로 하는 경우에 채권증서가 있는 때에는 질권의 설정은 그 증서를 질권자에게 교부함으로써 효력이 생긴다고 규정하고 있다. 여기에서 말하는 '채권증서'는 채권의 존재를 증명하기 위하여 채권자에게 제공된 문서로서 특정한 이름이나 형식을 따라야 하는 것은 아니지만, 장차 변제 등으로 채권이 소멸하는 경우에는 민법 제475조에 따라 채무자가 채권자에게 그 반환을 청구할 수 있는 것이어야 한다. 이에 비추어 임대차계약서와 같이 계약 당사자 쌍방의 권리의무관계의 내용을 정한 서면은 그 계약에 의한 권리의 존속을 표상하기 위한 것이라고 할 수는 없으므로 위 채권증서에 해당하지 않는다. 정답 ②

17. 저축성보험의 보험계약자인 甲은 乙로부터 금전을 차용하면서 그 담보로 보험회사인 丙에 대하여 가지는 보험금청구권(보험료환급청구권 포함)에 질권을 설정하여 주었다. 한편 甲의 다른 채권자인 丁은 甲에 대한 채권을 청구채권으로 하여 위 보험금청구권을 가압류하였다. 다음 설명 중 옳은 것을 모두 고른 것은? (각 지문은 독립적이고, 다툼이 있는 경우 판례에 의함) [15 변호사]

ㄱ. 乙은 위 보험금청구권에 관한 지연손해금에 대하여 질권을 행사할 수 없다.
ㄴ. 丁의 채권가압류결정이 丙에게 송달되기 전에 丙이 확정일자 있는 서면에 의하여 질권 설정에 승낙하였다면, 丁은 乙에 대하여 가압류로 대항할 수 없다.
ㄷ. 만약 위 보험금청구권의 변제기가 乙의 甲에 대한 위 채권의 변제기보다 먼저 도래하였고 丁의 가압류가 없는 경우라면, 乙은 丙에 대하여 보험금의 공탁을 청구할 수 있다.

① ㄴ　② ㄷ　③ ㄱ, ㄴ
④ ㄴ, ㄷ　⑤ ㄱ, ㄴ, ㄷ

해설

ㄱ. (×) 채권질권의 효력이 미치는 범위를 묻는 지문이다. 질권의 효력은 질권의 목적인 원본채권뿐만 아니라 종된 채권에도 그 효력이 미친다. 따라서 보험금청구권에 관한 지연손해금채권에도 질권의 효력이 미친다. 제100조 제2항.

ㄴ. (O) 지명채권질권의 대항요건을 묻는 지문이다. 지명채권의 입질로 제3채무자 기타 제3자에게 대항하기 위해서는 제3채무자에게 질권설정을 통지하거나 제3채무자가 승낙하여야 하고, 제3채무자 이외의 제3자에게 대항하기 위해서는 통지나 승낙이 확정일자 있는 증서에 의하여야 한다(제349조, 제450조). 제3채무자 丙이 질권설정에 관하여 확정일자 있는 증서에 의하여 승낙하였다면 채권질권자 乙은 그 후에 효력이 생긴 입질채권에 대한 가압류채권자 丁에게 대항할 수 있다.

ㄷ. (O) 입질채권의 변제기가 피담보채권의 변제기보다 먼저 도래한 경우 질권자는 제3채무자에 대하여 그 변제금액의 공탁을 청구할 수 있다(제353조 제3항). 정답 ④

Ⅲ. 저당권

18. **乙은 甲과의 계속적 물품 거래에 따른 채무를 담보하기 위하여 채무자 乙 소유 X 토지에 채권최고액 1억 원인 근저당권을 설정해 주었다. 乙의 친구 丙은 乙의 위 채무를 담보하기 위하여 丙 소유 Y 건물에 채권최고액 1억 원인 근저당권을 설정하였다. 그 후 X 토지에 관하여 丁이 2번 저당권(피담보채권 8,000만 원)을 취득하였다. 乙의 채무불이행으로 물품 거래가 종료된 후 甲의 신청에 따라 Y 건물이 먼저 경매되었고, 당시 甲의 물품대금채권은 1억 1,000만 원(원금 1억 원, 지연손해금 1,000만 원)이었으며, 매각대금 8,000만 원은 전액 甲에게 배당되었다(지연손해금 1,000만 원, 원금 7,000만 원에 충당됨). 그 후 甲의 신청에 따라 X 토지가 경매되었고, 당시 甲의 채권은 3,500만 원(원금 3,000만 원, 지연손해금 500만 원)이었으며, 매각대금은 7,500만 원이었다.**

이에 관한 설명 중 옳은 것을 모두 고른 것은? (집행비용은 고려하지 않음. 각 지문은 독립적이며, 다툼이 있는 경우 판례에 의함) [24 변호사]

ㄱ. X 토지와 Y 건물의 근저당권이 공동근저당권인 경우 甲은 X 토지의 경매대금에서 2,000만 원을 배당받을 수 있다.

ㄴ. X 토지와 Y 건물의 근저당권이 피담보채권을 누적적으로 담보하는 근저당권인 경우 甲은 X 토지의 경매대금에서 3,500만 원을 배당받을 수 있다.

ㄷ. X 토지와 Y 건물의 근저당권이 피담보채권을 누적적으로 담보하는 근저당권인 경우 丁은 X 토지의 경매대금에서 4,000만 원을 배당받을 수 있다.

① ㄴ ② ㄱ, ㄴ ③ ㄱ, ㄷ
④ ㄴ, ㄷ ⑤ ㄱ, ㄴ, ㄷ

해설

ㄱ. (O) 공동근저당권인 경우, 어느 근저당권의 우선변제권이 행사되면 다른 근저당권의 우선변제 한도액이 감축된다. 甲이 Y건물 근저당권의 우선변제권을 행사하여 8천만 원을 배당받으면 X토지 근저당권의 채권최고액은 그 범위에서 감축되므로 甲은 2천만 원의 범위에서 우선변제권을 행사할 수 있다.

[**대법원** 2017. 12. 21. **선고** 2013**다**16992 **전원합의체 판결**] 공동근저당권자가 스스로 근저당권을 실행하거나 타인에 의하여 개시된 경매 등의 환가절차를 통하여 공동담보의 목적 부동산 중 일부에 대한 환가대금 등으로부터 다른 권리자에 우선하여 피담보채권의 일부에 대하여 배당받은 경우에, 그와 같이 우선변제받은 금액에 관하여는 공동담보의 나머지 목적 부동산에 대한 경매 등의 환가절

차에서 다시 공동근저당권자로서 우선변제권을 행사할 수 없다고 보아야 하며, 공동담보의 나머지 목적 부동산에 대하여 공동근저당권자로서 행사할 수 있는 우선변제권의 범위는 피담보채권의 확정 여부와 상관없이 최초의 채권최고액에서 위와 같이 우선변제받은 금액을 공제한 나머지 채권최고액으로 제한된다고 해석함이 타당하다. 그리고 이러한 법리는 채권최고액을 넘는 피담보채권이 원금이 아니라 이자·지연손해금인 경우에도 마찬가지로 적용된다.

ㄴ. **(○)** 누적적 근저당권의 경우에는 어느 근저당권의 우선변제권 실현과 무관하게 다른 근저당권의 채권최고액 한도에서 우선변제권 행사가 가능하다. 甲이 Y건물 근저당권의 우선변제권을 행사하여 8천만 원의 배당을 받았더라도 甲은 X토지 근저당권으로 채권최고액 한도에서 우선변제를 받을 수 있으므로 3천 5백만 원 전액을 배당받을 수 있다.

[**대법원** 2020. 4. 9. **선고** 2014**다**51756, 51763 **판결**] 당사자 사이에 하나의 기본계약에서 발생하는 동일한 채권을 담보하기 위하여 여러 개의 부동산에 근저당권을 설정하면서 각각의 근저당권 채권최고액을 합한 금액을 우선변제받기 위하여 공동근저당권의 형식이 아닌 개별 근저당권의 형식을 취한 경우, 이러한 근저당권은 민법 제368조가 적용되는 공동근저당권이 아니라 피담보채권을 누적적(累積的)으로 담보하는 근저당권에 해당한다. 이와 같은 누적적 근저당권은 공동근저당권과 달리 담보의 범위가 중첩되지 않으므로, 누적적 근저당권을 설정받은 채권자는 여러 개의 근저당권을 동시에 실행할 수도 있고, 여러 개의 근저당권 중 어느 것이라도 먼저 실행하여 그 채권최고액의 범위에서 피담보채권의 전부나 일부를 우선변제받은 다음 피담보채권이 소멸할 때까지 나머지 근저당권을 실행하여 그 근저당권의 채권최고액 범위에서 반복하여 우선변제를 받을 수 있다.

ㄷ. **(×)** X토지 경매대가는 우선 1순위 근저당권자인 甲에게 3천 5백만 원이 배당된다. 한편, Y건물에 근저당권을 설정하여 준 물상보증인 丙은 채무자 乙에 대하여 8천만 원의 구상권을 가지고 있고(제341조, 제370조), 구상권을 확보하기 위하여 甲의 乙에 대한 채권 및 근저당권을 당연히 취득한다(제481조). 丙은 甲의 지위에서 甲이 우선변제를 받은 잔액 범위(채권최고액 1억 원에서 甲이 배당받은 3천 5백만 원을 공제한 6천 5백만 원)에서 구상권을 한도로 하는 우선변제권을 행사할 수 있다. 따라서 잔존하는 X토지 매각대금 4천만 원은 전액 丙에게 배당되고, 丁에게 배당될 금액은 없다. **정답** ②

19. **乙은 甲에 대한 1억 원의 채무를 담보하기 위하여 乙 소유 X 토지(시가 1억 2천만 원)와 물상보증인 丙 소유 Y 토지(시가 8천만 원)에 공동저당권을 설정해 주었다. X 토지에 관하여 丁이 2번 저당권(피담보채권 1천만 원)을, Y 토지에 관하여 戊가 2번 저당권(피담보채권 4천만 원)을 취득하였다.**
이에 관한 설명 중 옳은 것(○)과 옳지 않은 것(×)을 올바르게 조합한 것은? (이자와 지연손해금, 집행비용은 고려하지 말 것. 각 지문은 독립적이며, 다툼이 있는 경우 판례에 의함) [24 변호사]

ㄱ. X 토지가 먼저 경매되어 매각대금(1억 원)으로 甲이 채권 전액을 배당받은 후 Y 토지가 경매되는 경우, Y 토지의 매각대금(8천만 원)에서 丁은 1천만 원을 변제받을 수 있다.
ㄴ. Y 토지가 먼저 경매되어 매각대금(8천만 원)이 전액 甲에게 배당된 경우, 乙은 丙에 대하여 가지고 있는 변제기가 도래한 5천만 원의 대여금채권을 丙이 乙에 대하여 취득한 구상금채권과 상계함으로써 戊에게 대항할 수 있다.
ㄷ. 乙이 X 토지를 己에게 매각하고 소유권이전등기를 마친 후 乙의 일반채권자 A(채권액 1억 원)에 의하여 위 매매계약이 사해행위로 취소되어 가액배상을 하여야 하는 경우, X 토지와 Y 토지의 시가변동이 없다면 가액배상의 범위는 2천만 원이다.

① ㄱ(○), ㄴ(×), ㄷ(○) ② ㄱ(○), ㄴ(×), ㄷ(×) ③ ㄱ(×), ㄴ(○), ㄷ(○)
④ ㄱ(×), ㄴ(×), ㄷ(○) ⑤ ㄱ(×), ㄴ(×), ㄷ(×)

해설

ㄱ. (×) 후순위저당권자대위가 인정되기 위해서는 공동저당물이 동일인의 소유에 속하여야 한다. 채무자 부동산의 후순위저당권자는 물상보증인 부동산에 후순위저당권자대위권을 행사할 수 없다.
[**대법원** 1995. 6. 13. **자** 95**마**500 **결정**] 공동저당의 목적인 채무자 소유의 부동산과 물상보증인 소유의 부동산 중 채무자 소유의 부동산에 대하여 먼저 경매가 이루어져 그 경매대금의 교부에 의하여 1번 공동저당권자가 변제를 받더라도, 채무자 소유의 부동산에 대한 후순위저당권자는 민법 제368조 제2항 후단에 의하여 1번 공동저당권자를 대위하여 물상보증인 소유의 부동산에 대하여 저당권을 행사할 수 없다.

ㄴ. (×) [**대법원** 2017. 4. 26. **선고** 2014**다**221777 **판결**] 공동저당에 제공된 채무자 소유의 부동산과 물상보증인 소유의 부동산 가운데 물상보증인 소유의 부동산이 먼저 경매되어 매각대금에서 선순위 공동저당권자가 변제를 받은 때에는 물상보증인은 채무자에 대하여 구상권을 취득함과 동시에 변제자 대위에 의하여 채무자 소유의 부동산에 대한 선순위공동저당권을 대위취득한다. 물상보증인 소유의 부동산에 대한 후순위저당권자는 물상보증인이 대위취득한 채무자 소유의 부동산에 대한 선순위공동저당권에 대하여 물상대위를 할 수 있다. 이 경우에 채무자는 물상보증인에 대한 반대채권이 있더라도 특별한 사정이 없는 한 물상보증인의 구상금 채권과 상계함으로써 물상보증인 소유의 부동산에 대한 후순위저당권자에게 대항할 수 없다. 채무자는 선순위공동저당권자가 물상보증인 소유의 부동산에 대해 먼저 경매를 신청한 경우에 비로소 상계할 것을 기대할 수 있는데, 이처럼 우연한 사정에 의하여 좌우되는 상계에 대한 기대가 물상보증인 소유의 부동산에 대한 후순위저당권자가 가지는 법적 지위에 우선할 수 없다.

ㄷ. (×) 공동저당물의 책임재산으로서 가치를 평가하는 방법을 묻는 지문이다. 저당물의 책임재산으로서 가치는 저당물의 시가에서 저당권자가 그 저당물로부터 우선변제를 받을 채권액을 공제한 잔액으로 평가한다. 공동저당물이 모두 채무자 소유인 경우에는 각 저당물의 시가에 따른 부동산의 책임분담액이 우선변제 받을 채권액으로 평가되지만, 공동저당물 중 일부는 채무자 소유이고, 나머지는 물상보증인의 소유인 경우에는 채무자 소유의 공동저당물의 우선변제채권액은 공동저당권의 피담보채권 전액을 말한다.
乙이 己에게 X 토지를 매각할 당시 X 토지에는 甲의 공동저당권과 丁의 2번 저당권이 있었다. X 토지의 시가에서 각 저당권에 의하여 甲과 丁이 우선변제 받을 채권액을 공제한 잔액 범위에서 사해행위 취소 및 가액배상이 이루어진다. 甲이 우선변제 받을 채권액은 공동저당권 피담보채권 전액인 1억 원이고, 丁이 우선변제 받을 채권액은 1천만 원이므로 이 금액을 합산한 1억 1천만 원을 공제한 잔액 1천만 원 범위에서 취소 및 원상회복이 이루어져야 한다.
[**대법원** 2013. 7. 18. **선고** 2012**다**5643 **전원합의체 판결**] 사해행위취소의 소에서 채무자가 수익자에게 양도한 목적물에 저당권이 설정되어 있는 경우라면 그 목적물 중에서 일반채권자들의 공동담보에 제공되는 책임재산은 피담보채권액을 공제한 나머지 부분만이라고 할 것이고 그 피담보채권액이 목적물의 가액을 초과할 때는 당해 목적물의 양도는 사해행위에 해당한다고 할 수 없다. 그런데 수 개의 부동산에 공동저당권이 설정되어 있는 경우 책임재산을 산정함에 있어 각 부동산이 부담하는 피담보채권액은 특별한 사정이 없는 한 민법 제368조의 규정 취지에 비추어 공동저당권의 목적으로 된 각 부동산의 가액에 비례하여 공동저당권의 피담보채권액을 안분한 금액이라고 보아야 한다. 그러나 그 수 개의 부동산 중 일부는 채무자의 소유이고 다른 일부는 물상보증인의 소유인 경우에는, 물상보증인이 민법 제481조, 제482조의 규정에 따른 변제자대위에 의하여 채무자 소유의 부동산에 대하여 저당권을 행사할 수 있는 지위에 있는 점 등을 고려할 때, 그 물상보증인이 채무자에 대하여 구상권을 행사할 수 없는 특별한 사정이 없는 한 채무자 소유의 부동산에 관한 피담보채권액은 공동저당권의 피담보채권액 전액으로 봄이 상당하다. 이러한 법리는 하나의 공유부동산 중 일부 지분이 채무자의 소유이고, 다른 일부 지분이 물상보증인의 소유인 경우에도 마찬가지로 적용된다. **정답** ⑤

20. **甲이 乙에 대한 차용금채무를 담보하기 위하여 자기 소유 X 토지에 乙 명의의 저당권을 설정해 주었다. 甲의 부탁을 받은 丙은 위 채무를 담보하기 위하여 乙과 연대보증계약을 체결하였다. 그 후 丁이 甲으로부터 X 토지를 매수하여 소유권이전등기를 마쳤다. 이에 관한 설명 중 옳지 않은 것은? (각 지문은 독립적이며, 다툼이 있는 경우 판례에 의함)** [23 변호사]

① 丙이 乙에게 甲의 차용금채무를 변제한 후 甲에게 구상금을 청구할 경우, 그 구상권의 범위에는 면책된 날 이후의 법정이자가 포함된다.

② 丁이 X 토지에 관한 필요비를 지출하였더라도, 丁은 X 토지에 관한 저당권의 실행에 따른 경매 매각대금에서 그 필요비를 우선상환 받을 수는 없다.

③ 丁은 X 토지에 관하여 저당권의 실행에 따른 경매절차의 경매인(競買人)이 될 수 있다.

④ 丁은 乙에게 변제기가 도래한 甲의 차용금채무를 변제하고 X 토지에 설정된 乙 명의 저당권의 소멸을 청구할 수 있다.

⑤ 만약 甲이 戊의 차용금채무를 담보하기 위하여 X 토지에 乙 명의의 저당권을 설정해 주었는데 乙의 저당권 실행으로 丁이 X 토지에 대한 소유권을 잃었다면, 丁이 위 저당권의 피담보채무의 이행을 인수하였다는 등의 특별한 사정이 없는 한 丁은 戊에 대해 구상권을 행사할 수 있다.

해설

① **(O)** 제441조 제2항, 제425조 제2항. 丙은 수탁보증인이므로 구상권의 범위에 면책금원에 대한 법정이자가 포함된다.

② **(×)** 제367조. 丁은 저당물의 제3취득자로서 저당물에 지출한 비용에 관하여 저당권자보다 우선상환을 받을 수 있다.

[**대법원** 2004. 10. 15. **선고** 2004**다**36604 **판결**] 민법 제367조가 저당물의 제3취득자가 그 부동산에 관한 필요비 또는 유익비를 지출한 때에는 저당물의 경매대가에서 우선상환을 받을 수 있다고 규정한 취지는 저당권설정자가 아닌 제3취득자가 저당물에 관한 필요비 또는 유익비를 지출하여 저당물의 가치가 유지·증가된 경우, 매각대금 중 그로 인한 부분은 일종의 공익비용과 같이 보아 제3취득자가 경매대가에서 우선상환을 받을 수 있도록 한 것이므로 저당물에 관한 지상권, 전세권을 취득한 자만이 아니고 소유권을 취득한 자도 민법 제367조 소정의 제3취득자에 해당한다.

③ **(O)** 제363조 제2항.

④ **(O)** 제364조.

⑤ **(O)** 물상보증인으로부터 저당물의 소유권을 취득한 자는 저당권실행으로 소유권을 잃은 때에는 물상보증인과 마찬가지로 채무자에 대하여 구상할 수 있다.

[**대법원** 2014. 12. 24. **선고** 2012**다**49285 **판결**] 타인의 채무를 담보하기 위하여 저당권을 설정한 부동산의 소유자인 물상보증인으로부터 저당부동산의 소유권을 취득한 제3취득자는 저당권이 실행되면 저당부동산에 대한 소유권을 잃는다는 점에서 물상보증인과 유사한 지위에 있다. 따라서 물상보증의 목적물인 저당부동산의 제3취득자가 채무를 변제하거나 저당권의 실행으로 인하여 저당부동산의 소유권을 잃은 때에는 특별한 사정이 없는 한 물상보증인의 구상권에 관한 민법 제370조, 제341조의 규정을 유추적용하여, 물상보증인으로부터 저당부동산을 양수한 제3취득자는 보증채무에 관한 규정에 의하여 채무자에 대한 구상권이 있다.

정답 ②

21. 나대지에 대하여 저당권이 설정된 후 그 토지 위에 건물이 축조되어 일괄경매되는 경우(「민법」 제365조)에 관한 설명 중 옳지 않은 것은? (각 지문은 독립적이며, 다툼이 있는 경우 판례에 의함) [23 변호사]

① 저당권의 우선변제적 효력은 그 지상 건물에는 미치지 않고 저당권자가 우선변제를 받는 범위는 토지의 매각대금에 한정된다.

② 저당권자가 건물의 매각대금에서 배당을 받으려면 적법한 배당요구를 하였거나 그 밖에 달리 배당을 받을 수 있는 채권으로서 필요한 요건을 갖추고 있어야 한다.

③ 저당권설정자로부터 그 토지에 대한 용익권을 설정받은 자가 그 토지 위에 건물을 축조한 후 저당권설정자가 그 건물의 소유권을 취득하였다면 저당권자는 토지와 함께 그 건물에 대하여 경매를 청구할 수 있다.

④ 저당권설정자가 토지 위에 건물을 축조하고 그 건물을 제3자에게 매도하여 경매개시결정 당시 그 건물의 소유권이 제3자에게 귀속된 경우에도 그 건물에 대하여 일괄경매가 가능하다.

⑤ 만약 저당권자가 토지에 대하여만 경매를 신청한 경우, 저당권자는 그 토지에 관한 경매기일 공고 시까지는 그 건물에 대하여 일괄경매의 추가신청을 할 수 있다.

해 설

① **(O)** 제365조 단서. 토지저당권의 효력은 지상건물에는 미치지 않으므로 토지저당권자는 토지의 매각대금으로부터 우선변제를 받을 수 있을 뿐 건물의 매각대금에서는 우선변제를 받을 수 없다.

② **(O)** [**대법원** 2012. 3. 15. **선고** 2011**다**54587 **판결**] 민법 제365조 본문이 토지를 목적으로 한 저당권을 설정한 후 저당권설정자가 그 토지에 건물을 축조한 때에는 저당권자가 토지와 건물에 대하여 일괄하여 경매를 청구할 수 있도록 규정한 취지는, 저당권설정자로서는 저당권 설정 후에도 그 지상에 건물을 신축할 수 있는데 후에 저당권 실행으로 토지가 제3자에게 매각될 경우에 건물을 철거하여야 한다면 사회경제적으로 현저한 불이익이 생기게 되므로 이를 방지할 필요가 있고, 저당권자에게도 저당토지상 건물의 존재로 인하여 생기게 되는 경매의 어려움을 해소하여 저당권 실행을 쉽게 할 수 있도록 한 데 있으며, 같은 조 단서에 의하면 그때 저당권자에게는 건물의 매각대금에 대하여 우선변제를 받을 권리가 없도록 규정되어 있는 점에 비추어 보면, 위와 같은 경우 토지의 저당권자가 건물의 매각대금에서 배당을 받으려면 민사집행법 제268조, 제88조의 규정에 의한 적법한 배당요구를 하였거나 그 밖에 달리 배당을 받을 수 있는 채권으로서 필요한 요건을 갖추고 있어야 한다.

③ **(O)** [**대법원** 2003. 4. 11. **선고** 2003**다**3850 **판결**] 저당지상의 건물에 대한 일괄경매청구권은 저당권설정자가 건물을 축조한 경우뿐만 아니라 저당권설정자로부터 저당토지에 대한 용익권을 설정받은 자가 그 토지에 건물을 축조한 경우라도 그 후 저당권설정자가 그 건물의 소유권을 취득한 경우에는 저당권자는 토지와 함께 그 건물에 대하여 경매를 청구할 수 있다.

④ **(×)** 제3자가 소유하는 건물에 관해서는 일괄경매를 청구할 수 없다.
[**대법원** 1994. 1. 24. **자** 93**마**1736 **결정**] 민법 제365조가 토지를 목적으로 한 저당권을 설정한 후 그 저당권설정자가 그 토지에 건물을 축조한 때에는 저당권자가 토지와 건물을 일괄하여 경매를 청구할 수 있도록 규정한 취지는, 저당권은 담보물의 교환가치의 취득을 목적으로 할 뿐 담보물의 이용을 제한하지 아니하여 저당권설정자로서는 저당권설정 후에도 그 지상에 건물을 신축할 수 있는데, 후에 그 저당권의 실행으로 토지가 제3자에게 경락될 경우에 건물을 철거하여야 한다면 사회경제적으로 현저한 불이익이 생기게 되어 이를 방지할 필요가 있으므로 이러한 이해관계를 조절하고, 저당권자에게도 저당토지상의 건물의 존재로 인하여 생기게 되는 경매의 어려움을 해소하여 저당권의 실행을 쉽게 할 수 있도록 한 데에 있다고 풀이되며, 그러한 규정취지에 비추어 보면 민법

제365조에 기한 일괄경매청구권은 저당권설정자가 건물을 축조하여 소유하고 있는 경우에 한한다고 봄이 상당하다.

⑤ (O) [**대법원** 2001. 6. 13. **자** 2001**마**1632 **결정**] 민법 제365조에 기한 일괄경매청구권은 토지의 저당권자가 토지에 대하여 경매를 신청한 후에도 그 토지상의 건물에 대하여 토지에 관한 경매기일 공고시까지는 일괄경매의 추가신청을 할 수 있고, 이 경우에 집행법원은 두 개의 경매사건을 병합하여 일괄경매절차를 진행함이 상당하다. 정답 ④

22. 근저당권의 피담보채권의 확정시기에 관한 설명 중 옳은 것(○)과 옳지 않은 것(×)을 올바르게 조합한 것은? (다툼이 있는 경우 판례에 의함) [23 변호사]

ㄱ. 근저당권이 설정된 뒤 채무자 또는 근저당권설정자에 대하여 회생절차개시결정이 내려진 경우, 근저당권의 피담보채무는 특별한 사정이 없는 한 회생절차개시결정 시점을 기준으로 확정된다.

ㄴ. 근저당권자가 피담보채무의 불이행을 이유로 경매를 신청하면 경매신청 시에 피담보채권은 확정되며, 경매개시결정이 있은 후에 그 신청을 취하하더라도 채무확정의 효과는 번복되지 않는다.

ㄷ. 후순위 근저당권자가 경매를 신청한 경우, 선순위 근저당권자의 피담보채권은 매수인이 매각대금을 지급한 때 확정된다.

ㄹ. 공동근저당권자가 목적 부동산 중 일부 부동산에 대하여 제3자가 신청한 경매절차에 소극적으로 참가하여 우선배당을 받은 경우, 위 일부 부동산에 관한 근저당권의 피담보채권은 매수인이 매각대금을 지급한 때에 확정된다.

ㅁ. 공동근저당권자가 목적 부동산 중 일부 부동산에 대하여 제3자가 신청한 경매절차에 소극적으로 참가하여 우선배당을 받은 경우, 나머지 목적 부동산에 관한 근저당권의 피담보채권도 매수인이 매각대금을 지급한 때에 확정된다.

① ㄱ(×), ㄴ(×), ㄷ(○), ㄹ(○), ㅁ(○)
② ㄱ(×), ㄴ(○), ㄷ(○), ㄹ(○), ㅁ(×)
③ ㄱ(○), ㄴ(×), ㄷ(×), ㄹ(×), ㅁ(○)
④ ㄱ(○), ㄴ(○), ㄷ(○), ㄹ(○), ㅁ(×)
⑤ ㄱ(○), ㄴ(○), ㄷ(○), ㄹ(○), ㅁ(○)

해설

ㄱ. (O) [**대법원** 2021. 1. 28. **선고** 2018**다**286994 **판결**] 근저당권이 설정된 뒤 채무자 또는 근저당권설정자에 대하여 회생절차개시결정이 내려진 경우 근저당권의 피담보채무는 특별한 사정이 없는 한 회생절차개시결정을 기준으로 확정되므로, 확정 이후에 발생한 새로운 거래관계에서 발생한 원본채권이 근저당권에 의하여 담보될 여지는 없다.

ㄴ. (O) [**대법원** 2002. 11. 26. **선고** 2001**다**73022 **판결**] 근저당권자가 피담보채무의 불이행을 이유로 경매신청을 한 경우에는 경매신청시에 근저당 채무액이 확정되고, 그 이후부터 근저당권은 부종성을 가지게 되어 보통의 저당권과 같은 취급을 받게 되는 바, 위와 같이 경매신청을 하여 경매개시결정이 있은 후에 경매신청이 취하되었다고 하더라도 채무확정의 효과가 번복되는 것은 아니다.

ㄷ. (O) [**대법원** 1999. 9. 21. **선고** 99**다**26085 **판결**] 당해 근저당권자는 저당부동산에 대하여 경매신청을 하지 아니하였는데 다른 채권자가 저당부동산에 대하여 경매신청을 한 경우 민사소송법 제608조

제2항·제728조의 규정에 따라 경매신청을 하지 아니한 근저당권자의 근저당권도 경락으로 인하여 소멸하므로, 다른 채권자가 경매를 신청하여 경매절차가 개시된 때로부터 경락으로 인하여 당해 근저당권이 소멸하게 되기까지의 어느 시점에서인가는 당해 근저당권의 피담보채권도 확정된다고 하지 아니할 수 없는데, 그 중 어느 시기에 당해 근저당권의 피담보채권이 확정되는가 하는 점에 관하여 우리 민법은 아무런 규정을 두고 있지 아니한 바, 부동산 경매절차에서 경매신청기입등기 이전에 등기되어 있는 근저당권은 경락으로 인하여 소멸되는 대신에 그 근저당권자는 민사소송법 제605조가 정하는 배당요구를 하지 아니하더라도 당연히 그 순위에 따라 배당을 받을 수 있고, 이러한 까닭으로 선순위근저당권이 설정되어 있는 부동산에 대하여 근저당권을 취득하는 거래를 하려는 사람들은 선순위근저당권의 채권최고액 만큼의 담보가치는 이미 선순위근저당권자에 의하여 파악되어 있는 것으로 인정하고 거래를 하는 것이 보통이므로, 담보권 실행을 위한 경매절차가 개시되었음을 선순위근저당권자가 안 때 이후의 어떤 시점에 선순위근저당권의 피담보채무액이 증가하더라도 그와 같이 증가한 피담보채무액이 선순위근저당권의 채권최고액 한도 안에 있다면 경매를 신청한 후순위근저당권자가 예측하지 못한 손해를 입게 된다고 볼 수 없는 반면, 선순위근저당권자는 자신이 경매신청을 하지 아니하였으면서도 경락으로 인하여 근저당권을 상실하게 되는 처지에 있으므로 거래의 안전을 해치지 아니하는 한도 안에서 선순위근저당권자가 파악한 담보가치를 최대한 활용할 수 있도록 함이 타당하다는 관점에서 보면, 후순위근저당권자가 경매를 신청한 경우 선순위근저당권의 피담보채권은 그 근저당권이 소멸하는 시기, 즉 경락인이 경락대금을 완납한 때에 확정된다고 보아야 한다.

ㄹ. (O) ㅁ. (X) 제3자에 의하여 경매가 신청된 일부 부동산의 공동근저당권의 피담보채권은 매각대금 완납 시에 확정되지만, 다른 부동산의 공동근저당권은 별도의 확정사유가 없는 한 확정되지 않는다. [**대법원** 2017. 9. 21. **선고** 2015**다**50637 **판결**] 공동근저당권자가 목적 부동산 중 일부 부동산에 대하여 제3자가 신청한 경매절차에 소극적으로 참가하여 우선배당을 받은 경우, 해당 부동산에 관한 근저당권의 피담보채권은 그 근저당권이 소멸하는 시기, 즉 매수인이 매각대금을 지급한 때에 확정되지만, 나머지 목적 부동산에 관한 근저당권의 피담보채권은 기본거래가 종료하거나 채무자나 물상보증인에 대하여 파산이 선고되는 등의 다른 확정사유가 발생하지 아니하는 한 확정되지 아니한다. 공동근저당권자가 제3자가 신청한 경매절차에 소극적으로 참가하여 우선배당을 받았다는 사정만으로는 당연히 채권자와 채무자 사이의 기본거래가 종료된다고 볼 수 없고, 기본거래가 계속되는 동안에는 공동근저당권자가 나머지 목적 부동산에 관한 근저당권의 담보가치를 최대한 활용할 수 있도록 피담보채권의 증감·교체를 허용할 필요가 있으며, 위와 같이 우선배당을 받은 금액은 나머지 목적 부동산에 대한 경매절차에서 다시 공동근저당권자로서 우선변제권을 행사할 수 없어 이후에 피담보채권액이 증가하더라도 나머지 목적 부동산에 관한 공동근저당권자의 우선변제권 범위는 우선배당액을 공제한 채권최고액으로 제한되므로 후순위 근저당권자나 기타 채권자들이 예측하지 못한 손해를 입게 된다고 볼 수 없기 때문이다. 정답 ④

23. 근저당권에 관한 설명 중 옳지 않은 것은? (다툼이 있는 경우 판례에 의함) [22 변호사]

① 근저당권 설정의 당사자들이 그 목적인 토지 위에 건물이 설치되어 토지의 담보가치가 감소하는 것을 막는 것을 주요한 목적으로 하여 채권자 앞으로 지상권을 아울러 설정한 경우, 피담보채권의 소멸로 근저당권이 소멸하면 지상권은 소멸한다.

② 선순위의 근저당권부 채권의 양수인이 근저당권 이전의 부기등기를 마쳤다면, 채권양도의 대항요건을 갖추지 아니하였더라도, 후순위 근저당권자에게 채권양도로 대항할 수 있다.

③ 근저당권자가 피담보채무의 불이행을 이유로 경매신청을 한 경우에는 경매신청 시에 피담보채무가 확정되나, 경매개시결정이 있은 후에 경매신청이 취하되면 채무확정의 효과가 번복된다.

④ 후순위 근저당권자가 경매를 신청한 경우, 선순위 근저당권의 피담보채무는 경매절차에서 매수인이 매각대금을 완납한 때에 확정된다.

⑤ 甲은 乙이 운영하는 도박장에서 도박을 하던 중 도박자금이 부족해지자 乙로부터 1억 원을 차용하면서 그 차용금 채무의 담보 목적으로 甲 소유 X 토지에 관하여 乙 앞으로 근저당권설정등기를 마쳐주었다. 이 경우, 甲은 乙을 상대로 위 등기의 말소를 청구할 수 있다.

해설

① **(O)** 담보지상권에는 부종성이 있다. 담보물권이 소멸하면 지상권설정등기가 말소되지 않더라도 담보지상권은 당연히 소멸한다.

[**대법원** 2014. 7. 24. **선고** 2012**다**97871 **판결**] 근저당권 등 담보권 설정의 당사자들이 그 목적이 된 토지 위에 차후 용익권이 설정되거나 건물 또는 공작물이 축조·설치되는 등으로써 그 목적물의 담보가치가 저감하는 것을 막는 것을 주요한 목적으로 하여 담보권과 아울러 지상권을 설정한 경우에 담보권이 소멸하면 등기된 지상권의 목적이나 존속기간과 관계없이 지상권도 그 목적을 잃어 함께 소멸한다고 할 것이다.

② **(O)** 선순위근저당권부 채권양도의 경우, 후순위근저당권자에게 대항하기 위해서 확정일자부 증서에 의한 대항요건이 필요한지를 묻는 지문이다. 확정일자부 대항요건이 필요한 제3자는 양도되는 채권 자체에 이해관계를 가진 자를 말한다. 후순위근저당권자는 선순위근저당권부 채권 자체에 이해관계를 가진 자는 아니므로 확정일자부 대항요건이 필요한 제3자에 해당하지 않는다. 대항요건을 갖추지 않았더라도 선순위근저당권부 채권을 양수한 채권양수인은 채권양도로 대항할 수 있다.

[**대법원** 2012. 4. 12. **선고** 2011**다**109357 **판결**] 피담보채권을 근저당권과 함께 양수한 자는 근저당권이전의 부기등기를 마치고 근저당권실행의 요건을 갖추고 있는 한 채권양도의 대항요건을 갖추고 있지 아니하더라도 경매신청을 할 수 있으며, 채무자는 경매절차의 이해관계인으로서 채권양도의 대항요건을 갖추지 못하였다는 사유를 들어 경매개시결정에 대한 이의나 즉시항고절차에서 다툴 수 있고, 이 경우는 신청채권자가 대항요건을 갖추었다는 사실을 증명하여야 할 것이나, 이러한 절차를 통하여 채권 및 근저당권의 양수인의 신청에 의하여 개시된 경매절차가 실효되지 아니한 이상 그 경매절차는 적법한 것이고, 또한 그 경매신청인은 양수채권의 변제를 받을 수도 있다. 그리고 채권양도의 대항요건의 흠결의 경우 채권을 주장할 수 없는 채무자 이외의 제3자는 양도된 채권 자체에 관하여 양수인의 지위와 양립할 수 없는 법률상 지위를 취득한 자에 한하므로, 선순위의 근저당권부채권을 양수한 채권자보다 후순위의 근저당권자는 채권양도의 대항요건을 갖추지 아니한 경우 대항할 수 없는 제3자에 포함되지 않는다. 이러한 이치는 근저당권부채권의 양도통지 후 채권양도계약이 해제된 경우에 양수인의 채무자에 대한 해제사실의 통지 없이 양도인이 경매신청을 하는 경우에도 마찬가지라고 할 것이다.

③ **(×)** 경매신청의 취하로 근저당권 확정의 효과는 번복되지 않는다.

[**대법원** 2002. 11. 26. **선고** 2001**다**73022 **판결**] 근저당권자가 피담보채무의 불이행을 이유로 경매신청을 한 경우에는 경매신청시에 근저당 채무액이 확정되고, 그 이후부터 근저당권은 부종성을 가지게 되어 보통의 저당권과 같은 취급을 받게 되는 바, 위와 같이 경매신청을 하여 경매개시결정이 있은 후에 경매신청이 취하되었다고 하더라도 채무확정의 효과가 번복되는 것은 아니다.

④ **(O)** 근저당부동산의 후순위저당권자가 경매를 신청하거나 근저당부동산 소유자의 일반채권자가 강제경매를 신청하여 근저당부동산이 경매되는 경우, 선순위근저당권은 경매에 의하여 소멸할 수밖에 없고, 그에 따라 선순위근저당권 역시 확정될 수밖에 없다. 이러한 경우 선순위근저당권은 경매절차의 매수인이 매각대금을 완납한 때에 확정된다고 보아야 한다. 스스로 경매를 신청하지 아니한

선순위근저당권자가 담보가치를 최대한 활용할 수 있도록 함이 타당하고, 선순위근저당권자는 채권최고액 범위에서만 우선변제를 받을 수 있어 후순위근저당권자나 다른 일반채권자에게 예측하지 못하는 손해를 발생시키지 않기 때문이다.

[**대법원** 1999. 9. 21. **선고** 99**다**26085 **판결**] 당해 근저당권자는 저당부동산에 대하여 경매신청을 하지 아니하였는데 다른 채권자가 저당부동산에 대하여 경매신청을 한 경우 민사소송법 제608조 제2항·제728조의 규정에 따라 경매신청을 하지 아니한 근저당권자의 근저당권도 경락으로 인하여 소멸하므로, 다른 채권자가 경매를 신청하여 경매절차가 개시된 때로부터 경락으로 인하여 당해 근저당권이 소멸하게 되기까지의 어느 시점에서인가는 당해 근저당권의 피담보채권도 확정된다고 하지 아니할 수 없는데, 그 중 어느 시기에 당해 근저당권의 피담보채권이 확정되는가 하는 점에 관하여 우리 민법은 아무런 규정을 두고 있지 아니한 바, 부동산 경매절차에서 경매신청기입등기 이전에 등기되어 있는 근저당권은 경락으로 인하여 소멸되는 대신에 그 근저당권자는 민사소송법 제605조가 정하는 배당요구를 하지 아니하더라도 당연히 그 순위에 따라 배당을 받을 수 있고, 이러한 까닭으로 선순위근저당권이 설정되어 있는 부동산에 대하여 근저당권을 취득하는 거래를 하려는 사람들은 선순위근저당권의 채권최고액 만큼의 담보가치는 이미 선순위근저당권자에 의하여 파악되어 있는 것으로 인정하고 거래를 하는 것이 보통이므로, 담보권 실행을 위한 경매절차가 개시되었음을 선순위근저당권자가 안 때 이후의 어떤 시점에 선순위근저당권의 피담보채무액이 증가하더라도 그와 같이 증가한 피담보채무액이 선순위근저당권의 채권최고액 한도 안에 있다면 경매를 신청한 후순위근저당권자가 예측하지 못한 손해를 입게 된다고 볼 수 없는 반면, 선순위근저당권자는 자신이 경매신청을 하지 아니하였으면서도 경락으로 인하여 근저당권을 상실하게 되는 처지에 있으므로 거래의 안전을 해치지 아니하는 한도 안에서 선순위근저당권자가 파악한 담보가치를 최대한 활용할 수 있도록 함이 타당하다는 관점에서 보면, 후순위근저당권자가 경매를 신청한 경우 선순위근저당권의 피담보채권은 그 근저당권이 소멸하는 시기, 즉 경락인이 경락대금을 완납한 때에 확정된다고 보아야 한다.

⑤ (O) 반사회적 행위인 도박행위로 근저당권설정등기를 마쳐준 경우, 근저당권설정등기는 종국적 이익이라고 할 수 없으므로 불법원인급여라고 할 수 없다. 소유자 甲은 근저당권자 乙을 상대로 근저당권등기의 말소를 청구할 수 있고, 이때 제746조는 적용되지 않는다.

[**대법원** 1994. 12. 22. **선고** 93**다**55234 **판결**] 도박자금으로 금원을 대여함으로 인하여 발생한 채권을 담보하기 위한 근저당권설정등기가 경료되었을 뿐인 경우와 같이 수령자가 그 이익을 향수하려면 경매신청을 하는 등 별도의 조치를 취하여야 하는 경우에는, 그 불법원인급여로 인한 이익이 종국적인 것이 아니므로 등기설정자는 무효인 근저당권설정등기의 말소를 구할 수 있다. 정답 ③

24. 저당권에 관한 설명 중 옳지 않은 것은? (다툼이 있는 경우 판례에 의함) [21 변호사]

① 공동저당권의 목적물인 물상보증인 소유의 X토지, Y토지 중 먼저 경매된 X토지의 후순위 저당권자 乙이 Y토지에 공동저당의 대위등기를 하지 않고 있는 사이에 선순위 공동저당권자 甲이 Y토지에 관한 저당권등기를 말소한 경우, 乙은 그 후 Y토지에 관하여 소유권을 취득한 丙에 대하여 甲을 대위할 수 없다.

② 공동저당권의 목적물인 채무자 소유 부동산과 물상보증인 소유 부동산의 경매대가를 동시에 배당하는 경우, 물상보증인이 채무자를 위한 연대보증인의 지위를 겸하고 있더라도 채무자 소유 부동산의 경매대가에서 공동저당권자에게 우선적으로 배당을 하고, 부족분이 있는 경우에 한하여 물상보증인 소유 부동산의 경매대가에서 추가로 배당을 한다.

③ 공동저당권의 목적물인 채무자 소유 부동산과 물상보증인 소유 부동산 중 채무자 소유 부동산에 대하여 먼저 경매가 이루어져 경매대금에서 선순위 공동저당권자가 채권 전액을 변제받은 경우, 채무자 소유 부동산에 대한 후순위 저당권자는 물상보증인 소유 부동산에 대한 선순위 저당권에 대하여 물상대위를 할 수 있으므로, 물상보증인 소유 부동산에 대한 선순위 저당권설정등기에 대하여는 위 후순위 저당권자 앞으로 대위에 의한 부기등기가 경료되어야 한다.

④ 저당권으로 담보된 채권에 질권을 설정하는 경우, 질권자와 질권설정자가 피담보채권만을 질권의 목적으로 하고 저당권은 질권의 목적으로 하지 않는 것도 가능하고, 이는 저당권의 부종성에 반하지 않는다.

⑤ 저당권부 채권이 양도되는 경우 채권양수인이 채권양도로 채무자에게 대항하기 위해서는 채무자에 대한 채권양도의 통지나 채무자의 승낙이 있어야 하나, 저당권의 이전을 목적으로 하는 물권적 합의는 저당권을 양도·양수하는 당사자 사이에 있으면 족하다.

해설

① **(O)** 후순위저당권자대위에 의하여 공동저당권을 대위하는 자가 대위의 부기등기를 하지 않는 동안 대위의 객체인 저당권이 말소되고 제3취득자가 저당물의 소유권을 취득한 경우, 후순위저당권자대위가 가능한지를 묻는 지문이다. 변제자대위에서와 마찬가지로 대위의 부기등기가 없는 동안 저당물의 제3취득자가 등 이해관계인이 생긴 경우에는 후순위저당권자대위는 허용되지 않는다.

[**대법원** 2015. 3. 20. **선고** 2012**다**99341 **판결**] 민법 제482조 제2항 제1호, 제5호는 변제자대위의 효과로 채권자가 가지고 있던 채권 및 그 담보에 관한 권리가 법률상 당연히 변제자에게 이전하는 경우에도, 변제로 인하여 저당권 등이 소멸한 것으로 믿고 목적부동산을 취득한 제3취득자를 불측의 손해로부터 보호하기 위하여 미리 저당권 등에 대위의 부기등기를 하지 아니하면 제3취득자에 대하여 채권자를 대위하지 못하도록 정하고 있다. 이에 따라 자기의 재산을 타인의 채무의 담보로 제공한 물상보증인이 수인일 때 그중 일부의 물상보증인이 채무를 변제한 뒤 다른 물상보증인 소유 부동산에 설정된 근저당권설정등기에 관하여 대위의 부기등기를 하여 두지 아니하고 있는 동안에 제3취득자가 위 부동산을 취득하였다면, 대위변제한 물상보증인들은 제3취득자에 대하여 채권자를 대위할 수 없다. 그런데 이와 같이 법률상 당연히 이전되는 저당권과 관련하여 그 후에 해당 부동산에 대하여 권리를 취득한 제3취득자를 보호할 필요성은 후순위저당권자의 대위의 경우에도 마찬가지로 존재한다.

그리고 후순위저당권자의 대위의 경우에도 부동산등기법 제80조에서 정한 공동저당의 대위등기를 통하여 제3취득자에게 공시할 수 있으므로, 변제자대위와 마찬가지로 일정한 경우에 대위등기를 선행하도록 요구한다고 하더라도 후순위저당권자에게 크게 불리하지 아니하다. 더욱이 변제자대위의 경우에는 저당권뿐 아니라 채권까지 이전됨에 비하여 후순위저당권자의 대위의 경우에는 채권이 이전되지 아니한다는 점까지 고려하면, 후순위저당권자를 변제자보다 항상 더 보호하여야 할 필요성이 있다고 보기는 어렵다.

한편 후순위저당권자의 대위에 의하여 선순위저당권자가 가지고 있던 다른 부동산에 관한 저당권이 후순위저당권자에게 이전된 후에 아직 저당권이 말소되지 아니하고 부동산등기부에 존속하는 경우라면, 비록 공동저당의 대위등기를 하지 아니하더라도 제3취득자로서는 저당권이 유효하게 존재함을 알거나 적어도 저당권이 공동저당권으로서 공시되어 있는 상태에서 이를 알면서 해당 부동산을 취득할 것이므로 저당권의 이전과 관련하여 제3취득자를 보호할 필요성은 적다.

이러한 사정들을 종합하여 보면, 먼저 경매된 부동산의 후순위저당권자가 다른 부동산에 공동저당의 대위등기를 하지 아니하고 있는 사이에 선순위저당권자 등에 의해 그 부동산에 관한 저당권등기가 말소되고, 그와 같이 저당권등기가 말소되어 등기부상 저당권의 존재를 확인할 수 없는 상태에서 그 부동산에 관하여 소유권이나 저당권 등 새로 이해관계를 취득한 사람에 대해서는, 후순위저당권자가 민법 제368조 제2항에 의한 대위를 주장할 수 없다.

② (O) 공동저당의 목적물이 물상보증인과 채무자 소유인 경우, 공동저당권 실행으로 경매대가를 동시에 배당하는 경우, 배당방법을 묻는 지문이다. 물상보증인이 변제자대위권을 가진다는 점을 고려하여 채무자 부동산의 경매대가를 먼저 배당하고, 공동저당권자의 채권이 모두 만족되지 않을 때에 물상보증인 부동산의 경매대가를 추가로 배당한다. 즉, 각 공동저당물의 경매대가에 비례하여 배당한다는 제368조 제1항이 적용되지 않는다.

[**대법원** 2016. 3. 10. **선고** 2014**다**231965 **판결**] 공동저당권이 설정되어 있는 수개의 부동산 중 일부는 채무자 소유이고 일부는 물상보증인 소유인 경우 각 부동산의 경매대가를 동시에 배당하는 때에는 민법 제368조 제1항은 적용되지 아니하고, 채무자 소유 부동산의 경매대가에서 공동저당권자에게 우선적으로 배당을 하고, 부족분이 있는 경우에 한하여 물상보증인 소유 부동산의 경매대가에서 추가로 배당을 하여야 한다. 그리고 이러한 이치는 물상보증인이 채무자를 위한 연대보증인의 지위를 겸하고 있는 경우에도 마찬가지이다. (필자 註 : ㈀ 공동저당물 중 일부는 채무자의 소유이고, 나머지는 물상보증인 소유인데, 채무자 소유의 부동산과 물상보증인 소유의 부동산이 함께 경매되어 그 경매대가를 동시에 배당하는 경우, 각 부동산의 경매대가에 비례하여 공동저당권자의 채권의 분담을 정하고, 공동저당권자의 분담액을 초과하는 금액은 각 부동산의 후순위저당권자 등 이해관계인들에게 배당되어야 하는지가 본 사안의 쟁점이다. 즉, 동시배당의 경우 책임의 분담을 정하고 있는 민법 제368조 제1항이 이 경우에도 적용되어야 하는지가 쟁점이다. ㈁ 이시배당의 경우 후순위저당권자 대위권을 규정하고 있는 민법 제368조 제2항 제2문은 이 경우에 적용되지 않는다는 것이 종래 대법원의 입장이었다. 채무자 소유의 부동산과 물상보증인 소유의 부동산에 공동저당권이 설정된 경우, 이시배당의 경우에 후순위저당권자 대위권을 인정하지 않는 것은 물상보증인의 변제로 인한 대위권을 보장하기 위함이다. 변제로 인한 대위를 통하여 물상보증인의 재산출연으로 인한 손실을 채무자에게 종국적으로 전가하도록 하기 위하여 후순위저당권자 대위권을 부정한 것이다. ㈂ 그렇다면 물상보증인의 재산출연으로 인한 손실을 채무자에게 전가하도록 하는 것이 보장되어야 한다는 논리는 반드시 이시배당의 경우에만 타당하다고 볼 수는 없다. 동시배당의 경우에도 타당하다고 보아야 할 것이다. 동시배당의 경우에도 우선 공동저당권자가 채무자의 부동산으로부터 우선적으로 배당을 받고, 부족분이 있는 경우에 공동저당권자는 물상보증인 소유 부동산의 경매대가에서 추가로 배당을 하여야 한다. 이와 같은 법리를 본 판결은 선언하고 있다. ㈃ 대법원에 따르면 이시배당의 경우, 공동저당물 중 일부가 물상보증인 소유라면 후순위저당권자 대위권이 인정되지 않는 것과 같은 이치로, 동시배당의 경우에도 채무자 소유의 부동산으로부터 공동저당권자는 우선적으로 배당변제를 받고, 부족분이 있을 경우에 물상보증인 소유의 부동산으로부터 배당변제를 받을 수 있다는 것이다. 결국 이러한 대법원의 태도는 채무자 소유 부동산에 있는 후순위저당권자보다 물상보증인 혹은 물상보증인 소유 부동산의 후순위저당권자를 보다 보호하는 결과가 된다).

③ (×) 채무자가 제공한 공동저당물의 후순위저당권자가 공동저당권 실행으로 후순위저당권이 소멸한 경우, 물상보증인 소유 부동산에 대한 선순위 저당권을 취득할 수 있는지를 묻는 지문이다. 후순위저당권자가 공동저당물 이시배당에 의하여 배당상 불이익을 받은 경우에 제368조 제2항에 따라 후순위저당권자 대위권을 취득하기 위해서는 공동저당물이 모두 채무자 소유에 속하여야 한다. 한편, 채무자 부동산의 후순위저당권자에게 물상대위권이 인정될 수는 있으나, 저당권설정자인 채무자가 저당물에 갈음하여 권리를 취득하여야 하는데, 채무자는 물상보증인의 부동산에 관하여 어떠한 권리도 취득할 수 없으므로 물상대위에 기하여 물상보증인 부동산의 선순위 저당권에 대하여 물상대위를 할 수도 없다.

그러나 물상보증인 부동산의 후순위저당권자는 물상보증인 부동산이 먼저 경매되어 후순위저당권이 소멸하는 경우, 물상보증인이 취득하는 변제자대위권에 대하여 물상대위를 할 수 있다.

[**대법원** 1995. 6. 13. **자** 95**마**500 **결정**] 공동저당의 목적인 채무자 소유의 부동산과 물상보증인 소유의 부동산 중 채무자 소유의 부동산에 대하여 먼저 경매가 이루어져 그 경매대금의 교부에 의하여 1번 공동저당권자가 변제를 받더라도, 채무자 소유의 부동산에 대한 후순위저당권자는 민법

제368조 제2항 후단에 의하여 1번 공동저당권자를 대위하여 물상보증인 소유의 부동산에 대하여 저당권을 행사할 수 없다.

[**대법원** 1994. 5. 10. **선고** 93**다**25417 **판결**] 공동저당의 목적인 채무자 소유의 부동산과 물상보증인 소유의 부동산에 각각 채권자를 달리하는 후순위저당권이 설정되어 있는 경우, 물상보증인 소유의 부동산에 대하여 먼저 경매가 이루어져 그 경매대금의 교부에 의하여 1번저당권자가 변제를 받은 때에는 물상보증인은 채무자에 대하여 구상권을 취득함과 동시에, 민법 제481조·제482조의 규정에 의한 변제자대위에 의하여 채무자 소유의 부동산에 대한 1번저당권을 취득하고, 이러한 경우 물상보증인 소유의 부동산에 대한 후순위저당권자는 물상보증인에게 이전한 1번저당권으로부터 우선하여 변제를 받을 수 있으며, 물상보증인이 수인인 경우에도 마찬가지라 할 것이므로(이 경우 물상보증인들 사이의 변제자대위의 관계는 민법 제482조 제2항 제4호·제3호에 의하여 규율될 것이다), 자기 소유의 부동산이 먼저 경매되어 1번저당권자에게 대위변제를 한 물상보증인은 1번저당권을 대위취득하고, 그 물상보증인 소유의 부동산의 후순위저당권자는 1번저당권에 대하여 물상대위를 할 수 있다.

④ **(O)** 저당권의 수반성이 특약에 의하여 배제될 수 있는지를 묻는 지문이다. 저당권은 피담보채권의 처분에 수반하는 성질을 가진다. 피담보채권이 양도되면 다른 특별한 사정이 없는 한 저당권도 수반하여 양도되고, 피담보채권에 질권을 설정하면 다른 특별한 사정이 없는 한 저당권에도 질권설정을 하기로 한 것으로 해석된다. 저당권의 수반성은 특약에 의한 배제가 가능하다. 따라서 피담보채권만을 양도하거나 피담보채권에 관해서만 질권을 설정하는 합의는 효력이 있다.

[**대법원** 2020. 4. 29. **선고** 2016**다**235411 **판결**] 민법 제361조는 “저당권은 그 담보한 채권과 분리하여 타인에게 양도하거나 다른 채권의 담보로 하지 못한다.”라고 정하고 있을 뿐 피담보채권을 저당권과 분리해서 양도하거나 다른 채권의 담보로 하지 못한다고 정하고 있지 않다. 채권담보라고 하는 저당권 제도의 목적에 비추어 특별한 사정이 없는 한 피담보채권의 처분에는 저당권의 처분도 당연히 포함된다고 볼 것이지만, 피담보채권의 처분이 있으면 언제나 저당권도 함께 처분된다고는 할 수 없다.

따라서 저당권으로 담보된 채권에 질권을 설정한 경우 원칙적으로는 저당권이 피담보채권과 함께 질권의 목적이 된다고 보는 것이 합리적이지만, 질권자와 질권설정자가 피담보채권만을 질권의 목적으로 하고 저당권은 질권의 목적으로 하지 않는 것도 가능하고 이는 저당권의 부종성에 반하지 않는다. 이는 저당권과 분리해서 피담보채권만을 양도한 경우 양도인이 채권을 상실하여 양도인 앞으로 된 저당권이 소멸하게 되는 것과 구별된다.

이와 마찬가지로 담보가 없는 채권에 질권을 설정한 다음 그 채권을 담보하기 위하여 저당권이 설정된 경우 원칙적으로는 저당권도 질권의 목적이 되지만, 질권자와 질권설정자가 피담보채권만을 질권의 목적으로 하였고 그 후 질권설정자가 질권자에게 제공하려는 의사 없이 저당권을 설정받는 등 특별한 사정이 있는 경우에는 저당권은 질권의 목적이 되지 않는다. 이때 저당권은 저당권자인 질권설정자를 위해 존재하며, 질권자의 채권이 변제되거나 질권설정계약이 해지되는 등의 사유로 질권이 소멸한 경우 저당권자는 자신의 채권을 변제받기 위해서 저당권을 실행할 수 있다.

⑤ **(O)** 저당권 양도에서 물권적 합의를 요하는 당사자의 범위를 묻는 지문이다. 저당권양도인과 양수인 사이에서 합의가 있으면 족하고, 채무자나 혹은 물상보증인과의 합의가 있을 필요는 없다.

[**대법원** 2005. 6. 10. **선고** 2002**다**15412·15429 **판결**] 저당권은 피담보채권과 분리하여 양도하지 못하는 것이어서 저당권부 채권의 양도는 언제나 저당권의 양도와 채권양도가 결합되어 행해지므로 저당권부 채권의 양도는 민법 제186조의 부동산물권변동에 관한 규정과 민법 제449조 내지 제452조의 채권양도에 관한 규정에 의해 규율되므로 저당권의 양도에 있어서도 물권변동의 일반원칙에 따라 저당권을 이전할 것을 목적으로 하는 물권적 합의와 등기가 있어야 저당권이 이전된다고 할 것이나, 이때의 물권적 합의는 저당권의 양도·양수받는 당사자 사이에 있으면 족하고 그 외에 그 채무자나 물상보증인 사이에까지 있어야 하는 것은 아니라 할 것이고, 단지 채무자에게 채권양도의 통지나 이에 대한 채무자의 승낙이 있으면 채권양도를 가지고 채무자에게 대항할 수 있게 되는 것이다.

정답 ③

25. 근저당권에 관한 설명 중 옳지 않은 것은? (다툼이 있는 경우 판례에 의함) [21 변호사]

① 물상보증인이 근저당권의 피담보채무를 면책적으로 인수하여 근저당권 변경의 부기등기가 경료된 경우, 특별한 사정이 없는 한 그 근저당권은 그 후 물상보증인이 다른 원인으로 근저당권자에 대하여 부담하게 된 새로운 채무까지 담보하는 것은 아니다.

② 선순위의 근저당권부 채권을 양수한 자가 채권양도의 대항요건을 갖추지 않았으나 근저당권 이전의 부기등기를 마치고 근저당권 실행의 요건을 갖추어 신청한 경매절차에서 매각대금이 배당되는 경우, 후순위 근저당권자는 채권양도로 대항할 수 없는 제3자에 포함되지 않는다.

③ 근저당권의 피담보채권의 총액이 채권최고액을 초과하는 경우, 근저당권자와 채무자 겸 근저당권설정자와의 관계에 있어서는 채권 전액의 변제가 있을 때까지 근저당권의 효력이 채권최고액과는 관계없이 잔존채무에 미친다.

④ 공동근저당권자가 공동담보의 목적 부동산 일부에 대한 환가대금으로부터 피담보채권의 일부를 우선변제받은 경우, 나머지 목적 부동산에 대한 우선변제권의 범위는 피담보채권의 확정 여부와 상관없이 최초의 채권최고액에서 우선변제받은 금액을 공제한 나머지 채권최고액으로 제한된다.

⑤ 공동근저당의 목적 부동산 일부에 대한 경매가 실행되어 그 경매대가로 피담보채권 일부가 변제된 후 잔존 원본에 대한 지연이자가 다시 발생하였다면, 공동근저당권자가 공동근저당권 목적 부동산의 각 환가대금으로부터 배당받는 원본 및 지연이자의 합산액이 결과적으로 최초의 채권최고액을 초과하더라도, 그 지연이자에 대하여는 나머지 목적 부동산에 관한 경매절차에서 다시 우선변제권을 행사할 수 있다.

해설

① **(O)** 물상보증인이 근저당권의 피담보채무를 면책적으로 인수한 경우에는 근저당권설정계약이 변경된 것은 아니므로 물상보증인이 인수한 채무를 피담보채무에 포함되지만, 물상보증인이 채권자에 대하여 부담하게 된 새로운 채무는 피담보채무에 포함되지 않는다.

[**대법원** 2002. 11. 26. **선고** 2001**다**73022 **판결**] 물상보증인이 근저당권의 채무자의 계약상의 지위를 인수한 것이 아니라, 다만 그 채무만을 면책적으로 인수하고 이를 원인으로 하여 근저당권 변경의 부기등기가 경료된 경우, 특별한 사정이 없는 한 그 변경등기는 당초 채무자가 근저당권자에 대하여 부담하고 있던 것으로서 물상보증인이 인수한 채무만을 그 대상으로 하는 것이지, 그 후 채무를 인수한 물상보증인이 다른 원인으로 근저당권자에 대하여 부담하게 된 새로운 채무까지 담보하는 것으로 볼 수는 없다.

② **(O)** 근저당권부 채권이 양도된 경우, 채권양도의 제3자에 대한 대항요건이 필요한 제3자에 후순위 근저당권자가 포함되는지를 묻는 지문이다. 대항요건이 필요한 채무자 이외의 제3자란 양도되는 채권 자체에 관한 이해관계인을 말한다. 후순위 근저당권자는 선순위 근저당권부 채권 자체에 이해관계를 맺은 자가 아니므로 대항요건이 필요한 제3자에 해당하지 않는다.

[**대법원** 2012. 4. 12. **선고** 2011**다**109357 **판결**] 피담보채권을 근저당권과 함께 양수한 자는 근저당권 이전의 부기등기를 마치고 근저당권실행의 요건을 갖추고 있는 한 채권양도의 대항요건을 갖추고 있지 아니하더라도 경매신청을 할 수 있으며, 채무자는 경매절차의 이해관계인으로서 채권양도의 대항요건을 갖추지 못하였다는 사유를 들어 경매개시결정에 대한 이의나 즉시항고절차에서 다툴 수 있고, 이 경우는 신청채권자가 대항요건을 갖추었다는 사실을 증명하여야 할 것이나, 이러한 절차를 통하여 채권 및 근저당권의 양수인의 신청에 의하여 개시된 경매절차가 실효되지 아니한 이상 그

경매절차는 적법한 것이고, 또한 그 경매신청인은 양수채권의 변제를 받을 수도 있다. 그리고 채권양도의 대항요건의 흠결의 경우 채권을 주장할 수 없는 채무자 이외의 제3자는 양도된 채권 자체에 관하여 양수인의 지위와 양립할 수 없는 법률상 지위를 취득한 자에 한하므로, 선순위의 근저당권부채권을 양수한 채권자보다 후순위의 근저당권자는 채권양도의 대항요건을 갖추지 아니한 경우 대항할 수 없는 제3자에 포함되지 않는다. 이러한 이치는 근저당권부채권의 양도통지 후 채권양도계약이 해제된 경우에 양수인의 채무자에 대한 해제사실의 통지 없이 양도인이 경매신청을 하는 경우에도 마찬가지라고 할 것이다.

③ **(O)** 채권최고액의 의미를 묻는 지문이다. 우선변제의 한도액으로서 의미를 가진다. 피담보채무액이 채권최고액을 초과하는 때에는 근저당권자는 최고액 범위에서 다른 채권자보다 우선변제를 받을 수 있는 것이고, 채무자 겸 근저당권설정자는 피담보채무 전액을 변제하여야 근저당권등기의 말소를 청구할 수 있다.

[**대법원** 2010. 5. 13. **선고** 2010**다**3681 **판결**] 근저당권은 원본, 이자, 위약금, 채무불이행으로 인한 손해배상 및 근저당권의 실행비용을 담보하는 것이며, 이것이 근저당에 있어서의 채권최고액을 초과하는 경우에 근저당권자로서는 그 채무자 겸 근저당권설정자와의 관계에 있어서는 그 채무의 일부인 채권최고액과 지연손해금 및 집행비용만을 받고 근저당권을 말소시켜야 할 이유는 없을 뿐 아니라, 채무금 전액에 미달하는 금액의 변제가 있는 경우에 이로써 우선 채권최고액 범위의 채권에 변제충당한 것으로 보아야 한다는 이유도 없으니 채권 전액의 변제가 있을 때까지 근저당의 효력은 잔존채무에 여전히 미친다고 할 것이다.

④ **(O)** 공동근저당권자가 어느 근저당권으로부터 우선변제를 받은 경우, 다른 근저당권의 채권최고액이 변제받은 범위에서 감액되는지를 묻는 지문이다. 공동근저당권은 수개의 근저당권에 의하여 동일한 채권을 우선변제 받기 위하여 설정한 것이고, 각 근저당권의 연대성이 있으므로 어느 근저당권으로부터 우선변제권이 실현된 때에는 그 범위에서 다른 근저당권의 우선변제권의 한도는 감액된다.

[**대법원** 2017. 12. 21. **선고** 2013**다**16992 **전원합의체 판결**] 공동저당권의 목적인 수 개의 부동산이 동시에 경매된 경우에 공동저당권자로서는 어느 부동산의 경매대가로부터 배당받든 우선변제권이 충족되기만 하면 되지만, 각 부동산의 소유자나 후순위 저당권자 그 밖의 채권자는 어느 부동산의 경매대가가 공동저당권자에게 배당되는지에 관하여 중대한 이해관계를 가진다. 민법 제368조 제1항은 공동저당권 목적 부동산의 전체 환가대금을 동시에 배당하는 이른바 동시배당(同時配當)의 경우에 공동저당권자의 실행선택권과 우선변제권을 침해하지 아니하는 범위 내에서 각 부동산의 책임을 안분함으로써 각 부동산의 소유자와 후순위 저당권자 그 밖의 채권자의 이해관계를 조절하고, 나아가 같은 조 제2항은 대위제도를 규정하여 공동저당권의 목적 부동산 중 일부의 경매대가를 먼저 배당하는 이른바 이시배당(異時配當)의 경우에도 최종적인 배당의 결과가 동시배당의 경우와 같게 함으로써 공동저당권자의 실행선택권 행사로 인하여 불이익을 입은 후순위 저당권자를 보호하는 데에 그 취지가 있다.

민법 제368조는 공동근저당권의 경우에도 적용되고, 공동근저당권자가 스스로 근저당권을 실행한 경우는 물론이며 타인에 의하여 개시된 경매·공매 절차, 수용 절차 또는 회생 절차 등(이하 '경매 등의 환가절차'라 한다)에서 환가대금 등으로부터 다른 권리자에 우선하여 피담보채권의 일부에 대하여 배당받은 경우에도 적용된다.

공동근저당권이 설정된 목적 부동산에 대하여 동시배당이 이루어지는 경우에 공동근저당권자는 채권최고액 범위 내에서 피담보채권을 민법 제368조 제1항에 따라 부동산별로 나누어 각 환가대금에 비례한 액수로 배당받으며, 공동근저당권의 각 목적 부동산에 대하여 채권최고액만큼 반복하여, 이른바 누적적으로 배당받지 아니한다.

그렇다면 공동근저당권이 설정된 목적 부동산에 대하여 이시배당이 이루어지는 경우에도 동시배당의 경우와 마찬가지로 공동근저당권자가 공동근저당권 목적 부동산의 각 환가대금으로부터 채권최고액만큼 반복하여 배당받을 수는 없다고 해석하는 것이 민법 제368조 제1항 및 제2항의 취지에 부합한다.
그러므로 공동근저당권자가 스스로 근저당권을 실행하거나 타인에 의하여 개시된 경매 등의 환가절차를 통하여 공동담보의 목적 부동산 중 일부에 대한 환가대금 등으로부터 다른 권리자에 우선하여 피담보채권의 일부에 대하여 배당받은 경우에, 그와 같이 우선변제받은 금액에 관하여는 공동담보의 나머지 목적 부동산에 대한 경매 등의 환가절차에서 다시 공동근저당권자로서 우선변제권을 행사할 수 없다고 보아야 하며, 공동담보의 나머지 목적 부동산에 대하여 공동근저당권자로서 행사할 수 있는 우선변제권의 범위는 피담보채권의 확정 여부와 상관없이 최초의 채권최고액에서 위와 같이 우선변제받은 금액을 공제한 나머지 채권최고액으로 제한된다고 해석함이 타당하다. 그리고 이러한 법리는 채권최고액을 넘는 피담보채권이 원금이 아니라 이자·지연손해금인 경우에도 마찬가지로 적용된다.

⑤ (×) 이미 어느 근저당권으로부터 우선변제권이 실현된 범위에서는 다른 근저당권으로 통하여 다시 우선변제권을 중첩적으로 실현할 수는 없는데, 이러한 법리는 채권최고액을 넘은 피담보채권이 이자나 지연손해금이라고 하여 다를 바가 없다. 공동근저당권의 피담보채권의 지연손해금도 우선변제권의 한도 내에서만 우선변제를 받을 수 있기 때문이다. **대법원** 2017. 12. 21. **선고** 2013**다**16992 **전원합의체 판결 참고.**

정답 ⑤

26. **근저당권에 관한 설명 중 옳은 것(○)과 옳지 않은 것(×)을 올바르게 조합한 것은? (다툼이 있는 경우 판례에 의함)** [20 변호사]

ㄱ. 근저당권의 피담보채권이 확정되지 아니하는 동안에는 그 채권의 일부가 대위변제되더라도 그 근저당권이 대위변제자에게 이전될 여지가 없지만, 피담보채권이 확정된 후에는 근저당권의 일부 이전의 부기등기가 있어야 그 근저당권이 대위변제자에게 이전된다.
ㄴ. 근저당권설정등기가 불법하게 말소된 경우 근저당권자는 그 등기말소 당시의 소유자가 아니라 현재 등기명의자인 소유자를 상대로 근저당권설정등기의 회복등기청구를 하여야 한다.
ㄷ. 근저당권자가 근저당권설정자의 피담보채무의 불이행을 이유로 경매신청을 하였으나 경매개시결정이 있은 후에 경매신청을 취하한 경우에는 근저당권의 피담보채무는 확정되지 않는다.

① ㄱ(○), ㄴ(×), ㄷ(×) ② ㄱ(○), ㄴ(○), ㄷ(×) ③ ㄱ(×), ㄴ(×), ㄷ(×)
④ ㄱ(×), ㄴ(○), ㄷ(○) ⑤ ㄱ(×), ㄴ(○), ㄷ(×)

해설

ㄱ. (×) 근저당권이 확정되기 전에 일부의 대위변제가 있는 경우의 효과를 묻는 지문이다. 변제자대위에 의하여 근저당권이 당연히 대위변제자에게 이전되는 것은 아니다. 그러나 사후에 근저당권이 확정되면, 경락대금에 관한 근저당권자의 권리 중에서 근저당권자의 피담보채권액을 담보하고 남은 부분은 대위의 부기등기가 없더라도 당연히 대위변제자에게 이전한다.
[**대법원** 2002. 7. 26. **선고** 2001**다**53929 **판결**] 변제할 정당한 이익이 있는 자가 채무자를 위하여 채권의 일부를 대위변제할 경우에 대위변제자는 변제한 가액의 범위 내에서 종래 채권자가 가지고 있던 채권 및 담보에 관한 권리를 법률상 당연히 취득하게 되는 것이므로, 채권자가 부동산에 대하여 근저당권을 가지고 있는 경우에는, 채권자는 대위변제자에게 일부 대위변제에 따른 저당권의 일부 이전의 부기등기를 경료해 주어야 할 의무가 있다 할 것이나, 이 경우에도 채권자는 일부변제자에 대

하여 우선변제권을 가지고 있다 할 것이고, 근저당권이라고 함은 계속적인 거래관계로부터 발생하고 소멸하는 불특정다수의 장래채권을 결산기에 계산하여 잔존하는 채무를 일정한 한도액의 범위 내에서 담보하는 저당권이어서, 거래가 종료하기까지 채권은 계속적으로 증감변동하는 것이므로, 근저당 거래관계가 계속 중인 경우 즉, 근저당권의 피담보채권이 확정되기 전에 그 채권의 일부를 양도하거나 대위변제한 경우 근저당권이 양수인이나 대위변제자에게 이전할 여지는 없다 할 것이나, 그 근저당권에 의하여 담보되는 피담보채권이 확정되게 되면, 그 피담보채권액이 그 근저당권의 채권최고액을 초과하지 않는 한 그 근저당권 내지 그 실행으로 인한 경락대금에 대한 권리 중 그 피담보채권액을 담보하고 남는 부분은 저당권의 일부이전의 부기등기의 경료 여부와 관계없이 대위변제자에게 법률상 당연히 이전된다.

ㄴ. (×) 말소회복등기청구의 상대방을 묻는 지문이다. 불법말소 당시 소유자가 그 상대방이 된다.
[**대법원** 2009. 10. 15. **선고** 2006**다**43903 **판결**] 말소된 등기의 회복등기절차의 이행을 구하는 소에서는 회복등기의무자에게만 피고적격이 있는바, 가등기가 이루어진 부동산에 관하여 제3취득자 앞으로 소유권이전등기가 마쳐진 후 그 가등기가 말소된 경우 그와 같이 말소된 가등기의 회복등기절차에서 회복등기의무자는 가등기가 말소될 당시의 소유자인 제3취득자이므로, 그 가등기의 회복등기청구는 회복등기의무자인 제3취득자를 상대로 하여야 한다.

ㄷ. (×) 근저당권자의 경매신청에 따라 경매개시결정이 내려진 후 경매신청이 취하된 경우, 근저당권 확정의 효과가 번복되는지를 묻는 지문이다. 근저당권자의 경매신청 취하로 경매신청에 따른 실체법적 효과인 근저당권 확정의 효과가 번복되는 것은 아니다.
[**대법원** 2002. 11. 26. **선고** 2001**다**73022 **판결**] 근저당권자가 피담보채무의 불이행을 이유로 경매신청을 한 경우에는 경매신청시에 근저당 채무액이 확정되고, 그 이후부터 근저당권은 부종성을 가지게 되어 보통의 저당권과 같은 취급을 받게 되는 바, 위와 같이 경매신청을 하여 경매개시결정이 있은 후에 경매신청이 취하되었다고 하더라도 채무확정의 효과가 번복되는 것은 아니다. 정답 ③

27. 부동산 저당권에 관한 설명 중 옳지 않은 것은? (다툼이 있는 경우 판례에 의함) [19 변호사]

① 근저당 거래관계가 계속되어 근저당권의 피담보채권이 확정되지 아니하는 동안에는 그 채권의 일부가 대위변제되었다 하더라도 그 근저당권이 대위변제자에게 이전되지 않는다.
② 동일 부동산에 관하여 가압류등기가 먼저 행해진 후 근저당권설정등기가 마쳐진 경우 그 근저당권자는 가압류채권자에 대한 관계에서는 우선변제권을 주장할 수 없다.
③ 근저당권자가 피담보채무의 불이행을 이유로 경매신청을 한 경우 경매신청시에 근저당권의 피담보채무액이 확정되지만, 경매개시결정이 있은 후에 경매신청이 취하된 경우에는 그 소급효로 인하여 채무확정의 효과가 번복된다.
④ 저당목적물인 부동산이 수용된 경우 저당권자가 저당권설정자의 토지수용보상금 지급청구권에 관하여 물상대위권을 행사하기 전에 다른 채권자가 위 지급청구권에 대하여 압류·추심명령을 받아 보상금을 지급받은 때에는, 저당권자는 우선변제권을 상실하게 되고 그 다른 채권자에 대하여 부당이득반환도 청구할 수 없다.
⑤ 근저당권이전의 부기등기가 경료된 후 그 피담보채무가 소멸한 경우, 주등기인 근저당권설정등기의 말소등기만 구하면 되고 그 부기등기에 대한 말소를 구하는 것은 소의 이익이 없다.

해설

① (○) 근저당권이 확정되기 전에는 근저당권은 개개의 채권에 수반하지 않는다.

[**대법원** 2002. 7. 26. **선고** 2001**다**53929 **판결**] 변제할 정당한 이익이 있는 자가 채무자를 위하여 채권의 일부를 대위변제할 경우에 대위변제자는 변제한 가액의 범위 내에서 종래 채권자가 가지고 있던 채권 및 담보에 관한 권리를 법률상 당연히 취득하게 되는 것이므로, 채권자가 부동산에 대하여 근저당권을 가지고 있는 경우에는, 채권자는 대위변제자에게 일부 대위변제에 따른 저당권의 일부 이전의 부기등기를 경료해 주어야 할 의무가 있다 할 것이나, 이 경우에도 채권자는 일부변제자에 대하여 우선변제권을 가지고 있다 할 것이고, 근저당권이라고 함은 계속적인 거래관계로부터 발생하고 소멸하는 불특정다수의 장래채권을 결산기에 계산하여 잔존하는 채무를 일정한 한도액의 범위 내에서 담보하는 저당권이어서, 거래가 종료하기까지 채권은 계속적으로 증감변동하는 것이므로, 근저당 거래관계가 계속 중인 경우 즉, 근저당권의 피담보채권이 확정되기 전에 그 채권의 일부를 양도하거나 대위변제한 경우 근저당권이 양수인이나 대위변제자에게 이전할 여지는 없다 할 것이나, 그 근저당권에 의하여 담보되는 피담보채권이 확정되게 되면, 그 피담보채권액이 그 근저당권의 채권최고액을 초과하지 않는 한 그 근저당권 내지 그 실행으로 인한 경락대금에 대한 권리 중 그 피담보채권액을 담보하고 남는 부분은 저당권의 일부이전의 부기등기의 경료 여부와 관계없이 대위변제자에게 법률상 당연히 이전된다.

② **(O)** 선순위 가압류채권과 후순위 근저당권은 평등배당의 관계에 있다.
[**대법원** 1994. 11. 29. **자** 94**마**417 **결정**] 가압류채권자와 근저당권자 및 근저당권설정등기 후 강제경매신청을 한 압류채권자 사이의 배당관계에 있어서, 근저당권자는 선순위 가압류채권자에 대하여는 우선변제권을 주장할 수 없으므로 1차로 채권액에 따른 안분비례에 의하여 평등배당을 받은 다음, 후순위 경매신청압류채권자에 대하여는 우선변제권이 인정되므로 경매신청압류채권자가 받을 배당액으로부터 자기의 채권액을 만족시킬 때까지 이를 흡수하여 배당받을 수 있다.

③ **(×)** 경매개시결정 후 경매신청이 취하되더라도 근저당권 확정이라는 사법상 효과는 번복되지 않는다.
[**대법원** 2002. 11. 26. **선고** 2001**다**73022 **판결**] 근저당권자가 피담보채무의 불이행을 이유로 경매신청을 한 경우에는 경매신청시에 근저당 채무액이 확정되고, 그 이후부터 근저당권은 부종성을 가지게 되어 보통의 저당권과 같은 취급을 받게 되는 바, 위와 같이 경매신청을 하여 경매개시결정이 있은 후에 경매신청이 취하되었다고 하더라도 채무확정의 효과가 번복되는 것은 아니다.

④ **(O)** 물상대위권 행사 전에 물상대위의 목적인 가치대표물을 제3자가 취득한 때에는 물상대위권자에 대한 관계에서 부당이득이 되지 않는다. 그러나 담보물 소유자가 취득한 때에는 부당이득이 된다.
[**대법원** 2002. 10. 11. **선고** 2002**다**33137 **판결**] 물상대위권의 행사에 나아가지 아니한 채 단지 수용대상토지에 대하여 담보물권의 등기가 된 것만으로는 그 보상금으로부터 우선변제를 받을 수 없고, 저당권자가 물상대위권의 행사에 나아가지 아니하여 우선변제권을 상실한 이상 다른 채권자가 그 보상금 또는 이에 관한 변제공탁금으로부터 이득을 얻었다고 하더라도 저당권자는 이를 부당이득으로서 반환을 청구할 수 없다.

⑤ **(O)** [**대법원** 2009. 7. 9. **선고** 2009**다**21386 **판결**] 근저당권의 양도에 의한 부기등기는 기존의 근저당권설정등기에 의한 권리의 승계를 등기부상 명시하는 것으로, 기존의 주등기인 근저당권설정등기에 종속되어 주등기와 일체를 이루는 것이어서 근저당권설정등기가 당초 원인무효인 경우 주등기인 근저당권설정등기의 말소만 구하면 되고 그 부기등기는 별도로 말소를 구하지 않더라도 주등기의 말소에 따라 직권으로 말소되는 것인바, 이 사건 별지 부동산목록 중 제1 내지 9항 기재 각 부동산에 관하여는 원고가 처음부터 원인무효라고 주장하는 1994. 11. 2.자 소외 5 명의의 각 근저당권설정등기의 말소를 위 협의분할에 의한 상속인인 피고를 상대로 구할 수 있을 뿐, 위 각 근저당권설정등기에 기초한 2006. 11. 30.자 피고 명의의 근저당권이전의 부기등기의 말소를 별도로 구할 소의 이익은 인정되지 않는다 할 것이다.

정답 ③

28. **甲 소유인 X 토지에 乙이 대여금채권을 담보하기 위하여 저당권을 가지고 있었다. 甲은 관련 서류를 위조하여 乙의 저당권설정등기를 말소한 후 丙에게 저당권을 설정하여 주었다. 甲은 丁에게 X 토지를 매도하고 소유권이전등기를 경료하여 주었다. 이에 관한 설명 중 옳은 것을 모두 고른 것은? (각 지문은 독립적이며, 다툼이 있는 경우 판례에 의함)** [18 변호사]

ㄱ. 乙이 저당권회복등기 청구의 소를 제기한다면 丁을 피고로 삼아야 한다.
ㄴ. 丙의 경매신청에 의하여 X 토지가 경매되는 경우 배당이의소송을 통하여 위 사실관계가 모두 밝혀지더라도 乙은 배당받을 수 없다.
ㄷ. 위 토지가 경매되어 丙이 배당받고 乙이 배당받지 못한 경우 乙은 자신이 선순위 배당권자였음을 주장하여 丙을 상대로 부당이득반환을 청구할 수 있다.

① ㄴ ② ㄷ ③ ㄱ, ㄴ
④ ㄱ, ㄷ ⑤ ㄴ, ㄷ

해설

※ 저당권등기가 불법으로 말소된 경우의 법률관계를 묻는 사례문제이다.

ㄱ. **(×)** 저당권등기 말소회복등기청구의 상대방은 불법말소 당시의 소유자이다. 乙은 甲을 상대로 말소회복등기를 청구하여야 하고, 현재의 소유자 丁에 대해서는 말소회복등기에의 승낙을 소구하여야 한다. 아래 판례는 가등기 말소회복등기에 관한 판례이나 저당권도 마찬가지로 보아야 한다.

[**대법원** 2009. 10. 15. **선고** 2006**다**43903 **판결**] 말소된 등기의 회복등기절차의 이행을 구하는 소에서는 회복등기의무자에게만 피고적격이 있는바, 가등기가 이루어진 부동산에 관하여 제3취득자 앞으로 소유권이전등기가 마쳐진 후 그 가등기가 말소된 경우 그와 같이 말소된 가등기의 회복등기절차에서 회복등기의무자는 가등기가 말소될 당시의 소유자인 제3취득자이므로, 그 가등기의 회복등기청구는 회복등기의무자인 제3취득자를 상대로 하여야 한다.

[**대법원** 1971. 8. 31. **선고** 71**다**1285 **판결**] 불법한 방법에 의하여 등기권리자의 등기가 말소된 후에 등기부상 권리를 취득한 자는 그 등기권리자의 회복등기절차에 승인을 할 의무가 있다.

ㄴ. **(×)** 저당권등기가 불법으로 말소된 경우, 저당권이 소멸하는지를 묻는 지문이다. 등기는 물권변동의 효력발생요건이지 효력존속요건은 아니므로 저당권등기가 불법으로 말소되더라도 저당권이 소멸하는 것은 아니다. 배당이의 소송에 의하여 저당권등기가 불법으로 말소되었음이 밝혀진 때에는 乙은 선순위 저당권자로서 배당을 받을 수 있다.

[**대법원** 1982. 9. 14. **선고** 81**다카**923 **판결**] 등기는 물권의 효력발생 요건이고 효력존속 요건이 아니므로 물권에 관한 등기가 원인 없이 말소된 경우에 그 물권의 효력에는 아무런 영향을 미치지 않는다고 봄이 타당한 바, 등기공무원이 관할지방법원의 명령에 의하여 소유권이전등기를 직권으로 말소하였으나 그 후 동 명령이 취소·확정된 경우에는 말소등기는 결국, 원인 없이 경료된 등기와 같이 되어 말소된 소유권이전등기는 회복되어야 하고 회복등기를 마치기 전이라도 말소된 소유권이전등기의 최종명의인은 적법한 권리자로 추정된다고 하겠으니 동 이전등기가 실체관계에 부합하지 않은 점에 대한 입증책임은 이를 주장하는 자에게 있다.

ㄷ. **(○)** 불법말소 된 저당권자가 배당에서 제외된 경우, 후순위권리자 등에 대하여 배당받은 금원에 대한 부당이득반환을 청구할 수 있다.

[**대법원** 1998. 10. 2. **선고** 98**다**27197 **판결**] 근저당권설정등기가 위법하게 말소되어 아직 회복등기를 경료하지 못한 연유로 그 부동산에 대한 경매절차에서 피담보채권액에 해당하는 금액을 전혀 배당

받지 못한 근저당권자로서는 위 경매절차에서 실제로 배당받은 자에 대하여 부당이득반환청구로서 그 배당금의 한도 내에서 그 근저당권설정등기가 말소되지 아니하였더라면 배당받았을 금액의 지급을 구할 수 있을 뿐이고, 이미 소멸한 근저당권에 관한 말소등기의 회복등기를 위하여 현 소유자를 상대로 그 승낙의 의사표시를 구할 수는 없다. 정답 ②

29. 甲은 X 토지의 소유자이고 乙은 Y 토지의 소유자이다. 丙은 甲에 대한 채권을 담보하기 위하여 X 토지와 Y 토지에 공동저당권을 갖고 있다. X 토지와 Y 토지가 모두 수용되어 보상금채권이 발생하였다. 이에 관한 설명 중 옳은 것(○)과 옳지 않은 것(×)을 올바르게 조합한 것은? (각 지문은 독립적이며, 다툼이 있는 경우 판례에 의함) [18 변호사]

ㄱ. 甲의 채권자 丁이 X 토지의 보상금채권을 가압류하였고, 이어 丙이 물상대위권에 기하여 위 보상금채권에 대한 압류 및 전부명령을 받은 경우에도 丙은 보상금채권에 관하여 丁보다 우선변제를 받을 수 있다.
ㄴ. 丙이 Y 토지의 보상금채권에 압류 등 조치를 취하지 아니하던 중 물상보증인 乙이 보상금을 수령하였다면 丙은 乙을 상대로 부당이득반환을 청구할 수 있다.
ㄷ. 丙이 X 토지의 보상금채권에 압류 등 조치를 취하지 아니하던 중 甲의 채권자 戊가 그 보상금채권에 대하여 압류 및 전부 명령을 받아 보상금을 수령하였다면 丙은 戊를 상대로 부당이득반환을 청구할 수 있다.

① ㄱ(○), ㄴ(○), ㄷ(×) ② ㄱ(○), ㄴ(×), ㄷ(○) ③ ㄱ(○), ㄴ(×), ㄷ(×)
④ ㄱ(×), ㄴ(○), ㄷ(×) ⑤ ㄱ(×), ㄴ(×), ㄷ(○)

해설

※ 물상대위권을 묻는 사례문제이다.

ㄱ. **(O)** 토지의 수용보상금에 관한 가압류채권자와 수용보상금에 대한 물상대위권을 행사하는 저당권자의 우열관계를 묻는 지문이다. 물상대위권은 저당권의 효력이 확정된 것이므로 저당권자와 같은 순위에서 우선변제권을 행사할 수 있다. 저당권의 설정이 수용보상금에 관한 가압류보다 선순위이므로 물상대위권자가 우선한다.

[**대법원** 2004. 4. 16. **선고** 2003**다**64206 **판결**] 수용되는 토지에 대하여 가압류가 집행되어 있더라도 토지수용으로 기업자가 그 소유권을 원시취득하게 됨으로 그 토지 가압류의 효력은 소멸하고, 이 경우에 그 토지 가압류가 수용보상금채권에 당연히 이전되어 그 효력이 미치는 것은 아니므로 수용 전 토지에 대한 가압류채권자가 다시 수용보상금채권에 가압류 하였다고 하더라도, 수용 전 토지에 대하여 위 토지가압류 이후 저당권을 취득하였다가 위 수용보상금채권에 대하여 물상대위에 따른 압류를 한 자에 대하여는 수용 전 토지에 관하여 주장할 수 있었던 사유를 수용보상금채권에 대한 배당절차에서까지 주장할 수는 없다.

ㄴ. **(O)** 저당물의 소유자가 수용보상금을 수령한 경우, 저당권자에 대하여 부당이득반환의무를 부담하는지를 묻는 지문이다. 저당물의 소유자는 저당권의 존재를 용인하고 있는 자이므로 저당권의 가치를 표상하는 수용보상금을 취득하는 것은 저당권자에 대한 관계에서 부당이득이 된다.

[**대법원** 2009. 5. 14. **선고** 2008**다**17656 **판결**] 저당권자는 저당권의 목적이 된 물건의 멸실, 훼손 또는 공용징수로 인하여 저당목적물의 소유자가 받을 저당목적물에 갈음하는 금전 기타 물건에 대하여 물상대위권을 행사할 수 있으나, 다만 그 지급 또는 인도 전에 이를 압류하여야 하며, 저당권자가

위 금전 또는 물건의 인도청구권을 압류하기 전에 저당물의 소유자가 그 인도청구권에 기하여 금전 등을 수령한 경우 저당권자는 더 이상 물상대위권을 행사할 수 없게 된다. 이 경우 저당권자는 저당권의 채권최고액 범위 내에서 저당목적물의 교환가치를 지배하고 있다가 저당권을 상실하는 손해를 입게 되는 반면에, 저당목적물의 소유자는 저당권의 채권최고액 범위 내에서 저당권자에게 저당목적물의 교환가치를 양보하여야 할 지위에 있다가 마치 그러한 저당권의 부담이 없었던 것과 같은 상태에서의 대가를 취득하게 되는 것이므로, 그 수령한 금액 가운데 저당권의 채권최고액을 한도로 하는 피담보채권액의 범위 내에서는 이득을 얻게 된다. 저당목적물 소유자가 얻은 위와 같은 이익은 저당권자의 손실로 인한 것으로서 인과관계가 있을 뿐 아니라, 공평의 관념에 위배되는 재산적 가치의 이동이 있는 경우 수익자로부터 그 이득을 되돌려받아 손실자와 재산상태의 조정을 꾀하는 부당이득제도의 목적에 비추어 보면 위와 같은 이익을 소유권자에게 종국적으로 귀속시키는 것은 저당권자에 대한 관계에서 공평의 관념에 위배되어 법률상 원인이 없다고 봄이 상당하므로, 저당목적물 소유자는 저당권자에게 이를 부당이득으로 반환할 의무가 있다(필자 註 : 저당물의 제3취득자가 저당물수용으로 인한 수용보상금을 모두 지급받은 경우 이는 저당권자에 대하여 피담보채권액 범위에서 부당이득이 된다고 판단한 사례).

ㄷ. (×) 수용보상금이 저당물소유자의 채권자에게 지급된 경우, 저당권자에 대한 관계에서 부당이득이 되는지를 묻는 지문이다. 저당권자가 물상대위권을 행사하지 않고 있는 동안 수용보상금이 저당물 소유자의 채권자에게 지급된 때에는 저당권자의 우선변제권은 인정되지 아니한 결과 부당이득이 되지 않는다.

[**대법원** 2002. 10. 11. **선고** 2002**다**33137 **판결**] 물상대위권의 행사에 나아가지 아니한 채 단지 수용대상토지에 대하여 담보물권의 등기가 된 것만으로는 그 보상금으로부터 우선변제를 받을 수 없고, 저당권자가 물상대위권의 행사에 나아가지 아니하여 우선변제권을 상실한 이상 다른 채권자가 그 보상금 또는 이에 관한 변제공탁금으로부터 이득을 얻었다고 하더라도 저당권자는 이를 부당이득으로서 반환을 청구할 수 없다. **정답** ①

30. **甲은 乙에 대한 5,000만 원의 채권을 담보하기 위하여 乙 소유 부동산 X(경매대가 6,000만 원)와 丙 소유 부동산 Y(경매대가 4,000만 원)에 각각 1번 저당권을 설정받았다. 그리고 X에는 丁이 피담보채권 4,000만 원의 2번 저당권을, Y에는 戊가 피담보채권 2,000만 원의 2번 저당권을 각각 설정받았다. 이에 관한 설명 중 옳은 것은? (이자, 지연손해금과 집행비용은 고려하지 말 것, 다툼이 있는 경우 판례에 의함)** [17 변호사]

① X와 Y의 경매대가를 동시에 배당하는 경우, 경매법원은 甲에게 X로부터 3,000만 원, Y로부터 2,000만 원을 각각 배당하여야 한다.
② X에 대한 경매대가가 먼저 배당되어 甲이 5,000만 원을 배당받은 경우, 丁은 Y에 대한 甲의 1번 저당권을 대위행사할 수 있다.
③ Y에 대한 경매대가가 먼저 배당되어 甲이 4,000만 원을 배당받은 경우, 丙은 甲이 배당받은 범위 내에서 X에 대한 甲의 1번 저당권을 취득한다.
④ Y에 대한 경매대가로부터 배당을 받은 甲이 X에 설정된 저당권을 임의로 말소한 후 X에 대한 경매가 실행되어 매각대금이 완납된 경우, 丙은 말소된 저당권등기의 회복등기절차의 이행을 구할 수 있다.
⑤ 甲이 피담보채권을 변제받기 전에 Y에 대한 저당권을 포기한 경우, 甲은 X에 대한 경매절차에서 자신이 Y에 대한 저당권을 포기하지 않았더라면 丁이 대위할 수 있었던 2,000만 원 한도에서 丁에 우선하여 배당받을 수 없다.

해설

① **(×)** 채무자와 물상보증인이 제공한 공동저당권이 실행되어 동시에 배당되는 경우, 배당방법을 묻는 지문이다. 채무자의 매각대금으로 우선배당을 하고, 부족한 부분에 관하여 물상보증인의 매각대금으로 배당한다. 채무자인 乙의 부동산 X의 매각대금 6천만 원 중에서 甲은 5천만 원의 배당을 받는다.

[**대법원** 2016. 3. 10. **선고** 2014**다**231965 **판결**] 공동저당권이 설정되어 있는 수개의 부동산 중 일부는 채무자 소유이고 일부는 물상보증인 소유인 경우 각 부동산의 경매대가를 동시에 배당하는 때에는 민법 제368조 제1항은 적용되지 아니하고, 채무자 소유 부동산의 경매대가에서 공동저당권자에게 우선적으로 배당을 하고, 부족분이 있는 경우에 한하여 물상보증인 소유 부동산의 경매대가에서 추가로 배당을 하여야 한다. 그리고 이러한 이치는 물상보증인이 채무자를 위한 연대보증인의 지위를 겸하고 있는 경우에도 마찬가지이다. (필자 註 : ㈀ 공동저당물 중 일부는 채무자의 소유이고, 나머지는 물상보증인 소유인데, 채무자 소유의 부동산과 물상보증인 소유의 부동산이 함께 경매되어 그 경매대가를 동시에 배당하는 경우, 각 부동산의 경매대가에 비례하여 공동저당권자의 채권의 분담을 정하고, 공동저당권자의 분담액을 초과하는 금액은 각 부동산의 후순위저당권자 등 이해관계인들에게 배당되어야 하는지가 본 사안의 쟁점이다. 즉, 동시배당의 경우 책임의 분담을 정하고 있는 민법 제368조 제1항이 이 경우에도 적용되어야 하는지가 쟁점이다. ㈁ 이시배당의 경우 후순위저당권자 대위권을 규정하고 있는 민법 제368조 제2항 제2문은 이 경우에 적용되지 않는다는 것이 종래 대법원의 입장이었다. 채무자 소유의 부동산과 물상보증인 소유의 부동산에 공동저당권이 설정된 경우, 이시배당의 경우에 후순위저당권자 대위권을 인정하지 않는 것은 물상보증인의 변제로 인한 대위권을 보장하기 위함이다. 변제로 인한 대위를 통하여 물상보증인의 재산출연으로 인한 손실을 채무자에게 종국적으로 전가하도록 하기 위하여 후순위저당권자 대위권을 부정한 것이다. ㈂ 그렇다면 물상보증인의 재산출연으로 인한 손실을 채무자에게 전가하도록 하는 것이 보장되어야 한다는 논리는 반드시 이시배당의 경우에만 타당하다고 볼 수는 없다. 동시배당의 경우에도 타당하다고 보아야 할 것이다. 동시배당의 경우에도 우선 공동저당권자가 채무자의 부동산으로부터 우선적으로 배당을 받고, 부족분이 있는 경우에 공동저당권자는 물상보증인 소유 부동산의 경매대가에서 추가로 배당을 하여야 한다. 이와 같은 법리를 본 판결은 선언하고 있다. ㈃ 대법원에 따르면 이시배당의 경우, 공동저당물 중 일부가 물상보증인 소유라면 후순위저당권자 대위권이 인정되지 않는 것과 같은 이치로, 동시배당의 경우에도 채무자 소유의 부동산으로부터 공동저당권자는 우선적으로 배당변제를 받고, 부족분이 있을 경우에 물상보증인 소유의 부동산으로부터 배당변제를 받을 수 있다는 것이다. 결국 이러한 대법원의 태도는 채무자 소유 부동산에 있는 후순위저당권자보다 물상보증인 혹은 물상보증인 소유 부동산의 후순위저당권자를 보다 보호하는 결과가 된다).

② **(×)** 채무자의 부동산이 먼저 배당되는 경우, 후순위저당권자가 물상보증인의 부동산에 후순위저당권자 대위권을 행사할 수 있는지를 묻는 지문이다. 후순위저당권자대위가 인정되기 위해서는 저당물이 모두 채무자의 소유에 속하여야 한다. 丁은 물상보증인 丙의 Y부동산에는 후순위저당권자 대위권을 행사할 수 없다.

[**대법원** 1995. 6. 13. **자** 95**마**500 **결정**] 공동저당의 목적인 채무자 소유의 부동산과 물상보증인 소유의 부동산 중 채무자 소유의 부동산에 대하여 먼저 경매가 이루어져 그 경매대금의 교부에 의하여 1번 공동저당권자가 변제를 받더라도, 채무자 소유의 부동산에 대한 후순위저당권자는 민법 제368조 제2항 후단에 의하여 1번 공동저당권자를 대위하여 물상보증인 소유의 부동산에 대하여 저당권을 행사할 수 없다.

③ **(○)** 물상보증인의 부동산이 먼저 배당되어 공동저당권자가 채권의 변제를 받은 경우, 그 범위 내에서 물상보증인이 채무자의 부동산에 공동저당권자를 대위할 수 있는지를 묻는 지문이다. 물상보증인의 변제자대위에 따라 구상권의 범위 내에서 채권자를 대위할 수 있다.

[**대법원** 1994. 5. 10. **선고** 93**다**25417 **판결**] 공동저당의 목적인 채무자 소유의 부동산과 물상보증인 소유의 부동산에 각각 채권자를 달리하는 후순위저당권이 설정되어 있는 경우, 물상보증인 소유의 부동산에 대하여 먼저 경매가 이루어져 그 경매대금의 교부에 의하여 1번저당권자가 변제를 받은 때에는 물상보증인은 채무자에 대하여 구상권을 취득함과 동시에, 민법 제481조·제482조의 규정에 의한 변제자대위에 의하여 채무자 소유의 부동산에 대한 1번저당권을 취득하고, 이러한 경우 물상

보증인 소유의 부동산에 대한 후순위저당권자는 물상보증인에게 이전한 1번저당권으로부터 우선하여 변제를 받을 수 있으며, 물상보증인이 수인인 경우에도 마찬가지라 할 것이므로(이 경우 물상보증인들 사이의 변제자대위의 관계는 민법 제482조 제2항 제4호·제3호에 의하여 규율될 것이다), 자기 소유의 부동산이 먼저 경매되어 1번저당권자에게 대위변제를 한 물상보증인은 1번저당권을 대위취득하고, 그 물상보증인 소유의 부동산의 후순위저당권자는 1번저당권에 대하여 물상대위를 할 수 있다.

④ **(×)** 변제자대위의 대상이 저당권등기가 말소된 후 저당물의 소유권을 취득한 제3자에 대하여 물상대위권을 행사할 수 있는지를 묻는 지문이다. 보증인이나 물상보증인은 제3취득자에 대하여 채권자를 대위할 수 있으나, 이 경우 미리 대위의 부기등기를 하여야 한다(제482조 제2항 제1호, 제5호). 물상보증인 丙은 변제자대위에 따라 X부동산의 甲저당권을 대위할 수 있으나 대위의 부기등기를 하지 않고 있는 동안에 甲의 저당권이 말소되고 X에 대한 경매절차에 따라 X가 경매절차 매수인에게 이전된 때에는 丙은 경매절차 매수인에게 변제자대위권을 행사할 수 없다. 따라서 丙은 말소회복등기를 청구할 수 없다.

[**대법원** 1988. 9. 27. **선고** 88**다카**1797 **판결**] 타인의 채무를 변제하고 채권자를 대위하는 대위자 상호간의 관계를 규정한 민법 제482조 제2항 제5호 단서에서 대위의 부기등기에 관한 제1호의 규정을 준용하도록 규정한 취지는 자기의 재산을 타인의 채무의 담보로 제공한 물상보증인이 수인일 때 그중 일부의 물상보증인이 채무의 변제로 다른 물상보증인에 대하여 채권자를 대위하게 될 경우에 미리 대위의 부기등기를 하여 두지 아니하면 채무를 변제한 뒤에 그 저당물을 취득한 제3취득자에 대하여 채권자를 대위할 수 없도록 하려는 것이라고 해석되므로 자신들 소유의 부동산을 채무자의 채무의 담보로 제공한 물상보증인들이 채무를 변제한 뒤 다른 물상보증인 소유부동산에 설정된 근저당권설정등기에 관하여 대위의 부기등기를 하여 두지 아니하고 있는 동안에 제3취득자가 위 부동산을 취득하였다면, 대위변제한 물상보증인들은 제3취득자에 대하여 채권자를 대위할 수 없다.

⑤ **(×)** 공동저당권자가 어느 한 공동저당물의 공동저당권을 포기한 경우, 후순위저당권자에 대하여 우선변제권의 행사가 제한되는지를 묻는 지문이다. 공동저당권자가 후순위저당권자 대위의 객체가 되는 공동저당권을 포기한 때에는 후순위저당권자가 후순위저당권자 대위에 의하여 변제받을 수 있는 범위에서 공동저당권자의 우선변제권 행사가 제한될 수 있다. 그러나 사안의 경우에서처럼 후순위저당권자대위의 객체가 되지 아니하는 물상보증인 부동산의 공동저당권을 포기한 때에는 채무자 부동산의 후순위저당권자에 대한 우선변제권 행사가 제한되지 않는다.

[**대법원** 2009. 12. 10. **선고** 2009**다**41250 **판결**] 채무자 소유의 수개 부동산에 관하여 공동저당권이 설정된 경우 민법 제368조 제2항 후문에 의한 후순위저당권자의 대위권은 선순위 공동저당권자가 공동저당의 목적물인 부동산 중 일부의 경매대가로부터 배당받은 금액이 그 부동산의 책임분담액을 초과하는 경우에 비로소 인정되는 것이지만, 후순위저당권자로서는 선순위 공동저당권자가 피담보채권을 변제받지 않은 상태에서도 추후 공동저당 목적 부동산 중 일부에 관한 경매절차에서 선순위 공동저당권자가 그 부동산의 책임분담액을 초과하는 경매대가를 배당받는 경우 다른 공동저당 목적 부동산에 관하여 선순위 공동저당권자를 대위하여 저당권을 행사할 수 있다는 대위의 기대를 가진다고 보아야 하고, 후순위저당권자의 이와 같은 대위에 관한 정당한 기대는 보호되어야 하므로, 선순위 공동저당권자가 피담보채권을 변제받기 전에 공동저당 목적 부동산 중 일부에 관한 저당권을 포기한 경우에는, 후순위저당권자가 있는 부동산에 관한 경매절차에서, 저당권을 포기하지 아니하였더라면 후순위저당권자가 대위할 수 있었던 한도에서는 후순위저당권자에 우선하여 배당을 받을 수 없다고 보아야 하고, 이러한 법리는 공동근저당권의 경우에도 마찬가지로 적용된다고 보아야 한다.

정답 ③

31. **A는 甲에게 3억 원을 빌려주면서 甲 소유의 X 토지(시가 2억 원)와 乙 소유의 Y 토지(시가 3억 원)에 제1순위 공동저당권을 설정받았다. 그 후 乙은 丙으로부터 1억 원을 차용하면서 丙에게 Y 토지에 제2순위 저당권을 설정하여 주었다. A는 Y 토지에 대하여 경매를 신청하여 그 경매절차에서 매각대금 3억 원의 배당을 받아 채권 전체의 만족을 얻었다. A는 甲의 요청에 따라 X 토지에 마쳐져 있던 저당권을 말소하여 주었다. 甲은 다시 丁으로부터 1억 원을 차용하고 丁에게 새로 X 토지에 관하여 저당권을 설정하여 주었다. 乙은 X 토지에 관하여 말소된 저당권을 회복하고자 한다. 옳은 것을 모두 고른 것은? (각 지문은 독립적이며, 다툼이 있는 경우 판례에 의함)** [16 변호사]

ㄱ. 저당권말소회복등기가 이루어지지 아니한 상태에서도 乙은 X 토지의 제1순위 저당권자이다.
ㄴ. 저당권말소회복등기청구의 소는 A를 상대로 제기하여야 한다.
ㄷ. 乙이 등기부상 저당권등기를 회복하기 위해서는 丁의 승낙이 필요하다.
ㄹ. 甲이 丁에 대한 채무를 변제하지 못하여 丁의 경매신청에 따라 X 토지가 매각되어 戊가 소유권을 취득하였고 丁은 매각대금으로부터 채권의 만족을 얻었다. 뒤늦게 乙이 저당권말소회복등기청구의 소를 제기한 경우 戊로부터 승낙의 의사표시를 받으면 승소할 수 있다.

① ㄱ, ㄴ　② ㄱ, ㄷ　③ ㄱ, ㄹ
④ ㄴ, ㄷ　⑤ ㄷ, ㄹ

해설

ㄱ. (O) 물상보증인이 제공한 공동저당권이 실행됨으로써 공동저당권자가 채권의 만족을 받은 경우, 채무자가 제공한 공동저당권이 물상보증인에게 당연히 이전되는지 및 만약 이전된다면 그 후 공동저당권자가 임의로 채무자가 제공한 공동저당권 등기를 말소함으로 인하여 그 저당권이 소멸하는지를 묻는 지문이다.

물상보증인은 채무자에 대하여 구상권을 가지며, 그 구상권을 확보하기 위하여 당연히 채권자를 대위할 수 있다. 물상보증인의 부동산이 경매되어 공동저당권자의 채권이 만족을 얻은 때에는 물상보증인은 채무자에 대하여 구상권을 가지며(제341조), 구상권의 확보를 위하여 채권자의 채권 및 담보에 관한 권리를 당연히 이전받는다(제481조). 물상보증인은 변제할 정당한 이익이 있는 자이기 때문이다. 공동저당권자와 채무자가 공동으로 신청하여 변제자대위의 대상인 저당권등기를 말소하더라도 이는 불법말소에 해당하고, 저당권등기가 불법으로 말소된 때에도 저당권은 소멸하지 않고 여전히 존속한다. 따라서 물상보증인 乙은 채무자 甲의 부동산에 있는 A의 저당권등기가 말소되더라도 변제자대위에 의하여 여전히 저당권자의 지위를 가진다.

[**대법원** 2012. 7. 26. **선고** 2010**다**78708 **판결**] 공동저당의 목적인 채무자 소유의 부동산과 물상보증인 소유의 부동산에 각각 채권자를 달리하는 후순위 저당권이 설정되어 있는 경우, 물상보증인 소유의 부동산에 대하여 먼저 경매가 이루어져 그 경매대금의 교부에 의하여 1번 저당권자가 변제를 받은 때에는 물상보증인은 채무자에 대하여 구상권을 취득함과 동시에 민법 제481조, 제482조의 규정에 의한 변제자대위에 의하여 채무자 소유의 부동산에 대한 1번 저당권을 취득하고, 이러한 경우 물상보증인 소유의 부동산에 대한 후순위 저당권자는 물상보증인에게 이전한 1번 저당권으로부터 우선하여 변제를 받을 수 있다. 따라서 자기 소유의 부동산이 먼저 경매되어 1번 저당권자에게 대위변제를 한 물상보증인은 1번 저당권을 대위취득하고, 그 물상보증인 소유의 부동산의 후순위 저당

권자는 1번 저당권에 대하여 물상대위를 할 수 있으므로, 물상보증인이 대위취득한 선순위 저당권설정등기에 대하여는 말소등기가 경료될 것이 아니라 물상보증인 앞으로 대위에 의한 저당권이전의 부기등기가 경료되어야 하고, 아직 경매되지 아니한 공동저당물의 소유자로서는 1번 저당권자에 대한 피담보채무가 소멸하였다는 사정만으로 말소등기를 청구할 수 없다.

[**대법원** 1998. 10. 2. **선고** 98**다**27197 **판결**] 부동산에 관하여 근저당권설정등기가 경료되었다가 그 등기가 위조된 등기서류에 의하여 아무런 원인 없이 말소되었다는 사정만으로는 곧바로 근저당권이 소멸하는 것은 아니라고 할 것이지만, 부동산이 경매절차에서 경락되면 그 부동산에 존재하였던 근저당권은 당연히 소멸하는 것이므로, 근저당권설정등기가 원인 없이 말소된 이후에 그 근저당 목적물인 부동산에 관하여 다른 근저당권자 등 권리자의 경매신청에 따라 경매절차가 진행되어 경락허가결정이 확정되고 경락인이 경락대금을 완납하였다면, 원인 없이 말소된 근저당권은 이에 의하여 소멸한다.

ㄴ. (×) ㄷ. (○) 저당권등기가 불법으로 말소된 경우, 말소회복등기청구의 상대방이 누구인지를 묻는 지문이다. 불법말소 당시의 소유자가 그 상대방이 된다는 것이 판례이다. 따라서 乙은 甲을 상대로 저당권등기 말소회복등기청구를 하여야 하고, 후순위로 X 부동산에 저당권을 취득한 丁에 대해서는 말소회복등기에 승낙할 것을 청구하여야 한다(부동산등기법 제59조). 한편, 저당권등기의 말소회복이 이루어진 때에는 乙은 A에 대하여 저당권이전의 부기등기를 청구하여야 한다.

[**대법원** 2009. 10. 15. **선고** 2006**다**43903 **판결**] 말소된 등기의 회복등기절차의 이행을 구하는 소에서는 회복등기의무자에게만 피고적격이 있는바, 가등기가 이루어진 부동산에 관하여 제3취득자 앞으로 소유권이전등기가 마쳐진 후 그 가등기가 말소된 경우 그와 같이 말소된 가등기의 회복등기절차에서 회복등기의무자는 가등기가 말소될 당시의 소유자인 제3취득자이므로, 그 가등기의 회복등기청구는 회복등기의무자인 제3취득자를 상대로 하여야 한다.

[**대법원** 1971. 8. 31. **선고** 71**다**1285 **판결**] 불법한 방법에 의하여 등기권리자의 등기가 말소된 후에 등기부상 권리를 취득한 자는 그 등기권리자의 회복등기절차에 승인을 할 의무가 있다.

ㄹ. (×) 저당권등기가 불법으로 말소된 후 저당물이 경매로 매각된 경우, 저당권자의 말소회복이 가능한지를 묻는 지문이다. 경매절차에서의 매각으로 불법말소된 저당권도 소멸하고, 말소회복등기청구나 이에 대한 승낙의 소구는 모두 허용되지 않는다.

[**대법원** 2014. 12. 11. **선고** 2013**다**28025 **판결**] 부동산에 관하여 근저당권설정등기가 마쳐졌다가 등기가 위조된 관계서류에 기하여 아무런 원인 없이 말소되었다는 사정만으로는 곧바로 근저당권이 소멸하는 것은 아니지만, 부동산이 경매절차에서 매각되면 매각부동산에 존재하였던 저당권은 당연히 소멸하는 것이므로(민사집행법 제91조 제2항, 제268조 참조) 근저당권설정등기가 원인 없이 말소된 이후에 근저당목적물인 부동산에 관하여 다른 근저당권자 등 권리자의 신청에 따라 경매절차가 진행되어 매각허가결정이 확정되고 매수인이 매각대금을 완납하였다면, 원인 없이 말소된 근저당권도 소멸한다.

따라서 원인 없이 말소된 근저당권설정등기의 회복등기절차 이행과 회복등기에 대한 승낙의 의사표시를 구하는 소송 도중에 근저당목적물인 부동산에 관하여 경매절차가 진행되어 매각허가결정이 확정되고 매수인이 매각대금을 완납하였다면 매각부동산에 설정된 근저당권은 당연히 소멸하므로, 더 이상 원인 없이 말소된 근저당권설정등기의 회복등기절차 이행이나 회복등기에 대한 승낙의 의사표시를 구할 법률상 이익이 없게 된다.

정답 ②

32. **甲은 X 건물의 소유자인데 乙로부터 금원을 차용하고 그 건물에 관하여 乙에게 저당권을 설정해 주었다. 그 후 甲은 丙 렌탈회사로부터 X 건물을 위한 냉난방시설, 전화교환기시설을 임차하여 사용하는 계약을 체결하고 위 시설들을 설치하게 하였다. 위 시설 중 냉난방시설은 X 건물 자체에 고착되어 과다한 노력이나 비용을 들이지 아니하고는 분리할 수 없고 분리하더라도 그 경제적 가치가 현저히 감소되어 잔존가치가 거의 없게 되는 형편이었고, 전화교환기시설은 X 건물의 경제적 효용에 직접 이바지하는 것으로서 X 건물과는 독립된 물건이었다. 그후 乙의 신청에 따른 X 건물에 대한 경매절차에서 丁이 이를 매수하여 매각대금을 완납하였으나 아직 丁 명의로 소유권이전등기가 마쳐지지 않았다. 丁은 그 이후에 별도로 丙 렌탈회사와 냉난방시설 및 전화교환기시설에 대한 매매 · 임차 등 계약을 체결하지 아니한 채 위 시설들을 점유 · 사용하여 왔다. 丙 렌탈회사는 丁을 상대로 냉난방시설과 전화교환기시설에 대한 차임 상당 부당이득금의 반환을 구하는 소를 제기하였다. 옳은 것을 모두 고른 것은? (소유자가 다른 경우 주물과 종물의 관계가 성립하지 아니함을 전제로 하고, 각 지문은 독립적이며, 다툼이 있는 경우 판례에 의함)** [16 변호사]

ㄱ. 丙 렌탈회사의 소 제기 시점에서 X 건물 소유자는 丁이다.
ㄴ. 丁은 냉난방시설의 사용·수익으로 인한 부당이득반환의무가 없다.
ㄷ. 丁이 경매 당시 전화교환기시설이 임차한 물건이라는 점을 몰랐고 몰랐던 데에 과실이 없었던 경우 전화교환기시설의 사용·수익으로 인한 부당이득반환의무가 없다.

① ㄱ ② ㄴ ③ ㄱ, ㄴ
④ ㄴ, ㄷ ⑤ ㄱ, ㄴ, ㄷ

해설

ㄱ. (O) 경매절차 매수인이 매각대금을 완납하였으나, 그 명의로 소유권이전등기가 마쳐지지 아니한 경우에도 소유권을 취득하는지를 묻는 지문이다. 경매에 의한 소유권취득은 제187조에 따라 등기를 요하지 아니한다. 경매절차 매수인 丁은 매각대금을 완납한 때에 등기 없이 소유권을 취득하므로 丙의 소 제기 당시 X건물 소유자는 丁이다.

ㄴ. (O) 냉난방시설이 X건물에 부합되어 저당권의 효력이 확장되는지를 묻는 지문이다. 사안에서의 냉난방시설은 X건물로부터 분리할 수 없고, 독립한 물건으로서의 가치와 효용이 인정되지 아니하므로 X건물에 부합된 것으로 보아야 한다. 저당권의 효력은 저당권 설정 후에 부합된 물건에도 당연히 미치므로 경매절차 매수인 丁은 냉난방시설의 소유권을 취득한다. 丁이 냉난방시설을 사용·수익하는 것은 소유자로서 사용·수익하는 것이므로 丙에 대하여 부당이득반환의무를 부담하지 않는다.
[**대법원** 2007. 7. 27. **선고** 2006**다**39270·39278 **판결**] 어떠한 동산이 부동산에 부합된 것으로 인정되기 위해서는 그 동산을 훼손하거나 과다한 비용을 지출하지 않고서는 분리할 수 없을 정도로 부착·합체되었는지 여부 및 그 물리적 구조, 용도와 기능면에서 기존 부동산과는 독립한 경제적 효용을 가지고 거래상 별개의 소유권의 객체가 될 수 있는지 여부 등을 종합하여 판단하여야 할 것이고, 부합물에 관한 소유권 귀속의 예외를 규정한 민법 제256조 단서의 규정은 타인이 그 권원에 의하여 부속시킨 물건이라 할지라도 그 부속된 물건이 분리하여 경제적 가치가 있는 경우에 한하여 부속시킨 타인의 권리에 영향이 없다는 취지이지 분리하여도 경제적 가치가 없는 경우에는 원래의 부동산 소유자의 소유에 귀속되는 것이고, 경제적 가치의 판단은 부속시킨 물건에 대한 일반 사회통념상의 경제적 효용의 독립성 유무를 그 기준으로 하여야 한다.

ㄷ. (×) 경매절차 매수인 丁이 전화교환기시설의 소유권을 취득하는지를 묻는 지문이다. 전화교환기시설은 X건물의 효용에 이바지 하는 독립한 물건이지만, X건물에 부합되지 않을 뿐만 아니라 X건물 소유자인 甲의 소유에 속하는 것도 아니므로 종물이라고 할 수도 없다. 따라서 乙의 저당권의 효력이 당연히 전화교환기시설에 미치지는 않고, 경매절차 매수인 丁이 경매에 따라 당연히 전화교환기시설의 소유권을 취득할 수는 없다. 다만, 丁이 선의취득의 요건을 갖춘 때에는 선의취득에 따라 전화교환기시설을 취득할 수는 있다. 선의취득이 인정되기 위해서는 경매절차 매수인 丁이 선의, 무과실로 점유를 취득하여야 할 뿐만 아니라 전화교환기시설이 경매의 목적물로 평가되어야 한다. 사안에는 전화교환기시설이 경매의 목적물로 평가되었다는 사정이 제시되지 않고 있으므로 선의취득도 부정되어야 할 것이다.

다만, 丁이 선의점유자로서 과실취득권을 가지는 것은 아닌지의 의문이 있으나, 이는 위 문제의 논점은 아닌 것으로 보아야 한다. 설사 丁이 선의점유자라고 하더라도 丙의 소 제기로 인하여 소 제기시부터 악의점유자로 의제될 것이기 때문에 丁의 선의취득이 인정되지 아니하는 한 부당이득반환의무가 없다고 할 수는 없기 때문이다.

[**대법원** 2008. 5. 8. **선고** 2007**다**36933·36940 **판결**] 저당권의 실행으로 부동산이 경매된 경우에 그 부동산에 부합된 물건은 그것이 부합될 당시에 누구의 소유이었는지를 가릴 것 없이 그 부동산을 낙찰받은 사람이 소유권을 취득하지만, 그 부동산의 상용에 공하여진 물건일지라도 그 물건이 부동산의 소유자가 아닌 다른 사람의 소유인 때에는 이를 종물이라고 할 수 없으므로 부동산에 대한 저당권의 효력에 미칠 수 없어 부동산의 낙찰인이 당연히 그 소유권을 취득하는 것은 아니며, 나아가 부동산의 낙찰인이 그 물건을 선의취득하였다고 할 수 있으려면 그 물건이 경매의 목적물로 되었고 낙찰인이 선의이며 과실 없이 그 물건을 점유하는 등으로 선의취득의 요건을 구비하여야 한다고 할 것이다.

정답 ③

33. A는 B 명의의 1번 근저당권이 설정되어 있는 C 소유의 X 주택에 관하여 전세권을 취득하였다. 그 후 X 주택에 관하여 D 명의의 2번 근저당권이 설정되었다. 다음 설명 중 옳지 않은 것은? (각 지문은 독립적이고, 다툼이 있는 경우에는 판례에 의함) [14 변호사]

① B의 1번 근저당권 실행을 위한 경매절차가 개시되면 A는 B에게 X주택으로 담보된 채권을 변제하더라도 민법 제364조(제3취득자의 변제)에 의하여는 1번 근저당권의 소멸을 청구할 수 없다.

② C로부터 X 주택을 매수하여 소유권이전등기를 마치면서 그 매매대금에서 1번 근저당권의 채권최고액을 공제하고 잔액만을 지급한 E는 원칙적으로 B에게 X 주택으로 담보된 채권을 변제하고 민법 제364조(제3취득자의 변제)에 의하여 1번 근저당권의 소멸을 청구할 수 있다.

③ A는 D보다 선순위 전세권자이지만 D의 2번 근저당권 실행을 위한 경매절차에서 X 주택을 매수한 F에게 대항할 수 없다.

④ D는 B에게 X 주택으로 담보된 채권을 변제하더라도 민법 제364조(제3취득자의 변제)에 의하여는 1번 근저당권의 소멸을 청구할 수는 없다.

⑤ A가 B에에 X 주택으로 담보된 채권을 변제하면 B의 권리를 대위할 수 있다.

해설

※ 저당물의 제3취득자 보호제도를 묻는 사례문제이다.

① (×) 후순위전세권자가 선순위 근저당권 실행을 위한 경매절차가 개시된 후에도 제3취득자 변제에 의하여 근저당권 소멸을 청구할 수 있는지를 묻는 지문이다. 제364조는 '저당부동산에 대하여 소유권,

지상권 또는 전세권을 취득한 제3자는 저당권자에게 그 부동산으로 담보된 채권을 변제하고 저당권의 소멸을 청구할 수 있다.'고 규정하여 전세권을 취득한 제3자도 제3취득자로서 변제하고 저당권의 소멸을 청구할 수 있도록 규정하고 있다. 한편, 선순위 근저당권 실행을 위한 경매절차가 개시되었다고 하더라도 매각에 의하여 경매절차 매수인에게 소유권이 이전되기 전까지 후순위 전세권자는 저당부동산으로 담보된 채권을 변제하고 저당권의 소멸을 청구할 수 있다.

② (O) 근저당권의 채권최고액을 공제한 잔액만을 지급한 저당부동산의 매수인에게 제3취득자 변제권이 인정되는지를 묻는 지문이다. 근저당권이 설정된 부동산을 매수한 사람이 매매대금에서 채권최고액을 공제하고 잔액만을 지급하였다고 하더라도 그러한 사실만으로는 근저당권에 의하여 담보된 채무를 인수하기로 약정하였다고 할 수 없으므로 매수인은 저당물의 제3취득자로서 피담보채무를 변제하고 저당권의 소멸을 청구할 수 있다.

[**대법원** 2002. 5. 24. **선고** 2002**다**7176 **판결**] 저당부동산의 제3취득자가 피담보채무를 인수한 경우에는 그 때부터는 제3취득자는 채권자에 대한 관계에서 채무자의 지위로 변경되므로 민법 제364조의 규정은 적용될 여지가 없을 것이다. 다만, 민법 제364조를 둔 취지가, 저당권설정자가 제3취득자로부터 매매목적물의 대가 전액을 받고서도 저당권자에 대한 피담보채무를 변제하지 않는 경우에 저당권의 실행으로 말미암아 제3취득자의 권리가 상실될 위험이 있으므로, 제3취득자로 하여금 대가 전액을 저당권설정자에 대하여 지급하고 다시 저당권설정자가 그 피담보채무를 변제하게 할 것이 아니라 저당권자에게 직접 담보된 채권을 변제하도록 하게 함으로써 제3취득자의 보호를 도모하고자 한 것이라는 점을 감안해 볼 때, 저당부동산에 관한 매매계약을 체결하는 당사자 사이에 매매대금에서 피담보채무 또는 채권최고액을 공제한 잔액만을 현실로 수수하였다는 사정만을 가지고 언제나 매수인이 매도인의 저당채권자에 대한 피담보채무를 인수한 것으로 보아 제3취득자는 채권자에 대한 관계에서 제3취득자가 아니라 채무자와 동일한 지위에 놓이게 됨으로써 저당부동산의 제3취득자가 원래 행사할 수 있었던 저당권 소멸청구권을 상실한다고 볼 수는 없고, 오히려 이러한 매매대금 지급방법상의 약정은 다른 특별한 사정이 없는 한 매매당사자 사이에서는 매수인이 피담보채무 또는 채권최고액에 해당하는 매매대금 부분을 매도인에게 지급하는 것이 아니라 채권자에게 직접 지급하기로 하여 그 매매목적 부동산에 관한 저당권의 말소를 보다 확실하게 보장하겠다고 하는 취지로 그런 약정을 하게 된 것이라고 볼 것이다.

③ (O) 전세권보다 후순위 근저당권 실행으로 최선순위 근저당권이 소멸하는 경우, 최선순위 근저당권보다 후순위인 전세권이 소멸하는지를 묻는 지문이다. 용익물권은 당해 부동산의 최선순위 담보권보다 선순위인 경우에만 존속하고, 최선순위 담보권보다 후순위인 때에는 소멸한다. 다만, 최선순위 담보권보다 선순위인 전세권자도 배당요구를 하면 전세권은 소멸한다.

[**대법원** 1990. 1. 23. **선고** 89**다카**33043 **판결**] 후순위저당권의 실행으로 목적부동산이 경락되어 그 선순위저당권이 함께 소멸한 경우 비록 후순위저당권자에게는 대항할 수 있는 임차권이더라도 소멸된 선순위저당권보다 뒤에 등기되었거나 대항력을 갖춘 임차권은 함께 소멸하므로 이와 같은 경우의 경락인은 주택임대차보호법 제3조에서 말하는 임차주택의 양수인 중에 포함되지 않는다고 할 것이고, 따라서 임차인은 경락인에 대하여 그 임차권의 효력을 주장할 수 없다.

④ (O) 후순위 근저당권자가 제364조에 따라 선순위 근저당권에 의하여 담보된 채권을 변제하고 저당권의 소멸을 청구할 수 있는 제3취득자에 해당하는지를 묻는 지문이다. 제3취득자에 해당하지 않는다는 것이 대법원의 입장이다.

[**대법원** 2006. 1. 26. **선고** 2005**다**17341 **판결**] 민법 제364조는 "저당부동산에 대하여 소유권, 지상권 또는 전세권을 취득한 제3자는 저당권자에게 그 부동산으로 담보된 채권을 변제하고 저당권의 소멸을 청구할 수 있다"고 규정하고 있다. 그러므로 근저당부동산에 대하여 민법 제364조의 규정에 의한 권리를 취득한 제3자는 피담보채무가 확정된 이후에 채권최고액의 범위 내에서 그 확정된 피담보채무를 변제하고 근저당권의 소멸을 청구할 수 있으나, 근저당부동산에 대하여 후순위근저당권을 취득한 자는 민법 제364조에서 정한 권리를 행사할 수 있는 제3취득자에 해당하지 아니하므로 이

러한 후순위근저당권자가 선순위근저당권의 피담보채무가 확정된 이후에 그 확정된 피담보채무를 변제한 것은 민법 제469조의 규정에 의한 이해관계 있는 제3자의 변제로서 유효한 것인지 따져볼 수는 있을지언정 민법 제364조의 규정에 따라 선순위근저당권의 소멸을 청구할 수 있는 사유로는 삼을 수 없다.

⑤ **(○)** 제3취득자가 선순위 근저당권에 의하여 담보된 채권을 변제하고 변제로 인한 대위에 따라 선순위 근저당권을 행사할 수 있는지를 묻는 지문이다. 제3취득자는 변제할 정당한 이익이 있는 자로서 당연히 채권자를 대위한다(제481조).

[**대법원** 1997. 7. 25. **선고** 97**다**8403 **판결**] 타인의 채무를 담보하기 위하여 저당권을 설정한 부동산의 소유자(물상보증인)로부터 소유권을 양수한 제3자는 채권자에 의하여 저당권이 실행되게 되면 저당부동산에 대한 소유권을 상실한다는 점에서 물상보증인과 유사한 지위에 있다고 할 것이므로, 물상보증의 목적물인 저당부동산의 제3취득자가 채무를 변제하거나 저당권의 실행으로 저당물의 소유권을 잃은 때에는 물상보증인의 구상권에 관한 민법 제370조·제341조의 규정을 유추적용하여 보증채무에 관한 규정에 의하여 채무자에 대한 구상권이 있다. 정답 ①

34. **X 토지에는 甲 명의의 1번 저당권(피담보채권액 4,000만 원), 乙 명의의 2번 저당권(피담보채권액 1억 5,000만 원), 丙 명의의 3번 저당권(피담보채권액 7,000만 원)이 각 설정되어 있고, Y 토지에는 乙 명의의 1번 저당권(피담보채권액 1억 5,000만 원), 丁 명의의 2번 저당권(피담보채권액 3,000만 원)이 각 설정되어 있으며, 위 각 피담보채권의 채무자는 모두 A이고, 乙 명의의 저당권은 공동저당권이다. X 토지의 경매대가는 1억 6,000만 원, Y 토지의 경매대가는 8,000만 원이다. 다음 설명 중 옳은 것은? (이자, 지연손해금과 집행비용은 고려하지 말고, 다툼이 있는 경우에는 판례에 의함)** [14 변호사]

① X 토지와 Y 토지가 모두 채무자(A) 소유인 경우, X 토지와 Y 토지가 동시에 경매되면, 乙은 X 토지의 경매대가에서 1억 원을 배당받는다.
② X 토지와 Y 토지가 모두 채무자(A) 소유인 경우, X 토지가 먼저 경매되면, 丙은 Y 토지의 경매대가에서 5,000만 원을 배당받는다.
③ X 토지는 채무자(A) 소유, Y 토지는 물상보증인(B) 소유인 경우, X 토지가 먼저 경매되면, 丙은 Y 토지의 경매대가에서 3,000만 원을 배당받는다.
④ X 토지는 채무자(A) 소유, Y 토지는 물상보증인(B) 소유인 경우, Y 토지가 먼저 경매되면, 丁은 X 토지의 경매대가에서 3,000만 원을 배당받는다.
⑤ X 토지는 채무자(A) 소유, Y 토지는 물상보증인(B) 소유인 경우, X 토지와 Y 토지가 동시에 경매되면, 乙은 Y 토지의 경매대가에서 6,000만 원을 배당받는다.

해 설

※ 공동저당권이 설정된 경우, 후순위 저당권자와의 관계를 묻는 사례문제이다.

① **(×)** 채무자 소유의 공동저당물이 동시배당 되는 경우, 공동저당권자의 배당액을 묻는 지문이다. 공동저당권자의 피담보채권액은 각 공동저당물의 경매대가 비례에 따라 각 공동저당물에 분담된다. 이때 경매대가란 공동저당권자에게 배당이 가능한 경매대가를 의미하므로 비록 X 토지의 경매대가가 1억 6천만 원이라고 하더라도 乙의 공동저당권보다 선순위 저당권자인 甲에게 배당될 4천만 원을 공제한 1억 2천만 원을 경매대가로 보아야 한다. 따라서 X 토지의 경매대가 1억 2천만 원, Y 토지의 경매대가 8천만 원의 비례에 따라 공동저당권자 乙은 X 토지의 경매대가로부터 9천만 원을 배당받게 된다(1억 5천만 원 × 1억 2천만 원/2억 원).

[**대법원** 2003. 9. 5. **선고** 2001**다**66291 **판결**] 민법 제368조 제1항에서 말하는 "각 부동산의 경매대가"라 함은 매각대금에서 당해 부동산이 부담할 경매비용과 선순위채권을 공제한 잔액을 말한다.

② **(×)** 이시배당의 경우, 후순위저당권자 대위의 범위를 묻는 지문이다. 동시배당에 비하여 불이익을 받은 금액 범위에서 후순위저당권자는 다른 공동저당물에 대한 선순위 공동저당권자를 대위한다. 丙은 동시배당의 경우, 3천만 원을 배당받을 수 있으나, X 토지가 먼저 배당되는 때에는 전혀 배당을 받을 수 없게 된다. 따라서 丙은 3천만 원의 범위에서 Y 토지에 있는 乙의 공동저당권을 대위할 수 있다. 결국 丙은 Y 토지의 경매대가에서 3천만 원을 배당받는다.

③ **(×)** 채무자 소유의 공동저당물이 먼저 배당되는 때에도 그 부동산의 후순위 저당권자가 물상보증인 소유의 공동저당물에 대하여 후순위저당권자 대위를 할 수 있는지를 묻는 지문이다. 공동저당물이 모두 채무자 소유인 경우에만 후순위저당권자 대위가 인정되고, 공동저당물 중 일부가 채무자 소유에 속하지 아니하는 때에는 후순위저당권자 대위가 인정되지 않는다는 것이 대법원의 입장이다. 채무자 소유인 X 토지의 경매대가가 먼저 배당되는 때에는 경매대가 1억 6천만 원에서 甲의 채권액 4천만 원이 먼저 배당되고, 나머지 1억 2천만 원은 乙에게 배당되며, 丙은 전혀 배당을 받을 수 없고, 나아가 丙은 물상보증인의 Y 토지 경매대가에 대해서도 후순위저당권자 대위를 할 수 없다. 따라서 丙은 Y 토지의 경매대가에서 전혀 배당을 받을 수 없다.

[**대법원** 1995. 6. 13. **자** 95**마**500 **결정**] 공동저당의 목적인 채무자 소유의 부동산과 물상보증인 소유의 부동산 중 채무자 소유의 부동산에 대하여 먼저 경매가 이루어져 그 경매대금의 교부에 의하여 1번 공동저당권자가 변제를 받더라도, 채무자 소유의 부동산에 대한 후순위저당권자는 민법 제368조 제2항 후단에 의하여 1번 공동저당권자를 대위하여 물상보증인 소유의 부동산에 대하여 저당권을 행사할 수 없다.

④ **(○)** 물상보증인의 부동산이 먼저 배당되는 경우, 공동저당권자 및 후순위저당권자의 배당액을 묻는 지문이다. 물상보증인의 부동산이 먼저 배당되는 경우, 공동저당권자는 채권 전액을 우선 변제받을 수 있다. 따라서 Y 토지가 먼저 배당되는 경우, 공동저당권자 乙은 경매대가 8천만 원 전액을 배당받고, 후순위저당권자 丁은 전혀 배당을 받을 수 없다. 한편, X 토지의 경매대가 1억 6천만 원은 甲에게 4천만 원이 배당되고, 乙에게 잔존 채권액인 7천만 원이 배당되며, 잔존 경매대가 5천만 원은 물상보증인 B에게 변제자대위에 의하여 배당된다. 이때 물상보증인의 부동산의 후순위저당권자 丁은 물상대위권을 행사하여 물상보증인이 배당받을 5천만 원 중에서 3천만 원을 배당받을 수 있다.

[**대법원** 1994. 5. 10. **선고** 93**다**25417 **판결**] 공동저당의 목적인 채무자 소유의 부동산과 물상보증인 소유의 부동산에 각각 채권자를 달리하는 후순위저당권이 설정되어 있는 경우, 물상보증인 소유의 부동산에 대하여 먼저 경매가 이루어져 그 경매대금의 교부에 의하여 1번저당권자가 변제를 받은 때에는 물상보증인은 채무자에 대하여 구상권을 취득함과 동시에, 민법 제481조·제482조의 규정에 의한 변제자대위에 의하여 채무자 소유의 부동산에 대한 1번저당권을 취득하고, 이러한 경우 물상보증인 소유의 부동산에 대한 후순위저당권자는 물상보증인에게 이전한 1번저당권으로부터 우선하여 변제를 받을 수 있으며, 물상보증인이 수인인 경우에도 마찬가지라 할 것이므로(이 경우 물상보증인들 사이의 변제자대위의 관계는 민법 제482조 제2항 제4호·제3호에 의하여 규율될 것이다), 자기 소유의 부동산이 먼저 경매되어 1번저당권자에게 대위변제를 한 물상보증인은 1번저당권을 대위취득하고, 그 물상보증인 소유의 부동산의 후순위저당권자는 1번저당권에 대하여 물상대위를 할 수 있다.

⑤ **(×)** 채무자와 물상보증인이 제공한 공동저당권이 동시배당 되는 경우, 책임분담에 관한 제368조 제1항이 적용되는지를 묻는 지문이다. 공동저당권자는 우선 채무자의 부동산 경매대가로부터 채권액을 배당받고, 변제받지 못한 채권액에 한하여 물상보증인의 부동산 경매대가로부터 배당을 받는다. 따라서 공동저당권자 乙은 X 토지의 경매대가로부터 1억 2천만 원을 배당받고, 잔존하는 3천만 원 채권액은 물상보증인의 부동산인 Y 토지 경매대가로부터 배당받는다.

[**대법원** 2010. 4. 15. **선고** 2008**다**41475 **판결**] 공동저당권이 설정되어 있는 수개의 부동산 중 일부는 채무자 소유이고 일부는 물상보증인의 소유인 경우 위 각 부동산의 경매대가를 동시에 배당하는 때에는, 물상보증인이 민법 제481조, 제482조의 규정에 의한 변제자대위에 의하여 채무자 소유 부동산에 대하여 담보권을 행사할 수 있는 지위에 있는 점 등을 고려할 때, "동일한 채권의 담보로 수개의 부동산에 저당권을 설정한 경우에 그 부동산의 경매대가를 동시에 배당하는 때에는 각 부동산의 경매대가에 비례하여 그 채권의 분담을 정한다."고 규정하고 있는 민법 제368조 제1항은 적용되지 아니한다고 봄이 상당하다. 따라서 이러한 경우 경매법원으로서는 채무자 소유 부동산의 경매대가에서 공동저당권자에게 우선적으로 배당을 하고, 부족분이 있는 경우에 한하여 물상보증인 소유 부동산의 경매대가에서 추가로 배당을 하여야 한다(필자 註 : (ㄱ) 공동저당물 중 일부는 채무자의 소유이고, 나머지는 물상보증인 소유인데, 채무자 소유의 부동산과 물상보증인 소유의 부동산이 함께 경매되어 그 경매대가를 동시에 배당하는 경우, 각 부동산의 경매대가에 비례하여 공동저당권자의 채권의 분담을 정하고, 공동저당권자의 분담액을 초과하는 금액은 각 부동산의 후순위저당권자 등 이해관계인들에게 배당되어야 하는지가 본 사안의 쟁점이다. 즉, 동시배당의 경우 책임의 분담을 정하고 있는 민법 제368조 제1항이 이 경우에도 적용되어야 하는지가 쟁점이다. (ㄴ) 이시배당의 경우 후순위저당권자 대위권을 규정하고 있는 민법 제368조 제2항 제2문은 이 경우에 적용되지 않는다는 것이 종래 대법원의 입장이었다. 채무자 소유의 부동산과 물상보증인 소유의 부동산에 공동저당권이 설정된 경우, 이시배당의 경우에 후순위저당권자 대위권을 인정하지 않는 것은 물상보증인의 변제로 인한 대위권을 보장하기 위함이다. 변제로 인한 대위를 통하여 물상보증인의 재산출연으로 인한 손실을 채무자에게 종국적으로 전가하도록 하기 위하여 후순위저당권자 대위권을 부정한 것이다. (ㄷ) 그렇다면 물상보증인의 재산출연으로 인한 손실을 채무자에게 전가하도록 하는 것이 보장되어야 한다는 논리는 반드시 이시배당의 경우에만 타당하다고 볼 수는 없다. 동시배당의 경우에도 타당하다고 보아야 할 것이다. 동시배당의 경우에도 우선 공동저당권자가 채무자의 부동산으로부터 우선적으로 배당을 받고, 부족분이 있는 경우에 공동저당권자는 물상보증인 소유 부동산의 경매대가에서 추가로 배당을 하여야 한다. 이와 같은 법리를 본 판결은 선언하고 있다. (ㄹ) 대법원에 따르면 이시배당의 경우, 공동저당물 중 일부가 물상보증인 소유라면 후순위저당권자 대위권이 인정되지 않는 것과 같은 이치로, 동시배당의 경우에도 채무자 소유의 부동산으로부터 공동저당권자는 우선적으로 배당변제를 받고, 부족분이 있을 경우에 물상보증인 소유의 부동산으로부터 배당변제를 받을 수 있다는 것이다. 결국 이러한 대법원의 태도는 채무자 소유 부동산에 있는 후순위저당권자보다 물상보증인 혹은 물상보증인 소유 부동산의 후순위저당권자를 보다 보호하는 결과가 된다). 정답 ④

35. **甲은 乙에게 5,000만 원을 대여하고 채무자 乙이 소유하는 X 부동산(시가 4,000만 원)과 물상보증인 丙이 소유하는 Y 부동산(시가 4,000만 원)에 채권최고액 5,000만 원(피담보채무 5,000만 원)인 공동근저당권을 설정받았다. 그 뒤 乙은 丁으로부터 4,000만 원을 차용하고 X 부동산에 丁 명의의 채권최고액 4,000만 원(피담보채무 4,000만 원)인 2번 근저당권을 설정하여 주었다. 각 부동산이 경매절차에서 시가와 같은 가격으로 매각되어 모두 배당된다고 가정한다. 다음 중 옳은 것을 모두 고른 것은? (지연손해금과 집행비용은 고려하지 아니하고, 다툼이 있는 경우에는 판례에 의함)** [13 변호사]

ㄱ. X 부동산과 Y 부동산이 동시에 경매되어 배당되는 경우, 丁은 1,500만 원을 배당받는다.
ㄴ. X 부동산이 먼저 경매되어 배당된 후 Y 부동산이 경매되는 경우, Y 부동산의 매각대금에서 丁은 배당받지 못한다.
ㄷ. Y 부동산이 먼저 경매되어 배당된 후 X 부동산이 경매되어 배당되는 경우, 丙은 3,000만 원을 배당받을 수 있다.

① ㄴ, ㄷ ② ㄱ, ㄷ ③ ㄱ, ㄴ
④ ㄱ ⑤ ㄴ

해설

※ 채무자의 부동산과 물상보증인의 부동산에 공동근저당권이 설정되고, 채무자의 부동산에 후순위근저당권이 설정된 후, 각 부동산이 경매되어 그 대가가 배당되는 경우의 법률문제를 묻는 사례문제이다.

ㄱ. (×) 채무자의 부동산과 물상보증인의 부동산이 동시에 배당되는 경우, 공동저당권자의 피담보채권이 어떤 부동산의 경매대가에 의하여 어떤 방법으로 충당되는지를 묻는 지문이다. 민법 제368조 제1항은 공동저당물이 동시에 배당되는 경우, 각 부동산의 경매대가에 비례하여 공동저당권의 피담보채권의 분담을 정하고, 그 분담액에 따라 각 경매대가로 배당하도록 규정하고 있다. 그러나 제368조 제1항은 공동저당물이 모두 채무자 소유인 경우에 한하여 적용되고, 사례와 같이 공동저당물 중 어느 부동산이 물상보증인 소유인 때에는 우선 채무자 소유의 부동산의 경매대가로 공동저당권의 피담보채권 전액을 배당하고, 모자라는 채권액을 물상보증인 소유의 부동산 경매대가로 배당하여야 한다는 것이 대법원의 입장이다. X 부동산의 경매대가 4,000만 원은 모두 공동저당권자인 甲의 피담보채권액 5,000만 원을 위하여 배당되어야 하며, X 부동산의 후순위저당권자 丁에게 배당될 금액은 없다.
[**대법원** 2010. 4. 15. **선고** 2008**다**41475 **판결**] 공동저당권이 설정되어 있는 수개의 부동산 중 일부는 채무자 소유이고 일부는 물상보증인의 소유인 경우 위 각 부동산의 경매대가를 동시에 배당하는 때에는, 물상보증인이 민법 제481조, 제482조의 규정에 의한 변제자대위에 의하여 채무자 소유 부동산에 대하여 담보권을 행사할 수 있는 지위에 있는 점 등을 고려할 때, "동일한 채권의 담보로 수개의 부동산에 저당권을 설정한 경우에 그 부동산의 경매대가를 동시에 배당하는 때에는 각 부동산의 경매대가에 비례하여 그 채권의 분담을 정한다."고 규정하고 있는 민법 제368조 제1항은 적용되지 아니한다고 봄이 상당하다. 따라서 이러한 경우 경매법원으로서는 채무자 소유 부동산의 경매대가에서 공동저당권자에게 우선적으로 배당을 하고, 부족분이 있는 경우에 한하여 물상보증인 소유 부동산의 경매대가에서 추가로 배당을 하여야 한다(필자 註 : ㈀ 공동저당물 중 일부는 채무자의 소유이고, 나머지는 물상보증인 소유인데, 채무자 소유의 부동산과 물상보증인 소유의 부동산이 함께 경매되어 그 경매대가를 동시에 배당하는 경우, 각 부동산의 경매대가에 비례하여 공동저당권자의 채권의 분담을 정하고, 공동저당권자의 분담액을 초과하는 금액은 각 부동산의 후순위저당권자 등 이해관계인들에게 배당되어야 하는지가 본 사안의 쟁점이다. 즉, 동시배당의 경우 책임의 분담을 정하고 있는 민법 제368조 제1항이 이 경우에도 적용되어야 하는지가 쟁점이다. ㈁ 이시배당의 경우 후순위저당권자 대위권을 규정하고 있는 민법 제368조 제2항 제2문은 이 경우에 적용되지 않는다는 것이 종래 대법원의 입장이었다. 채무자 소유의 부동산과 물상보증인 소유의 부동산에 공동저당권이 설정된 경우, 이시배당의 경우에 후순위저당권자 대위권을 인정하지 않는 것은 물상보증인의 변제로 인한 대위권을 보장하기 위함이다. 변제로 인한 대위를 통하여 물상보증인의 재산출연으로 인한 손실을 채무자에게 종국적으로 전가하도록 하기 위하여 후순위저당권자 대위권을 부정한 것이다. ㈂ 그렇다면 물상보증인의 재산출연으로 인한 손실을 채무자에게 전가하도록 하는 것이 보장되어야 한다는 논리는 반드시 이시배당의 경우에만 타당하다고 볼 수는 없다. 동시배당의 경우에도 타당하다고 보아야 할 것이다. 동시배당의 경우에도 우선 공동저당권자가 채무자의 부동산으로부터 우선적으로 배당을 받고, 부족분이 있는 경우에 공동저당권자는 물상보증인 소유 부동산의 경매대가에서 추가로 배당을 하여야 한다. 이와 같은 법리를 본 판결은 선언하고 있다. ㈃ 대법원에 따르면 이시배당의 경우, 공동저당물 중 일부가 물상보증인 소유라면 후순위저당권자 대위권이 인정되지 않는 것과 같은 이치로, 동시배당의 경우에도 채무자 소유의 부동산으로부터 공동저당권자는 우선적으로 배당변제를 받고, 부족분이 있을 경우에 물상보증인 소유의 부동산으로부터 배당변제를 받을 수 있다는 것이다. 결국 이러한 대법원의 태도는 채무자 소유 부동산에 있는 후순위저당권자보다 물상보증인 혹은 물상보증인 소유 부동산의 후순위저당권자를 보다 보호하는 결과가 된다).

ㄴ. (O) 채무자 소유 부동산의 후순위근저당권자가 후순위저당권자 대위에 의하여 물상보증인 소유 부동산의 공동근저당권을 행사할 수 있는지를 묻는 지문이다. 대법원은 후순위저당권자 대위는 공동저당물이 모두 채무자 소유인 경우에 적용된다고 보고 있다. 따라서 채무자 소유 부동산인 X 부동산의 후순위근저당권 丁은 물상보증인 소유인 Y 부동산에 후순위저당권자 대위를 할 수 없어 Y 부동산의 경매대가에서는 배당받을 수 없다.

[**대법원** 1995. 6. 13. **자** 95**마**500 **결정**] 공동저당의 목적인 채무자 소유의 부동산과 물상보증인 소유의 부동산 중 채무자 소유의 부동산에 대하여 먼저 경매가 이루어져 그 경매대금의 교부에 의하여 1번 공동저당권자가 변제를 받더라도, 채무자 소유의 부동산에 대한 후순위저당권자는 민법 제368조 제2항 후단에 의하여 1번 공동저당권자를 대위하여 물상보증인 소유의 부동산에 대하여 저당권을 행사할 수 없다.

ㄷ. (O) 물상보증인의 부동산 경매대가가 먼저 배당되고, 그 후에 채무자의 부동산 경매대가가 배당되는 경우, 채무자의 부동산 경매대가를 배당하는 방법을 묻는 지문이다. 물상보증인이 변제자대위에 의하여 채무자의 부동산의 공동저당권을 취득할 수는 있으나, 공동저당권자의 잔존 채권액이 우선 변제되어야 하므로 채무자 乙의 부동산 경매대가는 공동저당권자 甲의 잔존채권액 1,000만 원에 우선하여 배당되고, 나머지 3,000만 원은 물상보증인에게 변제자대위에 의하여 배당된다(물상보증인의 구상액은 4,000만 원이지만, 잔존하고 있는 경매대가가 3,000만 원밖에 없으므로 3,000만 원이 물상보증인에게 배당된다). 후순위근저당권인 丁에게 배당될 금액이 없다. 정답 ①

36. **甲은 乙, 丙으로부터 금원을 각 차용하고 甲 소유 부동산에 관하여 乙에게 1번 저당권을, 丙에게 2번 저당권을 각 설정하여 주었다. 다음 설명 중 옳지 않은 것은? (다툼이 있는 경우에는 판례에 의함)** [13 변호사]

① 乙의 저당권설정등기가 위조된 등기서류에 의하여 원인없이 말소된 경우에도 저당권은 소멸하지 않는다.

② 乙의 저당권설정등기가 원인없이 말소되었고 그 회복등기 전에 丙의 경매신청으로 丁에게 경락되어 대금이 완납된 경우, 乙은 회복등기를 위하여 丁을 상대로 승낙의 의사표시를 구할 수 있다.

③ 乙의 저당권설정등기가 원인없이 말소되었고 그 회복등기 전에 丙의 경매신청으로 丁에게 경락되어 배당할 금액의 전부가 丙에게 배당된 경우, 乙은 丙에 대하여 부당이득반환을 청구할 수 있다.

④ 甲이 乙에 대한 채무를 전부 변제한 경우, 말소등기를 하지 않아도 1번 저당권은 소멸한다.

⑤ 甲이 乙에 대한 채무를 모두 변제하였음에도 1번 저당권설정등기를 말소하지 아니한 상태에서 다시 戊로부터 금원을 차용하고 乙의 협조를 얻어 戊에게 1번 저당권 이전의 부기등기를 경료하였는데, 위 부기등기의 기입일자보다 2번 저당권설정등기의 기입일자가 빠른 경우, 戊는 丙에게 1번 저당권설정등기와 그 부기등기의 유효를 주장할 수 없다.

해설

① (O) 저당권등기가 불법으로 말소된 경우, 저당권이 소멸하는지를 묻는 지문이다. 저당권등기는 물권변동의 효력발생요건일 뿐, 효력존속요건이라고 할 수는 없다. 따라서 저당권등기가 불법으로 말소되더라도 말소등기가 무효이고, 저당권이 소멸한다고 볼 수는 없다.

[**대법원** 1998. 10. 2. **선고** 98**다**27197 **판결**] 부동산에 관하여 근저당권설정등기가 경료되었다가 그 등기가 위조된 등기서류에 의하여 아무런 원인 없이 말소되었다는 사정만으로는 곧바로 근저당권이 소멸하는 것은 아니라고 할 것이지만, 부동산이 경매절차에서 경락되면 그 부동산에 존재하였던 근저당권은 당연히 소멸하는 것이므로, 근저당권설정등기가 원인 없이 말소된 이후에 그 근저당 목적물인 부동산에 관하여 다른 근저당권자 등 권리자의 경매신청에 따라 경매절차가 진행되어 경락허가결정이 확정되고 경락인이 경락대금을 완납하였다면, 원인 없이 말소된 근저당권은 이에 의하여 소멸한다.

② (×) 저당권등기가 불법으로 말소된 상태에서 저당물이 경매되어 경매절차 매수인이 매각대금을 완납한 경우, 저당권등기의 말소회복이 가능한지를 묻는 지문이다. 경매에 의한 매각에 의하여 경매목적부동산에 존재하는 저당권이 소멸하기 때문에 저당권등기의 말소회복은 불가능하다.

③ (○) 저당권등기가 불법말소되어 저당권자가 배당에서 제외된 경우, 배당받은 후순위저당권자가 불법말소된 선순위저당권자에 대하여 부당이득반환의무를 부담하는지를 묻는 지문이다. 저당채권자는 배당요구를 하지 않더라도 배당에서 제외되지 않는다. 저당권자를 배당에서 제외하고, 후순위저당권자에게 배당이 이루어진 때에는 배당절차에 하자가 있는 것으로 후순위저당권자는 부당이득반환의무를 부담한다.

[**대법원** 1998. 10. 2. **선고** 98**다**27197 **판결**] 근저당권설정등기가 위법하게 말소되어 아직 회복등기를 경료하지 못한 연유로 그 부동산에 대한 경매절차에서 피담보채권액에 해당하는 금액을 전혀 배당받지 못한 근저당권자로서는 위 경매절차에서 실제로 배당받은 자에 대하여 부당이득반환청구로서 그 배당금의 한도 내에서 그 근저당권설정등기가 말소되지 아니하였더라면 배당받았을 금액의 지급을 구할 수 있을 뿐이고, 이미 소멸한 근저당권에 관한 말소등기의 회복등기를 위하여 현 소유자를 상대로 그 승낙의 의사표시를 구할 수는 없다.

④ (○) 피담보채무의 변제로 저당권이 말소등기 없이 소멸하는지를 묻는 지문이다. 저당권은 부종성을 가지는 권리로서 피담보채무의 소멸로 당연히 소멸한다.

⑤ (○) 무효등기 유용을 등기상 이해관계 있는 제3자에게 주장할 수 있는지를 묻는 지문이다. 무효인 저당권등기의 유용이 허용되지만, 유용에 따른 이전의 부기등기 전에 등기상 이해관계를 맺은 제3자에 대해서는 효력이 없다. 2번 저당권설정등기의 기입일자가 무효등기 유용에 따른 저당권이전의 부기등기의 기입일자보다 빠르다면 유용의 효력을 2번 저당권설정등기명의자에게 주장할 수 없다.

[**대법원** 1998. 3. 24. **선고** 97**다**56242 **판결**] 부동산의 소유자 겸 채무자가 채권자인 저당권자에게 당해 저당권설정등기에 의하여 담보되는 채무를 모두 변제함으로써 저당권이 소멸된 경우 그 저당권설정등기 또한 효력을 상실하여 말소되어야 할 것이나, 그 부동산의 소유자가 새로운 제3의 채권자로부터 금원을 차용함에 있어 그 제3자와 사이에 새로운 차용금채무를 담보하기 위하여 잔존하는 종전 채권자 명의의 저당권설정등기를 이용하여 이에 터잡아 새로운 제3의 채권자에게 저당권 이전의 부기등기를 경료하기로 하는 내용의 저당권등기 유용의 합의를 하고 실제로 그 부기등기를 경료하였다면, 그 저당권이전등기를 경료받은 새로운 제3의 채권자로서는 언제든지 부동산의 소유자에 대하여 그 등기 유용의 합의를 주장하여 저당권설정등기의 말소청구에 대항할 수 있다고 할 것이고, 다만 그 저당권 이전의 부기등기 이전에 등기부상 이해관계를 가지게 된 자에 대하여는 위 등기 유용의 합의 사실을 들어 위 저당권설정등기 및 그 저당권 이전의 부기등기의 유효를 주장할 수는 없다.

정답 ②

37. **甲이 2012. 1. 3. 乙, 丙 회사와 각 공급기간을 2년으로 하여 우유를 공급받는 계약을 체결하고, 외상대금을 담보하기 위하여 甲 소유인 X 부동산에 관하여 乙 회사에게 1순위로 채권최고액 3,000만 원의, 丙 회사에게 2순위로 채권최고액 4,000만 원의 각 근저당권을 설정하여 주었다. 2012. 8. 5. 乙 회사에 대한 외상대금 원금이 2,400만 원, 丙 회사에 대한 외상대금 원금이 3,600만 원에 이르게 되자 丙 회사가 경매를 신청하여 X 부동산이 1억 원에 매각되어 대금이 완납되고 매수인 명의로 소유권 이전등기가 경료되었다. 외상대금 원금과 지연손해금의 날짜별 금액은 다음과 같고, 甲의 일반채권자 丁이 1억 원의 채권으로 적법하게 배당요구를 한 상태이다. 乙 회사와 丙 회사가 위 근저당권에 기하여 우선적으로 배당받을 금액은? (다툼이 있는 경우에는 판례에 의함)** [13 변호사]

	乙 회사			丙 회사		
	외상대금 원 금	지연손해금	합 계	외상대금 원 금	지연손해금	합 계
2012. 8. 5. (경매신청)	2,400만 원	300만 원	2,700만 원	3,600만 원	300만 원	3,900만 원
2012. 12. 5. (매각대금완납)	2,600만 원	360만 원	2,960만 원	3,600만 원	500만 원	4,100만 원
2013. 1. 5. (배당일)	2,600만 원	390만 원	2,990만 원	3,600만 원	600만 원	4,200만 원

① 乙 회사 2,700만 원, 丙 회사 3,900만 원
② 乙 회사 2,960만 원, 丙 회사 3,900만 원
③ 乙 회사 2,960만 원, 丙 회사 4,000만 원
④ 乙 회사 2,990만 원, 丙 회사 3,900만 원
⑤ 乙 회사 2,990만 원, 丙 회사 4,000만 원

해 설

※ 동일한 부동산에 순위를 달리하는 수개의 근저당권이 설정되었는데, 후순위 근저당권자의 경매신청에 의하여 개시된 경매절차에서 우선적으로 배당받을 수 있는 금액을 묻는 사례문제이다. 이 문제는 근저당권의 확정시기 및 확정 이후에 발생한 지연손해금이 근저당권에 의하여 우선하여 변제될 수 있는지를 묻는 것이다.

근저당권은 경매신청에 의하여 확정된다. 그러나 후순위근저당권자의 경매신청에 의하여 선순위근저당권이 확정되는 시기는 경매신청시가 아니라 매각대금 완납시이다. 근저당권이 확정될 당시의 피담보채권 및 이자, 지연손해금 등은 근저당권에 의하여 우선 변제되고, 나아가 근저당권 확정 이후에 발생한 지연손해금 등도 근저당권에 의하여 우선 변제된다.

乙 회사의 경우, 근저당권이 확정되는 시기는 매각대금완납시인 2012. 12. 5.이고, 그때의 외상대금원금 2600만 원과 배당일인 2013. 1. 5.까지 발생한 지연손해금 390만 원이 乙의 근저당권 채권최고액 범위에서 우선 배당될 것이다. 乙의 근저당권 채권최고액은 3000만 원이므로 외상대금원금 2600만 원과 지연손해금 390만 원을 합한 2990만 원은 최고액 범위 내에 있다. 따라서 2990만 원이 배당될 것이다.

丙 회사의 경우, 근저당권이 확정되는 시기는 경매신청시인 2012. 8. 5.이고, 그때의 외상대금원금은 3600만 원이고, 배당일인 2013. 1. 5.까지 발생한 지연손해금 600만 원이 丙의 근저당권 채권최고액 범위에서 우선 배당될 것인데, 丙의 근저당권 채권최고액은 4000만 원이므로 외상대금원금 3600만 원과 배당일까지의 지연손해금 600만 원을 합한 금액이 최액을 초과한다. 따라서 丙은 최고액은 4000만 원 범위에서 우선 배당을 받을 수 있다.

결국 乙 회사는 2990만 원, 丙 회사는 4000만 원을 우선 배당받는다. 정답 ⑤

38. **甲은 乙과의 계속적 거래관계에서 발생하는 대여금채권을 담보하기 위하여 乙 소유의 X 토지에 채권자 甲, 채무자 乙, 채권최고액 2억 원의 1번 근저당권을 설정받았다. 다음 설명 중 옳지 않은 것은? (다툼이 있는 경우에는 판례에 의함)** [12 변호사]

① 乙이 나대지 상태에서 X에 근저당권을 설정한 후 그 지상에 건물을 신축하기 시작하였는데, 채무를 변제하지 못하여 근저당권실행이 예상됨에도 불구하고 공사를 계속한다면, 甲은 근저당권에 기한 공사중지청구를 할 수 있다.

② 丙이 乙로부터 나대지 상태에서 X에 대하여 용익권을 설정받고 Y 건물을 축조한 후 乙이 Y의 소유권을 취득한 경우, 甲은 X와 함께 Y에 대해서도 경매를 청구할 수 있다.

③ 확정된 피담보채무액이 2억 2,000만 원인 경우, X의 2번 근저당권자인 丁은 甲에게 채권최고액 2억 원을 변제하고 1번 근저당권의 소멸을 청구할 수 있다.

④ X가 수용되면서 乙 앞으로 공탁된 수용보상금에 대해 甲이 압류를 하기 전에 乙이 이를 모두 출급하였다면, 甲은 乙에 대하여 수용보상금 중 2억 원을 한도로 하는 피담보채권액을 부당이득으로 반환청구할 수 있다.

⑤ 甲이 X에 대한 근저당권과 함께 그 담보가치가 저감하는 것을 막는 것을 주요한 목적으로 하여 지상권을 취득하였다면, 피담보채무 소멸에 따라 근저당권이 소멸할 때 그 지상권도 부종하여 소멸한다.

해설

① **(O)** 저당권에 기초한 방해배제청구로서 공사 중지를 청구할 수 있는지를 묻는 지문이다. 저당권은 사용·수익을 수반하지 않는 담보물권이다. 대지저당권자는 저당권설정자의 대지 용익을 제한할 수 없다. 그러나 저당권설정자의 건물신축행위가 저당권의 담보가치를 위법하게 저감시키는 때에는 저당권자는 저당권에 기초한 방해배제권의 행사로서 공사의 중지를 청구할 수 있다. 판례에 따르면, 대지저당권의 실행이 예상되는 상황에서 지상 건물의 신축공사를 계속하는 행위는 저당권의 위법한 침해에 해당한다고 한다.

[**대법원** 2006. 1. 27. **선고** 2003**다**58454 **판결**] 저당권자는 저당권 설정 이후 환가에 이르기까지 저당물의 교환가치에 대한 지배권능을 보유하고 있으므로 저당목적물의 소유자 또는 제3자가 저당목적물을 물리적으로 멸실·훼손하는 경우는 물론 그 밖의 행위로 저당부동산의 교환가치가 하락할 우려가 있는 등 저당권자의 우선변제청구권의 행사가 방해되는 결과가 발생한다면 저당권자는 저당권에 기한 방해배제청구권을 행사하여 방해행위의 제거를 청구할 수 있다.

② **(O)** 토지저당권설정자가 축조하지 아니한 지상 건물에 대해서도 제365조에 따른 일괄경매를 청구할 수 있는지를 묻는 지문이다. 제365조는 토지를 목적으로 저당권을 설정한 후 그 설정자가 그 토지에 건물을 축조한 때에는 저당권자는 토지와 함께 그 건물에 대하여도 경매를 청구할 수 있다고 규정하고 있다. 그러나 토지저당권실행을 용익하게 하는 것이 주된 목적인 일괄경매청구권은 토지저당권설정자가 소유하고 있는 건물일 때에만 그 권리행사가 인정된다는 취지의 규정이다. 비록 용익권자가 축조한 건물이더라도 일괄경매청구 당시 토지저당권설정자에 속한 건물이라면 일괄경매청구의 대상이 될 수 있다.

[**대법원** 2003. 4. 11. **선고** 2003**다**3850 **판결**] 저당지상의 건물에 대한 일괄경매청구권은 저당권설정자가 건물을 축조한 경우뿐만 아니라 저당권설정자로부터 저당토지에 대한 용익권을 설정받은 자가 그 토지에 건물을 축조한 경우라도 그 후 저당권설정자가 그 건물의 소유권을 취득한 경우에는 저당권자는 토지와 함께 그 건물에 대하여 경매를 청구할 수 있다.

[**대법원** 1994. 1. 24. **자** 93**마**1736 **결정**] 민법 제365조가 토지를 목적으로 한 저당권을 설정한 후 그 저당권설정자가 그 토지에 건물을 축조한 때에는 저당권자가 토지와 건물을 일괄하여 경매를 청구할 수 있도록 규정한 취지는, 저당권은 담보물의 교환가치의 취득을 목적으로 할 뿐 담보물의 이용을 제한하지 아니하여 저당권설정자로서는 저당권설정 후에도 그 지상에 건물을 신축할 수 있는데, 후에 그 저당권의 실행으로 토지가 제3자에게 경락될 경우에 건물을 철거하여야 한다면 사회경제적으로 현저한 불이익이 생기게 되어 이를 방지할 필요가 있으므로 이러한 이해관계를 조절하고, 저당권자에게도 저당 토지상의 건물의 존재로 인하여 생기게 되는 경매의 어려움을 해소하여 저당권의 실행을 쉽게 할 수 있도록 한 데에 있다고 풀이되며, 그러한 규정 취지에 비추어 보면 민법 제365조에 기한 일괄경매청구권은 저당권설정자가 건물을 축조하여 소유하고 있는 경우에 한한다고 봄이 상당하다.

③ **(×)** 후순위 근저당권자는 저당물의 제3취득자에 해당하지 아니하므로 제364조에 따라 그 부동산으로 담보된 채권만을 변제하고 저당권의 소멸을 청구할 수는 없다. 후순위 근저당권자는 제469조에 따라 제3자 변제로서 변제하고 저당권의 소멸을 청구할 수는 있지만, 이 경우 채무자의 변제와 마찬가지로 채무 전액을 변제하여야 한다.

[**대법원** 2006. 1. 26. **선고** 2005**다**17341 **판결**] 민법 제364조는 "저당부동산에 대하여 소유권, 지상권 또는 전세권을 취득한 제3자는 저당권자에게 그 부동산으로 담보된 채권을 변제하고 저당권의 소멸을 청구할 수 있다."고 규정하고 있다. 그러므로 근저당부동산에 대하여 민법 제364조의 규정에 의한 권리를 취득한 제3자는 피담보채무가 확정된 이후에 채권최고액의 범위 내에서 그 확정된 피담보채무를 변제하고 근저당권의 소멸을 청구할 수 있으나, 근저당부동산에 대하여 후순위근저당권을 취득한 자는 민법 제364조에서 정한 권리를 행사할 수 있는 제3취득자에 해당하지 아니하므로 이러한 후순위근저당권자가 선순위근저당권의 피담보채무가 확정된 이후에 그 확정된 피담보채무를 변제한 것은 민법 제469조의 규정에 의한 이해관계 있는 제3자의 변제로서 유효한 것인지 따져볼 수는 있을지언정 민법 제364조의 규정에 따라 선순위근저당권의 소멸을 청구할 수 있는 사유로는 삼을 수 없다.

④ **(○)** 저당부동산이 수용되고, 저당권자가 물상대위권을 행사하지 아니하여 수용보상금이 저당물소유자에게 지급된 경우, 저당권자가 저당물소유자에 대하여 부당이득반환을 청구할 수 있는지 있다면 그 범위가 어떠한지를 묻는 지문이다. 저당권설정자는 저당부동산의 가치 중에서 저당권자에게 우선변제권이 인정되는 피담보채권액 상당액에 관해서는 이를 저당권자에게 귀속시키기로 약정한 것으로 보아야 한다. 비록 저당권자가 물상대위권을 행사하지 아니하여 그 금액 상당액이 저당권설정자에게 지급되더라도 저당권설정자는 저당권자에 대하여 그 금액 상당액에 관해서는 법률상 원인 없는 이득을 취득한 것으로 보아야 한다. 따라서 저당권설정자는 저당권자에 대하여 우선변제권이 인정되는 범위 내의 피담보채권액 상당액의 부당이득반환의무를 부담한다.

주의할 것은 수용보상금이 저당권설정자 이외의 제3자에게 지급된 때에는 제3자는 저당권자에 대하여 부당이득반환의무를 부담하지 않는다는 점이다.

[**대법원** 2009. 5. 14. **선고** 2008**다**17656 **판결**] 저당권자는 저당권의 목적이 된 물건의 멸실, 훼손 또는 공용징수로 인하여 저당목적물의 소유자가 받을 저당목적물에 갈음하는 금전 기타 물건에 대하여 물상대위권을 행사할 수 있으나, 다만 그 지급 또는 인도 전에 이를 압류하여야 하며, 저당권자가 위 금전 또는 물건의 인도청구권을 압류하기 전에 저당물의 소유자가 그 인도청구권에 기하여 금전 등을 수령한 경우 저당권자는 더 이상 물상대위권을 행사할 수 없게 된다. 이 경우 저당권자는 저당권의 채권최고액 범위 내에서 저당목적물의 교환가치를 지배하고 있다가 저당권을 상실하는 손해를 입게 되는 반면에, 저당목적물의 소유자는 저당권의 채권최고액 범위 내에서 저당권자에게 저당목적물의 교환가치를 양보하여야 할 지위에 있다가 마치 그러한 저당권의 부담이 없었던 것과 같은 상태에서의 대가를 취득하게 되는 것이므로, 그 수령한 금액 가운데 저당권의 채권최고액을 한도로 하는 피담보채권액의 범위 내에서는 이득을 얻게 된다. 저당목적물 소유자가 얻은 위와 같은 이익

은 저당권자의 손실로 인한 것으로서 인과관계가 있을 뿐 아니라, 공평의 관념에 위배되는 재산적 가치의 이동이 있는 경우 수익자로부터 그 이득을 되돌려받아 손실자와 재산상태의 조정을 꾀하는 부당이득제도의 목적에 비추어 보면 위와 같은 이익을 소유권자에게 종국적으로 귀속시키는 것은 저당권자에 대한 관계에서 공평의 관념에 위배되어 법률상 원인이 없다고 봄이 상당하므로, 저당목적물 소유자는 저당권자에게 이를 부당이득으로 반환할 의무가 있다(필자 註 : 저당물의 제3취득자가 저당물수용으로 인한 수용보상금을 모두 지급받은 경우 이는 저당권자에 대하여 피담보채권액 범위에서 부당이득이 된다고 판단한 사례).

[비교판례] [**대법원** 2010. 10. 28. **선고** 2010**다**46756 **판결**] 민법 제370조, 제342조 단서가 저당권자는 물상대위권을 행사하기 위하여 저당권설정자가 받을 금전 기타 물건의 지급 또는 인도 전에 압류하여야 한다고 규정한 것은 물상대위의 목적인 채권의 특정성을 유지하여 그 효력을 보전함과 동시에 제3자에게 불측의 손해를 입히지 않으려는 데에 그 취지가 있다. 따라서 저당목적물의 변형물인 금전 기타 물건에 대하여 이미 제3자가 압류하여 그 금전 또는 물건이 특정된 이상 저당권자가 스스로 이를 압류하지 않고서도 물상대위권을 행사하여 일반 채권자보다 우선변제를 받을 수 있으나, 그 행사방법은 민사집행법 제273조에 의하여 담보권의 존재를 증명하는 서류를 집행법원에 제출하여 채권압류 및 전부명령을 신청하는 것이거나 민사집행법 제247조 제1항에 의하여 배당요구를 하는 것이므로, 이러한 물상대위권의 행사에 나아가지 아니한 채 단지 수용대상토지에 대하여 담보물권의 등기가 된 것만으로는 그 보상금으로부터 우선변제를 받을 수 없다. 그렇다면 저당권자가 물상대위권의 행사에 나아가지 아니하여 우선변제권을 상실한 이상, 다른 채권자가 그 보상금 또는 이에 관한 변제공탁금으로부터 이득을 얻었다고 하더라도 저당권자는 이를 부당이득으로서 반환청구할 수 없다.

⑤ **(O)** 지상권은 지상건물에 부종하지 않는다. 그러나 담보가치의 하락을 방지하기 위한 목적에서 설정된 담보지상권의 경우에는 담보물권에 부종한다. 담보권이 소멸한 때에는 담보지상권은 말소등기가 없더라도 당연히 소멸한다.

[**대법원** 2011. 4. 14. **선고** 2011**다**6342 **판결**] 근저당권 등 담보권 설정의 당사자들이 그 목적이 된 토지 위에 차후 용익권이 설정되거나 건물 또는 공작물이 축조·설치되는 등으로써 그 목적물의 담보가치가 저감하는 것을 막는 것을 주요한 목적으로 하여 채권자 앞으로 아울러 지상권을 설정하였다면, 그 피담보채권이 변제 등으로 만족을 얻어 소멸한 경우는 물론이고 시효 소멸한 경우에도 그 지상권은 피담보채권에 부종하여 소멸한다.

정답 ③

39. 甲 소유의 X 부동산과 乙 소유의 Y 부동산에 甲의 채권자 丙을 위한 공동저당권이 설정되어 있다. X에는 丁을 위한 후순위 저당권이, Y에는 乙의 채권자인 戊를 위한 후순위 저당권이 각 설정되어 있다. X의 경매대가는 1억 원, Y의 경매대가는 2억 원, 丙의 공동저당권의 피담보채권액은 1억 5,000만 원이다. 다음 설명 중 옳지 않은 것은? (집행비용은 고려하지 않음) (다툼이 있는 경우에는 판례에 의함)

[12 변호사]

① Y의 경매대가가 먼저 배당되는 경우, 丙은 1억 5,000만 원 전액을 배당받을 수 있다.
② ①의 경우에 乙은 변제자대위에 의하여 X의 경매대가 1억 원을 배당받을 수 있다.
③ ①의 경우에 戊는 乙이 배당받을 금액에 대하여 물상대위할 수 있다.
④ X의 경매대가가 먼저 배당되는 경우, 丁은 Y의 경매대가에 대하여 丙을 대위할 수 없다.
⑤ X와 Y의 경매대가가 동시에 배당되는 경우, 丙은 X의 경매대가로부터 5,000만 원을, Y의 경매대가로부터 1억 원을 각각 배당받는다.

해설

① (O) 공동저당물 중에서 어느 부동산의 경매대가가 먼저 배당되는 때에는 공동저당권자는 경매대가에서 피담보채권 전액을 배당받을 수 있다. 물상보증인 乙의 Y 부동산 경매대가인 2억 원이 먼저 배당되는 때에도 공동저당권자 丙은 그의 채권 전액인 1억 5천만 원을 우선변제 받을 수 있다.

② (O) ③ (O) 물상보증인의 부동산에 설정된 공동저당권이 이시배당에 의하여 전액 변제된 경우, 물상보증인은 채무자에 대한 구상권을 확보하기 위하여 채권자의 채권 및 담보에 관한 권리로서 채무자의 부동산에 설정된 공동저당권을 당연히 취득한다(데481조). 한편, 물상보증인의 부당산에 설정된 후순위저당권자는 물상보증인의 변제자대위권에 대하여 물상대위권을 행사할 수 있다. 물상보증인 乙은 자신의 재산으로 채무자 甲의 1억 5천만 원의 채무를 변제한 것이므로 甲의 부동산에 있던 채권자 丙의 공동저당권을 변제자대위에 의하여 취득한다. 다만, 甲의 X 부동산의 경매대가가 1억 원이므로 乙은 1억 원 전액을 우선변제 받을 수 있다. 다만, 乙의 부동산의 후순위저당권자 戊은 乙의 변제자대위권에 대하여 물상대위권을 행사할 수 있다.

[**대법원** 1994. 5. 10. **선고** 93**다**25417 **판결**] [1] 공동저당의 목적인 채무자 소유의 부동산과 물상보증인 소유의 부동산에 각각 채권자를 달리하는 후순위저당권이 설정되어 있는 경우, 물상보증인 소유의 부동산에 대하여 먼저 경매가 이루어져 그 경매대금의 교부에 의하여 1번 저당권자가 변제를 받은 때에는 물상보증인은 채무자에 대하여 구상권을 취득함과 동시에, 민법 제481조, 제482조의 규정에 의한 변제자대위에 의하여 채무자 소유의 부동산에 대한 1번 저당권을 취득하고, 이러한 경우 물상보증인 소유의 부동산에 대한 후순위저당권자는 물상보증인에게 이전한 1번 저당권으로부터 우선하여 변제를 받을 수 있으며, 물상보증인이 수인인 경우에도 마찬가지라 할 것이므로(이 경우 물상보증인들 사이의 변제자대위의 관계는 민법 제482조 제2항 제4호, 제3호에 의하여 규율될 것이다), 자기 소유의 부동산이 먼저 경매되어 1번 저당권자에게 대위변제를 한 물상보증인은 1번 저당권을 대위취득하고, 그 물상보증인 소유의 부동산의 후순위저당권자는 1번 저당권에 대하여 물상대위를 할 수 있다.

④ (O) 丁이 Y 부동산의 경매대가에 대하여 丙을 대위하기 위해서는 후순위 저당권자 대위가 인정되어야 한다. 대법원은 후순위 저당권자 대위가 인정되기 위해서는 공동저당물이 모두 채무자의 소유에 속하여야 한다고 본다. 따라서 채무자 소유의 부동산의 후순위 저당권자는 물상보증인 소유의 부동산에 대하여 공동저당권자를 대위할 수 없다.

[**대법원** 1995. 6. 13. **자** 95**마**500 **결정**] 공동저당의 목적인 채무자 소유의 부동산과 물상보증인 소유의 부동산 중 채무자 소유의 부동산에 대하여 먼저 경매가 이루어져 그 경매대금의 교부에 의하여 1번 공동저당권자가 변제를 받더라도, 채무자 소유의 부동산에 대한 후순위저당권자는 민법 제368조 제2항 후단에 의하여 1번 공동저당권자를 대위하여 물상보증인 소유의 부동산에 대하여 저당권을 행사할 수 없다.

⑤ (×) 공동저당권의 목적물 중 일부가 물상보증인 소유인 때에도 제368조 제1항에 따라 경매대가에 따른 공동저당권에 대한 책임분담이 이루어지는지를 묻는 지문이다. 물상보증인은 공동저당권의 피담보채무에 관하여 종국적 책임을 부담하는 자가 아니라는 점에 비추어 볼 때 경매대가에 비례한 책임부담규정은 적용되지 않는다는 것이 판례의 태도이다. 판례에 따르면, 채무자의 부동산의 경매대가로 우선 배당하고, 그 배당으로 공동저당권자가 완전한 만족을 받지 못하는 경우, 물상보증인의 부동산의 경매대가로 추가 배당을 한다.

공동저당권자 丙은 X의 경매대가로부터 1억 원을 우선 배당받고, 모자라는 금액인 5천만 원을 물상보증인 소유의 Y 부동산의 경매대가로부터 배당을 받는다.

[**대법원** 2010. 4. 15. **선고** 2008**다**41475 **판결**] 공동저당권이 설정되어 있는 수개의 부동산 중 일부는 채무자 소유이고 일부는 물상보증인의 소유인 경우 위 각 부동산의 경매대가를 동시에 배당하는 때에는, 물상보증인이 민법 제481조, 제482조의 규정에 의한 변제자대위에 의하여 채무자 소유 부동

산에 대하여 담보권을 행사할 수 있는 지위에 있는 점 등을 고려할 때, "동일한 채권의 담보로 수개의 부동산에 저당권을 설정한 경우에 그 부동산의 경매대가를 동시에 배당하는 때에는 각 부동산의 경매대가에 비례하여 그 채권의 분담을 정한다"고 규정하고 있는 민법 제368조 제1항은 적용되지 아니한다고 봄이 상당하다. 따라서 이러한 경우 경매법원으로서는 채무자 소유 부동산의 경매대가에서 공동저당권자에게 우선적으로 배당을 하고, 부족분이 있는 경우에 한하여 물상보증인 소유 부동산의 경매대가에서 추가로 배당을 하여야 한다. 정답 ⑤

Ⅳ. 비전형담보

40. 가등기담보에 관한 설명 중 옳지 않은 것은? (다툼이 있는 경우 판례에 의함) [24 변호사]

① 「가등기담보 등에 관한 법률」(이하 '가등기담보법'이라고 한다)에 따라 담보가등기를 마친 부동산에 대하여 강제경매개시결정이 있는 경우, 그 경매신청이 청산금을 지급하기 전(청산금이 없는 경우에는 청산기간이 지나기 전)에 행하여졌다면 담보가등기권리자는 그 가등기에 따른 본등기를 청구할 수 없다.

② 가등기담보법에 따른 청산절차를 위반하여 담보가등기에 기한 본등기가 이루어진 경우, 담보목적 부동산에 관하여 진행된 경매절차에서 매수인이 본등기가 무효인 사실을 알지 못한 채 부동산을 매수하여 소유권을 취득하였다면, 채무자는 더 이상 채권자에 대하여 피담보채무액 전부를 변제하고 그 본등기의 말소를 청구할 수 없다.

③ 금전소비대차에 기한 차용금반환채무와 그 외의 원인으로 발생한 채무를 동시에 담보할 목적으로 가등기가 경료된 후 후자의 채무가 변제 기타의 사유로 소멸하고 금전소비대차에 기한 차용금반환채무만 남게 된 경우, 그 가등기담보에 가등기담보법이 적용되지 아니한다.

④ 가등기담보법에 따른 청산절차를 거치지 않고 마쳐진 본등기가 무효인 경우 채무자가 담보목적 부동산에 관하여 채권자와 임대차계약을 체결하고 채권자에게 차임을 지급하였다면, 위 차임은 특별한 사정이 없는 한 피담보채무의 변제에 충당된 것으로 보아야 한다.

⑤ 가등기담보권의 사적 실행에서 채권자가 청산금 지급 이전에 본등기와 담보목적물의 인도를 받을 수 있다거나 청산기간이나 동시이행관계를 인정하지 아니하는 방식의 담보권실행은 가등기담보법상 허용되지 아니한다.

해설

① **(O)** 가등기담보법 제14조.

② **(O)** 가등기담보법 제11조. 채무자등은 청산금채권을 변제받을 때까지 그 채무액(반환할 때까지의 이자와 손해금을 포함한다)을 채권자에게 지급하고 그 채권담보의 목적으로 마친 소유권이전등기의 말소를 청구할 수 있다. 다만, 그 채무의 변제기가 지난 때부터 10년이 지나거나 선의의 제3자가 소유권을 취득한 경우에는 그러하지 아니하다.

③ **(×)** [**대법원** 2004. 4. 27. **선고** 2003**다**29968 **판결**] 가등기담보등에관한법률은 차용물의 반환에 관하여 다른 재산권을 이전할 것을 예약한 경우에 적용되므로 금전소비대차나 준소비대차에 기한 차용금반환채무 이외의 채무를 담보하기 위하여 경료된 가등기나 양도담보에는 위 법이 적용되지 아니하나, 금전소비대차나 준소비대차에 기한 차용금반환채무와 그 외의 원인으로 발생한 채무를

동시에 담보할 목적으로 경료된 가등기나 소유권이전등기라도 그 후 후자의 채무가 변제 기타의 사유로 소멸하고 금전소비대차나 준소비대차에 기한 차용금반환채무의 전부 또는 일부만이 남게 된 경우에는 그 가등기담보나 양도담보에 가등기담보등에관한법률이 적용된다.

④ **(O)** [**대법원** 2019. 6. 13. **선고** 2018**다**300661 **판결**] 담보가등기에 기하여 마쳐진 본등기가 무효인 경우, 담보목적 부동산에 대한 소유권은 담보가등기 설정자인 채무자 등에게 있고 소유권의 권능 중 하나인 사용수익권도 당연히 담보가등기 설정자가 보유한다. 따라서 채무자가 자신이 소유하는 담보목적 부동산에 관하여 채권자와 임대차계약을 체결하고 채권자에게 차임을 지급하거나 채무자가 자신과 임대차계약을 체결하고 있는 임차인으로 하여금 채권자에게 차임을 지급하도록 하여 채권자가 차임을 수령하였다면, 채권자와 채무자 사이에 위 차임을 피담보채무의 변제와는 무관한 별개의 것으로 취급하기로 약정하였거나 달리 차임이 피담보채무의 변제에 충당되었다고 보기 어려운 특별한 사정이 없는 한 위 차임은 피담보채무의 변제에 충당된 것으로 보아야 한다.

⑤ **(O)** 가등기담보법 제4조 제4항. 제1항부터 제3항까지의 규정에 어긋나는 특약(特約)으로서 채무자 등에게 불리한 것은 그 효력이 없다. 다만, 청산기간이 지난 후에 행하여진 특약으로서 제3자의 권리를 침해하지 아니하는 것은 그러하지 아니하다. 정답 ③

41. 甲은 乙에 대한 2,000만 원의 채무를 담보하기 위하여 자신 소유 X 동산을 乙에게 양도하되 甲이 X를 계속 점유하기로 하였다. 이에 관한 설명 중 옳지 않은 것은? (다툼이 있는 경우 판례에 의함)

[22 변호사]

① 丙이 X를 무단으로 점유하는 경우에, 乙은 丙에 대하여 X의 인도를 구할 수 있다.

② 丙이 X를 무단으로 점유하는 경우에, 乙은 丙에 대하여 차임 상당의 손해배상을 구할 수는 없다.

③ 甲이 X를 위와 같이 乙에게 양도한 후, X를 각각의 목적물로 하여 다른 채권자 丙과 피담보채권액 1,000만 원의 양도담보설정계약을 체결하고, 다시 乙과 피담보채권액 1,000만 원의 양도담보설정계약을 추가로 체결하였는데, 각 설정계약에서 점유개정의 방법으로 X를 인도하였다. 이 경우, 乙의 양도담보권의 피담보채권액은 2,000만 원에서 3,000만 원으로 증액되고, 丙은 양도담보권을 취득하지 못한다.

④ X가 화재로 소실되어 甲이 보험회사에 대하여 보험금청구권을 가지는 경우에, 乙은 그 보험금청구권에 대하여 물상대위권을 행사할 수 있다.

⑤ 丙 소유의 Y 동산이 X에 부합되어 丙이 Y의 소유권을 상실한 경우에, 丙은 乙을 상대로 「민법」 제261조(첨부로 인한 구상권)에 따른 보상을 청구할 수 있을 뿐 甲을 상대로 보상을 청구할 수는 없다.

해설

① **(O)** 채권의 담보를 위하여 동산의 소유권을 채권자에게 양도하는 동산양도담보의 법적 성질은 신탁적 소유권이전이다. 양도담보권자는 대외적 관계에서 소유자의 지위를 가지므로 양도담보권자 乙은 무단점유자 丙에 대하여 소유물반환을 청구할 수 있다.
[**대법원** 1999. 9. 7. **선고** 98**다**47283 **판결**] 동산에 대하여 양도담보권설정계약이 이루어진 경우에 양도담보권자는 양도담보권설정자를 제외한 제3자에 대한 관계에 있어서는 자신이 그 동산의 소유자임을 주장하여 권리를 행사할 수 있다.

② **(O)** 양도담보권자에게는 양도담보물에 관한 사용, 수익권이 없으므로 무단점유로 인하여 임료 상당의 손해를 입지 않는다. 임료 상당의 손해배상을 청구할 수는 없다.

[**대법원** 1991. 10. 8. **선고** 90**다**9780 **판결**] 양도담보권자는 담보권의 실행을 위하여 담보채무자가 아닌 제3자에 대하여도 담보물의 인도를 구할 수 있고, 인도를 거부하는 경우에는 담보권 실행이 방해된 것을 이유로 하는 손해배상을 구할 수는 있으나, 그러한 경우에도 양도담보권자에게는 목적부동산에 대한 사용·수익권이 없으므로 임료 상당의 손해배상을 구할 수는 없다.

③ **(O)** 점유개정의 방법으로 2중 양도담보계약을 체결한 경우, 제2양도담보채권자는 양도담보권을 취득할 수 없다. 동산양도담보는 신탁적으로 소유권이 이전되는 것이므로 양도담보제공자가 제2양도담보계약을 체결하더라도 이는 무권리자의 처분행위에 불과하므로 선의취득의 요건을 갖추지 않는 한 양도담보권을 취득할 수 없다. 한편, 점유개정에 의한 선의취득은 인정되지 않으므로 제2양도담보채권자는 양도담보권을 취득할 수 없다. 그러나 제2양도담보권자가 피담보채권을 추가하는 계약은 유효하므로 제1양도담보채권자 乙의 피담보채권액은 3천만 원이 되지만, 丙은 양도담보권을 취득하지 못한다.

[**대법원** 2005. 2. 18. **선고** 2004**다**37430 **판결**] 금전채무를 담보하기 위하여 채무자가 그 소유의 동산을 채권자에게 양도하되 점유개정의 방법으로 인도하고 채무자가 이를 계속 점유하기로 약정한 경우 특별한 사정이 없는 한 그 동산의 소유권은 신탁적으로 이전되는 것에 불과하여, 채권자와 채무자 사이의 대내적 관계에서는 채무자가 소유권을 보유하나 대외적인 관계에서의 채무자는 동산의 소유권을 이미 채권자에게 양도한 무권리자가 되는 것이어서 다시 다른 채권자와 사이에 양도담보 설정계약을 체결하고 점유개정의 방법으로 인도하더라도 선의취득이 인정되지 않는 한 나중에 설정계약을 체결한 채권자로서는 양도담보권을 취득할 수 없는데, 현실의 인도가 아닌 점유개정의 방법으로는 선의취득이 인정되지 아니하므로 결국 뒤의 채권자는 적법하게 양도담보권을 취득할 수 없다.

④ **(O)** 양도담보권자에게도 우선변제권이 인정되므로 물상대위권이 인정된다.

[**대법원** 2009. 11. 26. **선고** 2006**다**37106 **판결**] 동산에 대하여 양도담보를 설정한 경우 채무자는 담보의 목적으로 그 소유의 동산을 채권자에게 양도해 주되 점유개정에 의하여 이를 계속 점유하지만, 채무자가 위 채무를 불이행하면 채권자는 담보목적물인 동산을 사적으로 타에 처분하거나 스스로 취득한 후 정산하는 방법으로 이를 환가하여 우선변제받음으로써 위 양도담보권을 실행하게 되는데, 채무자가 채권자에게 위 동산의 소유권을 이전하는 이유는 채권자가 양도담보권을 실행할 때까지 스스로 담보물의 가치를 보존할 수 있도록 함으로써 만약 채무자가 채무를 이행하지 않더라도 채권자가 양도받았던 담보물을 환가하여 우선변제 받는 데에 지장이 없도록 하기 위한 것인바, 이와 같이 담보물의 교환가치를 취득하는 것을 목적으로 하는 양도담보권의 성격에 비추어 보면, 양도담보로 제공된 목적물이 멸실, 훼손됨에 따라 양도담보설정자와 제3자 사이에 교환가치에 대한 배상 또는 보상 등의 법률관계가 발생되는 경우에도 그로 인하여 양도담보설정자가 받을 금전 기타 물건에 대하여 담보적 효력이 미친다고 보아야 할 것이다. 따라서 양도담보권자는 양도담보 목적물이 소실되어 양도담보설정자가 보험회사에 대하여 화재보험계약에 따른 보험금청구권을 취득한 경우에도 담보물 가치의 변형물인 위 화재보험금청구권에 대하여 양도담보권에 기한 물상대위권을 행사할 수 있다고 봄이 상당하다.

⑤ **(×)** 양도담보물에 제3자의 물건의 부합된 경우, 보상의무자는 양도담보제공자이지 양도담보권자가 아니다. 丙은 甲을 상대로 보상을 청구할 수 있다.

[**대법원** 2016. 4. 28. **선고** 2012**다**19659 **판결**] 부당이득반환청구에서 이득이란 실질적인 이익을 의미하는데, 동산에 대하여 양도담보권을 설정하면서 양도담보권설정자가 양도담보권자에게 담보목적인 동산의 소유권을 이전하는 이유는 양도담보권자가 양도담보권을 실행할 때까지 스스로 담보물의 가치를 보존할 수 있게 함으로써 만약 채무자가 채무를 이행하지 않더라도 채권자인 양도담보권자가 양도받은 담보물을 환가하여 우선변제받는 데에 지장이 없도록 하기 위한 것이고, 동산양도담보권은 담보물의 교환가치 취득을 목적으로 하는 것이다. 이러한 양도담보권의 성격에 비추어 보면,

양도담보권의 목적인 주된 동산에 다른 동산이 부합되어 부합된 동산에 관한 권리자가 권리를 상실하는 손해를 입은 경우 주된 동산이 담보물로서 가치가 증가된 데 따른 실질적 이익은 주된 동산에 관한 양도담보권설정자에게 귀속되는 것이므로, 이 경우 부합으로 인하여 권리를 상실하는 자는 양도담보권설정자를 상대로 민법 제261조에 따라 보상을 청구할 수 있을 뿐 양도담보권자를 상대로 보상을 청구할 수는 없다.

정답 ⑤

42. **甲은 乙로부터 금전을 차용하면서 만약 변제기에 채무를 변제하지 못하면 甲 소유인 X 토지에 관한 소유권을 乙에게 이전하기로 약정하고, 이를 담보하기 위하여 X 토지에 관하여 乙 명의로 가등기를 경료하여 주었다. 위 약정 당시 X 토지의 시가는 채무 원리금액을 훨씬 초과하였다. 이에 관한 설명 중 옳은 것(○)과 옳지 않은 것(×)을 올바르게 조합한 것은? (각 지문은 독립적이며, 다툼이 있는 경우 판례에 의함)** [18 변호사]

ㄱ. 변제기에 甲이 채무원리금을 변제하고자 하였으나 乙이 수령을 거부하자 甲이 가등기 말소에 필요한 서류 일체의 교부를 반대급부로 하여 그때까지의 채무원리금을 변제공탁 하였다면 이 공탁은 적법하다.

ㄴ. 가등기 설정 당시, 이행지체가 발생하는 경우 청산절차 없이 가등기에 기한 본등기를 경료하기로 특약을 맺었는데, 그 후 이행지체가 발생하자 乙은 위 특약에 따라 X 토지에 관하여 乙 앞으로 위 가등기에 기한 소유권이전등기를 경료하였다. 이 경우 乙은 X 토지의 소유권을 취득한 것이 아니지만 이 소유권이전등기는 약한 의미의 양도담보로서의 효력을 갖는다.

ㄷ. 甲이 채무원리금의 지급을 지체하는 경우 乙은 X 토지에 관하여 담보권 실행을 위한 경매를 신청할 수 있다.

① ㄱ(×), ㄴ(×), ㄷ(○) ② ㄱ(○), ㄴ(×), ㄷ(○) ③ ㄱ(○), ㄴ(○), ㄷ(○)
④ ㄱ(×), ㄴ(○), ㄷ(×) ⑤ ㄱ(○), ㄴ(○), ㄷ(×)

해설

ㄱ. **(×)** 가등기담보가 설정된 경우, 피담보채무의 변제와 가등기말소 사이에 동시이행관계가 있는지를 묻는 지문이다. 가등기담보에도 담보물권의 공통적 성질인 불가분성이 인정된다. 피담보채무를 변제할 때까지 가등기담보에는 아무런 영향이 없으므로 피담보채무가 먼저 이행되어야 한다. 선이행의무를 부담하는 채무자가 동시이행관계에 있지 아니한 상대방 채무의 변제를 조건으로 변제공탁을 하였다면 그 변제공탁은 효력이 없다.

[**대법원** 1982. 12. 14. **선고** 82**다카**1321·1322 **판결**] 채무의 담보를 위하여 가등기 및 그 가등기에 기한 본등기가 경료된 경우에 채권자는 그 채무변제를 받기 전 또는 받음과 교환으로 그 담보로 된 가등기 및 그 가등기에 기한 본등기를 말소하여야 할 의무는 없다고 할 것이므로, 채권자인 원고가 선급부 또는 동시이행의 의무가 없는데도 채무의 대위변제자가 변제공탁을 함에 있어서 가등기 및 본등기의 말소를 반대급부의 내용으로 하였음은 채무의 본지에 따른 것이라 할 수 없고 원고가 이를 수령하지 않는 한 변제공탁은 채무변제의 효력이 없다 할 것이다.

ㄴ. **(×)** 가등기담보법을 위반하여 청산절차를 준수하지 않고 가등기에 기한 본등기를 마친 경우 본등기의 효력을 묻는 지문이다. 본 사안은 가등기담보법이 적용되는 가등기담보이고, 가등기담보법 규정은 편면적 강행규정이므로 청산절차 없이 가등기에 기한 본등기를 마치기로 한 특약은 강행규정

에 위반한 것으로 효력이 없다. 강행규정을 위반한 등기는 원인무효이며, 약한 의미의 양도담보로서 효력을 가지는 것은 아니다.

[**대법원** 2002. 6. 11. **선고** 99**다**41657 **판결**] 가등기담보 등에 관한 법률 제3조, 제4조의 각 규정에 비추어 볼 때 위 각 규정을 위반하여 담보가등기에 기한 본등기가 이루어진 경우에는 그 본등기는 무효라고 할 것이고, 설령 그와 같은 본등기가 가등기권리자와 채무자 사이에 이루어진 특약에 의하여 이루어졌다고 할지라도 만일 그 특약이 채무자에게 불리한 것으로서 무효라고 한다면 그 본등기는 여전히 무효일 뿐, 이른바 약한 의미의 양도담보로서 담보의 목적 내에서는 유효하다고 할 것이 아니고, 다만 가등기권리자가 가등기담보 등에 관한 법률 제3조, 제4조에 정한 절차에 따라 청산금의 평가액을 채무자 등에게 통지한 후 채무자에게 정당한 청산금을 지급하거나 지급할 청산금이 없는 경우에는 채무자가 그 통지를 받은 날로부터 2월의 청산기간이 경과하면 위 무효인 본등기는 실체적 법률관계에 부합하는 유효한 등기가 될 수 있을 뿐이다.

ㄷ. (O) 가등기담보법 제12조. 담보가등기권리자는 그 선택에 따라 제3조에 따른 담보권을 실행하거나 담보목적부동산의 경매를 청구할 수 있다. 이 경우 경매에 관하여는 담보가등기권리를 저당권으로 본다.

정답 ①

43. **甲은 乙로부터 금전을 차용하고, 만약 변제기에 채무를 변제하지 못하면 甲이 소유하는 X 토지의 소유권을 乙에게 이전하기로 하는 내용의 약정을 체결하였다. 그 약정 당시 X 토지의 시가는 원금과 변제기까지의 이자의 합산액을 훨씬 상회하고 있었다. 옳은 것을 모두 고른 것은? (각 지문은 독립적이며, 다툼이 있는 경우 판례에 의함)** [16 변호사]

ㄱ. 甲은 위 약정시에 위 채무의 담보로 乙에게 X 토지에 관한 소유권이전등기를 마쳤다. 변제기에 甲이 채무를 변제하지 못하자 乙은 변제기 다음 날 청산절차를 거치지 않은 채 이러한 사실을 모르는 丙에게 X 토지를 매도하고 소유권이전등기를 마쳐주었다. 이 경우 甲은 채무액을 변제하고 丙의 등기를 말소할 수 없다.

ㄴ. 甲은 위 약정시에 위 채무를 담보하기 위하여 乙에게 X 토지에 관한 가등기를 마쳐주었다. 변제기에 甲이 채무를 변제하지 못하자 乙은 그 다음 날 甲에게 적법한 청산통지를 하고 정당하게 산정된 청산금을 지급한 다음, 미리 받아둔 서류를 이용하여 본등기를 마쳤다. 그로부터 4개월 후 甲은 채무액을 변제하고 乙의 본등기를 말소할 수 없다.

ㄷ. 甲은 위 약정시에 위 채무를 담보하기 위하여 乙에게 X 토지에 관한 가등기를 마쳐주었다. 위 가등기 전에 X 토지에 관하여 甲의 채권자 丙 명의로 근저당권이 설정되어 있었다. 甲이 乙에게 채무를 변제하지 못한 상태에서 변제기로부터 6개월이 경과한 시점에 丙의 신청에 따라 위 근저당권에 기한 경매가 개시되자, 乙은 바로 청산통지를 하고 정당하게 산정된 청산금을 지급한 다음 가등기에 기한 본등기를 마쳤다. 이 경우 乙의 본등기는 유효하다.

① ㄱ　② ㄴ　③ ㄷ
④ ㄱ, ㄴ　⑤ ㄱ, ㄷ

해설

ㄱ. (O) 양도담보권자가 청산금을 지급하지 아니하고 선의의 제3자에게 소유권이전등기를 마친 경우, 채무자가 채무액을 변제하고 소유권이전등기의 말소를 청구할 수 있는지를 묻는 지문이다. 가등기

담보 등에 관한 법률 제11조에서는 선의의 제3자가 소유권을 취득한 때에는 채무자의 말소등기청구를 허용하지 않고 있다.

ㄴ. (O) 청산절차를 위반하여 마쳐진 본등기의 효력을 묻는 지문이다. 원칙적으로 무효이지만, 청산금의 지급과 청산기간의 경과 등으로 실체관계에 부합하는 사정이 생긴 때에는 채권자의 본등기는 효력이 있다. 실행통지 후 4개월이 경과하여 청산기간이 도과하였으므로 채무자 甲의 본등기말소청구는 허용되지 않는다.

[**대법원** 2002. 6. 11. **선고** 99**다**41657 **판결**] 가등기담보등에관한법률 제3조, 제4조의 각 규정에 비추어 볼 때 위 각 규정을 위반하여 담보가등기에 기한 본등기가 이루어진 경우에는 그 본등기는 무효라고 할 것이고, 설령 그와 같은 본등기가 가등기권리자와 채무자 사이에 이루어진 특약에 의하여 이루어졌다고 할지라도 만일 그 특약이 채무자에게 불리한 것으로서 무효라고 한다면 그 본등기는 여전히 무효일 뿐, 이른바 약한 의미의 양도담보로서 담보의 목적 내에서는 유효하다고 할 것이 아니고, 다만 가등기권리자가 가등기담보등에관한법률 제3조, 제4조에 정한 절차에 따라 청산금의 평가액을 채무자 등에게 통지한 후 채무자에게 정당한 청산금을 지급하거나 지급할 청산금이 없는 경우에는 채무자가 그 통지를 받은 날로부터 2월의 청산기간이 경과하면 위 무효인 본등기는 실체적 법률관계에 부합하는 유효한 등기가 될 수 있을 뿐이다.

ㄷ. (×) 저당권실행경매 중에 가등기담보권자의 사적 실행이 허용되는지를 묻는 지문이다. 담보가등기를 마친 부동산에 대하여 강제경매 등의 개시 결정이 있는 경우에 그 경매의 신청이 청산금을 지급하기 전에 행하여진 경우(청산금이 없는 경우에는 청산기간이 지나기 전)에는 담보가등기권리자는 그 가등기에 따른 본등기를 청구할 수 없다(가등기 담보 등에 관한 법률 제14조). 丙의 근저당권 실행경매가 개시된 때에 해당하므로 담보가등기권리자 乙의 가등기에 기한 본등기청구는 허용되지 않고, 이와 같은 규정은 강행규정이므로 乙의 가등기에 기한 본등기는 효력이 없다. 정답 ④

44. 「가등기담보 등에 관한 법률」의 내용에 관한 설명 중 옳지 않은 것은? (다툼이 있는 경우 판례에 의함) [15 변호사]

① 「가등기담보 등에 관한 법률」은 매매대금채권을 담보하기 위하여 가등기를 한 경우에는 적용되지 않는다.

② 채권자가 주관적으로 평가한 청산금의 액수가 정당하게 평가된 청산금의 액수에 미치지 못하여도 담보권 실행 통지로서의 효력이나 청산기간의 진행에는 아무런 영향이 없다.

③ 채권자는 자신이 통지한 청산금의 금액에 대하여 다툴 수 있다.

④ 가등기담보권자와 채무자의 특약으로 청산절차 없이 본등기가 이루어졌다면, 그러한 본등기는 약한 의미의 양도담보로서의 효력도 없다.

⑤ 가등기담보권 실행 통지의 상대방이 수인일 때 일부에 대한 통지가 누락될 경우, 청산기간이 진행되지 않는다.

해설

① (O) 가등기담보법의 적용범위를 묻는 지문이다. 가등기담보법은 소비대차나 준소비대차상 채권의 담보를 위하여 가등기나 소유권이전등기를 한 때에 적용된다.

[**대법원** 2001. 3. 23. **선고** 2000**다**29356·29363 **판결**] 가등기담보법은 차용물의 반환에 관하여 다른 재산권을 이전할 것을 예약한 경우에 적용되므로 매매대금채권을 담보하기 위하여 경료된 양도담보

에는 그 법은 적용되지 아니한다고 할 것인 바, 이 사건 양도담보의 피담보채권은 매매대금채권에 해당하므로 이 사건 양도담보의 실행에 가등기담보법의 적용은 없다고 할 것이고, 매매대금채권을 피담보채권으로 한 양도담보권설정계약 후 대여금채권이 그 피담보채권에 포함되었다고 하더라도 원래의 매매대금채권을 위한 양도담보권의 실행에는 지장이 없다.

② (O) 가등기담보권 실행요건으로서 청산금의 통지내용을 묻는 지문이다. 채권자가 주관적으로 평가한 청산금을 통지하는 것으로도 족하다는 것이 대법원의 입장이다.
[**대법원** 1996. 7. 30. **선고** 96**다**6974·6981 **판결**] 채권자가 가등기담보권을 실행하여 그 담보목적 부동산의 소유권을 취득하기 위하여 채무자 등에게 하는 담보권 실행의 통지에는 채권자가 주관적으로 평가한 통지 당시의 목적부동산의 가액과 피담보채권액을 명시함으로써 청산금의 평가액을 채무자 등에게 통지하면 족하다.

③ (×) 가등기담보법 제9조. 채권자는 다툴 수 없다.

④ (O) 가등기담보법을 위반하여 이루어진 본등기의 효력을 묻는 지문이다. 약한 의미의 양도담보로서의 효력도 인정되지 않는다는 것이 대법원의 입장이다.
[**대법원** 2002. 6. 11. **선고** 99**다**41657 **판결**] 가등기담보등에관한법률 제3조, 제4조의 각 규정에 비추어 볼 때 위 각 규정을 위반하여 담보가등기에 기한 본등기가 이루어진 경우에는 그 본등기는 무효라고 할 것이고, 설령 그와 같은 본등기가 가등기권리자와 채무자 사이에 이루어진 특약에 의하여 이루어졌다고 할지라도 만일 그 특약이 채무자에게 불리한 것으로서 무효라고 한다면 그 본등기는 여전히 무효일 뿐, 이른바 약한 의미의 양도담보로서 담보의 목적 내에서는 유효하다고 할 것이 아니고, 다만 가등기권리자가 가등기담보등에관한법률 제3조, 제4조에 정한 절차에 따라 청산금의 평가액을 채무자 등에게 통지한 후 채무자에게 정당한 청산금을 지급하거나 지급할 청산금이 없는 경우에는 채무자가 그 통지를 받은 날로부터 2월의 청산기간이 경과하면 위 무효인 본등기는 실체적 법률관계에 부합하는 유효한 등기가 될 수 있을 뿐이다.

⑤ (O) 실행통지의 상대방이 수인인 경우 상대방 모두에게 실행통지를 하여야 청산기간이 진행한다.
[**대법원** 1995. 4. 28. **선고** 94**다**36162 **판결**] 가등기담보권 실행통지는 채무자 등 모두에게 하여야 하는 것으로서 채무자 등의 전부 또는 일부에 대하여 통지를 하지 않으면 청산기간이 진행할 수 없게 되고, 따라서 가등기담보권자는 그 후 적절한 청산금을 지급하였다 하더라도 가등기에 기한 본등기를 청구할 수 없으며, 양도담보의 경우에는 그 소유권을 취득할 수 없다. 정답 ③

45. 동산에 대한 담보에 관한 설명 중 옳지 않은 것은? (다툼이 있는 경우 판례에 의함) [15 변호사]

① 「동산·채권 등의 담보에 관한 법률」상의 동산담보권이 설정된 동산에 대하여 양도담보를 설정하더라도 양도담보는 유효하다.
② 위 ①의 동산담보권이 설정된 담보목적물은 선의취득의 대상이 될 수 없다.
③ 위 ①의 동산담보권은 담보목적물의 매각, 임대, 멸실, 훼손 또는 공용징수 등으로 인하여 담보권설정자가 받을 금전이나 그 밖의 물건에 대하여도 행사할 수 있다.
④ 동산에 대하여 점유개정의 방법으로 이중양도담보를 설정한 경우, 뒤의 양도담보권자가 양도담보의 목적물을 처분함으로써 원래의 양도담보권자로 하여금 양도담보권을 실행할 수 없도록 하는 행위는 원래의 양도담보권자의 양도담보권을 침해하는 위법한 행위가 될 수 있다.
⑤ 양도담보권 실행을 위한 환가절차에 있어서는 양도담보설정자의 다른 채권자들은 양도담보권자에 대한 관계에 있어서 안분배당을 요구할 수 없다.

해설

① (O) 동산담보권이 설정된 동산에 대해서도 양도담보설정이 가능한지를 묻는 지문이다. 동산, 채권 등의 담보에 관한 법률에 의하여 기존의 동산담보제도가 배제되는 것은 아니다. 따라서 동산담보권이 설정된 동산에 대해서도 기존의 동산담보로서 양도담보설정이 가능하다. 이 경우 동산담보권과 기존의 동산담보로서 양도담보나 질권 등의 우열관계가 문제된다. 양도담보권이나 질권의 선의취득이 인정되는 때에는 동산담보권의 부담이 없는 완전한 양도담보권이나 질권을 취득하겠지만 선의취득이 인정되지 아니한 때에는 순위의 원칙이 적용된다. 즉 담보등기부의 등기와 인도 및 기존 동산담보권 설정의 선후에 의하여 우열관계가 결정된다. 동산, 채권 등의 담보에 관한 법률 제7조 제3항.

② (×) 동산담보권이 설정된 담보목적물의 소유권이나 질권을 취득하는 경우에는 민법 제249조 내지 251조까지의 규정을 준용한다. 동산, 채권 등의 담보에 관한 법률 제32조. 동산담보권이 설정된 담보목적물도 선의취득의 대상이 될 수 있다. 주의할 것은 동산담보권 자체를 선의취득할 수 있는지는 논란이 있다. 질권의 선의취득에 관한 제343조를 준용하지 않을 뿐만 아니라 담보등기부에 공신력을 인정하기도 어렵기 때문에 동산담보권의 선의취득은 인정되지 않는다고 보아야 한다. 다만 동산담보권자가 점유개정 이외의 방법으로 점유를 이전받은 경우에는 기존의 담보권(질권이나 양도담보권)의 선의취득이 인정될 수 있다.

③ (O) 동산담보권의 물상대위성이 인정되는지를 묻는 지문이다. 동산, 채권 등의 담보에 관한 법률 제14조에서는 물상대위성을 인정하고 있다.

④ (O) 점유개정에 의한 동산 2중 양도담보에서 뒤의 양도담보권자의 처분행위가 원래의 양도담보권을 침해하는 행위에 해당하는지를 묻는 지문이다. 동산 양도담보의 법적 성질은 신탁적 소유권이전이다. 따라서 뒤의 양도담보권자는 점유개정의 방법으로 양도담보권을 취득할 수 없다. 양도담보설정자는 대외적 관계에서 무권리자이며, 점유개정의 방법으로는 선의취득이 인정되지 않기 때문이다. 따라서 뒤의 양도담보권자의 담보물 처분행위는 원래의 양도담보권을 침해하는 위법행위가 될 수밖에 없다.

[**대법원** 2000. 6. 23. **선고** 99**다**65066 **판결**] 동산에 대하여 점유개정의 방법으로 이중양도담보를 설정한 경우 원래의 양도담보권자는 뒤의 양도권자에 대하여 배타적으로 자기의 담보권을 주장할 수 있으므로, 뒤의 양도담보권자가 양도담보의 목적물을 처분함으로써 원래의 양도담보권자로 하여금 양도담보권을 실행할 수 없도록 하는 행위는, 이중양도담보 설정행위가 횡령죄나 배임죄를 구성하는지 여부나 뒤의 양도담보권자가 이중양도담보 설정행위에 적극적으로 가담하였는지 여부와 관계없이, 원래의 양도담보권자의 양도담보권을 침해하는 위법한 행위이다.

⑤ (O) 양도담보권자에게는 우선변제권이 인정되므로 양도담보설정자의 다른 채권자들은 양도담보권자에게 안분배당을 요구할 수 없다.

정답 ②

46. 甲이 乙에 대한 금전채무를 담보하기 위하여 점유개정의 방법으로 자신의 소유인 공장기계를 乙에게 양도하고, 그 후 甲이 丙에 대한 금전채무를 담보하기 위하여 점유개정의 방법으로 다시 그 기계를 丙에게 양도하였다. 다음 설명 중 옳은 것을 모두 고른 것은? (다툼이 있는 경우에는 판례에 의함)

[14 변호사]

ㄱ. 甲과 乙 사이의 대내적 관계에서 위 기계의 소유권은 乙에게 있다.
ㄴ. 甲이 위 기계에 대한 점유를 잃으면, 乙 역시 그에 대한 양도담보권을 상실한다.
ㄷ. 丙은 양도담보권을 선의취득한다.

ㄹ. 丙이 乙에게 양도담보권이 있다는 사실을 알면서 甲으로부터 위 기계를 현실인도 받아 제3자에게 처분함으로써 乙의 담보권실행을 방해하는 행위는 위법하여 손해배상청구의 대상이 된다.

① ㄱ ② ㄹ ③ ㄱ, ㄹ
④ ㄴ, ㄷ ⑤ ㄴ, ㄹ

해설

※ 점유개정의 방법으로 동산에 관하여 2중의 양도담보계약을 체결한 경우의 법률문제를 묻는 사례문제이다.

ㄱ. (×) 양도담보의 법적 성질을 묻는 지문이다. 대법원은 신탁적 소유권이전으로 파악한다. 즉, 담보목적의 범위에서 소유권이 이전되지만, 대내적으로는 담보제공자가 여전히 동산의 소유권을 보유하고 있다고 본다. 따라서 甲과 乙의 대내적 관계에서서는 위 기계의 소유권은 담보제공자인 甲에게 귀속한다.

[**대법원** 2004. 10. 28. **선고** 2003**다**30463 **판결**] 금전채무를 담보하기 위하여 채무자가 그 소유의 동산을 채권자에게 양도하되 점유개정에 의하여 채무자가 이를 계속 점유하기로 한 경우 특별한 사정이 없는 한 동산의 소유권은 신탁적으로 이전됨에 불과하여 채권자와 채무자 사이의 대내적 관계에서 채무자는 의연히 소유권을 보유하나 대외적인 관계에 있어서 채무자는 동산의 소유권을 이미 채권자에게 양도한 무권리자가 되는 것이어서 다시 다른 채권자와의 사이에 양도담보 설정계약을 체결하고 점유개정의 방법으로 인도를 하더라도 선의취득이 인정되지 않는 한 나중에 설정계약을 체결한 채권자는 양도담보권을 취득할 수 없는데, 현실의 인도가 아닌 점유개정으로는 선의취득이 인정되지 아니하므로, 결국 뒤의 채권자는 양도담보권을 취득할 수 없다.

ㄴ. (×) 양도담보제공자의 점유 상실로 인하여 양도담보권이 소멸하는지를 묻는 지문이다. 동산양도담보권의 취득에는 점유의 이전, 즉 인도가 필요하지만, 점유가 양도담보권 존속의 요건이라고 할 수는 없다. 따라서 양도담보제공자가 양도담보 목적물에 대한 점유를 상실하였다고 하더라도 현재의 점유자가 선의취득 등 별도의 권리취득 원인이 없는 한 양도담보권이 소멸하는 것은 아니다.

[**대법원** 1999. 9. 7. **선고** 98**다**47283 **판결**] 동산에 대하여 양도담보권설정계약이 이루어진 경우에 양도담보권자는 양도담보권설정자를 제외한 제3자에 대한 관계에 있어서는 자신이 그 동산의 소유자임을 주장하여 권리를 행사할 수 있다.

ㄷ. (×) 점유개정에 의한 인도에 의하여 양도담보권을 선의취득 할 수 있는지를 묻는 지문이다. 선의취득의 요건으로서 양수인의 점유취득에는 점유개정에 의한 점유취득은 포함되지 않는다. 따라서 丙은 양도담보권을 선위취득 할 수 없다.

[**대법원** 2004. 10. 28. **선고** 2003**다**30463 **판결**] 금전채무를 담보하기 위하여 채무자가 그 소유의 동산을 채권자에게 양도하되 점유개정에 의하여 채무자가 이를 계속 점유하기로 한 경우 특별한 사정이 없는 한 동산의 소유권은 신탁적으로 이전됨에 불과하여 채권자와 채무자 사이의 대내적 관계에서 채무자는 의연히 소유권을 보유하나 대외적인 관계에 있어서 채무자는 동산의 소유권을 이미 채권자에게 양도한 무권리자가 되는 것이어서 다시 다른 채권자와의 사이에 양도담보 설정계약을 체결하고 점유개정의 방법으로 인도를 하더라도 선의취득이 인정되지 않는 한 나중에 설정계약을 체결한 채권자는 양도담보권을 취득할 수 없는데, 현실의 인도가 아닌 점유개정으로는 선의취득이 인정되지 아니하므로, 결국 뒤의 채권자는 양도담보권을 취득할 수 없다.

ㄹ. (○) 양도담보권의 실행을 방해하는 행위가 불법행위를 구성하는지를 묻는 지문이다. 양도담보권도 관습법상 인정되는 물권으로서 배타적 효력을 가진다. 따라서 이를 침해하는 행위는 위법한 행위로 평가되고, 불법행위를 구성할 수 있다.

[**대법원** 2000. 6. 23. **선고** 99**다**65066 **판결**] 동산에 대하여 점유개정의 방법으로 이중양도담보를 설정한 경우 원래의 양도담보권자는 뒤의 양도권자에 대하여 배타적으로 자기의 담보권을 주장할 수 있으므로, 뒤의 양도담보권자가 양도담보의 목적물을 처분함으로써 원래의 양도담보권자로 하여금 양도담보권을 실행할 수 없도록 하는 행위는, 이중양도담보 설정행위가 횡령죄나 배임죄를 구성하는지 여부나 뒤의 양도담보권자가 이중양도담보 설정행위에 적극적으로 가담하였는지 여부와 관계없이, 원래의 양도담보권자의 양도담보권을 침해하는 위법한 행위이다. 정답 ②

47. **甲은 건축업자 乙에게 건축자재 1톤을 매도하여 이를 인도하면서 대금은 6개월 후에 지급받기로 하였다. 다음 설명 중 옳은 것을 모두 고른 것은? (다툼이 있는 경우에는 판례에 의함)** [13 변호사]

ㄱ. 乙이 위 건축자재를 사용하여 丙의 주택을 건축함으로써 건축자재의 분리가 불가능하게 된 경우, 건축 당시 丙이 그 건축자재대금이 모두 지급되지 아니한 사실을 알고 있었다면 丙은 甲에게 부당이득반환의무가 있다.

ㄴ. 乙이 위 건축자재대금이 전혀 지급되지 아니한 사실을 잘 알고 있는 丁에게 건축자재를 양도담보로 제공하였는데 乙의 채권자가 건축자재를 압류하는 경우, 丁은 제3자이의의 소를 제기할 수 있다.

ㄷ. 乙은 장래의 건축을 위하여 확보하여 둔 위 건축자재에 관하여 화재보험에 가입한 후, 戊로부터 돈을 차용하고 그 건축자재에 관하여 戊에게 질권을 설정하여 주었다. 건축자재가 戊의 과실없이 화재로 소실되어 乙의 다른 채권자 己가 보험금채권에 관하여 압류 및 추심명령을 받은 경우, 戊는 별도의 압류 없이도 적법한 배당요구에 기하여 그 보험금채권에서 己에 우선하여 변제받을 수 있다.

① ㄴ, ㄷ ② ㄱ, ㄷ ③ ㄱ, ㄴ
④ ㄴ ⑤ ㄷ

해설

ㄱ. (×) 건축업자가 매수한 건축자재가 건축에 사용되어 건물의 구성부분이 된 경우, 건물의 소유자가 건축자재매매대금을 지급받지 못한 건축자재 매도인에 대하여 부당이득반환의무를 부담하는지를 묻는 지문이다. 건축자재 매도인이 건축자재를 매매계약에 기초하여 건축자재 매수인에게 인도하면, 비록 매도인이 대금을 지급받지 못하였다고 하더라도 매수인은 건축자재의 소유권을 취득한다. 따라서 건축자재 매수인이 이를 건축에 제공하여 건물이 축조되었다고 하더라도 건물소유자가 건축자재 매도인의 손실에 기초하여 이익을 보유하고 있다고 할 수는 없다. 따라서 건물소유자 丙이 건축자재 매도인 甲에 대하여 부당이득반환의무를 부담하지는 않는다.

ㄴ. (O) 동산양도담보의 목적물을 양도담보제공자의 채권자가 압류한 경우, 양도담보권자가 제3자 이의의 소를 제기하여 강제집행을 저지할 수 있는지를 묻는 지문이다. 동산양도담보는 신탁적 소유권 이전의 실질을 가지는 것이므로 대외적으로는 소유권자가 양도담보권자이다. 따라서 양도담보권자는 양도담보제공자의 채권자에 의한 압류에 대하여 제3자 이의의 소를 제기할 수 있다.

[**대법원** 1999. 9. 7. **선고** 98**다**47283 **판결**] 동산에 대하여 양도담보권설정계약이 이루어진 경우에 양도담보권자는 양도담보권설정자를 제외한 제3자에 대한 관계에 있어서는 자신이 그 동산의 소유자임을 주장하여 권리를 행사할 수 있다.

ㄷ. (O) 동산질권자의 물상대위권의 행사요건 및 행사방법을 묻는 지문이다. 화재보험금도 질물의 가치변형물이므로 물상대위의 객체가 된다. 물상대위권을 행사하기 위해서는 현실적인 지급, 인도 전에 압류하여야 하는데, 그 압류가 반드시 동산질권자에 의할 필요는 없다. 따라서 질권설정자의 채권자에 의한 압류가 있었다면 배당요구를 통하여 우선변제권을 행사할 수 있다. 정답 ①

48. 甲은 2008. 7. 10. 乙에게 1억 5,000만 원을 대여하면서 그 채권을 담보하기 위해 이행기인 2009. 7. 10.까지 채무를 이행하지 않으면 乙 소유의 시가 4억 원인 X 부동산을 甲에게 이전하기로 하는 내용의 계약을 체결하고 2008. 7. 15. 소유권이전등기청구권의 가등기를 마쳤다. 다음 설명 중 옳은 것은? (다툼이 있는 경우에는 판례에 의함) [12 변호사]

① 乙로부터 변제를 받지 못한 甲은 X의 소유권을 취득하는 귀속청산에 의하거나 제3자에 대한 양도를 통한 처분청산에 의하여 가등기담보권을 실행할 수 있다.

② 담보권의 실행통지에 있어서 甲이 주관적으로 평가한 청산금 액수(X의 가액과 피담보채권액의 차액)를 명시하였으나 이것이 객관적인 청산금 액수에 미치지 못하는 때에는 통지로서의 효력이 없다.

③ 甲이 청산절차를 거치지 않고 행한 본등기는 무효이지만, 당사자의 특약에 의한 때에는 약한 의미의 양도담보로서 담보목적범위 내에서는 효력이 있다.

④ 만약 甲, 乙, 丙 3자의 합의에 의해 丙의 명의로 가등기를 한 경우, 비록 丙에게 채권이 실질적으로 귀속되었더라도 이는 담보물권의 부종성에 반하며 실권리자 아닌 자 명의의 등기로서 효력이 없다.

⑤ 만약 위 계약 당시 이미 X 위에 乙의 丁에 대한 3억 원의 채무를 담보하는 저당권이 설정되어 있었다면, 甲이 청산절차를 거치지 않았다는 이유만으로 가등기에 기한 본등기가 무효인 것은 아니다.

해설

① (×) 가등기담보권의 실행에는 권리취득에 의한 실행과 경매에 의한 실행 두가지 방법이 있고 가등기담보권자는 임의로 선택할 수 있다. 특히 후자의 경우 가등기 담보권자는 목적부동산의 경매를 청구할 수 있는데 이때는 가등기담보권을 저당권으로 본다(가담법 제12조 제1항). 한편 가등기담보권의 사적실행에 따른 청산방식으로 귀속청산(채권자가 목적물의 가액에서 채권액을 공제한 나머지를 반환하고 목적물의 소유권을 취득하는 것)과 처분청산(채권자가 목적물을 제3자에게 처분하여 환가대금에서 채권의 만족을 취하는 것)이 있는데, 통설과 판례는 가담법상의 처분청산은 경매를 통한 공적실행을 의미하며 사적실행에 따른 처분청산은 인정되지 않는다고 한다.

[**대법원** 2002. 12. 10. **선고** 2002**다**42001 **판결**] 가등기담보등에관한법률이 제3조와 제4조에서 가등기담보권의 사적 실행방법으로 귀속정산의 원칙을 규정함과 동시에 제12조와 제13조에서 그 공적 실행방법으로 경매의 청구 및 우선변제청구권 등 처분정산을 별도로 규정하고 있는 점, 위 제4조가 제1항 내지 제3항에서 채권자의 청산금 지급의무, 청산기간 경과와 본등기청구, 청산금의 지급의무와 부동산의 소유권이전등기 및 인도 채무의 동시이행관계 등을 순차로 규정한 다음, 제4항에서 제1항 내지 제3항에 반하는 특약으로서 채무자 등에게 불리한 것은 그 효력이 없다(다만, 청산기간 경과 후에 행하여진 특약으로서 제3자의 권리를 해하지 아니하는 경우는 제외된다.)고 규정하고 있는 점, 나아가 제11조는 채무자 등이 청산금 채권을 변제받을 때까지 그 채무액을 채권자에게 지급하고 그 채권담보의 목적으로 경료된 소유권이전등기의 말소를 청구할 수 있다고 규정하고 있는 점 등을

종합하여 보면, 가등기담보권의 사적 실행에 있어서 채권자가 청산금의 지급 이전에 본등기와 담보목적물의 인도를 받을 수 있다거나 청산기간이나 동시이행관계를 인정하지 아니하는 '처분정산'형의 담보권실행은 가등기담보등에관한법률상 허용되지 아니한다.

② **(×)** 실행통지 사항인 청산금의 평가액을 산정하는 방법을 묻는 지문이다. 특별한 방법의 제한이 없으므로 가등기담보권자는 임의로 산정한 청산금의 평가액을 통지하면 족하다. 주관적으로 평가한 청산금의 평가액을 통지한 것으로도 통지의 효력이 생긴다. 즉 청산기간이 진행한다. 다만, 청산으로 가등기에 기한 본등기를 하기 위해서는 정당한 청산금을 채무자 등에게 지급하여야 한다.

[**대법원** 1996. 7. 30. **선고** 96**다**6974 **판결**] 담보권 실행의 통지에는 채권자가 주관적으로 평가한 통지 당시의 목적부동산의 가액과 피담보채권액을 명시함으로써 청산금의 평가액을 채무자 등에게 통지하면 족하다. 따라서 채권자가 나름대로 평가한 청산금의 액수가 객관적인 청산금의 평가액에 미치지 못한다고 하더라도 담보권 실행의 통지로서의 효력이나 청산기간의 진행에는 아무런 영향이 없고, 다만 채무자 등은 정당하게 평가된 청산금을 지급 받을 때까지 목적부동산의 소유권이전등기 및 인도 채무의 이행을 거절하면서 피담보채무 전액을 채권자에게 지급하고 채권담보의 목적으로 마쳐진 가등기의 말소를 구할 수 있을 뿐이다.

③ **(×)** 가등기담보 등에 관한 법률이 규정하는 청산절차규정을 위반하여 이루어진 가등기에 기한 본등기의 효력을 묻는 지문이다. 가등기담보법의 청산규정은 모두 편면적 강행규정이므로 이를 위반하여 이루어진 가등기에 기한 본등기는 원인무효의 등기이다. 약한 의미의 양도담보로서의 효력을 인정하지 않는다. 따라서 채무자 등은 피담보채무의 변제가 없더라도 청산절차를 위반하여 마쳐진 가등기에 기한 본등기의 말소를 청구할 수 있다.

[**대법원** 2002. 12. 10. **선고** 2002**다**42001 **판결**] 가등기담보등에관한법률 제3조, 제4조의 각 규정에 비추어 볼 때 그 각 규정을 위반하여 담보가등기에 기한 본등기가 이루어진 경우에는 그 본등기는 무효라고 할 것이고, 설령 그와 같은 본등기가 가등기권리자와 채무자 사이에 이루어진 특약에 의하여 이루어졌다고 할지라도 만일 그 특약이 채무자에게 불리한 것으로서 무효라고 한다면 그 본등기는 여전히 무효일 뿐, 이른바 약한 의미의 양도담보로서 담보의 목적 내에서는 유효하다고 할 것이 아니고 다만 가등기권리자가 가등기담보등에관한법률 제3조, 제4조에 정한 절차에 따라 청산금의 평가액을 채무자 등에게 통지한 후 채무자에게 정당한 청산금을 지급하거나 지급할 청산금이 없는 경우에는 채무자가 그 통지를 받은 날로부터 2월의 청산기간이 경과하면 위 무효인 본등기는 실체적 법률관계에 부합하는 유효한 등기가 될 수 있다.

④ **(×)** 제3자 명의의 담보가등기가 허용되는 경우를 묻는 지문이다. 3자간의 합의가 있고, 피담보채권이 실질적으로 명의자인 제3자에게 귀속될 특별한 사정이 있는 때에는 제3자 명의의 담보가등기도 효력이 있고, 이 경우 제3자 명의의 가등기가 부동산실명법에 위반하지 않는다.

[**대법원** 2000. 12. 12. **선고** 2000**다**49879 **판결**] 채권담보의 목적으로 채무자 소유의 부동산을 담보로 제공하여 저당권을 설정하는 경우에는 담보물권의 부종성의 법리에 비추어 원칙적으로 채권과 저당권이 그 주체를 달리할 수 없는 것이지만, 채권자 아닌 제3자의 명의로 저당권등기를 하는 데 대하여 채권자와 채무자 및 제3자 사이에 합의가 있었고, 나아가 제3자에게 그 채권이 실질적으로 귀속되었다고 볼 수 있는 특별한 사정이 있거나, 거래경위에 비추어 제3자의 저당권등기가 한낱 명목에 그치는 것이 아니라 그 제3자도 채무자로부터 유효하게 채권을 변제받을 수 있고 채무자도 채권자나 저당권 명의자인 제3자 중 누구에게든 채무를 유효하게 변제할 수 있는 관계 즉 묵시적으로 채권자와 제3자가 불가분적 채권자의 관계에 있다고 볼 수 있는 경우에는, 그 제3자 명의의 저당권등기도 유효하다고 볼 것인바, 이러한 법리는 저당권의 경우뿐 아니라 채권 담보를 목적으로 가등기를 하는 경우에도 마찬가지로 적용된다고 보아야 할 것이고, 이러한 법리가 부동산실권리자명의등기에관한 법률에 규정된 명의신탁약정의 금지에 위반된다고 할 것은 아니다.

⑤ **(○)** 담보가등기에 선행하는 저당권이 존재하는 경우, 가등기담보 등에 관한 법률의 적용요건이 예약 당시 재산권의 가액이 차용원리금을 초과를 어떻게 판단하여야 하는지를 묻는 지문이다. 선순위저

당권자의 우선변제액을 재산권 가액에서 공제하고 그 잔액과 차용원리금을 비교하여 차용원리금이 큰 때에만 가등기담보등에 관한 법률이 적용된다.

설문의 경우 X부동산의 시가는 4억 원이고 가등기담보권자보다 선순위 3억 원의 저당권이 존재하므로 X부동산의 가치는 1억 원만 잔존하게 된다. 반면에 가등기담보권자의 채권은 1억 5천만 원이므로 목적물의 시가가 원리금을 초과하는 경우에 해당하지 아니하여 가등기담보 등에 관한 법률이 적용되지 않는다. 가등기담보법이 적용되지 않는 경우에는 청산절차 없이 이루어진 가등기에 기한 본등기는 청산하지 않는다는 명시적인 특약이 없는 한 약한 의미의 양도담보에 해당한다.

[**대법원** 2006. 8. 24. **선고** 2005**다**61140 **판결**] 가등기담보 등에 관한 법률은 재산권 이전의 예약에 의한 가등기담보에 있어서 재산의 예약 당시의 가액이 차용액 및 이에 붙인 이자의 합산액을 초과하는 경우에 적용되는바, 재산권 이전의 예약 당시 재산에 대하여 선순위 근저당권이 설정되어 있는 경우에는 재산의 가액에서 피담보채무액을 공제한 나머지 가액이 차용액 및 이에 붙인 이자의 합산액을 초과하는 경우에만 적용된다.

정답 ⑤

2026 대비

Rainbow 변시기출 · 모의해설

민법 선택형(기출편 · 진도별)

제3편 채 권

제1장 총 칙

제1절 채권의 목적

1. **「이자제한법」에 관한 설명 중 옳지 않은 것은? (다툼이 있는 경우 판례에 의함)** [23 변호사]

① 채권자와 공동으로, 고의 또는 과실로 「이자제한법」을 위반하여 최고이자율을 초과하는 이자를 받아 채무자에게 손해를 입힌 자는 「민법」 제760조에 따라 손해를 배상할 책임이 있다.

② 선이자를 사전공제한 경우, 그 공제액이 채무자가 실제 수령한 금액을 원본으로 하여 「이자제한법」에서 정한 최고이자율에 따라 계산한 금액을 초과하는 때에는 그 초과 부분은 원본에 충당한 것으로 본다.

③ 「이자제한법」의 최고이자율 제한에 관한 규정은 계약을 위반한 사람을 제재하고 계약의 이행을 간접적으로 강제하기 위하여 정한 위약벌의 경우에는 적용될 수 없다.

④ 이자에 대하여 다시 이자를 지급하기로 하는 복리약정은 「이자제한법」에서 정한 최고이자율을 초과하는 부분에 해당하는 금액에 대하여는 무효로 한다.

⑤ 최고이자율을 초과하여 지급된 이자는 「이자제한법」 제2조 제4항에 따라 원본에 충당되고, 이와 같이 충당하여 원본이 소멸하고도 남아 있는 초과 지급액은 부당이득으로서 그 반환을 청구할 수 있을 뿐, 이를 「이자제한법」 위반 행위로 인한 손해라고 볼 수 없다.

해설

① **(O)** 이자제한법 위반행위는 위법행위로서 불법행위를 구성하고, 위반행위에 공동으로 가담한 자는 공동불법행위자로서 손해배상책임을 부담한다.
[**대법원** 2021. 2. 25. **선고** 2020**다**230239 **판결**] 채권자와 공동으로 위와 같은 이자제한법 위반 행위를 하였거나 이에 가담한 사람도 민법 제760조에 따라 연대하여 손해를 배상할 책임이 있다.

② **(O)** 이자제한법 제3조.

③ **(O)** [**대법원** 2017. 11. 29. **선고** 2016**다**259769 **판결**] 위약금은 민법 제398조 제4항에 의하여 손해배상액의 예정으로 추정되므로, 위약금이 위약벌로 해석되기 위해서는 특별한 사정이 주장·증명되어야 한다. 한편 구 이자제한법(2014. 1. 14. 법률 제1227호로 일부 개정되기 전의 것, 이하 '이자제한법'이라 한다) 제2조 제1항은 "금전대차에 관한 계약상의 최고이자율은 연 30%를 초과하지 아니하는 범위 안에서 대통령령으로 정한다."라고 정하고 있고, 같은 조 제2항은 "제1항에 따른 최고이자율은 약정한 때의 이자율을 말한다."라고 규정하고 있으며, 같은 조 제3항은 "계약상의 이자로서 제1항에서 정한 최고이자율을 초과하는 부분은 무효로 한다."라고 규정하고 있으므로, 이자제한법의 최고이자율 제한에 관한 규정은 금전대차에 관한 계약상의 이자에 관하여 적용될 뿐, 계약을 위반한 사람을 제재하고 계약의 이행을 간접적으로 강제하기 위하여 정한 위약벌의 경우에는 적용될 수 없다.

④ **(O)** 이자제한법 제5조.

⑤ **(×)** 부당이득과 불법행위는 경합하므로 불법행위로 인한 손해배상청구도 가능하다.

[**대법원** 2021. 2. 25. **선고** 2020**다**230239 **판결**] 금전을 대여한 채권자가 고의 또는 과실로 이자제한법을 위반하여 최고이자율을 초과하는 이자를 받아 채무자에게 손해를 입힌 경우에는 특별한 사정이 없는 한 민법 제750조에 따라 불법행위가 성립한다고 보아야 한다. 최고이자율을 초과하여 지급된 이자는 이자제한법 제2조 제4항에 따라 원본에 충당되므로, 이와 같이 충당하여 원본이 소멸하고도 남아 있는 초과 지급액은 이자제한법 위반 행위로 인한 손해라고 볼 수 있다. 부당이득반환청구권과 불법행위로 인한 손해배상청구권은 서로 별개의 청구권으로서, 제한 초과이자에 대하여 부당이득반환청구권이 있다고 해서 그것만으로 불법행위의 성립이 방해되지 않는다. 정답 ⑤

2. 금전채권의 이자 및 지연손해금에 관한 설명 중 옳지 않은 것은? (다툼이 있는 경우 판례에 의함)

[19 변호사]

① 금전소비대차에서 지연손해금에 관한 약정 없이 이자에 관한 약정만이 있는 경우 특별한 사정이 없는 한 금전반환채무의 이행지체로 인한 지연손해금도 그 약정이율에 의하기로 하였다고 보는 것이 당사자의 의사에 부합하지만, 그 약정이율이 법정이율보다 낮은 경우에는 법정이율에 의한 지연손해금을 청구할 수 있다.

② 계약 당사자 쌍방이 합의에 의하여 계약을 해제할 경우에는 당사자 사이에 별도의 약정이 없는 이상 합의해제로 인하여 반환할 금전에 그 받은 날로부터의 이자를 더하여 반환할 의무가 없다.

③ 이자 또는 지연손해금 채권은 원본채권과 별개의 채권이기는 하나 원본의 존재를 전제로 그에 대응하여 발생하는 권리이므로, 원본채권의 소멸시효 완성의 효력은 그 시효완성 전에 이미 발생한 이자 및 지연손해금 채권에도 미친다.

④ 손해배상의 예정액이 부당히 과다한 경우 법원은 이를 적당히 감액할 수 있으나, 금전채무불이행을 원인으로 한 손해배상에 관하여는 채권자는 손해의 증명을 요하지 아니하고 채무자는 과실없음을 항변하지 못하므로, 금전채무의 이행지체에 대비한 지연손해금을 따로 약정하였더라도 이는 감액의 대상이 될 수 없다.

⑤ 금전채무 이행에 불확정한 기한이 있는 경우에 채무자가 그 기한이 도래함을 알지 못하였다면 이행지체로 인한 지연손해금 지급의무가 발생하지 않는다.

해 설

① **(O)** 약정이율이 법정이율보다 낮은 경우 지연손해금은 법정이율에 따라 청구할 수 있다.

[**대법원** 2009. 12. 24. **선고** 2009**다**85342 **판결**] 민법 제397조 제1항은 본문에서 금전채무불이행의 손해배상액을 법정이율에 의할 것을 규정하고 그 단서에서 "그러나 법령의 제한에 위반하지 아니한 약정이율이 있으면 그 이율에 의한다."고 정한다. 이 단서규정은 약정이율이 법정이율 이상인 경우에만 적용되고, 약정이율이 법정이율보다 낮은 경우에는 그 본문으로 돌아가 법정이율에 의하여 지연손해금을 정할 것이다. 우선 금전채무에 관하여 아예 이자약정이 없어서 이자청구를 전혀 할 수 없는 경우에도 채무자의 이행지체로 인한 지연손해금은 법정이율에 의하여 청구할 수 있으므로, 이자를 조금이라도 청구할 수 있었던 경우에는 더욱이나 법정이율에 의한 지연손해금을 청구할 수 있다고 하여야 할 것이다.

② **(O)** 합의해제에는 해제로 금전을 반환할 때에 받은 날로부터 이자를 가산하여야 한다는 제548조 제2항은 유추되지 않는다.

[**대법원** 2003. 1. 24. **선고** 2000**다**5336·5343 **판결**] 합의해지 또는 해지계약이라 함은 해지권의 유무에 불구하고 계약 당사자 쌍방이 합의에 의하여 계속적 계약의 효력을 해지시점 이후부터 장래를 향하여 소멸하게 하는 것을 내용으로 하는 새로운 계약으로서, 그 효력은 그 합의의 내용에 의하여 결정되고 여기에는 해제·해지에 관한 민법 제548조 제2항의 규정은 적용되지 아니하므로, 당사자 사이에 약정이 없는 이상 합의해지로 인하여 반환할 금전에 그 받은 날로부터의 이자를 가하여야 할 의무가 있는 것은 아니다.

③ **(O)** 제183조. 주된 권리에 소멸시효가 완성한 때에는 종속된 권리에도 그 효력이 미친다. 원본채권이 시효로 소멸한 때에는 이자나 지연손해금채권도 시효로 소멸한다.

[**대법원** 2008. 3. 14. **선고** 2006**다**2940 **판결**] 이자 또는 지연손해금은 주된 채권인 원본의 존재를 전제로 그에 대응하여 일정한 비율로 발생하는 종된 권리라 할 것인데, 하나의 금전채권의 원금 중 일부가 변제로 소멸된 후 나머지 원금에 대하여 소멸시효가 완성된 경우, 가분채권인 금전채권의 성질상 변제로 소멸한 원금 부분과 소멸시효 완성으로 소멸한 원금 부분을 구분하는 것이 가능하고, 이 경우 원금에 종속된 권리인 이자 또는 지연손해금 역시 변제로 소멸한 원금 부분에서 발생한 것과 시효완성으로 소멸된 원금 부분에서 발생한 것으로 구분하는 것이 가능하므로, 위 소멸시효 완성의 효력은 소멸시효가 완성된 원금 부분으로부터 그 시효 완성 전에 발생한 이자 또는 지연손해금에는 미치나, 변제로 소멸한 원금 부분으로부터 그 변제 전에 발생한 이자 또는 지연손해금에는 미치지 않는다고 봄이 타당하다.

④ **(×)** 지연손해금약정은 손해배상액의 예정으로 직권감액의 대상이 될 수 있다.

[**대법원** 2000. 7. 28. **선고** 99**다**38687 **판결**] 금전채무에 관하여 이행지체에 대비한 지연손해금 비율을 따로 약정한 경우에 이는 일종의 손해배상액의 예정으로서 민법 제398조에 의한 감액의 대상이 된다.

⑤ **(O)** 제387조. 불확정기한부 채무는 채무자가 기한도래를 안 때로부터 이행지체가 발생한다.

정답 ④

3. **甲은 乙에게 乙이 생산한 참외 100상자를 주문하였고, 대금은 100만 원으로 정하였다. 甲과 乙은 품질이나 이행지에 관하여는 달리 약정을 하지 않았다. 乙은 丙에게 자신이 생산한 참외 중에서 100상자를 甲의 주소지로 운송해 줄 것을 부탁하였다. 이에 관한 설명 중 옳지 않은 것은?** [17 변호사]

① 乙은 자신이 생산한 참외 중 중등품 100상자를 甲의 주소지에서 인도하여야 한다.

② 丙이 위 참외를 트럭에 싣고 甲의 주소지로 가던 중 丙의 과실 없이 사고를 당하여 참외가 모두 파손된 경우, 乙은 자신이 생산한 다른 참외가 있더라도 참외 100상자를 다시 인도할 필요가 없다.

③ 丙이 참외 100상자를 싣고 이행일시에 甲의 주소지에 도착하여 甲에게 적법한 이행제공을 하였으나 甲이 수령을 거절하는 바람에 丙이 되돌아 가다가 그의 과실 없이 교통사고를 당하여 참외가 멸실된 경우, 乙의 위 참외 인도채무는 소멸한다.

④ 위 ③의 경우에 乙은 甲에게 위 참외대금의 지급을 청구할 수 있다.

⑤ 배달된 참외 중의 일부가 배달 중에 파손되었음을 발견한 甲은 乙에게 다시 하자 없는 참외로 급부해 줄 것을 청구할 수 있다.

해설

① (O) 종류채무자가 인도하여야 할 종류물의 품질은 별도의 약정이나 법률행위의 성질에 따라 결정될 수 없는 때에는 중등품질의 물건으로 인도하여야 한다(제375조 제1항). 또한 지참채무는 원칙적으로 변제장소가 채권자의 현주소지이므로(제467조 제2항) 乙은 甲의 주소지에서 중등품질의 참외 100상자를 인도하여야 한다.

② (×) 지참채무인 종류채무의 특정방법을 묻는 지문이다. 변제장소에서 현실제공함으로써 특정된다. 丙이 참외를 싣고 甲의 주소지로 가던 중에 사고로 참외가 파손되었다면 현실제공이 있다고 할 수 없으므로 乙은 여전히 종류물을 조달하여 인도하여야 할 채무를 부담한다.

③ (O) 현실제공으로 종류물이 특정되었으므로 乙의 종류채무는 특정물채무로 전환된다. 특정 후에 종류물의 멸실은 불능을 초래하므로 乙의 참외 인도채무는 소멸한다.

④ (O) 채권자지체 중에 乙의 참외 인도채무가 丙의 과실 없이 불능이 되었으므로 반대급부의 위험은 제538조 제1항 제2문에 따라 존속하게 되며, 乙은 甲에 대하여 참외대금채무의 지급을 청구할 수 있다.

⑤ (O) 종류매매에서 특정된 종류물에 하자가 있는 때에는 매수인은 하자 없는 완전한 물건의 인도를 청구할 수 있다(제581조 제2항).

정답 ②

4. 다음 설명 중 옳지 않은 것은? (다툼이 있는 경우 판례에 의함) [16 변호사]

① 외화채권을 채무자가 우리나라 통화로 변제할 경우, 이행기가 아니라 현실로 이행하는 때의 외국환시세에 의하여 환산한 우리나라 통화로 변제하여야 한다.

② 채권자가 외화채권을 대용급부의 권리를 행사하여 우리나라 통화로 환산하여 청구하는 경우, 제1심 법원은 그 변론종결 당시를 기준으로 채권액을 환산한 금액에 대하여 이행을 명해야 하고, 제1심 판결에 대하여 채무자만 항소한 경우, 채무자의 항소이유나 주장이 이유 없다면 항소심 법원은 항소심 변론종결 당시의 외국환시세를 기준으로 채권액을 다시 환산할 필요는 없다.

③ 집행법원이 경매절차에서 외화채권자에 대하여 배당을 할 때에는 특별한 사정이 없는 한 배당기일 당시의 외국환시세를 우리나라 통화로 환산하는 기준으로 삼아야 한다.

④ 우리나라 통화를 외화채권에 변제충당할 때 특별한 사정이 없는 한 현실로 변제충당할 당시의 외국환시세에 의하여 환산하여야 한다.

⑤ 채무불이행으로 인한 손해배상을 규정하고 있는 민법 제394조는 다른 의사표시가 없는 한 손해는 금전으로 배상하여야 한다고 규정하고 있는데, 위 법조 소정의 금전이라 함은 우리나라의 통화를 가리키는 것이어서 채무불이행으로 인한 손해배상을 구하는 채권은 당사자가 외국통화로 지급하기로 약정하였다는 등의 특별한 사정이 없는 한 채권액이 외국통화로 지정된 외화채권이라고 할 수 없다.

해설

① (O) 외화채권의 채무자가 우리나라 통화로 급부하는 경우, 환율결정시기를 묻는 지문이다. 제378조는 지급할 때에 있어서의 환금시가에 의하여 우리나라 통화로 변제할 수 있다고 규정하고 있고, 지급할 때란 현실이행시를 의미한다고 보는 것이 판례이다.

[**대법원** 1991. 3. 12. **선고** 90**다**2147 **전원합의체 판결**] 채권액이 외국통화로 지정된 금전채권인 외화채권을 채무자가 우리나라 통화로 변제함에 있어서는 민법 제378조가 그 환산시기에 관하여 외화

채권에 관한 같은 법 제376조·제377조 제2항의 "변제기"라는 표현과는 다르게 "지급할 때"라고 규정한 취지에서 새겨 볼 때 그 환산시기는 이행기가 아니라 현실로 이행하는 때 즉 현실이행시의 외국환시세에 의하여 환산한 우리나라 통화로 변제하여야 한다고 풀이함이 상당하므로 채권자가 위와 같은 외화채권을 대용급부의 권리를 행사하여 우리나라 통화로 환산하여 청구하는 경우에도 법원이 채무자에게 그 이행을 명함에 있어서는 채무자가 현실로 이행할 때에 가장 가까운 사실심 변론종결 당시의 외국환 시세를 우리나라 통화로 환산하는 기준시로 삼아야 한다.

② (×) 채권자가 대용권을 행사한 경우, 환금시기를 묻는 지문이다. 판례는 채무자가 대용권을 행사한 경우와 마찬가지로 현실이행시에 가장 가까운 사실심 변론종결 당시를 기준으로 하여야 한다고 보고 있다. 항소심은 속심이므로 비록 1심 판결에 대하여 채무자만이 항소한 경우에도 항소심 변론종결 당시를 기준으로 채권액을 다시 환산하여야 한다.

[**대법원** 2007. 4. 12. **선고** 2006**다**72765 **판결**] 채권액이 외국통화로 지정된 금전채권인 외화채권을 채권자가 대용급부의 권리를 행사하여 우리나라 통화로 환산하여 청구하는 경우 법원이 채무자에게 그 이행을 명함에 있어서는 채무자가 현실로 이행할 때에 가장 가까운 사실심 변론종결 당시의 외국환시세를 우리나라 통화로 환산하는 기준시로 삼아야 하고, 그와 같은 제1심 이행판결에 대하여 채무자만이 불복·항소한 경우, 항소심은 속심이므로 채무자가 항소이유로 삼거나 심리 과정에서 내세운 주장이 이유 없다고 하더라도 법원으로서는 항소심 변론종결 당시의 외국환시세를 기준으로 채권액을 다시 환산해 본 후 불이익변경금지 원칙에 반하지 않는 한 채무자의 항소를 일부 인용하여야 한다.

③ (O) 경매절차에서 외화채권자에게 배당할 경우, 환산기준시기를 묻는 지문이다. 배당기일 당시를 기준으로 한다.

[**대법원** 2011. 4. 14. **선고** 2010**다**103642 **판결**] 채권액이 외국통화로 정해진 금전채권인 외화채권을 채무자가 우리나라 통화로 변제하는 경우에 그 환산시기는 이행기가 아니라 현실로 이행하는 때, 즉 현실이행 시의 외국환시세에 의하여 환산한 우리나라 통화로 변제하여야 하고, 이와 같은 법리는 외화채권자가 경매절차를 통하여 변제를 받는 경우에도 동일하게 적용되어야 할 것이므로, 집행법원이 경매절차에서 외화채권자에 대하여 배당을 할 때에는 특별한 사정이 없는 한 배당기일 당시의 외국환시세를 우리나라 통화로 환산하는 기준으로 삼아야 한다.

④ (O) 변제충당의 경우 환산기준시기를 묻는 지문이다. 현실로 변제에 충당할 당시를 기준으로 한다.

[**대법원** 2000. 6. 9. **선고** 99**다**56512 **판결**] 채권액이 외국통화로 정해진 금전채권인 외화채권을 채무자가 우리나라 통화로 변제하는 경우에 그 환산시기는 이행기가 아니라 현실로 이행하는 때, 즉 현실이행시의 외국환시세에 의하여 환산한 우리나라 통화로 변제하여야 하고, 우리나라 통화를 외화채권에 변제충당할 때도 특별한 사정이 없는 한 현실로 변제충당할 당시의 외국환시세에 의하여 환산하여야 한다.

⑤ (O) 금전배상주의 원칙을 선언하고 있는 제394조 소정의 금전이 우리나라 통화를 의미하는지를 묻는 지문이다.

[**대법원** 2007. 8. 23. **선고** 2007**다**26455·26462 **판결**] 채무불이행으로 인한 손해배상을 규정하고 있는 민법 제394조는 다른 의사표시가 없는 한 금전으로 배상하여야 한다고 규정하고 있는 바, 위 법조 소정의 금전이라 함은 우리나라의 통화를 가리키는 것이어서 채무불이행으로 인한 손해배상을 구하는 채권은 당사자가 외국통화로 지급하기로 약정하였다는 등의 특별한 사정이 없는 한 채권액이 외국통화로 지정된 외화채권이라고 할 수 없다는 것이 대법원의 확립된 판례이다. 정답 ②

5. 채권의 목적에 관한 설명 중 옳지 않은 것은? (다툼이 있는 경우 판례에 의함) [25 변호사]

① 의사가 환자에게 부담하는 진료채무는 특별한 사정이 없는 한 수단채무이다.
② 우리나라 통화를 외화채권에 변제충당할 때에는 특별한 사정이 없는 한 현실로 변제충당할 당시의 외국환시세에 의하여 환산하여야 한다.
③ 선택채권은 선택에 의하여 채권의 목적이 확정되므로 선택채권의 소멸시효는 선택권을 행사한 때부터 진행한다.
④ 금전채무에 관하여 이자 약정이 없는 경우에도 채무자의 이행지체로 인한 지연이자는 특별한 사정이 없는 한 법정이율에 의하여 청구할 수 있다.
⑤ 채권액이 외국통화로 지정된 금전채권인 외화채권을 채권자가 대용급부의 권리를 행사해 우리나라 통화로 환산하여 청구하는 경우, 법원이 채무자에게 이행을 명할 때에는 사실심 변론 종결 당시의 외국환시세에 의하여 환산하여야 한다.

해 설

① (O) 판례는 의사가 환자에게 부담하는 진료채무는 질병의 치료와 같은 결과를 반드시 달성해야 할 결과채무가 아니라 환자의 치유를 위하여 선량한 관리자의 주의의무를 가지고 현재의 의학수준에 비추어 필요하고 적절한 진료조치를 다해야 할 채무 즉, 수단채무라고 보아야 할 것이므로, 위와 같은 주의의무를 다하였는데도 그 진료 결과 질병이 치료되지 아니하였다 하더라도 치료비는 청구할 수 있다고 본다(2001다52568).
② (O) 판례는 우리나라 통화로써 외화채권에 변제충당할 때도 현실로 변제충당할 당시의 외환시세에 의해 환산하여야 한다고 본다(99다56512).
③ (×) 판례는 선택채권에서 소멸시효는 채권자가 선택권을 행사할 수 있는 때(선택권을 행사한 때가 아님)부터 기산한다(64다1156).
④ (O) 판례는 금전채무불이행에 의한 손해배상액은 법정이율에 의해 정해진다(제397조 1항 본문).
⑤ (O) 판례는 채권액이 외국통화로 지정된 금전채권인 외화채권을 채무자가 우리나라 통화로 변제함에 있어서는 민법 제378조가 그 환산시기에 관하여 외화채권에 관한 같은 법 제376조, 제377조 제2항의 "변제기"라는 표현과는 다르게 "지급할 때"라고 규정한 취지에서 새겨 볼 때 그 환산시기는 이행기가 아니라 현실로 이행하는 때 즉 현실이행시의 외국환시세에 의하여 환산한 우리나라 통화로 변제하여야 한다고 풀이함이 상당하므로 채권자가 위와 같은 외화채권을 대용급부의 권리를 행사하여 우리나라 통화로 환산하여 청구하는 경우에도 법원이 채무자에게 그 이행을 명함에 있어서는 채무자가 현실로 이행할 때에 가장 가까운 사실심 변론종결 당시의 외국환 시세를 우리나라 통화로 환산하는 기준시로 삼아야 한다고 본다(90다2147).

정답 ③

제2절 채권의 효력

Ⅰ. 채무불이행

1. **금전채권 및 이에 대한 지체책임에 관한 설명 중 옳은 것은? (다툼이 있는 경우 판례에 의함)**

[24 변호사]

① 금전소비대차의 채권자가 고의 또는 과실로 「이자제한법」상의 최고이자율을 초과하는 이자를 받은 경우, 그 초과 부분이 원본에 충당됨으로써 원본이 전부 소멸하고도 남는 금액이 있으면, 특별한 사정이 없는 한 그 부분에 대해서는 채권자에게 불법행위책임이 발생한다.

② 금전채권의 일부에 대한 전부명령이 확정되면, 압류채무자에 대하여 그 채권에 대한 반대채권을 가진 제3채무자의 상계는 채권 총액에 대한 전부된 부분의 채권액과 전부되지 않은 부분의 채권액의 각 비율에 따라 행사되어야 한다.

③ 보증채무의 연체이율에 관하여 별도의 약정이 없는 한 보증채무에는 주채무에 대하여 약정된 연체이율이 적용된다.

④ 이행기가 불확정기한으로 되어 있는 경우에 기한이 도래한 때부터 채무자는 이행지체의 책임을 지게 된다.

⑤ 피보증인의 불법행위로 인하여 손해가 발생하게 되면, 신원보증인은 피보증인의 불법행위 시부터 신원보증채무에 대한 지체책임을 진다.

해 설

① **(O)** 이자제한법상 제한최고이자율을 초과하는 이자를 채권자가 지급받은 경우, 그 금원은 원본에 충당되고, 원본이 소멸한 때에는 채무자는 그 반환을 청구할 수 있다(이자제한법 제2조 제4항). 채권자가 제한최고이자율을 초과하는 이자를 지급받는 행위는 위법행위로서 불법행위를 구성하고, 원본이 모두 소멸하고도 남은 금액이 있다는 이는 채무자의 손해를 구성하므로 채권자는 불법행위로 인한 손해배상책임을 부담한다.

[**대법원** 2021. 2. 25. **선고** 2020**다**230239 **판결**] 금전을 대여한 채권자가 고의 또는 과실로 이자제한법을 위반하여 최고이자율을 초과하는 이자를 받아 채무자에게 손해를 입힌 경우에는 특별한 사정이 없는 한 민법 제750조에 따라 불법행위가 성립한다고 보아야 한다. 최고이자율을 초과하여 지급된 이자는 이자제한법 제2조 제4항에 따라 원본에 충당되므로, 이와 같이 충당하여 원본이 소멸하고도 남아 있는 초과 지급액은 이자제한법 위반 행위로 인한 손해라고 볼 수 있다. 부당이득반환청구권과 불법행위로 인한 손해배상청구권은 서로 별개의 청구권으로서, 제한 초과이자에 대하여 부당이득반환청구권이 있다고 해서 그것만으로 불법행위의 성립이 방해되지 않는다.

나아가 채권자와 공동으로 위와 같은 이자제한법 위반 행위를 하였거나 이에 가담한 사람도 민법 제760조에 따라 연대하여 손해를 배상할 책임이 있다.

② **(×)** 제3채무자는 상계의 수동채권을 임의로 지정할 수 있고, 전부채권자는 제3채무자의 지정에 이의할 수 없다.

[**대법원** 2010. 3. 25. **선고** 2007**다**35152 **판결**] 가분적인 금전채권의 일부에 대한 전부명령이 확정되면 특별한 사정이 없는 한 전부명령이 제3채무자에 송달된 때에 소급하여 전부된 채권 부분과 전부되지 않은 채권 부분에 대하여 각기 독립한 분할채권이 성립하게 되므로, 그 채권에 대하여 압류채무자에 대한 반대채권으로 상계하고자 하는 제3채무자로서는 전부채권자 혹은 압류채무자 중 어느

누구도 상계의 상대방으로 지정하여 상계하거나 상계로 대항할 수 있고, 그러한 제3채무자의 상계 의사표시를 수령한 전부채권자는 압류채무자에 잔존한 채권 부분이 먼저 상계되어야 한다거나 각 분할채권액의 채권 총액에 대한 비율에 따라 상계되어야 한다는 이의를 할 수 없다.

③ (×) 법정이율에 의한다.

[**대법원** 2000. 4. 11. **선고** 99**다**12123 **판결**] 보증채무는 주채무와는 별개의 채무이기 때문에 보증채무 자체의 이행지체로 인한 지연손해금은 보증한도액과는 별도로 부담하고 이 경우 보증채무의 연체이율에 관하여 특별한 약정이 없는 경우라면 그 거래행위의 성질에 따라 상법 또는 민법에서 정한 법정이율에 따라야 하며, 주채무에 관하여 약정된 연체이율이 당연히 여기에 적용되는 것은 아니지만, 특별한 약정이 있다면 이에 따라야 한다.

④ (×) 제387조 제1항. 불확정기한 도래 사실을 채무자가 안 때로부터 채무자의 이행지체책임이 발생한다.

⑤ (×) [**대법원** 2009. 11. 26. **선고** 2009**다**59671 **판결**] 신원보증인의 채무는 피보증인의 불법행위로 인한 손해배상채무 그 자체가 아니고 신원보증계약에 기하여 발생한 채무로서 이행기의 정함이 없는 채무이므로 채권자로부터 이행청구를 받지 않으면 지체의 책임이 생기지 않는다. **정답** ①

2. **대상청구권에 관한 설명 중 옳은 것(○)과 옳지 않은 것(×)을 올바르게 조합한 것은? (다툼이 있는 경우 판례에 의함)** [24 변호사]

ㄱ. 매매목적물의 수용으로 인하여 매도인의 소유권이전등기의무가 이행불능되었다면, 그로부터 상당한 기간이 지난 뒤에야 수용으로 인한 보상금청구의 방법과 절차가 마련되었더라도 대상청구권의 소멸시효는 이행불능 시부터 진행한다.
ㄴ. 甲이 乙을 상대로 사해행위취소 및 원물반환으로 근저당권설정등기의 말소를 청구하여 승소판결이 확정되었는데, 그 후 해당 부동산이 경매에서 제3자에게 매각됨으로써 위 확정판결에 기한 乙의 근저당권설정등기 말소의무가 이행불능되었다. 이 경우 甲은 대상청구권을 행사하여 乙이 위 근저당권에 기하여 지급받은 배당금의 반환을 청구할 수 있다.
ㄷ. 매매에 따른 소유권이전등기 전에 매매목적물이 수용된 경우 매수인이 매도인을 상대로 수용보상금청구권이 자신에게 속한다는 채권의 귀속에 관한 확인을 구하는 청구는, 하나의 채권에 관하여 2인 이상이 서로 채권자라고 주장하는 경우로 그 확인의 이익이 있다.

① ㄱ(○), ㄴ(○), ㄷ(○) ② ㄱ(○), ㄴ(○), ㄷ(×) ③ ㄱ(○), ㄴ(×), ㄷ(○)
④ ㄱ(×), ㄴ(○), ㄷ(○) ⑤ ㄱ(×), ㄴ(○), ㄷ(×)

해설

ㄱ. (×) [**대법원** 2002. 2. 8. **선고** 99**다**23901 **판결**] 대상청구권은 특별한 사정이 없는 한 매매목적물의 수용 또는 국유화로 인하여 매도인의 소유권이전등기의무가 이행불능 되었을 때 매수인이 그 권리를 행사할 수 있다고 보아야 할 것이고 따라서 그 때부터 소멸시효가 진행하는 것이 원칙이라 할 것이나, 국유화가 된 사유의 특수성과 법규의 미비 등으로 그 보상금의 지급을 구할 수 있는 방법이나 절차가 없다가 상당한 기간이 지난 뒤에야 보상금청구의 방법과 절차가 마련된 경우라면, 대상청구권자로서는 그 보상금청구의 방법이 마련되기 전에는 대상청구권을 행사하는 것이 불가능하였던 것이고, 따라서 이러한 경우에는 보상금을 청구할 수 있는 방법이 마련된 시점부터 대상청구권에 대한 소멸시효가 진행하는 것으로 봄이 상당할 것인 바, 이는 대상청구권자가 보상금을 청구할 길이 없는

상태에서 추상적인 대상청구권이 발생하였다는 사유만으로 소멸시효가 진행한다고 해석하는 것은 대상청구권자에게 너무 가혹하여 사회정의와 형평의 이념에 반할 뿐만 아니라 소멸시효제도의 존재 이유에 부합된다고 볼 수 없기 때문이다.

ㄴ. (O) [**대법원** 2012. 6. 28. **선고** 2010**다**71431 **판결**] 신용보증기금이 甲 주식회사를 상대로 제기한 사해행위취소소송에서 원물반환으로 근저당권설정등기의 말소를 구하여 승소판결이 확정되었는데, 그 후 해당 부동산이 관련 경매사건에서 담보권 실행을 위한 경매절차를 통하여 제3자에게 매각된 사안에서, 위와 같이 부동산이 담보권 실행을 위한 경매절차에 의하여 매각됨으로써 확정판결에 기한 甲 회사의 근저당권설정등기 말소등기절차의무가 이행불능된 경우, 신용보증기금은 대상청구권 행사로서 甲 회사가 말소될 근저당권설정등기에 기한 근저당권자로서 지급받은 배당금의 반환을 청구할 수 있다고 한 사례.

ㄷ. (×) 대상청구권은 대상인 급부의 이전을 구하는 채권적 청구권이다. 대상청구권을 행사하였더라도 대상인 급부청구권이 대상청구권자에게 귀속되는 것은 아니다. 대상청구권자가 대상인 급부청구권의 귀속권리자라고 주장하는 확인소송은 확인의 이익이 인정되지 않는다.

[**대법원** 1996. 10. 29. **선고** 95**다**56910 **판결**] 소유권이전등기의무의 목적 부동산이 수용되어 그 소유권이전등기의무가 이행불능이 된 경우, 등기청구권자는 등기의무자에게 대상청구권의 행사로써 등기의무자가 지급받은 수용보상금의 반환을 구하거나 또는 등기의무자가 취득한 수용보상금청구권의 양도를 구할 수 있을 뿐 그 수용보상금청구권 자체가 등기청구권자에게 귀속되는 것은 아니다.

정답 ⑤

3. 이행불능에 관한 설명 중 옳지 않은 것은? (다툼이 있는 경우 판례에 의함) [23 변호사]

① 매매의 목적이 된 부동산에 관하여 이미 제3자의 처분금지가처분등기가 기입되었다 할지라도, 바로 계약의 이행이 불능으로 되는 것은 아니다.

② 채무불이행의 요건인 이행불능은 사회생활에 있어서의 경험법칙 또는 거래상의 관념에 비추어 볼 때 채권자가 채무자의 이행의 실현을 기대할 수 없는 경우를 말한다.

③ 증여의 대상인 권리가 계약 당시 타인에게 귀속되어 있다면 증여자의 계약에 따른 이행은 불능이라고 보아야 한다.

④ 매매 목적 부동산에 관하여 매도인이 이중으로 제3자와 매매계약을 체결하였다는 사실만 가지고는 선행 매매계약이 이행불능이라고 할 수 없다.

⑤ 임대차계약상 목적물을 사용·수익하게 할 임대인의 의무는 임대인이 소유권을 상실하였다는 이유만으로는 불능하게 된 것이라고 단정할 수 없다.

해 설

① (O) [**대법원** 1997. 7. 9. **선고** 98**다**13754 **판결**] 매매의 목적이 된 부동산에 관하여 이미 제3자의 처분금지가처분등기나 소유권말소예고등기가 기입되었다 할지라도, 가처분등기는 단지 그에 저촉되는 범위 내에서 가처분채권자에게 대항할 수 없는 효과가 있는 것이고, 예고등기는 등기원인의 무효 또는 취소로 인한 등기의 말소 또는 회복의 소가 제기된 경우에 그 등기에 의하여 소의 제기가 있었음을 제3자에게 경고하여 계쟁 부동산에 관하여 법률행위를 하고자 하는 선의의 제3자로 하여금 소송의 결과 발생할 수도 있는 불측의 손해를 방지하려는 목적에서 하는 것이므로, 위 각 등기에 의하여 곧바로 부동산 위에 어떤 지배관계가 생겨서 소유권등기명의자가 그 부동산을 임의로 타에 처분하는 행위 자체를 금지하는 것은 아니라 할 것이어서, 가처분등기 및 예고등기로 인하여 소유권이전등기절차 이행이 불가능하게 되어 바로 계약이 이행불능으로 되는 것은 아니다.

② (O) [**대법원** 2016. 5. 12. **선고** 2016**다**200729 **판결**] 채무의 이행불능이란 단순히 절대적·물리적으로 불능인 경우가 아니라, 사회생활의 경험법칙 또는 거래상의 관념에 비추어 채권자가 채무자의 이행 실현을 기대할 수 없는 경우를 말한다. 이와 같이 사회통념상 이행불능이라고 보기 위해서는 이행의 실현을 기대할 수 없는 객관적 사정이 충분히 인정되어야 하고, 특히 계약은 어디까지나 내용대로 지켜져야 하는 것이 원칙이므로, 채권자가 굳이 채무의 본래 내용대로의 이행을 구하고 있는 경우에는 쉽사리 채무의 이행이 불능으로 되었다고 보아서는 아니 된다.

③ (×) 타인 권리매매가 유효한 것과 마찬가지로 증여 당시 증여의 목적물이 타인에게 귀속되었더라도 증여계약은 유효하고, 그 사실만으로 이행불능이라고 볼 수 없다.
[**대법원** 2016. 5. 12. **선고** 2016**다**200729 **판결**] 민법이 타인의 권리의 매매를 인정하고 있는 것처럼 타인의 권리의 증여도 가능하며, 이 경우 채무자는 권리를 취득하여 채권자에게 이전하여야 하고, 이 같은 사정은 계약 당시부터 예정되어 있으므로, 매매나 증여의 대상인 권리가 타인에게 귀속되어 있다는 이유만으로 채무자의 계약에 따른 이행이 불능이라고 할 수는 없다. 이러한 경우 채무 이행이 확정적으로 불능으로 되었는지는 계약의 체결에 이르게 된 경위와 경과, 채무자와 권리를 보유하고 있는 제3자와의 관계, 채무자가 권리를 취득하는 것이 불가능하다고 단정할 수 있는지 여부, 채무의 이행을 가로막는 법령상 제한의 유무, 채권자가 채무의 이행이 불투명한 상황에서 계약에서 벗어나고자 하는지 아니면 채무의 본래 내용대로의 이행을 구하고 있는지 여부 등의 여러 사정을 종합적으로 고려하여 신중히 판단하여야 한다.

④ (O) [**대법원** 1996. 7. 26. **선고** 96**다**14616 **판결**] 매매목적물에 관하여 이중으로 제3자와 매매계약을 체결하였다는 사실만 가지고는 매매계약이 법률상 이행불능이라고 할 수 없고, 채무의 이행이 불능이라는 것은 단순히 절대적·물리적으로 불능인 경우가 아니라 사회생활에 있어서의 경험법칙 또는 거래상의 관념에 비추어 볼 때 채권자가 채무자의 이행의 실현을 기대할 수 없는 경우를 말한다.

⑤ (O) [**대법원** 1994. 5. 10. **선고** 93**다**37977 **판결**] 계약의 이행불능 여부는 사회통념에 의하여 이를 판정하여야 할 것인 바, 임대차계약상의 임대인의 의무는 목적물을 사용·수익케 할 의무로서, 목적물에 대한 소유권 있음을 성립요건으로 하고 있지 아니하여 임대인이 소유권을 상실하였다는 이유만으로 그 의무가 불능하게 된 것이라고 단정할 수 없다. 정답 ③

4. **채권관계에서의 보호의무에 관한 설명 중 옳은 것은? (다툼이 있는 경우 판례에 의함)** [23 변호사]

① 계약상 법률관계에서는 일방 당사자가 상대방 당사자에게 손실이 발생하지 아니하도록 상대방 당사자의 이익을 보호하거나 배려할 일반적인 의무를 부담하는 것이 원칙이다.

② 카지노사업자가 카지노 운영과 관련하여 공익상 포괄적인 영업 규제를 받고 있다면 특별한 사정이 없는 한 이를 근거로 카지노이용자의 이익을 위한 카지노사업자의 보호의무를 인정할 수 있다.

③ 병원에 환자가 입원하여 치료를 받는 경우, 병원은 입원환자의 휴대품 등의 도난을 방지함에 필요한 적절한 조치를 강구하여 줄 신의칙상의 보호의무가 있다.

④ 공중접객업인 숙박업을 경영하는 자가 투숙객과 체결하는 숙박계약에 있어서 통상의 임대차에서 더 나아가 고객의 안전까지 배려하여야 할 보호의무를 부담한다고 볼 수 없다.

⑤ 기획여행업자가 여행자와의 여행계약에서 부담하는 안전배려의무에, 그가 여행자에게 발생할 수 있는 위험을 예견할 수 있을 때에 여행자에게 그 뜻을 알려 여행자 스스로 그 위험을 수용할지 선택할 기회를 주어야 하는 조치까지 포함되는 것은 아니다.

해설

① **(×)** [**대법원** 2014. 8. 21. **선고** 2010**다**92438 **전원합의체 판결**] 개인은 자신의 자유로운 선택과 결정에 따라 행위하고 그에 따른 결과를 다른 사람에게 귀속시키거나 전가하지 아니한 채 스스로 이를 감수하여야 한다는 '자기책임의 원칙'이 개인의 법률관계에 대하여 적용되고, 계약을 둘러싼 법률관계에서도 당사자는 자신의 자유로운 선택과 결정에 따라 계약을 체결한 결과 발생하게 되는 이익이나 손실을 스스로 감수하여야 할 뿐 일방 당사자가 상대방 당사자에게 손실이 발생하지 아니하도록 하는 등 상대방 당사자의 이익을 보호하거나 배려할 일반적인 의무는 부담하지 아니함이 원칙이다. 카지노업, 즉 '전문 영업장을 갖추고 주사위·트럼프·슬롯머신 등 특정한 기구 등을 이용하여 우연의 결과에 따라 특정인에게 재산상의 이익을 주고 다른 참가자에게 손실을 주는 행위 등을 하는 업'(관광진흥법 제3조 제1항 제5호)의 특수성을 고려하더라도, 폐광지역개발 지원에 관한 특별법(이하 '폐광지역지원법'이라 한다)에 따라 내국인의 출입이 가능한 카지노업을 허가받은 자(이하 '카지노사업자'라 한다)와 카지노이용자 사이의 카지노 이용을 둘러싼 법률관계에 대하여도 당연히 위와 같은 '자기책임의 원칙'이 적용된다.

② **(×)** [**대법원** 2014. 8. 21. **선고** 2010**다**92438 **전원합의체 판결**] 카지노사업자가 카지노 운영과 관련하여 공익상 포괄적인 영업 규제를 받고 있더라도 특별한 사정이 없는 한 이를 근거로 함부로 카지노이용자의 이익을 위한 카지노사업자의 보호의무 내지 배려의무를 인정할 것은 아니다. 카지노사업자로서는 정해진 게임 규칙을 지키고 게임 진행에 필요한 서비스를 제공하면서 관련 법령에 따라 카지노를 운영하기만 하면 될 뿐, 관련 법령에 분명한 근거가 없는 한 카지노사업자에게 자신과 게임의 승패를 겨루어 재산상 이익을 얻으려 애쓰는 카지노이용자의 이익을 자신의 이익보다 우선하거나 카지노이용자가 카지노 게임으로 지나친 재산상 손실을 입지 아니하도록 보호할 의무가 있다고 보기는 어렵다.

다만 자기책임의 원칙도 절대적인 명제라고 할 수는 없는 것으로서, 개별 사안의 구체적 사정에 따라서는 신의성실이나 사회질서 등을 위하여 제한될 수도 있다. 그리하여 카지노이용자가 자신의 의지로는 카지노 이용을 제어하지 못할 정도로 도박 중독 상태에 있었고 카지노사업자도 이를 인식하고 있었거나 조금만 주의를 기울였더라면 인식할 수 있었던 상황에서, 카지노이용자나 그 가족이 카지노이용자의 재산상 손실을 방지하기 위하여 법령이나 카지노사업자에 의하여 마련된 절차에 따른 요청을 하였음에도 그에 따른 조처를 하지 아니하고 나아가 영업제한규정을 위반하여 카지노 영업을 하는 등 카지노이용자의 재산상실에 관한 주된 책임이 카지노사업자에게 있을 뿐만 아니라 카지노이용자의 손실이 카지노사업자의 영업이익으로 귀속되는 것이 사회 통념상 용인될 수 없을 정도에 이르렀다고 볼만한 특별한 사정이 있는 경우에는, 예외적으로 카지노사업자의 카지노이용자에 대한 보호의무 내지 배려의무 위반을 이유로 한 손해배상책임이 인정될 수 있다.

③ **(O)** [**대법원** 2003. 4. 11. **선고** 2002**다**63275 **판결**] 환자가 병원에 입원하여 치료를 받는 경우에 있어서, 병원은 진료뿐만 아니라 환자에 대한 숙식의 제공을 비롯하여 간호·보호 등 입원에 따른 포괄적 채무를 지는 것인 만큼, 병원은 병실에의 출입자를 통제·감독하든가 그것이 불가능하다면 최소한 입원환자에게 휴대품을 안전하게 보관할 수 있는 시정장치가 있는 사물함을 제공하는 등으로 입원환자의 휴대품 등의 도난을 방지함에 필요한 적절한 조치를 강구하여 줄 신의칙상의 보호의무가 있다고 할 것이고, 이를 소홀히 하여 입원환자와는 아무런 관련이 없는 자가 입원환자의 병실에 무단출입하여 입원환자의 휴대품 등을 절취하였다면 병원은 그로 인한 손해배상책임을 면하지 못한다.

④ **(×)** [**대법원** 2000. 11. 24. **선고** 2000**다**38718·38725 **판결**] 공중접객업인 숙박업을 경영하는 자가 투숙객과 체결하는 숙박계약은 숙박업자가 고객에게 숙박을 할 수 있는 객실을 제공하여 고객으로 하여금 이를 사용할 수 있도록 하고 고객으로부터 그 대가를 받는 일종의 일시 사용을 위한 임대차 계약으로서 객실 및 관련 시설은 오로지 숙박업자의 지배 아래 놓여 있는 것이므로 숙박업자는

통상의 임대차와 같이 단순히 여관 등의 객실 및 관련 시설을 제공하여 고객으로 하여금 이를 사용·수익하게 할 의무를 부담하는 것에서 한 걸음 더 나아가 고객에게 위험이 없는 안전하고 편안한 객실 및 관련 시설을 제공함으로써 고객의 안전을 배려하여야 할 보호의무를 부담하며 이러한 의무는 숙박계약의 특수성을 고려하여 신의칙상 인정되는 부수적인 의무로서 숙박업자가 이를 위반하여 고객의 생명·신체를 침해하여 투숙객에게 손해를 입힌 경우 불완전이행으로 인한 채무불이행책임을 부담하고, 이 경우 피해자로서는 구체적 보호의무의 존재와 그 위반 사실을 주장·입증하여야 하며 숙박업자로서는 통상의 채무불이행에 있어서와 마찬가지로 그 채무불이행에 관하여 자기에게 과실이 없음을 주장·입증하지 못하는 한 그 책임을 면할 수는 없다.

⑤ **(×)** [**대법원** 2011. 5. 26. **선고** 2011**다**1330 **판결**] 기획여행업자는 통상 여행 일반은 물론 목적지의 자연적·사회적 조건에 관하여 전문적 지식을 가진 자로서 우월적 지위에서 행선지나 여행시설 이용 등에 관한 계약 내용을 일방적으로 결정하는 반면, 여행자는 안전성을 신뢰하고 기획여행업자가 제시하는 조건에 따라 여행계약을 체결하는 것이 일반적이다. 이러한 점을 감안할 때, 기획여행업자는 여행자의 생명·신체·재산 등의 안전을 확보하기 위하여 여행목적지·여행일정·여행행정·여행서비스 기관의 선택 등에 관하여 미리 충분히 조사·검토하여 여행계약 내용의 실시 도중에 여행자가 부딪칠지 모르는 위험을 미리 제거할 수단을 강구하거나, 여행자에게 그 뜻을 고지함으로써 여행자 스스로 위험을 수용할지에 관하여 선택할 기회를 주는 등 합리적 조치를 취할 신의칙상 안전배려의무를 부담하며, 기획여행업자가 사용한 여행약관에서 여행업자의 여행자에 대한 책임의 내용 및 범위 등에 관하여 규정하고 있다면 이는 위와 같은 안전배려의무를 구체적으로 명시한 것으로 보아야 한다.

정답 ③

5. 손해배상의 범위에 관한 설명 중 옳지 않은 것은? (다툼이 있는 경우 판례에 의함) [23 변호사]

① 불법행위로 영업용 물건이 멸실된 경우, 휴업손해는 그에 대한 증명이 가능한 한 통상의 손해로서 불법행위자가 그 교환가치와는 별도로 배상하여야 한다.

② 채무불이행에 있어 특별한 사정으로 인한 손해는 당사자들의 개별적, 구체적 사정에 따른 손해를 말한다.

③ 수급인이 제공한 하자 있는 목적물을 도급인이 사용함에 따라 발생하는 도급인의 정신적 고통으로 인한 손해는 수급인이 그러한 사정을 알았을 경우 특별손해로서 도급인이 배상받을 수 있다.

④ 불법행위로 인하여 건물이 훼손되었으나 수리가 가능한 경우에는 그 수리비가 통상의 손해이므로, 수리비가 교환가치를 초과한다고 하더라도 수리비 전액이 손해배상액이 된다.

⑤ 매매계약의 이행불능으로 인한 전보배상책임의 범위는 이행불능 당시의 매매목적물의 시가에 의하여야 하고 그와 같은 시가 상당액이 곧 통상의 손해라 할 것이다.

해설

① **(O)** [**대법원** 2004. 3. 18. **선고** 2001**다**82507 **전원합의체 판결**] 불법행위로 영업용 물건이 멸실된 경우, 이를 대체할 다른 물건을 마련하기 위하여 필요한 합리적인 기간 동안 그 물건을 이용하여 영업을 계속하였더라면 얻을 수 있었던 이익, 즉 휴업손해는 그에 대한 증명이 가능한 한 통상의 손해로서 그 교환가치와는 별도로 배상하여야 하고, 이는 영업용 물건이 일부 손괴된 경우, 수리를 위하여 필요한 합리적인 기간 동안의 휴업손해와 마찬가지라고 보아야 할 것이다.

② **(O)** 특별손해란 당사자 사이의 개별적이고 구체적인 사정으로 인하여 발생하는 손해로서 그 종류의 채무불이행에서 통상적으로 발생하는 손해가 아니라 당해 사건에서 특유하게 발생한 손해를 말한다.

③ (O) 계약당사자의 정신적 고통은 재산적 손해에 대한 배상이 이루어짐으로써 회복된다고 보아야 하므로 재산적 손해의 배상만으로 회복할 수 없는 정신적 고통을 입었다는 특별한 사정이 있고, 상대방이 이와 같은 사정을 알았거나 알 수 있었을 경우에 한하여 위자료를 인정할 수 있다.
[**대법원** 1997. 2. 25. **선고** 96**다**45436 **판결**] 건물신축도급계약에 있어서 수급인이 신축한 건물의 하자가 중요하지 아니하면서 동시에 그 보수에 과다한 비용을 요하는 경우에는 도급인은 하자보수나 하자보수에 갈음하는 손해배상을 청구할 수 없고 그 하자로 인하여 입은 손해의 배상만을 청구할 수 있다 할 것인데, 이러한 경우 그 하자로 인하여 입은 통상의 손해는 특별한 사정이 없는 한 도급인이 하자 없이 시공하였을 경우의 목적물의 교환가치와 하자가 있는 현재의 상태대로의 교환가치와의 차액이 되고, 그 하자 있는 목적물을 사용함으로 인하여 발생하는 정신적 고통으로 인한 손해는 수급인이 그러한 사정을 알았거나 알 수 있었을 경우에 한하여 특별손해로서 배상받을 수 있다.

④ (×) [**대법원** 1994. 10. 14. **선고** 94**다**3964 **판결**] 임대차목적물인 건물이 훼손된 경우에 그 수리가 불가능하다면 훼손 당시의 건물의 교환가치가 통상의 손해일 것이고 수리가 가능한 경우에는 그 수리비가 통상의 손해일 것이나 그것이 건물의 교환가치를 넘는 경우에는 형평의 원칙상 그 손해액은 그 건물의 교환가치 범위 내로 제한되어야 한다.

⑤ (O) [**대법원** 1996. 6. 14. **선고** 94**다**61359 **판결**] 매도인의 매매목적물에 관한 소유권이전등기 의무가 이행불능이 됨으로 말미암아 매수인이 입는 손해액은 원칙적으로 그 이행불능이 될 당시의 목적물의 시가 상당액이고, 그 이후 목적물의 가격이 등귀하였다 하여도 그로 인한 손해는 특별한 사정으로 인한 것이어서 매도인이 이행불능 당시 그와 같은 특수한 사정을 알았거나 알 수 있었을 때에 한하여 그 등귀한 가격에 의한 손해배상을 청구할 수 있다 함은 대법원의 확립된 판례이고, 이러한 법리는 이전할 토지가 환지 예정이나 환지확정 후의 특정 토지라고 하여도 다를 바가 없으며, 그 배상금의 지급이 지체되고 있다고 하여도 그 배상금에 대한 법정이자 상당의 지연손해금을 청구하는 외에 사실심 변론종결시의 시가에 의한 손해배상을 청구할 수 있게 되는 것은 아니다. 정답 ④

6. **손해배상에 관한 설명 중 옳은 것(○)과 옳지 않은 것(×)을 올바르게 조합한 것은? (다툼이 있는 경우 판례에 의함)** [22 변호사]

ㄱ. 부동산의 등기청구권을 보전하기 위한 처분금지가처분이 부당하게 집행되어 위 가처분의 존재로 인하여 소유자가 부동산의 처분기회를 상실하였거나 그 대가를 제때 지급받지 못하는 불이익을 입었다고 하더라도, 그것이 당해 부동산을 보유하면서 얻는 점용이익을 초과하지 않는 한 손해가 발생하였다고 보기 어렵다.
ㄴ. 쌍무계약에서 쌍방의 채무가 동시이행관계에 있는 경우, 일방의 채무의 이행기가 도래하더라도 상대방 채무의 이행제공이 있을 때까지는 그 채무를 이행하지 않아도 이행지체의 책임을 지지 않는 것이지만, 이와 같은 효과는 이행지체의 책임이 없다고 주장하는 자가 동시이행의 항변권을 행사하지 않는 경우에는 발생하지 아니한다.
ㄷ. 계약 상대방의 채무불이행을 이유로 한 계약의 해지 또는 해제는 손해배상의 청구에 영향을 미치지 아니하지만, 다른 특별한 사정이 없는 한 그 손해배상책임 역시 채무불이행으로 인한 손해배상책임과 다를 것이 없으므로, 상대방에게 고의 또는 과실이 없을 때에는 배상책임을 지지 아니한다. 그러나 상대방의 채무불이행과 상관없이 일정한 사유가 발생하면 계약을 해지 또는 해제할 수 있도록 하는 약정해지·해제권을 유보한 경우에는 상대방에게 고의 또는 과실이 없더라도 그에 따른 손해배상책임을 진다.
ㄹ. 일반육체노동을 하는 사람 또는 육체노동을 주로 생계활동으로 하는 사람은 특별한 사정이 없는 한 만 60세를 넘어 만 65세까지 가동할 수 있다고 보는 것이 경험칙에 합당하다.

① ㄱ(×), ㄴ(×), ㄷ(×), ㄹ(○) ② ㄱ(×), ㄴ(○), ㄷ(○), ㄹ(×)
③ ㄱ(○), ㄴ(○), ㄷ(×), ㄹ(○) ④ ㄱ(○), ㄴ(×), ㄷ(×), ㄹ(○)
⑤ ㄱ(○), ㄴ(×), ㄷ(○), ㄹ(×)

해설

ㄱ. **(○)** 부당한 가처분으로 인하여 가처분채무자에게 생기는 손해를 묻는 지문이다. 처분대가를 제때 지급받지 못하는 손해가 생기지만, 그 기간 동안 가처분 목적물을 사용, 수익한 경우에는 그 이익과 상쇄되고 이를 초과하는 채무자의 손해를 특별손해로서 예견가능성이 있는 경우에만 배상범위에 포함된다. 부당한 가압류가 된 경우와 마찬가지이다.

[**대법원** 2001. 11. 13. **선고** 2001**다**26774 **판결**] 부당한 처분금지가처분의 집행으로 그 가처분 목적물의 처분이 지연되어 소유자가 손해를 입었다면 가처분 신청인은 그 손해를 배상할 책임이 있다고 할 것인데, 가처분 집행 당시 부동산의 소유자가 그 부동산을 사용·수익하는 경우에는 그 부동산의 처분이 지체되었다고 하더라도 그 부동산의 환가가 지연됨으로 인한 손해는 그 부동산을 계속 사용·수익함으로 인한 이익과 상쇄되어 결과적으로 부동산의 처분이 지체됨에 따른 손해가 없다고 할 수 있을 것이고, 만일 그 부동산의 환가가 지연됨으로 인한 손해가 그 부동산을 계속 사용·수익하는 이익을 초과한다면 이는 특별손해라고 할 것이다.

ㄴ. **(×)** 동시이행항변권의 이행지체 면제효과는 동시이행관계가 존재함에 따라 인정되는 것이고, 항변권을 행사하여야 생기는 효과는 아니다.

[**대법원** 2001. 7. 10. **선고** 2001**다**3764 **판결**] 쌍무계약에서 쌍방의 채무가 동시이행관계에 있는 경우 일방의 채무의 이행기가 도래하더라도 상대방 채무의 이행제공이 있을 때까지는 그 채무를 이행하지 않아도 이행지체의 책임을 지지 않는 것이며, 이와 같은 효과는 이행지체의 책임이 없다고 주장하는 자가 반드시 동시이행의 항변권을 행사하여야만 발생하는 것은 아니므로, 동시이행관계에 있는 쌍무계약상 자기채무의 이행을 제공하는 경우 그 채무를 이행함에 있어 상대방의 행위를 필요로 할 때에는 언제든지 현실로 이행을 할 수 있는 준비를 완료하고 그 뜻을 상대방에게 통지하여 그 수령을 최고하여야만 상대방으로 하여금 이행지체에 빠지게 할 수 있는 것이다.

ㄷ. **(×)** 약정해제나 해지에서는 채무불이행을 원인으로 하는 것이 아니므로 당연히 손해배상책임이 발생한다고 할 수 없다.

[**대법원** 2016. 4. 15. **선고** 2015**다**59115 **판결**] 계약 상대방의 채무불이행을 이유로 한 계약의 해지 또는 해제는 손해배상의 청구에 영향을 미치지 아니하지만(민법 제551조), 다른 특별한 사정이 없는 한 그 손해배상책임 역시 채무불이행으로 인한 손해배상책임과 다를 것이 없으므로, 상대방에게 고의 또는 과실이 없을 때에는 배상책임을 지지 아니한다(민법 제390조). 이는 상대방의 채무불이행과 상관없이 일정한 사유가 발생하면 계약을 해지 또는 해제할 수 있도록 하는 약정해지·해제권을 유보한 경우에도 마찬가지이고 그것이 자기책임의 원칙에 부합한다.

ㄹ. **(○)** [**대법원** 2019. 2. 21. **선고** 2018**다**248909 **전원합의체 판결**] 대법원은 1989. 12. 26. 선고한 88다카16867 전원합의체 판결(이하 '종전 전원합의체 판결'이라 한다)에서 일반육체노동을 하는 사람 또는 육체노동을 주로 생계활동으로 하는 사람(이하 '육체노동'이라 한다)의 가동연한을 경험칙상 만 55세라고 본 기존 견해를 폐기하였다. 그 후부터 현재에 이르기까지 육체노동의 가동연한을 경험칙상 만 60세로 보아야 한다는 견해를 유지하여 왔다.

그런데 우리나라의 사회적·경제적 구조와 생활여건이 급속하게 향상·발전하고 법제도가 정비·개선됨에 따라 종전 전원합의체 판결 당시 위 경험칙의 기초가 되었던 제반 사정들이 현저히 변하였기 때문에 위와 같은 견해는 더 이상 유지하기 어렵게 되었다. 이제는 특별한 사정이 없는 한 만 60세를 넘어 만 65세까지도 가동할 수 있다고 보는 것이 경험칙에 합당하다.

정답 ④

7. **지연손해금에 관한 설명 중 옳은 것(○)과 옳지 않은 것(×)을 올바르게 조합한 것은? (다툼이 있는 경우 판례에 의함)** [22 변호사]

ㄱ. 이행기의 정함이 없는 채권의 양수인이 채무자를 상대로 그 이행을 구하는 소를 제기하고 소송계속 중 채무자에 대한 채권양도통지가 이루어진 경우에는 특별한 사정이 없는 한 채무자는 소장부본 송달을 받은 다음날부터 이행지체의 책임을 진다.

ㄴ. 불법행위로 인한 손해배상채무는 특별한 사정이 없는 한 채무 성립과 동시에 지연손해금이 발생한다.

ㄷ. 금전채무에 관하여 이행지체에 대비한 지연손해금 비율을 따로 약정한 경우에 이는 손해배상액의 예정으로 추정되고, 그 액수가 부당히 과다한 때에는 법원이 적당히 감액할 수 있다.

ㄹ. 승소판결이 확정된 후 동일한 당사자가 그 확정된 채권의 소멸시효 중단을 위하여 확정판결과 동일한 소송물에 기하여 신소를 제기하였는데 「소송촉진 등에 관한 특례법」(이하 '소송촉진법'이라 함)의 변경으로 소송촉진법에서 정한 지연손해금 이율이 달라진 경우, 후소에서 확정된 선행판결과 달리 변경된 소송촉진법상의 이율을 적용하여 선행판결과 다른 금액을 원고의 채권액으로 인정할 수 있다.

① ㄱ(○), ㄴ(×), ㄷ(×), ㄹ(○)
② ㄱ(○), ㄴ(○), ㄷ(○), ㄹ(×)
③ ㄱ(×), ㄴ(×), ㄷ(○), ㄹ(×)
④ ㄱ(×), ㄴ(○), ㄷ(○), ㄹ(○)
⑤ ㄱ(×), ㄴ(○), ㄷ(○), ㄹ(×)

해설

ㄱ. **(×)** 채권양도 통지를 받은 날의 다음 날부터 이행지체의 책임을 진다. 채무자가 채권양도 통지를 받기 전에는 채무자는 양수인의 이행청구를 거부할 정당한 사유가 있으므로 이행하지 않고 있는 상태를 위법하다고 할 수 없기 때문이다.

[**대법원** 2014. 4. 10. **선고** 2012**다**29557 **판결**] 채무에 이행기의 정함이 없는 경우에는 채무자가 이행의 청구를 받은 다음 날부터 이행지체의 책임을 지는 것이나, 한편 지명채권이 양도된 경우 채무자에 대한 대항요건이 갖추어질 때까지 채권양수인은 채무자에게 대항할 수 없으므로, 이행기의 정함이 없는 채권을 양수한 채권양수인이 채무자를 상대로 그 이행을 구하는 소를 제기하고 소송 계속 중 채무자에 대한 채권양도통지가 이루어진 경우에는 특별한 사정이 없는 한 채무자는 <u>채권양도통지가 도달된 다음 날부터</u> 이행지체의 책임을 진다.

ㄴ. **(○)** [**대법원** 2010. 7. 22. **선고** 2010**다**18829 **판결**] <u>불법행위로 인한 손해배상채무의 지연손해금의 기산일은 불법행위 성립일</u>이다(필자 註 : 토지의 면적 및 경계가 잘못 등재된 지적공부의 기재를 진실한 것으로 믿고 토지를 매수하였다가 그 토지의 일부에 관한 소유권을 취득할 수 없게 됨으로써 매도인에게 지급한 매매대금 중 위 토지 일부에 해당하는 금액 상당의 손해를 입은 매수인의 국가에 대한 손해배상채권은 그 매매대금을 실제로 지급한 때에 성립하고 그때 이행기가 도래하므로 국가는 그날부터 갚는 날까지의 지연손해금을 지급하여야 한다고 한 사례).

ㄷ. **(○)** [**대법원** 2000. 7. 28. **선고** 99**다**38687 **판결**] <u>금전채무에 관하여 이행지체에 대비한 지연손해금 비율을 따로 약정한 경우에 이는 일종의 손해배상액의 예정</u>으로서 민법 제398조에 의한 감액의 대상이 된다.

ㄹ. (×) 시효중단을 위한 후소에서는 확정된 권리를 주장할 수 있는 모든 요건이 구비되어 있는지에 관하여 다시 심리할 수 없다. 전소의 변론종결 후에 새로 발생한 변제, 상계, 면제 등과 같은 채권소멸 사유는 후소의 심리대상이 되지만, 법률이나 판례의 변경은 새로운 사유에 해당하지 않는다. 법정의 지연손해금 이율이 달라진 경우에도 선행판결과 다른 금액을 인정할 수는 없다.

[**대법원** 2019. 8. 29. **선고** 2019**다**215272 **판결**] 승소판결이 확정된 후 소송촉진 등에 관한 특례법(이하 '소송촉진법'이라고 한다)의 변경으로 소송촉진법에서 정한 지연손해금 이율이 달라졌다고 하더라도 그로 인하여 선행 승소확정판결의 효력이 달라지는 것은 아니고, 확정된 선행판결과 달리 변경된 소송촉진법상의 이율을 적용하여 선행판결과 다른 금액을 원고의 채권액으로 인정할 수 있는 것도 아니다.

정답 ⑤

8. **이행지체에 관한 설명 중 옳은 것을 모두 고른 것은? (다툼이 있는 경우 판례에 의함)** [21 변호사]

ㄱ. 이행지체를 이유로 계약을 해제할 때 그 전제요건인 이행의 최고는 반드시 미리 일정기간을 명시하여 행해야 하며 이를 명시하지 아니한 최고는 부적법하다.

ㄴ. 신원보증인의 채무는 피보증인의 불법행위로 인한 손해배상채무 그 자체가 아니고 신원보증계약에 기하여 발생한 채무로서 이행기의 정함이 없는 채무이므로 채권자로부터 이행청구를 받지 않으면 지체의 책임이 생기지 않는다.

ㄷ. 금전채무에 관하여 이행지체에 대비한 지연손해금 비율을 따로 약정한 경우에 이를 손해배상액의 예정이라고 할 수는 없으므로 법원의 감액 대상이 되지 않는다.

ㄹ. 매매계약이 무효로 되는 때에는 매도인이 악의의 수익자인 경우 특별한 사정이 없는 한 매도인은 반환할 매매대금에 대하여 「민법」이 정한 연 5%의 법정이율에 의한 이자를 붙여 반환하여야 하는데, 위와 같은 법정이자의 지급의무는 반환의무의 이행지체로 인한 손해배상이므로, 매도인의 매매대금반환의무와 매수인의 소유권이전등기 말소등기절차 이행의무가 동시이행의 관계에 있는 경우에는 발생하지 않는다.

ㅁ. 이행기의 정함이 없는 채권을 양수한 채권양수인이 채무자를 상대로 그 이행을 구하는 소를 제기하고 소송계속 중 채무자에 대한 채권양도통지가 이루어진 경우에는 특별한 사정이 없는 한 채무자는 채권양도통지가 도달된 다음 날부터 이행지체의 책임을 진다.

① ㅁ　② ㄴ, ㅁ　③ ㄱ, ㄴ, ㅁ
④ ㄱ, ㄷ, ㄹ　⑤ ㄴ, ㄹ, ㅁ

해설

ㄱ. (×) 최고기간이 명시적일 필요는 없다. 최고를 요구하는 이유는 채무자에게 이행의 기회를 주기 위함인데, 기간을 정하지 아니하고 최고를 하더라도 객관적으로 상당한 기간이 경과한 후에 해제권이 발생하면 족하기 때문이다.

[**대법원** 1994. 11. 25. **선고** 94**다**35930 **판결**] 이행지체를 이유로 계약을 해제함에 있어서 그 전제요건인 이행의 최고는 반드시 미리 일정기간을 명시하여 최고하여야 하는 것은 아니며 최고한 때로부터 상당한 기간이 경과하면 해제권이 발생한다고 할 것이고, 매도인이 매수인에게 중도금을 지급하지 아니하였으니 매매계약을 해제하겠다는 통고를 한 때에는 이로써 중도금 지급의 최고가 있었다고 보아야 하며, 그로부터 상당한 기간이 경과하도록 매수인이 중도금을 지급하지 아니하였다면 매도인은 매매계약을 해제할 수 있다.

ㄴ. (O) 신원보증인의 채무의 이행지체를 묻는 지문이다. 기한의 정함이 없는 채무이므로 이행청구를 받은 때부터 지체책임을 진다.

[**대법원** 2009. 11. 26. **선고** 2009**다**59671 **판결**] 신원보증인의 채무는 피보증인의 불법행위로 인한 손해배상채무 그 자체가 아니고 신원보증계약에 기하여 발생한 채무로서 이행기의 정함이 없는 채무이므로 채권자로부터 이행청구를 받지 않으면 지체의 책임이 생기지 않는다.

ㄷ. (×) 지연손해금 비율에 관한 약정은 손해배상액의 예정으로서의 성질을 가지므로 법원의 직권감액의 대상이 된다.

[**대법원** 2000. 7. 28. **선고** 99**다**38687 **판결**] 금전채무에 관하여 이행지체에 대비한 지연손해금 비율을 따로 약정한 경우에 이는 일종의 손해배상액의 예정으로서 민법 제398조에 의한 감액의 대상이 된다.

ㄹ. (×) 악의수익자가 반환할 금전에 가산하는 이자의 법적 성격을 묻는 지문이다. 반환의무 이행지체로 인한 손해배상이 아니라 부당이득 그 자체이므로 상대방의 부당이득반환의무와 동시이행관계에 있는지와 무관하게 법정이자는 가산된다.

[**대법원** 2017. 3. 9. **선고** 2016**다**47478 **판결**] 계약무효의 경우 각 당사자가 상대방에 대하여 부담하는 반환의무는 성질상 부당이득반환의무로서 악의의 수익자는 그 받은 이익에 법정이자를 붙여 반환하여야 하므로(민법 제748조 제2항), 매매계약이 무효로 되는 때에는 매도인이 악의의 수익자인 경우 특별한 사정이 없는 한 매도인은 반환할 매매대금에 대하여 민법이 정한 연 5%의 법정이율에 의한 이자를 붙여 반환하여야 한다. 그리고 위와 같은 법정이자의 지급은 부당이득반환의 성질을 가지는 것이지 반환의무의 이행지체로 인한 손해배상이 아니므로, 매도인의 매매대금 반환의무와 매수인의 소유권이전등기 말소등기절차 이행의무가 동시이행의 관계에 있는지 여부와는 관계가 없다.

ㅁ. (O) 대항요건 전에 채무자가 양수인에 대하여 이행을 거절하는 것은 정당한 것이므로 이행지체가 되지 않는다. 그러나 채권양도통지가 채무자에게 도달된 후에 채무자가 이행하지 않는 것은 위법하므로 이행지체가 된다.

[**대법원** 2014. 4. 10. **선고** 2012**다**29557 **판결**] 채무에 이행기의 정함이 없는 경우에는 채무자가 이행의 청구를 받은 다음 날부터 이행지체의 책임을 지는 것이나, 한편 지명채권이 양도된 경우 채무자에 대한 대항요건이 갖추어질 때까지 채권양수인은 채무자에게 대항할 수 없으므로, 이행기의 정함이 없는 채권을 양수한 채권양수인이 채무자를 상대로 그 이행을 구하는 소를 제기하고 소송 계속 중 채무자에 대한 채권양도통지가 이루어진 경우에는 특별한 사정이 없는 한 채무자는 채권양도통지가 도달된 다음 날부터 이행지체의 책임을 진다. 정답 ②

9. 이행불능에 관한 설명 중 옳지 않은 것은? (다툼이 있는 경우 판례에 의함) [20 변호사]

① 동시이행의 관계에 있는 쌍방의 채무 중 어느 한 채무가 이행불능이 됨으로 인하여 발생한 손해배상채무도 여전히 다른 채무와 동시이행의 관계에 있다.

② 부동산소유권이전등기의무자가 그 부동산에 관하여 가등기를 경료한 경우 그 가등기만으로는 소유권이전등기의무가 이행불능이 된다고 할 수 없으나, 제3자 앞으로 채무담보를 위하여 소유권이전등기를 경료한 경우 그 의무자가 위 채무를 변제할 자력이 없는 때에는 특단의 사정이 없는 한 그 소유권이전등기의무는 이행불능이 된다.

③ 매매 목적 부동산에 관하여 제3자의 처분금지가처분의 등기가 기입되었다고 하더라도 그 가처분등기로 인하여 바로 계약이 이행불능으로 되는 것은 아니다.

④ 매매목적물이 화재로 인하여 소실됨으로써 매도인의 매매목적물에 대한 인도의무가 이행불능이 되었다면 매수인은 화재사고로 인해 매도인이 지급받게 되는 화재보험금에 대하여 대상청구권을 행사할 수 있고, 이때 매수인이 화재보험금에 대하여 행사할 대상청구권의 범위는 실제 지급하거나 지급하기로 약정한 매매대금 상당액의 한도로 제한된다.

⑤ 물권적 방해배제청구권의 행사로 등기말소를 구하는 소유자가 그 후 소유권을 상실함으로써 이제 등기말소를 청구할 수 없게 되었다면, 등기말소의무자에 대하여 그 권리의 이행불능을 이유로 「민법」 제390조상의 손해배상청구권을 행사할 수 없다.

해설

① **(O)** 이행불능으로 인한 손해배상채무는 본래 채무의 변형채무이므로 본래 채무와 동시이행관계에 있는 채무와 여전히 동시이행관계가 유지된다.

[**대법원** 2000. 2. 25. **선고** 97**다**30066 **판결**] 동시이행의 관계에 있는 쌍방의 채무 중 어느 한 채무가 이행불능이 됨으로 인하여 발생한 손해배상채무도 여전히 다른 채무와 동시이행의 관계에 있다.

② **(O)** 소유권이전등기의무자가 제3자에게 담보 목적으로 소유권이전등기를 마쳐주었으나 등기를 회복할 변제자력을 갖추지 못하고 있는 때에는 소유권이전등기의무는 사회관념에 비추어 이행불능으로 보아야 한다.

[**대법원** 1993. 9. 14. **선고** 93**다**12268 **판결**] 부동산소유권이전등기 의무자가 그 부동산에 관하여 제3자 앞으로 비록 채무담보를 위하여 소유권이전등기를 경료하였다고 할지라도 그 의무자가 채무를 변제할 자력이 없는 경우에는 특단의 사정이 없는 한 그 소유권이전등기의무는 이행불능이 된다.

③ **(O)** [**대법원** 1997. 7. 9. **선고** 98**다**13754 **판결**] 매매의 목적이 된 부동산에 관하여 이미 제3자의 처분금지가처분등기나 소유권말소예고등기가 기입되었다 할지라도, 가처분등기는 단지 그에 저촉되는 범위 내에서 가처분채권자에게 대항할 수 없는 효과가 있는 것이고, 예고등기는 등기원인의 무효 또는 취소로 인한 등기의 말소 또는 회복의 소가 제기된 경우에 그 등기에 의하여 소의 제기가 있었음을 제3자에게 경고하여 계쟁 부동산에 관하여 법률행위를 하고자 하는 선의의 제3자로 하여금 소송의 결과 발생할 수도 있는 불측의 손해를 방지하려는 목적에서 하는 것이므로, 위 각 등기에 의하여 곧바로 부동산 위에 어떤 지배관계가 생겨서 소유권등기명의자가 그 부동산을 임의로 타에 처분하는 행위 자체를 금지하는 것은 아니라 할 것이어서, 가처분등기 및 예고등기로 인하여 소유권이전등기절차 이행이 불가능하게 되어 바로 계약이 이행불능으로 되는 것은 아니다.

④ **(×)** 대상청구권의 범위가 반대급부 범위로 제한되는지를 묻는 지문이다. 대상청구권은 기존 계약관계의 효력을 유지하기 위한 목적의 권리이다. 기존 계약관계에서의 이해관계는 대상청구권 행사과정에서도 유지되어야 하므로 대상청구권의 범위가 반대급부 범위로 제한될 수는 없다.

[**대법원** 2016. 10. 27. **선고** 2013**다**7769 **판결**] 손해보험은 본래 보험사고로 인하여 생길 피보험자의 재산상 손해의 보상을 목적으로 하는 것으로(상법 제665조), 보험자가 보상할 손해액은 당사자 간에 다른 약정이 없는 이상 그 손해가 발생한 때와 곳의 가액에 의하여 산정하는 것이고(상법 제676조 제1항), 이 점은 손해공제의 경우도 마찬가지라고 할 것이므로, 매매의 목적물이 화재로 인하여 소실됨으로써 매도인이 지급받게 되는 화재보험금, 화재공제금에 대하여 매수인의 대상청구권이 인정되는 이상, 매수인은 특별한 사정이 없는 한 그 목적물에 대하여 지급되는 화재보험금, 화재공제금 전부에 대하여 대상청구권을 행사할 수 있는 것이고, 인도의무의 이행불능 당시 매수인이 지급하였거나 지급하기로 약정한 매매대금 상당액의 한도 내로 그 범위가 제한된다고 할 수 없다.

⑤ **(O)** 물권적 청구권의 이행불능을 원인으로 전보배상을 청구할 수 있는지를 묻는 지문이다. 물권의 상실로 물권적 청구권이 이행불능으로 된 경우에는 손해배상청구권의 기초가 되는 권리의 존재를 인정할 수 없으므로 손해배상청구권이 인정될 수 없다.

[**대법원** 2012. 5. 17. **선고** 2010**다**28604 **전원합의체 판결**] 소유자가 자신의 소유권에 기하여 실체관계에 부합하지 아니하는 등기의 명의인을 상대로 그 등기말소나 진정명의회복 등을 청구하는 경우에, 그 권리는 물권적 청구권으로서의 방해배제청구권(민법 제214조)의 성질을 가진다. 그러므로

소유자가 그 후에 소유권을 상실함으로써 이제 등기말소 등을 청구할 수 없게 되었다면, 이를 위와 같은 청구권의 실현이 객관적으로 불능이 되었다고 파악하여 등기말소 등 의무자에 대하여 그 권리의 이행불능을 이유로 민법 제390조상의 손해배상청구권을 가진다고 말할 수 없다. 위 법 규정에서 정하는 채무불이행을 이유로 하는 손해배상청구권은 계약 또는 법률에 기하여 이미 성립하여 있는 채권관계에서 본래의 채권이 동일성을 유지하면서 그 내용이 확장되거나 변경된 것으로서 발생한다. 그러나 위와 같은 등기말소청구권 등의 물권적 청구권은 그 권리자인 소유자가 소유권을 상실하면 이제 그 발생의 기반이 아예 없게 되어 더 이상 그 존재 자체가 인정되지 아니하는 것이다. 이러한 법리는 선행소송에서 소유권보존등기의 말소등기청구가 확정되었다고 하더라도 그 청구권의 법적 성질이 채권적 청구권으로 바뀌지 아니하므로 마찬가지이다(필자 주 : 국가 명의로 소유권보존등기가 경료된 토지의 일부 지분에 관하여 甲 등 명의의 소유권이전등기가 경료되었는데, 乙이 등기말소를 구하는 소를 제기하여 국가는 乙에게 원인무효인 등기의 말소등기절차를 이행할 의무가 있고 甲 등 명의의 소유권이전등기는 등기부취득시효 완성을 이유로 유효하다는 취지의 판결이 확정되자, 乙이 국가를 상대로 손해배상을 구한 사안에서, 소유권보존등기 말소등기절차 이행의무의 이행불능으로 인한 손해배상책임을 인정한 원심판결에는 법리오해 등 위법이 있다고 한 사례)

정답 ④

10. 과실상계와 책임제한에 관한 설명 중 옳지 않은 것은? (다툼이 있는 경우 판례에 의함) [20 변호사]

① 가해행위와 피해자측의 요인이 경합하여 손해가 발생하거나 확대된 경우에는 피해자측의 요인이 체질적인 소인 또는 질병의 위험도와 같이 피해자측의 귀책사유와 무관한 것이라고 할지라도, 그 질환의 태양·정도 등에 비추어 가해자에게 손해의 전부를 배상하게 하는 것이 공평의 이념에 반하는 경우에는, 법원은 손해배상액을 정하면서 과실상계의 법리를 유추적용하여 그 손해의 발생 또는 확대에 기여한 피해자측의 요인을 참작할 수 있다.

② 교통사고로 인한 피해자의 후유증이 사고와 피해자의 기왕증이 경합하여 나타난 것이라면 사고가 후유증이라는 결과 발생에 기여하였다고 인정되는 정도에 따라 상응한 배상액을 부담하게 하는 것이 손해의 공평한 부담이라는 견지에서 타당하다.

③ 표현대리행위가 성립하는 경우에 그 본인은 표현대리행위에 의하여 책임을 져야 하지만, 상대방에게 과실이 있는 경우라면 공평의 원칙상 과실상계의 법리를 유추적용하여 본인의 책임을 경감할 수 있다.

④ 「민법」 제581조, 제580조에 기한 매도인의 하자담보책임은 법이 특별히 인정한 무과실책임으로서 여기에 「민법」 제396조의 과실상계 규정이 준용될 수는 없다 하더라도, 담보책임이 「민법」의 지도이념인 공평의 원칙에 입각한 것인 이상 하자 발생 및 그 확대에 가공한 매수인의 잘못을 참작하여 손해배상의 범위를 정함이 상당하다.

⑤ 예금주가 인장관리를 다소 소홀히 하였거나 입·출금 내역을 조회하여 보지 않음으로써 금융기관 직원의 불법행위가 용이하게 된 사정이 있다고 할지라도, 정기예탁금 계약에 기하여 정기예탁금 반환을 청구하는 경우에는 그러한 사정을 들어 과실상계할 수 없다.

해 설

① (O) [**대법원** 2016. 6. 23. **선고** 2015**다**55397 **판결**] 의사의 의료행위에 주의의무 위반이 있어 불법행위로 인한 손해배상책임이 인정되더라도 손해가 의료행위의 과오와 피해자 측의 요인이 경합하여 손해가 발생하거나 확대된 경우에는 피해자 측의 요인이 체질적인 소인 또는 질병의 위험도와 같이 피해자 측의 귀책사유와 무관한 것이라고 할지라도, 질환의 태양·정도 등에 비추어 가해자에게 손

해의 전부를 배상하게 하는 것이 공평의 이념에 반하는 경우에는, 법원은 손해배상액을 정하면서 과실상계의 법리를 유추적용하여 손해의 발생 또는 확대에 기여한 피해자 측의 요인을 참작할 수 있다. 다만 책임제한에 관한 사실인정이나 비율을 정하는 것이 형평의 원칙에 비추어 현저하게 불합리하여서는 아니 된다. 그러나 질병의 특성, 치료방법의 한계 등으로 의료행위에 수반되는 위험을 감내해야 한다고 볼 만한 사정도 없이, 의료행위와 관련하여 일반적으로 요구되는 판단능력이나 의료기술 수준 등에 비추어 의사나 간호사 등에게 요구되는 통상적인 주의의무를 소홀히 하여 피해가 발생한 경우에는 단지 치료 과정에서 손해가 발생하였다는 등의 막연한 이유만으로 손해배상책임을 제한할 것은 아니다.

② (O) [**대법원** 2002. 4. 26. **선고** 2000**다**16237 **판결**] 사고로 인한 피해자의 후유증이 사고와 피해자의 기왕증이 경합하여 나타난 것이라면, 사고가 후유증이라는 결과 발생에 대하여 기여하였다고 인정되는 정도에 따라 상응한 배상액을 부담케 하는 것이 손해의 공평한 부담이라는 견지에서 타당하다.

③ (×) [**대법원** 1996. 7. 12. **선고** 95**다**49554 **판결**] 표현대리행위가 성립하는 경우에 그 본인은 표현대리행위에 의하여 전적인 책임을 져야 하고, 상대방에게 과실이 있다고 하더라도 과실상계의 법리를 유추적용하여 본인의 책임을 경감할 수 없다.

④ (O) [**대법원** 1995. 6. 30. **선고** 94**다**23920 **판결**] 민법 제581조·제580조에 기한 매도인의 하자담보책임은 법이 특별히 인정한 무과실책임으로서 여기에 민법 제396조의 과실상계 규정이 준용될 수는 없다 하더라도, 담보책임이 민법의 지도이념인 공평의 원칙에 입각한 것인 이상 하자 발생 및 그 확대에 가공한 매수인의 잘못을 참작하여 손해배상의 범위를 정함이 상당하다.

⑤ (O) [**대법원** 2001. 2. 9. **선고** 99**다**48801 **판결**] 과실상계는 원칙적으로 채무불이행 내지 불법행위로 인한 손해배상책임에 대하여 인정되는 것이지 채무내용에 따른 본래 급부의 이행을 구하는 경우에 적용될 것은 아니므로, 예금주가 인장관리를 다소 소홀히 하였거나 입·출금 내역을 조회하여 보지 않음으로써 금융기관 직원의 불법행위가 용이하게 된 사정이 있다고 할지라도 정기예탁금 계약에 기한 정기예탁금 반환청구사건에 있어서는 그러한 사정을 들어 금융기관의 채무액을 감경하거나 과실상계할 수 없다.

정답 ③

11. 손해배상액의 예정 및 위약벌에 관한 설명 중 옳지 않은 것은? (다툼이 있는 경우 판례에 의함)

[20 변호사]

① 손해배상액의 예정이 있는 경우, 채무자는 실제로 손해발생이 없다거나 손해액이 예정배상액보다 적다는 것을 증명하더라도 이 점만으로 그 예정배상액의 지급을 면하거나 감액을 청구하지 못한다.

② 손해배상액의 예정이 있는 경우, 채무자가 채권자와 사이에 채무불이행에 있어 채무자의 귀책사유를 묻지 아니한다는 약정을 하지 아니한 이상, 채무자는 자신의 귀책사유가 없음을 주장·증명함으로써 예정배상액의 지급책임을 면할 수 있다.

③ 손해배상액의 예정이 있는 경우, 채무불이행으로 인한 손해의 발생 및 확대에 채권자에게도 과실이 있다면 「민법」 제398조 제2항에 따라 손해배상 예정액을 감액할 수는 있을지언정 채권자의 과실을 들어 과실상계를 할 수는 없다.

④ 위약벌이 약정된 경우 손해배상액의 예정에 관한 「민법」 제398조 제2항을 유추 적용하여 그 약정액을 감액할 수 없다.

⑤ 위약벌이 약정된 경우에도 강행규정인 「이자제한법」이 정한 최고이자율을 초과하는 부분은 무효이다.

해 설

① **(O)** 예정배상액의 지급청구 요건으로 실제 손해가 발생하였는지 발생된 손해가 예정액에 상당하여야 하는지가 요구되는지를 묻는 지문이다. 손해배상예정계약은 손해액에 관한 분쟁을 방지하기 위한 것이라는 점을 고려할 때 손해의 발생이나 손해액수를 불문하고 예정액의 지급을 청구할 수 있다. 채권자와 채무자 사이에 채무불이행을 원인으로 한 손해배상액을 예정한 경우에는 손해 발생 및 손해액에 대한 입증은 필요하지 아니하고, 그 예정액이 과다하여 감액될 사정이 없는 한 채무불이행 사실만으로 채권자는 채무자에 대하여 손해배상 예정액을 지급할 것을 청구할 수 있다. [**대법원** 1991. 1. 11. **선고** 90**다**8053 **판결**]

② **(O)** 채무자에게 귀책사유가 없음을 이유로 예정배상액 지급책임의 면책주장이 가능한지를 묻는 지문이다. 특별한 사정이 없는 한 예정배상액 지급책임은 채무자의 귀책사유를 전제로 발생하는 것이므로 채무자가 귀책사유 없음을 증명하면 예정배상액 지급책임을 면할 수 있다.

[**대법원** 2007. 12. 27. **선고** 2006**다**9408 **판결**] 채무불이행으로 인한 손해배상액이 예정되어 있는 경우에는 채권자는 채무불이행 사실만 증명하면 손해의 발생 및 그 액을 증명하지 아니하고 예정배상액을 청구할 수 있고, 채무자는 채권자와 채무불이행에 있어 채무자의 귀책사유를 묻지 아니한다는 약정을 하지 아니한 이상 자신의 귀책사유가 없음을 주장·입증함으로써 예정배상액의 지급책임을 면할 수 있다. 그리고 채무자의 귀책사유를 묻지 아니한다는 약정의 존재 여부는 근본적으로 당사자 사이의 의사해석의 문제로서, 당사자 사이의 약정 내용과 그 약정이 이루어지게 된 동기 및 경위, 당사자가 그 약정에 의하여 달성하려고 하는 목적과 진정한 의사, 거래의 관행 등을 종합적으로 고찰하여 합리적으로 해석하여야 하지만, 당사자의 통상의 의사는 채무자의 귀책사유로 인한 채무불이행에 대해서만 손해배상액을 예정한 것으로 봄이 상당하므로, 채무자의 귀책사유를 묻지 않기로 하는 약정의 존재는 엄격하게 제한하여 인정하여야 한다.

③ **(O)** 예정배상액 지급책임이 과실상계 법리에 따라 감액될 수는 없다. 예정액에 관한 직권감액제도가 별도로 있기 때문이다.

[**대법원** 2002. 1. 25. **선고** 99**다**57126 **판결**] 지체상금이 손해배상의 예정으로 인정되어 이를 감액함에 있어서는 채무자가 계약을 위반한 경위 등 제반사정이 참작되므로 손해배상액의 감경에 앞서 채권자의 과실 등을 들어 따로 감경할 필요는 없다.

④ **(O)** 위약벌이 직권감액의 대상이 되는지를 묻는 지문이다. 위약벌과 손해배상액의 예정은 그 성격을 달리는 것이므로 손해배상액 예정에 관한 직권감액제도가 위약벌에는 적용되지 않는다.

[**대법원** 2015. 12. 10. **선고** 2014**다**14511 **판결**] 위약벌의 약정은 채무의 이행을 확보하기 위하여 정해지는 것으로서 손해배상의 예정과는 내용이 다르므로 손해배상의 예정에 관한 민법 제398조 제2항을 유추적용하여 감액할 수 없으나, 의무의 강제로 얻어지는 채권자의 이익에 비하여 약정된 벌이 과도하게 무거울 때에는 일부 또는 전부가 공서양속에 반하여 무효로 된다. 다만 위약벌 약정과 같은 사적 자치의 영역을 일반조항인 공서양속을 통하여 제한적으로 해석할 때에는 계약의 체결 경위와 내용을 종합적으로 검토하는 등 매우 신중을 기하여야 한다.

⑤ **(×)** 이자제한법은 계약상 이자에 적용되는 것일 뿐이므로 위약벌에는 적용되지 않는다. 위약금은 민법 제398조 제4항에 의하여 손해배상액의 예정으로 추정되므로, 위약금이 위약벌로 해석되기 위해서는 특별한 사정이 주장·증명되어야 한다.

[**대법원** 2017. 11. 29. **선고** 2016**다**259769 **판결**] 한편 구 이자제한법(2014. 01. 14. 법률 제1227호로 일부 개정되기 전의 것, 이하 '이자제한법'이라 한다) 제2조 제1항은 "금전대차에 관한 계약상의 최고이자율은 연 30%를 초과하지 아니하는 범위 안에서 대통령령으로 정한다."라고 정하고 있고, 같은 조 제2항은 "제1항에 따른 최고이자율은 약정한 때의 이자율을 말한다."라고 규정하고 있으며, 같은 조 제3항은 "계약상의 이자로서 제1항에서 정한 최고이자율을 초과하는 부분은 무효로 한다."라고

규정하고 있으므로, 이자제한법의 최고이자율 제한에 관한 규정은 금전대차에 관한 계약상의 이자에 관하여 적용될 뿐, 계약을 위반한 사람을 제재하고 계약의 이행을 간접적으로 강제하기 위하여 정한 위약벌의 경우에는 적용될 수 없다. 정답 ⑤

12. 이행지체에 관한 설명 중 옳지 않은 것은? (다툼이 있는 경우 판례에 의함) [18 변호사]

① 기한이익 상실의 특약은 특별한 사정이 없는 이상 위 특약에서 정한 사유가 발생한 후 채권자의 통지나 청구 등 채권자의 의사행위를 기다려 비로소 이행기가 도래하는 것으로 하는 형성권적 기한이익 상실의 특약으로 추정된다.

② 금전채무의 이행지체로 인하여 발생하는 지연이자채권은 「민법」 제163조 제1호가 규정한 '1년 이내의 기간으로 정한 채권'에 해당하여 3년의 단기소멸시효에 걸린다.

③ 이행기의 정함이 없는 채권의 양수인이 채무자를 상대로 그 이행을 구하는 소를 제기하고 소송계속 중 채무자에 대한 채권양도 통지가 이루어진 경우에는 특별한 사정이 없는 한 채무자는 채권양도 통지가 도달된 다음 날부터 이행지체의 책임을 진다.

④ 쌍무계약의 당사자 일방이 먼저 한 번 현실의 제공을 하여 상대방을 수령지체에 빠지게 하였다고 하더라도, 그 이행의 제공이 중지되어 더 이상 그 제공이 계속되지 아니하는 기간 동안에는 상대방의 의무가 이행지체 상태에 빠졌다고 할 수는 없으므로, 그 이행의 제공이 중지된 이후에 상대방의 의무가 이행지체되었음을 전제로 하는 손해배상청구를 할 수 없다.

⑤ 당사자가 불확정한 사실이 발생한 때를 이행기한으로 정한 경우, 그 사실이 발생한 때는 물론 그 사실의 발생이 불가능하게 된 때에도 이행기한은 도래한 것으로 보아야 한다.

해설

① (O) 기한이익 상실특약은 다른 특별한 사정이 없는 한 형성권적 특약으로 추정한다.

[**대법원** 2002. 9. 4. **선고** 2002**다**28340 **판결**] 기한이익 상실의 특약은 그 내용에 의하여 일정한 사유가 발생하면 채권자의 청구 등을 요함이 없이 당연히 기한의 이익이 상실되어 이행기가 도래하는 것으로 하는 정지조건부 기한이익 상실의 특약과 일정한 사유가 발생한 후 채권자의 통지나 청구 등 채권자의 의사행위를 기다려 비로소 이행기가 도래하는 것으로 하는 형성권적 기한이익 상실의 특약의 두 가지로 대별할 수 있고, 기한이익 상실의 특약이 위의 양자 중 어느 것에 해당하느냐는 당사자의 의사해석의 문제이지만 일반적으로 기한이익 상실의 특약이 채권자를 위하여 둔 것인 점에 비추어 명백히 정지조건부 기한이익 상실의 특약이라고 볼 만한 특별한 사정이 없는 이상 형성권적 기한이익 상실의 특약으로 추정하는 것이 타당하다.

② (×) 지연이자의 법적 성질을 묻는 지문이다. 지연이자는 이자가 아니라 지연손해배상채무이므로 제163조 제1호 소정의 단기 소멸시효가 적용되는 것이 아니라 원본 채권과 마찬가지의 시효기간이 적용된다.

[**대법원** 1998. 10. 11. **선고** 98**다**42141 **판결**] 금전채무의 이행지체로 인하여 발생하는 지연손해금은 그 성질이 손해배상금이지 이자가 아니며, 민법 제163조 제1호가 규정한 "1년 이내의 기간으로 정한 채권"도 아니므로 3년간의 단기소멸시효의 대상이 되지 아니한다.

③ (O) 기한 없는 채권이 양도되고 양수인이 이행청구소송을 제기하더라도 채무자의 이행지체가 발생하지는 않는다. 채권양도의 대항요건을 구비하지 아니한 때에는 채무자에게 채권양도를 대항할 수 없기 때문이다. 그러나 이행청구소송 중 채권양도 통지가 적법하게 채무자에게 도달된 때에는 그 다음 날부터 이행지체가 발생한다.

[**대법원** 2014. 4. 10. **선고** 2012**다**29557 **판결**] 채무에 이행기의 정함이 없는 경우에는 채무자가 이행의 청구를 받은 다음 날부터 이행지체의 책임을 지는 것이나, 한편 지명채권이 양도된 경우 채무자에 대한 대항요건이 갖추어질 때까지 채권양수인은 채무자에게 대항할 수 없으므로, 이행기의 정함이 없는 채권을 양수한 채권양수인이 채무자를 상대로 그 이행을 구하는 소를 제기하고 소송 계속 중 채무자에 대한 채권양도통지가 이루어진 경우에는 특별한 사정이 없는 한 채무자는 채권양도통지가 도달된 다음 날부터 이행지체의 책임을 진다.

④ **(O)** 쌍무계약 일방의 이행지체가 유지되기 위해서는 상대방의 변제제공이 계속되어야 하는지를 묻는 지문이다. 한 번 이행지체에 빠졌더라도 동시이행관계가 소멸하는 것은 아니므로 이행지체가 유지되기 위해서는 상대방의 변제제공이 계속되어야 한다.

[**대법원** 1995. 3. 14. **선고** 94**다**26646 **판결**] 일시적으로 당사자 일방의 의무의 이행 제공이 있었으나 곧 그 이행의 제공이 중지되어 더 이상 그 제공이 계속되지 아니하는 기간 동안에는 상대방의 의무가 이행지체 상태에 빠졌다고 할 수는 없다고 할 것이고, 따라서 그 이행의 제공이 중지된 이후에 상대방의 의무가 이행지체되었음을 전제로 하는 손해배상청구도 할 수 없는 것이다.

⑤ **(O)** [**대법원** 1989. 6. 27. **선고** 88**다카**10597 **판결**] 당사자가 불확정한 사실이 발생한 때를 이행기한으로 정한 경우에 있어서 그 사실이 발생한 때는 물론 그 사실의 발생이 불가능하게 된 때에도 이행기한은 도래한 것으로 보아야 한다.

정답 ②

13. **甲과 乙은 甲이 乙에게 건물을 신축해 주기로 하는 도급계약을 체결하면서 "甲이 완공기한을 어길 경우 乙에게 지체 1일당 예정 공사금액의 0.1%에 상당하는 지체상금을 지급한다."라고 약정하였고, 위 약정을 위약벌로 볼 만한 특별한 사정이나 지체상금에 관한 다른 약정은 없었다. 이에 관한 설명 중 옳지 않은 것을 모두 고른 것은? (각 지문은 독립적이며, 다툼이 있는 경우 판례에 의함)** [18 변호사]

ㄱ. 위 약정은 손해배상액의 예정으로 추정되고, 「민법」 제398조에 의한 감액의 대상이 된다 할 것이나, 손해배상 예정액이 부당하게 과다하다고 하더라도 변론주의의 원칙상 법원은 이에 관한 당사자의 주장이 없으면 이를 감액할 수 없다.

ㄴ. 乙이 위 약정에 기한 손해배상액을 청구하기 위하여는 甲이 위 약정을 어긴 사실만 증명하면 되고 손해의 발생이나 손해액을 증명할 필요가 없으며, 甲은 자신의 귀책사유가 없음을 주장·증명함으로써 손해배상 예정액의 지급책임을 면할 수 있다.

ㄷ. 채무불이행으로 인한 손해배상은 통상의 손해를 그 한도로 함이 원칙이므로, 乙은 완공기한 위반으로 인하여 특별한 손해가 발생한 사실과 甲이 그 사정을 알았거나 알 수 있었다는 사실을 증명한다면, 이에 관한 특별한 약정이 없더라도 甲에게 위 약정에 기한 손해배상액을 초과한 금액을 청구할 수 있다.

ㄹ. 위 약정에 따른 지체상금이 과다한지 여부는 지체상금률 그 자체가 과다한지 여부를 판단하여야 하고 지체상금률 자체는 과다하지 않은데 단순히 지체일수가 증가함에 따라 지체상금 총액이 증가했다고 해서 그 지체상금 총액을 기준으로 판단하여서는 아니된다.

ㅁ. 乙은 위 약정에도 불구하고 위 도급계약에 따른 이행을 청구하거나 도급계약을 해제할 수 있다.

① ㄱ, ㄴ ② ㄴ, ㄷ ③ ㄱ, ㄷ, ㄹ
④ ㄴ, ㄷ, ㅁ ⑤ ㄱ, ㄷ, ㄹ, ㅁ

해설

ㄱ. (×) 지체상금의 법적 성질 및 손해배상예정액이 부당히 과다한 경우 법원의 감액은 당사자의 주장이 있어야 하는지를 묻는 지문이다. 지체상금은 다른 특별한 사정이 없는 한 이행지체를 대비하는 손해배상액의 예정이며, 손해배상예정액이 부당히 과다한 경우에는 법원은 직권으로 감액할 수 있다(제398조 제2항).

[**대법원** 2002. 9. 4. **선고** 2001**다**1386 **판결**] 지체상금에 관한 약정은 수급인이 그와 같은 일의 완성을 지체한 데 대한 손해배상액의 예정이므로, 수급인이 약정된 기간 내에 그 일을 완성하여 도급인에게 인도하지 아니하여 지체상금을 지급할 의무가 있는 경우, 법원은 민법 제398조 제2항의 규정에 따라 계약 당사자의 지위, 계약의 목적과 내용, 지체상금을 예정한 동기, 실제의 손해와 그 지체상금액의 대비, 그 당시의 거래관행 및 경제상태 등 제반 사정을 참작하여 약정에 따라 산정한 지체상금액이 일반 사회인이 납득할 수 있는 범위를 넘어 부당하게 과다하다고 인정하는 경우에 이를 적당히 감액할 수 있다.

ㄴ. (○) 현실적 손해의 발생이나 그 손해액은 예정배상액 청구요건에 해당하지 않지만, 채무자의 귀책사유는 특별한 사정이 없는 한 예정배상액청구 요건이나 채무자는 예정배상액 지급책임을 면하기 위하여 스스로 귀책사유가 없음을 증명하여야 한다.

[**대법원** 1991. 1. 11. **선고** 90**다**8053 **판결**] 채권자와 채무자 사이에 채무불이행을 원인으로 한 손해배상액을 예정한 경우에는 손해 발생 및 손해액에 대한 입증은 필요하지 아니하고, 그 예정액이 과다하여 감액될 사정이 없는 한 채무불이행 사실만으로 채권자는 채무자에 대하여 손해배상 예정액을 지급할 것을 청구할 수 있다.

[**대법원** 2007. 12. 27. **선고** 2006**다**9408 **판결**] 채무불이행으로 인한 손해배상액이 예정되어 있는 경우에는 채권자는 채무불이행 사실만 증명하면 손해의 발생 및 그 액을 증명하지 아니하고 예정배상액을 청구할 수 있고, 채무자는 채권자와 채무불이행에 있어 채무자의 귀책사유를 묻지 아니한다는 약정을 하지 아니한 이상 자신의 귀책사유가 없음을 주장·입증함으로써 예정배상액의 지급책임을 면할 수 있다. 그리고 채무자의 귀책사유를 묻지 아니한다는 약정의 존재 여부는 근본적으로 당사자 사이의 의사해석의 문제로서, 당사자 사이의 약정 내용과 그 약정이 이루어지게 된 동기 및 경위, 당사자가 그 약정에 의하여 달성하려고 하는 목적과 진정한 의사, 거래의 관행 등을 종합적으로 고찰하여 합리적으로 해석하여야 하지만, 당사자의 통상의 의사는 채무자의 귀책사유로 인한 채무불이행에 대해서만 손해배상액을 예정한 것으로 봄이 상당하므로, 채무자의 귀책사유를 묻지 않기로 하는 약정의 존재는 엄격하게 제한하여 인정하여야 한다.

ㄷ. (×) 지체로 인한 특별손해가 발생한 경우, 지체상금 약정에도 불구하고 제393조 제2항의 요건 아래 특별손해에 관한 배상청구가 허용되는지를 묻는 지문이다. 손해배상액의 예정에는 특별손해가 포함되므로 별도의 약정이 없는 초과손해배상청구는 허용되지 않는다.

[**대법원** 2010. 7. 15. **선고** 2010**다**10382 **판결**] 「민법」 제398조에서 정하고 있는 손해배상액의 예정은 손해의 발생사실과 손해액에 대한 증명의 곤란을 덜고 분쟁의 발생을 미리 방지하여 법률관계를 쉽게 해결하고자 하는 등의 목적으로 규정된 것이고, 계약 당시 손해배상액을 예정한 경우에는 다른 특약이 없는 한 채무불이행으로 인하여 입은 통상손해는 물론 특별손해까지도 예정액에 포함되고 채권자의 손해가 예정액을 초과한다 하더라도 초과 부분을 따로 청구할 수 없다.

ㄹ. (×) 지체상금이 과단한지를 판단하는 기준을 묻는 지문이다. 지체상금 비율을 기초로 판단할 것이 아니라 지체상금 총액을 기준으로 판단하여야 한다.

[**대법원** 2000. 7. 28. **선고** 99**다**38637 **판결**] 손해배상의 예정액이 부당하게 과다한지 및 그에 대한 적당한 감액의 범위를 판단하는 데 있어서는 법원이 구체적으로 그 판단을 하는 때 즉, 사실심의 변론종결 당시를 기준으로 하여 그 사이에 발생한 위와 같은 모든 사정을 종합적으로 고려하여야 할 것이며, 여기의 '손해배상의 예정액'이라 함은 문언상 배상비율 자체를 말하는 것이 아니라 그 비율에

따라 계산한 예정배상액의 총액을 의미한다고 해석하여야 한다(필자 註 : 공사도급계약을 체결하기로 하면서 예정 도급인이 이를 어길 경우 예정공사금액의 10% 상당액을 위약금으로 지급하고, 다시 이 위약금 지급의무를 어길 경우 연 18% 상당의 지연손해금을 가산하여 지급하기로 위약금 약정을 한 경우, 위 위약금과 위 지연손해금을 합한 전체 금액을 고려하여 손해배상의 예정액이 부당히 과다한지를 판단하여야 할 것임에도 불구하고 위 위약금부분은 과다하지 않고 위 지연손해금 부분은 과다하다는 이유로 그 지연손해금비율을 감축한 원심의 조치를 부적절하나 예정배상액의 총액이 전체로서 너무 과다하다고 보고 그 감액의 방법으로 지연손해금 비율만을 조정함으로써 전체로서의 예정배상액을 적정 수준으로 감액한 취지로 볼 수 있다는 이유로 수긍한 사례).

ㅁ. **(O)** 제398조 제3항. 손해배상액의 예정은 이행의 청구나 계약의 해제에 영향을 미치지 아니한다.

정답 ③

14. **甲은 乙로부터 냉동창고를 임차한 창고업자이다. 甲은 이 냉동창고가 파손되어 乙에게 수선을 요청하였다. 이에 乙은 A에게 보수공사를 맡겼는데 A의 피용자 丙의 과실로 냉동창고에 화재가 발생하여 냉동창고에 보관 중이던 B의 임치물이 소실되었다. 이에 관한 설명 중 옳지 않은 것을 모두 고른 것은? (다툼이 있는 경우 판례에 의함)** [17 변호사]

ㄱ. 乙은 임대차계약에 따른 임대물수선의무를 이행하기 위하여 제3자인 A에게 도급을 주어 공사를 하게 된 것이고 A 및 丙에 대하여 지휘 감독하는 관계가 아니므로 乙은 甲에 대하여 채무불이행책임을 지지 않는다.
ㄴ. A는 자기의 피용자 丙의 과실에 의한 화재이므로 乙에 대하여 채무불이행책임을 진다.
ㄷ. A는 자기의 피용자 丙의 과실에 의한 화재이므로 甲에 대하여 「민법」 제756조에 따라 불법행위책임을 진다.
ㄹ. A는 자기의 피용자 丙의 과실에 의한 화재이므로 甲에 대하여 채무불이행책임을 진다.

① ㄱ, ㄴ　② ㄱ, ㄹ　③ ㄴ, ㄷ
④ ㄴ, ㄹ　⑤ ㄷ, ㄹ

해설

ㄱ. **(×)** 임대인이 수선의무를 이행하기 위하여 공사를 맡긴 경우에 수급인이나 수급인의 피용자가 이 임대인의 이행보조자인지를 묻는 지문이다. 이행보조자로서 피용자가 되기 위한 요건을 묻는 지문이다. 이행보조자로서 피용자는 채무자의 지휘·감독 아래 있는 자로 한정되지 않는다. 채무자의 의사관여 아래 채무의 이행행위에 속하는 활동을 하는 사람이면 족하므로 채무자에 대한 관계에서 종속적인 지위를 가지고 있는지 독립적인 지위를 가지고 있는지는 문제되지 않는다. 수급인 A나 그의 피용자 丙은 모두 임대인 乙의 이행보조자로서 피용자에 해당하므로 그들의 고의나 과실은 채무자인 임대인 乙의 그것으로 의제되어(제391조) 乙은 甲에 대하여 채무불이행책임을 진다.
[**대법원** 1999. 4. 13. **선고** 98**다**51077·51084 **판결**] 민법 제391조에서의 이행보조자로서의 피용자라 함은 일반적으로 채무자의 의사관여 아래 그 채무의 이행행위에 속하는 활동을 하는 사람이면 족하고, 반드시 채무자의 지시 또는 감독을 받는 관계에 있어야 하는 것은 아니므로 채무자에 대하여 종속적인가 독립적인 지위에 있는가는 문제되지 않는다(필자 註 : 임대인이 임차인과의 임대차계약상의 약정에 따라 제3자에게 도급을 주어 임대차목적물에 시설물을 설치하던 중 발생한 화재가 제반 사정에 비추어 그 설치공사를 맡은 수급인의 과실에 기한 것이라고 인정되는 사안에서 임대인에게 채무불이행상의 손해배상책임이 있다고 본 사례).

ㄴ. (O) 丙은 수급인 A의 피용자로서 이행보조자에 해당한다. 丙의 과실은 A의 과실로 의제되므로 (제391조) A는 도급인 乙에 대하여 채무불이행으로 인한 손해배상책임을 진다.

ㄷ. (O) 丙의 과실로 인한 화재로 인하여 임차인 甲의 권리가 침해되었으므로 丙은 甲에 대하여 불법행위로 인한 손해배상책임을 지고, 丙의 사용자인 A는 제756조에 따라 사용자로서 손해배상책임을 진다.

ㄹ. (×) A와 甲 사이에는 채권관계가 존재하지 아니하므로 A는 甲에 대하여 채무불이행책임을 부담하지 않는다.

정답 ②

15. 손해배상에 관한 설명 중 옳지 않은 것은? (다툼이 있는 경우 판례에 의함) [17 변호사]

① 채무자가 이행거절의 의사를 명백히 표시하여 채권자가 최고 없이 이행에 갈음하는 손해배상을 청구할 수 있는 경우, 그 손해액의 산정은 청구 당시의 급부목적물의 시가를 표준으로 해야 한다.

② 특별손해는 채무자가 특별한 사정을 알았거나 알 수 있었을 경우에 한하여 배상할 책임이 인정되는데, 특별한 사정에 대한 채무자의 예견가능성에 대한 증명책임은 채권자가 부담한다.

③ 계약 당시 당사자 사이에 손해배상액을 예정하는 내용의 약정이 있는 경우 특별한 사정이 없는 한 위 약정은 그 계약과 관련된 불법행위책임에 따른 손해까지 예정한 것이라고 볼 수 없다.

④ 피해자가 입은 손해 중 일부만을 청구하는 경우 법원이 과실상계를 함에 있어서는 손해의 전액에서 과실비율에 의한 감액을 하고 그 잔액이 청구액을 초과하지 않을 경우에는 그 잔액을 인용하고, 잔액이 청구액을 초과할 경우에는 청구의 전액을 인용하여야 한다.

⑤ 손해배상 예정액이 부당하게 과다한 경우 당사자의 주장이 없더라도 법원은 직권으로 이를 감액할 수 있다.

해설

① (×) 이행거절로 인한 전보배상청구에서 배상액을 산정하는 기준시기를 묻는 지문이다. 이행거절 당시를 기준으로 손해액을 산정하여야 한다는 것이 판례이다.

[**대법원** 2007. 9. 20. **선고** 2005**다**63337 **판결**] 이행지체에 의한 전보배상에 있어서의 손해액 산정은 본래의 의무이행을 최고한 후 상당한 기간이 경과한 당시의 시가를 표준으로 하고, 이행불능으로 인한 전보배상액은 이행불능 당시의 시가 상당액을 표준으로 할 것인 바, 채무자의 이행거절로 인한 채무불이행에서의 손해액 산정은, 채무자가 이행거절의 의사를 명백히 표시하여 최고 없이 계약의 해제나 손해배상을 청구할 수 있는 경우에는 이행거절 당시의 급부목적물의 시가를 표준으로 해야 한다(필자 註 : 상품권의 발행인은 상품권을 제시하며 상품권에 기재된 내용에 따라 제품의 공급을 요구하는 소지인에게 그 액면금 상당의 제품을 공급할 의무가 있으므로, 발행인이 상품권을 구입한 실수요자들로부터 상품권을 제시받고도 그 의무이행을 거절한 경우에는 상품권의 최종 소지인은 발행인에 대하여 제품제공의무에 대한 이행의 최고 없이 곧바로 그 이행에 갈음한 손해배상을 청구할 수 있고, 나아가 상품권 발행인이 위 의무를 이행하지 아니함으로써 그 소지인이 입은 손해는 통상의 경우 상품권의 액면금 상당이라고 본 사례).

② (O) 제393조에 따라 특별손해는 채무자의 예견가능성을 전제로 배상범위에 포함되며, 특별사정에 관한 채무자의 예견가능성은 채권자가 증명하여야 한다.

[**대법원** 1964. 6. 9. **선고** 63**다**1023 **판결**] 불법행위에 의한 손해는 특별한 사정이 없는 한 그 불법행위 당시를 표준으로 하여 그 손해액을 판정하여야 하고 특별사정으로 인한 특별손해는 그것을 주장하는 자에게 입증책임이 있다 할 것이다.

③ (O) 손해배상예정계약의 효력이 미치는 범위를 묻는 지문이다. 계약상 채무불이행으로 인한 손해배상에만 그 효력이 미치고 계약과 관련된 불법행위로 인한 손해배상에는 예정계약의 효력이 미치지 않는다.

[**대법원** 1999. 1. 15. **선고** 98**다**48033 **판결**] 토지매매계약이 매수인의 잔대금지급채무의 불이행을 이유로 해제된 다음 매도인이 매수인 등을 상대로 위 토지상의 건물철거 및 대지인도의 소를 제기하여 승소판결을 받고 그 판결이 확정되었음에도 매수인 등이 이를 이행하지 아니하여 매도인이 위 토지를 사용·수익하지 못하게 됨으로써 입은 차임 상당의 손해는 위 매매계약이 해제된 후의 별도의 불법행위를 원인으로 하는 것으로서 계약 당시 수수된 손해배상예정액으로 전보되는 것이 아니라고 한 사례.

④ (O) 일부청구에서 과실상계의 방법을 묻는 지문이다. 전손해액에서 과실상계를 하고, 잔액과 청구액 중에서 적은 금액을 인용한다는 것이 판례이다.

[**대법원** 2008. 12. 24. **선고** 2008**다**51649 **판결**] 일개의 손해배상청구권 중 일부가 소송상 청구되어 있는 경우에 과실상계를 함에 있어서는 손해의 전액에서 과실비율에 의한 감액을 하고 그 잔액이 청구액을 초과하지 않을 경우에는 그 잔액을 인용할 것이고 잔액이 청구액을 초과할 경우에는 청구의 전액을 인용하는 것으로 해석하여야 할 것이며, 이와 같이 풀이하는 것이 일부청구를 하는 당사자의 통상적 의사라고 할 것이고, 이러한 방식에 따라 원고의 청구를 인용한다고 하여도 처분권주의에 위배되는 것이라고 할 수는 없다.

⑤ (O) 제398조 제2항. 손해배상의 예정액이 부당히 과다한 경우에는 법원은 적당히 감액할 수 있다. 법원에 의한 직권감액은 당사자의 주장이 반드시 있어야 하는 것은 아니다. **정답** ①

16. 이행지체에 관한 설명 중 옳은 것은? (다툼이 있는 경우 판례에 의함) [16 변호사]

① 매수인이 매도인으로부터 물품을 공급받은 다음 그들 사이의 물품대금 지급방법에 관한 약정에 따라 그 대금의 지급을 위하여 매도인에게 지급기일이 물품 공급일자 이후로 된 약속어음을 발행·교부한 경우 물품대금 지급채무의 이행기는 그 약속어음의 지급기일이지만, 예외적으로 그 약속어음이 발행인의 지급정지의 사유로 그 지급기일 이전에 지급거절된 때에는 그때 위 물품대금 지급채무의 이행기가 도달한다.

② 이행기의 정함이 없는 채권을 양수받은 채권양수인이 채무자를 상대로 이행청구를 하면 그 다음 날부터 이행지체 책임이 발생하며, 이는 채무자에 대한 지명채권 양도의 통지가 이행청구 이후에 도달한 경우에도 동일하다.

③ 乙이 甲에게 기존 매매대금 채무의 이행확보를 위해 약속어음을 발행한 경우 약정된 매매대금 채무의 변제기가 도과하더라도 甲이 乙에게 위 약속어음을 반환하지 않는 이상 원칙적으로 이행지체가 발생하지 않는다.

④ 甲의 乙에 대한 매매대금채권의 지급을 금지하는 채권가압류 명령이 乙에게 송달되었다면 그 매매대금채권의 변제기가 도래하더라도 乙은 이행지체 책임을 면한다.

⑤ 특정물의 매매에 있어서 매수인의 대금지급채무가 이행지체에 빠졌다 하더라도 그 목적물의 인도가 이루어지지 아니하는 한 매도인은 매수인의 대금지급채무의 이행지체를 이유로 매매대금의 이자 상당액의 손해배상청구를 할 수 없다.

해설

① (×) 물품대금 지급방법에 따른 약정에 따라 약속어음을 교부한 경우, 기존 물품대금채무의 이행기가 유예되는지 여부 및 어음이 지급기일 전에 지급정지 된 경우에도 마찬가지인지를 묻는 지문이다. 채권자가 약속어음을 아무런 이의 없이 교부받은 때에는 물품대금채무의 이행기를 유예하기로 하는 합의가 있다고 보아야 하고, 이미 물품대금채무의 이행기가 유예되었다면 지급일 전에 어음의 지급정지사유가 발생하더라도 마찬가지이다.
[**대법원** 2014. 6. 26. **선고** 2011**다**101599 **판결**] 매수인이 매도인으로부터 물품을 공급받은 다음 그들 사이의 물품대금 지급방법에 관한 약정에 따라 대금의 지급을 위하여 물품 매도인에게 지급기일이 물품공급일자 이후로 된 약속어음을 발행·교부한 경우, 물품대금 지급채무의 이행기는 다른 특별한 사정이 없는 한 약속어음의 지급기일이고, 위 약속어음이 발행인에게 발생한 지급정지사유로 지급기일이 도래하기 전에 지급거절되었더라도 지급거절된 때에 물품대금 지급채무의 이행기가 도래하는 것은 아니다. 그리고 위의 물품대금 지급채무 등과 같은 물품공급계약에서 정하여진 채무에 관하여 체결된 '이행보증보험계약'이 "이행기일이 보험기간 안에 있는 채무"의 불이행으로 인한 손해를 보장하는 내용인 경우에는 위와 같이 지급거절 등 사유의 발생으로 바로 보험계약에서 정하여진 '이행기일'이 도래한다고 할 수 없다.

② (×) 채권양수인이 채권양도의 대항요건을 구비하기 전에 채무자에 대하여 이행청구를 한 경우, 채무자의 이행지체 발생시기를 묻는 지문이다.
[**대법원** 2014. 4. 10. **선고** 2012**다**29557 **판결**] 채무에 이행기의 정함이 없는 경우에는 채무자가 이행의 청구를 받은 다음 날부터 이행지체의 책임을 지는 것이나, 한편 지명채권이 양도된 경우 채무자에 대한 대항요건이 갖추어질 때까지 채권양수인은 채무자에게 대항할 수 없으므로, 이행기의 정함이 없는 채권을 양수한 채권양수인이 채무자를 상대로 그 이행을 구하는 소를 제기하고 소송 계속 중 채무자에 대한 채권양도통지가 이루어진 경우에는 특별한 사정이 없는 한 채무자는 채권양도통지가 도달된 다음 날부터 이행지체의 책임을 진다.

③ (×) 원인채무 지급을 확보하기 위하여 어음이 교부되어 채무자에게 동시이행 항변권이 인정되는 경우, 원인채무의 이행지체가 당연히 면제되는지를 묻는 지문이다.
[**대법원** 1999. 7. 9. **선고** 98**다**47542 **판결**] [1] 채무자가 어음의 반환이 없음을 이유로 원인채무의 변제를 거절할 수 있는 것은 채무자로 하여금 무조건적인 원인채무의 이행으로 인한 이중지급의 위험을 면하게 하려는 데에 그 목적이 있는 것이지 기존의 원인채권에 터잡은 이행청구권과 상대방의 어음 반환청구권이 민법 제536조에 정하는 쌍무계약상의 채권·채무관계나 그와 유사한 대가관계가 있어서 그러는 것은 아니다. [2] 원인채무자는 어음의 반환과 상환으로 하지 아니하면 지급할 필요가 없으므로 이를 거절할 수 있는 권능을 가진다고 하여 채권자가 어음의 반환을 제공하지 아니하면 채무자에게 적법한 이행의 최고를 할 수 없다고 할 수는 없고, 채무자는 원인채무의 이행기를 도과하면 원칙적으로 이행지체의 책임을 진다.

④ (×) 채권이 가압류된 경우, 제3채무자의 이행지체가 면제되는지를 묻는 지문이다.
[**대법원** 1994. 12. 13. **선고** 93**다**951 **전원합의체 판결**] 채권의 가압류는 제3채무자에 대하여 채무자에게 지급하는 것을 금지하는 데 그칠 뿐 채무 그 자체를 면하게 하는 것이 아니고, 가압류가 있다 하여도 그 채권의 이행기가 도래한 때에는 제3채무자는 그 지체책임을 면할 수 없다고 보아야 할 것이다. 또한 이 경우 가압류에 불구하고 제3채무자가 채무자에게 변제를 한 때에는 나중에 채권자에게 이중으로 변제하여야 할 위험을 부담하게 되므로 제3채무자로서는 민법 제487조의 규정에 의하여 공탁을 함으로써 이중변제의 위험에서 벗어나고 이행지체의 책임도 면할 수 있다고 보아야 할 것이다. 채권이 가압류된 경우와 같이 형식적으로는 채권자가 변제를 받을 수 있다고 하더라도 채무자에게 여전히 이중변제의 위험부담이 남는 경우에는 마찬가지로 "채권자가 변제를 받을 수 없는 때"에 해당한다고 보아야 하기 때문이다.

⑤ **(O)** [**대법원** 1995. 6. 30. **선고** 95**다**14190 **판결**] 특정물의 매매에 있어서 매수인의 대금지급채무가 이행지체에 빠졌다 하더라도 그 목적물이 매수인에게 인도될 때까지는 매수인은 매매대금의 이자를 지급할 필요가 없는 것이므로, 그 목적물의 인도가 이루어지지 아니하는 한 매도인은 매수인의 대금지급의무 이행의 지체를 이유로 매매대금의 이자 상당액의 손해배상청구를 할 수 없다. 정답 ⑤

17. 이행지체에 관한 설명 중 옳은 것은? (다툼이 있는 경우에는 판례에 의함) [13 변호사]

① 정지조건부 기한이익 상실의 특약이 있는 경우, 특별한 사정이 없는 한 그 특약에서 정한 기한이익 상실사유가 발생하였더라도 채권자의 이행청구가 없으면 채무자는 지체책임을 지지 않는다.
② 확정기한이 있는 금전채권에 대하여 가압류결정이 내려진 경우, 채무자는 기한이 도래하더라도 지체책임을 지지 않는다.
③ 불법행위로 인한 손해배상의무는 기한의 정함이 없는 채무로서 채무자는 피해자의 이행청구를 받은 때로부터 지체책임이 있다.
④ 채무자는 확정된 지연손해금채무에 대하여 채권자의 이행청구를 받은 때로부터 지체책임을 부담하게 된다.
⑤ 토지거래허가를 전제로 하는 매매계약의 경우, 허가가 있기 전이라도 매도인이 소유권이전등기 소요서류의 이행제공을 하였다면 매수인은 계약내용에 따른 대금지급의무를 부담하므로 매수인이 그 의무를 이행하지 아니한 때에는 매도인은 계약을 해제할 수 있다.

해 설

① **(×)** 정지조건부 기한이익 상실특약부 채무의 이행지체가 성립하기 위해서 채권자의 이행청구가 있어야 하는지를 묻는 지문이다. 특약사유의 발생만으로 이행기 도래의 효과가 생기므로 별도로 채권자의 이행청구가 있어야 하는 것은 아니다.
[**대법원** 1989. 9. 29. **선고** 88**다카**14663 **판결**] 계약당사자 사이에 일정한 사유가 발생하면 채무자는 기한의 이익을 잃고 채권자의 별도의 의사표시가 없더라도 바로 이행기가 도래한 것과 같은 효과를 발생케 하는 이른바 정지조건부 기한이익상실의 특약을 한 경우에는 그 특약에 정한 기한이익의 상실사유가 발생함과 동시에 기한의 이익을 상실케 하는 채권자의 의사표시가 없더라도 이행기도래의 효과가 발생하고, 채무자는 특별한 사정이 없는 한 그때부터 이행지체의 상태에 놓이게 된다.
② **(×)** 가압류된 채권의 이행기가 도래한 경우, 가압류로 인하여 이행지체 책임이 면제되는지를 묻는 지문이다. 가압류는 처분을 금지하는데 그치고, 가압류된 채권의 채무자의 이행지체를 면제하는 효력은 없다. 따라서 가압류된 채권의 채무자는 확정기한이 도래한 때로부터 이행지체 책임을 부담한다.
[**대법원** 1994. 12. 13. **선고** 93**다**951 **전원합의체 판결**] 채권의 가압류는 제3채무자에 대하여 채무자에게 지급하는 것을 금지하는 데 그칠 뿐 채무 그 자체를 면하게 하는 것이 아니고, 가압류가 있다 하여도 그 채권의 이행기가 도래한 때에는 제3채무자는 그 지체책임을 면할 수 없다고 보아야 할 것이다. 또한 이 경우 가압류에 불구하고 제3채무자가 채무자에게 변제를 한 때에는 나중에 채권자에게 이중으로 변제하여야 할 위험을 부담하게 되므로 제3채무자로서는 민법 제487조의 규정에 의하여 공탁을 함으로써 이중변제의 위험에서 벗어나고 이행지체의 책임도 면할 수 있다고 보아야 할 것이다. 채권이 가압류된 경우와 같이 형식적으로는 채권자가 변제를 받을 수 있다고 하더라도 채무자에게 여전히 이중변제의 위험부담이 남는 경우에는 마찬가지로 "채권자가 변제를 받을 수 없는 때"에 해당한다고 보아야 하기 때문이다.

③ **(×)** 불법행위로 인한 손해배상채무의 이행지체 발생시기를 묻는 지문이다. 비록 기한의 정함이 없는 채무이나, 채권자의 이행청구와 무관하게 불법행위가 성립한 때로부터 이행지체 책임을 부담한다.
[**대법원** 2010. 7. 22. **선고** 2010**다**18829 **판결**] 불법행위로 인한 손해배상채무의 지연손해금의 기산일은 불법행위 성립일이다(필자 註 : 토지의 면적 및 경계가 잘못 등재된 지적공부의 기재를 진실한 것으로 믿고 토지를 매수하였다가 그 토지의 일부에 관한 소유권을 취득할 수 없게 됨으로써 매도인에게 지급한 매매대금 중 위 토지 일부에 해당하는 금액 상당의 손해를 입은 매수인의 국가에 대한 손해배상채권은 그 매매대금을 실제로 지급한 때에 성립하고 그때 이행기가 도래하므로 국가는 그날부터 갚는 날까지의 지연손해금을 지급하여야 한다고 한 사례).

④ **(O)** 확정된 지연손해금채무의 이행지체 발생시기를 묻는 지문이다. 지연손해금채무는 기한의 정함이 없는 채무이므로 이행청구를 받은 때로부터 이행지체책임을 부담한다.
[**대법원** 2004. 7. 9. **선고** 2004**다**11582 **판결**] 금전채무의 지연손해금채무는 금전채무의 이행지체로 인한 손해배상채무로서 이행기의 정함이 없는 채무에 해당하므로, 채무자는 확정된 지연손해금채무에 대하여 채권자로부터 이행청구를 받은 때로부터 지체책임을 부담하게 된다.

⑤ **(×)** 유동적 무효상태의 토지거래계약을 이행지체를 이유로 해제할 수 있는지를 묻는 지문이다. 유동적 무효상태에서는 거래계약상 급부의무가 발생하지 아니하므로 이행지체 등 채무불이행을 원인으로 하는 해제는 허용되지 않는다.
[**대법원** 1997. 7. 25. **선고** 97**다**4357 **판결**] 거래계약의 당사자로서는 허가받기 전의 상태에서 상대방의 거래계약상 채무불이행을 이유로 거래계약을 해제하거나 그로 인한 손해배상을 청구할 수 없다.

정답 ④

18. 과실상계에 관한 설명 중 옳은 것을 모두 고른 것은? (다툼이 있는 경우에는 판례에 의함) [13 변호사]

ㄱ. 표현대리가 성립하여 본인에 대하여 이행청구를 함에 있어서 상대방에게 과실이 있더라도 과실상계의 법리를 적용할 수 없다.
ㄴ. 손해배상청구권 중 일부가 청구된 경우의 과실상계는 전체 손해액에서 과실비율에 의한 감액을 하고, 잔액이 청구액을 초과하면 청구액을 인용하고 잔액이 청구액을 초과하지 않으면 그 잔액을 인용한다.
ㄷ. 피해자의 손해가 100만 원, 손해야기행위로 인한 이익이 30만 원, 피해자 과실이 30%인 경우, 피해자가 배상받을 수 있는 손해액은 49만 원이다.
ㄹ. 배상의무자가 피해자의 과실에 관하여 주장하지 않는 경우에는 법원은 과실상계를 판단할 수 없다.

① ㄱ, ㄴ ② ㄱ, ㄷ ③ ㄴ, ㄷ
④ ㄴ, ㄹ ⑤ ㄱ, ㄴ, ㄷ

해설

ㄱ. **(O)** 표현대리에 의하여 본인이 부담하는 책임에 과실상계의 법리가 적용되는지를 묻는 지문이다. 표현대리에 의하여 본인이 부담하는 책임은 이행책임이고, 과실상계는 손해배상책임이 문제되는 경우에 적용되는 것이므로 표현대리에 의한 본인의 책임에는 과실상계의 법리가 적용되지 않는다.
[**대법원** 1996. 7. 12. **선고** 95**다**49554 **판결**] 표현대리행위가 성립하는 경우에 그 본인은 표현대리행위에 의하여 전적인 책임을 져야 하고, 상대방에게 과실이 있다고 하더라도 과실상계의 법리를 유추적용하여 본인의 책임을 경감할 수 없다.

ㄴ. **(O)** 일부청구의 경우, 과실상계의 방법을 묻는 지문이다. 전 채권액을 전제로 과실상계를 하고, 과실상계 후 잔액과 청구액을 비교하여 적은 금액을 인용한다는 것이 대법원의 입장이다.
[**대법원** 2008. 12. 24. **선고** 2008**다**51649 **판결**] 일개의 손해배상청구권 중 일부가 소송상 청구되어 있는 경우에 과실상계를 함에 있어서는 손해의 전액에서 과실비율에 의한 감액을 하고 그 잔액이 청구액을 초과하지 않을 경우에는 그 잔액을 인용할 것이고 잔액이 청구액을 초과할 경우에는 청구의 전액을 인용하는 것으로 해석하여야 할 것이며, 이와 같이 풀이하는 것이 일부청구를 하는 당사자의 통상적 의사라고 할 것이고, 이러한 방식에 따라 원고의 청구를 인용한다고 하여도 처분권주의에 위배되는 것이라고 할 수는 없다.

ㄷ. **(×)** 과실상계와 손익상계의 사유가 모두 존재하는 경우, 그 순서를 묻는 지문이다. 과실상계를 하고, 그 잔액에서 손익상계를 한다는 것이 대법원의 입장이다. 손익상계는 실제 채권자가 지급받을 수 있는 금액을 전제로 이익을 공제한다. 따라서 과실상계 후 잔액인 70만 원에서 피해자의 이익 30만 원을 공제하여야 하므로 피해자가 배상받을 수 있는 금액은 40만 원이다.
[**대법원** 2010. 2. 25. **선고** 2009**다**87621 **판결**] 손해발생으로 인하여 피해자에게 이득이 생기고 한편 그 손해발생에 피해자의 과실이 경합되어 과실상계를 하여야 할 경우에는 먼저 산정된 손해액에 과실상계를 한 후에 위 이득을 공제하여야 한다.

ㄹ. **(×)** 과실상계가 직권사항인지 항변사항인지를 묻는 지문이다. 직권사항이라고 보는 것이 대법원의 입장이다. 따라서 과실상계의 주장이 없더라도 법원은 과실상계를 판단할 수 있다.
[**대법원** 2008. 2. 28. **선고** 2005**다**60369 **판결**] 법원은 불법행위로 인하여 배상할 손해의 범위를 정함에 있어서 상대방의 과실상계 항변이 없더라도 피해자의 과실을 참작하여야 하는 것이다.

정답 ①

19. 위약금약정에 관한 설명 중 옳지 않은 것은? (다툼이 있는 경우에는 판례에 의함) [13 변호사]

① 지체상금이 손해배상액의 예정으로 인정되어 이를 감액할 경우, 채권자의 과실이 인정되면 법원은 손해배상의 예정액의 감액에 앞서 이를 이유로 별도로 지체상금을 감액하여야 한다.
② 채무불이행에 있어 채무자의 귀책사유를 묻지 아니한다는 약정이 없는 한 채무자는 자신의 귀책사유가 없음을 증명함으로써 손해배상의 예정액의 지급책임을 면할 수 있다.
③ 도급계약을 체결하면서 위약금약정을 한 경우, 도급계약이 취소되면 위약금약정도 그 효력을 잃는다.
④ 손해배상의 예정액이 부당히 과다하여 법원이 직권으로 감액한 경우, 감액된 부분은 처음부터 무효인 것으로 본다.
⑤ 위약벌로 인정되는 위약금이 부당히 과다하더라도 법원은 직권으로 감액할 수 없다.

해설

① **(×)** 손해배상액의 예정액에 대하여 과실상계가 인정되는지 여부를 묻는 지문이다. 직권감액 과정에서 채권자의 과실이 고려되므로 별도로 과실상계는 인정하지 않는다.
[**대법원** 2002. 1. 25. **선고** 99**다**57126 **판결**] 지체상금이 손해배상의 예정으로 인정되어 이를 감액함에 있어서는 채무자가 계약을 위반한 경위 등 제반사정이 참작되므로 손해배상액의 감경에 앞서 채권자의 과실 등을 들어 따로 감경할 필요는 없다.

② **(O)** 예정배상액 청구의 요건으로 채무자의 귀책사유가 필요한지 여부를 묻는 지문이다. 당사자 사이의 특약이 없는 한 채무자의 귀책사유가 필요하다는 것이 대법원의 입장이다. 따라서 채무자는 자신의 귀책사유 없음을 증명하여 예정액 지급책임을 면할 수 있다.

[**대법원** 2007. 12. 27. **선고** 2006**다**9408 **판결**] 채무불이행으로 인한 손해배상액이 예정되어 있는 경우에는 채권자는 채무불이행 사실만 증명하면 손해의 발생 및 그 액을 증명하지 아니하고 예정배상액을 청구할 수 있고, 채무자는 채권자와 채무불이행에 있어 채무자의 귀책사유를 묻지 아니한다는 약정을 하지 아니한 이상 자신의 귀책사유가 없음을 주장·입증함으로써 예정배상액의 지급책임을 면할 수 있다. 그리고 채무자의 귀책사유를 묻지 아니한다는 약정의 존재 여부는 근본적으로 당사자 사이의 의사해석의 문제로서, 당사자 사이의 약정 내용과 그 약정이 이루어지게 된 동기 및 경위, 당사자가 그 약정에 의하여 달성하려고 하는 목적과 진정한 의사, 거래의 관행 등을 종합적으로 고찰하여 합리적으로 해석하여야 하지만, 당사자의 통상의 의사는 채무자의 귀책사유로 인한 채무불이행에 대해서만 손해배상액을 예정한 것으로 봄이 상당하므로, 채무자의 귀책사유를 묻지 않기로 하는 약정의 존재는 엄격하게 제한하여 인정하여야 한다.

③ **(O)** 주된 계약이 취소되었을 때, 부수적 계약인 위약금 약정이 효력을 상실하는지 여부를 묻는 지문이다. 주된 계약이 취소되면 계약의 효력은 소급하여 소멸하고, 별도로 채무불이행책임이 유지되지 않는다. 따라서 채무불이행을 전제로 하는 위약금 약정도 효력을 상실한다. 그러나 주된 계약이 일방의 채무불이행을 원인으로 해제된 경우에는 제551조에 따라 채무불이행으로 인한 손해배상책임이 존속하게 되므로 위약금 약정이 실효되지는 않는다.

④ **(O)** 직권감액의 효과를 묻는 지문이다. 직권감액된 부분의 위약금 약정은 처음부터 효력이 없는 것으로 취급된다.

[**대법원** 1991. 7. 9. **선고** 91**다**11490 **판결**] 법원이 손해배상의 예정액이 부당하게 과다하다고 하여 감액을 한 경우 손해배상액의 예정에 관한 약정 중 감액부분에 해당하는 부분은 처음부터 무효라고 할 것이다.

⑤ **(O)** 위약벌이 직권감액의 대상으로 되는지 여부를 묻는 지문이다. 위약벌은 손해배상액의 예정과 달리 직권감액의 대상이 되지 않는다.

[**대법원** 2005. 10. 13. **선고** 2005**다**26277 **판결**] 위약벌의 약정은 채무의 이행을 확보하기 위하여 정해지는 것으로서 손해배상의 예정과는 그 내용이 다르므로 손해배상의 예정에 관한 민법 제398조 제2항을 유추 적용하여 그 액을 감액할 수는 없는 법리이고 다만 그 의무의 강제에 의하여 얻어지는 채권자의 이익에 비하여 약정된 벌이 과도하게 무거울 때에는 그 일부 또는 전부가 공서양속에 반하여 무효로 된다.

정답 ①

20. **통상손해와 특별손해에 관한 다음 설명 중 옳지 않은 것은? (다툼이 있는 경우에는 판례에 의함)** [12 변호사]

① 매수인이 잔금지급을 지체한 경우, 계약을 해제하지 아니한 매도인이 지체된 기간 동안 입은 손해 중 그 미지급 잔금에 대한 법정이율에 따른 이자 상당의 금액은 통상손해이다.

② 금융기관이 약속어음할인을 하고 취득한 어음을 지급기일에 적법하게 지급제시를 하지 아니하여 소구권을 보전하지 아니한 경우, 지급기일 후에 어음발행인의 자력이 악화되는 바람에 어음환매자가 발행인에 대한 어음채권과 원인채권의 어느 것도 받을 수 없게 됨으로 인하여 손해를 입었다면, 이러한 손해는 발행인의 자력의 악화라는 특별 사정으로 인한 손해이다.

③ 불법행위로 인하여 영업용 물건이 멸실되거나 일부 손괴되어, 이를 대체할 다른 물건을 마련하기 위하여 필요한 합리적인 기간 동안 그 물건을 이용하여 영업을 계속하지 못함으로 인한 손해는 통상의 손해이다.

④ 건물을 신축할 목적으로 토지를 매수한 매수인이 설계비 또는 공사계약금을 지출하였다가 토지매매계약이 해제됨으로 말미암아 이를 회수하지 못하는 손해는 통상손해이다.

⑤ 매수인이 잔금지급을 지체한 경우, 지체된 기간 동안 매매대상토지의 개별공시지가가 급등하여 계약을 해제하지 아니한 매도인의 양도소득세 부담이 늘어났다면, 그 늘어난 부담은 특별한 사정에 의하여 발생한 손해에 해당한다.

해설

① **(O)** ⑤ **(O)** 매매대금 지급채무의 이행지체로 인한 통상손해와 특별손해를 묻는 지문이다. 법정이율에 따른 이자 상당액은 통상손해이지만, 양도소득세의 부담이 증가하는 매도인의 손해는 특별손해에 해당한다.

[**대법원** 2006. 4. 13. **선고** 2005**다**75897 **판결**] 매수인의 잔금지급 지체로 인하여 계약을 해제하지 아니한 매도인이 지체된 기간 동안 입은 손해 중 그 미지급 잔금에 대한 법정이율에 따른 이자 상당의 금액은 통상손해라고 할 것이지만, 그 사이에 매매대상 토지의 개별공시지가가 급등하여 매도인의 양도소득세 부담이 늘었다고 하더라도 그 손해는 사회일반의 관념상 매매계약에서의 잔금지급의 이행지체의 경우 통상 발생하는 것으로 생각되는 범위의 통상손해라고 할 수는 없고, 이는 특별한 사정에 의하여 발생한 손해에 해당한다.

② **(O)** [**대법원** 2003. 1. 24. **선고** 2002**다**59849 **판결**] 금융기관이 어음할인을 하고 취득한 어음을 지급기일에 적법하게 지급제시를 하지 아니하여 소구권을 보전하지 아니하였다 할지라도, 지급기일 후에 어음발행인의 자력이 악화되어 무자력이 되는 바람에 어음환매자가 발행인에 대한 어음채권과 원인채권의 어느 것도 받을 수 없게 됨으로 인하여 손해를 입게 된 것이라면, 이러한 손해는 어음 주채무자인 발행인의 자력의 악화라는 특별 사정으로 인한 손해로서 지급제시 의무를 불이행한 금융기관이 그 의무 불이행 당시인 어음의 지급기일에 장차 어음발행인의 자력이 악화될 것임을 알았거나 알 수 있었을 때라야 어음을 환매하는 자에 대하여 손해배상 채무를 진다.

③ **(O)** 영업용 물건의 멸실, 훼손으로 인한 휴업손해가 통상손해인지를 묻는 지문이다. 대체할 물건을 구하는 데 필요한 합리적 기간 동안의 휴업손해는 통상손해에 해당한다는 것이 판례이다.

[**대법원** 2004. 3. 18. **선고** 2001**다**82507 **전원합의체 판결**] 불법행위로 영업용 물건이 멸실된 경우, 이를 대체할 다른 물건을 마련하기 위하여 필요한 합리적인 기간 동안 그 물건을 이용하여 영업을 계속하였더라면 얻을 수 있었던 이익, 즉 휴업손해는 그에 대한 증명이 가능한 한 통상의 손해로서 그 교환가치와는 별도로 배상하여야 하고, 이는 영업용 물건이 일부 손괴된 경우, 수리를 위하여 필요한 합리적인 기간 동안의 휴업손해와 마찬가지라고 보아야 할 것이다.

④ **(×)** [**대법원** 1996. 2. 13. **선고** 95**다**47619 **판결**] 매매대금을 완불하지 않은 토지의 매수인이 그 토지상에 건물을 신축하기 위하여 설계비 또는 공사계약금을 지출하였다가 계약이 해제됨으로 말미암아 이를 회수하지 못하는 손해를 입게 되었다 하더라도 이는 이례적인 사정에 속하는 것으로서, 설사 토지의 매도인이 매수인의 취득 목적을 알았다 하더라도 마찬가지라 할 것이므로, 토지의 매도인으로서는 소유권이전의무의 이행기까지 최소한 매수인이 설계계약 또는 공사도급계약을 체결하였다는 점을 알았거나 알 수 있었을 때에 한하여 그 배상책임을 부담한다. 정답 ④

21. **甲은 그 소유의 토지를 乙에게 매도하면서 매매대금채무의 불이행에 관하여 손해배상액의 예정을 하였다. 甲이 乙의 채무불이행을 이유로 그 예정된 손해배상액을 청구하는 경우에 관한 설명 중 옳은 것은? (다툼이 있는 경우에는 판례에 의함)** [12 변호사]

① 甲은 乙의 이행지체 및 손해발생사실을 증명하여야 하고, 손해액을 증명할 필요는 없다.

② 乙이 甲의 과실을 증명하여 과실상계를 주장하는 경우, 법원은 손해배상액의 산정에 그 과실을 참작하여야 한다.

③ 다른 약정이 없는 한 乙은 자신에게 귀책사유가 없다는 것을 주장·증명하더라도 예정배상액의 지급책임을 면할 수 없다.

④ 손해배상예정액이 부당하게 과다한지 여부는 손해배상예정의 약정시를 기준으로 판단하여야 한다.

⑤ 甲은 특약이 없는 한 통상의 손해뿐만 아니라 특별한 사정으로 인한 손해에 관하여도 예정된 배상액만을 청구할 수 있다.

해 설

① **(×)** 예정배상액의 청구요건을 묻는 지문이다. 예정계약의 효력을 주장하는 자는 손해배상예정계약에서 정한 채무불이행의 사실이 발생하였음을 증명하여야 하나, 현실적인 손해발생 여부나 그 손해액까지 증명하여야 하는 것은 아니다. 다만, 채무자는 다른 특별한 약정이 없는 한 자신에게 귀책성이 없음을 증명하여 예정배상액 지급책임의 면할 수 있다.

[**대법원** 2000. 12. 8. **선고** 2000**다**50350 **판결**] 채권자와 채무자 사이에 채무불이행을 원인으로 한 손해배상액을 예정한 경우에는 손해발생 및 손해액에 대한 입증은 필요하지 아니하고, 그 예정액이 과다하여 감액될 사정이 없는 한 채무불이행사실만으로 채권자는 채무자에 대하여 손해배상예정액을 지급할 것을 청구할 수 있다.

② **(×)** 예정배상액의 청구에도 과실상계의 법리가 적용되는지를 묻는 지문이다. 예정배상액에는 직권감액제도가 존재한다는 점, 예정배상액의 청구는 약정대로 이행할 것을 청구하는 본래 급부청구의 성격을 가지고 있다는 점 등에 비추어 손해액의 산정기술인 과실상계의 법리는 적용되지 않는다.

[**대법원** 2002. 1. 25. **선고** 99**다**57126 **판결**] 지체상금이 손해배상의 예정으로 인정되어 이를 감액함에 있어서는 채무자가 계약을 위반한 경위 등 제반사정이 참작되므로 손해배상액의 감경에 앞서 채권자의 과실 등을 들어 따로 감경할 필요는 없다.

③ **(×)** 채무자가 과실 없음을 증명하면 예정배상액 지급책임을 면할 수 있는지를 묻는 지문이다. 손해배상액 예정계약을 체결하는 당사자의 의사에 따를 것이지만, 당사자의 의사가 분명하지 않은 때에는 채무자의 책임 있는 사유로 인한 채무불이행에 의하여 예정배상액 지급책임을 부담하기로 약정한 것으로 해석하여야 한다.

[**대법원** 2007. 12. 27. **선고** 2006**다**9408 **판결**] 채무불이행으로 인한 손해배상액의 예정이 있는 경우에는 채권자는 채무불이행 사실만 증명하면 손해의 발생 및 그 액을 증명하지 아니하고 예정배상액을 청구할 수 있고, 채무자는 채권자와 사이에 채무불이행에 있어 채무자의 귀책사유를 묻지 아니한다는 약정을 하지 아니한 이상 자신의 귀책사유가 없음을 주장·입증함으로써 예정배상액의 지급책임을 면할 수 있다.

④ **(×)** 직권감액의 요건인 부당히 과다한지를 판단하는 기준시기를 묻는 지문이다. 법원이 판단할 때인 사실심 변론종결 당시를 기준으로 판단한다는 것이 판례이다.

[**대법원** 2000. 12. 8. **선고** 2000**다**35771 **판결**] 민법 제398조 제2항에서 손해배상의 예정액이 '부당히 과다한 경우'라 함은 채권자와 채무자의 각 지위, 계약의 목적 및 내용, 손해배상액을 예정한 동기, 채무액에 대한 예정액의 비율, 예상 손해액의 크기, 당시의 거래관행 등 모든 사정을 참작하여 일반 사회관념에 비추어 예정액의 지급이 경제적 약자의 지위에 있는 채무자에게 부당한 압박을 가하여 공정성을 잃는 결과를 초래한다고 인정되는 경우를 뜻하고, 위 규정의 적용에 따라 손해배상의 예정액이 부당하게 과다한지의 여부 내지 그에 대한 적당한 감액의 범위를 판단하는 데 있어서는, 법원이 구체적으로 판단을 하는 때, 즉 사실심의 변론종결 당시(손해배상예정의 약정시가 아님)를 기준으로 하여 그 사이에 발생한 위와 같은 모든 사정을 종합적으로 고려하여야 한다.

⑤ **(O)** 예정계약의 대상인 손해에는 통상손해뿐만 아니라 특별손해도 포함된다는 것이 판례이다. 따라서 예정계약에서 정한 채무불이행이 발생하였고, 채권자에게 특별손해가 발생하였으며, 채무자에게 예견가능성이 있더라도 채권자는 예정배상액을 초과하는 특별손해의 배상을 별도로 청구할 수 없다.
[**대법원** 1993. 4. 23. **선고** 92**다**41719 **판결**] 계약 당시 손해배상액을 예정한 경우에는 다른 특약이 없는 한 채무불이행으로 인하여 입은 통상손해는 물론 특별손해까지도 예정액에 포함되고 채권자의 손해가 예정액을 초과한다 하더라도 초과부분을 따로 청구할 수 없다. 정답 ⑤

22. 손해배상액의 예정에 관한 설명 중 옳은 것(○)과 옳지 않은 것(×)을 올바르게 조합한 것은? (다툼이 있는 경우 판례에 의함) [25 변호사]

ㄱ. 금전채무의 불이행에 대하여 손해배상액을 예정한 경우, 감액 요건인 '부당성'은 계약의 목적과 내용, 손해배상액을 예정한 동기, 채무액에 대한 예정액의 비율, 예상 손해액의 크기, 당시의 거래관행 등뿐만 아니라, 통상적인 연체금리도 고려하여 판단하여야 한다.
ㄴ. 손해배상 예정액의 감액 사유에 대한 사실인정이나 그 비율을 정하는 것은 원칙적으로 사실심의 전권에 속하는 사항이지만, 손해배상액의 예정이 없더라도 채무자가 당연히 지급의무를 부담하여 채권자가 받을 수 있던 금액보다 적은 금액으로 감액하는 것은 감액의 한계를 벗어나는 것이다.
ㄷ. 도급계약에서 손해배상액의 예정으로서 지체상금을 계약 총액에 지체상금률을 곱하여 산출하기로 정한 경우, 지체상금의 과다 여부는 지체상금률 그 자체가 과다한지를 기준으로 판단한다.
ㄹ. 수급인의 하자보수의무 불이행 시 도급인에게 귀속하는 것으로 약정된 하자보수보증금은 특별한 사정이 없는 한 손해배상액의 예정으로 볼 것이므로, 도급인은 수급인의 하자보수의무 불이행을 이유로 하자보수보증금의 몰취 외에 그 실손해액을 증명하여 수급인으로부터 그 초과액 상당의 손해배상을 받을 수는 없다.

① ㄱ(○), ㄴ(○), ㄷ(×), ㄹ(×)
② ㄱ(×), ㄴ(○), ㄷ(×), ㄹ(○)
③ ㄱ(○), ㄴ(×), ㄷ(○), ㄹ(○)
④ ㄱ(×), ㄴ(○), ㄷ(○), ㄹ(×)
⑤ ㄱ(○), ㄴ(○), ㄷ(×), ㄹ(○)

해설

ㄱ. **(O)** 판례는 손해배상 예정액을 감액하기 위한 요건인 '부당성'은 사회관념에 비추어 예정액의 지급이 경제적 약자의 지위에 있는 채무자에게 부당한 압박을 가하여 공정성을 잃는 결과를 초래하는

경우에 인정된다. 특히 금전채무의 불이행에 대하여 손해배상액을 예정한 경우에는 위에서 든 고려 요소 이외에 통상적인 연체금리도 고려하여야 한다고 본다(2017다228762).

ㄴ. (O) 판례는 손해배상액 예정이 없더라도 채무자가 당연히 지급의무를 부담하여 채권자가 받을 수 있던 금액보다 적은 금액으로 감액하는 것은 손해배상액 예정에 관한 약정 자체를 전면 부인하는 것과 같은 결과가 되기 때문에 감액의 한계를 벗어나는 것이라고 본다(2022다227619).

ㄷ. (×) 판례는 지체상금을 계약 총액에서 지체상금률을 곱하여 산출하기로 정한 경우, 민법 제398조 제2항에 의하면, 손해배상액의 예정액이 부당히 과다한 경우에는 법원은 적당히 감액할 수 있다고 규정되어 있고 여기의 손해배상의 예정액이란 문언상 그 예정한 손해배상액의 총액을 의미한다고 해석되므로, 손해배상의 예정에 해당하는 지체상금의 과다 여부는 지체상금 총액을 기준으로 하여 판단하여야 한다고 본다(2000다54536). 따라서 지체상금의 과다 여부는 지체상금률 그 자체가 과다한지를 기준으로 판단할 수 없다.

ㄹ. (×) 판례는 도급인이 수급인으로부터 「하자보수보증금」을 받은 경우, 판례는 이를 손해배상액의 예정으로 보면서도, 하자보수보증금의 특성상 실손해가 이를 초과하는 경우에는 도급인은 이를 입증하여 보증금 외에 따로 손해배상을 받을 수 있고, 이 점에서 위 보증금은 '특수한 손해배상액의 예정'에 해당한다고 한다고 본다(2000다17810). 따라서 도급인은 수급인의 하자보수의무 불이행을 이유로 하자보수보증금의 몰취 외에 그 실손해액을 증명하여 수급인으로부터 그 초과액 상당의 손해배상을 받을 수는 있다.

정답 ①

Ⅱ. 채권자지체

23. 다음 설명 중 옳지 않은 것은? (다툼이 있는 경우 판례에 의함) [15 변호사]

① 채권자지체 중에는 채무자는 고의 또는 중대한 과실이 없으면 불이행으로 인한 모든 책임이 없다.

② 손해배상액의 예정은 이행의 청구나 계약의 해제에 영향을 미치지 아니한다.

③ 채권자가 그 채권의 목적인 물건 또는 권리의 가액전부를 손해배상으로 받은 때에는 채무자는 그 물건 또는 권리에 관하여 당연히 채권자를 대위한다.

④ 채권자지체 중이라도 채무자는 이자 있는 채권에 대하여는 이자를 지급할 의무가 있다.

⑤ 당사자가 금전이 아닌 것으로써 손해의 배상에 충당할 것을 예정한 위약금 약정도 손해배상액의 예정으로 추정된다.

해설

① (O) 제401조.

② (O) 제398조 제3항.

③ (O) 제399조

④ (×) 제402조. 채권자지체 중에는 이자있는 채권이라도 채무자는 이자를 지급할 의무가 없다.

⑤ (O) 제398조 제4항, 제5항.

정답 ④

Ⅲ. 책임재산보전

1. 채권자대위권

24. **甲은 乙에 대하여 변제기가 도래한 2억 원의 대여금채권(A 채권)을 가지고 있고, 채무초과 상태인 乙은 丙에 대하여 변제기가 도래한 2억 원의 대여금채권(B 채권)을 가지고 있으며, 乙은 그 소유의 X 부동산을 丁에게 증여하였다. 이에 관한 설명 중 옳지 않은 것은? (각 지문은 독립적이며, 다툼이 있는 경우 판례에 의함)** [24 변호사]

① 甲은 A 채권을 보전하기 위해 乙을 대위하여 丙을 상대로 직접 자신에게 B 채권을 지급할 것을 구하는 소를 제기할 수 있으며, 그 판결 확정 후 甲의 채권자 戊가 이러한 甲의 丙에 대한 지급청구권에 대하여 압류 및 전부명령을 받았다면 그 압류명령 및 전부명령은 모두 무효이다.

② 甲이 乙을 상대로는 A 채권의 지급을 구하지 않은 채 A 채권을 피보전채권으로 하여 丙을 상대로 B 채권의 지급을 구하는 채권자대위소송을 제기한 경우, 丙은 A 채권이 변제로 소멸하였음을 주장하여 다툴 수 있으나 A 채권이 시효로 소멸하였음을 주장하여 甲에게 대항할 수는 없다.

③ 乙이 甲의 丙에 대한 채권자대위권행사 사실을 알게 된 후 채권자대위소송 계속 중 乙의 다른 채권자인 己의 신청에 의하여 B 채권에 대한 압류 및 전부명령이 이루어졌다면, B 채권에 대한 전부명령은 특별한 사정이 없는 한 무효이나 압류명령은 유효하므로 甲의 丙에 대한 위 채권자대위소송은 기각된다.

④ 甲이 사해행위취소소송에 따라 丁에 대하여 가액배상채권을 가지는 경우, 丁이 乙에 대한 채권을 가지고 있다는 이유로 甲에게 상계를 주장하여 총채권액 중 자기채권에 해당하는 안분액의 지급을 거절하는 것은 허용되지 않는다.

⑤ 甲이 A 채권을 피보전채권으로 하여 제척기간 내에 丁을 상대로 사해행위취소의 소를 제기하였다가 제척기간이 경과한 후에 피보전채권을 乙에 대한 부당이득반환채권으로 변경하였다면, 이는 소의 교환적 변경에 해당하지 않으므로 위 사해행위취소의 소는 적법하다.

해 설

① **(O)** 대위채권자의 제3채무자에 대한 채권자대위에 따른 지급청구권에 대한 압류 및 전부명령의 효력을 묻는 지문이다. 채권자대위에 따른 지급청구권은 대위채권자가 채무자를 대신하여 급부를 수령할 권한에 불과할 뿐 대위채권자의 재산권이라고 할 수는 없다. 대위채권자의 채권자가 강제집행의 대상으로 삼을 수 없다.

[**대법원** 2016. 8. 29. **선고** 2015**다**236547 **판결**] 자기의 금전채권을 보전하기 위하여 채무자의 금전채권을 대위행사하는 대위채권자는 제3채무자로 하여금 직접 대위채권자 자신에게 지급의무를 이행하도록 청구할 수 있고 제3채무자로부터 변제를 수령할 수도 있으나, 이로 인하여 채무자의 제3채무자에 대한 피대위채권이 대위채권자에게 이전되거나 귀속되는 것이 아니므로, 대위채권자의 제3채무자에 대한 추심권능 내지 변제수령권능은 자체로서 독립적으로 처분하여 환가할 수 있는 것이 아니어서 압류할 수 없는 성질의 것이고, 따라서 추심권능 내지 변제수령권능에 대한 압류명령 등은 무효이다. 그리고 채권자대위소송에서 제3채무자로 하여금 직접 대위채권자에게 금전의 지급을 명하는 판결이 확정되었더라도 판결에 기초하여 금전을 지급받는 것 역시 대위채권자의 제3채무자에 대한 추심권능 내지 변제수령권능에 속하므로, 채권자대위소송에서 확정된 판결에 따라 대위채권자가 제3채무자로부터 지급받을 채권에 대한 압류명령 등도 무효이다.

② **(O)** 제3채무자가 피보전채권에 관한 항변으로 대위채권자에게 대항할 수 있는지를 묻는 지문이다.
[**대법원** 2015. 9. 10. **선고** 2013**다**55300 **판결**] 채권자가 채권자대위소송을 제기한 경우, 제3채무자는 채무자가 채권자에 대하여 가지는 항변권이나 형성권 등과 같이 권리자에 의한 행사를 필요로 하는 사유를 들어 채권자의 채무자에 대한 권리가 인정되는지 여부를 다툴 수 없지만, 채권자의 채무자에 대한 권리의 발생원인이 된 법률행위가 무효라거나 위 권리가 변제 등으로 소멸하였다는 등의 사실을 주장하여 채권자의 채무자에 대한 권리가 인정되는지 여부를 다투는 것은 가능하고, 이 경우 법원은 제3채무자의 주장을 고려하여 채권자의 채무자에 대한 권리가 인정되는지 여부에 관하여 직권으로 심리·판단하여야 한다.

③ **(×)** 채권자대위소송 제기사실이 통지되거나 채무자가 알게 된 후에는 채무자의 처분이 제한된다. 피대위채권 압류와 유사한 효과가 발생한다. 이 경우 채무자의 다른 채권자가 피대위채권에 관하여 압류 및 전부명령을 받은 때에도 전부명령은 압류 경합으로 무효가 된다(민사집행법 제229조). 비록 다른 채권자의 압류가 효력을 가진다고 하더라도 압류채무자의 이행청구가 제한되지 않으며, 압류채무자의 채권자에 의한 채권자대위청구도 제한되지 않는다. 己의 압류 및 전부명령 중에서 전부명령은 무효이지만 압류명령은 유효하지만, 己의 압류가 있더라도 압류채무자 乙의 이행청구가 제한되지 않고, 乙의 채권자 甲의 대위청구도 제한되지 않으므로 甲의 대위소송은 인용되어야 한다.
[**대법원** 2016. 8. 29. **선고** 2015**다**236547 **판결**] 채권자대위소송이 제기되고 대위채권자가 채무자에게 대위권 행사사실을 통지하거나 채무자가 이를 알게 되면 민법 제405조 제2항에 따라 채무자는 피대위채권을 양도하거나 포기하는 등 채권자의 대위권 행사를 방해하는 처분행위를 할 수 없게 되고 이러한 효력은 제3채무자에게도 그대로 미치는데, 그럼에도 그 이후 대위채권자와 평등한 지위를 가지는 채무자의 다른 채권자가 피대위채권에 대하여 전부명령을 받는 것도 가능하다고 하면, 채권자대위소송의 제기가 채권자의 적법한 권리행사방법 중 하나이고 채무자에게 속한 채권을 추심한다는 점에서 추심소송과 공통점도 있음에도 그것이 무익한 절차에 불과하게 될 뿐만 아니라, 대위채권자가 압류·가압류나 배당요구의 방법을 통하여 채권배당절차에 참여할 기회조차 가지지 못하게 한 채 전부명령을 받은 채권자가 대위채권자를 배제하고 전속적인 만족을 얻는 결과가 되어, 채권자대위권의 실질적 효과를 확보하고자 하는 민법 제405조 제2항의 취지에 반하게 된다. 따라서 채권자대위소송이 제기되고 대위채권자가 채무자에게 대위권 행사사실을 통지하거나 채무자가 이를 알게 된 이후에는 민사집행법 제229조 제5항이 유추적용되어 피대위채권에 대한 전부명령은, 우선권 있는 채권에 기초한 것이라는 등의 특별한 사정이 없는 한, 무효이다.

④ **(O)** [**대법원** 2001. 2. 27. **선고** 2000**다**44348 **판결**] 채권자취소권은 채권의 공동담보인 채무자의 책임재산을 보전하기 위하여 채무자와 수익자 사이의 사해행위를 취소하고 채무자의 일반재산으로부터 일탈된 재산을 모든 채권자를 위하여 수익자 또는 전득자로부터 환원시키는 제도이므로, 수익자인 채권자로 하여금 안분액의 반환을 거절하도록 하는 것은 자신의 채권에 대하여 변제를 받은 수익자를 보호하고 다른 채권자의 이익을 무시하는 결과가 되어 제도의 취지에 반하게 되므로, 수익자가 채무자의 채권자인 경우 수익자가 가액배상을 할 때에 수익자 자신도 사해행위취소의 효력을 받는 채권자 중의 1인이라는 이유로 취소채권자에 대하여 총채권액 중 자기의 채권에 대한 안분액의 분배를 청구하거나, 수익자가 취소채권자의 원상회복에 대하여 총채권액 중 자기의 채권에 해당하는 안분액의 배당요구권으로써 원상회복청구와의 상계를 주장하여 그 안분액의 지급을 거절할 수는 없다.

⑤ **(O)** 사해행위취소청구에서 피보전채권의 변경은 공격방법의 변경에 불과하다.
[**대법원** 2003. 5. 27. **선고** 2001**다**13532 **판결**] 채권자가 사해행위의 취소를 청구하면서 그 보전하고자 하는 채권을 추가하거나 교환하는 것은 그 사해행위취소권을 이유 있게 하는 공격방법에 관한 주장을 변경하는 것일 뿐이지 소송물 또는 청구 자체를 변경하는 것이 아니므로 소의 변경이라 할 수 없다.

정답 ③

25. 채권자대위권에 관한 설명 중 옳지 않은 것은? (다툼이 있는 경우 판례에 의함) [22 변호사]

① 甲이 채무자 乙을 대위하여 제3채무자 丙을 상대로 X 토지에 관하여 매매에 기한 소유권이전등기를 구하는 소를 제기하였다. 위 소송에서 피보전채권이 인정되지 않는다는 이유로 소각하 판결이 확정된 경우, 확정판결의 기판력은 甲이 乙을 상대로 피보전채권의 이행을 구하는 후소에 미치지 않는다.

② 甲이 채무자 乙을 대위하여 제3채무자 丙을 상대로 X 토지에 관하여 매매에 기한 소유권이전등기를 구하는 소를 제기하였다. 乙이 甲으로부터 채권자대위권 행사의 통지를 받은 뒤 乙과 丙의 매매계약이 합의해제되었다면, 丙은 위 매매계약의 해제로 甲의 대위권 행사에 대항할 수 없다.

③ 물권적 청구권도 채권자대위권의 피보전권리가 될 수 있다.

④ 乙 소유의 부동산을 시효취득한 A의 공동상속인 중 1인인 甲이 乙에 대한 소유권이전등기청구권을 피보전채권으로 하여 丙을 상대로 乙의 丙에 대한 소유권이전등기의 말소등기청구권을 대위행사하는 경우, 甲 자신의 지분 범위 내에서만 대위행사할 수 있고, 지분을 초과하는 부분에 관하여는 乙을 대위할 보전의 필요성이 없다.

⑤ 채무자의 공유지분이 다른 공유자들의 공유지분과 함께 근저당권을 공동으로 담보하고 있고, 근저당권의 피담보채권이 채무자의 공유지분 가치를 초과하여 채무자의 공유지분만을 경매하면 남을 가망이 없어 경매절차가 취소될 수밖에 없는 반면, 공유물분할의 방법으로 공유부동산 전부를 경매하면 각 공유지분의 경매대가에 비례해서 공동근저당권의 피담보채권을 분담하게 되어 채무자의 공유지분 경매대가에서 근저당권의 피담보채권 분담액을 변제하고 남을 가망이 있는 경우라면, 금전채권자는 채무자를 대위하여 부동산에 관한 공유물분할청구권을 행사할 수 있다.

해설

① **(O)** 채권자대위소송에서 판결의 기판력이 채무자에게 미치는지를 묻는 지문이다. 채권자대위소송은 채무자의 권리를 대신 행사하는 소송이므로 채무자가 대위소송 사실을 알고 있는 때에는 피대위권리에 관한 법원의 판단에 기판력이 발생하고 채무자에게 기판력이 미쳐진다. 그러나 피보전채권의 부존재를 이유로 대위소송이 각하된 때에는 채무자에게 기판력이 미치지 않는다.

[**대법원** 2014. 1. 23. **선고** 2011**다**108095 **판결**] 민사소송법 제218조 제3항은 '다른 사람을 위하여 원고나 피고가 된 사람에 대한 확정판결은 그 다른 사람에 대하여도 효력이 미친다.'고 규정하고 있으므로, 채권자가 채권자대위권을 행사하는 방법으로 제3채무자를 상대로 소송을 제기하고 판결을 받은 경우 채권자가 채무자에 대하여 민법 제405조 제1항에 의한 보존행위 이외의 권리행사의 통지, 또는 민사소송법 제84조에 의한 소송고지 혹은 비송사건절차법 제49조 제1항에 의한 법원에 의한 재판상 대위의 허가를 고지하는 방법 등 어떠한 사유로 인하였든 적어도 채권자대위권에 의한 소송이 제기된 사실을 채무자가 알았을 때에는 그 판결의 효력이 채무자에게 미친다고 보아야 한다. 이때 채무자에게도 기판력이 미친다는 의미는 채권자대위소송의 소송물인 피대위채권의 존부에 관하여 채무자에게도 기판력이 인정된다는 것이고, 채권자대위소송의 소송요건인 피보전채권의 존부에 관하여 당해 소송의 당사자가 아닌 채무자에게 기판력이 인정된다는 것은 아니다. 따라서 채권자가 채권자대위권을 행사하는 방법으로 제3채무자를 상대로 소송을 제기하였다가 채무자를 대위할 피보전채권이 인정되지 않는다는 이유로 소각하 판결을 받아 확정된 경우 그 판결의 기판력이 채권자가 채무자를 상대로 피보전채권의 이행을 구하는 소송에 미치는 것은 아니다.

② (O) 채권자대위권 행사사실이 채무자에게 통지된 후에는 채무자는 피대위권리를 처분하여도 대위채권자에게 대항할 수 없다(민법 제405조 제2항). 채무자와 제3채무자가 피대위권리 발생원인인 계약을 합의해제 하는 행위는 채무자의 의사관여 아래 피대위권리를 처분하는 행위이므로 대위채권자에게 대항할 수 없는 처분에 해당한다. 제3채무자도 대위채권자에게 대항할 수 없다.

[**대법원** 1996. 4. 12. **선고** 95**다**54167 **판결**] 채권자대위권의 행사에 있어서 채무자가 채권자대위권을 행사한 점을 알게 된 이후에는 채무자가 그 권리를 처분하여도 이로써 채권자에게 대항할 수 없으므로, 채권자가 채무자를 대위하여 제3채무자의 부동산에 대한 처분금지가처분을 신청하여 처분금지가처분 결정을 받은 경우, 이는 그 부동산에 관한 소유권이전등기청구권을 보전하기 위한 것이므로 피보전권리인 소유권이전등기청구권을 행사한 것과 같이 볼 수 있어, 채무자가 그러한 채권자대위권의 행사사실을 알게 된 이후에 그 부동산에 대한 매매계약을 합의해제함으로써 채권자대위권의 객체인 그 부동산의 소유권이전등기청구권을 소멸시켰다 하더라도 이로써 채권자에게 대항할 수 없다.

③ (O) 채권자의 채권은 반드시 채권에 한정되지 않으며, 구체적 청구권이면 된다. 구체적 청구권이라면 그 내용이 물건의 인도를 목적으로 하는 것인가 일정한 행위를 목적으로 하는 것인가는 문제되지 않는다. 물권적 청구권도 구체적 청구권이므로 채권자대위권의 피보전채권이 될 수 있다.

[**대법원** 2007. 5. 10. **선고** 2006**다**82700·82717 **판결**] 물권적 청구권에 대하여도 채권자대위권에 관한 민법 제404조의 규정과 위와 같은 법리가 적용될 수 있다.

④ (O) 특정채권을 보전하기 위하여 채권자대위권을 행사하는 경우에는 그 채권을 보전하는 데에 필요한 범위에서 채권자대위권을 행사할 수 있다. 취득시효완성자의 공동상속인이 소유권이전등기청구권을 보전하기 위하여 소유자를 대위하여 제3자에 대한 말소등기를 청구함에 있어 자신의 지분 범위 내에서만 채권자대위권을 행사할 수 있다.

[**대법원** 2014. 10. 27. **선고** 2013**다**25217 **판결**] 채무자 소유의 부동산을 시효취득한 채권자의 공동상속인이 채무자에 대한 소유권이전등기청구권을 피보전채권으로 하여 제3채무자를 상대로 채무자의 제3채무자에 대한 소유권이전등기의 말소등기청구권을 대위행사하는 경우, 공동상속인은 자신의 지분 범위 내에서만 채무자의 제3채무자에 대한 소유권이전등기의 말소등기청구권을 대위행사할 수 있고, 지분을 초과하는 부분에 관하여는 채무자를 대위할 보전의 필요성이 없다(필자 주 : 甲이 乙의 丙에 대한 점유취득시효를 원인으로 한 소유권이전등기청구권 중 일부 지분을 상속받았다고 주장하면서 丁을 상대로 丙의 丁에 대한 소유권이전등기의 말소등기청구권을 대위하여 전부 말소를 구한 사안에서, 甲의 상속지분을 넘는 부분에 관하여는 보전의 필요성이 없다는 점을 지적하거나 甲이 주장한 상속지분이 증거에 의하여 인정되는 상속지분과 일치하지 아니함에도 아무런 석명을 하지 아니한 채 甲이 주장하는 지분을 초과하는 부분에 관하여 보전의 필요성이 없다는 이유로 소를 각하한 원심판결에 석명의무를 다하지 아니하여 심리를 제대로 하지 않은 잘못이 있다고 한 사례).

⑤ (×) 판례는, 지문과 같은 사정이 있더라도 공유물분할청구로 인하여 책임재산의 감소를 방지한다거나 책임재산이 늘어난다고 말할 수 없고, 채권자는 공동저당권의 실행과정에서 채무자 지분으로부터 만족을 얻을 수 있으며, 채권자라도 채무자 재산과 함께 채무자의 재산이 아닌 재산을 일괄경매 할 수 있는 권리가 없음에도 공유물분할청구권 대위행사를 허용하게 되면 이를 인정하는 결과가 되어 부당하다는 점 등을 이유로 금전채권자는 채무자의 공유물분할청구권을 대위행사 할 수 없다고 한다.

[**대법원** 2020. 5. 21. **선고** 2018**다**879 **전원합의체 판결**] 채권자가 자신의 금전채권을 보전하기 위하여 채무자를 대위하여 부동산에 관한 공유물분할청구권을 행사하는 것은, 책임재산의 보전과 직접적인 관련이 없어 채권의 현실적 이행을 유효·적절하게 확보하기 위하여 필요하다고 보기 어렵고 채무자의 자유로운 재산관리행위에 대한 부당한 간섭이 되므로 보전의 필요성을 인정할 수 없다. 또한 특정 분할 방법을 전제하고 있지 않은 공유물분할청구권의 성격 등에 비추어 볼 때 그 대위행사를 허용하면 여러 법적 문제들이 발생한다. 따라서 극히 예외적인 경우가 아니라면 금전채권자는 부동산에 관한 공유물분할청구권을 대위행사할 수 없다고 보아야 한다.

이는 채무자의 공유지분이 다른 공유자들의 공유지분과 함께 근저당권을 공동으로 담보하고 있고, 근저당권의 피담보채권이 채무자의 공유지분 가치를 초과하여 채무자의 공유지분만을 경매하면 남을 가망이 없어 민사집행법 제102조에 따라 경매절차가 취소될 수밖에 없는 반면, 공유물분할의 방법으로 공유부동산 전부를 경매하면 민법 제368조 제1항에 따라 각 공유지분의 경매대가에 비례해서 공동근저당권의 피담보채권을 분담하게 되어 채무자의 공유지분 경매대가에서 근저당권의 피담보채권 분담액을 변제하고 남을 가망이 있는 경우에도 마찬가지이다. **정답** ⑤

26. **甲은 비법인사단인 乙과 공사계약을 체결한 후 공사를 완료하여 乙에 대한 공사대금채권을 가지고 있었으나, 乙은 丙에 대한 매매대금채권을 가지고 있는 외에는 달리 재산이 없었다. 이에 甲은 乙에 대한 자신의 위 공사대금채권을 보전하기 위하여 乙을 대위하여 丙에게 위 매매대금의 지급을 청구하는 소를 제기한 후 乙에게 채권자대위권 행사의 통지를 하였다. 이에 관한 설명 중 옳은 것을 모두 고른 것은? (다툼이 있는 경우 판례에 의함)** [21 변호사]

ㄱ. 丙은 위 소송에서 甲이 乙에 대하여 가지는 공사대금채권의 소멸시효가 완성되었다는 항변으로 甲에게 대항할 수 없다.
ㄴ. 丙은 위 소송에서 甲과 乙 사이의 공사계약이 무효라거나 공사대금채권이 변제되어 소멸하였다는 사실을 주장하여 다툴 수 있다.
ㄷ. 甲이 위 소송 도중 乙로부터 丙에 대한 매매대금채권을 양수하여 양수금청구로 소를 교환적으로 변경한 경우에도 당초의 채권자대위소송으로 인한 소멸시효중단의 효과는 소멸하지 않는다.
ㄹ. 甲이 위 채권자대위권에 기한 소를 제기할 당시 이미 乙이 丙을 상대로 위 매매대금의 지급을 구하는 소를 제기한 바가 있다면, 비록 乙의 소가 비법인사단인 乙의 사원총회 결의 없이 총유재산에 관하여 제기된 소라는 이유로 각하판결이 확정되었다고 하더라도 乙이 스스로 丙에 대한 권리를 행사한 것으로 볼 수 있으므로, 甲이 제기한 채권자대위권에 기한 소는 부적법하다.
ㅁ. 乙이 채권자대위권 행사의 통지를 받은 후에 丙에 대한 채무를 불이행하여 丙이 乙과의 매매계약을 해제한 경우, 특별한 사정이 없는 한 丙은 매매계약의 해제로써 甲에게 대항할 수 있다.

① ㄱ, ㄴ, ㄷ ② ㄱ, ㄴ, ㅁ ③ ㄴ, ㄷ, ㅁ
④ ㄱ, ㄴ, ㄷ, ㅁ ⑤ ㄱ, ㄷ, ㄹ, ㅁ

해설

ㄱ. (O) 채권자대위소송에서 제3채무자가 피보전채권의 소멸시효완성을 항변할 수 있는지를 묻는 지문이다. 피보전채권의 소멸시효가 완성되었더라도 시효원용권은 채무자에게 발생하므로 제3채무자는 채무자가 원용권을 행사하지 않고 있는 한 피보전채권의 소멸시효를 주장할 수 없다.
[**대법원** 1992. 11. 10. **선고** 92**다**35899 **판결**] 채권자대위권에 기한 청구에서 제3채무자는 채무자가 채권자에 대하여 가지는 항변으로 대항할 수 없을 뿐더러 채권의 소멸시효가 완성된 경우 이를 원용할 수 있는 자는 시효이익을 직접 받는 자만이고 제3채무자는 이를 행사할 수 없다.
ㄴ. (O) 제3채무자가 피보전채권에 관한 무효사유나 변제 등에 의한 소멸사유를 주장할 수 있는지를 묻는 지문이다. 제3채무자는 채무자에 의한 권리행사가 필요한 항변사유로 대항할 수는 없지만,

채무자에 의한 권리행사가 불필요한 항변사유로는 대항할 수 있다. 피보전채권에 관한 무효사유나 변제 등에 의한 소멸사유는 채무자에 의한 권리행사가 필요한 사유가 아니므로 제3채무자도 주장할 수 있고, 법원은 이를 심리하고 판단하여야 한다.

[**대법원** 2015. 9. 10. **선고** 2013**다**55300 **판결**] 채권자가 채권자대위소송을 제기한 경우, 제3채무자는 채무자가 채권자에 대하여 가지는 항변권이나 형성권 등과 같이 권리자에 의한 행사를 필요로 하는 사유를 들어 채권자의 채무자에 대한 권리가 인정되는지 여부를 다툴 수 없지만, 채권자의 채무자에 대한 권리의 발생원인이 된 법률행위가 무효라거나 위 권리가 변제 등으로 소멸하였다는 등의 사실을 주장하여 채권자의 채무자에 대한 권리가 인정되는지 여부를 다투는 것은 가능하고, 이 경우 법원은 제3채무자의 주장을 고려하여 채권자의 채무자에 대한 권리가 인정되는지 여부에 관하여 직권으로 심리·판단하여야 한다.

ㄷ. (O) 채권자대위소송 중 양수금 청구로 소를 교환적으로 변경한 경우, 채권자대위소송 제기로 인한 피대위채권의 소멸시효 중단의 효과는 그대로 유지된다. 소멸시효 중단의 효과는 중단 이후 승계인에게도 그 효력이 미치기 때문이다.

[**대법원** 2010. 6. 24. **선고** 2010**다**17284 **판결**] 원고가 채권자대위권에 기해 청구를 하다가 당해 피대위채권 자체를 양수하여 양수금청구로 소를 변경한 사안에서, 이는 청구원인의 교환적 변경으로서 채권자대위권에 기한 구 청구는 취하된 것으로 보아야 하나, 그 채권자대위소송의 소송물은 채무자의 제3채무자에 대한 계약금반환청구권인데 위 양수금청구는 원고가 위 계약금반환청구권 자체를 양수하였다는 것이어서 양 청구는 동일한 소송물에 관한 권리의무의 특정승계가 있을 뿐 그 소송물은 동일한 점, 시효중단의 효력은 특정승계인에게도 미치는 점, 계속 중인 소송에 소송목적인 권리 또는 의무의 전부나 일부를 승계한 특정승계인이 소송참가하거나 소송인수한 경우에는 소송이 법원에 처음 계속된 때에 소급하여 시효중단의 효력이 생기는 점, 원고는 위 계약금반환채권을 채권자대위권에 기해 행사하다 다시 이를 양수받아 직접 행사한 것이어서 위 계약금반환채권과 관련하여 원고를 '권리 위에 잠자는 자'로 볼 수 없는 점 등에 비추어 볼 때, 당초의 채권자대위소송으로 인한 시효중단의 효력이 소멸하지 않는다고 본 사례.

ㄹ. (×) 채무자가 제기한 소송이 소송요건 흠결로 각하된 경우, 채권자대위권 행사가 허용되는지를 묻는 지문이다. 채권자대위권은 채무자의 권리불행사가 있는 때에 허용되는데, 채무자가 이미 소송을 제기하였다는 점에서 채무자의 권리행사가 있었던 것은 아닌가의 의문이 있다. 그러나 채무자가 제기한 소송이 각하되어 실체적 권리관계에 관한 심리판단이 이루어지지 않은 때에는 채무자의 권리행사가 있었다고 볼 수 없다.

[**대법원** 2018. 10. 25. **선고** 2018**다**210539 **판결**] 채권자대위권은 채무자가 스스로 제3채무자에 대한 권리를 행사하지 아니하는 경우에 한하여 채권자가 자기의 채권을 보전하기 위하여 행사할 수 있는 것이어서, 채권자가 대위권을 행사할 당시에 이미 채무자가 그 권리를 재판상 행사하였을 때에는 채권자는 채무자를 대위하여 채무자의 권리를 행사할 수 없다. 그런데 비법인사단이 사원총회의 결의 없이 제기한 소는 소제기에 관한 특별수권을 결하여 부적법하고, 그 경우 소제기에 관한 비법인사단의 의사결정이 있었다고 할 수 없다. 따라서 비법인사단인 채무자 명의로 제3채무자를 상대로 한 소가 제기되었으나 사원총회의 결의 없이 총유재산에 관한 소가 제기되었다는 이유로 각하판결을 받고 그 판결이 확정된 경우에는 채무자가 스스로 제3채무자에 대한 권리를 행사한 것으로 볼 수 없다.

ㅁ. (O) 채권자대위권 행사사실이 채무자에게 통지된 후 채무자가 제3채무자에 대한 채무불이행으로 인하여 제3채무자가 피대위권의 원인인 계약을 해제하는 것은 채무자의 처분이라고 볼 수 없으므로 계약해제로 대위채권자에게 대항할 수 있다.

[**대법원** 2012. 5. 17. **선고** 2011**다**87235 **전원합의체 판결**] 민법 제405조 제2항은 '채무자가 채권자대위권행사의 통지를 받은 후에는 그 권리를 처분하여도 이로써 채권자에게 대항하지 못한다'고 규정하고 있다. 위 조항의 취지는 채권자가 채무자에게 대위권 행사사실을 통지하거나 채무자가 채권자의 대위권 행사사실을 안 후에 채무자에게 대위의 목적인 권리의 양도나 포기 등 처분행위를 허용할

경우 채권자에 의한 대위권행사를 방해하는 것이 되므로 이를 금지하는 데에 있다. 그런데 채무자의 채무불이행 사실 자체만으로는 권리변동의 효력이 발생하지 않아 이를 채무자가 제3채무자에 대하여 가지는 채권을 소멸시키는 적극적인 행위로 파악할 수 없는 점, 더구나 법정해제는 채무자의 객관적 채무불이행에 대한 제3채무자의 정당한 법적 대응인 점, 채권이 압류·가압류된 경우에도 압류 또는 가압류된 채권의 발생원인이 된 기본계약의 해제가 인정되는 것과 균형을 이룰 필요가 있는 점 등을 고려할 때 채무자가 자신의 채무불이행을 이유로 매매계약이 해제되도록 한 것을 두고 민법 제405조 제2항에서 말하는 '처분'에 해당한다고 할 수 없다. 따라서 채무자가 채권자대위권행사의 통지를 받은 후에 채무를 불이행함으로써 통지 전에 체결된 약정에 따라 매매계약이 자동적으로 해제되거나, 채권자대위권행사의 통지를 받은 후에 채무자의 채무불이행을 이유로 제3채무자가 매매계약을 해제한 경우 제3채무자는 계약해제로써 대위권을 행사하는 채권자에게 대항할 수 있다. 다만 형식적으로는 채무자의 채무불이행을 이유로 한 계약해제인 것처럼 보이지만 실질적으로는 채무자와 제3채무자 사이의 합의에 따라 계약을 해제한 것으로 볼 수 있거나, 채무자와 제3채무자가 단지 대위채권자에게 대항할 수 있도록 채무자의 채무불이행을 이유로 하는 계약해제인 것처럼 외관을 갖춘 것이라는 등의 특별한 사정이 있는 경우에는 채무자가 피대위채권을 처분한 것으로 보아 제3채무자는 계약해제로써 대위권을 행사하는 채권자에게 대항할 수 없다. 정답 ④

27. 채권자대위권에 관한 설명 중 옳지 않은 것은? (다툼이 있는 경우 판례에 의함) [20 변호사]

① 비법인사단인 채무자가 제3채무자를 상대로 소를 제기하였으나 사원총회의 결의 없이 총유재산에 관한 소가 제기되었다는 이유로 각하판결을 선고받고 그 판결이 확정된 경우, 이는 채무자가 스스로 제3채무자에 대한 권리를 재판상 행사한 것으로 보아야 하므로, 그 후 비법인사단의 채권자가 제기한 채권자대위소송은 부적법하다.

② 이행인수계약에서 인수인이 그 인수한 채무를 이행하지 않는 경우 채권자는 인수인에 대하여 직접 자신에게 이행할 것을 청구할 수는 없지만, 채권자대위권에 의하여 채무자의 인수인에 대한 청구권을 대위행사할 수는 있다.

③ 채무자 소유의 부동산을 시효취득한 채권자의 사망 후 그 채권자의 공동상속인 중 1인이 채무자에 대한 소유권이전등기청구권을 피보전채권으로 하여 제3채무자를 상대로 채무자의 제3채무자에 대한 소유권이전등기의 말소등기청구권을 대위행사하는 경우, 그 공동상속인은 자신의 지분 범위 내에서만 채무자의 제3채무자에 대한 소유권이전등기의 말소등기청구권을 대위행사할 수 있다.

④ 채권자대위소송에서 피보전채권의 소멸시효가 완성되었다 하더라도 제3채무자는 원칙적으로 위 소멸시효 완성의 항변을 원용할 수 없다.

⑤ 채권자대위권을 행사함에 있어서 채권자가 채무자를 상대로 하여 그 보전되는 청구권에 기한 이행청구의 소를 제기하여 승소판결을 선고받고 그 판결이 확정되면 제3채무자는 그 청구권의 존재를 다툴 수 없다고 보는 것이 원칙이나, 그 청구권의 취득이 강행법규에 위반되어 무효인 경우 제3채무자는 그 존재를 다툴 수 있다.

해 설

① (×) 비법인사단의 총유재산에 관한 제소가 사원총회 결의 흠결을 이유로 각하된 경우, 비법인사단의 채권자는 비법인사단을 대위하여 총유재산에 관한 소를 제기하더라도 이를 부적법하다고 볼 수

없다. 채무자인 비법인사단의 권리의 행사가 있었다고 볼 수 없을 뿐만 아니라 비법인사단의 채권자가 비법인사단을 대위하여 총유재산에 관한 소를 제기하는 경우에는 사원총회 결의 등 총유재산의 관리 및 처분절차를 준수할 필요가 없기 때문이다.

[**대법원** 2018. 10. 25. **선고** 2018**다**210539 **판결**] 채권자대위권은 채무자가 스스로 제3채무자에 대한 권리를 행사하지 아니하는 경우에 한하여 채권자가 자기의 채권을 보전하기 위하여 행사할 수 있는 것이어서, 채권자가 대위권을 행사할 당시에 이미 채무자가 그 권리를 재판상 행사하였을 때에는 채권자는 채무자를 대위하여 채무자의 권리를 행사할 수 없다. 그런데 비법인사단이 사원총회의 결의 없이 제기한 소는 소제기에 관한 특별수권을 결하여 부적법하고, 그 경우 소제기에 관한 비법인사단의 의사결정이 있었다고 할 수 없다. 따라서 비법인사단인 채무자 명의로 제3채무자를 상대로 한 소가 제기되었으나 사원총회의 결의 없이 총유재산에 관한 소가 제기되었다는 이유로 각하판결을 받고 그 판결이 확정된 경우에는 채무자가 스스로 제3채무자에 대한 권리를 행사한 것으로 볼 수 없다.

② **(O)** [**대법원** 2009. 6. 11. **선고** 2008**다**75072 **판결**] 이행인수는 인수인이 채무자에 대하여 그 채무를 이행할 것을 약정하는 채무자와 인수인 간의 계약으로서, 인수인은 채무자와 사이에 채권자에게 채무를 이행할 의무를 부담하는 데 그치고 직접 채권자에 대하여 채무를 부담하는 것이 아니므로 채권자는 직접 인수인에게 채무를 이행할 것을 청구할 수 없으나, 채무자는 인수인이 그 채무를 이행하지 아니하는 경우 인수인에 대하여 채권자에게 이행할 것을 청구할 수 있고, 그에 관한 승소의 판결을 받은 때에는 금전채권의 집행에 관한 규정을 준용하여 강제집행을 할 수도 있다. 이러한 채무자의 인수인에 대한 청구권은 그 성질상 재산권의 일종으로서 일신전속적 권리라고 할 수는 없으므로, 채권자는 채권자대위권에 의하여 채무자의 인수인에 대한 청구권을 대위행사 할 수 있다.

③ **(O)** [**대법원** 2014. 10. 27. **선고** 2013**다**25217 **판결**] 채무자 소유의 부동산을 시효취득한 채권자의 공동상속인이 채무자에 대한 소유권이전등기청구권을 피보전채권으로 하여 제3채무자를 상대로 채무자의 제3채무자에 대한 소유권이전등기의 말소등기청구권을 대위행사하는 경우, 공동상속인은 자신의 지분 범위 내에서만 채무자의 제3채무자에 대한 소유권이전등기의 말소등기청구권을 대위행사할 수 있고, 지분을 초과하는 부분에 관하여는 채무자를 대위할 보전의 필요성이 없다(필자 주 : 甲이 乙의 丙에 대한 점유취득시효를 원인으로 한 소유권이전등기청구권 중 일부 지분을 상속받았다고 주장하면서 丁을 상대로 丙의 丁에 대한 소유권이전등기의 말소등기청구권을 대위하여 전부 말소를 구한 사안에서, 甲의 상속지분을 넘는 부분에 관하여는 보전의 필요성이 없다는 점을 지적하거나 甲이 주장한 상속지분이 증거에 의하여 인정되는 상속지분과 일치하지 아니함에도 아무런 석명을 하지 아니한 채 甲이 주장하는 지분을 초과하는 부분에 관하여 보전의 필요성이 없다는 이유로 소를 각하한 원심판결에 석명의무를 다하지 아니하여 심리를 제대로 하지 않은 잘못이 있다고 한 사례).

④ **(O)** [**대법원** 1992. 11. 10. **선고** 92**다**35899 **판결**] 채권자대위권에 기한 청구에서 제3채무자는 채무자가 채권자에 대하여 가지는 항변으로 대항할 수 없을 뿐더러 채권의 소멸시효가 완성된 경우 이를 원용할 수 있는 자는 시효이익을 직접 받는 자만이고 제3채무자는 이를 행사할 수 없다.

⑤ **(O)** [**대법원** 2019. 1. 31. **선고** 2017**다**228618 **판결**] 채권자대위권을 행사하는 경우, 채권자가 채무자를 상대로 보전되는 청구권에 기한 이행청구의 소를 제기하여 승소판결을 선고받고 판결이 확정되었다면, 특별한 사정이 없는 한 그 청구권의 발생원인이 되는 사실관계가 제3채무자에 대한 관계에서도 증명되었다고 볼 수 있다. 그러나 그 청구권의 취득이, 채권자로 하여금 채무자를 대신하여 소송행위를 하게 하는 것을 주목적으로 이루어진 경우와 같이, 강행법규에 위반되어 무효라고 볼 수 있는 경우 등에는 위 확정판결에도 불구하고 채권자대위소송의 제3채무자에 대한 관계에서는 피보전권리가 존재하지 아니한다고 보아야 한다. 이는 위 확정판결 또는 그와 같은 효력이 있는 재판상 화해조서 등이 재심이나 준재심으로 취소되지 아니하여 채권자와 채무자 사이에서는 그 판결이나 화해가 무효라는 주장을 할 수 없는 경우라 하더라도 마찬가지이다.

정답 ①

28. **채권자대위권에 관한 설명 중 옳은 것(○)과 옳지 않은 것(×)을 올바르게 조합한 것은? (각 지문은 독립적이며, 다툼이 있는 경우 판례에 의함)** [19 변호사]

ㄱ. 채무자가 채권자대위권 행사의 통지를 받은 후에 제3채무자가 채무자의 채무불이행을 이유로 그 채무자와의 매매계약을 해제한 경우, 특별한 사정이 없는 한 제3채무자는 대위권을 행사하는 채권자에게 그 계약해제로써 대항할 수 있다.

ㄴ. 채권자대위권을 재판상 행사하는 경우, 채권자가 채무자를 상대로 하여 그 보전되는 청구권에 기한 이행청구의 소를 제기하여 승소판결이 확정되었더라도, 제3채무자는 그 청구권의 존재를 다툴 수 있다.

ㄷ. 채권자 甲이 채무자 乙에 대한 금전채권을 보전하기 위하여 제3채무자 丙에 대한 금전채권을 대위행사하는 경우, 丙으로 하여금 직접 甲에게 이행하도록 청구할 수도 있는데, 이러한 채권자대위소송에서 甲이 금전의 지급을 명하는 승소 확정판결을 받았다면, 위 피대위채권이 변제 등으로 소멸하기 전이라도 乙의 다른 채권자는 위 채권을 압류 또는 가압류할 수 없다.

ㄹ. 채권자 甲이 채무자 乙에 대한 금전채권을 보전하기 위하여 제3채무자 丙에 대한 금전채권을 대위행사하는 경우, 甲이 乙에게 대위권 행사사실을 통지하거나 乙이 이를 알게 된 이후에는, 피대위채권에 대한 전부명령은 우선권 있는 채권에 기초한 것이라는 등의 특별한 사정이 없는 한 무효이다.

① ㄱ(○), ㄴ(×), ㄷ(×), ㄹ(○)
② ㄱ(○), ㄴ(×), ㄷ(○), ㄹ(×)
③ ㄱ(○), ㄴ(○), ㄷ(○), ㄹ(×)
④ ㄱ(×), ㄴ(×), ㄷ(○), ㄹ(○)
⑤ ㄱ(×), ㄴ(○), ㄷ(×), ㄹ(○)

해 설

ㄱ. **(O)** 제3채무자의 법정해제는 통지의 효과에 반하는 채무자의 피대위권리 처분이 아니므로 대위채권자에게 대항할 수 있다.

[**대법원** 2012. 5. 17. **선고** 2011**다**87235 **전원합의체 판결**] 민법 제405조 제2항은 '채무자가 채권자대위권행사의 통지를 받은 후에는 그 권리를 처분하여도 이로써 채권자에게 대항하지 못한다'고 규정하고 있다. 위 조항의 취지는 채권자가 채무자에게 대위권 행사사실을 통지하거나 채무자가 채권자의 대위권 행사사실을 안 후에 채무자에게 대위의 목적인 권리의 양도나 포기 등 처분행위를 허용할 경우 채권자에 의한 대위권행사를 방해하는 것이 되므로 이를 금지하는 데에 있다. 그런데 채무자의 채무불이행 사실 자체만으로는 권리변동의 효력이 발생하지 않아 이를 채무자가 제3채무자에 대하여 가지는 채권을 소멸시키는 적극적인 행위로 파악할 수 없는 점, 더구나 법정해제는 채무자의 객관적 채무불이행에 대한 제3채무자의 정당한 법적 대응인 점, 채권이 압류·가압류된 경우에도 압류 또는 가압류된 채권의 발생원인이 된 기본계약의 해제가 인정되는 것과 균형을 이룰 필요가 있는 점 등을 고려할 때 채무자가 자신의 채무불이행을 이유로 매매계약이 해제되도록 한 것을 두고 민법 제405조 제2항에서 말하는 '처분'에 해당한다고 할 수 없다. 따라서 채무자가 채권자대위권행사의 통지를 받은 후에 채무를 불이행함으로써 통지 전에 체결된 약정에 따라 매매계약이 자동적으로 해제되거나, 채권자대위권행사의 통지를 받은 후에 채무자의 채무불이행을 이유로 제3채무자가 매매계약을 해제한 경우 제3채무자는 계약해제로써 대위권을 행사하는 채권자에게 대항할 수 있다. 다만

형식적으로는 채무자의 채무불이행을 이유로 한 계약해제인 것처럼 보이지만 실질적으로는 채무자와 제3채무자 사이의 합의에 따라 계약을 해제한 것으로 볼 수 있거나, 채무자와 제3채무자가 단지 대위채권자에게 대항할 수 있도록 채무자의 채무불이행을 이유로 하는 계약해제인 것처럼 외관을 갖춘 것이라는 등의 특별한 사정이 있는 경우에는 채무자가 피대위채권을 처분한 것으로 보아 제3채무자는 계약해제로써 대위권을 행사하는 채권자에게 대항할 수 없다.

ㄴ. (×) 피보전채권에 관한 승소확정판결이 있는 때에는 제3채무자는 피보전채권의 존부에 관하여 다툴 수 없다.

[**대법원** 2000. 6. 9. **선고** 98**다**18155 **판결**] 민법 제404조에서 규정하고 있는 채권자대위권은 채권자가 채무자에 대한 자기의 채권을 보전하기 위하여 필요한 경우에 채무자의 제3자에 대한 권리를 대위행사할 수 있는 권리를 말하는 것으로서, 이 때 보전되는 채권은 보전의 필요성이 인정되고 이행기가 도래한 것이면 족하고, 그 채권의 발생원인이 어떠하든 대위권을 행사함에는 아무런 방해가 되지 아니하며, 또한 채무자에 대한 채권이 제3채무자에게까지 대항할 수 있는 것임을 요하는 것도 아니라고 할 것이므로, 채권자대위권을 재판상 행사하는 경우에 있어서도 채권자인 원고는 그 채권의 존재사실 및 보전의 필요성, 기한의 도래 등을 입증하면 족한 것이지, 채권의 발생원인사실 또는 그 채권이 제3채무자인 피고에게 대항할 수 있는 채권이라는 사실까지 입증할 필요는 없으며, 따라서 채권자가 채무자를 상대로 하여 그 보전되는 청구권에 기한 이행청구의 소를 제기하여 승소판결이 확정되면 제3채무자는 그 청구권의 존재를 다툴 수 없다.

ㄷ. (×) 채권자대위소송의 승소판결이 확정되더라도 그로 인한 효과는 채무자에게 발생하는 것이므로 채무자의 다른 채권자는 피대위채권을 압류 또는 가압류 할 수 있다.

[**대법원** 2016. 8. 29. **선고** 2015**다**236547 **판결**] 채권자가 자기의 금전채권을 보전하기 위하여 채무자의 금전채권을 대위행사하는 경우 제3채무자로 하여금 채무자에게 지급의무를 이행하도록 청구할 수도 있지만, 직접 대위채권자 자신에게 이행하도록 청구할 수도 있다. 그런데 채권자대위소송에서 제3채무자로 하여금 직접 대위채권자에게 금전의 지급을 명하는 판결이 확정되더라도, 대위의 목적인 권리, 즉 채무자의 제3채무자에 대한 피대위채권이 판결의 집행채권으로서 존재하고 대위채권자는 채무자를 대위하여 피대위채권에 대한 변제를 수령하게 될 뿐 자신의 채권에 대한 변제로서 수령하게 되는 것이 아니므로, 피대위채권이 변제 등으로 소멸하기 전이라면 채무자의 다른 채권자는 이를 압류·가압류할 수 있다.

ㄹ. (O) 채권자대위권 행사사실이 통지된 후 피대위권리에 관한 전부명령을 이미 압류된 채권에 관한 전부명령과 같이 효력이 없다.

[**대법원** 2016. 8. 29. **선고** 2015**다**236547 **판결**] 채권자대위소송이 제기되고 대위채권자가 채무자에게 대위권 행사사실을 통지하거나 채무자가 이를 알게 되면 민법 제405조 제2항에 따라 채무자는 피대위채권을 양도하거나 포기하는 등 채권자의 대위권 행사를 방해하는 처분행위를 할 수 없게 되고 이러한 효력은 제3채무자에게도 그대로 미치는데, 그럼에도 그 이후 대위채권자와 평등한 지위를 가지는 채무자의 다른 채권자가 피대위채권에 대하여 전부명령을 받는 것도 가능하다고 하면, 채권자대위소송의 제기가 채권자의 적법한 권리행사방법 중 하나이고 채무자에게 속한 채권을 추심한다는 점에서 추심소송과 공통점도 있음에도 그것이 무익한 절차에 불과하게 될 뿐만 아니라, 대위채권자가 압류·가압류나 배당요구의 방법을 통하여 채권배당절차에 참여할 기회조차 가지지 못하게 한 채 전부명령을 받은 채권자가 대위채권자를 배제하고 전속적인 만족을 얻는 결과가 되어, 채권자대위권의 실질적 효과를 확보하고자 하는 민법 제405조 제2항의 취지에 반하게 된다. **정답** ①

29. 채권자대위권에 관한 설명 중 옳은 것(○)과 옳지 않은 것(×)을 올바르게 조합한 것은? (각 지문은 독립적이며, 다툼이 있는 경우 판례에 의함) [18 변호사]

ㄱ. 이혼으로 인한 재산분할청구권은 재산권적 성질을 가진 것이므로, 이와 관련한 협의 또는 심판이 제기되기 전이라도 이를 보전하기 위하여 채권자대위권을 행사할 수 있다.
ㄴ. 수임인이 가지는 「민법」 제688조 제2항 전단 소정의 대변제청구권은 통상의 금전채권과는 다른 목적을 갖는 것이므로, 수임인이 대변제청구권을 보전하기 위하여 채무자인 위임인의 채권을 대위행사하는 경우에는 채무자의 무자력을 요건으로 하지 아니한다.
ㄷ. 채무자가 채권자대위권 행사의 통지를 받은 후에는 피대위권리를 처분하여도 채권자에게 대항하지 못하므로, 채무자가 채무를 불이행함으로써 통지 전에 체결된 약정에 따라 피대위권리의 발생원인인 계약이 자동적으로 해제되었다고 하더라도 특별한 사정이 없는 한 제3채무자는 그 계약해제로써 대위권을 행사하는 채권자에게 대항할 수 없다.
ㄹ. 채권자대위권에서 보전되는 채권은 보전의 필요성이 인정되고 이행기가 도래한 것이면 되고, 채권의 발생원인이 어떠하든 대위권을 행사함에는 아무런 방해가 되지 아니하나, 적어도 채무자에 대한 채권이 제3채무자에게 대항할 수 있는 것이어야 한다.

① ㄱ(○), ㄴ(○), ㄷ(×), ㄹ(×)
② ㄱ(×), ㄴ(○), ㄷ(×), ㄹ(×)
③ ㄱ(×), ㄴ(○), ㄷ(×), ㄹ(○)
④ ㄱ(×), ㄴ(×), ㄷ(○), ㄹ(×)
⑤ ㄱ(○), ㄴ(×), ㄷ(○), ㄹ(○)

해설

ㄱ. **(×)** 채권자대위권의 피보전채권은 구체적 청구권이어야 한다. 협의나 심판에 의하여 구체화되지 아니한 재산분할청구권은 채권자대위권의 피보전채권이 될 수 없다.
[**대법원** 1999. 4. 9. **선고** 98**다**58016 **판결**] 이혼으로 인한 재산분할청구권은 협의 또는 심판에 의하여 그 구체적 내용이 형성되기까지는 그 범위 및 내용이 불명확·불확정하기 때문에 구체적으로 권리가 발생하였다고 할 수 없으므로 이를 보전하기 위하여 채권자대위권을 행사할 수 없다.

ㄴ. **(○)** 수임인의 대변제청구권은 비록 금전채권이더라도 이를 보전하기 위하여 위임인의 권리를 대위행사 함에 있어 위임인이 무자력이어야 하는 것은 아니다.
[**대법원** 2002. 1. 25. **선고** 2001**다**52506 **판결**] 수임인이 가지는 민법 제688조 제2항 전단 소정의 대변제청구권은 통상의 금전채권과는 다른 목적을 갖는 것이므로, 수임인이 이 대변제청구권을 보전하기 위하여 채무자인 위임인의 채권을 대위행사하는 경우에는 채무자의 무자력을 요건으로 하지 아니한다(필자 註 : 甲은 주식회사인 乙의 이사이므로 그들 사이에는 상법 제382조 제2항에 의하여 위임의 규정이 준용되고, 甲이 乙의 공장 매수대금 일부를 마련하기 위하여 丙으로부터 대출금을 차용하여 乙에게 교부함으로써, 甲은 위임사무의 처리에 관하여 대출금채무를 부담한 것으로 되어, 민법 제688조 제2항 전단의 규정에 의하여 乙에게 자신에 갈음하여 대출금채무를 변제할 것을 청구할 권리가 있다 할 것이고, 이 대변제청구권을 보전하기 위하여 乙의 丙에 대한 확정판결상의 부당이득반환채권과 위 대출금채무를 대등액에서 상계할 권리를 대위행사할 수 있다고 본 사례).

ㄷ. **(×)** 채권자대위권 행사사실이 채무자에게 통지된 경우에는 채무자의 피대위권리에 관한 처분이 제한된다. 채무자의 채무불이행으로 인한 제3채무자의 법정해제나 자동해제의 경우에는 채무자가 피대위권리를 처분한 것이라고 볼 수 없으므로 해제로 피대위권리가 소멸하였음을 제3채무자는 대위채권자에게 대항할 수 있다.

[**대법원** 2012. 5. 17. **선고** 2011**다**87235 **전원합의체 판결**] 민법 제405조 제2항은 '채무자가 채권자대위권행사의 통지를 받은 후에는 그 권리를 처분하여도 이로써 채권자에게 대항하지 못한다'고 규정하고 있다. 위 조항의 취지는 채권자가 채무자에게 대위권 행사사실을 통지하거나 채무자가 채권자의 대위권 행사사실을 안 후에 채무자에게 대위의 목적인 권리의 양도나 포기 등 처분행위를 허용할 경우 채권자에 의한 대위권행사를 방해하는 것이 되므로 이를 금지하는 데에 있다. 그런데 채무자의 채무불이행 사실 자체만으로는 권리변동의 효력이 발생하지 않아 이를 채무자가 제3채무자에 대하여 가지는 채권을 소멸시키는 적극적인 행위로 파악할 수 없는 점, 더구나 법정해제는 채무자의 객관적 채무불이행에 대한 제3채무자의 정당한 법적 대응인 점, 채권이 압류·가압류된 경우에도 압류 또는 가압류된 채권의 발생원인이 된 기본계약의 해제가 인정되는 것과 균형을 이룰 필요가 있는 점 등을 고려할 때 채무자가 자신의 채무불이행을 이유로 매매계약이 해제되도록 한 것을 두고 민법 제405조 제2항에서 말하는 '처분'에 해당한다고 할 수 없다. 따라서 채무자가 채권자대위권행사의 통지를 받은 후에 채무를 불이행함으로써 통지 전에 체결된 약정에 따라 매매계약이 자동적으로 해제되거나, 채권자대위권행사의 통지를 받은 후에 채무자의 채무불이행을 이유로 제3채무자가 매매계약을 해제한 경우 제3채무자는 계약해제로써 대위권을 행사하는 채권자에게 대항할 수 있다. 다만 형식적으로는 채무자의 채무불이행을 이유로 한 계약해제인 것처럼 보이지만 실질적으로는 채무자와 제3채무자 사이의 합의에 따라 계약을 해제한 것으로 볼 수 있거나, 채무자와 제3채무자가 단지 대위채권자에게 대항할 수 있도록 채무자의 채무불이행을 이유로 하는 계약해제인 것처럼 외관을 갖춘 것이라는 등의 특별한 사정이 있는 경우에는 채무자가 피대위채권을 처분한 것으로 보아 제3채무자는 계약해제로써 대위권을 행사하는 채권자에게 대항할 수 없다.

ㄹ. **(×)** 채권자대위권의 피보전채권은 채무자에게 대항할 수 있는 권리이면 족하고 더 나아가 제3채무자에게 대항할 수 있는 채권이어야 하는 것은 아니다.

[**대법원** 2003. 4. 11. **선고** 2000**다**1250 **판결**] 민법 제404조에서 규정하고 있는 채권자대위권은 채권자가 채무자에 대한 자기의 채권을 보전하기 위하여 필요한 경우에 채무자의 제3자에 대한 권리를 대위행사할 수 있는 권리를 말하는 것으로서, 이 때 보전되는 채권은 보전의 필요성이 인정되고 이행기가 도래한 것이면 족하고, 그 채권의 발생원인이 어떠하든 대위권을 행사함에는 아무런 방해가 되지 아니하며, 또한 채무자에 대한 채권이 제3채무자에게까지 대항할 수 있는 것임을 요하는 것도 아니다.

정답 ②

30. **甲이 자기 소유의 아파트를 乙에게 매도하고 乙이 계약금과 중도금을 지급한 후 잔금을 지급하지 않고 있고 소유권이전등기가 경료되지 않은 상태에서, 다시 乙이 丙에게 위 아파트를 매도하고 丙은 乙에게 매매대금 전액을 지급하였다. 그 후 丙이 乙을 대위하여 甲에게 소유권이전등기청구소송을 제기하여 소가 계속 중에 있다. 이에 관한 설명 중 옳지 않은 것은? (다툼이 있는 경우 판례에 의함)** [17 변호사]

① 위 소송에서 甲은 丙에 대하여 乙로부터 잔금을 받음과 동시에 소유권이전등기를 해주겠다고 항변할 수 있다.

② 丙이 乙에게 대위행사를 통지하였고 그 후 甲이 乙의 잔금채무불이행을 이유로 매매계약을 해제한 경우, 甲은 丙에게 계약해제로써 대항할 수 없다.

③ 丙이 위 소송계속 중 乙에게 대위행사를 통지한 후 통지를 수령한 乙이 甲에게 소유권이전등기청구소송을 제기한 경우, 乙이 제기한 소송은 부적법하여 각하된다.

④ 丙이 乙에게 대위행사를 일반우편으로 통지하여 乙이 알게 된 경우, 그 후 丙이 제기한 소송이 패소로 확정되었다면 그 패소판결의 효력은 乙에게도 미친다.

⑤ 丙이 乙에게 대위행사를 통지하였고 그 후 甲과 乙이 둘 사이의 매매계약을 합의하여 해제한 경우, 甲은 丙에게 계약해제로써 대항할 수 없다.

해 설

① **(O)** 채권자대위소송에서 제3채무자가 채무자에 대한 항변으로 대위채권자에게 대항할 수 있는지를 묻는 지문이다. 채권자대위권을 행사한다고 하여 제3채무자의 법적 지위가 악화되어서는 안 되므로 제3채무자는 채무자에 대항할 수 있는 사유로 대위채권자에게 대항할 수 있다. 甲이 乙에 대하여 동시이행의 항변권을 행사할 수 있으므로 이를 丙에게 대항할 수 있다.

[**대법원** 2009. 5. 28. **선고** 2009**다**4787 **판결**] 채권자대위권은 채무자의 제3채무자에 대한 권리를 행사하는 것이므로, 제3채무자는 채무자에 대해 가지는 모든 항변사유로 채권자에게 대항할 수 있다.

② **(×)** 채권자대위권 행사사실이 통지된 경우의 효과를 묻는 지문이다. 제405조 제2항에 따라 채무자의 처분이 제한되고, 채무자의 처분을 인한 사유는 제3채무자도 대위채권자에게 대항할 수 없다. 통지 후에 제3채무자가 채무자의 채무불이행을 원인으로 피대위권리 발생원인이 계약을 해제하는 것은 채무자의 처분이라고 할 수 없으므로 제3채무자는 해제로 피대위권리가 소멸하였음을 대위채권자에게 대항할 수 있다.

[**대법원** 2012. 5. 17. **선고** 2011**다**87235 **전원합의체 판결**] 민법 제405조 제2항은 '채무자가 채권자대위권행사의 통지를 받은 후에는 그 권리를 처분하여도 이로써 채권자에게 대항하지 못한다'고 규정하고 있다. 위 조항의 취지는 채권자가 채무자에게 대위권 행사사실을 통지하거나 채무자가 채권자의 대위권 행사사실을 안 후에 채무자에게 대위의 목적인 권리의 양도나 포기 등 처분행위를 허용할 경우 채권자에 의한 대위권행사를 방해하는 것이 되므로 이를 금지하는 데에 있다. 그런데 채무자의 채무불이행 사실 자체만으로는 권리변동의 효력이 발생하지 않아 이를 채무자가 제3채무자에 대하여 가지는 채권을 소멸시키는 적극적인 행위로 파악할 수 없는 점, 더구나 법정해제는 채무자의 객관적 채무불이행에 대한 제3채무자의 정당한 법적 대응인 점, 채권이 압류·가압류된 경우에도 압류 또는 가압류된 채권의 발생원인이 된 기본계약의 해제가 인정되는 것과 균형을 이룰 필요가 있는 점 등을 고려할 때 채무자가 자신의 채무불이행을 이유로 매매계약이 해제되도록 한 것을 두고 민법 제405조 제2항에서 말하는 '처분'에 해당한다고 할 수 없다. 따라서 채무자가 채권자대위권행사의 통지를 받은 후에 채무를 불이행함으로써 통지 전에 체결된 약정에 따라 매매계약이 자동적으로 해제되거나, 채권자대위권행사의 통지를 받은 후에 채무자의 채무불이행을 이유로 제3채무자가 매매계약을 해제한 경우 제3채무자는 계약해제로써 대위권을 행사하는 채권자에게 대항할 수 있다. 다만 형식적으로는 채무자의 채무불이행을 이유로 한 계약해제인 것처럼 보이지만 실질적으로는 채무자와 제3채무자 사이의 합의에 따라 계약을 해제한 것으로 볼 수 있거나, 채무자와 제3채무자가 단지 대위채권자에게 대항할 수 있도록 채무자의 채무불이행을 이유로 하는 계약해제인 것처럼 외관을 갖춘 것이라는 등의 특별한 사정이 있는 경우에는 채무자가 피대위채권을 처분한 것으로 보아 제3채무자는 계약해제로써 대위권을 행사하는 채권자에게 대항할 수 없다.

③ **(O)** 채권자대위소송 계속 중에 그 사실을 알고 있는 채무자가 제3채무자를 상대로 소송을 제기한 경우 중복소송에 해당하는지를 묻는 지문이다. 채권자대위소송과 채무자의 피대위권리에 관한 소송은 동일한 소송이므로 중복소송에 해당하고, 중복소송은 금지되므로 법원은 채무자의 중복제소를 각하하여야 한다.

[**대법원** 1974. 1. 29. **선고** 73**다**351 **판결**] 채권자가 민법 제404조 제1항에 의하여 채무자를 대위하여 제기한 소송이 계속 중인데 채무자가 같은 피고를 상대로 청구취지 및 청구원인을 같이 하는 내용의 소송을 제기한 경우에는 위 양 소송은 비록 당사자는 다를지라도 실질상으로는 동일 소송이라 할 것이므로 후소는 민소법 제234조의 중복소송금지 규정에 저촉된다.

④ **(O)** 채권자대위소송의 판결의 기판력이 채무자에게 미치는지를 묻는 지문이다. 채무자가 대위소송 사실을 안 때에는 채무자에게 미친다는 것이 판례의 태도이다.

[**대법원** 1975. 5. 13. **선고** 74**다**1664 **전원합의체 판결**] 채권자가 채권자대위권을 행사하는 방법으로 제3채무자를 상대로 소송을 제기하고 판결을 받은 경우에는 어떠한 사유로 인하였던 적어도 채무자가 채권자대위권에 의한 소송이 제기된 사실을 알았을 경우에는 그 판결의 효력은 채무자에게 미친다.

⑤ **(O)** 통지 후 채무자와 제3채무자의 합의해제가 채무자의 처분에 해당하는지를 묻는 지문이다. 합의해제는 채무자의 피대위권리에 관한 처분행위에 해당하므로 합의해제로 인하여 피대위권리가 소멸하였다는 점은 제3채무자도 대위채권자에게 대항할 수 없다.

[**대법원** 1996. 4. 12. **선고** 95**다**54167 **판결**] 채권자대위권의 행사에 있어서 채무자가 채권자대위권을 행사한 점을 알게 된 이후에는 채무자가 그 권리를 처분하여도 이로써 채권자에게 대항할 수 없으므로, 채권자가 채무자를 대위하여 제3채무자의 부동산에 대한 처분금지가처분을 신청하여 처분금지가처분 결정을 받은 경우, 이는 그 부동산에 관한 소유권이전등기청구권을 보전하기 위한 것이므로 피보전권리인 소유권이전등기청구권을 행사한 것과 같이 볼 수 있어, 채무자가 그러한 채권자대위권의 행사사실을 알게 된 이후에 그 부동산에 대한 매매계약을 합의해제함으로써 채권자대위권의 객체인 그 부동산의 소유권이전등기청구권을 소멸시켰다 하더라도 이로써 채권자에게 대항할 수 없다.

정답 ②

31. **甲은 乙에 대하여 매매대금채권을 가지고 있고, 乙은 丙에 대하여 대여금채권을 가지고 있다. 甲은 乙을 대위하여 丙을 상대로 대여금의 지급을 구하는 소를 제기하였다. 이에 관한 설명 중 옳지 않은 것은? (각 지문은 독립적이며, 다툼이 있는 경우 판례에 의함)** [16 변호사]

① 甲이 乙을 상대로 매매대금지급을 구하는 소를 제기하여 이미 승소판결이 확정된 경우라면, 丙은 甲의 매매대금채권의 존재를 다툴 수 없다.

② 甲의 丙에 대한 소송계속 중에 乙에 대한 구상금채권자인 丁이 乙을 대위하여 채권자대위권을 행사하면서 甲의 丙에 대한 위 소송에 공동소송참가신청을 하는 것은 양 청구의 소송물이 동일하다면 적법하다.

③ 甲의 丙에 대한 위 소송에서 乙의 무자력이 인정되지 않는 경우 법원은 위 소를 각하하여야 한다.

④ 甲의 소장부본을 송달받은 丙이 乙에게 대여원리금 전액을 변제하였고 乙이 이를 수령한 경우, 乙이 변제수령 당시 이미 甲의 채권자대위소송 제기 사실을 알고 있었다면 丙은 甲에 대하여 채무의 변제사실을 가지고 대항할 수 없다.

⑤ 甲이 채권자대위권을 행사함으로써 비용이 발생한 경우 甲은 乙에게 그 비용의 상환을 청구할 수 있다.

해설

① **(O)** 채권자대위권의 피보전채권에 관하여 확정판결이 있는 경우, 제3채무자가 그 존재를 다툴 수 있는지를 묻는 지문이다. 다툴 수 없다는 것이 판례이다.

[**대법원** 2000. 6. 9. **선고** 98**다**18155 **판결**] 민법 제404조에서 규정하고 있는 채권자대위권은 채권자가 채무자에 대한 자기의 채권을 보전하기 위하여 필요한 경우에 채무자의 제3자에 대한 권리를 대위행사할 수 있는 권리를 말하는 것으로서, 이 때 보전되는 채권은 보전의 필요성이 인정되고 이행기가 도래한 것이면 족하고, 그 채권의 발생원인이 어떠하든 대위권을 행사함에는 아무런 방해가 되지 아니하며, 또한 채무자에 대한 채권이 제3채무자에게까지 대항할 수 있는 것임을 요하는 것도 아니라고 할 것이므로, 채권자대위권을 재판상 행사하는 경우에 있어서도 채권자인 원고는 그 채권의 존재사실 및 보전의 필요성, 기한의 도래 등을 입증하면 족한 것이지, 채권의 발생원인사실 또는 그 채권이 제3채무자인 피고에게 대항할 수 있는 채권이라는 사실까지 입증할 필요는 없으며, 따라서 채권자가 채무자를 상대로 하여 그 보전되는 청구권에 기한 이행청구의 소를 제기하여 승소판결이 확정되면 제3채무자는 그 청구권의 존재를 다툴 수 없다.

② (O) 채권자대위소송 계속 중 채무자의 다른 채권자가 공동소송참가를 할 수 있는지를 묻는 지문이다. 소송목적이 한 쪽 당사자와 제3자에게 합일적으로 확정되어야 할 경우 그 제3자는 공동소송인으로 소송에 참가할 수 있다(민사소송법 제83조 제1항). 채권자들의 청구의 소송물이 동일한 경우에는 참가신청은 적법하다.

[**대법원** 2015. 7. 23. **선고** 2013**다**30301 **판결**] 채권자대위소송이 계속 중인 상황에서 다른 채권자가 동일한 채무자를 대위하여 채권자대위권을 행사하면서 공동소송참가신청을 할 경우, 양 청구의 소송물이 동일하다면 민사소송법 제83조 제1항이 요구하는 '소송목적이 한쪽 당사자와 제3자에게 합일적으로 확정되어야 할 경우'에 해당하므로 참가신청은 적법하다. 이때 양 청구의 소송물이 동일한지는 채권자들이 각기 대위행사하는 피대위채권이 동일한지에 따라 결정되고, 채권자들이 각기 자신을 이행 상대방으로 하여 금전의 지급을 청구하였더라도 채권자들이 채무자를 대위하여 변제를 수령하게 될 뿐 자신의 채권에 대한 변제로서 수령하게 되는 것이 아니므로 이러한 채권자들의 청구가 서로 소송물이 다르다고 할 수 없다. 여기서 원고가 일부 청구임을 명시하여 피대위채권의 일부만을 청구한 것으로 볼 수 있는 경우에는 참가인의 청구금액이 원고의 청구금액을 초과하지 아니하는 한 참가인의 청구가 원고의 청구와 소송물이 동일하여 중복된다고 할 수 있으므로 소송목적이 원고와 참가인에게 합일적으로 확정되어야 할 필요성을 인정할 수 있어 참가인의 공동소송참가신청을 적법한 것으로 보아야 한다.

③ (O) 채권자대위소송이 제기되었는데, 피보전채권이 인정되지 않는 경우 법원의 조치를 묻는 지문이다. 대위소송은 부적법하므로 각하하여야 한다.

[**대법원** 1990. 12. 11. **선고** 88**다카**4727 **판결**] 채권자대위소송에 있어서 대위에 의하여 보전될 채권자의 채무자에 대한 권리가 인정되지 아니할 경우에는 채권자 스스로 원고가 되어 채무자의 제3채무자에 대한 권리를 행사할 당사자적격이 없게 되므로 그 대위소송을 부적법하여 각하할 수밖에 없다.

④ (×) 채무자가 대위권 행사사실을 알고 한 후에 제3채무자가 채무자에게 변제하고 이를 대위채권자에게 대항할 수 있는지를 묻는 지문이다. 채무자가 대위권 행사사실을 알게 된 때에는 대위채권자의 통지가 있는 것과 같은 효과가 발생하고, 그로 인하여 채무자의 처분이 제한되지만, 제3채무자가 변제를 채무자가 수령하는 것은 채무자의 피대위권리에 관한 처분이라고 볼 수 없다. 따라서 제3채무자는 채무자에 대한 변제로 피대위권리가 소멸하였음을 대위채권자에게 대항할 수 있다. 대위채권자가 제3채무자의 채무자에 대한 변제를 금지하고자 한다면 별도로 피대위권리에 대한 가압류 등의 조치를 취하여야 한다.

[**대법원** 1991. 4. 12. **선고** 90**다**9407 **판결**] 채권자가 채무자를 대위하여 채무자의 제3채무자에 대한 권리를 행사하고 채무자에게 통지를 하거나 채무자가 채권자의 대위권 행사사실을 안 후에는 채무자는 그 권리에 대한 처분권을 상실하여 그 권리의 양도나 포기 등 처분행위를 할 수 없고 채무자의 처분행위에 기하여 취득한 권리로서는 채권자에게 대항할 수 없으나, 채무자의 변제수령은 처분행위라 할 수 없고 같은 이치에서 채무자가 그 명의로 소유권이전등기를 경료하는 것 역시 처분행위라고 할 수 없으므로 소유권이전등기청구권의 대위행사 후에도 채무자는 그 명의로 소유권이전등기를 경료하는데 아무런 지장이 없다.

⑤ (O) 대위채권자와 채무자 사이에는 위임 유사의 법률관계가 인정된다.

[**대법원** 1996. 8. 21. **선고** 96**그**8 **판결**] 채권자대위권을 행사하는 경우 채권자와 채무자는 일종의 법정위임의 관계에 있으므로 채권자는 민법 제688조를 준용하여 채무자에게 그 비용의 상환을 청구할 수 있고, 그 비용상환청구권은 강제집행을 직접 목적으로 하여 지출된 집행비용이라고는 볼 수 없으므로 지급명령신청에 의하여 지급을 구할 수 있다. 정답 ④

32. 다음 설명 중 옳지 않은 것을 모두 고른 것은? (다툼이 있는 경우 판례에 의함) [15 변호사]

ㄱ. 채무자가 채권자대위권 행사의 통지를 받은 후에는 채무자의 채무불이행을 이유로 제3채무자가 매매계약을 해제하더라도, 제3채무자는 원칙적으로 계약해제로써 대위권을 행사하는 채권자에게 대항할 수 없다.
ㄴ. 채권자대위권은 채무자의 제3채무자에 대한 권리를 행사하는 것이므로, 제3채무자는 채무자에 대해 가지는 모든 항변사유로 채권자에게 대항할 수 있으나, 채권자는 채무자가 주장할 수 있는 사유의 범위 내에서 주장할 수 있을 뿐 자기와 제3채무자 사이의 독자적인 사정에 기한 사유를 주장할 수는 없다.
ㄷ. 유류분반환청구권은 그 행사 여부가 유류분권리자의 인격적 이익을 위하여 그의 자유로운 의사결정에 전적으로 맡겨진 권리로서 행사상의 일신전속성을 가진다고 보아야 하므로, 유류분권리자에게 그 권리행사의 확정적 의사가 있다고 인정되는 경우가 아니라면 채권자대위권의 목적이 될 수 없다.

① ㄱ ② ㄷ ③ ㄱ, ㄴ
④ ㄱ, ㄷ ⑤ ㄴ, ㄷ

해설

ㄱ. (×) 채권자대위권 행사사실 통지에 의하여 제한되는 채무자의 처분을 묻는 지문이다. 제3채무자의 법정해제가 채무자의 처분에 해당하는지를 묻고 있다. 종래 이를 채무자의 처분에 해당한다고 본 판결이 있으나 최근 대법원은 제3채무자의 법정해제는 채무자의 처분에 해당하지 않음을 분명히 하고 있다. 다만 실질적으로 합의해제에 해당한다면 제3채무자의 법정해제의 형식을 갖추었더라도 채무자의 처분에 해당하고 이로써 대위채권자에게 대항할 수 없다고 한다.
[**대법원** 2012. 5. 17. **선고** 2011**다**87235 **전원합의체 판결**] 민법 제405조 제2항은 '채무자가 채권자대위권행사의 통지를 받은 후에는 그 권리를 처분하여도 이로써 채권자에게 대항하지 못한다'고 규정하고 있다. 위 조항의 취지는 채권자가 채무자에게 대위권 행사사실을 통지하거나 채무자가 채권자의 대위권 행사사실을 안 후에 채무자에게 대위의 목적인 권리의 양도나 포기 등 처분행위를 허용할 경우 채권자에 의한 대위권행사를 방해하는 것이 되므로 이를 금지하는 데에 있다. 그런데 채무자의 채무불이행 사실 자체만으로는 권리변동의 효력이 발생하지 않아 이를 채무자가 제3채무자에 대하여 가지는 채권을 소멸시키는 적극적인 행위로 파악할 수 없는 점, 더구나 법정해제는 채무자의 객관적 채무불이행에 대한 제3채무자의 정당한 법적 대응인 점, 채권이 압류·가압류된 경우에도 압류 또는 가압류된 채권의 발생원인이 된 기본계약의 해제가 인정되는 것과 균형을 이룰 필요가 있는 점 등을 고려할 때 채무자가 자신의 채무불이행을 이유로 매매계약이 해제되도록 한 것을 두고 민법 제405조 제2항에서 말하는 '처분'에 해당한다고 할 수 없다. 따라서 채무자가 채권자대위권행사의 통지를 받은 후에 채무를 불이행함으로써 통지 전에 체결된 약정에 따라 매매계약이 자동적으로 해제되거나, 채권자대위권행사의 통지를 받은 후에 채무자의 채무불이행을 이유로 제3채무자가 매매계약을 해제한 경우 제3채무자는 계약해제로써 대위권을 행사하는 채권자에게 대항할 수 있다. 다만 형식적으로는 채무자의 채무불이행을 이유로 한 계약해제인 것처럼 보이지만 실질적으로는 채무자와 제3채무자 사이의 합의에 따라 계약을 해제한 것으로 볼 수 있거나, 채무자와 제3채무자가 단지 대위채권자에게 대항할 수 있도록 채무자의 채무불이행을 이유로 하는 계약해제인 것처럼 외관을 갖춘 것이라는 등의 특별한 사정이 있는 경우에는 채무자가 피대위채권을 처분한 것으로 보아 제3채무자는 계약해제로써 대위권을 행사하는 채권자에게 대항할 수 없다.

ㄴ. (O) 대위채권자가 제3채무자와의 사이에 독자적인 사유를 채권자대위소송에서 주장할 수 있는지를 묻는 지문이다. 채무자가 제3채무자에 대해서 주장할 수 있는 사유를 주장할 수 있을 뿐이다.
[**대법원** 2009. 5. 28. **선고** 2009**다**4787 **판결**] 채권자는 채무자 자신이 주장할 수 있는 사유의 범위 내에서 주장할 수 있을 뿐 자기와 제3채무자 사이의 독자적인 사정에 기한 사유를 주장할 수는 없다(필자 註 : 채권자가 무효인 소유권이전등기청구권의 보전을 위한 가등기의 유용합의에 따라 부동산소유자인 채무자로부터 그 가등기 이전의 부기등기를 마친 제3채무자를 상대로 채무자를 대위하여 가등기의 말소를 구한 사안에서, 채권자가 그 부기등기 전에 부동산을 가압류한 사실을 주장하는 것은 채무자가 아닌 채권자 자신이 제3채무자에 대하여 가지는 사유에 관한 것이어서 허용되지 않는다고 한 사례).

ㄷ. (O) 유류분반환청구권이 채권자대위권의 객체가 될 수 있는지를 묻는 지문이다. 일신전속적 성질을 가지고 있음을 이유로 채권자대위권의 객체가 되지 않는다고 본다.
[**대법원** 2010. 5. 27. **선고** 2009**다**93992 **판결**] 민법은 유류분을 침해하는 피상속인의 유증 또는 증여에 대하여 일단 그 의사대로 효력을 발생시킴으로써 피상속인의 재산처분에 관한 자유를 우선적으로 존중해 주는 한편 유류분반환청구권을 행사하여 그 침해된 유류분을 회복할 것인지 여부를 유류분권리자의 선택에 맡기고 있고, 이 경우 유류분권리자는 피상속인의 의사나 피상속인과의 관계는 물론 수증자나 다른 상속인과의 관계 등도 종합적으로 고려하여 유류분반환청구권의 행사 여부를 결정하게 된다. 그렇다면, 유류분반환청구권은 그 행사 여부가 유류분권리자의 인격적 이익을 위하여 그의 자유로운 의사결정에 전적으로 맡겨진 권리로서 행사상의 일신전속성을 가진다고 보아야 하므로, 유류분권리자에게 그 권리행사의 확정적 의사가 있다고 인정되는 경우가 아니라면 채권자대위권의 목적이 될 수 없다(필자 註 : (ㄱ) 유류분반환청구권이 채권자대위권의 목적이 될 수 있는지가 본 판결의 쟁점이다. 유류분반환청구권은 재산권으로 행사상 혹은 귀속상 일신전속권이 아니라는 것이 학설의 일반적 태도이다. 그러나 대법원은 학설과 달리 유류분반환청구권이 행사상 일신전속권으로 채권자대위권의 객체가 되지 않는다는 점을 분명히 하였다. (ㄴ) 유류분제도가 피상속인의 재산처분의 자유를 전제로 유류분권리자인 상속인들의 이익을 조정하는 제도이고, 유류분권리자는 피상속인의 의사 존중, 반환청구의 상대방인 다른 공동상속인들과의 신분적·인격적 관계, 유류분 산정의 기초로 산입되지는 않더라도 피상속인으로부터 받은 유형·무형의 이익 등 여러 가지 사정을 고려하여 유류분반환청구권의 행사여부를 결정하게 된다는 점에서 유류분반환청구권의 행사여부는 유류분권리자의 자유의사에 맡겨져 있다고 본다. 유류분권리자가 그 권리를 행사하려면 피상속인의 사전 처분을 불복하는 등 불효를 감수해야 하고, 형제자매등과의 우애를 희생하여야 하는데도 이를 일반채권자가 대위행사 할 수 있다면 가족생활은 개인의 존엄을 기초로 성립되고 유지되어야 하며 국가는 이를 보장한다는 헌법 제36조 제1항에도 반한다.).

정답 ①

33. **甲은 자신의 소유인 X 아파트를 乙에게 대금 3억 원에 매도하였는데 아직 잔대금 1억 원을 지급받지 못함에 따라 등기도 이전해 주지 아니하였다. 乙은 아파트를 丙에게 대금 3억 5,000만 원에 전매하였다. 甲의 금전채권자 A는 甲을 대위하여 乙을 상대로 매매 잔대금 청구소송을 제기하였다(제1소송). 한편 丙도 乙을 대위하여 甲을 상대로 乙에게로 소유권이전등기 청구소송을 제기하고(제2소송), 이를 乙에게 통지하였다. 다음 중 옳은 것을 모두 고른 것은? (다툼이 있는 경우에는 판례에 의하고, 각 지문은 독립적이며 채권자 대위소송은 적법하게 제기된 것으로 전제한다)** [14 변호사]

ㄱ. 제1소송이 제기된 후 甲은 乙로부터 잔대금을 변제받았다. 이 경우 甲이 위 변제 당시 제1소송의 제기사실을 알았다면 乙은 위 변제로 A에게 대항하지 못한다.
ㄴ. 제1소송에서, 乙의 甲에 대한 잔대금채무가 시효로 소멸한 경우 乙은 그 시효완성의 이익을 A에게 주장할 수 있다.
ㄷ. 甲과 乙은 제2소송이 제기되자 그들 사이의 매매계약을 합의해제하였고, 甲은 X 아파트를 이러한 사정을 모르는 丁에게 매도하고 소유권이전등기를 경료하여 주었다. 이 경우 丁 명의의 등기는 무효이다.

① ㄱ ② ㄴ ③ ㄷ
④ ㄱ, ㄴ ⑤ ㄴ, ㄷ

해설

※ 채권자대위권의 행사와 관련한 사례문제이다.

ㄱ. (×) 제3채무자의 변제 혹은 채무자의 변제수령이 채권자대위권 행사 통지의 효과로서 금지되는 피대위권리에 관한 채무자의 처분에 해당하는지를 묻는 지문이다. 제405조는 채권자대위권의 행사로서 채권자가 보전행위 이외의 권리를 행사한 때에는 채무자에게 통지하여야 하고, 채무자가 통지를 받은 후에는 그 권리를 처분하여도 이로써 채권자에게 대항하지 못한다고 규정하고 있다. 제405조가 규정하는 통지는 채권자대위권 행사사실을 알지 못하는 채무자를 보호하기 위한 것이므로 채무자가 채권자대위권 행사사실을 알고 있는 때에는 별도의 통지가 없더라도 통지가 있는 것과 같은 효과가 생긴다는 것이 대법원의 입장이다. 한편, 통지의 효과로서 채무자의 피대위권리에 관한 처분이 제한되고, 만약 채무자가 피대위권리를 처분한 때에는 이로써 채무자나 제3채무자는 대위채권자에게 대항하지 못한다. 제3채무자가 채무자에게 변제하거나 채무자가 제3채무자로부터 변제를 수령하는 행위는 채무자의 처분이라고 할 수 없다는 것이 대법원의 입장이다. 따라서 제3채무자 乙이 매매잔대금을 채무자 甲에게 변제하는 행위 혹은 채무자 甲이 제3채무자 乙로부터 잔대금을 지급받는 행위는 통지의 효과에 반하는 잔대금채권의 처분이라고 할 수 없으므로 제3채무자 乙은 변제로 피대위권리가 소멸하였음을 대위채권자 A에게 대항할 수 있다.

[**대법원** 1991. 4. 12. **선고** 90**다**9407 **판결**] 채권자가 채무자를 대위하여 채무자의 제3채무자에 대한 권리를 행사하고 채무자에게 통지를 하거나 채무자가 채권자의 대위권 행사사실을 안 후에는 채무자는 그 권리에 대한 처분권을 상실하여 그 권리의 양도나 포기 등 처분행위를 할 수 없고 채무자의 처분행위에 기하여 취득한 권리로서는 채권자에게 대항할 수 없으나, 채무자의 변제수령은 처분행위라 할 수 없고 같은 이치에서 채무자가 그 명의로 소유권이전등기를 경료하는 것 역시 처분행위라고 할 수 없으므로 소유권이전등기청구권의 대위행사 후에도 채무자는 그 명의로 소유권이전등기를 경료하는데 아무런 지장이 없다.

ㄴ. (○) 채권자대위소송에서 제3채무자가 대위채권자에 대하여 피대위권리의 소멸시효 항변을 할 수 있는지를 묻는 지문이다. 제3채무자는 채무자에 대하여 대항할 수 있는 모든 항변사유로 대위채권자에게 대항할 수 있음이 원칙이다. 따라서 제3채무자 乙은 甲에 대한 잔대금채무의 소멸시효가 완성되었음을 대위채권자 A에게 주장할 수 있다.

[**대법원** 2009. 5. 28. **선고** 2009**다**4787 **판결**] 채권자대위권은 채무자의 제3채무자에 대한 권리를 행사하는 것이므로, 제3채무자는 채무자에 대해 가지는 모든 항변사유로 채권자에게 대항할 수 있다.

ㄷ. (×) 통지의 효과에 반하여 채무자가 피대위권리인 소유권이전등기청구권을 소멸하는 행위를 한 경우의 효과를 묻는 지문이다. 합의해제는 통지의 효과에 반하는 채무자의 처분에 해당하므로 채무자 乙이나 제3채무자 甲은 합의해제로 피대위권리인 乙의 甲에 대한 소유권이전등기청구권이 소멸하였음을 대위채권자 丙에게 대항할 수 없다. 그러나 X 아파트의 소유자인 甲이 이를 丁에게 매도하고 소유권이전등기를 경료한 때에는 丁은 특별한 사정이 없는 한 유효하게 소유권을 취득한다. 부동산물권변동의 형식주의 원칙에 비추어 먼저 등기를 갖춘 매수인이 소유권을 취득하기 때문이다.

정답 ②

34. **甲은 乙에 대하여 1억 원의 대여금 채권을 가지고 있고, 乙은 丙에 대하여 1억 원의 자동차 매매대금 채권을 가지고 있다. 甲은 乙에 대한 채권을 보전하기 위하여 乙을 대위하여 丙에 대하여 매매대금을 직접 자신에게 지급하라는 소송을 제기하고 이러한 사실을 乙에게 통지하였다. 다음 설명 중 옳지 않은 것은? (다툼이 있는 경우에는 판례에 의함)** [12 변호사]

① 甲의 乙에 대한 대여금 채권의 소멸시효가 완성된 경우, 특별한 사정이 없는 한 丙은 위 소멸시효 완성을 원용하여 항변할 수 없다.
② 채권자대위권을 행사하는 甲에게 변제수령의 권한을 인정하는 것은 채권자평등의 원칙에 어긋날 뿐만 아니라 丙을 이중변제의 위험에 빠지게 하는 것이므로 丙은 甲의 이행청구를 거절할 수 있다.
③ 위 채권자대위소송의 판결의 효력은 乙에게 미친다.
④ 위 소가 제기되기 이전에 乙이 丙을 상대로 1억 원의 매매대금 채권의 지급을 구하는 소를 제기하였으나 이미 패소확정판결을 받은 경우, 甲은 乙을 대위하여 권리를 행사할 수 없다.
⑤ 丙은 乙에게 매매대금 1억 원을 변제하고, 이를 항변사유로 하여 甲에게 대항할 수 있다.

해 설

① **(O)** 채권자대위권의 피보전채권의 소멸시효가 완성된 경우, 제3채무자가 소멸시효 완성의 항변을 할 수 있는지를 묻는 지문이다. 피보전채권의 소멸시효 완성으로 직접 이익을 받는 자는 채무자이다. 채무자의 의사를 배제하고 제3채무자가 소멸시효 완성을 항변할 수는 없다. 다만, 채무자가 이미 소멸시효 완성을 주장한 때에는 제3채무자도 채권자대위소송에서 이를 주장할 수 있으며, 법원은 이를 심리하여야 한다.

[**대법원** 2004. 2. 12. **선고** 2001**다**10151 **판결**] 채권자가 채권자대위권을 행사하여 제3자에 대하여 하는 청구에 있어서, 제3채무자는 채무자가 채권자에 대하여 가지는 항변으로 대항할 수 없고, 채권의 소멸시효가 완성된 경우 이를 원용할 수 있는 자는 원칙적으로는 시효이익을 직접 받는 자뿐이고, 채권자대위소송의 제3채무자는 이를 행사할 수 없다.

[**대법원** 2008. 1. 31. **선고** 2007**다**64471 **판결**] 채권자가 채권자대위권을 행사하여 제3자에 대하여 하는 청구에 있어서, 제3채무자는 채무자가 채권자에 대하여 가지는 항변으로 대항할 수 없고, 채권의 소멸시효가 완성된 경우 이를 원용할 수 있는 자는 원칙적으로는 시효이익을 직접 받는 자뿐이고, 채권자대위소송의 제3채무자는 이를 행사할 수 없다고 할 것이나, 채권자가 채무자에 대한 채권을 보전하기 위하여 제3채무자를 상대로 채무자의 제3채무자에 대한 채권에 기한 이행청구의 소를 제기하는 한편, 채무자를 상대로 피보전채권에 기한 이행청구의 소를 제기한 경우, 채무자가 그 소송절차에서 소멸시효를 원용하는 항변을 하였고, 그러한 사유가 현출된 채권자대위소송에서 심리를 한 결과, 실제로 피보전채권의 소멸시효가 적법하게 완성된 것으로 판단되면, 채권자는 더 이상 채무자를 대위할 권한이 없게 된다고 할 것이다.

② **(×)** 대위채권자에게 변제수령권이 인정되는지를 묻는 지문이다. 판례는 대위채권자의 변제수령권을 인정한다. 다만, 대위채권자의 변제수령으로 인한 법적 효과는 모두 채무자에게 발생한다.

[**대법원** 1996. 2. 9. **선고** 95**다**27998 **판결**] 채권자대위권을 행사함에 있어서 채권자가 제3채무자에 대하여 자기에게 직접 급부를 요구하여도 어차피 그 효과는 채무자에게 귀속되는 것이므로, 채권자대위권을 행사하여 채권자가 제3채무자에게 그 소유권이전등기의 말소절차를 직접 자기에게 이행할 것을 청구하여 승소하였다고 하여도 그 판결에 기한 말소 등기에 따른 등기상태는 채무자 명의로 돌아가는 것이니, 채권자대위권을 행사하는 채권자에게 직접 말소등기절차를 이행할 것을 명한 판결에 위법이 있다고 할 수 없다.

③ (O) 채권자대위소송의 판결의 효력이 대위소송의 당사자가 아닌 채무자에게 미치는지를 묻는 지문이다. 판례는 채무자가 대위소송 사실을 안 때에는 채무자에게 미친다고 보고 있다. 사안에서는 통지에 의하여 채무자 乙이 채권자대위소송사실을 알고 있으므로 대위소송 판결의 기판력은 채무자 乙에게 미친다.

[**대법원** 1975. 5. 13. **선고** 74**다**1664 **전원합의체 판결**] 채권자가 채권자대위권을 행사하는 방법으로 제3채무자를 상대로 소송을 제기하여 판결을 받은 경우에 어떠한 사유로 인하였던 간에 채무자가 채권자대위권에 의한 소송이 제기된 사실을 알았을 경우에는 그 확정판결의 효력은 채무자에게도 미친다.

④ (O) 채무자가 제3채무자를 상대로 피대위권리에 기한 소송에서 패소하고 판결이 확정된 때에도 채권자대위권의 행사가 가능한지를 묻는 지문이다. 절차법적으로는, 패소판결의 기판력이 대위채권자에게도 미치므로 채권자대위소송은 허용되지 않는다. 한편 실체법적으로도 채권자대위권의 행사는 채무자의 권리불행사를 요건으로 하기 때문에 채무자가 이미 권리를 행사하였다면 그 권리행사가 부적절하더라도 채권자대위권의 행사는 허용되지 않는다.

⑤ (O) 채권자대위권 행사사실이 채무자에게 통지된 후 제3채무자가 채무자에 대한 변제로 대위채권자에게 대항할 수 있는지를 묻는 지문이다. 통지의 효과로서 채무자의 피대위권리에 관한 처분이 제한되고, 그 처분으로 채무자나 제3채무자는 대위채권자에게 대항할 수 없다(제405조). 다만, 제한되는 것은 채무자의 처분에 한정되는데, 제3채무자가 채무자에게 변제하고, 채무자가 이를 수령하는 행위는 피대위권리에 관한 채무자의 처분이라고 볼 수 없다. 따라서 변제로 피대위권리가 소멸하였음을 제3채무자는 대위채권자에게 항변할 수 있다.

[**대법원** 1991. 4. 12. **선고** 90**다**9407 **판결**] 채권자가 채무자를 대위하여 채무자의 제3채무자에 대한 권리를 행사하고 채무자에게 통지를 하거나 채무자가 채권자의 대위권행사 사실을 안 후에는, 채무자는 그 권리에 대한 처분권을 상실하여 그 권리의 양도나 포기 등 처분행위를 할 수 없고, 채무자의 처분행위에 기하여 취득한 권리로서는 채권자에게 대항할 수 없으나, 채무자의 변제수령은 처분행위라 할 수 없고, 같은 이치에서 채무자가 그 명의로 소유권이전등기를 경료하는 것 역시 처분행위라고 할 수 없으므로 소유권이전등기청구권의 대위행사 후에도 채무자는 그 명의로 소유권이전등기를 경료하는데 아무런 지장이 없다.

정답 ②

35. 채권자대위권에 관한 설명 중 옳은 것을 모두 고른 것은? (각 지문은 독립적이며, 다툼이 있는 경우 판례에 의함) [25 변호사]

ㄱ. 甲이 미등기 건물을 매수하였으나 소유권이전등기를 하지 못한 경우, 甲은 위 건물의 소유권을 원시취득한 매도인 乙을 대위하여 불법점유자 丙을 상대로 직접 자신에게 위 건물을 인도할 것을 청구할 수 있다.

ㄴ. 甲이 乙에 대한 금전채권을 보전하기 위하여 乙의 丙에 대한 금전채권을 대위행사하면서 직접 자신에게 이행하도록 청구하여 승소판결이 확정된 경우, 乙의 丙에 대한 금전채권이 변제 등으로 소멸하기 전이라면 乙의 일반채권자인 丁은 乙의 丙에 대한 금전채권을 압류할 수 있다.

ㄷ. 乙이 丙에게 채권의 양도를 구할 수 있는 권리를 가지고 있고 甲이 乙의 丙에 대한 위 권리를 대위행사하는 경우, 甲은 丙에 대하여 직접 자신에게 채권양도 절차를 이행하도록 청구할 수 있다.

ㄹ. X 부동산의 최종 매수인 甲이 중간 매수인 乙에 대한 소유권이전등기청구권을 보전하기 위해 乙을 대위하여 매도인 丙을 상대로 X 부동산에 대한 처분금지가처분을 받았고 乙이 위 대위 사실을 알게 된 경우, 이후 甲이 乙을 대위하여 丙을 상대로 소유권이전등기절차의 이행을 구하더라도, 丙은 乙에게 X 부동산에 관하여 소유권이전등기를 마쳐 준 사실로 甲에 대하여 대항할 수 없다.

① ㄱ, ㄴ ② ㄱ, ㄹ ③ ㄴ, ㄷ
④ ㄱ, ㄴ, ㄹ ⑤ ㄱ, ㄷ, ㄹ

해설

ㄱ. **(O)** 판례는 원고가 미등기건물을 매수하였으나 소유권이전등기를 하지 못한 경우, 위 건물의 소유권을 원시취득한 매도인을 대위하여 불법점유자에 대해 인도청구를 할 수 있고, 이 때 원고는 불법점유자에 대해 직접 자기에게 인도할 것을 청구할 수도 있다고 본다(79다1928). 판례는 예외적으로 '금전 기타 물건'(동산이나 부동산)의 급부를 목적으로 하는 채권과 같이 채무자의 '변제의 수령'을 요하는 경우에는, 채무자가 수령하지 않는다면 대위권 행사의 목적을 달성할 수 없으므로, 채권자는 제3채무자에 대해 ⅰ) 채무자에게 인도할 것을 청구할 수 있음은 물론이지만 ⅱ) 직접 채권자에게 인도할 것을 청구할 수도 있다고 본다.

ㄴ. **(O)** 판례는 채권자가 자기의 금전채권을 보전하기 위하여 채무자의 금전채권을 대위행사하는 경우 제3채무자로 하여금 채무자에게 지급의무를 이행하도록 청구할 수도 있지만, 직접 대위채권자 자신에게 이행하도록 청구할 수도 있다. 그런데 채권자대위소송에서 제3채무자로 하여금 직접 대위채권자에게 금전의 지급을 명하는 판결이 확정되더라도, 대위의 목적인 권리, 즉 채무자의 제3채무자에 대한 피대위채권이 판결의 집행채권으로서 존재하고 대위채권자는 채무자를 대위하여 피대위채권에 대한 변제를 수령하게 될 뿐 자신의 채권에 대한 변제로서 수령하게 되는 것이 아니므로, 피대위채권이 변제 등으로 소멸하기 전이라면 채무자의 다른 채권자는 이를 압류·가압류할 수 있다고 본다(2015다236547). 따라서 乙의 일반채권자인 丁은 乙의 丙에 대한 금전채권을 압류할 수 있다.

ㄷ. **(X)** 판례는 채무자가 제3채무자에게 채권의 양도를 구할 수 있는 권리를 가지고 있고, 채권자가 채무자의 위 권리를 대위행사하는 경우에는 채권자의 직접 청구를 인정할 예외적인 사유가 없으므로, 원칙으로 돌아가 채권자는 제3채무자에 대하여 채무자에게 채권양도절차를 이행하도록 청구하여야 하고, 직접 자신에게 채권양도절차를 이행하도록 청구할 수 없다. 제3채무자에 대하여 채무자에게 채권을 양도하는 절차를 이행하도록 하면 그 채권이 바로 채무자에게 귀속하게 되어 별도로 급부의 수령이 필요하지 않을 뿐만 아니라, 만약 제3채무자가 직접 채권자에게 채권을 양도하는 절차를 이행하도록 하면 그 채권은 채권자에게 이전된다고 볼 수밖에 없어 대위행사의 효과가 채무자가 아닌 채권자에게 귀속하게 되기 때문이라고 본다(대판 2024.3.12. 2023다301682). 따라서 甲은 丙에 대하여 직접 자신에게 채권양도 절차를 이행하도록 청구할 수 없다.

ㄹ. **(X)** 판례는 부동산의 채권자 갑이 채무자 을에 대한 소유권이전등기청구권을 보전하기 위하여 양수인 을을 대위하여 양도인(제3채무자) 병을 상대로 처분금지가처분을 한 경우 그 피보전권리는 양수인의 양도인에 대한 소유권이전등기청구권일 뿐, 전득자의 양수인에 대한 소유권이전등기청구권까지 포함되는 것은 아니고, 그 가처분결정에서 제3자에 대한 처분을 금지하였다 하여도 그 제3자 중에는 양수인은 포함되지 아니하므로 그 가처분 후에 양수인이 양도인으로부터 넘겨받은 소유권이전등기는 위 가처분의 효력에 위배되지 아니하여 유효하다고 본다(90다9407). 따라서 丙은 乙에게 X 부동산에 관하여 소유권이전등기를 마쳐 준 사실로 甲에 대하여 대항할 수 있다. 정답 ①

2. 채권자취소권

36. 채권자취소권에 관한 설명 중 옳지 않은 것은? (각 지문은 독립적이며, 다툼이 있는 경우 판례에 의함)
[24 변호사]

① 사해행위로 부동산 소유권이 이전된 후 그 부동산에 관하여 제3자가 저당권이나 지상권 등의 권리를 취득한 경우 채권자는 수익자를 상대로 사해행위취소 및 채무자에 대한 소유권이전등기절차의 이행을 청구할 수 있다.

② 甲이 2023. 7.경 자신의 유일한 재산인 X 부동산을 배우자인 乙에게 명의신탁하였는데, 甲이 위 명의신탁약정의 해지를 전제로 X 부동산을 丙에게 매도하고, 甲, 乙, 丙 간의 합의하에 乙에게서 곧바로 丙 앞으로 소유권이전등기를 마쳐 준 경우, 甲과 丙 사이의 위 매매는 甲의 일반채권자들을 해하는 사해행위에 해당할 수 있다.

③ 채무자가 그 소유의 유일한 재산인 부동산에 관하여 매매예약에 따른 예약완결권의 제척기간 경과가 임박한 상태에서 제척기간을 연장하기 위하여 새로 매매예약을 하는 행위는 채권자취소권의 대상인 사해행위가 될 수 있다.

④ 사해행위가 있은 후 채권자가 취소원인이 있음을 알면서 피보전채권을 양도하고 양수인이 그 채권을 보전하기 위하여 채권자취소권을 행사하는 경우에는, 그 채권의 양도인이 취소원인을 안 날을 기준으로 제척기간 도과 여부를 판단하여야 한다.

⑤ 乙이 2023. 7.경 친구인 甲과 체결한 명의신탁약정에 따라 명의신탁 사실을 알지 못하는 X 부동산의 소유자 丙과 X 부동산에 대한 매매계약을 체결하고 乙 명의로 소유권이전등기가 경료된 후 채무초과 상태에 있는 甲이 실질적인 당사자가 되어 X 부동산을 제3자에게 매도하였다면, 甲의 매도행위는 甲의 일반채권자에 대한 사해행위가 된다.

해설

① **(O)** 사해행위로 부동산이 양도된 후 수익자가 저당권 등을 설정한 때에도 사해행위 취소로 인한 원상회복이 반드시 가액배상의 방법에 의하여야 하는 것은 아니다. 취소채권자는 진정한 등기명의 회복을 위한 이전등기의 법리에 따라 채무자에게 소유권이전등기를 할 것을 청구할 수 있다.
[**대법원** 2000. 2. 25. **선고** 99**다**53704 **판결**] 자기 앞으로 소유권을 표상하는 등기가 되어 있었거나 법률에 의하여 소유권을 취득한 자가 진정한 등기명의를 회복하기 위한 방법으로는 그 등기의 말소를 구하는 외에 현재의 등기명의인을 상대로 직접 소유권이전등기절차의 이행을 구하는 것도 허용되어야 하는 바, 이러한 법리는 사해행위취소소송에 있어서 취소 목적 부동산의 등기명의를 수익자로부터 채무자 앞으로 복귀시키고자 하는 경우에도 그대로 적용될 수 있다고 할 것이고, 따라서 채권자는 사해행위의 취소로 인한 원상회복방법으로 수익자 명의의 등기의 말소를 구하는 대신 수익자를 상대로 채무자 앞으로 직접 소유권이전등기절차를 이행할 것을 구할 수도 있다.

② **(O)** 유효한 명의신탁에서 명의신탁자가 명의신탁재산을 처분하는 행위는 사해행위가 될 수 있다. 명의신탁자는 명의신탁재산을 취득할 권리가 있으므로 명의신탁재산은 명의신탁자의 책임재산이 되기 때문이다.
[**대법원** 2012. 10. 25. **선고** 2011**다**107382 **판결**] '부동산 실권리자명의 등기에 관한 법률'의 시행 후에 부동산의 소유자가 등기명의를 수탁자에게 이전하는 이른바 양자간 명의신탁의 경우 명의신탁

약정에 의하여 이루어진 수탁자 명의의 소유권이전등기는 원인무효로서 말소되어야 하고, 부동산은 여전히 신탁자의 소유로서 신탁자의 일반채권자들의 공동담보에 제공되는 책임재산이 된다. 따라서 신탁자의 일반채권자들의 공동담보에 제공되는 책임재산인 신탁부동산에 관하여 채무자인 신탁자가 직접 자신의 명의 또는 수탁자의 명의로 제3자와 매매계약을 체결하는 등 신탁자가 실질적 당사자가 되어 법률행위를 하는 경우 이로 인하여 신탁자의 소극재산이 적극재산을 초과하게 되거나 채무초과 상태가 더 나빠지게 되고 신탁자도 그러한 사실을 인식하고 있었다면 이러한 신탁자의 법률행위는 신탁자의 일반채권자들을 해하는 행위로서 사해행위에 해당할 수 있다. 이 경우 사해행위취소의 대상은 신탁자와 제3자 사이의 법률행위가 될 것이고, 원상회복은 제3자가 수탁자에게 말소등기절차를 이행하는 방법에 의할 것이다.

③ (O) [**대법원** 2018. 11. 29. **선고** 2017**다**247190 **판결**] 민법 제564조가 정하고 있는 매매예약에서 예약자의 상대방이 매매예약 완결의 의사표시를 하여 매매의 효력을 생기게 하는 권리, 즉 매매예약의 완결권은 일종의 형성권으로서 당사자 사이에 행사기간을 약정한 때에는 그 기간 내에, 약정이 없는 때에는 예약이 성립한 때부터 10년 내에 이를 행사하여야 하고, 그 기간이 지난 때에는 예약 완결권은 제척기간의 경과로 소멸한다. 채무자가 유일한 재산인 그 소유의 부동산에 관한 매매예약에 따른 예약완결권이 제척기간 경과가 임박하여 소멸할 예정인 상태에서 제척기간을 연장하기 위하여 새로 매매예약을 하는 행위는 채무자가 부담하지 않아도 될 채무를 새롭게 부담하게 되는 결과가 되므로 채권자취소권의 대상인 사해행위가 될 수 있다.

④ (O) [**대법원** 2018. 4. 10. **선고** 2016**다**272311 **판결**] 채권자취소권의 행사에서 그 제척기간의 기산점인 '채권자가 취소원인을 안 날'은 채권자가 채권자취소권의 요건을 안 날, 즉 채무자가 채권자를 해함을 알면서 사해행위를 하였다는 사실을 알게 된 날을 말한다. 이때 채권자가 취소원인을 알았다고 하기 위해서는 단순히 채무자가 재산의 처분행위를 하였다는 사실을 아는 것만으로는 부족하며, 구체적인 사해행위의 존재를 알고 나아가 채무자에게 사해의 의사가 있었다는 사실까지 알 것을 요한다. 사해행위의 객관적 사실을 알았다고 하여 취소원인을 알았다고 추정할 수는 없고, 그 제척기간의 도과에 관한 증명책임은 사해행위취소소송의 상대방에게 있다. 그리고 사해행위가 있은 후 채권자가 취소원인을 알면서 피보전채권을 양도하고 양수인이 그 채권을 보전하기 위하여 채권자취소권을 행사하는 경우에는, 채권의 양도인이 취소원인을 안 날을 기준으로 제척기간 도과 여부를 판단하여야 한다.

⑤ (×) 계약명의신탁자가 명의신탁재산을 처분하는 경우, 이는 사해행위에 해당하지 않는다. 명의신탁자는 명의신탁재산의 소유자도 아니며 소유권을 취득할 권리도 가지고 있지 못하므로 명의신탁자의 책임재산이라고 할 수 없기 때문이다.

[**대법원** 2013. 9. 12. **선고** 2011**다**89903 **판결**] 부동산 실권리자명의 등기에 관한 법률 제4조 제1항, 제2항에 의하면 이른바 계약명의신탁약정에 따라 수탁자가 당사자가 되어 명의신탁약정이 있다는 사실을 알지 못하는 소유자와 사이에 부동산에 관한 매매계약을 체결한 후 그 매매계약에 따라 수탁자 명의로 소유권이전등기를 마친 경우에는 신탁자와 수탁자 사이의 명의신탁약정의 무효에도 불구하고 수탁자는 당해 부동산의 완전한 소유권을 취득하게 되고, 다만 수탁자는 신탁자에 대하여 매수대금 상당의 부당이득반환의무를 부담하게 된다. 또한 신탁자와 수탁자 사이에 신탁자의 지시에 따라 부동산의 소유 명의를 이전하기로 약정하였더라도 이는 명의신탁약정이 유효함을 전제로 명의신탁 부동산 자체의 반환을 구하는 범주에 속하는 것에 해당하여 역시 무효이다. 그리고 이와 같이 신탁자가 수탁자에 대하여 부당이득반환채권만을 가지는 경우에는 그 부동산은 신탁자의 일반채권자들의 공동담보에 제공되는 책임재산이라고 볼 수 없고, 신탁자가 위 부동산에 관하여 제3자와 매매계약을 체결하는 등 신탁자가 실질적인 당사자가 되어 처분행위를 하고 소유권이전등기를 마쳐주었다고 하더라도 그로써 신탁자의 책임재산에 감소를 초래한 것이라고 할 수 없으므로, 이를 들어 신탁자의 일반채권자들을 해하는 사해행위라고 할 수 없다.

정답 ⑤

37. **甲은 2015. 2. 1. 乙에게 1억 원을 변제기 2016. 1. 31.로 정하여 대여하였는데, 乙은 위 대여금을 전혀 변제하지 않은 상태에서 2021. 4. 1. 유일한 재산인 시가 3억 원 상당의 X 토지를 丙에게 매도하고, 그 다음 날 소유권이전등기를 경료해 주었다. 甲은 2022. 2. 21. 丙을 피고로 하여 아래와 같은 청구취지로 소를 제기하였고, 1심 법원에서 아래 주문과 같은 판결을 선고하였다.**

[청구취지]
1. 피고와 乙 사이에 X 토지에 관하여 2021. 4. 1. 체결된 매매계약을 취소한다.
2. 피고는 乙에게 제1항 기재 토지에 관하여 서울중앙지방법원 등기국 2021. 4. 2. 접수 제1234호로 마친 소유권이전등기의 말소등기절차를 이행하라.
3. 소송비용은 피고가 부담한다.
4. 제2항은 가집행할 수 있다.

[주문]
1. 피고와 乙 사이에 X 토지에 관하여 2021. 4. 1. 체결된 매매계약을 100,000,000원의 한도 내에서 취소한다.
2. 피고는 원고에게 100,000,000원을 지급하라.
3. 원고의 나머지 청구를 기각한다.
4. 소송비용은 피고가 부담한다.
5. 제2항은 가집행할 수 있다.

이에 관한 설명 중 옳은 것을 모두 고른 것은? (X 토지의 시가 변동은 없다고 가정하고, 이자와 지연손해금은 고려하지 않음. 각 지문은 독립적이며, 다툼이 있는 경우 판례에 의함) [24 변호사]

ㄱ. 만약 X 토지에 관하여 2020. 3. 15.에 설정된 저당권(피담보채무액 1억 원)이 2021. 5. 1.에 소멸하였다면 법원이 청구취지 변경 없이 주문 제1, 2항과 같은 판결을 선고한 것은 타당하다.
ㄴ. 법원이 주문 제5항과 같이 가집행을 선고한 것은 타당하다.
ㄷ. 만약 甲이 주문 제2항과 같이 1억 원의 지급을 구하는 것으로 청구취지를 변경하면서 「소송촉진 등에 관한 특례법」에 따라 연 12%의 비율에 의한 지연손해금을 청구하였다면, 법원은 주문 제2항에서 연 12%의 비율에 의한 지연손해금을 명하는 것으로 선고할 수 있다.
ㄹ. 만약 甲이 은행이고 丙이 甲의 위 대여금채권에 대한 소멸시효 항변을 하였다면, 법원은 甲의 청구를 전부 기각하는 취지의 판결을 선고하였을 것이다.
ㅁ. 丙이 甲에 대하여 가지는 금전채권을 집행채권으로 하여 주문 제2항의 가액배상채권에 대하여 받은 압류 및 전부명령은 무효이다.

① ㄱ, ㄹ ② ㄱ, ㅁ ③ ㄴ, ㄷ
④ ㄱ, ㄷ, ㄹ ⑤ ㄴ, ㄹ, ㅁ

해설

ㄱ. (O) 사해행위 당시 존재하던 저당권이 사해행위 후 말소된 경우, 사해행위 취소에 따른 원상회복의 방법을 묻는 지문이다. 원물반환이 불가능하므로 가액배상으로 원상회복이 이루어져야 하고, 청구취지의 변경이 없더라도 가액배상을 명할 수 있다. 원물반환으로 등기말소를 명하게 되면 책임재산으로

되지 않은 부분까지 회복하는 결과가 되어 부당하고, 원물반환을 구하는 청구취지에는 원물반환이 불가능한 경우 가액배상을 구하는 취지가 포함되어 있기 때문이다.

[**대법원** 2001. 12. 11. **선고** 2001**다**64547 **판결**] 근저당권이 설정되어 있는 부동산을 증여한 행위가 사해행위에 해당하는 경우, 그 부동산이 증여된 뒤 근저당권설정등기가 말소되었다면, 증여계약을 취소하고 부동산의 소유권 자체를 채무자에게 환원시키는 것은 당초 일반 채권자들의 공동담보로 제공되지 아니한 부분까지 회복시키는 결과가 되어 불공평하므로, 채권자는 그 부동산의 가액에서 근저당권의 피담보채무액을 공제한 잔액의 한도 내에서 증여계약의 일부 취소와 그 가액의 배상을 청구할 수밖에 없다.

[**대법원** 2001. 6. 12. **선고** 99**다**20612 **판결**] 저당권이 설정되어 있는 부동산이 사해행위로 이전된 경우에 그 사해행위는 부동산의 가액에서 저당권의 피담보채권액을 공제한 잔액의 범위 내에서만 성립한다고 보아야 하므로, 사해행위 후 변제 등에 의하여 저당권설정등기가 말소된 경우 그 부동산의 가액에서 저당권의 피담보채무액을 공제한 잔액의 한도에서 사해행위를 취소하고 그 가액의 배상을 구할 수 있을 뿐이고, 특별한 사정이 없는 한 변제자가 누구인지에 따라 그 방법을 달리한다고 볼 수는 없는 것이며, 사해행위인 계약 전부의 취소와 부동산 자체의 반환을 구하는 청구취지 속에는 위와 같이 일부취소를 하여야 할 경우 그 일부취소와 가액배상을 구하는 취지도 포함되어 있다고 볼 수 있으므로 청구취지의 변경이 없더라도 바로 가액반환을 명할 수 있다.

ㄴ. **(×)** 수익자의 가액배상의무는 사해행위 취소를 명하는 판결이 확정된 때에 비로소 발생하므로 가집행의 대상이 되지 않는다. 판결을. 선고할 당시에는 사해행위 취소판결이 확정되지 아니한 상태이므로 성질상 가집행을 붙이는 것은 불가능하다. 이를 정면으로 다룬 대법원 판결을 찾을 수 없지만, 하급심 판결은 있다(대구지방법원 2007. 3. 9. 선고 2006가단81001 판결).

ㄷ. **(×)** 가액배상의무에는 소송촉진 등에 관한 특례법에서 정하는 지연손해금을 부가할 수 없다. 가액배상의무의 이행지체는 사해행위 취소판결이 확정된 다음 날부터 발생하기 때문이다.

[**대법원** 2009. 1. 15. **선고** 2007**다**61618 **판결**] 가액배상의무는 사해행위의 취소를 명하는 판결이 확정된 때에 비로소 발생하므로 그 판결이 확정된 다음날부터 이행지체 책임을 지게 되고, 따라서 소송촉진 등에 관한 특례법 소정의 이율은 적용되지 않고 민법 소정의 법정이율이 적용된다 할 것이다.

ㄹ. **(O)** 수익자 丙은 피보전채권의 소멸시효 완성에 따른 직접 수익자로서 독자적인 소멸시효 원용권자에 해당한다. 甲의 乙에 대한 대여금채권은 상사채권으로 변제기 다음 날인 2016. 2. 1.부터 소멸시효가 진행하여 2021. 1. 31. 소멸시효가 완성하므로 甲이 사해행위 취소소송을 제기한 2022. 2. 21. 당시 소멸시효가 완성된 상태이다. 丙의 소멸시효 완성 항변에 의하여 피보전채권은 소멸하고, 피보전채권의 존부는 본안요건이므로 법원은 甲의 사해행위 취소청구를 기각하여야 한다.

ㅁ. **(×)** 취소채권자의 가액배상청구권은 취소채권자의 재산권이므로 취소채권자의 채권자가 집행대상으로 삼을 수 있다.

[**대법원** 2017. 8. 21. **자** 2017**마**499 **결정**] 사해행위취소의 소에서 수익자가 원상회복으로서 채권자취소권을 행사하는 채권자에게 가액배상을 할 경우, 수익자 자신이 사해행위취소소송의 채무자에 대한 채권자라는 이유로 채무자에 대하여 가지는 자기의 채권과 상계하거나 채무자에게 가액배상금 명목의 돈을 지급하였다는 점을 들어 채권자취소권을 행사하는 채권자에 대해 이를 가액배상에서 공제할 것을 주장할 수 없다. 그러나 수익자가 채권자취소권을 행사하는 채권자에 대해 가지는 별개의 다른 채권을 집행하기 위하여 그에 대한 집행권원을 가지고 채권자의 수익자에 대한 가액배상채권을 압류하고 전부명령을 받는 것은 허용된다. 이는 수익자의 채무자에 대한 채권을 기초로 한 상계나 임의적인 공제와는 내용과 성질이 다르다. 또한 채권자가 채무자의 제3채무자에 대한 채권을 압류하는 경우 제3채무자가 채권자 자신인 경우에도 이를 압류하는 것이 금지되지 않으므로 단지 채권자와 제3채무자가 같다고 하여 채권압류 및 전부명령이 위법하다고 볼 수 없다. 나아가 상계가 금지되는 채권이라고 하더라도 압류금지채권에 해당하지 않는 한 강제집행에 의한 전부명령의 대상이 될 수 있다.

정답 ①

38. **2022. 6. 22. 甲은 채무초과 상태에서 그 소유의 유일한 재산인 X 부동산을 乙에게 매도하고, 2022. 8. 22. 소유권이전등기를 경료해 주었다. 甲의 채권자 丙은 사해행위취소의 소를 적법하게 제기하였다. 이에 관한 설명 중 옳은 것(○)과 옳지 않은 것(×)을 올바르게 조합한 것은? (각 지문은 독립적이며, 다툼이 있는 경우 판례에 의함)** [23 변호사]

ㄱ. X 부동산에 관하여 채권자를 丁, 채무자를 甲, 채권최고액을 3억 9천만 원으로 하는 근저당권이 설정되어 있었던 경우, 매매 당시 X 부동산의 가액은 3억 원, 피담보채권액은 3억 4천만 원일 때 甲의 매매행위는 사해행위에 해당한다.

ㄴ. X 부동산에 근저당권이 설정되어 있었던 상태에서 사해행위 후 채권 전액을 변제하여 근저당권설정등기가 말소된 경우, 丙은 가액의 배상을 구할 수 있을 뿐이고 그 가액산정은 사해행위 당시를 기준으로 하여야 한다.

ㄷ. 丙이 乙을 상대로 사해행위취소의 소를 제기하여 乙로부터 원상회복으로 직접 가액배상을 받을 경우, 乙이 甲에 대한 반대채권이 있다면 이를 가지고 상계를 주장할 수 없다.

① ㄱ(×), ㄴ(×), ㄷ(○) ② ㄱ(×), ㄴ(○), ㄷ(×) ③ ㄱ(×), ㄴ(○), ㄷ(○)
④ ㄱ(○), ㄴ(×), ㄷ(×) ⑤ ㄱ(○), ㄴ(×), ㄷ(○)

해설

ㄱ. **(×)** 저당물의 양도가 사해행위가 되기 위해서는 사해행위 당시 저당물의 시가가 저당권의 피담보채권액을 초과하여 책임재산으로 가치를 가지고 있어야 한다. X부동산 매매 당시 부동산 가액은 3억 원이고, 근저당권의 피담보채권액은 3억 4천만 원이므로 X부동산은 일반채권자의 책임재산이라고 할 수 없어 이를 양도하는 행위는 사해행위에 해당하지 않는다.
[**대법원** 2001. 10. 9. **선고** 2000**다**42618 **판결**] 저당권이 설정되어 있는 부동산이 사해행위로 양도된 경우에 그 사해행위는 부동산의 가액, 즉 시가(공시지가와 일치하는 것은 아니다)에서 저당권의 피담보채권액을 공제한 잔액의 범위 내에서 성립하고, 피담보채권액이 부동산의 가액을 초과하는 때에는 당해 부동산의 양도는 사해행위에 해당한다고 할 수 없는 바, 여기서 피담보채권액이라 함은 근저당권의 경우 채권최고액이 아니라 실제로 이미 발생하여 있는 채권금액이다.

ㄴ. **(×)** 사해행위로서 저당물이 양도된 후 근저당권등기가 말소된 경우에는 사해행위 취소로 인한 원상회복은 가액배상의 방법에 의하여야 한다. 원물반환을 하면 당초 책임재산으로 되지 않은 부분까지 회복되는 결과가 되어 부당하기 때문이다. 가액배상을 할 때 책임재산 가액의 산정은 사실심 변론종결 당시를 기준으로 한다. 원물반환과 동일한 가치를 가져야 하기 때문이다.
[**대법원** 2010. 2. 25. **선고** 2007**다**28819·28826 **판결**] 부동산의 매매계약 등이 사해행위에 해당되어 취소되고 수익자에게 그에 따른 원상회복으로서 원물반환이 아닌 가액배상을 명하는 경우, 그 부동산에 대한 가액은 특별한 사정이 없는 한 당해 사해행위취소소송의 사실심 변론종결 당시를 기준으로 산정하여야 한다.

ㄷ. **(○)** [**대법원** 2001. 6. 1. **선고** 99**다**63183 **판결**] 채권자취소권은 채권의 공동담보인 채무자의 책임재산을 보전하기 위하여 채무자와 수익자 사이의 사해행위를 취소하고 채무자의 일반재산으로부터 일탈된 재산을 모든 채권자를 위하여 수익자 또는 전득자로부터 환원시키는 제도로서, 수익자로 하여금 자기의 채무자에 대한 반대채권으로써 상계를 허용하는 것은 사해행위에 의하여 이익을 받은 수익자를 보호하고 다른 채권자의 이익을 무시하는 결과가 되어 위 제도의 취지에 반하므로, 수익자가 채권자취소에 따른 원상회복으로서 가액배상을 할 때에 채무자에 대한 채권자라는 이유로 채무자에 대하여 가지는 자기의 채권과의 상계를 주장할 수는 없다. 정답 ①

39. 사해행위 취소에 관한 설명 중 옳지 않은 것은? (다툼이 있는 경우 판례에 의함) [22 변호사]

① 사해행위인 매매예약에 기하여 수익자 앞으로 가등기를 마친 후 전득자 앞으로 가등기 이전의 부기등기를 마치고 나아가 가등기에 기한 본등기까지 마친 경우, 수익자는 가등기 및 본등기에 대한 말소청구소송에서 피고적격은 없더라도 사해행위 취소의 상대방은 될 수 있다.

② 채무자가 제3자의 채무를 담보하기 위한 근저당권이 설정되어 있는 부동산을 양도한 경우, 근저당권의 피담보채권액과 채권최고액이 모두 부동산 가격을 초과하는 때에는 부동산의 양도가 사해행위에 해당하지 않는다.

③ 어느 채권자가 수익자를 상대로 사해행위 취소 및 원상회복으로 소유권이전등기의 말소를 명하는 판결을 받았으나 말소등기를 마치지 아니한 경우, 소송의 당사자가 아닌 다른 채권자는 위 판결에 기하여 채무자를 대위하여 말소등기를 신청할 수 있다.

④ 전득자의 악의 판단에서는 전득자가 전득행위 당시 채무자와 수익자 사이의 법률행위의 사해성을 인식하였는지만이 문제가 될 뿐이고, 수익자가 채무자와 수익자 사이 법률행위의 사해성을 인식하였는지는 원칙적으로 문제되지 않는다.

⑤ 채무초과 상태의 채무자가 수익자에게 자신의 책임재산을 이전해 주기 위하여, 수익자가 원고가 되어 채무자를 상대로 제기한 부동산 소유권이전등기 소송에서 자백간주 확정판결을 받아 수익자 앞으로 소유권이전등기를 마친 경우, 위 확정판결을 통해 마쳐진 소유권이전등기가 사해행위 취소로 인한 원상회복으로써 말소된다고 하더라도, 그것이 확정판결의 효력에 반하거나 모순되는 것이라고는 할 수 없다.

해설

① **(O)** 현재 가등기명의자가 아닌 수익자는 가등기 및 본등기말소청구의 상대방이 될 수 없으나, 사해행위로 인한 이익을 가액배상 방법으로 원상회복 하는 것은 가능하므로 사해행위 취소소송의 상대방이 될 수 있다.

[**대법원** 2015. 5. 21. **선고** 2012**다**952 **전원합의체 판결**] 사해행위인 매매예약에 기하여 수익자 앞으로 가등기를 마친 후 전득자 앞으로 가등기 이전의 부기등기를 마치고 나아가 가등기에 기한 본등기까지 마쳤다 하더라도, 위 부기등기는 사해행위인 매매예약에 기초한 수익자의 권리의 이전을 나타내는 것으로서 부기등기에 의하여 수익자로서의 지위가 소멸하지는 아니하며, 채권자는 수익자를 상대로 사해행위인 매매예약의 취소를 청구할 수 있다. 그리고 설령 부기등기의 결과 가등기 및 본등기에 대한 말소청구소송에서 수익자의 피고적격이 부정되는 등의 사유로 인하여 수익자의 원물반환의무인 가등기말소의무의 이행이 불가능하게 된다 하더라도 달리 볼 수 없으며, 특별한 사정이 없는 한 수익자는 가등기 및 본등기에 의하여 발생된 채권자들의 공동담보 부족에 관하여 원상회복의무로서 가액을 배상할 의무를 진다.

② **(O)** 저당물의 양도가 사해행위가 되기 위해서는 양도 당시 저당물이 책임재산으로서의 가치가 있어야 한다. 양도 당시 저당물 가액이 저당권자의 우선변제 채권액을 초과하는 때에만 사해행위가 된다.

[**대법원** 2001. 10. 9. **선고** 2000**다**42618 **판결**] 저당권이 설정되어 있는 부동산이 사해행위로 양도된 경우에 그 사해행위는 부동산의 가액, 즉 시가(공시지가와 일치하는 것은 아니다)에서 저당권의 피담보채권액을 공제한 잔액의 범위 내에서 성립하고, 피담보채권액이 부동산의 가액을 초과하는 때에는 당해 부동산의 양도는 사해행위에 해당한다고 할 수 없는 바, 여기서 피담보채권액이라 함은 근저당권의 경우 채권최고액이 아니라 실제로 이미 발생하여 있는 채권금액이다.

③ (×) 사해행위 취소 및 원상회복 판결에 기한 말소등기의 신청은 취소채권자만이 할 수 있다. 다만, 사해행위 취소 및 원상회복은 모든 채권자를 위하여 효력이 있으므로(민법 제407조) 사해행위 취소 및 원상회복의 효력을 받는 다른 채권자가 말소등기 신청을 하고, 등기가 실행된 때에는 그 등기는 실체관계에 부합하는 등기로서 효력이 있다.

[**대법원** 2015. 11. 17. **선고** 2013**다**84995 **판결**] 사해행위 취소의 효력은 채무자와 수익자의 법률관계에 영향을 미치지 아니하고, 사해행위 취소로 인한 원상회복 판결의 효력도 소송의 당사자인 채권자와 수익자 또는 전득자에게만 미칠 뿐 채무자나 다른 채권자에게 미치지 아니하므로, 어느 채권자가 수익자를 상대로 사해행위 취소 및 원상회복으로 소유권이전등기의 말소를 명하는 판결을 받았으나 말소등기를 마치지 아니한 상태라면 소송의 당사자가 아닌 다른 채권자는 위 판결에 기하여 채무자를 대위하여 말소등기를 신청할 수 없다. 그럼에도 불구하고 다른 채권자의 등기신청으로 말소등기가 마쳐졌다면 등기에는 절차상의 흠이 존재한다.

그러나 채권자가 사해행위 취소의 소를 제기하여 승소한 경우 취소의 효력은 민법 제407조에 따라 모든 채권자의 이익을 위하여 미치므로 수익자는 채무자의 다른 채권자에 대하여도 사해행위의 취소로 인한 소유권이전등기의 말소등기의무를 부담하는 점, 등기절차상의 흠을 이유로 말소된 소유권이전등기가 회복되더라도 다른 채권자가 사해행위취소판결에 따라 사해행위가 취소되었다는 사정을 들어 수익자를 상대로 다시 소유권이전등기의 말소를 청구하면 수익자는 말소등기를 해 줄 수밖에 없어서 결국 말소된 소유권이전등기가 회복되기 전의 상태로 돌아가는데 이와 같은 불필요한 절차를 거치게 할 필요가 없는 점 등에 비추어 보면, 사해행위 취소 및 원상회복으로 소유권이전등기의 말소를 명한 판결의 소송당사자가 아닌 다른 채권자가 위 판결에 기하여 채무자를 대위하여 마친 말소등기는 등기절차상의 흠에도 불구하고 실체관계에 부합하는 등기로서 유효하다.

④ (O) 수익자의 선의, 악의는 전득자의 선의, 악의 판단에 영향을 주지 않는다.

[**대법원** 2012. 8. 17. **선고** 2010**다**87672 **판결**] 채권자가 사해행위 취소와 함께 수익자 또는 전득자로부터 책임재산의 회복을 구하는 사해행위취소의 소를 제기한 경우 취소의 효과는 채권자와 수익자 또는 전득자 사이의 관계에서만 생긴다. 그리고 채권자가 사해행위 취소로써 전득자를 상대로 채무자와 수익자 사이의 법률행위 취소를 구하는 경우, 전득자의 악의는 전득행위 당시 취소를 구하는 법률행위가 채권자를 해한다는 사실, 즉 사해행위의 객관적 요건을 구비하였다는 것에 대한 인식을 의미하므로, 전득자의 악의 판단에서는 전득자가 전득행위 당시 채무자와 수익자 사이의 법률행위의 사해성을 인식하였는지만이 문제가 될 뿐이고, 수익자가 채무자와 수익자 사이 법률행위의 사해성을 인식하였는지는 원칙적으로 문제가 되지 않는다.

⑤ (O) 사해행위 취소는 상대적 효력만 있을 뿐이므로 수익자에 대한 사해행위 취소 및 원상회복 판결로 인하여 수익자 명의의 등기가 말소되더라도 채무자와 수익자 사이의 확정판결의 효력에 모순된다고 할 수는 없다.

[**대법원** 2017. 4. 7. **선고** 2016**다**204783 **판결**] 채권자가 사해행위의 취소와 함께 수익자 또는 전득자로부터 책임재산의 회복을 명하는 사해행위취소의 판결을 받은 경우 수익자 또는 전득자가 채권자에 대하여 사해행위의 취소로 인한 원상회복 의무를 부담하게 될 뿐, 채권자와 채무자 사이에서 취소로 인한 법률관계가 형성되는 것은 아니다. 따라서 위와 같이 채무자와 수익자 사이의 소송절차에서 확정판결 등을 통해 마쳐진 소유권이전등기가 사해행위취소로 인한 원상회복으로써 말소된다고 하더라도, 그것이 확정판결 등의 효력에 반하거나 모순되는 것이라고는 할 수 없다.

정답 ③

40. **乙은 甲에 대하여 1억 원의 대여금채권을 가지고 있다. 甲은 자신의 유일한 재산인 X 토지에 대하여 채권자 丙 명의로 근저당권을 설정해 주었다. 乙은 甲에 대한 대여금채권을 피보전채권으로 하여 丙을 상대로 甲과 丙 사이에 체결된 근저당권설정계약을 취소하는 사해행위 취소의 소를 제기하였다. 이에 관한 설명 중 옳은 것을 모두 고른 것은? (다툼이 있는 경우 판례에 의함)** [22 변호사]

ㄱ. 乙이 제척기간 내에 사해행위 취소의 소를 제기하였다면, 제척기간이 경과한 후에 피보전채권을 위 대여금채권에서 乙의 甲에 대한 부당이득금반환채권으로 변경할 수 있다.
ㄴ. 丙이 근저당권을 실행하여 배당금을 수령하였다면, 乙은 사해행위 취소로 인한 원상회복청구를 함에 있어서 가액배상의 방법으로 丙을 상대로 하여 자신에게 배당금을 반환할 것을 구할 수 있다.
ㄷ. 丙은 乙의 甲에 대한 대여금채권의 소멸시효 완성을 원용할 수 없다.
ㄹ. 乙은 사해행위 당시 甲이 공동담보 부족에 의하여 일반채권자가 채권변제를 받기 어렵게 될 위험이 생긴다는 사실을 인식하였다는 사실만 증명하면 족하고, 특정채권자를 해한다는 甲의 인식까지 증명하여야 하는 것은 아니다.
ㅁ. 처분행위 당시에는 채권자를 해하는 것이었더라도 그 후 甲이 자력을 회복하거나 채무가 감소하여 사해행위 취소소송의 사실심 변론종결시에 채권자를 해하지 않게 되었다면, 甲의 당사자적격이 없으므로 법원은 사해행위 취소의 소를 각하하여야 한다.

① ㄱ, ㅁ ② ㄱ, ㄴ, ㄹ ③ ㄱ, ㄷ, ㄹ
④ ㄴ, ㄷ, ㅁ ⑤ ㄱ, ㄴ, ㄹ, ㅁ

해설

ㄱ. (O) 사해행위 취소소송에서 피보전채권의 변경이 공격방법의 변경인지 소의 변경인지를 묻는 지문이다. 판례는 공격방법의 변경으로 본다. 따라서 제소기간 준수의 효과는 유지된다.
[**대법원** 2003. 5. 27. **선고** 2001**다**13532 **판결**] 채권자가 사해행위의 취소를 청구하면서 그 보전하고자 하는 채권을 추가하거나 교환하는 것은 그 사해행위취소권을 이유 있게 하는 공격방법에 관한 주장을 변경하는 것일 뿐이지 소송물 또는 청구 자체를 변경하는 것이 아니므로 소의 변경이라 할 수 없다.

ㄴ. (O) 근저당권설정계약을 사해행위로서 취소한 경우, 원상회복의 방법을 묻는 지문이다. 근저당권설정등기가 말소되지 않고 있는 때에는 근저당권설정등기말소라는 방법으로, 근저당권 실행으로 근저당권설정등기가 말소되었으나, 수익자인 근저당권자가 배당금을 수령하지 못한 때에는 배당금지급청구권의 양도라는 방법으로, 수익자인 근저당권자가 배당금을 수령한 경우에는 수령한 배당금의 지급을 구하는 가액배상의 방법으로 원상회복이 이루어진다.
[**대법원** 2014. 12. 11. **선고** 2011**다**49783 **판결**] 사해행위가 채권자에 의하여 취소되기 전에 이미 수익자 또는 전득자가 배당금을 지급받은 경우에는, 채권자는 원상회복방법으로 수익자 또는 전득자를 상대로 배당으로 수령한 금전의 지급을 가액배상의 방법으로 청구할 수 있다.

ㄷ. (×) 수익자는 취소채권자의 피보전채권이 시효로 소멸한 경우, 소멸시효를 원용할 수 있는 독자적 소멸시효 원용권자에 해당한다.
[**대법원** 2007. 11. 29. **선고** 2007**다**54849 **판결**] 소멸시효를 원용할 수 있는 사람은 권리의 소멸에 의하여 직접 이익을 받는 자에 한정되는데, 사해행위취소소송의 상대방이 된 사해행위의 수익자는 사해행위가 취소되면 사해행위에 의하여 얻은 이익을 상실하게 되나, 사해행위취소권을 행사하는

채권자의 채권이 소멸되면 그와 같은 이익의 상실을 면할 수 있는 지위에 있으므로, 그 채권의 소멸에 의하여 직접 이익을 받는 자에 해당하는 것으로 보아야 한다. 따라서 원심이 사해행위의 수익자인 피고를 망인에 대한 일반 채권자와 동일하게 보아 피고가 독자적으로 망인의 보증채무가 소멸시효 완성으로 소멸되었다는 주장을 할 수 없다는 취지로 판단한 것은 잘못이라고 할 것이다(필자 註 : 다만, 대법원은 채권자가 채무자를 상대로 피보전채권에 관한 이행청구의 소를 제기하여 승소판결을 받고 그 판결이 확정되었다면 수익자는 더 이상 소멸시효의 주장 등으로 피보전채권의 존재를 다툴 수 없다고 하였다).

ㄹ. **(○)** 증명대상인 사해의사의 의미를 묻는 지문이다. 공동담보 부족에 관한 인식을 말하며, 특정채권자를 해하려는 의식이 있어야 하는 것은 아니다.

[**대법원** 2009. 3. 26. **선고** 2007**다**63102 **판결**] 사해의사란 채무자가 법률행위를 함에 있어 그 채권자를 해함을 안다는 것이다. 여기서 '안다'고 함은 의도나 의욕을 의미하는 것이 아니라 단순한 인식으로 충분하다. 결국 사해의사란 공동담보 부족에 의하여 채권자가 채권변제를 받기 어렵게 될 위험이 생긴다는 사실을 인식하는 것이며, 이러한 인식은 일반채권자에 대한 관계에서 있으면 족하고, 특정의 채권자를 해한다는 인식이 있어야 하는 것은 아니다.

ㅁ. **(×)** 사해행위 후에 채무자가 자력을 회복한 경우, 법원이 어떠한 판결을 내려야 하는지를 묻는 지문이다. 사해행위에 의하여 발생한 채권자취소권은 채무자가 자력을 회복하면 소멸한다. 채권자취소권이 소멸한 이상, 법원은 소를 각하할 것이 아니라 기각하여야 한다.

[**대법원** 2007. 11. 29. **선고** 2007**다**54849 **판결**] 처분행위 당시에는 채권자를 해하는 것이었다고 하더라도 그 후 채무자가 자력을 회복하여 사해행위취소권을 행사하는 사실심의 변론종결시에는 채권자를 해하지 않게 된 경우에는 책임재산 보전의 필요성이 없어지게 되어 채권자취소권이 소멸하는 것으로 보아야 할 것인 바, 그러한 사정변경이 있다는 사실은 채권자취소소송의 상대방이 증명하여야 한다.

정답 ②

41. **甲은 乙에 대하여 1억 원의 금전채권을 가지고 있었는데, 乙은 자기의 유일한 재산인 X부동산을 丙에게 매도하고 소유권이전등기까지 마쳐주었고, 그 후 X부동산에 관하여 A가 저당권을 취득하였다. 甲이 丙을 상대로 사해행위취소 및 원상회복을 구하는 소를 제기한 경우에 관한 설명 중 옳은 것(○)과 옳지 않은 것(×)을 올바르게 조합한 것은? (다툼이 있는 경우 판례에 의함)** [21 변호사]

ㄱ. 丙이 X부동산을 저당권의 제한이 없는 상태로 회복하여 乙에게 이전하여 줄 수 있다는 등의 특별한 사정이 없는 한, 甲은 丙을 상대로 원물반환 대신 가액 상당의 배상을 구할 수 있다.

ㄴ. 甲이 원상회복의 방법으로 가액배상 대신 丙을 상대로 丙 명의 소유권이전등기의 말소를 구하거나, 乙 앞으로 직접 소유권이전등기절차를 이행할 것을 구할 수는 없다.

ㄷ. 원물반환과 가액배상이 모두 가능한 경우, 법원은 甲의 선택에도 불구하고 직권으로 사해행위취소로 인한 원상회복을 원물반환과 가액배상 중 어느 하나로 확정할 수 있다.

ㄹ. 甲이 일단 사해행위취소 및 원상회복으로서 丙 명의의 등기의 말소를 청구하여 승소판결이 확정되었다면, 어떠한 사유로 丙 명의의 등기를 말소하는 것이 불가능하게 되었다고 하더라도 다시 丙을 상대로 원상회복청구권을 행사하여 가액배상을 청구하거나 원물반환으로서 乙 앞으로 직접 소유권이전등기절차를 이행할 것을 청구할 수는 없다.

① ㄱ(○), ㄴ(○), ㄷ(×), ㄹ(×)
② ㄱ(○), ㄴ(×), ㄷ(×), ㄹ(○)
③ ㄱ(○), ㄴ(×), ㄷ(○), ㄹ(×)
④ ㄱ(×), ㄴ(○), ㄷ(×), ㄹ(○)
⑤ ㄱ(×), ㄴ(×), ㄷ(○), ㄹ(○)

해설

ㄱ. **(O)** 수익자가 사해행위로 취득한 부동산에 저당권을 설정한 경우, 사해행위 취소에 따른 원상회복 방법을 묻는 지문이다. 원물반환이 곤란할 상황이므로 가액배상에 의한 원상회복이 가능하다.
[**대법원** 2001. 2. 9. **선고** 2000**다**57139 **판결**] 채권자의 사해행위취소 및 원상회복청구가 인정되면, 수익자는 원상회복으로서 사해행위의 목적물을 채무자에게 반환할 의무를 지게 되고, 만일 원물반환이 불가능하거나 현저히 곤란한 경우에는 원상회복의무의 이행으로서 사해행위 목적물의 가액 상당을 배상하여야 하는 바, 여기에서 원물반환이 불가능하거나 현저히 곤란한 경우라 함은 원물반환이 단순히 절대적·물리적으로 불능인 경우가 아니라 사회생활상의 경험법칙 또는 거래상의 관념에 비추어 그 이행의 실현을 기대할 수 없는 경우를 말하는 것이므로, 사해행위 후 그 목적물에 관하여 제3자가 저당권이나 지상권 등의 권리를 취득한 경우에는 수익자가 목적물을 저당권 등의 제한이 없는 상태로 회복하여 이전하여 줄 수 있다는 등의 특별한 사정이 없는 한 채권자는 수익자를 상대로 원물반환 대신 그 가액 상당의 배상을 구할 수도 있다고 할 것이나, 그렇다고 하여 채권자가 스스로 위험이나 불이익을 감수하면서 원물반환을 구하는 것까지 허용되지 아니하는 것으로 볼 것은 아니고, 그 경우 채권자는 원상회복방법으로 가액배상 대신 수익자 명의의 등기의 말소를 구하거나 수익자를 상대로 채무자 앞으로 직접 소유권이전등기절차를 이행할 것을 구할 수 있다.

ㄴ. **(×)** 원물반환이 현저히 곤란하여 가액배상청구가 허용되는 때에도 채권자가 스스로 위험이나 불이익을 감수하면서 원물반환을 구하는 것이 허용되지 않는다고 볼 수는 없다. **대법원** 2001. 2. 9. **선고** 2000**다**57139 **판결 참고**.

ㄷ. **(×)** 원물반환과 가액반환이 모두 가능한 경우에는 취소채권자의 선택에 따라 법원은 원물반환 혹은 가액배상으로 확정하여야 한다.
[**대법원** 2006. 12. 7. **선고** 2004**다**54978 **판결**] 사해행위 후 목적물에 관하여 제3자가 저당권이나 지상권 등의 권리를 취득한 경우에는 수익자가 목적물을 저당권 등의 제한이 없는 상태로 회복하여 이전하여 줄 수 있다는 등의 특별한 사정이 없는 한, 채권자는 원상회복방법으로 수익자를 상대로 가액 상당의 배상을 구할 수도 있고, 채무자 앞으로 직접 소유권이전등기절차를 이행할 것을 구할 수도 있다. 이 경우 원상회복청구권은 사실심 변론종결 당시의 채권자의 선택에 따라 원물반환과 가액배상 중 어느 하나로 확정되며, 채권자가 일단 사해행위취소 및 원상회복으로서 원물반환 청구를 하여 승소 판결이 확정되었다면, 그 후 어떠한 사유로 원물반환의 목적을 달성할 수 없게 되었다고 하더라도 다시 원상회복청구권을 행사하여 가액배상을 청구할 수는 없으므로 그 청구는 권리보호의 이익이 없어 허용되지 않는다.

ㄹ. **(O)** 원물반환판결이 확정된 후에 원물반환이 불능으로 되더라도 다시 가액배상을 청구할 수는 없다. 이미 사해행위 취소에 따른 원상회복청구가 확정되었기 때문이다. 다만, 대상청구권을 행사할 수는 있다. **대법원** 2006. 12. 7. **선고** 2004**다**54978 **판결 참고**.

정답 ②

42. 채권자취소권에 관한 설명 중 옳지 않은 것을 모두 고른 것은? (다툼이 있는 경우 판례에 의함)

[20 변호사]

ㄱ. 사해행위의 목적물인 부동산에 관하여 우선변제권 있는 임차인이 있는 경우에는 부동산 가액 중 임차보증금 해당 부분은 일반 채권자의 공동담보에 제공되었다고 볼 수 없으므로, 임대차계약의 체결시기와 상관없이 그 임차보증금 반환채권액은 가액반환의 범위에서 공제되어야 한다.

ㄴ. 채무자 소유의 유일한 재산인 부동산에 관한 매매예약완결권이 제척기간 경과가 임박하여 소멸할 예정인 상태에서, 채무자가 제척기간을 연장하기 위하여 새로 매매예약을 하는 행위는 기존에 부담하는 채무 외에 추가로 채무를 부담하는 것이 아니므로 사해행위에 해당하지 아니한다.

ㄷ. 채무초과상태에 있는 채무자가 상속을 포기하는 것은 사해행위취소의 대상이 되지 않고, 유증을 포기하는 것도 직접적으로 채무자의 일반재산을 감소시키지 아니하므로 사해행위 취소의 대상이 되지 아니한다.

ㄹ. 신축건물의 도급인이 「민법」 제666조가 정한 수급인의 저당권설정청구권의 행사에 따라 공사대금채무의 담보로 그 건물에 저당권을 설정하는 행위는 특별한 사정이 없는 한 사해행위에 해당하지 아니하고, 수급인으로부터 공사대금채권을 양수받은 자의 저당권설정청구에 의하여 신축건물의 도급인이 그 건물에 저당권을 설정하는 행위 역시 다른 특별한 사정이 없는 한 사해행위에 해당하지 아니한다.

① ㄱ ② ㄱ, ㄴ ③ ㄷ, ㄹ
④ ㄱ, ㄴ, ㄷ ⑤ ㄴ, ㄷ, ㄹ

해설

ㄱ. (×) 우선변제권이 인정되는 보증금채권액이 사해행위 취소에 따른 가액배상금을 산정할 때 공제대상이 되는지를 묻는 지문이다. 사해행위 당시 임대차계약이 체결되어 우선변제권이 인정되는 경우에는 공제대상이 되지만, 사해행위 이후 임대차계약이 체결되어 우선변제권이 인정되는 경우에는 공제대상이 되지 않는다.

[**대법원** 2018. 9. 13. **선고** 2018**다**215756 **판결**] 저당권이 설정되어 있는 부동산에 관하여 사해행위 후 변제 등으로 저당권설정등기가 말소되어 사해행위 취소와 함께 가액반환을 명하는 경우, 부동산 가액에서 저당권의 피담보채권액을 공제한 한도에서 가액반환을 하여야 한다. 그런데 그 부동산에 위와 같은 저당권 이외에 우선변제권 있는 임차인이 있는 경우에는 임대차계약의 체결시기 등에 따라 임차보증금 공제 여부가 달라질 수 있다. 가령 사해행위 이전에 임대차계약이 체결되었고 임차인에게 임차보증금에 대해 우선변제권이 있다면, 부동산 가액 중 임차보증금에 해당하는 부분이 일반채권자의 공동담보에 제공되었다고 볼 수 없으므로 수익자가 반환할 부동산 가액에서 우선변제권 있는 임차보증금 반환채권액을 공제하여야 한다. 그러나 부동산에 관한 사해행위 이후에 비로소 채무자가 부동산을 임대한 경우에는 그 임차보증금을 가액반환의 범위에서 공제할 이유가 없다. 이러한 경우에는 부동산 가액 중 임차보증금에 해당하는 부분도 일반 채권자의 공동담보에 제공되어 있음이 분명하기 때문이다.

ㄴ. (×) 소멸되어야 할 매매예약완결권의 소멸을 막기 위하여 새로운 매매예약을 체결하는 행위는 책임재산을 감소시키는 행위로서 사해행위에 해당한다.

[**대법원** 2018. 11. 29. **선고** 2017**다**247190 **판결**] 민법 제564조가 정하고 있는 매매예약에서 예약자의 상대방이 매매예약 완결의 의사표시를 하여 매매의 효력을 생기게 하는 권리, 즉 매매예약의 완결권은 일종의 형성권으로서 당사자 사이에 행사기간을 약정한 때에는 그 기간 내에, 약정이 없는 때에는 예약이 성립한 때부터 10년 내에 이를 행사하여야 하고, 그 기간이 지난 때에는 예약완결권은 제척기간의 경과로 소멸한다. 채무자가 유일한 재산인 그 소유의 부동산에 관한 매매예약에 따른 예약완결권이 제척기간 경과가 임박하여 소멸할 예정인 상태에서 제척기간을 연장하기 위하여 새로 매매예약을 하는 행위는 채무자가 부담하지 않아도 될 채무를 새롭게 부담하게 되는 결과가 되므로 채권자취소권의 대상인 사해행위가 될 수 있다.

ㄷ. (O) 상속포기나 유증포기는 채무자의 현재 책임재산상태를 악화시키는 것이 아니므로 사해행위라고 할 수 없다.

[**대법원** 2011. 6. 9. **선고** 2011**다**29307 **판결**] 상속의 포기는 비록 포기자의 재산에 영향을 미치는 바가 없지 아니하나(그러한 측면과 관련하여서는 '채무자 회생 및 파산에 관한 법률' 제386조도 참조) 상속인으로서의 지위 자체를 소멸하게 하는 행위로서 순전한 재산법적 행위와 같이 볼 것이 아니다. 오히려 상속의 포기는 1차적으로 피상속인 또는 후순위상속인을 포함하여 다른 상속인 등과의 인격적 관계를 전체적으로 판단하여 행하여지는 '인적 결단'으로서의 성질을 가진다. 그러한 행위에 대하여 비록 상속인인 채무자가 무자력상태에 있다고 하여서 그로 하여금 상속포기를 하지 못하게 하는 결과가 될 수 있는 채권자의 사해행위취소를 쉽사리 인정할 것이 아니다. 그리고 상속은 피상속인이 사망 당시에 가지던 모든 재산적 권리 및 의무·부담을 포함하는 총체재산이 한꺼번에 포괄적으로 승계되는 것으로서 다수의 관련자가 이해관계를 가지는데, 위와 같이 상속인으로서의 자격 자체를 좌우하는 상속포기의 의사표시에 사해행위에 해당하는 법률행위에 대하여 채권자 자신과 수익자 또는 전득자 사이에서만 상대적으로 그 효력이 없는 것으로 하는 채권자취소권의 적용이 있다고 하면, 상속을 둘러싼 법률관계는 그 법적 처리의 출발점이 되는 상속인 확정의 단계에서부터 복잡하게 얽히게 되는 것을 면할 수 없다. 또한 상속인의 채권자의 입장에서는 상속의 포기가 그의 기대를 저버리는 측면이 있다고 하더라도 채무자인 상속인의 재산을 현재의 상태보다 악화시키지 아니한다. 이러한 점들을 종합적으로 고려하여 보면, 상속의 포기는 민법 제406조 제1항에서 정하는 "재산권에 관한 법률행위"에 해당하지 아니하여 사해행위취소의 대상이 되지 못한다(필자 註 : 상속인 甲이 상속포기 신고를 하였는데, 나머지 공동상속인들이 위 신고가 수리되면 甲은 처음부터 상속인에 해당하지 않는다고 생각하여, 상속포기 신고를 한 날 甲을 제외한 채 상속재산분할협의를 한 사안에서, 상속포기가 사해행위취소의 대상이 될 수 없고, 설령 甲이 상속재산분할협의에 참여하여 당사자가 되었더라도 협의 내용이 甲의 상속포기를 전제로 상속재산에 대한 권리를 인정하지 아니하는 것으로서 같은 날 행하여진 甲의 상속포기 신고가 그 후 수리됨으로써 상속포기의 효과가 적법하게 발생한 이상 이를 달리 볼 것이 아니라는 취지의 원심 판단을 수긍한 사례).

[**대법원** 2019. 1. 17. **선고** 2018**다**260855 **판결**] 유증을 받을 자는 유언자의 사망 후에 언제든지 유증을 승인 또는 포기할 수 있고, 그 효력은 유언자가 사망한 때에 소급하여 발생하므로(민법 제1074조), 채무초과 상태에 있는 채무자라도 자유롭게 유증을 받을 것을 포기할 수 있다. 또한 채무자의 유증포기가 직접적으로 채무자의 일반재산을 감소시켜 채무자의 재산을 유증 이전의 상태보다 악화시킨다고 볼 수도 없다. 따라서 유증을 받을 자가 이를 포기하는 것은 사해행위 취소의 대상이 되지 않는다고 보는 것이 옳다.

ㄹ. (O) 부동산공사수급인의 저당권설정청구권 행사에 따라 저당권을 설정하는 행위는 사해행위라고 볼 수 없다. 이는 부동산공사대금채권이 양도되어 양수인의 저당권설정청구를 하고, 그에 따라 저당권이 설정되는 경우에도 마찬가지이다.

[**대법원** 2018. 11. 29. **선고** 2015**다**19827 **판결**] 민법 제666조에서 정한 수급인의 저당권설정청구권은 공사대금채권을 담보하기 위하여 인정되는 채권적 청구권으로서 공사대금채권에 부수하여 인정되는 권리이므로, 당사자 사이에 공사대금채권만을 양도하고 저당권설정청구권은 이와 함께 양도하지 않기로 약정하였다는 등의 특별한 사정이 없는 한, 공사대금채권이 양도되는 경우 저당권설정청구권도 이에 수반하여 함께 이전된다고 봄이 타당하다. 따라서 신축건물의 수급인으로부터 공사대금채권을 양수받은 자의 저당권설정청구에 의하여 신축건물의 도급인이 그 건물에 저당권을 설정하는 행위 역시 다른 특별한 사정이 없는 한 사해행위에 해당하지 아니한다.

정답 ②

43. 사해행위 취소에 관한 설명 중 옳지 않은 것은? (다툼이 있는 경우 판례에 의함) [19 변호사]

① 근저당권설정계약이 사해행위인 이상 근저당권설정등기가 경매로 인하여 말소되었다고 하더라도 근저당권설정등기로 인하여 해를 입게 되는 채권자는 근저당권설정계약의 취소를 구할 이익이 있다.

② 사해행위 이후 저당권 등이 설정되어 채권자가 사해행위 취소와 함께 원상회복으로서 가액배상 또는 원물반환으로 채무자 앞으로 소유권이전등기절차 이행을 구할 수 있는 경우, 채권자의 선택에 따라 사해행위 취소 및 원상회복으로서 원물반환 청구를 하여 승소 판결이 확정되었으나, 그 후 저당권 실행 등으로 원물반환의 목적을 달성할 수 없게 되었다면, 그 채권자는 다시 원상회복청구권을 행사하여 가액배상을 청구할 수 있다.

③ 부동산을 양도받아 소유권이전등기청구권을 가지고 있는 자가 양도인이 제3자에게 이를 이중으로 양도하여 소유권이전등기를 경료하여 줌으로써 취득하는 부동산 가액 상당의 손해배상채권은 그 이중양도행위에 대한 사해행위취소권을 행사할 수 있는 피보전채권에 해당한다고 할 수 없다.

④ 수인의 채권자 중 1인이 채무자의 재산처분 행위의 취소를 구하는 사해행위 취소의 소를 제기하였는데 그 소송 계속 중 다른 채권자가 채무자의 동일한 재산처분 행위의 취소를 구하는 사해행위 취소의 소를 제기하더라도, 이는 중복제소에 해당하지 않는다.

⑤ 채무자의 수익자에 대한 채권양도가 사해행위로 취소되는 경우 수익자가 제3채무자로부터 아직 그 채권을 추심하지 아니한 때에는 채권자는 사해행위취소에 따른 원상회복으로서 수익자로 하여금 제3채무자에 대하여 채권양도가 취소되었다는 취지의 통지를 하도록 청구할 수 있다. 그러나 이러한 통지가 이루어지더라도 채권자는 채무자를 대위하여 제3채무자에게 그 채권에 관한 지급을 청구할 수 없다.

해설

① **(O)** 근저당권자에게 배당에 따른 이익을 받지 않도록 하기 위하여 근저당권설정계약을 취소할 이익이 있다.

[**대법원** 1997. 10. 10. **선고** 97**다**8687 **판결**] 채무자와 수익자 사이의 근저당권설정계약이 사해행위인 이상 그로 인한 근저당권설정등기가 경락으로 인하여 말소되었다고 하더라도 수익자로 하여금 근저당권자로서의 배당을 받도록 하는 것은 민법 제406조 제1항의 취지에 반하므로, 수익자에게 그와 같은 부당한 이득을 보유시키지 않기 위하여 그 근저당권설정등기로 인하여 해를 입게 되는 채권자는 근저당권설정계약의 취소를 구할 이익이 있다.

② **(×)** 이미 원물반환을 구하는 원상회복청구를 통하여 승소판결을 받았기 때문에 다시 원상회복청구를 하는 것은 허용되지 않고, 이때에는 대상청구를 하여야 한다.

[**대법원** 2006. 12. 7. **선고** 2004**다**54978 **판결**] 사해행위 후 목적물에 관하여 제3자가 저당권이나 지상권 등의 권리를 취득한 경우에는 수익자가 목적물을 저당권 등의 제한이 없는 상태로 회복하여 이전하여 줄 수 있다는 등의 특별한 사정이 없는 한, 채권자는 원상회복방법으로 수익자를 상대로 가액 상당의 배상을 구할 수도 있고, 채무자 앞으로 직접 소유권이전등기절차를 이행할 것을 구할 수도 있다. 이 경우 원상회복청구권은 사실심 변론종결 당시의 채권자의 선택에 따라 원물반환과 가액배상 중 어느 하나로 확정되며, 채권자가 일단 사해행위취소 및 원상회복으로서 원물반환 청구를 하여 승소 판결이 확정되었다면, 그 후 어떠한 사유로 원물반환의 목적을 달성할 수 없게 되었다고

하더라도 다시 원상회복청구권을 행사하여 가액배상을 청구할 수는 없으므로 그 청구는 권리보호의 이익이 없어 허용되지 않는다.

[**대법원** 2012. 6. 28. **선고** 2010**다**71431 **판결**] 신용보증기금이 甲 주식회사를 상대로 제기한 사해행위취소소송에서 원물반환으로 근저당권설정등기의 말소를 구하여 승소판결이 확정되었는데, 그 후 해당 부동산이 관련 경매사건에서 담보권 실행을 위한 경매절차를 통하여 제3자에게 매각된 사안에서, 위와 같이 부동산이 담보권 실행을 위한 경매절차에 의하여 매각됨으로써 확정판결에 기한 甲 회사의 근저당권설정등기 말소등기절차의무가 이행불능된 경우, 신용보증기금은 대상청구권 행사로서 甲 회사가 말소될 근저당권설정등기에 기한 근저당권자로서 지급받은 배당금의 반환을 청구할 수 있다고 한 사례.

③ **(O)** 취소의 대상인 2중양도행위 이후에 발생한 채권이므로 채권자취소의 피보전채권이 될 수 없다.

[**대법원** 1999. 4. 27. **선고** 98**다**56690 **판결**] 부동산을 양도받아 소유권이전등기청구권을 가지고 있는 자가 양도인이 제3자에게 이를 이중으로 양도하여 소유권이전등기를 경료하여 줌으로써 취득하는 부동산 가액 상당의 손해배상채권은 이중양도행위에 대한 사해행위취소권을 행사할 수 있는 피보전채권에 해당한다고 할 수 없다.

④ **(O)** 수인의 채권자가 동일한 사해행위를 취소하라는 청구를 하더라도 중복소송에 해당하지 않는다. 채권자취소소송은 상대적 효력을 가지는 데에 불과하기 때문이다.

[**대법원** 2005. 11. 25. **선고** 2005**다**51457 **판결**] 채권자취소권의 요건을 갖춘 각 채권자는 고유의 권리로서 채무자의 재산처분 행위를 취소하고 그 원상회복을 구할 수 있는 것이므로 여러 명의 채권자가 동시에 또는 시기를 달리하여 사해행위취소 및 원상회복청구의 소를 제기한 경우 이들 소가 중복제소에 해당하지 아니할 뿐만 아니라, 어느 한 채권자가 동일한 사해행위에 관하여 사해행위취소 및 원상회복청구를 하여 승소판결을 받아 그 판결이 확정되었다는 것만으로는 그 후에 제기된 다른 채권자의 동일한 청구가 권리보호의 이익이 없게 되는 것은 아니고, 그에 기하여 재산이나 가액의 회복을 마친 경우에 비로소 다른 채권자의 사해행위취소 및 원상회복청구는 그와 중첩되는 범위 내에서 권리보호의 이익이 없게 된다.

⑤ **(O)** 사해행위 취소로 채권양도가 취소되고, 그 사실이 제3채무자에게 통지되더라도 채무자가 양도채권을 취득하는 것은 아니므로 채권자가 채무자를 대위하여 제3채무자에 대하여 채무이행을 청구할 수는 없다. 취소채권자는 채권에 관한 강제집행을 통하여 자기 채권의 만족을 얻어야 한다.

[**대법원** 2015. 11. 17. **선고** 2012**다**2743 **판결**] 채무자의 수익자에 대한 채권양도가 사해행위로 취소되는 경우, 수익자가 제3채무자에게서 아직 채권을 추심하지 아니한 때에는, 채권자는 사해행위 취소에 따른 원상회복으로서 수익자가 제3채무자에게 채권양도가 취소되었다는 취지의 통지를 하도록 청구할 수 있다.

그런데 사해행위의 취소는 채권자와 수익자의 관계에서 상대적으로 채무자와 수익자 사이의 법률행위를 무효로 하는 데에 그치고, 채무자와 수익자 사이의 법률관계에는 영향을 미치지 아니한다. 따라서 채무자의 수익자에 대한 채권양도가 사해행위로 취소되고, 그에 따른 원상회복으로서 제3채무자에게 채권양도가 취소되었다는 취지의 통지가 이루어지더라도, 채권자와 수익자의 관계에서 채권이 채무자의 책임재산으로 취급될 뿐, 채무자가 직접 채권을 취득하여 권리자로 되는 것은 아니므로, 채권자는 채무자를 대위하여 제3채무자에게 채권에 관한 지급을 청구할 수 없다. 정답 ②

44. **甲에 대하여 대여금채무를 부담하고 있는 乙이 그의 유일한 소유 재산인 부동산을 그의 아들인 丙에게 매도하고, 그 후 丙은 이를 다시 丁에게 매도한 후 각 소유권이전등기가 경료되었다. 이에 관한 설명 중 옳지 않은 것은? (다툼이 있는 경우 판례에 의함)** [19 변호사]

① 甲이 丙 및 丁을 상대로 사해행위 취소 및 원상회복을 구하여 이들 명의의 각 소유권이전등기가 말소된 경우, 丁은 乙의 채무를 변제한 것과 같은 지위에 있는 점에서 乙에게 부당이득의 반환을 청구할 수 있으므로, 향후 乙의 채권자들에 의해 진행될 원상회복 부동산에 대한 강제경매절차에서 위 부당이득반환채권으로 배당을 요구할 권리가 있다.

② 甲이 丙 및 丁을 상대로 사해행위 취소 및 원상회복을 구하여 이들 명의의 각 소유권이전등기의 말소를 명하는 확정판결을 받았더라도, 乙에 대한 다른 채권자 戊는 위 판결에 기하여 乙을 대위하여 말소등기를 신청할 수는 없다. 다만 등기관이 위 등기신청을 받아들여 말소등기를 마쳐 버렸다면 그 말소등기를 무효의 등기라 할 수는 없다.

③ 甲이 丁을 상대로 乙과 丙 사이의 매매계약을 사해행위로서 취소함에 있어서는 乙과 丙 사이의 매매계약이 아닌 丙과 丁 사이의 매매계약까지 甲을 해하는 행위로서 사해행위에 해당함을 증명할 필요는 없다.

④ 甲은 丁을 상대로 한 원상회복의 방법으로 丁 명의의 소유권이전등기를 말소하는 대신 乙 앞으로 직접 소유권이전등기절차를 이행할 것을 청구할 수도 있다.

⑤ 甲은 丙 및 丁을 상대로 사해행위 취소 및 원상회복을 구함에 있어 사해행위의 취소만을 먼저 청구한 다음 원상회복을 나중에 청구할 수도 있는데, 이 경우 사해행위 취소청구가 「민법」 제406조 제2항에 정하여진 기간 안에 제기되었다면 원상회복의 청구는 그 기간이 지난 뒤에도 할 수 있다.

해설

① **(×)** 사해행위 취소소송의 수익자나 전득자가 원상회복된 재산에 대하여 채무자에 대한 부당이득반환채권에 기하여 배당요구를 할 수 있는지를 묻는 지문이다. 사해행위 취소 및 원상회복은 모든 채권자를 위하여 효력이 있으나(제407조), 여기에서 모든 채권자란 사해행위로 인하여 침해를 받은 채권을 가진 채권자를 의미한다. 수익자나 전득자가 채무자에 대하여 사해행위 취소로 인하여 취득하게 되는 부당이득반환채권은 포함되지 않는다.

[**대법원** 2009. 6. 23. **선고** 2009**다**18502 **판결**] 채권자취소권은 채무자가 채권자를 해함을 알면서 자기의 일반재산을 감소시키는 행위를 한 경우에 그 행위를 취소하여 채무자의 재산을 원상회복시킴으로써 모든 채권자를 위하여 채무자의 책임재산을 보전하는 권리이나, 사해행위 이후에 채권을 취득한 채권자는 채권의 취득 당시에 사해행위취소에 의하여 회복되는 재산을 채권자의 공동담보로 파악하지 아니한 자로서 민법 제407조에 정한 사해행위취소와 원상회복의 효력을 받는 채권자에 포함되지 아니한다.

② **(O)** 채권자취소에 따른 말소등기는 취소채권자가 채무자를 대위하여 신청하여야 한다. 채권자취소의 효력을 받는 채무자의 다른 채권자는 말소등기를 신청할 수 있는 신청권자에 해당하지 않지만, 등기관이 이를 받아들여 말소등기가 마쳐진 때에는 그 말소등기는 실체관계에 부합하는 유효한 등기가 된다.

[**대법원** 2015. 11. 17. **선고** 2013**다**84995 **판결**] 사해행위 취소의 효력은 채무자와 수익자의 법률관계에 영향을 미치지 아니하고, 사해행위 취소로 인한 원상회복 판결의 효력도 소송의 당사자인

채권자와 수익자 또는 전득자에게만 미칠 뿐 채무자나 다른 채권자에게 미치지 아니하므로, 어느 채권자가 수익자를 상대로 사해행위 취소 및 원상회복으로 소유권이전등기의 말소를 명하는 판결을 받았으나 말소등기를 마치지 아니한 상태라면 소송의 당사자가 아닌 다른 채권자는 위 판결에 기하여 채무자를 대위하여 말소등기를 신청할 수 없다. 그럼에도 불구하고 다른 채권자의 등기신청으로 말소등기가 마쳐졌다면 등기에는 절차상의 흠이 존재한다.

그러나 채권자가 사해행위 취소의 소를 제기하여 승소한 경우 취소의 효력은 민법 제407조에 따라 모든 채권자의 이익을 위하여 미치므로 수익자는 채무자의 다른 채권자에 대하여도 사해행위의 취소로 인한 소유권이전등기의 말소등기의무를 부담하는 점, 등기절차상의 흠을 이유로 말소된 소유권이전등기가 회복되더라도 다른 채권자가 사해행위취소판결에 따라 사해행위가 취소되었다는 사정을 들어 수익자를 상대로 다시 소유권이전등기의 말소를 청구하면 수익자는 말소등기를 해 줄 수밖에 없어서 결국 말소된 소유권이전등기가 회복되기 전의 상태로 돌아가는데 이와 같은 불필요한 절차를 거치게 할 필요가 없는 점 등에 비추어 보면, 사해행위 취소 및 원상회복으로 소유권이전등기의 말소를 명한 판결의 소송당사자가 아닌 다른 채권자가 위 판결에 기하여 채무자를 대위하여 마친 말소등기는 등기절차상의 흠에도 불구하고 실체관계에 부합하는 등기로서 유효하다.

③ **(O)** 전득자를 상대로 사해행위 취소청구를 하는 경우, 수익자와 전득자 사이의 행위가 사해행위로서의 요건을 갖추어야 하는 것은 아니다.

[**대법원** 2006. 7. 4. **선고** 2004**다**61280 **판결**] 채권자가 사해행위의 취소로서 수익자를 상대로 채무자와의 법률행위의 취소를 구함과 아울러 전득자를 상대로도 전득행위의 취소를 구함에 있어서, 전득자의 악의는 전득행위 당시 그 행위가 채권자를 해한다는 사실, 즉 사해행위의 객관적 요건을 구비하였다는 것에 대한 인식을 의미하므로, 전득자의 악의를 판단함에 있어서는 단지 전득자가 전득행위 당시 채무자와 수익자 사이의 법률행위의 사해성을 인식하였는지 여부만이 문제가 될 뿐이지, 수익자와 전득자 사이의 전득행위가 다시 채권자를 해하는 행위로서 사해행위의 요건을 갖추어야 하는 것은 아니다.

④ **(O)** 진정한 등기명의 회복을 위한 이전등기청구는 사해행위 취소에 따른 원상회복으로 허용된다.

[**대법원** 2000. 2. 25. **선고** 99**다**53704 **판결**] 자기 앞으로 소유권을 표상하는 등기가 되어 있었거나 법률에 의하여 소유권을 취득한 자가 진정한 등기명의를 회복하기 위한 방법으로는 그 등기의 말소를 구하는 외에 현재의 등기명의인을 상대로 직접 소유권이전등기절차의 이행을 구하는 것도 허용되어야 하는 바, 이러한 법리는 사해행위취소소송에 있어서 취소 목적 부동산의 등기명의를 수익자로부터 채무자 앞으로 복귀시키고자 하는 경우에도 그대로 적용될 수 있다고 할 것이고, 따라서 채권자는 사해행위의 취소로 인한 원상회복방법으로 수익자 명의의 등기의 말소를 구하는 대신 수익자를 상대로 채무자 앞으로 직접 소유권이전등기절차를 이행할 것을 구할 수도 있다.

⑤ **(O)** 사해행위 취소청구가 제소기간을 준수하였다면 원상회복청구는 제소기간 도과 후에도 할 수 있다.

[**대법원** 2001. 9. 4. **선고** 2001**다**14108 **판결**] 채권자가 민법 제406조 제1항에 따라 사해행위의 취소와 원상회복을 청구하는 경우 사해행위취소청구가 민법 제406조 제2항에 정하여진 기간 안에 제기되었다면 원상회복의 청구는 그 기간이 지난 뒤에도 할 수 있다.

정답 ①

45. 채권자취소권에 관한 설명 중 옳은 것은? (다툼이 있는 경우 판례에 의함) [18 변호사]

① 사해행위인 매매예약에 기하여 수익자 앞으로 가등기를 마친 다음 전득자 앞으로 가등기 이전의 부기등기 후 가등기에 기한 본등기까지 마쳤다면, 채권자는 더 이상 수익자를 상대로 사해행위인 매매예약의 취소를 청구할 수 없다.

② 채권자는 채무자가 제3자에 대하여 가지고 있는 채권자취소권을 대위행사할 수 있고, 이 경우 채권자는 자신이 그 취소원인을 안 날로부터 1년, 법률행위가 있은 날로부터 5년 내라면 채권자취소의 소를 제기할 수 있다.

③ 무자력 상태의 채무자가 소송절차를 통해 수익자에게 자신의 책임재산을 이전하기로 하여, 수익자가 제기한 소송에서 자백하는 등의 방법으로 패소판결을 받아 확정시키고, 이에 따라 수익자 앞으로 그 책임재산에 대한 소유권이전등기가 마쳐진 경우에도, 이러한 채무자와 수익자 사이의 이전합의는 일반 채권자의 이익을 해하는 사해행위가 될 수 있다.

④ 채무자가 사해행위취소의 판결에 의하여 등기명의를 회복한 부동산을 제3자에게 처분하였다고 하더라도 위 판결을 받은 취소채권자는 등기 명의인을 상대로 등기의 말소를 청구할 수 있으나, 취소채권자를 제외하고 사해행위 당시의 채무자에 대한 일반 채권자는 등기 명의인을 상대로 등기의 말소를 청구할 수 없다.

⑤ 채권자가 어느 수익자에 대하여 사해행위취소 및 원상회복 청구를 하여 승소확정판결을 받았다면, 그에 기하여 재산이나 가액의 회복을 마치기 전이라도 그 채권자는 자신의 피보전채권에 기하여 다른 수익자에 대하여 별도로 사해행위취소 및 원상회복 청구를 할 수 없다.

해설

① (×) 수익자의 원물반환이 불가능한 경우, 수익자에 대한 사해행위 취소청구가 허용되지 않는지를 묻는 지문이다. 원물반환청구가 불가능하더라도 가액배상이 가능하므로 사해행위 취소청구가 허용되지 않는 것은 아니다. 사해행위로서 수익자가 가등기를 취득한 후 가등기상 권리가 전득자에게 이전되고 가등기에 기한 부기등기가 마쳐진 경우에는 수익자를 상대로 가등기의 말소를 청구하는 것은 허용되지 않는다. 수익자가 현재 가등기명의자가 아니기 때문이다. 그러나 수익자에 대한 가액배상청구가 여전히 허용되므로 수익자에 대한 사해행위 취소청구가 허용되지 않는다고 볼 수는 없다.

[**대법원** 2015. 5. 21. **선고** 2012**다**952 **전원합의체 판결**] 사해행위인 매매예약에 기하여 수익자 앞으로 가등기를 마친 후 전득자 앞으로 가등기 이전의 부기등기를 마치고 나아가 가등기에 기한 본등기까지 마쳤다 하더라도, 위 부기등기는 사해행위인 매매예약에 기초한 수익자의 권리의 이전을 나타내는 것으로서 부기등기에 의하여 수익자로서의 지위가 소멸하지는 아니하며, 채권자는 수익자를 상대로 사해행위인 매매예약의 취소를 청구할 수 있다. 그리고 설령 부기등기의 결과 가등기 및 본등기에 대한 말소청구소송에서 수익자의 피고적격이 부정되는 등의 사유로 인하여 수익자의 원물반환의무인 가등기말소의무의 이행이 불가능하게 된다 하더라도 달리 볼 수 없으며, 특별한 사정이 없는 한 수익자는 가등기 및 본등기에 의하여 발생된 채권자들의 공동담보 부족에 관하여 원상회복의무로서 가액을 배상할 의무를 진다.

② (×) 채권자취소권이 대위행사 되는 경우, 단기 제척기간 기산점인 취소원인을 안 날을 판단하는 기준이 되는 자가 누구인지를 묻는 지문이다. 대위채권자를 기준으로 할 것이 아니라 대위채무자를 기준으로 하여야 한다. 채권자대위란 대위채권자가 대위채무자의 권리를 행사하는 것이기 때문이다.

[**대법원** 2001. 12. 27. **선고** 2000**다**73049 **판결**] 민법 제404조 소정의 채권자대위권은 채권자가 자신의 채권을 보전하기 위하여 채무자의 권리를 자신의 이름으로 행사할 수 있는 권리라 할 것이므로, 채권자가 채무자의 채권자취소권을 대위행사하는 경우, 제소기간은 대위의 목적으로 되는 권리의 채권자인 채무자를 기준으로 하여 그 준수 여부를 가려야 할 것이고, 따라서 채권자취소권을 대위행사하는 채권자가 취소원인을 안 지 1년이 지났다 하더라도 채무자가 취소원인을 안 날로부터 1년, 법률행위가 있은 날로부터 5년 내라면 채권자취소의 소를 제기할 수 있다.

③ (O) 변제의 사해성을 묻는 지문이다. 채무의 내용에 따라 이행하는 행위는 원칙적으로 사해행위가 아니다. 그러나 특정채권자와 통모하여 다른 채권자를 해할 의도로 변제를 하는 때에는 사해행위가 될 수 있다. 채무초과 상태의 채무자가 책임재산을 감소시키기 위하여 집행권원을 만들어서 책임재산을 감소시킨 경우에는 사해행위라고 본다.

[**대법원** 2017. 4. 7. **선고** 2016**다**204783 **판결**] 무자력상태의 채무자가 소송절차를 통해 수익자에게 자신의 책임재산을 이전하기로 하여, 수익자가 제기한 소송에서 자백하는 등의 방법으로 패소판결 또는 그와 같은 취지의 화해권고결정 등을 받아 확정시키고, 이에 따라 수익자 앞으로 책임재산에 대한 소유권이전등기 등이 마쳐졌다면, 이러한 일련의 행위의 실질적인 원인이 되는 채무자와 수익자 사이의 이전합의는 다른 일반채권자의 이익을 해하는 사해행위가 될 수 있다.

④ (×) 사해행위 취소판결에 의하여 채무자가 등기명의를 회복하였더라도 채무자는 사해행위 목적물의 소유권을 취득하는 것은 아니며, 채무자가 제3자에게 처분하여 등기명의를 이전하더라도 그 등기는 원인무효의 등기이며 취소채권자는 등기명의인을 상대로 등기말소를 청구할 수 있고, 이는 사해행위 당시 채무자의 일반채권자도 마찬가지이다. 사해행위 취소판결에 의하여 책임재산으로 회복한 재산은 취소채권자뿐만 아니라 사해행위 당시 채무자의 일반채권자에 대한 관계에서도 책임재산으로 회복된 것인데, 이에 관한 등기명의를 제3자에게 이전하는 행위는 새로운 책임재산 감소행위로서 채권자취소의 대상이 되는 사해행위에 해당하기 때문이다.

[**대법원** 2017. 3. 9. **선고** 2015**다**217980 **판결**] 채무자가 사해행위 취소로 등기명의를 회복한 부동산을 제3자에게 처분하더라도 이는 무권리자의 처분에 불과하여 효력이 없으므로, 채무자로부터 제3자에게 마쳐진 소유권이전등기나 이에 기초하여 순차로 마쳐진 소유권이전등기 등은 모두 원인무효의 등기로서 말소되어야 한다. 이 경우 취소채권자나 민법 제407조에 따라 사해행위 취소와 원상회복의 효력을 받는 채권자는 채무자의 책임재산으로 취급되는 부동산에 대한 강제집행을 위하여 원인무효 등기의 명의인을 상대로 등기의 말소를 청구할 수 있다.

⑤ (×) 책임재산의 원상회복이 이루어지기 전에는 피보전채권의 가치가 회복된 것은 아니므로 다른 수익자에 대한 별도의 사해행위 취소 및 원상회복청구는 허용된다.

[**대법원** 2014. 10. 27. **선고** 2014**다**41575 **판결**] 채권자가 어느 수익자에 대하여 사해행위취소 및 원상회복청구를 하여 승소판결을 받아 그 판결이 확정되었다 하더라도 그에 기하여 재산이나 가액의 회복을 마치지 아니한 이상 채권자는 자신의 피보전채권에 기하여 다른 수익자에 대하여 별도로 사해행위취소 및 원상회복청구를 할 수 있고, 채권자가 여러 수익자들을 상대로 사해행위취소 및 원상회복청구의 소를 제기하여 여러 개의 소송이 계속 중인 경우에는 각 소송에서 채권자의 청구에 따라 사해행위의 취소 및 원상회복을 명하는 판결을 선고하여야 하며, 수익자가 가액배상을 하여야 할 경우에도 다른 소송의 결과를 참작할 필요 없이 수익자가 반환하여야 할 가액 범위 내에서 채권자의 피보전채권 전액의 반환을 명하여야 한다. 그리고 이러한 법리는 이 사건에서와 같이 채무자가 동시에 수인의 수익자들에게 각기 금원을 증여한 결과 채무초과상태가 되거나 그러한 상태가 악화됨으로써 그와 같은 각각의 증여행위가 모두 사해행위로 되고, 채권자가 그 수익자들을 공동피고로 하여 사해행위취소 및 원상회복을 구하여 각 수익자들이 부담하는 원상회복금액을 합산한 금액이 채권자의 피보전채권액을 초과하는 경우에도 마찬가지라고 할 것이다.

정답 ③

46. 다음 각 사례에서 빈칸을 알맞게 채운 것은? (다툼이 있는 경우 판례에 의함) [18 변호사]

o 채무자 甲 소유의 X 토지(시가 4,000만 원)와 Y 토지(시가 6,000만 원)에 대해 피담보채권액 3,000만 원의 공동저당권이 설정되어 있는 상태에서 甲이 Y 토지를 매도하여 그에 따른 소유권이전등기를 마쳤다. 甲의 일반 채권자 乙(채권금액 1억 원)에 의해 Y 토지에 대한 매매계약이 사해행위로 취소되어 가액배상을 해야 하는 경우, X, Y 토지의 시가변동이 없다면 사해행위취소에 따른 가액배상 범위는 (A)이다.

o 채무자 丙과 물상보증인 丁이 공유하는 Z 토지(시가 1억 원, 丙 지분 2/5, 丁 지분 3/5)에 대해 피담보채권액 3,000만 원의 저당권이 설정되어 있는 상태에서 丙이 Z 토지의 지분을 매도하여 그에 따른 지분이전등기를 마쳤다. 丙의 일반 채권자 戊(채권금액 1억 원)에 의해 Z 토지에 관한 丙 소유 지분에 대한 매매계약이 사해행위로 취소되어 가액배상을 해야 하는 경우, 丁이 丙에 대하여 구상권을 행사할 수 없는 특별한 사정이 없고, Z 토지의 시가 변동이 없다면 사해행위취소에 따른 가액배상 범위는 (B)이다.

① A: 4,200만 원, B: 1,000만 원
② A: 4,200만 원, B: 2,800만 원
③ A: 6,000만 원, B: 1,000만 원
④ A: 6,000만 원, B: 2,800만 원
⑤ A: 6,000만 원, B: 4,000만 원

해설

A **[4,200만 원]** 채무자 소유의 공동저당물 중 일부가 양도된 경우, 그 양도행위가 사해행위인 경우에 사해행위 취소의 범위 및 가액배상의 범위를 묻는 지문이다. 저당물의 양도가 사해성을 띠기 위해서는 저당물의 가액이 그 저당권에 의하여 우선변제 될 수 있는 채권액보다 커야 하며 그 차액 범위에서 사해성을 띤다. 저당물이 공동저당물이고 공동저당물의 소유자가 채무자인 경우에는 각 공동저당물의 책임분담액 범위에서 우선변제를 받을 채권액을 산정하여야 한다. Y토지 가액은 6,000만 원이며, Y토지가 공동저당권에 관하여 책임을 부담할 액수는 1,800만 원(3,000만 원 × 3/5)이므로 사해성이 인정되는 공동담보 감소액은 4,200만 원이다.

[**대법원** 2014. 6. 26. **선고** 2012**다**77891 **판결**] 공동저당권이 설정된 수개의 부동산 전부의 매매계약이 사해행위에 해당하고 사해행위의 목적 부동산 전부가 하나의 계약으로 동일인에게 일괄 양도된 경우에는 사해행위로 되는 매매계약이 공동저당 부동산의 일부를 목적으로 할 때처럼 부동산 가액에서 공제하여야 할 피담보채권액의 산정이 문제 되지 아니하므로 특별한 사정이 없는 한 취소에 따른 배상액의 산정은 목적 부동산 전체의 가액에서 공동저당권의 피담보채권 총액을 공제하는 방식으로 함이 취소채권자의 의사에도 부합하는 상당한 방법이고, 특별한 사정이 없는 한 목적물 전부를 사해행위로 취소하는 경우와 그 중 일부를 개별적으로 취소하는 경우 사이에 취소에 따른 배상액 산정기준이 달라져야 할 이유가 없으므로 사해행위인 매매계약의 목적물 중 일부 목적물만을 사해행위로 취소하는 경우 일부 목적물의 사실심 변론종결 당시 가액에서 공제되어야 할 피담보채권액은 공동저당권의 피담보채권총액을 사실심 변론종결 당시를 기준으로 한 공동저당 목적물의 가액에 비례하여 안분한 금액이라고 보아야 한다.

B **[1,000만 원]** 채무자의 부동산과 물상보증인의 부동산에 공동저당권이 설정된 경우, 채무자의 부동산이 분담하여야 할 책임부담액은 공동저당권의 피담보채권 전액이다. 丙의 Z토지에 관한 지분의 가액은 4,000만 원(1억 × 2/5)이고, 丙의 지분이 분담하여야 할 저당권의 피담보채권액은 3,000만 원이므로 공동담보 감소액은 1,000만 원이다.

[**대법원** 2013. 7. 18. **선고** 2012**다**5643 **전원합의체 판결**] 사해행위취소의 소에서 채무자가 수익자에게 양도한 목적물에 저당권이 설정되어 있는 경우라면 그 목적물 중에서 일반채권자들의 공동담보에 제공되는 책임재산은 피담보채권액을 공제한 나머지 부분만이라고 할 것이고 그 피담보채권액이 목적물의 가액을 초과할 때는 당해 목적물의 양도는 사해행위에 해당한다고 할 수 없다. 그런데 수 개의 부동산에 공동저당권이 설정되어 있는 경우 책임재산을 산정함에 있어 각 부동산이 부담하는 피담보채권액은 특별한 사정이 없는 한 민법 제368조 의 규정 취지에 비추어 공동저당권의 목적으로 된 각 부동산의 가액에 비례하여 공동저당권의 피담보채권액을 안분한 금액이라고 보아야 한다. 그러나 그 수 개의 부동산 중 일부는 채무자의 소유이고 다른 일부는 물상보증인의 소유인 경우에는, 물상보증인이 민법 제481조, 제482조의 규정에 따른 변제자대위에 의하여 채무자 소유의 부동산에 대하여 저당권을 행사할 수 있는 지위에 있는 점 등을 고려할 때, 그 물상보증인이 채무자에 대하여 구상권을 행사할 수 없는 특별한 사정이 없는 한 채무자 소유의 부동산에 관한 피담보채권액은 공동저당권의 피담보채권액 전액으로 봄이 상당하다. 이러한 법리는 하나의 공유부동산 중 일부 지분이 채무자의 소유이고, 다른 일부 지분이 물상보증인의 소유인 경우에도 마찬가지로 적용된다.

정답 ①

47. **甲은 乙 은행으로부터 1억 원의 신용대출을 받아 사업을 하던 중 사업이 여의치 않아 이를 변제할 수 없게 되었다. 甲은 자신의 유일한 재산인 주택 X에 대한 乙 은행의 강제집행을 회피할 목적으로 이러한 사정을 알고 있는 丙과 통정하여 丙에게 매도한 것으로 가장하여 丙 앞으로 주택 X의 소유권이전등기를 경료하였다. 그 후 丙은 丁에게 위 주택 X에 관하여 저당권을 설정해 주었다. 이에 관한 설명 중 옳지 않은 것은? (다툼이 있는 경우 판례에 의함)** [17 변호사]

① 甲과 丙 사이의 매매계약은 통정허위표시로 무효이나 丁이 甲과 丙 사이의 사정에 관하여 선의인 경우, 甲은 丁을 상대로 위 매매계약의 무효를 주장할 수 없다.

② 乙 은행은 甲과 丙 사이의 위 매매계약이 통정허위표시로서 무효인 경우라도 채권자취소권을 행사하여 위 계약의 취소를 구할 수 있다.

③ 채권자취소권은 채무자와 수익자 사이에서 체결된 사해행위를 취소하는 것이지만, 乙 은행이 채권자취소소송을 제기하는 경우 채무자인 甲은 피고가 되지 아니한다.

④ 乙 은행은 채권자취소권을 행사하여 甲과 丙 사이의 매매계약을 취소하고, 丙을 상대로 X주택에 관하여 채무자인 甲 앞으로 진정명의회복을 원인으로 한 소유권이전등기를 구할 수 있다.

⑤ 乙 은행의 채권자취소소송에서 법원이 원상회복으로서 원물반환이 아닌 가액배상을 명하는 경우, 그 부동산의 가액은 특별한 사정이 없는 한 사해행위 당시를 기준으로 산정하여야 한다.

해설

① **(O)** 가장행위의 무효는 선의의 제3자에게 대항할 수 없다(제108조 제2항). 가장매수인 丙으로부터 다시 매수한 선의의 丁은 가장행위의 무효로부터 보호되는 제3자에 해당한다.

② **(O)** 가장행위로서 무효인 매매가 사해행위로서 채권자취소의 대상이 될 수 있는지를 묻는 지문이다. 가장행위와 사해행위의 경합을 긍정하는 것이 판례의 태도이다.

[**대법원** 1998. 2. 27. **선고** 97**다**50985 **판결**] 채무자의 법률행위가 통정허위표시인 경우에도 채권자취소권의 대상이 되고, 한편 채권자취소권의 대상으로 된 채무자의 법률행위라도 통정허위표시의 요건을 갖춘 경우에는 무효라고 할 것이다.

③ **(O)** 채권자취소소송의 피고적격자를 묻는 지문이다. 수익자나 전득자가 피고가 될 수 있고, 채무자에게는 피고적격을 인정하지 않는다.

[**대법원** 2004. 8. 30. **선고** 2004**다**21923 **판결**] 채권자가 채권자취소권을 행사하려면 사해행위로 인하여 이익을 받은 자나 전득한 자를 상대로 그 법률행위의 취소를 청구하는 소송을 제기하여야 되는 것으로서, 채무자를 상대로 그 소송을 제기할 수는 없다.

④ **(O)** 채권자취소에 따른 원상회복으로 진정한 등기명의회복을 위한 이전등기청구가 허용되는지를 묻는 지문이다. 원물반환의 방법으로 말소등기를 청구하는 외에 채무자 앞으로서의 이전등기를 청구하는 것도 허용된다.

[**대법원** 2000. 2. 25. **선고** 99**다**53704 **판결**] 자기 앞으로 소유권을 표상하는 등기가 되어 있었거나 법률에 의하여 소유권을 취득한 자가 진정한 등기명의를 회복하기 위한 방법으로는 그 등기의 말소를 구하는 외에 현재의 등기명의인을 상대로 직접 소유권이전등기절차의 이행을 구하는 것도 허용되어야 하는 바, 이러한 법리는 사해행위취소소송에 있어서 취소 목적 부동산의 등기명의를 수익자로부터 채무자 앞으로 복귀시키고자 하는 경우에도 그대로 적용될 수 있다고 할 것이고, 따라서 채권자는 사해행위의 취소로 인한 원상회복방법으로 수익자 명의의 등기의 말소를 구하는 대신 수익자를 상대로 채무자 앞으로 직접 소유권이전등기절차를 이행할 것을 구할 수도 있다.

⑤ **(X)** 원상회복으로 가액배상을 하는 경우, 가액산정의 기준시기를 묻는 지문이다. 사해행위가 성립되는지는 사해행위 당시를 기준으로 판단하여야 하지만, 가액배상에서 가액은 채권자취소소송의 사실심 변론종결 당시를 기준으로 산정하여야 한다.

[**대법원** 2010. 2. 25. **선고** 2007**다**28819·28826 **판결**] 부동산의 매매계약 등이 사해행위에 해당되어 취소되고 수익자에게 그에 따른 원상회복으로서 원물반환이 아닌 가액배상을 명하는 경우, 그 부동산에 대한 가액은 특별한 사정이 없는 한 당해 사해행위취소소송의 사실심 변론종결 당시를 기준으로 산정하여야 한다.

정답 ⑤

48. 채권자취소권에 관한 설명 중 옳은 것은? (다툼이 있는 경우 판례에 의함) [16 변호사]

① 채권자취소권을 특정물에 대한 소유권이전등기청구권을 보전하기 위하여 행사하는 것은 허용되지 않으므로 부동산의 제1양수인은 자신의 소유권이전등기청구권 보전을 위하여 양도인과 제2양수인 사이에서 이루어진 이중양도행위에 대하여 채권자취소권을 행사할 수는 없으나, 양도인이 부동산을 제2양수인에게 이중양도하고 소유권이전등기를 마침으로써 제1양수인이 양도인에 대해 취득하는 손해배상채권은 채권자취소권의 피보전채권이 될 수 있다.

② 채권자취소권을 행사하기 위해서는 처분행위 당시 채권자를 해하는 것이기만 하면 되므로, 사실심 변론종결 당시에 채무자가 자력을 회복하여 채권자를 해하지 않게 된 경우에도 채권자취소권 행사가 가능하다.

③ 수익자 또는 전득자의 악의의 증명책임은 채권자가 부담한다.

④ 채권자가 채무자의 채권자취소권을 대위행사하는 경우 채권자가 취소원인을 안 지 1년이 지났다면, 채무자가 그 취소원인을 안 날로부터 1년, 법률행위가 있은 날로부터 5년 내라도 채권자취소의 소를 제기할 수 없다.

⑤ 채권자는 사해행위의 취소와 원상회복을 청구함에 있어 사해행위의 취소만을 먼저 청구한 다음 원상회복을 나중에 청구할 수 있으며, 이 경우 사해행위 취소 청구가 민법 제406조 제2항에 정하여진 기간 안에 제기되었다면 원상회복의 청구는 그 기간이 지난 뒤에도 할 수 있다.

해설

① (×) 부동산 2중 양도로 인한 제1매수인의 손해배상청구권을 피보전채권리로 하여 2중 양도행위에 대하여 채권자취소권을 행사할 수 있는지를 묻는 지문이다. 제1매수인의 손해배상청구권은 2중매매 이후에 제2매수인에게 소유권등기를 이전함으로써 발생하는 것이므로 손해배상청구권이 발생하기 이전에 이루어진 2중매매계약을 취소할 수는 없다.

[**대법원** 1999. 4. 27. **선고** 98**다**56690 **판결**] [1] 채권자취소권을 특정물에 대한 소유권이전등기청구권을 보전하기 위하여 행사하는 것은 허용되지 않으므로, 부동산의 제1양수인은 자신의 소유권이전등기청구권 보전을 위하여 양도인과 제3자 사이에서 이루어진 이중양도행위에 대하여 채권자취소권을 행사할 수 없다. [2] 부동산을 양도받아 소유권이전등기청구권을 가지고 있는 자가 양도인이 제3자에게 이를 이중으로 양도하여 소유권이전등기를 경료하여 줌으로써 취득하는 부동산 가액 상당의 손해배상채권은 이중양도행위에 대한 사해행위취소권을 행사할 수 있는 피보전채권에 해당한다고 할 수 없다.

② (×) 채권자취소권 행사요건으로서 채무자의 무자력이 채권자취소소송의 사실심 변론종결 당시까지 유지되어야 하는지를 묻는 지문이다. 사해행위 당시에 채무자가 무자력인 때에는 채권자취소권이 발생하고, 채무자가 그 후에 자력을 회복하면 채권자취소권이 소멸하는 것이므로 채무자의 무자력 상태는 채권자취소소송의 사실심 변론종결 당시까지 유지되어야 한다.

[**대법원** 2007. 11. 29. **선고** 2007**다**54849 **판결**] 처분행위 당시에는 채권자를 해하는 것이었다고 하더라도 그 후 채무자가 자력을 회복하여 사해행위취소권을 행사하는 사실심의 변론종결시에는 채권자를 해하지 않게 된 경우에는 책임재산 보전의 필요성이 없어지게 되어 채권자취소권이 소멸하는 것으로 보아야 할 것인 바, 그러한 사정변경이 있다는 사실은 채권자취소소송의 상대방이 증명하여야 한다.

③ (×) 채권자취소권 요건으로서 수익자 또는 전득자의 악의는 추정되므로 수익자 또는 전득자는 스스로 선의임을 증명하여야 한다.

[**대법원** 1997. 5. 23. **선고** 95**다**51908 **판결**] 사해행위취소소송에 있어서 채무자의 악의의 점에 대하여는 그 취소를 주장하는 채권자에게 입증책임이 있으나 수익자 또는 전득자가 악의라는 점에 관하여는 입증책임이 채권자에게 있는 것이 아니고 수익자 또는 전득자 자신에게 선의라는 사실을 입증할 책임이 있다.

④ (×) 채권자취소권을 대위행사하는 경우, 제척기간의 기산점인 취소원인을 안 날을 판단하는 표준이 되는 자는 누구인가를 묻는 지문이다. 대위채권자를 기준으로 판단하는 것이 아니라 채무자를 기준으로 판단하여야 한다.

[**대법원** 2001. 12. 27. **선고** 2000**다**73049 **판결**] 민법 제404조 소정의 채권자대위권은 채권자가 자신의 채권을 보전하기 위하여 채무자의 권리를 자신의 이름으로 행사할 수 있는 권리라 할 것이므로, 채권자가 채무자의 채권자취소권을 대위행사하는 경우, 제소기간은 대위의 목적으로 되는 권리의 채권자인 채무자를 기준으로 하여 그 준수 여부를 가려야 할 것이고, 따라서 채권자취소권을 대위행사하는 채권자가 취소원인을 안 지 1년이 지났다 하더라도 채무자가 취소원인을 안 날로부터 1년, 법률행위가 있은 날로부터 5년 내라면 채권자취소의 소를 제기할 수 있다.

⑤ (○) 사해행위 취소와 원상회복을 분리하여 청구할 수 있는지 여부 및 그 경우에 제척기간 준수의 판단방법을 묻는 지문이다.

[**대법원** 2001. 9. 4. **선고** 2001**다**14108 **판결**] 채권자가 민법 제406조 제1항에 따라 사해행위의 취소와 원상회복을 청구하는 경우 사해행위취소청구가 민법 제406조 제2항에 정하여진 기간 안에 제기되었다면 원상회복의 청구는 그 기간이 지난 뒤에도 할 수 있다.

정답 ⑤

49. 채권자취소권에 관한 설명 중 옳은 것을 모두 고른 것은? (다툼이 있는 경우 판례에 의함) [15 변호사]

ㄱ. 채권자가 전득자를 상대로 하여 사해행위취소의 소를 제기하는 경우, 취소의 대상이 되는 사해행위는 채무자와 수익자 사이에서 행하여진 법률행위에 국한될 뿐 수익자와 전득자 사이의 법률행위는 그 대상이 되지 않는다.

ㄴ. 사해행위가 채권자에 의하여 취소되기 전에 이미 수익자가 배당금을 현실로 지급받은 경우, 채권자는 원상회복방법으로 수익자 또는 전득자를 상대로 배당 또는 변제로 수령한 금원 중 자신의 채권액 상당의 지급을 가액배상의 방법으로 청구할 수 있다.

ㄷ. 가등기에 기하여 본등기가 경료된 경우 가등기의 원인인 법률행위와 본등기의 원인인 법률행위가 명백히 다른 경우가 아닌 한, 사해행위 요건의 구비 여부는 가등기의 원인인 법률행위 당시를 기준으로 하여 판단하여야 한다.

① ㄱ ② ㄱ, ㄴ ③ ㄱ, ㄷ
④ ㄴ, ㄷ ⑤ ㄱ, ㄴ, ㄷ

해 설

ㄱ. **(O)** 취소의 대상인 사해행위가 채무자와 수익자 사이의 법률행위에 한정되는지를 묻는 지문이다. 비록 전득자를 상대로 채권자취소소송을 제기하는 때에도 채무자의 법률행위가 취소의 대상이 되는 것이지 수익자와 전득자 사이의 법률행위가 취소의 대상이 되는 것은 아니라는 것이 대법원의 입장이다.

[**대법원** 2006. 7. 4. **선고** 2004**다**61280 **판결**] 채권자가 사해행위의 취소로서 수익자를 상대로 채무자와의 법률행위의 취소를 구함과 아울러 전득자를 상대로도 전득행위의 취소를 구함에 있어서, 전득자의 악의는 전득행위 당시 그 행위가 채권자를 해한다는 사실, 즉 사해행위의 객관적 요건을 구비하였다는 것에 대한 인식을 의미하므로, 전득자의 악의를 판단함에 있어서는 단지 전득자가 전득행위 당시 채무자와 수익자 사이의 법률행위의 사해성을 인식하였는지 여부만이 문제가 될 뿐이지, 수익자와 전득자 사이의 전득행위가 다시 채권자를 해하는 행위로서 사해행위의 요건을 갖추어야 하는 것은 아니다.

ㄴ. **(O)** 채권자취소소송에서 원상회복방법을 묻는 지문이다. 수익자가 배당금을 현실로 지급받는 경우에는 가액배상의 방법으로 원상회복을 청구하여야 한다.

[**대법원** 2008. 12. 11. **선고** 2007**다**91398·91404 **판결**] 저당권이 설정된 부동산의 소유권이 사해행위로서 양도되었다가 그 저당권의 실행으로 말미암아 양수인인 수익자에게 배당이 이루어진 경우, 원상회복의 방법은 그 배당금이 수익자에게 지급된 경우에는 동액 상당의 가액의 배상으로, 배당금지급금지가처분 등으로 인하여 지급되지 못한 경우에는 그 배당금채권의 양도절차의 이행으로 각 이루어져야 하는바, 이러한 법리는 경매법원이 수익자에게 배당하여야 할 금원을 수익자에게 배당하지 않고 다른 사람에게 배당하는 바람에 수익자가 배당금을 지급받지 못하고, 자신의 권리 이상으로 배당을 받은 다른 사람에 대하여 부당이득반환채권을 취득한 경우에도 마찬가지라고 봄이 상당하다.

ㄷ. **(O)** 가등기에 기한 본등기가 마쳐진 경우 사해행위 판단의 기준시기를 묻는 지문이다. 가등기의 원인과 본등기의 원인이 명백히 다르지 아니한 경우에는 가등기의 원인인 법률행위 당시를 기준으로 하여야 한다.

[**대법원** 1996. 11. 8. **선고** 96**다**26329 **판결**] 채무자 소유의 부동산에 관하여 수익자의 명의로 소유권이전청구권의 보전을 위한 가등기가 경료되었다가 그 가등기에 기한 소유권이전의 본등기가 경료된

경우에, 가등기의 등기원인인 법률행위와 본등기의 등기원인인 법률행위가 명백히 다른 것이 아닌 한 본등기의 기초가 된 가등기의 등기원인인 법률행위를 제쳐놓고 본등기의 등기원인인 법률행위만이 취소의 대상이 되는 사해행위라고 볼 것은 아니므로, 가등기의 등기원인인 법률행위가 있은 날이 언제인지와 관계없이 본등기가 경료된 날로부터 사해행위취소의 소의 제척기간이 진행된다고 볼 수 없다.

정답 ⑤

50. **甲은 2012. 10. 1. 乙에게 5,000만 원을 대여하였다. 乙은 2012. 11. 1. A은행으로부터도 3,000만 원은 대출받고 유일한 재산인 X 아파트(시가 1억 원이고, 그 후에도 변동이 없다)에 관하여 채권최고액 4,000만 원의 근저당권을 설정한 다음, 같은 날 위와 같은 사정을 잘 아는 아들 丙에게 X 아파트를 증여하고 소유권이전등기를 경료하여 주었다. 甲은 2012. 12. 1. 乙의 증여행위가 사해행위임을 알게 되자, 같은 날 丙을 상대로 乙과 丙 사이의 증여계약을 취소하고 丙 명의의 소유권이전등기를 말소하라는 내용의 채권자취소소송을 제기하였다. 다음 중 옳은 것을 모두 고른 것은? (이자, 지연손해금은 없는 것으로 가정한다. 다툼이 있는 경우에는 판례에 의하고, 각 지문은 모두 독립적이다)** [14 변호사]

ㄱ. 甲이 제기한 소송의 심리과정에서, 甲이 2012. 11. 15. 乙로부터 대여금채권을 모두 변제받아 피보전채권이 소멸한 사실이 밝혀졌다. 법원은 甲의 소를 각하하여야 한다.
ㄴ. 甲이 제기한 소송이 진행되던 중 丙은 A 은행에 3,000만 원을 변제하고 근저당설정등기를 말소하였다. 이에 甲은 위 소송의 청구를 5,000만 원의 범위 내에서 위 증여계약을 취소하고 5,000만 원의 가액배상을 구하는 것으로 변경하였다. 한편 乙에 대하여 7,000만 원의 물품대금채권을 가지고 있던 다른 채권자 丁은 2013. 10. 5. 별소로 丙을 상대로 7,000만 원의범위 내에서 위 증여계약을 취소하고, 7,000만 원의가액배상을 구하는 채권자취소소송을 제기하였는데 위 양 소송이 병합되어 심리되었다. 이 소송에서 甲과 丁은 둘 다 승소판결을 받을 수 있다.
ㄷ. 甲은 위 소송에서 승소판결을 받고 그 판결이 확정되었다. 한편, 丙은 위 소송의 변론종결 전인 2012. 12. 10. X 아파트를 악의인 戊에게 매도하고 소유권이전등기를 경료하여 준 상태였다. 이에 甲은 2013. 12. 9. 戊를 상대로 다시 乙과 丙 사이의 증여계약을 취소하고 戊 명의 등기의 말소를 구하는 소를 제기하였다. 甲은 이 소송에서 승소할 수 있다.

① ㄱ ② ㄴ ③ ㄷ
④ ㄱ, ㄴ ⑤ ㄴ, ㄷ

해설

※ 채권자취소소송을 제기한 사례를 다룬 문제이다. 채권자 甲은 저당권이 설정된 채무자 乙의 아파트가 丙에게 증여된 것이 사해행위임을 주장하고 있다.

ㄱ. (×) 채권자취소권의 피보전채권이 존재하지 아니한 경우, 법원의 조치를 묻는 지문이다. 청구를 기각하여야 하는지 아니면 청구를 각하하여야 하는지를 묻는 지문이다. 채권자취소소송에 있어서 피보전채권의 존부가 소송요건인지에 관해서는 견해의 대립이 있다. 사해행위가 되는지 여부, 취소의 범위, 원상회복의 범위 등은 원칙적으로 피보전채권의 존재나 그 가액에 의존한다. 따라서 채권자취소소송에서 피보전채권의 존부나 범위는 단순한 소송요건이 아니라 본안요건이라고 보아야 할 것이다. 따라서 채권자취소소송 중에 피보전채권의 소멸사실이 밝혀진 때에는 법원은 청구를 기각하여야 한다.

ㄴ. (○) 수인의 채권자가 동일한 사해행위를 취소하고, 가액배상을 구하는 소송을 제기한 경우, 그와 같은 소송이 중복소송이 되는지를 묻는 지문이다. 각 채권자는 그 고유한 권리로서 채권자취소권을 가지므로 수인의 채권자가 동일한 사해행위를 취소하고 가액배상을 구하는 소송을 제기하더라도 이는 중복소송에 해당하지 않는다. 乙에 대한 채권자인 甲과 丁이 제기한 채권자취소소송에서 甲과 丁은 모두 승소판결을 받을 수 있다.

[**대법원** 2005. 5. 27. **선고** 2004**다**67806 **판결**] 채권자취소권의 요건을 갖춘 각 채권자는 고유의 권리로서 채무자의 재산처분행위를 취소하고 그 원상회복을 구할 수 있는 것이므로 각 채권자가 동시 또는 이시에 사해행위의 취소 및 원상회복을 구하는 소송을 제기하였다 하여도 그 중 어느 소송에서 승소판결이 선고·확정되고 그에 기하여 재산이나 가액의 회복을 마치기 전에는 각 소송이 중복제소에 해당한다거나 권리보호의 이익이 없게 되는 것은 아니다.

ㄷ. (×) 수익자를 상대로 채권자취소소송을 제기한 채권자가 다시 전득자를 상대로 채권자취소소송을 제기한 경우, 전득자에 대한 채권자취소권의 제척기간이 준수되었는지 여부를 묻는 지문이다. 수익자에 대한 채권자취소소송과 전득자에 대한 채권자취소소송은 상대방을 달리하는 별개의 소송이므로 제척기간이 준수되었는지는 개별적으로 판단하여야 한다. 수익자에 대한 채권자취소소송의 제기로 인하여 전득자에 대해서까지 제척기간이 준수된 효과가 생기는 것은 아니다. 채권자취소권의 제척기간은 취소원인을 안 날로부터 1년, 법률행위를 한 날로부터 5년인데(제406조 제2항), 취소채권자 甲은 2012. 12. 1. 채무자 乙의 증여행위가 사해행위임을 알게 되었고, 전득자 戊에 대한 채권자취소소송은 2013. 12. 9. 제기되었으므로 취소원인을 안 날로부터 1년이 경과한 후에 제기된 것으로 甲의 戊에 대한 채권자취소소송은 부적법하다. 따라서 甲은 이 소송에서 승소할 수 없다. 정답 ②

51. 甲은 乙에 대하여 2010. 1. 20.을 변제기로 하는 1,000만 원의 금전채무를 부담하고 있던 중 2010. 3. 1. 다른 채권자 丙에게 자신의 유일한 재산인 X 토지(시가 4,000만 원)를 대물변제하였다. 이에 乙은 甲의 대물변제에 대하여 채권자취소소송을 제기하였다. 다음 설명 중 옳은 것은? (다툼이 있는 경우에는 판례에 의함) [13 변호사]

① 채권자취소소송에서 乙은 丙의 악의를 증명하여야 한다.
② 乙이 취소원인을 2010. 4. 2. 알았다면 乙은 2015. 4. 2.까지 채권자취소권을 재판상 행사할 수 있다.
③ 丙의 채권이 우선변제권 있는 5,000만 원의 임금채권이라면, 甲의 丙에 대한 대물변제는 사해행위가 되지 않는다.
④ 만약 甲이 2010. 2. 20. 신용카드회사인 丁과 신용카드 가입계약을 체결하여 발급받은 신용카드로 2010. 3. 10. 전자제품을 구입한 후 카드대금을 연체하였다면, 丁은 이 신용카드대금채권을 피보전채권으로 甲의 대물변제에 대해 채권자취소소송을 제기할 수 있다.
⑤ 乙의 소송이 적법하게 계속된 경우, 甲의 다른 채권자 戊가 위 대물변제에 대하여 제기한 채권자취소소송은 중복소송에 해당하여 각하된다.

해설

① (×) 채권자취소소송의 요건인 수익자의 악의를 누가 증명하여야 하는지를 묻는 지문이다. 수익자의 악의는 추정되므로 수익자 스스로 선의임을 증명하여야 한다. 따라서 취소[**대법원** 1997. 5. 23. **선고** 95**다**51908 **판결**] 채권자인 乙이 증명해야 할 것이 아니라 수익자인 丙이 스스로 선의임을 증명하여야 한다.

사해행위취소소송에 있어서 채무자의 악의의 점에 대하여는 그 취소를 주장하는 채권자에게 입증책임이 있으나 수익자 또는 전득자가 악의라는 점에 관하여는 입증책임이 채권자에게 있는 것이 아니고 수익자 또는 전득자 자신에게 선의라는 사실을 입증할 책임이 있다.

② **(×)** 채권자취소권의 제척기간을 묻는 지문이다. 취소원인을 안 날로부터 1년 내에 행사되어야 하므로(제406조 제2항) 취소채권자인 乙이 취소원인을 2010. 4. 2. 알았다면 乙은 2011. 4. 2.까지 채권자취소소송을 제기하여야 한다.

③ **(O)** 우선변제권자에 대한 대물변제가 사해행위로 되는지를 묻는 지문이다. 우선변제권자에게 대물변제를 하더라도 우선변제권 있는 채권액이 대물변제의 목적물 가액을 초과하는 경우에는 일반채권자의 집행에 따른 이익이 침해되지는 않는다. 따라서 사해행위라고 할 수 없다.

[**대법원** 2008. 2. 14. **선고** 2006**다**33357 **판결**] 채무자의 재산이 채무의 전부를 변제하기에 부족한 경우에 채무자가 그의 유일한 재산을 어느 특정 채권자에게 대물변제로 제공하여 양도하였다면 그 채권자는 다른 채권자에 우선하여 채권의 만족을 얻는 반면 그 범위 내에서 공동담보가 감소됨에 따라 다른 채권자는 종전보다 더 불리한 지위에 놓이게 되므로 이는 곧 다른 채권자의 이익을 해하는 것이라고 보아야 하고, 따라서 채무자가 그의 유일한 재산을 채권자들 가운데 어느 한 사람에게 대물변제로 제공하는 행위는 다른 특별한 사정이 없는 한 다른 채권자들에 대한 관계에서 사해행위가 된다고 할 것이나, 채권자들의 공동담보가 되는 채무자의 총재산에 대하여 다른 채권자에 우선하여 변제를 받을 수 있는 권리를 가지는 채권자는 처음부터 채무자의 재산에 대한 환가절차에서 다른 채권자에 우선하여 배당을 받을 수 있는 지위에 있으므로 그와 같은 우선변제권 있는 채권자에 대한 대물변제의 제공행위는 특별한 사정이 없는 한 다른 채권자들의 이익을 해한다고 볼 수 없어 사해행위가 되지 않는다고 할 것이다. 또한, 저당권이 설정되어 있는 재산이 사해행위로 양도된 경우에 그 사해행위는 그 재산의 가액, 즉 시가에서 저당권의 피담보채권액을 공제한 잔액의 범위 내에서 성립하고, 피담보채권액이 그 재산의 가액을 초과하는 때에는 당해 재산의 양도는 사해행위에 해당한다고 할 수 없다고 할 것인 바, 이와 같은 법리는 채권자들 중에 그 채무자에 대하여 경매 등의 환가절차에서 저당권에 의하여 담보되는 채권보다 우선하여 배당을 받을 수 있는 채권자가 있는 경우에도 마찬가지라고 할 것이므로 피담보채권액이 그 재산의 가액을 초과하는 재산의 양도행위가 저당권의 피담보채권보다 우선하여 배당받을 수 있는 채권자에 대한 관계에 있어서만 사해행위가 된다고 할 수도 없다(필자 註 : ㈀ 본 판결은 채무초과상태에 있는 채무자가 우선변제권 있는 임금 등 채권자인 근로자들에게 유일한 재산인 승합자동차를 대물변제로 제공하는 행위가 사해행위에 해당할 수 있는가를 다루고 있다. ㈁ 종래 대법원은 채무초과상태에 있는 채무자가 그의 유일한 재산을 특정의 채권자에게 대물변제로 제공하는 행위는 다른 특별한 사정이 없는 한 다른 채권자에 대한 관계에서 사해행위에 해당한다고 보았다. 그런데 대물변제로 재산을 양도받은 채권자가 우선변제권 있는 채권자인 경우에도 마찬가지인가는 문제인데, 본 판결은 이 점에 관하여 대법원의 입장을 분명히 하였다. 즉, 우선변제권 있는 채권자에의 대물변제행위는 다른 채권자들의 이익을 해하지 아니하므로 이를 사해행위라고 볼 수 없다고 판단하였다. ㈂ 한편 본 판결은 근저당목적물의 양도행위가 사해행위가 되는가의 점에 관해서도 판단하였는데, 근저당권의 피담보채권액이 근저당목적물의 시가를 초과하고 있다면 그 재산의 양도는 사해행위라고 볼 수 없고, 이는 그 재산으로부터 근저당권자에 우선하여 변제를 받을 수 있는 채권자가 있더라도 마찬가지라는 종전 판례의 입장을 다시 한 번 확인하였다).

④ **(×)** 사해행위 후에 발생한 채권으로 채권자취소소송을 제기할 수 있는지를 묻는 지문이다. 사해행위 당시 채권발생의 고도의 개연성이 있는 경우를 제외하면 사해행위 후에 발생한 채권이 그 이전에 성립한 사해행위에 의하여 침해된다고 볼 수 없어 채권자취소소송을 제기할 수 없다. 신용카드가입계약을 체결한 것만으로는 신용카드대금채권 발생의 고도의 개연성이 있다고 할 수 없고, 신용카드를 이용한 결제행위가 있어야 신용카드대금채권 발생의 고도의 개연성이 인정할 수 있다. 신용카드를 이용한 결제행위는 사해행위인 대물변제행위보다 후에 이루어졌기 때문에 신용카드대금채권은 채권자취소권의 피보전채권이 될 수 없다.

[**대법원** 2004. 11. 12. **선고** 2004**다**40955 **판결**] 신용카드가입계약은 신용카드의 발행 및 관리, 신용카드의 이용과 관련된 대금의 결제에 관한 기본적 사항을 포함하고 있기는 하나 그에 기하여 신용카드업자의 채권이 바로 성립되는 것은 아니고, 신용카드를 발행받은 신용카드회원이 신용카드를 사용하여 신용카드가맹점으로부터 물품을 구매하거나 용역을 제공받음으로써 성립하는 신용카드 매출채권을 신용카드가맹점이 신용카드업자에게 양도하거나, 신용카드업자로부터 자금의 융통을 받는 별개의 법률관계에 의하여 비로소 채권이 성립하는 것이므로, 단순히 신용카드가입계약만을 가리켜 여기에서 말하는 "채권성립의 기초가 되는 법률관계"에 해당한다고 할 수는 없다(필자 註 : 채무자가 채권자와 신용카드가입계약을 체결하고 신용카드를 발급받았으나 자신의 유일한 부동산을 매도한 후에 비로소 신용카드를 사용하기 시작하여 신용카드대금을 연체하게 된 경우, 그 신용카드대금채권은 사해행위 이후에 발생한 채권에 불과하여 사해행위의 피보전채권이 될 수 없다고 한 사례).

⑤ **(×)** 채권자취소소송 계속 중, 채무자의 다른 채권자가 채무자의 동일한 사해행위에 대하여 채권자취소소송을 제기한 경우, 중복소송에 해당하는지를 묻는 지문이다. 채권자취소권은 취소채권자의 채권에 따라 그 내용이 상이하기 때문에 이를 동일 소송이라고 할 수 없다. 따라서 중복소송에 해당하지 않는다.

[**대법원** 2005. 5. 27. **선고** 2004**다**67806 **판결**] 채권자취소권의 요건을 갖춘 각 채권자는 고유의 권리로서 채무자의 재산처분행위를 취소하고 그 원상회복을 구할 수 있는 것이므로 각 채권자가 동시 또는 이시에 사해행위의 취소 및 원상회복을 구하는 소송을 제기하였다 하여도 그 중 어느 소송에서 승소판결이 선고·확정되고 그에 기하여 재산이나 가액의 회복을 마치기 전에는 각 소송이 중복제소에 해당한다거나 권리보호의 이익이 없게 되는 것은 아니다.

정답 ③

52. 甲이 채무초과 상태에서 그 소유의 유일한 재산인 X 부동산을 乙에게 증여하였고, 甲의 채권자 丙이 사해행위취소소송을 제기하였다. 다음 설명 중 옳은 것은? (다툼이 있는 경우에는 판례에 의함)

[12 변호사]

① X에 관하여 채권자를 丁, 채권최고액을 2억 2,000만 원으로 하는 근저당권이 설정되어 있는데, 증여 당시 X의 가액은 2억 원, 피담보채권액은 1억 6,000만 원인 경우에 甲의 증여행위는 사해행위에 해당하지 않는다.
② 위 증여가 채권자를 해함을 乙이 알았다는 점은 丙이 증명하여야 한다.
③ 甲이 제소 당시에 채무초과 상태에 있었다면 그 후 甲이 채무초과 상태에서 벗어났더라도 이미 계속된 사해행위취소소송에 영향을 주지 않는다.
④ 乙이 선의인 戊를 위하여 X에 관한 근저당권을 설정하여 준 경우에, 丙은 乙 명의 등기의 말소에 갈음하여 甲 앞으로 직접 소유권이전등기를 청구할 수 있다.
⑤ X에 관한 등기명의가 甲에게 회복되면, 丙은 X에 관하여 다른 채권자에 우선하여 채권의 만족을 얻을 수 있다.

해 설

① **(×)** 저당부동산의 처분이 사해행위에 해당하는지를 묻는 지문이다. 저당물의 가액이 저당권에 의한 우선변제액을 초과하는 때에는 그 초과범위에서 사해행위가 될 수 있다. 저당권에 의한 우선변제가 가능한 금액범위에서는 일반채권자의 책임재산이라고 할 수 없기 때문이다. X의 가액이 2억 원이고, 丁의 저당권에 의한 우선변제가 가능한 금액은 1억 6천만 원이므로 그 차액이 4천만 원의 재산적 가치가 증여에 의하여 이전하는 것은 사해행위에 해당한다.

[**대법원** 2001. 10. 9. **선고** 2000**다**42618 **판결**] 저당권이 설정되어 있는 부동산이 사해행위로 양도된 경우에 그 사해행위는 부동산의 가액, 즉 시가(공시지가와 일치하는 것은 아니다)에서 저당권의 피담보채권액을 공제한 잔액의 범위 내에서 성립하고, 피담보채권액이 부동산의 가액을 초과하는 때에는 당해 부동산의 양도는 사해행위에 해당한다고 할 수 없는바, 여기서 피담보채권액이라 함은 근저당권의 경우 채권최고액이 아니라 실제로 이미 발생하여 있는 채권금액이다.

② **(×)** 사해의사에 관한 증명책임을 묻는 지문이다. 채무자의 사해의사는 채권자가 증명하여야 하고, 수익자나 전득자의 사해의사는 수익자나 전득자가 스스로 사해의사 없음을 증명하여야 한다. 따라서 수익자 乙의 사해의사는 추정되므로 이를 취소채권자 丙이 증명할 필요는 없다.

[**대법원** 1997. 5. 23. **선고** 95**다**51908 **판결**] 사해행위취소소송에 있어서 채무자의 악의의 점에 대하여는 그 취소를 주장하는 채권자에게 입증책임이 있으나 수익자 또는 전득자가 악의라는 점에 관하여는 입증책임이 채권자에게 있는 것이 아니고 수익자 또는 전득자 자신에게 선의라는 사실을 입증할 책임이 있다.

③ **(×)** 사해성 판단의 기준시기를 묻는 지문이다. 채무자의 재산처분행위 당시를 기준으로 사해성을 판단한다. 그러나 채무자가 그 후 자력을 회복한 때에는 이미 발생한 채권자취소권이 소멸한다. 따라서 채무자의 사해성은 채권자취소소송의 사실심 변론종결 당시까지 계속되어야 한다.

[**대법원** 2007. 11. 29. **선고** 2007**다**54849 **판결**] 처분행위 당시에는 채권자를 해하는 것이었다고 하더라도 그 후 채무자가 자력을 회복하여 사해행위취소권을 행사하는 사실심의 변론종결시에는 채권자를 해하지 않게 된 경우에는 책임재산 보전의 필요성이 없어지게 되어 채권자취소권이 소멸하는 것으로 보아야 할 것인 바, 그러한 사정변경이 있다는 사실은 채권자취소소송의 상대방이 증명하여야 한다.

④ **(○)** 선의의 전득자가 제한물권 등을 취득한 때에는 수익자가 전득자의 제한물권을 제거하여 이를 채무자의 책임재산으로 회복할 수 있는 특별한 사정이 없는 한 원물반환이 불가능하거나 현저히 곤란한 경우에 해당한다. 이때 취소채권자는 수익자에 대하여 가액배상을 청구할 수 있으나, 진정한 등기명의 회복을 위한 이전등기청구라는 방식의 원상회복도 허용된다.

[**대법원** 2001. 2. 9. **선고** 2000**다**57139 **판결**] 사해행위 후 그 목적물에 관하여 제3자가 저당권이나 지상권 등의 권리를 취득한 경우에는 수익자가 목적물을 저당권 등의 제한이 없는 상태로 회복하여 이전하여 줄 수 있다는 등의 특별한 사정이 없는 한 채권자는 수익자를 상대로 원물반환 대신 그 가액 상당의 배상을 구할 수도 있다고 할 것이나, 그렇다고 하여 채권자가 스스로 위험이나 불이익을 감수하면서 원물반환을 구하는 것까지 허용되지 아니하는 것으로 볼 것은 아니고, 그 경우 채권자는 원상회복 방법으로 가액배상 대신 수익자 명의의 등기의 말소를 구하거나 수익자를 상대로 채무자 앞으로 직접 소유권이전등기절차를 이행할 것을 구할 수 있다.

⑤ **(×)** 취소채권자가 원상으로 회복된 책임재산으로부터 다른 채권자보다 우선하여 채권의 만족을 받을 수 있는지를 묻는 지문이다. 제407조는 채권자취소와 원상회복은 모든 채권자의 이익을 위하여 효력이 있다고 규정하여 취소채권자의 우선변제를 부정하고 있다.

[**대법원** 2005. 8. 25. **선고** 2005**다**14595 **판결**] 사해행위취소란 채권의 보전을 위하여 일반 채권자들의 공동담보에 제공되고 있는 채무자의 재산이 그의 처분행위로 감소되는 경우, 채권자의 청구에 의해 이를 취소하고, 일탈된 재산을 채무자의 책임재산으로 환원시키는 제도로서, 사해행위의 취소와 원상회복은 모든 채권자의 이익을 위하여 효력이 있으므로(민법 제407조), 취소채권자가 자신이 회복해 온 재산에 대하여 우선권을 가지는 것은 아니라고 할 것이므로, 사해행위의 수익자 소유의 부동산에 대한 경매절차에서 취소채권자가 수익자에 대한 가액배상판결에 기하여 배당을 요구하여 배당을 받은 경우, 그 배당액은 배당요구를 한 취소채권자에게 그대로 귀속되는 것이 아니라 채무자의 책임재산으로 회복되는 것이며, 이에 대하여 채무자에 대한 채권자들은 채권만족에 관한 일반원칙에 따라 채권 내용을 실현할 수 있는 것이다.

정답 ④

53. 채권자취소소송에 관한 설명 중 옳지 않은 것은? (다툼이 있는 경우에는 판례에 의함) [12 변호사]

① 채권자취소권은 법원에 소를 제기하는 방법으로 행사하여야 하고, 피고가 소송에서 항변으로 행사할 수는 없다.

② 채권자취소소송은 사해행위로 인하여 이익을 받은 자나 그로부터 전득한 자를 피고로 하여야 하고, 채무자는 피고적격이 없다.

③ 사해행위취소판결의 기판력은 그 취소권을 행사한 채권자와 그 상대방인 수익자 또는 전득자에게 미치고, 채무자에게는 그가 소송계속 사실을 알았을 경우라도 미치지 않는다.

④ 채권자가 사해행위의 취소 및 원상회복을 구함에 대하여 법원이 원상회복으로 원물반환이 아닌 가액배상을 명하고자 할 경우, 청구취지의 변경 없이 곧바로 가액배상을 명하는 것은 처분권주의에 반한다.

⑤ 채무자 乙의 사해행위에 대하여 채권자 甲이 제기한 채권자취소소송의 계속 중, 다른 채권자 丙이 제기한 채권자취소소송은 중복소송에 해당하거나 권리보호의 이익이 없는 것으로 볼 수 없다.

해설

① **(O)** [**대법원** 1995. 7. 25. **선고** 95**다**8393 **판결**] 채무자가 채권자를 해함을 알고 재산권을 목적으로 한 법률행위를 한 경우, 채권자는 사해행위의 취소를 법원에 소를 제기하는 방법으로 청구할 수 있을 뿐 소송상의 공격방어방법으로 주장할 수 없다.

② **(O)** [**대법원** 1988. 2. 23. **선고** 87**다카**1586 **판결**] 채권자 취소권에 있어서의 채무자 사해행위의 취소는 절대적인 취소가 아니라 악의의 수익자 또는 악의의 전득자에게 대한 관계에 있어서만 상대적으로 취소하는 것이므로 이 취소권은 악의의 수익자 또는 악의의 전득자에게 대하여서만 있는 것이고, 채무자에게 대하여서는 행사할 수 없다 할 것이고 따라서 채무자를 상대로 취소청구는 할 수 없다.

③ **(O)** [**대법원** 1988. 2. 23. **선고** 87**다카**1989 **판결**] 사해행위취소판결의 기판력은 그 취소권을 행사한 채권자와 그 상대방인 수익자 또는 전득자와의 상대적인 관계에서만 미칠 뿐, 그 소송에 참가하지 아니한 채무자 또는 채무자와 수익자 사이의 법률관계에는 미치지 아니한다.

④ **(×)** [**대법원** 2001. 9. 4. **선고** 2000**다**66416 **판결**] 사해행위를 전부 취소하고 원상회복을 구하는 채권자의 주장 속에는 사해행위를 일부 취소하고 가액의 배상을 구하는 취지도 포함되어 있으므로, 채권자가 원상회복만을 구하는 경우에도 법원은 가액의 배상을 명할 수 있다.

⑤ **(O)** [**대법원** 2005. 11. 25. **선고** 2005**다**51457 **판결**] 채권자취소권의 요건을 갖춘 각 채권자는 고유의 권리로서 채무자의 재산처분 행위를 취소하고 그 원상회복을 구할 수 있는 것이므로 여러 명의 채권자가 동시에 또는 시기를 달리하여 사해행위취소 및 원상회복청구의 소를 제기한 경우 이들 소가 중복제소에 해당하지 아니할 뿐만 아니라, 어느 한 채권자가 동일한 사해행위에 관하여 사해행위취소 및 원상회복청구를 하여 승소판결을 받아 그 판결이 확정되었다는 것만으로는 그 후에 제기된 다른 채권자의 동일한 청구가 권리보호의 이익이 없게 되는 것은 아니고, 그에 기하여 재산이나 가액의 회복을 마친 경우에 비로소 다른 채권자의 사해행위취소 및 원상회복청구는 그와 중첩되는 범위 내에서 권리보호의 이익이 없게 된다.

정답 ④

54. **甲은 乙에 대하여 1억 원의 금전채권을 가지고 있었는데, 乙은 자기의 유일한 재산인 X 부동산을 丙에게 매도하고 소유권이전등기까지 마쳐 주었다. 그 후 甲은 丙을 상대로 X 부동산 매매계약에 대한 사해행위취소 및 원상회복을 구하는 소를 제기하였다. 이에 관한 설명 중 옳은 것(○)과 옳지 않은 것(×)을 올바르게 조합한 것은? (각 지문은 독립적이며, 다툼이 있는 경우 판례에 의함)** [25 변호사]

ㄱ. 甲의 丙에 대한 사해행위취소 및 원상회복청구 소송에서 승소판결이 확정된 후 乙에게 소유권이전등기 명의가 회복되기 전 甲의 乙에 대한 금전채권이 소멸한 경우, 丙은 청구이의의 소로써 위 확정판결의 집행력의 배제를 구할 수 없다.
ㄴ. 甲이 丙에 대하여 사해행위취소 및 원상회복으로서 소유권이전등기 말소를 구하여 승소확정판결을 받았는데, 어떠한 사유로 丙 명의의 소유권이전등기를 말소하는 것이 불가능하게 되었다면 甲은 다시 丙에 대하여 원상회복으로서 乙에게 직접 소유권이전등기 절차를 이행할 것을 청구할 수 있다.
ㄷ. 甲의 丙에 대한 사해행위취소 및 원상회복청구 소송에서 승소판결이 확정되어 乙에게 소유권이전등기 명의가 회복된 후 乙이 다시 X 부동산을 丁에게 매도하여 소유권이전등기를 마쳐 준 경우, 乙이 X 부동산을 丙에게 매도한 후 乙에 대한 금전채권을 가지게 된 戊는 丁 명의의 소유권이전등기 말소를 청구할 수 있다.
ㄹ. 丙의 일반채권자인 A가 丙 명의로 X 부동산에 관한 소유권이전등기가 마쳐진 것을 기화로 X 부동산을 압류하고 X 부동산에 관하여 진행된 경매절차에서 배당을 받았더라도, 이후 甲이 丙에 대하여 사해행위취소 및 원상회복으로서 가액배상의 확정판결을 받았다면 A는 가액배상액의 범위 내에서 甲에게 위 배당금을 부당이득으로 반환하여야 한다.

① ㄱ(○), ㄴ(×), ㄷ(×), ㄹ(×)
② ㄱ(×), ㄴ(×), ㄷ(○), ㄹ(×)
③ ㄱ(○), ㄴ(○), ㄷ(×), ㄹ(○)
④ ㄱ(×), ㄴ(×), ㄷ(×), ㄹ(×)
⑤ ㄱ(×), ㄴ(×), ㄷ(×), ㄹ(○)

해설

ㄱ. **(×)** 판례는 채권자취소권은 채무자의 사해행위를 채권자와 수익자 또는 전득자 사이에서 상대적으로 취소하고 채무자의 책임재산에서 일탈한 재산을 회복하여 채권자의 강제집행이 가능하도록 하는 것을 본질로 하는 권리이므로, 채권자취소권에 의하여 책임재산을 보전할 필요성이 없어지면 채권자취소권은 소멸한다. 따라서 채권자취소소송에서 피보전채권의 존재가 인정되어 사해행위 취소 및 원상회복을 명하는 판결이 확정되었다고 하더라도, 그에 기하여 재산이나 가액의 회복을 마치기 전에 피보전채권이 소멸하여 채권자가 더 이상 채무자의 책임재산에 대하여 강제집행을 할 수 없게 되었다면, 이는 위 판결의 집행력을 배제하는 적법한 청구이의 이유가 된다고 본다(2015다224469).

ㄴ. **(×)** 판례는 채권자가 일단 사해행위취소 및 원상회복으로서 수익자 명의 등기의 말소를 청구하여 승소판결이 확정되었다면, 어떠한 사유로 수익자 명의 등기를 말소하는 것이 불가능하게 되었다고 하더라도 다시 수익자를 상대로 원상회복청구권을 행사하여 가액배상을 청구하거나 원물반환으로서 채무자 앞으로 직접 소유권이전등기절차를 이행할 것을 청구할 수는 없으므로, 그러한 청구는 권리보호의 이익이 없어 허용되지 않는다고 본다(2017다265815). 따라서 甲은 다시 丙에 대하여 원상회복으로서 乙에게 직접 소유권이전등기 절차를 이행할 것을 청구할 수 없다.

ㄷ. (×) 판례는 ① 사해행위의 취소는 채권자와 수익자의 관계에서 상대적으로 채무자와 수익자 사이의 법률행위를 무효로 하는 데에 그치고 채무자와 수익자 사이의 법률관계에는 영향을 미치지 아니하므로, 채무자와 수익자 사이의 부동산매매계약이 사해행위로 취소되고 그에 따른 원상회복으로 수익자 명의의 소유권이전등기가 말소되어 채무자의 등기명의가 회복되더라도, 그 부동산은 취소채권자나 민법 제407조에 따라 사해행위 취소와 원상회복의 효력을 받는 채권자와 수익자 사이에서 채무자의 책임재산으로 취급될 뿐, 채무자가 직접 부동산을 취득하여 권리자가 되는 것은 아니다. ② 따라서 채무자가 사해행위 취소로 등기명의를 회복한 부동산을 제3자에게 처분하더라도 이는 무권리자의 처분에 불과하여 효력이 없으므로, 채무자로부터 제3자에게 마쳐진 소유권이전등기나 이에 기초하여 순차로 마쳐진 소유권이전등기 등은 모두 원인무효의 등기로서 말소되어야 한다. ③ 이 경우 취소채권자나 민법 제407조에 따라 사해행위 취소와 원상회복의 효력을 받는 채권자는 채무자의 책임재산으로 취급되는 부동산에 대한 강제집행을 위하여 원인무효 등기의 명의인을 상대로 등기의 말소를 청구할 수 있다(2015다217980). ④ 그러나, 사해행위 이후에 채권을 취득한 채권자는 채권의 취득 당시에 사해행위취소에 의하여 회복되는 재산을 채권자의 공동담보로 파악하지 아니한 자로서 민법 제407조가 정한 사해행위취소와 원상회복의 효력을 받는 채권자에 포함되지 아니한다고 본다(2009다18502). 따라서 乙이 사해행위로 X 부동산을 丙에게 매도한 후 乙에 대한 금전채권을 가지게 된 戊는 丁 명의의 소유권이전등기 말소를 청구할 수 없다.

ㄹ. (×) 판례는 근저당권이 설정되어 있는 채무자의 부동산을 매수한 수익자의 채권을 담보하기 위하여 수익자의 채권자들이 부동산에 대해 압류 등을 하여 부동산에 관한 근저당권에 의한 경매절차에서 배당받은 후 사해행위 취소채권자가 수익자를 상대로 사해행위취소소송을 제기하여 가액배상의 확정판결을 받은 경우, 수익자의 채권자들이 수익자와 새로운 법률관계를 맺은 것이 아니라 수익자의 채권자로서 이미 가지고 있던 채권확보를 위하여 부동산을 압류 또는 가압류한 자에 불과하더라도 목적부동산의 매각대금에 대하여 사해행위 취소채권자에게 수익자의 채권자들에 우선하여 변제받을 수 있는 권리를 부여하여 사해행위취소판결의 실효성을 확보하여야 할 아무런 근거가 없으므로 수익자의 채권자들에게 사해행위취소판결의 효력이 미친다고는 볼 수 없다고 본다(2004다49532). 따라서 甲이 丙에 대하여 사해행위취소 및 원상회복으로서 가액배상의 확정판결을 받았다면 A는 가액배상액의 범위 내에서 甲에게 위 배당금을 부당이득으로 반환하여야 하는 것은 아니다. **정답** ④

55. 다음 각 사례에서 빈칸을 알맞게 채운 것은? (X, Y 토지의 시가 변동은 없고, 공동저당권 설정 시 책임분담에 관한 특별한 사정은 없음. 이자와 지연손해금, 집행비용은 고려하지 말 것. 각 지문은 독립적이며, 다툼이 있는 경우 판례에 의함) [25 변호사]

ㄱ. 채무자 甲 소유의 X 토지(시가 2,000만 원)와 Y 토지(시가 4,000만 원)에 관하여 丙 앞으로 피담보채권액 3,000만 원의 공동저당권이 설정되어 있는 상태에서, 甲이 Y 토지를 A에게 매도하여 A 명의의 소유권이전등기가 마쳐졌다. 甲의 일반채권자 乙(피보전채권액 1억 원)에 의해 Y 토지에 관한 매매계약이 사해행위로 취소되어 가액배상을 하는 경우, 가액배상액은 (　가　)이다.

ㄴ. 채무자 甲 소유의 X 토지(시가 3,000만 원)와 Y 토지(시가 6,000만 원)에 관하여 丙 앞으로 피담보채권액 6,000만 원의 공동저당권이 설정되어 있는 상태에서, 甲이 X, Y 토지를 A에게 일괄매도하여 A 명의의 소유권이전등기가 마쳐졌다. 甲의 일반채권자 乙(피보전채권액 1억 원)에 의해 X, Y 토지에 관한 매매계약이 사해행위로 취소되어 가액배상을 하는 경우, 가액배상액은 (　나　)이다.

ㄷ. 채무자 甲 소유의 X 토지(시가 5억 원)에는 丙의 피담보채권액 2억 원의 1순위 저당권과 丁의 피담보채권액 1억 원의 2순위 저당권이 각 설정되어 있고, 물상보증인 戊 소유의 Y 토지(시가 5억 원)에는 丁의 X 토지에 관한 피담보채권액 전부에 관하여 공동저당권이 설정되어 있는 상태에서, 甲이 X 토지를 A에게 매도하여 A 명의의 소유권이전등기가 마쳐졌다. 甲의 일반채권자 乙(피보전채권액 3억 원)에 의해 X 토지에 관한 매매계약이 사해행위로 취소되어 가액배상을 하는 경우, 가액배상액은 (다)이다.

	가	나	다
①	2,000만 원	3,000만 원	2억 원
②	2,000만 원	3,000만 원	2억 5,000만 원
③	2,000만 원	6,000만 원	2억 원
④	4,000만 원	6,000만 원	2억 5,000만 원
⑤	4,000만 원	6,000만 원	2억 원

해설

ㄱ. 판례는 공동저당권이 설정되어 있는 수 개의 부동산 중 일부가 양도된 경우에 있어서의 그 피담보채권액은 특별한 사정이 없는 한 민법 제368조의 규정 취지에 비추어 공동저당권의 목적으로 된 각 부동산의 가액에 비례하여 공동저당권의 피담보채권액을 안분한 금액이라고 본다(2003다39989). 따라서 X 토지(시가 2,000만 원)와 Y 토지(시가 4,000만 원)의 안분액은 1천만 원(3,000 x 2,000/6000), 2천만 원(3,000 x 2,000/6000)이므로 Y 토지의 가액은 2,000만 원이다.

ㄴ. 판례는 사해행위의 목적 부동산 전부가 하나의 계약으로 동일인에게 일괄 양도된 경우에는 사해행위로 되는 매매계약이 공동저당 부동산의 일부를 목적으로 할 때처럼 그 부동산 가액에서 공제하여야 할 피담보채권액의 산정이 문제되지 아니하므로 특별한 사정이 없는 한 그 취소에 따른 배상액의 산정은 목적 부동산 전체의 가액에서 공동저당권의 피담보채권 총액을 공제하는 방식으로 함이 그 취소 채권자의 의사에도 부합하는 상당한 방법이라고 본다(2004다67806). 따라서 X 토지와 Y 토지를 함께 처분한 경우 X 토지와 Y 토지 가액의 합계액 9,000만 원(3,000 + 6,000)에서 저당채무액 6,000만 원을 공제한 3,000만 원의 범위 내에서 사해행위가 된다.

ㄷ. 판례는 수 개의 부동산 중 일부는 채무자의 소유이고 다른 일부는 물상보증인의 소유인 경우에는, 물상보증인이 민법 제481조, 제482조의 규정에 따른 변제자대위에 의하여 채무자 소유의 부동산에 대하여 저당권을 행사할 수 있는 지위에 있는 점 등을 고려할 때, 그 물상보증인이 채무자에 대하여 구상권을 행사할 수 없는 특별한 사정이 없는 한 채무자 소유의 부동산에 관한 피담보채권액은 공동저당권의 피담보채권액 전액으로 봄이 상당하다. 이러한 법리는 하나의 공유부동산 중 일부 지분이 채무자의 소유이고, 다른 일부 지분이 물상보증인의 소유인 경우에도 마찬가지로 적용된다고 본다(2012다5643). 따라서 X 토지(시가 5억 원)에서 丙의 피담보채권액 2억 원의 1순위 저당권과 丁의 피담보채권액 1억 원의 2순위 저당권을 공제한 잔액인 2억 원에 대해서 사해행위가 성립한다.

정답 ①

제3절 수인의 채권자와 채무자

Ⅰ. 일반론

1. **다수당사자의 채권관계에 관한 설명 중 옳지 않은 것은? (다툼이 있는 경우 판례에 의함)** [20 변호사]

① 급부의 내용이 가분인 금전채무가 공동상속된 경우, 이는 상속개시와 동시에 당연히 법정상속분에 따라 공동상속인에게 분할되어 귀속된다.

② 공동불법행위자 전원에게 과실이 있는 경우, 그 중 1인이 자기의 부담부분 이상을 변제하여 공동의 면책을 얻게 하였을 때에는, 그에게 구상의무를 부담하는 다른 공동불법행위자가 수인이라면 이들의 구상권자에 대한 채무는 특별한 사정이 없는 한 부진정연대채무이다.

③ 불가분채권자 중의 1인과 채무자 간에 경개나 면제가 있는 경우에 채무 전부의 이행을 받은 다른 채권자는 그 1인이 권리를 잃지 아니하였으면 그에게 분급할 이익을 채무자에게 상환하여야 한다.

④ 여러 사람이 공동으로 법률상 원인 없이 타인의 재산을 사용한 경우의 부당이득 반환채무는 특별한 사정이 없는 한 불가분채무이므로 각 채무자가 채무 전부를 이행할 의무가 있고, 1인의 채무이행으로 다른 채무자도 그 의무를 면하게 된다.

⑤ 하나의 계약으로 수인에게 연대채무가 발생한 경우 어느 연대채무자에 대한 법률행위의 무효나 취소의 원인은 다른 연대채무자의 채무에 영향을 미치지 아니한다.

해 설

① **(O)** 가분적 채무가 공동상속 된 경우, 귀속형태를 묻는 지문이다. 법정상속분에 따라 분할되어 각 공동상속인에게 귀속된다.

[**대법원** 1997. 6. 24. **선고** 97**다**8809 **판결**] 금전채무와 같이 급부의 내용이 가분인 채무가 공동상속된 경우, 이는 상속 개시와 동시에 당연히 법정상속분에 따라 공동상속인에게 분할되어 귀속되는 것이므로, 상속재산 분할의 대상이 될 여지가 없다.

② **(×)** 공동불법행위자의 구상채무는 특별한 사정이 없는 한 분할채무이다. 그러나 구상권자에게 공동불법행위에 과한 과실이 없거나 구상의무자들이 구상권자에 대한 관계에서 하나의 책임주체로서의 지위를 가지는 경우에는 부진정연대채무가 된다.

[**대법원** 2005. 10. 13. **선고** 2003**다**24147 **판결**] 공동불법행위자 중 1인에 대하여 구상의무를 부담하는 다른 공동불법행위자가 수인인 경우에는 특별한 사정이 없는 이상 그들의 구상권자에 대한 채무는 각자의 부담 부분에 따른 분할채무로 봄이 상당하지만, 구상권자인 공동불법행위자측에 과실이 없는 경우, 즉 내부적인 부담 부분이 전혀 없는 경우에는 이와 달리 그에 대한 수인의 구상의무 사이의 관계를 부진정연대관계로 봄이 상당하다 할 것이다.

③ **(O)** 제410조 제2항.

④ **(O)** [**대법원** 2001. 12. 11. **선고** 2000**다**13948 **판결**] 여러 사람이 공동으로 법률상 원인 없이 타인의 재산을 사용한 경우의 부당이득 반환채무는 특별한 사정이 없는 한 불가분적 이득의 반환으로서 불가분채무이고, 불가분채무는 각 채무자가 채무 전부를 이행할 의무가 있으며, 1인의 채무이행으로 다른 채무자도 그 의무를 면하게 된다.

⑤ **(O)** 제415조.

정답 ②

2. **불가분채권·채무관계에 관한 설명 중 옳은 것을 모두 고른 것은? (다툼이 있는 경우 판례에 의함)** [25 변호사]

ㄱ. 건물 공유자들의 그 건물 무단 점유자에 대한 차임 상당 부당이득반환청구권은 특별한 사정이 없는 한 성질상 불가분채권이다.

ㄴ. 금전채권의 불가분채권자들 중 1인을 집행채무자로 한 압류 및 전부명령이 이루어진 경우, 그 집행채무자인 불가분채권자의 채권은 전부채권자에게 이전되더라도 다른 불가분채권자는 그 불가분채권의 채무자에게 불가분채권 전부의 이행을 청구할 수 있다.

ㄷ. 타인 소유 대지 위에 권원 없이 세워진 건물의 소유자를 상속한 공동상속인들의 건물철거의무는 다른 공동상속인의 지분에 관하여도 철거의무를 부담하는 불가분채무이므로, 이 경우 공동상속인들을 상대로 한 건물철거소송은 필수적 공동소송이다.

① ㄴ　　② ㄱ, ㄴ　　③ ㄱ, ㄷ
④ ㄴ, ㄷ　　⑤ ㄱ, ㄴ, ㄷ

해설

ㄱ. (×) 판례는 토지공유자는 특별한 사정이 없는 한 그 지분에 대응하는 비율의 범위내에서만 그 차임 상당의 부당이득금반환의 청구권을 행사할 수 있다고 본다(78다2088). 즉 판례는 공유물에 대한 제3자들의 부당이득반환청구권은 공유자 각자가 그 지분비율에 따라 가지는 분할채권이라고 본다.

ㄴ. (○) 판례는 수인의 채권자에게 금전채권이 불가분적으로 귀속되는 경우에, 불가분채권자들 중 1인을 집행채무자로 한 압류 및 전부명령이 이루어지면 그 불가분채권자의 채권은 전부채권자에게 이전되지만, 그 압류 및 전부명령은 집행채무자가 아닌 다른 불가분채권자에게 효력이 없으므로, 다른 불가분채권자의 채권의 귀속에 변경이 생기는 것은 아니다. 따라서 다른 불가분채권자는 모든 채권자를 위하여 채무자에게 불가분채권 전부의 이행을 청구할 수 있고, 채무자는 모든 채권자를 위하여 다른 불가분채권자에게 전부를 이행할 수 있다고 본다(2021다264253).

ㄷ. (×) 판례는 공동상속인들의 건물철거의무는 그 성질상 불가분채무이고, 각자 그 지분의 한도 내에서 건물 전체에 대한 철거의무를 진다고 한다(대판 1980.6.24, 80다756). 따라서 공동상속인들을 상대로 한 건물철거소송은 필수적 공동소송이 아니라 통상공동소송에 해당한다. **정답** ①

Ⅱ. 연대채무와 부진정연대채무

3. **다수당사자 채권관계에 대한 설명 중 옳은 것(○)과 옳지 않은 것(×)을 올바르게 조합한 것은? (이자와 지연손해금은 고려하지 않음. 다툼이 있는 경우 판례에 의함)** [24 변호사]

ㄱ. 연대채무자 중 1인이 채무 일부를 면제받는 경우에 그 연대채무자가 지급해야 할 잔존 채무액이 부담부분을 초과하는 경우 다른 연대채무자는 채무 전액을 부담하여야 한다.

ㄴ. 중첩적 채무인수에서 채무자와 인수인은 원칙적으로 부진정연대채무관계에 있다.

ㄷ. 채권자가 연대채무자 중 1인의 소유 부동산에 대하여 경매신청을 하고 그로부터 6개월 내에 다른 연대채무자를 상대로 재판상 청구를 하였다면, 경매신청 시로부터 그 다른 연대채무자에 대한 채권의 소멸시효가 중단되고, 중단된 시효는 위 경매절차 종료 시로부터 새로 진행된다.

ㄹ. 甲, 乙, 丙이 공동불법행위로 丁에게 900만 원의 손해를 입혔다. 내부적으로 甲에게는 과실이 없고 乙과 丙의 과실 비율은 균등하다. 甲이 900만 원 전액을 丁에게 배상하였다면 甲은 乙에 대하여 900만 원의 구상채무 이행을 청구할 수 있다.

① ㄱ(○), ㄴ(○), ㄷ(×), ㄹ(×)
② ㄱ(○), ㄴ(×), ㄷ(○), ㄹ(○)
③ ㄱ(○), ㄴ(×), ㄷ(×), ㄹ(○)
④ ㄱ(○), ㄴ(×), ㄷ(×), ㄹ(×)
⑤ ㄱ(×), ㄴ(○), ㄷ(○), ㄹ(×)

해설

ㄱ. **(○)** [**대법원** 2019. 8. 14. **선고** 2019**다**216435 **판결**] 민법 제419조는 "어느 연대채무자에 대한 채무면제는 그 채무자의 부담부분에 한하여 다른 연대채무자의 이익을 위하여 효력이 있다."라고 정하여 면제의 절대적 효력을 인정한다. 이는 당사자들 사이에 구상의 순환을 피하여 구상에 관한 법률관계를 간략히 하려는 데 취지가 있는바, 채권자가 연대채무자 중 1인에 대하여 채무를 일부 면제하는 경우에도 그와 같은 취지는 존중되어야 한다. 따라서 연대채무자 중 1인에 대한 채무의 일부 면제에 상대적 효력만 있다고 볼 특별한 사정이 없는 한 일부 면제의 경우에도 면제된 부담부분에 한하여 면제의 절대적 효력이 인정된다고 보아야 한다. 구체적으로 연대채무자 중 1인이 채무 일부를 면제받는 경우에 그 연대채무자가 지급해야 할 잔존 채무액이 부담부분을 초과하는 경우에는 그 연대채무자의 부담부분이 감소한 것은 아니므로 다른 연대채무자의 채무에도 영향을 주지 않아 다른 연대채무자는 채무 전액을 부담하여야 한다. 반대로 일부 면제에 의한 피면제자의 잔존 채무액이 부담부분보다 적은 경우에는 차액(부담부분 − 잔존 채무액)만큼 피면제자의 부담부분이 감소하였으므로, 차액의 범위에서 면제의 절대적 효력이 발생하여 다른 연대채무자의 채무도 차액만큼 감소한다.

ㄴ. **(×)** [**대법원** 2014. 8. 20. **선고** 2012**다**97420 **판결**] 중첩적 채무인수에서 인수인이 채무자의 부탁 없이 채권자와의 계약으로 채무를 인수하는 것은 매우 드문 일이므로 채무자와 인수인은 원칙적으로 주관적 공동관계가 있는 연대채무관계에 있고, 인수인이 채무자의 부탁을 받지 아니하여 주관적 공동관계가 없는 경우에는 부진정연대관계에 있는 것으로 보아야 한다.

ㄷ. **(×)** 재판이 확정된 때로부터 다시 진행한다. 연대채무자 1인에 대한 경매신청은 다른 연대채무자에 대한 관계에서 최고로 인한 시효중단의 효과가 있다. 6월내에 다른 연대채무자에 대하여 재판상 청구를 한 때에는 경매신청 시에 다른 연대채무자에 대하여 재판상 청구가 있는 것으로 취급되어 판결이 확정된 때로부터 소멸시효가 다시 진행된다.

[**대법원** 2001. 8. 21. **선고** 2001**다**22840 **판결**] 채권자가 연대채무자 1인의 소유 부동산에 대하여 경매신청을 한 경우, 이는 최고로서의 효력을 가지고 있고, 연대채무자에 대한 이행청구는 다른 연대채무자에게도 효력이 있으므로, 채권자가 6월 내에 다른 연대채무자를 상대로 재판상 청구를 하였다면 그 다른 연대채무자에 대한 채권의 소멸시효가 중단되지만, 이로 인하여 중단된 시효는 위 경매절차가 종료된 때가 아니라 재판이 확정된 때로부터 새로 진행된다(필자 註 : 대법원은 이 판결에서 "채권자의 신청에 의한 경매개시결정에 따라 연대채무자 1인의 소유 부동산이 압류된 경우, 이로써 위 채무자에 대한 채권의 소멸시효는 중단되지만, 압류에 의한 시효중단의 효력은 다른 연대채무자에게 미치지 아니하므로, 경매개시결정에 의한 시효중단의 효력을 다른 연대채무자에 대하여 주장할 수 없다"고 하였다. 즉, 경매개시결정(압류)으로 인한 시효중단의 효력은 다른 연대채무자에게 주장할 수 없으나, 경매개시결정은 최고로서의 효력이 있으므로 최고로서의 시효중단효는 인정하고 있는 것이다).

ㄹ. (O) 구상권자인 공동불법행위자에게 과실이 없는 때에는 다른 공동불법행위자들의 구상의무는 부진정연대채무에 해당한다.
[**대법원** 2005. 10. 13. **선고** 2003**다**24147 **판결**] 공동불법행위자 중 1인에 대하여 구상의무를 부담하는 다른 공동불법행위자가 수인인 경우에는 특별한 사정이 없는 이상 그들의 구상권자에 대한 채무는 각자의 부담 부분에 따른 분할채무로 봄이 상당하지만, 구상권자인 공동불법행위자측에 과실이 없는 경우, 즉 내부적인 부담 부분이 전혀 없는 경우에는 이와 달리 그에 대한 수인의 구상의무 사이의 관계를 부진정연대관계로 봄이 상당하다 할 것이다. 정답 ③

4. **甲, 乙은 丙으로부터 농기계 1대를 10일 동안 사용하기로 하고 차임 1,000만 원에 공동으로 임차하였는데 甲, 乙 사이의 부담부분에 관하여 따로 정하지 아니하였다. 이에 관한 설명 중 옳지 않은 것은? (다툼이 있는 경우 판례에 의함)** [22 변호사]

① 甲, 乙의 丙에 대한 차임지급채무가 기한의 정함이 없는 경우, 丙이 甲에게 이행청구를 하여 甲의 채무의 이행기가 도래하면 乙의 채무 역시 이행기가 도래한다.
② 甲에게 위 임대차계약의 무효의 원인이 있는 경우, 乙은 여전히 丙에 대하여 1,000만 원의 차임지급채무를 부담한다.
③ 甲이 丙에 대한 700만 원의 반대채권을 가지고 丙의 甲에 대한 차임채권과 상계하였다면, 乙의 丙에 대한 채무는 300만 원으로 감축된다.
④ 甲이 丙에 대하여 700만 원의 반대채권을 가지고 丙의 甲에 대한 차임채권과 상계할 수 있음에도 상계를 하지 않는 경우, 乙은 500만 원의 범위 내에서 甲의 丙에 대한 반대채권을 가지고 丙의 甲에 대한 차임채권과 상계할 수 있다.
⑤ 甲이 丙에게 차임지급채무 1,000만 원 중 500만 원을 지급한 경우, 甲은 乙에 대하여 구상권을 행사할 수 없다.

해 설

① (O) 공동임차인의 차임채무는 연대채무이다(민법 제654조, 제616조). 연대채무에서 채권자의 이행청구는 절대적 효력이 있다(민법 제414조). 채권자 丙의 이행청구로 인하여 연대채무자 甲과 乙 모두 이행청구에 따라 법적 효과가 발생한다. 비록 甲에게 이행청구를 하였더라도 乙 채무의 이행기도 도래한다.
② (O) 어느 연대채무자에 대한 법률행위의 무효나 취소의 원인은 다른 연대채무자의 채무에 영향을 미치지 아니한다(민법 제415조). 甲에게 무효 원인이 있더라도 乙의 연대채무에는 아무런 영향이 없다.
③ (O) 연대채무에서 상계는 절대적 효력이 있다(민법 제418조 제1항). 甲의 상계로 인한 채권 소멸의 효과는 다른 연대채무자 乙에게 전면적으로 미친다.
④ (O) 상계할 채권이 있는 연대채무자가 상계하지 아니한 때에는 그 채무자의 부담부분에 한하여 다른 연대채무자가 상계할 수 있다(민법 제418조 제2항). 乙은 甲의 채권 중에서 甲의 부담부분에 해당하는 5백만 원의 채권을 자동채권으로 상계할 수 있다.
⑤ (×) 어느 연대채무자가 변제 기타 자기의 출재로 공동면책이 된 때에는 다른 연대채무자의 부담부분에 대하여 구상권을 행사할 수 있다(민법 제425조 제1항). 연대채무에서는 부담부분을 초과한 출재를 하지 않더라도 구상권을 행사할 수 있다. 정답 ⑤

5. **다수 당사자의 채권관계에 관한 설명 중 옳지 않은 것을 모두 고른 것은? (각 지문은 독립적이며, 다툼이 있는 경우 판례에 의함)** [18 변호사]

ㄱ. A에 대하여 3,000만 원의 연대채무를 부담하고 있는 甲, 乙, 丙이 내부적으로 4:4:2의 비율로 부담부분을 정한 상태에서 甲이 A에게 3,000만 원을 변제하였다. 만약 丙이 자신의 부담부분을 상환할 자력이 없고 A가 乙에게 연대의 면제를 해 주었다면, 甲은 乙에게 1,200만 원을, A에게 300만 원을 각 청구할 수 있다.

ㄴ. 연대채무자 중의 한 사람이 공동면책을 이유로 다른 연대채무자에게 구상권을 행사하려면 자기의 부담부분을 넘은 변제를 하여야 한다.

ㄷ. 어느 연대채무자가 다른 연대채무자에게 구상권을 행사할 때 그 부담부분은 균등한 것으로 추정되나, 연대채무자 사이에 부담부분에 관한 특약이 있거나 특약이 없더라도 채무의 부담과 관련하여 각 채무자의 수익비율이 다른 경우에는 그 특약 또는 비율에 따라 부담부분이 결정된다.

ㄹ. 甲과 乙이 공동불법행위책임을 지는 경우, 甲의 손해배상채무가 시효로 소멸한 후에는 乙이 피해자에게 자기의 부담부분을 넘는 손해를 배상하였다고 하더라도 甲을 상대로 구상권을 행사할 수 없다.

ㅁ. 공동불법행위자 중 1인에 대하여 구상의무를 부담하는 다른 공동불법행위자가 수인인 경우에는 특별한 사정이 없는 이상 그들의 구상권자에 대한 채무는 각자의 부담부분에 따른 분할채무로 봄이 상당하지만, 구상권자인 공동불법행위자 측에 과실이 없는 경우, 즉 내부적인 부담부분이 전혀 없는 경우에는 그에 대한 수인의 구상의무 사이의 관계를 부진정연대관계로 보아야 한다.

① ㄱ, ㄴ　② ㄱ, ㄷ　③ ㄴ, ㄹ
④ ㄱ, ㄷ, ㅁ　⑤ ㄴ, ㄹ, ㅁ

해설

ㄱ. **(O)** 제427조. 연대채무자 중 상환할 자력이 없는 자가 있는 때에는 그 채무자의 부담부분은 구상권자 및 다른 자력이 있는 채무자가 그 부담부분에 비례하여 분담한다(제427조 제1항). 그러나 상환할 자력이 없는 채무자의 부담부분을 분담할 다른 채무자가 채권자로부터 연대의 면제를 받은 때에는 그 채무자의 분담할 부분은 채권자의 부담으로 한다. 甲은 乙에게 그의 부담부분 액수인 1천 2백만 원(3천만 원 × 4/10)을 구상할 수 있고, 상환무자력자인 丙의 부담부분인 6백만 원(3천만 원 × 2/10)은 甲과 乙이 그 부담부분의 비율에 따라 분담하여야 하나 乙이 연대의 면제를 받았으므로 乙이 분담하여야 할 부분은 채권자 A가 부담한다. 결국 A는 3백만 원의 구상의무를 부담한다.

ㄴ. **(×)** 제425조 제1항. 연대채무자가 구상권을 행사하기 위해서는 그의 부담부분 액수를 초과하는 출재를 하여야 할 필요는 없다.

[**대법원** 2013. 11. 14. **선고** 2013**다**46023 **판결**] 연대보증인들 사이의 내부관계에서는 연대보증인 각자가 자신의 분담금액을 한도로 일부 보증을 한 것과 같이 볼 수 있어서 그 분담금액 범위 내의 출재에 관한 구상관계는 주채무자만을 상대로 해결할 것을 예정하고 있는 반면, 연대채무자들 사이에서는 연대채무자 각자가 행한 모든 출재에 관하여 다른 연대채무자의 공동부담을 기대하는 것이

보통이다. 그리하여 민법은 연대보증인 중의 한 사람이 공동면책을 이유로 다른 연대보증인에게 구상권을 행사하려면 '자기의 부담부분을 넘은' 변제를 하였을 것을 그 요건으로 규정하였으나(제448조 제2항), 연대채무자 중의 한 사람이 공동면책을 이유로 다른 연대채무자에게 구상권을 행사하는 데 있어서는 그러한 제한 없이 '부담부분'에 대하여 구상권을 행사할 수 있는 것으로 규정하고 있다(제425조 제1항). 따라서 연대채무자 사이의 구상권행사에 있어서 '부담부분'이란 연대채무자가 그 내부관계에서 출재를 분담하기로 한 비율을 말한다고 봄이 타당하다. 그 결과 변제 기타 자기의 출재로 일부 공동면책되게 한 연대채무자는 역시 변제 기타 자기의 출재로 일부 공동면책되게 한 다른 연대채무자를 상대로 하여서도 자신의 공동면책액 중 다른 연대채무자의 분담비율에 해당하는 금액이 다른 연대채무자의 공동면책액 중 자신의 분담비율에 해당하는 금액을 초과한다면 그 범위에서 여전히 구상권을 행사할 수 있다고 보아야 한다.

ㄷ. (O) 연대채무자의 부담부분은 균등한 것으로 추정한다(제424조). 그러나 연대채무자의 특약이나 수익비율 등에 따라 부담부분이 결정될 수 있다.

[**대법원** 2014. 8. 26. **선고** 2013**다**49428·49435 **판결**] 어느 연대채무자가 변제 기타 자기의 출재로 공동면책이 되게 한 때에는 다른 연대채무자의 부담부분에 대하여 구상권을 행사할 수 있고 이 때 부담부분은 균등한 것으로 추정되나, 연대채무자 사이에 부담부분에 관한 특약이 있거나 특약이 없더라도 채무의 부담과 관련하여 각 채무자의 수익비율이 다른 경우에는 그 특약 또는 비율에 따라 부담부분이 결정된다.

ㄹ. (X) 공동불법행위자는 부진전연대채무를 부담한다. 부진정연대채무자 중 1인의 채무의 소멸시효가 완성된 경우, 그 사유가 절대적 효력사유에 해당하는지를 묻는 지문이다. 부진정연대채무에서는 채권을 만족시키는 사유만 절대적 효력사유에 해당하고 그 외의 사유는 모두 상대적 효력사유에 해당한다. 공동불법행위자 甲의 손해배상채무가 소멸시효로 소멸하였더라도 이는 상대적 효력사유에 불과하므로 甲은 구상권을 행사하는 다른 공동불법행위자 乙에 대하여 시효소멸을 주장할 수 없으므로 구상의무를 부담한다.

[**대법원** 1997. 12. 23. **선고** 97**다**42830 **판결**] 공동불법행위자의 다른 공동불법행위자에 대한 구상권은 피해자의 다른 공동불법행위자에 대한 손해배상채권과는 그 발생원인 및 성질을 달리하는 별개의 권리이고, 연대채무에 있어서 소멸시효의 절대적 효력에 관한 민법 제421조의 규정은 공동불법행위자 상호간의 부진정연대채무에 대하여는 그 적용이 없으므로, 공동불법행위자 중 1인의 손해배상채무가 시효로 소멸한 후에 다른 공동불법행위자 1인이 피해자에게 자기의 부담 부분을 넘는 손해를 배상하였을 경우에도, 그 공동불법행위자는 다른 공동불법행위자에게 구상권을 행사할 수 있다.

ㅁ. (O) 수인의 부진정연대채무자가 부담하는 구상의무의 법적 성질을 묻는 지문이다. 원칙적으로 분할채무이나, 구상권자에게 손해발생에 과실이 없는 경우이거나 수인의 구상의무자가 구상권자에 대한 관계에서 하나의 책임주체로 평가되는 때에는 부진정연대채무에 해당한다.

[**대법원** 2005. 10. 13. **선고** 2003**다**24147 **판결**] 공동불법행위자 중 1인에 대하여 구상의무를 부담하는 다른 공동불법행위자가 수인인 경우에는 특별한 사정이 없는 이상 그들의 구상권자에 대한 채무는 각자의 부담 부분에 따른 분할채무로 봄이 상당하지만, 구상권자인 공동불법행위자측에 과실이 없는 경우, 즉 내부적인 부담 부분이 전혀 없는 경우에는 이와 달리 그에 대한 수인의 구상의무 사이의 관계를 부진정연대관계로 봄이 상당하다 할 것이다.

정답 ③

6. 다음 설명 중 옳지 않은 것은? (다툼이 있는 경우 판례에 의함) [15 변호사]

① 연대채무자 중 1인에게 발생한 법률행위의 무효나 취소의 원인은 다른 연대채무자의 채무에는 영향이 없다.

② 채권자의 신청에 의한 경매개시결정에 따라 연대채무자 중 1인 소유의 부동산이 압류된 경우, 압류에 의한 시효중단의 효력은 다른 연대채무자에게 미치지 않는다.

③ 부진정연대채무자 중 1인이 자신의 채권자에 대한 반대채권으로 상계를 한 경우, 그 상계로 인한 채무소멸의 효력은 소멸한 채무 전액에 관하여 다른 부진정연대채무자에 대하여도 미친다.

④ 공동불법행위자 중 1인의 손해배상채무가 시효로 소멸한 후 다른 공동불법행위자가 피해자에게 자기의 부담 부분을 넘는 손해를 배상한 경우, 손해를 배상한 공동불법행위자는 손해배상채무가 시효로 소멸한 다른 공동불법행위자에게는 구상권을 행사할 수 없다.

⑤ 부진정연대채무자 중 1인을 위하여 보증인이 된 자가 피보증인을 위하여 채무를 변제하였다면 다른 부진정연대채무자에 대하여 구상권을 행사할 수 있다.

해설

① **(O)** 제415조.

② **(O)** 연대채무자 1인에 대한 압류로 인한 시효중단이 절대적 효력이 있는지를 묻는 지문이다. 이는 절대적 효력사유로 규정하고 있지 않을 뿐만 아니라 연대채무의 본질에 비추어 절대적 효력을 인정하여야 할 것은 아니다. 또한 소멸시효 중단은 중단행위에 관여한 당사자와 승계인에 한하여 그 효력이 있으므로(제169조) 압류로 인한 시효중단은 다른 연대채무자에게 미치지 않는다.

[**대법원** 2001. 8. 21. **선고** 2001**다**22840 **판결**] 채권자가 연대채무자 1인의 소유 부동산에 대하여 경매신청을 한 경우, 이는 최고로서의 효력을 가지고 있고, 연대채무자에 대한 이행청구는 다른 연대채무자에게도 효력이 있으므로, 채권자가 6월 내에 다른 연대채무자를 상대로 재판상 청구를 하였다면 그 다른 연대채무자에 대한 채권의 소멸시효가 중단되지만, 이로 인하여 중단된 시효는 위 경매절차가 종료된 때가 아니라 재판이 확정된 때로부터 새로 진행된다(필자 註 : 대법원은 이 판결에서 "채권자의 신청에 의한 경매개시결정에 따라 연대채무자 1인의 소유 부동산이 압류된 경우, 이로써 위 채무자에 대한 채권의 소멸시효는 중단되지만, 압류에 의한 시효중단의 효력은 다른 연대채무자에게 미치지 아니하므로, 경매개시결정에 의한 시효중단의 효력을 다른 연대채무자에 대하여 주장할 수 없다"고 하였다. 즉, 경매개시결정(압류)으로 인한 시효중단의 효력은 다른 연대채무자에게 주장할 수 없으나, 경매개시결정은 최고로서의 효력이 있으므로 최고로서의 시효중단효는 인정하고 있는 것이다).

③ **(O)** 부진정연대채무자 1인의 상계가 절대적 효력이 있는지를 묻는 지문이다. 종래 절대적 효력을 부정하였으나 대법원은 그 후 입장을 변경하여 절대적 효력을 인정하고 있다.

[**대법원** 2010. 9. 16. **선고** 2008**다**97218 **전원합의체 판결**] 부진정연대채무자 중 1인이 자신의 채권자에 대한 반대채권으로 상계를 한 경우에도 채권은 변제, 대물변제, 또는 공탁이 행하여진 경우와 동일하게 현실적으로 만족을 얻어 그 목적을 달성하는 것이므로, 그 상계로 인한 채무소멸의 효력은 소멸한 채무 전액에 관하여 다른 부진정연대채무자에 대하여도 미친다고 보아야 한다. 이는 부진정연대채무자 중 1인이 채권자와 상계계약을 체결한 경우에도 마찬가지이다. 나아가 이러한 법리는 채권자가 상계 내지 상계계약이 이루어질 당시 다른 부진정연대채무자의 존재를 알았는지 여부에 의하여 좌우되지 아니한다.

④ **(×)** 부진정연대채무자 1인의 소멸시효 완성이 절대적 효력을 가지는지를 묻는 지문이다. 연대채무와 달리 상대적 효력에 불과하다. 따라서 어느 공동불법행위자의 손해배상채무가 시효로 소멸하더라도 그 채무자는 다른 공동불법행위자의 구상권 행사에 대항하지 못한다.

[**대법원** 1997. 12. 23. **선고** 97**다**42830 **판결**] 공동불법행위자의 다른 공동불법행위자에 대한 구상권은 피해자의 다른 공동불법행위자에 대한 손해배상채권과는 그 발생원인 및 성질을 달리하는 별개의 권리이고, 연대채무에 있어서 소멸시효의 절대적 효력에 관한 민법 제421조의 규정은 공동불법행위자 상호간의 부진정연대채무에 대하여는 그 적용이 없으므로, 공동불법행위자 중 1인의 손해배상채무가 시효로 소멸한 후에 다른 공동불법행위자 1인이 피해자에게 자기의 부담 부분을 넘는 손해를 배상하였을 경우에도, 그 공동불법행위자는 다른 공동불법행위자에게 구상권을 행사할 수 있다.

⑤ **(O)** 어느 연대채무자나 어느 불가분채무자를 위하여 보증인이 된 자는 다른 연대채무자나 다른 불가분채무자에 대하여 그 부담부분에 한하여 구상권이 있다(제447조). 제447조는 부진정연대채무에도 적용된다.

[**대법원** 2010. 5. 27. **선고** 2009**다**85861 **판결**] 민법 제481조, 제482조에서 규정하고 있는 변제자대위는 제3자 또는 공동채무자의 한 사람이 채무자 또는 다른 공동채무자에 대하여 가지는 구상권의 실현을 목적으로 하는 제도이다. 이때 대위에 의한 원채권 및 담보권 행사의 범위는 구상권의 범위로 한정되는데 이는 위와 같은 제도적 취지를 반영한 것이다. 따라서 어느 부진정연대채무자를 위하여 보증인이 된 자가 채무를 이행한 경우에는 다른 부진정연대채무자에 대하여도 직접 구상권을 취득하게 되고, 그와 같은 구상권을 확보하기 위하여 채권자를 대위하여 채권자의 다른 부진정연대채무자에 대한 채권 및 그 담보에 관한 권리를 구상권의 범위 내에서 행사할 수 있다.

정답 ④

7. **甲과 乙은 공동으로 丙에게 특수한 인쇄기계의 제작을 대금 3억 원에 도급하였다. 그 계약에서 도급대금은 완성된 인쇄기계의 인도와 동시에 지급하기로 약정하였고 그 지급에 관하여 甲과 乙이 연대채무를 부담하기로 하였다. 다음 중 옳은 것을 모두 고른 것은? (다툼이 있는 경우에는 판례에 의하고, 각 지문은 모두 독립적이다)** [14 변호사]

ㄱ. 丙은 인쇄기계 제작을 완성한 후 두 사람 중 보다 자력이 있는 甲에게 계속적으로 이행제공을 하면서 대금청구를 하였으나 乙에게는 한 번도 대금청구를 한 바 없다. 이 경우 乙도 丙에게 도급대금뿐만 아니라 지연손해금도 지급할 의무가 있다.

ㄴ. 丙은 인쇄기계 제작을 완성한 후 근거 없이 도급대금을 4억 원으로 증액하여 달라고 요구하였다. 甲·乙은 수차례에 걸쳐 도급대금을 지급하고자 시도하면서 인쇄기계 인도를 요구하였으나 丙은 인쇄기계 인도와 대금 수령을 거절하였다. 그러던 중 甲, 乙, 丙의 과실 없이 위 인쇄기계가 멸실되었다. 이 경우 원칙적으로 丙은 甲·乙에 대하여 도급대금의 지급을 청구할 수 없는 대신 손해배상책임을 면한다.

ㄷ. 甲·乙은 인쇄기계가 완성되기 전부터 근거 없이 도급대금을 지급할 수 없다는 취지의 확고한 이행거절의사를 표시하였다. 인쇄기계가 완성된 후 丙이 甲·乙에게 대금청구 및 인쇄기계 수령을 최고하기 전에 甲, 乙, 丙의 과실 없이 위 인쇄기계가 멸실되었다. 이 경우 丙은 甲·乙에게 도급대금을 청구할 수 있다.

① ㄱ ② ㄴ ③ ㄷ
④ ㄱ, ㄴ ⑤ ㄴ, ㄷ

해설

※ 연대채무의 절대적 효력사유와 계약의 목적물이 멸실된 경우에 발생할 수 있는 법률문제를 묻는 사례문제이다.

ㄱ. (O) 연대채무에서 이행청구의 절대적 효력을 묻는 지문이다. 도급대금채권자 丙이 도급대금에 대하여 연대채무를 부담하는 甲과 乙 중에서 甲에게 이행제공을 하여 이행청구를 한 경우, 이행청구의 효력이 다른 연대채무자 乙에게 미치는지를 묻고 있다. 연대채무에서 이행청구는 절대적 효력이 있다(제416조). 따라서 丙의 甲에 대한 이행청구는 乙에 대하여도 효력이 있으므로 乙에게도 이행지체의 효과가 발생하여 지연손해금을 지급할 의무도 부담한다.

ㄴ. (×) 이행지체 중 급부불능이 발생한 경우의 효과를 묻는 지문이다. 인쇄기계인도청구권자인 甲과 乙이 약정한 도급대금을 지급하고자 시도하면서 인쇄기계의 인도를 청구하였으나, 丙이 이에 응하지 아니하고, 인쇄기계의 인도와 대금 수령을 거절한 행위는 丙이 부담하는 인쇄기계인도채무의 이행지체를 발생시킨다. 이행지체 중 급부목적물이 과실 없이 멸실된 경우, 비록 멸실에 채무자 丙의 과실이 없더라도 丙의 귀책성이 의제되어 丙은 甲과 乙에 대하여 손해배상책임을 부담한다. 제392조는 '채무자는 자기에게 과실이 없는 경우에도 그 이행지체 중에 생긴 손해를 배상하여야 한다.'고 규정하고 있기 때문이다. 인쇄기계인도채권자인 甲과 乙은 이행불능을 원인으로 도급계약을 해제하고, 丙에 대하여 손해배상을 청구할 수 있다.

ㄷ. (×) 채권자의 수령거절의사가 명백하게 표명되고 있는 동안 급부목적물이 멸실한 경우, 반대급부의 위험이 채권자에게 이전하는지를 묻는 지문이다. 甲과 乙이 도급대금을 지급할 수 없음을 확고하게 표명한 경우, 甲과 乙은 도급대금채무에 관해서는 이행거절의사를 표명한 것으로 되고, 인쇄기계 인도채권에 관해서는 수령거절의사를 표명한 것으로 된다. 인쇄기계 인도채권자인 甲과 乙이 수령거절의사를 명백하게 표명한 때에는 채무자 丙이 구두제공을 하지 않더라도 변제제공의 효과가 발생하지만, 채권자지체로 인한 반대급부 위험이전의 효과가 발생하기 위해서는 최소한 구두제공은 있어야 한다는 것이 대법원의 입장이다. 丙이 甲과 乙에게 대금청구 및 인쇄기계 수령을 최고하기 전에 과실 없이 인쇄기계가 멸실된 것이므로 채무자위험부담주의 원칙에 따라 채무자 丙은 인쇄기계 인도채무를 면하지만, 도급대금의 지급도 청구할 수 없다.

[**대법원** 2004. 3. 12. **선고** 2001**다**79013 **판결**] 민법 제400조 소정의 채권자지체가 성립하기 위해서는 민법 제460조 소정의 채무자의 변제 제공이 있어야 하고, 변제 제공은 원칙적으로 현실 제공으로 하여야 하며 다만 채권자가 미리 변제받기를 거절하거나 채무의 이행에 채권자의 행위를 요하는 경우에는 구두의 제공으로 하더라도 무방하고, 채권자가 변제를 받지 아니할 의사가 확고한 경우(이른바, 채권자의 영구적 불수령)에는 구두의 제공을 한다는 것조차 무의미하므로 그러한 경우에는 구두의 제공조차 필요 없다고 할 것이지만, 그러한 구두의 제공조차 필요 없는 경우라고 하더라도, 이는 그로써 채무자가 채무불이행책임을 면한다는 것에 불과하고, 민법 제538조 제1항 제2문 소정의 "채권자의 수령지체 중에 당사자 쌍방의 책임 없는 사유로 이행할 수 없게 된 때"에 해당하기 위해서는 현실 제공이나 구두 제공이 필요하다(다만, 그 제공의 정도는 그 시기와 구체적인 상황에 따라 신의성실의 원칙에 어긋나지 않게 합리적으로 정하여야 한다).

정답 ①

Ⅲ. 보증채무

8. 다수당사자 채권관계에 관한 설명 중 옳은 것(○)과 옳지 않은 것(×)을 올바르게 조합한 것은? (각 지문은 독립적이며, 다툼이 있는 경우 판례에 의함)
[23 변호사]

ㄱ. 甲, 乙, 丙이 공동의 불법행위로 丁에게 9,000만 원의 부진정연대채무를 부담하고 있고 과실비율은 균등하다. 이 경우 甲의 보증인 戊가 6,000만 원을 변제하였다면 戊는 乙과 丙에 대해 각 2,000만 원의 구상권을 취득한다.

ㄴ. 주채무자인 甲의 부탁을 받은 乙은 채권자 丙에 대해 주채무금액 5,000만 원에 관한 보증을 하였다. 이후 주채무의 변제기한인 2022. 8. 31.이 도래하고 甲이 변제를 하지 않아 2022. 9. 30.자로 약정이자 1,000만 원, 지연손해금 50만 원이 발생하게 되면 2022. 9. 30. 乙은 甲에게 6,050만 원의 사전구상금액을 청구할 수 있다.
ㄷ. 甲은 주채무자, 戊는 채권자인 상황에서 乙, 丙, 丁이 戊에 대해 주채무금액 9,000만 원에 관한 연대보증을 하였고 그 비율이 균등하다. 이 경우 丙이 3,000만 원을 변제한 후 丁이 6,000만 원을 변제하였다면 丁은 다른 연대보증인 중 乙에 대해서만 3,000만 원의 구상권을 취득한다.

① ㄱ(○), ㄴ(×), ㄷ(×) ② ㄱ(○), ㄴ(×), ㄷ(○) ③ ㄱ(×), ㄴ(○), ㄷ(○)
④ ㄱ(×), ㄴ(○), ㄷ(×) ⑤ ㄱ(×), ㄴ(×), ㄷ(○)

해설

ㄱ. **(×)** 부진정연대채무자 중 1인을 위한 보증인이 피보증인이 아닌 다른 부진정연대채무자들에게 구상할 수 있는 범위를 묻는 지문이다. 제447조가 유추된다. 자신의 피보증인에 대해서는 전액 구상할 수 있지만, 다른 부진정연대채무자에 대해서는 자신의 피보증인의 부담부분을 초과한 금액을 부담부분 범위에서 구상권을 행사할 수 있다. 甲의 부담부분이 3,000만 원이므로 戊의 초과출재 금액은 3천만 원이고, 乙과 丙의 부담부분은 균등하므로 戊는 乙과 丙에 대하여 각 1,500만 원씩을 구상할 수 있다.

[**대법원** 2008. 7. 24. **선고** 2007**다**37530 **판결**] 어느 공동불법행위자를 위하여 보증인이 된 자가 피보증인을 위하여 손해배상채무를 변제한 경우, 그 보증인은 피보증인이 아닌 다른 공동불법행위자에 대하여 그 부담 부분에 한하여 구상권을 행사할 수 있고, 이러한 법리는 어느 공동불법행위자를 위하여 그가 위 손해배상채무를 변제한 보증인에 대하여 부담하는 구상채무를 보증한 구상보증인이 피보증인을 위하여 그 구상채무를 변제한 경우에도 마찬가지라고 할 것이어서 그 구상보증인은 피보증인이 아닌 다른 공동불법행위자에 대하여 그 부담 부분에 한하여 구상권을 행사할 수 있다고 할 것이다.

ㄴ. **(○)** 이미 발생한 지연손해금과 이자는 사전구상범위에 포함된다.

[**대법원** 2004. 7. 9. **선고** 2003**다**46758 **판결**] 수탁보증인이 민법 제442조에 의하여 주채무자에 대하여 미리 구상권을 행사하는 경우에 사전구상으로서 청구할 수 있는 범위는 주채무인 원금과 사전구상에 응할 때까지 이미 발생한 이자와 기한 후의 지연손해금, 피할 수 없는 비용 기타의 손해액이 포함될 뿐이고, 주채무인 원금에 대한 완제일까지의 지연손해금은 사전구상권의 범위에 포함될 수 없으며, 또한 사전구상권은 장래의 변제를 위하여 자금의 제공을 청구하는 것이므로 수탁보증인이 아직 지출하지 아니한 금원에 대하여 지연손해금을 청구할 수도 없다.

ㄷ. **(○)** 공동연대보증인이 다른 보증인에게 구상하기 위해서는 부담부분을 초과한 출재를 하여야 하고, 그로 인하여 다른 보증인은 공동면책되어야 한다. 丁의 6,000만 원 변제는 丁의 부담부분 3,000만 원을 초과하여 출재하였고, 그로 인하여 乙은 자신의 부담부분 3,000만 원의 면책이 있으므로 丁은 乙에 대하여 3,000만 원의 구상권을 취득한다. 丙은 丁이 변제하기 전에 3,000만 원을 변제하여 자신의 부담부분에 관한 면책이 있었으므로 丁의 변제에 의하여 丙이 면책된 것은 아니므로 丁은 丙에게는 구상권을 행사할 수 없다.

[**대법원** 2009. 6. 25. **선고** 2007**다**70155 **판결**] 수인의 보증인이 있는 경우에는 그 사이에 분별의 이익이 있는 것이 원칙이지만, 그 수인이 연대보증인일 때에는 각자가 별개의 법률행위로 보증인이 되었고 또한 보증인 상호간에 연대의 특약(보증연대)이 없었더라도 채권자에 대하여는 분별의 이익

을 갖지 못하고 각자의 채무의 전액을 변제하여야 하나, 연대보증인들 상호간의 내부관계에서는 주채무에 대하여 출재를 분담하는 일정한 금액을 의미하는 부담부분이 있고, 그 부담부분의 비율, 즉 분담비율에 관하여는 그들 사이에 특약이 있으면 당연히 그에 따르되 그 특약이 없는 한 각자 평등한 비율로 부담을 지게 된다. 그러므로 연대보증인 가운데 한 사람이 자기의 부담부분을 초과하여 변제하였을 때에는 다른 연대보증인에 대하여 구상을 할 수 있는데, 다만 다른 연대보증인 가운데 이미 자기의 부담부분을 변제한 사람에 대하여는 구상을 할 수 없으므로 그를 제외하고 아직 자기의 부담부분을 변제하지 아니한 사람에 대하여만 구상권을 행사하여야 한다. 정답 ③

9. 채무의 보증에 관한 설명 중 옳은 것을 모두 고른 것은? (다툼이 있는 경우 판례에 의함) [21 변호사]

ㄱ. 「민법」 제428조의2 제1항 전문은 "보증은 그 의사가 보증인의 기명날인 또는 서명이 있는 서면으로 표시되어야 효력이 발생한다."라고 규정하고 있는데, '보증인의 서명'은 원칙적으로 보증인이 직접 자신의 이름을 쓰는 것을 의미하므로 타인이 보증인의 이름을 대신 쓰는 것은 이에 해당하지 않지만, '보증인의 기명날인'은 타인이 이를 대행하는 방법으로 하여도 무방하다.

ㄴ. 보증채무를 부담하는 내용의 지급보증서에서 보증금액을 정하여 두었다고 하더라도 보증채무는 주채무와는 별개의 채무이기 때문에 보증채무 자체의 이행지체로 인한 지연손해금은 지급보증의 한도액과는 별도로 부담하여야 한다.

ㄷ. 보증계약 체결 후 채권자가 보증인의 승낙 없이 주채무자에 대하여 변제기를 연장하여 주었다면 보증인의 책임을 가중하는 것이라고 할 수 있으므로, 보증채무에 대하여는 그 효력이 미치지 않는다.

ㄹ. 주채무에 대한 소멸시효가 완성되어 보증채무가 소멸된 상태에서 보증인이 보증채무를 이행하거나 승인한 경우, 주채무의 시효소멸에도 불구하고 보증채무를 이행하겠다는 의사를 표시한 경우 등과 같이 부종성을 부정하여야 할 다른 특별한 사정이 없는 한 보증인은 여전히 주채무의 시효소멸을 이유로 보증채무의 소멸을 주장할 수 있다.

ㅁ. 채권자와 주채무자 사이의 확정판결에 의하여 주채무가 확정되어 그 소멸시효기간이 10년으로 연장되면, 그 보증채무 또한 보증채무 부종성의 원칙상 종전 소멸시효가 단기의 소멸시효에 해당하는 것이라도 그 적용이 배제되고 10년의 소멸시효기간이 적용된다.

① ㄱ, ㄴ, ㄹ ② ㄱ, ㄷ, ㄹ ③ ㄱ, ㄷ, ㅁ
④ ㄴ, ㄷ, ㅁ ⑤ ㄴ, ㄹ, ㅁ

해설

ㄱ. (O) 보증계약 성립요건으로서 보증인의 기명날인 또는 서명의 방법을 묻는 지문이다. 서명은 보증인이 스스로 이름을 쓰는 것을 말하지만, 날인은 타인으로 하여금 대행하도록 하여도 무방하다.
[**대법원** 2019. 3. 14. **선고** 2018**다**282473 **판결**] 민법 제428조의2 제1항 전문은 "보증은 그 의사가 보증인의 기명날인 또는 서명이 있는 서면으로 표시되어야 효력이 발생한다."라고 규정하고 있는데, '보증인의 서명'은 원칙적으로 보증인이 직접 자신의 이름을 쓰는 것을 의미하므로 타인이 보증인의 이름을 대신 쓰는 것은 이에 해당하지 않지만, '보증인의 기명날인'은 타인이 이를 대행하는 방법으로 하여도 무방하다.

ㄴ. (O) 보증한도액에 보증채무 자체의 이행지체로 인한 지연손해금이 포함되는지를 묻는 지문이다. 보증채무는 독립한 채무이며, 보증채무 자체의 이행지체로 인한 지연손해금은 주채무와는 무관하게 보증인 스스로 책임을 부담하여야 하는 채무이므로 보증한도액에 포함되지 않는다. 보증한도액이란 보증인이 책임을 부담하여야 할 피보증채무의 한도액을 말하는 것이기 때문이다.

[**대법원** 2016. 1. 28. **선고** 2013**다**74110 **판결**] 보증서의 보증금액은 보증인이 보증책임을 지게 될 주채무에 관한 한도액을 정한 것으로서 한도액에는 주채무자의 채권자에 대한 원금과 이자 및 지연손해금이 모두 포함되고 합계액이 보증의 한도액을 초과할 수 없지만, 보증채무는 주채무와는 별개의 채무이기 때문에 보증채무 자체의 이행지체로 인한 지연손해금은 보증의 한도액과는 별도로 부담하여야 하고, 이때 보증채무의 연체이율에 관하여 특별한 약정이 없는 경우라면 거래행위의 성질에 따라 상법 또는 민법에서 정한 법정이율에 따라야 한다. 그리고 선급금 반환사유가 발생하였을 경우 선급금 잔액에 대하여 선급금 지급 시부터 이자를 가산하여 반환할지는 주계약 당사자 사이의 약정에 따라야 한다.

ㄷ. (×) 주채무에 관한 변제기연장이 보증인에게 효력이 있는지를 묻는 지문이다. 보증채무는 목적이나 형태에 있어서 주채무보다 중할 수 없다(제430조). 주채무에 관하여 변제기를 연장하여 주채무자에게 기한의 이익이 부여된 때에는 보증채무의 목적이나 형태에 있어서 부종성이 인정되는 결과 보증채무의 이행기도 유예된 것으로 보아야 한다.

[**대법원** 1996. 2. 23. **선고** 95**다**49141 **판결**] 보증계약 체결 후 채권자가 보증인의 승낙 없이 주채무자에 대하여 변제기를 연장하여 준 경우, 그것이 반드시 보증인의 책임을 가중하는 것이라고는 할 수 없으므로 원칙적으로 보증채무에 대하여도 그 효력이 미친다(필자 註 : 이는 주채무가 특정되어 있는 이른바 확정채무에 대한 물상보증인이나 연대보증인의 경우에 적용되는 것임을 주의하여야 한다. 계속적 보증의 경우에는 이와 달리 복잡한 법리가 적용된다).

ㄹ. (O) 주채무 시효소멸 후 보증인이 보증채무를 이행하거나 승인한 후에 주채무 시효소멸을 원인으로 보증채무의 소멸을 주장할 수 있는지를 묻는 지문이다. 보증인은 주채무의 시효이익을 포기할 수 있지 아니하므로 보증인의 그와 같은 행태를 주채무에 관한 시효이익 포기로 볼 수 없고, 보증채무의 부종성을 배제해야 할 특별한 사정이 없다면 보증인은 주채무 시효소멸로 인하여 보증채무의 소멸을 주장할 수 있다.

[**대법원** 2012. 7. 12. **선고** 2010**다**51192 **판결**] 보증채무에 대한 소멸시효가 중단되는 등의 사유로 완성되지 아니하였다고 하더라도 주채무에 대한 소멸시효가 완성된 경우에는 시효완성 사실로써 주채무가 당연히 소멸되므로 보증채무의 부종성에 따라 보증채무 역시 당연히 소멸된다. 그리고 주채무에 대한 소멸시효가 완성되어 보증채무가 소멸된 상태에서 보증인이 보증채무를 이행하거나 승인하였다고 하더라도, 주채무자가 아닌 보증인의 행위에 의하여 주채무에 대한 소멸시효 이익의 포기 효과가 발생된다고 할 수 없으며, 주채무의 시효소멸에도 불구하고 보증채무를 이행하겠다는 의사를 표시한 경우 등과 같이 부종성을 부정하여야 할 다른 특별한 사정이 없는 한 보증인은 여전히 주채무의 시효소멸을 이유로 보증채무의 소멸을 주장할 수 있다고 보아야 한다(필자 주 : 甲이 주채무자 乙 주식회사의 채권자 丙 주식회사에 대한 채무를 연대보증하였는데, 乙 회사의 주채무가 소멸시효 완성으로 소멸한 상태에서 丙 회사가 甲의 보증채무에 기초하여 甲 소유 부동산에 관한 강제경매를 신청하여 경매절차에서 배당금을 수령하는 것에 대하여 甲이 아무런 이의를 제기하지 않은 사안에서, 변제충당 등에 따른 보증채무에 대한 소멸시효 이익의 포기 효과가 발생할 수 있다는 사정만으로는 주채무에 대한 소멸시효 이익의 포기 효과가 발생하였다거나 甲이 주채무의 시효소멸에도 불구하고 보증채무를 이행하겠다는 의사를 표시한 것으로 보기 부족하고 달리 보증채무의 부종성을 부정하여야 할 특별한 사정도 없으므로, 甲이 여전히 보증채무의 부종성에 따라 주채무의 소멸시효 완성을 이유로 보증채무의 소멸을 주장할 수 있는데도, 이와 달리 본 원심판결에 보증채무의 부종성과 보증인의 주채무 시효소멸 원용에 관한 법리오해의 위법이 있다고 한 사례).

ㅁ. (×) 주채무에 관한 판결확정으로 보증채무의 시효기간도 10년으로 연장되는지를 묻는 지문이다. 판결확정으로 인한 시효기간 연장의 효과는 확정된 채권 자체에만 미친다. 주채권이 판결로 확정된 때에는 주채권의 소멸시효기간은 10년으로 연장되지만, 보증채권의 시효기간까지 당연히 연장되는 것은 아니다.

[**대법원** 2006. 8. 24. **선고** 2004**다**26287·26294 **판결**] 채권자와 주채무자 사이의 확정판결에 의하여 주채무가 확정되어 그 소멸시효기간이 10년으로 연장되었다 할지라도 그 보증채무까지 당연히 단기소멸시효의 적용이 배제되어 10년의 소멸시효기간이 적용되는 것은 아니고, 채권자와 연대보증인 사이에 있어서 연대보증채무의 소멸시효기간은 여전히 종전의 소멸시효기간에 따른다. 정답 ①

10. 보증채무에 관한 설명 중 옳은 것을 모두 고른 것은? (다툼이 있는 경우 판례에 의함) [20 변호사]

ㄱ. 보증의 효력발생요건으로서 「민법」 제428조의2 제1항 전문에서 정한 '보증인의 서명'에 타인이 보증인의 이름을 대신 쓰는 것은 해당하지 않지만, '보증인의 기명날인'은 타인이 이를 대행하는 방법으로 하여도 무방하다.

ㄴ. 보증채무는 주채무와는 별개의 채무이기 때문에 보증채무 자체의 이행지체로 인한 지연손해금은 보증의 한도액과는 별도로 부담하여야 하고, 이때 보증채무의 연체이율에 관하여 특별한 약정이 없는 경우라면 거래행위의 성질에 따라 「상법」 또는 「민법」에서 정한 법정이율에 따라야 한다.

ㄷ. 보증인이 보증채무를 이행함에 따라 주채무자가 보증인에 대하여 부담하게 될 구상금채무를 연대보증하는 경우, 그 연대보증인은 특별한 사정이 없으면 주채무자와 같은 내용의 채무를 부담한다.

ㄹ. 물상보증의 경우에도 「보증인 보호를 위한 특별법」이 적용된다.

① ㄹ ② ㄱ, ㄴ ③ ㄴ, ㄷ
④ ㄱ, ㄴ, ㄷ ⑤ ㄱ, ㄷ, ㄹ

해설

ㄱ. (O) [**대법원** 2019. 3. 14. **선고** 2018**다**282473 **판결**] 민법 제428조의2 제1항 전문은 "보증은 그 의사가 보증인의 기명날인 또는 서명이 있는 서면으로 표시되어야 효력이 발생한다."라고 규정하고 있는데, '보증인의 서명'은 원칙적으로 보증인이 직접 자신의 이름을 쓰는 것을 의미하므로 타인이 보증인의 이름을 대신 쓰는 것은 이에 해당하지 않지만, '보증인의 기명날인'은 타인이 이를 대행하는 방법으로 하여도 무방하다.

ㄴ. (O) [**대법원** 2016. 1. 28. **선고** 2013**다**74110 **판결**] 보증서의 보증금액은 보증인이 보증책임을 지게 될 주채무에 관한 한도액을 정한 것으로서 한도액에는 주채무자의 채권자에 대한 원금과 이자 및 지연손해금이 모두 포함되고 합계액이 보증의 한도액을 초과할 수 없지만, 보증채무는 주채무와는 별개의 채무이기 때문에 보증채무 자체의 이행지체로 인한 지연손해금은 보증의 한도액과는 별도로 부담하여야 하고, 이때 보증채무의 연체이율에 관하여 특별한 약정이 없는 경우라면 거래행위의 성질에 따라 상법 또는 민법에서 정한 법정이율에 따라야 한다.

ㄷ. (O) 구상보증은 묻는 지문이다. 구상보증이란 주채무자의 보증인에 대한 구상채무를 주채무로 하는 보증을 말한다. 구상보증인은 주채무자가 보증인에 대하여 부담하는 구상채무와 같은 내용의 채무를 부담한다.

ㄹ. **(×)** [**대법원** 2015. 3. 26. **선고** 2014**다**83142 **판결**] 보증인 보호를 위한 특별법(이하 '보증인보호법'이라 한다)의 목적 및 보증인보호법 제2조 제1호, 제2호의 문언에 비추어 볼 때, 보증인보호법은 민법 제429조 제1항에 따른 보증채무를 부담하는 경우에 적용될 뿐 타인의 채무에 대하여 담보물의 한도 내에서 책임을 지는 물상보증의 경우에는 적용되지 아니한다.

정답 ④

11. **甲과 乙은 2018. 1.경 甲 소유의 건물을 신축하기로 하는 공사도급계약을 체결하여 乙은 공사를 완료한 후 건물을 甲에게 인도하였고, 甲은 그 건물에 관한 소유권보존등기를 마쳤다. 한편 丙은 위 도급계약 시 甲의 乙에 대한 공사대금채무에 대하여 乙과 보증계약을 체결하였다. 이에 관한 설명 중 옳지 않은 것은? (각 지문은 독립적이며, 다툼이 있는 경우 판례에 의함)** [19 변호사]

① 乙과 丙의 보증계약이 丙의 기명날인 또는 서명이 있는 서면으로 체결되지 않았다면 그 보증계약은 효력이 없다.

② 乙이 공사대금채권을 피보전채권으로 하여 건물에 대하여 가압류한 경우, 그 가압류 사실을 丙에게 통지하지 않았더라도, 丙의 보증채무는 소멸시효가 중단된다.

③ 乙의 甲에 대한 공사대금채권의 소멸시효가 완성된 후 丙이 스스로 보증채무를 이행하였다면 다른 특별한 사정이 없는 한 丙은 乙의 공사대금채권의 소멸시효 완성의 효과를 주장할 수 없다.

④ 건물신축공사 과정에서 乙의 피용자 丁의 과실로 행인인 제3자 戊가 상해를 입은 경우, 甲이 구체적인 공사의 시공 자체를 관리하는 형태로는 관여하지 않았고, 다만 공사가 설계도대로 시행되고 있는지 확인하는 정도로만 관여하였다면, 甲은 원칙적으로 사용자책임을 지지 않는다.

⑤ 甲이 건물을 인도받아 점유하던 중 건물의 보존상의 하자로 인하여 행인인 제3자 戊가 상해를 입은 경우 甲은 자신의 과실이 없는 경우에도 불법행위로 인한 손해배상책임을 진다.

해 설

① **(○)** 제428조의 제1항.

② **(○)** 제440조. 주채무자에 대한 시효의 중단은 보증인에 대하여 그 효력이 있다. 주채무자에 대하여 가압류를 한 때에는 보증인에게 별도로 통지를 하지 않더라도 제440조에 따라 보증채무의 소멸시효도 중단된다.

[**대법원** 2005. 10. 27. **선고** 2005**다**35554·35561 **판결**] 민법 제169조는 '시효의 중단은 당사자 및 그 승계인 간에만 효력이 있다'고 규정하고 있고, 한편 민법 제440조는 '주채무자에 대한 시효의 중단은 보증인에 대하여 그 효력이 있다'라고 규정하고 있는 바, 민법 제440조는 민법 제169조의 예외 규정으로서 이는 채권자 보호 내지 채권담보의 확보를 위하여 주채무자에 대한 시효중단의 사유가 발생하였을 때는 그 보증인에 대한 별도의 중단조치가 이루어지지 아니하여도 동시에 시효중단의 효력이 생기도록 한 것이고, 그 시효중단사유가 압류·가압류 및 가처분이라고 하더라도 이를 보증인에게 통지하여야 비로소 시효중단의 효력이 발생하는 것은 아니다.

③ **(×)** 보증인의 행위에 의하여 주채무에 관한 시효이익이 포기되었다고 할 수 없다. 보증인이 보증채무의 부종성을 배제하고 변제하였다는 특별한 사정이 없는 한 보증인은 주채무의 시효소멸을 이유로 보증채무의 소멸을 주장할 수 있다.

[**대법원** 2012. 7. 12. **선고** 2010**다**51192 **판결**] 보증채무에 대한 소멸시효가 중단되는 등의 사유로 완성되지 아니하였다고 하더라도 주채무에 대한 소멸시효가 완성된 경우에는 시효완성 사실로써 주채무가 당연히 소멸되므로 보증채무의 부종성에 따라 보증채무 역시 당연히 소멸된다. 그리고 주채무에 대한 소멸시효가 완성되어 보증채무가 소멸된 상태에서 보증인이 보증채무를 이행하거나 승인

하였다고 하더라도, 주채무자가 아닌 보증인의 행위에 의하여 주채무에 대한 소멸시효 이익의 포기 효과가 발생된다고 할 수 없으며, 주채무의 시효소멸에도 불구하고 보증채무를 이행하겠다는 의사를 표시한 경우 등과 같이 부종성을 부정하여야 할 다른 특별한 사정이 없는 한 보증인은 여전히 주채무의 시효소멸을 이유로 보증채무의 소멸을 주장할 수 있다고 보아야 한다(필자 주 : 甲이 주채무자 乙 주식회사의 채권자 丙 주식회사에 대한 채무를 연대보증하였는데, 乙 회사의 주채무가 소멸시효 완성으로 소멸한 상태에서 丙 회사가 甲의 보증채무에 기초하여 甲 소유 부동산에 관한 강제경매를 신청하여 경매절차에서 배당금을 수령하는 것에 대하여 甲이 아무런 이의를 제기하지 않은 사안에서, 변제 충당 등에 따른 보증채무에 대한 소멸시효 이익의 포기 효과가 발생할 수 있다는 사정만으로는 주채무에 대한 소멸시효 이익의 포기 효과가 발생하였다거나 甲이 주채무의 시효소멸에도 불구하고 보증채무를 이행하겠다는 의사를 표시한 것으로 보기 부족하고 달리 보증채무의 부종성을 부정하여야 할 특별한 사정도 없으므로, 甲이 여전히 보증채무의 부종성에 따라 주채무의 소멸시효 완성을 이유로 보증채무의 소멸을 주장할 수 있는데도, 이와 달리 본 원심판결에 보증채무의 부종성과 보증인의 주채무 시효소멸 원용에 관한 법리오해의 위법이 있다고 한 사례).

④ (O) 도급인에게 사용자책임이 인정되기 위해서는 도급인이 구체적 지휘, 감독권을 행사하였어야 한다. [**대법원** 2014. 2. 13. **선고** 2013**다**78372 **판결**] 도급계약에서 도급인은 도급 또는 지시에 관하여 중대한 과실이 없는 한 수급인이 그 일에 관하여 제3자에게 가한 손해를 배상할 책임을 부담하지 않는 것이 원칙이고, 다만 도급인이 수급인의 일의 진행 및 방법에 관하여 구체적인 지휘감독권을 유보하고 공사의 시행에 관하여 구체적으로 지휘감독을 한 경우에는 도급인과 수급인의 관계는 실질적으로 사용자와 피용자의 관계와 다를 바가 없으므로 수급인이나 수급인의 피용자의 불법행위로 인하여 제3자에게 가한 손해에 대하여 도급인은 민법 제756조 소정의 사용자책임을 면할 수 없는데, 여기서 지휘감독이란 실질적인 사용자관계가 인정될 수 있을 정도로 공사시행 방법과 공사진행에 관하여 구체적으로 공사의 운영 및 시행을 직접 지시·지도하고 감시·독려하는 것이어야 한다. 그리고 위와 같은 사용자 및 피용자 관계를 인정할 수 있는 기초가 되는 도급인의 수급인에 대한 지휘감독은 현장에서 구체적인 공사의 운영 및 시행을 직접 지시·지도하고 감시·독려함으로써 시공자체를 관리함을 말하며, 단순히 공사의 운영 및 시공의 정도가 설계도 또는 시방서대로 시행되고 있는가를 확인하여 공정을 감독하는 데에 불과한 이른바 감리는 여기에 해당하지 않는다고 할 것이므로 도급인이 수급인의 공사에 대하여 감리적인 감독을 함에 지나지 않을 때에는 양자의 관계를 사용자 및 피용자의 관계와 같이 볼 수 없다.

⑤ (O) 제758조. 공작물소유자는 무과실책임을 진다. 정답 ③

12. **甲의 乙에 대한 금전채무에 관하여 丙이 乙과 보증계약을 체결하였다. 이에 관한 설명 중 옳지 않은 것을 모두 고른 것은? (각 지문은 독립적이며, 다툼이 있는 경우 판례에 의함)** [18 변호사]

ㄱ. 甲의 乙에 대한 채무에 관하여 위약금의 정함이 없는 경우에도 보증계약에서 별도로 위약금을 정할 수 있다.

ㄴ. 미성년자 甲이 법정대리인의 동의를 얻지 않고 乙에 대한 채무를 부담하는 행위를 한 경우에, 丙이 보증계약 체결 당시 그러한 사정을 알고 있었고 그 후 甲의 행위가 취소된 때에는, 丙은 甲이 부담하고 있던 채무와 동일한 목적의 독립채무를 부담한 것으로 본다.

ㄷ. 甲의 乙에 대한 채무액이 500만 원이고 丙이 甲의 부탁을 받아 乙과 보증계약을 체결한 경우에, 甲이 그 후 취득한 乙에 대한 300만 원의 금전채권을 자동채권으로 하여 乙에 대한 채무와 상계하려고 하고 있었는데, 丙이 甲에게 통지함이 없이 乙에게 500만 원을 변제한 때에는 甲은 丙으로부터 구상청구를 받아도 300만 원에 대해서는 상계를 할 수 있었다는 사유로 丙에게 대항할 수 있다.

ㄹ. 丙이 甲의 부탁을 받아 乙과 보증계약을 체결하였다면, 丙은 사전구상권이 인정되는 경우 甲을 상대로 丙이 부담할 것이 확정된 채무 전액 및 면책비용에 대한 법정이자나 채무의 원본에 대한 장래 도래할 이행기까지의 이자를 청구할 수 있다.

ㅁ. 甲의 乙에 대한 채무에 관하여 소멸시효가 완성되었더라도 甲이 시효의 이익을 포기한 이상 보증채무의 부종성에 따라 丙도 더 이상 소멸시효의 완성을 주장할 수 없다.

① ㄱ, ㄹ　② ㄴ, ㄹ　③ ㄹ, ㅁ
④ ㄴ, ㄷ, ㅁ　⑤ ㄴ, ㄹ, ㅁ

해설

ㄱ. **(O)** 보증계약에서 별도로 위약금약정을 할 수 있는지를 묻는 지문이다. 보증채무는 보증계약에 의하여 발생하는 독립한 채무이므로 보증채무 불이행을 대비하는 별도의 위약금약정을 할 수 있다.

[**대법원** 2016. 1. 28. **선고** 2013**다**74110 **판결**] 보증서의 보증금액은 보증인이 보증책임을 지게 될 주채무에 관한 한도액을 정한 것으로서 한도액에는 주채무자의 채권자에 대한 원금과 이자 및 지연손해금이 모두 포함되고 합계액이 보증의 한도액을 초과할 수 없지만, 보증채무는 주채무와는 별개의 채무이기 때문에 보증채무 자체의 이행지체로 인한 지연손해금은 보증의 한도액과는 별도로 부담하여야 하고, 이때 보증채무의 연체이율에 관하여 특별한 약정이 없는 경우라면 거래행위의 성질에 따라 상법 또는 민법에서 정한 법정이율에 따라야 한다. 그리고 선급금 반환사유가 발생하였을 경우 선급금 잔액에 대하여 선급금 지급 시부터 이자를 가산하여 반환할지는 주계약 당사자 사이의 약정에 따라야 한다.

ㄴ. **(X)** 주채무가 취소된 경우 취소원인을 알고 보증계약을 체결한 보증인이 독립채무를 부담하는 것으로 본다는 제436조는 삭제되었다. 주채무가 취소된 경우에는 보증인은 보증책임을 면하고, 별도의 약정이 없는 한 독립채무를 부담한 것으로 의제되지는 않는다.

ㄷ. **(O)** 제445조 제1항. 보증인이 주채무자에게 통지하지 아니하고 변제 기타 자기의 출재로 주채무를 소멸하게 한 경우에 주채무자가 채권자에게 대항할 수 있는 사유가 있었을 때에는 이 사유로 보증인에게 대항할 수 있고 그 대항사유가 상계인 때에는 상계로 소멸할 채권은 보증인에게 이전된다. 주채무자 甲이 상계할 수 있었음에도 보증인 丙이 사전통지 없이 변제한 때에는 甲은 채권자 乙에게 대항할 수 있는 사유인 상계로 丙에게 대항할 수 있다.

ㄹ. **(X)** 수탁보증인의 사전구상권의 범위를 묻는 지문이다. 사전구상권의 범위는 사전구상권을 행사할 당시 수탁보증인이 부담할 것이 확정된 채무이다. 채무의 원본에 대한 장래 도래할 이행기까지의 이자는 포함되지 않는다.

[**대법원** 2004. 7. 9. **선고** 2003**다**46758 **판결**] 수탁보증인이 민법 제442조에 의하여 주채무자에 대하여 미리 구상권을 행사하는 경우에 사전구상으로서 청구할 수 있는 범위는 주채무인 원금과 사전구상에 응할 때까지 이미 발생한 이자와 기한 후의 지연손해금, 피할 수 없는 비용 기타의 손해액이 포함될 뿐이고, 주채무인 원금에 대한 완제일까지의 지연손해금은 사전구상권의 범위에 포함될 수 없으며, 또한 사전구상권은 장래의 변제를 위하여 자금의 제공을 청구하는 것이므로 수탁보증인이 아직 지출하지 아니한 금원에 대하여 지연손해금을 청구할 수도 없다.

ㅁ. **(X)** 제433조. 보증인은 주채무자의 항변으로 채권자에게 대항할 수 있고(제1항), 주채무자의 항변포기는 보증인에게 효력이 없다(제2항). 주채무자 甲이 소멸시효 이익을 포기하더라도 그와 같은 항변포기는 보증인 丙에게 효력이 없으므로 丙의 甲의 소멸시효 원용권을 행사할 수 있다. 정답 ⑤

13. 甲은 乙로부터 금전을 차용하면서 丙에게 부탁하여 자신의 乙에 대한 채무에 대하여 연대보증을 서게 하였다. 이에 관한 설명 중 옳은 것은? (다툼이 있는 경우 판례에 의함) [17 변호사]

① 甲이 변제기에 기한의 유예를 요청하여 乙이 변제기한을 연장해 준 경우, 그 효력은 원칙적으로 丙에게 미치지 않는다.

② 甲이 乙에게 변제하고도 이 사실을 丙에게 통지하지 않고 있는 동안 丙이 사전통지를 하지 않고 乙에게 보증채무를 이행한 경우, 丙은 甲에게 구상권을 행사할 수 없다.

③ 乙이 丙에게 변제를 청구한 경우, 丙은 먼저 甲에게 청구할 것을 항변할 수 있다.

④ 甲이 자신의 채무에 대한 소멸시효기간이 경과한 후 시효의 이익을 포기한 경우, 丙은 甲의 채무의 시효소멸을 원용하여 자신의 연대보증채무의 소멸을 주장할 수 없다.

⑤ 丙의 채무에 대한 소멸시효가 중단되면, 甲의 채무에 대한 소멸시효가 완성되더라도 丙의 채무는 소멸하지 않는다.

해설

① **(×)** 주채무에 대한 변제기 유예가 보증인에게 효력이 있는지를 묻는 지문이다. 보증인의 책임을 가중시키는 것이 아니므로 보증인에게 효력이 있다.

[**대법원** 1996. 2. 23. **선고** 95**다**49141 **판결**] 보증계약 체결 후 채권자가 보증인의 승낙 없이 주채무자에 대하여 변제기를 연장하여 준 경우, 그것이 반드시 보증인의 책임을 가중하는 것이라고는 할 수 없으므로 원칙적으로 보증채무에 대하여도 그 효력이 미친다(필자 註 : 이는 주채무가 특정되어 있는 이른바 확정채무에 대한 물상보증인이나 연대보증인의 경우에 적용되는 것임을 주의하여야 한다. 계속적 보증의 경우에는 이와 달리 복잡한 법리가 적용된다).

② **(○)** 주채무가 수탁보증인에게 사후통지를 하지 않고 있는 동안 사전통지 없이 수탁보증인이 유상의 면책행위를 한 경우에 제446조에 따라 수탁보증인이 보호될 수 있는지를 묻는 지문이다. 제446조에 따라 수탁보증인이 보호되기 위해서는 수탁보증인의 사전통지가 있어야 한다.

[**대법원** 1997. 10. 10. **선고** 95**다**46265 **판결**] 민법 제446조의 규정은 같은 법 제445조 제1항의 규정을 전제로 하는 것이어서 같은 법 제445조 제1항의 사전 통지를 하지 아니한 수탁보증인까지 보호하는 취지의 규정은 아니므로, 수탁보증에 있어서 주채무자가 면책행위를 하고도 그 사실을 보증인에게 통지하지 아니하고 있던 중에 보증인도 사전 통지를 하지 아니한 채 이중의 면책행위를 한 경우에는 보증인은 주채무자에 대하여 민법 제446조에 의하여 자기의 면책행위의 유효를 주장할 수 없다고 봄이 상당하고 따라서 이 경우에는 이중변제의 기본 원칙으로 돌아가 먼저 이루어진 주채무자의 면책행위가 유효하고 나중에 이루어진 보증인의 면책행위는 무효로 보아야 하므로 보증인은 민법 제466조에 기하여 주채무자에게 구상권을 행사할 수 없다.

③ **(×)** 제437조. 연대보증인에게는 최고·검색의 항변권이 인정되지 않는다.

④ **(×)** 제433조 제2항. 주채무자의 항변포기는 보증인에게 효력이 없다. 주채무자가 시효이익을 포기하더라도 보증인은 주채무자의 시효소멸을 주장하여 보증채무의 소멸을 주장할 수 있다.

[**대법원** 1991. 1. 29. **선고** 89**다카**1114 **판결**] 주채무가 시효로 소멸한 때에는 보증인도 그 시효소멸을 원용할 수 있으며 주채무자가 시효의 이익을 포기하더라도 보증인에게는 그 효력이 없다.

⑤ **(×)** 보증채무의 소멸시효가 중단되더라도 주채무에는 효력이 없으며, 주채무의 시효소멸로 인하여 보증채무는 소멸한다.

[**대법원** 1994. 1. 11. **선고** 93**다**21477 **판결**] 시효의 중단은 시효중단행위에 관여한 당사자 및 그 승계인 사이에 효력이 있는 것이므로 연대보증인 겸 물상보증인 소유의 부동산이 압류된 경우에도

연대보증인 겸 물상보증인은 보증채무의 부종성에 따라 주채무가 시효로 소멸되었음을 주장할 수는 있는 것으로서, 주채무자에 대한 시효중단의 사유가 없는 이상 연대보증인 겸 물상보증인에 대한 시효중단의 사유가 있다 하여 주채무까지 시효중단되었다고 할 수는 없다. 정답 ②

14. 다음 설명 중 옳지 않은 것은? (다툼이 있는 경우 판례에 의함) [16 변호사]

① 공동불법행위자는 채권자에 대한 관계에서 부진정연대책임을 지되, 공동불법행위자 중 1인이 전체 채무를 변제한 경우 특별한 사정이 없는 한 나머지 공동불법행위자들이 부담하는 구상채무의 성질은 각자의 부담부분에 따른 분할채무이다.

② 보증인은 자신의 채권자에 대한 채권으로 채권자의 보증채권과 상계할 수 있을 뿐만 아니라, 주채무자의 채권자에 대한 채권으로도 상계할 수 있다.

③ 공동불법행위자는 자신의 부담부분 이상을 변제하여 공동의 면책을 얻게 하였을 때에 다른 공동불법행위자에 대하여 구상권을 행사할 수 있으나, 연대채무자는 자신의 부담부분 이상을 변제하지 않더라도 다른 연대채무자에 대하여 구상권을 행사할 수 있다.

④ 부진정연대채무자 중의 1인이 채권자에 대하여 한 상계는 절대적 효력이 있지만, 부진정연대채무자 중의 1인과 채권자 사이의 상계계약의 경우에는 절대적 효력이 인정되지 않는다.

⑤ 여러 사람이 공동으로 법률상 원인 없이 타인의 재산을 사용한 경우의 부당이득 반환채무는 특별한 사정이 없는 한 불가분적 이득의 반환으로서 불가분채무이고, 불가분채무는 각 채무자가 채무 전부를 이행할 의무가 있으며, 1인의 채무이행으로 다른 채무자도 그 의무를 면하게 된다.

해 설

① (O) 공동불법행위자들이 부담하는 구상채무의 성질을 묻는 지문이다. 원칙적으로 분할채무이고, 다만, 구상권자에게 과실 등 귀책성이 없는 때, 구상의무자들이 구상권자에 대한 관계에서 하나의 책임 주체로 평가되는 때에는 부진정연대채무가 된다.

[**대법원** 2005. 10. 13. **선고** 2003**다**24147 **판결**] 공동불법행위자 중 1인에 대하여 구상의무를 부담하는 다른 공동불법행위자가 수인인 경우에는 특별한 사정이 없는 이상 그들의 구상권자에 대한 채무는 각자의 부담 부분에 따른 분할채무로 봄이 상당하지만, 구상권자인 공동불법행위자측에 과실이 없는 경우, 즉 내부적인 부담 부분이 전혀 없는 경우에는 이와 달리 그에 대한 수인의 구상의무 사이의 관계를 부진정연대관계로 봄이 상당하다 할 것이다.

② (O) 보증인의 상계를 묻는 지문이다. 보증인은 자신의 채권으로 상계할 수 있을 뿐만 아니라 제434조에 따라 주채무자의 채권에 의한 상계로 채권자에게 대항할 수도 있다.

③ (O) 부진정연대채무자와 연대채무자의 구상권 요건으로서 부담부분을 초과한 출재가 필요한지를 묻는 지문이다. 부진정연대채무에서는 초과출재가 그 요건이지만, 연대채무에서는 초과출재를 요건으로 하지 않는다.

[**대법원** 1997. 12. 12. **선고** 96**다**50896 **판결**] 공동불법행위자 중 1인이 다른 공동불법행위자에 대하여 구상권을 행사하기 위하여는 자기의 부담 부분 이상을 변제하여 공동의 면책을 얻었음을 주장·입증하여야 하며, 위와 같은 법리는 피해자의 다른 공동불법행위자에 대한 손해배상청구권이 시효소멸한 후에 구상권을 행사하는 경우라고 하여 달리 볼 것이 아니다.

[**대법원** 2013. 11. 14. **선고** 2013**다**46023 **판결**] 연대보증인들 사이의 내부관계에서는 연대보증인 각자가 자신의 분담금액을 한도로 일부 보증을 한 것과 같이 볼 수 있어서 그 분담금액 범위 내의 출재에 관한 구상관계는 주채무자만을 상대로 해결할 것을 예정하고 있는 반면, 연대채무자들 사이

에서는 연대채무자 각자가 행한 모든 출재에 관하여 다른 연대채무자의 공동부담을 기대하는 것이 보통이다. 그리하여 민법은 연대보증인 중의 한 사람이 공동면책을 이유로 다른 연대보증인에게 구상권을 행사하려면 '자기의 부담부분을 넘은' 변제를 하였을 것을 그 요건으로 규정하였으나(제448조 제2항), 연대채무자 중의 한 사람이 공동면책을 이유로 다른 연대채무자에게 구상권을 행사하는 데 있어서는 그러한 제한 없이 '부담부분'에 대하여 구상권을 행사할 수 있는 것으로 규정하고 있다(제425조 제1항). 따라서 연대채무자 사이의 구상권행사에 있어서 '부담부분'이란 연대채무자가 그 내부관계에서 출재를 분담하기로 한 비율을 말한다고 봄이 타당하다. 그 결과 변제 기타 자기의 출재로 일부 공동면책되게 한 연대채무자는 역시 변제 기타 자기의 출재로 일부 공동면책되게 한 다른 연대채무자를 상대로 하여서도 자신의 공동면책액 중 다른 연대채무자의 분담비율에 해당하는 금액이 다른 연대채무자의 공동면책액 중 자신의 분담비율에 해당하는 금액을 초과한다면 그 범위에서 여전히 구상권을 행사할 수 있다고 보아야 한다.

④ (×) 부진정연대채무에서 상계나 상계계약이 절대적 효력을 가지는지를 묻는 지문이다. 모두 절대적 효력을 가진다.

[**대법원** 2010. 9. 16. **선고** 2008**다**97218 **전원합의체 판결**] 부진정연대채무자 중 1인이 자신의 채권자에 대한 반대채권으로 상계를 한 경우에도 채권은 변제, 대물변제, 또는 공탁이 행하여진 경우와 동일하게 현실적으로 만족을 얻어 그 목적을 달성하는 것이므로, 그 상계로 인한 채무소멸의 효력은 소멸한 채무 전액에 관하여 다른 부진정연대채무자에 대하여도 미친다고 보아야 한다. 이는 부진정연대채무자 중 1인이 채권자와 상계계약을 체결한 경우에도 마찬가지이다. 나아가 이러한 법리는 채권자가 상계 내지 상계계약이 이루어질 당시 다른 부진정연대채무자의 존재를 알았는지 여부에 의하여 좌우되지 아니한다.

⑤ (O) 공동으로 타인의 재산을 사용함으로 인한 부당이득반환의무의 성질을 묻는 지문이다. 성질상 불가분채무라고 보는 것이 판례의 태도이다.

[**대법원** 1981. 8. 20. **선고** 80**다**2587 **판결**] 수명이 공동으로 법률상 원인 없이 타인의 재산을 사용한 경우의 부당이득의 반환채무는 특별한 사정이 없는 한 불가분적 이득의 상환으로서 불가분채무라 할 것이고, 불가분채무는 각 채무자가 채무 전부를 이행할 의무가 있고, 1인의 채무이행으로 다른 채무자도 그 의무를 면하게 된다.

정답 ④

15. 보증채무에 관한 설명 중 옳은 것을 모두 고른 것은? (다툼이 있는 경우 판례에 의함) [15 변호사]

ㄱ. 보증채무에 대한 소멸시효가 중단되었더라도 이로써 주채무에 대한 소멸시효가 중단되는 것은 아니다.

ㄴ. 주채무가 소멸시효 완성으로 소멸된 경우 보증채무도 그 자체의 시효중단에 불구하고 당연히 소멸된다.

ㄷ. 보증채무자는 보증채무 자체의 이행지체로 인한 지연손해금에 대하여는 보증한도액과 별도로 이를 부담한다.

ㄹ. 보증채무의 연체이율에 관하여 특별한 약정이 없으면 주채무에 관하여 약정된 연체이율이 적용된다.

① ㄱ, ㄴ ② ㄱ, ㄴ, ㄷ ③ ㄱ, ㄷ, ㄹ
④ ㄴ, ㄷ, ㄹ ⑤ ㄱ, ㄴ, ㄷ, ㄹ

해 설

ㄱ. (O) 보증채무와 주채무는 독립적 채무이므로 보증채무의 시효중단사유가 있더라도 주채무의 소멸시효가 중단되는 것은 아니다.
[**대법원** 1994. 1. 11. **선고** 93**다**21477 **판결**] 시효의 중단은 시효중단행위에 관여한 당사자 및 그 승계인 사이에 효력이 있는 것이므로 연대보증인 겸 물상보증인 소유의 부동산이 압류된 경우에도 연대보증인 겸 물상보증인은 보증채무의 부종성에 따라 주채무가 시효로 소멸되었음을 주장할 수는 있는 것으로서, 주채무자에 대한 시효중단의 사유가 없는 이상 연대보증인 겸 물상보증인에 대한 시효중단의 사유가 있다 하여 주채무까지 시효중단되었다고 할 수는 없다.

ㄴ. (O) 보증채무의 시효가 중단되더라도 주채무 자체의 중단사유가 없는 이상 주채무의 소멸시효가 완성될 수 있고, 주채무의 시효소멸로 인하여 보증채무가 소멸하였다고 주장할 수 있다. **대법원** 1994. 1. 11. **선고** 93**다**21477 **판결 참고**.

ㄷ. (O) 보증채무는 독립적 채무로서 그 자체의 채무불이행으로 인한 지연손해배상채무가 발생할 수 있고, 이는 보증한도액과 무관하다.
[**대법원** 2000. 4. 14. **선고** 99**다**12123 **판결**] 보증채무는 주채무와는 별개의 채무이기 때문에 보증채무 자체의 이행지체로 인한 지연손해금은 보증한도액과는 별도로 부담하고 이 경우 보증채무의 연체이율에 관하여 특별한 약정이 없는 경우라면 그 거래행위의 성질에 따라 상법 또는 민법에서 정한 법정이율에 따라야 하며, 주채무에 관하여 약정된 연체이율이 당연히 여기에 적용되는 것은 아니지만, 특별한 약정이 있다면 이에 따라야 한다.

ㄹ. (×) 보증채무 연체이율에 관한 약정이 없는 경우, 주채무 연체이율이 적용되는지를 묻는 지문이다. 보증채무의 독립성에 비추어 주채무 연체이율이 적용되는 것이 아니라 법정이율이 적용된다. **대법원** 2000. 4. 14. **선고** 99**다**12123 **판결 참고**.

정답 ②

16. **甲은 우유대리점을 경영하고 있다. 甲은 乙 우유회사와 우유를 공급받는 계약을 체결하면서 대금지급을 지체하는 경우 연 12%의 비율에 의한 지연손해금을 지급하기로 약정하였다. 丙은 甲의 부탁을 받고 甲의 乙 회사에 대한 우유대금 지급채무를 담보하기 위하여 乙 회사와 1억 원을 한도로 하는 근보증계약을 체결하였다. 그 후 甲의 乙 회사에 대한 우유대금 원금채무가 1억 원 이상이 연체되자 乙 회사는 甲과의 우유공급계약을 해지하였다. 다음 중 옳은 것을 모두 고른 것은? (다툼이 있는 경우에는 판례에 의하고, 각 지문은 모두 독립적이다)** [14 변호사]

ㄱ. 乙 회사는 丙에게 보증채무의 이행을 청구하였다. 이 경우 丙이 乙 회사에 부담하는 채무는 1억 원 및 이에 대한 연 12%의 비율에 의한 지연손해금이다.
ㄴ. 甲의 우유대금채무에 관하여 소멸시효완성이 2개월 남았을 때에 乙 회사는 甲에게 우유대금의 지급을 최고하였고, 이에 甲은 즉시 乙 회사에 우유대금채무의 존재를 인정하는 내용의 답변서를 보냈다. 그로부터 1년 후 乙 회사가 丙을 상대로 보증채무의 이행을 구하는 소송을 제기하였고 이에 丙은 甲의 채무인정은 보증인에게는 효력이 없으므로 丙의 보증채무는 시효로 소멸하였다고 항변하였다. 乙 회사는 위 소송에서 승소할 수 없다.
ㄷ. 甲이 乙 회사에게 연체된 우유대금채무를 모두 변제한 후에도 丙에게 이를 통지하지 아니하였고, 丙이 甲의 채무변제사실을 모른 채 역시 甲에게 통지하지 아니하고 乙 회사에게 우유대금 보증채무를 이중으로 변제한 경우 丙은 甲에게 구상권을 행사할 수 없다.

① ㄱ ② ㄴ ③ ㄷ
④ ㄱ, ㄴ ⑤ ㄴ, ㄷ

해설

※ 甲과 乙 사이에 계속적인 우유공급계약이 체결되고, 계속적인 우유공급대금채무를 丙이 1억 원을 한도액으로 하여 보증을 한 경우에 발생할 수 있는 법률문제를 다룬 사례문제이다.

ㄱ. (×) 보증한도액을 정한 계속적 보증인의 책임범위를 묻는 지문이다. 특히, 주채무에 관한 지연손해금이 보증한도액에 포함되는지 아니면 지연손해금은 별도로 보증인이 책임져야 하는지를 묻는 지문이다. 주채무의 불이행으로 인한 지연손해금은 보증채무의 범위에 포함되고, 보증한도액을 정한 때에는 지연손해금까지 그 한도액의 범위에 포함된다. 丙이 乙 회사에 대하여 부담하는 채무는 주채무자가 부담하는 원금채무 및 지연손해금을 포함하여 1억 원을 한도로 한다.

[**대법원** 1999. 3. 23. **선고** 98**다**64639 **판결**] 계속적 보증계약에 있어서 보증한도액이 정하여져 있는 경우, 그 한도액을 주채무의 원금만을 기준으로 정한 것인지 아니면 주채무에 대한 이자·지연손해금 등 부수채무까지 포함하여 정한 것인지의 여부는 먼저 계약당사자의 의사에 따라서 결정하여야 하나, 특별한 약정이 없으면 그 한도액은 주채무에 대한 이자·지연손해금 등 부수채무까지 포함하여 정한 것으로 보아야 한다.

ㄴ. (×) 주채무 시효중단사유로 인하여 보증채무의 소멸시효가 중단되는지를 묻는 지문이다. 민법 제440조는 '주채무에 대한 시효의 중단은 보증인에 대하여 그 효력이 있다.'고 규정하고 있다. 이는 채권자를 보호하기 위한 규정으로 주채무의 시효중단사유가 무엇인지를 불문하고 보증채무까지도 중단시키겠다는 취지의 규정이다. 채권자 乙 회사가 주채무자 甲에 대하여 시효완성 전에 이행을 최고하고, 이에 대응하여 주채무자 甲이 채무의 존재를 인정하였다면 주채무는 승인에 의하여 중단된 것이므로 이로 인한 시효중단의 효과는 보증인에게도 미친다. 따라서 채권자 乙 회사가 1년 후에 丙에 대하여 보증채무 이행을 구하는 소를 제기하였을 때, 보증인 丙이 보증채무 시효완성의 항변은 이유가 없으므로 乙 회사는 위 소송에서 승소할 수 있다.

ㄷ. (O) 주채무자가 수탁보증인에 대하여 사후통지를 하지 않고 있는 동안 수탁보증인이 사전통지 없이 선의로 유상의 면책행위를 한 경우, 보증인이 주채무자에 대하여 구상권을 행사할 수 있는지를 묻는 지문이다. 제446조에 따라 수탁보증인이 자신의 면책행위의 유효를 주장하기 위해서는 사전통지를 하였어야 한다.

[**대법원** 1997. 10. 10. **선고** 95**다**46265 **판결**] 민법 제446조의 규정은 같은 법 제445조 제1항의 규정을 전제로 하는 것이어서 같은 법 제445조 제1항의 사전 통지를 하지 아니한 수탁보증인까지 보호하는 취지의 규정은 아니므로, 수탁보증에 있어서 주채무자가 면책행위를 하고도 그 사실을 보증인에게 통지하지 아니하고 있던 중에 보증인도 사전 통지를 하지 아니한 채 이중의 면책행위를 한 경우에는 보증인은 주채무자에 대하여 민법 제446조에 의하여 자기의 면책행위의 유효를 주장할 수 없다고 봄이 상당하고 따라서 이 경우에는 이중변제의 기본 원칙으로 돌아가 먼저 이루어진 주채무자의 면책행위가 유효하고 나중에 이루어진 보증인의 면책행위는 무효로 보아야 하므로 보증인은 민법 제466조에 기하여 주채무자에게 구상권을 행사할 수 없다.

정답 ③

17. **甲은 乙에게 1,000만 원의 채무를 지고 있고, 이에 대해 甲의 부탁을 받은 丙이 연대보증하였다. 다음 설명 중 옳은 것은? (다툼이 있는 경우에는 판례에 의함)** [13 변호사]

① 甲이 1,000만 원의 채무에 대한 소멸시효기간이 경과한 후 시효의 이익을 포기한 경우, 丙은 소멸시효를 원용하여 자신의 연대보증채무의 소멸을 주장할 수 없다.

② 乙이 丙에게 변제를 청구해 온 경우, 丙은 먼저 甲에게 청구할 것을 항변할 수 있다.

③ 甲이 변제기에 기한의 유예를 요청하여 乙이 변제기한을 연장해 준 경우, 그 효력은 원칙적으로 丙에게 미치지 않는다.

④ 甲이 乙에게 위 채무를 변제하고도 이 사실을 丙에게 통지하지 않았고, 그 후 丙이 사전통지를 하지 않은 채 乙에게 보증채무를 이행한 경우, 丙은 甲에게 구상권을 행사할 수 없다.

⑤ 만약 丁도 甲의 乙에 대한 채무를 연대보증한 경우라면, 乙에게 400만 원을 변제한 丙은 丁에 대하여 200만 원의 범위에서 구상할 수 있다.

해설

① **(×)** 주채무자의 시효이익의 포기가 보증인에게 효력이 있는지를 묻는 지문이다. 주채무자의 항변 포기는 보증인에게 효력이 없다(제432조 제2항). 주채무자 甲이 시효이익을 포기하더라도 보증인 丙에게 효력이 없으므로 보증인 丙은 소멸시효를 원용할 수 있다.

② **(×)** 연대보증인에게 최고, 검색의 항변권이 인정되는지를 묻는 지문이다. 보증인과 달리 연대보증인에게는 최고, 검색의 항변권이 인정되지 않는다(제437조 단서). 따라서 보증인 丙은 주채무자 甲에게 먼저 청구할 것을 항변할 수 없다.

③ **(×)** 주채무자에 대한 변제기한 유예가 보증인에게 효력이 있는지를 묻는 지문이다. 계속적 보증과 달리 확정채무 보증의 경우에는 변제기 유예가 보증인의 책임을 가중시키지 않으므로 보증인에게 효력이 있다.

[**대법원** 1996. 2. 23. **선고** 95**다**49141 **판결**] 보증계약 체결 후 채권자가 보증인의 승낙 없이 주채무자에 대하여 변제기를 연장하여 준 경우, 그것이 반드시 보증인의 책임을 가중하는 것이라고는 할 수 없으므로 원칙적으로 보증채무에 대하여도 그 효력이 미친다(필자 註 : 이는 주채무가 특정되어 있는 이른바 확정채무에 대한 물상보증인이나 연대보증인의 경우에 적용되는 것임을 주의하여야 한다. 계속적 보증의 경우에는 이와 달리 복잡한 법리가 적용된다).

④ **(○)** 주채무자의 수탁보증인에 대한 사후통지의무 위반과 수탁보증인의 사전통지의무 위반이 경합하는 경우, 수탁보증인의 주채무자에 대하여 구상권을 행사할 수 있는지를 묻는 지문이다. 주채무자의 사후통지 위반으로 인하여 수탁보증인이 보호를 받으려면 수탁보증인이 사전통지를 하여야 한다.

[**대법원** 1997. 10. 10. **선고** 95**다**46265 **판결**] 민법 제446조의 규정은 같은 법 제445조 제1항의 규정을 전제로 하는 것이어서 같은 법 제445조 제1항의 사전 통지를 하지 아니한 수탁보증인까지 보호하는 취지의 규정은 아니므로, 수탁보증에 있어서 주채무자가 면책행위를 하고도 그 사실을 보증인에게 통지하지 아니하고 있던 중에 보증인도 사전 통지를 하지 아니한 채 이중의 면책행위를 한 경우에는 보증인은 주채무자에 대하여 민법 제446조에 의하여 자기의 면책행위의 유효를 주장할 수 없다고 봄이 상당하고 따라서 이 경우에는 이중변제의 기본 원칙으로 돌아가 먼저 이루어진 주채무자의 면책행위가 유효하고 나중에 이루어진 보증인의 면책행위는 무효로 보아야 하므로 보증인은 민법 제466조에 기하여 주채무자에게 구상권을 행사할 수 없다.

⑤ **(×)** 공동보증인 중 1인이 다른 공동보증인에게 구상하기 위해서 부담부분을 초과한 출재가 있어야 하는지를 묻는 지문이다. 제448조 제2항에서는 부담부분을 넘은 변제를 한 때에 구상권을 행사할 수 있도록 규정하고 있다. 丁과 丙 사이에 부담부분에 관한 별도의 약정이 없다면 부담부분은 균등한 것으로 추정되므로 丙의 부담부분에 해당하는 금액은 500만 원이고, 丙은 출재가 500만 원에 이르지 않았으므로 丙은 丁에게 구상권을 행사할 수 없다. 정답 ④

18. **甲에 대한 乙의 1,000만 원의 금전채무에 대하여 丙과 丁이 연대보증인이 된 경우에 관한 설명 중 옳은 것은? (별도의 특약은 없음) (다툼이 있는 경우에는 판례에 의함)** [12 변호사]

① 丙이 甲으로부터 청구를 받은 경우, 丙이 乙에게 집행이 용이한 재산이 있음을 증명하면 甲은 우선 乙에게 청구하여야 한다.
② 甲의 丁에 대한 채권포기는 乙에게도 그 효력이 미친다.
③ 丙이 1,000만 원을 甲에게 변제한 경우, 丙은 乙에 대하여 구상할 수 있지만 丁에 대하여 구상할 수는 없다.
④ 甲이 丙에 대한 연대보증채권을 피보전권리로 하여 丙 소유의 부동산에 가압류를 한 경우에도 乙에 대한 채권의 소멸시효는 중단되지 않는다.
⑤ 乙이 甲에 대하여 채권을 가지고 있더라도 丙은 이 채권에 의한 상계를 가지고 甲에게 대항할 수 없다.

해설

① (×) 연대보증인은 민법 제437조의 최고·검색의 항변권을 행사할 수 없다.
② (×) 보증인에게 대한 채권포기는 변제 등 채권을 만족시키는 사유가 아니므로 주채무자에 대해서는 상대적 효력에 불과하다.
③ (×) 수인의 공동보증인 사이에도서 서로 간에 구상할 수 있다(제448조).
④ (○) 연대보증인에게 생긴사유는 변제 등 외에는 모두 주채무자에게 상대적 효력밖에 없다.
[**대법원** 1994. 1. 11. **선고** 93**다**21477 **판결**] 주채무자에 대한 시효중단의 사유가 없는 이상, 연대보증인 겸 물상보증인에 대한 시효중단의 사유가 있다 하여 주채무까지 시효중단되었다고 할 수 없다.
⑤ (×) 보증인은 주채무자의 채권으로 채권자에게 상계를 하여 대항 할 수 있다(제434조). 정답 ④

19. **보증채무에 관한 설명 중 옳지 않은 것은? (다툼이 있는 경우 판례에 의함)** [25 변호사]

① 주채무자에 대한 확정판결에 의하여 「민법」 제163조 각 호의 단기소멸시효에 해당하는 주채무의 소멸시효기간이 10년으로 연장된 상태에서 주채무를 보증하였더라도, 특별한 사정이 없는 한 보증채무의 소멸시효기간은 이와 별개로 보증채무의 성질에 따라 결정된다.
② 다른 사람이 발행하는 약속어음에 명시적으로 어음보증을 하는 사람은 그 어음보증으로 인한 어음상의 채무만을 부담하는 것이 원칙이다.
③ 여러 공동불법행위자 중 1인의 신원보증인이 피보증인의 손해배상채무를 변제한 경우, 피보증인이 아닌 다른 공동불법행위자에 대하여는 그 부담부분에 한하여 구상권을 행사할 수 있다.
④ 계속적 채권관계에서 발생하는 주계약상의 불확정채무에 대하여 보증한 경우, 보증채무는 보증계약의 종료 시점과 관계 없이 주계약상의 채무가 확정된 때에 이와 함께 확정된다.
⑤ 주채권과 분리하여 보증채권만 양도하기로 하는 약정은 효력이 없다.

해설

① (○) 판례는 보증채무는 주채무와는 별개의 독립한 채무이므로 보증채무와 주채무의 소멸시효기간은 채무의 성질에 따라 각각 별개로 정해진다. 그리고 주채무자에 대한 확정판결에 의하여 민법 제163조 각 호의 단기소멸시효에 해당하는 주채무의 소멸시효기간이 10년으로 연장된 상태에서 주채무를

보증한 경우, 특별한 사정이 없는 한 보증채무에 대하여는 민법 제163조 각 호의 단기소멸시효가 적용될 여지가 없고, 성질에 따라 보증인에 대한 채권이 민사채권인 경우에는 10년, 상사채권인 경우에는 5년의 소멸시효기간이 적용된다고 본다(2011다76105).

② (O) 판례는 다른 사람이 발행하는 약속어음에 명시적으로 어음보증을 하는 사람은 그 어음보증으로 인한 어음상의 채무만을 부담하는 것이 원칙이라고 본다(98다2051).

③ (O) 판례는 어느 공동불법행위자를 위하여 보증인이 된 자가 피보증인의 손해배상채무를 변제한 경우, 그 보증인은 피보증인이 아닌 다른 공동불법행위자에 대하여는 그 부담부분에 한하여 구상권 내지 부당이득반환청구권을 행사할 수 있는바, 따라서 보증인이 보증한 공동불법행위자의 부담부분이 전부이고 다른 공동불법행위자의 부담부분이 없는 경우에는 보증인은 그 다른 공동불법행위자에 대하여 구상 내지 부당이득반환청구를 할 수 없고, 이는 신원보증의 경우라 하여 다르지 않다고 본다(95다47176).

④ (×) 판례는 계속적 채권관계에서 발생하는 주계약상의 불확정 채무에 대하여 보증한 경우 그 보증채무는 통상적으로 주계약상의 채무가 확정된 때에 이와 함께 확정된다. 그러나 채권자와 주채무자 사이에서 주계약상의 거래기간이 연장되었으나 보증인과 사이에서 보증기간이 연장되지 아니하는 등의 사정으로 보증계약 관계가 먼저 종료된 때에는 그 종료로 보증채무가 확정되므로, 보증인은 그 당시의 주계약상의 채무에 대하여 보증책임을 지고, 그 후의 채무에 대하여는 보증책임을 지지 아니한다고 본다(2019다207141).

⑤ (O) 판례는 주채권과 보증인에 대한 채권의 귀속주체를 달리하는 것은, 주채무자의 항변권으로 채권자에게 대항할 수 있는 보증인의 권리가 침해되는 등 보증채무의 부종성에 반하고, 주채권을 가지지 않는 자에게 보증채권만을 인정할 실익도 없기 때문에 주채권과 분리하여 보증채권만을 양도하기로 하는 약정은 그 효력이 없다고 본다(2002다21509).

정답 ④

제4절 채권의 양도

1. **甲과 乙은 甲 소유의 X 토지를 乙이 매수하는 계약을 체결하면서 매매대금은 X 토지의 인도 및 소유권이전등기의 경료와 동시에 지급하기로 약정하였다. 丙은 위 매매계약에 따른 乙의 甲에 대한 매매대금 지급채무를 연대보증하였다.**
이에 관한 설명 중 옳지 않은 것을 모두 고른 것은? (각 지문은 독립적이며, 다툼이 있는 경우 판례에 의함)
[24 변호사]

ㄱ. 乙이 甲에게 매매대금 전액을 지급한 후에 소유권이전등기청구권을 丁에게 양도하고 乙이 이를 甲에게 통지하면 丁은 甲에 대하여 직접 소유권이전등기절차의 이행을 청구할 수 있다.
ㄴ. 甲은 丁에게 乙에 대한 매매대금채권을 양도하면서 위 계약 내용 및 X 토지에 관하여 아직 소유권이전등기를 마쳐 주지 아니한 사실을 설명하였고, 같은 날 乙은 채권양도에 대하여 이의 보류 없는 승낙을 하였다. 이후 丁이 乙에게 양수금의 지급을 청구할 경우 乙은 甲으로부터 소유권이전등기의무의 이행제공이 없었음을 이유로 丁의 청구를 거절할 수 없다.
ㄷ. 甲이 乙에 대한 매매대금채권을 丁에게 양도하고 확정일자 있는 증서에 의하여 乙에게 이를 통지하였더라도, 甲이 乙에 대한 채권을 다시 戊에게 양도한 후에 甲과 丁 사이의 채권양도 계약을 합의해지하고 합의해지 사실을 丁이 乙에게 통지하였다면 특별한 사정이 없는 한 戊는 乙에 대한 매매대금채권을 취득한다.

ㄹ. 甲이 乙에 대한 매매대금채권을 丁에게 양도하고 이를 乙에게 통지하면 특별한 사정이 없는 한 乙에 대한 채권뿐만 아니라 丙에 대한 채권도 丁에게 함께 이전된다.
ㅁ. 甲과 乙은 매매계약상 채권의 양도를 하지 않기로 약정하였지만 甲은 그러한 약정을 알고 있던 丁에게 매매대금채권을 양도하고 이를 乙에게 통지하였고 이후 丁이 다시 甲과 乙 사이의 약정 사실을 알지 못하는 戊에게 매매대금채권을 양도하고 乙에게 이를 통지한 경우, 乙은 채권양도금지특약이 있었음을 이유로 戊에게 대항할 수 없다.

① ㄱ, ㄴ, ㄷ ② ㄴ, ㄷ, ㄹ ③ ㄴ, ㄹ, ㅁ
④ ㄱ, ㄴ, ㄷ, ㄹ ⑤ ㄱ, ㄷ, ㄹ, ㅁ

해설

ㄱ. **(×)** 매매를 원인으로 한 소유권이전등기청구권 양도에 채무자의 동의나 승낙이 필요한지를 묻는 지문이다. 소유권이전등기청구권은 이행과정에 신뢰관계가 따르므로 채무자인 매도인의 동의나 승낙이 필요하다. 단순히 매수인의 통지만으로 소유권이전등기청구권 양도를 주장할 수는 없다.
[**대법원** 2001. 10. 9. **선고** 2000**다**51216 **판결**] 부동산의 매매로 인한 소유권이전등기청구권은 물권의 이전을 목적으로 하는 매매의 효과로서 매도인이 부담하는 재산권이전의무의 한 내용을 이루는 것이고, 매도인이 물권행위의 성립요건을 갖추도록 의무를 부담하는 경우에 발생하는 채권적 청구권으로 그 이행과정에 신뢰관계가 따르므로, 소유권이전등기청구권을 매수인으로부터 양도받은 양수인은 매도인이 그 양도에 대하여 동의하지 않고 있다면 매도인에 대하여 채권양도를 원인으로 하여 소유권이전등기절차의 이행을 청구할 수 없고, 따라서 매매로 인한 소유권이전등기청구권은 특별한 사정이 없는 이상 그 권리의 성질상 양도가 제한되고 그 양도에 채무자의 승낙이나 동의를 요한다고 할 것이므로 통상의 채권양도와 달리 양도인의 채무자에 대한 통지만으로는 채무자에 대한 대항력이 생기지 않으며 반드시 채무자의 동의나 승낙을 받아야 대항력이 생긴다.

ㄴ. **(×)** 채권양도에 대하여 채무자가 이의를 보류하지 아니한 승낙을 한 경우의 효과를 묻는 지문이다. 제451조에 따라 채무자는 원칙적으로 양도채권에 관한 항변사유가 있더라도 이를 채권양수인에게 대항할 수 없다. 이의를 보류한 승낙을 신뢰한 채권양수인의 신뢰를 보호하기 위함이다. 채권양수인이 양도채권에 관한 항변사유를 이미 알고 있거나 중대한 과실로 알지 못한 때에는 채권양수인의 신뢰를 침해하지 아니하므로 채무자는 양도채권에 관한 항변사유로 채권양수인에게 대항할 수 있다. 매매대금지급과 소유권이전등기의무이행 사이에는 동시이행관계가 있다. 채권양수인 丁은 매매내용 및 소유권이전등기가 마쳐지지 아니한 사실을 이미 알고 있으므로 채무자 乙은 丁에게 동시이행의 항변을 할 수 있다.
[**대법원** 1999. 8. 20. **선고** 99**다**18039 **판결**] 채권양도에 있어서 채무자가 양도인에게 이의를 보류하지 아니하고 승낙을 하였다는 사정이 없거나 또는 이의를 보류하지 아니하고 승낙을 하였더라도 양수인이 악의 또는 중과실의 경우에 해당하는 한, 채무자의 승낙 당시까지 양도인에 대하여 생긴 사유로써 양수인에게 대항할 수 있다고 할 것인데, 승낙 당시 이미 상계를 할 수 있는 원인이 있었던 경우에는 아직 상계적상에 있지 아니하였다 하더라도 그 후에 상계적상이 생기면 채무자는 양수인에 대하여 상계로 대항할 수 있다.

ㄷ. **(×)** 확정일자부 대항요건이 구비된 채권양도가 해지된 경우, 채권은 양도인에게 회복되고, 무효인 채권의 2중 양도가 당연히 유효로 되는 것은 아니다.
[**대법원** 2016. 7. 14. **선고** 2015**다**46119 **판결**] 양도인이 지명채권을 제1양수인에게 1차로 양도한 다음 제1양수인이 그에 따라 확정일자 있는 증서에 의한 대항요건을 적법하게 갖추었다면 이로써 채권이 제1양수인에게 이전하고 양도인은 채권에 대한 처분권한을 상실하므로, 그 후 양도인이 동

일한 채권을 제2양수인에게 양도하였더라도 제2양수인은 채권을 취득할 수 없다. 이 경우 양도인이 다른 채무를 담보하기 위하여 제1차 양도계약을 하였더라도 대외적으로 채권이 제1양수인에게 이전되어 제1양수인이 채권을 취득하게 되므로 그 후에 이루어진 제2차 양도계약에 따라 제2양수인이 채권을 취득하지 못하게 됨은 마찬가지이다.

또한 제2차 양도계약 후 양도인과 제1양수인이 제1차 양도계약을 합의해지한 다음 제1양수인이 그 사실을 채무자에게 통지함으로써 채권이 다시 양도인에게 귀속하게 되었더라도 특별한 사정이 없는 한 양도인이 처분권한 없이 한 제2차 양도계약이 채권양도로서 유효하게 될 수는 없으므로, 그로 인하여 제2양수인이 당연히 채권을 취득하게 된다고 볼 수는 없다.

ㄹ. (O) 주채권양도에 보증채권은 당연히 수반되고, 주채권양도에 관하여 대항요건을 구비하면 보증인에게 대항할 수 있다.

[**대법원** 2002. 9. 10. **선고** 2002**다**21509 **판결**] 보증채무는 주채무에 대한 부종성 또는 수반성이 있어서 주채무자에 대한 채권이 이전되면 당사자 사이에 별도의 특약이 없는 한 보증인에 대한 채권도 함께 이전하고, 이 경우 채권양도의 대항요건도 주채권의 이전에 관하여 구비하면 족하고, 별도로 보증채권에 관하여 대항요건을 갖출 필요는 없다.

ㅁ. (O) [**대법원** 2015. 4. 9. **선고** 2012**다**118020 **판결**] 당사자의 의사표시에 의한 채권양도금지 특약은 제3자가 악의인 경우는 물론 제3자가 채권양도금지 특약을 알지 못한 데에 중대한 과실이 있는 경우에도 채권양도금지 특약으로써 대항할 수 있고, 제3자의 악의 내지 중과실은 채권양도금지 특약으로 양수인에게 대항하려는 자가 이를 주장·증명하여야 한다. 그리고 민법 제449조 제2항 단서는 채권양도금지 특약으로써 대항할 수 없는 자를 '선의의 제3자'라고만 규정하고 있어 채권자로부터 직접 양수한 자만을 가리키는 것으로 해석할 이유는 없으므로, 악의의 양수인으로부터 다시 선의로 양수한 전득자도 위 조항에서의 선의의 제3자에 해당한다. 또한 선의의 양수인을 보호하고자 하는 위 조항의 입법 취지에 비추어 볼 때, 이러한 선의의 양수인으로부터 다시 채권을 양수한 전득자는 선의·악의를 불문하고 채권을 유효하게 취득한다. 정답 ①

2. **임차인 甲이 임대인 乙에 대한 임대차보증금반환채권을 丙에게 양도한 후 내용증명우편으로 乙에게 양도통지를 하였고, 그 통지가 乙에게 도달하였다. 이에 관한 설명 중 옳은 것은? (각 지문은 독립적이며, 다툼이 있는 경우 판례에 의함)** [23 변호사]

① 乙은 채권양도통지 도달 이후에는 甲의 연체차임을 임대차보증금반환채권에서 공제할 수 없다.
② 乙에게 채권양도통지 도달 이후 甲의 채권자 丁이 동일한 채권에 대해 압류를 하여 그 결정이 乙에게 송달된 경우, 丙은 압류의 부담이 있는 채권을 양수한다.
③ 乙에게 채권양도통지 도달 이후 丙의 채권자 戊가 丙의 양수금채권을 가압류한 경우, 丙은 양수금 청구의 소를 제기할 수 없다.
④ 乙에게 채권양도통지가 도달되기 전에 甲의 채권자 己가 동일한 채권에 대해 가압류를 하여 그 결정이 먼저 송달된 경우, 丙에 대한 채권양도는 己가 甲에 대한 본안소송에서 승소하여 집행권원을 취득하더라도 유효하다.
⑤ 甲과 乙 사이에 임대차보증금반환채권 양도금지특약을 하였는데 丙이 그 특약을 알지 못한 것에 중대한 과실이 있는 경우, 乙은 丙에 대해 위 양도금지특약의 항변으로 대항할 수 있다.

해 설

① (×) 임대차보증금채권이 양도되더라도 보증금의 성격이 바뀌는 것은 아니므로 연체차임 공제는 가능하다.

[**대법원** 2012. 9. 27. **선고** 2012**다**49490 **판결**] 부동산임대차에서 임차인이 임대인에게 지급하는 임대차보증금은 임대차관계가 종료되어 목적물을 반환하는 때까지 임대차관계에서 발생하는 임차인의 모든 채무를 담보하는 것으로서, 임대인이 임차인을 상대로 차임연체로 인한 임대차계약의 해지를 원인으로 임대차목적물인 부동산의 인도 및 연체차임의 지급을 구하는 소송비용은 임차인이 부담할 원상복구비용 및 차임지급의무 불이행으로 인한 것이어서 임대차관계에서 발생하는 임차인의 채무에 해당하므로 이를 반환할 임대차보증금에서 당연히 공제할 수 있고, 한편 임대인의 임대차보증금 반환의무는 임대차관계가 종료되는 경우에 임대차보증금 중에서 목적물을 반환받을 때까지 생긴 임차인의 모든 채무를 공제한 나머지 금액에 관하여서만 비로소 이행기에 도달하는 것이므로, 임차인이 다른 사람에게 임대차보증금 반환채권을 양도하고, 임대인에게 양도통지를 하였어도 임차인이 임대차목적물을 인도하기 전까지는 임대인이 위 소송비용을 임대차보증금에서 당연히 공제할 수 있다.

② **(×)** 채권양수인과 압류채권자 사이의 우열관계는 확정일자부 양도통지 도달일자와 압류결정서 송달일자의 선후에 의하여 결정된다. 확정일자부 양도통지가 도달된 후에 압류결정이 송달된 때에는 압류는 무효이다.

[**대법원** 1994. 4. 26. **선고** 93**다**24223 **전원합의체 판결**] 채권이 이중으로 양도된 경우의 양수인 상호간의 우열은 통지 또는 승낙에 붙여진 확정일자의 선·후에 의하여 결정할 것이 아니라, 채권양도에 대한 채무자의 인식, 즉 확정일자 있는 양도통지가 채무자에게 도달한 일시 또는 확정일자 있는 승낙의 일시의 선·후에 의하여 결정하여야 할 것이고, 이러한 법리는 채권양수인과 동일 채권에 대하여 가압류명령을 집행한 자 사이의 우열을 결정하는 경우에 있어서도 마찬가지이므로, 확정일자 있는 채권양도 통지와 가압류결정 정본의 제3채무자(채권양도의 경우는 채무자)에 대한 도달의 선·후에 의하여 그 우열을 결정하여야 한다.

③ **(×)** 가압류채무자의 이행청구는 허용된다. 채권양도인 丙의 채권자 戊가 丙의 양수금채권을 가압류하였더라도 가압류는 현실적 지급을 금지할 뿐이므로 丙은 乙에게 양수금 지급을 구하는 소송을 제기할 수 있다.

[**대법원** 2002. 4. 26. **선고** 2001**다**59033 **판결**] 일반적으로 채권에 대한 가압류가 있더라도 이는 채무자가 제3채무자로부터 현실로 급부를 추심하는 것만을 금지하는 것일 뿐 채무자는 제3채무자를 상대로 그 이행을 구하는 소송을 제기할 수 있고 법원은 가압류가 되어 있음을 이유로 이를 배척할 수는 없는 것이 원칙이다. 왜냐하면 채무자로서는 제3채무자에 대한 그의 채권이 가압류되어 있다 하더라도 채무명의를 취득할 필요가 있고 또는 시효를 중단할 필요도 있는 경우도 있을 것이며 또한 소송 계속 중에 가압류가 행하여진 경우에 이를 이유로 청구가 배척된다면 장차 가압류가 취소된 후 다시 소를 제기하여야 하는 불편함이 있는데 반하여 제3채무자로서는 이행을 명하는 판결이 있더라도 집행단계에서 이를 저지하면 될 것이기 때문이다.

④ **(×)** [**대법원** 2002. 4. 26. **선고** 2001**다**59033 **판결**] 채권가압류의 처분금지의 효력은 본안소송에서 가압류채권자가 승소하여 채무명의를 얻는 등으로 피보전권리의 존재가 확정되는 것을 조건으로 하여 발생하는 것이므로, 채권가압류결정의 채권자가 본안소송에서 승소하는 등으로 채무명의를 취득하는 경우에는 가압류에 의하여 권리가 제한된 상태의 채권을 양수받는 양수인에 대한 채권양도는 무효가 된다.

⑤ **(○)** [**대법원** 1996. 6. 28. **선고** 96**다**18281 **판결**] 민법 제449조 제2항이 채권양도 금지의 특약은 선의의 제3자에게 대항할 수 없다고만 규정하고 있어서 그 문언상 제3자의 과실의 유무를 문제삼고 있지는 아니하지만, 제3자의 중대한 과실은 악의와 같이 취급되어야 하므로, 양도금지 특약의 존재를 알지 못하고 채권을 양수한 경우에 있어서 그 알지 못함에 중대한 과실이 있는 때에는 악의의 양수인과 같이 양도에 의한 채권을 취득할 수 없다고 해석하는 것이 상당하다. **정답** ⑤

3. **채권양도에 관한 설명 중 옳지 않은 것은? (다툼이 있는 경우 판례에 의함)** [22 변호사]

① 점유취득시효 완성으로 인한 소유권이전등기청구권을 양도하는 경우, 채무자에 대한 대항력 취득을 위하여 양도인의 채무자에 대한 통지만으로는 부족하고, 양도에 대한 채무자의 승낙이나 동의를 요한다.

② 양도금지특약이 붙은 채권을 전부명령에 의하여 전부한 경우, 그 전부채권자와 그로부터 다시 그 채권을 양수한 자가 모두 그 특약의 존재를 알았거나 중대한 과실로 알지 못하였다고 하더라도 채무자는 위 특약을 근거로 삼아 채권양도의 무효를 주장할 수 없다.

③ 甲은 丙에 대한 채무의 담보명목으로 甲의 乙에 대한 대여금채권을 丙에게 양도하고 乙에게 확정일자 있는 증서로 양도통지를 하였다. 이후 甲이 동일한 채권을 丁에게 양도한 후 甲과 丙이 양도계약을 합의해지하고 丙이 그 사실을 乙에게 통지함으로써 채권이 다시 甲에게 귀속하게 되었더라도, 그로 인하여 丁이 당연히 채권을 취득한다고 할 수 없다.

④ 甲은 丙에 대한 채무의 담보명목으로 甲의 乙에 대한 대여금채권을 丙에게 양도하고 乙에게 확정일자 있는 증서로 양도통지를 하였다. 이후 甲의 丙에 대한 피담보채무가 변제로 소멸하였다 하더라도, 乙은 이를 이유로 丙의 양수금 청구를 거절할 수 없다.

⑤ 채권양도의 대항요건을 갖추지 못한 채권양수인이 채무자를 상대로 재판상의 청구를 하였다면, 이는 소멸시효의 중단사유인 재판상 청구에 해당한다.

해 설

① **(×)** 법률행위로 인한 등기청구권(매수인의 소유권이전등기청구권 혹은 명의신탁자의 명의신탁약정 해지로 인한 소유권이전등기청구권) 양도의 경우에는, 채무자가 반대급부를 수령하여야 하는 등으로 이행과정에 신임관계가 따르므로 양도가 제한된다. 그러나 취득시효 완성자의 등기청구권의 경우에는 이행과정에 신임관계가 따르지 아니하므로 등기청구권 양도 제한의 법리가 적용되지 않는다.

[**대법원** 2018. 7. 12. **선고** 2015**다**36167 **판결**] 부동산매매계약에서 매도인과 매수인은 서로 동시이행관계에 있는 일정한 의무를 부담하므로 이행과정에 신뢰관계가 따른다. 특히 매도인으로서는 매매대금 지급을 위한 매수인의 자력, 신용 등 매수인이 누구인지에 따라 계약유지 여부를 달리 생각할 여지가 있다. 이러한 이유로 매매로 인한 소유권이전등기청구권의 양도는 특별한 사정이 없는 이상 양도가 제한되고 양도에 채무자의 승낙이나 동의를 요한다고 할 것이므로 통상의 채권양도와 달리 양도인의 채무자에 대한 통지만으로는 채무자에 대한 대항력이 생기지 않으며 반드시 채무자의 동의나 승낙을 받아야 대항력이 생긴다. 그러나 취득시효완성으로 인한 소유권이전등기청구권은 채권자와 채무자 사이에 아무런 계약관계나 신뢰관계가 없고, 그에 따라 채권자가 채무자에게 반대급부로 부담하여야 하는 의무도 없다. 따라서 취득시효완성으로 인한 소유권이전등기청구권의 양도의 경우에는 매매로 인한 소유권이전등기청구권에 관한 양도제한의 법리가 적용되지 않는다.

② **(○)** 양도금지특약이 강제집행을 금지하는 효력은 없다. 양도금지특약부 채권에 관하여 전부명령을 받은 전부채권자나 그로부터 채권을 양수한 자는 양도금지특약에 관하여 알고 있었는지와 무관하게 채권을 취득할 수 있다.

[**대법원** 2003. 12. 11. **선고** 2001**다**3771 **판결**] 당사자 사이에 양도금지의 특약이 있는 채권이더라도 전부명령에 의하여 전부되는 데에는 지장이 없고, 양도금지의 특약이 있는 사실에 관하여 집행채권자가 선의인가 악의인가는 전부명령의 효력에 영향을 미치지 못하는 것인바, 이와 같이 양도금지특약부 채권에 대한 전부명령이 유효한 이상, 그 전부채권자로부터 다시 그 채권을 양수한 자가 그 특약의 존재를 알았거나 중대한 과실로 알지 못하였다고 하더라도 채무자는 위 특약을 근거로 삼아 채권양도의 무효를 주장할 수 없다.

③ (O) [**대법원** 2016. 7. 14. **선고** 2015**다**46119 **판결**] 양도인이 지명채권을 제1양수인에게 1차로 양도한 다음 제1양수인이 그에 따라 확정일자 있는 증서에 의한 대항요건을 적법하게 갖추었다면 이로써 채권이 제1양수인에게 이전하고 양도인은 채권에 대한 처분권한을 상실하므로, 그 후 양도인이 동일한 채권을 제2양수인에게 양도하였더라도 제2양수인은 채권을 취득할 수 없다. 이 경우 양도인이 다른 채무를 담보하기 위하여 제1차 양도계약을 하였더라도 대외적으로 채권이 제1양수인에게 이전되어 제1양수인이 채권을 취득하게 되므로 그 후에 이루어진 제2차 양도계약에 따라 제2양수인이 채권을 취득하지 못하게 됨은 마찬가지이다.
또한 제2차 양도계약 후 양도인과 제1양수인이 제1차 양도계약을 합의해지한 다음 제1양수인이 그 사실을 채무자에게 통지함으로써 채권이 다시 양도인에게 귀속하게 되었더라도 특별한 사정이 없는 한 양도인이 처분권한 없이 한 제2차 양도계약이 채권양도로서 유효하게 될 수는 없으므로, 그로 인하여 제2양수인이 당연히 채권을 취득하게 된다고 볼 수는 없다.

④ (O) [**대법원** 1999. 11. 26. **선고** 99**다**23093 **판결**] 채권양도가 다른 채무의 담보조로 이루어졌으며 또한 그 채무가 변제되었다고 하더라도, 이는 채권양도인과 양수인 간의 문제일 뿐이고, 양도채권의 채무자는 채권 양도·양수인 간의 채무 소멸 여하에 관계없이 양도된 채무를 양수인에게 변제하여야 하는 것이므로, 설령 그 피담보채무가 변제로 소멸되었다고 하더라도 양도채권의 채무자로서는 이를 이유로 채권양수인의 양수금 청구를 거절할 수 없다.

⑤ (O) [**대법원** 2005. 11. 10. **선고** 2005**다**41818 **판결**] 채권양도는 구 채권자인 양도인과 신 채권자인 양수인 사이에 채권을 그 동일성을 유지하면서 전자로부터 후자에게로 이전시킬 것을 목적으로 하는 계약을 말한다 할 것이고, 채권양도에 의하여 채권은 그 동일성을 잃지 않고 양도인으로부터 양수인에게 이전되며, 이러한 법리는 채권양도의 대항요건을 갖추지 못하였다고 하더라도 마찬가지인 점, 민법 제149조의 "조건의 성취가 미정한 권리·의무는 일반규정에 의하여 처분·상속·보존 또는 담보로 할 수 있다"는 규정은 대항요건을 갖추지 못하여 채무자에게 대항하지 못한다고 하더라도 채권양도에 의하여 채권을 이전받은 양수인의 경우에도 그대로 준용될 수 있는 점, 채무자를 상대로 재판상의 청구를 한 채권의 양수인을 '권리 위에 잠자는 자'라고 할 수 없는 점 등에 비추어 보면, 비록 대항요건을 갖추지 못하여 채무자에게 대항하지 못한다고 하더라도 채권의 양수인이 채무자를 상대로 재판상의 청구를 하였다면 이는 소멸시효 중단사유인 재판상의 청구에 해당한다고 보아야 한다.

정답 ①

4. **甲은 乙에게 1억 원을 대여하면서 위 대여금채권에 대한 채권양도금지 특약을 체결하였다. 이에 관한 설명 중 옳은 것을 모두 고른 것은? (다툼이 있는 경우 판례에 의함)** [21 변호사]

ㄱ. 甲이 乙에 대한 대여금채권을 丙에게 양도하여 丙이 乙을 상대로 양수금청구의 소를 제기한 경우, 乙이 丙에 대하여 채권양도금지 특약으로 대항하기 위해서는 丙이 채권양도금지 특약에 관하여 악의이거나, 악의가 아니라도 채권양도금지 특약에 관하여 알지 못한 데에 중대한 과실이 있음을 乙이 주장·증명하여야 한다.

ㄴ. 甲이 乙에 대한 대여금채권을 丙에게 양도한 경우, 丙이 甲과 乙 사이의 채권양도금지 특약에 관하여 선의인 경우라도 丙으로부터 다시 위 대여금채권을 양수한 丁이 위 채권양도금지 특약에 관하여 악의라면 丁은 위 대여금채권을 유효하게 취득하지 못한다.

ㄷ. 丙이 채권양도금지 특약의 체결사실을 알고 있었음에도 甲이 乙에 대한 대여금채권을 丙에게 양도하고 이후 乙이 위 채권양도를 추인하였다면, 채권양도계약은 계약을 체결한 날로 소급하여 효력이 발생한다.

ㄹ. 丙이 甲의 乙에 대한 대여금채권에 관하여 전부명령을 받은 후 그 채권을 戊에게 양도한 경우, 戊가 채권양도금지 특약의 존재를 알았거나 중대한 과실로 알지 못하였다고 하더라도 乙은 위 채권양도금지 특약을 근거로 삼아 丙과 戊 사이의 채권양도의 무효를 주장할 수 없다.

① ㄹ ② ㄱ, ㄹ ③ ㄴ, ㄹ
④ ㄱ, ㄴ, ㄷ ⑤ ㄱ, ㄷ, ㄹ

해설

ㄱ. **(O)** 양도금지특약부 채권이 양도된 경우, 채무자가 채권양수인에게 대항하기 위한 요건을 묻는 지문이다. 양도금지특약으로는 선의의 제3자에게 대항할 수 없다(제449조 제2항 단서). 선의의 제3자는 선의임에 중대한 과실이 없는 자를 의미하고, 양수인의 선의, 무중과실은 추정되므로 양도금지특약으로 대항하려는 채무자가 증명하여야 한다.

[**대법원** 2003. 1. 24. **선고** 2000**다**5336 **판결**] 채무자는 제3자가 채권자로부터 채권을 양수한 경우 채권양도금지 특약의 존재를 알고 있는 양수인이나 그 특약의 존재를 알지 못함에 중대한 과실이 있는 양수인에게 그 특약으로써 대항할 수 있고, 여기서 말하는 중과실이란 통상인에게 요구되는 정도의 상당한 주의를 하지 않더라도 약간의 주의를 한다면 손쉽게 그 특약의 존재를 알 수 있음에도 불구하고 그러한 주의조차 기울이지 아니하여 특약의 존재를 알지 못한 것을 말하며, 제3자의 악의 내지 중과실은 채권양도 금지의 특약으로 양수인에게 대항하려는 자가 이를 주장·입증하여야 한다.

ㄴ. **(×)** 양도금지특약부 채권을 선의로 양수한 자로부터 전득한 자가 양도금지특약을 알고 있었던 경우, 전득자가 채권을 취득하는지를 묻는 지문이다. 선의 양수인이 완전한 채권을 취득하고, 그로부터의 전득자는 양도금지특약의 제한이 없는 채권을 취득한다. 양수인이 선의인 때에는 전득자의 악의는 문제되지 않는다.

[**대법원** 2015. 4. 9. **선고** 2012**다**118020 **판결**] 당사자의 의사표시에 의한 채권양도금지 특약은 제3자가 악의인 경우는 물론 제3자가 채권양도금지 특약을 알지 못한 데에 중대한 과실이 있는 경우에도 채권양도금지 특약으로써 대항할 수 있고, 제3자의 악의 내지 중과실은 채권양도금지 특약으로 양수인에게 대항하려는 자가 이를 주장·증명하여야 한다. 그리고 민법 제449조 제2항 단서는 채권양도금지 특약으로써 대항할 수 없는 자를 '선의의 제3자'라고만 규정하고 있어 채권자로부터 직접 양수한 자만을 가리키는 것으로 해석할 이유는 없으므로, 악의의 양수인으로부터 다시 선의로 양수한 전득자도 위 조항에서의 선의의 제3자에 해당한다. 또한 선의의 양수인을 보호하고자 하는 위 조항의 입법 취지에 비추어 볼 때, 이러한 선의의 양수인으로부터 다시 채권을 양수한 전득자는 선의·악의를 불문하고 채권을 유효하게 취득한다.

ㄷ. **(×)** 양도금지특약부 채권이 악의양수인에게 양도되고, 채무자가 이를 추인한 경우, 양수인은 추인한 때에 채권을 취득한다. 채무자의 추인에 소급효가 인정되는 것은 아니다.

[**대법원** 2009. 10. 29. **선고** 2009**다**47685 **판결**] 당사자의 양도금지의 의사표시로써 채권은 양도성을 상실하며 양도금지의 특약에 위반해서 채권을 제3자에게 양도한 경우에 악의 또는 중과실의 채권양수인에 대하여는 채권 이전의 효과가 생기지 아니하나, 악의 또는 중과실로 채권양수를 받은 후 채무자가 그 양도에 대하여 승낙을 한 때에는 채무자의 사후승낙에 의하여 무효인 채권양도행위가 추인되어 유효하게 되며 이 경우 다른 약정이 없는 한 소급효가 인정되지 않고 양도의 효과는 승낙시부터 발생한다고 할 것이다. 이른바 집합채권의 양도가 양도금지특약에 위반해서 무효인 경우 채무자는 일부 개별 채권을 특정하여 추인하는 것이 가능하다고 할 것이다(필자 註 : ㈀ 당사자가 양도금지 특약을 함으로써 채권의 양도성은 상실된다. 양도성이 없는 채권을 양도하는 경우, 양도계약이 무효로

되고, 채권양수인은 채권을 취득하지 못한다. 다만, 양도금지 특약에 의하여 양도성이 상실된 경우, 그와 같은 특약이 공시되지 아니하여 이를 알지 못하고 채권을 양수하려는 사람에게 예측하지 못하는 불이익을 초래할 수 있다. 민법은 이를 고려하여 양도금지의 특약을 선의의 제3자에게 대항하지 못하도록 하고 있다(제449조 제2항). 선의의 제3자에 해당하기 위해서는 중대한 과실이 없어야 한다는 것이 대법원의 입장이다. (ㄴ) 양도금지 특약에 의하여 양도성이 상실된 채권을 양도하였고, 양수인이 제449조 제2항에 의해서도 보호되지 못하는 경우, 당사자(채무자의 의사가 결정적일 것이다. 왜냐하면 채권자는 양도금지 특약에도 불구하고 스스로 양도행위를 한 자이므로 당연히 양도를 승낙하였다고 볼 수 있기 때문이다.)가 사후적으로 이를 추인하는 것이 허용되는가? 허용된다면 채권양도는 양도행위 당시로 소급하여 그 효력이 생기는가? 집합채권의 양도가 양도금지특약을 위반하여 무효인 경우, 채무자가 일부 개별 채권을 특정하여 추인하는 것이 가능한가? 등이 문제된다. (ㄷ) 대법원은 양도금지 특약 후, 이를 위반하는 양도행위에 대하여 채무자는 사후에 이를 승낙할 수 있다고 보고 있다. 사적자치 원칙에 비추어 보면 이를 부정할 이유가 없기 때문이다. 한편, 채무자의 사후 승낙에 의하여 채권양도행위가 유효로 된다고 하더라도 다른 약정이 없는 한 소급효는 인정되지 않는다는 것이 대법원의 입장이다. 한편, 대법원은 집합채권의 양도가 양도금지특약에 위반해서 무효인 경우, 채무자가 일부 개별채권을 특정하여 추인하는 것이 가능하다고 판단하고 있다.).

ㄹ. **(O)** 양도금지특약부 채권도 전부명령의 대상이 될 수 있다. 전부채권자가 채권을 취득하면 양도금지특약이 없는 완전한 채권을 취득한다. 따라서 전부채권자로부터 전득자는 양도금지특약에 관한 선의, 악의를 불문하고 완전한 채권을 취득한다.
[**대법원** 2003. 12. 11. **선고** 2001**다**3771 **판결**] 당사자 사이에 양도금지의 특약이 있는 채권이더라도 전부명령에 의하여 전부되는 데에는 지장이 없고, 양도금지의 특약이 있는 사실에 관하여 집행채권자가 선의인가 악의인가는 전부명령의 효력에 영향을 미치지 못하는 것인바, 이와 같이 양도금지특약부 채권에 대한 전부명령이 유효한 이상, 그 전부채권자로부터 다시 그 채권을 양수한 자가 그 특약의 존재를 알았거나 중대한 과실로 알지 못하였다고 하더라도 채무자는 위 특약을 근거로 삼아 채권양도의 무효를 주장할 수 없다.

정답 ②

5. 채권양도에 관한 설명 중 옳지 않은 것은? (다툼이 있는 경우 판례에 의함) [20 변호사]

① 전세기간 만료 이후 전세권양도계약 및 전세권이전의 부기등기가 이루어진 것만으로는 전세금반환채권의 양도에 관하여 확정일자 있는 통지나 승낙이 있었다고 볼 수 없어 이로써 제3자인 전세금반환채권의 압류·전부 채권자에게 대항할 수 없다.

② 피담보채권과 저당권이 함께 양도되어 피담보채권은 채권양도의 대항요건을 갖추었으나 저당권은 그 이전등기가 경료되지 않은 상태에서 배당절차가 실시된 경우, 저당권의 명의인은 집행채무자로부터 변제받기 위하여 배당이의로 배당표의 경정을 구할 수 없다.

③ 甲이 丙에 대한 차용금 채무의 담보조로 자신이 乙에 대하여 가지고 있는 임대차보증금반환채권을 丙에게 양도하고 이를 乙에게 통지하였다면, 이후 甲이 丙에게 차용금 채무를 변제했더라도 乙은 甲의 변제를 이유로 丙의 양수금 청구를 거절할 수 없다.

④ 부동산매매로 인한 소유권이전등기청구권의 양도는 특별한 사정이 없는 한 통상의 채권양도와 달리 양도인의 채무자에 대한 통지만으로는 채무자에 대한 대항력이 생기지 않으며 반드시 채무자의 동의나 승낙을 받아야 대항력이 생긴다.

⑤ 甲과 乙이 X채권에 관하여 양도금지 특약을 하였으나 乙이 이에 위반하여 丙에게 X채권을 양도하고 甲에게 채권양도 통지를 한 경우, 양수인인 丙이 위 채권양도금지 특약을 과실 없이 알지 못하였더라도 丙으로부터 대항요건을 갖추어 채권을 양수한 전득자 丁이 악의라면 丁은 X채권을 유효하게 취득하지 못한다.

해 설

① (O) [**대법원** 2005. 3. 25. **선고** 2003**다**35659 **판결**] 전세권설정등기를 마친 민법상의 전세권은 그 성질상 용익물권적 성격과 담보물권적 성격을 겸비한 것으로서, 전세권의 존속기간이 만료되면 전세권의 용익물권적 권능은 전세권설정등기의 말소 없이도 당연히 소멸하고 단지 전세금반환채권을 담보하는 담보물권적 권능의 범위 내에서 전세금의 반환시까지 그 전세권설정등기의 효력은 존속한다. 존속기간의 경과로서 본래의 용익물권적 권능이 소멸하고 담보물권적 권능만 남은 전세권에 대해서도 그 피담보채권인 전세금반환채권과 함께 제3자에게 이를 양도할 수 있다 할 것이지만 이 경우에는 민법 제450조 제2항 소정의 확정일자 있는 증서에 의한 채권양도절차를 거치지 않는 한 위 전세금반환채권의 압류·전부 채권자 등 제3자에게 위 전세보증금반환채권의 양도사실로써 대항할 수 없다(필자 주 : 전세기간 만료 이후 전세권양도계약 및 전세권이전의 부기등기가 이루어진 것만으로는 전세금반환채권의 양도에 관하여 확정일자 있는 통지나 승낙이 있었다고 볼 수 없어 이로써 제3자인 전세금반환채권의 압류·전부 채권자에게 대항할 수 없다고 한 사례).

② (O) [**대법원** 2003. 10. 10. **선고** 2001**다**77888 **판결**] 피담보채권과 근저당권을 함께 양도하는 경우에 채권양도는 당사자 사이의 의사표시만으로 양도의 효력이 발생하지만 근저당권이전은 이전등기를 하여야 하므로 채권양도와 근저당권이전등기 사이에 어느 정도 시차가 불가피한 이상 피담보채권이 먼저 양도되어 일시적으로 피담보채권과 근저당권의 귀속이 달라진다고 하여 근저당권이 무효로 된다고 볼 수는 없으나, 위 근저당권은 그 피담보채권의 양수인에게 이전되어야 할 것에 불과하고, 근저당권의 명의인은 피담보채권을 양도하여 결국 피담보채권을 상실한 셈이므로 집행채무자로부터 변제를 받기 위하여 배당표에 자신에게 배당하는 것으로 배당표의 경정을 구할 수 있는 지위에 있다고 볼 수 없다.

③ (O) 채권담보 목적으로 채권이 양도된 경우, 피담보채무가 변제로 소멸하였음을 이유로 채무자가 채권양수인에게 대항할 수 있는지를 묻는 지문이다. 피담보채무 소멸여하는 양도인과 양수인의 문제일 뿐이므로 채무자가 이를 이유로 양도채권의 이행을 거절할 수는 없다.

[**대법원** 1999. 11. 26. **선고** 99**다**23093 **판결**] 채권양도가 다른 채무의 담보조로 이루어졌으며 또한 그 채무가 변제되었다고 하더라도, 이는 채권양도인과 양수인 간의 문제일 뿐이고, 양도채권의 채무자는 채권 양도·양수인 간의 채무 소멸 여하에 관계없이 양도된 채무를 양수인에게 변제하여야 하는 것이므로, 설령 그 피담보채무가 변제로 소멸되었다고 하더라도 양도채권의 채무자로서는 이를 이유로 채권양수인의 양수금 청구를 거절할 수 없다.

④ (O) [**대법원** 2001. 10. 9. **선고** 2000**다**51216 **판결**] 부동산의 매매로 인한 소유권이전등기청구권은 물권의 이전을 목적으로 하는 매매의 효과로서 매도인이 부담하는 재산권이전의무의 한 내용을 이루는 것이고, 매도인이 물권행위의 성립요건을 갖추도록 의무를 부담하는 경우에 발생하는 채권적 청구권으로 그 이행과정에 신뢰관계가 따르므로, 소유권이전등기청구권을 매수인으로부터 양도받은 양수인은 매도인이 그 양도에 대하여 동의하지 않고 있다면 매도인에 대하여 채권양도를 원인으로 하여 소유권이전등기절차의 이행을 청구할 수 없고, 따라서 매매로 인한 소유권이전등기청구권은 특별한 사정이 없는 이상 그 권리의 성질상 양도가 제한되고 그 양도에 채무자의 승낙이나 동의를 요한다고 할 것이므로 통상의 채권양도와 달리 양도인의 채무자에 대한 통지만으로는 채무자에 대한 대항력이 생기지 않으며 반드시 채무자의 동의나 승낙을 받아야 대항력이 생긴다.

⑤ (×) 양도금지특약부 채권을 양수받은 자가 선의, 무과실인 경우, 그로부터 전득자가 악의자라고 하더라도 채권을 취득할 수 있는지를 묻는 지문이다. 선의양수인은 완전한 채권을 취득한 자이므로 그로부터의 전득자가 양도금지특약에 관해 악의자라고 하더라도 채권을 취득한다.

[**대법원** 2015. 4. 9. **선고** 2012**다**118020 **판결**] 당사자의 의사표시에 의한 채권양도금지 특약은 제3자가 악의인 경우는 물론 제3자가 채권양도금지 특약을 알지 못한 데에 중대한 과실이 있는 경우에도 채권양도금지 특약으로써 대항할 수 있고, 제3자의 악의 내지 중과실은 채권양도금지 특약으로

양수인에게 대항하려는 자가 이를 주장·증명하여야 한다. 그리고 민법 제449조 제2항 단서는 채권양도금지 특약으로써 대항할 수 없는 자를 '선의의 제3자'라고만 규정하고 있어 채권자로부터 직접 양수한 자만을 가리키는 것으로 해석할 이유는 없으므로, 악의의 양수인으로부터 다시 선의로 양수한 전득자도 위 조항에서의 선의의 제3자에 해당한다. 또한 선의의 양수인을 보호하고자 하는 위 조항의 입법 취지에 비추어 볼 때, 이러한 선의의 양수인으로부터 다시 채권을 양수한 전득자는 선의·악의를 불문하고 채권을 유효하게 취득한다. 정답 ⑤

6. 채권양도에 관한 설명 중 옳지 않은 것은? (다툼이 있는 경우 판례에 의함) [19 변호사]

① 임대인이 임차인으로부터 임대차보증금반환채권의 양도통지를 받은 후에는 임대인과 임차인 사이에 임대차계약의 갱신이나 계약기간 연장에 관하여 명시적 또는 묵시적 합의가 있더라도 그 합의의 효과는 위 보증금반환채권의 양수인에 대하여는 미칠 수 없다.

② 채권자가 그 채권을 제3자에게 양도하는 경우 주채무자에 대하여만 채권양도의 대항요건을 갖추었을 뿐, 보증인에 대하여는 채권양도의 대항요건을 갖추지 않았더라도, 특별한 사정이 없는 한 채권양수인은 보증인에 대하여 보증채무의 이행을 구할 수 있다.

③ 채권의 당사자는 채권양도금지의 특약으로써 선의의 제3자에게 대항하지 못하나 채권양도금지의 특약을 알지 못함에 중대한 과실이 있는 양수인은 위 선의의 제3자에 해당하지 않는다.

④ 양도금지의 특약이 있는 채권이더라도 압류 및 전부명령에 의한 이전이 가능하고, 이는 압류채권자가 양도금지의 특약이 있다는 사실을 알고 있어도 마찬가지이다.

⑤ 양수인의 권리확보에 위험을 초래할 만한 사정을 조사하고 확인할 책임은 양수인에게 있는 것이 원칙이므로 양수인이 양도금지 특약의 존재를 알지 못하였음을 증명하여야 한다.

해설

① (O) 임대차보증금반환채권 양도 통지 후 합의갱신은 채권양수인에게 대항할 수 없다.
[**대법원** 1989. 4. 25. **선고** 88**다카**4253 **판결**] 임대인이 임대차보증금반환청구채권의 양도통지를 받은 후에는 임대인과 임차인 사이에 임대차계약의 갱신이나 계약기간 연장에 관하여 명시적 또는 묵시적 합의가 있더라도 그 합의의 효과는 보증금반환채권의 양수인에 대하여는 미칠 수 없다.

② (O) [**대법원** 2002. 9. 10. **선고** 2002**다**21509 **판결**] 보증채무는 주채무에 대한 부종성 또는 수반성이 있어서 주채무자에 대한 채권이 이전되면 당사자 사이에 별도의 특약이 없는 한 보증인에 대한 채권도 함께 이전하고, 이 경우 채권양도의 대항요건도 주채권의 이전에 관하여 구비하면 족하고, 별도로 보증채권에 관하여 대항요건을 갖출 필요는 없다.

③ (O) [**대법원** 1996. 6. 28. **선고** 96**다**18281 **판결**] 민법 제449조 제2항이 채권양도 금지의 특약은 선의의 제3자에게 대항할 수 없다고만 규정하고 있어서 그 문언상 제3자의 과실의 유무를 문제삼고 있지는 아니하지만, 제3자의 중대한 과실은 악의와 같이 취급되어야 하므로, 양도금지 특약의 존재를 알지 못하고 채권을 양수한 경우에 있어서 그 알지 못함에 중대한 과실이 있는 때에는 악의의 양수인과 같이 양도에 의한 채권을 취득할 수 없다고 해석하는 것이 상당하다.

④ (O) [**대법원** 2002. 8. 27. **선고** 2001**다**71699 **판결**] 당사자 사이에 양도금지의 특약이 있는 채권이라도 압류 및 전부명령에 따라 이전될 수 있고, 양도금지의 특약이 있는 사실에 관하여 압류채권자가 선의인가 악의인가는 전부명령의 효력에 영향이 없다.

⑤ (X) 양수인은 선의로 추정된다. 양도금지특약에 관한 양수인의 악의나 중대한 과실은 채권양도의 효력을 부정하고자 하는 채무자가 증명하여야 한다.

[**대법원** 2003. 1. 24. **선고** 2000**다**5336 **판결**] 채무자는 제3자가 채권자로부터 채권을 양수한 경우 채권양도금지 특약의 존재를 알고 있는 양수인이나 그 특약의 존재를 알지 못함에 중대한 과실이 있는 양수인에게 그 특약으로써 대항할 수 있고, 여기서 말하는 중과실이란 통상인에게 요구되는 정도의 상당한 주의를 하지 않더라도 약간의 주의를 한다면 손쉽게 그 특약의 존재를 알 수 있음에도 불구하고 그러한 주의조차 기울이지 아니하여 특약의 존재를 알지 못한 것을 말하며, 제3자의 악의 내지 중과실은 채권양도 금지의 특약으로 양수인에게 대항하려는 자가 이를 주장·입증하여야 한다.

정답 ⑤

7. 채권양도에 관한 설명 중 옳지 않은 것은? (다툼이 있는 경우 판례에 의함) [18 변호사]

① 동일한 채권에 관하여 확정일자 있는 채권양도 통지, 가압류 또는 압류명령 등이 제3채무자(채권양도의 경우는 채무자, 이하 이 문항에서는 같다)에게 동시에 송달되어 그들 상호간에 우열이 없는 경우, 양수채권액과 가압류 또는 압류된 채권액의 합계액이 제3채무자에 대한 채권액을 초과할 때에는 그들 상호간에는 법률상의 지위가 대등하므로 공평의 원칙상 제3채무자는 위 채권자들의 각 채권액에 안분하여 채무를 변제하여야 한다.

② 당사자 사이에 양도금지의 특약이 있는 채권이더라도 전부명령에 의하여 전부되는 데에는 지장이 없고, 전부채권자로부터 다시 그 채권을 양수한 자가 그 특약의 존재를 알았다고 하더라도 채무자는 위 특약을 근거로 그 채권양도의 무효를 주장할 수 없다.

③ 채권양도의 통지는 「민사소송법」상의 송달에 관한 규정에서 송달장소로 정하는 채무자의 주소·거소·영업소 또는 사무소 등에 해당하지 아니하는 장소에서라도 채무자가 사회통념상 그 통지의 내용을 알 수 있는 객관적 상태에 놓여졌다고 인정됨으로써 족하다.

④ 채권양도에 관한 채무자의 승낙은 채무자가 채권양도 사실에 관한 인식을 표명하는 것으로서 이른바 관념의 통지에 해당하고, 대리인에 의하여도 위와 같은 승낙을 할 수 있다.

⑤ 채권양도의 통지는 그 양도인이 채권이 양도되었다는 사실을 채무자에게 알리는 행위에 불과하므로, 그것만으로 도급계약에 관하여 「민법」 제667조 내지 제671조에 규정된 하자담보책임의 제척기간 준수에 필요한 권리의 행사에 해당한다고 할 수 없다.

해 설

① **(×)** 확정일자부 통지 등 대항요건이 동시에 도달한 경우의 효과를 묻는 지문이다. 채무자에 대한 대항요건은 구비되어 있으므로 각 채권양수인 등은 채무자에 대하여 전액 청구할 수 있고, 채무자도 어느 채권양수인 등에게 채무 전부를 변제하여야 하나 채권자불확지를 원인으로 변제공탁을 할 수도 있다. 다만 각 채권양수인 등 상호간에는 채권액에 따라 안분하여 정산하여야 한다.

[**대법원** 1994. 4. 26. **선고** 93**다**24223 **전원합의체 판결**] 채권양도 통지, 가압류 또는 압류명령 등이 제3채무자에 동시에 송달되어 그들 상호간에 우열이 없는 경우에도 그 채권양수인, 가압류 또는 압류채권자는 모두 제3채무자에 대하여 완전한 대항력을 갖추었다고 할 것이므로, 그 전액에 대하여 채권양수금, 압류전부금 또는 추심금의 이행청구를 하고 적법하게 이를 변제받을 수 있고, 제3채무자로서는 이들 중 누구에게라도 그 채무 전액을 변제하면 다른 채권자에 대한 관계에서도 유효하게 면책되는 것이며, 만약 양수채권액과 가압류 또는 압류된 채권액의 합계액이 제3채무자에 대한 채권액을 초과할 때에는 그들 상호간에는 법률상의 지위가 대등하므로 공평의 원칙상 각 채권액에 안분하여 이를 내부적으로 다시 정산할 의무가 있다.

② (O) 양도금지특약은 양도를 금지하는 데에 그치고 강제집행인 전부명령에는 영향을 주지 않는다.
[**대법원** 2002. 8. 27. **선고** 2001**다**71699 **판결**] 당사자 사이에 양도금지의 특약이 있는 채권이라도 압류 및 전부명령에 따라 이전될 수 있고, 양도금지의 특약이 있는 사실에 관하여 압류채권자가 선의인가 악의인가는 전부명령의 효력에 영향이 없다.

③ (O) 채권양도 대항요건으로 통지의 도달의 개념을 묻는 지문이다. 통지의 방법에는 제한이 없으므로 민사소송법 송달규정이 반드시 적용되는 것은 아니다. 사회관념상 통지의 내용을 알 수 있는 객관적 상태가 되면 도달을 인정할 수 있다.
[**대법원** 2010. 4. 15. **선고** 2010**다**57 **판결**] 민사소송법상의 송달은 당사자나 그 밖의 소송관계인에게 소송상 서류의 내용을 알 기회를 주기 위하여 법정의 방식에 좇아 행하여지는 통지행위로서, 송달장소와 송달을 받을 사람 등에 관하여 구체적으로 법이 정하는 바에 따라 행하여지지 아니하면 부적법하여 송달로서의 효력이 발생하지 아니한다. 한편 채권양도의 통지는 채무자에게 도달됨으로써 효력이 발생하는 것이고, 여기서 도달이라 함은 사회통념상 상대방이 통지의 내용을 알 수 있는 객관적 상태에 놓여졌다고 인정되는 상태를 가리킨다. 이와 같이 도달은 보다 탄력적인 개념으로서 송달장소나 수송달자 등의 면에서 위에서 본 송달에서와 같은 엄격함은 요구되지 아니하며, 이에 송달장소 등에 관한 민사소송법의 규정을 유추적용할 것이 아니다. 따라서 채권양도의 통지는 민사소송법상의 송달에 관한 규정에서 송달장소로 정하는 채무자의 주소·거소·영업소 또는 사무소 등에 해당하지 아니하는 장소에서라도 채무자가 사회통념상 그 통지의 내용을 알 수 있는 객관적 상태에 놓여졌다고 인정됨으로써 족하다.

④ (O) 채권양도 대항요건으로서 승낙의 개념 및 대리인에 의한 승낙 가능성을 묻는 지문이다. 계약성립요건으로서 승낙과 달리 관념의 통지에 불과하나 의사표시 규정이 유추되므로 대리인에 의한 승낙도 가능하다.
[**대법원** 1986. 2. 25. **선고** 85**다카**1529 **판결**] 민법 제450조 소정의 채무자의 승낙은 채권양도의 사실을 채무자가 승인하는 뜻으로서 동조가 규정하는 채권양도의 대항요건을 구비하기 위하여서는 채무자가 양도의 사실을 양도인 또는 양수인에 대하여 승인함을 요한다.

⑤ (O) 채권양도 통지는 제척기간 준수에 필요한 재판 외의 권리행사에 해당하지 않는다.
[**대법원** 2012. 4. 12. **선고** 2010**다**65399 **판결**] 채권양도의 통지는 그 양도인이 채권이 양도되었다는 사실을 채무자에게 알리는 것에 그치는 행위이므로, 그것만으로 제척기간의 준수에 필요한 권리의 재판외 행사에 해당한다고 할 수 없다. 따라서 집합건물인 아파트의 입주자대표회의가 스스로 하자담보추급에 의한 손해배상청구권을 가짐을 전제로 하여 직접 아파트의 분양자를 상대로 손해배상청구소송을 제기하였다가, 그 소송 계속 중에 정당한 권리자인 구분소유자들로부터 그 손해배상채권을 양도받고 분양자에게 그 통지가 마쳐진 후 그에 따라 소를 변경한 경우에는, 그 채권양도통지에 채권양도의 사실을 알리는 것 외에 그 이행을 청구하는 뜻이 별도로 덧붙여지거나 그 밖에 구분소유자들이 재판외에서 그 권리를 행사하였다는 등의 특별한 사정이 없는 한, 위 손해배상청구권은 입주자대표회의가 위와 같이 소를 변경한 시점에 비로소 행사된 것으로 보아야 할 것이다. 정답 ①

8. 지명채권의 양도에 관한 설명 중 옳지 않은 것은? (다툼이 있는 경우 판례에 의함) [17 변호사]

① 지명채권의 양도통지를 한 후 그 양도계약이 해제된 경우, 양도인이 그 해제를 이유로 다시 원래의 채무자에 대하여 양도채권으로 대항하려면 양수인이 채무자에게 위와 같은 해제사실을 통지하여야 한다.
② 선순위의 근저당권부채권을 양도하였으나 아직 대항요건을 갖추지 못한 경우, 후순위근저당권자는 대항요건을 갖추지 못하였음을 이유로 그 채권양도의 효력을 부인할 수 없다.
③ 지명채권양도의 대항요건으로서 채무자의 승낙의 상대방은 양도인 또는 양수인 모두 가능하다.

④ 확정일자 있는 채권양도 통지와 채권가압류결정 정본이 같은 날 도달되었는데 그 선후관계에 대하여 달리 증명이 없으면 동시에 도달된 것으로 추정한다.

⑤ 채무자가 채권발생의 원인인 계약을 해제할 수 있는 권리가 있는 상태에서 그 채권이 양도되고 양도인이 양도통지를 한 경우, 채무자는 계약의 해제로써 양수인에게 대항할 수 없다.

해설

① (O) 채권양도 해제사실을 통지권자를 묻는 지문이다. 양수인이 해제통지를 하여야 한다.
[**대법원** 2012. 11. 29. **선고** 2011**다**17953 **판결**] 민법 제452조는 '양도통지와 금반언'이라는 제목 아래 제1항에서 '양도인이 채무자에게 채권양도를 통지한 때에는 아직 양도하지 아니하였거나 그 양도가 무효인 경우에도 선의인 채무자는 양수인에게 대항할 수 있는 사유로 양도인에게 대항할 수 있다'고 하고, 제2항에서 '전항의 통지는 양수인의 동의가 없으면 철회하지 못한다'고 하여 채권양도가 불성립 또는 무효인 경우에 선의인 채무자를 보호하는 규정을 두고 있다. 이는 채권양도가 해제 또는 합의해제되어 소급적으로 무효가 되는 경우에도 유추적용할 수 있다고 할 것이므로, 지명채권의 양도통지를 한 후 양도계약이 해제 또는 합의해제된 경우에 채권양도인이 해제 등을 이유로 다시 원래의 채무자에 대하여 양도채권으로 대항하려면 채권양도인이 채권양수인의 동의를 받거나 채권양수인이 채무자에게 위와 같은 해제 등 사실을 통지하여야 한다. 이 경우 위와 같은 대항요건이 갖추어질 때까지 양도계약의 해제 등을 알지 못한 선의인 채무자는 해제 등의 통지가 있은 다음에도 채권양수인에 대한 반대채권에 의한 상계로써 채권양도인에게 대항할 수 있다고 봄이 타당하다.

② (O) 후순위근저당권자가 선순위근저당권부 채권양도의 대항요건이 있어야 대항할 수 있는 채무자 이외의 제3자에 해당하는지를 묻는 지문이다. 대항요건이 있어야 대항할 수 있는 채무자 이외의 제3자란 양도되는 채권 자체에 관하여 이해관계를 가진 자를 말하므로 후순위근저당권자는 포함되지 않는다.
[**대법원** 2012. 4. 12. **선고** 2011**다**109357 **판결**] 피담보채권을 근저당권과 함께 양수한 자는 근저당권이전의 부기등기를 마치고 근저당권실행의 요건을 갖추고 있는 한 채권양도의 대항요건을 갖추고 있지 아니하더라도 경매신청을 할 수 있으며, 채무자는 경매절차의 이해관계인으로서 채권양도의 대항요건을 갖추지 못하였다는 사유를 들어 경매개시결정에 대한 이의나 즉시항고절차에서 다툴 수 있고, 이 경우는 신청채권자가 대항요건을 갖추었다는 사실을 증명하여야 할 것이나, 이러한 절차를 통하여 채권 및 근저당권의 양수인의 신청에 의하여 개시된 경매절차가 실효되지 아니한 이상 그 경매절차는 적법한 것이고, 또한 그 경매신청인은 양수채권의 변제를 받을 수도 있다. 그리고 채권양도의 대항요건의 흠결의 경우 채권을 주장할 수 없는 채무자 이외의 제3자는 양도된 채권 자체에 관하여 양수인의 지위와 양립할 수 없는 법률상 지위를 취득한 자에 한하므로, 선순위의 근저당권부채권을 양수한 채권자보다 후순위의 근저당권자는 채권양도의 대항요건을 갖추지 아니한 경우 대항할 수 없는 제3자에 포함되지 않는다. 이러한 이치는 근저당권부채권의 양도통지 후 채권양도계약이 해제된 경우에 양수인의 채무자에 대한 해제사실의 통지 없이 양도인이 경매신청을 하는 경우에도 마찬가지라고 할 것이다.

③ (O) [**대법원** 2011. 6. 30. **선고** 2011**다**8614 **판결**] 지명채권 양도의 채무자에 대한 대항요건은 채무자에 대한 채권양도의 통지 또는 채무자의 승낙인데, 채권양도 통지가 채무자에 대하여 이루어져야 하는 것과는 달리 채무자의 승낙은 양도인 또는 양수인 모두가 상대방이 될 수 있다. 한편 지명채권 양도의 대항요건인 채무자의 승낙은 채권양도 사실을 채무자가 승인하는 의사를 표명하는 채무자의 행위라고 할 수 있는데, 채무자는 채권양도를 승낙하면서 조건을 붙여서 할 수 있다(필자 註 : 甲 회사가 수급인 乙 회사에 공사자재를 공급하면서 도급인 丙 회사에 자재대금 상당액을 甲 회사에 직불하겠다는 내용의 확인서('제1확인서')를 받아올 것을 요구하자, 丙 회사가 제1확인서를 작성하여 주는 조건으로 乙 회

사가 일정 날짜까지 공사를 완료하지 못할 경우 제1확인서를 무효화하기로 하는 내용의 확인서('제2확인서')를 乙 회사에 요구하여, 丙, 乙 회사가 각각 제1, 2확인서를 작성하여 주었는데, 乙 회사가 丙 회사에게서 받은 제1확인서를 甲 회사에 전달함으로써 乙 회사가 丙 회사에 대한 공사대금채권을 甲 회사에 양도한 사안에서, 채무자 丙 회사는 채권양도계약상 양도인인 乙 회사에게 채권양도에 관하여 사전에 해제조건이 붙은 승낙을 한 것이고 丙 회사의 조건부 승낙은 乙 회사가 일정 날짜까지 공사를 완료하지 못함으로써 해제조건이 성취되어 그때로부터 효력을 상실하였으므로, 甲 회사는 채권양도로써 채무자인 丙 회사에 대하여 대항할 수 없게 되었다고 본 원심판단을 수긍한 사례).

④ **(O)** 동일자 도달의 경우에는 동시도달을 추정하는 것이 판례이다.
[**대법원** 1994. 4. 26. **선고** 93**다**24223 **전원합의체 판결**] 채권양도 통지와 채권가압류결정 정본이 같은 날 도달되었는데 그 선·후관계에 대하여 달리 입증이 없으면 동시에 도달된 것으로 추정한다.

⑤ **(×)** 채권양수인이 채권발생 원인계약이 해제되었을 때에 보호되는 제3자에 해당하는지를 묻는 지문이다. 채권양수인은 계약관계의 존속을 전제로 이해관계를 맺은 자에 불과하므로 해제의 소급효로부터 보호되는 제3자에 해당하지 않는다. 채무자는 계약해제로써 채권양수인에게 대항할 수 있다.
[**대법원** 1996. 4. 12. **선고** 95**다**49882 **판결**] 민법 제548조 제1항 단서에서 규정하는 제3자라 함은 그 해제된 계약으로부터 생긴 법률적 효과를 기초로 하여 새로운 이해관계를 가졌을 뿐 아니라 등기·인도 등으로 완전한 권리를 취득한 자를 지칭하는 것이고, 계약상의 채권을 양도받은 양수인은 특별한 사정이 없는 이상 이에 포함되지 않는다. 아파트 분양신청권이 전전매매된 후 최초의 매매당사자가 계약을 합의해제한 경우, 그 분양신청권을 전전매수한 자는 설사 그가 백지 매도증서, 위임장 등 제반 서류를 소지하고 있다 하더라도 완전한 권리를 취득한 것이라고 할 수 없고, 또한 매매계약을 합의해제한 다음 이를 회수하지 아니하였다고 하여 그에 대하여 매매계약의 해제를 주장할 수 없는 것은 아니다.

정답 ⑤

9. 채권양도에 관한 설명 중 옳지 않은 것은? (다툼이 있는 경우 판례에 의함) [16 변호사]

① 부동산 매매로 인한 소유권이전등기청구권을 제3자에게 양도하는 경우 매수인이 매도인에게 양도사실을 통지하는 것만으로는 매도인에 대한 대항력이 생기지 않으며 반드시 매도인의 동의나 승낙을 받아야 대항력이 생긴다.

② 당사자의 의사표시에 의한 채권양도금지 특약은 제3자가 악의인 경우는 물론 제3자가 채권양도금지 특약을 알지 못한 데에 중대한 과실이 있는 경우에도 채권양도금지 특약으로써 대항할 수 있고, 제3자의 악의 내지 중과실은 채권양도금지 특약으로 양수인에게 대항하려는 자가 이를 주장·증명하여야 한다.

③ 당사자의 의사표시에 의한 채권양도금지 특약이 있는 경우 악의의 양수인으로부터 다시 선의로 양수한 전득자는 그 채권을 유효하게 취득하나, 선의의 양수인으로부터 다시 채권을 양수한 악의의 전득자는 그 채권을 유효하게 취득하지 못한다.

④ 전세금반환채권의 경우, 전세권이 존속하는 동안은 전세권을 존속시키기로 하면서 전세금반환채권만을 전세권과 분리하여 확정적으로 양도하는 것은 허용되지 않으며, 다만 전세권 존속 중에는 장래에 그 전세권이 소멸하는 경우에 전세금 반환채권이 발생하는 것을 조건으로 그 장래의 조건부 채권을 양도할 수 있다.

⑤ 채무자가 채권자에게 채무변제와 관련하여 다른 채권을 양도하는 것은 특단의 사정이 없는 한 채무변제를 위한 담보 또는 변제의 방법으로 양도되는 것으로 추정할 것이지 채무변제에 갈음한 것으로 볼 것은 아니어서, 그 경우 채권양도만 있으면 바로 원래의 채권이 소멸한다고 볼 수는 없고 채권자가 양도받은 채권을 변제받은 때에 비로소 그 범위 내에서 채무자가 면책된다.

해설

① (O) 매매로 인한 소유권이전등기청구권이 양도가 제한되는 권리인지를 묻는 지문이다. 중간생략 등기청구권을 원칙적으로 부정하는 판례의 태도에 맞추어 양도가 제한되는 권리로 이해하는 것이 판례의 태도이다. 양도를 채무자에게 대항하기 위해서는 채무자의 승낙이 있어야 하며, 단순히 채권양도 통지의 대항요건을 구비하는 것으로는 부족하다.

[**대법원** 2001. 10. 9. **선고** 2000**다**51216 **판결**] 부동산의 매매로 인한 소유권이전등기청구권은 물권의 이전을 목적으로 하는 매매의 효과로서 매도인이 부담하는 재산권이전의무의 한 내용을 이루는 것이고, 매도인이 물권행위의 성립요건을 갖추도록 의무를 부담하는 경우에 발생하는 채권적 청구권으로 그 이행과정에 신뢰관계가 따르므로, 소유권이전등기청구권을 매수인으로부터 양도받은 양수인은 매도인이 그 양도에 대하여 동의하지 않고 있다면 매도인에 대하여 채권양도를 원인으로 하여 소유권이전등기절차의 이행을 청구할 수 없고, 따라서 매매로 인한 소유권이전등기청구권은 특별한 사정이 없는 이상 그 권리의 성질상 양도가 제한되고 그 양도에 채무자의 승낙이나 동의를 요한다고 할 것이므로 통상의 채권양도와 달리 양도인의 채무자에 대한 통지만으로는 채무자에 대한 대항력이 생기지 않으며 반드시 채무자의 동의나 승낙을 받아야 대항력이 생긴다.

② (O) 양도금지특약을 대항하지 못하는 제3자의 의미 및 증명책임을 묻는 지문이다.

[**대법원** 2003. 1. 24. **선고** 2000**다**5336 **판결**] 채무자는 제3자가 채권자로부터 채권을 양수한 경우 채권양도금지 특약의 존재를 알고 있는 양수인이나 그 특약의 존재를 알지 못함에 중대한 과실이 있는 양수인에게 그 특약으로써 대항할 수 있고, 여기서 말하는 중과실이란 통상인에게 요구되는 정도의 상당한 주의를 하지 않더라도 약간의 주의를 한다면 손쉽게 그 특약의 존재를 알 수 있음에도 불구하고 그러한 주의조차 기울이지 아니하여 특약의 존재를 알지 못한 것을 말하며, 제3자의 악의 내지 중과실은 채권양도 금지의 특약으로 양수인에게 대항하려는 자가 이를 주장·입증하여야 한다.

③ (×) 양도금지특약부 채권의 양수인이 악의인 경우, 그로부터의 선의 전득자가 채권을 취득할 수 있는지를 묻는 지문이다. 양도금지특약은 선의의 제3자에 대항할 수 없는데 제3자에는 전득자도 포함된다. 따라서 악의의 양수인으로부터 선의 전득자는 채권을 취득할 수 있다.

[**대법원** 2015. 4. 9. **선고** 2012**다**118020 **판결**] 당사자의 의사표시에 의한 채권양도금지 특약은 제3자가 악의인 경우는 물론 제3자가 채권양도금지 특약을 알지 못한 데에 중대한 과실이 있는 경우에도 채권양도금지 특약으로써 대항할 수 있고, 제3자의 악의 내지 중과실은 채권양도금지 특약으로 양수인에게 대항하려는 자가 이를 주장·증명하여야 한다. 그리고 민법 제449조 제2항 단서는 채권양도금지 특약으로써 대항할 수 없는 자를 '선의의 제3자'라고만 규정하고 있어 채권자로부터 직접 양수한 자만을 가리키는 것으로 해석할 이유는 없으므로, 악의의 양수인으로부터 다시 선의로 양수한 전득자도 위 조항에서의 선의의 제3자에 해당한다. 또한 선의의 양수인을 보호하고자 하는 위 조항의 입법 취지에 비추어 볼 때, 이러한 선의의 양수인으로부터 다시 채권을 양수한 전득자는 선의·악의를 불문하고 채권을 유효하게 취득한다.

④ (O) 전세권 존속 중 전세금반환채권을 전세권과 분리하여 양도할 수 있는지를 묻는 지문이다.

[**대법원** 2002. 8. 23. **선고** 2001**다**69122 **판결**] 전세권은 전세금을 지급하고 타인의 부동산을 그 용도에 따라 사용·수익하는 권리로서 전세금의 지급이 없으면 전세권은 성립하지 아니하는 등으로 전세금은 전세권과 분리될 수 없는 요소일 뿐 아니라, 전세권에 있어서는 그 설정행위에서 금지하지 아니하는 한 전세권자는 전세권 자체를 처분하여 전세금으로 지출한 자본을 회수할 수 있도록 되어 있으므로 전세권이 존속하는 동안은 전세권을 존속시키기로 하면서 전세금반환채권만을 전세권과 분리하여 확정적으로 양도하는 것은 허용되지 않는 것이며, 다만 전세권 존속 중에는 장래에 그 전세권이 소멸하는 경우에 전세금 반환채권이 발생하는 것을 조건으로 그 장래의 조건부 채권을 양도할 수 있을 뿐이라 할 것이다.

⑤ (O) 채무변제와 관련하여 채권을 양도한 경우, 그 법적 성질을 묻는 지문이다. 다른 특별한 사정이 없는 한 채무변제에 갈음한 양도로 해석할 수 없다는 것이 판례이다.

[**대법원** 1995. 9. 15. **선고** 95**다**13371 **판결**] 채무자가 채권자에게 채무변제와 관련하여 다른 채권을 양도하는 것은 특단의 사정이 없는 한 채무변제를 위한 담보 또는 변제의 방법으로 양도되는 것으로 추정할 것이지 채무변제에 갈음한 것으로 볼 것은 아니어서, 채권양도만 있으면 바로 원래의 채권이 소멸한다고 볼 수는 없다.

정답 ③

10. **甲은 乙에 대한 3,000만 원의 물품대금채권 중 1,000만 원 부분을 丙에게 양도하고 乙에게 확정일자 있는 증서로 2015. 6. 2. 통지하여 그 통지는 같은 날 도달하였다. 그후 2015. 6. 30. 甲은 다시 위 물품대금채권 3,000만 원 전부를 丁에게 양도하였고, 같은 날 乙이 이의를 보류하지 않고 이를 구두로 승낙하였다. 한편 甲의 채권자 戊는 甲의 乙에 대한 3,000만 원의 물품대금채권 중 800만 원 부분에 대하여 압류 및 전부명령을 받았고, 그 전부명령은 2015. 7. 4. 乙에게 도달하여 확정되었다. 乙은 丁, 戊에게 각 얼마를 지급하여야 하는가? (다툼이 있는 경우 판례에 의함)** [16 변호사]

① 丁에게 3,000만 원, 戊에게 0원
② 丁에게 2,000만 원, 戊에게 0원
③ 丁에게 2,200만 원, 戊에게 800만 원
④ 丁에게 2,000만 원, 戊에게 800만 원
⑤ 丁에게 1,200만 원, 戊에게 800만 원

해설

※ 채권의 2중 양수인, 채권에 관한 전부채권자 등의 우열관계를 묻는 문제이다. 확정일자부 대항요건을 갖춘 채권양수인이 채권양수인으로서의 지위를 가지며, 채무자의 승낙에 의한 대항요건을 구비한 채권양수인에게 채무자는 채권이 이미 타인에게 귀속되었다는 항변을 할 수 있다.

이러한 법리에 비추어 위 사례를 살펴보면, 甲의 3천만 원 채권 중에서 丙은 1천만 원의 채권을 양수 취득하고, 여기에는 확정일자부 대항요건이 구비되어 있으므로 丁이나 戊에게 대항할 수 있다. 丁은 확정일자부 대항요건을 구비하지 아니한 채권양수인이고, 戊는 확정일자부 대항요건을 구비한 전부채권자이지만 丙에 대한 채권양도통지의 도달일이 더 빠르기 때문이다.

한편, 甲의 잔존 채권 2천만 원 중에서 8백만 원 채권은 전부채권자 戊에게 이전하며, 잔존 1천 2백만 원 채권은 丁에게 귀속된다. 戊는 전부채권자로서 확정일자부 대항요건을 구비한 자이나, 丁은 채무자에 대한 대항요건만을 구비하였을 뿐이므로 戊가 우선하기 때문이다.

결국, 채무자 乙은 丁에게 1천 2백만 원을, 전부채권자 戊에게 8백만 원을 지급하여야 한다.

[**대법원** 1994. 4. 29. **선고** 93**다**35551 **판결**] 민법은 채권의 귀속에 관한 우열을 오로지 확정일자 있는 증서에 의한 통지 또는 승낙의 유무와 그 선·후로써만 결정하도록 규정하고 있는데다가, 채무자의 "이의를 보류하지 아니한 승낙"은 민법 제451조 제1항 전단의 규정 자체로 보더라도 그의 양도인에 대한 항변을 상실시키는 효과밖에 없고, 채권에 관하여 권리를 주장하는 자가 여럿인 경우 그들 사이의 우열은 채무자에게도 효력이 미치므로, 위 규정의 "양도인에게 대항할 수 있는 사유"란 채권의 성립, 존속, 행사를 저지 배척하는 사유를 가리킬 뿐이고, 채권의 귀속(채권이 이미 타인에게 양도되었다는 사실)은 이에 포함되지 아니한다.

정답 ⑤

11. **채권양도에 관한 설명 중 옳은 것을 모두 고른 것은? (다툼이 있는 경우 판례에 의함)** [15 변호사]

ㄱ. 주채무자에 대하여 채권양도통지 등 대항요건을 갖추었다면 연대보증인에 대하여 별도의 대항요건을 갖추지 않았더라도 양수인은 연대보증인에게 대항할 수 있다.
ㄴ. 임대인이 임대차보증금반환채권의 양도통지를 받은 후에는 임대인과 임차인 사이에 임대차계약의 갱신이나 계약기간 연장에 관하여 명시적 또는 묵시적 합의가 있더라도 그 합의의 효과는 임대차보증금반환채권의 양수인에 대하여는 미칠 수 없다.
ㄷ. 지명채권의 양도통지를 한 후 양도계약이 합의해제된 경우, 채권양도인이 해제를 이유로 다시 원래의 채무자에 대하여 양도채권으로 대항하려면, 채권양도인이 채권양수인의 동의를 받아 양도통지를 철회하거나 채권양수인이 채무자에게 위와 같은 해제 사실을 통지하여야 한다.

① ㄷ ② ㄱ, ㄴ ③ ㄱ, ㄷ
④ ㄴ, ㄷ ⑤ ㄱ, ㄴ, ㄷ

해설

ㄱ. (O) 주채권양도에 대한 대항요건으로 연대보증인에게 대항할 수 있는지를 묻는 지문이다. 보증채권은 수반성에 의하여 주채권양수인에게 당연히 이전하므로 보증인에 대한 대항요건을 별도로 구비할 필요가 없다.

[**대법원** 2002. 9. 10. **선고** 2002**다**21509 **판결**] [1] 보증채무는 주채무에 대한 부종성 또는 수반성이 있어서 주채무자에 대한 채권이 이전되면 당사자 사이에 별도의 특약이 없는 한 보증인에 대한 채권도 함께 이전하고, 이 경우 채권양도의 대항요건도 주채권의 이전에 관하여 구비하면 족하고, 별도로 보증채권에 관하여 대항요건을 갖출 필요는 없다. [2] 주채권과 보증인에 대한 채권의 귀속주체를 달리하는 것은, 주채무자의 항변권으로 채권자에게 대항할 수 있는 보증인의 권리가 침해되는 등 보증채무의 부종성에 반하고, 주채권을 가지지 않는 자에게 보증채권만을 인정할 실익도 없기 때문에 주채권과 분리하여 보증채권만을 양도하기로 하는 약정은 그 효력이 없다.

ㄴ. (O) 임대차보증금채권 양도통지 후 임대차계약의 갱신이나 기간연장 합의로 양수인에게 대항할 수 있는지를 묻는 지문이다. 통지 후에 양도인에 대하여 생긴 사유로 양수인에게 대항할 수 없으므로 갱신합의나 기간연장합의로 대항할 수 없다.

[**대법원** 1989. 4. 25. **선고** 88**다카**4253 **판결**] 임대인이 임대차보증금반환청구채권의 양도통지를 받은 후에는 임대인과 임차인 사이에 임대차계약의 갱신이나 계약기간 연장에 관하여 명시적 또는 묵시적 합의가 있더라도 그 합의의 효과는 보증금반환채권의 양수인에 대하여는 미칠 수 없다.

ㄷ. (O) 채권양도가 합의해제된 경우 대항요건을 구비하기 위한 요건을 묻는 지문이다. 양수인의 통지나 양수인의 동의를 얻은 양도인의 통지가 필요하다.

[**대법원** 2012. 11. 29. **선고** 2011**다**17953 **판결**] 민법 제452조는 '양도통지와 금반언'이라는 제목 아래 제1항에서 '양도인이 채무자에게 채권양도를 통지한 때에는 아직 양도하지 아니하였거나 그 양도가 무효인 경우에도 선의인 채무자는 양수인에게 대항할 수 있는 사유로 양도인에게 대항할 수 있다'고 하고, 제2항에서 '전항의 통지는 양수인의 동의가 없으면 철회하지 못한다'고 하여 채권양도가 불성립 또는 무효인 경우에 선의인 채무자를 보호하는 규정을 두고 있다. 이는 채권양도가 해제 또는 합의해제되어 소급적으로 무효가 되는 경우에도 유추적용할 수 있다고 할 것이므로, 지명채권의 양도통지를 한 후 양도계약이 해제 또는 합의해제된 경우에 채권양도인이 해제 등을 이유로

다시 원래의 채무자에 대하여 양도채권으로 대항하려면 채권양도인이 채권양수인의 동의를 받거나 채권양수인이 채무자에게 위와 같은 해제 등 사실을 통지하여야 한다. 이 경우 위와 같은 대항요건이 갖추어질 때까지 양도계약의 해제 등을 알지 못한 선의인 채무자는 해제 등의 통지가 있은 다음에도 채권양수인에 대한 반대채권에 의한 상계로써 채권양도인에게 대항할 수 있다고 봄이 타당하다.

정답 ⑤

12. **甲은 2012. 3. 5. 乙에게 1억 원을 변제기 2012. 12. 4. 로 정하여 대여하였다. 甲은 2012. 8. 5. 그 대여금 채권을 丙에게 양도하였고, 甲은 같은 날 乙에게 전화로 채권양도를 통지하였다. 다음 중 옳은 것을 모두 고른 것은? (다툼이 있는 경우에는 판례에 의하고, 각 지문은 모두 독립적이다)** [14 변호사]

ㄱ. 甲은 2012. 12. 3. 丁에게 乙에 대한 위 대여금채권을 이중으로 양도하고 내용증명우편으로 乙에게 채권양도 사실을 통지하였고, 그 통지가 2012. 12. 5. 도달되었다. 乙은 2012. 12. 4. 제1양수인 丙에게 위 채권 금액 1억 원을 변제하였다. 이 경우 제2양수인 丁이 乙을 상대로 양수금청구소송을 제기하면 승소할 수 없다.

ㄴ. 위 대여 당시 A는 乙을 위하여 甲에게 위 대여금 반환채무에 관하여 연대보증을 하였다. 甲은 丙에의 채권양도 당시 A에게는 채권양도의 통지도 하지 않고 승낙도 받지 못했다. 이 경우 丙은 A에게 보증채무의 이행을 구할 수 없다.

ㄷ. 위 대여 당시 甲과 乙은 그 채무에 관하여 양도금지특약을 하였다. 丙이 乙에게 양수금청구소송을 제기하자 乙은 양도금지특약이 있으므로 채권양도는 무효라고 주장하였다. 이에 丙은 그 특약에 관하여 알지 못했고 알지 못한 데에 중과실도 없다고 주장하였고, 乙은 丙이 알았거나 알지 못한 데에 중과실이 있었다고 주장하였다. 乙과 丙 모두 그 점에 관하여 충분히 증명하지 못한 경우 丙은 승소할 수 없다.

① ㄱ ② ㄴ ③ ㄷ
④ ㄱ, ㄴ ⑤ ㄱ, ㄷ

해설

※ 지명채권 양도에 따라 발생할 수 있는 법률문제를 묻는 사례문제이다.

ㄱ. (O) 채권이 2중으로 양도되고, 제2양도에 대한 확정일자부 양도통지가 도달되기 전에 채무자가 제1양수인에 대하여 채무를 변제한 경우, 변제의 효력을 묻는 지문이다. 비록 제1양수인이 확정일자부 대항요건을 구비하지 못하였다고 하더라도 단순통지에 의하여 채무자에 대한 대항요건을 갖춘 것이므로 확정일자부 증서에 의한 양도통지가 도달되기 전에 이루어진 채무자의 제1양수인에 대한 변제는 유효한 것으로 채권은 소멸한 것으로 된다. 따라서 제2양수인 丁이 채무자 乙을 상대로 양수금청구소송을 제기하여더라도 승소할 수는 없다.

ㄴ. (X) 주채권양도에 관하여 대항요건을 갖춘 채권양수인이 보증인에 대한 별도의 대항요건을 갖추지 않고도 보증인에 대하여 보증채권 취득을 주장할 수 있는지를 묻는 지문이다. 보증채권은 주채권 이전에 따라 당연히 채권양수인에게 이전하는 것이므로 별도로 보증인에 대한 대항요건을 필요로 하지 않는다.

[**대법원** 2002. 9. 10. **선고** 2002**다**21509 **판결**] 보증채무는 주채무에 대한 부종성 또는 수반성이 있어서 주채무자에 대한 채권이 이전되면 당사자 사이에 별도의 특약이 없는 한 보증인에 대한 채권도

함께 이전하고, 이 경우 채권양도의 대항요건도 주채권의 이전에 관하여 구비하면 족하고, 별도로 보증채권에 관하여 대항요건을 갖출 필요는 없다.

ㄷ. (×) 양도금지특약이 있는 채권이 양도된 경우, 양수인이 선의, 무중과실인 때에는 채권을 취득하는데, 양수인의 선의, 무중과실의 증명책임이 누구에게 있는지를 묻는 지문이다. 양수인은 특별한 사정이 없는 한 선의자로 추정되므로 채권양도의 효력을 부정하는 채무자가 양수인의 악의, 중과실을 증명하여야 한다. 따라서 채권양수인 丙의 악의, 중과실 여부가 충분히 증명되지 못한 때에는 丙은 선의, 무중과실로 추정되어 丙의 乙에 대하여 양구금청구소송에서 丙이 승소하게 된다.

[**대법원** 2003. 1. 24. **선고** 2000**다**5336 **판결**] 채무자는 제3자가 채권자로부터 채권을 양수한 경우 채권양도금지 특약의 존재를 알고 있는 양수인이나 그 특약의 존재를 알지 못함에 중대한 과실이 있는 양수인에게 그 특약으로써 대항할 수 있고, 여기서 말하는 중과실이란 통상인에게 요구되는 정도의 상당한 주의를 하지 않더라도 약간의 주의를 한다면 손쉽게 그 특약의 존재를 알 수 있음에도 불구하고 그러한 주의조차 기울이지 아니하여 특약의 존재를 알지 못한 것을 말하며, 제3자의 악의 내지 중과실은 채권양도 금지의 특약으로 양수인에게 대항하려는 자가 이를 주장·입증하여야 한다.

정답 ①

13. **甲은 2010. 2. 1. 乙에게 1억 원을 대여한 후 2010. 5. 3. 丙에게 위 대여금채권 전부를 양도하고, 같은 날 乙에게 확정일자 있는 내용증명우편으로 채권양도통지를 하여, 그 통지가 2010. 5. 6. 乙에게 도달하였다. 한편, 甲의 채권자인 丁은 2010. 4. 29. 위 대여금채권 전부에 대하여 압류명령을 받았고, 그 결정이 2010. 5. 6. 乙에게 도달하였다. 다음 설명 중 옳지 않은 것은? (다툼이 있는 경우에는 판례에 의함)**

[12 변호사]

① 丙과 丁 사이의 우열은 위 확정일자 있는 양도통지와 위 채권압류명령 중 어느 것이 乙에게 먼저 도달하였는지에 따라 결정하여야 한다.

② 위 확정일자 있는 양도통지가 위 채권압류명령보다 乙에게 먼저 도달하였더라도 위 채권압류명령이 무효로 되는 것은 아니다.

③ 위 채권양도통지와 위 채권압류명령 중 어느 것이 乙에게 먼저 도달하였는지 밝혀지지 아니한 경우, 丙은 아직 이행을 하지 않고 있는 乙에게 위 양수금채권 전부의 이행을 청구할 수 있다.

④ ③의 경우, 丙이 乙로부터 위 양수금 전부를 변제받았다면, 丁과의 사이에 각자의 채권액에 안분하여 내부적으로 정산할 의무를 부담한다.

⑤ ③의 경우, 乙은 위 대여금 채무액을 공탁함으로써 법률관계의 불안으로부터 벗어날 수 있다.

해설

① (O) 양립할 수 없는 법적 지위를 가진 제3자와 채권양수인 사이의 우열관계는 확정일자 있는 통지가 도달한 일시 혹은 확정일자 있는 승낙의 선후에 의한다. 채권압류의 효력이 발생하는 압류명령 도달 이전에 확정일자 있는 양도통지가 도달한 때에는 채권양수인인 丙이 우선하지만, 압류명령 도달 이후에 확정일자 있는 양도통지가 도달한 때에는 압류채권자인 丁이 우선한다.

[**대법원** 1994. 4. 26. **선고** 93**다**24223 **판결**] 채권이 이중으로 양도된 경우의 양수인 상호간의 우열은 확정일자 있는 양도통지가 채무자에게 도달한 일시 또는 확정 일자 있는 승낙의 일시의 선후에 의하여 결정하여야 할 것이고, 이러한 법리는 채권양수인과 동일 채권에 대하여 가압류명령을 집행한 자 사이의 우열을 결정하는 경우에 있어서도 마찬가지이므로, 확정일자 있는 채권양도 통지와

가압류 결정 정본의 제3채무자(채권양도의 경우는 채무자)에 대한 도달의 선후에 의하여 그 우열을 결정하여야 한다.(도달기준시설)

② (×) 채권이 양도되고 대항력(확정일자)을 구비한 상태에서 양도된 채권을 양도인의 채권자들이 압류, 추심명령을 하게 되면 이러한 압류, 추심은 무효이다.

[**대법원** 2002. 4. 26. **선고** 2001**다**59033 **판결**] [1] 채권양도는 구 채권자인 양도인과 신 채권자인 양수인 사이에 채권을 그 동일성을 유지하면서 전자로부터 후자에게로 이전시킬 것을 목적으로 하는 계약을 말한다 할 것이고, 채권양도에 의하여 채권은 그 동일성을 잃지 않고 양도인으로부터 양수인에게 이전된다 할 것이며, 가압류된 채권도 이를 양도하는데 아무런 제한이 없다 할 것이나, 다만 가압류된 채권을 양수받은 양수인은 그러한 가압류에 의하여 권리가 제한된 상태의 채권을 양수받는다고 보아야 할 것이고, 이는 채권을 양도받았으나 확정일자 있는 양도통지나 승낙에 의한 대항요건을 갖추지 아니하는 사이에 양도된 채권이 가압류된 경우에도 동일하다.

[2] 채권가압류의 처분금지의 효력은 본안소송에서 가압류채권자가 승소하여 채무명의를 얻는 등으로 피보전권리의 존재가 확정되는 것을 조건으로 하여 발생하는 것이므로 채권가압류결정의 채권자가 본안소송에서 승소하는 등으로 채무명의를 취득하는 경우에는 가압류에 의하여 권리가 제한된 상태의 채권을 양수받는 양수인에 대한 채권양도는 무효가 된다.

③ (○) ④ (○) ⑤ (○) 도달의 선후가 밝혀지지 아니한 경우의 효과를 묻는 지문이다. 이 경우에는 동시도달로 추정되고, 동시도달의 경우에는 각 채권양수인 등은 채무자에 대하여 전액을 청구할 수 있으나, 각 채권양수인들 사이에는 내부적 정산의무가 인정된다.

[**대법원** 1994. 4. 26. **선고** 93**다**24223 **판결**] [1] 채권양도 통지, 가압류 또는 압류명령 등이 제3채무자에 동시에 송달되어 그들 상호간에 우열이 없는 경우에도 그 채권양수인, 가압류 또는 압류채권자는 모두 제3채무자에 대하여 완전한 대항력을 갖추었다고 할 것이므로, 그 전액에 대하여 채권양수금, 압류전부금 또는 추심금의 이행청구를 하고 적법하게 이를 변제받을 수 있고, 제3채무자로서는 이들 중 누구에게라도 그 채무 전액을 변제하면 다른 채권자에 대한 관계에서도 유효하게 면책되는 것이며, 만약 양수채권액과 가압류 또는 압류된 채권액의 합계액이 제3채무자에 대한 채권액을 초과할 때에는 그들 상호간에는 법률상의 지위가 대등하므로 공평의 원칙상 각 채권액에 안분하여 이를 내부적으로 다시 정산할 의무가 있다.

[2] 채권양도의 통지와 가압류 또는 압류명령이 제3채무자에게 동시에 송달되었다고 인정되어 채무자가 채권양수인 및 추심명령이나 전부명령을 얻은 가압류 또는 압류채권자 중 한 사람이 제기한 급부소송에서 전액 패소한 이후에도 다른 채권자가 그 송달의 선후에 관하여 다시 문제를 제기하는 경우 기판력의 이론상 제3채무자는 이중지급의 위험이 있을 수 있으므로, 동시에 송달된 경우에도 제3채무자는 송달의 선후가 불명한 경우에 준하여 채권자를 알 수 없다는 이유로 변제공탁을 함으로써 법률관계의 불안으로부터 벗어날 수 있다.

[3] 채권양도 통지와 채권가압류결정 정본이 같은 날 도달되었는데 그 선후관계에 대하여 달리 입증이 없으면 동시에 도달된 것으로 추정한다.

정답 ②

14. **도급인 甲과 수급인 乙은 2023. 2. 1. 건물신축공사에 관한 도급계약을 체결하면서 완공 즉시 공사대금을 지급하기로 하였고, 乙은 2023. 9. 1. 공사를 완료하였다. 이에 관한 설명 중 옳지 않은 것은? (각 지문은 독립적이며, 다툼이 있는 경우 판례에 의함)** [25 변호사]

① 도급계약에 따른 乙의 공사대금 채권과 甲의 하자보수보증금 채권이 동시이행의 관계에 있는 경우, 乙이 2023. 5. 1. 丙에게 乙의 甲에 대한 공사대금 채권을 양도하고 그 다음 날 甲에게 확정일자 있는 증서에 의한 양도통지가 도달한 이후 甲의 하자보수보증금 채권이 발생하였더라도 甲은 이를 자동채권으로 하여 丙의 양수금 채권과 상계할 수 있다.

② 丙이 甲과 乙 사이에 공사대금 채권을 양도하지 않기로 약정한 사실을 알면서 乙의 甲에 대한 공사대금 채권에 대하여 압류 및 전부명령을 받아 그 명령이 확정된 경우, 그 압류 및 전부명령은 유효하다.

③ 丙이 乙의 甲에 대한 공사대금 채권에 대하여 2023. 4. 1. 압류 및 전부명령을 받고 그 다음 날 甲, 乙에게 위 압류 및 전부명령이 모두 송달되어 확정된 경우, 甲이 위 압류 및 전부명령을 송달받기 전에 乙에 대한 대여금 채권을 가지고 있었고 그 대여금 채권의 변제기가 2023. 8. 1.이라면 甲은 乙에 대한 대여금 채권을 자동채권으로 하여 丙의 전부금 채권과 상계할 수 있다.

④ 乙이 2023. 10. 1. 丙에게 甲에 대한 공사대금 채권을 양도하고 2023. 11. 1. 甲에게 확정일자 있는 증서에 의한 양도통지가 도달한 경우, 丙이 양수금 채권으로 甲의 丙에 대한 2023. 9. 1.이 변제기인 대여금 채권과 상계한다면 그 상계적상일은 2023. 11. 1.이다.

⑤ 乙이 2023. 4. 1. 丙에게 甲에 대한 공사대금 채권을 양도하고 그 다음 날 甲에게 확정일자 있는 증서에 의한 양도통지가 도달한 다음, 乙의 채권자 丁이 2023. 5. 1. 乙의 甲에 대한 공사대금 채권에 대하여 압류명령을 받은 경우, 그 후 乙의 다른 채권자인 戊가 제기한 사해행위취소소송에 의하여 위 채권양도가 취소되었다면 위 압류명령은 장래에 乙에게 원상회복될 공사대금 채권에 대한 것으로서 유효하다.

해 설

① **(O)** 판례는 채권양도에 의하여 채권은 그 동일성을 유지하면서 양수인에게 이전되고, 채무자는 양도통지를 받은 때까지 양도인에 대하여 생긴 사유로써 양수인에게 대항할 수 있다(민법 제451조 제2항). 따라서 채무자의 채권양도인에 대한 자동채권이 발생하는 기초가 되는 원인이 양도 전에 이미 성립하여 존재하고 자동채권이 수동채권인 양도채권과 동시이행의 관계에 있는 경우에는, 양도통지가 채무자에게 도달하여 채권양도의 대항요건이 갖추어진 후에 자동채권이 발생하였다고 하더라도 채무자는 동시이행의 항변권을 주장할 수 있고, 그 채권에 의한 상계로 양수인에게 대항할 수 있다고 본다(2014다80945). 따라서 甲은 이를 자동채권으로 하여 丙의 양수금 채권과 상계할 수 있다.

② **(O)** 판례는『당사자 사이에 양도금지의 특약이 있는 채권이더라도 전부명령에 의하여 전부되는 데에는 지장이 없고, 양도금지의 특약이 있는 사실에 관하여 집행채권자가 선의인가 악의인가는 전부명령의 효력에 영향을 미치지 못하는 것인바, 이와 같이 양도금지특약부 채권에 대한 전부명령이 유효한 이상, 그 전부채권자로부터 다시 그 '채권을 양수한 자'가 그 특약의 존재를 알았거나 중대한 과실로 알지 못하였다고 하더라도 채무자는 위 특약을 근거로 삼아 채권양도의 무효를 주장할 수 없다』고 보아 채권양도금지의 의사표시가 있더라도 임의의 양도를 제한할 수 있을 뿐, 채권의 압류를 제한할 수는 없으므로, '악의의 채권자'라도 압류 및 전부명령에 의해 채권을 취득할 수 있다고 본다(2001다3771).

③ **(O)** 판례는 압류 또는 가압류의 효력발생 당시에 제3채무자가 채무자에 대해 갖는 자동채권의 변제기가 아직 도래하지 않았더라도, 압류채권자가 그 이행을 청구할 수 있는 때, 즉 피압류채권인 수동채권의 변제기가 도래할 때에 자동채권의 변제기가 동시에 도래하거나 또는 그 전에 도래한 때에는, 제3채무자의 상계에 관한 기대는 보호되어야 한다는 이유에서 상계할 수 있는 것으로 본다(86다카2762). 따라서 甲은 乙에 대한 대여금 채권을 자동채권으로 하여 丙의 전부금 채권과 상계할 수 있다.

④ **(O)** 판례는 채권양수인이 양수채권을 자동채권으로 하여 그 채무자가 채권양수인에 대해 가지고 있던 기존 채권과 상계한 경우, 채권양수인은 채권양도의 대항요건이 갖추어진 때 비로소 자동채권

을 행사할 수 있으므로 채권양도 전에 이미 양 채권의 변제기가 도래하였다고 하더라도 상계의 효력은 변제기로 소급하는 것이 아니라 채권양도의 대항요건이 갖추어진 시점으로 소급한다고 본다(2022다200089). 따라서 2023. 11. 1. 甲에게 확정일자 있는 증서에 의한 양도통지가 도달하여 대항요건을 구비하였으므로 2023. 11. 1.이 상계적상일이다.

⑤ (×) 판례는 i) 채무자가 압류 또는 가압류의 대상인 채권을 양도하고 확정일자 있는 통지 등에 의한 채권양도의 대항요건을 갖추었다면, 그 후 채무자의 다른 채권자가 그 양도된 채권에 대하여 압류 또는 가압류를 하더라도 그 압류 또는 가압류 당시에 피압류채권은 이미 존재하지 않는 것과 같아 압류 또는 가압류로서의 효력이 없다. ii) 채권압류명령 등 당시 피압류채권이 이미 제3자에 대한 대항요건을 갖추어 양도되어 그 명령이 효력이 없는 것이 되었다면, 그 후의 사해행위취소소송에서 위 채권양도계약이 취소되어 채권이 원채권자에게 복귀하였다고 하더라도 이미 무효로 된 채권압류명령 등이 다시 유효로 되는 것은 아니라고 본다(2022다247521). 따라서 乙이 丙에게 甲에 대한 공사대금 채권을 양도하고 그 다음 날 甲에게 확정일자 있는 증서에 의한 양도통지가 도달한 다음, 乙의 채권자 丁이 乙의 甲에 대한 공사대금 채권에 대하여 압류명령을 받은 경우 압류는 무효이므로, 그 후 乙의 다른 채권자인 戊가 제기한 사해행위취소소송에 의하여 위 채권양도가 취소되었더라도 위 압류명령은 무효이다. 정답 ⑤

제5절 채무인수

1. **중첩적(병존적) 채무인수에 관한 설명 중 옳은 것을 모두 고른 것은? (각 지문은 독립적이며, 다툼이 있는 경우 판례에 의함)** [23 변호사]

ㄱ. 甲이 乙에게 임대한 자기 소유 건물을 丙에게 매도하면서 乙의 승낙 없이 乙에 대한 임대차보증금반환채무를 丙이 인수하고 그 채무액만큼 매매대금에서 공제하기로 약정한 경우, 특별한 사정이 없는 한 그 약정은 중첩적 채무인수에 해당한다.
ㄴ. 甲이 乙에 대해 부담하는 채무를 乙과 丙의 합의에 따라 丙이 중첩적으로 인수하는 경우, 그 채무인수에 대하여 甲이 동의하지 않더라도 중첩적 채무인수의 효력에는 아무런 영향이 없다.
ㄷ. 乙이 甲 소유의 토지를 매수하면서, 甲과 乙 사이에 중도금 및 잔금을 乙이 甲의 채권자 丙에게 직접 지급하기로 하여 丙으로 하여금 그 채권을 취득하게 할 의사로 약정한 경우, 그 약정은 제3자를 위한 계약으로서 중첩적 채무인수에 해당한다.

① ㄴ ② ㄱ, ㄴ ③ ㄱ, ㄷ
④ ㄴ, ㄷ ⑤ ㄱ, ㄴ, ㄷ

해설

ㄱ. (×) 보증금반환채무를 매수인이 인수하는 한편, 그 채무액을 매매대금에서 공제하기로 약정한 경우, 그 약정의 성질을 어떻게 파악해야 하는지를 묻는 지문이다. 매도인과 매수인 사이에서는 이행인수로서의 성질을 가진다. 매수인이 임차인에 대하여 직접 채무를 부담하겠다는 의사를 인정할 특별한 사정이 없는 때에는 채무인수로서의 성질을 가진다고 할 수는 없다.

다만, 이 지문은 약간의 문제가 있다. 매도인과 매수인 사이에서는 이행인수로서의 성질을 가지는 것은 분명하다. 매수인은 이행인수의 대가로 매매대금 채무 일부를 면하기 때문에 채무부담의사가 없다고 단정할 수는 없다. 지문의 정보만으로는 판단하기 어렵다. 또한 임차인 乙의 임차권에 대항력이 구비되어 있는 때에는 임차인의 승낙이 없더라도 매수인은 임대인의 지위를 승계하고 보증금 반환채무를 면책적으로 인수할 수도 있다.

[**대법원** 2008. 9. 11. **선고** 2008**다**39663 **판결**] 부동산의 매수인이 매매목적물에 관한 임대차보증금 반환채무 등을 인수하는 한편 그 채무액을 매매대금에서 공제하기로 약정한 경우, 그 인수는 특별한 사정이 없는 이상 매도인을 면책시키는 면책적 채무인수가 아니라 이행인수로 보아야 하고, 면책적 채무인수로 보기 위해서는 이에 대한 채권자 즉 임차인의 승낙이 있어야 한다. 이 경우 임차인의 승낙은 반드시 명시적 의사표시에 의하여야 하는 것은 아니고 묵시적 의사표시에 의하여서도 가능하다고 할 것이나, 주택의 임차인이 제3자에 대한 대항력을 갖추기 전에 임차주택의 소유권이 양도되어 당연히 양수인이 임대차보증금 반환채무를 면책적으로 인수한 것으로 볼 수 없는 경우 주택 임차인의 어떠한 행위를 임대차보증금 반환채무의 면책적 인수에 대한 묵시적 승낙의 의사표시에 해당한다고 볼 것인지 여부는 그 행위 당시 임대차보증금의 객관적 회수가능성 등 제반 사정을 고려하여 신중하게 판단하여야 한다.

ㄴ. (O) 중첩적 채무인수에 의해서는 채무자가 채무를 면하는 것이 아니므로 이해관계 없는 제3자도 채권자와의 계약으로 중첩적 채무인수를 할 수 있고, 채무자의 동의 여부는 중첩적 채무인수의 효력에 아무런 영향을 주지 않는다.

[**대법원** 1988. 11. 22. **선고** 87**다카**1836 **판결**] 중첩적 채무인수는 채권자와 채무인수인과의 합의가 있는 이상 채무자의 의사에 반하여서도 이루어질 수 있다.

ㄷ. (O) 채무자와 인수인간의 중첩적 채무인수약정은 채권자가 인수인에 대하여 직접 권리를 취득하게 하는 것을 목적으로 하므로 제3자를 위한 계약에 해당한다. 매수인 乙이 매도인 甲과의 합의로 乙이 甲의 채권자 丙에게 중도금 및 잔금을 직접 지급하기로 하여 丙이 乙에 대하여 직접 채권을 취득하도록 하였다면 이는 제3자를 위한 계약이면서 동시에 甲이 丙에 대하여 부담하는 채무에 관해서는 중첩적으로 그 채무를 인수한 것으로 보아야 한다. 정답 ④

2. **채권관계의 당사자 변경에 관한 설명 중 옳은 것을 모두 고른 것은? (다툼이 있는 경우 판례에 의함)** [22 변호사]

ㄱ. 양도금지특약을 위반하여 채권을 제3자에게 양도한 경우에, 채권양수인이 양도금지특약이 있음을 알았거나 중대한 과실로 알지 못하였다면, 채권 이전의 효과가 생기지 아니한다.

ㄴ. 「주택임대차보호법」이 정한 대항요건을 갖춘 임대차의 목적인 주택의 양수인은 임대차보증금반환채무를 면책적으로 인수하고, 양도인은 임대차관계에서 탈퇴하여 임차인에 대한 임대차보증금반환채무를 면한다.

ㄷ. 병존적 채무인수에서 인수인이 채무자의 부탁 없이 채권자와의 계약으로 채무를 인수하는 것은 매우 드문 일이므로, 채무자와 인수인은 통상 주관적 공동관계가 있는 연대채무관계에 있고, 인수인이 채무자의 부탁을 받지 아니하여 주관적 공동관계가 없는 경우에는 부진정 연대관계에 있는 것으로 보아야 한다.

ㄹ. 채무자와 인수인의 합의에 의한 병존적 채무인수는 일종의 제3자를 위한 계약이라고 할 것이므로, 채권자의 수익의 의사표시는 계약의 효력발생요건이다.

① ㄱ ② ㄱ, ㄷ ③ ㄴ, ㄹ
④ ㄱ, ㄴ, ㄷ ⑤ ㄱ, ㄴ, ㄷ, ㄹ

해설

ㄱ. (O) [**대법원** 2019. 12. 19. **선고** 2016**다**24284 **전원합의체 판결**] 채권은 양도할 수 있다. 그러나 채권의 성질이 양도를 허용하지 아니하는 때에는 그러하지 아니하다(민법 제449조 제1항). 그리고 채권은 당사자가 반대의 의사를 표시한 경우에는 양도하지 못한다. 그러나 그 의사표시로써 선의의 제3자에게 대항하지 못한다(민법 제449조 제2항). 이처럼 당사자가 양도를 반대하는 의사를 표시(이하 '양도금지특약'이라고 한다)한 경우 채권은 양도성을 상실한다. 양도금지특약을 위반하여 채권을 제3자에게 양도한 경우에 채권양수인이 양도금지특약이 있음을 알았거나 중대한 과실로 알지 못하였다면 채권 이전의 효과가 생기지 아니한다. 반대로 양수인이 중대한 과실 없이 양도금지특약의 존재를 알지 못하였다면 채권양도는 유효하게 되어 채무자는 양수인에게 양도금지특약을 가지고 채무 이행을 거절할 수 없다. 채권양수인의 악의 내지 중과실은 양도금지특약으로 양수인에게 대항하려는 자가 주장·증명하여야 한다.

ㄴ. (O) [**대법원** 1993. 7. 16. **선고** 93**다**17324 **판결**] 주택의 임차인이 제3자에 대한 대항력을 구비한 후 임차 주택의 소유권이 양도된 경우에는, 그 양수인이 임대인의 지위를 승계하게 되고, 임차보증금 반환채무도 주택의 소유권과 결합하여 일체로서 이전하며, 이에 따라 양도인의 위 채무는 소멸한다 할 것이므로, 주택 양수인이 임차인에게 임대차보증금을 반환하였다 하더라도, 이는 자신의 채무를 변제한 것에 불과할 뿐, 양도인의 채무를 대위변제한 것이라거나, 양도인이 위 금액 상당의 반환채무를 면함으로써 법률상 원인 없이 이익을 얻고 양수인이 그로 인하여 위 금액 상당의 손해를 입었다고 할 수 없다.

ㄷ. (O) [**대법원** 2014. 8. 20. **선고** 2012**다**97420 **판결**] 중첩적 채무인수에서 인수인이 채무자의 부탁 없이 채권자와의 계약으로 채무를 인수하는 것은 매우 드문 일이므로 채무자와 인수인은 원칙적으로 주관적 공동관계가 있는 연대채무관계에 있고, 인수인이 채무자의 부탁을 받지 아니하여 주관적 공동관계가 없는 경우에는 부진정연대관계에 있는 것으로 보아야 한다.

ㄹ. (×) 채권자의 수익의 의사표시는 계약의 효력발생요건이 아니라 채권자의 권리취득요건에 불과하다.
[**대법원** 2013. 9. 13. **선고** 2011**다**56033 **판결**] 채무자와 인수인의 합의에 의한 중첩적 채무인수는 일종의 제3자를 위한 계약이라고 할 것이므로, 채권자는 인수인에 대하여 채무이행을 청구하거나 기타 채권자로서의 권리를 행사하는 방법으로 수익의 의사표시를 함으로써 인수인에 대하여 직접 청구할 권리를 갖게 된다. 이러한 점에서 채무자에 대한 채권을 상실시키는 효과가 있는 면책적 채무인수의 경우 채권자의 승낙을 계약의 효력발생요건으로 보아야 하는 것과는 달리, 채무자와 인수인의 합의에 의한 중첩적 채무인수의 경우 채권자의 수익의 의사표시는 그 계약의 성립요건이나 효력발생요건이 아니라 채권자가 인수인에 대하여 채권을 취득하기 위한 요건이다.

정답 ④

3. **甲은 乙로부터 乙 소유의 X토지를 9억 원에 매수하되, X토지의 임차인인 丙에 대하여 乙이 부담하고 있는 5억 원의 임대차보증금반환채무를 인수하고, 위 채무액을 매매대금에서 공제하기로 약정하였다. 이에 관한 설명 중 옳은 것을 모두 고른 것은? (다툼이 있는 경우 판례에 의함)** [21 변호사]

ㄱ. 甲이 乙로부터 X토지에 관한 임대차보증금반환채무를 인수하는 한편 그 채무액을 매매대금에서 공제하기로 약정한 경우, 그 인수는 특별한 사정이 없는 이상 이행인수로 보아야 하고, 면책적 채무인수로 보기 위해서는 이에 대한 丙의 승낙이 있어야 한다.

ㄴ. 임차인이 채무자인 임대인을 면책시키는 것은 그의 채권을 처분하는 행위이므로, 乙이 丙에 대한 임대차보증금반환채무를 면책받기 위해서는 반드시 丙의 명시적 의사표시에 의한 승낙을 받아야 한다.
ㄷ. 甲이 乙로부터 丙에 대한 임대차보증금반환채무에 관하여 면책적 채무인수를 하고자 할 경우, 甲이나 乙은 상당한 기간을 정하여 丙에게 면책적 채무인수에 관한 승낙 여부의 확답을 최고할 수 있고, 丙이 그 기간 내에 확답을 발송하지 아니한 때에는 이를 거절한 것으로 본다.
ㄹ. 면책적 채무인수를 하고자 하는 甲과 乙의 최고에 대한 승낙을 丙이 거절하여 甲과 乙이 매매계약을 해제하였더라도, 丙이 다시 이에 관하여 승낙하면 甲은 丙에 대하여 보증금반환채무를 부담한다.

① ㄱ, ㄷ　② ㄱ, ㄹ　③ ㄱ, ㄴ, ㄷ
④ ㄱ, ㄷ, ㄹ　⑤ ㄴ, ㄷ, ㄹ

해설

ㄱ. **(O)** 부동산과 관련된 매도인의 채무를 매수인이 인수하고 그 채무액을 매매대금에서 공제하는 약정의 성질을 묻는 지문이다. 이행인수약정으로 해석한다.
[**대법원** 2008. 9. 11. **선고** 2008**다**39663 **판결**] 부동산의 매수인이 매매목적물에 관한 임대차보증금반환채무 등을 인수하는 한편 그 채무액을 매매대금에서 공제하기로 약정한 경우, 그 인수는 특별한 사정이 없는 이상 매도인을 면책시키는 면책적 채무인수가 아니라 이행인수로 보아야 하고, 면책적 채무인수로 보기 위해서는 이에 대한 채권자 즉 임차인의 승낙이 있어야 한다. 이 경우 임차인의 승낙은 반드시 명시적 의사표시에 의하여야 하는 것은 아니고 묵시적 의사표시에 의하여서도 가능하다고 할 것이나, 주택의 임차인이 제3자에 대한 대항력을 갖추기 전에 임차주택의 소유권이 양도되어 당연히 양수인이 임대차보증금 반환채무를 면책적으로 인수한 것으로 볼 수 없는 경우 주택임차인의 어떠한 행위를 임대차보증금 반환채무의 면책적 인수에 대한 묵시적 승낙의 의사표시에 해당한다고 볼 것인지 여부는 그 행위 당시 임대차보증금의 객관적 회수가능성 등 제반 사정을 고려하여 신중하게 판단하여야 한다.
ㄴ. **(×)** 매도인과 매수인 사이의 약정이 면책적 채무인수가 되기 위해서는 채권자의 승낙이 있어야 하는데, 채권자의 승낙이 반드시 명시적일 필요는 없다. **대법원** 2008. 9. 11. **선고** 2008**다**39663 **판결 참고**.
ㄷ. **(O)** 제455조. 채무자와의 계약에 의한 면책적 채무인수의 효력이 생기기 위해서는 채권자의 승낙이 있어야 하고, 채무자나 채무인수인은 채권자에게 상당한 기간을 정하여 승낙여부의 확답을 최고할 수 있다. 채권자가 그 기간 내에 승낙을 발송하지 아니하는 때에는 승낙을 거절한 것으로 본다.
ㄹ. **(×)** 채무자와 인수인의 면책적 채무인수약정에 대하여 채권자가 승낙을 거절한 후에 다시 승낙을 할 수 있는지를 묻는 지문이다. 채권자의 승낙거절로 인하여 채무자와 인수인의 면책적 채무인수는 확정적으로 무효가 되므로 채권자가 다시 승낙을 할 수는 없다.
[**대법원** 1998. 11. 24. **선고** 98**다**33765 **판결**] 채권자의 승낙에 의하여 채무인수의 효력이 생기는 경우, 채권자가 승낙을 거절하면 그 이후에는 채권자가 다시 승낙하여도 채무인수로서의 효력이 생기지 않는다.

정답 ①

4. 이행인수에 관한 설명 중 옳은 것을 모두 고른 것은? (다툼이 있는 경우 판례에 의함) [19 변호사]

ㄱ. 이행인수인은 채무자의 채무를 변제하는 등으로 채무자를 면책시킬 의무를 부담하므로, 채권자에 대한 관계에서 직접 이행의무를 부담하게 된다.

ㄴ. 이행인수인은 채권자에게 채무를 이행하지 않을 경우 채무자에 대하여 채무불이행의 책임을 지게 되어 특별한 법적 불이익을 입게 될 지위에 있으므로, 「민법」 제481조에 의하여 법정대위를 할 수 있는 '변제할 정당한 이익이 있는 자'라고 할 수 있다.

ㄷ. 부동산의 매수인이 매매목적물에 관한 근저당권의 피담보채무를 인수하는 한편 그 채무액을 매매대금에서 공제하기로 약정한 경우, 다른 특별한 약정이 없는 이상 이는 매도인을 면책시키는 채무인수가 아니라 이행인수로 보아야 하고, 매수인은 공제하고 남은 매매대금을 지급할 뿐만 아니라 인수한 피담보채무도 변제하여야 잔금지급의무를 다하였다고 할 것이다.

ㄹ. 이행인수인이 채권자에 대하여 채무자의 채무를 승인하더라도 다른 특별한 사정이 없는 한 위 채무의 시효중단 사유가 되는 채무승인의 효력은 발생하지 않는다.

① ㄴ ② ㄱ, ㄷ ③ ㄴ, ㄷ
④ ㄴ, ㄹ ⑤ ㄷ, ㄹ

해 설

ㄱ. (×) 이행인수인은 채무자에 대하여 의무를 부담한 뿐이며, 채권자에 대하여 직접 이행의무를 부담하지 않는다.

ㄴ. (O) 이행인수인은 변제할 정당한 이익이 있는 자에 해당한다.

[**대법원** 2012. 7. 16. **자** 2009**마**461 **결정**] 민법 제481조에 의하여 법정대위를 할 수 있는 '변제할 정당한 이익이 있는 자'라고 함은 변제함으로써 당연히 대위의 보호를 받아야 할 법률상의 이익을 가지는 자를 의미한다. 그런데 이행인수인이 채무자와의 이행인수약정에 따라 채권자에게 채무를 이행하기로 약정하였음에도 불구하고 이를 이행하지 아니하는 경우에는 채무자에 대하여 채무불이행의 책임을 지게 되어 특별한 법적 불이익을 입게 될 지위에 있다고 할 것이므로, 이행인수인은 그 변제를 할 정당한 이익이 있다고 할 것이다.

ㄷ. (×) 공제하고 남은 매매대금을 지급함으로써 잔금지급의무를 다한 것으로 보아야 한다.

[**대법원** 1998. 10. 27. **선고** 98**다**25184 **판결**] 매수인이 매매목적물에 관한 근저당권의 피담보채무를 인수하는 것으로 매매대금의 지급에 갈음하기로 약정한 경우, 매수인이 그 채무를 현실적으로 당장 변제할 의무를 부담한다고 해석할 수 없으며, 특별한 사정이 없는 한, 매수인이 매매대금에서 그 채무액을 공제한 나머지를 지급함으로써 잔금지급의무를 다하였다고 할 것이고, 다만, 매수인은 인수채무의 이행시기 등에 관하여 다른 약정이 없는 한, 그 인수채무가 가지는 본래의 내용에 따라 이행하면 족하고 그 이행을 지체함으로써 매매대금의 일부를 지급하지 않은 것과 동일하다고 평가할 수 있는 특별한 사유가 있을 때에 한하여 계약해제권이 발생한다고 할 것이므로, 매수인이 인수한 피담보채무의 이자를 납부하지 아니하였다고 하더라도, 그로 인하여 매매목적물인 부동산이나 공동담보로 제공된 다른 부동산에 설정된 담보권의 실행으로 임의경매절차가 개시되었다거나 개시될 염려가 있고, 또한 매도인 측이 이를 막기 위하여 부득이 피담보채무를 변제할 필요성이 있는 경우가 아니라면, 그를 이유로 매매계약을 해제할 수는 없다.

ㄹ. (O) 이행인수인은 채무자의 채무를 승인할 관리권한이 있다고 할 수 없다.
[**대법원** 2016. 10. 27. **선고** 2015**다**239744 **판결**] 소멸시효 중단사유인 채무의 승인은 시효이익을 받을 당사자나 대리인만 할 수 있으므로 이행인수인이 채권자에 대하여 채무자의 채무를 승인하더라도 다른 특별한 사정이 없는 한 시효중단 사유가 되는 채무승인의 효력은 발생하지 않는다. 정답 ④

5. **丙은 乙의 甲에 대한 차용금반환채무를 인수하였다. 이에 관한 설명 중 옳지 않은 것은? (각 지문은 독립적이며, 다툼이 있는 경우 판례에 의함)** [18 변호사]

① 丙이 위 차용금반환채무를 면책적으로 인수한 경우, 丙은 乙이 甲에게 항변할 수 있었던 사유로 甲에게 대항할 수 없다.
② 乙과 丙 사이에 면책적 채무인수에 관한 약정이 있었던 경우, 乙 또는 丙은 상당한 기간을 정하여 이에 관한 승낙 여부의 확답을 甲에게 최고할 수 있고, 甲이 그 기간 내에 확답을 발송하지 않은 때에는 거절한 것으로 본다.
③ 乙과 丙 사이에 면책적 채무인수에 관한 약정이 있었던 경우, 甲이 승낙을 거절하였다면 그 이후에는 다시 승낙하여도 특별한 사정이 없는 한 甲에 대하여 면책적 채무인수로서의 효력이 생기지 않는다.
④ 丙이 甲과의 계약으로 위 차용금반환채무를 중첩적으로 인수한 경우, 丙이 乙의 부탁을 받지 아니하여 주관적 공동관계가 없었다면, 丙과 乙의 각 채무는 부진정연대관계에 있는 것으로 보아야 한다.
⑤ 丙이 乙의 부탁을 받아 甲과의 계약으로 위 차용금반환채무를 중첩적으로 인수한 경우, 丙이 甲에 대한 손해배상채권을 자동채권으로 하여 甲의 채권에 대하여 대등액에서 상계의 의사표시를 하였다면, 乙의 甲에 대한 채무도 상계에 의하여 소멸되었다고 보아야 한다.

해설

① (×) 제458조. 인수인은 전채무자의 항변할 수 있는 사유로 채권자에게 대항할 수 있다.
② (O) 제455조. 제3자가 채무자와의 계약으로 채무를 인수한 경우 제3자나 채무자는 상당한 기간을 정하여 승낙여부의 확답을 채권자에게 최고할 수 있고, 채권자가 그 기간 내에 확답을 발송하지 아니한 때에는 거절한 것으로 본다.
③ (O) 제3자와 채무자의 계약으로 채무를 면책적으로 인수하는 경우 채권자의 승낙에 의하여 그 효력이 생긴다(제454조 제1항). 채권자가 승낙을 거절하면 제3자와 채무자 사이의 면책적 채무인수약정은 그 효력을 상실하므로 그 후에 채권자가 다시 승낙하더라도 면책적 채무인수의 효력이 생기는 것은 아니다.
[**대법원** 1998. 11. 24. **선고** 98**다**33765 **판결**] 채권자의 승낙에 의하여 채무인수의 효력이 생기는 경우, 채권자가 승낙을 거절하면 그 이후에는 채권자가 다시 승낙하여도 채무인수로서의 효력이 생기지 않는다.
④ (O) 중첩적 채무인수인과 채무자의 각 채무는 연대채무가 되는 것이 원칙이지만, 중첩적 채무인수인과 채무자 사이에 주관적 공동관계가 없다면 부진정연대채무가 된다.
[**대법원** 2014. 8. 20. **선고** 2012**다**97420 **판결**] 중첩적 채무인수에서 인수인이 채무자의 부탁 없이 채권자와의 계약으로 채무를 인수하는 것은 매우 드문 일이므로 채무자와 인수인은 원칙적으로 주

관적 공동관계가 있는 연대채무관계에 있고, 인수인이 채무자의 부탁을 받지 아니하여 주관적 공동관계가 없는 경우에는 부진정연대관계에 있는 것으로 보아야 한다.

⑤ (O) 채무자의 부탁으로 중첩적 채무인수를 한 경우, 중첩적 채무인수인과 채무자의 각 채무는 연대채무관계에 있고, 연대채무자 1인의 상계로 인한 채무소멸의 효과는 절대적 효력이 있으므로(제418조 제1항) 다른 연대채무자도 채무를 면한다.

정답 ①

6. 채무인수 등에 관한 설명 중 옳지 않은 것은? (다툼이 있는 경우 판례에 의함) [17 변호사]

① 중첩적 채무인수는 채권자와 채무인수인과의 합의가 있는 이상 채무자의 의사에 반하여서도 이루어질 수 있다.

② 중첩적 채무인수에서 인수인이 채무자의 부탁으로 인수한 경우 채무자와 인수인은 원칙적으로 연대채무관계에 있다.

③ 채권자의 승낙에 의하여 면책적 채무인수의 효력이 생기는 경우, 채권자가 승낙을 거절하면 그 이후에는 채권자가 다시 승낙하여도 채무인수로서의 효력이 생기지 않는다.

④ 채무의 이행인수에 있어 채무자는 인수인이 그 채무를 이행하지 아니하는 경우 인수인에 대하여 채권자에게 이행할 것을 청구할 수 있고, 채권자는 채권자대위권에 의하여 채무자의 인수인에 대한 위와 같은 청구권을 대위행사할 수 있다.

⑤ 채무자와 인수인 사이의 면책적 채무인수약정에 대해 채권자의 승낙이 있는 경우, 채무자가 자신의 채무를 담보하기 위해 설정하였던 저당권은 원칙적으로 소멸한다.

해설

① (O) 이해관계 없는 제3자도 채무자의 의사에 반하여 중첩적 채무인수를 할 수 있다. 중첩적 채무인수에 의하여 채무자의 채무가 면책되는 것은 아니기 때문이다.
[**대법원** 1988. 11. 22. **선고** 87**다카**1836 **판결**] 중첩적 채무인수는 채권자와 채무인수인과의 합의가 있는 이상 채무자의 의사에 반하여서도 이루어질 수 있다.

② (O) 중첩적 채무인수인과 채무자 사이의 관계를 묻는 지문이다. 원칙적으로 연대채무관계이며, 주관적 공동관계가 없는 때에는 부진정연대채무관계가 된다.
[**대법원** 2014. 8. 20. **선고** 2012**다**97420 **판결**] 중첩적 채무인수에서 인수인이 채무자의 부탁 없이 채권자와의 계약으로 채무를 인수하는 것은 매우 드문 일이므로 채무자와 인수인은 원칙적으로 주관적 공동관계가 있는 연대채무관계에 있고, 인수인이 채무자의 부탁을 받지 아니하여 주관적 공동관계가 없는 경우에는 부진정연대관계에 있는 것으로 보아야 한다.

③ (O) 채권자의 승낙거절로 인하여 면책적 채무인수의 효력은 소멸하므로 그 후 채권자가 다시 승낙하더라도 채무자와 면책적 채무인수인 사이의 합의의 효력이 발생하는 것은 아니다.
[**대법원** 1998. 11. 24. **선고** 98**다**33765 **판결**] 채권자의 승낙에 의하여 채무인수의 효력이 생기는 경우, 채권자가 승낙을 거절하면 그 이후에는 채권자가 다시 승낙하여도 채무인수로서의 효력이 생기지 않는다.

④ (O) 채권자가 채무자의 이행인수약정상의 권리를 대위행사 할 수 있다는 것이 판례의 태도이다.
[**대법원** 2009. 6. 11. **선고** 2008**다**75072 **판결**] 이행인수는 인수인이 채무자에 대하여 그 채무를 이행할 것을 약정하는 채무자와 인수인 간의 계약으로서, 인수인은 채무자와 사이에 채권자에게 채무를 이행할 의무를 부담하는 데 그치고 직접 채권자에 대하여 채무를 부담하는 것이 아니므로 채권자는 직접 인수인에게 채무를 이행할 것을 청구할 수 없으나, 채무자는 인수인이 그 채무를 이행하지 아니

하는 경우 인수인에 대하여 채권자에게 이행할 것을 청구할 수 있고, 그에 관한 승소의 판결을 받은 때에는 금전채권의 집행에 관한 규정을 준용하여 강제집행을 할 수도 있다. 이러한 채무자의 인수인에 대한 청구권은 그 성질상 재산권의 일종으로서 일신전속적 권리라고 할 수는 없으므로, 채권자는 채권자대위권에 의하여 채무자의 인수인에 대한 청구권을 대위행사 할 수 있다.

⑤ (×) 면책적 채무인수로 제3자가 제공한 담보는 제3자의 동의가 없는 한 소멸하지만, 채무자가 제공한 담보는 채무자가 면책적 채무인수의 당사자인 때에는 소멸하지 않는다.

[**대법원** 1996. 10. 11. **선고** 96**다**27476 **판결**] 면책적 채무인수라 함은 채무의 동일성을 유지하면서 이를 종래의 채무자로부터 제3자인 인수인에게 이전하는 것을 목적으로 하는 계약을 말하는 바, 채무인수로 인하여 인수인은 종래의 채무자와 지위를 교체하여 새로이 당사자로서 채무관계에 들어서서 종래의 채무자와 동일한 채무를 부담하고 동시에 종래의 채무자는 채무관계에서 탈퇴하여 면책되는 것일 뿐 종래의 채무가 소멸하는 것이 아니므로, 채무인수로 종래의 채무가 소멸하였으니 저당권의 부종성으로 인하여 당연히 소멸한 채무를 담보하는 저당권도 소멸한다는 법리는 성립하지 않는다.

정답 ⑤

7. **甲은 乙로부터 乙 소유의 X 건물을 10억 원에 매수하는 매매계약을 체결하면서 위 매매대금 중 4억 원은 이미 X 건물에 설정되어 있던 乙의 근저당권부 차용금채무 4억 원을 甲이 인수하는 것으로 하고, 나머지 6억 원은 X 건물의 소유권이전등기서류와 상환으로 지급하기로 약정하였다. 다음 설명 중 옳은 것을 모두 고른 것은? (각 지문은 독립적이고, 다툼이 있는 경우 판례에 의함)** [15 변호사]

ㄱ. 甲이 乙의 위 근저당권부 차용금채무 4억 원을 乙로부터 인수하기로 약정한 것은, 특별한 사정이 없는 한 매매대금 중 4억 원의 지급에 갈음하기로 한 것이다.
ㄴ. 甲은 위 근저당권부 차용금채무 4억 원을 현실적으로 당장 변제할 의무는 없고, 특별한 사정이 없는 한 매매대금에서 위 채무액을 공제한 6억 원만 지급함으로써 잔금지급의무를 이행한 것으로 된다.
ㄷ. 甲이 인수한 위 근저당권부 차용금채무의 이자를 지급하지 않고 있다면, 특별한 사정이 없더라도 乙은 이를 이유로 甲과의 위 매매계약을 해제할 수 있다.
ㄹ. 甲이 위 근저당권부 차용금채무 4억 원의 변제를 불이행하여 乙이 대신 변제한 경우, 甲의 구상채무 이행의무와 乙의 소유권이전등기 이행의무는 동시이행관계에 있지 않다.

① ㄱ, ㄴ ② ㄴ, ㄷ ③ ㄱ, ㄴ, ㄷ
④ ㄱ, ㄴ, ㄹ ⑤ ㄱ, ㄷ, ㄹ

해 설

ㄱ. (O) 저당권이 설정된 부동산을 매수하면서 저당채무를 매수인이 인수하기로 약정한 경우 매매대금 지급에 갈음하여 인수한 것으로 해석하여야 하는지를 묻는 지문이다. 사안의 경우에서 매매대금을 10억 원으로 하면서 4억 원은 저당채무의 인수로 나머지 6억 원은 소유권이전등기서류와 상환으로 지급하기로 약정하였다. 이는 저당채무액을 매매대금에서 공제하기로 한 약정이므로 저당채무 4억 원은 매매대금의 지급에 갈음하는 것으로 해석하여야 한다.

ㄴ. (O) 매수인이 매매대금의 지급에 갈음하여 저당채무를 인수한 경우, 매수인이 현실적으로 저당채무를 변제할 의무가 있는지를 묻는 지문이다. 당장 현실적으로 변제할 의무는 인정되지 않는다는 것이 대법원의 입장이다. **대법원** 1998. 10. 27. **선고** 98**다**25184 **판결 참고**.

ㄷ. (×) 매수인이 인수한 저당채무의 이자를 지급하지 아니한 경우 매도인이 매매계약을 해제할 수 있는지를 묻는 지문이다. 이로 인하여 매매대금을 지급하지 아니한 것과 동일하게 평가될 수 있어야 해제할 수 있다.

[**대법원** 1998. 10. 27. **선고** 98**다**25184 **판결**] [1] 매수인이 매매목적물에 관한 근저당권의 피담보채무를 인수하는 것으로 매매대금의 지급에 갈음하기로 약정한 경우, 매수인이 그 채무를 현실적으로 당장 변제할 의무를 부담한다고 해석할 수 없으며, 특별한 사정이 없는 한, 매수인이 매매대금에서 그 채무액을 공제한 나머지를 지급함으로써 잔금지급의무를 다하였다고 할 것이고, 다만, 매수인은 인수채무의 이행시기 등에 관하여 다른 약정이 없는 한, 그 인수채무가 가지는 본래의 내용에 따라 이행하면 족하고 그 이행을 지체함으로써 매매대금의 일부를 지급하지 않은 것과 동일하다고 평가할 수 있는 특별한 사유가 있을 때에 한하여 계약해제권이 발생한다고 할 것이므로, 매수인이 인수한 피담보채무의 이자를 납부하지 아니하였다고 하더라도, 그로 인하여 매매목적물인 부동산이나 공동담보로 제공된 다른 부동산에 설정된 담보권의 실행으로 임의경매절차가 개시되었다거나 개시될 염려가 있고, 또한 매도인 측이 이를 막기 위하여 부득이 피담보채무를 변제할 필요성이 있는 경우가 아니라면, 그를 이유로 매매계약을 해제할 수는 없다. [2] 매수인이 비록 매매대금의 일부 지급에 갈음하여 인수한 피담보채무인 대출금채무의 이자를 지급하지 아니하였을 뿐만 아니라 그 채무인수 자체에 관하여 매도인과 사이에 다툼이 있었다고 하더라도, 그로 인하여 매매목적물인 부동산이나 공동담보로 제공된 다른 부동산에 설정된 근저당권의 실행으로 임의경매절차가 개시되었다거나 개시될 염려가 있다고 볼 만한 사정이 없고, 더욱이 위 매매목적 부동산에 관하여 매수인 명의의 소유권이전등기가 이미 경료된 데다가 그 경제적 가치가 위 대출금채무를 담보하기에 충분한 이상 매도인으로서는 임의경매를 막기 위하여 부득이 위 대출금채무의 이자를 변제할 만한 실제적인 필요성이 있었다고도 보기 어려우므로, 그러한 사유만으로 매도인이 위 매매계약을 해제할 수는 없다.

ㄹ. (×) 매수인이 인수한 채무를 매도인이 변제한 경우 매수인이 매도인에 대하여 부담하는 구상채무와 매도인의 소유권이전의무 사이에 동시이행관계가 인정되는지를 묻는 지문이다. 구상채무는 매매대금채무의 변형이므로 동시이행관계가 인정된다.

[**대법원** 1993. 2. 12. **선고** 92**다**23193 **판결**] 부동산매매계약과 함께 이행인수계약이 이루어진 경우 매수인이 인수한 채무는 매매대금지급채무에 갈음한 것으로서 매도인이 매수인의 인수채무불이행으로 말미암아 또는 임의로 인수채무를 대신 변제하였다면 그로 인한 손해배상채무 또는 구상채무는 인수채무의 변형으로서 매매대금지급채무에 갈음한 것의 변형이므로 매수인의 손해배상채무 또는 구상채무와 매도인의 소유권이전등기 의무는 대가적 의미가 있어 이행상 견련관계에 있다고 인정되고, 따라서 양자는 동시이행의 관계에 있다고 해석함이 공평의 관념 및 신의칙에 합당하다.

정답 ①

8. 계약인수에 관한 설명 중 옳은 것을 모두 고른 것은? (다툼이 있는 경우 판례에 의함) [25 변호사]

ㄱ. 계약인수에서는 개별 채권양도에서 채무자 보호를 위하여 요구되는 대항요건은 별도로 요구되지 않고, 이러한 법리는 「상법」상 영업양도에 수반된 계약인수에 대해서도 마찬가지로 적용된다.

ㄴ. 「표시·광고의 공정화에 관한 법률」상 허위·과장광고의 불법행위를 원인으로 하는 손해배상청구권을 가지고 있던 아파트 수분양자가 수분양자의 지위를 제3자에게 양도하면, 양수인은 특별한 사정이 없는 한 별도의 채권양도 절차 없이도 위 손해배상청구권을 행사할 수 있다.

ㄷ. 매도인의 매수인에 대한 매매대금 채권이 압류된 이후 매도인의 지위를 이전하는 계약인수가 이루어진 경우, 매도인과 매수인 사이의 계약관계는 소멸하더라도 인수인은 위 압류에 의하여 권리가 제한된 상태의 매매대금 채권을 이전받게 된다.

① ㄱ ② ㄷ ③ ㄱ, ㄴ
④ ㄱ, ㄷ ⑤ ㄴ, ㄷ

해설

ㄱ. (O) 판례는 계약인수가 이루어지면 계약관계에서 이미 발생한 채권·채무도 이를 인수 대상에서 배제하기로 하는 특약이 있는 등 특별한 사정이 없는 한 인수인에게 이전된다. 계약인수는 개별 채권·채무의 이전을 목적으로 하는 것이 아니라 다수의 채권·채무를 포함한 계약당사자로서의 지위의 포괄적 이전을 목적으로 하는 것으로서 계약당사자 3인의 관여에 의해 비로소 효력을 발생하는 반면, 개별 채권의 양도는 채권양도인과 양수인 2인만의 관여로 성립하고 효력을 발생하는 등 양자가 법적인 성질과 요건을 달리하므로, 채무자 보호를 위해 개별 채권양도에서 요구되는 대항요건은 계약인수에서는 별도로 요구되지 않는다. 그리고 이러한 법리는 상법상 영업양도에 수반된 계약인수에 대해서도 마찬가지로 적용된다고 본다(2020다245958).

ㄴ. (X) 판례는 「표시·광고의 공정화에 관한 법률」(이하 '표시광고법'이라 한다)상 허위·과장광고로 인한 손해배상청구권은 불법행위에 기한 손해배상청구권의 성격을 가진다. 계약상 지위의 양도에 의하여 계약당사자로서의 지위가 제3자에게 이전되는 경우 계약상의 지위를 전제로 한 권리관계만이 이전될 뿐 불법행위에 기한 손해배상청구권은 별도의 채권양도절차 없이 제3자에게 당연히 이전되는 것이 아니다. 따라서 표시광고법상 허위·과장광고로 인한 손해배상청구권을 가지고 있던 아파트 수분양자가 수분양자의 지위를 제3자에게 양도하였다는 사정만으로 그 양수인이 당연히 위 손해배상청구권을 행사할 수 있다고 볼 수는 없다고 본다(2020다26133).

ㄷ. (O) 판례는 계약 당사자로서의 지위 승계를 목적으로 하는 계약인수의 경우에는 양도인이 계약관계에서 탈퇴하는 까닭에 양도인과 상대방 당사자 사이의 계약관계가 소멸하지만, 양도인이 계약관계에 기하여 가지던 권리의무가 동일성을 유지한 채 양수인에게 그대로 승계된다. 따라서 양도인의 제3채무자에 대한 채권이 압류된 후 채권의 발생원인인 계약의 당사자 지위를 이전하는 계약인수가 이루어진 경우 양수인은 압류에 의하여 권리가 제한된 상태의 채권을 이전받게 되므로, 제3채무자는 계약인수에 의하여 그와 양도인 사이의 계약관계가 소멸하였음을 내세워 압류채권자에 대항할 수 없다고 본다(2012다41359).

정답 ④

제6절 채권의 소멸

Ⅰ. 변제

1. **甲은 2020. 8. 11. 乙과 대출계약을 체결하면서 乙에 대한 채권을 담보하기 위하여 乙 소유의 X 토지에 채권최고액 12억 원의 근저당권을 설정하였고, 丙과 丁이 乙의 부탁을 받아 甲과 연대보증계약을 체결하였다. 甲은 乙이 위 채무를 변제하지 않자 2023. 1. 23. X 토지에 관하여 위 근저당권에 기한 임의경매를 신청하였고, 경매신청 시 甲의 乙에 대한 채권액은 12억 원이었다. 경매절차 진행 중 丙은 4억 원, 丁은 2억 원을 각 甲에게 변제하였고, 그에 따라 甲으로부터 근저당권 일부의 이전등기를 받았다. 甲은 경매신청 후 2023. 5. 12. 乙에게 3억 원을 추가로 대여하였고, 경매절차에서 戊가 X 토지를 9억 원에 매수하여 2023. 8. 18. 그 대금을 완납하였다.**
위 경매절차에서 甲, 丙, 丁에게 각 배당될 금액의 조합으로 옳은 것은? (이자와 지연손해금, 집행비용은 고려하지 않음. 다툼이 있는 경우 판례에 의함) [24 변호사]

	甲	丙	丁
①	3억 원	4억 원	2억 원
②	4억 5,000만 원	3억 원	1억 5,000만 원
③	5억 4,000만 원	2억 4,000만 원	1억 2,000만 원
④	6억 원	2억 원	1억 원
⑤	9억 원	0원	0원

해설

※ 변제자대위권의 행사범위를 묻는 사례문제이다.

i) 배당이 가능한 매각대금은 9억 원이다.

ii) 근저당권의 피담보채권은 근저당권자가 경매를 신청한 경우에는 경매신청 시의 피담보채권으로 확정되고, 그 후에 발생한 채권은 근저당권에 의하여 담보되지 아니한다. 甲의 근저당권에 의하여 담보되는 피담보채권액은 12억 원이다. 배당가능한 매각대금은 모두 근저당권자에게 배당된다.

iii) 경매절차 진행 중 연대보증인 丙과 丁이 각 4억 원과 2억 원을 변제하였으므로 그 금액의 범위에서 근저당권에 변제자대위권을 행사할 수 있지만, 채권자의 잔존 채권이 우선하므로 甲은 잔존하는 피담보채권 6억 원을 전액 우선변제 받을 수 있다.

iv) 일부 대위변제자인 丙과 丁은 그 지위가 대등하므로 변제한 가액에 비례하여 채권자를 대위할 수 있다. 배당이 가능한 잔존 매각대금은 3억 원이고, 이는 丙과 丁에게 변제한 가액에 비례하여 배당되므로 丙에게 2억 원, 丁에게 1억 원이 배당된다. 정답 ④

2. **甲은 2020. 5. 6. 乙로부터 2억 원을 이자 월 1.5%, 변제기 2021. 10. 5.로 정하여 차용하였다(이하 'A차용금'이라 함). 甲은 2019. 12. 6.에도 乙로부터 1억 5,000만 원을 이자 월 1%, 변제기 2020. 11. 5.로 정하여 차용하였는데(이하 'B차용금'이라 함), 당시 丙이 B차용금 채무를 연대보증하였다. 甲은 2020. 6. 5. 乙에게 B차용금에 대한 그 때까지의 이자 900만 원과 원금 중 5,000만 원의 변제 명목으로 5,900만 원을 지급하였고, 乙은 이에 동의하며 수령하였다. 甲은 2022. 1. 5. 乙에게 2억 원을 추가로 변제하였는데, 이 변제의 충당에 관한 당사자 사이의 합의나 지정은 없었다. 위 2억 원은 A차용금과 B차용금에 얼마씩 충당되는가? (모든 계약은 유효함을 전제로 하고, 다툼이 있는 경우 판례에 의함)** [22 변호사]

	A차용금	B차용금
①	1억 원	1억 원
②	8,100만 원	1억 1,900만 원
③	1억 7,200만 원	2,800만 원
④	1억 8,100만 원	1,900만 원
⑤	2억 원	0원

해설

※ 변제충당에 관한 계산문제를 풀어갈 때 주의할 점이 있다. 잔존하는 채무액수를 묻는 것인지 변제충당에 의하여 소멸한 채무액수를 묻는 것인지를 정확히 파악하고 문제를 풀어야 한다. 대부분 문제는 잔존하는 채무액수를 묻는데, 이 문제에서는 충당으로 소멸한 채무액수를 묻고 있어 착각하기 쉽다. 변제충당에 관한 계산에서는 아래와 같은 순서를 가지고 접근해야 한다. ㉠우선 변제충당의 시점을 분명히 한다. ㉡ 변제충당 시점에서 각 채무의 원금과 이자 및 지연손해금을 계산한다. ㉢ 변제충당의 방법을 확정한다.

④ **(O)** 2020. 6. 5.자 甲의 5,900만 원 변제는 乙의 동의가 있었으므로 甲과 乙의 합의에 따라 B차용금의 이자와 원금에 충당된다. 2020. 6. 5. 당시 B차용금은 원금은 1억 5천만 원이고, 이자는 900만 원(1억 5천만 원 × 0.01 × 6개월)이다. 충당 후 잔존하는 B차용금은 원금 1억 원이다. 2022. 1. 5. 2억 원 변제 당시 A차용금은 원금 2억 원과 이자 및 지연손해금 6천만 원(2억 원 × 0.015 × 20개월)이고, B차용금은 원금 1억 원과 이자 및 지연손해금 1,900만 원(1억 원 × 0.01 × 19개월)이다. 변제충당에 관한 합의나 지정이 없으므로 법정충당에 따라 충당된다. 2억 원은 우선 A차용금과 B차용금의 이자 및 지연손해금에 우선하여 충당되고(민법 제479조) 그 채무는 모두 소멸한다. 남은 1억 2천 1백만 원은 이자율이 높아 변제이익이 더 큰 A차용금 원금채무에 우선 충당된다. 그 결과 2022. 1. 5. 변제한 2억 원은 A차용금에 1억 8천 1백만 원 충당되고(원금 1억 2천 1백만 원, 이자 및 지연손해금 6천만 원), B차용금에 1천 9백만 원(이자 및 지연손해금)에 충당된다. 정답 ④

3. 변제충당에 관한 설명 중 옳지 않은 것은? (다툼이 있는 경우 판례에 의함) [21 변호사]

① 「민법」 제477조의 법정변제충당의 순서에 따라 변제충당을 할 경우, 법정변제충당의 순서는 채무자의 변제제공 당시를 기준으로 정하여야 한다.

② 「민법」 제477조 제4호에 따른 안분비례에 의한 법정변제충당과는 달리, 그 법정변제충당에 의하여 부여되는 법률효과 이상으로 자신에게 유리한 변제충당의 지정 또는 변제충당의 합의가 있다거나 당해 채무가 법정변제충당에서 우선순위에 있으므로 당해 채무에 전액 변제충당 되었다고 주장하는 자는 그 사실을 주장·증명할 책임을 부담한다.

③ 비용, 이자, 원본에 대한 변제충당에서 당사자 사이에 특별한 합의가 없는 한 「민법」 제479조에 의하여 비용, 이자, 원본의 순서로 충당하여야 할 것이고, 채무자는 물론 채권자라고 할지라도 위 법정 순서와 다르게 일방적으로 충당의 순서를 지정할 수는 없지만, 당사자 사이에 묵시적인 합의가 있었다고 보이는 경우에는 법정충당의 순서와 달리 충당의 순서를 인정할 수 있다.

④ 담보권 실행을 위한 경매에서 배당된 배당금이 담보권자가 가지는 수개의 피담보채권 전부를 소멸시키기에 부족한 경우에는 「민법」 제477조 및 제479조의 규정에 의한 법정변제충당의 방법에 따라 충당하여야 하나, 채권자와 채무자 사이에 변제충당에 관한 합의가 있었다면 그 합의에 따른 변제충당은 허용된다.

⑤ 변제자가 주채무자인 경우 보증인이 있는 채무와 보증인이 없는 채무는 변제이익의 점에서 차이가 없고, 변제자가 채무자인 경우에도 물상보증인이 제공한 물적 담보가 있는 채무와 그러한 담보가 없는 채무는 변제이익의 점에서 차이가 없다.

해설

① (O) 법정충당 순서를 결정하는 기준시점은 변제제공 당시이다.

[**대법원** 2015. 11. 26. **선고** 2014**다**71712 **판결**] 변제충당에 관한 민법 제476조 내지 제479조는 임의규정이므로 변제자와 변제받는 자 사이에 위 규정과 다른 약정이 있다면 약정에 따라 변제충당의 효력이 발생하고, 위 규정과 다른 약정이 없는 경우에 변제의 제공이 채무 전부를 소멸하게 하지 못하는 때에는 민법 제476조의 지정변제충당에 따라 변제충당의 효력이 발생하고 보충적으로 민법 제477조의 법정변제충당의 순서에 따라 변제충당의 효력이 발생한다. 이때 민법 제477조의 법정변제충당의 순서는 채무자의 변제제공 당시를 기준으로 정하여야 한다.

② (O) 변제충당에 관한 증명책임을 묻는 지문이다. 안분비례에 의한 충당보다 유리한 충당을 주장하는 자가 그 근거를 증명하여야 한다.

[**대법원** 2013. 2. 15. **선고** 2012**다**81913 **판결**] 채무자가 동일한 채권자에 대하여 같은 종류를 목적으로 한 수개의 채무를 부담한 경우에 변제를 제공하면서 당사자가 변제에 충당할 채무를 지정하지 아니한 때에는 민법 제477조의 규정에 따라 법정변제충당되고, 특히 민법 제477조 제4호에 의하면 법정변제충당의 순위가 동일한 경우에는 각 채무액에 안분비례하여 각 채무의 변제에 충당된다. 따라서 위 안분비례에 의한 법정변제충당과는 달리, 그 법정변제충당에 의하여 부여되는 법률효과 이상으로 자신에게 유리한 변제충당의 지정 또는 변제충당의 합의가 있다거나 당해 채무가 법정변제충당에서 우선순위에 있으므로 당해 채무에 전액 변제충당되었다고 주장하는 자는 그 사실을 주장·증명할 책임을 부담하고, 이 경우 위 사실을 주장하는 자가 그 증명을 다하지 못하였다면 당연히 각 채무액에 안분비례하여 법정충당이 행하여지는 것이다.

③ (O) 비용, 이자, 원본의 충당순서를 일방적 지정충당에 대한 제한에 불과하며, 합의에 의하여는 그 순서를 바꿀 수 있다.

[**대법원** 2002. 5. 10. **선고** 2002**다**12871·12888 **판결**] 비용·이자·원본에 대한 변제충당에 있어서는 민법 제479조에 그 충당 순서가 법정되어 있고 지정변제충당에 관한 같은 법 제476조는 준용되지 않으므로 당사자 사이에 특별한 합의가 없는 한 비용·이자·원본의 순서로 충당하여야 할 것이고, 채무자는 물론 채권자라고 할지라도 위 법정 순서와 다르게 일방적으로 충당의 순서를 지정할 수는 없다고 할 것이지만, 당사자의 일방적인 지정에 대하여 상대방이 지체없이 이의를 제기하지 아니함으로써 묵시적인 합의가 되었다고 보여지는 경우에는 그 법정충당의 순서와는 달리 충당의 순서를 인정할 수 있는 것이다.

④ **(×)** 경매절차에서 매각대금을 배당할 때에는 법정충당에 따라 소멸할 채무를 결정하여야 하고, 합의나 지정의 효력은 인정되지 않는다.

[**대법원** 2000. 12. 8. **선고** 2000**다**51339 **판결**] 담보권 실행을 위한 경매에서 배당된 배당금이 담보권자가 가지는 수개의 피담보채권 전부를 소멸시키기에 부족한 경우에는 민법 제476조에 의한 지정변제충당은 허용될 수 없고, 채권자와 채무자 사이에 변제충당에 관한 합의가 있었다고 하여 그 합의에 따른 변제충당도 허용될 수 없으며, 획일적으로 가장 공평·타당한 충당방법인 민법 제477조 및 제479조의 규정에 의한 법정변제충당의 방법에 따라 충당하여야 하는 것이고, 이러한 법정변제충당은 이자 혹은 지연손해금과 원본 간에는 이자 혹은 지연손해금과 원본의 순으로 이루어지고, 원본 상호간에는 그 이행기의 도래 여부와 도래 시기, 그리고 이율의 고저와 같은 변제이익의 다과에 따라 순차적으로 이루어지나, 다만 그 이행기나 변제이익의 다과에 있어 아무런 차등이 없을 경우에는 각 원본 채무액에 비례하여 안분하게 되는 것이다.

⑤ **(○)** 종국적으로 책임을 부담하여야 하는 주채무자가 변제자인 때에는 보증 혹은 물상보증에 의하여 담보되는 채무과 그렇지 않은 채무 사이에 변제이익의 차이가 없다.

[**대법원** 2014. 4. 30. **선고** 2013**다**8250 **판결**] 변제자가 주채무자인 경우 보증인이 있는 채무와 보증인이 없는 채무 사이에 전자가 후자에 비하여 변제이익이 더 많다고 볼 근거는 전혀 없으므로 양자는 변제이익의 점에서 차이가 없다고 보아야 한다. 마찬가지로 변제자가 채무자인 경우 물상보증인이 제공한 물적 담보가 있는 채무와 그러한 담보가 없는 채무 사이에도 변제이익의 점에서 차이가 없다.

정답 ④

4. 변제자대위에 관한 설명 중 옳은 것을 모두 고른 것은? (다툼이 있는 경우 판례에 의함) [21 변호사]

ㄱ. 채무를 변제할 정당한 이익이 있는 자가 채무를 대위변제한 경우에 통상 채무자에 대하여 구상권을 가짐과 동시에 변제자의 법정대위에 관한 「민법」 제481조에 의하여 당연히 채권자를 대위하나, 위 구상권과 변제자대위권은 별개의 권리이므로, 대위변제자와 채무자 사이에 구상금에 관한 지연손해금 약정이 있더라도 이 약정은 변제자대위권을 행사하는 경우에는 적용될 수 없다.

ㄴ. 변제할 정당한 이익이 있는 자가 채무자를 위하여 근저당권의 피담보채무의 일부를 대위변제한 경우에 대위변제자는 피담보채무의 일부 대위변제를 원인으로 한 근저당권 일부이전의 부기등기의 경료 여부와 관계없이 변제한 가액의 범위 내에서 종래 채권자가 가지고 있던 채권 및 담보에 관한 권리를 법률상 당연히 취득하게 되는 것이므로, 이러한 경우에 대위변제자는 위 채권자보다 우선하여 배당받는다.

ㄷ. 채무자로부터 담보부동산을 취득한 제3자는 채무를 변제하거나 담보권의 실행으로 소유권을 잃게 되면 물상보증인에 대하여 채권자를 대위할 수 있다.

ㄹ. 물상보증인이 채무를 변제하거나 저당권의 실행으로 저당물의 소유권을 잃었더라도 다른 사정에 의하여 채무자에 대하여 구상권이 없는 경우에는 채권자를 대위하여 채권자의 채권 및 담보에 관한 권리를 행사할 수 없다.

ㅁ. 채무자 소유 부동산과 물상보증인 소유 부동산에 공동근저당권을 설정한 채권자가 채무자 소유 부동산에 대한 담보를 상실하게 하거나 감소하게 한 경우, 공동근저당권자는 물상보증인 소유 부동산에 관한 경매절차에서 물상보증인이 담보 상실 내지 감소로 인한 면책을 주장할 수 있는 한도에서, 물상보증인 소유 부동산의 후순위 근저당권자에 우선하여 배당받을 수 없다.

① ㄱ, ㄹ ② ㄴ, ㄷ ③ ㄱ, ㄹ, ㅁ
④ ㄱ, ㄴ, ㄹ, ㅁ ⑤ ㄱ, ㄷ, ㄹ, ㅁ

해설

ㄱ. (O) 법정대위자의 구상권과 변제자대위권의 관계를 묻는 지문이다. 발생원인을 달리하는 별개의 권리이므로 구상권자와 채무자 사이의 구상권에 관한 약정은 변제자대위권을 행사하는 때에 적용되는 것은 아니다.

[**대법원** 2009. 2. 26. **선고** 2005**다**32418 **판결**] 채무를 변제할 이익이 있는 자가 채무를 대위변제한 경우에 통상 채무자에 대하여 구상권을 가짐과 동시에 민법 제481조에 의하여 당연히 채권자를 대위하나, 위 구상권과 변제자대위권은 그 원본, 변제기, 이자, 지연손해금의 유무 등에 있어서 그 내용이 다른 별개의 권리이므로, 대위변제자와 채무자 사이에 구상금에 관한 지연손해금 약정이 있더라도 이 약정은 구상금을 청구하는 경우에 적용될 뿐, 변제자대위권을 행사하는 경우에는 적용될 수 없다.

ㄴ. (×) 일부대위변제자와 채권자 상호간 우열관계를 묻는 지문이다. 다른 약정이 없는 한 채권자의 잔존채권이 우선한다.

[**대법원** 2017. 7. 18. **선고** 2015**다**206973 **판결**] 변제할 정당한 이익이 있는 사람이 채무자를 위하여 채권의 일부를 대위변제할 경우에 대위변제자는 변제한 가액의 범위 내에서 종래 채권자가 가지고 있던 채권 및 담보에 관한 권리를 취득하므로, 채권자가 부동산에 대하여 저당권을 가지고 있는 경우에는 채권자는 대위변제자에게 일부 대위변제에 따른 저당권 일부 이전의 부기등기를 할 의무를 진다. 한편 이 경우에도 채권자는 일부 대위변제자에 대하여 우선변제권을 가진다 할 것이고, 다만 일부 대위변제자와 채권자 사이에 변제의 순위에 관하여 따로 약정(이하 '우선회수특약'이라 한다)을 하였다면 우선회수특약에 따라 변제의 순위가 정해진다.

ㄷ. (×) 채무자로부터의 담보물 제3취득자가 물상보증인에 대하여 변제자대위권을 행사할 수 있는지를 묻는 지문이다. 제3취득자는 연대보증인에 대하여 채권자를 대위하지 못하고(제482조 제2항 제2호), 연대보증인과 물상보증인은 변제자대위 영역에서 대등한 지위를 가지므로(제482조 제2항 제5회) 제3취득자는 물상보증인에 대하여 채권자를 대위할 수 없다.

[**대법원** 2014. 12. 18. **선고** 2011**다**50233 **전원합의체 판결**] 민법 제481조는 "변제할 정당한 이익이 있는 자는 변제로 당연히 채권자를 대위한다."라고 규정하고, 민법 제482조 제1항은 "전2조의 규정에 의하여 채권자를 대위한 자는 자기의 권리에 의하여 구상할 수 있는 범위에서 채권 및 그 담보에 관한 권리를 행사할 수 있다."라고 규정하며, 같은 조 제2항은 "전항의 권리행사는 다음 각 호의 규정에 의하여야 한다."라고 규정하고 있으나, 그중 물상보증인과 제3취득자 사이의 변제자대위에 관하여는 명확한 규정이 없다.

그런데 보증인과 제3취득자 사이의 변제자대위에 관하여 민법 제482조 제2항 제1호는 "보증인은 미리 전세권이나 저당권의 등기에 그 대위를 부기하지 아니하면 전세물이나 저당물에 권리를 취득한 제3자에 대하여 채권자를 대위하지 못한다."라고 규정하고, 같은 항 제2호는 "제3취득자는 보증인에 대하여 채권자를 대위하지 못한다."라고 규정하고 있다. 한편 민법 제370조, 제341조에 의하면 물상보증인이 채무를 변제하거나 담보권의 실행으로 소유권을 잃은 때에는 '보증채무'에 관한 규정에 의하여 채무자에 대한 구상권을 가지고, 민법 제482조 제2항 제5호에 따르면 물상보증인과 보증인 상호 간에는 그 인원수에 비례하여 채권자를 대위하게 되어 있을 뿐 이들 사이의 우열은 인정하고 있지 아니하다.

위와 같은 규정 내용을 종합하여 보면, 물상보증인이 채무를 변제하거나 담보권의 실행으로 소유권을 잃은 때에는 보증채무를 이행한 보증인과 마찬가지로 채무자로부터 담보부동산을 취득한 제3자에 대하여 구상권의 범위 내에서 출재한 전액에 관하여 채권자를 대위할 수 있는 반면, 채무자로부터 담보부동산을 취득한 제3자는 채무를 변제하거나 담보권의 실행으로 소유권을 잃더라도 물상보증인에 대하여 채권자를 대위할 수 없다고 보아야 한다. 만일 물상보증인의 지위를 보증인과 다르게 보아서 물상보증인과 채무자로부터 담보부동산을 취득한 제3자 상호 간에는 각 부동산의 가액에 비례하여 채권자를 대위할 수 있다고 한다면, 본래 채무자에 대하여 출재한 전액에 관하여 대위할 수 있었던 물상보증인은 채무자가 담보부동산의 소유권을 제3자에게 이전하였다는 우연한 사정으로 이제는 각 부동산의 가액에 비례하여서만 대위하게 되는 반면, 당초 채무 전액에 대한 담보권의 부담을 각오하고 채무자로부터 담보부동산을 취득한 제3자는 그 범위에서 뜻하지 않은 이득을 얻게 되어 부당하다.

ㄹ. (O) 변제자대위권의 요건을 묻는 지문이다. 변제자대위권은 구상권 확보를 위한 권리이다. 대위변제자에게 채무자에 대한 구상권이 인정되지 않는다면 변제자대위권 역시 인정되지 않는다.

[**대법원** 2014. 4. 30. **선고** 2013**다**80429 **판결**] 타인의 채무를 담보하기 위하여 근저당권을 설정한 물상보증인이 채무를 변제한 때에는 채무자에 대한 구상권이 있고, 물상보증인은 변제할 정당한 이익이 있으므로 변제로 당연히 채권자를 대위하여 채권자의 채권 및 그 담보에 관한 권리를 행사할 수 있다. 다만 물상보증인은 자기의 권리에 의하여 구상할 수 있는 범위에서 그와 같은 권리를 행사할 수 있으므로, 물상보증인이 채무를 변제한 때에도 다른 사정에 의하여 채무자에 대하여 구상권이 없는 경우에는 채권자를 대위하여 채권자의 채권 및 담보에 관한 권리를 행사할 수 없다고 해석하여야 한다.

ㅁ. (O) 채권자는 변제자대위의 객체가 될 담보권을 보존해야 할 의무를 법정대위자에 대하여 부담한다(제485조). 채권자가 담보를 상실시키는 행위를 한 때에는 법정대위자는 담보가 있었더라면 상환을 받을 수 있었던 범위에서 채권자에 대한 면책을 주장할 수 있다. 채무자의 부동산과 물상보증인의 부동산에 공동저당권이 설정된 후 채권자가 채무자의 부동산에 있는 공동저당권을 말소한 때에는 담보를 상실시키는 행위를 한 것이므로 채무자 부동산에 저당권이 존재한다면 물상보증인이 변제자대위를 통하여 실현할 수 있는 범위에서 물상보증인은 채권자에 대하여 면책을 주장할 수 있으므로 그 범위에서 공동저당권자의 우선변제권이 제한된다.

[**대법원** 2018. 7. 11. **선고** 2017**다**292756 **판결**] 물상보증인의 변제자대위에 대한 기대권은 민법 제485조에 의하여 보호되어, 채권자가 고의나 과실로 담보를 상실하게 하거나 감소하게 한 때에는, 특별한 사정이 없는 한 물상보증인은 그 상실 또는 감소로 인하여 상환을 받을 수 없는 한도에서 면책 주장을 할 수 있다. 채권자가 물적 담보인 담보물권을 포기하거나 순위를 불리하게 변경하는 것은 담보의 상실 또는 감소행위에 해당한다.

따라서 채무자 소유 부동산과 물상보증인 소유 부동산에 공동근저당권을 설정한 채권자가 공동담보 중 채무자 소유 부동산에 대한 담보 일부를 포기하거나 순위를 불리하게 변경하여 담보를 상실하게 하거나 감소하게 한 경우, 물상보증인은 그로 인하여 상환받을 수 없는 한도에서 책임을 면한다. 그리고 이 경우 공동근저당권자는 나머지 공동담보 목적물인 물상보증인 소유 부동산에 관한 경매절차에서, 물상보증인이 위와 같이 담보 상실 내지 감소로 인한 면책을 주장할 수 있는 한도에서는, 물상보증인 소유 부동산의 후순위 근저당권자에 우선하여 배당받을 수 없다. **정답** ③

5. **변제충당에 관한 설명 중 옳지 않은 것은? (다툼이 있는 경우 판례에 의함)** [20 변호사]

① 특별한 사정이 없는 한 변제자가 타인의 채무에 대한 보증인으로서 부담하는 보증채무(연대보증채무 포함)는 변제자 자신의 채무에 비하여, 연대채무는 단순채무에 비하여 각각 변제자에게 그 변제의 이익이 적다.

② 채권자와 채무자 사이에 미리 채권자가 적당하다고 인정하는 순서와 방법에 의하여 충당하기로 하는 내용의 변제충당에 관한 약정이 있다면, 변제수령권자인 채권자가 위 약정에 터 잡아 변제충당을 한 이상 변제자에 대한 의사표시와 관계없이 충당의 효력이 있다.

③ 비용, 이자, 원본에 대한 변제충당에 있어서는 당사자 사이에 특별한 합의가 없는 한 비용, 이자, 원본의 순서로 충당하여야 하고, 채무자는 물론 채권자라 할지라도 위 법정 순서와 다르게 일방적으로 충당의 순서를 지정할 수는 없다.

④ 위 ③에도 불구하고 당사자의 일방적인 지정에 대하여 상대방이 지체 없이 이의를 제기하지 아니함으로써 묵시적인 합의가 되었다고 보이는 경우에는 그 법정충당의 순서와는 달리 충당의 순서를 인정할 수 있다.

⑤ 담보권 실행을 위한 경매에서 배당된 배당금이 담보권자가 가지는 수개의 피담보채권 전부를 소멸시키기에 부족한 경우, 「민법」 제476조에 의한 지정변제충당은 허용될 수 없으나, 채권자와 채무자 사이에 변제충당에 관한 합의가 있다면 그 합의에 따른 변제충당은 허용된다.

해설

① (O) [**대법원** 1999. 7. 9. **선고** 98**다**55543 **판결**] 특별한 사정이 없는 한, 변제자가 타인의 채무에 대한 보증인으로서 부담하는 보증채무(연대보증채무도 포함)는 변제자 자신의 채무에 비하여, 연대채무는 단순채무에 비하여, 각각 변제자에게 그 변제의 이익이 적다.

② (O) [**대법원** 1987. 3. 24. **선고** 84**다카**1324 **판결**] 변제충당에 관한 민법 제476조 내지 제479조의 규정은 임의규정이므로 변제자(채무자)와 변제수령자(채권자)는 계약(약정)에 의하여 위 각 규정을 배제하고 제공된 급부를 어느 채무에 어떤 방법으로 충당할 것인가를 결정할 수 있다. 채권자와 주채무자가, 주채무자의 변제가 채권자에 대한 모든 채무를 소멸시키기에 부족한 때에는 채권자가 적당하다고 인정하는 순서와 방법에 의하여 충당하기로 약정하였다면, 변제수령자인 채권자가 위 약정에 기하여 스스로 적당하다고 인정하는 순서와 방법에 좇아 변제충당한 이상 변제자에 대한 의사표시와는 관계없이 충당의 효력이 있다.

③ (O) ④ (O) [**대법원** 2002. 5. 10. **선고** 2002**다**12871·12888 **판결**] 비용·이자·원본에 대한 변제충당에 있어서는 민법 제479조에 그 충당 순서가 법정되어 있고 지정변제충당에 관한 같은 법 제476조는 준용되지 않으므로 당사자 사이에 특별한 합의가 없는 한 비용·이자·원본의 순서로 충당하여야 할 것이고, 채무자는 물론 채권자라고 할지라도 위 법정 순서와 다르게 일방적으로 충당의 순서를 지정할 수는 없다고 할 것이지만, 당사자의 일방적인 지정에 대하여 상대방이 지체없이 이의를 제기하지 아니함으로써 묵시적인 합의가 되었다고 보여지는 경우에는 그 법정충당의 순서와는 달리 충당의 순서를 인정할 수 있는 것이다.

⑤ (×) 경매대가를 배당하는 경우에는 법정충당에 따라 소멸할 채무가 결정된다. 합의나 지정의 효력을 인정할 수 없다.

[**대법원** 2000. 12. 8. **선고** 2000**다**51339 **판결**] 담보권 실행을 위한 경매에서 배당된 배당금이 담보권자가 가지는 수개의 피담보채권 전부를 소멸시키기에 부족한 경우에는 민법 제476조에 의한 지

정변제충당은 허용될 수 없고, 채권자와 채무자 사이에 변제충당에 관한 합의가 있었다고 하여 그 합의에 따른 변제충당도 허용될 수 없으며, 획일적으로 가장 공평·타당한 충당방법인 민법 제477조 및 제479조의 규정에 의한 법정변제충당의 방법에 따라 충당하여야 하는 것이고, 이러한 법정변제충당은 이자 혹은 지연손해금과 원본 간에는 이자 혹은 지연손해금과 원본의 순으로 이루어지고, 원본 상호간에는 그 이행기의 도래 여부와 도래 시기, 그리고 이율의 고저와 같은 변제이익의 다과에 따라 순차적으로 이루어지나, 다만 그 이행기나 변제이익의 다과에 있어 아무런 차등이 없을 경우에는 각 원본 채무액에 비례하여 안분하게 되는 것이다. 정답 ⑤

6. 채권의 소멸에 관한 설명 중 옳은 것을 모두 고른 것은? (다툼이 있는 경우 판례에 의함) [20 변호사]

ㄱ. 채권자가 채무액의 일부를 대위변제한 자에게 고의 또는 과실로 그가 대위변제한 비율을 넘어 근저당권 전부를 이전해준 경우, 다른 보증인은 보증채무를 이행함으로써 채권자에 대한 법정대위권자로서 근저당권을 실행하여 배당받을 수 있었던 금액의 한도에서 보증책임을 면한다.

ㄴ. 무효인 채권압류 및 전부명령을 받은 자에 대한 변제라도 그 채권자가 피전부채권에 관하여 무권리자라는 사실을 변제자가 과실 없이 알지 못하고 변제한 때에는 그 변제는 채권의 준점유자에 대한 변제로서 유효하다.

ㄷ. 채무자가 채권자의 승낙을 얻어 본래의 채무이행에 갈음하여 부동산으로 대물변제를 하였으나 본래의 채무가 존재하지 않았던 경우, 당사자가 특별한 의사표시를 하지 않는 한 대물변제는 무효로서 부동산의 소유권이 이전되는 효과가 발생하지 않는다.

ㄹ. 매도인이나 수급인의 담보책임을 기초로 한 손해배상채권의 제척기간이 지났으나 제척기간이 지나기 전 상대방의 채권과 상계할 수 있었던 경우, 매수인이나 도급인은 '소멸시효 완성된 채권에 의한 상계'를 규정한 「민법」 제495조를 유추적용하여 위 손해배상채권을 자동채권으로 상대방의 채권과 상계할 수 없다.

① ㄱ, ㄷ ② ㄱ, ㄴ, ㄷ ③ ㄱ, ㄴ, ㄹ
④ ㄴ, ㄷ, ㄹ ⑤ ㄱ, ㄴ, ㄷ, ㄹ

해 설

ㄱ. **(O)** 채권자의 고의나 과실로 담보가 상실되거나 감소된 때에는 법정대위자는 그 상실 또는 감소로 인하여 상환을 받을 수 없는 한도에서 그 책임을 면한다(제485조). 채권자가 채권의 일부를 대위변제 한 자에게 근저당권 전부를 이전하여 담보를 상실시킨 경우에는 다른 보증인은 그 담보 상실로 상환을 받을 수 없는 한도에서 채권자에 대한 보증책임을 면한다.

[**대법원** 1996. 12. 6. **선고** 96**다**35774 **판결**] 채권자가 일부 대위변제자에게 그가 대위변제한 비율을 넘어 근저당권 전부를 이전하여 준 경우, 결국 채권자는 근저당권의 피담보채무 중 일부를 대위변제한 다른 보증인이 법정대위권을 행사할 수 있는 채권의 담보를 고의로 상실되게 한 것이므로, 다른 보증인은 그의 보증채무를 이행함으로써 채권자에 대한 법정대위권자로서 근저당권을 실행하여 배당받을 수 있었던 금액의 한도에서 보증의 책임을 면한다고 한 사례.

ㄴ. **(O)** 전부명령이 무효인 경우에도 전부채권자는 채권의 준점유자가 될 수 있다. 채권자의 준점유자에 대한 변제는 변제자가 선의, 무과실인 때에는 변제의 효력이 생긴다(제470조).

[**대법원** 1988. 8. 23. **선고** 87**다카**546 **판결**] 채권가압류나 압류가 경합된 경우에 있어서는 그 압류채권자의 한 사람이 전부명령을 얻더라도 그 전부명령은 무효가 되지만 이 경우에도 그 전부채권자는 채권의 준점유자에 해당한다고 보아야 할 것이므로 제3채무자가 그 전부채권자에게 전부금을 변제하였다면 제3채무자가 선의·무과실일 때에는 민법 제470조에 의하여 그 변제는 유효하고 제3채무자는 다른 압류채권자에 대하여 이중변제의 의무를 부담하지 아니하나 반면에 제3채무자가 위 전부금을 변제함에 있어서 선의·무과실이 아니었다면 제3채무자가 전부채권자에게 한 전부금의 변제는 효력이 없고, 또 그것이 경합압류채권자에 대하여는 불법행위가 될 수 있는 것이므로 제3채무자는 경합압류채권자에 대하여 그로 인한 손해를 배상할 의무가 있다.

ㄷ. (○) 대물변제가 효력을 가지기 위해서는 기존 채무가 존재하였어야 한다. 기존 채무가 존재하지 아니한 때에는 대물변제는 효력이 없다.

[**대법원** 1991. 11. 12. **선고** 91**다**9503 **판결**] 채무자가 채권자의 승낙을 얻어 본래의 채무이행에 갈음하여 부동산으로 대물변제를 하였으나 본래의 채무가 존재하지 않았던 경우에는, 당사자가 특별한 의사표시를 하지 않은 한 대물변제는 무효로서 부동산의 소유권이 이전되는 효과가 발생하지 않는다

(필자 註 : 甲이 乙에 대한 채무의 이행에 갈음하여 부동산으로 대물변제하려 하자, 乙은 자신도 丙에 대하여 채무를 부담하고 있기 때문에 그 소유자인 甲 및 丙과 사이에 甲 명의로부터 직접 丙 명의로 소유권이전등기를 경료하기로 합의하여 소유권이전등기를 경료한 경우, 甲이 乙에게 대물변제한 본래의 채무인 甲의 乙에 대한 채무가 존재하지 않는 것이라면, 丙이 乙에 대하여 채권을 가지고 있었다고 하더라도, 위 부동산의 소유권이 甲으로부터 丙에게 이전되는 것은 아니라고 본 사례).

ㄹ. (×) 소멸시효가 완성된 채권을 자동채권으로 하는 상계를 규정한 제495조는 제척기간에도 유추된다.

[**대법원** 2019. 3. 14. **선고** 2018**다**255648 **판결**] 민법 제495조는 "소멸시효가 완성된 채권이 그 완성 전에 상계할 수 있었던 것이면 그 채권자는 상계할 수 있다."라고 정하고 있다. 이는 당사자 쌍방의 채권이 상계적상에 있었던 경우에 당사자들은 채권·채무관계가 이미 정산되어 소멸하였거나 추후에 정산될 것이라고 생각하는 것이 일반적이라는 점을 고려하여 당사자들의 신뢰를 보호하기 위한 것이다. 매도인이나 수급인의 담보책임을 기초로 한 매수인이나 도급인의 손해배상채권의 제척기간이 지난 경우에도 민법 제495조를 유추적용해서 매수인이나 도급인이 상대방의 채권과 상계할 수 있는지 문제된다. 매도인의 담보책임을 기초로 한 매수인의 손해배상채권 또는 수급인의 담보책임을 기초로 한 도급인의 손해배상채권이 각각 상대방의 채권과 상계적상에 있는 경우에 당사자들은 채권·채무관계가 이미 정산되었거나 정산될 것으로 기대하는 것이 일반적이므로, 그 신뢰를 보호할 필요가 있다. 이러한 손해배상채권의 제척기간이 지난 경우에도 그 기간이 지나기 전에 상대방에 대한 채권·채무관계의 정산 소멸에 대한 신뢰를 보호할 필요성이 있다는 점은 소멸시효가 완성된 채권의 경우와 아무런 차이가 없다. 따라서 매도인이나 수급인의 담보책임을 기초로 한 손해배상채권의 제척기간이 지난 경우에도 제척기간이 지나기 전 상대방의 채권과 상계할 수 있었던 경우에는 매수인이나 도급인은 민법 제495조를 유추적용해서 위 손해배상채권을 자동채권으로 해서 상대방의 채권과 상계할 수 있다고 봄이 타당하다. 정답 ②

7. 甲은 乙에게 아래와 같이 2번에 걸쳐 돈을 대여하였는데, 乙은 원리금을 전혀 변제하지 않고 있다가 2017. 12. 9. 甲에게 채무 변제 명목으로 1,000만 원을 지급하였다. 위 변제금의 변제충당에 관한 설명 중 옳은 것을 모두 고른 것은? (이자에 대한 지연손해금은 고려하지 않고, 각 지문은 독립적이며, 다툼이 있는 경우 판례에 의함) [19 변호사]

제1차 대여: 대여일 2017. 4. 10., 대여금 1,000만 원, 이자 월 1%(매월 9일 후불로 지급), 변제기 2017. 9. 9.(2017. 12. 9.까지의 이자 및 지연손해금 80만 원 발생)
제2차 대여: 대여일 2017. 9. 10., 대여금 2,000만 원, 이자 월 2%(매월 9일 후불로 지급), 변제기 2018. 1. 9.(2017. 12. 9.까지의 이자 120만 원 발생)

ㄱ. 위 채무변제 시 乙이 별다른 말없이 금원을 교부하였고 甲도 말없이 수령하였다. 이 경우 2017. 12. 9. 현재 남아 있는 제1차 대여금의 원리금 합계는 200만 원이다.
ㄴ. 위 채무변제 시 乙이 제2차 대여금의 원리금에 지정하여 변제한다는 의사를 표시하였고, 이에 甲이 그 지정에 반대하는 의사를 분명히 밝히면서 금원을 수령하였다. 이 경우 2017. 12. 9. 현재 남아 있는 제1차 대여금의 원리금 합계는 1,000만 원이다.
ㄷ. 위 채무변제 시 甲은 乙과 제2차 대여금의 원리금에 변제충당하기로 합의한 후 위 금원을 수령하였다. 이 경우 2017. 12. 9. 현재 남아 있는 제1차 대여금의 원리금 합계는 1,080만 원이다.

① ㄱ ② ㄱ, ㄴ ③ ㄱ, ㄷ
④ ㄴ, ㄷ ⑤ ㄱ, ㄴ, ㄷ

해 설

ㄱ. **(O)** 변제금 1,000만 원은 제1차 대여금의 이자 및 지연손해금 80만 원과 2차 대여금의 이자 120만 원에 우선하여 충당되고, 변제기가 도래한 제1차 대여금 원본에 나머지가 충당되므로 제1차 대여금 원금은 800만 원 변제로 소멸하고 남은 대여금은 원금 200만 원이다.

ㄴ. **(O)** 비용, 이자, 원본의 순서에 관한 제479조는 일방적 지정에 의하여 그 순서를 바꿀 수는 없고, 채무자의 일방적 지정에 대하여 채권자는 이의를 제기할 수 없다. 변제금 1,000만 원은 乙의 지정에도 불구하고 우선 제1차 대여금의 이자 및 지연손해금과 제2차 대여금의 이자 200만 원에 우선하여 충당되고, 나머지 800만 원은 제2차 대여금 원금에 충당되므로 2017. 12. 9. 현재 암아 있는 제1차 대여금의 원리금 합계는 1,000만 원이다.

ㄷ. **(O)** 합의에 의해서는 비용, 이자, 원본의 순서와 다르게 충당할 수 있다. 甲과 乙이 합의하여 변제금 1,000만 원을 제2차 대여금의 원리금에 충당하기로 합의하였으므로 합의대로 충당이 이루어진다. 제1차 대여금의 원리금은 2017. 12. 9. 현재 1,080만 원이다.

[**대법원** 2002. 5. 10. **선고** 2002**다**12871·12888 **판결**] 비용·이자·원본에 대한 변제충당에 있어서는 민법 제479조에 그 충당 순서가 법정되어 있고 지정변제충당에 관한 같은 법 제476조는 준용되지 않으므로 당사자 사이에 특별한 합의가 없는 한 비용·이자·원본의 순서로 충당하여야 할 것이고, 채무자는 물론 채권자라고 할지라도 위 법정 순서와 다르게 일방적으로 충당의 순서를 지정할 수는 없다고 할 것이지만, 당사자의 일방적인 지정에 대하여 상대방이 지체없이 이의를 제기하지 아니함으로써 묵시적인 합의가 되었다고 보여지는 경우에는 그 법정충당의 순서와는 달리 충당의 순서를 인정할 수 있는 것이다.

정답 ⑤

8. **채권의 소멸 사유에 관한 설명 중 옳은 것은? (다툼이 있는 경우 판례에 의함)** [18 변호사]

① 채무 전액이 아닌 일부에 대한 변제공탁은 그 부분에 관하여서도 효력이 생기지 않으나, 채권자가 공탁금을 채권의 일부에 충당한다는 유보의 의사표시를 하고 이를 수령한 때에는 그 공탁금은 채권의 일부의 변제에 충당되고, 그 경우 유보의 의사표시는 반드시 명시적으로 하여야 한다.

② 변제자(채무자)와 변제수령자(채권자)는 이해관계 있는 제3자의 이익을 해치지 아니하더라도 이미 급부를 마친 뒤에는 기존의 충당방법을 배제하고 제공된 급부를 어느 채무에 어떤 방법으로 다시 충당할 것인가를 약정할 수 없다.

③ 경개계약은 구채무를 소멸시키고 신채무를 성립시키는 처분행위이므로, 경개로 인한 신채무가 당사자가 알지 못한 사유로 인하여 성립되지 아니하더라도 구채무는 소멸된다.

④ 채권자와 채무자 사이에 미리 변제충당에 관한 약정이 있고, 그 약정내용이 변제가 채권자에 대한 모든 채무를 소멸시키기에 부족한 때에는 채권자가 적당하다고 인정하는 순서와 방법에 의하여 충당하기로 한 것이라면, 변제수령권자인 채권자가 그 약정에 따라 스스로 적당하다고 인정하는 순서와 방법에 좇아 변제충당을 한 이상 변제자에 대한 의사표시와 관계없이 그 충당의 효력이 있다.

⑤ 담보권 실행을 위한 경매에서 배당된 배당금이 담보권자가 가지는 수개의 피담보채권 전부를 소멸시키기에 부족한 경우에도 채권자와 채무자 사이에 변제충당에 관한 합의가 있었다면 이에 따르고, 이에 관한 합의가 없다면 법정변제충당의 방법에 따라 충당하여야 한다.

해설

① **(×)** 일부변제공탁의 효력을 묻는 지문이다. 변제공탁은 채무 내용에 좇은 완전한 이행이 되어야 한다. 일부변제공탁은 일부에 대해서도 효력이 생기지 않지만, 채권자가 일부에 충당한다는 의사를 유보하고 이를 수령한 때에는 일부에 충당된다. 이때 채권자의 유보의사표시는 묵시적으로도 할 수 있다.

[**대법원** 2014. 8. 20. **선고** 2014**다**30650 **판결**] 변제공탁이 유효하려면 채무 전부에 대한 변제의 제공 및 채무 전액에 대한 공탁이 있어야 하고 채무 전액이 아닌 일부에 대한 공탁은 그 부분에 관하여서도 효력이 생기지 않으나, 채권자가 공탁금을 채권의 일부에 충당한다는 유보의 의사표시를 하고 이를 수령한 때에는 그 공탁금은 채권의 일부의 변제에 충당되고, 그 경우 유보의 의사표시는 반드시 명시적으로 하여야 하는 것은 아니다.

② **(×)** 이미 이루어진 충당방법을 배제하는 변제자와 수령자의 약정은 제3자의 이익을 침해하지 아니하는 경우에는 유효하다.

[**대법원** 2013. 9. 12. **선고** 2012**다**118044 **판결**] 변제자(채무자)와 변제수령자(채권자)는 변제로 소멸한 채무에 관한 보증인 등 이해관계 있는 제3자의 이익을 해하지 않는 이상 이미 급부를 마친 뒤에도 기존의 충당방법을 배제하고 제공된 급부를 어느 채무에 어떤 방법으로 다시 충당할 것인가를 약정할 수 있다.

③ **(×)** 제504조. 경개로 인한 신채무가 원인의 불법 또는 당사자가 알지 못한 사유로 인하여 성립되지 아니하거나 취소된 때에는 구채무는 소멸되지 아니한다.

④ **(○)** 충당합의에 따라 채권자가 충당하는 때에는 변제자에 대한 의사표시와 관계 없이 충당의 효력이 생긴다.

[**대법원** 1987. 3. 24. **선고** 84**다카**1324 **판결**] 변제충당에 관한 민법 제476조 내지 제479조의 규정은 임의규정이므로 변제자(채무자)와 변제수령자(채권자)는 계약(약정)에 의하여 위 각 규정을 배제하고 제공된 급부를 어느 채무에 어떤 방법으로 충당할 것인가를 결정할 수 있다. 채권자와 주채무

자가, 주채무자의 변제가 채권자에 대한 모든 채무를 소멸시키기에 부족한 때에는 채권자가 적당하다고 인정하는 순서와 방법에 의하여 충당하기로 약정하였다면, 변제수령자인 채권자가 위 약정에 기하여 스스로 적당하다고 인정하는 순서와 방법에 좇아 변제충당한 이상 변제자에 대한 의사표시와는 관계없이 충당의 효력이 있다.

⑤ (×) 경매에서 배당금으로 충당할 때에는 합의충당이나 지정충당은 인정되지 아니하고 오로지 법정충당에 의한다.

[**대법원** 2000. 12. 8. **선고** 2000**다**51339 **판결**] 담보권 실행을 위한 경매에서 배당된 배당금이 담보권자가 가지는 수개의 피담보채권 전부를 소멸시키기에 부족한 경우에는 민법 제476조에 의한 지정변제충당은 허용될 수 없고, 채권자와 채무자 사이에 변제충당에 관한 합의가 있었다고 하여 그 합의에 따른 변제충당도 허용될 수 없으며, 획일적으로 가장 공평·타당한 충당방법인 민법 제477조 및 제479조의 규정에 의한 법정변제충당의 방법에 따라 충당하여야 하는 것이고, 이러한 법정변제충당은 이자 혹은 지연손해금과 원본 간에는 이자 혹은 지연손해금과 원본의 순으로 이루어지고, 원본 상호간에는 그 이행기의 도래 여부와 도래 시기, 그리고 이율의 고저와 같은 변제이익의 다과에 따라 순차적으로 이루어지나, 다만 그 이행기나 변제이익의 다과에 있어 아무런 차등이 없을 경우에는 각 원본 채무액에 비례하여 안분하게 되는 것이다. 정답 ④

9. 변제충당에 관한 설명 중 옳지 않은 것은? (다툼이 있는 경우 판례에 의함) [17 변호사]

① 담보권 실행을 위한 경매의 배당절차에서는 합의충당과 지정충당은 허용되지 않고 법정변제충당의 방법에 의하여야 한다.

② 변제자가 주채무자인 경우 보증인이 있는 채무와 보증인이 없는 채무 사이에는 변제이익의 차이가 없으나, 변제자가 채무자인 경우 물상보증인이 제공한 물적 담보가 있는 채무와 그러한 담보가 없는 채무 사이에는 물적 담보가 있는 채무의 변제이익이 더 많다.

③ 비용, 이자, 원본에 대한 변제충당에 있어 당사자 사이에 특별한 합의가 없는 한 비용, 이자, 원본의 순서로 충당하여야 하고 채무자는 물론 채권자라도 위 법정순서와 다르게 일방적으로 충당의 순서를 지정할 수는 없으나, 상대방의 이의제기가 없어 묵시적인 합의가 있다고 볼 경우에는 그러하지 아니하다.

④ 주채무자가 변제자인 경우에는 담보로 제3자가 발행 또는 배서한 약속어음이 교부된 채무와 그러한 담보가 없는 채무는 변제이익이 동일하다.

⑤ 1,000만 원의 원금과 50만 원의 이자 및 비용을 변제할 채무자가 50만 원을 채권자에게 지급하면서 이를 원금에 충당할 것을 지정한다고 하더라도 원칙적으로 원금의 변제에 충당되지 않으며, 이로 인하여 채권자가 변제의 수령을 거절하더라도 채권자지체에 빠지지 않는다.

해설

① (O) 경매절차에서 매각대금을 배당하는 경우의 변제충당방법을 묻는 지문이다. 공평하고 타당한 충당방법인 법정충당에 의하여야 하고, 합의나 지정에 의한 충당은 허용되지 않는다는 것이 판례이다.

[**대법원** 2000. 12. 8. **선고** 2000**다**51339 **판결**] 담보권 실행을 위한 경매에서 배당된 배당금이 담보권자가 가지는 수개의 피담보채권 전부를 소멸시키기에 부족한 경우에는 민법 제476조에 의한 지정변제충당은 허용될 수 없고, 채권자와 채무자 사이에 변제충당에 관한 합의가 있었다고 하여 그 합의에 따른 변제충당도 허용될 수 없으며, 획일적으로 가장 공평·타당한 충당방법인 민법 제477조 및 제479조의 규정에 의한 법정변제충당의 방법에 따라 충당하여야 하는 것이고, 이러한 법정변제충당은 이자 혹은 지연손해금과 원본 간에는 이자 혹은 지연손해금과 원본의 순으로 이루어지고,

원본 상호간에는 그 이행기의 도래 여부와 도래 시기, 그리고 이율의 고저와 같은 변제이익의 다과에 따라 순차적으로 이루어지나, 다만 그 이행기나 변제이익의 다과에 있어 아무런 차등이 없을 경우에는 각 원본 채무액에 비례하여 안분하게 되는 것이다.

② **(×)** 변제자가 주채무자인 경우, 변제이익의 대소는 변제자인 주채무자의 이익만을 고려하여 판단한다. 보증인이 있는 채무와 그렇지 않은 채무 사이에, 물상보증인이 있는 채무와 그렇지 않은 채무 사이에는 변제이익의 차이가 없다.

[**대법원** 2014. 4. 30. **선고** 2013**다**8250 **판결**] 변제자가 주채무자인 경우 보증인이 있는 채무와 보증인이 없는 채무 사이에 전자가 후자에 비하여 변제이익이 더 많다고 볼 근거는 전혀 없으므로 양자는 변제이익의 점에서 차이가 없다고 보아야 한다. 마찬가지로 변제자가 채무자인 경우 물상보증인이 제공한 물적 담보가 있는 채무와 그러한 담보가 없는 채무 사이에도 변제이익의 점에서 차이가 없다.

③ **(O)** 비용, 이자, 원본의 충당순서는 일방적인 지정에 의하여 변경할 수 없으나, 묵시적 합의를 포함하여 합의에 의하여 변경할 수는 있다.

[**대법원** 2002. 5. 10. **선고** 2002**다**12871·12888 **판결**] 비용·이자·원본에 대한 변제충당에 있어서는 민법 제479조에 그 충당 순서가 법정되어 있고 지정변제충당에 관한 같은 법 제476조는 준용되지 않으므로 당사자 사이에 특별한 합의가 없는 한 비용·이자·원본의 순서로 충당하여야 할 것이고, 채무자는 물론 채권자라고 할지라도 위 법정 순서와 다르게 일방적으로 충당의 순서를 지정할 수는 없다고 할 것이지만, 당사자의 일방적인 지정에 대하여 상대방이 지체없이 이의를 제기하지 아니함으로써 묵시적인 합의가 되었다고 보여지는 경우에는 그 법정충당의 순서와는 달리 충당의 순서를 인정할 수 있는 것이다.

④ **(O)** 변제자가 주채무자인 경우에는 제3자가 발행·배서한 어음에 의하여 담보되는 채무와 그렇지 않은 채무 사이에는 종국적 책임의 주체가 채무자이므로 변제이익의 차이가 없다.

[**대법원** 1999. 8. 24. **선고** 99**다**22281 **판결**] 주채무자가 변제자인 경우에는, 담보로 제3자가 발행 또는 배서한 약속어음이 교부된 채무와 다른 채무 사이에 변제이익의 점에서 차이가 없다고 보아야 할 것이나, 담보로 주채무자 자신이 발행 또는 배서한 어음이 교부된 채무는 다른 채무보다 변제이익이 많은 것으로 보아야 한다.

⑤ **(O)** 비용, 이자, 원본의 순서는 일방적인 지정에 의하여 변경될 수 없으며, 일부변제는 유효한 변제제공이 되지 아니하므로 채권자가 수령을 거절하더라도 채권자지체가 발생하지 않는다. **대법원** 2002. 5. 10. **선고** 2002**다**12871·12888 **판결 참고**.

정답 ②

10. 채권의 변제순위에 관한 설명 중 옳지 않은 것을 모두 고른 것은? (다툼이 있는 경우 판례에 의함) [17 변호사]

ㄱ. 부동산에 대하여 가압류등기가 된 후 저당권이 설정되고 이후 강제경매 신청을 한 압류채권자가 있는 경우, 1차로 가압류채권자와 저당권자 및 압류채권자 사이에 채권액에 비례하여 평등배당을 한 후, 저당권자는 자신의 채권액을 전부 변제받을 수 있을 때까지 압류채권자가 받을 배당액으로부터 우선하여 배당받을 수 있다.

ㄴ. 동일한 주택에 대항요건을 갖추고 서로 일자를 달리하여 확정일자를 받은 여러 명의 임차인들이 「주택임대차보호법」에 의하여 보증금 중 일정액의 보호를 받는 소액임차인의 지위를 겸하는 경우, 임차인들은 그 주택에 관한 배당절차에서 먼저 소액임차인으로서 보호받는 일정액을 우선 배당받은 후 나머지 임차보증금채권액에 대하여는 채권액에 비례하여 평등배당을 받는다.

ㄷ. 동일한 채권에 대하여 확정일자 있는 채권양도의 통지와 채권압류 및 추심명령이 제3채무자에게 동시에 송달된 경우, 제3채무자는 채권양수인이나 압류채권자 중 누구에게라도 채무 전액을 변제할 수 있다. 다만 제3채무자에 대한 채권액이 양수채권액과 압류채권액의 합계액보다 적은 경우에는 그들 사이에 각 채권액에 안분하여 이를 내부적으로 다시 정산해야 한다.

ㄹ. 동일한 채권에 대하여 확정일자 있는 채권양도의 통지와 채권가압류명령이 제3채무자에게 동시에 도달하여 제3채무자가 변제공탁을 하고 이후 배당이 되는 경우, 위 도달시점 이후 채권압류 및 추심명령을 받은 다른 채권자가 배당요구를 하더라도 채권양수인과 선행가압류채권자 사이에서만 채권액에 안분하여 배당하여야 한다.

① ㄱ ② ㄴ ③ ㄱ, ㄷ
④ ㄴ, ㄹ ⑤ ㄷ, ㄹ

해설

ㄱ. (○) 가압류채권자, 저당권자, 압류채권자 사이의 배당변제 방법을 묻는 지문이다. 우선 채권액에 따른 안분배당을 한 후에 우열관계에 따라 흡수배당을 한다. 선순위가압류채권자에게는 우선변제권이 인정되지 아니하므로 다른 배당권자의 배당액을 흡수할 수 없고, 저당권자에게는 우선변제권이 있으나 선순위가압류채권자의 배당액을 흡수할 수는 없다. 그러나 후순위 압류채권자의 배당액은 그의 채권이 만족될 수 있을 때까지 흡수할 수 있다.

[**대법원** 1994. 11. 29. **자** 94**마**417 **결정**] [1] 부동산에 대하여 가압류등기가 먼저 되고 나서 근저당권설정등기가 마쳐진 경우에 그 근저당권등기는 가압류에 의한 처분금지의 효력 때문에 그 집행보전의 목적을 달성하는 데 필요한 범위 안에서 가압류채권자에 대한 관계에서만 상대적으로 무효이다. [2] 가압류채권자와 근저당권자 및 근저당권설정등기 후 강제경매신청을 한 압류채권자 사이의 배당관계에 있어서, 근저당권자는 선순위 가압류채권자에 대하여는 우선변제권을 주장할 수 없으므로 1차로 채권액에 따른 안분비례에 의하여 평등배당을 받은 다음, 후순위 경매신청압류채권자에 대하여는 우선변제권이 인정되므로 경매신청압류채권자가 받을 배당액으로부터 자기의 채권액을 만족시킬 때까지 이를 흡수하여 배당받을 수 있다.

ㄴ. (×) 소액임차인으로서 배당을 받은 후에 나머지 보증금에 관해서는 확정일자의 선후에 따라 배당을 받는다.

[**대법원** 2007. 11. 15. **선고** 2007**다**45562 **판결**] 주택임대차보호법 제3조의2 제2항은 대항요건(주택인도와 주민등록전입신고)과 임대차계약증서상의 확정일자를 갖춘 주택임차인에게 부동산 담보권에 유사한 권리를 인정한다는 취지로서, 이에 따라 대항요건과 확정일자를 갖춘 임차인들 상호간에는 대항요건과 확정일자를 최종적으로 갖춘 순서대로 우선변제받을 순위를 정하게 되므로, 만일 대항요건과 확정일자를 갖춘 임차인들이 주택임대차보호법 제8조 제1항에 의하여 보증금 중 일정액의 보호를 받는 소액임차인의 지위를 겸하는 경우, 먼저 소액임차인으로서 보호받는 일정액을 우선 배당하고 난 후의 나머지 임차보증금채권액에 대하여는 대항요건과 확정일자를 갖춘 임차인으로서의 순위에 따라 배당을 하여야 하는 것이다.

ㄷ. (○) 압류결정과 확정일자부 채권양도통지가 동시에 도달한 경우의 효과를 묻는 지문이다. 채무자의 임의변제가 허용되며, 압류채권자와 채권양수인은 서로 채권액에 따라 정산의무를 부담한다.

[**대법원** 1994. 4. 26. **선고** 93**다**24223 **전원합의체 판결**] 채권양도 통지, 가압류 또는 압류명령 등이 제3채무자에 동시에 송달되어 그들 상호간에 우열이 없는 경우에도 그 채권양수인, 가압류 또는 압류채권자는 모두 제3채무자에 대하여 완전한 대항력을 갖추었다고 할 것이므로, 그 전액에 대하여

채권양수금, 압류전부금 또는 추심금의 이행청구를 하고 적법하게 이를 변제받을 수 있고, 제3채무자로서는 이들 중 누구에게라도 그 채무 전액을 변제하면 다른 채권자에 대한 관계에서도 유효하게 면책되는 것이며, 만약 양수채권액과 가압류 또는 압류된 채권액의 합계액이 제3채무자에 대한 채권액을 초과할 때에는 그들 상호간에는 법률상의 지위가 대등하므로 공평의 원칙상 각 채권액에 안분하여 이를 내부적으로 다시 정산할 의무가 있다.

ㄹ. (O) 가압류결정과 확정일자부 채권양도통지가 동시에 도달된 후에 채권압류가 있는 때에는 채권양수인과 가압류채권 사이에서는 대등한 지위가 인정되어 안분배당이 되지만, 채권압류는 효력이 인정되지 않는다.

[**대법원** 2004. 9. 3. **선고** 2003**다**22561 **판결**] 압류의 처분금지 효력은 절대적인 것이 아니고, 이에 저촉되는 채무자의 처분행위도 그 압류채권자와 처분 전에 집행절차에 참가한 압류채권자나 배당요구채권자에게 대항하지 못한다는 의미에서의 상대적 효력을 가지는데 그치므로 압류의 효력발생 전에 채무자가 처분한 경우에는 그보다 먼저 압류한 채권자가 있어 그 채권자에게는 대항할 수 없는 사정이 있더라도 그 처분 후에 집행에 참가하는 채권자에 대하여는 처분의 효력을 대항할 수 있는 것이고, 이는 가압류의 경우에도 마찬가지이므로 동일한 채권에 관하여 가압류명령의 송달과 확정일자 있는 양도통지가 동시에 제3채무자에게 도달함으로써 채무자가 가압류의 대상인 채권을 양도하고 채권양수인이 채권양도의 대항요건을 갖추었다면 다른 채권자는 더 이상 그 가압류에 따른 집행절차에 참가할 수는 없다(필자 주 : 확정일자 있는 채권양도 통지와 채권가압류명령이 동시에 도달됨으로써 제3채무자가 변제공탁을 하고, 그 후에 다른 채권압류 또는 가압류가 이루어졌다 하더라도 채권양수인과 선행 가압류채권자 사이에서만 채권액에 안분하여 배당하여야 한다고 한 사례).

정답 ②

11. **1억 원의 채무를 부담하고 있는 甲을 위하여 乙과 丙은 보증인이 되었고, 丁은 자기 소유의 시가 6,000만 원의 부동산에 저당권을 설정하여 물상보증인이 되었으며, 戊도 자기 소유의 시가 4,000만 원의 부동산에 저당권을 설정하여 물상보증인이 되었다. 당사자 사이의 특약 등 다른 특별한 사정이 없다면 乙이 甲의 채무 전액을 변제한 경우, 乙이 丙, 丁, 戊에 대하여 채권자를 대위할 수 있는 범위로 옳은 것은? (다툼이 있는 경우 판례에 의함)** [16 변호사]

① 丙에 대하여 2,500만 원, 丁에 대하여 2,500만 원, 戊에 대하여 2,500만 원
② 丙에 대하여 2,500만 원, 丁에 대하여 2,000만 원, 戊에 대하여 3,000만 원
③ 丙에 대하여 2,500만 원, 丁에 대하여 3,000만 원, 戊에 대하여 2,000만 원
④ 丙에 대하여 5,000만 원, 丁에 대하여 1,500만 원, 戊에 대하여 1,000만 원
⑤ 丙에 대하여 7,500만 원, 丁에 대하여 0원, 戊에 대하여 0원

해설

※ 수인의 법정대위자 상호간의 관계를 묻는 지문이다. 보증인과 물상보증인 사이에는 인원수의 비례에 따라 변제자대위권 행사가 가능하다. 보증인 2인, 물상보증인 2인이므로 원칙적으로 각자의 부담부분은 2천5백만 원이다. 한편, 물상보증인의 부담부분은 담보물의 가액에 비례하여 정해지므로 물상보증인들의 부담부분인 5천만 원은 다시 담보물의 가액에 따라 분담되어 丁은 3천만 원의 부담부분을, 戊는 2천만 원의 부담부분은 가진다.

결국, 법정대위자 乙은 丙에 대해서는 2천 5백만 원의 보증채권을, 丁에 대해서는 3천만 원의 저당권을, 戊에 대해서는 2천만 원의 저당권을 행사할 수 있다.

정답 ③

12. 다음 설명 중 옳은 것은? (다툼이 있는 경우 판례에 의함) [16 변호사]

① 채무의 일부 변제제공은 채무의 본지에 따른 이행의 제공이라 할 수 없어 이행제공의 효력이 발생할 수 없으나, 채무의 일부를 공탁한 경우에는 그 부분에 한해 원칙적으로 변제의 효력이 발생한다.

② 비용, 이자, 원본에 대한 변제충당에 있어서는 민법 제479조에 그 충당 순서가 법정되어 있으므로 당사자 사이에 특별한 합의가 없는 한 비용, 이자, 원본의 순서로 변제에 충당하여야 할 것이나, 채권자는 일방적으로 위 법정 순서와 다르게 충당의 순서를 지정할 수 있다.

③ 채무의 성질 또는 당사자의 의사표시로 변제장소를 정하지 아니한 때에는 특정물의 인도는 채권자의 현주소지에서 하여야 한다.

④ 채권의 준점유자에 대한 변제는 변제자가 선의이며 과실이 없는 경우에 한해 효력이 있는데, 만약 그 변제를 받은 자에게 변제수령의 권한이 인정된다면 채권의 준점유자에 대한 변제의 법리를 적용할 필요 없이 그에 대한 변제는 유효하다.

⑤ 변제받을 권한 없는 자에 대한 변제의 경우에도 채권자가 이익을 받은 한도에서 효력이 있는데, 여기에서 말하는 '채권자가 이익을 받은' 경우에는 변제의 수령자가 진정한 채권자에게 채무자의 변제로 받은 급부를 직접 전달한 경우는 포함되나, 무권한자의 변제수령을 채권자가 사후에 추인한 경우는 포함되지 않는다.

해설

① **(×)** 일부변제공탁의 효력을 묻는 지문이다.
[**대법원** 2014. 8. 20. **선고** 2014**다**30650 **판결**] 변제공탁이 유효하려면 채무 전부에 대한 변제의 제공 및 채무 전액에 대한 공탁이 있어야 하고 채무 전액이 아닌 일부에 대한 공탁은 그 부분에 관하여서도 효력이 생기지 않으나, 채권자가 공탁금을 채권의 일부에 충당한다는 유보의 의사표시를 하고 이를 수령한 때에는 그 공탁금은 채권의 일부의 변제에 충당되고, 그 경우 유보의 의사표시는 반드시 명시적으로 하여야 하는 것은 아니다.

② **(×)** 비용, 이자, 원본의 충당순서를 법률의 규정과 달리 일방적 지정으로 변경할 수 있는지를 묻는 지문이다. 이는 지정충당의 제한으로 일방적 지정으로는 변경할 수 없다.
[**대법원** 2002. 5. 10. **선고** 2002**다**12871·12888 **판결**] 비용·이자·원본에 대한 변제충당에 있어서는 민법 제479조에 그 충당 순서가 법정되어 있고 <u>지정변제충당에 관한 같은 법 제476조는 준용되지 않으므로 당사자 사이에 특별한 합의가 없는 한 비용·이자·원본의 순서로 충당하여야 할 것</u>이고, 채무자는 물론 채권자라고 할지라도 위 법정 순서와 다르게 일방적으로 충당의 순서를 지정할 수는 없다고 할 것이지만, <u>당사자의 일방적인 지정에 대하여 상대방이 지체없이 이의를 제기하지 아니함으로써 묵시적인 합의가 되었다고 보여지는 경우에는 그 법정충당의 순서와는 달리 충당의 순서를 인정할 수 있는 것</u>이다.

③ **(×)** 특정물인도채무의 변제장소는 채권성립 당시 물건이 있던 장소이다. 제467조.

④ **(O)** 변제수령자에게 수령권한이 인정되는 경우에 채권의 준점유자에 대한 변제의 법리가 적용되는지를 묻는 지문이다. 채권의 준점유자란 변제수령권한이 없으면서도 그 권한이 있는 것과 같은 외관을 갖춘 자를 말하므로 변제수령권한이 있는 자에 대한 변제는 유효한 변제에 해당한다.
[**대법원** 2012. 6. 14. **선고** 2010**다**29034 **판결**] 민법 제470조에서 정하는 '채권의 준점유자'는 진정한 채권자 등 변제수령의 권한이 있는 자 이외의 자로서 변제자의 입장에서 볼 때 일반의 거래관념상 채권을 행사할 정당한 권한을 가진 것으로 믿을 만한 외관을 가지는 사람을 말한다. 따라서 채무자가

채권의 준점유자에 대한 변제를 가리기 위해서는, 먼저 그 변제를 받은 자가 변제를 수령할 권한이 없는 자임이 전제가 되어야 하고, 만약 변제수령의 권한이 인정되면 채권의 준점유자에 대한 변제의 법리를 적용할 필요 없이 그에 대한 변제는 유효하다고 보아야 한다.

⑤ (×) 제472조가 규정하는 채권자가 이익을 받은 한도의 의미를 묻는 지문이다. 변제수령자가 채권자에게 전달한 경우, 채권자가 사후에 추인한 경우, 변제수령자가 채권자의 채무변제에 충당한 경우 등 채권자에게 실질적 이익이 생긴 경우가 이에 해당한다.

[**대법원** 2014. 10. 15. **선고** 2013**다**17117 **판결**] 민법 제472조는 불필요한 연쇄적 부당이득반환의 법률관계가 형성되는 것을 피하기 위하여 변제받을 권한 없는 자에 대한 변제의 경우에도 그로 인하여 채권자가 이익을 받은 한도에서 효력이 있다고 규정하고 있다. 여기에서 '채권자가 이익을 받은' 경우란 변제수령자가 채권자에게 변제로 받은 급부를 전달한 경우는 물론이고, 변제수령자가 변제로 받은 급부를 가지고 채권자의 자신에 대한 채무의 변제에 충당하거나 채권자의 제3자에 대한 채무를 대신 변제함으로써 채권자의 기존 채무를 소멸시키는 등 채권자에게 실질적인 이익이 생긴 경우를 포함하나, 변제수령자가 변제로 받은 급부를 가지고 자신이나 제3자의 채권자에 대한 채무를 변제함으로써 채권자의 기존 채권을 소멸시킨 경우에는 채권자에게 실질적인 이익이 생겼다고 할 수 없으므로 민법 제472조에 의한 변제의 효력을 인정할 수 없다. 정답 ④

13. 변제충당에 관한 설명 중 옳지 않은 것은? (다툼이 있는 경우 판례에 의함) [15 변호사]

① 변제자가 주채무자이고 연대보증약정이 있는 경우로서 다른 조건이 동일하다면, 연대보증기간 내의 채무와 연대보증기간 종료 후의 채무 사이의 변제이익은 같다.

② 변제자가 주채무자인 경우로서 다른 조건이 동일하다면, 물상보증인이 제공한 물적 담보가 있는 채무와 그러한 담보가 없는 채무 사이의 변제이익은 같다.

③ 변제자가 주채무자인 경우로서 다른 조건이 동일하다면, 제3자가 발행 또는 배서한 어음에 의하여 담보되는 채무가 그렇지 않은 채무보다 변제이익이 더 많다.

④ 주채무자 이외의 자가 변제자인 경우로서 다른 조건이 동일하다면, 변제자가 발행 또는 배서한 어음에 의하여 담보되는 채무가 그렇지 않은 채무보다 변제이익이 더 많다.

⑤ 변제자가 주채무자인 경우로서 다른 조건이 동일하다면, 담보로 주채무자 자신이 발행 또는 배서한 어음에 의하여 담보되는 채무가 그렇지 않은 채무보다 변제이익이 더 많다.

해설

① (O) 변제자가 주채무자인 경우, 보증에 의하여 담보되는 채무와 그렇지 않은 채무 사이에는 변제이익의 차이가 없다. 종국적 책임을 부담하는 자가 주채무자이기 때문이다.

[**대법원** 1999. 8. 24. **선고** 99**다**26481 **판결**] 변제자가 주채무자인 경우, 보증인이 있는 채무와 보증인이 없는 채무 사이에 변제이익의 점에서 차이가 없다고 보아야 하므로, 보증기간 중의 채무와 보증기간 종료 후의 채무 사이에서는 변제이익의 점에서 차이가 없고, 따라서 주채무자가 변제한 금원은 이행기가 먼저 도래한 채무부터 법정변제충당하여야 한다.

② (O) 종국적 책임을 부담하는 자가 변제자인 경우, 물상보증인에 의하여 담보되는 채무와 그렇지 않은 채무 사이에 변제이익은 차이가 없다.

[**대법원** 2014. 4. 30. **선고** 2013**다**8250 **판결**] 변제자가 주채무자인 경우 보증인이 있는 채무와 보증인이 없는 채무 사이에 전자가 후자에 비하여 변제이익이 더 많다고 볼 근거는 전혀 없으므로 양자는 변제이익의 점에서 차이가 없다고 보아야 한다. 마찬가지로 변제자가 채무자인 경우 물상

보증인이 제공한 물적 담보가 있는 채무와 그러한 담보가 없는 채무 사이에도 변제이익의 점에서 차이가 없다.

③ (×) 종국적 책임을 부담하는 자가 변제자인 경우, 어음에 의하여 담보되는 채무와 그렇지 않은 채무 사이에 변제이익은 차이가 없다.
[**대법원** 1999. 8. 24. **선고** 99**다**22281 **판결**] 주채무자가 변제자인 경우에는, 담보로 제3자가 발행 또는 배서한 약속어음이 교부된 채무와 다른 채무 사이에 변제이익의 점에서 차이가 없다고 보아야 할 것이나, 담보로 주채무자 자신이 발행 또는 배서한 어음이 교부된 채무는 다른 채무보다 변제이익이 많은 것으로 보아야 한다.

④ (O) ⑤ (O) 어음상 채무와 단순채무 중에는 어음상 채무가 변제이익이 더 크다고 보아야 한다. 집행 가능성이 더 크기 때문이다. **대법원** 1999. 8. 24. **선고** 99**다**22281 **판결** 참고.
[**대법원** 1999. 8. 24. **선고** 99**다**22281 **판결**] 주채무자 이외의 자가 변제자인 경우에는, 변제자가 발행 또는 배서한 어음에 의하여 담보되는 채무가 다른 채무보다 변제이익이 많다고 보아야 한다.

정답 ③

14. **甲에게 2,000만 원의 대여금채무를 부담하고 있는 乙은 위 채무에 대한 담보로 甲에게 乙 소유의 X 토지에 대하여 피담보채권액 2,000만 원의 저당권을 설정하여 주었다. 丙은 乙의 甲에 대한 위 대여금채무를 주채무로 하여 甲과 연대보증계약을 체결하였다. 丙은 위 대여금채무 중 1,000만 원을 대위변제하였고, 甲은 나머지 대여금채권을 변제받기 위하여 X 토지에 설정된 위 저당권에 기하여 경매를 신청하였으며, 위 경매절차에서 X 토지는 1,500만 원에 매도되었다. 다음 설명 중 옳은 것을 모두 고른 것은? (다툼이 있는 경우 판례에 의함)** [15 변호사]

ㄱ. 丙은 대위변제한 1,000만 원 범위 내에서 甲이 乙에 대하여 가지고 있던 채권 및 담보에 관한 권리를 취득한다.
ㄴ. 甲은 丙에게 X 토지에 설정된 위 저당권 일부 이전의 부기등기를 경료해 줄 의무가 있다.
ㄷ. 丙은 X 토지 경매에 따른 배당절차에서 대위변제한 1,000만 원 부분에 한하여 甲에 우선해서 배당받는다.

① ㄱ ② ㄱ, ㄴ ③ ㄱ, ㄷ
④ ㄴ, ㄷ ⑤ ㄱ, ㄴ, ㄷ

해설

ㄱ. (O) 일부대위변제자에게 변제자대위권이 인정되는지를 묻는 지문이다. 일부대위변제자에게도 변제자대위권이 인정된다. 다만 채권자와 함께 권리를 행사하여야 하고 그 경우에도 채권자에게 우선변제권이 인정된다. 제483조 제1항. 채무의 일부를 대위변제한 연대보증인 丙은 구상권의 범위에서 채권 및 담보에 관한 권리를 취득하므로 1,000만 원의 범위 내에서 甲의 권리를 취득한다.
[**대법원** 2010. 4. 8. **선고** 2009**다**80460 **판결**] 변제할 정당한 이익이 있는 자가 채무자를 위하여 채권의 일부를 대위변제할 경우에 대위변제자는 변제한 가액의 범위 내에서 종래 채권자가 가지고 있던 채권 및 담보에 관한 권리를 취득하게 되고 따라서 채권자가 부동산에 대하여 저당권을 가지고 있는 경우에는 채권자는 대위변제자에게 일부 대위변제에 따른 저당권의 일부이전의 부기등기를 경료해 주어야 할 의무가 있으나 이 경우에도 채권자는 일부 대위변제자에 대하여 우선변제권을 가지고, 다만 일부 대위변제자와 채권자 사이에 변제의 순위에 관하여 따로 약정을 한 경우에는 그 약정에 따라 변제의 순위가 정해진다.

ㄴ. (O) 일부대위변제에 의하여 채권자와 일부대위변제자는 저당권을 준공유하게 된다. 따라서 채권자는 저당권에 관하여 일부이전의 부기등기를 하여야 할 의무를 부담한다.

[**대법원** 1996. 12. 6. **선고** 96**다**35774 **판결**] 변제할 정당한 이익이 있는 자가 채무자를 위하여 채권의 일부를 대위변제할 경우에 대위변제자는 변제한 가액의 범위 내에서 종래의 채권자가 가지고 있던 채권 및 담보에 관한 권리를 취득하게 되고 따라서 채권자가 부동산에 대하여 저당권을 가지고 있는 경우에는 채권자는 대위변제자에게 일부 대위변제에 따른 저당권의 일부 이전의 부기등기를 해 주어야 할 의무가 있다.

ㄷ. (×) 일부대위변제자보다 채권자가 우선하여 변제를 받는다. 따라서 채권자 甲이 잔존채권 1,000만 원을 우선하여 변제받고 나머지에 관하여 일부대위변제자가 저당권을 행사할 수 있다. **대법원** 2010. 4. 8. **선고** 2009**다**80460 **판결 참고.**

정답 ②

15. **甲은 乙에게 1억 원을 대여하면서 乙 소유인 X 토지에 관하여 근저당권을 설정받았다. 丙은 乙의 부탁을 받고 乙의 위 채무를 보증하였다. 변제기가 도래하였음에도 乙이 채무를 변제하지 않고 있다. 옳은 것을 모두 고른 것은? (이자, 지연손해금은 없는 것으로 가정한다. 다툼이 있는 경우에는 판례에 의하고, 각 지문은 모두 독립적이다)** [14 변호사]

ㄱ. 乙이 丙에게 보증채무를 변제하지 말 것을 요구하였음에도 丙은 乙의 의사에 반하여 甲에게 변제하였다. 이 경우 丙은 乙에게 구상권을 행사할 수 있다.

ㄴ. 丙이 甲에게 5,000만 원을 변제하였다. 그 후 X 토지가 경매되어 매각대금 중 배당가능한 금액이 8,000만 원이 된 경우 丙은 4,000만 원을 배당받을 수 있다.

ㄷ. 丙이 보증채무를 모두 변제하였다. 丙이 X 토지상의 근저당권에 관하여 자신의 명의로 부기등기를 경료하지 않고 있는 사이에 乙은 다시 丁으로부터 금원을 차용하고 丁에게 제2순위 근저당권을 설정하여 주었다. X 토지가 경매되는 경우 丙이 변제사실을 증명하여 배당요구하면 丙은 丁보다 우선하여 배당받을 수 있다.

① ㄱ ② ㄴ ③ ㄷ
④ ㄱ, ㄴ ⑤ ㄱ, ㄷ

해설

※ 보증인의 대위변제로 인한 구상권과 변제자대위를 묻는 사례문제이다.

ㄱ. (O) 보증인이 채무자의 의사에 반하여 변제하고 채무자에 대하여 구상권을 행사할 수 있는지를 묻는 지문이다. 보증인은 변제할 정당한 이익이 있는 자이므로 채무자의 의사에 반하여 변제할 수 있다(제469조 제2항). 따라서 보증인 丙은 채무자 乙에 대하여 구상권을 행사할 수 있다.

[**대법원** 2009. 5. 28. **자** 2008**마**109 **결정**] 민법 제469조 제2항은 이해관계 없는 제3자는 채무자의 의사에 반하여 변제하지 못한다고 규정하고, 민법 제481조는 변제할 정당한 이익이 있는 자는 변제로 당연히 채권자를 대위한다고 규정하고 있는바, 위 조항에서 말하는 '이해관계' 내지 '변제할 정당한 이익'이 있는 자는 변제를 하지 않으면 채권자로부터 집행을 받게 되거나 또는 채무자에 대한 자기의 권리를 잃게 되는 지위에 있기 때문에 변제함으로써 당연히 대위의 보호를 받아야 할 법률상 이익을 가지는 자를 말하고, 단지 사실상의 이해관계를 가진 자는 제외된다(필자 註 : 공동저당의 목적인 물상보증인 소유의 부동산에 후순위로 소유권이전청구권 가등기가 설정되어 있는데 그 부동산에 대하여 먼저 경매가 실행되어 공동저당권자가 매각대금 전액을 배당받고 채무의 일부가 남은 사안에서, 위 가등기권리자는 채무자의 의사에 반하여 그 채무 잔액을 대위변제하거나 변제공탁 할 수 있는 '이해관계 있는 제3자' 또는 '변제할 정당한 이익이 있는 자'에 해당하지 않는다고 본 사례).

ㄴ. (×) 보증인이 일부를 대위변제한 경우, 변제자대위권을 행사함에 있어 채권자와의 우열관계를 묻는 지문이다. 일부의 대위변제를 한 보증인이 변제자대위권을 행사하는 경우, 채권자에게 우선변제권이 인정된다는 것이 대법원의 입장이다. 따라서 배당 가능한 매각대금 8,000만 원 중에서 채권자 甲의 잔존채권 5,000만 원이 먼저 배당되고, 나머지 3,000만 원이 대위변제자인 丙에게 배당된다.

[**대법원** 2010. 4. 8. **선고** 2009**다**80460 **판결**] 변제할 정당한 이익이 있는 자가 채무자를 위하여 채권의 일부를 대위변제할 경우에 대위변제자는 변제한 가액의 범위 내에서 종래 채권자가 가지고 있던 채권 및 담보에 관한 권리를 취득하게 되고 따라서 채권자가 부동산에 대하여 저당권을 가지고 있는 경우에는 채권자는 대위변제자에게 일부 대위변제에 따른 저당권의 일부이전의 부기등기를 경료해 주어야 할 의무가 있으나 이 경우에도 채권자는 일부 대위변제자에 대하여 우선변제권을 가지고, 다만 일부 대위변제자와 채권자 사이에 변제의 순위에 관하여 따로 약정을 한 경우에는 그 약정에 따라 변제의 순위가 정해진다.

ㄷ. (○) 대위의 부기등기를 하지 아니하면 대항하지 못하는 저당물의 제3취득자에 후순위저당권자가 포함되는지를 묻는 지문이다. 보증인이 변제로 인한 대위에 따라 채권자의 저당권을 행사하는 때에는 미리 대위의 부기등기를 하여야 저당물의 제3취득자에게 채권자를 대위할 수 있다(제482조 제2항 제1호). 저당물의 제3취득자에 저당물의 후순위저당권자 포함되는지가 본 지문의 쟁점이다. 제3취득자에 후순위저당권자는 포함되지 않는다는 것이 대법원의 입장이다. 따라서 보증인은 대위의 부기등기가 없더라도 후순위저당권자에 대하여 채권자를 대위할 수 있다.

[**대법원** 2013. 2. 15. **선고** 2012**다**48855 **판결**] 민법 제482조 제2항 제2호 의 제3취득자에 후순위근저당권자가 포함되지 않음에도 같은 항 제1호 의 제3자에는 후순위 근저당권자가 포함된다고 하면, 후순위 근저당권자는 보증인에 대하여 항상 채권자를 대위할 수 있지만 보증인은 후순위 근저당권자에 대하여 채권자를 대위하기 위해서는 미리 대위의 부기등기를 하여야만 하므로 보증인보다 후순위 근저당권자를 더 보호하는 결과가 되는데, 이러한 결과는 법정대위자인 보증인과 후순위 근저당권자 간의 이해관계를 공평하고 합리적으로 조절하기 위한 민법 제482조 제2항 제1호 와 제2호 의 입법 취지에 부합하지 않을뿐더러 후순위 근저당권자는 통상 자신의 이익을 위하여 선순위 근저당권의 담보가치를 초과하는 담보가치만을 파악하여 담보권을 취득한 자에 불과하므로 변제자대위와 관련해서 후순위 근저당권자를 보증인보다 더 보호할 이유도 없다. 이러한 사정들과 민법 제482조 제2항 제1호 와 제2호 가 상호작용하에 법정대위자 중 보증인과 제3취득자의 이해관계를 조절하는 규정인 점 등을 종합하여 보면, 보증인은 미리 저당권의 등기에 그 대위를 부기하지 않고서도 저당물에 후순위 근저당권을 취득한 제3자에 대하여 채권자를 대위할 수 있다고 할 것이므로 민법 제482조 제2항 제1호 의 제3자에 후순위 근저당권자는 포함되지 않는다. 정답 ⑤

16. 채무자가 동일한 채권자에 대하여 같은 종류를 목적으로 하는 수개의 채무를 부담하는데 변제의 제공이 그 채무 전부를 소멸하게 하지 못하는 경우에 관한 설명 중 옳지 않은 것은? (다툼이 있는 경우에는 판례에 의함) [13 변호사]

① 채무자의 변제가 채권자에 대한 모든 채무를 소멸시키기에 부족한 때에는 채권자가 적당하다고 인정하는 순서와 방법에 의하여 충당하기로 하는 약정이 있는 경우, 채무자가 변제를 하면서 위 약정과 달리 특정 채무의 변제에 우선적으로 충당한다고 지정하더라도, 그에 대하여 채권자가 명시적 또는 묵시적으로 동의하지 않는 한 그 지정은 효력이 없어 채무자가 지정한 채무가 변제되어 소멸하는 것은 아니다.

② 변제자의 지정이 없다면 변제받은 자가 그 당시 어느 채무를 지정하여 변제에 충당할 수 있지만, 변제자가 그 충당에 대하여 즉시 이의를 한 때에는 그러하지 아니하다.

③ 법정변제충당의 경우, 이행기가 도래한 채무와 도래하지 아니한 채무가 있으면 이행기가 도래한 채무의 변제에 충당하는데, 이행기의 도래 여부는 이행기의 유예가 있더라도 본래의 이행기를 기준으로 판단한다.

④ 변제자가 그 채무 전부를 소멸하게 하지 못한 급여를 한 때에는 특약이 없는 한 비용, 이자, 원본의 순서로 변제에 충당하여야 한다.

⑤ 담보권 실행을 위한 경매에서 배당금이 담보권자가 가지는 수개의 피담보채권 전부를 소멸시키기에 부족한 경우에는 채권자와 채무자 사이에 변제충당에 관한 합의가 있었다고 하더라도 그 합의충당은 허용될 수 없고, 획일적으로 민법 제477조 및 제479조에 따른 법정변제충당의 방법에 따라 충당하여야 한다.

해설

① **(O)** 변제충당에 관한 합의가 있는 경우, 채무자가 지정에 의하여 소멸할 채무를 결정할 수 있는지를 묻는 지문이다. 합의가 있는 경우라면 합의에 의하여 소멸할 채무가 결정되고, 합의가 없는 때에 채무자의 지정에 의한 충당이 허용된다.

[**대법원** 2004. 3. 25. **선고** 2001**다**53349 **판결**] 변제충당 지정은 상대방에 대한 의사표시로서 하여야 하는 것이기는 하나, 변제충당에 관한 민법 제476조 내지 제479조의 규정은 임의규정이므로 변제자(채무자)와 변제수령자(채권자)는 약정에 의하여 위 각 규정을 배제하고 제공된 급부를 어느 채무에 어떤 방법으로 충당할 것인가를 결정할 수 있고, 이와 같이 채권자와 채무자 사이에 미리 변제충당에 관한 약정이 있으며, 그 약정 내용이 변제가 채권자에 대한 모든 채무를 소멸시키기에 부족한 경우 채권자가 적당하다고 인정하는 순서와 방법에 의하여 충당하기로 한 것이라면, 채권자가 위 약정에 터잡아 스스로 적당하다고 인정하는 순서와 방법에 좇아 변제충당을 한 이상 채무자에 대한 의사표시와 관계없이 그 충당의 효력이 있고, 위와 같이 미리 변제충당에 관한 별도의 약정이 있는 경우에는 채무자가 변제를 하면서 위 약정과 달리 특정 채무의 변제에 우선적으로 충당한다고 지정하더라도 그에 대하여 채권자가 명시적 또는 묵시적으로 동의하지 않는 한 그 지정은 효력이 없어 채무자가 지정한 채무가 변제되어 소멸하는 것은 아니다.

② **(O)** 변제수령자의 지정에 대하여 변제자가 이의를 제기할 수 있는지를 묻는 지문이다. 제476조 제2항은 변제자의 이의를 인정하고 있다.

③ **(×)** 이행기의 유예가 있는 채무의 이행기 도래 여부 판단의 기준이 되는 시기를 묻는 지문이다. 유예된 이행기를 기준으로 한다는 것이 대법원의 입장이다.

[**대법원** 1999. 8. 24. **선고** 99**다**22281·22298 **판결**] 법정변제충당의 순위를 정함에 있어서 변제의 유예가 있는 채무에 대하여는 유예기까지 변제기가 도래하지 않은 것과 같게 보아야 한다.

④ **(O)** 비용, 이자, 원본의 충당순서를 묻는 지문이다. 제479조는 지정충당의 제한사유로서 비용, 이자, 원본의 순서로 충당되어야 한다고 규정하고 있다. 다만, 제479조가 강행규정이라고 할 수는 없으므로 다른 합의가 있다면 법정의 순서와 달리 충당될 수는 있다.

⑤ **(O)** 경매절차에서 배당금으로 변제충당할 때 합의의 효력을 인정할 수 있는지를 묻는 지문이다. 법정충당만 허용되고, 합의의 효력은 인정되지 않는다는 것이 대법원의 입장이다.

[**대법원** 1996. 5. 10. **선고** 95**다**55504 **판결**] 담보권의 실행 등을 위한 경매에 있어서 배당금이 동일 담보권자가 가지는 수 개의 피담보채권의 전부를 소멸시키기에 부족한 경우, 채권자와 채무자 사이에 변제충당에 관한 합의가 있었다고 하더라도 그 합의에 의한 변제충당은 허용될 수 없고, 이 경우에는 획일적으로 가장 공평·타당한 충당방법인 민법 제477조의 규정에 의한 법정변제충당의 방법에 따라 충당을 하여야 한다.

정답 ③

17. 甲은 사채업자 乙로부터 1억 2,000만 원을 대출받았는데, 丙과 丁은 甲의 乙에 대한 채무를 연대보증하였고, 위 대출금채무에 대한 담보로 丁은 그 소유의 X 토지(시가 6,000만 원 상당)에, 戊는 그 소유의 Y 토지(시가 4,000만 원 상당)에 각 저당권을 설정하였다. 다음 설명 중 옳지 않은 것은? (각 지문은 독립적임) (다툼이 있는 경우에는 판례에 의함) [12 변호사]

① 丙은 甲의 의사에 반해서도 변제할 수 있다.

② 丁이 甲을 위하여 7,000만 원을 乙에게 변제한 후 乙이 나머지 5,000만 원을 회수하기 위하여 저당권을 실행하여 X가 5,000만 원에 매각되었다면, 乙은 매각대금 5,000만 원 전부를 배당받을 수 있다.

③ ②의 경우에 丁은 乙의 권리를 대위하여 丙에게 4,000만 원을 청구할 수 있다.

④ 乙이 丙의 보증채무를 면제해 주더라도 乙에 대한 戊의 책임에는 영향이 없다.

⑤ 甲의 乙에 대한 채무의 소멸시효가 완성된 후 甲이 변제기한의 유예를 요청하였더라도, 戊는 乙을 상대로 저당권말소등기를 청구할 수 있다.

해 설

① **(O)** 연대보증인이 변제할 이해관계 있는 제3자인지를 묻는 지문이다. 변제할 이해관계 있는 제3자는 채무자의 의사에 반하여 변제할 수 있다(제469조 제2항). 변제할 이해관계 있는 제3자란 변제하지 아니하면 집행을 당하거나 자기가 취득한 권리를 상실할 위험이 있어 변제함으로써 당연히 대위의 보호를 받아야 할 법률상 이익을 가지는 자를 말한다. 연대보증인은 변제하지 아니하면 집행을 당할 위험을 안고 있는 자로서 이해관계 있는 제3자에 해당한다.

② **(O)** 물상보증인과 연대보증인의 지위를 겸하는 자가 피담보채무의 일부를 대위변제 한 후 잔존채무의 변제를 위하여 저당권이 실행된 경우의 효과를 묻는 지문이다. 다른 연대보증인, 다른 물상보증인 등이 존재하더라도 채권자에 대한 책임의 범위가 내부적 부담부분 범위로 제한되는 것은 아니므로 채권자는 잔존채권 전액에 관하여 일부변제를 한 연대보증인 겸 물상보증인의 부동산으로부터 우선변제를 받을 수 있다.

③ **(O)** 채무전부를 변제한 연대보증인 겸 물상보증인이 다른 연대보증인과 물상보증인에게 어느 범위에서 채권자를 대위하여 변제자대위권을 행사할 수 있는지를 묻는 지문이다. 내부적 부담부분 범위에서 변제자대위권을 행사할 수 있는데, 이 경우, 연대보증인과 물상보증인의 지위를 겸하는 자를 부담부분 산정에서 1인으로 보아야 하는지 아니면 2인으로 보아야 하는지가 문제된다. 판례는 1인으로 보아야 한다고 한다. 그렇다면 연대보증인과 물상보증인이 모두 3인인 때에 해당하여 각자의 부담부분은 4천만 원이 된다. 연대보증인과 물상보증인의 지위를 겸하는 丁은 다른 연대보증인 丙에게 4천만 원의 보증채무의 이행을 청구할 수 있다.

위 사례와는 별개로 좀 더 생각해보아야 할 점이 있다. 판례에 따르더라도 연대보증인과 물상보증인의 지위를 겸하는 자는 연대보증인 1인으로 보아야 할 것인지, 물상보증인 1인으로 보아야 할 것인지, 연대보증인과 물상보증인의 지위를 겸유하고 있는 1인으로 보아야 할 것인지는 여전히 문제이다. 만약 연대보증인 1인으로 보게 되면, 丁은 丙에 대해서는 4천만 원의 보증채무 이행청구가 가능하고, 戊에 대해서는 4천만 원의 저당권 행사가 가능하다. 반면에 물상보증인 1인으로 보게 되면, 丙에 대해서는 4천만 원의 보증채무 이행청구가 가능하지만, 戊에 대해서는 다시 부동산 가액의 비율로 대위의 범위를 다시 산정하여야 하는데, 8천만 원(丁과 戊의 부담부분 총액)의 2/5에 해당하는 금액인 3천 2백만 원의 저당권을 행사할 수 있을 뿐이다. 한편, 지위를 겸유하는 1인으로 보게 되면 丁의 丙에 대한 변제자대위권 행사범위는 4천만 원이지만, 戊에 대한 변제자대위권 행사범위는 연대보증인의 지위에서는 4천만 원 범위에서, 물상보증인의 지위에서는 3천 2백만 원 범위에서 저당권을 행사할 수 있게 되는데, 양자는 선택적으로 경합하게 되고 중첩적으로 행사할 수는 없다. 1인설에도 구체적인 내용에서 그 논의가 다양하지만, 판례는 정확하게 그 내용을 밝히고 있지는 않다.

[**대법원** 2010. 6. 10. **선고** 2007**다**61113·61120 **판결**] 민법 제482조 제2항 제4호, 제5호가 물상보증인 상호간에는 재산의 가액에 비례하여 부담 부분을 정하도록 하면서, 보증인과 물상보증인 상호간에는 보증인의 총 재산의 가액이나 자력 여부, 물상보증인이 담보로 제공한 재산의 가액 등을 일체 고려하지 아니한 채 형식적으로 인원수에 비례하여 평등하게 대위비율을 결정하도록 규정한 것은, 인적 무한책임을 부담하는 보증인과 물적 유한책임을 부담하는 물상보증인 사이에는 보증인 상호간이나 물상보증인 상호간과 같이 상호 이해조정을 위한 합리적인 기준을 정하는 것이 곤란하고, 당사자 간의 특약이 있다는 등의 특별한 사정이 없는 한 오히려 인원수에 따라 대위비율을 정하는 것이 공평하고 법률관계를 간명하게 처리할 수 있어 합리적이며 그것이 대위자의 통상의 의사 내지 기대에 부합하기 때문이다. 이러한 규정 취지는 동일한 채무에 대하여 보증인 또는 물상보증인이 여럿 있고, 이 중에서 보증인과 물상보증인의 지위를 겸하는 자가 포함되어 있는 경우에도 동일하게 참작되어야 하므로, 위와 같은 경우 민법 제482조 제2항 제4호, 제5호 전문에 의한 대위비율은 보증인과 물상보증인의 지위를 겸하는 자도 1인으로 보아 산정함이 상당하다.

④ **(×)** 채권자가 연대보증인을 면책시키는 행위가 다른 연대보증인이나 물상보증인에게 어떠한 영향을 주는지를 묻는 지문이다. 연대보증인에 대한 채무면제가 다른 연대보증인이나 물상보증인에게 절대적 효력이 생기지는 않는다. 그러나 채권자가 연대보증인 1인에 대한 채무를 면제하는 행위는 다른 법정대위자의 이익을 위하여 존재하여야 할 담보의 포기에 해당하므로 다른 법정대위자는 담보를 포기하지 않았다면 상환을 받을 수 있었던 범위에서 면책을 주장할 수 있다(제485조). 丙의 보증채무가 존재하는 때에는 戊은 4천만 원의 범위에서 채권자 乙을 대위할 수 있었으므로 그 범위에서 면책을 주장할 수 있다. 따라서 戊의 책임에 영향이 없다는 것은 옳지 않은 지문이다.

[**대법원** 2000. 12. 12. **선고** 99**다**13669 **판결**] 민법 제485조는 민법 제481조에 의한 법정대위를 할 자가 있는 경우에 채권자의 고의나 과실로 담보가 상실되거나 감소된 때에는 대위권자는 그 담보의 상실 또는 감소로 인하여 상환을 받을 수 없는 한도에서 자신의 변제책임을 면한다고 규정하고 있는바, 여기서의 '담보'라 함은 주된 채무를 담보하기 위한 인적 담보 또는 물적 담보를 말하며, 담보의 상실 또는 감소의 전형적 예는 채권자가 인적 담보인 보증인의 채무를 면제해 주거나 물적 담보인 담보물권을 포기하거나 순위를 불리하게 변경하거나 담보물을 훼손하거나 반환하는 행위 등을 들 수 있다.

⑤ **(○)** 주채무의 소멸시효가 완성된 후 주채무자가 변제기한 유예를 요청한 경우의 효과를 묻는 지문이다. 시효이익의 포기로 볼 수 있다. 그러나 채무자의 시효이익의 포기는 연대보증인이나 물상보증인에게 효력이 없다. 시효이익의 포기에는 상대적 효력만이 있을 뿐이기 때문이다. 물상보증인 戊는 여전히 소멸시효 완성을 주장하고, 저당권설정등기의 말소를 청구할 수 있다.

[**대법원** 1995. 7. 11. **선고** 95**다**12446 **판결**] 소멸시효를 원용할 수 있는 사람은 권리의 소멸에 의하여 직접 이익을 받는 사람에 한정되는바, 채권담보의 목적으로 매매예약의 형식을 빌어 소유권이전청구권 보전을 위한 가등기가 경료된 부동산을 양수하여 소유권이전등기를 마친 제3자는 당해 가등기담보권의 피담보채권의 소멸에 의하여 직접 이익을 받는 자이므로, 그 가등기담보권에 의하여 담보된 채권의 채무자가 아니더라도 그 피담보채권에 관한 소멸시효를 원용할 수 있고, 이와 같은 직접 수익자의 소멸시효 원용권은 채무자의 소멸시효 원용권에 기초한 것이 아닌 독자적인 것으로서 채무자를 대위하여서만 시효이익을 원용할 수 있는 것은 아니며, 가사 채무자가 이미 그 가등기에 기한 본등기를 경료하여 시효이익을 포기한 것으로 볼 수 있다고 하더라도 그 시효이익의 포기는 상대적 효과가 있음에 지나지 아니하므로 채무자 이외의 이해관계자에 해당하는 담보 부동산의 양수인으로서는 여전히 독자적으로 소멸시효를 원용할 수 있다.

정답 ④

18. 채무의 변제에 관한 설명 중 옳지 않은 것은? (다툼이 있는 경우에는 판례에 의함) [12 변호사]

① 甲이 乙에 대하여 금전채무를 부담하고 乙이 丙에 대하여 동일한 금액의 채무를 부담하는 경우, 甲이 乙의 지시로 丙에게 직접 변제하였다면 후에 甲과 乙 사이의 계약이 해제되더라도 甲은 丙에 대하여 급부한 것을 부당이득으로 반환청구 할 수 없다.

② 채권양도가 있었으나 아직 대항요건이 갖추어지지 아니하였다면 채무자가 채권양도사실을 알고서 양도인에게 변제한 경우에도 양수인에 대하여 변제의 유효를 주장할 수 있다.

③ 채무자 甲이 乙에게 변제한 후 진정한 채권자가 丙으로 밝혀진 경우라도, 乙이 채권의 준점유자이고 甲이 선의·무과실로 변제하였다면, 甲은 乙에게 변제한 것의 반환을 청구할 수 없다.

④ 채권자 甲에 대한 乙의 채무를 제3자인 丙이 자신의 채무인 줄 알고 甲에게 변제한 경우에도 乙의 채무는 소멸하고, 丙은 원칙적으로 乙에 대하여 부당이득반환을 청구할 수 있다.

⑤ 물상보증인은 채무자의 의사에 반하여 채무를 변제할 수 있다.

해 설

① **(O)** 단축된 급부의 경우, 급부의 원인관계가 해제되거나 무효, 취소인 경우 반환관계는 그 원인관계 당사자 사이에서 형성된다. 따라서 甲은 乙에 대하여 반환을 청구하여야 한다.

[**대법원** 2003. 12. 26. **선고** 2001**다**46730 **판결**] 계약의 일방 당사자가 계약 상대방의 지시 등으로 급부과정을 단축하여 계약 상대방과 또 다른 계약관계를 맺고 있는 제3자에게 직접 급부한 경우, 그 급부로써 급부를 한 계약 당사자의 상대방에 대한 급부가 이루어질 뿐 아니라 그 상대방의 제3자에 대한 급부로도 이루어지는 것이므로 계약의 일방 당사자는 제3자를 상대로 법률상 원인 없이 급부를 수령하였다는 이유로 부당이득반환청구를 할 수 없다.

② **(O)** 채권양도의 경우에 대항요건을 구비하지 못한 경우 채무자에 대한 채권자는 여전히 양도인이다. 따라서 양도인에게 채무자가 변제한 것으로 채무자는 대항요건이 없는 양수인에게 대항할 수가 있다. 이는 채무자가 채권양도에 대해서 악의인 경우도 마찬가지이다.

③ **(O)** 채권의 준점유자에 대한 변제로 채무가 소멸하게 된다. 따라서 채무자는 준점유자에게 대한 변제의 무효를 주장하면서 부당이득의 반환을 구할 수가 없고, 채권자도 채무자에게 이행을 구할 수가 없다. 다만, 채권자는 준점유자에게 부당이득반환 혹은 불법행위 손해배상을 구할 수가 있다.

④ **(×)** 제3자의 착오에 의한 타인 채무의 변제는 원칙적으로 무효이므로 제3자는 급부수령자로부터 부당이득으로 급부한 것을 반환받을 수 있다. 그러나 제745조 제1항에 의해 채권자가 선의로 증서를 훼멸하거나 담보를 포기하거나 시효로 인하여 그 채권을 잃은 때에는 변제자는 채권자에게 반환을 청구하지 못하게 된다. 이 경우, 변제자인 제3자는 채무자에 대하여 구상권을 행사할 수 있는데, 이 구상권의 본질은 부당이득반환청구권이다. 丙이 타인의 채무를 자기 채무로 오인하여 채권자 甲에게 변제하였는데, 甲이 선의로 증서를 훼멸하였는지 등이 서술되어 있지 않다. 그렇다면 제745조 제1항이 적용될 수 없으므로 丙은 甲에게 부당이득반환을 청구할 수 있을 뿐이고, 乙에 대하여 구상권(부당이득반환청구권)을 행사할 수는 없다.

⑤ **(O)** 물상보증인은 변제를 하지 아니하면 자기 재산에 집행을 당할 위험을 안고 있는 자이므로 변제할 정당한 이익이 있는 자이다. 변제할 정당한 이익이 있는 자는 채무자의 의사에 반하여도 변제할 수 있다.

정답 ④

19. **甲은 乙에 대한 3억 원의 대여금 채권을 담보하기 위하여, 乙 소유의 X 토지, 丙 소유의 Y 토지, 丁 소유의 Z 토지에 각각 저당권을 취득하였고 戊와는 보증계약을 체결하였다. 이에 관한 설명 중 옳은 것을 모두 고른 것은? (이자와 지연손해금, 집행비용은 고려하지 말 것. 각 지문은 독립적이며, 다툼이 있는 경우 판례에 의함)** [25 변호사]

ㄱ. 丙이 乙의 채무를 면책적으로 인수한 경우, 丙은 특별한 사정이 없는 한 乙에 대하여 구상권을 가진다.
ㄴ. A가 乙로부터 X 토지를 취득한 후에 戊가 甲에게 3억 원을 변제한 경우, 戊는 X 토지에 설정된 위 저당권에 관하여 대위의 부기등기를 하지 않더라도 A에 대하여 甲을 대위할 수 있다.
ㄷ. 乙로부터 X 토지를 취득한 A가 X 토지에 설정된 위 저당권의 실행으로 소유권을 잃은 경우, A는 丙, 丁에 대하여 甲을 대위할 수 없다.
ㄹ. 丙이 甲에게 3억 원을 변제한 후 Z 토지에 설정된 위 저당권에 관하여 대위의 부기등기를 하지 않고 있는 동안에 A가 丁으로부터 Z 토지를 취득한 경우, 丙은 Z 토지에 설정된 위 저당권에 관하여 대위의 부기등기를 하지 않더라도 A에 대하여 甲을 대위할 수 있다.

① ㄱ, ㄷ ② ㄴ, ㄷ ③ ㄴ, ㄹ
④ ㄱ, ㄴ, ㄹ ⑤ ㄴ, ㄷ, ㄹ

해설

ㄱ. (×) 판례는 채무인수의 대가로 기존 채무자가 물상보증인에게 어떤 급부를 하기로 약정하였다는 등의 사정이 없는 한 물상보증인이 기존 채무자의 채무를 면책적으로 인수하였다는 것만으로 물상보증인이 기존 채무자에 대하여 구상권 등의 권리를 가진다고 할 수 없다고 본다(2017다274703).
ㄴ. (O) 판례는 제3취득자가 목적부동산에 대하여 권리를 취득한 후 채무를 변제한 보증인은 대위의 부기등기를 하지 않고도 대위할 수 있다고 보아야 한다. 보증인이 변제하기 전 목적부동산에 대하여 권리를 취득한 제3자는 등기부상 저당권 등의 존재를 알고 권리를 취득하였으므로 나중에 보증인이 대위하더라도 예측하지 못한 손해를 입을 염려가 없기 때문이라고 본다(2019다222041).
ㄷ. (O) 판례는 채무자로부터 담보부동산을 취득한 제3자 A는 채무를 변제하거나 담보권의 실행으로 소유권을 잃더라도 물상보증인 丙, 丁에 대하여 채권자를 대위할 수 없다고 본다{(전) 2011다50233}.
ㄹ. (×) 위 ㄷ의 판례는 물상보증인이 채무를 변제하거나 담보권의 실행으로 소유권을 잃은 때에는 보증채무를 이행한 보증인과 마찬가지로 채무자로부터 담보부동산을 취득한 제3자에 대하여 구상권의 범위 내에서 출재한 전액에 관하여 채권자를 대위할 수 있다. 다만 보증인과 동일하게 제482조 2항 1호에 따라 부기등기가 필요하며, 부기등기를 하지 아니하면 제3취득자에 대하여 채권자를 대위하지 못한다고 본다.

정답 ②

Ⅱ. 기타 채권소멸원인

1. 변제공탁

20. 공탁에 관한 설명 중 옳지 않은 것은? (다툼이 있는 경우 판례에 의함) [23 변호사]

① 변제공탁의 요건 중 '변제자가 과실 없이 채권자를 알 수 없는 경우'라 함은 객관적으로 채권자 또는 변제수령권자가 존재하고 있으나 채무자가 선량한 관리자의 주의를 다하여도 채권자가 누구인지를 알 수 없는 경우를 말한다.

② 변제공탁의 목적인 채무는 현존하는 확정채무일 필요는 없으므로 장래의 채무나 불확정채무도 변제공탁의 목적이 될 수 있다.

③ 채권자의 태도로 보아 채무자가 설사 채무의 이행제공을 하였더라도 그 수령을 거절하였을 것이 명백한 경우에는 채무자는 이행의 제공을 하지 않고 바로 변제공탁할 수 있다.

④ 변제공탁이 적법한 경우에는 채권자가 공탁물 출급청구를 하였는지와 관계없이 공탁을 한 때에 변제의 효력이 발생한다.

⑤ 공탁물 출급청구권과 공탁물 회수청구권은 서로 독립한 별개의 청구권이므로 공탁물 출급청구권에 대한 압류는 공탁물 회수청구권에 대하여 영향을 미치지 않는다.

해설

① **(O)** [**대법원** 2015. 2. 12. **선고** 2013**다**75830 **판결**] 민법 제487조 후단의 '변제자가 과실 없이 채권자를 알 수 없는 경우'란 객관적으로 채권자 또는 변제수령권자가 존재하고 있으나 채무자가 선량한 관리자의 주의를 다하여도 채권자가 누구인지 알 수 없는 경우를 말한다.

② **(×)** [**대법원** 2014. 12. 24. **선고** 2014**다**207245 **판결**] 변제공탁의 목적인 채무는 현존하는 확정채무여야 하지만, 그 의미는 장래의 채무나 불확정채무는 원칙적으로 변제공탁의 목적이 되지 못한다는 것일 뿐, 채무자에 대한 각 채권자의 채권이 동일한 채권이어야 한다는 의미는 아니다.

③ **(O)** [**대법원** 1994. 8. 26. **선고** 93**다**42276 **판결**] 채권자의 태도로 보아 채무자가 설사 채무의 이행제공을 하였더라도 그 수령을 거절하였을 것이 명백한 경우에는 채무자는 이행의 제공을 하지 않고 바로 변제공탁할 수 있다.

④ **(O)** [**대법원** 2011. 12. 13. **선고** 2011**다**11580 **판결**] 변제공탁이 적법한 경우에는 채권자가 공탁물 출급청구를 하였는지와 관계없이 공탁을 한 때에 변제의 효력이 발생하고, 그 후 공탁물 출급청구권에 대하여 가압류 집행이 되더라도 변제의 효력에 영향을 미치지 아니한다.

⑤ **(O)** [**대법원** 2020. 5. 22. **자** 2018**마**5697 **결정**] 변제공탁이 적법한 경우에는 채권자가 공탁물 출급청구를 하였는지 여부와는 관계없이 공탁을 한 때에 변제의 효력이 발생하나, 피공탁자를 포함한 제3자가 공탁자에 대하여 가지는 별도 채권의 집행권원으로써 공탁자의 공탁물 회수청구권에 대하여 압류 및 추심명령을 받아 그 집행으로 공탁물을 회수한 경우 채권소멸의 효력은 소급하여 없어진다. 나아가 부적법한 변제공탁으로 변제의 효력이 발생하지 않았다고 하더라도, 피공탁자는 이를 수락하여 공탁물 출급청구를 하는 대신 공탁자에 대한 다른 채권에 기하여 공탁자의 공탁물 회수청구권에 대하여 압류 및 추심명령을 받아 그 집행으로 공탁물을 회수할 수 있다.
한편 공탁물 출급청구권과 공탁물 회수청구권은 서로 독립한 별개의 청구권이므로 설령 공탁물 출급청구권에 대한 압류 등이 있었다고 하더라도 이는 공탁물 회수청구권에 대하여 아무런 영향을 미치지 않는다.

정답 ②

2. 상계

21. 채권의 소멸에 관한 설명 중 옳은 것을 모두 고른 것은? (다툼이 있는 경우 판례에 의함)

[24 변호사]

ㄱ. 임대인은 임대차 존속 중 차임채권의 소멸시효가 완성된 경우 이를 자동채권으로 삼아 임대차보증금 반환채무와 상계할 수 없으나, 「민법」 제495조의 유추적용에 의하여 그 연체차임을 임대차보증금에서 공제할 수는 있다.

ㄴ. 근로자의 경제생활 안정을 해할 염려가 없는 등 특별한 사정이 있어 사용자가 초과 지급된 임금의 부당이득반환청구권으로 근로자의 임금채권과 상계할 수 있는 경우에도, 이러한 사용자의 상계는 임금채권의 2분의 1을 초과하는 부분에 관하여만 허용된다.

ㄷ. 채권양수인이 양수채권을 자동채권으로 하여 채무자가 양수인에 대해 가지고 있던 기존 채권과 상계한 경우, 채권양도 전에 이미 양 채권의 변제기가 도래하였다고 하더라도 상계의 효력은 변제기가 아니라 채권양도의 대항요건이 갖추어진 시점으로 소급한다.

ㄹ. 임대인이 임차인에 대해 갖고 있던 대여금채권의 소멸시효가 임대차 존속 중 완성되었다면 임대인은 위 채권을 자동채권으로 하여 임차인의 임대인에 대한 유익비상환채권과 상계할 수 없다.

① ㄱ, ㄹ ② ㄴ, ㄷ ③ ㄷ, ㄹ
④ ㄱ, ㄴ, ㄹ ⑤ ㄱ, ㄴ, ㄷ, ㄹ

해설

ㄱ. (O) [**대법원** 2016. 11. 25. **선고** 2016**다**211309 **판결**] 임대차보증금은 차임의 미지급, 목적물의 멸실이나 훼손 등 임대차 관계에서 발생할 수 있는 임차인의 모든 채무를 담보하게 하고자 하는 것이므로, 차임의 지급이 연체되면 장차 임대차 관계가 종료되었을 때 임대차보증금으로 충당될 것으로 생각하는 것이 당사자의 일반적인 의사라고 할 수 있다. 이는 차임채권의 변제기가 따로 정해져 있어 임대차 존속 중 소멸시효가 진행되고 있는데도 임대인이 임대차보증금에서 연체차임을 충당하여 공제하겠다는 의사표시를 하지 않고 있었던 경우에도 마찬가지라고 할 것이다. 더욱이 임대차보증금의 액수가 차임에 비해 상당히 큰 금액인 경우가 많은 우리 사회의 실정에 비추어 보면, 차임 지급채무가 상당기간 연체되고 있음에도, 임대인이 임대차계약을 해지하지 아니하고 임차인도 연체차임에 대한 담보가 충분하다는 것에 의지하여 임대차관계를 지속하는 경우에는, 임대인과 임차인 모두 차임채권이 소멸시효와 상관없이 임대차보증금에 의하여 담보되는 것으로 신뢰하고, 나아가 장차 임대차보증금에서 충당 공제되는 것을 용인하겠다는 묵시적 의사를 가지고 있는 것이 일반적이라고 할 수 있다. 한편 민법 제495조는 '소멸시효가 완성된 채권이 그 완성 전에 상계할 수 있었던 것이면 그 채권자는 상계할 수 있다'고 규정하고 있다. 이는 당사자 쌍방의 채권이 상계적상에 있었던 경우에 당사자들은 그 채권·채무관계가 이미 정산되어 소멸하였다고 생각하는 것이 일반적이라는 점을 고려하여 당사자들의 신뢰를 보호하기 위한 것이다. 다만 이는 '자동채권의 소멸시효 완성 전에 양 채권이 상계적상에 이르렀을 것'을 요건으로 하는 것인데, 임대인의 임대차보증금 반환채무는 임대차계약이 종료된 때에 비로소 이행기에 도달하므로, 임대차 존속 중 차임채권의 소멸시효가 완성된 경우에는 그 소멸시효 완성 전에 임대인이 임대차보증금 반환채무에 관한 기한의 이익을 실제로 포기하였다

는 등의 특별한 사정이 없는 한 양 채권이 상계할 수 있는 상태에 있었다고 할 수 없다. 그러므로 그 이후에 임대인이 이미 소멸시효가 완성된 차임채권을 자동채권으로 삼아 임대차보증금 반환채무와 상계하는 것은 민법 제495조에 의하더라도 인정될 수 없다고 보아야 할 것이지만, 임대차 존속 중 차임이 연체되고 있음에도 임대차보증금에서 연체차임을 충당하지 않고 있었던 임대인의 신뢰와 차임연체 상태에서 임대차관계를 지속해 온 임차인의 묵시적 의사를 감안하면 그 연체차임은 민법 제495조의 유추적용에 의하여 임대차보증금에서 공제할 수는 있다고 봄이 타당하다(필자 주 : 대법원 2013. 2. 28. 선고 2011다49608 판결에서는 차임채권이 제3자에게 양도된 경우, 차임채권을 가지고 있지 아니한 임대인은 임대차 종료 전에 연체차임을 보증금에서 공제한다는 의사표시를 할 수 있는 권한이 없고, 임대차가 종료된 때에는 양도된 차임채권 중 시효로 소멸한 것이 있는지를 따져보아 시효로 소멸한 연체차임은 보증금에서 공제되지 아니한다는 전제에서 시효소멸을 고려하지 않고 모든 연체차임채권을 보증금에서 공제한 원심판결을 파기하였다. 즉, 차임채권이 양도된 때에는 각 차임채권의 소멸시효가 진행되고 소멸시효가 완성된 채권은 보증금에서 공제되지 아니한다는 취지이다. 2016년 대법원 판결에서는 차임채권이 양도되지 아니하고 여전히 임대인이 차임채권자라는 점에서 2013년 대법원판결과는 사안이 다르다. 양 판결을 모두 비교하여 정리하여야 한다).

ㄴ. **(O)** [**대법원** 2010. 5. 20. **선고** 2007**다**90760 **전원합의체 판결**] 구 근로기준법(2005. 1. 27. 법률 제7379호로 개정되기 전의 것) 제42조 제1항 본문에 의하면 임금은 통화로 직접 근로자에게 그 전액을 지급하여야 하므로 사용자가 근로자에 대하여 가지는 채권으로써 근로자의 임금채권과 상계를 하지 못하는 것이 원칙이고, 이는 경제적·사회적 종속관계에 있는 근로자를 보호하기 위한 것인바, 근로자가 받을 퇴직금도 임금의 성질을 가지므로 역시 마찬가지이다. 다만 계산의 착오 등으로 임금을 초과 지급한 경우에, 근로자가 퇴직 후 그 재직 중 받지 못한 임금이나 퇴직금을 청구하거나, 근로자가 비록 재직 중에 임금을 청구하더라도 위 초과 지급한 시기와 상계권 행사의 시기가 임금의 정산, 조정의 실질을 잃지 않을 만큼 근접하여 있고 나아가 사용자가 상계의 금액과 방법을 미리 예고하는 등으로 근로자의 경제생활의 안정을 해할 염려가 없는 때에는, 사용자는 위 초과 지급한 임금의 반환청구권을 자동채권으로 하여 근로자의 임금채권이나 퇴직금채권과 상계할 수 있다. 그리고 이러한 법리는 사용자가 근로자에게 이미 퇴직금 명목의 금원을 지급하였으나 그것이 퇴직금 지급으로서의 효력이 없어 사용자가 같은 금원 상당의 부당이득반환채권을 갖게 된 경우에 이를 자동채권으로 하여 근로자의 퇴직금채권과 상계하는 때에도 적용된다. 한편 민사집행법 제246조 제1항 제5호는 근로자인 채무자의 생활보장이라는 공익적, 사회 정책적 이유에서 '퇴직금 그 밖에 이와 비슷한 성질을 가진 급여채권의 2분의 1에 해당하는 금액'을 압류금지채권으로 규정하고 있고, 민법 제497조는 압류금지채권의 채무자는 상계로 채권자에게 대항하지 못한다고 규정하고 있으므로, 사용자가 근로자에게 퇴직금 명목으로 지급한 금원 상당의 부당이득반환채권을 자동채권으로 하여 근로자의 퇴직금채권을 상계하는 것은 퇴직금채권의 2분의 1을 초과하는 부분에 해당하는 금액에 관하여만 허용된다고 봄이 상당하다.

ㄷ. **(O)** [**대법원** 2022. 6. 30. **선고** 2022**다**200089 **판결**] 민법 제493조 제2항은 "상계의 의사표시는 각 채무가 상계할 수 있는 때에 대등액에 관하여 소멸한 것으로 본다."라고 정하고 있으므로 상계의 효력은 상계적상 시로 소급하여 발생한다. 상계적상은 자동채권과 수동채권이 상호 대립하는 때에 비로소 생긴다.

채권양수인이 양수채권을 자동채권으로 하여 그 채무자가 채권양수인에 대해 가지고 있던 기존 채권과 상계한 경우, 채권양수인은 채권양도의 대항요건이 갖추어진 때 비로소 자동채권을 행사할 수 있으므로 채권양도 전에 이미 양 채권의 변제기가 도래하였다고 하더라도 상계의 효력은 변제기로 소급하는 것이 아니라 채권양도의 대항요건이 갖추어진 시점으로 소급한다.

ㄹ. **(O)** [**대법원** 2021. 2. 10. **선고** 2017**다**258787 **판결**] 민법 제626조 제2항은 임차인이 유익비를 지출한 경우에는 임대인은 임대차 종료 시에 그 가액의 증가가 현존한 때에 한하여 임차인의 지출한 금액이나 그 증가액을 상환하여야 한다고 규정하고 있으므로, 임차인의 유익비상환채권은 임대차계약이 종료한 때에 비로소 발생한다고 보아야 한다. 따라서 임대차 존속 중 임대인의 구상금채권의

소멸시효가 완성된 경우에는 위 구상금채권과 임차인의 유익비상환채권이 상계할 수 있는 상태에 있었다고 할 수 없으므로, 그 이후에 임대인이 이미 소멸시효가 완성된 구상금채권을 자동채권으로 삼아 임차인의 유익비상환채권과 상계하는 것은 민법 제495조에 의하더라도 인정될 수 없다.

정답 ⑤

22. 상계에 관한 설명 중 옳지 않은 것은? (다툼이 있는 경우 판례에 의함) [22 변호사]

① 甲은 乙에 대하여 1억 원의 대여금채권(변제기 2021. 5. 3.)을 가지고, 乙은 甲에 대하여 8,000만 원의 매매대금채권(변제기 2021. 9. 25.)을 가진다. 乙이 2021. 11. 5. 상계의 의사표시를 하여 같은 날 그 의사표시가 甲에게 도달하였다면, 2021. 9. 25.로 소급하여 두 채권은 대등액의 범위에서 소멸한 것으로 본다.

② 甲의 乙에 대한 대여금채권에 상계금지특약이 붙어 있더라도 甲으로부터 그 채권을 선의로 양수한 丙은 그 채권으로 乙의 丙에 대한 채권과 상계할 수 있다.

③ 甲의 乙에 대한 고의의 행위가 불법행위를 구성함과 동시에 채무불이행을 구성하는 경우, 甲이 위 채무불이행으로 인한 손해배상채권을 수동채권으로 하여 甲의 乙에 대한 대여금채권과 상계를 하는 것은 허용된다.

④ 부진정연대채무자 甲과 乙 중 甲이 자신의 채권자에 대한 반대채권으로 상계한 경우, 상계로 인한 채무소멸의 효력은 소멸한 채무 전액에 관하여 乙에게도 미친다.

⑤ 피고(乙)의 소송상 상계에 대하여 원고(甲)가 乙의 자동채권을 소멸시키기 위하여 다시 소송상 상계의 재항변을 하는 것은 특별한 사정이 없는 한 허용되지 아니한다.

해설

① **(O)** 상계로 인한 채무의 소멸은 상계적상 시로 소급한다(민법 제493조 제2항). 상계에 의한 양 채권 정산의 기준시기가 되는 상계적상시란 양 채권이 모두 변제기가 도래한 경우와 수동채권의 변제기가 도래하지 아니하였다고 하더라도 그 기한의 이익을 포기할 수 있는 경우를 말한다.

[**대법원** 2011. 7. 28. **선고** 2010**다**70018 **판결**] 상계의 의사표시가 있는 경우 각 채무가 상계할 수 있는 때에 소급하여 대등액에 관하여 소멸한 것으로 보게 되고, 여기서 각 채무가 상계할 수 있는 때란 양 채권이 모두 변제기가 도래한 경우와 수동채권의 변제기가 도래하지 아니하였다고 하더라도 기한의 이익을 포기할 수 있는 경우를 포함한다.

② **(O)** 상계금지특약으로는 선의의 제3자에게 대항하지 못한다(민법 제492조 제2항). 상계금지특약부 채권을 선의로 양수한 채권양수인은 선의의 제3자에 해당하므로 상계할 수 있다.

③ **(×)** 고의의 불법행위와 고의의 채무불이행이 경합하는 경우에는 채무자의 상계는 제496조가 유추되어 금지된다.

[**대법원** 2017. 2. 15. **선고** 2014**다**19776 **판결**] 제496조는 고의의 불법행위로 인한 손해배상채권을 수동채권으로 한 상계에 관한 것이고 고의의 채무불이행으로 인한 손해배상채권에는 적용되지 않는다. 다만 고의에 의한 행위가 불법행위를 구성함과 동시에 채무불이행을 구성하여 불법행위로 인한 손해배상채권과 채무불이행으로 인한 손해배상채권이 경합하는 경우에는 이 규정을 유추적용할 필요가 있다. 이러한 경우에 고의의 채무불이행으로 인한 손해배상채권을 수동채권으로 한 상계를 허용하면 이로써 고의의 불법행위로 인한 손해배상채권까지 소멸하게 되어 고의의 불법행위에 의한 손해배상채권은 현실적으로 만족을 받아야 한다는 이 규정의 입법 취지가 몰각될 우려가 있기 때문이다. 따라서 이러한 예외적인 경우에는 민법 제496조를 유추적용하여 고의의 채무불이행으로 인한 손해

배상채권을 수동채권으로 하는 상계를 한 경우에도 채무자가 상계로 채권자에게 대항할 수 없다고 보아야 한다.

④ **(O)** 부진정연대채무에서 상계나 상계계약에 의한 채무소멸은 절대적 효력을 가진다.
[**대법원** 2010. 9. 16. **선고** 2008**다**97218 **전원합의체 판결**] 부진정연대채무자 중 1인이 자신의 채권자에 대한 반대채권으로 상계를 한 경우에도 채권은 변제, 대물변제, 또는 공탁이 행하여진 경우와 동일하게 현실적으로 만족을 얻어 그 목적을 달성하는 것이므로, 그 상계로 인한 채무소멸의 효력은 소멸한 채무 전액에 관하여 다른 부진정연대채무자에 대하여도 미친다고 보아야 한다. 이는 부진정연대채무자 중 1인이 채권자와 상계계약을 체결한 경우에도 마찬가지이다. 나아가 이러한 법리는 채권자가 상계 내지 상계계약이 이루어질 당시 다른 부진정연대채무자의 존재를 알았는지 여부에 의하여 좌우되지 아니한다.

⑤ **(O)** [**대법원** 2014. 6. 12. **선고** 2013**다**95964 **판결**] 소송상 방어방법으로서의 상계항변은 통상 수동채권의 존재가 확정되는 것을 전제로 하여 행하여지는 일종의 예비적 항변으로서 소송상 상계의 의사표시에 의해 확정적으로 효과가 발생하는 것이 아니라 당해 소송에서 수동채권의 존재 등 상계에 관한 법원의 실질적 판단이 이루어지는 경우에 비로소 실체법상 상계의 효과가 발생한다. 이러한 피고의 소송상 상계항변에 대하여 원고가 다시 피고의 자동채권을 소멸시키기 위하여 소송상 상계의 재항변을 하는 경우, 법원이 원고의 소송상 상계의 재항변과 무관한 사유로 피고의 소송상 상계항변을 배척하는 경우에는 소송상 상계의 재항변을 판단할 필요가 없고, 피고의 소송상 상계항변이 이유 있다고 판단하는 경우에는 원고의 청구채권인 수동채권과 피고의 자동채권이 상계적상 당시에 대등액에서 소멸한 것으로 보게 될 것이므로 원고가 소송상 상계의 재항변으로써 상계할 대상인 피고의 자동채권이 그 범위에서 존재하지 아니하는 것이 되어 이때에도 역시 원고의 소송상 상계의 재항변에 관하여 판단할 필요가 없게 된다. 또한, 원고가 소송물인 청구채권 외에 피고에 대하여 다른 채권을 가지고 있다면 소의 추가적 변경에 의하여 그 채권을 당해 소송에서 청구하거나 별소를 제기할 수 있다. 그렇다면 원고의 소송상 상계의 재항변은 일반적으로 이를 허용할 이익이 없다. 따라서 피고의 소송상 상계항변에 대하여 원고가 소송상 상계의 재항변을 하는 것은 다른 특별한 사정이 없는 한 허용되지 않는다고 보는 것이 타당하다.

정답 ③

23. 상계에 관한 설명 중 옳지 않은 것은? (다툼이 있는 경우 판례에 의함) [21 변호사]

① 매도인이나 수급인의 담보책임을 기초로 한 손해배상채권의 제척기간이 지난 경우에도 제척기간이 지나기 전 상대방의 채권과 상계할 수 있었다면 매수인이나 도급인은 위 손해배상채권을 자동채권으로 해서 상대방의 채권과 상계할 수 있다.

② 고의의 불법행위로 인한 손해배상채권의 채무자는 그 채권이 양도된 경우에 양수인에게도 상계로 대항할 수 없으나, 그 채권양도가 사해행위에 해당하는 경우 불법행위로 인한 손해배상채권의 채무자가 채권양도인에 대한 별도의 채권자 지위에서 채권양수인에게 채권자취소권을 행사하여 채권양도의 취소를 구함과 아울러 취소에 따른 원상회복 방법으로 직접 자신 앞으로 가액배상의 지급을 구하는 것은 허용된다.

③ 주채무자가 사전에 수탁보증인의 사전구상권에 부착되어 있는 담보제공청구권 등의 항변권을 포기한 경우, 수탁보증인은 사전구상권을 자동채권으로 하여 주채무자에 대한 채무와 상계할 수 있다.

④ 가정법원의 심판에 의하여 구체적인 청구권의 내용과 범위가 확정된 후의 양육비채권 중 이미 이행기에 도달한 후의 양육비채권은 권리자의 의사에 따라 상계의 자동채권으로 하는 것이 가능하다.

⑤ 가분적인 금전채권의 일부에 대한 전부명령이 확정되면 특별한 사정이 없는 한 전부된 채권 부분과 전부되지 않은 채권 부분에 대하여 각기 독립한 분할채권이 성립하게 되므로, 그 채권에 대하여 압류채무자에 대한 반대채권으로 상계하고자 하는 제3채무자로서는 각 분할채권액의 채권 총액에 대한 비율에 따라 상계하여야 한다.

해설

① **(O)** 소멸시효가 완성된 채권을 자동채권으로 하는 상계에 관한 제495조는 제척기간에도 유추된다. 제척기간이 경과하기 전에 상계할 수 있었던 때에는 제척기간 경과 후에도 상계할 수 있다.

[**대법원** 2019. 3. 14. **선고** 2018**다**255648 **판결**] 민법 제495조는 "소멸시효가 완성된 채권이 그 완성 전에 상계할 수 있었던 것이면 그 채권자는 상계할 수 있다."라고 정하고 있다. 이는 당사자 쌍방의 채권이 상계적상에 있었던 경우에 당사자들은 채권·채무관계가 이미 정산되어 소멸하였거나 추후에 정산될 것이라고 생각하는 것이 일반적이라는 점을 고려하여 당사자들의 신뢰를 보호하기 위한 것이다.

매도인이나 수급인의 담보책임을 기초로 한 매수인이나 도급인의 손해배상채권의 제척기간이 지난 경우에도 민법 제495조를 유추적용해서 매수인이나 도급인이 상대방의 채권과 상계할 수 있는지 문제된다.

매도인의 담보책임을 기초로 한 매수인의 손해배상채권 또는 수급인의 담보책임을 기초로 한 도급인의 손해배상채권이 각각 상대방의 채권과 상계적상에 있는 경우에 당사자들은 채권·채무관계가 이미 정산되었거나 정산될 것으로 기대하는 것이 일반적이므로, 그 신뢰를 보호할 필요가 있다. 이러한 손해배상채권의 제척기간이 지난 경우에도 그 기간이 지나기 전에 상대방에 대한 채권·채무관계의 정산 소멸에 대한 신뢰를 보호할 필요성이 있다는 점은 소멸시효가 완성된 채권의 경우와 아무런 차이가 없다.

따라서 매도인이나 수급인의 담보책임을 기초로 한 손해배상채권의 제척기간이 지난 경우에도 제척기간이 지나기 전 상대방의 채권과 상계할 수 있었던 경우에는 매수인이나 도급인은 민법 제495조를 유추적용해서 위 손해배상채권을 자동채권으로 해서 상대방의 채권과 상계할 수 있다고 봄이 타당하다.

② **(O)** 고의불법행위로 인한 채무자가 손해배상채권 양수인에 대하여 상계를 하는 것이 아니라 채권양도가 사해행위임을 이유로 사해행위 취소와 가액배상을 청구하는 것은 상계권의 행사가 아니므로 허용된다.

[**대법원** 2011. 6. 10. **선고** 2011**다**8980·8997 **판결**] 고의의 불법행위로 인한 손해배상채권의 채무자는 그 채권을 수동채권으로 한 상계로 채권자에게 대항하지 못하고(민법 제496조), 그 결과 채권이 양도된 경우에 양수인에게도 상계로 대항할 수 없게 되나(민법 제451조 제2항 참조), 채권양도가 사해행위에 해당하는 경우 불법행위로 인한 손해배상채권의 채무자가 채권양도인에 대한 별도의 채권자 지위에서 채권양수인에게 채권자취소권을 행사하여 채권양도의 취소를 구함과 아울러 취소에 따른 원상회복 방법으로 직접 자신 앞으로 가액배상의 지급을 구하는 것 자체는 민법 제496조에 반하지 않으므로 허용된다.

③ **(O)** 사전구상권에는 주채무자의 면책청구권이 항변권으로 부착되어 있어 상계의 자동채권이 되지 못하지만, 주채무자가 면책청구권을 포기한 때에는 수탁보증인의 사전구상권도 상계의 자동채권이 될 수 있다.

[**대법원** 2004. 5. 28. **선고** 2001**다**81245 **판결**] 항변권이 붙어 있는 채권을 자동채권으로 하여 다른 채무(수동채권)와의 상계를 허용한다면 상계자 일방의 의사표시에 의하여 상대방의 항변권 행사의 기회를 상실시키는 결과가 되므로 그러한 상계는 허용될 수 없고, 특히 수탁보증인이 주채무자에

대하여 가지는 민법 제442조의 사전구상권에는 민법 제443조의 담보제공청구권이 항변권으로 부착되어 있는 만큼 이를 자동채권으로 하는 상계는 허용될 수 없으며, 다만 민법 제443조는 임의규정으로서 주채무자가 사전에 담보제공청구권의 항변권을 포기한 경우에는 보증인은 사전구상권을 자동채권으로 하여 주채무자에 대한 채무와 상계할 수 있다.

④ (O) [**대법원** 2006. 7. 4. **선고** 2006므751 **판결**] 이혼한 부부 사이에서 자(子)에 대한 양육비의 지급을 구할 권리는 당사자의 협의 또는 가정법원의 심판에 의하여 구체적인 청구권의 내용과 범위가 확정되기 전에는 '상대방에 대하여 양육비의 분담액을 구할 권리를 가진다'라는 추상적인 청구권에 불과하고 당사자의 협의나 가정법원이 당해 양육비의 범위 등을 재량적·형성적으로 정하는 심판에 의하여 비로소 구체적인 액수만큼의 지급청구권이 발생한다고 보아야 하므로, 당사자의 협의 또는 가정법원의 심판에 의하여 구체적인 청구권의 내용과 범위가 확정되기 전에는 그 내용이 극히 불확정하여 상계할 수 없지만, 가정법원의 심판에 의하여 구체적인 청구권의 내용과 범위가 확정된 후의 양육비채권 중 이미 이행기에 도달한 후의 양육비채권은 완전한 재산권(손해배상청구권)으로서 친족법상의 신분으로부터 독립하여 처분이 가능하고, 권리자의 의사에 따라 포기, 양도 또는 상계의 자동채권으로 하는 것도 가능하다(필자 註 : 이혼한 부부 사이에 자(子)의 양육자인 일방이 상대방에 대하여 가지는 양육비채권을 상대방의 양육자에 대한 위자료 및 재산분할청구권과 상계한다고 주장한 사안에서, 가정법원의 심판에 의하여 구체적으로 확정된 양육비채권 중 이미 이행기가 도달한 부분에 한하여 이를 자동채권으로 하는 상계가 허용된다고 한 사례).

⑤ (×) 가분적 채권의 일부가 양도되거나 전부된 경우, 제3채무자가 양도인이나 전부채무자에 대한 채권을 자동채권으로 하여 상계를 함에는 수동채권을 임의로 지정할 수 있고, 이러한 지정에 대하여 채권양수인이나 전부채권자는 이의를 제기할 수 없다. 각 분할채권액의 비율에 따라 상계하여야 하는 것은 아니다.

[**대법원** 2010. 3. 25. **선고** 2007다35152 **판결**] 가분적인 금전채권의 일부에 대한 전부명령이 확정되면 특별한 사정이 없는 한 전부명령이 제3채무자에 송달된 때에 소급하여 전부된 채권 부분과 전부되지 않은 채권 부분에 대하여 각기 독립한 분할채권이 성립하게 되므로, 그 채권에 대하여 압류채무자에 대한 반대채권으로 상계하고자 하는 제3채무자로서는 전부채권자 혹은 압류채무자 중 어느 누구도 상계의 상대방으로 지정하여 상계하거나 상계로 대항할 수 있고, 그러한 제3채무자의 상계 의사표시를 수령한 전부채권자는 압류채무자에 잔존한 채권 부분이 먼저 상계되어야 한다거나 각 분할채권액의 채권 총액에 대한 비율에 따라 상계되어야 한다는 이의를 할 수 없다. 정답 ⑤

24. **상계에 관한 설명 중 옳은 것(○)과 옳지 않은 것(×)을 올바르게 조합한 것은? (각 지문은 독립적이며, 다툼이 있는 경우 판례에 의함)** [19 변호사]

ㄱ. 제3채무자의 채무자에 대한 자동채권이 수동채권인 피압류채권과 동시이행의 관계에 있는 경우에는, 압류명령이 제3채무자에게 송달되어 압류의 효력이 생긴 후에 자동채권이 발생하였다고 하더라도, 제3채무자는 그 채권에 의한 상계로 압류채권자에게 대항할 수 있다.

ㄴ. 유치권이 인정되는 아파트를 경매로 매수한 자는 아파트 일부를 점유·사용하고 있는 유치권자에 대한 임료 상당의 부당이득금 반환채권을 자동채권으로 하여 유치권자가 종전 소유자에 대하여 가지는 유익비상환채권을 상계할 수 있다.

ㄷ. 주채무자가 수탁보증인에 대해 사전에 담보제공청구권 등의 항변권을 포기한 경우, 그 수탁보증인은 주채무자에 대하여 가지는 「민법」 제442조의 사전구상권을 자동채권으로 하여 주채무자가 수탁보증인에 대하여 가지는 채권과 상계할 수 있다.

ㄹ. 고의로 인한 불법행위나 중과실로 인한 불법행위 모두 피해자에게 현실의 변제를 받을 수 있도록 할 필요성은 동일하므로, 고의의 불법행위로 인한 손해배상채권에 대한 상계금지는 중과실의 불법행위로 인한 손해배상채권의 경우에도 적용할 수 있다.

① ㄱ(○), ㄴ(○), ㄷ(×), ㄹ(○)
② ㄱ(○), ㄴ(×), ㄷ(○), ㄹ(×)
③ ㄱ(○), ㄴ(×), ㄷ(×), ㄹ(×)
④ ㄱ(×), ㄴ(○), ㄷ(○), ㄹ(×)
⑤ ㄱ(×), ㄴ(○), ㄷ(×), ㄹ(○)

해설

ㄱ. **(O)** 피압류채권과 제3채무자의 채무자에 대한 반대채권이 동시이행관계에 있는 경우에는 제3채무자의 채무자에 대한 반대채권이 압류명령 후에 발생하였더라도 압류명령 후에 취득한 채권이라고 할 수 없다. 채권발생의 기초가 되는 법률관계는 압류명령 전에 이미 발생하였기 때문이다. 제3채무자는 상계로 압류채권자에게 대항할 수 있다.

[**대법원** 2010. 3. 25. **선고** 2007**다**35152 **판결**] 금전채권에 대한 압류 및 전부명령이 있는 때에는 압류된 채권은 동일성을 유지한 채로 압류채무자로부터 압류채권자에게 이전되고, 제3채무자는 채권이 압류되기 전에 압류채무자에게 대항할 수 있는 사유로써 압류채권자에게 대항할 수 있는 것이므로, 제3채무자의 압류채무자에 대한 자동채권이 수동채권인 피압류채권과 동시이행의 관계에 있는 경우에는, 압류명령이 제3채무자에게 송달되어 압류의 효력이 생긴 후에 자동채권이 발생하였다고 하더라도 제3채무자는 동시이행의 항변권을 주장할 수 있다. 이 경우에 자동채권이 발생한 기초가 되는 원인은 수동채권이 압류되기 전에 이미 성립하여 존재하고 있었던 것이므로, 그 자동채권은 민법 제498조의 '지급을 금지하는 명령을 받은 제3채무자가 그 후에 취득한 채권'에 해당하지 않는다고 봄이 상당하고, 제3채무자는 그 자동채권에 의한 상계로 압류채권자에게 대항할 수 있다.

ㄴ. **(×)** 제3자 변제적 상계는 허용되지 않는다. 상계의 수동채권은 상계자가 부담하는 채무여야 한다. 제3자가 부담하는 채무를 소멸시키기 위하여 상계를 하는 것은 허용되지 않는다.

[**대법원** 2011. 4. 28. **선고** 2010**다**101394 **판결**] 상계는 당사자 쌍방이 서로 같은 종류를 목적으로 한 채무를 부담한 경우에 서로 같은 종류의 급부를 현실로 이행하는 대신 어느 일방 당사자의 의사표시로 그 대등액에 관하여 채권과 채무를 동시에 소멸시키는 것이고, 이러한 상계제도의 취지는 서로 대립하는 두 당사자 사이의 채권·채무를 간이한 방법으로 원활하고 공평하게 처리하려는 데 있으므로, 수동채권으로 될 수 있는 채권은 상대방이 상계자에 대하여 가지는 채권이어야 하고, 상대방이 제3자에 대하여 가지는 채권과는 상계할 수 없다고 보아야 한다. 그렇지 않고 만약 상대방이 제3자에 대하여 가지는 채권을 수동채권으로 하여 상계할 수 있다고 한다면, 이는 상계의 당사자가 아닌 상대방과 제3자 사이의 채권채무관계에서 상대방이 제3자에게서 채무의 본지에 따른 현실급부를 받을 이익을 침해하게 될 뿐 아니라, 상대방의 채권자들 사이에서 상계자만 독점적인 만족을 얻게 되는 불합리한 결과를 초래하게 되므로, 상계의 담보적 기능과 관련하여 법적으로 보호받을 수 있는 당사자의 합리적 기대가 이러한 경우에까지 미친다고 볼 수는 없다(필자 註 : 유치권이 인정되는 아파트를 경락·취득한 자가 아파트 일부를 점유·사용하고 있는 유치권자에 대한 임료 상당의 부당이득금 반환채권을 자동채권으로 하고 유치권자의 종전 소유자에 대한 유익비상환채권을 수동채권으로 하여 상계의 의사표시를 한 사안에서, 상대방이 제3자에 대하여 가지는 채권을 수동채권으로 하여 상계할 수 없음에도, 그러한 상계가 허용됨을 전제로 위 상계의 의사표시로 부당이득금 반환채권과 유익비상환채권이 대등액의 범위 내에서 소멸하였다고 본 원심판결에 법리오해의 위법이 있다고 한 사례).

ㄷ. **(O)** 자동채권에 항변권이 부착된 경우 상대방을 보호하기 위하여 상계가 허용되지 않는다. 그러나 항변권을 포기한 때에는 상계가 가능하다.

[**대법원** 2004. 5. 28. **선고** 2001**다**81245 **판결**] 항변권이 붙어 있는 채권을 자동채권으로 하여 다른 채무(수동채권)와의 상계를 허용한다면 상계자 일방의 의사표시에 의하여 상대방의 항변권 행사의 기회를 상실시키는 결과가 되므로 그러한 상계는 허용될 수 없고, 특히 수탁보증인이 주채무자에 대하여 가지는 민법 제442조의 사전구상권에는 민법 제443조의 담보제공청구권이 항변권으로 부착되어 있는 만큼 이를 자동채권으로 하는 상계는 허용될 수 없으며, 다만 민법 제443조는 임의규정으로서 주채무자가 사전에 담보제공청구권의 항변권을 포기한 경우에는 보증인은 사전구상권을 자동채권으로 하여 주채무자에 대한 채무와 상계할 수 있다.

ㄹ. (×) 중과실의 불법행위는 보복의 성질이 없다. 보복적 불법행위를 예방하고자 하는 제496조가 유추되지 않는다.

[**대법원** 1994. 8. 12. **선고** 93**다**52808 **판결**] 민법 제496조가 고의의 불법행위로 인한 손해배상채권에 대한 상계를 금지하는 입법취지는 고의의 불법행위에 인한 손해배상채권에 대하여 상계를 허용한다면 고의로 불법행위를 한 자가 상계권 행사로 현실적으로 손해배상을 지급할 필요가 없게 됨으로써 보복적 불법행위를 유발하게 될 우려가 있고, 고의의 불법행위로 인한 피해자가 가해자의 상계권 행사로 인하여 현실의 변제를 받을 수 없는 결과가 됨은 사회적 정의관념에 맞지 아니하므로 고의에 의한 불법행위의 발생을 방지함과 아울러 고의의 불법행위로 인한 피해자에게 현실의 변제를 받게 하려는 데 있는 바, 이 같은 입법취지나 적용결과에 비추어 볼 때 고의의 불법행위에 인한 손해배상채권에 대한 상계금지를 중과실의 불법행위에 인한 손해배상채권에까지 유추 또는 확장적용하여야 할 필요성이 있다고 할 수 없다.

정답 ②

25. 甲은 乙에게 7,000만 원의 금전채권(변제기 2015. 5. 8.)이 있고, 乙은 甲에게 5,000만 원의 금전채권(변제기 2015. 8. 24.)이 있다. 다음 설명 중 옳은 것을 모두 고른 것은? (각 지문은 독립적이며, 다툼이 있는 경우 판례에 의함) [16 변호사]

ㄱ. 甲의 乙에 대한 채권과 乙의 甲에 대한 채권이 모두 대여금채권인 경우, 2015. 7. 15. 甲은 상계할 수 있지만 乙은 상계할 수 없다.

ㄴ. 甲의 채권자 丙이 2015. 8. 20. 甲의 乙에 대한 대여금채권을 가압류하여 그 가압류명령이 乙에게 2015. 8. 21. 송달되었더라도 2015. 8. 25.에는 乙은 甲에 대한 자신의 대여금채권으로 위 가압류된 채권을 상계할 수 있다.

ㄷ. 甲의 乙에 대한 채권과 乙의 甲에 대한 채권이 모두 대여금채권인 경우, 乙이 2015. 10. 31. 상계의 의사표시를 하여 그 의사표시가 같은 날 甲에게 도달하였다면, 2015. 10. 31.을 기준으로 두 채권은 대등액의 범위 내에서 소멸한 것으로 본다.

ㄹ. 甲의 乙에 대한 채권이 이혼한 부부 사이에서 자녀의 양육비의 지급을 구하는 권리인 경우, 가정법원의 심판에 의하여 구체적인 청구권의 내용과 범위가 확정되었고 이미 이행기에 도달하였다면, 이를 상계의 자동채권으로 하는 것이 가능하다.

ㅁ. 甲의 乙에 대한 채권은 대여금채권이고, 乙의 甲에 대한 채권은 甲의 일방적인 폭행으로 인한 손해배상채권이라면 甲은 상계할 수 없으나, 乙은 상계할 수 있다.

① ㄱ, ㄴ, ㄹ ② ㄱ, ㄷ, ㅁ ③ ㄱ, ㄹ, ㅁ
④ ㄴ, ㄷ, ㄹ ⑤ ㄴ, ㄷ, ㅁ

해설

ㄱ. (O) 상계요건으로 변제기 도래를 묻는 지문이다. 자동채권의 변제기는 도래하여야 하지만, 수동채권은 상계자의 채무이고, 채무자는 기한의 이익을 포기할 수 있으므로 반드시 기한이 도래하여야 하는 것은 아니다. 2015. 7. 15. 당시 甲의 乙에 대한 채권의 변제기는 도래한 상태이므로 乙의 甲에 대한 채권의 변제기가 도래하지 않았더라도 甲은 상계할 수 있다. 그러나 乙의 상계는 허용되지 않는다.

ㄴ. (X) 채권이 가압류된 경우, 제3채무자가 상계로 가압류채권자에게 대항할 수 있는지를 묻는 지문이다. 가압류의 효력이 발생한 후에 취득한 채권으로는 상계로 대항할 수 없고, 가압류의 효력이 발생하기 전에 취득한 채권이더라도 반대채권의 변제기가 피가압류채권의 변제기보다 먼저 또는 동시에 도래하는 경우에 상계가 가능하다.

사안의 경우, 제3채무자 乙의 甲에 대한 반대채권이 가압류의 효력이 발생한 2015. 8. 21. 이전에 취득한 것이라도 그 채권의 변제기가 피가압류채권의 변제기보다 나중에 도래하므로 乙은 상계로 丙에게 대항할 수 없다.

지문에는 상계할 수 있다고 서술하고 있으나, 가압류의 효력이 상대적이라는 점을 감안하면 상계는 가능하고, 단지 상계로 인한 채무소멸을 가압류채권자에게 대항하지 못한다고 이해하여야 한다. 그렇다면 위 지문은 문제가 있는 지문으로 볼 수 있으나, 이 문제의 취지는 지급금지 명령을 받은 제3채무자가 어떠한 경우에 상계로 대항할 수 있는지에 관한 문제로 이해하여야 하므로 옳지 않은 지문으로 보아야 한다.

[**대법원** 1982. 6. 22. **선고** 82**다카**200 **판결**] 가압류 명령을 받은 제3채무자가 가압류 채무자에 대한 반대채권을 가지고 있는 경우에 가압류 채권자에게 상계로써 대항하기 위하여는 가압류의 효력발생 당시에 양 채권이 상계적상에 있거나 반대채권이 압류 당시 변제기에 달하지 아니한 경우에는 피압류채권인 수동채권의 변제기와 동시에 또는 그보다 먼저 변제기에 도달하는 경우이어야 한다.

ㄷ. (X) 상계로 인한 채무소멸 및 정산의 기준시기를 묻는 지문이다. 상계할 수 있는 때에 대등액에서 소멸한 것으로 보아야 하므로(제493조 제2항) 양 채권의 변제기가 도래한 2015. 8. 24. 대등액에서 소멸한 것으로 보아야 한다.

[**대법원** 2011. 7. 28. **선고** 2010**다**70018 **판결**] 상계의 의사표시가 있는 경우 각 채무가 상계할 수 있는 때에 소급하여 대등액에 관하여 소멸한 것으로 보게 되고, 여기서 각 채무가 상계할 수 있는 때란 양 채권이 모두 변제기가 도래한 경우와 수동채권의 변제기가 도래하지 아니하였다고 하더라도 기한의 이익을 포기할 수 있는 경우를 포함한다.

ㄹ. (O) 구체적 내용이 정해지고 이행기가 도래한 양육비채권이 상계의 자동채권으로 될 수 있는지를 묻는 지문이다. 강제이행을 함에 아무런 장애가 없으므로 상계의 자동채권이 될 수 있다.

[**대법원** 2006. 7. 4. **선고** 2006**므**751 **판결**] 이혼한 부부 사이에서 자(子)에 대한 양육비의 지급을 구할 권리는 당사자의 협의 또는 가정법원의 심판에 의하여 구체적인 청구권의 내용과 범위가 확정되기 전에는 '상대방에 대하여 양육비의 분담액을 구할 권리를 가진다'라는 추상적인 청구권에 불과하고 당사자의 협의나 가정법원이 당해 양육비의 범위 등을 재량적·형성적으로 정하는 심판에 의하여 비로소 구체적인 액수만큼의 지급청구권이 발생한다고 보아야 하므로, 당사자의 협의 또는 가정법원의 심판에 의하여 구체적인 청구권의 내용과 범위가 확정되기 전에는 그 내용이 극히 불확정하여 상계할 수 없지만, 가정법원의 심판에 의하여 구체적인 청구권의 내용과 범위가 확정된 후의 양육비채권 중 이미 이행기에 도달한 후의 양육비채권은 완전한 재산권(손해배상청구권)으로서 친족법상의 신분으로부터 독립하여 처분이 가능하고, 권리자의 의사에 따라 포기, 양도 또는 상계의 자동채권으로 하는 것도 가능하다(필자 註 : 이혼한 부부 사이에 자(子)의 양육자인 일방이 상대방에 대하여 가지는 양육비채권을 상대방의 양육자에 대한 위자료 및 재산분할청구권과 상계한다고 주장한 사안에서, 가정법원의 심판에 의하여 구체적으로 확정된 양육비채권 중 이미 이행기가 도달한 부분에 한하여 이를 자동채권으로 하는 상계가 허용된다고 한 사례).

ㅁ. (O) 고의의 불법행위로 인한 채권이 상계로 소멸될 수 있는지를 묻는 지문이다. 제496조는 고의의 불법행위로 인한 채권의 채무자의 상계를 금지하고 있다. 이는 보복적 불법행위를 예방함과 동시에 피해자가 현실의 급부를 받을 수 있도록 하여 피해자를 보호하려는 데에 그 취지가 있다. 피해자인 채권자의 상계는 허용되지만, 가해자인 채무자의 상계는 허용되지 않는다. 乙의 甲에 대한 채권이 甲의 고의에 의한 불법행위로 인한 손해배상채권인 경우, 가해자인 甲의 상계는 허용되지 않지만, 피해자인 乙의 상계는 허용된다. **정답** ③

26. **甲과 乙 사이의 채권 발생 경위는 다음과 같다. 옳은 것을 모두 고른 것은? (다툼이 있는 경우에는 판례에 의하고, 각 지문은 모두 독립적이다)** [14 변호사]

A채권(대여금채권) : 甲은 2012. 12. 31. 乙에게 2,000만 원을 변제기 2013. 3. 5.로 정하여 대여하였다.

B채권(부당이득금채권) : 乙은 2012. 1. 1.부터 2012. 12. 31.까지 사이에 권원 없음을 알면서도 甲의 의사에 반하여 甲 소유인 X 아파트를 무단으로 점유하면서 사용하였다. 이로 인한 차임 상당 부당이득금은 2,000만 원이다.

C채권(컴퓨터 대금채권) : 乙은 2012. 12. 5. 甲에게 컴퓨터 10대를 대금 2,000만 원, 대금 지급기일 2013. 2. 5.로 정하고 매도하였고, 아직 컴퓨터를 인도하지 않았다.

D채권(양수금채권) : 丙은 2012. 10. 1. 甲에게 2,000만 원을 변제기 2013. 2. 5.로 정하여 대여하였다. 乙은 2012. 12. 1. 丙으로부터 이 채권을 양수하였고, 丙이 양도통지를 보내어 그 통지가 2012. 12. 11. 甲에게 도달하였다.

ㄱ. 甲의 채권자 丁은 A 채권에 관하여 압류·전부명령을 받았고 그 명령이 2013. 1. 2. 甲과 乙에게 도달하여 그 무렵 확정되었다. 乙은 2014. 1. 2. D 채권을 자동채권으로 A 채권을 수동채권으로 하여 丁에게 상계의사표시를 하였다. 이 경우 乙은 상계로 丁에게 대항할 수 있다.

ㄴ. 乙은 2014. 1. 2. 甲에게 D 채권을 자동채권으로, B 채권을 수동채권으로 하여 상계의사표시를 하였다. 상계는 인정된다.

ㄷ. 乙은 2014. 1. 2. 甲에게 C 채권을 자동채권으로, A 채권을 수동채권으로 하여 상계의사표시를 하였다. 상계는 인정된다.

ㄹ. 甲은 2014. 1. 2. 乙에게 B 채권을 자동채권으로, C 채권을 수동채권으로 하여 상계의사표시를 하였다. 상계는 인정된다.

① ㄱ, ㄴ ② ㄴ, ㄷ ③ ㄷ, ㄹ
④ ㄱ, ㄹ ⑤ ㄴ, ㄹ

해설

※ 상계의 요건을 묻는 사례문제이다.

ㄱ. (O) 압류명령을 받은 제3채무자가 압류명령 전에 취득한 반대채권에 의한 상계로 압류채권자에게 대항할 수 있는지를 묻는 지문이다. A 채권이 압류된 경우, 제3채무자 乙이 丙으로부터 양도받은 압류채무자 甲에 대한 채권에 의한 상계로 압류채권자 丁에게 대항할 수 있는지를 묻고 있다. 민법

제498조는 지급을 금지하는 명령을 받은 제3채무자는 '그 후에 취득한 채권'에 의한 상계로 그 명령을 신청한 채권자에게 대항하지 못한다고 규정하고 있다. 제3채무자 乙이 丙으로부터 채권을 취득하고 채무자 甲에 대한 대항요건을 구비한 시점은 2012. 12. 11.이고, 압류명령의 효력이 발생한 시점은 2013. 1. 2.이므로 제3채무자 乙이 취득한 채권은 압류명령을 받기 전에 취득한 것이다. 제498조의 반대해석에 따라 압류명령을 받기 전에 취득한 채권이면 언제나 상계로 압류채권자에게 대항할 수 있는가? 이에 관하여 대법원은 압류명령을 신청한 채권자와 상계가 가지는 담보에 대한 기대를 가진 제3채무자와의 이해관계를 조정하기 위하여 제3채무자가 취득한 채권의 변제기가 압류된 채권의 변제기와 동시에 또는 그 전에 도래하는 때에는 상계로 압류명령을 신청한 채권자에게 대항할 수 있다고 한다. 제3채무자 乙이 취득한 D 채권의 변제기는 2013. 2. 5.이고, 압류된 A 채권의 변제기는 2013. 3. 5.이므로 乙은 D 채권에 의한 상계로 압류명령을 신청한 丁에게 대항할 수 있다.

[**대법원** 1982. 6. 22. **선고** 82**다카**200 **판결**] 가압류 명령을 받은 제3채무자가 가압류 채무자에 대한 반대채권을 가지고 있는 경우에 가압류 채권자에게 상계로써 대항하기 위하여는 가압류의 효력발생 당시에 양 채권이 상계적상에 있거나 반대채권이 압류 당시 변제기에 달하지 아니한 경우에는 피압류채권인 수동채권의 변제기와 동시에 또는 그보다 먼저 변제기에 도달하는 경우이어야 한다.

ㄴ. (×) 고의의 불법행위가 원인으로 된 부당이득반환채권을 수동채권으로 하는 상계가 허용되는지를 묻는 지문이다. 민법 제496조는 채무자 고의의 불법행위로 인한 것인 때에는 그 채무자는 상계로 채권자에게 대항하지 못한다고 규정하고 있다. 이 규정은 고의의 불법행위가 원인으로 된 부당이득반환채무의 경우에도 마찬가지로 유추된다는 것이 대법원의 입장이다. B 채권은 乙의 고의에 의한 불법행위가 원인으로 된 부당이득반환채권이므로 乙의 상계는 허용되지 않는다.

[**대법원** 2002. 1. 25. **선고** 2001**다**52506 **판결**] 민법 제496조의 취지는, 고의의 불법행위에 의한 손해배상채권에 대하여 상계를 허용한다면 고의로 불법행위를 한 자까지도 상계권 행사로 현실적으로 손해배상을 지급할 필요가 없게 되어 보복적 불법행위를 유발하게 될 우려가 있고, 또 고의의 불법행위로 인한 피해자가 가해자의 상계권 행사로 인하여 현실의 변제를 받을 수 없는 결과가 됨은 사회적 정의관념에 맞지 아니하므로 고의에 의한 불법행위의 발생을 방지함과 아울러 고의의 불법행위로 인한 피해자에게 현실의 변제를 받게 하려는데 있다 할 것인 바, 법이 보장하는 상계권은 이처럼 그의 채무가 고의의 불법행위에 기인하는 채무자에게는 적용이 없는 것이고, 나아가 부당이득의 원인이 고의의 불법행위에 기인함으로써 불법행위로 인한 손해배상채권과 부당이득반환채권이 모두 성립하여 양 채권이 경합하는 경우 피해자가 부당이득반환채권만을 청구하고 불법행위로 인한 손해배상채권을 청구하지 아니한 때에도, 그 청구의 실질적 이유, 즉 부당이득의 원인이 고의의 불법행위였다는 점은 불법행위로 인한 손해배상채권을 청구하는 경우와 다를 바 없다 할 것이어서, 고의의 불법행위에 의한 손해배상채권은 현실적으로 만족을 받아야 한다는 상계금지의 취지는 이러한 경우에도 타당하므로, 민법 제496조를 유추적용함이 상당하다.

ㄷ. (×) 동시이행의 항변권이 부착된 채권을 자동채권으로 한 상계가 허용되는지를 묻는 지문이다. 상계의 자동채권은 그 채권을 실현하는 데에 아무런 장애가 없는 채권이어야 한다. 따라서 채무자에게 항변권이나 항변사유가 있는 때에는 상계의 자동채권으로 되지 못한다. C 채권은 乙이 甲에 대하여 가지는 컴퓨터매매대금채권인데, 이는 甲의 乙에 대한 컴퓨터인도채권과 동시이행의 관계에 있다. 따라서 乙은 특별한 사정이 없는 한, 동시이행의 항변권이 부착된 C 채권을 자동채권으로 한 상계를 주장할 수 없다.

ㄹ. (○) 고의의 불법행위가 원인으로 된 부당이득반환채권을 자동채권으로, 동시이행의 항변권이 부착된 채권을 수동채권으로 하는 상계가 허용되는지를 묻는 지문이다. 고의의 불법행위가 원인으로 된 부당이득반환채권(B 채권)의 채권자인 甲이 상계하는 것은 제496조의 취지에 반하지 아니하므로 허용되고, 또한 동시이행의 항변권이 부착된 채권(C 채권)의 채무자인 甲이 동시이행의 항변권을 포기하고 상계하는 것도 허용되므로 甲이 B 채권을 자동채권으로 하고, C 채권을 수동채권으로 한 상계는 허용된다.

정답 ④

27. **상계에 관한 설명 중 옳은 것은? (다툼이 있는 경우에는 판례에 의함)** [12 변호사]

① 고의의 불법행위로 인한 손해배상채권을 자동채권으로 하는 상계는 허용되지 않는다.
② 피용자의 고의의 불법행위로 인하여 사용자책임이 성립하는 경우, 사용자는 피해자의 사용자에 대한 손해배상채권을 수동채권으로 하여 상계할 수 있다.
③ 채권의 일부양도가 이루어진 경우, 그 분할된 채권에 대하여 양도인에 대한 반대채권으로 상계하고자 하는 채무자는 양도인을 비롯한 각 분할채권자 중 어느 누구라도 상계의 상대방으로 지정하여 상계할 수 있다.
④ 상대방이 제3자에 대하여 가지는 채권을 수동채권으로 하여 상계할 수 있다.
⑤ 상계의 대상이 될 수 있는 자동채권과 수동채권이 서로 동시이행관계에 있다면 특별한 사정이 없는 한 상계가 허용되지 않는다.

해설

① **(×)** 고의의 불법행위로 인한 채권을 수동채권으로 하는 상계, 즉 가해자의 상계는 금지되지만(제496조), 고의의 불법행위로 인한 채권을 자동채권으로 하는 상계, 즉 피해자의 상계는 금지되지 않는다. 제496조는 보복적 불법행위를 예방하고, 고의의 불법행위 피해자가 현실의 변제를 받을 수 있도록 하기 위한 규정이기 때문이다.

② **(×)** 피용자의 고의의 불법행위로 인하여 사용자책임이 성립하는 경우, 사용자의 상계가 허용되는지를 묻는 지문이다. 사용자의 상계도 허용되지 않는다고 보아야 한다. 만약 이를 허용한다면 보복적 불법행위를 방지하고 피해자가 현실의 변제를 받게 하기 위한 제496조의 취지가 몰각되기 때문이다.
[**대법원** 2006. 10. 26. **선고** 2004**다**63019 **판결**] 민법 제756조에 의한 사용자의 손해배상책임은 피용자의 배상책임에 대한 대체적 책임이고, 같은 조 제1항에서 사용자가 피용자의 선임 및 그 사무감독에 상당한 주의를 한 때 또는 상당한 주의를 하여도 손해가 있을 경우에는 책임을 면할 수 있도록 규정함으로써 사용자책임에서 사용자의 과실은 직접의 가해행위가 아닌 피용자의 선임·감독에 관련된 것으로 해석되는 점에 비추어 볼 때, 피용자의 고의의 불법행위로 인하여 사용자책임이 성립하는 경우에 민법 제496조의 적용을 배제하여야 할 이유가 없으므로 사용자책임이 성립하는 경우 사용자는 자신의 고의의 불법행위가 아니라는 이유로 민법 제496조의 적용을 면할 수는 없다.

③ **(○)** [**대법원** 2002. 2. 8. **선고** 2000**다**50596 **판결**] 채권의 일부 양도가 이루어지면 특별한 사정이 없는 한 각 분할된 부분에 대하여 독립한 분할채권이 성립하므로 그 채권에 대하여 양도인에 대한 반대채권으로 상계하고자 하는 채무자로서는 양도인을 비롯한 각 분할채권자 중 어느 누구도 상계의 상대방으로 지정하여 상계할 수 있고, 그러한 채무자의 상계 의사표시를 수령한 분할채권자는 제3자에 대한 대항요건을 갖춘 양수인이라 하더라도 양도인 또는 다른 양수인에 귀속된 부분에 대하여 먼저 상계되어야 한다거나 각 분할채권액의 채권 총액에 대한 비율에 따라 상계되어야 한다는 이의를 할 수 없다.

④ **(×)** 제3자 변제적 상계는 허용되지 않는다는 것이 판례이다. 이를 인정하게 되면, 상계자인 채권자가 상대방의 다른 채권자들보다 수동채권인 상대방의 채권으로부터 독점적인 만족을 얻게 되는 부당한 결과가 생기기 때문이다.
[**대법원** 2011. 4. 28. **선고** 2010**다**101394 **판결**] 상계는 당사자 쌍방이 서로 같은 종류를 목적으로 한 채무를 부담한 경우에 서로 같은 종류의 급부를 현실로 이행하는 대신 어느 일방 당사자의 의사표시로 그 대등액에 관하여 채권과 채무를 동시에 소멸시키는 것이고, 이러한 상계제도의 취지는 서로 대립하는 두 당사자 사이의 채권·채무를 간이한 방법으로 원활하고 공평하게 처리하려는 데

있으므로, 수동채권으로 될 수 있는 채권은 상대방이 상계자에 대하여 가지는 채권이어야 하고, 상대방이 제3자에 대하여 가지는 채권과는 상계할 수 없다고 보아야 한다. 그렇지 않고 만약 상대방이 제3자에 대하여 가지는 채권을 수동채권으로 하여 상계할 수 있다고 한다면, 이는 상계의 당사자가 아닌 상대방과 제3자 사이의 채권채무관계에서 상대방이 제3자에게서 채무의 본지에 따른 현실급부를 받을 이익을 침해하게 될 뿐 아니라, 상대방의 채권자들 사이에서 상계자만 독점적인 만족을 얻게 되는 불합리한 결과를 초래하게 되므로, 상계의 담보적 기능과 관련하여 법적으로 보호받을 수 있는 당사자의 합리적 기대가 이러한 경우에까지 미친다고 볼 수는 없다.

⑤ **(×)** 수동채권과 자동채권이 서로 동시이행 관계에 있는 경우 양 당사자 모두 상계가 가능하다. [**대법원** 2006. 7. 28. **선고** 2004**다**54633 **판결**] 상계제도는 서로 대립하는 채권·채무를 간이한 방법에 의하여 결제함으로써 양자의 채권·채무 관계를 원활하고 공평하게 처리함을 목적으로 하고 있으므로, 상계의 대상이 될 수 있는 자동채권과 수동채권이 동시이행관계에 있다고 하더라도 서로 현실적으로 이행하여야 할 필요가 없는 경우라면 상계로 인한 불이익이 발생할 우려가 없고 오히려 상계를 허용하는 것이 동시이행관계에 있는 채권·채무 관계를 간명하게 해소할 수 있으므로 특별한 사정이 없는 한 상계가 허용된다.

정답 ③

제2장 계 약

제1절 총 칙

Ⅰ. 계약의 성립

Ⅱ. 계약의 효력

1. 동시이행 항변권

1. **동시이행에 관한 설명 중 옳은 것은? (다툼이 있는 경우 판례에 의함)** [24 변호사]

① 도급계약에서 수급인이 도급계약에 따른 의무를 제대로 이행하지 못함으로 말미암아 도급인의 신체 또는 재산에도 손해가 발생한 경우, 이러한 확대손해로 인한 수급인의 손해배상채무와 도급인의 공사대금채무는 동시이행관계에 있지 아니하다.

② 채무담보의 목적으로 경료된 채권자 명의의 소유권이전등기나 그 청구권보전 가등기의 말소의무는 피담보채무의 변제와 동시이행관계에 있다.

③ 근저당권 실행을 위한 경매가 무효로 되어 근저당권자인 채권자 甲이 채무자 丙을 대위하여 낙찰자 乙에 대한 소유권이전등기 말소청구권을 행사한 경우, 甲의 배당금 반환채무와 乙의 소유권이전등기 말소의무는 동시이행관계에 있다.

④ 하수급인에 대한 수급인의 공사대금채무를 인수한 도급인은 하수급인의 공사대금청구에 대하여 하수급인에 대한 수급인의 하자보수청구권에 기한 동시이행항변으로 대항할 수 있다.

⑤ 상가건물임대차에서 임차인의 임차목적물 반환의무와 임대인의 권리금 회수 방해로 인한 손해배상의무는 임대차계약의 종료라는 동일한 원인에 기하여 발생한 것일 뿐만 아니라 공평의 관점에서 보더라도 이행상의 견련관계를 인정할 수 있다.

해설

① **(×)** [**대법원** 2007. 8. 23. **선고** 2007**다**26455·26462 **판결**] 도급계약에 있어서 완성된 목적물에 하자가 있는 때에 민법 제667조 제2항에 의하여 도급인이 수급인에 대하여 그 하자의 보수에 갈음하여 또는 보수와 함께 손해배상을 청구할 수 있는 권리는 민법 제667조 제3항에 의하여 민법 제536조가 준용되는 결과 특별한 사정이 없는 한 수급인이 가지는 보수채권과 동시이행관계에 있는 것이고, 나아가 동시이행항변권 제도의 취지로 볼 때 비록 당사자가 부담하는 각 채무가 쌍무계약관계에서 고유의 대가관계가 있는 채무가 아니라고 하더라도 구체적인 계약관계에서 각 당사자가 부담하는 채무에 관한 약정내용에 따라 그것이 대가적 의미가 있어 이행상의 견련관계를 인정하여야 할 사정이 있는 경우에는 동시이행의 항변권이 인정되어야 하는 점에 비추어 보면, 수급인이 도급계약에 따른 의무를 제대로 이행하지 못함으로 말미암아 도급인에게 손해가 발생한 경우 그와 같은 하자확대손해

로 인한 수급인의 손해배상채무와 도급인의 보수지급채무 역시 동시이행관계에 있는 것으로 보아야 한다.

② (×) [**대법원** 2019. 10. 31. **선고** 2019**다**247651 **판결**] 금전채권의 채무자가 채권자에게 담보를 제공한 경우 특별한 사정이 없는 한 채권자는 채무자로부터 채무를 모두 변제받은 다음 담보를 반환하면 될 뿐 채무자의 변제의무와 채권자의 담보 반환의무가 동시이행관계에 있다고 볼 수 없다. 따라서 채권자가 채무자로부터 제공받은 담보를 반환하기 전에도 특별한 사정이 없는 한 채무자는 이행지체 책임을 진다.

③ (×) 동일한 원인에 의하여 쌍방의 채무가 발생하고, 서로를 이행의 상대방으로 하여 채무가 발생한 경우에 동시이행관계를 인정할 수 있다. 근저당권자의 배당금반환의무는 경매절차 매수인에 대한 의무이고, 경매절차 매수인의 소유권이전등기말소의무는 경매상 채무자에 대한 의무로서 서로를 이행의 상대방으로 하여 채무가 발생한 것이 아니다. 양 채무 사이에 동시이행관계를 인정할 수는 없다.

[**대법원** 2006. 9. 22. **선고** 2006**다**24049 **판결**] 근저당권 실행을 위한 경매가 무효로 되어 채권자(= 근저당권자)가 채무자를 대위하여 낙찰자에 대한 소유권이전등기 말소청구권을 행사하는 경우, 낙찰자가 부담하는 소유권이전등기 말소의무는 채무자에 대한 것인 반면, 낙찰자의 배당금 반환청구권은 실제 배당금을 수령한 채권자(= 근저당권자)에 대한 채권인 바, 채권자(= 근저당권자)가 낙찰자에 대하여 부담하는 배당금 반환채무와 낙찰자가 채무자에 대하여 부담하는 소유권이전등기 말소의무는 서로 이행의 상대방을 달리하는 것으로서, 채권자(= 근저당권자)의 배당금 반환채무가 동시이행의 항변권이 부착된 채 채무자로부터 승계된 채무도 아니므로, 위 두 채무는 동시에 이행되어야 할 관계에 있지 아니하다.

④ (○) 채권이 양도되거나 채무가 인수되는 때에도 그 채권이나 채무의 동일성이 유지되므로 그 채권이나 채무에 부착된 동시이행의 항변권은 여전히 유지된다. 수급인의 공사대금채무를 인수한 도급인은 수급인의 동시이행항변권을 행사할 수 있다.

[**대법원** 2007. 10. 11. **선고** 2007**다**31914 **판결**] 도급계약에 있어서 완성된 목적물에 하자가 있는 때에는 도급인은 수급인에 대하여 하자의 보수를 청구할 수 있고 그 하자의 보수에 갈음하여 또는 보수와 함께 손해배상을 청구할 수 있는 바, 이들 청구권은 수급인의 공사대금채권과 동시이행관계에 있으므로 수급인의 하수급인에 대한 하도급 공사대금채무를 인수한 도급인은 수급인이 하수급인과 사이의 하도급계약상 동시이행의 관계에 있는 수급인의 하수급인에 대한 하자보수청구권 내지 하자에 갈음한 손해배상채권 등에 기한 동시이행의 항변으로써 하수급인에게 대항할 수 있다.

⑤ (×) [**대법원** 2019. 7. 10. **선고** 2018**다**242727 **판결**] 임차인의 임차목적물 반환의무는 임대차계약의 종료에 의하여 발생하나, 임대인의 권리금 회수 방해로 인한 손해배상의무는 상가건물 임대차보호법에서 정한 권리금 회수기회 보호의무 위반을 원인으로 하고 있으므로 양 채무는 동일한 법률요건이 아닌 별개의 원인에 기하여 발생한 것일 뿐 아니라 공평의 관점에서 보더라도 그 사이에 이행상 견련관계를 인정하기 어렵다.

정답 ④

2. 동시이행관계에 관한 설명 중 옳지 않은 것은? (다툼이 있는 경우 판례에 의함) [19 변호사]

① 채무를 담보하기 위하여 어음이 발행된 경우, 채권자가 원인채권을 행사함에 있어서 채무자는 원칙적으로 어음과 상환으로 지급하겠다는 항변으로 채권자에게 대항할 수 있다.

② 「주택임대차보호법」상의 임차권등기명령에 의하여 임차권이 등기된 경우, 임대인의 임대차보증금 반환의무와 임차인의 임차권등기말소의무는 동시이행관계에 있다.

③ 근저당권설정등기가 되어 있는 부동산을 매매하는 경우, 특별한 사정이 없는 한 매도인의 근저당권 말소 및 소유권이전등기의무와 매수인의 잔대금지급의무는 동시이행관계에 있다.

④ 수급인이 도급계약상의 의무를 제대로 이행하지 못하여 도급인의 신체 또는 재산에 손해가 발생한 경우, 하자확대손해로 인한 수급인의 손해배상채무와 도급인의 공사대금채무는 동시이행관계에 있다.

⑤ 계약이 해제된 경우 계약당사자가 부담하는 원상회복의무뿐만 아니라 손해배상의무도 함께 동시이행관계에 있다.

해설

① **(O)** 어음반환과 원인채무 이행 사이에는 동시이행 관계가 인정된다.
[**대법원** 1993. 11. 9. **선고** 93**다**11203·11210 **판결**] 기존채무와 어음·수표채무가 병존하는 경우 원인채무의 이행과 어음·수표의 반환이 동시이행의 관계에 있다 하더라도 채권자가 어음·수표의 반환을 제공하지 아니하면 채무자에게 적법한 이행의 최고를 할 수 없다고 할 수는 없고, 채무자는 원인채무의 이행기를 도과하면 원칙적으로 이행지체의 책임을 지고, 채권자로부터 어음·수표의 반환을 받지 아니하였다 하더라도 이 어음·수표를 반환하지 않음을 이유로 위와 같은 항변권을 행사하여 그 지급을 거절하고 있는 것이 아닌 한 이행지체의 책임을 면할 수 없다.

② **(×)** 보증금반환이 선이행 되어야 한다.
[**대법원** 2005. 6. 9. **선고** 2005**다**4529 **판결**] 주택임대차보호법 제3조의3 규정에 의한 임차권등기는 이미 임대차계약이 종료하였음에도 임대인이 그 보증금을 반환하지 않는 상태에서 경료되게 되므로, 이미 사실상 이행지체에 빠진 임대인의 임대차보증금의 반환의무와 그에 대응하는 임차인의 권리를 보전하기 위하여 새로이 경료하는 임차권등기에 대한 임차인의 말소의무를 동시이행관계에 있는 것으로 해석할 것은 아니고, 특히 위 임차권등기는 임차인으로 하여금 기왕의 대항력이나 우선변제권을 유지하도록 해 주는 담보적 기능만을 주목적으로 하는 점 등에 비추어 볼 때, 임대인의 임대차보증금의 반환의무가 임차인의 임차권등기 말소의무보다 먼저 이행되어야 할 의무이다.

③ **(O)** 매도인의 재산권이전의무는 완전한 재산권을 이전하여야 할 의무이므로 근저당권설정등기를 말소하여야 할 매도인의 의무는 매수인의 매매대금지급의무와 동시이행 관계에 있다.
[**대법원** 1973. 6. 5. **선고** 68**다**2342 **판결**] 근저당권이 설정되어 있는 부동산의 매매에 있어서는 소유권이전등기 소요서류와 아울러 근저당권말소등기절차 소요서류의 교부와 매매대금의 지급은 특별한 사정이 없는 한 동시이행관계에 있다.

④ **(O)** 하자확대손해배상의무도 수급인의 채무불이행으로 인한 손해배상의무로서 도급인의 보수지급의무와 동시이행 관계에 있다.
[**대법원** 2007. 8. 23. **선고** 2007**다**26455·26462 **판결**] 도급계약에 있어서 완성된 목적물에 하자가 있는 때에 민법 제667조 제2항에 의하여 도급인이 수급인에 대하여 그 하자의 보수에 갈음하여 또는 보수와 함께 손해배상을 청구할 수 있는 권리는 민법 제667조 제3항에 의하여 민법 제536조가 준용되는 결과 특별한 사정이 없는 한 수급인이 가지는 보수채권과 동시이행관계에 있는 것이고, 나아가 동시이행항변권 제도의 취지로 볼 때 비록 당사자가 부담하는 각 채무가 쌍무계약관계에서 고유의 대가관계가 있는 채무가 아니라고 하더라도 구체적인 계약관계에서 각 당사자가 부담하는 채무에 관한 약정내용에 따라 그것이 대가적 의미가 있어 이행상의 견련관계를 인정하여야 할 사정이 있는 경우에는 동시이행의 항변권이 인정되어야 하는 점에 비추어 보면, 수급인이 도급계약에 따른 의무를 제대로 이행하지 못함으로 말미암아 도급인에게 손해가 발생한 경우 그와 같은 하자확대손해로 인한 수급인의 손해배상채무와 도급인의 보수지급채무 역시 동시이행관계에 있는 것으로 보아야 한다.

⑤ **(O)** [**대법원** 1996. 7. 26. **선고** 95**다**25138·25145 **판결**] 계약이 해제되면 계약당사자는 상대방에 대하여 원상회복의무와 손해배상의무를 부담하는데, 이 때 계약당사자가 부담하는 원상회복의무뿐만 아니라 손해배상의무도 함께 동시이행의 관계에 있다.

정답 ②

3. **동시이행의 항변권에 관한 설명 중 옳은 것을 모두 고른 것은? (다툼이 있는 경우 판례에 의함)**

[17 변호사]

ㄱ. 부동산매수인이 매매계약을 체결하면서 매매목적물에 관한 근저당권의 피담보채무를 인수하는 한편 그 채무액을 매매대금에서 공제하기로 하는 이행인수계약이 함께 이루어진 경우, 매수인의 인수채무 불이행으로 인한 손해배상채무와 매도인의 소유권이전등기의무는 동시이행의 관계에 있다.

ㄴ. 쌍무계약의 당사자 일방이 먼저 한 번 현실의 제공을 하고 상대방을 수령지체에 빠지게 하였다 하더라도 그 이행의 제공이 계속되지 않는 경우 상대방이 가지는 동시이행의 항변권이 소멸하는 것은 아니다.

ㄷ. 원고가 단순이행청구를 함에 대하여 피고가 동시이행의 항변권을 행사하지 않더라도 법원은 직권으로 상환이행판결을 할 수 있다.

ㄹ. "피고는 원고로부터 5,000만 원을 지급받음과 동시에 A토지를 인도하라."라는 판결을 받은 원고는 반대의무의 이행 또는 이행의 제공을 하였다는 것을 증명하여야만 집행을 개시할 수 있다.

① ㄱ, ㄴ ② ㄱ, ㄹ ③ ㄴ, ㄷ

④ ㄱ, ㄴ, ㄹ ⑤ ㄴ, ㄷ, ㄹ

해설

ㄱ. **(O)** 매매계약과 함께 이행인수약정을 체결한 경우, 매수인이 인수채무를 불이행함에 따라 발생하는 손해배상채무는 매매대금채무의 변형으로서 매도인의 소유권이전채무와 동시이행관계가 인정된다.
[**대법원** 1993. 2. 12. **선고** 92**다**23193 **판결**] 부동산매매계약과 함께 이행인수계약이 이루어진 경우 매수인이 인수한 채무는 매매대금지급채무에 갈음한 것으로서 매도인이 매수인의 인수채무불이행으로 말미암아 또는 임의로 인수채무를 대신 변제하였다면 그로 인한 손해배상채무 또는 구상채무는 인수채무의 변형으로서 매매대금지급채무에 갈음한 것의 변형이므로 매수인의 손해배상채무 또는 구상채무와 매도인의 소유권이전등기 의무는 대가적 의미가 있어 이행상 견련관계에 있다고 인정되고, 따라서 양자는 동시이행의 관계에 있다고 해석함이 공평의 관념 및 신의칙에 합당하다.

ㄴ. **(O)** 수령지체자의 동시이행의 항변이 허용되는지를 묻는 지문이다. 채무 상호간의 이행상 견련관계는 수령지체가 발생하였다고 소멸하는 것은 아니므로 수령지체자가 동시이행의 항변권을 행사할 수 있으므로 일방의 변제제공이 계속되지 않는 한 한 번 변제제공을 하였다고 하여 수령지체자가 동시이행의 항변권을 상실하는 것은 아니다.
[**대법원** 1999. 7. 9. **선고** 98**다**13754 **판결**] 쌍무계약의 당사자 일방이 먼저 한번 현실의 제공을 하고 상대방을 수령지체에 빠지게 하였다 하더라도 그 이행의 제공이 계속되지 않는 경우는 과거에 이행의 제공이 있었다는 사실만으로 상대방이 가지는 동시이행의 항변권이 소멸하는 것은 아니므로, 일시적으로 당사자 일방의 의무의 이행제공이 있었으나 곧 그 이행의 제공이 중지되어 더 이상 그 제공이 계속되지 아니하는 기간 동안에는 상대방의 의무가 이행지체 상태에 빠졌다고 할 수는 없다고 할 것이고, 따라서 그 이행의 제공이 중지된 이후에 상대방의 의무가 이행지체 되었음을 전제로 하는 손해배상청구도 할 수 없다.

ㄷ. **(×)** 동시이행의 항변권이 항변사항인지를 묻는 지문이다. 동시이행관계가 인정되더라도 이를 소송에서 주장하지 않는 한 법원은 상환이행판결을 할 수 없다.

ㄹ. (O) 상환급부판결에 따라 강제집행을 하기 위해서는 반대급부의 변제제공이 있어야 하는데, 반대급부의 변제제공은 원칙적으로 집행개시의 요건이다.

정답 ④

4. 동시이행관계에 관한 설명 중 옳지 않은 것은? (별도의 특약은 없음) (다툼이 있는 경우에는 판례에 의함) [12 변호사]

① 전세권이 소멸한 경우, 전세권자의 목적물 인도의무 및 전세권설정등기 말소의무와 전세권설정자의 전세금반환의무는 동시이행관계에 있다.

② 부동산매매계약상 매수인이 약정된 중도금지급기일인 2010. 4. 1. 중도금 1억 원의 지급을 지체한 후 계약이 해제되지 않은 상태에서 잔대금 2억 원의 지급기일인 2010. 10. 1. 매수인이 3억 원을 이행제공하였다면, 매수인은 매도인에게 소유권이전등기를 청구하기 위한 자신의 의무를 다했다고 할 수 있다.

③ 근저당권설정등기가 마쳐진 부동산의 매매계약에 있어서, 매도인의 소유권이전의무 외에 근저당권설정등기 말소의무도 매수인의 잔대금지급의무와 동시이행관계에 있다.

④ 이자부 소비대차계약에서 채무자가 담보목적으로 채무자 소유의 부동산에 근저당권설정등기를 하였는데 변제기에 원리금을 갚지 아니하여 채권자로부터 대여금청구소송을 제기당한 경우, 채무자는 근저당권설정등기 말소등기와 동시에 원리금을 변제하겠다는 항변을 할 수 없다.

⑤ 임차인이 임차물을 인도할 의무와 임대인이 임대보증금 중 미지급 월임료 등을 공제한 나머지 보증금을 반환할 의무가 동시이행관계에 있는 이상, 임대인이 임차인에게 위 보증금반환의무를 이행하였다거나 그 현실적인 이행의 제공을 하여 임차인의 임차물인도의무가 지체에 빠졌다는 사실이 인정되지 않는다면, 임차인은 임대차기간만료 후 인도를 지연할 경우 지급키로 한 약정지연손해금을 지급할 의무가 없다.

해 설

① (O) 민법 317조. 전세권이 소멸한 때에는 전세권설정자는 전세권자로부터 그 목적물의 인도 및 전세권설정등기의 말소등기에 필요한 서류의 교부를 받는 동시에 전세금을 반환하여야 한다.

② (×) 매수인은 잔대금 지급일까지 발생한 중도금에 대한 지연손해금도 지급하여야 한다.
[**대법원** 1991. 3. 27. **선고** 90**다**19930 **판결**] 매수인이 선이행하여야 할 중도금지급을 하지 아니한 채 잔대금지급일을 경과한 경우에는, 매수인의 중도금 및 이에 대한 지급일 다음날부터 잔대금지급일까지의 지연손해금과 잔대금의 지급채무는 매도인의 소유권이전등기의무와 특별한 사정이 없는 한 동시이행관계에 있다.

③ (O) [**대법원** 1979. 11. 13. **선고** 79**다**1562 **판결**]근저당권설정등기 있는 부동산의 매매계약에 있어서는 매도인의 소유권이전등기 의무와 아울러 근저당권설정등기의 말소의무도 매수인의 대금지급의무와 동시이행관계에 있는 바 근저당권설정등기의 말소의무에 관한 이행제공은 그 근저당채무가 변제되었다는 것만으로는 부족하고 근저당권설정등기의 말소에 필요한 서류까지도 준비함이 필요하다.

④ (O) 담보권등기의 말소와 피담보채무의 변제 사이에 동시이행의 관계가 있는지를 묻는 지문이다. 담보물권의 불가분성에 비추어 피담보채무의 변제가 선이행되어야 한다. 즉, 피담보채무의 원리금이 전액 변제되지 않는 한 담보권에는 아무런 영향이 없어 담보권등기의 말소는 허용되지 않는다.

⑤ (O) 인도를 지연할 경우, 지급키로 한 약정지연손해금은 인도의무의 이행지체를 전제로 한다. 보증금의 반환과 목적물의 반환이 동시이행의 관계에 있어 임차인이 동시이행의 항변권이 기초하여 인도를

거절하고 있는 때에는 임차인의 인도의무 이행지체를 인정할 수 없으므로 약정지연손해금을 지급할 의무가 인정되지 않는다.

[**대법원** 1988. 4. 12. **선고** 86**다카**2476 **판결**] 임차인이 임차건물을 명도할 의무와 임대인이 임대보증금 중 미지급 월 임료 등을 공제한 나머지 보증금을 반환할 의무가 동시이행관계에 있는 이상, 임대인이 임차인에게 위 보증금반환의무를 이행하였다거나 그 현실적인 이행의 제공을 하여 임차인의 건물명도의무가 지체에 빠졌다는 사실이 인정되지 않는다면, 임차인은 임대차기간만료후 명도를 지연할 경우 지급키로 한 약정지연손해금을 지급할 의무가 없다. 정답 ②

2. 위험부담

5. **甲과 乙은 2011. 5. 20. 甲 소유의 X 토지에 관한 매매계약을 체결하면서 계약금 3,000만 원은 당일 지급하였고, 중도금과 잔금 2억 7,000만 원은 같은 해 8. 20. 지급하기로 하였는데, 같은 해 7. 10. X 토지가 수용되어 甲이 보상금으로 4억 원을 받았다. 다음 설명 중 옳은 것을 모두 고른 것은? (다툼이 있는 경우에는 판례에 의함)** [13 변호사]

ㄱ. 乙은 甲에 대하여 보상금의 지급을 구하지 않고, 계약금 3,000만 원에 대한 부당이득반환청구권을 행사할 수 있다.
ㄴ. X 토지의 수용은 甲의 귀책사유에 의한 것이 아니므로 위험부담의 법리에 따라 乙의 반대급부의무 역시 소멸하고, 이는 乙이 甲에 대하여 보상금의 반환을 청구하더라도 마찬가지이다.
ㄷ. 甲이 지급받은 보상금의 반환을 청구할 수 있는 乙의 권리는 특별한 사정이 없는 한 X 토지가 수용된 시점부터 소멸시효가 진행한다.

① ㄱ, ㄷ ② ㄱ, ㄴ, ㄷ ③ ㄱ
④ ㄴ ⑤ ㄷ

해설

※ 매매계약 후 매도인이 채무를 이행하기 전에 매매목적물이 수용되어 수용보상금이 매도인에게 지급된 경우의 법률문제를 묻는 사례문제이다.

ㄱ. (O) 위험부담의 법리 적용과 대상청구권의 관계를 묻는 지문이다. 쌍무계약인 매매계약상 매도인 채무가 매도인의 책임 없는 사유로 후발적 불능이 된 경우, 매수인은 위험부담의 법리를 주장하여 이미 지급한 매매대금의 반환을 주장할 수 있고, 매도인이 불능에 갈음하여 대상(代償)을 취득한 때에는 대상의 지급을 구하는 대상청구권을 행사할 수도 있다. 채권자인 매수인은 위험부담의 법리와 대상청구권을 선택하여 주장할 수 있다. 따라서 매수인 乙은 위험부담의 법리를 주장하여 반대급부인 乙의 매매대금지급채무 소멸을 주장하고, 그에 따라 이미 지급한 계약금 3,000만 원에 대하여 부당이득반환을 청구할 수 있다.

[**대법원** 2009. 5. 28. **선고** 2008**다**98655·98662 **판결**] 민법 제537조는 채무자위험부담주의를 채택하고 있는바, 쌍무계약에서 당사자 쌍방의 귀책사유 없이 채무가 이행불능이 된 경우 채무자는 급부의무를 면함과 더불어 반대급부도 청구하지 못하므로, 쌍방 급부가 없었던 경우에는 계약관계는 소멸하고 이미 이행한 급부는 법률상 원인 없는 급부가 되어 부당이득의 법리에 따라 반환청구할 수 있다

(필자 註 : 매매 목적물이 경매절차에서 매각됨으로써 당사자 쌍방의 귀책사유 없이 이행불능에 이르러 매매계약이 종료된 사안에서, 위험부담의 법리에 따라 매도인은 이미 지급받은 계약금을 반환하여야 하고 매수인은 목적물을 점유·사용함으로써 취득한 임료 상당의 부당이득을 반환할 의무가 있다고 한 사례).

ㄴ. (×) 매수인이 대상청구권을 행사하는 경우, 반대급부를 이행하여야 하는지를 묻는 지문이다. 대상청구권은 기존의 채권관계를 유지하는 권리이므로 채권자인 매수인도 자신의 반대급부를 이행하여야 한다. 결국 위험부담의 법리와 대상청구권은 병존할 수 없다. 乙이 甲에 대하여 보상금의 지급을 청구하는 것은 대상청구권을 행사하는 것인데, 그렇다면 위험부담의 법리를 주장할 수는 없으므로 乙은 반대급부로서 중도금과 잔대금을 지급하여야 한다.

ㄷ. (○) 대상청구권의 소멸시효 기산점을 묻는 지문이다. 원칙적으로 불능시점으로부터 소멸시효가 진행한다. 다만, 보상법규가 흠결되어 보상을 청구할 수 없는 장애는 법률적 장애이므로 그와 같은 사정이 있는 경우에는 보상법규가 마련된 때로부터 소멸시효가 진행한다. 사안의 경우에는 대상청구권의 시효진행을 방해하는 법률적 장애사유가 없으므로 불능으로 되는 시점인 수용시점부터 소멸시효가 진행한다.

[**대법원** 2002. 2. 8. **선고** 99**다**23901 **판결**] 대상청구권은 특별한 사정이 없는 한 매매목적물의 수용 또는 국유화로 인하여 매도인의 소유권이전등기의무가 이행불능 되었을 때 매수인이 그 권리를 행사할 수 있다고 보아야 할 것이고 따라서 그 때부터 소멸시효가 진행하는 것이 원칙이라 할 것이나, 국유화가 된 사유의 특수성과 법규의 미비 등으로 그 보상금의 지급을 구할 수 있는 방법이나 절차가 없다가 상당한 기간이 지난 뒤에야 보상금청구의 방법과 절차가 마련된 경우라면, 대상청구권자로서는 그 보상금청구의 방법이 마련되기 전에는 대상청구권을 행사하는 것이 불가능하였던 것이고, 따라서 이러한 경우에는 보상금을 청구할 수 있는 방법이 마련된 시점부터 대상청구권에 대한 소멸시효가 진행하는 것으로 봄이 상당할 것인 바, 이는 대상청구권자가 보상금을 청구할 길이 없는 상태에서 추상적인 대상청구권이 발생하였다는 사유만으로 소멸시효가 진행한다고 해석하는 것은 대상청구권자에게 너무 가혹하여 사회정의와 형평의 이념에 반할 뿐만 아니라 소멸시효제도의 존재이유에 부합된다고 볼 수 없기 때문이다.

정답 ①

3. 제3자를 위한 계약

6. 제3자를 위한 계약에 관한 설명 중 옳지 않은 것을 모두 고른 것은? (다툼이 있는 경우 판례에 의함) [19 변호사]

ㄱ. 매도인 甲과 매수인 乙이 토지거래허가구역 내 토지에 관한 매매계약을 체결하면서 매매대금을 丙에게 지급하기로 하는 제3자를 위한 계약을 체결하고 그 후 乙이 그 매매대금을 丙에게 지급하였는데, 토지거래허가를 받지 않아 유동적 무효였던 위 매매계약이 확정적으로 무효가 된 경우, 乙은 丙을 상대로 매매대금 상당액의 부당이득반환을 청구할 수 있다.
ㄴ. 제3자를 위한 계약의 체결 원인이 된 요약자와 제3자 사이의 법률관계의 효력은 요약자와 낙약자 사이의 법률관계의 성립이나 효력에 영향을 미친다.
ㄷ. 요약자의 채무불이행으로 인하여 낙약자가 계약을 해제한 경우에는 낙약자는 제3자에 대하여 계약의 해제로 인한 원상회복을 청구할 수 있다.
ㄹ. 낙약자는 요약자와 제3자 사이의 법률관계에 기한 항변으로 제3자에게 대항하지 못한다.

① ㄱ ② ㄴ, ㄷ ③ ㄴ, ㄹ
④ ㄷ, ㄹ ⑤ ㄱ, ㄴ, ㄷ

해설

ㄱ. **(×)** 수익자에게 급부한 후 제3자를 위한 계약이 무효로 된 경우, 부당이득반환관계는 요약자와 낙약자 사이에서 형성된다. 乙은 甲에게 부당이득반환을 청구하여야 한다.

[**대법원** 2010. 8. 19. **선고** 2010**다**31860·31877 **판결**] 제3자를 위한 계약관계에서 낙약자와 요약자 사이의 법률관계(이른바 기본관계)를 이루는 계약이 무효이거나 해제된 경우 그 계약관계의 청산은 계약의 당사자인 낙약자와 요약자 사이에 이루어져야 하므로, 특별한 사정이 없는 한 낙약자가 이미 제3자에게 급부한 것이 있더라도 낙약자는 계약해제 등에 기한 원상회복 또는 부당이득을 원인으로 제3자를 상대로 그 반환을 구할 수 없다.

ㄴ. **(×)** ㄹ. **(○)** 요약자와 수익자(제3자) 사이의 관계인 대가관계는 제3자를 위한 계약에 영향을 주지 않는다.

[**대법원** 2003. 12. 11. **선고** 2003**다**49771 **판결**] 제3자를 위한 계약의 체결 원인이 된 요약자와 제3자(수익자) 사이의 법률관계(이른바 대가관계)의 효력은 제3자를 위한 계약 자체는 물론 그에 기한 요약자와 낙약자 사이의 법률관계(이른바 기본관계)의 성립이나 효력에 영향을 미치지 아니하므로 낙약자는 요약자와 수익자 사이의 법률관계에 기한 항변으로 수익자에게 대항하지 못하고, 요약자도 대가관계의 부존재나 효력의 상실을 이유로 자신이 기본관계에 기하여 낙약자에게 부담하는 채무의 이행을 거부할 수 없다.

ㄷ. **(×)** 수익자는 해제로 인한 원상회복관계의 당사자가 될 수 없다. 낙약자는 요약자에 대하여 원상회복을 청구하여야 한다.

[**대법원** 2005. 7. 22. **선고** 2005**다**7566·7573 **판결**] 제3자를 위한 계약관계에서 낙약자와 요약자 사이의 법률관계(이른바 기본관계)를 이루는 계약이 해제된 경우 그 계약관계의 청산은 계약의 당사자인 낙약자와 요약자 사이에 이루어져야 하므로, 특별한 사정이 없는 한 낙약자가 이미 제3자에게 급부한 것이 있더라도 낙약자는 계약해제에 기한 원상회복 또는 부당이득을 원인으로 제3자를 상대로 그 반환을 구할 수 없다.

정답 ⑤

7. **甲과 乙은 甲 소유의 시계를 乙에게 500만 원에 매도하면서 甲의 丙에 대한 채무의 변제에 충당하기 위해 500만 원을 乙이 丙에게 지급하기로 하는 제3자를 위한 계약을 하고 丙도 이를 승낙하였다. 이에 관한 설명 중 옳은 것은? (다툼이 있는 경우 판례에 의함)** [17 변호사]

① 시계가 모조품으로 밝혀져 乙이 사기를 이유로 甲과의 계약을 취소한 경우, 丙이 이러한 사실을 알지 못했다 하더라도 乙은 丙의 대금지급청구를 거절할 수 있다.
② 乙이 丙에 대하여 이행기에 있는 300만 원의 금전채권을 가지고 있다고 해도 乙은 이 채권을 가지고 丙에 대한 500만 원 지급채무와 상계할 수 없다.
③ 甲이 시계를 인도하지 않더라도 乙은 丙의 동의 없이 매매계약을 해제할 수 없다.
④ 乙이 丙에게 500만 원을 지급하였는데 甲이 이행을 지체하자 乙이 매매계약을 해제한 경우, 乙은 丙에게 500만 원의 반환을 구할 수 있다.
⑤ 甲이 시계를 乙에게 인도하였는데 乙이 丙에게 500만 원을 지급하지 않은 경우, 丙은 채무불이행을 이유로 매매계약을 해제하고 원상회복을 청구할 수 있다.

해설

① **(○)** 제3자를 위한 계약의 수익자인 제3자가 선의 제3자 보호규정에 의하여 보호될 수 있는지를 묻는 지문이다. 수익자인 제3자는 제3자를 위한 계약의 효과를 직접 받는 자이며, 제3자를 위한 계약에

기초하여 새로운 이해관계를 맺는 자는 아니므로 선의 제3자 보호규정에 따라 보호될 수는 없다. 낙약자 乙이 제3자를 위한 계약을 취소한 때에는 수익자인 丙에 대하여 대금지급을 거절할 수 있다.

② (×) 낙약자인 乙이 수익자인 丙에 대하여 반대채권을 가진 경우, 수익자인 丙의 채권을 수동채권으로 하여 상계할 수 있는지를 묻는 지문이다. 수익의 의사표시를 통하여 수익자의 채권이 확정되었으므로 채무자인 乙은 상계를 통하여 채권과 채무를 대등액에서 소멸시킬 수 있다.

③ (×) 낙약자는 요약자의 채무불이행을 원인으로 수익자의 동의 없이 제3자를 위한 계약을 해제할 수 있다.

[**대법원** 1970. 2. 24. **선고** 69**다**1410 **판결**] 제3자를 위한 유상 쌍무계약의 경우 요약자는 낙약자의 채무불이행을 이유로 제3자의 동의 없이 계약을 해제할 수 있다.

④ (×) 수익자에게 급부를 한 낙약자가 제3자를 위한 계약을 해제하고, 수익자에 대하여 원상회복을 청구할 수 있는지를 묻는 지문이다. 수익자는 원상회복청구권이나 원상회복의무를 부담하지 않는다. 낙약자는 요약자에 대하여 원상회복을 청구하여야 한다. 계약관계의 청산은 계약의 당사자 사이에서 이루어져야 하기 때문이다.

[**대법원** 2010. 8. 19. **선고** 2010**다**31860·31877 **판결**] 제3자를 위한 계약관계에서 낙약자와 요약자 사이의 법률관계(이른바 기본관계)를 이루는 계약이 무효이거나 해제된 경우 그 계약관계의 청산은 계약의 당사자인 낙약자와 요약자 사이에 이루어져야 하므로, 특별한 사정이 없는 한 낙약자가 이미 제3자에게 급부한 것이 있더라도 낙약자는 계약해제 등에 기한 원상회복 또는 부당이득을 원인으로 제3자를 상대로 그 반환을 구할 수 없다.

⑤ (×) 수익자가 낙약자의 채무불이행을 원인으로 계약을 해제하고 손해배상을 청구할 수 있는지를 묻는 지문이다. 계약해제권은 계약의 당사자에게 인정되는 권리이므로 계약의 당사자가 아닌 수익자는 계약을 해제할 수 없다. 그러나 채무불이행으로 인한 손해배상청구권은 급부청구권의 변형이므로 수익자도 채무불이행으로 인한 손해배상을 청구할 수 있다.

[**대법원** 1994. 8. 12. **선고** 92**다**41559 **판결**] 제3자를 위한 계약의 당사자가 아닌 수익자는 계약의 해제권이나 해제를 원인으로 한 원상회복청구권이 있다고 볼 수 없다.

[**대법원** 1994. 8. 12. **선고** 92**다**41559 **판결**] 제3자를 위한 계약에 있어서 수익의 의사표시를 한 수익자는 낙약자에게 직접 그 이행을 청구할 수 있을 뿐만 아니라 요약자가 계약을 해제한 경우에는 낙약자에게 자기가 입은 손해의 배상을 청구할 수 있는 것이므로, 수익자가 완성된 목적물의 하자로 인하여 손해를 입었다면 수급인은 그 손해를 배상할 의무가 있다(필자 註 : 대한민국이 서울특별시를 위하여 건설회사와의 사이에 난지도 쓰레기처리장 건설공사계약을 체결한 이상 그 계약의 당사자는 대한민국과 건설회사이고 서울특별시는 위 계약상의 수익자이며, 난지도 쓰레기처리시설의 건설이 서울특별시의 사업으로서 그 기본계획의 입안, 부지의 선정 및 제공, 입찰안내서의 작성, 공사비의 지출, 관리비의 지출 등 계약체결을 제외한 모든 것이 실질적으로 서울특별시에 의하여 이루어졌을 뿐 아니라 완성된 시설 또한 서울특별시에 귀속된다고 하여 서울특별시가 쓰레기처리장 건설공사계약의 당사자가 되는 것은 아니라고 본 사례). 정답 ①

8. **甲은 자신의 모교인 학교법인 丙에게 증여할 목적으로 건축업자 乙과 체육관 신축을 위한 도급계약을 체결하면서, 丙을 수익자로 하는 제3자 수익약정을 부가하였다. 다음 설명 중 옳은 것을 모두 고른 것은? (다툼이 있는 경우에는 판례에 의함)** [14 변호사]

ㄱ. 乙의 노력과 재료로 체육관이 신축된 경우, 甲과 乙 사이에 위 체육관의 소유권 귀속에 관하여 특별한 약정이 없다면, 일단 甲이 체육관의 소유권을 원시취득한다.

ㄴ. 완성된 체육관에 하자가 있는 경우, 乙이 甲에게 부담하는 담보책임은 무과실 책임으로서 과실상계에 관한 민법규정은 준용될 수 없기 때문에, 설령 甲에게 하자의 발생에 대한 과실이 있더라도 이를 고려할 수 없다.

ㄷ. 甲이 약정기일 내에 체육관이 완성되지 아니하여 도급계약을 해제하는 경우, 丙의 동의를 받을 필요가 없다.
ㄹ. 丙이 수익의 의사표시를 한 후에는, 乙의 채무불이행으로 인하여 丙이 입은 손해가 있다면 丙은 乙에 대하여 그 배상을 청구할 수 있고, 丙이 완성된 목적물의 하자로 인하여 손해를 입은 경우에도 乙에 대하여 그 배상을 청구할 수 있다.

① ㄱ ② ㄴ ③ ㄴ, ㄷ
④ ㄷ, ㄹ ⑤ ㄱ, ㄷ, ㄹ

해설

※ 제3자를 위한 도급계약에 따른 법률문제를 묻는 사례문제이다.

ㄱ. **(×)** 도급계약에 따라 완성된 건물의 원시취득자를 묻는 지문이다. 도급인과 수급인 사이에 별도의 약정이 없는 때에는 완성된 건물은 재료의 전부나 주요부분을 제공한 자에게 귀속된다는 것이 대법원의 입장이다. 수급인 乙의 노력과 재료로 체육관이 신축된 때에는 체육관은 수급인 乙에게 귀속된다.

[**대법원** 1999. 2. 9. **선고** 98**두**16675 **판결**] 수급인이 자기의 노력과 출재로 건축 중이거나 완성한 건물의 소유권은 도급인과 수급인 사이의 특약에 의하여 달리 정하거나 기타 특별한 사정이 없는 한 도급인이 약정에 따른 건축공사비 등을 청산하여 소유권을 취득하기 이전에는 수급인의 소유에 속한다고 봄이 상당하다(필자 註 : 건축공사 도급인이 제3자와 사이에 수급인의 노력과 출재로 신축중인 건물을 공동취득하기로 약정하고 건축주를 도급인과 제3자의 공동명의로 변경한 경우, 도급인이 소유자의 지위에서 신축중인 건물의 지분을 제3자에게 이전한 것으로 볼 수 없다는 이유로 사업상 재화의 공급에 해당하지 않는다고 본 사례).

ㄴ. **(×)** 수급인 담보책임에 과실상계의 법리가 유추되는지를 묻는 지문이다. 비록 수급인 담보책임이 법정의 무과실책임으로 과실상계에 관한 규정은 준용하고 있지는 않지만, 공평의 관념에 따라 인정되는 책임이므로 과실상계의 법리가 유추된다.

[**대법원** 1990. 3. 9. **선고** 88**다카**31866 **판결**] 수급인의 하자담보책임에 관한 민법 제667조는 법이 특별히 인정한 무과실 책임으로서 여기에 민법 제396조의 과실상계 규정이 준용될 수는 없다 하더라도 담보책임이 민법의 지도이념인 공평의 원칙에 입각한 것인 이상 하자발생 및 그 확대에 가공한 도급인의 잘못을 참작하여 손해배상의 범위를 정함이 상당하다.

ㄷ. **(○)** 요약자가 해제권을 행사함에 있어서 수익자의 동의를 요하는지를 묻는 지문이다. 요약자 甲이 제3자를 위한 계약은 해제함에는 수익자 丙의 동의를 받을 필요가 없다는 것이 대법원의 입장이다. 이는 수익자가 수익의 의사표시를 하였다고 하더라도 마찬가지이다.

[**대법원** 1970. 2. 24. **선고** 69**다**1410 **판결**] 제3자를 위한 유상 쌍무계약의 경우 요약자는 낙약자의 채무불이행을 이유로 제3자의 동의 없이 계약을 해제할 수 있다.

ㄹ. **(○)** 수익자에게 채무불이행으로 인한 손해배상청구권 및 담보책임에 따라 손해배상청구권이 인정되는지를 묻는 지문이다. 수익자 丙의 수익의 의사표시로 인하여 수익자 丙의 급부청구권은 확정된다. 그 이후에 낙약자의 채무불이행이 있는 때에는 수익자 丙은 손해배상을 청구할 수 있고, 나아가 담보책임에 기한 손해배상도 청구할 수 있다. 채무불이행 혹은 담보책임에 따른 손해배상청구권은 급부청구권의 변형물이기 때문이다.

[**대법원** 1994. 8. 12. **선고** 92**다**41559 **판결**] 제3자를 위한 계약에 있어서 수익의 의사표시를 한 수익자는 낙약자에게 직접 그 이행을 청구할 수 있을 뿐만 아니라 요약자가 계약을 해제한 경우에는 낙약자에게 자기가 입은 손해의 배상을 청구할 수 있는 것이므로, 수익자가 완성된 목적물의 하자로 인하여 손해를 입었다면 수급인은 그 손해를 배상할 의무가 있다.

정답 ④

Ⅲ. 계약의 해제와 해지

9. **甲은 2023. 2. 1. 乙에게 甲 소유 X 부동산을 1억 원에 매도하기로 하는 계약을 체결하고, 계약 당일 乙로부터 계약금 1천만 원을 수령하였다. 위 계약서상 중도금 3천만 원에 대한 지급기일은 2023. 5. 1.로, 잔금 6천만 원에 대한 지급기일은 2023. 8. 1.로 각 정해져 있으며, 다음과 같은 내용이 포함되어 있다.**

> **제△△조(계약의 해제) ① 매수인이 약정한 날짜에 중도금을 지급하지 아니한 경우 계약은 자동적으로 해제된다. 이 경우 매수인은 지급한 계약금의 반환을 청구할 수 없다.**
> **② 매도인의 고의 또는 과실로 매수인이 X 부동산의 소유권을 취득하지 못하게 되어 매수인이 계약을 해제할 경우, 매도인은 매수인으로부터 지급받은 금전에 대하여 그 수령일부터 계약을 해제한 때까지 연 10%의 이자를 가산하여 반환한다.**

이에 관한 설명 중 옳은 것을 모두 고른 것은? (각 지문은 독립적이며, 다툼이 있는 경우 판례에 의함)

[24 변호사]

ㄱ. 乙이 2023. 5. 1.까지 甲에게 중도금을 지급하지 못하였다면 특별한 사정이 없는 한 별도의 최고나 해제의 의사표시 없이도 위 계약은 해제되고, 乙은 지급한 계약금의 반환을 청구할 수 없다.
ㄴ. 위 계약이 제△△조 제1항에 따라 해제되었다고 하더라도 甲과 乙이 계약이 여전히 유효함을 전제로 논의를 계속하면서 甲이 해제에 따른 법률효과를 주장하지 아니한 채 계약 내용에 따른 이행을 촉구하였다면 특별한 사정이 없는 한 甲과 乙 사이에서는 해제된 계약을 부활시키기로 하는 합의가 있었다고 봄이 상당하다.
ㄷ. 乙이 위 제△△조 제2항에 따라 위 계약을 해제하고 甲에게 지급한 금전의 반환 및 그 이자의 지급을 청구하였는데 甲이 그 이행을 지체한 경우, 특별한 사정이 없는 한 그에 따른 지연손해금은 연 10%의 비율로 계산하여야 한다.
ㄹ. 만일 甲과 乙이 위 계약서 조항과는 무관하게 계약을 해제하기로 합의하면서 그 합의해제로 인하여 반환할 금전에 가산할 이자에 관하여는 별도로 약정한 바가 없다면, 乙이 지급한 금전에 대하여는 그 지급일로부터 연 10%의 이율을 적용하여 반환하여야 한다.

① ㄱ, ㄴ ② ㄱ, ㄷ ③ ㄴ, ㄹ
④ ㄱ, ㄴ, ㄷ ⑤ ㄴ, ㄷ, ㄹ

해 설

ㄱ. (O) 중도금지급채무불이행을 자동해제사유로 하는 약정에 따라 약정한 중도금지급기일에 중도금을 지급하지 아니한 때에는 매매계약을 자동적으로 해제된다. 중도금지급의무는 선이행의무이므로 지급기일이 그 지급이 없었다는 사유만으로 중도금지급채무불이행이 성립한다. 특약에 따라 계약금은 위약금의 성질을 함께 가지므로 매수인 乙은 지급한 계약금의 반환을 청구할 수 없다.
[**대법원** 1991. 8. 13. **선고** 91**다**13717 **판결**] 매매계약에 있어서 매수인이 중도금을 약정한 일자에 지급하지 아니하면 그 계약을 무효로 한다고 하는 특약이 있는 경우 매수인이 약정한대로 중도금을

지급하지 아니하면(해제의 의사표시를 요하지 않고) 그 불이행 자체로써 계약은 그 일자에 자동적으로 해제된 것이라고 보아야 한다.

ㄴ. (O) 해제 후에도 기존 계약을 부활시키는 것은 사적자치 원칙에 따라 허용된다. 해제된 계약을 부활시키는 합의는 묵시적으로도 가능하다.

[**대법원** 2019. 6. 27. **선고** 2019**다**216817 **판결**] 쌍무계약을 체결하면서 어느 기한까지 일방이 채무를 이행하지 아니하면 자동적으로 계약이 해제된다고 약정한 경우 어느 일방이 채무를 이행하지 아니하였다면 별도의 이행최고나 해제의 의사표시를 요하지 않고 그 불이행 자체로써 계약이 자동으로 해제된 것으로 보아야 한다. 그러나 당사자들이 계약이 여전히 유효함을 전제로 논의를 계속하면서 해제에 따른 법률효과를 주장하지 아니한 채 계약 내용에 따른 이행을 촉구하거나 온전한 채무의 이행을 받지 못한 상대방이 별다른 이의 없이 급부 중 일부를 수령하였다면, 특별한 사정이 없는 한 계약당사자들 사이에서는 자동해제 약정의 효력을 상실시키고 자동해제된 계약을 부활시키기로 하는 합의가 있었다고 봄이 상당하다. 이러한 경우 채무이행을 받지 못한 상대방은 새로운 이행의 최고 없이 바로 해제권을 행사할 수 없다

ㄷ. (O) 해제로 반환할 금전에 가산되는 이자를 별도로 약정한 경우, 그 약정이자율이 법정이자율을 초과하는 때에는 이행지체로 인한 지연손해금은 약정이율에 의한다.

[**대법원** 2013. 4. 26. **선고** 2011**다**50509 **판결**] 계약해제 시 반환할 금전에 가산할 이자에 관하여 당사자 사이에 약정이 있는 경우에는 특별한 사정이 없는 한 이행지체로 인한 지연손해금도 그 약정이율에 의하기로 하였다고 보는 것이 당사자의 의사에 부합한다. 다만 그 약정이율이 법정이율보다 낮은 경우에는 약정이율에 의하지 아니하고 법정이율에 의한 지연손해금을 청구할 수 있다고 봄이 타당하다. 계약해제로 인한 원상회복 시 반환할 금전에 받은 날로부터 가산할 이자의 지급의무를 면제하는 약정이 있는 때에도 그 금전반환의무가 이행지체 상태에 빠진 경우에는 법정이율에 의한 지연손해금을 청구할 수 있는 점과 비교해 볼 때 그렇게 보는 것이 논리와 형평의 원리에 맞기 때문이다.

ㄹ. (×) 합의해제로 반환할 금전에 지급일로부터의 가산이자가 부가되는지를 묻는 지문이다. 합의해제로 인한 원상회복의 구체적 내용은 합의에 의하여 결정된다. 이자에 관하여 별도의 합의가 없는 때에는 가산이자 부가에 관한 제548조 제2항은 적용되지 않는다.

[**대법원** 1996. 7. 30. **선고** 95**다**16011 **판결**] 합의해제 또는 해제계약이라 함은 해제권의 유무에 불구하고 계약 당사자 쌍방이 합의에 의하여 기존의 계약의 효력을 소멸시켜 당초부터 계약이 체결되지 않았던 것과 같은 상태로 복귀시킬 것을 내용으로 하는 새로운 계약으로서, 그 효력은 그 합의의 내용에 의하여 결정되고 여기에는 해제에 관한 민법 제548조 제2항의 규정은 적용되지 아니하므로, 당사자 사이에 약정이 없는 이상 합의해제로 인하여 반환할 금전에 그 받은 날로부터의 이자를 가하여야 할 의무가 있는 것은 아니다.

정답 ④

10. 계약의 해제에 관한 설명 중 옳은 것을 모두 고른 것은? (다툼이 있는 경우 판례에 의함) [23 변호사]

ㄱ. 채권자가 채무불이행을 이유로 계약을 해제하는 경우 특별한 사정이 없는 한 해제된 계약의 내용에 포함된 손해배상액의 예정도 소급적으로 소멸한다.

ㄴ. 채권자가 채무의 내용인 급부 실현을 위해 필요한 협력행위를 하지 않아 계약 목적을 달성할 수 없는 경우, 채무자가 이를 이유로 계약을 해제하려면 채권자의 협력의무에 대한 약정이 있거나 신의칙상 채권자에게 협력의무가 있다고 인정될 만한 특별한 사정이 있어야 한다.

ㄷ. 원래의 계약에 있는 위약금에 관한 약정은 그것이 계약 내용이나 당사자의 의사표시 등에 비추어 합의해제에도 적용된다고 볼 만한 특별한 사정이 없는 한 합의해제의 경우에까지 적용되지는 않는다.

ㄹ. 계약이 합의에 따라 해제된 경우에는 상대방에게 손해배상을 하기로 특약하거나 손해배상 청구를 유보하는 의사표시를 하는 등 다른 사정이 없는 한 채무불이행으로 인한 손해배상을 청구할 수 없다.

① ㄱ, ㄴ ② ㄴ, ㄷ ③ ㄷ, ㄹ
④ ㄱ, ㄴ, ㄹ ⑤ ㄴ, ㄷ, ㄹ

해설

ㄱ. **(×)** [**대법원** 2022. 4. 14. **선고** 2019**다**292736·292743 **판결**] 민법 제398조 제1항, 제3항, 제551조의 문언·내용과 계약당사자의 일반적인 의사 등을 고려하면, 계약당사자가 채무불이행으로 인한 전보배상에 관하여 손해배상액을 예정한 경우에 채권자가 채무불이행을 이유로 계약을 해제하거나 해지하더라도 원칙적으로 손해배상액의 예정은 실효되지 않고, 전보배상에 관하여 특별한 사정이 없는 한 손해배상액의 예정에 따라 배상액을 정해야 한다. 다만 위와 같은 손해배상액의 예정이 계약의 유지를 전제로 정해진 약정이라는 등의 사정이 있는 경우에 채무불이행을 이유로 계약을 해제하거나 해지하면 손해배상액의 예정도 실효될 수 있다. 이때 손해배상액의 예정이 실효된다고 볼 특별한 사정이 있는지는 약정 내용, 약정이 이루어지게 된 동기와 경위, 당사자가 이로써 달성하려는 목적, 거래의 관행 등을 종합적으로 고려하여 당사자의 의사를 합리적으로 해석하여 판단해야 한다.

ㄴ. **(○)** [**대법원** 2021. 10. 28. **선고** 2019**다**293036 **판결**] 민법 제400조는 채권자지체에 관하여 "채권자가 이행을 받을 수 없거나 받지 아니한 때에는 이행의 제공 있는 때로부터 지체책임이 있다."라고 정하고 있다. 채무의 내용인 급부가 실현되기 위하여 채권자의 수령 그 밖의 협력행위가 필요한 경우에, 채무자가 채무의 내용에 따른 이행제공을 하였는데도 채권자가 수령 그 밖의 협력을 할 수 없거나 하지 않아 급부가 실현되지 않는 상태에 놓이면 채권자지체가 성립한다. 채권자지체의 성립에 채권자의 귀책사유는 요구되지 않는다. 민법은 채권자지체의 효과로서 채권자지체 중에는 채무자는 고의 또는 중대한 과실이 없으면 불이행으로 인한 모든 책임이 없고(제401조), 이자 있는 채권이라도 채무자는 이자를 지급할 의무가 없으며(제402조), 채권자지체로 인하여 그 목적물의 보관 또는 변제의 비용이 증가된 때에는 그 증가액은 채권자가 부담하는 것으로 정한다(제403조). 나아가 채권자의 수령지체 중에 당사자 쌍방의 책임 없는 사유로 채무를 이행할 수 없게 된 때에는 채무자는 상대방의 이행을 청구할 수 있다(제538조 제1항).

이와 같은 규정 내용과 체계에 비추어 보면, 채권자지체가 성립하는 경우 그 효과로서 원칙적으로 채권자에게 민법 규정에 따른 일정한 책임이 인정되는 것 외에, 채무자가 채권자에 대하여 일반적인 채무불이행책임과 마찬가지로 손해배상이나 계약 해제를 주장할 수는 없다.

그러나 계약 당사자가 명시적·묵시적으로 채권자에게 급부를 수령할 의무 또는 채무자의 급부 이행에 협력할 의무가 있다고 약정한 경우, 또는 구체적 사안에서 신의칙상 채권자에게 위와 같은 수령의무나 협력의무가 있다고 볼 특별한 사정이 있다고 인정되는 경우에는 그러한 의무 위반에 대한 책임이 발생할 수 있다. 그중 신의칙상 채권자에게 급부를 수령할 의무나 급부 이행에 협력할 의무가 있다고 볼 특별한 사정이 있는지는 추상적·일반적으로 판단할 것이 아니라 구체적 사안에서 계약의 목적과 내용, 급부의 성질, 거래 관행, 객관적·외부적으로 표명된 계약 당사자의 의사, 계약 체결의 경위와 이행 상황, 급부의 이행 과정에서 채권자의 수령이나 협력이 차지하는 비중 등을 종합적으로 고려해서 개별적으로 판단해야 한다.

이와 같이 채권자에게 계약상 의무로서 수령의무나 협력의무가 인정되는 경우, 그 수령의무나 협력의무가 이행되지 않으면 계약 목적을 달성할 수 없거나 채무자에게 계약의 유지를 더 이상 기대할 수 없다고 볼 수 있는 때에는 채무자는 수령의무나 협력의무 위반을 이유로 계약을 해제할 수 있다.

ㄷ. (O) [**대법원** 2021. 5. 7. **선고** 2017**다**220416 **판결**] 계약이 합의에 따라 해제되거나 해지된 경우에는 상대방에게 손해배상을 하기로 특약하거나 손해배상청구를 유보하는 의사표시를 하는 등 다른 사정이 없는 한 채무불이행으로 인한 손해배상을 청구할 수 없다. 그와 같은 손해배상의 특약이 있었다거나 손해배상청구를 유보하였다는 점은 이를 주장하는 당사자가 증명할 책임이 있다.

ㄹ. (O) [**대법원** 2013. 11. 28. **선고** 2013**다**8755 **판결**] 계약이 합의에 의하여 해제 또는 해지된 경우에는 상대방에게 손해배상을 하기로 특약하거나 손해배상 청구를 유보하는 의사표시를 하는 등 다른 사정이 없는 한 채무불이행으로 인한 손해배상을 청구할 수 없다. 그리고 그와 같은 손해배상의 특약이 있었다거나 손해배상 청구를 유보하였다는 점은 이를 주장하는 당사자가 증명할 책임이 있다.

정답 ⑤

11. **甲은 자기 소유 X 토지를 乙에게 매도하였는데, 약정에 따라 계약금과 중도금만 지급받은 후 乙에게 소유권이전등기를 마쳐주었다. 그 후 甲은 乙의 매매잔대금 지급의무의 지체를 이유로 매매계약을 해제하였다. 이에 관한 설명 중 옳은 것을 모두 고른 것은? (다툼이 있는 경우 판례에 의함)** [22 변호사]

ㄱ. 乙이 甲을 상대로 이미 지급한 매매대금의 반환을 구하는 소를 제기한 경우, 乙의 과실(過失)이 있다면 甲이 반환해야 할 금액을 산정함에 있어서 법원은 乙의 과실에 대한 甲의 주장이 없더라도 직권으로 이를 참작하여야 한다.

ㄴ. 乙이 甲을 상대로 이미 지급한 매매대금의 반환을 구하는 소를 제기하여 甲의 패소판결이 확정된 경우, 甲은 소가 제기된 때부터 악의의 수익자가 되므로 그 때부터 매매대금에 이자를 붙여 반환하면 된다.

ㄷ. 甲의 매매대금반환의무와 乙의 소유권이전등기말소의무가 동시이행관계에 있는지 여부와 관계없이 甲은 이미 지급받은 매매대금에 이자를 더하여 반환해야 한다.

ㄹ. 乙이 X 토지에 관하여 소유권이전등기를 마친 후 위 매매계약의 해제 전에 丙이 乙과 매매예약을 체결하고 그에 따른 소유권이전등기청구권 보전을 위한 가등기를 마친 경우, 丙은 해제로 인한 원상회복으로부터 보호받는 제3자에 해당하지 않는다.

① ㄷ ② ㄱ, ㄷ ③ ㄴ, ㄹ
④ ㄷ, ㄹ ⑤ ㄱ, ㄴ, ㄷ

해설

ㄱ. (×) 해제로 인한 원상회복의무에는 과실상계의 법리가 적용되지 않는다. 과실상계는 손해배상액을 산정하는 방법의 하나이기 때문이다.

[**대법원** 2014. 3. 13. **선고** 2013**다**34143 **판결**] 과실상계는 본래 채무불이행 또는 불법행위로 인한 손해배상책임에 대하여 인정되는 것이고, 매매계약이 해제되어 소급적으로 효력을 잃은 결과 매매당사자에게 당해 계약에 기한 급부가 없었던 것과 동일한 재산상태를 회복시키기 위한 원상회복의무의 이행으로서 이미 지급한 매매대금 기타의 급부의 반환을 구하는 경우에는 적용되지 아니한다.

ㄴ. (×) 해제로 인하여 금전을 반환하는 경우에는 선의, 악의를 불문하고 받은 날로부터 이자를 가산하여 반환하여야 한다(민법 제548조 제2항). 해제로 인한 원상회복의무는 부당이득반환의 특칙에 해당하기 때문이다.

[**대법원** 2014. 3. 13. **선고** 2013**다**34143 **판결**] 계약 해제의 효과로서 원상회복의무를 규정하는 민법 제548조 제1항 본문은 부당이득에 관한 특별규정의 성격을 가지는 것으로서, 그 이익 반환의 범위는 이익의 현존 여부나 청구인의 선의·악의를 불문하고 특단의 사유가 없는 한 받은 이익의 전부이다.

ㄷ. **(O)** [**대법원** 2000. 6. 9. **선고** 2000**다**9123 **판결**] 법정해제권 행사의 경우 당사자 일방이 그 수령한 금전을 반환함에 있어 그 받은 때로부터 법정이자를 부가함을 요하는 것은 민법 제548조 제2항이 규정하는 바로서, 이는 원상회복의 범위에 속하는 것이며 일종의 부당이득반환의 성질을 가지는 것이고 반환의무의 이행지체로 인한 것이 아니므로, 부동산 매매계약이 해제된 경우 매도인의 매매대금 반환의무와 매수인의 소유권이전등기말소등기 절차이행의무가 동시이행의 관계에 있는지 여부와는 관계없이 매도인이 반환하여야 할 매매대금에 대하여는 그 받은 날로부터 민법 소정의 법정이율인 연 5푼의 비율에 의한 법정이자를 부가하여 지급하여야 하고, 이와 같은 법리는 약정된 해제권을 행사하는 경우라 하여 달라지는 것은 아니다.

ㄹ. **(×)** 해제된 계약의 목적물에 가등기를 마친 경우, 가등기권리자는 해제된 계약을 토대로 새로운 이해관계를 맺었을 뿐만 아니라 대항할 수 있는 법적 지위를 가진 자로서 해제로부터 보호되는 제3자에 해당한다.

[**대법원** 2014. 12. 11. **선고** 2013**다**14569 **판결**] 민법 제548조 제1항 단서에서 말하는 제3자는 일반적으로 해제된 계약으로부터 생긴 법률효과를 기초로 하여 해제 전에 새로운 이해관계를 가졌을 뿐만 아니라 등기, 인도 등으로 권리를 취득한 사람을 말하는 것인바, 매수인과 매매예약을 체결한 후 그에 기한 소유권이전청구권 보전을 위한 가등기를 마친 사람도 위 조항 단서에서 말하는 제3자에 포함된다.

정답 ①

12. **계약의 해제에 관한 설명 중 옳은 것은? (다툼이 있는 경우 판례에 의함)** [20 변호사]

① 매도인으로부터 매매 목적물의 소유권을 이전받은 매수인이 매도인의 계약해제 이전에 제3자에게 목적물을 처분하여 계약해제에 따른 원물반환이 불가능하게 된 경우, 매수인이 원상회복의무로서 반환하여야 하는 목적물의 가액은 특별한 사정이 없는 한 그 처분 당시의 대가 또는 그 시가 상당액이다.

② 당사자가 기존 계약의 효력을 소멸시켜 원상으로 회복시키기로 합의한 경우, 특별한 약정이 없는 한 위 합의해제로 인하여 반환할 금전에는 그 받은 날로부터 이자를 가하여야 한다.

③ 부동산 매매계약이 해제되기 전에 매수인과 매매예약을 체결하고 그에 기한 소유권이전청구권 보전을 위한 가등기를 마친 사람은 「민법」 제548조 제1항 단서에서 말하는 계약해제로 보호받는 '제3자'에 포함되지 않는다.

④ 해제자가 계약 해제의 원인이 된 채무불이행에 관하여 그 원인의 일부를 제공하였다면, 신의칙 또는 공평의 원칙에 기하여 일반적으로 손해배상에 있어서의 과실상계에 준하여 계약의 해제로 인한 원상회복청구권의 내용이 제한될 수 있다.

⑤ 계약 해제로 인하여 당사자 일방이 수령한 금전을 반환함에 있어 그 받은 날로부터 가산하여 지급하여야 할 「민법」 제548조 제2항 소정의 이자는 반환의무의 이행지체로 인한 지연손해금이다.

해설

① **(O)** 계약해제로 인한 원상회복으로 가액을 반환하여야 하는 경우, 목적물의 가액산정 기준시점을 묻는 지문이다. 제3자에 대한 처분으로 원물반환이 불능으로 되는 때에는 원물반환 불능 당시의 시가 혹은 대가를 기준으로 가액을 산정한다.

[**대법원** 2013. 12. 12. **선고** 2012**다**58029 **판결**] 매도인으로부터 매매 목적물의 소유권을 이전받은 매수인이 매도인의 계약해제 이전에 제3자에게 목적물을 처분하여 계약해제에 따른 원물반환이 불가능하게 된 경우에 매수인은 원상회복의무로서 가액을 반환하여야 하며, 이때에 반환하여야 하는 목적물의 가액은 특별한 사정이 없는 한 그 처분 당시의 대가 또는 그 시가 상당액이라 할 것이고, 그리고 이러한 법리는 매수인과 매도인의 약정에 따라 매도인으로부터 직접 제3자에게 목적물의 권리가 이전된 경우에도 마찬가지이다.

② **(×)** 합의해제에는 반환할 금전에 이자를 가산하여야 한다는 제548조 제2항은 적용되지 않는다.

[**대법원** 1996. 7. 30. **선고** 95**다**16011 **판결**] 합의해제 또는 해제계약이라 함은 해제권의 유무에 불구하고 계약 당사자 쌍방이 합의에 의하여 기존의 계약의 효력을 소멸시켜 당초부터 계약이 체결되지 않았던 것과 같은 상태로 복귀시킬 것을 내용으로 하는 새로운 계약으로서, 그 효력은 그 합의의 내용에 의하여 결정되고 여기에는 해제에 관한 민법 제548조 제2항의 규정은 적용되지 아니하므로, 당사자 사이에 약정이 없는 이상 합의해제로 인하여 반환할 금전에 그 받은 날로부터의 이자를 가하여야 할 의무가 있는 것은 아니다.

③ **(×)** [**대법원** 2014. 12. 11. **선고** 2013**다**14569 **판결**] 민법 제548조 제1항 단서에서 말하는 제3자는 일반적으로 해제된 계약으로부터 생긴 법률효과를 기초로 하여 해제 전에 새로운 이해관계를 가졌을 뿐만 아니라 등기, 인도 등으로 권리를 취득한 사람을 말하는 것인바, 매수인과 매매예약을 체결한 후 그에 기한 소유권이전청구권 보전을 위한 가등기를 마친 사람도 위 조항 단서에서 말하는 제3자에 포함된다.

④ **(×)** 해제로 인한 원상회복의무에는 과실상계의 법리나 과실상계의 준하는 신의칙의 법리가 적용되지 않는다.

[**대법원** 2014. 3. 13. **선고** 2013**다**34143 **판결**] 계약의 해제로 인한 원상회복청구권에 대하여 해제자가 해제의 원인이 된 채무불이행에 관하여 '원인'의 일부를 제공하였다는 등의 사유를 내세워 신의칙 또는 공평의 원칙에 기하여 일반적으로 손해배상에 있어서의 과실상계에 준하여 권리의 내용이 제한될 수 있다고 하는 것은 허용되어서는 아니 된다.

⑤ **(×)** 해제로 반환할 금전에 가산되는 이자는 부당이득의 성질을 가지는 것이지 지연손해금의 성질을 가지는 것은 아니다.

[**대법원** 2000. 6. 9. **선고** 2000**다**9123 **판결**] 법정해제권 행사의 경우 당사자 일방이 그 수령한 금전을 반환함에 있어 그 받은 때로부터 법정이자를 부가함을 요하는 것은 민법 제548조 제2항이 규정하는 바로서, 이는 원상회복의 범위에 속하는 것이며 일종의 부당이득반환의 성질을 가지는 것이고 반환의무의 이행지체로 인한 것이 아니므로, 부동산 매매계약이 해제된 경우 매도인의 매매대금 반환의무와 매수인의 소유권이전등기말소등기 절차이행의무가 동시이행의 관계에 있는지 여부와는 관계없이 매도인이 반환하여야 할 매매대금에 대하여는 그 받은 날로부터 민법 소정의 법정이율인 연 5푼의 비율에 의한 법정이자를 부가하여 지급하여야 하고, 이와 같은 법리는 약정된 해제권을 행사하는 경우라 하여 달라지는 것은 아니다.

정답 ①

13. **甲과 乙은 2018. 1. 5. 甲 소유 A토지에 관한 매매계약을 체결하였다. 이 계약에서 매매대금은 1억 원으로 하고 乙은 계약금 1,000만 원을 계약 당일, 중도금 4,000만 원을 같은 달 31. 지급하기로 하고, 잔금 5,000만 원은 같은 해 2. 15. 甲의 토지 인도 및 소유권이전등기서류의 교부와 함께 지급하기로 약정하였다. 甲과 乙 사이의 법률관계에 관한 설명 중 옳은 것을 모두 고른 것은? (각 지문은 독립적이며, 다툼이 있는 경우 판례에 의함)** [19 변호사]

ㄱ. 乙이 甲에게 계약금 중 500만 원만 지급한 경우 甲은 乙에게 자신이 乙로부터 수령한 500만 원의 배액인 1,000만 원을 지급하고 계약을 해제할 수 있다.

ㄴ. 乙은 2018. 2. 15.까지 매매대금을 모두 지급하였고, 甲은 乙에게 토지를 인도해 주었다. 그 후 甲은 같은 해 3. 15. 위 매매계약을 착오를 이유로 적법하게 취소하였다. 이러한 경우 乙은 선의·악의를 불문하고 甲의 토지를 인도받아 취소 시까지 사용·수익한 이익을 甲에게 반환하여야 한다.
ㄷ. 甲은 2018. 2. 15. 잔금 일부인 3,000만 원만 지급받고 乙에게 토지를 인도해 주었다. 이후 乙이 남은 잔금을 끝내 지급하지 아니하여 甲은 같은 해 3. 15. 위 매매계약을 채무불이행을 이유로 적법하게 해제하였다. 이러한 경우 甲은 지급받은 대금을 그 받은 날로부터 이자를 가산하여 乙에게 반환하여야 한다.
ㄹ. 甲은 2018. 2. 15. 잔금 일부인 3,000만 원만 지급받은 채 나머지 대금은 토지를 담보로 대출받아 마련하겠다는 乙의 말을 믿고 乙 앞으로 토지의 소유권이전등기를 마쳐 주었다. 그 후 乙이 남은 잔금을 끝내 지급하지 아니하여 甲은 같은 해 3. 15. 위 매매계약을 채무불이행을 이유로 적법하게 해제하였는데, 이미 乙의 채권자인 丙이 A토지에 대해 가압류 집행을 마쳐 두었다. 이러한 경우 甲은 丙에게 해제의 효과를 주장하지 못한다.

① ㄱ, ㄷ ② ㄴ, ㄷ ③ ㄴ, ㄹ
④ ㄷ, ㄹ ⑤ ㄴ, ㄷ, ㄹ

해설

ㄱ. (×) 약정계약금의 일부만 지급된 경우, 계약금 수령자가 해약금에 기초한 해제를 위해서는 약정계약금의 배액을 상환하여야 하는지를 묻는 지문이다. 해약금의 기준이 되는 금원은 교부받은 계약금이 아니라 약정계약금이다.
[**대법원** 2015. 4. 23. **선고** 2014**다**231378 **판결**] 매도인이 '계약금 일부만 지급된 경우 지급받은 금원의 배액을 상환하고 매매계약을 해제할 수 있다'고 주장한 사안에서, '실제 교부받은 계약금'의 배액만을 상환하여 매매계약을 해제할 수 있다면 이는 당사자가 일정한 금액을 계약금으로 정한 의사에 반하게 될 뿐 아니라, 교부받은 금원이 소액일 경우에는 사실상 계약을 자유로이 해제할 수 있어 계약의 구속력이 약화되는 결과가 되어 부당하기 때문에, 계약금 일부만 지급된 경우 수령자가 매매계약을 해제할 수 있다고 하더라도 해약금의 기준이 되는 금원은 '실제 교부받은 계약금'이 아니라 '약정 계약금'이라고 봄이 타당하므로, 매도인이 계약금의 일부로서 지급받은 금원의 배액을 상환하는 것으로는 매매계약을 해제할 수 없다고 한 사례.
ㄴ. (×) 매매계약이 취소된 때에는 제201조가 적용된다. 매수인이 선의인 때에는 선의점유자로서 과실취득권을 가지므로 사용이익을 반환할 필요가 없다.
[**대법원** 1993. 5. 14. **선고** 92**다**45025 **판결**] 쌍무계약이 취소된 경우 선의의 매수인에게 민법 제201조가 적용되어 과실취득권이 인정되는 이상 선의의 매도인에게도 민법 제587조의 유추적용에 의하여 대금의 운용이익 내지 법정이자의 반환을 부정함이 형평에 맞다.
ㄷ. (○) 제548조. 계약이 해제된 경우, 각 당사자는 원상회복의무를 부담하고, 금전을 반환하는 때에는 받은 날로부터 이자를 가산하여 반환하여야 한다.
ㄹ. (○) 매수인의 채권자가 매매목적물을 가압류한 경우, 가압류채권자는 해제로부터 보호되는 제3자에 해당한다.
[**대법원** 2000. 1. 14. **선고** 99**다**40937 **판결**] 민법 제548조 제1항 단서에서 말하는 제3자란 일반적으로 해제된 계약으로부터 생긴 법률효과를 기초로 하여 별개의 새로운 권리를 취득한 자를 말하는 것인바, 해제된 계약에 의하여 채무자의 책임재산이 된 계약의 목적물을 가압류한 가압류채권자는 그

가압류에 의하여 당해 목적물에 대하여 잠정적으로 그 권리행사만을 제한하는 것이나 종국적으로는 이를 환가하여 그 대금으로 피보전채권의 만족을 얻을 수 있는 권리를 취득하는 것이므로 그 권리를 보전하기 위하여서는 위 조항 단서에서 말하는 제3자에는 위 가압류채권자도 포함된다고 보아야 한다.

정답 ④

14. 법률행위의 당사자가 그 법률행위의 무효 · 취소 또는 해제에 따른 법률효과를 주장할 수 없게 되는 '제3자'에 해당하는 경우로서 옳은 것을 모두 고른 것은? (다툼이 있는 경우 판례에 의함) [19 변호사]

ㄱ. 丙이 甲을 기망하여 甲이 자신의 명의로 乙 은행으로부터 대출을 받은 다음 乙이 파산선고를 받았고, 그 후 甲이 丙의 사기를 이유로 乙과의 대출계약을 적법하게 취소하였는데, 파산채권자들 전부가 丙이 甲을 기망한 사실을 몰랐을 경우에 있어서의 파산관재인 丁

ㄴ. 甲이 乙에게 그 소유 부동산을 매도하였는데, 乙의 채권자 丙이 乙의 甲에 대한 소유권이전등기청구권을 압류한 뒤 甲이 乙의 계약상 의무위반을 이유로 계약을 적법하게 해제한 경우에 있어서의 丙

ㄷ. 매매계약을 통하여 주택의 소유권을 취득하였다가 그 계약의 해제로 인하여 소유권을 상실하게 된 임대인 甲으로부터 그 계약이 해제되기 전에 그 주택을 임차하고 「주택임대차보호법」상의 대항요건을 갖춘 임차인 乙

ㄹ. 甲이 그 소유 부동산을 친구 乙에게 「부동산 실권리자명의 등기에 관한 법률」에 의해 무효인 명의신탁등기를 하여준 후, 丙이 관계서류를 위조하여 자신이 소유자라고 주장하면서 乙을 상대로 소유권이전등기청구의 소를 제기하여 乙의 인낙을 받아 자신 명의로 소유권이전등기를 한 뒤 이런 사정을 모르는 丁에게 증여하고 소유권이전등기를 한 경우에 있어서의 丁

① ㄴ ② ㄱ, ㄷ ③ ㄷ, ㄹ
④ ㄱ, ㄴ, ㄷ ⑤ ㄱ, ㄴ, ㄹ

해 설

ㄱ. (O) 사기에 의한 의사표시의 상대방의 파산관재인은 사기취소로 대항할 수 없는 제110조 제3항의 제3자에 해당하고, 파산관재인은 모든 파산채권자가 악의로 되지 않는 한 선의의 제3자에 해당한다. [**대법원** 2010. 4. 29. **선고** 2009**다**96083 **판결**] 파산자가 상대방과 통정한 허위의 의사표시를 통하여 가장채권을 보유하고 있다가 파산이 선고된 경우 그 가장채권도 일단 파산재단에 속하게 되고, 파산선고에 따라 파산자와는 독립한 지위에서 파산채권자 전체의 공동의 이익을 위하여 직무를 행하게 된 파산관재인은 그 허위표시에 따라 외형상 형성된 법률관계를 토대로 실질적으로 새로운 법률상 이해관계를 가지게 된 민법 제108조 제2항의 제3자에 해당하고, 그 선의·악의도 파산관재인 개인의 선의·악의를 기준으로 할 수는 없고, 총파산채권자를 기준으로 하여 파산채권자 모두가 악의로 되지 않는 한 파산관재인은 선의의 제3자라고 할 수밖에 없다. 그리고 이와 같이 파산관재인이 제3자로서의 지위도 가지는 점 등에 비추어, 특별한 사정이 없는 한 파산관재인은 사기에 의한 의사표시에 따라 외형상 형성된 법률관계를 토대로 실질적으로 새로운 법률상 이해관계를 가지게 된 민법 제110조 제3항의 제3자에 해당하고, 파산채권자 모두가 악의로 되지 않는 한 파산관재인은 선의의 제3자라고 할 수밖에 없다.

ㄴ. (×) 계약상 채권을 압류한 압류채권자는 계약해제로부터 보호되는 제3자에 해당하지 않는다. 계약상 채권을 압류한 압류채권자의 법률상 이해관계는 계약관계의 존속을 전제로 한 것이기 때문이다.

[**대법원** 2000. 4. 11. **선고** 99**다**51685 **판결**] 민법 제548조 제1항 단서에서 말하는 제3자란 일반적으로 그 해제된 계약으로부터 생긴 법률효과를 기초로 하여 해제 전에 새로운 이해관계를 가졌을 뿐 아니라 등기·인도 등으로 완전한 권리를 취득한 자를 말하므로 계약상의 채권을 양수한 자나 그 채권 자체를 압류 또는 전부한 채권자는 여기서 말하는 제3자에 해당하지 아니한다.

ㄷ. **(O)** 소유권을 취득한 매수인으로부터 주택을 임차하여 대항요건을 갖춘 주택임차인은 해제로부터 보호되는 제3자에 해당한다.

[**대법원** 1996. 8. 20. **선고** 96**다**17653 **판결**] 민법 제548조 제1항 단서의 규정에 따라 계약해제로 인하여 권리를 침해받지 않는 제3자라 함은 계약목적물에 관하여 권리를 취득한 자 중 계약당사자에게 권리취득에 관한 대항요건을 구비한 자를 말한다 할 것인 바, 임대목적물이 주택임대차보호법 소정의 주택인 경우 같은 법 제3조 제1항이 임대주택의 인도와 주민등록이라는 대항요건을 갖춘 자에게 등기된 임차권과 같은 대항력을 부여하고 있는 점에 비추어 보면, 소유권을 취득하였다가 계약해제로 인하여 소유권을 상실하게 된 임대인으로부터 그 계약이 해제되기 전에 주택을 임차받아 주택의 인도와 주민등록을 마침으로써 같은 법 소정의 대항요건을 갖춘 임차인은 등기된 임차권자와 마찬가지로 민법 제548조 제1항 단서 소정의 제3자에 해당된다고 봄이 상당하고, 그렇다면 그 계약해제 당시 이미 주택임대차보호법 소정의 대항요건을 갖춘 임차인은 임대인의 임대권원의 바탕이 되는 계약의 해제에도 불구하고 자신의 임차권을 새로운 소유자에게 대항할 수 있다.

ㄹ. **(×)** 무효인 명의신탁으로부터 보호되는 제3자란 명의수탁자가 물권자임을 전제로 명의수탁자와 직접 새로운 이해관계를 맺은 자를 말한다. 丁은 명의수탁자 乙과 직접 이해관계를 맺은 자가 아니므로 제3자에 해당하지 않는다.

[**대법원** 2005. 11. 10. **선고** 2005**다**34667·34674 **판결**] 부동산 실권리자명의 등기에 관한 법률 제4조 제3항에서 "제3자"라고 함은 명의신탁약정의 당사자 및 포괄승계인 이외의 자로서 명의수탁자가 물권자임을 기초로 그와의 사이에 직접 새로운 이해관계를 맺은 사람을 말한다고 할 것이므로, 명의수탁자로부터 명의신탁된 부동산의 소유명의를 이어받은 사람이 위 규정에 정한 제3자에 해당하지 아니한다면 그러한 자로서는 부동산실명법 제4조 제3항의 규정을 들어 무효인 명의신탁등기에 터잡아 마쳐진 자신의 등기의 유효를 주장할 수 없고, 따라서 그 명의의 등기는 실체관계에 부합하여 유효라고 하는 등의 특별한 사정이 없는 한 무효라고 할 것이다. 그리고 위와 같이 등기부상 명의수탁자로부터 소유권이전등기를 이어받은 자의 등기가 무효인 이상, 부동산 등기에 관하여 공신력이 인정되지 아니하는 우리 법제 아래서는 그 무효인 등기에 기초하여 새로운 법률원인으로 이해관계를 맺은 자가 다시 등기를 이어받았다면 그 명의의 등기 역시 특별한 사정이 없는 한 무효임을 면할 수 없다고 할 것이고, 이렇게 명의수탁자와 직접 이해관계를 맺은 것이 아니라 부동산실명법 제4조 제3항에 정한 제3자가 아닌 자와 사이에서 무효인 등기를 기초로 다시 이해관계를 맺은 데 불과한 자는 위 조항이 규정하는 제3자에 해당하지 않는다고 보아야 할 것이다(필자 註 : 이 사건 토지는 원래 피고가 매입하여 등기한 피고의 소유로서 이를 소외 1에게 명의신탁한 것인데, 소외 2가 자신이 실제 소유자라고 주장하면서 소외 1을 상대로 이전등기 소송을 제기하고는 소외 1의 인낙을 받아 그 소유권을 취득하였으므로, 소외 2는 명의수탁자 소외 1이 이 사건 토지의 소유자임을 기초로 소유권을 이어받은 것도 아니고 소외 1과 사이에 새로운 법률원인으로 이해관계를 맺은 것도 아닐 뿐 아니라, 소외 2의 소유권취득은 피고로부터 소유명의를 수탁받은 소외 1의 배임행위에 적극 가담하여 이루어진 반사회적 법률행위에 해당하여, 소외 2는 부동산실명법 제4조 제3항에 정한 제3자에 해당한다고 할 수 없어 소외 2명의의 등기는 무효이고, 나아가 소외 2로부터 이 사건 토지를 증여받은 원고도 무효인 소외 2명의의 등기를 승계하였을 뿐 명의수탁자인 소외 1과 사이에 새로운 이해관계를 맺은 것이 아니어서 역시 위 규정에 정한 제3자에 해당하지 아니하므로 원심이 이 사건 토지에 관한 원고 명의의 등기도 무효라고 판단한 것은, 앞서 본 법리에 따른 것으로 모두 정당하다고 수긍이 가고, 거기에 상고이유에서 지적하는 바와 같이 부동산실명법 제4조 제3항에 정한 제3자에 관한 법리를 오해한 위법이 있다고 할 수 없다고 한 사례).

정답 ②

15. **甲은 2017. 1. 10. 자신이 소유하는 X 부동산을 乙에게 매도하는 계약을 체결하면서 乙로부터 계약금을 수령하였다. 이 매매계약서에 의하면 乙은 중도금을 2017. 2. 10. 지급하고, 잔금은 2017. 3. 10. 소유권이전등기에 필요한 서류와 상환하여 지급하기로 되어 있었다. 이에 관한 설명 중 옳은 것(○)과 옳지 않은 것(×)을 올바르게 조합한 것은? (각 지문은 독립적이며, 다툼이 있는 경우 판례에 의함)**

[18 변호사]

ㄱ. "乙이 중도금을 지급하지 않으면 계약은 자동해제되고 계약금은 甲이 몰취한다."라고 약정한 경우, 乙이 2017. 2. 10.까지 중도금을 지급하지 않았다면 계약은 자동으로 해제된다.
ㄴ. 乙이 2017. 2. 10. 중도금을 지급하려 하였으나 甲이 정당한 사유 없이 그 수령을 거절하였을 뿐만 아니라 계약을 이행하지 아니할 의사를 명백히 표시한 경우, 乙은 2017. 3. 3. 이행을 최고하지 않고 계약을 해제할 수 있다.
ㄷ. "乙이 잔금지급을 지체하면 계약은 자동으로 해제된다."라고 약정한 경우, 乙이 2017. 3. 10.까지 잔금을 지급하지 않았다면 甲이 등기이전에 필요한 서류를 제공하지 않더라도 계약은 자동으로 해제된다.

① ㄱ(○), ㄴ(○), ㄷ(○) ② ㄱ(×), ㄴ(×), ㄷ(○) ③ ㄱ(×), ㄴ(○), ㄷ(×)
④ ㄱ(×), ㄴ(○), ㄷ(○) ⑤ ㄱ(○), ㄴ(○), ㄷ(×)

해설

ㄱ. **(O)** 중도금지급불이행을 실권약관으로 정한 경우의 효과를 묻는 지문이다. 중도금 지급일에 중도금이 지급되지 아니하였다면 다른 특별한 사정이 없는 한 중도금채무불이행이 성립한다. 그 결과 매매계약은 자동적으로 해제된다.
[**대법원** 1991. 8. 13. **선고** 91**다**13717 **판결**] 매매계약에 있어서 매수인이 중도금을 약정한 일자에 지급하지 아니하면 그 계약을 무효로 한다고 하는 특약이 있는 경우 매수인이 약정한대로 중도금을 지급하지 아니하면(해제의 의사표시를 요하지 않고) 그 불이행 자체로써 계약은 그 일자에 자동적으로 해제된 것이라고 보아야 한다.

ㄴ. **(O)** 매도인의 이행거절의사가 명백한 경우에는 매수인은 매도인 채무의 이행기가 도래하기 전에도 최고 없이 계약을 해제할 수 있다.
[**대법원** 2007. 9. 20. **선고** 2005**다**63337 **판결**] 채무자가 채무를 이행하지 아니할 의사를 명백히 표시한 경우에 채권자는 신의성실의 원칙상 이행기 전이라도 이행의 최고 없이 채무자의 이행거절을 이유로 계약을 해제하거나 채무자를 상대로 손해배상을 청구할 수 있고, 채무자가 채무를 이행하지 아니할 의사를 명백히 표시하였는지 여부는 채무 이행에 관한 당사자의 행동과 계약 전·후의 구체적인 사정 등을 종합적으로 살펴서 판단하여야 한다.

ㄷ. **(×)** 잔대금채무 불이행을 실권약관으로 정한 경우의 효력을 묻는 지문이다. 잔대금 지급일에 잔대금 지급이 없었다는 사실만으로는 잔대금지급채무불이행을 인정할 수 없다. 잔대금의 지급과 매도인의 소유권이전등기의무 사이에는 동시이행관계가 있기 때문이다. 매도인의 반대채무 변제제공이 있었을 때에 계약은 자동적으로 해제된다.
[**대법원** 1998. 6. 12. **선고** 98**다**505 **판결**] 부동산 매매계약에 있어서 매수인이 잔대금 지급기일까지 그 대금을 지급하지 못하면 그 계약이 자동적으로 해제된다는 취지의 약정이 있더라도 특별한 사정이 없는 한 매수인의 잔대금 지급의무와 매도인의 소유권이전등기의무는 동시이행의 관계에 있으므로 매도인이 잔대금 지급기일에 소유권이전등기에 필요한 서류를 준비하여 매수인에게 알리는

등 이행의 제공을 하여 매수인으로 하여금 이행지체에 빠지게 하였을 때에 비로소 자동적으로 매매계약이 해제된다고 보아야 하고 매수인이 그 약정 기한을 도과하였더라도 이행지체에 빠진 것이 아니라면 대금 미지급으로 계약이 자동해제된 것으로 볼 수 없다. 정답 ⑤

16. 계약해제에 관한 설명 중 옳은 것은? (다툼이 있는 경우 판례에 의함) [17 변호사]

① 甲이 그 소유건물을 乙에게 매각하는 계약을 체결하고, 乙은 그 건물 일부를 丙에게 분양하는 계약을 체결하였는데, 丙은 분양대금의 일부를 乙의 지시에 따라 甲에게 송금하였다. 乙이 甲에게 매매대금을 지급하지 못하여 丙이 건물을 분양받지 못하자 丙이 乙과의 분양계약을 해제한 경우, 丙은 직접 甲을 상대로 부당이득의 반환을 청구할 수 있다.

② 매매계약의 당사자 사이에 계약해제로 인한 원상회복의무로서 반환할 매매대금에 가산할 이자를 약정하였고 그 약정이율이 법정이율보다 낮은 경우, 위 매매대금 반환의무의 이행지체로 인한 지연손해금에 관하여도 위 약정이율이 적용되어야 한다.

③ 甲이 乙 주택조합을 대리한 丙과 조합가입계약을 체결하고 丙에게 조합원분담금 일부를 송금한 후에 甲이 이행불능을 근거로 조합가입계약을 유효하게 해제한 경우, 丙이 그 해제로 인한 원상회복의무를 부담한다.

④ 부동산 매매계약 해제 시 매매대금 반환의무와 소유권이전등기말소의무가 동시이행관계에 있는지 여부에 관계없이 매도인은 매매대금을 받은 날로부터 법정이자를 가산하여 지급하여야 한다.

⑤ 매매계약의 해제로 인하여 매수인이 반환하여야 할 목적물의 사용이익을 산정함에 있어서 매수인이 투입한 현금자본의 기여분 및 매수인의 영업수완 등 노력으로 인한 운용이익은 원칙적으로 공제하여서는 안 된다.

해 설

① (×) 계약에 따른 급부를 계약상대방의 지시로 제3자에게 한 이후에 계약이 해제된 경우, 원상회복의무의 상대방이 누구인지를 묻는 지문이다. 계약에 따른 급부의 청산은 계약의 당사자 사이에서 이루어져야 하므로 계약의 상대방에 대하여 반환을 청구하여야 한다. 丙은 乙을 상대로 원상회복을 청구하여야 하며, 甲을 상대로 부당이득반환을 청구할 수는 없다.

[**대법원** 2008. 9. 11. **선고** 2006**다**46278 **판결**] 계약의 일방당사자가 상대방의 지시 등으로 상대방과 또 다른 계약관계를 맺고 있는 제3자에게 직접 급부한 경우(이른바 삼각관계에서의 급부가 이루어진 경우), 그 급부로써 급부를 한 당사자의 상대방에 대한 급부가 이루어질 뿐 아니라 그 상대방의 제3자에 대한 급부도 이루어지는 것이므로 계약의 일방당사자는 제3자를 상대로 법률상 원인 없이 급부를 수령하였다는 이유로 부당이득반환청구를 할 수 없다. 이러한 경우에 계약의 일방당사자가 상대방에 대하여 급부를 한 원인관계인 법률관계에 무효 등의 흠이 있다는 이유로 제3자를 상대로 직접 부당이득반환청구를 할 수 있다고 보면 자기 책임하에 체결된 계약에 따른 위험부담을 제3자에게 전가하는 것이 되어 계약법의 원리에 반하는 결과를 초래할 뿐만 아니라 수익자인 제3자가 상대방에 대하여 가지는 항변권 등을 침해하게 되어 부당하기 때문이다. 이와 같이 삼각관계에서의 급부가 이루어진 경우에, 제3자가 급부를 수령함에 있어 계약의 일방당사자가 상대방에 대하여 급부를 한 원인관계인 법률관계에 무효 등의 흠이 있었다는 사실을 알고 있었다 할지라도 계약의 일방당사자는 제3자를 상대로 법률상 원인 없이 급부를 수령하였다는 이유로 부당이득반환청구를 할 수 없다(필자 註 : (ㄱ) 본 판결은 이른바 삼각관계에서의 급부가 이루어진 경우, 부당이득반환관계의 당사자가 누구인가를 판단한 판결이다. 본 사안은 X 재건축조합의 조합원 甲은 재건축조합의 임시총회 및 정산총회의 추가

부담금 납부 결의에 따라 X 재건축조합에 납부하여야 할 추가부담금을 X 재건축조합과 재건축사업공사계약을 체결한 乙에 대한 공사대금으로 직접 지급하였는데, X 재건축조합의 각 결의가 부존재 혹은 무효인 경우 甲이 乙에 대하여 이미 지급한 추가부담금의 반환을 청구할 수 있는가가 문제되고 있는 사안이다. (ㄴ) 원심법원은 甲의 부당이득반환청구를 인용하였는데, 乙이 X 재건축조합과 공동으로 추가부담금을 징수하였고, 乙이 위 총회결의의 하자를 잘 알고 있었다는 점을 근거로 하였다. (ㄷ) 대법원은 甲이 부담하는 추가부담금 납부의무는 X 재건축조합에 대한 것이고, 공사대금지급의무는 X 재건축조합이 乙에 대해서 부담하는 의무이므로 甲의 乙에 대한 급부는 급부과정을 단축한 것으로 평가할 수 있다고 판단하여 추가부담금을 납부의무의 법률상 원인인 총회결의가 부존재이거나 무효인 경우에도 乙은 X 재건축조합 사이의 공사계약에 따른 공사대금 등의 변제로서 추가부담금을 수령한 것이므로 부당이득이라고 할 수 없다고 하여 원심판결을 파기하였다).

② **(×)** 약정이율이 법정이율보다 낮은 경우, 이행지체로 인한 지연손해금의 기준이 되는 이자율을 묻는 지문이다. 최소한 법정이율만큼의 지연손해배상금의 지급을 보장하는 제397조의 취지에 비추어 약정이율이 법정이율보다 낮은 경우에는 법정이율에 따라 지연손해금을 산정한다.

[**대법원** 2013. 4. 26. **선고** 2011**다**50509 **판결**] 계약해제 시 반환할 금전에 가산할 이자에 관하여 당사자 사이에 약정이 있는 경우에는 특별한 사정이 없는 한 이행지체로 인한 지연손해금도 그 약정이율에 의하기로 하였다고 보는 것이 당사자의 의사에 부합한다. 다만 그 약정이율이 법정이율보다 낮은 경우에는 약정이율에 의하지 아니하고 법정이율에 의한 지연손해금을 청구할 수 있다고 봄이 타당하다. 계약해제로 인한 원상회복 시 반환할 금전에 받은 날로부터 가산할 이자의 지급의무를 면제하는 약정이 있는 때에도 그 금전반환의무가 이행지체 상태에 빠진 경우에는 법정이율에 의한 지연손해금을 청구할 수 있는 점과 비교해 볼 때 그렇게 보는 것이 논리와 형평의 원리에 맞기 때문이다.

③ **(×)** 해제로 인한 원상회복의무자를 묻는 지문이다. 甲이 체결한 조합원가입계약의 상대방은 乙 주택조합이므로 乙이 원상회복의무를 부담하고, 乙을 대리한 丙이 원상회복의무를 부담하지는 않는다.

④ **(○)** 해제로 인한 반환할 금전에 가산되는 이자의 법적 성질을 묻는 지문이다. 부당이득반환의무이며, 이행지체로 인한 손해배상의무가 아니므로 동시이행관계에 있는지와 무관하게 받은 날로부터 이자를 가산하여 반환하여야 한다.

[**대법원** 2000. 6. 9. **선고** 2000**다**9123 **판결**] 법정해제권 행사의 경우 당사자 일방이 그 수령한 금전을 반환함에 있어 그 받은 때로부터 법정이자를 부가함을 요하는 것은 민법 제548조 제2항이 규정하는 바로서, 이는 원상회복의 범위에 속하는 것이며 일종의 부당이득반환의 성질을 가지는 것이고 반환의무의 이행지체로 인한 것이 아니므로, 부동산 매매계약이 해제된 경우 매도인의 매매대금 반환의무와 매수인의 소유권이전등기말소등기 절차이행의무가 동시이행의 관계에 있는지 여부와는 관계없이 매도인이 반환하여야 할 매매대금에 대하여는 그 받은 날로부터 민법 소정의 법정이율인 연 5푼의 비율에 의한 법정이자를 부가하여 지급하여야 하고, 이와 같은 법리는 약정된 해제권을 행사하는 경우라 하여 달라지는 것은 아니다.

⑤ **(×)** 해제로 인한 반환의무의 내용인 사용이익에서 운용이익이 공제되어야 하는지를 묻는 지문이다. 목적물로부터 취득한 이익만이 사용이익으로 반환되어야 하고, 수익자의 노력에 의하여 취득한 운용이익은 공제되어야 한다.

[**대법원** 2008. 1. 18. **선고** 2005**다**34711 **판결**] 부당이득반환의 경우 수익자가 반환해야 할 이득의 범위는 손실자가 입은 손해의 범위에 한정되고, 여기서 손실자의 손해는 사회통념상 손실자가 당해 재산으로부터 통상 수익할 수 있을 것으로 예상되는 이익 상당이라 할 것이며, 부당이득한 재산에 수익자의 행위가 개입되어 얻어진 이른바 운용이익의 경우, 그것이 사회통념상 수익자의 행위가 개입되지 아니하였더라도 부당이득된 재산으로부터 손실자가 통상 취득하였으리라고 생각되는 범위 내에서는 반환해야 할 이득의 범위에 포함된다.

정답 ④

17. **甲과 乙은 이행기를 정하여 甲 소유의 X 건물에 대한 매매계약을 체결하였으나, 乙의 잔대금채무에 대한 이행지체를 이유로 甲이 위 매매계약을 해제하려고 한다. 이에 관한 설명 중 옳은 것은? (각 지문은 독립적이며, 다툼이 있는 경우 판례에 의함)** [16 변호사]

① 甲이 상당한 기간을 정하여 乙에게 잔대금의 지급을 최고하고 그 기간 내에 乙이 이행하지 않는 경우에 계약을 해제할 수 있지만, 특별한 사정이 없는 한 甲이 기간을 정하지 않고 최고하더라도 상당한 기간이 경과한 때에는 甲의 해제권이 인정된다.

② 위 매매계약에서 다른 약정 없이 '乙이 잔대금을 지급하지 아니한 상태로 지급기일을 경과하면 매매계약 자체가 자동적으로 해제된다'는 취지의 약정이 있는 경우에는 甲이 자신의 채무에 대한 이행제공을 통하여 乙을 이행지체에 빠뜨리지 않더라도 잔대금 지급기일의 경과만으로 위 매매계약은 자동 해제된 것으로 볼 수 있다.

③ 甲은 계약해제 전에 그 해제와 양립되지 아니하는 법률관계를 가진 丙에 대해서는 계약의 해제에 따른 법률효과를 주장할 수 없으나, 丙이 그 계약의 해제 전에 해제 가능성이 있다는 것을 알았거나 알 수 있었던 경우에는 해제의 효과를 주장할 수 있다.

④ 위 매매계약의 해제 전에 乙이 X 건물을 사용함으로써 이익을 얻은 경우, 甲이 매매계약의 해제 후 乙에 대한 원상회복을 청구할 때 乙이 취득한 사용이익의 반환을 함께 청구할 수는 없다.

⑤ 甲이 채무불이행을 이유로 매매계약을 해제하고 손해배상을 청구하는 경우에는 그 매매계약의 이행으로 인하여 甲이 얻을 이익, 즉 이행이익의 배상을 청구하는 것이 원칙이나, 신뢰이익이 이행이익보다 큰 경우 신뢰이익의 배상을 구할 수 있다.

해설

① **(O)** 상당한 기간을 정하지 아니한 최고에 의해서도 해제권이 발생하는지를 묻는 지문이다. 객관적으로 상당한 기간이 경과한 때에 해제권이 발생한다는 것이 판례의 태도이다.

[**대법원** 1994. 11. 25. **선고** 94**다**35930 **판결**] 이행지체를 이유로 계약을 해제함에 있어서 그 전제요건인 이행의 최고는 반드시 미리 일정기간을 명시하여 최고하여야 하는 것은 아니며 최고한 때로부터 상당한 기간이 경과하면 해제권이 발생한다고 할 것이고, 매도인이 매수인에게 중도금을 지급하지 아니하였으니 매매계약을 해제하겠다는 통고를 한 때에는 이로써 중도금 지급의 최고가 있었다고 보아야 하며, 그로부터 상당한 기간이 경과하도록 매수인이 중도금을 지급하지 아니하였다면 매도인은 매매계약을 해제할 수 있다.

② **(×)** 잔대금 지급불이행을 자동해제사유로 정한 경우, 잔대금 지급기일의 경과만으로 계약이 해제되는 것인지를 묻는 지문이다. 매수인의 잔대금지급채무불이행이 성립하여야 하므로 매수인의 동시이행항변권이 배제되어야 한다. 따라서 매도인의 반대채무의 변제제공이 있었어야 한다.

[**대법원** 1998. 6. 12. **선고** 98**다**505 **판결**] 부동산 매매계약에 있어서 매수인이 잔대금 지급기일까지 그 대금을 지급하지 못하면 그 계약이 자동적으로 해제된다는 취지의 약정이 있더라도 특별한 사정이 없는 한 매수인의 잔대금 지급의무와 매도인의 소유권이전등기의무는 동시이행의 관계에 있으므로 매도인이 잔대금 지급기일에 소유권이전등기에 필요한 서류를 준비하여 매수인에게 알리는 등 이행의 제공을 하여 매수인으로 하여금 이행지체에 빠지게 하였을 때에 비로소 자동적으로 매매계약이 해제된다고 보아야 하고 매수인이 그 약정 기한을 도과하였더라도 이행지체에 빠진 것이 아니라면 대금 미지급으로 계약이 자동해제된 것으로 볼 수 없다.

③ **(×)** 해제로부터 보호되는 제3자를 묻는 지문이다. 해제 전에 해제와 양립되지 아니한 법률관계를 가진 자는 선의, 악의를 불문하고 해제로부터 보호된다. 그러나 해제 후에 해제와 양립되지 아니한

법률관계를 가진 자는 해제사실을 모르는 제3자만이 해제로부터 보호된다.
[**대법원** 2010. 12. 23. **선고** 2008**다**57746 **판결**] 계약당사자의 일방이 계약을 해제한 경우 그 계약의 해제 전에 그 해제와 양립되지 아니하는 법률관계를 가진 제3자에 대하여는 계약의 해제에 따른 법률효과를 주장할 수 없고, 이는 제3자가 그 계약의 해제 전에 계약이 해제될 가능성이 있다는 것을 알았거나 알 수 있었다 하더라도 달라지지 아니한다.

④ **(×)** 해제로 인한 원상회복의 범위를 묻는 지문이다. 사용이익도 원상회복의 범위에 포함된다는 것이 판례의 태도이다.
[**대법원** 2000. 2. 25. **선고** 97**다**30066 **판결**] 매매계약이 해제된 경우 매수인이 매매목적물을 이용하였다면 그 사용으로 인한 이익을 반환하여야 할 것이지만, 양도목적물 등이 양수인에 의하여 사용됨으로 인하여 감가 내지 소모가 되는 요인이 발생하였다 하더라도 그것을 훼손으로 볼 수 없는 한 별도로 감가비 상당액을 원상회복으로 반환하여야 할 의무가 있다고 볼 수는 없다.

⑤ **(×)** 해제로 인한 손해배상의 내용을 묻는 지문이다. 이행이익의 배상에 갈음하는 신뢰이익의 손해배상이 가능하더라도 그 범위는 이행이익의 범위를 초과할 수 없다.
[**대법원** 2007. 1. 25. **선고** 2004**다**51825 **판결**] 채무불이행을 이유로 계약해제와 아울러 손해배상을 청구하는 경우 그 계약이행으로 인하여 채권자가 얻을 이익 즉 이행이익의 배상을 구하는 것이 원칙이고, 다만 일정한 경우에는 그 계약이 이행되리라고 믿고 채권자가 지출한 비용 즉 신뢰이익의 배상도 구할 수 있는 것이지만, 중복배상 및 과잉배상 금지원칙에 비추어 그 신뢰이익은 이행이익에 갈음하여서만 구할 수 있고, 그 범위도 이행이익을 초과할 수 없다. 정답 ①

18. **甲은 甲 소유인 X 토지를 乙에게 매도하는 매매계약을 체결하고, 계약금과 중도금을 지급받은 뒤 X 토지에 대한 소유권이전등기를 乙 명의로 경료해주었다. 그 후 乙이 잔금을 지급하기 전에 甲과 乙이 합의하여 위 매매계약을 해제하고자 할 경우, 다음 설명 중 옳지 않은 것은? (각 지문은 독립적이고, 다툼이 있는 경우 판례에 의함)** [15 변호사]

① 甲이 해제권의 발생 여부에 관계없이 위 매매계약의 효력을 소멸시켜 당초부터 계약이 체결되지 않았던 것과 같은 상태로 복귀시킬 것을 내용으로 하는 새로운 청약을 하고 乙이 이에 승낙하면 위 매매계약은 해제된다.
② 甲과 乙이 위 매매계약을 해제하기로 합의한 경우, 특별한 약정이 없다면 甲이 乙에게 반환하여야 할 금전에 대하여는 乙로부터 지급받은 다음 날부터 이자를 가산하여 지급하여야 한다.
③ 甲과 乙이 위 매매계약을 해제하기로 합의하기 전에 乙로부터 X 토지를 매수한 丙은 자신의 명의로 소유권이전등기가 경료되었다면 보호될 수 있다.
④ 甲이 乙에게 위 매매계약의 해제에 따른 원상회복 및 손해배상에 관한 조건을 제시한 경우, 그 조건에 대한 합의까지 이루어져야 합의해제가 성립된다.
⑤ 甲이 잔금지급 기일의 경과 후 계약해제를 주장하면서 이미 지급받은 계약금과 중도금의 반환으로 이를 공탁하고 乙이 아무런 이의 없이 그 공탁금을 수령한 경우에는 특단의 사정이 없는 한 합의해제된 것으로 본다.

해설

① **(O)** 합의해제의 요건을 묻는 지문이다. 합의해제는 해제권의 존부와 무관하게 계약당사자 쌍방이 계약의 효력을 소급하여 소멸시키는 합의에 의하여 성립한다.

[**대법원** 2011. 2. 10. **선고** 2010**다**77385 **판결**] 계약의 합의해제 또는 해제계약은 해제권의 유무를 불문하고 계약당사자 쌍방이 합의에 의하여 기존 계약의 효력을 소멸시켜 당초부터 계약이 체결되지 않았던 것과 같은 상태로 복귀시킬 것을 내용으로 하는 새로운 계약으로서, 계약이 합의해제되기 위하여는 계약의 성립과 마찬가지로 계약의 청약과 승낙이라는 서로 대립하는 의사표시가 합치될 것(합의)을 요건으로 하는바, 이와 같은 합의가 성립하기 위하여는 쌍방당사자의 표시행위에 나타난 의사의 내용이 객관적으로 일치하여야 한다. 그리고 계약의 합의해제는 명시적으로뿐만 아니라 당사자 쌍방의 묵시적인 합의에 의하여도 할 수 있으나, 묵시적인 합의해제를 한 것으로 인정되려면 계약이 체결되어 그 일부가 이행된 상태에서 당사자 쌍방이 장기간에 걸쳐 나머지 의무를 이행하지 아니함으로써 이를 방치한 것만으로는 부족하고, 당사자 쌍방에게 계약을 실현할 의사가 없거나 계약을 포기할 의사가 있다고 볼 수 있을 정도에 이르러야 한다. 이 경우에 당사자 쌍방이 계약을 실현할 의사가 없거나 포기할 의사가 있었는지 여부는 계약이 체결된 후의 여러 가지 사정을 종합적으로 고려하여 판단하여야 한다(필자 註 : 甲이 乙로부터 토지와 건물의 소유권을 이전받는 대가로 토지에 설정된 근저당권의 피담보채무 등을 인수하기로 약정을 하였으나, 乙이 토지에 관하여 丙 명의로 소유권이전등기청구권가등기를 경료한 채 위 약정에 따른 소유권이전등기를 지체하자 甲이 토지에 관한 가압류를 신청한 사안에서, 甲과 乙 사이에 약정을 해제하기로 하는 합의가 성립하였다거나 甲에게 계약을 실현할 의사가 없거나 계약을 포기할 의사가 있다고 볼 수 없고, 또한 가압류신청 전후의 여러 사정을 감안하면 가압류신청서를 제출한 사실만으로 甲의 이행거절의사가 명백하고 종국적으로 표시되었다고 단정하기도 어려우므로, 위 약정이 합의해제되었다거나 甲의 이행거절로 해제되었다고 볼 수 없다고 한 사례).

② **(×)** 합의해제에 의하여 반환할 금전에 이자를 가산하여야 하는지를 묻는 지문이다. 해제로 인하여 반환할 금전에 이자를 가산하여야 하는 것과 달리 합의해제의 경우에는 다른 약정이 없는 한 이자를 가산할 필요가 없다.

[**대법원** 1996. 7. 30. **선고** 95**다**16011 **판결**] 합의해제 또는 해제계약이라 함은 해제권의 유무에 불구하고 계약 당사자 쌍방이 합의에 의하여 기존의 계약의 효력을 소멸시켜 당초부터 계약이 체결되지 않았던 것과 같은 상태로 복귀시킬 것을 내용으로 하는 새로운 계약으로서, 그 효력은 그 합의의 내용에 의하여 결정되고 여기에는 해제에 관한 민법 제548조 제2항의 규정은 적용되지 아니하므로, 당사자 사이에 약정이 없는 이상 합의해제로 인하여 반환할 금전에 그 받은 날로부터의 이자를 가하여야 할 의무가 있는 것은 아니다.

③ **(○)** 합의해제로 제3자의 권리를 침해할 수 없는지를 묻는 지문이다. 해제로 제3자의 권리를 침해할 수 없다는 제548조 제1항 단서는 합의해제에도 적용된다는 것이 대법원의 입장이다. 따라서 합의해제 전에 계약을 기초로 완전한 권리를 취득한 제3자는 합의해제에도 불구하고 그 권리를 보유할 수 있다.

[**대법원** 2004. 7. 8. **선고** 2002**다**73203 **판결**] 상속재산 분할협의가 합의해제되면 그 협의에 따른 이행으로 변동이 생겼던 물권은 당연히 그 분할협의가 없었던 원상태로 복귀하지만, 민법 제548조 제1항 단서의 규정상 이러한 합의해제를 가지고서는, 그 해제 전의 분할협의로부터 생긴 법률효과를 기초로 하여 새로운 이해관계를 가지게 되고 등기·인도 등으로 완전한 권리를 취득한 제3자의 권리를 해하지 못한다(필자 註 : 이 사건 토지가 원래 소외 이창순의 소유였는데, 이창순이 1995. 10. 13. 사망한 다음, 그 장남인 소외 최광수가 1996. 1. 30. 나머지 공동상속인들인 원고들의 동의 없이, 소외 경신건설주식회사의 피고에 대한 차용금반환채무를 담보하기 위하여 망 이창순의 명의로 피고에게 각 근저당권설정등기를 마쳐준 사실, 그 후 최광수와 원고들은 1999. 1. 19. 과 같은 달 21. 이 사건 토지 등을 최광수가 단독 상속하기로 하는 내용의 상속재산 분할협의를 하였다가, 다시 1999. 2. 일자 불상경 위 분할협의의 내용에 "최광수가 1999. 7. 20. 까지 상속세, 상속관련 채무를 모두 변제하는 것"을 협의의 정지조건으로 추가하는 내용의 새로운 분할협의를 하였는데, 최광수가 위에서 정한 기한 내에 이를 이행하지 못한 사실을 인정하였는 바, 이들 사실을 앞서 본 법리에 비추어 살펴보면, 위 당초의 상속재산 분할협의의 소급효(민법 제1015조 본문)에 의하여 피고 명의의 이 사건 근저당권설정등기는 상속개시 당초부터 적법한 것으로서 실체관계에 부합하는 등기가 되었고,

그 후 원고들과 최광수 사이에 이루어진 새로운 분할협의에 의하여 당초의 분할협의는 적법하게 합의해제되었으며, 위 새로운 분할협의는 그 정지조건이 성취되지 아니하여 결국 실효되었지만, 당초의 분할협의에 의하여 이 사건 토지에 관하여 완전한 근저당권을 취득한 피고는 그 분할협의로부터 생긴 법률효과를 기초로 하여 합의해제되기 전에 새로운 이해관계를 가진 자에 해당한다고 봄이 상당하므로, 원고들로서는 당초의 분할협의의 합의해제에 해당하는 새로운 분할협의를 내세워 피고의 위 권리를 해하지 못한다고 할 것이라고 판단한 사례).

④ **(O)** 합의해제가 성립하기 위해서는 일방이 제시한 합의해제에 따른 원상회복 및 손해배상에 관한 조건에 관해서도 합의가 성립하여야 한다는 것이 대법원의 입장이다.

[**대법원** 2011. 4. 28. **선고** 2010**다**98412·98429 **판결**] 당사자 사이의 합의로 성립한 계약을 합의해제하기 위하여서는 계약이 성립하는 경우와 마찬가지로 기존 계약의 효력을 소멸시키기로 하는 내용의 해제계약의 청약과 승낙이라는 서로 대립하는 의사표시가 합치될 것을 그 요건으로 하며, 이러한 합의가 성립하기 위하여는 쌍방 당사자의 표시행위에 나타난 의사의 내용이 서로 객관적으로 일치하여야 한다. 그리고 계약의 합의해제는 묵시적으로 이루어질 수도 있으나, 계약이 묵시적으로 합의해제 되었다고 하려면 계약의 성립 후에 당사자 쌍방의 계약실현의사의 결여 또는 포기로 인하여 당사자 쌍방의 계약을 실현하지 아니할 의사가 일치되어야만 하고, 계약이 일부 이행된 경우에는 그 원상회복에 관하여도 의사가 일치되어야 할 것이다(필자 註 : 甲이 乙의 중개로 丙의 대리인인 丁과, 丙 명의로 리스된 승용차에 관하여 甲이 대금을 지급하고 리스계약자 지위를 승계받기로 하는 계약을 체결하고 승용차를 인도받았으나, 甲이 乙에게 해제의 의사표시를 하였고 甲이 승용차를 인도받아 사용한 기간 동안의 사용료로 얼마를 공제할 것인지에 관한 정산문제로 의견을 교환하던 중 '丁이 요구하는 금액의 사용료를 공제하여도 좋으니 승용차를 丁에게 갖다 주라.'고 하면서 승용차를 乙에게 인도한 사안에서, 甲이 계약 체결에 관한 중개역할을 담당하였음에 불과한 乙에게 위와 같이 말하면서 승용차를 乙에게 일방적으로 인도한 것만으로 계약이 묵시적으로 합의해제 되었고 그에 따른 甲의 원상회복의무도 이행 완료되었다고 보기는 어렵다고 한 사례).

⑤ **(O)** 계약의 일방이 해제를 주장하면서 지급받은 계약금과 중도금을 공탁하였는데, 상대방이 이를 이의유보 없이 수령한 때에는 일방의 주장을 수용한 것으로 보아 합의해제의 성립을 인정할 수 있다는 것이 대법원의 입장이다.

[**대법원** 2002. 1. 25. **선고** 2001**다**63575 **판결**] 계약이 합의해제되기 위하여는 일반적으로 계약이 성립하는 경우와 마찬가지로 계약의 청약과 승낙이라는 서로 대립하는 의사표시가 합치될 것을 그 요건으로 하는 것이지만, 계약의 합의해제는 명시적인 경우뿐만 아니라 묵시적으로도 이루어질 수 있는 것이므로 계약 후 당사자 쌍방의 계약 실현 의사의 결여 또는 포기가 쌍방 당사자의 표시행위에 나타난 의사의 내용에 의하여 객관적으로 일치하는 경우에는, 그 계약은 계약을 실현하지 아니할 당사자 쌍방의 의사가 일치됨으로써 묵시적으로 해제되었다고 해석함이 상당하다(필자 註 : 부동산 매수인이 매도인으로부터 계약해제에 따른 기지급 매매대금의 정산금을 반환받음에 있어서 매도인에 대하여 이의를 유보하는 의사표시는 반드시 명시적으로 하여야 하는 것은 아니고 묵시적으로도 이의를 유보할 수 있으나, 매수인이 명시적인 이의유보 없이 매도인이 제공하는 계약해제에 따른 정산금을 수령하였다면, 당시 매수인이 계약해제의 효력을 인정하지 아니하고 이를 다투고 있었다고 볼 수 있는 객관적인 사정이 있었다거나, 그 외에 상당한 이유가 있는 상황에서 위 정산금을 수령하였다는 등의 특별한 사정이 없는 한, 이는 매도인이 주장한 계약해제 사유 및 그 매매대금 정산액을 인정한 것으로 보아야 한다는 점을 이유로 묵시적 합의해제를 인정한 사례).

정답 ②

19. **계약의 해제에 관한 설명 중 옳지 않은 것은? (다툼이 있는 경우에는 판례에 의함)** [13 변호사]

① 당사자 일방이 계약을 해제한 때에는 각 당사자는 그 상대방에 대하여 원상회복의무가 있고, 반환할 금전에는 그 받은 날로부터 이자를 가하여야 한다.

② 甲이 乙에게 X 토지를 매도하였다가 대금을 지급받지 못하여 그 매매계약을 해제한 경우, 乙로부터 X 토지 위에 신축된 건물을 매수한 丙은 위 계약해제로 권리를 침해당하지 않을 제3자에 해당하지 않는다.

③ 매도인이 매수인의 중도금 지급채무 불이행을 이유로 매매계약을 적법하게 해제한 경우라도 매수인은 착오를 이유로 한 취소권을 행사하여 위 매매계약 전체를 무효로 돌릴 수 있다.

④ 매도인 丁과 매수인 戊 사이의 매매계약 체결 후 매매목적물의 시가 상승을 예상한 丁이 戊에게 금액 제시 없이 매매대금의 증액요청을 하였고, 이에 대하여 戊가 확답하지 않은 상태에서 이행기 전 이행착수금지 특약이 없다는 이유로 중도금을 이행기 전에 제공한 경우, 丁은 계약금의 배액을 공탁하여 해제권을 행사할 수 있다.

⑤ 매수인이 중도금 지급채무를 불이행하여 매도인이 그 이행을 최고한 경우, 그 최고가 약정된 금액보다 현저하게 과다하고, 청구한 금액을 제공하지 않으면 그것을 수령하지 않을 것이라는 매도인의 의사가 분명하다면, 위와 같은 최고에 터잡은 매도인의 계약해제는 효력이 없다.

해 설

① **(O)** 계약해제로 인한 원상회복의무의 내용을 묻는 지문이다. 제548조의 조문 내용이다.

② **(O)** 토지매매가 해제된 경우, 그 토지 위의 신축건물 매수인이 해제로부터 보호되는 제3자에 해당하는지를 묻는 지문이다. 신축건물 매수인은 해제된 계약상 목적물인 토지 자체에 관하여 이해관계를 가진 자가 아니다. 따라서 해제로부터 보호되는 제3자에 해당하지 않는다.

[**대법원** 1991. 5. 28. **선고** 90**다카**16761 **판결**] 계약당사자의 일방이 계약을 해제하여도 제3자의 권리를 침해할 수 없지만, 여기에서 그 제3자는 계약의 목적물에 관하여 권리를 취득하고 또 이를 가지고 계약당사자에게 대항할 수 있는 자를 말하므로, 토지를 매도하였다가 대금지급을 받지 못하여 그 매매계약을 해제한 경우에 있어 그 토지 위에 신축된 건물의 매수인은 위 계약해제로 권리를 침해당하지 않을 제3자에 해당하지 아니한다.

③ **(O)** 해제된 계약을 착오를 이유로 취소할 수 있는지를 묻는 지문이다. 채무불이행을 이유로 계약이 해제되더라도 채무불이행으로 인한 손해배상책임은 여전히 존속한다(제551조). 따라서 해제의 상대방이 채무불이행으로 인한 손해배상책임을 면하기 위하여 해제된 계약을 착오를 이유로 취소하는 것은 가능하다.

[**대법원** 1996. 12. 6. **선고** 95**다**24982·24999 **판결**] 매도인이 매수인의 중도금지급채무 불이행을 이유로 매매계약을 적법하게 해제한 후라도 매수인으로서는 상대방이 한 계약해제의 효과로서 발생하는 손해배상책임을 지거나 매매계약에 따른 계약금의 반환을 받을 수 없는 불이익을 면하기 위하여 착오를 이유로 한 취소권을 행사하여 매매계약 전체를 무효로 돌리게 할 수 있다.

④ **(×)** 이행기 전의 이행으로 인하여 해약금 해제권이 소멸하는지를 묻는 지문이다. 해약금 해제권은 당사자 일방이 이행에 착수하기 전에만 가능하다. 당사자 일방이 이행에 착수하면 각 당사자의 해약금 해제권은 소멸한다. 매수인이 중도금 지급시기 전에 중도금을 지급하여 이행에 착수한 경우에도 이행기 전 이행착수금지 특약이 없다면 매수인의 이행의 착수를 부적법하다고 할 수 없고, 그에 의하여 각 당사자의 해약금 해제권은 소멸한다. 비록 매도인 丁이 대금증액을 요청하였다고 하더라도 이를

해약금 해제의 의사표시로 볼 수 없고, 매수인 戊의 이행기 전 변제가 금지되지도 않으므로 매수인 戊의 이행기 전 중도금의 이행제공에 의하여 이행착수가 이루어졌기 때문에 매도인 丁은 해약금 해제권을 행사할 수 없다.

[**대법원** 2006. 2. 10. **선고** 2004**다**11599 **판결**] 민법 제565조가 해제권 행사의 시기를 당사자의 일방이 이행에 착수할 때까지로 제한한 것은 당사자의 일방이 이미 이행에 착수한 때에는 그 당사자는 그에 필요한 비용을 지출하였을 것이고, 또 그 당사자는 계약이 이행될 것으로 기대하고 있는데 만일 이러한 단계에서 상대방으로부터 계약이 해제된다면 예측하지 못한 손해를 입게 될 우려가 있으므로 이를 방지하고자 함에 있고, 이행기의 약정이 있는 경우라 하더라도 당사자가 채무의 이행기 전에는 착수하지 아니하기로 하는 특약을 하는 등 특별한 사정이 없는 한 이행기 전에 이행에 착수할 수 있다(필자 註 : 매매계약의 체결 이후 시가 상승이 예상되자 매도인이 구두로 구체적인 금액의 제시 없이 매매대금의 증액요청을 하였고, 매수인은 이에 대하여 확답하지 않은 상태에서 중도금을 이행기 전에 제공하였는데, 그 이후 매도인이 계약금의 배액을 공탁하여 해제권을 행사한 사안에서, 시가 상승만으로 매매계약의 기초적 사실관계가 변경되었다고 볼 수 없어 '매도인을 당초의 계약에 구속시키는 것이 특히 불공평하다'거나 '매수인에게 계약내용 변경요청의 상당성이 인정된다'고 할 수 없고, 이행기 전의 이행의 착수가 허용되어서는 안 될 만한 불가피한 사정이 있는 것도 아니므로 매도인은 위의 해제권을 행사할 수 없다고 한 원심의 판단을 수긍한 사례).

⑤ **(O)** 과다최고로 인하여 해제권이 발생하는지를 묻는 지문이다. 과다최고는 원칙적으로 부적법한 최고이고, 과다최고로 인하여 해제권이 발생하지 않는다. 따라서 과다최고에 터잡은 매도인의 계약해제는 효력이 없다. 다만, 과다최고의 진의가 본래의 급부를 청구하는 취지라면 과다최고를 부적법하다고 할 수 없고, 본래 급부하여야 할 범위에서 해제권이 발생한다. 지문에서는 과다한 최고의 진의가 본래의 급부를 청구하는 취지가 아니므로 과다최고에 기초한 계약해제는 효력이 없다.

[**대법원** 1995. 9. 15. **선고** 94**다**54894 **판결**] 채권자의 이행최고가 본래 이행하여야 할 채무액을 초과하는 경우에도 본래 급부하여야 할 수량과의 차이가 비교적 적거나 채권자가 급부의 수량을 잘못 알고 과다한 최고를 한 것으로서 과다하게 최고한 진의가 본래의 급부를 청구하는 취지라면, 그 최고는 본래 급부하여야 할 수량의 범위 내에서 유효하다고 할 것이나, 그 과다한 정도가 현저하고 채권자가 청구한 금액을 제공하지 않으면 그것을 수령하지 않을 것이라는 의사가 분명한 경우에는 그 최고는 부적법하고 이러한 최고에 터잡은 계약의 해제는 그 효력이 없다. 정답 ④

20. 甲은 乙에게 자기 소유의 X 부동산을 매도하는 매매계약을 乙과 체결하였다. 이에 관한 설명 중 옳은 것은? (각 지문은 독립적이며, 다툼이 있는 경우 판례에 의함) [25 변호사]

① 甲과 乙이 합의하여 계약을 해제한 경우라도 甲은 특별한 사정이 없는 한 乙의 채무불이행을 이유로 손해배상을 청구할 수 있다.

② 甲이 乙에게 X 부동산을 인도하고 소유권이전등기를 마쳐 주었지만 乙이 甲에게 잔금을 지급하지 못하던 중, 甲과 乙은 합의하여 계약을 해제하였다. 합의해제 후 乙이 丙에게 X 부동산을 매도하고 소유권이전등기까지 마쳐 주었다면, 丙은 합의해제 사실을 알았더라도 「민법」 제548조 제1항 단서의 제3자에 해당한다.

③ 乙의 채권자 丁이 乙의 甲에 대한 X 부동산의 소유권이전등기청구권을 가압류한 이후에도 甲은 乙의 채무불이행을 이유로 매매계약을 해제할 수 있지만, 계약이 해제되기 전에 丁이 가압류에 이어 위 소유권이전등기청구권을 압류한 경우에는 압류채권자로서 「민법」 제548조 제1항 단서의 제3자에 해당한다.

④ 甲이 X 부동산을 丙에게 매도하고 소유권이전등기를 마쳐 주자 乙은 甲의 소유권이전등기의무가 이행불능되었다는 이유로 甲에 대하여 계약의 해제와 함께 원상회복을 청구하였다. 만약 乙이 해제의 의사표시를 할 당시 이미 乙의 甲에 대한 소유권이전등기청구권의 소멸시효가 완성된 상태라면 위 이행불능 시점이 소유권이전등기청구권의 시효완성 전이라고 하더라도 乙의 해제권과 원상회복청구권은 원칙적으로 인정될 수 없다.

⑤ 乙이 매매대금을 지급한 후 甲의 귀책사유로 소유권이전등기의무가 이행불능되었고, 乙이 1주일 후 甲의 채무불이행을 이유로 계약을 해제한 경우, 그 계약의 해제로 인한 원상회복청구권의 소멸시효는 해제권 발생 시부터 진행한다.

해설

① **(×)** 판례는 합의해제시에 손해배상에 관한 특약이 없는 한 채무불이행으로 인한 손해배상을 청구할 수 없고, 합의로 정해야 한다고 본다(86다카1147).

② **(×)** 판례는 계약의 해제는 제3자의 권리를 해하지 못하는데(제548조 1항 단서), 이것은 합의해제의 경우에도 적용된다고 본다(91다2601). 판례는 '해제의 의사표시가 있은 후라도 그 등기 등을 말소하지 않은 동안'에 새로운 권리를 취득하게 된 '선의'의 제3자도 포함하나, 합의해제 후 악의의 제3자는 보호되는 제3자에 포함되지 않는다고 본다(84다카130). 따라서 丙은 합의해제 사실을 알았다면 「민법」 제548조 제1항 단서의 제3자에 해당하지 않는다.

③ **(×)** 판례는 제548조 제1항 단서의 「제3자」란 '그 해제된 계약으로부터 생긴 법률적 효과를 기초로 하여 실질적으로 새로운 법률상 이해관계를 가졌을 뿐 아니라, 등기·인도 등으로 완전한 권리를 취득한 자'를 말한다고 본다(2002다33502). 따라서 매도인이 소유권이전등기청구권에 대한 (가)압류명령에 위반하여 매수인에게 소유권이전등기를 경료한 후, 매수인의 대금지급의무의 불이행을 이유로 매매계약을 해제한 경우, 해제의 소급효로 인하여 매수인의 매도인에 대한 소유권이전등기청구권이 소급적으로 소멸함에 따라 이에 터 잡은 압류명령의 효력도 실효되는 이상 압류채권자는 처음부터 아무런 권리를 갖지 아니한 것과 마찬가지 상태가 되므로 제548조 제1항 단서의 제3자에 해당되지 않는다고 본다(99다51685).

④ **(○)** 판례는 민법 제167조는 "소멸시효는 그 기산일에 소급하여 효력이 생긴다."라고 정한다. 본래 채권이 시효로 인하여 소멸하였다면 그 채권은 그 기산일에 소급하여 더는 존재하지 않는 것이 되어 채권자는 그 권리의 이행을 구할 수 없는 것이고, 이와 같이 본래 채권이 유효하게 존속하지 않는 이상 본래 채무의 불이행을 이유로 계약을 해제할 수 없다고 보아야 한다. 결국 채무불이행에 따른 해제의 의사표시 당시에 이미 채무불이행의 대상이 되는 본래 채권이 시효가 완성되어 소멸하였다면, 채무자가 소멸시효의 완성을 주장하는 것이 신의성실의 원칙에 반하여 허용될 수 없다는 등의 특별한 사정이 없는 한, 채권자는 채무불이행 시점이 본래 채권의 시효 완성 전인지 후인지를 불문하고 그 채무불이행을 이유로 한 해제권 및 이에 기한 원상회복청구권을 행사할 수 없다고 본다(2019다204593).

⑤ **(×)** 판례는 해제에 따른 원상회복청구권은 소유권에 기초한 것을 제외하고는 소멸시효에 걸린다. 그 기산점은 해제권이 발생한 때가 아니고, 해제를 한 때, 즉 원상회복청구권이 발생한 때라고 본다(2009다63267).

정답 ④

제2절 양도계약

I. 매매의 성립

1. **甲은 2021. 1. 7. 본인 소유의 X토지를 乙에게 1억 원에 매도하는 매매계약을 체결하였는데, 계약금 1,000만 원 중 300만 원은 계약 당일 지급받았고, 나머지 계약금 700만 원은 2021. 1. 11., 중도금 2,000만 원은 2021. 3. 7. 각 지급받으며, 잔금 7,000만 원은 2021. 6. 7. 소유권이전등기에 필요한 서류를 乙에게 교부함과 동시에 지급받기로 약정하였다. 이에 관한 설명 중 옳은 것은? (다툼이 있는 경우 판례에 의함)** [21 변호사]

① 甲은 2021. 1. 8. 乙에게 계약해제의 의사표시를 함과 동시에 600만 원을 지급함으로써 매매계약을 해제할 수 있다.

② 乙이 약정기일에 매매대금을 전부 지급하였지만 甲으로부터 X토지를 인도받지 못한 경우, 乙은 X토지로부터 발생하는 과실을 수취할 권리를 가진다.

③ 甲의 잔금지급청구권과 乙의 소유권이전등기청구권이 동시이행의 관계에 있는 동안에는 잔금지급청구권의 소멸시효가 진행하지 않는다.

④ X토지에 관한 매매계약을 체결한 후 乙 앞으로 소유권이전등기를 마치기 전에 乙로부터 X토지를 다시 매수한 丙의 처분금지가처분신청으로 X토지에 관하여 가처분등기가 이루어진 상태에서 甲과 乙 사이의 매매계약이 해제된 경우, 가처분등기의 말소와 甲의 대금반환의무는 동시이행의 관계에 있다.

⑤ 乙이 소유권이전등기를 마치기 전에 매매계약의 이행으로 X토지를 인도받아 점유·사용하는 경우, 甲은 乙에 대하여 임료 상당의 부당이득반환을 청구할 수 있다.

해 설

① **(×)** 약정계약금의 일부만을 지급받은 경우, 계약금수령자가 지급받은 계약금의 배액을 상환하여 매매계약을 해제할 수 있는지를 묻는 지문이다. 계약금계약은 요물계약으로 약정계약금 전액이 지급되었을 때에 해약금해제권이 발생한다. 약정계약금 중 일부만이 교부된 때에 수령자가 해약금해제를 위해서는 약정계약금을 모두 수령하였음을 전제로 해약금해제를 하여야 한다. 따라서 지급받은 계약금과 약정계약금을 합한 금액을 제공하고 해제할 수 있다. 지급받은 계약금의 배액을 제공하고 계약을 해제할 수는 없다.

[**대법원** 2015. 4. 23. **선고** 2014**다**231378 **판결**] 매도인이 '계약금 일부만 지급된 경우 지급받은 금원의 배액을 상환하고 매매계약을 해제할 수 있다'고 주장한 사안에서, '실제 교부받은 계약금'의 배액만을 상환하여 매매계약을 해제할 수 있다면 이는 당사자가 일정한 금액을 계약금으로 정한 의사에 반하게 될 뿐 아니라, 교부받은 금원이 소액일 경우에는 사실상 계약을 자유로이 해제할 수 있어 계약의 구속력이 약화되는 결과가 되어 부당하기 때문에, 계약금 일부만 지급된 경우 수령자가 매매계약을 해제할 수 있다고 하더라도 해약금의 기준이 되는 금원은 '실제 교부받은 계약금'이 아니라 '약정 계약금'이라고 봄이 타당하므로, 매도인이 계약금의 일부로서 지급받은 금원의 배액을 상환하는 것으로는 매매계약을 해제할 수 없다고 한 사례.

② **(○)** 매매대금 완납에도 인도되지 아니한 매매목적물의 과실이 누구에게 귀속되어야 하는지를 묻는 지문이다. 제587조에 따르면 인도되지 아니한 매매목적물의 과실은 매도인에게 속한다. 그러나 제587조는 매매대금이 완제되지 않음을 전제로 하는 규정이며, 매매대금이 모두 지급된 때에는 인도되지 아니한

목적물의 과실이 매수인에게 속하여야 한다.

[**대법원** 1993. 11. 9. **선고** 93**다**28928 **판결**] 특별한 사정이 없는 한 매매계약이 있은 후에도 인도하지 아니한 목적물로부터 생긴 과실은 매도인에게 속하나, 매매목적물의 인도 전이라도 매수인이 매매대금을 완납한 때에는 그 이후의 과실수취권은 매수인에게 귀속된다.

③ **(×)** 동시이행항변권에 대항을 받는 채권도 권리행사에 장애가 있다고 볼 수 없다. 채권자가 반대채무를 제공하기만 하면 채무자의 항변을 소멸시킬 수 있기 때문이다. 동시이행항변권부 채권도 원래 그 채권을 행사할 수 있는 시기가 도래하면 소멸시효가 진행한다.

[**대법원** 1991. 3. 22. **선고** 90**다**9797 **판결**] 부동산에 대한 매매대금채권이 소유권이전등기청구권과 동시이행의 관계에 있다고 할지라도 매도인은 매매대금의 지급기일 이후 언제라도 그 대금의 지급을 청구할 수 있는 것이며, 다만 매수인은 매도인으로부터 그 이전등기에 관한 이행의 제공을 받기까지 그 지급을 거절할 수 있는데 지나지 아니하므로 매매대금 청구권은 그 지급기일 이후 시효의 진행에 걸린다.

④ **(×)** 전매수인이 매수인을 대위하여 매도인 명의의 부동산에 가처분등기를 한 후 매매계약이 해제된 경우, 매도인의 매매대금반환의무는 매도인이 매수인에 대하여 부담하는 의무이고, 가처분등기말소의무는 전매수인이 매도인에 대하여 부당하는 의무로서 서로를 이행의 상대방으로 하여 발생하는 채무가 아니다. 동시이행관계가 인정되지 않는다.

[**대법원** 2009. 7. 9. **선고** 2009**다**18526 **판결**] 부동산에 관한 매매계약을 체결한 후 매수인 앞으로 소유권이전등기를 마치기 전에 매수인으로부터 그 부동산을 다시 매수한 제3자의 처분금지가처분 신청으로 매매목적부동산에 관하여 가처분등기가 이루어진 상태에서 매도인과 매수인 사이의 매매계약이 해제된 경우, 매도인만이 가처분이의 등을 신청할 수 있을 뿐 매수인은 가처분의 당사자가 아니어서 가처분이의 등에 의하여 가처분등기를 말소할 수 있는 법률상의 지위에 있지 않고, 제3자가 한 가처분을 매도인의 매수인에 대한 소유권이전등기의무의 일부이행으로 평가할 수 없어 그 가처분등기를 말소하는 것이 매매계약 해제에 따른 매수인의 원상회복의무에 포함된다고 보기도 어려우므로, 위와 같은 가처분등기의 말소와 매도인의 대금반환의무는 동시이행의 관계에 있다고 할 수 없다.

⑤ **(×)** 매수인이 매매목적물을 인도받은 때에는 매매목적물로부터 과실은 매수인에게 속하므로 매도인이 매수인에 대하여 임료 상당액의 부당이득반환을 청구할 수는 없다.

[**대법원** 1996. 6. 25. **선고** 95**다**12682·12699 **판결**] 부동산의 매수인이 아직 소유권이전등기를 경료받지 않았다고 하더라도 매매계약의 이행으로 그 부동산을 인도받은 때에는 매매계약의 효력으로서 이를 점유·사용할 권리가 생기는 것이고, 매수인이 그 부동산을 이미 사용하고 있는 상태에서 부동산의 매매계약을 체결한 경우에도 특별한 약정이 없는 한 매수인은 그 매매계약을 이행하는 과정에서 이를 점유·사용할 권리를 가진다.

정답 ②

2. 예약에 관한 설명 중 옳지 않은 것은? (다툼이 있는 경우 판례에 의함) [21 변호사]

① 공사도급계약의 도급인이 될 자가 수급인 선정을 위한 입찰절차를 거쳐 낙찰자를 결정한 경우, 입찰을 실시한 자와 낙찰자 사이에는 도급계약의 본계약 체결의무를 내용으로 하는 예약관계가 성립된다.

② 매매의 일방예약이 성립하려면 그 예약에 터 잡아 맺어질 본계약의 요소가 되는 매매목적물, 그 이전방법, 매매가액, 지급방법 등의 내용이 확정되어 있거나 적어도 확정할 수 있어야 한다.

③ 매매예약의 완결권은 일종의 형성권으로서 당사자 사이에 행사기간을 약정한 때에는 그 기간 내에, 약정이 없는 때에는 예약이 성립한 때부터 10년 내에 이를 행사하여야 하고, 그 기간이 지난 때에는 예약완결권은 제척기간의 경과로 소멸한다.

④ 예약완결권을 그 행사의 의사표시를 담은 소장 부본을 상대방에게 송달함으로써 재판상 행사하는 경우, 소장을 제척기간 내에 법원에 제출하면 예약완결권을 제척기간 내에 적법하게 행사한 것이 된다.

⑤ 매매예약완결권을 가진 자가 그 예약완결권을 제척기간 내에 행사하지 않은 경우에는 예약목적물인 부동산을 이미 인도받은 경우라도 예약완결권은 제척기간의 경과로 인하여 소멸한다.

해설

① **(O)** 수급인 선정을 위한 낙찰자 결정의 법적 성질을 묻는 지문이다. 승낙의무를 발생시키는 예약이 성립한 것으로 해석한다. 공사도급계약의 내용이 구체적으로 결정된 것이 아니기 때문이다.

[**대법원** 2011. 11. 10. **선고** 2011**다**41659 **판결**] 공사도급계약의 도급인이 될 자가 수급인을 선정하기 위해 입찰절차를 거쳐 낙찰자를 결정한 경우 입찰을 실시한 자와 낙찰자 사이에는 도급계약의 본계약체결의무를 내용으로 하는 예약의 계약관계가 성립하고, 어느 일방이 정당한 이유 없이 본계약의 체결을 거절하는 경우 상대방은 예약채무불이행을 이유로 한 손해배상을 청구할 수 있다. 이러한 손해배상의 범위는 원칙적으로 예약채무불이행으로 인한 통상의 손해를 한도로 하는데, 만일 입찰을 실시한 자가 정당한 이유 없이 낙찰자에 대하여 본계약의 체결을 거절하는 경우라면 낙찰자가 본계약의 체결 및 이행을 통하여 얻을 수 있었던 이익, 즉 이행이익 상실의 손해는 통상의 손해에 해당한다고 볼 것이므로 입찰을 실시한 자는 낙찰자에 대하여 이를 배상할 책임이 있다. 그리고 낙찰자가 본계약의 체결 및 이행을 통하여 얻을 수 있었던 이익은 일단 본계약에 따라 타방 당사자에게서 지급받을 수 있었던 급부인 낙찰금액이라고 할 것이나, 본계약의 체결과 이행에 이르지 않음으로써 낙찰자가 지출을 면하게 된 직·간접적 비용은 그가 배상받을 손해액에서 당연히 공제되어야 하고, 나아가 손해의 공평·타당한 분담을 지도원리로 하는 손해배상제도의 취지상, 법원은 본계약 체결의 거절로 인하여 낙찰자가 이행과정에서 기울여야 할 노력이나 이에 수반하여 불가피하게 인수하여야 할 사업상 위험을 면하게 된 점 등 여러 사정을 두루 고려하여 객관적으로 수긍할 수 있는 손해액을 산정하여야 한다.

② **(O)** 일방예약의 경우, 예약완결권자의 일방적 의사표시로 본계약이 성립되어야 하므로 본계약의 내용이 확정되어 있어야 한다.

[**대법원** 1993. 5. 27. **선고** 93**다**4908·4915·4922 **판결**] 매매의 예약은 당사자의 일방이 매매를 완결할 의사를 표시한 때에 매매의 효력이 생기는 것이므로 적어도 일방예약이 성립하려면 그 예약에 터잡아 맺어질 본계약의 요소가 되는 매매목적물, 이전방법, 매매가액 및 지급방법 등의 내용이 확정되어 있거나 확정할 수 있어야 한다.

③ **(O)** [**대법원** 1995. 11. 10. **선고** 94**다**22682·22699 **판결**] 매매의 일방예약에서 예약자의 상대방이 매매예약완결의 의사표시를 하여 매매의 효력을 생기게 하는 권리, 즉 매매예약의 완결권은 일종의 형성권으로서 당사자 사이에 그 행사기간을 약정한 때에는 그 기간 내에, 그러한 약정이 없는 때에는 그 예약이 성립한 때로부터 10년 내에 이를 행사하여야 하고, 그 기간을 지난 때에는 예약완결권은 제척기간의 경과로 인하여 소멸한다.

④ **(×)** 예약완결권은 형성권으로 상대방에게 의사표시가 도달되는 방법으로 행사한다. 예약완결권을 재판상 행사하는 경우에도 예약완결의 의사표시가 담긴 서면이 제척기간 내에 상대방에게 송달되어야 기간준수의 효과가 생긴다.

[**대법원** 2019. 7. 25. **선고** 2019**다**227817 **판결**] 매매의 일방예약에서 예약자의 상대방이 매매예약완결의 의사표시를 하여 매매의 효력을 생기게 하는 권리, 즉 매매예약의 완결권은 일종의 형성권으로서 당사자 사이에 그 행사기간을 약정한 때에는 그 기간 내에, 그러한 약정이 없는 때에는 그 예약이 성립한 때부터 10년 내에 이를 행사하여야 하고 그 기간이 지난 때에는 예약완결권은 제척

기간의 경과로 인하여 소멸한다. 예약완결권의 제척기간이 도과하였는지 여부는 직권조사사항으로서 이에 대한 당사자의 주장이 없더라도 법원이 당연히 직권으로 조사하여 재판에 고려하여야 한다. 예약완결권은 재판상이든 재판외이든 그 기간 내에 행사하면 되는 것으로서, 예약완결권자가 예약완결권 행사의 의사표시를 담은 소장 부본을 상대방에게 송달함으로써 재판상 행사하는 경우에는 그 소장 부본이 상대방에게 도달한 때에 비로소 예약완결권 행사의 효력이 발생하여 예약완결권자와 상대방 사이에 매매의 효력이 생기므로, 예약완결권 행사의 의사표시가 담긴 소장 부본이 제척기간 내에 상대방에게 송달되어야만 예약완결권자가 제척기간 내에 적법하게 예약완결권을 행사하였다고 볼 수 있다. 법률상 추정과 같이 법률에 명문의 근거가 있는 경우를 제외하고는 요건사실에 대한 증명책임은 해당 요건사실을 주장하는 당사자가 부담하는 것이 원칙이다.

⑤ (O) 예약완결권의 제척기간에는 중단이 있을 수 없다. 예약완결권자가 목적물을 점유하는 때에도 예약완결권의 제척기간은 진행한다.

[**대법원** 1997. 7. 25. **선고** 96**다**47494·47500 **판결**] 매매의 일방예약에서 예약자의 상대방이 매매예약완결의 의사표시를 하여 매매의 효력을 생기게 하는 권리 즉, 매매예약완결권은 일종의 형성권으로서 당사자 사이에 그 행사기간을 약정한 때에는 그 기간 내에, 그러한 약정이 없는 때에는 그 예약이 성립한 때로부터 10년 내에 이를 행사하여야 하고, 그 기간을 지난 때에는 상대방이 예약목적물인 부동산을 인도받은 경우라도 예약완결권은 제척기간의 경과로 인하여 소멸한다. 정답 ④

3. 매매예약의 완결권에 관한 설명 중 옳은 것은? (다툼이 있는 경우 판례에 의함) [15 변호사]

① 매매예약의 완결권은 형성권으로서 10년의 제척기간에 걸리며, 그 행사기간을 당사자가 계약으로 정할 수는 없다.

② 당사자가 제척기간의 기산점을 특별히 약정한 경우에는 그 제척기간은 약정한 때부터 10년의 기간이 경과하면 만료된다.

③ 제척기간이 경과하더라도 상대방이 예약목적물을 인도받은 경우에는 예약완결권은 소멸되지 않는다.

④ 예약완결권자에게 상대방이 최고했음에도 불구하고 예약완결권자가 확답을 하지 않았을 때에는 예약완결권은 행사된 것으로 본다.

⑤ 공동명의로 담보가등기를 마친 수인의 채권자가 각자의 지분별로 별개의 독립적인 매매예약완결권을 가지는 경우, 채권자 중 1인은 단독으로 자신의 지분에 관하여 「가등기담보 등에 관한 법률」이 정한 청산절차를 이행한 후 소유권이전의 본등기절차이행청구를 할 수 있다.

해 설

① (×) 예약완결권의 행사기간을 당사자가 약정으로 정할 수 있다. 제564조 제2항.

② (×) 예약완결권의 제척기간 기산점을 별도로 약정할 수 있는지를 묻는 지문이다. 예약완결권의 행사가능시기를 별도로 약정하였더라도 예약이 성립한 때로부터 제척기간이 진행한다는 것이 대법원의 입장이다.

[**대법원** 1995. 11. 10. **선고** 94**다**22682·22699 **판결**] 제척기간은 권리자로 하여금 당해 권리를 신속하게 행사하도록 함으로써 법률관계를 조속히 확정시키려는 데 그 제도의 취지가 있는 것으로서, 소멸시효가 일정한 기간의 경과와 권리의 불행사라는 사정에 의하여 권리 소멸의 효과를 가져오는 것과는 달리 그 기간의 경과 자체만으로 곧 권리 소멸의 효과를 가져오게 하는 것이므로 그 기간 진행의 기산점은 특별한 사정이 없는 한 원칙적으로 권리가 발생한 때이고, 당사자 사이에 매매예약

완결권을 행사할 수 있는 시기를 특별히 약정한 경우에도 그 제척기간은 당초 권리의 발생일로부터 10년간의 기간이 경과되면 만료되는 것이지 그 기간을 넘어서 그 약정에 따라 권리를 행사할 수 있는 때로부터 10년이 되는 날까지로 연장된다고 볼 수 없다.

③ (×) 예약완결권의 제척기간 중단이 인정되는지를 묻는 지문이다. 제척기간이란 권리행사를 촉구하기 위하여 설정한 기간이므로 중단이 인정되지 않는다. 따라서 예약완결권자가 목적물을 인도받은 때에도 제척기간은 진행한다.

[**대법원** 1997. 7. 25. **선고** 96**다**47494·47500 **판결**] 매매의 일방예약에서 예약자의 상대방이 매매예약완결의 의사표시를 하여 매매의 효력을 생기게 하는 권리 즉, 매매예약완결권은 일종의 형성권으로서 당사자 사이에 그 행사기간을 약정한 때에는 그 기간 내에, 그러한 약정이 없는 때에는 그 예약이 성립한 때로부터 10년 내에 이를 행사하여야 하고, 그 기간을 지난 때에는 상대방이 예약목적물인 부동산을 인도받은 경우라도 예약완결권은 제척기간의 경과로 인하여 소멸한다.

④ (×) 예약완결권 행사를 최고하였으나 이에 관한 확답이 없는 경우의 효과를 묻는 지문이다. 예약완결권은 소멸한다. 제564조 제3항.

⑤ (O) 공동명의로 담보가등기를 마친 수인의 채권자가 각자 지분별로 예약완결권을 가지는 경우, 각 채권자가 단독으로 예약완결권을 행사할 수 있는지를 묻는 지문이다. 각 채권자의 예약완결권은 별개의 권리이므로 각 채권자는 단독으로 가등기에 기한 본등기를 청구할 수 있다. 그러나 수인의 채권자가 하나의 예약완결권을 준공유하는 때에는 모든 채권자가 함께 예약완결권을 행사하여야 한다.

[**대법원** 2012. 2. 16. **선고** 2010**다**82530 **전원합의체 판결**] 수인의 채권자가 각기 채권을 담보하기 위하여 채무자와 채무자 소유의 부동산에 관하여 수인의 채권자를 공동매수인으로 하는 1개의 매매예약을 체결하고 그에 따라 수인의 채권자 공동명의로 그 부동산에 가등기를 마친 경우, 수인의 채권자가 공동으로 매매예약완결권을 가지는 관계인지 아니면 채권자 각자의 지분별로 별개의 독립적인 매매예약완결권을 가지는 관계인지는 매매예약의 내용에 따라야 하고, 매매예약에서 그러한 내용을 명시적으로 정하지 않은 경우에는 수인의 채권자가 공동으로 매매예약을 체결하게 된 동기 및 경위, 매매예약에 의하여 달성하려는 담보의 목적, 담보 관련 권리를 공동 행사하려는 의사의 유무, 채권자별 구체적인 지분권의 표시 여부 및 지분권 비율과 피담보채권 비율의 일치 여부, 가등기담보권 설정의 관행 등을 종합적으로 고려하여 판단하여야 한다(필자 주 : 甲이 乙에게 돈을 대여하면서 담보목적으로 乙 소유의 부동산 지분에 관하여 乙의 다른 채권자들과 공동명의로 매매예약을 체결하고 각자의 채권액 비율에 따라 지분을 특정하여 가등기를 마친 사안에서, 甲이 단독으로 자신의 지분에 관한 매매예약완결권을 행사하여 그 지분에 관한 본등기절차 이행을 구할 수 있다고 본 원심판단을 정당하다고 한 사례). 정답 ⑤

4.

甲과 乙은 2013. 9. 20. 甲 소유의 토지에 대하여 매매대금을 5억 원으로 하는 매매계약을 체결하면서, 乙이 계약 당일 계약금 5,000만 원을 지급하였고, 중도금 2억 원은 2013. 10. 20. 지급하고, 잔금 2억 5,000만 원은 2013. 11. 20. 甲의 소유권이전과 상환하여 지급하기로 하였다. 다음 설명 중 옳은 것을 모두 고른 것은? (다툼이 있는 경우에는 판례에 의함) [14 변호사]

ㄱ. 甲이 乙에 대하여 중도금의 지급을 최고하였으나 乙이 이를 이행하지 않자 甲이 중도금의 지급을 구하는 소송을 제기하였다면, 특별한 사정이 없는 한 乙은 계약금 5,000만 원을 포기하더라도 위 매매계약을 해제할 수 없다.

ㄴ. 乙이 2013. 10. 20.을 경과하여 중도금의 이행을 지체하고 있는 중에, 甲 역시 소유권이전등기서류를 乙에게 이행제공하지 않고 2013. 11. 20.을 경과하였다면, 乙은 2013. 11. 21.부터는 중도금에 대한 지체책임을 지지 않는다.

ㄷ. 乙 명의로 소유권이전등기가 이루어지기 전에 乙로부터 위 토지를 매수한 丙의 乙을 대위한 신청으로 위 토지에 대하여 처분금지가처분등기가 된 상태에서 甲과 乙 사이의 매매계약이 적법하게 해제된 경우, 위 가처분등기의 말소와 매도인의 대금반환의무는 동시이행관계에 있다.
ㄹ. 특별한 사정으로 甲이 乙에게 토지의 소유권이전등기를 먼저 해 주었으나, 乙의 잔대금지급채무 불이행으로 인하여 甲이 2013. 12. 5. 위 매매계약을 적법하게 해제한 경우, 위 토지에 대한 원상회복의 등기가 되기 전인 2013. 12. 10. 丁 앞으로 그 토지에 관한 근저당권 설정등기가 이루어졌다면, 甲은 丁이 근저당권 설정 당시 甲의 해제권행사 사실을 알았더라도 丁에 대하여 근저당권설정등기의 말소를 청구할 수 없다.

① ㄴ ② ㄱ, ㄹ ③ ㄴ, ㄷ
④ ㄴ, ㄹ ⑤ ㄴ, ㄷ, ㄹ

해 설

※ 부동산매매계약과 함께 계약금이 수수된 경우 발생할 수 있는 법률문제를 묻는 사례문제이다.

ㄱ. **(×)** 중도금지급을 구하는 소송이 제기된 경우, 매수인의 해약금 해제권 행사가 허용되는지를 묻는 지문이다. 해약금에 기한 해제는 당사자 일방이 이행에 착수할 때까지 할 수 있다(제565조). 매도인 甲이 매수인 乙에 대하여 중도금 지급을 최고하고 나아가 중도금의 지급을 구하는 소송을 제기하였다고 하더라도 이행에 착수한 것이라고 볼 수 없으므로 매수인 乙은 계약금을 포기하여 매매계약을 해제할 수 있다.

[**대법원** 2008. 10. 23. **선고** 2007**다**72274·72281 **판결**] 매수인은 민법 제565조 제1항에 따라 본인 또는 매도인이 이행에 착수할 때까지는 계약금을 포기하고 계약을 해제할 수 있는 바, 여기에서 이행에 착수한다는 것은 객관적으로 외부에서 인식할 수 있는 정도로 채무의 이행행위의 일부를 하거나 또는 이행을 하기 위하여 필요한 전제행위를 하는 경우를 말하는 것으로서 단순히 이행의 준비를 하는 것만으로는 부족하나 반드시 계약내용에 들어맞는 이행의 제공의 정도에까지 이르러야 하는 것은 아니지만, 매도인이 매수인에 대하여 매매계약의 이행을 최고하고, 매매잔대금의 지급을 구하는 소송을 제기한 것만으로는 이행에 착수하였다고 볼 수 없다.

ㄴ. **(○)** 매수인이 중도금의 이행을 지체하던 중 매도인의 소유권이전등기의무 이행기일이 도래한 경우, 그 이후에는 중도금 이행지체가 면제되는지를 묻는 지문이다. 중도금채무도 매매대금채무이므로 매도인의 소유권이전의무와 동시이행관계가 인정된다. 비록 선이행의무자라고 하더라도 상대방 채무의 이행기일이 도래한 때에는 그때부터 동시이행관계가 인정되어 그 이후부터 이행지체가 면제된다.

[**대법원** 2002. 3. 29. **선고** 2000**다**577 **판결**] 매수인이 선이행의무 있는 중도금을 지급하지 않았다 하더라도 계약이 해제되지 않은 상태에서 잔대금 지급일이 도래하여 그때까지 중도금과 잔대금이 지급되지 아니하고 잔대금과 동시이행관계에 있는 매도인의 소유권이전등기 소요서류가 제공된 바 없이 그 기일이 도과하였다면, 다른 특별한 사정이 없는 한, 매수인의 중도금 및 잔대금의 지급과 매도인의 소유권이전등기 소요서류의 제공은 동시이행관계에 있다 할 것이어서 그때부터는 매수인은 중도금을 지급하지 아니한 데 대한 이행지체의 책임을 지지 아니한다.

ㄷ. **(×)** 매수인으로부터 다시 매수한 자의 신청으로 처분금지가처분 등기가 마쳐진 후, 매도인과 매수인 사이의 매매계약이 적법하게 해제된 경우, 매도인의 매매대금반환의무와 전(轉)매수인의 가처분등기말소의무 사이에 동시이행관계가 인정되는지를 묻는 지문이다. 동시이행관계가 인정되기 위해서는 당사자가 서로 의무이행의 상대방이 되어야 하고, 의무이행의 상대방을 달리하여 채무가 발생한 때에는 특별한 사정이 없는 한 그 채무 상호간에는 동시이행관계가 인정되지 않는다. 甲과 乙의

매매계약 해제로 인하여 甲은 乙에 대하여 매매대금반환의무를 부담하고, 丙은 甲에 대하여 가처분 등기말소의무를 부담한다. 서로 의무이행의 상대방을 달리하는 채무이므로 동시이행관계가 인정되지 않는다.

[**대법원** 2009. 7. 9. **선고** 2009**다**18526 **판결**] 부동산에 관한 매매계약을 체결한 후 매수인 앞으로 소유권이전등기를 마치기 전에 매수인으로부터 그 부동산을 다시 매수한 제3자의 처분금지가처분신청으로 매매목적부동산에 관하여 가처분등기가 이루어진 상태에서 매도인과 매수인 사이의 매매계약이 해제된 경우, 매도인만이 가처분이의 등을 신청할 수 있을 뿐 매수인은 가처분의 당사자가 아니어서 가처분이의 등에 의하여 가처분등기를 말소할 수 있는 법률상의 지위에 있지 않고, 제3자가 한 가처분을 매도인의 매수인에 대한 소유권이전등기의무의 일부이행으로 평가할 수 없어 그 가처분등기를 말소하는 것이 매매계약 해제에 따른 매수인의 원상회복의무에 포함된다고 보기도 어려우므로, 위와 같은 가처분등기의 말소와 매도인의 대금반환의무는 동시이행의 관계에 있다고 할 수 없다.

ㄹ. **(×)** 매매계약이 해제되고, 원상회복등기가 마쳐지기 전에 매매의 목적물에 이해관계를 맺은 자는 선의, 악의를 불문하고 모두 해제로부터 보호되는지를 묻는 지문이다. 해제 이후에 이해관계를 맺은 자는 해제사실을 알지 못한 경우에만 보호된다. 丁이 근저당권을 취득할 당시 해제사실을 알고 있었다면 甲은 丁에 대하여 해제를 주장할 수 있고, 나아가 丁의 근저당권설정등기의 말소를 청구할 수 있다.

[**대법원** 1985. 4. 9. **선고** 84**다카**130 **판결**] 계약당사자의 일방이 계약을 해제하였을 때에는 계약은 소급하여 소멸하여 계약당사자는 각 원상회복의 의무를 지게 되나 이 경우 계약해제로 인한 원상회복등기 등이 이루어지기 이전에 계약의 해제를 주장하는 자와 양립되지 아니하는 법률관계를 가지게 되었고 계약해제 사실을 몰랐던 제3자에 대하여는 계약해제를 주장할 수 없는 법리이다. 정답 ①

Ⅱ. 매매의 효력

5. **甲은 2022. 1. 10. X 토지를 乙에게 1억 원에 매도하는 계약을 체결하였는데, 乙은 계약 당일 계약금 1,000만 원을, 2022. 3. 10. 중도금 4,000만 원을 지급하기로 하고, 2022. 5. 10. 잔금 5,000만 원을 지급하면서 甲으로부터 소유권이전등기에 필요한 서류를 교부받기로 하였다. 이에 관한 설명 중 옳은 것은? (각 지문은 독립적이며, 다툼이 있는 경우 판례에 의함)** [23 변호사]

① 매매계약의 성립 당시 X 토지가 甲의 소유가 아니라면 매매계약은 무효이므로 甲은 乙에게 X 토지의 소유권을 이전해 주어야 할 의무를 지지 않는다.

② 甲이 2022. 2. 10. 丙에게 X 토지를 매도하고 소유권이전등기를 마쳐 주어 甲의 乙에 대한 소유권이전등기의무가 확정적으로 불능이 된 경우, 乙은 甲에 대한 손해배상청구권을 피보전채권으로 하여 甲과 丙의 매매계약을 사해행위로 취소할 수 있다.

③ 매매계약의 성립 후 X 토지가 1억 5천만 원에 수용된 경우, 乙은 1억 원 한도에서 甲에게 대상청구권을 행사하여 토지수용보상금의 지급을 구할 수 있다.

④ X 토지가 「부동산 거래신고 등에 관한 법률」상 토지거래허가구역 내에 있고 그 계약에 관해 토지거래허가를 받지 못한 경우, 乙이 2022. 3. 10.까지 중도금을 지급하지 아니하였더라도 甲은 채무불이행을 이유로 매매계약을 해제할 수 없다.

⑤ 계약체결 당일 乙이 계약금의 일부인 200만 원만 지급하고 이틀 후 나머지 800만 원을 지급하기로 하였다면, 2022. 1. 11. 甲은 수령한 금액의 배액인 400만 원을 지급하면서 계약을 해제할 수 있다.

해설

① (×) 제569조. 타인 권리매매는 유효하고, 매도인은 소유권을 취득하여 매수인에게 소유권을 이전하여야 할 의무를 부담한다.

② (×) 매수인의 소유권이전등기청구권이 이행불능 됨에 따라 발생한 손해배상청구권을 피보전채권으로 하여 2중 매매행위를 사해행위로서 취소할 수 있는지를 묻는 지문이다. 손해배상청구권은 2중 매매 후 2중 매수인에게 소유권이전등기를 마침에 따라 발생한 채권으로 취소의 대상인 사해행위 이후에 발생한 채권이므로 사해행위 취소청구권의 피보전채권이 될 수 없다.

[**대법원** 1999. 4. 27. **선고** 98**다**56690 **판결**] 부동산을 양도받아 소유권이전등기청구권을 가지고 있는 자가 양도인이 제3자에게 이를 이중으로 양도하여 소유권이전등기를 경료하여 줌으로써 취득하는 부동산 가액 상당의 손해배상채권은 이중양도행위에 대한 사해행위취소권을 행사할 수 있는 피보전채권에 해당한다고 할 수 없다.

③ (×) 대상청구권의 행사범위를 묻는 지문이다. 대상청구권의 범위가 반대급부 범위로 제한되는 것은 아니다. 대상청구권은 기존 채권관계의 효력을 유지하기 위하여 이전되는 권리이기 때문이다.

[**대법원** 2016. 10. 27. **선고** 2013**다**7769 **판결**] 손해보험은 본래 보험사고로 인하여 생길 피보험자의 재산상 손해의 보상을 목적으로 하는 것 으로(상법 제665조), 보험자가 보상할 손해액은 당사자 간에 다른 약정이 없는 이상 그 손해가 발생한 때와 곳의 가액에 의하여 산정하는 것이고(상법 제676조 제1항), 이 점은 손해공제의 경우도 마찬가지라고 할 것이므로, 매매의 목적물이 화재로 인하여 소실됨으로써 매도인이 지급받게 되는 화재보험금, 화재공제금에 대하여 매수인의 대상청구권이 인정되는 이상, 매수인은 특별한 사정이 없는 한 그 목적물에 대하여 지급되는 화재보험금, 화재공제금 전부에 대하여 대상청구권을 행사할 수 있는 것이고, 인도의무의 이행불능 당시 매수인이 지급하였거나 지급하기로 약정한 매매대금 상당액의 한도 내로 그 범위가 제한된다고 할 수 없다.

④ (O) 유동적 무효상태의 거래계약은 허가받을 때까지 채무가 발생하지 아니한 상태이므로 채무불이행을 원인으로 하는 계약해제는 허용되지 않는다.

[**대법원** 1997. 7. 25. **선고** 97**다**4357·4364 **판결**] 국토이용관리법상 토지거래허가구역 내에 있는 토지에 관하여 소유권 등 권리를 이전 또는 설정하는 내용의 거래계약은 관할 시장·군수 또는 구청장의 허가를 받아야만 효력이 발생하고 허가를 받기 전에는 물권적 효력은 물론 채권적 효력도 발생하지 아니하여 무효라고 보아야 할 것이므로, 따라서 허가받을 것을 전제로 하는 거래계약은 허가를 받을 때까지는 법률상 미완성의 법률행위로서 소유권 등 권리의 이전 또는 설정에 관한 거래의 효력이 전혀 발생하지 않으나 일단 허가를 받으면 그 계약은 소급하여 유효한 계약이 되고, 이와 달리 불허가가 된 때에 무효로 확정되므로 허가를 받기까지는 유동적 무효의 상태에 있다고 볼 것인 바, 허가를 받을 것을 전제로 한 거래계약은 허가받기 전의 상태에서는 거래계약의 채권적 효력도 전혀 발생하지 않으므로 권리의 이전 또는 설정에 관한 어떠한 내용의 이행청구도 할 수 없고, 그러한 거래계약의 당사자로서는 허가받기 전의 상태에서 상대방의 거래계약상 채무불이행을 이유로 거래계약을 해제하거나 그로 인한 손해배상을 청구할 수 없다(필자 註 : 토지거래허가구역 내에 있는 토지를 허가대상이 아닌 다른 부동산과 교환하기로 하는 내용의 교환계약이 국토이용관리법상의 토지거래허가를 받아야 하는 거래계약이어서, 당해 계약에 관하여 관할 관청의 토지거래허가를 받지 않은 이상 허가를 받기까지는 유동적 무효의 상태에 있는 것임에도 불구하고, 당해 계약이 유효한 계약임을 전제로 하여, 매수인의 교환대상 건물에 관한 소유권이전등기의무가 이행불능이 되었고 그와 같은 채무불이행이 매수인의 귀책사유에 기한 것이라는 이유로 계약이 매도인에 의하여 적법하게 해제된 것을 이유로, 매수인은 매도인에게 이행불능으로 인한 손해배상책임이 있다고 한 원심판결을 파기한 사례).

⑤ (×) 약정계약금의 일부만을 지급한 경우에는 해약금의 효력이 발생하지 아니하므로 수령한 계약금의 배액을 상환하여 계약을 해제할 수 없다. 해약금 해제의 기준이 되는 계약금은 약정계약금이다.

[**대법원** 2015. 4. 23. **선고** 2014**다**231378 **판결**] 매도인이 '계약금 일부만 지급된 경우 지급받은 금원의 배액을 상환하고 매매계약을 해제할 수 있다'고 주장한 사안에서, '실제 교부받은 계약금'의 배액만을 상환하여 매매계약을 해제할 수 있다면 이는 당사자가 일정한 금액을 계약금으로 정한 의사에 반하게 될 뿐 아니라, 교부받은 금원이 소액일 경우에는 사실상 계약을 자유로이 해제할 수 있어 계약의 구속력이 약화되는 결과가 되어 부당하기 때문에, 계약금 일부만 지급된 경우 수령자가 매매계약을 해제할 수 있다고 하더라도 해약금의 기준이 되는 금원은 '실제 교부받은 계약금'이 아니라 '약정 계약금'이라고 봄이 타당하므로, 매도인이 계약금의 일부로서 지급받은 금원의 배액을 상환하는 것으로는 매매계약을 해제할 수 없다고 한 사례. 정답 ④

6. 「민법」상 매도인의 담보책임에 관한 설명 중 옳지 않은 것은? (다툼이 있는 경우 판례에 의함)

[22 변호사]

① 경매절차의 무효로 경매 부동산의 소유권을 취득하지 못한 매수인은 매매대금을 배당받은 경매채권자 또는 채무자를 상대로 배당금 상당의 부당이득반환을 청구할 수 있고, 경매에 따른 담보책임을 물을 수도 있다.

② 건축을 목적으로 매매된 토지에 대하여 건축허가를 받을 수 없어 건축이 불가능하다는 법률적 제한은 매매목적물의 하자에 해당하고, 하자의 존부는 매매계약 성립시를 기준으로 판단하여야 한다.

③ 매도인의 담보책임을 기초로 한 손해배상채권의 제척기간이 지난 경우에도, 제척기간이 지나기 전 상대방의 채권과 상계할 수 있었다면, 매수인은 위 손해배상채권을 자동채권으로 하여 상대방의 채권과 상계할 수 있다.

④ 매도인의 하자담보책임과 채무불이행책임은 경합적으로 인정되므로, 매매목적물인 토지에 폐기물이 매립되어 있어서 매수인에게 폐기물을 처리하기 위한 비용 상당의 손해가 발생한다면, 매수인은 그 비용에 관하여 매도인에게 채무불이행으로 인한 손해배상을 청구할 수 있다.

⑤ 하자담보에 기한 손해배상청구권은 원칙적으로 10년의 소멸시효에 걸리고 매수인이 매매목적물을 인도받은 때부터 소멸시효가 진행한다.

해설

① (×) 경매가 무효인 경우에는 매도인 담보책임은 문제되지 않는다. 매도인 담보책임은 계약책임으로 매매가 유효함을 전제로 인정되기 때문이다.

[**대법원** 2004. 6. 24. **선고** 2003**다**59259 **판결**] 경락인이 강제경매절차를 통하여 부동산을 경락받아 대금을 완납하고 그 앞으로 소유권이전등기까지 마쳤으나, 그 후 강제경매절차의 기초가 된 채무자 명의의 소유권이전등기가 원인무효의 등기이어서 경매 부동산에 대한 소유권을 취득하지 못하게 된 경우, 이와 같은 강제경매는 무효라고 할 것이므로 경락인은 경매 채권자에게 경매대금 중 그가 배당받은 금액에 대하여 일반 부당이득의 법리에 따라 반환을 청구할 수 있고, 민법 제578조 제1항·제2항에 따른 경매의 채무자나 채권자의 담보책임은 인정될 여지가 없다.

② (O) 법률적 제한은 물건의 하자로 본다. 하자의 존부는 매매 당시를 기준으로 판단한다.

[**대법원** 2000. 1. 18. **선고** 98**다**18506 **판결**] 매매의 목적물이 거래통념상 기대되는 객관적 성질·성능을 결여하거나, 당사자가 예정 또는 보증한 성질을 결여한 경우에 매도인은 매수인에 대하여 그 하자로 인한 담보책임을 부담한다 할 것이고, 한편 건축을 목적으로 매매된 토지에 대하여 건축허가를 받을

수 없어 건축이 불가능한 경우, 위와 같은 법률적 제한 내지 장애 역시 매매목적물의 하자에 해당한다 할 것이나, 다만 위와 같은 하자의 존부는 매매계약 성립시를 기준으로 판단하여야 할 것이다.

③ **(O)** 제척기간이 도과된 채권을 자동채권으로 하는 상계가 허용되는지를 묻는 지문이다. 제495조를 유추하여 제척기간 경과 전에 상계할 수 있었던 때에는 제척기간 경과 후에도 상계할 수 있다.

[**대법원** 2019. 3. 14. **선고** 2018**다**255648 **판결**] 민법 제495조는 "소멸시효가 완성된 채권이 그 완성 전에 상계할 수 있었던 것이면 그 채권자는 상계할 수 있다."라고 정하고 있다. 이는 당사자 쌍방의 채권이 상계적상에 있었던 경우에 당사자들은 채권·채무관계가 이미 정산되어 소멸하였거나 추후에 정산될 것이라고 생각하는 것이 일반적이라는 점을 고려하여 당사자들의 신뢰를 보호하기 위한 것이다.

매도인이나 수급인의 담보책임을 기초로 한 매수인이나 도급인의 손해배상채권의 제척기간이 지난 경우에도 민법 제495조를 유추적용해서 매수인이나 도급인이 상대방의 채권과 상계할 수 있는지 문제된다.

매도인의 담보책임을 기초로 한 매수인의 손해배상채권 또는 수급인의 담보책임을 기초로 한 도급인의 손해배상채권이 각각 상대방의 채권과 상계적상에 있는 경우에 당사자들은 채권·채무관계가 이미 정산되었거나 정산될 것으로 기대하는 것이 일반적이므로, 그 신뢰를 보호할 필요가 있다. 이러한 손해배상채권의 제척기간이 지난 경우에도 그 기간이 지나기 전에 상대방에 대한 채권·채무관계의 정산 소멸에 대한 신뢰를 보호할 필요성이 있다는 점은 소멸시효가 완성된 채권의 경우와 아무런 차이가 없다.

따라서 매도인이나 수급인의 담보책임을 기초로 한 손해배상채권의 제척기간이 지난 경우에도 제척기간이 지나기 전 상대방의 채권과 상계할 수 있었던 경우에는 매수인이나 도급인은 민법 제495조를 유추적용해서 위 손해배상채권을 자동채권으로 해서 상대방의 채권과 상계할 수 있다고 봄이 타당하다.

④ **(O)** 매도인의 하자담보책임과 채무불이행책임의 관계를 묻는 지문이다. 양자가 경합하는 것으로 이해하는 것이 판례이다.

[**대법원** 2004. 7. 22. **선고** 2002**다**51586 **판결**] 토지 매도인이 성토작업을 기화로 다량의 폐기물을 은밀히 매립하고 그 위에 토사를 덮은 다음 도시계획사업을 시행하는 공공사업시행자와 사이에서 정상적인 토지임을 전제로 협의취득절차를 진행하여 이를 매도함으로써 매수자로 하여금 그 토지의 폐기물처리비용 상당의 손해를 입게 하였다면 매도인은 이른바 불완전이행으로서 채무불이행으로 인한 손해배상책임을 부담하고, 이는 하자 있는 토지의 매매로 인한 민법 제580조 소정의 하자담보책임과 경합적으로 인정된다고 한 사례.

⑤ **(O)** 담보책임의 대상인 담보책임에 따른 손해배상청구권도 소멸시효의 대상이 된다.

[**대법원** 2011. 10. 13. **선고** 2011**다**10266 **판결**] 매도인에 대한 하자담보에 기한 손해배상청구권에 대하여는 민법 제582조의 제척기간이 적용되고, 이는 법률관계의 조속한 안정을 도모하고자 하는 데에 취지가 있다. 그런데 하자담보에 기한 매수인의 손해배상청구권은 권리의 내용·성질 및 취지에 비추어 민법 제162조 제1항의 채권 소멸시효의 규정이 적용되고, 민법 제582조의 제척기간 규정으로 인하여 소멸시효 규정의 적용이 배제된다고 볼 수 없으며, 이때 다른 특별한 사정이 없는 한 무엇보다도 매수인이 매매 목적물을 인도받은 때부터 소멸시효가 진행한다고 해석함이 타당하다(필자 註 : 甲이 乙 등에게서 부동산을 매수하여 소유권이전등기를 마쳤는데 위 부동산을 순차 매수한 丙이 부동산 지하에 매립되어 있는 폐기물을 처리한 후 甲을 상대로 처리비용 상당의 손해배상청구소송을 제기하였고, 甲이 丙에게 위 판결에 따라 손해배상금을 지급한 후 乙 등을 상대로 하자담보책임에 기한 손해배상으로서 丙에게 기지급한 돈의 배상을 구한 사안에서, 甲의 하자담보에 기한 손해배상청구권은 甲이 乙 등에게서 부동산을 인도받았을 것으로 보이는 소유권이전등기일로부터 소멸시효가 진행하는데, 甲이 그로부터 10년이 경과한 후 소를 제기하였으므로, 甲의 하자담보책임에 기한 손해배상청구권은 이미 소멸시효 완성으로 소멸되었다고 한 사례).

정답 ①

7. 매도인의 담보책임에 관한 설명 중 옳지 않은 것은? (다툼이 있는 경우 판례에 의함) [20 변호사]

① 매매목적물의 하자로 인하여 확대손해 내지 2차 손해가 발생하였다는 이유로 매도인에게 그 확대손해에 대한 배상책임을 지우기 위하여는, 채무의 내용으로 된 하자 없는 목적물을 인도하지 못한 의무위반사실 외에 그 의무위반에 대한 매도인의 귀책사유가 인정되어야 한다.

② 강제경매절차에서 매수인이 부동산을 매각받아 대금을 완납하고 그 앞으로 소유권이전등기를 마쳤으나 강제경매의 기초가 된 채무자 명의의 소유권이전등기가 원인무효이어서 강제경매절차가 무효로 된 경우, 그 매수인은 「민법」 제578조 제1항, 제2항에 따라 경매의 채무자나 채권자에게 담보책임을 물을 수 있다.

③ 타인의 권리 매매에서 매도인이 권리를 취득하여 매수인에게 이전하여야 할 의무가 매도인의 귀책사유로 인하여 이행불능이 되었다면, 매수인은 채무불이행 일반의 규정(「민법」 제546조, 제390조)에 따라 계약을 해제하고 손해배상을 청구할 수 있다.

④ 토지의 매매에 있어 목적물을 등기부상 평수에 따라 특정한 경우라도 당사자가 그 지정된 구획을 전체로서 평가하였고 평수에 의한 계산이 대상토지를 특정하고 그 대금을 결정하기 위한 방편에 불과하였다면, 그 매매는 「민법」 제574조에서 규정하는 '수량을 지정한 매매'라고 할 수 없다.

⑤ 매매목적물의 하자가 경미하여 수선 등의 방법으로도 계약의 목적을 달성하는 데 별다른 지장이 없는 반면 매도인에게 하자 없는 물건의 급부의무를 지우면 다른 구제방법에 비하여 지나치게 큰 불이익이 매도인에게 발생되는 경우에는 매수인의 완전물급부청구권 행사를 제한할 수 있다.

해설

① **(O)** [**대법원** 1997. 5. 7. **선고** 96**다**39455 **판결**] 매도인이 매수인에게 공급한 부품이 통상의 품질이나 성능을 갖추고 있는 경우, 나아가 내한성이라는 특수한 품질이나 성능을 갖추고 있지 못하여 하자가 있다고 인정할 수 있기 위하여는, 매수인이 매도인에게 완제품이 사용될 환경을 설명하면서 그 환경에 충분히 견딜 수 있는 내한성 있는 부품의 공급을 요구한 데 대하여, 매도인이 부품이 그러한 품질과 성능을 갖춘 제품이라는 점을 명시적으로나 묵시적으로 보증하고 공급하였다는 사실이 인정되어야만 할 것이고, 특히 매매목적물의 하자로 인하여 확대손해 내지 2차 손해가 발생하였다는 이유로 매도인에게 그 확대손해에 대한 배상책임을 지우기 위하여는 채무의 내용으로 된 하자 없는 목적물을 인도하지 못한 의무위반사실 외에 그러한 의무위반에 대하여 매도인에게 귀책사유가 인정될 수 있어야만 한다.

② **(×)** 담보책임은 매매계약이 유효함을 전제로 하여 인정된다. 경매절차가 무효인 때에는 담보책임은 문제되지 않고 부당이득반환만이 문제된다.
[**대법원** 2004. 6. 24. **선고** 2003**다**59259 **판결**] 경락인이 강제경매절차를 통하여 부동산을 경락받아 대금을 완납하고 그 앞으로 소유권이전등기까지 마쳤으나, 그 후 강제경매절차의 기초가 된 채무자 명의의 소유권이전등기가 원인무효의 등기이어서 경매 부동산에 대한 소유권을 취득하지 못하게 된 경우, 이와 같은 강제경매는 무효라고 할 것이므로 경락인은 경매 채권자에게 경매대금 중 그가 배당받은 금액에 대하여 일반 부당이득의 법리에 따라 반환을 청구할 수 있고, 민법 제578조 제1항·제2항에 따른 경매의 채무자나 채권자의 담보책임은 인정될 여지가 없다.

③ **(O)** 타인권리매매로 인한 담보책임과 채무불이행책임은 서로 경합하여 인정된다.
[**대법원** 1993. 11. 23. **선고** 93**다**37328 **판결**] 타인의 권리를 매매의 목적으로 한 경우에 있어서 그 권리를 취득하여 매수인에게 이전하여야 할 매도인의 의무가 매도인의 귀책사유로 인하여 이행불능이 되었다면 매수인이 매도인의 담보책임에 관한 민법 제570조 단서의 규정에 의해 손해배상을 청구할 수 없다 하더라도 채무불이행 일반의 규정(민법 제546조, 제390조)에 좇아서 계약을 해제하고 손해

배상을 청구할 수 있다.

④ (O) [**대법원** 1991. 4. 9. **선고** 90**다**15433 **판결**] 민법 제574조에서 규정하는 "수량을 지정한 매매"라 함은 당사자가 매매의 목적인 특정물이 일정한 수량을 가지고 있다는 데 주안을 두고 대금도 그 수량을 기준으로 하여 정한 경우를 말하는 것이므로, 토지의 매매에 있어 목적물을 등기부상의 평수에 따라 특정한 경우라도 당사자가 그 지정된 구획을 전체로서 평가하였고 평수에 의한 계산이 하나의 표준에 지나지 아니하여 그것이 당사자들 사이에 대상 토지를 특정하고 그 대금을 결정하기 위한 방편이었다고 보일 때에는 이를 가리켜 수량을 지정한 매매라 할 수 없다.

⑤ (O) [**대법원** 2014. 5. 16. **선고** 2012**다**72582 **판결**] 민법의 하자담보책임에 관한 규정은 매매라는 유상·쌍무계약에 의한 급부와 반대급부 사이의 등가관계를 유지하기 위하여 민법의 지도이념인 공평의 원칙에 입각하여 마련된 것인데, 종류매매에서 매수인이 가지는 완전물급부청구권을 제한 없이 인정하는 경우에는 오히려 매도인에게 지나친 불이익이나 부당한 손해를 주어 등가관계를 파괴하는 결과를 낳을 수 있다. 따라서 매매목적물의 하자가 경미하여 수선 등의 방법으로도 계약의 목적을 달성하는 데 별다른 지장이 없는 반면 매도인에게 하자 없는 물건의 급부의무를 지우면 다른 구제방법에 비하여 지나치게 큰 불이익이 매도인에게 발생되는 경우와 같이 하자담보의무의 이행이 오히려 공평의 원칙에 반하는 경우에는, 완전물급부청구권의 행사를 제한함이 타당하다. 그리고 이러한 매수인의 완전물급부청구권의 행사에 대한 제한 여부는 매매목적물의 하자의 정도, 하자 수선의 용이성, 하자의 치유가능성 및 완전물급부의 이행으로 인하여 매도인에게 미치는 불이익의 정도 등의 여러 사정을 종합하여 사회통념에 비추어 개별적·구체적으로 판단하여야 한다(필자 주 : 甲이 乙 주식회사로부터 자동차를 매수하여 인도받은 지 5일 만에 계기판의 속도계가 작동하지 않는 하자가 발생하였음을 이유로 乙 회사 등을 상대로 신차 교환을 구한 사안에서, 위 하자는 계기판 모듈의 교체로 큰 비용을 들이지 않고서도 손쉽게 치유될 수 있는 하자로서 하자수리에 의하더라도 신차구입이라는 매매계약의 목적을 달성하는 데에 별다른 지장이 없고, 하자보수로 자동차의 가치하락에 영향을 줄 가능성이 희박한 반면, 매도인인 乙 회사에 하자 없는 신차의 급부의무를 부담하게 하면 다른 구제방법에 비하여 乙 회사에 지나치게 큰 불이익이 발생되어서 오히려 공평의 원칙에 반하게 되어 매수인의 완전물급부청구권의 행사를 제한함이 타당하므로, 甲의 완전물급부청구권 행사가 허용되지 않는다고 한 사례).

정답 ②

8. 매도인의 담보책임에 관한 설명 중 옳은 것은? (다툼이 있는 경우 판례에 의함) [17 변호사]

① 甲은 자기 소유 17필지의 토지에 대하여 일괄하여 매매대금을 정하고 乙에게 매도하였으나 그 중 2필지가 타인 소유로 밝혀진 경우 매도인 甲이 그 2필지만에 대하여 매매계약을 해제할 수 있다.

② 매매목적물의 하자로 인하여 확대손해가 발생하였다는 이유로 매도인에게 그 확대손해에 대한 배상책임을 지우기 위하여는 채무의 내용으로 된 하자 없는 목적물을 인도하지 못한 의무위반 사실 외에 그러한 의무위반에 대한 매도인의 귀책사유는 요구되지 않는다.

③ 매매목적물의 하자가 경미하여 수선 등의 방법으로도 계약의 목적을 달성하는 데 별다른 지장이 없고, 매도인에게 하자 없는 물건의 급부의무를 지우면 다른 구제방법에 비하여 매도인에게 현저한 불이익이 발생되는 경우라도 공평의 원칙상 매수인의 완전물급부청구권의 행사를 제한할 수 없다.

④ 매매의 목적이 된 권리가 타인에게 속하여 매도인이 그 권리를 취득하여 매수인에게 이전할 수 없게 된 경우, 그 권리가 타인에게 속함을 알지 못한 매수인이 매도인에게 배상을 청구할 수 있는 손해에는 매수인이 얻을 수 있었던 이익의 상실은 포함되지 않는다.

⑤ 평형별 세대당 건물 및 공유대지가 일정한 면적을 가지고 있다는 데 주안을 두고 대금을 그 면적을 기준으로 정한 아파트 분양계약에서 분양자가 공유대지 면적의 일부를 이전할 수 없게 되었고, 그 일부 이행불능이 분양계약 체결 당시 존재한 사유에 의한 경우, 수분양자는 분양자에게 부족한 면적비율에 따라 대금감액을 청구할 수 있다.

해설

① **(×)** 수필의 토지를 일괄하여 매매하였는데, 그 중의 일부 필지가 타인 소유인 경우 매도인의 해제권이 인정되는지를 묻는 지문이다. 권리 전부가 타인에게 속한 경우에는 선의매도인의 계약해제권이 인정될 수 있으나, 수필의 토지를 일괄매매하였으나 그 중의 일부 필지가 타인 소유인 때에는 권리 일부가 타인에게 속한 경우에 해당하므로 선의매도인의 해제권이 인정되지 않는다.

[**대법원** 2004. 12. 9. **선고** 2002**다**33557 **판결**] 민법 제571조 제1항은 선의의 매도인이 매매의 목적인 권리의 전부를 이전할 수 없는 경우에 적용될 뿐 매매의 목적인 권리의 일부를 이전할 수 없는 경우에는 적용될 수 없고, 마찬가지로 수 개의 권리를 일괄하여 매매의 목적으로 정하였으나 그 중 일부의 권리를 이전할 수 없는 경우에도 위 조항은 적용될 수 없다.

② **(×)** 하자로 인한 확대손해배상의 근거를 묻는 지문이다. 유상성의 확보를 목적으로 하는 담보책임의 내용에 포함되는 손해배상이 아니라 채무불이행 혹은 불법행위로 인한 손해배상에 포함되는 손해이다. 따라서 매도인의 귀책성이 전제가 되어야 한다.

[**대법원** 1997. 5. 7. **선고** 96**다**39455 **판결**] 매도인이 매수인에게 공급한 부품이 통상의 품질이나 성능을 갖추고 있는 경우, 나아가 내한성이라는 특수한 품질이나 성능을 갖추고 있지 못하여 하자가 있다고 인정할 수 있기 위하여는, 매수인이 매도인에게 완제품이 사용될 환경을 설명하면서 그 환경에 충분히 견딜 수 있는 내한성 있는 부품의 공급을 요구한 데 대하여, 매도인이 부품이 그러한 품질과 성능을 갖춘 제품이라는 점을 명시적으로나 묵시적으로 보증하고 공급하였다는 사실이 인정되어야만 할 것이고, 특히 매매목적물의 하자로 인하여 확대손해 내지 2차 손해가 발생하였다는 이유로 매도인에게 그 확대손해에 대한 배상책임을 지우기 위하여는 채무의 내용으로 된 하자 없는 목적물을 인도하지 못한 의무위반사실 외에 그러한 의무위반에 대하여 매도인에게 귀책사유가 인정될 수 있어야만 한다.

③ **(×)** 종류매매에서 담보책임의 내용인 완전물급부청구권이 신의칙에 의하여 그 행사가 제한될 수 있는지를 묻는 지문이다. 지문과 같은 사정이 있는 때에는 완전물급부청구권의 행사가 제한된다.

[**대법원** 2014. 5. 16. **선고** 2012**다**72582 **판결**] 민법의 하자담보책임에 관한 규정은 매매라는 유상·쌍무계약에 의한 급부와 반대급부 사이의 등가관계를 유지하기 위하여 민법의 지도이념인 공평의 원칙에 입각하여 마련된 것인데, 종류매매에서 매수인이 가지는 완전물급부청구권을 제한 없이 인정하는 경우에는 오히려 매도인에게 지나친 불이익이나 부당한 손해를 주어 등가관계를 파괴하는 결과를 낳을 수 있다. 따라서 매매목적물의 하자가 경미하여 수선 등의 방법으로도 계약의 목적을 달성하는 데 별다른 지장이 없는 반면 매도인에게 하자 없는 물건의 급부의무를 지우면 다른 구제방법에 비하여 지나치게 큰 불이익이 매도인에게 발생되는 경우와 같이 하자담보의무의 이행이 오히려 공평의 원칙에 반하는 경우에는, 완전물급부청구권의 행사를 제한함이 타당하다. 그리고 이러한 매수인의 완전물급부청구권의 행사에 대한 제한 여부는 매매목적물의 하자의 정도, 하자 수선의 용이성, 하자의 치유가능성 및 완전물급부의 이행으로 인하여 매도인에게 미치는 불이익의 정도 등의 여러 사정을 종합하여 사회통념에 비추어 개별적·구체적으로 판단하여야 한다(필자 주 : 甲이 乙 주식회사로부터 자동차를 매수하여 인도받은 지 5일 만에 계기판의 속도계가 작동하지 않는 하자가 발생하였음을 이유로 乙 회사 등을 상대로 신차 교환을 구한 사안에서, 위 하자는 계기판 모듈의 교체로 큰 비용을 들이지 않고서도 손쉽게 치유될 수 있는 하자로서 하자수리에 의하더라도 신차구입이라는 매매계약의 목적을 달성하는 데에 별다른 지장이 없고, 하자보수로 자동차의 가치하락에 영향을 줄 가능성이 희박한 반면, 매도인인 乙 회사에 하자 없는 신차의 급부의무를 부담하게 하면 다른 구제방법에 비하여 乙 회사에 지나치게 큰 불이익이 발생되어서 오히려 공평의 원칙에 반하게 되어 매수인의 완전물급부청구권의 행사를 제한함이 타당하므로, 甲의 완전물급부청구권 행사가 허용되지 않는다고 한 사례).

④ **(×)** 타인권리매매로 인한 담보책임의 내용으로 인정되는 손해배상의 구체적 내용을 묻는 지문이다. 채무불이행으로 인한 손해배상과 마찬가지로 이행이익의 배상을 내용으로 한다.

[**대법원** 1967. 5. 18. **선고** 66**다**2618 **전원합의체 판결**] 타인의 권리를 매매한 자가 권리이전을 할 수 없게 된 때에는 매도인은 선의의 매수인에 대하여 불능 당시의 시가를 표준으로 그 계약이 완전히 이행된 것과 동일한 경제적 이익을 배상할 의무가 있다.

⑤ **(O)** 수량지정매매에 해당하는지를 묻는 지문이다. 일정면적이 있다는 데에 주안두고 대금이 정해지는 매매가 수량지정매매이며, 아파트 분양계약은 이에 해당한다. 따라서 수량부족이 발생한 때에는 매수인은 대금감액을 청구할 수 있다.

[**대법원** 2002. 11. 8. **선고** 99**다**58136 **판결**] 아파트 분양시 공유대지면적을 지정한 아파트 분양계약을 수량지정매매로 보아 공유대지면적을 부족하게 이전해 준 경우 민법 제574조에 의한 대금감액청구권을 인정한 사례.

정답 ⑤

9. **乙은 2010. 4. 1. 甲으로부터 甲 소유의 X 부동산을 매수하는 계약을 체결하면서 계약금 1,000만 원을 甲에게 지급하였다. 계약에 따르면 매매대금은 1억 원이며, 2010. 5. 1. 乙은 잔대금 9,000만 원을 지급하면서 甲으로부터 X 부동산의 소유권이전등기에 필요한 서류를 교부받기로 하였다. 다음 설명 중 옳지 않은 것은? (다툼이 있는 경우에는 판례에 의함)** [13 변호사]

① 乙은 2010. 4. 15. 계약금 1,000만 원을 포기하면서 위 매매계약을 해제할 수 있다.
② 특별한 사정이 없는 한, 이행기 도과 후 甲이 乙에게 지연손해금을 청구하기 위해서는 甲이 한 차례 이행제공을 하는 것으로 충분하고, 그 이행제공이 계속되어야 할 필요는 없다.
③ 乙이 별다른 근거도 없이 2010. 4. 5.부터 계약의 무효를 주장하면서 甲의 변제제공이 있더라도 그 수령을 거절할 것임을 표시하여 수령거절의사를 번복할 가능성이 없는 경우, 甲은 2010. 4. 15. 이행의 최고 없이 乙의 이행거절을 이유로 계약을 해제할 수 있다.
④ 甲이 2010. 5. 1. 乙에게 X 부동산에 관하여 소유권이전등기를 마쳐주고 X 부동산을 인도하였으나 乙이 잔대금을 지급하지 못하자, 甲과 乙이 위 잔대금을 차용금으로 하고 이자율은 연 4%로 약정한 경우, 차용금의 변제기가 도과하면, 甲은 乙의 이행지체로 인한 지연손해금을 법정이율에 따라 乙에게 청구할 수 있다.
⑤ '乙이 2010. 5. 1. 잔대금을 지급하지 못하면 이 계약은 자동적으로 해제된다'는 취지의 특약이 있는 경우, 특별한 사정이 없는 한 2010. 5. 1.이 도과되었더라도 乙이 이행지체에 빠진 것이 아니라면 잔대금의 미지급으로 이 계약이 자동해제된 것으로 볼 수 없다.

해설

① **(O)** 계약금을 교부한 매수인이 매매계약을 해제할 수 있는지 여부 및 그 방법을 묻는 지문이다. 계약금은 해약금으로 추정되므로 당사자의 일방이 이행에 착수하기 전에는 계약금 교부자는 계약금을 포기하고, 계약금 수령자는 그 배액을 상환하여 계약을 해제할 수 있다. 따라서 계약금 교부자 乙은 이행기가 도래하기 전인 2010. 4. 15. 당사자 일방이 이행을 하였다는 특별한 사정이 없는 한, 계약금 1,000만 원을 포기하고 매매계약을 해제할 수 있다.

② **(×)** 동시이행의 항변권을 가지고 있는 매수인 乙의 매매대금 채무의 이행지체를 원인으로 하는 지연손해배상의무가 인정되기 위해서는 매도인 甲의 반대급부 변제제공이 계속되어야 하는지를 묻는 지문이다. 매도인 甲이 한 번의 변제제공을 한 것만으로도 매수인의 乙의 매매대금 채무의 이행지체 상태가 유지된다고 보는 견해도 있으나, 대법원은 매도인의 변제제공 상태가 유지되어야 매수인의 이행지체 상태가 유지되고, 만약 매도인 甲의 변제제공이 중지되고, 그 이후부터는 매수인 乙의 이행지체가 종료된다고 본다.

[**대법원** 1995. 3. 14. **선고** 94**다**26646 **판결**] 일시적으로 당사자 일방의 의무의 이행 제공이 있었으나 곧 그 이행의 제공이 중지되어 더 이상 그 제공이 계속되지 아니하는 기간 동안에는 상대방의 의무가 이행지체 상태에 빠졌다고 할 수는 없다고 할 것이고, 따라서 그 이행의 제공이 중지된 이후에 상대방의 의무가 이행지체되었음을 전제로 하는 손해배상청구도 할 수 없는 것이다.

③ **(O)** 채무자가 이행거절의사를 명백하게 표명한 경우, 채권자가 이행기 도래 전에 이행최고 없이 계약을 해제할 수 있는지를 묻는 지문이다. 대법원은 쌍무계약의 일방이 이행거절의사를 명백히 표명한 때에는 상대방은 반대급부의 변제제공 없이, 이행기 도래 여부를 불문하고, 이행최고 없이 계약을 해제할 수 있다고 한다.

[**대법원** 2007. 9. 20. **선고** 2005**다**63337 **판결**] 채무자가 채무를 이행하지 아니할 의사를 명백히 표시한 경우에 채권자는 신의성실의 원칙상 이행기 전이라도 이행의 최고 없이 채무자의 이행거절을 이유로 계약을 해제하거나 채무자를 상대로 손해배상을 청구할 수 있고, 채무자가 채무를 이행하지 아니할 의사를 명백히 표시하였는지 여부는 채무 이행에 관한 당사자의 행동과 계약 전·후의 구체적인 사정 등을 종합적으로 살펴서 판단하여야 한다.

④ **(O)** 금전채무에서 법정이율보다 낮은 약정이율이 존재하는 경우, 이행지체로 인한 지연손해금이 법정이율에 따라 결정되어야 하는지 아니면 약정이율에 따라 결정되어야 하는지를 묻는 지문이다. 민법 제397조 제1항은 '금전채무불이행의 손해배상액은 법정이율에 의한다. 그러나 법령의 제한에 위반하지 아니한 약정이율이 있으면 그 이율에 의한다.'고 규정하고 있다. 제397조 제1항 단서의 약정이율은 법정이율보다 높은 약정이율을 의미하는 것으로 제한해석하는 것이 대법원의 입장이다. 이렇게 해석하지 아니하면 법정이율보다 낮은 이율은 약정한 채무자는 이자지급의무 없는 채무자보다 채무불이행으로 인한 손해배상에서 유리한 지위에 서게 되어 형평에 맞지 않기 때문이다.

[**대법원** 2009. 12. 24. **선고** 2009**다**85342 **판결**] 민법 제397조 제1항은 본문에서 금전채무불이행의 손해배상액을 법정이율에 의할 것을 규정하고 그 단서에서 "그러나 법령의 제한에 위반하지 아니한 약정이율이 있으면 그 이율에 의한다."고 정한다. 이 단서규정은 약정이율이 법정이율 이상인 경우에만 적용되고, 약정이율이 법정이율보다 낮은 경우에는 그 본문으로 돌아가 법정이율에 의하여 지연손해금을 정할 것이다. 우선 금전채무에 관하여 아예 이자약정이 없어서 이자청구를 전혀 할 수 없는 경우에도 채무자의 이행지체로 인한 지연손해금은 법정이율에 의하여 청구할 수 있으므로, 이자를 조금이라도 청구할 수 있었던 경우에는 더욱이나 법정이율에 의한 지연손해금을 청구할 수 있다고 하여야 할 것이다.

⑤ **(O)** 잔대금지급 불이행을 원인으로 하는 자동해제조항에 따라 계약이 자동해제 되기 위해서는 단순히 잔대금이 지급되지 아니한 사실만 있으면 족한 것인지 아니면 잔대금 지급채무의 이행지체가 발생하여야 하는지를 묻는 지문이다. 매수인의 잔대금채무와 매도인의 소유권이전채무는 동시이행의 관계에 있으므로 특별한 사정이 없는 한 단순한 잔대금이 지급되지 아니한 사실만으로는 부족하고, 더 나아가 매도인이 반대급부의 변제제공을 함으로써 잔대금지급채무가 이행지체에 빠져야 한다.

[**대법원** 1998. 6. 12. **선고** 98**다**505 **판결**] 부동산 매매계약에 있어서 매수인이 잔대금 지급기일까지 그 대금을 지급하지 못하면 그 계약이 자동적으로 해제된다는 취지의 약정이 있더라도 특별한 사정이 없는 한 매수인의 잔대금 지급의무와 매도인의 소유권이전등기의무는 동시이행의 관계에 있으므로 매도인이 잔대금 지급기일에 소유권이전등기에 필요한 서류를 준비하여 매수인에게 알리는 등 이행의 제공을 하여 매수인으로 하여금 이행지체에 빠지게 하였을 때에 비로소 자동적으로 매매계약이 해제된다고 보아야 하고 매수인이 그 약정 기한을 도과하였더라도 이행지체에 빠진 것이 아니라면 대금 미지급으로 계약이 자동해제된 것으로 볼 수 없다. **정답** ②

10. **상가분양계약에 관한 설명 중 옳지 않은 것을 모두 고른 것은? (다툼이 있는 경우에는 판례에 의함)** [13 변호사]

ㄱ. 상가 내 특정 점포의 분양계약에서 분양자가 수분양자들에 대하여 부담하는 분양 점포에 관한 소유권이전등기의무와 상가 총면적 중 분양 점포면적에 해당하는 비율의 대지 지분에 관한 소유권이전등기의무 중 분양 점포에 관한 소유권이전등기의무의 이행이 불능에 이르렀더라도 그 대지 지분에 관한 소유권이전등기의무의 이행이 가능하다면, 수분양자들은 분양자에 대하여 위 대지 지분에 관한 소유권이전등기 절차의 이행을 구할 수 있다.
ㄴ. 업종을 지정하여 상가를 분양한 경우, 수분양자가 경업금지의 약정을 위배하면 분양자는 그 분양계약을 해제하는 등의 조치를 취함으로써 그 기존 점포의 상인들의 영업권이 실질적으로 보호되도록 최선을 다하여야 할 의무를 부담한다.
ㄷ. 업종을 지정하여 상가를 분양한 경우, 분양자의 수분양자에 대한 분양계약상의 의무는 전체 수분양자의 영업권을 실질적으로 보호하기 위한 것이므로, 분양자가 상가의 활성화를 위하여 업종의 일부를 변경하고 매장의 위치를 재조정하여 상가의 구성을 변경한 경우에는 그로 인하여 기존의 영업상 이익을 침해받을 처지에 있지 아니한 수분양자에 대하여도 의무를 위반한 것이다.
ㄹ. 업종을 지정하여 상가를 분양한 경우, 지정업종에 대한 경업금지의무는 수분양자들에게 적용되는 것이고, 이해를 조정할 위치에 있는 분양자에게는 적용되지 않는다.

① ㄱ, ㄷ, ㄹ ② ㄴ, ㄷ ③ ㄷ, ㄹ
④ ㄱ ⑤ ㄹ

해설

ㄱ. (×) 상가 내의 특정점포 분양계약에서 분양 점포에 관한 소유권이전등기의무의 이행이 불능인 경우, 전부불능으로 보아야 하는지 아니면 일부불능으로 보아야 하는지를 묻는 지문이다. 전부불능으로 본다면 형식적으로 이행이 가능한 대지지분이전등기의무도 이행을 청구할 수는 없고, 전보배상을 청구할 수 있을 뿐이다. 반면에 일부불능으로 본다면 대지지분이전등기의무의 이행을 청구할 수 있게 된다. 계약의 목적을 고려하여 전부불능인지 여부를 판단하여야 하는데, 특별한 사정이 없는 한 분양계약의 목적을 달성하지 못하는 것이므로 전부불능으로 보아야 한다.

[**대법원** 1995. 7. 25. **선고** 95**다**5929 **판결**] 쌍무계약에 있어 당사자 일방이 부담하는 채무의 일부만이 채무자의 책임 있는 사유로 이행할 수 없게 된 때에는, 그 이행이 불가능한 부분을 제외한 나머지 부분만의 이행으로는 계약의 목적을 달성할 수 없다면 채무의 이행은 전부가 불능이라고 보아야 할 것이므로, 채권자로서는 채무자에 대하여 계약 전부를 해제하거나 또는 채무 전부의 이행에 갈음하는 전보배상을 청구할 수 있을 뿐이지 이행이 가능한 부분만의 급부를 청구할 수는 없다(필자 註 : 장래에 건축될 집합건물인 상가 내의 특정 점포를 분양받기로 하는 계약에 있어서는 분양자인 피고 이상호가 피분양자들에 대하여 부담하는 분양 점포에 관한 소유권이전등기 의무와 상가 총면적 중 분양 점포면적에 해당하는 비율의 대지 지분에 관한 소유권이전등기 의무는 불가분의 관계에 있어 분양 점포에 관한 소유권이전등기의무의 이행이 불능에 이르렀다면 그 대지 지분에 관한 소유권이전등기 의무의 이행이 가능하다고 하더라도 그 이행만으로는 피분양자들이 최초분양계약 당시 의욕하였던 계약의 목적을 달성할 수는 없는 것이라고 할 것이고, 따라서 피고 이상호의 원고들에 대한 이 사건 분양계약상의 채무는 전부 이행불능상태에 이르렀다고 볼 것이므로 원고들로서는 피고 이상호에 대하여 위 대지 지분에 관한 소유권이전등기 절차의 이행만을 구할 수는 없다고 한 사례).

ㄴ. (O) 업종을 지정하여 분양한 분양자의 의무를 묻는 지문이다. 분양자에게는 기존 영업권을 보호하여야 할 의무가 인정된다.

[**대법원** 2005. 7. 14. **선고** 2004**다**67011 **판결**] 분양회사가 상가 분양 당시 층별 지정업종 및 품목을 중복되지 않게 정해놓고 수분양자들에게 분양을 원하는 층의 층별 지정업종의 범위 내에서 세부적인 취급품목을 지정하여 분양계약을 체결하고, 그 분양계약서에 '협의한 업종과 취급품목으로만 영업하여야 하며, 다른 업종이나 품목으로 변경하고자 할 경우에는 분양회사의 사전 서면승인을 받아야 하고, 수분양자가 위 계약을 위반할 경우에 분양회사는 계약을 해제할 수 있다'고 규정한 취지는, 경업금지를 분양계약의 내용으로 하여 만약 분양계약 체결 이후라도 수분양자가 경업금지의 약정을 위배하는 경우에는 그 분양계약을 해제하는 등의 조치를 취함으로써 기존 점포를 분양받은 상인들의 영업권이 실질적으로 보호되도록 최선을 다하여야 할 의무를 부담하겠다는 것이므로, 분양회사의 이러한 경업금지의무는 상가 분양계약의 목적달성에 있어 필요불가결하고 이를 이행하지 아니하면 분양계약의 목적이 달성되지 아니하여 수분양자들이 분양계약을 체결하지 아니하였을 것이라고 여겨질 정도의 주된 채무라고 봄이 상당하다.

ㄷ. (×) 업종을 지정하여 상가를 분양한 경우, 분양자의 의무의 내용을 묻는 지문이다. 분양자에게 업종준수의무가 있더라도 이는 수분양자의 영업권의 실질적 보호를 목적으로 하는 것이므로 업종의 변경과 조정으로 인하여 기존의 영업상 이익을 침해받지 아니한 수분양자에게는 업종의 변경과 조정이 분양자의 의무를 위반한 것으로 볼 수는 없다.

[**대법원** 2008. 5. 29. **선고** 2005**다**25151 **판결**] 대규모 상가를 분양할 경우에 분양자가 수분양자들에게 특정 영업을 정하여 분양하는 이유는 수분양자들이 해당 업종을 독점적으로 운영하도록 보장하는 한편 상가 내의 업종 분포와 업종별 점포 위치를 고려하여 상가를 구성함으로써 적절한 상권이 형성되도록 하고 이를 통하여 분양을 활성화하기 위한 것이고, 수분양자들로서도 해당 업종에 관한 영업이 보장된다는 전제 아래 분양회사와 계약을 체결한 것이므로, 지정업종에 관한 경업금지의무는 수분양자들에게만 적용되는 것이 아니라 분양자에게도 적용된다. 이 경우 분양자의 수분양자에 대한 의무는 수분양자의 영업권을 실질적으로 보호하기 위한 것이므로, 비록 분양자가 상가의 활성화를 위하여 업종의 일부를 변경하고 매장의 위치를 재조정하여 상가의 구성을 변경한다고 하더라도 이로 인하여 기존의 영업상 이익을 침해받을 처지에 있지 아니한 수분양자에 대하여는 의무위반이 있다고 할 수 없다.

ㄹ. (×) 업종을 지정하여 상가를 분양한 경우, 경업금지의무가 분양자에게 적용되는지를 묻는 지문이다. 분양자에게 적용된다.

[**대법원** 2006. 7. 4. **자** 2006**마**164·165 **결정**] 상가 분양회사가 수분양자에게 특정영업을 정하여 분양한 이유는 수분양자에게 그 업종을 독점적으로 운영하도록 보장함으로써 이를 통하여 분양을 활성화하기 위한 것이고, 수분양자들 역시 지정품목이 보장된다는 전제 아래 분양회사와 계약을 체결한 것이므로, 지정업종에 관한 경업금지의무는 수분양자들에게만 적용되는 것이 아니라 분양회사에도 적용된다.

정답 ①

11. 매매목적물에 대한 과실수취권과 매매대금에 대한 이자, 지연손해금에 관한 설명 중 옳지 않은 것은? (별도의 특약은 없음) (다툼이 있는 경우에는 판례에 의함) [12 변호사]

① 매매목적물이 인도되지 않고 대금도 완제되지 아니한 경우, 매수인의 대금지급의무의 이행기가 지났더라도 매도인은 매매대금에 대한 지연손해금의 지급을 청구할 수 없다.

② 매매목적물이 인도되지 않고 대금도 완제되지 아니한 경우, 매도인의 인도의무의 이행기가 지났더라도 매수인은 인도의무지체로 인한 손해배상을 청구할 수 없다.

③ 매수인이 이행기에 대금을 완제하고도 매매목적물을 인도받지 못한 경우, 매도인은 매수인의 매매대금지급 시점 이후부터 매수인에게 그 대금에 대한 이자를 지급하여야 한다.
④ 매매계약이 취소된 경우, 선의의 매수인은 취소 이전에 인도받은 매매목적물로부터 수취한 과실을 반환할 필요가 없다.
⑤ 매매계약이 해제된 경우, 매도인은 수령한 매매대금 및 이에 대한 수령일부터의 법정이자를 반환하여야 한다.

해설

① **(O)** [**대법원** 1995. 6. 30. **선고** 95**다**14190 **판결**] 특정물의 매매에 있어서 매수인의 대금지급채무가 이행지체에 빠졌다 하더라도 그 목적물이 매수인에게 인도될 때까지는 매수인은 매매대금의 이자를 지급할 필요가 없는 것이므로, 그 목적물의 인도가 이루어지지 아니하는 한매도인은 매수인의 대금지급의무 이행의 지체를 이유로 매매대금의 이자 상당액의 손해배상청구를 할 수 없다.

② **(O)** [**대법원** 2004. 4. 23. **선고** 2004**다**8210 **판결**] 민법 제587조에 의하면, 매매계약 있은 후에도 인도하지 아니한 목적물로부터 생긴 과실은 매도인에게 속하고, 매수인은 목적물의 인도를 받은 날로부터 대금의 이자를 지급하여야 한다고 규정하고 있는바, 이는 매매당사자 사이의 형평을 꾀하기 위하여 매매목적물이 인도되지 아니하더라도 매수인이 대금을 완제한 때에는 그 시점 이후의 과실은 매수인에게 귀속되지만, 매매목적물이 인도되지 아니하고 또한 매수인이 대금을 완제하지 아니한 때에는 매도인의 이행지체가 있더라도 과실은 매도인에게 귀속되는 것이므로 매수인은 인도의무의 지체로 인한 손해배상금의 지급을 구할 수 없다.

③ **(×)** 매매에서 매수인이 대금을 전부 지급하면 그 때부터 매매목적물의 과실은 매수인에게 귀속되므로 지문에서 대금을 전부 받은 매도인은 목적물의 과실을 매수인에게 주어야지 대금의 이자를 반환하여 주는 것이 아니다.

[**대법원** 1993. 11. 9. **선고** 93**다**28928 **판결**] 특별한 사정이 없는 한 매매계약이 있은 후에도 인도하지 아니한 목적물로부터 생긴 과실은 매도인에게 속하나, 매매목적물의 인도 전이라도 매수인이 매매대금을 완납한 때에는 그 이후의 과실수취권은 매수인에게 귀속된다.

④ **(O)** 무효와 취소의 경우에는 제201조가 적용되어 선의점유자의 과실취득권이 인정된다. 그러나 해제의 경우에는 원상회복의 특칙인 548조가 적용되어 201조는 적용되지 않는다.

[**대법원** 1993. 5. 14. **선고** 92**다**45025 **판결**] 쌍무계약이 취소된 경우 선의의 매수인에게 민법 제201조가 적용되어 과실취득권이 인정되는 이상 선의의 매도인에게도 민법 제587조의 유추적용에 의하여 대금의 운용이익 내지 법정이자의 반환을 부정함이 형평에 맞다.

⑤ **(O)** 당사자일방이 계약을 해제한 때에는 각 당사자는 그 상대방에 대하여 원상회복의 의무가 있다. 그러나 제3자의 권리를 해하지 못한다. 해제된 경우에 반환할 금전에는 그 받은 날로부터 이자를 가하여야 한다.(제548조 제1항, 제2항)

정답 ③

12. **乙이 甲으로부터 A 소유 X 건물을 매수하기 위하여 매매계약을 체결하였다. X 건물이 甲의 소유가 아니라는 점을 알지 못한 乙은 타인 권리의 매매를 이유로 甲에게 담보책임에 따른 손해배상을 청구하였다. 이에 관한 설명 중 옳은 것(○)과 옳지 않은 것(×)을 올바르게 조합한 것은? (각 지문은 독립적이며, 다툼이 있는 경우 판례에 의함)** [25 변호사]

ㄱ. 乙이 X 건물의 소유권이 甲에게 속하지 아니함을 알지 못한 것이 乙의 과실에 의한 경우, 법원은 甲이 배상할 손해액을 산정할 때 이를 참작하여야 한다.
ㄴ. 甲 또한 X 건물이 자기 소유가 아니고 A 소유임을 알지 못한 상태에서 위 매매계약을 체결하고, 甲이 계약을 위반하면 계약금의 배액을 乙에게 배상하고 乙이 위약할 때에는 계약금의 반환을 구할 수 없다는 내용의 약정을 하였다면, 그 위약금 약정은 타인 권리의 매매로 인한 담보책임까지 예상하여 손해배상액을 예정한 것이라고 볼 수 없다.
ㄷ. 甲이 X 건물의 소유권을 취득하여 乙에게 이전해야 할 의무가 甲의 귀책사유로 이행불능이 된 경우, 乙은 甲에 대하여 타인 권리의 매매로 인한 담보책임으로 손해배상을 청구할 수 있을 뿐만 아니라 일반적인 채무불이행으로서 계약을 해제하고 손해배상을 청구할 수 있다. 이때 위 담보책임으로 인한 손해배상의 범위는 이행불능 당시를 기준으로 한 이행이익 상당이다.
ㄹ. 甲이 乙에게 X 건물의 소유권을 이전할 수 없게 된 것이 오직 乙의 귀책사유에 의한 경우에도 甲은 타인 권리의 매매로 인한 담보책임을 부담한다.

① ㄱ(○), ㄴ(○), ㄷ(○), ㄹ(○)
② ㄱ(○), ㄴ(×), ㄷ(○), ㄹ(○)
③ ㄱ(○), ㄴ(×), ㄷ(○), ㄹ(×)
④ ㄱ(×), ㄴ(×), ㄷ(×), ㄹ(○)
⑤ ㄱ(○), ㄴ(○), ㄷ(○), ㄹ(×)

해설

ㄱ. **(O)** 판례는 매도인의 하자담보책임은 법이 특별히 인정한 무과실책임으로서 여기에 민법 제396조의 과실상계 규정이 준용될 수는 없다고 한다. 다만 경우에 따라서 '신의칙'에 기해 배상액을 감액할 수는 있다고 본다(94다23920).

ㄴ. **(O)** 판례는 매매 당사자가 모두 매매목적물이 타인의 소유인 사실을 모르고 계약을 체결한 경우 위약금의 약정은 타인의 권리매매에 있어서의 담보책임까지 예상하여 그 배상액을 예정한 것이라고 볼 수 없다고 본다(76다1699).

ㄷ. **(O)** 판례는 타인의 권리를 매매의 목적으로 한 경우에 있어서, 그 권리를 취득하여 매수인에게 이전하여야 할 매도인의 의무가 매도인의 귀책사유로 인하여 이행불능이 되었다면, 매수인이 매도인의 담보책임에 관한 민법 제570조 단서의 규정에 의해 손해배상을 청구할 수 없다 하더라도, 채무불이행 일반의 규정에 좇아서 계약을 해제하고 손해배상을 청구할 수 있다고 본다(93다37328).

ㄹ. **(×)** 판례는 타인의 권리매매에 있어 매도인의 목적물을 매수인에게 이전할 수 없게 된 것이 오직 매수인의 귀책사유에 기인한 경우에는 매도인은 민법 제569조 하자담보책임을 지지 않는다고 본다(79다564).

정답 ⑤

III. 증여

제3절 대차계약

Ⅰ. 민법상 임대차

1. **甲과 乙은 甲 소유의 건물 중 1층에 대하여 임대차계약을 체결하였으나 乙이 임차하여 점유하고 있던 건물 1층에서 발생한 화재로 건물 1층뿐만 아니라 甲이 점유하고 있던 건물 2층도 전소되었다. 이에 관한 설명 중 옳은 것(○)과 옳지 않은 것(×)을 올바르게 조합한 것은? (다툼이 있는 경우 판례에 의함)** [20 변호사]

ㄱ. 건물 1층에서 발생한 화재가 甲이 지배, 관리하는 영역에 존재하는 하자로 인하여 발생한 것으로 추단된다면, 특별한 사정이 없는 한 甲은 화재로 인한 목적물 반환의무의 이행불능으로 인한 손해배상책임을 乙에게 물을 수 없다.

ㄴ. 건물 1층에서 발생한 화재가 그 발생 원인이 불분명한 경우라면 乙은 원칙적으로 화재로 인한 임대목적물 반환의무의 이행불능에 따른 손해배상책임을 지지 않는다.

ㄷ. 건물 1층과 구조상 불가분의 일체를 이루고 있는 건물 2층에서 발생한 재산상 손해에 대하여 乙에게 채무불이행에 기한 손해배상을 청구하는 경우, 甲은 화재 발생과 관련된 乙의 계약상 의무 위반이 있었다는 사실을 주장·증명하여야 한다.

① ㄱ(○), ㄴ(○), ㄷ(×) ② ㄱ(○), ㄴ(×), ㄷ(○) ③ ㄱ(○), ㄴ(×), ㄷ(×)
④ ㄱ(×), ㄴ(×), ㄷ(○) ⑤ ㄱ(×), ㄴ(×), ㄷ(×)

해 설

ㄱ. **(O)** 임대인의 지배영역에 존재하는 하자로 화재가 발생한 경우, 임차인의 반환의무 이행불능으로 인한 손해배상책임은 인정되지 않는다.

[**대법원** 2009. 5. 28. **선고** 2009**다**13170 **판결**] 주택 기타 건물 또는 그 일부의 임차인이 임대인으로부터 목적물을 인도받아 점유·용익하고 있는 동안에 목적물이 화재로 멸실된 경우, 그 화재가 건물소유자 측이 설치하여 건물구조의 일부를 이루는 전기배선과 같이 임대인이 지배·관리하는 영역에 존재하는 하자로 인하여 발생한 것으로 추단된다면, 그 하자를 보수·제거하는 것은 임대차 목적물을 사용·수익하기에 필요한 상태로 유지할 의무를 부담하는 임대인의 의무에 속하는 것이므로, 그 화재로 인한 목적물반환의무의 이행불능 등에 관한 손해배상책임을 임차인에게 물을 수 없다.

ㄴ. **(×)** 원인불명 화재로 임대차목적물이 소실된 경우, 임차인은 원칙적으로 반환의무 이행불능에 따른 손해배상책임을 진다. 임차인이 손해배상책임을 면하려면 선관주의로의 보존의무를 다하였음을 증명하여야 한다.

[**대법원** 2001. 1. 19. **선고** 2000**다**57351 **판결**] 임차인의 임차물 반환채무가 이행불능이 된 경우 임차인이 그 이행불능으로 인한 손해배상책임을 면하려면 그 이행불능이 임차인의 귀책사유로 말미암은 것이 아님을 입증할 책임이 있으며, 임차건물이 화재로 소훼된 경우에 있어서 그 화재의 발생원인이 불명인 때에도 임차인이 그 책임을 면하려면 그 임차건물의 보존에 관하여 선량한 관리자의 주의의무를 다하였음을 입증하여야 한다.

ㄷ. **(O)** 임대목적 외 부분의 손해에 관한 임차인의 책임이 인정되기 위해서는 임차인이 계약상 의무를 위반하였음을 임대인이 증명하여야 한다.

[**대법원** 2017. 5. 18. **선고** 2012**다**86895 **전원합의체 판결**] 임차인이 임대인 소유 건물의 일부를 임차하여 사용·수익하던 중 임차 건물 부분에서 화재가 발생하여 임차 건물 부분이 아닌 건물 부분(이하

'임차 외 건물 부분'이라 한다)까지 불에 타 그로 인해 임대인에게 재산상 손해가 발생한 경우에, 임차인이 보존·관리의무를 위반하여 화재가 발생한 원인을 제공하는 등 화재 발생과 관련된 임차인의 계약상 의무 위반이 있었음이 증명되고, 그러한 의무 위반과 임차 외 건물 부분의 손해 사이에 상당 인과관계가 있으며, 임차 외 건물 부분의 손해가 그러한 의무 위반에 따른 통상의 손해에 해당하거나, 임차인이 그 사정을 알았거나 알 수 있었을 특별한 사정으로 인한 손해에 해당한다고 볼 수 있는 경우라면, 임차인은 임차 외 건물 부분의 손해에 대해서도 민법 제390조, 제393조에 따라 임대인에게 손해배상책임을 부담하게 된다.

종래 대법원은 임차인이 임대인 소유 건물의 일부를 임차하여 사용·수익하던 중 임차 건물 부분에서 화재가 발생하여 임차 외 건물 부분까지 불에 타 그로 인해 임대인에게 재산상 손해가 발생한 경우에, 건물의 규모와 구조로 볼 때 건물 중 임차 건물 부분과 그 밖의 부분이 상호 유지·존립함에 있어서 구조상 불가분의 일체를 이루는 관계에 있다면, 임차인은 임차 건물의 보존에 관하여 선량한 관리자의 주의의무를 다하였음을 증명하지 못하는 이상 임차 건물 부분에 한하지 아니하고 건물의 유지·존립과 불가분의 일체 관계에 있는 임차 외 건물 부분이 소훼되어 임대인이 입게 된 손해도 채무불이행으로 인한 손해로 배상할 의무가 있다고 판단하여 왔다.

그러나 임차 외 건물 부분이 구조상 불가분의 일체를 이루는 관계에 있는 부분이라 하더라도, 그 부분에 발생한 손해에 대하여 임대인이 임차인을 상대로 채무불이행을 원인으로 하는 배상을 구하려면, 임차인이 보존·관리의무를 위반하여 화재가 발생한 원인을 제공하는 등 화재 발생과 관련된 임차인의 계약상 의무 위반이 있었고, 그러한 의무 위반과 임차 외 건물 부분의 손해 사이에 상당인과 관계가 있으며, 임차 외 건물 부분의 손해가 의무 위반에 따라 민법 제393조에 의하여 배상하여야 할 손해의 범위 내에 있다는 점에 대하여 임대인이 주장·증명하여야 한다.

이와 달리 위와 같은 임대인의 주장·증명이 없는 경우에도 임차인이 임차 건물의 보존에 관하여 선량한 관리자의 주의의무를 다하였음을 증명하지 못하는 이상 임차 외 건물 부분에 대해서까지 채무불이행에 따른 손해배상책임을 지게 된다고 판단한 종래의 대법원판결들은 이 판결의 견해에 배치되는 범위 내에서 이를 모두 변경하기로 한다.

정답 ②

2. 임대차에 관한 설명 중 옳지 않은 것은? (다툼이 있는 경우 판례에 의함) [19 변호사]

① 임대차계약상의 차임채권이 양도된 경우, 임대차계약 당사자 사이에 별도의 특약이 없는 한 임차인은 임대차계약이 종료되어 목적물을 반환할 때까지 연체된 차임상당액을 보증금에서 공제할 것을 주장할 수 없다.

② 「주택임대차보호법」 제3조 제1항의 대항요건을 갖춘 임차인의 임대차보증금반환채권에 대한 압류 및 전부명령이 확정되어 임차인의 임대차보증금반환채권이 집행채권자에게 이전된 후 소유자인 임대인이 당해 주택을 제3자에게 매도한 경우 임대인은 전부금 지급의무를 부담하지 않는다.

③ 「주택임대차보호법」 제3조 제1항의 대항요건과 임대차계약증서상의 확정일자를 갖춘 임차인은 「민사집행법」에 따른 경매를 할 때 임차주택의 환가대금에서 후순위권리자나 그 밖의 채권자보다 우선하여 보증금을 변제받을 권리가 있다.

④ 건물의 소유를 목적으로 하는 토지임대차계약에서 지상물매수청구권의 행사로 인하여 임대인과 임차인 사이에 지상물에 관한 매매가 성립하게 되며, 임대인은 그 매수를 거절하지 못한다.

⑤ 건물의 소유를 목적으로 하는 토지임대차계약 종료 시 토지 임대인이 토지 임차인을 상대로 하여 토지 임차인이 그의 비용으로 그 토지 지상에 신축한 건물 철거와 그 부지 인도 청구를 하고, 이에 대하여 토지 임차인은 지상물매수청구권을 행사하는 경우에는 토지 임대인의 청구에 해당 건물 매수대금 지급과 동시에 건물명도를 구하는 청구가 포함되어 있다고 볼 수 없다.

해 설

① (×) 차임채권이 양도되거나 전부되었더라도 임대차가 종료되어 목적물이 반환될 때까지 추심되지 아니한 경우에는 보증금에서 당연히 공제된다.
[**대법원** 2017. 10. 12. **선고** 2016**다**277880 **판결**] 임대차보증금은 임대차계약 종료 후 목적물을 임대인에게 인도할 때까지 임대차에 따라 발생하는 임차인의 모든 채무를 담보하므로, 그 피담보채무 상당액은 임대차관계 종료 후 목적물이 반환될 때 별도의 의사표시 없이 임대차보증금에서 당연히 공제되는 것이 원칙이다. 따라서 임차건물의 양수인이 건물 소유권을 취득한 후 임대차관계가 종료되어 임차인에게 임대차보증금을 반환해야 하는 경우에는, 임대인의 지위를 승계하기 전까지 발생한 연체차임이나 관리비 등은 그에 관하여 채권양도의 요건을 갖추지 않았다고 하더라도 임대차보증금에서 당연히 공제된다. 이는 임대차보증금이 수수된 임대차계약에서 차임채권이 양도되었다거나 차임채권에 관하여 압류 및 추심명령이 있었다고 하더라도 마찬가지이다.

② (O) [**대법원** 2005. 9. 9. **선고** 2005**다**23773 **판결**] 주택임대차보호법 제3조 제1항의 대항요건을 갖춘 임차인의 임대차보증금반환채권에 대한 압류 및 전부명령이 확정되어 임차인의 임대차보증금반환채권이 집행채권자에게 이전된 경우 제3채무자인 임대인으로서는 임차인에 대하여 부담하고 있던 채무를 집행채권자에 대하여 부담하게 될 뿐 그가 임대차목적물인 주택의 소유자로서 이를 제3자에게 매도할 권능은 그대로 보유하는 것이며, 위와 같이 소유자인 임대인이 당해 주택을 매도한 경우 주택임대차보호법 제3조 제2항에 따라 전부채권자에 대한 보증금지급의무를 면하게 되므로, 결국 임대인은 전부금지급의무를 부담하지 않는다.

③ (O) 주택임대차보호법 제3조의2 제2항.

④ (O) 제643조의 지상물매수청구권은 형성권으로 매수청구권 행사로 인하여 매매계약이 당연히 체결된다.

⑤ (O) [**대법원** 1995. 7. 11. **선고** 94**다**34265 **전원합의체 판결**] 토지임대차 종료시 임대인의 건물철거와 그 부지인도 청구에는 건물매수대금 지급과 동시에 건물명도를 구하는 청구가 포함되어 있다고 볼 수 없다.

정답 ①

3. **임대차에 관한 설명 중 옳지 않은 것을 모두 고른 것은? (다툼이 있는 경우 판례에 의함)** [19 변호사]

ㄱ. 임차인이 임대인 소유 건물의 일부를 임차하여 사용·수익하던 중 임차건물 부분에서 화재가 발생하여 임차건물 부분이 아닌 건물 부분까지 불에 탄 경우에, 건물의 규모와 구조로 볼 때 건물 중 임차건물 부분과 그 밖의 부분이 상호 유지·존립함에 있어서 구조상 불가분의 일체를 이루는 관계에 있다면, 임차인은 임차건물의 보존에 관하여 선량한 관리자의 주의의무를 다하였음을 증명하지 못하는 이상 그 임차 외 건물 부분이 소훼되어 임대인이 입게 된 손해도 채무불이행으로 인한 손해로 배상할 의무가 있다.

ㄴ. 임대인의 수선의무 면제특약에 면제되는 수선의무의 범위를 명시하지 않은 경우, 특별한 사정이 없는 한 대파손의 수리, 건물의 주요 구성부분의 대수선, 기본적 설비 교체 등 대규모의 수선은 여전히 임대인이 수선의무를 부담한다.

ㄷ. 「주택임대차보호법」상 대항력을 갖춘 임차인의 임대차보증금반환채권이 가압류된 경우, 임대주택의 양도로 인하여 임대차보증금반환채무가 이전된 때에는, 이미 집행된 가압류의 제3채무자 지위는 양수인에게 승계된다.

ㄹ. 부동산 임대차보증금반환채권의 양도에 대하여 임대인이 아무런 이의를 보류하지 아니한 채 이를 승낙하였더라도, 특별한 사정이 없는 한 임대인은 양수인에게 반환할 임대차보증금에서 임대차 목적물의 원상복구비용 상당의 손해배상액을 당연히 공제할 수 있다.

① ㄱ ② ㄱ, ㄴ ③ ㄴ, ㄷ
④ ㄱ, ㄴ, ㄹ ⑤ ㄴ, ㄷ, ㄹ

해설

ㄱ. (×) 임차 외 부분의 손해에 대해서 임차인에게 손해배상책임을 지우려면 임차인의 의무위반 사실, 인과관계, 그로 인한 손해가 통상손해이거나 예견가능한 특별손해임을 임대인이 증명하여야 한다.
[**대법원** 2017. 5. 18. **선고** 2012**다**86895 **전원합의체 판결**] 임차인이 임대인 소유 건물의 일부를 임차하여 사용·수익하던 중 임차 건물 부분에서 화재가 발생하여 임차 건물 부분이 아닌 건물 부분(이하 '임차 외 건물 부분'이라 한다)까지 불에 타 그로 인해 임대인에게 재산상 손해가 발생한 경우에, 임차인이 보존·관리의무를 위반하여 화재가 발생한 원인을 제공하는 등 화재 발생과 관련된 임차인의 계약상 의무 위반이 있었음이 증명되고, 그러한 의무 위반과 임차 외 건물 부분의 손해 사이에 상당인과관계가 있으며, 임차 외 건물 부분의 손해가 그러한 의무 위반에 따른 통상의 손해에 해당하거나, 임차인이 그 사정을 알았거나 알 수 있었을 특별한 사정으로 인한 손해에 해당한다고 볼 수 있는 경우라면, 임차인은 임차 외 건물 부분의 손해에 대해서도 민법 제390조, 제393조에 따라 임대인에게 손해배상책임을 부담하게 된다.
종래 대법원은 임차인이 임대인 소유 건물의 일부를 임차하여 사용·수익하던 중 임차 건물 부분에서 화재가 발생하여 임차 외 건물 부분까지 불에 타 그로 인해 임대인에게 재산상 손해가 발생한 경우에, 건물의 규모와 구조로 볼 때 건물 중 임차 건물 부분과 그 밖의 부분이 상호 유지·존립함에 있어서 구조상 불가분의 일체를 이루는 관계에 있다면, 임차인은 임차 건물의 보존에 관하여 선량한 관리자의 주의의무를 다하였음을 증명하지 못하는 이상 임차 건물 부분에 한하지 아니하고 건물의 유지·존립과 불가분의 일체 관계에 있는 임차 외 건물 부분이 소훼되어 임대인이 입게 된 손해도 채무불이행으로 인한 손해로 배상할 의무가 있다고 판단하여 왔다.
그러나 임차 외 건물 부분이 구조상 불가분의 일체를 이루는 관계에 있는 부분이라 하더라도, 그 부분에 발생한 손해에 대하여 임대인이 임차인을 상대로 채무불이행을 원인으로 하는 배상을 구하려면, 임차인이 보존·관리의무를 위반하여 화재가 발생한 원인을 제공하는 등 화재 발생과 관련된 임차인의 계약상 의무 위반이 있었고, 그러한 의무 위반과 임차 외 건물 부분의 손해 사이에 상당인과관계가 있으며, 임차 외 건물 부분의 손해가 의무 위반에 따라 민법 제393조에 의하여 배상하여야 할 손해의 범위 내에 있다는 점에 대하여 임대인이 주장·증명하여야 한다.
이와 달리 위와 같은 임대인의 주장·증명이 없는 경우에도 임차인이 임차 건물의 보존에 관하여 선량한 관리자의 주의의무를 다하였음을 증명하지 못하는 이상 임차 외 건물 부분에 대해서까지 채무불이행에 따른 손해배상책임을 지게 된다고 판단한 종래의 대법원판결들은 이 판결의 견해에 배치되는 범위 내에서 이를 모두 변경하기로 한다.

ㄴ. (○) 수선의무 면제특약은 제한적으로 해석하여야 한다. 통상적으로 발생할 수 있는 수선에 관한 임대인의 의무가 면제될 뿐이다.
[**대법원** 1994. 12. 9. **선고** 94**다**34692·34708 **판결**] 임대인의 수선의무는 특약에 의하여 이를 면제하거나 임차인의 부담으로 돌릴 수 있으나, 그러한 특약에서 수선의무의 범위를 명시하고 있는 등의 특별한 사정이 없는 한 그러한 특약에 의하여 임대인이 수선의무를 면하거나 임차인이 그 수선의무를 부담하게 되는 것은 통상 생길 수 있는 파손의 수선 등 소규모의 수선에 한한다 할 것이고, 대파손의 수리, 건물의 주요 구성부분에 대한 대수선, 기본적 설비부분의 교체 등과 같은 대규모의 수선은 이에 포함되지 아니하고 여전히 임대인이 그 수선의무를 부담한다고 해석함이 상당하다(필자 註 : 원고와 피고는 위 임대차계약 당시 "여관 수리는 임차인인 원고가 부담하고, 보일러 고장을 수리하는 것은 목욕탕을 가동할 때는 원고가 그 수리비의 반을 부담하고 가동하지 않을 때는 그 전액을 부담한다"는 내용

의 특약을 맺었지만 위 특약에 의하여 임차인이 부담할 수선의무의 범위가 구체적으로 명시된 것은 아니라 할 것이고, 한편 위 문제의 배관 및 보일러시설은 건물의 주요 구성부분 또는 기본적 설비부분을 이루는 것으로서 그 파손의 정도는 전면적인 교체를 요하는 정도였고, 그 비용 또한 거액이 소요되는 점 등으로 보아 이는 대규모의 수선이 필요한 경우에 해당함을 알 수 있는 바, 따라서 달리 특별한 사정이 없는 한 위 특약에 의하여 임대인인 피고가 위와 같은 배관 및 보일러시설의 파손에 대한 수선의무를 면하고 임차인인 원고가 이를 부담하는 것은 아니라고 봄이 상당할 것이므로, 이와 같은 취지의 원심의 인정판단은 정당하고, 거기에 소론과 같이 처분문서나 의사표시의 해석을 잘못하고 증거의 가치판단을 잘못하여 채증법칙에 위배한 위법이나 임대인의 수선의무에 관한 법리를 오해한 위법이 있다 할 수 없다고 한 사례).

ㄷ. (O) 임대인의 지위가 승계됨에 따라 가압류의 제3채무자 지위도 당연히 승계된다.

[**대법원** 2013. 1. 17. **선고** 2011**다**49523 **전원합의체 판결**] 주택임대차보호법 제3조 제3항은 같은 조 제1항이 정한 대항요건을 갖춘 임대차의 목적이 된 임대주택(이하 '임대주택'은 주택임대차보호법의 적용대상인 임대주택을 가리킨다)의 양수인은 임대인의 지위를 승계한 것으로 본다고 규정하고 있는바, 이는 법률상의 당연승계 규정으로 보아야 하므로, 임대주택이 양도된 경우에 양수인은 주택의 소유권과 결합하여 임대인의 임대차 계약상의 권리·의무 일체를 그대로 승계하며, 그 결과 양수인이 임대차보증금반환채무를 면책적으로 인수하고, 양도인은 임대차관계에서 탈퇴하여 임차인에 대한 임대차보증금반환채무를 면하게 된다. 나아가 임차인에 대하여 임대차보증금반환채무를 부담하는 임대인임을 당연한 전제로 하여 임대차보증금반환채무의 지급금지를 명령받은 제3채무자의 지위는 임대인의 지위와 분리될 수 있는 것이 아니므로, 임대주택의 양도로 임대인의 지위가 일체로 양수인에게 이전된다면 채권가압류의 제3채무자의 지위도 임대인의 지위와 함께 이전된다고 볼 수밖에 없다. 한편 주택임대차보호법상 임대주택의 양도에 양수인의 임대차보증금반환채무의 면책적 인수를 인정하는 이유는 임대주택에 관한 임대인의 의무 대부분이 그 주택의 소유자이기만 하면 이행가능하고 임차인이 같은 법에서 규정하는 대항요건을 구비하면 임대주택의 매각대금에서 임대차보증금을 우선변제받을 수 있기 때문인데, 임대주택이 양도되었음에도 양수인이 채권가압류의 제3채무자의 지위를 승계하지 않는다면 가압류권자는 장차 본집행절차에서 주택의 매각대금으로부터 우선변제를 받을 수 있는 권리를 상실하는 중대한 불이익을 입게 된다. 이러한 사정들을 고려하면, 임차인의 임대차보증금반환채권이 가압류된 상태에서 임대주택이 양도되면 양수인이 채권가압류의 제3채무자의 지위도 승계하고, 가압류권자 또한 임대주택의 양도인이 아니라 양수인에 대하여만 위 가압류의 효력을 주장할 수 있다고 보아야 한다.

ㄹ. (O) 채권양도에 관하여 채무자가 이의를 보류하지 아니한 승낙을 하더라도 채권양수인이 당연히 알 수 있는 항변사유는 상실되지 않는다. 보증금은 임차인의 임대차에 관한 채무를 모두 담보하는 기능을 하므로 원상복구비용 공제항변은 상실되지 않는다.

[**대법원** 2002. 12. 10. **선고** 2002**다**52657 **판결**] 부동산임대차에 있어서 임차인이 임대인에게 지급하는 임대차보증금은 임대차관계가 종료되어 목적물을 반환하는 때까지 그 임대차관계에서 발생하는 임차인의 모든 채무를 담보하는 것으로서, 임대인의 임대차보증금 반환의무는 임대차관계가 종료되는 경우에 그 임대차보증금 중에서 목적물을 반환받을 때까지 생긴 연체차임 등 임차인의 모든 채무를 공제한 나머지 금액에 관하여서만 비로소 이행기에 도달하는 것이므로, 그 임대차보증금 반환 채권을 양도함에 있어서 임대인이 아무런 이의를 보류하지 아니한 채 채권양도를 승낙하였어도 임차 목적물을 개축하는 등 하여 임차인이 부담할 원상복구비용 상당의 손해배상액은 반환할 임대차보증금에서 당연히 공제할 수 있다 할 것이나, 임대인과 임차인 사이에서 장래 임대목적물 반환시 위 원상복구비용의 보증금 명목으로 지급하기로 약정한 금액은, 임대차관계에서 당연히 발생하는 임차인의 채무가 아니라 임대인과 임차인 사이의 약정에 기하여 비로소 발생하는 채무에 불과하므로, 반환할 임대차보증금에서 당연히 공제할 수 있는 것은 아니라 할 것이어서, 임대차보증금 반환 채권을 양도하기 전에 임차인과 사이에 이와 같은 약정을 한 임대인이 이와 같은 약정에 기한 원상복구비용의 보증금 청구 채권이 존재한다는 이의를 보류하지 아니한 채 채권양도를 승낙하였다면 민법 제451조 제1항이 적용되어 그 원상복구비용의 보증금 청구 채권으로 채권양수인에게 대항할 수 없다. 정답 ①

4. **건물 소유를 목적으로 하는 토지 임대차에서 임차인의 지상물매수청구권에 관한 설명 중 옳지 않은 것은? (다툼이 있는 경우 판례에 의함)** [18 변호사]

① 종전 토지 임차인으로부터 미등기 무허가건물을 매수하여 점유하고 있는 현재의 토지 임차인은 소유자로서의 등기명의가 없더라도 특별한 사정이 없는 한 임대인에 대하여 지상물매수청구권을 행사할 수 있다.

② 토지 임차인의 지상물매수청구권은 임대차기간이 만료된 경우뿐만 아니라, 기간의 정함이 없는 임대차에서 임대인에 의한 해지통고에 의하여 그 임차권이 소멸된 경우에도 인정된다.

③ 토지 소유자가 아닌 제3자가 임대차계약의 당사자로서 토지를 임대한 경우, 토지 소유자가 임대인의 지위를 승계하였다는 등의 특별한 사정이 없는 한, 임대인이 아닌 토지 소유자가 직접 지상물매수청구권의 상대방이 될 수는 없다.

④ 임차인 소유 건물이 임대차 대상 토지 외에 임차인 또는 제3자 소유의 토지 위에 걸쳐서 건립되어 있는 경우, 임차지에 서 있는 건물 부분 중 구분소유의 객체가 될 수 있는 부분에 한하여 임차인은 지상물매수청구를 할 수 있다.

⑤ 토지 임대차 종료 시 임대인의 건물철거와 그 부지인도 청구에는 건물매수대금 지급과 동시에 건물명도를 구하는 청구가 포함되어 있다고 볼 수 있다.

해설

① **(O)** 지상 건물의 미등기매수인인 임차인도 지상물매수청구권자에 해당한다. 지상물매수청구권자는 지상건물 등에 관하여 처분권한을 가진 자이면 족하고 반드시 소유자에 한정되는 것은 아니다. 그러나 토지임차인이 지상건물을 제3자에게 처분하여 그 처분권한을 상실한 때에는 매수청구권을 행사할 수 없다.

[**대법원** 2013. 11. 28. **선고** 2013**다**48364 **판결**] 민법 제643조가 정하는 건물 소유를 목적으로 하는 토지 임대차에서 임차인이 가지는 지상물매수청구권은 건물의 소유를 목적으로 하는 토지 임대차계약이 종료되었음에도 그 지상 건물이 현존하는 경우에 임대차계약을 성실하게 지켜온 임차인이 임대인에게 상당한 가액으로 그 지상 건물의 매수를 청구할 수 있는 권리로서 국민경제적 관점에서 지상 건물의 잔존 가치를 보존하고, 토지 소유자의 배타적 소유권 행사로 인하여 희생당하기 쉬운 임차인을 보호하기 위한 제도이므로, 특별한 사정이 없는 한 행정관청의 허가를 받은 적법한 건물이 아니더라도 임차인의 지상물매수청구권의 대상이 될 수 있다. 그리고 건물을 매수하여 점유하고 있는 사람은 소유자로서의 등기명의가 없다 하더라도 그 권리의 범위 내에서는 그 점유 중인 건물에 대하여 법률상 또는 사실상의 처분권을 가지고 있다. 위와 같은 지상물매수청구청구권 제도의 목적, 미등기 매수인의 법적 지위 등에 비추어 볼 때, 종전 임차인으로부터 미등기 무허가건물을 매수하여 점유하고 있는 임차인은 특별한 사정이 없는 한 비록 소유자로서의 등기명의가 없어 소유권을 취득하지 못하였다 하더라도 임대인에 대하여 지상물매수청구권을 행사할 수 있는 지위에 있다.

② **(O)** 토지임차인의 지상물매수청구권은 토지임대인이 갱신을 거절하거나 토지임대인이 해지통고를 하여 임대차의 존속이 유지되지 못하는 경우에 인정된다.

[**대법원** 1995. 7. 11. **선고** 94**다**34265 **전원합의체 판결**] 토지임차인의 지상물매수청구권은 기간의 정함이 없는 임대차에 있어서 임대인에 의한 해지통고에 의하여 그 임차권이 소멸된 경우에도 마찬가지로 인정된다.

③ **(O)** 지상물매수청구의 상대방을 묻는 지문이다. 임대차종료 당시 임대인이 그 상대방이 되어야

하고, 임대목적 토지가 양도되었으나 양수인이 임대인의 지위를 승계하지 아니한 때에는 양수인은 지상물매수청구의 상대방이 되지 않는다.

[**대법원** 1994. 7. 29. **선고** 93**다**59717·52724 **판결**] 건물의 소유를 목적으로 하는 토지 임차인의 건물매수청구권 행사의 상대방은 원칙적으로 임차권 소멸 당시의 토지소유자인 임대인이고, 임대인이 임차권 소멸 당시에 이미 토지소유권을 상실한 경우에는 그에게 지상건물의 매수청구권을 행사할 수는 없으며, 이는 임대인이 임대차계약의 종료 전에 토지를 임의로 처분하였다 하여 달라지는 것은 아니다.

④ **(O)** 임차지와 제3자에 걸쳐서 임차인의 건물이 축조된 경우, 매수청구의 대상인 건물은 임차지상 건물에 한정되고, 임차지상 건물부분이 구분소유의 목적이 될 수 있어야 한다.

[**대법원** 1996. 3. 21. **선고** 93**다**42634 **전원합의체 판결**] 무릇 건물소유를 목적으로 하는 토지임대차에 있어서 임차인 소유 건물이 임대인이 임대한 토지 외에 임차인 또는 제3자 소유의 토지 위에 걸쳐서 건립되어 있는 경우에는, 임차지상에 서 있는 건물부분 중 구분소유의 객체가 될 수 있는 부분에 한하여 임차인에게 매수청구가 허용된다.

⑤ **(×)** 임대인의 지상물철거 및 부지인도청구에는 임차인의 지상물매수청구에 대응하여 건물대금지급과 동시에 건물명도를 구하는 청구가 포함되어 있다고 볼 수 없다. 임차인의 지상물매수청구는 형성권으로 그 행사여부는 임차인의 자유로운 의사에 맡겨져 있기 때문이다.

[**대법원** 1966. 5. 24. **선고** 66**다**548 **판결**] 원고는 청구취지로서 대전시 대흥동 129의 1 지상건물의 철거와 동 대지의 인도를 구하고 있음에도 불구하고 원판결이 주문에서 피고는 원고로부터 금 114,000원을 받음과 동시에 위 건물과 대지를 각 명도하라고 한 것은 당사자가 청구하지 아니한 것을 판결한 위법을 범한 것이다.

정답 ⑤

5. 임대차에 관한 설명 중 옳은 것은? (다툼이 있는 경우 판례에 의함) [17 변호사]

① 임대차계약 체결 당시 여러 사람이 공동임대인으로서 임차인과 사이에 하나의 임대차계약을 체결한 경우 특별한 사정이 없는 한 공동임대인 전원의 해지의 의사표시에 의하여 임대차계약 전부를 해지하여야 하나, 임대차목적물 중 일부가 양도되어 양수인이 그에 관한 임대인의 지위를 승계함으로써 공동임대인으로 된 경우에는 전원이 해지의 의사표시를 할 필요는 없다.

② 토지의 매수인이 매매목적물에 관한 임대차보증금 반환채무를 인수하는 한편 그 채무액을 매매대금에서 공제하기로 약정한 경우, 그 인수는 특별한 사정이 없는 한 매도인을 면책시키는 면책적 채무인수로 보아야 한다.

③ 보증금이 수수된 임대차계약에서 임대차가 종료되어 목적물을 반환할 때까지 연체한 차임액이 위 보증금에서 전액 공제된 경우, 임차인은 임대차 종료 전에 차임채권을 양수한 자의 양수금청구에 대해 연체된 차임액이 보증금에서 공제되었음을 주장하여 양수금지급을 거절할 수 없다.

④ 임대인이 목적물을 사용·수익하게 할 의무를 불이행하여 목적물의 사용·수익에 부분적으로 지장이 생긴 경우뿐 아니라 임대인이 수선의무를 이행함으로써 목적물의 사용·수익에 지장이 생긴 경우에도 임차인은 그 지장의 한도 내에서 차임의 지급을 거절할 수 있다.

⑤ 「주택임대차보호법」상 대항력을 갖춘 임차인의 임대차보증금반환채권이 가압류된 상태에서 임대주택이 양도된 경우, 양수인이 채권가압류의 제3채무자의 지위를 승계하는 것은 아니므로 가압류권자는 임대주택의 양수인이 아니라 양도인에 대하여 위 가압류의 효력을 주장하여야 한다.

해설

① (×) 해지권 행사의 불가분성의 원칙은 공동임대인이 임대차계약을 해지하는 때에도 적용된다. 처음부터 공동임대인인 경우와 임대목적물의 일부가 양도됨으로써 공동임대인으로 되는 경우는 마찬가지이다.

[**대법원** 2015. 10. 29. **선고** 2012**다**5537 **판결**] 민법 제547조 제1항은 "당사자의 일방 또는 쌍방이 수인인 경우에는 계약의 해지나 해제는 그 전원으로부터 또는 전원에 대하여 하여야 한다."라고 규정하고 있으므로, 여러 사람이 공동임대인으로서 임차인과 하나의 임대차계약을 체결한 경우에는 민법 제547조 제1항의 적용을 배제하는 특약이 있다는 등의 특별한 사정이 없는 한 공동임대인 전원의 해지의 의사표시에 따라 임대차계약 전부를 해지하여야 한다. 이러한 법리는 임대차계약의 체결 당시부터 공동임대인이었던 경우뿐만 아니라 임대차목적물 중 일부가 양도되어 그에 관한 임대인의 지위가 승계됨으로써 공동임대인으로 되는 경우에도 마찬가지로 적용된다.

② (×) 보증금채무를 인수하는 한편 매매대금에서 공제하기로 하는 내용의 매매계약으로 보증금채무가 면책적으로 인수되는지를 묻는 지문이다. 다른 특별한 사정이 없는 한 이행인수로 보아야 하고, 면책적 채무인수로 보기 위해서는 임차인의 승낙이 있어야 한다.

[**대법원** 2008. 9. 11. **선고** 2008**다**39663 **판결**] 부동산의 매수인이 매매목적물에 관한 임대차보증금 반환채무 등을 인수하는 한편 그 채무액을 매매대금에서 공제하기로 약정한 경우, 그 인수는 특별한 사정이 없는 이상 매도인을 면책시키는 면책적 채무인수가 아니라 이행인수로 보아야 하고, 면책적 채무인수로 보기 위해서는 이에 대한 채권자 즉 임차인의 승낙이 있어야 한다. 이 경우 임차인의 승낙은 반드시 명시적 의사표시에 의하여야 하는 것은 아니고 묵시적 의사표시에 의하여서도 가능하다고 할 것이나, 주택의 임차인이 제3자에 대한 대항력을 갖추기 전에 임차주택의 소유권이 양도되어 당연히 양수인이 임대차보증금 반환채무를 면책적으로 인수한 것으로 볼 수 없는 경우 주택임차인의 어떠한 행위를 임대차보증금 반환채무의 면책적 인수에 대한 묵시적 승낙의 의사표시에 해당한다고 볼 것인지 여부는 그 행위 당시 임대차보증금의 객관적 회수가능성 등 제반 사정을 고려하여 신중하게 판단하여야 한다.

③ (×) 임차인이 차임채권 양수인에 대하여 보증금에서의 공제를 주장할 수 있는지 묻는 지문이다. 양도된 차임채권이 임대차가 종료되어 목적물을 반환할 때까지 추심되지 아니한 때에는 보증금에서 당연히 공제된다.

[**대법원** 2015. 3. 26. **선고** 2013**다**77225 **판결**] 부동산 임대차에서 수수된 보증금은 차임채무, 목적물의 멸실·훼손 등으로 인한 손해배상채무 등 임대차에 따른 임차인의 모든 채무를 담보하는 것으로서 피담보채무 상당액은 임대차관계의 종료 후 목적물이 반환될 때에 특별한 사정이 없는 한 별도의 의사표시 없이 보증금에서 당연히 공제되므로, 보증금이 수수된 임대차계약에서 차임채권이 양도되었다고 하더라도, 임차인은 임대차계약이 종료되어 목적물을 반환할 때까지 연체한 차임 상당액을 보증금에서 공제할 것을 주장할 수 있다.

④ (○) 임대인의 목적물 제공의무는 임차인의 차임채무와 대가관계를 띠는 채무이므로 목적물을 사용·수익에 부분적 지장이 생긴 때에는 그 사유가 무엇인지를 불문하고 그 범위 내에서 차임의 지급을 거절할 수 있다.

[**대법원** 2015. 2. 26. **선고** 2014**다**65724 **판결**] 임대차계약에서 목적물을 사용·수익하게 할 임대인의 의무와 임차인의 차임지급의무는 상호 대응관계에 있으므로 임대인이 목적물을 사용·수익하게 할 의무를 불이행하여 목적물의 사용·수익이 부분적으로 지장이 있는 상태인 경우에는 임차인은 그 지장의 한도 내에서 차임의 지급을 거절할 수 있고, 이는 임대인이 수선의무를 이행함으로써 목적물의 사용·수익에 지장이 초래된 경우에도 마찬가지이다.

⑤ (×) 보증금채권 가압류 후에 임차주택이 양도되어 양수인이 임대인의 지위를 승계한 경우에는 가압류의 제3채무자의 지위도 당연히 승계된다는 것이 판례이다.

[**대법원** 2013. 1. 17. **선고** 2011**다**49523 **전원합의체 판결**] 주택임대차보호법 제3조 제3항은 같은 조 제1항이 정한 대항요건을 갖춘 임대차의 목적이 된 임대주택(이하 '임대주택'은 주택임대차보호법의 적용대상인 임대주택을 가리킨다)의 양수인은 임대인의 지위를 승계한 것으로 본다고 규정하고 있는바, 이는 법률상의 당연승계 규정으로 보아야 하므로, 임대주택이 양도된 경우에 양수인은 주택의 소유권과 결합하여 임대인의 임대차 계약상의 권리·의무 일체를 그대로 승계하며, 그 결과 양수인이 임대차보증금반환채무를 면책적으로 인수하고, 양도인은 임대차관계에서 탈퇴하여 임차인에 대한 임대차보증금반환채무를 면하게 된다. 나아가 임차인에 대하여 임대차보증금반환채무를 부담하는 임대인임을 당연한 전제로 하여 임대차보증금반환채무의 지급금지를 명령받은 제3채무자의 지위는 임대인의 지위와 분리될 수 있는 것이 아니므로, 임대주택의 양도로 임대인의 지위가 일체로 양수인에게 이전된다면 채권가압류의 제3채무자의 지위도 임대인의 지위와 함께 이전된다고 볼 수밖에 없다. 한편 주택임대차보호법상 임대주택의 양도에 양수인의 임대차보증금반환채무의 면책적 인수를 인정하는 이유는 임대주택에 관한 임대인의 의무 대부분이 그 주택의 소유자이기만 하면 이행가능하고 임차인이 같은 법에서 규정하는 대항요건을 구비하면 임대주택의 매각대금에서 임대차보증금을 우선변제받을 수 있기 때문인데, 임대주택이 양도되었음에도 양수인이 채권가압류의 제3채무자의 지위를 승계하지 않는다면 가압류권자는 장차 본집행절차에서 주택의 매각대금으로부터 우선변제를 받을 수 있는 권리를 상실하는 중대한 불이익을 입게 된다. 이러한 사정들을 고려하면, 임차인의 임대차보증금반환채권이 가압류된 상태에서 임대주택이 양도되면 양수인이 채권가압류의 제3채무자의 지위도 승계하고, 가압류권자 또한 임대주택의 양도인이 아니라 양수인에 대하여만 위 가압류의 효력을 주장할 수 있다고 보아야 한다.

정답 ④

6. **甲은 건물의 소유를 목적으로 乙 소유의 토지에 대한 임대차계약을 乙과 체결하였는데, 그 후 甲은 건물을 완성한 다음 이를 丙에게 임대하였다. 다음 설명 중 옳은 것을 모두 고른 것은? (다툼이 있는 경우에는 판례에 의함)** [14 변호사]

ㄱ. 丙이 甲의 동의를 얻어 기존의 출입문을 제거하고 유리출입문과 새시를 부속물로서 설치한 경우, 甲과 丙 사이의 건물임대차계약이 丙의 차임지급채무불이행으로 인하여 해지되었다면 丙의 甲에 대한 부속물매수청구는 허용되지 않는다.

ㄴ. 甲과 丙 사이에 일정 기간 이상 임대차를 존속시키기로 하는 임차권보장약정에 따라 丙이 甲에게 권리금을 지급하였으나, 甲의 사정으로 임대차계약이 중도 해지되어 丙이 당초 보장된 기간 동안 위 건물을 이용하지 못하였더라도 甲은 丙에 대하여 권리금반환의무를 부담하지 않는다.

ㄷ. 甲과 乙 사이의 토지임대차계약이 기간만료로 종료되는 경우, 甲의 乙에 대한 지상물매수청구의 대상은 계약 종료 당시 경제적 가치가 현존하고 임대인의 동의를 얻어 신축한 건물이어야 한다.

ㄹ. 甲과 乙 사이의 토지임대차계약이 기간만료로 종료되는 경우, 甲이 乙에 대하여 지상물매수청구권을 행사하기 위해서는 토지 위에 신축된 건물이 행정관청의 허가를 받은 적법한 건물이 아니어도 무관하다.

① ㄱ, ㄷ ② ㄱ, ㄹ ③ ㄴ, ㄷ
④ ㄴ, ㄹ ⑤ ㄱ, ㄴ, ㄹ

해설

※ 건물의 소유를 목적으로 하는 토지임대차 이후 임차인 소유의 건물이 타인에게 임대된 경우에 발생할 수 있는 법률문제를 묻는 사례문제이다.

ㄱ. **(○)** 임차인의 채무불이행으로 임대차가 해지된 경우, 임차인의 부속물매수청구권이 인정되는지를 묻는 지문이다. 부속물매수청구권에 관한 제646조는 '임대차 종료 시에 임대인에 대하여 그 부속물의 매수를 청구할 수 있다.'고 규정하고 있고, 임대차 종료원인을 제한하고 있지는 않다. 그러나 부속물매수청구권이 투하자본 회수를 보장하는 제도이고, 이러한 제도의 이익을 받을 필요가 있는 임차인은 성실하게 그의 의무를 이행하였으나, 임대차가 종료되어 투하자본을 회수하지 못하는 손실을 입게 되는 임차인으로 한정하는 것이 그 취지에 부합한다. 따라서 임차인의 채무불이행으로 임대차가 종료된 때에는 임차인은 부속물매수청구권을 행사할 수 없다.

[**대법원** 1990. 1. 23. **선고** 88**다카**7245·7252 **판결**] 임대차계약이 임차인의 채무불이행으로 인하여 해지된 경우에는 임차인은 민법 제646조에 의한 부속물매수청구권이 없다.

ㄴ. **(×)** 건물임대인의 권리금반환의무가 인정되는지 여부를 묻는 지문이다. 원칙적으로 건물임대인은 임대차가 종료되더라도 권리금반환의무를 부담하지 않는다. 그러나 임대인이 권리금 회수기회를 보장하거나 존속을 보장하였음에도 임대인이 그와 같은 존속을 보장하지 못한 때에는 권리금반환의무를 부담한다. 지문에서는 건물임대인 甲이 임차권보장약정을 하고, 건물임차인 丙으로부터 권리금을 지급받은 것이므로 甲의 사정으로 임대차가 중도 해지된 때에는 보장해주지 못한 임대기간에 상응하는 권리금반환의무를 부담한다.

[**대법원** 2002. 7. 26. **선고** 2002**다**25013 **판결**] 영업용 건물의 임대차에 수반되어 행하여지는 권리금의 지급은 임대차계약의 내용을 이루는 것은 아니고 권리금 자체는 거기의 영업시설·비품 등 유형물이나 거래처, 신용, 영업상의 노하우(know-how) 혹은 점포 위치에 따른 영업상의 이점 등 무형의 재산적 가치의 양도 또는 일정 기간 동안의 이용대가라고 볼 것인 바, 권리금이 그 수수 후 일정한 기간 이상으로 그 임대차를 존속시키기로 하는 임차권 보장의 약정 하에 임차인으로부터 임대인에게 지급된 경우에는, 보장기간 동안의 이용이 유효하게 이루어진 이상 임대인은 그 권리금의 반환의무를 지지 아니하며, 다만 임차인은 당초의 임대차에서 반대되는 약정이 없는 한 임차권의 양도 또는 전대차 기회에 부수하여 자신도 일정 기간 이용할 수 있는 권리를 다른 사람에게 양도하거나 또는 다른 사람으로 하여금 일정기간 이용케 함으로써 권리금 상당액을 회수할 수 있을 것이지만, 반면 임대인의 사정으로 임대차계약이 중도 해지됨으로써 당초 보장된 기간 동안의 이용이 불가능하였다는 등의 특별한 사정이 있을 때에는 임대인은 임차인에 대하여 그 권리금의 반환의무를 진다고 할 것이고, 그 경우 임대인이 반환의무를 부담하는 권리금의 범위는, 지급된 권리금을 경과기간과 잔존기간에 대응하는 것으로 나누어, 임대인은 임차인으로부터 수령한 권리금 중 임대차계약이 종료될 때까지의 기간에 대응하는 부분을 공제한 잔존기간에 대응하는 부분만을 반환할 의무를 부담한다고 봄이 공평의 원칙에 합치된다.

ㄷ. **(×)** 토지임차인의 지상물매수청구권의 대상이 되는 건물의 요건을 묻는 지문이다. 임차지상에 존재하는 토지임차인의 소유에 속하는 건물로서, 임대목적에 반하여 축조되었거나 임대인이 예상할 수 없는 건물이 아니면 경제적 가치가 있는지 여부, 허가를 받았는지 여부, 등기가 있는지 여부를 불문하고 모두 지상물매수청구의 대상이 될 수 있다. 따라서 경제적 가치가 있는지, 임대인의 동의를 얻어 신축한 것인지 여부를 문제되지 않는다.

[**대법원** 1993. 11. 12. **선고** 93**다**34589 **판결**] 임차인의 지상물매수청구권은 건물 기타 공작물의 소유 등을 목적으로 한 토지임대차의 기간이 만료되었음에도 그 지상시설 등이 현존하고, 또한 임대인이 계약의 갱신에 불응하는 경우에 임차인이 임대인에게 상당한 가액으로 그 지상시설의 매수를

청구할 수 있는 권리라는 점에서 보면, 위 매수청구권의 대상이 되는 건물은 그것이 토지의 임대 목적에 반하여 축조되고, 임대인이 예상할 수 없을 정도의 고가의 것이라는 특별한 사정이 없는 한 임대차기간 중에 축조되었다고 하더라도 그 만료시에 그 가치가 잔존하고 있으면 그 범위에 포함되는 것이고, 반드시 임대차계약 당시의 기존건물이거나 임대인의 동의를 얻어 신축한 것에 한정된다고는 할 수 없다.

ㄹ. (O) 토지임차인의 지상물매수청구권의 대상이 되는 건물의 요건을 묻는 지문이다. 무허가건물도 매수청구의 대상이 될 수 있다.

[**대법원** 1997. 12. 23. **선고** 97**다**37753 **판결**] 민법 제643조가 정하는 건물소유를 목적으로 하는 토지 임대차에 있어서 임차인이 가지는 건물매수청구권은 건물의 소유를 목적으로 하는 토지 임대차계약이 종료되었음에도 그 지상 건물이 현존하는 경우에 임대차계약을 성실하게 지켜온 임차인이 임대인에게 상당한 가액으로 그 지상 건물의 매수를 청구할 수 있는 권리로서 국민경제적 관점에서 지상 건물의 잔존 가치를 보존하고, 토지소유자의 배타적 소유권 행사로 인하여 희생당하기 쉬운 임차인을 보호하기 위한 제도이므로, 임대차계약 종료시에 경제적 가치가 잔존하고 있는 건물은 그것이 토지의 임대 목적에 반하여 축조되고 임대인이 예상할 수 없을 정도의 고가의 것이라는 등의 특별한 사정이 없는 한, 비록 행정관청의 허가를 받은 적법한 건물이 아니더라도 임차인의 건물매수청구권의 대상이 될 수 있다.

정답 ②

7. 임대차에 관한 설명 중 옳은 것을 모두 고른 것은? (다툼이 있는 경우에는 판례에 의함) [13 변호사]

ㄱ. 주택임대차보호법 제3조의3에 의한 임차권등기가 경료되어 있을 경우, 임대인의 임대차 보증금 반환의무는 임차인의 임차권등기 말소의무보다 먼저 이행되어야 한다.

ㄴ. 임대차가 종료된 경우, 임대목적물이 임대인의 소유가 아니더라도 특별한 사정이 없는 한 임차인은 임대인에게 그 부동산을 인도하고 임대차 종료일까지의 연체차임을 지급할 의무가 있음은 물론, 인도 완료일까지 그 부동산을 점유·사용함에 따른 차임 상당의 부당이득금을 반환할 의무도 있다.

ㄷ. 채권양수인이 주택임대차보호법상의 우선변제권을 행사할 수 있는 주택임차인으로부터 임차보증금반환채권을 양수하였더라도 임차권과 분리된 임차보증금반환채권만을 양수하였다면, 그 채권양수인은 위 법상의 우선변제권을 행사할 수 있는 임차인에 해당한다고 볼 수 없다.

ㄹ. 특별한 사정이 없는 한 임대차가 종료되었더라도 목적물이 반환되지 않았다면 임차인은 임대차보증금이 있음을 이유로 임대인에 대하여 연체차임의 지급을 거절할 수 없다.

① ㄱ, ㄴ, ㄷ ② ㄱ, ㄴ, ㄹ ③ ㄱ, ㄷ, ㄹ
④ ㄴ, ㄷ, ㄹ ⑤ ㄱ, ㄴ, ㄷ, ㄹ

해설

ㄱ. (O) 보증금반환의무와 임차권등기명령에 의한 임차권등기말소의무의 관계를 묻는 지문이다. 임차권등기명령에 의한 임차권등기는 임대차가 종료된 후에 설정되고, 보증금채권을 담보하는 기능을 한다. 따라서 보증금반환의무가 모두 이행될 때까지 임차권등기명령에 의한 임차권등기를 말소할 필요는 없다. 즉 보증금반환의무가 선이행되어야 한다.

[**대법원** 2005. 6. 9. **선고** 2005**다**4529 **판결**] 주택임대차보호법 제3조의3 규정에 의한 임차권등기는 이미 임대차계약이 종료하였음에도 임대인이 그 보증금을 반환하지 않는 상태에서 경료되게 되므로, 이미 사실상 이행지체에 빠진 임대인의 임대차보증금의 반환의무와 그에 대응하는 임차인의 권리를 보전하기 위하여 새로이 경료하는 임차권등기에 대한 임차인의 말소의무를 동시이행관계에 있는 것으로 해석할 것은 아니고, 특히 위 임차권등기는 임차인으로 하여금 기왕의 대항력이나 우선변제권을 유지하도록 해 주는 담보적 기능만을 주목적으로 하는 점 등에 비추어 볼 때, 임대인의 임대차보증금의 반환의무가 임차인의 임차권등기 말소의무보다 먼저 이행되어야 할 의무이다.

ㄴ. (O) 임대차가 종료된 경우, 임대목적물이 임대인 소유에 속하지 아니한 때에 임차인이 부담하는 의무이행의 상대방이 누구이며, 그 내용이 무엇인지를 묻는 지문이다. 임대차는 채권계약으로 임대인이 반드시 임대목적물의 소유자일 필요는 없다. 따라서 임대인이 임대목적물의 소유자가 아니라고 하더라도 임대차가 종료되면 임차인은 임대차계약에 따라 목적물을 임대인에게 반환하여야 하며, 연체차임도 지급하여야 한다. 또한 임대차가 종료된 이후에도 임차인이 계속하여 사용·수익하였다면 그로 인한 부당이득도 임대인에게 반환하여야 한다.

[**대법원** 2001. 6. 29. **선고** 2000**다**68290 **판결**] 임대차는 당사자 일방이 상대방에게 목적물을 사용·수익하게 할 것을 약정하고 상대방이 이에 대하여 차임을 지급할 것을 약정하면 되는 것으로서 나아가 임대인이 그 목적물에 대한 소유권 기타 이를 임대할 권한이 있을 것을 성립요건으로 하고 있지 아니하므로, 임대차가 종료된 경우 임대목적물이 타인 소유라고 하더라도 그 타인이 목적물의 반환청구나 임료 내지 그 해당액의 지급을 요구하는 등 특별한 사정이 없는 한 임차인은 임대인에게 그 부동산을 명도하고 임대차 종료일까지의 연체차임을 지급할 의무가 있음은 물론, 임대차 종료일 이후부터 부동산 명도 완료일까지 그 부동산을 점유·사용함에 따른 차임 상당의 부당이득금을 반환할 의무도 있다고 할 것인 바, 이와 같은 법리는 임차인이 임차물을 전대하였다가 임대차 및 전대차가 모두 종료된 경우의 전차인에 대하여도 특별한 사정이 없는 한 그대로 적용된다.

ㄷ. (O) 보증금채권만을 양수한 자가 주택임대차보호법상 우선변제권을 행사할 수 있는지를 묻는 지문이다. 주택임대차보호법상 우선변제권은 주택임차인에게 인정되는 권리이다. 따라서 주택임차인 아닌 보증금채권 양수인에게는 우선변제권이 인정되지 않는다.

[**대법원** 2010. 5. 27. **선고** 2010**다**10276 **판결**] 주택임대차보호법의 입법목적과 주택임차인의 임차보증금반환채권에 우선변제권을 인정한 제도의 취지, 주택임대차보호법상 관련 규정의 문언 내용 등에 비추어 볼 때, 비록 채권양수인이 우선변제권을 행사할 수 있는 주택임차인으로부터 임차보증금반환채권을 양수하였다고 하더라도 임차권과 분리된 임차보증금반환채권만을 양수한 이상 그 채권양수인이 주택임대차보호법상의 우선변제권을 행사할 수 있는 임차인에 해당한다고 볼 수 없다. 따라서 위 채권양수인은 임차주택에 대한 경매절차에서 주택임대차보호법상의 임차보증금 우선변제권자의 지위에서 배당요구를 할 수 없고, 이는 채권양수인이 주택임차인으로부터 다른 채권에 대한 담보 목적으로 임차보증금반환채권을 양수한 경우에도 마찬가지이다. 다만, 이와 같은 경우에도 채권양수인이 일반 금전채권자로서의 요건을 갖추어 배당요구를 할 수 있음은 물론이다.

ㄹ. (O) 임차인이 보증금을 이유로 차임지급을 거절할 수 있는지를 묻는 지문이다. 임대차 종료 후 연체차임을 보증금에 충당할 것인지 여부는 임대인이 결정하는 것이므로 임차인이 연체차임의 지급을 거절할 수는 없다.

[**대법원** 1999. 7. 27. **선고** 99**다**24881 **판결**] 임대차보증금은 임대차계약이 종료된 후 임차인이 목적물을 명도할 때까지 발생하는 차임 및 기타 임차인의 채무를 담보하기 위하여 교부되는 것이므로 특별한 사정이 없는 한 임대차계약이 종료되었다 하더라도 목적물이 명도되지 않았다면 임차인은 보증금이 있음을 이유로 연체차임의 지급을 거절할 수 없다.

정답 ⑤

8. **甲은 건물을 신축할 목적으로 乙로부터 토지를 임차하면서, 임대차 종료시 건물 기타 지상 시설 일체를 포기하기로 약정하였다. 乙은 임대차가 기간만료로 종료되자 甲을 상대로 토지인도 및 건물철거 청구소송을 제기하였다. 다음 설명 중 옳지 않은 것은? (다툼이 있는 경우에는 판례에 의함)** [12 변호사]

① 甲이 임대차 종료시 건물을 포기하겠다는 약정은 특별한 사정이 없는 한 임차인에게 불리한 것이어서 무효이다.

② 甲이 소송과정에서 건물매수청구권을 행사할 수 있었는데도 이를 행사하지 않았고 그 패소판결이 확정되었다면, 건물철거가 집행되기 전이라도 건물매수청구권이 실권되어 더 이상 별소로써 건물매수청구권을 행사할 수 없다.

③ 甲의 건물매수청구권은 형성권이어서 10년의 제척기간에 걸린다.

④ 乙의 토지인도 및 건물철거 청구에는 건물매수대금 지급과 동시에 건물인도 및 소유권이전등기를 구하는 청구가 포함되어 있다고 볼 수 없다.

⑤ 만약 위 임대차가 기간의 정함이 없는 것으로서 乙의 해지통고에 의하여 종료되었더라도 甲은 건물매수청구권을 행사할 수 있다.

해설

① **(O)** [**대법원** 1991. 4. 23. **선고** 90**다**19695 **판결**] 토지임대인과 임차인 사이에 임대차기간 만료 후 임차인이 지상건물을 철거하여 토지를 인도하고 만약 지상건물을 철거하지 아니할 경우에는 그 소유권을 임대인에게 이전하기로 한 약정은 민법 제643조 소정의 임차인의 지상물매수청구권을 배제키로 하는 약정으로서 임차인에게 불리한 것으로 민법 제652조의 규정에 의해 무효이다.

② **(×)** [**대법원** 1995. 12. 26. **선고** 95**다**42195 **판결**] 건물의 소유를 목적으로 하는 토지 임대차에 있어서, 임대차가 종료함에 따라 토지의 임차인이 임대인에 대하여 건물매수청구권을 행사할 수 있음에도 불구하고 이를 행사하지 아니한 채, 토지의 임대인이 임차인에 대하여 제기한 토지인도 및 건물철거 청구 소송에서 패소하여 그 패소판결이 확정되었다고 하더라도, 그 확정판결에 의하여 건물철거가 집행되지 아니한 이상 토지의 임차인으로서는 건물매수청구권을 행사하여 별소로써 임대인에 대하여 건물매매대금의 지급을 구할 수 있다.

③ **(O)** 매수청구권은 형성권으로서, 그 형성권 행사에 의하여 매수의 효력이 즉시 발생하며 그 가액은 매수청구권행사 당시의 시가 상당액이다(대법원 1972. 7. 25. 선고 72다653 판결). 한편, 매수청구권은 형성권이므로 10년의 제척기간으로 소멸한다.

④ **(O)** [**대법원** 1995. 7. 11. **선고** 94**다**34265 **전원합의체 판결**] 토지임대차 종료시 임대인의 건물철거와 그 부지인도 청구에는 건물매수대금 지급과 동시에 건물명도를 구하는 청구가 포함되어 있다고 볼 수 없다.

⑤ **(O)** [**대법원** 1995. 7. 11. **선고** 94**다**34265 **전원합의체 판결**] 건물의 소유를 목적으로 한 기간의 약정 없는 토지임대차계약을 임대인이 해지함으로써 임대차가 종료하여 임차인이 임대인에게 토지를 인도하여야 하는 법률관계라면, 임차인은 임대인에게 계약갱신청구의 유무에 불구하고 건물매수청구권을 행사하여 건물대금의 지급을 구할 수 있다. 정답 ②

9. **甲은 건물을 소유할 목적으로 乙 소유 X 토지에 관하여 乙과 임대차계약을 체결한 후, X 토지에 Y 건물을 신축하였다. 임대차계약이 종료된 후 Y 건물에 대한 매수청구권의 행사에 관한 설명 중 옳지 않은 것을 모두 고른 것은? (각 지문은 독립적이며, 다툼이 있는 경우 판례에 의함)** [25 변호사]

ㄱ. X 토지에 관한 임대차계약이 종료되기 전에 甲이 Y 건물을 미등기 무허가 상태로 A에게 매도하였다면, A가 乙의 동의를 얻어 X 토지의 임차인이 되었다고 하더라도 특별한 사정이 없는 한 A는 乙을 상대로 Y 건물에 대한 매수청구권을 행사할 수 없다.

ㄴ. 설문과 달리 乙이 아닌, 乙로부터 X 토지의 관리를 위탁받은 B가 계약 당사자로서 甲과 임대차계약을 체결한 경우라고 하더라도, X 토지에 관한 임대차계약이 종료되기 전에 乙이 B로부터 임대인의 지위를 승계하였다면, 甲은 乙을 상대로 Y 건물에 대한 매수청구권을 행사할 수 있다.

ㄷ. 甲이 乙을 상대로 제1심에서 Y 건물에 대한 매수청구권을 행사하였다가 乙의 동의를 얻어 철회한 후 항소심에서 다시 이를 행사하더라도 이는 허용된다.

ㄹ. 甲의 乙을 상대로 한 매수청구 대상인 Y 건물의 매수 가격에 관하여 甲과 乙 사이에 의사합치가 이루어지지 않았다면, 법원은 매수청구권 행사 당시 Y 건물 시가를 매매대금으로 하는 매매계약이 성립하였음을 인정할 수 있을 뿐, 인정된 시가를 임의로 증감하여 직권으로 매매대금을 정할 수 없다.

① ㄱ ② ㄱ, ㄷ ③ ㄱ, ㄹ
④ ㄴ, ㄷ ⑤ ㄴ, ㄷ, ㄹ

해설

ㄱ. (×) 판례는 종전 임차인으로부터 미등기 무허가건물을 매수하여 점유하고 있는 임차인은 특별한 사정이 없는 한 비록 소유자로서의 등기명의가 없어 소유권을 취득하지 못하였다 하더라도 임대인에 대하여 지상물매수청구권을 행사할 수 있는 지위에 있다고 본다(2013다48364).

ㄴ. (O) 판례는 건물의 소유를 목적으로 하는 토지 임차인의 지상물매수청구권 행사의 상대방은 원칙적으로 임차권 소멸 당시의 토지 소유자인 임대인이다. 토지 소유자가 아닌 제3자가 토지를 임대한 경우에 임대인은 특별한 사정이 없는 한 지상물매수청구권의 상대방이 될 수 없다고 본다(2020다254228). 지문에서 乙**이 B로부터 임대인의 지위를 승계하였다면**, 甲**은** 乙**은 소유권자이자 임대인이므로 을을 상대로 Y 건물에 대한 매수청구권을 행사할 수 있다.**

ㄷ. (O) 판례는 건물소유를 목적으로 한 토지 임대차가 종료한 경우에 임차인이 그 지상의 현존하는 건물에 대하여 가지는 매수청구권은 그 행사에 특정의 방식을 요하지 않는 것으로서 재판상으로 뿐만 아니라 재판 외에서도 행사할 수 있는 것이고 그 행사의 시기에 대하여도 제한이 없는 것이므로 임차인이 자신의 건물매수청구권을 제1심에서 행사하였다가 철회한 후 항소심에서 다시 행사하였다고 하여 그 매수청구권의 행사가 허용되지 아니할 이유는 없다고 본다(2001다42080).

ㄹ. (O) 판례는 지상물매수청구의 대상이 된 건물의 매수가격에 관하여 당사자 사이에 의사합치가 이루어지지 않았다면, 법원은 위와 같은 여러 사정을 종합적으로 고려하여 인정된 매수청구권 행사 당시의 건물 시가를 매매대금으로 하는 매매계약이 성립하였음을 인정할 수 있을 뿐, 그와 같이 인정된 시가를 임의로 증감하여 직권으로 매매대금을 정할 수는 없다고 본다(2023다309020). 정답 ①

Ⅱ. 특수한 임대차

10. 임차권등기명령에 관한 설명 중 옳은 것을 모두 고른 것은? (다툼이 있는 경우 판례에 의함)

[24 변호사]

ㄱ. 임차권등기명령에 의하여 임차권등기를 한 임차인은 위 임차권등기가 첫 경매개시결정등기 전에 경료된 경우, 별도로 배당요구를 하지 않아도 배당받을 채권자에 속한다.
ㄴ. 「주택임대차보호법」상 임대인의 임대차보증금 반환의무는 임차인의 임차권등기 말소의무보다 먼저 이행되어야 할 의무이다.
ㄷ. 「주택임대차보호법」은 임차권등기명령의 신청에 대한 재판절차와 임차권등기명령의 집행 등에 관하여 「민사집행법」상 가압류에 관한 절차규정을 일부 준용하고 있으므로, 「주택임대차보호법」에서 정한 임차권등기명령에 따른 임차권등기에는 압류 또는 가압류, 가처분에 준하는 소멸시효 중단의 효력이 있다.

① ㄱ ② ㄴ ③ ㄱ, ㄴ
④ ㄱ, ㄷ ⑤ ㄱ, ㄴ, ㄷ

해 설

ㄱ. (O) 첫 경매개시결정등기 전에 임차권등기명령에 따라 임차권등기를 마친 임차인은 "저당권, 전세권, 그 밖의 우선변제청구권으로서 첫 경매개시결정등기 전에 등기되었고 매각으로 소멸하는 것을 가진 채권자"에 해당하므로(민사집행법 제148조 제4호) 별도의 배당요구가 없더라도 배당받을 채권자에 해당하여 임차주택의 매각대금에서 보증금을 배당받을 수 있다.

[**대법원** 2005. 9. 15. **선고** 2005**다**33039 **판결**] 임차권등기명령에 의하여 임차권등기를 한 임차인은 우선변제권을 가지며, 위 임차권등기는 임차인으로 하여금 기왕의 대항력이나 우선변제권을 유지하도록 해 주는 담보적 기능을 주목적으로 하고 있으므로, 위 임차권등기가 첫 경매개시결정등기 전에 등기된 경우, 배당받을 채권자의 범위에 관하여 규정하고 있는 민사집행법 제148조 제4호의 "저당권·전세권, 그 밖의 우선변제청구권으로서 첫 경매개시결정 등기 전에 등기되었고 매각으로 소멸하는 것을 가진 채권자"에 준하여, 그 임차인은 별도로 배당요구를 하지 않아도 당연히 배당받을 채권자에 속하는 것으로 보아야 한다.

ㄴ. (O) [**대법원** 2005. 6. 9. **선고** 2005**다**4529 **판결**] 주택임대차보호법 제3조의3 규정에 의한 임차권등기는 이미 임대차계약이 종료하였음에도 임대인이 그 보증금을 반환하지 않는 상태에서 경료되게 되므로, 이미 사실상 이행지체에 빠진 임대인의 임대차보증금의 반환의무와 그에 대응하는 임차인의 권리를 보전하기 위하여 새로이 경료하는 임차권등기에 대한 임차인의 말소의무를 동시이행관계에 있는 것으로 해석할 것은 아니고, 특히 위 임차권등기는 임차인으로 하여금 기왕의 대항력이나 우선변제권을 유지하도록 해 주는 담보적 기능만을 주목적으로 하는 점 등에 비추어 볼 때, 임대인의 임대차보증금의 반환의무가 임차인의 임차권등기 말소의무보다 먼저 이행되어야 할 의무이다.

ㄷ. (X) 임차권등기에는 보증금채권에 관한 담보권적 권능이 있을 뿐이다. 압류 등에 준하는 시효중단의 효력이 있다고 볼 수는 없다.

[**대법원** 2019. 5. 16. **선고** 2017**다**226629 **판결**] 주택임대차보호법 제3조의3에서 정한 임차권등기명령에 따른 임차권등기는 특정 목적물에 대한 구체적 집행행위나 보전처분의 실행을 내용으로 하는 압류 또는 가압류, 가처분과 달리 어디까지나 주택임차인이 주택임대차보호법에 따른 대항력이나

우선변제권을 취득하거나 이미 취득한 대항력이나 우선변제권을 유지하도록 해 주는 담보적 기능을 주목적으로 한다. 비록 주택임대차보호법이 임차권등기명령의 신청에 대한 재판절차와 임차권등기명령의 집행 등에 관하여 민사집행법상 가압류에 관한 절차규정을 일부 준용하고 있지만, 이는 일방 당사자의 신청에 따라 법원이 심리·결정한 다음 등기를 촉탁하는 일련의 절차가 서로 비슷한 데서 비롯된 것일 뿐 이를 이유로 임차권등기명령에 따른 임차권등기가 본래의 담보적 기능을 넘어서 채무자의 일반재산에 대한 강제집행을 보전하기 위한 처분의 성질을 가진다고 볼 수는 없다. 그렇다면 임차권등기명령에 따른 임차권등기에는 민법 제168조 제2호에서 정하는 소멸시효 중단사유인 압류 또는 가압류, 가처분에 준하는 효력이 있다고 볼 수 없다. 정답 ③

11. **「상가건물 임대차보호법」의 적용 대상인 상가건물에 있어서 보증금액이 같은 법 제2조 제1항 단서의 대통령령으로 정하는 보증금액을 초과하는 임대차에 관한 설명 중 옳은 것을 모두 고른 것은? (다툼이 있는 경우 판례에 의함)** [23 변호사]

ㄱ. 기간의 약정 없는 임대차의 경우, 임차인이 임대차 기간 동안 계약을 위반한 사실이 없어도 임차인의 계약갱신요구권이 인정되지 않는다.
ㄴ. 임차인이 임차건물에 대하여 임대차보증금반환청구소송의 확정판결에 의해 경매를 신청하는 경우 반대의무의 이행이나 이행의 제공을 집행개시의 요건으로 하지 않는다.
ㄷ. 임차인이 3기의 차임액에 달하는 차임을 연체했으나 임대인이 임대차계약을 해지하기 전에 임차인이 연체차임 전액을 지급한 경우, 임대인은 임차인이 임대차 기간 만료 5개월 전에 계약갱신 요구를 하더라도 이를 거절할 수 있다.
ㄹ. 임대인이 임대차 기간 종료 시 특별한 사유를 제시하지 않은 채 임차인이 주선한 신규 임차인과의 임대차계약 체결을 거절한 후 임차건물을 양도한 경우, 임대인과 임차건물 양수인의 비영리 사용기간을 합쳐 1년 6개월 이상이 경과하면 임대인은 권리금 침해로 인한 손해배상책임이 없다.

① ㄱ, ㄷ ② ㄱ, ㄹ ③ ㄴ, ㄷ
④ ㄱ, ㄴ, ㄷ ⑤ ㄴ, ㄷ, ㄹ

해설

ㄱ. (O) 계약갱신요구는 임대차기간 만료 6개월 전부터 1개월 전까지 사이에 행사하도록 규정하고 있으므로 기간을 정한 임대차를 전제하고 있다. 환산보증금을 초과하는 상가임대차에서는 최단존속기간 의제에 관한 규정이 적용되지 아니하므로 기간을 정하지 아니한 임대차에는 민법에 따른 해지통고가 가능하고, 기간을 전제로 하는 계약갱신요구는 허용되지 않는다.

[**대법원** 2021. 12. 30. **선고** 2021**다**233730 **판결**] 상가건물 임대차보호법(이하 '상가임대차법'이라고 한다)에서 기간을 정하지 않은 임대차는 그 기간을 1년으로 간주하지만(제9조 제1항), 대통령령으로 정한 보증금액을 초과하는 임대차는 위 규정이 적용되지 않으므로(제2조 제1항 단서), 원래의 상태 그대로 기간을 정하지 않은 것이 되어 민법의 적용을 받는다. 민법 제635조 제1항, 제2항 제1호에 따라 이러한 임대차는 임대인이 언제든지 해지를 통고할 수 있고 임차인이 통고를 받은 날로부터 6개월이 지남으로써 효력이 생기므로, 임대차기간이 정해져 있음을 전제로 기간 만료 6개월 전부터 1개월 전까지 사이에 행사하도록 규정된 임차인의 계약갱신요구권(상가임대차법 제10조 제1항)은 발생할 여지가 없다.

ㄴ. (×) 환산보증금을 초과하는 상가임대차에는 원칙적으로 상가임대차보호법이 적용되지 않는다. 다만, 대항력에 관한 제3조, 갱신요구권에 관한 제10조 제1항, 제2항, 제3항 본문, 제10조의2, 제10조의9, 권리금에 관한 제10조의3부터 제10조의8, 폐업으로 인한 임차인의 해지권에 관한 제11조의2 등은 적용된다. 보증금 회수에 관한 제5조는 환산보증금 초과한 상가임대차에는 적용되지 않으므로 일반적인 상환이행판결과 마찬가지로 반대의무의 이행이나 이행의 제공은 집행개시의 요건에 해당한다.

ㄷ. (O) [**대법원** 2021. 5. 13. **선고** 2020**다**255429 **판결**] 상가건물 임대차보호법(이하 '상가임대차법'이라고 한다) 제10조의8은 임대인이 차임연체를 이유로 계약을 해지할 수 있는 요건을 '차임연체액이 3기의 차임액에 달하는 때'라고 규정하였다. 반면 임대인이 임대차기간 만료를 앞두고 임차인의 계약갱신 요구를 거부할 수 있는 사유에 관해서는 '3기의 차임액에 해당하는 금액에 이르도록 차임을 연체한 사실이 있는 경우'라고 문언을 달리하여 규정하고 있다(상가임대차법 제10조 제1항 제1호). 그 취지는, 임대차계약 관계는 당사자 사이의 신뢰를 기초로 하므로, 종전 임대차기간에 차임을 3기분에 달하도록 연체한 사실이 있는 경우에까지 임차인의 일방적 의사에 의하여 계약관계가 연장되는 것을 허용하지 아니한다는 것이다.

위 규정들의 문언과 취지에 비추어 보면, 임대차기간 중 어느 때라도 차임이 3기분에 달하도록 연체된 사실이 있다면 임차인과의 계약관계 연장을 받아들여야 할 만큼의 신뢰가 깨어졌으므로 임대인은 계약갱신 요구를 거절할 수 있고, 반드시 임차인이 계약갱신요구권을 행사할 당시에 3기분에 이르는 차임이 연체되어 있어야 하는 것은 아니다.

ㄹ. (×) 권리금회수방해로 인한 손해배상책임을 면하기 위해서는 임대인이 임차인이 주선하는 신규임차인과의 임대차계약체결을 거절할 때에 1년 6개월 이상 영리목적으로 사용하지 않겠다는 통지를 하여야 하고, 실제로 사용하지 아니하여야 한다. 특별한 사유를 제시하지 않은 채 임대차계약 체결을 거절한 경우에는 손해배상책임을 면할 수 없다.

[**대법원** 2021. 11. 15. **선고** 2019**다**285257 **판결**] 구 상가건물 임대차보호법(2018. 10. 16. 법률 제15791호로 개정되기 전의 것, 이하 '구 상가임대차법'이라 한다) 제10조의4의 문언과 체계, 입법 목적과 연혁 등을 종합하면, 구 상가임대차법 제10조의4 제2항 제3호에서 정하는 '임대차 목적물인 상가건물을 1년 6개월 이상 영리목적으로 사용하지 아니한 경우'는 임대인이 임대차 종료 후 임대차 목적물인 상가건물을 1년 6개월 이상 영리목적으로 사용하지 아니하는 경우를 의미하고, 위 조항에 따른 정당한 사유가 있다고 보기 위해서는 임대인이 임대차 종료 시 그러한 사유를 들어 임차인이 주선한 자와 신규 임대차계약 체결을 거절하고, 실제로도 1년 6개월 동안 상가건물을 영리목적으로 사용하지 않아야 한다. 그렇지 않고 임대인이 다른 사유로 신규 임대차계약 체결을 거절한 후 사후적으로 1년 6개월 동안 상가건물을 영리목적으로 사용하지 않았다는 사정만으로는 위 조항에 따른 정당한 사유로 인정할 수 없다.

정답 ①

12. 甲이 X주택을 乙에게 임대하였고, 乙은 X주택을 인도받고 전입신고를 하였다. 이에 관한 설명 중 옳지 않은 것은? (다툼이 있는 경우 판례에 의함) [21 변호사]

① 甲이 X주택의 소유자가 아니더라도 적법한 임대권한을 가지고 있다면 乙은 「주택임대차보호법」에 따라 대항력을 취득한다.

② 乙이 자신의 명의로 전입신고를 하지 않고 X주택에 동거하는 배우자의 명의로 전입신고를 하였더라도 乙은 「주택임대차보호법」에 따라 대항력을 취득한다.

③ 乙이 甲의 동의를 얻어 X주택을 丙에게 전대하였고, 전대차계약을 체결한 당일 丙이 X주택을 인도받아 그 즉시 전입신고를 한 경우, 乙의 임차권의 대항력은 유지된다.

④ 甲이 丁으로부터 X주택을 매수하여 소유권이전등기를 마친 후에 乙에게 임대한 경우, 丁이 甲의 매매대금채무의 이행지체를 이유로 매매계약을 해제하더라도 乙은 丁에게 임차권을 주장할 수 있다.

⑤ 甲으로부터 X주택을 매수한 戊가 X주택에 대한 소유권이전등기를 마치고 임대인의 지위를 승계하였다면, 甲과 戊는 연대하여 乙에 대한 임대차보증금반환채무를 부담한다.

해설

① **(O)** 주택임대차보호법에 따라 주택임차권의 대항력을 취득하기 위해서 임대인이 반드시 주택의 소유자여야 하는지를 묻는 지문이다. 적법한 임대권한을 가진 자이면 족하고 주택의 소유자여야만 하는 것은 아니다.

[**대법원** 2012. 7. 26. **선고** 2012**다**45689 **판결**] 주택임대차보호법이 적용되는 임대차는 반드시 임차인과 주택 소유자인 임대인 사이에 임대차계약이 체결된 경우에 한정되는 것은 아니고, 주택 소유자는 아니더라도 주택에 관하여 적법하게 임대차계약을 체결할 수 있는 권한을 가진 임대인과 임대차계약이 체결된 경우도 포함된다.

② **(O)** 대항력 요건으로서 주민등록이 반드시 임차인의 주민등록이어야 하는지를 묻는 지문이다. 임차권을 공시할 수 있는 것이라면 임차인의 배우자, 자녀의 주민등록도 무방하고, 전차인의 주민등록도 임차권의 공시수단이 될 수 있다.

[**대법원** 1995. 6. 5. **자** 94**마**2134 **결정**] [1] 주택임대차보호법상의 대항요건인 주민등록은 임차인 본인뿐 아니라 그 배우자나 자녀 등 가족의 주민등록을 포함한다. [2] 주택임차인이 임차주택을 직접점유하여 거주하지 않고 간접점유 하여 자신의 주민등록을 이전하지 아니한 경우라 하더라도, 임대인의 승낙을 받아 임차주택을 전대하고 그 전차인이 주택을 인도받아 자신의 주민등록을 마친 때에는 그때로부터 임차인은 제3자에 대하여 대항력을 취득한다.

③ **(O)** 대항력을 갖춘 임차인이 적법하게 전대차를 한 경우, 임차권의 대항력이 유지되는지를 묻는 지문이다. 비록 임차인이 주민등록을 타에 이전하더라도 전차인이 임차주택에 주민등록을 하고 전차인이 주택을 인도받은 때에는 임차권의 대항력이 유지된다.

[**대법원** 2007. 11. 29. **선고** 2005**다**64255 **판결**] 주택의 전대차가 그 당사자 사이뿐 아니라 임대인에 대하여도 주장할 수 있는 적법·유효한 것이라고 평가되는 경우에는, 전차인이 임차인으로부터 주택을 인도받아 자신의 주민등록을 마치고 있다면 이로써 주택이 임대차의 목적이 되어 있다는 사실은 충분히 공시될 수 있고 또 이러한 경우 다른 공시방법도 있을 수 없으므로, 결국 임차인의 대항요건은 전차인의 직접점유 및 주민등록으로써 적법·유효하게 유지·존속한다고 보아야 한다. 이와 같이 해석하는 것이 임차인의 주거생활의 안정과 임차보증금의 회수확보 등 주택임대차보호법의 취지에 부합함은 물론이고, 또 그와 같이 해석한다고 해서 이미 원래의 임대차에 의하여 대항을 받고 있었던 제3자에게 불측의 손해를 준다거나 형평에 어긋나는 결과가 되는 것도 아니다.

④ **(O)** 소유권을 취득한 매수인으로부터 주택을 임차하여 대항요건을 구비한 자는 비록 매매계약이 해제되었더라도 해제로부터 보호되는 제3자가 된다.

[**대법원** 1996. 8. 20. **선고** 96**다**17653 **판결**] 민법 제548조 제1항 단서의 규정에 따라 계약해제로 인하여 권리를 침해받지 않는 제3자라 함은 계약목적물에 관하여 권리를 취득한 자 중 계약당사자에게 권리취득에 관한 대항요건을 구비한 자를 말한다 할 것인 바, 임대목적물이 주택임대차보호법 소정의 주택인 경우 같은 법 제3조 제1항이 임대주택의 인도와 주민등록이라는 대항요건을 갖춘 자에게 등기된 임차권과 같은 대항력을 부여하고 있는 점에 비추어 보면, 소유권을 취득하였다가 계약해제로 인하여 소유권을 상실하게 된 임대인으로부터 그 계약이 해제되기 전에 주택을 임차받아 주택의 인도와 주민등록을 마침으로써 같은 법 소정의 대항요건을 갖춘 임차인은 등기된 임차권

자와 마찬가지로 민법 제548조 제1항 단서 소정의 제3자에 해당된다고 봄이 상당하고, 그렇다면 그 계약해제 당시 이미 주택임대차보호법 소정의 대항요건을 갖춘 임차인은 임대인의 임대권원의 바탕이 되는 계약의 해제에도 불구하고 자신의 임차권을 새로운 소유자에게 대항할 수 있다.

⑤ **(×)** 대항력 있는 주택임차권의 목적인 주택이 양도된 경우, 임대인의 지위를 양수인이 승계하고, 보증금반환채무는 양수인이 면책적으로 인수하므로 종전 임대인은 보증금반환채무를 면한다. 戊만이 보증금반환채무를 부담한다.

[**대법원** 1987. 3. 10. **선고** 86**다카**1114 **판결**] 주택임대차보호법상의 대항력을 갖춘 후 임대부동산의 소유권이 이전되어 그 양수인이 임대인의 지위를 승계하는 경우에는 임대차보증금반환채무도 부동산의 소유권과 결합하여 일체로서 이전하는 것이며 이에 따라 양도인의 보증금반환채무는 소멸한다.

정답 ⑤

13. 甲은 X 주택과 인근 Y 창고를 소유하고 있다. Y 창고는 X 주택의 부속물 · 종물이 아니다. 乙은 甲으로부터 X 주택을 임차하여 전입신고를 하지 아니하고 사용하면서 점유할 권리 없이 Y 창고도 점유 · 사용하고 있다. 乙은 비용을 들여 X 주택과 Y 창고를 개량하여 가치를 증가시켰고, 지출된 비용만큼의 가치증가가 현존하고 있다. 임대차기간 도중에 甲은 X, Y 건물 모두를 丙에게 매도하고 소유권이전등기를 마쳐 주었다. 임대차기간이 만료되었고 丙은 乙에게 X, Y 건물의 인도를 청구하고 있다. 이에 관한 설명 중 옳은 것을 모두 고른 것은? (각 지문은 독립적이며, 다툼이 있는 경우 판례에 의함) [18 변호사]

ㄱ. 乙은 X 주택에 들인 유익비를 丙에게 청구할 수 있다.
ㄴ. 乙은 Y 창고에 들인 유익비를 丙에게 청구할 수 있다.
ㄷ. (사안을 달리하여) 乙이 공사업자 丁에게 도급하여 X, Y 건물의 개량공사가 이루어졌고 乙이 공사대금을 지급하지 아니한 경우, 丁은 甲에게 X 주택 가치증가분 상당의 부당이득반환을 청구할 수 있지만, Y 창고 가치증가분 상당의 부당이득반환은 청구할 수 없다.

① ㄱ　　② ㄴ　　③ ㄷ
④ ㄱ, ㄴ　　⑤ ㄱ, ㄷ

해 설

ㄱ. **(×)** 임차인이 지출한 유익의 상환을 임대목적물의 소유권을 취득한 제3자에게 청구할 수 있는지를 묻는 지문이다. 임차인의 유익비상환청구의 상대방은 임대인이다. 임대목적물의 소유권을 취득한 제3자가 임대인의 지위를 승계한 때에는 청구할 수 있으나 임대인의 지위를 승계하지 아니한 때에는 청구할 수 없다. 甲과 乙의 임대차기간 중에 임대목적물인 X주택의 소유권이 丙에게 이전하였으나 임차인 乙이 임차권의 대항력을 취득하지도 않았으며 임대인 甲과 매수인 丙 사이에 임대인의 지위를 승계한다는 별도의 약정이 없었으므로 丙은 임대인의 지위를 승계하지 않는다. 乙은 임대인인 甲에 대하여 유익비 상환을 청구할 수 있을 뿐 매수인 丙에게는 유익비 상환을 청구할 수 없다. 또한 임대차관계가 존재하는 한 제203조의 유익비상환청구도 허용되지 않는다.

[**대법원** 2003. 7. 25. **선고** 2001**다**64752 **판결**] 민법 제203조 제2항에 의한 점유자의 회복자에 대한 유익비상환청구권은 점유자가 계약관계 등 적법하게 점유할 권리를 가지지 않아 소유자의 소유물반환청구에 응하여야 할 의무가 있는 경우에 성립되는 것으로서, 이 경우 점유자는 그 비용을 지출할 당시의 소유자가 누구이었는지 관계없이 점유회복 당시의 소유자 즉 회복자에 대하여 비용상환청구권을 행사할 수 있는 것이나, 점유자가 유익비를 지출할 당시 계약관계 등 적법한 점유의 권원을 가진

경우에 그 지출비용의 상환에 관하여는 그 계약관계를 규율하는 법조항이나 법리 등이 적용되는 것이어서, 점유자는 그 계약관계 등의 상대방에 대하여 해당 법조항이나 법리에 따른 비용상환청구권을 행사할 수 있을 뿐 계약관계 등의 상대방이 아닌 점유회복 당시의 소유자에 대하여 민법 제203조 제2항에 따른 지출비용의 상환을 구할 수는 없다.

ㄴ. (O) 제203조에 의한 비용상환청구가 허용되는지를 묻는 지문이다. 임대차목적물이 아닌 Y창고에 지출한 유익비에 관해서는 제203조에 따른 유익비 상환청구가 가능하며, 제203조에 따른 유익비상환의무는 회복자가 부담한다. 乙이 유익비를 지출할 당시 소유자가 甲이더라도 丙이 현재 소유자로서 물건의 인도를 청구하는 때에는 점유자 乙은 현재의 점유회복자인 丙에 대하여 유익비 상환을 청구할 수 있다.

[**대법원** 1966. 6. 15. **선고** 65**다**598 **판결**] 점유자가 점유물에 관하여 필요비를 출연한 경우에는 점유자로 하여금 점유케 하지 아니한 현재의 점유회복자에 대하여도 그 비용의 상환을 청구할 수 있는 것이다.

ㄷ. (×) 도급계약의 이행으로 목적물의 가치가 증가한 경우, 수급인이 도급인에 대한 계약상 채권을 행사하는 외에 사실상 이익을 받은 제3자에 대하여 부당이득반환청구를 할 수 있는지를 묻는 지문이다. 이러한 부당이득반환청구권을 전용물소권이라고 하는데, 판례는 전용물소권을 인정하지 않는다. 이를 인정하는 것은 계약에 따른 위험을 부당하게 제3자에게 전가시킬 뿐만 아니라 제3자가 계약상대방에 대하여 가지는 항변권을 침해하고, 나아가 계약상대방의 다른 일반채권자보다 계약일방을 우선하여 보호하는 결과가 되기 때문이다.

[**대법원** 2002. 8. 23. **선고** 99**다**66564·66571 **판결**] 계약상의 급부가 계약의 상대방뿐만 아니라 제3자의 이익으로 된 경우에 급부를 한 계약당사자가 계약 상대방에 대하여 계약상의 반대급부를 청구할 수 있는 이외에 그 제3자에 대하여 직접 부당이득반환청구를 할 수 있다고 보면, 자기 책임 하에 체결된 계약에 따른 위험부담을 제3자에게 전가시키는 것이 되어 계약법의 기본원리에 반하는 결과를 초래할 뿐만 아니라, 채권자인 계약당사자가 채무자인 계약 상대방의 일반채권자에 비하여 우대받는 결과가 되어 일반채권자의 이익을 해치게 되고, 수익자인 제3자가 계약 상대방에 대하여 가지는 항변권 등을 침해하게 되어 부당하므로, 위와 같은 경우 계약상의 급부를 한 계약당사자는 이익의 귀속 주체인 제3자에 대하여 직접 부당이득반환을 청구할 수는 없다고 보아야 한다. 정답 ②

14. **「주택임대차보호법」에 관한 설명 중 옳지 않은 것은? (다툼이 있는 경우 판례에 의함)** [15 변호사]

① 「주택임대차보호법」은 임대주택의 소유자가 아니더라도 그 주택에 관하여 적법하게 임대차계약을 체결할 수 있는 권한을 가진 임대인과 체결한 임대차계약에 적용된다.

② 임차인이 임차주택에 대하여 보증금반환 청구소송의 확정판결이나 그 밖에 이에 준하는 집행권원에 따라서 경매를 신청하는 경우에는 반대의무의 이행이나 이행의 제공을 집행개시의 요건으로 하지 아니한다.

③ 임차인이 임대차계약을 체결한 주된 목적이 주택을 사용·수익하려는 것에 있는 것이 아니고, 소액임차인으로 보호받아 선순위 담보권자에 우선하여 채권을 회수하려는 것에 있는 경우에는 「주택임대차보호법」상 소액임차인으로 보호받을 수 없다.

④ 임대인의 임대차보증금 반환의무와 임차인의 임차권등기 말소의무는 동시이행관계에 있다.

⑤ 임차인이 임차주택을 직접 점유하여 거주하지 않고 그곳에 주민등록을 하지 아니하였더라도, 임차인이 임대인의 승낙을 받아 적법하게 임차주택을 전대하고 그 전차인이 주택을 인도받아 자신의 주민등록을 마쳤다면 임차인은 적법한 대항요건을 갖추었다고 주장할 수 있다.

해설

① (O) 주택임대차보호법이 적용되기 위한 임대차계약의 요건을 묻는 지문이다. 임대권한을 가진 임대인과 체결한 주택임대차계약이면 족하고, 반드시 주택소유자와 체결한 임대차계약일 것을 요하지 않는다.

[**대법원** 1999. 4. 23. **선고** 98**다**49753 **판결**] 주택임대차보호법이 적용되는 임대차는 반드시 임차인과 주택의 소유자인 임대인 사이에 임대차계약이 체결된 경우에 한정된다고 할 수는 없고, 주택의 소유자는 아니지만 주택에 관하여 적법하게 임대차계약을 체결할 수 있는 권한(적법한 임대권한)을 가진 명의신탁자 사이에 임대차계약이 체결된 경우도 포함된다고 할 것이고, 이 경우 임차인은 등기부상 주택의 소유자인 명의수탁자에 대한 관계에서도 적법한 임대차임을 주장할 수 있는 반면 명의수탁자는 임차인에 대하여 그 소유자임을 내세워 명도를 구할 수 없다.

② (O) 주택임대차보호법 제3조의 2 제1항

③ (O) 주택임대차보호법의 적용한계를 묻는 지문이다. 국민의 주거생활 안정을 보장함을 목적으로 하고 있다. 주된 목적이 채권회수에 있는 때에는 주택임대차보호법상 대항력이나 우선변제권이 인정되지 않는다.

[**대법원** 2001. 5. 8. **선고** 2001**다**14733 **판결**] 주택임대차보호법의 입법목적은 주거용 건물에 관하여 민법에 대한 특례를 규정함으로써 국민의 주거생활의 안정을 보장하려는 것이고(제1조), 주택임대차보호법 제8조 제1항에서 임차인이 보증금 중 일정액을 다른 담보물권자보다 우선하여 변제받을 수 있도록 한 것은, 소액임차인의 경우 그 임차보증금이 비록 소액이라고 하더라도 그에게는 큰 재산이므로 적어도 소액임차인의 경우에는 다른 담보권자의 지위를 해하게 되더라도 그 보증금의 회수를 보장하는 것이 타당하다는 사회보장적 고려에서 나온 것으로서 민법의 일반규정에 대한 예외규정인 바, 그러한 입법목적과 제도의 취지 등을 고려할 때, 채권자가 채무자 소유의 주택에 관하여 채무자와 임대차계약을 체결하고 전입신고를 마친 다음 그곳에 거주하였다고 하더라도 실제 임대차계약의 주된 목적이 주택을 사용·수익하려는 것에 있는 것이 아니고, 실제적으로는 소액임차인으로 보호받아 선순위 담보권자에 우선하여 채권을 회수하려는 것에 주된 목적이 있었던 경우에는 그러한 임차인을 주택임대차보호법상 소액임차인으로 보호할 수 없다.

④ (×) [**대법원** 2005. 6. 9. **선고** 2005**다**4529 **판결**] 주택임대차보호법 제3조의3 규정에 의한 임차권등기는 이미 임대차계약이 종료하였음에도 임대인이 그 보증금을 반환하지 않는 상태에서 경료되게 되므로, 이미 사실상 이행지체에 빠진 임대인의 임대차보증금의 반환의무와 그에 대응하는 임차인의 권리를 보전하기 위하여 새로이 경료하는 임차권등기에 대한 임차인의 말소의무를 동시이행관계에 있는 것으로 해석할 것은 아니고, 특히 위 임차권등기는 임차인으로 하여금 기왕의 대항력이나 우선변제권을 유지하도록 해 주는 담보적 기능만을 주목적으로 하는 점 등에 비추어 볼 때, 임대인의 임대차보증금의 반환의무가 임차인의 임차권등기 말소의무보다 먼저 이행되어야 할 의무이다.

⑤ (O) 전차인의 인도와 주민등록으로 임차인의 대항력이 인정될 수 있는지를 묻는 지문이다. 전차인의 점유로 인하여 임차인의 간접점유가 인정되고, 전차인의 주민등록에 의하여 임차권이 공시될 수 있으므로 대항력의 요건을 구비한 것으로 보아야 한다.

[**대법원** 1995. 6. 5. **자** 94**마**2134 **결정**] 주택임차인이 임차주택을 직접점유하여 거주하지 않고 간접점유 하여 자신의 주민등록을 이전하지 아니한 경우라 하더라도, 임대인의 승낙을 받아 임차주택을 전대하고 그 전차인이 주택을 인도받아 자신의 주민등록을 마친 때에는 그때로부터 임차인은 제3자에 대하여 대항력을 취득한다.

정답 ④

15. **甲은 그 소유인 X 주택에 전입신고를 마치고 거주하다가 2010. 2. 1. 乙에게 X를 대금 3억 원에 매도하면서 같은 날 乙로부터 X를 임대차보증금 1억 원, 기간 2010. 2. 1.부터 2012. 1. 31.까지로 정하여 임차하였고, 같은 날 임대차계약서에 확정일자를 받았다. 甲은 2010. 2. 2. 乙의 요청에 따라 乙의 채권자인 丙에게 X에 관한 저당권설정등기를 마쳤다. 乙은 2010. 2. 10. X에 관하여 위 매매를 원인으로 한 소유권이전등기를 마치고, 같은 날 채권자 丁에게 근저당권설정등기를 마쳤다. 그 후 丙은 위 저당권실행을 위한 경매를 신청하였고, 戊는 그 경매절차에서 X를 매수하고 그 대금을 모두 지급하였으며, 甲은 그 경매절차에서 주택임대차보호법상 우선변제권 있는 임차인임을 이유로 적법하게 배당요구하였다. 다음 설명 중 옳은 것은? (다툼이 있는 경우에는 판례에 의함)** [12 변호사]

① 甲, 丙, 丁 순서로 배당받는다.
② 丙, 甲, 丁 순서로 배당받는다.
③ 丙, 丁, 甲 순서로 배당받는다.
④ 丙, 丁 순서로 배당받고, 甲은 주택임대차보호법상 우선변제권 있는 임차인으로서 배당받을 수 없다.
⑤ 만약 甲이 위 경매절차에서 배당요구하지 않았다면, 甲은 戊에 대하여 위 임대차보증금의 반환을 청구할 수 있다.

해설

① **(×)** ② **(×)** ③ **(○)** 매도인이 자신의 주택을 매도하면서 동시에 매수인으로부터 임차하는 경우 그 대항력의 취득시기가 문제된다. 비록 매도인의 주민등록이 이미 있었더라도 매도인이 소유자로 등기되어 있는 동안은 임차권을 공시하지 못한다. 매도인이 매수인에게 소유권이전등기를 마친 날에 비로소 임차권을 공시하게 되는데, 주민등록에 의한 임차권 공시를 충분히 확보하기 위한 주택임대차보호법상의 취지에 비추어 매수인에게 소유권이전등기가 마쳐진 날의 다음 날에 매도인의 임차권의 대항력이 발생한다. 丙은 2010. 2. 2. 저당권설정등기를 마쳤고, 丁은 2010. 2. 10. 저당권설정등기를 마쳤고, 한편 甲은 乙에게 2010. 2. 10, 소유권을 이전하였는데 그 익일인 2010. 2.11.에 비로소 대항력과 우선변제권을 취득하므로 丙, 丁, 甲 순서로 배당받는다.

[**대법원** 2000. 2. 11. **선고** 99**다**59306 **판결**] 甲이 주택에 관하여 소유권이전등기를 경료하고 주민등록 전입신고까지 마친 다음 처와 함께 거주하다가 乙에게 매도함과 동시에 그로부터 이를 다시 임차하여 계속 거주하기로 약정하고 임차인을 甲의 처로 하는 임대차계약을 체결한 후에야 乙 명의의 소유권이전등기가 경료된 경우, 제3자로서는 주택에 관하여 甲으로부터 乙 앞으로 소유권이전등기가 경료되기 전에는 甲의 처의 주민등록이 소유권 아닌 임차권을 매개로 하는 점유라는 것을 인식하기 어려웠다 할 것이므로, 甲의 처의 주민등록은 주택에 관하여 乙 명의의 소유권이전등기가 경료되기 전에는 주택임대차의 대항력 인정의 요건이 되는 적법한 공시방법으로서의 효력이 없고 乙 명의의 소유권이전등기가 경료된 날에야 비로소 甲의 처와 乙 사이의 임대차를 공시하는 유효한 공시방법이 된다고 할 것이며, 주택임대차보호법 제3조 제1항에 의하여 유효한 공시방법을 갖춘 다음날인 乙 명의의 소유권이전등기일 익일부터 임차인으로서 대항력을 갖는다.

④ **(×)** 甲도 주민등록과 확정일자가 있으므로 그 순서대로 배당을 받을 수가 있다.

⑤ **(×)** 甲은 최선순위 저당권자 丙보다 후순위이므로 경매절차 매수인에게 임차권의 존속을 주장할 수 없다.

[**대법원** 1987. 2. 24. **선고** 86**다카**1936 **판결**] 후순위저당권의 실행으로 목적부동산이 경락되어 그 선순위저당권이 함께 소멸한 경우라면 비록 후순위저당권자에게는 대항할 수 있는 임차권이더라도

소멸된 선순위저당권보다 뒤에 등기되었거나 대항력을 갖춘 임차권은 함께 소멸하고, 따라서 이와 같은 경우의 경락인은 주택임대차보호법 제3조에서 말하는 임차주택의 양수인 중에 포함되지 않는다 할 것이므로, 경락인에 대하여 그 임차권의 효력을 주장할 수 없다. **정답** ③

제4절 노무공급계약

Ⅰ. 도급

1. **甲은 자신의 X 토지에 Y 건물을 신축하기 위해 공사업자인 乙과 공사도급계약을 체결하였다. 甲은 乙이 丙으로부터 X 토지를 담보로 대출을 받아 그 공사 비용을 지출할 수 있도록 하기 위하여 X 토지에 관하여 근저당권자를 丙, 채무자를 乙로 하는 근저당권을 설정해 주었고, 乙은 丙으로부터 대출받은 돈을 공사대금으로 사용하였다. 공사 진행 도중 乙의 채권자인 丁은 乙의 甲에 대한 공사대금채권 중 일부에 대한 압류 및 전부명령을 받아 그대로 확정되었다. 이후 공사가 완료되었음에도 乙이 丙에 대한 대출금을 변제하지 못하자 甲은 乙을 대위하여 丙에게 대출금 및 연체이자를 변제하였다. 이에 관한 설명 중 옳은 것을 모두 고른 것은? (다툼이 있는 경우 판례에 의함)** [24 변호사]

ㄱ. 전부명령이 甲에게 송달된 때에 소급하여 전부된 채권 부분과 전부되지 않은 채권 부분에 대하여 丁과 乙에게 분할채권이 성립하게 된다.
ㄴ. 乙의 Y 건물 인도의무는 甲의 공사대금채무와 동시이행관계에 있으나, 乙의 X 토지에 대한 근저당권말소의무는 위 공사도급계약상 고유한 대가관계가 있는 의무가 아니므로 甲의 공사대금채무와 이행상 견련관계를 인정할 수 없다.
ㄷ. 甲의 대위변제에 따른 乙의 구상금채무는 乙의 X 토지에 대한 근저당권말소의무의 변형물로서 그 대등액의 범위 내에서 甲의 공사대금채무와 동시이행관계에 있다.
ㄹ. 丁의 전부금청구에 대하여 甲이 乙에 대한 구상금채권으로 상계항변을 하는 경우, 자동채권인 甲의 乙에 대한 구상금채권은 丁의 압류명령이 甲에게 송달된 후 발생한 것이므로 甲은 위 구상금채권에 의한 상계로 丁에게 대항할 수 없다.

① ㄱ, ㄴ ② ㄱ, ㄷ ③ ㄴ, ㄹ
④ ㄱ, ㄴ, ㄹ ⑤ ㄱ, ㄷ, ㄹ

해설

ㄱ. (O) 가분적 채권의 일부가 전부된 경우에는 분할채권관계가 성립한다.
[**대법원** 2010. 3. 25. **선고** 2007**다**35152 **판결**] 가분적인 금전채권의 일부에 대한 전부명령이 확정되면 특별한 사정이 없는 한 전부명령이 제3채무자에 송달된 때에 소급하여 전부된 채권 부분과 전부되지 않은 채권 부분에 대하여 각기 독립한 분할채권이 성립하게 되므로, 그 채권에 대하여 압류채무자에 대한 반대채권으로 상계하고자 하는 제3채무자로서는 전부채권자 혹은 압류채무자 중 어느 누구도 상계의 상대방으로 지정하여 상계하거나 상계로 대항할 수 있고, 그러한 제3채무자의 상계 의사표시를 수령한 전부채권자는 압류채무자에 잔존한 채권 부분이 먼저 상계되어야 한다거나 각 분할채권액의 채권 총액에 대한 비율에 따라 상계되어야 한다는 이의를 할 수 없다.

ㄴ. (×) 구체적 계약관계의 내용에 비추어 수급인이 근저당권등기를 말소하여야 하는 의무도 도급인의 공사대금채무와 동시이행관계가 인정된다. 수급인이 공사를 원활하게 진행할 수 있도록 도급인이 담보를 제공한 것이기 때문이다.

[**대법원** 2010. 3. 25. **선고** 2007**다**35152 **판결**] 하나의 계약 혹은 그 계약에 추가된 약정으로 둘 이상의 민법상의 전형계약 내지 민법상의 채권적 권리의무관계(이하 '민법상의 전형계약 등'이라 한다)가 포괄되어 있고, 이에 따른 당사자 사이의 여러 권리의무가 동일한 경제적 목적을 위하여 서로 밀접하게 연관되어 있는 경우에는, 이를 민법상의 전형계약 등에 상응하는 부분으로 서로 분리하여 그 각각의 전형계약 등의 범위 안에서 대가관계에 있는 의무만을 동시이행관계에 있다고 볼 것이 아니고, 당사자 일방의 여러 의무가 포괄하여 상대방의 여러 의무와 사이에 대가관계에 있다고 인정되는 한, 이러한 당사자 일방의 여러 의무와 상대방의 여러 의무는 동시이행의 관계에 있다고 볼 수 있다 (필자 주 : 공사도급계약의 도급인이 자신 소유의 토지에 근저당권을 설정하여 수급인으로 하여금 공사에 필요한 자금을 대출받도록 한 사안에서, 수급인의 근저당권 말소의무는 도급인의 공사대금채무에 대하여 공사도급계약상 고유한 대가관계가 있는 의무는 아니지만, 담보제공의 경위와 목적, 대출금의 사용용도 및 그에 따른 공사대금의 실질적 선급과 같은 자금지원 효과와 이로 인하여 도급인이 처하게 될 이중지급의 위험 등 구체적인 계약관계에 비추어 볼 때, 이행상의 견련관계가 인정되므로 양자는 서로 동시이행의 관계에 있고, 나아가 수급인이 근저당권 말소의무를 이행하지 아니한 결과 도급인이 위 대출금 및 연체이자를 대위변제함으로써 수급인이 지게 된 구상금채무도 근저당권 말소의무의 변형물로서 그 대등액의 범위 내에서 도급인의 공사대금채무와 동시이행의 관계에 있다고 한 사례).

ㄷ. (O) 수급인이 도급인에 대하여 부담하는 근저당권말소의무를 이행하지 아니하여 도급인이 근저당권의 피담보채무를 변제한 경우에 발생한 수급인의 구상금채무는 근저당권말소의무의 변형으로 도급인의 공사대금채무와 동시이행관계가 유지된다. **대법원** 2010. 3. 25. **선고** 2007**다**35152 **판결** 참고.

ㄹ. (×) 자동채권인 구상금채권이 압류 후에 발생하였지만, 발생의 기초가 압류 전에 있었고, 피압류채권과 동시이행관계가 있으므로 제3채무자는 상계로 압류채권자에게 대항할 수 있다.

[**대법원** 2010. 3. 25. **선고** 2007**다**35152 **판결**] 금전채권에 대한 압류 및 전부명령이 있는 때에는 압류된 채권은 동일성을 유지한 채로 압류채무자로부터 압류채권자에게 이전되고, 제3채무자는 채권이 압류되기 전에 압류채무자에게 대항할 수 있는 사유로써 압류채권자에게 대항할 수 있는 것이므로, 제3채무자의 압류채무자에 대한 자동채권이 수동채권인 피압류채권과 동시이행의 관계에 있는 경우에는, 압류명령이 제3채무자에게 송달되어 압류의 효력이 생긴 후에 자동채권이 발생하였다고 하더라도 제3채무자는 동시이행의 항변권을 주장할 수 있다. 이 경우에 자동채권이 발생한 기초가 되는 원인은 수동채권이 압류되기 전에 이미 성립하여 존재하고 있었던 것이므로, 그 자동채권은 민법 제498조의 '지급을 금지하는 명령을 받은 제3채무자가 그 후에 취득한 채권'에 해당하지 않는다고 봄이 상당하고, 제3채무자는 그 자동채권에 의한 상계로 압류채권자에게 대항할 수 있다. 정답 ②

2. **甲이 乙로부터 건물 소유를 목적으로 乙 소유 X 토지를 임차한 후, 丙에게 지상 건물 신축을 도급하면서 주된 건축자재는 丙이 제공하되 신축건물의 소유권은 甲에게 귀속하기로 약정하였다. 이에 관한 설명 중 옳지 않은 것을 모두 고른 것은? (다툼이 있는 경우 판례에 의함)** [22 변호사]

ㄱ. 甲이 丙의 저당권설정청구권 행사에 따라 신축된 Y 건물에 공사대금채무를 담보하기 위한 저당권을 설정하는 행위는 특별한 사정이 없는 한 사해행위에 해당하지 않는다.

ㄴ. 甲이 丙에게 선급금을 지급하였으나 도급계약의 해제 등 선급금 반환사유가 발생한 경우, 선급금이 기성고에 해당하는 공사대금에 충당되기 위해서는 원칙적으로 丙의 상계 의사표시가 있어야 한다.

ㄷ. 甲이 신축된 Y 건물에 丁 명의의 저당권을 설정한 후 임대차계약이 만료되어 지상물매수청구권을 갖는 경우, 丁 명의의 저당권설정등기가 말소되지 않았다면 甲의 지상물매수청구권 행사에 대하여 乙은 그 등기가 말소될 때까지 피담보채무액에 상당한 대금의 지급을 거절할 수 있다.
ㄹ. 甲이 임대차기간 중에 신축된 Y 건물을 丁에게 매각하여 소유권이전등기를 마쳐준 후 임대차계약이 만료된 경우, 甲은 乙을 상대로 Y 건물에 관한 지상물매수청구를 할 수 없다.

① ㄴ ② ㄱ, ㄷ ③ ㄴ, ㄷ
④ ㄴ, ㄹ ⑤ ㄱ, ㄷ, ㄹ

해설

ㄱ. (O) 부동산공사수급인의 저당권설정청구권(민법 제666조) 행사에 따라 저당권을 설정하는 행위는 사해행위에 해당하지 않는다. 부동산공사수급인의 공사대금채권은 법에 의하여 우선변제를 받을 수 있도록 보장된 권리이고, 유치권에 의한 담보보다 저당권을 설정하는 것이 책임재산을 감소시키는 행위라고 할 수 없기 때문이다.
[**대법원** 2008. 3. 27. **선고** 2007**다**78616·78623 **판결**] 수급인의 저당권설정청구권을 규정하는 민법 제666조는 부동산공사에서 그 목적물이 보통 수급인의 자재와 노력으로 완성되는 점을 감안하여 그 목적물의 소유권이 원시적으로 도급인에게 귀속되는 경우 수급인에게 목적물에 대한 저당권설정청구권을 부여함으로써 수급인이 사실상 목적물로부터 공사대금을 우선적으로 변제받을 수 있도록 하는 데 그 취지가 있고, 이러한 수급인의 지위가 목적물에 대하여 유치권을 행사하는 지위보다 더 강화되는 것은 아니어서 도급인의 일반 채권자들에게 부당하게 불리해지는 것도 아닌 점 등에 비추어, 신축건물의 도급인이 민법 제666조가 정한 수급인의 저당권설정청구권의 행사에 따라 공사대금채무의 담보로 그 건물에 저당권을 설정하는 행위는 특별한 사정이 없는 한 사해행위에 해당하지 아니한다.

ㄴ. (×) 선급금으로 기성공사대금에 충당하기 위해서 별도로 충당의 의사표시가 필요한지를 묻는 지문이다. 선급금은 미리 지급한 공사대금이므로 공사계약이 중도에 해제된 경우, 기성공사대금에 당연히 충당되고 별도로 충당의 의사표시가 있어야 하는 것은 아니다.
[**대법원** 2010. 5. 13. **선고** 2007**다**31211 **판결**] 공사도급계약에서 수수되는 이른바 선급금은 자금 사정이 좋지 않은 수급인으로 하여금 자재 확보·노임 지급 등에 어려움이 없이 공사를 원활하게 진행할 수 있도록 하기 위하여 도급인이 장차 지급할 공사대금을 수급인에게 미리 지급하여 주는 것으로서, 구체적인 기성고와 관련하여 지급된 공사대금이 아니라 전체 공사와 관련하여 지급된 공사대금이고, 이러한 점에 비추어 선급금을 지급한 후 계약이 해제 또는 해지되는 등의 사유로 수급인이 도중에 선급금을 반환하여야 할 사유가 발생하였다면, 특별한 사정이 없는 한 별도의 상계 의사표시 없이도 그때까지의 기성고에 해당하는 공사대금 중 미지급액은 선급금으로 충당되고 도급인은 나머지 공사대금이 있는 경우 그 금액에 한하여 지급할 의무를 부담하게 되나, 이때 선급금의 충당 대상이 되는 기성공사대금의 내역을 어떻게 정할 것인지는 도급계약 당사자의 약정에 따라야 한다.

ㄷ. (O) 토지임차인의 건물매수청구권 행사로 매매계약이 성립한 경우, 토지임대인이 지상 건물에 설정된 저당권등기가 말소될 때까지 피담보채무에 상당하는 매매대금의 지급을 거절할 수 있는지를 묻는 지문이다. 매도인은 완전한 재산권이전의무를 부담하므로 매매목적인 부동산에 설정된 근저당권등기를 말소하여야 할 의무가 있고, 이는 매수인의 매매대금 지급의무와 동시이행관계에 있다. 또한 매수인은 권리상실의 위험이 있는 범위에서 대금지급을 거절할 수 있으므로(민법 제588조) 乙은 甲이 저당권등기를 말소할 때까지 피담보채무에 상당하는 매매대금의 지급을 거절할 수 있다.

[**대법원** 2008. 5. 29. **선고** 2007**다**4356 **판결**] 건물의 소유를 목적으로 한 토지임대차계약의 기간이 만료함에 따라 지상건물 소유자가 임대인에 대하여 행사하는 민법 제643조 소정의 매수청구권은 매수청구의 대상이 되는 건물에 근저당권이 설정되어 있는 경우에도 인정된다. 이 경우에 그 건물의 매수가격은 건물 자체의 가격 외에 건물의 위치, 주변 토지의 여러 사정 등을 종합적으로 고려하여 매수청구권 행사 당시 건물이 현존하는 대로의 상태에서 평가된 시가 상당액을 의미하고, 여기에서 근저당권의 채권최고액이나 피담보채무액을 공제한 금액을 매수가격으로 정할 것은 아니다. 다만, 매수청구권을 행사한 지상건물 소유자가 위와 같은 근저당권을 말소하지 않는 경우 토지소유자는 민법 제588조에 의하여 위 근저당권의 말소등기가 될 때까지 그 채권최고액에 상당한 대금의 지급을 거절할 수 있다.

ㄹ. **(O)** 토지임차인이 지상 건물매수를 청구하기 위해서는 지상 건물에 관한 처분권한이 있어야 한다. 토지임차인 甲이 지상 건물을 丁에게 매도하고 소유권이전등기를 마침으로써 甲이 지상 건물의 소유권을 상실한 때에는 甲은 토지임차인 乙에게 지상물매수청구권을 행사할 수 없다.

[**대법원** 1993. 7. 27. **선고** 93**다**6386 **판결**] <前略> 그런데 민법 제643조 소정의 지상물매수청구권은 지상물의 소유자에 한하여 행사할 수 있다고 보아야 할 것인 바, 원심이 인정한 바와 같이 위 심상훈이 위 토지에 관한 임대차기간이 만료하기 전인 1990.11.26. 이미 위 토지 위에 건립된 이 사건 건물을 피고 성윤호에게 양도하였다면 위 심상훈은 위 건물에 대한 소유자가 아니어서 위 건물에 대한 매수청구권을 행사할 수 없다고 보아야 할 것이다.

정답 ①

3. **甲이 자신이 소유하는 X토지 위에 Y건물을 신축하기 위하여 乙과 건축도급계약을 체결하였다. 이에 관한 설명 중 옳은 것은? (다툼이 있는 경우 판례에 의함)** [21 변호사]

① 약정한 날짜에 Y건물이 완성되어 甲에게 인도되었으나 Y건물이 무너질 위험성이 있어 다시 건축할 수밖에 없다고 하더라도, 甲은 乙에게 Y건물을 철거하고 재건축하는 데 드는 비용 상당액을 하자로 인한 손해배상으로 청구할 수는 없다.

② 乙의 이행지체를 이유로 甲이 계약을 해제하겠다는 통지를 하였다면, 그 통지에 특별히 급부의 수령을 거부하는 취지가 포함되어 있지 않는 한 이로써 이행의 최고가 있는 것으로 볼 수 있으며, 그로부터 상당한 기간이 경과하도록 乙이 이행하지 않았다면 甲은 계약을 해제할 수 있다.

③ 乙이 공사를 완공하지 못한 채 건축도급계약이 해제되어 기성고에 따른 공사비를 乙에게 정산하여야 할 경우, 甲은 乙이 공사를 중단할 당시를 기준으로 乙이 실제로 지출한 비용을 지급하여야 한다.

④ 乙의 공사중단으로 인하여 약정된 공사기한 내의 공사완공이 불가능하다는 것이 명백하고 乙이 미리 이행하지 아니할 의사를 표시한 때에도, 甲은 乙에게 상당한 기간 내에 완공할 것을 최고하지 않고서는 계약을 해제할 수 없다.

⑤ 乙로부터 인도받는 Y건물에 하자가 있다면 甲은 이를 이유로 하자의 보수나 하자의 보수에 갈음하는 손해배상의 청구를 하지 않고 곧바로 보수 전부의 지급을 거절할 수 있다.

해설

① **(×)** 하자로 인한 손해액을 산정하는 방법을 묻는 지문이다. 재건축 할 수밖에 없는 경우라면 재건축에 드는 비용 상당액은 하자로 인한 통상손해에 해당한다. 다만, 재건축에 드는 비용이 약정 공사대금액을 초과할 수는 없다.

[**대법원** 2016. 8. 18. **선고** 2014**다**31691 **판결**] 도급계약에서 완성된 목적물에 하자가 있는 경우에 도급인은 수급인에게 하자의 보수나 하자의 보수에 갈음한 손해배상을 청구할 수 있다. 이때 하자가 중요한 경우에는 비록 보수에 과다한 비용이 필요하더라도 보수에 갈음하는 비용, 즉 실제로 보수에 필요한 비용이 모두 손해배상에 포함된다. 나아가 완성된 건물 기타 토지의 공작물(이하 '건물 등'이라 한다)에 중대한 하자가 있고 이로 인하여 건물 등이 무너질 위험성이 있어서 보수가 불가능하고 다시 건축할 수밖에 없는 경우에는, 특별한 사정이 없는 한 건물 등을 철거하고 다시 건축하는 데 드는 비용 상당액을 하자로 인한 손해배상으로 청구할 수 있다(필자 주 : 대법원은, 재시공비용 상당의 손해배상액은 약정공사대금액을 초과할 수 없고, 손해배상액을 산정함에 있어 과실상계가 고려되어야 한다고 판단하고 있다는 점을 주의하여야 한다).

② (O) 이행지체를 원인으로 하는 해제의 의사표시에는 이행최고가 포함되어 있는 것으로 해석한다. 따라서 그 의사표시가 도달되고 상당한 기간이 경과한 후에는 해제권이 발생한다.

[**대법원** 2017. 9. 21. **선고** 2013**다**58668 **판결**] 이행지체를 이유로 계약을 해제할 경우에 그 전제요건인 이행의 최고는 반드시 미리 일정기간을 명시하여야 하는 것은 아니며, 최고한 때부터 상당한 기간이 경과하면 해제권이 발생한다. 그리고 채무자의 급부불이행 사정을 들어 계약을 해제하겠다는 통지를 한 때에는 특별히 그 급부의 수령을 거부하는 취지가 포함되어 있지 아니하는 한 그로써 이행의 최고가 있었다고 볼 수 있으며, 그로부터 상당한 기간이 경과하도록 이행되지 아니하였다면 채권자는 계약을 해제할 수 있다.

③ (×) 기성고에 따른 공사비 산정방법을 묻는 지문이다. 기성부분의 공사비와 앞으로 지출될 공사비의 비율을 산정한 다음 이를 약정공사대금에 곱하여 공사비를 산정한다.

[**대법원** 1995. 6. 9. **선고** 94**다**29300·29317 **판결**] 수급인이 공사를 완성하지 못한 채 공사도급계약이 해제되어 기성고에 따른 공사비를 정산하여야 할 경우, 특별한 사정이 없는 한 그 공사비는 약정총공사비에서 막바로 미시공 부분의 완성에 실제로 소요될 공사비를 공제하여 산정할 것이 아니라 기성 부분과 미시공 부분에 실제로 소요되거나 소요될 공사비를 기초로 산출한 기성고 비율을 약정공사비에 적용하여 산정하여야 하고, 기성고 비율은 이미 완성된 부분에 소요된 공사비에다가 미시공부분을 완성하는 데 소요될 공사비를 합친 전체 공사비 가운데 이미 완성된 부분에 소요된 비용이 차지하는 비율이다.

④ (×) 수급인이 이행하지 아니할 의사를 표시한 때에는 도급인은 이행최고를 하지 않더라도 공사계약을 해제할 수 있다.

[**대법원** 1996. 10. 25. **선고** 96**다**21393 **판결**] 공사도급계약에 있어서 수급인의 공사중단이나 공사지연으로 인하여 약정된 공사기한 내의 공사완공이 불가능하다는 것이 명백하여진 경우에는 도급인은 그 공사기한이 도래하기 전이라도 계약을 해제할 수 있지만, 그에 앞서 수급인에 대하여 위 공사기한으로부터 상당한 기간 내에 완공할 것을 최고하여야 하고, 다만 예외적으로 수급인이 미리 이행하지 아니할 의사를 표시한 때에는 위와 같은 최고 없이도 계약을 해제할 수 있다.

⑤ (×) 하자보수나 손해배상을 청구하지 않고는 보수의 지급을 거절할 수 없다.

[**대법원** 1991. 12. 10. **선고** 91**다**33056 **판결**] 도급인이 인도받은 목적물에 하자가 있는 것만을 이유로, 하자의 보수나 하자의 보수에 갈음하는 손해배상을 청구하지 아니하고 막바로 보수의 지급을 거절할 수는 없다.

정답 ②

4. **甲은 乙로부터 건물신축공사를 도급받아 X 건물을 완공하였다. 이에 관한 설명 중 옳은 것을 모두 고른 것은? (각 지문은 독립적이며, 다툼이 있는 경우 판례에 의함)** [16 변호사]

ㄱ. 甲 자신이 직접 X 건물을 완공해야 하는 것은 아니므로, 특별한 사정이 없는 한, 이행대행자 丙을 사용하였더라도 乙에 대한 채무불이행은 아니다.
ㄴ. 甲이 전적으로 자신의 재료와 노력으로 X 건물을 신축한 경우에는 甲과 乙 사이에 乙 명의로 건축허가를 받아 소유권보존등기를 하기로 하는 등 X 건물의 소유권을 乙에게 귀속시키기로 하는 합의가 있었더라도 그 소유권은 甲에게 있다.
ㄷ. 乙이 민법 제666조에서 정한 甲의 저당권설정청구권의 행사에 따라 공사대금채무의 담보로 X 건물에 저당권을 설정하는 행위는 특별한 사정이 없는 한 사해행위에 해당하지 않는다.
ㄹ. 乙이 甲의 공사에 대하여 그 공정을 조정하고 시공의 정도가 설계도대로 시행되고 있는지를 점검하는 정도의 감리적 감독은 乙이 甲의 불법행위에 대하여 사용자책임을 지기 위하여 필요한 요건인 '구체적이고 직접적인 지시, 감독'에 포함되지 않는다.

① ㄱ, ㄴ ② ㄴ, ㄷ ③ ㄱ, ㄷ, ㄹ
④ ㄴ, ㄷ, ㄹ ⑤ ㄱ, ㄴ, ㄷ, ㄹ

해설

ㄱ. **(O)** 수급인의 이행대행자 사용이 채무불이행을 구성하는지를 묻는 지문이다.
[**대법원** 2002. 4. 12. **선고** 2001**다**82545·82552 **판결**] 공사도급계약에 있어서 당사자 사이에 특약이 있거나 일의 성질상 수급인 자신이 하지 않으면 채무의 본지에 따른 이행이 될 수 없다는 등의 특별한 사정이 없는 한 반드시 수급인 자신이 직접 일을 완성하여야 하는 것은 아니고, 이행보조자 또는 이행대행자를 사용하더라도 공사도급계약에서 정한 대로 공사를 이행하는 한 계약을 불이행하였다고 볼 수 없다(필자 註 : 수급인이 제3자를 이용하여 공사를 하더라도 공사약정에서 정한 내용대로 그 공사를 이행하는 한 공사약정을 불이행한 것이라고 볼 수 없으므로, 수급인이 그의 노력으로 제3자와의 사이에 공사에 관한 약속을 한 후 도급인에게 그 약속 사실을 알려주지 않았다고 하더라도 이를 도급인에 대한 기망행위라고 할 수 없다고 한 사례).

ㄴ. **(×)** 신축건물의 소유권을 도급인에게 귀속시키는 합의가 있는 경우, 수급인의 재료와 노력으로 축조된 신축건물의 원시취득자를 묻는 지문이다. 도급인과 수급인 사이의 합의가 있는 때에는 합의대로 원시취득자가 결정된다. 사안의 경우, 도급인 乙이 원시취득자가 된다.
[**대법원** 1997. 5. 30. **선고** 97**다**8601 **판결**] 일반적으로 자기의 노력과 재료를 들여 건물을 건축한 사람은 그 건물의 소유권을 원시취득하는 것이고, 다만 도급계약에 있어서는 수급인이 자기의 노력과 재료를 들여 건물을 완성하더라도 도급인과 수급인 사이에 도급인 명의로 건축허가를 받아 소유권보존등기를 하기로 하는 등 완성된 건물의 소유권을 도급인에게 귀속시키기로 합의한 것으로 보여질 경우에는 그 건물의 소유권은 도급인에게 원시적으로 귀속된다.

ㄷ. **(O)** 저당권설정청구권 행사에 따른 저당권설정행위가 사해행위에 해당하는지를 묻는 지문이다.
[**대법원** 2008. 3. 27. **선고** 2007**다**78616·78623 **판결**] 수급인의 저당권설정청구권을 규정하는 민법 제666조는 부동산공사에서 그 목적물이 보통 수급인의 자재와 노력으로 완성되는 점을 감안하여 그 목적물의 소유권이 원시적으로 도급인에게 귀속되는 경우 수급인에게 목적물에 대한 저당권설정청구권을 부여함으로써 수급인이 사실상 목적물로부터 공사대금을 우선적으로 변제받을 수 있도록 하는 데 그 취지가 있고, 이러한 수급인의 지위가 목적물에 대하여 유치권을 행사하는 지위보다 더 강화되는 것은 아니어서 도급인의 일반채권자들에게 부당하게 불리해지는 것도 아닌 점 등에 비추어,

신축건물의 도급인이 민법 제666조가 정한 수급인의 저당권설정청구권의 행사에 따라 공사대금채무의 담보로 그 건물에 저당권을 설정하는 행위는 특별한 사정이 없는 한 사해행위에 해당하지 아니한다.

ㄹ. (O) 사용자책임 요건이 사용관계에 감리적 감독관계가 포함되는지를 묻는 지문이다.

[**대법원** 2014. 2. 13. **선고** 2013**다**78372 **판결**] 도급계약에서 도급인은 도급 또는 지시에 관하여 중대한 과실이 없는 한 수급인이 그 일에 관하여 제3자에게 가한 손해를 배상할 책임을 부담하지 않는 것이 원칙이고, 다만 도급인이 수급인의 일의 진행 및 방법에 관하여 구체적인 지휘감독권을 유보하고 공사의 시행에 관하여 구체적으로 지휘감독을 한 경우에는 도급인과 수급인의 관계는 실질적으로 사용자와 피용자의 관계와 다를 바가 없으므로 수급인이나 수급인의 피용자의 불법행위로 인하여 제3자에게 가한 손해에 대하여 도급인은 민법 제756조 소정의 사용자책임을 면할 수 없는데, 여기서 지휘감독이란 실질적인 사용자관계가 인정될 수 있을 정도로 공사시행 방법과 공사진행에 관하여 구체적으로 공사의 운영 및 시행을 직접 지시·지도하고 감시·독려하는 것이어야 한다. 그리고 위와 같은 사용자 및 피용자 관계를 인정할 수 있는 기초가 되는 도급인의 수급인에 대한 지휘감독은 현장에서 구체적인 공사의 운영 및 시행을 직접 지시·지도하고 감시·독려함으로써 시공자체를 관리함을 말하며, 단순히 공사의 운영 및 시공의 정도가 설계도 또는 시방서대로 시행되고 있는가를 확인하여 공정을 감독하는 데에 불과한 이른바 감리는 여기에 해당하지 않는다고 할 것이므로 도급인이 수급인의 공사에 대하여 감리적인 감독을 함에 지나지 않을 때에는 양자의 관계를 사용자 및 피용자의 관계와 같이 볼 수 없다.

정답 ③

5. **甲 건설회사는 2013. 1. 2. 乙 유통회사에게 甲 회사 소유인 X 토지를 대금 10억 원에 매도하고 계약금 1억 원을 지급받았다. 그 매매계약서에서 "매수인은 중도금 지급시까지 계약금을 포기하고 해약할 수 있고 매도인은 그때까지 계약금의 배액을 지급하고 해약할 수 있다."라고 약정되었다. 같은 날 甲 회사는 乙 회사로부터 Y 토지 지상에 유통시설 신축공사를 도급받았는데, 그 계약에서 도급대금은 6억 원, 공사기간은 2013. 1. 11.부터 같은 해 11. 10.까지 10개월로 정하였다. 위 도급계약에서는 "수급인은 공사가 지체될 경우 도급인에게 지체된 1일당 도급대금의 1,000분의 1의 비율에 의한 지체상금을 지급한다." 라고 약정되었다. 甲 회사가 유통시설 신축공사를 시작하였으나 2013. 5. 초경 자금사정 악화로 인하여 공사를 중단하였다. 다음 중 옳은 것을 모두 고른 것은? (다툼이 있는 경우에는 판례에 의하고, 각 지문은 모두 독립적이다)** [14 변호사]

ㄱ. 위 매매계약 이후 X 토지의 가격이 폭등하자 甲 회사는 매매대금을 모두 지급 받고도 추가적인 금액을 요구하면서 소유권이전을 거부하였고 이에 乙 회사는 위 매매계약을 적법하게 해제하였다. 이 경우 乙 회사의 실제 손해가 1억 원을 초과하는 경우에도 손해배상은 1억 원을 초과하여 받을 수는 없다.

ㄴ. 乙 회사는 2013. 5. 10.에 도급계약을 해제할 수 있었으나 내부 사정으로 인하여 2013. 5. 20.에야 도급계약을 해제하였다. 한편 乙이 해제한 후 즉시 새로운 공사업자에게 의뢰하여 나머지 공사를 적절하고 정상적인 속도로 진행하는 경우 2013. 12. 20.에 공사를 완공할 수 있었다. 이 경우 甲 회사는 乙 회사에 지체상금을 지급해야 하고 특별한 사정이 없으면 그 금액은 2,400만 원이다.

ㄷ. 甲 회사가 공사를 중단할 당시까지 투입한 공사비용은 2억 원이고 미시공 부분을 완성할 때까지 추가로 소요될 공사비용은 3억 원으로 추정되었다. 미완성 건축물을 철거하는 경우 중대한 사회적 경제적 손실을 초래하고 완성된 부분이 乙 회사에게 이익이 된다고 판단되었다. 乙 회사가 미완성 건축물을 인도받으면서 甲 회사에게 지급하여야 할 도급대금은 2억 4,000만 원이다.

① ㄱ　　② ㄴ　　③ ㄷ
④ ㄱ, ㄴ　　⑤ ㄴ, ㄷ

해설

ㄱ. (×) 계약금이 별도의 위약의 약정이 없음에도 위약금으로 해석될 수 있는지를 묻는 지문이다. 甲과 乙 사이에 체결된 매매계약서에 포함된 계약금에 관한 약정은 계약금을 해약금으로 하는 약정일 뿐이고, 그 계약금을 위약금으로 하는 약정이라고 할 수는 없다. 계약금은 다른 약정이 없는 한 해약금으로 추정되고, 계약금이 위약금의 성질을 가지려면 별도의 위약의 특약이 있어야 하므로 乙은 실제 손해를 증명하여 손해배상을 청구하여야 하고, 실제 손해가 1억 원을 초과하더라도 그 손해 전부에 관한 배상을 청구할 수 있다.

[**대법원** 2010. 4. 29. **선고** 2007**다**24930 **판결**] 유상계약을 체결함에 있어서 계약금이 수수된 경우 계약금은 해약금의 성질을 가지고 있어서, 이를 위약금으로 하기로 하는 특약이 없는 이상 계약이 당사자 일방의 귀책사유로 인하여 해제되었다 하더라도 상대방은 계약불이행으로 입은 실제 손해만을 배상받을 수 있을 뿐 계약금이 위약금으로서 상대방에게 당연히 귀속되는 것은 아니다.

[**대법원** 1987. 2. 24. **선고** 86**누**438 **판결**] 매매계약에 있어서 계약금은 당사자 일방이 이행에 착수할 때까지 매수인은 이를 포기하고 매도인은 그 배액을 상환하여 계약을 해제할 수 있는 해약금의 성질을 가지고 있고 다만 당사자의 일방이 위약한 경우 그 계약금을 위약금으로 하기로 하는 특약이 있는 경우에만 손해배상액의 예정으로서의 성질을 갖는 것이다.

ㄴ. (×) 지체상금의 종기(終期)를 묻는 지문이다. 지체상금이 언제까지 부과되는지가 본 지문의 쟁점이다. 지체상금은 해제할 수 있는 때를 기준으로 하여 합리적 공사기간이 경과한 당시까지 지급되어야 한다는 것이 대법원의 입장이다. 乙 회사는 2013. 5. 10. 해제할 수 있었으므로 그때를 기준으로 하여 새로운 공사업자에게 의뢰하여 나머지 공사를 적절하고 정상적인 속도로 진행하는 경우 2013. 12. 10.에 공사를 완성할 수 있었을 것이므로 지체일수는 2013. 11. 11.부터 2013. 12. 10.까지 총 30일이고, 그 지체상금 액수는 1,800만 원이 될 것이다.

[**대법원** 2001. 1. 30. **선고** 2000**다**56112 **판결**] 수급인이 완공기한 내에 공사를 완성하지 못한 채 완공기한을 넘겨 도급계약이 해제된 경우에 있어서 그 지체상금 발생의 시기(始期)는 완공기한 다음날이고, 종기(終期)는 수급인이 공사를 중단하거나 기타 해제사유가 있어 도급인이 이를 해제할 수 있었을 때를 기준으로 하여 도급인이 다른 업자에게 의뢰하여 같은 건물을 완공할 수 있었던 시점이다.

ㄷ. (○) 건물신축공사가 중도에 해제된 경우, 기완성부분에 관한 공사대금의 산정방법을 묻는 지문이다. 기완성부분에 관한 공사대금은 약정공사대금에 기성고 비율을 곱하여 산정한다. 이때 기성고의 비율은 기완성부분에 지출된 공사비용과 미완성부분에 지출된 공사비용의 비율에 따라 산정한다. 기완성부분에 투입한 공사비용이 2억 원이고, 추가로 소요될 공사비용이 3억 원이므로 기성고의 비율은 2/5, 즉 40%가 된다. 이를 약정 공사대금인 6억 원에 적용하면 기완성부분의 공사대금은 2억 4,000만 원이 된다.

[**대법원** 1995. 6. 9. **선고** 94**다**29300·29317 **판결**] 수급인이 공사를 완성하지 못한 채 공사도급계약이 해제되어 기성고에 따른 공사비를 정산하여야 할 경우, 특별한 사정이 없는 한 그 공사비는 약정 총공사비에서 막바로 미시공 부분의 완성에 실제로 소요될 공사비를 공제하여 산정할 것이 아니라 기성 부분과 미시공 부분에 실제로 소요되거나 소요될 공사비를 기초로 산출한 기성고 비율을 약정 공사비에 적용하여 산정하여야 하고, 기성고 비율은 이미 완성된 부분에 소요된 공사비에다가 미시공 부분을 완성하는 데 소요될 공사비를 합친 전체 공사비 가운데 이미 완성된 부분에 소요된 비용이 차지하는 비율이다.

정답 ③

6. **甲과 乙은 건물신축공사 도급계약을 체결하였는데, 공사대금은 완공된 건물의 인도와 동시에 일괄지급하기로 하였다. 그리고 乙의 甲에 대한 공사대금채무를 담보하기 위하여 丙이 그 소유의 X 부동산에 근저당권을 설정하였고, 丁이 위 채무를 연대보증하였다. 다음 설명 중 옳은 것은? (다툼이 있는 경우에는 판례에 의함)** [13 변호사]

① 丙이 甲에게 피담보채무를 임의로 변제하였다면 丙은 乙에게 구상권을 행사할 수 있는데, 그 구상권의 확보를 위하여 丙은 甲의 승낙을 얻어야 甲을 대위할 수 있다.

② 丁이 甲에게 보증채무를 이행하였다면 丁은 乙에게 구상권을 행사할 수 있지만, 자기의 채무를 이행하였기 때문에 甲을 대위할 수는 없다.

③ 甲이 채권의 추심을 위하여 공사대금채권을 戊에게 양도하고 그 대항요건을 갖추었으나, 그 후 甲과 戊 사이의 추심위임계약이 해지된 경우, 위 채권이 甲에게 복귀하는데, 이때 戊는 원상회복의무로서 乙에게 이를 통지할 의무를 부담한다.

④ 乙의 공사대금채무를 己가 면책적으로 인수한 경우, 丙은 채무인수에 동의하였는지 여부에 상관없이 甲에 대하여 근저당권설정등기의 말소를 구할 수 있다.

⑤ 乙의 공사대금채무를 己가 중첩적으로 인수한 경우, 丁의 보증채무는 소멸한다.

해설

① **(×)** 물상보증인이 법정대위자인지를 묻는 지문이다. 변제할 정당한 이익이 있는 자는 변제로 채권자를 당연히 대위한다(제481조). 변제할 정당한 이익이란 변제하지 아니하면 자기 재산에 집행을 당하거나 자기가 취득한 권리가 상실될 위험이 있는 자를 말한다. 물상보증인은 대신하여 변제하지 아니하면 집행을 당할 위험을 안고 있는 자로서 법정대위자에 해당한다. 丙은 물상보증인으로서 채권자 甲의 승낙이 없더라도 변제로 甲을 당연히 대위한다.

② **(×)** 보증인이 보증채무를 이행하고, 채권자를 대위할 수 있는지를 묻는 지문이다. 보증인은 채권자에 대해서는 자기 채무를 부담하는 자이지만, 주채무자에 대한 관계에서 종국적으로 책임을 부담하는 자는 아니다. 따라서 보증채무의 이행으로 주채무자에 대하여 구상권을 취득하고, 구상권을 확보하기 위하여 채권자를 대위할 수 있다.

③ **(O)** 추심목적의 채권양도가 해지된 경우, 채권양수인의 원상회복의무의 내용을 묻는 지문이다. 채권양도가 해지된 때에는 양도의 목적인 채권을 대외적 관계에서도 양도인이 완전하게 취득하여 행사할 수 있도록 채권양수인은 채무자에 대하여 해지를 통지하여야 한다.

④ **(×)** 면책적 채무인수에 의하여 제3자가 제공한 담보가 소멸하는지 여부를 묻는 지문이다. 제3자가 면책적 채무인수에 동의하였다면 소멸하지 않지만, 제3자가 면책적 채무인수에 동의하지 아니하였다면 제3자가 제공한 담보는 소멸한다. 제459조가 이를 규정하고 있다.

⑤ **(×)** 중첩적 채무인수에 의하여 보증채무가 소멸하는지를 묻는 지문이다. 중첩적 채무인수의 경우에는 면책적 채무인수와 달리 기존 채무자의 채무가 존속하므로 보증채무는 영향을 받지 않는다.

정답 ③

7. **甲은 자기 소유인 X 토지에 상가건물을 신축하는 공사를 乙에게 도급하였다. 계약 당시 건축허가와 소유권보존등기는 甲의 명의로 하고, 공사대금은 공정률이 30%, 60%, 100%가 될 때마다 그에 상응하는 대금을 지급하기로 약정하였다. 乙은 자기의 재료와 비용으로 건물을 신축하여 완공하였다. 甲 명의로 건물의 소유권보존등기가 경료되었으나 乙은 甲으로부터 공사대금 중 30%밖에 지급받지 못한 상태이다. 乙은 완공건물을 인도하지 않고 점유하고 있다. 다음 설명 중 옳지 않은 것은? (다툼이 있는 경우에는 판례에 의함)** [13 변호사]

① 신축건물의 소유자는 甲이다.
② 丙이 甲으로부터 신축건물을 매수하고 등기를 이전받은 다음 乙에게 건물인도를 청구하는 경우, 乙은 건물인도를 거절할 수 있다.
③ 신축공사가 시작되기 전에 X 토지에 저당권이 설정되어 있었는데 건물완공 후 그 저당권의 실행으로 토지 소유권이 丁에게 이전된 경우, 丁은 乙에게 건물에서의 퇴거를 청구할 수 있다.
④ 乙이 신축건물의 경매를 신청한 경우, 乙은 배당절차에서 일반채권자와 동일한 순위로 배당받을 수 있다.
⑤ 乙이 신축건물의 점유를 계속하는 경우, 甲에 대한 공사대금채권의 소멸시효는 진행하지 않는다.

해설

※ 수급인의 비용과 노력으로 상가건물을 축조하였으나, 수급인이 아직 공사대금을 모두 지급받지 못한 경우에 발생할 수 있는 문제들을 다루는 사례문제이다.

① **(O)** 신축건물의 소유자가 누구인가를 묻는 지문이다. 도급인과 수급인 사이에 신축될 건물에 관한 별도의 약정이 있는 경우에는 약정에 따라 소유자가 결정되지만, 그와 같은 약정이 없는 때에는 재료의 전부나 주요부분을 제공한 자가 소유자가 된다. 사안의 경우, 건축허가와 소유권보존등기를 도급인 甲의 명의로 하기로 약정하였는데, 이는 신축건물을 도급인에게 원시적으로 귀속시키기로 하는 약정으로 해석할 수 있다. 뿐만 아니라 그와 같은 약정에 따라 도급인 甲 명의로 소유권보존등기가 마쳐졌기 때문에 설사 원시취득자가 乙이라고 하더라도 乙은 도급계약의 이행으로 甲에게 소유권을 이전한 것으로 보아야 한다. 따라서 현재 신축건물의 소유자는 甲이다.

② **(O)** 수급인 乙이 공사대금채권을 피담보채권으로 하여 건물양수인 丙에 대하여 유치권을 행사할 수 있는지 여부를 묻는 지문이다. 공사대금채권은 신축건물에 관하여 발생한 채권으로 유치권의 피담보채권이 된다는 것이 대법원의 입장이다. 뿐만 아니라 수급인 乙이 신축건물을 점유하고 있고, 그 점유는 적법한 점유이므로 乙은 유치권을 행사할 수 있다. 유치권은 물권으로 유치물의 제3취득자인 丙에 대해서도 행사할 수 있다.

[**대법원** 1976. 8. 28. **선고** 76**다**582 **판결**] 수급인의 공사잔금채권이나 그 지연손해금청구권과 도급인의 건물인도청구권은 도급계약이라는 동일한 법률관계로부터 생긴 것이므로 수급인의 위 손해배상채권 역시 본건 건물에 관하여 생긴 채권이라고 할 것이며 채무불이행에 의한 손해배상청구권은 원채권의 연장이라 보아야 할 것이므로 물건과 원채권 사이에 견련관계가 있는 경우에는 그 손해배상채권과 그 물건과의 사이에도 견련관계가 있다 할 것으로서 손해배상채권에 관하여 유치권항변을 내세울 수 있다 할 것이다.

③ **(O)** 저당권 실행으로 인한 법정지상권이 성립되는지 여부, 건물에 관한 유치권으로 토지소유자의 소유권행사를 저지할 수 있는지 및 토지소유자가 건물점유자에 대해서 퇴거를 청구할 수 있는지를 묻는 지문이다. 토지경락인 丁이 그 지상의 건물의 점유자에 대하여 퇴거를 청구하기 위해서는 지

상의 건물 존재로 인한 토지의 점유가 부적법하여야 한다. 즉, 건물소유자가 토지사용권을 가지고 있지 않아야 하는데, 사안의 경우 토지저당권 설정 당시 건물의 신축공사가 시작되기 전이었으므로 제366조에 따른 법정지상권이 인정될 여지가 없다. 한편 건물의 소유자나 그 건물에 관한 철거처분권을 가지고 있지 아니한 건물점유자는 건물철거청구의 상대방이 될 수 없고, 건물철거집행을 위하여 별도의 집행권원이 필요하므로 토지소유자는 토지소유권에 기초한 방해배제로써 퇴거청구를 할 수 있다. 한편 乙이 건물에 관하여 유치권을 취득하였다고 하더라도 건물의 존재 자체가 토지소유자에 대한 관계에서 불법점유에 해당한다면 유치권을 행사할 수 없고, 또한 乙이 甲에 대하여 가지고 있는 공사대금채권은 건물에 관하여 생긴 채권에 해당할 수는 있지만, 토지에 관하여 생긴 채권에 해당하지는 않으므로 토지에 대한 유치권의 피담보채권이 될 수도 없다.

[**대법원** 2010. 8. 19. **선고** 2010**다**43801 **판결**] 건물이 그 존립을 위한 토지사용권을 갖추지 못하여 토지의 소유자가 건물의 소유자에 대하여 당해 건물의 철거 및 그 대지의 인도를 청구할 수 있는 경우에라도 건물소유자가 아닌 사람이 건물을 점유하고 있다면 토지소유자는 그 건물 점유를 제거하지 아니하는 한 위의 건물 철거 등을 실행할 수 없다. 따라서 그때 토지소유권은 위와 같은 점유에 의하여 그 원만한 실현을 방해당하고 있다고 할 것이므로, 토지소유자는 자신의 소유권에 기한 방해배제로서 건물점유자에 대하여 건물로부터의 퇴출을 청구할 수 있다. 그리고 이는 건물점유자가 건물소유자로부터의 임차인으로서 그 건물임차권이 이른바 대항력을 가진다고 해서 달라지지 아니한다. 건물임차권의 대항력은 기본적으로 건물에 관한 것이고 토지를 목적으로 하는 것이 아니므로 이로써 토지소유권을 제약할 수 없고, 토지에 있는 건물에 대하여 대항력 있는 임차권이 존재한다고 하여도 이를 토지소유자에 대하여 대항할 수 있는 토지사용권이라고 할 수는 없다. 바꾸어 말하면, 건물에 관한 임차권이 대항력을 갖춘 후에 그 대지의 소유권을 취득한 사람은 민법 제622조 제1항이나 주택임대차보호법 제3조 제1항 등에서 그 임차권의 대항을 받는 것으로 정하여진 '제3자'에 해당한다고 할 수 없다.

[**대법원** 2008. 5. 30. **선고** 2007**마**98 **판결**] 건물의 신축공사를 한 수급인이 그 건물을 점유하고 있고 또 그 건물에 관하여 생긴 공사금 채권이 있다면, 수급인은 그 채권을 변제받을 때까지 건물을 유치할 권리가 있는 것이지만, 건물의 신축공사를 도급받은 수급인이 사회통념상 독립한 건물이라고 볼 수 없는 정착물을 토지에 설치한 상태에서 공사가 중단된 경우에 위 정착물은 토지의 부합물에 불과하여 이러한 정착물에 대하여 유치권을 행사할 수 없는 것이고, 또한 공사중단시까지 발생한 공사금 채권은 토지에 관하여 생긴 것이 아니므로 위 공사금 채권에 기하여 토지에 대하여 유치권을 행사할 수도 없는 것이다.

[**대법원** 1989. 2. 14. **선고** 87**다카**3073 **판결**] 건물점유자가 건물의 원시취득자에게 그 건물에 관한 유치권이 있다고 하더라도 그 건물의 존재와 점유가 토지소유자에게 불법행위가 되고 있다면 그 유치권으로 토지소유자에게 대항할 수 없다.

④ **(O)** 유치권자에게 유치물에 대한 우선변제권이 인정되는지 여부를 묻는 지문이다. 유치권은 피담보채권의 변제를 받을 때까지 목적물을 점유하고 인도를 거절할 수 있는 권능에 그치고, 피담보채권은 목적물로부터 우선하여 변제받을 권능은 인정되지 않는다.

⑤ **(×)** 유치권의 행사에 의하여 피담보채권의 소멸시효 진행이 중단되는지를 묻는 지문이다. 유치권의 행사는 채권의 소멸시효의 진행에 영향을 미치지 아니한다(제326조). 따라서 유치권을 행사하고 있더라도 피담보채권의 소멸시효는 진행하므로 乙의 甲에 대한 공사대금채권의 소멸시효는 진행한다.

정답 ⑤

8. **甲은 자기 소유의 X 토지에 Y 건물을 신축하기 위하여 乙과 공사대금을 2억 원으로 하는 Y 건물 공사도급계약을 체결하였다. 이에 관한 설명 중 옳지 않은 것은? (각 지문은 독립적이며, 다툼이 있는 경우 판례에 의함)** [25 변호사]

① 乙이 공사를 중단하여 약정된 공사 기한 내에 공사를 완공하는 것이 불가능하다는 것이 명백해진 경우, 甲은 공사 기한이 도래하기 전이라도 계약을 해제할 수 있지만, 그에 앞서 원칙적으로 乙에 대하여 공사 기한으로부터 상당한 기간 내에 완공할 것을 최고하여야 한다.

② 甲과 乙 사이의 도급계약이 乙의 채무불이행을 이유로 해제된 경우, 해제 당시 공사가 상당한 정도로 진척되어 이를 원상회복하는 것이 중대한 사회적·경제적 손실을 초래하고 완성된 부분이 甲에게 이익이 된다면 도급계약은 미완성 부분에 대하여만 실효된다.

③ 甲과 乙 사이의 도급계약에 지체상금 약정이 포함되어 있는 경우, 甲의 지체상금 채권과 乙의 공사대금 채권은 특별한 사정이 없는 한 동시이행관계에 있다.

④ 乙이 완성한 Y 건물에 하자가 있어 甲이 하자보수에 갈음하여 1억 원 상당의 손해배상청구권을 행사한 경우, 특별한 사정이 없는 한 甲의 공사대금 지급채무는 이행지체에 빠지지 않고, 甲이 하자보수에 갈음한 손해배상채권을 자동채권으로 하고 乙의 공사대금 채권 2억 원을 수동채권으로 하여 상계의 의사표시를 한 다음 날 공사대금 지급채무가 이행지체에 빠진다.

⑤ 乙이 완성한 Y 건물에 중대한 하자가 있고, 이로 인하여 Y 건물이 무너질 위험성이 있어 보수가 불가능하고 다시 건축할 수밖에 없다면, 특별한 사정이 없는 한 甲은 Y 건물을 철거하고 다시 건축하는 데 드는 비용 상당액을 하자로 인한 손해배상으로 청구할 수 있다.

해설

① **(O)** 판례는 공사도급계약에 있어서 수급인의 공사중단이나 공사지연으로 인하여 약정된 공사기한 내의 공사완공이 불가능하다는 것이 명백하여진 경우에는 도급인은 그 공사기한이 도래하기 전이라도 계약을 해제할 수 있지만, <u>그에 앞서 수급인에 대하여 위 공사기한으로부터 상당한 기간 내에 완공할 것을 최고하여야 하고</u>, 다만 예외적으로 수급인이 미리 이행하지 아니할 의사를 표시한 때에는 위와 같은 최고 없이도 계약을 해제할 수 있다고 본다(96다21393).

② **(O)** 판례는 건축공사도급계약에 있어서 공사가 완성되지 못한 상태에서 당사자 중일방이 상대방의 채무불이행을 이유로 계약을 해제한 경우에 공사가 상당한 정도로 진척되어 그 원상회복이 중대한 사회적, 경제적 손실을 초래하게 되고 완성된 부분이 도급인에게 이익이 되는 때에는 도급계약은 미완성 부분에 대해서만 실효되고 수급인은 해제된 상태 그대로 그 건물을 도급인에게 인도하고 도급인은 인도받은 건물에 대한 보수를 지급하여야 할 의무가 있다고 본다(93다25080).

③ **(×)** 판례는 공사도급계약상 도급인의 지체상금채권과 수급인의 공사대금채권은 특별한 사정이 없는 한 동시이행의 관계에 있다고 할 수 없다고 본다(2013다81224).

④ **(O)** 판례는 도급계약에 있어서 완성된 목적물에 하자가 있는 때에는 도급인은 수급인에 대하여 하자의 보수를 청구할 수 있고 그 하자의 보수에 갈음하여 또는 보수와 함께 손해배상을 청구할 수 있는바, 이들 청구권은 특별한 사정이 없는 한 수급인의 공사대금 채권과 동시이행관계에 있는 것이므로, 이와 같이 도급인이 하자보수나 손해배상청구권을 보유하고 이를 행사하는 한에 있어서는 도급인의 공사대금 지급채무는 이행지체에 빠지지 아니하고, 도급인이 하자보수나 손해배상 채권을 자동채권으로 하고 수급인의 공사잔대금 채권을 수동채권으로 하여 상계의 의사표시를 한 다음날 비로소 지체에 빠진다고 본다(96다7250).

⑤ (O) 판례는 도급계약에서 완성된 목적물에 하자가 있는 경우에 도급인은 수급인에게 하자의 보수나 하자의 보수에 갈음한 손해배상을 청구할 수 있다. 이때 하자가 중요한 경우에는 비록 보수에 과다한 비용이 필요하더라도 보수에 갈음하는 비용, 즉 실제로 보수에 필요한 비용이 모두 손해배상에 포함된다. 나아가 완성된 건물 기타 토지의 공작물(이하 '건물 등'이라 한다)에 중대한 하자가 있고 이로 인하여 건물 등이 무너질 위험성이 있어서 보수가 불가능하고 다시 건축할 수밖에 없는 경우에는, 특별한 사정이 없는 한 건물 등을 철거하고 다시 건축하는 데 드는 비용 상당액을 하자로 인한 손해배상으로 청구할 수 있다고 본다(2014다31691). 정답 ③

Ⅱ. 기타 노무공급계약

9. 예금계약에 관한 설명 중 판례의 입장과 다른 것은? [13 변호사]

① 예금계약은 예금자가 예금의 의사를 표시하면서 금융기관에 돈을 제공하고 금융기관이 그 의사에 따라 그 돈을 받아 확인을 하면 그로써 성립하며, 금융기관의 직원이 그 받은 돈을 금융기관에 실제로 입금하였는지 여부는 예금계약의 성립에 아무런 영향을 미치지 아니한다.

② 계좌이체가 된 경우에는 예금원장에 입금기록이 된 때에 예금이 된다고 예금거래기본약관에 정하여져 있더라도, 송금의뢰인이 계좌이체의 원인인 법률관계가 존재하지 아니함에도 착오로 수취인의 예금구좌에 계좌이체를 한 경우, 수취인이 수취은행에 대하여 위 금액 상당의 예금채권을 취득하는 것은 아니다.

③ 은행이 일반거래약관인 예금거래기본약관에서 각종의 예금채권에 대하여 그 양도를 제한하는 내용의 규정을 둠으로써 예금채권의 양도를 제한하고 있는 사실은 적어도 은행거래의 경험이 있는 자에 대하여는 널리 알려진 사항에 속한다할 것이므로, 은행거래의 경험이 있는 자가 예금채권을 양수한 경우, 특별한 사정이 없는 한 예금채권에 대하여 양도제한의 특약이 있음을 알았다고 할 것이고, 그렇지 않다 하더라도 알지 못한 데에 중대한 과실이 있다고 봄이 상당하다.

④ 본인인 예금명의자의 의사에 따라 실명확인 절차가 이루어지고 예금명의자를 예금주로 한 예금계약서를 작성한 경우, 금융기관과 출연자 등과 사이에서 실명확인 절차를 거쳐 서면으로 이루어진 예금명의자와의 예금계약을 부정하여 예금명의자의 예금반환청구권을 배제하고 출연자 등과 예금계약을 체결하여 출연자 등에게 예금반환청구권을 귀속시키겠다는 명확한 의사의 합치가 위 예금계약서의 증명력을 번복하기에 충분할 정도의 명확한 증명력을 가진 구체적이고 객관적인 증거에 의하여 인정되는 경우에는 예금명의자가 아닌 출연자 등을 예금계약의 당사자로 볼 수 있다.

⑤ 甲, 乙이 각자 분담하여 출연한 돈을 동업 이외의 특정 목적을 위하여 공동명의로 예치해 둠으로써 그 목적이 달성되기 전에는 甲이나 乙이 단독으로 예금을 인출할 수 없도록 방지·감시하고자 하는 목적으로 甲, 乙 공동명의로 예금을 개설한 경우, 甲에 대한 채권자 丙은 甲의 지분에 상응하는 예금채권에 대한 압류 및 추심명령 등을 얻어 이를 집행할 수 있고, 이러한 압류 등을 송달받은 은행은 丙의 압류명령 등에 기초한 단독 예금반환청구에 대하여, 甲, 乙과 약정한 공동반환특약을 들어 그 지급을 거절할 수는 없다.

해설

① (O) 예금계약의 성립시기를 묻는 지문이다. 예금계약은 요물계약이다. 현금으로 예입하는 경우에는 금융기관의 직원이 현금을 확인한 때에 성립하고, 증권으로 예입하는 경우에는 금융기관이 증권을 교환에 돌려 부도반환시한이 지나고 결제를 확인한 때에 성립한다. 현금으로 예입하는 경우, 금융기관의 직원인 고객으로부터 제공된 현금을 확인한 후, 이를 횡령하였다고 하더라도 고객과 금융기관 사이의 예금계약은 성립하였다고 보아야 한다.

[**대법원** 1996. 1. 26. **선고** 95**다**26919 **판결**] 예금계약은 예금자가 예금의 의사를 표시하면서 금융기관에 돈을 제공하고 금융기관이 그 의사에 따라 그 돈을 받아 확인을 하면 그로써 성립하며, 금융기관의 직원이 그 받은 돈을 금융기관에 입금하지 아니하고 이를 횡령하였다고 하더라도 예금계약의 성립에는 아무런 소장이 없다.

[**대법원** 1999. 2. 5. **선고** 97**다**34822 **판결**] 예금계약에 적용되는 은행수신거래기본약관 제4조 제1항 제1호 소정의 '증권으로 입금하는 경우에는 은행이 교환에 돌려 부도반환시한이 지나고 결제를 확인한 때, 다만 개설점이 지급장소인 증권이면 그 날 안에 결제를 확인한 때'에 예금이 완료된다는 규정은 다른 점포에서 지급될 약속어음 등 증권으로 입금하는 경우에는 이를 교환에 돌려 지급지 점포에서 액면금을 추심하여 그 결제를 확인한 때에 예금계약이 체결된 것으로 본다는 의미이며, 지급지 점포에서 당해 증권이 정상적으로 추심되었는지 또는 부도처리되어 추심이 이루어지지 않았는지 여부에 관계없이 추심을 의뢰한 점포에 위 약관 소정의 부도반환시한까지 부도통지가 없으면 무조건 예금계약이 성립된 것으로 본다는 취지라고는 볼 수 없다.

② (×) 착오송금으로 인하여 수취인이 수취은행에 대하여 송금액 상당의 예금채권을 취득하는지를 묻는 지문이다. 계좌이체의 원인을 수취은행이 알 수 없다는 점에 비추어 수취은행과 수취인 사이에는 착오송금의 경우에도 송금액 상당의 예금채권이 발생한다고 보아야 한다.

[**대법원** 2007. 11. 29. **선고** 2007**다**51239 **판결**] 계좌이체는 은행 간 및 은행점포 간의 송금절차를 통하여 저렴한 비용으로 안전하고 신속하게 자금을 이동시키는 수단이고, 다수인 사이에 다액의 자금이동을 원활하게 처리하기 위하여, 그 중개 역할을 하는 은행이 각 자금이동의 원인인 법률관계의 존부, 내용 등에 관여함이 없이 이를 수행하는 체제로 되어 있다. 따라서 현금으로 계좌송금 또는 계좌이체가 된 경우에는 예금원장에 입금의 기록이 된 때에 예금이 된다고 예금거래기본약관에 정하여져 있을 뿐이고, 수취인과 은행 사이의 예금계약의 성립여부를 송금의뢰인과 수취인 사이에 계좌이체의 원인인 법률관계가 존재하는지 여부에 의하여 좌우되도록 한다고 별도로 약정하였다는 등의 특별한 사정이 없는 경우에는, 송금의뢰인이 수취인의 예금구좌에 계좌이체를 한 때에는, 송금의뢰인과 수취인 사이에 계좌이체의 원인인 법률관계가 존재하는지 여부에 관계없이 수취인과 수취은행 사이에는 계좌이체금액 상당의 예금계약이 성립하고, 수취인이 수취은행에 대하여 위 금액 상당의 예금채권을 취득한다. 이때, 송금의뢰인과 수취인 사이에 계좌이체의 원인이 되는 법률관계가 존재하지 않음에도 불구하고, 계좌이체에 의하여 수취인이 계좌이체금액 상당의 예금채권을 취득한 경우에는, 송금의뢰인은 수취인에 대하여 위 금액 상당의 부당이득반환청구권을 가지게 되지만, 수취은행은 이익을 얻은 것이 없으므로 수취은행에 대하여는 부당이득반환청구권을 취득하지 아니한다.

③ (O) 양도가 제한되는 예금채권을 양수한 자에게 악의를 추정하거나 중과실을 추정할 수 있는지를 묻는 지문이다. 대법원은 양도제한의 특약에 관하여 악의나 중과실을 추정하고 있다.

[**대법원** 2003. 12. 12. **선고** 2003**다**44370 **판결**] 은행거래에서 발생하는 채권인 예금채권에 관한 법률관계는 일반거래약관에 의하여 규율되어 은행은 일반거래약관인 예금거래기본약관에 각종의 예금채권에 대하여 그 양도를 제한하는 내용의 규정을 둠으로써 예금채권의 양도를 제한하고 있는 사실은 적어도 은행거래의 경험이 있는 자에 대하여는 널리 알려진 사항에 속한다 할 것이므로, 은행거래의 경험이 있는 자가 예금채권을 양수한 경우 특별한 사정이 없는 한 예금채권에 대하여 양도제한

의 특약이 있음을 알았다고 할 것이고, 그렇지 않다 하더라도 알지 못한 데에 중대한 과실이 있다고 보아야 한다.

④ (O) 예금명의자가 아닌 출연자를 예금계약의 당사자로 볼 수 있는 경우가 어떤 경우인지를 묻는 지문이다. 기명식 예금계약에서 당사자는 특별한 사정이 없는 예금명의자이고, 지문에서와 같은 특별한 사정이 있는 경우에만 출연자가 예금계약의 당사자로 될 수 있다는 것이 대법원의 입장이다.

[**대법원** 2009. 3. 19. **선고** 2008**다**45828 **전원합의체 판결**] 금융실명거래 및 비밀보장에 관한 법률에 따라 실명확인 절차를 거쳐 예금계약을 체결하고 그 실명확인사실이 예금계약서 등에 명확히 기재되어 있는 경우에는, 일반적으로 그 예금계약서에 예금주로 기재된 예금명의자나 그를 대리한 행위자 및 금융기관의 의사는 예금명의자를 예금계약의 당사자로 보려는 것이라고 해석하는 것이 경험법칙에 합당하고, 예금계약의 당사자에 관한 법률관계를 명확히 할 수 있어 합리적이다. 그리고 이와 같은 예금계약 당사자의 해석에 관한 법리는, 예금명의자 본인이 금융기관에 출석하여 예금계약을 체결한 경우나 예금명의자의 위임에 의하여 자금출연자 등의 제3자(이하 '출연자 등'이라 한다)가 대리인으로서 예금계약을 체결한 경우 모두 마찬가지로 적용된다고 보아야 한다. 따라서 본인인 예금명의자의 의사에 따라 예금명의자의 실명확인 절차가 이루어지고 예금명의자를 예금주로 하여 예금계약서를 작성하였음에도 불구하고, 예금명의자가 아닌 출연자 등을 예금계약의 당사자라고 볼 수 있으려면, 금융기관과 출연자 등과 사이에서 실명확인 절차를 거쳐 서면으로 이루어진 예금명의자와의 예금계약을 부정하여 예금명의자의 예금반환청구권을 배제하고 출연자 등과 예금계약을 체결하여 출연자 등에게 예금반환청구권을 귀속시키겠다는 명확한 의사의 합치가 있는 극히 예외적인 경우로 제한되어야 한다. 그리고 이러한 의사의 합치는 금융실명거래 및 비밀보장에 관한 법률에 따라 실명확인 절차를 거쳐 작성된 예금계약서 등의 증명력을 번복하기에 충분할 정도의 명확한 증명력을 가진 구체적이고 객관적인 증거에 의하여 매우 엄격하게 인정하여야 한다(필자 註 : 甲이 배우자인 乙을 대리하여 금융기관과 乙의 실명확인절차를 거쳐 乙 명의의 예금계약을 체결한 사안에서, 甲과 乙의 내부적 법률관계에 불과한 자금출연경위, 거래인감 및 비밀번호의 등록·관리, 예금의 인출상황 등의 사정만으로, 금융기관과 甲 사이에 예금명의자 乙이 아닌 출연자 甲을 예금계약의 당사자로 하기로 하는 묵시적 약정이 체결되었다고 보아 甲을 예금계약의 당사자라고 판단한 원심판결을 파기한 사례).

⑤ (O) 공동명의 예금채권에 대하여 공동명의자 중 1인의 채권자가 집행할 수 있는지를 묻는 지문이다. 공동명의 예금의 법적 성질에 따라 그 결론이 달라진다. 공동사업의 경영을 목적으로 공동명의 예금계약을 체결한 경우에는 예금채권은 조합원의 준합유에 속하고, 조합원 중 1인의 채권자가 조합원의 지분에 관하여 강제집행을 할 수는 없다. 그러나 공동사업의 경영을 목적으로 하지 않고, 공동의 목적으로 예금계약을 체결한 경우에는 공동반환특약이 있는 분할채권으로 보아야 한다. 따라서 공동명의자 1인의 채권자의 강제집행은 가능하고, 은행이 공동반환특약을 들어 집행채권자에 대항할 수는 없다.

[**대법원** 2008. 10. 9. **선고** 2005**다**72430 **판결**] 은행에 공동명의로 예금을 하고 은행에 대하여 그 권리를 함께 행사하기로 한 경우에 만일 동업자금을 공동명의로 예금한 경우라면 채권의 준합유관계에 있지만, 공동명의 예금채권자들 각자가 분담하여 출연한 돈을 동업 이외의 특정 목적을 위하여 공동명의로 예치해 둠으로써 그 목적이 달성되기 전에는 공동명의 예금채권자가 단독으로 예금을 인출할 수 없도록 방지·감시하고자 하는 등의 목적으로 공동명의로 예금을 개설한 경우라면 하나의 예금채권이 분량적으로 분할되어 각 공동명의 예금채권자들에게 귀속된다. 다만 은행과 공동명의 예금채권자들 사이에 공동반환의 특약이 존재하는 경우 은행에 대한 지급 청구만을 공동명의 예금채권자들 모두가 공동으로 하여야 하는 부담이 남는다. 정답 ②

제5절 기타 계약

1. 甲과 乙 2인은 인공지능 관련 사업을 동업하기로 하는 「민법」상 조합계약을 체결하였다. 개인적인 사정으로 인해 乙이 조합을 탈퇴하게 되었다. 이에 관한 설명 중 옳은 것을 모두 고른 것은? (다툼이 있는 경우 판례에 의함) [24 변호사]

> ㄱ. 조합원의 임의 탈퇴는 조합계약에 관한 일종의 해지로서 다른 조합원에 대한 의사표시로써 하여야 하는데, 그 의사표시는 묵시적으로도 할 수 있다.
> ㄴ. 乙이 탈퇴함으로써 조합관계가 종료되고 그 결과 조합은 당연히 해산 또는 청산된다.
> ㄷ. 甲과 乙의 합유에 속한 조합재산은 乙의 탈퇴 후 甲의 단독소유에 속한다.
> ㄹ. 乙은 甲에 대해 탈퇴로 인한 조합재산의 계산을 요구할 수 있으며 그 계산은 乙의 탈퇴 당시의 조합재산 상태에 의하여야 한다.
> ㅁ. 乙의 지분을 계산할 때 지분을 계산하는 방법에 관해서 별도 약정이 있다는 등 특별한 사정이 없는 한 조합재산의 상태를 증명할 책임은 甲에게 있다.

① ㄱ, ㄴ ② ㄱ, ㄴ, ㄷ ③ ㄱ, ㄷ, ㄹ
④ ㄷ, ㄹ, ㅁ ⑤ ㄴ, ㄷ, ㄹ, ㅁ

해설

ㄱ. **(○)** [**대법원** 2017. 7. 18. **선고** 2015**다**30206, 30213 **판결**] 민법상 조합계약은 2인 이상이 상호 출자하여 공동으로 사업을 경영할 것을 약정하는 계약으로서, 특정한 사업을 공동 경영하는 약정에 한하여 이를 조합계약이라고 할 수 있다(민법 제703조 제1항). 그리고 조합원의 임의 탈퇴는 조합계약에 관한 일종의 해지로서 다른 조합원에 대한 의사표시로써 하여야 하나, 그 의사표시가 반드시 명시적이어야 하는 것은 아니고 묵시적으로도 할 수 있으며, 임의 탈퇴의 의사표시가 있는지 여부는 법률행위 해석의 일반 원칙에 따라 판단하여야 한다. 조합원의 임의 탈퇴가 적법하다면 조합원 사이에 특별한 약정이 없는 한 탈퇴한 조합원의 합유지분은 잔존 조합원에게 귀속된다.

ㄴ. **(×)** ㄷ. **(○)** [**대법원** 1999. 5. 11. **선고** 99**다**1284 **판결**] 조합채무는 조합원들이 조합재산에 의하여 합유적으로 부담하는 채무이고, 두 사람으로 이루어진 조합관계에 있어 그 중 1인이 탈퇴하면 탈퇴자와의 사이에 조합관계는 종료된다 할 것이나 특별한 사정이 없는 한 조합은 해산되지 아니하고, 조합원들의 합유에 속한 조합재산은 남은 조합원에게 귀속하게 되므로, 이 경우 조합채권자는 잔존 조합원에게 여전히 그 조합채무 전부에 대한 이행을 청구할 수 있다.

ㄹ. **(○)** [**대법원** 2006. 3. 9. **선고** 2004**다**49693·49709 **판결**] 2인 조합에서 조합원 1인이 탈퇴하는 경우, 탈퇴자와 잔존자 사이에 탈퇴로 인한 계산을 함에 있어서는 특단의 사정이 없는 한 민법 제719조 제1항·제2항의 규정에 따라 '탈퇴 당시의 조합재산상태'를 기준으로 평가한 조합재산 중 탈퇴자의 지분에 해당하는 금액을 금전으로 반환하여야 할 것이고, 이러한 계산은 사업의 계속을 전제로 하는 것이므로 조합재산의 가액은 단순한 매매가격이 아닌 '영업권의 가치를 포함하는 영업가격'에 의하여 평가하되, 당해 조합원의 지분비율은 조합청산의 경우에 실제 출자한 자산가액의 비율에 의하는 것과는 달리 '조합내부의 손익분배 비율'을 기준으로 계산하여야 하는 것이 원칙이다.

ㅁ. **(×)** [**대법원** 2017. 7. 18. **선고** 2016**다**254740 **판결**] 영업권은 사업체가 동종 기업의 정상 이익률을

초과하는 수익력을 가지는 경우 그 초과수익력을 평가한 것이다. 이와 같은 영업권을 갖는 사업체가 거래의 객체가 되는 경우에는 당연히 그 부분에 대한 대가를 주고받을 것이 예상된다. 따라서 영업권을 갖는 사업체를 동업으로 경영하다가 동업관계에서 탈퇴한 조합원의 사업체에 대한 지분은 당연히 영업권을 포함하여 평가하여야 한다. 조합원들이 약정으로 지분의 평가방법을 정하면서 영업권을 평가에 포함하지 않기로 정할 수 있지만, 그 증명책임은 이를 주장하는 사람에게 있다(필자 주 : 甲이 여성병원과 산후조리원을 乙 등과 공동으로 운영하다가 개원 후 약 3년 만에 동업관계에서 탈퇴한 다음 동업계약에 따른 지분의 환급을 청구하였는데, 동업계약서에서 개원 후 5년 이내에 동업관계에서 탈퇴할 때에는 '지분에 해당되는 만큼만 가지고 나갈 수 있도록 한다. 단, 권리금을 포기한다.'라고 정한 사안에서, 병원이나 산후조리원처럼 영업권을 갖는 사업체가 거래의 객체가 되는 경우에 당연히 그 부분에 대한 대가를 주고받을 것으로 예상할 수 있으므로 지분의 시세나 시가에는 영업권의 평가가 포함된다고 보는 것이 자연스러운 해석인 점 등에 비추어 동업계약서에서 조합원들이 영업권을 '권리금'의 산정대상에 포함시킴으로써 '지분'의 평가에서 제외하기로 약정한 것이라고 보기 어려운데도, 위 '지분'에 영업권이 포함되지 않는다고 보아 영업권을 제외하고 갑의 지분을 평가한 원심판결에 법리오해의 잘못이 있다고 한 사례). **정답** ③

2. **甲, 乙, 丙은 각각 1억 원씩 출자하여 A사업체를 운영하는 「민법」상 조합계약을 체결하였다. 아래 사항들에 대해 조합계약에서 별도의 특약이 없음을 전제로 할 때, 이에 관한 설명 중 옳지 않은 것은? (각 지문은 독립적이며, 다툼이 있는 경우 판례에 의함)** [18 변호사]

① A사업체가 구입한 부동산에 대하여 甲, 乙, 丙의 명의로 각 지분에 관하여 공유등기를 하였다면 A사업체가 甲, 乙, 丙에게 각 지분에 대하여 명의신탁한 것으로 보아야 한다.

② A사업체에 업무집행자를 두지 않은 경우, 甲과 乙이 A사업체의 명의로 B회사와 매매계약을 체결하였더라도 그 매매계약은 A사업체에 효력이 발생한다.

③ 조합계약으로 업무집행자를 정하지 아니한 경우에는 甲과 乙의 찬성으로 甲을 업무집행자로 선임할 수 있다.

④ A사업체의 업무집행자가 甲으로 정해져 있는 경우에 乙의 임의탈퇴는 甲에 대한 의사표시만으로 효력이 발생한다.

⑤ 甲이 사망한 경우, 甲은 조합을 당연히 탈퇴한 것으로 되고 조합원의 지위가 甲의 상속인에게 승계되지 않는다.

해설

① **(O)** 조합이 취득할 부동산을 조합원 명의로 등기한 경우, 그 법적 성질을 묻는 지문이다. 조합체가 조합원에게 명의신탁을 한 것으로 보는 것이 판례이다.

[**대법원** 2002. 6. 14. **선고** 2000**다**30622 **판결**] 동업 목적의 조합체가 부동산을 조합재산으로 취득하였으나 합유등기가 아닌 조합원들 명의로 공유등기를 하였다면 그 공유등기는 조합체가 조합원들에게 각 지분에 관하여 명의신탁한 것에 불과하므로 부동산실권리자명의등기에관한법률 제4조 제2항 본문이 적용되어 명의수탁자인 조합원들 명의의 소유권이전등기는 무효이어서 그 부동산 지분은 조합원들의 소유가 아니기 때문에 이를 일반채권자들의 공동담보에 공하여지는 책임재산이라고 볼 수 없고, 따라서 조합원들 중 1인이 조합에서 탈퇴하면서 나머지 조합원들에게 그 지분에 관한 소유권이전등기를 경료하여 주었다 하더라도 그로써 채무자인 그 해당 조합원의 책임재산에 감소를 초래한 것이라고 할 수 없으므로, 이를 들어 일반채권자를 해하는 사해행위라고 볼 수는 없으며, 그에게 사해의 의사가 있다고 볼 수도 없다.

② (O) 제706조 제2항. 업무집행조합원이 없는 때에는 조합의 업무집행은 조합원의 과반수에 의하여 결정한다. 甲과 乙이 A사업체 명의로 매매계약을 체결하는 행위는 조합의 업무집행으로 적법하다.

③ (O) 제706조 제1항. 조합계약으로 업무집행자를 정하지 아니한 경우에는 조합원의 3분의 2이상의 찬성으로써 이를 선임한다.

④ (×) 조합원의 탈퇴는 조합의 업무집행에 포함되지 않는다. 탈퇴의 의사표시는 모든 조합원에게 도달되어야 한다.

[**대법원** 1997. 9. 9. **선고** 96**다**16896 **판결**] 민법상 조합에 있어서 조합원은 임의로 탈퇴할 수 있고 그 탈퇴는 다른 조합원 전원에 대한 의사표시로 하여야 하나 조합계약에서 탈퇴의사의 표시 방식을 따로 정하는 특약은 유효하다고 할 것인바, 원호대상자 정착직업재활조합 서울목공분조합의 경우에는 분조합 운영규약 제6조가 분조합원이 탈퇴하고자 할 때에는 분조합장은 국립직업재활원장의 승인을 얻어 그 분조합원을 탈퇴시킬 수 있다고 규정하고 있고, 이는 민법상 잔존 조합원들이 탈퇴조합원의 탈퇴 의사표시의 상대방이 되어 그 의사표시를 수령하는 것에 갈음하여 분조합장이 탈퇴 의사표시를 수령하도록 하고, 다시 국립직업재활원장의 승인이라고 하는 공법적인 감독을 받도록 한 것이라고 볼 수 있으므로 분조합원이 분조합장 이외의 다른 사람에게 탈퇴 의사표시를 하여도 그로써 탈퇴의 효과는 생기지 않는다.

⑤ (O) 사망은 당연탈퇴 사유에 해당하므로 조합계약에서 달리 약정하지 아니한 때에는 조합원 지위는 상속의 대상이 되지 않는다.

[**대법원** 1987. 6. 23. **선고** 86**다카**2951 **판결**] 조합에 있어서 조합원의 1인이 사망한 때에는 민법 제717조에 의하여 그 조합관계로부터 당연히 탈퇴하고 특히 조합계약에서 사망한 조합원의 지위를 그 상속인이 승계하기로 약정한 바 없다면 사망한 조합원의 지위는 상속인에게 승계되지 아니한다.

정답 ④

3. **공동이행 방식의 공동수급체에 관한 설명 중 옳지 않은 것을 모두 고른 것은? (다툼이 있는 경우 판례에 의함)** [17 변호사]

ㄱ. 위 수급체의 구성원들이 상인인 경우 구성원들은 연대하여 도급인에게 하자보수를 이행할 의무가 있다.

ㄴ. 위 수급체의 채권자가 구성원 중 1인만을 가압류채무자로 한 가압류명령으로써 위 수급체의 재산에 가압류집행을 할 수는 없다.

ㄷ. 위 수급체가 공사를 시행함으로 인하여 도급인에 대하여 가지는 채권은 그 구성원들에게 합유적으로 귀속하는 것이어서, 비록 위 수급체와 도급인 사이에 위 수급체가 아닌 개별 구성원으로 하여금 지분비율에 따라 직접 도급인에 대하여 공사대금을 청구할 수 있도록 하는 약정을 한 경우에도, 도급인에 대하여 가지는 채권이 위 수급체 구성원 각자에게 지분비율에 따라 구분하여 귀속될 수는 없다.

ㄹ. 위 수급체의 구성원 중 1인이 그 출자의무를 불이행한 경우, 특별한 사정이 없는 한 출자의무의 불이행을 이유로 그 구성원에 대한 이익분배를 거부할 수 있다.

① ㄷ ② ㄴ, ㄹ ③ ㄷ, ㄹ
④ ㄴ, ㄷ, ㄹ ⑤ ㄱ, ㄴ, ㄷ, ㄹ

해설

ㄱ. (O) 공동수급체의 법적 성질 및 공동수급체 구성원들의 채무의 성질을 묻는 지문이다. 공동수급체는 민법상 조합의 성질을 가지며, 조합원 전원을 위하여 상행위가 되는 행위로 인하여 부담하는 채무는 연대채무의 성질을 가진다.

[**대법원** 2015. 3. 26. **선고** 2012**다**25432 **판결**] 공동이행방식의 공동수급체는 민법상 조합의 성질을 가지는데, 조합의 채무는 조합원의 채무로서 특별한 사정이 없는 한 조합채권자는 각 조합원에 대하여 지분의 비율에 따라 또는 균일적으로 권리를 행사할 수 있지만, 조합채무가 조합원 전원을 위하여 상행위가 되는 행위로 인하여 부담하게 된 것이라면 상법 제57조 제1항을 적용하여 조합원들의 연대책임을 인정함이 상당하므로, 공동수급체의 구성원들이 상인인 경우 공사도급계약에 따라 도급인에게 하자보수를 이행할 의무는 구성원 전원의 상행위에 의하여 부담한 채무로서 공동수급체의 구성원들은 연대하여 도급인에게 하자보수를 이행할 의무가 있다.

ㄴ. (O) 공동수급체는 민법상 조합이므로 그 재산은 조합원의 합유에 속한다. 조합원 1인만을 가압류채무자로 하여 합유재산인 수급체의 재산에 가압류집행을 할 수 없다.

[**대법원** 2015. 10. 2. **선고** 2012**다**21560 **판결**] 민법상 조합에서 조합의 채권자가 조합재산에 대하여 강제집행을 하려면 조합원 전원에 대한 집행권원을 필요로 하고, 조합재산에 대한 강제집행의 보전을 위한 가압류의 경우에도 마찬가지로 조합원 전원에 대한 가압류명령이 있어야 하므로, 조합원 중 1인만을 가압류채무자로 한 가압류명령으로써 조합재산에 가압류집행을 할 수는 없다.

ㄷ. (×) 건설공동수급체와 도급인의 계약으로 수급체의 구성원 각자에게 공사대금채권을 지분비율로 귀속시키도록 약정할 수 있다.

[**대법원** 2012. 5. 17. **선고** 2009**다**105406 **전원합의체 판결**] 공동이행방식의 공동수급체는 기본적으로 민법상 조합의 성질을 가지는 것이므로, 공동수급체가 공사를 시행함으로 인하여 도급인에 대하여 가지는 채권은 원칙적으로 공동수급체 구성원에게 합유적으로 귀속하는 것이어서 특별한 사정이 없는 한 구성원 중 1인이 임의로 도급인에 대하여 출자지분 비율에 따른 급부를 청구할 수 없고, 구성원 중 1인에 대한 채권으로써 그 구성원 개인을 집행채무자로 하여 공동수급체의 도급인에 대한 채권에 대하여 강제집행을 할 수 없다. 그러나 공동이행방식의 공동수급체와 도급인이 공사도급계약에서 발생한 채권과 관련하여 공동수급체가 아닌 개별 구성원으로 하여금 지분비율에 따라 직접 도급인에 대하여 권리를 취득하게 하는 약정을 하는 경우와 같이 공사도급계약의 내용에 따라서는 공사도급계약과 관련하여 도급인에 대하여 가지는 채권이 공동수급체 구성원 각자에게 지분비율에 따라 구분하여 귀속될 수도 있고, 위와 같은 약정은 명시적으로는 물론 묵시적으로도 이루어질 수 있다.

ㄹ. (×) 출자의무와 이익분배를 연계하는 별도의 약정이 없는 한 출자의무를 이행하지 아니한 조합원에 대한 이익분배를 거절할 수 없다.

[**대법원** 2006. 8. 25. **선고** 2005**다**16959 **판결**] 건설공동수급체는 기본적으로 민법상 조합의 성질을 가지는 것인데, 건설공동수급체의 구성원인 조합원이 그 출자의무를 불이행하였더라도 그 조합원을 조합에서 제명하지 않는 한 건설공동수급체는 조합원에 대한 출자금채권과 그 연체이자채권, 그 밖의 손해배상채권으로 조합원의 이익분배청구권과 직접 상계할 수 있을 뿐이고, 조합계약에서 출자의무의 이행과 이익분배를 직접 연계시키는 특약을 두지 않는 한 출자의무의 불이행을 이유로 이익분배 자체를 거부할 수는 없다.

정답 ③

4. **조합에 관한 설명 중 옳은 것은? (다툼이 있는 경우 판례에 의함)** [25 변호사]

① 조합계약의 체결 당사자는 「민법」이 정한 조합의 해산 사유와는 다른 사유를 추가할 수 있으나 청산에 관한 규정과 그 내용을 달리하는 특약은 효력이 없다.

② 「민법」상 조합의 성질을 가지는 공동수급체의 구성원 지위는 원칙적으로 회사의 분할합병으로 인한 포괄승계의 대상이 되지 않는다.

③ 조합 당사자 간 불화, 대립으로 신뢰관계가 파괴되어 조합업무의 원만한 운영을 기대할 수 없다는 사정만으로는 「민법」 제720조가 규정한 조합의 해산청구 사유인 '부득이한 사유'에 해당하지 않는다.

④ 조합이 존속기간을 정하고 있는 때에는 부득이한 사유가 있더라도 조합원은 조합의 불리한 시기에 탈퇴할 수 없다.

⑤ 조합에서 조합원이 탈퇴하는 경우, 탈퇴자와 잔존자 사이의 탈퇴로 인한 지분계산에 있어서는 조합 내부의 손익분배비율이 아니라 실제 출자한 자산가액비율에 의하여야 하는 것이 원칙이다.

해설

① **(×)** 판례는 조합의 해산사유와 청산절차에 관한 민법의 규정은 강행규정이 아니며, 당사자의 특약으로 달리 정할 수 있다고 본다(84다카1921).

② **(○)** 판례는 공동수급체는 기본적으로 민법상의 조합의 성질을 가지고, 공동수급체의 구성원 사이에서 구성원 지위를 제3자에게 양도할 수 있기로 약정하지 아니한 이상, 공동수급체의 구성원 지위는 상속이 되지 않고 다른 구성원들의 동의가 없으면 이전이 허용되지 않는 귀속상의 일신전속적인 권리의무에 해당하므로, 공동수급체의 구성원 지위는 원칙적으로 회사의 분할합병으로 인한 포괄승계의 대상이 되지 아니한다고 본다(2010다44002).

③ **(×)** 판례는 해산청구의 요건인 「부득이한 사유」에는, 경제계의 사정변경에 따른 조합재산상태의 악화나 영업부진 등으로 조합의 목적달성이 매우 곤란하다고 인정되는 객관적 사정이 있는 경우 외에, 조합원간의 불화 대립으로 인하여 신뢰관계가 파괴됨으로써 조합업무의 원만한 운영을 기대할 수 없는 경우도 포함되며, 여기에 해당하는 한 유책당사자에게도 해산청구권이 인정된다고 본다(92다21098).

④ **(×)** 민법 제716조 2항에 의하면 조합의 존속기간을 정한 때에도 부득이한 사유가 있는 때에는 조합원은 탈퇴할 수 있다.

⑤ **(×)** 판례는 조합에서 조합원이 탈퇴하는 경우, 탈퇴자와 잔존자 사이의 탈퇴로 인한 계산은 특별한 사정이 없는 한 민법 제719조 제1항, 제2항에 따라 '탈퇴 당시의 조합재산상태'를 기준으로 평가한 조합재산 중 탈퇴자의 지분에 해당하는 금액을 금전으로 반환하여야 하고, 조합원의 지분비율은 조합청산의 경우에 실제 출자한 자산가액의 비율에 의하는 것과는 달리 조합 내부의 손익분배 비율을 기준으로 계산하여야 하는 것이 원칙이라고 본다(2022다285523).

정답 ②

제3장 법정채권관계

Ⅰ. 사무관리

1. 甲은 이웃에 사는 乙이 해외여행을 간 사이에 폭우가 내려 乙의 담장이 무너지려는 것을 보고 건축업자인 丙과 위 담장이 무너지지 않도록 보강공사 도급계약을 체결하였고, 丙은 위 보강공사를 완료하였다. 이에 관한 설명 중 옳지 않은 것은? (각 지문은 독립적이며, 다툼이 있는 경우 판례에 의함)

[19 변호사]

① 甲과 乙 사이에 사무관리가 성립하기 위해서는 甲에게 乙을 위하여 사무를 처리한다는 관리의사가 있어야 한다.
② 丙과 乙 사이에는 계약관계가 존재하지 않으므로 丙은 乙을 상대로 위 담장의 보강공사로 인하여 증가한 이득액에 대하여 부당이득반환청구를 할 수 있다.
③ 丙은 甲에게 도급계약에 기하여 위 공사비의 지급을 청구할 수 있다.
④ 甲과 乙 사이에 사무관리가 성립하는 경우에는 甲은 乙을 상대로 丙에게 지급한 공사비를 비용으로 청구할 수 있다.
⑤ 甲과 乙 사이에 사무관리가 성립하는 경우에는 甲은 乙에게 丙에 대한 위 도급계약상의 채무를 자기에 갈음하여 변제할 것을 청구할 수 있다.

해설

① **(O)** 사무관리의 요건으로 관리의사가 요구된다.
[**대법원** 2013. 8. 22. **선고** 2013**다**30882 **판결**] 사무관리가 성립하기 위하여는 우선 그 사무가 타인의 사무이고 타인을 위하여 사무를 처리하는 의사, 즉 관리의 사실상의 이익을 타인에게 귀속시키려는 의사가 있어야 하며, 나아가 그 사무의 처리가 본인에게 불리하거나 본인의 의사에 반한다는 것이 명백하지 아니할 것을 요한다. 여기에서 '타인을 위하여 사무를 처리하는 의사'는 관리자 자신의 이익을 위한 의사와 병존할 수 있고, 반드시 외부적으로 표시될 필요가 없으며, 사무를 관리할 당시에 확정되어 있을 필요가 없다.

② **(×)** ③ **(O)** 계약에 따른 이익이 제3자에게 귀속된 경우, 계약의 일방이 제3자에 대하여 부당이득반환을 청구할 수 있는지를 묻는 지문이다. 계약의 일방은 계약의 상대방에 대하여 계약상 반대급부를 청구할 수 있을 뿐 제3자를 상대로 부당이득반환을 청구할 수 없다.
[**대법원** 2002. 8. 23. **선고** 99**다**66564·66571 **판결**] 계약상의 급부가 계약의 상대방뿐만 아니라 제3자의 이익으로 된 경우에 급부를 한 계약당사자가 계약 상대방에 대하여 계약상의 반대급부를 청구할 수 있는 이외에 그 제3자에 대하여 직접 부당이득반환청구를 할 수 있다고 보면, 자기 책임 하에 체결된 계약에 따른 위험부담을 제3자에게 전가시키는 것이 되어 계약법의 기본원리에 반하는 결과를 초래할 뿐만 아니라, 채권자인 계약당사자가 채무자인 계약 상대방의 일반채권자에 비하여 우대받는 결과가 되어 일반채권자의 이익을 해치게 되고, 수익자인 제3자가 계약 상대방에 대하여 가지는

항변권 등을 침해하게 되어 부당하므로, 위와 같은 경우 계약상의 급부를 한 계약당사자는 이익의 귀속 주체인 제3자에 대하여 직접 부당이득반환을 청구할 수는 없다고 보아야 한다.

④ (O) 제739조 제1항. 관리자는 본인에 대하여 필요비 또는 유익비의 상환을 청구할 수 있다.

⑤ (O) 제739조 제2항.

정답 ②

2. 사무관리에 관한 설명 중 옳은 것은? (다툼이 있는 경우 판례에 의함) [17 변호사]

① 사인이 처리한 국가의 사무가 사인이 국가를 대신하여 처리할 수 있는 것으로서 사무처리의 긴급성 등 국가의 사무에 대한 사인의 개입이 정당화되는 경우라도, 사인이 법령상 근거 없이 국가의 사무를 수행할 수 없다는 점을 고려하면, 사인은 국가에 대하여 국가의 사무를 처리하면서 지출한 비용의 상환을 청구할 수 없다.

② 甲이 乙과의 약정에 따라 丙의 사무를 처리한 경우 甲의 사무처리행위는 원칙적으로 丙과의 관계에서 사무관리가 된다.

③ 甲회사가 계약상 의무 없이 乙회사를 위하여 경비사무를 처리한 경우 乙회사에게 이에 따른 비용상환을 청구할 수 있고, 乙회사와의 계약에 의해 경비사무를 담당할 의무가 있었던 丙회사에게도 비용 상당의 부당이득반환을 청구할 수 있다.

④ 甲이 乙에 대한 자신의 채권을 보전하기 위하여 乙이 다른 상속인 丙과 공동으로 상속받은 부동산에 관하여 공동상속등기를 대위신청하여 그 등기가 행하여진 경우, 특별한 사정이 없는 한 甲은 자신의 채무자가 아닌 丙에게 사무관리에 기하여 그 등기에 소요된 비용의 상환을 청구할 수 없다.

⑤ 직업에 의하여 유상으로 타인을 위하여 일하는 甲이 향후 계약이 체결될 것을 예정하여 그 직업의 범위 내에서 乙을 위한 행위를 하였으나 그 후 계약이 체결되지 아니함에 따라 타인을 위한 사무를 관리한 것으로 인정되는 경우, 甲이 다른 사람을 고용하지 않고 직접 사무를 처리하였다면 甲은 乙에게 통상의 보수에 상응하는 금액을 필요비 내지 유익비로 청구할 수 있다.

해설

① (X) 국가사무에 관하여 사무관리가 인정되는지를 묻는 지문이다. 국가의 사무라고 하더라도 사인이 국가를 대신하여 처리할 수 있고, 사무처리의 긴급성 등이 있어 사안의 개입이 정당화되는 경우에는 사무관리가 성립할 수 있으므로 사무관리자는 국가에 대하여 비용상환을 청구할 수 있다.

[**대법원** 2014. 12. 11. **선고** 2012**다**15602 **판결**] 사무관리가 성립하기 위하여는 우선 사무가 타인의 사무이고 타인을 위하여 사무를 처리하는 의사, 즉 관리의 사실상 이익을 타인에게 귀속시키려는 의사가 있어야 하며, 나아가 사무의 처리가 본인에게 불리하거나 본인의 의사에 반한다는 것이 명백하지 아니할 것을 요한다. 다만 타인의 사무가 국가의 사무인 경우, 원칙적으로 사인이 법령상 근거 없이 국가의 사무를 수행할 수 없다는 점을 고려하면, 사인이 처리한 국가의 사무가 사인이 국가를 대신하여 처리할 수 있는 성질의 것으로서, 사무 처리의 긴급성 등 국가의 사무에 대한 사인의 개입이 정당화되는 경우에 한하여 사무관리가 성립하고, 사인은 그 범위 내에서 국가에 대하여 국가의 사무를 처리하면서 지출된 필요비 내지 유익비의 상환을 청구할 수 있다(필자 주 : 甲 주식회사 소유의 유조선에서 원유가 유출되는 사고가 발생하자 해상 방제업 등을 영위하는 乙 주식회사가 피해 방지를 위해 해양경찰의 직접적인 지휘를 받아 방제작업을 보조한 사안에서, 甲 회사의 조치만으로는 원유 유출사고에 따른 해양오염을 방지하기 곤란할 정도로 긴급방제조치가 필요한 상황이었고, 위 방제작업은 乙 회사가 국가를 위해 처리할 수 있는 국가의 의무 영역과 이익 영역에 속하는 사무이며, 乙 회사가 방제작업을 하면서 해양경

찰의 지시·통제를 받았던 점 등에 비추어 乙 회사는 국가의 사무를 처리한다는 의사로 방제작업을 한 것으로 볼 수 있으므로, 乙 회사는 사무관리에 근거하여 국가에 방제비용을 청구할 수 있다고 본 원심판단을 수긍한 사례).

② **(×)** 사무관리가 성립하기 위해서는 사무관리자가 법적 의무 없이 타인의 사무를 처리하여야 한다. 甲은 乙과의 약정에 따라 의무를 부담하는 자이므로 법적 의무 없이 타인의 사무를 처리한 것으로 볼 수 없어 사무관리가 성립하지 않는다.

[**대법원** 2013. 9. 26. **선고** 2012**다**43539 **판결**] 의무 없이 타인의 사무를 처리한 자는 그 타인에 대하여 민법상 사무관리 규정에 따라 비용상환 등을 청구할 수 있으나, 제3자와의 약정에 따라 타인의 사무를 처리한 경우에는 의무 없이 타인의 사무를 처리한 것이 아니므로 이는 원칙적으로 그 타인과의 관계에서는 사무관리가 된다고 볼 수 없다.

③ **(×)** 사무관리가 성립하여 사무의 본인에 대하여 비용상환을 청구할 수 있는 사무관리자가 사무의 처리에 따라 사실상 이익을 받은 제3자에 대하여 부당이득반환을 청구할 수 있는지를 묻는 지문이다. 사무관리에 따른 비용상환청구권을 실현하기 위한 수단이 되는 부당이득반환청구는 허용되지 않는다. 사무관리자는 사무의 본인에 대하여 사무관리의 효과를 주장할 수 있을 뿐이다.

[**대법원** 2013. 6. 27. **선고** 2011**다**17106 **판결**] 계약상 급부가 계약 상대방뿐 아니라 제3자에게 이익이 된 경우에 급부를 한 계약당사자는 계약 상대방에 대하여 계약상 반대급부를 청구할 수 있는 이외에 제3자에 대하여 직접 부당이득반환청구를 할 수는 없다고 보아야 하고, 이러한 법리는 급부가 사무관리에 의하여 이루어진 경우에도 마찬가지이다. 따라서 <u>의무 없이 타인을 위하여 사무를 관리한 자는 타인에 대하여 민법상 사무관리 규정에 따라 비용상환 등을 청구할 수 있는 외에 사무관리에 의하여 결과적으로 사실상 이익을 얻은 다른 제3자에 대하여 직접 부당이득반환을 청구할 수는 없다</u>(필자 주 : 甲은 대한민국과 대한민국 해군이 사용하는 프로그램(KNTDS)의 유지 및 보수계약을 체결하였는데, 그 프로그램의 유지 및 보수를 위해서는 영국회사가 제공하는 컴퓨터프로그램을 구매하여야 하였다. 甲은 영국회사로부터 프로그램을 구매하여 대한민국 해군이 사용하는 프로그램의 유지 및 보수 등의 이행행위를 하였다. 유지 및 보수기간이 종료되었음에도 대한민국이 재계약체결 여부를 결정하지 아니하였고, 甲과 영국회사 사이의 프로그램 사용기간도 만료되었다. 해군의 KNTDS 프로그램의 사용을 위해서는 영국회사의 프로그램 사용권이 반드시 필요하였던 바, 재계약을 기대한 甲은 재계약여부가 결정되지 않았음에도 영국회사와 프로그램 사용권계약을 다시 체결하고, 그 프로그램은 대한민국 해군이 사용하도록 하였다. 그러나 甲의 기대와 달리 해군이 사용하는 프로그램 유지 및 보수업체로 乙이 선정되었다. 이에 甲은 乙에 대하여 프로그램 유지 및 보수를 위한 영국회사의 프로그램 구매의무를 乙이 면하였음을 이유로 그 사용료 상당액을 부당이득으로 반환을 청구하였다. 원심법원은 甲의 청구를 인용하였으나, 대법원은 원심판결을 파기하였다).

④ **(×)** 채권자대위에 의하여 상속등기를 신청하는 행위는 다른 공동상속인에 대한 관계에서는 사무관리에 해당하므로 채권자는 다른 공동상속인에 대하여 사무관리에 따른 비용상환을 청구할 수 있다.

[**대법원** 2013. 8. 22. **선고** 2013**다**30882 **판결**] 채무자가 다른 상속인과 공동으로 부동산을 상속받은 경우에는 채무자의 상속지분에 관하여서만 상속등기를 하는 것이 허용되지 아니하고 공동상속인 전원에 대하여 상속으로 인한 소유권이전등기를 신청하여야 한다(부동산등기규칙 제52조 제7호, 대위상속등기에 관한 1994. 11. 5.자 등기선례 제4-274호 참조). 그리고 채권자가 자신의 채권을 보전하기 위하여 채무자가 다른 상속인과 공동으로 상속받은 부동산에 관하여 위와 같이 공동상속등기를 대위신청하여 그 등기가 행하여지는 것과 같이 채권자에 의한 채무자 권리의 대위행사의 직접적인 내용이 제3자의 법적 지위를 보전·유지하는 것이 되는 경우에는, 채권자는 자신의 채무자가 아닌 제3자에 대하여도 다른 특별한 사정이 없는 한 사무관리에 기하여 그 등기에 소요된 비용의 상환을 청구할 수 있다고 할 것이다. 이와 같은 경우에 채권자가 채권자대위권에 관한 민법 제404조 제1항에서 정하는 대로 '자기의 채권을 보전하기 위하여' 채무자의 권리를 행사한다는 점은 그것만으로 그 권리행사의 결과로 행하여지는 위와 같은 공동상속등기에 의한 이익을 공동상속인들에게 귀속시킨다는 채권자의 통상적·일반적 의사를 부인할 만한 사정이 되지 못하는 것이다.

⑤ (O) 유상으로 제공되는 급부를 제공하는 행위가 사무관리에 해당하는 경우, 사무관리자는 비용상환청구의 한 내용으로 통상의 보수액의 지급을 청구할 수 있다.
[**대법원** 2010. 1. 14. **선고** 2007**다**55477 **판결**] 직업 또는 영업에 의하여 유상으로 타인을 위하여 일하는 사람이 향후 계약이 체결될 것을 예정하여 그 직업 또는 영업의 범위 내에서 타인을 위한 행위를 하였으나 그 후 계약이 체결되지 아니함에 따라 타인을 위한 사무를 관리한 것으로 인정되는 경우에 상법 제61조는 상인이 그 영업범위 내에서 타인을 위하여 행위를 한 때에는 이에 대하여 상당한 보수를 청구할 수 있다고 규정하고 있어 직업 또는 영업의 일환으로 제공한 용역은 그 자체로 유상행위로서 보수 상당의 가치를 가진다고 할 수 있으므로 그 관리자는 통상의 보수를 받을 것을 기대하고 사무관리를 하는 것으로 보는 것이 일반적인 거래 관념에 부합하고, 그 관리자가 사무관리를 위하여 다른 사람을 고용하였을 경우 지급하는 보수는 사무관리 비용으로 취급되어 본인에게 반환을 구할 수 있는 것과 마찬가지로, 다른 사람을 고용하지 않고 자신이 직접 사무를 처리한 것도 통상의 보수 상당의 재산적 가치를 가지는 관리자의 용역이 제공된 것으로서 사무관리 의사에 기한 자율적 재산희생으로서의 비용이 지출된 것이라 할 수 있으므로 그 통상의 보수에 상응하는 금액을 필요비 내지 유익비로 청구할 수 있다고 봄이 타당하고, 이 경우 통상의 보수의 수준이 어느 정도인지는 거래관행과 사회통념에 의하여 결정하되, 관리자의 노력의 정도, 사무관리에 의하여 처리한 업무의 내용, 사무관리 본인이 얻은 이익 등을 종합적으로 고려하여 판단하여야 한다. 정답 ⑤

Ⅱ. 부당이득

3. **집행력 있는 정본을 가진 채권자 甲이 적법하게 배당요구를 하여 배당절차에 참가한 경우에 관한 설명 중 옳은 것을 모두 고른 것은? (각 지문은 독립적이며, 다툼이 있는 경우 판례에 의함)** [23 변호사]

ㄱ. 甲이 배당기일에 출석하여 배당표에 대한 실체상 이의를 신청하지 않은 경우 甲은 배당이의의 소를 제기할 원고적격이 없다.
ㄴ. 경매절차의 진행으로 배당요구의 종기가 지나면 甲은 특정 금액의 배당금을 자신에게 귀속시킬 수 있는 구체적인 권리를 가진다.
ㄷ. 甲이 자신이 배당받을 몫을 받지 못하고 그로 말미암아 권리 없는 다른 채권자 乙이 그 몫을 배당받은 경우, 甲은 배당이의의 소의 제소기간 경과 후에는 乙을 상대로 부당이득반환청구를 할 수 없다.
ㄹ. 甲이 자신이 배당받을 몫을 받지 못하고 그로 말미암아 권리 없는 다른 채권자 乙이 그 몫을 배당받은 경우, 甲은 배당표 확정 후에는 乙을 상대로 부당이득반환청구를 할 수 없다.

① ㄴ ② ㄱ, ㄴ ③ ㄷ, ㄹ
④ ㄱ, ㄴ, ㄷ ⑤ ㄱ, ㄴ, ㄹ

해설

ㄱ. (O) [**대법원** 2020. 10. 15. **선고** 2017**다**216523 **판결**] 집행력 있는 정본을 가진 채권자, 경매개시결정이 등기된 뒤에 가압류를 한 채권자, 민법·상법, 그 밖의 법률에 따라 우선변제청구권이 있는 채권자는 배당요구의 종기까지 배당요구를 한 경우에 한하여 비로소 배당을 받을 수 있다(민사집행법 제88조 제1항, 제148조 제2호).

배당이의의 소에서 원고적격이 있는 사람은 배당기일에 출석하여 배당표에 대한 실체상 이의를 신청한 채권자나 채무자에 한정된다. 채권자로서 배당기일에 출석하여 배당표에 대한 실체상 이의를 신청하려면 실체법상 집행채무자에 대한 채권자라는 것만으로 부족하고 배당요구의 종기까지 적법하게 배당요구를 했어야 한다. 적법하게 배당요구를 하지 않은 채권자는 배당기일에 출석하여 배당표에 대한 실체상 이의를 신청할 권한이 없으므로 배당기일에 출석하여 배당표에 대한 이의를 신청하였더라도 부적법한 이의신청에 불과하고, 배당이의의 소를 제기할 원고적격이 없다.

ㄴ. (○) [**대법원** 2019. 7. 18. **선고** 2014**다**206983 **전원합의체 판결**] 적법한 배당요구가 필요함에도 이를 하지 않아 배당에서 제외된 선순위 채권자는 대신 배당받은 후순위 채권자를 상대로 부당이득반환을 청구할 수 없다. 채권자가 배당요구를 하기 전의 단계에서는 채무자의 책임재산으로부터 액수 미상의 돈을 분배받으리라는 잠재적이고 추상적인 기대를 가질 뿐이다. 그러나 채권자가 배당요구를 하여 배당절차에 참가하고 경매절차의 진행으로 배당요구의 종기가 지나면 특정 금액의 배당금을 자신에게 귀속시킬 수 있는 구체적인 권리를 가진다. 따라서 어느 채권자가 자신이 배당받을 수 있는 금액을 넘어 배당을 받거나 배당받을 지위에 있지 않음에도 다른 채권자에게 귀속되어야 할 배당금을 받아갔다면, 그는 다른 채권자의 손실로 인하여 법률상 원인 없이 이득을 얻은 것으로 보아야 한다.

ㄷ. (×) ㄹ. (×) 배당받을 권리 있는 채권자가 자신이 배당받을 몫을 받지 못하고 그로 인해 권리 없는 다른 채권자가 그 몫을 배당받은 경우에는 배당이의 여부 또는 배당표의 확정 여부와 관계없이 배당받을 수 있었던 채권자가 배당금을 수령한 다른 채권자를 상대로 부당이득반환 청구를 할 수 있다.

[**대법원** 2007. 3. 29. **선고** 2006**다**49130 **판결**] 확정된 배당표에 의하여 배당을 실시하는 것은 실체법상의 권리를 확정하는 것이 아니므로, 배당을 받아야 할 채권자가 배당을 받지 못하고 배당을 받지 못할 자가 배당을 받은 경우에는 배당을 받지 못한 채권자로서는 배당에 관하여 이의를 한 여부에 관계없이 배당을 받지 못할 자이면서도 배당을 받았던 자를 상대로 부당이득반환청구권을 갖는다 할 것이고, 배당을 받지 못한 그 채권자가 일반채권자라고 하여 달리 볼 것은 아니다. 정답 ②

4. 부당이득에 관한 설명 중 옳은 것을 모두 고른 것은? (다툼이 있는 경우 판례에 의함) [22 변호사]

ㄱ. 甲이 악의의 수익자로 인정되려면, 악의가 의제되는 경우 등을 제외하면, 자신의 이익 보유가 법률상 원인 없는 것임을 인식해야 하고, 부당이득반환의무의 발생요건에 해당하는 사실이 있음을 인식하는 것만으로는 부족하다.
ㄴ. 甲이 乙로부터 위탁받아 보관 중이던 1,000만 원을 가지고 자신의 채권자인 丙에게 임의로 변제하여 이를 횡령한 경우, 丙이 甲의 횡령사실을 알았더라도 丙은 乙에 대하여 부당이득반환의무를 지지 않는다.
ㄷ. 甲과 乙 사이에 건물 매매계약이 체결된 후 매도인 甲의 소유권이전등기의무가 쌍방 모두의 귀책사유 없이 불능이 된 경우, 매매계약 자체가 여전히 유효하므로 乙은 부당이득의 법리에 따라 이미 지급한 매매대금의 반환을 청구할 수 없다.
ㄹ. 甲이 법률상 의무 없이 乙의 사무를 대신 관리하여 「민법」상 사무관리가 성립한 경우, 그 사무관리행위로 인하여 결과적으로 丙이 사실상 이익을 얻었다면 甲은 丙을 상대로 직접 부당이득반환을 청구할 수 있다.

① ㄱ ② ㄱ, ㄷ ③ ㄴ, ㄷ
④ ㄱ, ㄴ, ㄹ ⑤ ㄴ, ㄷ, ㄹ

해 설

ㄱ. (O) 악의수익자란 법률상 원인 없음을 인식하고 있는 수익자를 말한다. 법률상 원인 없게 만드는 사정을 인식하였더라도 법률상 원인 없음 자체를 인식하지 못할 수도 있기 때문에 법률상 원인 없게 만드는 사정을 인식하였다는 사실만으로는 악의수익자로 단정할 수 없다.

[**대법원** 2010. 1. 28. **선고** 2009**다**24187·24194 **판결**] 부당이득반환의무자가 악의의 수익자라는 점에 대하여는 이를 주장하는 측에서 입증책임을 진다고 할 것이다. 또한 여기서 '악의'라고 함은, 민법 제749조 제2항에서 악의로 의제되는 경우 등은 별론으로 하고, 자신의 이익 보유가 법률상 원인 없는 것임을 인식하는 것을 말하고, 그 이익의 보유를 법률상 원인이 없는 것이 되도록 하는 사정, 즉 부당이득반환의무의 발생요건에 해당하는 사실이 있음을 인식하는 것만으로는 부족하다. 따라서 단지 원고가 수령한 이 사건 매수자금이 명의신탁약정에 기하여 지급되었다는 사실을 알았다고 하여도 그 명의신탁약정이 부동산실명법 제4조 제1항에 의하여 무효임을 알았다는 등의 사정이 부가되지 아니하는 한 원고가 그 금전의 보유에 관하여 법률상 원인 없음을 알았다고 쉽사리 말할 수 없다 (필자 註 : (ㄱ) 부당이득반환의무의 범위는 수익자가 악의자인지 여부에 따라 달라진다. 악의의 수익자는 받은 이익에 이자를 붙여 반환하여야 하지만, 선의의 수익자는 받은 이익이 현존하는 한도에서 반환할 책임을 진다. 본 판결에서는 악의의 의미를 판단하고 있다. (ㄴ) 본 사안에서 원고는 명의신탁자로서 명의수탁자인 피고에게 매수자금을 주어 부동산을 매수하도록 하였다. 계약명의신탁약정은 부동산실명법에 따라 무효이기 때문에 원고는 피고에서 이미 지급한 매수자금을 부당이득으로 반환을 청구하고 있다. 그런데 피고가 매수자금의 이자를 지급하여야 하는지가 본 사안에서 문제가 되고 있다. 왜냐하면 피고는 자신의 금원 보유가 계약명의신탁약정에 기초한 것이라는 사실을 알고 있었기 때문에 피고가 악의의 수익자에 해당하는 것은 아닌지가 문제될 수 있다. (ㄷ) 대법원은 '악의의 수익자'에 해당하기 위해서는 자신의 이익보유가 법률상 원인 없는 것임을 인식하는 수익자이어야 하고, 단지 그 이익의 보유를 법률상 원인이 없는 것이 되도록 하는 사정을 인식하는 것만으로는 부족하다고 판단하였는데, 이와 같은 법리를 본 사안에 적용한다면, 피고가 악의의 수익자가 되기 위해서는 자신이 지급받은 매수자금이 단순히 계약명의신탁약정에 기초하여 지급되었다는 사정을 인식하는 것만으로는 부족하고, 더 나아가 그 계약명의신탁약정이 무효라는 사실까지 인식하고 있었어야 한다. 만약 계약명의신탁약정이 무효라는 사실까지 피고가 인식하고 있었다면 피고는 원고를 소유자로 인정할 이유가 없는 것인데, 본 사안에서 피고는 원고의 사용·수익에 대하여 아무런 이의를 제기하지 아니하였다. 이는 피고가 계약명의신탁약정이 무효라는 사실을 인식하였다고 단정할 수 없게 만드는 사정인 것이다.).

ㄴ. (×) 위법하게 취득한 금전이 교부된 경우, 금전을 수령한 자가 위법하게 취득한 금전임을 알았거나 중대한 과실로 알지 못한 경우, 금전을 수령한 자는 피해자에 대하여 부당이득반환의무를 부담한다. 丙은 채무자 甲이 지급한 금전이 횡령한 금전임을 알았기 때문에 乙에 대하여 부당이득반환의무를 부담한다.

[**대법원** 2003. 6. 13. **선고** 2003**다**8862 **판결**] 부당이득제도는 이득자의 재산상 이득이 법률상 원인을 결여하는 경우에 공평·정의의 이념에 근거하여 이득자에게 그 반환의무를 부담시키는 것인 바, 채무자가 피해자로부터 횡령한 금전을 그대로 채권자에 대한 채무변제에 사용하는 경우 피해자의 손실과 채권자의 이득 사이에 인과관계가 있음이 명백하고, 한편 채무자가 횡령한 금전으로 자신의 채권자에 대한 채무를 변제하는 경우 채권자가 그 변제를 수령함에 있어 악의 또는 중대한 과실이 있는 경우에는 채권자의 금전 취득은 피해자에 대한 관계에 있어서 법률상 원인을 결여한 것으로 봄이 상당하나, 채권자가 그 변제를 수령함에 있어 단순히 과실이 있는 경우에는 그 변제는 유효하고 채권자의 금전 취득이 피해자에 대한 관계에 있어서 법률상 원인을 결여한 것이라고 할 수 없다.

ㄷ. (×) 매매 후 쌍방 귀책 없이 매도인의 소유권이전등기의무가 이행불능으로 된 경우, 매도인의 채무와 매수인의 채무는 모두 소멸하고(민법 제537조), 이미 지급한 급부는 부당이득의 법리에 따라 반환되어야 한다.

[**대법원** 2009. 5. 28. **선고** 2008**다**98655·98662 **판결**] 민법 제537조는 채무자위험부담주의를 채택하고 있는바, 쌍무계약에서 당사자 쌍방의 귀책사유 없이 채무가 이행불능이 된 경우 채무자는 급

부의무를 면함과 더불어 반대급부도 청구하지 못하므로, 쌍방 급부가 없었던 경우에는 계약관계는 소멸하고 이미 이행한 급부는 법률상 원인 없는 급부가 되어 부당이득의 법리에 따라 반환청구할 수 있다(필자 註 : 매매 목적물이 경매절차에서 매각됨으로써 당사자 쌍방의 귀책사유 없이 이행불능에 이르러 매매계약이 종료된 사안에서, 위험부담의 법리에 따라 매도인은 이미 지급받은 계약금을 반환하여야 하고 매수인은 목적물을 점유·사용함으로써 취득한 임료 상당의 부당이득을 반환할 의무가 있다고 한 사례).

ㄹ. **(×)** 사무관리에 따라 사실상 이익을 얻은 자에 대하여 사무관리자는 부당이득반환을 청구할 수 없고, 사무본인에 대하여 사무관리에 따른 비용상환을 청구할 수 있을 뿐이다. 전용물소권의 법리는 사무관리에도 적용된다.

[**대법원** 2013. 6. 27. **선고** 2011**다**17106 **판결**] 계약상 급부가 계약 상대방뿐 아니라 제3자에게 이익이 된 경우에 급부를 한 계약당사자는 계약 상대방에 대하여 계약상 반대급부를 청구할 수 있는 이외에 제3자에 대하여 직접 부당이득반환청구를 할 수는 없다고 보아야 하고, 이러한 법리는 급부가 사무관리에 의하여 이루어진 경우에도 마찬가지이다. 따라서 의무 없이 타인을 위하여 사무를 관리한 자는 타인에 대하여 민법상 사무관리 규정에 따라 비용상환 등을 청구할 수 있는 외에 사무관리에 의하여 결과적으로 사실상 이익을 얻은 다른 제3자에 대하여 직접 부당이득반환을 청구할 수는 없다(필자 주 : 甲은 대한민국과 대한민국 해군이 사용하는 프로그램(KNTDS)의 유지 및 보수계약을 체결하였는데, 그 프로그램의 유지 및 보수를 위해서는 영국회사가 제공하는 컴퓨터프로그램을 구매하여야 하였다. 甲은 영국회사로부터 프로그램을 구매하여 대한민국 해군이 사용하는 프로그램의 유지 및 보수 등의 이행행위를 하였다. 유지 및 보수기간이 종료되었음에도 대한민국이 재계약체결 여부를 결정하지 아니하였고, 甲과 영국회사 사이의 프로그램 사용기간도 만료되었다. 해군의 KNTDS 프로그램의 사용을 위해서는 영국회사의 프로그램 사용권이 반드시 필요하였던 바, 재계약을 기대한 甲은 재계약여부가 결정되지 않았음에도 영국회사와 프로그램 사용권계약을 다시 체결하고, 그 프로그램은 대한민국 해군이 사용하도록 하였다. 그러나 甲의 기대와 달리 해군이 사용하는 프로그램 유지 및 보수업체로 乙이 선정되었다. 이에 甲은 乙에 대하여 프로그램 유지 및 보수를 위한 영국회사의 프로그램 구매의무를 乙이 면하였음을 이유로 그 사용료 상당액을 부당이득으로 반환을 청구하였다. 원심법원은 甲의 청구를 인용하였으나, 대법원은 원심판결을 파기하였다).

정답 ①

5. **甲과 乙 사이의 법률관계에 기하여 甲이 丙에게 급부를 한 경우에 관한 설명 중 옳은 것을 모두 고른 것은? (다툼이 있는 경우 판례에 의함)** [21 변호사]

ㄱ. 甲이 乙에 대한 급부에 갈음하여 乙의 지시에 따라 乙의 채권자인 丙에게 급부를 한 경우, 甲과 乙 사이의 법률관계가 무효이더라도 甲은 丙에 대하여 부당이득반환청구를 할 수 없다.
ㄴ. 甲이 乙과 체결한 제3자를 위한 계약에 따라 수익자인 丙에게 급부를 한 경우, 그 계약이 해제되더라도 甲은 丙에 대하여 원상회복청구를 할 수 없다.
ㄷ. 甲이 乙을 위한 사무관리로서 丙에게 급부를 한 경우, 甲은 급부를 통해 이익을 얻은 丙에 대하여 직접 부당이득반환청구를 할 수 없다.
ㄹ. 乙이 甲에 대한 채권을 丙에게 양도하였고 그에 따라 甲이 丙에게 급부를 한 경우, 채권의 발생 원인이 된 甲과 乙 사이의 계약이 해제되더라도 甲은 丙에 대하여 원상회복청구를 할 수 없다.

① ㄱ, ㄴ　② ㄴ, ㄷ　③ ㄱ, ㄴ, ㄷ
④ ㄱ, ㄷ, ㄹ　⑤ ㄴ, ㄷ, ㄹ

해 설

ㄱ. (O) 지시에 의한 단축된 급부를 한 경우, 부당이득반환관계의 당사자를 묻는 지문이다. 무효로 된 법률관계의 당사자가 부당이득반환관계의 당사자가 된다. 계약일방의 급부는 계약상대방에 대한 급부일 뿐만 아니라 그 상대방의 제3자에 대한 급부로서의 성격도 가지고 있다. 계약상대방의 무자력 위험은 계약당사자가 부담하여야 하므로 계약일방은 제3자를 상대로 부당이득반환청구를 할 수 없기 때문이다. 甲이 비록 乙의 지시에 따라 丙에게 급부하였더라도 이는 甲의 乙에 대한 급부와 乙의 丙에 대한 급부가 동시에 이루어진 것이므로 甲과 乙의 법률관계가 무효인 때에는 甲은 乙에게 부당이득반환을 청구하여야 한다.

[**대법원** 2008. 9. 11. **선고** 2006**다**46278 **판결**] 계약의 일방당사자가 상대방의 지시 등으로 상대방과 또 다른 계약관계를 맺고 있는 제3자에게 직접 급부한 경우(이른바 삼각관계에서의 급부가 이루어진 경우), 그 급부로써 급부를 한 당사자의 상대방에 대한 급부가 이루어질 뿐 아니라 그 상대방의 제3자에 대한 급부도 이루어지는 것이므로 계약의 일방당사자는 제3자를 상대로 법률상 원인 없이 급부를 수령하였다는 이유로 부당이득반환청구를 할 수 없다. 이러한 경우에 계약의 일방당사자가 상대방에 대하여 급부를 한 원인관계인 법률관계에 무효 등의 흠이 있다는 이유로 제3자를 상대로 직접 부당이득반환청구를 할 수 있다고 보면 자기 책임하에 체결된 계약에 따른 위험부담을 제3자에게 전가하는 것이 되어 계약법의 원리에 반하는 결과를 초래할 뿐만 아니라 수익자인 제3자가 상대방에 대하여 가지는 항변권 등을 침해하게 되어 부당하기 때문이다. 이와 같이 삼각관계에서의 급부가 이루어진 경우에, 제3자가 급부를 수령함에 있어 계약의 일방당사자가 상대방에 대하여 급부를 한 원인관계인 법률관계에 무효 등의 흠이 있었다는 사실을 알고 있었다 할지라도 계약의 일방당사자는 제3자를 상대로 법률상 원인 없이 급부를 수령하였다는 이유로 부당이득반환청구를 할 수 없다(필자 註 : (ㄱ) 본 판결은 이른바 삼각관계에서의 급부가 이루어진 경우, 부당이득반환관계의 당사자가 누구인가를 판단한 판결이다. 본 사안은 X 재건축조합의 조합원 甲은 재건축조합의 임시총회 및 정산총회의 추가부담금 납부 결의에 따라 X 재건축조합에 납부하여야 할 추가부담금을 X 재건축조합과 재건축사업공사계약을 체결한 乙에 대한 공사대금으로 직접 지급하였는데, X 재건축조합의 각 결의가 부존재 혹은 무효인 경우 甲이 乙에 대하여 이미 지급한 추가부담금의 반환을 청구할 수 있는가가 문제되고 있는 사안이다. (ㄴ) 원심법원은 甲의 부당이득반환청구를 인용하였는데, 乙이 X 재건축조합과 공동으로 추가부담금을 징수하였고, 乙이 위 총회결의의 하자를 잘 알고 있었다는 점을 근거로 하였다. (ㄷ) 대법원은 甲이 부담하는 추가부담금 납부의무는 X 재건축조합에 대한 것이고, 공사대금지급의무는 X 재건축조합이 乙에 대해서 부담하는 의무이므로 甲의 乙에 대한 급부는 급부과정을 단축한 것으로 평가할 수 있다고 판단하여 추가부담금을 납부의무의 법률상 원인인 총회결의가 부존재이거나 무효인 경우에도 乙은 X 재건축조합 사이의 공사계약에 따른 공사대금 등의 변제로서 추가부담금을 수령한 것이므로 부당이득이라고 할 수 없다고 하여 원심판결을 파기하였다).

ㄴ. (O) 제3자를 위한 계약에 따라 낙약자가 수익자에게 급부를 한 후에 계약이 해제된 경우, 원상회복의무자를 묻는 지문이다. 원상회복관계의 당사자는 제3자를 위한 계약의 당사자가 되어야 하므로 낙약자는 요약자에게 원상회복을 청구하여야 한다.

[**대법원** 2005. 7. 22. **선고** 2005**다**7566 **판결**] 제3자를 위한 계약관계에서 낙약자와 요약자 사이의 법률관계(이른바 기본관계)를 이루는 계약이 해제된 경우 그 계약관계의 청산은 계약의 당사자인 낙약자와 요약자 사이에 이루어져야 하므로, 특별한 사정이 없는 한 낙약자가 이미 제3자에게 급부한 것이 있더라도 낙약자는 계약해제에 기한 원상회복 또는 부당이득을 원인으로 제3자를 상대로 그 반환을 구할 수 없다.

ㄷ. (O) 전용물소권의 법리가 사무관리에 따른 비용상환청구권에도 적용되는지를 묻는 지문이다. 사무관리에 따른 비용상환청구권은 사무 본인에게 청구하여야 하고, 사무관리에 따른 사실상 이익을 얻은 제3자에 대하여 부당이득반환을 청구할 수 없다.

[**대법원** 2013. 6. 27. **선고** 2011**다**17106 **판결**] 계약상 급부가 계약 상대방뿐 아니라 제3자에게 이익이 된 경우에 급부를 한 계약당사자는 계약 상대방에 대하여 계약상 반대급부를 청구할 수 있는 이외

에 제3자에 대하여 직접 부당이득반환청구를 할 수는 없다고 보아야 하고, 이러한 법리는 급부가 사무관리에 의하여 이루어진 경우에도 마찬가지이다. 따라서 의무 없이 타인을 위하여 사무를 관리한 자는 타인에 대하여 민법상 사무관리 규정에 따라 비용상환 등을 청구할 수 있는 외에 사무관리에 의하여 결과적으로 사실상 이익을 얻은 다른 제3자에 대하여 직접 부당이득반환을 청구할 수는 없다(필자 주 : 甲은 대한민국과 대한민국 해군이 사용하는 프로그램(KNTDS)의 유지 및 보수계약을 체결하였는데, 그 프로그램의 유지 및 보수를 위해서는 영국회사가 제공하는 컴퓨터프로그램을 구매하여야 하였다. 甲은 영국회사로부터 프로그램을 구매하여 대한민국 해군이 사용하는 프로그램의 유지 및 보수 등의 이행행위를 하였다. 유지 및 보수기간이 종료되었음에도 대한민국이 재계약체결 여부를 결정하지 아니하였고, 甲과 영국회사 사이의 프로그램 사용기간도 만료되었다. 해군의 KNTDS 프로그램의 사용을 위해서는 영국회사의 프로그램 사용권이 반드시 필요하였던 바, 재계약을 기대한 甲은 재계약여부가 결정되지 않았음에도 영국회사와 프로그램 사용권계약을 다시 체결하고, 그 프로그램은 대한민국 해군이 사용하도록 하였다. 그러나 甲의 기대와 달리 해군이 사용하는 프로그램 유지 및 보수업체로 乙이 선정되었다. 이에 甲은 乙에 대하여 프로그램 유지 및 보수를 위한 영국회사의 프로그램 구매의무를 乙이 면하였음을 이유로 그 사용료 상당액을 부당이득으로 반환을 청구하였다. 원심법원은 甲의 청구를 인용하였으나, 대법원은 원심판결을 파기하였다).

ㄹ. (×) 계약상 채권이 양도되어 계약의 일방이 채권양수인에게 급부할 수밖에 없는 경우, 계약해제로 인하여 채권양수인은 원상회복의무를 부담한다. 계약의 일방이 상대방을 신뢰하여 제3자에게 급부한 것이 아니라 제3자에의 급부가 강제되는 경우이므로 급부자인 계약일방의 보호를 위하여 제3자에 대한 원상회복청구는 허용된다.

[**대법원** 2003. 1. 24. **선고** 2000**다**22850 **판결**] 민법 제548조 제1항 단서에서 규정하고 있는 제3자란 일반적으로 계약이 해제되는 경우 그 해제된 계약으로부터 생긴 법률효과를 기초로 하여 해제 전에 새로운 이해관계를 가졌을 뿐 아니라 등기·인도 등으로 완전한 권리를 취득한 자를 말하고, 계약상의 채권을 양수한 자는 여기서 말하는 제3자에 해당하지 않는다고 할 것인 바, 계약이 해제된 경우 계약해제 이전에 해제로 인하여 소멸되는 채권을 양수한 자는 계약해제의 효과에 반하여 자신의 권리를 주장할 수 없음은 물론이고, 나아가 특단의 사정이 없는 한 채무자로부터 이행받은 급부를 원상회복하여야 할 의무가 있다.

정답 ③

6. 丙의 甲에 대한 부당이득반환 청구에 관한 설명 중 옳은 것은? (다툼이 있는 경우 판례에 의함)

[20 변호사]

① 금전채권의 질권자 甲이 자기채권의 범위 내에서 직접청구권을 행사하여 제3채무자인 丙으로부터 자기채권을 변제받은 경우, 질권설정자 乙이 丙에 대해 가지는 입질채권의 발생원인계약이 무효라면, 특별한 사정이 없는 한 丙은 甲을 상대로 직접 변제금 상당의 부당이득반환을 청구할 수 있다.

② 丙이 법률상 의무 없이 乙을 위하여 사무를 관리한 경우, 그 사무관리행위로 甲이 결과적으로 사실상 이익을 얻었다면 丙은 甲을 상대로 직접 그 이익 상당의 부당이득반환을 청구할 수 있다.

③ 유효한 도급계약에 기하여 수급인 丙이 도급인 乙로부터 甲 소유의 물건을 인도받아 수리한 결과 그 물건의 가치가 증가한 경우, 丙은 甲을 상대로 직접 증가액 상당의 「민법」 제203조에 의한 비용상환이나 제741조에 의한 부당이득반환을 청구할 수 없다.

④ 丙이 착오로 자신의 乙은행 예금계좌에 예금된 돈을 丁의 甲은행 예금계좌로 송금한 경우, 丙은 甲은행을 상대로 직접 송금액 상당의 부당이득반환을 청구할 수 있다.

⑤ 채무자인 乙이 丙으로부터 횡령한 금전을 자신의 채권자인 甲에게 변제하는 데 사용한 경우, 甲이 변제수령 당시 乙의 횡령사실을 알았더라도 丙은 甲을 상대로 변제금 상당의 부당이득반환을 직접 청구할 수 없다.

해설

① (×) 입질채권 발생원인이 무효인 경우, 제3채무자는 질권설정자에 대하여 부당이득반환을 청구할 수 있을 뿐이고, 직접청구권을 행사한 질권자에 대하여 부당이득반환을 청구할 수는 없다.

[**대법원** 2015. 5. 29. **선고** 2012**다**92258 **판결**] 금전채권의 질권자가 민법 제353조 제1항, 제2항에 의하여 자기채권의 범위 내에서 직접청구권을 행사하는 경우 질권자는 질권설정자의 대리인과 같은 지위에서 입질채권을 추심하여 자기채권의 변제에 충당하고 그 한도에서 질권설정자에 의한 변제가 있었던 것으로 보므로, 위 범위 내에서는 제3채무자의 질권자에 대한 금전지급으로써 제3채무자의 질권설정자에 대한 급부가 이루어질 뿐만 아니라 질권설정자의 질권자에 대한 급부도 이루어진다. 이러한 경우 입질채권의 발생원인인 계약관계에 무효 등의 흠이 있어 입질채권이 부존재한다고 하더라도 제3채무자는 특별한 사정이 없는 한 상대방 계약당사자인 질권설정자에 대하여 부당이득반환을 구할 수 있을 뿐이고 질권자를 상대로 직접 부당이득반환을 구할 수 없다. 이와 달리 제3채무자가 질권자를 상대로 직접 부당이득반환청구를 할 수 있다고 보면 자기 책임하에 체결된 계약에 따른 위험을 제3자인 질권자에게 전가하는 것이 되어 계약법의 원리에 반하는 결과를 초래할 뿐만 아니라 질권자가 질권설정자에 대하여 가지는 항변권 등을 침해하게 되어 부당하기 때문이다.

② (×) 사무관리에 따른 사실상 이익을 얻은 자가 있더라도 사무관리자는 사무의 본인에 대하여 사무관리에 따른 비용상환을 청구할 수 있을 뿐, 사실상 이익을 얻은 제3자에 대하여 부당이득반환을 청구할 수 없다.

[**대법원** 2013. 6. 27. **선고** 2011**다**17106 **판결**] 계약상 급부가 계약 상대방뿐 아니라 제3자에게 이익이 된 경우에 급부를 한 계약당사자는 계약 상대방에 대하여 계약상 반대급부를 청구할 수 있는 이외에 제3자에 대하여 직접 부당이득반환청구를 할 수는 없다고 보아야 하고, 이러한 법리는 급부가 사무관리에 의하여 이루어진 경우에도 마찬가지이다. 따라서 의무 없이 타인을 위하여 사무를 관리한 자는 타인에 대하여 민법상 사무관리 규정에 따라 비용상환 등을 청구할 수 있는 외에 사무관리에 의하여 결과적으로 사실상 이익을 얻은 다른 제3자에 대하여 직접 부당이득반환을 청구할 수는 없다(필자 주 : 甲은 대한민국과 대한민국 해군이 사용하는 프로그램(KNTDS)의 유지 및 보수계약을 체결하였는데, 그 프로그램의 유지 및 보수를 위해서는 영국회사가 제공하는 컴퓨터프로그램을 구매하여야 하였다. 甲은 영국회사로부터 프로그램을 구매하여 대한민국 해군이 사용하는 프로그램의 유지 및 보수 등의 이행행위를 하였다. 유지 및 보수기간이 종료되었음에도 대한민국이 재계약체결 여부를 결정하지 아니하였고, 甲과 영국회사 사이의 프로그램 사용기간도 만료되었다. 해군의 KNTDS 프로그램의 사용을 위해서는 영국회사의 프로그램 사용권이 반드시 필요하였던 바, 재계약을 기대한 甲은 재계약여부가 결정되지 않았음에도 영국회사와 프로그램 사용권계약을 다시 체결하고, 그 프로그램은 대한민국 해군이 사용하도록 하였다. 그러나 甲의 기대와 달리 해군이 사용하는 프로그램 유지 및 보수업체로 乙이 선정되었다. 이에 甲은 乙에 대하여 프로그램 유지 및 보수를 위한 영국회사의 프로그램 구매의무를 乙이 면하였음을 이유로 그 사용료 상당액을 부당이득으로 반환을 청구하였다. 원심법원은 甲의 청구를 인용하였으나, 대법원은 원심판결을 파기하였다).

③ (○) 계약상 반대급부청구권을 실현하기 위하여 계약에 따른 이익을 받은 제3자에 대하여 부당이득반환청구권을 행사할 수는 없다. 전용물소권은 인정되지 않는다.

[**대법원** 2002. 8. 23. **선고** 99**다**66564·66571 **판결**] [1] 계약상의 급부가 계약의 상대방뿐만 아니라 제3자의 이익으로 된 경우에 급부를 한 계약당사자가 계약 상대방에 대하여 계약상의 반대급부를 청구할 수 있는 이외에 그 제3자에 대하여 직접 부당이득반환청구를 할 수 있다고 보면, 자기 책임하에 체결된 계약에 따른 위험부담을 제3자에게 전가시키는 것이 되어 계약법의 기본원리에 반하는 결과를 초래할 뿐만 아니라, 채권자인 계약당사자가 채무자인 계약 상대방의 일반채권자에 비하여 우대받는 결과가 되어 일반채권자의 이익을 해치게 되고, 수익자인 제3자가 계약 상대방에 대하여 가지는 항변권 등을 침해하게 되어 부당하므로, 위와 같은 경우 계약상의 급부를 한 계약당사자는 이익의 귀속 주체인 제3자에 대하여 직접 부당이득반환을 청구할 수는 없다고 보아야 한다. [2] 유효한 도급계약에 기하여 수급인이 도급인으로부터 제3자 소유 물건의 점유를 이전받아 이를 수리한 결과

그 물건의 가치가 증가한 경우, 도급인이 그 물건을 간접점유하면서 궁극적으로 자신의 계산으로 비용지출과정을 관리한 것이므로, 도급인만이 소유자에 대한 관계에 있어서 민법 제203조에 의한 비용상환청구권을 행사할 수 있는 비용지출자라고 할 것이고, 수급인은 그러한 비용지출자에 해당하지 않는다고 보아야 한다.

④ (×) 착오송금의 경우 수취은행이 아니라 수취인이 부당이득반환의무를 부담한다.
[**대법원** 2007. 11. 29. **선고** 2007**다**51239 **판결**] 계좌이체는 은행 간 및 은행점포 간의 송금절차를 통하여 저렴한 비용으로 안전하고 신속하게 자금을 이동시키는 수단이고, 다수인 사이에 다액의 자금이동을 원활하게 처리하기 위하여, 그 중개 역할을 하는 은행이 각 자금이동의 원인인 법률관계의 존부, 내용 등에 관여함이 없이 이를 수행하는 체제로 되어 있다. 따라서 현금으로 계좌송금 또는 계좌이체가 된 경우에는 예금원장에 입금의 기록이 된 때에 예금이 된다고 예금거래기본약관에 정하여져 있을 뿐이고, 수취인과 은행 사이의 예금계약의 성립 여부를 송금의뢰인과 수취인 사이에 계좌이체의 원인인 법률관계가 존재하는지 여부에 의하여 좌우되도록 한다고 별도로 약정하였다는 등의 특별한 사정이 없는 경우에는, 송금의뢰인이 수취인의 예금구좌에 계좌이체를 한 때에는, 송금의뢰인과 수취인 사이에 계좌이체의 원인인 법률관계가 존재하는지 여부에 관계없이 수취인과 수취은행 사이에는 계좌이체금액 상당의 예금계약이 성립하고, 수취인이 수취은행에 대하여 위 금액 상당의 예금채권을 취득한다. 이때, 송금의뢰인과 수취인 사이에 계좌이체의 원인이 되는 법률관계가 존재하지 않음에도 불구하고, 계좌이체에 의하여 수취인이 계좌이체금액 상당의 예금채권을 취득한 경우에는, 송금의뢰인은 수취인에 대하여 위 금액 상당의 부당이득반환청구권을 가지게 되지만, 수취은행은 이익을 얻은 것이 없으므로 수취은행에 대하여는 부당이득반환청구권을 취득하지 아니한다.

⑤ (×) 위법하게 취득한 금전이 교부된 경우, 교부받은 자가 위법하게 취득하였다는 사정을 알고 있거나 중대한 과실로 알지 못한 때에는 부당이득반환의무를 부담한다.
[**대법원** 2003. 6. 13. **선고** 2003**다**8862 **판결**] 부당이득제도는 이득자의 재산상 이득이 법률상 원인을 결여하는 경우에 공평·정의의 이념에 근거하여 이득자에게 그 반환의무를 부담시키는 것인 바, 채무자가 피해자로부터 횡령한 금전을 그대로 채권자에 대한 채무변제에 사용하는 경우 피해자의 손실과 채권자의 이득 사이에 인과관계가 있음이 명백하고, 한편 채무자가 횡령한 금전으로 자신의 채권자에 대한 채무를 변제하는 경우 채권자가 그 변제를 수령함에 있어 악의 또는 중대한 과실이 있는 경우에는 채권자의 금전 취득은 피해자에 대한 관계에 있어서 법률상 원인을 결여한 것으로 봄이 상당하나, 채권자가 그 변제를 수령함에 있어 단순히 과실이 있는 경우에는 그 변제는 유효하고 채권자의 금전 취득이 피해자에 대한 관계에 있어서 법률상 원인을 결여한 것이라고 할 수 없다.

정답 ③

7. **甲의 乙에 대한 부당이득반환청구권의 대상이 될 수 있는 것은? (각 지문은 독립적이며, 다툼이 있는 경우 판례에 의함)** [18 변호사]

① X 토지의 소유자인 甲이 丙에게 이를 임대하였는데 丙이 甲의 승낙 없이 乙에게 X 토지를 전대하였으나 甲과 丙의 임대차가 존속하는 경우, 乙의 X 토지에 대한 사용이익

② 乙의 강박에 의해 甲이 乙에게 금원을 증여하였는데, 그 증여의 의사표시가 취소되지 않은 상태에서 乙이 甲으로부터 교부받은 금원으로 자신의 채권자 丙에게 채무를 변제함으로써, 乙이 채무의 소멸로 받은 이익

③ 丙 소유의 X 토지를 甲이 매수하면서 乙과 명의신탁약정을 맺고서 그 이전등기를 丙으로부터 직접 乙에게로 경료하였는데 「부동산 실권리자명의 등기에 관한 법률」상 유예기간이 경과하여 甲과 乙 사이의 명의신탁약정이 무효로 된 경우, 乙 명의의 소유권이전등기

④ 甲회사의 경리부 직원 丙이 甲회사의 공금을 횡령하여 자신의 채권자 乙에게 그 횡령한 돈으로 변제하였고 乙이 그러한 사실을 알면서 수령한 경우, 그 변제대금

⑤ 「부동산 실권리자명의 등기에 관한 법률」 시행 후에 행해진 甲과 乙 사이의 계약명의신탁에 따라, 乙이 명의신탁이 있다는 사실을 알지 못하는 丙으로부터 丙 소유의 X 토지를 매수하고 소유권 이전등기까지 경료받은 경우, 그 소유권

해설

① (×) 무단전차인의 사용이익이 임대인에 대한 관계에서 부당이득이 되는지를 묻는 지문이다. 임대인과 임차인 사이의 임대차관계가 존속하는 한 임대인은 임대차계약에 따른 차임채권을 여전히 보유하고 있으므로 손실이 있다고 볼 수 없어 부당이득이라고 할 수 없다. 아래의 판례는 무단양도에 관한 판례이지만 무단전대에도 동일하게 적용된다.

[**대법원** 2008. 2. 28. **선고** 2006**다**10323 **판결**] 임차인이 임대인의 동의를 받지 않고 제3자에게 임차권을 양도하거나 전대하는 등의 방법으로 임차물을 사용·수익하게 하더라도, 임대인이 이를 이유로 임대차계약을 해지하거나 그 밖의 다른 사유로 임대차계약이 적법하게 종료되지 않는 한 임대인은 임차인에 대하여 여전히 차임청구권을 가지므로, 임대차계약이 존속하는 한도 내에서는 제3자에게 불법점유를 이유로 한 차임상당 손해배상청구나 부당이득반환청구를 할 수 없다.

② (×) 취소할 수 있는 법률행위로 인하여 취득한 이익은 법률행위가 취소된 때에 부당이득이 된다. 강박에 의하여 금원을 증여받은 乙의 이익은 증여가 취소되지 않는 한 법률상 원인이 없다고 할 수 없으므로 부당이득이라고 할 수 없다.

③ (×) 3자간 등기명의신탁에서 수탁자 명의의 소유권이전등기가 신탁자에 대한 관계에서 부당이득이 되는지를 묻는 지문이다. 수탁자의 등기가 마쳐지더라도 수탁자가 그로 인하여 권리를 취득한 것은 아니므로 신탁자에 대한 관계에서 부당이득이라고 할 수 없다.

[**대법원** 2008. 11. 27. **선고** 2008**다**55290·55306 **판결**] 이른바 3자간 등기명의신탁의 경우 부동산 실권리자명의 등기에 관한 법률에서 정한 유예기간 경과에 의하여 그 명의신탁 약정과 그에 의한 등기가 무효로 되더라도 명의신탁자는 매도인에 대하여 매매계약에 기한 소유권이전등기청구권을 보유하고 있어 그 유예기간의 경과로 그 등기명의를 보유하지 못하는 손해를 입었다고 볼 수 없다. 또한 명의신탁 부동산의 소유권이 매도인에게 복귀한 마당에 명의신탁자가 무효인 등기의 명의인인 명의수탁자를 상대로 그 이전등기를 구할 수도 없다. 결국 3자간 등기명의신탁에 있어서 명의신탁자는 명의수탁자를 상대로 부당이득반환을 원인으로 한 소유권이전등기를 구할 수 없다.

④ (○) 위법하게 편취한 금원으로 채무를 변제한 경우 변제에 따른 채권자의 이익이 횡령 등의 피해자에 대한 관계에서 부당이득이 되는지를 묻는 지문이다. 채권자가 위법하게 편취한 금원에 의한 변제임을 알았거나 중대한 과실로 알지 못한 때에는 부당이득이 된다.

[**대법원** 2003. 6. 13. **선고** 2003**다**8862 **판결**] 부당이득제도는 이득자의 재산상 이득이 법률상 원인을 결여하는 경우에 공평·정의의 이념에 근거하여 이득자에게 그 반환의무를 부담시키는 것인 바, 채무자가 피해자로부터 횡령한 금전을 그대로 채권자에 대한 채무변제에 사용하는 경우 피해자의 손실과 채권자의 이득 사이에 인과관계가 있음이 명백하고, 한편 채무자가 횡령한 금전으로 자신의 채권자에 대한 채무를 변제하는 경우 채권자가 그 변제를 수령함에 있어 악의 또는 중대한 과실이 있는 경우에는 채권자의 금전 취득은 피해자에 대한 관계에 있어서 법률상 원인을 결여한 것으로 봄이 상당하나, 채권자가 그 변제를 수령함에 있어 단순히 과실이 있는 경우에는 그 변제는 유효하고 채권자의 금전 취득이 피해자에 대한 관계에 있어서 법률상 원인을 결여한 것이라고 할 수 없다.

⑤ (×) 매도인이 선의인 계약명의신탁에서 명의신탁자가 명의수탁자에 대하여 청구할 수 있는 부당이득의 대상을 묻는 지문이다. 원칙적으로 무효인 명의신탁약정에 따라 급부받은 매수자금 상당액이다.

[**대법원** 2005. 1. 28. **선고** 2002**다**66922 **판결**] 부동산실권리자명의등기에관한법률 제4조 제1항·제2항에 의하면, 명의신탁자와 명의수탁자가 이른바 계약명의신탁약정을 맺고 명의수탁자가 당사자가 되어 명의신탁약정이 있다는 사실을 알지 못하는 소유자와의 사이에 부동산에 관한 매매계약을 체결한 후 그 매매계약에 따라 당해 부동산의 소유권이전등기를 수탁자 명의로 마친 경우에는 명의신탁자와 명의수탁자 사이의 명의신탁약정의 무효에도 불구하고 그 명의수탁자는 당해 부동산의 완전한 소유권을 취득하게 되고, 다만 명의수탁자는 명의신탁자에 대하여 부당이득반환의무를 부담하게 될 뿐이라 할 것인데, 그 계약명의신탁약정이 부동산실권리자명의등기에관한법률 시행 후인 경우에는 명의신탁자는 애초부터 당해 부동산의 소유권을 취득할 수 없었으므로 위 명의신탁약정의 무효로 인하여 명의신탁자가 입은 손해는 당해 부동산 자체가 아니라 명의수탁자에게 제공한 매수자금이라 할 것이고, 따라서 명의수탁자는 당해 부동산 자체가 아니라 명의신탁자로부터 제공받은 매수자금을 부당이득하였다고 할 것이다.

정답 ④

8. **불법원인급여에 관한 설명 중 옳은 것(○)과 옳지 않은 것(×)을 올바르게 조합한 것은? (다툼이 있는 경우 판례에 의함)** [16 변호사]

ㄱ. 도박자금 채무의 담보를 위하여 근저당권설정등기를 마친 경우, 근저당권설정자는 근저당권설정등기의 말소를 청구할 수 있다.
ㄴ. 불법의 원인으로 소유권을 이전한 경우에 급여자는 부당이득을 이유로 하여 그 반환을 청구할 수는 없으나 특별한 사정이 없는 한 소유권에 기한 반환청구는 가능하다.
ㄷ. 급여자와 수익자의 불법성을 비교하여 수익자의 불법성이 급여자의 그것에 비하여 현저히 큰 경우에는 급여자는 수익자에 대하여 이익의 반환을 청구할 수 있다.
ㄹ. 불법원인급여가 성립한 경우, 수익자가 그 불법의 원인에 가공하였다면 특별한 사정이 없는 한 급여자는 수익자의 불법행위를 이유로 그 재산의 급여로 말미암아 발생한 자신의 손해의 배상을 구할 수 있다.

① ㄱ(×), ㄴ(×), ㄷ(○), ㄹ(×)
② ㄱ(×), ㄴ(○), ㄷ(×), ㄹ(○)
③ ㄱ(×), ㄴ(○), ㄷ(○), ㄹ(○)
④ ㄱ(○), ㄴ(×), ㄷ(×), ㄹ(○)
⑤ ㄱ(○), ㄴ(×), ㄷ(○), ㄹ(×)

해설

ㄱ. **(○)** 근저당권설정등기가 불법원인급여에 해당하는지를 묻는 지문이다. 종국적 급여가 아니므로 불법원인급여에 해당하지 않는다. 따라서 근저당권설정자는 근저당권등기의 말소를 청구할 수 있다.
[**대법원** 1994. 12. 22. **선고** 93**다**55234 **판결**] 도박자금으로 금원을 대여함으로 인하여 발생한 채권을 담보하기 위한 근저당권설정등기가 경료되었을 뿐인 경우와 같이 수령자가 그 이익을 향수하려면 경매신청을 하는 등 별도의 조치를 취하여야 하는 경우에는, 그 불법원인급여로 인한 이익이 종국적인 것이 아니므로 등기설정자는 무효인 근저당권설정등기의 말소를 구할 수 있다.

ㄴ. **(×)** 불법원인급여물의 반환청구금지에 관한 제746조가 부당이득반환청구만을 제한하는 규정인지를 묻는 지문이다. 원상회복을 구하는 의미를 가지는 모든 청구를 금지하는 규정이다. 따라서 소유권에 기한 반환청구도 금지된다.
[**대법원** 1979. 11. 13. **선고** 79**다**483 **전원합의체 판결**] 민법 제746조는 단지 부당이득제도만을 제한하는 것이 아니라 동법 제103조와 함께 사법의 기본이념으로서, 결국 사회적 타당성이 없는 행위를

한 사람은 스스로 불법한 행위를 주장하여 복구를 그 형식 여하에 불구하고 소구할 수 없다는 이상을 표현한 것이므로, 급여를 한 사람은 그 원인행위가 법률상 무효라 하여 상대방에게 부당이득반환청구를 할 수 없음은 물론 급여한 물건의 소유권은 여전히 자기에게 있다고 하여 소유권에 기한 반환청구도 할 수 없고, 따라서 급여한 물건의 소유권은 급여를 받은 상대방에게 귀속된다.

ㄷ. (O) 불법성 비교론을 인정하는지를 묻는 지문이다.

[**대법원** 1993. 12. 10. **선고** 93**다**12947 **판결**] 수익자의 불법성이 급여자의 그것보다 현저히 크고, 그에 비하면 급여자의 불법성은 미약한 경우에도 급여자의 반환청구가 허용되지 않는다고 하는 것은 공평에 반하고 신의성실의 원칙에도 어긋난다고 할 것이므로, 이러한 경우에는 민법 제746조 본문의 적용이 배제되어 급여자의 반환청구는 허용된다고 해석함이 상당하다(필자 註 : 부동산의 명의수탁자가 그 부동산을 매도한 것이 반사회적 법률행위로서 무효인 경우 매도인인 명의수탁자의 불법성이 매수인의 불법성보다 크다고 하여 매수인의 매매대금반환청구를 인용한 사례).

ㄹ. (×) 불법원인급여 후 급여자가 수익자에 대하여 손해배상을 청구할 수 있는지를 묻는 지문이다. 손해배상의 청구도 제746조에 의하여 금지된다.

[**대법원** 2013. 8. 22. **선고** 2013**다**35412 **판결**] 불법의 원인으로 재산을 급여한 사람은 상대방 수령자가 그 '불법의 원인'에 가공하였다고 하더라도 상대방에게만 불법의 원인이 있거나 그의 불법성이 급여자의 불법성보다 현저히 크다고 평가되는 등으로 제반 사정에 비추어 급여자의 손해배상청구를 인정하지 아니하는 것이 오히려 사회상규에 명백히 반한다고 평가될 수 있는 특별한 사정이 없는 한 상대방의 불법행위를 이유로 그 재산의 급여로 말미암아 발생한 자신의 손해를 배상할 것을 주장할 수 없다고 할 것이다. 그와 같은 경우에 급여자의 위와 같은 손해배상청구를 인용한다면, 이는 급여자는 결국 자신이 행한 급부 자체 또는 그 경제적 동일물을 환수하는 것과 다름없는 결과가 되어, 민법 제746조에서 실정법적으로 구체화된 법이념에 반하게 되는 것이다. 정답 ⑤

9. **甲은 자신의 명의로 실명확인을 거친 후 A 은행과 3억 원을 예치하는 계약을 체결하고 그에 관한 계약서를 작성하여 예금원장에 3억 원의 입금사실이 기록되었다. 그후 甲이 乙에 대한 매매대금 3억 원을 지급하기 위하여 A 은행을 통해 乙이 거래하는 B 은행의 乙 계좌로 송금한다는 것이 착오로 계좌번호를 잘못 기재하여 丙이 거래하는 B 은행의 丙 계좌로 송금하고 말았다. 이에 관한 법률관계 중 옳은 것(○)과 옳지 않은 것(×)을 올바르게 조합한 것은? (이자나 지연손해금은 고려하지 않고, 각 지문은 독립적이며, 다툼이 있는 경우 판례에 의함)** [16 변호사]

ㄱ. 甲과 丙 사이에는 급부의 원인관계가 존재하지 않으므로 丙이 B 은행에 대하여 3억 원의 예금채권을 취득하는 것은 아니다.

ㄴ. 甲과 丙 사이에는 급부의 원인관계가 존재하지 않으므로 甲은 丙 계좌가 개설된 B 은행에 대하여 3억 원의 부당이득반환청구권을 갖게 된다.

ㄷ. 만약 甲이 A 은행에 예치한 3억 원의 실제 출연자가 丁인 경우, 丁을 A 은행에 대한 예금계약자로 보려면, 丁과 A 은행 사이에 甲과의 예금계약을 부정하여 甲의 예금반환청구권을 배제하고, 丁과의 예금계약과 丁의 예금반환청구권을 인정하려는 명확한 의사표시의 합치가 있는 극히 예외적인 경우여야 한다.

① ㄱ(○), ㄴ(○), ㄷ(×) ② ㄱ(○), ㄴ(×), ㄷ(○) ③ ㄱ(○), ㄴ(×), ㄷ(×)
④ ㄱ(×), ㄴ(×), ㄷ(○) ⑤ ㄱ(×), ㄴ(○), ㄷ(○)

해 설

ㄱ. (×) ㄴ. (×) 착오송금을 한 경우, 수취인이 수취은행에 대하여 예금채권을 취득하는지를 묻는 지문이다. 급부의 원인이 있는지 여부를 불문하고, 수취인 계좌로 입금된 금원에 대해서는 특별한 사정이 없는 한 수취인은 수취은행에 대하여 예금채권을 취득한다. 따라서 송금의뢰인에 대하여 부당이득반환의무를 부담하는 자는 수취인이며 수취은행이 부당이득반환의무를 부담하는 것은 아니다.

[**대법원** 2014. 10. 15. **선고** 2013**다**207286 **판결**] 금융실명거래 및 비밀보장에 관한 법률에 따라 실명확인 절차를 거쳐 예금계약을 체결하고 그 실명확인 사실이 예금계약서 등에 명확히 기재되어 있는 경우에는, 금융기관과 출연자 등의 사이에서 예금명의자와의 예금계약을 부정하여 예금명의자의 예금반환청구권을 배제하고 출연자 등과 예금계약을 체결하여 출연자 등에게 예금반환청구권을 귀속시키겠다는 명확한 의사의 합치가 있는 극히 예외적인 경우가 아닌 한 예금명의자를 예금계약의 당사자, 즉 예금반환청구권자로 보아야 한다. 또한 예금거래기본약관에 따라 송금의뢰인이 수취인의 예금계좌에 자금이체를 하여 예금원장에 입금의 기록이 된 때에는 특별한 사정이 없는 한 송금의뢰인과 수취인 사이에 자금이체의 원인인 법률관계가 존재하는지 여부에 관계없이 수취인과 수취은행 사이에는 위 입금액 상당의 예금계약이 성립하고, 수취인이 수취은행에 대하여 위 입금액 상당의 예금채권을 취득한다. 그리고 이때 송금의뢰인과 수취인 사이에 계좌이체의 원인이 되는 법률관계가 존재하지 아니함에도, 계좌이체에 의하여 수취인이 계좌이체금액 상당의 예금채권을 취득한 경우에는, 송금의뢰인은 수취인에 대하여 위 금액 상당의 부당이득반환청구권을 가지게 된다.

ㄷ. (○) 기명식 예금에서 예금주가 출연자가 되는 경우를 묻는 지문이다.

[**대법원** 2009. 3. 19. **선고** 2008**다**45828 **전원합의체 판결**] 금융실명거래 및 비밀보장에 관한 법률에 따라 실명확인 절차를 거쳐 예금계약을 체결하고 그 실명확인사실이 예금계약서 등에 명확히 기재되어 있는 경우에는, 일반적으로 그 예금계약서에 예금주로 기재된 예금명의자나 그를 대리한 행위자 및 금융기관의 의사는 예금명의자를 예금계약의 당사자로 보려는 것이라고 해석하는 것이 경험법칙에 합당하고, 예금계약의 당사자에 관한 법률관계를 명확히 할 수 있어 합리적이다. 그리고 이와 같은 예금계약 당사자의 해석에 관한 법리는, 예금명의자 본인이 금융기관에 출석하여 예금계약을 체결한 경우나 예금명의자의 위임에 의하여 자금출연자 등의 제3자(이하 '출연자 등'이라 한다)가 대리인으로서 예금계약을 체결한 경우 모두 마찬가지로 적용된다고 보아야 한다. 따라서 본인인 예금명의자의 의사에 따라 예금명의자의 실명확인 절차가 이루어지고 예금명의자를 예금주로 하여 예금계약서를 작성하였음에도 불구하고, 예금명의자가 아닌 출연자 등을 예금계약의 당사자라고 볼 수 있으려면, 금융기관과 출연자 등과 사이에서 실명확인 절차를 거쳐 서면으로 이루어진 예금명의자와의 예금계약을 부정하여 예금명의자의 예금반환청구권을 배제하고 출연자 등과 예금계약을 체결하여 출연자 등에게 예금반환청구권을 귀속시키겠다는 명확한 의사의 합치가 있는 극히 예외적인 경우로 제한되어야 한다. 그리고 이러한 의사의 합치는 금융실명거래 및 비밀보장에 관한 법률에 따라 실명확인 절차를 거쳐 작성된 예금계약서 등의 증명력을 번복하기에 충분할 정도의 명확한 증명력을 가진 구체적이고 객관적인 증거에 의하여 매우 엄격하게 인정하여야 한다(필자 註 : 甲이 배우자인 乙을 대리하여 금융기관과 乙의 실명확인절차를 거쳐 乙 명의의 예금계약을 체결한 사안에서, 甲과 乙의 내부적 법률관계에 불과한 자금출연경위, 거래인감 및 비밀번호의 등록·관리, 예금의 인출상황 등의 사정만으로, 금융기관과 甲 사이에 예금명의자 乙이 아닌 출연자 甲을 예금계약의 당사자로 하기로 하는 묵시적 약정이 체결되었다고 보아 甲을 예금계약의 당사자라고 판단한 원심판결을 파기한 사례). 정답 ④

10. **甲 종중은 정기총회에서 종중 소유의 X 토지를 2억 원에 매도하기로 결의한 다음, 乙에게 X 토지를 2억 원에 매도하는 계약을 체결하였다. 乙은 甲 종중의 요구에 따라 계약금 2,000만 원, 중도금 8,000만 원 합계 1억 원을 甲 종중의 채권자인 丙에게 지급하였는데, 그 후 위 종중총회의 결의가 총회 소집절차상의 하자로 인하여 무효라는 판결이 선고되어 그 판결이 확정되었다. 다음 설명 중 옳지 않은 것을 모두 고른 것은? (각 지문은 독립적이고, 다툼이 있는 경우 판례에 의함)** [15 변호사]

ㄱ. 乙이 丙에게 1억 원을 지급한 것은 甲 종중이 丙에게 부담하고 있던 채무의 변제로서 유효하다.
ㄴ. 乙은 丙에게 1억 원의 반환을 청구할 수 있다.
ㄷ. 乙은 甲 종중에게 1억 원의 반환을 청구할 수 있다.
ㄹ. 丙이 乙로부터 1억 원을 받을 당시 甲 종중에 대한 채권이 8,000만 원에 불과하였다면 甲 종중은 丙에게 2,000만 원의 반환을 청구할 수 있다.

① ㄴ ② ㄷ ③ ㄱ, ㄷ
④ ㄴ, ㄹ ⑤ ㄱ, ㄷ, ㄹ

해설

ㄱ. (O) 급부과정을 단축하여 채권자의 채권자에게 급부를 한 후 채무의 발생원인인 계약이 무효로 된 경우 채권자의 채권자에 대한 채무변제로서 효력이 인정될 수 있는지를 묻는 지문이다. 채무자가 채권자의 지시 등으로 채권자의 채권자에게 직접 급부한 경우에는 채무자채권자에 대한 급부와 채권자의 채권자에 대한 급부가 하나의 급부행위로 이루어진다. 비록 채무자의 채권자에 대한 급부의 원인이 무효로 되더라도 채권자의 채권자가 급부를 보유하는 것을 부당이득이라고 볼 수 없다는 것이 대법원의 입장이다. 甲 종중의 종중총회의 결의가 무효인 경우 甲과 乙 사이에게 체결된 종중재산 처분행위는 무효로 된다. 매수인 乙이 매도인 甲 종중의 요구에 따라 1억 원을 甲 종중의 채권자 丙에게 직접 지급하였다면 乙의 甲 종중에 대한 변제와 甲 종중의 丙에 대한 변제가 하나의 급부행위에 의하여 이루어진 것이다. 甲 종중의 丙에 대한 변제는 甲과 乙 사이의 매매가 무효로 되더라도 여전히 유효한 것으로 보아야 한다.

[**대법원** 2008. 9. 11. **선고** 2006**다**46278 **판결**] 계약의 일방당사자가 상대방의 지시 등으로 상대방과 또 다른 계약관계를 맺고 있는 제3자에게 직접 급부한 경우(이른바 삼각관계에서의 급부가 이루어진 경우), 그 급부로써 급부를 한 당사자의 상대방에 대한 급부가 이루어질 뿐 아니라 그 상대방의 제3자에 대한 급부도 이루어지는 것이므로 계약의 일방당사자는 제3자를 상대로 법률상 원인 없이 급부를 수령하였다는 이유로 부당이득반환청구를 할 수 없다. 이러한 경우에 계약의 일방당사자가 상대방에 대하여 급부를 한 원인관계인 법률관계에 무효 등의 흠이 있다는 이유로 제3자를 상대로 직접 부당이득반환청구를 할 수 있다고 보면 자기 책임하에 체결된 계약에 따른 위험부담을 제3자에게 전가하는 것이 되어 계약법의 원리에 반하는 결과를 초래할 뿐만 아니라 수익자인 제3자가 상대방에 대하여 가지는 항변권 등을 침해하게 되어 부당하기 때문이다. 이와 같이 삼각관계에서의 급부가 이루어진 경우에, 제3자가 급부를 수령함에 있어 계약의 일방당사자가 상대방에 대하여 급부를 한 원인관계인 법률관계에 무효 등의 흠이 있었다는 사실을 알고 있었다 할지라도 계약의 일방당사자는 제3자를 상대로 법률상 원인 없이 급부를 수령하였다는 이유로 부당이득반환청구를 할 수 없다

(필자 註 : ㈀ 본 판결은 이른바 삼각관계에서의 급부가 이루어진 경우, 부당이득반환관계의 당사자가 누구인가를 판단한 판결이다. 본 사안은 X 재건축조합의 조합원 甲은 재건축조합의 임시총회 및 정산총회의 추가부담금 납부 결의에 따라 X 재건축조합에 납부하여야 할 추가부담금을 X 재건축조합과 재건축사업공사계약을

체결한 乙에 대한 공사대금으로 직접 지급하였는데, X 재건축조합의 각 결의가 부존재 혹은 무효인 경우 甲이 乙에 대하여 이미 지급한 추가부담금의 반환을 청구할 수 있는가가 문제되고 있는 사안이다. (ㄴ) 원심법원은 甲의 부당이득반환청구를 인용하였는데, 乙이 X 재건축조합과 공동으로 추가부담금을 징수하였고, 乙이 위 총회결의의 하자를 잘 알고 있었다는 점을 근거로 하였다. (ㄷ) 대법원은 甲이 부담하는 추가부담금 납부의무는 X 재건축조합에 대한 것이고, 공사대금지급의무는 X 재건축조합이 乙에 대해서 부담하는 의무이므로 甲의 乙에 대한 급부는 급부과정을 단축한 것으로 평가할 수 있다고 판단하여 추가부담금을 납부의무의 법률상 원인인 총회결의가 부존재이거나 무효인 경우에도 乙은 X 재건축조합 사이의 공사계약에 따른 공사대금 등의 변제로서 추가부담금을 수령한 것이므로 부당이득이라고 할 수 없다고 하여 원심판결을 파기하였다).

ㄴ. **(X)** 乙은 甲 종중에 대하여 부당이득반환을 청구할 수 있을 뿐 丙에 대하여는 부당이득반환을 청구할 수 없다.

ㄷ. **(O)** 乙의 甲 종중에 대한 변제는 무효이므로 乙은 甲 종중에 대하여 부당이득반환을 청구할 수 있다.

ㄹ. **(O)** 丙이 甲 종중에 대하여 8천만 원의 채권을 가지고 있는 때에는 8천만 원을 초과하여 이루어진 급부는 비채변제로서 부당이득이 된다. 이 경우 甲 종중과 丙 사이에 부당이득반환채권관계가 발생하므로 甲 종중은 丙에게 2천만 원의 반환을 청구할 수 있다. 정답 ①

11. **부당이득에 관한 설명 중 옳지 않은 것은? (다툼이 있는 경우 판례에 의함)** [15 변호사]

① 타인의 소유물을 권원 없이 점유함으로써 얻은 사용이익을 반환하는 경우, 악의의 수익자는 받은 이익에 이자를 붙여 반환하여야 하며, 위 이자의 이행지체로 인한 지연손해금도 지급하여야 한다.

② 수익자가 이익을 받은 후 법률상 원인없음을 안 때에는 그 때부터 악의의 수익자로서 이익반환의 책임이 있다.

③ 비채변제와 관련하여, 지급자가 채무 없음을 알고 있었으나 변제를 강요당하거나 변제 거절로 인한 사실상의 손해를 피하기 위하여 부득이 변제하게 된 경우에는 지급자가 그 반환청구권을 상실하지 않는다.

④ 법률행위의 내용 자체는 반사회질서적인 것이 아니라고 하여도 법률행위 과정에서 표시되거나 상대방에게 알려진 법률행위의 동기가 반사회질서적인 경우에는 불법원인급여에 있어서의 불법원인에 해당한다.

⑤ 불법원인급여 후 급부를 이행받은 자가 급부의 원인행위와 별도의 약정으로 급부 그 자체 또는 그에 갈음한 대가물을 반환하기로 특약하는 것은 무효이다.

해설

① **(O)** 악의점유자의 반환범위를 묻는 지문이다. 악의점유자에게는 과실취득권이 인정되지 아니하므로 사용이익은 부당이득으로 반환되어야 하고, 그 구체적 범위는 제748조 제2항에 따라 정해지는 결과 받은 이익 전부와 그에 대한 법정이자 및 기타 손해가 있으면 손해도 배상하여야 한다.

[**대법원** 2003. 11. 14. **선고** 2001**다**61869 **판결**] 타인 소유물을 권원 없이 점유함으로써 얻은 사용이익을 반환하는 경우 민법은 선의점유자를 보호하기 위하여 제201조 제1항을 두어 선의점유자에게 과실수취권을 인정함에 대하여, 이러한 보호의 필요성이 없는 악의점유자에 관하여는 민법 제201조 제2항을 두어 과실수취권이 인정되지 않는다는 취지를 규정하는 것으로 해석되는 바, 따라서 악의 수익자가 반환하여야 할 범위는 민법 제748조 제2항에 따라 정하여지는 결과 그는 받은 이익에 이자를 붙여 반환하여야 하며, 위 이자의 이행지체로 인한 지연손해금도 지급하여야 한다.

② **(O)** 제749조 제1항.

③ (O) 부당이득반환청구가 제한되는 악의의 비채변제의 요건을 묻는 지문이다. 채무없음을 알았더라도 변제를 하여야 할 합리적 사정이 있었던 경우에는 반환청구가 배제되지 않는다. 변제가 사실상 강제되는 경우에 그러하다.

[**대법원** 1997. 7. 25. **선고** 97**다**5541 **판결**] 채무 없는 자가 착오로 인하여 변제한 것이 아니라면 비채변제는 지급자가 채무 없음을 알면서도 임의로 지급한 경우에만 성립하고 채무 없음을 알고 있었다 하더라도 변제를 강제당한 경우나 변제거절로 인한 사실상의 손해를 피하기 위하여 부득이 변제하게 된 경우 등 그 변제가 자기의 자유로운 의사에 반하여 이루어진 것으로 볼 수 있는 사정이 있는 때에는 지급자가 그 반환청구권을 상실하지 않는다.

④ (O) 동기의 불법이 개입된 법률행위가 불법원에 해당하는지를 묻는 지문이다. 부당이득반환청구가 제한되는 불법원인급여의 요건으로서 불법원인이란 급부의 원인된 행위가 선량한 풍속 기타 사회질서에 위반하는 경우를 의미한다고 판례는 파악한다. 한편 법률행위의 동기가 반사회적인 경우, 그 동기가 표시되거나 상대방에게 알려진 때에는 그 법률행위는 반사회적 법률행위로 파악하는 것이 대법원의 입장이다. 따라서 표시되거나 상대방에게 알려진 법률행위의 동기가 반사회질서적인 경우에는 불법원인에 해당한다.

[**대법원** 2004. 9. 3. **선고** 2004**다**27488·27495 **판결**] 부당이득의 반환청구가 금지되는 사유로 민법 제746조가 규정하는 불법원인이라 함은 그 원인되는 행위가 선량한 풍속 기타 사회질서에 위반하는 경우를 말하는 것인 바, 윤락행위 및 그것을 유인·강요하는 행위는 선량한 풍속 기타 사회질서에 위반되므로, 윤락행위를 할 자를 고용·모집하거나 그 직업을 소개·알선한 자가 윤락행위를 할 자를 고용·모집함에 있어 성매매의 유인·강요의 수단으로 이용되는 선불금 등 명목으로 제공한 금품이나 그 밖의 재산상 이익 등은 불법원인급여에 해당하여 그 반환을 청구할 수 없다.

[**대법원** 2001. 2. 9. **선고** 99**다**38613 **판결**] 민법 제103조에 의하여 무효로 되는 법률행위는 법률행위의 내용이 선량한 풍속 기타 사회질서에 위반되는 경우뿐만 아니라, 그 내용 자체는 반사회질서적인 것이 아니라고 하여도 법률적으로 이를 강제하거나 법률행위에 반사회질서적인 조건 또는 금전적인 대가가 결부됨으로써 반사회질서적 성질을 띠게 되는 경우 및 표시되거나 상대방에게 알려진 법률행위의 동기가 반사회질서적인 경우를 포함한다.

⑤ (×) 불법원인행위와 별도의 약정으로 급부를 반환하기로 한 약정의 효력을 묻는 지문이다. 이와 같은 약정은 그 자체의 반사회성이 별도로 인정되지 않는 한 유효하다는 것이 대법원의 입장이다.

[**대법원** 2010. 5. 27. **선고** 2009**다**12580 **판결**] 불법원인급여 후 급부를 이행받은 자가 급부의 원인행위와 별도의 약정으로 급부 그 자체 또는 그에 갈음한 대가물의 반환을 특약하는 것은 불법원인급여를 한 자가 그 부당이득의 반환을 청구하는 경우와는 달리 그 반환약정 자체가 사회질서에 반하여 무효가 되지 않는 한 유효하다. 여기서 반환약정 자체의 무효 여부는 반환약정 그 자체의 목적뿐만 아니라 당초의 불법원인급여가 이루어진 경위, 쌍방당사자의 불법성의 정도, 반환약정의 체결과정 등 민법 제103조 위반 여부를 판단하기 위한 제반 요소를 종합적으로 고려하여 결정하여야 하고, 한편 반환약정이 사회질서에 반하여 무효라는 점은 수익자가 이를 입증하여야 한다. 정답 ⑤

12. **甲은 乙로부터 1억 원을 차용하였다. 그 후 丙에게 甲 소유의 X 토지를 1억 원에 매도하고, 〈보기〉에 나타난 각 법률관계에 따라 丙은 매매대금을 매매계약의 당사자가 아닌 乙에게 직접 지급하였다. 그 후 甲과 丙 사이의 X 토지 매매계약이 적법하게 해제되었다. 〈보기〉에서 옳은 것을 모두 고른 것은? (다툼이 있는 경우에는 판례에 의하고, 각 지문은 모두 독립적이다)** [14 변호사]

〈보기〉

ㄱ. 甲이 丙에게 매매대금을 乙에게 지급하라고 지시하고 丙이 이에 따랐다. 이 경우 매매계약의 해제 후에, 丙은 지급했던 매매대금을 乙로부터 반환받을 수 있다.

ㄴ. X 토지 매매계약을 제3자를 위한 계약의 형태로 체결하고 乙을 매매대금의 수익자로 정하였다. 이 경우 매매계약의 해제 후에, 丙은 지급했던 매매대금을 乙로부터 반환받을 수 있다.
ㄷ. X 토지 매매계약에 기한 대금채권을 甲이 乙에게 양도하고 丙에게 이를 통지하였다. 이 경우 매매계약의 해제 후에, 丙은 지급했던 매매대금을 乙로부터 반환받을 수 있다.

① ㄱ ② ㄴ ③ ㄷ
④ ㄱ, ㄴ ⑤ ㄴ, ㄷ

해설

※ 삼각관계와 부당이득반환의 당사자를 묻는 사례문제이다.

ㄱ. **(×)** 계약의 일방이 계약상대방의 지시에 의하여 제3자에게 급부한 후, 계약이 해제된 경우, 원상회복의 당사자가 누구인가를 묻는 지문이다. 계약의 일방이 계약상대방의 지시에 의하여 제3자에게 급부한 경우 이는 계약상대방에 대한 급부가 이루어진 것으로 보아야 하므로 계약이 해제된 때에 계약의 일방은 계약상대방에 대하여 원상회복을 청구하여야 한다. 丙이 甲의 지시에 따라 甲에게 지급하여야 할 매매대금을 乙에게 지급하였다고 하더라도 이는 丙이 甲에게 매매대금을 지급한 것이므로 丙은 계약이 해제된 때에는 乙에게 매매대금의 반환을 청구하여야 한다.

[**대법원** 2008. 9. 11. **선고** 2006**다**46278 **판결**] 계약의 일방당사자가 상대방의 지시 등으로 상대방과 또 다른 계약관계를 맺고 있는 제3자에게 직접 급부한 경우(이른바 삼각관계에서의 급부가 이루어진 경우), 그 급부로써 급부를 한 당사자의 상대방에 대한 급부가 이루어질 뿐 아니라 그 상대방의 제3자에 대한 급부도 이루어지는 것이므로 계약의 일방당사자는 제3자를 상대로 법률상 원인 없이 급부를 수령하였다는 이유로 부당이득반환청구를 할 수 없다. 이러한 경우에 계약의 일방당사자가 상대방에 대하여 급부를 한 원인관계인 법률관계에 무효 등의 흠이 있다는 이유로 제3자를 상대로 직접 부당이득반환청구를 할 수 있다고 보면 자기 책임하에 체결된 계약에 따른 위험부담을 제3자에게 전가하는 것이 되어 계약법의 원리에 반하는 결과를 초래할 뿐만 아니라 수익자인 제3자가 상대방에 대하여 가지는 항변권 등을 침해하게 되어 부당하기 때문이다. 이와 같이 삼각관계에서의 급부가 이루어진 경우에, 제3자가 급부를 수령함에 있어 계약의 일방당사자가 상대방에 대하여 급부를 한 원인관계인 법률관계에 무효 등의 흠이 있었다는 사실을 알고 있었다 할지라도 계약의 일방당사자는 제3자를 상대로 법률상 원인 없이 급부를 수령하였다는 이유로 부당이득반환청구를 할 수 없다 (필자 註 : (ㄱ) 본 판결은 이른바 삼각관계에서의 급부가 이루어진 경우, 부당이득반환관계의 당사자가 누구인가를 판단한 판결이다. 본 사안은 X 재건축조합의 조합원 甲은 재건축조합의 임시총회 및 정산총회의 추가부담금 납부 결의에 따라 X 재건축조합에 납부하여야 할 추가부담금을 X 재건축조합과 재건축사업공사계약을 체결한 乙에 대한 공사대금으로 직접 지급하였는데, X 재건축조합의 각 결의가 부존재 혹은 무효인 경우 甲이 乙에 대하여 이미 지급한 추가부담금의 반환을 청구할 수 있는가가 문제되고 있는 사안이다. (ㄴ) 원심법원은 甲의 부당이득반환청구를 인용하였는데, 乙이 X 재건축조합과 공동으로 추가부담금을 징수하였고, 乙이 위 총회결의의 하자를 잘 알고 있었다는 점을 근거로 하였다. (ㄷ) 대법원은 甲이 부담하는 추가부담금 납부의무는 X 재건축조합에 대한 것이고, 공사대금지급의무는 X 재건축조합이 乙에 대해서 부담하는 의무이므로 甲의 乙에 대한 급부는 급부과정을 단축한 것으로 평가할 수 있다고 판단하여 추가부담금을 납부의무의 법률상 원인인 총회결의가 부존재이거나 무효인 경우에도 乙은 X 재건축조합 사이의 공사계약에 따른 공사대금 등의 변제로서 추가부담금을 수령한 것이므로 부당이득이라고 할 수 없다고 하여 원심판결을 파기하였다).

ㄴ. **(×)** 제3자를 위한 계약에 따라 낙약자가 수익자에게 급부한 후, 제3자를 위한 계약이 해제된 경우, 낙약자에 대하여 원상회복의무를 부담하는 자가 누구인가를 묻는 지문이다. 수익자는 원상회복관계의 당사자가 되지 못하고, 요약자가 낙약자에 대하여 원상회복의무를 부담한다.

[**대법원** 2005. 7. 22. **선고** 2005**다**7566 **판결**] 제3자를 위한 계약관계에서 낙약자와 요약자 사이의 법률관계(이른바 기본관계)를 이루는 계약이 해제된 경우 그 계약관계의 청산은 계약의 당사자인 낙약자와 요약자 사이에 이루어져야 하므로, 특별한 사정이 없는 한 낙약자가 이미 제3자에게 급부한 것이 있더라도 낙약자는 계약해제에 기한 원상회복 또는 부당이득을 원인으로 제3자를 상대로 그 반환을 구할 수 없다.

ㄷ. (O) 채무자가 채권양수인에게 급부한 후, 채권의 발생원인인 계약이 해제된 경우, 원상회복의무의 당사자가 누구인가를 묻는 지문이다. 채무자가 그의 자발적 의사에 기초하여 제3자에게 급부한 것이 아니라 제3자에의 급부가 강제된 경우 채무발생 원인이 해제된 때에는 채무자는 제3자에 대하여 부당이득반환을 청구할 수 있다.

[**대법원** 2003. 1. 24. **선고** 2000**다**22850 **판결**] 민법 제548조 제1항 단서에서 규정하고 있는 제3자란 일반적으로 계약이 해제되는 경우 그 해제된 계약으로부터 생긴 법률효과를 기초로 하여 해제 전에 새로운 이해관계를 가졌을 뿐 아니라 등기·인도 등으로 완전한 권리를 취득한 자를 말하고, 계약상의 채권을 양수한 자는 여기서 말하는 제3자에 해당하지 않는다고 할 것인 바, 계약이 해제된 경우 계약해제 이전에 해제로 인하여 소멸되는 채권을 양수한 자는 계약해제의 효과에 반하여 자신의 권리를 주장할 수 없음은 물론이고, 나아가 특단의 사정이 없는 한 채무자로부터 이행받은 급부를 원상회복하여야 할 의무가 있다. 정답 ③

13. 甲의 乙에 대한 부당이득반환청구가 인정되는 경우(O)와 부정되는 경우(X)를 올바르게 짝지은 것은? (다툼이 있는 경우에는 판례에 의함) [14 변호사]

ㄱ. 乙 소유의 토지를 시효취득한 甲이 그 사실을 알지 못하는 乙에 의하여 그 토지에 설정된 丙 명의의 근저당권을 제거하기 위하여 乙의 丙에 대한 피담보채무를 변제한 경우, 甲은 이를 이유로 乙에 대하여 변제액 상당의 부당이득반환을 청구할 수 있다.
ㄴ. 丙의 채권자 甲이 丙 소유의 토지를 가압류한 상태에서 丙이 그 토지를 乙에게 양도하였고, 그 토지가 수용되어 乙이 수용보상금 전액을 지급받은 경우, 甲은 가압류의 효력을 근거로 乙에 대하여 부당이득반환을 청구할 수 없다.
ㄷ. 乙의 화물차량 운전자 丙이 乙소유의 화물차량을 운전하면서 乙의 지정 주유소가 아닌 다른 주유소를 운영하는 甲과 유류공급계약을 체결한 후 유류를 공급받아 乙의 화물운송사업에 사용하였으나 甲에게 유류대금을 결재하지 않은 경우, 甲은 丙의 유류사용으로 인한 이익을 얻은 乙을 상대로 유류대금 상당의 부당이득반환을 청구할 수 있다.

① ㄱ(X), ㄴ(O), ㄷ(X) ② ㄱ(X), ㄴ(O), ㄷ(O) ③ ㄱ(X), ㄴ(X), ㄷ(O)
④ ㄱ(O), ㄴ(O), ㄷ(X) ⑤ ㄱ(O), ㄴ(X), ㄷ(X)

해설

ㄱ. (X) 시효취득자가 원소유자에 의하여 설정된 근저당권의 피담보채무를 변제한 후, 원소유자에 대하여 변제액 상당의 부당이득반환청구를 할 수 있는지를 묻는 지문이다. 취득시효가 완성되더라도 시효권리자가 그 명의로 소유권이전등기를 마쳐 소유권을 취득하기 전까지는 취득시효 목적 부동산은 원소유자의 소유에 속한다. 따라서 취득시효 완성 후 등기 전에 원소유자에 의하여 설정된 근저당권은 비록 취득시효 완성의 효과에 소급효가 있더라도 정당한 소유자의 처분행위에 해당하고, 시효권리자는 근저당권의 부담을 안고 있는 부동산을 취득할 뿐이다. 따라서 시효권리자가 시효로 취

득한 부동산에 존재하는 근저당권을 소멸시키기 위하여 근저당권의 피담보채무를 변제하는 행위는 자신의 부동산상의 부담을 제거하기 위한 것이지 타인을 위하여 변제하거나 타인이 책임져야 할 부담을 제거하는 것이 아니다. 따라서 시효권리자는 원소유자에 대하여 변제액 상당의 부당이득반환을 청구할 수 없다.

[**대법원** 2006. 5. 12. **선고** 2005**다**75910 **판결**] 원소유자가 취득시효의 완성 이후 그 등기가 있기 전에 그 토지를 제3자에게 처분하거나 제한물권의 설정, 토지의 현상 변경 등 소유자로서의 권리를 행사하였다 하여 시효취득자에 대한 관계에서 불법행위가 성립하는 것이 아님은 물론 위 처분행위를 통하여 그 토지의 소유권이나 제한물권 등을 취득한 제3자에 대하여 취득시효의 완성 및 그 권리취득의 소급효를 들어 대항할 수도 없다 할 것이니, 이 경우 시효취득자로서는 원소유자의 적법한 권리행사로 인한 현상의 변경이나 제한물권의 설정 등이 이루어진 그 토지의 사실상 혹은 법률상 현상 그대로의 상태에서 등기에 의하여 그 소유권을 취득하게 된다. 따라서 시효취득자가 원소유자에 의하여 그 토지에 설정된 근저당권의 피담보채무를 변제하는 것은 시효취득자가 용인하여야 할 그 토지상의 부담을 제거하여 완전한 소유권을 확보하기 위한 것으로서 그 자신의 이익을 위한 행위라 할 것이니, 위 변제액 상당에 대하여 원소유자에게 대위변제를 이유로 구상권을 행사하거나 부당이득을 이유로 그 반환청구권을 행사할 수는 없다.

ㄴ. (O) 토지에 대한 가압류의 효력이 토지가 수용된 후 토지소유자가 취득한 수용보상금에도 미치는지를 묻는 지문이다. 토지에 대한 가압류와 수용보상금 혹은 수용보상금채권에 대한 가압류는 동일하다고 볼 수 없고, 가압류에는 저당권과 같은 물상대위적 효력이 인정되지 않기 때문에 토지에 대한 가압류채권자는 가압류채무자가 수용보상금을 취득하더라도 부당이득반환을 청구할 수 없다.

[**대법원** 2004. 4. 16. **선고** 2003**다**64206 **판결**] 수용되는 토지에 대하여 가압류가 집행되어 있더라도 토지수용으로 기업자가 그 소유권을 원시취득하게 됨으로 그 토지 가압류의 효력은 소멸하고, 이 경우에 그 토지 가압류가 수용보상금채권에 당연히 이전되어 그 효력이 미치는 것은 아니므로 수용 전 토지에 대한 가압류채권자가 다시 수용보상금채권에 가압류 하였다고 하더라도, 수용 전 토지에 대하여 위 토지가압류 이후 저당권을 취득하였다가 위 수용보상금채권에 대하여 물상대위에 따른 압류를 한 자에 대하여는 수용 전 토지에 관하여 주장할 수 있었던 사유를 수용보상금채권에 대한 배당절차에서까지 주장할 수는 없다.

[**대법원** 2009. 9. 10. **선고** 2009**다**61536 **판결**] 토지에 대하여 가압류가 집행된 후에 제3자가 그 토지의 소유권을 취득함으로써 가압류의 처분금지 효력을 받고 있던 중 그 토지가 공익사업법에 따라 수용됨으로 인하여 기존 가압류의 효력이 소멸되는 한편 제3취득자인 토지소유자는 위 가압류의 부담에서 벗어나 토지수용보상금을 온전히 지급받게 되었다고 하더라도, 이는 위 법에 따른 토지 수용의 효과일 뿐이지 이를 두고 법률상 원인 없는 부당이득이라고 할 것은 아니다.

ㄷ. (×) 계약상 반대급부청구권을 가지는 계약의 일방이 계약에 따른 이익을 받은 제3자에 대하여 부당이득반환을 청구할 수 있는지를 묻는 지문이다. 계약의 일방은 계약의 상대방에 대하여 반대급부청구권을 행사할 수 있을 뿐, 계약에 따른 이익을 받은 제3자에 대하여 부당이득반환을 청구할 수 없다. 이른바 '전용물소권'을 인정하지 않는다.

[**대법원** 2010. 6. 24. **선고** 2010**다**9269 **판결**] 계약상 급부가 계약의 상대방뿐만 아니라 제3자의 이익으로 된 경우에 급부를 한 계약당사자가 계약 상대방에 대하여 계약상의 반대급부를 청구할 수 있는 이외에 그 제3자에 대하여 직접 부당이득반환청구를 할 수 있다고 보면, 자기 책임하에 체결된 계약에 따른 위험부담을 제3자에게 전가시키는 것이 되어 계약법의 기본원리에 반하는 결과를 초래할 뿐만 아니라, 채권자인 계약당사자가 채무자인 계약 상대방의 일반채권자에 비하여 우대받는 결과가 되어 일반채권자의 이익을 해치게 되고, 수익자인 제3자가 계약 상대방에 대하여 가지는 항변권 등을 침해하게 되어 부당하므로, 위와 같은 경우 계약상 급부를 한 계약당사자는 이익의 귀속 주체인 제3자에 대하여 직접 부당이득반환을 청구할 수는 없다(필자 주 : 甲 회사의 화물차량 운전자가 甲 회사 소유의 화물차량을 운전하면서 甲 회사의 지정주유소가 아닌 乙이 경영하는 주유소에서 대금을

지급할 의사나 능력이 없음에도 불구하고 상당량의 유류를 공급받아 편취한 다음 甲 회사의 화물운송사업에 사용하고 그 유류대금을 결제하지 않은 사안에서, 비록 위 유류가 甲 회사의 화물운송사업에 사용됨으로써 甲 회사에게 이익이 되었다 하더라도 乙은 계약당자자가 아닌 甲 회사에 대하여 직접 부당이득 반환을 청구할 수 없다고 한 사례).

정답 ①

14. 불법원인급여에 관한 설명 중 옳지 않은 것은? (다툼이 있는 경우에는 판례에 의함) [13 변호사]

① 민법 제746조가 규정하는 불법원인이라 함은 그 원인되는 행위가 선량한 풍속 기타 사회질서에 위반하는 경우를 말하는 것으로서, 법률의 금지에 위반하는 경우라 할지라도 그것이 선량한 풍속 기타 사회질서에 위반하지 않는다면 위 불법원인에 해당하지 않는다.

② 윤락행위를 할 자를 고용·모집하거나 그 직업을 소개·알선한 자가 성매매의 유인·강요의 수단으로 이용되는 선불금 등 명목으로 제공한 금품은 불법원인급여에 해당하여 그 반환을 청구할 수 없다.

③ 불법원인급여 후 급부를 이행받은 자가 급부의 원인행위와 별도의 약정으로 급부 그 자체 또는 그에 갈음한 대가물의 반환을 특약하는 경우, 그 반환약정 자체가 사회질서에 반하여 무효가 되지 않는 한 유효하고, 이때 그 특약이 유효가 됨으로 인하여 이익을 얻는 급부자가 그 반환약정이 사회질서에 반하지 않는다는 점을 증명하여야 한다.

④ 부동산 실권리자명의 등기에 관한 법률에 의하여 무효인 명의신탁약정에 기하여 타인 명의의 등기가 마쳐졌다는 이유만으로 그것이 당연히 불법원인급여에 해당한다고 볼 수 없다.

⑤ 도박자금을 제공함으로 인하여 발생한 채권의 담보로 부동산에 관하여 근저당권설정등기가 경료되었을 뿐이라면 위 근저당권설정등기로 근저당권자가 받을 이익은 민법 제746조에서 말하는 이익에는 해당하지 아니하므로, 그 부동산의 소유자는 위 등기의 말소를 청구할 수 있다.

해설

① (O) 불법원인급여에서 말하는 불법원인의 의미를 묻는 지문이다. 강행규정을 위반한 행위가 모두 불법원인에 해당하지 않는다는 것이 대법원의 입장이다.

[**대법원** 1960. 12. 27. **선고** 4293**민상**359 **판결**] 불법원인급여의 경우에 불법원인이라 함은 그 원인되는 행위가 선량한 풍속 기타 사회질서에 위반하는 경우를 말하는 것으로서 설사 법률의 금지함에 반하는 경우라 할지라도 그것이 선량한 풍속 기타 사회질서에 위반하지 않는 경우에는 이에 해당하지 않는 것이라 할 것인 바 강행법규위반이 곧 불법원인급여에 상당한다는 논지는 채용할 수 없다.

② (O) 성매매 알선 등을 위한 선불금이 불법원인급여에 해당하는지를 묻는 지문이다. 해당한다고 보는 것이 대법원의 입장이다.

[**대법원** 2004. 9. 3. **선고** 2004**다**27488·27495 **판결**] 부당이득의 반환청구가 금지되는 사유로 민법 제746조가 규정하는 불법원인이라 함은 그 원인되는 행위가 선량한 풍속 기타 사회질서에 위반하는 경우를 말하는 것인 바, 윤락행위 및 그것을 유인·강요하는 행위는 선량한 풍속 기타 사회질서에 위반되므로, 윤락행위를 할 자를 고용·모집하거나 그 직업을 소개·알선한 자가 윤락행위를 할 자를 고용·모집함에 있어 성매매의 유인·강요의 수단으로 이용되는 선불금 등 명목으로 제공한 금품이나 그 밖의 재산상 이익 등은 불법원인급여에 해당하여 그 반환을 청구할 수 없다.

③ (×) 불법원인행위와 별도의 약정으로 한 반환약정의 효력 및 그 반환약정이 무효인 경우, 그에 관한 증명책임을 부담하는 자가 누구인지를 묻는 지문이다. 불법원인행위와 별도로 행하여진 반환약정이라면 불법원인행위로 인하여 그 반환약정이 무효로 되지 않는다. 따라서 반환약정 자체에 반사회적

요소가 있는 등 특별한 사정이 없는 한 반환약정은 유효이고, 그와 같은 특별한 사정이 있다는 점은 수익자가 증명하여야 한다.

[**대법원** 2010. 5. 27. **선고** 2009**다**12580 **판결**] 불법원인급여 후 급부를 이행받은 자가 급부의 원인행위와 별도의 약정으로 급부 그 자체 또는 그에 갈음한 대가물의 반환을 특약하는 것은 불법원인급여를 한 자가 그 부당이득의 반환을 청구하는 경우와는 달리 그 반환약정 자체가 사회질서에 반하여 무효가 되지 않는 한 유효하다. 여기서 반환약정 자체의 무효 여부는 반환약정 그 자체의 목적뿐만 아니라 당초의 불법원인급여가 이루어진 경위, 쌍방당사자의 불법성의 정도, 반환약정의 체결과정 등 민법 제103조 위반 여부를 판단하기 위한 제반 요소를 종합적으로 고려하여 결정하여야 하고, 한편 반환약정이 사회질서에 반하여 무효라는 점은 수익자가 이를 입증하여야 한다.

④ **(O)** 부동산실명법에 위반한 급부가 불법원인급여에 해당하는지를 묻는 지문이다. 강행규정에 위반한 급여라고 하더라도 선량한 풍속 기타 사회질서에 위반하지 않는 한 불법원인급여라고 할 수는 없다. 대법원은 부동산실명법에 위반한 급부를 불법원인급여라고 보지 않는다.

[**대법원** 2003. 11. 27. **선고** 2003**다**41722 **판결**] 부동산실권리자명의등기에관한법률이 규정하는 명의신탁약정은 부동산에 관한 물권의 실권리자가 타인과의 사이에서 대내적으로는 실권리자가 부동산에 관한 물권을 보유하거나 보유하기로 하고 그에 관한 등기는 그 타인의 명의로 하기로 하는 약정을 말하는 것일 뿐이므로, 그 자체로 선량한 풍속 기타 사회질서에 위반하는 경우에 해당한다고 단정할 수 없을 뿐만 아니라, 위 법률은 원칙적으로 명의신탁약정과 그 등기에 기한 물권변동만을 무효로 하고 명의신탁자가 다른 법률관계에 기하여 등기회복 등의 권리행사를 하는 것까지 금지하지는 않는 대신, 명의신탁자에 대하여 행정적 제재나 형벌을 부과함으로써 사적자치 및 재산권보장의 본질을 침해하지 않도록 규정하고 있으므로, 위 법률이 비록 부동산등기제도를 악용한 투기·탈세·탈법행위 등 반사회적 행위를 방지하는 것 등을 목적으로 제정되었다고 하더라도, 무효인 명의신탁약정에 기하여 타인명의의 등기가 마쳐졌다는 이유만으로 그것이 당연히 불법원인급여에 해당한다고 볼 수 없다.

⑤ **(O)** 불법원인행위로 인하여 저당권설정등기가 불법원인급여에 해당하는지를 묻는 지문이다. 반환청구가 금지되는 불법원인급여에 해당하기 위해서는 종국적 급부이어야 하는데, 저당권설정등기만으로는 그 이익을 종국적으로 향유할 수 없다. 따라서 소유자는 저당권등기말소를 청구할 수 있다.

[**대법원** 1994. 12. 22. **선고** 93**다**55234 **판결**] 도박자금으로 금원을 대여함으로 인하여 발생한 채권을 담보하기 위한 근저당권설정등기가 경료되었을 뿐인 경우와 같이 수령자가 그 이익을 향수하려면 경매신청을 하는 등 별도의 조치를 취하여야 하는 경우에는, 그 불법원인급여로 인한 이익이 종국적인 것이 아니므로 등기설정자는 무효인 근저당권설정등기의 말소를 구할 수 있다. 정답 ③

15. 다음 중 부당이득에 관한 판례의 입장과 다른 것은? [12 변호사]

① 배당요구가 필요한 채권자가 실체법상 우선변제청구권이 있다 하더라도 적법한 배당요구를 하지 아니하여 배당에서 제외된 경우, 배당받은 후순위채권자를 상대로 부당이득의 반환을 청구할 수 없다.

② 매도인에게 소유권이 유보된 채 매수인에게 인도된 건축자재가, 매매대금이 모두 지급되지 않은 상태에서 매수인과 제3자 사이에 체결된 도급계약의 이행에 따라 제3자 소유의 신축건물에 부합된 경우, 매도인은 제3자가 소유권 유보에 관하여 과실 없이 알지 못하였더라도 그에게 부당이득의 반환을 청구할 수 있다.

③ 부동산에 대한 취득시효가 완성되면, 점유자가 그 명의로 소유권이전등기를 마치지 아니하여 아직 소유권을 취득하지 못하였다고 하더라도, 소유자는 점유자에 대하여 점유로 인한 부당이득반환청구를 할 수 없다.

④ 타인 소유의 토지 위에 권원 없이 건물을 소유하고 있는 자는 그 건물을 실제로 사용·수익하고 있지 아니하더라도 특별한 사정이 없는 한 법률상 원인 없이 타인의 재산으로 인하여 토지의 차임에 상당하는 이익을 얻고 이로 인하여 타인에게 동일한 금액 상당의 손해를 주고 있다고 보아야 한다.

⑤ 채무자가 횡령한 금전으로 자신의 채권자에 대한 채무를 변제하는 경우, 채권자가 그 변제를 수령함에 있어 악의 또는 중대한 과실이 있다면 채권자의 금전 취득은 피해자에 대한 관계에 있어서 법률상 원인을 결여한 것으로 된다.

해설

① **(O)** 배당요구의 종기까지 배당요구를 하지 아니한 배당요구채권자가 배당에서 제외되었더라도 그 배당을 부당배당이라고 할 수 없다. 비록 배당요구채권자가 실체법상 우선변제권자에 해당하더라도 다른 배당채권자들에 대하여 부당이득반환을 청구할 수 없다.

[**대법원** 2002. 1. 22. **선고** 2001**다**70702 **판결**] 민사소송법 제605조 제1항(현 민사집행법 제88조 제1항)에서 규정하는 배당요구가 필요한 배당요구채권자는 경락기일까지 배당요구를 한 경우에 한하여 비로소 배당을 받을 수 있고, 적법한 배당요구를 하지 아니한 경우에는 비록 실체법상 우선변제청구권이 있다하더라도 경락대금으로부터 배당을 받을 수는 없을 것이므로, 이러한 배당요구 채권자가 적법한 배당요구를 하지 아니하여 그를 배당에서 제외하는 것으로 배당표가 작성·확정되고 그 확정된 배당표에 따라 배당이 실시되었다면 그가 적법한 배당요구를 한 경우에 배당받을 수 있었던 금액 상당의 금원이 후순위채권자에게 배당되었다고 하여 이를 법률상 원인이 없는 것이라고 할 수 없으며, 주택임대차보호법에 의하여 우선변제청구권이 인정되는 소액임차인의 소액보증금 반환채권은 위와 같은 배당요구가 필요한 배당요구채권에 해당한다.

② **(×)** 매매계약의 이행으로 매도인이 매수인에게 건축자재를 인도하였고, 매수인이 이를 제3자의 신축건물에 부합시킨 경우, 매도인이 제3자에 대하여 제261조에 따른 보상청구권을 행사할 수 있는지를 묻는 지문이다. 제261조의 보상청구권은 부당이득반환청구권의 실질을 가지는 권리이다. 매도인이 매매계약상 이행으로 매수인에게 건축자재를 인도하였는데, 그로 인한 이익이 제3자에게 귀속된 때에 해당하므로 매도인의 제3자에 대한 부당이득반환청구권은 이른바 전용물소권으로 허용되지 않는 것은 아닌가 하는 의문이 생긴다. 그러나 전용물소권의 문제가 되기 위해서는 매도인이 매수인에게 완전히 소유권을 이전한 경우여야 한다. 지문에서는 소유권이 유보된 상태에서 건축자재가 인도된 경우이므로 매매대금이 완납되기 전에는 여전히 매도인이 건축자재의 소유권을 가진 자가 된다. 매도인의 소유물이 매도인의 의사와 무관하게 제3자에게 귀속된 경우이므로 매도인과 제3자 사이에는 침해부당이득반환관계가 발생할 수 있다. 그러나 제3자가 선의, 무과실 등의 선의취득의 요건을 갖춘 때에는 선의취득에서와 마찬가지로 그 이익을 보유할 법률상 원인을 인정할 수 있다. 따라서 제3자는 매도인에 대하여 부당이득반환의무를 부담하지 않는다.

[**대법원** 2009. 9. 24. **선고** 2009**다**15602 **판결**] 민법 제261조에서 첨부로 법률규정에 의한 소유권 취득(민법 제256조 내지 제260조)이 인정된 경우에 "손해를 받은 자는 부당이득에 관한 규정에 의하여 보상을 청구할 수 있다"라고 규정하고 있는바, 이러한 보상청구가 인정되기 위해서는 민법 제261조 자체의 요건만이 아니라, 부당이득 법리에 따른 판단에 의하여 부당이득의 요건이 모두 충족되었음이 인정되어야 한다. 매도인에게 소유권이 유보된 자재가 제3자와 매수인 사이에 이루어진 도급계약의 이행으로 제3자 소유 건물의 건축에 사용되어 부합된 경우 보상청구를 거부할 법률상 원인이 있다고 할 수 없지만, 제3자가 도급계약에 의하여 제공된 자재의 소유권이 유보된 사실에 관하여 과실 없이 알지 못한 경우라면 선의취득의 경우와 마찬가지로 제3자가 그 자재의 귀속으로 인한 이익을 보유할 수 있는 법률상 원인이 있다고 봄이 상당하므로, 매도인으로서는 그에 관한 보상청구를 할 수 없다.

③ (O) [**대법원** 1993. 5. 25. **선고** 92**다**51280 **판결**] 부동산에 대한 취득시효가 완성되면 점유자는 소유명의자에 대하여 취득시효 완성을 원인으로 한 소유권이전등기절차의 이행을 청구할 수 있고 소유명의자는 이에 응할 의무가 있으므로 점유자가 그 명의로 소유권이전등기를 경료하지 아니하여 아직 소유권을 취득하지 못하였다고 하더라도 소유명의자는 점유자에 대하여 점유로 인한 부당이득반환청구를 할 수 없다.

④ (O) [**대법원** 2011. 7. 14. **선고** 2009**다**76522 **판결**] 타인 소유의 토지 위에 권한 없이 건물을 소유하는 자는 그 자체로써 건물 부지가 된 토지를 점유하고 있는 것이므로 특별한 사정이 없는 한 법률상 원인 없이 타인의 재산으로 인하여 토지의 차임에 상당하는 이익을 얻고 이로 인하여 타인에게 동액 상당의 손해를 주고 있다고 할 것이고, 이는 건물 소유자가 미등기건물의 원시취득자로서 그 건물에 관하여 사실상의 처분권을 보유하게 된 양수인이 따로 존재하는 경우에도 다르지 아니하다.

⑤ (O) [**대법원** 2003. 6. 13. **선고** 2003**다**8862 **판결**] 부당이득제도는 이득자의 재산상 이득이 법률상 원인을 결여하는 경우에 공평·정의의 이념에 근거하여 이득자에게 그 반환의무를 부담시키는 것인바, 채무자가 피해자로부터 횡령한 금전을 그대로 채권자에 대한 채무변제에 사용하는 경우 피해자의 손실과 채권자의 이득 사이에 인과관계가 있음이 명백하고, 한편 채무자가 횡령한 금전으로 자신의 채권자에 대한 채무를 변제하는 경우 채권자가 그 변제를 수령함에 있어 악의 또는 중대한 과실이 있는 경우에는 채권자의 금전 취득은 피해자에 대한 관계에 있어서 법률상 원인을 결여한 것으로 봄이 상당하나, 채권자가 그 변제를 수령함에 있어 단순히 과실이 있는 경우에는 그 변제는 유효하고 채권자의 금전 취득이 피해자에 대한 관계에 있어서 법률상 원인을 결여한 것이라고 할 수 없다.

정답 ②

Ⅲ. 불법행위

16. 불법행위에 관한 설명 중 옳은 것은? (각 지문은 독립적이며, 다툼이 있는 경우 판례에 의함)

[23 변호사]

① 甲이 위법하게 乙의 점유를 침탈하여 乙의 유치권이 소멸한 경우, 乙이 甲에게 불법행위로 인한 손해배상 청구를 하려면 점유를 침탈당한 날부터 1년 이내에 손해배상을 구하는 소를 제기해야 한다.

② 일반 공중의 통행에 공용된 도로의 소유자 아닌 甲이 乙의 통행을 방해하여 불법행위가 성립한 경우, 乙은 甲에게 손해배상 청구를 할 수 있으나 장래에 생길 방해를 예방하기 위하여 통행방해 행위 금지를 청구할 수는 없다.

③ 근로자의 불법행위로 인해 사용자의 근로자에 대한 손해배상채권이 발생한 상태에서 영업양도에 수반하는 근로계약의 인수가 이루어지고 위 근로자도 이에 대해 동의하더라도 불법행위로 인한 손해배상채권을 인수 대상에 포함하기로 하는 특약이 없는 한 이 채권은 영업양수인에게 이전되지 않는다.

④ 불법행위의 성립요건으로서 위법성은 문제가 되는 행위마다 개별적·상대적으로 판단하여야 하는 것은 아니고, 관련 행위 전체를 일체로 보아 판단하여 결정해야 한다.

⑤ 책임능력 있는 미성년 자녀가 제3자에게 불법행위 책임을 지게 된 경우, 그 부모 중 비양육자의 면접교섭권에 관한 규정은 제3자와의 관계에서 손해배상책임의 근거가 되는 감독의무를 부과하는 규정이라고 할 수 없다.

해설

① **(×)** 점유침탈을 원인으로 하는 손해배상청구권의 제척기간에 관한 제204조 제3항은 점유권 침해를 원인으로 하는 손해배상청구권에 적용될 뿐이고, 본권 침해로 인한 손해배상청구권에는 적용되지 않는다.

[**대법원** 2021. 8. 19. **선고** 2021**다**213866 **판결**] 민법 제204조에 따르면, 점유자가 점유의 침탈을 당한 때에는 그 물건의 반환 및 손해의 배상을 청구할 수 있고(제1항), 위 청구권은 점유를 침탈당한 날부터 1년 내에 행사하여야 하며(제3항), 여기서 말하는 1년의 행사기간은 제척기간으로서 소를 제기하여야 하는 기간을 말한다. 그런데 민법 제204조 제3항은 본권 침해로 발생한 손해배상청구권의 행사에는 적용되지 않으므로 점유를 침탈당한 자가 본권인 유치권 소멸에 따른 손해배상청구권을 행사하는 때에는 민법 제204조 제3항이 적용되지 아니하고, 점유를 침탈당한 날부터 1년 내에 행사할 것을 요하지 않는다.

② **(×)** [**대법원** 2021. 10. 14. **선고** 2021**다**242154 **판결**] 불특정 다수인인 일반 공중의 통행에 공용된 도로, 즉 공로(公路)를 통행하고자 하는 자는 그 도로에 관하여 다른 사람이 가지는 권리 등을 침해한다는 등의 특별한 사정이 없는 한, 일상생활상 필요한 범위 내에서 다른 사람들과 같은 방법으로 그 도로를 통행할 자유가 있다. 제3자가 특정인에 대하여만 그 도로의 통행을 방해함으로써 일상생활에 지장을 받게 하는 등의 방법으로 특정인의 통행 자유를 침해하였다면 민법상 불법행위에 해당하고, 침해를 받은 자로서는 방해의 배제나 장래에 생길 방해를 예방하기 위하여 통행방해 행위의 금지를 소구할 수 있다.

③ **(×)** 영업양도는 계약인수이므로 그 계약관계를 기초로 발생한 권리와 의무가 포괄적으로 영업양수인에게 이전한다. 근로자의 횡령 등 불법행위로 인한 손해배상채권도 영업양수인에게 당연히 이전된다.

[**대법원** 2020. 12. 10. **선고** 2020**다**245958 **판결**] 계약당사자로서 지위 승계를 목적으로 하는 계약인수는 계약으로부터 발생하는 채권·채무의 이전 외에 계약관계로부터 생기는 해제권 등 포괄적 권리의무의 양도를 포함하는 것으로서, 계약인수가 적법하게 이루어지면 양도인은 계약관계에서 탈퇴하게 되고, 계약인수 후에는 양도인의 면책을 유보하였다는 등 특별한 사정이 없는 한 잔류당사자와 양도인 사이에는 계약관계가 존재하지 않게 되며 그에 따른 채권채무관계도 소멸하지만, 이러한 계약인수는 양도인과 양수인 및 잔류당사자의 합의에 의한 삼면계약으로 이루어지는 것이 통상적이며 관계당사자 3인 중 2인의 합의가 선행된 경우에는 나머지 당사자가 이를 동의 내지 승낙하여야 그 효력이 생긴다.

이러한 계약인수가 이루어지면 계약관계에서 이미 발생한 채권·채무도 이를 인수 대상에서 배제하기로 하는 특약이 있는 등 특별한 사정이 없는 한 인수인에게 이전된다. 계약인수는 개별 채권·채무의 이전을 목적으로 하는 것이 아니라 다수의 채권·채무를 포함한 계약당사자로서의 지위의 포괄적 이전을 목적으로 하는 것으로서 계약당사자 3인의 관여에 의해 비로소 효력을 발생하는 반면, 개별 채권의 양도는 채권양도인과 양수인 2인만의 관여로 성립하고 효력을 발생하는 등 양자가 법적인 성질과 요건을 달리하므로, 채무자 보호를 위해 개별 채권양도에서 요구되는 대항요건은 계약인수에서는 별도로 요구되지 않는다. 그리고 이러한 법리는 상법상 영업양도에 수반된 계약인수에 대해서도 마찬가지로 적용된다(필자 주 : 갑 주식회사가 을 주식회사와 항공권 발권대행 사업 부문에 관한 영업양도계약을 체결하면서 병을 포함한 근로자에 대한 사용자로서의 모든 권리의무를 을 회사에 이전하기로 하였고, 이에 따라 을 회사와 병이 갑 회사에서와 동일한 근로조건으로 연봉근로계약서를 작성하였는데, 위 영업양도가 있기 전에 병이 갑 회사의 항공권 구매대행 업무를 담당하면서 갑 회사의 고객 등이 송금한 돈을 개인 용도로 사용하였고, 이에 을 회사가 갑 회사의 병에 대한 손해배상채권을 승계취득하였다고 주장하며 병을 상대로 손해배상을 구한 사안에서, 영업양도에 수반된 근로계약의 인수 대상에 병과의 근로계약이 포함되었고, 잔류당사자인 병이 영업양도를 인식하고 갑 회사에서 퇴사한 이후 을 회사와 종전 근로계약상 근로조건과 동일한 조건으로 근로계약을 체결하면서 근로계약기간을 종전 근로계약상 근로기간으로 소급하여 작성하는 방법으로 근로계약의 인수를 승낙하였으므로, 인수인인 을 회사에 사용자지위가 이전될 뿐만 아니라 근로계약관계를 기초로 하여 이미 발생한 위 손해배상채권도 이를 인수 대상에서 배제하기로 하는 특약이 있는 등 특별한 사정이 없는 한 을 회사에 이전되고, 개별 채권양도에 관한 대항요건을 별도로 갖출 필요는 없으므로, 을 회사는 영업양도에 수반된 근로계약 인수의 효과로서 위 손해배상채권을 취득하였다고 볼 여지가 있는데도, 이와 달리 본 원심판단에 법리오해 등의 잘못이 있다고 한 사례).

④ **(×)** [**대법원** 2001. 2. 9. **선고** 99**다**55434 **판결**] 불법행위 성립요건으로서의 위법성은 관련 행위 전체를 일체로만 판단하여 결정하여야 하는 것은 아니고, 문제가 되는 행위마다 개별적·상대적으로 판단하여야 할 것이므로 어느 시설을 적법하게 가동하거나 공용에 제공하는 경우에도 그로부터 발생하는 유해배출물로 인하여 제3자가 손해를 입은 경우에는 그 위법성을 별도로 판단하여야 하고, 이러한 경우의 판단 기준은 그 유해의 정도가 사회생활상 통상의 수인한도를 넘는 것인지 여부라고 할 것이다.

⑤ **(○)** [**대법원** 2022. 4. 14. **선고** 2020**다**240021 **판결**] 이혼으로 인하여 부모 중 1명이 친권자 및 양육자로 지정된 경우 그렇지 않은 부모(이하 '비양육친'이라 한다)에게는 자녀에 대한 친권과 양육권이 없어 자녀의 보호·교양에 관한 민법 제913조 등 친권에 관한 규정이 적용될 수 없다. 비양육친은 자녀와 상호 면접교섭할 수 있는 권리가 있지만(민법 제837조의2 제1항), 이러한 면접교섭 제도는 이혼 후에도 자녀가 부모와 친밀한 관계를 유지하여 정서적으로 안정되고 원만한 인격발달을 이룰 수 있도록 함으로써 자녀의 복리를 실현하는 것을 목적으로 하고, 제3자와의 관계에서 손해배상책임의 근거가 되는 감독의무를 부과하는 규정이라고 할 수 없다. 비양육친은 이혼 후에도 자녀의 양육비용을 분담할 의무가 있지만, 이것만으로 비양육친이 일반적, 일상적으로 자녀를 지도하고 조언하는 등 보호·감독할 의무를 진다고 할 수 없다. 이처럼 비양육친이 미성년자의 부모라는 사정만으로 미성년 자녀에 대하여 감독의무를 부담한다고 볼 수 없다. 정답 ⑤

17. **불법행위에 관한 설명 중 옳지 않은 것은? (다툼이 있는 경우 판례에 의함)** [22 변호사]

① 사립고등학교 교사로 근무하던 피해자가 불법행위로 사망한 경우, 「사립학교법」과 「국가공무원법」의 관계규정을 위반하여 영리를 목적으로 한 업무에 종사하여 얻은 소득은 위법 소득에 해당하여 불법행위로 인한 일실수익의 기초로 삼을 수 없다.

② 乙이 甲 소유의 토지에 관한 등기관계서류를 위조하여 乙 앞으로 원인무효의 소유권이전등기를 마치고 다시 이를 丙에게 매도하여 丙 앞으로 소유권이전등기가 마쳐진 후, 甲이 丙을 상대로 말소등기청구소송을 제기하여 승소판결이 확정된 경우, 乙의 불법행위로 인하여 丙이 입은 손해는 무효인 소유권이전등기를 유효한 등기로 믿고 위 토지를 매수하기 위하여 乙에게 지급하였던 매매대금이다.

③ 금전을 대여한 채권자가 고의 또는 과실로 「이자제한법」을 위반하여 최고이자율을 초과하는 이자를 받아 채무자에게 손해를 입힌 경우, 특별한 사정이 없는 한 불법행위가 성립한다.

④ 불법행위로 훼손된 건물이 너무 낡아 수리를 통하여 원상으로 회복시키는데 소요되는 수리비가 건물의 교환가치를 초과하더라도 수리가 가능하다면, 가해자는 피해자에게 수리비 상당액을 배상해야 한다.

⑤ 공동불법행위자 중 1인에 대하여 구상의무를 부담하는 다른 공동불법행위자가 수인인 경우에는 특별한 사정이 없는 이상 그들의 구상권자에 대한 채무는 각자의 부담부분에 따른 분할채무로 보는 것이 타당하지만, 구상권자인 공동불법행위자 측에 과실이 없어서 내부적인 부담부분이 전혀 없다면 이와 달리 그에 대한 수인의 구상의무를 부진정연대관계로 보는 것이 타당하다.

해설

① (O) [**대법원** 1992. 10. 27. **선고** 92**다**34582 **판결**] 사립고등학교 교사로 근무하고 있던 피해자가 사망 당시 유흥업소의 밴드원으로 전속출연하여 급료를 받고 있었다 하더라도 사립학교법과 국가공무원법의 관계규정에 의하면 사립학교 교원은 영리를 목적으로 한 업무에 종사하여서는 아니된다고 할 것이므로 피해자가 받은 위 급료는 위법소득에 해당하여 불법행위로 인한 일실수익의 기초로 삼을 수 없다.

② (O) 위조된 등기를 믿고 매매계약을 체결한 매수인이 입은 불법행위로 인한 손해는 매매목적물의 시가 상당액이 아니라 출연한 매수자금이다. 채무불이행 혹은 매도인 담보책임으로 인한 손해는 매매목적물의 시가 상당액이 될 수 있다는 점을 주의하여야 한다. 손해는 차액설에 따라 판단하기 때문에 위법행위가 무엇인지에 따라 손해가 달라질 수 있다.
[**대법원** 1992. 6. 23. **선고** 91**다**33070 **전원합의체 판결**] 타인 소유의 토지에 관하여 매도증서, 위임장 등 등기관계서류를 위조하여 원인무효의 소유권이전등기를 경료하고 다시 이를 다른 사람에게 매도하여 순차로 소유권이전등기가 경료된 후에 토지의 진정한 소유자가 최종매수인을 상대로 말소등기청구소송을 제기하여 그 소유자 승소의 판결이 확정된 경우 위 불법행위로 인하여 최종매수인이 입은 손해는 무효의 소유권이전등기를 유효한 등기로 믿고 위 토지를 매수하기 위하여 출연한 금액, 즉 매매대금으로서 이는 기존이익의 상실인 적극적 손해에 해당하고, 최종매수인은 처음부터 위 토지의 소유권을 취득하지 못한 것이어서 위 말소등기를 명하는 판결의 확정으로 비로소 위 토지의 소유권을 상실한 것이 아니므로 위 토지의 소유권 상실이 그 손해가 될 수는 없다.

③ (O) 최고이자율을 초과하는 이자를 받는 행위는 위법행위로서 불법행위를 구성한다. 다만, 채무자의 손해가 최고이자율을 초과하여 지급한 금원이 되는 것은 아님을 주의하여야 한다. 최고이자율을 초과하여 지급한 금원은 원본에 충당되기 때문에 원본채무가 소멸한 범위에서 채무자에게 손해가 있다고 할 수 없기 때문이다. 원본에 충당하여 소멸하고도 남아 있는 초과 지급액이 이자제한법 위반행위로 인한 손해가 된다. 지문은 불법행위의 성립여부를 단순히 묻는 문제여서 채무자의 손해까지 판단할 필요는 없었다.
[**대법원** 2021. 2. 25. **선고** 2020**다**230239 **판결**] 금전을 대여한 채권자가 고의 또는 과실로 이자제한법을 위반하여 최고이자율을 초과하는 이자를 받아 채무자에게 손해를 입힌 경우에는 특별한 사정이 없는 한 민법 제750조에 따라 불법행위가 성립한다고 보아야 한다. 최고이자율을 초과하여 지급된 이자는 이자제한법 제2조 제4항에 따라 원본에 충당되므로, 이와 같이 충당하여 원본이 소멸하고도 남아 있는 초과 지급액은 이자제한법 위반 행위로 인한 손해라고 볼 수 있다. 부당이득반환청구권과 불법행위로 인한 손해배상청구권은 서로 별개의 청구권으로서, 제한 초과이자에 대하여 부당이득반환청구권이 있다고 해서 그것만으로 불법행위의 성립이 방해되지 않는다.
나아가 채권자와 공동으로 위와 같은 이자제한법 위반 행위를 하였거나 이에 가담한 사람도 민법 제760조에 따라 연대하여 손해를 배상할 책임이 있다.

④ (×) 교환가치를 초과하는 수리비는 특별한 사정이 없는 한 통상손해라고 할 수 없다.
[**대법원** 1994. 10. 14. **선고** 94**다**3964 **판결**] 임대차목적물인 건물이 훼손된 경우에 그 수리가 불가능하다면 훼손 당시의 건물의 교환가치가 통상의 손해일 것이고 수리가 가능한 경우에는 그 수리비가 통상의 손해일 것이나 그것이 건물의 교환가치를 넘는 경우에는 형평의 원칙상 그 손해액은 그 건물의 교환가치 범위 내로 제한되어야 한다.

⑤ (O) [**대법원** 2005. 10. 13. **선고** 2003**다**24147 **판결**] 공동불법행위자 중 1인에 대하여 구상의무를 부담하는 다른 공동불법행위자가 수인인 경우에는 특별한 사정이 없는 이상 그들의 구상권자에 대한 채무는 각자의 부담 부분에 따른 분할채무로 봄이 상당하지만, 구상권자인 공동불법행위자측에 과실이 없는 경우, 즉 내부적인 부담 부분이 전혀 없는 경우에는 이와 달리 그에 대한 수인의 구상의무 사이의 관계를 부진정연대관계로 봄이 상당하다 할 것이다.

정답 ④

18. **불법행위에 관한 설명 중 옳지 않은 것은? (다툼이 있는 경우 판례에 의함)** [21 변호사]

① 미성년자에게 책임능력이 있어 스스로 불법행위책임을 지는 경우에도, 그 손해가 미성년자에 대한 감독의무자의 의무위반과 상당인과관계가 있으면 감독의무자는 「민법」 제750조에 의하여 일반불법행위자로서 손해배상의무를 진다.

② 유효한 고용관계는 없지만 사실상 어떤 사람이 다른 사람을 위하여 그 지휘·감독 아래 그 의사에 따라 사업을 집행하는 관계에 있을 때에도, 사용자책임이 성립하기 위한 사용자와 피용자의 관계가 인정될 수 있다.

③ 도급인이 수급인의 일의 진행 및 방법에 관하여 구체적으로 지휘·감독을 하는 경우에는, 수급인이 일의 진행을 위하여 고용한 제3자의 불법행위로 인한 손해에 대하여도 도급인이 「민법」 제756조에 의한 사용자책임을 부담한다.

④ 제3자의 행위 또는 피해자의 행위와 경합하여 피해자에게 손해가 발생한 경우, 공작물의 설치·보존상의 하자가 공동원인의 하나가 되는 이상 그 손해는 공작물의 설치·보존상의 하자에 의하여 발생한 것이라고 보아야 한다.

⑤ 실질적으로 부부공동생활이 파탄되어 회복할 수 없을 정도의 상태이지만 재판상 이혼이 청구되지 않았다면, 제3자가 부부의 일방과 부정행위를 한 경우 상대방 배우자에 대한 불법행위가 성립한다.

해설

① **(O)** 책임 능력 있는 미성년자의 가해행위로 인한 손해에 대한 법정감독의무자의 책임을 묻는 지문이다. 책임무능력자의 감독자책임에 관한 제755조를 적용할 수는 없지만, 미성년자의 가해행위로 인한 손해가 법정감독의무자의 감독의무 위반 사이에 인과관계가 있는 때에는 법정감독의무자는 제750조에 따른 손해배상책임을 부담할 수 있다.
[**대법원** 1994. 2. 8. **선고** 93**다**13605 **전원합의체 판결**] 미성년자가 책임능력이 있어 그 스스로 불법행위책임을 지는 경우에도 그 손해가 당해 미성년자의 감독의무자의 의무위반과 상당인과관계가 있으면 감독의무자는 일반불법행위자로서 손해배상책임이 있고 이 경우에 그러한 감독의무 위반사실 및 손해발생과의 상당인과관계의 존재는 이를 주장하는 자가 입증하여야 한다.

② **(O)** 사용자책임요건으로서 사용관계의 의미를 묻는 지문이다. 실질적인 지휘, 감독관계를 말한다.
[**대법원** 1996. 10. 11. **선고** 96**다**30182 **판결**] 민법 제756조의 사용자와 피용자의 관계는 반드시 유효한 고용관계가 있는 경우에 한하는 것이 아니고, 사실상 어떤 사람이 다른 사람을 위하여 그 지휘·감독 아래 그 의사에 따라 사업을 집행하는 관계에 있을 때에도 그 두 사람 사이에 사용자, 피용자의 관계가 있다(필자 註 : 이삿짐센터와 고용관계에 있지는 않았으나, 오랫동안 그 이삿짐센터의 이삿짐 운반에 종사해 온 작업원들을 사용자의 손해배상책임에 있어서 피용자라고 본 사례).

③ **(O)** 도급관계라고 하더라도 도급인이 수급인을 구체적으로 지휘, 감독하는 때에는 사용관계가 될 수 있고, 수급인이 고용한 제3자도 도급인의 지휘, 감독 아래 있으므로 사용관계를 인정할 수 있다.
[**대법원** 2014. 2. 13. **선고** 2013**다**78372 **판결**] 도급계약에서 도급인은 도급 또는 지시에 관하여 중대한 과실이 없는 한 수급인이 그 일에 관하여 제3자에게 가한 손해를 배상할 책임을 부담하지 않는 것이 원칙이고, 다만 도급인이 수급인의 일의 진행 및 방법에 관하여 구체적인 지휘감독권을 유보하고 공사의 시행에 관하여 구체적으로 지휘감독을 한 경우에는 도급인과 수급인의 관계는 실질적으로 사용자와 피용자의 관계와 다를 바가 없으므로 수급인이나 수급인의 피용자의 불법행위로 인하여 제3자에게 가한 손해에 대하여 도급인은 민법 제756조 소정의 사용자책임을 면할 수 없는데,

여기서 지휘감독이란 실질적인 사용자관계가 인정될 수 있을 정도로 공사시행 방법과 공사진행에 관하여 구체적으로 공사의 운영 및 시행을 직접 지시·지도하고 감시·독려하는 것이어야 한다.

④ (O) [**대법원** 2007. 6. 28. **선고** 2007**다**10139 **판결**] 공작물의 설치 또는 보존상의 하자로 인한 사고라 함은 공작물의 설치 또는 보존상의 하자만이 손해발생의 원인이 되는 경우만을 말하는 것이 아니고, 다른 제3자의 행위 또는 피해자의 행위와 경합하여 손해가 발생하더라도 공작물의 설치·보존상의 하자가 공동원인의 하나가 되는 이상 그 손해는 공작물의 설치·보존상의 하자에 의하여 발생한 것이라고 보아야 한다.

⑤ (×) 혼인생활이 파탄된 상태에서 부부의 일방이 제3자와 부정행위를 한 경우, 제3자가 부부의 상대방에 대하여 불법행위책임을 지는지를 묻는 지문이다. 혼인관계가 이미 회복할 수 없을 정도로 파탄이 된 경우에는 제3자의 부정행위가 위법행위라고 하더라도 부부의 상대방이 혼인생활에 관하여 가지는 법익이 제3자의 부정행위로 인하여 침해된 것이라고 할 수는 없다. 인과관계가 인정되지 아니하므로 불법행위가 성립하지 않는다.

[**대법원** 2014. 11. 20. **선고** 2011**므**2997 **전원합의체 판결**] 민법 제840조는 '혼인을 계속하기 어려운 중대한 사유가 있을 때'를 이혼사유로 삼고 있으며, 부부간의 애정과 신뢰가 바탕이 되어야 할 혼인의 본질에 해당하는 부부공동생활 관계가 회복할 수 없을 정도로 파탄되고 혼인생활의 계속을 강제하는 것이 일방 배우자에게 참을 수 없는 고통이 되는 경우에는 위 이혼사유에 해당할 수 있다. 이에 비추어 보면 부부가 장기간 별거하는 등의 사유로 실질적으로 부부공동생활이 파탄되어 실체가 더 이상 존재하지 아니하게 되고 객관적으로 회복할 수 없는 정도에 이른 경우에는 혼인의 본질에 해당하는 부부공동생활이 유지되고 있다고 볼 수 없다. 따라서 비록 부부가 아직 이혼하지 아니하였지만 이처럼 실질적으로 부부공동생활이 파탄되어 회복할 수 없을 정도의 상태에 이르렀다면, 제3자가 부부의 일방과 성적인 행위를 하더라도 이를 두고 부부공동생활을 침해하거나 유지를 방해하는 행위라고 할 수 없고 또한 그로 인하여 배우자의 부부공동생활에 관한 권리가 침해되는 손해가 생긴다고 할 수도 없으므로 불법행위가 성립한다고 보기 어렵다. 그리고 이러한 법률관계는 재판상 이혼청구가 계속 중에 있다거나 재판상 이혼이 청구되지 않은 상태라고 하여 달리 볼 것은 아니다.

정답 ⑤

19. **甲과 乙이 丙의 부주의를 이용하여 고의로 공동불법행위를 저질러 丙에게 1억 원의 손해를 입혔다. 이 손해에 丙이 기여한 과실이 20%이며, 이에 가담하지 않은 丁이 甲의 사용자로서 사용자책임을 진다. 이에 관한 설명 중 옳지 않은 것을 모두 고른 것은? (다툼이 있는 경우 판례에 의함)** [20 변호사]

ㄱ. 甲과 乙은 丙의 과실을 이유로 과실상계를 주장할 수 없고, 丁 역시 甲의 사용자로서 과실상계를 주장할 수 없다.
ㄴ. 丁이 丙에 대하여 대여금채권을 갖고 있는 경우, 丁은 불법행위에 가담하지 않았음을 이유로 고의의 불법행위채권을 수동채권으로 하는 상계 금지 규정인 「민법」 제496조의 적용을 배제하고 위 대여금채권을 자동채권으로 하여 丙의 丁에 대한 손해배상채권을 상계할 수 있다.
ㄷ. 丙의 甲에 대한 손해배상채권만 시효로 소멸한 후 乙이 丙에게 손해를 전부 배상하였다면, 乙은 甲을 상대로 구상권을 행사할 수 있다.
ㄹ. 丙이 甲을 상대로 손해배상청구의 소를 제기한 경우, 丙의 乙에 대한 손해배상채권도 소멸시효가 중단된다.

① ㄱ, ㄴ ② ㄱ, ㄹ ③ ㄴ, ㄷ
④ ㄱ, ㄴ, ㄹ ⑤ ㄱ, ㄷ, ㄹ

해설

ㄱ. (×) 피용자가 고의적 가해행위를 하여 피용자의 과실상계가 허용되지 않는다고 하더라도 가해행위에 가담하지 않은 사용자의 과실상계까지 허용되지 않는 것은 아니다.

[**대법원** 2002. 12. 26. **선고** 2000**다**56952 **판결**] 사용자가 피용자의 과실에 의한 불법행위로 인한 사용자책임을 부담하는 경우와 마찬가지로 피용자의 고의에 의한 불법행위로 인하여 사용자책임을 부담하는 경우에도 피해자에게 그 손해의 발생과 확대에 기여한 과실이 있다면 사용자책임의 범위를 정함에 있어서 이러한 피해자의 과실을 고려하여 그 책임을 제한할 수 있다.

ㄴ. (×) 피용자의 고의적 불법행위로 인하여 사용자책임을 부담하는 사용자도 손해배상채권을 수동채권으로 하는 상계로 피해자에게 대항할 수 없다. 보복적 불법행위를 예방하고자 하는 제496조의 취지가 관철되어야 하기 때문이다.

[**대법원** 2006. 10. 26. **선고** 2004**다**63019 **판결**] 민법 제756조에 의한 사용자의 손해배상책임은 피용자의 배상책임에 대한 대체적 책임이고, 같은 조 제1항에서 사용자가 피용자의 선임 및 그 사무감독에 상당한 주의를 한 때 또는 상당한 주의를 하여도 손해가 있을 경우에는 책임을 면할 수 있도록 규정함으로써 사용자책임에서 사용자의 과실은 직접의 가해행위가 아닌 피용자의 선임·감독에 관련된 것으로 해석되는 점에 비추어 볼 때, 피용자의 고의의 불법행위로 인하여 사용자책임이 성립하는 경우에 민법 제496조의 적용을 배제하여야 할 이유가 없으므로 사용자책임이 성립하는 경우 사용자는 자신의 고의의 불법행위가 아니라는 이유로 민법 제496조의 적용을 면할 수는 없다.

ㄷ. (○) 부진정연대채무에서 소멸시효 완성이 절대적 효력을 가지는지를 묻는 지문이다. 공동불법행위자가 부담하는 손해배상채무는 부진정연대채무관계에 있고, 부진정연대채무에서는 소멸시효 완성이 상대적 효력에 불과하므로 甲의 손해배상채무의 소멸시효가 완성되었더라도 乙이 甲에게 구상권을 행사할 때에는 甲이 소멸시효 완성을 주장할 수 없다. 乙은 甲에게 구상권을 행사할 수 있다.

[**대법원** 1997. 12. 23. **선고** 97**다**42830 **판결**] 공동불법행위자의 다른 공동불법행위자에 대한 구상권은 피해자의 다른 공동불법행위자에 대한 손해배상채권과는 그 발생원인 및 성질을 달리하는 별개의 권리이고, 연대채무에 있어서 소멸시효의 절대적 효력에 관한 민법 제421조의 규정은 공동불법행위자 상호간의 부진정연대채무에 대하여는 그 적용이 없으므로, 공동불법행위자 중 1인의 손해배상채무가 시효로 소멸한 후에 다른 공동불법행위자 1인이 피해자에게 자기의 부담 부분을 넘는 손해를 배상하였을 경우에도, 그 공동불법행위자는 다른 공동불법행위자에게 구상권을 행사할 수 있다.

ㄹ. (×) 부진정연대채무에서는 이행청구의 절대적 효력이 인정되지 않는다. 피해자 丙이 부진정연대채무자 甲을 상대로 손해배상청구의 소를 제기하더라도 그로 인하여 乙의 채무의 소멸시효가 중단되는 것은 아니다.

[**대법원** 1997. 9. 12. **선고** 95**다**42027 **판결**] 부진정연대채무에 있어 채무자 1인에 대한 이행의 청구는 타 채무자에 대하여 그 효력이 미치지 않으므로, 하천구역으로 편입된 토지의 소유자가 서울특별시장에게 보상금지급 청구를 하였다 하더라도 부진정연대채무관계에 있는 국가에 대하여 시효중단의 효과가 발생한다고 할 수 없다.

정답 ④

20. **甲은 공인중개사인 乙의 중개보조원으로 일하면서 고객인 丙의 인감증명서와 도장을 업무상 자신이 보유하고 있음을 기화로 허위의 임대차계약을 체결하였고, 이를 통해 6,000만 원을 취득하여 丙에게 동액 상당의 손해를 입혔는데, 乙은 甲의 불법행위에 가담하지 않았다. 丙은 甲과 乙에 대해서 각각 일반불법행위책임과 사용자책임을 근거로 6,000만 원의 손해배상을 청구하였다. 이에 대하여 피해자 丙에게도 주의의무를 다하지 않은 과실이 인정되었고 과실비율은 50%였다. 이에 관한 설명 중 옳은 것은? (다툼이 있는 경우 판례에 의함)** [19 변호사]

① 甲은 丙의 손해배상청구에 대하여 과실상계를 주장할 수 있다.
② 乙은 丙의 손해배상청구에 대하여 과실상계를 주장할 수 없다.
③ 丙이 乙의 손해배상채무 전부를 면제한 경우 甲은 丙에 대하여 3,000만 원의 손해배상책임을 부담한다.
④ 乙은 丙에 대하여 가지는 별도의 물품대금채권 2,000만 원으로 丙의 위 손해배상채권을 상계할 수 있다.
⑤ 甲이 丙에 대하여 2,000만 원을 변제한 경우 乙은 丙에 대하여 3,000만 원의 손해배상책임을 부담한다.

해 설

① **(×)** 피해자의 부주의를 고의로 이용한 자가 과실상계를 주장하는 것은 신의칙에 반한다.
[**대법원** 2000. 1. 21. **선고** 99**다**50538 **판결**] 손해배상 청구소송에서 피해자에게 과실이 인정되면 법원은 손해배상의 책임 및 그 금액을 정함에 있어서 이를 참작하여야 하며, 배상의무자가 피해자의 과실에 관하여 주장하지 않는 경우에도 소송자료에 의하여 과실이 인정되는 경우에는 이를 법원이 직권으로 심리·판단하여야 할 것이지만, 피해자의 부주의를 이용하여 고의로 불법행위를 저지른 자가 바로 그 피해자의 부주의를 이유로 자신의 책임을 감하여 달라고 주장하는 것은 허용될 수 없다.

② **(×)** 피용자의 고의적 불법행위로 사용자가 손해배상책임을 부담하는 경우, 사용자의 과실상계 주장은 허용된다.
[**대법원** 2002. 12. 26. **선고** 2000**다**56952 **판결**] 사용자가 피용자의 과실에 의한 불법행위로 인한 사용자책임을 부담하는 경우와 마찬가지로 피용자의 고의에 의한 불법행위로 인하여 사용자책임을 부담하는 경우에도 피해자에게 그 손해의 발생과 확대에 기여한 과실이 있다면 사용자책임의 범위를 정함에 있어서 이러한 피해자의 과실을 고려하여 그 책임을 제한할 수 있다.

③ **(×)** 甲과 乙은 부진정연대채무자로서 손해배상채무를 부담한다. 부진정연대채무자 1인에 대한 채무 면제는 다른 부진정연대채무자의 채무에 영향을 미치지 않는다. 丙이 乙의 손해배상채무 전부를 면제한 경우에도 甲의 丙에 대한 손해배상채무에는 영향이 없다.
부진정연대채무자 상호간에 있어서 채권의 목적을 달성시키는 변제와 같은 사유는 채무자 전원에 대하여 절대적 효력을 발생하지만 그 밖의 사유는 상대적 효력을 발생하는 데에 그치는 것이므로 피해자가 채무자 중의 1인에 대하여 손해배상에 관한 권리를 포기하거나 채무를 면제하는 의사표시를 하였다 하더라도 다른 채무자에 대하여 그 효력이 미친다고 볼 수는 없다 할 것이고, 이러한 법리는 채무자들 사이의 내부관계에 있어 1인이 피해자로부터 합의에 의하여 손해배상채무의 일부를 면제 받고도 사후에 면제받은 채무액을 자신의 출재로 변제한 다른 채무자에 대하여 다시 그 부담 부분에 따라 구상의무를 부담하게 된다 하여 달리 볼 것은 아니다. [**대법원** 2006. 1. 27. **선고** 2005**다**19378 **판결**]

④ **(×)** 피용자의 고의적 불법행위로 사용자가 손해배상책임을 지는 경우, 사용자가 피해자에 대하여 반대채권이 있더라도 상계는 허용되지 않는다.

[**대법원** 2006. 10. 26. **선고** 2004**다**63019 **판결**] 민법 제756조에 의한 사용자의 손해배상책임은 피용자의 배상책임에 대한 대체적 책임이고, 같은 조 제1항에서 사용자가 피용자의 선임 및 그 사무감독에 상당한 주의를 한 때 또는 상당한 주의를 하여도 손해가 있을 경우에는 책임을 면할 수 있도록 규정함으로써 사용자책임에서 사용자의 과실은 직접의 가해행위가 아닌 피용자의 선임·감독에 관련된 것으로 해석되는 점에 비추어 볼 때, 피용자의 고의의 불법행위로 인하여 사용자책임이 성립하는 경우에 민법 제496조의 적용을 배제하여야 할 이유가 없으므로 사용자책임이 성립하는 경우 사용자는 자신의 고의의 불법행위가 아니라는 이유로 민법 제496조의 적용을 면할 수는 없다.

⑤ **(O)** 채무액이 서로 다른 부진정연대채무자 중에서 다액인 채무자가 일부를 변제한 경우, 변제금은 단독부분에 우선 충당된다. 甲의 변제금 2천만 원은 甲의 단독부분인 3천만 원의 일부에 충당되고 乙과 공동으로 부담하는 부분에는 충당되지 아니하므로 乙의 손해배상채무액에는 영향이 없다. 乙의 손해배상액은 丙의 과실비율을 고려할 때 3천만 원이다.

[**대법원** 2018. 3. 22. **선고** 2012**다**74236 **전원합의체 판결**] 금액이 서로 다른 채무가 서로 부진정연대관계에 있을 때 다액채무자가 일부 변제를 하는 경우 그 변제로 인하여 먼저 소멸하는 부분은 당사자의 의사와 채무 전액의 지급을 확실히 확보하려는 부진정연대채무 제도의 취지에 비추어 볼 때 다액채무자가 단독으로 채무를 부담하는 부분으로 보아야 한다. 이러한 법리는 사용자의 손해배상액이 피해자의 과실을 참작하여 과실상계를 한 결과 타인에게 직접 손해를 가한 피용자 자신의 손해배상액과 달라졌는데 다액채무자인 피용자가 손해배상액의 일부를 변제한 경우에 적용되고, 공동불법행위자들의 피해자에 대한 과실상계비율이 달라 손해배상액이 달라졌는데 다액채무자인 공동불법행위자가 손해배상액의 일부를 변제한 경우에도 적용된다.

정답 ⑤

21. 공동불법행위책임에 관한 설명으로 옳은 것을 모두 고른 것은? (다툼이 있는 경우 판례에 의함)

[19 변호사]

ㄱ. 법원이 피해자의 과실을 들어 과실상계를 함에 있어서 피해자의 공동불법행위자 각인에 대한 과실비율이 서로 다르다면 피해자의 과실을 공동불법행위자 각인에 대한 과실로 개별적으로 평가하여야 한다.

ㄴ. 공동불법행위자 중 1인이 피해자에게 전부 변제하여 면책된 경우 그 공동불법행위자에게 과실이 없다면, 그에 대한 다른 공동불법행위자들의 구상의무는 부진정연대관계에 있다.

ㄷ. 환자가 수혈로 인하여 에이즈에 감염된 경우 대한적십자사의 혈액관리상의 주의의무위반으로 인한 에이즈 감염행위와 의사의 수혈 시 설명의무위반으로 인한 환자의 자기결정권 침해행위는 공동불법행위를 구성한다.

ㄹ. 피해자가 공동불법행위자들 중 일부를 상대로 한 전소에서 승소한 금액을 전부 지급받았다고 하더라도 그 금액이 나머지 공동불법행위자에 대한 후소에서 산정된 손해액에 미치지 못한다면 후소의 피고는 그 차액을 피해자에게 지급할 의무가 있다.

① ㄱ, ㄴ
② ㄴ, ㄹ
③ ㄷ, ㄹ
④ ㄱ, ㄴ, ㄷ
⑤ ㄴ, ㄷ, ㄹ

해 설

ㄱ. **(X)** 전체적으로 평가하여야 한다.

[**대법원** 1998. 6. 12. **선고** 96**다**55631 **판결**] 공동불법행위책임은 가해자 각 개인의 행위에 대하여 개별적으로 그로 인한 손해를 구하는 것이 아니라 가해자들이 공동으로 가한 불법행위에 대하여 그

책임을 추궁하는 것으로, 법원이 피해자의 과실을 들어 과실상계를 함에 있어서는 피해자의 공동불법행위자 각인에 대한 과실비율이 서로 다르더라도 피해자의 과실을 공동불법행위자 각인에 대한 과실로 개별적으로 평가할 것이 아니고 그들 전원에 대한 과실로 전체적으로 평가하여야 한다.

ㄴ. (O) 공동불법행위자가 부담하는 구상의무는 원칙적으로 분할채무이지만, 구상권자인 공동불법행위자가 불법행위에 관하여 과실이 없는 때에는 부진정연대채무가 된다.
[**대법원** 2005. 10. 13. **선고** 2003**다**24147 **판결**] 공동불법행위자 중 1인에 대하여 구상의무를 부담하는 다른 공동불법행위자가 수인인 경우에는 특별한 사정이 없는 이상 그들의 구상권자에 대한 채무는 각자의 부담 부분에 따른 분할채무로 봄이 상당하지만, 구상권자인 공동불법행위자측에 과실이 없는 경우, 즉 내부적인 부담 부분이 전혀 없는 경우에는 이와 달리 그에 대한 수인의 구상의무 사이의 관계를 부진정연대관계로 봄이 상당하다.

ㄷ. (X) 동일한 손해에 관한 공동의 원인이라고 할 수 없으므로 공동의 불법행위라고 볼 수 없다.
[**대법원** 1998. 2. 13. **선고** 96**다**7854 **판결**] 에이즈 바이러스에 감염된 혈액을 환자가 수혈받음으로써 에이즈에 감염될 위험을 배제할 의무 및 그와 같은 결과를 회피할 의무를 다하지 아니하여 감염된 혈액을 수혈받은 환자로 하여금 에이즈 바이러스 감염이라는 치명적인 건강 침해를 입게 한 대한적십자사의 과실 및 위법행위는 신체상해 자체에 대한 것인 데 비하여, 수혈로 인한 에이즈 바이러스 감염 위험 등의 설명의무를 다하지 아니한 의사들의 과실 및 위법행위는 신체상해의 결과 발생 여부를 묻지 아니하는 수혈 여부와 수혈 혈액에 대한 환자의 자기결정권이라는 인격권의 침해에 대한 것이므로, 대한적십자사와 의사의 양 행위가 경합하여 단일한 결과를 발생시킨 것이 아니고 각 행위의 결과 발생을 구별할 수 있으니, 이와 같은 경우에는 공동불법행위가 성립한다고 할 수 없다.

ㄹ. (O) [**대법원** 2001. 2. 9. **선고** 2000**다**60227 **판결**] 피해자가 공동불법행위자들을 모두 피고로 삼아 한꺼번에 손해배상청구의 소를 제기한 경우와 달리 공동불법행위자별로 별개의 소를 제기하여 소송을 진행하는 경우에는 각 소송에서 제출된 증거가 서로 다르고 이에 따라 교통사고의 경위와 피해자의 손해액 산정의 기초가 되는 사실이 달리 인정됨으로 인하여 과실상계비율과 손해액도 서로 달리 인정될 수 있는 것이므로, 피해자가 공동불법행위자들 중 일부를 상대로 한 전소에서 승소한 금액을 전부 지급받았다고 하더라도 그 금액이 나머지 공동불법행위자에 대한 후소에서 산정된 손해액에 미치지 못한다면 후소의 피고는 그 차액을 피해자에게 지급할 의무가 있다. 정답 ②

22. 사용자책임에 관한 설명 중 옳은 것을 모두 고른 것은? (다툼이 있는 경우 판례에 의함) [18 변호사]

ㄱ. 명의를 대여받은 사람이 업무수행을 함에 있어 고의 또는 과실로 다른 사람에게 손해를 끼쳤고 객관적으로 보아 명의대여자가 명의를 대여받은 사람을 지휘·감독할 지위에 있었다면, 명의대여자는 사용자로서 그 손해를 배상할 책임이 있다.
ㄴ. 도급인이 수급인에 대하여 특정한 행위를 지휘하는 이른바 노무도급의 경우에는 수급인의 불법행위에 대하여 비록 도급인이라고 하더라도 사용자로서의 배상책임이 있다.
ㄷ. 지입차량의 차주가 고용한 운전자의 과실로 타인에게 물적 손해를 가한 경우에 지입회사는 사용자책임을 부담한다.
ㄹ. 사용자가 피용자의 고의에 의한 불법행위로 인하여 사용자책임을 부담하는 경우에 피해자에게 그 손해의 발생과 확대에 기여한 과실이 있더라도 사용자책임의 범위를 정함에 있어서 이러한 피해자의 과실을 고려하여 그 책임을 제한할 수는 없다.

① ㄱ, ㄴ ② ㄴ, ㄹ ③ ㄱ, ㄴ, ㄷ
④ ㄱ, ㄷ, ㄹ ⑤ ㄴ, ㄷ, ㄹ

해설

ㄱ. **(O)** 명의대여자도 사용자책임을 부담하는 사용자에 해당한다.

[**대법원** 1998. 5. 15. **선고** 97**다**58538 **판결**] 타인에게 어떤 사업에 관하여 자기의 명의를 사용할 것을 허용한 경우에 그 사업이 내부적으로는 그 타인과 명의자가 이를 공동운영하는 관계로서 그 타인이 명의자의 고용인이 아니라 하더라도 외부적으로는 그 타인이 명의자의 고용인임을 표명한 것과 다름이 없으므로 명의사용을 허가받은 사람이 업무수행을 함에 있어 고의 또는 과실로 다른 사람에게 손해를 끼쳤다면 명의사용을 허가한 사람은 민법 제756조 제1항에 의하여 그 손해를 배상할 책임이 있다.

ㄴ. **(O)** 노무도급의 경우에는 도급인과 수급인 사이에 지휘·감독관계가 있으므로 사용관계가 있다고 보아야 한다.

[**대법원** 2005. 11. 10. **선고** 2004**다**37676 **판결**] 일반적으로 도급인과 수급인 사이에는 지휘·감독의 관계가 없으므로 도급인은 수급인이나 수급인의 피용자의 불법행위에 대하여 사용자로서의 배상책임이 없는 것이지만, 도급인이 수급인에 대하여 특정한 행위를 지휘하거나 특정한 사업을 도급시키는 경우와 같은 이른바 노무도급의 경우에는 비록 도급인이라고 하더라도 사용자로서의 배상책임이 있다.

ㄷ. **(O)** 지입회사와 지입차주와의 관계도 사용관계에 속한다. 명의대여관계이기 때문이다.

[**대법원** 1991. 8. 23. **선고** 91**다**15409 **판결**] 소위 지입차량의 소유명의자는 그 지입차량의 운전자를 직접 고용하여 지휘감독을 한 바 없었더라도 명의대여자로서 뿐만 아니라 객관적으로 지입 차량의 운전자를 지휘 감독할 관계에 있는 사용자의 지위에 있다 할 것이므로 그 운전자의 과실로 타인에게 손해를 가한 경우에는 사용자책임을 부담한다.

ㄹ. **(×)** 피용자의 고의에 의한 불법행위에서도 사용자책임에 따른 손해배상액을 산정함에 있어서는 과실상계가 인정된다.

[**대법원** 2011. 7. 14. **선고** 2011**다**21143 **판결**] 피해자의 부주의를 이용하여 고의로 불법행위를 저지른 자가 바로 그 피해자의 부주의를 이유로 자신의 책임을 감하여 달라고 주장하는 것은 허용될 수 없으나, 이는 그러한 사유가 있는 자에게 과실상계의 주장을 허용하는 것이 신의칙에 반하기 때문이므로, 중개보조원이 업무상 행위로 거래당사자인 피해자에게 고의로 불법행위를 저지른 경우라 하더라도 중개보조원을 고용하였을 뿐 이러한 불법행위에 가담하지 아니한 중개업자에게 책임을 묻고 있는 피해자에 과실이 있다면, 법원은 과실상계의 법리에 좇아 손해배상책임 및 그 금액을 정하면서 이를 참작하여야 한다(필자 註 : 건물주에게서 임대차계약 체결, 보증금 수령 등 건물 관리 업무 일체를 위임받은 공인중개사 중개보조원이 임대차계약 체결 후 보증금을 건물주에게 지급하지 않고 횡령을 하자 건물주가 공인중개사와 공인중개사협회를 상대로 손해배상을 구한 사안에서, 중개보조원이 수년에 걸쳐 횡령행위를 하면서 장기간 월세도 제대로 입금하지 않고 있는 상황이었음에도 건물주가 임차인에게 계약 내용을 전혀 확인하지 않은 채 중개보조인의 말만 믿고 그에게 계속하여 임대차계약의 진행 일체를 일임하면서 횡령행위를 방치한 사정이 보이고, 그러한 사정은 손해 발생 및 확대에 영향을 주었다고 보아야 하며, 공인중개사나 협회가 건물주의 부주의를 이용하여 고의로 불법행위를 저지른 것으로는 보이지 않으므로, 위 사정을 손해배상책임의 존부와 범위를 심리·판단하면서 참작하였어야 함에도 이를 전혀 참작하지 않은 원심판단에 과실상계 내지 손해배상책임 제한에 관한 법리오해의 위법이 있다고 한 사례).

정답 ③

23. 공동불법행위에 관한 설명 중 옳지 않은 것은? (다툼이 있는 경우 판례에 의함) [17 변호사]

① 공동불법행위자 중에 피해자의 부주의를 이용하여 고의로 불법행위를 행한 자가 있는 경우에는 모든 불법행위자가 과실상계의 주장을 할 수 없다.

② 피해자가 공동불법행위자 중의 일부만을 상대로 손해배상을 청구하는 경우, 과실상계를 함에 있어 피해자에 대한 공동불법행위자 전원의 과실과 피해자의 공동불법행위자 전원에 대한 과실을 전체적으로 평가하여야 하고, 공동불법행위자 간의 과실의 경중이나 구상권행사의 가능 여부 등은 고려할 필요가 없다.

③ 피해자가 공동불법행위자별로 별개의 소를 제기하여 소송을 진행하는 경우, 피해자가 공동불법행위자들 중 일부를 상대로 한 전소(前訴)에서 승소한 금액을 전부 지급받았다고 하더라도 그 금액이 나머지 공동불법행위자에 대한 후소(後訴)에서 산정된 손해액에 미치지 못한다면 후소(後訴)의 피고는 그 차액을 피해자에게 지급할 의무가 있다.

④ 공동불법행위자 중 1인에 대하여 구상의무를 부담하는 다른 공동불법행위자가 수인(數人)인 경우, 구상권자인 공동불법행위자가 과실이 없어 내부적인 부담 부분이 전혀 없다면 그에 대한 수인(數人)의 구상의무 사이의 관계는 부진정연대관계이다.

⑤ 공동불법행위자 중 1인의 손해배상채무가 시효로 소멸한 후에 다른 공동불법행위자 1인이 피해자에게 자기의 부담 부분을 넘는 손해를 배상하였을 경우, 그 공동불법행위자는 손해배상채무가 시효로 소멸한 다른 공동불법행위자에게 구상권을 행사할 수 있다.

해설

① **(×)** 피해자의 부주의를 이용한 자만이 신의칙상 과실상계의 주장을 할 수 없고, 다른 공동불법행위자의 과실상계 주장은 가능하다.
[**대법원** 2016. 4. 12. **선고** 2013**다**31137 **판결**] 피해자의 부주의를 이용하여 고의로 불법행위를 저지른 자가 바로 그 피해자의 부주의를 이유로 자신의 책임을 감하여 달라고 주장하는 것은 허용될 수 없으나, 이는 그러한 사유가 있는 자에게 과실상계의 주장을 허용하는 것이 신의칙에 반하기 때문이므로, 불법행위자 중 일부에게 그러한 사유가 있다고 하여 그러한 사유가 없는 다른 불법행위자까지도 과실상계의 주장을 할 수 없다고 해석할 것은 아니다.

② **(○)** 공동불법행위에서 과실상계의 방법을 묻는 지문이다. 전체적 평가설이 판례의 태도이다.
[**대법원** 1991. 5. 10. **선고** 90**다**14423 **판결**] 피해자가 공동불법행위자 중의 일부만을 상대로 손해배상을 청구하는 경우에도 과실상계를 함에 있어 참작하여야 할 쌍방의 과실은 피해자에 대한 공동불법행위자 전원의 과실과 피해자의 공동불법행위자 전원에 대한 과실을 전체적으로 평가하여야 하고 공동불법행위자 간의 과실의 경중이나 구상권 행사의 가능 여부 등은 고려할 여지가 없다.

③ **(○)** [**대법원** 2001. 2. 9. **선고** 2000**다**60227 **판결**] 피해자가 공동불법행위자들을 모두 피고로 삼아 한꺼번에 손해배상청구의 소를 제기한 경우와 달리 공동불법행위자별로 별개의 소를 제기하여 소송을 진행하는 경우에는 각 소송에서 제출된 증거가 서로 다르고 이에 따라 교통사고의 경위와 피해자의 손해액 산정의 기초가 되는 사실이 달리 인정됨으로 인하여 과실상계비율과 손해액도 서로 달리 인정될 수 있는 것이므로, 피해자가 공동불법행위자들 중 일부를 상대로 한 전소에서 승소한 금액을 전부 지급받았다고 하더라도 그 금액이 나머지 공동불법행위자에 대한 후소에서 산정된 손해액에 미치지 못한다면 후소의 피고는 그 차액을 피해자에게 지급할 의무가 있다.

④ **(○)** 구상의무의 성질을 묻는 지문이다. 원칙적으로 분할채무이지만, 구상권자가 불법행위에 관하여 과실이 없는 때에는 구상의무는 부진정연대채무에 해당한다.

[**대법원** 2005. 10. 13. **선고** 2003**다**24147 **판결**] 공동불법행위자 중 1인에 대하여 구상의무를 부담하는 다른 공동불법행위자가 수인인 경우에는 특별한 사정이 없는 이상 그들의 구상권자에 대한 채무는 각자의 부담 부분에 따른 분할채무로 봄이 상당하지만, 구상권자인 공동불법행위자측에 과실이 없는 경우, 즉 내부적인 부담 부분이 전혀 없는 경우에는 이와 달리 그에 대한 수인의 구상의무 사이의 관계를 부진정연대관계로 봄이 상당하다.

⑤ (O) 부진정연대채무에서 소멸시효의 완성은 상대적 효력사유에 불과하므로 손해배상채무가 시효로 소멸한 공동불법행위자도 구상의무를 부담한다.

[**대법원** 1997. 12. 23. **선고** 97**다**42830 **판결**] 공동불법행위자의 다른 공동불법행위자에 대한 구상권은 피해자의 다른 공동불법행위자에 대한 손해배상채권과는 그 발생원인 및 성질을 달리하는 별개의 권리이고, 연대채무에 있어서 소멸시효의 절대적 효력에 관한 민법 제421조의 규정은 공동불법행위자 상호간의 부진정연대채무에 대하여는 그 적용이 없으므로, 공동불법행위자 중 1인의 손해배상채무가 시효로 소멸한 후에 다른 공동불법행위자 1인이 피해자에게 자기의 부담 부분을 넘는 손해를 배상하였을 경우에도, 그 공동불법행위자는 다른 공동불법행위자에게 구상권을 행사할 수 있다. 정답 ①

24. **甲, 乙, 丙이 공동으로 丁을 폭행하여 상해를 입혔고, 이에 丁은 甲, 乙, 丙을 상대로 손해배상을 청구하고자 한다. 이에 관한 설명 중 옳지 않은 것은? (각 지문은 독립적이며, 다툼이 있는 경우 판례에 의함)**

[16 변호사]

① 가해행위에 대한 甲의 가담 정도가 乙이나 丙에 비하여 경미하더라도 丁에 대한 관계에서 甲의 책임 범위를 손해배상액의 일부로 제한할 수는 없다.

② 丁이 甲의 손해배상채무를 면제해 주었더라도, 乙이 丁에 대한 손해배상채무 전액을 변제하였다면, 乙은 甲에 대하여 구상권을 행사할 수 있다.

③ 丁이 甲을 상대로 손해배상을 청구하더라도 丁의 乙과 丙에 대한 손해배상청구권은 소멸시효가 중단되지 않는다.

④ 폭행으로 인하여 丁에게 손해발생과 함께 이득이 생긴 한편 그 손해발생에 丁의 과실이 경합하여 과실상계를 해야 할 경우에는 산정된 손해액에 먼저 과실상계를 한 후 이득을 공제해야 한다.

⑤ 丁이 甲, 乙, 丙을 공동피고로 하여 손해배상청구소송을 제기한 경우, 법원이 피해자인 丁의 과실을 들어 과실상계를 할 때 丁의 甲, 乙, 丙에 대한 과실비율이 서로 다르다면 이들을 개별적으로 평가하여 손해액을 정해야 한다.

해 설

① (O) 협의의 공동불법행위가 성립한 경우, 불법행위에 가담한 정도가 경미한 자의 감책이 가능한지를 묻는 지문이다.

[**대법원** 2005. 11. 10. **선고** 2003**다**66066 **판결**] 피해자의 부주의를 이용하여 고의로 불법행위를 저지른 자가 바로 그 피해자의 부주의를 이유로 자신의 책임을 감하여 달라고 주장하는 것은 허용될 수 없다고 할 것이고, 또 공동불법행위책임은 가해자 각 개인의 행위에 대하여 개별적으로 그로 인한 손해를 구하는 것이 아니라 그 가해자들이 공동으로 가한 불법행위에 대하여 그 책임을 추궁하는 것이므로, 공동불법행위로 인한 손해배상책임의 범위는 피해자에 대한 관계에서 가해자들 전원의 행위를 전체적으로 함께 평가하여 정하여야 하고, 그 손해배상액에 대하여는 가해자 각자가 그 금액의 전부에 대한 책임을 부담하는 것이며, 가해자 1인이 다른 가해자에 비하여 불법행위에 가공한 정도가 경미하다고 하더라도 피해자에 대한 관계에서 그 가해자의 책임 범위를 위와 같이 정하여진 손해배상액의 일부로 제한하여 인정할 수는 없다고 할 것이다.

② (O) 공동불법행위자 1인에 대한 피해자의 면제가 절대적 효력을 가지는지를 묻는 지문이다. 공동불법행위자들은 피해자에 대하여 부진정연대채무를 부담하고, 부진정연대채무의 경우, 면제는 상대적 효력을 가질 뿐이다. 따라서 비록 甲이 丁으로부터 채무를 면제받았더라도 乙에 대하여 구상의무를 면할 수는 없다.

[**대법원** 2006. 1. 27. **선고** 2005**다**19378 **판결**] 부진정연대채무자 상호간에 있어서 채권의 목적을 달성시키는 변제와 같은 사유는 채무자 전원에 대하여 절대적 효력을 발생하지만 그 밖의 사유는 상대적 효력을 발생하는 데에 그치는 것이므로 피해자가 채무자 중의 1인에 대하여 손해배상에 관한 권리를 포기하거나 채무를 면제하는 의사표시를 하였다 하더라도 다른 채무자에 대하여 그 효력이 미친다고 볼 수는 없다 할 것이고, 이러한 법리는 채무자들 사이의 내부관계에 있어 1인이 피해자로부터 합의에 의하여 손해배상채무의 일부를 면제받고도 사후에 면제받은 채무액을 자신의 출재로 변제한 다른 채무자에 대하여 다시 그 부담 부분에 따라 구상의무를 부담하게 된다 하여 달리 볼 것은 아니다.

③ (O) 부진정연대채무에서 이행청구에 절대적 효력이 인정되는지를 묻는 지문이다.

[**대법원** 1997. 9. 12. **선고** 95**다**42027 **판결**] 부진정연대채무에 있어 채무자 1인에 대한 이행의 청구는 타 채무자에 대하여 그 효력이 미치지 않으므로, 하천구역으로 편입된 토지의 소유자가 서울특별시장에게 보상금지급 청구를 하였다 하더라도 부진정연대채무관계에 있는 국가에 대하여 시효중단의 효과가 발생한다고 할 수 없다.

④ (O) 과실상계와 손익상계의 순서를 묻는 지문이다. 과실상계 후에 손익상계를 하여야 한다는 것이 판례이다.

[**대법원** 2010. 2. 25. **선고** 2009**다**87621 **판결**] 손해발생으로 인하여 피해자에게 이득이 생기고 한편 그 손해발생에 피해자의 과실이 경합되어 과실상계를 하여야 할 경우에는 먼저 산정된 손해액에 과실상계를 한 후에 위 이득을 공제하여야 한다.

⑤ (×) 공동불법행위자에 대한 손해배상청구에서 과실상계의 방법을 묻는 지문이다. 전체적으로 평가한다는 것이 판례의 태도이다.

[**대법원** 1998. 11. 10. **선고** 98**다**20059 **판결**] 공동불법행위의 성립에는 공동불법행위자 상호간에 의사의 공통이나 공동의 인식이 필요하지 아니하고 객관적으로 각 그 행위에 관련공동성이 있으면 족하고 그 관련공동성이 있는 행위에 의하여 손해가 발생하였다면 그 손해배상책임을 면할 수 없으며, 또한 공동불법행위책임은 가해자 각 개인의 행위에 대하여 개별적으로 그로 인한 손해를 구하는 것이 아니라 그 가해자들이 공동으로 가한 불법행위에 대하여 그 책임을 추궁하는 것으로, 법원이 피해자의 과실을 들어 과실상계를 함에 있어서는 피해자의 공동불법행위자 각인에 대한 과실비율이 서로 다르더라도 피해자의 과실을 공동불법행위자 각인에 대한 과실로 개별적으로 평가할 것이 아니고 그들 전원에 대한 과실로 전체적으로 평가하여야 한다.

정답 ⑤

25. 불법행위에 관한 설명 중 옳지 않은 것은? (다툼이 있는 경우 판례에 의함) [15 변호사]

① 사용자가 피용자와 제3자의 책임비율에 의하여 정해진 피용자의 부담부분을 초과하여 피해자에게 손해를 배상한 경우, 사용자는 제3자에 대하여도 구상권을 행사할 수 있으나 그 구상의 범위는 제3자의 부담부분에 국한된다.

② 화재가 공작물 자체의 설치·보존상의 하자에 의하여 직접 발생한 경우, 간접점유자인 건물의 소유자는 직접점유자가 손해 방지에 필요한 주의를 해태하지 아니한 경우에 한하여 공작물책임을 지게 된다.

③ 2인 이상의 공동불법행위로 인하여 호의동승한 사람이 피해를 입은 경우, 동승자가 입은 손해에 대한 배상액을 산정할 때에는 먼저 호의동승으로 인한 감액비율을 참작하여 공동불법행위자들이 동승자에 대하여 배상하여야 할 수액을 정하여야 한다.

④ 일반적으로 타인의 불법행위 등에 의하여 재산권이 침해된 경우에 재산적 손해의 배상만으로 회복할 수 없는 정신적 손해가 발생하였다면, 가해자가 그러한 사정을 알았을 경우에 한하여 그 손해에 대한 위자료를 청구할 수 있다.

⑤ 사람이 갖는 명예에 관한 권리의 침해에 대하여는 사전 예방적 구제수단으로 침해행위의 정지·방지 등의 금지 청구권이 인정될 수 있다.

해설

① **(O)** 사용자가 피용자와 공동불법행위를 한 제3자에 대하여 구상권을 행사할 수 있는지 및 그 구상범위를 묻는 지문이다. 피용자의 책임비율을 초과하여 손해를 배상한 경우, 사용자는 제3자에 대해서도 구상권을 행사할 수 있고, 그 구상은 부분구상으로 제3자의 부담부분에 한정된다.

[**대법원** 1992. 6. 23. **선고** 91**다**33070 **전원합의체 판결**] 피용자와 제3자가 공동불법행위로 피해자에게 손해를 가하여 그 손해배상채무를 부담하는 경우에 피용자와 제3자는 공동불법행위자로서 서로 부진정연대관계에 있고, 한편 사용자의 손해배상책임은 피용자의 배상책임에 대한 대체적 책임이어서 사용자도 제3자와 부진정연대관계에 있다고 보아야 할 것이므로, 사용자가 피용자와 제3자의 책임비율에 의하여 정해진 피용자의 부담부분을 초과하여 피해자에게 손해를 배상한 경우에는 사용자는 제3자에 대하여도 구상권을 행사할 수 있으며, 그 구상의 범위는 제3자의 부담부분에 국한된다고 보는 것이 타당하다.

② **(O)** 간접점유자의 공작물책임을 묻는 지문이다. 직접점유자가 손해 방지에 필요한 주의를 해태하지 아니한 때에 한하여 공작물책임을 부담한다.

[**대법원** 1981. 7. 28. **선고** 81**다**209 **판결**] 공작물의 설치 또는 보존의 하자로 인하여 타인에게 손해를 가한 경우에 그 공작물의 점유가 대리점유 관계에 있을 때에는 직접점유자가 1차적인 배상책임을 지고, 직접점유자가 손해방지에 필요한 주의를 해태하지 아니한 때에 비로소 간접점유자에게 그 배상책임을 물을 수 있다.

③ **(O)** 공동불법행위로 인하여 호의동승한 사람이 피해를 입은 경우 손해배상액을 산정하는 방법을 묻는 지문이다. 과실상계에서와 마찬가지로 전체적으로 평가하여 손해액을 산정한다는 것이 대법원의 입장이다.

[**대법원** 2014. 3. 27. **선고** 2012**다**87263 **판결**] 2인 이상의 공동불법행위로 인하여 호의동승한 사람이 피해를 입은 경우, 공동불법행위자 상호 간의 내부관계에서는 일정한 부담 부분이 있으나 피해자에 대한 관계에서는 부진정연대책임을 지므로, 동승자가 입은 손해에 대한 배상액을 산정할 때에는 먼저 호의동승으로 인한 감액 비율을 참작하여 공동불법행위자들이 동승자에 대하여 배상하여야 할 수액을 정하여야 한다.

④ **(×)** 재산권 침해로 인한 정신적 손해가 배상범위에 포함되기 위한 요건을 묻는 지문이다. 재산권 침해로 인한 정신적 손해는 특별손해로서 가해자가 특별한 사정을 알았거나 알 수 있었을 경우에 배상범위에 포함된다. 제393조 제2항.

[**대법원** 2004. 3. 18. **선고** 2001**다**82507 **전원합의체 판결**] 일반적으로 타인의 불법행위 등에 의하여 재산권이 침해된 경우에는 그 재산적 손해의 배상에 의하여 정신적 고통도 회복된다고 보아야 할 것이므로 재산적 손해의 배상에 의하여 회복할 수 없는 정신적 손해가 발생하였다면, 이는 특별한

사정으로 인한 손해로서 가해자가 그러한 사정을 알았거나 알 수 있었을 경우에 한하여 그 손해에 대한 위자료를 청구할 수 있다.

⑤ (O) 명예침해를 이유로 하는 침해행위 정지, 방지청구권이 인정될 수 있는지를 묻는 지문이다. 인격권 등과 같은 절대적 권리는 물권적 청구권과 마찬가지로 방해제거청구권이 인정된다.
[**대법원** 1997. 10. 24. **선고** 96**다**17851 **판결**] 사람(종중 등의 경우에도 마찬가지이다.)이 갖는 명예에 관한 권리는 일종의 인격권으로 볼 수 있는 것으로서, 그 성질상 일단 침해된 후에는 금전배상이나 명예 회복에 필요한 처분 등의 구제수단만으로는 그 피해의 완전한 회복이 어렵고 손해 전보의 실효성을 기대하기 어려우므로, 이와 같은 인격권의 침해에 대하여는 사전 예방적 구제수단으로 침해행위의 정지·방지 등의 금지청구권이 인정될 수 있다.

정답 ④

26. 甲 회사는 근로자 파견회사 乙과의 근로자 파견계약에 따라 丙을 파견 받아 丙에게 甲 회사의 자동차 운전을 맡겼는데, 丙이 업무수행 중 丁을 호의로 동승시키고 운전하다가 丙과 戊의 과실로 戊가 운전하던 자동차와 충돌하여 丁과 戊가 부상당하였다. 다음 설명 중 옳은 것을 모두 고른 것은? (다툼이 있는 경우에는 판례에 의함)
[14 변호사]

ㄱ. 丙이 甲의 구체적인 지시, 감독을 받아 업무를 수행한 경우, 乙이 丙의 선발 및 일반적 지휘, 감독상의 주의를 다하였더라도, 乙은 위 교통사고로 인한 丁과 戊의 손해에 대하여 사용자책임을 면하지 못한다.
ㄴ. 특별한 사정이 없는 한, 丁이 사고 차량에 단순히 호의로 동승하였다는 사실은 丁에 대한 손해배상액의 감경사유로 삼을 수 없다.
ㄷ. 甲과 丙이 공동으로 丁에게 손해배상책임을 지는 경우, 丁이 丙의 손해배상채무를 면제하였다면, 甲 역시 그 한도에서 채무를 면한다.
ㄹ. 丙의 운전을 방해한 丁이 丙과 戊 모두를 상대로 손해배상청구소송을 제기한 경우, 丁의 과실비율이 丙과 戊에 대하여 서로 다르다면 손해액의 산정에서 과실상계 역시 丙과 戊에 대하여 개별적으로 평가하여야 함이 원칙이다.

① ㄱ ② ㄴ ③ ㄱ, ㄹ
④ ㄴ, ㄷ ⑤ ㄷ, ㄹ

해설

※ 사용자책임과 공동불법행위를 묻는 사례문제이다.

ㄱ. (×) 파견사업주가 사용자책임으로부터 면책될 수 있는지를 묻는 지문이다. 파견사업주가 파견근로자의 선발 및 일반적 지휘감독상 주의를 다한 때에는 사용자책임으로부터 면책될 수 있다. 따라서 파견근로자 丙이 사용사업주 甲의 구체적 지시, 감독을 받아 업무를 수행하던 중 타인에게 손해를 가한 때에는 파견사업자 乙이 선발 및 일반적 지휘감독상 주의를 다한 때에는 파견사업자 乙은 사용자 책임을 면한다.
[**대법원** 2003. 10. 9. **선고** 2001**다**24655 **판결**] 파견근로자 보호 등에 관한 법률에 의한 근로자 파견은 파견사업주가 근로자를 고용한 후 그 고용관계를 유지하면서 사용사업주와 사이에 체결한 근로자 파견계약에 따라 사용사업주에게 근로자를 파견하여 근로를 제공하게 하는 것으로서, 파견근로자는 사용사업주의 사업장에서 그의 지시·감독을 받아 근로를 제공하기는 하지만 사용사업주와의

사이에는 고용관계가 존재하지 아니하는 반면, 파견사업주는 파견근로자의 근로계약상의 사용자로서 파견근로자에게 임금지급의무를 부담할 뿐만 아니라, 파견근로자가 사용사업자에게 근로를 제공함에 있어서 사용사업자가 행사하는 구체적인 업무상의 지휘·명령권을 제외한 파견근로자에 대한 파견명령권과 징계권 등 근로계약에 기한 모든 권한을 행사할 수 있으므로 파견근로자를 일반적으로 지휘·감독해야 할 지위에 있게 되고, 따라서 파견사업주와 파견근로자 사이에는 민법 제756조의 사용관계가 인정되어 파견사업주는 파견근로자의 파견업무에 관련한 불법행위에 대하여 파견근로자의 사용자로서의 책임을 져야 하지만, 파견근로자가 사용사업주의 구체적인 지시·감독을 받아 사용사업주의 업무를 행하던 중에 불법행위를 한 경우에 파견사업주가 파견근로자의 선발 및 일반적 지휘·감독권의 행사에 있어서 주의를 다하였다고 인정되는 때에는 면책된다고 할 것이다.

ㄴ. (O) 호의동승 사실이 손해배상액 경감사유에 해당하는지를 묻는 지문이다. 호의로 동승하였다는 사실만으로는 배상액 감경사유에 해당하지 않는다는 것이 대법원의 입장이다. 더 나아가 호의동승자에게 전 손해의 배상을 받도록 하는 것이 신의칙에 반한다고 볼 사정이 있는 때에 배상액이 감경될 수 있다.

[**대법원** 1999. 2. 9. **선고** 98**다**53141 **판결**] 차량의 운행자가 아무런 대가를 받지 아니하고 동승자의 편의와 이익을 위하여 동승을 허락하고 동승자도 그 자신의 편의와 이익을 위하여 그 제공을 받은 경우 그 운행 목적, 동승자와 운행자의 인적 관계, 그가 차에 동승한 경위, 특히 동승을 요구한 목적과 적극성 등 여러 사정에 비추어 가해자에게 일반 교통사고와 동일한 책임을 지우는 것이 신의법칙이나 형평의 원칙으로 보아 매우 불합리하다고 인정될 때에는 그 배상액을 경감할 수 있으나, 사고차량에 단순히 호의로 동승하였다는 사실만 가지고 바로 이를 배상액 경감사유로 삼을 수 있는 것은 아니다.

ㄷ. (×) 사용자와 피용자가 부담하는 손해배상채무의 관계 및 그 중 1인에 대한 채무면제가 절대적 효력을 가지는지를 묻는 지문이다. 사용자와 피용자가 부담하는 손해배상채무는 상호 부진정연대관계에 있다는 것이 대법원의 입장이다. 또한 부진정연대채무자 중 1인에 대한 채무면제는 상대적 효력사유에 불과하기 때문에 다른 부진정연대채무자에게는 효력이 없다.

[**대법원** 1997. 12. 12. **선고** 96**다**50896 **판결**] 피해자가 부진정연대채무자 중 1인에 대하여 손해배상에 관한 권리를 포기하거나 채무를 면제하는 의사표시를 하였다 하더라도 다른 채무자에 대하여 그 효력이 미친다고 볼 수는 없다.

ㄹ. (×) 공동불법행위자에 대한 피해자의 과실을 고려하는 방법을 묻는 지문이다. 공동불법행위자에 대한 피해자의 과실을 고려하여 과실상계를 하는 경우, 피해자가 공동불법행위자 전원에 대하여 가지는 과실을 전체적으로 평가하여야 한다는 것이 대법원의 입장이다.

[**대법원** 1998. 11. 10. **선고** 98**다**20059 **판결**] 공동불법행위의 성립에는 공동불법행위자 상호간에 의사의 공통이나 공동의 인식이 필요하지 아니하고 객관적으로 각 그 행위에 관련공동성이 있으면 족하고 그 관련공동성이 있는 행위에 의하여 손해가 발생하였다면 그 손해배상책임을 면할 수 없으며, 또한 공동불법행위책임은 가해자 각 개인의 행위에 대하여 개별적으로 그로 인한 손해를 구하는 것이 아니라 그 가해자들이 공동으로 가한 불법행위에 대하여 그 책임을 추궁하는 것으로, 법원이 피해자의 과실을 들어 과실상계를 함에 있어서는 피해자의 공동불법행위자 각인에 대한 과실비율이 서로 다르더라도 피해자의 과실을 공동불법행위자 각인에 대한 과실로 개별적으로 평가할 것이 아니고 그들 전원에 대한 과실로 전체적으로 평가하여야 한다.

정답 ②

27. **甲은 乙이 운전하던 택시의 승객인데, 2010. 7. 1. 교차로에서 乙, 丙, 丁이 각 운전하는 차량의 3중 충돌사고로 부상을 입어 1,000만 원의 손해가 발생하였고, 조사결과 乙에게 10%, 丙에게 40%, 丁에게 50%의 과실이 인정되었다. 다음 설명 중 옳지 않은 것은? (다툼이 있는 경우에는 판례에 의함)** [13 변호사]

① 甲은 乙에게 1,000만 원의 손해배상을 청구할 수 있다.
② 丙이 甲에 대한 반대채권으로 상계한 경우, 상계의 효력은 乙, 丁에게도 미친다.
③ 甲이 乙에게 손해배상채무를 면제해 준 후 1,000만 원을 배상한 丁이 乙에게 구상권을 행사하는 경우, 乙은 자기의 채무가 면제되었음을 이유로 丁에게 대항할 수 없다.
④ 만약 위 교통사고가 2005. 1. 7. 발생하였고, 丁이 甲에게 1,000만 원을 배상하였는데, 甲의 丙에 대한 손해배상청구권이 시효로 소멸한 경우, 丁은 丙에게 구상권을 행사할 수 없다.
⑤ 만약 乙에게 과실이 전혀 없음에도 乙이 甲에게 500만 원을 배상하고 丙, 丁에게 구상할 경우, 丙, 丁의 구상의무는 부진정연대채무이다.

해설

① **(O)** 공동불법행위자가 피해자에 대하여 손해 전부를 배상하여야 하는지를 묻는 지문이다. 공동불법행위들의 피해자에 대한 손해배상의무는 부진정연대채무로서 과실비율이 어떠한지와 무관하여 전 손해에 대한 배상의무를 부담한다. 비록 과실이 경미하더라도 피해자에 대한 관계에서 손해배상의무가 경감되거나 감축되는 것은 아니다. 따라서 乙의 과실비율이 비록 10%라고 하더라도 피해자 甲에 대한 관계에서는 발생한 전 손해인 1000만 원의 손해배상의무를 부담한다.
[**대법원** 2000. 9. 29. **선고** 2000**다**13900 **판결**] 공동불법행위책임은 가해자 각 개인의 행위에 대하여 개별적으로 그로 인한 손해를 구하는 것이 아니라 그 가해자들이 공동으로 가한 불법행위에 대하여 그 책임을 추궁하는 것이므로, 공동불법행위로 인한 손해배상책임의 범위는 피해자에 대한 관계에서 가해자들 전원의 행위를 전체적으로 함께 평가하여 정하여야 하고, 그 손해배상액에 대하여는 가해자 각자가 그 금액의 전부에 대한 책임을 부담하는 것이며, 가해자 1인이 다른 가해자에 비하여 불법행위에 가공한 정도가 경미하다고 하더라도 피해자에 대한 관계에서 그 가해자의 책임 범위를 위와 같이 정하여진 손해배상액의 일부로 제한하여 인정할 수는 없다.

② **(O)** 공동불법행위자 1인에 의한 상계가 다른 공동불법행위자에게도 효력을 가지는지를 묻는 지문이다. 부진정연대채무자 1인에 의한 상계 혹은 상계계약은 채권을 만족시키는 사유로서 절대적 효력을 가진다는 것이 대법원의 입장이다.
[**대법원** 2010. 9. 16. **선고** 2008**다**97218 **전원합의체 판결**] 부진정연대채무자 중 1인이 자신의 채권자에 대한 반대채권으로 상계를 한 경우에도 채권은 변제, 대물변제, 또는 공탁이 행하여진 경우와 동일하게 현실적으로 만족을 얻어 그 목적을 달성하는 것이므로, 그 상계로 인한 채무소멸의 효력은 소멸한 채무 전액에 관하여 다른 부진정연대채무자에 대하여도 미친다고 보아야 한다. 이는 부진정연대채무자 중 1인이 채권자와 상계계약을 체결한 경우에도 마찬가지이다. 나아가 이러한 법리는 채권자가 상계 내지 상계계약이 이루어질 당시 다른 부진정연대채무자의 존재를 알았는지 여부에 의하여 좌우되지 아니한다.

③ **(O)** 부진정연대채무자 1인에 대한 면제가 절대적 효력을 가지는지를 묻는 지문이다. 연대채무와 달리 부진정연대채무에서는 상대적 효력을 가지는데 그친다. 따라서 손해배상채무를 면제받은 乙은 채권자인 甲에 대해서만 면제의 효력을 주장할 수 있을 뿐, 구상권을 행사하는 다른 부진정연대채무자 丁에 대해서는 면제를 주장할 수 없다.
[**대법원** 2006. 1. 27. **선고** 2005**다**19378 **판결**] 부진정연대채무자 상호간에 있어서 채권의 목적을 달성시키는 변제와 같은 사유는 채무자 전원에 대하여 절대적 효력을 발생하지만 그 밖의 사유는 상대적

효력을 발생하는 데에 그치는 것이므로 피해자가 채무자 중의 1인에 대하여 손해배상에 관한 권리를 포기하거나 채무를 면제하는 의사표시를 하였다 하더라도 다른 채무자에 대하여 그 효력이 미친다고 볼 수는 없다 할 것이고, 이러한 법리는 채무자들 사이의 내부관계에 있어 1인이 피해자로부터 합의에 의하여 손해배상채무의 일부를 면제받고도 사후에 면제받은 채무액을 자신의 출재로 변제한 다른 채무자에 대하여 다시 그 부담 부분에 따라 구상의무를 부담하게 된다 하여 달리 볼 것은 아니다.

④ **(×)** 부진정연대채무에서 소멸시효의 완성이 절대적 효력을 가지는지를 묻는 지문이다. 채권을 만족시키는 사유가 아니므로 상대적 효력을 가지는데에 그친다. 따라서 비록 丙의 손해배상채무가 시효로 소멸하였다고 하더라도 이는 상대적 효력을 가지는데에 그치기 때문에 구상권을 행사하는 丁에 대해서는 시효소멸을 주장할 수 없고, 丁은 丙에 대하여 구상권을 행사할 수 있다.

[**대법원** 1997. 12. 23. **선고** 97**다**42830 **판결**] 공동불법행위자의 다른 공동불법행위자에 대한 구상권은 피해자의 다른 공동불법행위자에 대한 손해배상채권과는 그 발생원인 및 성질을 달리하는 별개의 권리이고, 연대채무에 있어서 소멸시효의 절대적 효력에 관한 민법 제421조의 규정은 공동불법행위자 상호간의 부진정연대채무에 대하여는 그 적용이 없으므로, 공동불법행위자 중 1인의 손해배상채무가 시효로 소멸한 후에 다른 공동불법행위자 1인이 피해자에게 자기의 부담 부분을 넘는 손해를 배상하였을 경우에도, 그 공동불법행위자는 다른 공동불법행위자에게 구상권을 행사할 수 있다.

⑤ **(○)** 손해발생에 과실이 없는 공동불법행위자가 피해자에게 손해를 배상한 경우, 다른 공동불법행위자들의 구상의무의 성질을 묻는 지문이다. 공동불법행위자들의 구상의무는 원칙적으로 과실비율에 따른 분할채무이지만, 구상권자에게 손해의 발생에 관하여 과실이 없는 때에는 부진정연대채무가 된다.

[**대법원** 2005. 10. 13. **선고** 2003**다**24147 **판결**] 공동불법행위자 중 1인에 대하여 구상의무를 부담하는 다른 공동불법행위자가 수인인 경우에는 특별한 사정이 없는 이상 그들의 구상권자에 대한 채무는 각자의 부담 부분에 따른 분할채무로 봄이 상당하지만, 구상권자인 공동불법행위자측에 과실이 없는 경우, 즉 내부적인 부담 부분이 전혀 없는 경우에는 이와 달리 그에 대한 수인의 구상의무 사이의 관계를 부진정연대관계로 봄이 상당하다 할 것이다.

정답 ④

28. 甲과 乙이 과실에 의한 공동불법행위로 丙에게 손해를 가하였는데, 丙이 입은 손해액은 3,000만 원이다. 甲과 乙의 부담부분의 비율은 2:1이고, 甲과 乙에 대한 丙의 과실비율은 20%이며, 丁은 甲의 사용자로서 사용자책임을 부담한다. 다음 설명 중 옳지 않은 것은? (다툼이 있는 경우에는 판례에 의함)

[12 변호사]

① 甲이 丙에 대한 1,000만 원의 대여금채권으로 丙의 손해배상채권과 상계하였다면, 乙도 그 한도에서 손해배상책임을 면한다.

② 만약 甲은 고의로, 乙은 과실로 위 불법행위를 행하였다면, 甲이 과실상계를 주장하지 못하는 경우라도 乙은 과실상계를 주장할 수 있다.

③ 丙의 甲에 대한 소송에서 丙의 과실이 일정한 비율로 인정되었다면, 별소로 제기된 丙의 乙에 대한 소송에서 법원은 丙의 과실비율을 달리 인정할 수 없다.

④ 丙에게 2,400만 원을 변제한 丁은 乙에 대하여 800만 원을 구상할 수 있다.

⑤ 丙에게 1,200만 원을 변제한 丁은 乙에 대하여 구상할 수 없다.

해설

① **(○)** 상계로 인한 채무소멸의 효과가 다른 부진정연대채무자에게 미치는지를 묻는 지문이다. 상계는 채권을 만족시켜 소멸시키는 사유에 해당하므로 부진정연대채무에서도 절대적 효력이 인정된다.

[**대법원** 2010. 9. 16. **선고** 2008**다**97218 **전원합의체 판결**] 부진정연대채무자 중 1인이 자신의 채권자에 대한 반대채권으로 상계를 한 경우에도 채권은 변제, 대물변제, 또는 공탁이 행하여진 경우와 동일하게 현실적으로 만족을 얻어 그 목적을 달성하는 것이므로, 그 상계로 인한 채무소멸의 효력은 소멸한 채무 전액에 관하여 다른 부진정연대채무자에 대하여도 미친다고 보아야 한다. 이는 부진정연대채무자 중 1인이 채권자와 상계계약을 체결한 경우에도 마찬가지이다. 나아가 이러한 법리는 채권자가 상계 내지 상계계약이 이루어질 당시 다른 부진정연대채무자의 존재를 알았는지 여부에 의하여 좌우되지 아니한다.

② **(O)** [**대법원** 2007. 6. 14. **선고** 2005**다**32999 **판결**] 피해자의 부주의를 이용하여 고의로 불법행위를 저지른 자가 바로 그 피해자의 부주의를 이유로 자신의 책임을 감하여 달라고 주장하는 것은 허용될 수 없으나, 이는 그러한 사유가 있는 자에게 과실상계의 주장을 허용하는 것이 신의칙에 반하기 때문이므로, 불법행위자 중의 일부에게 그러한 사유가 있다고 하여 그러한 사유가 없는 다른 불법행위자까지도 과실상계의 주장을 할 수 없다고 해석할 것은 아니다.

③ **(×)** [**대법원** 2001. 2. 9. **선고** 2000**다**60227 **판결**] 피해자가 공동불법행위자들을 모두 피고로 삼아 한꺼번에 손해배상청구의 소를 제기한 경우와 달리 공동불법행위자별로 별개의 소를 제기하여 소송을 진행하는 경우에는 각 소송에서 제출된 증거가 서로 다르고 이에 따라 교통사고의 경위와 피해자의 손해액산정의 기초가 되는 사실이 달리 인정됨으로 인하여 과실상계비율과 손해액도 서로 달리 인정될 수 있는 것이므로, 피해자가 공동불법행위자들 중 일부를 상대로 한 전소에서 승소한 금액을 전부 지급받았다고 하더라도 그 금액이 나머지 공동불법행위자에 대한 후소에서 산정된 손해액에 미치지 못한다면 후소의 피고는 그 차액을 피해자에게 지급할 의무가 있다.

④ **(O)** 사용자는 피용자의 공동불법행위자에게 피용자와의 내부적인 과실비율에 따른 부담부분에 대해서 직접 구상권을 행사할 수가 있다. 따라서 피해자와 20% 과실상계를 한 실제 손해금 2400만원을 변제한 사용자 丁은 甲과 乙의 과실비율이 2:1이므로 2400만원 중 乙의 부담부분인 800만원에 대하여 구상할 수 있다.

[**대법원** 2006. 2. 9. **선고** 2005**다**28426 **판결**] 다른 공동불법행위자에게 공동불법행위자가 구상권을 갖기 위하여는 반드시 피해자의 손해 전부를 배상하여야 할 필요는 없으나, 자기의 부담 부분을 초과하여 배상을 하여야 할 것이고, 피용자와 제3자가 공동불법행위로 피해자에게 손해를 가하여 그 손해배상채무를 부담하는 경우에 피용자와 제3자는 공동불법행위자로서 서로 부진정연대관계에 있고, 한편 사용자의 손해배상책임은 피용자의 배상책임에 대한 대체적 책임이어서 사용자도 제3자와 부진정연대관계에 있다고 보아야 할 것이므로, 사용자가 피용자와 제3자의 책임비율에 의하여 정해진 피용자의 부담 부분을 초과하여 피해자에게 손해를 배상한 경우에는 사용자는 제3자에 대하여도 구상권을 행사할 수 있다.

⑤ **(O)** 부진정연대채무에서 자신의 부담부분 이상을 변제해야 구상권이 발생하는 바, 지문에서 甲과 乙의 부담부분의 비율은 2:1이므로 甲의 부담부분은 1600만 원이다. 따라서 甲을 대위하여 변제한 사용자 丁은 甲의 부담부분인 1600만 원 이상을 변제해야 공동불법행위자인 乙에게 구상권을 행사할 수가 있다.

[**대법원** 1992. 6. 23. **선고** 91**다**33070 **전원합의체 판결**] 피용자와 제3자가 공동불법행위로 피해자에게 손해를 가하여 그 손해배상채무를 부담하는 경우에 피용자와 제3자는 공동불법행위자로서 서로 부진정연대관계에 있고, 한편 사용자의 손해배상책임은 피용자의 배상책임에 대한 대체적 책임이어서 사용자도 제3자와 부진정연대관계에 있다고 보아야 할 것이므로, 사용자가 피용자와 제3자의 책임비율에 의하여 정해진 피용자의 부담부분을 초과하여 피해자에게 손해를 배상한 경우에는 사용자는 제3자에 대하여도 구상권을 행사할 수 있으며, 그 구상의 범위는 제3자의 부담부분에 국한된다고 보는 것이 타당하다.

정답 ③

2026 대비

Rainbow 변시기출 · 모의해설

민법 선택형(기출편 · 진도별)

제4편 친 족

제1장 총 칙

1. 다음 사안 중 가사소송사건의 대상이 될 수 있는 것을 모두 고른 것은? (다툼이 있는 경우 판례에 의함)

[15 변호사]

ㄱ. 사실혼 부당파기로 인한 손해배상청구
ㄴ. 협의상 이혼에 따른 재산분할청구권 보전을 위한 사해행위 취소 및 원상회복청구
ㄷ. 부부간 명의신탁해지를 원인으로 한 소유권이전등기청구
ㄹ. 이혼을 원인으로 하는 배우자 이외의 제3자에 대한 손해배상청구

① ㄱ, ㄴ　② ㄱ, ㄴ, ㄹ　③ ㄱ, ㄷ, ㄹ
④ ㄴ, ㄷ, ㄹ　⑤ ㄱ, ㄴ, ㄷ, ㄹ

해설

ㄱ. [**가사소송 다류 사건**] 가사소송법 제2조 제1항 제1호 다목 1).
ㄴ. [**가사소송 다류 사건**] 가사소송법 제2조 제1항 제1호 다목 4).
ㄷ. [**민사소송사건**]
ㄹ. [**가사소송 다류 사건**] 가사소송법 제2조 제1항 제1호 다목 2).

정답 ②

제2장 혼 인

Ⅰ. 혼인의 성립과 효력

Ⅱ. 이혼

1. 이혼에 관한 설명 중 옳지 않은 것은? (다툼이 있는 경우 판례에 의함) [22 변호사]

① 유책배우자의 이혼청구는 원칙적으로 허용되지 않지만, 혼인생활의 파탄에 대한 유책성이 이혼청구를 배척해야 할 정도로 남아 있지 아니한 특별한 사정이 있는 경우에는 예외적으로 유책배우자의 이혼청구를 허용할 수 있다.

② 협의 또는 심판에 따라 구체화되지 않은 재산분할청구권은 그 범위 및 내용이 불명확·불확정하기 때문에 채무자의 책임재산에 해당하지 아니하고, 이를 포기하는 행위 또한 채권자취소권의 대상이 될 수 없다.

③ 법원은 이혼 후 자녀에 대한 양육권이 부모 중 어느 일방에, 친권이 다른 일방에 또는 부모에 공동으로 귀속되는 것으로 정할 수 있다.

④ 부부의 일방이 무단으로 가출하여 제3자와 사실혼관계를 맺은 경우에, 부정행위를 이혼사유로 하는 이혼청구에 대하여 법원은 당사자가 이혼사유로 주장하지 않은 악의의 유기를 들어 이혼을 인정할 수 있다.

⑤ 재산분할재판에서 분할대상인지 여부가 전혀 심리된 바 없는 재산이 재판확정 후 추가로 발견되면 이에 대하여 추가로 재산분할청구를 할 수 있으나, 추가 재산분할청구 역시 제척기간을 준수하여야 한다.

해설

① (O) 유책배우자의 이혼청구는 원칙적으로 허용되지 않지만, 판례는 몇 가지 예외를 인정하고 있다. 판례는 그러한 경우로 ㉠상대방 배우자도 혼인을 계속할 의사가 없어 일방의 의사에 따른 이혼 내지 축출이혼의 염려가 없는 경우, ㉡이혼을 청구하는 배우자의 유책성을 상쇄할 정도로 상대방 배우자 및 자녀에 대한 보호와 배려가 이루어진 경우, ㉢세월의 경과에 따라 혼인파탄 당시 현저하였던 유책배우자의 유책성과 상대방 배우자가 받은 정신적 고통이 점차 약화되어 쌍방의 책임의 경중을 엄밀히 따지는 것이 더 이상 무의할 정도가 된 경우 등과 같이 혼인생활의 파탄에 대한 유책성이 이혼청구를 배척해야 할 정도로 남아 있지 아니한 특별한 사정이 있는 경우 등을 제시하고 있다.

[**대법원** 2015. 9. 15. **선고** 2013므568 **전원합의체 판결**] (가) 이혼에 관하여 파탄주의를 채택하고 있는 여러 나라의 이혼법제는 우리나라와 달리 재판상 이혼만을 인정하고 있을 뿐 협의상 이혼을 인정하지 아니하고 있다. 우리나라에서는 유책배우자라 하더라도 상대방 배우자와 협의를 통하여 이혼을 할 수 있는 길이 열려 있다. 이는 유책배우자라도 진솔한 마음과 충분한 보상으로 상대방을 설득함으로써 이혼할 수 있는 방도가 있음을 뜻하므로, 유책배우자의 행복추구권을 위하여 재판상

이혼원인에 있어서까지 파탄주의를 도입하여야 할 필연적인 이유가 있는 것은 아니다.
우리나라에는 파탄주의의 한계나 기준, 그리고 이혼 후 상대방에 대한 부양적 책임 등에 관해 아무런 법률 조항을 두고 있지 아니하다. 따라서 유책배우자의 상대방을 보호할 입법적인 조치가 마련되어 있지 아니한 현 단계에서 파탄주의를 취하여 유책배우자의 이혼청구를 널리 인정하는 경우 유책배우자의 행복을 위해 상대방이 일방적으로 희생되는 결과가 될 위험이 크다.
유책배우자의 이혼청구를 허용하지 아니하고 있는 데에는 중혼관계에 처하게 된 법률상 배우자의 축출이혼을 방지하려는 의도도 있는데, 여러 나라에서 간통죄를 폐지하는 대신 중혼에 대한 처벌규정을 두고 있는 것에 비추어 보면 이에 대한 아무런 대책 없이 파탄주의를 도입한다면 법률이 금지하는 중혼을 결과적으로 인정하게 될 위험이 있다.
가족과 혼인생활에 관한 우리 사회의 가치관이 크게 변화하였고 여성의 사회 진출이 대폭 증가하였더라도 우리 사회가 취업, 임금, 자녀양육 등 사회경제의 모든 영역에서 양성평등이 실현되었다고 보기에는 아직 미흡한 것이 현실이다. 그리고 우리나라에서 이혼율이 급증하고 이혼에 대한 국민의 인식이 크게 변화한 것이 사실이더라도 이는 역설적으로 혼인과 가정생활에 대한 보호의 필요성이 그만큼 커졌다는 방증이고, 유책배우자의 이혼청구로 인하여 극심한 정신적 고통을 받거나 생계유지가 곤란한 경우가 엄연히 존재하는 현실을 외면해서도 아니 될 것이다.
(나) 이상의 논의를 종합하여 볼 때, 민법 제840조 제6호 이혼사유에 관하여 유책배우자의 이혼청구를 원칙적으로 허용하지 아니하는 종래의 대법원판례를 변경하는 것이 옳다는 주장은 아직은 받아들이기 어렵다.
유책배우자의 이혼청구를 허용하지 아니하는 것은 혼인제도가 요구하는 도덕성에 배치되고 신의성실의 원칙에 반하는 결과를 방지하려는 데 있으므로, 혼인제도가 추구하는 이상과 신의성실의 원칙에 비추어 보더라도 책임이 반드시 이혼청구를 배척해야 할 정도로 남아 있지 아니한 경우에는 그러한 배우자의 이혼청구는 혼인과 가족제도를 형해화할 우려가 없고 사회의 도덕관·윤리관에도 반하지 아니하므로 허용될 수 있다.
그리하여 상대방 배우자도 혼인을 계속할 의사가 없어 일방의 의사에 따른 이혼 내지 축출이혼의 염려가 없는 경우는 물론, 나아가 이혼을 청구하는 배우자의 유책성을 상쇄할 정도로 상대방 배우자 및 자녀에 대한 보호와 배려가 이루어진 경우, 세월의 경과에 따라 혼인파탄 당시 현저하였던 유책배우자의 유책성과 상대방 배우자가 받은 정신적 고통이 점차 약화되어 쌍방의 책임의 경중을 엄밀히 따지는 것이 더 이상 무의미할 정도가 된 경우 등과 같이 혼인생활의 파탄에 대한 유책성이 이혼청구를 배척해야 할 정도로 남아 있지 아니한 특별한 사정이 있는 경우에는 예외적으로 유책배우자의 이혼청구를 허용할 수 있다.
유책배우자의 이혼청구를 예외적으로 허용할 수 있는지 판단할 때에는, 유책배우자 책임의 태양·정도, 상대방 배우자의 혼인계속의사 및 유책배우자에 대한 감정, 당사자의 연령, 혼인생활의 기간과 혼인 후의 구체적인 생활관계, 별거기간, 부부간의 별거 후에 형성된 생활관계, 혼인생활의 파탄 후 여러 사정의 변경 여부, 이혼이 인정될 경우의 상대방 배우자의 정신적·사회적·경제적 상태와 생활보장의 정도, 미성년 자녀의 양육·교육·복지의 상황, 그 밖의 혼인관계의 여러 사정을 두루 고려하여야 한다.

② **(O)** [**대법원** 2013. 10. 11. **선고** 2013**다**7936 **판결**] 이혼으로 인한 재산분할청구권은 이혼을 한 당사자의 일방이 다른 일방에 대하여 재산분할을 청구할 수 있는 권리로서 이혼이 성립한 때에 그 법적 효과로서 비로소 발생하는 것일 뿐만 아니라, 협의 또는 심판에 의하여 구체적 내용이 형성되기까지는 그 범위 및 내용이 불명확·불확정하기 때문에 구체적으로 권리가 발생하였다고 할 수 없으므로 협의 또는 심판에 의하여 구체화되지 않은 재산분할청구권은 채무자의 책임재산에 해당하지 아니하고, 이를 포기하는 행위 또한 채권자취소권의 대상이 될 수 없다.

③ **(O)** [**대법원** 2012. 4. 13. **선고** 2011**므**4719 **판결**] 민법 제837조, 제909조 제4항, 가사소송법 제2조 제1항 제2호 나목의 3) 및 5) 등이 부부의 이혼 후 그 자의 친권자와 그 양육에 관한 사항을 각기

다른 조항에서 규정하고 있는 점 등에 비추어 보면, 이혼 후 부모와 자녀의 관계에 있어서 친권과 양육권이 항상 같은 사람에게 돌아가야 하는 것은 아니며, 이혼 후 자에 대한 양육권이 부모 중 어느 일방에, 친권이 다른 일방에 또는 부모에 공동으로 귀속되는 것으로 정하는 것은, 비록 신중한 판단이 필요하다고 하더라도, 일정한 기준을 충족하는 한 허용된다고 할 것이다.

④ **(×)** 재판상 이혼사유에 관한 민법 제840조는 각 호 사유마다 각 별개의 독립된 이혼사유를 구성하는 것이므로 법원은 당사자가 이혼사유로 주장하지 않은 사유를 들어 이혼을 인정할 수는 없다.
[**대법원** 1963. 1. 31. **선고** 62**다**812 **판결**] 민법 제840조의 각 이혼사유는 그 각 사유마다 독립된 이혼청구원인이 되므로 법원은 원고가 주장한 이혼사유에 관하여서만 심판하여야 한다.

⑤ **(○)** [**대법원** 2018. 6. 22. **자** 2018**스**18 **결정**] 민법 제839조의2 제3항, 제843조에 따르면 재산분할청구권은 협의상 또는 재판상 이혼한 날부터 2년이 지나면 소멸한다. 2년 제척기간 내에 재산의 일부에 대해서만 재산분할을 청구한 경우 청구 목적물로 하지 않은 나머지 재산에 대해서는 제척기간을 준수한 것으로 볼 수 없으므로, 재산분할청구 후 제척기간이 지나면 그때까지 청구 목적물로 하지 않은 재산에 대해서는 청구권이 소멸한다. 재산분할재판에서 분할대상인지 여부가 전혀 심리된 바 없는 재산이 재판확정 후 추가로 발견된 경우에는 이에 대하여 추가로 재산분할청구를 할 수 있다. 다만 추가 재산분할청구 역시 이혼한 날부터 2년 이내라는 제척기간을 준수하여야 한다. 정답 ④

2. 이혼 당사자의 재산분할청구에 관한 설명 중 옳지 않은 것은? (다툼이 있는 경우 판례에 의함)

[20 변호사]

① 당사자가 이혼 성립 후에 재산분할을 청구하고 법원이 재산분할로서 금전의 지급을 명하는 판결이나 심판을 하는 경우, 분할의무자는 그 금전지급의무에 관하여 이혼 성립 다음날부터 이행지체 책임을 진다.

② 재판상 이혼 시의 재산분할에 있어 분할의 대상이 되는 재산과 액수는 이혼소송의 사실심 변론종결일을 기준으로 정하는 것이 원칙이다.

③ 이혼 및 재산분할청구의 소가 제기된 직후로서 아직 혼인이 해소되기 전에 당사자 일방이 재산분할청구권을 포기하는 것은 효력이 없다.

④ 협의이혼에 따른 재산분할을 할 때 협의이혼을 예정하고 미리 재산분할 협의를 한 경우, 분할의 대상이 되는 재산과 액수는 재산분할 협의 시점이 아니라 협의이혼 신고일을 기준으로 정해야 한다.

⑤ 법원이 재산분할로서 금전의 지급을 명하는 판결이나 심판을 하는 경우, 법원의 판결 또는 심판이 확정되기 전에는 재산분할의 방법으로 금전 지급을 명한 부분은 가집행선고의 대상이 될 수 없다.

해설

① **(×)** [**대법원** 2014. 9. 4. **선고** 2012**므**1656 **판결**] 이혼으로 인한 재산분할청구권은 이혼이 성립한 때에 법적 효과로서 발생하는 것이지만 협의 또는 심판에 의하여 구체적 내용이 형성되기까지는 범위 및 내용이 불명확하기 때문에 구체적으로 권리가 발생하였다고 할 수 없다. 따라서 당사자가 이혼 성립 후에 재산분할 등을 청구하고 법원이 재산분할로서 금전의 지급을 명하는 판결이나 심판을 하는 경우에도, 이는 장래의 이행을 청구하는 것으로서 분할의무자는 금전지급의무에 관하여 판결이나 심판이 확정된 다음 날부터 이행지체책임을 지고, 그 지연손해금의 이율에 관하여는 소송촉진 등에 관한 특례법 제3조 제1항 본문이 정한 이율도 적용되지 아니한다.

② (O) [**대법원** 2000. 9. 22. **선고** 99므906 **판결**] 재판상 이혼시의 재산분할에 있어 분할의 대상이 되는 재산과 그 액수는 이혼소송의 사실심 변론종결일을 기준으로 하여 정하여야 하므로, 법원은 변론종결일까지 기록에 나타난 객관적인 자료에 의하여 개개의 공동재산의 가액을 정하여야 하고, 부부 각자에게 귀속하게 한 재산가액의 비율과 법원이 인정한 그들 각자의 재산분할 비율이 다를 경우에는 그 차액을 금전으로 지급·청산하게 하여야 한다.

③ (O) [**대법원** 2016. 1. 25. **자** 2015스451 **결정**] 민법 제839조의2에 규정된 재산분할제도는 혼인 중에 부부 쌍방의 협력으로 이룩한 실질적인 공동재산을 청산·분배하는 것을 주된 목적으로 하는 것이고, 이혼으로 인한 재산분할청구권은 이혼이 성립한 때에 법적 효과로서 비로소 발생하는 것일 뿐만 아니라 협의 또는 심판에 따라 구체적 내용이 형성되기까지는 범위 및 내용이 불명확·불확정하기 때문에 구체적으로 권리가 발생하였다고 할 수 없으므로, 협의 또는 심판에 따라 구체화되지 않은 재산분할청구권을 혼인이 해소되기 전에 미리 포기하는 것은 성질상 허용되지 아니한다. 아직 이혼하지 않은 당사자가 장차 협의상 이혼할 것을 합의하는 과정에서 이를 전제로 재산분할청구권을 포기하는 서면을 작성한 경우, 부부 쌍방의 협력으로 형성된 공동재산 전부를 청산·분배하려는 의도로 재산분할의 대상이 되는 재산액, 이에 대한 쌍방의 기여도와 재산분할 방법 등에 관하여 협의한 결과 부부 일방이 재산분할청구권을 포기하기에 이르렀다는 등의 사정이 없는 한 성질상 허용되지 아니하는 '재산분할청구권의 사전포기'에 불과할 뿐이므로 쉽사리 '재산분할에 관한 협의'로서의 '포기약정'이라고 보아서는 아니 된다.

④ (O) [**대법원** 2006. 9. 14. **선고** 2005다74900 **판결**] 협의이혼을 예정하고 미리 재산분할 협의를 한 경우 협의이혼에 따른 재산분할에 있어 분할의 대상이 되는 재산과 액수는 협의이혼이 성립한 날(이혼신고일)을 기준으로 정하여야 한다. 따라서 재산분할 협의를 한 후 협의이혼 성립일까지의 기간 동안 재산분할 대상인 채무의 일부가 변제된 경우 그 변제된 금액은 원칙적으로 채무액에서 공제되어야 한다. 그런데 채무자가 자금을 제3자로부터 증여받아 위 채무를 변제한 경우에는 전체적으로 감소된 채무액만큼 분할대상 재산액이 외형상 증가하지만 그 수증의 경위를 기여도를 산정함에 있어 참작하여야 하고, 채무자가 기존의 적극재산으로 위 채무를 변제하거나 채무자가 위 채무를 변제하기 위하여 새로운 채무를 부담하게 된 경우에는 어느 경우에도 전체 분할대상 재산액은 변동이 없다.

⑤ (O) [**대법원** 2014. 9. 4. **선고** 2012므1656 **판결**] 민법 제839조의2에 따른 재산분할 청구사건은 마류 가사비송사건으로서 즉시항고의 대상에 해당하기는 하지만, 재산분할은 부부가 혼인 중에 취득한 실질적인 공동재산을 청산 분배하는 것을 주된 목적으로 하고, 법원이 당사자 쌍방의 협력으로 이룩한 재산의 액수 기타 사정을 참작하여 분할의 액수와 방법을 정하는 것이므로, 재산분할로 금전의 지급을 명하는 경우에도 판결 또는 심판이 확정되기 전에는 금전지급의무의 이행기가 도래하지 아니할 뿐만 아니라 금전채권의 발생조차 확정되지 아니한 상태에 있다고 할 것이어서, 재산분할의 방법으로 금전의 지급을 명한 부분은 가집행선고의 대상이 될 수 없다. 그리고 이는 이혼이 먼저 성립한 후에 재산분할로 금전의 지급을 명하는 경우라고 하더라도 마찬가지이다. 정답 ①

3. **이혼으로 인한 재산분할청구권에 관한 설명 중 옳지 않은 것은? (다툼이 있는 경우 판례에 의함)** [18 변호사]

① 부부 일방의 특유재산은 원칙적으로 분할의 대상이 되지 아니하나 다른 일방이 적극적으로 그 특유재산의 유지에 협력하여 그 감소를 방지하였거나 그 증식에 협력하였다고 인정되는 경우에는 분할의 대상이 될 수 있다.

② 재판상 재산분할청구의 경우, 비록 이혼 당시 부부 일방이 아직 재직 중이어서 실제 퇴직급여를 수령하지 않았더라도 퇴직급여채권은 재산분할의 대상이 될 수 있으며, 구체적으로는 이혼소송의 사실심변론종결시 이후 장래 퇴직시까지 예상되는 퇴직급여 상당액의 채권도 포함된다.

③ 소극재산의 총액이 적극재산의 총액을 초과하여 재산분할을 한 결과가 결국 채무의 분담을 정하는 것이 되는 경우에도 법원은 이를 분담하게 하는 것이 적합하다고 인정되면 구체적인 분담의 방법 등을 정하여 재산분할청구를 받아들일 수 있다.

④ 협의 또는 심판에 따라 구체화되지 않은 재산분할청구권을 혼인이 해소되기 전에 미리 포기하는 것은 성질상 허용되지 아니한다.

⑤ 부부 일방이 혼인 중 제3자에게 부담한 채무는 일상가사에 관한 것 이외에는 원칙적으로 개인의 채무로서 청산대상이 되지 않으나 공동재산의 형성에 수반하여 부담한 채무인 경우에는 청산대상이 된다.

해설

① **(O)** 특유재산의 형성, 유지, 감소방지에 상대방의 기여가 있는 때에는 재산분할의 대상이 된다.
[**대법원** 2002. 8. 28. **자** 2002스36 **결정**] 민법 제839조의2에 규정된 재산분할제도는 혼인 중에 취득한 실질적인 공동재산을 청산 분배하는 것을 주된 목적으로 하는 것이므로, 부부가 이혼을 할 때 쌍방의 협력으로 이룩한 재산이 있는 한, 법원으로서는 당사자의 청구에 의하여 그 재산의 형성에 기여한 정도 등 당사자 쌍방의 일체의 사정을 참작하여 분할의 액수와 방법을 정하여야 하는 바, 이 경우 부부 일방의 특유재산은 원칙적으로 분할의 대상이 되지 아니하나 특유재산일지라도 다른 일방이 적극적으로 그 특유재산의 유지에 협력하여 그 감소를 방지하였거나 그 증식에 협력하였다고 인정되는 경우에는 분할의 대상이 될 수 있다.

② **(×)** 퇴직급여채권이 재산분할의 대상이 되는지 및 그 범위를 묻는 지문이다. 이혼소송의 사실심 변론종결 당시까지 지급받을 수 있는 퇴직급여채권은 재산분할의 대상이 될 수 있다.
[**대법원** 2014. 7. 16. **선고** 2013므2250 **전원합의체 판결**] 근로자퇴직급여보장법, 공무원연금법, 군인연금법, 사립학교교직원연금법이 각 규정하고 있는 퇴직급여는 사회보장적 급여로서의 성격 외에 임금의 후불적 성격과 성실한 근무에 대한 공로보상적 성격도 지닌다. 그리고 이러한 퇴직급여를 수령하기 위하여는 일정기간 근무할 것이 요구되는바, 그와 같이 근무함에 있어 상대방 배우자의 협력이 기여한 것으로 인정된다면 그 퇴직급여 역시 부부 쌍방의 협력으로 이룩한 재산으로서 재산분할의 대상이 될 수 있다.
퇴직급여채권은 퇴직이라는 급여의 사유가 발생함으로써 현실화되는 것이므로, 이혼 시점에서는 어느 정도의 불확실성이나 변동가능성을 지닐 수밖에 없다. 그러나 그렇다고 하여 퇴직급여채권을 재산분할의 대상에서 제외하고 단지 장래의 수령가능성을 재산분할의 액수와 방법을 정하는 데 필요한 기타 사정으로만 참작하는 것은 부부가 혼인 중 형성한 재산관계를 이혼에 즈음하여 청산·분배하는 것을 본질로 하는 재산분할제도의 취지에 맞지 않고, 당사자 사이의 실질적 공평에도 반하여 부당하다.
위와 같은 재산분할제도의 취지 및 여러 사정들에 비추어 볼 때, 비록 이혼 당시 부부 일방이 아직 재직 중이어서 실제 퇴직급여를 수령하지 않았더라도 이혼소송의 사실심 변론종결 시에 이미 잠재적으로 존재하여 경제적 가치의 현실적 평가가 가능한 재산인 퇴직급여채권은 재산분할의 대상에 포함시킬 수 있으며, 구체적으로는 이혼소송의 사실심 변론종결 시를 기준으로 그 시점에서 퇴직할 경우 수령할 수 있을 것으로 예상되는 퇴직급여 상당액의 채권이 그 대상이 된다.

③ **(O)** 청산의 대상인 소극재산이 적극재산을 초과하는 때에도 재산분할은 허용된다.
[**대법원** 2013. 6. 20. **선고** 2010므4071·4088 **전원합의체 판결**] 이혼 당사자 각자가 보유한 적극재산에서 소극재산을 공제하는 등으로 재산상태를 따져 본 결과 재산분할 청구의 상대방이 그에게 귀속되어야 할 몫보다 더 많은 적극재산을 보유하고 있거나 소극재산의 부담이 더 적은 경우에는 적극재산을 분배하거나 소극재산을 분담하도록 하는 재산분할은 어느 것이나 가능하다고 보아야 하고, 후자의 경우라고 하여 당연히 재산분할 청구가 배척되어야 한다고 할 것은 아니다. 그러므로 소극

재산의 총액이 적극재산의 총액을 초과하여 재산분할을 한 결과가 결국 채무의 분담을 정하는 것이 되는 경우에도 법원은 채무의 성질, 채권자와의 관계, 물적 담보의 존부 등 일체의 사정을 참작하여 이를 분담하게 하는 것이 적합하다고 인정되면 구체적인 분담의 방법 등을 정하여 재산분할 청구를 받아들일 수 있다 할 것이다. 그것이 부부가 혼인 중 형성한 재산관계를 이혼에 즈음하여 청산하는 것을 본질로 하는 재산분할 제도의 취지에 맞고, 당사자 사이의 실질적 공평에도 부합한다. 다만 재산분할 청구 사건에 있어서는 혼인 중에 이룩한 재산관계의 청산뿐 아니라 이혼 이후 당사자들의 생활보장에 대한 배려 등 부양적 요소 등도 함께 고려할 대상이 되므로, 재산분할에 의하여 채무를 분담하게 되면 그로써 채무초과 상태가 되거나 기존의 채무초과 상태가 더욱 악화되는 것과 같은 경우에는 채무부담의 경위, 용처, 채무의 내용과 금액, 혼인생활의 과정, 당사자의 경제적 활동능력과 장래의 전망 등 제반 사정을 종합적으로 고려하여 채무를 분담하게 할지 여부 및 분담의 방법 등을 정할 것이고, 적극재산을 분할할 때처럼 재산형성에 대한 기여도 등을 중심으로 일률적인 비율을 정하여 당연히 분할 귀속되게 하여야 한다는 취지는 아니라는 점을 덧붙여 밝혀 둔다.

④ (O) 재산분할청구권의 사전 포기는 허용되지 않는다.

[**대법원** 2016. 1. 25. **자** 2015**스**451 **결정**] 민법 제839조의2에 규정된 재산분할제도는 혼인 중에 부부 쌍방의 협력으로 이룩한 실질적인 공동재산을 청산·분배하는 것을 주된 목적으로 하는 것이고, 이혼으로 인한 재산분할청구권은 이혼이 성립한 때에 법적 효과로서 비로소 발생하는 것일 뿐만 아니라 협의 또는 심판에 따라 구체적 내용이 형성되기까지는 범위 및 내용이 불명확·불확정하기 때문에 구체적으로 권리가 발생하였다고 할 수 없으므로, 협의 또는 심판에 따라 구체화되지 않은 재산분할청구권을 혼인이 해소되기 전에 미리 포기하는 것은 성질상 허용되지 아니한다. 아직 이혼하지 않은 당사자가 장차 협의상 이혼할 것을 합의하는 과정에서 이를 전제로 재산분할청구권을 포기하는 서면을 작성한 경우, 부부 쌍방의 협력으로 형성된 공동재산 전부를 청산·분배하려는 의도로 재산분할의 대상이 되는 재산액, 이에 대한 쌍방의 기여도와 재산분할 방법 등에 관하여 협의한 결과 부부 일방이 재산분할청구권을 포기하기에 이르렀다는 등의 사정이 없는 한 성질상 허용되지 아니하는 '재산분할청구권의 사전포기'에 불과할 뿐이므로 쉽사리 '재산분할에 관한 협의'로서의 '포기약정'이라고 보아서는 아니 된다.

⑤ (O) [**대법원** 2010. 4. 15. **선고** 2009**므**4297 **판결**] 부부 일방이 혼인 중 제3자에게 부담한 채무는 일상가사에 관한 것 이외에는 원칙적으로 그 개인의 채무로서 청산의 대상이 되지 않으나 그것이 공동재산의 형성에 수반하여 부담한 채무인 경우에는 청산의 대상이 된다. 원심이 인정한 사실과 기록에 의하면, 피고는 이 사건 분양권을 2009. 4. 30. 1,300,000,000원에 매도하고 그 무렵 그 대금을 지급받은 사실, 피고는 그 후 2009. 10.경 양도소득세 277,850,720원과 주민세 27,785,070원 합계 305,635,790원을 자진납부세액으로 신고한 사실을 알 수 있다. 이를 앞에서 본 법리에 비추어 살펴보면, 피고가 자진납부세액으로 신고한 위 305,635,790원의 양도소득세 및 주민세는 사실심 변론종결일 당시의 분할 대상 재산인 이 사건 분양권 매도대금의 형성에 있어 필수적으로 지출될 것이 예정되어 있는 비용으로서 소극재산으로 평가되어야 할 것이다. **정답** ②

4. **재판상 이혼에 관한 설명 중 옳은 것은? (다툼이 있는 경우 판례에 의함)** [17 변호사]

① 부부가 장기간 별거하여 실질적으로 부부공동생활이 파탄되었고 객관적으로 회복할 수 없는 정도에 이르렀으나 아직 이혼이 성립하지 않은 상태에서 부부의 일방과 성적인 행위를 한 제3자는 타방 배우자에게 불법행위책임을 진다.

② 부정행위로 인한 재판상 이혼청구의 제척기간이 경과한 경우에는 부부의 일방은 자신의 배우자와 부정행위를 한 제3자를 상대로 위자료 청구를 할 수 없다.

③ 이혼소송의 원고가 「민법」 제840조 제2호 사유와 제6호 사유를 주장하는 경우 제2호 사유의 존부를 먼저 판단하고, 그것이 인정되지 않는 경우에 비로소 제6호의 원인을 최종적으로 판단하여야 한다.

④ 부부의 일방이 동거의무를 위반한 경우 상대방은 손해배상을 청구할 수 없으나 재판상 이혼청구는 가능하다.

⑤ 의사무능력 상태인 피성년후견인을 대리하여 성년후견인이 그 배우자를 상대로 재판상 이혼을 청구하려면 재판상 이혼 사유가 인정될 뿐 아니라 피성년후견인의 이혼의사가 객관적으로 추정되어야 한다.

해 설

① **(×)** 부정행위 전에 이미 혼인의 본질인 부부공동생활이 파탄되었다면 제3자가 부부의 일방과 성적인 행위를 하였더라도 이로 인하여 부부공동생활이 침해되거나 유지가 방해되었다고 할 수 없으므로 불법행위를 구성하지 않는다.

[**대법원** 2014. 11. 20. **선고** 2011므2997 **전원합의체 판결**] 민법 제840조는 '혼인을 계속하기 어려운 중대한 사유가 있을 때'를 이혼사유로 삼고 있으며, 부부간의 애정과 신뢰가 바탕이 되어야 할 혼인의 본질에 해당하는 부부공동생활 관계가 회복할 수 없을 정도로 파탄되고 혼인생활의 계속을 강제하는 것이 일방 배우자에게 참을 수 없는 고통이 되는 경우에는 위 이혼사유에 해당할 수 있다. 이에 비추어 보면 부부가 장기간 별거하는 등의 사유로 실질적으로 부부공동생활이 파탄되어 실체가 더 이상 존재하지 아니하게 되고 객관적으로 회복할 수 없는 정도에 이른 경우에는 혼인의 본질에 해당하는 부부공동생활이 유지되고 있다고 볼 수 없다. 따라서 비록 부부가 아직 이혼하지 아니하였지만 이처럼 실질적으로 부부공동생활이 파탄되어 회복할 수 없을 정도의 상태에 이르렀다면, 제3자가 부부의 일방과 성적인 행위를 하더라도 이를 두고 부부공동생활을 침해하거나 유지를 방해하는 행위라고 할 수 없고 또한 그로 인하여 배우자의 부부공동생활에 관한 권리가 침해되는 손해가 생긴다고 할 수도 없으므로 불법행위가 성립한다고 보기 어렵다. 그리고 이러한 법률관계는 재판상 이혼청구가 계속 중에 있다거나 재판상 이혼이 청구되지 않은 상태라고 하여 달리 볼 것은 아니다.

② **(×)** 부정행위를 원인으로 한 위자료청구권이 재판상 이혼청구권의 제척기간 내에 행사되어야 하는지를 묻는 지문이다. 이혼청구권에 관한 제척기간은 이혼청구권에 한정하여 적용되는 것이고, 불법행위를 원인으로 한 손해배상의 본질을 가지는 위자료청구권에까지 적용되는 것은 아니다.

[**대법원** 1985. 6. 25. **선고** 83므18 **판결**] 민법 제841조 소정의 제척기간은 부정행위를 원인으로 한 이혼청구권의 소멸에 관한 규정으로서 이는 청구인이 피청구인을 상대로 부권침해를 원인으로 하여 그 정신상 고통에 대한 위자료를 청구하고 있는 이 사건의 경우에는 적용될 수 없는 것이다.

③ **(×)** 재판상 이혼사유를 규정하고 있는 제840조 각 호 사유의 관계를 묻는 지문이다. 특히 제6호가 제1호 내지 제5호의 보충적 이혼사유인지를 묻고 있다. 판례는 각 이혼사유 상호간에 독립적 지위를 가진다고 보고 있다. 제2호 사유를 먼저 판단하고 그것이 인정되지 아니한 경우에 제6호 사유를 판단하여야 하는 것은 아니다.

[**대법원** 2000. 9. 5. **선고** 99므1886 **판결**] 재판상 이혼사유에 관한 민법 제840조는 동조가 규정하고 있는 각 호 사유마다 각 별개의 독립된 이혼사유를 구성하는 것이고, 이혼청구를 구하면서 위 각 호 소정의 수개의 사유를 주장하는 경우 법원은 그 중 어느 하나를 받아들여 청구를 인용할 수 있다.

④ **(×)** 동거의무 위반의 효과를 묻는 지문이다. 동거의무를 위반하는 행위는 악의의 유기로서 재판상 이혼사유에 해당할 뿐만 아니라 동거의무도 법적 의무이므로 이를 위반하는 행위에 대하여 손해배상을 청구할 수 있다.

[**대법원** 2009. 7. 23. **선고** 2009**다**32454 **판결**] 부부의 일방이 상대방에 대하여 동거에 관한 심판을 청구한 결과로 그 심판절차에서 동거의무의 이행을 위한 구체적인 조치에 관하여 조정이 성립한 경우에 그 조치의 실현을 위하여 서로 협력할 법적 의무의 본질적 부분을 상대방이 유책하게 위반하였다면, 부부의 일방은 바로 그 의무의 불이행을 들어 그로 인하여 통상 발생하는 비재산적 손해의 배상을 청구할 수 있고, 그에 반드시 이혼의 청구가 전제되어야 할 필요는 없다. 비록 부부의 동거의무는 인격존중의 귀중한 이념이나 부부관계의 본질 등에 비추어 일반적으로 그 실현에 관하여 간접강제를 포함하여 강제집행을 행하여서는 안 된다고 하더라도, 또 위와 같은 손해배상이 현실적으로 동거의 강제로 이끄는 측면이 있다고 하더라도, 동거의무 또는 그를 위한 협력의무의 불이행으로 말미암아 상대방에게 발생한 손해에 대하여 그 배상을 행하는 것은 동거 자체를 강제하는 것과는 목적 및 내용을 달리하는 것으로서, 후자가 허용되지 않는다고 하여 전자도 금지된다고는 할 수 없다. 오히려 부부의 동거의무도 엄연히 법적인 의무이고 보면, 그 위반에 대하여는 법적인 제재가 따라야 할 것인데, 그 제재의 내용을 혼인관계의 소멸이라는 과격한 효과를 가지는 이혼에 한정하는 것이 부부관계의 양상이 훨씬 다양하고 복잡하게 된 오늘날의 사정에 언제나 적절하다고 단정할 수 없고, 특히 제반 사정 아래서는 1회적인 위자료의 지급을 명하는 것이 인격을 해친다거나 부부관계의 본질상 허용되지 않는다고 말할 수 없다.

⑤ **(O)** 후견인이 재판상 이혼을 청구하는 때에는 재판상 이혼사유의 존재만으로는 허용되지 않고, 피후견인의 이혼의사가 객관적으로 추정되어야 한다.

[**대법원** 2010. 4. 29. **선고** 2009**므**639 **판결**] 의식불명의 식물상태와 같은 의사무능력 상태에 빠져 금치산선고를 받은 자의 배우자에게 부정행위나 악의의 유기 등과 같이 민법 제840조 각 호가 정한 이혼사유가 존재하고 나아가 금치산자의 이혼의사를 객관적으로 추정할 수 있는 경우에는, 민법 제947조, 제949조에 의하여 금치산자의 요양·감호와 그의 재산관리를 기본적임무로 하는 후견인(민법 제940조에 의하여 배우자에서 변경된 후견인이다)으로서는 의사무능력 상태에 있는 금치산자를 대리하여 그 배우자를 상대로 재판상 이혼을 청구할 수 있다. 다만, 위와 같은 금치산자의 이혼의사를 추정할 수 있는 것은, 당해 이혼사유의 성질과 정도를 중심으로 금치산자 본인의 결혼관 내지 평소 일상생활을 통하여 가족, 친구 등에게 한 이혼에 관련된 의사표현, 금치산자가 의사능력을 상실하기 전까지 혼인생활의 순탄 정도와 부부간의 갈등해소방식, 혼인생활의 기간, 금치산자의 나이·신체·건강상태와 간병의 필요성 및 그 정도, 이혼사유 발생 이후 배우자가 취한 반성적 태도나 가족관계의 유지를 위한 구체적 노력의 유무, 금치산자의 보유 재산에 관한 배우자의 부당한 관리·처분 여하, 자녀들의 이혼에 관한 의견 등의 제반 사정을 종합하여 혼인관계를 해소하는 것이 객관적으로 금치산자의 최선의 이익에 부합한다고 인정되고 금치산자에게 이혼청구권을 행사할 수 있는 기회가 주어지더라도 혼인관계의 해소를 선택하였을 것이라고 볼 수 있는 경우이어야 한다. 정답 ⑤

5. **이혼으로 인한 재산분할청구권에 관한 설명 중 옳지 않은 것을 모두 고른 것은? (다툼이 있는 경우 판례에 의함)** [16 변호사]

ㄱ. 재판상 이혼시의 재산분할에 있어서 분할의 대상이 되는 재산과 그 액수는 이혼소송의 사실심 변론종결일을 기준으로 정한다.

ㄴ. 아직 이혼하지 않은 당사자가 장차 협의상 이혼할 것을 약정하면서 이를 전제로 재산분할에 관한 협의를 하였다면, 그후 재판상 이혼을 한 경우에도 그 협의에 따라야 한다.

ㄷ. 재산분할의 대상이 되는 소극재산의 총액이 적극재산의 총액을 초과하여, 재산분할을 한 결과가 결국 채무의 분담을 정하는 것이 되는 경우, 법원은 재산분할청구를 받아들여서는 안 된다.

ㄹ. 재산분할청구권은 협의 또는 심판에 의하여 그 구체적 내용이 형성되기 전까지는 그 범위 및 내용이 불명확하고 불확정적이기 때문에 구체적으로 권리가 발생하였다고 할 수 없어 이를 보전하기 위한 채권자대위권은 행사할 수 없다.
ㅁ. 이혼소송과 재산분할청구가 병합된 경우, 배우자의 일방이 사망하면 이혼의 성립을 전제로 하여 이혼소송에 부대한 재산분할청구 역시 이를 유지할 이익이 상실되어 이혼소송의 종료와 동시에 종료된다.

① ㄱ, ㄹ ② ㄴ, ㄷ ③ ㄱ, ㄴ, ㄹ
④ ㄱ, ㄷ, ㅁ ⑤ ㄴ, ㄷ, ㅁ

해설

ㄱ. (O) 재판상 이혼의 경우, 재산분할 대상재산의 판단기준시기를 묻는 지문이다. 이혼소송의 사실심 변론종결시를 기준으로 한다는 것이 판례의 태도이다.
[**대법원** 2000. 9. 22. **선고** 99므906 **판결**] 재판상 이혼시의 재산분할에 있어 분할의 대상이 되는 재산과 그 액수는 이혼소송의 사실심 변론종결일을 기준으로 하여 정하여야 하므로, 법원은 변론종결일까지 기록에 나타난 객관적인 자료에 의하여 개개의 공동재산의 가액을 정하여야 하고, 부부 각자에게 귀속하게 한 재산가액의 비율과 법원이 인정한 그들 각자의 재산분할 비율이 다를 경우에는 그 차액을 금전으로 지급·청산하게 하여야 한다.

ㄴ. (×) 협의이혼을 전제로 한 재산분할협의의 효력을 묻는 지문이다. 정지조건부 합의이므로 재판상 이혼이 성립한 때에는 정지조건이 불성취로 확정된 것이므로 협의는 그 효력이 생기지 않는다.
[**대법원** 1995. 10. 12. **선고** 95다23156 **판결**] 협의이혼을 전제로 재산분할의 약정을 한 후 재판상 이혼이 이루어진 경우, 재판상 이혼 후 또는 재판상 이혼과 함께 재산분할을 원하는 당사자로서는, 이혼 성립 후 새로운 협의가 이루어지지 아니하는 한, 이혼소송과 별도의 절차로 또는 이혼소송 절차에 병합하여 가정법원에 재산분할에 관한 심판을 청구하여야 하는 것이지(이에 따라 가정법원이 재산분할의 액수와 방법을 정함에 있어서는 그 협의의 내용과 협의가 이루어진 경위 등을 민법 제839조의2 제2항 소정 '기타 사정'의 하나로서 참작하게 될 것이다), 당초의 재산분할에 관한 협의의 효력이 유지됨을 전제로 하여 민사소송으로써 그 협의 내용 자체의 이행을 구할 수는 없다.

ㄷ. (×) 채무의 분담을 정하는 재산분할이 허용되는지를 묻는 지문이다. 종래 이를 허용하지 않았으나, 최근 입장을 변경하여 허용하고 있다.
[**대법원** 2013. 6. 20. **선고** 2010므4071·4088 **전원합의체 판결**] 이혼 당사자 각자가 보유한 적극재산에서 소극재산을 공제하는 등으로 재산상태를 따져 본 결과 재산분할 청구의 상대방이 그에게 귀속되어야 할 몫보다 더 많은 적극재산을 보유하고 있거나 소극재산의 부담이 더 적은 경우에는 적극재산을 분배하거나 소극재산을 분담하도록 하는 재산분할은 어느 것이나 가능하다고 보아야 하고, 후자의 경우라고 하여 당연히 재산분할 청구가 배척되어야 한다고 할 것은 아니다. 그러므로 소극재산의 총액이 적극재산의 총액을 초과하여 재산분할을 한 결과가 결국 채무의 분담을 정하는 것이 되는 경우에도 법원은 채무의 성질, 채권자와의 관계, 물적 담보의 존부 등 일체의 사정을 참작하여 이를 분담하게 하는 것이 적합하다고 인정되면 구체적인 분담의 방법 등을 정하여 재산분할 청구를 받아들일 수 있다 할 것이다. 그것이 부부가 혼인 중 형성한 재산관계를 이혼에 즈음하여 청산하는 것을 본질로 하는 재산분할 제도의 취지에 맞고, 당사자 사이의 실질적 공평에도 부합한다. 다만 재산분할 청구 사건에 있어서는 혼인 중에 이룩한 재산관계의 청산뿐 아니라 이혼 이후 당사자들의 생활보장에 대한 배려 등 부양적 요소 등도 함께 고려할 대상이 되므로, 재산분할에 의하여 채무를 분담하게 되면 그로써 채무초과 상태가 되거나 기존의 채무초과 상태가 더욱 악화되는 것과

같은 경우에는 채무부담의 경위, 용처, 채무의 내용과 금액, 혼인생활의 과정, 당사자의 경제적 활동 능력과 장래의 전망 등 제반 사정을 종합적으로 고려하여 채무를 분담하게 할지 여부 및 분담의 방법 등을 정할 것이고, 적극재산을 분할할 때처럼 재산형성에 대한 기여도 등을 중심으로 일률적인 비율을 정하여 당연히 분할 귀속되게 하여야 한다는 취지는 아니라는 점을 덧붙여 밝혀 둔다.

ㄹ. **(O)** 재산분할청구권을 보전하기 위한 채권자대위권 행사가 허용되는지를 묻는 지문이다.
[**대법원** 1999. 4. 9. **선고** 98**다**58016 **판결**] 이혼으로 인한 재산분할청구권은 협의 또는 심판에 의하여 그 구체적 내용이 형성되기까지는 그 범위 및 내용이 불명확·불확정하기 때문에 구체적으로 권리가 발생하였다고 할 수 없으므로 이를 보전하기 위하여 채권자대위권을 행사할 수 없다.

ㅁ. **(O)** [**대법원** 1994. 10. 28. **선고** 94**므**246·253 **판결**] 이혼소송과 재산분할청구가 병합된 경우, 배우자 일방이 사망하면 이혼의 성립을 전제로 하여 이혼소송에 부대한 재산분할청구 역시 이를 유지할 이익이 상실되어 이혼소송의 종료와 동시에 종료된다. 정답 ②

6. **이혼 시 재산분할에 관한 설명 중 옳지 않은 것은? (다툼이 있는 경우 판례에 의함)** [15 변호사]

① 사실혼관계에 있었던 당사자들이 생전에 사실혼관계를 해소한 경우 재산분할청구권이 인정될 수 있으나, 사실혼관계가 일방 당사자의 사망으로 인하여 종료된 경우에는 그 상대방에게 재산분할청구권이 인정되지 않는다.
② 이혼으로 인한 재산분할청구권이 협의 또는 심판에 의하여 구체화되지 않았다면, 이를 미리 포기하는 행위는 채권자취소권의 대상이 될 수 없다.
③ 부부 일방이 이혼 당시 아직 퇴직하지 아니한 채 직장에 근무하고 있는 경우에도 퇴직급여채권은 재산분할의 대상에 포함될 수 있다.
④ 혼인 중에 부부가 협력하여 이룩한 재산이 있는 경우에는 혼인관계의 파탄에 대하여 책임이 있는 배우자라도 재산분할을 청구할 수 있다.
⑤ 이미 채무초과 상태에 있는 채무자가 이혼할 때 자신의 배우자에게 재산분할로 일정한 재산을 양도하게 됨으로써 결과적으로 일반채권자에 대한 공동담보가 감소된 경우, 그 재산분할은 원칙적으로 사해행위에 해당한다.

해 설

① **(O)** 사실혼이 해소된 경우에 재산분할청구권이 인정되는지 및 사망으로 사실혼이 해소된 경우에도 재산분할청구권이 인정되는지를 묻는 지문이다. 사실혼에도 혼인에 관한 규정이 유추되므로 이혼에 따른 재산분할청구권이 유추된다. 다만 사실혼이 일방의 사망에 의하여 해소된 때에는 이혼으로 인한 혼인해소와 성질을 달리하므로 재산분할청구권이 인정되지 않는다.
[**대법원** 1995. 3. 10. **선고** 94**므**1379 **판결**] 사실혼이라 함은 당사자 사이에 혼인의 의사가 있고, 객관적으로 사회관념상으로 가족 질서적인 면에서 부부공동생활을 인정할 만한 혼인생활의 실체가 있는 경우이므로 법률혼에 대한 민법의 규정 중 혼인신고를 전제로 하는 규정은 유추적용할 수 없으나, 부부재산의 청산의 의미를 갖는 재산분할에 관한 규정은 부부의 생활공동체라는 실질에 비추어 인정되는 것이므로 사실혼관계에도 준용 또는 유추적용할 수 있다.
[**대법원** 2006. 3. 24. **선고** 2005**두**15595 **판결**] 사실혼이란 당사자 사이에 혼인의 의사가 있고 객관적으로 사회관념상으로 가족질서적인 면에서 부부공동생활을 인정할 만한 혼인생활의 실체가 있는 경우이고, 부부재산에 관한 청산의 의미를 갖는 재산분할에 관한 법률 규정은 부부의 생활공동체라는 실질에 비추어 인정되는 것으로서 사실혼관계에도 이를 준용 또는 유추적용할 수 있기 때문에,

사실혼관계에 있었던 당사자들이 생전에 사실혼관계를 해소한 경우 재산분할청구권을 인정할 수 있으나, 법률상 혼인관계가 일방 당사자의 사망으로 인하여 종료된 경우에도 생존 배우자에게 재산분할청구권이 인정되지 아니하고 단지 상속에 관한 법률 규정에 따라서 망인의 재산에 대한 상속권만이 인정된다는 점 등에 비추어 보면, 사실혼관계가 일방 당사자의 사망으로 인하여 종료된 경우에는 그 상대방에게 재산분할청구권이 인정된다고 할 수 없다.

② **(O)** 협의나 심판에 의하여 구체화되지 않은 재산분할청구권을 포기하는 행위가 사해행위가 될 수 있는지를 묻는 지문이다. 협의나 심판에 의하여 구체화되지 아니한 재산분할청구권은 책임재산에 속한다고 할 수 없다. 따라서 이를 포기하는 행위가 사해행위라고 할 수 없다.

[**대법원** 2013. 10. 11. **선고** 2013**다**7936 **판결**] 이혼으로 인한 재산분할청구권은 이혼을 한 당사자의 일방이 다른 일방에 대하여 재산분할을 청구할 수 있는 권리로서 이혼이 성립한 때에 그 법적 효과로서 비로소 발생하는 것일 뿐만 아니라, 협의 또는 심판에 의하여 구체적 내용이 형성되기까지는 그 범위 및 내용이 불명확·불확정하기 때문에 구체적으로 권리가 발생하였다고 할 수 없으므로 협의 또는 심판에 의하여 구체화되지 않은 재산분할청구권은 채무자의 책임재산에 해당하지 아니하고, 이를 포기하는 행위 또한 채권자취소권의 대상이 될 수 없다.

③ **(O)** 장래 발생할 퇴직급여채권이 재산분할의 대상이 되는지를 묻는 지문이다. 대법원은 종래 이를 부정하였으나 최근 입장을 변경하여 재산분할의 대상성을 긍정하고 있다.

[**대법원** 2014. 7. 16. **선고** 2013**므**2250 **전원합의체 판결**] 근로자퇴직급여보장법, 공무원연금법, 군인연금법, 사립학교교직원연금법이 각 규정하고 있는 퇴직급여는 사회보장적 급여로서의 성격 외에 임금의 후불적 성격과 성실한 근무에 대한 공로보상적 성격도 지닌다. 그리고 이러한 퇴직급여를 수령하기 위하여는 일정기간 근무할 것이 요구되는바, 그와 같이 근무함에 있어 상대방 배우자의 협력이 기여한 것으로 인정된다면 그 퇴직급여 역시 부부 쌍방의 협력으로 이룩한 재산으로서 재산분할의 대상이 될 수 있다.

퇴직급여채권은 퇴직이라는 급여의 사유가 발생함으로써 현실화되는 것이므로, 이혼 시점에서는 어느 정도의 불확실성이나 변동가능성을 지닐 수밖에 없다. 그러나 그렇다고 하여 퇴직급여채권을 재산분할의 대상에서 제외하고 단지 장래의 수령가능성을 재산분할의 액수와 방법을 정하는 데 필요한 기타 사정으로만 참작하는 것은 부부가 혼인 중 형성한 재산관계를 이혼에 즈음하여 청산·분배하는 것을 본질로 하는 재산분할제도의 취지에 맞지 않고, 당사자 사이의 실질적 공평에도 반하여 부당하다.

위와 같은 재산분할제도의 취지 및 여러 사정들에 비추어 볼 때, 비록 이혼 당시 부부 일방이 아직 재직 중이어서 실제 퇴직급여를 수령하지 않았더라도 이혼소송의 사실심 변론종결 시에 이미 잠재적으로 존재하여 경제적 가치의 현실적 평가가 가능한 재산인 퇴직급여채권은 재산분할의 대상에 포함시킬 수 있으며, 구체적으로는 이혼소송의 사실심 변론종결 시를 기준으로 그 시점에서 퇴직할 경우 수령할 수 있을 것으로 예상되는 퇴직급여 상당액의 채권이 그 대상이 된다.

④ **(O)** 유책배우자의 재산분할청구가 허용되는지를 묻는 지문이다. 재산분할은 공동재산의 청산을 본질로 하는 제도이므로 유책배우자에게도 재산분할청구권이 인정된다.

[**대법원** 1993. 5. 11. **자** 93**스**6 **결정**] 혼인 중에 부부가 협력하여 이룩한 재산이 있는 경우에는 혼인관계의 파탄에 대하여 책임이 있는 배우자라도 재산의 분할을 청구할 수 있다.

⑤ **(×)** 재산분할협의가 원칙적으로 사해행위에 해당하는지를 묻는 지문이다. 비록 책임재산 감소라는 결과가 발생하더라도 재산분할의 상당성을 초과하는 과대한 분할이라고 볼 특별한 사정이 없다면 원칙적으로 사해행위에 해당하지 않는다.

[**대법원** 2001. 2. 9. **선고** 2000**다**63516 **판결**] 이혼에 따른 재산분할은 혼인 중 쌍방의 협력으로 형성된 공동재산의 청산이라는 성격에 상대방에 대한 부양적 성격이 가미된 제도임에 비추어, 이미 채무초과상태에 있는 채무자가 이혼을 하면서 배우자에게 재산분할로 일정한 재산을 양도함으로써 결과적으로 일반채권자에 대한 공동담보를 감소시키는 결과로 되어도, 그 재산분할이 민법 제839

조의2 제2항의 규정취지에 따른 상당한 정도를 벗어나는 과대한 것이라고 인정할 만한 특별한 사정이 없는 한, 사해행위로서 취소되어야 할 것은 아니라고 할 것이고, 다만 상당한 정도를 벗어나는 초과부분에 대하여는 적법한 재산분할이라고 할 수 없기 때문에 이는 사해행위에 해당하여 취소의 대상으로 될 수 있을 것이고, 위와 같이 상당한 정도를 벗어나는 과대한 재산분할이라고 볼 만한 특별한 사정이 있다는 점에 관한 입증책임은 채권자에게 있다고 보아야 할 것이다. 정답 ⑤

7. **甲男과 乙女는 1992. 12. 26. 혼인하였는데, 乙이 2010. 3.경부터 丙과 깊은 관계를 맺게 되면서 부부 사이가 회복할 수 없는 상황에 이르러 이혼하려 한다. 乙은 丙을 만나기 전에는 전업주부로서 혼인생활에 충실하였다. 다음 설명 중 옳지 않은 것은? (다툼이 있는 경우에는 판례에 의함)**

[13 변호사]

① 乙에게 책임이 있어 이혼을 하는 경우에도 乙은 甲에 대하여 재산분할을 청구할 수 있다.
② 乙은 이혼한 날부터 2년 내에 재산분할을 청구하여야 하며, 이때 2년의 기간은 제척기간이다.
③ 민법 제830조 제1항에 따라 甲이 혼인 중 자기 명의로 취득한 재산은 甲의 특유재산으로 추정되고, 재산을 취득함에 있어 乙의 협력이 있었다거나 혼인생활의 내조의 공이 있었다는 것만으로는 위 추정이 번복될 수 없다.
④ 甲 명의의 재산이 甲의 상속재산을 기초로 형성된 재산이라면, 그 유지에 乙의 가사노동이 기여한 것으로 인정되더라도 재산분할의 대상이 되지 않는다.
⑤ 甲이 乙의 재산분할청구권 행사를 해함을 알면서도 甲 명의의 아파트를 처분한 경우, 乙은 그 취소 및 원상회복을 가정법원에 청구할 수 있다.

해 설

① **(O)** 유책배우자의 재산분할청구가 허용되는지를 묻는 지문이다. 재산분할은 공동협력재산을 청산하여 분배하는 것을 주된 내용으로 하는 것이므로 유책배우자도 재산분할을 청구할 수 있다.
[**대법원** 1993. 5. 11. **자** 93스6 **결정**] 혼인 중에 부부가 협력하여 이룩한 재산이 있는 경우에는 혼인관계의 파탄에 대하여 책임이 있는 배우자라도 재산의 분할을 청구할 수 있다.

② **(O)** 재산분할청구권의 소멸시간의 성질을 묻는 지문이다. 제척기간으로 이행하는 것이 대법원의 입장이다.
[**대법원** 1994. 9. 9. **선고** 94**다**17536 **판결**] 재산분할청구권은 이혼한 날로부터 2년 내에 행사하여야 하고 그 기간이 경과하면 소멸되어 이를 청구할 수 없는 바, 이때의 2년이라는 기간은 일반 소멸시효기간이 아니라 제척기간으로서 그 기간이 도과하였는지 여부는 당사자의 주장에 관계없이 법원이 당연히 조사하여 고려할 사항이다.

③ **(O)** 특유재산의 추정이 번복되는 사유를 묻는 지문이다. 혼인 중 일방 명의로 취득한 재산은 명의자의 특유재산으로 추정되는데, 그 추정이 번복되기 위해서는 재산취득의 대가를 부담하였다거나 재산취득을 위하여 채무를 부담하였다는 사실이 증명되어야 하고, 단순히 재산취득에 협력이 있었다거나 내조의 공이 있었다는 사정만으로는 특유재산의 추정이 번복되지 않는다.
[**대법원** 1992. 12. 11. **선고** 92**다**21982 **판결**] 부부의 일방이 혼인 중에 자기 명의로 취득한 재산은 명의자의 특유재산으로 추정되고, 다만 실질적으로 다른 일방 또는 쌍방이 그 재산의 대가를 부담하여 취득한 것이 증명된 때에는 특유재산의 추정은 번복되어 다른 일방의 소유이거나 쌍방의 공유라고 보아야 할 것이지만 재산을 취득함에 있어 상대방의 협력이 있었다거나 혼인생활에 있어 내조의 공이 있었다는 것만으로 위 추정을 번복할 사유가 된다고 할 수 없다.

④ (×) 특유재산이 재산분할의 대상이 되는지를 묻는 지문이다. 특유재산이라고 하더라도 그 재산의 유지나 증가, 감소방지 등에 상대방의 노력이나 협력이 있었던 경우에는 그 특유재산도 재산분할의 대상이 될 수 있다. 또한 상대방의 노력이나 협력에는 가사노동을 분담하는 것도 포함된다.
[**대법원** 1993. 6. 11. **선고** 92므1054·1061 **판결**] 재산분할의 대상이 된 원고 소유의 부동산 등이 원고가 이미 처분한 상속재산을 기초로 형성된 것이라고 하더라도 결혼 이후 원고가 위 부동산 등을 취득하고 유지함에 있어서 피고의 헌신적인 가사노동이 직접, 간접으로 기여한 것으로 인정되므로 위 부동산 전부를 재산분할 대상으로 보아야 한다.

⑤ (O) 재산분할청구권 보전을 위한 채권자취소권이 인정되는지를 묻는 지문이다. 민법 제839조의 3이 이를 인정하고 있다.

정답 ④

8. **甲은 乙과 혼인하여 A를 출산하고, 그 후 乙이 사망하자 丙과 재혼하였다. 그런데 甲은 丙으로부터 상습적으로 폭행을 당하자 丙을 상대로 이혼소송을 제기하였다. 다음 설명 중 옳은 것은? (다툼이 있는 경우에는 판례에 의함)** [12 변호사]

① 이혼소송 계속 중 甲이 사망하였다면, 甲의 소송상 지위는 A가 승계한다.
② 甲이 이혼소송 과정에서 재산분할청구를 병합하였는데 위 소송 계속 중 甲이 사망하였다면, 甲의 소송상 지위는 A가 승계한다.
③ 甲이 이혼소송 과정에서 위자료청구를 병합하였는데 위 소송 계속 중 甲이 사망하였다면, 甲의 소송상 지위는 A가 승계한다.
④ 만약 甲과 丙이 사실혼관계였을 경우, 甲이 丙과의 사실혼관계가 해소되었다고 주장하면서 재산분할심판청구를 제기한 후 심판 계속 중 사망하였다면, 재산분할심판은 종료된다.
⑤ 만약 丙이 甲을 축출할 목적으로 허위의 주소를 기재하여 甲을 상대로 제기한 이혼소송에서 승소의 확정판결을 받은 사실이 나중에 밝혀져 甲이 丙을 상대로 위 확정판결에 대한 재심소송을 제기하였으나 그 소송 계속 중 甲이 사망하였다면, 甲의 소송상 지위는 A가 승계한다.

해 설

① (×) [**대법원** 1994. 10. 28. **선고** 94므246 **판결**] 재판상의 이혼청구권은 부부의 일신전속의 권리이므로 이혼소송 계속 중 배우자의 일방이 사망한 때에는 상속인이 그 절차를 수계할 수 없음은 물론이고, 또 그러한 경우에 검사가 이를 수계할 수 있는 특별한 규정도 없으므로 이혼소송은 종료된다.

② (×) 재산분할청구권은 이혼을 전제로 한다. 이혼소송 중 일방의 사망에 의하여 이혼소송이 종료되면 혼인은 이혼에 의하여 해소되는 것이 아니라 사망에 의하여 해소되는 것이므로 재산분할청구권이 발생할 수 없다. 따라서 재산분할사건 역시 종료된다.
[**대법원** 1994. 10. 28. **선고** 94므246 **판결**] 이혼소송과 재산분할청구가 병합된 경우, 배우자 일방이 사망하면 이혼의 성립을 전제로 하여 이혼소송에 부대한 재산분할청구 역시 이를 유지할 이익이 상실되어 이혼소송의 종료와 동시에 종료된다.

③ (O) 이혼소송 중에 당사자 일방이 사망해도 위자료 소송을 승계된다.
[**대법원** 1993. 5. 27. **선고** 92므143 **판결**] 이혼위자료청구권은 상대방 배우자의 유책불법한 행위에 의하여 혼인관계가 파탄상태에 이르러 이혼하게 된 경우 그로 인하여 입게 된 정신적 고통을 위자하기 위한 손해배상청구권으로서 이혼시점에서 확정, 평가되고 이혼에 의하여 비로소 창설되는 것이 아니며, 이혼위자료청구권의 양도 내지 승계의 가능 여부에 관하여 민법 제806조 제3항은 약혼해제로 인한 손해배상청구권에 관하여 정신상 고통에 대한 손해배상청구권은 양도 또는 승계하지

못하지만 당사자간에 배상에 관한 계약이 성립되거나 소를 제기한 후에는 그러하지 아니하다고 규정하고 같은 법 제843조가 위 규정을 재판상 이혼의 경우에 준용하고 있으므로 이혼위자료청구권은 원칙적으로 일신전속적 권리로서 양도나 상속 등 승계가 되지 아니하나 이는 행사상 일신전속권이고 귀속상 일신전속권은 아니라 할 것인바, 그 청구권자가 위자료의 지급을 구하는 소송을 제기함으로써 청구권을 행사할 의사가 외부적 객관적으로 명백하게 된 이상 양도나 상속 등 승계가 가능하다.

④ **(×)** 사실혼의 당사자가 사망한 이후에 생존 당사자의 재산분할청구는 불가능하지만, 일단 사실혼이 양 당사자가 살아있는 동안 해소된 경우 일방이 사망해도 생존당사자의 재산분할청구는 가능하다.
[**대법원** 2009. 2. 9. **자** 2008**스**105 **결정**] [1] 사실혼관계는 사실상의 관계를 기초로 하여 존재하는 것으로서 당사자 일방의 의사에 의하여 해소될 수 있고 당사자 일방의 파기로 인하여 공동생활의 사실이 없게 되면 사실상의 혼인관계는 해소되는 것이며, 다만 정당한 사유 없이 해소된 때에는 유책자가 상대방에 대하여 손해배상의 책임을 지는 데 지나지 않는다.
[2] 사실혼관계의 당사자 중 일방이 의식불명이 된 상태에서 상대방이 사실혼관계의 해소를 주장하면서 재산분할심판청구를 한 설문에서, 위 사실혼관계는 상대방의 의사에 의하여 해소되었고 그에 따라 재산분할청구권이 인정된다고 본 사례.

⑤ **(×)** 이혼소송과 달리 이혼판결에 대한 재심 소송에서는 당사자의 사망시에 검사가 소송을 승계하게 된다.
[**대법원** 1992. 5. 26. **선고** 90**므**1135 **판결**] 이혼판결에 대한 재심청구 도중 재심피고가 사망한 경우의 처리 … 이혼의 심판이 확정된 경우에 그 심판에 재심사유가 있다면 그 확정판결에 의하여 형성된 신분관계(정당한 부부관계의 해소)는 위법한 것으로서 재심에 의하여 그 확정판결을 취소하여 그 효력을 소멸시키는 것이 공익상 합당하다고 할 것이므로 그 재심피청구인이 될 청구인이 사망한 경우에는 위에서 본 규정들을 유추 적용하여 검사를 상대로 재심의 소를 제기할 수 있다고 해석함이 합리적이라고 할 것이고 같은 이치에서 재심소송의 계속중 본래 소송의 청구인이며 재심피청구인이었던 당사자가 사망한 경우에는 검사로 하여금 그 소송을 수계하게 함이 합당하다고 할 것이다.

정답 ③

9. **甲과 乙은 2021. 3. 5. 가정법원에서 협의이혼의사확인을 받아 같은 날 협의이혼신고를 하였다. 甲의 재산분할청구권에 관한 설명 중 옳은 것은? (각 지문은 독립적이며, 다툼이 있는 경우 판례에 의함)**
[25 변호사]

① 甲과 乙이 각자 보유한 적극재산에서 소극재산을 공제하여 재산 상태를 따져 본 결과 乙이 그에게 귀속되어야 할 몫보다 더 적은 소극재산을 부담하는 경우, 甲이 2023. 1. 5. 乙을 상대로 제기한 소극재산의 분담에 관한 재산분할청구는 허용되지 않는다.

② 甲이 2023. 1. 5. 乙을 상대로 재판 외에서 재산분할청구를 하였더라도 이는 재산분할청구권의 제척기간을 준수한 것이다.

③ 甲이 협의이혼 시 재산분할청구권을 행사하지 않은 경우 甲의 채권자 丙은 甲의 협의이혼신고일부터 2년 내에 甲의 재산분할청구권을 대위행사할 수 있다.

④ 甲이 2023. 1. 5. 乙을 상대로 가정법원에 재산분할심판을 청구한 후, 그 심판청구를 취하하기 위해서는 乙의 동의가 필요하다.

⑤ 甲이 2023. 1. 5. 乙을 상대로 가정법원에 재산분할심판을 청구하면서 분할 대상 재산을 특정하지 않았다가 같은 해 5. 15.에서야 분할 대상 재산을 특정하였더라도 이는 재산분할청구권의 제척기간을 준수한 것이다.

해설

① (×) 판례는 ⅰ) (종래판례 부정) 종래판례는 소극적 입장에서 견해를 변경하여 ⅱ) (변경판례 긍정) 『이혼 당사자 각자가 보유한 적극재산에서 소극재산을 공제하는 등으로 재산상태를 따져 본 결과 재산분할 청구의 상대방이 그에게 귀속되어야 할 몫보다 더 많은 적극재산을 보유하고 있거나, 소극재산의 부담이 더 적은 경우에는 적극재산을 분배하거나 소극재산을 분담하도록 하는 재산분할은 어느 것이나 가능하다고 보아야 하고, 후자의 경우라고 하여 당연히 재산분할 청구가 배척되어야 한다고 할 것은 아니다. 그러므로 소극재산의 총액이 적극재산의 총액을 초과하여 재산분할을 한 결과가 결국 채무의 분담을 정하는 것이 되는 경우에도 법원은 재산분할 청구를 받아들일 수 있다』하면서 이를 '인정'하였다(2010므4071).

② (×) 판례는 재산분할청구권은 '이혼한 날로부터 2년 내'에 행사해야 하고, 이때의 2년이라는 기간은 '소멸시효기간'이 아니라 '제척기간'이고, 나아가 재판 외에서 권리를 행사하는 것으로 족한 기간이 아니라 그 기간 내에 재산분할심판 청구를 하여야 하는 출소기간이라고 본다(2021스766<'22>). 따라서 甲이 2023. 1. 5. 乙을 상대로 재판 외에서 재산분할청구를 하였더라도 이는 재산분할청구권의 제척기간을 준수한 것이 아니다.

③ (×) 판례는 재산분할청구권은 그 행사에 관하여 당사자의 의사가 절대적으로 존중되어야 하는 '행사상의 일신전속권'에 해당하므로 원칙적으로 채권자대위권의 피대위권리가 될 수 없다. 따라서 파산재단에도 속하지 않는다고 보아야 하므로 채무자의 이혼으로 인한 재산분할심판청구권을 파산관재인이 대위행사할 수 없다고 보았다{2022스613(23년)}.

④ (×) 판례는 가사소송법에 가사비송사건의 심판청구 취하에 있어서 상대방의 동의 필요 여부에 관하여 특별한 규정을 두고 있지 아니하고, 비송사건절차법은 '소취하에 대한 동의'에 관한 민사소송법 제266조 제2항을 준용하지 않는다. 따라서 상대방이 있는 마류 가사비송사건인 재산분할심판 사건의 경우 심판청구 취하에 상대방의 동의를 필요로 하지 않고, 상대방이 취하에 부동의하였더라도 취하의 효력이 발생한다고 본다(2023므12218). 따라서 재산분할심판청구를 취하하기 위해서는 乙의 동의가 필요없다.

⑤ (○) 판례는 재산분할청구권은 '이혼한 날로부터 2년 내'에 행사해야 하고, 이때의 2년이라는 기간은 ⅰ) 위 기간은 제척기간이고, 나아가 재판 외에서 권리를 행사하는 것으로 족한 기간이 아니라 그 기간 내에 재산분할심판 청구를 하여야 하는 출소기간이다. ⅱ) 재산분할청구 후 제척기간이 지나면 그때까지 청구 목적물로 하지 않은 재산에 대해서는 제척기간을 준수한 것으로 볼 수 없다고 본다(2021스766<'22>). 따라서 甲이 2023. 1. 5. 乙을 상대로 가정법원에 재산분할심판을 청구하면서 분할 대상 재산을 특정하지 않았다가 같은 해 5. 15.에서야 분할 대상 재산을 특정하였다면 이는 재산분할청구권의 제척기간 2년을 경과한 것이다.

정답 ⑤

제3장 부모와 자 및 기타 친족관계

Ⅰ. 친생자

1. 친자관계에 관한 설명 중 옳지 않은 것은? (다툼이 있는 경우 판례에 의함) [24 변호사]

① 당사자 사이에 친생자관계가 없음을 확인한다는 내용이 포함되어 있는 조정이나 재판상 화해가 성립하더라도 이는 효력이 없다.

② 「민법」 제777조에서 정한 친족이라도 「민법」 제865조에서 정한 이해관계인에 해당하는 경우에만 친생자관계존부확인의 소의 원고적격이 인정된다.

③ 피상속인 甲(女)의 공동상속인 乙과 丙이 이미 상속재산을 분할 또는 처분한 이후에 丁이 甲의 자(子)임이 친생자관계존재확인판결의 확정으로 명백히 밝혀진 경우, 인지의 소급효 제한에 관한 「민법」 제860조 단서는 적용되지 아니하므로 乙과 丙이 한 분할 또는 처분의 효력을 丁이 부인할 수 없다.

④ 정상적으로 혼인생활을 하고 있는 부부 사이에서 인공수정 자녀가 출생하는 경우 인공수정으로 출생한 자녀는 남편의 자녀로 추정되고, 남편이 인공수정에 동의하였다가 나중에 이를 번복하고 친생부인의 소를 제기하는 것은 허용되지 않는다.

⑤ 성전환자의 기본권 보호와 미성년 자녀의 보호 및 복리와의 조화를 이룰 수 있도록 법익의 균형을 위한 여러 사정들을 고려하여 실질적으로 판단하지 아니한 채 단지 성전환자에게 미성년 자녀가 있다는 사정만을 이유로 성별 정정을 불허하여서는 아니 된다.

해설

① **(O)** [**대법원** 1968. 2. 27. **선고** 67므34 **판결**] 친자 부인의 소는 가사심판법 제2조 소정 병류사건으로 조정을 할 수 있는 사건이고, 친생부인의 조정이 성립되었다고 하여도, 이는 같은 법 제19조 제2항 단항 소정 본인이 임의로 처분할 수 없는 사항에 관한 것이라 할 것이므로, 친생부인의 효력이 발생되지 않는다고 할 것이니, 이와 반대의 견해에 입각한 원심판시 이유는 법리오해의 위법이 있다.

② **(O)** [**대법원** 2020. 6. 18. **선고** 2015므8351 **전원합의체 판결**] 구 인사소송법(1990. 12. 31. 법률 제4300호 가사소송법 부칙 제2조로 폐지. 이하 같다) 등의 폐지와 가사소송법의 제정·시행, 호주제 폐지 등 가족제도의 변화, 신분관계 소송의 특수성, 가족관계 구성의 다양화와 그에 대한 당사자 의사의 존중, 법적 친생자관계의 성립이나 해소를 목적으로 하는 다른 소송절차와의 균형 등을 고려할 때, 민법 제777조에서 정한 친족이라는 사실만으로 당연히 친생자관계존부확인의 소를 제기할 수 있다고 한 종전 대법원 판례는 더 이상 유지될 수 없게 되었다고 보아야 한다. 상세한 이유는 다음과 같다.

(1) 가사소송법은 혼인무효의 소 등의 상대방에 관한 규정(제24조)만을 친생자관계존부확인의 소에 준용하고 있을 뿐 제기권자에 관한 규정(제23조)은 준용하지 않고 있다. 따라서 구 인사소송법이 폐지되고 가사소송법이 시행됨으로써 종전 대법원 판례의 법률적 근거가 사라지게 되었다.

(2) 가족관계를 둘러싼 법질서나 사회적 상황의 변화 등에 따라 부부관계와 더불어 가족관계의 근간을 이루는 친생자관계를 바라보는 사회일반의 인식도 함께 변화하였다. 가족제도 등에 관한 법률적, 사회적 상황의 변화에 비추어 보면, 호주제가 유지되던 때와 달리 오늘날에는 민법 제777조에서 정한 친족이라는 이유만으로 밀접한 신분적 이해관계를 가진다고 볼 법률적, 사회적 근거가 약해졌다.

(3) 오늘날에는 가족관계가 혈연관계뿐만 아니라 당사자의 의사를 기초로 하여 다양하게 형성되고 있다. 따라서 혼인과 가족관계의 기초가 되는 법적 친자관계의 형성에 관한 당사자의 자유로운 의사를 존중하는 한편, 이에 관하여 제3자가 부당하게 개입하지 않도록 일정한 제한을 둘 필요가 있다.

(4) 유전자검사 등으로 혈연관계의 증명이 어렵지 않게 된 현실을 고려할 때, 혈연의 진실을 위한다는 이유로 친생자관계의 존부를 다툴 수 있는 제3자의 범위를 넓게 보아 본안심리에 나아가도록 하는 것은 필연적으로 신분질서의 안정을 해치고 혼인과 가족생활에 관한 당사자의 자율적인 의사결정을 침해하는 결과를 가져올 가능성이 크다. 따라서 친생자관계의 존부를 다투는 소를 제기할 수 있는 제3자의 범위를 명문의 법률 규정 없이 해석을 통하여 함부로 확대하는 것은 바람직하지 않다.

(5) 친생자관계존부확인의 소는 이미 여러 측면에서 제소요건이 완화되어 있는데, 여기에 더하여 원고적격 범위를 민법 제777조에서 정한 친족으로 넓히는 것은 앞서 본 다른 소송절차와 비교해서도 균형이 맞지 않는다. 이는 다른 소송절차에 관한 법률 규정이 정하고 있는 요건이나 제한 등을 회피하기 위한 수단으로 친생자관계존부확인의 소가 변질될 우려가 있다는 점에서 더욱 그러하다.

(6) 민법은 민법 제865조 제1항에서 친생자관계의 당사자 아닌 제3자가 이해관계인에 해당하는 경우에는 그 존부를 다툴 수 있게 하고 있으므로, 친족관계에 있는 제3자도 이해관계인에 해당하는 경우에는 원고적격을 가진다. 따라서 민법 제777조의 모든 친족에게 일률적으로 원고적격을 부여하지 않더라도 친생자관계의 존부에 대해 법률상 이해관계를 가지는 제3자의 권리나 재판청구권을 부당하게 제약한다고 볼 수 없다.

③ **(×)** 생모의 인지는 확인적 의미만 있을 뿐이므로 인지의 소급효 제한에 관한 제860조 단서는 적용되지 않는다. 따라서 피인지자를 제외한 다른 공동상속인이 한 분할이나 처분의 효력을 피인지자는 부인할 수 있다.

[**대법원** 2018. 6. 19. **선고** 2018**다**1049 **판결**] 혼인 외의 출생자와 생모 사이에는 생모의 인지나 출생신고를 기다리지 아니하고 자의 출생으로 당연히 법률상의 친자관계가 생기고, 가족관계등록부의 기재나 법원의 친생자관계존재확인판결이 있어야만 이를 인정할 수 있는 것이 아니다. 따라서 인지를 요하지 아니하는 모자관계에는 인지의 소급효 제한에 관한 민법 제860조 단서가 적용 또는 유추적용되지 아니하며, 상속개시 후의 인지 또는 재판의 확정에 의하여 공동상속인이 된 자의 가액지급청구권을 규정한 민법 제1014조를 근거로 자가 모의 다른 공동상속인이 한 상속재산에 대한 분할 또는 처분의 효력을 부인하지 못한다고 볼 수도 없다. 이는 비록 다른 공동상속인이 이미 상속재산을 분할 또는 처분한 이후에 모자관계가 친생자관계존재확인판결의 확정 등으로 비로소 명백히 밝혀졌다 하더라도 마찬가지이다.

④ **(O)** [**대법원** 2019. 10. 23. **선고** 2016**므**2510 **전원합의체 판결**] 정상적으로 혼인생활을 하고 있는 부부 사이에서 인공수정 자녀가 출생하는 경우 남편은 동의의 방법으로 자녀의 임신과 출산에 참여하게 되는데, 이것이 친생추정 규정이 적용되는 근거라고 할 수 있다. 남편이 인공수정에 동의하였다가 나중에 이를 번복하고 친생부인의 소를 제기하는 것은 허용되지 않는다. 나아가 인공수정 동의와 관련된 현행법상 제도의 미비, 인공수정이 이루어지는 의료 현실, 민법 제852조에서 친생자임을 승인한 자의 친생부인을 제한하고 있는 취지 등에 비추어 이러한 동의가 명백히 밝혀지지 않았던 사정이 있다고 해서 곧바로 친자관계가 부정된다거나 친생부인의 소를 제기할 수 있다고 볼 것은 아니다. 부부가 정상적인 혼인생활을 하고 있는 경우 출생한 인공수정 자녀에 대해서는 남편의 동의가 있었을 개연성이 높다. 따라서 혼인 중 출생한 인공수정 자녀에 대해서는 다른 명확한 사정에 관한 증명이 없는 한 남편의 동의가 있었던 것으로 볼 수 있다. 동의서 작성이나 그 보존 여부가 명백하지 않더라도 인공수정 자녀의 출생 이후 남편이 인공수정 자녀라는 사실을 알면서 출생신고를 하는 등 인공

수정 자녀를 자신의 친자로 공시하는 행위를 하거나, 인공수정 자녀의 출생 이후 상당 기간 동안 실질적인 친자관계를 유지하면서 인공수정 자녀를 자신의 자녀로 알리는 등 사회적으로 보아 친자관계를 공시·용인해 왔다고 볼 수 있는 경우에는 동의가 있는 경우와 마찬가지로 취급하여야 한다.

⑤ (O) [**대법원** 2022. 11. 24. **자** 2020스616 **전원합의체 결정**] 미성년 자녀를 둔 성전환자도 부모로서 자녀를 보호하고 교양하며(민법 제913조), 친권을 행사할 때에도 자녀의 복리를 우선해야 할 의무가 있으므로(민법 제912조), 미성년 자녀가 있는 성전환자의 성별정정 허가 여부를 판단할 때에는 성전환자의 기본권의 보호와 미성년 자녀의 보호 및 복리와의 조화를 이룰 수 있도록 법익의 균형을 위한 여러 사정들을 종합적으로 고려하여 실질적으로 판단하여야 한다. 따라서 위와 같은 사정들을 고려하여 실질적으로 판단하지 아니한 채 단지 성전환자에게 미성년 자녀가 있다는 사정만을 이유로 성별정정을 불허하여서는 아니 된다. 정답 ③

2. **친생자관계에 관한 설명 중 옳은 것은? (다툼이 있는 경우 판례에 의함)** [23 변호사]

① 친생추정 규정에 따라 아내가 임신한 자녀를 남편의 자녀로 추정하는 것은 혼인 중 출생한 자녀가 남편의 자녀일 개연성이 높다는 점뿐만 아니라 실제로 그러한 관계를 기초로 실질적인 가족관계가 형성될 개연성이 높다는 점을 전제로 한다.

② 자녀와 그 모(母)의 법률혼 배우자 사이의 혈연의 부존재는 친생추정이 미치지 않게 하는 사유에 해당한다.

③ 정상적으로 혼인생활을 하고 있는 법률혼 부부 사이에 인공수정으로 자녀가 출생했는데 모(母)의 법률혼 배우자가 인공수정에 대해 동의했는지가 불명확한 경우 법적 부자관계는 친생자관계 부존재확인소송으로 해소될 수 있다.

④ 다른 사람들 사이의 친생자관계의 존부가 판결로 확정됨에 따라 부양에 관한 자신의 권리에 구체적인 영향을 받는 사람이라고 하더라도 친생자관계 존부확인의 소를 제기할 수 있는 이해관계인에 해당하지 않는다.

⑤ 혼인 외의 출생자의 생부가 사망한 후 인지청구의 소의 제소기간이 경과한 경우에도 생모는 혼인 외의 출생자를 상대로 혼인 외의 출생자와 사망한 생부 사이의 친생자관계 존재확인을 구하는 소를 제기할 수 있다.

해설

① (O) [**대법원** 2019. 10. 23. **선고** 2016므2510 **전원합의체 판결**] 친생추정 규정에 따라 아내가 임신한 자녀를 남편의 자녀로 추정하는 것은 혼인 중 출생한 자녀가 남편의 자녀일 개연성이 높다는 점뿐만 아니라 실제로 그러한 관계를 기초로 실질적인 가족관계가 형성될 개연성이 높다는 점을 전제로 한다. 그러나 혈연관계 없이 형성된 가족관계도 헌법과 민법이 보호하고자 하는 가족관계에 해당한다. 이와 같은 가족관계가 친생부인의 소의 제소기간이 지날 때까지 유지되는 등 오랜 기간이 지나 사회적으로도 성숙해지고 견고해졌다면 이러한 가족관계와 그에 대한 신뢰를 보호할 필요성이 더욱 커지므로 이를 누구든지 쉽게 번복할 수 있도록 해서는 안 된다.

② (×) [**대법원** 2019. 10. 23. **선고** 2016므2510 **전원합의체 판결**] 민법 제844조 제1항(이하 '친생추정 규정'이라 한다)의 문언과 체계, 민법이 혼인 중 출생한 자녀의 법적 지위에 관하여 친생추정 규정을 두고 있는 기본적인 입법 취지와 연혁, 헌법이 보장하고 있는 혼인과 가족제도, 사생활의 비밀과 자유, 부부와 자녀의 법적 지위와 관련된 이익의 구체적인 비교 형량 등을 종합하면, 혼인 중 아내가 임신하여 출산한 자녀가 남편과 혈연관계가 없다는 점이 밝혀졌더라도 친생추정이 미치지 않는다고 볼 수 없

다. 상세한 이유는 다음과 같다. ① 혈연관계의 유무를 기준으로 친생추정 규정이 미치는 범위를 정하는 것은 민법 규정의 문언에 배치될 뿐만 아니라 친생추정 규정을 사실상 사문화하는 것으로 친생추정 규정을 친자관계의 설정과 관련된 기본 규정으로 삼고 있는 민법의 취지와 체계에 반한다. ② 혈연관계의 유무를 기준으로 친생추정 규정의 효력이 미치는 범위를 정하게 되면 필연적으로 가족관계의 당사자가 아닌 제3자가 부부관계나 가족관계 등 가정 내부의 내밀한 영역에 깊숙이 관여하게 되는 결과를 피할 수 없다. 혼인과 가족관계가 다른 사람의 기본권이나 공공의 이익을 침해하지 않는 한 혼인과 가족생활에 대한 국가기관의 개입은 자제하여야 한다. ③ 법리적으로 보아도 혈연관계의 유무는 친생추정을 번복할 수 있는 사유에는 해당할 수 있지만 친생추정이 미치지 않는 범위를 정하는 사유가 될 수 없다.

③ **(×)** 인공수정자도 남편의 친생자로 추정되므로 남편의 동의 여부가 명백히 밝혀지지 않았더라도 친생자추정이 미치지 않게 되는 것은 아니다.

[**대법원** 2019. 10. 23. **선고** 2016므2510 **전원합의체 판결**] 정상적으로 혼인생활을 하고 있는 부부 사이에서 인공수정 자녀가 출생하는 경우 남편은 동의의 방법으로 자녀의 임신과 출산에 참여하게 되는데, 이것이 친생추정 규정이 적용되는 근거라고 할 수 있다. 남편이 인공수정에 동의하였다가 나중에 이를 번복하고 친생부인의 소를 제기하는 것은 허용되지 않는다. 나아가 인공수정 동의와 관련된 현행법상 제도의 미비, 인공수정이 이루어지는 의료 현실, 민법 제852조에서 친생자임을 승인한 자의 친생부인을 제한하고 있는 취지 등에 비추어 이러한 동의가 명백히 밝혀지지 않았던 사정이 있다고 해서 곧바로 친자관계가 부정된다거나 친생부인의 소를 제기할 수 있다고 볼 것은 아니다. 부부가 정상적인 혼인생활을 하고 있는 경우 출생한 인공수정 자녀에 대해서는 남편의 동의가 있었을 개연성이 높다. 따라서 혼인 중 출생한 인공수정 자녀에 대해서는 다른 명확한 사정에 관한 증명이 없는 한 남편의 동의가 있었던 것으로 볼 수 있다. 동의서 작성이나 그 보존 여부가 명백하지 않더라도 인공수정 자녀의 출생 이후 남편이 인공수정 자녀라는 사실을 알면서 출생신고를 하는 등 인공수정 자녀를 자신의 친자로 공시하는 행위를 하거나, 인공수정 자녀의 출생 이후 상당 기간 동안 실질적인 친자관계를 유지하면서 인공수정 자녀를 자신의 자녀로 알리는 등 사회적으로 보아 친자관계를 공시·용인해 왔다고 볼 수 있는 경우에는 동의가 있는 경우와 마찬가지로 취급하여야 한다.

④ **(×)** 친생자관계존부확인소송을 제기할 수 있는 이해관계인은 다른 사람들 사이의 친생자관계가 존재하거나 존재하지 않는다는 내용의 판결이 확정됨으로써 일정한 권리를 얻거나 의무를 면하는 등 법률상 이해관계가 있는 제3자를 뜻한다.

[**대법원** 2020. 6. 18. **선고** 2015므8351 **전원합의체 판결**] 이해관계인은 민법 제862조에 따라 다른 사유를 원인으로 하여 친생자관계존부확인의 소를 제기할 수 있다. 여기서 이해관계인은 다른 사람들 사이의 친생자관계가 존재하거나 존재하지 않는다는 내용의 판결이 확정됨으로써 일정한 권리를 얻거나 의무를 면하는 등 법률상 이해관계가 있는 제3자를 뜻한다. 이러한 이해관계인에 해당하는지 여부는 원고의 주장 내용과 변론에 나타난 제반 사정을 토대로 상속이나 부양 등에 관한 원고의 권리나 의무, 법적 지위에 미치는 구체적인 영향이 무엇인지를 개별적으로 심리하여 판단해야 한다.

⑤ **(×)** 친생자관계부존재확인소송은 다른 소송의 대용이 될 수 없다. 인지청구소송을 제기하여야 함에도 친생자관계부존재확인소송을 제기하는 것은 부적법하다.

[**대법원** 1997. 2. 14. **선고** 96므738 **판결**] 혼인 외 출생자의 경우에 있어서 모자관계는 인지를 요하지 아니하고 법률상의 친자관계가 인정될 수 있지만, 부자관계는 父의 인지에 의하여서만 발생하는 것이므로, 父가 사망한 경우에는 그 사망을 안 날로부터 1년 이내에 검사를 상대로 인지청구의 소를 제기하여야 하고, 생모가 혼인 외 출생자를 상대로 혼인 외 출생자와 사망한 父 사이의 친생자관계존재확인을 구하는 소는 허용될 수 없다.

정답 ①

3. **친생부인의 소와 친생자관계존부확인의 소에 관한 설명 중 옳은 것을 모두 고른 것은? (다툼이 있는 경우 판례에 의함)** [20 변호사]

ㄱ. 인지청구소송의 판결이 확정되어 부(父)와 자(子) 사이의 친자관계가 창설된 경우, 부(父)가 친생자관계부존재확인의 소로써 자(子)와 사이에 친자관계가 존재하지 않는다고 다투는 것은 허용되지 않는다.

ㄴ. 「민법」 규정에 따라 친생추정을 받는 부(父)와 자(子) 사이의 친생추정을 번복하기 위하여 친생자관계부존재확인의 소를 제기하는 것은 적법하다.

ㄷ. 친생부인의 소를 제기할 수 있는 부(夫) 또는 처(妻) 중에 처(妻)는 자(子)를 혼인 중에 포태한 처(妻)로서 친생부인의 대상자인 자(子)의 생모를 의미한다.

ㄹ. 친생자관계존부확인의 소에서 그 상대방이 될 당사자 쌍방이 모두 사망한 경우, 소를 제기할 수 있는 기간은 당사자 쌍방이 모두 사망한 사실을 안 날로부터 기산한다.

① ㄴ ② ㄱ, ㄴ ③ ㄱ, ㄹ
④ ㄱ, ㄷ, ㄹ ⑤ ㄴ, ㄷ, ㄹ

해설

ㄱ. **(O)** 인지판결이 확정된 경우, 부자관계가 창설되므로 인지판결에 관한 재심소송을 제기하는 것을 별론으로 하고 친생자관계부존재확인소송을 제기할 수는 없다.

[**대법원** 2015. 6. 11. **선고** 2014므8217 **판결**] 인지청구의 소는 부와 자 사이에 사실상의 친자관계의 존재를 확정하고 법률상의 친자관계를 창설함을 목적으로 하는 소송으로서, 당사자의 증명이 충분하지 못할 때에는 법원이 직권으로 사실조사와 증거조사를 하여야 하고, 친자관계를 증명할 때는 부와 자 사이의 혈액형검사, 유전자검사 등 과학적 증명방법이 유력하게 사용되며, 이러한 증명에 의하여 혈연상 친생자관계가 인정되어 확정판결을 받으면 당사자 사이에 친자관계가 창설된다. 이와 같은 인지청구의 소의 목적, 심리절차와 증명방법 및 법률적 효과 등을 고려할 때, 인지의 소의 확정판결에 의하여 일단 부와 자 사이에 친자관계가 창설된 이상, 재심의 소로 다투는 것은 별론으로 하고, 확정판결에 반하여 친생자관계부존재확인의 소로써 당사자 사이에 친자관계가 존재하지 않는다고 다툴 수는 없다.

ㄴ. **(×)** 친생자추정이 미치는 자녀와의 친생관계를 부인하기 위해서는 친생부인의 소를 제기하여야 하고, 친생자관계부존재확인의 소를 제기하는 것은 부적법하다.

[**대법원** 2000. 8. 22. **선고** 2000므292 **판결**] 민법 제844조 제1항의 친생추정은 반증을 허용하지 않는 강한 추정이므로, 처가 혼인 중에 포태한 이상 그 부부의 한쪽이 장기간에 걸쳐 해외에 나가 있거나, 사실상의 이혼으로 부부가 별거하고 있는 경우 등 동거의 결여로 처가 夫의 자를 포태할 수 없는 것이 외관상 명백한 사정이 있는 경우에만 그 추정이 미치지 않을 뿐이고, 이러한 예외적인 사유가 없는 한 누구라도 그 자가 부의 친생자가 아님을 주장할 수 없는 것이어서, 이와 같은 추정을 번복하기 위하여는 부가 민법 제846조·제847조에서 규정하는 친생부인의 소를 제기하여 그 확정판결을 받아야 하고, 이러한 친생부인의 소가 아닌 민법 제865조 소정의 친생자관계부존재확인의 소에 의하여 그 친생자관계의 부존재확인을 구하는 것은 부적법하다.

ㄷ. **(O)** 친생부인의 소의 제기권자로서 처란 자녀의 생모인 처를 말하고, 재혼한 처는 포함되지 않는다.

[**대법원** 2014. 12. 11. **선고** 2013므4591 **판결**] 민법 제846조에서의 '부부의 일방'은 제844조의 경우에 해당하는 '부부의 일방', 즉 제844조 제1항에서의 '부'와 '자를 혼인 중에 포태한 처'를 가리키고, 그렇

다면 이 경우의 처는 '자의 생모'를 의미하며, 제847조 제1항에서의 '처'도 제846조에 규정된 '부부의 일방으로서의 처'를 의미한다고 해석되므로, 결국 친생부인의 소를 제기할 수 있는 처는 자의 생모를 의미한다. 우리 민법은 부자(父子)관계를 결정함에 있어 '가정의 평화' 또는 '자의 복리'를 위하여 혼인 중 출생자를 부의 친생자로 강하게 추정하면서도, '혈연진실주의'를 채택하여 일정한 경우에 친생자임을 부인하는 소를 제기할 수 있도록 하고 있다. 구 민법(2005. 03. 31. 법률 제7427호로 개정되기 전의 것) 당시에는 부(夫)만 친생부인의 소를 제기할 수 있도록 규정하였으나, 위 민법 개정으로 부 외에 처도 친생부인의 소를 제기할 수 있게 되었는데, 개정 이유는 부만 친생부인의 소를 제기할 수 있도록 하는 것은 혈연진실주의 및 부부평등의 이념에 부합되지 아니한다는 취지에서였다. 즉 부부가 이혼하여 처가 자의 생부와 혼인한 경우, 부부가 화해의 전망 없이 상당한 기간 별거하고 있는 경우, 부가 친생부인은 하지 않은 채 단지 보복적 감정에서 자를 학대하는 경우 등에는 생모도 친생부인을 할 수 있도록 하는 것이 주된 개정 이유였다. 이러한 개정 이유에 비추어 보아도 친생부인의 소를 제기할 수 있는 '처'는 '자의 생모'만을 의미한다. 위와 같은 민법 규정의 입법 취지, 개정 연혁과 체계 등에 비추어 보면, 민법 제846조, 제847조 제1항에서 정한 친생부인의 소의 원고적격이 있는 '부(夫), 처(妻)'는 자의 생모에 한정되고, 여기에 친생부인이 주장되는 대상자의 법률상 부(夫)와 '재혼한 처(妻)'는 포함되지 않는다.

ㄹ. (O) 친생자관계존부확인소송은 당사자가 생존하고 있는 동안에는 언제라도 소를 제기할 수 있다. 그러나 당사자 일방이 사망한 때에는 그 사망을 안 날로부터 2년 내에 검사를 상대로 소를 제기할 수 있다(제865조 제2항). 제3자가 친자 쌍방이 사망한 후에 친생자관계부존재확인의 소를 제기하고자 하는 경우에는 당사자 쌍방이 사망한 사실을 안 날로부터 2년 내에 검사를 상대로 소를 제기하여야 한다.

[**대법원** 2004. 2. 12. **선고** 2003므2503 **판결**] 친생자관계존부확인의 소의 경우 민법 제777조 소정의 친족은 이해관계인으로서 친생자관계존부의 확인이 필요한 당사자 쌍방을 상대로 친생자관계존부확인의 소를 구할 수 있고, 상대방이 될 당사자 쌍방이 사망한 때에는 검사를 상대로 친생자관계존부확인의 소를 구할 수 있으며, 이 경우 민법 제865조 제2항을 유추적용하여 그 제소기간을 준수하여야 한다고 할 것이어서 결국 민법 제865조 제2항에서 규정하고 있는 '당사자 일방이 사망한 때에는 그 사망을 안 날로부터 1년 내에'라고 함은(필자 주 : 2005년 민법 개정으로 그 기간이 2년으로 변경됨) 제3자가 친생자관계존부확인의 소를 제기하는 경우는 당사자 일방이 사망하는 경우 남은 생존자를 상대 로 친생자관계존부확인의 소를 제기할 수 있고, 그 생존자도 사망하여 상대방 될 자 모두가 사망한 경우는 검사를 상대로 할 수 있다는 가사소송법 제24조의 규정에 비추어, 친생자관계존부확인의 대상이 되는 당사자 쌍방이 모두 사망한 경우에는 '당사자 쌍방 모두가 사망한 사실을 안 날로부터 1년 내에'라는 의미라고 하여야 한다.

정답 ④

4. **甲과 乙은 혼인신고를 한 지 10년이 지났으나 乙이 아이를 낳지 못하였다. 丁은 자신과 혼인관계 없는 丙과의 사이에서 A를 출산하였다. 甲과 乙은 丙이 A를 인지하기 전에 A를 자신들의 친생자로 출생신고를 하였다. 단, 위 출생신고로 인하여 입양의 효력은 발생하지 않았고, 丙이 A의 생부라는 사실이 객관적으로 명백하게 밝혀졌음을 전제로 한다. 이에 관한 설명 중 옳은 것을 모두 고른 것은? (각 지문은 독립적이며, 다툼이 있는 경우 판례에 의함)** [16 변호사]

ㄱ. 甲의 아버지 戊는 甲, 乙, A를 상대로 친생자관계부존재확인의 소를 제기할 수 있다.
ㄴ. A는 곧바로 丙을 상대로 인지청구의 소를 제기할 수 있다.
ㄷ. A의 인지청구권은 일신전속적인 신분관계 상의 권리이므로, 이를 포기할 수 없고 포기하더라도 그 의사표시는 효력이 없다.

ㄹ. 丙이 사망한 후 丁은 A를 상대로 丙과 A 사이의 친생자관계의 존재확인을 구하는 소를 제기할 수 있다.

① ㄱ ② ㄷ ③ ㄴ, ㄹ
④ ㄷ, ㄹ ⑤ ㄱ, ㄴ, ㄷ

해설

ㄱ. **(O)** 타인의 자를 친생자로 출생신고 한 경우, 친자관계를 부정하는 방법을 묻는 지문이다. 등록부상 부모와 실제의 부모가 다른 사실이 객관적으로 명백한 때에는 혼인 중에 포태되어 출생한 자가 아니므로 제844조의 친생자추정이 미치지 않는다. 따라서 친생자관계부존재확인의 소에 의하여 그 친자관계를 부정할 수 있다. 한편, 친생자관계부존재확인의 소는 친생부인의 소, 부를 정하는 소, 인지에 대한 이의의 소, 인지청구의 소를 제기할 수 있는 자는 다른 사유를 원인으로 친생자관계부존재확인의 소를 제기할 수 있다(제865조). 한편, 친생자관계존부확인의 소의 피고는 관계당사자 일방이 제기할 때에는 상대방을 피고로 하고, 제3자가 제기할 때에는 관계당사자 쌍방을 피고로 한다(가사소송법 28조, 제24조).

甲의 아버지 戊는 인지에 대한 이의를 제기할 수 있는 이해관계인에 해당하므로 친생자관계부존재확인의 소의 제기권자가 될 수 있으며, 관계당사자 모두인 甲, 乙, A 모두를 피고로 하여 제기할 수 있다.

[**대법원** 2000. 1. 28. **선고** 99**므**1817 **판결**] 민법 제844조의 친생추정을 받는 자는 친생부인의 소에 의하여 그 친생추정을 깨뜨리지 않고서는 다른 사람을 상대로 인지청구를 할 수 없으나, <u>호적상의 부모의 혼인 중의 자로 등재되어 있는 자라 하더라도 그의 생부모가 호적상의 부모와 다른 사실이 객관적으로 명백한 경우에는 그 친생추정이 미치지 아니하므로,</u> 그와 같은 경우에는 곧바로 생부모를 상대로 인지청구를 할 수 있다.

ㄴ. **(O)** 타인의 자를 친생자로 출생신고 한 경우, 친생부인의 소를 제기하지 아니하고 인지청구소송을 제기할 수 있는지를 묻는 지문이다. 생부모가 등록부상의 부모와 다른 사실이 명백한 때에는 친생추정이 미치지 아니하므로 인지청구소송을 제기할 수 있다. **대법원** 2000. 1. 28. **선고** 99**므**1817 **판결** 참고.

ㄷ. **(O)** 인지청구권의 포기가 허용되는지를 묻는 지문이다. 허용되지 않는다는 것이 판례의 태도이다.

[**대법원** 2001. 11. 7. **선고** 2001**므**1353 **판결**] 인지청구권은 본인의 일신전속적인 신분관계상의 권리로서 포기할 수도 없으며 포기하였더라도 그 효력이 발생할 수 없는 것이고, 이와 같이 <u>인지청구권의 포기가 허용되지 않는 이상 거기에 실효의 법리가 적용될 여지도 없다.</u>

ㄹ. **(×)** 인지청구의 대용으로 친생자관계존재확인청구를 할 수 있는지를 묻는 지문이다. 진생자관계존부확인청구는 다른 소의 대용이 될 수 없다. 따라서 사망한 생부와 혼인 외의 자 사이에 친자관계를 발생시키기 위해서는 인지청구에 의하여야 하고, 친생자관계존재확인청구를 할 수는 없다.

[**대법원** 1997. 2. 14. **선고** 96**므**738 **판결**] 혼인 외 출생자의 경우에 있어서 모자관계는 인지를 요하지 아니하고 법률상의 친자관계가 인정될 수 있지만, 부자관계는 父의 인지에 의하여서만 발생하는 것이므로, <u>父가 사망한 경우에는 그 사망을 안 날로부터 1년 이내에 검사를 상대로 인지청구의 소를 제기하여야 하고, 생모가 혼인 외 출생자를 상대로 혼인 외 출생자와 사망한 父 사이의 친생자관계 존재확인을 구하는 소는 허용될 수 없다.</u>

정답 ⑤

5. **甲男과 乙女 사이에 자 丙(현재 미성년자임)이 출생하였다. 다음 설명 중 옳지 않은 것은? (다툼이 있는 경우에는 판례에 의함)** [13 변호사]

① 甲과 乙은 부부이며, 소득활동은 甲만이 하고 있는데, 甲이 정당한 사유 없이 乙과의 동거를 거부하고 부양료도 지급하지 않고 있다. 乙은 甲을 상대로 자신에 대한 부양료 지급을 청구할 수 있지만, 부양료 지급을 청구하기 이전의 과거의 부양료에 대해서는 그 지급을 청구할 수 없다.
② 甲과 乙이 협의이혼을 하였는데, 협의에 의하여 丙의 친권자는 甲으로, 양육권자는 乙로 분리하여 정하는 것도 가능하다.
③ 甲과 乙이 재판상 이혼을 하였는데, 법원은 丙에 대한 양육권을 甲에게 인정하였다. 그런데 乙이 丙을 甲에게 인도하는 것을 거부한 채 자신이 양육하여 왔다. 乙이 丙을 실제로 양육하였더라도 乙은 甲을 상대로 양육비를 청구할 수 없다.
④ 甲과 乙이 재판상 이혼을 하였는데, 법원은 丙에 대한 양육권을 乙에게 인정하고, 甲은 양육비로 매월 50만 원을 지급하라는 결정을 하였다. 그 후 1년 동안 甲은 양육비를 전혀 지급하지 않고 있다. 乙은 甲에 대한 과거 1년 동안의 양육비채권과 甲이 乙에 대해 갖고 있던 대여금채권을 같은 금액 범위에서 상계할 수 있다.
⑤ 丙은 甲과 乙의 혼인 외의 출생자이며, 출생 이후 현재까지 15년간 乙이 양육하여 왔는데, 甲이 丙을 인지하였다. 乙은 인지가 있기 전에 丙을 혼자서 양육한 것에 대해서 甲에게 양육비를 청구할 수 있지만, 인지한 때로부터 10년 이전의 양육비에 대해서는 시효로 소멸하였으므로 청구할 수 없다.

해설

① **(O)** 부부 일방이 상대방에 대하여 부양료의 지급을 청구할 수 있는지 및 부양료 청구 이전의 과거의 부양료에 관하여도 청구할 수 있는지를 묻는 지문이다. 대법원은 부부간에 부양의무가 있음을 전제로 부부의 일방이 상대방에 대하여 부양료를 청구할 수 있다고 보나, 과거의 부양료에 대한 청구는 특별한 사정이 없는 한 허용되지 않는다고 본다.
[**대법원** 2008. 6. 12. **자** 2005스50 **결정**] 민법 제826조 제1항에 규정된 부부간의 상호부양의무는 부부의 일방에게 부양을 받을 필요가 생겼을 때 당연히 발생되는 것이기는 하지만, 과거의 부양료에 관하여는 특별한 사정이 없는 한, 부양을 받을 자가 부양의무자에게 부양의무의 이행을 청구하였음에도 불구하고 부양의무자가 부양의무를 이행하지 아니함으로써 이행지체에 빠진 이후의 것에 대하여만 부양료의 지급을 청구할 수 있을 뿐, 부양의무자가 부양의무의 이행을 청구받기 이전의 부양료의 지급은 청구할 수 없다고 보는 것이 부양의무의 성질이나 형평의 관념에 합치된다고 할 것이다.
② **(O)** 친권자와 양육자를 달리 정하는 것이 가능한지를 묻는 지문이다. 가능하다고 보는 것이 대법원의 입장이다. 다만, 자녀의 복리라는 관점에서 친권자와 양육자가 달리 결정되어야 할 현저한 필요가 있는지를 신중하게 판단하여야 한다.
[**대법원** 2012. 4. 13. **선고** 2011므4719 **판결**] 민법 제837조, 제909조 제4항, 가사소송법 제2조 제1항 제2호 나목의 3) 및 5) 등이 부부의 이혼 후 그 자의 친권자와 그 양육에 관한 사항을 각기 다른 조항에서 규정하고 있는 점 등에 비추어 보면, 이혼 후 부모와 자녀의 관계에 있어서 친권과 양육권이 항상 같은 사람에게 돌아가야 하는 것은 아니며, 이혼 후 자에 대한 양육권이 부모 중 어느 일방에, 친권이 다른 일방에 또는 부모에 공동으로 귀속되는 것으로 정하는 것은, 비록 신중한 판단이 필요하다고 하더라도, 일정한 기준을 충족하는 한 허용된다고 할 것이다.

③ (O) 임의적 양육에 따른 양육비의 상환을 청구할 수 있는지를 묻는 지문이다. 임의적 양육은 특별한 사정이 없는 한 양육권을 침해하는 위법한 양육이므로 양육비의 상환을 청구할 수 없다.
[**대법원** 2006. 4. 17. **자** 2005스18·19 **결정**] 청구인과 상대방이 이혼하면서 사건본인의 친권자 및 양육자를 상대방으로 지정하는 내용의 조정이 성립된 경우, 그 조정조항상의 양육방법이 그 후 다른 협정이나 재판에 의하여 변경되지 않는 한 청구인에게 자녀를 양육할 권리가 없고, 그럼에도 불구하고 청구인이 법원으로부터 위 조정조항을 임시로 변경하는 가사소송법 제62조 소정의 사전처분 등을 받지 아니한 채 임의로 자녀를 양육하였다면 이는 상대방에 대한 관계에서는 상대적으로 위법한 양육이라고 할 것이니, 이러한 청구인의 임의적 양육에 관하여 상대방이 청구인에게 양육비를 지급할 의무가 있다고 할 수는 없다.

④ (O) 양육비채권을 자동채권으로 하는 상계가 허용되는지를 묻는 지문이다. 이미 변제기를 도래한 양육비채권은 상계의 자동채권으로 될 수 있다.
[**대법원** 2006. 7. 4. **선고** 2006므751 **판결**] 이혼한 부부 사이에서 자(子)에 대한 양육비의 지급을 구할 권리는 당사자의 협의 또는 가정법원의 심판에 의하여 구체적인 청구권의 내용과 범위가 확정되기 전에는 '상대방에 대하여 양육비의 분담액을 구할 권리를 가진다'라는 추상적인 청구권에 불과하고 당사자의 협의나 가정법원이 당해 양육비의 범위 등을 재량적·형성적으로 정하는 심판에 의하여 비로소 구체적인 액수만큼의 지급청구권이 발생한다고 보아야 하므로, 당사자의 협의 또는 가정법원의 심판에 의하여 구체적인 청구권의 내용과 범위가 확정되기 전에는 그 내용이 극히 불확정하여 상계할 수 없지만, 가정법원의 심판에 의하여 구체적인 청구권의 내용과 범위가 확정된 후의 양육비채권 중 이미 이행기에 도달한 후의 양육비채권은 완전한 재산권(손해배상청구권)으로서 친족법상의 신분으로부터 독립하여 처분이 가능하고, 권리자의 의사에 따라 포기, 양도 또는 상계의 자동채권으로 하는 것도 가능하다(필자 註 : 이혼한 부부 사이에 자(子)의 양육자인 일방이 상대방에 대하여 가지는 양육비채권을 상대방의 양육자에 대한 위자료 및 재산분할청구권과 상계한다고 주장한 사안에서, 가정법원의 심판에 의하여 구체적으로 확정된 양육비채권 중 이미 이행기가 도달한 부분에 한하여 이를 자동채권으로 하는 상계가 허용된다고 한 사례).

⑤ (X) 혼인 외 자녀를 부모 중 일방이 양육한 경우, 과거의 양육비의 상환청구가 허용되는지 여부 및 인지 전에도 양육비채무의 소멸시효가 진행하는지를 묻는 지문이다. 부모의 미성년 자녀에 대한 부양의무는 미성년자녀의 출생과 동시에 발생하고, 인지에는 소급효가 있으므로 인지한 부모 중 일방은 자녀의 출생시로 소급하여 부양의무를 부담한다. 따라서 부모 중 일방이 혼인 외 자녀를 부양한 경우, 상대방에 대하여 양육비의 상환을 청구할 수 있다. 한편, 인지에 의하여 비로소 부자관계가 창설되므로 인지 전에 부양의무의 이행을 청구할 수 없는 법률적 장애가 있었다고 보아야 한다. 따라서 인지한 때로부터 10년 이전의 양육비가 시효로 소멸하였다고 볼 수 없다.
[**대법원** 1994. 5. 13. **자** 92스21 **전원합의체 결정**] 어떠한 사정으로 인하여 부모 중 어느 한 쪽만이 자녀를 양육하게 된 경우에, 그와 같은 일방에 의한 양육이 그 양육자의 일방적이고 이기적인 목적이나 동기에서 비롯한 것이라거나 자녀의 이익을 위하여 도움이 되지 아니하거나 그 양육비를 상대방에게 부담시키는 것이 오히려 형평에 어긋나게 되는 등 특별한 사정이 있는 경우를 제외하고는, 양육하는 일방은 상대방에 대하여 현재 및 장래에 있어서의 양육비 중 적정 금액의 분담을 청구할 수 있음은 물론이고, 부모의 자녀양육의무는 특별한 사정이 없는 한 자녀의 출생과 동시에 발생하는 것이므로 과거의 양육비에 대하여도 상대방이 분담함이 상당하다고 인정되는 경우에는 그 비용의 상환을 청구할 수 있다.

정답 ⑤

Ⅱ. 양자

6. **양자의 입양 전의 친족관계가 존속하는 입양에 관한 설명 중 옳은 것은? (다툼이 있는 경우 판례에 의함)** [23 변호사]

① 피성년후견인인 양부모(養父母)는 성년후견인의 동의를 얻어도 협의파양은 불가능하고 검사가 양부모(養父母)를 위해 재판상 파양을 청구할 수 있다.

② 조부모가 손자녀를 입양하여 부모·자녀 관계를 맺는 것은 입양의 의미와 본질에 부합하지 않으므로 허용될 수 없다.

③ 만 16세인 양자에게 양친자관계를 유지할 수 없는 중대한 사유가 발생하여 재판상 파양 사유가 충족되었으나 입양에 동의했던 친생부모가 모두 소재불명인 경우, 양자는 친생부모의 동의에 갈음하는 심판을 거쳐야만 재판상 파양을 청구할 수 있다.

④ 성년자가 양자가 되려는 경우 부모의 동의를 받아야 하지만, 부모가 정당한 이유 없이 동의를 거부하면 가정법원은 양부모(養父母)가 될 사람이나 양자가 될 사람의 청구에 따라 부모의 동의를 갈음하는 심판을 할 수 있고 이 경우 가정법원은 부모를 심문하여야 한다.

⑤ 부부가 공동으로 입양을 한 후 양부가 사망한 경우에 양모와 양자 사이의 양친자관계가 파양으로 해소되면 양자와 이미 사망한 양부 사이의 양친자관계도 해소된다.

해설

① **(×)** 제902조. 피성년후견인인 양부모는 성년후견인의 동의를 받아 파양을 협의할 수 있다. 한편, 검사는 미성년자나 피성년후견인인 양자를 위하여 파양을 청구할 수 있다(제906조 제4항). 양부모나 양자가 피성년후견인인 경우에는 성년후견인의 동의를 받아 파양을 청구할 수 있다(제906조 제3항).

② **(×)** [**대법원** 2021. 12. 23. **자** 2018스5 **전원합의체 결정**] 입양은 출생이 아니라 법에 정한 절차에 따라 원래는 부모·자녀가 아닌 사람 사이에 부모·자녀 관계를 형성하는 제도이다. 조부모와 손자녀 사이에는 이미 혈족관계가 존재하지만 부모·자녀 관계에 있는 것은 아니다. 민법은 입양의 요건으로 동의와 허가 등에 관하여 규정하고 있을 뿐이고 존속을 제외하고는 혈족의 입양을 금지하고 있지 않다(민법 제877조 참조). 따라서 조부모가 손자녀를 입양하여 부모·자녀 관계를 맺는 것이 입양의 의미와 본질에 부합하지 않거나 불가능하다고 볼 이유가 없다.

③ **(×)** 제906조 제2항. 양자가 13세 이상의 미성년자인 경우에는 제870조 제1항에 따른 동의를 한 부모의 동의를 받아 파양을 청구할 수 있다. 다만, 부모가 사망하거나 그 밖의 사유로 동의할 수 없는 경우에는 동의 없이 파양을 청구할 수 있다.

④ **(○)** 제871조.

⑤ **(×)** 양부모 중 어느 일방이 사망하거나 양부모가 이혼한 경우에는 부부공동파양의 원칙이 적용될 여지가 없으므로 양모자관계가 파양으로 해소되더라도 양부자관계에는 아무런 영향이 없다.
[**대법원** 2001. 8. 21. **선고** 99므2230 **판결**] 민법 제874조 제1항은 "배우자 있는 자가 양자를 할 때에는 배우자와 공동으로 하여야 한다"고 규정함으로써 부부의 공동입양원칙을 선언하고 있는 바, 파양에 관하여는 별도의 규정을 두고 있지는 않고 있으나 부부의 공동입양원칙의 규정 취지에 비추어 보면 양친이 부부인 경우 파양을 할 때에도 부부가 공동으로 하여야 한다고 해석할 여지가 없지 아니하나(양자가 미성년자인 경우에는 양자제도를 둔 취지에 비추어 그와 같이 해석하여야 할 필요성이 크다),

그렇게 해석한다고 하더라도 양친 부부 중 일방이 사망하거나 또는 양친이 이혼한 때에는 부부의 공동파양의 원칙이 적용될 여지가 없다고 할 것이고, 따라서 양부가 사망한 때에는 양모는 단독으로 양자와 협의상 또는 재판상 파양을 할 수 있으되 이는 양부와 양자 사이의 양친자관계에 영향을 미칠 수 없는 것이고, 또 양모가 사망한 양부에 갈음하거나 또는 양부를 위하여 파양을 할 수는 없다고 할 것이며, 이는 친생자관계부존재확인을 구하는 청구에 있어서 입양의 효력은 있으나 재판상 파양 사유가 있어 양친자관계를 해소할 필요성이 있는 이른바 재판상 파양에 갈음하는 친생자관계부존재확인청구에 관하여도 마찬가지라고 할 것이다. 왜냐하면 양친자관계는 파양에 의하여 해소될 수 있는 점을 제외하고는 친생자관계와 똑같은 내용을 갖게 되는데, 진실에 부합하지 않는 친생자로서의 호적기재가 법률상의 친자관계인 양친자관계를 공시하는 효력을 갖게 되었고 사망한 양부와 양자 사이의 이러한 양친자관계는 해소할 방법이 없으므로 그 호적기재 자체를 말소하여 법률상 친자관계를 부인하게 하는 친생자관계존부확인청구는 허용될 수 없는 것이기 때문이다. 정답 ④

7. **아버지 乙, 할아버지 丙과 함께 살던 미성년자 甲이 부부인 A와 B의 양자(친양자 아님)로 입양되었다. A에게는 아버지 C가 생존해 있다. 이에 관한 설명 중 옳지 않은 것은? (각 지문은 독립적이며, 다툼이 있는 경우 판례에 의함)** [18 변호사]

① A가 사망한 후 甲이 사망하면 甲이 A로부터 상속받은 재산은 乙과 B가 공동 상속한다.
② 乙과 A가 모두 사망한 후 甲이 사망하면 甲이 乙과 A로부터 상속받은 재산은 B가 단독 상속한다.
③ 甲과 A·B가 동시에 사망하면 甲과 A의 재산은 乙이 상속한다.
④ 乙과 A·B 모두 사망한 후 甲이 사망하면 甲이 乙과 A·B로부터 상속받은 재산은 丙과 C가 공동 상속한다.
⑤ A·B 모두 사망한 후 甲이 사망하면 甲이 A·B로부터 상속받은 재산은 乙이 단독 상속한다.

해설

① (O) 보통입양의 효력을 묻는 지문이다. 친양자 입양과는 달리 양자와 생가의 친족관계는 그대로 유지된다. 양부가 사망하면 양자가 양부를 상속하고, 다시 미성년자인 양자가 사망하면 양자의 직계존족 중 가장 근친이 상속인이 된다. 생가의 부와 양모가 가장 근친이므로 공동상속인이 된다.
② (O) 양자는 생부와 양부를 모두 상속할 수 있다. 생부와 양부를 모두 상속한 甲이 사망한 경우, 가장 근친인 직계존속은 B이므로 B만이 단독상속인이 된다.
③ (×) 양자인 甲과 양부모인 A와 B가 동시에 사망한 경우, A의 재산은 A의 직계존속인 C가 상속하고, 甲은 A를 상속할 수 없다. 한편 甲의 재산에 관해서는 甲의 생가 직계존속인 乙이 양가 직계존속인 C보다 근친이므로 乙이 상속한다. 甲의 재산은 乙이 상속하고 A의 재산은 C가 상속한다.
④ (O) 생부인 乙과 양부모인 A·B가 모두 사망하면 甲은 그들을 모두 상속하고, 그 후 甲이 사망하면 甲의 직계존속이 甲을 상속하는데, 생가 직계존속 丙과 양가 직계존속 C는 촌수가 동일하므로 공동상속인이 된다.
⑤ (O) 양부모인 A·B가 모두 사망하면 양자 甲은 A·B를 상속하고, 그 후 甲이 사망하면 최근친인 직계존속이 甲을 상속하게 되는데, 최근친인 직계존속은 乙이므로 乙이 단독상속인이 된다. 정답 ③

8. **친양자 입양에 관한 설명 중 옳은 것을 모두 고른 것은?** [14 변호사]

ㄱ. 친양자가 될 사람은 17세 미만이어야 한다.
ㄴ. 친양자 입양이 취소된 때에는 친양자 관계는 입양한 때로 소급하여 소멸하고 입양 전의 친족관계는 부활한다.
ㄷ. 친양자 입양에는 친양자가 될 사람의 친생부모의 동의가 필요하지만, 친생부모의 소재를 알 수 없는 경우에는 그의 동의 없이도 친양자 입양이 가능하다.
ㄹ. 친양자가 될 사람이 15세 이상인 경우에는 법정대리인의 동의를 받아 입양을 승낙하고, 15세 미만인 경우에는 법정대리인이 그를 갈음하여 입양을 승낙하여야 한다.
ㅁ. 친생부모가 자신에게 책임이 있는 사유로 3년 이상 자녀에 대한 부양의무를 이행하지 아니하고 면접교섭을 하지 아니한 경우에는 친생부모의 동의나 승낙이 없더라도 가정법원은 친양자 입양청구를 인용할 수 있다.

① ㄱ, ㄷ ② ㄱ, ㅁ ③ ㄴ, ㄹ
④ ㄷ, ㄹ ⑤ ㄷ, ㅁ

해 설

ㄱ. (×) 친양자 가능 연령을 완화하였다. 종전에는 15세 미만인 경우에만 친양자 입양이 가능하였지만, 지금은 미성년자이면 친양자 입양이 가능하다. 제908조의 2 제1항 제2호.
ㄴ. (×) 친양자 입양취소의 소급효는 인정되지 않는다. 제908조의 7 제2항.
ㄷ. (O) 친양자가 될 사람의 친생부모가 친권상실의 선고를 받거나 소재를 알 수 없거나 그 밖의 사유로 동의할 수 없는 경우에는 동의가 없더라도 친양자 입양이 가능하다. 제908조의 2 제1항 제3호.
ㄹ. (×) 종래에는 지문과 같이 친양자가 될 사람이 15세 이상인지 여부에 따라 법정대리인의 동의나 승낙이 좌우되었지만, 지금은 그 연령을 13세로 하향 조정하였다. 친양자로 될 사람이 13세 이상인 때에는 법정대리인이 동의를 하여야 하고, 13세 미만인 때에는 법정대리인이 친양자에 갈음하여 승낙하여야 한다. 제908조의 2 제1항 제4호, 제5호.
ㅁ. (O) 제908조의 2 제2항 제2호.

정답 ⑤

Ⅲ. 친권과 후견

1. 친권

9. **친권자와 자(子) 사이 또는 친권에 따르는 수인의 자(子) 사이의 이해상반행위에 관한 설명 중 옳은 것(○)과 옳지 않은 것(×)을 올바르게 조합한 것은? (다툼이 있는 경우 판례에 의함)** [19 변호사]

ㄱ. 이해상반행위란 행위의 객관적 성질상 친권자와 그 자(子) 사이 또는 친권에 복종하는 수인의 자(子) 사이에 이해의 대립이 생길 우려가 있는 행위를 가리키는 것으로, 친권자의 의도나 그 행위의 결과 실제로 이해의 대립이 생겼는지의 여부는 묻지 않는다.

ㄴ. 친권자인 모가 자신이 대표이사로 있는 주식회사의 채무 담보를 위하여 자신과 미성년인 자(子)의 공유재산에 대하여 자(子)의 법정대리인 겸 본인의 자격으로 근저당권을 설정한 행위는, 친권자와 그 자(子) 사이에 이해의 대립이 생길 우려가 있는 이해상반행위에 해당한다.

ㄷ. 법원은 특별대리인 선임 심판 시에 특별대리인에게 미성년자가 하여야 할 법률행위를 무엇이든지 처리할 수 있도록 포괄적으로 권한을 수여하는 심판을 할 수는 없다.

① ㄱ(○), ㄴ(×), ㄷ(○) ② ㄱ(○), ㄴ(×), ㄷ(×) ③ ㄱ(×), ㄴ(○), ㄷ(○)
④ ㄱ(×), ㄴ(○), ㄷ(×) ⑤ ㄱ(×), ㄴ(×), ㄷ(○)

해설

ㄱ. **(○)** 이해상반행위를 판단하는 기준에 관하여 판례는 형식적 판단설을 따른다. 행위의 객관적 성질에 따라 판단하고 행위자의 주관적 의도 등을 고려하지 않는다.

[**대법원** 2002. 1. 11. **선고** 2001**다**65960 **판결**] 법정대리인인 친권자와 그 자 사이의 이해상반의 유무는 전적으로 그 행위 자체를 객관적으로 관찰하여 판단하여야 할 것이지 그 행위의 동기나 연유를 고려하여 판단하여야 할 것은 아니다.

ㄴ. **(×)** 미성년자와 회사 사이에 이해가 상반되는 경우에 해당할 뿐 친권자와 이해가 상반되는 경우에 해당하지 않는다.

[**대법원** 1996. 11. 22. **선고** 96**다**10270 **판결**] 친권자인 母가 자신이 대표이사로 있는 주식회사의 채무 담보를 위하여 자신과 미성년인 子의 공유재산에 대하여 子의 법정대리인 겸 본인의 자격으로 근저당권을 설정한 행위는, 친권자가 채무자 회사의 대표이사로서 그 주식의 66%를 소유하는 대주주이고 미성년인 子에게는 불이익만을 주는 것이라는 점을 감안하더라도, 그 행위의 객관적 성질상 채무자 회사의 채무를 담보하기 위한 것에 불과하므로 친권자와 그 子사이에 이해의 대립이 생길 우려가 있는 이해상반행위라고 볼 수 없다.

ㄷ. **(○)** 특별대리인은 이해상반하는 행위에 한하여 미성년자를 대리할 수 있다. 특별대리인에게 포괄적으로 권한을 부여할 수는 없다.

[**대법원** 1996. 4. 9. **선고** 96**다**1139 **판결**] [1] 민법 제921조의 특별대리인 제도는 친권자와 그 친권에 복종하는 자 사이 또는 친권에 복종하는 자들 사이에 서로 이해가 충돌하는 경우에는 친권자에게 친권의 공정한 행사를 기대하기 어려우므로 친권자의 대리권 및 동의권을 제한하여 법원이 선임한 특별대리인으로 하여금 이들 권리를 행사하게 함으로써 친권의 남용을 방지하고 미성년인 자의 이익을 보호하려는 데 그 취지가 있으므로, 특별대리인은 이해가 상반되는 특정의 법률행위에 관하여 개별적으로 선임되어야 한다. 따라서 특별대리인선임신청서에는 선임되는 특별대리인이 처리할 법률행위를 특정하여 적시하여야 하고 법원도 그 선임 심판시에 특별대리인이 처리할 법률행위를 특정하여 이를 심판의 주문에 표시하는 것이 원칙이며, 특별대리인에게 미성년자가 하여야 할 법률행위를 무엇이든지 처리할 수 있도록 포괄적으로 권한을 수여하는 심판을 할 수는 없다.

[2] 법원이 특별대리인 선임 심판을 함에 있어서 그 주문에 특별대리인이 처리할 법률행위를 적시하지 아니한 채 단지 특정인을 미성년자를 위한 특별대리인으로 선임한다는 내용만 기재하는 것은 바람직하지 아니한 것이나, 이러한 내용의 심판이 있는 경우에도 그 특별대리인의 권한은 그 사건 선임신청서에서 신청의 원인으로 적시한 특정의 법률행위에 한정되는 것이며 그 밖의 다른 법률행위에 대하여는 그 처리 권한이 없다.

정답 ①

10. 친권에 관한 설명 중 옳지 않은 것은? (다툼이 있는 경우 판례에 의함) [17 변호사]

① 친권자가 친권을 남용하여 자녀의 복리를 현저히 해치거나 해칠 우려가 있는 경우 가정법원은 자녀의 청구에 의하여 친권을 일시적으로 정지시킬 수 있다.

② 법정대리인인 친권자는 정당한 사유가 있는 때에는 가정법원의 허가를 얻어 친권자의 권한 중 법률행위의 대리권과 재산관리권을 사퇴할 수 있다.

③ 친권자가 공동상속인인 자신과 미성년자녀 사이에 미성년자녀를 대리하여 상속재산분할협의를 한 경우 그 분할협의는 무효이다.

④ 친권자인 모(母)가 미성년자녀를 대리하여 그 자녀의 유일한 재산인 부동산을 자신의 오빠에게 증여한 경우 이는 「민법」 제921조의 이해상반행위에 해당한다.

⑤ 이혼 후 미성년자녀의 단독친권자인 모(母)가 사망한 경우, 생존한 부(父)가 자동적으로 미성년자녀의 친권자가 되는 것은 아니다.

해설

① **(O)** 제924조 제1항. 가정법원은 부 또는 모가 친권을 남용하여 자녀의 복리를 현저히 해치거나 해칠 우려가 있는 경우에는 자녀, 자녀의 친족, 검사 또는 지방자치단체의 장의 청구에 의하여 그 친권의 상실 또는 일시 정지를 선고할 수 있다.

② **(O)** 제927조 제1항. 법정대리인인 친권자는 정당한 사유가 있는 때에는 법원의 허가를 얻어 그 법률행위의 대리권과 재산관리권을 사퇴할 수 있다.

③ **(O)** 친권자와 미성년자녀 사이에 이해상반행위에 관하여 친권자의 법정대리권이 제한된다. 상속재산분할협의는 이해상반행위로서 공동상속인인 친권자가 다른 공동상속인인 미성년자녀를 대리하여 상속재산분할협의를 한 경우, 그 협의는 무권대리로서 무효이다.

[**대법원** 2001. 6. 29. **선고** 2001**다**28299 **판결**] 상속재산에 대하여 그 소유의 범위를 정하는 내용의 공동상속재산 분할협의는 그 행위의 객관적 성질상 상속인 상호간의 이해의 대립이 생길 우려가 있는 민법 제921조 소정의 이해상반되는 행위에 해당하므로 공동상속인인 친권자와 미성년인 수인의 子사이에 상속재산 분할협의를 하게 되는 경우에는 미성년자 각자마다 특별대리인을 선임하여 그 각 특별대리인이 각 미성년자인 子를 대리하여 상속재산분할의 협의를 하여야 하고, 만약 친권자가 수인의 미성년자의 법정대리인으로서 상속재산 분할협의를 한 것이라면 이는 민법 제921조에 위반된 것으로서 이러한 대리행위에 의하여 성립된 상속재산 분할협의는 적법한 추인이 없는 한 무효라고 할 것이다.

④ **(×)** 이해상반행위인지를 판단하는 기준을 묻는 지문이다. 미성년자녀에서 불리한 결과를 초래하는 모든 행위가 이해상반행위인 것은 아니다. 행위의 객관적 성질에 비추어 미성년자녀에게는 불리하고 친권자나 다른 미성년자녀에게는 유리한 행위만이 제921조가 규정하고 있는 이해상반행위이다. 친권자가 미성년자녀의 유일한 재산인 부동산을 그의 오빠에게 증여하는 행위는 미성년자녀에게는 불리하고 친권자의 오빠에게 유리한 행위로서 제921조가 규정하고 있는 이해상반행위라고 할 수는 없다. 다만, 친권을 남용한 행위로서 그 효력이 부정될 수는 있다.

[**대법원** 1991. 11. 26. **선고** 91**다**32466 **판결**] 미성년자의 친권자인 모가 자기 오빠의 제3자에 대한 채무의 담보로 미성년자 소유의 부동산에 근저당권을 설정하는 행위가, 채무자를 위한 것으로서 미성년자에게는 불이익만을 주는 것이라고 하더라도, 민법 제921조 제1항에 규정된 "법정대리인인 친권자와 그 子사이에 이해상반되는 행위"라고 볼 수는 없다.

⑤ (○) 가정법원이 생존한 부(父)를 친권자로 지정하여야 한다. 제909조의2 제1항. 제909조 제4항부터 제6항까지의 규정에 따라 단독 친권자로 정하여진 부모의 일방이 사망한 경우 생존하는 부 또는 모, 미성년자, 미성년자의 친족은 그 사실을 안 날부터 1개월, 사망한 날부터 6개월 내에 가정법원에 생존하는 부 또는 모를 친권자로 지정할 것을 청구할 수 있다. 정답 ④

2. 후견

11. 후견에 관한 설명 중 옳지 않은 것은? (다툼이 있는 경우 판례에 의함) [23 변호사]

① 미성년후견인은 특정후견의 심판을 청구할 수 있다.
② 가정법원은, 한정후견 개시 심판을 할 때는 본인의 의사를 고려하여야 하고, 특정후견의 심판을 할 때는 본인의 의사에 반하지 않아야 한다.
③ 가정법원이 특정후견의 심판을 하는 경우에는 특정후견의 기간 또는 사무의 범위를 정하여야 한다.
④ 피한정후견인이 자신에게 필요한 신체침해 의료행위에 대해 동의할 수 없는 경우, 피한정후견인이 그 의료행위의 직접적인 결과로 사망할 위험이 없거나 상당한 장애를 입을 위험이 없으면 한정후견인이 대신하여 동의할 수 있다.
⑤ 가정법원이 친권자의 양육권만을 제한하여 친권자 대신 그 미성년 자녀를 양육하게 된 미성년후견인은 피후견인인 미성년 자녀를 대리하여 친권자에게 피후견인인 미성년 자녀의 부양청구권을 행사할 수 있다.

해 설

① (○) 제14조의2 제1항. 가정법원은 질병, 장애, 노령, 그 밖의 사유로 인한 정신적 제약으로 일시적 후원 또는 특정한 사무에 관한 후원이 필요한 사람에 대하여 본인, 배우자, 4촌 이내의 친족, 미성년후견인, 미성년후견감독인, 검사 또는 지방자치단체의 장의 청구에 의하여 특정후견의 심판을 한다.
② (○) 제12조 제2항, 제9조 제2항, 제14조의2 제2항.
③ (○) 제14조의2 제3항.
④ (○) 한정후견인도 성년후견인과 마찬가지로 신상결정대행권을 가진다(제959조의6, 제947조의2). 성년후견인이나 한정후견인은 피후견인의 신체를 침해하는 의료행위에 대하여 피후견인이 동의할 수 없는 경우에는 후견인이 그를 대신하여 동의할 수 있다(제947조의2 제3항).
⑤ (×) 미성년후견인은 비양육친을 상대로 직접 양육비심판을 청구할 수 있다. 미성년자를 대리하여 부양청구권을 행사하여야 하는 것은 아니다.
[**대법원** 2021. 5. 27. **자** 2019스621 **결정**] 가사소송법 제2조 제1항 제2호 (나)목 3)은 '민법 제837조(동조가 준용되는 경우 포함)에 따른 자녀의 양육에 관한 처분과 그 변경'을 마류 가사비송사건으로 정하고, 민법 제837조는 '양육자의 결정, 양육비용의 부담'을 자의 양육에 관한 사항으로 정하며(제2항), '가정법원은 부·모·자 및 검사의 청구 또는 직권으로 자의 양육에 관한 사항을 변경하거나 다른 적당한 처분을 할 수 있다.'고 정하고 있다(제5항). 가사소송규칙 제99조 제1항은 '자의 양육에 관한 처분과 변경에 관한 심판은 부모 중 일방이 다른 일방을 상대방으로 하여 청구하여야 한다.'고 정하고 있다. 또한 민법은 친권의 상실(제924조), 법률행위 대리권·재산관리권의 상실(제925조)에 관한 규정만을 두고 있었으나, 2014. 10. 15. 법률 제12777호로 개정되면서 가정법원은 친권 상실

사유에 이르지 않더라도 미성년 자녀의 복리를 위해서 친권의 일부를 제한할 수 있다는 규정(제924조의2)을 신설하였고, 가정법원은 미성년 자녀의 보호에 공백이 생기는 것을 막기 위해 친권의 일부 제한 등으로 그 제한된 범위의 친권을 행사할 사람이 없는 경우 미성년후견인을 직권으로 선임하며(제932조 제2항, 제928조), 이 경우 미성년후견인의 임무는 제한된 친권의 범위에 속하는 행위에 한정되는 것으로 정하였다(제946조). 이에 따라 가정법원은 부모가 미성년 자녀를 양육하는 것이 오히려 자녀의 복리에 반한다고 판단한 경우 부모의 친권 중 보호·교양에 관한 권리(민법 제913조), 거소지정권(민법 제914조) 등 자녀의 양육과 관련된 권한(이하 '양육권'이라고 한다)만을 제한하여 미성년후견인이 부모를 대신하여 그 자녀를 양육하도록 하는 내용의 결정도 할 수 있게 되었다.

앞서 본 규정 내용과 체계, 민법의 개정 취지 등에 비추어 보면, 가정법원이 민법 제924조의2에 따라 부모의 친권 중 양육권만을 제한하여 미성년후견인으로 하여금 자녀에 대한 양육권을 행사하도록 결정한 경우에 민법 제837조를 유추적용하여 미성년후견인은 비양육친을 상대로 가사소송법 제2조 제1항 제2호 (나)목 3)에 따른 양육비심판을 청구할 수 있다고 봄이 타당하다. 정답 ⑤

12. **甲은 자신의 노후생활에 대비하여 자신의 재산관리에 관한 사무의 전부를 乙에게 위탁하고, 그 위탁사무에 관한 대리권을 乙에게 수여하는 것을 내용으로 하는 후견계약을 체결하였다. 이 후견계약에 관한 설명 중 옳은 것을 모두 고른 것은? (다툼이 있는 경우 판례에 의함)** [21 변호사]

ㄱ. 후견계약은 서면에 의하여 체결하고 가정법원의 허가를 받아야 유효하게 성립한다.
ㄴ. 乙의 처제와 장인이 乙과 생계를 같이 하는 경우 임의후견감독인이 될 수 없다.
ㄷ. 甲과 乙의 후견계약은 가정법원이 임의후견감독인을 선임한 때부터 효력이 발생한다.
ㄹ. 임의후견감독인 선임 전에는 甲과 乙이 언제든지 후견등기를 말소함으로써 후견계약의 의사표시를 철회할 수 있다.
ㅁ. 가정법원이 임의후견감독인을 선임한 이후에는 甲 또는 乙은 정당한 사유가 있는 때에만 가정법원의 허가를 받아 후견계약을 종료할 수 있다.

① ㄱ, ㄴ, ㄹ ② ㄱ, ㄷ, ㄹ ③ ㄱ, ㄷ, ㅁ
④ ㄴ, ㄷ, ㅁ ⑤ ㄴ, ㄹ, ㅁ

해설

ㄱ. (×) 후견계약은 공정증서로 체결하여야 한다(제959조의14 제2항). 가정법원의 허가를 받을 필요는 없다.

ㄴ. (○) 임의후견감독인에 대해서는 제940조의5를 준용한다(제959조의15). 제779조에 따른 후견인의 가족은 후견감독인이 될 수 없다(제940조의5). 배우자, 직계혈족 및 형제자매, 생계를 같이 하는 직계혈족의 배우자, 배우자의 직계혈족, 배우자의 형제자매는 가족으로 한다(제779조). 임의후견인 乙의 처제는 배우자의 형제자매이고, 장인은 배우자의 직계혈족이므로 생계를 같이 하는 때에는 乙의 가족이 된다. 임의후견인 乙의 가족은 임의후견감독인이 될 수 없다.

ㄷ. (○) 후견계약은 가정법원이 임의후견감독인을 선임한 때부터 효력이 발생한다(제959조의14 제3항).

ㄹ. (×) 임의후견감독인의 선임 전에는 본인 또는 임의후견인은 언제든지 공증인의 인증을 받은 서면으로 후견계약의 의사표시를 철회할 수 있다(제959조의18 제1항).

ㅁ. (○) 임의후견감독인의 선임 이후에는 본인 또는 임의후견인은 정당한 사유가 있는 때에만 가정법원의 허가를 받아 후견계약을 종료할 수 있다(제959조의18 제2항). 정답 ④

13. 미성년후견에 관한 설명 중 옳지 않은 것은? [18 변호사]

① 친권을 행사하는 부모라도 미성년자를 위한 법률행위의 대리권과 재산관리권이 없는 경우에는 유언으로 미성년후견인을 지정할 수 없다.
② 미성년자에게 친권을 행사하는 부모의 유언으로 미성년후견인이 지정된 경우라도 미성년자는 자신의 복리를 위하여 필요하면 가정법원에 후견을 종료하고 생존하는 부 또는 모를 친권자로 지정할 것을 청구할 수 있다.
③ 미성년자의 신상과 재산에 관한 모든 사정을 고려하여 여러 명의 미성년후견인을 둘 수 있다.
④ 가정법원은 친권의 상실, 일시 정지, 일부 제한의 선고 또는 법률행위의 대리권이나 재산관리권 상실의 선고에 따라 미성년후견인을 선임할 필요가 있는 경우에는 직권으로 미성년후견인을 선임한다.
⑤ 미성년후견인을 지정할 수 있는 사람은 유언으로 미성년후견감독인을 지정할 수 있다.

해설

① **(O)** 제931조 제1항. 미성년자에게 친권을 행사하는 부모는 유언으로 미성년후견인을 지정할 수 있다. 다만, 법률행위의 대리권과 재산관리권이 없는 친권자는 그러하지 아니하다.
② **(O)** 제931조 제2항. 가정법원은 제1항에 따라 미성년후견인이 지정된 경우라도 미성년자의 복리를 위하여 필요하면 생존하는 부 또는 모, 미성년자의 청구에 의하여 후견을 종료하고 생존하는 부 또는 모를 친권자로 지정할 수 있다.
③ **(×)** 제930조 제1항. 미성년후견인의 수(數)는 한 명으로 한다.
④ **(O)** 제932조 제2항. 가정법원은 제924조, 제924조의2 및 제925조에 따른 친권의 상실, 일시 정지, 일부 제한의 선고 또는 법률행위의 대리권이나 재산관리권 상실의 선고에 따라 미성년후견인을 선임할 필요가 있는 경우에는 직권으로 미성년후견인을 선임한다.
⑤ **(O)** 제940조의2. 미성년후견인을 지정할 수 있는 사람은 유언으로 미성년후견감독인을 지정할 수 있다.

정답 ③

14. 후견인이 권한을 행사할 때 가정법원의 허가를 받아야 하는 경우가 아닌 것은? [15 변호사]

① 임의후견감독인이 선임되기 전에 본인 또는 임의후견인이 후견계약을 철회하고자 하는 경우
② 성년후견인이 피성년후견인을 대신하여 피성년후견인이 의료행위의 직접적인 결과로 사망하거나 상당한 장애를 입을 위험이 있는 의료행위에 동의하는 경우
③ 성년후견인이 피성년후견인을 대리하여 피성년후견인이 거주하고 있는 건물 또는 그 대지에 대하여 매도, 임대, 저당권 설정 행위를 하는 경우
④ 성년후견인이 피성년후견인을 치료 등의 목적으로 정신병원이나 그 밖의 다른 장소에 격리하려는 경우
⑤ 후견인으로 선임된 후 2개월 내로 되어 있는 피후견인의 재산목록 작성 기간을 연장하는 경우

해설

① **[불요]** 임의후견감독인의 선임 전에는 본인 또는 임의후견인은 언제든지 공증인의 인증을 받은 서면으로 후견계약의 의사표시를 철회할 수 있다(제959조의18 제1항). 법원이 임의후견감독인을 선임하기

전에는 임의후견이 개시된 것이 아니므로 법원의 허가를 받아 철회할 필요는 없다. 다만 공정증서로 후견계약을 체결하는 것과 마찬가지로 공증인의 인증을 받은 서면으로 철회하여야 한다. 그러나 임의후견감독인의 선임되어 임의후견이 개시된 이후에 임의후견을 종료하기 위해서는 법원의 허가를 받아야 한다(제959조의18 제2항)..

② **[필요]** 제947조의2 제4항.
③ **[필요]** 제947조의2 제5항.
④ **[필요]** 제947조의2 제2항.
⑤ **[필요]** 제941조 제1항 단서.

정답 ①

Ⅳ. 부양

15. **부양의무에 관한 설명 중 옳은 것을 모두 고른 것은? (다툼이 있는 경우 판례에 의함)** [24 변호사]

ㄱ. 부부간의 부양의무는 부부공동생활의 유지를 가능하게 하는 것이므로 혼인이 사실상 파탄되어 부부가 별거하면서 서로 이혼소송을 제기하는 경우라면 특별한 사정이 없는 한 이혼이 확정되기 전이라도 부부 사이의 부양의무는 소멸하는 것으로 보아야 한다.
ㄴ. 부부간의 부양의무 중 과거의 부양료에 관하여는 특별한 사정이 없는 한 부양을 받을 사람이 부양의무자에게 부양의무의 이행을 청구하였음에도 불구하고 부양의무자가 부양의무를 이행하지 아니함으로써 이행지체에 빠진 후의 것에 관해서만 그 지급을 청구할 수 있을 뿐이다.
ㄷ. 부부의 일방이 정당한 이유 없이 동거를 거부하였다면 상대방의 동거청구가 권리의 남용에 해당하는 등의 특별한 사정이 없는 한, 상대방에게 부양료의 지급을 청구할 수 없다.
ㄹ. 자녀를 홀로 양육한 부부의 일방이 상대방에 대하여 가지는 과거 양육비의 지급을 구할 권리는 당사자의 협의 또는 가정법원의 심판 등에 의하여 구체적인 지급청구권으로 성립하기 전에는 소멸시효가 진행하지 않는다.

① ㄱ, ㄴ　　② ㄱ, ㄷ　　③ ㄴ, ㄹ
④ ㄴ, ㄷ, ㄹ　　⑤ ㄱ, ㄴ, ㄷ, ㄹ

해설

ㄱ. (×) 이혼판결의 확정으로 법률상 혼인관계가 완전히 해소될 때까지 부부간 부양의무는 소멸하지 않는다. 이혼소송을 취하하는 등으로 정상적인 부부관계로 회복될 가능성이 있고, 이혼에 따른 재산분할에서 고려되는 부양적 요소는 이혼 후의 것만으로 대상으로 하므로 이혼판결이 확정될 때까지의 부양에 관해서는 별도의 부양료 심판 등에서 고려할 필요가 있으며, 비록 상대방이 이혼의 반소를 제기하였다고 하여 이혼의사의 합치가 있다는 사정 이외에 혼인이 완전히 해소되었다고 할 수 없기 때문이다.

[**대법원** 2023. 3. 24. **자** 2022**스**771 **결정**] 부부간 부양의무는 혼인관계의 본질적 의무로서 부양받을 자의 생활을 부양의무자의 생활과 같은 정도로 보장하여 부부공동생활의 유지를 가능하게 하는 것이다. 따라서 혼인이 사실상 파탄되어 부부가 별거하면서 서로 이혼소송을 제기하는 경우라고 하더라도, 특별한 사정이 없는 한 이혼을 명한 판결의 확정 등으로 법률상 혼인관계가 완전히 해소될 때까지는 부부간 부양의무가 소멸하지 않는다고 보아야 한다.

① 부부간에 부양받을 자의 생활을 부양의무자와 같은 정도로 보장하고자 하는 부부간 부양의무는 부부가 동거하면서 정상적인 부부관계를 유지하는 경우보다는 부부가 어떤 이유에서든지 별거하여 배우자 일방이 상대방에 대하여 부양의무를 이행할 필요성이 있는 경우에 더 큰 의미가 있다.
② 민법상 혼인관계의 해소는 혼인이 무효이거나 취소된 때가 아닌 한 협의 또는 재판상 이혼에 의해야 하므로 그와 같은 이혼의 효력이 발생되지 않으면 여전히 법률상 부부관계가 남아 있는 것이고 당사자의 의사에 따라 언제든지 다시 정상적인 부부관계로 회복될 여지가 있다. 협의이혼 신고의 수리 전 철회나 재판상 이혼청구(반소 포함)의 종국판결 확정 전 취하를 통해 사실상 종료된 혼인관계를 다시 유지할 수도 있기 때문이다.
③ 재산분할청구 사건에서 혼인 중 이룩한 재산관계의 청산뿐 아니라 이혼 이후 당사자들의 생활보장에 대한 배려 등 부양적 요소, 사실심 변론종결 당시까지의 부양 상황 등을 함께 고려하여 재산분할의 대상과 액수를 정하게 되는데, 이러한 재산분할에 따른 권리는 이혼의 확정을 전제로 발생하는 것이므로 이혼이 확정되기 전까지의 부양적 요소는 별도의 부양료 심판 등에서 고려될 필요가 있고, 특히 부양이 필요한 배우자가 소득이 없는 경우에는 더욱 그러하다.
④ 재판상 이혼의 경우 일방의 이혼, 위자료 및 재산분할 등을 구하는 본소 제기는 물론 이에 대한 상대방의 이혼 등의 반소 제기는, 모두 이혼의 의사가 있으니 법원의 형성판결을 통해 혼인관계를 해소하고 혼인파탄의 책임 및 부부공동재산의 범위를 따져 위자료 및 재산분할 내용을 정해 달라는 재판상 청구권을 행사하는 것이다. 따라서 부양의무자의 이혼 등 본소에 대하여 부양권리자가 이혼 등의 반소를 제기하였다는 사정은 이혼 의사가 합치되었다는 사정에 불과할 뿐 여전히 둘 사이에는 혼인파탄의 책임 및 부부공동재산의 범위에 관한 분쟁이 남아 있어 혼인이 완전히 해소되었다고 볼 수는 없다.
⑤ 따라서 배우자 일방이 스스로 정당한 이유 없이 동거를 거부하면서도 상대방에게 부양료의 지급을 청구할 수는 없지만, 그러한 귀책사유 없는 배우자 일방이 상대방에게 부양료의 지급을 청구하는 것은 부양료 지급의 요건 및 필요성이 인정되지 않는 특별한 사정이 없는 한 비록 당사자 쌍방이 이혼소송을 서로 제기한 경우라도 인정되어야 한다.

ㄴ. (O) [**대법원** 2017. 8. 25. **자** 2014**스**26 **결정**] 민법 제826조 제1항에 규정된 부부간의 상호부양의무는 부부의 일방에게 부양을 받을 필요가 생겼을 때 당연히 발생되는 것이기는 하지만, 과거의 부양료에 관하여는 특별한 사정이 없는 한, 부양을 받을 자가 부양의무자에게 부양의무의 이행을 청구하였음에도 불구하고 부양의무자가 부양의무를 이행하지 아니함으로써 이행지체에 빠진 이후의 것에 대하여만 부양료의 지급을 청구할 수 있을 뿐, 부양의무자가 부양의무의 이행을 청구받기 이전의 부양료의 지급은 청구할 수 없다고 보는 것이 부양의무의 성질이나 형평의 관념에 합치된다.

ㄷ. (O) [**대법원** 1991. 12. 10. **선고** 91**므**245 **판결**] 민법 제826조 제1항이 규정하고 있는 부부간의 동거·부양·협조의무는 정상적이고 원만한 부부관계의 유지를 위한 광범위한 협력의무를 구체적으로 표현한 것으로서 서로 독립된 별개의 의무가 아니라고 할 것이므로, 부부의 일방이 정당한 이유 없이 동거를 거부함으로써 자신의 협력의무를 스스로 저버리고 있다면, 상대방의 동거청구가 권리의 남용에 해당하는 등의 특별한 사정이 없는 한, 상대방에게 부양료의 지급을 청구할 수 없다(필자 註 : 부가 처에게 자신의 주소에서 동거하자고 요구하는 것이 부부의 나이 및 가족관계 등 제반 사정을 참작하면 동거청구권의 남용에 해당하지 아니하므로, 부의 전처 소생의 장남과 처의 사이가 과거에 좋지 않았다는 사유만으로는, 처가 부의 동거요구를 거절할 수 있는 정당한 이유가 있었다고 볼 수 없다고 한 사례).

ㄹ. (O) [**대법원** 2011. 7. 29. **자** 2008**스**67 **결정**] 양육자가 상대방에 대하여 자녀 양육비의 지급을 구할 권리는 당초에는 기본적으로 친족관계를 바탕으로 하여 인정되는 하나의 추상적인 법적 지위이었던 것이 당사자 사이의 협의 또는 당해 양육비의 내용 등을 재량적·형성적으로 정하는 가정법원의 심판에 의하여 구체적인 청구권으로 전환됨으로써 비로소 보다 뚜렷하게 독립한 재산적 권리로서의 성질을 가지게 된다. 이와 같이 당사자의 협의 또는 가정법원의 심판에 의하여 구체적인 지급청구권으로서 성립하기 전에는 과거의 양육비에 관한 권리는 양육자가 그 권리를 행사할 수 있는 재산권에 해당한다고 할 수 없고, 따라서 이에 대하여는 소멸시효가 진행할 여지가 없다고 보아야 한다. **정답** ④

16. **甲과 乙은 부부이고, 丙은 그들의 미성년의 자녀이며, 丁은 甲의 어머니인데 甲, 乙과는 생계를 달리하고 있다. 이에 관한 설명 중 옳지 않은 것은? (다툼이 있는 경우 판례에 의함)** [22 변호사]

① 丁이 자력 또는 근로에 의하여 생활을 유지할 수 있는 경우, 甲은 자기의 사회적 지위에 상응하는 생활을 유지하면서 생활에 여유가 있더라도 丁에 대한 부양의무가 없다.
② 甲이 사망하고 乙이 아직 재혼하지 않았다면 乙은 丁을 부양할 의무가 있다.
③ 乙이 혼인 중 무정자증을 가진 甲의 동의를 얻어 제3자의 정자를 제공받아 인공수정으로 丙을 임신하여 출산한 경우에, 그 후 甲과 乙이 이혼하더라도 丙은 甲의 친생자로 추정된다.
④ 甲과 乙이 이혼하고 乙 홀로 丙을 양육하였다면, 특별한 사정이 없는 한 丙에 대한 과거의 양육비를 甲이 분담함이 상당하다고 인정되는 때에는 乙은 甲을 상대로 이를 청구할 수 있다.
⑤ 甲이 의식불명으로 입원한 동안 丁이 입원비를 부담하였다면, 丁은 乙을 상대로 그 입원비의 상환을 구할 수 있다.

해설

① **(O)** 성년자녀의 노친부모에 대한 부양의무는 2차적 부양의무이다. 2차적 부양의무는 부양의 필요성과 가능성을 요건으로 발생한다. 노친부모가 자력 또는 근로에 의하여 생활을 유지할 수 있는 때에는 부양의 필요성이 인정되지 아니하므로 부양의무가 발생하지 않는다.

② **(×)** 배우자 일방이 사망한 경우, 잔존 배우자와 사망한 배우자의 직계존속 간에는 제974조 제3호에 따른 부양의무가 인정된다. 제974조 제3호에 따른 부양의무가 인정되기 위해서는 생계를 같이 하여야 한다. 丁은 乙과 생계를 같이 하고 있지 아니하므로 丁과 乙은 상호 부양의무를 부담하지 않는다.

[**대법원** 2013. 8. 30. **자** 2013**스**96 **결정**] 민법 제775조 제2항에 의하면 부부의 일방이 사망한 경우에 혼인으로 인하여 발생한 그 직계혈족과 생존한 상대방 사이의 인척관계는 일단 그대로 유지되다가 상대방이 재혼한 때에 비로소 종료하게 되어 있으므로 부부의 일방이 사망하여도 그 부모 등 직계혈족과 생존한 상대방 사이의 친족관계는 그대로 유지되나, 그들 사이의 관계는 민법 제974조 제1호의 '직계혈족 및 그 배우자 간'에 해당한다고 볼 수 없다. 배우자관계는 혼인의 성립에 의하여 발생하여 당사자 일방의 사망, 혼인의 무효·취소, 이혼으로 인하여 소멸하는 것이므로, 그 부모의 직계혈족인 부부 일방이 사망함으로써 그와 생존한 상대방 사이의 배우자관계가 소멸하였기 때문이다. 따라서 부부 일방의 부모 등 그 직계혈족과 상대방 사이에서는, 직계혈족이 생존해 있다면 민법 제974조 제1호에 의하여 생계를 같이 하는지와 관계없이 부양의무가 인정되지만, 직계혈족이 사망하면 생존한 상대방이 재혼하지 않았더라도 민법 제974조 제3호에 의하여 생계를 같이 하는 경우에 한하여 부양의무가 인정된다.

③ **(O)** [**대법원** 2019. 10. 23. **선고** 2016**므**2510 **전원합의체 판결**] (가) 친생자와 관련된 민법 규정, 특히 민법 제844조 제1항(이하 '친생추정 규정'이라 한다)의 문언과 체계, 민법이 혼인 중 출생한 자녀의 법적 지위에 관하여 친생추정 규정을 두고 있는 기본적인 입법 취지와 연혁, 헌법이 보장하고 있는 혼인과 가족제도 등에 비추어 보면, 아내가 혼인 중 남편이 아닌 제3자의 정자를 제공받아 인공수정으로 자녀를 출산한 경우에도 친생추정 규정을 적용하여 인공수정으로 출생한 자녀가 남편의 자녀로 추정된다고 보는 것이 타당하다. 상세한 이유는 다음과 같다.

① 민법은 친생추정 규정과 이에 대한 번복방법인 민법 제847조의 친생부인의 소 규정을 엄격하게 정하고 있고, 친생부인을 할 수 없게 된 경우 자녀의 법적 지위가 종국적으로 확정된다. 따라서 혼인 중 출생한 자녀의 부자관계는 민법 규정에 따라 일률적으로 정해지는 것이고 혈연관계를 개별적·구체적으로 심사하여 정해지는 것이 아니다.

② 친생추정 규정은 혼인 중 출생한 자녀에 대해서 적용되는데, 친생추정 규정의 문언과 입법 취지, 혼인과 가족생활에 대한 헌법적 보장 등에 비추어 혼인 중 출생한 인공수정 자녀도 혼인 중 출생한 자녀에 포함된다고 보아야 한다.
③ 자녀의 복리를 지속적으로 책임지는 부모에게 자녀와의 신분관계를 귀속시키는 것이 자녀의 복리에 도움이 된다. 인공수정 자녀에 대해서 친생자관계가 생기지 않는다고 보는 것은 인공수정 자녀를 양육해 왔던 혼인 부부에게 커다란 충격일 뿐만 아니라 이를 바탕으로 가족관계를 형성해 온 자녀에게도 회복하기 어려운 위험이라고 할 수 있다.
④ 인공수정 자녀의 출생 과정과 이를 둘러싼 가족관계의 실제 모습에 비추어 보더라도 인공수정 자녀에 대해서 친생추정 규정을 적용하는 것에 사회적 타당성을 인정할 수 있다.
(나) 정상적으로 혼인생활을 하고 있는 부부 사이에서 인공수정 자녀가 출생하는 경우 남편은 동의의 방법으로 자녀의 임신과 출산에 참여하게 되는데, 이것이 친생추정 규정이 적용되는 근거라고 할 수 있다. 남편이 인공수정에 동의하였다가 나중에 이를 번복하고 친생부인의 소를 제기하는 것은 허용되지 않는다. 나아가 인공수정 동의와 관련된 현행법상 제도의 미비, 인공수정이 이루어지는 의료현실, 민법 제852조에서 친생자임을 승인한 자의 친생부인을 제한하고 있는 취지 등에 비추어 이러한 동의가 명백히 밝혀지지 않았던 사정이 있다고 해서 곧바로 친자관계가 부정된다거나 친생부인의 소를 제기할 수 있다고 볼 것은 아니다. 부부가 정상적인 혼인생활을 하고 있는 경우 출생한 인공수정 자녀에 대해서는 남편의 동의가 있었을 개연성이 높다. 따라서 혼인 중 출생한 인공수정 자녀에 대해서는 다른 명확한 사정에 관한 증명이 없는 한 남편의 동의가 있었던 것으로 볼 수 있다. 동의서 작성이나 그 보존 여부가 명백하지 않더라도 인공수정 자녀의 출생 이후 남편이 인공수정 자녀라는 사실을 알면서 출생신고를 하는 등 인공수정 자녀를 자신의 친자로 공시하는 행위를 하거나, 인공수정 자녀의 출생 이후 상당 기간 동안 실질적인 친자관계를 유지하면서 인공수정 자녀를 자신의 자녀로 알리는 등 사회적으로 보아 친자관계를 공시·용인해 왔다고 볼 수 있는 경우에는 동의가 있는 경우와 마찬가지로 취급하여야 한다.

④ **(O)** [**대법원** 1994. 5. 13. **자** 92스21 **전원합의체 결정**] 어떠한 사정으로 인하여 부모 중 어느 한 쪽만이 자녀를 양육하게 된 경우에, 그와 같은 일방에 의한 양육이 그 양육자의 일방적이고 이기적인 목적이나 동기에서 비롯한 것이라거나 자녀의 이익을 위하여 도움이 되지 아니하거나 그 양육비를 상대방에게 부담시키는 것이 오히려 형평에 어긋나게 되는 등 특별한 사정이 있는 경우를 제외하고는, 양육하는 일방은 상대방에 대하여 현재 및 장래에 있어서의 양육비 중 적정 금액의 분담을 청구할 수 있음은 물론이고, 부모의 자녀양육의무는 특별한 사정이 없는 한 자녀의 출생과 동시에 발생하는 것이므로 과거의 양육비에 대하여도 상대방이 분담함이 상당하다고 인정되는 경우에는 그 비용의 상환을 청구할 수 있다.

⑤ **(O)** [**대법원** 2012. 12. 27. **선고** 2011**다**96932 **판결**] 민법 제826조 제1항에 규정된 부부간의 상호 부양의무는 혼인관계의 본질적 의무로서 부양을 받을 자의 생활을 부양의무자의 생활과 같은 정도로 보장하여 부부공동생활의 유지를 가능하게 하는 것을 내용으로 하는 제1차 부양의무이고, 반면 부모가 성년의 자녀에 대하여 직계혈족으로서 민법 제974조 제1호, 제975조에 따라 부담하는 부양의무는 부양의무자가 자기의 사회적 지위에 상응하는 생활을 하면서 생활에 여유가 있음을 전제로 하여 부양을 받을 자가 그 자력 또는 근로에 의하여 생활을 유지할 수 없는 경우에 한하여 그의 생활을 지원하는 것을 내용으로 하는 제2차 부양의무이다. 이러한 제1차 부양의무와 제2차 부양의무는 의무이행의 정도뿐만 아니라 의무이행의 순위도 의미하는 것이므로 제2차 부양의무자는 제1차 부양의무자보다 후순위로 부양의무를 부담한다. 따라서 제1차 부양의무자와 제2차 부양의무자가 동시에 존재하는 경우에 제1차 부양의무자는 특별한 사정이 없는 한 제2차 부양의무자에 우선하여 부양의무를 부담하므로, 제2차 부양의무자가 부양받을 자를 부양한 경우에는 그 소요된 비용을 제1차 부양의무자에 대하여 상환청구할 수 있다. 정답 ②

17. 부양에 관한 설명 중 옳지 않은 것은? (다툼이 있는 경우 판례에 의함) [21 변호사]

① 친부(親父)가 사망한 후 계모와 함께 살고 있는 계자녀는 계모를 부양할 의무가 있다.
② 모(母)가 성년인 자(子)의 병원비를 지불한 경우, 모(母)는 자(子)의 배우자에 대하여 병원비의 상환을 청구할 수 있다.
③ 과거 부양료의 지급을 구하는 권리는 당사자의 협의 또는 가정법원의 심판 확정에 의하여 비로소 구체적이고 독립한 재산적 권리로 성립하므로, 그러한 부양료청구권의 침해를 이유로 채권자취소권을 행사하는 경우 제척기간은 부양료청구권이 구체적인 권리로 성립한 때부터 진행한다.
④ 처(妻)가 정당한 이유 없이 동거를 거부함으로써 자신의 협력의무를 스스로 저버리고 있다면, 부(夫)의 동거청구가 권리의 남용에 해당하는 등의 특별한 사정이 없는 한, 처(妻)는 부(夫)에게 부양료의 지급을 청구할 수 없다.
⑤ 재판상 이혼 시 친권자와 양육자로 지정된 처(妻)는 부(夫)에게 양육비를 청구할 수 있고, 이 경우 가정법원은 자녀의 양육비 중 처(妻)가 부담해야 할 양육비를 제외하고 부(夫)가 분담해야 할 적정 금액의 양육비만을 결정하여야 한다.

해설

① **(O)** 계모와 적자 사이에는 배우자의 혈족 혹은 혈족의 배우자인 인척관계가 있고, 부부의 일방이 사망함으로써 혼인관계가 해소되더라도 잔존배우자가 재혼하지 않고 있는 동안에는 인척관계가 유지된다. 한편, 직계혈족의 배우자 혹은 배우자의 직계혈족 사이에는 생계를 같이 하는지와 무관하게 상호 부양의무가 인정되지만, 부부의 일방이 사망하여 부부관계가 해소된 때에는 기타 친족으로서 생계를 같이하는 때에만 부양의무가 인정된다. 친부가 사망한 경우 계모와 생계를 같이 하는 개자녀는 친족간 부양의무로서 계모를 부양할 의무가 있다.

[**대법원** 2013. 8. 30. **자** 2013**스**96 **결정**] 민법 제775조 제2항에 의하면 부부의 일방이 사망한 경우에 혼인으로 인하여 발생한 그 직계혈족과 생존한 상대방 사이의 인척관계는 일단 그대로 유지되다가 상대방이 재혼한 때에 비로소 종료하게 되어 있으므로 부부의 일방이 사망하여도 그 부모 등 직계혈족과 생존한 상대방 사이의 친족관계는 그대로 유지되나, 그들 사이의 관계는 민법 제974조 제1호의 '직계혈족 및 그 배우자 간'에 해당한다고 볼 수 없다. 배우자관계는 혼인의 성립에 의하여 발생하여 당사자 일방의 사망, 혼인의 무효·취소, 이혼으로 인하여 소멸하는 것이므로, 그 부모의 직계혈족인 부부 일방이 사망함으로써 그와 생존한 상대방 사이의 배우자관계가 소멸하였기 때문이다. 따라서 부부 일방의 부모 등 그 직계혈족과 상대방 사이에서는, 직계혈족이 생존해 있다면 민법 제974조 제1호에 의하여 생계를 같이 하는지와 관계없이 부양의무가 인정되지만, 직계혈족이 사망하면 생존한 상대방이 재혼하지 않았더라도 민법 제974조 제3호에 의하여 생계를 같이 하는 경우에 한하여 부양의무가 인정된다.

② **(O)** 직계혈족으로서의 부양의무와 배우자로서의 부양의무의 관계를 묻는 지문이다. 직계혈족으로서의 부양의무는 2차적 부양의무이고, 배우자로서의 부양의무는 1차적 부양의무이므로 1차적 부양의무자가 2차적 부양의무자에 우선하여 부양의무자가 된다. 2차적 부양의무자가 부양의무를 이행한 때에는 1차적 부양의무자에 대하여 구상할 수 있다.

[**대법원** 2012. 12. 27. **선고** 2011**다**96932 **판결**] 민법 제826조 제1항에 규정된 부부간의 상호부양의무는 혼인관계의 본질적 의무로서 부양을 받을 자의 생활을 부양의무자의 생활과 같은 정도로 보장하여 부부공동생활의 유지를 가능하게 하는 것을 내용으로 하는 제1차 부양의무이고, 반면 부모가 성년의 자녀에 대하여 직계혈족으로서 민법 제974조 제1호, 제975조에 따라 부담하는 부양의무는

부양의무자가 자기의 사회적 지위에 상응하는 생활을 하면서 생활에 여유가 있음을 전제로 하여 부양을 받을 자가 그 자력 또는 근로에 의하여 생활을 유지할 수 없는 경우에 한하여 그의 생활을 지원하는 것을 내용으로 하는 제2차 부양의무이다. 이러한 제1차 부양의무와 제2차 부양의무는 의무이행의 정도뿐만 아니라 의무이행의 순위도 의미하는 것이므로 제2차 부양의무자는 제1차 부양의무자보다 후순위로 부양의무를 부담한다. 따라서 제1차 부양의무자와 제2차 부양의무자가 동시에 존재하는 경우에 제1차 부양의무자는 특별한 사정이 없는 한 제2차 부양의무자에 우선하여 부양의무를 부담하므로, 제2차 부양의무자가 부양받을 자를 부양한 경우에는 그 소요된 비용을 제1차 부양의무자에 대하여 상환청구할 수 있다.

③ **(×)** 부양료청구권 침해를 원인으로 하는 채권자취소권 제척기간의 기산점을 묻는 지문이다. 채권자취소권의 제척기간은 법률관계 안정을 위하여 만든 것이므로 권리행사의 가능성 여부를 고려하지 않고, 법률로 정한 시점부터 제척기간이 진행한다. 부양료청구권이 구체적 재산권으로 되지 않았더라도 취소원인을 안 날 또는 법률행위가 있은 날로부터 제척기간이 진행한다.

[**대법원** 2015. 1. 29. **선고** 2013**다**79870 **판결**] 민법 제974조, 제975조에 의하여 부양의 의무 있는 사람이 여러 사람인 경우에 그중 부양의무를 이행한 1인이 다른 부양의무자에 대하여 이미 지출한 과거 부양료의 지급을 구하는 권리는 당사자의 협의 또는 가정법원의 심판 확정에 의하여 비로소 구체적이고 독립한 재산적 권리로 성립하게 되지만, 그러한 부양료청구권의 침해를 이유로 채권자취소권을 행사하는 경우의 제척기간은 부양료청구권이 구체적인 권리로서 성립한 시기가 아니라 민법 제406조 제2항이 정한 '취소원인을 안 날' 또는 '법률행위가 있은 날'로부터 진행한다.

④ **(○)** 정당한 이유 없이 동거를 거부하는 부부의 일방이 상대방의 부양의무 이행을 청구하는 것은 신의칙에 반하는 것으로 허용되지 않는다.

[**대법원** 1991. 12. 10. **선고** 91**므**245 **판결**] 민법 제826조 제1항이 규정하고 있는 부부간의 동거·부양·협조의무는 정상적이고 원만한 부부관계의 유지를 위한 광범위한 협력의무를 구체적으로 표현한 것으로서 서로 독립된 별개의 의무가 아니라고 할 것이므로, 부부의 일방이 정당한 이유 없이 동거를 거부함으로써 자신의 협력의무를 스스로 저버리고 있다면, 상대방의 동거청구가 권리의 남용에 해당하는 등의 특별한 사정이 없는 한, 상대방에게 부양료의 지급을 청구할 수 없다(필자 註 : 부가 처에게 자신의 주소에서 동거하자고 요구하는 것이 부부의 나이 및 가족관계 등 제반 사정을 참작하면 동거청구권의 남용에 해당하지 아니하므로, 부의 전처 소생의 장남과 처의 사이가 과거에 좋지 않았다는 사유만으로는, 처가 부의 동거요구를 거절할 수 있는 정당한 이유가 있었다고 볼 수 없다고 한 사례).

⑤ **(○)** 양육비지급청구가 있는 경우, 법원은 상대방이 분담할 양육비만을 결정하여야 하는지를 묻는 지문이다. 양육자가 상대방에게 분담할 양육비의 지급을 청구하는 것이므로 청구권자인 양육자가 분담할 양육비를 결정할 필요는 없다.

[**대법원** 2020. 5. 14. **선고** 2019**므**15302 **판결**] 부모는 자녀를 공동으로 양육할 책임이 있고, 양육에 드는 비용도 원칙적으로 부모가 공동으로 부담하여야 한다. 그런데 어떠한 사정으로 인하여 부모 중 어느 한쪽만이 자녀를 양육하게 된 경우에는 양육하는 사람이 상대방에게 현재와 장래의 양육비 중 적정 금액의 분담을 청구할 수 있다. 재판상 이혼에 따른 자녀의 양육책임에 대하여 이혼 당사자 간에 양육자의 결정과 양육비용의 부담에 관한 사항에 대하여 협의가 이루어지지 않거나 협의할 수 없을 때에는 가정법원은 직권으로 또는 당사자의 청구에 따라 해당 사항을 정한다(민법 제837조, 제843조). 자녀의 양육에 관한 처분에 관한 심판은 부모 중 일방이 다른 일방을 상대방으로 하여 청구하여야 한다(가사소송규칙 제99조 제1항). 이러한 사항들을 종합하면, 재판상 이혼 시 친권자와 양육자로 지정된 부모의 일방은 상대방에게 양육비를 청구할 수 있고, 이 경우 가정법원으로서는 자녀의 양육비 중 양육자가 부담해야 할 양육비를 제외하고 상대방이 분담해야 할 적정 금액의 양육비만을 결정하는 것이 타당하다(필자 주 : 甲이 乙을 상대로 이혼청구 등을 하면서 친권자와 양육자를 甲으로 지정하고 양육비를 지급할 것을 청구하였는데, 원심이 판결 주문에서 자녀인 丙의 양육비로 甲과 乙에게 각 일정액을 부담하도록 하면서 甲과 乙이 친권자와 양육자로 지정된 甲의 명의에 丙의 명의를 병기한 새로운 예금계좌를

개설하여 양육비를 입금하도록 한 사안에서, 원심판단에는 甲을 친권자와 양육자로 지정하면서 甲에게도 일정액의 양육비를 부담하도록 명한 잘못이 있을 뿐만 아니라, 위와 같은 판결 주문만으로는 甲과 乙이 이행할 의무의 내용이 객관적으로 특정되었다고 볼 수 없으므로 이는 판결 주문으로서 갖추어야 할 명확성을 갖추지 못하여 위법하다고 한 사례).

정답 ③

18. 부양에 관한 설명 중 옳지 않은 것은? (다툼이 있는 경우 판례에 의함) [19 변호사]

① 부부간의 부양의무는 부양을 받을 자의 생활을 부양의무자의 생활과 같은 정도로 보장하게 하는 1차 부양의무이다.

② 부부간의 부양의무는 1차 부양의무이므로, 부양의무의 이행을 청구하였으나 이행하지 아니함으로써 이행지체에 빠졌는지 여부와 관계없이 과거의 부양료에 대하여도 지급을 청구할 수 있다.

③ 부모가 성년의 자녀에 대하여 직계혈족으로서 부담하는 부양의무는 부양의무자가 자기의 사회적 지위에 상응하는 생활을 하면서 생활에 여유가 있음을 전제로 하여, 부양을 받을 자가 자력 또는 근로에 의하여 생활을 유지할 수 없는 경우에 한하여 그의 생활을 지원하는 2차 부양의무이다.

④ 특별한 사정이 없는 한 유학비용의 충당을 위해 성년의 자녀가 부모를 상대로 부양료 청구를 할 수는 없다.

⑤ 1차 부양의무자와 2차 부양의무자가 동시에 존재함에도 2차 부양의무자가 부양한 경우, 2차 부양의무자는 특별한 사정이 없는 한 그 소요된 비용을 1차 부양의무자에 대하여 상환청구할 수 있다.

해설

① (O) 부부간 부양은 신분관계의 본질적·불가결적 요소를 이루는 경우로서 제1차적 부양에 속한다.

② (×) 부부간 과거의 부양료에 관해서는 특별한 사정이 없는 한 이행청구 할 수 없다.

[**대법원** 2017. 8. 25. **자** 2014**스**26 **결정**] 민법 제826조 제1항에 규정된 부부간의 상호부양의무는 부부의 일방에게 부양을 받을 필요가 생겼을 때 당연히 발생되는 것이기는 하지만, 과거의 부양료에 관하여는 특별한 사정이 없는 한, 부양을 받을 자가 부양의무자에게 부양의무의 이행을 청구하였음에도 불구하고 부양의무자가 부양의무를 이행하지 아니함으로써 이행지체에 빠진 이후의 것에 대하여만 부양료의 지급을 청구할 수 있을 뿐, 부양의무자가 부양의무의 이행을 청구받기 이전의 부양료의 지급은 청구할 수 없다고 보는 것이 부양의무의 성질이나 형평의 관념에 합치된다.

③ (O) ④ (O) 부모의 성년의 자녀에 대한 부양의무는 제2차적 부양의무에 속한다.

[**대법원** 2017. 8. 25. **자** 2017**스**5 **결정**] 민법 제826조 제1항에서 규정하는 미성년 자녀의 양육·교육 등을 포함한 부부간 상호부양의무는 혼인관계의 본질적 의무로서 부양을 받을 자의 생활을 부양의무자의 생활과 같은 정도로 보장하여 부부공동생활의 유지를 가능하게 하는 것을 내용으로 하는 제1차 부양의무이고, 반면 부모가 성년의 자녀에 대하여 직계혈족으로서 민법 제974조 제1호, 제975조에 따라 부담하는 부양의무는 부양의무자가 자기의 사회적 지위에 상응하는 생활을 하면서 생활에 여유가 있음을 전제로 하여 부양을 받을 자가 자력 또는 근로에 의하여 생활을 유지할 수 없는 경우에 한하여 그의 생활을 지원하는 것을 내용으로 하는 제2차 부양의무이다. 따라서 성년의 자녀는 요부양상태, 즉 객관적으로 보아 생활비 수요가 자기의 자력 또는 근로에 의하여 충당할 수 없는

곤궁한 상태인 경우에 한하여, 부모를 상대로 그 부모가 부양할 수 있을 한도 내에서 생활부조로서 생활필요비에 해당하는 부양료를 청구할 수 있을 뿐이다.

나아가 이러한 부양료는 부양을 받을 자의 생활정도와 부양의무자의 자력 기타 제반 사정을 참작하여 부양을 받을 자의 통상적인 생활에 필요한 비용의 범위로 한정됨이 원칙이므로, 특별한 사정이 없는 한 통상적인 생활필요비라고 보기 어려운 유학비용의 충당을 위해 성년의 자녀가 부모를 상대로 부양료를 청구할 수는 없다.

⑤ (O) 제2차적 부양의무자는 제1차적 부양의무자를 상대로 구상할 수 있다.

[**대법원** 2012. 12. 27. **선고** 2011**다**96932 **판결**] 민법 제826조 제1항에 규정된 부부간의 상호부양의무는 혼인관계의 본질적 의무로서 부양을 받을 자의 생활을 부양의무자의 생활과 같은 정도로 보장하여 부부공동생활의 유지를 가능하게 하는 것을 내용으로 하는 제1차 부양의무이고, 반면 부모가 성년의 자녀에 대하여 직계혈족으로서 민법 제974조 제1호, 제975조에 따라 부담하는 부양의무는 부양의무자가 자기의 사회적 지위에 상응하는 생활을 하면서 생활에 여유가 있음을 전제로 하여 부양을 받을 자가 그 자력 또는 근로에 의하여 생활을 유지할 수 없는 경우에 한하여 그의 생활을 지원하는 것을 내용으로 하는 제2차 부양의무이다. 이러한 제1차 부양의무와 제2차 부양의무는 의무이행의 정도뿐만 아니라 의무이행의 순위도 의미하는 것이므로 제2차 부양의무자는 제1차 부양의무자보다 후순위로 부양의무를 부담한다. 따라서 제1차 부양의무자와 제2차 부양의무자가 동시에 존재하는 경우에 제1차 부양의무자는 특별한 사정이 없는 한 제2차 부양의무자에 우선하여 부양의무를 부담하므로, 제2차 부양의무자가 부양받을 자를 부양한 경우에는 그 소요된 비용을 제1차 부양의무자에 대하여 상환청구할 수 있다.

정답 ②

19. 甲은 자신의 자력이나 근로에 의하여 생활을 유지할 수 없는 성년자이며, 甲의 친족으로 배우자 乙과 모(母) 丙이 있다. 다음 설명 중 옳은 것(○)과 옳지 않은 것(×)을 올바르게 조합한 것은? (다툼이 있는 경우 판례에 의함) [17 변호사]

ㄱ. 甲에 대한 부양의무 이행의 순위는 乙과 丙의 협정으로 정하고 협정으로 정할 수 없을 때는 법원이 정한다.
ㄴ. 乙과 丙 모두 자신의 사회적 지위에 상응하는 생활을 하면서 생활에 여유가 있을 때만 甲에 대한 부양의무가 인정된다.
ㄷ. 甲이 乙이나 丙에게 부양료를 재판상 청구하는 경우 조정전치주의가 적용된다.
ㄹ. 丙이 甲을 위해 지출한 부양료의 구상을 乙에게 재판상 청구하는 경우 조정전치주의가 적용되지 않는다.

① ㄱ(○), ㄴ(○), ㄷ(×), ㄹ(○)
② ㄱ(×), ㄴ(×), ㄷ(○), ㄹ(×)
③ ㄱ(×), ㄴ(×), ㄷ(×), ㄹ(○)
④ ㄱ(○), ㄴ(×), ㄷ(○), ㄹ(×)
⑤ ㄱ(×), ㄴ(×), ㄷ(○), ㄹ(○)

해설

ㄱ. (×) 배우자로서 부양의무와 친족으로서 부양의무의 관계를 묻는 지문이다. 배우자로서의 부양의무는 친족으로서의 부양의무보다 우선한다. 甲의 배우자 乙은 甲의 모(母) 丙보다 우선하여 부양의무를 부담한다. 乙과 丙이 협의로 부양의무의 순위를 정할 것은 아니다.

[**대법원** 2012. 12. 27. **선고** 2011**다**96932 **판결**] 민법 제826조 제1항에 규정된 부부간의 상호부양 의무는 혼인관계의 본질적 의무로서 부양을 받을 자의 생활을 부양의무자의 생활과 같은 정도로 보장하여 부부공동생활의 유지를 가능하게 하는 것을 내용으로 하는 제1차 부양의무이고, 반면 부모가 성년의 자녀에 대하여 직계혈족으로서 민법 제974조 제1호, 제975조에 따라 부담하는 부양의무는 부양의무자가 자기의 사회적 지위에 상응하는 생활을 하면서 생활에 여유가 있음을 전제로 하여 부양을 받을 자가 그 자력 또는 근로에 의하여 생활을 유지할 수 없는 경우에 한하여 그의 생활을 지원하는 것을 내용으로 하는 제2차 부양의무이다. 이러한 제1차 부양의무와 제2차 부양의무는 의무이행의 정도뿐만 아니라 의무이행의 순위도 의미하는 것이므로 제2차 부양의무자는 제1차 부양의무자보다 후순위로 부양의무를 부담한다. 따라서 제1차 부양의무자와 제2차 부양의무자가 동시에 존재하는 경우에 제1차 부양의무자는 특별한 사정이 없는 한 제2차 부양의무자에 우선하여 부양의무를 부담하므로, 제2차 부양의무자가 부양받을 자를 부양한 경우에는 그 소요된 비용을 제1차 부양의무자에 대하여 상환청구할 수 있다.

ㄴ. (×) 배우자의 부양의무는 생활유지의 부양의무로서 제1차적 부양의무에 해당하고, 부부관계의 본질로부터 도출되는 것이므로 부양의 가능성과 필요성을 전제로 하지 않는다. 丙에 대해서는 옳은 설명이지만 乙에 대해서는 옳지 않은 설명이다.

ㄷ. (○) 제826조에 따라 부부의 부양에 관한 처분과 제976조부터 제978조까지의 규정에 따른 부양에 관한 처분은 모두 가사비송 마류사건으로 조정전치주의가 적용된다.

ㄹ. (○) 부양의무를 이행한 직계혈족이 선순위 부양의무자인 배우자에게 부양료의 구상을 청구하는 사건이 가사사건인지를 묻는 지문이다. 가사소송법이 이를 가사사건으로 규정하고 있지 아니하므로 일반 민사사건으로 보아야 한다. 따라서 조정전치주의가 적용되지는 않는다.

[**대법원** 2012. 12. 27. **선고** 2011**다**96932 **판결**] 가사소송법 제2조 제1항 제2호 나. 마류사건 제1호는 민법 제826조에 따른 부부의 부양에 관한 처분을, 같은 법 제2조 제1항 제2호 나. 마류사건 제8호는 민법 제976조부터 제978조까지의 규정에 따른 부양에 관한 처분을 각각 별개의 가사비송사건으로 규정하고 있다. 따라서 부부간의 부양의무를 이행하지 않은 부부의 일방에 대한 상대방의 부양료 청구는 위 마류사건 제1호의 가사비송사건에 해당하고, 친족간의 부양의무를 이행하지 않은 친족의 일방에 대한 상대방의 부양료 청구는 위 마류사건 제8호의 가사비송사건에 해당할 것이나, 부부간의 부양의무를 이행하지 않는 부부의 일방에 대하여 상대방의 친족이 구하는 부양료의 상환청구는 같은 법 제2조 제1항 제2호 나. 마류사건의 어디에도 해당하지 아니하여 이를 가사비송사건으로 가정법원의 전속관할에 속하는 것이라고 할 수는 없고, 이는 민사소송사건에 해당한다고 봄이 상당하다.

정답 ⑤

2026 대비

Rainbow 변시기출 · 모의해설

민법 선택형(기출편 · 진도별)

제5편 상 속

제1장 상 속

제2장 유언과 유류분

제1장 상 속

Ⅰ. 상속인

1. 상속회복청구권에 관한 설명 중 옳은 것을 모두 고른 것은? (다툼이 있는 경우 판례에 의함)

[16 변호사]

ㄱ. 적법하게 공동상속등기가 마쳐진 부동산에 대하여 공동상속인 중 1인이 자기의 단독명의로 소유권이전등기를 한 경우, 다른 공동상속인들이 그 소유권이전등기의 말소를 청구하는 것은 상속회복청구에 해당한다.
ㄴ. 상속재산의 일부에 대하여 제척기간 내에 상속회복청구권을 행사하여 제소하였다면, 청구의 목적물로 하지 않은 나머지 상속재산에 대해서도 제척기간을 준수한 것으로 본다.
ㄷ. 공동상속인 중 1인이 자신이 단독상속인이라고 주장하였다면, 다른 상속인의 상속권에 대한 침해가 없더라도 그는 참칭상속인에 해당한다.
ㄹ. 상속회복청구권이 제척기간의 경과로 소멸되면 진정상속인은 상속인으로서의 지위를 상실하는 반면, 그 반사적 효과로서 참칭상속인은 상속개시 당시에 소급하여 상속인의 지위를 취득한 것으로 본다.

① ㄱ ② ㄹ ③ ㄱ, ㄹ
④ ㄴ, ㄷ ⑤ ㄴ, ㄷ, ㄹ

해 설

ㄱ. **(×)** 적법하게 공동상속등기가 마쳐진 때에는 상속권에 관한 분쟁이라고 할 수 없다. 공동상속인 1인이 그 후에 단독 명의로 등기를 마치더라도 자기의 지분을 초과한 범위에서는 원인무효의 등기에 해당할 뿐이다. 따라서 다른 공동상속인은 물권적 청구권으로서 등기말소를 청구할 수 있다.
[**대법원** 1987. 5. 12. **선고** 86**다카**2443·2444 **판결**] 민법 제999조·제982조가 정하는 상속회복청구의 소는 진정한 상속인이 참칭상속인 또는 참칭상속인으로부터 상속재산을 양수한 제3자를 상대로 상속재산의 회복을 청구하는 소이므로 적법하게 상속등기가 마쳐진 부동산에 대하여 상속인의 일부가 다른 상속인 또는 제3자를 상대로 원인 없이 마쳐진 이전등기의 말소를 구하는 소는 이에 해당하지 아니하여 민법 제982조 제2항이 정하는 소의 제기에 관한 제척문제의 적용이 없다.

ㄴ. **(×)** 상속회복청구권의 제척기간 준수를 묻는 지문이다. 제척기간 내에 제소한 경우, 청구의 목적물로 삼지 않는 나머지 상속재산에 대해서도 제척기간을 준수한 것으로 볼 수 있는지를 묻고 있다. 상속회복청구권의 성질을 판례와 같이 물권적 청구권의 집합으로 이해하게 되면 청구의 목적물에 관해서만 제척기간을 준수한 것으로 되고, 청구의 목적물이 되지 아니한 나머지 상속재산에 관해서까지 제척기간 준수의 효과가 생기는 것은 아니다. 침해된 개개의 상속재산별로 제척기간 준수여부를 판단하여야 한다.

ㄷ. (×) 상속권의 침해 없이 단독상속인이라고 주장하더라도 그는 참칭상속인에 해당하지 않는다.
[**대법원** 1994. 11. 18. **선고** 92**다**33701 **판결**] 재산상속회복청구의 소에 있어서 그 상대방이 되는 참칭상속인이라 함은 재산상속인임을 신뢰하게 하는 외관을 갖추고 있거나 상속인이라고 참칭하여 상속재산의 전부 또는 일부를 점유하는 등의 방법에 의하여 진정한 상속인의 상속권을 침해하는 자를 가리키는 것으로서, 상속인 아닌 자가 자신이 상속인이라고 주장하거나 또는 공동상속인 중 1인이 자신이 단독상속인이라고 주장하였다 하더라도 달리 상속권의 침해가 없다면 그러한 자를 가리켜 상속회복청구의 소에서 말하는 참칭상속인이라고 할 수는 없는 것이다.

ㄹ. (○) 상속회복청구권이 제척기간 도과로 소멸한 경우의 효과를 묻는 지문이다.
[**대법원** 1998. 3. 27. **선고** 96**다**37398 **판결**] 상속회복청구권이 제척기간의 경과로 소멸하게 되면 상속인은 상속인으로서의 지위 즉 상속에 따라 승계한 개개의 권리·의무 또한 총괄적으로 상실하게 되고, 그 반사적 효과로서 참칭상속인의 지위는 확정되어 참칭상속인이 상속개시의 시로부터 소급하여 상속인으로서의 지위를 취득한 것으로 봄이 상당하므로, 상속재산은 상속 개시일로 소급하여 참칭상속인의 소유로 된다.

정답 ②

2. 甲의 사망을 둘러싸고 발생할 수 있는 법률관계에 관한 설명 중 옳은 것은? (각 지문은 독립적이고, 다툼이 있는 경우에는 판례에 의함) [14 변호사]

① 甲이 사망하여 배우자인 乙이 상속받은 후에 甲과 乙의 혼인이 취소된 경우, 乙의 상속은 甲의 사망시에 소급하여 무효로 된다.
② 甲의 사망 후 인지된 乙이 甲의 사망시에 소급하여 공동상속인이 되어 상속회복을 청구하는 경우, 乙이 상속권의 침해를 안 것으로 되는 시점은 인지판결 확정일부터이다.
③ 甲의 사망 후 甲의 부 丙이 사망한 경우, 甲의 배우자인 乙은 丙의 재산을 대습상속한다. 그리고 丙의 사망 전에 乙이 상속결격자로 된 경우에는 乙에게 甲과의 혼인 전에 A와의 혼인관계에서 출생한 자 B가 있으면 다시 B가 대습상속한다.
④ 甲의 사망 후 乙이 단독상속인으로 되었으나 참칭상속인 丙이 乙의 상속권을 침해한 경우, 상속회복청구권의 행사기간이 경과한 때에는 乙은 상속인의 지위를 상실하게 되고, 丙은 그 행사기간이 만료된 때로 소급하여 상속인이 된다.
⑤ 甲의 단독상속인인 乙이 상속을 포기한 경우, 乙의 자 丙은 甲의 재산을 대습상속한다.

해설

① (×) 배우자 일방이 사망한 후 혼인이 취소된 경우, 배우자의 상속인자격이 유지되는지를 묻는 지문이다. 혼인취소에는 소급효가 인정되지 않으므로 배우자 상속인자격은 유지된다. 따라서 피상속인 甲의 배우자 乙의 상속인 지위는 혼인취소에도 불구하고 유지된다.
[**대법원** 1996. 12. 23. **선고** 95**다**48308 **판결**] 민법 제824조는 "혼인의 취소의 효력은 기왕에 소급하지 아니한다."고 규정하고 있을 뿐 재산상속 등에 관해 소급효를 인정한 별도의 규정이 없는 바, 혼인 중에 부부 일방이 사망하여 상대방이 배우자로서 망인의 재산을 상속받은 후에 그 혼인이 취소되었다는 사정만으로 그 전에 이루어진 상속관계가 소급하여 무효라거나 또는 그 상속재산이 법률상 원인 없이 취득한 것이라고는 볼 수 없다.

② (○) 사후 피인지자의 상속회복청구권의 제척기간 기산점이 되는 상속권 침해사실을 안 날의 의미를 묻는 지문이다. 다른 특별한 사정이 없는 한, 인지판결이 확정된 때에 침해사실을 알았다고 보아야 하므로 인지판결 확정일부터 3년의 제척기간이 진행한다.

[**대법원** 2007. 7. 26. **선고** 2006**므**2757 **판결**] 민법 제1014조에 의한 피인지자 등의 상속분상당가액 지급청구권은 그 성질상 상속회복청구권의 일종이므로 같은 법 제999조 제2항에 정한 제척기간이 적용되고, 같은 항에서 3년의 제척기간의 기산일로 규정한 '그 침해를 안 날'이라 함은 피인지자가 자신이 진정상속인인 사실과 자신이 상속에서 제외된 사실을 안 때를 가리키는 것으로 혼인외의 자가 법원의 인지판결 확정으로 공동상속인이 된 때에는 그 인지판결이 확정된 날에 상속권이 침해되었음을 알았다고 할 것이다.

③ **(×)** 배우자에게 피대습자의 지위를 인정할 수 있는지를 묻는 지문이다. 대습상속이 인정되기 위해서는 상속인으로 될 직계비속이나 형제자매가 상속개시 전에 사망하거나 결격이 되어야 한다. 상속인이 될 배우자가 상속개시 전에 사망하거나 결격이 되었다고 하더라도 대습상속은 인정되지 않는다.

[**대법원** 1999. 7. 9. **선고** 98**다**64318·64325 **판결**] 민법 제1000조 제1항·제1001조·제1003조의 각 규정에 의하면, 대습상속은 상속인이 될 피상속인의 직계비속 또는 형제자매가 상속개시 전에 사망하거나 결격자가 된 경우에 사망자 또는 결격자의 직계비속이나 배우자가 있는 때에는 그들이 사망자 또는 결격자의 순위에 갈음하여 상속인이 되는 것을 말하는 것으로, 대습상속이 인정되는 경우는 상속인이 될 자(사망자 또는 결격자)가 피상속인의 직계비속 또는 형제자매인 경우에 한한다 할 것이므로, 상속인이 될 자(사망자 또는 결격자)의 배우자는 민법 제1003조에 의하여 대습상속인이 될 수는 있으나, 피대습자(사망자 또는 결격자)의 배우자가 대습상속의 상속개시 전에 사망하거나 결격자가 된 경우, 그 배우자에게 다시 피대습자로서의 지위가 인정될 수는 없다.

④ **(×)** 상속회복청구권 제척기간 도과의 효과를 묻는 지문이다. 상속회복청구권이 제척기간 도과에 의하여 소멸하면 참칭상속인은 상속 개시일로 소급하여 상속인의 지위 및 상속재산의 소유권을 취득한다. 따라서 참칭상속인 丙은 상속회복청구권의 행사기간이 경과한 때에 상속인이 되는 것은 아니다.

[**대법원** 1998. 3. 27. **선고** 96**다**37398 **판결**] 상속회복청구권이 제척기간의 경과로 소멸하게 되면 상속인은 상속인으로서의 지위 즉 상속에 따라 승계한 개개의 권리·의무 또한 총괄적으로 상실하게 되고, 그 반사적 효과로서 참칭상속인의 지위는 확정되어 참칭상속인이 상속개시의 시로부터 소급하여 상속인으로서의 지위를 취득한 것으로 봄이 상당하므로, 상속재산은 상속 개시일로 소급하여 참칭상속인의 소유로 된다.

⑤ **(×)** 상속포기가 대습원인이 될 수 있는지를 묻는 지문이다. 상속포기는 대습원인이 될 수 없다.

[**대법원** 1995. 4. 7. **선고** 94**다**11835 **판결**] 제1순위 상속권자인 처와 자들이 모두 상속을 포기한 경우에는 손이 직계비속으로서 상속인이 된다.

정답 ②

3. **아래의 사실관계를 전제로, 괄호 안에 들어갈 금액이 모두 옳게 조합된 것은? (다툼이 있는 경우에는 판례에 의함)** [13 변호사]

> 피상속인 A는 사망할 당시에 배우자, 직계존속, 직계비속이 없었고 상속재산 10억 원을 보유하고 있었다. A에게는 언니 B와 남동생 C가 있었는데, B는 독신이며 C는 Y와 혼인하여 자녀 D를 두었고, Y는 사별한 전남편 Q와의 사이에서 자녀 E를 두고 있으며 E에게는 자녀인 Z가 있다.
> (설문에 나타나지 않은 친족 관계는 없는 것으로 간주하고, '물려받는다'라는 표현은 본위상속, 대습상속, 재대습상속 모두를 포함하는 개념으로 이해할 것. 또한 A의 재산 10억 원 이외의 재산은 없는 것으로 간주하고 이자나 비용은 고려하지 말 것)

ㄱ. C, A의 순서로 사망한 후 D와 Y가 함께 여행을 떠났다가 항공기 추락사고로 사망하였으나 사망의 선후가 증명되지 못하였다. 이러한 경우, A의 재산 10억 원 중 E가 궁극적으로 물려받을 수 있는 재산은 ㉠[ ]원이다.

ㄴ. C, A의 순서로 사망한 경우에 원래 C의 몫이었던 상속재산을 Y와 D가 대습상속한다. 이 상태에서 Y가 사망하면 Y의 직계비속 D와 E가 이 재산을 각 ㉡[ ]원씩 상속한다. 그 후 E가 사망하면 E에게 귀속되었던 ㉡[ ]원은 Z가 물려받는다.
ㄷ. 위 ㄴ에서 E가 사망한 후 D가 사망한 경우, D에게 대습상속과 본위상속을 통해 귀속되었던 재산 총액 ㉢[ ]원은 다시 Z가 물려받을 수 있다.

① ㉠ - 0, ㉡ - 1억 5,000만, ㉢ - 1억 5,000만
② ㉠ - 0, ㉡ - 3억, ㉢ - 3억 5,000만
③ ㉠ - 5억, ㉡ - 3억, ㉢ - 1억 5,000만
④ ㉠ - 5억, ㉡ - 1억 5,000만, ㉢ - 1억 5,000만
⑤ ㉠ - 5억, ㉡ - 1억 5,000만, ㉢ - 3억 5,000만

해 설

※ 상속인과 상속재산분배액을 묻는 사례문제이다.

ㄱ. 5억 원. 대습상속인이 상속개시 후에 사망한 경우, 상속관계를 묻는 지문이다. C가 피상속인 A의 사망 전에 먼저 사망하였으므로 C의 직계비속인 D와 C의 배우자인 Y는 C를 대습하여 A의 재산 중에서 C의 상속분에 해당하는 5억 원을 상속받는다. 그 후 D와 Y가 동시에 사망하였으므로 Y의 상속분에 해당하는 3억 원(5억 원 × 3/5)은 E에게 본위상속된다. 한편, D의 사망에 의하여 D의 상속분에 해당하는 2억 원(5억 원 × 2/5) 또한 형제자매인 E에게 본위상속된다. 결국, E는 5억 원이 상속된다.

ㄴ. 1억 5,000만 원. 대습상속인인 피대습자의 배우자가 대습상속 후 사망한 경우, 상속관계를 묻는 지문이다. C의 배우자 Y는 대습상속에 의하여 A의 상속재산 중에서 C의 상속분 상당액의 3/5인 3억 원을 상속받는다. 그 후 Y의 사망에 의하여 Y의 직계비속인 D와 E가 균분하여 각 1억 5,000만 원씩 Y가 받은 상속재산을 다시 본위상속하게 된다. 그 후 E가 사망하면 E가 상속받은 1억 5,000만 원이 그의 직계비속인 Z에게 본위상속된다.

ㄷ. 3억 5,000만 원. D가 상속받을 수 있는 금액을 묻는 지문이다. D는 대습상속을 통하여 C의 상속분 상당액의 2/5인 2억 원을 상속받는다. 한편, D는 D의 직계존속인 Y가 대습상속을 통하여 상속받은 C의 상속분 상당액의 3/5인 3억 원을 E와 함께 공동으로 본위상속하게 되는데, 그 결과 3억 원의 1/2에 해당하는 1억 5,000만 원을 상속받게 된다. 결국 D는 3억 5,000만 원을 상속받는다. **정답** ⑤

4. 甲은 교통사고로 사망하였고, 상속인으로는 자녀 乙과 丙이 있다. 甲은 사망 당시 유일한 재산으로 X 부동산을 소유하고 있었다. 이에 관한 설명 중 옳은 것을 모두 고른 것은? (각 지문은 독립적이며, 다툼이 있는 경우 판례에 의함) [25 변호사]

ㄱ. 乙이 X 부동산 전부에 관하여 丙과의 상속재산분할 협의 없이 임의로 상속을 원인으로 한 자기의 단독 명의 소유권이전등기를 마친 경우, 丙은 乙을 상대로 행사기간 내에 상속회복청구를 할 수 있다.
ㄴ. X 부동산에 관하여 乙과 丙의 공동상속등기가 적법하게 마쳐졌으나 乙이 임의로 자기의 단독 명의로 소유권이전등기를 경료하자, 丙이 그 이전등기가 원인 없이 마쳐진 것이라는 이유로 乙을 상대로 등기말소를 청구하는 경우, 이러한 청구는 상속회복의 소에 해당한다.

ㄷ. 乙이 丙의 X 부동산에 관한 상속권을 침해하자 丙이 乙을 상대로 제척기간 내에 상속회복의 소를 제기하여 소송계속 중, 乙이 X 부동산을 丁에게 양도하고 소유권이전등기를 마쳐 준 경우, 丙은 乙이 상속권을 침해한 날로부터 10년이 지난 후에도 丁을 상대로 상속회복청구를 할 수 있다.

① ㄱ ② ㄴ ③ ㄷ
④ ㄱ, ㄴ ⑤ ㄱ, ㄷ

해설

ㄱ. (O) 판례는 상속재산인 부동산에 관하여 공동상속인 중 1인 명의로 소유권이전등기가 경료된 경우 i) 등기가 '상속을 원인'으로 경료된 것이라면, 등기명의인은 상속인임을 신뢰케 하는 외관을 갖추고 있는 자로서 참칭상속인에 해당된다고 보며(96다4688), ii) 또한 공동상속인의 한 사람이 다른 상속인의 상속권을 부정하고 자기만이 상속권이 있다고 참칭하는 경우도 참칭상속인에 해당한다고 본다(93다24490). 따라서 다른 공동상속인의 말소청구는 상속회복청구의 소에 해당하므로 丙은 乙을 상대로 행사기간 내에 상속회복청구를 할 수 있다.

ㄴ. (×) 판례는 일단 적법하게 공동상속등기가 마쳐진 부동산에 관하여 상속인 중 1인이 자기 단독 명의로 소유권이전등기를 한 경우 다른 상속인들이 그 이전등기가 원인 없이 마쳐진 것이라 하여 말소를 구하는 소는 상속회복청구의 소에 해당하지 아니하여 제999조 제2항이 정하는 소의 제기에 관한 제척기간이 적용되지 아니한다고 본다(2009다78801). 따라서 丙이 그 이전등기가 원인 없이 마쳐진 것이라는 이유로 乙을 상대로 등기말소를 청구하는 경우, 이러한 청구는 상속회복의 소에 해당하지 않는다.

ㄷ. (×) 판례는 ① '상속권의 침해행위가 있은 날'이라 함은 '참칭상속인이 상속재산의 전부 또는 일부를 점유하거나 상속재산인 부동산에 관하여 소유권이전등기를 마치는 등의 방법에 의하여 진정한 상속인의 상속권을 침해하는 행위를 한 날'을 의미하며(2009다42321), ② 진정상속인이 참칭상속인의 최초 침해행위가 있은 날로부터 10년의 제척기간이 경과하기 전에 참칭상속인에 대한 상속회복청구 소송에서 승소의 확정판결을 받았다고 하더라도 위 제척기간이 경과한 후에는 제3자를 상대로 상속회복청구 소송을 제기하여 상속재산에 관한 등기의 말소 등을 구할 수 없다고 본다(2006다26694). 따라서 丙은 乙이 상속권을 침해한 날로부터 10년이 지난 후에는 丁을 상대로 상속회복청구를 할 수 없다.

정답 ①

Ⅱ. 상속의 효력

5. **상속에 관한 설명 중 옳지 않은 것은? (다툼이 있는 경우 판례에 의함)** [24 변호사]

① 피대습인이 대습원인의 발생 이전에 피상속인으로부터 주택을 증여받은 경우 그 수익은 대습상속인의 특별수익으로 볼 수 있다.

② 상속결격된 자가 피상속인으로부터 상속결격사유가 발생한 이후에 증여를 받았다면 특별한 사정이 없는 한 그 수익은 상속결격으로 인한 대습상속인의 특별수익에 해당하지 않는다.

③ 공동상속인 중 법정상속분의 가액을 초과하는 특별수익을 받은 상속인은 상속재산의 분할 시에 그 초과분을 반환하여야 한다.

④ 공동상속인들 사이에 협의가 이루어지지 않는 경우 제사주재자의 지위를 인정할 수 없는 특별한 사정이 없는 한 피상속인의 직계비속 중 남녀, 적서를 불문하고 최근친의 연장자가 제사주재자가 된다.

⑤ 피상속인이 생전행위 또는 유언으로 자신의 유체·유골을 처분하거나 매장 장소를 지정한 경우 제사주재자는 피상속인의 그러한 의사에 무조건 구속되어야 하는 법률적 의무까지 부담한다고 볼 수는 없다.

해설

① **(O)** 대습상속인이 피상속인으로부터 생전증여를 받은 경우, 그 증여시기가 대습원인 발생 전이라면 이는 특별수익으로 볼 수 없다. 그러나 피대습자가 피상속인으로부터 생전증여를 받은 경우에는 그 증여에 따른 이익은 대습상속인의 특별수익으로 보아야 한다. 대습상속은 대습상속인이 피대습자 지위에서 상속을 받는 것이기 때문이다.

[**대법원** 2022. 3. 17. **선고** 2020**다**267620 **판결**] 민법 제1008조는 공동상속인 중에 피상속인으로부터 재산의 증여 또는 유증을 받은 특별수익자가 있는 경우에 공동상속인들 사이의 공평을 기하기 위하여 그 수증재산을 상속분의 선급으로 다루어 구체적인 상속분을 산정할 때 이를 참작하도록 하려는 데 그 취지가 있다. 피대습인이 생전에 피상속인으로부터 특별수익을 받은 경우 대습상속이 개시되었다고 하여 피대습인의 특별수익을 고려하지 않고 대습상속인의 구체적인 상속분을 산정한다면 대습상속인은 피대습인이 취득할 수 있었던 것 이상의 이익을 취득하게 된다. 이는 공동상속인들 사이의 공평을 해칠 뿐만 아니라 대습상속의 취지에도 반한다. 따라서 피대습인이 대습원인의 발생 이전에 피상속인으로부터 생전 증여로 특별수익을 받은 경우 그 생전 증여는 대습상속인의 특별수익으로 봄이 타당하다.

② **(O)** 상속결격자가 증여를 받은 경우에는 상속분의 선급이라고 할 수 없으므로 이는 특별수익이 될 수 없다. 이는 상속결격으로 인한 대습상속이 이루어지는 때에도 대습상속인의 특별수익으로 볼 수 없다.

[**대법원** 2015. 7. 17. **자** 2014**스**206 **결정**] 민법 제1008조는 공동상속인 중 피상속인에게서 재산의 증여 또는 유증을 받은 특별수익자가 있는 경우 공동상속인들 사이의 공평을 기하기 위하여 수증재산을 상속분의 선급으로 다루어 구체적인 상속분을 산정할 때 이를 참작하도록 하려는 데 취지가 있는 것이므로, 상속결격사유가 발생한 이후에 결격된 자가 피상속인에게서 직접 증여를 받은 경우, 그 수익은 상속인의 지위에서 받은 것이 아니어서 원칙적으로 상속분의 선급으로 볼 수 없다. 따라서 결격된 자의 수익은 특별한 사정이 없는 한 특별수익에 해당하지 않는다.

③ **(×)** 초과특별수익자는 다른 공동상속인의 유류분을 침해하지 않는 한 현실적 반환의무를 부담하지 않는다. 초과특별수익자의 구체적 상속분은 0이 될 뿐이다.

[**대법원** 2022. 6. 30. **자** 2017**스**98, 99, 100, 101 **결정**] 구체적 상속분 가액을 계산한 결과 공동상속인 중 특별수익이 법정상속분 가액을 초과하는 초과특별수익자가 있는 경우, 그러한 초과특별수익자는 특별수익을 제외하고는 더 이상 상속받지 못하는 것으로 처리하되(구체적 상속분 가액 0원), 초과특별수익은 다른 공동상속인들이 그 법정상속분율에 따라 안분하여 자신들의 구체적 상속분 가액에서 공제하는 방법으로 구체적 상속분 가액을 조정하여 위 구체적 상속분 비율을 산출함이 바람직하다. 결국 초과특별수익자가 있는 경우 그 초과된 부분은 나머지 상속인들의 부담으로 돌아가게 된다.

④ **(O)** [**대법원** 2023. 5. 11. **선고** 2018**다**248626 **전원합의체 판결**] 대법원 2008. 11. 20. 선고 2007다27670 전원합의체 판결(이하 '2008년 전원합의체 판결'이라 한다)은 제사주재자는 우선적으로 망인의 공동상속인들 사이의 협의에 의해 정하되, 협의가 이루어지지 않는 경우에는 제사주재자의 지위를 유지할 수 없는 특별한 사정이 있지 않는 한 망인의 장남(장남이 이미 사망한 경우에는 장손자)이 제사

주재자가 되고, 공동상속인들 중 아들이 없는 경우에는 망인의 장녀가 제사주재자가 된다고 판시하였다.

그러나 공동상속인들 사이에 협의가 이루어지지 않는 경우 제사주재자 결정방법에 관한 2008년 전원합의체 판결의 법리는 더 이상 조리에 부합한다고 보기 어려워 유지될 수 없다.

공동상속인들 사이에 협의가 이루어지지 않는 경우에는 제사주재자의 지위를 인정할 수 없는 특별한 사정이 있지 않는 한 피상속인의 직계비속 중 남녀, 적서를 불문하고 최근친의 연장자가 제사주재자로 우선한다고 보는 것이 가장 조리에 부합한다.

⑤ **(O)** 매장장소의 지정은 법정유언사항이 아니므로 피상속인의 유훈은 유언으로서의 효력을 가질 수 없다. 제사주재자가 피상속인의 유훈에 구속되어야 하는 법률적 의무를 인정할 수는 없다.
[**대법원** 2008. 11. 20. **선고** 2007**다**27670 **전원합의체 판결**] 피상속인이 생전행위 또는 유언으로 자신의 유체·유골을 처분하거나 매장장소를 지정한 경우에, 선량한 풍속 기타 사회질서에 반하지 않는 이상 그 의사는 존중되어야 하고 이는 제사주재자로서도 마찬가지이지만, 피상속인의 의사를 존중해야 하는 의무는 도의적인 것에 그치고, 제사주재자가 무조건 이에 구속되어야 하는 법률적 의무까지 부담한다고 볼 수는 없다.

정답 ③

6. 상속재산분할에 관한 설명 중 옳은 것은? (다툼이 있는 경우 판례에 의함) [20 변호사]

① 공동상속인 중 일부가 한정승인을 한 경우에는 상속재산분할의 대상이 되는 상속재산의 범위에 관하여 공동상속인 사이에 분쟁이 생길 우려가 있으므로, 한정승인에 따른 청산절차가 종료되지 않았다면 상속재산분할청구가 허용되지 않는다.

② 상속개시 당시 상속재산을 구성하던 재산이 그 후 처분되어 상속재산을 구성하지 않게 된 경우, 상속인이 그 대가로 처분대금을 취득하였더라도 이것은 상속재산분할 당시의 상속재산을 구성하지 않으므로 상속재산분할의 대상이 될 수 없다.

③ 채무초과 상태에 있는 채무자가 상속재산 분할협의에서 자기 상속분에 관한 권리를 포기하여 재산의 감소가 있더라도, 상속개시 전에 채권을 취득한 채권자에 대한 관계에서는 공동담보의 감소가 없으므로, 원칙적으로 상속분에 관한 권리의 포기가 그 채권자에 대해서는 사해행위에 해당하지 않는다.

④ 공동상속인들은 이미 이루어진 상속재산 분할협의의 일부를 해제한 후 이를 수정하는 분할협의를 할 수는 있지만, 공동상속인 전원의 합의가 있더라도 분할협의의 전부를 해제하고 다시 새로운 분할협의를 할 수는 없다.

⑤ 공동상속인 중 1인이 협의분할에 의한 상속을 원인으로 상속부동산에 관한 단독 명의의 소유권이전등기를 마친 경우, 다른 공동상속인이 자신의 동의 없이 협의분할이 이루어져 무효라는 이유로 그 등기의 말소를 청구하는 것은 상속회복청구에 해당한다.

해 설

① **(×)** [**대법원** 2014. 7. 25. **자** 2011**스**226 **결정**] 우리 민법이 한정승인 절차가 상속재산분할 절차보다 선행하여야 한다는 명문의 규정을 두고 있지 않고, 공동상속인들 중 일부가 한정승인을 하였다고 하여 상속재산분할이 불가능하다거나 분할로 인하여 공동상속인들 사이에 불공평이 발생한다고 보기 어려우며, 상속재산분할의 대상이 되는 상속재산의 범위에 관하여 공동상속인들 사이에 분쟁이 있을 경우에는 한정승인에 따른 청산절차가 제대로 이루어지지 못할 우려가 있는데 그럴 때에는 상속

재산분할청구 절차를 통하여 분할의 대상이 되는 상속재산의 범위를 한꺼번에 확정하는 것이 상속채권자의 보호나 청산절차의 신속한 진행을 위하여 필요하다는 점 등을 고려하면, 한정승인에 따른 청산절차가 종료되지 않은 경우에도 상속재산분할청구가 가능하다.

② **(×)** 상속재산의 처분대가는 상속재산의 대상물로서 상속재산분할의 대상이 된다.

[**대법원** 2016. 5. 4. **자** 2014**스**122 **결정**] 상속개시 당시에는 상속재산을 구성하던 재산이 그 후 처분되거나 멸실·훼손되는 등으로 상속재산분할 당시 상속재산을 구성하지 아니하게 되었다면 그 재산은 상속재산분할의 대상이 될 수 없다. 다만 상속인이 그 대가로 처분대금, 보험금, 보상금 등 대상재산(代償財産)을 취득하게 된 경우에는, 대상재산은 종래의 상속재산이 동일성을 유지하면서 형태가 변경된 것에 불과할 뿐만 아니라 상속재산분할의 본질이 상속재산이 가지는 경제적 가치를 포괄적·종합적으로 파악하여 공동상속인에게 공평하고 합리적으로 배분하는 데에 있는 점에 비추어, 대상재산이 상속재산분할의 대상으로 될 수는 있다.

③ **(×)** [**대법원** 2001. 2. 9. **선고** 2000**다**51797 **판결**] [1] 상속재산의 분할협의는 상속이 개시되어 공동상속인 사이에 잠정적 공유가 된 상속재산에 대하여 그 전부 또는 일부를 각 상속인의 단독소유로 하거나 새로운 공유관계로 이행시킴으로써 상속재산의 귀속을 확정시키는 것으로 그 성질상 재산권을 목적으로 하는 법률행위이므로 사해행위취소권 행사의 대상이 될 수 있다. [2] 채무초과 상태에 있는 채무자가 상속재산의 분할협의를 하면서 상속재산에 관한 권리를 포기함으로써 결과적으로 일반 채권자에 대한 공동담보가 감소되었다 하더라도, 그 재산분할결과가 채무자의 구체적 상속분에 상당하는 정도에 미달하는 과소한 것이라고 인정되지 않는 한 사해행위로서 취소되어야 할 것은 아니고, 구체적 상속분에 상당하는 정도에 미달하는 과소한 경우에도 사해행위로서 취소되는 범위는 그 미달하는 부분에 한정하여야 한다.

④ **(×)** [**대법원** 2004. 7. 8. **선고** 2002**다**73203 **판결**] [1] 상속재산 분할협의는 공동상속인들 사이에 이루어지는 일종의 계약으로서, 공동상속인들은 이미 이루어진 상속재산 분할협의의 전부 또는 일부를 전원의 합의에 의하여 해제한 다음 다시 새로운 분할협의를 할 수 있다. [2] 상속재산 분할협의가 합의해제되면 그 협의에 따른 이행으로 변동이 생겼던 물권은 당연히 그 분할협의가 없었던 원상태로 복귀하지만, 민법 제548조 제1항 단서의 규정상 이러한 합의해제를 가지고서는, 그 해제 전의 분할협의로부터 생긴 법률효과를 기초로 하여 새로운 이해관계를 가지게 되고 등기·인도 등으로 완전한 권리를 취득한 제3자의 권리를 해하지 못한다.

⑤ **(○)** [**대법원** 2011. 3. 10. **선고** 2007**다**17482 **판결**] 공동상속인 중 1인이 협의분할에 의한 상속을 원인으로 하여 상속부동산에 관한 소유권이전등기를 마친 경우에, 협의분할이 다른 공동상속인의 동의 없이 이루어진 것이어서 무효라는 이유로 다른 공동상속인이 위 등기의 말소를 청구하는 소는 상속회복청구의 소에 해당한다.

정답 ⑤

7. **甲이 사망하면서 토지와 2,000만 원의 채무를 남겼는데, 甲에게 상속인으로 배우자 乙, 자녀 丙, 丁만 있었다. 甲의 상속재산분할에 관한 설명 중 옳은 것을 모두 고른 것은? (각 지문은 독립적이며, 다툼이 있는 경우 판례에 의함)**

[19 변호사]

ㄱ. 채무초과 상태에 있던 乙이 상속재산의 분할협의를 하면서 자신의 상속분에 관한 권리를 포기함으로써 일반 채권자에 대한 공동담보가 감소한 경우라고 하더라도, 상속재산의 분할협의는 그 성질상 재산권을 목적으로 하는 법률행위가 아니므로 이는 원칙적으로 채권자에 대한 사해행위에 해당하지 않는다.

ㄴ. 丙, 丁이 미성년자인 경우, 乙은 丙, 丁 각자마다 특별대리인을 선임하여 그 각 특별대리인이 丙, 丁을 대리하여 상속재산 분할협의를 하도록 하여야 한다.
ㄷ. 2,000만 원의 채무는 상속개시와 동시에 당연히 법정상속분에 따라 乙, 丙, 丁에게 분할되어 귀속되므로, 상속재산분할의 대상이 되지 않는다.
ㄹ. 상속재산의 분할에 관하여 공동상속인 乙, 丙, 丁 사이에 협의가 성립되지 아니하거나 협의할 수 없는 경우, 乙, 丙, 丁은 상속재산에 속하는 개별재산에 관하여 공유물분할청구의 소를 제기할 수 있다.

① ㄱ, ㄴ ② ㄱ, ㄷ ③ ㄱ, ㄹ
④ ㄴ, ㄷ ⑤ ㄷ, ㄹ

해설

ㄱ. (×) 상속재산분할협의는 재산권을 목적으로 하는 법률행위로서 사해행위가 될 수 있다.
[**대법원** 2001. 2. 9. **선고** 2000**다**51797 **판결**] 상속재산의 분할협의는 상속이 개시되어 공동상속인 사이에 잠정적 공유가 된 상속재산에 대하여 그 전부 또는 일부를 각 상속인의 단독소유로 하거나 새로운 공유관계로 이행시킴으로써 상속재산의 귀속을 확정시키는 것으로 그 성질상 재산권을 목적으로 하는 법률행위이므로 사해행위취소권 행사의 대상이 될 수 있다.

ㄴ. (O) 친권자와 미성년자가 상속재산분할협의를 하는 것은 이해상반행위에 속하고, 미성년자 각자마다 특별대리인을 선임하여야 한다.
[**대법원** 2001. 6. 29. **선고** 2001**다**28299 **판결**] 상속재산에 대하여 그 소유의 범위를 정하는 내용의 공동상속재산 분할협의는 그 행위의 객관적 성질상 상속인 상호간의 이해의 대립이 생길 우려가 있는 민법 제921조 소정의 이해상반되는 행위에 해당하므로 공동상속인인 친권자와 미성년인 수인의 子사이에 상속재산 분할협의를 하게 되는 경우에는 미성년자 각자마다 특별대리인을 선임하여 그 각 특별대리인이 각 미성년자인 子를 대리하여 상속재산분할의 협의를 하여야 하고, 만약 친권자가 수인의 미성년자의 법정대리인으로서 상속재산 분할협의를 한 것이라면 이는 민법 제921조에 위반된 것으로서 이러한 대리행위에 의하여 성립된 상속재산 분할협의는 적법한 추인이 없는 한 무효라고 할 것이다.

ㄷ. (O) 가분적 채무는 상속재산분할의 대상이 되지 않고, 법정상속분에 따라 각 상속인들에게 분할되어 귀속된다.
[**대법원** 1997. 6. 24. **선고** 97**다**8809 **판결**] 금전채무와 같이 급부의 내용이 가분인 채무가 공동상속된 경우, 이는 상속 개시와 동시에 당연히 법정상속분에 따라 공동상속인에게 분할되어 귀속되는 것이므로, 상속재산 분할의 대상이 될 여지가 없다.

ㄹ. (×) 상속재산에 속하는 개별재산에 관하여 상속재산분할심판청구를 하지 않고 공유물분할청구를 하는 것은 허용되지 않는다.
[**대법원** 2015. 8. 13. **선고** 2015**다**18367 **판결**] 공동상속인은 상속재산의 분할에 관하여 공동상속인 사이에 협의가 성립되지 아니하거나 협의할 수 없는 경우에 가사소송법이 정하는 바에 따라 가정법원에 상속재산분할심판을 청구할 수 있을 뿐이고, 상속재산에 속하는 개별 재산에 관하여 민법 제268조의 규정에 따라 공유물분할청구의 소를 제기하는 것은 허용되지 않는다. 정답 ④

8. **甲이 사망하면서 주택과 임야, 그리고 A에 대한 5천만 원의 채무를 남겼다. 甲에게는 상속인으로 자녀 乙, 丙, 丁만 있었는데, 甲은 丙에게 위 임야를 유증하였다. 한편 甲의 사망 직전 B로부터 인지청구의 소가 제기되어 그 사망 후 B가 승소의 확정판결을 받았다. 이에 관한 설명 중 옳은 것은? (각 지문은 독립적이며, 다툼이 있는 경우 판례에 의함)** [16 변호사]

① 乙, 丙, 丁의 상속재산 분할협의에 丁을 대신하여 C가 참석한 경우, C의 대리권에 흠결이 있더라도 위 상속재산 분할협의는 유효하다.
② 상속재산 분할협의는 공동상속인 사이에 잠정적 공유가 된 상속재산의 귀속을 확정시키는 것이므로, 그 협의를 통하여 공동상속인 중 무자력인 1인이 자신의 상속분에 관한 권리를 포기하더라도, 이는 사해행위취소권의 대상이 될 수 없다.
③ 丙은 유증의 효력에 의하여 상속개시 당시에 위 임야의 소유권을 취득한다.
④ 상속재산 분할 후 인지된 B가 자신의 상속분에 상당하는 가액지급을 청구할 때, 상속개시 후 상속재산에서 발생한 과실(果實)은 그 가액산정 대상에 포함된다.
⑤ A에 대한 5천만 원의 채무는 상속개시 당시 상속인에게 법정상속분에 따라 당연히 귀속되므로 상속재산 분할의 대상이 될 수 없다.

해 설

① **(×)** 상속재산분할협의의 요건을 묻는 지문이다. 상속인이 모두 참여하여야 한다. 상속인 중 丁의 무권대리인이 분할협의를 한 때에는 상속재산분할협의는 효력이 없다.
[**대법원** 1995. 4. 7. **선고** 93**다**54736 **판결**] 상속재산의 협의분할은 공동상속인간의 일종의 계약으로서 공동상속인 전원이 참여하여야 하고 일부상속인만으로 한 협의분할은 무효이다.
[**대법원** 2001. 6. 29. **선고** 2001**다**28299 **판결**] 협의에 의한 상속재산의 분할은 공동상속인 전원의 동의가 있어야 유효하고 공동상속인 중 일부의 동의가 없거나 그 의사표시에 대리권의 흠결이 있다면 분할은 무효이다.

② **(×)** 상속재산분할협의가 채권자취소의 대상이 될 수 있는지를 묻는 지문이다. 사해행위가 될 수 있다는 것이 판례의 태도이다.
[**대법원** 2001. 2. 9. **선고** 2000**다**51797 **판결**] [1] 상속재산의 분할협의는 상속이 개시되어 공동상속인 사이에 잠정적 공유가 된 상속재산에 대하여 그 전부 또는 일부를 각 상속인의 단독소유로 하거나 새로운 공유관계로 이행시킴으로써 상속재산의 귀속을 확정시키는 것으로 그 성질상 재산권을 목적으로 하는 법률행위이므로 사해행위취소권 행사의 대상이 될 수 있다. [2] 채무초과상태에 있는 채무자가 상속재산의 분할협의를 하면서 상속재산에 관한 권리를 포기함으로써 결과적으로 일반채권자에 대한 공동담보가 감소되었다 하더라도, 그 재산분할결과가 위 구체적 상속분에 상당하는 정도에 미달하는 과소한 것이라고 인정되지 않는 한 사해행위로서 취소되어야 할 것은 아니고, 구체적 상속분에 상당하는 정도에 미달하는 과소한 경우에도 사해행위로서 취소되는 범위는 그 미달하는 부분에 한정하여야 한다. 이때 지정상속분이나 기여분, 특별수익 등의 존부 등 구체적 상속분이 법정상속분과 다르다는 사정은 채무자가 주장·입증하여야 할 것이다.

③ **(×)** 특정유증의 효력을 묻는 지문이다. 특정유증을 받은 자는 채권자로서 유증의 효력이 발생하고 공시방법을 갖춘 때에 유증 목적인 재산의 소유권을 취득한다.
[**대법원** 2003. 5. 27. **선고** 2000**다**73445 **판결**] 포괄적 유증을 받은 자는 민법 제187조에 의하여 법률상 당연히 유증받은 부동산의 소유권을 취득하게 되나, 특정유증을 받은 자는 유증의무자에게 유증을 이행할 것을 청구할 수 있는 채권을 취득할 뿐이므로, 특정유증을 받은 자는 유증받은 부동

산의 소유권자가 아니어서 직접 진정한 등기명의의 회복을 원인으로 한 소유권이전등기를 구할 수 없다.

④ (×) 사후피인지자의 상속분 상당의 가액청구권의 대상에 상속개시 후 상속재산에서 발생한 과실이 포함되는지를 묻는 지문이다. 다른 공동상속인들의 분할 기타 처분은 유효한 것이고, 상속개시 후 발생한 과실은 다른 공동상속인들이나 처분의 상대방에게 정당하게 귀속되는 것이므로 사후피인지자에 대한 관계에서 부당이득이 되지 않을 뿐만 아니라 상속분을 산정하는 기초재산에 포함되지도 않는다.

[**대법원** 2007. 7. 26. **선고** 2006므2757·2764 **판결**] 인지 전에 공동상속인들에 의해 이미 분할되거나 처분된 상속재산은 이를 분할받은 공동상속인이나 공동상속인들의 처분행위에 의해 이를 양수한 자에게 그 소유권이 확정적으로 귀속되는 것이며, 그 후 그 상속재산으로부터 발생하는 과실은 상속개시 당시 존재하지 않았던 것이어서 이를 상속재산에 해당한다 할 수 없고, 상속재산의 소유권을 취득한 자(분할받은 공동상속인 또는 공동상속인들로부터 양수한 자)가 민법 제102조에 따라 그 과실을 수취할 권능도 보유한다고 할 것이며, 민법 제1014조도 '이미 분할 내지 처분된 상속재산' 중 피인지자의 상속분에 상당한 가액의 지급청구권만을 규정하고 있을 뿐 '이미 분할 내지 처분된 상속재산으로부터 발생한 과실'에 대해서는 별도의 규정을 두지 않고 있으므로, 결국 민법 제1014조에 의한 상속분상당가액지급청구에 있어 상속재산으로부터 발생한 과실은 그 가액산정 대상에 포함된다고 할 수 없다.

⑤ (○) 상속재산인 가분적 채무가 공동상속인들에게 상속분에 따라 당연히 귀속되는지를 묻는 지문이다.

[**대법원** 1997. 6. 24. **선고** 97다8809 **판결**] 금전채무와 같이 급부의 내용이 가분인 채무가 공동상속된 경우, 이는 상속 개시와 동시에 당연히 법정상속분에 따라 공동상속인에게 분할되어 귀속되는 것이므로, 상속재산 분할의 대상이 될 여지가 없다.

정답 ⑤

9. **상속에 관한 설명 중 옳은 것을 모두 고른 것은? (다툼이 있는 경우 판례에 의함)** [15 변호사]

ㄱ. 공동상속인 중 1인이 상속재산인 수 개의 부동산 중 하나의 부동산에 대한 자신의 상속지분을 양도한 것은 「민법」 제1011조 제1항에 규정된 '상속분의 양도'에 해당하지 않으므로, 이에 대하여는 다른 상속인들이 상속분의 양수권을 행사할 수 없다.

ㄴ. 공동상속인들이 상속재산을 분할한 후 피상속인의 혼인외의 출생자로서 인지된 사람이 다른 공동상속인에게 그 상속분에 상당한 가액의 지급을 청구한 경우, 공동상속인이 분할받은 상속재산으로부터 발생한 과실을 취득하는 것은 피인지자에 대한 관계에서 부당이득이 되므로 이를 반환하여야 한다.

ㄷ. 이혼으로 인한 위자료청구권은 원칙적으로 상속되지 않지만, 청구권자가 위자료의 지급을 구하는 소송을 제기한 후 사망한 경우에는 예외적으로 상속된다.

ㄹ. 채권자가 상속인을 상대로 상속채무의 이행을 구하는 소송에서 상속인이 한정승인을 하고도 이를 주장하지 아니하여 책임의 범위에 관한 유보없는 판결이 선고되고 확정된 경우, 상속인은 그 후 위 한정승인 사실을 내세워 청구이의의 소를 제기할 수 없다.

① ㄷ ② ㄱ, ㄷ ③ ㄱ, ㄹ
④ ㄴ, ㄹ ⑤ ㄱ, ㄴ, ㄹ

해설

ㄱ. (O) 제1011조 제1항이 규정하고 있는 상속분양도의 의미를 묻는 지문이다. 공동상속인으로서의 지위를 의미하는 것이지 개개의 상속재산에 관한 상속지분을 의미하는 것은 아니다.
[**대법원** 2006. 3. 24. **선고** 2006**다**2179 **판결**] [1] 민법 제1011조 제1항은 "공동상속인 중 그 상속분을 제3자에게 양도한 자가 있는 때에는 다른 공동상속인은 그 가액과 양도비용을 상환하고 그 상속분을 양수할 수 있다"고 규정하고 있는 바, 여기서 말하는 '상속분의 양도'란 상속재산분할 전에 적극재산과 소극재산을 모두 포함한 상속재산 전부에 관하여 공동상속인이 가지는 포괄적 상속분, 즉 상속인 지위의 양도를 의미하므로, 상속재산을 구성하는 개개의 물건 또는 권리에 대한 개개의 물권적 양도는 이에 해당하지 아니한다. [2] 공동상속인 중 일부가 상속재산인 임야 중 자신들의 상속지분을 양도한 경우, 이는 민법 제1011조 제1항에 규정된 '상속분의 양도'에 해당하지 아니하고 상속받은 임야에 관한 공유지분을 양도한 것에 불과하여, 다른 공동상속인에게 민법 제1011조 제1항에 규정된 상속분 양수권이 있다고 볼 수 없다고 한 원심의 판단을 수긍한 사례.

ㄴ. (×) 사후피인지자에 대하여 다른 공동상속인은 분할받은 상속재산으로부터 취득한 과실을 부당이득으로 반환하여야 하는지를 묻는 지문이다. 인지 전에 다른 공동상속인들이 상속재산을 분할하였거나 처분하였다면 다른 공동상속인들은 인지의 소급효로부터 보호되는 제3자에 해당하므로 사후의 피인지자는 분할 기타 처분의 효력을 부정하지 못한다. 다른 공동상속인들은 분할받은 상속재산으로부터 취득한 과실을 수취할 권능을 보유하므로 부당이득반환의무를 부담하지 않는다.
[**대법원** 2007. 7. 26. **선고** 2006**다**83796 **판결**] 상속개시 후에 인지되거나 재판이 확정되어 공동상속인이 된 자도 그 상속재산이 아직 분할되거나 처분되지 아니한 경우에는 당연히 다른 공동상속인들과 함께 분할에 참여할 수 있을 것이나, 인지 이전에 다른 공동상속인이 이미 상속재산을 분할 내지 처분한 경우에는 인지의 소급효를 제한하는 민법 제860조 단서가 적용되어 사후의 피인지자는 다른 공동상속인들의 분할 기타 처분의 효력을 부인하지 못하게 되는 바, 민법 제1014조는 그와 같은 경우에 피인지자가 다른 공동상속인들에 대하여 그의 상속분에 상당한 가액의 지급을 청구할 수 있도록 하여 상속재산의 새로운 분할에 갈음하는 권리를 인정함으로써 피인지자의 이익과 기존의 권리관계를 합리적으로 조정하는 데 그 목적이 있는 것이다. 따라서 인지 이전에 공동상속인들에 의해 이미 분할되거나 처분된 상속재산은 민법 제860조 단서가 규정한 인지의 소급효 제한에 따라 이를 분할받은 공동상속인이나 공동상속인들의 처분행위에 의해 이를 양수한 자에게 그 소유권이 확정적으로 귀속되는 것이며, 상속재산의 소유권을 취득한 자는 민법 제102조에 따라 그 과실을 수취할 권능도 보유한다고 할 것이므로, 피인지자에 대한 인지 이전에 상속재산을 분할한 공동상속인이 그 분할받은 상속재산으로부터 발생한 과실을 취득하는 것은 피인지자에 대한 관계에서 부당이득이 된다고 할 수 없다.

ㄷ. (O) 이혼으로 인한 위자료청구권의 상속을 묻는 지문이다. 이혼위자료청구권은 행사상 일신전속권일 뿐 귀속상 일신전속권이 아니므로 청구권을 행사할 의사가 객관적으로 명백한 경우 양도나 상속 등 승계가 가능하다.
[**대법원** 1993. 5. 27. **선고** 92**므**143 **판결**] 이혼위자료청구권은 상대방 배우자의 유책불법한 행위에 의하여 혼인관계가 파탄상태에 이르러 이혼하게 된 경우 그로 인하여 입게 된 정신적 고통을 위자하기 위한 손해배상청구권으로서 이혼시점에서 확정, 평가되고 이혼에 의하여 비로소 창설되는 것이 아니며, 이혼위자료청구권의 양도 내지 승계의 가능 여부에 관하여 민법 제806조 제3항은 약혼해제로 인한 손해배상청구권에 관하여 정신상 고통에 대한 손해배상청구권은 양도 또는 승계하지 못하지만 당사자간에 배상에 관한 계약이 성립되거나 소를 제기한 후에는 그러하지 아니하다고 규정하고 같은 법 제843조가 위 규정을 재판상 이혼의 경우에 준용하고 있으므로 이혼위자료청구권은 원칙적으로 일신전속적 권리로서 양도나 상속 등 승계가 되지 아니하나 이는 행사상 일신전속권이고 귀속상 일신전속권은 아니라 할 것인 바, 그 청구권자가 위자료의 지급을 구하는 소송을 제

기함으로써 청구권을 행사할 의사가 외부적 객관적으로 명백하게 된 이상 양도나 상속 등 승계가 가능하다.

ㄹ. (×) 상속채무의 이행을 구하는 소송에서 한정승인을 주장하지 아니한 상속인이 청구이의의 소를 제기하여 한정승인을 주장할 수 있는지를 묻는 지문이다. 한정승인의 경우 채무의 상속에 따른 책임의 제한여부만이 문제되기 때문에 청구이의의 소를 제기하더라도 기판력에 저촉되지 않는다. 이 점은 상속포기의 경우와 다르다.

[**대법원** 2009. 5. 28. **선고** 2008**다**79876 **판결**] 채무자가 한정승인을 하였으나 채권자가 제기한 소송의 사실심 변론종결시까지 이를 주장하지 아니하는 바람에 책임의 범위에 관하여 아무런 유보 없는 판결이 선고·확정된 경우라 하더라도 채무자가 그 후 위 한정승인 사실을 내세워 청구에 관한 이의의 소를 제기하는 것이 허용되는 것은, 한정승인에 의한 책임의 제한은 상속채무의 존재 및 범위의 확정과는 관계없이 다만 판결의 집행대상을 상속재산의 한도로 한정함으로써 판결의 집행력을 제한할 뿐으로, 채권자가 피상속인의 금전채무를 상속한 상속인을 상대로 그 상속채무의 이행을 구하여 제기한 소송에서 채무자가 한정승인 사실을 주장하지 않으면 책임의 범위는 현실적인 심판대상으로 등장하지 아니하여 주문에서는 물론 이유에서도 판단되지 않는 관계로 그에 관하여는 기판력이 미치지 않기 때문이다. 위와 같은 기판력에 의한 실권효 제한의 법리는 채무의 상속에 따른 책임의 제한 여부만이 문제되는 한정승인과 달리 상속에 의한 채무의 존재 자체가 문제되어 그에 관한 확정판결의 주문에 당연히 기판력이 미치게 되는 상속포기의 경우에는 적용될 수 없다. 정답 ②

10. **甲과 乙은 부부이며 자녀 丙과 丁이 있다. 甲이 사망하고 남긴 재산으로는 X 아파트(시가5억 원)와 A에게 부담하고 있던 2억 8,000만 원의 채무가 있다. 이에 관한 설명 중 옳지 않은 것은? (다툼이 있는 경우에는 판례에 의함)** [14 변호사]

① X 아파트는 乙, 丙, 丁이 3/7, 2/7, 2/7의 지분으로 공유하며, A에 대한 2억 8,000만 원의 채무는 乙이 1억 2,000만 원의 분할채무를, 丙과 丁이 각 8,000만 원의 분할 채무를 부담한다.

② 乙, 丙, 丁이 상속재산의 분할협의에 의하여 X 아파트를 乙의 단독소유로 할 수 있지만, A에 대한 2억 8,000만 원의 채무는 분할협의의 대상이 아니다.

③ 乙, 丙, 丁이 상속재산의 분할협의에 의하여 X 아파트를 丙의 단독소유로 하였고, 丙은 이를 A에게 매도하고 소유권이전등기를 경료하여 주었다. 그런데 상속개시 1년 후 甲의 혼인 외의 자가 인지청구의 소에서 승소하여 새로이 상속재산분할을 요구하더라도 A는 유효하게 X 아파트의 소유권을 보유한다.

④ 丙이 성년자이고 丁이 미성년자일 경우, 乙이 자신의 상속을 포기함과 동시에 丁을 대리하여 丁의 상속을 포기하는 것은 이해상반행위가 아니다.

⑤ 丙이 성년자이고 丁이 미성년자일 경우, 乙은 본인 겸 丁의 법정대리인으로서 丙과 상속재산 분할협의를 하여 X 아파트를 자신의 단독소유로 한 후, 이러한 사정을 모르는 戊에게 매도하여 소유권이전등기를 경료하여 준 경우, 戊는 유효하게 X 아파트 소유권을 취득한다.

해 설

① (O) 공동상속재산의 소유형태와 금전채무인 상속채무가 공동으로 상속된 경우의 효과를 묻는 지문이다. 공동상속재산은 상속인들의 공유에 속한다(제1006조). 한편, 가분적인 채무가 공동상속 된 때에는 공동상속인들의 추상적 상속분에 따라 채무가 분속(分屬)된다.

② **(O)** 금전채무인 상속채무가 상속재산분할협의의 대상이 될 수 있는지를 묻는 지문이다. 금전채무는 가분적인 채무로서 각 공동상속인들의 추상적 상속분에 따라 분속(分屬)되는 것이므로 이는 상속재산 분할의 대상이 되지 않는다.

[**대법원** 1997. 6. 24. **선고** 97**다**8809 **판결**] 금전채무와 같이 급부의 내용이 가분인 채무가 공동상속된 경우, 이는 상속 개시와 동시에 당연히 법정상속분에 따라 공동상속인에게 분할되어 귀속되는 것이므로, 상속재산 분할의 대상이 될 여지가 없다.

③ **(O)** 상속재산 분할 후에 혼인 외의 자가 인지된 경우, 이미 이루어진 상속재산분할의 효력이 어떠한지를 묻는 지문이다. 사후인지 이전에 다른 공동상속인들이 상속재산을 처분하거나 분할한 때에는 그 처분이나 분할은 유효하고, 사후피인지자의 재분할청구는 허용되지 않는다. 다만, 사후피인지자는 제1014조에 따라 상속분 상당의 가액지급을 청구할 수 있을 뿐이다. 따라서 X 아파트를 丙의 소유로 하는 상속재산분할은 사후피인지자 甲의 출현에 의하여 영향을 받지 아니하므로 甲은 새로이 상속재산분할청구를 할 수 없으며, 그 결과 丙으로부터 X 아파트를 매수한 A는 그 소유권을 보유한다.

④ **(O)** 제921조가 규정하고 있는 이해상반행위의 의미를 묻는 지문이다. 제921조가 규정하고 있는 이해상반행위는 친권자와 친권에 따르는 미성년자 사이, 친권에 따르는 수인의 미성년자 사이의 이해상반행위만 포함된다. 한편, 성년자인 자녀와 미성년자인 자녀 사이에 이해충돌을 야기하는 행위는 제921조의 이해상반행위에 해당하지 않는다. 친권자인 乙이 상속을 포기하고, 나아가 미성년자 丁을 대리하여 丁의 상속을 포기함으로써 성년자인 丙이 단독으로 상속을 받을 수 있도록 하는 행위는 丙과 丁 사이에 이해충돌을 야기하는 행위로서 제921조의 이해상반행위에 해당하지 아니한다.

[**대법원** 1976. 3. 9. **선고** 75**다**2340 **판결**] 민법 제921조 제2항에서 말하는 이해상반행위라 함은 친권자의 친권에 복종하는 미성년인 자 상호간에 있어서 그 미성년자가 각각 당사자의 일방이 되어서 하는 법률행위 뿐 아니라 친권자가 미성년자 일방을 위하여 타인으로부터 금전을 차입함에 있어 다른 미성년자인 자의 소유부동산에 저당권을 설정하는 행위와 같이 미성년자 일방을 위하여서는 이익이 되고 다른 미성년자에 대하여는 불이익이 되는 경우도 포함한다고 해석함이 상당하다고 할 것이나 그 어느 경우에 있어서도 이해상반행위의 당사자는 그 일방이 친권에 복종하는 미성년자이어야 할 뿐 아니라 상대방 역시 그 친권에 복종하는 다른 미성년자인 자로서 모두가 자기의 친권에 복종하는 미성년자인 자일 경우이어야 하고 이때에는 친권자가 미성년자 쌍방을 대리할 수는 없는 것이므로 그 어느 미성년자 일방을 위하여(불이익한 미성년자를 위하여) 특별대리인을 선임하여야 한다는 것이지 가령 성년이 되어 친권자의 친권에 복종하지 아니하는 자와 친권에 복종하는 미성년자인 子 사이에 이해상반이 되는 경우가 있다 하여도 친권자는 미성년자인 자를 위한 법정대리인으로서 그 고유의 권리를 행사할 수 있을 것이므로 그러한 친권자의 법률행위는 민법 제921조 제2항 소정의 이해상반행위에 해당한다고 할 수 없다.

⑤ **(×)** 이해상반행위의 효과를 묻는 지문이다. 제921조의 이해상반행위에 관해서는 친권자의 법정대리권이 배제되고, 미성년자는 법원에 의하여 선임된 특별대리인에 의하여 대리되어야 한다. 丁의 친권자인 乙이 丁을 대리하여 상속재산분할협의를 하여 자신이 단독으로 상속재산을 취득하도록 하는 행위는 이해상반행위에 해당하고, 그 결과 乙이 丁을 대리하여 상속재산분할협의를 한 것은 무권대리로서 효력이 없다. 乙은 상속재산분할협의에 따라 X 아파트를 유효하고 취득한 것이 아니므로 이를 戊에게 매도하고 戊 앞으로 소유권이전등기가 마쳐지더라도 戊는 유효하게 X 아파트의 소유권을 취득할 수는 없다. 다만, 처분행위자인 乙의 상속지분 범위에서 X 아파트의 지분권을 취득할 수는 있다.

정답 ⑤

11. **상속에 있어서 특별수익과 기여분에 관한 설명 중 옳은 것을 모두 고른 것은? (다툼이 있는 경우에는 판례에 의함)** [14 변호사]

ㄱ. 유증의 가액이 상속이 개시된 때의 피상속인의 재산가액에서 기여분을 공제한 액을 넘은 경우에는 그 초과분은 반환하여야 한다.
ㄴ. 구체적 상속분을 산정할 때, 특별수익재산의 평가의 기준시점은 상속개시시이다.
ㄷ. 기여분이 결정되기 전이라도 유류분반환청구소송에서 피고가 된 기여상속인은 상속재산 중 자신의 기여분을 공제할 것을 항변으로 주장할 수 있다.
ㄹ. 공동상속인 중에 특별수익자가 있는 경우 구체적 상속분의 산정의 기초가 되는 '피상속인이 상속개시 당시에 가지고 있던 재산의 가액'이란 상속재산 가운데 적극재산에서 소극재산을 제외한 순재산을 뜻한다.
ㅁ. 상속재산분할 후에라도 피인지자나 재판의 확정에 의하여 공동상속인이 된 자의 상속분에 상당한 가액의 지급청구가 있는 경우에는 기여분의 결정청구를 할 수 있으나, 상속재산분할의 심판청구가 없는 한 유류분반환청구가 있다는 사유만으로는 기여분의 결정청구를 할 수 없다.

① ㄱ, ㄴ ② ㄱ, ㄷ ③ ㄴ, ㄹ
④ ㄴ, ㅁ ⑤ ㄷ, ㄹ, ㅁ

해설

ㄱ. **(×)** 상속개시 당시 재산가액에서 기여분을 공제한 잔액을 초과하는 유증이 있는 경우, 유증액 중 초과부분은 반환의 대상이 아니다. 오히려 유증을 침해하는 결과를 초래하는 과도한 기여분의 결정은 허용되지 않는다. 즉, 상속개시 당시의 재산가액에서 유증가액을 공제한 액을 초과하여 기여분을 결정할 수 없다. 제1008조의 2 제3항.

ㄴ. **(O)** 특별수익을 평가하는 기준시기를 묻는 지문이다. 특별수익인 증여재산의 가액은 상속개시 당시를 기준으로 평가한다. 특별수익은 구체적 상속분을 산정하기 위하여 그 가액을 평가하는 것이고, 구체적 상속분은 상속재산을 분배하기 위한 기준이므로 그 기준은 상속개시 당시를 기준으로 산정하는 것이 타당하기 때문이다.

[**대법원** 1997. 3. 21. **자** 96스62 **결정**] 공동상속인 중에 피상속인으로부터 재산의 증여 또는 유증 등의 특별수익을 받은 자가 있는 경우에는 이러한 특별수익을 고려하여 상속인별로 고유의 법정상속분을 수정하여 구체적인 상속분을 산정하게 되는데, 이러한 구체적 상속분을 산정함에 있어서는 <u>상속개시시를 기준으로 상속재산과 특별수익재산을 평가하여 이를 기초로 하여야 할 것</u>이고, 다만 법원이 실제로 상속재산분할을 함에 있어 분할의 대상이 된 상속재산 중 <u>특정의 재산을 1인 및 수인의 상속인의 소유로 하고 그의 상속분과 그 특정의 재산의 가액과의 차액을 현금으로 정산할 것을 명하는 방법(소위 대상분할의 방법)을 취하는 경우에는, 분할의 대상이 되는 재산을 그 분할시를 기준으로 하여 재평가하여 그 평가액에 의하여 정산을 하여야</u> 한다.

ㄷ. **(×)** 유류분반환청구소송에서 기여분공제항변이 허용되는지를 묻는 지문이다. 기여분은 상속재산분할을 위하여 산정한다. 따라서 기여분결정청구는 상속재산분할심판청구가 있거나 상속분상당의 가액지급청구가 있는 때에는 그 청구의 이익이 인정된다(제1008조의 2 제4항). 상속재산분할이 완료되었다면 기여분을 산정하는 것은 의미가 없다. 비록 유류분반환청구소송이 제기되었다고 하더라도 마찬가지이다. 따라서 유류분반환청구소송에서 기여분 공제항변을 하는 것은 허용되지 않는다.

[**대법원** 1994. 10. 14. **선고** 94**다**8334 **판결**] 공동상속인 중 피상속인의 재산의 유지 또는 증가에 관하여 특별히 기여하거나 피상속인을 특별히 부양한 자가 있는 경우 그 기여분의 산정은 공동상속인들의 협의에 의하여 정하도록 되어 있고, 협의가 되지 않거나 협의할 수 없는 때에는 기여자의 신청에 의하여 가정법원이 심판으로 이를 정하도록 되어 있으므로 이와 같은 방법으로 기여분이 결정되기 전에는 유류분반환청구소송에서 피고가 된 기여상속인은 상속재산 중 자신의 기여분을 공제할 것을 항변으로 주장할 수 없다.

ㄹ. (×) 특별수익자가 존재하는 경우, 구체적 상속분 산정의 기초재산에 소극재산이 포함되는지를 묻는 지문이다. 특별수익자가 존재하는 경우, 구체적 상속분 산정의 기초재산에 소극재산은 포함되지 않는다. 소극재산은 별도로 법정상속분(추상적 상속분)에 따라 각 공동상속인에게 분배된다. 소극재산까지 구체적 상속분 산정의 기초재산에 포함시키게 되면 초과특별수익자에게 부당한 이익을 주는 결과가 되기 때문이다.

[**대법원** 1995. 3. 10. **선고** 94**다**16571 **판결**] 공동상속인 중에 특별수익자가 있는 경우의 구체적인 상속분의 산정을 위하여는, 피상속인이 상속개시 당시에 가지고 있던 재산의 가액에 생전 증여의 가액을 가산한 후, 이 가액에 각 공동상속인별로 법정상속분율을 곱하여 산출된 상속분의 가액으로부터 특별수익자의 수증재산인 증여 또는 유증의 가액을 공제하는 계산방법에 의하여 할 것이고, 여기서 이러한 계산의 기초가 되는 "피상속인이 상속개시 당시에 가지고 있던 재산의 가액"은 상속재산 가운데 적극재산의 전액을 가리키는 것으로 보아야 옳다.

ㅁ. (○) 유류분반환청구가 있는 경우, 기여상속인이 기여분결정청구를 할 수 있는지를 묻는 지문이다. 기여분은 상속재산 심판분할의 전제로서 그 결정청구가 허용되는 것이므로 상속재산분할심판청구나 상속분상당의 가액지급청구가 없다면 기여분결정청구는 허용되지 않는다.

[**대법원** 1999. 8. 24. **자** 99**스**28 **결정**] 기여분은 상속재산분할의 전제문제로서의 성격을 갖는 것이므로 상속재산분할의 청구나 조정신청이 있는 경우에 한하여 기여분결정청구를 할 수 있고, 다만 예외적으로 상속재산분할 후에라도 피인지자나 재판의 확정에 의하여 공동상속인이 된 자의 상속분에 상당한 가액의 지급청구가 있는 경우에는 기여분의 결정청구를 할 수 있다고 해석되며, 상속재산분할의 심판청구가 없음에도 단지 유류분반환청구가 있다는 사유만으로는 기여분결정청구가 허용된다고 볼 것은 아니다.

정답 ④

12. 甲은 유일한 재산으로 X 부동산을 남기고 사망하였는데, 그에게는 사별한 처와의 사이에 출생한 혼인 중의 자녀 乙이 있다. 乙은 X 부동산을 단독상속한 후, 이를 제3자인 丙에게 매도하고 소유권이전등기를 마쳐 주었다. 그 후 甲의 혼인 외의 출생자 A가 인지청구소송을 제기하여 승소확정판결을 받았다. 이에 관한 설명 중 옳지 않은 것을 모두 고른 것은? (각 지문은 독립적이며, 다툼이 있는 경우 판례에 의함)

[25 변호사]

ㄱ. A는 甲의 사망 사실을 안 날로부터 2년 내에 검사를 상대로 인지청구의 소를 제기하여야 하는데, 그 제소기간의 기산점이 되는 '사망을 안 날'은 甲의 사망이라는 객관적 사실을 아는 것 외에도 甲과 A가 친생자 관계에 있다는 사실까지 알아야 하는 것을 의미한다.

ㄴ. 丙은 X 부동산의 소유권을 확정적으로 취득하므로, A는 인지판결이 확정된 날로부터 3년 내에 乙을 상대로 X 부동산에 관한 자신의 상속분에 상당한 가액지급청구를 할 수 있을 뿐이다.

ㄷ. 乙이 이미 처분한 X 부동산으로부터 발생한 과실(果實)을 취득한 것이 있다면 그 과실은 피인지자 A에 대한 관계에서 부당이득이 된다.

① ㄱ ② ㄴ ③ ㄱ, ㄷ
④ ㄴ, ㄷ ⑤ ㄱ, ㄴ, ㄷ

해설

ㄱ. (×) 판례는 인지청구의 소에서 제소기간의 기산점이 되는 '사망을 안 날'은 '사망이라는 객관적 사실을 아는 것'을 의미하고, '사망자와 친생자관계에 있다는 사실'까지 알아야 하는 것은 아니라고 본다(2014므4871). 따라서 甲과 A가 친생자 관계에 있다는 사실까지 알아야 하는 것을 아니다.

ㄴ. (O) 판례는 ⅰ) (분할 기타 처분 전) 상속개시 후에 인지되거나 재판이 확정되어 공동상속인이 된 자도 그 상속재산이 아직 분할되거나 처분되지 아니한 경우에는 당연히 '다른 공동상속인들과 함께 분할에 참여'할 수 있을 것이나, ⅱ) (분할 기타 처분 후) 인지 이전에 다른 공동상속인이 이미 상속재산을 분할 내지 처분한 경우에는 ㉠ (제860조 단서)가 적용되어 피인지자는 다른 공동상속인들의 분할 기타 처분의 효력을 부인하지 못하게 되는바, ㉡ (제1014조)는 그와 같은 경우에 피인지자가 다른 공동상속인들에 대하여 그의 상속분에 상당한 가액의 지급을 청구할 수 있도록 하여 상속재산의 새로운 분할에 갈음하는 권리를 인정함으로써 피인지자의 이익과 기존의 권리관계를 합리적으로 조정하는 데 그 목적이 있다고 보아 피인지자와 동순위의 공동상속인은 제860조 단서의 제3자에 해당한다는 입장이다(2006다83796). 따라서 丙은 X 부동산의 소유권을 확정적으로 취득하고, A는 인지판결이 확정된 날로부터 3년 내에 乙을 상대로 X 부동산에 관한 자신의 상속분에 상당한 가액 지급청구를 할 수 있을 뿐이다.

ㄷ. (×) 판례는 인지 이전에 공동상속인들에 의해 이미 분할되거나 처분된 상속재산은 '제860조 단서가 규정한 인지의 소급효 제한'에 따라 이를 분할 받은 공동상속인이나 공동상속인들의 처분행위에 의해 이를 양수한 자에게 그 '소유권이 확정적으로 귀속'되는 것이며, 상속재산의 소유권을 취득한 자는 '제102조에 따라 그 과실을 수취할 권능도 보유'한다고 할 것이므로, 피인지자에 대한 인지 이전에 상속재산을 분할한 공동상속인이 그 분할받은 상속재산으로부터 발생한 과실을 취득하는 것은 피인지자에 대한 관계에서 부당이득이 된다고 할 수 없다(2006다83796). 따라서 乙이 이미 처분한 X 부동산으로부터 발생한 과실은 피인지자 A에 대한 관계에서 부당이득이 되지 않는다. 정답 ③

Ⅲ. 상속의 승인과 포기

13. 甲은 사실혼 배우자 乙과 사이에 甲이 인지한 성년인 자녀 丙을 두었고, 丙에게는 혼인 중 출생자인 자녀 丁이 있다. 甲은 오랜 지병으로 투병하다가 2022. 10. 1. 사망하였다. 사망 당시 甲에게는 A에 대한 대여금 채권과 X 부동산, B에 대한 물품대금 채무가 있었다. 이에 관한 설명 중 옳지 않은 것은? (각 지문은 독립적이며, 다툼이 있는 경우 판례에 의함) [24 변호사]

① 乙이 甲의 투병생활 중 부부 사이에서 요구되는 제1차 부양의무를 넘어 특별한 부양에 이를 정도로 甲을 간호하였더라도 乙은 「민법」 제1008조의2 제1항에 따른 기여분을 주장할 수 없다.

② 丙이 2022. 10. 20. 상속포기 신고를 한 경우, 상속포기 신고 수리 심판을 고지받기 전에 丙이 A로부터 위 대여금 채권을 추심하여 변제받으면 단순승인으로 간주된다.

③ 丙이 2022. 10. 20. 상속포기 신고를 한 경우, 그때부터 상속포기 신고 수리 심판을 고지받기 전까지는 X 부동산에 대해 선량한 관리자의 주의로 관리할 의무를 진다.

④ B가 2022. 10. 12. 丙을 상대로 X 부동산에 관한 가압류결정을 받아 그 집행으로 같은 달 13. 가압류등기가 마쳐진 후 丙이 2022. 10. 24. 상속포기 신고 수리 심판을 고지받은 경우, B는 그 후 적법하게 진행된 X 부동산에 대한 경매절차에서 가압류채권자로서 배당을 받을 수 있다.

⑤ 만약 甲에게 오래전부터 별거 상태인 법률상 배우자 戊가 있었고 甲 사망 후 丙이 가정법원에 적법한 요건을 갖춘 상속포기 신고를 하였다면, 戊가 단독상속인이 된다.

해설

① **(O)** 기여분은 공동상속인에게 인정되는 특별한 상속분이다. 사실혼 배우자 乙은 상속인이 아니므로 乙에게 기여분이 인정되지 않는다.

② **(O)** 상속포기는 가정법원의 수리심판이 고시됨으로써 효력이 생긴다. 상속포기의 효력이 생기기 전에 상속재산을 처분한 때에는 단순승인으로 의제되어 상속포기 수리심판이 고지되더라도 상속포기의 효력이 생기지 않는다. 상속재산이 채권을 추심하는 행위는 상속재산의 처분행위에 해당하므로 단순승인 의제의 효과가 생긴다.

[**대법원** 2016. 12. 29. **선고** 2013**다**73520 **판결**] 민법 제1026조 제1호는 상속인이 상속재산에 대한 처분행위를 한 때에는 단순승인을 한 것으로 본다고 규정하고 있다. 그런데 상속의 한정승인이나 포기의 효력이 생긴 이후에는 더 이상 단순승인으로 간주할 여지가 없으므로, 이 규정은 한정승인이나 포기의 효력이 생기기 전에 상속재산을 처분한 경우에만 적용된다. 한편 상속의 한정승인이나 포기는 상속인의 의사표시만으로 효력이 발생하는 것이 아니라 가정법원에 신고를 하여 가정법원의 심판을 받아야 하며, 심판은 당사자가 이를 고지받음으로써 효력이 발생한다. 이는 한정승인이나 포기의 의사표시의 존재를 명확히 하여 상속으로 인한 법률관계가 획일적으로 처리되도록 함으로써, 상속재산에 이해관계를 가지는 공동상속인이나 차순위 상속인, 상속채권자, 상속재산의 처분 상대방 등 제3자의 신뢰를 보호하고 법적 안정성을 도모하고자 하는 것이다. 따라서 상속인이 가정법원에 상속포기의 신고를 하였더라도 이를 수리하는 가정법원의 심판이 고지되기 이전에 상속재산을 처분하였다면, 이는 상속포기의 효력 발생 전에 처분행위를 한 것이므로 민법 제1026조 제1호에 따라 상속의 단순승인을 한 것으로 보아야 한다.

③ **(×)** 상속포기의 효력이 생기기까지 상속인은 상속재산에 관한 관리의무를 부담한다. 상속인의 상속재산 관리의무의 정도는 선량한 관리자의 주의의무 정도가 아니라 고유재산에 대하는 것과 동일한 주의의 정도이다(제1022조).

④ **(O)** 상속인을 상대로 가압류결정을 받은 후에 상속인이 상속을 포기한 때에도 그 가압류의 효력은 여전히 유지된다. 상속을 포기한 상속인도 상속포기의 효력이 생기기 전에는 상속재산 관리의무가 있기 때문이다.

[**대법원** 2021. 9. 15. **선고** 2021**다**224446 **판결**] 상속인은 상속 개시된 때부터 피상속인의 재산에 관한 포괄적 권리의무를 승계한다(민법 제1005조 본문). 다만 상속인은 상속개시 있음을 안 날로부터 3월내에 단순승인이나 한정승인 또는 포기를 할 수 있고(민법 제1019조 제1항 본문), 상속의 포기는 상속 개시된 때에 소급하여 그 효력이 있다(민법 제1042조). 상속인은 상속포기를 할 때까지는 그 고유재산에 대하는 것과 동일한 주의로 상속재산을 관리하여야 한다(민법 제1022조). 상속인이 상속을 포기할 때에는 민법 제1019조 제1항의 기간 내에 가정법원에 포기의 신고를 하여야 하고(민법 제1041조), 상속포기는 가정법원이 상속인의 포기신고를 수리하는 심판을 하여 이를 당사자에게 고지한 때에 효력이 발생하므로, 상속인은 가정법원의 상속포기신고 수리 심판을 고지받을 때까지 민법 제1022조에 따른 상속재산 관리의무를 부담한다.

이와 같이 상속인은 아직 상속 승인, 포기 등으로 상속관계가 확정되지 않은 동안에도 잠정적으로나마 피상속인의 재산을 당연 취득하고 상속재산을 관리할 의무가 있으므로, 상속채권자는 그 기간 동안 상속인을 상대로 상속재산에 관한 가압류결정을 받아 이를 집행할 수 있다. 그 후 상속인이 상속포기로 인하여 상속인의 지위를 소급하여 상실한다고 하더라도 이미 발생한 가압류의 효력에 영향을 미치지 않는다. 따라서 위 상속채권자는 종국적으로 상속인이 된 사람 또는 민법 제1053조에 따라 선임된 상속재산관리인을 채무자로 한 상속재산에 대한 경매절차에서 가압류채권자로서 적법하게 배당을 받을 수 있다.

⑤ **(O)** 자녀가 상속을 포기한 때에는 손자녀가 있다고 하더라도 배우자가 단독상속인이 된다.
[**대법원** 2023. 3. 23. **선고** 2020**그**42 **전원합의체 결정**] 상속에 관한 입법례와 민법의 입법 연혁, 민법 조문의 문언 및 체계적·논리적 해석, 채무상속에서 상속포기자의 의사, 실무상 문제 등을 종합하여 보면, 피상속인의 배우자와 자녀 중 자녀 전부가 상속을 포기한 경우에는 배우자가 단독상속인이 된다고 봄이 타당하다. **정답** ③

14. **A는 배우자 B와의 사이에 자녀 C, D를 두었는데, 적극재산 없이 차용금 채무 6억 3,000만 원을 남긴 채 2020. 10. 17. 사망하였다. C에게는 자녀 E가, D에게는 자녀 F와 G가 있었는데, C와 D가 모두 상속을 적법하게 포기하였다. 이러한 경우에 A가 남긴 채무는 누구에게 얼마씩 귀속되는가? (다툼이 있는 경우 판례에 의함)** [22 변호사]

① B에게 6억 3,000만 원 전액이 귀속된다.
② B, E, F, G에게 6억 3,000만 원 전액이 불가분채무로 귀속된다.
③ B, E, F, G에게 각 1억 5,750만 원씩 분할되어 귀속된다.
④ B에게 2억 7,000만 원, E에게 1억 8,000만 원, F에게 9,000만 원, G에게 9,000만 원으로 분할되어 귀속된다.
⑤ B에게 2억 1,000만 원, E에게 1억 4,000만 원, F에게 1억 4,000만 원, G에게 1억 4,000만 원으로 분할되어 귀속된다.

해 설

⑤ **(O)** 선순위 직계비속인 자녀가 상속을 포기한 경우, 차순위 직계비속인 손자녀가 본위상속을 한다. 따라서 배우자 B, 손자녀 E, F, G가 공동상속인이 된다. 채무는 법정상속분에 따라 분할하여 각 상속인들에게 귀속되므로 B의 상속분은 3/9이고, E, F, G의 상속분은 각 2/9이다. 따라서 B는 2억 1천만 원(6억 3천만 원 × 3/9), E, F, G는 각 1억 4천만 원(6억 3천만 원 × 2/9)의 채무를 부담한다.
[**대법원** 2015. 5. 14. **선고** 2013**다**48852 **판결**] 상속을 포기한 자는 상속개시된 때부터 상속인이 아니었던 것과 같은 지위에 놓이게 되므로, 피상속인의 배우자와 자녀 중 자녀 전부가 상속을 포기한 경우에는 배우자와 피상속인의 손자녀 또는 직계존속이 공동으로 상속인이 되고, 피상속인의 손자녀와 직계존속이 존재하지 아니하면 배우자가 단독으로 상속인이 된다.
[**대법원** 1995. 4. 7. **선고** 94**다**11835 **판결**] 제1순위 상속권자인 처와 자들이 모두 상속을 포기한 경우에는 손이 직계비속으로서 상속인이 된다. **정답** ⑤

15. 甲은 乙에 대하여 대여금채권을 가지고 있다. 그런데 乙이 사망하였고, 1순위 단독상속인인 丙은 상속포기기간 내에 적법하게 상속을 포기하였다. 이에 관한 설명 중 옳지 않은 것은? (다툼이 있는 경우 판례에 의함)
[21 변호사]

① 상속을 포기한 丙은 처음부터 상속인이 아니었던 것이 되는데, 상속포기가 丙의 채권자의 입장에서 그의 기대를 저버리는 측면이 있더라도 상속인의 재산을 현재의 상태보다 악화시키지 않으므로 사해행위취소의 대상이 되지 않는다.

② 만약 丙이 한정승인을 하고 상속재산에 대하여 상속을 원인으로 한 소유권이전등기를 마친 뒤 자신의 채권자인 丁에게 근저당권을 설정하여 준 경우, 甲은 상속재산에 관한 경매절차에서 丁에 대하여 우선적 지위를 주장할 수 있다.

③ 甲이 丙을 상대로 제기한 대여금청구소송에서 丙이 사실심 변론종결 시까지 상속을 포기한 사실을 주장하지 않아 甲의 승소판결이 선고되어 확정된 경우, 승소판결에 따른 집행절차에서 위 상속포기는 적법한 청구이의 사유가 되지 못한다.

④ 甲이 乙의 사망사실을 모르고 乙을 피고로 하여 대여금청구의 소를 제기하였다가 乙의 사망사실을 알고 피고의 표시를 丙으로 정정하였는데 丙의 상속포기사실을 그 후에 알게 된 경우, 甲은 피고의 표시를 2순위 단독상속인인 戊로 다시 정정할 수 있다.

⑤ 만약 丙이 상속포기 신고를 하였으나 피상속인 乙의 제3자에 대한 손해배상채권을 추심하여 변제받은 이후 상속포기 신고를 수리하는 가정법원의 심판이 고지되었다면 그 상속포기는 무효이다.

해설

① **(O)** 상속포기는 재산처분행위라기보다는 인적 결단으로서의 의미를 가지므로 사해행위가 아니다. [**대법원** 2011. 6. 9. **선고** 2011**다**29307 **판결**] 상속의 포기는 비록 포기자의 재산에 영향을 미치는 바가 없지 아니하나(그러한 측면과 관련하여서는 '채무자 회생 및 파산에 관한 법률' 제386조도 참조) 상속인으로서의 지위 자체를 소멸하게 하는 행위로서 순전한 재산법적 행위와 같이 볼 것이 아니다. 오히려 상속의 포기는 1차적으로 피상속인 또는 후순위상속인을 포함하여 다른 상속인 등과의 인격적 관계를 전체적으로 판단하여 행하여지는 '인적 결단'으로서의 성질을 가진다. 그러한 행위에 대하여 비록 상속인인 채무자가 무자력상태에 있다고 하여서 그로 하여금 상속포기를 하지 못하게 하는 결과가 될 수 있는 채권자의 사해행위취소를 쉽사리 인정할 것이 아니다. 그리고 상속은 피상속인이 사망 당시에 가지던 모든 재산적 권리 및 의무·부담을 포함하는 총체재산이 한꺼번에 포괄적으로 승계되는 것으로서 다수의 관련자가 이해관계를 가지는데, 위와 같이 상속인으로서의 자격 자체를 좌우하는 상속포기의 의사표시에 사해행위에 해당하는 법률행위에 대하여 채권자 자신과 수익자 또는 전득자 사이에서만 상대적으로 그 효력이 없는 것으로 하는 채권자취소권의 적용이 있다고 하면, 상속을 둘러싼 법률관계는 그 법적 처리의 출발점이 되는 상속인 확정의 단계에서부터 복잡하게 얽히게 되는 것을 면할 수 없다. 또한 상속인의 채권자의 입장에서는 상속의 포기가 그의 기대를 저버리는 측면이 있다고 하더라도 채무자인 상속인의 재산을 현재의 상태보다 악화시키지 아니한다. 이러한 점들을 종합적으로 고려하여 보면, 상속의 포기는 민법 제406조 제1항에서 정하는 "재산권에 관한 법률행위"에 해당하지 아니하여 사해행위취소의 대상이 되지 못한다(필자 註 : 상속인 甲이 상속포기 신고를 하였는데, 나머지 공동상속인들이 위 신고가 수리되면 甲은 처음부터 상속인에 해당하지 않는다고 생각하여, 상속포기 신고를 한 날 甲을 제외한 채 상속재산분할협의를 한 사안에서, 상속포기가 사해행위취소의 대상이 될 수 없고, 설령 甲이 상속재산분할협의에 참여하여 당사자가 되었더라도 협의 내용이 甲의 상속포기를 전제로 상속재산에 대한 권리를 인정하지 아니하는 것으로서 같은 날 행하여진 甲의 상속포기 신

고가 그 후 수리됨으로써 상속포기의 효과가 적법하게 발생한 이상 이를 달리 볼 것이 아니라는 취지의 원심 판단을 수긍한 사례).

② **(×)** 한정승인을 한 상속인이 상속재산에 관하여 자신의 채권자를 위하여 근저당권을 설정한 경우, 근저당권자와 상속채권자 사이의 우열관계에 관해서는 별도의 규정이 없으므로 물권법의 일반적 원칙에 따라 근저당권자가 우선한다.

[**대법원** 2010. 3. 18. **선고** 2007**다**77781 **전원합의체 판결**] 법원이 한정승인신고를 수리하게 되면 피상속인의 채무에 대한 상속인의 책임은 상속재산으로 한정되고, 그 결과 상속채권자는 특별한 사정이 없는 한 상속인의 고유재산에 대하여 강제집행을 할 수 없다. 그런데 민법은 한정승인을 한 상속인(이하 '한정승인자'라 한다)에 관하여 그가 상속재산을 은닉하거나 부정소비한 경우 단순승인을 한 것으로 간주하는 것(제1026조 제3호) 외에는 상속재산의 처분행위 자체를 직접적으로 제한하는 규정을 두고 있지 않기 때문에, 한정승인으로 발생하는 위와 같은 책임제한 효과로 인하여 한정승인자의 상속재산 처분행위가 당연히 제한된다고 할 수는 없다. 또한 민법은 한정승인자가 상속재산으로 상속채권자 등에게 변제하는 절차는 규정하고 있으나(제1032조 이하), 한정승인만으로 상속채권자에게 상속재산에 관하여 한정승인자로부터 물권을 취득한 제3자에 대하여 우선적 지위를 부여하는 규정은 두고 있지 않으며, 민법 제1045조 이하의 재산분리 제도와 달리 한정승인이 이루어진 상속재산임을 등기하여 제3자에 대항할 수 있게 하는 규정도 마련하고 있지 않다. 따라서 한정승인자로부터 상속재산에 관하여 저당권 등의 담보권을 취득한 사람과 상속채권자 사이의 우열관계는 민법상의 일반원칙에 따라야 하고, 상속채권자가 한정승인의 사유만으로 우선적 지위를 주장할 수는 없다. 그리고 이러한 이치는 한정승인자가 그 저당권 등의 피담보채무를 상속개시 전부터 부담하고 있었다고 하여 달리 볼 것이 아니다.

③ **(O)** 상속채권에 관한 소송에서 상속인이 상속포기 사실을 주장하지 아니하여 채권자의 승소판결이 확정된 경우, 상속포기는 청구이의사유가 될 수 없다. 기판력에 저촉되는 주장이기 때문이다.

[**대법원** 2009. 5. 28. **선고** 2008**다**79876 **판결**] 채무자가 한정승인을 하였으나 채권자가 제기한 소송의 사실심 변론종결시까지 이를 주장하지 아니하는 바람에 책임의 범위에 관하여 아무런 유보 없는 판결이 선고·확정된 경우라 하더라도 채무자가 그 후 위 한정승인 사실을 내세워 청구에 관한 이의의 소를 제기하는 것이 허용되는 것은, 한정승인에 의한 책임의 제한은 상속채무의 존재 및 범위의 확정과는 관계없이 다만 판결의 집행대상을 상속재산의 한도로 한정함으로써 판결의 집행력을 제한할 뿐으로, 채권자가 피상속인의 금전채무를 상속한 상속인을 상대로 그 상속채무의 이행을 구하여 제기한 소송에서 채무자가 한정승인 사실을 주장하지 않으면 책임의 범위는 현실적인 심판대상으로 등장하지 아니하여 주문에서는 물론 이유에서도 판단되지 않는 관계로 그에 관하여는 기판력이 미치지 않기 때문이다. 위와 같은 기판력에 의한 실권효 제한의 법리는 채무의 상속에 따른 책임의 제한여부만이 문제되는 한정승인과 달리 상속에 의한 채무의 존재 자체가 문제되어 그에 관한 확정판결의 주문에 당연히 기판력이 미치게 되는 상속포기의 경우에는 적용될 수 없다.

④ **(O)** 피상속인을 피고로 하여 제기한 소송은 상속인으로 표시정정이 가능하다. 표시정정한 상속인이 상속을 포기한 사실을 사후에 알게 되었다면 2순위 상속으로 표시정정이 가능하다.

[**대법원** 2006. 7. 4. **자** 2005**마**425 **결정**] 원고가 사망 사실을 모르고 사망자를 피고로 표시하여 소를 제기한 경우에, 청구의 내용과 원인사실, 당해 소송을 통하여 분쟁을 실질적으로 해결하려는 원고의 소제기 목적 내지는 사망 사실을 안 이후의 원고의 피고 표시 정정신청 등 여러 사정을 종합하여 볼 때 사망자의 상속인이 처음부터 실질적인 피고이고 다만 그 표시를 잘못한 것으로 인정된다면, 사망자의 상속인으로 피고의 표시를 정정할 수 있다. 그리고 이 경우에 실질적인 피고로 해석되는 사망자의 상속인은 실제로 상속을 하는 사람을 가리키고, 상속을 포기한 자는 상속 개시시부터 상속인이 아니었던 것과 같은 지위에 놓이게 되므로 제1순위 상속인이라도 상속을 포기한 경우에는 이에 해당하지 아니하며, 후순위 상속인이라도 선순위 상속인의 상속포기 등으로 실제로 상속인이 되는 경우에는 이에 해당한다.

⑤ (O) 상속포기에 관한 가정법원의 수리심판 고지 전에 법정단순승인 사유인 상속재산 처분행위가 있는 때에는 단순승인으로 의제되고, 상속포기의 효력은 생기지 않는다. 상속채권을 추심하는 행위는 상속재산의 처분행위에 해당하고, 상속포기 전 상속재산의 포기는 단순승인으로 의제되는 사유가 된다.

[**대법원** 2016. 12. 29. **선고** 2013**다**73520 **판결**] 민법 제1026조 제1호는 상속인이 상속재산에 대한 처분행위를 한 때에는 단순승인을 한 것으로 본다고 규정하고 있다. 그런데 상속의 한정승인이나 포기의 효력이 생긴 이후에는 더 이상 단순승인으로 간주할 여지가 없으므로, 이 규정은 한정승인이나 포기의 효력이 생기기 전에 상속재산을 처분한 경우에만 적용된다. 한편 상속의 한정승인이나 포기는 상속인의 의사표시만으로 효력이 발생하는 것이 아니라 가정법원에 신고를 하여 가정법원의 심판을 받아야 하며, 심판은 당사자가 이를 고지받음으로써 효력이 발생한다. 이는 한정승인이나 포기의 의사표시의 존재를 명확히 하여 상속으로 인한 법률관계가 획일적으로 처리되도록 함으로써, 상속재산에 이해관계를 가지는 공동상속인이나 차순위 상속인, 상속채권자, 상속재산의 처분 상대방 등 제3자의 신뢰를 보호하고 법적 안정성을 도모하고자 하는 것이다. 따라서 상속인이 가정법원에 상속포기의 신고를 하였더라도 이를 수리하는 가정법원의 심판이 고지되기 이전에 상속재산을 처분하였다면, 이는 상속포기의 효력 발생 전에 처분행위를 한 것이므로 민법 제1026조 제1호에 따라 상속의 단순승인을 한 것으로 보아야 한다.

정답 ②

16. **甲은 2018. 05. 20. 사망하였는데, 그 배우자 乙과 아들 丙은 2018. 06. 30. 상속포기신고를 하였으나 그 외의 가족은 상속포기신고를 하지 않았고, 법원은 2018. 07. 20. 乙과 丙의 상속포기신고를 수리하는 심판을 하여 위 심판이 같은 달 31. 고지되었다. 이에 관한 설명 중 옳지 않은 것은? (다툼이 있는 경우 판례에 의함)**

[20 변호사]

① 乙이 2018. 06. 10. 상속재산에 속하는 손해배상채권을 채무자 A로부터 추심하여 변제를 받은 경우, 乙의 상속포기는 효력이 없다.

② 丙이 2018. 07. 10. 상속재산에 속하는 고가의 패물을 B에게 5,000만 원에 매도하고 대금을 수령한 경우, 丙은 단순승인을 한 것으로 본다.

③ 乙이 2018. 08. 25. 상속재산에 속하는 토지를 C에게 매도하고 그 매매대금 전액으로 위 토지에 관하여 우선변제권을 가진 甲의 채권자 D에게 채무를 변제한 행위는 상속포기신고 후 상속재산의 부정소비에 해당하여 乙이 단순승인을 한 것으로 본다.

④ 만일 甲의 둘째 아들 丁이 2018. 03. 15. 甲 사망 시 유류분을 포함한 상속을 모두 포기한다는 의사를 표시하였더라도, 「민법」에 따른 절차와 방식으로 상속포기를 하지 않았다면, 甲의 사망 후 그 상속권을 다시 주장하는 것은 신의칙에 반하지 않는다.

⑤ 만일 乙과 丙의 상속포기로 단독상속인이 된 甲의 어머니 戊가 2018. 09. 10. 사망함으로써 대습상속이 개시된 경우, 그 대습상속인이 된 乙과 丙이 대습상속에 관하여 「민법」에 따른 절차와 방식으로 한정승인이나 상속포기를 하지 않는 한 단순승인을 한 것으로 본다.

해 설

① (O) 상속의 한정승인이나 포기 전에 상속재산을 처분한 때에는 단순승인으로 의제된다. 단순승인으로 의제되고 난 후에 이루어진 상속포기는 효력이 없다. 상속채권의 추심행위는 상속재산의 처분행위로서 단순승인 사유가 된다.

[**대법원** 2010. 4. 29. **선고** 2009**다**84936 **판결**] 상속인이 상속재산에 대한 처분행위를 한 때에는 단순승인을 한 것으로 보는바, 상속인이 피상속인의 채권을 추심하여 변제받는 것도 상속재산에 대한 처분행위에 해당한다(필자 註 : 상속인이 피상속인의 甲에 대한 손해배상채권을 추심하여 변제받은 행위는 상속재산의 처분행위에 해당하고, 그것으로써 단순승인을 한 것으로 간주되었다고 할 것이므로, 그 이후에 한 상속포기는 효력이 없다고 한 사례).

② **(O)** 상속포기 수리심판 고지 전에 상속재산을 처분하는 행위에 의하여 단순승인으로 의제된다. 그러나 고지 후에 상속재산을 처분하는 행위는 상속재산의 부정소비에 해당하는 때에만 단순승인으로 의제된다.

[**대법원** 2016. 12. 29. **선고** 2013**다**73520 **판결**] 민법 제1026조 제1호는 상속인이 상속재산에 대한 처분행위를 한 때에는 단순승인을 한 것으로 본다고 규정하고 있다. 그런데 상속의 한정승인이나 포기의 효력이 생긴 이후에는 더 이상 단순승인으로 간주할 여지가 없으므로, 이 규정은 한정승인이나 포기의 효력이 생기기 전에 상속재산을 처분한 경우에만 적용된다. 한편 상속의 한정승인이나 포기는 상속인의 의사표시만으로 효력이 발생하는 것이 아니라 가정법원에 신고를 하여 가정법원의 심판을 받아야 하며, 심판은 당사자가 이를 고지받음으로써 효력이 발생한다. 이는 한정승인이나 포기의 의사표시의 존재를 명확히 하여 상속으로 인한 법률관계가 획일적으로 처리되도록 함으로써, 상속재산에 이해관계를 가지는 공동상속인이나 차순위 상속인, 상속채권자, 상속재산의 처분 상대방 등 제3자의 신뢰를 보호하고 법적 안정성을 도모하고자 하는 것이다. 따라서 상속인이 가정법원에 상속포기의 신고를 하였더라도 이를 수리하는 가정법원의 심판이 고지되기 이전에 상속재산을 처분하였다면, 이는 상속포기의 효력 발생 전에 처분행위를 한 것이므로 민법 제1026조 제1호에 따라 상속의 단순승인을 한 것으로 보아야 한다.

③ **(×)** 상속재산을 처분하여 우선변제권자에게 변제하는 행위는 상속재산의 부정소비라고 볼 수 없다.

[**대법원** 2004. 3. 12. **선고** 2003**다**63586 **판결**] 민법 제1026조 제1호는 상속인이 한정승인 또는 포기를 하기 이전에 상속재산을 처분한 때에만 적용되는 것이고, 상속인이 한정승인 또는 포기를 한 후에 상속재산을 처분한 때에는 그로 인하여 상속채권자나 다른 상속인에 대하여 손해배상책임을 지게 될 경우가 있음은 별론으로 하고, 그것이 같은 조 제3호에 정한 상속재산의 부정소비에 해당되는 경우에만 상속인이 단순승인을 한 것으로 보아야 한다.

[**대법원** 2004. 3. 12. **선고** 2003**다**63586 **판결**] [1] 민법 제1026조 제3호에 정한 "상속재산의 부정소비"라 함은 정당한 사유 없이 상속재산을 써서 없앰으로써 그 재산적 가치를 상실시키는 행위를 의미한다. [2] 상속인이 상속재산을 처분하여 그 처분대금 전액을 우선변제권자에게 귀속시킨 것이라면, 그러한 상속인의 행위를 상속재산의 부정소비에 해당한다고 할 수 없다고 한 사례.

④ **(O)** 상속개시 전 상속포기는 효력이 없고, 상속개시 후에 상속권을 주장하더라도 신의칙에 위반하지 않는다.

[**대법원** 1998. 7. 24. **선고** 98**다**9021 **판결**] [1] 유류분을 포함한 상속의 포기는 상속이 개시된 후 일정한 기간 내에만 가능하고 가정법원에 신고하는 등 일정한 절차와 방식을 따라야만 그 효력이 있으므로, 상속개시 전에 한 상속포기약정은 그와 같은 절차와 방식에 따르지 아니한 것으로 효력이 없다. [2] 상속인 중의 1인이 피상속인의 생존시에 피상속인에 대하여 상속을 포기하기로 약정하였다고 하더라도, 상속개시 후 민법이 정하는 절차와 방식에 따라 상속포기를 하지 아니한 이상, 상속개시 후에 자신의 상속권을 주장하는 것은 정당한 권리행사로서 권리남용에 해당하거나 또는 신의칙에 반하는 권리의 행사라고 할 수 없다.

⑤ **(O)** 본위상속을 포기한 자도 본위상속의 피상속인을 피대습자로 하는 대습상속인의 지위를 가질 수 있다. 乙과 丙이 甲에 대한 상속을 포기하였더라도 甲을 피대습자로 한 대습상속까지 포기한 것은 아니므로 乙과 丙이 한정승인이나 포기를 하지 않는 한 대습상속에 관한 단순승인을 한 것으로 본다.

[**대법원** 2017. 1. 12. **선고** 2014**다**39824 **판결**] 피상속인의 사망으로 상속이 개시된 후 상속인이 상속을 포기하면 상속이 개시된 때에 소급하여 그 효력이 생긴다(민법 제1042조). 따라서 제1순위

상속권자인 배우자와 자녀들이 상속을 포기하면 제2순위에 있는 사람이 상속인이 된다. 상속포기의 효력은 피상속인의 사망으로 개시된 상속에만 미치고, 그 후 피상속인을 피대습자로 하여 개시된 대습상속에까지 미치지는 않는다. 대습상속은 상속과는 별개의 원인으로 발생하는 것인 데다가 대습상속이 개시되기 전에는 이를 포기하는 것이 허용되지 않기 때문이다. 이는 종전에 상속인의 상속포기로 피대습자의 직계존속이 피대습자를 상속한 경우에도 마찬가지이다. 또한 피대습자의 직계존속이 사망할 당시 피대습자로부터 상속받은 재산 외에 적극재산이든 소극재산이든 고유재산을 소유하고 있었는지에 따라 달리 볼 이유도 없다.

따라서 피상속인의 사망 후 상속채무가 상속재산을 초과하여 상속인인 배우자와 자녀들이 상속포기를 하였는데, 그 후 피상속인의 직계존속이 사망하여 민법 제1001조, 제1003조 제2항에 따라 대습상속이 개시된 경우에 대습상속인이 민법이 정한 절차와 방식에 따라 한정승인이나 상속포기를 하지 않으면 단순승인을 한 것으로 간주된다. 위와 같은 경우에 이미 사망한 피상속인의 배우자와 자녀들에게 피상속인의 직계존속의 사망으로 인한 대습상속도 포기하려는 의사가 있다고 볼 수 있지만, 그들이 상속포기의 절차와 방식에 따라 피상속인의 직계존속에 대한 상속포기를 하지 않으면 효력이 생기지 않는다. 이와 달리 피상속인에 대한 상속포기를 이유로 대습상속 포기의 효력까지 인정한다면 상속포기의 의사를 명확히 하고 법률관계를 획일적으로 처리함으로써 법적 안정성을 꾀하고자 하는 상속포기제도가 잠탈될 우려가 있다. **정답** ③

17. 상속의 한정승인에 관한 설명 중 옳지 않은 것은? (다툼이 있는 경우 판례에 의함) [17 변호사]

① 상속채권자는 특별한 사정이 없는 한 한정승인자의 고유재산에 대해 강제집행을 할 수 없다.

② 상속채권자는 상속재산에 관하여 한정승인자로부터 근저당권을 취득한 한정승인자의 고유채권자에 대해, 그 근저당권에 기한 배당절차에서 한정승인의 사유만으로 우선적 지위를 주장할 수 없다.

③ 공동상속인들 중 일부가 한정승인을 한 경우 이에 따른 청산절차가 종료될 때까지는 상속재산 분할청구를 할 수 없다.

④ 상속부동산에 관하여 담보권 실행을 위한 경매절차가 진행된 경우, 한정승인에 따른 청산절차에서 상속채권자로 신고한 자라고 하더라도 집행권원을 얻어 그 경매절차에서 배당요구를 함으로써 일반채권자로서 배당받을 수 있다.

⑤ 상속채권자가 한정승인자에게 상속채무 전부의 이행을 구하는 소를 제기한 경우, 법원은 상속재산이 상속채무의 변제에 부족하다고 하더라도 상속채무 전부에 대한 이행판결을 선고하면서 이행판결의 주문에 상속재산의 한도에서만 집행할 수 있다는 취지를 명시하여야 한다.

해설

① (O) 한정승인자는 상속으로 인하여 취득한 재산의 한도에서 피상속인의 채무와 유증에 관하여 책임을 진다(제1028조). 상속채권자는 한정승인자의 고유재산에 대해서는 강제집행을 할 수 없고 상속재산에 관해서만 강제집행 할 수 있을 뿐이다.

[**대법원** 2016. 5. 24. **선고** 2015**다**250574 **판결**] 민법 제1028조는 "상속인은 상속으로 인하여 취득할 재산의 한도에서 피상속인의 채무와 유증을 변제할 것을 조건으로 상속을 승인할 수 있다."라고 규정하고 있다. 상속인이 위 규정에 따라 한정승인의 신고를 하게 되면 피상속인의 채무에 대한 한정승인자의 책임은 상속재산으로 한정되고, 그 결과 상속채권자는 특별한 사정이 없는 한 상속인의 고유재산에 대하여 강제집행을 할 수 없으며 상속재산으로부터만 채권의 만족을 받을 수 있다.

② (O) 상속채권자와 한정승인자로부터 근저당권을 취득한 상속인의 채권자의 우열관계를 묻는 지문

이다. 한정승인에 관한 민법규정에서 이를 별도로 규정하고 있지 아니하므로 민법의 일반원칙에 따라 담보물권자인 근저당권자가 우선한다.

[**대법원** 2010. 3. 18. **선고** 2007**다**77781 **전원합의체 판결**] 법원이 한정승인신고를 수리하게 되면 피상속인의 채무에 대한 상속인의 책임은 상속재산으로 한정되고, 그 결과 상속채권자는 특별한 사정이 없는 한 상속인의 고유재산에 대하여 강제집행을 할 수 없다. 그런데 민법은 한정승인을 한 상속인(이하 '한정승인자'라 한다)에 관하여 그가 상속재산을 은닉하거나 부정소비한 경우 단순승인을 한 것으로 간주하는 것(제1026조 제3호) 외에는 상속재산의 처분행위 자체를 직접적으로 제한하는 규정을 두고 있지 않기 때문에, 한정승인으로 발생하는 위와 같은 책임제한 효과로 인하여 한정승인자의 상속재산 처분행위가 당연히 제한된다고 할 수는 없다. 또한 민법은 한정승인자가 상속재산으로 상속채권자 등에게 변제하는 절차는 규정하고 있으나(제1032조 이하), 한정승인만으로 상속채권자에게 상속재산에 관하여 한정승인자로부터 물권을 취득한 제3자에 대하여 우선적 지위를 부여하는 규정은 두고 있지 않으며, 민법 제1045조 이하의 재산분리 제도와 달리 한정승인이 이루어진 상속재산임을 등기하여 제3자에 대항할 수 있게 하는 규정도 마련하고 있지 않다. 따라서 한정승인자로부터 상속재산에 관하여 저당권 등의 담보권을 취득한 사람과 상속채권자 사이의 우열관계는 민법상의 일반원칙에 따라야 하고, 상속채권자가 한정승인의 사유만으로 우선적 지위를 주장할 수는 없다. 그리고 이러한 이치는 한정승인자가 그 저당권 등의 피담보채무를 상속개시 전부터 부담하고 있었다고 하여 달리 볼 것이 아니다.

③ **(×)** 한정승인에 따른 청산절차가 상속재산분할보다 선행되어야 한다는 규정을 별도로 두고 있지 않으므로 한정승인에 따른 청산절차가 진행 중인 때에도 상속재산분할청구가 가능하다고 보아야 한다.

[**대법원** 2014. 7. 25. **자** 2011**스**226 **결정**] 우리 민법이 한정승인 절차가 상속재산분할 절차보다 선행하여야 한다는 명문의 규정을 두고 있지 않고, 공동상속인들 중 일부가 한정승인을 하였다고 하여 상속재산분할이 불가능하다거나 분할로 인하여 공동상속인들 사이에 불공평이 발생한다고 보기 어려우며, 상속재산분할의 대상이 되는 상속재산의 범위에 관하여 공동상속인들 사이에 분쟁이 있을 경우에는 한정승인에 따른 청산절차가 제대로 이루어지지 못할 우려가 있는데 그럴 때에는 상속재산분할청구 절차를 통하여 분할의 대상이 되는 상속재산의 범위를 한꺼번에 확정하는 것이 상속채권자의 보호나 청산절차의 신속한 진행을 위하여 필요하다는 점 등을 고려하면, 한정승인에 따른 청산절차가 종료되지 않은 경우에도 상속재산분할청구가 가능하다.

④ **(O)** 한정승인절차에서 상속채권자로 신고하였더라도 상속부동산의 임의경매절차가 진행되는 때에는 집행권원을 얻어 배당요구를 할 수 있다. 반드시 한정승인에 따른 청산절차에 의하여야 하는 것은 아니다.

[**대법원** 2010. 6. 24. **선고** 2010**다**14599 **판결**] 상속부동산에 관하여 민사집행법 제274조 제1항에 따른 형식적 경매절차가 진행된 것이 아니라 담보권 실행을 위한 경매절차가 진행된 경우에는 비록 한정승인 절차에서 상속채권자로 신고한 자라고 하더라도 집행권원을 얻어 그 경매절차에서 배당요구를 함으로써 일반채권자로서 배당받을 수 있다.

⑤ **(O)** 한정승인에 의하여 책임이 제한될 뿐이고, 상속채무는 전부 승계되기 때문에 법원은 전부에 관한 이행판결을 선고하여야 한다.

[**대법원** 2003. 11. 14. **선고** 2003**다**30968 **판결**] 상속의 한정승인은 채무의 존재를 한정하는 것이 아니라 단순히 그 책임의 범위를 한정하는 것에 불과하기 때문에, 상속의 한정승인이 인정되는 경우에도 상속채무가 존재하는 것으로 인정되는 이상, 법원으로서는 상속재산이 없거나 그 상속재산이 상속채무의 변제에 부족하다고 하더라도 상속채무 전부에 대한 이행판결을 선고하여야 하고, 다만, 그 채무가 상속인의 고유재산에 대해서는 강제집행을 할 수 없는 성질을 가지고 있으므로, 집행력을 제한하기 위하여 이행판결의 주문에 상속재산의 한도에서만 집행할 수 있다는 취지를 명시하여야 한다.

정답 ③

18. **甲男과 乙女는 부부였는데, 甲이 사망하였다. 甲에게는 乙 이외에 다른 유족은 없다. 甲은 유산으로 X 아파트(시가 1억 원)를 남겼으며, 생전에 丙에게 2억 원의 채무를 부담하고 있었다. 다음 설명 중 옳지 않은 것은? (다툼이 있는 경우에는 판례에 의함)** [13 변호사]

① 乙이 甲의 사망 및 채무초과 사실을 안 날부터 3개월 내에 상속포기 또는 한정승인 신고를 하지 않은 경우, 乙은 甲의 丙에 대한 2억 원의 채무 전부에 대하여 책임을 진다.

② 만약 甲에게 적극재산이 없다면, 丙이 적법하게 한정승인신고를 한 乙을 상대로 2억 원 채무의 이행을 구하는 소를 제기한 경우, 법원은 丙의 청구를 기각하여야 한다.

③ 乙이 적법하게 한정승인신고를 하고도 丙이 제기한 소송의 사실심 변론종결시까지 그 사실을 주장하지 아니하여 책임의 범위에 관하여 아무런 유보가 없는 판결이 선고되어 확정되었더라도, 乙은 그 후 위 한정승인사실을 내세워 청구이의의 소를 제기하는 것이 허용된다.

④ 乙이 적법하게 한정승인신고를 한 경우, 상속에 기하여 X 아파트의 소유권을 취득한 乙이 위 아파트에 관하여 丁에게 저당권을 설정하여 주었다면 위 아파트에 대한 경매의 매각대금에 관하여 丙이 丁에게 우선하지 않는다.

⑤ 乙이 적법하게 상속포기신고를 하였으나 丙이 제기한 소송에서 사실심 변론종결시까지 이를 주장하지 않는 경우, 乙은 丙의 승소판결 확정 후 청구이의의 소를 제기할 수 없다.

해 설

① (O) 상속의 승인, 포기기간을 도과한 경우, 단순승인으로 의제되는지를 묻는 지문이다. 고려기간을 도과하면 단순승인으로 의제된다(제1026조 제2호). 다만 상속채무 초과사실을 중대한 과실 없이 알지 못한 경우에는 상속채무 초과사실을 안 날로부터 3월 내에 한정승인을 할 수 있으나(제1019조 제3항), 지문의 경우에는 乙이 甲의 사망뿐만 아니라 상속채무 초과사실도 알고 있었으므로 고려기간 도과에 의하여 단순승인으로 의제되고, 그 결과 상속채무도 전액 乙이 승계하게 된다.

② (×) 한정승인자에 대하여 상속채권자가 이행청구소송을 제기한 경우, 상속재산인 적극재산이 없는 때에 법원이 어떠한 조치를 취하여야 하는지를 묻는 지문이다. 한정승인에 의하여 상속인은 채무 전액을 승계하고, 다만 그 채무의 책임이 제한될 뿐이므로 법원은 이행청구를 인용하여야 한다. 다만, 집행력을 제한하기 위하여 상속재산에 한하여 집행이 가능하다는 취지를 판결주문에 기재하여야 한다.

[**대법원** 2003. 11. 14. **선고** 2003**다**30968 **판결**] 상속의 한정승인은 채무의 존재를 한정하는 것이 아니라 단순히 그 책임의 범위를 한정하는 것에 불과하기 때문에, 상속의 한정승인이 인정되는 경우에도 상속채무가 존재하는 것으로 인정되는 이상, 법원으로서는 상속재산이 없거나 그 상속재산이 상속채무의 변제에 부족하다고 하더라도 상속채무 전부에 대한 이행판결을 선고하여야 하고, 다만, 그 채무가 상속인의 고유재산에 대해서는 강제집행을 할 수 없는 성질을 가지고 있으므로, 집행력을 제한하기 위하여 이행판결의 주문에 상속재산의 한도에서만 집행할 수 있다는 취지를 명시하여야 한다.

③ (O) ⑤ (O) 한정승인 사실을 상속채권자가 제기한 소송절차에서 주장하지 아니하여 판결이 확정된 경우, 상속인이 청구이의의 소를 제기할 수 있는지를 묻는 지문이다. 한정승인은 채무의 존부에 영향을 주는 사실이 아니므로 기판력에 의하여 차단되지 않는다. 따라서 상속인이 청구이의의 소를 제기하는 것은 허용된다. 그러나 상속포기는 상속채무의 존부에 영향을 주는 사실이므로 상속채권자가 제기한 소송에서 상속인이 상속포기를 주장하지 아니한 경우, 확정판결의 기판력에 의하여 상속포기를 주장할 수 없으므로 상속을 포기한 상속인이 청구이의의 소를 제기할 수는 없다.

[**대법원** 2009. 5. 28. **선고** 2008**다**79876 **판결**] 채무자가 한정승인을 하였으나 채권자가 제기한 소송의 사실심 변론종결시까지 이를 주장하지 아니하는 바람에 책임의 범위에 관하여 아무런 유보 없는 판결이 선고·확정된 경우라 하더라도 채무자가 그 후 위 한정승인 사실을 내세워 청구에 관한 이의의 소를 제기하는 것이 허용되는 것은, 한정승인에 의한 책임의 제한은 상속채무의 존재 및 범위의 확정과는 관계없이 다만 판결의 집행대상을 상속재산의 한도로 한정함으로써 판결의 집행력을 제한할 뿐으로, 채권자가 피상속인의 금전채무를 상속한 상속인을 상대로 그 상속채무의 이행을 구하여 제기한 소송에서 채무자가 한정승인 사실을 주장하지 않으면 책임의 범위는 현실적인 심판대상으로 등장하지 아니하여 주문에서는 물론 이유에서도 판단되지 않는 관계로 그에 관하여는 기판력이 미치지 않기 때문이다. 위와 같은 기판력에 의한 실권효 제한의 법리는 채무의 상속에 따른 책임의 제한여부만이 문제되는 한정승인과 달리 상속에 의한 채무의 존재 자체가 문제되어 그에 관한 확정판결의 주문에 당연히 기판력이 미치게 되는 상속포기의 경우에는 적용될 수 없다.

④ (O) 한정승인자가 상속재산에 자신의 채무를 담보하기 위하여 저당권을 설정한 경우, 저당권자와 상속채권자의 우열관계를 묻는 지문이다. 상속채권자가 우선하여야 할 필요는 있으나, 이를 인정하는 명문의 규정이 없고, 한정승인 사실이 부동산 등기부에 공시되지 않으므로 물권의 일반원칙에 따라 저당권자가 우선할 수밖에 없다.

[**대법원** 2010. 3. 18. **선고** 2007**다**77781 **전원합의체 판결**] [다수의견] 법원이 한정승인신고를 수리하게 되면 피상속인의 채무에 대한 상속인의 책임은 상속재산으로 한정되고, 그 결과 상속채권자는 특별한 사정이 없는 한 상속인의 고유재산에 대하여 강제집행을 할 수 없다. 그런데 민법은 한정승인을 한 상속인(이하 '한정승인자'라 한다)에 관하여 그가 상속재산을 은닉하거나 부정소비한 경우 단순승인을 한 것으로 간주하는 것(제1026조 제3호) 외에는 상속재산의 처분행위 자체를 직접적으로 제한하는 규정을 두고 있지 않기 때문에, 한정승인으로 발생하는 위와 같은 책임제한 효과로 인하여 한정승인자의 상속재산 처분행위가 당연히 제한된다고 할 수는 없다. 또한 민법은 한정승인자가 상속재산으로 상속채권자 등에게 변제하는 절차는 규정하고 있으나(제1032조 이하), 한정승인만으로 상속채권자에게 상속재산에 관하여 한정승인자로부터 물권을 취득한 제3자에 대하여 우선적 지위를 부여하는 규정은 두고 있지 않으며, 민법 제1045조 이하의 재산분리 제도와 달리 한정승인이 이루어진 상속재산임을 등기하여 제3자에 대항할 수 있게 하는 규정도 마련하고 있지 않다. 따라서 한정승인자로부터 상속재산에 관하여 저당권 등의 담보권을 취득한 사람과 상속채권자 사이의 우열관계는 민법상의 일반원칙에 따라야 하고, 상속채권자가 한정승인의 사유만으로 우선적 지위를 주장할 수는 없다. 그리고 이러한 이치는 한정승인자가 그 저당권 등의 피담보채무를 상속개시 전부터 부담하고 있었다고 하여 달리 볼 것이 아니다. 정답 ②

19. **甲은 乙에 대하여 대여금 반환채권을 갖고 있다. 그런데 乙이 사망하였고, 유일한 상속인 丙은 상속포기기간 내에 상속을 포기하였다. 다음 설명 중 옳지 않은 것을 모두 고른 것은? (다툼이 있는 경우에는 판례에 의함)** [12 변호사]

ㄱ. 상속을 포기한 丙은 처음부터 상속인이 아니었던 것이 되는데, 상속의 포기는 丙의 채권자의 입장에서 그의 기대를 저버리는 측면이 있더라도 상속인의 재산을 현재의 상태보다 악화시키지 않으므로 사해행위취소의 대상이 되지 않는다.

ㄴ. 만약 丙이 한정승인을 하고 상속재산에 대하여 상속을 원인으로 한 소유권이전등기를 마친 뒤 B에게 근저당권을 설정하여 준 경우, 상속채권자 A는 상속재산에 관하여 丙으로부터 담보권을 취득한 B에게 우선적 지위를 주장할 수 있다.

ㄷ. 丙이 상속포기를 하였으나, 甲이 丙을 상대로 제기한 대여금청구소송에서 사실심 변론종결 시까지 丙이 이를 주장하지 않고 甲의 승소판결이 확정된 경우, 위 상속포기는 적법한 청구 이의의 사유가 되지 못한다.

ㄹ. 甲이 乙의 사망사실을 모르고 乙을 피고로 하여 대여금청구의 소를 제기하였다가, 乙의 사망사실을 알고 피고의 표시를 상속인 丙으로 정정하였는데 丙의 상속포기사실을 알게 된 경우, 甲이 의도한 실질적 피고의 동일성이 충족되는 상황이라도 이제는 2순위 상속인인 丁으로 피고의 표시를 정정할 수 없고, 피고의 경정을 하여야 한다.

① ㄱ, ㄴ ② ㄱ, ㄹ ③ ㄴ, ㄷ
④ ㄴ, ㄹ ⑤ ㄱ, ㄷ, ㄹ

해설

ㄱ. (O) [**대법원** 2011. 6. 9. **선고** 2011**다**29307 **판결**] 상속의 포기는 비록 포기자의 재산에 영향을 미치는 바가 없지 아니하나 상속인으로서의 지위 자체를 소멸하게 하는 행위로서 순전한 재산법적 행위와 같이 볼 것이 아니다. 오히려 상속의 포기는 1차적으로 피상속인 또는 후순위상속인을 포함하여 다른 상속인 등과의 인격적 관계를 전체적으로 판단하여 행하여지는 '인적 결단'으로서의 성질을 가진다. 그러한 행위에 대하여 비록 상속인인 채무자가 무자력상태에 있다고 하여서 그로 하여금 상속포기를 하지 못하게 하는 결과가 될 수 있는 채권자의 사해행위취소를 쉽사리 인정할 것이 아니다. 그리고 상속은 피상속인이 사망 당시에 가지던 모든 재산적 권리 및 의무·부담을 포함하는 총체재산이 한꺼번에 포괄적으로 승계되는 것으로서 다수의 관련자가 이해관계를 가지는데, 위와 같이 상속인으로서의 자격 자체를 좌우하는 상속포기의 의사표시에 사해행위에 해당하는 법률행위에 대하여 채권자 자신과 수익자 또는 전득자 사이에서만 상대적으로 그 효력이 없는 것으로 하는 채권자취소권의 적용이 있다고 하면, 상속을 둘러싼 법률관계는 그 법적 처리의 출발점이 되는 상속인 확정의 단계에서부터 복잡하게 얽히게 되는 것을 면할 수 없다. 또한 상속인의 채권자의 입장에서는 상속의 포기가 그의 기대를 저버리는 측면이 있다고 하더라도 채무자인 상속인의 재산을 현재의 상태보다 악화시키지 아니한다. 이러한 점들을 종합적으로 고려하여 보면, 상속의 포기는 민법 제406조 제1항에서 정하는 "재산권에 관한 법률행위"에 해당하지 아니하여 사해행위취소의 대상이 되지 못한다.

ㄴ. (×) [**대법원** 2010. 3. 18. **선고** 2007**다**77781 **전원합의체 판결**] 법원이 한정승인신고를 수리하게 되면 피상속인의 채무에 대한 상속인의 책임은 상속재산으로 한정되고, 그 결과 상속채권자는 특별한 사정이 없는 한 상속인의 고유재산에 대하여 강제집행을 할 수 없다. 그런데 민법은 한정승인을 한 상속인(이하 '한정승인자'라 한다)에 관하여 그가 상속재산을 은닉하거나 부정소비한 경우 단순승인을 한 것으로 간주하는 것(제1026조 제3호) 외에는 상속재산의 처분행위 자체를 직접적으로 제한하는 규정을 두고 있지 않기 때문에, 한정승인으로 발생하는 위와 같은 책임제한 효과로 인하여 한정승인자의 상속재산 처분행위가 당연히 제한된다고 할 수는 없다. 또한 민법은 한정승인자가 상속재산으로 상속채권자 등에게 변제하는 절차는 규정하고 있으나(제1032조 이하), 한정승인만으로 상속채권자에게 상속재산에 관하여 한정승인자로부터 물권을 취득한 제3자에 대하여 우선적 지위를 부여하는 규정은 두고 있지 않으며, 민법 제1045조 이하의 재산분리 제도와 달리 한정승인이 이루어진 상속재산임을 등기하여 제3자에 대항할 수 있게 하는 규정도 마련하고 있지 않다. 따라서 한정승인자로부터 상속재산에 관하여 저당권 등의 담보권을 취득한 사람과 상속채권자 사이의 우열관계는 민법상의 일반원칙에 따라야 하고, 상속채권자가 한정승인의 사유만으로 우선적 지위를 주장

할 수는 없다. 그리고 이러한 이치는 한정승인자가 그 저당권 등의 피담보채무를 상속개시 전부터 부담하고 있었다고 하여 달리 볼 것이 아니다.

ㄷ. (O) 상속포기를 하였으나 채권자가 제기한 소송에서 사실심 변론종결시까지 이를 주장하지 아니하였을 경우 채권자의 승소판결에 기한 집행절차에서 청구이의를 할 수 없다.
[**대법원** 2009. 5. 28. **선고** 2008**다**79876 **판결**] [1] 채무자가 한정승인을 하였으나 채권자가 제기한 소송의 사실심 변론종결시까지 이를 주장하지 아니하는 바람에 책임의 범위에 관하여 아무런 유보 없는 판결이 선고·확정된 경우라 하더라도 채무자가 그 후 위 한정승인 사실을 내세워 청구에 관한 이의의 소를 제기하는 것이 허용되는 것은, 한정승인에 의한 책임의 제한은 상속채무의 존재 및 범위의 확정과는 관계없이 다만 판결의 집행 대상을 상속재산의 한도로 한정함으로써 판결의 집행력을 제한할 뿐으로, 채권자가 피상속인의 금전채무를 상속한 상속인을 상대로 그 상속채무의 이행을 구하여 제기한 소송에서 채무자가 한정승인 사실을 주장하지 않으면 책임의 범위는 현실적인 심판대상으로 등장하지 아니하여 주문에서는 물론 이유에서도 판단되지 않는 관계로 그에 관하여는 기판력이 미치지 않기 때문이다. 위와 같은 기판력에 의한 실권효 제한의 법리는 채무의 상속에 따른 책임의 제한 여부만이 문제되는 한정승인과 달리 상속에 의한 채무의 존재 자체가 문제되어 그에 관한 확정판결의 주문에 당연히 기판력이 미치게 되는 상속포기의 경우에는 적용될 수 없다.

ㄹ. (×) [**대법원** 2009. 10. 15. **선고** 2009**다**49964 **판결**] 원고가 피고의 사망 사실을 모르고 사망자를 피고로 표시하여 소를 제기한 경우에, 청구의 내용과 원인사실, 당해 소송을 통하여 분쟁을 실질적으로 해결하려는 원고의 소제기 목적 내지는 사망 사실을 안 이후 원고의 피고표시정정신청 등 여러 사정을 종합하여 볼 때에, 실질적인 피고는 당사자능력이 없어 소송당사자가 될 수 없는 사망자가 아니라 처음부터 사망자의 상속자이고 다만 그 표시에 잘못이 있는 것에 지나지 않는다고 인정되면 사망자의 상속인으로 피고의 표시를 정정할 수 있다 할 것인바, 상속개시 이후 상속의 포기를 통한 상속채무의 순차적 승계 및 그에 따른 상속채무자 확정의 곤란성 등 상속제도의 특성에 비추어 위의 법리는 채권자가 채무자의 사망 이후 그 1순위 상속인의 상속포기 사실을 알지 못하고 1순위 상속인을 상대로 소를 제기한 경우에도 채권자가 의도한 실질적 피고의 동일성에 관한 위 전제요건이 충족되는 한 마찬가지로 적용이 된다. 정답 ④

20. **A의 단독상속인 甲은 적법하게 한정승인 신고를 하여 수리심판을 받았다. 그 후 甲은 상속재산 X 부동산에 대하여 자신의 채권자인 乙에게 근저당권설정등기를 마쳐 주었다. 또한 위 근저당권설정등기가 경료된 이후 甲에 대한 대여금 채권을 가지고 있는 일반채권자 丙은 X 부동산에 대하여 가압류를 신청하여 가압류등기를 경료하였다. 한편 A의 일반채권자로는 丁이 있다. 이에 관한 설명 중 옳은 것을 모두 고른 것은? (각 지문은 독립적이며, 다툼이 있는 경우 판례에 의함)** [25 변호사]

ㄱ. X 부동산에 대한 경매절차에서 배당이 이루어질 경우, 丁은 乙보다 선순위로 채권만족을 받을 수 있다.
ㄴ. X 부동산에 대하여 「민법」 제1034조 제1항에 따른 배당변제가 이루어질 경우, 丁은 丙보다 선순위로 채권만족을 받을 수 있다.
ㄷ. 甲의 근저당권 설정 행위는 「민법」 제1026조 제1호의 "상속인이 상속재산에 대한 처분행위를 한 때"에 해당하여 甲이 단순승인한 것으로 간주된다.

① ㄱ ② ㄴ ③ ㄷ
④ ㄱ, ㄴ ⑤ ㄴ, ㄷ

해설

ㄱ. (×) 판례는 ① 민법은 한정승인자가 상속재산으로 상속채권자 등에게 변제하는 절차는 규정하고 있으나(제1032조 이하), ② 한정승인만으로 '상속채권자'에게 상속재산에 관하여 한정승인자로부터 물권을 취득한 제3자에 대하여 '우선적 지위를 부여하는 규정'은 두고 있지 않으며, ③ 제1045조 이하의 재산분리 제도와 달리 한정승인이 이루어진 상속재산임을 등기하여 제3자에 대항할 수 있게 하는 규정도 마련하고 있지 않다. ④ 따라서 한정승인자로부터 상속재산에 관하여 저당권 등의 담보권을 취득한 사람과 상속채권자 사이의 '우열관계'는 '민법상의 일반원칙'에 따라야 하고, 상속채권자가 한정승인의 사유만으로 우선적 지위를 주장할 수는 없다고 본다(2007다77781). 따라서 **상속채권자 丁은 한정승인자 乙보다 선순위로 채권만족을 받을 수 없다.**

ㄴ. (○) 판례는 한정승인자의 고유채권자는 상속채권자가 상속재산으로부터 채권의 만족을 받지 못한 상태에서 상속재산을 고유채권에 대한 책임재산으로 삼아 이에 대하여 강제집행을 할 수 없다고 보는 것이 형평의 원칙이나 한정승인제도의 취지에 부합하며, 이는 한정승인자의 고유채무가 조세채무인 경우에도 그것이 상속재산 자체에 대하여 부과된 조세나 가산금, 즉 당해세에 관한 것이 아니라면 마찬가지라고 본다(2015다250574). 따라서 상속채권자 丁은 한정승인자의 고유채권자 丙**보다 선순위로 채권만족을 받을 수 있다.**

ㄷ. (×) 판례는『민법은 한정승인을 한 상속인(이하 '한정승인자'라 한다)에 관하여 그가 상속재산을 은닉하거나 부정소비한 경우 단순승인을 한 것으로 간주하는 것(제1026조 제3호) 외에는 상속재산의 처분행위 자체를 직접적으로 제한하는 규정을 두고 있지 않기 때문에, 한정승인으로 발생하는 위와 같은 책임제한 효과로 인하여 한정승인자의 상속재산 처분행위(근저당권설정행위)가 당연히 제한된다고 할 수는 없다. 따라서 한정승인자가 상속재산에 대하여 제3자에게 소유권을 이전해 주거나 저당권 등의 담보권을 설정해 주더라도 그 자체는 법률상 유효하다』는 입장이다(2007다77781). 따라서 甲**의 근저당권 설정 행위는「민법」제1026조 제1호의 "상속인이 상속재산에 대한 처분행위를 한 때"에 해당하지 아니하여** 甲**이 단순승인한 것으로 간주되지 않는다.**

정답 ②

제2장 유언과 유류분

Ⅰ. 유언

1. 甲은 자신이 소유한 X 주택을 乙에게 특정유증하면서 X 주택의 소유권을 乙에게 귀속시키라는 취지 이외의 의사표시를 하지 않았고, 甲의 사망으로 개시된 상속에서 丙이 단독 상속인으로서 단순승인을 하였다. 이에 관한 설명 중 옳은 것을 모두 고른 것은? (각 지문은 독립적이며, 다툼이 있는 경우 판례에 의함) [23 변호사]

ㄱ. 甲이 유언 전 X 주택에 대하여 A와 사용대차 계약을 체결한 경우, 乙은 유언의 효력 발생 후 A에게 X 주택의 인도 청구를 할 수 없으나 이에 대한 차임 상당 부당이득 반환은 청구할 수 있다.
ㄴ. 甲의 사망 후 B가 丙으로부터 X 주택의 소유권을 취득하고 소유권이전등기를 마친 경우, 乙은 B를 상대로 말소등기를 구하거나 직접 진정명의의 회복을 원인으로 소유권이전등기를 구할 수 있다.
ㄷ. 甲의 사망 후 丙이 X 주택으로부터 과실을 수취하기 위해 필요비를 지출한 경우, 丙은 그 과실의 가액을 초과하는 금액에 대해서는 乙에게 상환을 청구할 수 없다.

① ㄱ ② ㄴ ③ ㄷ
④ ㄱ, ㄴ ⑤ ㄴ, ㄷ

해 설

ㄱ. (×) 유증의 목적물이 유언자의 사망 당시에 제3자의 권리의 목적인 경우에는 그와 같은 제3자의 권리는 특별한 사정이 없는 한 유증의 목적물이 수증자에게 귀속된 후에도 그대로 존속하는 것으로 보아야 한다. 甲과 A의 사용대차계약이 유언의 효력발생 전에 있었으므로 수요자 乙은 제3자 권리를 용인하여야 한다. 乙은 A에게 주택의 인도나 차임 상당 부당이득반환을 청구할 수 없다.
[**대법원** 2018. 7. 26. **선고** 2017**다**289040 **판결**] 민법 제1085조는 "유증의 목적인 물건이나 권리가 유언자의 사망 당시에 제3자의 권리의 목적인 경우에는 수증자는 유증의무자에 대하여 그 제3자의 권리를 소멸시킬 것을 청구하지 못한다."라고 규정하고 있다. 이는 유언자가 다른 의사를 표시하지 않는 한 유증의 목적물을 유언의 효력발생 당시의 상태대로 수증자에게 주는 것이 유언자의 의사라는 점을 고려하여 수증자 역시 유증의 목적물을 유언의 효력발생 당시의 상태대로 취득하는 것이 원칙임을 확인한 것이다. 그러므로 유증의 목적물이 유언자의 사망 당시에 제3자의 권리의 목적인 경우에는 그와 같은 제3자의 권리는 특별한 사정이 없는 한 유증의 목적물이 수증자에게 귀속된 후에도 그대로 존속하는 것으로 보아야 한다(필자 주 : 소외인이 이 사건 토지를 원고에게 유증하였는데, 소외인이 사망할 당시 이 사건 토지 위에 피고의 건물이 존재하였고, 10년 이상 무상으로 사용하여 온 경우, 원고의 소유권취득 후에도 피고의 토지사용권은 그대로 유지될 수 있다고 한 사례).

ㄴ. (×) 특정유증을 받은 자는 채권적 권리를 가진 자에 불과하므로 소유권자임을 전제로 하는 진정한 등기명의 회복을 위한 이전등기청구를 할 수 없다.

[**대법원** 2003. 5. 27. **선고** 2000**다**73445 **판결**] 포괄적 유증을 받은 자는 민법 제187조에 의하여 법률상 당연히 유증받은 부동산의 소유권을 취득하게 되나, 특정유증을 받은 자는 유증의무자에게 유증을 이행할 것을 청구할 수 있는 채권을 취득할 뿐이므로, 특정유증을 받은 자는 유증받은 부동산의 소유권자가 아니어서 직접 진정한 등기명의의 회복을 원인으로 한 소유권이전등기를 구할 수 없다.

ㄷ. (○) 제1080조. 유증의무자가 유언자의 사망 후에 그 목적물의 과실을 수취하기 위하여 필요비를 지출한 때에는 그 과실의 가액의 한도에서 과실을 취득한 수증자에게 상환을 청구할 수 있다.

정답 ③

2. **甲은 배우자 없이 자녀 乙, 丙, 丁만 있는 상태에서 자필로 아래와 같은 내용을 적은 유언장을 남기고 사망하였다. 이에 관한 설명 중 옳은 것은? (다툼이 있는 경우 판례에 의함)** [22 변호사]

유 언 장

나는 환갑을 맞은 오늘 밤에 내 일생을 돌이켜 보며 많은 생각을 하였고, 평생동안 모은 재산과 사랑하는 나의 자녀들에게 남기고 싶은 말을 적어본다. 이는 아버지의 뜻이므로 반드시 지켜주기를 바란다.

첫째, 너희들끼리 재산문제로 다루지 다투지 말며, 특히 절대 상속재산에 관하여 서로 소송을 제기하지 말고, 상속재산은 내가 죽은 후 5년 동안 절대 분할하지 말아라.

둘째, 내가 남기는 전 재산의 2/3는 장남인 乙에게 주며, 나머지 재산은 丙과 丁이 공평하게 나누어라.

장남인 乙에게 많은 재산을 남기는 것은 乙이 나의 생전에 나를 특별히 부양하였을 뿐만 아니라 나의 재산의 유지와 증가에 특별히 기여하였기 때문이므로 丙과 丁은 그리 알기를 바란다.

나는 너희들이 나의 아들과 딸이었다는 것이 정말 감사하고 행복했다. 그리고 오늘 환갑이라고 잔치를 베풀어 주어서 정말 고마웠다.

乙, 丙, 丁의 아버지 '죽림거사'(무인) 

① "다루지" 부분에 두 줄을 긋고 "다투지"로 변경한 것은, 명백한 오기의 수정이라 하더라도, 변경한 부분에 날인이 없으므로 유언은 무효이다.

② "전 재산의 2/3는 장남인 乙에게 주며, 나머지 재산은 丙과 丁이 공평하게 나누어라." 하는 부분은 법정상속분을 변경하는 것이어서 허용되지 않는다.

③ 증인의 서명 또는 기명날인이 없으므로 유언은 무효이다.

④ 유언자의 본명이 기재되어 있지 않을 뿐만 아니라, 인장(印章) 대신 무인(拇印)이 찍혀있으므로 유언은 무효이다.

⑤ 유언자의 주소가 기재되지 않았으므로 유언은 무효이다.

해설

① (×) 명백한 오기의 수정이라면 변경부분에 날인이 없더라도 유언의 효력에는 영향이 없다.
[**대법원** 1998. 6. 12. **선고** 97**다**38510 **판결**] 자필증서에 의한 유언에 있어서 그 증서에 문자의 삽입·삭제 또는 변경을 함에는 민법 제1066조 제2항의 규정에 따라 유언자가 이를 자서하고 날인하여야 하나, 자필증서 중 증서의 기재 자체에 의하더라도 명백한 오기를 정정한 것에 지나지 않는다면 설령 그 수정 방식이 위 법조항에 위배된다고 할지라도 유언자의 의사를 용이하게 확인할 수 있으므로 이러한 방식의 위배는 유언의 효력에 영향을 미치지 아니한다.

② (×) 상속재산분할방법 지정의 내용은 제한되지 않는다. 지정수탁자가 상속인의 구체적인 상속분을 바꾸는 지정을 하는 것은 무효이나, 유언자(피상속인)가 그와 같은 내용의 지정을 하는 것은 상속재산 분할방법의 지정에 해당함과 동시에 유증의 성질을 가지는 것으로 해석하여 유효하다고 할 것이다. 다만, 이 경우에도 다른 상속인들의 유류분은 침해할 수 없다.

③ (×) 제1066조. 자필증서 유언의 경우에는 증인의 참여를 요하지 않는다.

④ (×) 성명은 유언이 누구의 것인지를 알 수 있으면 족하다. 따라서 반드시 가족관계 등록부상의 성명을 기재하여야 하는 것은 아니며, 예명·아호 등을 기재하더라도 무방하다. 날인은 무인을 하는 것도 무방하다.
[**대법원** 1998. 6. 12. **선고** 97**다**38510 **판결**] 민법 제1066조에서 규정하는 자필증서에 의한 유언은 유언자가 그 전문과 연월일, 주소 및 성명을 자서(自書)하는 것이 절대적 요건이므로 전자복사기를 이용하여 작성한 복사본은 이에 해당하지 아니하나, 주소를 쓴 자리가 반드시 유언 전문 및 성명이 기재된 지편이어야 하는 것은 아니고 유언서의 일부로 볼 수 있는 이상 그 전문을 담은 봉투에 기재하더라도 무방하며, 날인은 인장 대신에 무인에 의한 경우에도 유효하다.

⑤ (○) [**대법원** 2014. 9. 26. **선고** 2012**다**71688 **판결**] 민법 제1065조 내지 제1070조가 유언의 방식을 엄격하게 규정한 것은 유언자의 진의를 명확히 하고 그로 인한 법적 분쟁과 혼란을 예방하기 위한 것이므로, 법정된 요건과 방식에 어긋난 유언은 그것이 유언자의 진정한 의사에 합치하더라도 무효이다. 따라서 자필증서에 의한 유언은 민법 제1066조 제1항의 규정에 따라 유언자가 전문과 연월일, 주소, 성명을 모두 자서하고 날인하여야만 효력이 있고, 유언자가 주소를 자서하지 않았다면 이는 법정된 요건과 방식에 어긋난 유언으로서 효력을 부정하지 않을 수 없으며, 유언자의 특정에 지장이 없다고 하여 달리 볼 수 없다. 여기서 자서가 필요한 주소는 반드시 주민등록법에 의하여 등록된 곳일 필요는 없으나, 적어도 민법 제18조에서 정한 생활의 근거되는 곳으로서 다른 장소와 구별되는 정도의 표시를 갖추어야 한다.

정답 ⑤

3. 유언의 집행에 관한 설명 중 옳은 것은? (다툼이 있는 경우 판례에 의함) [18 변호사]

① 구수증서에 의해 유언이 작성된 경우에 그 증서보관자는 유언자의 사망 후 지체없이 법원에 그 검인을 청구하여야 한다.
② 봉인된 유언증서 개봉에는 유언자의 상속인, 그 대리인 기타 이해관계인이 참여하여야 하며, 적법한 유언이라도 개봉에 필요한 요건을 갖추지 않으면 유언은 효력을 잃는다.
③ 유언집행자가 있는 경우 상속인의 상속재산에 대한 처분권이나 원고적격은 제한되지만, 지정된 유언집행자가 자격을 상실한 경우에는 상속인에게 처분권 및 원고적격이 인정된다.
④ 제한능력자와 달리 파산선고를 받은 자는 유언집행자가 될 수 있다.
⑤ 유언집행자가 수인인 경우, 유언집행자를 상대로 유증의무의 이행을 구하는 소송은 특별한 사정이 없는 한 유언집행자 전원을 피고로 삼아야 하는 고유필수적 공동소송이다.

해설

① (×) 제1091조 제2항. 공정증서나 구수증서에 의한 유언의 경우에는 검인절차에 관한 규정이 적용되지 않는다.

② (×) 제1092조. 법원이 봉인된 유언증서를 개봉할 때에는 유언자의 상속인, 그 대리인 기타 이해관계인의 참여가 있어야 한다. 유언의 검인·개봉절차를 준수하지 아니한 경우에도 그로 인하여 유언이 효력을 잃는 것은 아니다. 유언의 검인·개봉절차는 단순한 검증절차에 불과하기 때문이다.

[**대법원** 1998. 6. 12. **선고** 97**다**38510 **판결**] 민법 제1091조에서 규정하고 있는 유언증서에 대한 법원의 검인은 유언증서의 형식·태양 등 유언의 방식에 관한 모든 사실을 조사·확인하고 그 위조·변조를 방지하며, 또한 보존을 확실히 하기 위한 일종의 검증절차 내지는 증거보전절차로서, 유언이 유언자의 진의에 의한 것인지 여부나 적법한지 여부를 심사하는 것이 아님은 물론 직접 유언의 유효 여부를 판단하는 심판이 아니고, 또한 민법 제1092조에서 규정하는 유언증서의 개봉절차는 봉인된 유언증서의 검인에는 반드시 개봉이 필요하므로 그에 관한 절차를 규정한 데에 지나지 아니하므로, 적법한 유언은 이러한 검인이나 개봉절차를 거치지 않더라도 유언자의 사망에 의하여 곧바로 그 효력이 생기는 것이며, 검인이나 개봉절차의 유무에 의하여 유언의 효력이 영향을 받지 아니한다.

③ (×) 지정유언집행자가 자격을 상실한 경우, 상속인이 당연히 유언집행자가 되는지를 묻는 지문이다. 지정유언집행자가 없는 경우에는 상속인이 유언집행자가 되지만(제1095조), 지정유언집행자가 사망, 결격 등으로 자격을 상실한 때에는 제1095조에서 규정하고 있는 사유, 즉 제1093조와 제1094조의 규정에 의하여 지정된 유언집행자가 없는 때에 해당하지 않는다. 따라서 제1096조에 따라 법원이 유언집행자를 선임하여야 한다.

[**대법원** 2010. 10. 28. **선고** 2009**다**20840 **판결**] 민법 제1095조는 유언자가 유언집행자의 지정 또는 지정위탁을 하지 아니하거나 유언집행자의 지정을 위탁받은 자가 위탁을 사퇴한 때에 한하여 적용되는 것이므로, 유언자가 지정 또는 지정위탁에 의하여 유언집행자의 지정을 한 이상 그 유언집행자가 사망·결격 기타 사유로 자격을 상실하였다고 하더라도 상속인은 민법 제1095조에 의하여 유언집행자가 될 수는 없다.

④ (×) 제1098조. 제한능력자와 파산선고를 받은 자는 유언집행자가 되지 못한다.

⑤ (○) [**대법원** 2011. 6. 24. **선고** 2009**다**8345 **판결**] 상속인이 유언집행자가 되는 경우를 포함하여 유언집행자가 수인인 경우에는, 유언집행자를 지정하거나 지정위탁한 유언자나 유언집행자를 선임한 법원에 의한 임무의 분장이 있었다는 등의 특별한 사정이 없는 한, 유증 목적물에 대한 관리처분권은 유언의 본지에 따른 유언의 집행이라는 공동의 임무를 가진 수인의 유언집행자에게 합유적으로 귀속되고, 그 관리처분권 행사는 과반수의 찬성으로써 합일하여 결정하여야 하므로, 유언집행자가 수인인 경우 유언집행자에게 유증의무의 이행을 구하는 소송은 유언집행자 전원을 피고로 하는 고유필수적 공동소송으로 봄이 상당하다(필자 註 : 수인의 유언집행자 중 1인만을 피고로 하여 유증의무 이행을 구하는 소송을 제기한 사안에서, 유언집행자 지정 또는 제3자의 지정 위탁이 없는 한 상속인 전원이 유언집행자가 되고, 유증의무자인 유언집행자에 대하여 민법 제1087조 제1항 단서에 따라 유증의무의 이행을 구하는 것은 유언집행자인 상속인 전원을 피고로 삼아야 하는 고유필수적 공동소송이라고 한 사례). 정답 ⑤

4. 다음 설명 중 옳지 않은 것은? (다툼이 있는 경우에는 판례에 의함) [12 변호사]

① 비밀증서에 의한 유언이 방식을 갖추지 못하였더라도 그 증서가 자필증서의 방식에 적합한 때에는 자필증서에 의한 유언으로 본다.

② 혼인 외의 자를 혼인 중의 친생자로 출생신고 한 경우, 그 출생신고는 무효이지만 인지신고로서의 효력은 인정할 수 있다.

③ 타인의 자를 자기의 자로 출생신고한 경우, 그 출생신고는 무효이나, 입양의 실질적 요건을 갖추었다면 입양신고로서의 효력은 인정할 수 있다.

④ 공동상속인 전원의 협의에 따라 상속재산 전부를 상속인 중 일부에게 상속시킬 방편으로 나머지 상속인들이 한 상속포기가 법정기간을 경과한 후에 신고된 것이어서 상속포기로서의 효력이 없더라도, 상속인들 사이에 상속재산의 협의분할이 이루어진 것이라고 볼 수 있다.

⑤ 혼인 중에 부부 일방이 사망하여 상대방이 배우자로서 망인의 재산을 상속받은 후에 그 혼인이 중혼을 이유로 취소되었다면, 그 상속재산은 법률상 원인 없이 취득한 것이 된다.

해설

① (O) 비밀증서에 의한 유언이 그 방식에 흠결이 있는 경우에 그 증서가 자필증서의 방식에 적합한 때에는 자필증서에 의한 유언으로 본다(민법 1071조).

② (O) [**대법원** 1979. 10. 26. **선고** 76**다**2189 **판결**] 혼인 외의 출생자를 혼인중의 출생자로 신고한 경우에는 인지로서의 효력이 있다.

③ (O) [**대법원** 1977. 7. 26. **선고** 77**다**492 **전원합의체 판결**] 신분행위의 신고라는 형식을 요구하는 실질적 이유는 당사자 사이에 신고에 대응하는 의사표시가 있었음을 확실히 하고 또 이를 외부에 공시하기 위함이라 할 것이다. 입양신고 역시 당사자의 입양에 관한 합의의 존재와 그 내용을 명백히 하여 실질적 요건을 갖추지 아니한 입양을 미리 막아 보자는 것이 그 기본이라고 본다면 당사자 사이에 양친자관계를 창설하려는 명백한 의사가 있고 나아가 기타 입양의 성립요건이 모두 구비된 경우에 입양신고 대신 친생자출생신고가 있다면 형식에 다소 잘못이 있더라도 입양의 효력이 있다고 해석함이 타당하다 할 것이다. 이러한 해석은 혼인신고가 위법하여 무효인 경우에도 무효한 혼인 중 출생한 자를 그 호적에 출생신고하여 등재한 이상 그 자에 대한 인지의 효력이 있다는 당원판결과 대비하여 볼 때 더욱 명백해진다 하겠다.

④ (O) [**대법원** 1989. 9. 12. **선고** 88**누**9305 **판결**] 상속재산 전부를 상속인 중 1인(A)에게 상속시킬 방편으로 그 나머지 상속인들이 상속포기신고를 하였으나 그 상속포기가 민법 제1019조 제1항 소정의 기간을 도과한 후에 신고된 것이어서 상속포기로서의 효력이 없더라도 A와 나머지 상속인 사이에 A가 고유의 상속분을 초과하여 상속재산 전부를 취득하고 나머지 상속인들은 그 상속재산을 전혀 취득하지 않기로 하는 내용의 상속재산의 협의분할이 이루어진 것이라고 보아야 하고 공동상속인 중 1인이 고유의 상속분을 초과하여 상속재산을 취득하는 것은 상속개시당시에 피상속인으로부터 상속에 의하여 직접 취득한 것으로 보아야 한다.

⑤ (×) [**대법원** 1994. 5. 26. **선고** 92**가합**1595 **판결**] 민법 제824조는 혼인취소의 효력은 기왕에 소급하지 아니한다고만 규정하고 있을 뿐이므로 혼인취소판결의 효력은 장래에 향해서만 미친다고 할 것이고, 따라서 중혼취소판결의 확정에도 불구하고 그 확정 전에 취득한 중혼배우자의 상속인으로서의 지위에는 아무런 영향이 없다.

정답 ⑤

5. 사인증여와 유증에 관한 설명 중 옳지 않은 것은? (다툼이 있는 경우에는 판례에 의함) [12 변호사]

① 사인증여는 원칙적으로 증여자와 수증자의 합의에 의해 성립하지만, 유증은 유언자의 사망 전에 수유자가 유언자에 대하여 승낙의 의사표시를 할 필요가 없다.

② 증여자의 사망 전에 사망한 사인증여 수증자의 지위가 상속되는가의 여부는 사인증여의 내용에 의해 정해지고, 유언자의 사망 전에 사망한 유증 수유자의 지위가 상속되는가의 여부는 유언의 취지에 의해 정해진다.

③ 미성년자가 사인증여를 함에는 원칙적으로 법정대리인의 동의를 얻어야 하지만, 미성년자라도 만 17세에 달한 자가 유증을 함에는 법정대리인의 동의를 얻을 필요가 없다.

④ 포괄적 유증을 받은 자는 상속인과 동일한 권리의무가 있다고 규정한 민법 제1078조는 포괄적 사인증여에 준용되지 않는다.

⑤ 유류분침해액의 반환순서에 있어 사인증여는 유증과 동일시된다.

해 설

① (O) 사인증여가 계약임에 비해서 유증은 유언자의 유언에 의한 재산의 무상증여로서 상대방 없는 단독행위이다. 따라서 수유자의 승낙이 필요 없다.

② (×) 증여자의 사망으로 인하여 효력이 생길 증여에는 유증에 관한 규정을 준용한다(제562조). 한편, 유증은 유언자의 사망 전에 수증자가 사망한 때에는 그 효력이 생기지 아니한다(제1089조 제1항). 제1089조도 사인증여에 준용된다고 해석하는 것이 통설의 태도이다. 따라서 사인증여나 유증 모두 수유자가 증여자나 유증자 사망 전에 사망한 때에는 실효된다. 그러나 사인증여계약에서 다른 특약을 하였거나 유증자가 다른 의사를 표시한 때에는 그러하지 아니하다. 사인증여나 유증의 수유자 지위는 원칙적으로 상속되지 않는다.

③ (O) 유언능력에 관한 제1061조 내지 제1063조 규정은 유증이 단독행위인 것에 기초한 것이므로 그 법적 성질이 계약인 사인증여에는 준용되지 않는다. 따라서 만 17세에 이른 유증능력자는 단독으로 유효하게 유증을 할 수 있지만, 사인증여의 경우, 통상의 행위능력이 필요하다.

④ (O) [**대법원** 1996. 4. 12. **선고** 94**다**37714 **판결**] 민법 제562조는 사인증여에 관하여는 유증에 관한 규정을 준용하도록 규정하고 있지만, 유증의 방식에 관한 민법 제1065조 내지 제1072조는 그것이 단독행위임을 전제로 하는 것이어서 계약인 사인증여에는 적용되지 아니한다.

⑤ (O) [**대법원** 2001. 11. 30. **선고** 2001**다**6947 **판결**] 유류분반환청구의 목적인 증여나 유증이 병존하고 있는 경우에는 유류분권리자는 먼저 유증을 받은 자를 상대로 유류분침해액의 반환을 구하여야 하고, 그 후에도 여전히 유류분침해액이 남아 있는 경우에 한하여 증여를 받은 자에 대하여 그 부족분을 청구할 수 있는 것이며(민법 제1116조 참조), 사인증여의 경우에는 유증의 규정이 준용될 뿐 아니라 그 실제적 기능도 유증과 달리 볼 필요가 없으므로 유증과 같이 보아야 할 것이다. 정답 ②

Ⅱ. 유류분

6. 유류분에 관한 설명 중 옳지 않은 것은? (다툼이 있는 경우 판례에 의함) [23 변호사]

① 공동상속인이 다른 공동상속인에게 무상으로 자신의 상속분을 양도하는 것은 특별한 사정이 없는 한 유류분에 관한 「민법」 제1008조의 증여에 해당하므로, 그 상속분은 양도인의 사망으로 인한 상속에서 유류분 산정을 위한 기초재산에 산입된다고 보아야 한다.

② 피상속인이 특정한 상속인에게 한 생전 증여에 그 상속인의 특별한 부양에 대한 대가의 의미가 포함되어 있으면 그 생전 증여는 특별수익에서 제외될 수 있으며, 이때 특별한 부양에 대한 대가의 의미가 포함되어 있는지는 당사자들의 의사보다는 사회통념에 따라 판단해야 한다.

③ 유류분권리자의 구체적 상속분보다 유류분권리자가 부담하는 상속채무가 더 많다면 그 초과분을 유류분액에 가산하여 유류분 부족액을 산정해야 한다.

④ 공동상속인 중 특별수익을 받은 유류분권리자의 유류분 부족액을 산정할 때에는 유류분액에서 특별수익액과 순상속분액을 공제해야 하고, 이때 공제할 순상속분액은 당해 유류분권리자의 법정상속분이 아니라 구체적 상속분에 기초하여 산정해야 한다.

⑤ 유류분 산정의 기초재산에 산입되는 증여에 해당하는지 여부는 피상속인의 재산처분행위가 실질적인 관점에서 피상속인의 재산을 감소시키는 무상처분에 해당하는지에 따라 판단해야 한다.

해설

① (O) ⑤ (O) [**대법원** 2021. 7. 15. **선고** 2016**다**210498 **판결**] 상속분 양도는 상속재산분할 전에 적극재산과 소극재산을 모두 포함한 상속재산 전부에 관하여 공동상속인이 가지는 포괄적 상속분, 즉 상속인 지위의 양도를 뜻한다. 공동상속인이 다른 공동상속인에게 무상으로 자신의 상속분을 양도하는 것은 특별한 사정이 없는 한 유류분에 관한 민법 제1008조의 증여에 해당하므로, 그 상속분은 양도인의 사망으로 인한 상속에서 유류분 산정을 위한 기초재산에 산입된다고 보아야 한다. 그 이유는 다음과 같다.

유류분제도는 피상속인의 재산처분행위로부터 유족의 생존권을 보호하고 법정상속분의 일정비율에 해당하는 부분을 유류분으로 산정하여 상속인의 상속재산 형성에 대한 기여와 상속재산에 대한 기대를 보장하는 데 그 목적이 있다. 민법 제1118조에 따라 준용되는 민법 제1008조는 공동상속인 중에 피상속인으로부터 재산의 증여 또는 유증을 받은 특별수익자가 있는 경우에 공동상속인들 사이의 공평을 기하기 위하여 그 수증재산을 상속분의 선급으로 다루어 구체적인 상속분을 산정하는 데 참작하도록 하려는 데 그 취지가 있다.

이러한 유류분제도의 입법 목적과 민법 제1008조의 취지에 비추어 보면, 유류분 산정의 기초재산에 산입되는 증여에 해당하는지 여부를 판단할 때에는 피상속인의 재산처분행위의 법적 성질을 형식적·추상적으로 파악하는 데 그쳐서는 안 되고, 재산처분행위가 실질적인 관점에서 피상속인의 재산을 감소시키는 무상처분에 해당하는지 여부에 따라 판단하여야 한다.

다른 공동상속인으로부터 상속분을 양수한 공동상속인은 자신이 가지고 있던 상속분과 양수한 상속분을 합한 상속분을 가지고 상속재산분할 절차에 참여하여 그 상속분 합계액에 해당하는 상속재산을 분배해 달라고 요구할 수 있다. 따라서 상속분에 포함된 적극재산과 소극재산의 가액 등을 고려할 때 상속분에 재산적 가치가 있다면 상속분 양도는 양도인과 양수인이 합의하여 재산적 이익을 이전하는 것이라고 할 수 있다.

상속재산분할이 상속이 개시된 때 소급하여 효력이 있다고 해도(민법 제1015조 본문), 위와 같이 해석하는 데 지장이 없다.

② (×) 당사자들의 의사에 따라 판단하여야 한다.

[**대법원** 2022. 3. 17. **선고** 2021**다**230083·230090 **판결**] 유류분에 관한 민법 제1118조에 따라 준용되는 민법 제1008조는 '특별수익자의 상속분'에 관하여 "공동상속인 중에 피상속인으로부터 재산의 증여 또는 유증을 받은 자가 있는 경우에 그 수증재산이 자기의 상속분에 달하지 못한 때에는 그 부족한 부분의 한도에서 상속분이 있다."라고 정하고 있다. 이는 공동상속인 중에 피상속인으로부터 재산의 증여 또는 유증을 받은 특별수익자가 있는 경우에 공동상속인들 사이의 공평을 기하기 위하여 그 수증재산을 상속분의 선급으로 다루어 구체적인 상속분을 산정하는 데 참작하도록 하기 위한 것이다. 여기서 어떠한 생전 증여가 특별수익에 해당하는지는 피상속인의 생전의 자산, 수입, 생활수준, 가정상황 등을 참작하고 공동상속인들 사이의 형평을 고려하여 당해 생전 증여가 장차 상속인으로 될 자에게 돌아갈 상속재산 중 그의 몫의 일부를 미리 주는 것이라고 볼 수 있는지에 의하여 결정하여야 한다.

따라서 피상속인으로부터 생전 증여를 받은 상속인이 피상속인을 특별히 부양하였거나 피상속인의 재산의 유지 또는 증가에 특별히 기여하였고, 피상속인의 생전 증여에 상속인의 위와 같은 특별한 부양 내지 기여에 대한 대가의 의미가 포함되어 있는 경우와 같이 상속인이 증여받은 재산을 상속분의 선급으로 취급한다면 오히려 공동상속인들 사이의 실질적인 형평을 해치는 결과가 초래되는 경우에는 그러한 한도 내에서 생전 증여를 특별수익에서 제외할 수 있다. 여기서 피상속인이 한 생전 증여에 상속인의 특별한 부양 내지 기여에 대한 대가의 의미가 포함되어 있는지 여부는 당사자들의 의사에 따라 판단하되, 당사자들의 의사가 명확하지 않은 경우에는 피상속인과 상속인 사이의 개인적 유대관계, 상속인의 특별한 부양 내지 기여의 구체적 내용과 정도, 생전 증여 목적물의 종류 및 가액과 상속재산에서 차지하는 비율, 생전 증여 당시의 피상속인과 상속인의 자산, 수입, 생활수준 등을 종합적으로 고려하여 형평의 이념에 맞도록 사회일반의 상식과 사회통념에 따라 판단하여야 한다. 다만 유류분제도가 피상속인의 재산처분행위로부터 유족의 생존권을 보호하고 법정상속분의 일정비율에 해당하는 부분을 유류분으로 산정하여 상속인의 상속재산 형성에 대한 기여와 상속재산에 대한 기대를 보장하는 데 그 목적이 있는 점을 고려할 때, 피상속인의 생전 증여를 만연히 특별수익에서 제외하여 유류분제도를 형해화시키지 않도록 신중하게 판단하여야 한다.

③ (O) ④ (O) [**대법원** 2022. 1. 27. **선고** 2017**다**265884 **판결**] 유류분권리자의 유류분 부족액은 유류분액에서 특별수익액과 순상속분액을 공제하는 방법으로 산정하는데, 피상속인이 상속개시 시에 채무를 부담하고 있던 경우 유류분액은 민법 제1113조 제1항에 따라 피상속인이 상속개시 시에 가진 재산의 가액에 증여재산의 가액을 가산하고 채무의 전액을 공제하여 유류분 산정의 기초가 되는 재산액을 확정한 다음, 거기에 민법 제1112조에서 정한 유류분 비율을 곱하여 산정한다. 그리고 유류분액에서 공제할 순상속분액은 특별수익을 고려한 구체적인 상속분에서 유류분권리자가 부담하는 상속채무를 공제하여 산정하고, 이때 유류분권리자의 구체적인 상속분보다 유류분권리자가 부담하는 상속채무가 더 많다면 그 초과분을 유류분액에 가산하여 유류분 부족액을 산정하여야 한다.

정답 ②

7. 유류분에 관한 설명 중 옳은 것은? (다툼이 있는 경우 판례에 의함) [21 변호사]

① 유류분권리자가 유류분반환청구권을 행사하고 이로 인하여 생긴 목적물의 이전등기의무나 인도의무의 이행을 소로써 구할 때에는 그 대상과 범위를 특정해야 하지만, 법원은 유류분권리자가 특정한 대상과 범위를 넘어서 청구를 인용할 수 있다.

② 공동상속인이 피상속인으로부터 재산의 생전 증여에 의하여 특별수익을 한 경우, 그 증여가 상속개시 전 10년 내에 이루어진 경우에 한하여 유류분 산정을 위한 기초재산에 산입된다.

③ 유류분반환청구권의 행사에 따른 유류분반환채무는 그 이행기가 상속개시 시점이므로 유류분권리자의 반환청구가 있으면 상속개시일 다음 날부터 이행지체에 빠진다.

④ 유류분의 반환을 구하는 소가 제기된 경우, 반환의무자는 통상적으로 증여 또는 유증 대상 재산 그 자체를 반환하여야 하지만, 원물반환이 불가능한 때에는 상속개시 당시를 기준으로 산정한 가액 상당액을 반환하여야 한다.

⑤ 유류분반환청구권의 행사에 의하여 반환하여야 할 증여 또는 유증의 목적이 된 재산이 타인에게 양도된 경우, 그 양수인이 양수 당시 유류분권리자를 해함을 안 때에는 양수인에 대하여 그 재산의 반환을 청구할 수 있다.

해설

① (×) 유류분반환청구에서 채권자가 특정한 대상과 범위를 넘어서 청구를 인용할 수는 없다.

[**대법원** 2013. 3. 14. **선고** 2010**다**42624 **판결**] 유류분권리자가 반환의무자를 상대로 유류분반환청구권을 행사하고 이로 인하여 생긴 목적물의 이전등기의무나 인도의무 등의 이행을 소로써 구하는 경우에는 그 대상과 범위를 특정하여야 하고, 법원은 처분권주의의 원칙상 유류분권리자가 특정한 대상과 범위를 넘어서 청구를 인용할 수 없다.

② **(×)** 공동상속인에 대한 특별수익으로서 증여는 상속개시 전 1년 이전의 증여라고 하더라도 유류분 산정의 기초재산에 모두 산입된다. 유류분 산정의 기초재산에 산입되는 증여는 상속개시 전 1년 이내의 증여로 제한하는 제1114조는 특별수익으로서의 증여에는 적용되지 않는다.

[**대법원** 1996. 2. 9. **선고** 95**다**17885 **판결**] [1] 민법 제1008조의 취지는 공동상속인 중에 피상속인으로부터 재산의 증여 또는 유증을 받은 특별수익자가 있는 경우에, 공동상속인들 사이의 공평을 기하기 위하여 그 수증 재산을 상속분의 선급으로 다루어 구체적인 상속분을 산정함에 있어 이를 참작하도록 하려는 데 있다. [2] 공동상속인 중에 피상속인으로부터 재산의 생전 증여에 의하여 특별수익을 한 자가 있는 경우에는 민법 제1114조의 규정은 그 적용이 배제되고, 따라서 그 증여는 상속개시 1년 이전의 것인지 여부, 당사자 쌍방이 손해를 가할 것을 알고서 하였는지 여부에 관계없이 유류분 산정을 위한 기초재산에 산입된다.

③ **(×)** 유류분반환청구에 따른 목적물반환의무 혹은 가액배상의무의 이행지체가 발생하는 시점을 묻는 지문이다. 기한의 정함이 없는 채무이므로 이행청구를 받은 때부터 이행지체가 발생한다.

[**대법원** 2013. 3. 14. **선고** 2010**다**42624 **판결**] 유류분반환청구권의 행사로 인하여 생기는 원물반환의무 또는 가액반환의무는 이행기한의 정함이 없는 채무이므로, 반환의무자는 그 의무에 대한 이행청구를 받은 때에 비로소 지체책임을 진다.

④ **(×)** 유류분반환청구에 따른 원상회복은 원물반환이 원칙이나 원물반환이 불가능한 때에는 가액반환이 이루어져야 하는데, 가액을 산정하는 기준시점은 원물반환과 동일한 가치를 가지는 가액으로 산정되어야 하므로 사실심 변론종결 당시를 기준으로 산정하여야 한다.

[**대법원** 2005. 6. 23. **선고** 2004**다**51887 **판결**] 유류분반환범위는 상속개시 당시 피상속인의 순재산과 문제된 증여재산을 합한 재산을 평가하여 그 재산액에 유류분청구권자의 유류분비율을 곱하여 얻은 유류분액을 기준으로 하는 것인바, 이와 같이 유류분액을 산정함에 있어 반환의무자가 증여받은 재산의 시가는 상속개시 당시를 기준으로 산정하여야 하고, 당해 반환의무자에 대하여 반환하여야 할 재산의 범위를 확정한 다음 그 원물반환이 불가능하여 가액반환을 명하는 경우에는 그 가액은 사실심 변론종결시를 기준으로 산정하여야 한다.

⑤ **(○)** 유류분반환청구에 따른 원상회복청구의 상대방에는 악의의 양수인도 포함된다.

[**대법원** 2002. 4. 26. **선고** 2000**다**8878 **판결**] 유류분반환청구권의 행사에 의하여 반환되어야 할 유증 또는 증여의 목적이 된 재산이 타인에게 양도된 경우 그 양수인이 양도 당시 유류분권리자를 해함을 안 때에는 양수인에 대하여도 그 재산의 반환을 청구할 수 있다고 보아야 한다. **정답** ⑤

8. **유류분에 관한 설명 중 옳은 것(○)과 옳지 않은 것(×)을 올바르게 조합한 것은? (다툼이 있는 경우 판례에 의함)** [19 변호사]

ㄱ. 공동상속인 중 피상속인의 생전에 재산을 증여받아 특별수익을 한 자가 있는 경우, 그 증여는 상속개시 1년 이전의 것인지 여부, 당사자 쌍방이 손해를 가할 것을 알고서 하였는지 여부에 관계없이 유류분 산정을 위한 기초재산에 산입된다.

ㄴ. 유류분권리자의 가액반환청구에 대하여 반환의무자가 원물반환을 주장하며 가액반환에 반대하는 의사를 표시한 경우에는 반환의무자의 의사에 반하여 원물반환이 가능한 재산에 대하여 가액반환을 명할 수 없다.

ㄷ. 공동상속인 중 1인이 자신의 법정상속분 상당의 상속채무분담액을 초과하여 유류분권리자의 상속채무분담액까지 변제한 경우에도 별도로 구상권을 행사하거나 상계하는 등의 방법으로 만족을 얻는 것은 별론으로 하고, 이를 유류분권리자의 유류분 부족액 산정 시 고려하여서는 안 된다.

① ㄱ(○), ㄴ(○), ㄷ(○) ② ㄱ(○), ㄴ(○), ㄷ(×) ③ ㄱ(○), ㄴ(×), ㄷ(○)
④ ㄱ(×), ㄴ(○), ㄷ(○) ⑤ ㄱ(×), ㄴ(○), ㄷ(×)

해설

ㄱ. **(O)** 특별수익자가 증여받은 재산은 언제나 유류분 산정의 기초재산에 산입된다.
[**대법원** 1996. 2. 9. **선고** 95**다**17885 **판결**] 공동상속인 중에 피상속인으로부터 재산의 생전 증여에 의하여 특별수익을 한 자가 있는 경우에는 민법 제1114조의 규정은 그 적용이 배제되고, 따라서 그 증여는 상속개시 1년 이전의 것인지 여부, 당사자 쌍방이 손해를 가할 것을 알고서 하였는지 여부에 관계없이 유류분 산정을 위한 기초재산에 산입된다.

ㄴ. **(O)** [**대법원** 2013. 3. 14. **선고** 2010**다**42624 **판결**] 우리 민법은 유류분제도를 인정하여 제1112조부터 제1118조까지 이에 관하여 규정하면서도 유류분의 반환방법에 관하여는 별도의 규정을 두고 있지 않다. 다만 제1115조 제1항이 "부족한 한도에서 그 재산의 반환을 청구할 수 있다"고 규정한 점 등에 비추어 볼 때 반환의무자는 통상적으로 증여 또는 유증 대상 재산 자체를 반환하면 될 것이나 원물반환이 불가능한 경우에는 가액 상당액을 반환할 수밖에 없다. 원물반환이 가능하더라도 유류분권리자와 반환의무자 사이에 가액으로 이를 반환하기로 협의가 이루어지거나 유류분권리자의 가액반환청구에 대하여 반환의무자가 이를 다투지 않은 경우에는 법원은 가액반환을 명할 수 있지만, 유류분권리자의 가액반환청구에 대하여 반환의무자가 원물반환을 주장하며 가액반환에 반대하는 의사를 표시한 경우에는 반환의무자의 의사에 반하여 원물반환이 가능한 재산에 대하여 가액반환을 명할 수 없다.

ㄷ. **(O)** [**대법원** 2013. 3. 14. **선고** 2010**다**42624 **판결**] 금전채무와 같이 급부의 내용이 가분인 채무가 공동상속된 경우, 이는 상속개시와 동시에 당연히 공동상속인들에게 법정상속분에 따라 상속된 것으로 봄이 타당하므로, 법정상속분 상당의 금전채무는 유류분권리자의 유류분 부족액을 산정할 때 고려하여야 할 것이나, 공동상속인 중 1인이 자신의 법정상속분 상당의 상속채무 분담액을 초과하여 유류분권리자의 상속채무 분담액까지 변제한 경우에는 유류분권리자를 상대로 별도로 구상권을 행사하여 지급받거나 상계를 하는 등의 방법으로 만족을 얻는 것은 별론으로 하고, 그러한 사정을 유류분권리자의 유류분 부족액 산정 시 고려할 것은 아니다. **정답** ①

9. **유류분에 관한 설명 중 옳은 것은? (다툼이 있는 경우 판례에 의함)** [17 변호사]

① 공동상속인 중 1인이 자신의 법정상속분 상당의 상속채무 분담액을 초과하여 유류분권리자의 상속채무 분담액까지 변제한 경우, 그러한 사정은 유류분권리자의 유류분 부족액 산정 시 고려되어야 한다.
② 유류분반환청구권자가 침해를 받은 유증 또는 증여행위를 지정하여 재판 외에서 이에 대한 반환청구의 의사를 표시했더라도 그로부터 6개월 이내에 재판상의 청구 등을 하여야 소멸시효 진행이 중단된다.
③ 공동상속인의 협의 또는 가정법원의 심판으로 유류분반환의무자의 기여분이 인정된 경우, 유류분을 산정함에 있어 그 기여분을 공제하여야 한다.

④ 유류분반환청구소송에서 유류분반환의무자가 증여 또는 유증대상 재산 그 자체를 반환하는 것이 불가능한 경우에는 사실심 변론종결시를 기준으로 산정한 가액 상당액을 반환해야 한다.

⑤ 유류분액을 산정함에 있어 유류분반환의무자가 증여받은 재산의 가액은 금전인 경우 증여 당시 받은 금액 자체이고, 그 밖의 재산인 경우 상속개시 당시의 시가이다.

해설

① **(×)** 상속채무분담액을 초과하여 변제한 것에 따른 구상권 등의 행사는 유류분반환청구와는 별개의 문제이므로 유류분 산정에서 고려될 것은 아니다.
[**대법원** 2013. 3. 14. **선고** 2010**다**42624 **판결**] 금전채무와 같이 급부의 내용이 가분인 채무가 공동상속된 경우, 이는 상속개시와 동시에 당연히 공동상속인들에게 법정상속분에 따라 상속된 것으로 봄이 타당하므로, 법정상속분 상당의 금전채무는 유류분권리자의 유류분 부족액을 산정할 때 고려하여야 할 것이나, 공동상속인 중 1인이 자신의 법정상속분 상당의 상속채무 분담액을 초과하여 유류분권리자의 상속채무 분담액까지 변제한 경우에는 유류분권리자를 상대로 별도로 구상권을 행사하여 지급받거나 상계를 하는 등의 방법으로 만족을 얻는 것은 별론으로 하고, 그러한 사정을 유류분권리자의 유류분 부족액 산정 시 고려할 것은 아니다.

② **(×)** 유류분반환청구권은 일종의 형성권의 성질을 가진다. 유류분반환청구권의 행사는 재판상 또는 재판 외에서 상대방에 대한 의사표시로 하면 되고 소멸시효 기간 내에 그와 같은 권리행사에 의하여 소멸시효는 중단된다.
[**대법원** 2015. 11. 12. **선고** 2011**다**55092 **판결**] 유류분반환청구권의 행사는 재판상 또는 재판 외에서 상대방에 대한 의사표시의 방법으로 할 수 있다. 그 의사표시는 침해를 받은 유증 또는 증여행위를 지정하여 이에 대한 반환청구의 의사를 표시하면 그것으로 충분하고, 그로 인하여 생긴 목적물의 이전등기청구권이나 인도청구권 등을 행사하는 것과는 달리 그 목적물을 구체적으로 특정하여야 하는 것은 아니다. 유류분권리자가 위와 같은 방법으로 유류분반환청구권을 행사하면 민법 제1117조 소정의 소멸시효 기간 안에 권리를 행사한 것이 된다.

③ **(×)** 유류분을 산정함에 있어 기여분을 공제할 것은 아니라는 것이 판례의 태도이다.
[**대법원** 2015. 10. 29. **선고** 2013**다**60753 **판결**] 민법 제1008조의2, 제1112조, 제1113조 제1항, 제1118조에 비추어 보면, 기여분은 상속재산분할의 전제 문제로서의 성격을 가지는 것으로서, 상속인들의 상속분을 일정 부분 보장하기 위하여 피상속인의 재산처분의 자유를 제한하는 유류분과는 서로 관계가 없다. 따라서 공동상속인 중에 상당한 기간 동거·간호 그 밖의 방법으로 피상속인을 특별히 부양하거나 피상속인의 재산의 유지 또는 증가에 특별히 기여한 사람이 있을지라도 공동상속인의 협의 또는 가정법원의 심판으로 기여분이 결정되지 않은 이상 유류분반환청구소송에서 기여분을 주장할 수 없음은 물론이거니와, 설령 공동상속인의 협의 또는 가정법원의 심판으로 기여분이 결정되었다고 하더라도 유류분을 산정함에 있어 기여분을 공제할 수 없고, 기여분으로 유류분에 부족이 생겼다고 하여 기여분에 대하여 반환을 청구할 수도 없다(필자 주 : 본 판결은 가정적 판단이기는 하나 유류분 산정의 기초재산에서 협의나 심판에 의하여 결정된 기여분도 공제하지 않는다는 취지로 판단하고 있다. 이는 통설의 태도와 다르다. 가령, 공동상속인 중 1인의 특별한 부양 등으로 기여분 사유가 있었고, 기여분이 결정되었는데, 기여상속인이 생전증여나 유증을 받은 경우, 다른 공동상속인들은 기여분이 포함된 상속개시 당시의 재산을 기초로 유류분을 산정하여 유류분반환을 청구할 수 있다는 결론에 이른다. 그 결과 피상속인의 유산처분자유의 제한의 범위가 커지게 되는데 이는 부당하다고 생각한다).

④ **(○)** 유류분반환청구에 따른 반환의 구체적 방법을 묻는 지문이다. 원물반환이 원칙이나 원물반환이 불가능한 때에는 가액으로 반환하여야 하고, 이때 가액의 산정은 반환청구소송의 사실심 변론종결 당시를 기준으로 한다.

[**대법원** 2005. 6. 23. **선고** 2004**다**51887 **판결**] 유류분반환범위는 상속개시 당시 피상속인의 순재산과 문제된 증여재산을 합한 재산을 평가하여 그 재산액에 유류분청구권자의 유류분비율을 곱하여 얻은 유류분액을 기준으로 하는 것인바, 이와 같이 유류분액을 산정함에 있어 반환의무자가 증여받은 재산의 시가는 상속개시 당시를 기준으로 산정하여야 하고, 당해 반환의무자에 대하여 반환하여야 할 재산의 범위를 확정한 다음 그 원물반환이 불가능하여 가액반환을 명하는 경우에는 그 가액은 사실심 변론종결시를 기준으로 산정하여야 한다.

⑤ **(×)** 유류분액을 산정하는 기준시기를 묻는 지문이다. 상속개시 당시를 기준으로 산정한다. 증여받은 재산이 금전인 경우에도 증여받은 금액을 상속개시 당시의 화폐가치로 환산한 금액을 기준으로 하여야 한다.

[**대법원** 2009. 7. 23. **선고** 2006**다**28126 **판결**] 유류분반환범위는 상속개시 당시 피상속인의 순재산과 문제된 증여재산을 합한 재산을 평가하여 그 재산액에 유류분청구권자의 유류분비율을 곱하여 얻은 유류분액을 기준으로 하는 것인바, 그 유류분액을 산정함에 있어 반환의무자가 증여받은 재산의 시가는 상속개시 당시를 기준으로 하여 산정하여야 한다. 따라서 그 증여받은 재산이 금전일 경우에는 그 증여받은 금액을 상속개시 당시의 화폐가치로 환산하여 이를 증여재산의 가액으로 봄이 상당하고, 그러한 화폐가치의 환산은 증여 당시부터 상속개시 당시까지 사이의 물가변동률을 반영하는 방법으로 산정하는 것이 합리적이다.

정답 ④

박승수

중앙대학교 법학과 졸업
제40회 사법시험 합격
법무법인 네모 대표변호사
충남대학교 법학전문대학원 출강
중앙대, 경북대, 충남대, 영남대, 제주대, 인하대 등
법학전문대학원 민사실무특강

[주요저서]
민법의 ZIP·민사소송법의 ZIP
민법·민사소송법정리
민사법사례종합연습
요건사실론과 기록형정리 암기장(학연, 2023)
요건사실론과 기록형정리(학연, 2024)
Rainbow 변시 모의해설 민사법 사례형(학연, 2025)
Rainbow 변시 모의해설 민사법 기록형III(학연, 2025)
Rainbow 변시 모의해설 민사법 선택형(학연, 2025)
Rainbow 변시 기출해설 민사법 기록형(학연, 2025)
Rainbow 변시 기출해설 민사법 사례형(학연, 2025)
Rainbow 변시 기출해설 민사법 선택형(학연, 2025)
변시기출 민법민소법사례형문제 CBT답안(학연, 2025)
진도별 변시 · 사시기출 민법 사례연습(학연, 2025)

이태섭

한양대학교 법학과 졸업
한양대학교 민법 박사과정 수료
전 윌비스 한림법학원 민법 전임
현 베리타스 민법 전임

[주요저서]
Rainbow 핵심 OX 민법(학연, 2021)
세무사 민법총칙 정론(학연, 2022)
세무사 민법총칙 객관식(학연, 2022)
민법정론(民法整論)(학연, 2023)
Rainbow 변시 기출해설 민사법 선택형(학연, 2024)
Rainbow 변시 모의해설 민사법 선택형(학연, 2024)
Rainbow 변시 기출모의해설 민법 선택형[모의편](학연, 2024)
Rainbow 변시 기출해설 민사법 사례형(학연, 2024)
Rainbow 변시 모의해설 민사법 사례형(학연, 2024)
진도별 변시 · 사시기출 민법 사례연습(학연, 2025)
가족법정론(학연, 2025)

Rainbow 변시 기출·모의해설 민법 선택형[기출편](진도별)

2025년 03월 13일 발행

저　　자 : 박 승 수, 이 태 섭
발 행 인 : 이 인 규
발 행 처 : 도서출판 (주)학연
주　　소 : 충청북도 진천군 백곡면 명암길 341
출판등록 : 2012.02.06. 제445-251002012000013호
www.baracademy.co.kr / e-mail:baracademy@naver.com / Fax : 02-6008-1800

저자와 협의하여
인지를 생략함

정가 : 43,000원　　ISBN : 979-11-94323-75-4(94360)